百衲本

史記

（漢）司馬遷撰
（南朝宋）裴駰集解
（唐）司馬貞索隱
（唐）張守節正義

1

國家圖書館出版社

圖書在版編目(CIP)數據

百衲本史記:全2册/(漢)司馬遷撰,(南朝宋)裴駰集解,(唐)司馬貞索隱,(唐)張守節正義.—北京:國家圖書館出版社,2014.10(2024.2重印)

(百衲本二十四史)

ISBN 978-7-5013-5383-5

Ⅰ.①百… Ⅱ.①司… ②裴… ③司… ④張… Ⅲ.①中國歷史—古代史—紀傳體 Ⅳ.①K204.2

中國版本圖書館CIP數據核字(2014)第125623號

書　　名　百衲本史記(全二册)
著　　者　(漢)司馬遷撰　(南朝宋)裴駰集解
　　　　　(唐)司馬貞索隱　(唐)張守節正義
叢 書 名　百衲本二十四史
責任編輯　陳　卓
重印編輯　張珂卿
封面設計　邢　毅

出版發行　國家圖書館出版社(北京市西城區文津街7號　100034)
　　　　　(原書目文獻出版社　北京圖書館出版社)
　　　　　010-66114536　63802249　nlcpress@nlc.cn(郵購)
網　　址　http://www.nlcpress.com
印　　裝　河北三河弘翰印務有限公司
版次印次　2014年10月第1版　2024年2月第4次印刷

開　　本　710×1000　1/16
印　　張　76

書　　號　IISBN 978-7-5013-5383-5
定　　價　270.00圓

百衲本二十四史影印出版説明

『二十四史』是中國古代各朝被政府納爲正統的二十四部史書的總稱，其上起《史記》，下迄《明史》，記載了從傳説中的五帝時代到清朝初年約四千餘年中政治、經濟、文化等諸多方面的歷史，是我國古代最權威、最詳細的史學著作。

清代最通行的『二十四史』，是乾隆年間刊行的『欽定武英殿本二十四史』，即『殿本』。殿本版式疏朗，刻印精良，但是校勘不够審慎，存在誤字、衍字、缺字甚至整段文字脱失的情况。而且，由於殿本的編纂官皆屬御用史官，不得不爲帝王所左右，史實記録上存在竄改等原因造成的缺憾。晚清時，又出現了由各省官書局刊刻的局本，廣爲流傳，但仍以殿本爲依據，存在不少問題。

二十世紀二十年代起，張元濟先生耗費巨資搜訪宋元善本，通過採用當時最先進的攝影製版技術，歷經多年努力，至一九三六年，終於出齊了整套影印版的『二十四史』。因各書底本多殘缺不全，不得不通過許多版本相互參校、補綴而成，猶如僧侣之『百衲衣』，故名之曰『百衲本二十四史』。其中除《舊五代史》《元史》《明史》以明清時的版本作爲底本外，均以宋元版爲主要底本。百衲本對殿本、局本中的謬誤多有匡正，其對歷史研究的功績有目共睹，影響深巨，被史學界一致公認爲『中國最佳全本正史』，是中國史學史上的一座豐碑，具有極高的版本價值、研究價值和收藏價值。

百衲本二十四史自問世以來，曾數次被影印出版，其中的宣紙綫裝本，因價格不菲，不便學者購藏利用。而縮印本則多存在質量問題，其中質量較好的，當數二十世紀五十年代北京商務印書館的精裝二十四冊本。但年代既久，流傳亦少，已屬罕見。爲滿足文史工作者的研究需求，也讓更多的文史愛好者接觸到百衲本二十四史，我社決定將之再度影印出版。

本次影印，將每部正史單獨製作，採取每頁分上下雙欄的形式印製，並爲每部正史編製了分卷目録。需要説明的是，此次我社在編製目録時，爲更好地反映百衲本原貌，充分體現其與殿本、局本等其他系統傳本的差異，原則上均依原書卷端著録，部分保留了原書中使用的簡體字、俗體字及異體字等。對原書中有目無傳或有傳無目等情況，不予變動，僅對極個别處出現的明顯衍、漏、誤字等情況進行了修改。不當之處，請讀者批評指正。

國家圖書館出版社

二〇一四年七月

百衲本史記前言

張人鳳

『衲』，補也；『百衲』則謂補綴之多，轉有多方擇集之義。於古籍版本，則以『百衲本』借喻由殘缺善本輯補而成之書。古書流傳，難免損缺，藏書家於是取不同版本彙成全書，既使全書得以傳承，又使讀者同時獲睹史上多種版刻，此亦藏書史特有之佳製。有清一代，相傳有錢曾、宋犖《百衲本史記》，入民國，四川江安傅增湘沅叔先生有《百衲本資治通鑑》之輯。先祖父張元濟菊生先生研讀舊典，『頗疑今本正史之不可信，會禁網既弛，異書時出，因發重校正史之願』，遂以百衲之法，網羅宋元善本，攝照印行，成《百衲本二十四史》，爲正史校勘史上前所未有之成果。是本《百衲本史記》列《衲史》之首，其底本爲宋慶元黄善夫所刊，係《史記》三家合注年代最早之本，中土久已失傳，清同光年間有殘本自日本流回，後涵芬樓購得大部，餘者歸江安傅氏、南海潘氏。張元濟先生聞知日本上杉氏藏有所缺六十卷，輾轉請托，承書主慨允，借出攝影，全宋《史記》三家合注本始成完璧。再經詳加校勘，遂成今本。今年適逢先祖父誕辰一百五十周年之期，國家圖書館出版社重印百衲本

《史記》以爲紀念，囑爲序，乃書數行，謹表敬畏中華傳統文化之心、敬仰先人爲傳承中華文化所作貢獻之情，並藉此向國家圖書館出版社道謝。

丁酉季春於滬上。

百衲本史記目録

史記集解序

裴駰 司馬貞索隱曰駰字龍駒河東聞喜人宋中郎外兵曹參軍父松之字世期太中大夫注三國志宋書父子同傳。正義曰裴駰採九經諸史并漢書音義及衆書之目而解史記故題史記集解序序緒也孫炎云謂端緒也孔子作易卦子夏作詩序之義其來尚矣

班固有言曰 索隱曰固撰漢書作司馬遷傳評其作史記所採之書兼論其得失故裴駰此序先引之爲說也按固字孟堅扶風人後漢明帝時仕至中護軍祖穉潁川太守父彪徐令續太史公書 司馬遷 正義曰字子長左馮翊人也漢武帝時爲太史令撰史記百三十篇父談亦爲太史令 據左氏國語 索隱曰仲尼作春秋經魯史左丘明作傳合三十篇故曰左氏傳國語亦丘明所撰上起周穆王下訖敬王其諸侯之事起魯莊公迄春秋末凡二十一篇 采世本戰國策 索隱曰劉向云世本古史官明於古事者之所記也録黃帝已來帝王諸侯及卿大夫系謚名號凡十五篇也戰國策高誘云六國時縱橫之說也一曰短長書亦曰國事劉向撰爲三十篇名曰戰國策按此是班固取其後名而書之非遷時已名戰國策 述楚漢春秋 索隱曰漢太中大夫楚人陸賈所撰記項氏與漢高祖初起及說惠文間事 接其後事訖于天漢 索隱曰武帝年號言太史公所記迄至武帝天漢之年也 其言秦漢詳矣至於采經摭傳 索隱曰按字書摭拾也音之赤反 分散數家之事甚多疏略或有抵捂 索隱曰抵音丁禮反捂音吾故反抵者觸也捂亦斜相抵觸之名按今屋梁上斜柱是也斜觸謂之捂下觸謂之抵抵捂言其參差也以言彼此二文同出一家而自相乖舛

亦其涉獵者廣博貫穿經傳馳騁古今上下數千載間斯已勤矣 正義曰言作史記採經傳百家之事上下二千餘年此其甚勤於撰録也 又其是非頗謬於聖人 索隱曰聖人謂周公孔子也言周孔之教皆宗儒尚德今太史公乃先黃老崇勢利是謬於聖人。正義曰太史公史記各顯六家之宗黃老道家之宗六經儒家之首序游俠則退處士述貨殖則崇勢利處士賤貧原憲非病夫作史之體務涉多時有國之規備陳臧否天人地理咸使該通而遷天縱之才述作無滯故異周孔之道班固詆之裴駰引序亦通人之蔽也而固作漢書與史記同者五十餘卷謹寫史記少加異者不弱即劣何更非剩史記乃是後士妄非前賢又史記五十二萬六千五百言叙二千四百一十三年事漢書八十一萬言叙二百二十五年事司馬遷引父致意班固父脩而蔽之優劣可知矣 論大道則先黃老而後六經 正義曰大道者皆稟乎自然不可稱道也道在天地之前先天地生不知其名字之曰道黃帝老子遵崇斯道故太史公論大道須先黃老而後六經 序游俠則退處士而進姦雄 索隱曰游俠謂輕死重氣如荊軻豫讓之輩也游從也行也俠挾也持也言能相從游行挾持之事又曰同是非曰俠。正義曰姦雄猾雄豪之人 述貨殖 正義曰殖生也言貨物滋生也 則崇勢利 正義曰趨利之人 此其所蔽也 正義曰此三者是司馬遷不達理也 然自劉向揚雄博極羣書皆稱遷有良史之才服其善序事理辯而不華質而不俚 索隱曰俚音里

劉德曰俚即鄙也崔浩云世有鄙俚之語則俚亦野也謂詞不鄙樸其文直其事
核不虛美不隱惡故謂之實錄駰以爲
固之所言世稱其當正義曰駰音因當音丁浪反裴駰以班固所論
司馬遷史記是非世人稱班固之言雖時有紕繆索隱曰紕音匹之反紕猶錯也
亦作紕字書云織者兩絲同齒曰紕繆亦與謬同實勤成一家正義曰雖有小紕繆
實編勤成一家之書矣總其大較索隱曰較音角較猶略也則大較猶言大略也○正
義曰較明也信命世之宏才也索隱曰按孟子云五百年生一賢其閒必
有名世者趙岐曰名世次聖之才物來能名此言命者名也言賢人有名於世也宏才大才謂史遷考
較此書文句不同有多有少莫辯其實

而世之惑者定彼從此是非相貿眞僞
舛雜正義曰貿音茂舛音昌轉反言世之迷惑淺識之人或定彼從此本更相貿易真偽雜亂
不能辯其是非故中散大夫東莞徐廣研核衆本
爲音義正義曰作音義十三卷裴駰爲注散入百三十篇具列異同
兼述訓解正義曰徐作音義具列異同之本兼述訓解釋也粗有所
發明而殊恨省略索隱曰殊絕也左傳曰斬其本不殊言絕恨其所撰太省
略○正義曰省音山景反聊以愚管索隱曰按東方朔云以管窺天以蠡測海皆諭小也
然此語本出莊子文今云愚管者是駰謙言已愚陋管見所識不能遠大也增演徐氏
正義曰演音羊善反增益也言裴駰更增益演徐氏之說采經傳百家幷先

儒之說正義曰採取也或取傳說採諸子百家兼取先儒之義先儒謂孔安國鄭玄服虔賈
逵等是也言百家廣其非一豫是有益悉皆抄内正義曰並採經傳之
說有裨益史記盡抄内其中抄音楚交反刪其游辭取其要實正義
曰刪音師姦反刪除也去經傳諸家浮游之辭取其精要之實或義在可疑則
數家兼列正義曰兼列數家之說不同各有道理致生疑惑不敢偏棄故皆兼列
漢書音義稱臣瓚者莫知氏姓索隱曰按即傅瓚而
劉孝標以爲于瓚非也據何法盛書于瓚以穆帝時爲大將軍誅死不言有註漢書之事又其註漢書有
引祿秩令及茂陵書然彼二書亡於西晉非于所見也必知是傅瓚者按穆天子傳目錄云傅瓚爲校書
郎與荀勗同校定穆天子傳即當西晉之朝在于之前尚見茂陵等書又稱臣者以其職典秘書故也瓚

音殘岸反今直云瓚曰又都無姓名者但云
漢書音義正義曰漢書音義中有全無姓名者裴氏注史記直云漢書音義按大顏
以爲無名義今有六卷題云孟康或云服虔蓋後所加皆非其實未詳指歸也時見微意
有所裨補正義曰見音賢見反裨音卑又音頻移反裨益也裴氏云時見已之微意亦有
所補益也譬嘒星之繼朝陽索隱曰嘒微小貌也詩云嘒彼小星三五在東
言衆無名微小之星各隨三心五蜀出在東方亦能繼朝陽之光嘒音火慧反朝陽日也嘒星繼朝陽諭
已淺薄而註史記也飛塵之集華嶽正義曰西岳華山極高大裴氏自喻材藻
輕小如飛塵之集華岳亦能成其高大管子云海不辭水故能成其大山不辭土故能成其高華音故化
反又如字以徐爲本正義曰徐廣音義辨諸家異同故以徐爲本也號曰集

解未詳則闕弗敢臆說正義曰有未詳審之處則闕而不論不敢以肖臆之中而妄解說也人心不同正義曰言人心既不同所見亦殊別也聞見異辭正義曰耳聞目見心意既乖其辭所以各異也班氏所謂疏略抵捂者依違不悉辯也索隱曰裴氏言今或依違不復更辯明之也按周公世家敘傳曰依之違之周公綏之愧非胥臣之多聞索隱曰晉大夫曰季名曰胥臣按國語稱晉文公使趙衰為卿辭曰欒枝貞慎先軫有謀胥臣多聞皆可以為輔又胥臣對文公黃帝二十五子及屯豫皆八等事是多聞也子產之博物索隱曰鄭卿公孫僑字子產按左氏傳子產聘晉言晉侯之疾非實沈臺駘之崇乃說飲食哀樂及內官不及同姓則能生疾晉侯聞子產之言曰博物君子也妄言末學蕪穢舊史豈足以關諸畜德庶賢無所用心而已索隱曰關預也畜德謂積德多學之人也裴氏謙言己今此集解豈足關預於積學多識之士乎正是冀望聖賢勝於飽食終日無所用心愈於論語不有博弈者乎之人耳

史記集解序

建安黃善夫刊于家塾之敬室

補史記序

小司馬氏

太史公古之良史也家承二正之業人當五百之運兼以代為史官親掌圖籍慨春秋之絕筆傷舊典之闕文遂乃錯綜古今囊括記錄本皇王之遺事採人臣之故實爰自黃帝迄于漢武歷載悠邈舊章罕補漁獵則窮於百氏筆削乃成於一家父作子述其勤至矣然其敘勸褒貶頗稱折衷後之作者咸取則焉夫以首創者難為功因循者易為力自左氏之後未有體制而司馬公補立紀傳規模別為書表題目莫不本紀十二象歲星之一周八書有八篇法天時之八節十表放剛柔十日三十世家比月有三旬七十列傳取懸車之暮齒百三十篇象閏餘而成歲其間禮樂刑政君舉必書福善禍淫用垂烱誡事廣而文

局詞質而理暢斯亦盡美矣而有未盡善者具如後論雖意出當時而義非經遠蓋先史之未備成後學之深疑借如本紀敘五帝而闕三皇世家載列國而有外戚邾許春秋次國略而不書張吳敵國蕃王抑而不載並編錄有闕竊所未安又列傳所著有管晏及老子韓非管晏乃齊之賢卿即如其例則吳之延陵鄭之子產晉之叔向衞之史魚盛德不闕何爲蓋闕伯陽清虛爲教韓子峻刻制法靜躁不同德刑斯舛今宜柱史共漆園同傳公子與商君並列可不善歟其中遠近乖張詞義踳駮或篇章倒錯或贊論麤踈蓋由遭逢非罪有所未暇故十篇有錄無書是也然其網絡古今敘述懲勸異左氏之微婉有南史之典實所以揚雄班固等咸稱其有良史之才蓋信乎其然也後褚少孫亦頗加補綴然猶未能周備貞業謝顓門人非博古而家傳是學頗事討論思欲續成先志潤色舊史輒黜陟升降改定篇目其有不備並採諸典籍以補闕遺其百三十篇之贊記非周悉並更申而述之附于衆篇之末雖曰狂簡必有可觀其所改更具條于後至如徐廣唯略出音訓兼記異同未能考覈是非解釋文句其裴駰實亦後進名家博採羣書專取經傳訓釋以爲集解然則時有冗長至於盤根錯節殘缺紕繆咸拱手而不言斯未可謂通學也今輒採按今古仍以裴爲本兼自見愚管重爲之註號曰小司馬史記然前朝顏師古止註漢史今並謂之顏氏漢書貞雖位不逮顏公旣補史舊兼下新意亦何讓焉

史記補史序

史記索隱序

朝散大夫國子博士弘文館

學士河內司馬　貞

史記者漢太史司馬遷父子之所述也遷自以承五百之運繼春秋而纂是史其褒貶覈實頗亞於丘明之書於是上始軒轅下訖天漢作十二本紀十表八書三十系家七十列傳凡一百三十篇始變左氏之體而年載悠邈簡冊闕遺

勤成一家其勤至矣又其屬槀先據左氏國語系本戰國策楚漢春秋及諸子百家之書而後貫穿經傳馳騁古今錯綜隱括各使成一國一家之事故其意難究詳矣比於班書微爲古質故漢晉名賢未知見重所以魏文侯聽古樂則唯恐卧良有以也逮至晉末有中散大夫東莞徐廣始考異同作音義十三卷宋外兵參軍裴駰又取經傳訓釋作集解合爲八十卷雖粗見微意而未窮討論南齊輕車録事鄒誕生亦作音義三卷音則微殊義乃更略爾後其學中廢貞觀中諫議大夫崇賢館學士劉伯莊達學宏才鉤深探賾又作音義二十卷比於徐鄒音則具矣殘文錯節異旨微義雖知獨善不見傍通欲使後人從何准的貞謏聞陋識頗事鑽研而家傳是書不敢失墜初欲改更舛錯裨補疎遺

義有未通兼重註述然以此書殘缺雖多實爲古史忽加穿鑿難允物情今止探求異聞採摭典故解其所未解申其所未申者釋文演註又重爲述贊凡三十卷號曰史記索隱雖未敢藏之書府亦欲以貽厥孫謀云

史記索隱序

史記索隱後序

夫太史公紀事上始軒轅下訖天漢雖博采古文及傳記諸子其間殘缺蓋多或訪搜異聞以成其說然其人好奇而詞省故事覈而文微是以後之學者多所未究其班氏之書成於後漢彪既依遷而述所以條流更明且又兼采衆賢羣理畢備故其旨富其詞文是以近代諸儒共所鑽仰其訓詁蓋亦多門蔡謨集解之時已有二十四家之說所以於文無所滯於理無所遺而太史公之書既上序軒黃中述戰國或得之

於名山壞宅或取之以舊俗風謡故其殘文斷句難究詳矣然古今爲註解者絶省音義亦希始後漢延篤乃有音義一卷又别有音隱五卷不記作者何人近代鮮有二家之本宋中散大夫徐廣作音義一十卷唯記諸本異同於義少有解釋又中兵郎裴駰亦名家之子也作集解註本合爲八十卷見行於代仍云亦有音義前代久已散亡南齊輕車録事鄒誕生亦撰音義三卷音則尚奇義則罕說隋秘書監柳顧言尤善此史劉伯莊云其先人曾從彼公受業或音解隨而記録凡三十卷隋季喪亂遂失此書伯莊以貞觀之初奉勑於弘文館講授遂采鄒徐二說兼記憶柳公音旨遂作音義二十卷音乃周備義則更略惜哉古史微文遂由數賢秘賞故其學殆絶前朝吏部侍郎許子儒亦作註義不覩其書崇文館學士張嘉會獨善此書而無註義貞少從張學晩更研尋初以殘缺處多兼鄙褚少孫誣謬因憤發而補史記遂兼註之然其功殆半乃自唯曰千載古良史難更然因退撰音義重作贊述蓋欲以剖盤根之錯節遵北轅於司南也凡爲三十卷號曰史記索隱云

史記正義序

諸王侍讀宣義郎守右清道
率府長史張　守節　上

史記者漢太史公司馬遷作遷生龍門耕牧河山之陽南遊江淮講學齊魯之郡紹太史繼春秋括文魯史而包左氏國語采世本戰國策而摭楚漢春秋貫紬經傳旁搜史子上起軒轅下暨天漢作十二本紀帝王興廢悉詳三十世家

君國存亡畢著八書贊陰陽禮樂十表定代系年封七十列傳忠臣孝子之誠備矣筆削冠於史籍題目足以經邦裴駰服其善序事理辯而不華質而不俚其文直其事核不虛美不隱惡故謂之實錄自劉向揚雄皆稱良史之才況墳典湮滅簡冊闕遺比之春秋言辭古質方之兩漢文省理幽守節涉學三十餘年六籍九流地里蒼雅銳心觀採評史

漢詮衆訓釋而作正義郡國城邑委曲申明古典幽微竊探其美索理允愜次舊書之旨兼音解注引致傍通凡成三十卷名曰史記正義發揮膏肓之辭思濟滄溟之海未敢侔諸秘府冀訓詁而齊流庶貽厥子孫世疇茲史于時歲次丙子開元二十四年八月殺青斯竟

史記正義序

史記正義論例謚法解

諸王侍讀宣義郎守右清道率府長史張　守節　上

論史例

古者帝王右史記言左史記事言爲尚書事爲春秋太史公兼之故名曰史記并採六家雜說以成一史備論君臣父子夫妻長幼之序天地山川國邑名號殊俗物類之品也太史公作史記起黃帝高陽高辛唐堯虞舜夏殷周秦訖于漢武帝天漢四年合二千四百一十三年作本紀十二象歲十二月也作表十象天之剛柔十日以記封建世代終始也作書八象一歲八節以記天地日月山川禮樂也作世家三十象一月三十日三十輻共一轂以記世祿之家輔弼股肱之臣忠孝得失也作列傳七十象一行七十二日言七十者舉全數也餘二日象閏餘也以記王侯將相英賢略立功名於天下可序列也合百三十篇象一歲十二月及閏餘也而太史公作此五品廢一不可以統理天地勸獎箴誡爲後之楷模也

論注例

史記文與古文尚書同者則取孔安國注若與伏生尚書同者則用鄭玄王肅馬融所釋與三傳同者取杜元凱服虔何休賈逵范甯等注與三禮論語孝經同者則取鄭玄馬融王肅之注與韓詩同者則取毛傳鄭箋等釋與周易同者則依王氏之注與諸子諸史雜書及先儒解釋善者而裴駰並引爲注又徐中散作音訓校集諸本異同或義理可通者稱一本云又一本云自是別記異文裴氏亦引之爲注

論字例

史漢文字相承已久若悅字作說閑字作閒智字作知汝字作女早字作蚤後字作后既字作溉勑字作飭制字作剬此之般流緣古少字通共用之史漢本有此古字者乃爲好本程邈變篆爲隸楷則有常後代作文隨時改易衛宏官書數體呂忱或字多奇鍾王等家以能爲法致令楷文改變非復一端咸著秘書傳之歷代又字體乖日久其譌㪚之字法從黹（丁履反）今之史本則有從耑（音端）秦本紀云天子賜孝公黼黻鄒誕生音甫弗而鄒氏之前史本已從耑矣如此

之類並即依行不可更改若其黿鼉鼈從龜辭從舌覺學從與恭恭從小匱匠從走巢藻從果耕籍從禾席下爲帶帶美下爲大哀下爲衣極下爲點析旁著片惡上安西餐側出頭離邊作禹此之等類例直是訛字寵(勑勇反)字爲錫(音陽)以支(章移)代文(問分反)將旡混無若兹之流便成兩失

論音例

史文與傳諸書同者劉氏並依舊音本爲音至如太史公改五帝本紀便章百姓便程東作便程南譌便程西成便在伏物咸依見字讀之太史

變尚書文者義理特美或訓意改其古澀何煩如劉氏依尚書舊音斯例蓋多不可具録著在正義隨文音之君子宜詳其理庶明太史公之達學也然則先儒音字比方爲音至魏秘書孫炎始作反音又未甚切今並依孫反音以傳後學鄭康成云其始書之也倉卒無字或以音類比方假借爲之趣於近之而已受之者非一邦之人其鄉同言異字同音異於兹遂生輕重訛謬矣然方言差別固自不同河北江南最爲鉅異或失在浮清或滯於重濁今之取捨冀除兹弊

夫質有精麤謂之好惡(並如字)心有愛憎稱爲好惡(並去聲)當體則名譽(音預)情乖則曰毀譽(音餘)自壞(乎怪反)壞徹(上音怪)自斷(徒緩反自去離也)刀斷(端管反以刀割令相去也)耶(也奢反未審之辭也)也(亦且反助句之語也)復(音伏又扶富反重也)過(古卧反越度也)解(核買反自散也)間(紀莧反閑也)畜(許又反)畜(許六反養也)先(蘇前反)仙(胥然反)尤(羽求反)侯(胡溝反)治持(並音直之反)之(止而反)脂砥祗(並音旨夷反)惟維遺唯(並音以位反)怡貽頤詒(並音與之反)夷寅彝姨(並音以脂反)私(息脂反)綏雖睢荾(並音息遺反)偲司伺絲(並音巨攴反)卮枝祗肢(並音章移反)祇歧(並音巨支反)其期旗綦踑(並音渠之反)祈頎蘄幾畿(並音渠希反)僖

熙嬉嘻(並音許其反)希晞睎稀(並音虛幾反)霏妃菲騑(並音芳非反)飛非扉(並音匪肥反)尸屍蓍(並音式脂反)詩(書之反)巾(居人反)斤筋(舉欣反)篇偏(並音芳連反)穿(詳連反)里李裏(並音良止反)至贄(並脂利反)志(之吏反)利涖(並力至反)吏(力置反)寺嗣飼(並辭吏反)字牸(並疾置反)自(疾二反)置致躓鷙(並陟利反)器(去冀反)氣(去既反)亟(去吏反)冀穊(几利反)旣(居未反)覆(數救反又敷福反)副(數救反)富鍑(並府副反)若斯清濁實亦難分博學碩材乃有甄異此例極廣不可具言庶後學士幸留意焉

音字例

文或相似音或有異一字單錄乃恐致疑兩字連文檢尋稍易若音上字言上別之所音下字乃復書下有長句在文中須音則題其字

發字例

古書字少假借蓋多字或數音觀義點發皆依平上去入若發平聲每從寅起又一字三四音者同聲異喚一處共發恐難辯別故略舉四十二字如字初音者皆為正字不須點發

畜許六反養也又許救反六畜也又他六反聚也 從鉉容反隨也又縱容反南北長也又但容反又子勇反相勸也又從用反侍從也又足用反慫也 數色具反曆數述數也又色五反次第也又色角反頻也 傳逐戀反書傳也又逐全反相付也又張戀反驛也 卒子律反卒終也又蒼忽反急也尊忽反兵人也字體各別不辯故發之也 辟君也僻也又頻亦反罪也開也疋亦反邪也又疋跛反諭也又音避隱也又普覓反辟歷也 施書移反張也又式豉反與也又羊豉反延也 間紀閑反隙也又紀莧反間也又莧間反靜也 射蛇夜反射也又成亦反音石 夏胡馬反禹號也又胡嫁反春夏也又格雅反陽夏縣也 復符富反重也又音伏也又音福徐役之也 重直拱反尊也直龍反疊也又直用反累也 適聖石反寬也之也又丁歷反大也又張革反責也又音敵當也 汜音祀水在成皋又音凡邑名在襄城又孚劍反為水在定陶高帝即位處也又音夷楚人呼土為汜橋 樂音岳謂音樂也又音洛歡也又音五教反好也情願也 覆敷富反蓋也又敷福反再也 恐曲用反疑也又丘拱反懼也 惡烏各反㦶也又烏路反憎也又音烏謂於何也 斷端管反有物割截也又段緩反自相分也又端亂反斷疑事也 解佳買反除結縛也又核買反散也又佳債反台懂也又核誡反縫解 幾音機庶幾也又音祈近也又音記亦冀望字也又音紀錄也 過光卧

史記正義一　五

反度也罪過也又音戈經過也度前也 率所律反平例也率伏也又音類也又音刷徐廣云率即斂也又音色類反將帥也 屈丘勿反曲也又君勿反姓也又屢勿反盡也強也 上時讓反位也元在物之上又時掌反自下而上 王于方反人主也又于放反霸王也又盛也 長直良反久也又張丈反長上也又 藉才昔反名藉也又薦藉也又祖夜反即借也 培勃回反補也又蒲內反板也 勝音升又式證反 難乃冊反艱也乃旦反危也 使所里反又所吏反 相息羊反又息匠反 沈針甚反又針禁反又直今反又沈禁反厭没也 任入今反又入禁反 棺音官又古玩反又古患反斂之也 造曹早反七到反至也 妻七低反切帝反 費非味反用也又音祕邑也扶味反姓也

謚法解

惟周公旦太公望開嗣王業建功于牧野終將葬乃制謚遂叙謚法謚者行之迹號者功之表古者有大功則賜之善號以為稱也車服者位之章也是以大行受大名細行受細名行出於己名生於人名謂號謚

民無能名神不名一善

一德不懈簡一不委曲

靖民則法皇靖安

平易不訾簡不信訾毀

德象天地帝同於天帝

尊賢貴義恭尊事賢人寵貴義士

仁義所往王民往歸之

敬事供上恭供奉也

正義一　六

立志及衆公 志無私也

尊賢敬讓恭 敬有德讓有功

執應八方侯 所執行八方應之

既過能改恭 言自知

賞慶刑威君 能行四者

執事堅固恭 守正不移

從之成羣君 民從之

愛民長弟恭 順長接弟

揚善賦簡聖 所稱得人所善得實所賦得簡

執禮御賓恭 迎待賓也

敬賓厚禮聖 厚於禮

芘親之闕恭 脩德以益之

照臨四方明 以明照之

尊賢讓善恭 不專己善推於人

譖訴不行明 逆知之故不行

威儀悉備欽 威則可畏儀則可象

經緯天地文 成其道

大慮靜民定 思樹惠

道德博聞文 無不知

純行不爽定 行一不傷

學勤好問文 不恥下問

安民大慮定 以慮安民

慈惠愛民文 惠以成政

安民法古定 不失舊意

愍民惠禮文 惠而有禮

辟地有德襄 取之以義

賜民爵位文 與同升

甲胄有勞襄 亟征伐

綏柔士民德 安民以居安士以事

小心畏忌僖 思所當忌

剛彊直理武 剛無欲強不屈懷忠恕正曲直

質淵受諫釐 深故能受

諫爭不威德 不以威拒諫

有罰而還釐 知難而退

威彊敵德武 與有德者敵

溫柔賢善懿 性純淑

克定禍亂武 以兵征故能定

心能制義度 制事得宜

刑民克服武 法以正民能使服

聰明叡哲獻 有通知之聰

夸志多窮武 大志行兵多所窮極

知質有聖獻 有所通而無蔽

安民立政成 政以安定

五宗安之孝 五世之宗

淵源流通康 性無忌

慈惠愛親孝 周愛族親

溫柔好樂康 好豐年勤民事

秉德不回孝 順於德而不違

安樂撫民康 無四方之虞

協時肇享孝 協合肇始

合民安樂康 富而教之

執心克莊齊 能自嚴

布德執義穆 故穆穆

資輔就共齊 資輔佐而共成

中情見貌穆 性公露

甄心動懼頃 甄精

容儀恭美昭 有儀可象行恭可美

敏以敬慎頃 疾於所慎敬

昭德有勞昭 能勞謙

柔德安衆靖 成衆使安

聖聞周達昭 聖聖通合

恭己鮮言靖 恭己正身少言而中

治而無眚平 無災罪也

寬樂令終靖 性寬樂義以善自終

執事有制平 不任意

威德剛武圉 禦亂患

布剛治紀平 施之政事

彌年壽考胡 久也

由義而濟景 用義而成

保民耆艾胡 六十曰耆七十曰艾

耆意大慮景 耆強也

布義行剛景 以剛行義

追補前過剛 勤善以補過

清白守節貞 行清白執志固

猛以剛果威 猛則少寬果敢行

大慮克就貞 能大慮非正而何

猛以彊果威 強甚於剛

不隱無屈貞 恒然無私

彊義訙正威 問正言無邪

辟土服遠桓 以武正定

治典不殺祁秉常不衰
克敬動民桓敬以使之
大慮行節孝言成其節
辟土兼國桓兼人故啓土
治民克盡使克盡無恩惠
能思辯衆元別之使各有次
好和不爭安生而少斷
行義說民元民說其義
道德純一思道大而德一
始建國都元非善之長可以始之

大省兆民思大親民而不殺
主義行德元以義爲主行德政
外內思索思言求善
聖善周聞宣聞謂所聞善事也
追悔前過思思而能改
兵甲亟作莊以數征爲嚴
行見中外慤表裏
叡圉克服莊通邊圉使能服
狀古述今譽立言之稱
勝敵志強莊不撓故勝

昭功寧民商明有功者
死於原野莊非嚴何以死難
克殺秉政夷秉政不任賢
屢征殺伐莊以嚴整之
安心好靜夷不爽政
武而不遂莊武功不成
執義揚善德稱人之善
柔質慈民惠知其性
慈仁短折懷短未六十折未三十
愛民好與惠與謂施

述義不克丁不能成義
夙夜警戒敬敬身思戒
有功安民烈以武立功
秉德尊業烈
合善典法敬非敬何以善之
剛克爲伐翼伐功也
剛德克就肅成其敬使爲終
思慮深遠翼小心翼翼
執心決斷肅言嚴果
外內貞復白正而復終始一

不生其國聲 生於外家
不勤成名靈 任本性不見賢思齊
未家短折傷 未家未娶
死而志成靈 志事不忝命
愛民好治戴 好民治
死見神能靈 有鬼不為厲
典禮不愆戴 無過
亂而不損靈 不能以治損亂
短折不成殤 有知而夭殤
好祭鬼怪靈 瀆鬼神不致遠
隱拂不成隱 不以隱括改其性
極知鬼神靈 其智能聽徹
不顯尸國隱 以間主國
見美堅長隱 美過其令
殺戮無辜厲
官人應實知 能官人
愎很遂過剌 去諫曰愎反是曰很
肆行勞祀悼 放心勞於淫祀言不修德
不思忘愛剌 忘其愛己者
年中早夭悼 年不稱志

蚤孤短折哀 早未知人事
恐懼從處悼 從處言險圮
恭仁短折哀 體恭質仁功未施
凶年無穀荒 不務耕稼
好變動民躁 數移徙
外內從亂荒 家不治官不治
不悔前過戾 知而不改
好樂怠政荒 淫於聲樂怠於政事
怙威肆行醜 肆意行威
在國遭憂愍 仍多大喪
壅遏不通幽 弱損不凌
在國逢難愍 兵寇之事
蚤孤鋪位幽 鋪位即位而卒
禍亂方作愍 國無政動長亂
動祭亂常幽 易神之班
使民悲傷愍 苛政賊害
柔質受諫慧 以虛受人
貞心大度匡 心正而用察少
名實不爽質 不傷言相應
德正應和莫 正其德應其和

温良好樂良 言其人可好可樂

施勤無私類 無私惟義所在

慈和徧服順 能使人皆服其慈和

思慮果遠明 自任多近於專

博聞多能憲 雖多能不至於大道

嗇於賜與愛 言貪恡

滿志多窮惑 自足者必不惑

危身奉上忠 險不辭難

思慮不爽厚 不差所思而得

克威捷行魏 有威而敏行

好內遠禮煬 朋淫於家不奉禮

克威惠禮魏 雖威不逆禮

去禮遠衆煬 不率禮不親長

教誨不倦長 以道教之

內外賓服正 言以正服之

肇敏行成直 始疾行成言不深

彰義揜過堅 明義以蓋前過

跳遠繼位紹 非其身過得之

華言無實夸 恢誕

好廉自克節 自勝其清欲

逆天虐民抗 背尊大而逆之

好更改舊易 變故改常

名與實爽繆 言名美而實傷

愛民在刑克 道之以政齊之以法

擇善而從比 比方善而從之

除殘去虐湯

隱哀也景武也施德爲文除惡爲武辟地爲襄服遠爲桓剛克爲僖施而不成爲宣惠無內德爲平亂而不損爲靈由義而濟爲景餘皆象也 以其所爲謚象其事行

和會也勤勞也尊脩也爽傷也肇始也怙恃也享祀也胡大也秉順也就會也錫與也典常也肆放也康虛也叡聖也惠愛也綏安也堅長也耆彊也考成也周至也懷思也武法也布施也敏疾也速也載事也彌文也以前周書謚法周代君王並取作謚故全寫一篇以傳後學

○漢書地理志云本秦京師爲內史 顏師古云京師天子所居畿內也秦并天下改立郡縣而京畿所統特號內史言其在內以別於諸郡守也百官表云內史周官秦因之掌治京師景帝二年分置左內史右內史武帝太初元年更名京兆尹左內史名馮翊主爵中尉秦官掌列侯景帝六年更名都尉武帝太初元年更名右扶風治內史與左馮翊京兆尹是爲三輔也

秦地於天官東井輿鬼之分埜其界自弘農故

關以西京兆扶風馮翊北地上郡西河安定天水隴西南有巴蜀廣漢犍爲武都西有金城武威張掖酒泉敦煌又西南有牂牁越巂益州

魏地觜觿參之分埜其界自高陵以東盡河東河內南有陳留及汝南之召陵㶏彊新汲西華長平潁川之舞陽郾陵河南之開封中牟陽武酸棗卷（卷去權反）

史正又一　十七

周地柳七星張之分埜今之河南洛陽穀城平陰偃師鞏緱氏

韓地角亢氐之分埜韓分晉得南陽郡及潁川之父城定陵襄城潁陽潁陰長社陽翟郟東接汝南西接弘農得新安宜陽鄭今河南之新鄭及成皐滎陽潁川之崇高城陽

趙地昴畢之分埜趙分晉得趙國北有信都眞定常山又得涿郡之高陽莫州鄉東有廣平鉅鹿清河河間又得勃海郡之東平舒中邑文安東州成平章武河以北也南至浮水繁陽內黃斥丘西有太原定襄雲中五原上黨

燕地尾箕之分埜召公封於燕後三十六世與六國俱稱王東有漁陽右北平遼西遼東西有上谷代郡鴈門南有涿郡之易容城范陽北有新成故安涿縣良鄉新昌及勃海之安次樂浪玄菟亦宜屬焉

齊地虛危之分埜東有菑川東萊瑯耶高密膠東南有泰山城陽北有千乘清河以南勃海之高樂高城重合陽信西有濟南平原

魯地奎婁之分埜東至東海南有泗水至淮得臨淮之下相睢陵僮取慮

宋地房心之分埜今之沛梁楚山陽濟陰東平及東郡之須昌壽張今之睢陽

史正又一　十八

衞地營室東壁之分埜今之東郡及魏郡之黎陽河內之野王朝歌

楚地翼軫之分埜今之南郡江夏零陵桂陽武陵長沙及漢中汝南郡後陳魯屬焉

吳地斗牛之分埜今之會稽九江丹陽豫章廬江廣陵六安臨淮郡

粵地牽牛婺女之分埜今之蒼梧鬱林合浦交阯九眞南海日南

以前是戰國時諸國界域及相侵伐犬牙深入然亦不能委細故略記之用知大略

史記正義論例謚法解

史記目録

集解宋中郎外兵曹參軍裴　駰

補史唐朝散大夫國子博士弘文館學士

河内司馬　貞

索隱唐朝散大夫國子博士弘文館學士

河内司馬　貞

正義唐諸王侍讀宣義郎守右清道率

府長史張　守節

帝紀

第一卷　史記一

三皇　司馬貞補史

五帝

第二卷　史記二

夏

第三卷　史記三

殷

第四卷　史記四

周

第五卷　史記五

秦昭襄王

第六卷　史記六

莊襄王

秦始皇帝

二世皇帝

第七卷　史記七

項羽

第八卷　史記八

漢高祖

第九卷　史記九

吕太后

第十卷　史記十

孝文帝

第十一卷　史記十一

孝景帝

第十二卷　史記十二

孝武帝

年表

第一卷　史記十三

三代世表

第二卷　史記十四

十二諸侯年表

第三卷　史記十五

六國年表

第四卷　史記十六

秦楚之際月表

第五卷　史記十七

漢興以來諸侯年表

第六卷　史記十八

高祖功臣侯年表

第七卷　史記十九

惠景閒侯者年表

第八卷　史記二十

建元以來侯者年表

第九卷　史記二十一

建元以來王子侯者年表

第十卷　史記二十二

漢興以來將相名臣年表

八書

第一卷　史記二十三

禮書

第二卷　史記二十四

樂書

第三卷　史記二十五

律書

第四卷　史記二十六

歷書

第五卷　史記二十七

天官書

第六卷　史記二十八

封禪書

第七卷　史記二十九

河渠書

第八卷　史記三十
平準書
世家
第一卷　史記三十一
吳太伯
第二卷　史記三十二
齊太公
第三卷　史記三十三
魯周公

第四卷　史記三十四
燕召公
第五卷　史記三十五
管蔡
第六卷　史記三十六
陳杞
第七卷　史記三十七
衛康叔
第八卷　史記三十八

宋微子
第九卷　史記三十九
晉
第十卷　史記四十
楚
第十一卷　史記四十一
越王句踐
第十二卷　史記四十二
鄭

第十三卷　史記四十三
趙
第十四卷　史記四十四
魏
第十五卷　史記四十五
韓
第十六卷　史記四十六
田敬仲完
第十七卷　史記四十七

列傳

司馬穰苴
第五卷　史記六十五
孫武　吳起
第六卷　史記六十六
伍子胥
第七卷　史記六十七
仲尼弟子
第八卷　史記六十八
商君鞅

史記目　九

第九卷　史記六十九
蘇秦
第十卷　史記七十
張儀　陳軫
犀首
第十一卷　史記七十一
樗里子　甘茂
甘羅
第十二卷　史記七十二

穰侯
第十三卷　史記七十三
白起　王翦
第十四卷　史記七十四
孟軻　淳于髡
慎到　騶奭
荀卿
第十五卷　史記七十五
孟嘗君

史記目　十

第十六卷　史記七十六
平原君　虞卿
第十七卷　史記七十七
信陵君
第十八卷　史記七十八
春申君
第十九卷　史記七十九
范睢　蔡澤
第二十卷　史記八十

樂毅
第二十一卷　史記八十一
廉頗　藺相如
趙奢　李牧
第二十二卷　史記八十二
田單
第二十三卷　史記八十三
魯仲連　鄒陽
第二十四卷　史記八十四

屈原　賈誼
第二十五卷　史記八十五
呂不韋
第二十六卷刺客　史記八十六
曹沫　專諸
豫讓　聶政
荆軻
第二十七卷　史記八十七
李斯

第二十八卷　史記八十八
蒙恬
第二十九卷　史記八十九
張耳　陳餘
第三十卷　史記九十
魏豹　彭越
第三十一卷　史記九十一
黥布
第三十二卷　史記九十二

淮陰侯
第三十三卷　史記九十三
韓王信　盧綰
第三十四卷　史記九十四
田儋　田横
第三十五卷　史記九十五
樊噲　酈商
夏侯嬰　灌嬰
第三十六卷　史記九十六

張蒼　周昌
任敖　申屠嘉
韋賢　魏相
邴吉　黄霸
韋玄成　匡衡
第三十七卷　史記九十七
酈食其　陸賈
朱建

史巳目　十三

第三十八卷　史記九十八
傅寬　靳歙
周緤
第三十九卷　史記九十九
劉敬　叔孫通
第四十卷　史記一百
季布　欒布
第四十一卷　史記一百一
袁盎　鼂錯
第四十二卷　史記一百二

張釋之　馮唐
第四十三卷　史記一百三
石奮　衛綰
直不疑　周文
張叔
第四十四卷　史記一百四
田叔 子仁　任安
第四十五卷　史記一百五
扁鵲　倉公

史巳目　十四

第四十六卷　史記一百六
吴王濞
第四十七卷　史記一百七
竇嬰　田蚡
灌夫
第四十八卷　史記一百八
韓安國
第四十九卷　史記一百九
李廣

第五十卷　史記百一十
匈奴
第五十一卷　史記百一十一
衛青
第五十二卷　史記百一十二
公孫弘　主父偃
第五十三卷　史記百一十三
南越尉佗
第五十四卷　史記百一十四
東越
第五十五卷　史記百一十五
朝鮮
第五十六卷　史記百一十六
西南夷
第五十七卷　史記百一十七
司馬相如
第五十八卷　史記百一十八
淮南厲王　淮南王安

衡山王
第五十九卷循吏　史記百一十九
孫叔敖　子產
公儀休　石奢
李離
第六十卷　史記百二十
汲黯　鄭當時
第六十一卷儒林　史記百二十一
申生　轅固生
韓生　伏勝
董仲舒　胡毋生
第六十二卷酷吏　史記百二十二
郅都　甯成
周陽由　趙禹
張湯　義縱
王溫舒　楊僕
減宣　杜周
第六十三卷　史記百二十三

大宛

第六十四卷 游俠 史記百二十四

朱家 劇孟

郭解

第六十五卷 佞幸 史記百二十五

鄧通 韓嫣

李延年

第六十六卷 滑稽 史記百二十六

淳于髡 優孟

優旃 東方朔

東郭先生 王先生

西門豹

第六十七卷 日者 史記百二十七

司馬季主

第六十八卷 史記百二十八

龜策

第六十九卷 貨殖 史記百二十九

范蠡 子貢

白圭 猗頓

卓氏 程鄭

宛孔氏 師史

任氏

第七十卷 史記百三十

太史公自序

帝紀一十二卷

年表一十卷

八書八卷

世家三十卷

列傳七十卷

建安黄氏刻梓

史記目録

三皇本紀

補史記 小司馬氏撰并注

小司馬氏云太史公作史記古今君臣宜應上自開闢下迄當代以爲一家之首尾今闕三皇而以五帝爲首者正以大戴禮有五帝德篇又帝世皆叙自黃帝已下故因以五帝本紀爲首其實三皇已還載籍罕備然君臣之始教化之先既論古史不合全闕近代皇甫謐作帝王代紀徐整作三五曆皆論三皇已來事斯亦近古之一證今並採而集之作三皇本紀雖復淺近聊補闕云

太皡庖犧氏風姓代燧人氏繼天而王母曰華胥履大人迹於雷澤而生庖犧於成紀蛇身人首按伏犧風姓出國語其華胥已下出帝王世紀然雷澤澤名即舜所漁之地在濟陰成紀亦地名按天水有成紀縣有聖德仰則觀象於天俯則觀法於地旁觀鳥獸之文與地之宜近取諸身遠取諸物始畫八卦以通神明之德以類萬物之情造書契以代結繩之政於是始制嫁娶以儷皮爲禮按譙周古史考伏犧制嫁娶以儷皮爲禮也結網罟以教佃漁故曰宓犧氏按事出漢書歷志宓音伏養犧牲以庖廚故曰庖犧有龍瑞以龍紀官號曰龍師作三十五弦之瑟木德王注春令故易稱帝出乎震月令孟春其帝太皡是也按位在東方象日之明故稱太皡皡明也都於陳東封太山立一十一年崩按皇甫謐伏犧葬南郡或曰冢在山陽高平之西也其後裔當春秋時有任宿須句顓臾皆風姓之胤也女媧氏亦風姓蛇身人首有神聖之德代宓犧立號曰女希氏無革

造惟作笙簧按禮明堂位及世本皆云女媧作簧故易不載不承五運一曰女媧亦木德王蓋宓犧之後已經數世金木輪環周而復始特舉女媧以其功高而充三皇故頻木王也當其末年也諸侯有共工氏任智刑以強霸而不王以水乘木乃與祝融戰不勝而怒乃頭觸不周山崩天柱折地維缺女媧乃鍊五色石以補天斷鼇足以立四極聚蘆灰以止滔水以濟冀州按其事出淮南子也於是地平天成不改舊物女媧氏沒神農氏作按三皇記者不同譙周以燧人爲皇宋均以祝融爲皇而鄭玄依春秋緯以女媧爲皇承伏犧皇甫謐亦同今依之爲説也炎帝神農氏姜姓母曰女登有媧氏之女爲少典妃感神龍而生炎帝人身牛首長於姜水因以爲姓按國語炎帝黃帝皆少典之子其母又皆有蟜氏之女據諸子及古史考炎帝之後凡八代五百餘年軒轅氏代之豈炎帝黃帝是昆弟而同母氏乎皇甫謐以爲少典有蟜氏諸侯國號然則姜姬二帝同出少典氏黃帝之母又是神農母氏之後代女所同是有蟜氏之女也火德王故曰炎帝以火名官斲木爲耜揉木爲耒耒耨之用以教萬人始教耕故號神農氏於是作蜡祭以赭鞭鞭草木始嘗百草始有醫藥又作五弦之瑟教人日中爲市交易而退各得其所遂重八卦爲六十四爻初都陳後居曲阜按今淮陽有神農井又左傳魯有大庭氏之庫是也立一百二十年

崩葬長沙神農本起烈山故左氏稱烈山氏之子曰柱亦曰厲山氏禮曰厲山氏之有天下是也按鄭玄云厲山神農所起亦曰有烈山皇甫謐曰厲山今隨之厲鄉也神農納奔水氏之女曰聽訞爲妃生帝哀哀生帝克克生帝榆罔凡八代五百三十年而軒轅氏興焉按神農之後凡八代事見帝王代紀及古史考然古典亡矣況譙皇二氏皆前聞君子考按古書而爲此說豈至今鑿空乎此紀亦據以爲說其易稱神農氏沒即榆罔榆罔猶襲神農之號也其後有州甫甘許戲露齊紀怡向申呂皆姜姓之後並爲諸侯或分四岳當周室甫侯申伯爲王賢相齊許列爲諸侯霸於中國蓋聖人德澤廣大故其祚胤繁昌久長

史記三皇紀　三

云一說三皇謂天皇地皇人皇爲三皇既是開闢之初君臣之始圖緯所載不可全弃故兼序之天地初立有天皇氏十二頭澹泊無所施爲而俗自化木德王歲起攝提兄弟十二人立各一萬八千歲蓋天地初立神人首出行化故其年世長久也然言十二頭者非謂一人之身有十二頭蓋古質比之鳥獸頭數故也地皇十一頭火德王姓十一人興於熊耳龍門等山亦各萬八千歲人皇九頭乘雲車駕六羽出谷口兄弟九人分長九州各立城邑凡一百五十世合四萬五千六百年天皇已下皆出河圖及三五曆也自人皇已後有五龍氏五龍氏兄弟五人並乘龍上下故曰五龍氏也燧人氏按其君鑽燧出火教人孰食在伏犧氏前譙周以爲三皇之首也大庭氏栢皇氏中央氏卷須氏栗陸氏驪連氏赫胥氏尊盧氏渾沌氏昊英氏有巢氏朱襄氏葛天氏陰康氏無懷氏斯蓋三皇已來有天下者之號按皇甫謐以爲大庭已下一十五君皆襲庖犧之號事不經見難可依從然按古封太山者首有無懷氏乃在太昊之前豈得如謐所說但載籍不紀莫知姓王年代所都之處而韓詩以爲自古封太山禪梁甫者萬有餘家仲尼觀之不能盡識管子亦曰古封太山七十二家夷吾所識十有二焉首有無懷氏然則無懷之前天皇已後年紀悠邈皇王何昇而告但古

史記三皇紀　四

書亡矣不可備論豈得謂無帝王耶故春秋緯稱自開闢至於獲麟凡三百二十七萬六千歲分爲十紀凡世七萬六百年一曰九頭紀二曰五龍紀三曰攝提紀四曰合雒紀五曰連通紀六曰序命紀七曰脩飛紀八曰回提紀九曰禪通紀十曰流訖紀蓋流訖當黃帝時制九紀之間是以錄於此補紀之也

史壹阡柒拾壹字

注柒伯舉玖字

三皇本紀　　補史記

五帝本紀第一

史記一

裴駰曰凡是徐氏義稱徐姓名以別之餘者悉是駰註解并集衆家義。司馬貞索隱曰紀者記也本其事而記之故曰本紀又紀理也絲縷有紀而帝王書稱紀者言爲後代綱紀也。正義曰鄭玄注中候勑省圖云德合五帝坐星者稱帝又坤靈圖云德配天地在正不在私曰帝按太史公依世本大戴禮以黄帝顓頊帝嚳唐堯虞舜爲五帝譙周應劭宋均皆同而孔安國尚書序皇甫謐帝王世紀孫氏注世本並以伏犧神農黄帝爲三皇少昊顓頊高辛唐虞爲五帝裴松之史目云天子稱本紀諸侯曰世家本者繫其本系故曰本紀者理也統理衆事繫之年月名之曰紀第者次序之目一者舉數之由故曰五帝本紀第一。又曰禮云動則左史書之言則右史書之正義云左陽故記動右陰故記言言爲尚書事爲春秋按春秋時置左右史故云史記也

黄帝者徐廣曰號有熊。索隱曰按有土德之瑞土色黄故稱黄帝猶神農火德王而稱炎帝然也此以黄

帝爲五帝之首蓋依大戴禮五帝德又譙周宋均亦以爲然而孔安國皇甫謐帝王代紀及孫氏註系本並以伏犧神農黄帝爲三皇少昊高陽高辛唐虞爲五帝註號有熊者以其本是有熊國君之子故也都軒轅之丘因以爲名又以爲號又據左傳亦號帝鴻氏也。正義曰輿地志云涿鹿本名彭城黄帝初都遷有熊也按黄帝有熊國君乃少典國君之次子號曰有熊氏又曰縉雲氏又曰帝鴻氏亦曰帝軒氏母曰附寶之祁野見大電繞北斗樞星感而懷孕二十四月而生黄帝於壽丘壽丘在魯東門之北今在兖州曲阜縣東北六里生日角龍顏有景雲之瑞以土德王故曰黄帝封泰山禪亭亭在牟陰**少典之子**譙周曰有熊國君少典之子也皇甫謐曰有熊今河南新鄭是也。索隱曰少典者諸侯國號非人名也又按國語云少典娶有蟜氏女生炎帝然則炎帝亦少典之子炎黄二帝雖則承帝王代紀中間凡隔八帝五百餘年若以少典是其父名豈黄帝經五百餘年而始代炎帝後爲天子乎何其年之長也又按秦本紀云顓頊氏之裔孫曰女脩吞玄鳥之卵而生大業大業娶少典氏而生栢翳明少典是國號非人名也黄帝即少典氏後代之子孫賈逵亦以左傳高陽氏有才子八人亦謂其後代子孫而稱爲子是也譙周字允南蜀人魏散騎常侍徵不

拜此註所引者是其人所著古史考之說也皇甫謐字士安晉人號玄晏先生今所引者是其所作帝王世紀也**姓公孫名曰軒轅**索隱曰按皇甫謐云黄帝生於壽丘長於姬水因以爲姓居軒轅之丘因以爲名又以爲號是本姓公孫長居姬水因改姓姬**生而神靈弱而能言**索隱曰弱謂幼弱時也蓋未合能言之時而黄帝即言所以爲神異也潘岳有哀弱子篇其子未七旬曰弱。正義曰言神異也易曰陰陽不測之謂神書云人惟萬物之靈故謂之神靈也**幼而徇齊**徐廣曰墨子曰年踰十五則聰明心慮無不徇通矣駰案徇疾齊速也言聖德幼而疾速也。索隱曰斯文未明今案徇齊皆德也書曰聰明齊聖左傳曰子雖齊聖齊謂聖德齊肅又按孔子家語及大戴禮並作叡齊一本作慧齊叡慧皆智也太史公採大戴禮而爲此紀今彼文無作徇者史記舊本亦有作濬齊蓋古字假借徇爲濬濬深也義亦並通爾雅齊速俱訓爲疾尚書大傳曰多聞而齊給鄭註云齊疾也今裴氏註云徇亦訓疾未見所出或當讀徇爲迅迅於爾雅與齊俱訓疾則迅濬雖異字而音同也又爾雅曰宣徇遍也濬通也是遍之與通義亦相近言黄帝幼而才智周遍且辯給也故墨子亦云年踰五十則聰明心慮不徇

通矣俗本作十五非是按謂年老踰五十不聰明何得云十五**長而敦敏成而聰明**正義曰成謂年二十冠成人也聰明聞見明辯也此以上至軒轅皆大戴禮文**軒轅之時神農氏世衰**皇甫謐曰易稱庖犧氏沒神農氏作是爲炎帝班固曰教民耕農故號曰神農。索隱曰世衰謂神農氏後代子孫道德衰薄非指炎帝之身即班固所謂參盧皇甫謐所云帝榆罔是也。正義曰帝王世紀云神農氏姜姓也母曰任姒有蟜氏女登爲少典妃遊華陽有神龍首感生炎帝人身牛首長於姜水有聖德以火德王故號炎帝初都陳又徙魯又曰魁隗氏又曰連山氏又曰列山氏括地志云厲山在隨州隨縣北百里山東有石穴曰神農生於厲鄉所謂列山氏也春秋時爲厲國**諸侯相侵伐暴虐百姓而神農氏弗能征於是軒轅乃習用干戈以征不享**索隱曰謂用干戈以征諸侯之不朝享者本或作亭亭訓直以征諸侯之不直者**諸侯咸來賓從而蚩尤最爲暴莫能伐**應劭曰蚩尤古天子瓚曰孔子三朝記曰蚩尤庶人之貪者。索隱

曰按此紀云諸侯相侵伐蚩尤最爲暴則蚩尤非爲天子也又管子曰蚩尤受盧山之金而作五兵明非庶人盖諸侯號也劉向别録云孔子見魯哀公問政比三朝退而爲此記故曰三朝凡七篇並入大戴禮今此文見用兵篇也。正義曰龍魚河圖云黄帝攝政有蚩尤兄弟八十一人並獸身人語銅頭鐵額食沙造五兵仗刀戟大弩威振天下誅殺無道萬民欽命黄帝行天子事黄帝以仁義不能禁止蚩尤乃仰天而歎天遣玄女下授黄帝兵符伏蚩尤後天下復擾亂黄帝遂畫蚩尤形像以威天下咸謂蚩尤不死八方皆爲殄滅山海經云黄帝令應龍攻蚩尤蚩尤請風伯雨師以從大風雨黄帝乃下天女曰魃以止雨雨止遂殺蚩尤孔安國曰九黎君號蚩尤是也**炎帝欲侵陵諸侯諸侯咸歸軒轅軒轅乃修德振兵**正義曰振整也**治五氣**王肅曰五行之氣。索隱曰謂春甲乙木氣夏丙丁火氣之屬是五氣也**藝五種**藝樹也詩云藝之荏菽周禮曰穀宜五種鄭玄曰五種黍稷菽麥稻也。索隱曰藝音蓺種也樹也五種即五穀也音朱用反此註所引見詩大雅生民之篇爾雅云荏菽戎也郭璞曰今之胡豆鄭氏曰豆之大者是也。正義曰藝音魚曳反種音腫

撫萬民度四方王肅曰度四方而安撫之。正義曰度音徒洛反**教熊羆貔貅貙虎**索隱曰書云如虎如貔爾雅云貔白狐禮曰前有摯獸則載貔貅是也爾雅又曰貙獌似貍此六者猛獸可以教戰周禮有服不氏掌教擾猛獸即古服牛乘馬亦其類也。正義曰熊音雄羆音碑貔音毗貅音休貙音丑于反羆如熊黄白色郭璞云貔執夷虎屬也按言教士卒習戰以猛獸之名名之用威敵也**以與炎帝戰於阪泉之野**服虔曰阪泉地名皇甫謐曰在上谷。正義曰阪音白板反括地志云阪泉今名黄帝泉在嬀州懷戎縣東五十六里出五里至涿鹿東北與涿水合又有涿鹿故城在嬀州東南五十里本黄帝所都也晉太康地里志云涿鹿城東一里有阪泉上有黄帝祠按阪泉之野則平野之地也**三戰然後得其志**正義曰謂黄帝克炎帝之後**蚩尤作亂不用帝命**正義曰言蚩尤不用黄帝之命也**於是黄帝乃徵師諸侯與蚩尤戰於涿鹿之野**服虔曰涿鹿山名在涿郡張晏曰涿鹿在上谷。索隱曰或作濁鹿古今字異耳按地理志上谷有涿鹿

縣然則服虔云在涿郡者誤也**遂禽殺蚩尤**皇覽曰蚩尤冢在東平郡壽張縣闞鄉城中高七丈民常十月祀之有赤氣出如匹絳帛民名爲蚩尤旗肩髀冢在山陽郡鉅野縣重聚大小與闞冢等傳言黄帝與蚩尤戰於涿鹿之野黄帝殺之身體異處故别葬之。索隱曰按皇甫謐云黄帝使應龍殺蚩尤于凶黎之谷或曰黄帝斬蚩尤于中冀因名其地曰絶轡之野皇覽書名也記先代冢墓之處宜皇王之省覽故曰皇覽是魏人王象繆襲等所撰也**而諸侯咸尊軒轅爲天子代神農氏是爲黄帝天下有不順者黄帝從而征之平者去之**正義曰平服者即去也**披山通道**徐廣曰披他本亦作陂字盖當爲陂陂者旁其邊之謂也披語誠合今世然古今不必同也。索隱曰披音如字謂披山林草木而行以通道也徐廣音詖恐稍紆也**未嘗寧居東至于海登丸山**徐廣曰丸一作凡。駰案地理志曰丸山在郎耶朱虚縣。索隱曰凡音扶嚴反。正義曰丸音桓括地志云丸山即丹山在青州臨朐縣界朱虚故縣西北二十里丹水出焉凡音紈守節括地志唯有

凡山蓋凡山丸山是一山耳諸處字誤或丸或凡也漢書郊祀志云禪丸山顔師古云在朱虚亦與括地志相合明丸山是也**及岱宗**正義曰泰山東岳也在兖州博城縣西北三十里也**西至于空桐**應劭曰山名韋昭曰在隴右**登雞頭**索隱曰山名也後漢王孟塞雞頭道在隴西一曰崆峒山之別名。正義曰括地志云空桐山在肅州福祿縣東南六十里抱朴子內篇云黄帝西見中黄子受九品之方過空桐從廣成子受自然之經即此山括地志又云笄頭山一名崆峒山在原州平陽縣西百里禹貢涇水所出輿地志云或即雞頭山也酈元云蓋大隴山異名也莊子云廣成子學道崆峒山黄帝問道於廣成子蓋在此按二處崆峒皆云黄帝登之未詳孰是**南至于江登熊湘**封禪書曰南伐至于召陵登熊山地理志曰湘山在長沙益陽縣。正義曰括地志云熊耳山在商州洛縣西十里齊桓公登之以望江漢也湘山一名編山在岳州巴陵縣南十八里也**北逐葷粥**匈奴傳曰唐虞以上有山戎獫狁葷粥居于北蠻。索隱曰匈奴別名也唐虞已上曰山戎亦曰薰粥夏曰淳維殷曰鬼方周曰玁狁漢曰匈奴。正義曰葷音熏粥音育**合符釜山**索隱曰合諸侯符契

圭端而朝之於釜山猶禹會諸侯於塗山然也又按郭子橫洞冥記稱東方朔云東海大明之墟有釜山山出瑞雲應王者之符命如堯時有赤雲之祥之類蓋黃帝黃雲之瑞故曰合符應於釜山也。正義曰括地志云釜山在嬀州懷戎縣北三里山上有舜廟 **而邑于涿鹿之阿** 正義曰廣平曰阿涿鹿山名已見上涿鹿故城在山下即黃帝所都之邑於山下平地 **遷徙往來無常處以師兵為營衛** 正義曰環繞軍兵為營以自衛若轅門即其遺象 **官名皆以雲命為雲師** 應劭曰黃帝受命有雲瑞故以雲紀事也春官為青雲夏官為縉雲秋官為白雲冬官為黑雲中官為黃雲張晏曰黃帝有景雲之應因以名師與官 **置左右大監監于萬國** 正義曰監上監去聲下監平聲若周邵分陝也 **萬國和而鬼神山川封禪與為多焉** 徐廣曰多一作朋。索隱曰與音羊汝反與猶許也言萬國和同而鬼神山川封禪祭祀之事自古以來帝皇之中推許黃帝以為多多猶大也 **獲寶鼎迎日推策** 晉灼曰策數也迎數之也瓚曰日月朔望未來

而推之故曰迎日。索隱曰封禪書曰黃帝得寶鼎神策下云於是推策迎日則神策者神蓍也黃帝得蓍以推筭歷數於是逆知節氣日辰之將來故曰推策迎日也。正義曰筴音策迎逆也黃帝受神筴大撓造甲子容成造曆是也 **舉風后力牧常先大鴻** 鄭玄曰風后黃帝三公也班固曰力牧黃帝相也。正義曰舉任用四人皆帝臣也帝王世紀云黃帝夢大風吹天下之塵垢皆去又夢人執千鈞之弩驅羊萬羣帝寤而歎曰風為號令執政者也垢去土后在也天下豈有姓風名后者哉夫千鈞之弩異力者也驅羊數萬羣能牧民為善者也天下豈有姓力名牧者也於是依二占而求之得風后於海隅登以為相得力牧於大澤進以為將黃帝因著占夢經十一卷藝文志云風后兵法十三篇圖二卷孤虛二十卷力牧兵法十五篇鄭玄云風后黃帝之三公也按黃帝仰天地置列侯衆官以風后配上台天老配中台五聖配下台謂之三公也封禪書云鬼臾區號大鴻黃帝大臣也死葬雍故鴻冢是藝文志云鬼容區兵法三篇也 **以治民順天地之紀** 正義曰言黃帝順天地陰陽四時之紀也 **幽明之占** 正義曰幽陰明陽也占數也言陰陽五行黃帝占數而知之此文見大戴禮 **死生**

之說 徐廣曰一云幽明之數合死生之說。正義曰說謂儀制也民之生死此謂作儀制禮則之說 **存亡之難** 索隱曰存亡猶安危也易曰危者安其位亡者保其存是也難猶說也凡事是非未盡假以往來之詞則曰難又上文有死生之說故此云存亡之難所以韓非著書有說林說難也。正義曰難音乃憚反存亡猶生死也黃帝之前未有衣裳屋宇及黃帝造屋宇制衣服營殯葬萬民故免存亡之難 **時播百穀草木** 王肅曰時是也。索隱曰為一句。正義曰言順四時之所置而布種百穀草木也 **淳化鳥獸蟲蛾** 索隱曰為一句蛾音牛綺反一作豸豸言淳化廣被及之。正義曰蛾音魚起反又音豸豸音直氏反蟻蚍蜉也爾雅曰有足曰虫無足曰豸 **旁羅日月星辰水波土石金玉** 徐廣曰波一作沃。索隱曰旁非一方羅廣布也今按大戴禮作歷離離即羅也言帝德旁羅日月星辰水波及至土石金玉謂日月揚光海水不波山不藏珍皆是帝德廣被也。正義曰旁羅猶遍布也日月陰陽時節也星二十八宿也辰日月所會也水波瀾漪也言天不異災土無別害水少波浪山出珍寶 **勞勤心力耳目節用水火**

材物 正義曰節時節也水陂障決洩也火山野禁放也材木也物事也言黃帝教民江湖陂澤山林原隰皆收採禁捕以時用之有節令得其利也大戴禮云宰我問於孔子曰予聞榮伊曰黃帝三百年請問黃帝者人耶何以至三百年孔子曰勞勤心力耳目節用水火材物生而民得其利百年死而民畏其神百年亡而民用其教百年故曰三百年也 **有土德之瑞故號黃帝** 索隱曰炎帝火黃帝土代之即黃龍地螾見是也螾土精大五六圍長十餘丈螾音引。正義曰螾音以刃反 **黃帝二十五子其得姓者十四人** 索隱曰舊解破四為三言得姓十三人耳今按國語胥臣云黃帝之子二十五宗其得姓者十四人為十二姓姬酉祁己滕葴任荀僖姞儇依是也唯青陽與夷鼓同己姓又云青陽與蒼林為姬姓上則十四人為十二姓其文甚明唯姬姓再稱青陽與蒼林蓋國語文誤所以致令前儒共疑其姬姓青陽當為己姓是帝嚳祖本與黃帝同姬姓其國語上文青陽即是少昊金天氏為己姓者耳既理在不疑無煩破四為三。正義曰僖音力其反姞其吉反嬛音在宣反 **黃帝居軒轅之丘** 皇甫謐曰受國於有熊居軒轅之丘故因以為名又以為號山

海經曰在窮山之際西射之南張晏曰作軒冕之服故謂之軒轅而娶於西陵之女正義
曰西陵國名也是為嫘祖徐廣曰祖一作俎嫘力追反。索隱曰一曰雷祖音力堆反。正義曰一作傫
嫘祖為黃帝正妃索隱曰按黃帝立四妃象后妃四星皇甫謐云元妃西陵氏女曰累祖生
昌意次妃方雷氏女曰女節生青陽次妃彤魚氏女生夷鼓一名蒼林次妃嫫母班在三人之下按國語夷鼓蒼林是二
人又按漢書古今人表彤魚氏生夷鼓嫫母生蒼林不得如謚所說生二子其後皆有天
下其一曰玄囂是為青陽太史公曰據大戴禮以累祖生昌意及玄囂玄囂即
青陽也皇甫謐以青陽為少昊乃方雷氏所生是其所見異也。索隱曰玄囂帝嚳之祖按皇甫謐及宋衷皆云玄囂青
陽即少昊也今此紀下云玄囂不得在帝位則太史公意青陽非少昊明矣而此又云玄囂是為青陽當是誤也謂二人
皆黃帝子並列其名所以前史因誤以玄囂青陽為一人耳宋衷又云玄囂青陽是為少昊繼黃帝立者而史不敘蓋少
昊金德王非五運之次故敘五帝不數之也青陽降居江水正義曰括地志云安陽故城在
豫州新息縣西南八十里應劭云古江國也地理志亦云安陽古江國也其二曰昌意降居
若水索隱曰降下也言帝子為諸侯降居江水若水皆在蜀即所封國也水經曰水出旄牛徼外東南至
故關為若水南過邛都又東北至朱提縣為盧江水是蜀有此二水也昌意娶蜀山氏女
曰昌僕生高陽高陽有聖德焉正義曰華陽國志及十三州志云蜀
之先肇於人皇之際黃帝為子昌意娶蜀山氏後子孫因封焉帝顓頊高陽氏黃帝之孫昌意之子母曰昌僕亦謂之女
樞河圖云瑤光如蜺貫月正白感女樞於幽房之宮生顓頊首戴干戈有德文也黃帝崩皇甫謐曰在位
百年而崩年百一十一歲。索隱曰按大戴禮宰我問孔子曰榮伊言黃帝三百年請問黃帝何人也抑非人也何以至
三百年乎對曰生而人得其利百年死而人畏其神百年亡而人用其教百年則士安之說略可憑矣。正義曰列仙傳
云軒轅自擇亡日與羣臣辭還葬橋山山崩棺空唯有劒舄在棺焉葬橋山皇覽曰皇帝冢在上郡橋山。
索隱曰地理志橋山在上郡同陽縣山有黃帝冢也。正義曰括地志云黃帝陵在寧州羅川縣東八十里子午山地理

志云上郡陽周縣橋山南有黃帝冢按陽周隋改為羅川爾雅云山鋭而高曰橋也其孫昌意之
子高陽立是為帝顓頊也
帝顓頊高陽者皇甫謐曰都帝丘今東郡濮陽是也。索隱曰宋衷云顓頊名高陽有天下號
也張晏曰高陽者所興地名也黃帝之孫而昌意之子也靜淵以
有謀疏通而知事養材以任地索隱曰言能養材物以任地大戴禮
作養財載時以象天索隱曰載行也言行四時以象天大戴禮作履時以象天履亦踐而行也
依鬼神以制義索隱曰鬼神聰明正直當盡心敬事因制尊卑之義故禮曰降于祖廟之謂仁
義是也。正義曰鬼之靈者曰神也鬼神謂山川之神也能興雲致雨潤養萬物也故已依憑之制義也制古制字治
氣以教化索隱曰謂理四時五行之氣以教化萬人也絜誠以祭祀北至
于幽陵正義曰幽州也南至于交阯正義曰阯音止交州也西至于流
沙地理志曰流沙在張掖居延縣。正義曰濟渡也括地志云居延海南甘州張掖縣東北千六十四里是東至
于蟠木海外經曰東海中有山焉名曰度索上有大桃樹屈蟠三千里東北有門名曰鬼門萬鬼所聚也天
帝使神人守之一名鬱壘主閱領萬鬼若害人之鬼以葦索縛之射以桃弧投虎食也動靜之物正義
曰動物謂鳥獸之類靜物謂草木之類小大之神正義曰大謂五嶽四瀆小謂丘陵墳衍日
月所照莫不砥屬王肅曰砥平也四遠皆平而來服屬。索隱曰依王肅音止蜀據大戴禮
作砥礪也帝顓頊生子曰窮蟬索隱曰系本作窮係宋衷云一云窮係謚也。正義
曰帝舜之高祖也顓頊崩皇甫謐曰在位七十八年年九十八皇覽曰顓頊冢在東郡濮陽頓丘城門外
廣陽里中頓丘者城門名頓丘道。索隱曰皇甫謐云據左氏歲在鶉火而崩葬東郡又山海經曰顓頊葬鮒魚山之陽
九嬪葬其陰也而玄囂之孫高辛立是為帝嚳
帝嚳高辛者張晏曰少昊之前天下之號象其德顓頊以來天下之號因其名高陽高辛皆所興

之地名顓頊與嚳皆以字爲號上古質故也。索隱曰宋衷曰高辛地名因以爲號嚳名也皇甫謐云帝嚳名夋也。正義曰帝王紀云告母無聞焉黃帝之曾孫也高辛父曰蟜極正義曰蟜音居兆反本作橋音同又巨遙反帝堯之祖也蟜極父曰玄囂玄囂父曰黃帝自玄囂與蟜極皆不得在位至高辛即帝位皇甫謐曰都亳今河南偃師是高辛於顓頊爲族子高辛生而神靈自言其名正義曰帝王紀云帝告高辛姬姓也其母生見其神異自言其名曰岌鄷鄷有德年十五而佐顓頊三十登位都亳以人事紀官也普施利物不於其身聰以知遠明以察微順天之義知民之急仁而威惠而信脩身而天下服取地之財而節用之撫教萬民而利誨之曆日月而迎送之正義曰言作曆弦望晦朔日月

史記五帝紀一　九

未至而迎之過而送之上迎日推策是也明鬼神而敬事之正義曰天神曰神人神曰鬼又云聖人之精氣謂之神賢人之精氣謂之鬼言明識鬼神而敬事也其色郁郁其德嶷嶷索隱曰郁郁猶穆穆也嶷嶷德高也今案大戴禮郁作神嶷作俟其動也時其服也士索隱曰舉動應天時衣服服士服言其公且廉也帝嚳溉執中而徧天下徐廣曰古既字作水旁偏字一作尹。索隱曰即尚書允執厥中是也。正義曰溉音既言帝告治民若水之溉灌平等而執中正遍於天下也日月所照風雨所至莫不從服正義曰以上大戴文也帝嚳娶陳鋒氏女正義曰鋒音峯又作豐帝王紀云帝告有四妃卜其子皆有天下元妃有邰氏女曰姜嫄生后稷次妃有娀氏女曰簡狄生卨次妃陳豐氏女曰慶都生放勛次妃娵訾氏女曰常儀生帝摯也生放勛正義曰放音方往反勛音許云反言堯能放上代之功故曰放勛謚堯姓伊祁氏帝紀云帝堯陶唐氏祁姓也母慶都十四月生堯娶娵訾氏女生摯索隱曰案皇甫謐云女名

五帝紀

常宜也。正義曰娵足須反訾紫移反帝嚳崩皇甫謐曰在位七十年年百五歲皇覽曰帝嚳冢在東郡濮陽頓丘城南臺陰野中而摯代立帝摯立不善崩索隱曰古本作不善音張慮反俗本作不善不善謂微弱不著猶不著明衛宏云摯立九年而唐侯德盛因禪位焉。正義曰帝王紀云帝摯之母於四人中班最在下而摯於兄弟最長得登帝位封異母弟放勛爲唐侯摯在位九年政微弱而唐侯德盛諸侯歸之摯服其義乃率羣臣造唐而致禪唐侯自知有天命乃受帝禪乃封摯於高辛今定州唐縣也而弟放勛立是爲帝堯

帝堯者謚法曰翼善傳聖曰堯。索隱曰堯謚也放勛名帝嚳之子姓伊祁氏案皇甫謐云堯初生時其母在三阿之南寄於伊長孺之家故從母所居爲姓也。正義曰徐廣云號陶唐帝王紀云堯都平陽於詩爲唐國徐才宗國都城記云唐國帝堯之裔子所封其北帝夏禹都漢曰太原郡在古冀州太行恒山之西其南有晉水括地志云今晉州所理平陽故城是也平陽河水一名晉水也放勳徐廣曰號陶唐皇甫謐曰堯以甲申歲生甲辰即帝位甲

史記五帝紀一　十

午徵舜甲寅舜代行天子事辛巳崩年百十八在位九十八年其仁如天索隱曰如天之涵養也其知如神索隱曰如神之微妙也就之如日索隱曰如日之照臨人咸依就之若葵藿傾心以向日也望之如雲索隱曰如雲之覆渥言德化廣大而浸潤生人人咸仰望之故曰如百穀之仰青雨也富而不驕貴而不舒索隱曰舒猶慢也大戴禮作不豫黃收純衣徐廣曰純一作紋駟案太古冠冕圖云夏名冕曰收禮記曰野夫黃冠鄭玄曰純衣士之祭服。索隱曰收冕名其色黃故曰黃收象古質素也純讀曰緇彤車乘白馬能明馴德徐廣曰馴古訓字。索隱曰史記馴字徐廣皆讀曰訓訓順也言聖德能順人也案尚書作俊德孔安國云能明用俊德之士與此文意別也以親九族九族既睦便章百姓徐廣曰下云便程東作然則訓平爲便也駟案尚書並作平字孔安國曰百姓百官鄭玄曰百姓羣臣之父子兄弟。索隱曰古文尚書作平此文蓋讀平爲蒲耕反平既訓便因作便章其今文作辯章古平字亦作便音婢緣反便則訓辯遂爲辯章鄭誕生本亦同也百姓

五帝紀

昭明合和萬國乃命羲和孔安國曰重黎之後羲氏和氏世掌天地之官○正義曰呂刑傳云重即羲黎即和雖別為氏族而出自重黎也按聖人不獨治必須賢輔乃命相天地之官若周禮天官卿地官卿也**敬順昊天**正義曰敬猶恭勤也元氣昊然廣大故云昊天釋天云春為蒼天夏為昊天秋為旻天冬為上天而獨言昊天者以堯能敬天大故以昊大言之**數法日月星辰**正義曰曆數之法日之甲乙月之大小昏明遞中之星日月所會之辰定其天數以為一歲之曆**敬授民時**索隱曰尚書作曆象日月則此言數法是訓曆象二字謂命羲和以曆數之法觀察日月星辰之早晚以敬授人時也○正義曰尚書考靈耀云主春者張昏中可以種稷主夏者火昏中可以種黍菽主秋者虛昏中可以種麥主冬者昴昏中可以收斂也天子視四星之中知民緩急故云敬授民時也**分命羲仲居郁夷曰暘谷**尚書作嵎夷孔安國曰東表之地稱嵎夷日出於暘谷羲仲治東方之官○索隱曰史記舊本作湯谷今並依尚書字案淮南子曰日出湯谷浴於咸池則湯谷亦有他證明矣又下曰昧谷徐廣云一作柳柳亦日入處地名太史公博採經記

而為此史廣記異聞不必皆依尚書蓋郁夷亦地之別名也○正義曰郁音隅陽或作暘禹貢青州云嵎夷既略按嵎夷青州也堯命羲仲理東方青州嵎夷之地日所出處名曰暘明之谷羲仲主東方之官若周禮春官**敬道日出便程東作**孔安國曰敬道出日平均次序東作之事以務農也○索隱曰劉伯莊傳皆依古史作平秩音然尚書大傳曰辯秩東作則是訓秩為程言便課其作程者也○正義曰道音導便程並如字後同導訓也三春主東故言日出耕作在春故言東作命羲仲恭勤道訓萬民東作之事使有程期**日中星鳥以殷中春**孔安國曰日中謂春分之日也鳥南方朱鳥七宿也殷正也春分之昏鳥星畢見以正仲春之氣節轉以推孟季則可知也○正義曰下中音仲夏秋冬並同**其民析鳥獸字微**孔安國曰春事既起丁壯就功言其民老壯分析也乳化曰字尚書微作尾字說文云尾交接也**申命羲叔居南交**孔安國曰夏與春交此治南方之官也○索隱曰孔註未是然則冬與秋交何故下無其文且東嵎夷西昧谷北幽都三方皆言地而夏獨不言地乃云與春交斯不例之甚也然南方地有名交阯者或古文略舉一字名地南交則是交

阯不疑也○正義曰羲叔主南方官若周禮夏官卿也**便程南譌敬致**孔安國曰譌化也平序分南方化育之事敬行其教以致其功也○索隱曰為依字讀春言東作夏言南為皆是耕作營為勸農之事孔安國強讀為訛字雖則訓化解釋亦甚紆回也○正義曰為音于偽反命羲叔宜恭勤民事致其種殖使有程期也**日永星火以正中夏**孔安國曰永長也謂夏至之日火蒼龍之中星舉中則七星見可知也以正中夏之節馬融王肅謂日長晝漏六十刻鄭玄曰五十五刻**其民因鳥獸希革**孔安國曰因謂老弱因就在田之丁壯以助農也夏時鳥獸毛羽希少改易也革改也**申命和仲居西土**徐廣曰一無土字以為西者今天水之西縣也駰案鄭玄曰西者隴西之西今人謂之兌山**曰昧谷**徐廣曰一作柳谷駰案孔安國曰日入于谷而天下冥故曰昧谷此居治西方之官掌秋天之政也○正義曰和仲主西方之官若周禮秋官卿也**敬道日入便程西成**孔安國曰秋西方萬物成也**夜中星虛以正中秋**孔安國曰春言日秋言夜互相備也虛玄武之中星亦言七星皆以秋分日見

以正三秋也○索隱曰虛舊依字讀而鄒誕生音墟案虛星主墳墓鄒氏頗得其理**其民夷易鳥獸毛毨**孔安國曰夷平也老壯者在田與夏平也毨理也毛更生曰毨理**申命和叔居北方曰幽都**孔安國曰北稱幽都謂所聚也○索隱曰案山海經曰北海之內有山名幽都蓋是也○正義曰按北方幽州陰聚之也命和叔居理之北方之官若周禮冬官卿**便在伏物**索隱曰使和叔察北方藏伏之物謂人畜積聚等冬皆藏伏尸子亦曰北方者伏方也尚書作平在朔易今案大傳云便在伏物太史公據之而書**日短星昴以正中冬**孔安國曰日短冬至之日也昴白虎之中星亦以七星並見以正冬節也馬融王肅謂日短晝漏四十刻鄭玄曰四十五刻非**其民燠鳥獸氄毛**徐廣曰氄音茸駰案孔安國曰民入室處鳥獸皆生氄毳細毛以自溫也**歲三百六十六日以閏月正四時**索隱曰夫周天三百六十五度四分度之一是天度數也而日行遲一歲一周天月行疾一月一周天日一日行一度月一日行十三度十九分度之七至二十九日半還月行天一匝又逐及日而與會一年十

二會是為十二月每月二十九日過半年分出小月六是每歲餘六日又大歲三百六十六日小歲三百六十五日舉全數云六十六日其實一歲餘十一日弱未滿三歲已成一月則置閏若三年不置閏則正月為二月九年差三月則以一春為夏十七年差六月則四時皆反以此四時不正歲不成矣故傳曰歸餘於終事則不悖是也信飭徐廣曰古勑字百官眾功皆興堯曰誰可順此事正義曰言將登用之嗣位也放齊曰嗣子丹朱開明孔安國曰放齊臣名○正義曰放音方往反鄭玄云帝堯胤嗣之子名曰丹朱開明也按開解而達也帝王紀云堯娶散宜氏女曰女皇生丹朱汲冢紀年云后稷放帝子丹朱范汪荊州記云丹水縣在丹川堯子朱之所封也括地志云丹朱故城在鄧州內鄉縣西南百三十里丹朱故為縣堯曰吁頑凶不用孔安國曰吁疑怪之辭○正義曰左傳云口不道忠信之言為嚚心不則德義之經為頑凶訟也言丹朱心既頑嚚又好爭訟不可用之堯又曰誰可者讙兜曰共工旁聚布功可用孔安國曰讙兜臣名鄭玄曰共工水官名○正義曰兜音斗侯

反堯曰共工善言其用僻似恭漫天不可正義曰漫音莫干反共工善為言語用意邪僻也似於恭敬罪惡漫天不可用也堯又曰嗟四嶽鄭玄曰四嶽四時官主方嶽之事○正義曰嗟嘆鴻水問四嶽誰能理也孔安國云四嶽即上羲和四子也分掌四嶽之諸侯故稱焉湯湯洪水滔天浩浩懷山襄陵孔安國曰懷包襄上也○正義曰湯音商今讀如字湯蕩廣平之貌言水奔突有所滌除地上之物為水漂流蕩湯然按懷藏包裹之義故懷為包釋言以襄為駕馬乘牛馬皆在上也言水襄上乘陵浩浩盛大勢若漫天下民其憂有能使治者皆曰鯀可馬融曰鯀臣名禹父堯曰鯀負命毀族不可正義曰負音佩依字通負違也族類也鯀性很戾違負教命毀敗善類不可用也詩云貪人敗類也嶽曰异哉試不可用而已正義曰异音異孔安國云异已也退也言餘人盡已唯鯀可試無成乃退堯於是聽嶽用鯀九歲功用不成正義曰爾雅釋天云載歲

也夏曰祀周曰年唐虞曰載李巡云各自紀事不相襲也孫炎云歲取星行一次也祀取四時祭祀一訖也年取年穀一熟也載取萬物始更終也載者年之別名故以載為年也按功用不成水害不息故放退也至明年得舜乃殛之羽山而用其子禹也堯曰嗟四嶽朕在位七十載汝能庸命踐朕位鄭玄曰言汝諸侯之中有能順事用天命者入處我位統治天子之事者乎○正義曰孔安國云堯年十六以唐侯升為天子在位七十載時八十六老將求代也嶽應曰鄙德忝帝位正義曰四嶽皆云鄙俚無德若便行天子事是辱帝位言己等不堪也堯曰悉舉貴戚及疏遠隱匿者眾皆言於堯曰有矜在民間曰虞舜孔安國曰無妻曰矜○正義曰矜古頑反堯曰然朕聞之其何如嶽曰盲者子父頑母嚚弟傲能和以孝烝烝治不至姦正義曰烝之升反進也言父頑母嚚弟傲舜皆和以孝進之於善不至於姦惡也堯曰吾其試哉

正義曰欲以二女試舜觀其理家之道也於是堯妻之二女正義曰妻音七計反二女娥皇女英也娥皇無子女英生商均舜升天子娥皇為后女英為妃觀其德於二女正義曰視其為德行於二女以理家而觀國也舜飭下二女於嬀汭孔安國曰舜所居嬀水之汭○索隱曰列女傳云二女長曰娥皇次曰女英系本作女瑩大戴禮作女匽皇甫謐云嬀水在河東虞縣歷山西汭水涯也猶洛汭渭汭然也○正義曰飭音勑下音胡亞反汭音芮舜能整齊二女以義理下二女之心於嬀汭使行婦道於虞氏也括地志云嬀源汭水出蒲州河東南山許慎云水涯曰汭按地記云河東郡青山東山中有二泉下南流者嬀水北流者汭水二水異源合流出谷西注河嬀水北曰汭也又云河東縣二里故蒲坂城舜所都也城中有舜廟城外有舜宅入二妃壇如婦禮堯善之乃使舜慎和五典鄭玄曰五典五教也蓋試以司徒之職五典能從乃徧入百官百官時序賓於四門四門穆穆諸侯遠方賓客皆敬馬融曰四門四方之門諸侯羣臣朝

者舜賓迎之皆有美德也堯使舜入山林川澤暴風雷雨舜行不迷索隱曰尚書云納于大麓穀梁傳云林屬於山曰麓是山足曰麓故此以爲入山林不迷孔氏以麓訓録言今舜大録萬機之政與此不同堯以爲聖召舜曰女謀事至而言可績三年矣鄭玄曰三年者實四門之後三年也女登帝位舜讓於德不懌徐廣曰音亦今文尚書作不怡怡懌也○索隱曰古文作不嗣今文作不怡怡即懌也謂辭讓於德不堪所以心意不悅懌也俗本作澤誤爾亦當爲懌正月上日馬融曰上日朔日也○正義曰鄭玄云帝王易代莫不改正建朔舜正建子此時未改故依堯正月上日也舜受終於文祖文祖者堯大祖也鄭玄曰文祖者五府之大名猶周之明堂○索隱曰尚書帝命驗曰五府五帝之廟蒼曰靈府赤曰文祖黄曰神斗白曰顯紀黑曰玄矩唐虞謂之五府夏謂世室殷謂重屋周謂明堂皆祀五帝之所也○正義曰舜受堯終帝之事於文祖也尚書帝命驗云帝者承天立府以尊天重象也五府者黄曰神斗注云唐虞謂之天府夏謂之世室殷謂之重室周謂之明堂皆祀五帝之所也文祖者赤帝熛怒之府名曰文祖火精光明文章之祖故謂之文祖周曰明堂神斗者黄帝含樞紐之府名曰神斗斗主也土精澄靜四行之主故謂之神斗周曰太室顯紀者白帝招拒之府名顯紀紀法也金精斷割萬物故謂之顯紀周曰總章玄矩者黒帝光紀之府名曰玄矩矩法也水精玄昧能權輕重故謂之玄矩周曰玄堂靈府者蒼帝靈威仰之府名曰靈府周曰青陽於是帝堯老命舜攝行天子之政以觀天命舜乃在璿璣玉衡以齊七政鄭玄曰璿璣玉衡渾天儀也七政日月五星也○正義曰説文云璿赤玉也按舜雖受堯命猶不自安更以璿璣玉衡以正天文璣爲運轉衡爲橫簫運璣使動於下以衡望之是王者正天文器也觀其齊與不齊今七政齊則已受禪爲是蔡邕云玉衡長八尺孔徑一寸下端望之以視星宿並縣璣以象天而以衡望之轉璣窺衡以知星宿璣徑八尺圓周二尺五寸而強也鄭玄云運轉者爲璣特正者爲衡尚書大傳云政者齊中也謂春秋冬夏天文地理人道所以爲政也道正而萬事順成故天道政之大也遂類於上帝鄭玄曰禮祭上帝於

圜丘○正義曰五經異義云非時祭天謂之類言以事類告也時舜告攝非常祭也王制云天子將出類于上帝鄭玄云昊天上帝謂天皇大帝北辰之星禋于六宗鄭玄曰六宗星辰司中司命風師雨師也駰案六宗義衆矣愚謂鄭說爲長○正義曰周語云精意以享曰禋也孫炎云禋絜敬之祭也按星五星緯也辰日月所會十二次也司中司命文昌第五第四星也風師箕星也雨師畢星也孔安國云四時寒暑也日月星也水旱也禮祭法云埋少牢於大昭祭時也禳祈於坎壇祭寒暑也王宮祭日也夜明祭月也幽禜祭星雩禜祭水旱也司馬彪續漢書云安帝立六宗祀於洛陽城西北亥地禮比大社魏因之至晉初荀顗言新祀以六宗之神諸家説不同乃廢之也望于山川正義曰望者遥望而祭山川也山川五嶽四瀆也爾雅云梁山晉望也辯於羣神徐廣曰辯音班駰案鄭玄曰羣神若丘陵墳衍○正義曰辯音遍謂祭羣神也揖五瑞擇吉月日見四嶽諸牧班瑞馬融曰揖斂也五瑞公侯伯子男所執以爲瑞信也堯將禪舜使羣牧斂之使舜親往班之○正義曰揖音集周禮典瑞云王執鎮圭尺二寸公執桓圭九寸侯執信圭七寸伯執躬圭五寸子執穀璧男執蒲璧皆五寸言五瑞者王不在中也孔文祥云宋末會稽修禹廟於廟庭山土中得五等圭璧百餘枚形與周禮同皆短小此即禹會諸侯於會稽執以禮山神而埋之其璧今猶有在也歲二月東巡狩至於岱宗柴馬融曰舜受終後五年之二月鄭玄曰建卯之月也柴祭東嶽者考績柴燎也○正義曰按既班瑞羣后即東巡者守土之諸侯會岱宗之嶽焚柴告至也王者巡狩以諸侯自專一國威福任己恐其壅遏上命澤不下流故巡行問人疾苦也風俗通云太山之尊者一曰岱宗始也長也萬物之始陰陽交代故爲五岳之長也按二月仲月也仲中也言得其中也望秩於山川正義曰乃以秩望祭東方諸侯境内之名山大川也言秩者五岳視三公四瀆視諸侯遂見東方君長合時月正日鄭玄曰協正四時之月數及日名備有失誤○正義曰既見東方君長乃合同四時氣節月之大小日之甲乙使齊一也周禮太史掌正歲年以序事頒正朔於邦國則節氣晦朔皆天子頒之猶恐諸侯國異或不齊同因巡狩合正之同律度量衡鄭玄曰同陰律度丈尺量斗斛衡斤兩也○正義曰律之十二律度之丈尺量之斗斛衡之斤兩皆

五帝紀

使天下相同無制度長短輕重異也漢律志云虞書云同律度量衡所以齊遠近立民信也律有十二陽六爲律陰六爲
呂律以統氣類物一曰黃鍾二曰太蔟三曰姑洗四曰蕤賓
五曰夷則六曰無射呂以旅陽宣氣一曰林鍾二曰南呂三
曰應鍾四曰大呂五曰夾鍾六曰中呂度者分寸尺丈引也
所以度長短也本起黃鍾之管長以子穀秬黍中者一黍爲
一分十分爲一寸十寸爲尺十尺爲丈十丈爲引而五度審
矣量者龠合升斗斛也所以量多少也本起黃鍾之龠以子
穀秬黍中者千有二百實爲一龠十龠爲合十合爲升十升
爲斗十斗爲斛而五量嘉矣衡權者銖兩斤鈞石也所以稱
物輕重也本起於黃鍾之一龠容千二百黍重十二銖二十
四銖爲兩十六兩爲斤三十斤爲鈞四鈞爲石而五權謹矣
衡平也權重也**脩五禮**馬融曰吉凶賓軍嘉也。正義曰周禮以吉禮事邦國之鬼神祇以凶禮哀邦國之
憂以賓禮親邦國以軍禮同邦國以嘉禮親萬民也尚書堯
典云類于上帝吉禮也如喪考妣凶禮也群后四朝賓禮也
大禹謨云汝徂征軍禮也堯典云女于時嘉禮也女音女慮反**五玉**鄭玄曰即五瑞也執之曰瑞陳列曰玉
三帛馬融曰三孤所執也鄭玄曰帛所以薦玉也必三者高陽氏後用赤繒高辛氏後用黑繒其餘諸侯皆用

史記五帝一　十七

白繒。正義曰孔安國云諸侯世子執纁公之孤執玄附庸
之君執黃也按三統紀推伏羲爲天統色尚赤神農爲地統
色尚黑黃帝爲人統色尚白少昊黃帝子亦尚
白故高陽氏又天統亦尚赤堯爲人統故用白**二生**正義曰羔
鴈也鄭玄注周禮太宗伯云羔小羊也取其羣不失其類也
鴈取其候時而行也卿執羔大夫執鴈按羔鴈性馴可生爲
贄**一死**正義曰雉也馬融云一死雉士所執也按不可生爲贄故死雉取其守介死不失節也**爲摯**
馬融曰贄二生羔鴈卿大夫所執一死雉士所執。正義曰
摯音至贄執也鄭玄云贄之言至所以自致也韋昭云贄六
贄皮帛卿執羔大夫執鴈士執雉庶人執鹿工商執雞也**如五器卒乃復**馬融曰五器上五玉
五玉禮終則還之三帛已下不還也。正義卒音子律反復音伏**五月南巡狩八月西**
巡狩十一月北巡狩皆如初歸至于祖禰廟正義
曰禰音乃禮反何休云生曰父死曰考廟曰禰**用特牛禮五歲一巡狩羣后**
四朝鄭玄曰巡狩之年諸侯見於方嶽之下其間四年四方諸侯分來朝於京師也**徧告以言**

五帝紀

正義曰徧音遍言遍告天子治理之言也**明試以功車服以庸**正義曰孔安國云功成則
錫車服以表顯其能用也**肇十有二州決川**馬融曰禹平水土置九州舜以冀州之北廣大
分置幷州燕齊遼遠分燕置幽州分齊爲營州於是爲十二州也鄭玄曰更爲之定界濬水害也**象以典**
刑馬融曰言咎繇制五常之刑無犯之者但有其象無其人也。正義曰孔安國云象法也法用常刑用不越法也
流宥五刑馬融曰流放宥寬也一曰幼少二曰老耄三曰惷愚爲五刑墨劓剕宮大辟。正義曰孔安國云
以流放之法寬五刑也鄭玄云三宥一曰弗識二曰過失三曰遺忘也**鞭作官刑**馬融曰爲辨治官事
者爲刑**扑作教刑**鄭玄曰扑檟楚也扑爲教官爲刑者**金作贖刑**馬融曰金黃金也意
善功惡使出金贖罪坐不戒慎者**眚災過赦**鄭玄曰眚災爲人作患害者也過失雖有害則赦之
怙終徐廣曰一作衆**賊刑**鄭玄曰怙其姦邪終身以爲殘賊則用刑之**欽哉欽哉**
惟刑之靜哉徐廣曰今文云惟刑之謐哉爾雅曰謐靜也。索隱曰案古文作恤哉且今文是伏生口

史記五帝一　十八

誦恤謐聲近遂作謐也**讙兜進言共工**正義曰讙兜渾沌也共工窮奇也鯀檮杌也三苗饕
餮也左傳云舜臣堯流四凶投諸四裔以禦螭魅也**堯曰不可而試之工師**正義
曰工師若今大匠卿也**共工果淫辟**正義匹亦反**四嶽舉鯀治鴻**
水堯以爲不可嶽彊請試之試之而無功故百
姓不便三苗馬融曰國名也。正義曰左傳云自古諸侯不用王命虞有三苗夏有觀扈孔安國云縉
雲氏之後爲諸侯號饕餮也吳起云三苗之國左洞庭而右彭蠡按洞庭湖名在岳州巴陵西南一里南與青草湖連彭
蠡湖名在江州潯陽縣東南五十二里以天子在北故洞庭在西爲左彭蠡在東爲右今江州鄂州岳州三苗之地地
在江淮荊州正義曰淮讀曰匯音胡罪反今彭蠡湖也本屬荊州尚書云南入于江東匯澤爲彭蠡是
也**數爲亂於是舜歸而言於帝請流共工于幽**
陵馬融曰北裔也。正義曰尚書及大戴禮皆作幽州括地志云故龔城在檀州燕樂縣界故老傳云舜流共工幽州

居此城神異經云西北荒有人焉人面朱髮蛇身人手足而食五穀禽獸頑愚名曰共工以變北狄徐廣曰變一作燮。索隱曰變謂變其形及衣服同於夷狄也徐廣云作燮燮和也。正義曰言四凶流四裔各於四夷放共工等爲中國之風俗也放驩兜於崇山馬融曰南裔也。正義曰神異經云南方荒中有人焉人面鳥喙而有翼手足扶翼而行食海中魚爲人佷惡不畏風雨禽獸犯死乃休名曰讙兜也以變南蠻遷三苗於三危馬融曰西裔也。正義曰括地志云三危山有峯故曰三危俗亦名卑羽山在沙州敦煌縣東南三十里神異經云西荒中有人焉面目手足皆人形而胳下有翼不能飛爲人饕餮淫逸無理名曰苗民又山海經云大荒北經黑水之北有人有翼名曰苗民也以變西戎殛鯀於羽山馬融曰殛誅也羽山東裔也。正義曰殛音紀力反孔安國云殛竄放流皆誅也括地志云羽山在沂州臨沂縣界神異經云東方有人焉人形而身多毛自解水土知通塞爲人自用欲爲欲息皆曰云是鯀也以變東夷四辠而天下咸服堯立七十年得舜二十年而

老令舜攝行天子之政薦之於天堯辟位凡二十八年而崩徐廣曰堯在位凡九十八年駰案皇覽曰堯冢在濟陰城陽劉向曰堯葬濟陰丘壠山呂氏春秋曰堯葬穀林皇甫謐曰穀林即城陽堯都平陽於詩爲唐國。正義曰皇甫謐云堯即位九十八年通舜攝二十八年也凡年百一十七歲孔安國云堯壽百一十六歲括地志云堯陵在濮州雷澤縣西三里郭生述征記云城陽縣東有堯冢亦曰堯陵有碑是也括地志云雷澤縣本漢郕陽縣也百姓悲哀如喪父母三年四方莫舉樂正義曰尚書云載四海遏密八音是也以思堯堯知子丹朱之不肖索隱曰鄭玄曰肖似也不似言不如人也皇甫謐云堯娶散宜氏之女曰女皇生丹朱又有庶子九人皆不肖也不足授天下於是乃權授舜索隱曰父子繼立常道也求賢而禪權道也權者反常而合道。正義曰五帝官天下老則禪賢故權試舜也授舜則天下得其利而丹朱病授丹朱則天下病而丹朱得

其利堯曰終不以天下之病而利一人而卒授舜以天下堯崩三年之喪畢舜讓辟丹朱於南河之南劉熙曰南河九河之最在南者。正義曰括地志云故堯城在濮州鄄城縣東北十五里竹書云昔堯德衰爲舜所囚也又有偃朱故城在縣西北十五里竹書云舜囚堯復偃塞丹朱使不與父相見也按濮州北臨漯大川也河在堯都之南故曰南河禹貢至于南河是也其偃朱城所居即舜讓避丹朱於河南之南處也諸侯朝覲者不之丹朱而之舜獄訟者不之丹朱而之舜謳歌者不謳歌丹朱而謳歌舜舜曰天也夫而後之中國踐天子位焉劉熙曰天子之位不可曠年於是遂反格于文祖而當帝位帝王所都爲中故曰中國是爲帝舜

虞舜者謚法曰仁聖盛明曰舜。索隱曰虞國名在河東太陽縣舜謚也皇甫謐云舜字都君也。正義曰

括地志云故虞城在陝州河北縣東北五十里虞山之上酈元注水經云幹橋東北有虞城堯以女嬪于虞之地也又宋州虞城大襄國所封之邑杜預云舜後諸侯也又越州餘姚縣顧野王云舜後支庶所封之地舜姚姓故云餘姚縣西七十里有漢上虞故縣會稽舊記云舜上虞人去虞三十里有姚丘即舜所生也周處風土記云舜東夷之人生姚丘括地志又云姚墟在濮州雷澤縣東十三里孝經援神契云舜生於姚墟按二所未詳也名曰重華徐廣曰皇甫謐云舜以堯之二十一年甲子生三十一年甲午徵用七十九年壬午即真百歲癸卯崩。正義曰尚書云重華叶於帝孔安國云華謂文德也言其光文重合於堯瞽叟姓嬀妻曰握登見大虹意感而生舜於姚墟故姓姚目重童子故曰重華字都君龍顏大口黑色身長六尺一寸重華父曰瞽叟正義曰先后反孔安國云無目曰瞽舜父有目不能分別好惡故時人謂之瞽配字曰叟叟無目之稱也瞽叟父曰橋牛正義曰橋又音嬌橋牛父曰句望正義句古侯反望音亡句望父曰敬康敬康父曰窮蟬窮蟬父曰帝顓頊顓頊父曰

昌意以至舜七世矣自從窮蟬以至帝舜皆微爲庶人舜父瞽叟盲而舜母死索隱曰皇甫謐云舜母名握登生舜於姚墟因姓姚氏也瞽叟更娶妻而生象象傲瞽叟愛後妻子常欲殺舜舜避逃及有小過則受罪順事父及後母與弟日以篤謹匪有解舜冀州之人也正義曰蒲州河東縣本屬冀州宋永初山川記云蒲坂城中有舜廟城外有舜宅及二妃壇括地志云嬀州有嬀水源出城中耆舊傳云即舜釐降二女於嬀汭之所外城中有舜井城北有歷山山上有舜廟未詳按嬀州亦冀州城是也舜耕歷山鄭玄曰在河東。正義曰括地志云蒲州河東縣雷首山一名中條山亦名歷山亦名首陽山亦名蒲山亦名襄山亦名甘棗山亦名豬山亦名狗頭山亦名薄山亦名吳山此山西起雷首山東至吳坂凡十二名隨州縣分之歷山南有舜井又云越州餘姚縣有歷山舜井濮州雷澤縣有歷山舜井二所又有姚墟云生舜處也及嬀州歷山舜井皆云舜所耕處未詳也漁雷澤鄭玄曰雷夏兗州澤今屬濟陰。正義曰括地志云雷夏澤在濮州雷澤縣郭外西北山海經云雷澤有雷神龍首人類鼓其腹則雷也陶河濱皇甫謐曰濟陰定陶西南陶丘亭是也。正義曰按於曹州濱河作瓦器也括地志云陶城在蒲州河東縣北三十里即舜所都也南去歷山不遠或陶所在則可何必定陶方得爲舜陶之陶也斯或一焉作什器於壽丘皇甫謐曰在魯東門之北。索隱曰什器什數也蓋人家常用之器非一故以十爲數猶今云什物也壽丘地名黃帝生處。正義曰壽音受顏師古云軍法伍人爲伍二伍爲什則共器物故爲生生之具爲什器亦猶從軍及作役者十人爲火共畜調度也就時於負夏鄭玄曰負夏衛地。索隱曰就時猶逐時若言乘時射利也尚書大傳曰販於頓丘就時負夏孟子曰遷於負夏是也舜父瞽叟頑母嚚弟象傲皆欲殺舜舜順適不失子道兄弟孝慈欲殺不可得即求嘗在側舜年二十以孝聞三十而帝堯問

可用者正義曰可用謂可爲天子也四嶽咸薦虞舜曰可於是堯乃以二女妻舜以觀其內使九男與處以觀其外舜居嬀汭內行彌謹堯二女不敢以貴驕事舜親戚正義曰二女不敢以帝女驕慢舜之親戚親戚謂父瞽叟後母弟象妹顆手等也顆音古果反甚有婦道堯九男皆益篤正義曰篤厚也非唯二女恭勤婦道九男事舜皆益惇厚謹敬也舜耕歷山歷山之人皆讓畔正義曰韓子曰歷山之農相侵略舜往耕朞年耕者讓畔也漁雷澤雷澤上人皆讓居陶河濱河濱器皆不苦窳史記音隱曰音游南反駰謂窳病也。正義曰苦讀如盬音古盬麤也窳音庾一年而所居成聚正義曰聚在喩反聚謂村落也二年成邑三年成都正義曰周禮郊野法云九夫爲井四井爲邑四邑爲丘四丘爲甸四甸爲縣四縣爲都也堯乃賜舜絺衣正義曰絺勑遲反細葛布衣也鄒氏音竹几反與琴爲築倉廩予牛羊瞽叟尚復欲殺之使舜上塗廩瞽叟從下縱火焚廩舜乃以兩笠自扞而下去得不死索隱曰言以笠自扞已身有似鳥張翅而輕下得不損傷皇甫謐云兩繖繖笠類列女傳云二女教舜鳥工上廩是也。正義曰通史云瞽叟使舜滌廩舜告堯二女女曰時其焚汝鵲汝衣裳鳥工往舜既登廩得免去也後瞽叟又使舜穿井舜穿井爲匿空旁出劉熙曰舜以權謀自免亦大聖有神人之助也。索隱曰空音孔列女傳所謂龍工入井是也。正義曰言舜潛匿穿孔旁從他井而出也通史云舜穿井又告二女二女曰去汝裳衣龍工往入井瞽叟與象下土實井舜從他井出去也括地志云舜井在嬀州懷戎縣西外城中其西又有一井耆舊傳云並舜井也舜自中出帝王紀云河東有舜井未詳也舜既入深瞽叟與象共下土實井索隱曰亦作塡井舜從匿空出去

瞽叟象喜以舜為已死象曰本謀者象象與其
父母分 正義扶問反 於是曰舜妻堯二女與琴象取之
牛羊倉廩予父母象乃止舜宮居 正義曰宮即室也爾雅云室謂之宮禮云命士已上父子異宮也 鼓其琴舜往見之象鄂不懌曰
我思舜正鬱陶舜曰然爾其庶矣 索隱曰言汝猶當庶幾於友悌之情義也如孟子取尚書文又云惟茲臣庶女其于予治蓋欲令象共我理臣庶也 舜復事瞽叟
愛弟彌謹於是堯乃試舜五典百官皆治昔高
陽氏有才子八人 名見左傳 世得其利謂之八愷 賈逵曰愷和也。索隱曰左傳史克對季文子曰昔高陽氏有才子八人倉舒隤敳檮戭大臨尨降庭堅仲容叔達 高辛
氏有才子八人 名見左傳 世謂之八元 賈逵曰元善也。索隱曰左傳高辛

氏有才子八人伯奮仲堪叔獻季仲伯虎仲熊叔豹季貍 此十六族者世濟其美
索隱曰謂元愷各有親族故稱族也濟成也言後代成前代也 不隕其名至於堯堯
未能舉舜舉八愷使主后土 王肅曰君治九土之宜杜預曰后土地也。索隱曰禹為司空司空主土則禹在八愷之中。正義曰春秋正義云后君也天曰皇天地曰后土 以揆百
事莫不時序 正義曰言禹度九土之宜無不以時得其次序也 舉八元使布
五教于四方 索隱曰契為司徒司徒敷五教則契在八元之數 父義母慈兄
友弟恭子孝內平外成 正義曰杜預云內諸夏外夷狄也按契作五常之教諸夏太平夷狄向化也 昔帝鴻氏有不才子 賈逵曰帝鴻黃帝也不才子其苗裔讙兜也
掩義隱賊好行凶慝天下謂之渾沌 正義曰慝惡也一本云天下之民謂之渾沌渾沌即讙兜也言掩義事陰為賊害而好凶惡故謂之渾沌也杜預云渾沌不開通之皃神異經

云崑崙西有獸焉其狀如犬長毛四足似羆而無爪有目而不見行不開有兩耳而不聞有人知往有腹無五藏有腸直短食經過人有德行而往抵角有凶惡而行依憑之名渾沌又莊子云南海之帝為儵忽中央之帝為渾沌儵忽時相遇於渾沌之地渾沌待之甚善儵與忽謀欲報渾沌之德曰人皆有七竅以視聽食息此獨無有嘗試鑿之日鑿一竅七日而渾沌死按言讙兜性似故號之也 少皞氏 服虔曰金天氏帝號 有不才子毀信
惡忠崇飾惡言天下謂之窮奇 服虔曰謂共工氏也其行窮而好奇。正義曰謂共工言毀敗信行惡其忠直有惡言語高粉飾之故謂之窮奇按常行終必窮極好諂諛奇異於人也神異經云西北有獸其狀似虎有翼能飛便勦食人知人言語聞人鬬輒食直者聞人忠信輒食其鼻聞人惡逆不善輒殺獸往饋之名曰窮奇按言共工性似故號之也 顓頊氏有不才子不可教訓
不知話言天下謂之檮杌 賈逵曰檮杌頑凶無疇匹之貌謂鯀也。正義曰檮音道刀反杌音五骨反謂鯀也凶頑不可教訓不從詔令故謂之檮杌按言無疇匹言自縱恣也神異經云西方荒中有

獸焉其狀如虎而大毛長二尺人面虎足豬口牙尾長一丈八尺攪亂荒中名檮杌一名傲很一名難訓按言鯀性似故號之也 此三族世憂之至于堯堯未能去縉雲氏 賈逵曰縉雲氏姜姓也炎帝之苗裔當黃帝時在縉雲之官也。正義曰今括州縉雲縣蓋其所封也書云縉赤繒也
有不才子 正義曰此以上四凶皆左傳文或本有並文次相類四凶故書之恐本錯脫耳謂三苗也言貪飲食冒貨賄故謂之饕餮神異經云西南有人焉身多毛上頭戴豕性很惡好息積財而不用善奪人穀物強者畏羣而單名號饕餮言三苗性似故號之 貪於飲食冒于貨賄天下謂之饕
餮天下惡之比之三凶 杜預曰非帝子孫故別之以比三凶也 舜賓
於四門 正義曰杜預云闢四門達四聰以賓禮衆賢之也 乃流四凶族遷于四
裔 賈逵曰四裔之地去王城四千里 以御螭魅 服虔曰螭魅人面獸身四足好惑人山林異氣所生以為人害。正義曰御音魚呂反螭音丑知反魅音媚按御螭魅恐更有邪諂之人故流放四凶以禦之也故下云無凶

人也於是四門辟言毋凶人也舜入于大麓烈風雷雨不迷堯乃知舜之足授天下堯老使舜攝行天子政巡狩舜得舉用事二十年而堯使攝政攝政八年而堯崩三年喪畢讓丹朱天下歸舜而禹皋陶契后稷伯夷夔龍垂益彭祖索隱曰彭祖即陸終氏之第三子籛鏗之後後爲大彭亦稱彭祖。正義曰高姚二音皋陶字庭堅英六二國是其後也契音薛禼之祖也伯夷齊太公之祖也夔巨龜反樂官也倕音垂亦作垂内言之官也益伯翳也即秦趙之祖彭祖自堯時舉用歷夏禹封於大彭自堯時而皆舉用未有分職正義曰分音符問反如字分謂封壃爵土也於是舜乃至於文祖謀于四嶽辟四門明通四方耳目命十二牧論帝德行厚德遠佞人正義曰舜命十二牧論帝堯之德又勑之於民遠離邪佞之人言能如此則夷狄亦服從也則蠻夷率服舜謂四嶽曰有能奮庸馬融曰奮明庸功也美堯之事者使居官相事皆曰伯禹爲司空可美帝功舜曰嗟然禹汝平水土維是勉哉禹拜稽首讓於稷契與皋陶舜曰然往矣鄭玄曰然其舉得其人汝往居此官不聽其所讓也舜曰棄黎民始飢徐廣曰今文尚書作祖飢祖始也。索隱曰古文作阻飢孔氏以爲阻難也祖阻聲相近未知誰得汝后稷播時百穀鄭玄曰時讀曰蒔。正義曰稷農官也播時謂順四時而種百穀舜曰契百姓不親五品不馴鄭玄曰五品父母兄弟子也王肅曰五品五常也。正義馴音訓汝爲司徒而敬敷五教在寬馬融曰五品之教舜曰皋陶蠻夷猾夏鄭玄曰猾夏侵亂中國也

史五帝紀一　二十五

寇賊姦軌鄭玄曰由内爲姦起外爲軌。正義亦作宄汝作士馬融曰獄官之長。正義曰按若大理卿也五刑有服正義曰孔安國云服從也言輕重之中正也按墨黥鑿其額涅以墨劓截鼻也刖刖足也宮淫刑也男子割勢婦人幽閉也大辟死刑也五服三就馬融曰五刑墨劓刖宮大辟三就謂大罪陳諸原野次罪於市朝同族適甸師氏既服五刑當就三處五流有度正義曰度音徒洛反尚書作宅孔安國云五刑之流各有所居也五度三居正義曰按謂度其遠近爲三等之居也維明能信馬融曰謂在八議君不忍刑宥之以遠五等之差亦有三等之居大罪投四裔次九州之外次中國之外當明其罪能使信服之舜曰誰能馴予工馬融曰謂主百工之官也皆曰垂可於是以垂爲共工馬融曰爲司空共理百工之事舜曰誰能馴予上下馬融曰上謂原下謂隰草木鳥獸皆曰益可於是以益爲朕虞馬融曰虞掌山澤之官名益拜稽首讓于諸臣朱虎熊羆索隱曰即高辛氏之子伯虎仲熊也。正義曰孔安國云朱虎熊羆二臣也垂益所讓四人皆在元凱之中也舜曰往矣汝諧遂以朱虎熊羆爲佐正義曰爲益之佐也舜曰嗟四嶽有能典朕三禮馬融曰三禮天神地祇人鬼之禮也鄭玄曰天事地事人事之禮也皆曰伯夷可舜曰嗟伯夷以汝爲秩宗鄭玄曰主次秩尊卑。正義曰若太常也漢書百官表云王莽太常曰秩宗依古也孔安國云秩序宗尊也主郊廟之官也夙夜維敬直哉維靜絜正義曰靜清也絜明也孔安國云職典禮施政教使正直而清明伯夷讓夔龍舜曰然正義曰孔安國云然其推賢不許其讓也以夔爲典樂教穉子鄭玄曰國子也案尚書作胄子孔安國曰穉胄聲相近。正義曰穉胄雉反孔安國云胄長子謂元子以下至卿大夫子弟也歌詩蹈之舞之教長國子中和祗庸孝友直而溫馬融曰正直而色溫和寬而栗馬融曰寬大而謹敬戰栗也剛而無

史記五帝紀一　二十六

虐，簡而無傲；正義曰：孔安國云：剛失之虐，簡失之傲，教之以防其失也。詩言意，歌長言，馬融曰：歌所以長言詩之意也。○正義曰：孔安國云：詩言志以詔其心，歌詠其義以長其言也。聲依永，律和聲，鄭玄曰：聲之曲折，又依長言，聲中律乃爲和也。○正義曰：孔安國云：聲謂五聲，宮商角徵羽也。律謂六律六呂十二月之音氣也。當依聲律和樂也。八音能諧，毋相奪倫，神人以和。鄭玄曰：祖考來格，羣后德讓，其一隅也。○正義曰：八音，金石絲竹匏土革木也。孔安國云：倫，理也。八音能諧理不錯奪，則神人咸和，命夔使勉也。夔曰：於予擊石拊石，百獸率舞。鄭玄曰：百獸，服不氏所養者也。率舞，言音和也。○正義曰：於音烏。孔安國云：石，磬，音之清者。拊亦擊也。舉清者和，則其餘皆從矣。樂感百獸，使相率而舞，則神人和可知也。按：磬，一片黑石也。下音福尤反。周禮云夏官有服不氏，掌服猛獸，下士一人，徒四人。鄭玄云：不服之獸也。舜曰：龍，朕畏忌讒說殄僞，振驚朕衆，徐廣曰：一云齊說殄行，振驚衆。駰案：鄭玄曰：所謂色取仁而行違，是驚動我之衆臣，使之疑惑。○正義曰：僞音危贗反。言畏惡利口讒說之人，兼殄絶姦僞人黨，恐其驚動我衆，使龍遏絶之，出入其命惟信實也。此僞字，太史公變尚書文也。尚書爲字作行，音下孟反。言畏忌有利口讒說之人，殄絶無德行之官也。命汝爲納言，夙夜出入朕命，惟信。正義曰：孔安國云：納言，喉舌之官也。聽下言納於上，受上言宣於下，必信也。舜曰：嗟！女二十有二人，馬融曰：稷、契、皋陶皆居官久，有成功，但述而美之，無所復勑。禹及垂已下皆初命，凡六人，與上十二牧、四嶽，凡二十二人。鄭玄曰：皆格于文祖時所勑命也。敬哉，惟時相天事。正義曰：相，視也。舜命二十二人各敬行其職，惟在順時視天所宜而行事也。三歲一考功，三考絀陟，遠近衆功咸興。分北三苗。鄭玄曰：所竄三苗爲西裔諸侯者，猶爲惡，乃復分析流之。此二十二人咸成厥功：皋陶爲大理，平，正義曰：皋陶作士，正平天下罪惡也。民各伏得其實；伯夷主禮，上下咸讓；垂主工師，正義曰：工匠若今大匠卿也。百

工致功；益主虞，山澤辟；正義曰：辟，婢亦反，闢也。棄主稷，百穀時茂；契主司徒，百姓親和；龍主賓客，遠人至；十二牧行而九州莫敢辟違；正義曰：禹九州之民無敢辟違舜十二牧也。唯禹之功爲大，披九山，正義曰：披音皮義反，謂傍其山邊以通。通九澤，決九河，定九州，各以其職來貢，不失厥宜。方五千里，至于荒服。南撫交阯、北發，索隱曰：一句。西戎、析枝、渠廋、氐、羌，索隱曰：一句。北山戎、發、息愼，鄭玄曰：息愼或謂之肅愼，東北夷。東長、鳥夷，索隱曰：此言帝舜之德皆撫及四方夷人，故先以撫字揔之。北發當云北戶，南方有地名北戶。又案：漢書北發是北方國名，今以北發爲南方之國，誤也。此文省略四夷之名，錯亂西戎上少一西字，山戎下少一北字，長字下少一夷字，長夷也，鳥夷也，其意宜然。今案大戴禮亦云長夷，則長是夷號。又云鮮支渠搜，則鮮支當此析枝也。鮮析音相近。鄭氏、劉氏云息並音肅，非也。且夷狄之名，古書不必皆同，今讀如字也。○正義曰：注鳥或作島。括地志云：百濟國西南海中有大島十五所，皆置邑，有人居，屬百濟。又倭國西南大海中島居凡百餘小國，在京南萬三千五百里。按：武后改倭國爲日本國。四海之內正義曰：爾雅云九夷、八狄、七戎、六蠻謂之四海。咸戴帝舜之功。於是禹乃興九招之樂，索隱曰：招音韶，即舜樂簫韶。九成，故曰九招。致異物，鳳皇來翔。天下明德皆自虞帝始。舜年二十以孝聞，年三十堯舉之，年五十攝行天子事，年五十八堯崩，年六十一代堯踐帝位。皇甫謐曰：舜所都或言蒲阪，或言平陽，或言潘。潘今上谷也。○正義曰：括地志云：平陽，今晉州城是也。潘，今嬀州城是也。蒲坂，今蒲州南二里河東縣界蒲坂故城是也。踐帝位三十九年，南巡狩，崩於蒼梧之野。葬於江南九疑，是爲零陵。皇覽曰：舜冢在零陵營浦縣。其山九

鼻皆相似故曰九疑傳曰舜葬蒼梧象爲之耕禮記曰舜葬蒼梧二妃不從山海經曰蒼梧山帝舜葬于陽丹朱葬于陰皇甫謐曰或曰二妃葬衡山舜之踐帝位載天子旗往朝父瞽叟夔夔唯謹徐廣曰和敬貌如子道封弟象爲諸侯孟子曰封之有庳音鼻。正義曰帝王紀云舜弟象封於有鼻括地志云鼻亭神在道縣北六十里故老傳云舜葬九疑象來至此後人立祠名爲鼻亭神輿地志云零陵郡應陽縣東有山山有象廟王隱晉書云此大泉陵縣北部東五里有鼻墟象所封也舜子商均亦不肖皇甫謐曰娥皇無子女英生商均。正義曰譙周云以虞封舜子今宋州虞城縣括地志云虞國舜後所封邑也或云封舜子均於商故號商均也舜乃豫薦禹於天索隱曰謂告天使之攝位也十七年而崩三年喪畢禹亦乃讓舜子正義曰括地志云禹居洛州陽城者避商均非時久居也如舜讓堯子諸侯歸之然後禹踐天子位堯子丹朱舜子商

史記五帝紀一　二十九

均皆有疆土譙周曰以唐封堯之子以虞封舜之子。索隱曰漢書律曆志云封堯子朱於丹淵爲諸侯商均封虞在梁國今虞城縣也。正義曰括地志云定州唐縣堯後所封宋州虞城縣舜後所封也以奉先祀服其服禮樂如之以客見天子正義曰爲天子之賓客也天子弗臣示不敢專也自黃帝至舜禹皆同姓而異其國號以章明德徐廣曰外傳曰黃帝二十五子其得姓者十四人虞翻云以德爲氏姓又虞說以九有二十五人其二人同姓又十一人爲十一姓酉祁己滕葴任荀釐姞嬛衣是也餘十二姓德薄不紀錄故黃帝爲有熊帝顓頊爲高陽帝嚳爲高辛帝堯爲陶唐韋昭曰陶唐皆國名猶湯稱殷商矣張晏曰堯爲唐侯國於中山唐縣是也帝舜爲有虞皇甫謐曰舜嬪于虞因以爲氏今河東太陽西山上虞城是也帝禹爲夏后而別氏姓姒氏契爲商姓子氏索隱曰禮

緯曰禹母脩己吞薏苡而生禹因姓姒氏而契姓子氏者亦以其母吞乙子而生棄爲周姓姬氏鄭玄駮許愼五經異義曰春秋左傳無駭卒羽父請謚與族公問族於衆仲衆仲對曰天子建德因生以賜姓胙之土而命之氏諸侯以字爲氏因以爲族官有世功則有官族邑亦如之公命以字爲展氏以此言之天子賜姓命氏諸侯命族族者氏之別名也姓者所以統繫百世使不別也氏者所以別子孫之所出故世本之篇言姓則在上言氏則在下也太史公曰正義曰太史公司馬遷自謂也自敘傳云太史公曰先人有言又云太史公曰余聞之董生又云太史公遭李陵之禍明太史公司馬遷自號也遷爲太史公官題贊首也虞喜云古者主天官者皆上公非獨遷學者多稱五帝尚矣索隱曰尚上也言久遠也然尚矣文出大戴禮然尚書獨載堯以來而百家言黃帝其文不雅馴正義曰馴訓也謂百家之言皆非典雅之訓薦紳先生難言之徐廣曰薦紳即縉紳也古字假借孔子所傳宰予問五帝德及帝繫姓正義曰繫音奚計反五帝德及帝繫

史記五帝紀一　三十

姓皆大戴禮文及孔子家語篇名漢儒者以二書非經恐不是聖人之言故或不傳學也儒者或不傳索隱曰五帝德帝繫姓皆大戴禮及孔子家語篇名以二者皆非正經故漢時儒者以爲非聖人之言故多不傳學也余嘗西至空峒正義曰余太史公自稱也嘗曾也空桐山在原州平高縣西百里黃帝問道於廣城子處北過涿鹿正義曰涿鹿山在嬀州東南五十里山側有涿鹿城即黃帝堯舜之都也東漸於海南浮江淮矣至長老皆各往往稱黃帝堯舜之處風教固殊焉總之不離古文者近是索隱曰古文即帝德帝系二書也近是聖人之說予觀春秋國語其發明五帝德帝繫姓章矣索隱曰太史公言己以春秋國語古書博加考驗益以發明五帝德等說甚章著也顧弟弗深考徐廣曰弟但也史記漢書見此者非一又左思蜀都賦曰弟如滇池而不詳者多以爲字誤學者安可不博觀乎。正義曰顧念也弟且也太史公言博考古文擇其言表見之不虛其章著

矣思念亦且不須更深考論虛妄也**其所表見皆不虛**索隱曰言帝德帝系所有表見者皆不為虛妄也**書缺有間矣**正義曰言古文尚書缺失其間多矣而無說黃帝之語**其軼乃時時見於他說**索隱曰言古典殘缺有年載故曰有間然帝皇遺事散軼乃時時旁見於他記說即帝德帝系等說也故已今採按而備論黃帝已來事耳**非好學深思心知其意固難為淺見寡聞道也余并論次擇其言尤雅者故著為本紀書首**正義曰太史公據古文并諸子百家論次擇其言語典雅者故著為五帝本紀在史記百三十篇書之首

索隱述贊曰

帝出少典　居于軒丘　既代炎曆
遂禽蚩尤　高陽嗣位　靜深有謀
小大遠近　莫不懷柔　爰洎帝嚳
列聖同休　帝摯之弟　其號放勳
就之如日　望之如雲　郁夷東作
昧谷西曛　明敭仄陋　玄德升聞
能讓天下　賢哉二君

右述贊之體深所不安何者夫敘事美功合有首末懲惡勸善是稱褒貶觀太史公贊論之中或國有數君或士兼百行不能備論終始自可略申梗概遂乃頗取一事偏引一奇即為一篇之贊將為龜鏡誠所

不取斯亦明月之珠不能無纇矣今並重為一百三十篇之贊云

史計叁阡捌伯陸拾壹字
注計壹萬柒阡玖伯陸拾肆字

五帝本紀第一　史記一

夏本紀第二

夏禹 謚法曰受禪成功曰禹。正義曰夏者帝禹封國號也帝王紀云禹受封爲夏伯在豫州外方之南今河南陽翟是也 名曰文命 索隱曰尚書云文命敷于四海孔安國云外布文德教命不云是禹名太史公皆以放勲重華文命爲名孔又云虞氏舜名則堯舜禹湯皆名矣蓋古質帝王之號皆以名後代因其行追以爲謚其實禹是名故張晏云少昊已前天下之號象其德顓頊已來天下之號因其名又按系本鯀取有辛氏女謂之女志是生高密宋衷云高密禹所封國。正義曰帝王紀云父鯀妻脩己見流星貫昴夢接意感又吞神珠薏苡胷坼而生禹名文命字密身九尺二寸長本西夷人也大戴禮云高陽之孫鯀之子曰文命揚雄蜀王本紀云禹本汶山郡廣柔縣人也生於石紐括地志云茂州汶川縣石紐山在縣西七十三里華陽國志云今夷人共營其地方百里不敢居牧至今猶不敢放六畜按廣柔隋改曰汶川 禹之父曰鯀鯀之父曰帝顓頊 索隱曰皇甫謐云鯀帝顓頊之子字熙又連山易云鯀封於崇故國語謂之崇伯鯀系本亦以鯀爲顓頊子漢書律曆志則云顓頊五代而生鯀按鯀既仕堯與舜代系殊懸舜即顓頊六代孫則鯀非是顓頊之子蓋班氏之言近得其實 顓頊之父曰昌意昌意之父曰黃帝禹者黃帝之玄孫而帝顓頊之孫也禹之曾大父昌意及父鯀皆不得在帝位爲人臣當帝堯之時鴻水滔天 索隱曰一作洪鴻大也以鳥大曰鴻小曰鴈故近代文字大義者皆作鴻也 浩浩懷山襄陵下民其憂堯求能治水者羣臣四嶽皆曰鯀可堯曰鯀爲人負命毀族不可四嶽曰等之未有賢於鯀者願帝試之於是堯聽四嶽用鯀治水九年而水不息功用不成於是帝堯乃求人更得舜舜登用攝行天子之政巡狩行視鯀之治

水無狀 索隱曰言無功狀 乃殛鯀於羽山以死 正義曰殛音紀力反鯀之羽山化爲黃熊入于羽淵熊音乃來反下三點爲三足也束晳發蒙紀云鼈三足曰熊 天下皆以舜之誅爲是於是舜舉鯀子禹而使續鯀之業堯崩帝舜問四嶽曰有能成美堯之事者使居官皆曰伯禹爲司空可成美堯之功舜曰嗟然命禹女平水土維是勉之禹拜稽首讓於契后稷皋陶舜曰女其往視爾事矣禹爲人敏給克勤其德不違其仁可親其言可信聲爲律 索隱曰言禹聲音應鍾律 身爲度 王肅曰以身爲法度。索隱曰按今巫猶稱禹步 稱以出 徐廣曰一作士。索隱曰按大戴禮見作士又一解云上聲與身爲律度則權衡亦出於其身故云稱以出 亹亹穆穆爲綱爲紀禹乃遂與益后稷奉帝命命諸侯百姓興人徒以傅土行山表木 尚書傅字作敷馬融曰敷分也。索隱曰大戴禮作傅土故此紀依之傅即付也謂付功屬役之事謂令人分布理九州之土地也表木謂刊木立爲表記尚書作隨山刊木 定高山大川 馬融曰定其差秩祀禮所視也。索隱曰尚書大傳曰高山大川五嶽四瀆之屬 禹傷先人父鯀功之不成受誅乃勞身焦思居外十三年過家門不敢入薄衣食致孝于鬼神 馬融曰祭祀豐絜 卑宮室致費於溝淢 包氏曰方里爲井井間有溝溝廣深四尺十里爲成成間有淢淢廣深八尺 陸行乘車水行乘船泥行乘橇 徐廣曰他書或作蕝 駰案孟康曰橇形如箕擿行泥上如淳曰橇音茅蕝之蕝謂以板置其泥上以通行路也。正義曰按橇形如船而短小兩頭微起人曲一腳泥上擿進用拾泥上之物今杭州溫州海邊有之也 山行乘檋 徐廣

曰檋一作橋音丘遙反。駰案如淳曰檋車謂以鐵如錐頭長半寸施之屐下以上山不蹉跌也又音紀録反。正義曰按上山前齒短後齒長下山前齒長後齒短也檋音與上同也左準繩右規矩王肅曰左右言常用也。索隱曰左所運用堪爲人之準繩右所舉動必應規矩也載四時王肅曰所以行不違四時之宜也以開九州通九道陂九澤度九山令益予衆庶稻可種卑濕命后稷予衆庶難得之食食少調有餘相給以均諸侯禹乃行相地宜所有以貢及山川之便利禹行自冀州始冀州既載孔安國曰堯所都也先施貢賦役載於書也鄭玄曰兩河間曰冀州。正義曰按理水及貢賦從帝都爲始也黃河自勝州東直南至華陰即東至懷州南又東北至平州碣石山入海也東河之西西南河之東南河之北皆冀州也壺口治梁及岐鄭玄曰地理志壺口在河東北屈梁山在左馮翊夏陽岐山在右扶風美陽。正義曰括地志

云壺口山在慈州吉常縣西南五十里冀州境也梁山在同州韓城縣東南十九里岐山岐州岐山縣東北十里二山雍州境也孔安國從東循山理水而西也既修太原至于嶽陽孔安國曰太原今爲郡名太嶽在太原西南山南曰陽。索隱曰嶽太嶽即冀州之鎮霍太山也按地理志霍太山在河東彘縣東凡如此例不引書者皆地理志文也。正義曰括地志云霍山在沁州沁原縣西七八十里覃懷致功孔安國曰覃懷近河地名鄭玄曰懷縣屬河內。索隱曰按河內有懷縣今驗地無名覃者蓋覃懷二字或當時共爲一地之名至於衡漳孔安國曰漳水橫流。索隱曰案孔註以衡爲橫非王肅云衡漳二水名地理志清漳水出上黨沾縣東北至阜城縣入河濁漳水出上黨長子縣東至鄴入清漳也。正義曰括地志云故懷城在懷州武陟縣西十一里衡漳水在瀛州東北百二十五里平舒縣界也其土白壤孔安國曰土無塊曰壤賦上上錯孔安國曰上上第一錯雜也雜出第二之賦田中中孔安國曰九州之中爲第五常衛既從大陸既爲鄭玄曰地理志恒水出恒山衛水在靈壽大陸澤在鉅鹿。索

隱曰此文改恒山恒水皆作常避漢文帝諱故也常水出常山上曲陽縣東入滱水衛水出常山靈壽縣東入虖池鳥夷皮服鄭玄曰鳥夷東北之民賦食鳥獸者孔安國曰服其皮明水害除。正義曰括地志云靺鞨國古肅愼也在京東北萬里已下東及北各抵大海其國南有白山鳥獸草木皆白其人處山林間土氣極寒常爲穴居以深爲貴至接九梯養豕食肉衣其皮冬以豬膏塗身厚數分以禦風寒貴臭穢不潔作廁於中圍之而居多勇力善射弓長四尺如弩矢用楛長一尺八寸青石爲鏃葬則交木作槨殺豬積槨上富者至數百貧者數十以爲死人之糧以土上覆之以繩繫於槨頭出土上以酒灌酹繩腐而止無四時祭祀也夾右碣石孔安國曰碣石海畔之山也入于海徐廣曰海一作河。索隱曰地理志云碣石山在北平驪城縣西南太康地理志云樂浪遂城縣有碣石山長城所起又水經云在遼西臨渝縣南水中蓋碣石山有二此云夾右碣石入于海當非北平之碣石濟河維沇州鄭玄曰言沇州之界在此兩水之間九河既道馬融曰九河名徒駭太史馬頰覆釜胡蘇簡絜鉤盤鬲津雷夏既澤雍沮會同鄭玄曰雍水沮水相觸而合入此澤中地

理志曰雷澤在濟陰城陽。索隱曰爾雅云水自河出爲雍也。正義曰括地志云雷夏澤在濮州雷澤縣郭外西北雍沮二水在雷澤西北平地也桑土既蠶於是民得下丘居土孔安國曰大水去民下丘居平土就桑蠶其土黑墳孔安國曰色黑而墳起草繇木條孔安國曰繇茂條長也田中下孔安國曰第六賦貞作十有三年乃同鄭玄曰貞正也治此州正作不休十三年乃有賦與八州同言功難也其賦中下其貢漆絲其篚織文孔安國曰地宜漆林又宜蠶織文錦綺之屬盛之筐篚而貢焉浮於濟漯通於河鄭玄曰地理志云漯水出東郡東武陽。索隱曰濟水出河東垣縣王屋山東其流至濟陰故應劭云濟水出平原陰縣東漯水出東郡東武陽縣北至千乘縣而入于海海岱維青州鄭玄曰東自海西至岱山東嶽曰岱山。正義曰按舜分青州爲營州遼西及遼東嵎夷既略馬融曰嵎夷地名用功少曰略。索隱曰孔安國云東表之地稱嵎夷按今文尚書及帝命驗並作禺鐵在遼西鐵古夷字也濰淄既

道鄭玄曰地理志潍水出琅邪淄水出泰山萊蕪縣原山東。正義曰括地志云密州莒縣山潍水所出淄州淄川縣東
北七十里原山淄水所出俗傳云禹理水功畢土石黑數里之中波若漆故謂之淄水也其土白墳海
濱廣潟徐廣曰一作澤又作斥厥田斥鹵鄭玄曰斥謂地鹹鹵。索隱曰鹵音魯說文云
鹵鹹地東方謂之斥西方謂之鹵田上下賦中上孔安國曰田第三賦第四厥貢鹽
絺海物維錯孔安國曰絺細葛錯雜非一種鄭玄曰海物海魚也魚種類尤雜岱畎絲
枲鈆松怪石孔安國曰畎谷也怪異好石似玉者岱山之谷出此五物皆貢之萊夷爲
牧孔安國曰萊夷地名可以牧放。索隱曰按左傳云萊人劫孔子孔子稱夷不亂華又云齊侯伐萊服虔以爲東萊
黄縣是今按地理志黄縣有萊山恐即此地之夷其篚檿絲孔安國曰檿桑蠶絲中爲琴瑟弦。索隱
曰爾雅云檿山桑是蠶食檿之絲也浮於汶通於濟鄭玄曰地理志汶水出泰山萊蕪縣原山
西南入濟海岱及淮維徐州孔安國曰東至海北至岱南及淮淮沂其治

蒙羽其藝鄭玄曰地理志沂水出泰山蓋縣蒙羽二山名孔安國曰二水已治二山可以種藝。索隱曰
水經云淮水出南陽平氏縣胎簪山北過桐柏山沂水出泰山蓋縣艾山南過下邳縣入泗蒙山在泰山蒙陰縣西羽山
在東海祝其縣南殛鯀之地大野既都鄭玄曰大野在山陽鉅野北名鉅野澤孔安國曰水所停曰都
東原底平鄭玄曰東原地名今東平郡即東原。索隱曰張華博物志云兗州東平郡即尚書之東原也
。正義曰廣平云原徐州在東故曰東原水去已致平復言可耕種也其土赤埴墳徐廣曰埴
黏土也草木漸包孔安國曰漸長進包叢生也其田上中賦中中孔安
國曰田第二賦第五貢維土五色鄭玄曰土五色者所以爲大社之封。正義曰韓詩外傳云天子社
廣五丈東方青南方赤西方白北方黑上冒以黄土將封諸侯各取方土苴以白茅以爲社也太康地記云城陽姑幕有
五色土封諸侯錫之茅土用爲社此土即禹貢徐州土也今屬密州莒縣也羽畎夏翟孔安國曰夏狄
狄雉名也羽中旌旄羽山之谷有之嶧陽孤桐孔安國曰嶧山之陽特生桐中琴瑟鄭玄曰地理志嶧山

在下邳。正義曰括地志云嶧山在兗州鄒縣南二十二里鄒山記云鄒山古之嶧山言絡繹相連屬也今猶多桐樹按
今獨生桐尚徵一偏似琴瑟泗濱浮磬孔安國曰泗水涯水中見石可以爲磬鄭玄曰泗水出濟陰乘
氏也。正義曰括地志云泗水至彭城呂梁出石磬淮夷蠙珠臮魚孔安國曰淮夷二水出蠙
珠及美魚鄭玄曰淮夷淮水之上民也。索隱曰按尚書云徂茲淮夷徐戎並興今徐州言淮夷則鄭解爲得蠙一作玭
並步玄反臮古暨字臮與也言夷人所居淮水之處有此蠙珠與魚也又作濱濱畔也其篚玄纖縞
鄭玄曰纖細也祭服之材尚細。正義曰玄黑纖細縞白繒以細繒染爲黑色浮于淮泗正義曰括地志
云泗水源在兗州泗水縣東陪尾山其源有四道因以爲名通于河淮海維揚州孔安
國曰北據淮南距海彭蠡既都陽鳥所居鄭玄曰地理志彭蠡澤在豫章彭澤西孔安國
曰隨陽之鳥鴻鴈之屬冬月居此澤也。索隱曰都古文尚書作豬孔安國云水所停曰豬鄭玄云南方謂都爲豬則是
水聚會之義。正義曰蠡音禮括地志云彭蠡湖在江州潯陽縣東南五十二里三江既入索隱曰韋

昭云三江謂松江錢塘江陽江今按地理志有南江中江北江是爲三江其南江從會稽吳縣南東入海中江從丹陽蕪
湖東北至會稽陽羨縣東入海北江從會稽毗陵縣北東入海故下文東爲中江又東爲北江孔安國云有北有中南可
知也震澤致定孔安國曰震澤吳南太湖名言三江已入致定爲震澤。索隱曰震一作振地理志云會
稽吳縣故周太伯所封國具區在其西古文以爲震澤又左傳稱笠澤亦謂此也。正義曰澤在蘇州西四十五里三
江者在蘇州東南三十里一名三江口一江西南上七十里至太湖名曰松江古笠澤江一江東南上七十里白蜆湖名曰
上江亦曰東江一江東北下三百餘里入海名曰下江亦曰婁江於其分處號曰三江口顧夷吳地記云松江東北行七
十里得三江口東北入海爲婁江東南入海爲東江并松江爲三江是也言理三江入海非入震澤也按太湖西南湖州
諸溪從天目山下西北宣州諸山有溪並下太湖太湖東北流各至三江口入海其湖無通彭蠡湖及太湖處並阻山陸
諸儒及地志等解三江既入皆非也周禮職方氏云揚州藪曰具區川曰三江按五湖三江者韋昭注非也其源俱不通
太湖引解三江既入失之遠矣五湖者菱湖游湖莫湖貢湖胥湖皆太湖東岸五灣爲五湖蓋古時應別今並相連菱湖

在莫里山東周迴三十餘里西口闊二里其口南則莫里山北則徐侯山西與莫湖連莫湖在莫里山西及北與胥湖連胥湖在胥山西南與莫湖連各周迴五六十里西連大湖游湖在北二十里在長山東湖西口闊二里其口東南岸樹里山西北岸長山湖周迴五六十里貢湖在長山西其口闊四五里口東南長山山南即山陽村西北連常州無錫縣老岸湖周迴一百九十里已上湖身向東北長七十餘里兩湖西亦連太湖河渠書云於吳則通渠三江五湖貨殖傳云夫吳有三江五湖之利又太史公自叙傳云登姑蘇望五湖是也**竹箭既布**孔安國曰水去布生**其草惟夭其木惟喬**少長曰夭喬高也**其土塗泥**馬融曰漸洳也**田下下賦下上上雜**孔安國曰田第九賦第七雜出第六**貢金三品**孔安國曰金銀銅鄭玄曰銅三色也**瑤琨竹箭**孔安國曰瑤琨皆美玉也**齒革羽毛**孔安國曰象齒犀皮鳥羽旄牛尾也。正義曰周禮考工記云犀甲七屬兕甲六屬鄭云犀似水牛猪頭大腹庳脚犄角好食棘也亦有一角者按西南夷常貢旄牛尾為旌旗之飾書詩通謂之旄故尚書云右秉白旄詩云建旐設旄皆此牛也**島夷卉服**

孔安國曰南海島夷草服葛越。正義曰括地志云百濟國西南渤海中有大島十五所皆邑落有人居屬百濟又倭國武皇后改曰日本國在百濟南隔海依島而居凡百餘小國此皆揚州之東島夷也按東南之夷草服葛越焦竹之屬越即苧祁也**其篚織貝**孔安國曰織細繒也貝水物也鄭玄曰貝錦名也詩云成是貝錦凡織者先染其絲織之即成矣**其包橘柚錫貢**孔安國曰小曰橘大曰柚錫命乃貢言不常也鄭玄曰有錫則貢之或時乏則不貢錫所以柔金也**均江海通淮泗**鄭玄曰均讀曰沿沿順水行也**荆及衡陽維荆州**孔安國曰北據荆山南及衡山之陽**江漢朝宗于海**孔安國曰二水經此州而入海有似於朝百川以海為宗宗尊也。正義曰括地志云江水源出岷州南岷山南流至益州即東南流入蜀至瀘州東流經三硤過荆州與漢水合孫卿子云江水其源可以濫觴也又云漢水源出梁州金牛縣東二十八里嶓冢山**九江甚中**孔安國曰江於此州界分為九道甚得地勢之中鄭玄曰地理志九江在尋陽南皆東合為大江。索隱曰按尋陽記九江者烏江蚌江烏白江嘉靡江畎江源江廩江隄江菌江又張須元九江圖所載有三

里五畎烏土白蚌九江之名不同**沱涔已道**孔安國曰沱江別名涔水名鄭玄曰水出江為沱漢為涔。索隱曰涔亦作潛沱出蜀郡郫縣西東入江潛出漢中安陽縣西北入漢故爾雅云水自江出為沱漢出為潛。正義曰括地志云繁江水受郫江禹貢曰岷山導江東別為沱源出益州新繁縣潛水一名復水今名龍門水源出利州綿谷縣東龍門山大石穴下也**雲夢土為治**孔安國曰雲夢之澤在江南其中有平土丘水去可為耕作畎畝之治。索隱曰夢一作瞢鄒誕生又音蒙按雲土夢本二澤名蓋人以二澤相近或合稱雲夢耳知者據左傳云昭王寢於雲中又楚子鄭伯田于江南之夢則是二澤各別也韋昭曰雲土今為縣屬江夏南郡華容今按地理志云江夏有雲杜縣是**其土塗泥田下中賦上下**孔安國曰田第八賦第三**貢羽旄齒革金三品杶幹栝柏**鄭玄曰四木名孔安國曰幹柘也柏葉松身曰栝**礪砥砮丹**孔安國曰砥細於礪皆磨石也砮石中矢鏃丹朱類也**維箘簬楛**徐廣曰一作箭足杆杆即楛也音怙箭足者矢鏃也或以箭足訓釋箘簬乎駰案鄭玄曰箘簬聆風也**三國致**

貢其名馬融曰言箘簬楛三國所致貢其名善也**包匭菁茅**鄭玄曰匭纏結也菁茅茅有毛刺者給宗廟縮酒重之故包裹又纏結也。正義曰括地志云辰州盧溪縣西南三百五十里有包茅山武陽記云山際出包茅有刺而三脊因名苞茅山**其篚玄纁璣組**孔安國曰此州染玄纁色善故貢之璣珠類生於水中組綬類也**九江入賜大龜**孔安國曰尺二寸曰大龜出於九江水中龜不常用賜命而納之**浮於江沱涔於漢踰于雒至於南河荆河惟豫州**孔安國曰西南至荆山北距河水。正義曰括地志云荆山在襄州荆山縣西八十里韓子云卞和得玉璞於楚之荆山即此也河洛州北河也**伊雒瀍澗既入於河**孔安國曰伊出陸渾山洛出上洛山澗出澠池山瀍出河南北山四水合流而入河。索隱曰伊水出弘農盧氏縣東洛水出弘農上洛縣冢嶺山瀍水出河南穀城縣潛亭北澗水出弘農新安縣東皆入于河。正義曰括地志云伊水出虢州盧氏縣東巒山東北流入洛洛水出商州洛南縣冢嶺山東流經洛州郭內又各合伊水瀍水出洛州新安縣東南流至洛州郭內南

入洛澗水源出洛州新安縣東白石山東北與穀水合流經洛州郭內東流入洛也**滎播既都**孔安國曰滎澤名波水已成遏都。索隱曰古文尚書作滎波此及今文並云滎播播是水播溢之義滎是澤名故左傳云狄及衛戰於滎澤鄭玄云今塞爲平地滎陽人猶謂其處爲滎播**道荷澤被明都**孔安國曰荷澤在胡陵明都澤名在荷東北水流泆覆被之。索隱曰荷澤在濟陰定陶縣東明都音孟豬孟豬澤在梁國睢陽縣東北爾雅左傳謂之諸今文亦爲然准周禮稱望諸皆此地之一名。正義曰括地志云荷澤在曹州濟陰縣東北九十里定陶城東今名龍池亦名九卿陂**其土壤下土墳壚**孔安國曰壚疏也馬融曰豫州地有三等下者墳壚也**田中上賦雜上中**孔安國曰田第四賦第二又雜出第一**貢漆絲絺紵其篚纖絮**孔安國曰細綿也**錫貢磬錯**孔安國曰治玉石曰錯治磬錯也**浮於雒達於河華陽黑水惟梁州**孔安國曰東據華山之南西距黑水。正義曰括地志云黑水源出梁州城固縣西北太山**汶嶓既蓺**鄭玄曰地理志岷山

在蜀郡湔氐道嶓冢山在漢陽西。索隱曰汶一作㟭又作岐收山封禪書一云瀆在蜀都湔氐道西徼江水所出嶓冢山在隴西西縣漢水所出也。正義曰括地志云岷山在岷州益洛南一里連綿至蜀二千里皆名岷山嶓冢山在梁州金牛縣東二十八里湔音子踐反氐音丁奚反**沱涔既道**孔安國曰沱涔發源此州入荊州**蔡蒙旅平**孔安國曰蔡蒙二山名祭山曰旅平言治功畢也鄭玄曰地理志蔡蒙在漢嘉縣。索隱曰此非徐州之蒙在蜀郡青衣縣青衣後改爲漢嘉蔡山不知所在也。正義曰括地志云蒙山在雅州嚴道縣南十里**和夷厎績**馬融曰和夷地名也**其土青驪**孔安國曰色青黑也**田下上賦下中三錯**孔安国曰田第七賦第八雜出第七第九三等**貢璆鐵銀鏤砮磬**孔安國曰璆玉名鄭玄曰黃金之美者謂之鏐鏤剛鐵可以刻鏤也**熊羆狐狸織皮**孔安國曰貢四獸之皮也織皮今罽也**西傾因桓是來**馬融曰治西傾山因桓水是來言無餘道也鄭玄曰地理志西傾山在隴西臨洮。索隱曰西傾在隴西臨洮縣西南桓水出蜀郡岷山西南行羌中入海也。正義曰括地志云

西傾山今強臺山在洮州臨澤縣西南三百三十六里**浮于潛踰于沔**孔安國曰漢上水爲沔鄭玄曰或謂漢爲沔**入于渭亂于河**孔安國曰正絕流曰亂**黑水西河惟雍州**。孔安國曰西距黑水東據河龍門之河在冀州西。索隱曰地理志益州滇池有黑水祠鄭玄引地說云三危山黑水出其南山海經黑水出崑崙墟西北隅也**弱水既西**孔安国曰導之西流至於合黎鄭玄曰衆水皆東此獨西流也。索隱曰水經云弱水出張掖刪丹縣西北至酒泉會水縣入合黎山腹山海經云弱水出崑崙墟西南隅也**涇屬渭汭**孔安國曰屬逮也水北曰汭言治涇水入於渭也鄭玄曰地理志涇水出安定涇陽。索隱曰渭水出首陽縣鳥鼠同穴山說文云水相入曰汭。正義曰括地志云涇水源出原州百泉縣西南笄頭山涇谷渭水源出渭原縣西七十六里鳥鼠山今名青雀山渭有三源並出鳥鼠山東流入河按言理涇水及至渭水又理漆沮亦從渭流復理灃水亦同入渭者也**漆沮既從**正義曰括地志云漆水源出岐州普閏縣東南岐漆山漆溪東入渭沮水一名川水源出雍州富平縣東入櫟陽縣南漢高帝於櫟陽置萬年縣十三州地理志云

萬年縣南有涇渭北有小河即沮水也詩云古公去邠度漆沮即此二水**灃水所同**灃音豐孔安國曰漆沮之水已從入渭灃水所同於渭也。索隱曰漆沮二水漆水出右扶風漆縣西沮水地理志無文而水經以澽水出北地直路縣東過馮翊祋祤縣入洛說文亦以漆沮各是一水名孔安國獨以爲一又云是洛水灃水出右扶風鄠縣南東北過上林苑。正義曰括地志云雍州鄠縣終南山灃水出焉**荊岐已旅**孔安國曰荊在岐東非荊州之荊山也。正義曰括地志云荊山在雍州富平縣今名掘陵原岐山在岐州岐山縣東北十里尚書正義云洪水時祭祀禮廢已旅祭言理水功畢也按雍州荊山即黃帝及禹鑄鼎地也襄州荊山縣西荊山即卞和得玉璞者**終南敦物至于鳥鼠**孔安國曰三山名言相望也鄭玄曰地理志終南敦物皆在右扶風武功也。索隱曰按左傳中南山杜預以爲終南山地理志云太一山古文以爲終南華山古文以爲敦物皆在扶風武功縣東。正義曰括地志云終南山一名中南山一名太一山一名山一名橘山一名楚山一名泰山一名周南山一名地肺山在雍州萬年縣南五十里**原隰厎績至于都野**鄭玄曰地理志都野在武威名曰休

猪澤。正義曰原隰幽州地也按原平高地也隰低下地也言從渭州致功西北至涼州都野沙州三危山也括地志云都野澤在涼州姑臧縣東北二百八十里**三危既度**索隱曰鄭玄引河圖及地說云三危山在鳥鼠西南與岐山相連度劉伯莊音田各反尚書作宅**三苗大序**孔安國曰西裔之山已可居三苗之族大有次序禹之功也**其土黃壤田上上賦中下**孔安國曰田第一賦第六人功少**貢璆琳琅玕**孔安國曰璆琳皆玉名琅玕石而似珠者**浮於積石至於龍門西河**孔安國曰積石山在金城西南河所經也龍門山在河東之西界。索隱曰積石在金城河關縣西南龍門山在左馮翊夏陽縣西北。正義曰括地志云積石山今名小積山在河州枹罕縣西七里河州在京西一千四百七十二里龍門山在同州韓城縣北五十里李奇云禹鑿通河水廣八十步三秦記云龍門水懸船而行兩旁有山水陸不通龜魚集龍門下數千不得上上則為龍故云暴鰓點額龍門下按河在冀州西故云西河也禹發源河水小積石山浮河東北下歷靈勝北而南行至于龍門皆雍州城也**會于渭汭**正義曰水經云河水又南至潼關渭水從西注之也**織皮昆侖析支渠搜西戎即序**孔安國曰織皮毛布此四國在荒服之外流沙之內羌髳之屬皆就次序美禹之功及戎狄也。索隱曰鄭玄以為衣皮之人居昆侖析支渠搜三山皆在西戎王肅曰昆侖在臨羌西析支在河關西戎在西域王肅以為地名而不言渠搜今按地理志金城臨羌縣有昆侖祠敦煌廣至縣有昆侖障朔方有渠搜縣**道九山**索隱曰汧壺口砥柱太行西傾熊耳嶓冢內方岐是九山也古分為三條故地理志有北條之荊山馬融以汧為北條西傾為中條嶓冢為南條鄭玄分四列汧為陰列西傾次陰列嶓冢為陽列岐山次陽列**汧及岐至于荊山**鄭玄曰地理志汧在右扶風也。索隱曰汧一作岍按有岍水故其字或從山或從水猶岐山然也地理志云吳山在右扶風美陽縣西荊山在左馮翊懷德縣南也。正義曰括地志云汧山在隴州汧源縣西六十里其山東鄰汧岫西接隴岡汧水出焉岐山在岐州**踰于河壺口雷首**索隱曰雷首山在河東蒲坂縣東南**至于太嶽**孔安國曰三山在冀州太嶽在上黨西也。索隱曰即霍太山也已見上。正義曰括地志云壺口在慈州吉昌縣西南雷首

山在蒲州河東縣太嶽霍山也在沁州沁源縣**砥柱析城至于王屋**孔安國曰此三山在冀州之南河之北。索隱曰析城山在河東濩澤縣西南王屋山在河東垣縣東北水經云砥柱山在河東太陽縣南河水中也。正義曰括地志云底山俗名三門山硤石縣東北五十里黃河之中孔安國云底柱山名河水分流包山而過山見水中若柱然也括地志云析城縣在澤州西南七十里注水經云析城山甚高峻上平坦有二水東濁西清左右不生草木括地志云王屋山在懷州王屋縣北十里古今地名云山方七百里山高萬仞李冀州之河陽山也**太行常山至于碣石入于海**孔安國曰此二山連延東北接碣石而入於滄海。索隱曰太行山在河內山陽縣西北常山恒山是也在常山郡上曲陽縣西北。正義曰括地志云太行山在懷州河內縣北二十五里有羊腸坂恒山在定州恒陽縣西北百四十里道書福地記云恒山高三千三百丈上方二十里有大玄之泉神草十九種可度俗**西傾朱圉鳥鼠至于太華**鄭玄曰地理志云朱圉在漢陽南太華山在弘農華陰南孔安國曰鳥鼠山渭水所出在隴西之西。索隱曰圉一作圄朱圉山在天水冀縣南鳥鼠山在隴西首陽縣西南太華即敦物山**熊耳外方桐柏至于負尾**鄭玄曰地理志熊耳在盧氏東外方在潁川嵩高山桐柏山在南陽平氏東南陪尾在江夏安陸東北若橫尾者。索隱曰熊耳山在弘農盧氏縣東伊水所出外方山即潁川嵩高縣嵩高山古文尚書亦以為外方山桐柏山一名大復山在南陽平氏縣東南陪尾山在江夏安陸縣東北地理志謂之橫尾山負音陪也。正義曰括地志云華山在華州華陰縣界八里熊耳山在虢州盧氏縣南五十里嵩高山亦名太室山亦名外方山在洛州城陽縣北二十三里也桐柏山在唐州東南五十里淮水出焉橫尾山古陪尾山也在安州安陸縣北六十里**道嶓冢至于荊山**鄭玄曰地理志荊山在南郡臨沮。正義曰括地志云嶓冢山在梁州荊山在襄州荊山縣西八十里也又云荊山縣本漢臨沮縣地也沮水即漢水也按縣孫叔敖激沮水為雲夢澤是也**內方至于大別**鄭玄曰地理志內方在竟陵名立章山大別在盧江安豐縣。索隱曰內方山在竟陵縣東北大別山在大國安豐縣今土人謂之甑山。正義曰括地志云章山在荊州長林縣東北六十里今漢水附章山之東與經史符會按大別山今沙州在山上漢江經其左今俗猶

云甑山任云在安豐非漢所經也**汶山之陽至于衡山**索隱曰在長沙湘南縣東南廣雅云岣嶁謂之衡山。正義曰括地志云岷山在茂州汶川縣衡山在衡州湘潭縣西四十一里**過九江至于敷淺原**徐廣曰淺一作滅騆案國語曰敷淺原一名博陽山在豫章**道九川**索隱曰弱黑河養江沇雍渭洛爲九川**弱水至於合黎**鄭玄曰地理志弱水出張掖孔安國曰合黎水名在流沙東。索隱曰水經云合黎山在酒泉會水縣東北鄭玄引地說亦以爲然孔安國云水名當是其山弱水故所記各不同。正義曰括地志云蘭門山一名合黎一名窮山在甘州刪丹縣西南七里淮南子云弱水源出窮山又云合黎一名羌谷水一名鮮水一名覆表水今名副投河亦名張掖河南自吐谷渾界流入甘州張掖縣今按合黎水出臨松山東而北流歷張掖故城下又北流經張掖縣二十三里又北流經合黎山折而北流經流砂磧之西入居延海行千五百里合黎山張掖縣西北二百里也**餘波入於流沙**孔安國曰弱水餘波西溢入流沙鄭玄曰地理志流沙居延西北名居延澤地記曰弱水西流入合黎山腹餘波入于流沙通於南海馬融王肅皆

云合黎流沙是地名。索隱曰地理志張掖居延縣西北有居延澤古文以爲流沙廣志流沙在玉門關外有居延澤居延城又山海經云流沙出鍾山西南行昆侖墟入海按是地兼有水故一云地名一云水名馬鄭不同抑有由也**道黑水至于三危入于南海**鄭玄曰地理志益州滇池有黑水祠而不記此山水所在地記曰三危山在鳥鼠之西南孔安國曰黑水自北而南經三危過沙州入南海也。正義曰括地志云黑水源出伊吳縣北百二十里又南流二十里而絕三危山在沙州燉煌縣東南四十里按南海即揚州東大海岷江下至揚州東入海也其黑水源在伊州從伊州東南三千餘里至鄯州鄯州東南四百餘里至河州入黃河河州有小積石山即禹貢浮於積石至於龍門者然黃河源從西南下出大崑崙東北隅東北流經于闐入鹽澤即東南潛行入吐谷渾界大積石山又東北流至小積石山又東北流來處極遠無流其黑水當洪水時合從黃河而行何得入于南海去此甚遠阻隔南山龍山岷山之屬當是洪水浩浩處西戎不深致功古文故有跡略**道河積石**索隱曰爾雅云河出昆侖墟其色白漢書西域傳云河有兩源一出蔥嶺一出于闐于闐河北流與蔥嶺河合東注蒲昌海一名鹽澤其水停冬夏

不增減其南出積石爲中國河是河源發昆侖禹導河自積石而加功也**至于龍門南至華陰**孔安國曰至華陰山北而東行。正義曰華陰縣在華山北本魏之陰晉縣秦惠文王更名寧秦漢高帝改曰華陰**東至砥柱**孔安國曰砥柱山名河水分流包山而過山見水中若柱然也在西虢之界。正義曰砥柱山俗名三門山禹鑿此山三道河水故曰三門也**又東至于盟津**孔安國曰在洛北。索隱曰盟古孟字孟津在河陰十三州記云河陽縣在於河上即孟津是也。正義曰杜預云盟河內郡河陽縣南孟津也在洛陽城北都道所湊古今爲津武王度之近代呼爲武濟括地志云盟津周武王伐紂與八百諸侯會盟津亦曰孟津又曰富平津水經云小平津今云河陽津是也**東過雒汭至于大邳**孔安國曰洛汭洛入河處山再成曰邳。索隱曰爾雅云山一成曰邳或以爲成皐山是。正義曰李巡云山再重曰英一重曰邳括地志云大邳山今名黎陽東山又曰青壇山在衛州黎陽南七里張揖云今城皐非也**北過降水至于大陸**鄭玄曰地理志降水在信都南孔安國曰大陸澤名。索隱曰地理志絳水字從糸出信都國與雩池漳河水並流

入海大陸在鉅鹿郡爾雅云晉有大陸郭璞以爲此澤也。正義曰括地志云降水源出潞州屯留縣西南方東北流與州入海**北播爲九河同爲逆河入于海**鄭玄曰下尾合名曰逆河言相逆受也。正義曰播布也河至冀州分布爲九河下至滄州更同合爲一大河名曰逆河而夾右碣石入於渤海也**嶓冢道瀁東流爲漢**鄭玄曰地理志瀁水出隴西氐道至武都爲漢至江夏謂之夏水。索隱曰水經云瀁水出隴西氐道縣嶓冢山東至武都沮縣爲漢水地理志云至江夏謂之夏水山海經亦以漢出嶓冢山故孔安國云泉始出山爲瀁水東南流爲沔水至漢中東行爲漢水。正義曰括地志云嶓冢山水始出山沮洳故曰沮水東南爲瀁水又爲沔水至漢中爲漢水至均州爲滄浪水始欲出大江爲夏口又爲沔口漢江一名沔江也**又東爲蒼浪之水**孔安國曰別流也在荊州。索隱曰馬融鄭玄皆以滄浪爲夏水即漢河之別流也漁父謌曰滄浪之水清兮可以濯吾纓是此水也。正義曰括地志云均州武當縣有滄浪水庾仲雍漢水記云武當縣西四十里漢水中有洲名滄浪洲也地記云水出荊山東南流爲滄浪水**過三澨入于大**

別孔安國曰三澨水名鄭玄曰在江夏竟陵之界。索隱曰水經云三澨地名在南郡鄀縣北孔安國鄭玄以爲水名今竟陵有三參水俗云是三澨水參音去聲南入于江東匯澤爲彭蠡孔安國曰匯回也水東回爲彭蠡大澤東爲北江入于海孔安國曰自彭蠡江分爲三道入震澤遂爲北江而入海汶山道江東別爲沱又東至于醴孔安國曰馬融王肅皆以醴爲水名鄭玄曰醴陵名也大阜曰陵長沙有醴陵縣。索隱曰按騷人所歌濯余佩於醴浦明醴是水孔安國馬融解得其實又虞喜志林以醴是江沅之別流而醴字作澧也過九江至于東陵孔安國曰東陵地名東迆北會于匯孔安國曰迆溢也東溢分流都共北會彭蠡東爲中江入于海孔安國曰有北有中南可知也。正義曰括地志云禹貢三江俱會於彭蠡合爲一江入于海道沇水東爲濟入于河泆爲滎鄭玄曰地理志沇水出河東東垣王屋山東至河內武德入河泆爲滎孔安國曰濟在温西北滎澤在敖倉東南。索隱曰水經云自河東垣縣王屋山東流爲沇水至温縣西北爲濟水。正義曰括地志云兗水出懷州王屋縣北十里王屋山頂崖下石泉渟不流其深不測至縣西北二里平地其源重發而東南流爲汜水水經云汜東至温縣西北爲沛水又南當鞏之南北入于河釋名云濟者濟也下濟子細反按濟水入河而南截度河南岸溢滎澤在鄭州滎澤縣西北四里今無水成平地東出陶丘北孔安國曰陶丘丘再成者也鄭玄曰地理志陶丘在濟陰定陶西北。正義曰括地志云陶丘在濮州鄄城西南二十四里又云在曹州城中徐才宗國都記云此城中高丘即古之陶丘又東至于荷孔安國曰荷澤之水又東北會于汶正義曰汶音問地理志云汶水出泰山郡萊蕪縣原山西南入沛又東北入于海道淮自桐栢正義曰地理志云桐栢山在南陽平氏縣東南淮水所出按在唐州東五十餘里東會于泗沂東入于海孔安國曰與沂泗二水合入海也道渭自鳥鼠同穴孔安國曰鳥鼠共爲雄雌同穴處此山遂名曰鳥鼠渭水出焉。正義曰括地志云鳥鼠山今名青雀山在渭州渭源縣西七十六里山海經云鳥鼠同穴之山渭水出

馬郭璞注云今在隴西首陽縣西南山有鳥鼠同穴鳥名鵌鼠名鼵如人家鼠而短尾鵌似鵽而小黃黑色穴入地三四尺鼠在內鳥在外鵌音余鼵扶發反鵽音丁刮反似雉也東會于灃正義曰灃音豐括地志云雍州鄠縣終南山灃水出焉北入渭也又東北至于涇正義曰括地志云涇水出原州百泉縣西南笄頭山涇谷東南流入渭也東過漆沮入于河孔安國曰漆沮二水名亦曰洛水出馮翊北道維自熊耳孔安國曰在宜陽之西。正義曰括地志云洛水出商州洛南縣西冢嶺山東北流入河熊耳山在虢州盧氏縣南五十里洛所經東北會于澗瀍孔安國曰會於河南城南。正義曰括地志云澗水出洛州新安縣東白石山之陰地理志云瀍水出河南穀城縣替亭北東南入於洛又東會于伊孔安國曰會於雒陽之南東北入于河孔安國曰合於鞏之東也於是九州攸同四奧既居孔安國曰四方之邑已可居也九山栞旅孔安國曰九州名山已槎木通道而旅祭也九川滌原孔安國曰九州之川已滌除無壅塞也九澤既陂孔安國曰九州之澤皆已陂障無決溢也四海會同六府甚修孔安國曰六府金木水火土穀衆土交正致慎財賦鄭玄曰衆土美惡及高下得其正矣亦致其貢篚慎奉其財物之稅皆法定制而入之也咸則三壤成賦鄭玄曰三壤上中下各三等也中國賜土姓祗台德先不距朕行鄭玄曰中即九州也天子建其國諸侯祚之土賜之姓命之氏其敬悅天子之德既先又不距違我天子政教所行令天子之國以外五百里甸服孔安國曰爲天子之服治田去王城面五百里內百里賦納總孔安國曰甸內近王城者禾稾曰總供食國之馬也。索隱曰說文云總聚束草也二百里納銍孔安國曰所銍刈謂禾穗。索隱曰說文云銍穫禾短鎌也三百里納秸服孔安國曰秸稾也服稾役。索隱曰禮郊特牲云蒲越稾秸之美則秸是稾之類也四百里粟五百里米孔安國曰所納精者少麤者多甸服外五百里侯服孔安國曰侯候也斥候而服事也

百里采馬融曰采事也各受王事者二百里任國孔安國曰任王事者三百
里諸侯孔安國曰三百里同爲王者斥候故合三爲一名侯服外五百里綏
服孔安國曰綏安也服王者政教三百里揆文教孔安國曰揆度也度王者文教而行之三
百里皆同二百里奮武衛孔安國曰文教之外二百里奮武衛天子所以安之綏服
外五百里要服孔安國曰要束以文教也三百里夷孔安國曰守平常之教事
王者而已二百里蔡馬融曰蔡法也受王者刑法而已要服外五百里荒
服馬融曰政教荒忽因其故俗而治之三百里蠻馬融曰蠻慢也禮簡怠慢來不距去不禁二百
里流馬融曰流行無城郭常居東漸于海西被于流沙朔南暨
鄭玄曰朔北方也聲教訖于四海於是帝錫禹玄圭以告
成功于天下正義曰帝堯也玄水也以禹理水功成故錫玄圭以表顯之自此已上並尚書禹貢文

史記夏紀二　十七

天下於是太平治皋陶作士正義曰士若大理卿也以理民
帝舜朝禹伯夷皋陶相與語帝前皋陶述其謀
曰信其道德謀明輔和禹曰然如何皋陶曰於
正義曰音烏歎美之辭慎其身修正義曰以修爲絶句思長孔安國曰慎修其身思爲長久
之道敦序九族衆明高翼近可遠在已鄭玄曰次序九族而親之以衆明作羽翼之臣此政由近可以及遠也
禹拜美言曰然皋陶曰於在
知人在安民禹曰吁皆若是惟帝其難之孔安國曰
言帝堯亦以爲難知人則智能官人能安民則惠黎民懷
之能知能惠何憂乎驩兜何遷乎有苗何畏乎
巧言善色佞人鄭玄曰禹爲父隱故言不及鯀皋陶曰然於亦行

夏紀

有九德亦言其有德乃言曰始事事孔安國曰言其人有德必
言其所行事因事以爲驗寬而栗孔安國曰性寬弘而能莊栗柔而立孔安國曰和柔而能
立愿而共孔安國曰慤愿而恭敬治而敬擾而毅徐廣曰擾一作柔駰案孔
安國曰擾順也致果爲毅直而溫簡而廉剛而實彊而義章其
有常吉哉孔安國曰章明也吉善也日宣三德蚤夜翊明有家
孔安國曰三德九德之中有其三也卿大夫稱家明行之可以爲卿大夫日嚴振敬六德亮
采有國孔安國曰嚴敬也行六德以信治政事可爲諸侯也馬融曰亮信采事也翕受普施
九德咸事俊乂在官孔安國曰翕合也能合受三六之德而用之以布施政教使九德之
人皆用事謂天子也如此則俊德理能之士並皆在官也百吏肅謹毋教邪淫奇
謀非其人居其官是謂亂天事索隱曰此取尚書皋陶謨爲文斷絶

史記夏紀二　十八

殊無次序即班固所謂疎略抵梧是也今亦不能深考天討有罪五刑五用哉孔安
國曰言用五刑必當吾言底可行乎禹曰女言致可績行皋
陶曰余未有知思贊道哉正義曰皋陶云我未有所知思之審贊於古道耳謙
辭也已上並尚書皋陶謨文略其經不全備也帝舜謂禹曰汝亦昌言禹拜
曰於予何言予思日孳孳皋陶難禹曰何謂孳
孳禹曰鴻水滔天浩浩懷山襄陵下民皆服於
水予陸行乘車水行乘舟泥行乘橇山行乘檋
行山栞木正義曰行寒孟反栞口寒反與益予衆庶稻鮮食孔安國曰
鳥獸新殺曰鮮○索隱曰予音與上與謂同與之與下予謂施予之予此禹言其與益施予衆庶之稻糧以決
九川致四海浚畎澮鄭玄曰畎澮田間溝也致之川與稷予

夏紀

衆庶難得之食食少調有餘補不足徙居衆民乃定萬國爲治皋陶曰然此而美也禹曰於帝愼乃在位安爾止鄭玄曰安汝之所止無妄動動則擾民輔德天下大應清意以昭待上帝命天其重命用休鄭玄曰天將重命汝以美應謂符瑞也帝曰吁臣哉臣哉臣作朕股肱耳目予欲左右有民女輔之馬融曰我欲左右助民汝當翼成我也余欲觀古人之象日月星辰作文繡服色女明之予欲聞六律五聲八音來始滑以出入五言女聽尚書滑字作曶音忽鄭玄曰曶者臣見君所秉書思對命者也君亦有焉以出內政教於五官。索隱曰古文尚書作在治忽今文作采政忽先儒各隨字解之今此云來始滑於義無所通蓋來采字相近滑忽聲相亂始又與治相似因誤爲來始滑今依今

文音采政忽三字劉伯莊云聽諸侯能爲政及忽怠者是也五言謂仁義禮智信五德之言鄭玄以爲出納政教五官非也予卽辟女匡拂予女無面諛退而謗予敬四輔臣尚書大傳曰古者天子必有四鄰前曰疑後曰丞左曰輔右曰弼諸衆讒嬖臣君徐廣曰臣一作吾。索隱曰諸衆讒嬖臣爲一句君字宜屬下文德誠施皆清矣禹曰然帝卽不時布同善惡則毋功孔安國曰帝用臣不是則賢愚並位優劣同流故也帝曰正義曰此二字及下禹曰尚書並無太史公有四字帝及禹相荅極爲次序當應別見書毋若丹朱傲維慢游是好毋水舟行朋淫于家鄭玄曰朋淫淫門內用絕其世予不能順是禹曰予辛壬娶塗山癸甲生啓孔安國曰塗山國名辛日娶妻至于甲四日復往治水。索隱曰杜預云塗山在壽春東北皇甫謐云今九江當塗有禹廟則塗山在江南也系本曰塗山氏女名女媧是禹娶塗山氏號女媧也又按

尚書云娶于塗山辛壬癸甲啓呱呱而泣予弗子今此云辛壬娶塗山癸甲生啓蓋今文尚書脫漏太史公取爲言亦不稽其本意豈有辛壬娶妻經二日生子不經之甚予不子正義曰此三字爲一句禹辛日娶至甲四日往理水及生啓不入門我不得名子以故能成水土之功又一云過門不入不得有子愛之心帝繫云禹娶塗山氏之子謂之女嫡是生啓也以故能成水土功輔成五服至于五千里州十二師外薄四海正義曰爾雅云九夷八狄七戎六蠻謂之四海釋名云海晦也按夷蠻晦昧無知故云四海也咸建五長孔安國曰薄迫言至海也諸侯五國立賢者一人爲方伯謂之五長以相統治各道有功苗頑不卽功孔安國曰三苗頑凶不得就官善惡分別帝其念哉帝曰道吾德乃女功序之也皋陶於是敬禹之德令民皆則禹不如言刑從之索隱曰謂不用命之人則亦以刑罰而從之舜德大明於是夔行樂正義曰若今太常卿也

祖考至羣后相讓鳥獸翔舞簫韶九成鳳皇來儀孔安國曰簫韶舜樂名備樂九奏而致鳳皇也百獸率舞百官信諧帝用此作歌曰陟天之命維時維幾孔安國曰奉正天命以臨民惟在順時惟在愼微乃歌曰股肱喜哉元首起哉百工喜哉孔安國曰股肱之臣喜樂盡忠君之治功乃起百官之業乃廣皋陶拜手稽首揚言曰念哉鄭玄曰使羣臣念帝之戒率爲興事愼乃憲敬哉孔安國曰率臣下爲起治之事當愼汝法度敬其職乃更爲歌曰元首明哉股肱良哉庶事康哉舜又歌曰元首叢脞哉股肱惰哉萬事墮哉孔安國曰叢脞細碎無大略也君如此則臣懈惰萬事墮廢也帝拜曰然往欽哉於是天下皆宗禹之明度數聲樂徐廣曰舜本紀

云禹乃興九韶之樂爲山川神主帝舜薦禹於天爲嗣十七
年劉熙曰若此則舜格于文祖三年之後攝禹使得祭祀與而帝舜崩三年喪畢禹
辭辟舜之子商均於陽城劉熙曰今潁川陽城是也天下諸侯
皆去商均而朝禹禹於是遂即天子位皇甫謐曰都平陽或
在安邑或在晉陽南面朝天下國號曰夏后姓姒氏禮緯曰祖
以吞薏苡生帝禹立而舉皋陶薦之且授政焉而皋
陶卒正義曰帝王紀云皋陶生於曲阜曲阜偃地故帝因之而以賜姓曰偃堯禪舜命之作士舜禪禹禹即帝
位以咎陶最賢薦之於天將有禪之意未及禪會皋陶卒括地志云咎繇墓在壽州安豐縣南一百三十里故六城東東
都陂内大冢也封皋陶之後於英六徐廣曰史記皆作英字而以英布是此苗裔。索隱
曰地理志云安國六縣咎繇後偃姓所封國英地闕不知所在以爲黥布是其後也。正義曰英蓋蓼也括地志云光州

固始縣本春秋時蓼國偃姓皋陶之後也左傳云子燮滅蓼太康地志云蓼國先在南陽故縣今豫州鄎縣界故胡城是
後徙於此括地志云故六城在壽州安豐縣南一百三十二里春秋文五年秋楚成大心滅之或在許皇覽
曰皋陶冢在廬江六縣。索隱曰許在潁川。正義曰括地志云許故城在許州許昌縣南三十里本漢許縣故許國也
而后舉益任之政十年帝禹東巡狩至于會稽
而崩皇甫謐曰年百歲也以天下授益三年之喪畢益讓帝
禹之子啓而辟居箕山之陽孟子曰陽字一作陰劉熙曰崇高之北。正義
曰按陰即陽城也括地志云陽城縣在箕山北十三里又恐箕字誤本是嵩字而字相似其陽城縣在嵩山南二十三里
則爲嵩山之陽也禹子啓賢天下屬意焉及禹崩雖授益
益之佐禹日淺天下未洽故諸侯皆去益而朝
啓曰吾君帝禹之子也於是啓遂即天子之位

是爲夏后帝啓夏后帝啓禹之子其母塗山氏
之女也有扈氏不服地理志曰扶風鄠縣是扈國。正義曰括地志云雍州南鄠縣本夏
之扈國也地理志云鄠縣古扈國有戶亭訓纂云戶扈鄠三字一也古今字不同耳啓伐之大戰
於甘馬融曰甘有扈氏南郊地名。索隱曰夏啓所伐鄠南有甘亭將戰作甘誓乃
召六卿申之孔安國曰天子六軍其將皆命卿也啓曰嗟六事之人孔安
國曰各有軍事故曰六事予誓告女有扈氏威侮五行怠棄三
正鄭玄曰五行四時盛德所行之政也威侮暴逆之三正天地人之正道天用勦絕其命
孔安國曰勦截也今予維共行天之罰孔安國曰共奉也左不攻于
左右不攻于右女不共命鄭玄曰左車左右車右御非其馬
之政女不共命孔安國曰御以正馬爲政也三者有失皆不奉我命也用命賞

于祖孔安國曰天子親征必載遷廟之祖主行有功即賞祖主前示不專也不用命僇于
社孔安國曰又載社主謂之社事奔北則僇之社主陰陰主殺也予則帑僇汝孔安
國曰非但止身辱及汝子言恥累之遂滅有扈氏天下咸朝夏后帝
啓崩徐廣曰皇甫謐曰夏啓元年甲辰十年癸丑崩子帝太康立帝太康
失國孔安國曰盤于遊田不恤民事爲羿所逐不得反國昆弟五人索隱曰皇甫謐云號五觀
也須于洛汭作五子之歌孔安國曰太康五弟與其母待太康于洛水之北怨
其不反故作歌太康崩弟中康立是爲帝中康帝中康
時羲和湎淫廢時亂日孔安國曰羲氏和氏掌天地四時之官太康之後沈湎于
酒廢天時亂甲乙也胤往征之作胤征孔安國曰胤國之君受王命往征之鄭玄曰胤臣名
中康崩子帝相立帝相崩子帝少康立索隱曰左傳魏

莊子曰昔有夏之衰也后羿自鉏遷于窮石因夏人而代夏
政恃其射也不修人事而信用伯明氏之讒子寒浞煞羿
亨之以食其子子不忍食煞于窮門浞因羿室生澆及豷使
澆滅斟灌氏及斟尋氏而相爲澆所滅后緡歸于有仍生少
康有夏之臣靡自有鬲收二國之燼以滅浞而立少康少康
滅澆于過后杼滅豷于戈有窮遂亡然則帝相自被篡煞中
間經羿浞二氏蓋三數十年而此紀總不言之直云帝相崩
子少康立疎略之甚。正義曰帝王紀云帝羿有窮氏未聞
其姓何先帝嚳以上世掌射正至嚳賜以彤弓素矢封之於
鉏爲帝司射歷虞夏羿學射於吉甫其臂長故以善射聞及
夏之衰自鉏遷于窮石因夏民以伐夏纂帝相佚于商丘依
同姓諸侯斟尋羿恃其善射不脩民事淫于田獸棄其良臣
武羅伯姻能髡尨圉而信寒浞寒浞伯明氏之讒子伯明后
以讒棄之而羿以爲已相寒浞殺羿於桃梧而烹之以食其
子其子不忍食之死于窮門浞遂代夏立爲帝寒浞襲有窮
之號因羿之室生奡及豷奡多力能陸地行舟使奡帥師滅
斟灌斟尋殺夏帝相封奡於過封豷於戈恃其詐力不恤事
初奡之殺帝相也妃仍氏女曰后緡歸有仍生少康初夏之
貴臣曰靡事羿羿死逃於有鬲氏收斟尋二國餘燼殺寒浞
立少康滅奡于過后杼滅豷於戈有窮遂亡也按帝相被篡

歷羿浞二世四十年而此紀不說亦馬遷所爲疏略也奡音
五告反豷音許器反括地志云故鄩城在滑州衛城縣東十
里晉地記云河南有窮谷蓋本有窮氏所遷也括地志云商
丘今宋州也斟灌故城在青州壽光縣東五十四里斟尋故
城今青州北海縣是也故過鄉亭在萊州掖縣西北二十里
本過國地故鬲城在洛州密縣界杜預云國名今平原鬲縣
也戈在宋鄭之間也寒國在北海平壽縣東寒亭也伯明其
君也臣瓚云斟尋在河南蓋後遷北海也汲冢古文云太康
居斟尋羿亦居之桀又居之尚書云太康失邦兄弟五人須
于洛汭此即太康居之爲近洛也又吳起對魏武侯曰夏桀
之居左河濟右太華伊闕在其南羊腸在其北又周書度邑
篇云武王問太公吾將因有夏之居即河南是也括地志云
故鄩城在洛州鞏縣西南五十八里蓋桀所居也陽翟縣又是禹所封爲夏伯 帝少康崩子帝
予立 索隱曰音佇系本云季佇作甲者也左傳曰杼滅豷于戈國語云杼能師禹者也 帝予崩
子帝槐立 索隱曰槐音回系本作帝芬 帝槐崩子帝芒立 索隱曰音亡鄒
誕生又音荒也 帝芒崩子帝泄立帝泄崩子帝不降立 索隱

曰系本作帝降 帝不降崩弟帝扃立帝扃崩子帝廑立 索隱
曰音覲鄒誕生又音勤 帝廑崩立帝不降之子孔甲是爲帝
孔甲帝孔甲立好方鬼神事淫亂夏后氏德衰
諸侯畔之天降龍二有雌雄孔甲不能食 正義音寺
未得豢龍氏 賈逵曰豢養也穀食曰豢 陶唐既衰其後有劉累
服虔曰后劉累之爲諸侯者夏后賜之姓。正義曰括地志云劉累故城在洛州緱氏縣南五十五里乃劉累舊之故地
也 學擾龍 應劭曰擾音柔擾馴也能順養得其嗜欲 于豢龍氏以事孔甲
孔甲賜之姓曰御龍氏 服虔曰御亦養 受豕韋之後 徐廣
曰受一作更駰案賈逵曰劉累之後至商不絕以代豕韋之後祝融之後封於豕韋殷武丁滅之以劉累之後代之。索
隱曰按系本豕韋防姓 龍一雌死以食夏后夏后使求懼而

遷去 賈逵曰夏后既饗而又使求致龍劉累不能得而懼也傳曰遷于魯縣 孔甲崩子帝
皐立帝皐崩 左傳曰皐墓在殽南陵 子帝發立帝發崩子帝
履癸立是爲桀 索隱曰桀名也按系本帝皐生發及桀此以發生桀皇甫謐同也 帝桀
之時 謚法賊人多殺曰桀 自孔甲以來而諸侯多畔夏桀不
務德而武傷百姓百姓弗堪迺召湯而囚之夏
臺 索隱曰獄名夏曰均臺皇甫謐云地在陽翟是也 巳而釋之湯修德諸侯
皆歸湯湯遂率兵以伐夏桀桀走鳴條 孔安國曰地在安邑
之西鄭玄曰南夷地名 遂放而死 徐廣曰從禹至桀十七君十四世駰案汲冢紀年曰有王與無王用
歲四百七十一年矣。正義曰括地志云廬州巢縣有巢湖即尚書成湯伐桀放於南巢者也淮南子云湯敗桀於歷山
與末喜同舟浮江奔南巢之山而死國語云滿於巢湖又云夏桀伐有施施人以妹喜女焉女音女慮反 桀謂

人曰吾悔不遂殺湯於夏臺使至此湯乃踐天子位代夏朝天下湯封夏之後正義曰括地志云夏亭故城在汝州郟城縣東北五十四里蓋夏后所封也至周封於杞也正義曰括地志云汴州雍丘縣古杞國城也周武王封禹後號東樓公也

太史公曰禹爲姒姓其後分封用國爲姓故有夏后氏有扈氏有男氏斟尋氏彤城氏褒氏費氏徐廣曰一云斟氏尋氏。索隱曰系本男作南尋作鄩費作弗而不云彤城及褒按周有彤伯蓋彤城氏之後張敖地理記云濟南平壽縣其地即古斟尋國又下云斟戈氏按左傳系本皆云斟灌氏杞氏繒氏辛氏冥氏斟氏戈氏孔子正夏時學者多傳夏小正云禮運稱孔子曰我欲觀夏道是故之杞而不足徵也吾得夏時焉鄭玄曰得夏四時之書其存者有小正。索隱曰小正大戴記篇名正征二音自虞夏時貢賦備矣或言禹會諸侯江南計功而崩因葬焉命曰會稽會稽者會計也皇覽曰禹冢在山陰縣會稽山上會稽山本名苗山在縣南去縣七里越傳曰禹到大越上苗山大會計爵有德封有功因而更名苗山曰會稽因病死葬葦棺穿壙深七尺上無瀉泄下無邸水壇高三尺土階三等周方一畝呂氏春秋曰禹葬會稽不煩人徒墨子曰禹葬會稽衣衾三領桐棺三寸地理志云山上有禹井禹祠相傳以爲下有羣鳥耘田也。索隱曰抵至也音丁礼反葦棺者以葦爲棺謂蘧篨而斂非也禹雖儉約豈萬乘之主而臣子乃以蘧篨裹尸乎墨子言桐棺三寸差近人情。正義曰括地志云禹陵在越州會稽縣南十三里廟在縣東南十一里

索隱述贊曰

堯遭洪水　黎人阻飢　禹勤溝洫
手足胼胝　言乘四載　動履四時
娶妻有日　過門不私　九土既理
玄圭錫茲　帝啓嗣立　有扈違命
五子作歌　太康失政　羿浞斯侮
夏室不競　降于孔甲　擾龍乖性
嗟彼鳴條　其終不令

史計叁阡貳伯玖拾玖字
註壹萬肆阡叁伯玖拾肆字

夏本紀第二　史記二

殷本紀第三　史記三

殷契索隱曰契始封商其後裔盤庚遷殷殷在鄴南遂爲天下號契是殷家始祖故言殷契。正義曰括地志云相州安陽本盤庚所都即北冢殷墟南去朝歌城百四十六里竹書紀年云盤庚字也北冢曰殷墟南去鄴四十里是舊都城西南三十里有洹水南岸三里有安陽城西有城名殷墟所謂北冢者也今按洹水在相州北四里安陽城即相州外城也母曰簡狄索隱曰舊本作易狄音同又作逷吐歷反有娀氏之女淮南子曰有娀在不周之北。正義曰按記云桀敗於有娀之墟有娀當在蒲州也爲帝嚳次妃三人行浴見玄鳥墮其卵簡狄取吞之因孕生契索隱曰譙周云契生堯代舜始舉之必非嚳子以其父微故不著名其母娀氏女與宗婦三人浴于川玄鳥遺卵簡狄吞之則簡狄非帝嚳次妃明也契長而佐禹治水有功帝舜乃命契曰百姓不親五品不訓汝爲司徒而敬敷五

教五教在寬封於商鄭玄曰商國在大華之陽皇甫謐曰今上洛商是也。索隱曰堯封契於商即詩商頌云有娀方將帝立子生商是也。正義曰括地志云商州東八十里商洛縣本商邑古之商國帝嚳之子离所封也賜姓子氏禮緯曰祖以玄鳥生子也。正義曰括地志云故子城在渭州華城縣東北八十里蓋子姓之別邑契興於唐虞大禹之際功業著於百姓百姓以平契卒子昭明立昭明卒子相土立宋衷曰相土就契封於商春秋左氏傳曰閼伯居商丘相土因之。索隱曰相土佐夏功著於商詩頌曰相土烈烈海外有截是也左傳曰昔陶唐氏火正閼伯居商丘相土因之是始封商也。正義曰括地志云宋州城古閼伯之墟即商丘也又云羿所封之地相土卒子昌若立昌若卒子曹圉立索隱曰系本作作粮圉也曹圉卒正義曰圉音語出系本子冥立宋衷曰冥爲司空勤其官事死於水中殷人郊之。索隱曰禮曰冥勤其官而水死殷人祖契而郊冥也冥卒子振立索隱曰系

本作核振卒子微立索隱曰皇甫謐云微字上甲其母以甲日生故也商家生子以日爲名蓋自微始譙周以爲死稱廟主曰甲也微卒子報丁立報丁卒子報乙立報乙卒子報丙立報丙卒子主壬立主壬卒子主癸立主癸卒子天乙立是爲成湯張晏曰禹湯皆字也二王去唐虞之文從高陽之質故夏殷之王皆以名爲號謚法曰除虐去殘曰湯。索隱曰湯名履書曰予小子履是也又稱天乙者譙周云夏殷之禮生稱王死稱廟主皆以帝名配之天亦帝也殷人尊湯故曰天乙從契至湯凡十四代故國語曰玄王勤商十四代興玄王契也成湯自契至湯八遷孔安國曰十四世凡八徙國都湯始居亳皇甫謐曰梁國穀熟爲南亳即湯都也。正義曰括地志云宋州穀熟縣西南三十五里南亳故城即南亳湯都也宋州北五十里大蒙城爲景亳湯所盟地因景山爲名河南偃師爲西亳帝嚳及湯所都盤庚亦從都之從先王居孔安國曰契父帝嚳都亳湯自商丘遷焉故曰從先王居。正義曰按亳偃師

城也商丘宋州也湯即位都南亳後徙西亳也括地志云亳邑故城在洛州偃師縣西十四里本帝嚳之墟商湯之都也作帝誥索隱曰一作告上云從先王居故作帝告孔安國以爲作誥告先王言已來居亳也湯征諸侯孔安國曰爲夏方伯得專征伐葛伯不祀湯始伐之孟子曰湯居亳與葛伯爲鄰地理志曰葛今梁國寧陵之葛鄉湯曰予有言人視水見形視民知治不伊尹曰明哉言能聽道乃進君國子民爲善者皆在王官勉哉勉哉湯曰汝不能敬命予大罰殛之無有攸赦作湯征伊尹名阿衡索隱曰孫子兵書伊尹名摯孔安國亦曰伊摯然解者以阿衡爲官名按阿倚也衡平也言依倚而取平書曰惟嗣王弗惠于阿衡亦曰保衡皆伊尹之官號非名也皇甫謐云伊尹力牧之後生於空桑又呂氏春秋云有侁氏女採得嬰兒于空桑後居伊水命曰伊尹尹正也謂湯使之正天下阿衡欲干湯而無由乃爲有

莘氏媵臣（列女傳曰湯妃有莘氏之女。正義曰括地志云古莘國在汴州陳留縣東五里故莘城是也陳留風俗傳云陳留外黄有莘昌亭本宋地莘氏邑也媵翊剩反爾雅云媵將送也）負鼎俎以滋味說湯致于王道或曰伊尹處士湯使人聘迎之五反然後肯往從湯言素王及九主之事（劉向別錄曰九主者有法君專君授君勞君等君寄君破君國君三歲社君凡九品圖畫其形。索隱曰按素王者太素上皇其道質素故稱素王九主者三皇五帝及夏禹也或曰九主謂九皇也然按註劉向所稱九主載之七錄名稱甚奇不知所憑據耳法君謂用法嚴急之君若秦孝公及始皇等也勞君謂勤勞天下若禹稷等也等君等者平也謂定等威均祿賞若高祖封功臣侯雍齒也授君謂人君不能自理而政歸其臣若燕王噲授子之禹授益之比也專君謂專己獨斷不任賢臣若漢宣之比也破君謂輕敵致寇國滅君死若楚戊吳濞等是也寄君謂人困於下主驕於上離析可待故孟軻謂之寄君也國君國當爲固字之譌耳固謂完城郭利甲兵而不修德若三苗智伯之類也三歲社君謂在襁褓而主社稷若周成王漢昭平等是也又註本九主謂法君勞君等君專君授君破君國君以三歲社君爲二恐非）湯舉任以國政伊尹去湯適夏既醜有夏復歸于亳入自北門遇女鳩女房作女鳩女房（孔安國曰鳩房二人湯之賢臣也二篇皆所以醜夏而還之意也）湯出見野張網四面祝曰自天下四方皆入吾網湯曰嘻盡之矣乃去其三面祝曰欲左左欲右右不用命乃入吾網諸侯聞之曰湯德至矣及禽獸當是時夏桀爲虐政淫荒而諸侯昆吾氏爲亂（正義曰帝嚳時陸終之長於夏臺子昆吾氏之後也世本云昆吾者衛氏是）湯乃興師率諸侯伊尹從湯湯自把鉞以伐昆吾遂伐桀湯曰格女眾庶來女悉聽朕

言匪台小子（馬融曰台我也）敢行舉亂有夏多罪予維聞女眾言夏氏有罪予畏上帝不敢不正（孔安國曰不敢不正桀之罪而誅之）今夏多罪天命殛之今女有眾女曰我君不恤我眾舍我嗇事而割政（孔安國曰奪民農功而爲割剝之政）女其曰有罪其柰何夏王率止眾力率奪夏國（孔安國曰桀之君臣相率遏止眾力使不得事農相率割剝夏之邑居）有眾率怠不和（馬融曰眾民相率怠惰不和同）曰是日何時喪予與女皆亡（尚書大傳曰桀云天之有日猶吾之有民日有亡哉日亡吾亦亡矣）夏德若茲今朕必往爾尚及予一人致天之罰予其大理女（尚書理字作賚鄭玄曰賚賜也）女毋不信朕不食言（索隱曰左傳云食言多矣能無肥乎是謂妄言爲食言）女不從誓言予則帑僇女無有攸赦以告令師作湯誓於是湯曰吾甚武號曰武王（詩云武王載旆有虔秉鉞毛傳曰武王湯也）桀敗於有娀之虛桀犇於鳴條（正義曰括地志云高涯原在蒲州安邑縣北三十里南坂口即古鳴條陌也鳴條戰地在安邑西）夏師敗績湯遂伐三㚇俘厥寶玉（孔安國曰三㚇國名桀走保之今定陶也俘取也。正義曰括地志云曹州濟陰縣即古定陶也東有三㚇亭是也）義伯仲伯作典寶（孔安國曰二臣作典寶一篇言國之常寶也）湯既勝夏欲遷其社不可（孔安國曰欲變置社稷而後世無及句龍者故不可而止）作夏社（孔安國曰言夏社不可遷之義）伊尹報（徐廣曰一云伊尹報政）於是諸侯必服湯乃踐天子位平定海內湯歸至于泰卷陶（徐廣曰一無此陶字孔安國曰地名湯自三㚇而還。索隱曰鄒誕生卷作餉又作泂則卷當爲坰）

與尚書同非衒字也其下陶字是衍耳何以知然解尚書者以大坰今定陶是也舊本或傍記其地名後人轉寫遂衍斯
字也○正義陶古鎚反中𦉪作誥孔安國曰仲虺湯左相奚仲之後○索隱曰仲虺二音𦉪作壘音如
字尚書又作虺也既絀夏命孔安國曰絀其王命還亳作湯誥維三月
王自至於東郊告諸侯羣后毋不有功於民勤
力廼事予乃大罰殛女毋予怨曰古禹皋陶久
勞于外其有功乎民民乃有安東爲江北爲濟
西爲河南爲淮四瀆已脩萬民乃有居后稷降
播農殖百穀三公咸有功于民故后有立徐廣曰一作土
○索隱曰謂禹皋陶有功於人建立其後故云有立昔蚩尤與其大夫作亂百
姓帝乃弗予音與有狀索隱曰帝天也謂蚩尤作亂上天乃不佑之是爲弗與有狀言其罪

大而有形狀故黃帝滅之先王言不可不勉索隱曰先王指黃帝帝堯帝舜等言禹咎繇以
以勞于外故後有立及蚩尤作亂天不佑之乃致黃帝滅之皆是先王賞有功誅有罪言今汝不可不勉此湯誡其臣
曰不道毋之在國徐廣曰之一作政○索隱曰不道猶無道也又誡諸侯云汝爲不道我則
無令汝之在國女毋我怨以令諸侯伊尹作咸有一德王肅
曰言君臣皆有一德○索隱曰按尚書伊尹作咸有一德在太甲時太史公記之於斯謂成湯之日其言又失次序咎
單作明居馬融曰咎單湯司空也明居民之法也湯乃改正朔易服色
上白朝會以晝湯崩皇覽曰湯冢在濟陰亳縣北東郭去州三里冢四方方各十步
高七尺上平處平地漢哀帝建平元年大司空御史長卿案行水災因行湯冢劉向曰殷湯無葬處皇甫謐曰即位十七
年而踐天子位爲天子十三年年百歲而崩○索隱曰長卿諸本多作劫姓按風俗通有御氏爲漢司空御史其名長卿
明劫非也亦有劫弥不得爲御史○正義曰括地志云薄城北郭東三里平地有湯冢按在蒙即北薄也又云洛州偃師

縣東六里有湯冢近桐宮蓋此是也太子太丁未立而卒於是廼立
太丁之弟外丙是爲帝外丙帝外丙即位三年
崩立外丙之弟中壬正義曰仲壬二音是爲帝中壬帝中
壬即位四年崩伊尹廼立太丁之子太甲正義曰尚書孔
氏序云成湯既沒太甲元年不言有外丙仲壬而太史公採世本有外丙仲壬二書不同當是信則傳信疑則傳疑太
甲成湯適長孫也是爲帝太甲帝太甲元年伊
尹作伊訓作肆命作徂后鄭玄曰肆命者陳政教所當爲也徂后者言湯之法
度也帝太甲既立三年不明暴虐不遵湯法亂德
於是伊尹放之於桐宮孔安國曰湯葬地鄭玄曰地名也有王離宮焉○正義曰
晉太康地記云尸鄉南有亳坂東有城太甲所放處也按尸鄉在洛州偃師縣西南五里也三年伊尹

攝行政當國以朝諸侯帝太甲居桐宮三年悔
過自責反善於是伊尹廼迎帝太甲而授之政
帝太甲修德諸侯咸歸殷百姓以寧伊尹嘉之
廼作太甲訓三篇襃帝太甲稱太宗太宗崩子
沃丁立帝沃丁之時伊尹卒既葬伊尹於亳皇覽
曰伊尹冢在濟陰己氏平利鄉亳近己氏○正義曰括地志云伊尹墓在洛州偃師縣西北八里又云宋州楚丘縣西北
十五里有伊尹墓恐非也帝王世紀伊尹名摯爲湯相號阿衡年百歲卒天大霧三日沃丁以天子禮葬之咎單
遂訓伊尹事作沃丁沃丁崩弟太庚立是爲帝
太庚帝太庚崩子帝小甲立徐廣曰世表云帝小甲太庚弟也帝
小甲崩弟雍己立是爲帝雍己殷道衰諸侯或

不至帝雍己崩弟太戊立是爲帝太戊帝太戊立伊陟爲相 孔安國曰伊陟伊尹之子 亳有祥桑穀共生於朝一暮大拱 孔安國曰祥妖怪也二木合生不恭之罰鄭玄曰兩手搤之曰拱○索隱曰此云一暮大拱尚書大傳作七日大拱與此不同 帝太戊懼問伊陟伊陟曰臣聞妖不勝德帝之政其有闕與帝其修德太戊從之而祥桑枯死而去 索隱曰劉伯莊言枯死而消去不見今以爲由帝修德而祆祥遂去 伊陟贊言于巫咸 孔安國曰贊告也巫咸臣名也○正義曰按巫咸及子賢冢皆在蘇州常熟縣西海虞山上蓋二子本吳人也 巫咸治王家有成作咸艾 馬融曰艾治也 作太戊帝太戊贊伊陟于廟言弗臣伊陟讓作原命 馬融曰原臣名也命原以禹湯之道我所修也 殷復興諸侯歸之故稱中宗中宗崩子帝仲丁立帝仲丁遷于隞 孔安國曰地名皇甫謐曰或云河南敖倉是○索隱曰隞亦作囂並音敖字○正義曰括地志云滎陽故城在鄭州滎澤縣西南十七里殷時敖地也 河亶甲居相 孔安國曰地名在河北○正義曰括地志云故殷城在相州内黄縣東南十三里即河亶甲所築都之故名殷城也 祖乙遷于邢 索隱曰邢音耿近代本亦作耿今河東皮氏縣有耿鄉○正義曰括地志云絳州龍門縣東南十二里耿城故耿國也 帝仲丁崩弟外壬立是爲帝外壬仲丁書闕不具 索隱曰蓋太史公知舊有仲丁書今已遺闕不具也 帝外壬崩弟河亶甲立是爲帝河亶甲河亶甲時殷復衰河亶甲崩子帝祖乙立帝祖乙立殷復興巫賢任職祖乙崩子帝祖辛立帝祖辛崩弟沃甲立是爲帝沃甲 索隱曰系本作開甲也 帝沃甲

崩立沃甲兄祖辛之子祖丁是爲帝祖丁帝祖丁崩立弟沃甲之子南庚是爲帝南庚帝南庚崩立帝祖丁之子陽甲是爲帝陽甲帝陽甲之時殷衰自中丁以來廢適而更立諸弟子弟子或爭相代立比九世亂於是諸侯莫朝帝陽甲崩弟盤庚立是爲帝盤庚帝盤庚之時殷已都河北盤庚渡河南復居成湯之故居迺五遷無定處 孔安國曰自湯至盤庚凡五遷都○正義曰湯自南亳遷西亳仲丁遷敖河亶甲居相祖乙居耿盤庚渡河南居西亳是五遷也 殷民咨胥皆怨不欲徙 孔安國曰胥相也民不欲徙皆咨嗟憂愁相與怨其上也 盤庚乃告諭諸侯大臣曰昔高后成湯與爾之先祖俱定天下法則可修舍而弗勉何以成德乃遂涉河南治亳 鄭玄曰治於亳之殷地商家自此徙而改號曰殷亳皇甫謐曰今偃師是也 行湯之政然後百姓由寧殷道復興諸侯來朝以其遵成湯之德也帝盤庚崩弟小辛立是爲帝小辛帝小辛立殷復衰百姓思盤庚迺作盤庚三篇 索隱曰尚書盤庚將治亳殷民咨胥怨作盤庚此以盤庚崩弟小辛立百姓思之乃作盤庚由不見古文也 帝小辛崩弟小乙立是爲帝小乙帝小乙崩子帝武丁立帝武丁即位思復興殷而未得其佐三年不言政事決定於冢宰 鄭玄曰冢宰天官卿貳王事者 以觀國風武丁夜夢得聖人名曰說

以夢所見視羣臣百吏皆非也於是廼使百工
營求之野得説於傅險中徐廣曰尸子云傅巖在北海之洲。索隱曰舊本作
險亦作巖也。正義曰地理志云傅險即傅説版築之處所隱之處窟名聖人窟在今陝州河北縣北七里即虞國虢國
之界又有傅説祠注水經云沙㵎水北虞山南經傅巖傳説隱室前俗名聖人窟是時説爲胥
靡築於傅險孔安國曰傅氏之巖在虞虢之界通道所經有㵎水壞道常使胥靡刑人築護此道説賢
而隱代胥靡築之以供食也見於武丁武丁曰是也得而與之
語果聖人舉以爲相殷國大治故遂以傅險姓
之號曰傅説帝武丁祭成湯明日有飛雉登鼎
耳而呴正義曰音構呴雉鳴也詩云雉之朝呴武丁懼祖己曰孔安國曰賢臣名
王勿憂先修政事祖己乃訓王曰唯天監下典

厥義孔安國曰言天視下民以義爲常也降年有永有不永非天夭
民中絶其命民有不若德不聽罪天既附命正
厥德孔安國曰不順德言無義也不服罪不改修也天以信命正其德謂其有永有不永。索隱曰附依尚書
音孚乃曰其奈何嗚呼王嗣敬民罔非天繼常祀
毋禮于弃道孔安國曰王者主民當敬民事無非天時天時所常祀也祭祀有常不當特豐於近也。
索隱曰祭祀有常無爲豐殺之禮於是以弃常道武丁修政行德天下咸驩
殷道復興帝武丁崩子帝祖庚立祖己嘉武丁
之以祥雉爲德立其廟爲高宗遂作高宗肜日
及訓孔安國曰祭之明日又祭殷曰肜周曰繹帝祖庚崩弟祖甲立是爲
帝甲帝甲淫亂殷復衰索隱曰國語曰帝甲亂之七代而隕是也帝甲

崩子帝廩辛立索隱曰漢書古今人表及帝王代紀皆作馮辛帝廩辛崩弟
庚丁立是爲帝庚丁帝庚丁崩子帝武乙立殷
復去亳徙河北帝武乙無道爲偶人索隱曰偶音寓亦如字。
正義曰偶五苟反偶對也以土木爲人對象於人形也謂之天神與之博令人爲
行正義曰爲于僞反行胡孟反天神不勝乃僇辱之爲革囊盛血
仰而射之命曰射天武乙獵於河渭之閒暴雷
武乙震死子帝太丁立帝太丁崩子帝乙立帝
乙立殷益衰帝乙長子曰微子啓索隱曰微國號爵爲子啓名也
孔子家語云微或作魏讀從微音鄭本亦然也啓母賤不得嗣索隱曰此以啓紂異母而鄭
玄稱爲同母依呂氏春秋言母當生啓時猶未正立及生紂時始正爲妃故啓大而庶紂小而嫡少子辛

辛母正后辛爲嗣帝乙崩子辛立是爲帝辛天
下爲之紂謚法曰殘義損善曰紂帝紂資辨捷疾聞見甚敏
材力過人手格猛獸正義曰帝王世紀云紂倒曳九牛撫梁易柱也知足以
距諫言足以飾非矜人臣以能高天下以聲以
爲皆出己之下好酒淫樂嬖於婦人愛妲己皇甫
謐曰有蘇氏美女。索隱曰國語有蘇氏女妲字己姓也妲己之言是從於是使
師涓作新淫聲北里之舞靡靡之樂厚賦稅以
實鹿臺之錢如淳曰新序曰鹿臺其大三里高千尺。瓚曰鹿臺臺名今在朝歌城中。正義曰括
地志云鹿臺在衛縣西南二十二里而盈鉅橋之粟服虔曰鉅橋倉名許慎曰鉅鹿水之大橋
有漕粟也。索隱曰鄒誕生云鉅大橋器名也紂厚賦稅故因器而大其名益收狗馬奇物

充仞宮室益廣沙丘苑臺爾雅曰迆邐沙丘也地理志曰在鉅鹿東北七十里
○正義曰括地志云沙丘臺在邢州平鄉東北二十里竹書紀年云自盤庚徙殷至紂之滅七百七十三年更不徙都紂
時稍大其邑南距朝歌北據邯鄲及沙丘皆爲離宮別館多取野獸蜚鳥置其中
慢於鬼神大㝡樂戲於沙丘徐廣曰㝡一作聚以酒爲池縣肉
正義曰括地志云酒池在衛州衛縣西二十三里太公六韜云紂爲酒池迴船糟丘而牛飲者三千餘人爲輩
爲林正義縣戶眠反使男女倮正義胡瓦反相逐其閒爲長夜
之飲百姓怨望而諸侯有畔者於是紂乃重辟
刑有炮格之法列女傳曰膏銅柱下加之炭令有罪者行焉輒墮炭中妲己笑名曰炮格之刑
○索隱曰鄒誕生格一音閣又云見蟻布銅升足發而死於是爲銅格炊炭其下使罪人步其上與列女傳少異以
西伯昌九侯徐廣曰一作鬼侯鄴縣有九侯城○索隱曰九亦依字讀鄒誕生音仇也○正義曰括地

史記殷紀三　十一

志云相州洛陽縣西南五十里有九侯城亦名鬼侯城蓋殷時九侯城也鄂侯徐廣曰一作邘音于野王縣有
邘城爲三公九侯有好女入之紂九侯女不憙淫
徐廣曰一云無不憙淫紂怒殺之而醢九侯鄂侯爭之彊辨
之疾并脯鄂侯西伯昌聞之竊嘆崇侯虎知之
以告紂紂囚西伯羑里地理志曰河內湯陰有羑里城西伯所拘處韋昭曰音酉
○正義曰牖一作羑音酉羑城在相州湯陰縣北九里紂囚西伯城也帝王世紀云囚文王文王之長子曰伯邑考質於
殷爲紂御紂烹爲羹賜文王曰聖人當不食其子羹文王食之紂曰誰謂西伯聖者食其子羹尚不知也西伯
之臣閎夭之徒求美女奇物善馬以獻紂紂乃
赦西伯西伯出而獻洛西之地正義曰洛水一名漆沮水在同州洛
西之地謂洛西文丹方等州也以請除炮格之刑紂乃許之賜弓

殷紀

矢斧鉞使得征伐爲西伯而用費中爲政正義曰費
音扶味反中音仲費姓仲名也費中善諛好利殷人弗親紂又用
惡來索隱曰秦之祖蜚廉子惡來善毀讒諸侯以此益疏西
伯歸乃陰修德行善諸侯多叛紂而往歸西伯
西伯滋大紂由是稍失權重王子比干諫弗聽
商容賢者百姓愛之紂廢之及西伯伐飢國滅
之徐廣曰飢一作卂又作耆紂之臣祖伊孔安國曰祖己後賢臣也聞之而咎
周孔安國曰咎惡也恐奔告紂曰天既訖我殷命假人元
龜徐廣曰元一作卜無敢知吉馬融曰元龜大龜也長尺二寸孔安國曰至人以人事觀殷大龜以
神靈考之皆無知吉者非先王不相我後人孔安國曰相助也維王淫

史記殷紀三　十二

虐用自絕故天弃我不有安食不虞知天性不
迪率典鄭玄曰王暴虐於民使不得安食逆亂陰陽不度天性傲很明德不修教法者今我民
罔不欲喪曰天曷不降威大命胡不至今王其
奈何紂曰我生不有命在天乎祖伊反曰紂不
可諫矣西伯既卒周武王之東伐至盟津諸侯
叛殷會周者八百諸侯皆曰紂可伐矣武王曰
爾未知天命乃復歸紂愈淫亂不止微子數諫
不聽乃與太師少師謀遂去比干曰爲人臣者
不得不以死爭迺強諫紂紂怒曰吾聞聖人心
有七竅剖比干觀其心正義曰括地志云比干見微子去箕子狂乃歎曰主過不

殷紀

諫非忠也畏死不言非勇也過則諫不用則死忠之至也進諫不去者三日紂問何以自持比干曰修善行仁以義自持紂怒曰吾聞聖人心有七竅信諸遂殺比干刳視其心也 箕子懼乃詳狂爲奴紂又囚之殷之太師少師乃持其祭樂器奔周周武王於是遂率諸侯伐紂紂亦發兵距之牧野鄭玄曰牧野紂南郊地名也○正義曰括地志云今衛州城即殷牧野之地周武王伐紂築也甲子日紂兵敗紂走入登鹿臺徐廣曰鹿一作廩衣其寶玉衣赴火而死正義曰周書云紂取天智玉琰五環身以自焚周武王遂斬紂頭縣之白旗殺妲己釋箕子之囚封比干之墓表商容之閭索隱曰皇甫謐云商容與殷人觀周軍之入則以爲人名鄭玄云商家樂官知禮容所以禮署稱容臺封子武庚祿父以續殷祀譙周曰殷凡三十一世六百餘年汲冢紀年曰湯滅夏以至于受二十九王用歲四百九十六年也

令修行盤庚之政殷民大說於是周武王爲天子其後世貶帝號號爲王索隱曰按夏殷天子亦皆稱帝代以德薄不及五帝始貶帝號號之爲王故本紀皆帝而後總曰三王也而封殷後爲諸侯屬周正義曰即武庚祿父也周武王崩武庚與管叔蔡叔作亂成王命周公誅之而立微子於宋以續殷後焉

太史公曰余以頌次契之事自成湯以來采於書詩契爲子姓其後分封以國爲姓有殷氏來氏宋氏空桐氏稚氏索隱曰按系本子姓無稚氏北殷氏索隱曰系本作髦氏又有時氏蕭氏黎氏然北殷氏蓋秦寧公所伐亳王湯之後也目夷氏孔子曰殷路車爲善而色尚白索隱曰論語孔子曰乘殷之路禮記曰殷人尚白太史公爲贊不取成文遂作此語疎也

索隱述贊曰

簡狄吞乙　是爲殷祖　玄王啓商
伊尹負俎　上開三面　下獻九主
旋師泰卷　繼相臣扈　遷囂圮耿
不常厥土　武乙無道　禍因射天
帝辛淫亂　拒諫賊賢　九侯見醢
炮格興焉　黃鉞斯杖　白旗是懸
哀哉瓊室　殷祀用遷

史貳阡玖伯陸拾伍字
註肆阡伍伯壹拾貳字

殷本紀第三　史記三

周本紀第四　史記四

周后稷正義曰因太王所居周原因號曰周地理志云右扶風縣岐山西北中水鄉周太王所邑括地志云故周城一名美陽城在雍州武功縣西北二十五里即太王城也名弃其母有邰氏女正義曰邰天來反亦作斄同說文云部炎帝之後姜姓封邰周棄外家曰姜原韓詩章句曰姜姓原字或曰姜原謚號也姜原爲帝嚳元妃索隱曰譙周以爲弃帝嚳之冑其父亦不著與此紀異也姜原出野見巨人跡心忻然說欲踐之踐之而身動如孕者居期而生子以爲不祥弃之隘巷索隱曰巳下皆詩大雅生民篇所云誕寘之隘巷牛羊腓字之誕寘之平林會伐平林誕寘之寒冰鳥覆翼之是其事也馬牛過者皆辟不踐徙置之林中適會山林多人遷之而弃渠中冰上飛鳥以其翼覆薦之

姜原以爲神遂收養長之初欲弃之因名曰弃正義曰古史考云弃帝嚳之冑其父亦不著與此文稍異也弃爲兒時屹如巨人之志其遊戲好種樹麻菽麻菽美及爲成人遂好耕農相地之宜宜穀者稼穡焉正義曰種曰稼斂曰穡民皆法則之帝堯聞之舉弃爲農師天下得其利有功帝舜曰弃黎民始飢徐廣曰今文尚書云祖飢故此作始飢祖始也爾后稷播時百穀封弃於邰徐廣曰今斄鄉在扶風。索隱曰即詩生民曰有邰家室是地邰即斄古今字異耳。正義曰括地志云故斄城一名武功城在雍州縣西南二十二里古邰國后稷所封也有后稷及姜嫄祠毛萇云邰姜嫄國也后稷所生堯見天因邰而生后稷故因封於邰也號曰后稷別姓姬氏禮緯曰祖以履大跡而生后稷之興在陶唐虞夏之際

皆有令德后稷卒山海經大荒經曰黑水青水之間有廣都之野后稷葬焉皇甫謐曰冢去中國三萬里也子不窋立索隱曰帝王世紀云后稷納姞氏生不窋而譙周按國語云世后稷以服事虞夏言世稷官是失其代數也若不窋親弃之子至文王千餘歲唯十四代亦不合事情。正義曰括地志云不窋故城在慶州弘化縣南三里即不窋在戎狄所居之城也毛詩疏云虞及夏殷共有千二百歲每世在位皆八十年乃可充其數耳命之短長古今一也而使十五世君在位皆八十許載子必將老始生不近人情之甚以理而推實難據信也不窋末年夏后氏政衰去稷不務韋昭曰夏太康失國廢稷之官不復務農。索隱曰國語曰弃稷不務此云去稷者是太史公恐弃是后稷之名故變文云去也言夏政衰不窋去稷官不復務農者也不窋以失其官而犇戎狄之間不窋卒子鞠立鞠卒子公劉立公劉雖在戎狄之間復脩后稷之業務耕種行地宜自漆沮度渭取材用正義曰公劉從漆縣漆水南渡渭水至南山取材木爲用也括地志云豳州新平縣即漢漆縣也漆水在岐州普閏縣東岐山漆水東入渭

行者有資居者有畜積民賴其慶百姓懷之多徙而保歸焉周道之興自此後故詩人歌樂思其德索隱曰即詩大雅篤公劉是也公劉卒子慶節立國於豳徐廣曰新平漆縣之東北有豳亭。索隱曰豳即邠也古今字異耳。正義曰括地志云豳州新平縣即漢漆沮縣詩豳國公劉所邑之地也慶節卒子皇僕立皇僕卒子差弗立差弗卒子毀隃立音踰世本作揄。索隱曰世本作僞揄毀隃卒子公非立索隱曰世本云公非辟方皇甫謐云公非字辟方也公非卒子高圉立宋忠曰高圉能率稷者也周人報之。索隱曰世本云高圉侯侔高圉卒子亞圉立系本云亞圉雲都皇甫謐云雲都亞圉字。索隱曰漢書古今表曰雲都亞圉弟按如此說則辟方侯侔亦皆二人之名實未

周紀

能詳亞圉卒子公叔祖類立索隱曰世本云太公組紺諸盩三代世表稱叔類凡
四名皇甫謐云公祖一名組紺諸盩字叔類號曰太公也公叔祖類卒子古公亶父
立古公亶父復修后稷公劉之業積德行義國
人皆戴之薰育戎狄攻之欲得財物予之已復
攻欲得地與民民皆怒欲戰古公曰有民立君
將以利之今戎狄所爲攻戰以吾地與民民之
在我與其在彼何異民欲以我故戰殺人父子
而君之子不忍爲乃與私屬遂去豳渡漆沮徐廣
曰水在杜陽岐山杜陽縣在扶風踰梁山正義曰括地志云梁山在雍州好時縣西北十八里鄭玄云岐
山西南然則梁山橫長其東當陽西北臨河其西當岐山東北自豳適周當踰之矣止於岐下徐廣曰山

史記周紀四 三

在扶風美陽西北其南有周原皇甫謐云邑於周地故始改國曰周豳人舉國扶老攜弱
盡復歸古公於岐下及他旁國聞古公仁亦多
歸之於是古公乃貶戎狄之俗而營築城郭室
屋而邑別居之徐廣曰分別而爲邑落也作五官有司禮記曰天子之五官
曰司徒司馬司空司士司寇典司五衆鄭玄曰此殷時制民皆歌樂之頌其德索隱曰即
詩頌云后稷之孫實維太王居岐之陽實始翦商是也古公有長子曰太伯次
曰虞仲太姜正義曰國語云齊許申呂四國皆姜姓也四岳之後太姜之家太姜太王之妃王季之母
生少子季歷季歷娶太任列女傳曰太姜有台氏之女太任摯任氏之中女。
正義曰國語云摯疇二國任姓奚仲仲虺之後太任之家太任王季之妃文王母也皆賢婦人正義曰列
女傳云太姜太王娶以爲妃生太伯仲雍王季太姜有色而貞順率導諸子至於成童靡有過失太王謀事必於太姜遷

周紀

徙必與太任王季娶以爲妃太任之性端壹誠莊維德之行及其有身目不視惡色耳不聽淫聲口不出敖言能以胎教
子而生文王此皆有賢行也生昌有聖瑞正義曰尚書帝命驗云季秋之月甲子赤爵銜丹書
入于豐止于昌戶其書云敬勝怠者吉怠勝敬者滅義勝欲者從欲勝義者凶凡事不強則不枉不敬則不正枉者發滅
敬者萬世以仁得之以仁守之其量百世以不仁得之以仁守之其量十世以不仁得之不仁守之不及其世此蓋聖瑞
古公曰我世當有興者其在昌乎長子太伯虞
仲知古公欲立季歷以傳昌乃二人亡如荊蠻
正義曰太伯奔吳所居城在蘇州北五十里常州無錫縣界梅里村其城及冢見存而云亡荊蠻者楚滅越其地屬楚秦
滅楚其地屬秦秦諱楚改曰荊故通號吳越之地爲荊及北人書史加云蠻勢之然也文身斷髮應劭
曰常在水中故斷其髮文其身以象龍子故不見傷害以讓季歷古公卒季歷
立是爲公季公季修古公遺道篤於行義諸侯

史記周紀四 四

順之公季卒皇甫謐曰葬鄠縣之南山子昌立是爲西伯西伯
曰文王正義曰帝王世紀云文王龍顏虎肩身長十尺有四乳雒書靈準聽云蒼帝姬昌日角鳥鼻高長八尺
二寸聖智慈理也遵后稷公劉之業則古公公季之法篤
仁敬老慈少禮下賢者日中不暇食以待士士
以此多歸之伯夷叔齊在孤竹應劭曰在遼西令支。正義曰括地
志云孤竹故城在平州盧龍縣南十二里殷時諸侯竹國也姓默氏也聞西伯善養老盍
往歸之太顛閎夭散宜生鬻子辛甲大夫之徒
皆往歸之劉向別錄曰鬻子名熊封於楚辛甲故殷之臣事紂蓋七十五諫而不聽去至周召公與語賢
之告文王文王親自迎之以爲公卿封長子長子今上黨所治縣是也崇侯虎譖西伯於
殷紂曰西伯積善累德諸侯皆嚮之將不利於

帝帝紂乃囚西伯於羑里閎夭之徒患之乃求有莘氏美女正義曰括地志云古𡙇國城在同州河西縣南二十里世本云莘國姒姓夏禹之後即散宜生等求有莘美女獻紂者驪戎之文馬正義曰括地志云驪戎故城在雍州新豐縣東南十六里殷周時驪戎國城也按駿馬赤鬣縞身目如黃金文王以獻紂也有熊九駟正義曰括地志云鄭州新鄭縣本有熊氏之墟也按九駟三十六匹馬也他奇怪物因殷嬖臣費仲而獻之紂紂大說曰此一物足以釋西伯索隱曰一物謂莘氏之美女也以殷紂淫昬好色故知然況其多乎乃赦西伯賜之弓矢斧鉞使西伯得征伐曰譖西伯者崇侯虎也西伯乃獻洛西之地以請紂去炮烙之刑紂許之西伯陰行善諸侯皆來決平於是虞芮之人地理

志虞在河東太陽縣芮在馮翊臨晉縣。正義曰括地志云故虞城在陝州河北縣東北五十里虞山之上古虞國也故芮城縣西二十里古芮國也晉太康地記云虞西百四十里有芮城括地志云又閑原在河北縣西六十五里詩云虞芮質厥成毛萇云虞芮之君相與爭田久而不平乃相謂曰西伯仁人盍往質焉乃相與朝周二國君相謂曰我等小人不可履君子之庭乃相讓所爭地以爲閑原至今尚在注引地理志芮在臨晉者恐疎然閑原在河東復與虞芮相接臨晉在河西同州非臨晉芮城明矣有獄不能決乃如周入界耕者皆讓畔民俗皆讓長虞芮之人未見西伯皆慙相謂曰吾所爭周人所恥何往爲秖取辱耳遂還俱讓而去諸侯聞之曰西伯蓋受命之君明年伐犬戎山海經曰有人人面獸身名曰犬戎。正義曰又云黃帝生苗龍苗龍生融吾融吾生并明并明生白犬白犬有二是爲犬戎說文云赤狄本犬種故字從犬又後漢書云犬戎槃瓠之後也今長沙武陵之郡太半是也又

毛詩疏云犬戎昆夷是也明年伐密須應劭曰密須氏姞姓之國瓚曰安定陰密縣是。正義曰括地志云陰密故城在涇州鶉觚縣西其東接縣城即古密國杜預云姞姓國在安定陰密縣也明年敗耆國徐廣曰一作阢。正義曰即黎國也鄒誕生云本或作黎孔安國云黎在上黨東北括地志云故黎城黎侯國也在路州黎城縣東北十八里尚書云西伯既戡黎是也殷之祖伊聞之懼以告帝紂紂曰不有天命乎是何能爲明年伐邘徐廣曰邘城在野王縣西北音于。正義曰括地志云故邘城在懷州河內縣西北二十七里古邘國城也左傳云邘晉應韓武王之穆也明年伐崇侯虎正義曰皇甫謐云夏鮌封虞夏商周皆有崇國崇國蓋在豐鎬之間詩云既伐于崇作邑于豐是國之地也而作豐邑徐廣曰豐在京兆鄠縣東有靈臺鎬在上林昆明北有鎬池去豐二十五里皆在長安南數十里。正義曰括地志云周豐宮周文王宮也在雍州鄠縣東三十五里鎬在雍州西南三十二里自岐下而徙都豐明年西伯崩徐廣曰文王九

十七乃崩。正義曰括地志云周文王墓在雍州萬年縣西南二十八里原上也太子發立是爲武王西伯蓋即位五十年其囚羑里蓋益易之八卦爲六十四卦正義曰乾鑿度云垂黃策者犧益卦演德者文成命者孔也易正義云伏羲制卦文王卦辭周公爻辭孔子十翼也按太史公言蓋者乃㲼疑辭也文王著演易之功作周紀方贊其美不敢專定重易故稱蓋也詩人道西伯蓋受命之年稱王而斷虞芮之訟正義曰二國相讓後諸侯歸西伯者四十餘國咸尊西伯爲王蓋此年受命之年稱王也帝王世紀云文王即位四十二年歲在鶉火文王更爲受命之元年始稱王矣又毛詩云文王九十七而終終時受命九年則受命之元年年八十九也後十年而崩正義曰十當爲九其說在後謚爲文王正義曰謚法經緯天地曰文改法度制正朔矣追尊古公爲太王公季爲王季正義曰易緯云文王受命改正朔布王號於天下鄭玄信而用之言文王稱王已改正朔布王號矣

按天無二日土無二王豈紂尚存而周稱王哉若文王自稱王改正朔則是功業成矣武王何復得云大勳未集欲卒父業也禮記大傳云牧之野武成大事而退追王大王亶父王季歷文王昌據此文乃是追王為王何得文王自稱王改正朔也**蓋王瑞自太王興**正義曰古公在邠被戎狄攻戰奪民大王曰民之在我與彼何異殺人父子而君之予不忍為遂去邠止於岐下邠人舉國盡歸古公他國聞古公仁亦多歸之乃貶戎狄之俗為室屋邑落而分別居之季歷又生昌有聖瑞蓋是王瑞自大王時而興起也然自西伯蓋即位五十年以下至大王興在西伯崩後重述其事為經傳不同不可全棄乃略而書之引次其下事必可疑故數言蓋也**武王即位**正義曰諡法克定禍亂曰武春秋元命包云武王駢齒是謂剛強也**太公望為師周公旦為輔召公畢公之徒左右王師修文王緒業九年武王上祭于畢**馬融曰畢文王墓地名也。索隱曰按文云上祭于畢則畢天星之名畢星主兵故師出而祭畢星也。正義曰上音時掌反尚書武成篇云我文考文王誕膺天命以撫方夏惟九年大統未集

太誓篇序云惟十有一年武王伐紂太誓篇云惟十有三年春大會于孟津大戴禮云文王十五而生武王則武王少文王十四歲矣禮記文王世子云文王九十七而終武王九十三而終按文王崩時武王已八十三矣八十四即位至九十三崩武王即位適滿十年言十三年伐紂者續文王受命年欲明其卒父業故也金縢篇云惟克商二年王有疾不愈按文王受命九年而崩十一年武王服闋觀兵孟津十三年克紂十五年有疾周公請命王有瘳後四年而崩則武王年九十三矣而太史公云九年王觀兵十一年伐紂則以為武王即位年數與尚書違甚疎矣**東觀兵至于盟津**徐廣曰譙周云史記武王十一年東觀兵十三年克紂**為文王木主載以車中軍武王自稱太子發言奉文王以伐不敢自專乃告司馬司徒司空諸節**馬融曰諸受符節有司也**齊栗信哉予無知以先祖有德臣小子受先功**徐廣曰一云予小子受先公功**畢立賞罰以定其功遂興師師尚父號曰**

鄭玄曰號令之軍法重者**總爾衆庶與爾舟楫後至者斬武王渡河中流白魚躍入王舟中**馬融曰魚者介鱗之物兵象也白者殷家之正色言殷之兵衆與周之象也。索隱曰此已下至火復王屋為烏皆見周書及今文泰誓**武王俯取以祭既渡有火自上復于下至于王屋流為烏其色赤其聲魄云**馬融曰王屋王所居屋流行也魄然安定意也鄭玄曰書說云烏有孝名武王卒父大業故烏瑞臻赤者周之正色也。索隱曰按今文泰誓流為鵰鵰鷙鳥也馬融云明武王能伐紂鄭玄云烏是孝烏言武王能終父業亦各隨文而解也**是時諸侯不期而會盟津者八百諸侯諸侯皆曰紂可伐矣武王曰女未知天命未可也乃還師歸居二年聞紂昏亂暴虐滋甚殺王子比干囚箕子太師疵少師彊抱其樂**

器而奔周於是武王徧告諸侯曰殷有重罪不可以不畢伐徐廣曰一作威**乃遵文王遂率戎車三百乘虎賁三千人**孔安國曰虎賁勇士稱也若虎賁言其猛也**甲士四萬五千人以東伐紂十一年十二月戊午師畢渡盟津**正義曰畢盡也盡從河南渡河北**諸侯咸會曰孳孳無怠武王乃作太誓告于衆庶今殷王紂乃用其婦人之言自絕于天毀壞其三正**馬融曰動逆天地人也。正義曰按三正三統也周以建子為天統殷以建丑為地統夏以建寅為人統也**離逷其王父母弟**鄭玄曰王父母弟祖父母之族必言母弟舉親者言之也**乃斷棄其先祖之樂乃為淫聲用變亂正聲怡說婦人**徐廣曰怡一作辭**故今予發維**

共行天罰勉哉夫子鄭玄曰夫子丈夫之稱不可再不可三二月徐廣曰一作正此建丑之月殷之正月周之二月也甲子昧爽孔安國曰昧冥也爽明早旦也武王朝至于商郊牧野乃誓孔安國曰癸亥夜陳甲子朝誓之。正義曰括地志云衛州城故老云周武王伐紂至於商郊牧野乃築此城酈元注水經云自朝歌南至清水土地平衍據臯跨澤悉牧野也括地志又云紂都朝歌在衛州東北七十三里朝歌故城是也本妹邑殷王武丁始都之帝王世紀云帝乙復濟河北徙朝歌其子紂仍都焉武王左杖黃鉞右秉白旄孔安國曰鉞以黃金飾斧左手杖鉞示無事於誅左手把旄示有事於教令以麾曰遠矣西土之人孔安國曰勞苦之武王曰嗟我有國冢君馬融曰冢大也司徒司馬司空亞旅師氏孔安國曰亞次旅衆大夫也其位次卿師氏大夫官以兵守門千夫長百夫長孔安國曰師率卒率及庸蜀羌髳微纑彭濮人孔安國曰八國皆蠻夷戎狄羌在西蜀叟髳微在巴蜀纑彭在西北庸濮在江漢之南馬融曰武王所率將來伐紂也。正義曰髳音矛括地志云房州竹山縣及金州古庸國也益州及巴利等州皆古蜀國隴右岷洮叢等州以西羌也姚府以南古髳國之地戎府之南古微盧彭三國之地濮在楚西南有髳州微濮州瀘府彭州焉武王率西南夷諸州伐紂也稱爾戈孔安國曰稱舉也比爾干立爾矛予其誓王曰古人有言牝雞無晨牝雞之晨惟家之索孔安國曰索盡也喻婦人知外事雌代雄鳴則家盡也今殷王紂維婦人言是用自棄其先祖肆祀不荅鄭玄曰肆祭名荅問也昬棄其家國遺其王父母弟不用乃維四方之多罪逋逃是崇是長是信是使孔安國曰言紂棄其賢臣而尊長逃亡罪人信用之也俾暴虐于百姓以姦軌于商國今予發維共行天之罰

今日之事不過六步七步乃止齊焉孔安國曰今日戰事不過六步七步乃止相齊言當旅進一心也夫子勉哉不過於四伐五伐六伐七伐乃止齊焉孔安國曰伐謂擊刺也少則四五多則六七以為例也勉哉夫子尚桓桓鄭玄曰威武皃如虎如羆如豺如離徐廣曰此訓與螭同于商郊不御克犇以役西土鄭玄曰御彊禦謂彊暴也克殺也不得暴殺紂師之犇走者當以為周之役也勉哉夫子爾所不勉其于爾身有戮鄭玄曰所且也誓已諸侯兵會者車四千乘陳師牧野帝紂聞武王來亦發兵七十萬人距武王武王使師尚父與百夫致師鄭玄曰周禮環人掌致師致師者致其必戰之志也古者將戰先使勇力之士犯敵焉春秋傳曰楚許伯御樂伯攝叔為右以致晉師許伯曰吾聞致師者御靡旌摩壘而還樂伯曰吾聞致師者左射以菆代御執轡御下兩馬掉鞅而還攝叔曰吾聞致師者右入壘折馘執俘而還皆行其所聞而復以大卒馳帝紂師徐廣曰帝一作商。正義曰大卒謂戎車三百五十乘士卒二萬六千二百五十人有虎賁三千人紂師雖衆皆無戰之心心欲武王亟入紂師皆倒兵以戰以開武王武王馳之紂兵皆崩畔紂紂走反入登于鹿臺之上蒙衣其殊玉正義曰衣音於既反周書云甲子夕紂取天智玉琰五環身以自焚注天智玉之善者縫環其身自厚也凡焚四千玉也庶玉則銷天智玉不銷紂身不盡也自燔于火而死武王持大白旗以麾諸侯諸侯畢拜武王武王乃揖諸侯正義曰武王率諸侯伐天子天子已死諸侯畢賀故武王揖諸侯言先拊循之心也諸侯畢從武王至商國正義曰謂至朝歌商國百姓咸待於郊於是武

王使羣臣告語商百姓曰上天降休商人皆再拜稽首武王亦答拜索隱曰武王雖以臣伐君頗有慙德不應答商人之拜太史公失辭耳蓋上文諸侯畢拜賀武王武王尚且報揖無容遂下拜商人遂入至紂死所武王自射之三發而後下車以輕劍擊之正義曰周書作輕吕擊之輕吕劍名也以黃鉞斬紂頭縣大白之旗已而至紂之嬖妾二女二女皆經自殺武王又射三發擊以劍斬以玄鉞司馬法曰夏執玄鉞宋均曰玄鉞用鐵不磨礪縣其頭小白之旗武王已乃出復軍其明日除道修社及商紂宮及期百夫荷罕旗以先驅蔡邕獨斷曰前驅有九旒雲罕東京賦曰雲罕九旒薛綜曰旒旗名武王弟叔振鐸奉陳常車周公旦把大

鉞畢公把小鉞以夾武王散宜生太顛閎夭皆執劍以衛武王既入立于社南大卒之左右畢從毛叔鄭奉明水周禮曰司烜氏以鑑取明水於月鄭玄曰鑑鏡屬也取月之水欲得陰陽之絜氣陳明水以爲玄酒。索隱曰明明水也舊本皆無水字今本有水字若摧云奉明其義未見不知是明何物也烜音毀衛康叔封布茲徐廣曰茲者籍席之名諸侯病曰負茲。索隱曰茲一作苙公明草也言茲擧成器言苙見絜草也召公奭贊采正義曰贊佐也采幣帛也師尚父牽牲尹佚筴祝曰正義曰尹佚讀筴書祝文以祭社也殷之末孫季紂正義曰周書作末孫受德受德紂字也殄廢先王明德侮蔑神祇不祀昏暴商邑百姓其章顯聞于天皇上帝於是武王再拜稽首曰膺更監本作受大命革殷受天明命武

王又再拜稽首乃出封商紂子祿父殷之餘民武王爲殷初定未集乃使其弟管叔鮮蔡叔度相祿父治殷正義曰地理志云河內殷之舊都周既滅殷分其畿內爲三國詩邶鄘衛是邶以封紂子武庚鄘管叔尹之衛蔡叔尹之以監殷民謂之三監帝王世紀云自殷都以東爲衛管叔監之殷都以西爲鄘蔡叔監之都以北爲邶霍叔監之是爲三監按二說各異未詳也已而命召公釋箕子之囚徐廣曰釋一作原命畢公釋百姓之囚表商容之閭命南宮括散鹿臺之財發鉅橋之粟以振貧弱萌隸命南宮括史佚展九鼎保玉徐廣曰保一作寶命閎夭封比干之墓正義曰封謂益其土及畫疆界括地志云比干墓在衛州汲縣北十里二百五十步命宗祝享祠于軍乃罷兵西歸行狩記政事作武

成孔安國曰武功成也封諸侯班賜宗彝作分殷之器物鄭玄云宗彝宗廟樽也作分器著王之命及受物武王追思先聖王乃褒封神農之後於焦地理志弘農陝縣有焦城故焦國也黃帝之後於祝正義曰左傳云祝其實夾谷杜預云夾谷即祝其也服虔云東海郡祝其縣也帝堯之後於薊地理志燕國有薊縣帝舜之後於陳正義曰括地志云陳州宛丘縣在陳城中即古陳國也帝舜後遏父爲周武王陶正武王賴其器用封其子嬀滿於陳都宛丘之側大禹之後於杞正義曰括地志云汴州雍丘縣古杞國地理志云古杞國理此城周武王封禹後於杞號東樓公二十一代爲楚所滅於是封功臣謀士而師尚父爲首封封尚父於營丘曰齊爾雅曰水出其前而左曰營丘郭璞曰今齊之營丘淄水過其南及東。正義曰水經注今臨菑城中有丘云古縣丘之地呂望所封齊之都也營丘在縣北百步外城中輿地志云秦立爲縣城臨淄水故曰臨淄也封弟

周公旦於曲阜曰魯應劭曰曲阜在魯城中委曲長七八里。正義曰帝王世紀云炎帝自陳營都於魯曲阜黃帝自窮桑登帝位後徙曲阜少昊邑于窮桑以登帝位都曲阜顓頊始都窮桑徙商丘窮桑在魯北或云窮桑即曲阜也又為大庭氏之故國又是商奄之地皇甫謐云黃帝生於壽丘在魯城東門之北居軒轅之丘於山海經云此地窮桑之際西射之南是也括地志云兗州曲阜縣外城即周公旦子伯禽所築古魯城也封召公奭於燕正義曰封帝堯之後於薊封召公奭於燕觀其文稍似重也水經注云薊則西北隅有薊丘因其取名焉括地志云燕山幽州漁陽縣東南六十里國都城記云周武王封召公奭於燕地在燕山之野故國取名焉按周封以五等之爵薊燕二國俱武王立因燕山薊丘為名其地足自立國薊微燕盛乃并薊居之薊名遂絕焉今幽州薊縣古燕國也封弟叔鮮於管正義曰括地志云鄭州管城縣外城古管國城也周武王弟叔所封弟叔度於蔡正義曰括地志云豫州北七十里上蔡縣古蔡國武王封弟叔度於蔡是也縣東十里有蔡岡因名也餘各以次受封武王徵九牧之君登豳之

阜以望商邑正義曰括地志云豳州三水縣西十里有豳原周先公劉所都之地也豳城在此原上因公為名按蓋武王登此城望商邑武王至于周自夜不寐正義曰周鎬京也武王伐紂還至鎬京憂未定天之保安故自夜不得寐也周公旦即王所曰曷為不寐王曰告女維天不饗殷自發未生於今六十年麋鹿在牧徐廣曰此事出周書及隨巢子云夷羊在牧牧郊也夷羊怪物也蜚鴻滿野索隱曰按高誘曰蜚鴻蠛蠓也言飛蟲蔽田滿野故為災非是鴻鴈也隨巢子作飛拾飛拾蟲也。正義曰蜚音飛古飛字也於今猶當今於今六十年從帝乙十年至伐紂年也麋鹿在牧喻讒佞小人在朝位也飛鴻滿野喻忠賢君子見放棄也言紂父帝乙立後殷國益衰至伐紂六十年間諂佞小人在於朝位忠賢君子放遷於野故詩云鴻鴈于飛肅肅其羽之子于征劬勞于野毛萇云之子侯伯卿士也鄭玄云鴻鴈知避陰陽寒暑喻民知去無道就有道天不享殷乃今有成索隱曰言上天不歆享殷家故見災異我周今乃有成王業者也

維天建殷其登名民三百六十夫不顯亦不賓滅徐廣曰一云不顧亦不賓滅一又云不顧亦不恤也。索隱曰言天初建殷國亦登進名賢之人三百六十夫既無非大賢未能興化致理故殷家不大光昭亦不即擯滅以至于今也亦見周書及隨巢子頗復脫錯而劉氏音破六為古其字義亦無所通徐廣云一本作不顧亦不賓蓋是學者以周書及隨巢不同逐音改易耳隨巢子曰天鬼不顧亦不賓滅天鬼即天神也以至今我未定天保何暇寐王曰定天保依天室悉求夫惡貶從殷王受索隱曰言今悉求取夫惡人不知天命不順周家者咸貶責之與紂同罪故曰貶從殷王受日夜勞來我西土徐廣曰一云肯來。索隱曰八字連作一句讀我維顯服及德方明正義曰服事也武王答周公云定知天之安保我位得依天之宮室退除殷紂之惡日夜勞民又安定我之西土我維明於事及我之德教施四方明行之乃可至於寢寐也自此已上為至周自夜不寐周公問之故先書自洛汭延于伊汭

居易毋固其有夏之居徐廣曰夏居河南初在陽城後居陽翟。索隱曰言自洛汭及伊汭其地平易無險固是有夏之舊居。正義曰括地志云自禹至太康與唐虞皆不易都城然則居陽城為禹避商均時非之都也帝王世紀云禹封夏伯今河南陽翟是冢古文云太康居斟尋羿亦居之桀又居之括地志云故鄩城在洛州鞏縣西南五十八里也我南望三塗北望嶽鄙顧詹有河徐廣曰周書度邑曰武王問太公曰吾將因有夏之居也南望過于三塗北詹望于有河。索隱曰杜預曰三塗在陸渾縣南嶽蓋河北太行山鄙都鄙謂近嶽之邑度邑周書篇名度音徒各反。正義曰括地志云太行恒山連延東北接碣石接嶽山言北望太行恒山之邊鄙都邑也又晉州霍山一名大岳在洛西北山在洛東北二說皆通粵詹雒伊毋遠天室正義曰粵者審慎之辭也言審慎瞻雒伊二水之陽無遠離此為天室也營周居于雒邑而後去正義曰括地志云故王城一名河南城本郟鄏周公新築在洛州河南縣北九里苑內東北隅自平王以下十二王皆都此城至敬王乃遷都成周至赧王又居王城也帝王世紀云王城西

有郟鄏陌左傳云成王定鼎於郟鄏京相璠地名云郟山名鄏邑名縱馬於華山之陽正義
曰華山在華陰縣南八里山南曰陽也放牛於桃林之虛孔安國曰桃林在華山東。正
義曰括地志云桃林在陜州桃林縣西山海經云夸父之山其北有林焉名曰桃林廣圓三百里中多馬湖水出焉北流
入河也偃干戈振兵釋旅公羊傳曰入曰振旅示天下不復用
也武王已克殷後二年問箕子殷所以亡箕子
不忍言殷惡以存徐廣曰一作前亡國宜告索隱曰六字連一句讀。正義
曰箕子殷人不忍言殷惡以周國之所言告武王爲洪範九類武王以類問天道武王亦醜故問
以天道武王病天下未集羣公懼穆卜孔安國曰穆敬也
周公乃祓齋正義曰祓音廢又音拂齋音扎皆反祓謂除不祥求福也自爲質正義曰音
至周公祓齋自以贄幣告三王請代武王武王病乃瘳也欲代武王武王有瘳後

而崩徐廣曰封禪書曰武王克殷二年天下未寧而崩皇甫謐曰武王定位元年歲在乙酉六年庚寅崩駰案
皇覽曰文王武王周公冢皆在京兆長安鎬聚東社中也。正義曰括地志云武王墓在雍州萬年縣西南二十八里畢
原上也太子誦代立是爲成王成王少周初定天
下周公恐諸侯畔周公乃攝行政當國管叔蔡
叔羣弟疑周公與武庚作亂畔周周公奉成王
命伐誅武庚管叔放蔡叔以微子開代殷後國
於宋正義曰今宋州也頗收殷餘民以封武王少弟封爲
衞康叔正義曰尚書洛誥云我卜瀍水東亦惟洛食以居邶鄘衞之衆又多士篇序云成周既成遷殷頑民
按是爲東周古洛陽城也括地志云洛陽故城在洛州洛陽縣東北二十六里周公所築即成周城也輿地志云以周地
在王城東故曰東周敬王避子朝亂自洛邑東居此以其迫阨不受王都故壞翟泉而廣之按武王滅殷國爲邶鄘衞三

監尹之武庚作亂周公滅之徙三監之民於成周頗收其餘衆以封康叔爲衞侯即今衞州是也孔安國云以三監之民
國康叔爲衞侯周公懲其數叛故使賢母弟主之也晉唐叔得嘉穀鄭玄曰二苗同爲一穗
獻之成王成王以歸周公于兵所徐廣曰歸一作餽周公
受禾東土魯天子之命徐廣曰尚書序云旅天子之命初管蔡畔
周周公討之三年而畢定故初作大誥次作微
子之命孔安國曰封命之書次歸禾次嘉禾次康誥酒誥梓
材孔安國曰告康叔以爲政之道亦如梓人之治材也其事在周公之篇周公
行政七年成王長周公反政成王北面就羣臣
之位成王在豐使召公復營洛邑如武王之意
周公復卜申視卒營築居九鼎焉曰此天下之

中四方入貢道里均作召誥洛誥成王既遷殷
遺民周公以王命告作多士無佚召公爲保周
公爲師東伐淮夷殘奄鄭玄曰奄國在淮夷之北。正義曰奄音於險反括地志
云泗水徐城縣北三十里古徐國即淮夷也兗州曲阜縣奄至即奄國之地也遷其君薄姑馬融
曰齊地。正義曰括地志云薄姑故城在青州博昌縣東北六十里薄姑氏殷諸侯封於此周滅之也成王
自奄歸在宗周正義曰伐奄歸鎬京也作多方孔安國曰告衆方天下諸侯
既絀殷命襲淮夷歸在豐作周官孔安國曰言周家設官分職用
人之法古文尚書序周官書篇名興正禮樂度制於是改而民和
睦頌聲興何休曰頌聲者太平歌頌之聲帝王之高致也成王既伐東夷息
慎來賀王賜榮伯作賄息慎之命孔安國曰賄賜也馬融曰榮伯

周同姓畿內諸侯爲卿大夫也成王將崩懼太子釗之不任正義曰釗音招又古堯反任而針反乃命召公畢公率諸侯以相太子而立之成王既崩二公率諸侯以太子釗見於先王廟申告以文王武王之所以爲王業之不易務在節儉毋多欲以篤信臨之作顧命鄭玄曰臨終出命故謂之顧顧將去之意也太子釗遂立是爲康王康王即位徧告諸侯宣告以文武之業以申之作康誥故成康之際天下安寧刑錯四十餘年不用應劭曰錯置也民不犯法無所置刑康王命作策畢公分居里成周郊孔安國曰分別民之居里異其善惡也成定東周郊境使有保護也作畢命康王卒子昭王瑕

立昭王之時王道微缺昭王南巡狩不返卒於江上正義曰帝王世紀云昭王德衰南征濟于漢船人惡之以膠船進王王御船至中流膠液船解王及祭公俱沒于水中而崩其右辛游靡長臂且多力游振得王周人諱之其卒不赴告諱之也立昭王子滿是爲穆王穆王即位春秋已五十矣王道衰微穆王閔文武之道缺乃命伯臩孔安國曰伯冏名也申誡徐廣曰誡一作部太僕應劭曰太僕周穆王所置蓋太御衆僕之長中大夫也國之政作臩命正義曰尚書序云穆王令伯臩爲太僕正應劭云太僕周穆王所置蓋大御衆僕之長中大夫也復寧穆王將征犬戎徐廣曰犬一作畎祭公謀父諫韋昭曰祭畿內之國周公之後爲王卿士謀父字也○正義曰括地志云故祭城在鄭州管城縣東北十五里鄭大夫祭仲邑也釋例云祭城在河南上有敖倉周公後所封也曰不可先王燿德不觀

兵夫兵戢而時動動則威觀則玩玩則無震韋昭曰震懼也是故周文公之頌韋昭曰文公周公旦之謚曰載戢干戈載櫜弓矢唐固曰櫜韜也我求懿德肆于時夏允王保之韋昭曰言武王常求美德故陳其功於是夏而歌之信哉武王能保此時夏之美樂章大者曰夏先王之於民也茂正其德而厚其性阜其財求而利其器用明利害之鄉韋昭曰鄉方也以文修之使之務利而辟害懷德而畏威故能保世以滋大昔我先王世后稷韋昭曰謂弃與不窋也唐固曰父子相繼曰世以服事虞夏及夏之衰也正義曰謂太康也弃稷不務正義曰言太康弃廢稷官我先王不窋用失其官而自竄於戎狄之間不敢怠業時

序其德遵修其緒徐廣曰遵一作選修其訓典朝夕恪勤守以敦篤奉以忠信奕世載德不忝前人正義曰前人謂后稷也言不窋亦世載德不忝后稷及文王武王無不務農事至于文王武王昭前之光明而加之以慈和事神保民無不欣喜商王帝辛大惡于民庶民不忍訢載武王以致戎于商牧正義曰紂近郊地名牧野是故先王非務武也勤恤民隱而除其害也夫先王之制邦內甸服邦外侯服侯衛賓服韋昭曰此揔言之也侯侯圻衛衛圻也夷蠻要服戎翟荒服甸服者祭韋昭曰供日祭侯服者祀韋昭曰供月祀賓服者享韋昭曰供時享要服者貢韋昭曰供歲貢荒服者王韋昭曰王王事天子也詩

曰莫敢不來王日祭月祀時享歲貢終王先王之順祀也 徐廣曰外傳云先王之訓 有不祭則修意 韋昭曰先修志意以自責也畿內近知王意也 有不祀則修言 韋昭曰言號令也 有不享則修文 韋昭曰文典法也 有不貢則修名 韋昭曰名謂尊卑職貢之名號也 有不王則修德 韋昭曰遠人不服則修文德以來之 序成而有不至則修刑 韋昭曰序成謂上五者次序已成有不至則有刑罰也 於是有刑不祭伐不祀征不享讓不貢告不王於是有刑罰之辟有攻伐之兵有征討之備有威讓之命有文告之辭布令陳辭而有不至則增修於德無勤民於遠是以近無不聽遠無不服今自大畢伯士之終也 徐廣曰犬戎之君 犬

戎氏以其職來王 正義曰賈逵云大畢伯士犬戎氏之二君也白狼白鹿犬戎之職貢也按大畢伯士終後犬戎氏常以其職來王 天子曰 正義曰祭公穆王之意故云天子曰 予必以不享征之且觀之兵無乃廢先王之訓而王幾頓乎 正義曰幾音祈 吾聞犬戎樹敦 徐廣曰樹一作橄駰案韋昭曰樹立也言犬戎立性敦篤也 率舊德而守終純固其有以禦我矣王遂征之得四白狼四白鹿以歸自是荒服者不至諸侯有不睦者甫侯言於王作修刑辟 鄭玄曰書說云周穆王以甫侯爲相 王曰吁來有國有土告汝祥刑 孔安國曰告汝善用刑之道也 在今爾安百姓何擇非其人 王肅曰訓以安百姓之道當何所選擇乎非當選擇賢人乎 何敬非其刑何居非其宜與 孔安國曰

當何所敬非唯五刑乎當何所居非唯及世輕重所宜也 兩造具備 徐廣曰造一作遭 師聽五辭 孔安國曰兩謂囚證造至也兩至具備則衆獄官聽其入五刑辭。正義曰漢書刑法志云五聽一曰辭聽二曰色聽三曰氣聽四曰耳聽五曰目聽周禮云辭不直則言繁目不直則視眊耳不直則對答惑色不直則貌赧氣不直則數喘也 五辭簡信正於五刑 孔安國曰五辭簡核信有罪驗則正之於五刑矣 五刑不簡正於五罰 孔安國曰不簡核謂不應五刑當正五罰出金贖罪也 五罰不服正於五過 孔安國曰不服不應罰也正於五過從赦免之 五過之疵官獄內獄閱實其罪 孔安國曰使與罰名相當。索隱曰按呂刑云惟反惟內惟貨惟來今此以閼少或從省文 惟鈞其過 馬融曰以此五過出入人罪與犯法者等 五刑之疑有赦五罰之疑有赦其審克之 孔安國曰刑疑赦從罰罰疑赦從免其當清察能得其理也 簡信有衆惟訊有稽 孔安國曰簡核誠信有合衆心惟察其貌有所

考合重之至也。索隱曰訊依尚書音貌也 無簡不疑共嚴天威 孔安國曰無簡核誠信不聽治其獄當嚴敬天威無輕用刑 黥辟疑赦其罰百率 徐廣曰率即鍰也音刷孔安國曰六兩曰鍰鍰黃鐵也。索隱曰鍰黃鐵鋝亦六兩故馬融曰鋝量名與呂刑鍰同舊本率亦作選 閱實其罪劓辟疑赦其罰倍灑 徐廣曰一作五倍曰蓰孔安國曰倍百爲二百鍰也。索隱曰灑音史蓰音所解反 閱實其罪臏辟疑赦其罰倍差 馬融曰倍二百爲四百鍰也差者又加四百之三分一凡五百三十三三分一也。正義曰倍中之差二百去三分一合三百三十三鍰二兩也宮刑其罰五百臏刑既輕其數豈加故知孔馬之説非也 閱實其罪宮辟疑赦其罰五百 徐廣曰一作六 率閱實其罪大辟疑赦其罰千率閱實其罪墨罰之屬千劓罰之屬千臏罰之屬五百宮罰之屬三百大辟之罰其屬

二百五刑之屬三千命曰甫刑穆王立五十五年崩子共王繄扈立索隱曰世本作伊扈共王游於涇上密康公從韋昭曰康公密國之君姬姓也。○正義曰括地志云陰密故城在涇州鶉觚縣西東接縣城故密國也有三女奔之其母曰必致之王列女傳曰康公母姓隗氏夫獸三爲羣人三爲衆女三爲粲正義曰曹大家云羣衆粲皆多之名也田獵得三獸王不盡收以其害深也王田不取羣公行不下衆正義曰曹大家云公諸侯也公之所與衆人共議也王御不參一族韋昭云御婦官也參三也一族一父子也故取姪娣以備三不參一族之女也夫粲美之物也衆以美物歸女而何德以堪之王猶不堪況爾之小醜乎小醜備物終必亡康公不獻一年共王滅密共王崩子

【史記周紀四　二十二】

懿王囏立索隱曰世本作堅懿王之時王室遂衰詩人作刺索隱曰宋忠曰懿王自鎬徙都犬丘一曰廢丘今槐里是也時王室衰始作詩也懿王崩共王弟辟方立是爲孝王孝王崩諸侯復立懿王太子燮是爲夷王正義曰紀年云三年致諸侯翦齊哀公昂帝王世紀云十六年崩也夷王崩子厲王胡立厲王即位三十年好利近榮夷公大夫芮良夫正義曰芮伯也諫厲王曰王室其將卑乎夫榮公好專利而不知大難夫利百物之所生也天地之所載也而有專之其害多矣天地百物皆將取焉何可專也所怒甚多而不備大難以是教王王其能久乎夫王人者將導利而布

之上下者也使神人百物無不得極韋昭曰極中也猶曰怵惕懼怨之來也故頌曰思文后稷克配彼天立我烝民莫匪爾極大雅曰陳錫載周唐固曰言文王布錫施利以載成周道也是不布利而懼難乎故能載周以至于今今王學專利其可乎匹夫專利猶謂之盜王而行之其歸鮮矣榮公若用周必敗也厲王不聽卒以榮公爲卿士用事王行暴虐侈傲國人謗王召公諫曰韋昭曰召康公之後穆公虎也爲王卿士也民不堪命矣王怒得衞巫韋昭曰衞國之巫也使監謗者正義曰監音古銜反監察也以巫人神靈有謗毀必察也以告則殺之其謗鮮矣諸侯不朝三十四

【史記周紀四　二十三】

年王益嚴國人莫敢言道路以目韋昭曰以目相眄而已厲王喜告召公曰吾能弭謗矣乃不敢言召公曰是鄣之也防民之口甚於防水水壅而潰傷人必多民亦如之是故爲水者決之使導爲民者宣之使言故天子聽政使公卿至於列士獻詩正義曰上詩風刺瞽獻典韋昭曰典樂典史獻書正義曰史太史也上書諫師箴正義曰音針師樂太師也上箴戒之文瞍賦韋昭曰無眸子曰瞍賦公卿列士所獻詩也矇誦韋昭曰有眸子而無見曰矇周禮矇主絃歌諷誦箴諫之語也百工諫庶人傳語韋昭曰庶人卑賤見時得失不得言傳以語王。○正義曰傳音逐緣反庶人微賤見時得失不得上言乃在街巷相傳語近臣盡規近臣驂僕之屬親戚補察正義曰言親戚補王過失及察是非也瞽史教

誨瞽樂太師史太史也耆艾脩之韋昭曰耆艾師傅也脩理瞽史之教以聞於王而後王斟酌焉是以事行而不悖民之有口也猶土之有山川也財用於是乎出猶其有原隰衍沃也唐固曰下平曰衍有溉曰沃衣食於是乎生口之宣言也善敗於是乎興行善而備敗所以産財用衣食者也夫民慮之於心而宣之於口成而行之若壅其口其與能幾何王不聽於是國莫敢出言三年乃相與畔襲厲王厲王出奔於彘韋昭曰彘晉地漢為縣屬河東今曰永安。正義曰括地志云晉州霍邑縣本漢彘縣後改彘曰永安從鄗奔晉也厲王太子靜匿召公之家國人聞之乃圍之召公曰昔吾驟諫

王王不從以及此難也今殺王太子王其以我為讎而懟怒乎夫事君者險而不讎懟韋昭曰在危險之中怨而不怒況事王乎乃以其子代王太子太子竟得脫召公周公二相行政號曰共和索隱曰共音如字若汲冢紀年則云共伯干王位共音恭共國伯爵言共伯攝王政故云干王位也。正義曰共音巨用反韋昭云彘之亂公卿相與和而脩政事號曰共和也魯連子云衛州共城縣本周共伯之國也共伯名和好行仁義諸侯賢之周厲王無道國人作難王奔於彘諸侯奉和以行天子事號曰共和元年十四年厲王死於彘共伯使諸侯奉王子靖為宣王而共伯復歸國于衛也世家云釐侯十三年周厲王出奔于彘共和行政焉二十八年周宣王立四十二年釐侯卒太子共伯餘立為君共伯弟和襲攻共伯於墓上共伯入釐侯羨自殺衛人因葬釐侯旁謚曰共伯而立和為衛侯是為武公按此文共伯不得立而和立為武公武公之立在共伯卒後年歲又不相當年表亦同明紀年及魯連子非也共和

十四年厲王死于彘太子靜長於召公家二相乃共立之為王是為宣王宣王即位二相輔之脩政法文武成康之遺風諸侯復宗周十二年魯武公來朝宣王不脩籍於千畝正義曰應劭云古者天子耕籍田千畝為天下先瓚曰籍蹈籍也按宣王不脩親耕之禮也虢文公諫曰賈逵曰文公文王母弟虢仲之後為王卿士也韋昭曰文公虢叔之後西虢也宣王都鎬在畿內也。正義曰括地志云虢故城在岐州陳倉縣東南十里又云千畝原在晉州岳陽縣北九十里也不可索隱曰國語曰虢文公諫云夫人之大事在農上帝之粢盛於是乎出事之繁庶於是乎生人之供給於是乎取事具載國語王弗聽三十九年戰于千畝索隱曰地名也在西河介休縣王師敗績于姜氏之戎韋昭曰西戎別種四嶽之後也宣王既亡南國之師乃料民於太

原韋昭曰敗於姜戎時所亡也南國江漢之間料數也唐固曰南國南陽也仲山甫正義曰毛萇云仲山甫樊穆仲也括地志云漢樊縣城在兖州瑕丘縣西南三十五里古樊國仲山甫所封也諫曰民不可料也宣王不聽卒料民四十六年宣王崩正義曰周春秋云宣王殺杜伯而無辜後三年宣王會諸侯田于圃日中杜伯起於道左衣朱衣冠操朱弓矢射宣王中心折脊而死國語云杜伯射王於鄗子幽王宮湦立徐廣曰一作生幽王二年西周三川皆震徐廣曰涇渭洛也駰案韋昭曰西周鎬京地震動故三川亦動。正義曰按涇渭二水在雍州北洛水一名漆沮在雍州東北南流入渭此時以王城為東周鎬京為西周伯陽甫曰周將亡矣韋昭曰伯陽甫周大夫也唐固曰伯陽父周柱下史老子也夫天地之氣不失其序若過其序民亂之也韋昭曰過失也言民不敢斥王者也陽伏而不能出陰迫而不能烝韋昭曰烝升也陽氣在下陰氣迫之使不能升

也於是有地震今三川實震是陽失其所而填
陰也韋昭曰爲陰所鎮笮也陽失而在陰韋昭曰在陰下也原必塞原
塞國必亡夫水土演而民用也韋昭曰水土氣通爲演演猶潤也演則生
物民得用之土無所演民乏財用不亡何待昔伊洛竭
而夏亡韋昭曰禹都陽城伊洛所近也河竭而商亡韋昭曰商人都衛河水所經也
今周德若二代之季矣其川原又塞塞必竭夫
國必依山川山崩川竭亡國之徵也川竭必山
崩韋昭曰水泉不潤枯朽而崩也若國亡不過十年數之紀也韋昭
曰數起於一終於十十則更故曰紀也天之所弃不過其紀是歲也三
川竭岐山崩三年幽王嬖愛褒姒索隱曰褒國名夏同姓姓姒氏

禮婦人稱國及姓其女是龍漦妖子爲人所收褒人納之于
王故曰褒姒。正義曰括地志云褒國故城在梁州褒城縣
東二百步古褒國也褒姒生子伯服幽王欲廢太子太子母
申侯女而爲后後幽王得褒姒愛之欲廢申后
并去太子宜臼以褒姒爲后以伯服爲太子周
太史伯陽讀史記曰正義曰諸國皆有史以記事故曰史記周亡矣昔
自夏后氏之衰也有二神龍止於夏帝庭而言
曰余褒之二君虞翻曰龍自號褒之二先君也夏帝卜殺之與去
之與止之莫吉卜請其漦而藏之乃吉韋昭曰漦龍所吐沫
沫龍之精氣也於是布幣而策告之韋昭曰以簡策之書告龍而請其漦也龍
亡而漦在櫝而去之韋昭曰櫝匱也夏亡傳此器殷殷

亡又傳此器周比三代莫敢發之至厲王之末
虞翻曰末年王流彘之歲發而觀之漦流于庭不可除厲王使
婦人裸而譟之韋昭曰譟讙呼也唐固曰羣呼曰譟漦化爲玄黿以
入王後宮索隱曰亦作蚖音元玄蚖蜇蜴也後宮之童妾既齔而遭
之韋昭曰毀齒曰齔女七歲而毀也既笄而孕正義曰笄音雞禮記云女子許嫁而笄鄭玄云笄今
簪無夫而生子懼而弃之宣王之時童女謠曰
檿弧箕服實亡周國韋昭曰山桑曰檿弧弓也箕木名服矢房也於是宣
王聞之有夫婦賣是器者宣王使執而戮之逃
於道而見鄉者後宮童妾所弃妖子徐廣曰一作夭夭幼少
也出於路者正義曰夫婦賣檿弧者宣王欲執戮之遂逃於路遇此妖子哀而收之聞其

夜啼哀而收之夫婦遂亡犇於褒褒人有罪請
入童妾所弃女子者於王正義曰國語云周幽王伐有褒褒人以褒姒女焉與
虢石甫比也以贖罪弃女子出於褒是爲褒姒當幽王
三年王之後宮見而愛之生子伯服竟廢申后
及太子以褒姒爲后伯服爲太子索隱曰左傳所謂携王奸命是
也太史伯陽曰禍成矣無可奈何褒姒不好笑
幽王欲其笑萬方故不笑幽王爲烽燧正義曰峯燧二音晝
日燃燧以望火煙夜舉燧以望火光也烽土魯也燧炬火也皆山上安之有寇舉之大鼓有寇至則
舉烽火諸侯悉至至而無寇褒姒乃大笑幽王
說之爲數舉烽火其後不信諸侯益亦不至幽

王以虢石父爲卿用事國人皆怨石父爲人佞巧徐廣曰佞一作諂善諛好利王用之又廢申后去太子也申侯怒與繒正義曰自陵反國語云繒姒姓夏禹後括地志云繒縣在沂州承縣古侯國禹後西夷犬戎攻幽王索隱曰繒國名夏同姓幽王舉燧火徵兵兵莫至遂殺幽王驪山下索隱曰在新豐縣南故驪戎國也舊音黎徐廣音力知反。正義曰括地志云驪山在雍州新豐縣南十六里土地記云驪山即藍田山按驪山之陽即藍田山虜褒姒盡取周賂而去汲冢紀年曰自武王滅殷以至幽王凡二百五十七年也。正義曰按汲冢書晉咸和五年汲郡汲縣發魏襄王冢得古書冊七十五卷於是諸侯乃即申侯而共立故幽王太子宜臼是爲平王以奉周祀平王立東遷于雒邑正義曰即王城也平王以前號東都至敬王以後及戰國爲西周也

史記周紀四　二十七

辟戎寇平王之時周室衰微諸侯彊并弱齊楚秦晉始大政由方伯周禮曰九命作伯鄭衆云長諸侯爲方伯四十九年魯隱公即位五十一年平王崩太子洩父正義音甫蚤死立其子林是爲桓王桓王平王孫也桓王三年鄭莊公朝桓王不禮索隱曰在魯隱公六年五年鄭怨與魯易許田許田天子之用事太山田也索隱曰左傳鄭伯以璧假許田卒易祊祊是鄭祀太山之田許是魯朝京師之湯沐邑有周公廟鄭以其近故易取之此云許田天子用事太山田誤。正義曰杜預云成王營王城有遷都之志故賜周公許田以爲魯國朝宿之邑後世因而立周公別廟焉鄭桓公友周宣王之母弟封鄭有助祭泰山湯沐邑在祊鄭以天子不能復巡狩故欲以祊易許田各從本國所近之宜也恐魯以周公別廟爲疑故云已廢太山之祀而欲爲魯祀周公遜辭以有求也括地志云許田許州許昌縣南四十里有魯

周紀

城周公廟在城中祊田在沂州費縣東南按兗鄭大夫八年魯殺隱公正義曰子允令公子翬殺隱公也立桓公十三年伐鄭索隱曰在魯桓五年鄭射傷桓王桓王去歸索隱曰左傳繻葛之役祝聃射王中肩是也二十三年桓王崩子莊王佗立莊王四年周公黑肩欲殺莊王而立王子克賈逵曰莊王弟子儀也辛伯告王賈逵曰辛伯周大夫也王殺周公索隱曰左傳云初子儀有寵於桓王桓王屬諸周公辛伯諫曰並后匹嫡兩政偶國亂之本也周公不從故及於難然周公阿先王旨自取誅夷辛伯正君臣之義卒安王業二卿優劣誠可識也王子克奔燕正義曰杜預云南燕姞姓也十五年莊王崩子釐王正義曰釐音僖謚作毋涼胡齊立釐王三年齊桓公始霸五年釐王崩子惠王閬立索隱曰世本名毋涼惠王二年初莊王嬖姬姚

史周紀四　二十八

正義曰杜預云姚姓也生子頹索隱曰莊王子釐王弟惠王之叔父也頹有寵及惠王即位奪其大臣園以爲囿左傳曰大臣蔿國也故大夫邊伯等五人作亂左傳曰五人者蔿國邊伯詹父子禽祝跪也謀召燕衛師正義曰南燕滑州胙城衛澶州衞南也伐惠王惠王奔溫正義曰左傳云蘇忿生十二邑桓王奪蘇子十二邑與鄭故蘇子同五大夫伐惠王溫十二邑之一也杜預云河內溫縣也已居鄭之櫟服虔曰櫟鄭大都。正義曰杜預云櫟今河南陽翟縣也立釐王弟穨爲王樂及徧舞賈逵曰徧舞皆舞六代之樂也鄭虢君怒四年鄭與虢君伐殺王穨正義曰賈逵云鄭厲公突虢公林父也復入惠王惠王十年賜齊桓公爲伯二十五年惠王崩子襄王鄭立襄王母早死後母曰惠后左傳曰陳媯歸于京師實惠后也。正義曰按陳國舜後

周紀

周紀

媯姓也惠后生叔帶索隱曰惠王子襄王弟封於甘故左傳稱甘昭公。正義曰惠王子襄王弟封之於甘括地志云故甘城在洛州河南縣西南二十五里左傳云甘昭公王子叔帶也洛陽記云河南縣西南二十五里有水出焉北流入洛山上有甘城即甘公菜邑也有寵於惠王襄王畏之三年叔帶與戎翟謀伐襄王襄王欲誅叔帶叔帶犇齊齊桓公使管仲平戎于周使隰朋平戎于晉服虔曰戎伐周晉伐戎救周故和也王以上卿禮管仲管仲辭曰臣賤有司也有天子之二守國高在杜預曰國子高子天子所命為齊守臣皆上卿也若節春秋來承王命何以禮焉賈逵曰節時也王肅曰春秋聘享之節也陪臣敢辭服虔曰陪重也諸侯之臣於天子故曰陪臣王曰舅氏余嘉乃勳賈逵曰舅氏言伯舅之使也。正義曰武王娶太公女為后故呼舅氏遠言之我善汝有平戎

史周紀四　二十九

之功勳毋逆朕命管仲卒受下卿之禮而還正義曰杜預云管仲不敢以職自高卒受本位之禮也九年齊桓公卒十二年叔帶復歸于周左傳曰王召之十三年鄭伐滑賈逵曰滑姬姓之國案左傳曰滑人叛鄭而聽服於衛也。正義曰杜預云滑故國都河南緱氏縣為秦所滅時屬鄭晉後屬周事在魯僖公二十年括地志云緱氏故城本費城也在洛州緱氏縣南東二十五里也王使游孫伯服請滑賈逵曰二子周大夫鄭人囚之鄭文公怨惠王之入不與厲公爵服虔曰惠王以后之鞶鑒與鄭厲公而獨與虢公玉爵。正義曰左傳云莊公二十一年王巡虢狩虢公為王宮于玤王與之酒泉鄭伯之享王王以后之鞶鑑與之虢公請器王與之爵鄭伯由是怨王也杜預云后鞶帶而以鏡為飾也爵飲酒器也玤地酒泉周邑又怨襄王之與衛滑服虔曰滑小國近鄭世世服從而更違叛鄭師伐之聽命後自怨於王王以與衛故囚伯服王怒將以翟伐鄭富

周紀

辰諫服虔曰富辰周大夫曰凡我周之東徙晉鄭焉依子頹之亂又鄭之由定今以小怨弃之王不聽十五年王降翟師以伐鄭王德翟人將以其女為后富辰諫曰平桓莊惠皆受鄭勞王弃親親翟不可從王不聽十六年王絀翟后翟人來誅殺譚伯唐固曰譚伯周大夫原伯毛伯也。索隱曰按國語亦云殺譚伯而左傳大叔之難獲周公忌父原伯毛伯唐固據傳文讀譚為原然春秋有譚何妨此時亦仕王朝預獲被殺國語既云殺譚伯故太史公依之不從左傳說也富辰曰吾數諫不從如是不出王以我為懟乎乃以其屬死之初惠后欲立王子帶故以黨開翟人翟人遂入周襄王出犇鄭正義曰公羊傳云王者無外此其言出何不能事母

史記周紀四　三十

也鄭居王于汜杜預曰鄭南汜在襄城縣南。正義曰汜音凡括地志云故汜城在許州襄城縣一里左傳云天王出居於鄭處於汜是子帶立為王取襄王所絀翟后與居溫正義曰括地志云故溫城在懷州溫縣西三十里漢晉為縣本周司寇蘇忿生之邑左傳云周與鄭人蘇忿生十二邑溫其一也地理志云溫縣故國己姓蘇忿生所封也十七年襄王告急于晉晉文公納王而誅叔帶襄王乃賜晉文公珪鬯弓矢為伯以河內地與晉正義曰賈逵云晉有功賞之以地楊樊溫原欑茅之田也二十年晉文公召襄王襄王會之河陽踐土賈逵曰河陽晉之溫也踐土鄭地名在河內。正義曰括地志云故王宮在鄭州滎澤縣西北十五里王宮城中左傳云晉文公敗楚於城濮至於衡雍作王宮於踐土也按王城則所作在踐土城內東北隅有踐土一十臺東去衡雍三十餘里也諸侯畢朝書諱曰天王狩于河陽左傳曰仲尼曰以臣

召君不可以訓故書曰狩二十四年晉文公卒三十一年秦穆
公卒三十二年襄王崩子頃王壬臣立頃王六
年崩子匡王班立匡王六年崩弟瑜立是爲定
王定王元年楚莊王伐陸渾之戎地理志陸渾縣屬弘農郡○正
義曰渾音魂杜預云允姓之戎居陸渾在秦西北二國誘而
徙伊川遂從戎號今洛州陸渾縣取其號也後漢書云陸渾
戎自瓜州遷於伊川左傳云初平王之東遷也辛有適伊川
見被髮而祭於野者曰不及百年此其戎乎其禮先亡矣按
至僖公二十二年秋秦晉遷陸渾之戎於伊川計至辛有言
適百年也括地志云故麻城謂之蠻中在汝州梁縣界左傳
單浮餘圍蠻氏杜預云城在河南新城東南伊洛之戎陸渾
蠻氏城也俗以爲麻蠻聲相近故耳按新城今伊闕縣是也
次洛使人問九鼎王使王孫滿應設以辭賈逵曰王
孫滿周大夫也楚兵乃去十年楚莊王圍鄭鄭伯降已而

史記周紀四　三十一

復之十六年楚莊王卒二十一年定王崩子簡
王夷立簡王十三年晉殺其君厲公迎子周於
周立爲悼公十四年簡王崩子靈王泄心立靈
王二十四年齊崔杼弒其君莊公二十七年靈
王崩皇覽曰靈王冢在河南城西南柏亭西周山上蓋以靈王生而有髭而神故謚靈王其冢民祀之不絶
子景王貴立索隱曰名貴按國語景王二十一年鑄大錢及無射單穆公及伶州鳩各設辭以諫今此不言亦
其略耳景王十八年后太子聖而早卒二十年景
王愛子朝賈逵曰景王之長庶子欲立之正義曰左傳云子朝用成周之寶珪沉於河津
人得諸河上杜預云禱河求福也珪自水出也按河神不敢受故會崩皇覽曰景王冢在洛陽太倉中秦封
呂不韋洛陽十萬户故大其城并闔景王冢也子丐之黨與爭立國人立長

周紀

子猛爲王子朝攻殺猛猛爲悼王晉人攻子朝
而立丐是爲敬王賈逵曰敬王猛母弟敬王元年晉人入敬
王子朝自立敬王不得入居澤賈逵曰澤邑周地也四年晉
率諸侯入敬王于周子朝爲臣春秋曰子朝奔楚皇覽曰子朝冢在南陽
西鄂縣今西鄂晁氏自謂子晁後也諸侯城周十六年子朝之徒復
作亂敬王犇于晉十七年晉定公遂入敬王于
周三十九年齊田常殺其君簡公四十一年楚
滅陳孔子卒四十二年敬王崩徐廣曰皇甫謐曰敬王四十四年元己卯
崩壬戌也子元王仁立徐廣曰世本云貞王介也元王八年崩子定王
介立徐廣曰世本云元王赤也皇甫謐曰元王十一年癸未三晉滅智伯二十八年崩三子爭立立應爲貞王

史記周紀四　三十二

○索隱曰世本云元王赤皇甫謐云貞定王考據二文則是
元有兩名一名仁一名赤如史記則元王爲定王父定王即
貞王也依世本則元王是貞王子必有一乘誤然此定當爲
貞字誤耳豈周家有兩定王代數又非遠乎皇甫謐見此疑
而不決遂彌縫史記世本之錯謬因謂爲貞定王未爲得也定王十六年三晉滅智
伯分有其地二十八年定王崩徐廣曰皇甫謐曰貞定王十年元癸亥崩
壬申長子去疾立是爲哀王哀王立三月弟叔襲
殺哀王而自立是爲思王思王立五月少弟嵬
攻殺思王而自立是爲考王此三王皆定王之
子考王十五年崩徐廣曰皇甫謐曰考哲王元年辛丑崩乙卯子威烈王午
立考王封其弟于河南正義曰帝王世紀云考哲王封弟揭於河南續周公之官
是爲西周桓公按自敬王遷都成周號東周也桓公都王城號西周桓公是爲桓公以續周

周紀

周紀

公之官職桓公卒子威公代立威公卒子惠公
代立乃封其少子於鞏徐廣曰惠公之子也○正義曰鞏音拱郭緣生述征記鞏
縣周地鞏伯邑史記周顯王二年西周惠公封少子班於鞏以奉王室為東周惠公也子武公為秦所滅以奉
王號東周惠公索隱曰考王封其弟于河南為桓公卒子威公立卒子惠公立長子曰西周公
又封少子於鞏仍襲父號曰東周惠公於是有東西二周也按世本西周桓公名揭居河南東周惠公名班居洛陽是也
威烈王二十三年九鼎震命韓魏趙為諸侯二
十四年崩徐廣曰皇甫謐曰元丙辰崩己卯騶案宋忠曰威烈王葬洛陽城中東北隅也子安
王驕立是歲盜殺楚聲王安王立二十六年崩
皇甫謐曰安王元庚辰崩乙巳子烈王喜立烈王二年周太史儋
索隱曰老子列傳曰儋即老子耳又曰非也驗其年代是別人○正義曰幽王時有伯陽甫唐固曰伯陽甫老子也按幽

史記周紀四　三十三

王元年至孔子卒三百餘年孔子卒後一百二十九年儋見秦獻公然老子當孔子時唐固說非也見秦獻
公曰正義曰秦本紀云獻公十一年見後十五年周顯王致文武胙於秦孝公是復合時也始周與
秦國合而別別五百載復合應劭曰周孝王封伯翳之後為侯伯與周別五
百載至昭王時西周君臣自歸受罪獻其邑三十六城合也韋昭曰周封秦為始別謂秦仲也五百歲謂從秦仲至孝公
彊大顯王致伯與之親合也○索隱曰按周封非子為附庸邑之秦號曰秦嬴是始合也及秦襄公始列為諸侯是別之
也自秦列為諸侯至昭王五十二年西周君臣獻邑三十六城以入於秦凡五百一十六年是合也云五百舉其大數
合十七歲而霸王者出焉徐廣曰從此後十七年而秦昭王立騶案韋昭曰武
王昭王皆伯至始皇而王天下○索隱曰霸王謂始皇也自周以邑入秦至始皇初立政由太后嫪毐至九年誅毐正十
七年○正義曰周始與秦國合者謂周秦俱黃帝之後至非子未別封是合也而別者謂非子末年周封非子為附庸邑
秦後二十九君至秦孝公二年五伯載周顯王致文武胙於秦孝公復與之親是復合也合十七歲而霸王者出謂從秦

周紀

孝公三年至十九年周顯王致胙於秦孝公是霸也孝公子惠王稱王是王者出也然五百載者非子生秦侯已下二十
八君至孝公二年都合四百八十六年兼非子邑秦之後十四年則成五百載十年烈王崩弟
扁立正義扁邊典反是為顯王顯王五年賀秦獻公獻公
稱伯九年致文武胙於秦孝公胙膰肉也左傳曰王使宰孔賜齊侯胙曰
天子有事于文武二十五年秦會諸侯於周二十六年周
致伯於秦孝公三十三年賀秦惠王三十五年
致文武胙於秦惠王四十四年秦惠王稱王正義
曰秦本紀云惠王十三年與韓魏趙並稱王其後諸侯皆為王索隱曰謂韓魏齊趙也
四十八年顯王崩子慎靚王定立慎靚王立六
年崩子赧王延立索隱曰皇甫謐云名誕赧非謚謚法無赧正以微弱竊鈇逃債赧然慙愧

史記周紀四　三十四

故號曰赧耳又按尚書中候以赧為然鄭玄云然讀曰赧王邵按古音人扇反今音奴板反爾雅面慙曰赧王赧
時東西周分治索隱曰西周河南也東周鞏也王赧微弱西周與東分王政理各居一都故曰
東西周按高誘曰西周王城今河南東周成周故洛陽之地王赧徙都西周正義曰敬王徙
王城東從成周十世至王赧徙成周西從王城西周武公居焉西周武公徐廣曰惠公之長子○索隱曰
按戰國策作東周武公之共太子死有五庶子毋適立司馬
翦正義曰翦音子踐反楚臣也謂楚王曰不如以地資公子咎
為請太子左成曰正義曰楚臣也不可周不聽是公之知
困而交疏於周也正義曰言以地資公子咎請為太子周若不許是楚於周交益疏不
如請周君孰欲立以微告翦正義曰楚命翦適周諷周君欲立誰以微言告
於翦翦令楚賀之以地周果立咎為太子也此以上至西周武公是楚令周立公子咎為太子也翦請令

楚賀之以地果立公子咎爲太子八年秦攻宜陽正義曰括地志云故韓城一名宜陽城在洛州福昌縣東十四里即韓宜陽縣城也楚救之而楚以周爲秦故將伐之索隱曰宜陽韓地秦攻而楚救之周爲韓出兵而楚疑周爲秦因加兵伐周蘇代爲周說楚王曰何以周爲秦之禍也索隱曰蘇代爲周說楚王王何以道周爲秦周實不爲秦今王責周道爲秦周懼楚必入秦是爲禍也言周之爲秦甚於楚者欲令周入秦也故謂周秦也索隱曰周秦相近秦欲并周而外睦於周故當時諸侯咸謂周秦周知其不可解必入於秦此爲秦取周之精者也正義曰解音紀買反代言周若知楚疑親秦其計定不可解免周必親於秦也是爲秦取周精妙之計爲王計者周於秦因善之不於秦亦言善之以疏之於秦正義曰代言爲王計者周親我

因而善之周不親亦言善之楚若善周周必疏於秦也周絕於秦必入於郢矣正義曰郢楚都也楚既親周秦必絕周親楚矣以上至八年蘇代說楚合周秦借道兩周之間正義曰上借音精夕反下音子夜反將以伐韓周恐借之畏於韓不借畏於秦史厭正義曰烏減反又於點反謂周君索隱曰周君西周武公也時王赧微弱不主盟會寄居西周耳曰何不令人謂韓徐廣曰一作何應劭曰氏姓註云以何姓爲韓後公叔曰秦之敢絕周而伐韓者信東周也公何不與周地發質使之楚正義曰質音竹利反使音所吏反質使令公子及重臣等往楚爲質使秦疑楚又得不信周也質平敵不相負也秦必疑楚不信周是韓不伐也又謂秦曰韓彊與周地將以疑周於秦也周不敢不受秦必無辭而令周不受正義曰又

謂秦曰韓強與周地今秦疑周親則周不敢不受秦必無巧辭而令周不敢不受韓地也是受地於韓而聽於秦索隱曰此史厭說韓令與周地使質於楚令秦疑楚不信周得不假道伐韓而猶聽命於秦秦召西周君西周君惡往故令人謂韓王索隱曰按戰國策云或人爲周君謂魏王曰秦召西周君將以使攻王之南陽也王何不出兵於南陽周君將以爲辭於秦索隱曰高誘註戰國策曰以魏兵在河南爲辭周君不往朝秦也周君不入秦秦必不敢踰河而攻南陽矣正義曰南陽今懷州地杜預云在晉山南以上至秦召西周君是西周君說韓令出兵向南謀秦也東周與西周戰韓救西周或爲東周說韓王曰正義曰爲音于僞反及或人爲東周說王令按兵無出則周德韓矣西周故天子之國多名器重寶王案兵毋出可以德東

周正義曰韓按兵不出伐東周而東周甚愧韓之恩德也而西周之寶必可以盡矣正義曰韓出兵助西周雖不攻東周西周愧其佐助寶器必盡歸於韓以上至東周與西周戰是或人說韓令無救西周也王赧謂成君楚圍雍氏徐廣曰陽翟雍氏城也戰國策曰韓兵入西周西周令成君辯說秦求救當是說此事而脫誤也○索隱曰如徐此說自合當改而註結之不合與楚圍雍氏連註○正義曰雍音於恭反括地志云故雍城在洛州陽翟縣東北二十五里故老云黃帝臣雍父作杵臼所封也按其地時屬韓也韓徵甲與粟於東周東周君恐召蘇代而告之代曰君何患於是臣能使韓毋徵甲與粟於周又能爲君得高都徐廣曰今河南新城縣高都城也○索隱曰高誘云高都韓邑今屬上黨也○正義曰括地志云高都故城一名部都城在洛州伊闕縣北三十五里周君曰子苟能請以國聽子代見韓相國曰漢書百官表曰相國秦官騆謂韓亦有相國然

則諸國共攻秦也○索隱曰相國公仲侈也 楚圍雍氏期三月也今五月
不能拔是楚病也 正義曰謂楚兵敝力弱也 今相國乃徵甲與
粟於周是告楚病也韓相國曰善使者已行矣
索隱曰已止也 代曰何不與周高都韓相國大怒曰吾毋
徵甲與粟於周亦已多矣 正義曰言幸甚也 何故與周高
都也代曰與周高都是周折而入於韓也秦聞
之必大怒忿周即不通周使是以弊高都得完
周也曷為不與相國曰善果與周高都 正義曰以上至楚圍
雍氏是蘇代為東周說韓令不徵甲而得高都 三十四年蘇厲謂周君曰秦
破韓魏扑師武 徐廣曰扑一作仆戰國策曰秦敗魏將犀武於伊闕 北取趙藺

離石者 地理志曰西河有趙藺離石二縣。正義曰藺音力刃反括地志云離石縣今石州所理縣也藺近
離石皆趙二邑 皆白起也是善用兵又有天命今又將兵
出塞攻梁 正義曰謂伊闕塞也在洛州南十九里伊闕山今名鍾山酈元注水經云兩山相對望之若闕
伊水歷其間故謂之伊闕按今謂之龍門禹鑿以通水也 梁破則周危矣君何不
令人說白起乎曰楚有養由基者善射者也去
柳葉百步而射之百發而百中之左右觀者數
千人皆曰善射有一夫立其旁曰善可教射矣
養由基怒釋弓搤劍曰客安能教我射乎客曰
非吾能教子支左詘右也 索隱曰按列女傳曰左手如拒右手如附枝右手發
之左手不知此射之道也又越絕書曰左手如附太山右手如抱嬰兒 夫去柳葉百步而

射之百發而百中之不以善息 索隱曰言不以其善而且停息息止也
少焉氣衰力倦弓撥矢鉤一發不中者百發盡
息 索隱曰息猶弃言并弃前射 今破韓魏扑師武北取趙藺離
石者公之功多矣今又將兵出塞過兩周倍韓
攻梁一舉不得前功盡弃公不如稱病而無出
正義曰以上至三十四年是蘇厲為周說白起無伐梁也 四十二年秦破華陽約 徐廣
曰一作厄。正義曰司馬彪云華陽亭名在密縣秦昭王三十三年秦背魏約使客卿胡傷擊魏將芒卯華陽破之六國
年表云白起擊魏華陽芒卯走括地志云故華陽城在鄭州管城縣南四十里是按馬犯見秦破魏華陽約攫周危故謂
請梁城周也 馬犯謂周君曰請令梁城周 索隱曰華陽地名司馬彪曰華
陽亭名在密縣秦昭王三十三年秦背魏約使客卿胡傷擊魏將芒卯華陽破之是馬犯見秦破魏約攫周危故謂周君

請梁城周而誤說計也 乃謂梁王曰周王病若死則犯必死
矣 正義曰馬犯周臣也乃說梁王曰秦破魏華陽之軍去周甚近周王憂懼國破循身之重病若死則犯必死也 犯
請以九鼎自入於王王受九鼎而圖犯 索隱曰圖謀也犯謂
梁王我方入鼎於王王當謀救援已也 梁王曰善遂與之卒言戍周 正義
曰戍守也周雖未入九鼎於梁而梁信馬犯譎言遂與之卒令守周 因謂秦王曰 正義曰梁兵非戍周
也將漸伐周而取九鼎寶器王若不信試出師於境以觀梁王之變也 梁非戍周也將伐
周也王試出兵境以觀之秦果出兵又謂梁王
曰 正義曰馬犯說秦得秦出兵於境又重歸說梁王也 周王病甚矣犯請後可
而復之 索隱曰按戰國策甚作愈犯請後可而復之者言王病愈所圖不遂請得在後有可之時以鼎入梁
也。正義曰復音扶富反復重也秦既破華陽軍今又出兵境上是周國病秦久矣犯前請卒戍周諸侯皆心疑梁取周

後可更重請益卒守周乎今王使卒之周諸侯皆生心後舉事且不信不若令卒為周城以匿事端索隱曰梁實圖周九鼎且外遣卒戍周和合秦舉兵欲侵周梁不救周是本無善周之事止是欲周范而取九鼎故諸侯皆心不信梁矣故不如匿事端使卒為周城。正義曰既諸侯生心不如令卒便為築城以隱匿疑伐周之事端絶諸侯不信之心梁王遂使城周解諸侯之疑也梁王曰善遂使城周正義曰以上至四十二年是馬犯說梁王為周築城也四十五年周君之秦客謂周最索隱曰最音詞踰反周之公子也曰公不若譽秦王之孝因以應為太后養地徐廣曰地理志云應今潁川父城縣應鄉是也。索隱曰戰國策作原原周地太后秦昭王母宣太后芊氏也。正義曰括地志云故應城鄒時應國在城父按應城此時屬周太后秦昭王母宣太后芊氏秦王必喜是公有秦交交善周君必以為公功交惡勸周君

入秦者必有罪矣正義曰客謂周最曰周君與秦交善是最之功也與秦交惡勸周君入秦者周最今必得勸周君之罪也以上四十五年是周客說周最令周君以應入秦得交善而歸也秦攻周而周最謂秦王曰為王計者不攻周攻周實不足以利聲畏天下天下以聲畏秦必東合於齊兵弊於周合天下於齊則秦不王矣天下欲弊秦勸王攻周秦與天下弊則令不行矣正義曰令音力政反秦欲攻周最說秦曰周天子之國雖有重器名寶土地狹少不足利秦國王若攻之乃有攻天子之聲而令天下以攻天子之聲畏秦使諸侯歸於齊秦兵弊於周則秦不王矣是天下欲弊秦故勸王攻周令秦受天下弊而令教命不行於諸侯矣以上秦攻周是周最說秦也五十八年三晉距秦周令其相國之秦以秦之輕也還其行正義曰以秦輕易周相故相國於是反歸周也客

謂相國曰秦之輕重未可知也正義曰言秦之輕相國重相國亦未可知秦欲知三國之情公不如急見秦王曰請為王聽東方之變秦王必重公重公是秦重周周以取秦也齊重則固有周聚徐廣曰一作最最亦古之聚字。正義曰按周聚事齊而和於齊周故得齊重今相國又得秦重是相國收秦周聚收齊周常不失大國之交也以收齊是周常不失重國之交也秦信周發兵攻三晉正義曰三晉韓魏趙也以上至五十八年是客說周相國令報三國之情得秦重也五十九年秦取韓陽城負黍徐廣曰陽城有負黍聚。正義曰括地志云陽城洛州縣也負黍亭在陽城縣西南三十五里故周邑左傳云鄭伐周負黍是也今屬韓國也西周恐倍秦與諸侯約從文穎曰關東為從關西為橫孟康曰南北為從東西為橫瓚曰以利合曰從以威勢相脅曰橫。正義曰按諸說未

允關東地南北長長為從六國共居之關西地東西廣廣為橫秦獨居之將天下銳師出伊闕攻秦正義曰西周以秦取韓陽城負黍恐懼倍秦之約共諸侯連從領天下銳師從洛州南出伊闕攻秦軍令不得通陽城令秦無得通陽城秦昭王怒使將軍摎漢書百官表曰前後左右將軍皆周末官也。正義曰摎音糺虯反攻西周西周君犇秦正義曰謂西周武公頓首受罪盡獻其邑三十六口三萬索隱曰秦昭王之五十一年秦受其獻歸其君於周周君王赧卒宋忠曰謚曰西周武公。索隱曰非也徐以西周武公是惠公之長子此周君即西周武公也蓋此時武公與王赧皆卒故連言也。正義曰劉伯莊云赧是慙恥之甚輕微危弱寄住東西足為慙赧故號之曰赧帝王世紀云名誕赧雖居天子之位號為諸侯之所役逼與家人無異名負責於民無以得歸乃上臺避之故周人名其臺曰逃責臺周民遂東亡秦取九鼎寶器而遷西周公於𢠸狐徐廣

曰墨音倬墨狐聚與陽人聚相近在洛陽南百五十里梁新
城之間。索隱曰西周蓋武公之太子文公也武公卒而立
爲秦所遷而東周亦不知其名號戰國策雖有周文君亦不
知誠時定當何主蓋周室衰微略無紀録故太史公雖考衆
書以卒其事然二國代系甚不分明。正義曰括地志云汝
州外古梁城即墨狐聚也陽人故城即陽人聚也在汝州梁
縣西四十里秦遷東周居也梁亦古梁城也在汝州梁縣西
南十五里新城今洛州伊闕縣也按墨狐陽人傍在三城之
間

後七歲秦莊襄王滅東西周徐廣曰周比亡之時
凡七縣河南洛陽穀
城平陰偃師鞏緱氏。正義曰括地志云故穀城在洛州河
南縣西北十八里苑中河陰縣城本漢平陰縣在洛州洛陽
縣東北五十里十三州志云在平
津大河之南也魏文帝改曰河陰東西周皆入于秦周

既不祀皇甫謐曰周凡三十七王八百六十七年。索隱
曰既盡也日食盡曰既言周祚盡滅無主祭祀。
正義曰按王赧卒後天下無主三十五年七雄並爭
至秦始皇立天下一統十五年海內咸歸於漢矣

太史公曰學者皆稱周伐紂居洛邑綜其實不
然武王營之成王使召公卜居居九鼎焉而周
復都豐鎬至犬戎敗幽王周乃東徙于洛邑所
謂周公葬我畢畢在鎬東南杜中徐廣曰一作社秦滅周
漢興九十有餘載天子將封太山東巡狩至河
南求周苗裔封其後嘉三十里地號曰周子南
君瓚曰汲冢古文謂衞將軍文子爲子南彌牟其後有子南
勁朝于魏後惠成王如衞命子南爲侯秦并六國衞最爲
後疑嘉是衞後故氏子南而稱君也。正義曰括地志云周
承休城一名梁雀塢在汝州梁縣東北二十六里帝王世紀
云漢武帝元鼎四年東巡河洛思周德乃封姬嘉三千戶地
方三十里爲周子南君以奉周祀元鼎三年嘉弟昭進爵爲
承休侯在此城也平帝元始四年進爲鄭公光武建武二年
封姬觀爲衞公顔師古云子南其封邑之號故總言周子南
君按自嘉以下皆姓姬氏著
在史傳瓚言子南爲氏恐非比列侯以奉其先祭祀

徐廣曰自周亡乙巳至元鼎四年戊辰一百四十
四年漢之九十四年也漢武元鼎四年封周後也

索隱述贊曰

后稷居邰　太王作周　丹開雀錄
火降烏流　三分既有　八百不謀
蒼兕誓衆　白魚入舟　太師抱樂
箕子掬囚　成康之日　政簡刑措
南巡不還　西服莫附　共和之後
王室多故　檿弧興謠　龍漦作蠱
頹帶挂禍　實傾周祚

史計捌阡肆伯捌拾玖字
註壹萬伍阡玖伯陸拾玖字

周本紀第四　史記四

秦本紀第五　史記五

索隱曰秦雖嬴政之祖本西戎附庸之君豈以諸侯之邦而與五帝三王同稱本紀斯必不可可降爲秦世家

秦之先帝顓頊之苗裔正義曰黄帝之孫號高陽氏孫曰女脩女脩織玄鳥隕卵女脩吞之生子大業索隱曰女脩顓頊之裔女吞乙子而生大業其父不著而秦趙以母族而祖顓頊非生人之義也按左傳郯國少昊之後而嬴姓蓋其族也則秦趙宜祖少昊氏○正義曰列女傳云陶子生五歲而佐禹曹大家注云陶子者皐陶之子伯益也按此即知大業是皐陶大業取少典之子曰女華女華生大費索隱曰扶味反一音祕尋費後以爲氏則扶味反爲得此即秦趙之祖嬴姓之先一名伯翳尚書謂之伯益系本漢書謂之伯益是也尋檢史記上下諸文伯翳與伯益是一人不疑而陳杞系家即叙伯翳與伯益爲二未知太史公疑而未決邪抑亦謬誤爾

與禹平水土已成帝錫玄圭禹受曰非予能成亦大費爲輔帝舜曰咨爾費贊禹功其賜爾皁游索隱曰游音旒謂賜以皁色旌旆之旒色與玄圭色副言其大功成也然其事亦當有所出爾後嗣將大出索隱曰出猶生也言爾後嗣繁昌將大生出子孫也故左傳亦云晉公子姬出也乃妻之姚姓之玉女徐廣曰皇甫謐云賜之玄玉妻以姚姓之女也大費拜受佐舜調馴鳥獸鳥獸多馴服是爲柏翳舜賜姓嬴氏大費生子二人一曰大廉實鳥俗氏二曰若木實費氏索隱曰以仲衍鳥身人言故爲鳥俗氏俗一作洛若木以王父字爲費氏也其玄孫曰費昌子孫或在中國或在夷狄索隱曰殷紂時費仲即昌之後也費昌當夏桀之時去夏歸商爲湯御以敗

桀於鳴條大廉玄孫曰孟戲中衍索隱曰舊解以孟戲仲衍是一人今以孟仲分字當是二人名也鳥身人言正義曰身體是鳥而能人言又云口及手足似鳥也帝太戊聞而卜之使御吉遂致使御而妻之自太戊以下中衍之後遂世有功正義曰謂費昌及仲衍以佐殷國故嬴姓多顯遂爲諸侯其玄孫曰中潏徐廣曰一作滑○正義曰中音仲潏音決宋忠注世本云仲滑生飛廉在西戎保西垂生蜚廉蜚廉生惡來惡來有力晏子春秋曰手裂兕虎蜚廉善走父子俱以材力事殷紂周武王之伐紂并殺惡來是時蜚廉爲紂石北方徐廣曰皇甫謐云作石槨於北方○索隱曰石下無字則不成文意亦無所見必是史記本脫皇甫謐尚得其說徐雖引之而竟不云是脫何字專質之甚也○正義曰爲于

僞反劉伯莊云霍太山紂都之北也霍太山在晉州霍邑縣按在衛州朝歌之西方也還無所報爲壇霍太山地理志霍太山在河東彘縣而報得石棺正義曰紂既崩無所歸報故爲壇就霍太山而祭紂報云作得石槨銘曰帝令處父不與殷亂索隱曰處父蜚廉別號賜爾石棺以華氏死遂葬於霍太山皇甫謐云去彘縣十五里有冢常祠之○索隱曰言處父至忠國滅君死而不忘臣節故天賜石棺以光華其族事蓋非實譙周深所不信蜚廉復有子曰季勝正義音升季勝生孟增孟增幸於周成王是爲宅皐狼正義曰地理志云西河郡皐狼縣也按孟增居皐狼而生衡父皐狼生衡父衡父生造父造父以善御幸於周繆王得驥温驪徐廣曰温一作盗駰案郭璞云爲馬細頸驪黑色○索隱曰温音盗徐廣亦作盗鄒誕生本作駣音陶劉氏音義云盗驪騧也騧淺青色八駿既因色爲名騧驪爲得之也驊

驥郭璞曰色如華而赤今名馬驃赤者爲棗騮棗騮馬赤也騄耳之駟郭璞曰紀年云北唐之君來見
以一驪馬是生綠耳八駿皆因其毛色以爲名號駰案穆天子傳穆王有八駿之乘此紀不具者也。索隱曰按穆王傳
曰赤驥盜驪白義渠黃驊騮騟騄耳山子。正義騄音錄西巡狩樂而忘歸郭璞紀年
云穆王十七年西征於崑崙丘見西王母。正義曰括地志云崑崙山在肅州酒泉縣南八十里六國春秋云前涼張駿
酒泉守馬岌上言酒泉南山即崑崙之丘也周穆王見西王母樂而忘歸即謂此有石室王母堂珠璣鏤飾煥若神宮
按肅州在京西北二千九百六十里即小崑崙也非河源出處者徐偃王作亂地理志曰臨淮有徐
縣云故徐國尸子曰徐偃王有筋而無骨駰謂號偃由此。正義曰括地志云大徐城在泗州徐城縣北三十里古徐國
也博物志云徐君宮人有娠而生卵以爲不祥棄於水濱洲孤獨母有犬鵠蒼銜所棄卵以歸覆煖之乃成小兒生偃故
宮人聞之更取養之乃長襲爲徐君後鵠蒼臨死生角而九尾化爲黃龍也鵠蒼或名后蒼括地志又云徐城在越州鄮
縣東南入海二百里夏侯志云翁洲上有徐偃王城傳云昔周穆王巡狩諸侯共尊偃王穆王聞之令造父御乘騄褭之

馬日行千里自還討之或云命楚王帥師伐之偃王乃於此處立城以終造父爲繆王御長
驅歸周以救亂正義曰古史考云徐偃王與楚文王同時去周穆王遠矣且王者行有周衛豈
得救亂而獨長驅日行千里乎並言此事非實按年表穆王元年去楚文王元年三百一十八年矣繆王以
趙城封造父徐廣曰趙城在河東永安縣。正義曰括地志云趙城今晉州趙城縣是本彘縣地後改
曰永安即造父之邑也造父族由此爲趙氏自蜚廉生季勝
已下五世至造父別居趙趙衰其後也惡來革
者蜚廉子也早死有子曰女防女防生旁皐旁
皐生太几太几生大駱大駱生非子以造父之
寵皆蒙趙城姓趙氏非子居犬丘徐廣曰今槐里也。正義曰括
地志云犬丘故城一名槐里亦曰廢丘在雍州始平縣東南十里地理志云扶風槐里縣周曰犬丘懿王都之秦更名廢

丘高祖三年更名槐里也好馬及畜正義好火到反畜許敕反善養息之犬丘
人言之周孝王孝王召使主馬于汧渭之間正義
曰汧音牽言於二水之間在隴州以東馬大蕃息孝王欲以爲大駱適
嗣申侯之女爲大駱妻生子成爲適申侯乃言
孝王曰昔我先酈山之女正義曰申侯之先娶於酈山爲戎胥
軒妻正義曰胥軒仲衍曾孫也生中潏以親故歸周保西垂西
垂以其故和睦今我復與大駱妻生適子成申
駱重婚西戎皆服所以爲王正義曰言申駱重婚重直龍反西戎皆從所以
得爲王王即孝王王其圖之於是孝王曰昔伯翳爲舜主
畜畜多息故有土賜姓嬴今其後世亦爲朕息

馬朕其分土爲附庸邑之秦徐廣曰今天水隴西縣秦亭也。正義曰括地
志云秦州清水縣本名秦嬴姓邑十三州志云秦亭秦谷是也周太史儋云始周與秦國合而別故天子邑之秦使
復續嬴氏祀號曰秦嬴秦嬴亦不廢申侯之女子爲
駱適者以和西戎秦嬴生秦侯秦侯立十年卒
生公伯公伯立三年卒生秦仲秦仲立三年周
厲王無道諸侯或叛之西戎反王室滅犬丘大
駱之族周宣王即位徐廣曰秦仲之十八年也乃以秦仲爲大
夫誅西戎西戎殺秦仲秦仲立二十三年死於
戎毛詩序曰秦仲始大有車馬禮樂侍御之好也有子五人其長者曰莊公
周宣王乃召莊公昆弟五人與兵七千人使伐

西戎破之於是復予秦仲後及其先大駱地犬丘并有之爲西垂大夫正義曰注水經云秦莊公伐西戎破之周宣與大駱犬丘之地爲西垂大夫括地志云秦州上邽縣西南九十里漢隴西郡縣是也莊公居其故西犬丘生子三人其長男世父世父曰戎殺我大父仲我非殺戎王則不敢入邑遂將擊戎讓其弟襄公襄公爲太子莊公立四十四年卒太子襄公代立襄公元年以女弟繆嬴爲豐王妻襄公二年正義曰括地志云故汧城在隴州汧源縣東南三里帝王世紀云秦襄公二年徙都汧即此城戎圍犬丘世父世父擊之爲戎人所虜歲餘復歸世父七年春周幽王用褒姒廢太子立褒姒子爲適

數欺諸侯諸侯叛之西戎犬戎與申侯伐周殺幽王酈山下而秦襄公將兵救周戰甚力有功周避犬戎難東徙雒邑正義曰周平王徙居王城即雒邑云我卜瀍水東瀍水西者也襄公以兵送周平王平王封襄公爲諸侯賜之岐以西之地曰戎無道侵奪我岐豐之地秦能攻逐戎即有其地與誓封爵之襄公於是始國與諸侯通使聘享之禮乃用駵駒徐廣曰赤馬黑髦曰駵黃牛羝羊各三祠上帝西畤徐廣曰年表云立西畤祠白帝。索隱曰襄公始列爲諸侯自以居西西縣名故作西畤祠白帝畤止也言神靈之所依止也亦音市謂爲壇以祭天也十二年伐戎而至岐卒生文公文公元年居西垂宮

正義曰即上西縣是也三年文公以兵七百人東獵四年至汧渭之會曰昔周邑我先秦嬴於此後卒獲爲諸侯乃卜居之占曰吉正義曰括地志云郿縣故城在岐州郿縣東北十五里毛萇云郿地名也秦文公東獵汧渭之會卜居之乃營邑焉即此城也即營邑之十年初爲鄜畤徐廣曰鄜縣屬馮翊。索隱曰音敷亦縣名於鄜地作畤故曰鄜畤故封禪書曰秦文公夢黃蛇自天而下屬之地其口止於鄜衍史敦以爲神故立畤也。正義曰括地志云三畤原在岐州雍縣南二十里封禪書云秦文公作鄜畤襄公作西畤靈公作吳陽上畤並此原上因名也用三牢十三年初有史以紀事民多化者十六年文公以兵伐戎戎敗走於是文公遂收周餘民有之地至岐岐以東獻之周十九年得陳寶索隱曰按漢書郊祀志云文公獲若石云于陳倉北坂城祠之其神來若雄雉

其聲殷殷云野雞夜雊以一牢祠之號曰陳寶又臣瓚云陳倉縣有寶夫人祠歲與葉君神會也蘇林云質如石似肝云語辭。正義曰括地志云寶雞神在岐州陳倉縣東二十里故陳倉城中晉太康地志云秦文公時陳倉人獵得獸若彘不知名牽以獻之逢二童子童子曰此名爲媦常在地中食死人腦即欲殺之拍捶其首媦亦語曰二童子名陳寶得雄者王得雌者霸陳倉人乃逐二童子化爲雉雌上陳倉北坂爲石秦祠之搜神記云其雄者飛至南陽其後光武起於南陽皆如其言也二十年法初有三族之罪張晏曰父母兄弟妻子也如淳曰父族母族妻族也二十七年伐南山大梓豐大特徐廣曰今武都故道有怒特祠圖大牛上生樹本有牛從木中出後見於豐水之中。正義曰括地志云大梓樹在岐州陳倉縣南十里倉山上錄異傳云秦文公時雍南山有大梓樹文公伐之輒有大風雨樹生合不斷時有一人病夜往山中聞有鬼語樹神曰秦若使人被髮以朱絲繞樹伐汝汝得不困耶樹神無言明日病人語聞公如其言伐樹斷中有一青牛出走入豐水中其後牛出豐水中使騎擊之不勝有騎墮地復上髮解牛畏之入不出故置髦頭漢魏晉因之武都郡立怒特祠是大梓牛神也按

今俗畫青牛障是四十八年文公太子卒賜謚爲竫公徐廣曰文公之四十四年魯隱之元年竫公之長子爲太子是文公孫也

五十年文公卒葬西山徐廣曰皇甫謐云葬於西山在今隴西之西縣竫公子立是爲寧公徐廣曰一作曼寧公二年公徙居平陽徐廣曰郿之平陽亭。正義曰帝王世紀云秦寧公都平陽按岐山縣有陽平鄉鄉內有平陽聚括地志云平陽故城在岐州岐山縣西四十六里秦寧公徙都之處遣兵伐蕩社徐廣曰蕩音湯社一作杜。索隱曰西戎之君號曰亳王蓋成湯之胤其邑曰蕩社徐廣云一作湯杜言湯邑在杜縣之界故曰湯杜也。正義曰括地志云雍州三原縣有湯陵又有湯臺在始平縣西北八里按其國蓋在三原始平之界矣三年與亳戰亳王奔戎遂滅蕩社皇甫謐云亳王號湯西夷之國也四年魯公子翬正義曰音暉即羽父也弑其君隱公十二年伐蕩氏取之寧公生十歲立立十二年卒葬西山正義曰括地志云秦寧公墓在岐州陳倉縣西北三十七里秦陵山帝王世紀云秦寧公葬西山大麓故號秦陵山也按文公亦葬西山蓋秦陵山也生子三人長男武公爲太子武公弟德公同母魯姬子正義曰德公母號魯姬子生出子寧公卒大庶長弗忌威壘正義音力追反三父廢太子而立出子爲君出子六年三父等復共令人賊殺出子出子生五歲立立六年卒三父等乃復立故太子武公武公元年伐彭戲氏正義曰戲音許宜反戎號也蓋同州彭衙故城是也至于華山下正義曰即華嶽之下也居平陽封宮正義曰宮名在岐州平陽城內也三年誅三父等而夷三族以其殺出子也鄭高渠眯

殺其君昭公索隱曰春秋魯桓公十七年左傳作高渠彌也十年伐邽冀戎初縣之地理志隴西有上邽縣應劭曰即邽戎邑也冀縣屬天水郡十一年初縣杜鄭地理志京兆有鄭縣杜縣也。正義曰括地志云下杜故城在雍州長安縣東南九里古杜伯國華州鄭縣也毛詩譜云鄭國者周畿內之地宣王封其弟於咸林之地是爲鄭桓公按秦得皆縣之滅小虢班固曰西虢在雍州。正義曰虢音古伯反括地志云故虢城在岐州陳倉縣東四十里次西十餘里又有城亦名虢城輿地志云此虢文王母弟虢叔所封是曰西虢按此虢滅時陝州之虢猶謂之小虢又云小虢羌之別種十三年齊人管至父連稱等殺其君襄公而立公孫無知晉滅霍魏耿索隱曰春秋魯閔公元年左傳云晉滅耿滅魏滅霍又曰賜趙夙耿賜畢萬魏杜預註曰平陽皮氏縣東南有耿鄉永安縣東北有霍太山三國皆姬姓。正義曰括地志云霍晉州霍邑縣又春秋時霍伯國韋昭云霍姬姓也括地志云故耿城今名耿倉城在絳州龍門縣東南十二里故耿國也都城記云耿嬴姓國也齊雍廩正義曰雍廩於宮反廩力甚反是雍林邑人姓名也殺無知管至父等而立齊桓公齊晉爲彊國十九年晉曲沃始爲晉侯索隱曰晉穆侯少子成師居曲沃號曲沃桓叔至武公稱滅晉侯緡始爲晉君也亝桓公伯於鄄正義伯音霸二十年武公卒葬雍平陽初以人從死從死者六十六人有子一人名曰白白不立封平陽正義曰即雍平陽也平陽時屬雍並在岐州解在上也立其弟德公德公元年初居雍城徐廣曰今縣在扶風大鄭宮正義曰括地志云岐州雍縣南七里故雍城秦德公大鄭宮城也以犧三百牢祠鄜時卜居雍後子孫飲馬於河正義曰卜居雍之後國益廣大後代子孫得東飲馬於龍門之河梁伯芮伯來朝索隱曰梁嬴姓芮姬姓梁國馮翊夏陽芮國馮翊臨晉。正義曰括地志云南芮鄉故城在同州朝邑縣南三十里又有

北芮城皆古芮伯國鄭玄云周同姓之國在畿內爲王卿士者左傳云桓公三年芮伯萬之母芮姜惡芮伯之多寵人故逐之出居魏今按州芮城縣界有芮國城蓋是郭末虞芮爭田之芮國是也**二年初伏**孟康曰六月伏日初也周時無至此乃有之。正義曰六月三伏之節起秦德公爲之故云初伏伏者隱伏避盛暑也曆忌釋云伏者何以金氣伏藏之日也四時代謝皆以相生立春木代水水生木立夏火代木木生火立冬水代金金生水立秋以金代火故至庚日必伏庚者金故曰伏也**以狗禦蠱**徐廣曰年表云初作伏祠社磔狗邑四門也。正義曰蠱者熱毒惡氣爲傷害人故磔狗以禦之年表云初作伏祠社磔狗邑四門按磔禳也狗陽畜也以狗張磔於郭四門禳卻熱毒氣也左傳云皿蟲爲蠱顏野王云穀皆積變爲飛蠱也**德公生三十三歲而立立二年卒生子三人長子宣公中子成公少子穆公長子宣公立宣公元年衞燕伐周**正義曰衞惠公都即今衞州也燕南燕也周天王也括地志云滑州故城古南燕國應劭云南燕姞姓之國黃帝之後**出惠王**

立王子頹三年鄭伯虢叔正義曰括地志云洛州汜水縣古東虢國亦鄭之制邑漢之成皋亦周穆王虎牢城左傳云宮之奇曰虢仲虢叔王季之穆也**殺子頹而入惠王四年作密畤**正義曰括地志云漢有五畤在岐州雍縣南則鄜畤吳陽上畤下畤密畤北畤秦文公夢黃蛇自天而下屬地其口止於鄜衍作畤郊祭白帝曰鄜畤秦宣公作密畤於渭南祭青帝秦靈公作吳陽上畤祭黃帝作下畤亦祠黃帝漢高帝曰天有五帝今四何也待我而具五遂立黑帝曰北畤是也**與晉戰河陽勝之十二年宣公卒生子九人莫立立其弟成公成公元年梁伯**正義曰括地志云同州韓城縣南二十二里少梁故城古少梁國都城記云梁伯國嬴姓之後與秦同祖秦穆公二十二年滅之**芮伯來朝齊桓公伐山戎次于孤竹**正義曰括地志云孤竹故城在平州盧龍縣十二里殷時諸侯竹國也**成公立四年卒子七人莫立立其弟繆公**索隱曰秦自宣公已上皆

史失其名今按世本古史考得繆公名任好**繆公任好元年自將伐茅津**正義曰劉伯莊云戎號也括地志云茅津及茅城在陝州河北縣西二十里注水經云茅亭茅戎號**勝之四年迎婦於晉晉太子申生姊也其歲齊桓公伐楚至邵陵五年晉獻公滅虞虢虜虞君與其大夫百里傒以璧馬賂於虞故也既虜百里傒以爲秦繆公夫人媵於秦百里傒亡秦走宛**地理志南陽有宛縣。正義曰宛於元反今鄧州縣**楚鄙人執之繆公聞百里傒賢欲重贖之恐楚人不與乃使人謂楚曰吾媵臣百里傒在焉請以五羖羊皮贖之楚人遂許與之當是時百里傒年已七十餘繆公釋其囚與**

語國事謝曰臣亡國之臣何足問繆公曰虞君不用子故亡非子罪也固問語三日繆公大說授之國政號曰五羖大夫百里傒讓曰臣不及臣友蹇叔蹇叔賢而世莫知臣常游困於齊而乞食銍人徐廣曰銍一作銍。正義曰銍音珍栗反銍地名在沛縣**蹇叔收臣臣因而欲事齊君無知蹇叔止臣臣得脫齊難遂之周周王子頹好牛臣以養牛干之及頹欲用臣蹇叔止臣臣去得不誅事虞君蹇叔止臣臣知虞君不用臣臣誠私利祿爵且留再用其言得脫一不用及虞君難是以知其賢於是繆公**

使人厚幣迎蹇叔以爲上大夫秋繆公自將伐晉戰於河曲(徐廣曰一作西駰案公羊傳曰河千里而一曲也服虔曰河曲晉地杜預曰河曲在蒲坂南○正義曰按河曲在華陰縣界也)晉驪姬作亂太子申生死新城(正義曰韋昭云曲沃新爲太子城括地志云絳州曲沃縣有曲沃故城土人以爲晉曲沃新城)重耳夷吾出奔(正義曰重耳奔翟夷吾奔少梁也)九年齊桓公會諸侯於葵丘(正義曰括地志云葵丘在曹州考城縣東南一里一百五十步郭內即桓公會處又青州臨淄縣有葵丘即傳連稱管至父所戍處)晉獻公卒立驪姬子奚齊其臣里克殺奚齊荀息立卓子(徐廣曰一作倬)克又殺卓子及荀息夷吾使人請秦求入晉於是繆公許之使百里傒將兵送夷吾夷吾謂曰誠得立請割晉之河西八城(正義曰謂同華等州地)與秦及至已立而使丕鄭謝秦背約不與河西城而殺里克丕鄭聞之恐因與繆公謀曰晉人不欲夷吾實欲重耳今背秦約而殺里克皆呂甥郤芮之計也願君以利急召呂郤呂郤至則更入重耳便繆公許之使人與丕鄭歸召呂郤呂郤等疑丕鄭有閒乃言夷吾殺丕鄭丕鄭子丕豹奔秦說繆公曰晉君無道百姓不親可伐也繆公曰百姓苟不便何故能誅其大臣能誅其大臣此其調也(正義曰調音徒聊反言能誅大臣丕鄭云是夷吾於百姓調和也劉伯莊音徒弔反按調選也邪臣誅忠臣用是夷吾能調選兩通也)不聽而陰用

豹十二年齊管仲隰朋死晉旱來請粟丕豹說繆公勿與因其饑而伐之繆公問公孫支(服虔曰秦大夫公孫子桑)支曰饑穰更事耳不可不與問百里傒傒曰夷吾得罪於君其百姓何罪於是用百里傒公孫支言卒與之粟以船漕車轉自雍相望至絳(賈逵曰雍秦國都絳晉國都也)十四年秦饑請粟於晉晉君謀之羣臣虢射曰(正義曰射音石也)因其饑伐之可有大功晉君從之十五年興兵將攻秦繆公發兵使丕豹將自往擊之九月壬戌與晉惠公夷吾合戰於韓地(正義曰左傳云僖公十五年秦晉戰于韓原秦獲晉侯以歸括地志云韓原在同州韓城縣西南十八里十六國春秋云魏顆夢父結草抗秦將杜回亦在韓原)晉君棄其軍與秦爭利還而馬鷙(正義曰鷙音致又勑利反國語云晉師潰戎馬還濘而止韋昭云濘深泥也)繆公與麾下馳追之不能得晉君反爲晉軍所圍晉擊繆公繆公傷於是岐下食善馬者三百人馳冒晉軍晉軍解圍遂脫繆公而反生得晉君初繆公亡善馬岐下野人共得而食之者三百餘人(正義曰括地志云野人塢在岐州雍縣東北二十里按野人盜馬食處因名焉)吏逐得欲法之繆公曰君子不以畜產害人吾聞食善馬肉不飲酒傷人乃皆賜酒而赦之三百人者聞秦擊晉皆求從從而見繆公窘亦皆推鋒爭死以

報食馬之德於是繆公虜晉君以歸令於國齊宿吾將以晉君祠上帝周天子聞之曰晉我同姓為請晉君夷吾姊亦為繆公夫人夫人聞之乃衰絰跣曰妾兄弟不能相救以辱君命繆公曰我得晉君以為功今天子為請夫人是憂乃與晉君盟許歸之更舍上舍而饋之七牢（賈逵曰諸侯雍餼七牢牛一羊一豕一為一牢也）十一月歸晉君夷吾夷吾獻其河西地使太子圉為質於秦秦妻子圉以宗女是時秦地東至河（正義曰晉河西八城入秦秦東境至河即龍門河也）十八年齊桓公卒二十年秦滅梁芮（正義曰梁芮國皆在同州秦得其地故滅二國之君）二十二年晉公子圉聞晉君病曰梁我母家也（正義曰子圉母梁伯之女也）而秦滅之我兄弟多即君百歲後秦必留我而晉輕亦更立他子子圉乃亡歸晉二十三年晉惠公卒子圉立為君秦怨圉亡去乃迎晉公子重耳於楚而妻以故子圉妻重耳初謝後乃受繆公益禮厚遇之二十四年春秦使人告晉大臣欲入重耳晉許之於是使人送重耳二月重耳立為晉君是為文公文公使人殺子圉子圉是為懷公其秋周襄王弟帶以翟伐王王出居鄭（正義曰王居于氾邑也）二十五年周王使

人告難於晉秦秦繆公將兵助晉文公入襄王殺王弟帶二十八年晉文公敗楚於城濮（正義曰衞地也今濮州）三十年繆公助晉文公圍鄭（正義曰左傳僖公三十年晉侯秦伯圍鄭杜預云文公過鄭鄭不禮之）鄭使人言繆公曰亡鄭厚晉於晉而得矣而秦未有利晉之彊秦之憂也繆公乃罷兵歸晉亦罷三十二年冬晉文公卒鄭人有賣鄭於秦曰我主其城門鄭可襲也繆公問蹇叔百里傒對曰徑數國千里而襲人希有得利者且人賣鄭庸知我國人不有以我情告鄭者乎不可繆公曰子不知也吾已決矣遂發兵使百里傒子孟明視蹇叔子西乞術及白乙丙將兵行日百里傒蹇叔二人哭之繆公聞怒曰孤發兵而子沮哭吾軍何也（正義曰沮自呂反沮毀也左傳云蹇叔哭之曰孟子吾見師之出不見其入也）二老曰臣非敢沮君軍軍行臣（監本作吾）子與往（正義與音預）臣老遲還恐不相見故哭耳二老退謂其子曰汝軍即敗必於殽阨矣（正義曰殽音故交反阨音厄春秋云魯僖公三十三年晉人及姜戎敗秦師于殽括地志云三殽山又名嶔岑山在洛州永寧縣西北二十里即古之殽道也）三十三年春秦兵遂東更晉地過周北門周王孫滿曰秦師無禮（正義曰左傳云秦師過周北門左右免冑而下超乘者三百乘王孫滿尚幼觀之言於王曰秦師輕而無禮必敗杜預云王城北門也謂過天子門不卷甲束兵超乘示勇也）不

敗何待兵至滑（正義曰爲八反括地志云緱氏故城在洛州緱氏縣東二十五里滑伯國也韋昭云姬姓小國也）鄭販賣賈人（正義曰賣麥卦反賈音古左傳作商人也）弦高（人姓名）持十二牛將賣之周見秦兵恐死虜因獻其牛曰聞大國將誅鄭鄭君謹修守御備使臣以牛十二勞軍士秦三將軍相謂曰將襲鄭鄭今已覺之往無及已滅滑滑晉之邊邑也當是時晉文公喪尚未葬太子襄公怒曰秦侮我孤因喪破我滑遂墨衰絰發兵遮秦兵於殽擊之大破秦軍無一人得脫者虜秦三將以歸文公夫人秦女也（服虔曰繆公女）爲秦三囚將請曰繆公之怨此三人入於骨髓願令此三人歸令我君得自快烹之晉君許之歸秦三將三將至繆公素服郊迎嚮三人哭曰孤以不用百里傒蹇叔言以辱三子三子何罪乎子其悉心雪恥毋怠遂復三人官秩如故愈益厚之三十四年楚太子商臣弒其父成王代立繆公於是復使孟明視等將兵伐晉戰于彭衙（杜預曰馮翊郃陽縣西北有衙城。正義曰括地志云彭衙故城在同州白水縣東北六十里）秦不利引兵歸戎王使由余（正義曰戎人姓名）於秦由余其先晉人也亡入戎能晉言聞繆公賢故使由余觀秦秦繆公示以宮室積聚由余曰

史記秦紀五　十五

秦紀

使鬼爲之則勞神矣使人爲之亦苦民矣繆公怪之問曰中國以詩書禮樂法度爲政然尚時亂今戎夷無此何以爲治不亦難乎由余笑曰此乃中國所以亂也夫自上聖黃帝作爲禮樂法度身以先之僅以小治及其後世日以驕淫阻法度之威以責督於下下罷極（正義曰罷音皮）則以仁義怨望於上上下交爭怨而相篡弒至於滅宗皆以此類也夫戎夷不然上含淳德以遇其下下懷忠信以事其上一國之政猶一身之治不知所以治此真聖人之治也於是繆公退而問內史廖曰（漢書百官表曰內史周官也）孤聞鄰國有聖人敵國之憂也今由余賢寡人之害將奈之何內史廖曰戎王處辟匿未聞中國之聲君試遺其女樂以奪其志（徐廣曰奪一作徇）爲由余請以疏其間留而莫遣以失其期戎王怪之必疑由余君臣有間乃可虜也且戎王好樂必怠於政繆公曰善因與由余曲席而坐（正義曰按牀在穆公左右相連而坐謂之曲席也）傳器而食問其地形與其兵勢盡察而後令內史廖以女樂二八遺戎王戎王受而說之終年不還於是秦乃歸由余由余數諫不聽繆公又數使人間

史記秦紀五　十六

秦紀

秦紀

要由余由余遂去降秦繆公以客禮禮之問伐戎之形正義曰韓國云秦穆公都地方三百里并國十四辟地千里隴西北地郡是也三十六年繆公復益厚孟明等使將兵伐晉渡河焚船大敗晉人取王官及鄗徐廣曰左傳作郊駰案服虔曰此晉地不能有○正義曰鄗音郊左傳作郊杜預云書取言易也括地志云王官故城在同州澄城縣西北九十里又云南郊故城在縣北十七里又有北郊故城又有西郊古城左傳云文公三年秦伯伐晉濟河焚舟取王官及郊也括地志云蒲州猗氏縣南二里又有王官故城亦秦伯取者上文云秦東地至河蓋猗氏王官是也以報殽之役晉人皆城守不敢出於是繆公乃自茅津徐廣曰在太陽○正義曰括地志云茅津在陝州河北縣太陽縣也渡河正義曰自茅津南度河也封殽中尸賈逵曰封識之○正義曰左傳云秦伯伐晉濟河焚舟晉人不出遂自茅津濟封殽尸而還杜預云封埋藏也爲發喪哭

之三日乃誓於軍曰嗟士卒聽無譁余誓告汝古之人謀黃髮番番正義曰音婆字當作皤皤白頭皃言髮白而更黃故云黃髮番番以申思謂蹇叔百里奚也則無所過以申思不用蹇叔百里傒之謀故作此誓令後世以記余過君子聞之皆爲垂涕曰嗟乎秦繆公之與人周也服虔曰周備也卒得孟明之慶三十七年秦用由余謀伐戎王益國十二開地千里遂霸西戎天子使召公過賀繆公以金鼓三十九年繆公卒葬雍皇覽曰秦繆公冢在橐泉宮祈年觀下○正義曰廟記云橐泉宮秦孝公造祈年觀德公起蓋在雍州城內括地志云秦穆公冢在岐州雍縣東南二里從死者百七十七人秦之良臣子輿氏三人

秦紀

正義曰毛萇云良善也三善臣也左傳云子車氏之三子杜預云子車秦大夫也名曰奄息仲行鍼虎亦在從死之中正義曰行音胡郎反鍼音其廉反應劭云秦穆公與羣臣飲酒酣公曰生共此樂死共此哀於是奄息仲行鍼虎許諾及公薨皆從死黃鳥詩所爲作也杜預云以人葬爲殉也括地志云三良冢在岐州雍縣一里故城內秦人哀之爲作歌黃鳥之詩君子曰秦繆公廣地益國東服彊晉西霸戎夷然不爲諸侯盟主亦宜哉死而弃民收其良臣而從死且先王崩尚猶遺德垂法況奪之善人良臣百姓所哀者乎是以知秦不能復東征也穆公子四十人其太子罃代立是爲康公康公元年往歲繆公之卒晉襄公亦卒襄公之弟名雍秦

出也正義曰雍母秦女故言秦出也在秦晉趙盾欲立之使隨會正義曰韓昭云晉正卿士蔿之孫成伯之子季武子也食采於隨范故曰隨會或曰范會季范子字也來迎雍秦以兵送至令狐杜預曰在河東○正義曰令音零括地志云令狐故城在蒲州猗氏縣界十五里也晉立襄公子而反擊秦師秦師敗隨會來奔二年秦伐晉取武城正義曰括地志云故武城一名武平城在華州鄭縣東北十三里也報令狐之役四年晉伐秦取少梁正義曰前入秦後歸晉今秦又取之六年秦伐晉取羈馬服虔曰晉邑也戰於河曲大敗晉軍晉人患隨會在秦爲亂乃使魏讎餘服虔曰晉之魏邑大夫○正義曰讎音受又作犨音同詳反正義曰詳音羊合謀會詐而得會會遂歸晉康公立十二年卒子共公立索隱

曰名猳十代至靈公又並失名 共公二年晉趙穿弒其君靈公三
年楚莊王彊北兵至雒問周鼎共公立五年卒
子桓公立桓公三年晉敗我一將十年楚莊王
服鄭北敗晉兵於河上當是之時楚霸爲會盟
合諸侯二十四年晉厲公初立與秦桓公夾河
而盟歸而秦倍盟與翟合謀擊晉二十六年晉
率諸侯伐秦秦軍敗走追至涇而還桓公立二
十七年卒子景公立 徐廣曰世本云景公名后伯車也○索隱曰景公已下名又錯亂始
皇本紀作哀公 景公四年晉欒書弒其君厲公十五年救
鄭敗晉兵於櫟 杜預曰晉地也○正義曰櫟音歷括地志云洛州陽翟縣古櫟邑也 是時

晉悼公爲盟主十八年晉悼公彊數會諸侯率
以伐秦敗秦軍秦軍走晉兵追之遂渡涇至棫
林而還 徐廣曰棫音域駰案杜預曰秦地也 二十七年景公如晉與
平公盟已而背之三十六年楚公子圍弒其君
而自立是爲靈王景公母弟后子鍼 正義音鉗 有寵
景公母弟富或譖之恐誅乃奔晉車重千乘晉
平公曰后子富如此何以自亡對曰秦公無道
畏誅欲待其後世乃歸三十九年楚靈王彊會
諸侯於申 正義曰在鄧州南陽縣三十里 爲盟主殺齊慶封景公
立四十年卒子哀公立 索隱曰始皇本紀作畢公 后子復來歸

秦哀公八年楚公子棄疾弒靈王而自立是爲
平王十一年楚平王來求秦女爲太子建妻至
國女好而自娶之十五年楚平王欲誅建建亡
正義曰太子建亡之鄭鄭殺之 伍子胥奔吳晉公室卑而六卿彊
欲內相攻是以久秦晉不相攻三十一年吳王
闔閭與伍子胥伐楚楚王亡奔隨吳遂入郢楚
大夫申包胥來告急 正義曰包胥姓公孫封於申故號申包胥左傳云申包胥如秦乞師
曰吳爲封豕長蛇以荐食上國虐始於楚寡君失守社稷越在草莽使下臣告急曰夷德無厭若鄰於君疆場之患也逮
吳之未定君其取分焉若楚之遂亡君之土也若以君靈撫之世以事君 七日不食日夜哭
泣 正義曰左傳云申包胥對秦伯曰寡君越在草莽未獲所伏下臣何敢即安立依於庭牆而哭日夜不絕聲勺飲不

入口七日秦哀公爲賦無衣九頓首而坐秦師乃出 於是秦乃發五百乘救楚
正義曰左傳定公五年秦子蒲子虎帥車五百乘以救楚敗吳師於軍祥 敗吳師吳師歸
楚昭王乃得復入郢哀公立三十六年卒太子
夷公夷公蚤死不得立立夷公子是爲惠公惠
公元年孔子行魯相事五年晉卿中行范氏反
晉晉使智氏趙簡子攻之范中行氏亡奔齊惠
公立十年卒子悼公立悼公二年齊臣田乞弒
其君孺子立其兄陽生爲悼公六年吳敗齊師
齊人弒悼公立其子簡公九年晉定公與吳王
夫差盟爭長於黃池卒先吳 徐廣曰外傳云吳王先歃 吳彊陵

中國十二年齊田常弑簡公立其弟平公常相
之十三年楚滅陳秦悼公立十四年卒子厲共
公立孔子以悼公十二年卒厲共公二年蜀人
來賂十六年塹河旁以兵二萬伐大荔取其王
城徐廣曰今之臨晉也臨晉有王城○正義曰荔音戾括地志云同州東三十里朝邑縣東三十步故王城大荔近王
城邑二十一年初縣頻陽地理志馮翊有頻陽縣○正義曰括地志云頻陽故城在雍州
同官縣界古頻陽縣城也晉取武成二十四年晉亂殺智伯分
其國與趙韓魏二十五年智開與邑人來奔徐廣
曰一本二十六年城南鄭也○正義曰開智伯子伯被趙襄子等滅其國其子與從屬來奔秦三十三年
伐義渠虜其王應劭曰義渠北地也○正義曰括地志云寧慶二州春秋及戰國時為義渠戎
國之地也三十四年日食厲共公卒子躁公立躁公二
年南鄭反正義曰南鄭今梁州所理縣也春秋及戰國時其地屬於楚也十三年義渠
來伐至渭南十四年躁公卒立其弟懷公索隱曰厲
共公子也生昭太子未立而卒太子之子是為靈公懷公四年庶長鼂正義曰長丁丈反鼂
竹遙反鼂人名也劉伯莊音潮與大臣圍懷公懷公自殺懷公太
子曰昭子蚤死大臣乃立太子昭子之子是為
靈公索隱曰生獻公也靈公懷公孫也靈公六年晉城少
梁秦擊之十三年城籍姑正義曰括地志云籍姑故地在同州韓城縣北三十
五里靈公卒子獻公不得立索隱曰獻公名師隰立靈公季父
悼子是為簡公簡公昭子之弟而懷公子也索隱曰簡

公懷公弟靈公季父也子惠公立始皇本紀云靈公生簡公誤也又紀年云簡公九年卒次敬公立十二年卒乃立惠公
○正義曰劉伯莊云簡公是昭子之弟懷公之子厲公之孫今史記謂簡公是厲公子者抄寫之誤簡公六
年令吏初帶劍正義曰春秋官吏各得帶劍塹洛城重泉地理志重
泉縣屬馮翊○正義曰重直龍反括地志云重泉故城在同州蒲城縣東南四十五里也十六年卒徐廣
曰表云十五年也子惠公立惠公十二年子出子生十三
年伐蜀取南鄭惠公卒出子立出子二年庶長
改迎靈公之子獻公于河西而立之正義曰西者秦州西縣秦
之舊地時獻公在西縣故迎立之殺出子及其母沈之淵旁秦以
往者數易君君臣乖亂故晉復彊奪秦河西地
正義曰奪前所上八城也獻公元年徐廣曰丁酉止從死二年城櫟陽
徐廣曰徙都之今萬年是也○正義曰括地志云櫟陽故城一名萬年城在雍州東北百二十里漢七年分櫟陽城
內為萬年縣隋文帝開皇三年遷都於龍首川今京城也改萬年為大興縣至唐武德元年又改曰萬年置在州東七里
四年正月庚寅孝公生十一年周太史儋見獻
公曰周故與秦國合而別別五百歲復合合七
十七歲而霸王出十六年桃冬花十八年雨金
櫟陽正義曰言雨金於秦國都明金瑞見也二十一年與晉戰於石
門正義曰括地志云堯門山俗名石門在雍州三原縣西北三十三里上有路其狀若門故老云堯鑿山為門因名之
武德年中於此山南置石門縣貞觀年中改為雲陽縣斬首六萬天子賀以黼
黻周禮曰白與黑謂之黼黑與青謂之黻二十三年與魏晉戰少梁虜
其將公孫痤正義在戈反二十四年獻公卒徐廣曰表云二十三年

子孝公立（索隱曰名渠梁）年已二十一歲矣孝公元年（徐廣曰庚申也）河山以東彊國六與齊威楚宣魏惠燕悼韓哀趙成侯並淮泗之間（正義曰並白浪反謂淮泗二水）小國十餘楚魏與秦接界（正義曰楚北及魏西與秦相接北自梁州漢中郡南有巴渝過江南有黔中巫郡也魏西界與秦相接南自華州鄭縣西北過渭水濱洛水東岸向北有上郡鄜州之地皆築長城以界秦境洛即漆沮水也）魏築長城自鄭濱洛以北有上郡楚自漢中南有巴黔中周室微諸侯力政爭相併秦僻在雍州不與中國諸侯之會盟夷翟遇之孝公於是布惠振孤寡招戰士明功賞下令國中曰昔我繆公自岐雍之間修德行武東平晉亂以

河爲界（正義曰即龍門河也）西霸戎翟廣地千里天子致伯諸侯畢賀爲後世開業甚光美會往者厲躁簡公出子之不寧國家內憂未遑外事三晉攻奪我先君河西地諸侯卑秦醜莫大焉獻公即位鎮撫邊境徙治櫟陽且欲東伐復繆公之故地脩繆公之政令寡人思念先君之意常痛於心賓客羣臣有能出奇計彊秦者吾且尊官與之分土於是乃出兵東圍陝城西斬戎之獂王（地理志天水有獂道縣應劭曰獂戎邑音桓）衛鞅聞是令下西入秦因景監（正義曰監甲暫反閹人也）求見孝公二年天子致胙三年衛鞅

說孝公變法脩刑內務耕稼外勸戰死之賞罰孝公善之甘龍杜摯等弗然相與爭之卒用鞅法百姓苦之居三年百姓便之乃拜鞅爲左庶長其事在商君語中七年與魏惠王會杜平（正義曰在同州澄城縣界也）八年與魏戰元里（正義曰祁城在同州澄城縣界）有功十年衛鞅爲大良造將兵圍魏安邑降之（地理志曰河東有安邑縣。正義曰括地志云安邑故城在絳州夏縣東北十五里本夏之都）十二年作爲咸陽（正義曰括地志云咸陽故城亦名渭城在雍州咸陽縣東十五里京城北四十五里即秦孝公徙都之者今咸陽縣古之杜郵白起死處）築冀闕（正義曰劉伯莊云冀猶記事闕即象魏也）秦徙都之并諸小鄉聚（正義曰萬二千五百家爲鄉聚猶村落之類也）集爲大縣縣一

令（漢書百官表曰縣令長皆秦官萬戶以上爲令秩千石至六百石減萬戶爲長秩五百石至三百石皆有丞尉）四十一縣爲田開阡陌（索隱曰風俗通曰南北曰阡東西曰陌河東以東西爲阡南北爲陌）東地渡洛十四年初爲賦（徐廣曰制貢賦之法也。索隱曰譙周云初爲軍賦也）十九年天子致伯（正義曰伯音霸又如字孝公十九年天子始封爵爲霸即太史儋云合七十七歲而霸王出之年故天子致伯桓譚新論云夫上古稱三皇五帝而次有三王五伯此天下君之冠首也故言三皇以道理而五帝用德化三王由仁義五伯以權智其說之曰無制令刑罰謂之皇有制令而無刑罰謂之帝賞善誅惡諸侯朝事謂之王與兵約盟以信義矯世謂之伯）二十年諸侯畢賀秦使公子少官率師會諸侯逢澤（徐廣曰開封東北有逢澤。正義曰括地志云逢澤亦名逢池在汴州浚儀縣東南十四里）朝天子二十一年齊敗魏馬陵（正義曰虞喜志林云濮州甄城縣東北六十餘里有馬陵澗谷深可以置伏按龐涓敗即此也）二十二年

衛鞅擊魏虜魏公子卬封鞅爲列侯號商君正義曰商州商洛縣在州東八十九里鞅所封也契所封地二十四年與晉戰鴈門索隱曰紀年云與魏戰岸門此云鴈門恐聲誤也又下云敗韓岸門蓋一地也尋秦與韓魏戰不當遠至鴈門也○正義曰括地志云岸門在許州長社縣西北二十八里今名西武亭虜其將魏錯正義七故反孝公卒子惠文君立索隱曰名駟是歲誅衛鞅鞅之初爲秦施法正義曰爲于僞反法不行太子犯禁鞅曰法之不行自於貴戚君必欲行法先於太子太子不可黥黥其傅師於是法大用秦人治及孝公卒太子立宗室多怨鞅鞅亡因以爲反而卒車裂以徇秦國漢書曰商君爲法於秦戰斬一首賜爵一級欲爲官者五千石其爵名一爲公士二上造三簪褭四

不更五大夫六公大夫七官大夫八公乘九五大夫十左庶長十一右庶長十二左更十三中更十四右更十五少上造十六大上造十七駟車庶長十八大庶長十九關內侯二十徹侯惠文君元年楚韓趙蜀人來朝二年天子賀三年王冠正義曰冠音館禮記云年二十行冠禮也四年天子致文武胙齊魏爲王索隱曰齊威王魏惠王五年陰晉人犀首正義曰犀音西地理志云華陰縣故陰晉秦惠王五年更名寧秦高祖八年更名華陰爲大良造犀首官名姓公孫名衍○索隱曰官名若虎牙之類姓公孫名衍魏人也六年魏納陰晉陰晉更名寧秦徐廣曰今之華陰也七年公子卬與魏戰虜其將龍賈斬首八萬八年魏納河西地九年渡河取汾陰皮氏地理志云二縣屬河東○正義曰渡河東取之括地志云汾陰故城俗名殷湯城在蒲州汾陰縣北也皮氏在絳州龍門縣西一里八十步即古皮氏城也與魏

王會應正義曰應乙陵反括地志云故應城因應山爲名古之應國在汝州魯山縣東三十里左傳云邘晉應韓武之穆也圍焦降之正義曰括地志云焦城在陝州城內東北百步因焦水爲名周同姓所封左傳云虞虢焦滑霍陽韓魏皆姬姓也杜預云八國皆爲晉所滅按武王剋商封神農之後於焦而後封姬姓也十年張儀相秦魏納上郡十五縣正義曰今鄜綏等州也魏前納陰晉次納同丹二州今納上郡而盡河西濱洛之地矣十一年縣義渠正義曰地理志云北地郡義渠道秦縣也括地志云寧原慶三州秦北地郡戰國及春秋時爲義渠戎國之地周先公劉不窋居之古西戎也歸魏焦曲沃正義曰括地志云曲沃在陝州縣西南三十二里因曲沃水爲名按焦曲沃二城相近本魏地適屬秦今還魏故言歸也義渠君爲臣更名少梁曰夏陽十二年初臘正義曰臘盧盍反十二月臘日也秦惠文王始效中國爲之故云初臘獵禽獸以歲終祭先祖因立此日也風俗通云禮傳云夏曰嘉平殷曰清祀周曰蠟漢改曰臘禮曰天子大蜡八伊耆氏始爲蜡蜡者索也歲十二月合聚

萬物而索饗之十三年四月戊午魏君爲王韓亦爲王正義曰魏襄王韓宣惠王也使張儀伐取陝出其人與魏十四年更爲元年二年張儀與齊楚大臣會齧桑三年韓魏太子來朝張儀相魏五年王游至北河徐廣曰戎地在河上○正義曰按王游觀北河至靈夏州之黃河也七年樂池正義曰樂音岳池徒何反樂氏音池也相秦韓趙魏燕齊帥匈奴共攻秦秦使庶長疾與戰脩魚虜其將申差正義曰脩魚韓邑也年表云秦敗我脩魚得韓將軍申差敗趙公子渴韓太子奐斬首八萬二千八年張儀復相秦九年司馬錯伐蜀滅之索隱曰蜀西南夷舊有君長故昌意娶蜀山氏女也其後有杜宇自立爲王號曰望帝蜀王元年秦惠本紀曰張儀伐蜀蜀王開戰不勝爲儀

所滅之也伐取趙中都西陽地理志太原有中都縣。正義曰括地志云中都故縣在汾州平遙縣西十二里即西都也西陽即中陽也在汾州隰城縣南十里地理志云西都中陽屬西河郡此云伐取趙中都西陽趙世家云秦取我西都及中陽年表云秦惠文王後元九年取趙中都西陽安邑趙武靈王十年秦取中都安陽本紀世家年表其縣名異年歲寔同所伐唯一處故具錄之以示後學十年韓太子蒼來質伐取韓石章正義曰韓地名也伐敗趙將泥徐廣曰將一作莊。正義曰趙將名也伐取義渠二十五城十一年樗里疾攻魏焦降之敗韓岸門斬首萬其將犀首走公子通封於蜀徐廣曰是歲王振元年。索隱曰華陽國志曰振王元年秦惠王封子通國爲蜀侯以陳莊爲相徐廣所云亦據國志而言之燕君讓其臣子之十二年王與梁王會臨晉庶長疾攻趙虜趙將莊張儀相楚十三年庶長章擊楚於丹陽虜其將屈匄斬首八萬又攻楚漢中取地六百里置漢中郡楚圍雍氏秦使庶長疾助韓而東攻齊到滿正義曰滿或作蒲蒲秦將姓名也助魏攻燕十四年伐楚取召陵丹犂臣蜀正義曰二戎號也臣伏於蜀蜀相殺蜀侯并丹犂二國降秦在蜀西南姚府管內本西南夷戰國時蜀滇國唐初置犂州丹州也相壯徐廣曰一作狀殺蜀侯來降惠王卒子武王立索隱曰名蕩韓魏齊楚越皆賓從徐廣曰一作趙武王元年與魏惠王會臨晉徐廣曰表云哀王。正義曰按魏惠王卒已二十五年矣誅蜀相壯張儀魏章皆東出之魏伐義渠丹犂二年初置丞相應劭曰丞者承也相助也樗里疾甘茂爲左右丞相張儀死於魏三

年與韓襄王會臨晉外正義曰外謂臨晉城外外字一作水南公揭卒樗里疾相韓武王謂甘茂曰寡人欲容車通三川窺周室死不恨矣其秋使甘茂庶長封伐宜陽正義曰在河南府福昌縣東十四里故韓城是也此韓之大郡伐取之三川路乃通也四年拔宜陽斬首六萬涉河城武遂徐廣曰韓邑也。正義曰按此邑本屬韓近平陽韓世家云貞子居平陽九世至哀侯徙鄭楚世家云而韓猶服事秦者以先王墓在平陽而秦之武遂去之七十里故知近平陽魏太子來朝武王有力好戲力士任鄙烏獲孟說皆至大官王與孟說舉鼎絕臏徐廣曰一作脈。正義曰臏音頻忍反絕斷也臏脛骨也八月武王死皇覽曰秦武王冢在扶風安陵縣西北畢陌中大冢是也人以爲周文王冢非也周文王冢在杜中。正義曰括地志云秦悼武王陵在雍州咸陽縣西北十五里也族孟說武王取魏女爲后無子立異母弟是爲昭襄王索隱曰名則一名稷武王弟昭襄母楚人姓羋氏號宣太后武王死時昭襄王爲質於燕燕人送歸得立昭襄王元年嚴君疾爲相正義曰蓋封蜀郡嚴道縣因號嚴君疾名也甘茂出之魏二年彗星見正義曰彗似歲反又先到反庶長壯與大臣諸侯公子爲逆皆誅及惠文后皆不得良死徐廣曰迎婦於楚者悼武王后出歸魏三年王冠與楚王會黃棘正義曰棘紀力反蓋在房襄二州也與楚上庸地理志漢中有上庸縣。正義曰括地志云上庸今房州竹邑縣及金州是也四年取蒲坂正義曰括地志云蒲坂故城在蒲州河東縣南二里即堯舜所都也彗星見五年魏王來朝應亭徐廣曰魏世家

二云會臨晉。正義應音乙陵反復與魏蒲坂六年蜀侯煇反索隱曰煇音暉華陽國志曰秦封王子煇爲蜀侯蜀侯祭歸胙於王後母疾之加毒以進王大怒使司馬錯賜煇劍此煇不同也司馬錯定蜀庶長奐伐楚斬首二萬涇陽君質於齊索隱曰名市日食晝晦七年拔新城正義曰楚世家云懷王二十九年秦復伐楚大破楚軍楚軍死二萬殺我將軍景缺年表云秦敗我襄城殺景缺括地志云許州襄城縣即古新城縣也按世家年表則新字誤作襄字樗里子卒八年使將軍芊戎攻楚取新市晉帝記曰江夏有新市縣齊使章子魏使公孫喜韓使暴鳶共攻楚方城取唐眛索隱曰暴鳶韓將姓名趙破中山其君亡竟死齊魏公子勁韓公子長爲諸侯索隱曰別封之邑比之諸侯猶商君趙長安君然九年孟嘗君薛文來相秦奐攻

楚取八城殺其將景快十年楚懷王入朝秦秦留之薛文以金受免正義曰金受秦丞相姓名免奪其丞相樓緩爲丞相十一年齊韓魏趙宋中山五國共攻秦正義曰蓋中山此時屬趙故云五國也至鹽氏而還徐廣曰鹽一作監。正義曰括地志云鹽故城一名司鹽城在蒲州安邑縣按掌鹽池之官因稱氏秦與韓魏河北及封陵以和正義曰年表云秦與魏封陵與韓武遂以和按河外陝虢曲沃等地封陵在古蒲坂縣西南河曲之中武遂平陽地也彗星見楚懷王走之趙趙不受還之秦即死歸葬十二年樓緩免穰侯正義曰括地志云穰鄧州所理縣即古穰侯國魏冉爲相予楚粟五萬石十三年向壽伐韓取武始地理志魏郡有武始縣。正義曰括地志云武始故城在洛州武始縣西南十里左更白起攻新

城正義曰白起傳云白起爲左庶長將兵擊韓之新城括地志云洛州伊闕縣本是漢新城縣隋文帝改爲伊闕在洛州南七十里五大夫禮出亡奔魏任鄙爲漢中守漢書百官表曰郡守秦官十四年左更白起攻韓魏於伊闕正義曰括地志云伊闕在洛州南十九里注水經云昔大禹疏龍門以通水兩山相對望之若闕伊水歷其間故謂之伊闕按今洛南猶謂之龍門也斬首二十四萬虜公孫喜拔五城十五年大良造白起攻魏取垣正義曰垣音袁前秦取蒲坂復以蒲坂與魏魏以爲垣今又取魏垣復與之後秦以爲蒲坂皮氏復予之攻楚取宛十六年左更錯取軹及鄧地理志河內有軹縣南陽有鄧縣。正義曰括地志云故軹城在懷州濟源縣東南十三里故鄧城在懷州河陽縣西三十一里並六國時魏邑也按二城相連故云及也冉免封公子市宛公子悝鄧索隱曰悝號高陵君初封於鄧昭襄王弟也魏冉陶爲諸侯

十七年城陽君正義曰括地志云濮州雷澤縣本漢郕陽縣古郕伯姬姓之國周武王封弟季載於郕其後遷城之陽也入朝及東周君來朝秦以垣爲蒲坂皮氏索隱曰爲當爲易蓋字譌也。正義曰蒲坂今河東縣也皮氏故縣在絳州龍門縣西一里八十步王之宜陽十八年錯攻垣正義曰蓋蒲坂皮氏又歸魏魏復以爲垣今重攻取之也河雍決橋取之徐廣曰汲冢紀年云魏哀王二十四年改宜陽曰河雍改向曰高平向在軹之西十九年王爲西帝齊爲東帝皆復去之呂禮來自歸齊破宋宋王在魏死溫任鄙卒二十年徐廣曰秦地有父馬生駒王之漢中又之上郡北河二十一年徐廣曰有牡馬生牛而死錯攻魏河內魏獻安邑秦出其人募徙河東賜爵赦罪人遷之涇陽君封宛二十二年蒙武

伐齊河東爲九縣與楚王會宛與趙王會中陽地理志西河有中陽縣二十三年尉斯離正義曰尉都尉斯離名也與三晉燕伐齊索隱曰尉秦官斯離其姓名破之濟西王與魏王會宜陽與韓王會新城二十四年與楚王會鄢正義曰鄢於建反又音偃括地志云故偃城在襄州安養縣北三里古鄢子之國又會穰秦取魏安城地理志云汝南有安城縣。正義曰括地志云安城在豫州汝陽縣東南十七里至大梁燕趙救之秦軍去魏冉免相二十五年拔趙二城與韓王會新城與魏王會新明邑二十六年赦罪人遷之穰侯冉復相二十七年錯攻楚赦罪人遷之南陽正義曰南陽及上遷之穰皆今鄧州也白起攻趙取代光狼城正義曰括地志云光狼故城在澤州高平縣西二十里又使司馬錯發隴西因蜀攻楚黔中正義曰今黔府也拔之二十八年大良造白起攻楚取鄢鄧正義曰鄢鄧二城並在襄州赦罪人遷之二十九年大良造白起攻楚取郢爲南郡正義曰括地志云郢城在荊州江陵縣東北六里楚平王築都之地也楚王走周君來王與楚王會襄陵地理志何東有襄陵縣。正義曰括地志云襄陵在晉州臨份縣東南三十五里土地十三州志云襄陵晉大夫犨邑也白起爲武安君正義曰言能撫養軍士戰必剋得百姓安集故號武安故城在潞州武安縣西南五十里七國時趙邑即趙奢救閼與處也三十年蜀守若伐取巫郡正義曰華陽國志張若爲蜀中郡守括地志云巫郡在夔州東百里及江南爲黔中郡正義曰括地志云黔中故城在辰州沅陵縣西二十里江南今黔府亦其地也三十一年白起

史記秦紀五　三十一

秦紀

伐魏取兩城楚人反我江南正義曰黔中郡反歸楚三十二年相穰侯攻魏至大梁破暴鳶斬首四萬鳶走魏入三縣請和三十三年客卿胡傷攻魏卷地理志河南有卷縣。正義曰卷音丘袁反括地志云故卷城在鄭州原武縣西北七里即衡雍也蔡陽長社取之地理志潁川有長社縣。正義曰括地志云蔡陽今豫州上蔡水之陽古城在豫州北七十里長社故城在許州長社縣西一里皆魏邑也擊芒卯華陽破之司馬彪曰華陽亭名在密縣。索隱曰芒卯魏將譙周云孟卯也。正義曰括地志云故華城在鄭州管城縣南三十里國語云史伯對鄭桓公虢鄶十邑華其一也華陽即此城也按是時韓趙聚兵於華陽攻秦即此矣斬首十五萬魏入南陽以和徐廣曰何內脩武古曰南陽秦始皇更名何內屬魏地荊州之南陽郡本屬韓地。正義曰括地志云懷獲嘉縣即古之南陽杜預云在晉州山南何北故曰南陽秦破芒卯軍斬首十五萬魏入南陽以和三十

史記秦紀五　三十二

四年秦與魏韓上庸地爲一郡南陽免臣遷居之三十五年佐韓魏楚伐燕初置南陽郡正義曰今鄧州也前已屬秦秦置南陽郡在漢水之北釋名云在中國之南而名陽地故以爲名焉張衡南都賦云陪京之南居漢之陽三十六年客卿竈攻齊取剛壽正義曰括地志云故剛城在兗州龔丘縣界。壽鄆州之縣予穰侯三十八年中更胡傷攻趙閼與孟康曰音焉與邑名在上黨涅縣西。正義曰閼於達反與音預閼與聚城一名烏蘇城在潞州銅鞮縣西北二十里趙奢破秦軍處又儀州和順縣即古閼與城亦云趙奢破秦軍處然儀州與潞州相近二所未詳又閼與山在潞州武安縣西南五十里趙奢拒秦軍於閼與即山北也按閼與山在武安故城西南又近武安故城蓋儀州是所封故地不能取四十年悼太子死魏歸葬芷陽徐廣曰今霸陵。正義曰括地志云芷陽在雍州藍田縣西六里三秦記云麗原東有霸川之西坂故芷陽也四十一年夏攻

秦紀

魏取邢丘懷徐廣曰邢丘在平皋駰案韓詩外傳武王伐紂到于邢丘勒兵於甯更名邢丘曰懷甯曰脩武。正義曰括地志云平皋故城本邢丘邑漢置平皋縣在懷州武德縣東南二十里故懷城周之懷邑在懷州武陟縣西十一里四十二年安國君為太子十月宣太后薨徐廣曰芊氏葬芷陽酈山正義曰酈力知反在雍州新豐縣南十四里也九月穰侯出之陶四十三年武安君白起攻韓拔九城斬首五萬四十四年攻韓南郡取之四十五年五大夫賁正義曰音奔五大夫官賁名也攻韓取十城葉陽一云華陽。正義葉車涉反悝出之國未至而死四十七年秦攻韓上黨上黨降趙秦因攻趙趙發兵擊秦相距秦使武安君白起擊大破趙於長平四十餘萬盡

殺之四十八年十月韓獻垣雍司馬彪曰河南卷縣有垣雍城秦軍分為三軍武安君歸王齕將伐趙武安皮牢拔之司馬梗北定太原盡有韓上黨正月兵罷復守上黨其十月五大夫陵攻趙邯鄲四十九年正月益發卒佐陵陵戰不善免王齕代將其十月將軍張唐攻魏為蔡尉正義曰為于偽反蔡姓尉名捐弗守還斬之五十年十月武安君白起有罪為士伍遷陰密如淳曰嘗有爵而以罪奪爵皆稱士伍。正義曰括地志云陰密故城在涇州鶉觚縣西即古密須國也張唐攻鄭拔之十二月益發卒軍汾城旁正義曰括地志云臨汾故城在絳州正平縣東北二十五里即古臨汾縣城也按汾城即此城是也武安君

白起有罪死齕攻邯鄲不拔去還奔汾軍二月餘攻晉軍斬首六千晉楚流死河二萬人徐廣曰楚一作走。正義曰按此時無楚軍走字是也攻汾城即從唐拔寧徐廣曰一作曼此趙邑也。正義曰唐今晉州平陽堯都也括地志云寧新中七国時魏邑秦昭襄王拔魏寧新中更名安陽城即今相州外城是也新中寧新中更名安陽徐廣曰魏郡有安陽縣。正義曰今相州外城古安陽城初作河橋正義曰此橋在同州臨晉縣東度河至蒲州今蒲津橋也五十一年將軍摎攻韓取陽城負黍正義曰今河南府縣也負黍亭在陽城縣西南三十五里本周邑亦時屬韓也斬首四萬攻趙取二十餘縣首虜九萬西周君正義曰武公背秦與諸侯約從將天下銳兵出伊闕攻秦令秦毋得通陽城於是秦使將軍摎

攻西周西周君走來自歸頓首受罪盡獻其邑三十六城口三萬秦王受獻歸其君於周五十二年周民東亡其器九鼎入秦正義曰器謂寶器也禹貢金九牧鑄鼎於荊山下各象九州之物故言九鼎歷殷至周赧王十九年秦昭王取九鼎其一飛入泗水餘八入於秦中周初亡五十三年天下來賓魏後秦使摎伐魏取吳城徐廣曰在大陽。正義曰括地志云虞城故城在陝州河北縣東北五十里虞山之上亦名吳山周武王封弟虞仲於周之北故夏墟吳城即此城也韓王入朝魏委國聽令五十四年王郊見上帝於雍五十六年秋昭襄王卒子孝文王立索隱曰名柱五十三而立立一年卒葬壽陵子莊襄王尊唐八子為唐太后徐廣曰八子者妾媵之號姓唐。正義曰孝文王之母也先死故尊之晉灼云除皇后自昭儀以下

秩至百石凡十四等漢書外戚傳云八子視千石比中更而合其葬於先王正義曰以其毋唐太后與昭王合葬韓王衰絰入平祠諸侯皆使其將相來平祠視喪事孝文王元年赦罪人修先王功臣褒厚親戚弛苑囿孝文王除喪十月己亥即位三日辛丑卒子莊襄王立索隱曰名子楚三十二而立立四年卒葬陽陵子始皇帝莊襄王元年大赦罪人修先王功臣施德厚骨肉而布惠於民東周君與諸侯謀秦秦使相國呂不韋誅之盡入其國秦不絕其祀以陽人地地理志河南梁縣有陽人聚賜周君奉其祭祀使蒙驁伐韓韓獻成皋鞏正義曰括地志云洛州汜水縣古之虢國亦鄭之制邑又名虎牢漢之成皋鞏恭竦

反今洛州鞏縣爾時秦滅東周韓亦得其地又獻於秦秦界至大梁初置三川郡韋昭曰有河洛伊故曰三川駰案地理志漢高祖更曰河南郡二年使蒙驁攻趙定太原三年蒙驁攻魏高都汲徐廣曰一作波縣亦在河內。正義曰汲音急括地志云高都故城今澤州是汲故在衛州所理汲縣西南二十五里孟康云漢波縣今鄴城是也括地志云故鄴城在懷州河內縣西三十二里左傳云蘇忿生七十二邑鄴其一也拔之攻趙榆次新城狼孟正義曰括地志云榆次并州縣即古榆次地也新城一名小平城在朔州善陽縣西南四十七里狼孟故城在并州陽曲縣東北二十六里按取三十七城并代朔三州之地矣取三十七城四月日食四年王齮攻上黨正義曰上黨又反秦故攻之初置太原郡正義曰上黨以北皆太原地即上三十七城也魏將無忌率五國兵擊秦正義曰信陵君也率燕趙韓楚魏之兵擊秦也秦却於河外正義曰蒙驁被五國兵敗遂解

而却至於河外河外陝華二州也蒙驁敗解而去五月丙午莊襄王卒子政立是為秦始皇帝索隱曰十三而立立三十七年崩葬酈邑子二世皇帝秦王政立二十六年初并天下為三十六郡號為始皇帝始皇帝五十一年而崩子胡亥立是為二世皇帝索隱曰十二而立紀云二十一立三年葬宜春秦自襄公至二世凡六百一十七歲此實本紀而註別舉之以非本文耳三年諸侯並起叛秦趙高殺二世立子嬰子嬰立月餘諸侯誅之遂滅秦其語在始皇本紀中

太史公曰秦之先為嬴姓其後分封以國為姓有徐氏郯氏莒氏終黎氏徐廣曰世本作鍾離應劭曰氏姓註云有姓終黎者

是運奄氏菟裘氏將梁氏黃氏江氏脩魚氏白冥氏蜚廉氏秦氏然秦以其先造父封趙城為趙氏

索隱述贊曰

柏翳佐舜　皁游是旌　蜚廉事紂
石椁斯營　造父善馭　封之趙城
非子息馬　厥號秦嬴　禮樂射御
西垂有聲　襄公救周　始命列國
金祠白帝　龍祚水德　祥應陳寶
妖除豐特　里奚致霸　衛鞅任刻

厥后吞并　卒成凶慝

秦本紀第五　史記五

史捌阡伍伯陸拾陸字
註壹萬玖伯壹拾貳字

秦始皇本紀第六　史記六

秦始皇帝者秦莊襄王子也索隱曰莊襄王者孝文王之中子昭襄王之孫也名子楚按戰國策本名子異後爲華陽夫人嗣夫人楚人因改名子楚也莊襄王爲秦質子於趙正義曰質音致國彊欲待弱之來相事故遣子及貴臣爲質如上音國弱懼其侵伐令子及貴臣往爲質音直實反又二國敵亦爲交質音致左傳云周鄭交質王子狐爲質於鄭鄭公子忽爲質於周是也見呂不韋姬悅而取之索隱曰按不韋傳云不韋陽翟大賈也其姬邯鄲豪家女善歌舞有娠而獻於子楚生始皇以秦昭王四十八年正月生於邯鄲及生名爲政姓趙氏徐廣曰一作正宋忠云以正月旦生故名正○索隱曰系本作政又生於趙故曰趙政一曰秦與趙同祖以趙城爲榮故姓趙氏○正義曰正音政周正建子之正也始皇以正月旦生於趙因爲政後以始皇諱故音征年十三歲莊襄王死政代立爲秦王當是之時秦地已并巴蜀漢中越宛有郢置南郡矣北收上郡以東有河東太原上黨郡東至滎陽滅二周置三川郡呂不韋爲相封十萬戶號曰文信侯招致賓客游士欲以并天下李斯爲舍人文穎曰主廐內小吏官名或曰侍從賓客謂之舍人也蒙驁王齮徐廣曰一作齕○索隱曰蒙驁齊人蒙武之父蒙恬之祖王齮即王騎昭王二十九年代大夫陵伐趙者○正義曰齮魚綺反劉伯莊云音綺後同麃公等爲將軍應劭曰麃秦邑麃公蓋麃邑公史失其名○正義曰麃彼苗反蓋秦之縣邑大夫稱公若楚制王年少初即位委國事大臣晉陽反

元年將軍蒙驁擊定之

二年麃公將卒攻卷正義曰將子匠反卒子必反卷丘員反斬首三萬

三年蒙驁攻韓取十三城王齮死十月將軍蒙驁攻魏氏暘有詭徐廣曰暘音場。索隱曰音暢魏之邑名歲大飢

四年拔暘有詭三月軍罷秦質子歸自趙趙太子出歸國十月庚寅蝗蟲從東方來蔽天天下疫百姓內粟千石拜爵一級

五年將軍驁攻魏定酸棗地理志陳留有酸棗縣。正義曰括地志云酸棗故城在滑州酸棗縣北十五里古酸棗縣南燕虛長平徐廣曰一作千。駰案地理志汝南有長平縣也。索隱曰二邑名春秋桓十二年會于虛又戰國策曰拔燕酸棗虛桃人桃人亦魏邑虛地今闕蓋與諸縣相近按今東郡燕縣東三十里有故桃城則亦非遠。正義曰燕烏田反括地志云南燕城古燕國也滑州胙城縣是也姚虛在濮州雷澤縣東十三里孝經援神契云帝舜生於姚墟即東郡也長平故城在陳州宛丘縣西六十六里雍丘山陽城地理志陳留有雍丘縣河內有山陽縣。正義曰雍於用反汴州縣皆拔之取二十城

初置東郡冬雷

六年韓魏趙衛楚共擊秦取壽陵正義曰徐廣云在常山按本趙邑也秦出兵五國兵罷拔衛迫東郡其君角率其支屬徙居野王阻其山以保魏之河內

七年彗星先出東方見北方五月見西方正義曰彗音似歲反見並音行練反孝經內記云彗出北斗兵大起彗在三台臣害君彗在太微君害臣彗在天獄諸侯作亂所指其處大惡彗在日旁子欲殺父將軍驁死以攻龍孤慶都徐廣曰慶一作鹿。正義曰括地志云定州恒陽縣西南四十里有白龍水又有挾龍山又定州唐縣東北五十四里有孤山蓋都山也帝王紀云望堯母慶都所居張晏云堯山在北堯母慶都山在南相去五十里北登堯山南望慶都山也汪水經云望都故城東有山不連陵名之曰孤孤都聲相近疑即都山孤山及望都故城三處相近還兵攻汲彗星復見正義復扶富反見行見反西方十六日夏太后死索隱曰莊襄王所生母。正義曰子楚母也

八年王弟長安君成蟜正義曰蟜音紀兆反成蟜者長安君名也號為長安君將軍擊趙反正義曰將如字將猶領也又子匠反死屯留正義曰括地志云屯留故城在潞州長子縣東北三十里漢屯留呼國也軍吏皆斬死遷其民於臨洮正義曰臨洮水故名臨洮洮州在隴右去京千五百五十一里言屯留之民被成蟜略眾共反故遷之於臨洮郡將軍壁死正義曰壁邊覓反言成蟜自殺壁壘之內卒屯留蒲鶮反戮其屍徐廣曰鶮一作鶮屯留蒲鶮皆地名也壁於此地時士卒死者皆戮其屍。索隱曰臨洮在隴西高誘云屯留上黨之縣名謂成蟜為將軍而反秦兵擊之而蟜壁於屯留而死屯留蒲鶮二邑之反卒雖死猶皆戮其屍鶮古鶴字。正義曰卒子忽反鶮音高汪同蒲鶮皆地名河魚大上索隱曰謂河水溢魚大上平地亦言遭水害也即漢書五行志劉向所謂豕蟲之孽明年嫪毐誅魚陰類小人象。正義曰始皇八年黃河之魚西上入渭渭水也漢書五行志云魚者陰類臣民之象也十七年滅韓二十六年盡并天下自滅韓至并天下盡十年矣周本紀云十年數之紀也天下之所棄不過其紀明闕東後屬秦其象類先見也輕車重馬東就食徐廣曰一無此重字。索隱曰言河魚大上秦人皆輕車重馬並就食於東言往河旁食魚也一云河魚大上爲災人遂東就食皆輕車重馬而去嫪毐正義上躬虬反下酷改反封為長信侯予之山陽地正義曰予音與括地志云山陽故城在懷州修武縣西北太行山東南令毒居之索隱曰嫪姓毒字按漢書嫪氏出邯鄲王劭云賈侍中說秦始皇母子嫪毐淫坐誅故世人罵淫曰嫪毐也宮室車馬衣服苑囿馳獵恣毒事無小大皆決於毒又以河

西徐廣曰河一作汾太原郡更爲毐國九年彗星見或竟天攻魏垣蒲陽正義垣作宕垣音袁括地志云故垣城漢縣治本魏王垣也在絳州垣縣西北二十里蒲邑故城在隰州縣北四十五里在蒲水之北故言蒲陽晉公子重耳所居邑也四月上宿雍蔡邕曰上者尊位所在也裴駰云司馬迁記事當言帝則依違但言上不敢媟言尊尊之意也己酉王冠帶劍徐廣曰年二十二。正義曰冠音灌礼記云年二十而冠按年二十一也長信侯毐作亂而覺矯王御璽蔡邕曰御者進也凡衣服加於身飲食入於口妃妾接於寢皆曰御之親愛者曰幸璽者印信也天子璽白玉螭虎鈕古者尊卑共之月令曰固封璽左傳曰季武子璽書追而与之此諸侯大夫印稱璽也衛宏曰秦以前民皆以金玉爲印龍虎鈕唯其所好秦以來天子獨以印稱璽又獨以玉羣臣莫敢用。正義曰崔浩云李斯磨和璧作之漢諸帝世傳服之謂傳国璽韋曜吳書云璽方四寸上勾交五龍文曰受命于天既壽永昌漢書云文曰昊天之命皇帝壽昌按二文不同漢書元后傳云王莽令王舜逼太后取璽王太后怒投地其角小缺吳志云孫堅入洛帰除漢陵廟軍於甄官井得璽後帰魏晉懷帝永嘉五年六月帝蒙塵平陽璽入前趙劉聰至東晉成帝咸和四年石勒滅前趙得璽穆帝永和八年石勒爲慕容俊滅濮陽太守戴施入鄴得璽使何融送晉傳宋宋傳南齊南齊傳梁梁傳至天正二年侯景破梁至廣陵北齊將辛術定廣陵得璽送北齊至周建德六年正月平北齊璽入周周傳隋隋傳唐也及太后璽以發縣卒正義子忽反下同及衛卒官騎戎翟君公舍人將欲攻蘄年宮爲亂地理志蘄年宮在雍。正義曰蘄巨衣反括地志云蘄年宮在岐州城西故城內王知之令相國昌平君昌文君發卒攻毐索隱曰昌平君楚之公子立以爲相後徙於郢項燕立爲荊王史失其名昌文君亦不知也戰咸陽正義曰括地志云咸陽故城亦名渭城在雍州北五里今咸陽縣東十五里秦孝公已下並都此城始皇鑄金人十二於咸陽即此也斬首數百皆拜爵及宦者皆在戰中亦拜爵

一級毐等敗走即令國中有生得毐賜錢百萬殺之五十萬盡得毐等衛尉竭漢書百官表曰衛尉秦官內史肆佐弋竭漢書百官表曰秦時少府有佐弋漢武帝改爲佽飛掌弋射者。正義弋音翊中大夫令齊等正義曰令力政反中大夫令秦官也齊名也二十人皆梟首縣首於木上曰梟。正義曰梟古堯反懸首於木上曰梟車裂以徇滅其宗正義曰説苑云秦始皇太后不謹幸郎嫪毐始皇取毐四支車裂之取兩弟撲殺之取太后遷之咸陽宮下令曰以太后事諫者戮而殺之蒺藜其脊諫而死者二十七人茅焦乃上説曰齊客茅焦願以太后事諫皇帝曰走告若不見闕下積死人耶使者問焦焦曰陛下車裂假父有嫉妬之心囊撲兩弟有不慈之名遷母咸陽有不孝之行蒺藜諫士有桀紂之治天下聞之盡瓦解無向秦者王乃自迎太后歸咸陽立茅焦爲傅又爵之上卿括地志云茅焦滄州人也及其舍人輕者爲鬼薪應劭曰取薪給宗廟爲鬼薪也如淳曰律説鬼薪作三歲。正義曰言毐舍人罪重者已刑戮輕者罰徒役三歲及奪爵遷蜀四千餘家家房陵正義曰括地志云房陵即今房州房陵縣古楚漢中郡地也是巴蜀之境地理志云房陵縣屬漢中郡在益州部接東南一千三百一十里也四月寒凍有死者正義曰四月建巳之月孟夏寒凍民有死者以秦法酷急則天應之而史書之故尚書洪範云急常寒若孔注云君行急則常寒順之楊端和攻衍氏索隱曰端和秦將衍氏魏邑。正義曰衍羊善反在鄭州彗星見西方又見北方從斗以南八十日十年徐廣曰甲子相國呂不韋坐嫪毐免桓齮爲將軍齊趙來置酒齊人茅焦說秦王曰秦方以天下爲事而大王有遷母太后之名恐諸侯聞之由此倍秦也秦王乃迎太后於雍而入咸陽説苑

曰始皇帝立茅焦爲傅又爵之上卿太后大喜曰天下亢直使敗復成安秦社稷使妾母子復相見者茅君之力也復
居甘泉宮徐廣曰表云咸陽南宮也大索逐客李斯上書說乃
止逐客令李斯因說秦王請先取韓以恐他國
於是使斯下韓韓王患之與韓非謀弱秦大梁
人尉繚來說秦王曰以秦之彊諸侯譬如郡縣
之君臣但恐諸侯合從翕而出不意此乃智伯
夫差湣王之所以亡也願大王毋愛財物賂其
豪臣以亂其謀不過亡三十萬金則諸侯可盡
秦王從其計見尉繚亢禮衣服食飲與繚同繚
曰秦王爲人蜂準徐廣曰蜂一作隆。正義曰蜂孚逢反準章允反蜂蠆也高鼻也文穎曰

準鼻也長目摯鳥膺正義曰摯鳥鶻鷹突向前其性悍勇豺聲少恩而
虎狼心居約易出人下正義曰易以豉反言始皇居儉約之時易以謙卑得
志亦輕食人正義曰言始皇得天下之志亦輕易而啖食於人我布衣然見
我常身自下我誠使秦王得志於天下天下皆
爲虜矣不可與久游乃亡去秦王覺固止以爲
秦國尉正義曰若漢太尉大將軍之比也卒用其計策而李斯用
事

十一年王翦桓齮楊端和攻鄴取九城王翦攻
閼與橑楊徐廣曰橑音老在并州。正義曰漢表在清河十三州志云橑陽上黨西北百八十里也皆
并爲一軍王翦將十八日軍歸斗食以下漢書百官表曰百石

以下有斗食佐史之秩。正義曰一日得斗粟爲料什推二人從軍索隱曰言王翦爲將軍中
皆歸斗食以下无功佐史什中推擇二人令從軍耳取鄴安陽桓齮將

十二年文信侯不韋死竊葬索隱曰按不韋飲鴆死其賓客數千人竊
共葬於洛陽北芒山其舍人臨者晉人也逐出之正義曰臨力禁反臨哭也
若是三晉之人逐出令歸也秦人六百石以上奪爵遷正義曰上音時掌反
若是秦人哭臨者奪其官爵迁移於房陵五百石以下不臨遷勿奪爵正義
曰若是秦人不哭臨不韋者不奪官爵亦迁移於房陵自今以來操國事不道
如嫪毐不韋者籍其門視此徐廣曰門一作文。索隱曰謂籍沒其一門皆
爲徒隸後並視此爲常。正義曰籍錄其子孫禁不得仕宦秋復嫪毐舍人遷蜀
者當是之時天下大旱六月至八月乃雨

十三年桓齮攻趙平陽正義曰括地志云平陽故城在相州臨漳縣西二十五里
又云平陽戰國時屬韓後屬趙殺趙將扈輒正義曰扈音戶輒張獵反趙之將軍斬首
十萬王之河南正月彗星見東方十月桓齮攻
趙

十四年攻趙軍於平陽取宜安正義曰括地志云宜安故城在常州槀城
縣西南二十五里也破之殺其將軍桓齮定平陽武城正義曰即
貝州武成縣外城是也七國時趙邑韓非使秦秦用李斯謀留非非
死雲陽正義曰括地志云雲陽城在雍州雲陽縣西八十里秦始皇甘泉宮在焉韓王請爲
臣

十五年大興兵一軍至鄴一軍至太原取狼孟

（地理志太原有狼孟縣）地動

十六年九月，發卒受地韓南陽假守（正義曰假格雅反守音狩）騰。初令男子書年。魏獻地於秦。秦置麗邑（正義曰麗力知反括地志云雍州新豐縣本周時驪戎邑左傳云晉獻公伐驪戎杜注云在京兆新豐縣其後秦滅之以爲邑）

十七年，內史騰攻韓，得韓王安，盡納其地（正義曰韓王安之九年秦盡滅之），以其地爲郡，命曰潁川。地動。華陽太后卒。民大飢。

十八年（徐廣曰巴郡出大人長二十五丈六尺），大興兵攻趙，王翦將上地（正義曰上都上縣今綏州等是也），下井陘（服虔曰山名在常山今爲縣音刑），端和將河內，羌瘣伐趙，端和圍邯鄲城。

十九年，王翦、羌瘣（正義胡罪反）盡定取趙地東陽，得趙王（索隱曰趙王遷也。○正義曰趙幽繆王遷八年秦取趙地至平陽平陽在貝州歷亭縣界遷王於房陵）。引兵欲攻燕，屯中山。秦王之邯鄲，諸嘗與王生趙時母家有仇怨，皆阬之。秦王還，從太原、上郡歸。始皇帝母太后崩。趙公子嘉率其宗數百人之代，自立爲代王，東與燕合兵，軍上谷。大飢。

二十年，燕太子丹患秦兵至國，恐，使荊軻刺秦王。秦王覺之，體解（正義紅買反）軻以徇，而使王翦、辛勝攻燕。燕、代發兵擊秦軍，秦軍破燕易水之西。

二十一年，王賁（正義音奔）攻薊。乃益發卒詣王翦軍，

遂破燕太子軍，取燕薊城，得太子丹之首。燕王東收遼東而王之（正義王于放反）。王翦謝病老歸。新鄭反。昌平君徙於郢。大雨雪（正義雨于遇反），深二尺五寸。

二十二年，王賁攻魏，引河溝灌大梁，大梁城壞，其王請降（索隱曰魏王假也），盡取其地。

二十三年，秦王復召王翦，彊起之，使將擊荊（正義曰秦號楚爲荊以莊襄王名子楚諱之故言荊也）。取陳以南至平輿（地理志汝南有平輿縣。○正義曰輿音餘平輿豫州縣也楚淮北之地盡入於秦），虜荊王（索隱曰荊王負芻也楚稱荊者以避莊襄王諱故稱荊）。秦王游至郢陳。荊將項燕立昌平君爲荊王，反秦於淮南（徐廣曰淮一作江。○正義曰昌平也楚淮北之地盡入於秦）。

二十四年，王翦、蒙武攻荊，破荊軍，昌平君死，項燕遂自殺。

二十五年，大興兵，使王賁將，攻燕遼東，得燕王喜（正義曰燕王喜之五十三年燕亡）。還攻代，虜代王嘉。王翦遂定荊江南地（正義曰言王翦遂平定楚及江南地降越君置爲會稽郡），降越君（正義曰降閑江反楚威王已滅其餘自稱君長今降秦），置會稽郡。五月，天下大酺（服虔曰酺音蒲文穎曰酺周礼族師掌春秋祭酺爲人物災害之神蘇林曰陳留俗三月上巳水上飲食爲酺。○正義曰天下歡樂大飲酒也秦既平韓趙魏燕楚五國故天下大酺也）。

二十六年，齊王建與其相后勝（正義音升齊相姓名）發兵守其西界，不通秦。秦使將軍王賁從燕南攻齊，得

齊王建索隱曰六國皆滅也十七年得韓王安十九年得趙王遷二十二年魏王假降二十三年虜荊王負芻二十五年得燕王喜二十六年得齊王建。○正義曰齊王建之三十四年齊國亡秦初并天下令正義曰令力政反乃今之敕令敕書丞相御史曰異日韓王納地效璽正義曰效猶至見請爲藩臣已而倍約與趙魏合從畔秦故興兵誅之虜其王寡人以爲善庶幾息兵革趙王使其相李牧來約盟故歸其質子正義曰質音致已而倍盟反我太原故興兵誅之得其王趙公子嘉乃自立爲代王故舉兵擊滅之魏王始約服入秦已而與韓趙謀襲秦秦兵吏誅遂破之荊王獻青陽以西漢書鄒陽傳曰越水長沙還舟青陽張晏曰青陽地名蘇林曰青陽長沙縣是也已而畔約擊我南郡故發兵誅得其王遂定其荊地燕王昏亂其太子丹乃陰令荊軻爲賊兵吏誅滅其國齊王用后勝計絕秦使欲爲亂兵吏誅虜其王平齊地寡人以眇眇之身興兵誅暴亂賴宗廟之靈六王咸伏其辜天下大定今名號不更無以稱成功傳後世其議帝號丞相綰御史大夫劫漢書百官表曰御史大夫秦官應劭曰侍御史之率故稱大夫也。○索隱曰綰姓王劫姓馮廷尉斯等漢書百官表曰廷尉秦官應劭曰聽獄必質諸朝廷與衆共之兵獄同制故稱廷尉皆曰昔者五帝地方千里其外侯服夷服諸侯或朝或否天子不能制今陛下

蔡邕曰陛階也所由升堂也天子必有近臣立於陛側以戒不虞謂之陛下者羣臣與天子言不敢指斥故呼在陛下者與之言因卑達尊之意也上書亦如之興義兵誅殘賊平定天下海內爲郡縣正義曰郡人所羣聚也法令由一統自上古以來未嘗有五帝所不及臣等謹與博士議曰漢書百官表曰博士秦官掌通古今古有天皇有地皇有泰皇索隱曰按天皇地皇之下即云泰皇當人皇也而封禪書云昔者太帝使素女鼓瑟而悲蓋三皇已前稱泰皇一云泰皇太昊也泰皇最貴臣等昧死上尊號王爲泰皇命爲制令爲詔蔡邕曰制書帝者制度之命也其文曰制詔詔書詔告。○正義曰令音力政反制詔三代無文秦始有之天子自稱曰朕蔡邕曰朕我也古者上下共稱之貴賤不嫌則可以同號之義也皐陶與舜言朕言惠可底行屈原曰朕皇考至秦然後天子獨以爲稱漢因而不改王曰去泰正義曰去音丘呂反著皇采上古帝位號號曰皇帝他如議制曰可蔡邕曰羣臣有所奏請尚書令奏之下有司曰制天子荅之曰可追尊莊襄王爲太上皇漢高祖尊父曰太上皇亦放此也制曰朕聞太古有號毋謚中古有號死而以行爲謚如此則子議父臣議君也甚無謂朕弗取焉自今已來除謚法謚法周公所作朕爲始皇帝後世以計數正義色主反二世三世至于萬世傳之無窮始皇推終始五德之傳鄭玄曰音亭傳。○索隱曰音張戀反傳次也謂五行之德始終相次也漢書郊祀志曰齊人鄒子之徒論著終始五德之運始皇采用以爲周得火德秦代周德從所不勝正義曰勝申證反秦以周爲火德能滅火者水也故稱從其所不勝於秦方今水德之始索隱曰封禪書曰秦文公獲黑龍以爲水瑞秦皇因

自謂爲水德也改年始朝賀正義曰周以建子之月爲正秦以建亥之月爲正故其年始用十月而朝賀皆自十月朔衣服旄旌節旗正義曰旄音毛旗音其周禮云析羽爲旌熊虎爲旗旄節者編毛爲之以象竹節漢書云蘇武執節在匈奴牧羊節毛盡落是也韋昭云節者山國用人節澤國用龍節皆以金爲之道路以旌節門關用符節都鄙用管節皆用竹爲之皆上黑正義曰以水德屬北方故上黑數以六爲紀符法冠皆六寸而輿六尺六尺爲步乘六馬張晏曰水北方黑終數六故以六寸爲符六尺爲步瓚曰水數六故以六爲名譙周曰步以人足爲數非獨秦制然○索隱曰管子司馬法皆云六尺爲步譙周以爲步以人足非獨秦制又按禮記王制曰古者八尺爲步今以周尺六尺四寸爲步步之尺數亦不同更名河曰德水以爲水德之始剛毅戾深事皆決於法刻削毋仁恩和義然後合五德之數索隱曰水主陰陰刑殺故急法刻削以合五德之數於是急法久者不赦丞相綰等言諸侯初破燕齊荊地遠不爲正義于僞反置王毋以填之請立諸子唯上幸許始皇下其議於羣臣羣臣皆以爲便廷尉李斯議曰周文武所封子弟同姓甚衆然後屬疏遠相攻擊如仇讎諸侯更相誅伐周天子弗能禁止今海內賴陛下神靈一統皆爲郡縣諸子功臣以公賦稅重賞賜之甚足易制天下無異意正義易音以職反則安寧之術也置諸侯不便始皇曰天下共苦戰鬬不休以有侯王賴宗廟天下初定又復立國是樹兵也而求其寧息豈不

難哉廷尉議是分天下以爲三十六郡三十六郡者三川河東南陽南郡九江鄣郡會稽潁川碭郡泗水薛郡東郡琅邪齊郡上谷漁陽右北平遼西遼東代郡鉅鹿邯鄲上黨太原雲中九原鴈門上郡隴西北地漢中巴郡蜀郡黔中長沙凡三十五與內史爲三十六郡○正義曰風俗通云周制天子方千里分爲百縣縣有四郡故左傳云上大夫受縣下大夫受郡秦始皇初置三十六郡以監縣也郡置守尉監漢書百官表曰秦郡守掌治其郡有丞尉掌佐守典武職甲卒監御史掌監郡更名民曰黔首應劭曰黔亦黎黑也大酺收天下兵應劭曰古者以銅爲兵聚之咸陽銷以爲鍾鐻徐廣曰鐻音巨金人十二重各千石正義曰漢書五行志云二十六年有大人長五丈足履六尺皆夷狄服凡十二人見于臨洮故銷兵器鑄而象之謝承後漢書云銅人翁仲其名也三輔舊事云聚天下兵器鑄銅人十二各重二十四萬斤漢世在長樂宮門魏志董卓傳云椎破銅人十及鍾鐻以鑄小錢關中記云董卓壞銅人餘二枚徙清門裏魏明帝欲將詣洛載到霸城重不可致後石季龍徙之鄴苻堅又徙入長安而銷之英雄記云昔大人見臨洮而銅人鑄至董卓而銅人毀也置廷宮中一法度衡石丈尺車同軌書同文字地東至海暨朝鮮正義曰暨其記反朝音潮鮮音仙海謂渤海南至揚蘇台等州之東海也暨及也東北朝鮮國括地志云高驪治平壤城本漢樂浪郡王險城即古朝鮮也西至臨洮羌中正義曰洮吐高反括地志云臨洮郡即今洮州亦古西羌之地在京西千五百五十一里羌中從臨洮西南芳州扶松府以西並古諸羌地也南至北嚮戶吳都賦曰開北戶以向日劉逵曰日南之北戶猶日北之南戶也北據河爲塞並陰山至遼東地理志西河有陰山縣○正義曰塞先代反並白浪反謂靈夏勝等州之北黃河陰山在朔州北塞外從河傍陰山東至遼東築長城爲北界徙天下豪富於咸陽十二萬戶諸廟及章臺上林皆在渭南秦每破諸侯寫放其宮室作之咸陽北阪上徐廣曰在長安西北

秦始皇帝紀

漢武時別名渭城。正義曰今咸陽縣北阪上南臨渭自雍門徐廣曰在高陵縣。正義曰今
岐州雍縣東以東至涇渭殿屋複道周閣相屬正義曰複音福
屬之欲反廟記云北至九嵕甘泉南至長揚五柞東至河西至汧渭之交東西八百里離宮別館相望屬也木衣綈繡土
被朱紫宮人不徙窮年忘歸猶不能遍也所得諸侯美人鍾鼓以充入之
正義曰三輔舊事云始皇表河以為秦東門表汧以為秦西門表中外殿觀百四十五後宮列女萬餘人氣上衝于天
二十七年始皇巡隴西正義曰隴西今隴右北地正義曰今寧州也出
雞頭山正義曰括地志云雞頭山在成州上祿縣東北二十里在京西南九百六十里酈元云蓋大隴山異
名也後漢書隗囂傳云王猛塞雞頭即此也按原州高縣西百里亦有笄頭山在京西北八百里黃帝雞山之所過
回中焉應劭曰回中在安定高平孟康曰回中在北地。正義曰括地志云回中宮在雍州西四十里言始
皇欲西巡隴西之北從咸陽向西北出寧州西南行至成州出雞頭山東還過岐州回中宮作信宮渭

秦紀六　十四

南已更命信宮為極廟象天極索隱曰為宮廟象天極故曰極廟天
官書曰中宮曰天極是也自極廟道通酈山作甘泉前殿築甬
道應劭曰築垣牆如街巷。正義曰築音竹甬音勇應劭云謂於馳道外築牆天子於中行外人不見自咸
陽屬之是歲賜爵一級治馳道應劭曰馳道天子道也道若今之中
道然漢書賈山傳曰秦為馳道於天下東窮燕齊南極吳楚江湖之上瀕海之觀畢至道廣五十步三丈而樹厚築其外
隱以金椎樹以青松
二十八年始皇東行郡縣上鄒嶧山韋昭曰鄒魯縣山在其北
。正義曰上時掌反鄒側留反嶧音亦國系云邾嶧山亦名鄒山在兗州鄒縣南二十二里魯穆公改邾作鄒其山遂從
邑變山北去黃河三百餘里立石與魯諸儒生議刻石頌秦德
議封禪正義曰晉太康地記云為壇於太山以祭天示增高也為墠於梁父以祭地示增廣也祭尚玄酒而俎

秦始皇帝紀

魚墠皆廣長十二丈壇高三尺階三等而樹石太山之上高二丈一尺廣三尺秦之刻石云文望祭山川
之事乃遂上泰山正義曰太山一曰岱宗東嶽也在兗州博城縣西北三十里山海經云泰
山其上多玉其下多石郭璞云從泰山下至山頭百四十八里三百步道書福地記云泰山高四千九百丈二尺周迴二
千里多芝草玉石長津甘泉仙人室又有地獄六曰鬼神之府從西上下有洞天周迴三千里鬼神考謫之府立石
封祠祀服虔曰增天之高歸功於天張晏曰天高不可及於泰山上立封禪而祭之冀近神靈也墳曰積土
為封謂負土於泰山上為壇而祭之下風雨暴至休於樹下因封其樹
為五大夫正義封作復音福禪梁父服虔曰禪闡廣土地也墳曰古者聖王封泰山禪亭
亭或梁父皆太山下小山除地為墠祭於梁父後改墠曰禪。正義曰父音甫在兗州泗水縣北八十里刻所
立石其辭曰皇帝臨位作制明法臣下脩飭索隱
曰此泰山刻石銘其詞每三句為韻凡十二韻下之罘碣石會稽三銘皆然。正義飭音敕二十有六

史記秦紀六　十五

年初并天下罔不賓服親巡遠方黎民登茲泰
山周覽東極從臣思迹正義從財用反本原事業祗誦
功德正義祗音脂治道運行諸產得宜皆有法式大義
休明垂于後世順承勿革皇帝躬聖既平天下
不懈於治夙興夜寐建設長利正義長直良反專隆教
誨訓經宣達遠近畢理咸承聖志貴賤分明男
女禮順愼遵職事昭隔內外徐廣曰隔一作融靡不清淨
施于後嗣化及無窮遵奉遺詔永承重戒於是
乃並勃海以東正義並白浪反勃作渤蒲忽反過黃腄地理志東萊有黃縣腄縣
。正義曰腄逐瑞反字或作陲括地志云黃縣故城在萊州黃縣東南二十五里古萊子國也牟平縣城在黃縣南百三

十里十三州志云牟平縣古腄縣也窮成山登之罘地理志之罘山在腄縣。正義曰罘音浮
括地志云在萊州文登縣東北百八十里成山在文登縣西北百九十里窮猶登極也封禪書云八神五曰陽主祠之罘
七日日主祠成山成山斗入海又云之罘山在海中文登縣古腄縣也立石頌秦德焉而
去南登琅邪正義曰今兗州東沂州密州即古琅邪也大樂之留三月乃
徙黔首三萬戶琅邪臺下地理志云越王勾踐嘗治琅邪縣起臺館。索隱曰
山海經郎耶臺在渤海間蓋海畔有山形如臺在琅邪郎耶臺。正義曰括地志云密州諸城縣東南百七十里有
琅耶臺越王勾踐觀臺也臺西北十里有琅耶故曰越王勾踐二十五年徙都琅耶立觀臺以望東海遂號令秦
晉齊楚以尊輔周室歃血盟即勾踐起臺處括地志云琅耶山在密州諸城縣東南百四十里始皇立層臺於山上謂之
琅耶臺孤立衆山之上秦王樂之留三月立石山上頌秦德也復十二歲正義曰復音福復三萬戶徙臺
下者今琅耶臺作琅邪臺立石刻頌秦德明德意曰索隱曰二
句爲韻維二十六年皇帝作始端平法度萬物之紀
以明人事合同父子聖智仁義顯白道理東撫
東土以省卒士正義省山井反卒子忽反事已大畢乃臨于海
皇帝之功勸勞本事上農除末黔首是富普天
之下摶心揖志索隱曰摶古專字左傳云如琴瑟之摶壹揖音集器械一量正義
曰內成曰器甲胄兜鍪之屬外成曰械戈矛弓戟之屬壹量者同度量同書文字日月所
照舟輿所載皆終其命莫不得意應時動事是
維皇帝匡飭異俗陵水經地正義陵作凌猶歷也經界也憂恤
黔首朝夕不懈除疑定法咸知所辟正義音避方伯
分職諸治經易正義曰易音以豉反言方伯分職治所理常在平易舉錯必當

莫不如畫正義曰畫音戶卦反謂政理齊整分明若畫無邪惡皇帝之明臨察
四方尊卑貴賤不踰次行正義音胡郎反姦邪不容皆務
貞良細大盡力莫敢怠荒遠邇辟隱正義辟疋亦反專
務肅莊端直敦忠事業有常皇帝之德存定四
極誅亂除害興利致福節事以時諸產繁殖黔
首安寧不用兵革正義協韻音棘六親相保終無寇賊驩
欣奉教盡知法式六合之內皇帝之土西涉流
沙正義解見夏紀南盡北戶東有東海北過大夏索隱曰協韻音戶下
無不臣者音儲澤及牛馬音姥。正義曰杜預云大夏太原晉陽縣按在今并州遷實沉於大夏主參即此也人迹
所至無不臣者功蓋五帝澤及牛馬莫不受德
各安其宇維秦王兼有天下立名爲皇帝乃撫
東土至于琅邪列侯張晏曰列侯者見序例武城侯王離列
侯通武侯王賁倫侯建索隱曰爵卑於列侯無封邑者倫類也亦列侯之類成
侯趙亥倫侯昌武侯成倫侯武信侯馮毋擇丞
相隗林索隱曰隗姓林名有本作狀者非顏之推云隋開皇初京師穿地得鑄秤權有銘云始皇時量器丞
相隗狀王綰二人列名其作狀貌之字時令校寫親所按驗王劭亦云然斯遠古之證也。正義曰隗音五罪反丞
相王綰卿李斯卿王戊五大夫趙嬰五大夫楊
樛正義音居虬反從與正義曰上才用反下預言王離以下十人從始皇咸與始皇議功德於海上立石於
琅耶臺下十人名字並刻頌議於海上正義曰此頌前後序兩句爲韻此三句爲韻曰古
之帝者地不過千里正義曰過音戈千里謂王畿諸侯各守其

封域或朝或否相侵暴亂殘伐不止猶刻金石以自爲紀古之五帝三王知教不同法度不明假威鬼神正義曰言五帝三王假借鬼神之威以欺服遠方之民若萇弘之比也以欺遠方實不稱名正義稱尺證反故不久長其身未殁諸侯倍叛法令不行今皇帝并一海內以爲郡縣天下和平昭明宗廟體道行德尊號大成羣臣相與誦皇帝功德刻于金石以爲表經既已齊人徐市等上書言海中有三神山名曰蓬萊方丈瀛洲正義曰漢書郊祀志云此三神山者其傳在勃海中去人不遠蓋曾有至者諸仙人及不死之藥皆在焉其物禽獸盡白而黃金白銀爲宮闕未至望之如雲及至三神山乃居水下臨之患且至風輒引船而去終莫能至云世主莫不甘心焉僊人居之請得齋戒與童男女求之於是遣徐市發童男女數千人入海求僊人正義曰括地志云亶洲在東海中秦始皇使徐福將童男女入海求仙人止在一作王此洲其數萬家至今洲上人有至會稽市易者吳人外國圖云亶洲去琅邪萬里始皇還過彭城正義曰彭城徐州所理縣也州東外城古之彭國也搜神記云陸終第三子曰籛鏗封於彭爲商伯外傳云彭末滅彭祖氏齋戒禱祠欲出周鼎泗水使千人没水求之弗得乃西南渡淮水之衡山正義曰括地志云衡山一名岣嶁山在衡州湘潭縣西四十一里岣音苟嶁音樓南郡正義曰今荆州也言欲向衡山即西北過南郡入武關至咸陽浮江至湘山祠正義曰括地志云黃陵廟在岳州湘陰縣北五十七里舜二妃之神二妃冢在湘陰北一百六十里青草山上盛弘之荆州記云青草湖南有青草山湖因山名焉列女傳云舜陟方死於蒼梧二妃死於江湘之間因葬焉按湘山者乃青草山山近湘水廟在山南故言

湘山祠逢大風幾不得渡上問博士曰湘君何神博士對曰聞之堯女舜之妻而葬此索隱曰列女傳亦以湘君爲堯女按楚詞九歌有湘君湘夫人夫人是堯女則湘君當是舜今此文以湘君爲堯女是總而言之於是始皇大怒使刑徒三千人皆伐湘山樹赭其山正義赭音者上自南郡由武關歸應劭曰武關秦南關通南陽文穎曰武關在析西百七十里弘農界。正義曰括地志云故武關在商州商洛縣東九十里春秋時少習也杜預云少習商縣武關也二十九年始皇東游至陽武博狼沙中地理志河南陽武縣有博狼沙。正義狼音浪爲盜所驚求弗得乃令天下大索十日登之罘刻石其辭曰索隱曰三句爲韻維二十九年時在中春正義曰中音仲古者帝王巡狩常以仲月陽和方起皇帝東游巡登之罘臨照于海從臣嘉觀正義從才用反觀音館原念休烈追誦本始大聖作治建定法度顯著綱紀外教諸侯光施文惠明以義理六國回辟正義必亦反貪戾無厭正義於廉反虐殺不已皇帝哀衆遂發討師奮揚武德義誅信行威燀旁達徐廣曰燀充善反莫不賓服烹滅彊暴振救黔首周定四極普施明法經緯天下永爲儀則大矣哉宇縣之中宇宇宙縣赤縣承順聖意索隱曰協韻音憶羣臣誦功請刻于石表垂于常式其東觀曰維二十九年皇帝春游覽省遠方逮于海隅遂登之罘昭臨朝陽觀望廣麗從臣咸念原道至明聖法初興清理疆內外誅暴彊武威旁暢振動四極禽滅六王闡并天下菑害絕息永偃戎兵皇帝明德經理宇內視聽不怠索隱曰怠協旗疑韻怠音銅綦反故國語范蠡曰得時不怠時不再來亦以怠與臺爲韻作立大義昭設備器咸有章旗職臣遵分各知所行事無嫌疑黔首改化遠邇同度臨古絕尤常職既定後嗣循業長承聖治羣臣嘉德祗誦聖烈請刻之罘旋遂之琅邪道上黨入索隱曰道猶從也

三十年無事

三十一年徐廣曰使黔首自實田也十二月更名臘曰嘉平太原眞人茅盈內紀曰始皇三十一年九月庚子盈曾祖父濛乃於華山之中乘雲駕龍白日升天先是其邑謠歌曰神仙得者茅初成駕龍上升入泰清時下玄洲戲赤城繼世而往在我盈帝若學之臘嘉平始皇聞謠歌而問其故父老具對此仙人之謠歌勸帝求長生之術於是始皇欣然乃有尋仙之志因改臘曰嘉平。索隱曰廣雅曰夏曰清祀殷曰嘉平周曰大蜡亦曰臘秦更曰嘉平蓋應歌謠之詞而改從殷號也道書茅濛字初成今此云茅濛初成者爲神仙之道其意失也蓋由裴氏所引不明或後人增益濛字遂令七言之詞有衍爾賜黔首里六石米二羊始皇爲微行咸陽張晏曰若微賤之所爲故曰微行也與武士四人俱夜出逢盜蘭池地理志渭城縣有蘭池宮。正義曰括地志云蘭池陂即古之蘭池在咸陽縣界秦記云始皇都長安引渭水爲池築爲蓬瀛刻石爲鯨長二百丈逢盜之處也見窘武士擊殺盜關中大索二十日米石千六百

三十二年始皇之碣石使燕人盧生求羨門韋昭曰古仙人高誓正義曰亦古仙人刻碣石門徐廣曰一作盟壞城郭決通隄防其辭曰正義曰此一頌三句爲韻遂興師旅誅戮無道爲逆滅息武殄暴逆文復無罪徐廣曰復一作優。正義曰復音福言秦以武力能殄息暴逆以文訓道令無罪失故復除之庶心咸服惠論功勞賞及牛馬恩肥土域皇帝奮威德并諸侯初一泰平墮壞城郭正義曰墮音許規反壞音怪墮毀也壞坼也言始皇毀坼關東諸侯舊城郭也夫自頹曰壞音戶怪反決通川防夷去險阻地勢既定黎庶無繇正義音遙天下咸撫男樂其疇女修其業事各有序惠被諸產久並來田徐廣曰以一作分莫不安所羣臣誦烈請刻此石垂著儀矩因使韓終侯公石生求仙人不死之藥始皇巡北邊從上郡入燕人盧生使正義音所吏反入海還以鬼神事因奏錄圖書曰亡秦者胡也鄭玄曰胡胡亥秦二世名也秦見圖書不知此爲人名反備北胡始皇乃使將軍蒙恬發兵三十萬人北擊胡略取河南地正義曰今靈夏勝等州秦略取之

三十三年發諸嘗逋亡人贅壻贊曰贅謂居窮有子使就其婦家爲贅壻賈人略取陸梁地正義曰嶺南之人多處山陸其性強梁故曰陸梁爲桂林韋昭曰今鬱林是也。索隱曰謂南方之人其性陸梁故曰陸梁象郡韋昭曰今日南南海正義曰即廣州南海縣以適遣戍徐廣曰五十萬人守五嶺。正義曰適音直革反戍守也廣州記云五嶺者大庾始安臨賀揭楊桂陽輿地志云一曰臺嶺亦名塞上今名大庾二曰騎田三曰都龐四曰萌諸五曰越嶺

西北斥逐匈奴自榆中（徐廣曰在金城）並河以東（服虔曰並音傍傍依
也）屬之陰山（徐廣曰在五原北。正義曰屬之欲廣按五原今勝州也）以為三十
四縣城河上為塞又使蒙恬渡河取高闕（正義曰山
名在五原北兩山相對若闕甚高故言高闕）陶山北假中（晉灼曰王莽傳云五原北假膏壤殖
穀北假地名也。索隱曰高闕山名北假地名近五原。正義曰勵元注水經云黃河逕河目縣故城西縣在北假中北
假地名按河目縣屬勝州名河北漢書地理志云屬五原縣）築亭障以逐戎人徙
謫實之初縣（索隱曰徙有罪而謫之以實初縣即上自榆中屬陰山以為三十四縣是也故漢七
科謫亦因於秦）禁不得祠明星出西方（徐廣曰皇甫謐云彗星見）
三十四年適治獄吏不直者築長城及南越地
（正義曰謂戍五嶺是南方越地）始皇置酒咸陽宮博士七十人前

為壽僕射（正義音夜）周青臣（漢書百官表曰僕射秦官古者重武官有主射以督課之
應劭曰僕主也）進頌曰他時秦地不過千里賴陛下神靈
明聖平定海內放逐蠻夷日月所照莫不賓服
以諸侯為郡縣人人自安樂無戰爭之患傳之
萬世自上古不及陛下威德始皇悅博士齊人
淳于越進曰臣聞殷周之王千餘歲封子弟功
臣自為枝輔今陛下有海內而子弟為匹夫卒
有田常六卿之臣無輔拂（正義蒲筆反）何以相救哉
事不師古而能長久者非所聞也今青臣又面
諛以重陛下之過非忠臣始皇下其議丞相李

斯曰五帝不相復三代不相襲各以治非其相
反時變異也今陛下創大業建萬世之功固非
愚儒所知且越言乃三代之事何足法也異時
諸侯並爭厚招游學今天下已定法令出一百
姓當家則力農工士則學習法令辟禁（正義令力性反辟音
避）令諸生不師今而學古以非當世惑亂黔首
丞相臣斯昧死言古者天下散亂莫之能一是
以諸侯並作語皆道古以害今飾虛言以亂實
人善其所私學（徐廣曰私一作知）以非上之所建立今皇
帝并有天下別黑白而定一尊私學而相與非

法教人聞令下則各以其學議之入則心非出
則巷議夸主（正義夸口瓜反）以為名異取以為高率羣
下以造謗如此弗禁則主勢降乎上黨與成乎
下禁之便臣請史官非秦記皆燒之非博士官
所職天下敢有藏詩書百家語者悉詣守尉雜
燒之有敢偶語詩書棄市（應劭曰禁民聚語畏其謗已。正義曰偶對也）以
古非今者族吏見知不舉者與同罪令下三十
日不燒黥為城旦（如淳曰律說論決為髡鉗輸邊築長城晝日伺寇虜夜暮築長城城旦四
歲也）所不去者醫藥卜筮種樹之書若欲有學法
令（徐廣曰一無法令二字）以吏為師制曰可

三十五年除道道九原地理志五原郡有九原縣抵雲陽徐廣曰表云道九原通甘泉塹山堙谷直通之於是始皇以爲咸陽人多先王之宮廷小吾聞周文王都豐武王都鎬豐鎬之閒帝王之都也乃營作朝宮渭南上林苑中先作前殿阿房正義曰房白郎反括地志云秦阿房宮亦曰阿城在雍州長安縣西北一十四里按宮在上林苑中雍州郭城西南面即阿房宮城東面也顏師古云阿近也以其去咸陽近且號阿房東西五百步南北五十丈上可以坐萬人下可以建五丈旗索隱曰此以其形名宮也言其宮四阿旁廣也故云下可建五丈之旗也阿房後爲宮名。正義曰三輔舊事云阿房宮東西三里南北五百步庭中可受萬人又鑄銅人十二於宮前阿房宮以慈石爲門阿房宮之北闕門也周馳爲閣道自殿下直抵南山表南

山之顛以爲闕爲復道自阿房渡渭屬之咸陽以象天極閣道絕漢抵營室也索隱曰謂爲複道渡渭屬咸陽象天文閣道絕漢抵營室也天官書曰天極紫宮後十七星絕漢抵營室曰閣道阿房宮未成成欲更擇令名名之作宮阿房故天下謂之阿房宮隱宮正義曰餘刑見於市朝宮刑一百日隱於陰室養之乃可故曰隱宮下蠶室是徒刑者七十餘萬人乃分作阿房宮或作麗山發北山石椁乃寫蜀荊地材皆至關中計宮三百關外四百餘於是立石東海上朐界中以爲秦東門因徙三萬家麗邑正義麗音釐五萬家雲陽皆復不事十歲盧生說始皇曰臣等求芝奇藥仙者常

弗遇類物有害之者方中人主時爲微行以辟惡鬼惡鬼辟眞人至人主所居而人臣知之則害於神眞人者入水不濡入火不爇正義而說反陵雲氣與天地久長今上治天下未能恬惔願上所居宮毋令人知然後不死之藥殆可得也於是始皇曰吾慕眞人自謂眞人不稱朕乃令咸陽之旁二百里內宮觀二百七十復道甬道相連帷帳鍾鼓美人充之各案署不移徙行所幸有言其處者罪死始皇帝幸梁山宮徐廣曰在好畤。正義曰括地志云俗名望宮山在雍州好畤縣西十二里北去梁山九里秦始皇起從山上見丞相車騎衆弗善即此山也從山

上見丞相車騎衆弗善也中人或告丞相丞相後損車騎始皇怒曰此中人泄吾語案問莫服當是時詔捕諸時在旁者皆殺之自是後莫知行之所在聽事羣臣受決事悉於咸陽宮侯生說苑曰韓客侯生也盧生相與謀曰始皇爲人天性剛戾自用起諸侯并天下意得欲從以爲自古莫及已專任獄吏獄吏得親幸博士雖七十人特備員弗用丞相諸大臣皆受成事倚辦於上上樂以刑殺爲威正義樂五孝反天下畏罪持祿莫敢盡忠上不聞過而日驕下懾伏謾欺以取容秦法不得兼

方徐廣曰一云并力。正義曰言秦施法不得兼方者令民之有方伎不得兼兩齊試不驗輒賜死言法酷不驗
輒死然候星氣者至三百人皆良士畏忌諱諛
不敢端言其過天下之事無小大皆決於上上
至以衡石量書石百二十斤。正義曰衡秤衡也言表牋奏請秤取一石日夜有程期不滿不休息
日夜有呈不中呈正義中竹仲反不得休息貪於權勢
至如此未可為求仙藥於是乃亡去始皇聞亡
乃大怒曰吾前收天下書不中用者盡去之悉
召文學方術士甚衆欲以興太平方士欲練以
求奇藥徐廣曰一云欲以練求今聞韓衆正義音終去不報徐市
等費以巨萬計終不得藥徒姦利相告日聞徐廣

曰一作間盧生等吾尊賜之甚厚今乃誹謗我以重
吾不德也諸生在咸陽者吾使人廉問或為訞
言以亂黔首於是使御史悉案問諸生諸生傳
相告引乃自除犯禁者四百六十餘人皆阬之
咸陽使天下知之以懲後益發謫徙邊徐廣曰表云徙
於北河榆中耐徙三處拜爵一級始皇長子扶蘇諫曰天下初定
遠方黔首未集諸生皆誦法孔子今上皆重法
繩之臣恐天下不安唯上察之始皇怒使扶蘇
北監蒙恬於上郡正義曰括地志云上郡故城在綏州上縣東南五十里秦之上郡城也
三十六年熒惑守心有墜星下東郡至地為石

徐廣曰表云石晝隕黔首或刻其石曰始皇帝死而地分始
皇聞之遣御史逐問莫服盡取石旁居人誅之
因燔銷其石始皇不樂使博士為仙真人詩及
行所游天下傳令正義曰傳逐戀反令力呈反樂人謌弦之秋
使者從關東夜過華陰平舒道正義曰括地志云平舒故城在華州
華陰縣西北六里水經注云渭水又東經平舒北城枕渭濱
半破淪水南面通衢昔秦之將亡也江神返璧於華陰平舒
道即其處也有人持璧遮使者曰為吾遺滈池君服虔曰水
神也張晏曰武王居鎬鎬池君則武王也武王伐商故神云
始皇荒淫若紂矣今亦可伐也孟康曰長安西南有滈池。
索隱曰按服虔云水神是也江神以璧遺滈池之神告始皇
之將終也且秦水德王故其君將亡水神先自相告也。正
義曰遺庚季反滈胡老反括地志云滈水源出雍州長安縣
西北滈池酈元注水經云滈水承滈池北流入渭今按滈池

水流入來通渠蓋酈元誤矣張晏云武王居鎬鎬池君則
武王也伐商故神云始皇荒淫若紂矣今武王可伐矣因
言曰今年祖龍死蘇林曰祖始也龍人君象謂始皇也服虔曰龍人之先象也言王亦人之
先也應劭曰祖人之先龍君之象使者問其故因忽不見置其璧去
使者奉璧具以聞始皇默然良久曰山鬼固不
過知一歲事也退言曰祖龍者人之先也使御
府視璧乃二十八年行渡江所沈璧也於是始
皇卜之卦得游徙吉遷北河榆中三萬家正義曰謂
北河勝州也榆中即今勝州榆林縣也言徙三萬家以應卜卦游徙吉也拜爵一級
三十七年十月癸丑始皇出游左丞相斯從右
丞相去疾守少子胡亥愛慕請從上許之十一

月行至雲夢望祀虞舜於九疑山正義曰括地志云九疑山在永
州唐興縣東南一百里皇覽冢墓記云舜冢在零陵郡營浦縣九疑山言始皇至雲夢望祭虞舜於九疑山也浮江
下觀籍柯渡海渚正義曰括地志云舒州同安縣東按舒州在江中疑海字誤即此州也
過丹陽正義曰括地志云丹陽郡故在潤州江寧縣東南五里秦兼并天下以爲鄣郡也至錢
唐正義曰錢唐今杭州縣臨浙江晉灼曰江水至會稽山陰爲浙江音折水波惡乃
西百二十里從狹中渡徐廣曰蓋在餘杭也顧夷曰餘杭者秦始皇至會稽經此立爲
縣上會稽祭大禹正義曰上音上掌反越州會稽山上有夏禹穴及廟望于南
海而立石刻頌秦德索隱曰三句爲韻凡二十四韻其文曰正義曰此二頌
三句爲韻其碑見在會稽山上其文及書皆李斯其字四寸畫如小指圓鐫今文字整頓是小篆字皇帝休
烈平一宇內德惠脩長索隱曰脩亦長也重文耳王劭按張徽所錄會稽南山秦

史記秦始皇帝紀六　二十八

始皇碑文脩作攸三十有七年親巡天下周覽遠方遂登
會稽宣省習俗黔首齋莊羣臣誦功本原事迹
追首高明索隱曰今檢會稽刻石文首字作道雅符人情也秦聖臨國始定
刑名顯陳舊章正義作彰音章碑文作畫章也初平法式審別職
任以立恒常六王專倍貪戾慠猛率衆自彊正義
曰碑文作率衆邦強暴虐恣行正義寒彭反負力而驕數動甲兵
正義數音朔陰通閒使正義曰閒紀莧反又如字使所吏反以事合從正義合音閤從
子容反行爲辟方正義行下孟反辟疋亦反內飾詐謀索隱曰刻石文謀作計外
來侵邊遂起禍殃義威誅之殄熄徐廣曰音息○正義殄田典反
暴悖正義暴白報反悖音背亂賊滅亡聖德廣密六合之中

被澤無疆皇帝并宇兼聽萬事遠近畢清運理
羣物考驗事實各載其名貴賤並通善否陳前
靡有隱情飾省宣義徐廣曰省一作非○正義曰飾音式省山景反飾謂文飾也省
過也有子而嫁正義曰謂夫死有子棄之而嫁倍死不貞防隔內外禁
止淫泆男女絜誠夫爲寄豭索隱曰豭牡豬也言夫淫他室若寄豭之豬也
豭音加殺之無罪男秉義程妻爲逃嫁正義曰謂棄夫而逃嫁於人
子不得母正義曰言妻棄夫逃嫁子乃失母咸化廉清大治濯俗天
下承風蒙被休經皆遵度軌和安敦勉莫不順
令正義力呈反黔首脩絜人樂同則正義樂音岳嘉保太平
後敬奉法常治無極輿舟不傾從臣誦烈正義曰從

史記秦始皇帝紀六　二十九

音才用反烈美也所隨巡從諸臣咸誦美請刻此石請刻此石光垂休銘還過
吳從江乘渡地理志丹陽有江乘縣○正義曰乘音時升反江乘故縣在潤州句容縣北六十里本秦
舊縣也渡渭京兆也並海上北至琅邪方士徐市等入海求
神藥數歲不得費多恐譴乃詐曰蓬萊藥可得
然常爲大鮫魚所苦正義鮫音交苦音若故反故不得至願請
善射與俱見則以連弩射之始皇夢與海神戰
如人狀問占夢博士曰水神不可見以大魚蛟
龍爲候今上禱祠備謹而有此惡神當除去而
善神可致乃令入海者齎捕巨魚具而自以連
弩候大魚出射之自琅邪北至榮成山正義曰即山也在萊

秦始皇帝紀

州弗見至之罘見巨魚射殺一魚遂並海西至平原津而病徐廣曰度河而西。正義曰今德州平原縣南六十里有張公故城城東有水津焉後名張公渡恐此平原郡古津也漢書公孫弘平津侯亦近此蓋平津即此津始皇渡此津而疾始皇惡言死羣臣莫敢言死事上病益甚乃爲璽書賜公子扶蘇曰與喪會咸陽而葬書已封在中車府令趙高伏儼曰主乘輿路車行符璽事所未授使者七月丙寅始皇崩於沙丘平臺徐廣曰年五十沙丘去長安二千餘里趙有沙丘宮在鉅鹿武靈王之死處。正義曰括地志云沙丘臺在邢州平鄉縣東北二十里又云平鄉縣東北四十里按始皇崩在沙丘之宮平臺之中邢州去京一千六百五十里丞相斯爲上崩在外正義爲于僞反恐諸公子及天下有變乃祕之不發喪棺載轀涼

車中正義棺音館又古患反故幸宦者參乘所至上食百官奏事如故宦者輒從轀涼車中可其奏事獨子胡亥趙高及所幸宦者五六人知上死趙高故嘗教胡亥書及獄律令法事胡亥私幸之高乃與公子胡亥丞相斯陰謀破去始皇所封書正義去丘呂反賜公子扶蘇者而更詐爲丞相斯受始皇遺詔沙丘立子胡亥爲太子更爲書賜公子扶蘇蒙恬數以罪正義數音色具反其賜死語具在李斯傳中行遂從井陘徐廣曰在常山抵九原正義曰抵丁禮反抵至也從沙丘至勝州三千里會暑上轀車臭乃詔從官令車載一石鮑魚正義鮑白卯反以亂其臭行從直道至咸陽發喪太子胡亥襲位爲二世皇帝九月葬始皇酈山始皇初即位穿治酈山及并天下天下徒送詣七十餘萬人穿三泉下銅徐廣曰一作錮錮鑄塞。正義曰顏師古云三重之泉言至水也而致椁宮觀百官奇器珍怪徙臧滿之正義曰言冢內作宮觀及百官位次奇器珍怪徙滿冢中臧才浪反令匠作機弩矢有所穿近者輒射之以水銀爲百川江河大海機相灌輸正義灌音館輸音戍上具天文下具地理以人魚膏爲燭徐廣曰人魚似鮎四腳。正義曰廣志云鯢魚聲如小兒啼有四足形如鱧可以治牛出伊水異物志云人魚似人形長尺餘不堪食皮利於鮫魚鋸材木入項上有小穿氣從中出秦始皇冢中以人魚膏爲燭即此魚也出東海中今台州有之按今帝

王用漆燈冢中則火不滅度不滅者久之正義度音田洛反二世曰先帝後宮非有子者出焉不宜皆令從死死者甚衆葬既已下或言工匠爲機臧皆知之臧重即泄大事畢已臧閉中羨正義曰音延下同謂冢中神道下外羨門盡閉工匠臧者無復出者樹草木以象山皇覽曰墳高五十餘丈周迴五里餘。正義曰關中記云始皇陵在驪山泉本北流障使東西流有土無石取大石於渭山諸山括地志云秦始皇陵在雍州新豐縣西南十里二世皇帝元年年二十一徐廣曰表云十月戊寅大赦罪人趙高爲郎中令漢書百官表曰秦官掌宮殿門戶任用事二世下詔增始皇寢廟犧牲及山川百祀之禮令羣臣議尊始皇

廟羣臣皆頓首言曰古者天子七廟諸侯五大
夫三雖萬世世不軼毀正義軼徒結反今始皇為極廟四
海之內皆獻貢職增犧牲禮咸備毋以加先王
廟或在西雍正義曰於用反西雍在咸陽西今岐州雍縣故城是也又一云西雍雍西縣也或
在咸陽天子儀當獨奉酌祠始皇廟自襄公已
下軼毀所置凡七廟羣臣以禮進祠以尊始皇
廟為帝者祖廟皇帝復自稱朕二世與趙高謀
曰朕年少初即位黔首未集附先帝巡行郡縣
以示彊威服海內今晏然不巡行即見弱毋以
臣畜天下春二世東行郡縣李斯從到碣石並

海南至會稽而盡刻始皇所立刻石石旁著正義著丁略反
大臣從者名以章先帝成功盛德焉皇帝曰
金石刻盡始皇帝所為也今襲號而金石刻辭
不稱正義尺證反始皇帝其於久遠也正義曰二世言始滅六國威振古今自五帝三王未及既已襲位而見金石盡刻其頌不稱始皇成功盛德甚遠矣如後嗣為之者
不稱成功盛德丞相臣斯臣去疾徐廣曰姓馮。正義去兵呂反
御史大夫臣德昧死言臣請具刻詔書刻石因
明白矣臣昧死請制曰可遂至遼東而還於是
二世乃遵用趙高申法令乃陰與趙高謀曰大
臣不服官吏尚彊及諸公子必與我爭為之柰

何高曰臣固願言而未敢也先帝之大臣皆天
下累世名貴人也積功勞世以相傳久矣今高
素小賤陛下幸稱舉令在上位管中事大臣鞅
鞅特以貌從臣其心實不服今上出不因此時
案郡縣守尉有罪者誅之上以振威天下下以
除去上生平所不可者今時不師文而決於武
力願陛下遂從時毋疑即羣臣不及謀明主收
舉餘民賤者貴之貧者富之遠者近之則上下
集而國安矣二世曰善乃行誅大臣及諸公子
以罪過連逮少近官三郎索隱曰逮訓及也謂連及俱被捕故云連逮少小也

近近侍之臣三郎謂中郎外郎散郎。正義曰漢書百官表云有議郎中郎散郎又有左右三將謂郎中車郎戶郎無
得立者而六公子戮死於杜公子將閭昆弟三
人囚於內宮議其罪獨後二世使使令將閭曰
公子不臣罪當死吏致法焉將閭曰闕廷之禮
吾未嘗敢不從賓贊也廊廟之位吾未嘗敢失
節也受命應對吾未嘗敢失辭也何謂不臣願
聞罪而死使者曰臣不得與謀奉書從事將閭
乃仰天大呼天者三曰天乎吾無罪昆弟三人
皆流涕拔劍自殺宗室振恐羣臣諫者以為誹
謗大吏持祿取容黔首振恐四月二世還至咸

陽曰先帝爲咸陽朝廷小故營阿房宮爲室堂未就會上崩罷其作者復土正義曰謂出土爲陵既成還復其土故言復土酈山酈山事大畢今釋阿房宮弗就則是章先帝舉事過也復作阿房宮外撫四夷如始皇計盡徵其材士正義曰謂材官蹶張之士五萬人爲屯衛咸陽令教射狗馬禽獸當食者多正義曰謂材士及狗馬度不足下調正義度田洛反下行嫁反調田吊反謂下令調斂也郡縣轉輸菽粟芻槀皆令自齎糧食咸陽三百里內不得食其穀用法益刻深七月戍卒陳勝正義音升等反故荊地爲張楚李奇曰張大楚國也勝自立爲楚王居陳遣諸將徇地山

東郡縣少年苦秦吏皆殺其守尉令丞反以應陳涉相立爲侯王合從西鄉名爲伐秦不可勝數也謁者漢書百官表曰謁者秦官掌賓贊受事使東方來以反者聞二世二世怒下吏後使者至上問對曰羣盜郡守尉方逐捕今盡得不足憂上悅武臣自立爲趙王魏咎爲魏王田儋服虔曰音負擔爲齊王沛公起沛項梁舉兵會稽郡

二年冬陳涉所遣周章等將西至戲應劭曰戲弘農湖西界孟康曰水名今戲亭是也蘇林曰邑名在新豐東南三十里。正義曰戲音許宜反括地志云戲水源出雍州新豐縣西南驪山水經注云戲水出驪山馮公谷東北流今新豐縣東北十一里戲水當官道即至戲兵數十萬二

世大驚與羣臣謀曰柰何少府章邯曰漢書百官表曰少府秦官應劭曰掌山澤陂池之税名曰禁錢以給私養自別爲藏少者小也故稱少府。正義胡甘反盜已至衆彊今發近縣不及矣酈山徒多請赦之授兵以擊之二世乃大赦天下使章邯將擊破周章軍而走遂殺章曹陽晉灼曰亭名在弘農東十三里魏武帝改曰好陽。正義曰括地志云曹陽故亭一名好陽亭在陝州桃林縣東南十四里即章邯殺周章處二世益遣長史司馬欣董翳佐章邯擊盜殺陳勝城父正義曰父音甫括地志云城父亳州所理縣破項梁定陶正義曰今曹州定陶縣滅魏咎臨濟正義曰今齊州縣楚地盜名將已死章邯乃北渡河擊趙王歇等於鉅鹿正義曰括地志云邢州平鄉縣城本鉅鹿離圍趙王歇即此城趙高說二

世曰先帝臨制天下久故羣臣不敢爲非進邪說今陛下富於春秋初即位柰何與公卿廷決事事即有誤示羣臣短也天子稱朕固不聞聲索隱曰言天子常處禁中臣下屬望纔有兆朕耳不見其形也於是二世常居禁中蔡邕曰禁中者門戶有禁非侍御者不得入故曰禁中與高決諸事其後公卿希得朝見盜賊益多而關中卒發東擊盜者毋已右丞相去疾左丞相斯將軍馮劫進諫曰關東羣盜並起秦發兵誅擊所殺亡甚衆然猶不止盜多皆以戍漕轉作事苦賦稅大也請且止阿房宮作者減省正義上色反四邊戍轉二世曰吾聞之

韓子曰堯舜采椽不刮〔索隱曰采木名刮音栝〕茅茨不翦飯土塯〔徐廣曰呂靜曰飯器謂之塯。索隱曰如字一音鏤不作簋〕啜土形〔如淳曰土形飯器之屬瓦器也。索隱曰飯器以瓦爲之〕雖監門之養〔正義以讓反〕不觳於此〔索隱曰謂監門之卒養即卒也有厮養卒觳音學謂盡也又古學反。正義曰又苦角反爾雅云觳盡也言堯舜采椽不刮茅茨不翦飯土塯啜土形雖監門之人供養亦不盡此之疏陋也〕禹鑿龍門通大夏〔正義曰括地志云大夏今并州晉陽及汾絳等州是昔高辛氏子實沈居之西近河言禹鑿龍門向水道得大通并州之地不壅溢也〕決河亭水〔正義曰亭平也又云決亭壅之水〕放之海身自持築臿〔正義曰臿音初洽反築牆杵也臿鍬也爾雅云鍬謂之臿〕脛毋毛臣虜之勞不烈於此矣〔正義曰烈美也言臣虜之勞猶不美於此矣又烈酷也禹鑿龍門通大夏道決黃河洪水放之海身持鍬杵使腠脛無毛賤臣奴虜之勤勞不酷烈於此辛苦矣〕凡所爲貴有天下者

史記秦始皇帝紀六　三十六

得肆意極欲主重〔正義直拱反〕明法下不敢爲非以制御海內矣夫虞夏之主貴爲天子親處窮苦之實以徇百姓尚何於法朕尊萬乘毋其實吾欲造千乘之駕萬乘之屬充吾號名且先帝起諸侯兼天下天下已定外攘四夷以安邊境〔正義音竟〕作宮室以章得意而君觀先帝功業有緒今朕即位二年之閒羣盜並起君不能禁又欲罷先帝之所爲是上毋以報先帝次不爲朕盡忠力〔正義爲于僞反〕何以在位下去疾斯劫更案責他罪去疾劫曰將相不辱自殺斯卒囚〔正義曰卒子律反囚在由反謂禁錮也〕就

五刑

三年章邯等將其卒圍鉅鹿楚上將軍項羽將楚卒往救鉅鹿冬趙高爲丞相竟案李斯殺之夏章邯等戰數却二世使人讓邯邯恐使長史欣請事趙高弗見又弗信欣恐亡去高使人捕追不及欣見邯曰趙高用事於中將軍有功亦誅無功亦誅項羽急擊秦軍虜王離邯等遂以兵降諸侯八月己亥〔徐廣曰一作卯〕趙高欲爲亂恐羣臣不聽乃先設驗持鹿獻於二世曰馬也二世笑曰丞相誤邪謂鹿爲馬問左右左右或默或言

史記秦始皇帝紀六　三十七

馬以阿順趙高或言鹿者高因陰中諸言鹿者以法後羣臣皆畏高高前數言關東盜毋能爲也及項羽虜秦將王離等鉅鹿下而前章邯等軍數却上書請益助燕趙齊楚韓魏皆立爲王自關以東大氐〔正義曰丁禮反氐猶畧〕盡畔秦吏應諸侯諸侯咸率其衆西鄉沛公將數萬人已屠武關使人私於高高恐二世怒誅及其身乃謝病不朝見二世夢白虎齧其左驂馬殺之心不樂怪問占夢卜曰涇水爲祟〔正義雖遂反〕二世乃齋於望夷宮〔張晏曰望夷宮在長陵西北長平觀道東故亭處是也臨涇水作之以望北夷。正義曰括地志云秦望夷宮在雍州咸〕

陽縣東南八里張晏云臨涇水作之望北夷欲祠涇沈四白馬使使責讓高以盜賊事高懼乃陰與其壻咸陽令閻樂其弟趙成謀曰上不聽諫今事急欲歸禍於吾宗吾欲易置上更立公子嬰子嬰仁儉百姓皆載其言使郎中令爲內應徐廣曰一云郎中令趙成詐爲有大賊令樂召吏發卒追劫樂母置高舍遣樂將吏卒千餘人至望夷宮殿門縛衛令僕射曰賊入此何不止衛令曰周廬設卒甚謹西京賦曰徼道外周千廬內傅薛綜曰士傅宮外向爲廬舍晝則巡行非常夜則警備不虞安得賊敢入宮樂遂斬衛令直將吏入行射郎宦者大驚或走或格格者輒死死者數十人郎中令與樂俱入射上幄坐幃二世怒召左右左右皆惶擾不鬭旁有宦者一人侍不敢去二世入內謂曰公何不蚤告我乃至於此宦者曰臣不敢言故得全使臣蚤言皆已誅安得至今閻樂前即二世數曰足下驕恣蔡邕曰羣臣士庶相與言曰殿下閣下足下侍者執事皆謙類誅殺無道天下共畔足下足下其自爲計二世曰丞相可得見否樂曰不可二世曰吾願得一郡爲王弗許又曰願爲萬戶侯弗許曰願與妻子爲黔首比諸公子閻樂曰臣受命於丞相爲天下誅足下足

下雖多言臣不敢報麾其兵進二世自殺閻樂歸報趙高趙高乃悉召諸大臣公子告以誅二世之狀曰秦故王國始皇君天下故稱帝今六國復自立秦地益小乃以空名爲帝不可宜爲王如故便立二世之兄子公子嬰爲秦王以黔首葬二世杜南宜春苑中令子嬰齋當廟見受王璽齋五日子嬰與其子二人謀曰丞相高殺二世望夷宮恐羣臣誅之乃詳以義立我我聞趙高乃與楚約滅秦宗室而王關中今使我齋見廟此欲因廟中殺我我稱病不行丞相必自來來則殺之高使人請子嬰數輩子嬰不行高果自往曰宗廟重事王柰何不行子嬰遂刺殺高於齋宮三族高家以徇咸陽子嬰爲秦王四十六日楚將沛公破秦軍入武關遂至霸上應劭曰霸水上地名在長安東二十里古者滋水秦穆公更名霸水使人約降子嬰子嬰即係頸以組白馬素車應劭曰組者天子黻也係頸者言欲自殺也素車白馬喪人之服也奉天子璽符降軹道旁徐廣曰在霸陵駰案蘇林曰亭名在長安東十三里沛公遂入咸陽封宮室府庫還軍霸上居月餘諸侯兵至項籍爲從長索隱曰謂合關東爲從長也殺子嬰及秦諸公子宗族遂屠咸陽燒其宮室虜其子女收

其珍寶貨財諸侯共分之滅秦之後各分其地爲三名曰雍王塞王翟王號曰三秦項羽爲西楚霸王主命分天下王諸侯秦竟滅矣後五年天下定於漢

太史公曰秦之先伯翳嘗有勳於唐虞之際受土賜姓及殷夏之間微散至周之衰秦興邑于西垂自繆公以來稍蠶食諸侯竟成始皇始皇自以爲功過五帝地廣三王而羞與之侔善哉乎賈生推言之也曰秦并兼諸侯山東三十餘郡繕津關據險塞修甲兵而守之然陳涉以戍

卒散亂之衆數百奮臂大呼不用弓戟之兵鉏櫌白梃（徐廣曰櫌田器音憂。索隱曰徐以櫌爲田器非也孟康以櫌爲鉏柄蓋得其近也）望屋而食（索隱曰言其兵蠶食天下不裹糧而行）橫行天下（索隱曰謂輕前敵不部伍旅進也舞陽侯曰橫行匈奴中也）秦人阻險不守關梁不闔長戟不刺彊弩不射楚師深入戰於鴻門曾無藩籬之艱於是山東大擾諸侯並起豪俊相立（鶡冠子曰德萬人者謂之儁德千人者謂之豪德百人者謂之英。索隱曰謂武臣田儋魏豹之屬）秦使章邯將而東征章邯因以三軍之衆要市於外（索隱曰此評失也章邯之降由趙高用事不信任軍將一則恐誅二則楚兵既盛王離見虜乃遂降耳非三軍要市於外以求封明矣）以謀其上羣臣之不信可見於此矣子嬰立遂不寤藉

使子嬰有庸主之材僅得中佐山東雖亂秦之地可全而有宗廟之祀未當絕也秦地被山帶河以爲固四塞之國也自繆公以來至於秦王二十餘君常爲諸侯雄豈世世賢哉其勢居然也且天下嘗同心并力而攻秦矣當此之世賢智並列良將行其師賢相通其謀然困於阻險而不能進秦乃延入戰而爲之開關百萬之徒逃北而遂壞豈勇力智慧不足哉形不利勢不便也秦小邑并大城（徐廣曰大一作小）守險塞而軍高壘毋戰閉關據阸荷戟而守之諸侯起於匹夫以

利合非有素王之行也其交未親其下未附名爲亡秦其實利之也彼見秦阻之難犯也必退師安土息民以待其敝（索隱曰賈誼書安作案）收弱扶罷以令大國之君不患不得意於海內貴爲天子富有天下而身爲禽者其救敗非也秦王足己不問遂過而不變二世受之因而不改暴虐以重禍子嬰孤立無親危弱無輔三主惑而終身不悟亡不亦宜乎當此時也世非無深慮知化之士也然所以不敢盡忠拂過者秦俗多忌諱之禁忠言未卒於口而身爲戮沒矣故使天下之

士傾耳而聽重足而立拑口而不言是以三主失道忠臣不敢諫智士不敢謀天下已亂姦不上聞豈不哀哉先王知雍蔽之傷國也故置公卿大夫士以飾法設刑而天下治其彊也禁暴誅亂而天下服其弱也五伯征而諸侯從其削也內守外附而社稷存故秦之盛也繁法嚴刑而天下振及其衰也百姓怨望而海內畔矣故周五 索隱曰賈誼書五作王 序得其道而千餘歲不絕秦本末並失故不長久由此觀之安危之統相去遠矣野諺曰前事之不忘後事之師也是以君子爲國觀之上古驗之當世參以人事察盛衰之理審權勢之宜去就有序變化有時故曠日長久而社稷安矣秦孝公據殽函之固擁雍州之地君臣固守而窺周室有席卷天下 索隱曰按春秋緯曰諸侯氷散席卷也 包舉宇內囊括四海之意 張晏曰括結囊也言其能包含天下 ○索隱註同 并吞八荒之心當是時商君佐之 索隱曰商君衞公孫鞅仕秦爲左庶長遂爲秦制法孝公致霸封之於商號商君 內立法度務耕織修守戰之備外連衡而鬬諸侯 索隱曰戰國策曰蘇秦亦爲秦連衡高誘曰合關東從道之秦故曰連衡也 於是秦人拱手而取西河之外孝公既沒惠王武王蒙故業因遺冊南兼漢中西舉

巴蜀東割膏腴之地收要害之郡諸侯恐懼會盟而謀弱秦不愛珍器重寶肥美之地以致天下之士合從締交 漢書音義曰締結也 相與爲一當是時齊有孟嘗趙有平原楚有春申魏有信陵此四君者皆明知而忠信寬厚而愛人尊賢重士約從離衡 索隱曰言孟嘗等四君皆爲其國共相約結爲從以離散秦之横 并韓魏燕楚齊趙宋衞中山之衆於是六國之士 索隱曰六國者韓魏趙燕楚齊是也與秦爲七雄又六國與宋衞中山爲九國其三國孟嘗又前亡 有甯越徐尚蘇秦杜赫之屬爲之謀 徐廣曰越一作經或自別有此人不必甯越也○索隱曰甯越趙人賈誼作甯越徐尚未詳蘇秦東周洛陽人呂氏春秋杜赫以安天下說周昭文君高誘曰杜赫周人也 齊明周最陳軫昭滑樓緩翟景蘇厲樂毅之徒通其意 索隱曰戰國策齊明東周臣後仕秦楚又韓周最周之公子亦仕秦陳軫夏人亦仕秦昭滑楚人樓緩魏文侯之弟所謂樓子也蘇厲秦之弟仕齊樂毅本齊臣入燕燕昭王以客禮待之以爲亞卿翟景未詳也 吳起孫臏帶佗兒良王廖田忌廉頗趙奢之朋制其兵 索隱曰吳起衞人事魏文侯爲將孫臏孫武之後也春秋曰王廖貴先兒良貴後二人皆天下之豪士田忌齊將也廉頗趙奢皆趙之將也 常以十倍之地百萬之衆叩關而攻秦秦人開關延敵九國之師逡巡遁逃而不敢進秦無亡矢遺鏃之費而天下諸侯已困矣於是從散約解爭割地而奉秦秦有餘力而制其敝追亡逐北伏尸百萬流血漂鹵 徐廣曰鹵楯也 因利乘便宰

割天下分裂河山彊國請服弱國入朝延及孝文王莊襄王享國日淺國家無事及至秦王續六世之餘烈張晏曰孝公惠文王武王昭王孝文王莊襄王振長策而御宇內吞二周而亡諸侯履至尊而制六合執捶拊徐廣曰拊拍也音府一作搞朴○索隱曰賈本論作搞朴以鞭笞天下威振四海南取百越之地韋昭曰越有百邑以為桂林象郡百越之君俛首係頸委命下吏乃使蒙恬北築長城而守藩籬却匈奴七百餘里胡人不敢南下而牧馬士不敢彎弓而報怨於是廢先王之道焚百家之言以愚黔首隳名城應劭曰壞堅城恐人復阻以害己也殺豪

俊收天下之兵聚之咸陽銷鋒鑄鐻以為金人十二以弱黔首之民然後斬華為城徐廣曰斬一作踐駰案服虔曰斷華山為城○索隱曰踐亦出賈本論又崔浩云踐登也因河為津據億丈之城臨不測之谿以為固良將勁弩守要害之處信臣精卒陳利兵而誰何如淳曰何猶問也○索隱曰崔浩云何或為呵漢舊儀宿衛郎官分五夜誰呵呵夜行者誰也何呵字同天下以定秦王之心自以為關中之固金城千里索隱曰金城言其實且堅也韓子曰雖有金城湯池漢書張良亦曰關中所謂金城千里天府之國子孫帝王萬世之業也秦王既沒餘威振於殊俗陳涉甕牖繩樞之子服虔曰以繩係戶樞也孟康曰以瓦甕為窗也甿隸之人如淳曰甿古氓字氓民也而遷徙之徒才能

不及中人非有仲尼墨翟之賢陶朱猗頓之富躡足行伍之間而倔起什伯之中漢書音義曰首出十長百長之中如淳曰時皆辟屈在十百之中率罷散之卒將數百之衆而轉攻秦斬木為兵揭竿為旗天下雲集響應贏糧而景從山東豪俊遂並起而亡秦族矣且夫天下非小弱也雍州之地殽函之固自若也韋昭曰殽謂二殽函函谷關也陳涉之位非尊於齊楚燕趙韓魏宋衛中山之君鉏櫌棘矜服虔曰以鉏柄及棘作矛槿也如淳曰櫌椎塊椎也非銛於句戟長鎩也徐廣曰鈠一作銛駰案如淳曰長刃矛也又曰矛刃下有鐵橫方上曲勾鎩音所拜反適戍之衆非抗於九國之師深謀遠慮行軍用

兵之道非及鄉時之士也然而成敗異變功業相反也試使山東之國與陳涉度長絜大漢書音義曰絜束之絜比權量力則不可同年而語矣然秦以區區之地千乘之權招八州而朝同列百有餘年矣然後以六合為家殽函為宮一夫作難而七廟隳身死人手為天下笑者何也仁義不施而攻守之勢異也秦并海內兼諸侯南面稱帝徐廣曰一本有此篇無前者秦孝公已下而又以秦并兼諸侯山東三十餘郡繼此末也○索隱曰按賈誼過秦論以孝公已下為上篇秦兼并諸侯山東三十餘郡為下篇鄒誕生云太史公刪賈誼過秦篇著此論當其義而省其辭褚先生增續既已混殽而世俗小智不唯刪省之旨合為本論於此不同也今頗亦不可分別以養四海天下

之士斐然鄉風若是者何也曰近古之無王者
久矣周室卑微五霸既歿令不行於天下是以
諸侯力政彊侵弱衆暴寡兵革不休士民罷敝
今秦南面而王天下是上有天子也既元元之
民冀得安其性命莫不虛心而仰上當此之時
守威定功安危之本在於此矣秦王懷貪鄙之
心行自奮之智不信功臣不親士民廢王道立
私權禁文書而酷刑法先詐力而後仁義以暴
虐爲天下始夫并兼者高詐力安定者貴順權
此言取與守不同術也秦離戰國而王天下其

道不易其政不改是其所以取之守之者異也
孤獨而有之故其亡可立而待借使秦王計上
世之事並殷周之迹以制御其政後雖有淫驕
之主而未有傾危之患也故三王之建天下名
號顯美功業長久今秦二世立天下莫不引領
而觀其政夫寒者利裋褐（徐廣曰一作短小襦也音豎。索隱曰趙岐曰褐以毛毳織之若馬衣或以褐編衣也裋一音豎蓋謂褐布豎裁爲勞役之衣短而且狹故謂之短褐亦曰豎褐）而飢
者甘糟糠天下之嗷嗷新主之資也此言勞民
之易爲仁也鄉使二世有庸主之行而任忠賢
臣主一心而憂海內之患縞素而正先帝之過

裂地分民以封功臣之後建國立君以禮天下
虛囹圄而免刑戮除去收帑汙穢之罪使各反
其鄉里發倉廩散財幣以振孤獨窮困之士輕
賦少事以佐百姓之急約法省刑以持其後使
天下之人皆得自新更節修行各慎其身塞萬
民之望而以威德與天下天下集矣即四海之
內皆讙然各自安樂其處唯恐有變雖有狡猾
之民無離上之心則不軌之臣無以飾其智而
暴亂之姦止矣二世不行此術而重之以無道
壞宗廟與民（徐廣曰一無此上五字）更始作阿房宮繁刑嚴

誅吏治刻深賞罰不當賦斂無度天下多事吏
弗能紀百姓困窮而主弗收恤然後姦偽並起
而上下相遁蒙罪者衆刑戮相望於道而天下
苦之自君卿以下至于衆庶人懷自危之心親
處窮苦之實咸不安其位故易動也是以陳涉
不用湯武之賢不藉公侯之尊奮臂於大澤而
天下響應者其民危也故先王見始終之變知
存亡之機是以牧民之道務在安之而已天下
雖有逆行之臣必無響應之助矣故曰安民可
與行義而危民易與爲非此之謂也貴爲天子

富有天下身不免於戮殺者正傾非也是二世
之過也襄公立享國十二年初為西畤葬西垂
索隱曰此已下重序列秦之先君立年及葬處皆當據秦紀為說與正史小有不同今取異說重列於後襄公秦仲孫莊公子救周周始命為諸侯初為西畤祠白帝立十三年葬西土生文公文公立居西垂
宮五十年死葬西垂索隱曰作鄜畤又作陳寶祠生靜公靜公
不享國而死生憲公憲公享國十二年居西新
邑死葬衙地理志馮翊有衙縣。索隱曰憲公城蕩社居新邑葬衙本紀憲公徙居平陽葬西山生
武公德公出子出子享國六年居西陵索隱曰一云居西陂
葬衙本紀不云庶長弗忌威累參父三人率賊賊出子鄙
衍葬衙武公立武公享國二十年居平陽封宮

徐廣曰一云居平封宮葬宣陽聚東南索隱曰紀云葬平陽初以人從死三庶
長伏其罪德公立德公享國二年居雍大鄭宮
生宣公成公繆公葬陽初伏以御蠱索隱曰二年初伏本紀此
下居葬絕不言也宣公享國十二年居陽宮葬陽索隱曰四年作密畤
初志閏月成公享國四年居雍之宮葬徐廣曰之一作走
陽齊伐山戎孤竹繆公享國三十九年天子致
霸葬雍繆公學著人索隱曰著音貯又音宁著即宁也門屏之間曰宁謂學於宁門
之人故詩云俟我於著乎而是也生康公康公享國十二年居雍高
寢葬竘社生共公共公享國五年居雍高寢葬
康公南生桓公桓公享國二十七年居雍太寢

葬義里丘北生景公索隱曰一作僖公系本云名后伯車景公享國四
十年居雍高寢葬丘里正義曰丘一作二也南生畢公徐廣曰春
秋作哀公畢公享國三十六年正義作三十七年葬車里北生
夷公夷公不享國死葬左宮生惠公正義曰十年葬車里元年
孔子行魯相事惠公享國十年葬車里康景生悼公悼公
享國十五年正義曰雍本紀作十四年葬僖公西城雍生剌正義
曰一作利龔公索隱曰一作厲共公剌龔公享國三十四年葬入
里徐廣曰一作人生躁公索隱曰又作趮公。正義曰十四年居受寢葬悼公南也懷公正義
曰四年葬櫟圉氏其十年彗星見躁公享國十四年居受
寢葬悼公南其元年彗星見徐廣曰年表云星晝見懷公從

晉來享國四年葬櫟圉氏生靈公諸臣圍懷公
懷公自殺肅靈公昭子子也徐廣曰懷公生昭子昭子生靈公。索隱曰紀
年及系本無肅字立十年表同紀十二年居涇陽享國十年葬悼公西生
簡公簡公從晉來享國十五年葬僖公西索隱曰按
本紀簡公名悼子即剌龔公之子懷公弟也且紀及系本皆以為然今此文云靈公爹也立十六年葬僖公西生惠
公其七年百姓初帶劍惠公享國十三年葬陵
圉索隱曰王劭按紀年云簡公後次敬公敬公立十三年乃至惠公辭即難憑時系異說生出公出
公享國二年索隱曰系本謂少主出公自殺葬雍獻公享國
二十三年徐廣曰靈公子。索隱曰系本稱元獻公立二十二年表同紀二十四年葬囂圉
生孝公孝公享國二十四年索隱曰本紀十二年葬弟圉生

惠文王其十三年始都咸陽正義曰本紀云十二年作咸陽築冀闕是十三年始都之惠文王享國二十七年索隱曰十九而立葬公陵正義曰括地志云秦惠文王陵在雍州咸陽縣西北一十四里生悼武王悼武王享國四年葬永陵徐廣曰皇甫謐曰葬畢今安陵西畢陌○索隱曰系本作武烈王十九而立立三年本紀四年○正義曰括地志云秦悼武王陵在雍州咸陽縣西十里俗名周武王陵非也昭襄王享國五十六年葬茝陽索隱曰十九年而立葬芷陵也○正義曰括地志云秦莊襄王陵在雍州新豐縣西南三十五里俗亦謂爲子楚始皇陵在北故亦謂爲見子陵生孝文王孝文王享國一年葬壽陵生莊襄王莊襄王享國三年葬茝陽生始皇帝呂不韋相獻公立七年初行爲市十年爲戶籍相伍孝公立十六年時桃李

冬華惠文王生十九年而立立二年初行錢有新生嬰兒曰秦且王悼武王生十九年而立立三年渭水赤三日昭襄王生十九年而立立四年初爲田開阡陌孝文王生五十三年而立莊襄王生三十二年而立立二年取太原地莊襄王元年大赦脩先王功臣施德厚骨肉布惠於民東周與諸侯謀秦秦使相國不韋誅之盡入其國秦不絕其祀以陽人地賜周君奉其祭祀始皇享國三十七年葬酈邑正義酈力知反生二世皇帝始皇生十三年而立二世皇帝享國三年葬

宜春正義曰括地志云秦故胡亥陵在雍州萬年縣南三十四里上文葬以黔首也趙高爲丞相安武侯二世生十二年而立徐廣曰本紀云二十一右秦襄公至二世六百一十歲正義曰秦本紀自襄公至二世五百七十六年矣年表自襄公至二世五百六十一年三說並不同未知孰是孝明皇帝正義曰班固典引云後漢明帝永平十七年詔問班固太史遷贊語中寧有非耶班固上表陳秦過失及賈誼言答之十七年十月十五日乙丑日索隱曰此已下是漢孝明帝訪班固評賈馬贊中論秦二世亡天下之得失後人因取其說附之此末周歷已移正義曰周初卜世三十卜年七百以五亭得其道故王至三十七歲至八百六十七曆數既過秦并天下是周曆已移也仁不代母秦直其位索隱曰周曆已移周亡也仁不代母謂周得木德木生火周爲漢母也言曆運之道仁恩之情子不代母而王謂火不代木言漢不合即代周也秦值其閏位得在木之間也此論者之辭也。正義曰始皇以爲周火德秦代周從所不勝爲水德之

始也按周木德也秦水德也五行之運水生木木生火火生土土生金金生水所生者爲母出者爲子帝王之次子代母秦稱水是母代子故言若有德之君相代不母承其子直音值言秦并天下稱帝是秦德值帝王之位呂政殘虐然以諸侯十三始皇初爲秦王年十三也○索隱曰呂政者始皇名政是呂不韋幸姬有娠獻莊襄王而生始皇故云呂政并兼天下極情縱欲養育宗親三十七年兵無所不加制作政令施於後王正義曰謂置郡縣壞井田開阡陌不立侯王始爲伏臘又置丞相太尉御史大夫奉常郎中令僕射廷尉典客宗正少府中尉將作詹事水衡都尉監守縣令丞等皆施於後王至于隋唐矣蓋得聖人之威河神授圖正義曰蓋者疑辭也言始皇之威能吞并天下稱帝疑得聖人之威靈河神之圖錄據狼狐蹈參伐佐攻驅除正義曰狼音郎狼狐主弓矢星天官書云參伐主斬艾事言秦據蹈狼狐參伐之氣驅滅天下距之正義上音巨之至也稱始皇始皇既歿胡亥極愚酈

山未畢復作阿房以遂前策云凡所爲貴有天下者肆意極欲大臣至欲罷先君所爲誅斯去疾任用趙高痛哉言乎人頭畜鳴正義曰畜許又反言胡亥人身有頭面口能言語不辨好惡若六畜之鳴不威不伐惡正義曰此五字爲一句也不篤不虛云正義曰言胡亥藉帝王之威器殘酷暴虐滋己惡惡既深篤以至滅亡豈其虛哉距之不得留殘虐以促期雖居形便之國猶不得存子嬰度次得嗣冠正義音館玉冠佩華紱正義音拂車黃屋蔡邕曰黃屋者蓋以黃爲裏從百司正義從才用反謁七廟小人乘非位莫不怳忽失守偷安日日獨能長念卻慮父子作權近取於戶牖之閒竟誅猾臣爲正義于僞反君討賊高死之後賓婚未得盡相勞餐食未及下咽酒未及濡脣楚兵已屠關中眞人翔霸上素車嬰組奉其符璽以歸帝者鄭伯茅旌鸞刀嚴王退舍公羊傳曰楚莊王伐鄭鄭伯肉袒左執茅旌右執鸞刀以逆莊王莊王退舍七里何休曰茅旌鸞刀祭祀宗廟所用也執宗廟器者示以宗廟血食自歸○正義旌音精嚴音莊河決不可復壅魚爛不可復全索隱曰宋均曰言如魚之爛從內而出賈誼司馬遷曰向使嬰有庸主之才僅得中佐山東雖亂秦之地可全而有宗廟之祀未當絕也秦之積衰天下土崩瓦解正義曰言秦國敗壞若屋宇崩頹衆瓦解散也雖有周旦之材無所復陳其巧而以責一日之孤正義曰日音馹一日之孤謂子嬰誤哉俗傳

秦始皇起罪惡胡亥極得其理矣復責小子正義曰亦謂子嬰云秦地可全所謂不通時變者也紀季以酅春秋不名春秋曰紀季以酅入于齊公羊傳曰何以不名賢之也謂設五廟以存姑姊妹也○正義曰酅音戶圭反括地志云安平城在青州臨淄縣東十九里古紀之酅邑帝王紀云周之紀國姜姓也紀侯譖齊哀公於周懿王王烹之外傳曰紀侯入爲周士竹書云齊襄公滅紀郱鄑郚又括地志云郱城在青州臨朐縣東三十里鄑城在北海縣東北七十里郚城在密州安丘縣界郱音駢鄑音訾按秦始起罪惡胡亥極得其理國既崩絕箕子比干尚不能存勢庸主子嬰焉能救秦之敗以賈誼史遷不通時變不如紀季之深識也季紀侯少弟不書名故曰紀季吾讀秦紀至於子嬰車裂趙高未嘗不健其決憐其志嬰死生之義備矣徐廣曰班固典引曰永平十七年詔問臣固太史遷贊語中寧有非邪臣對賈誼言子嬰得中佐秦未絕也此言非是臣素知之耳

索隱述贊曰

六國陵替　二周淪亡

并一天下　號爲始皇

阿房雲構　金狄成行

南遊勒石　東瞰浮梁

滈池見遺　沙丘告喪

二世矯制　趙高是與

詐因指鹿　災生噬虎

子嬰見推　恩報君父

下乏中佐　上乃庸主

欲振頹綱　云誰克補

史壹萬叄阡壹伯柒拾捌字

注壹萬叄阡伍伯柒拾伍字

秦始皇本紀第六　史記六

項羽本紀第七 索隱曰項羽崛起爭雄一朝假號西楚竟未踐天子之位而身首別離斯亦不可稱本紀宜降爲世家　　史記七

項籍者下相人也 地理志臨淮有下相縣。索隱曰縣名屬臨淮案應劭云相水名出沛國沛國有相縣其水下流又因置縣故名下相也。正義曰括地志云相故城在泗州宿預縣西北七十里秦縣項胡講反 籍秦昔反 字羽 索隱曰按序傳籍字子羽也 初起時年二十四其季父項梁 索隱云崔浩云伯仲叔季兄弟之次故叔云叔父季云季父 梁父即楚將項燕 正義曰燕烏賢反 爲秦將王翦所戮者也 始皇本紀云項燕自殺。索隱曰此云爲王翦所戮與楚漢春秋同而始皇本紀云項燕自殺不同者蓋燕爲王翦所圍逼而自殺故不同也 項氏世世爲楚將封於項 索隱曰地理志項城縣屬汝南。正義曰括地志云今陳州項城縣城即古項子國 故姓項氏項籍少時學書不成去學劍又不成項梁怒之籍曰書足以記名姓而已劍一人敵不足學學萬人敵於是項梁乃教籍兵法籍大喜略知其意又不肯竟學項梁嘗有櫟陽逮 索隱曰按逮訓及謂有罪相連及爲櫟陽縣所逮錄也故漢史制獄有逮捕。正義曰櫟音藥逮音代 乃請蘄 蘇林曰蘄音機縣屬沛國 獄掾曹咎書抵櫟陽獄掾司馬欣以故事得已 應劭曰項梁曾坐事傳繫櫟陽獄從蘄獄掾曹咎取書與司馬欣抵歸已止也韋昭曰抵至也謂梁嘗被櫟陽縣逮捕梁乃請蘄獄掾曹咎書至櫟陽獄掾司馬欣事故得止息也。索隱曰服虔云抵歸也劉伯莊云抵相憑託也 項梁殺人與籍避仇於吳中吳中賢士大夫皆出項梁下每吳中有大繇役及喪項梁常爲主辦陰以兵法部勒賓客及子弟以是知

其能秦始皇帝游會稽渡浙江 索隱曰韋昭云浙江在今錢唐浙音折晉灼音逝非也蓋其流曲折莊子所謂制河即其水也制折聲相近 梁與籍俱觀籍曰彼可取而代也梁掩其口曰毋妄言族矣梁以此奇籍籍長八尺餘力能扛鼎 韋昭曰扛舉也。索隱曰說文云扛橫關對舉也音江 才氣過人雖吳中子弟皆已憚籍矣秦二世元年七月陳涉等起大澤中 索隱曰徐氏云在沛郡蘄縣 其九月會稽守 徐廣曰爾時未言太守。正義曰守音狩漢書云景帝中二年七月更郡守爲太守 通謂梁曰 楚漢春秋曰會稽假守殷通。正義曰按言假者兼攝之也 江西皆反此亦天亡秦之時也吾聞先即制人後則爲人所制 索隱曰謂先舉兵能制得人後則爲人所制故荀子曰制人之與爲人制也相去遠矣 吾欲發兵使公及桓楚 正義曰張晏云項羽殺宋義時桓楚爲羽使懷王 將是時桓楚亡在澤中梁曰桓楚亡人莫知其處獨籍知之耳梁乃出誡籍持劍居外待梁復入與守坐曰請召籍使受命召桓楚守曰諾梁召籍入須臾梁眴籍曰可行矣於是籍遂拔劍斬守頭項梁持守頭佩其印綬門下大驚擾亂籍所擊殺數十百人 索隱曰此不定數也自百已下或至八十九十故云數十百 一府中皆慴伏 索隱曰說文云慴失氣也音之涉反 莫敢起梁乃召故所知豪吏諭以所爲起大事遂舉吳中兵使人收下縣得精兵八千人梁部署吳中豪傑爲校尉候司馬有

一人不得用自言於梁梁曰前時某喪使公主某事不能辦以此不任用公衆乃皆伏於是梁爲會稽守籍爲裨將徇下縣（李奇曰徇略也如淳曰徇音撫徇之徇徇其人民）廣陵人召平於是爲陳王徇廣陵（正義曰揚州）未能下（正義曰下胡嫁反以兵威服之曰下）聞陳王敗走秦兵又且至乃渡江矯陳王命（正義曰矯紀兆反召平從廣陵渡京口江至吳詐陳王命拜梁）拜梁爲楚王上柱國（徐廣曰二世之二年正月也駰案應劭曰上柱國上卿官若今相國也）曰江東已定急引兵西擊秦項梁乃以八千人渡江而西聞陳嬰已下東陽（晉灼曰東陽縣本屬臨淮郡漢明帝分屬下邳後復分屬廣陵○索隱曰下音如字按以兵威服之曰下胡嫁反彼自歸伏曰下如字讀他皆倣此東陽縣名屬廣陵○正義曰括地志東陽故城在楚州盱眙縣東七十里秦東陽縣城也在淮水南）使使與連和俱西陳嬰者故東陽令史（晉灼曰漢儀注曰令吏曰令史丞吏曰丞史○正義曰楚漢春秋云東陽獄史陳嬰）居縣中素信謹稱爲長者東陽少年殺其令相聚數千人欲置長無適用乃請陳嬰嬰謝不能遂彊立嬰爲長縣中從者得二萬人少年欲立嬰便爲王異軍蒼頭特起（應劭曰蒼頭特起言與衆異也蒼頭謂士卒皁巾若赤眉青領以相別也如淳曰魏君兵卒之號也戰國策魏有蒼頭二十萬○索隱曰晉灼曰殊異其軍爲蒼頭謂著青帽如淳云特起猶言新起也按爲蒼頭軍特起欲立陳嬰爲王嬰母不許嬰稱王言天下方亂未知瞻烏所止）陳嬰母謂嬰曰自我爲汝家婦未嘗聞汝先古之有貴者今暴得大名不祥不如有所屬事

成猶得封侯事敗易以亡非世所指名也（張晏曰陳嬰母潘旌人墓在潘旌○索隱曰潘旌是邑聚之名後爲縣屬臨淮）嬰乃不敢爲王謂其軍吏曰項氏世世將家有名於楚今欲舉大事將非其人不可我倚名族亡秦必矣於是衆從其言以兵屬項梁項梁渡淮黥布蒲將軍（服虔曰英布起於蒲地因以爲號如淳曰言當陽君蒲將軍皆屬項羽此自更有蒲將軍○索隱曰按布姓英咎繇之後後以罪被黥故改姓黥以應相者之言韋昭云蒲姓也是英布與蒲將軍二人共以兵屬項梁也故服虔以爲英布起蒲非也按黥布初起於江湖之間）亦以兵屬焉凡六七萬人軍下邳（正義曰被悲反下邳泗水縣也應劭云邳在薛徙此故曰下邳按有上邳故曰下邳）當是時秦嘉（陳涉世家曰秦嘉廣陵人）已立景駒爲楚王（文穎曰景駒楚族景氏駒名）軍彭城東（正義曰括地志云徐州彭城縣古相國也言秦嘉軍於此城之東）欲距項梁項梁謂軍吏曰陳王先首事戰不利未聞所在今秦嘉倍陳王而立景駒逆無道乃進兵擊秦嘉秦嘉軍敗走追之至胡陵（鄧展曰今胡陸屬山陽漢章帝改曰胡陵）嘉還戰一日嘉死軍降景駒走死梁地項梁已并秦嘉軍軍胡陵將引軍而西章邯軍至栗（徐廣曰縣名在沛）項梁使別將朱雞石餘樊君與戰餘樊君死朱雞石軍敗亡走胡陵項梁乃引兵入薛（正義曰括地志云故薛城古薛侯國也在徐州滕縣界黃帝之所封左傳曰定公元年薛宰云薛之祖奚仲居薛爲夏車正後爲孟嘗君田文封邑也）誅雞石項梁前使項羽別攻襄城（正義曰許州襄城縣）襄城堅

守不下已拔皆阬之還報項梁項梁聞陳王定死召諸別將會薛計事此時沛公亦起沛往焉居鄛人范增索隱曰晉灼音勦絶之勦地理志居鄛縣在廬江郡音巢居巢故巢國夏桀所奔荀悅漢紀云范增阜陵人年七十素居家好奇計往說項梁曰陳勝敗固當正義曰顏著作云固宜當當應敗也當音如字夫秦滅六國楚最無罪自懷王入秦不反楚人憐之至今故楚南公曰徐廣曰楚人也善言陰陽駰案文穎曰南方老人也○正義曰虞喜志林云南公者道士識廢興之數知亡秦者必於楚漢書藝文志云南公十三篇六國時人在陰陽家流楚雖三戶亡秦必楚也瓚曰楚人怨秦雖三戶猶足以亡秦也○索隱曰臣瓚與蘇林解同韋昭以為三戶楚三大姓昭屈景也二說皆非按左氏以畀楚師于三戶杜預註云今冊水縣北三戶亭則是地名不疑○正義曰按服虔云三戶漳水津也孟康云津狹名也在

鄴西三十里括地志云濁漳水又東經葛公亭北經三戶峽為三戶津在相州滏陽縣界然則南公辨陰陽識廢興之數知秦亡必於三戶故出此言後項羽果度三戶津破章邯軍降章邯秦遂亡是南公之善識今陳勝首事不立楚後而自立其勢不長今君起江東楚蠭起之將如淳曰蠭起猶言蠭午也眾蠭飛起交橫若午言其多也○索隱曰凡物交橫為午言蜂之起交橫屯聚也故劉向傳註云蜂午雜沓也鄭玄云一縱一橫為午皆爭附君者以君世世楚將為能復立楚之後也正義曰為于偽反於是項梁然其言乃求楚懷王孫心民間為人牧羊立以為楚懷王徐廣曰此時二世之二年六月從民所望也應劭曰以祖謚為號者順民望陳嬰為楚上柱國封五縣與懷王都盱台鄭玄曰音吁怡○正義曰盱況于反眙以之反盱眙今楚州臨淮水懷王都之項梁自號為武信君

居數月引兵攻亢父正義曰亢音剛又若浪反父音甫括地志云亢父故城在兗州任城縣南五十一里與齊田榮司馬龍且正義曰子余反軍救東阿正義曰括地志云東阿故城在濟州東阿縣西南二十五里漢東阿縣城秦時齊之阿也大破秦軍於東阿田榮即引兵歸逐其王假假亡走楚假相田角亡走趙角弟田間故齊將居趙不敢歸田榮立田儋子市為齊王項梁已破東阿下軍遂追秦軍數使使趣正義曰下使色吏反趣音促齊兵欲與俱西田榮曰楚殺田假趙殺田角田間乃發兵項梁曰田假為與國之王如淳曰相與交善為與國黨與也○索隱曰高誘註戰國策云與國同福之國也窮來從我不忍殺之趙亦不殺田角田間

以市於齊張晏曰若市買相貿易以利也梁救榮難猶不用命梁念殺假等榮未必多出兵不如依春秋寄公待以禮也又可以貿易他利以除己害遂背德可輔假以伐齊故曰市貿易也晉灼曰假故齊王建之弟欲令楚殺之以為己利而楚保全不殺以買其計故曰市也○索隱曰韋昭云市利於齊也劉氏亦云市猶要也留田假而不殺欲以要脅田榮也齊遂不肯發兵助楚項梁使沛公及項羽別攻城陽正義曰括地志云濮州雷澤縣本漢郕陽在州東九十一里地理志云城陽屬濟陰郡古郕伯國姬姓之國史記周武王封季弟載于郕其後遷於城之陽故曰城陽屠之西破秦軍濮陽東正義曰括地志云濮陽縣在濮州西八十六里濮縣也古昆吾之國按攻城陽屠之西破秦軍濮陽縣也東即此縣東秦兵收入濮陽沛公項羽乃攻定陶正義曰定陶曹州城也從濮陽南攻定陶定陶未下去西略地至雝丘正義曰雍丘今汴州縣也地理志云古杞國武王封禹後於杞號東樓公二十一世簡公為楚所滅即此城也大破秦軍斬

李由（應劭曰由李斯子也）還攻外黃（正義曰括地志云故周城即外黃之地在雍丘縣東張晏曰魏郡有內黃縣故加外也臣瓚曰縣有黃溝故名）外黃未下項梁起東阿西北至定陶再破秦軍項羽等又斬李由益輕秦有驕色宋義乃諫項梁曰戰勝而將驕卒惰者敗今卒少惰矣秦兵日益臣爲君畏之項梁弗聽乃使宋義使於齊道遇齊使者高陵君顯（張晏曰顯名也高陵縣名○索隱曰晉灼云高陵屬琅邪）曰公將見武信君乎曰然曰臣論武信君軍必敗公徐行即免死疾行則及禍秦果悉起兵益章邯擊楚軍大破之定陶項梁死沛公項羽去外黃攻陳留陳留堅守不能下沛公項羽相與謀曰今項梁軍破士卒恐乃與呂臣軍俱引兵而東呂臣軍彭城東項羽軍彭城西沛公軍碭（應劭曰碭屬梁國蘇林曰碭音唐○正義曰括地志云宋州碭山縣本漢碭縣也在宋州東百五十里）章邯已破項梁軍則以爲楚地兵不足憂乃渡河擊趙大破之當此時趙歇爲王陳餘爲將張耳爲相皆走入鉅鹿城章邯令王離涉間圍鉅鹿（張晏曰涉姓間名秦將也）章邯軍其南築甬道而輸之粟（應劭曰恐敵抄輜重故築牆垣如街巷也）陳餘爲將將卒數萬人而軍鉅鹿之北此所謂河北之軍也楚兵已破於定陶懷王恐從盱台之彭城并項羽

呂臣軍自將之以呂臣爲司徒以其父呂青爲令尹（應劭曰天子曰師尹諸侯曰令尹時去六國尚近故置令尹瓚曰諸侯之卿唯楚稱令尹時立楚之後故置官司皆如楚舊）以沛公爲碭郡長（蘇林曰長如郡守也）封爲武安侯將碭郡兵初宋義所遇齊使者高陵君顯在楚軍見楚王曰宋義論武信君之軍必敗居數日軍果敗兵未戰而先見敗徵此可謂知兵矣王召宋義與計事而大說之因置以爲上將軍項羽爲魯公爲次將范增爲末將救趙諸別將皆屬宋義號爲卿子冠軍（徐廣曰一作慶文穎曰卿子時人相褒尊之辭猶言公子也上將故言冠軍張晏曰若霍去病功冠三軍因封爲冠軍侯至今爲縣名）行至安陽留四十六日不進（索隱曰傅寬傳云從攻安陽扛里則安陽與扛里俱在河南顏師古以爲今相州安陽縣按此兵猶未渡河不應即至相州安陽今檢後魏書地形志云己氏有安陽城改己氏爲楚丘今宋州楚丘西北四十里有安陽故城是也○正義曰括地志云安陽縣相州所理七國時魏寧新中邑秦昭王拔魏寧新中更名安陽張耳傳云章邯軍鉅鹿南築甬道河餉王離項羽數絕邯甬道又云渡河湛船持三日糧按從滑州白馬津齎三日糧不至邢州明此渡河相州漳河也宋義遣其子襄相齊送之至無鹽即今鄆州之東宿城是也若依顏監說在相州安陽宋義送子不可棄軍渡河南向齊西南入魯界飲酒高會非入齊之義雖知送子曲由宋州安陽理順然向鉅鹿甚遠不能數絕章邯甬道及持三日糧至也均之二理安陽送子至無鹽爲長濟河絕甬道持三日糧寧有遲留史家多不委曲說之也）項羽曰吾聞秦軍圍趙王鉅鹿疾引兵渡河楚擊其外趙應其內破秦軍必矣宋義曰不然夫搏牛之蝱不可以破蟣蝨

如淳曰用力多而不可以破蟣蝨猶言欲以大力伐秦而不可以救趙也○索隱曰張晏云搏音博韋昭云蝱大在外蝨小在內故顏師古言以手擊牛可以殺其上蝱而不能破其內蝨蟣喻方欲滅秦不可與章邯即戰也鄒氏言蝱之搏牛本不擬破其上之蟣蝨以言志在大不在小也今秦攻趙戰勝則兵罷我承其敝不勝則我引兵鼓行而西必舉秦矣故不如先鬬秦趙夫被堅執銳義不如公坐而運策公不如義因下令軍中曰猛如虎很如羊正義很何懇反貪如狼彊不可使者皆斬之乃遣其子宋襄相齊身送之至無鹽索隱曰按地理志東平郡之縣在今鄆州之東飲酒高會韋昭曰皆召尊爵故云高會○索隱曰服虔云大會也天寒大雨士卒凍飢項羽曰將戮力而攻秦久留不行今歲饑民貧士卒食芋菽徐廣曰芋一作半半五升器也駰案瓚曰士卒食蔬菜以菽雜半之○索隱曰芋蹲鴟也菽豆也臣瓚義亦通漢書作半菽王劭曰言半量器名容半升也軍無見糧正義曰胡練反顏監云無見在之糧乃飲酒高會不引兵渡河因趙食與趙并力攻秦乃曰承其敝夫以秦之彊攻新造之趙其勢必舉趙趙舉而秦彊何敝之承且國兵新破王坐不安席埽境內而專屬於將軍國家安危在此一舉今不恤士卒而徇其私索隱曰謂使其子相齊是徇其私情崔浩云徇營也非社稷之臣項羽晨朝上將軍宋義即其帳中斬宋義頭出令軍中曰宋義與齊謀反楚楚王陰令羽誅之當是時諸將皆慴服莫敢枝

梧如淳曰梧音悟枝梧猶枝捍也瓚曰小柱爲枝邪柱爲梧今屋梧邪柱是也○正義曰枝音之移反梧音悟皆曰首立楚者將軍家也今將軍誅亂乃相與共立羽爲假上將軍正義曰未得懷王命也假攝也使人追宋義子及之齊殺之使桓楚報命於懷王懷王因使項羽爲上將軍徐廣曰二世三年十一月當陽君蒲將軍皆屬項羽項羽已殺卿子冠軍威震楚國名聞諸侯乃遣當陽君蒲將軍將卒二萬渡河正義曰漳水救鉅鹿戰少利陳餘復請兵項羽乃悉引兵渡河皆沈船破釜甑燒廬舍持三日糧以示士卒必死無一還心於是至則圍王離與秦軍遇九戰絕其甬道大破之殺蘇角文穎曰秦將也虜王離涉閒不降楚自燒殺當是時楚兵冠諸侯諸侯軍救鉅鹿下者十餘壁莫敢縱兵及楚擊秦諸將皆從壁上觀楚戰士無不一以當十楚兵呼聲動天諸侯軍無不人人惴恐漢書音義曰惴音章瑞反於是已破秦軍項羽召見諸侯將入轅門張晏曰軍行以車爲陳轅相向爲門故曰轅門無不膝行而前莫敢仰視項羽由是始爲諸侯上將軍諸侯皆屬焉章邯軍棘原張晏曰在章南○晉灼曰地名在鉅鹿南項羽軍漳南正義曰括地志云濁漳水一名漳水今俗名柳河在邢州平鄉縣南注水經云漳水一名大漳水兼有溭水之目也相持未戰秦軍數卻二世使人

讓章邯章邯恐使長史欣請事至咸陽留司馬門凡言司馬門者宮垣之內兵衛所在四面皆有司馬主武事摠言之外門為司馬門也○索隱曰按天子門有兵闌曰司馬門也三日趙高不見有不信之心長史欣恐還走其軍不敢出正義曰走音奏故道趙高果使人追之不及欣至軍報曰趙高用事於中下無可為者今戰能勝高必疾妒吾功戰不能勝不免於死願將軍孰計之陳餘亦遺章邯書曰白起為秦將南征鄢郢北阬馬服索隱曰韋昭云趙奢子括也代號馬服崔浩云馬服趙官名言服武事攻城略地不可勝計而竟賜死蒙恬為秦將北逐戎人開榆中地數千里索隱曰服虔云金城縣所治蘇林曰在上郡崔

浩云蒙恬樹榆為塞也竟斬陽周孟康曰縣屬上郡○正義曰括地志云寧州羅川縣在州東南七十里漢陽周縣何者功多秦不能盡封因以法誅之今將軍為秦將三歲矣所亡失以十萬數而諸侯並起滋益多彼趙高素諛日久今事急亦恐二世誅之故欲以法誅將軍以塞責使人更代將軍以脫其禍夫將軍居外久多內郤有功亦誅無功亦誅且天之亡秦無愚智皆知之今將軍內不能直諫外為亡國將孤特獨立而欲常存豈不哀哉將軍何不還兵與諸侯為從索隱曰此諸侯謂關東諸侯也何以知然文穎曰關東為從關西為橫高誘曰關東地形從長蘇秦相六國號為合從關西地形橫長張儀相秦壞

關東從使與秦合號曰連橫約共攻秦分王其地南面稱孤此孰與身伏鈇質索隱曰公羊傳云加之鈇質何休云要斬之罪崔浩云質斬人椹也又郭注三蒼云質椹也妻子為僇乎章邯狐疑陰使候始成張晏曰候軍候○索隱曰候軍候官名始成其名使項羽欲約約未成項羽使蒲將軍日夜引兵度三戶服虔曰漳水津也張晏曰三戶地名在梁淇西南孟康曰津峽名也在鄴西三十里○索隱曰水經注云漳水東經三戶峽為三戶津也漳當為淇案晉八王故事云王俊伐鄴前至梁淇孟康云在鄴西四十里又闞駰十三州志云鄴北五十里梁期故縣也字又不同軍漳南與秦戰再破之項羽悉引兵擊秦軍汙水上徐廣曰在鄴西○索隱曰汙音于郡國志鄴縣有汙城酈元云汙水出武安山東南經汙城北入漳○正義曰括地志云汙水源出懷州河內縣北大行山又云故邘城在河內縣西北二十七里古邘國地也左傳云邘晉應韓武之穆也大破之

章邯使人見項羽欲約項羽召軍吏謀曰糧少欲聽其約軍吏皆曰善項羽乃與期洹水南殷虛上徐廣曰二世三年七月也駰案應劭曰洹水在湯陰界殷墟故殷都也瓚曰洹水在今安陽縣北去朝歌殷都一百五十里然則此殷虛非朝歌也汲冢古文曰盤庚遷于此汲冢曰殷虛南去鄴三十里是舊殷乎然則朝歌非盤庚所遷者○索隱曰按釋例云洹水出汲郡林慮縣東北至長樂入清水是也汲冢古文云盤庚自奄遷于北冢曰殷虛南去鄴州三十里是殷虛南舊地名號北冢也已盟章邯見項羽而流涕為言趙高項羽乃立章邯為雍王置楚軍中使長史欣為上將軍將秦軍為前行正義曰胡郎反到新安正義曰括地志云新安故城在洛州澠池縣東一十三里漢新安縣城也即坑秦卒處諸侯吏卒異時故繇使屯戍過秦中秦中吏卒遇之多無

狀及秦軍降諸侯諸侯吏卒乘勝多奴虜使之輕折辱秦吏卒秦吏卒多竊言曰章將軍等詐吾屬降諸侯今能入關破秦大善即不能諸侯虜吾屬而東秦必盡誅吾父母妻子諸將微聞其計以告項羽項羽乃召黥布蒲將軍計曰秦吏卒尚衆其心不服至關中不聽事必危不如擊殺之而獨與章邯長史欣都尉翳入秦於是楚軍夜擊阬秦卒二十餘萬人新安城南（徐廣曰漢元年十一月）行略定秦地函谷關（文穎曰時關在弘農縣衡山嶺今移在河南穀城縣。索隱曰顏師古云今桃林縣南有洪溜澗水即古之函關接山形如函故稱函關。正義曰括地志云函谷關在陝州桃林縣西南十二里秦函谷關也圖記云西去長安四百餘里路在谷中故以為名）有兵守關不得入又聞沛公已破咸陽項羽大怒使當陽君等擊關項羽遂入至于戲西沛公軍霸上未得與項羽相見沛公左司馬曹無傷使人言於項羽曰沛公欲王關中使子嬰為相珍寶盡有之項羽大怒曰旦日饗士卒為擊破沛公軍當是時項羽兵四十萬在新豐鴻門（孟康曰在新豐東十七里舊大道北下阪口名也）沛公兵十萬在霸上范增說項羽曰沛公居山東時貪於財貨好美姬今入關財物無所取婦女無所幸此其志不在小吾令人望其氣

皆為龍虎成五采此天子氣也急擊勿失楚左尹項伯者項羽季父也（索隱曰名纏字伯後封射陽侯）素善留侯張良張良是時從沛公項伯乃夜馳之沛公軍私見張良具告以事欲呼張良與俱去曰毋從俱死也張良曰臣為韓王送沛公（正義曰為于僞反）沛公今事有急亡去不義不可不語良乃入具告沛公沛公大驚曰為之柰何張良曰誰為大王為此計者曰鯫生（徐廣曰鯫音士垢反魚名駰案服虔曰鯫音淺鯫小人貌也瓚曰楚漢春秋鯫姓也）說我曰距關毋內諸侯秦地可盡王也故聽之良曰料大王士卒足以當項王乎沛公默然曰固不如也且為之柰何張良曰請往謂項伯言沛公不敢背項王也沛公曰君安與項伯有故張良曰秦時與臣游項伯殺人臣活之今事有急故幸來告良沛公曰孰與君少長良曰長於臣沛公曰君為我呼入吾得兄事之張良出要項伯項伯即入見沛公沛公奉卮酒為壽約為婚姻曰吾入關秋豪不敢有所近籍吏民封府庫而待將軍所以遣將守關者備他盜之出入與非常也日夜望將軍至豈敢反乎願伯具言臣之不敢倍德也項伯許諾謂沛公曰旦日

不可不蚤自來謝項王沛公曰諾於是項伯復
夜去至軍中具以沛公言報項王因言曰沛公
不先破關中公豈敢入乎今人有大功而擊之
不義也不如因善遇之項王許諾沛公旦日從
百餘騎來見項王至鴻門謝曰臣與將軍戮力
而攻秦將軍戰河北臣戰河南然不自意能先
入關破秦得復見將軍於此今者有小人之言
令將軍與臣有郤項王曰此沛公左司馬曹無
傷言之不然籍何以生此項王即日因留沛公
與飲項王項伯東嚮坐亞父南嚮坐亞父者范

增也 如淳曰亞次也尊敬之次父猶管仲爲仲父 沛公北嚮坐張良西嚮
侍范增數目項王舉所佩玉玦以示之者三項
王默然不應范增起出召項莊 正義曰項羽從弟 謂曰君
王爲人不忍若入前爲壽壽畢請以劍舞因擊
沛公於坐殺之不者若屬皆且爲所虜莊則入
爲壽壽畢曰君王與沛公飲軍中無以爲樂請
以劍舞項王曰諾項莊拔劍起舞項伯亦拔劍
起舞常以身翼蔽沛公莊不得擊於是張良至
軍門見樊噲樊噲曰今日之事何如良曰甚急
今日項莊拔劍舞其意常在沛公也噲曰此迫

矣臣請入與之同命噲即帶劍擁盾入軍門 正義
曰擁紆拱反盾食允反 交戟之衞士欲止不內樊噲側其盾
以撞 正義直江反 衞士仆地噲遂入披帷西嚮立瞋目
視項王 正義瞋昌真反 頭髮上指目眦盡裂 正義眦自賜反 項王
按劍而跽曰 索隱曰其紀反謂長跪 客何爲者張良曰沛公
之參乘樊噲者也項王曰壯士賜之卮酒則與
斗卮酒噲拜謝起立而飲之項王曰賜之彘肩
則與一生彘肩樊噲覆其盾於地加彘肩上拔
劍切而啗之 索隱曰音徒覽反凡以食餧人則去聲自食則上聲 項王曰壯士
能復飲乎樊噲曰臣死且不避卮酒安足辭夫

秦王有虎狼之心殺人如不能舉刑人如恐不
勝天下皆叛之懷王與諸將約曰先破秦入咸
陽者王之今沛公先破秦入咸陽毫毛不敢有
所近封閉宮室還軍霸上以待大王來故遣將
守關者備他盜出入與非常也勞苦而功高如
此未有封侯之賞而聽細說欲誅有功之人此
亡秦之續耳竊爲大王不取也項王未有以應
曰坐樊噲從良坐坐須臾沛公起如厠因招樊
噲出沛公已出項王使都尉 徐廣曰一本無都字 陳平召沛
公沛公曰今者出未辭也爲之柰何樊噲曰大

行不顧細謹大禮不辭小讓如今人方爲刀俎我爲魚肉何辭爲於是遂去乃令張良留謝良問曰大王來何操曰我持白璧一雙欲獻項王玉斗一雙欲與亞父會其怒不敢獻公爲我獻之張良曰謹諾當是時項王軍在鴻門下沛公軍在霸上相去四十里沛公則置車騎脫身獨騎與樊噲夏侯嬰靳彊紀信等索隱曰漢書作紀通通紀成之子四人持劍盾步走從酈山下道芷陽閒行沛公謂張良曰從此道至吾軍不過二十里耳度我至軍中公乃入沛公已去閒至軍中張良入謝

曰沛公不勝桮杓不能辭謹使臣良奉白璧一雙再拜獻大王足下玉斗一雙再拜奉大將軍足下項王曰沛公安在良曰聞大王有意督過之脫身獨去已至軍矣如淳曰脫身逃還其軍項王則受璧置之坐上亞父受玉斗置之地拔劍撞而破之曰唉徐廣曰唉烏來反○索隱曰音虛其反皆歎恨發聲之辭豎子不足與謀奪項王天下者必沛公也吾屬今爲之虜矣沛公至軍立誅殺曹無傷居數日項羽引兵西屠咸陽殺秦降王子嬰燒秦宮室火三月不滅收其貨寶婦女而東人或說項王曰關中阻山河四

塞徐廣曰東函谷南武關西散關北蕭關地肥饒可都以霸項王見秦宮室皆以燒殘破又心懷思欲東歸曰富貴不歸故鄉如衣繡夜行誰知之者說者曰人言楚人沐猴而冠耳果然張晏曰沐猴獼猴也○索隱曰言獼猴不任久著冠帶以喻楚人性躁暴果然言果如人言也項王聞之亨說者楚漢春秋揚子法言云說者是蔡生漢書云是韓生項王使人致命懷王懷王曰如約乃尊懷王爲義帝項王欲自王先王諸將相謂曰天下初發難時服虔曰兵初起時○正義難乃憚反假立諸侯後以伐秦然身被堅執銳首事暴露於野正義暴蒲北反三年滅秦定天下者皆將相諸君與籍之力也義帝雖無

功故當分其地而王之諸將皆曰善乃分天下立諸將爲侯王項王范增疑沛公之有天下業已講解蘇林曰講和也○索隱曰服虔云解折伏也說文云講和解也漢書作媾解蘇林云媾和也是媾之與講俱訓和也業事也言雖有疑心然事已和解也又惡負約恐諸侯叛之乃陰謀曰巴蜀道險秦之遷人皆居蜀乃曰巴蜀亦關中地也故立沛公爲漢王徐廣曰以正月立王巴蜀漢中都南鄭正義曰括地志云南梁州所理縣也而三分關中王秦降將以距塞漢王項王乃立章邯爲雍王王咸陽以西都廢丘索隱曰孟康曰縣名今槐里是也韋昭曰周時名犬丘懿王所都秦欲廢之故曰廢丘○正義曰括地志云犬丘故城一名廢丘古城在雍州始平縣東南十里地理志云漢高二年引水灌廢丘章邯

自殺更廢丘曰槐里長史欣者故為櫟陽獄掾嘗有德於項梁都尉董翳者本勸章邯降楚故立司馬欣為塞王韋昭曰在長安東名桃林塞王咸陽以東至河都櫟陽蘇林曰櫟音藥○正義曰括地志云櫟陽故城一名萬年城在雍州櫟陽東北二十五里秦獻公之城櫟陽即此也立董翳為翟王王上郡都高奴文穎曰上郡秦所置項羽以董翳為翟王更名為翟○索隱曰按今鄜州有高奴城○正義曰括地志云延州州城即漢高奴縣徙魏王豹為西魏王王河東都平陽瑕丘徐廣曰一云瑕丘公也申陽者服虔曰瑕丘縣屬山陽申姓陽名文穎曰姓瑕丘字申陽瓚曰瑕丘公申陽是瑕丘縣名張耳嬖臣也先下河南郡迎楚河上故立申陽為河南王都雒陽正義曰括地志云洛陽故城在洛州洛陽縣東北二十六里周公所築即成周城也輿地志云成周之地

秦莊襄王以為洛陽縣三川守理之後漢都洛陽改為雒漢以火德忌水故去洛旁水而加隹隹於行次為土土水之忌也水得土而流土得水而柔故除隹以加水韓王成因故都都陽翟正義曰括地志云陽翟洛州縣也左傳云鄭伯突入于櫟杜預云櫟鄭別都今河南陽翟縣是也地理志云陽翟縣是屬潁川郡夏禹之國趙將司馬卬定河內數有功故立卬為殷王王河內都朝歌徙趙王歇為代王趙相張耳素賢又從入關故立耳為常山王王趙地都襄國正義曰括地志云邢州城本漢襄國縣秦置三十六郡於此置信都縣屬鉅鹿郡項羽改曰襄國立張耳為常山王理信都地理志云故邢侯國也帝王世紀云邢侯為紂三公以忠諫被誅史記云周武王封周公旦之子為邢侯左傳云凡蔣邢茅胙祭周公之胤也當陽君黥布為楚將常冠軍故立布為九江王都六正義曰括地志云故六城在壽州安豐縣南百三十二里本六國偃姓皐繇之

後所封也黥布亦皐繇之後居六國鄱君吳芮韋昭曰鄱音蒲河反初吳芮為鄱令故號曰鄱君今鄱陽縣是也○正義鄱作番音婆率百越佐諸侯又從入關故立芮為衡山王都邾文穎曰邾音朱縣名屬江夏○正義曰說文云音誅括地志云故邾城在黃州黃岡縣東南二十里本春秋時邾國邾子曹姓俠居至魯隱公徙蘄音機義帝柱國共敖正義共音恭將兵擊南郡功多因立敖為臨江王漢書音義曰本南郡改為臨江國都江陵正義曰江陵荊州縣史記江陵故郢都也徙燕王韓廣為遼東王徐廣曰都無終燕將臧荼從楚救趙因從入關故立荼為燕王都薊徙齊王田市為膠東王徐廣曰都即墨○正義曰括地志云即墨故城在萊州膠水縣南六十里古齊地本漢舊縣膠音交在膠水之東齊將田都從共救趙因從入關故立都為齊王都臨

菑索隱曰按高紀及田儋傳云臨濟此言臨菑誤○正義曰菑側其反括地志云青州臨菑縣地即古臨菑地也一名齊城古營丘之地所封齊之都也少昊時有爽鳩氏虞夏時有季崱殷時有逢伯陵殷末有薄姑氏為諸侯國此地後太公封方五百里故秦所滅齊王建孫田安項羽方渡河救趙田安下濟北數城引其兵降項羽故立安為濟北王都博陽正義曰在濟北田榮者數負項梁又不肯將兵從楚擊秦以故不封成安君正義曰地理志云成安縣在潁川郡屬豫州陳餘棄將印去不從入關然素聞其賢有功於趙聞其在南皮正義曰括地志云故南皮城在滄州南皮縣北四里本漢皮縣城即陳餘所封也故因環封三縣漢書音義曰繞南皮三縣以封之番君將梅鋗韋昭曰呼玄反功多故封十萬戶侯項王自立為

西楚霸王正義曰貨殖傳云淮南北沛郡汝南郡爲西楚也彭城以東東海吳廣陵爲東楚也衡山九江江南豫章長沙爲南楚孟康云舊名江陵爲南楚吳爲東楚彭城爲西楚王九郡都彭城孟康曰舊名江陵爲南楚吳爲東楚彭城爲西楚。正義曰彭城徐州縣漢之元年四月諸侯罷戲下各就國索隱曰戲音羲水名也言下者如詩下洛下然也按上文云項羽入至戲西鴻門沛公還軍霸上是羽初停軍於戲水下今言諸侯罷戲下是各受封邑號令訖自戲下各就國何須假借文字以爲旌麾之下乎顏師古劉伯莊之說皆非項王出之國使人徙義帝曰古之帝者地方千里必居上游文穎曰居水之上流也游或作流乃使使徙義帝長沙郴縣如淳曰郴音綝趣義帝行其羣臣稍稍背叛之乃陰令衡山臨江王擊殺之江中文穎曰郴縣有義帝冢歲時常祠不絕韓王成無軍功項王不使之國與俱至彭城廢以爲侯已又殺之臧荼之國因逐韓廣之遼東廣弗聽荼擊殺廣無終并王其地田榮聞項羽徙齊王市膠東而立齊將田都爲齊王乃大怒不肯遣齊王之膠東因以齊反迎擊田都田都走楚齊王市畏項王乃亡之膠東就國田榮怒追擊殺之即墨榮因自立爲齊王而西擊殺濟北王田安并王三齊漢書音義曰齊與濟北膠東。正義曰三齊記云右即墨中臨淄左平陸謂之三齊榮與彭越將軍印令反梁地陳餘陰使張同夏說說齊王田榮曰項羽爲天下宰不平今盡王故王於醜地而王其羣

臣諸將善地逐其故主趙王乃北居代餘以爲不可聞大王起兵且不聽不義願大王資餘兵請以擊常山以復趙王請以國爲扞蔽齊王許之因遣兵之趙陳餘悉發三縣兵與齊并力擊常山大破之張耳走歸漢陳餘迎故趙王歇於代反之趙趙王因立陳餘爲代王是時漢還定三秦項羽聞漢王皆已并關中且東齊趙叛之大怒乃以故吳令鄭昌爲韓王以距漢令蕭公角等蘇林曰官號也或曰蕭令也時令皆稱公擊彭越彭越敗蕭公角等漢使張良徇韓乃遺項王書曰漢王失職欲得關中如約即止不敢東又以齊梁反書遺項羽曰齊欲與趙并滅楚楚以此故無西意而北擊齊徵兵九江王布布稱疾不往使將將數千人行項王由此怨布也漢之二年冬項羽遂北至城陽田榮亦將兵會戰田榮不勝走至平原平原民殺之遂北燒夷齊城郭室屋皆阬田榮降卒係虜其老弱婦女徇齊至北海多所殘滅齊人相聚而叛之於是田榮弟田橫收齊亡卒得數萬人反城陽項王因留連戰未能下春漢王部徐廣曰一作劫。索隱曰按漢書作劫字五諸侯兵徐廣曰塞翟魏殷河南駰案應劭曰

雍翟塞殷韓也韋昭曰塞翟殷韓魏雍時已敗也。索隱曰
按徐廣韋昭皆數翟塞及殷韓等顔師古不數三秦謂常山
河南韓魏殷顔與劉意略同乃以陳餘兵爲五未知孰是鄙意
按韓王鄭昌拒漢漢使韓信擊破之則是韓兵不下而已破
散也韓不在此數五諸侯者塞翟河南魏殷也。正義按師
古曰諸家之說皆非張良遺羽書曰漢欲得關中如約即止
不敢復東謂出關之東也今羽聞漢東之時漢固已得三秦
矣五諸侯者謂常山河南韓魏殷也此年十月常山王張耳
降河南王申陽降韓王鄭昌降魏王豹降虜殷王卬皆漢東
之後故知謂此爲五諸侯時雖未得常山之地功臣年表云
張耳棄國與大臣歸漢則當亦有士卒爾時雍王猶在廢丘
被圍即非五諸侯之數也尋此紀文昭然可曉前賢注釋並
失指趣高紀及漢書皆言劫五諸侯兵凡兵初降士卒未有
自指麾故須劫略而行又云發關中兵收三河士發謂差點
發也收謂劫略收斂也韋昭云河南河東河內申陽都雒陽
韓王成都陽翟皆河南也魏豹都平陽河東也司馬卬都朝
歌張耳都襄國河內也此三河士則五諸侯兵也更著雍塞
翟則成八諸侯矣重明顔公之說是故韓信傳云漢二年出
關收魏河南韓
殷王皆降是 凡五十六萬人東伐楚項王聞之

即令諸將擊齊而自以精兵三萬人南從魯出
胡陵 正義按括地志云徐州魯兗州曲阜縣也地理志云胡陵在山陽縣屬也 四月漢皆已
入彭城收其貨寶美人日置酒高會項王乃西
從蕭 正義曰括地志云徐州蕭縣古蕭叔之國春秋時爲宋附庸帝王世紀云周封子姓之別爲附庸也 晨
擊漢軍而東至彭城日中大破漢軍 張晏曰一日之中也或曰
旦擊之至日中大破 漢軍皆走相隨入穀泗水 瓚曰二水皆在沛郡彭城 殺
漢卒十餘萬人漢卒皆南走山 正義走音奏 楚又追
擊至靈壁東 徐廣曰在彭城。索隱曰孟康曰故小縣在彭城南。正義曰括地志云靈壁故城
在徐州符離縣西北九十里 睢水上 徐廣曰睢水於彭城入泗水。正義曰睢音雖括地志云睢水首受
浚儀縣莨蕩水東經取慮入泗過郡四行千二百六十里 漢軍卻爲楚所擠 服虔曰擠

音濟民之濟瓚曰排擠也 多殺漢卒十餘萬人皆入睢水睢水
爲之不流 正義爲于僞反 圍漢王三匝於是大風從西北
而起折木發屋揚沙石窈冥晝晦 徐廣曰窈亦作窅字 逢
迎楚軍楚軍大亂壞散而漢王乃得與數十騎
遁去欲過沛收家室而西楚亦使人追之沛取
漢王家家皆亡不與漢王相見漢王道逢得孝
惠魯元 服虔曰元長也食邑於魯。韋昭曰元謚也 乃載行楚騎追漢王漢
王急推墮孝惠魯元車下滕公常下收載之如
是者三曰雖急不可以驅柰何棄之於是遂得
脫求太公呂后不相遇審食其 瓚曰其音基。索隱曰食音異按劉審趙

三人同名其音合並同以六國時衛有司馬食其並慕其名 從太公呂后間行 如淳曰間
出間步微行皆同義也 求漢王反遇楚軍楚軍遂與歸報項
王項王常置軍中是時呂后兄周呂侯 徐廣曰名澤。正義
曰蘇林云以姓名侯也晉灼云外戚表周呂令武侯澤也呂
縣名封於呂以爲國顔師古云周呂封名令武其謚也蘇云
以姓名侯非也 爲漢將兵居下邑 徐廣曰在梁。正義曰括地志云宋州碭山縣本下邑縣
也在宋州東一百五十里按今下邑在宋州東一百一十里 漢王間往從之稍稍收
其士卒至滎陽諸敗軍皆會蕭何亦發關中老
弱未傅悉詣滎陽 服虔曰傅音附。孟康曰古者二十而傅三年耕有一年儲故二十三
年而後役之如淳曰律年二十三傅之疇官各從其父疇內
學之高不滿六尺二寸以下爲罷癃漢儀注民年二十三爲
正一歲爲衛士一歲爲材官騎士習射御騎馳戰陳又曰年
五十六衰老乃得免爲庶民就田里今老弱未嘗傅者皆發

之末二十三爲弱過五十六爲老食貨志曰月爲更卒已復爲正一歲屯戍一歲力役三十倍於古者。索隱曰按姚氏云古者更卒不過一月踐更五月而休又顏云五當爲三言一歲之中三月居更三日戍邊摠九十三日古者役人歲不過三日此所謂一歲力役三十倍於古也斯說得之復大振楚起於彭城常乘勝逐北與漢戰滎陽南京索閒漢敗楚應劭曰京縣名屬河南有索亭晉灼曰索音柵。正義曰括地志云京縣城在鄭州滎陽縣東南二十里鄭之京邑也晉太康地志云鄭太叔段所居邑滎陽縣即大索城杜預云成皐東有大索城又有小索故城在滎陽縣北四里京相璠地名云京縣有大索亭小索亭大小氏兄弟居之故有小大之號按楚與漢戰滎陽南京索閒即此三城耳楚以故不能過滎陽而西項王之救彭城追漢王至滎陽田橫亦得收齊立田榮子廣爲齊王漢王之敗彭城諸侯皆復與楚而背漢漢軍滎陽築甬道屬

之河以取敖倉粟瓚曰敖地名在滎陽西北山臨河有大倉。正義曰括地志云敖倉在鄭州滎陽縣西十五里縣門之東北臨汴水南帶三皇山秦時置倉於敖山名敖倉云漢之三年項王數侵奪漢甬道漢王食乏恐請和割滎陽以西爲漢項王欲聽之歷陽正義曰括地志云和州歷陽縣本漢舊縣也淮南子云歷陽之都一夕而爲湖漢帝時歷陽淪爲歷湖侯范增曰漢易與耳今釋弗取後必悔之項王乃與范增急圍滎陽漢王患之乃用陳平計閒項王項王使者來爲太牢具舉欲進之見使者詳驚愕曰吾以爲亞父使者乃反項王使者更持去以惡食食正義曰上如字下音寺項王使者使者歸報項王項王乃疑范增與漢

有私稍奪之權范增大怒曰天下事大定矣君王自爲之願賜骸骨歸卒伍項王許之行未至彭城疽發背而死皇覽曰亞父冢在廬江居巢縣郭東居巢廷中有亞父井吏民皆祭亞父於居巢廷上長吏初視事皆祭然後從政後更造祠於郭東至今祠之。正義曰疽七餘反崔浩云疽附骨癰也括地志云髑髏山在廬州巢縣東北五里昔范增居北山之陽後佐項羽漢將紀信說漢王曰事已急矣請爲王誑楚爲王王可以閒出於是漢王夜出女子滎陽東門被甲二千人楚兵四面擊之紀信乘黃屋正義曰李斐云天子車以黃繒爲蓋裏車傅左纛李斐曰纛毛羽幢也在乘輿車衡左方上注之蔡邕曰以犛牛尾爲之如斗或在騑頭或在衡上也曰城中食盡漢王降楚軍皆呼萬歲漢王亦與數十

騎從城西門出走成皐正義曰括地志云成皐故縣在洛州汜水縣西南二里項王見紀信問漢王安在信曰漢王已出矣項王燒殺紀信漢王使御史大夫周苛樅公樅音七從反魏豹守滎陽周苛樅公謀曰反國之王難與守城乃共殺魏豹楚下滎陽城生得周苛項王謂周苛曰爲我將我以公爲上將軍封三萬戶周苛罵曰若不趣降漢漢今虜若若非漢敵也項王怒烹周苛并殺樅公漢王之出滎陽南走宛葉得九江王布行收兵復入保成皐漢之四年項王進兵圍成皐漢王逃晉灼曰獨出音穴。索隱曰音徒凋反漢書作跳字

獨與滕公出成皋北門（徐廣曰北門名玉門）渡河走脩武從
張耳韓信軍諸將稍稍得出成皋從漢王楚遂
拔成皋欲西漢使兵距之鞏令其不得西是時
彭越渡河擊楚東阿殺楚將軍薛公項王乃自
東擊彭越漢王得淮陰侯兵欲渡河南鄭忠說
漢王乃止壁河內使劉賈將兵佐彭越燒楚積
聚（正義積音漬賜反）項王東擊破之走彭越漢王則引兵
渡河復取成皋軍廣武就敖倉食項王已定東
海來西與漢俱臨廣武而軍（孟康曰於滎陽築兩城相對為廣武在敖倉西三皇山上。正義曰括地志云東廣武西廣武在鄭州滎陽縣西二十里戴延之側西征記云三皇山上有二城東曰東

廣武西曰西廣武各在一山頭相去百步汴水從廣澗中東南流今涸無水城各有三面在敖倉西郭緣生述征記云一澗橫絕上過名曰廣武相對皆立城塹遂號東西廣武）相守數月當此時彭越
數反梁地絕楚糧食項王患之為高俎置太公
其上（如淳曰高俎几之上李奇曰軍中巢櫓方面人謂之俎也。索隱曰俎亦机之類故夏侯湛新論為机机櫓俎也比太公於牲肉故置之俎上姚察按左氏楚子登巢車以望晉軍杜預謂車上櫓也故李氏云軍中巢櫓又引時人亦謂此為俎也。正義曰括地志云東廣武城有高壇即是項羽坐太公俎上者今名項羽堆亦呼為太公亭顏師古云俎者所以薦肉示欲烹之故置俎上）告漢王曰今不急下吾烹太公
漢王曰吾與項羽俱北面受命懷王曰約為兄
弟吾翁即若翁必欲烹而翁則幸分我一桮羹
項王怒欲殺之項伯曰天下事未可知且為天

下者不顧家雖殺之無益秖益禍耳項王從之
楚漢久相持未決丁壯苦軍旅老弱罷轉漕項
王謂漢王曰天下匈匈數歲者徒以吾兩人耳
願與漢王挑戰（李奇曰挑身獨戰不復須眾也挑音荼了反瓚曰挑戰擿嬈敵求戰古謂之致師）決雌雄毋徒苦天下之民父子為也漢王笑
謝曰吾寧鬭智不能鬭力項王令壯士出挑戰
漢有善騎射者樓煩（應劭曰樓煩胡也今樓煩縣）楚挑戰三合
樓煩輒射殺之項王大怒乃自被甲持戟挑戰
樓煩欲射之項王瞋目叱之樓煩目不敢視手
不敢發遂走還入壁不敢復出漢王使人閒問

之乃項王也漢王大驚於是項王乃即漢王相
與臨廣武閒而語漢王數之項王怒欲一戰漢
王不聽項王伏弩射中漢王漢王傷走入成皋
項王聞淮陰侯已舉河北破齊趙且欲擊楚乃
使龍且（韋昭曰音子閭反）往擊之淮陰侯與戰騎將灌嬰
擊之大破楚軍殺龍且韓信因自立為齊王項
王聞龍且軍破則恐使盱台人武涉往說淮陰
侯淮陰侯弗聽是時彭越復反下梁地絕楚糧
項王乃謂海春侯大司馬曹咎等曰謹守成皋
則漢欲挑戰慎勿與戰毋令得東而已我十五

日必誅彭越定梁地復從將軍乃東行擊陳留正義曰括地志云陳留汴州縣也在州東五十里本漢陳留郡及陳留縣之地孟康云留鄭邑也後爲陳所并故曰陳留臣瓚又按宋有留彭城留是也此留屬陳故曰陳留外黃外黃不下數日已降項王怒悉令男子年十五已上詣城東欲阬之外黃令舍人兒年十三蘇林曰令之舍人兒也瓚曰稱兒者以其幼弱故係其父春秋傳曰仍叔之子是也往說項王曰彭越彊劫正義彊其兩反外黃外黃恐故且降待大王大王至又皆阬之百姓豈有歸心從此以東梁地十餘城皆恐莫肯下矣項王然其言乃赦外黃當阬者東至睢陽正義曰括地志云宋州外城本漢睢陽縣也地理志云睢陽縣故宋國也聞之皆爭下項王漢

果數挑楚軍戰楚軍不出使人辱之五六日大司馬怒渡兵汜水張晏曰汜水在濟陰界如淳曰汜音祀左傳曰鄙在鄭地汜瓚曰高祖攻曹咎成皋渡汜水而戰今成皋城東汜水是也○索隱曰按今此水見名汜水音似張晏云在濟陰亦未全失按古濟水當此截河而南又東流溢爲滎澤然水南曰陰此亦在濟之陰非彼濟陰郡耳臣瓚之說是○正義曰括地志云汜水源出洛州汜水縣東南三十二里方山山海經云浮戲之山汜水出焉士卒半渡漢擊之大破楚軍盡得楚國貨賂大司馬咎長史翳塞王欣皆自剄汜水上鄭玄曰剄音經鼎反以刀割頸爲剄大司馬咎者故蘄獄掾長史欣亦故櫟陽獄吏兩人嘗有德於項梁是以項王信任之當是時項王在睢陽聞海春侯軍敗則引兵還漢軍方圍鍾離眛漢書音義

曰眛音末於滎陽東項王至漢軍畏楚盡走險阻是時漢兵盛食多項王兵罷食絕漢遣陸賈說項王請太公項王弗聽漢王復使侯公往說項王項王乃與漢約中分天下割鴻溝以西者爲漢文穎曰於滎陽下引河東南爲鴻溝以通宋鄭陳蔡曹衛與濟汝淮泗會於楚即今官渡水也○正義曰應劭云在滎陽東二十里張華云大梁城在浚儀縣北縣西北渠水東經此城南又北屈分爲二渠其一渠東南流始皇鑿引河水以灌大梁謂之鴻溝楚漢會此處也其一渠東經陽武縣南爲官渡水按張華此說是鴻溝而東者爲楚項王許之即歸漢王父母妻子軍皆呼萬歲漢王乃封侯公爲平國君正義曰楚漢春秋云上欲封之乃肯見曰此天下之辯士所居傾國故號曰平國君按說歸太公呂后能和平郡國匿弗肯復見曰此天

下辯士所居傾國故號爲平國君項王已約乃引兵解而東歸漢欲西歸張良陳平說曰漢有天下太半韋昭曰凡數三分有二爲太半一爲少半而諸侯皆附之楚兵罷食盡此天亡楚之時也不如因其機而遂取之今釋弗擊此所謂養虎自遺患也正義遺唯季反漢王聽之漢五年漢王乃追項王至陽夏如淳曰夏音賈○正義曰括地志云陳州太康縣本漢陽夏縣也續漢書郡國志云陽夏縣屬陳國按太康縣城夏后太康所築隋改陽夏爲太康南止軍與淮陰侯韓信建成侯彭越期會而擊楚軍至固陵徐廣曰在陽夏駰案晉灼曰即固始也○正義曰括地志云固陵縣名也在陳州宛丘縣西北四十二里而信越之兵不會楚擊漢軍大破之

漢王復入壁深塹而自守謂張子房曰諸侯不從約爲之柰何對曰楚兵且破信越未有分地李奇曰信越等未有益地之分也韋昭曰信等雖名爲王未爲所畫經界其不至固宜君王能與共分天下今可立致也即不能事未可知也君王能自陳以東傅海正義曰傅音附著也陳即陳州古陳國都也自陳著海并齊舊地盡與齊王韓信也盡與韓信睢陽以北至穀城正義曰括地志云穀城故在齊州東阿縣東二十六里睢陽宋州也自宋州以北至濟州穀城際黃河盡與相國彭越以與彭越使各自爲戰正義爲于僞反則楚易敗也漢王曰善於是乃發使者告韓信彭越曰并力擊楚楚破自陳以東傅海與齊王睢陽以北至穀城與

彭相國使者至韓信彭越皆報曰請今進兵韓信乃從齊往劉賈軍從壽春並行屠城父如淳曰並行並擊之。正義曰父音甫壽州壽春縣也城父亳州縣也屠謂多刑殺也劉賈入圍壽州引兵過淮北屠殺亳州城父而東北至垓下至垓下徐廣曰在沛之洨縣洨下交切。駰案應劭曰垓音該李奇曰沛洨縣聚邑名也。索隱曰張揖三蒼注云垓堤名在沛郡。正義曰按垓下是高岡絶巖今猶高三四丈其聚邑及堤在垓之側因取名焉今在亳州真源縣東十里與老君相接洨音户交反大司馬周殷叛楚以舒屠六如淳曰以舒之衆屠破六縣。正義曰括地志云舒今盧江則故舒城是也故六城在壽州安豐南百三十二里匽姓咎繇之後按周殷叛楚兼舉九江郡之兵隨劉賈而至垓下舉九江兵正義曰九江郡壽州也楚考烈王二十二年自陳從壽春號云郢至王負芻爲秦將王翦蒙武所滅於此置九江郡應劭云自廬江尋陽分爲北江隨劉賈彭越皆會垓下詣項王項王軍壁垓下

兵少食盡漢軍及諸侯兵圍之數重夜聞漢軍四面皆楚歌應劭曰楚歌者謂雞鳴歌也漢已略得其地故楚歌者多雞鳴時歌也。正義曰顏師古云楚人之歌也猶言吳謳越吟若雞鳴爲歌之名於理則可不得云雞鳴時也高祖戚夫人楚舞自爲楚歌豈亦雞鳴時乎按顏說是也項王乃大驚曰漢皆已得楚乎是何楚人之多也項王則夜起飲帳中有美人名虞徐廣曰一云姓虞氏。正義曰括地志云虞姬墓在濠州定遠縣東六十里長老傳云項羽美人冢也常幸從駿馬名騅正義曰音隹顏野王云青白色也釋畜云蒼白雜毛騅也常騎之於是項王乃悲歌忼慨自爲詩曰力拔山兮氣蓋世時不利兮騅不逝騅不逝兮可柰何虞兮虞兮柰若何歌數闋美人和之正義曰和音胡卧反楚漢春秋云歌曰漢兵已略地四方

楚歌聲大王意氣盡賤妾何聊生項王泣數行下正義數色角反行色郎反左右皆泣莫能仰視於是項王乃上馬騎正義曰其倚反凡單乘曰騎後同麾下正義麾亦作戲同乎危反壯士騎從者八百餘人直夜潰圍南出馳走平明漢軍乃覺之令騎將灌嬰以五千騎追之項王渡淮騎能屬者正義屬音燭百餘人耳項王至陰陵徐廣曰在淮南。正義曰括地志云陰陵縣故城在濠洲定遠縣西北六十里地理志云陰陵縣屬九江郡迷失道問一田父田父紿曰左文穎曰紿欺也欺令左去左乃陷大澤中以故漢追及之項王乃復引兵而東至東城漢書音義曰縣名屬臨淮。正義曰括地志云東城縣故城在濠州定遠縣東南五十里地理志云東城縣屬九江郡乃有二十八騎漢騎

追者數千人項王自度不得脫謂其騎曰吾起兵至今八歲矣身七十餘戰所當者破所擊者服未甞敗北遂霸有天下然今卒困於此正義曰卒子律反此天之亡我非戰之罪也今日固決死願爲諸君快戰必三勝之爲諸君潰圍斬將刈旗令諸君知天亡我非戰之罪也乃分其騎以爲四隊四嚮漢軍圍之數重項王謂其騎曰吾爲公取彼一將令四面騎馳下期山東爲三處正義曰期遇山東分爲三處漢軍不知項羽處括地志云九頭山在滁州全椒縣西北九十六里江表傳云項羽敗至烏江漢兵追羽至此一日九戰因名於是項王大呼正義曰火故反馳下漢軍皆披

靡正義曰上披彼反靡言精體低垂遂斬漢一將是時赤泉侯爲騎將追項王項王瞋目而叱之赤泉侯人馬俱驚辟易數里正義曰言人馬俱驚開張易舊處乃至數里與其騎會爲三處漢軍不知項王所在乃分軍爲三復圍之項王乃馳復斬漢一都尉殺數十百人復聚其騎亡其兩騎耳乃謂其騎曰何如騎皆伏曰如大王言於是項王乃欲東渡烏江瓚曰在牛渚○索隱曰按晉初屬臨淮○正義曰括地志云烏江亭即和州烏江縣是也晉初爲縣注水經云水又北左傳黃律口漢書所謂烏江亭長檥船以待項羽即此也烏江亭長檥船待徐廣曰檥音儀一音俄駰案應劭曰檥正也孟康曰檥音蟻附也附船着岸也如淳曰南方人謂整船向岸曰檥○索隱曰檥字諸家各以意解爾鄒誕本作樣船以尚反劉氏亦

有此音謂項王曰江東雖小地方千里衆數十萬人亦足王也願大王急渡今獨臣有船漢軍至無以渡項王笑曰天之亡我我何渡爲且籍與江東子弟八千人渡江而西今無一人還縱江東父兄憐而王我我何面目見之縱彼不言籍獨不愧於心乎乃謂亭長曰吾知公長者吾騎正義曰音奇此馬五歲所當無敵甞一日行千里不忍殺之以賜公乃令騎皆下馬步行持短兵接戰獨籍所殺漢軍數百人項王身亦被十餘創顧見漢騎司馬呂馬童曰若非吾故人乎馬

童面之張晏曰以故人故難視斫之故背之如淳曰面不正視也指王翳曰如淳曰指示王翳此項王也項王乃曰吾聞漢購我頭千金正義曰漢以一斤金爲千金當一萬錢也邑萬戶吾爲汝德徐廣曰亦可是功德之德○正義曰爲于僞反言呂馬童與項羽先是故人舊有恩德於羽一云德行也乃自刎而死王翳取其頭餘騎相蹂踐爭項王相殺者數十人最其後郎中騎楊喜騎司馬呂馬童郎中呂勝楊武各得其一體五人共會其體皆是分其地爲五封呂馬童爲中水侯索隱曰按晉書地道記其中水縣屬河間○正義曰地理志云中水縣屬涿郡應劭云在易渡二水之中故曰中水封王翳爲杜衍侯索隱曰按地理志縣在南陽按表作王者羽也○正義曰括地志云杜衍故縣在鄧州南陽縣西八里封楊喜

爲赤泉侯索隱曰南陽有丹水縣疑赤泉後改封楊武爲吳防侯索隱曰地理志縣名屬汝南故房子國。正義曰吳防豫州縣括地志云吳房縣本漢舊縣孟康云吳王闔廬弟夫概奔楚楚封於此爲唐谿氏本房子國以封吳故曰吳房封呂勝爲涅陽侯。徐廣曰五人後卒皆諡壯侯。索隱曰地理志南陽縣名正義曰涅年結反括地志云涅陽故地城在鄧州穰縣東北六十里本漢舊縣也應劭云在涅水之陽項王已死徐廣曰漢五年之十二月也項王以始皇十五年己巳歲生死時年三十一楚地皆降漢獨魯不下漢乃引天下兵欲屠之爲其守禮義爲主死節乃持項王頭視魯魯父兄乃降始楚懷王初封項籍爲魯公及其死魯最後下故以魯公禮葬項王穀城皇覽曰項羽冢在東郡穀城東去縣十五里。正義曰括地志云項羽墓在濟州東阿縣東二十七里穀城西三里述征記項羽墓在穀城西北三里半許毀壞有碣石項王之墓漢王爲發哀泣之而去

諸項氏枝屬漢王皆不誅乃封項伯爲射陽侯正義曰射音食夜反括地志云楚州山陽本漢射陽縣吳地志云在射水之陽故曰射陽桃侯徐廣曰名襄其子舍爲丞相。正義曰括地志云故城在滑州胙城縣東四十里漢書云高祖十二年封劉襄爲桃侯也平皐侯徐廣曰名佗。正義曰括地志云平皐故城在懷州武德縣東二十里漢平皐縣按他音徒何反玄武侯徐廣曰諸侯表中不見皆項氏賜姓劉氏

太史公曰吾聞之周生曰文穎曰周時賢者。正義曰孔文祥云周生漢時儒者姓周也按太史公云吾聞之周生則是漢人與太史公耳目相接明矣舜目蓋重瞳子尸子曰舜兩眸子是謂重瞳又聞項羽亦重瞳子羽豈其苗裔邪何興之暴也夫秦失其政陳涉首難豪傑蠭起相與並爭不可勝數然羽非有尺寸乘勢起隴畝之中三年遂將五諸侯滅秦此時山東六國而齊趙韓魏燕五國並起從伐秦故云五諸侯分裂天下而封王侯政由羽出號爲霸王位雖不終近古以來未嘗有也及羽背關懷楚正義曰顏師古云背關背約不王高祖於關中懷楚謂思東歸而都彭城放逐義帝而自立怨王侯叛己難矣自矜功伐奮其私智而不師古謂霸王之業欲以力征經營天下五年卒亡其國正義曰卒音子律反五年謂高帝元年至五年殺項羽東城身死東城尚不覺寤而不自責過矣乃引天亡我非用兵之罪也豈不謬哉

索隱述贊曰 亡秦鹿走 僞楚狐鳴
雲鬱沛父 劍挺吳城 勳開魯甸
勢合碭兵 卿子無罪 亞父推誠
始救趙歇 終誅子嬰 違約王漢
背關懷楚 常遷上游 臣迫故主
靈壁大振 成皐久拒 戰非無功
天實不與 嗟彼蓋代 卒爲凶豎

史計九千零九十四字

注計九千三百二十四字

項羽本紀第七 史記七

高祖本紀第八　史記八

高祖 漢書音義曰諱邦張晏曰禮謚法無高以爲功最高而爲漢帝之太祖故特起名焉 沛豐邑中陽里人姓劉氏 李斐曰沛小沛也劉氏隨魏徙大梁移在豐居中陽里孟康曰後沛爲郡豐爲縣。索隱曰按高祖劉累之後別食邑於范士會之裔留秦不反更爲劉氏劉氏隨魏徙大梁後居豐今言姓劉氏者是左傳天子建德因生以賜姓胙之土命之氏諸侯以字爲謚因以爲族諸者以爲天子賜姓命氏諸侯命族族者氏之別名也然則因生賜姓若舜生姚墟以爲姚姓封之於虞即號有虞氏是也若其後子孫更不得賜姓即遂以虞爲姓云姓虞氏今此云姓劉氏亦其義也故姓者所以統繫百代使不別也氏者所以別子孫之所出又系本篇言姓則在上言氏則在下故五帝本紀云禹姓姒氏契姓子氏弃姓姬氏是也按漢改泗水爲沛郡治相城故註以沛爲小沛也 字季 索隱曰按漢書名邦字季此單云字亦又可疑按漢高祖長兄名伯次名仲不見別名則季亦是名也故項岱云高祖小字季即位易名邦後因諱邦不諱季所以季布猶稱姓 父曰太公 索隱曰皇甫謚云名執嘉王符云太上皇名煓與湍同音。正義曰春秋握成圖云劉媪夢赤鳥如龍戲己生執嘉 母曰劉媪 文穎曰幽州及漢中皆謂老嫗爲媪孟康曰長老尊稱也左師謂太后曰媪愛燕后賢長安君禮樂志地神曰媪媪母別名也音烏老反。索隱曰韋昭云媪婦人長老之稱皇甫謚云媪蓋姓王氏又據春秋握成圖以爲執嘉妻含始遊洛池生劉季詩含神霧亦云姓字皆非正史所出蓋無可取今近有人云母溫氏貞時打得班固泗水亭長古碑文其字分明作溫字云母溫氏貞與賈膺復徐彥伯魏奉古等執對反覆沉歎古人未聞聊記異見於何取實也孟康註地神曰媪者禮樂志云后土富媪張晏云坤爲母故稱媪也。正義曰帝王世紀云漢昭靈后含始游洛池有寶雞銜赤珠出炫日后吞之生高祖詩含神霧亦云含始即昭靈后也陳留風俗傳云沛公起兵野戰喪皇妣於黃鄉天下平定使使者以梓宮招幽魂於是丹蛇在水自洒濯入梓宮其浴處有遺髮謚曰昭靈夫人漢儀注云高帝母起兵時死小黃城後於小黃立陵廟括地志云小黃故城在汴州陳留縣東北三十三里顏師古云皇甫謚等妄引讖記好奇騁博強爲高祖父母名字皆非正史所說蓋無取焉寧有劉媪本姓實存史遷肯不詳載即理而言斷可知矣 其先劉媪嘗息大

史記高祖紀八　一

高祖紀

澤之陂夢與神遇是時雷電晦冥太公往視則見蛟龍於其上 索隱曰按詩含神霧云赤龍感女媪劉季興又廣雅云有鱗曰蛟龍 已而有身遂產高祖高祖爲人隆準而龍顏 服虔曰準音拙應劭曰隆高也準頰權準也顏額顙也齊人謂之顙汝南淮泗之間曰顏文穎曰準鼻也。索隱曰始皇蜂目長準蓋鼻高起文穎說是高祖感龍而生故其顏貌似龍長頸而高鼻 美須髯左股有七十二黑子 正義曰河圖云帝劉季口角戴勝斗胸龜背龍股長七尺八寸合成圖云赤帝體爲朱鳥其表龍顏多黑子按左陽也七十二黑子者赤帝七十二日之數也木火土金水各居一方一歲三百六十日四方分之各得九十日土居中央並索四季各十八日俱成七十二日故高祖七十二黑子者應火德七十二日之徵也有一本七十日者非也許北人呼爲黶子吳楚謂之誌誌記也 仁而愛人喜施 正義喜許記反施尸豉反 意豁如也 服虔曰豁達也 常有大度不事家人生產作業及壯

大字四十七　小五字卅九

試爲吏 應劭曰試補吏 爲泗水亭長 正義曰秦法十里一亭十亭一鄉亭長主亭之吏高祖爲泗水亭長也國語有寓室即今之亭也亭長蓋今里長也民有訟諍吏留平辨得成其政括地志云泗水亭在徐州沛縣東一百步有高祖廟也 廷中吏無所不狎侮好酒及色常從王媪武負貰酒 韋昭曰貰賒也。索隱曰鄒誕貰音世與字林聲韻並同又音時夜反廣雅云貰賒也說文云貰貸也臨淮有貰陽縣漢書功臣表貰陽侯劉纏而此紀作射陽則貰亦射也 醉臥武負王媪見其上常有龍怪之高祖每酤留飲酒讎數倍 如淳曰讎亦售。索隱曰樂彥云借讎爲售蓋古字少假借耳今亦依字讀蓋高祖大度既貰飲且讎其數倍價也 及見怪歲竟此兩家常折券棄責 索隱曰周禮小司寇云聽稱責以傅別鄭司農云傅別券書也蓋子云傅別謂大字書於札中而別之也然則古用簡札書故可折至歲終總弃不責也 高祖常繇咸陽 應劭曰繇役也。索隱韋昭云秦所都武帝更名

史記高祖紀八　二

渭城應劭云今長安也按關中記云孝公都咸陽今渭城是在渭北始皇都咸陽今城南大城是也名咸陽者山南曰陽
水北亦曰陽其地在渭水之北又在九嵕諸山之南故曰咸陽縱觀觀秦皇帝正義曰包
愷云上音館下音官恣意故縱觀也喟然太息曰嗟乎大丈夫當如
此也單父人呂公漢書音義曰單音善父音斧○索隱曰韋昭云單父縣名屬山陽崔浩云
史失其名但舉姓而言公又按漢書舊儀云呂公汝南新蔡人又相經云魏人呂公名文字叔平也善沛令
避仇從之客因家沛焉沛中豪桀吏聞令有重
客皆往賀蕭何為主吏孟康曰主吏功曹也主進文穎曰主賦斂禮進為之
帥○索隱曰鄭氏云主賦斂禮錢也顏師古曰進者會禮之財字本作賮聲轉為進宣帝數負進義與此同令諸
大夫曰正義曰大夫客之貴者惣稱之進不滿千錢坐之堂下高
祖為亭長素易諸吏乃紿為謁曰應劭曰紿欺也音殆○索隱曰

韋昭云紿詐也劉氏云紿欺負也何休云紿疑也謂高祖素狎易諸吏乃詐為謁謁謂以札書姓名若今之通刺而兼載
錢數也賀錢萬實不持一錢謁入呂公大驚起迎
之門呂公者好相人見高祖狀貌因重敬之引
入坐蕭何曰劉季固多大言少成事高祖因狎
侮諸客遂坐上坐正義上在果反下在卧反無所詘正義音丘勿反酒闌
文穎曰闌言希也謂飲酒者半罷半在謂之闌呂公因目固留高祖正義曰不敢對衆顯
言故目動而留之高祖竟酒後呂公曰臣少好相人張晏曰古
人相與語多自稱臣自卑下之道若今人相與語皆自稱僕相人多矣無如季相願
季自愛臣有息女正義曰息生也謂所生之女也願為季箕帚妾
酒罷呂媼怒呂公曰公始常欲奇此女與貴人

沛令善公求之不與何自妄許與劉季呂公曰
此非兒女子所知也卒與劉季呂公女乃呂后
也生孝惠魯元公主服虔曰元長也食邑於魯韋昭曰元謚也○正義曰漢帝制女曰公
主儀比諸侯姊妹曰長公主儀比諸侯王姑曰大長公主儀比諸侯王高祖為亭長時常
告歸之田服虔曰告音如暤呼之暤李斐曰休謁之名也吉曰告凶曰寧孟康曰古者名吏休假曰告告
又音嚳漢律吏二千石有予告賜告予告者在官有功最法所當得者也賜告者病滿三月當免天子優賜復其告使得
帶印綬將官屬歸家治疾也○索隱曰韋昭云告請歸乞假也音告語之告戰國策曰商君告歸延篤以為告歸今之歸
寧也劉伯莊顏師古並音古篤服音如暤呼之暤按東觀漢記田邑傳云邑年三十歷卿大夫號歸罷厭事少所嗜欲尋
號與暤同古者當有此語今服虔雖據田邑號歸亦恐未為得然此告字當音誥誥號聲相近故後告歸號歸遂變也
呂后與兩子居田中耨有一老父過請飲呂后

因餔之正義曰必捕反以食飼人也父本請飲呂后因飼之國語云國中童子無不餔老父相
呂后曰夫人天下貴人令相兩子見孝惠曰夫
人所以貴者乃此男也相魯元亦皆貴老父已
去高祖適從旁舍來呂后具言客有過相我子
母皆大貴高祖問曰未遠乃追及問老父老父
曰鄉者夫人嬰兒皆似君君相貴不可言高祖
乃謝曰誠如父言不敢忘德及高祖貴遂不知
老父處高祖為亭長乃以竹皮為冠令求盜之
薛治之應劭曰以竹始生皮作冠今鵲尾冠是也求盜者舊時亭有兩卒其一為亭父掌開閉埽除一為求
盜掌逐捕盜賊薛魯國縣也有作冠師故往治之○索隱曰應劭云一名長冠側竹皮裹以縱前高七寸廣三寸如板又

蔡邕獨斷云長冠楚製也高祖以竹皮為之謂之劉氏冠司馬彪輿服志亦以劉氏冠為鵲尾冠應劭云舊亭卒名弩父陳楚謂之亭父或云亭部淮泗謂之求盜也時時冠之正義音館下同及貴常冠所謂劉氏冠正義曰音官顏師古云後號為劉氏冠其後詔曰爵非公乘以上不得冠劉氏冠即此也乃是也高祖以亭長為縣送徒酈山徒多道亡自度比至皆亡之正義度田洛反比必寐反到豐西澤中止飲夜乃解縱所送徒曰公等皆去吾亦從此逝矣徒中壯士願從者十餘人高祖被酒正義曰被加也夜徑澤中索隱曰舊音經按廣雅云徑小道音古定反言酒後放徒夜徑行澤中不敢由正路且從小徑令一人行前正義行音下孟反行前者還報曰前有大蛇當徑索隱曰鄭玄云步道曰徑願還高祖醉曰壯士行何畏乃前拔

史高祖巳八　五

劍擊斬蛇索隱曰漢舊儀云斬蛇劍長七尺又高祖云吾以布衣提三尺劍取天下二文不同者崔豹古今註當高祖為亭長理應提三尺劍耳及貴當別得七尺寶劍故儀因言之。正義曰按其蛇大理須別求是劍斬之三尺劍者常佩之括地志云斬蛇溝源出徐州豐縣中平地故老云高祖斬蛇處至縣西五十里入泡水也蛇遂分為兩索隱曰謂斬蛇分為兩段徑開行數里醉因臥後人來至蛇所有一老嫗夜哭人問何哭嫗曰人殺吾子故哭之人曰嫗子何為見殺嫗曰吾子白帝子也化為蛇當道今為赤帝子斬之應劭曰秦襄公自以居西戎主少昊之神作西畤祠白帝至獻公時櫟陽雨金以為瑞又作畦時祠白帝少昊金德也赤帝堯後謂漢也殺之者明漢當滅秦也秦自謂水漢初自謂土皆失之至光武乃改定。索隱曰按太康地理志云畤在櫟陽故城內其時若畦故曰畦時畦音戶圭反應註云秦自謂水者按秦文公獲黑龍命河為德水是也又按春秋合誠圖云水神哭子褒敗宋均

以為高祖斬白蛇而神母哭則此母水精也此皆謬說又註云至光武乃改者謂改漢為火德秦為金德與雨金及赤帝子之理合者也故哭人乃以嫗為不誠欲笞之徐廣曰一作苦。索隱曰說文云笞擊也漢書作苦謂欲困辱之嫗因忽不見後人至高祖覺索隱曰包愷伯莊音古孝反後人告高祖高祖乃心獨喜自負應劭曰負恃也。索隱曰晉灼云自恃斬蛇事諸從者日益畏之秦始皇帝常曰東南有天子氣於是因東游以厭之索隱曰厭音一涉反又一冉反廣雅云厭鎮也高祖即自疑亡匿隱於芒碭山澤巖石之間徐廣曰芒今臨淮縣也碭縣在梁駰案應劭曰二縣之界有山澤之固故隱於其間也。正義曰括地志云宋州碭山縣在州東一百五十里本漢碭陽縣也碭山在縣東呂后與人俱求常得之高祖怪問之呂后曰季所居上常有雲氣

史高祖巳八　六

正義曰京房易兆候云何以知賢人隱顏師古曰四方常有大雲五色具而不雨其下有賢人隱矣故呂后望雲氣而得之故從往常得季高祖心喜沛中子弟或聞之多欲附者矣秦二世元年徐廣曰高祖時年四十八。索隱曰應劭云始皇欲以一至萬示不相襲始者一故至子稱二世崔浩云二世始皇子胡亥又按善文稱隱士云趙高為二世煞十七兄而立今王則二世是第十八子也秋陳勝等起蘄至陳而王號為張楚索隱曰蘄縣名屬沛音機又音祈諸郡縣皆多殺其長吏以應陳涉沛令恐欲以沛應涉掾主吏蕭何曹參索隱曰按漢書蕭曹傳參為獄掾何為主吏乃曰君為秦吏今欲背之率沛子弟恐不聽願君召諸亡在外者可得數百人因劫眾索隱曰說文云以力脅之也眾不敢不聽乃令樊噲召

劉季劉季之衆已數十百人矣索隱曰漢書作數百人劉伯莊云數十人或至百人則是百人已下也於是樊噲從劉季來沛令後悔恐其有變乃閉城城守欲誅蕭曹蕭曹恐踰城保劉季韋昭曰以為保鄣劉季乃書帛射城上謂沛父老曰天下苦秦久矣今父老雖為沛令守諸侯並起今屠沛索隱曰范曄謂剋城多所誅殺故云屠沛今共誅令擇子弟可立者立之以應諸侯則家室完不然父子俱屠無為也父老乃率子弟共殺沛令開城門迎劉季欲以為沛令劉季曰天下方擾諸侯並起今置將不善壹敗塗地索隱曰言一朝破敗使肝腦塗地吾非敢自愛恐能薄正義曰能才能也高祖謙言材能薄劣不能完全其衆能者獸形色似熊足似鹿為物堅中而強力人之有賢才者皆謂之能也不能完父兄子弟此大事願更相推擇可者蕭曹等皆文吏自愛恐事不就後秦種族其家盡讓劉季諸父老皆曰平生所聞劉季諸珍怪當貴且卜筮之莫如劉季最吉於是劉季數讓衆莫敢為乃立季為沛公徐廣曰九月也駰案漢書音義曰舊楚僭稱王其縣宰為公陳涉為楚王沛公起應涉故從楚制稱曰公祠黃帝祭蚩尤於沛庭應劭曰左傳曰黃帝戰於阪泉以定天下蚩尤好五兵故祠祭之求福祥也瓚曰管仲云葛盧山發而出水金從之出蚩尤受之以作劍戟○索隱曰按管子云葛盧之山發而出金今註引發作交誤也而釁鼓應劭曰釁祭也殺牲以血塗鼓曰釁瓚曰案禮記及大戴禮有釁廟之禮皆無祭事○索隱曰說文云釁血祭也司

馬法曰血于鼙鼓者神戎器也顏師古曰殺牲以血祭者皆名為釁臣瓚以為皆無祭事非也又古人新成鍾鼎亦必釁之應劭云釁呼為釁馬融註周禮灼龜之兆云謂其象似玉瓦原之釁罅是用名之此說皆非罅音火稼反旗幟皆赤索隱曰墨翟云幟帛長丈五廣半幅字詁云幟標也字林又云熊旗五旒謂與士卒為期於其下故曰旗也幟或作識或作志並康音試蕭該音熾由所殺蛇白帝子殺者赤帝子故上赤於是少年豪吏如蕭曹樊噲等皆為收沛子弟二三千人攻胡陵方與鄭德曰音房豫屬山陽郡○索隱曰鄒展曰胡陵縣名屬山陽章帝改曰胡陸還守豐秦二世二年陳涉之將周章軍西至戲而還索隱曰應劭云章字文陳人文穎云戲在新豐東二十里戲亭北孟康云水名也又述征記云戲水自驪山馮公谷北流歷戲亭東入渭按今其水東惟有戲驛存還謂為章邯所破而還邯音酣燕趙齊魏皆自立為王索隱曰按高紀二世二年八月武臣自立為趙王田儋自立為齊王韓廣自立為燕王魏咎自立為魏王項氏起吳秦泗川監平文穎曰泗川今沛郡也高祖更名沛秦時御史監郡若今刺史平名也○索隱曰如淳云秦并天下為三十六郡置守尉監故此有監平下有守壯則平壯皆名也將兵圍豐二日出與戰破之命雍齒守豐引兵之薛泗川守壯如淳曰壯名也敗於薛走至戚如淳曰戚音將毒反○索隱曰晉灼云東海縣也鄭德包愷並如字讀李登音子笠反○正義曰括地志云沂州臨沂縣有漢戚縣故城地理志云臨沂縣屬東海郡沛公左司馬得泗川守壯殺之索隱曰顏師古云得司馬之名非也按後云左司馬曹無傷自此已下更不見替易處蓋是左司馬無傷得泗川守壯而殺之沛公還軍亢父鄭德曰亢音人相亢荅父音甫屬任城郡○索隱曰舊音剛劉伯莊包愷並音苦浪反○正義曰音剛又苦浪反括地志云亢父縣也沛公屯軍於此也至方與周市來攻方與未戰陳王使魏人周市略地周

市使人謂雍齒曰豐故梁徙也文穎曰梁惠王孫假爲秦所滅轉東徙於
豐故曰豐梁徙今魏地已定者數十城齒今下魏魏以齒
爲侯守豐不下且反豐雍齒雅不欲屬沛公服虔
曰雅故也蘇林曰雅素也及魏招之即反爲魏守豐沛公引兵
攻豐不能取沛公病還之沛沛公怨雍齒與豐
子弟叛之聞東陽甯君秦嘉文穎曰秦嘉東陽郡人也爲甯縣君瓚曰
陳勝傳曰廣陵人秦嘉然則嘉非東陽人也秦嘉初起兵於郯號曰大司馬又不爲甯縣君東陽甯君自一人秦嘉又自
一人。索隱曰按下文直云東陽甯君又別言秦嘉明臣瓚之說爲得顏師古以甯是姓君者時人號之立景
駒爲假王在留索隱曰韋昭云今彭城留縣。正義曰括地志云二人留城在徐州沛縣東南
五十里即張良所封處乃往從之欲請兵以攻豐是時秦將

史高祖已八　九

章邯從陳別將司馬尼如淳曰從陳涉將也涉在陳其將相別在他許皆稱陳尼
章邯司馬。索隱曰謂章邯從陳別將將兵向他處而遣司馬尼將領兵士北定楚地孔文祥曰邯別遣尼略相又一說
云從謂追逐之言章邯討逐陳別將而司馬尼別將兵北定楚地此理亦通也將兵北定楚地
屠相至碭索隱曰韋昭云相沛縣應劭云碭梁國蘇林音唐又音宕。正義曰括地志云故相城在徐州
符離縣西北九十里碭在宋州東一百五十里東陽甯君沛公引兵西與戰
蕭西索隱曰韋昭云蕭沛之縣名謂在蕭縣之西不利還收兵聚留引兵
攻碭三日乃取碭因收碭兵得五六千人攻下
邑拔之索隱曰范曄云得城爲拔韋昭云下邑縣名屬梁國也還軍豐聞項梁
在薛正義曰今徐州滕縣故薛城也從騎百餘往見之徐廣曰二月項
梁益沛公卒五千人五大夫將十人蘇林曰五大夫第九爵也

高祖紀

以五大夫爲將凡十人也沛公還引兵攻豐徐廣曰表云拔之雍齒奔魏從項
梁月餘項羽已拔襄城索隱曰韋昭云潁川縣。正義曰襄城許州縣還項
梁盡召別將居薛聞陳王定死因立楚後懷王
孫心爲楚王治盱台索隱曰韋昭云臨淮縣音吁夷。正義曰楚縣也項梁
號武信君居數月北攻亢父救東阿索隱曰韋昭云東郡之縣
名。正義曰濟州縣也破秦軍齊軍歸楚獨追北服虔曰師敗曰北使
沛公項羽別攻城陽屠之索隱曰地理志城陽屬濟陰軍濮陽
之東正義曰濮陽故城在濮州西八十六里本漢濮陽縣與秦軍戰破之秦軍
復振李奇曰振整也如淳曰振起也收敗卒自振迅而復起也守濮陽環水文穎曰決水以
自環守爲固也張晏曰依河水以自環繞作壘。正義曰按二說皆通其濮陽縣北臨黃河言秦軍北阻黃河南鑿溝引

史高祖已八　十

黃河水環繞作壁壘爲固楚軍乃去楚軍去而攻定陶索隱曰地理志云濟陰縣定陶
未下沛公與項羽西略地至雍丘之下索隱曰韋昭云故杞
國今陳留縣與秦軍戰大破之斬李由還攻外黃索隱曰韋
昭云上陳留縣。正義曰在雍丘東外黃未下項梁再破秦軍有驕色
宋義諫不聽索隱曰荀悅漢紀云故楚令尹宋義當別有所出秦益章邯兵
夜銜枚擊項梁周禮有銜枚氏鄭玄曰銜枚止言語囂讙也枚狀如箸橫銜之繣結於項者繣
音獲大破之定陶項梁死沛公與項羽方攻陳留
聞項梁死引兵與呂將軍俱東呂臣軍彭城東
項羽軍彭城西沛公軍碭章邯已破項梁軍則
以爲楚地兵不足憂乃渡河北擊趙大破之當

高祖紀

是之時趙歇爲王 索隱曰歇蘇林音如字鄭德音遏絶之遏徐廣音烏轄反今依字讀 秦將王離圍之鉅鹿城此所謂河北之軍也秦二世三年楚懷王見項梁軍破恐徙盱台都彭城并呂臣項羽軍自將之以沛公爲碭郡長 正義曰括地志云宋州本秦碭郡蘇林云長如郡守韋昭云秦名曰守是時改曰長 封爲武安侯將碭郡兵封項羽爲長安侯號爲魯公呂臣爲司徒其父呂青爲令尹 索隱曰按表青封信陽侯。正義曰應劭云天子曰師尹諸侯曰令尹時去六國近故置令尹臣瓚曰諸侯之卿唯楚稱令尹其餘國不稱時立楚之後故置官司皆如楚舊也 趙數請救懷王乃以宋義爲上將軍項羽爲次將范增爲末將北救趙令沛公西略地入關與諸將約先入定關中者王之 索隱曰韋昭云函谷武關也又三輔舊事云西以散關爲限東以函谷爲界二關之中謂之關中 當是時秦兵彊常乘勝逐北諸將莫利先入關獨項羽怨秦破項梁軍奮 索隱曰韋昭云憤激也 願與沛公西入關懷王諸老將皆曰項羽爲人慓悍猾賊 索隱曰說文云慓疾也悍勇也亦云慓輕也音匹妙反漢書作禍賊也 項羽嘗攻襄城襄城無遺類 徐廣曰遺一作噍噍食也音在妙反駰案如淳曰類無復有活而噍食者也青州俗言無孑遺爲無噍類 皆阬之諸所過無不殘滅且楚數進取 如淳曰楚謂陳涉也數進取多所攻取 前陳王 漢書音義曰陳涉也 項梁皆敗不如更遣長者扶義而西 正義曰遣長者扶持仁義而西告諭秦長少令降下也 告諭秦父兄秦父兄苦其主久矣今

誠得長者往毋侵暴宜可下今項羽慓悍今 徐廣曰一無此字 不可遣獨沛公素寬大長者可遣卒不許項羽而遣沛公西略地收陳王項梁散卒乃道碭 漢書音義曰道由碭也 至成陽與杠里 漢書音義曰二縣名。索隱曰成陽縣名在濟陰韋昭云在潁川非也服虔云杠里縣名如淳云秦軍所屯地名 秦軍夾壁破魏二軍楚軍出兵擊王離大破之 徐廣曰表云三年十月攻破東郡尉及王離軍於成武南 沛公引兵西遇彭越昌邑 正義曰地理志云昌邑縣屬山陽括地志云在曹州成武縣東北三十二里有梁丘故城是也 因與俱攻秦軍戰不利還至栗 索隱曰韋昭云縣名屬沛也 遇剛武侯 應劭曰楚懷王將也漢書音義曰功臣表云棘蒲剛侯陳武武一姓柴剛武侯宜爲剛侯武魏將也瓚曰功臣表柴武以將軍起薛別救東阿至霸上入漢中非懷王將也又非魏將也劍未稱謚。正義曰顏師古云史失其名姓唯識其爵號不知誰也不當改爲剛侯武應氏以爲懷王將又云魏將無據矣表六年三月封孟顏二人說是 奪其軍可四千餘人并之與魏將皇欣魏申徒武蒲之軍 正義曰並魏將也欣字或作訢音許斤反蒲漢書作滿並通也 并攻昌邑昌邑未拔西過高陽 文穎曰聚邑名也屬陳留圉縣瓚曰陳留傳曰在雍丘西南 酈食其 鄭德曰音歷異基 謂監門曰諸將過此者多吾視沛公大人長者乃求見說沛公沛公方踞牀使兩女子洗足酈生不拜長揖曰足下必欲誅無道秦不宜踞見長者於是沛公起攝衣謝之延上坐食其說沛公襲陳留 漢書音義曰春秋傳曰輕行無鍾鼓曰襲 得秦積粟乃以酈食其爲廣野君

索隱曰韋昭云在山陽酈商為將將陳留兵與偕攻開封索隱曰韋昭云河南縣開封未拔西與秦將楊熊戰白馬索隱曰韋昭云東郡縣。正義曰括地志云白馬故城在滑州衛南縣西南二十四里戴延之西征記云白馬城故衛之曹邑又戰曲遇東大破之索隱曰徐廣云曲遇在中牟韋昭云志不載司馬彪郡國志中牟有曲遇聚也楊熊走之滎陽索隱曰韋昭云故衛地河南縣也二世使使者斬以徇徐廣曰四月南攻潁陽屠之因張良遂略韓地轘轅文穎曰河南新鄭南至潁川南北皆韓地也以良累世相韓故因之轘曰轘轅險道名在緱氏東南。索隱曰按十三州志云河南緱氏縣以山為名一云轘轅為九十二曲是險道也當是時趙別將司馬卬方欲渡河入關沛公乃北攻平陰地理志河南有平陰縣今河陰是也絕河津南戰雒陽東軍不利還至陽城

正義曰今洛州夏禹所都收軍中馬騎與南陽守齮戰犨東地理志南陽有犨縣。索隱曰齮音蟻許慎以為側齧也破之略南陽郡南陽守齮走保城守宛正義曰守音狩宛於元反括地志云南陽縣地城在宛大城之南隅其西南有二面皆故宛城沛公引兵過而西張良諫曰沛公雖欲急入關秦兵尚眾距險今不下宛宛從後擊彊秦在前此危道也於是沛公乃夜引兵從他道還更旗幟黎明圍宛城三匝索隱曰黎音犂黎猶比也謂比至天明也漢書作遲音值值待也謂待天明時皆言早意也楚漢春秋曰上南攻宛匿旌旗人銜枚馬東舌雞未鳴巳圍宛城三匝南陽守欲自剄其舍人陳恢曰死未晚也乃踰城見沛公曰臣聞足下約先入咸陽者王之今足下

留守宛宛大郡之都也連城數十人民眾積蓄多吏人自以為降必死故皆堅守乘城索隱曰李奇曰乘守也韋昭曰乘登也今足下盡日止攻士死傷者必多引兵去宛宛必隨足下後足下前則失咸陽之約後又有彊宛之患為足下計莫若約降封其守因使止守引其甲卒與之西諸城未下者聞聲爭開門而待足下通行無所累沛公曰善徐廣曰七月也乃以宛守為殷侯索隱曰韋昭曰在河內封陳恢千戶引兵西無不下者至丹水正義曰括地志云故丹城在鄧州內鄉縣西南百三十里南去丹水二百步汲冢紀年云后稷放帝子丹朱于丹水是也輿地志云秦為丹水縣地理志云丹水縣屬弘農郡抱朴子云丹水出

丹魚先夏至十日夜伺之魚浮水側光照如火網而取之割其血以塗足可以步行水上長居川中不溺高武侯鰓蘇林曰鰓音魚鰓之鰓晉灼曰功臣表戚鰓也襄侯王陵降西陵韋昭曰漢封王陵為安國侯初起兵時在南陽南陽有穰縣疑襄當為穰而無禾字省耳今邵公或作召字此類多矣瓚曰時韓成封穰侯江夏有襄是所封。索隱曰按王陵封安國侯是定天下為丞相時封耳此言襄侯當如臣瓚解蓋初封江夏之襄也還攻胡陽韋昭云南陽縣一云陵。索隱曰遇番君別將梅鋗與皆降析酈如淳曰持益反。索隱曰鄒誕生音錫歷蘇林如淳音擲析屬弘農酈屬南陽出地理志而左傳云析一名白羽析今內鄉縣酈今菊潭縣也遣魏人甯昌使秦使者未來是時章邯已以軍降項羽於趙矣初項羽與宋義北救趙及項羽殺宋義代為上將軍諸將黥布皆屬破秦將王離軍降章邯諸侯皆附及趙

高已殺二世使人來欲約分王關中沛公以為詐乃用張良計使酈生陸賈往說秦將啗以利因襲攻武關破之索隱曰左傳云楚司馬起豐析以臨上雒謂晉人曰將通於少習杜預以為商縣武關又太康地理志武關當冠軍縣西峣關在武關之西又與秦軍戰於藍田南益張疑兵旗幟諸所過毋得掠鹵應劭曰鹵與虜同秦人憙秦軍解因大破之又戰其北大破之乘勝遂破之

漢元年十月如淳曰張蒼傳云以高祖十月至霸上故因秦以十月為歲首。正義曰沛公已未年七月至霸上項羽封十八諸侯沛公漢王後劉項五年戰鬭漢遂滅楚天下歸漢故却書初至霸上戰之沛公兵遂先諸侯至霸上正義曰故霸陵在雍州萬年縣東北二十五里漢霸陵文帝之陵邑

也東南去霸陵十里地理志云霸陵故芷陽文帝更名三秦記云霸城秦穆公築為宮因名霸城漢於此置霸陵廟記云霸城漢文帝築沛公入關遂至霸上即此也秦王子嬰素車白馬係頸以組封皇帝璽符節索隱曰韋昭云天子印稱璽又獨以玉符發兵將也節使者所擁也說文云符信也漢制以竹長六寸分而相合釋名云節為號令賞罰之節也又節毛上下相重取象竹節又漢官儀曰子嬰上始皇璽因服御之代代傳受號云漢傳國璽。正義曰按天子有六璽皇帝行璽皇帝之璽皇帝信璽天子行璽天子之璽天子信璽皇帝信璽凡事皆用之璽令施行天子信璽以遷拜封王侯之璽以發兵皆以武都紫泥封青布素白素兩端無縫三秦記云紫泥水在今成州輿地志云漢封詔璽用紫泥則此水之泥也降軹道旁索隱曰軹音只漢書宮殿疏云軹道亭東去霸水百步蘇林云在長安東十三里。正義曰軹音紙括地志云軹道在雍州萬年縣東北十六里苑中諸將或言誅秦王索隱曰楚漢春秋曰樊噲請殺之沛公曰始懷王遣我固以能寬容且人已服

降又殺之不祥乃以秦王屬吏正義曰屬之欲反屬付也遂西入咸陽欲止宮休舍正義曰休息也言欲居止宮殿中而息也樊噲張良諫乃封秦重寶財物府庫還軍霸上召諸縣父老豪桀曰父老苦秦苛法久矣誹謗者族索隱曰劉伯莊樂彥同音方未反偶語者弃市應劭曰秦禁民聚語偶對也瓚曰始皇本紀曰偶語經書者弃市。索隱曰按禮云刑人於市與衆弃之故今律謂絞刑為弃也吾與諸侯約先入關者王之吾當王關中與父老約法三章耳殺人者死傷人及盜抵罪應劭曰抵至也又當也除秦酷政但至於罪也李斐曰傷人有曲直盜贓有多少罪名不可預定故凡言抵罪未知抵何罪也張晏曰秦法一人犯罪舉家及隣伍坐之今但當其身坐合於康誥父子兄弟罪不相及也。索隱曰韋昭云抵當也謂使各當其罪今按秦法有三族之刑漢但約法三章耳殺人者

死傷人及盜者使之抵罪餘並不論其辜以言省刑也則抵訓為至殺人以外唯傷人及盜使至罪名耳餘悉除去秦法諸吏人皆案堵如故應劭曰案次第堵牆堵也凡吾所以來為父老除害非有所侵暴無恐且吾所以還軍霸上待諸侯至而定約束耳乃使人與秦吏行縣鄉邑告諭之秦人大喜爭持牛羊酒食獻饗軍士沛公又讓不受曰倉粟多非乏不欲費人人又益喜唯恐沛公不為秦王或說沛公索隱曰楚漢春秋云解先生云遣守函谷無內項王而張良世家云鯫生說我言鯫小也小生即解生曰秦富十倍天下地形彊今聞章邯降項羽項羽乃號為雍王王關中今則來沛公恐不得有此可

急使兵守函谷關正義曰顏師古曰今桃林南有洪溜澗古函谷也其水北流入河西岸猶
有舊關餘跡西征記云道形如函也其水山原壁立數十仞谷中容一車無內諸侯軍稍徵
關中兵以自益距之沛公然其計從之十一月
中項羽果率諸侯兵西欲入關關門閉聞沛公
已定關中大怒使黥布等攻破函谷關十二月
中遂至戲正義許宜反沛公左司馬曹無傷聞項王怒
欲攻沛公使人言項羽曰沛公欲王關中令子
嬰為相珍寶盡有之欲以求封正義曰曹無傷欲就項羽求封亞
父勸項羽擊沛公索隱曰范增也項羽得范增號曰亞父言尊之亞於父猶管仲齊謂仲父
父亞音補方饗士旦日合戰是時項羽兵四十萬號

史記高祖紀八　十七

百萬沛公兵十萬號二十萬力不敵會項伯欲
活張良夜往見良因以文諭項羽正義曰項羽本紀云項伯曰沛
公不先破關中公豈敢入乎今人有大功擊之不義也以文諭之項羽乃止沛公從百
餘騎驅之鴻門索隱曰姚察云在新豐古城東未至戲水道南有斷原南北洞門是也見
謝項羽項羽曰此沛公左司馬曹無傷言之不
然籍何以生此沛公以樊噲張良故得解歸歸
立誅曹無傷項羽遂西屠燒咸陽秦宮室所過
無不殘破秦人大失望然恐不敢不服耳項羽
使人還報懷王懷王曰如約項羽怨懷王不肯
令與沛公俱西入關而北救趙後天下約正義曰懷王初

高祖紀

約先入咸陽者王之今羽共救趙故失約在後也乃曰懷王者吾家項梁所
立耳非有功伐何以得主約本定天下諸將及
籍也乃佯尊懷王為義帝實不用其命正月正義
曰崔浩云史官以正月紀四時故書正月也荀悅云先春後正月也顏師古云凡此諸月號皆太初正曆之後記事者追
改之非當時本稱也以十月為歲首即以十月為正月今此正月當是謂之四月也他皆放此項羽自立
為西楚霸王王梁楚地九郡都彭城負約更立
沛公為漢王正義曰梁州本漢中郡以漢水為名王巴蜀漢中徐廣曰三十二
縣都南鄭三分關中立秦三將章邯為雍王正義
曰以岐州雍縣為名都廢丘司馬欣為塞王正義曰塞先代反韋昭云在長安東
名桃林塞按桃林塞今華州潼關也顏師古云取河華之固為阸塞耳非桃林都櫟陽索隱曰因葬太上皇

史記高祖紀八　十八

改名曰萬年董翳為翟王正義曰文穎云本上郡秦所置項羽以董翳為王更名曰翟也都
高奴楚將瑕丘申陽為河南王正義曰在黃河之南故曰河南即今
河南府都洛陽趙將司馬卬為殷王正義曰以商帝盤庚國殷中之地故
商為殷在相州安陽縣即北冢殷墟南去朝歌百三十六里故號殷王都朝歌都朝歌趙王歇
徙王代趙相張耳為常山王都襄國當陽君黥
布為九江王都六索隱曰韋昭云當陽南郡縣名地理志六縣屬六安國懷王
柱國共敖為臨江王正義曰孟康云本南郡改為臨江國是也都江陵番
君吳芮為衡山王都邾索隱曰太康地理志云楚滅邾遷其人於江南因名縣燕
將臧荼為燕王都薊故燕王韓廣徙王遼東廣
不聽臧荼攻殺之無終封成安君陳餘河閒三

高祖紀

縣居南皮封梅鋗十萬戶四月兵罷戲下 正義曰戲音麾許慎注淮南子云戲大旗也 諸侯各就國漢王之國項王使卒三萬人從楚與諸侯之慕從者數萬人從杜南 正義曰韋昭云杜今陵邑括地志云杜陵故城在雍州萬年縣東南十五里漢杜陵縣宣帝陵邑也共去宣帝陵五里廟記云故杜伯國 入蝕中 李奇曰蝕音力在杜南如淳曰蝕入漢中道川谷名。索隱曰孟康音食王劭按說文作鐵器名也地形似器故名之 去輒燒絕棧道 索隱曰按系家是用張良計也棧道閣道也音士諫反包愷音士版反崔浩云險絕之處傍鑿山巖而施版梁為閣 以備諸侯盜兵襲之亦示項羽無東意至南鄭諸將及士卒多道亡歸士卒皆歌思東歸韓信說漢王曰 徐廣曰韓王信非淮陰侯信也 項羽王諸將之有功者而王獨居南鄭是遷也 韋昭曰若有罪見遷徙 軍吏士卒皆山東之人也日夜跂而望歸 正義曰跂音丘賜反說文云跂舉踵也司馬彪云跂望也 及其鋒而用之可以有大功天下已定人皆自寧不可復用不如決策東鄉爭權天下項羽出關使人徙義帝曰古之帝者地方千里必居上游 正義音流 乃使使徙義帝長沙郴縣趣義帝行 正義趣音促 群臣稍倍叛之乃陰令衡山王臨江王擊之殺義帝江南項羽怨田榮立齊將田都為齊王田榮怒因自立為齊王殺田都而反楚予彭越將軍印令反梁地楚令蕭公角擊彭越彭越大破之陳餘怨

史記高祖紀八　十九

項羽之弗王己也令夏說說田榮 正義上音悅下音稅 請兵擊張耳齊予陳餘兵擊破常山王張耳張耳亡歸漢迎趙王歇於代復立為趙王趙王因立陳餘為代王項羽大怒北擊齊八月漢王用韓信之計從故道 地理志武都有故道縣 還襲雍雍王章邯迎擊漢陳倉 正義曰今岐州縣也 雍兵敗還走止戰好畤 孟康曰畤音止神靈之所在也縣名屬右扶風 又復敗走廢丘漢王遂定雍地東至咸陽別兵圍雍王廢丘 索隱曰按荀悅漢紀令樊噲圍之 而遣諸將略定隴西北地上郡令將軍薛歐 音惡后反 王吸 索隱曰按表歐以舍人從為將軍封廣平侯吸以中涓從為將軍封清陽侯 出武關因王陵兵南陽 如淳曰王陵亦聚黨數千人居南陽。正義曰括地志云王陵故城在商州上洛縣南三十一里荊州記云昔漢高祖入秦王陵起兵丹水以應之此城王陵所築因名也 以迎太公呂后於沛楚聞之發兵距之陽夏 索隱曰韋昭云縣名屬淮陽後屬陳夏音更雅反 不得前令故吳令鄭昌為韓王距漢兵二年漢王東略地塞王欣翟王翳河南王申陽皆降韓王昌不聽使韓信擊破之於是置隴西北地上郡渭南 徐廣曰後曰京兆 河上 徐廣曰馮翊 中地郡 徐廣曰扶風 關外置河南郡 徐廣曰十月漢王至陝 更立韓太尉信為韓王諸將以萬人若以一郡降者封萬戶繕治河上塞 晉灼曰晁錯傳秦時北攻胡築河上塞 諸故秦苑囿園池皆令

史記高祖紀八　二十

人得田之正月虜雍王弟章平大赦罪人漢王之出關至陝撫關外父老還張耳來見漢王厚遇之二月令除秦社稷更立漢社稷三月漢王從臨晉渡魏王豹將兵從下河內虜殷王置河內郡南渡平陰津至雒陽新城正義曰括地志云洛州伊闕縣在州南七十里本漢新城也隋文帝改新城爲伊闕取伊闕山爲名也三老董公遮說漢王正義曰百官表云十里一亭亭有長十亭一鄉鄉有三老三老掌敎化皆秦制也又樂彥云橫道自言曰遮楚漢春秋云董公八十二遂封爲成侯以義帝死故漢王聞之袒而大哭如淳曰袒亦如禮袒踊遂爲義帝發喪臨三日發使者告諸侯曰天下共立義帝北面事之今項羽放殺義帝於

江南大逆無道寡人親爲發喪諸侯皆縞素悉發關內兵收三河士韋昭曰河南河東河內南浮江漢以下正義曰南收三河士發關內兵從雍州入子午道至漢中歷漢水而下從務東行至徐州擊楚願從諸侯王擊楚之殺義帝者是時項王北擊齊田榮與戰城陽田榮敗走平原正義曰德州平原縣是平原民殺之齊皆降楚楚因焚燒其城郭係虜其子女齊人叛之田榮弟橫立榮子廣爲齊王齊王反楚城陽項羽雖聞漢東既已連齊兵欲遂破之而擊漢漢王以故得劫五諸侯兵遂入彭城項羽聞之乃引兵去齊從魯正義曰兗州曲阜也出胡陵正義曰地理志云胡陵在

山陽郡至蕭正義曰徐州蕭縣與漢大戰彭城靈壁東正義曰在徐州符離縣西北九十里睢水上大破漢軍多殺士卒睢水爲之不流乃取漢王父母妻子於沛置之軍中以爲質當是時諸侯見楚彊漢敗還皆去漢復爲楚塞王欣亡入楚呂后兄周呂侯爲漢將兵居下邑徐廣曰在梁漢王從之稍收士卒軍碭漢王乃西過梁地至虞徐廣曰在梁使謁者隨何之九江王布所曰公能令布舉兵叛楚項羽必留擊之得留數月吾取天下必矣隨何往說九江王布布果背楚楚使龍且往擊之漢王之敗彭城而西行使

人求家室家室亦亡不相得敗後乃獨得孝惠六月立爲太子大赦罪人令太子守櫟陽諸侯子在關中者皆集櫟陽爲衛引水灌廢丘廢丘降章邯自殺更名廢丘爲槐里於是令祠官祀天地四方上帝山川以時祀之興關內卒乘塞李奇曰乘守也是時九江王布與龍且戰不勝與隨何間行歸漢漢王稍收士卒與諸將及關中卒益出是以兵大振滎陽破楚京索間

三年魏王豹謁歸視親疾至即絕河津反爲楚漢王使酈生說豹豹不聽漢王遣將軍韓信擊

大破之虜豹遂定魏地置三郡曰河東正義曰今蒲州也
太原正義曰今并州上黨正義曰今潞州漢王乃令張耳與韓信
遂東下井陘擊趙斬陳餘趙王歇其明年立張
耳爲趙王漢王軍滎陽南築甬道正義曰甬音勇韋昭云起土築
墻中間爲道應劭云恐敵抄輜重故築垣墻如街巷屬之河以取敖倉正義曰孟康云敖地
名在滎陽西北山上臨河有大倉太康地理志云秦建敖倉於成皐與項羽相距歲餘項
羽數侵奪漢甬道漢軍乏食遂圍漢王漢王請
和割滎陽以西者爲漢項王不聽漢王患之乃
用陳平之計予陳平金四萬斤以間疏楚君臣
於是項羽乃疑亞父亞父是時勸項羽遂下滎

陽及其見疑乃怒辭老願賜骸骨歸卒伍未至
彭城而死漢軍絕食乃夜出女子東門二千餘
人被甲楚因四面擊之將軍紀信乃乘王駕詐
爲漢王誑楚楚皆呼萬歲之城東觀以故漢王
得與數十騎出西門遁令御史大夫周苛魏豹
樅公守滎陽諸將卒不能從者盡在城中周苛
樅公相謂曰反國之王難與守城因殺魏豹徐廣
曰案月表二年七月王出滎陽八月殺魏豹而又云四年三月周苛死四月魏豹死二者不同項羽殺紀信周苛樅公皆
是三年中漢王之出滎陽入關收兵欲復東袁生說
漢王曰漢與楚相距滎陽數歲漢常困願君王

出武關項羽必引兵南走王深壁令滎陽成皐
間且得休使韓信等輯河北趙地連燕齊君王
乃復走滎陽未晚也如此則楚所備者多力分
漢得休復與之戰破楚必矣漢王從其計出軍
宛葉間正義曰宛於元反葉式涉反宛鄧州縣也葉汝州縣水經注云本楚惠王封諸梁子兼號曰葉城即
子高之故邑也與黥布行收兵項羽聞漢王在宛果引兵
南漢堅壁不與戰是時彭越渡睢水與項聲薛
公戰下邳彭越大破楚軍項羽乃引兵東擊彭
越漢王亦引兵北軍成皐項羽已破走彭越聞
漢王復軍成皐乃復引兵西拔滎陽誅周苛樅

公而虜韓王信遂圍成皐漢王跳徐廣曰音逃。索隱曰如淳云
跳走也晉灼按劉澤傳跳驅至長安說文音徒調反通俗文云超通爲跳獨與滕公共車出
成皐玉門徐廣曰項羽紀云北門名玉門。索隱曰夏侯嬰爲滕令故呼爲滕公北渡河
馳宿脩武自稱使者晨馳入張耳韓信壁而奪
之軍乃使張耳北益收兵趙地使韓信東擊齊
漢王得韓信軍則復振引兵臨河南鄉饗軍小脩
武南晉灼曰在大脩武城東欲復戰郎中鄭忠乃說止漢王
使高壘深塹勿與戰漢王聽其計使盧綰蘇林曰綰
音以繩綰結物之綰劉賈將卒二萬人騎數百渡白馬津索隱
曰即黎陽津也南界東郡白馬縣入楚地與彭越復擊破楚軍燕郭

西(索隱曰故南燕國也在東郡秦以為縣)遂復下梁地十餘城淮陰已受命東未渡平原漢王使酈生往說齊王田廣廣叛楚與漢和共擊項羽韓信用蒯通計遂襲破齊齊王烹酈生東走高密項羽聞韓信已舉河北兵破齊趙且欲擊楚則使龍且周蘭(徐廣曰一作簡)往擊之韓信與戰騎將灌嬰擊大破楚軍殺龍且齊王廣奔彭越當此時彭越將兵居梁地往來苦楚兵絶其糧食

四年項羽乃謂海春侯大司馬曹咎曰謹守成皐若漢挑戰(正義挑田平反下同)愼勿與戰無令得東而已我十五日必定梁地復從將軍乃行擊陳留外黄雎陽下之漢果數挑楚軍楚軍不出使人辱之五六日大司馬怒度兵汜水(正義曰汜音祀在成皐故城東)士卒半渡漢擊之大破楚軍盡得楚國金玉貨賂大司馬咎長史欣皆自剄汜水上項羽至雎陽聞海春侯破乃引兵還漢軍方圍鍾離眛於滎陽東項羽至盡走險阻韓信已破齊使人言曰齊邊楚(文穎曰邊近也)權輕不為假王恐不能安齊漢王欲攻之留侯曰不如因而立之使自為守乃遣張良操印綬立韓信為齊王(徐廣曰二月)項羽聞龍

且軍破則恐使盱台人武涉往說韓信韓信不聽楚漢久相持未決丁壯苦軍旅老弱罷轉餽漢王項羽相與臨廣武之閒而語項羽欲與漢王獨身挑戰漢王數項羽曰始與項羽俱受命懷王曰先入定關中者王之項羽負約王我於蜀漢罪一(索隱曰負音佩也)項羽矯殺卿子冠軍而自尊罪二(徐廣曰卿一作慶○索隱曰韋昭云宋義之號如傳曰卿若卿大夫之尊子若子男之爵冠者人之首也尊宋義故加此號)項羽已救趙當還報而擅劫諸侯兵入關罪三懷王約入秦無暴掠項羽燒秦宮室掘始皇帝冢私收其財物罪四又彊殺秦降王子嬰罪五詐阬秦子弟新安二十萬王其將罪六項羽皆王諸將善地(索隱曰謂章邯等)而徙逐故主(索隱曰謂田氏趙歇韓廣之屬也)令臣下爭叛逆罪七項羽出逐義帝彭城自都之奪韓王地并王梁楚多自予罪八項羽使人陰弒義帝江南罪九夫為人臣而弒其主殺已降為政不平主約不信天下所不容大逆無道罪十也吾以義兵從諸侯誅殘賊使刑餘罪人擊殺項羽何苦乃與公挑戰項羽大怒伏弩射中漢王漢王傷匈乃捫足曰虜中吾指(索隱曰捫摸也中匈而捫足者蓋以矢初中痛悶不知所在故爾或云匈而捫足權以安士卒之心也)漢王病

創卧張良彊請漢王起行勞軍以安士卒毋令楚乘勝於漢漢王出行軍（正義行寒孟反）病甚因馳入成皋（索隱曰三輔故事曰楚漢相拒於京索間六年身被大創十二矢石通中過者有四言漢王病創也）病愈西入關至櫟陽存問父老置酒梟故塞王欣頭櫟陽市（索隱曰梟懸首於木也欣自剄於汜水上令梟之於櫟陽者以舊都故梟以示之也）留四日復如軍軍廣武關中兵益出當此時彭越將兵居梁地往來苦楚兵絕其糧食田橫往從之項羽數擊彭越等齊王信又進擊楚項羽恐乃與漢王約中分天下割鴻溝而西者為漢鴻溝而東者為楚（索隱曰應劭云在滎陽東南二十里蓋引河東南入淮泗也張華云一渠東流經浚儀是始皇所鑿引河灌大梁謂之鴻溝一渠東至陽武南為官渡水北征記云中牟臺下臨汴水是為官渡水也）項王歸漢王父母妻子軍中皆呼萬歲乃歸而別去項羽解而東歸漢王欲引而西歸用留侯陳平計乃進兵追項羽至陽夏南止軍與齊王信建成侯彭越期會而擊楚軍至固陵不會楚擊漢軍大破之漢王復入壁深塹而守之用張良計於是韓信彭越皆往及劉賈入楚地圍壽春（正義曰今壽州）漢王敗固陵（晉灼曰即固始）乃使使者召大司馬周殷舉九江兵而迎之（徐廣曰周殷以兵隨劉賈）武王行屠城父（正義曰父音甫今亳州縣）隨何劉賈齊梁諸侯皆大會垓下（徐廣

大二百八十七 小一百九十九 高祖紀八 二十七

高祖紀

曰七月）立武王布為淮南王五年高祖與諸侯兵共擊楚軍與項羽決勝垓下淮陰侯將三十萬自當之孔將軍居左費將軍居右皇帝在後絳侯柴將軍在皇帝後項羽之卒可十萬淮陰先合不利卻孔將軍費將軍縱（正義曰二人韓信將也縱兵擊項羽也以縱字為絕句孔將軍蓼侯孔熙費將軍費侯陳賀也）楚兵不利淮陰侯復乘之（正義曰復扶富反乘猶登也進也）大敗垓下項羽卒聞漢軍之楚歌（索隱曰應劭云今雞鳴歌也顏遊秦云楚歌猶吳謳也按高祖令戚夫人楚舞自為楚歌是楚人之歌聲也）以為漢盡得楚地項羽乃敗而走是以兵大敗使騎將灌嬰追殺項羽東城（徐廣曰十二月）斬首八萬遂略定楚地魯為楚堅守不下漢王引諸侯兵北示魯父老項羽頭魯乃降遂以魯公號葬項羽穀城還至定陶馳入齊王壁奪其軍正月諸侯及將相相與共請尊漢王為皇帝漢王曰吾聞帝賢者有也空言虛語非所守也吾不敢當帝位群臣皆曰大王起微細誅暴逆平定四海有功者輒裂地而封為王侯大王不尊號皆疑不信臣等以死守之漢王三讓不得已曰諸君必以為便便國家甲午（徐廣曰月甲午）乃即皇帝位汜水之陽（蔡邕曰上古天子稱皇其次稱帝其次稱王秦承三王之末為漢驅

大二百五十九 小一百三十 史高祖八 二十八

高祖紀

除自以德兼三皇五帝故并以爲號漢高祖受命功德宜之因而不改○正義曰汜音敷劒反括地志云高祖即位壇在曹州濟陰縣界張晏曰汜水在濟陰界取其汜愛弘大而潤下皇帝曰義帝無後齊王韓信習楚風俗徙爲楚王都下邳正義曰音被悲反泗州下邳縣是楚王韓信之都立建成侯彭越爲梁王都定陶正義曰曹州濟陰縣城是梁王彭越之都故韓王信爲韓王都陽翟正義曰洛州陽翟縣是韓王信之都徙衡山王吳芮爲長沙王都臨湘正義曰括地志云潭州長沙縣本漢臨湘縣長沙王吳芮都之芮墓在長沙縣北四里番君之將梅鋗有功從入武關故德番君淮南王布燕王臧荼趙王敖皆如故天下大定高祖都雒陽諸侯皆臣屬故臨江王驩徐廣曰一作尉爲項羽叛漢令盧綰劉賈圍之

不下數月而降殺之雒陽五月兵皆罷歸家諸侯子在關中者復之十二歲其歸者復之六歲食之正義食音寺一歲高祖置酒雒陽南宮正義曰括地志云南宮在雒州雒陽縣東北二十六里洛陽故城中輿地志云秦時已有南北宮高祖曰列侯諸將無敢隱朕皆言其情吾所以有天下者何項氏之所以失天下者何高起王陵對曰孟康曰姓高名起瓚曰漢帝年紀高帝時有信平侯臣陵都武侯臣起魏相丙吉奏事高帝時奏事有將軍臣陵臣起陛下慢而侮人項羽仁而愛人然陛下使人攻城略地所降下者因以予之與天下同利也項羽妬賢嫉能有功者害之賢者疑之戰勝而不予人功得

地而不予人利此所以失天下也高祖曰公知其一未知其二夫運籌策帷帳之中決勝於千里之外吾不如子房鎮國家撫百姓給餽饟不絕糧道吾不如蕭何連百萬之軍戰必勝攻必取吾不如韓信此三者皆人傑也吾能用之此吾所以取天下也項羽有一范增而不能用此其所以爲我擒也高祖欲長都雒陽齊人劉敬說及留侯勸上入都關中高祖是日駕入都關中六月大赦天下十月燕王臧荼反攻下代地高祖自將擊之得燕王臧荼即立太尉盧綰爲

燕王使丞相噲將兵攻代其秋利幾反正義曰幾音機姓名也項羽之將爲陳縣令降漢高帝斷諸侯利幾恐故反高祖自將兵擊之利幾走利幾者項氏之將項氏敗利幾爲陳公不隨項羽亡降高祖高祖侯之潁川高祖至雒陽舉通侯籍召之如淳曰得在通侯之籍而利幾恐故反

六年高祖五日一朝太公如家人父子禮太公家令說太公曰天無二日土無二王今高祖雖子人主也太公雖父人臣也奈何令人主拜人臣如此則威重不行後高祖朝太公擁篲李奇曰爲恭也如今卒持帚者也迎門却行高祖大驚下扶太公太公

曰帝人主也奈何以我亂天下法於是高祖乃
尊太公爲太上皇蔡邕曰不言帝非天子也○索隱曰按本紀秦始皇追尊莊襄王爲太上皇已有故事矣蓋太上者無上也皇者德大於帝故尊其父號太上皇也心善家令言賜金
五百斤索隱曰頤氏按荀悅云故雖天子必有尊也無父猶設三老況其存乎家令之言過矣晉劉寶云善其發悟己心因得尊崇父號也十二月人有上變事告楚王信謀
反上問左右左右爭欲擊之用陳平計乃僞遊
雲夢韋昭曰在南郡華容縣會諸侯於陳楚王信迎即因執
之是日大赦天下田肯賀索隱曰漢紀及漢書作宵劉顯云相傳作肯也因
說高祖曰陛下得韓信又治秦中如淳曰時山東人謂關中爲秦中秦形勝之國張晏曰秦地帶山河得形勢之勝便者○索隱曰韋昭云地形險固故能勝人

也帶河山之險縣隔千里持戟百萬秦得百二
焉應劭曰山河之險與諸侯相縣隔地絶千里所以能禽諸侯者得天下之利百二也李斐曰河山之險內地勢高順流而下易故天下於秦秦縣隔千里持戟百萬秦得百二焉蘇林曰得百中之二焉秦地險固二萬人足當諸侯百萬人也○索隱曰服虔云謂函谷關去長安千里爲縣隔按文以何山險固形勝其勢如隔千里虞喜云百二者得百之二言諸侯持戟百萬秦地險固百倍於天下故云得百二焉言倍之也蓋言秦兵當二百萬也齊得十二亦如之故爲東西秦言勢相敵但立文相避故云十二言餘諸侯十萬齊地形號亦倍於他國當二十萬人地勢便利其
以下兵於諸侯譬猶居高屋之上建瓴水也如淳曰瓴盛水瓶也居高屋之上而幡瓴水言其向下之勢易也建音蹇晉灼曰許慎曰瓴甕似瓶者夫齊東
有琅邪即墨之饒南有泰山之固西有濁河之
限晉灼曰齊西有平原河水東北過高唐高唐即平原也孟康號黃河故曰濁河北有勃海之

利索隱曰崔浩云勃旁跌也旁跌出者横在濟北故齊都賦云海旁出爲勃名曰勃海郡地方二千
里持戟百萬縣隔千里之外索隱曰以言齊境闊不啻千里故云千里之外
齊得十二焉應劭曰齊得十之二故齊愍王稱東帝後復歸之卒爲秦所滅者利鈍之勢異也李斐曰齊有山河之限地方二千里是爲天下懸隔也設有持戟百萬之衆齊得十中之二焉百萬十分之二亦二十萬也但文相避耳故言東西秦其勢亦敵也蘇林曰十二得十中之二二十萬人當百萬言齊雖固不如秦二萬乃當百萬故
此東西秦也非親子弟莫可使王齊矣高祖曰
善賜黃金五百斤後十餘日封韓信爲淮陰侯
分其地爲二國高祖曰將軍劉賈數有功以爲
荆王索隱曰乃王吳地在淮東也姚察按虞喜云據言吳別言荆者以山命國也今西南有荆山在陽羡界賈封吳地而號荆王指取此義太康地理志陽羡縣本名荆溪王淮東弟交爲楚王王

淮西子肥爲齊王王七十餘城民能齊言者皆
屬齊漢書音義曰此言時民流移故使齊言者還齊也○正義曰按言齊之遠國次秦中故封子肥七十餘城近齊城邑能齊言者咸割屬齊親子故大其都也孟說恐非乃論功與諸列侯剖符
行封徙韓王信太原索隱曰信初都陽翟也
七年匈奴攻韓王信馬邑正義曰搜神記云昔秦人築城於武周塞以備胡城將成而崩者數矣有馬馳走周旋反覆父老異之因依以築城乃不崩遂名馬邑括地志云朔州城漢鴈門即馬邑縣城也攻韓信於馬邑即此城信因與同謀反太原白土徐廣曰在上郡曼
丘臣王黃立故趙將趙利爲王以反高祖自往
擊之會天寒士卒墮指者什二三遂至平城正義曰括地志云朔州定襄縣本漢平城縣縣東北三十里有白登山山上有臺名曰白登臺漢書匈奴傳云冒頓圍高帝於

白登七日即此也服虔云白登臺名去平城七里李穆叔趙記云平城東七里有土山高百餘尺方十餘里亦謂此也

匈奴圍我平城七日而後罷去令樊噲止定代地立兄劉仲為代王二月高祖自平城過趙雒陽至長安長樂宮成丞相已下徙治長安索隱曰漢儀注高祖六年更名咸陽曰長安三輔舊事渭城本咸陽地高帝為新城七年屬長安也

八年高祖東擊韓王信餘反寇於東垣地理志云東垣高帝更名曰真定蕭丞相營作未央宮正義曰括地志云未央宮在雍州長安縣西北十里長安故城中顏師古云未央殿雖南嚮而當上書奏事謁見之徒皆詣北闕公車司亦在北焉是則以北闕為正門而又有東門東闕至於西南兩面無門闕也蕭何初立未央宮以厭勝之術理宜然也按北闕為正者蓋象秦作前殿渡渭水屬之咸陽以象天極閣道絕漢抵營室立東闕北闕關中記曰東有蒼龍闕北有玄武闕玄武所謂北闕。索隱曰東闕名蒼龍北闕名玄武無西南二闕者蓋蕭何以厭勝之法故不立說文云闕門觀也秦家舊宮皆在渭北而立東闕北闕蓋取其便前殿武庫太倉高祖還見宮闕壯甚怒謂蕭何曰天下匈匈苦戰數歲成敗未可知是何治宮室過度也蕭何曰天下方未定故可因遂就宮室且夫天子以四海為家非壯麗無以重威且無令後世有以加也高祖乃說高祖之東垣過柏人正義曰括地志云柏人故城在邢州柏人縣西北十二里漢柏人屬趙國趙相貫高等謀弒高祖高祖心動因不留代王劉仲棄國亡自歸雒陽廢以為合陽侯正義曰括地志云郃陽故城在同州河西縣三里魏文侯十七年攻秦至鄭而還築在郃水之陽也

九年趙相貫高等事發覺夷三族廢趙王敖為宣平侯是歲徙貴族楚昭屈景懷齊田氏關中未央宮成高祖大朝諸侯羣臣置酒未央前殿高祖奉玉卮應劭曰鄉飲酒禮器也受四升起為太上皇壽曰始大人常以臣無賴晉灼曰許慎曰賴利也無利入於家也或曰江湖之間謂小兒多詐狡猾為無賴不能治產業不如仲力今某之業所就孰與仲多殿上羣臣皆呼萬歲大笑為樂

十年十月淮南王黥布梁王彭越燕王盧綰荊王劉賈楚王劉交齊王劉肥長沙王吳芮皆來朝長樂宮正義曰括地志云秦櫟陽故宮在雍州櫟陽縣北三十五里秦獻公所造三輔黃圖云高祖都長安未有宮室居櫟陽宮也春夏無事七月太上皇崩櫟陽宮楚王梁王皆來送葬漢書云葬萬年赦櫟陽囚更命酈邑曰新豐正義作麗音力知反括地志云新豐故城在雍州新豐縣西南四里漢新豐宮也太上皇時悽愴不樂高祖切因左右問故荅以平生所好皆屠販少年酤酒賣雞蹴踘以此為歡今皆無此故不樂高祖乃作新豐徙諸故人實之太上皇乃悅按前于驪邑築城寺徙其民實之未改其名太上皇崩後命曰新豐八月趙相國陳豨鄧展曰東海人名豨曰豨反代地上曰豨嘗為吾使甚有信代地吾所急也故封豨為列侯徐廣曰豨攻定臧荼有功封陽夏侯以相國守代今乃與王黃等劫掠代地代地吏民非有罪也其赦代吏民九月上自東往擊之至邯鄲上喜曰豨不南據邯鄲而阻漳水吾

知其無能爲也聞豨將皆故賈人也上曰吾知
所以與之乃多以金啗豨將豨將多降者
十一年高祖在邯鄲誅豨等未畢豨將侯敞將
萬餘人游行王黃軍曲逆文穎曰今中山蒲陰是張春渡河
正義曰陳豨將也又劉伯莊云彼時聊城在黃河之東王莽時乾今濁河西北也今在博州西北泙丘道里記云王莽元
城人居近河側祖父墳墓爲水所衝引河入深川此王莽河因枯也擊聊城徐廣曰在平原。正義曰括地
志云故聊城在博州聊城縣西二十里春秋時齊之西界聊攝也戰國時亦爲齊地秦漢皆爲東郡之聊城也漢使
將軍郭蒙與齊將擊大破之太尉周勃漢書百官表曰太尉
秦官應劭曰自上安下曰尉武官悉以爲稱道太原入韋昭曰道猶從定代地至馬
邑馬邑不下即攻殘之豨將趙利守東垣高祖

攻之不下月餘卒罵高祖高祖怒城降令出罵
者斬之不罵者原之於是乃分趙山北立子恒
以爲代王都晉陽如淳曰文紀言都中都又文帝過太原復晉陽中都二歲似遷都於中都
也春淮陰侯韓信謀反關中夷三族夏梁王彭
越謀反廢遷蜀復欲反遂夷三族立子恢爲梁
王子友爲淮陽王秋七月淮南王黥布反東并
荆王劉賈地北渡淮楚王交走入薛高祖自往
擊之立子長爲淮南王
十二年十月高祖已擊布軍會甀徐廣曰在蘄縣西駰案漢書音
義曰會音儈保邑名甀音直僞反。索隱曰漢書甀作缶音保非也布走令別將追之高

祖還歸過沛留置酒沛宮正義曰括地志云沛宮故地在徐州沛縣東南二十
里一步悉召故人父老子弟縱酒發沛中兒得百二
十人教之歌酒酣應劭曰不醒不醉曰酣一曰酣洽也高祖擊筑韋昭曰筑
古樂有弦擊之不鼓。正義曰音竹應劭云狀似瑟而大頭安弦以竹擊之故名曰筑顏師古云今筑形似瑟而小細項
自爲歌詩曰大風起兮雲飛揚威加海內兮歸
故鄉安得猛士兮守四方令兒皆和習之高祖
乃起舞慷慨傷懷泣數行下謂沛父兄曰游子
悲故鄉吾雖都關中萬歲後吾魂魄猶樂思沛
且朕自沛公以誅暴逆遂有天下其以沛風俗通義曰漢
書註沛人語初發聲皆言其者楚言也高祖始登帝位教令言其後以爲常耳爲朕湯沐邑復

其民世世無有所與沛父兄諸母故人日樂飲
極驩道舊故爲笑樂十餘日高祖欲去沛父兄
固請留高祖高祖曰吾人衆多父兄不能給乃
去沛中空縣皆之邑西獻如淳曰獻牛酒高祖復留止
張張晏曰張帷帳。正義音張亮反飲三日沛父兄皆頓首曰沛幸
得復豐未復唯陛下哀憐之高祖曰豐吾所生
長極不忘耳吾特爲其以雍齒故反我爲魏沛
父兄固請乃并復豐比沛於是拜沛侯劉濞服虔
曰濞音帔爲吳王漢將別擊布軍洮水南北徐廣曰洮音道在江
淮間皆大破之追得斬布鄱陽樊噲別將兵定代

斬陳豨當城索隱曰代之縣名。正義曰括地志云當城在朔州定襄縣界土地十三州記云當城在
高柳東八十里縣當常山故曰當城十一月高祖自布軍至長安十二
月高祖曰秦始皇帝楚隱王索隱曰世家作幽王名捍負芻之兄陳涉
魏安釐王索隱曰史闕名昭王之子王假之祖齊湣王索隱曰名地宣王子王建祖趙
悼襄王索隱曰名偃孝成王丹之子幽王遷之父皆絶無後予守冢各十
家秦皇帝二十家魏公子無忌五家赦代地吏
民為陳豨趙利所劫掠者皆赦之陳豨降將言
豨反時燕王盧綰使人之豨所與陰謀上使辟
陽侯迎綰正義曰審食其也括地志云辟陽故城在冀州信都縣西三十五里漢舊縣綰稱
病辟陽侯歸具言綰反有端矣二月使樊噲周

勃將兵擊燕王綰赦燕吏民與反者立皇子建
為燕王高祖擊布時為流矢所中行道病病甚
呂后迎良醫醫入見高祖問醫醫曰病可治於
是高祖嫚罵之曰吾以布衣持三尺劍取天下
此非天命乎命乃在天雖扁鵲何益遂不使治
病賜金五十斤罷之已而呂后問陛下百歲後
蕭相國即死令誰代之上曰曹參可問其次上
曰王陵可然陵少戇陳平可以助之陳平智有
餘然難以獨任周勃重厚少文然安劉氏者必
勃也可令為太尉呂后復問其次上曰此後亦

非而所知也盧綰與數千騎居塞下候伺幸上
病愈自入謝四月甲辰高祖崩長樂宮皇甫謐曰高祖以秦
昭王五十一年生至漢十二年年六十二四日不發喪呂后與審食其謀
曰諸將與帝為編戶民今北面為臣此常怏怏
今乃事少主非盡族是天下不安人或聞之語
酈將軍漢書曰酈商酈將軍往見審食其曰吾聞帝
已崩四日不發喪欲誅諸將誠如此天下危矣
陳平灌嬰將十萬守滎陽樊噲周勃將二十萬
定燕代此聞帝崩諸將皆誅必連兵還鄉以攻
關中大臣內叛諸侯外反亡可翹足而待也審

食其入言之乃以丁未發喪大赦天下盧綰聞
高祖崩遂亡入匈奴丙寅葬徐廣曰五月己巳立太子
正義曰丙寅葬後四日至己巳即立太子為帝有本脫巳字者妄引漢書云巳下者非至太上皇廟
正義曰三輔黃圖云太上皇廟在長安城香室南馮翊府北括地志云漢太上皇廟在雍州長安縣西北長安故城中酒池之北高帝廟北高帝廟亦在故城中也羣臣皆曰高祖起微細撥亂世
反之正平定天下為漢太祖功最高上尊號為
高皇帝太子襲號為皇帝孝惠帝也令郡國諸
侯各立高祖廟以歲時祠及孝惠五年思高祖
之悲樂沛以沛宮為高祖原廟徐廣曰光武紀曰上幸豐祠高祖於原廟
駰案謂原者再也先既已立廟今又再立故謂之原廟高祖所教歌兒百二十人

皆令爲吹樂後有缺輒補之高帝八男長庶齊悼惠王肥次孝惠呂后子次戚夫人子趙隱王如意次代王恒已立爲孝文帝薄太后子次梁王恢呂太后時徙爲趙共王次淮陽王友呂太后時徙爲趙幽王次淮南厲王長次燕王建

太史公曰夏之政忠忠之敝小人以野（鄭玄曰忠質厚也野少禮節也）故殷人承之以敬敬之敝小人以鬼（鄭玄曰多威儀如事鬼神）故周人承之以文文之敝小人以僿（徐廣曰一作薄駰案史記音隱曰僿音西志反鄭玄曰文尊卑之差也薄苟習文法無悃誠也○索隱曰鄭音先代反鄒本作薄音扶各反本一作僿而徐廣云一作薄是本亦不同也然此語本出禮表記作其民之敝利而巧文而不慙賊而蔽也裴又引音隱云僿音先志者蔽僿聲相近故以蔽爲僿耳）故救僿莫若以忠（鄭玄曰復反始）三王之道若循環終而復始周秦之間可謂文敝矣秦政不改反酷刑法豈不繆乎故漢興承敝易變使人不倦得天統矣朝以十月車服黃屋左纛葬長陵（皇甫謐曰長陵山東西廣百二十步高十三丈在渭水北去長安城三十五里○正義曰括地志云長陵在雍州咸陽縣東三十里）

索隱述贊曰

高祖初起　始自徙中　言從泗上

即號沛公　嘯命豪傑　奮發材雄

彤雲鬱碭　素靈告豐　龍變星聚

蛇分徑空　項氏主命　負約棄功

王我巴蜀　實憤于衷　三秦既北

五兵遂東　汜水即位　咸陽築宮

威加四海　還歌大風

高祖本紀第八　史記八

呂后本紀第九

史記九

（索隱曰呂太后本以女主臨朝自孝惠崩後立少帝而始稱制正合附惠紀而論之不然或別爲呂后本紀豈得全没孝惠而獨稱呂后本紀合依班氏分爲二紀焉）

呂太后者（徐廣曰呂后父呂公漢元年爲臨泗侯四年卒高后元年追謚曰呂宣王）高祖微時妃也（漢書音義曰諱雉○索隱曰字娥姁也）生孝惠帝（漢書音義曰諱盈）女魯元太后及高祖爲漢王得定陶戚姬（如淳曰姬音怡衆妾之總稱也漢官曰姬妾數百蘇林曰清河國有妃里而題門作姬瓚曰漢秩祿令及茂陵書姬內官也秩比二千石位次倢伃下在七子八子之上○索隱曰如淳音怡非也茂陵書云姬是內官是矣然官號及婦人通稱姬者姬周之姓所以左傳稱伯姬叔姬以言天子之宗女貴於他姓故遂以姬爲婦人美號故詩曰雖有姬姜不弃顦顇是也）愛幸生趙隱王如意孝惠爲人仁弱高祖以爲不類我常欲廢太子立戚姬子如意如意類我戚姬幸常從上之關東日夜啼泣欲立其子代太子呂后年長常留守希見上益疏如意立爲趙王後幾代太子者數矣（索隱曰幾音其紀反又音祈）賴大臣爭之及留侯策（索隱曰謂張良叔孫通等令太子卑詞安車以迎四皓也）太子得毋廢呂后爲人剛毅佐高祖定天下所誅大臣多呂后力呂后兄二人皆爲將長兄周呂侯（徐廣曰名澤高祖八年卒謚令武侯追謚曰悼武王）死事封其子呂台爲酈侯（徐廣曰酈一作鄜。索隱曰鄭鄜台並音怡蘇林音胎）子産爲交侯（徐廣曰台弟也）次兄呂釋之爲建成侯（徐廣曰惠帝二年卒謚康王）高祖十二年四月甲辰

史記呂后紀九　一

呂后紀

崩長樂宮太子襲號爲帝是時高祖八子長男肥孝惠兄也異母（索隱曰母曰曹姬）肥爲齊王餘皆孝惠弟戚姬子如意爲趙王薄夫人子恒爲代王諸姬子子恢爲梁王子友爲淮陽王子長爲淮南王子建爲燕王高祖弟交爲楚王兄子濞爲吳王非劉氏功臣番君吳芮子臣爲長沙王呂后最怨戚夫人及其子趙王廼令永巷（如淳曰列女傳曰周宣王姜后脫簪珥待罪永巷後改爲掖庭○索隱曰永巷別宮名有長巷故名之也韋昭云以爲在掖門內故謂之掖庭也）囚戚夫人而召趙王使者三反趙相建平侯周昌謂使者曰高帝屬臣趙王趙王年少竊聞太后怨戚夫人欲召趙王并誅之臣不敢遣王王且亦病不能奉詔呂后大怒廼使人召趙相趙相徵至長安廼使人復召趙王王來未到孝惠帝慈仁知太后怒自迎趙王霸上與入宮自挾與趙王起居飲食太后欲殺之不得間孝惠元年十二月帝晨出射趙王少不能蚤起太后聞其獨居使人持酖飲之（應劭曰酖鳥食蝮以其羽畫酒中飲之立死）犂明孝惠還（徐廣曰犂猶比也諸言犂明者將明之時）趙王已死於是廼徙淮陽王友爲趙王夏詔賜酈侯父追謚爲令武侯（索隱曰令音鈴）太后遂斷戚夫人手足去眼煇耳飲瘖藥

史記呂后紀九　二

呂后紀

使居廁中命曰人彘居數日迺召孝惠帝觀人彘孝惠見問迺知其戚夫人迺大哭因病歲餘不能起使人請太后曰此非人所爲臣爲太后子終不能治天下孝惠以此日飲爲淫樂不聽政故有病也二年楚元王齊悼惠王皆來朝十月孝惠與齊王燕飲太后前孝惠以爲齊王兄置上坐如家人之禮太后怒迺令酌兩卮酖置前令齊王起爲壽齊王起孝惠亦起取卮欲俱爲壽太后迺恐自起泛孝惠卮[索隱曰泛音捧泛也]齊王怪之因不敢飲詳醉去問知其酖齊王恐自以爲不

得脫長安憂齊内史士[徐廣曰一作出]說王曰太后獨有孝惠與魯元公主[如淳曰公羊傳曰天子嫁女於諸侯必使諸侯同姓者主之故謂之公主百官表列侯所食曰國皇后公主所食曰邑諸侯王女曰公主蘇林曰公五等尊爵也春秋聽臣子以稱君父婦人稱主有主孟啗我之比故云公主贊曰天子之女雖食湯沐之邑不君其民○索隱曰啗音徒濫反按主是謂里克妻即優施之語事見國語孟者且也言且啗我物我教汝婦事夫之道此即婦人稱主之意耳比音必二反]今王有七十餘城而公主迺食數城王誠以一郡上太后爲公主湯沐邑太后必喜王必無憂於是齊王迺上城陽之郡尊公主爲王太后[如淳曰張敖子偃爲魯王故公主得爲太后]呂后喜許之迺置酒齊邸[正義曰漢法諸侯各起邸第於京師也]樂飲罷歸齊王三年方築長安城四年就

半五年六年城就[索隱曰漢宮闕疏四年築東面五年築北面漢舊儀城方六十三里經緯各十二里三輔舊事云城形似北斗也]諸侯來會十月朝賀七年秋八月戊寅孝惠帝崩[皇甫謐曰帝以秦始皇三十七年生崩時年二十三]發喪太后哭泣不下留侯子張辟彊爲侍中[應劭曰入侍天子故曰侍中]年十五謂丞相曰太后獨有孝惠今崩哭不悲君知其解乎[正義曰解紀賣反言哭解憒有所思也又音户賣反解節解也又紀買反謂解說也]丞相曰何解辟彊曰帝毋壯子[正義曰毋音無]太后畏君等君今請拜呂台呂產呂祿爲將將兵居南北軍及諸呂皆入宮居中用事如此則太后心安君等幸得脫禍矣丞相迺如辟彊計太后說

其哭迺哀呂氏權由此起迺大赦天下九月辛丑葬[漢書云葬安陵皇覽曰山高三十二丈廣袤百二十步居地六十畝皇甫謐曰去長陵十里去長安北三十五里]太子即位爲帝謁高廟元年號令一出太后太后稱制議欲立諸呂爲王問右丞相王陵王陵曰高帝刑白馬盟曰非劉氏而王天下共擊之今王呂氏非約也太后不說問左丞相陳平絳侯周勃勃等對曰高帝定天下王子弟今太后稱制王昆弟諸呂無所不可太后喜罷朝王陵讓陳平絳侯曰始與高帝啑血盟[索隱曰啑鄒音使接反又云或作喢又音丁牒反]諸君不在邪今高帝崩太后女主

欲王呂氏諸君縱欲阿意背約何面目見高帝地下陳平絳侯曰於今面折廷爭臣不如君夫全社稷定劉氏之後君亦不如臣王陵無以應之十一月太后欲廢王陵乃拜為帝太傅應劭曰古官傅者覆也瓚曰大戴禮曰傅之德義奪之相權王陵遂病免歸迺以左丞相平為右丞相以辟陽侯審食其為左丞相索隱曰韋昭云辟陽信都之縣名左丞相不治事令監宮中如郎中令食其故得幸太后常用事公卿皆因而決事迺追尊酈侯父為悼武王欲以王諸呂為漸四月太后欲侯諸呂迺先封高祖之功臣郎中

令無擇徐廣曰姓馮為博城侯正義曰括地志云兗州博城本漢博城縣城魯元公主薨賜謚為魯元太后子偃為魯王魯王父宣平侯張敖也封齊悼惠王子章為朱虛侯索隱曰虛音墟琅邪縣也。正義曰括地志云朱虛故城在青州臨朐縣東六十里漢朱虛也十三州志云丹朱遊故虛故云朱虛也虛猶丘也朱猶丹也以呂祿女妻之齊丞相壽為平定侯徐廣曰姓齊少府延為梧侯徐廣曰姓陽成也延以軍匠起作宮築城也乃封呂種為沛侯徐廣曰釋之之子也。正義曰括地志云徐州沛縣古城也呂平為扶柳侯徐廣曰呂后姊子也母字長姁。正義曰括地志云扶柳故城在冀州信都縣西三十里漢扶柳縣也有澤澤中多柳故曰扶柳張買為南宮侯徐廣曰其父越人為高祖騎將太后欲王呂氏先立孝惠後宮子彊為淮陽王韋昭

曰今陳留郡東垣邑也子不疑為常山王正義曰括地志云常山故城在恒州真定縣南八里本漢東垣邑也子山為襄成侯索隱曰按下文更名義又改名弘豐漢書襄成侯唯云名弘蓋史省文耳按志襄城屬潁川子朝為軹侯索隱曰韋昭云河內有軹縣音紙。正義曰括地志云故軹城在懷州終原縣東南十三里七國時魏邑子武為壺關侯太后風大臣大臣請立酈侯呂台為呂王正義曰初呂台為呂王後呂產王梁更名梁曰呂太后許之建成康侯釋之卒嗣子有罪廢立其弟呂祿徐廣曰釋之少子為胡陵侯正義曰縣名屬山陽章帝改曰胡陸續康侯後二年常山王薨以其弟襄成侯山為常山王更名義十一月呂王台薨謚為肅王太子嘉代立為王三年無事漢書云秋星晝見四年封呂嬃為

臨光侯呂他為俞侯索隱曰他音陀俞音輸。正義曰括地志云故鄃城在德州平原縣西南三十里本漢鄃縣呂他邑也呂更始為贅其侯徐廣曰表云呂后弟子淮陽丞相呂勝為贅其侯。索隱曰按表贅其在臨淮呂忿為呂成侯正義曰括地志云故呂城在鄧州南陽縣西三十里呂尚先祖封及諸侯丞相五人徐廣曰中邑侯朱通山都侯王恬開松茲侯徐厲滕侯呂更始醴陵侯越宣平侯女為孝惠皇后時無子詳為有身取美人子名之正義曰劉伯莊云諸美人元幸呂氏懷身而入宮生子殺其母立所名子為太子孝惠崩太子立為帝帝壯或聞其母死非真皇后子迺出言曰后安能殺吾母而名我我未壯壯即為變太后聞而患之恐其為亂迺幽之永巷中言帝病甚左

右莫得見太后曰凡有天下治爲萬民命（徐廣曰一
無此字）者蓋之如天容之如地上有懽心以安百
姓百姓欣然以事其上懽欣交通而天下治今
皇帝病久不已迺失惑惛亂不能繼嗣奉宗廟
祭祀不可屬天下其代之群臣皆頓首言皇太
后爲天下齊民計所以安宗廟社稷甚深羣臣
頓首奉詔帝廢位太后幽殺之五月丙辰立常
山王義爲帝更名曰弘不稱元年者以太后稱
天下事也以軹侯朝爲常山王置太尉官絳侯
勃爲太尉五年八月淮陽王薨以弟壺關侯武

爲淮陽王六年十月太后曰呂王嘉居處驕恣
廢之以肅王台弟呂產爲呂王夏赦天下封齊
悼惠王子興居爲東牟侯（索隱曰韋昭云東萊縣）七年正月
太后召趙王友友以諸呂女爲后弗愛愛他姬
諸呂女妬怒去讒之於太后誣以罪過曰呂氏
安得王太后百歲後吾必擊之太后怒以故召
趙王趙王至置邸不見令衞圍守之弗與食其
羣臣或竊饋輒捕論之趙王餓乃歌曰諸呂用
事兮劉氏危迫脅王侯兮彊授我妃我妃既妬
兮誣我以惡讒女亂國兮上曾不寤我無忠臣

兮何故弃國自決中野兮蒼天舉直（徐廣曰舉一作與）于
嗟不可悔兮寧蚤自財爲王而餓死兮誰者憐
之呂氏絕理兮託天報仇丁丑趙王幽死以民
禮葬之長安民冢次己丑日食晝晦太后惡之
心不樂乃謂左右曰此爲我也二月徙梁王恢
爲趙王呂王產徙爲梁王梁王不之國爲帝太
傅立皇子平昌侯太爲呂王更名梁曰呂呂曰
濟川太后女弟呂嬃（索隱曰韋昭云樊噲妻封林光侯）有女爲營陵
侯劉澤妻澤爲大將軍太后王諸呂恐即崩後
劉將軍爲害迺以劉澤爲琅邪王以慰其心梁

王恢之徙王趙心懷不樂太后以呂產女爲趙
王后王后從官皆諸呂擅權微伺趙王趙王不
得自恣王有所愛姬王后使人酖殺之王乃爲
歌詩四章令樂人歌之王悲六月即自殺太后
聞之以爲王用婦人弃宗廟禮廢其嗣宣平侯
張敖卒以子偃爲魯王敖賜謚爲魯元王秋太
后使使告代王欲徙王趙代王謝願守代邊太
傅產丞相平等言武信侯呂祿（徐廣曰呂后兄子也前封胡陵侯盖號曰
武信）上侯位次第一（如淳曰功大者位在上功臣侯表有第一第二之次也）請立爲
趙王太后許之追尊祿父康侯爲趙昭王九月

燕靈王建薨有美人子太后使人殺之無後國
除八年十月立呂肅王子東平侯呂通為燕王
封通弟呂莊為東平侯三月中呂后祓還（正義曰祓芳弗反又音廢後同）
過軹道見物如蒼犬據（徐廣曰據音戟）高后掖忽弗
復見卜之云趙王如意為祟高后遂病掖傷高
后為外孫魯元王偃年少蚤失父母孤弱迺封
張敖前姬兩子侈為新都侯壽為樂昌侯（徐廣曰今細陽之池陽鄉）
以輔魯元王偃及封中大謁者張釋為建
陵侯（徐廣曰一云張釋卿駰案如淳曰百官表謁者掌賓贊受事灌嬰為中謁者後常以奄人為之諸官加中者多奄人也）
呂榮為祝茲侯（徐廣曰呂后昆弟子）諸中宦者令丞皆

為關內侯食邑五百戶（如淳曰列侯出關就國關內侯但爵其身有加異者與關內之邑食其租稅也風俗通義曰秦時六國未平將帥皆家關中稱關內侯）七月中高后病
甚迺令趙王呂祿為上將軍軍北軍呂王產居
南軍呂太后誡產祿曰高帝已定天下與大臣
約曰非劉氏王者天下共擊之今呂氏王大臣
弗平我即崩帝年少大臣恐為變必據兵衛宮
慎毋送喪毋為人所制辛巳高后崩遺詔賜諸
侯王各千金（蔡邕曰皇子封為王者其實古諸侯也加號稱王故謂之諸侯王王子封為侯者謂之諸侯）
將相列侯郎吏皆以秩賜金大赦天下以呂
王產為相國以呂祿女為帝后高后已葬（皇甫謐曰

合葬長陵皇覽曰高帝呂后山各一所也）以左丞相審食其為帝太傅朱
虛侯劉章有氣力東牟侯興居其弟也皆齊哀
王弟居長安當是時諸呂用事擅權欲為亂畏
高帝故大臣絳灌等未敢發朱虛侯婦呂祿女
陰知其謀恐見誅迺陰令人告其兄齊王欲令
發兵西誅諸呂而立朱虛侯欲從中與大臣為
應齊王欲發兵其相弗聽八月丙午齊王欲使
人誅相相召平迺反舉兵欲圍王王因殺其相
遂發兵東詐奪琅邪王兵并將之而西語在齊
王語中齊王迺遺諸侯王書曰高帝平定天下

王諸子弟悼惠王王齊悼惠王薨孝惠帝使留
侯良立臣為齊王孝惠崩高后用事春秋高聽
諸呂擅廢帝更立又比殺三趙王（索隱曰比音如字比猶頻也趙隱王如意趙幽王友趙王恢是三趙王也）
滅梁趙燕以王諸呂分齊為四
忠臣進諫上惑亂弗聽今高后崩而帝春秋富
未能治天下固恃大臣諸侯而諸呂又擅自尊
官聚兵嚴威劫列侯忠臣矯制以令天下宗廟
所以危寡人率兵入誅不當為王者漢聞之相
國呂產等迺遣潁陰侯灌嬰將兵擊之灌嬰至
滎陽迺謀曰諸呂權兵關中欲危劉氏而自立

今我破齊還報此益呂氏之資也迺留屯滎陽使使諭齊王及諸侯與連和以待呂氏變共誅之齊王聞之迺還兵西界待約呂祿呂產欲發亂關中內憚絳侯朱虛等外畏齊楚兵又恐灌嬰畔之欲待灌嬰兵與齊合而發猶豫未決索隱曰猶鄒音以獸反與音預又作豫崔浩云猶猿類也卬鼻長尾性多疑又說文云猶獸名多疑故比之也按狐性亦多疑度冰而聽水聲故云狐疑也今解者又引老子與猶兮冬涉川猶兮若畏四隣故以爲猶與且按狐聽水而此云猶兮冬涉川則猶與是狐類不疑若畏四隣則猶定是獸自不保同類故云畏四隣也當是時濟川王太淮陽王武常山王朝名爲少帝弟及魯元王呂后外孫皆年少未之國居長安趙王祿梁王產各將兵居南北軍皆呂氏之人列侯羣臣莫自堅其命太尉絳侯勃不得入軍中主兵曲周侯酈商老病其子寄與呂祿善絳侯迺與丞相陳平謀使人劫酈商令其子寄往紿說呂祿曰高帝與呂后共定天下劉氏所立九王索隱曰吳楚齊淮南琅邪代常山王朝淮陽王武濟川王太是九王也呂氏立三王索隱曰梁王產趙王祿趙王通也皆大臣之議事已布告諸侯諸侯皆以爲宜今太后崩帝少而足下佩趙王印不急之國守藩迺爲上將將兵留此爲大臣諸侯所疑足下何不歸將印以兵屬太尉請梁王歸相國印與大

臣盟而之國齊兵必罷大臣得安足下高枕而王千里此萬世之利也呂祿信然其計欲歸將印以兵屬太尉使人報呂產及諸呂老人或以爲便或曰不便計猶豫未有所決呂祿信酈寄時與出游獵過其姑呂嬃嬃大怒曰若爲將而弃軍呂氏今無處矣索隱曰顏師古以爲言見誅滅無處所也迺悉出珠玉寶器散堂下曰毋爲他人守也左丞相食其免八月庚申旦平陽侯窋行御史大夫事見相國產計事郎中令賈壽使從齊來因數產曰王不蚤之國今雖欲行尚可得邪具以灌嬰與齊

楚合從欲誅諸呂告產迺趣產急入宮平陽侯頗聞其語迺馳告丞相太尉太尉欲入北軍不得入襄平侯通徐廣曰姓紀尚符節張晏曰紀信子也尚主也今符節令○索隱曰張晏云紀信子又晉灼云信被焚死不見有後按功臣表襄平侯紀通父成以將軍定三秦死事子侯則通非信子張說謬誤迺令持節矯內太尉北軍太尉復令酈寄與典客劉揭漢書百官表曰典客秦官也掌諸侯歸義蠻夷先說呂祿曰帝使太尉守北軍欲足下之國急歸將印辭去不然禍且起呂祿以爲酈兄徐廣曰音況字也名寄不欺已遂解印屬典客而以兵授太尉太尉將之入軍門行令軍中曰爲呂氏右襢爲劉氏左襢軍中皆

左禮爲劉氏太尉行至將軍呂祿亦已解上將
印去太尉遂將北軍然尚有南軍平陽侯聞之
以呂產謀告丞相平丞相平迺召朱虛侯佐太
尉太尉令朱虛侯監軍門令平陽侯告衛尉毋
入相國產殿門呂產不知呂祿已去北軍迺入
未央宮欲爲亂殿門弗得入徘徊往來平陽侯
恐弗勝馳語太尉太尉尚恐不勝諸呂未敢訟
言誅之徐廣曰訟一作公駰案韋昭曰訟猶公也○索隱曰韋昭以訟爲公徐廣亦云然蓋公爲得之公言
猶明言也又解者云訟誦說也迺遣朱虛侯謂曰急入宮衛帝朱
虛侯請卒太尉予卒千餘人入未央宮門遂見

史記呂后紀九　十三

產廷中日餔時遂擊產產走天風大起以故其
從官亂莫敢鬭逐產殺之郎中府吏廁中如淳曰百
官表郎中令掌宮殿門戶故其府在宮中後轉爲光祿勳也朱虛侯已殺產帝命謁
者持節勞朱虛侯朱虛侯欲奪節信謁者不肯
朱虛侯則從與載因節信馳走斬長樂衛尉呂
更始還馳入北軍報太尉太尉起拜賀朱虛侯
曰所患獨呂產今已誅天下定矣遂遣人分部
悉捕諸呂男女無少長皆斬之辛酉捕斬呂祿
而笞殺呂嬃使人誅燕王呂通而廢魯王偃壬
戌以帝太傅食其復爲左丞相戊辰徙濟川王

王梁立趙幽王子遂爲趙王遣朱虛侯章以誅
諸呂氏事告齊王令罷兵灌嬰兵亦罷滎陽而
歸諸大臣相與陰謀曰少帝及梁淮陽常山王
皆非真孝惠子也呂后以計詐名他人子殺其
母養後宮令孝惠子之立以爲後及諸王以彊
呂氏今皆已夷滅諸呂而置所立即長用事吾
屬無類矣不如視諸王最賢者立之或言齊悼
惠王高帝長子今其適子爲齊王推本言之高
帝適長孫可立也大臣皆曰呂氏以外家惡而
幾危宗廟亂功臣今齊王母家駟駟鈞惡人也

史記呂后紀九　十四

即立齊王則復爲呂氏欲立淮南王以爲少母
家又惡迺曰代王方今高帝見子最長仁孝寬
厚太后家薄氏謹良且立長故順以仁孝聞於
天下便迺相與共陰使人召代王代王使人辭
謝再反然後乘六乘傳張晏曰備漢朝有變欲馳還也或曰傳車六乘後九
月文穎曰即閏九月也時律曆廢不知閏謂之後九月也以十月爲歲首至九月則歲終後九月則閏月晦日
己酉至長安舍代邸大臣皆往謁奉天子璽上
代王共尊立爲天子代王數讓群臣固請然後
聽東牟侯興居曰誅呂氏吾無功請得除宮迺
與太僕汝陰侯滕公入宮前謂少帝曰足下非

劉氏不當立乃顧麾左右執戟者掊兵罷去徐廣曰掊音仆有數人不肯去兵宦者令張澤諭告亦去兵滕公迺召乘輿車載少帝出蔡邕曰律曰敢盜乘輿服御物天子至尊不敢渫瀆言之故託於乘輿也乘猶載也輿猶車也天子以天下爲家不以京師宮室爲常處則當乘車輿以行天下故羣臣託乘輿以言之也故或謂之車駕少帝曰欲將我安之乎滕公曰出就舍舍少府迺奉天子法駕蔡邕曰天子有大駕小駕法駕上乘金根車駕六馬有五時副車駕四馬侍中參乘屬車三十六乘迎代王於邸報曰宮謹除代王即夕入未央宮有謁者十人持戟衛端門曰天子在也足下何爲者而入代王迺謂太尉太尉往諭謁者十人皆掊兵而去代王遂入而聽政夜有司分部誅滅梁淮陽常山王及少帝於邸代王立爲天子二十三年崩諡爲孝文皇帝

太史公曰孝惠皇帝高后之時黎民得離戰國之苦君臣俱欲休息乎無爲故惠帝垂拱高后女主稱制政不出房戶天下晏然刑罰罕用罪人是希民務稼穡衣食滋殖

索隱述贊曰

高祖猶微　呂氏作妃　及正軒掖
尚私食其　志懷安忍　性挾猜疑
置鴆齊悼　殘彘戚姬　孝惠崩殞
其哭不悲　諸呂用事　天下示私
大臣葅醢　支孽芟夷　禍盈斯驗
蒼狗爲菑

史肆阡伍伯單捌字
注貳阡壹伯伍拾肆字

呂后本紀第九　史記九

孝文本紀第十

孝文皇帝漢書音義曰諱恒高祖中子也高祖十一年春已破陳豨軍定代地立爲代王都中都正義曰括地志云中都故城在汾州平遥縣西南十二里秦屬太原郡也太后薄氏子即位十七年高后八年七月高后崩九月諸呂呂產等欲爲亂以危劉氏大臣共誅之謀召立代王事在呂后語中丞相陳平太尉周勃等使人迎代王代王問左右郎中令張武等張武等議曰漢大臣皆故高帝時大將習兵多謀詐此其屬意非止此也特畏高帝呂太后威耳今已誅諸呂新啑血京師公羊傳曰京大師衆也天子之居必以衆大之辭言也○索隱曰漢書啑作喋音跕丁牒反漢書陳湯杜業皆言喋血無盟歃事廣雅云喋履也謂履涉之此以迎大王爲名實不可信願大王稱疾毋往以觀其變中尉宋昌進曰索隱曰東觀漢記宋楊傳宋義後有宋昌又會稽典録昌宋義孫也羣臣之議皆非也夫秦失其政諸侯豪桀並起人人自以爲得之者以萬數然卒踐天子之位者劉氏也天下絕望一矣高帝封王子弟地犬牙相制索隱曰言封子弟境土交接若犬之牙不正相當而相銜入也此所謂盤石之宗也索隱曰言其固如盤石此語見太公六韜天下服其彊二矣漢興除秦苛政約法令施德惠人人自安難動搖三矣夫以呂太后之

嚴立諸呂爲三王擅權專制然而太尉以一節入北軍索隱曰即紀通所矯帝之節一呼士皆左袒爲劉氏叛諸呂卒以滅之此乃天授非人力也今大臣雖欲爲變百姓弗爲使其黨寧能專一邪方今內有朱虛東牟之親外畏吳楚淮南琅邪齊代之彊方今高帝子獨淮南王與大王大王又長賢聖仁孝聞於天下故大臣因天下之心而欲迎立大王大王勿疑也代王報太后計之猶與未定卜之龜卦兆得大橫應劭曰以荊灼龜文正橫占曰大橫庚庚余爲天王夏啓以光服虔曰庚橫貌也李奇曰庚其繇文也張晏曰橫行無思不服庚更也言去諸侯而即帝位也先是五帝官天下老則禪賢王啓始傳父爵乃能光治先君之基業文帝亦襲父迹言似夏啓者也○索隱曰荀悅云大橫龜兆橫理也按庚猶更言以諸侯更帝位也繇抽也所以抽出吉凶之情也杜預云繇兆辭也音胄漢書蓋寬饒云五帝官天下三王家天下官以傳賢人家以傳子孫官猶公也謂不私也代王曰寡人固已爲王矣又何王卜人曰所謂天王者乃天子於是代王乃遣太后弟薄昭往見絳侯絳侯等具爲昭言所以迎立王意薄昭還報曰信矣毋可疑者代王乃笑謂宋昌曰果如公言乃命宋昌參乘張武等六人乘傳詣長安至高陵休止正義曰括地志云高陵故城在雍州高陵縣西南一里本名橫橋架渭水上三輔舊事云秦於渭南有興宮渭北有咸陽宮秦昭王欲通二宮之間造橫橋長三百八十步橋北京石水中舊有留神象此神曾與魯班

語班令其出留曰我貌醜卿善圖物容不出班於是拱手與語曰出頭見我留乃出首班以脚畫地忖留覺之便没水故置其象於水上唯有胷以上魏太祖馬見而驚命移下之而使宋昌先馳之長安觀變昌至渭橋蘇林曰在長安北三里。索隱曰三輔故事咸陽宮在渭北興樂宮在渭南秦昭王通兩宮之間作渭橋長三百八十步又關中記云石柱以北屬扶風石柱以南屬京兆也丞相以下皆迎宋昌還報代王馳至渭橋羣臣拜謁稱臣代王下車拜太尉勃進曰願請間言索隱曰包愷音閑言欲向空間處語顏師古云間容也猶言中間請容暇之頃當有所陳不欲即公論也宋昌曰所言公公言之所言私王者不受私太尉乃跪上天子璽符代王謝曰至代邸而議之索隱曰說文云邸屬國舍遂馳入代邸羣臣從至丞相陳平太尉周勃大將軍

五百八十六　史記孝文紀十　三

陳武御史大夫張蒼宗正劉郢漢書百官表曰宗正秦官應劭曰周成王時彤伯入爲宗正朱虛侯劉章東牟侯劉興居典客劉揭皆再拜言曰子弘等皆非孝惠帝子不當奉宗廟臣謹請與陰安侯蘇林曰高帝兄伯妻羹頡侯信母丘嫂也列侯頃王后徐廣曰代頃王劉仲之妻駰案蘇林曰仲子濞爲吳王故追謚爲頃王也如淳曰頃王后封陰安侯時呂須爲林光侯蕭何夫人亦爲酇侯又宗室表此時無陰安知其爲頃王后也。索隱曰按蘇林徐廣韋昭以爲二人封號而樂彥如淳以頃王后別封陰安侯與漢祠令相會今以陰安是別人封爵非也頃王后是代頃王后文帝之伯母代王降爲郃陽侯故云列侯頃王后韋昭曰陰安屬魏郡也與琅邪王宗室大臣列侯吏二千石議曰大王高帝長子宜爲高帝嗣願大王即天子位代王曰奉高帝宗廟重事也

孝文紀

寡人不佞不足以稱宗廟願請楚王計宜者蘇林曰楚王名交高帝弟。索隱曰交高帝弟最尊言更請楚王計宜者故下云皆爲宜也寡人不敢當羣臣皆伏固請代王西鄉讓者三南鄉讓者再如淳曰讓羣臣也或曰賓主位東西面君臣位南北面故西鄉坐三讓不受羣臣猶稱宜乃更迴坐示變即君位之漸也丞相平等皆曰臣伏計之大王奉高帝宗廟最宜稱雖天下諸侯萬民以爲宜臣等爲宗廟社稷計不敢忽願大王幸聽臣臣謹奉天子璽符再拜上代王曰宗室將相王列侯以爲莫宜寡人寡人不敢辭遂即天子位羣臣以禮次侍乃使太僕嬰與東牟侯興居清宮應劭曰舊典天子行幸所至必

五百三十七　史記孝文紀十　甲

遣靜宮令先案行清靜殿中以虞非常。索隱曰按漢儀云皇帝起居索室清宮而後行奉天子法駕迎于代邸索隱曰漢官儀云天子鹵簿有大駕法駕小駕大駕公卿奉引大將軍參乘屬車八十一乘法駕公卿不在鹵簿中惟京兆尹執金吾長安令奉引侍中參乘屬車三十六乘皇帝即日夕入未央宮乃夜拜宋昌爲衞將軍鎮撫南北軍以張武爲郎中令行殿中還坐前殿於是夜下詔書曰閒者諸呂用事擅權謀爲大逆欲以危劉氏宗廟賴將相列侯宗室大臣誅之皆伏其辜朕初即位其赦天下賜民爵一級女子百戶牛酒蘇林曰男賜爵女子賜牛酒。索隱曰按封禪書云百戶牛一頭酒十石樂彥云婦人無夫或無子不沾爵故賜之酺五日文穎曰漢律三人已上無故羣飲罰金四兩今詔橫賜得令會聚飲食五日。索隱曰說文云酺王

孝文紀

者布德大飲酒也出錢爲醵出食爲酺又按趙武靈王滅中山酺五日是其所起遠也

孝文皇帝元年十月庚戌徙立故琅邪王澤爲燕王辛亥皇帝即阼（正義曰主人階也）謁高廟右丞相平（正義曰此時尚右）徙爲左丞相太尉勃爲右丞相大將軍灌嬰爲太尉諸呂所奪齊楚故地皆復與之壬子遣車騎將軍薄昭迎皇太后于代皇帝曰呂產自置爲相國呂祿爲上將軍擅矯遣灌將軍嬰將兵擊齊欲代劉氏嬰留滎陽弗擊與諸侯合謀以誅呂氏呂產欲爲不善丞相陳平與太尉周勃謀奪呂產等軍朱虛侯劉章首先捕呂

產等太尉身率襄平侯通持節承詔入北軍典客劉揭身奪趙王呂祿印益封太尉勃萬戶賜金五千斤丞相陳平灌將軍嬰邑各三千戶金二千斤朱虛侯劉章襄平侯通東牟侯劉興居邑各二千戶金千斤（徐廣曰十一月辛丑）封典客揭爲陽信侯（索隱曰韋昭云勃海縣。○正義曰括地志云陽信故城在滄州無棣縣東南三十里漢陽信縣）賜金千斤十二月上曰法者治之正也所以禁暴而率善人也今犯法已論而使毋罪之父母妻子同產坐之及爲收帑朕甚不取其議之有司皆曰民不能自治故爲法以禁之相坐坐收所以累

其心使重犯法所從來遠矣如故便上曰朕聞法正則民愨罪當則民從且夫牧民而導之善者吏也其既不能導又以不正之法罪之是反害於民爲暴者也何以禁之朕未見其便其孰計之有司皆曰陛下加大惠德甚盛非臣等所及也請奉詔書除收帑諸相坐律令（應劭曰帑子也秦法一人有罪并坐其家室今除此律）正月有司言曰蚤建太子所以尊宗廟請立太子上曰朕既不德上帝神明未歆享天下人民未有嗛志（索隱曰嗛者不滿之意也未有嗛志言天下皆志不滿也）（漢書嗛作愜音篋）今縱不能博求天下賢聖有德之人而

禪天下焉而曰豫建太子是重吾不德也謂天下何其安之（索隱曰言何以謂於天下也其發聲也安者徐也言徐徐且待也）有司曰豫建太子所以重宗廟社稷不忘天下也上曰楚王季父也春秋高閱天下之義理多矣（如淳曰閱猶言多所更歷也）明於國家之大體吳王於朕兄也惠仁以好德淮南王弟也秉德以陪朕（文穎曰陪輔也）豈爲不豫哉諸侯王宗室昆弟有功臣多賢及有德義者若舉有德以陪朕之不能終是社稷之靈天下之福也今不選舉焉而曰必子人其以朕爲忘賢有德者而專於子非所以憂天下也朕

甚不取也有司皆固請曰古者殷周有國治安皆千餘歲古之有天下者莫不長焉用此道也立嗣索隱曰言古之有天下者無長於立子故云莫長焉用此道者用殷周立子之道故安治千有餘歲也必子所從來遠矣高帝親率士大夫始平天下建諸侯爲帝者太祖諸侯王及列侯始受國者皆亦爲其國祖子孫繼嗣世世弗絶天下之大義也故高帝設之以撫海內今釋宜建而更選於諸侯及宗室非高帝之志也更議不宜索隱曰言不宜更別議子某最長純厚慈仁請建以爲太子上乃許之因賜天下民當代父後者爵各一級韋昭曰文帝以立子爲後不欲獨饗其福故賜天下爲父後者爵封將軍薄昭爲軹侯徐廣曰正月乙巳也三月有司請立皇后薄太后曰諸侯皆同姓立太子母爲皇后索隱曰謂帝之子爲諸侯王皆同姓姓生也言皆同母生故立太子母也皇后姓竇氏上爲立后故賜天下鰥寡孤獨窮困及年八十已上孤兒九歲已下布帛米肉各有數上從代來初即位施德惠天下塡撫諸侯四夷皆洽驩乃循從代來功臣上曰方大臣之誅諸呂迎朕朕狐疑皆止朕唯中尉宋昌勸朕朕以得保奉宗廟已尊昌爲衛將軍其封昌爲壯武侯徐廣曰四月辛亥封封三十四年景帝中四年奪侯國除○索隱曰韋昭云膠東縣○正義曰

括地志云壯武故城在萊州即墨縣西六十里古萊夷國有漢壯武縣故城諸從朕六人官皆至九卿正義曰漢置九卿一曰太常二曰光祿三曰衛尉四曰太僕五曰廷尉六曰大鴻臚七曰宗正八曰大司農九曰少府是爲九卿也上曰列侯從高帝入蜀漢中者六十八人皆益封各三百戶故吏二千石以上從高帝潁川守尊等十人食邑六百戶淮陽守申徒嘉等十人五百戶衞尉定等十人四百戶封淮南王舅父趙兼爲周陽侯正義曰括地志云周陽故城在絳州聞喜縣東二十九里齊王舅父駟鈞爲清郭侯如淳曰邑名六國時齊有清郭君清音靜○索隱曰按表駟鈞封鄔侯不同者蓋後徙封於鄔鄔屬鉅鹿秋封故常山丞相蔡兼爲樊侯索隱曰韋昭云樊東平縣名○正義曰括地志云漢樊縣城在兗州瑕丘西南二十五里地理志云樊縣古樊國仲山甫所封人或說右丞相曰君本誅諸呂迎代王今又矜其功受上賞處尊位禍且及身右丞相勃乃謝病免罷左丞相平專爲丞相徐廣曰八月中

二年十月丞相平卒復以絳侯勃爲丞相上曰朕聞古者諸侯建國千餘歲各守其地以時入貢民不勞苦上下驩欣靡有遺德今列侯多居長安邑遠吏卒給輸費苦而列侯亦無由教馴其民正義曰馴古訓字其令列侯之國爲吏及詔所止者遣太子張晏曰爲吏謂以卿大夫爲兼官者詔所止特以恩愛見留者十一月晦日有

食之正義曰按說文云日蝕則朔月蝕則望而云晦日蝕之恐曆錯誤十二月望日又食徐廣曰此云望日又食案漢書及五行志無此日食文也一本作月食然史書不紀月食上曰朕聞之天生蒸民爲之置君以養治之人主不德布政不均則天示之以菑以誡不治乃十一月晦日有食之適見于天菑孰大焉朕獲保宗廟以微眇之身託于兆民君王之上天下治亂在朕一人唯二三執政猶吾股肱也朕下不能理育羣生上以累三光之明其不德大矣令至其悉思朕之過失及知見思之所不及匄以告朕及舉賢良方正能直言極諫者以匡朕之不逮因

各飭其任職務省繇費以便民朕既不能遠德故憪然念外人之有非漢書音義曰憪然猶介然也非姧非也。索隱曰蘇林云憪寢視不安之貌蓋近其意蘇說皆踈音下板反是以設備未息今縱不能罷邊屯戍而又飭兵厚衛其罷衛將軍軍太僕見馬遺財足索隱曰遺猶留也財字與纔同言太僕見在之馬今留纔足充事也餘皆以給置傳索隱曰按廣雅云置驛也續漢書云驛馬三十里一置故樂彥亦云傳置一也言乘傳者以傳次受名乘置者以馬取四傳音丁戀反如淳云律四馬高足爲傳置四馬中足爲馳置下足爲乘置一馬二馬爲軺置急乘一馬曰乘也正月上曰農天下之本其開籍田應劭曰古者天子耕籍田千畝爲天下先籍者帝王典籍之常韋昭曰籍借也借民力以治之以奉宗廟且以勸率天下使務農也瓚曰景帝詔曰朕親耕后親桑爲天下先本以躬親爲義不得以假借爲稱也籍蹈籍也朕親率耕以給

孝文紀

宗廟粢盛應劭曰黍稷曰粢在器中曰盛三月有司請立皇子爲諸侯王上曰趙幽王幽死朕甚憐之已立其長子遂爲趙王遂弟辟彊及齊悼惠王子朱虛侯章東牟侯興居有功可王乃立趙幽王少子辟彊爲河閒王以齊劇郡立朱虛侯爲城陽王立東牟侯爲濟北王皇子武爲代王子參爲太原王子揖爲梁王上曰古之治天下朝有進善之旌應劭曰旌幡也堯設之五達之道令民進善也如淳曰欲有進善者立於旌下言之誹謗之木服虔曰堯作之橋梁交午柱頭應劭曰橋梁邊板所以書政治之愆失也至秦去之今乃復施也。索隱曰按尸子云堯立誹謗之木誹音非亦音沸韋昭云慮政有闕失使書於木此堯時然也後代因以爲飾今宮外橋梁頭四柱木是鄭玄註禮

云一縱一橫爲午謂以木貫表柱四出即今之華表崔浩以爲木貫柱四出名桓陳楚俗桓聲近和又云和表則華與和又相訛也所以通治道而來諫者今法有誹謗妖言之罪是使衆臣不敢盡情而上無由聞過失也將何以來遠方之賢良其除之民或祝詛上以相約結而後相謾漢書音義曰民相結共祝詛上也謾者而後謾而止之不畢祝詛也。索隱曰韋昭云謾相抵闌也說文云謾欺也謂初相約共行祝後相欺誑中道而止之也吏以爲大逆其有他言而吏又以爲誹謗此細民之愚無知抵死朕甚不取自今以來有犯此者勿聽治九月初與郡國守相爲銅虎符竹使符應劭曰銅虎符第一至第五國家當發兵遣使者至郡合符符合乃聽受之竹使符皆以竹箭五枚長五寸鐫刻篆書第一至第五張晏曰符以代

孝文紀

古之珪璋從簡易也。索隱曰漢舊儀銅虎符發兵長六寸竹使符出入徵發說文云符分而合之小顏云右留京師左與之古今註云銅虎符銀錯書之張晏云銅取其同心也

三年十月丁酉晦日有食之十一月上曰前日詔遣列侯之國或辭未行丞相朕之所重其為朕率列侯之國絳侯勃免丞相就國以太尉潁陰侯嬰為丞相罷太尉官屬丞相四月城陽王章薨淮南王長與從者魏敬殺辟陽侯審食其五月匈奴入北地居河南為寇帝初幸甘泉蔡邕曰天子車駕所至民臣以為僥倖故曰幸至見令長三老官屬親臨軒作樂賜食帛越巾刀佩帶民爵有級數或賜田租之半故因是謂之幸。索隱曰應劭云甘泉宮名在雲陽一名林光臣瓚云甘泉山名林光秦離宮名又顧氏按邢承宗西征賦註云甘泉水名今按因地有甘泉以名山則山水皆通也六月帝曰漢與匈奴約為昆弟毋使害邊境所以輸遺匈奴甚厚今右賢王離其國將眾居河南降地非常故往來近塞捕殺吏卒驅保塞蠻夷令不得居其故陵轢邊吏入盜甚敖無道非約也其發邊吏騎八萬五千詣高奴遣丞相潁陰侯灌嬰擊匈奴匈奴去發中尉漢書百官表曰中尉秦官材官屬衛將軍軍長安辛卯帝自甘泉之高奴因幸太原見故群臣皆賜之舉功行賞諸民里賜牛酒復晉陽中都民三歲正義曰故城在汾州平遙縣西南十三里留游太原十餘日濟北王

興居聞帝之代欲往擊胡乃反發兵欲襲滎陽於是詔罷丞相兵遣棘蒲侯陳武為大將軍將十萬往擊之祁侯賀徐廣曰姓繒以文帝十一年卒謚曰敬。索隱曰漢書音義祁音遲賀姓繒古國夏同姓也。正義曰括地志云并州祁縣城晉大夫祁奚之邑為將軍軍滎陽七月辛亥帝自太原至長安廼詔有司曰濟北王背德反上詿誤吏民為大逆濟北吏民兵未至先自定及以軍地邑降者皆赦之復官爵與王興居去來亦赦之徐廣曰卞去卞來也。駰案張晏曰雖始與興居反今降赦之八月破濟北軍虜其王赦濟北諸吏民與王反者六年有司言淮南王長廢先帝法不聽天子詔居處毋度出入擬於天子擅為法令與棘蒲侯太子奇謀反遣人使閩越及匈奴發其兵欲以危宗廟社稷群臣議皆曰長當棄市帝不忍致法於王赦其罪廢勿王群臣請處王蜀嚴道邛都徐廣曰漢書本或作卻字或直云邛僰邛都乃本是西南夷種時未通嚴道有邛僰山。正義曰邛其恭反括地志云嚴道今為縣即邛州所理縣也縣有蠻夷曰道故曰嚴道邛都縣本邛都國漢為縣今嶲州也西南夷傳云滇池以北君長以十數邛都最大是也按群臣請處淮南王長蜀之嚴道不獨更遠邛都西有邛僰山也。又云邛僰山在雅州滎經縣界滎經武德年間置本秦嚴道地華陽國志云邛徠山故邛人筰人界也山巖峭峻曲回九折乃至上下有凝冰按即王尊登者也今從九折西南行至嶲州山多雨少晴俗呼名為漏天帝許之長未到處所行病死上憐之後十六年追尊淮南王長謚為

厲王立其子三人爲淮南王索隱曰名安阜陵侯也衡山王索隱曰名勃安陽侯也廬江王索隱曰名賜周陽侯也

十三年夏上曰蓋聞天道禍自怨起而福繇德興百官之非宜由朕躬今祕祝之官移過于下應劭曰祕祝之官移過于下國家諱之故曰祕以彰吾之不德朕甚不取其除之五月齊太倉令淳于公有罪當刑索隱曰名意爲齊太倉令故謂之倉公也詔獄逮徙繫長安太倉公無男有女五人太倉公將行會逮罵其女曰生子不生男有緩急非有益也其少女緹縈索隱曰緹音啼鄒氏音體也自傷泣乃隨其父至長安上書曰妾父爲吏齊中皆稱其廉平今坐法當刑妾傷夫死者不可復生刑者不可復屬雖復欲改過自新其道無由也妾願沒入爲官婢贖父刑罪使得自新書奏天子天子憐悲其意乃下詔曰蓋聞有虞氏之時畫衣冠異章服以爲僇正義曰晉書刑法志云三皇設言而民不違五帝畫衣冠而民知禁犯黥者皁其巾犯劓者丹其服犯臏者墨其體犯宮者雜其屨大辟之罪殊刑之極布其衣裾而無領緣投之於市與衆棄之而民不犯何則至治也今法有肉刑三李奇曰約法三章無肉刑文帝則有肉刑孟康曰黥劓二左右趾合一凡三○索隱曰韋昭云斷趾黥劓之屬崔浩漢律序云文帝除肉刑而宮不易張斐註云以淫亂人族類故不易之也而姦不止其咎安在非乃朕德薄而教不明歟吾甚自愧故夫馴道不

純而愚民陷焉詩曰愷悌君子民之父母今人有過教未施而刑加焉或欲改行爲善而道毋由也朕甚憐之夫刑至斷支體刻肌膚終身不息何其楚痛而不德也豈稱爲民父母之意哉其除肉刑上曰農天下之本務莫大焉今勤身從事而有租稅之賦是爲本末者毋以異李奇曰本農也末賈也言農與賈俱出租無異也故除田租其於勸農之道未備其除田之租稅

十四年冬匈奴謀入邊爲寇攻朝那塞殺北地都尉卬徐廣曰姓孫封其子單爲缾侯匈奴所殺上乃遣三將軍軍隴西北地上郡中尉周舍爲衛將軍郎中令張武爲車騎將軍軍渭北車千乘騎卒十萬帝親自勞軍勤兵申教令賜軍吏卒帝欲自將擊匈奴羣臣諫皆不聽皇太后固要帝如淳曰必不得自征也帝乃止於是以東陽侯張相如爲大將軍成侯赤徐廣曰姓董也爲內史欒布爲將軍擊匈奴匈奴遁走春上曰朕獲執犧牲珪幣以事上帝宗廟十四年于今歷日縣長以不敏不明而久撫臨天下朕甚自愧其廣增諸祀墠場珪幣昔先王遠施不求其報望祀不祈其福右賢左戚韋昭曰右猶高左猶下也○索隱曰劉德

二云先賢後親也先民後己至明之極也今吾聞祠官祝釐如淳曰釐福也賈誼傳受釐坐宣室○索隱曰音禧福也皆歸福朕躬不爲百姓朕甚愧之夫以朕不德而躬享獨美其福百姓不與焉是重吾不德其令祠官致敬毋有所祈是時北平侯張蒼爲丞相方明律歷魯人公孫臣上書陳終始傳五德事索隱曰五行之德帝王相承傳易終而復始故云終始傳五德之事傳音轉也言方今土德時土德應黃龍見當改正朔服色制度天子下其事與丞相議丞相推以爲今水德始明正十月上黑事以爲其言非是請罷之

十五年黃龍見成紀韋昭曰成紀縣屬天水天子乃復召魯公孫臣以爲博士申明土德事於是上乃下詔曰有異物之神見于成紀無害於民歲以有年朕親郊祀上帝諸神禮官議毋諱以勞朕漢書音義曰言無所諱勿以朕爲勞有司禮官皆曰古者天子夏躬親禮祀上帝於郊故曰郊於是天子始幸雍郊見五帝以孟夏四月荅禮焉趙人新垣平以望氣見因說上設立渭陽五廟韋昭曰在渭城欲出周鼎當有玉英見瑞應圖云玉英五常並修則見

十六年上親郊見渭陽五帝廟亦以夏荅禮而尚赤

十七年得玉杯應劭曰新垣平詐令人獻之刻曰人主延壽於是天子始更爲元年索隱曰秦本紀惠文王十四年更爲元年又汲冢竹書魏惠王亦有後元當取法於此又按封禪書以新垣平候日再中故改元也令天下大酺其歲新垣平事覺夷三族後二年上曰朕既不明不能遠德是以使方外之國或不寧息夫四荒之外不安其生索隱曰願嵩按爾雅孤竹北戶西王母日下謂之四荒也封畿之內勤勞不處二者之咎皆自於朕之德薄而不能遠達也閒者累年匈奴並暴邊境多殺吏民邊臣兵吏又不能諭吾內志以重吾不德也夫久結難

連兵中外之國將何以自寧今朕夙興夜寐勤勞天下憂苦萬民爲之怛惕不安未嘗一日忘於心故遣使者冠蓋相望結軼音轍於道韋昭曰使車往還故轍如結也相如曰結軼還轍○索隱曰鄒氏軼音逸漢書作轍顏氏按司馬彪云結謂車轍回旋錯結也以諭朕意於單于今單于反古之道計社稷之安便萬民之利親與朕俱棄細過偕之大道結兄弟之義以全天下元元之民索隱曰戰國策云制海內子元元非兵不可高誘註一云元元善也又按姚察云古者謂人云善人也因善爲元故一云黎元其言元元者非一人也顧野王云元元猶喁喁可憐愛貌未安其說聊記異也和親已定始于今年後六年冬匈奴三萬人入上郡三萬人入雲中以中大夫令勉

徐廣曰衛尉改名也駰案漢書百官表景帝初改衛尉爲中大夫令非此年也。索隱曰中大夫令是官號勉其名後此
官改爲光祿勳虞世南以此稱中大夫令是史家追書耳顔遊秦以令是姓勉是名爲中大夫據風俗通令姓令尹子文
之後爲車騎將軍軍飛狐如淳曰在代郡蘇林曰在上黨故楚相蘇
意爲將軍軍句注應劭曰山險名也鴈門陰館。索隱曰伏儼句音俱包愷音鉤也將
軍張武屯北地河內守周亞夫爲將軍居細柳
徐廣曰在長安西駰案如淳曰長安圖細柳倉在渭北近石激張揖曰在昆明池南今有柳市是也。索隱曰按三輔故
事細柳在直城門外阿旁宮西北維又匈奴傳云細柳在長安西如淳云在渭北非也宗正劉禮爲
將軍居霸上祝茲侯徐廣曰表作松茲侯姓徐名悍軍棘門徐廣曰在渭北
駰案孟康曰在長安北秦時宮門也如淳曰三輔黃圖棘門在橫門外以備胡數月胡人
去亦罷天下旱蝗帝加惠令諸侯毋入貢弛山

澤韋昭曰弛廢也其常禁以利民減諸服御狗馬損郎吏員發倉
庾應劭曰水漕倉曰庾胡公曰在邑曰倉在野曰庾。索隱曰郭璞註三蒼云庾倉無屋也胡公名廣後漢太尉作漢
官解詁也以振貧民民得賣爵索隱曰崔浩云富人欲爵貧人欲錢故聽買賣孝
文帝從代來即位二十三年宮室苑囿狗馬服
御無所增益有不便輒弛以利民嘗欲作露臺
徐廣曰露一作靈。索隱曰顧氏按新豐南驪山上猶有臺之舊趾也召匠計之直百金
上曰百金中民十家之產吾奉先帝宮室常恐
羞之何以臺爲上常衣綈衣如淳曰賈誼云身衣皁綈所幸慎
夫人令衣不得曳地幃帳不得文繡以示敦朴
爲天下先治霸陵皆以瓦器不得以金銀銅錫

爲飾不治墳欲爲省毋煩民南越王尉佗自立
爲武帝然上召貴尉佗兄弟以德報之佗遂去
帝稱臣與匈奴和親匈奴背約入盜然令邊備
守不發兵深入惡煩苦百姓吳王詐病不朝就
賜几杖羣臣如袁盎等稱說雖切常假借用之
蘇林曰假音休假借音以物借人羣臣如張武等受賂遺金錢覺
上乃發御府金錢賜之以愧其心弗下吏專務
以德化民是以海內殷富興於禮義後七年六
月己亥帝崩於未央宮徐廣曰年四十七遺詔曰朕聞蓋
天下萬物之萌生靡不有死死者天地之理物

之自然者奚可甚哀當今之時世咸嘉生而惡
死厚葬以破業重服以傷生吾甚不取且朕既
不德無以佐百姓今崩又使重服久臨以離寒
暑之數哀人之父子傷長幼之志損其飲食絕
鬼神之祭祀以重吾不德也謂天下何朕獲保
宗廟以眇眇之身託于天下君王之上二十有
餘年矣賴天地之靈社稷之福方內安寧瓚曰方四
方也內中也猶云中外也靡有兵革徐廣曰一云方內安兵革息朕既不敏常
畏過行以羞先帝之遺德維年之久長懼于不
終今乃幸以天年得復供養于高廟朕之不明

與嘉之如淳曰與發聲也得卒天年已善矣其奚哀悲之有其令天下吏民令到出臨三日皆釋服毋禁取婦嫁女祠祀飲酒食肉者自當給喪事服臨者皆無踐服虔曰踐翦也謂無斬衰也孟康曰踐跣也晉灼曰漢語作跣跣徒跣也。索隱曰漢語是書名荀爽所作絰帶無過三寸毋布車及兵器應劭曰無以布衣車及兵器也不施輕車介士也毋發人男女哭臨宮殿宮殿中當臨者皆以旦夕各十五舉聲禮畢罷非旦夕臨時禁毋得擅哭已下服大紅十五日小紅十四日纖七日釋服服虔曰當言大功小功布也纖細布衣也應劭曰紅者中祥大祥以紅爲領緣也纖者禫也凡三十六日而釋服。索隱曰已下謂柩已下於壙劉德云紅功也男功非一故以工力爲字而女工唯在於絲故以糸工爲字三十六日以日易月也佗不在令中者皆以此令比率從事布告天下使明知朕意霸陵山川因其故應劭曰因山爲藏不復起墳山下川流不遏絕也就其水名以爲陵號。索隱曰霸是水名水徑於山亦曰霸山即芷陽地也毋有所改歸夫人以下至少使應劭曰夫人以下有美人良人八子七子長使少使凡七輩皆遣歸家重絕人類也令中尉亞夫爲車騎將軍屬國悍徐廣曰姓徐。駰案漢書百官表典屬國秦官掌蠻夷降者爲將屯將軍李奇曰馮奉世爲右將軍以將屯將軍爲名此監主諸屯也郎中令武爲復土將軍如淳曰主穿壙塡瘞事者。索隱曰復音伏謂穿壙出土下棺已而塡之卽以爲墳故云復土復反還也又音福發近縣見卒萬六千人發內史卒萬五千人索隱曰百官表云內史掌治京師之官景帝更名京兆尹藏郭穿復土屬將軍武乙巳漢書云乙巳葬皇甫謐曰霸陵

去長安七十里羣臣皆頓首上尊號曰孝文皇帝太子卽位于高廟丁未襲號曰皇帝孝景皇帝元年十月制詔御史蓋聞古者祖有功而宗有德應劭曰始取天下者爲祖高帝稱高祖是也始治天下者爲宗文帝稱太宗是也制禮樂各有由聞歌者所以發德也舞者所以明功也高廟酎張晏曰正月旦作酒八月成名曰酎酎之言純也至武帝時因八月嘗酎會諸侯廟中出金助祭所謂酎金也奏武德文始五行之舞孟康曰武德高祖所作也文始舜舞也五行周舞也武德者其舞人執干戚文始舞執羽籥五行舞冠冕服法五行色見禮樂志。索隱曰應劭云禮樂志文始舞本舜韶舞高祖更名文始示不相襲五行舞本周武舞秦始皇更名五行舞按今言奏武德文始五行之舞者其樂總象武王樂言高祖以武定天下既示不相襲其作樂之始先奏文始以羽籥衣文繡居先次卽奏五行五行卽武舞執干戚而衣有五行之色也孝惠廟酎奏文始五行之舞孝文皇帝臨天下通關梁不異遠方張晏曰孝文十二年除關不用傳令遠近若一除誹謗去肉刑賞賜長老收恤孤獨以育羣生減嗜欲不受獻徐廣曰減一作滅不私其利也罪人不帑蘇林曰刑不及妻子不誅無罪除肉刑出美人重絕人之世朕既不敏不能識此皆上古之所不及而孝文皇帝親行之德厚侔天地李奇曰侔齊等利澤施四海靡不獲福焉明象乎日月而廟樂不稱朕甚懼焉其爲孝文皇帝廟爲昭德之舞文穎曰景帝采高祖武德舞作昭德舞舞之於文帝廟見禮樂志以明休德然後祖宗之功德著於竹帛施於萬世永永

無窮朕甚嘉之其與丞相列侯中二千石禮官具爲禮儀奏丞相臣嘉等言陛下永思孝道立昭德之舞以明孝文皇帝之盛德皆臣嘉等愚所不及臣謹議世功莫大於高皇帝德莫盛於孝文皇帝高皇廟宜爲帝者太祖之廟孝文皇帝廟宜爲帝者太宗之廟天子宜世世獻祖宗之廟郡國諸侯宜各爲孝文皇帝立太宗之廟諸侯王列侯使者侍祠天子歲獻祖宗之廟（張晏曰王及列侯歲時遣使詣京師侍祠助祭也如淳曰若光武廟在章陵南陽太守稱使者往祭是也不使侯王祭者諸侯不得祖天子也凡臨祭祀宗廟皆爲侍祭）請著之竹帛宣布天下制曰可

太史公曰孔子言必世然後仁（孔安國曰三十年曰世如有受命王者必三十年仁政乃成）善人之治國百年亦可以勝殘去殺（王肅曰勝殘暴之人使不爲惡去殺不用殺也）誠哉是言漢興至孝文四十有餘載德至盛也廩廩鄉改正服封禪矣謙讓未成於今嗚呼豈不仁哉

索隱述贊曰

孝文在代　兆遇大橫　宋昌建策

絳侯奉迎　南面而讓　天下歸誠

務農先籍　布德偃兵　除帑削謗

政簡刑清　綈衣率俗　露臺不營

法寬張武　獄恤緹縈　霸陵如故

千年頌聲

史伍阡陸伯柒拾玖字

註肆阡肆伯柒拾伍字

孝文本紀第十　史記十

孝景本紀第十一　史記十一

孝景皇帝者漢書音義曰諱啓。正義曰謚法曰繇義而濟曰景孝文之中子也母竇太后孝文在代時前后有三男及竇太后得幸前后死及三子更死故孝景得立

元年四月乙卯赦天下乙巳賜民爵一級五月除田半租爲孝文立太宗廟令羣臣無朝賀匈奴入代與約和親

二年春封故相國蕭何孫係爲武陵侯徐廣曰漢書亦作係鄒誕生本作傒傒音奚又案漢書功臣表及蕭何傳皆云孫嘉疑其人有二名。索隱註同男子二十而得傅索隱曰音附荀悅云傅正卒也小顏云舊法二十三而傅今改也四月壬午孝文太后崩索隱曰薄后也葬芷陽西曰少陵也廣川長沙王皆之國索隱曰廣川王彭祖長沙王發皆景帝子遣就國丞相申屠嘉卒八月以御史大夫開封侯陶青爲丞相彗星出東北秋衡山雨雹正義曰雨于付反大者五寸深者二尺熒惑逆行守北辰月出北辰間歲星逆行天廷中置南陵及內史祋祤爲縣徐廣曰地理志云文帝七年置驪案地理志百官表南陵縣文帝置也分內史爲左右及祋祤爲縣皆景帝二年不得皆如徐所云。索隱曰鄒誕生祋音都會反又音丁活反祤音羽又音詡

三年正月乙巳赦天下長星出西方天火徐廣曰漢志無燔雒陽東宮大殿城室徐廣曰雒一作淮。索隱曰漢書作淮陽王宮災故徙王於魯也吳王濞正義曰音披備反高祖兄仲子故漢高祖十二年封三十二年反年表云都吳其實在江都也楚王戊正義曰高祖弟楚王交孫嗣二十一年反都彭城趙王遂正義曰高祖孫幽王友子嗣二十六年反都邯鄲膠西王卬正義曰卬五郎反高祖孫齊悼惠王悼惠王子故昌侯十年反都密州高密縣濟南王辟光正義曰辟音壁高祖孫齊悼惠王子故扐侯立十一年反括地志云濟南故城在淄州長山縣西北三十里菑川王賢正義曰高祖孫齊悼惠王子故武城侯立十一年反都劇括地志云菑州縣也故劇城在青州壽光縣南三十一里故紀國膠東王雄渠正義曰高祖孫齊悼惠王子故白石侯立十一年反都即墨括地志云即墨故城在密州膠水縣東南六十里即膠東國反發兵西鄉天子爲誅晁錯遣袁盎諭告不止遂西圍梁正義曰梁孝王都睢陽今宋州上乃遣大將軍竇嬰太尉周亞夫將兵誅之六月乙亥赦亡軍及楚元王子蓺等正義曰蓺音魚曳反字亦作蓺音同與謀反者封大將軍竇嬰爲魏其侯正義曰地理志云魏其屬琅耶立楚元王子平陸侯正義曰應劭云平陸西河縣劉禮爲楚王索隱曰韋昭云平陸西河縣禮即向之從曾祖王父也立皇子端爲膠西王子勝爲中山王徙濟北王志正義曰濟子禮反濟北國今濟州盧縣即濟北王所都爲菑川王淮陽王餘正義曰淮陽國今陳州爲魯王正義曰今兗州曲阜縣汝南王非正義曰汝南國今豫州爲江都王正義曰江都國今揚州也吳王濞所都反誅景帝改爲江都國封皇子非也齊王將廬正義曰齊國青州臨淄也將廬齊悼惠王之孫襄王之子年表云燕王嘉皆薨徐廣曰表云五年薨。索隱曰廬悼惠王孫齊王襄之子漢書作閭嘉劉澤之子

四年夏立太子立皇子徹爲膠東王六月甲戌赦天下後九月更以弋陽爲陽陵正義曰括地志云漢景帝陵也

在雍州咸陽縣東三十里按杜作壽陵也復置津關用傳出入應劭曰文帝十二年除關無用傳至此復置傳以七國新反備非常也張晏曰傳信也若今過所也如淳曰傳音檄傳而傳兩行書繒帛分持其一出入關合之乃得過謂之傳。索隱曰傳音丁恋反冬以趙國為邯鄲郡地理志趙國景帝以為邯鄲郡

五年三月作陽陵索隱曰景帝豫作壽陵也按趙系家趙肅侯十五年起壽陵後代因之也渭橋五月募徙陽陵予錢二十萬江都大暴風從西方來壞城十二丈丁卯封長公主子蟜為隆慮侯索隱曰音林閭避殤帝諱改之徙廣川王為趙王

六年春封中尉趙綰為建陵侯正義曰括地志云建陵故縣在沂州承縣界江都丞相嘉徐廣曰姓程為建平侯隴西太守渾邪為平曲侯正義曰括地志云平曲縣故城在瀛州文安縣北七十里趙丞相嘉徐廣曰姓蘇為江陵侯故將軍布為鄃侯梁楚二王皆薨後九月伐馳道樹殖蘭池徐廣曰殖一作填。正義曰按馳道天子秦始皇作之丈而樹

七年冬廢栗太子為臨江王正義曰臨江忠州縣雖王臨江而都江陵十二月晦日有食之春免徒隸作陽陵者丞相青免二月乙巳以太尉條侯正義曰條田彫反字亦作蓨音同周亞夫為丞相四月乙巳立膠東王太后為皇后索隱曰按系家太后槐里人父仲兄信封蓋侯后故金氏妻女弟姁兒也丁巳立膠東王為太子名徹

孝景巳十一　三

中元年封故御史大夫周苛孫平徐廣曰一作堅。索隱曰苛周昌之兄為繩侯故御史大夫周昌子左車為安陽侯四月乙巳赦天下賜爵一級除禁錮地動衡山原都雨雹大者尺八寸

中二年二月匈奴入燕遂不和親三月召臨江王來即死中尉府中夏立皇子越為廣川王子寄為膠東王封四侯文穎曰楚相張尚太傅趙夷吾趙相建德內史王悍此四人各諫其王無使反不聽皆殺之故封其子。索隱曰韋昭云張尚子當居趙夷吾子周建德子橫王悍子弃九月甲戌日食

中三年冬罷諸侯御史中丞春匈奴王二人率其徒來降皆封為列侯正義曰漢書表云中三年安陵侯子軍桓侯賜遒侯陸彊容城侯徐盧易侯僕黶范陽侯代翕侯邯鄲七人以匈奴王降皆封為列侯按紀言二人者是匈奴二王為首降立皇子方乘為清河王三月彗星出西北丞相周亞夫死以御史大夫桃侯劉舍為丞相四月地動九月戊戌晦日食軍東都門外按三輔黃圖東出北第一門曰宣平門外曰東都門。索隱註同

中四年三月置德陽宮瓚曰是景帝廟也帝自作之諱不言廟故言宮西京故事云景帝廟為德陽宮大蝗秋赦徒作陽陵者

中五年夏立皇子舜為常山王封十侯正義曰惠景間年表云亞王侯盧他之龍盧侯陳留蟜乘氏侯劉買桓邑侯劉明蓋侯王信按其五人是中元五年封餘檢不獲中元三年匈

孝景巳十一　四

奴王二人降封爲列侯惠景間表云匈奴王降爲侯者有七人疑其五人是十侯之數六月丁巳赦
天下賜爵一級天下大潦更命諸侯丞相曰相
秋地動
中六年二月己卯行幸雍郊見五帝三月雨雹
四月梁孝王正義曰都睢陽今宋州城陽共王正義曰城陽今濮州雷澤縣古城陽
也共音恭謚法嚴敬故事曰恭汝南王皆薨立梁孝王子明爲濟
川王正義曰表云分梁置也子彭離爲濟東王正義曰表云分梁置也子定
爲山陽王正義曰地理志云景帝中六年別爲山陽國屬兖州子不識爲濟陰
王正義曰地理志云景帝中六年別爲濟陰國屬兖州案今曹州是也梁分爲五封四侯
更命廷尉爲大理將作少府爲將作大匠主爵

中尉爲都尉漢書百官表曰主爵中尉秦官掌列侯長信詹事漢書百官表曰
詹事秦官掌皇后太子家應劭曰詹省也給也瓚曰茂陵書詹事秩二千石爲長信少府張晏
曰以太后所居宮爲名長信宮則曰長信少府長樂宮則曰長樂少府將行爲大長秋漢書
百官表曰將行秦官應劭曰長秋皇后宮大行爲行人服虔曰天子死未有謚稱大行晉灼曰禮有大
行小行主謚官故以此名之如淳曰不反之辭也瓚曰大行是官名掌九儀之制以賓諸侯。索隱曰鄭玄云命者五謂
公侯伯子男爵者四孤卿大夫士是九也奉常爲太常漢書百官表曰奉常秦官掌宗廟禮儀
典客爲大行索隱曰韋昭云大行官名秦時云典客景帝初改云大行後更名大鴻臚武帝因而不改
故漢書景紀有大鴻臚百官表又云武帝改名大鴻臚鴻臚附也以言其掌四夷賓客若皮臚之在外附於身也復有大行
令故諸侯薨大鴻臚奏謚列侯薨則大行奏謚按大行令即鴻臚之屬官也治粟內史爲大
農漢書百官表曰治粟內史秦官掌穀貨也以大內爲二千石韋昭曰大內京師府藏

置左右內官屬大內索隱曰主天子之私財曰小內小內即屬大內也七月
辛亥日食八月匈奴入上郡
後元年冬更命中大夫爲衛尉正義曰漢書百官表云衛尉秦官掌宮闕
門衛屯兵景帝初更名中大夫分後元年復爲衛尉三月丁酉赦天下賜爵一
級中二千石諸侯相爵右庶長四月大酺五月
丙戌徐廣曰丙一作甲地動其蚤食時復動上庸地動二
十二日壞城垣七月乙巳日食丞相劉舍免八
月壬辰以御史大夫綰爲丞相封爲建陵侯索隱
曰姓衛
後二年正月地一日三動郅將軍正義曰郅真栗反郅都傳云匈

奴刻木爲郅都而射不中擊匈奴酺五日令內史郡不得食馬
粟沒入縣官令徒隸衣七緵布正義曰衣於旣反緵祖工反緵八十
縷也與布相似七升布用五百六十縷止馬舂索隱曰止人爲馬舂粟爲歲不登也爲歲不
登禁天下食不造歲省列侯遣之國晉灼曰文紀遣列侯之國
今又省之三月匈奴入鴈門十月租長陵田大旱衡
山國河東雲中郡正義曰衡山國今衡州河東今蒲州雲中郡今勝州民疫
後三年十月日月皆食赤五日十二月晦雷徐廣
曰一作雷字又作圖字實所未詳日如紫五星逆行守太微月貫
天庭中索隱曰天庭即龍星右角也按石氏星傳曰龍在左角曰天田右角曰天廷正月甲
寅皇太子冠甲子孝景皇帝崩皇甫謐曰帝以孝惠七年生年四十

八

遺詔賜諸侯王以下至民爲父後爵一級天下户百錢出宮人歸其家復無所與太子即位是爲孝武皇帝漢書云二月癸酉帝葬陽陵皇甫謐曰陽陵山方百二十步高十四丈去長安四十五里三月封皇太后弟蚡蘇林曰蚡音鼢○索隱曰蚡音扶粉反按外戚世家皇太后母臧兒初嬪王氏生子信而寡更嫁長陵田氏生蚡及勝爲武安侯弟勝爲周陽侯置陽陵

太史公曰漢興孝文施大德天下懷安至孝景不復憂異姓而晁錯刻削諸侯遂使七國俱起合從而西鄉以諸侯太盛而錯爲之不以漸也及主父偃言之而諸侯以弱卒以安索隱曰主父偃上言令天子下推恩之令令諸侯各得分邑其子弟於是遂弱卒以安也安危之機豈不以哉

索隱述贊曰景帝即位因脩靜默勉人於農率下以德制度斯創禮法可則一朝吳楚乍起凶慝提局成釁拒輪致戮晁錯雖誅梁城未克條侯出將追奔逐北坐見梟剋立翦牟賊姤何太尉後卒下獄惜哉明君斯功不録

孝景本紀第十一　史記十一

孝武本紀第十二　史記十二

太史公自序曰作今上本紀又其述事皆云今上今天子或有言孝武帝者悉後人所定也張晏曰武紀褚先生補作也褚先生名少孫漢博士也○索隱曰按褚先生補史記合集武帝事以編年今止取封禪書補之信其才之薄也又張晏云褚先生潁川人仕元成間韋稜云褚顗家傳褚少孫梁相褚大弟之孫宣帝時爲博士寓居于沛事大儒王式故號爲先生續太史公書阮孝緒亦以爲然

孝武皇帝者漢書音義曰諱徹○正義曰謚法云克定禍亂曰武孝景中子也索隱曰按景十三王傳廣川王已上皆是武帝兄自河間王德以至廣川九有八人則帝第九也母曰王太后孝景四年以皇子爲膠東王孝景七年栗太子廢爲臨江王以膠東王爲太子孝景十六年崩太子即位爲孝武皇帝張晏曰武帝以景帝元年生七歲爲太子爲太子十歲而景帝崩時年十六矣孝武皇帝初即位尤敬鬼神之祀元年漢興已六十餘歲矣徐廣曰六十七年歲在辛丑天下乂安薦紳之屬索隱曰薦音搢搢挺也言挺笏於紳帶之間事出禮內則今作薦者古字假借耳漢書作縉紳臣瓚云縉赤白色非也○正義曰乂音魚廢反皆望天子封禪改正度也而上鄉儒術招賢良趙綰王臧等以文學爲公卿欲議古立明堂城南以朝諸侯索隱曰城南長安城南門外也關中記云明堂在長安城門外杜門之西草巡狩封禪改曆服色事未就會竇太后治黃老言不好儒術使人微得趙綰等姦利事徐廣曰纖微伺察之召案綰臧綰臧自殺正義曰漢書孝武帝二年御史大夫趙綰坐請無奏事太皇太后及郎中令王臧皆下獄自殺應劭云王臧儒者欲立明堂辟

雍太后素好黃老術非薄五經因欲絶奏事太后太后怒故令殺諸所興爲者皆廢後
六年竇太后崩其明年上徵文學之士公孫弘
等明年上初至雍郊見五時正義曰時音止括地志云漢五帝時在岐州雍
縣南孟康云時者神靈之所止或曰以雍州雍縣南孟康云時者神靈上帝也按五時者鄜時密時吳陽時北時先是文
公作鄜時祭白帝秦宣公作密時祭青帝秦靈公作吳陽上時下時祭赤帝漢高祖作北時祭黑帝是五時也後
常三歲一郊是時上求神君正義曰漢武帝故事云起柏梁臺以處神君長
陵女子也先是嫁爲人妻生一男數歲死女子悼痛之歲中亦死而靈宛若祠之遂聞言宛若爲生民人多往請福說家
人小事有驗平原君亦事之至後子孫尊貴及上即位太后延於宮中祭之聞其言不見其人至是神君求出乃營柏梁
臺舍之初霍去病微時自禱神君及見其形自修飾欲與去病交接去病不肯謂神君曰吾以神君精潔故齋戒祈福今
欲婬此非也自絶不復往神君慙之乃去也舍之上林中蹏氏觀徐廣曰蹏音啼○索

史記孝武紀十二　二

隱曰鄒誕生音斯又音蹄觀名也神君者長陵女子以子死悲哀
故見神於先後宛若孟康曰産乳而死兄弟妻相謂先後宛若○索隱曰鄒誕生音先後
並去聲即今妯娌也孟康以兄弟妻相謂也韋昭云先姒後娣宛音冤宛若祠之其室民
多往祠平原君往祠徐廣曰武帝外祖母也騆案蔡邕曰異姓婦人以恩澤封者曰君儀
比長公主○索隱曰徐云武帝外祖母則是臧兒也其後子孫以尊顯及武帝
即位則厚禮置祠之內中聞其言不見其人云
是時而李少君亦以祠竈穀道卻老方見上李奇
曰食穀道引或曰辟穀不食之道○索隱曰如淳云祠竈可以致福按禮竈者老婦之祭盛於盆尊於瓶說文周禮以竈
祠祝融淮南子炎帝作火官死爲今之竈神司馬彪注莊子云浩竈神也如美女衣赤李弘範音浩上尊之
少君者故深澤侯徐廣曰姓趙景帝時絶封入以主方徐廣曰進納於天子

孝武紀

而主方一云侯人主方騆案如淳曰侯家人主方藥者也匿其年及所生長常自
謂七十能使物卻老如淳曰物鬼物也瓚曰物藥物也其游以方徧
諸侯無妻子人聞其能使物及不死更饋遺之
常餘金錢帛衣食人皆以爲不治產業而饒給
又不知其何所人愈信爭事之少君資好方善
爲巧發奇中如淳曰時時發言有所中也嘗從武安侯飲索隱曰服
虔云田蚡也韋昭云武安屬魏郡坐中有年九十餘老人少君乃
言與其大父游射處老人爲兒時從其大父行
識其處一坐盡驚少君見上上有故銅器問少
君少君曰此器齊桓公十年陳於柏寢服虔曰地名有臺也

史孝武十二　三

瓚曰晏子書栢寢臺名也○正義曰括地志云栢寢臺在青州千乘縣東北二十一里韓子云景公與晏子遊於少海登
栢寢之臺而望其國公曰美哉堂乎後代孰將有此晏子云其田氏乎公曰寡人有國而田氏家奈何對曰奪之則近賢
遠不肖治其煩亂輕其刑罰服窮乏恤孤寡行恩惠崇節儉雖十田氏其如堂何即此也已而案其刻
果齊桓公器一宮盡駭以少君爲神數百歲人
也少君言於上曰祠竈則致物致物而丹砂可
化爲黃金黃金成以爲飲食器則益壽益壽而
海中蓬萊僊者可見見之以封禪則不死黃帝
是也臣嘗游海上見安期生索隱曰服虔云古之真人○正義曰列仙傳云
安期生琅耶阜鄉亭人也賣藥海邊秦始皇請語三夜賜金數千萬出於阜鄉亭皆置去留書以赤玉舄一量爲報曰後
千歲求我於蓬萊山下食巨棗大如瓜安期生僊者通蓬萊

孝武紀

中合則見人不合則隱於是天子始親祠竈而
遣方士入海求蓬萊安期生之屬而事化丹砂
諸藥齊爲黃金矣 索隱曰齊音分劑之劑 居久之李少君病
死 正義曰漢書起居云李少君將去武帝夢與共登嵩高山半道有使乘龍時從雲中云太一請少君帝謂左右將舍
我去矣數月而少君病死又發棺看唯衣冠在也 天子以爲化去不死也而
使黃錘 韋昭曰人姓名正義音直爲反 史寬舒受其方 漢書音義曰二人皆
方士。正義曰姓史名寬舒 求蓬萊安期生莫能得而海上燕
齊怪迂之方士多相效更言神事矣亳人薄誘
忌 徐廣曰一云亳人謬忌也。索隱曰亳山陽縣名姓謬名忌居亳故下刪薄忌此丈則衍薄字而謬又誤作誘也
奏祠泰一方曰天神貴者泰一 索隱曰按樂汁徵圖云紫微宮北極天一

太一宋均以爲天一太一北極之別名春秋緯云紫極之別名又云紫宮天皇曜魄寶之所理也 泰一佐
曰五帝 正義曰五帝五天帝也國語云蒼帝靈威仰赤帝赤熛怒白帝白招矩黑帝叶光紀黃帝含樞紐尚
書帝命驗云蒼帝名靈威仰赤名文祖黃帝名神汁白帝名顯紀黑帝名玄矩佐者謂配祭也 古者天子
以春秋祭泰一東南郊用太牢具七日 徐廣曰一云日一太
牢具七日 爲壇開八通之鬼道於是天子令太祝立
其祠長安東南郊常奉祠如忌方其後人有上
書言古者天子三年一用太牢具祠神三一天
一地一泰一天子許之令太祝領祠之忌泰一
壇上如其方後人復有上書言古者天子常以
春秋解祠祠黃帝用一梟破鏡 孟康曰梟鳥名食母破鏡獸名食父

黃帝欲絕其類使百物祠皆用之破鏡如貙而虎眼或云直用破鏡如淳曰漢使東郡送梟五月五日爲梟羹以賜百官
以惡鳥故食之 冥羊用羊祠 服虔曰神明也 馬行 正義曰神名也 用一青牡
馬泰一皋山山君地長 正義曰丁丈反三並神名 用牛武夷君
正義曰神名 用乾魚陰陽使者以一牛 漢書音義曰陰陽之神也 令祠
官領之如其方而祠於忌泰一壇旁其後天子
苑有白鹿以其皮爲幣 索隱曰按食貨志幣以白鹿皮方尺緣以繢以薦璧得以
黃金一斤代之又漢律皮幣率鹿皮方尺直金一斤 以發瑞應造白金焉 正義曰白
金三品武帝所鑄也如淳曰雜鑄銀錫爲白金也平準書云造銀錫爲白金以爲天用莫如龍地用莫如馬人用莫如龜
故曰白金三品其一曰重八兩圓之其文龍名曰白選直三千二曰重差小方之其文馬直五百三曰復小隋之其文龜
直三百錢譜云白金第一其形圓如錢肉好圓文爲一龍白銀第二其形方小長肉好亦小長好上下文爲二馬白銀第

三其形似龜肉好小是文爲龜甲也 其明年郊雍獲一角獸若麃然
韋昭曰楚人謂麋爲麃。索隱曰麃音步交反按韋昭云體若麕而一角春秋所謂有麕而角是也楚人謂麋爲麃又周
書王會云麃者若鹿爾雅云麋大鹿也牛尾一角郭璞云漢武獲一角獸若麃謂之麟是也 有司曰陛
下肅祗郊祀上帝報享錫一角獸蓋麟云 正義曰漢
書終軍傳云從上雍獲白麟一角戴肉設武備而不爲害所以爲仁 於是以薦五時時加
一牛以燎 正義曰力召反焚也 賜諸侯白金以風符應合于
天地 晉灼曰符瑞也瓚曰風示諸侯以此符瑞之應 於是濟北王以爲天子
且封禪乃上書獻泰山及其旁邑天子受之更
以他縣償之常山王有辠遷天子封其弟於眞
定以續先王祀而以常山爲郡然後五嶽皆在

天子之郡其明年齊人少翁正義曰漢武故事云少翁年二百歲色如童子以鬼神方見上上有所幸王夫人徐廣曰齊懷王閎之母也駰案桓譚新論云武帝有所愛幸姬王夫人窈窕好容質性嫕婉○正義曰漢書作李夫人夫人卒少翁以方術蓋夜致王夫人及竈鬼之貌云天子自帷中望見焉於是乃拜少翁爲文成將軍賞賜甚多以客禮禮之文成言曰上即欲與神通宮室被服不象神神物不至乃作畫雲氣車及各以勝日漢書音義曰如火勝金用丙與丁日不用庚辛駕車辟惡鬼又作甘泉宮中爲臺室畫天地泰一諸神而置祭具以致天神居歲餘其方益衰神不至乃爲帛書以

史孝武十二　六

飯牛正義曰飯房晚反書絹帛上爲怪言語以飼牛詳弗知也言此牛腹中有奇殺而視之得書書言甚怪天子疑之有識其手書問之人果爲書於是誅文成將軍正義曰漢武故事云文成誅月餘日使者藉貨關東還逢之於漕亭還見言之上乃疑發其棺無所見唯有竹筒一枚捕驗間無蹤跡也而隱之其後則又作柏梁銅柱承露僊人掌之屬矣蘇林曰仙人以手掌擎盤承甘露也○索隱曰服虔云用梁柏頭按今字皆作柏三輔故事云臺高二十丈用香柏爲殿梁香聞十里中建章宮承露盤高三十丈大七圍以銅爲之上有仙人掌承露和玉屑飲之故張衡賦曰立脩莖之仙掌承雲表之清露是也文成死明年天子病鼎湖甚晉灼曰在湖縣韋昭曰地名近宜春○索隱曰湖縣名屬京兆後屬弘農昔黃帝採首陽山銅鑄鼎於湖曰鼎湖即今之湖城縣也韋昭以爲近宜春亦甚疎巫醫無所不致至不愈游水發根

孝武紀

服虔曰游水縣名發根人名姓晉灼曰地理志游水水名在臨淮漣也○索隱曰顔師古以游水姓發根名蓋或因水爲姓或曰發樹根也乃言曰上郡有巫病而鬼下之上召置祠之甘泉及病使人問神君韋昭曰即病巫之神神君言曰天子毋憂病病少愈彊與我會甘泉於是病愈遂幸甘泉病良已孟康曰良已蓋已愈也大赦天下置壽宮神君服虔曰立此便宮也贊曰宮奉神之宮也楚辭曰蹇將澹兮壽宮神君最貴者大夫其佐曰大禁司命之屬皆從之非可得見聞其音與人言等時去時來來則風肅然也居室帷中時晝言然常以夜天子祓然後入漢書音義曰祓絜自祓除然後入因巫爲主人關飲食所欲者言行下李奇曰神所欲言上輒爲下之又置壽宮北宮正義曰括地志云壽宮北宮皆在雍州長安縣西北三十里長安故城中漢書云武帝壽宮以處神君張羽旗設供具以禮神君神君所言上使人受書其言命之曰書法漢書音義曰或云策書之法也○正義曰畫音獲按畫一之法其所語世俗之所知也毋絕殊者而天子獨喜其事秘世莫知也其後三年有司言元宜以天瑞命不宜以一二數蘇林曰得黃龍鳳皇諸端以名年○正義曰孝景以前即位以一二數年至其終武帝即位初有年號改元以建元爲始一元曰建元二元以長星曰元光三元以郊得一角獸曰元狩云徐廣曰案諸紀元光後有元朔元朔後得元狩其明年冬天子郊雍議曰今上帝朕親郊而后土毋祀則禮不荅也

史記孝武紀十二　七

孝武紀

有司與太史公（韋昭曰談者以談爲太史公失之矣史記稱遷爲太史公者是外孫楊惲所稱○索隱曰姚察按司馬遷傳亦以談爲太史公非惲所加又按虞喜志林云古者主天官皆上公自周至漢其職轉卑然朝會坐位猶居公上尊天之道其官屬仍以舊名尊而稱公公名當起於此故如淳云太史公位在丞相上天下郡國計書先上太史公副上丞相其義是也而桓譚新論以爲太史公造書書成示東方朔朔爲平定因署其下太史公者皆東方朔所加之也楊惲繼此而稱耳）祠官寬舒等議天地牲角繭栗今陛下親祀后土后土宜於澤中圜丘爲五壇壇一黃犢太牢具已祠盡瘞而從祠衣上黃於是天子遂東始立后土祠汾陰脽上（徐廣曰元鼎四年時也駰案蘇林曰脽音誰如淳曰河之東岸特堆堀長四五里廣二里餘高十餘丈汾陰縣在脽之上后土祠在縣西汾在脽之北西流與河合也○索隱曰漢書舊儀作葵上者蓋河東人呼誰與葵同故耳）如寬舒等議上親望拜如上帝禮禮畢天子遂至滎陽而還過雒陽下詔曰三代邈絕遠矣難存其以三十里地封周後爲周子南君以奉先王祀焉是歲天子始巡郡縣侵尋於泰山矣（索隱曰侵尋即侵淫也故晉灼云遂往之意也小顏云侵淫漸染之義蓋尋淫聲相近假借用耳師古叔父遊秦亦解漢書故稱師古爲小顏也）其春樂成侯（徐廣曰姓丁名義後與樂大俱誅也○索隱曰韋昭云河間縣按郊祀志樂成侯登而徐廣據表云姓丁名義未詳耳）上書言欒大欒大膠東宮人（服虔曰王家人）故嘗與文成將軍同師已而爲膠東王尚方而樂成侯姊爲康王后（孟康曰膠東王后也）毋子康王死他姬子立爲王而康后有淫行與王不相中得相危以法

孝武紀

康后聞文成已死而欲自媚於上乃遣欒大因樂成侯求見言方天子既誅文成後悔恨其早死惜其方不盡及見欒大大悅大爲人長美言多方略而敢爲大言處之不疑大言曰臣嘗往來海中見安期羨門之屬（索隱曰韋昭云羨門古仙人應劭云名子高）顧以爲臣賤不信臣又以爲康王諸侯耳不足予方臣數言康王康王又不用臣臣之師曰黃金可成而河決可塞不死之藥可得僊人可致也臣恐效文成則方士皆掩口惡敢言方哉上曰文成食馬肝死耳子誠能脩其方我何愛乎大曰臣師非有求人人者求之陛下必欲致之則貴其使者令有親屬以客禮待之勿卑使各佩其信印乃可使通言於神人神人尚肯邪不邪致尊其使然後可致也於是上使先驗小方鬭旗旗（正義曰音其文本或作棊說文云棋博棊也高誘註淮南子云取雞血與針磨擣之以和磁石用塗棊頭曝乾之置局上即相拒不上也）自相觸擊是時上方憂河決而黃金不就（正義曰鍊冊砂鉛錫爲黃金不就）乃拜大爲五利將軍居月餘得四金印佩天士將軍地士將軍大通將軍天道將軍印制詔御史昔禹疏九江決四瀆閒者河溢皋陸隄繇不息（正義曰顏師古云皋水旁地也廣平曰陸言水大汎）

孝武紀

孝武紀

溢自臯及陸而築作堤僁没甚多不暇休息朕臨天下二十有八年天若遺朕士而大通焉韋昭曰言欒大能通天意故封樂通。索隱曰樂通在臨淮高平縣乾稱蜚龍鴻漸于般漢書音義曰般水涯堆也漸進也武帝云得欒大如鴻進於般一舉千里得道若飛龍在天意庶幾與焉其以二千戶封地士將軍大爲樂通侯韋昭曰樂通臨淮高平也賜列侯甲第漢書音義曰有甲乙第次故曰第僮千人乘輿斥車馬漢書音義曰或云斥不用也韋昭曰當在服御。索隱曰孟康云斥不用之車馬是也帷帳器物以充其家又以衛長公主妻之孟康曰衛太子妹如淳曰衛太子姊也蔡邕曰帝女曰公主公主儀比諸侯姊妹曰長公主儀比諸侯王駰案此帝女也而云長公主未詳齎金萬斤更名其邑曰當利公主地理志云東萊有當利縣天子親如五利之第使者存問

史記孝武紀十二　十

所給連屬於道自大主徐廣曰武帝姑也駰案韋昭曰竇太后之女也將相以下皆置酒其家獻遺之於是天子又刻玉印曰天道將軍使使衣羽衣夜立白茅上五利將軍亦衣羽衣立白茅上受印以示弗臣也而佩天道者且爲天子道天神也於是五利常夜祠其家欲以下神神未至而百鬼集矣然頗能使之其後治裝行東入海求其師云大見數月佩六印貴振天下而海上燕齊之間莫不搤捥服虔曰滿手曰搤韋昭曰搤執持也而自言有禁方能神僊矣其夏六月中汾陰巫錦應劭曰錦巫名爲民祠魏脽后土營旁應劭

孝武紀

曰魏故魏國也脽若丘之類見地如鉤狀掊視得鼎索隱曰說文掊把也音步溝反鼎大異於衆鼎文鏤無款識韋昭曰款刻也。索隱曰識猶表識怪之言吏吏告河東太守勝勝以聞天子使使驗問巫錦得鼎無姦詐乃以禮祠迎鼎至甘泉從行上薦之如淳曰以鼎從行上至甘泉將薦之於天也至中山徐廣曰河渠書鑿涇水自中山西。索隱曰此山在馮翊谷口縣西近九嵕山土人呼爲中山河渠書韓使水工鄭國說秦鑿涇水自中山西即此山也晏溫如淳曰三輔謂日出清濟爲晏晏而溫也。索隱曰許慎註淮南云晏無雲也有黃雲蓋焉有麃過上自射之因以祭云至長安徐廣曰上言從行薦之或曰祭鼎乎公卿大夫皆議請尊寶鼎天子曰間者河溢歲數不登故巡祭后土祈爲百姓育穀今

史記孝武紀十二　十一

年豐廡未有報鼎曷爲出哉有司皆曰聞昔太帝興神鼎一索隱曰師古以太帝即太昊伏犧氏以文在黃帝之前故也一者一統天地萬物所繫終也黃帝作寶鼎三象天地人也禹收九牧之金鑄九鼎皆嘗鬺亨徐廣曰亨煮也鬺音殤皆嘗以亨牲牢而祭祀也。索隱曰言鼎以亨牲而饗祭也鬺字又作䰜音殤漢書郊祀志云鼎空足曰鬲以象三德鬲音歷謂足中不實者名之也上帝鬼神服虔曰以祭祀上帝或曰嘗亨酌也遭聖則興正義曰遭逢也鼎雖淪泗水逢聖與起故出汾陰西至甘泉也遷于夏商周德衰宋之社亡正義曰社主民也社以石爲之宋社即亳社也周武王伐紂乃立亳社以爲監戒覆上棧下使通天地陰陽之氣周禮衰國將危民故宋之社爲云鄉復也鼎乃淪伏而不見頌云自堂徂基正義曰此以下至胡考之休是周頌絲衣之詩自堂從內往外基門內塾也鄭玄云門側之堂謂之塾

懽輕使士升堂視壺濯及籩豆之屬降牲於基牲自羊徂牛充包乃舉鼎告潔禮之次也自羊徂牛正義曰自堂徂基先視羊後及牛也毛萇云先小後大也鼐鼎及鼒韋昭曰爾雅云鼎絕大謂之鼐圜奄上謂之鼒不虞不驁胡考之休索隱曰毛詩傳云吳譁也姚氏案何承天云此虞當為吳音洪霸反說文以吳一口大言也此作虞者與吳聲相近故假借也或者本文借此虞為驩娛字也今鼎至甘泉光潤龍變承休無疆合茲中山有黃白雲降韋昭曰與中山所見黃雲之氣合也蓋若獸為符服虔曰雲若獸在車蓋也晉灼曰蓋辭也或曰符瑞應也路弓乘矢韋昭曰路大也四矢為乘集獲壇下報祠大饗徐廣曰一云大報享祠也惟受命而帝者心知其意服虔曰高祖受命知之也宜見鼎於其廟而合德焉鼎宜見於祖禰藏於帝廷以合明應制曰可入海求蓬萊者正義曰蓬萊方丈瀛洲勃海中三神山也言蓬萊不遠而不能至者殆不見其氣上乃遣望氣佐候其氣云其秋上幸雍且郊索隱曰以雍地形高故云上或曰五帝泰一之佐也宜立泰一而上親郊之上疑未定齊人公孫卿曰今年得寶鼎其冬辛巳朔旦冬至與黃帝時等卿有札書曰黃帝得寶鼎宛侯問於鬼臾區漢書音義曰區黃帝時人○索隱曰鄭玄云黃帝佐也李奇曰黃帝時諸侯本作申區者非藝文志作鬼容區也區對曰黃帝得寶鼎神策是歲己酉朔旦冬至得天之紀終而復始於是黃帝迎日推策後率二十歲正義曰率音律又音類又所律反三音並通後皆放此也得朔旦冬至凡二十推三百八十年

黃帝僊登于天卿因所忠欲奏之所忠視其書不經疑其妄書謝曰寶鼎事已決矣尚何以為卿因嬖人奏之上大說召問卿對曰受此書申功封禪書功字作公申公已死上曰申功何人也卿曰申功齊人也與安期生通受黃帝言無書獨有此鼎書曰漢興復當黃帝之時漢之聖者在高祖之孫且曾孫也寶鼎出而與神通封禪封禪七十二王正義曰河圖云王者封太山禪梁父易姓登崇有七十二君也唯黃帝得上泰山封申功曰漢主亦當上封上封則能僊登天矣黃帝時萬諸侯而神靈之封居七千應劭曰黃帝時諸侯會封禪者七千人李奇曰說仙道得封者七千國張晏曰神靈之封謂山川之守天下名山八而三在蠻夷五在中國中國華山首山太室泰山東萊此五山黃帝之所常遊與神會黃帝且戰且學僊患百姓非其道乃斷斬非鬼神者百餘歲然後得與神通黃帝郊雍上帝宿三月鬼臾區號大鴻死葬雍故鴻冢是也蘇林曰今雍有鴻冢其後黃帝接萬靈明廷明廷者甘泉也所謂寒門者谷口也徐廣曰寒一作塞漢書音義曰黃帝仙於寒門也○索隱曰服虔云寒門黃帝所僊之處小顏云谷中山之谷口漢時為縣今呼為治谷去甘泉八十里盛夏凜然故曰寒門黃帝采首山銅鑄鼎於荊山下晉灼曰地理志首山屬河東蒲阪荊山在馮翊懷德縣鼎既成有龍

垂胡顊下迎黃帝索隱曰顏師古云胡謂頸下垂肉也顊其毛也故童謠曰何當爲君鼓龍
胡是也黃帝上騎羣臣後宮從上龍七十餘人龍
乃上去餘小臣不得上乃悉持龍顊龍顊拔墮
正義曰徒果反黃帝之弓百姓仰望黃帝既上天乃抱其
弓與龍胡顊號正義曰戶高反下同故後世因名其處曰鼎
湖正義曰括地志云湖水原出虢州湖城縣南三十五里夸父山北流入河即鼎湖也其弓曰烏號
於是天子曰嗟乎吾誠得如黃帝吾視去妻子
如脫躧耳乃拜卿爲郎東使候神於太室上遂
郊雍至隴西西登空桐正義曰空桐山在原州平高縣西一百里幸甘泉
令祠官寬舒等具泰一祠壇壇放薄忌泰一壇

壇三陔徐廣曰陔次也駰案李奇曰陔重也三重壇也○索隱曰鄒氏云陔一作陔言壇階三重五帝
壇環居其下各如其方黃帝西南除八通鬼道
服虔曰坤位在未黃帝從土位泰一所用如雍一時物而加醴棗
脯之屬殺一犛牛以爲俎豆牢具而五帝獨有
俎豆韋昭曰無犛牛醴之屬醴進索隱曰師古云具俎豆酒醴而進之一曰進謂雜物之具所以加禮
也其下四方地爲餟食索隱曰餟音竹芮反謂聯續而祭之漢志作腏古字亦通說文
云餟祭酹也○正義曰劉伯莊云謂繞壇設諸神祭座相連綴也羣神從者及北斗云
已祠胙餘皆燎之其牛色白鹿居其中彘在鹿
中水而洎之徐廣曰洎音居器反肉汁也駰案晉灼曰此說合牲物燎之也○正義曰劉伯莊云以大
羹和祭食燎之按以鹿內牛中以彘內鹿中水玄酒也祭日以牛祭月以羊彘特

索隱曰特一牲也言若牛若羊若彘止一特也泰一祝宰則衣紫及繡五帝
各如其色日赤月白十一月辛巳朔旦冬至昧
爽天子始郊拜泰一朝朝日夕夕月應劭曰天子春朝日秋夕
月拜日東門之外朝日以朝夕月以夕○瓚曰漢儀郊泰一時皇帝平旦出竹宮東向揖日其夕西向揖月便用郊日不用
春秋也則揖而見泰一如雍禮其贊饗曰天始以
寶鼎神策授皇帝朔而又朔終而復始皇帝敬
拜見焉而衣上黃其祠列火滿壇壇旁亨炊
具有司云祠上有光焉公卿言皇帝始郊見泰
一雲陽正義曰括地志云漢雲陽宮在雍州雲陽縣北八十一里有通天臺即黃帝以來祭天圜丘之處武
帝以五月避暑八月乃還也有司奉瑄玉孟康曰璧大六寸謂之瑄○索隱曰瑄音宣嘉

牲薦饗正義曰漢書儀云祭天養牛五歲至二千斤是夜有美光及晝黃
氣上屬天太史公祠官寬舒等曰神靈之休祐
福兆祥宜因此地光域徐廣曰地一作夜立泰畤壇以明
應令太祝領祀及臘閒祠三歲天子一郊見其
秋爲伐南越告禱泰一以牡徐廣曰一作牝荊畫幡如淳曰荊
之無子者皆以黎齊之道也晉灼曰牡荊節間不相當者韋昭曰以牡荊爲柄者也日月北斗登龍
以象天一三星爲泰一鋒徐廣曰天官書曰天極星明者泰一常居也斗口三
星曰天一○駰案晉灼曰畫一星在後三星在前爲太一鋒也名曰靈旗正義曰李奇云畫旗樹泰一壇
上名靈旗畫日月北斗登龍等爲兵禱正義曰爲于僞反則太史奉以指所
伐國正義曰韋昭云牡剛也荊強也按用牡荊指伐國取其剛爲稱故畫此旗指之而五利將

軍使不敢入海之泰山祠上使人微隨驗實無所見五利妄言見其師其方盡多不讎上乃誅五利正義曰漢武故事云東方朔言欒大無狀上發怒乃斬之其冬〻公孫卿候神河南見僊人跡緱氏城上有物若雉往來城上天子親幸緱氏城視跡問卿得毋效文成五利乎卿曰僊者非有求人主人主求之其道非少寬假神不來言神事事如迂誕正義曰迂音于誕音但迂遠也誕大也積以歲乃可致於是郡國各除道繕治宮觀名山神祠所以望幸矣其年既滅南越上有嬖臣李延年以好音見上善之下公卿議曰民間祠尚

有鼓舞之樂今郊祠而無樂豈稱乎公卿曰古者祀天地皆有樂而神祇可得而禮或曰泰帝使素女索隱曰亦謂太昊。正義曰泰帝謂太昊伏羲氏鼓五十弦瑟悲帝禁不止故破其瑟爲二十五弦於是塞南越禱祠泰一后土始用樂舞益召歌兒作二十五弦徐廣曰瑟也及箜篌瑟自此起徐廣曰應劭云武帝令樂人侯調始造箜篌其來年冬〻上議曰古者先振兵澤旅徐廣曰古釋字作澤然後封禪乃遂北巡朔方勒兵十餘萬還祭黃帝冢橋山澤兵須如李奇曰地名也上曰吾聞黃帝不死今有冢何也或對曰黃帝已僊上天羣臣葬其衣冠既

至甘泉爲且正義曰爲于僞反將僞封禪也用事泰山正義曰道書福地記云泰山高四千九百丈二尺周迴二千里先類祠泰一自得寶鼎上與公卿諸生議封禪正義曰白虎通云王者易姓而起天下太平功成封禪以告太平禪梁父之趾廣厚也刻石紀號著己之功績天以高爲尊地以厚爲德故增泰山之高以放天禪梁甫之趾以報地封者附廣之禪者將以功相傳授之封禪用希曠絕莫知其儀禮而羣儒采封禪尚書周官王制之望祀射牛事蘇林曰當祭親射其牲以除不祥贊曰射牛示親殺也。索隱曰天子射牛示親殺也事見國語齊人丁公年九十餘曰封者合不死之名也秦皇帝不得上封陛下必欲上稍上即無風雨遂上封矣上於是乃令諸儒習射牛草封禪儀索隱曰見應劭漢官儀也數年至且

行天子既聞公孫卿及方士之言黃帝以上封禪皆致怪物與神通欲放黃帝以嘗接神僊人蓬萊士高世比德於九皇張晏曰三皇之前有人皇九首韋昭曰上古人皇者九人也而頗采儒術以文之羣儒既以不能辯明封禪事又牽拘於詩書古文而不敢騁上爲封祠器示羣儒羣儒或曰不與古同徐偃又曰太常諸生行禮不如魯善周霸屬圖封事服虔曰屬會也會諸儒圖封事於是上絀偃霸盡罷諸儒弗用三月遂東幸緱氏禮登中嶽文穎曰崧高山也在潁川陽城縣太室韋昭曰崧高山有太室少室之山山有石室故以名之從官在山下聞若有言萬歲云

正義曰漢儀注云有稱萬歲可十萬人聲問上上不言問下下不言於是以三百戶封太室奉祠命曰崇高邑正義曰顏師古云以崇奉嵩高山故謂之崇高也東上泰山山之草木葉未生乃令人上石立之泰山顛上遂東巡海上行禮祠八神文穎曰武帝登泰山祭太一并祭名山於泰壇西南開除八通鬼道故言八神也一曰八方之神○索隱曰韋昭云八神謂天地陰陽日月星辰主四時之屬今按郊祀志一曰天主祠天齊二曰地主祠太山梁父三曰兵主祠蚩尤四曰陰主祠三山五曰陽主祠之罘六曰月主祠之萊山七曰日主祠盛山八曰四時主祠琅邪齊人之上疏言神怪奇方者以萬數然無驗者乃益發船令言海中神山者數千人求蓬萊神人公孫卿持節常先行候名山至東萊言夜見一人長數丈

史記孝武紀十二　十八

就之則不見見其跡甚大類禽獸云羣臣有言見一老父牽狗言吾欲見巨公漢書音義曰巨公謂武帝已忽不見上既見大跡未信及羣臣有言老父則大以為僊人也宿留海上與方士傳車及間使求僊人以千數四月還至奉高上念諸儒及方士言封禪人人殊不經難施行天子至梁父禮祠地主乙卯令侍中儒者皮弁薦紳射牛行事封泰山下東方如郊祠泰一之禮封廣丈二尺高九尺其下則有玉牒書書祕禮畢天子獨與侍中奉車子侯漢書百官表曰奉車都尉掌乘輿車武帝初置韋昭曰子侯霍去病之子也上

孝武紀

泰山亦有封其事皆禁明日下陰道丙辰禪泰山下阯東北肅然山如祭后土禮天子皆親拜見衣上黃而盡用樂焉江淮閒一茅三脊孟康曰所謂靈茅也為神藉五色土益雜封縱遠方奇獸蜚禽及白雉諸物頗以加祠兕旄牛犀象之屬弗用皆至泰山然後去封禪祠其夜若有光晝有白雲起封中天子從封禪還坐明堂漢書音義曰天子初封泰山山東北阯古時有明堂處則此所坐者明年秋乃作明堂羣臣更上壽於是制詔御史朕以眇眇之身承至尊兢兢焉懼弗任維德菲薄不明于禮樂脩祀泰一若有象景光屑如

史記孝武紀十二　十九

有望瓚曰聞呼萬歲者三依依震於怪物欲止不敢遂登封泰山至於梁父而后禪肅然服虔曰肅然山名在梁父自新嘉與士大夫更始賜民百戶牛一酒十石加年八十孤寡布帛二匹復博奉高蛇丘鄭玄曰蛇音移歷城毋出今年租稅其赦天下如乙卯赦令行所過毋有復作事在二年前皆勿聽治又下詔曰古者天子五載一巡狩用事泰山諸侯有朝宿地其令諸侯各治邸泰山下正義曰諸侯各於太山朝宿地起第准擬天子用事太山而居止天子既已封禪泰山無風雨菑而方士更言蓬萊諸神山若將可得於是上欣然庶幾

武紀

過之乃復東至海上望冀遇蓬萊焉奉車子侯暴病一日死上乃遂去並海上北至碣石巡自遼西歷北邊至九原五月返至甘泉漢書音義曰周萬八千里也有司言寶鼎出為元鼎以今年為元封元年其秋有星茀于東井韋昭曰秦分野也後衛太子兵亂○茀音佩後十餘日有星茀于三能韋昭曰三能三公後連坐誅之望氣王朔言候獨見其星出如瓠索隱曰郊祀志塡星出如瓠故顔師古以德星即塡星今按此紀唯上言德星則德星歲星也歲星所在有福故曰德星食頃復入焉有司言曰陛下建漢家封禪天其報德星云其來年冬郊雍五帝還拜祝祠泰一贊饗曰德星昭衍厥維休祥壽星

史孝武紀十二　二十

仍出索隱曰壽星南極老人星也見則天下理安故言之也淵耀光明信星昭見索隱曰信星鎭星也信屬土土曰鎭星漢志為得之皇帝敬拜泰徐廣曰一無此字況之饗其春公孫卿言見神人東萊山若云見天子天子於是幸緱氏城拜卿為中大夫遂至東萊宿留之索隱曰音秀溜宿留遲待之意若依字讀則言宿而留亦是有所待並通也數日毋所見見大人跡復遣方士求神怪采芝藥以千數是歲旱於是天子既出毋名乃禱萬里沙應劭曰萬里沙神祠也在東萊曲城孟康曰沙徑三百餘里過祠泰山鄧展曰泰山自東復有小泰山瓚曰即今之泰山還至瓠子服虔曰瓠子隄名蘇林曰在甄城以南濮陽以北廣百步深五丈所瓚曰所決河名○索隱注同自臨塞決河索隱曰按河渠書武帝自臨塞決河將軍已下皆負薪寘之留

武紀

二日沈祠而去索隱曰按沈白馬祭河決於是作瓠子歌見河渠書使二卿將卒塞決河河徙二渠復禹之故跡焉是時既滅南越越人勇之韋昭曰越地人名也乃言越人俗信鬼而其祠皆見鬼數有效昔東甌王敬鬼壽至百六十歲後世謾怠故衰耗乃令越巫立越祝祠安臺無壇亦祠天神上帝百鬼而以雞卜漢書音義曰持雞用卜如鼠卜○正義曰雞卜法用雞一狗一生祝願訖即殺雞狗煑熟又祭獨取雞兩眼骨上自有孔裂似人物形則吉不足則凶今嶺南猶行此法也上信之越祠雞卜始用焉公孫卿曰僊人可見而上往常遽以故不見今陛下可為觀如緱氏城韋昭曰如猶比也置脯棗神人宜可致且僊人好

史孝武紀十二　廿一

樓居於是上令長安則作蜚廉桂觀應劭曰飛廉神禽能致風氣晉灼曰身如鹿頭如雀有角而蛇尾文如豹文也甘泉則作益延壽觀使卿持節設具而候神人乃作通天臺徐廣曰在甘泉○索隱曰漢書作通天臺於甘泉宮按漢書舊儀臺高五十丈去長安二百里望見長安城置祠具其下將招來神僊之屬於是甘泉更置前殿始廣諸宮室索隱曰姚氏按揚雄云甘泉本因秦離宮既奢泰武帝復增通天高光迎風宮外近則有洪厓旁皇儲胥弩陆遠則石關封巒枝鵲露寒棠梨師得游觀屈奇瑰偉又有高華温德法相曾成宮白虎走狗天梯瑤臺仙人弩思觀皆壯麗也夏有芝生殿防內中徐廣曰元封二年也○索隱曰按生芝九莖作芝房歌天子為塞河興通天臺若有光云李奇曰為此作事而有光應瓚曰作通天臺也乃下詔曰甘泉防生芝九莖應劭曰芝芝草也其葉相連如淳曰

孝武紀

瑞應圖云王者敬事耆老不失舊故則芝草生赦天下毋有復作其明年伐
朝鮮夏旱公孫卿曰黃帝時封則天旱乾封正義曰乾音干蘇林云天旱欲使封土乾燥也顏師古云三
歲不雨暴所封之土令乾鄭氏云但祭不立尸爲乾封三年
上乃下詔曰天旱意乾封乎蘇林曰天旱欲使封土乾燥如淳曰但祭不立
尸爲乾封其令天下尊祠靈星焉正義曰靈星即龍星也張晏云龍星左角曰天
田則農祥也見而祭之其明年上郊雍通回中道巡之徐廣曰在扶風
汧縣春至鳴澤服虔曰鳴澤澤名也在涿郡遒縣北界從西河歸其明年
冬上巡南郡徐廣曰元封五年至江陵而東登禮灊之天
柱山號曰南嶽應劭曰灊縣屬廬江南嶽霍山也文穎曰天柱山在灊縣南有祠浮江
自尋陽出樅陽地理志廬江有樅陽縣過彭蠡祀其名山川

孝武紀十二　二十二

北至琅邪並海上四月中至奉高脩封焉初天
子封泰山泰山東北阯古時有明堂處處險不
敞上欲治明堂奉高旁未曉其制度濟南人公
玉帶上黃帝時明堂圖索隱曰玉或音肅公玉姓帶名姚氏案風俗通齊湣王臣有公玉冉其後也音語錄反三輔決錄云杜陵有玉氏音肅
說文以爲從玉音畜牧之畜今讀公玉與決錄音同然二姓單複有異單姓者音肅後漢司徒玉況是其後也明堂圖中有一殿四面無
壁以茅蓋通水圜宮垣爲複道上有樓從西南
入命曰昆侖索隱曰玉帶明堂圖中爲複道有樓從西南入名其道曰昆侖言其似昆侖山之五城十二樓故名之也天子從之入以拜祠上帝焉於是上令奉
高作明堂汶上徐廣曰在元封二年秋如帶圖及五年脩封

孝武紀

則祠泰一五帝於明堂上坐令高皇帝祠坐對
之祠后土於下房以二十太牢天子從昆侖道
入始拜明堂如郊禮禮畢燎堂下而上又上泰
山有秘祠其顛而泰山下祠五帝各如其方黃
帝并赤帝而有司侍祠焉泰山上舉火下悉應
之其後二歲十一月甲子朔旦冬至推歷者以
本統天子親至泰山以十一月甲子朔旦冬至
日祠上帝明堂徐廣曰常五年一脩耳今適二年故但祀明堂每脩封禪其
贊饗曰天增授皇帝泰元神筴索隱曰按贊饗之辭言天授皇帝泰元神筴周而復始又按黃帝得寶鼎神筴則太元者古昔上皇創曆之號故此云太元神筴者周而復始也周而復

史孝武紀十二　二十三

始皇帝敬拜泰一東至海上考入海及方士求
神者莫驗然益遣冀遇之十一月乙酉徐廣曰二十二日也
柏梁烖十二月甲午朔上親禪高里伏儼曰山名在泰山下
祠后土臨勃海將以望祠蓬萊之屬冀至殊庭
焉漢書音義曰蓬萊庭○索隱曰冀漢書作幾幾近也冀望也並通服虔曰蓬萊中仙人殊庭者異也言入仙人異域
也上還以柏梁烖故朝受計甘泉正義曰顏師古云栢梁被燒故受
計獻之物於甘泉也顏師古云受郡國計簿也公孫卿曰黃帝就青靈臺十
二日燒徐廣曰日一作月黃帝乃治明庭明庭甘泉也方
士多言古帝王有都甘泉者其後天子又朝諸
侯甘泉甘泉作諸侯邸勇之乃曰越俗有火烖

孝武紀

復起屋必以大用勝服之於是作建章宮正義曰括
地志曰建章宮在雍州長安縣西二十里長安故城西度為千門萬戶前殿度高
未央其東則鳳闕高二十餘丈索隱曰三輔黃圖云武帝營建章起鳳闕
高二十五丈關中記一名別風闕以言別四方之風西京賦曰閶闔之內別風嶕嶢是也三輔故事云北有圜闕高二十
丈上有銅鳳凰故曰鳳闕也其西則唐中數十里虎圈索隱曰如淳云詩云
中唐有甓鄭玄曰唐堂庭也爾雅以廟中路謂之唐西京賦曰前開唐中弥望曠象也○正義曰圈其遠反括地志云虎
圈今在長安城中西偏也其北治大池漸臺正義曰顏師古云漸浸也臺在池中為水所浸
故曰漸按王莽死此臺也高二十餘丈名曰泰液正義曰臣瓚云泰液言象陰陽
津液以作池也池中有蓬萊方丈瀛洲壺梁象海中神山
龜魚之屬索隱曰三輔故事云殿北海池北岸有石魚長二丈廣五尺西岸有石龜二枚各長六尺其

南有玉堂璧門大鳥之屬索隱曰漢武故事玉堂基與未央前殿等去地十二
丈乃立神明臺索隱曰漢宮闕疏云臺高五十丈上有九室常置九天道士百人井幹
樓度五十餘丈輦道相屬焉索隱曰關中記宮北有井幹臺高五十丈
積木為樓言築累萬木轉相交架如井幹司馬彪註莊子云井幹井闌也又崔譔云井以四邊為幹猶築牆之有楨幹又
諸本多作幹一本作韓音韓說文云韓井橋夏漢改曆以正月為歲首而色
上黃官名徐廣曰一無名字更印章以五字張晏曰漢據土德土數五故用
五為印文也若丞相曰丞相之印章諸卿及守相印文不足五字者以之足也因為太初元年
是歲西伐大宛蝗大起丁夫人韋昭曰丁姓夫人名也雒陽
虞初等以方祠詛匈奴大宛焉其明年有司言
雍五畤無牢熟具芬芳不備乃命祠官進畤犢

牢具五色食所勝孟康曰若火勝金則祠赤帝以白牲而以木耦馬代
駒焉索隱曰一音偶孟康云寓寄龍形於木又姚氏云寓假也以言假木龍馬一駟非寄寓龍馬形於木也
獨五帝用駒行親郊用駒及諸名山川用駒者
悉以木耦馬代行過乃用駒他禮如故其明年
東巡海上考神僊之屬未有驗者方士有言黃
帝時為五城十二樓應劭曰崑崙縣圃五城十二樓僊人之所常居也以候
神人於執期漢書音義曰執期地名也命曰迎年正義曰顏師古云迎年若言祈年
上許作之如方明年上親禮祠上帝衣上黃焉
公玉帶曰黃帝時雖封泰山然風后封鉅應劭曰封鉅黃
帝師岐伯正義曰張揖云岐伯黃帝太醫令黃帝封東泰山禪凡山合

符然後不死焉徐廣曰在琅邪朱虛縣汶水所出凡山亦在朱虛天子既令
設祠具至東泰山東泰山卑小不稱其聲乃令
祠官禮之而不封禪焉其後令帶奉祠候神物
夏遂還泰山脩五年之禮如前而加禪祠石閭
石閭者在泰山下阯南方方士多言此僊人之
閭也故上親禪焉其後五年復至泰山脩封徐廣
曰天漢三年李陵以天漢二年敗也還過祭常山今天子所興祠泰一
后土三年親郊祠建漢家封禪五年一脩封薄
忌泰一及三一冥羊馬行赤星五寬舒之祠官
李奇曰祀名也○索隱曰赤星即上靈星祠也靈星龍左角赤故曰赤星五者太一也三一也冥羊也馬行也赤星也凡

五牀令祠官寬舒領之以歲時致禮凡六祠索隱曰五者之外有正太一后土祠故云六也皆太祝領之至如八神諸神明年凡山他名祠行過則祀去則已方士所興祠各自主其人終則已祠官弗主他祠皆如其故今上封禪其後十二歲而還徧於五嶽四瀆矣而方士之候祠神人入海求蓬萊終無有驗而公孫卿之候神者猶以大人跡爲解無其效天子益怠厭方士之怪迂語矣然終羈縻弗絶冀遇其眞自此之後方士言祠神者彌衆然其效可睹矣徐廣曰猶今人云其事已可知矣皆不信之耳又數本皆無可字

太史公曰余從巡祭天地諸神名山川而封禪焉入壽宮侍祠神語究觀方士祠官之言於是退而論次自古以來用事於鬼神者具見其表裏後有君子得以覽焉至若俎豆珪幣之詳獻酬之禮則有司存焉

索隱述贊曰

孝武纂極　四海承平　志尚奢麗
尤敬神明　壇開八道　接通五城
朝親五利　夕拜文成　祭非祀典
巡乖卜征　登嵩勤岱　望景傳聲

迎年祀日　改曆定正　疲耗中土
事彼邊兵　日不暇給　人無聊生
俯觀嬴政　幾欲齊衡

史陸阡伍伯肆拾貳字
註陸阡玖伯捌拾壹字

孝武本紀第十二　史記十二

三代世表第一　　史記十三

索隱曰應邵云表者録其事而見之按禮有表記而鄭玄云表明也謂事微而不著須表明也故言表○正義曰言代者以五帝久古傳記少見夏殷以來乃有尚書略有年月比於五帝事迹易明故舉三代為首表者明也明言事儀

太史公曰五帝三代之記尚矣索隱曰按此表依帝繫及系本其實敘五帝三代而篇唯名三代系表者以三代系長遠宜以名篇且三代皆出自五帝故敘三代要從五帝而起首也劉氏云尚猶久古也尚矣之文元出大戴禮彼云黃帝尚矣自殷以前諸侯不可得而譜正義曰譜布也列其事也周以來乃頗可著孔子因史文次春秋紀元年正時日月蓋其詳哉至於序尚書則略無年月或頗有然多闕不可録故疑則傳疑蓋其慎也余讀諜記索隱曰諜音牒牒者記系謚之書也下云歷譜諜謂歷代之譜諜也黃帝以來皆有年數稽其歷譜諜終始五德之傳索隱曰音轉謂帝王更王以金木水火土之五德傳次相承終而復始故云終始五德之傳也古文咸不同乖異夫子之弗論次其年月豈虛哉於是以五帝繫諜尚書集世紀黃帝以來訖共和為世表索隱曰按大戴禮有五帝德及帝繫篇蓋太史公取此二篇之諜及尚書集而紀黃帝以來為系表也厲王奔彘周召二公共相王室故曰共和皇甫謐云共伯和干王位則以共國伯爵和其名也千王位言篡也与史迁之說不同蓋異說耳

年表一　一

帝王世國號	顓頊屬	俈屬	堯屬	舜屬	夏屬	殷屬	周屬
黃帝號有熊	黃帝生昌意	黃帝生玄囂	黃帝生玄囂	黃帝生昌意	黃帝生昌意	黃帝生玄囂	黃帝生玄囂
帝顓頊黃帝孫起黃帝至顓頊三世	昌意生顓頊為高陽氏	玄囂生蟜極	玄囂生蟜極	昌意生顓頊顓頊生窮蟬索隱曰系本作窮係宋衷云窮係謚也	昌意生顓頊	玄囂生蟜極蟜極生高辛	玄囂生蟜極蟜極生高辛
帝俈黃帝曾孫起黃帝至帝俈四世號高辛		蟜極生高辛高辛生帝俈索隱曰黃帝玄孫	蟜極生高辛高辛生放勛	窮蟬生敬康敬康生句望		高辛生卨	高辛生后稷為周祖
帝堯起黃帝至俈子五世號唐堯			放勛為堯	句望生蟜牛蟜牛生瞽叟		卨為殷祖	后稷生不窋
帝舜黃帝玄孫之玄孫號虞				瞽叟生重華是為帝舜	顓頊生鯀鯀生文命索隱曰漢書顓頊五代而生鯀此及帝系皆云顓頊生鯀是古文闕其代系也	卨生昭明	不窋生鞠
帝禹黃帝耳孫號夏					文命是為禹	昭明生相土	鞠生公劉

年表一　二

夏	殷	周
帝啓 伐有扈作甘誓	相土生昌若	公劉生慶節
帝太康	昌若生曹圉曹圉生冥	慶節生皇僕皇僕生差弗
帝仲康 太康弟	冥生振	差弗生毀渝毀渝生公非
帝相	振生微微生報丁	公非生高圉高圉生亞圉
帝少康	報丁生報乙報乙生報丙	亞圉生公祖類
帝予 索隱曰直呂反亦作宁○正義曰相爲澆所滅后緡歸有仍生少康其子予復禹績	報丙生主壬主壬生主癸	公祖類生太王亶父
帝槐 索隱曰音回一音懷系本作芬	主癸生天乙是為殷湯從湯至黃帝十七世	亶父生季歷季歷生文王昌益易卦
帝芒 索隱曰音亡一作荒		文王昌生武王發
帝泄 索隱曰音薛		
帝不降		

帝扃 不降弟○索隱曰古熒反

帝廑 索隱曰其靳反又音勤

帝孔甲 不降子好鬼神淫亂不好德二龍去

帝皐 索隱曰宋衷云墓在崤南陵

帝發 索隱曰帝皐子也系本云帝皐生發及履癸履癸一名桀

帝履癸 是為桀

從禹至桀十七世從黃帝至桀二十世

殷湯代夏氏 從黃帝至湯十七世

帝外丙 湯太子太丁蚤卒故立次弟外丙

帝仲壬 外丙弟

帝太甲 故太子太丁子淫伊尹放之桐宮三年悔過自責伊尹乃迎之復位

帝沃丁 伊尹卒

帝太庚 沃丁弟

帝小甲 太庚弟殷道衰諸侯或不至○索隱曰殷本紀及系本皆云小甲太康子

帝雍己 小甲弟

帝太戊 雍己弟以桑穀生稱中宗

帝中丁 俗本作仲丁

帝外壬 中丁弟

帝河亶甲 外壬弟

帝祖乙

帝祖辛

帝沃甲 祖辛弟。索隱曰系本作開甲

帝祖丁 祖辛子

帝南庚 沃甲子

帝陽甲 祖丁子

帝盤庚 陽甲弟從河南

帝小辛 盤庚弟

帝小乙 小辛弟

帝武丁 雉升鼎耳雊得傅説稱高宗

帝祖庚

帝甲 祖庚弟淫徐廣曰一云淫德殷衰

帝廩辛 索隱曰或作馮辛系本作祖辛誤也按上祖乙已生祖辛故知非也

帝庚丁 廩辛弟殷從河北

帝武乙 慢神震死

帝太丁

帝乙 殷益衰

帝辛 是爲紂弑

從湯至紂二十九世從黄帝至紂四十六世

周武王伐殷 從黄帝至武王十九世

	成王誦 索隱曰本或作庸非		康王釗 刑錯四十餘年索隱曰克堯反又音昭	昭王瑕 南巡不返不赴諱之○索隱曰音遐宋衷云昭王南伐楚辛由靡爲右涉漢中流而隕由靡承王遂卒不復周乃侯其後于西翟也	穆王滿 作甫刑荒服不至
魯	周公旦	初封武王弟	魯公伯禽	考公	煬公考公弟
齊	太公尚	初封文王武王師	丁公呂伋	乙公	癸公
晉	唐叔虞	初封武王子	晉侯燮	武侯	成侯
秦	惡來助紂父飛廉有力	初封	女防	旁皋	大几
楚	熊繹繹父鬻熊	初封事文王	熊乂	熊䵣 索隱曰吐感反又徒感反又杜減反鄒氏又作默音	熊勝
宋	微子啓	初封紂庶兄	微仲啓弟	宋公	丁公
衛	康叔	初封武王弟	康伯 索隱曰康叔子王孫牟父也	孝伯	嗣伯
陳	胡公滿	初封舜之後	申公	相公	孝公
蔡	叔度	初封武王弟	蔡仲	蔡伯	宮侯
曹	叔振鐸	初封武王弟		太伯	仲君
燕	召公奭	初封周同姓	九世至惠侯		

恭王伊扈	幽公	哀公	厲侯	大駱	熊煬	湣公 丁公弟	疐伯 索隱曰音捷	慎公	厲侯	宮伯	
懿王堅 周道衰詩人作刺	魏公 索隱曰系本作微公名弟其	胡公	靖侯	非子	熊渠	煬公 湣公弟	靖伯	幽公	武侯	孝伯	
孝王方 懿王弟	厲公	獻公 弒胡公		秦侯	熊無康	厲公	貞伯	釐公		夷伯	
夷王燮 懿王子	獻公 厲公弟	武公		公伯	熊鷙紅	釐公	頃侯				
厲王胡 以惡聞遇亂出奔遂死于彘	眞公			秦仲	熊延 紅弟		釐侯				
共和 二伯行政	武公 眞公弟				熊勇						

張夫子問褚先生曰 索隱曰褚先生名少孫元成閒爲博士張夫子未詳 詩言契后稷皆無父而生今案諸傳記咸言有父父皆黃帝子也 索隱曰按上契及后稷皆帝嚳子此云黃帝子者謂是黃帝之子孫耳按嚳是黃帝曾孫而契稷是玄孫也 得無與詩謬乎褚先生曰不然詩言契生於卵后稷人迹者欲見其有天命精誠之意耳

鬼神不能自成須人而生奈何無父而生乎一言有父一言無父信以傳信疑以傳疑故兩言之堯知契稷皆賢人天之所生故封之契七十里後十餘世至湯王天下堯知后稷子孫之後王也故益封之百里其後世且千歲至文王而有天下詩傳曰湯之先爲契無父而生契母與姊妹浴於玄丘水有燕銜卵墮之契母得故含之誤吞之即生契 索隱曰按史所引出詩緯故曰詩傳殷本紀云玄鳥翔水遺卵娀簡狄取而吞之 契生而賢堯立爲司徒姓之曰子氏子者茲茲益大也詩人美而頌之曰殷社 詩云土 芒芒天命玄鳥降而生商商者質殷號也文王之先爲后稷后稷亦無父而生后稷母爲姜嫄 索隱曰有邰氏之女也韋昭云姜姓嫄字也 出見大人蹟而履踐之知於身則生后稷姜嫄以爲無父賤而棄之道中羊牛避不踐也抱之山中 抱音普茅反○索隱曰抱又如字 山者養之又捐之大澤鳥覆席食之姜嫄怪之於是知其天子乃取長之堯知其賢才立以爲大農姓之曰姬氏姬者本也詩人美而頌之曰厥初生民深修益成而道后稷之始也孔子曰昔者堯命契爲子氏爲有湯也命后稷爲姬氏爲有文王也

太王命季歷明天瑞也太伯之吳遂生源也索隱曰言太伯之讓季歷居吳不反者欲使傳文王武王撥亂反正成周道遂天下生生之原本也天命難言非
聖人莫能見舜禹契后稷皆黃帝子孫也黃帝策
天命而治天下德澤深後世故其子孫皆復立為
天子是天之報有德也人不知以為氾從布衣匹
夫起耳夫布衣匹夫安能無故而起王天下乎其
有天命然黃帝後世何王天下之久遠邪曰傳云
天下之君王為萬夫之黔首請贖民之命者帝有
福萬世黃帝是也五政明則脩禮義因天時舉兵
征伐而利者王有福千世蜀王黃帝後世也索隱曰按系本蜀無姓相承云黃帝後世子孫也且黃帝二十五子分封賜姓或於蠻夷蓋當然也蜀王本紀云朱提有男子杜宇從天而下自稱望帝亦蜀王也則杜姓出唐杜氏蓋陸終氏之胤亦黃帝之後也○正義曰譜記普云蜀之先肇於人皇之際黃帝與子昌意娶蜀山氏女生帝告立封其支庶於蜀歷虞夏商周衰先稱王者蠶叢國破子孫居姚巂等處
至今在漢西南五千里常來朝降輸獻於漢非
以其先之有德澤流後世邪行道德豈可以忽
乎哉人君王者舉而觀之漢大將軍霍子孟名
光者亦黃帝後世也索隱曰按系本云霍國真姓後周武王封弟叔處於霍是姬姓亦黃帝後也
此可為博聞遠見者言固難為淺聞者說
也何以言之古諸侯以國為姓霍者國名也武
王封弟叔處於霍後世晉獻公滅霍公後世為

庶民往來居平陽平陽在河東河東晉地分為
魏國以詩言之亦可為周世周起后稷后稷無
父而生以三代世傳言之后稷有父名高辛高
辛黃帝曾孫黃帝終始傳曰索隱曰蓋謂五行讖緯之說若今之童謠也
漢興百有餘年有人不短不長出自燕之鄉正義本作燕正義曰一作白彘按霍光平陽人平陽今晉州霍邑本秦時霍伯國漢為彘縣後漢改彘曰永安隋又改為霍邑遍檢記傳無白燕之名疑白彘是鄉之名
持天下之政時有嬰兒主索隱曰謂昭帝也郤行車索隱曰言霍光持政擅權過帝令如郤行車使不前也霍將軍者
本居平陽自燕臣為郎時與方士考功正義曰謂年老為方士最功也會旗亭下西京賦曰旗亭五里薛綜曰旗亭市樓也立旗於上故取名焉為臣
言豈不偉哉索隱曰褚先生蓋腐儒也設主客引詩傳云契棄無父及據帝系皆帝嚳之子是也而末引蜀主霍光竟欲證何事而言之不經蕪穢正史輒云豈不偉哉一何誣也
索隱述贊曰高辛之胤大啓禎祥脩己吞薏
石紐興王天命玄鳥簡狄生商姜嫄履跡祚
流岐昌俱膺曆運互有興亡風餘周召刑措
成康出彘之後諸侯日彊

三代世表第一　史記十三

十二諸侯年表第二　史記十四

索隱曰篇言十二實叙十三者賤夷狄不數吳又霸在後故也不數吳而叙之者闔閭霸盟上國故也

太史公讀春秋曆譜諜索隱曰案劉杳云三代系表旁行邪上並效周譜譜起周代藝文志有古帝王譜又自古爲春秋家者有年曆譜諜之說故杜元凱作春秋長曆及公子譜蓋因於舊說故太史公得讀焉也至周厲王未嘗不廢書而歎也曰嗚呼師摯見之矣鄭玄曰師摯大師之名周道衰微鄭衛之音作正樂廢而失節魯太師摯識關雎之聲首理其亂也紂爲象箸而箕子唏索隱曰鄭氏及劉氏箸皆音直慮反即筯也今案箕子云爲象箸必爲玉杯則箸者是樽也音治略反唏歎聲音許既反又音希希亦聲餘故記曰夫子曰嘻其甚也亦音餘周道缺詩人本之衽席關雎作仁義陵遲鹿鳴刺焉及至厲王以惡聞其過索隱曰惡音烏故反過音古臥反故國語云厲王止謗道路以目是公卿懼誅而禍作厲王遂奔于彘索隱曰彘地名在河東後爲永安縣也亂自京師始而共和行政焉是後或力政彊乘弱興師不請天子然挾王室之義索隱曰挾音協以討伐爲會盟主政由五伯索隱曰伯音霸五伯者齊桓公晉文公秦穆公宋襄公楚莊王也諸侯恣行索隱曰行音下孟反淫侈不軌賊臣篡子滋起矣齊晉秦楚其在成周微甚封或百里或五十里晉阻三河齊負東海楚介江淮索隱曰介音界言楚以江淮爲界一云介者夾也秦因雍州之固四國迭興更爲伯主文武所褒大封皆威而服焉是以孔子明王道干七十餘君莫能用故西觀周室論

史記舊聞興於魯而次春秋上記隱下至哀之獲麟約其辭文去其煩重索隱曰去音羌呂反重音逐龍反言約史記修春秋去其重複之文也以制義法王道備人事浹七十子之徒口受其傳指索隱曰傳音逐宣反爲有所刺譏褒諱挹損之文辭不可以書見也魯君子左丘明懼弟子人人異端各安其意失其眞故因孔子史記具論其語成左氏春秋鐸椒爲楚威王傅爲王不能盡觀春秋采取成敗卒四十章爲鐸氏微索隱曰鐸椒所撰名鐸氏微者春秋有微婉之詞故也趙孝成王時其相虞卿上采春秋下觀近勢亦著八篇爲虞氏春秋正義曰按其文八篇藝文志云十五篇虞卿撰呂不韋者秦莊襄王相亦上觀尚古删拾春秋集六國時事以爲八覽六論十二紀爲呂氏春秋及如荀卿孟子公孫固韓非之徒各往往捃摭春秋之文以著書不可勝紀索隱曰荀況孟軻韓非皆著書自稱子宋有公孫固无所述此固蓋齊人韓固傳詩者也漢相張蒼歷譜五德索隱曰按張蒼著終始五德傳也上大夫董仲舒推春秋義頗著文焉索隱曰作春秋繁露是太史公曰儒者斷其義馳說者騁其辭不務綜其終始歷人取其年月數家索隱曰數音疏具反謂陰陽術數之家也隆於神運徐廣曰一作通也譜諜獨記世謚其辭略欲一

觀諸要難索隱曰觀音官難音奴丹反於是譜十二諸侯自共和訖孔子表見春秋國語學者所譏盛衰大指著于篇爲成學治古文者徐廣曰一云治國聞者也要刪焉索隱曰言表見春秋國語本爲成學之人攻文之士以欲覽其要故刪爲此篇焉

		庚申
周		共和元年以宣王少大臣共和行政徐廣
魯	真公濞索隱曰系本作慎公摯鄭誤本	作慎公嚊真公伯禽之玄孫 十五年一云二十四年
齊	武公壽索隱曰太公五代孫獻公子也	宋衷曰武公十年宣王大臣共行政故號曰共和十四年宣王即位 十年
晉	靖侯宜臼索隱曰唐叔五代孫厲侯	之子宋衷曰唐叔已下五代無年紀 十八年
秦	秦仲索隱曰非子曾孫公伯之子宣王命	爲大夫誅西戎也 四年
楚	熊勇索隱曰楚芈姓鬻熊之後因氏熊	熊勇熊延之子熊繹九代孫 七年
宋	釐公索隱曰微仲七代孫厲公之子	十八年
衛	釐侯索隱曰康叔七代孫頃侯之子頃侯	賂周始命爲侯 十四年
陳	幽公寧索隱曰胡公五代孫也	十四年
蔡	武侯索隱曰蔡仲五代孫也	二十三年
曹	夷伯索隱曰名喜振鐸六代孫也	二十四年
鄭		
燕	惠侯索隱曰召公奭九世孫也	二十四年
吳		

年表二 記十四 三

					甲子	
周	索隱曰自共和元年歲在庚申訖敬王四十三年凡三百六十五年共和在春秋前一百一十九年○索隱曰宣王少周召二公共相王室故曰共和宣王厲王之	子也 二 厲王子居召公宮是爲宣王	三	四	五	六
魯		十六	十七	十八	十九	二十
齊		十一	十二	十三	十四	十五
晉		晉釐侯司徒元年	二	三	四	五
秦		五	六	七	八	九
楚		八	九	十	楚熊嚴元年	二
宋		十九	二十	二十一	二十二	二十三
衛		十五	十六	十七	十八	十九
陳		十五	十六	十七	十八	十九
蔡		二十四	二十五	二十六	蔡夷侯元年	二
曹		二十五	二十六	二十七	二十八	二十九
鄭						
燕		二十五	二十六	二十七	二十八	二十九
吳						

年表二 記十四 四

七	八	九	十	十一	十二	十三	十四 宣王即位，共和罷。索隱曰二相還政宣王稱元年也
二十一	二十二	二十三	二十四	二十五	二十六	二十七	二十八
十六	十七	十八	十九	二十	二十一	二十二	二十三
六	七	八	九	十	十一	十二	十三
十	十一	十二	十三	十四	十五	十六	十七
三	四	五	六	七	八	九	十
二十四	二十五	二十六	二十七	二十八	宋惠公覸元年 索隱曰覸音閑又音下板反	二	三
二十	二十一	二十二	二十三	二十四	二十五	二十六	二十七
二十	二十一	二十二	二十三	陳釐公孝元年	二	三	四
三	四	五	六	七	八	九	十
三十	曹幽伯彊元年	二	三	四	五	六	七
三十	三十一	三十二	三十三	三十四	三十五	三十六	三十七

甲戌 宣王元年 厲王子	二	三	四	五	六	七
二十九	三十	魯武公敖元年	二	三	四	五
二十四	二十五	二十六	齊厲公無忌元年	二	三	四
十四	十五	十六	十七	十八	晉獻公籍元年	二
十八	十九	二十	二十一	二十二	二十三	秦莊公元年
楚熊霜元年	二	三	四	五	六	楚熊徇
四	五	六	七	八	九	十
二十八	二十九	三十	三十一	三十二	三十三	三十四
五	六	七	八	九	十	十一
十一	十二	十三	十四	十五	十六	十七
八	九	曹戴伯鮮元年	二	三	四	五
三十八	燕釐侯莊元年 索隱曰徐廣云一云莊字按燕失年紀及君名此言莊者衍字也	二	三	四	五	六

	八	九	十
	六	七	八
	五	六	七
	三	四	五
索隱曰其名也案秦之先公並不記名恐非其名	二	三	四
元年	二	三	四
	十一	十二	十三
	三十五	三十六	三十七
	十二	十三	十四
	十八	十九	二十
	六	七	八
	七	八	九

甲申					
十一	十二	十三	十四	十五	十六
九	十	魯懿公戲元年	二	三	四
八	九	齊文公赤元年	二	三	四
六	七	八	九	十	十一
五	六	七	八	九	十
五	六	七	八	九	十
十四	十五	十六	十七	十八	十九
三十八	三十九	四十	四十一	四十二	衛武公和元年
十五	十六	十七	十八	十九	二十
二十一	二十二	二十三	二十四	二十五	二十六
九	十	十一	十二	十三	十四
十	十一	十二	十三	十四	十五

十七	十八
五	六
五	六
穆侯弗生元年 索隱曰按系家名費生或作潰生系本名弗生則生是穆公之名費潰弗不同爾	二
十一	十二
十一	十二
二十	二十一
二	三
二十一	二十二
二十七	二十八
十五	十六
十六	十七

		甲午	
十九	二十	二十一	二十二
七	八	九	魯孝公稱元年伯御立爲君稱爲諸公子云伯御武公孫
七	八	九	十
三	四 取齊女爲夫人	五	六
十三	十四	十五	十六
十三	十四	十五	十六
二十二	二十三	二十四	二十五
四	五	六	七
二十三	二十四	二十五	二十六
蔡釐侯所事元年	二	三	四
十七	十八	十九	二十
			鄭桓公友元年始封周宣王母弟○索隱曰宣王二十
十八	十九	二十	二十一

	二十三	二十四	二十五	二十六	二十七	二十八	二十九
	二	三	四	五	六	七	八
	十一	十二	齊成公說元年索隱曰系家說作脫	二	三	四	五
	七以伐條生太子仇	八	九	十以千畝戰生仇弟成師二子名反君子譏之後亂	十一	十二	十三
	十七	十八	十九	二十	二十一	二十二	二十三
	十七	十八	十九	二十	二十一	二十二	楚熊鄂元年
	二十六	二十七	二十八	二十九	三十	三十一宋惠公薨	宋戴公立元年
	八	九	十	十一	十二	十三	十四
	二十七	二十八	二十九	三十	三十一	三十二	三十三
	五	六	七	八	九	十	十一
	二十一	二十二	二十三	二十四	二十五	二十六	二十七
二年封之鄭立三十六年与幽王俱死犬戎	二	三	四	五	六	七	八
	二十二	二十三	二十四	二十五	二十六	二十七	二十八

	甲辰							
三十	三十一	三十二	三十三	三十四	三十五	三十六	三十七	三十八
九	十	十一周宣王誅伯御立其弟稱是為孝公	十二	十三	十四	十五	十六	十七
六	七	八	九	齊莊公贖元年	二	三	四	五
十四	十五	十六	十七	十八	十九	二十	二十一	二十二
二十四	二十五	二十六	二十七	二十八	二十九	三十	三十一	三十二
二	三	四	五	六	七	八	九	楚若敖元年索隱曰熊儀也号若敖
二	三	四	五	六	七	八	九	十
十五	十六	十七	十八	十九	二十	二十一	二十二	二十三
三十四	三十五	三十六	陳武公靈元年	二	三	四	五	六
十二	十三	十四	十五	十六	十七	十八	十九	二十
二十八	二十九	三十	曹惠公伯雉元年索隱曰雉一作兕	二	三	四	五	六
九	十	十一	十二	十三	十四	十五	十六	十七
二十九	三十	三十一	三十二	三十三	三十四	三十五	三十六	燕頃侯元年

		甲寅							
三十九	四十	四十一	四十二	四十三		四十四	四十五	四十六	幽王元年
十八	十九	二十	二十一	二十二		二十三	二十四	二十五	二十六
六	七	八	九	十		十一	十二	十三	十四
二十三	二十四	二十五	二十六	二十七 穆侯卒弟殤叔自立太	子仇出奔	晉殤叔元年	二	三	四 仇攻殺殤叔立為文侯
三十三	三十四	三十五	三十六	三十七		三十八	三十九	四十	四十一
二	三	四	五	六		七	八	九	十
十一	十二	十三	十四	十五		十六	十七	十八	十九
二十四	二十五	二十六	二十七	二十八		二十九	三十	三十一	三十二
七	八	九	十	十一		十二	十三	十四	十五
二十一	二十二	二十三	二十四	二十五		二十六	二十七	二十八	二十九
七	八	九	十	十一		十二	十三	十四	十五
十八	十九	二十	二十一	二十二		二十三	二十四	二十五	二十六
二	三	四	五	六		七	八	九	十

			甲子					
二 三川震	三 王取褒姒	四	五	六	七	八	九	十
二十七	二十八	二十九	三十	三十一	三十二	三十三	三十四	三十五
十五	十六	十七	十八	十九	二十	二十一	二十二	二十三
晉文侯仇元年	二	三	四	五	六	七	八	九
四十二	四十三	四十四	秦襄公元年	二	三	四	五	六
十一	十二	十三	十四	十五	十六	十七	十八	十九
二十	二十一	二十二	二十三	二十四	二十五	二十六	二十七	二十八
三十三	三十四	三十五	三十六	三十七	三十八	三十九	四十	四十一
陳夷公說元年	二	三	陳平公燮元年	二	三	四	五	六
三十	三十一	三十二	三十三	三十四	三十五	三十六	三十七	三十八
十六	十七	十八	十九	二十	二十一	二十二	二十三	二十四
二十七	二十八	二十九	三十	三十一	三十二	三十三	三十四	三十五
十一	十二	十三	十四	十五	十六	十七	十八	十九

十一 幽王為犬戎所殺	平王元年 東徙雒邑	二	三
三十六	三十七	三十八	魯惠公弗
二十四	二十五	二十六	二十七
十	十一	十二	十三
七 始列為諸侯	八 初立西時祠皇帝	九	十
二十	二十一	二十二	二十三
二十九	三十	三十一	三十二
四十二	四十三	四十四	四十五
七	八	九	十
三十九	四十	四十一	四十二
二十五	二十六	二十七	二十八
三十六 以幽王故犬戎所殺	鄭武公元年 索隱曰名滑突滑一作掘並音胡忽反	二	三
二十	二十一	二十二	二十三

	甲戌		
	四	五	六
湟元年 索隱曰系家作弗湟系本作弗皇	二	三	四
	二十八	二十九	三十
	十四	十五	十六
	十一	十二 伐戎至岐而死	秦文公元年
	二十四	二十五	二十六
	三十三	三十四	宋武公司空元年
	四十六	四十七	四十八
	十一	十二	十三
	四十三	四十四	四十五
	二十九	三十	三十一
	四	五	六
	二十四	燕哀侯元年	二

七	八	九
五	六	七
三十一	三十二	三十三
十七	十八	十九
二	三	四
二十七	楚霄敖元年 索隱曰按系家若敖子熊坎立是為霄敖此作霄敖恐是霄变爲霄也劉伯莊但隨字而音更不分析	二
二	三	四
四十九	五十	五十一
十四	十五	十六
四十六	四十七	四十八
三十二	三十三	三十四
七	八	九
燕鄭侯元年	二	三

				甲申
十	十一	十二	十三	十四
八	九	十	十一	十二
三十四	三十五	三十六	三十七	三十八
二十	二十一	二十二	二十三	二十四
五	六	七	八	九
三	四	五	六	楚蚡冒元年 索隱曰
五	六	七	八	九
五十二	五十三	五十四	五十五	衛莊公
十七	十八	十九	二十	二十一
蔡共侯興元年	二	蔡戴侯元年	二	三
三十五	三十六	曹穆公元年	二	三
十 取申侯女武姜	十一	十二	十三	十四 生莊公悟生
四	五	六	七	八

	十五	十六	十七		十八	十九	二十	二十一	二十二
	十三	十四	十五		十六	十七	十八	十九	二十
	三十九	四十	卌一		四十二	四十三	四十四	四十五	四十六
	二十五	二十六	二十七		廿八	廿九	三十	三十一	三十二
	十作鄜畤	十一	十二		十三	十四	十五	十六	十七
鄒氏云蚡一作粉音憤冒音亡報反又音默	二	三	四		五	六	七	八	九
	十	十一	十二		十三	十四	十五	十六	十七
楊元年	二	三	四		五	六	七	八	九
	二十二	二十三	陳文公圉元年生桓公鮑厲公他他母	蔡女	二	三	四	五	六
	四	五	六		七	八	九	十	蔡宣侯措論元年
	曹桓公終生元年	二	三		四	五	六	七	八
	十五	十六	十七生大叔	段	十八	十九	二十	二十一	二十二
	九	十	十一		十二	十三	十四	十五	十六

	甲午							
二十三	二十四	二十五	二十六	二十七	二十八	二十九	三十	三十一
二十一	二十二	二十三	二十四	二十五	二十六	二十七	二十八	二十九
四十七	四十八	四十九	五十	五十一	五十二	五十三	五十四	五十五
三十三	三十四	三十五	晉昭侯元年封其季弟成師于曲沃曲沃大於国君子譏曰晉人乱自曲沃始矣	二	三	四	五	六
十八	十九作祠陳寶	二十	二十一	二十二	二十三	二十四	二十五	二十六
十	十一	十二	十三	十四	十五	十六	十七	武公立
十八生魯桓公母	宋宣公力元年	二	三	四	五	六	七	八
十	十一	十二	十三	十四	十五	十六	十七愛妾子州吁州吁好兵	十八
七	八	九	十文公卒	桓公元年	二	三	四	五
二	三	四	五	六	七	八	九	十
九	十	十一	十二	十三	十四	十五	十六	十七
二十三	二十四	二十五	二十六	二十七	母欲立段公不聽鄭莊公寤生元年祭仲生	二	三	四
十七	十八	十九	二十	二十一	二十二	二十三	二十四	二十五

		甲辰					
三十二	三十三	三十四	三十五	三十六	三十七	三十八	三十九
三十	三十一	三十二	三十三	三十四	三十五	三十六	三十七
五十六	五十七	五十八	五十九	六十	六十一	六十二	六十三
潘父殺昭侯納成師不克昭侯子立是爲孝侯○索隱曰昭侯文侯仇之子系家云晉大臣潘父殺昭侯迎曲沃桓叔晉人攻之立昭侯子平是爲孝侯	二	三	四	五	六	七	八
二十七	二十八	二十九	三十	三十一	三十二	三十三	三十四
二	三	四	五	六	七	八	九
九	十	十一	十二	十三	十四	十五	十六
十九	二十	二十一	二十二	二十三	夫人无子桓公立 衛桓公完元年	二 弟州吁驕完黜之出奔	三
六	七	八	九	十	十一	十二	十三
十一	十二	十三	十四	十五	十六	十七	十八
十八	十九	二十	二十一	二十二	二十三	二十四	二十五
五	六	七	八	九	十	十一	十二
二十六	二十七	二十八	二十九	三十	三十一	三十二	三十三

表二 記十四 十七

				甲寅			
四十	四十一	四十二	四十三	四十四	四十五	四十六	四十七
三十八	三十九	四十	四十一	四十二	四十三	四十四	四十五
六十四	齊釐公祿父元年	二 同毋弟夷仲生公孫毋知也	三	四	五	六	七
九 曲沃桓叔成師卒子代立爲莊伯	十	十一	十二	十三	十四	十五	十六 曲沃莊伯殺孝侯晉人立孝侯子郤爲鄂晉鄂侯郤
三十五	三十六	三十七	三十八	三十九	四十	四十一	四十二
十	十一	十二	十三	十四	十五	十六	十七
十七	十八	十九 公卒命立弟和爲穆公	宋穆公和元年	二	三	四	五
四	五	六	七	八	九	十	十一
十四	十五	十六	十七	十八	十九	二十	二十一
十九	二十	二十一	二十二	二十三	二十四	二十五	二十六
二十六	二十七	二十八	二十九	三十	三十一	三十二	三十三
十三	十四	十五	十六	十七	十八	十九	二十
三十四	三十五	三十六	燕穆侯元年	二	三	四	五

表二 記十四 十八

四十八	四十九	五十	五十一	桓王元年
四十六	魯隱公息姑元年。母聲子。徐廣曰：春秋隱元年歲在己未。索隱曰：系家名息，系本名息如也	二	三 二月日蝕	四
八	九	十	十一	十二
元年曲沃彊於晉。索隱曰：有本郤作都者，誤也。都邑郤其名	二	三	四	五
四十三	四十四	四十五	四十六	四十七
十八	十九	二十	二十一	二十二
六	七	八	九 公屬孔父立殤公馮奔鄭	宋殤公與夷元年
十二	十三	十四	十五	十六 州吁弑公自立
二十二	二十三	二十四	二十五	二十六 衛石碏來告故執州吁
二十七	二十八	二十九	三十	三十一
三十四	三十五	三十六	三十七	三十八
二十一	二十二 段作亂奔	二十三 公悔思母不見穿地相見	二十四 侵周取禾	二十五
六	七	八	九	十

表二 史記十四 十九

十二諸侯年表

	甲子				
二 使虢公伐晉之曲沃	三	四	五	六	七
五 公觀魚于棠君子譏之	六 鄭人來渝平	七	八 易許田君子譏之	九 三月大雨雹	十
十三	十四	十五	十六	十七	十八
六 鄂侯卒曲沃莊伯復攻晉立鄂侯子光爲哀侯	晉哀侯光元年	二 莊伯卒子稱立爲武公	三	四	五
四十八	四十九	五十	秦寧公元年	二	三
二十三	二十四	二十五	二十六	二十七	二十八
二 鄭伐我我伐鄭	三	四	五	六	七 諸侯敗我我師与衛人伐鄭
衛宣公晉元年共立之討州吁	二	三	四	五	六
二十七	二十八	二十九	三十	三十一	三十二
三十二	三十三	三十四	三十五	蔡桓侯封人元年	二
三十九	四十	四十一	四十二	四十三	四十四
二十六	二十七 始朝王王不禮	二十八	二十九 與魯祊易許田	三十	三十一
十一	十二	十三	十四	十五	十六

表二 史記十四 二十

					甲戌
八	九	十	十一	十二	十三伐鄭
十一大夫翬請殺桓公求爲相公不聽即殺公	魯桓公允元年母宋武公女生手文爲魯夫人索隱曰允一作兀音五忽反徐廣云一作軌	二宋賂以鼎入於太廟君子譏之	三翬迎女齊侯送女君子譏之	四	五
十九	二十	二十一	二十二	二十三	二十四
六	七	八	晉小子元年	二	三
四	五	六	七	八	九
二十九	三十	三十一	三十二	三十三	三十四
八	九	華督見孔父妻好悅之華督殺孔父及殤公宋公馮元年華督爲相	二	三	四
七	八	九	十	十一	十二
三十三	三十四	三十五	三十六	三十七	三十八
三	四	五	六	七	八
四十五	四十六	四十七	四十八	四十九	五十
三十二	三十三以璧加魯易許田	三十四	三十五	三十六	三十七伐周傷王
十七	十八	燕宣侯元年	二	三	四

十四	十五	十六	十七	十八	十九	二十	二十一
六	七	八	九	十	十一	十二	十三
二十五山戎伐我	二十六	二十七	二十八	二十九	三十	三十一	三十二
曲沃武公殺小子周伐曲沃立晉哀侯弟湣爲晉侯晉侯湣元年索隱曰湣音旻	二	三	四	五	六	七	八
十	十一	十二	秦出公元年	二	三	四	五
三十五侵隨隨爲善政得止	三十六	三十七伐隨弗拔但盟罷兵	三十八	三十九	四十	四十一	四十二
五	六	七	八	九	十執蔡仲	十一	十二
十三	十四	十五	十六	十七	十八太子伋弟壽爭死	十九	衛惠公朔元年
弟他殺太子免代立國亂再赴陳厲公他元年索隱曰他音徒何反陳大夫五父後立爲厲公	二生敬仲完	三周史卜完後世齊王	四	五	六	七公淫蔡蔡殺公	陳莊公林元年
九	十	十一	十二	十三	十四	十五	十六
五十一	五十二	五十三	五十四	五十五	曹莊公射姑元年	二	三
三十八太子忽救齊齊將妻之	三十九	四十	四十一	四十二	四十三	鄭厲公突元年	二
五	六	七	八	九	十	十一	十二

十二諸侯年表

		甲申			
	二十二	二十三	莊王元年生子頹	二有兄弟	三
	十四	十五天王求車非礼	十六公會曹謀伐鄭	十七日蝕不書日官失之	十八公与夫人如齊齊侯通焉使彭生殺公於車上
毋知釐公令秩服如太子	三十三	齊襄公諸兒元年貶毋知秩服毋知怨	二	三	四殺魯桓公誅彭生
	九	十	十一	十二	十三
	六三公殺出公立其兄武公	秦武公元年彭至華山	二	三	四
	四十三	四十四	四十五	四十六	四十七
	十三	十四	十五	十六	十七
	二	三朔奔齊立黔牟	衛黔牟元年	二	三
桓公子	二	三	四	五	六
	十七	十八	十九	二十	蔡哀侯獻舞元年
	四	五	六	七	八
	三諸侯伐我報宋故	四蔡仲立忽公出居櫟	鄭昭公元年忽母鄧女蔡仲取之	二渠弥殺昭公	鄭子亹元年齊殺子亹昭公弟
	十三	燕桓公元年	二	三	四

表二　記十四　廿三

十二諸侯年表

						甲午
四周公欲殺王而立子克王誅周公克奔燕	五	六	七	八	九	十
魯莊公同元年	二	三	四	五与齊伐衛納惠公	六	七星隕如雨与
五	六	七	八伐紀去其都邑	九	十	十一
十四	十五	十六	十七	十八	十九	二十
五	六	七	八	九	十	十一
四十八	四十九	五十	五十一王伐隨夫人心動王卒軍中	楚文王貲元年始都郢	二伐申過鄧鄧人曰楚可取鄧侯不許	三
十八	十九	宋湣公捷元年	二	三	四	五
四	五	六	七	八	九	十齊立
七	陳宣公杵臼元年杵臼莊公弟	二	三	四	五	六
二	三	四	五	六	七	八
九	十	十一	十二	十三	十四	十五
鄭子嬰元年子亹之弟	二	三	四	五	六	七
五	六	七	燕莊公元年	二	三	四

表二　記十四　廿四

	十一	十二	十三	十四	十五	釐王元年	二
雨偕	八 子糾來奔与管仲俱避毋知乱	九 魯欲与糾入後小白入後齊距魯使生致管仲	十 齊伐我為糾故	十一 臧文仲弔宋水	十二	十三 曹沫劫桓公反所亡地	十四
	十二 毋知弑君自立	齊桓公小白元年春齊殺毋知	二	三	四	五 与魯人會柯	六
	二十一	二十二	二十三	二十四	二十五	二十六	二十七
	十二	十三	十四	十五	十六	十七	十八
	四	五 息夫人陳女過蔡蔡不礼惡之楚	六 伐蔡獲哀侯以歸	七	八	九	十
	六	七	八	九 宋大水公自罪魯使臧文仲來弔	十 万殺君仇牧有義	宋桓公御說元年莊公子	二
惠公黔牟奔周	衛惠公朔復入十四年	十五	十六	十七	十八	十九	二十
	七	八	九	十	十一	十二	十三
	九	十	十一 楚虜我侯	十二	十三	十四	十五
	十六	十七	十八	十九	二十	二十一	二十二
	八	九	十	十一	十二	十三	十四
	五	六	七	八	九	十	十一

		甲辰		
三	四	五	惠王元年取陳后	二 燕衛伐王
十五	十六	十七	十八	十九
七 始霸會諸侯於鄄	八	九	十	十一
二十八 曲沃武公滅晉侯湣以寶獻周周命武公為晉君并其地	晉武公稱并晉已立二十八年不更元因其元年	二十九 武公卒子詭諸立為獻公	晉獻公詭諸元年	二
十九	二十 葬雍初以人從死	秦德公元年武公弟	二 初作伏祠社磔狗邑四門	秦宣公
十一	十二 伐鄧滅之	十三	堵敖囏元年 徐廣曰作動。索隱曰囏音艱系家作莊敖劉音壯此作堵敖劉氏云亦作杜堵杜声相近又與系家乖未詳其由也	二
三	四	五	六	七取衛
二十一	二十二	二十三	二十四	二十五
十四	十五	十六	十七	十八
十六	十七	十八	十九	二十
二十三	二十四	二十五	二十六	二十七
鄭厲公元年厲公亡後七歲復入	二 諸侯伐我	三	四	五
十二	十三	十四	十五	十六伐王

壬辰温立子頹	三	四誅頹入惠王	五		六	七	八	九
	二十	二十一	二十二		二十三公如齊觀社	二十四	二十五	二十六
	十二	十三	十四陳完自陳來奔田常始此也○正義曰齊桓公十四年陳宣公	二十一年周惠王之五年	十五	十六	十七	十八
	三	四	五伐驪戎得姬		六	七	八盡殺故晉侯羣公子	九始城絳都之
元年	二	三	四作密畤		五	六	七	八
	三	四	五弟惲殺堵敖自立		楚成王惲元年	二	三	四
女文公弟	八	九	十		十一	十二	十三	十四
	二十六	二十七	二十八		二十九	三十	三十一	衛懿公赤元年
	十九	二十	二十一厲公子完奔齊		二十二	二十三	二十四	二十五
	蔡穆侯肸元年	二	三		四	五	六	七
	二十八	二十九	三十		三十一	曹釐公夷元年	二	三
	六	七救周乱入王	厲文公捷元年		二	三	四	五
壬辰温立子頹	十七鄭執我仲父	十八	十九		二十	二十一	二十二	二十三

甲寅						
十賜齊侯命	十一	十二	十三	十四	十五	十六
二十七	二十八	二十九	三十	三十一	三十二莊公弟叔牙鴆死子般季友奔陳立湣公	魯湣公開元年
十九	二十	二十一	二十二	二十三伐山戎為燕也	二十四	二十五
十	十一	十二太子申生居曲沃重耳居蒲城夷吾居屈驪姬故	十三	十四	十五	十六伐魏取霍始封趙夙耿畢万魏始此
九	十	十一	十二	秦成公元年	二	三
五	六	七	八	九	十	十一
十五	十六	十七	十八	十九	二十	二十一
二	三	四	五	六	七	八翟伐我公好鶴士不戰滅我国
二十六	二十七	二十八	二十九	三十	三十一	三十二
八	九	十	十一	十二	十三	十四
四	五	六	七	八	九	曹昭公元年
六	七	八	九	十	十一	十二
二十四	二十五	二十六	二十七	二十八	二十九	三十

			甲子	
十七	十八	十九	二十	二十一
二慶父殺湣公季友自陳立申為釐公殺慶父	魯釐公申元年哀姜喪自齊至	二	三	四
二十六	二十七殺女弟魯莊公夫人淫故	二十八為衛築楚丘救戎狄伐	二十九與蔡姬共舟蕩公公怒歸蔡姬	三十率諸侯伐蔡蔡潰遂
十七申生將軍君子知其廢	十八	十九荀息以幣假道於虞以伐虢滅下陽	二十	二十一申生以驪姬讒自殺
四	秦穆公任好元年	二	三	四迎婦於晉
十二	十三	十四	十五	十六齊伐我至陘使屈完
二十二	二十三	二十四	二十五	二十六
國怨惠公亂滅其後更立黔牟弟衛戴公元年	衛文公燬元年戴公弟也	二齊桓公率諸侯為我城楚丘	三	四
三十三	三十四	三十五	三十六	三十七
十五	十六	十七	十八以女故齊伐我	十九
二	三	四	五	六
十三	十四	十五	十六	十七
三十一	三十二	三十三	燕襄公元年	二

	二十二	二十三	二十四	二十五襄王立畏太叔徐廣曰皇甫謐云二十四年惠王崩	襄王元年諸侯立王
	五	六	七	八	九齊率我伐晉亂至高梁還
伐楚責包茅貢	三十一	三十二率諸侯伐鄭	三十三	三十四	三十五夏會諸侯于葵丘天子使宰孔
重耳奔蒲夷吾奔屈	二十二滅虞虢重耳奔狄	二十三夷吾奔梁	二十四	二十五伐翟以重耳故	二十六公卒立奚齊里克殺之及
	五	六	七	八	九夷吾使郤芮賂求入夷吾
盟	十七	十八伐許許公肉袒謝楚從之	十九	二十	二十一
	二十七	二十八	二十九	三十公疾太子茲父讓目夷賢公不聽	三十一公薨未葬齊桓會葵丘
	五	六	七	八	九
	三十八	三十九	四十	四十一	四十二
	二十	二十一	二十二	二十三	二十四
	七	八	九	曹共公元年	二
	十八	十九	二十	二十一	二十二
	三	四	五	六	七

				甲戌
	二	三 戎伐我太叔帶召之欲誅叔帶叔帶奔齊	四	五
	十	十一	十二	十三
賜胙命無拜	三十六 使隰朋立晉惠公	三十七	三十八 使管仲平戎于周欲以上卿禮讓受下卿	三十九 使仲孫請王言叔帶王怒
卓子立夷吾	晉惠公夷吾元年誅里克倍秦約	二	三	四 饑請粟秦與我
	十 丕鄭子豹亡來	十一 救王伐戎戎去	十二	十三 丕豹欲無與公不聽輸晉粟起雍至絳
	二十二	二十三 滅黃	二十四	二十五
	宋襄公茲父元年目夷相	二	三	四
	十	十一	十二	十三
	四十三	四十四	四十五	陳穆公款元年
	二十五	二十六	二十七	二十八
	三	四	五	六
	二十三	二十四 有妾夢天與之蘭生穆公蘭	二十五	二十六
	八	九	十	十一

六	七	八	九	十	十一
十四	十五 五月日有食之不書史官失之	十六	十七	十八	十九
四十	四十一	四十二 王以戎寇告齊齊徵諸侯戍周	四十三	孝公昭元年	二
五 秦饑請粟晉倍之	六 秦虜惠公復立之	七 重耳聞管仲死去翟之齊	八	九	十
十四	十五 以盜食善馬士得破晉	十六 為河東置官司	十七	十八	十九 滅梁梁好成不居民罷相驚故亡
二十六 滅英	二十七	二十八	二十九	三十	三十一
五	六	七 隕五石六鶂退飛過我都	八	九	十
十四	十五	十六	十七	十八	十九
二	三	四	五	六	七
二十九	蔡莊公甲午元年	二	三	四	五
七	八	九	十	十一	十二
二十七	二十八	二十九	三十	三十一	三十二
十二	十三	十四	十五	十六	十七

十二諸侯年表

年表二　史記十四　三十三

					甲申	
	十二	十三	十四叔帶復歸於周		十五	十六王奔氾氾鄭地也索隱曰
	二十	二十一	二十二		二十三	二十四
	三	四	五歸王弟帶		六伐宋以其不同盟	七
	十一	十二	十三太子圉質秦亡歸索隱曰圉晉惠公夷吾之子	也音傈質音致又如字	十四圉立為懷公	晉文公元年誅子圉魏武子為魏大夫趙衰為
隱曰好去聲罷音皮	二十	二十一	二十二		二十三迎重耳於楚厚禮之妻之女重耳願歸	二十四以兵送重耳
	三十二	三十三執宋襄公復歸之	三十四		三十五重耳過厚禮之	三十六
	十一	十二召楚盟	十三泓之戰楚敗之索隱曰穀梁傳戰於泓	水之上系家云十二年宋師大敗傷股	十四公疾死泓戰	宋成公王臣元
	二十	二十一	二十二		二十三重耳從齊過無禮	二十四
	八	九	十		十一	十二
	六	七	八		九	十
	十三	十四	十五		十六重耳過無禮僖負羈私善	十七
	三十三	三十四	三十五君如楚宋	伐我	三十六重耳過無禮叔瞻諫	三十七
	十八	十九	二十		二十一	二十二

十二諸侯年表

年表二　史記十四　三十四

氾音九又音似	十七晉納王	十八	十九		二十王狩河陽	二十一
	二十五	二十六	二十七		二十八公如踐土會朝	二十九
	八	九	十孝公薨弟潘因	衛子開方殺孝公子立潘	齊昭公潘元年會晉敗楚朝周王	二
原大夫咎犯曰求霸莫如內王	二	三宋服	四救宋報曹	衛恥	五侵曹伐衛取五鹿執曹伯諸侯敗楚而朝河陽周命賜公土地	六
	二十五欲內王軍河上	二十六	二十七		二十八會晉伐楚朝周	二十九
	三十七	三十八	三十九使子玉伐	宋	四十晉敗子玉于城濮	四十一
年	二	三倍楚親晉	四楚伐我我告急	於晉	五晉救我楚兵去	六
	二十五	衛成公鄭元年	二		三晉伐我取五鹿公出奔立公子瑕會晉朝復歸晉	四晉以衛與宋
	十三	十四	十五		十六會晉伐楚朝周王	陳共公朔元年
	十一	十二	十三		十四晉伐我執公復歸之	十五
	十八	十九	二十		二十一晉伐我執公復歸之	二十二
	三十八	三十九	四十		四十一	四十二
	二十三	二十四	二十五		二十六	二十七

			甲午			
二十二	二十三	二十四	二十五		二十六	二十七
三十	三十一	三十二	三十三 僖公薨		魯文公興元年	二
三	四	五	六 狄侵		七 伐衛衛伐我	八
七 聽周歸衛成公與秦圍鄭	八	九 文公薨	晉襄公驩元年	敗秦於殽	二	三 秦報我殽敗于汪
三十 圍鄭有言即去	三十一	三十二 將襲鄭蹇叔曰不可	三十三 襲鄭晉敗	我殽	三十四 敗殽將亡歸公復其官	三十五 伐晉報殽敗我
四十二	四十三	四十四	四十五		四十六 王欲殺太子立職太子恐與傅潘崇殺王王欲食熊蹯死不聽自立為王	楚穆王商臣元年以其太子宅賜
七	八	九	十		十一	十二
五 周入成公復衛	六	七	八		九 晉伐我我伐晉	十
二	三	四	五		六	七
十六	十七	十八	十九		二十	二十一
二十三	二十四	二十五	二十六		二十七	二十八
四十三 秦圍我以晉故	四十四	四十五 文公薨	鄭穆公蘭元年秦襲	我弦高詐之	二	三
二十八	二十九	三十	三十一		三十二	三十三

	二十八	二十九	三十		三十一	三十二
	三 公如晉	四	五		六	七
	九	十	十一		十二	十三
	四 秦伐我取王官我不出	五 伐秦圍邧新城索隱曰邧音阮	六 趙成子欒貞子霍伯臼季皆卒	索隱曰成子名衰貞子名枝霍伯先且居也封之於霍臼季胥臣也四大夫皆此年卒	七 公卒趙盾為太子少欲更立君恐誅遂立太子為靈公	晉靈公夷
于汪	三十六 以孟明等伐晉晉不敢出	三十七 晉伐我圍邧新城	三十八		三十九 繆公薨葬殉以人從死者百七十人君子譏之故不言卒	秦康公罃
崇為相	二 晉伐我	三 滅江	四 滅六蓼		五	六
	十三	十四	十五		十六	十七 公孫
	十一	十二 公如晉	十三		十四	十五
	八	九	十		十一	十二
	二十二	二十三	二十四		二十五	二十六
	二十九	三十	三十一		三十二	三十三
	四	五	六		七	八
	三十四	三十五	三十六		三十七	三十八

			甲辰	
	三十三 襄王崩	頃王元年	二	三
	八 王使衛來求金以葬非禮	九	十	十一 敗長翟于鹹而歸得長翟
	十四	十五	十六	十七
皐元年趙盾專政	二 秦伐我取武城報令狐之戰	三 率諸侯救鄭	四 伐秦拔少梁秦取我北徵索隱曰徵音懲蓋今之澄城也	五
元年索隱曰罃音乙耕反	二	三	四 晉伐我取少梁報伐晉取北徵	五
	七	八 伐陳以其服晉	九	十
固殺成公	宋昭公杵臼元年襄公之子徐廣曰一云成公少子索隱曰徐廣說是也	二	三	四 敗長翟長丘
	十六	十七	十八	十九
	十三	十四	十五	十六
	二十七	二十八	二十九	三十
	三十四	三十五	曹文公壽元年	二
	九	十 楚伐我	十一	十二
	三十九	四十	燕桓公元年	二

四	五 頃王崩	六 公卿爭政故不赴	匡王元年	二	三
十二	十三	十四 彗星入北斗周史曰十年齊君晉君死	十五 六月辛丑日蝕齊伐我	十六	十七 齊伐我
十八	十九	二十 昭公卒弟商人殺大子自立是為懿公	齊懿公商人元年	二 不得民心	三 伐魯
六 秦取我羈馬与秦戰河曲秦師遁	七 得隨會	八 趙盾以車八百乘納捷菑平王室	九 我入蔡	十	十一 率諸侯平宋
六 伐晉取羈馬怒與我大戰河曲	七 晉詐得隨會	八	九	十	十一
十一	十二	楚莊王侶元年	二	三 滅庸	四
五	六	七	八	九 襄夫人使衛伯殺昭公弟鮑立	宋文公鮑元年昭公
二十	二十一	二十二	二十三	二十四	二十五
十七	十八	陳靈公平國元年	二	三	四
三十一	三十二	三十三	三十四 晉伐我莊侯薨	蔡文公申元年	二
三	四	五	六 齊入我郛	七	八
十三	十四	十五	十六	十七	十八
三	四	五	六	七	八

				甲寅
	四	五		六匡王崩
	十八襄仲殺嫡立庶子為宣公	魯宣公俀	元年魯宣公立不正公室卑	二
	四公刖邴歜父而奪閻職妻二人共殺公立悼公子惠公	齊惠公元	年取魯濟西之田	二王子成父敗長翟
	十二	十三趙盾	救陳宋伐鄭	十四趙穿殺靈公趙盾使穿迎公子黑臀于周立之趙氏賜公族
	十二	秦共公和	元年	二
	五	六伐宋陳以	倍我服晉故	七
弟晉率諸侯平我	二	三楚鄭伐我	以我倍楚故也	四華元以羊羹陷鄭
	二十六	二十	七	二十八
	五	六		七
	三	四		五
	九	十		十一
	十九	二十與楚侵陳	遂侵宋晉使趙盾伐我以倍晉故	二十一與宋師戰獲華元
	九	十		十一

年表二　史記十四　三十九

定王元年	二	三		四	五	六	七
三	四	五		六	七	八七月日蝕	九
三	四	五		六	七	八	九
晉成公黑臀元年伐鄭	二	三中行桓子荀林父救鄭伐陳		四與鄭侵陳	五	六與魯伐秦獲秦諜殺之絳市六日而蘇	七使桓子
三	四	五		秦桓公元年	二	三晉伐我獲諜	四
八伐陸渾至雒問鼎輕重	九若敖氏為亂滅之伐鄭	十		十一	十二	十三伐陳滅舒蓼	十四伐鄭
五贖華元亡歸圍曹	六	七		八	九	十	十一
二十九	三十	三十一楚伐鄭與我平晉中行桓子距	楚救鄭伐我	三十二與晉侵陳	三十三	三十四	三十五
八	九	十		十一晉衛侵我	十二	十三楚伐我滅舒蓼	十四
六	七	八		九	十	十一	十二
十二宋圍我	十三	十四		十五	十六	十七	十八
二十二華元亡歸	鄭靈公夷元年公子歸生以黿故殺靈公	鄭襄公堅元年靈公	庶弟楚伐晉來救	二	三	四	五楚伐
十二	十三	十四		十五	十六	燕宣公元年	二

年表二　史記十四　四十

			甲子			
	八	九	十	十一	十二	十三
	十 四月日蝕	十一	十二	十三	十四	十五 初稅畝
	十 公卒崔杼有寵高國奔衛	齊頃公無野元年	二	三	四	五
伐楚以諸侯師伐陳救鄭成公殺	景公據元年與宋伐鄭	二	三 救鄭為楚所敗河上	四	五 伐鄭	六 救宋執解揚有使節秦伐我
	五	六	七	八	九	十 伐晉
晉郤缺救鄭敗我	十五	十六 率諸侯誅陳夏徵舒立陳靈公子午	十七 圍鄭鄭伯肉袒謝釋之	十八	十九 圍宋為殺使者	二十 圍宋五月華元告子反以誠楚罷
	十二	十三	十四 伐陳	十五	十六 殺楚使者楚圍我	十七 華元告楚楚去
	衛穆公遬元年齊高國來奔	二	三	四	五	六
	十五 夏徵舒以其母辱殺靈公	陳成公午元年靈公太子	二	三	四	五
	十三	十四	十五	十六	十七	十八
	十九	二十	二十一	二十二	二十三 文公薨	曹宣公盧元年
我晉來救敗楚師	六 晉宋楚伐我	七	八	九	十 晉伐我	十一 佐楚伐宋執解揚
	三	四	五 楚圍我我卑辭以解	六	七	八

							甲戌
十四	十五	十六	十七		十八	十九	二十
十六	十七 日蝕	十八 宣公薨	魯成公黑肱元年	春齊取我隆	二 與晉伐齊齊歸我汶陽竊與楚盟	三 會晉宋衛曹伐楚鄭	四 公如晉晉不敬公欲倍
六	七 晉使郤克來齊婦人笑之克怒歸去	八 晉伐敗我	九		十 晉郤克敗公於鞌虜逢丑父	十一 頃公如晉欲王晉晉不敢受	十二
七 隨會滅赤翟	八 使郤克使齊婦人笑之克怒歸	九 伐齊質子彊兵罷	十		十一 與曹敗齊	十二 始置六卿率諸侯伐鄭	十三 魯公來不敬
十一	十二	十三	十四		十五	十六	十七
二十一	二十二	二十三 莊王薨	楚共王審元年		二 秋申公巫臣竊徵舒母奔晉以為邢大夫冬伐衛魯救齊	三	四 子反救鄭
十八	十九	二十	二十一		二十二	宋共公瑕元年	二
七	八	九	十		十一 穆公薨與諸侯敗齊反侵地楚伐我	衛定公臧元年	二
六	七	八	九		十	十一	十二
十九	二十 文侯薨	蔡景侯固元年	二		三	四 伐鄭	五
二	三	四	五		六	七	八
十二	十三	十四	十五		十六	十七 晉率諸侯伐我	十八 晉欒書取
九	十	十一	十二		十三	十四	十五

	二十一	簡王元年	二		三	四	五
晉合於楚	五	六	七		八	九	十 公如晉送葬諱之
	十三	十四	十五		十六	十七 頃公薨	齊靈公環元年
	十四 梁山崩伯宗隱其人而用其言	十五 使欒書救鄭遂侵蔡	十六 以巫臣始通於	吳而謀楚	十七 復趙武田邑侵蔡	十八 執鄭成公伐鄭秦伐我	十九
	十八	十九	二十		二十一	二十二 伐晉	二十三
	五 伐鄭倍我故也鄭悼公來訟	六	七 伐鄭		八	九 救鄭冬與晉成	十
	三	四	五		六	七	八
	三	四	五		六	七	八
	十三	十四	十五		十六	十七	十八
	六	七 晉侵我	八		九 晉侵伐我	十	十一
	九	十	十一		十二	十三	十四
我范襄公薨	鄭悼公費元年公如楚訟	二 悼公薨楚伐我晉使欒書來救	鄭成公睔元年悼公弟也楚伐	我索隱曰睔音古困反	二	三 與楚盟公如晉晉執公伐我	四 晉率諸侯伐我
	燕昭公元年	二	三		四	五	六
		吳壽夢元年	二 巫臣來謀伐楚		三	四	五

			甲申				
六	七	八	九	十	十一	十二	十三
十一	十二	十三 會晉伐秦	十四	十五 始與吳通會鍾離	十六 宣伯告晉欲殺季文子文子得以義脫	十七	十八 成公薨
二	三	四 伐秦	五	六	七	八	九
晉厲公壽曼元年	二	三 伐秦至涇敗之獲其將成差	四	五 三郤讒伯宗殺之伯宗好直諫	六 敗楚鄢陵	七	八 欒書中
二十四 與晉侯夾河盟歸倍盟	二十五	二十六	二十七	秦景公元年	二	三	四
十一	十二	十三	十四	十五 許畏鄭請徙葉	十六 救鄭不利子反醉軍敗殺子反歸	十七	十八 為魚
九	十	十一 晉率我伐秦	十二	十三 宋華元奔晉復還	宋平公成元年	二	三 楚伐
九	十	十一	十二 定公薨	衛獻公衎元年	二	三	四
十九	二十	二十一	二十二	二十三	二十四	二十五	二十
十二	十三	十四	十五	十六	十七	十八	十九
十五	十六	十七 晉率我伐秦	曹成公負芻元年	二 晉執我公以歸	三	四	五
五	六	七 伐秦	八	九	十 倍晉盟楚晉伐我楚來救	十一 昭公薨	十二 與楚
七	八	九	十	十一	十二	十三	燕武
六	七	八	九	十 與魯會鍾離	十一	十二	十三

	十四 簡王崩	靈王元年 生有髭	二
	魯襄公午元年 圍宋彭城	二 會晉城虎牢	三
	十 我不救鄭 晉伐我 使太子光質於晉	十一	十二 伐吳
行偃殺厲公立襄公孫為悼公	晉悼公元年 圍宋彭城	二 率諸侯伐鄭城虎牢	三 魏絳
	五	六	七
石伐宋彭城	十九 侵宋救鄭	二十	二十一 使子重伐吳至
彭城封魚石	四 楚侵我取犬丘 晉誅魚石歸我彭城	五	六
	五 圍宋彭城	六	七
六	二十七	二十八	二十九 倍楚
	二十	二十一	二十二
	六	七	八
伐宋	十三 晉伐取我兵次洧上 楚來救	十四 成公薨 晉率諸侯伐我	鄭釐公惲
公元年	二	三	四
	十四	十五	十六

			甲午
	三	四	五
	四 公如晉	五 季文子卒	六
	十三	十四	十五
辱楊干	四 魏絳說和戎狄 狄朝晉	五	六
	八	九	十
衡山 使何忌侵陳	二十二 伐陳	二十三 伐陳	二十四
	七	八	九
	八	九	十
盟楚侵我	三十 楚伐我	成公薨 陳哀公弱元年	二
	二十三	二十四	二十五
	九	十	十一
元年	二	三	四
	五	六	七
楚伐我	十七	十八	十九

六	七	八
七	八 公如晉	九 與晉伐鄭 會河上 問公年十二 可冠於衛
十六	十七	十八 與晉伐鄭
七	八	九 率齊魯宋衛曹伐鄭 秦伐我
十一	十二	十三 伐晉 楚為我援
二十五 圍陳	二十六 伐鄭	二十七 伐鄭 師于武城 為秦
十	十一	十二 晉率我伐鄭師
十一	十二	十三 晉率我伐鄭 師曹鞭公幸妾
三 楚圍我 為公亡歸	四	五
二十六	二十七	二十八
十二	十三	十四
五 子駟使賊夜殺釐公 詐以病卒赴諸侯	鄭簡公喜元年 釐公子	二 誅子駟 晉率諸侯伐我 我與盟 楚怒伐我
八	九	十
二十	二十一	二十二

九 王叔奔晉	十	十一
十 楚鄭侵我西鄙	十一 三桓分為三軍 各將軍	十二 公如晉
十九 令太子光高厚會諸侯鍾離	二十	二十一
十 率諸侯伐鄭 荀罃伐秦	十一 率諸侯伐鄭 秦敗我櫟 吾用魏絳九合諸侯	十二
十四 晉伐我	十五 我使庶長鮑伐晉救鄭 敗之櫟	十六
二十八 使子囊救鄭	二十九 鄭晉伐我	三十
十三 鄭伐我 衛來救	十四 楚伐我	十五
十四 救宋	十五 救鄭 敗晉師櫟	十六
六	七	八
二十九	三十	三十一
十五	十六	十七
三 晉率諸侯伐我 楚來救 子孔作亂 子產攻之	四 與楚伐宋 晉率諸侯伐我 秦來救	五
十一	十二	十三
二十三	二十四	二十五 壽夢卒

			甲辰		
十二	十三	十四	十五	十六	十七
十三	十四 日蝕	十五 日蝕齊伐我	十六 齊伐我地震齊復伐我北鄙	十七 齊伐我北鄙	十八 與晉伐齊
二十二	二十三 衛獻公來奔	二十四 伐魯	二十五 伐魯	二十六 伐魯	二十七 晉圍臨菑晏嬰大破之
十三	十四 率諸侯大夫伐秦敗棫林索隱曰棫音域	十五 悼公薨	晉平公彪元年伐敗楚于湛坂索隱曰湛音視林反地名也	二	三 率魯宋衛鄭圍齊大破之
十七	十八 晉諸侯大夫伐我敗棫林	十九	二十	二十一	二十二
三十一 吳伐我敗之共王薨	楚康王招元年共王太子出奔吳索隱曰系本名招	二	三 晉伐我敗湛坂	四	五 伐鄭
十六	十七	十八	十九	二十 伐陳	二十一 晉帥我伐齊
十七	十八 孫文子攻公公奔齊立定公弟狄	衛殤公狄元年定公弟	二	三 伐曹	四
九	十	十一	十二	十三 宋伐我	十四
三十二	三十三	三十四	三十五	三十六	三十七
十八	十九	二十	二十一	二十二 伐衛	二十三 成公薨
六	七	八	九	十	十一 晉率我圍齊楚伐我
十四	十五	十六	十七	十八	十九 武公薨
吳諸樊元年楚敗我	二 季子讓位楚伐我	三	四	五	六

十八	十九	二十	二十一	二十二	二十三	二十四
十九	二十 日蝕	二十一 公如晉日再蝕	二十二 孔子生	二十三	二十四 侵齊日再蝕	二十五
二十八 廢光立子牙為太子光與崔杼殺牙自立晉衛伐我	齊莊公元年	二	三 晉欒逞來奔晏嬰曰不如歸之索隱曰音盈晉大夫也	四 欲遣欒逞入曲沃伐晉取朝歌	五 畏晉通楚晏子謀	六 晉伐我報
四 與衛伐齊	五	六 魯襄公來殺羊舌虎	七 欒逞奔齊	八	九	十 伐齊
二十三	二十四	二十五	二十六	二十七	二十八	二十九
六	七	八	九	十	十一 與齊通率陳蔡伐鄭救齊	十二 吳伐我以報舟
二十二	二十三	二十四	二十五	二十六	二十七	二十八
五 晉率我伐齊	六	七	八	九 齊伐我	十	十一
十五	十六	十七	十八	十九	二十	二十一
三十八	三十九	四十	四十一	四十二	四十三	四十四
曹武公勝元年	二	三	四	五	六	七
十二 子產為卿	十三	十四	十五	十六	十七 子產曰范宣子為政我請伐陳	十八 伐陳入陳
燕文公元年	二	三	四	五	六	燕懿
七	八	九	十	十一	十二	十三

十二諸侯年表

	甲寅			
	二十五	二十六	二十七	景王元年
齊伐我北鄙以報孝伯之師	二十六	二十七 日蝕	二十八 公如楚葬康王	二十九 吳季子來觀周樂盡知樂所為
朝歌崔杼以莊公通其妻殺之立其弟為景公	齊景公杵臼元年如晉請歸衛獻公	二 慶封欲專誅崔氏杼自殺	三 冬鮑高欒氏謀慶封發兵攻慶封慶封奔吳	四 吳季札來使與晏嬰歡
至高唐報太行之役	十一 誅衛殤公復入獻公	十二	十三	十四 吳季札來曰晉政卒歸韓魏趙
公如晉盟不結	三十	三十一	三十二	三十三
師之役射殺吳王	十三 率陳蔡伐鄭	十四	十五 康王薨	楚熊郟敖元年
	二十九	三十	三十一	三十二
	十二	衛獻公衎後元年	二	三
鄭伐我	二十二 楚率我伐鄭	二十三	二十四	二十五
	四十五	四十六	四十七	四十八
	八	九	十	十一
	十九 楚率陳蔡伐我	二十	二十一	二十二 季札謂子產曰政將歸子子以禮幸脫於戹矣
公元年	二	三	四 懿公薨	燕惠公元年齊高止來奔
諸樊伐楚迫巢門傷射以薨	吳餘祭元年	二	三 齊慶封來奔	四 守門閽殺餘祭季札使諸侯

年表二　史記十四　四十九

十二諸侯年表

二	三	四		五	六	七
三十	三十一 襄公薨昭公年十九有童心	魯昭公稠元年		二 公如晉至河晉謝還之	三 晏嬰使晉見叔向曰齊政歸田氏叔向曰晉公室卑	四 稱病不會楚
五	六	七		八 齊田無宇送女	九	十
十五	十六	十七 秦后子來奔		十八 齊田無宇來送女	十九	二十
三十四	三十五	三十六 秦后子來奔晉	車千乘	三十七	三十八	三十九
二	三 王季父圍為令尹	四 令尹圍殺郟敖自立	靈王	楚靈王圍元年共王子肘五	二	三 夏合諸侯宋地盟伐吳朱方誅
三十三	三十四	三十五		三十六	三十七	三十八
衛襄公惡元年	二	三		四	五	六 稱病不會
二十六	二十七	二十八		二十九	三十	三十一
四十九 為太子取楚女公通焉太子殺公自立	蔡靈侯班元年	二		三	四	五
十二	十三	十四		十五	十六	十七 稱病不
二十三 諸公子爭寵相殺子產子成止之	二十四	二十五		二十六	二十七 夏如晉冬如楚	二十八 子產曰三國不
二	三	四		五	六 公欲殺公卿立幸臣公卿誅幸臣公恐出奔齊	七
五	六	七		八	九	十 楚誅慶封

年表二　史記十四　五十

	甲子		
	八	九	十
	五	六	七 季武子卒日蝕
	十一	十二 公如晉請伐燕入其君	十三 入燕君
	二十一 秦后子歸秦	二十二 齊景公來請伐燕入其君	二十三 入燕君
	四十 公卒后子自晉歸	秦襄公元年	二
慶封冬報我取五城	四 率諸侯伐吳	五 伐吳次乾谿	六 執芋尹亡人入
	三十九	四十	四十一
楚	七	八	九 夫人姜氏無子
	三十二	三十三	三十四
	六	七	八
會楚	十八	十九	二十
會	二十九	三十	三十一
	八	九 齊伐我	燕悼公元年
	十一 楚率諸侯伐我	十二 楚伐我次乾谿	十三

	十一	十二	十三
	八 公如楚楚召之賀章華臺	九	十 四月日蝕
	十四	十五	十六
	二十四	二十五	二十六 春有星出
	三	四	五
章華	七 就章華臺內亡人實之滅陳	八 弟棄疾將兵定陳	九
	四十二	四十三	四十四 平公薨
	衛靈公元年	二	三
	三十五 弟招作亂哀公自殺	陳惠公吳元年哀公孫也楚來定我	二
	九	十	十一
	二十一	二十二	二十三
	三十二	三十三	三十四
惠公歸至卒	二	三	四
	十四	十五	十六

	十四	十五	十六
	十一	十二 朝晉至河晉謝之歸	十三
	十七	十八 公如晉	十九
婺女十月公薨	晉昭公夷元年	二	三
	六	七	八
	十 醉殺蔡侯使棄疾圍之棄疾居之為蔡侯	十一 王伐徐以恐吳次乾谿民罷於役怨王	十二 棄疾作亂自立
	宋元公佐元年	二	三
	四	五 公如晉朝嗣君	六
	三	四	五 楚平王復陳立
	十二 靈侯如楚楚殺之使棄疾居之為蔡侯	蔡侯廬元年景侯子	二 楚平王復我立景侯子
	二十四	二十五	二十六
	三十五	三十六 公如晉	鄭定公
	五	六	七
	十七	吳餘昧元年	二

		甲戌	
	十七	十八 后太子卒	十九
	十四	十五 日蝕	十六 公如晉晉留之葬公恥之
	二十	二十一	二十二
	四	五	六 公卒六卿彊公室卑矣
	九	十	十一
靈王自殺復陳蔡	楚平王居元年共王子抱玉	二 王為太子取秦女好自取之	三
	四	五	六
	七	八	九
惠公	六	七	八
靈侯孫徐廣曰一本景侯子盧	三	四	五
	二十七	曹平公須元年	二
寧元年	二	三	四 火欲禳之子產曰不如修德
	燕共公元年	二	三
	三	四	吳僚元年

二十	二十一	二十二	二十三		二十四	二十五	敬王元年
十七正月朔日蝕彗星見辰	十八	十九地震	二十齊景公與晏子狩入魯問	禮	二十一公如晉至河晉謝之歸月蝕	二十二日蝕	二十三地震
二十三	二十四	二十五	二十六獵魯界因入魯		二十七	二十八	二十九
晉頃公棄疾元年	二	三	四		五	六周室亂公平亂立敬王	七
十二	十三	十四	十五		十六	十七	十八
四與吳戰	五	六	七誅伍奢尚太子建奔宋伍	胥奔吳	八蔡侯來奔	九	十吳伐敗我
七	八火	九	十公毋信詐殺公子楚太子建來	奔見亂之鄭	十一	十二	十三
十	十一火	十二	十三		十四	十五	十六
九	十火	十一	十二		十三	十四	十五吳敗我兵取胡沈
六	七	八	九平公薨靈公孫東國殺平	侯子而自立	蔡悼侯東國元年奔楚	二	三
三	四平公薨	曹悼公午元年	二		三	四	五
五	六火	七	八楚太子建從宋來奔		九	十	十一楚建作亂殺之
四	五共公薨	燕平公元年	二		三	四	五
二與楚戰	三	四	五伍員來奔		六	七	八公子光敗楚

	甲申					
二	三	四		五	六	七
二十四鸜鵒來巢	二十五公欲誅季氏三桓氏攻公公出居鄆索隱曰音運	二十六齊取我鄆以處公		二十七	二十八公如晉求入晉弗聽處之乾侯	二十九公自乾侯如鄆齊侯曰主君公
三十	三十一	三十二彗星見晏子曰田氏有德	於齊可畏	三十三	三十四	三十五
八	九	十知櫟趙鞅內王於王城		十一	十二六卿誅公族分其邑各使其子爲大夫	十三
十九	二十	二十一		二十二	二十三	二十四
十一吳卑梁人爭桑伐取我鍾離	十二	十三欲立子西子西不肯秦女	子爲昭王	楚昭王珍元年誅無忌以說眾	二	三
十四	十五	宋景公頭曼元年索隱曰曼	音萬	二	三	四
十七	十八	十九		二十	二十一	二十二
十六	十七	十八		十九	二十	二十一
蔡昭侯申元年悼侯弟	二	三		四	五	六
六	七	八		九	曹襄公元年徐廣曰一作聲	二
十二	十三	十四		十五	十六	鄭獻公蠆
六公如晉請內王	七	八		九	十	十一
九	十	十一		十二公子光使專諸殺僚光立	吳闔閭元年	二

	八	九	十	十一	十二	十三 甲午	十四
	八	九	十晉使諸侯為我築城	十一	十二	十三	十四與晉率諸侯侵
恥之復之乾侯	三十	三十一日蝕	三十二公卒乾侯	魯定公宋元年昭公喪自乾侯至	二	三	四
	三十六	三十七	三十八	三十九	四十	四十一	四十二
	十四頃公薨	晉定公午元年	二率諸侯為周築城	三	四	五	六周與我率
	二十五	二十六	二十七	二十八	二十九	三十	三十一楚包
	四吳三公子來奔封以扞吳	五吳伐我六潛	六	七囊瓦伐吳敗我豫章蔡侯來朝索隱曰囊瓦楚大夫子常也子囊之孫	八	九蔡昭侯留三歲得裘故歸	十吳蔡伐我入郢昭王亡
	五	六	七	八	九	十	十一
	二十三	二十四	二十五	二十六	二十七	二十八	二十九與
	二十二	二十三	二十四	二十五	二十六	二十七	二十八
	七	八	九	十朝楚以裘故留	十一	十二與子常裘得歸如晉請伐楚	十三與衛爭長衛侵我吳與
	三	四	五平公弟通殺襄公自立	曹隱公元年	二	三	四
	二	三	四	五	六	七	八
	十二	十三	十四	十五	十六	十七	十八
	三三公子奔楚	四伐楚六潛	五	六楚伐我迎擊敗之取楚之居巢	七	八	九與蔡伐楚入郢

	十五	十六	十七	十八	十九
楚	十五	十六王子朝之徒作亂故王奔晉	十七劉子迎王晉入王	十八	十九
	五陽虎執季桓子與盟釋之日蝕	六	七齊伐我	八陽虎欲伐三桓三桓攻陽虎虎奔陽關	九伐陽虎虎奔齊
	四十三	四十四	四十五侵衛伐曹	四十六魯伐我我伐魯	四十七囚陽虎虎奔晉
諸侯侵楚	七	八	九入周敬王	十伐衛	十一陽虎來奔
胥請救	三十二	三十三	三十四	三十五	三十六襄公薨
伍子胥鞭平王墓	十一秦救至吳去昭王復入	十二吳伐我番楚恐徙鄀索隱曰鄀音若	十三	十四子西為民泣民亦泣蔡昭侯恐	十五
	十二	十三	十四	十五	十六陽虎來奔
蔡爭長	三十	三十一	三十二齊侵我	三十三晉曹侵伐我	三十四
	陳懷公柳元年	二	三	四公如吳吳留之因死吳	陳湣公越元年
我伐楚郢	十四	十五	十六	十七	十八
	曹靖公路元年	二	三	四靖公薨	曹伯陽元年
	九	十魯侵我	十一	十二	十三獻公薨
	十九	燕簡公元年	二	三	四
	十	十一伐楚取番	十二	十三陳懷公來留之死於吳	十四

				甲辰		
二十	二十一	二十二		二十三	二十四	二十五
十 公會齊侯於夾谷孔子相齊歸我地索隱曰司馬彪郡國志夾谷在祝其縣西南	十一	十二 齊來歸女樂季桓子	受之孔子行	十三	十四	十五 定公薨 日蝕
四十八	四十九	五十 遺魯		五十一	五十二	五十三
十二	十三	十四		十五 趙鞅伐范中行	十六	十七
秦惠公元年 彗星見	二 生躁公懷公簡公	三		四	五	六
十六	十七	十八		十九	二十	二十一 滅胡以吳敗我倍之
十七	十八	十九		二十	二十一	二十二 鄭伐我
三十五	三十六	三十七	伐曹	三十八 孔子來祿之如魯	三十九 太子蒯聵出奔	四十
二	三	四		五	六 孔子來	七
十九	二十	二十一		二十二	二十三	二十四
二	三 國人有夢眾君子立社宮謀亡曹振鐸請待公孫彊許之	四 衛伐我		五	六 公孫彊好射獻鴈君使為司城夢者	七
鄭聲公勝元年鄭益弱	二	三		四	五 子產卒	六 伐宋
五	六	七		八	九	十
十五	十六	十七		十八	十九 伐越敗我傷闔閭指以死	吳王夫差元年

二十六	二十七	二十八		二十九	三十	三十一
魯哀公將元年	二	三 地震		四	五	六
五十四 伐晉	五十五 輸范中行氏粟	五十六		五十七 乞救范氏	五十八 景公薨立嬖姬子為太子	齊晏孺子元年 田乞詐立陽生殺孺子
十八 趙鞅圍范中行朝歌齊伐我	十九 趙鞅圍范中行鄭來救我敗	二十		二十一 趙鞅拔邯鄲柏人有之	二十二 趙鞅敗范中行中行奔齊伐衛	二十三
七	八	九		十 惠公薨	秦悼公元年	二
二十二 率諸侯圍蔡	二十三	二十四		二十五	二十六	二十七 救陳王死
二十三	二十四	二十五 孔子過宋	桓魋惡之	二十六	二十七	二十八 伐曹
四十一 伐晉	四十二 靈公薨蒯聵子輒立晉納太子蒯聵戚	衛公輒元年		二	三 晉伐我救范氏故	四
八 吳伐我	九	十		十一	十二	十三 吳伐我楚來救
二十五 楚伐我以吳怨故	二十六 畏楚私召吳人乞遷于州來州來近吳	二十七		二十八 大夫共誅昭侯	蔡成侯朔元年	二
八	九	十 宋伐我		十一	十二	十三 宋伐我
七	八 敗范中行氏與趙鞅戰於鐵敗我師	九		十	十一	十二
十一	十二	燕獻公	元年	二	三	四
二 伐越	三	四		五	六	七 伐陳

	甲寅				
三十二	三十三	三十四	三十五	三十六	三十七
七 公會吳王于繒吳徵百牢季康子使子貢謝之	八 吳爲邾伐我至城下盟而去齊取我三邑	九	十 與吳伐齊	十一 齊伐我冉有言故迎孔子孔子歸	十二 與吳會橐皐用田賦 索隱曰橐音託皐音高縣名在壽春
齊悼公陽生元年	二 伐魯取三邑	三	四 吳魯伐我鮑子殺悼公齊人立其子壬爲簡公	齊簡公元年魯與吳敗我	二
二十四 侵衛	二十五	二十六	二十七 使趙鞅伐齊	二十八	二十九
三	四	五	六	七	八
楚惠王章元年	二 子西召建子勝於吳爲白公	三 伐陳陳與吳故	四 伐鄭	五	六 白公勝數請子西伐鄭以父怨故
二十九 侵鄭衛曹	三十 曹倍我我滅之	三十一 鄭圍我敗之于雍丘	三十二 伐鄭	三十三	三十四
五 晉侵我	六	七	八 孔子自陳來	九 孔子歸魯	十 公如晉與吳會橐皐
十四	十五	十六 倍楚與吳成	十七	十八	十九
三	四	五	六	七	八
十四 宋圍我鄭救我	十五 宋滅曹虜伯陽				
十三	十四	十五 圍宋敗我師雍丘伐我	十六	十七	十八 宋伐我
五	六	七	八	九	十
八 魯會我繒	九	十	十一 與魯伐齊救陳誅伍員	十二 與魯敗齊	十三 與魯會橐皐

三十八	三十九	四十	四十一	四十二
十三 與吳會黃池	十四 西狩獲麟衛出公來奔	十五 子服景伯使齊子貢爲介齊歸我侵地	十六 孔子卒	十七
三	四 田常殺簡公立其弟驁爲平公常相之專國權	齊平公驁元年景公子也齊自是稱田氏索隱曰驁音五高反	二	三
三十 與吳會黃池爭長	三十一	三十二	三十三	三十四
九	十	十一	十二	十三
七 伐陳	八	九	十 白公勝殺令尹子西攻惠王葉公攻白公白公自殺惠王復國	十一
三十五 鄭敗我師	三十六	三十七 熒惑守心子韋曰善	三十八	三十九
十一	十二 父蒯聵入輒出亡	衛莊公蒯聵元年	二	三 莊公辱戎州人戎州人與趙簡子攻莊公出奔
二十	二十一	二十二	二十三 楚滅陳殺湣公	二十四
九	十	十一	十二	十三
十九	二十	二十一	二十二	二十三
十一 敗宋師	十二	十三	十四	十五
十四 與晉會黃池	十五	十六	十七	十八 越敗我

甲子
四十三 敬王崩 徐廣曰歲在甲子
十八 二十七卒
四 二十五卒
三十五 二十七卒
十四 卒子厲公立
十二 五十七卒
四十 六十四卒
衛君起元年 石傅逐起起出輒復入 索隱曰傅音圖或作專音數
十四 十九卒
三十四 三十八卒
十六 二十八卒
二十九 二十二卒 索隱曰二十三年滅

索隱述贊曰太史表次抑有條理起自共和訖於孔子十二諸侯各編年紀興亡繼及盛衰臧否不惡不揜過善必揚美絕筆獲麟義取同恥

十二諸侯年表第二　史記十四

六國表第三　史記十五

索隱曰六國乃魏韓趙楚燕齊并秦凡七國號曰七雄

太史讀秦記索隱曰即秦國之史記也故下云秦燒詩書諸侯史記尤甚獨有秦記又不載日月是也至犬戎敗幽王周東徙洛邑秦襄公始封為諸侯作西畤用事上帝僭端見矣禮曰天子祭天地諸侯祭其域內名山大川今秦雜戎翟之俗先暴戾後仁義位在藩臣而臚於郊祀君子懼焉索隱曰按臚字訓陳也出爾雅又以言秦是諸侯而陳天子郊祀實僭也猶季氏旅於泰山然○正義曰臚作臚音旅祭名又旅陳也及文公踰隴攘夷狄尊陳寶營岐雍之間而穆公脩政東竟至河則與齊桓晉文中國侯伯侔矣是後陪臣執政大夫世祿六卿擅晉權征伐會盟威重於諸侯及田常殺簡公而相齊國諸侯晏然弗討海內爭於戰功矣三國終之卒分晉田和亦滅齊而有之六國之盛自此始務在彊兵并敵謀詐用而從衡短長之說起矯稱蜂出誓盟不信雖置質剖符猶不能約束也秦始小國僻遠諸夏賓之比於戎翟至獻公之後常雄諸侯論秦之德義不如魯衛之暴戾者量秦之兵不如三晉之彊也然卒并天下非必險固便形埶利也蓋若天所助焉或曰

東方物所始生西方物之成孰夫作事者必於東南收功實者常於西北故禹興於西羌皇甫謐曰孟子稱禹生石紐西夷人也傳曰禹生自西羌是也正義曰禹生於茂州汶川縣本冉駹國皆西羌○湯起于亳徐廣曰京兆杜縣有亳亭周之王也以豐鎬伐殷秦之帝用雍州興漢之興自蜀漢秦既得意燒天下詩書諸侯史記尤甚為其有所刺譏也詩書所以復見者多藏人家而史記獨藏周室以故滅惜哉惜哉獨有秦記又不載日月其文略不具然戰國之權變亦有可頗采者何必上古秦取天下多暴然世異變成功大索隱曰以言人君制法當隨時代之異而變易其政則其成功大若居今行古猶膠柱而調瑟也傳曰法後王何也以其近己而俗變相類議卑而易行也正義曰易以豉反後王近代之王法與己連接世俗之變及相類也故議卑淺而易識行耳學者牽於所聞見秦在帝位日淺不察其終始因舉而笑之索隱曰舉猶皆也不敢道此與以耳食無異索隱曰按言俗學淺識舉而笑秦此猶耳食不能知味也悲夫余於是因秦記踵春秋之後起周元王索隱曰按此表起周元王元年春秋迄元王八年表六國時事訖二世凡二百七十年著諸所聞興壞之端後有君子以覽觀焉

周	元王元年 徐廣曰乙丑皇甫謐曰元年癸酉二十八年庚子崩 索隱曰元王名仁系本名赤敵王子八年崩子定王介立	二	三	四
秦	厲共公元年 索隱曰悼公子三十四年卒子躁公立	二 蜀人來賂	三	四
魏獻子	衛出公輒後元年 索隱曰二十一年季父黜逐出公而自立為悼公	晉定公卒 索隱曰系本定公名午	晉出公錯元年 索隱曰系本名鑿	
韓宣子				
趙簡子	四十二 索隱曰系家簡子名鞅文子武之孫景叔成之子	四十三 索隱曰按簡子以頃公九年在位頃公十四年卒而	定公立定公四十七年卒是四十三為簡子在位之年又至出公十七年是在位六十年也 四十四	四十五
楚	楚惠王章十三年 吳伐我 徐廣曰亦魯哀公十九年 索隱曰五十七年卒	十四 越圍吳 吳怨	十五	十六 越滅吳
燕	燕獻公十七年 索隱曰二十八年卒	十八	十九	二十
齊	齊平公驁五年 索隱曰二十九年卒	六	七 越人始來	八

五	六	七	八	定王元年 徐廣曰癸酉左傳盡此皇甫謐曰貞定王元年癸亥十年壬申崩 索隱曰定王名介二十八年崩
五 楚人來賂	六 義渠來賂繇諸乞援 音義曰一作爰	七 慧星見	八	九
四十六	四十七	四十八 衛莊公飲大夫不解襪公怒即攻公公奔宋	四十九	五十
十七 蔡景侯卒 索隱曰按景字誤合作成侯徐廣不辨即言或作成按景侯即成侯之高祖父	十八 蔡聲侯元年 索隱曰名産成侯之子	十九 王子英奔秦	二十	二十一
二十一	二十二	二十三	二十四	二十五
九 晉知伯瑤來伐我	十	十一	十二	十三

二	三	四	五	六	七	八
十 庶長將兵拔魏城彗星見 音義拔一作捕	十一	十二	十三	十四	十五	十六 塹阿旁伐大荔補龍戲城
			知伯伐鄭駟桓子如齊求救	鄭聲公卒 索隱曰聲公名勝獻公子也三十七年卒子哀公易立八年鄭殺哀公立聲公弟丑爲共公也	鄭哀公元年	
五十一	五十二	五十三	五十四 知伯謂簡子欲廢太子襄子襄子怨知伯	五十五	五十六	五十七
二十二 魯哀公卒 索隱曰系本名蔣	二十三	二十四 魯悼公元年三桓勝魯如小侯 索隱曰系本悼公名寧	二十五	二十六	二十七	二十八
二十六	二十七	二十八	燕孝公元年	二	三	四
十四	十五	十六	十七 救鄭晉師去中行文子謂田常乃今知以亡	十八	十九	二十

九	十七			五十八	二十九	五	二十一
十	十八			五十九	三十	六	二十二
十一	十九			六十	三十一	七	二十三
十二	二十一 公將師與緜諸戰			襄子元年 未除服登夏屋誘代王以金斗殺代王封伯魯子周爲代成君 索隱曰襄子名無恤後四年與韓魏敗智伯晉陽分其地始有三晉也	三十二 蔡聲侯卒	八	二十四
十三	二十二	晉哀公忌元年 正義曰表云晉出公錯十八年晉哀公忌二年晉懿公驕驕十七年而卒世本云昭公生桓子雍雍生忌忌生懿公驕世家云晉出公十七年晉哀公驕十八年而無懿公按出公道死知伯乃立昭公曾孫驕爲晉君是爲哀公哀公大父雍晉昭公少子號戴子生忌忌善智伯早死故智伯欲并晉未敢乃立忌子驕爲君據三處不同未知孰是		二	三十三 蔡元侯元年	九	二十五
十四	二十三	衛悼公黔元年		三	三十四	十	齊宣公就匝元年

							本作積 索隱曰積平公子立五十一年子康公貸立
十五	二十三			四 與智伯分范中行地	三十五	十一	二
十六	二十四	魏桓子敗知伯于晉陽 索隱曰桓子名駒	韓康子敗知伯晉陽 索隱曰康子名虎	五 襄子敗知伯晉陽與魏韓三分其地	三十六	十二	三
十七	二十五 晉大夫知開率其邑人來奔			六	三十七	十三	四
十八	二十六 左庶長城南鄭			七	三十八	十四	五 宋景公卒徐廣曰案左傳景公死至此九十九年 索隱曰系家景公元公子名頭曼已見十二諸侯表徐廣說繫景公立六十四年卒公子特殺太子自立號昭公與前昭公杵臼相去略九十年知徐誤
十九	二十七	衛敬公元年		八	三十九 蔡侯齊元年	十五	六 宋昭公元年
二十	二十八 越人來迎女			九	四十	燕成公元年	七

二十一	二十九 晉大夫知伯寬率其邑人來奔			十	四十一	二	八
二十二	三十			十一	四十二 楚滅蔡	三	九
二十三	三十一			十二	四十三	四	十
二十四	三十二			十三	四十四 滅杞杞夏之後	五	十一
二十五	三十三 伐義渠虜其王			十四	四十五	六	十二
二十六	三十四 日蝕晝晦星見			十五	四十六	七	十三
二十七	秦躁公元年			十六	四十七	八	十四
二十八	二 南鄭反			十七	四十八	九	十五
考王元年 徐廣曰辛丑	三			十八	四十九	十	十六
二	四			十九	五十	十一	十七
三	五			二十	五十一	十二	十八
四	六	晉幽公柳元年服韓魏		二十一	五十二	十三	十九

五	七			二十二	五十三	十四	二十
六	八 六月雨雪日月蝕			二十三	五十四	十五	二十一
七	九			二十四	五十五	十六	二十二
八	十			二十五	五十六	燕湣公元年	二十三
九	十一			二十六	五十七	二	二十四
十	十二	衛昭公元年		二十七	楚簡王仲元年滅莒	三	二十五
十一	十三 義渠伐秦侵至渭陽			二十八	二	四	二十六
十二	十四			二十九	三 魯悼公卒	五	二十七
十三	秦懷公元年生靈公			三十	四 魯元公元年	六	二十八
十四	二			三十一	五	七	二十九
十五	三			三十二	六	八	三十
威烈王元年 徐廣曰丙辰 索隱曰名午考王子	四 庶長鼂殺懷公太子蚤死大臣立太子之子爲靈公	衛悼公亹元年		三十三 襄子卒	七	九	三十一

二	三	四	五	六	七	八	九
秦靈公元年 生獻公	二	三 作上下畤	四	五	六	七 與魏戰少梁	八 城塹河瀕初以君主妻河 索隱曰謂初以此年取他女爲君主君主猶公主也妻河謂嫁之河伯故魏俗猶爲河伯取婦蓋其遺風殊異其事故云初
魏文侯斯元年 索隱曰生武侯擊	二	三	四	五 魏誅晉幽公立其弟止	六 晉烈公止元年魏城少梁	七	八 復城少梁
韓武子元年 索隱曰生景侯虔	二 鄭幽公元年韓殺之	三 鄭立幽公子爲繻公元年	四	五	六	七	八
趙桓子元年 索隱曰桓子襄子弟也元年卒明年國人共立襄子子獻侯晚	趙獻侯元年	二	三	四	五	六	七
八	九	十	十一	十二	十三	十四	十五
十	十一	十二	十三	十四	十五	十六	十七
三十二	三十三	三十四	三十五	三十六	三十七	三十八	三十九

六國表

十	十一	十二	十三	十四	十五	十六	十七
九	十 補龐城城籍姑靈公卒立其季父悼子是爲簡公 索隱曰按龐及籍姑皆城邑之名補者修也謂修龐而城籍姑也	秦簡公元年	二 與晉戰敗鄭下	三	四	五 日蝕	六 初令吏帶劍
九	十	十一 衛慎公元年	十二	十三 公子擊圍繁龐出其民人	十四	十五	十六 伐秦築臨晉元里
九	十	十一	十二	十三	十四	十五	十六
八	九	十 中山武公初立 徐廣曰周定王之孫西周桓公之子	十一	十二	十三 城平邑	十四	十五
十六	十七	十八	十九	二十	二十一	二十二	二十三
十八	十九	二十	二十一	二十二	二十三	二十四	二十五
四十	四十一	四十二	四十三 伐晉毀黃城圍陽狐	四十四 伐魯莒及安陽	四十五 伐魯取一城 徐廣曰世家云取都	四十六	四十七

十八	十九	二十	二十一	二十二	二十三 九鼎震	二十四
七 塹洛城重泉初租禾	八	九	十	十一	十二	十三
十七 擊宋中山伐秦至鄭還築洛陽徐廣曰一云擊宋中山置合陽世家云攻秦至鄭而還築合陽洛陽	十八 文侯受經子夏過段干木之閭常式	十九	二十 卜相李克翟黃爭	二十一	二十二 初爲侯	二十三
韓景侯虔元年伐鄭取雍丘鄭城京	二 鄭敗韓于負黍	三	四	五	六 初爲侯	七
趙烈侯籍元年魏使太子伐中山	二	三	四	五	六 初爲侯	七 列侯好音欲賜歌者田徐越侍以仁義乃止
二十四 簡王卒	楚聲王當元年 魯穆公元年	二	三	四	五 魏韓趙始列爲諸侯	六 盜殺聲王
二十六	二十七	二十八	二十九	三十	三十一	燕釐公元年
四十八 取魯郕	四十九 與鄭會于西城伐衞取毋丘	五十	五十一 田會以廩丘反	齊康公貸元年	二 宋悼公元年	三

六國表

安王元年徐廣曰庚辰	二	三 王子定奔晉	四	五	六	七	八
十四 伐魏至陽狐	十五	秦惠公元年索隱曰簡公子史無名	二	三 日蝕	四	五 伐緜	六
二十四 伐秦至陽狐	二十五 太子罃生	二十六 虢山崩壅河	二十七	二十八	二十九	三十	三十一
八	九 鄭圍陽翟	韓烈侯元年索隱曰名取系本作武侯也	二 鄭殺其相駟子陽	三 鄭人殺君三月盜殺韓相俠累徐廣曰一作法其	四 鄭相子陽之徒殺其君繻公	五 鄭康公元年	六 救魯鄭負黍反
八	九	趙武公元年	二	三	四	五	六
楚悼王類元年	二 三晉來伐我至乘丘	三 歸榆關于鄭	四 敗鄭師圍鄭鄭人殺子陽	五	六	七	八
二	三	四	五	六	七	八	九
四	五	六	七	八	九	十 宋休公元年	十一 伐魯取最

六國表

九	十	十一	十二	十三	十四	十五	十六
七	八	九 伐韓宜陽取六邑	十 與晉戰武城縣陝	十一 太子生	十二	十三 蜀取我南鄭	秦出公元年 索隱曰惠公子
三十二 伐鄭城酸棗	三十三 晉孝公傾元年	三十四	三十五 齊伐取襄陽	三十六 秦侵晉	三十七	三十八	魏武侯元年 襲邯鄲敗焉 索隱曰武侯名擊
七	八	九 秦伐宜陽取六邑	十	十一	十二	十三	韓文侯元年
七	八	九	十	十一	十二	十三	趙敬侯元年 武公子朝作亂奔魏
九 韓伐我負黍	十	十一	十二	十三	十四	十五	十六
十	十一	十二	十三	十四	十五	十六	十七
十二	十三	十四	十五 魯敗我平陸	十六 與晉衛會濁澤	十七	十八	十九 田常曾孫田和始列為諸侯遷康公海上食一城 索隱曰和田常曾孫亦號太公

十七	十八	十九	二十	二十一	二十二	二十三	二十四
二 庶長改迎靈公太子立為獻公誅出公	秦獻公元年 索隱曰名師隰靈公太子	二 城櫟陽	三 日蝕晝晦	四 孝公生	五	六 初縣蒲藍田善明氏	七
二 城安邑王垣	三	四	五	六	七 伐齊至桑丘	八	九 翟敗我澮 伐齊至靈丘
二 伐鄭取陽城 伐宋到彭城執宋君	三	四	五	六	七 伐齊至桑丘 鄭敗晉	八	九 伐齊至靈丘
二	三	四 魏敗我兔臺 索隱曰兔音吐故反亦作菟	五	六	七 伐齊至桑丘	八 襲衛不克	九 伐齊至靈丘
十七	十八	十九	二十	二十一	楚肅王臧元年	二	三
十八	十九	二十	二十一	二十二	二十三	二十四	二十五
二十 伐魯破之 田和卒	二十一 田和子桓公午立	二十二	二十三	二十四	二十五 伐燕取桑丘	二十六 康公卒田氏遂并齊而有之太公望之後絕祀	齊威王因齊元年 自田常至威王威王始以齊彊天下

六國表

二十五	二十六	烈王元年徐廣曰丙午	二	三	四	五	六 徐廣曰齊威王朝周
八	九	十 日蝕	十一 縣櫟陽	十二	十三	十四	十五
十 晉靜公俱酒元年	十一 魏韓趙滅晉絕無後	十二	十三	十四	十五 衛聲公訓元年敗趙北藺	十六 伐楚取魯陽	惠王元年
十	十一 韓哀侯元年分晉國	二 滅鄭康公二十年滅無後	三	四	五	六 韓嚴殺其君	莊侯元年索隱曰系家作懿侯系本無名
十	十一 分晉國	十二	趙成侯元年	二	三 伐衛取都鄙七十三魏敗我藺	四	五 伐齊于鄄魏敗我懷
四 蜀伐我茲方	五	六 魯共公元年	七	八	九	十 魏取我魯陽	十一
二十六	二十七	二十八	二十九	三十 敗齊林孤	燕桓公元年	二	三
二	三 三晉滅其君	四	五	六 魯伐入陽關晉伐到鱄陵 索隱曰劉氏鱄音鱄沈反又音專	七 宋辟公元年索隱曰辟音壁辟公名辟兵生剔成按宋後微弱君薨未必有謚辟兵其名也猶剔成然也	八	九 趙伐我甄

史記年表三　十五　十六

六國表

七	顯王元年徐廣曰癸丑	二	三	四	五 賀秦	六	七	八
十六 民大疫日蝕	十七 櫟陽雨金四月至八月	十八	十九 敗韓魏洛陽	二十	二十一 章蟜徐廣曰一云車騎與晉戰石門天子賀徐廣曰一作阿斬首六萬	二十二	二十三 與魏戰少梁虜其太子	秦孝公元年彗星見西方
二 敗韓馬陵	三 齊伐我觀津	四	五 與韓會宅陽城武都	六 伐宋敗儀臺	七	八	九 與秦戰少梁虜我太子	十 取趙皮牢衛成侯元年
二 魏敗我馬陵	三	四	五	六	七	八	九 魏敗我于澮大雨一月	十
六 魏敗涿澤圍惠王	七 侵齊至長城	八	九	十	十一	十二	十三 魏敗我于澮	十四
楚宣王良夫元年	二	三	四	五	六	七	八	九
四	五	六	七	八	九	十	十一	燕文公元年
十 宋剔成元年	十一 伐魏取觀趙取我長城	十二	十三	十四	十五	十六	十七	十八

史記年表三　十五　十七

九 致胙于秦（徐廣曰紀年東周惠公傑薨）	十	十一	十二	十三	十四	十五
二 天子致胙	三	四	五	六	七 與魏王會杜平	八 與魏戰元里斬首七千取少梁
十一	十二 星晝墮有聲	十三	十四 與趙會鄗	十五 魯衛宋鄭侯來（徐廣曰紀年一曰魯共侯來朝邯鄲成侯會燕成侯平安邑）	十六 徐廣曰與秦孝公會杜平侵宋黃池宋復取之	十七 與秦戰元里秦取我少梁
十一	十二	韓昭侯元年 秦敗我西山	二 宋取我黃池魏取我朱	三	四	五
十五	十六	十七	十八 趙孟如齊	十九 與燕會河與齊宋會平陸	二十	二十一 魏圍我邯鄲
十	十一	十二	十三 君尹黑迎女秦	十四	十五	十六
二	三	四	五	六	七	八
十九	二十	二十一 鄒忌以鼓琴見威王	二十二 封鄒忌爲成侯	二十三 與趙會平陸	二十四 與魏會田於郊	二十五

十六	十七	十八	十九	二十	二十一	二十二	二十三
九	十 衛公孫鞅爲大良造伐安邑降之	十一 城商塞衛鞅圍固陽降之	十二 初取小邑爲三十一縣令爲田開阡陌	十三 初爲有秩史	十四 初爲賦	十五	十六
十八 邯鄲降齊日敗桂陵	十九 諸侯圍我襄陵築長城塞固陽	二十 歸趙邯鄲	二十一 與秦遇彤（索隱曰彤地名商君死彤地劉氏云阡陌道非也）	二十二	二十三	二十四	二十五
六 伐東周取陵觀廩丘	七	八 申不害相	九	十 韓姬弒其君悼公（索隱曰姬一作玘同音怡韓之大夫姓名按韓無悼公未詳）	十一 昭侯如秦	十二	十三
二十二 魏敗邯鄲	二十三	二十四 魏歸邯鄲與魏盟漳水上	二十五	趙肅侯元年（索隱曰名語）	二	三 公子范襲邯鄲不勝死	四
十七	十八 魯康公元年	十九	二十	二十一	二十二	二十三	二十四
九	十	十一	十二	十三	十四	十五	十六
二十六 敗魏桂陵	二十七	二十八	二十九	三十	三十一	三十二	三十三 殺其大夫牟辛

二十四	十七	二十六	十四	五	二十五	十七	三十四
二十五 諸侯會	十八	二十七 丹封名會丹魏大臣	十五	六	二十六	十八	三十五 田忌襲齊不勝
二十六 致伯秦	十九 城武城從東方牡丘來歸天子致伯	二十八	十六	七	二十七 魯景公偃元年	十九	三十六
二十七	二十 諸侯畢賀會諸侯于澤朝天子 徐廣曰紀年作逢澤	二十九 中山君爲相	十七	八	二十八	二十	齊宣王辟彊元年
二十八	二十一 馬生人	三十 齊虜我太子申殺將軍龐涓	十八	九	二十九	二十一	二 敗魏馬陵田忌田嬰田肹將孫子爲師 徐廣曰楚世家云田肹者齊之將而齊世家不說田肹或者爾時三人皆出征
二十九	二十二 封大良造商鞅	三十一 秦商君伐我虜我公子卬	十九	十	三十	二十二	三 與趙會伐魏
三十	二十三 與晉戰岸門	三十二 公子赫爲太子	二十	十一	楚威王熊商元年	二十三	四

三十一	二十四 秦大荔圍合陽孝公薨商君反死彤地	三十三 衛鞅亡歸我我恐弗內	二十一	十二	二	二十四	五
三十二	秦惠文王元年 楚韓趙蜀人來	三十四	二十二 申不害卒	十三	三	二十五	六
三十三 賀秦	二 天子賀行錢宋太丘社亡	三十五 孟子來王問利國對曰君不可言利	二十三	十四	四	二十六	七 與魏會平阿南
三十四	三 王冠拔韓宜陽	三十六	二十四 秦拔我宜陽	十五	五	二十七	八 與魏會於甄
三十五	四 天子致文武胙魏夫人來	魏襄王元年 與諸侯會徐州以相王	二十五 旱作高門屈宜臼曰昭侯不出此門	十六	六	二十八 蘇秦說燕	九 與魏會徐州諸侯相王
三十六	五 陰晉人犀首爲大良造	二 秦敗我彫陰	二十六 高門成昭侯卒不出此門	十七	七 圍齊於徐州	二十九	十 楚圍我徐州
三十七	六 魏以陰晉爲和命曰寧秦 徐廣曰今之華陰	三 伐趙衛平侯元年	韓宣惠王元年	十八 齊魏伐我我決河水浸之	八	燕易王元年	十一 與魏伐趙
三十八	七 義渠內亂庶長操將兵定之	四	二	十九	九	二	十二

三十九	四十	四十一	四十二	四十三	四十四	四十五	四十六
八 魏入少梁河西地于秦	九 度河取汾陰皮氏圍焦降之與魏會應	十 張儀相公子桑圍蒲陽降之魏納上郡	十一 義渠君為臣歸魏焦曲沃	十二 初臘會龍門	十三 四月戊午魏君為王	相張儀將兵取陝 初更元年	二 相張儀與齊楚會齧桑
五 與秦河西地少梁秦圍我焦曲沃	六 與秦會應秦取汾陰皮氏	七 入上郡于秦	八 秦歸我焦曲沃	九	十	十一 衛嗣君元年	十二
三	四	五	六	七	八 魏敗我韓舉	九	十 君為王
二十	二十一	二十二	二十三	二十四	趙武靈王元年 魏敗我趙護	二 城鄗	三
十	十一 魏敗我陘山	楚懷王槐元年	二	三	四	五	六 敗魏襄陵
三	四	五	六	七	八	九	十 君為王
十三	十四	十五 宋君偃元年	十六	十七	十八	十九	齊湣王元年

四十七	四十八	慎靚王元年 徐廣曰辛丑	二	三	四	五	六
三 張儀免相相魏	四	五 王北遊戎地至河上	六	七 五國共擊秦不勝而還	八 與韓趙戰斬首八萬 張儀復相	九 擊蜀滅之取趙中都西陽安邑	十
十三 秦取曲沃平周女化為丈夫	十四	十五	十六	魏哀王元年 擊秦不勝	二 齊敗我觀津	三	四
十一	十二	十三	十四 秦來擊我取鄢	十五 擊秦不勝	十六 秦敗我脩魚得韓將軍申差	十七	十八
四 韓會區鼠	五 取韓女為夫人	六	七	八 擊秦不勝	九 與韓魏擊秦齊敗我觀澤	十 秦取我中都西陽安邑	十一 秦敗我將軍英
七	八	九	十 城廣陵	十一 擊秦不勝	十二	十三	十四
十一	十二	燕噲王元年	二	三 擊秦不勝	四	五 君讓其臣子之國顧為臣	六
二	三 封田嬰於薛	四 迎婦于秦	五	六	七 敗魏趙觀澤	八	九

周赧王元年 徐廣曰丁未 索隱曰赧音泥簡反 宋衷曰赧諡也 皇甫謐云名誕也	二	三	四	五
十一 侵義渠得二十五城	十二 樗里子擊藺陽虜趙將公子繇 索隱曰通封蜀 繇音由 秦之公子	十三 庶長章擊楚斬首八萬	十四 蜀相殺蜀侯	秦武王元年 誅蜀相壯 張儀魏章皆死於魏
五 秦拔我曲沃歸其人走犀首岸門	六 秦來立公子政為太子 與秦王會臨晉	七 擊齊虜聲子於濮 與秦擊燕	八 圍衛	九 與秦會臨晉
十九	二十	二十一 秦助我攻楚圍景座	韓襄王元年	二
十二 徐廣曰紀年云立燕公子職	十三 秦拔我藺虜將趙莊	十四	十五	十六 吳廣入女生子何立為惠王后
十五 魯平公元年	十六 張儀來相	十七 秦敗我將屈丐 索隱曰丐音蓋 楚大夫	十八	十九
七 君噲及太子之皆死	八	九 燕人共立公子平	燕昭王元年	二
十	十一	十二	十三	十四

六	七	八	九	十	十一	十二	十三
二 初置丞相 樗里子甘茂為丞相	三	四 拔宜陽城 斬首六萬 涉河城武遂	秦昭王元年	二 彗星見 秦君為亂誅	三	四 彗星見	五
十 張儀死	十一 與秦會應 徐廣曰在潁川大城	十二 太子往朝秦	十三 秦擊皮氏 未拔而解	十四 秦武王后來歸	十五	十六 秦拔我蒲坂晉陽封陵	十七 與秦會臨晉 復我蒲坂
三	四 與秦會臨晉 秦擊我宜陽	五 秦拔我宜陽 斬首六萬	六 秦復與我武遂	七	八	九 秦取武遂	十 太子嬰與秦王會臨晉 因至咸陽而歸
十七	十八	十九 初胡服	二十	二十一	二十二	二十三	二十四
二十	二十一	二十二	二十三	二十四 秦來迎婦	二十五 與秦王會黃棘 秦復歸我上庸	二十六 太子質秦	二十七
三	四	五	六	七	八	九	十
十五	十六	十七	十八	十九	二十	二十一	二十二

十四	十五	十六	十七	十八	十九	二十
六 蜀反司馬錯往誅蜀守煇定蜀 日蝕晝晦 伐楚	七 樗里疾卒 擊楚斬首三萬魏冉為相	八 楚王來因留之	九	十 楚懷王亡之趙趙弗內	十一 彗星見 復與魏封陵	十二 樓緩免穰侯魏冉為丞相
十八 與秦擊楚	十九	二十 與齊王會於韓	二十一 與齊韓共擊秦於函谷河渭絕一日	二十二	二十三	魏昭王元年 秦尉錯來擊我襄城
十一 秦取我穰 與秦擊楚	十二	十三 齊魏王來立咎為太子	十四 與齊魏共擊秦	十五	十六 與齊魏擊秦 秦與我武遂和	韓釐王咎元年
二十五 趙攻中山 惠后卒	二十六	二十七	趙惠文王元年 以公子勝為相封平原君	二 楚懷王亡來弗內	三	四 圍殺主父 與齊燕共滅中山
二十八 秦韓魏齊敗我將軍唐眛於重丘	二十九 秦取我襄城殺景缺	三十 王入秦秦取我八城	楚頃襄王元年 秦敗我十六城	二	三 懷王卒於秦來歸葬	四 魯文侯元年 徐廣曰一作湣
十一	十二	十三	十四	十五	十六	十七
二十三 與秦擊楚公子將大有功	二十四 秦使涇陽君來為質	二十五 涇陽君復歸秦 薛文入相秦	二十六 與魏韓共擊秦孟嘗 歸相齊	二十七	二十八	二十九 佐趙滅中山

六國表

二十一	二十二	二十三	二十四	二十五	二十六	二十七	二十八	二十九
十三 任鄙為漢中守	十四 白起擊伊闕斬首二十四万	十五 魏冉免相	十六	十七 魏入河東四百里	十八 客卿錯擊魏至軹取城大小六十一	十九 十月為帝 十二月復為王 任鄙卒	二十	二十一 魏納安邑及河內
二 與秦戰解不利	三 佐韓擊秦秦敗我兵伊闕	四	五	六 芒卯以詐見重	七 秦擊我取城大小六十一	八	九 秦拔我新垣曲陽之城	十 宋王死我溫
二	三 秦敗我伊闕二十四萬虜將喜	四	五 秦拔我宛城	六 與秦武遂地方二百里	七	八	九	十 秦敗我兵夏山
五	六	七	八	九	十	十一 秦拔我桂陽 徐廣曰一作梗	十二	十三
五	六	七 迎婦秦	八	九	十	十一	十二	十三
十八	十九	二十	二十一	二十二	二十三	二十四	二十五	二十六
三十 田甲劫王 相薛文走	三十一	三十二	三十三	三十四	三十五	三十六 為東帝 二月復為王	三十七	三十八 齊滅宋

史記年表三 二十五 二十七

三十	二十二 蒙武擊齊	十一	十一	十四 與秦會中陽	十四 與秦會宛	二十七	三十九 秦拔我列城九
三十一	二十三 尉斯離與韓魏燕趙共擊齊破之	十二 與秦擊齊濟西 與秦王會西周	十二 與秦擊齊濟西 與秦王會西周	十五 取齊淮北	十五 取齊淮北	二十八 與秦三晉擊齊燕獨入至臨菑取其寶器	四十 五國共擊湣王王走莒
三十二	二十四	十三 秦拔我安城兵至大梁而還	十三	十六 與秦王會穰	十六	二十九	齊襄王法章元年
三十三	二十五	十四 大水衛懷君元年	十四 與秦會兩周間	十七 秦拔我兩城	十七	三十	二
三十四	二十六 魏冉復爲丞相	十五	十五	十八 秦拔我石城	十八	三十一	三
三十五	二十七 擊趙斬首二萬 地動壞城	十六	十六	十九 秦敗我軍斬首三萬	十九 秦擊我與秦漢北及上庸地	三十二	四
三十六	二十八	十七	十七	二十 與秦會黽池藺相如從	二十 秦拔鄢西陵	三十三	五 殺燕騎劫
三十七	二十九 白起擊楚拔郢更東至竟陵以爲南郡	十八	十八	二十一	二十一 秦拔我郢燒夷陵王亡走陳	燕惠王元年	六

三十八	三十 白起封爲武安君	十九	十九	二十二	二十二 秦拔我巫黔中	二	七
三十九	三十一	魏安釐王元年 秦拔我兩城 封弟公子無忌爲信陵君	二十	二十三	二十三 秦所拔我江旁反秦	三	八
四十	三十二	二 秦拔我兩城軍大梁 韓來救與秦溫以和	二十一 暴鳶救魏爲秦所敗走開封	二十四	二十四	四	九
四十一	三十三	三 秦拔我四城斬首四萬	二十二	二十五	二十五	五	十
四十二	三十四 白起擊魏華陽軍芒卯走得三晉將斬首十五萬	四 與秦南陽以和	二十三	二十六	二十六	六	十一
四十三	三十五	五 擊燕	韓桓惠王元年	二十七	二十七 擊燕魯頃公元年	七	十二
四十四	三十六	六	二	二十八 藺相如攻齊至平邑	二十八	燕武成王元年	十三

四十五	四十六	四十七	四十八	四十九	五十	五十一	五十二
三十七	三十八	三十九	四十 太子質於魏者死歸葬芷陽	四十一	四十二 宣太后薨 安國君為太子	四十三	四十四 秦攻韓取南陽 徐廣曰一作郡
七	八	九 秦拔我懷城	十	十一 秦拔我廩丘 徐廣曰或作邢丘	十二	十三	十四
三	四	五	六	七	八	九 秦拔我城汾旁	十 秦擊我太行
二十九 秦拔我閼與 趙奢將擊秦大敗之 賜號曰馬服	三十 秦擊我閼與城不拔	三十一	三十二	三十三	趙孝成王元年 秦拔我三城 平原君相	二	三
二十九	三十	三十一	三十二	三十三	三十四	三十五	三十六
二	三	四	五	六	七 齊田單拔中陽	八	九
十四 秦楚擊我剛壽	十五	十六	十七	十八	十九	齊王建元年	二

五十三	五十四	五十五	五十六	五十七	五十八	五十九		
四十五 秦攻韓取十城	四十六 王之南鄭	四十七 白起破趙長平殺卒四十五萬	四十八	四十九	五十 王齕鄭安平圍邯鄲 及齕還軍 拔新中	五十一 徐廣曰乙巳赧王卒	五十二 取西周王 徐廣曰丙午王稽棄市	五十三
十五	十六	十七	十八	十九	二十 公子無忌救邯鄲 秦兵解去	二十一 韓魏楚救趙新中 秦兵罷	二十二	二十三
十一	十二	十三	十四	十五	十六	十七	十八	十九
四	五 使廉頗距秦於長平	六 使趙括代廉頗將 白起破括四十五萬	七	八	九 秦圍我邯鄲 楚魏救我	十	十一	十二
楚考烈王元年 秦取我州 黃歇為相	二	三	四	五	六 春申君救趙	七 救趙新中	八 取魯 魯君封於莒	九
十	十一	十二	十三	十四	燕孝王元年	二	三	燕王喜元年
三	四	五	六	七	八	九	十	十一

五十四	二十四	二十	十三	十 徙於鉅陽	二	十二
五十五	二十五 衛元君元年	二十一	十四	十一	三	十三
五十六	二十六	二十二	十五 平原君卒	十二 柱國景伯死	四 伐趙趙破我軍殺栗腹索隱曰人姓字燕相	十四
秦孝文王元年 徐廣曰辛亥文王后曰華陽后生莊襄王子楚母曰夏太后	二十七	二十三	十六	十三	五	十五
秦莊襄王楚元年 徐廣曰王子 蒙驁取城皋滎陽元年初置三川郡呂不韋相取東西周	二十八	二十四 秦拔我城皋滎陽	十七	十四 楚滅魯頃公遷下邑爲家人絕祀	六	十六
蒙驁擊趙榆次新城狼孟得三十七城 日蝕	二十九	二十五	十八	十五 春申君徙封於吳	七	十七
王齮 徐廣曰一作齕 擊上黨初置太原郡魏公子無忌率五國卻我軍河外蒙驁解去	三十 無忌率五國兵敗秦軍河外	二十六 秦拔我上黨	十九	十六	八	十八

始皇帝元年 徐廣曰乙卯 擊取晉陽作鄭國渠	三十一	二十七	二十 秦敗我晉陽	十七	九	十九
二	三十二	二十八	二十一	十八	十	二十
三 蒙驁擊韓取十二城王齮死	三十三	二十九 秦拔我十二城	趙悼襄王偃元年	十九	十一	二十一
四 七月蝗蔽天下百姓納粟千石拜爵一級	三十四 信陵君死	三十	二 太子從質秦歸	二十	十二 趙拔我武遂方城	二十二
五 蒙驁取魏酸棗二十城初置東郡	魏景湣王元年 秦拔我二十城	三十一	三 趙相魏相會柯盟	二十一	十三 劇辛死於趙	二十三
六 五國共擊秦	二 秦拔我朝歌衛從濮陽徙野王	三十二	四	二十二 王東徙壽春命曰郢	十四	二十四
七 彗星見北方西方夏太后薨蒙驁死	三 秦拔我汲	三十三	五	二十三	十五	二十五
八 嫪毐封長信侯	四	三十四	六	二十四	十六	二十六

秦	九 彗星見，竟天。嫪毐為亂，遷其舍人于蜀。彗星復見。	十 相國呂不韋免。齊、趙來，置酒。太后入咸陽。大索。	十一 呂不韋之河南。王翦擊鄴、閼與，取九城。	十二 發四郡兵助魏擊楚。呂不韋卒。復嫪毐舍人遷蜀者。	十三 桓齮擊平陽，殺趙扈輒，斬首十萬，因東擊趙王之河南。彗星見。	十四 桓齮定平陽、武城、宜安。韓使非來，我殺非。韓王請為臣。
魏	五	六	七	八 秦助我擊楚。	九	十
韓	韓王安元年	二	三	四	五	六
趙	七	八 入秦，置酒。	九 秦拔我閼與、鄴，取九城。	趙王遷元年 徐廣曰：幽愍元年。	二 秦拔我平陽，敗扈輒，斬首十萬。○索隱曰：扈輒，人姓字，趙將。漢別有扈輒也。	三 秦拔我宜安。
楚	二十五 李園殺春申君。	楚幽王悍元年	二	三 秦、魏擊我。	四	五
燕	十七	十八	十九	二十	二十一	二十二
齊	二十七	二十八 入秦，置酒。	二十九	三十	三十一	三十二

史年表三　十五　三十四

六國表

秦	十五 興軍至鄴，軍至太原，取狼孟。	十六 置麗邑。發卒受韓南陽地。	十七 內史勝擊得韓王安，盡取其地，置潁川郡。華陽太后薨。	十八	十九 王翦拔趙，虜王遷之邯鄲。帝太后薨。	二十 燕太子使荊軻刺王，覺之。王翦將擊燕。	二十一	二十二 王賁擊魏，得其王假，盡取其地。
魏	十一	十二 獻城秦。	十三	十四 衛君角元年。	十五	魏王假元年	二	三 秦虜王假。
韓	七	八 秦來受地。	九 秦虜王安。	秦滅韓。				
趙	四 秦拔我狼孟、鄱吾，軍鄴。○索隱曰：鄱音婆，又音盤。鄱吾，縣名，在常山。	五 地大動。	六	七	八 秦王翦虜王遷邯鄲。公子嘉自立為代王。	代王嘉元年	二	三
楚	六	七	八	九	十 幽王卒，弟郝立，為哀王。三月，負芻殺哀王。	楚王負芻元年 負芻，哀王庶兄。	二 秦大破我，取十城。	三
燕	二十三 太子丹質於秦，亡來歸。	二十四	二十五	二十六	二十七	二十八 太子丹使荊軻刺秦王，秦伐我。	二十九 秦拔我薊，得太子丹。王徙遼東。	三十
齊	三十三	三十四	三十五	三十六	三十七	三十八	三十九	四十

史年表三　十五　三十五

六國表

年	秦	魏	韓	趙	楚	燕	齊
二十三	王翦蒙武擊破楚軍殺其將項燕			四	四 秦破我將項燕	三十一	四十一
二十四	王翦蒙武破楚虜其王負芻			五	五 秦虜王負芻	三十二	四十二
二十五	王賁擊燕虜王喜又擊得代王嘉五月天下大酺			六 秦將王賁虜王嘉秦滅趙	秦滅楚	三十三 秦虜王喜拔遼東	四十三
二十六	王賁擊齊虜王建初併天下立為皇帝					秦滅燕	四十四 秦虜王建 秦滅齊
二十七	更命河為德水為金人十二命民曰黔首同天下書分為三十六郡						
二十八	為阿房宮之衡山治馳道帝之琅邪道南郡入為太極廟賜户三十爵一級						
二十九	郡縣大索十日帝之琅邪道上黨入						
三十							

年	秦
三十一	更命臘曰嘉平賜黔首里六石米二羊以嘉平大索二十日
三十二	帝之碣石道上郡入
三十三	遣諸逋亡及賈人贅壻略取陸梁為桂林南海象郡以適戍西北戎為四十四縣徐廣曰一云四十四縣是也又云二十四縣築長城河上蒙恬將三十萬
三十四	適治獄吏不直者築長城及南方越地覆獄故失
三十五	為直道道九原通甘泉
三十六	徙民於北河榆中耐徙三處徐廣曰一作家拜爵一級石晝下東郡有文言地分
三十七	十月帝之會稽琅邪還至沙丘崩子胡亥立為二世皇帝殺蒙恬道九原入復行錢
二世元年	十月戊寅大赦罪人十一月為兔園十二月就阿房宮其九月郡縣皆反楚兵至戲章邯擊卻之出衛君角為庶人
二	將軍章邯長史司馬欣都尉董翳追楚兵至河誅丞相斯去疾將軍馮劫
三	趙高反二世自殺高立二世兄子嬰子嬰立刺殺高夷三族諸侯入秦嬰降為項羽所殺尋誅羽天下屬漢

索隱述贊曰春秋之後王室益卑楚疆南服秦霸西垂三卿分晉八代與嬀遞主盟

會盟為雄雖二周前滅六國後隳壯哉嬴氏吞并若斯

六國表第三　史記十五

秦楚之際月表第四 索隱曰張晏云時天下未定參錯變易不可以年記故列其月今案秦楚之際擾攘僭篡運數又促故以月紀事而名表也

太史公讀秦楚之際曰初作難發於陳涉虐戾滅秦自項氏撥亂誅暴平定海內卒踐帝祚成於漢家五年之間號令三嬗 音善。索隱曰古禪字音市戰反三嬗謂陳涉項氏漢高祖也 自生民以來未始有受命若斯之亟也 索隱曰音紀力反亟訓急也 昔虞夏之興積善累功數十年德洽百姓攝行政事考之于天 韋昭曰謂舜受禪在璇璣玉衡以齊七政 然後在位湯武之王乃由契后稷修仁行義十餘世不期而會孟津八百諸侯猶以為未可其後乃放弒 索隱曰案謂湯放桀武王討紂也 秦起襄公章於文繆獻孝之後稍以蠶食六國百有餘載至始皇乃能并冠帶之倫以德若彼 索隱曰即契后稷及秦襄公文公穆公也 用力如此 索隱曰謂湯武及始皇也 蓋一統若斯之難也秦既稱帝患兵革不休以有諸侯也於是無尺土之封墮壞名城銷鋒鏑 徐廣曰一作鍉。索隱曰鏑音的注鍉字亦音的案秦銷鋒鏑作金人十二以弱天下之兵也 鉏豪桀維萬世之安 索隱曰維訓度謂計度令萬代安也 然王跡之興起於閭巷合從討伐軼於三代鄉秦之禁適足以資賢者為驅除難耳 索隱曰鄉音向許亮反謂秦前時之禁兵及不封樹諸侯適足以資賢者即高帝也言為之驅除患難也故憤發其所為天下雄索隱曰指漢高祖安在無土不王白虎通曰聖人無土不王使舜不遭堯當如夫子老於闕里也此乃傳之所謂大聖乎索隱曰高祖起布衣卒傳之天位實所謂大聖豈非天哉豈非天哉非大聖孰能當此受命而帝者乎

二世元年徐廣曰壬辰。正義曰七月陳涉起陳八月武臣起趙九月項梁起吳田儋起齊沛公初起韓廣起燕十二月魏咎起魏陳王立之三年六月韓成起韓項梁立之也

	七月	八月	九月	二年十月	十一月	十二月
秦	七月	八月	九月 楚兵至戲	二年 十月	十一月	十二月
楚	楚隱王陳涉起兵入秦。索隱曰涉起凡六月盡二世元年十二月也	二 葛嬰為涉徇九江立襄彊為楚王。索隱曰涉之二月也	三 周文兵至戲敗而陳嬰聞涉王即殺彊	四 誅葛嬰	五 周文死	六 陳涉死
項			項梁號武信君。索隱曰二世元年九月立至二年九月章邯殺梁於定陶	二	三	四
趙		武臣始至邯鄲自立為趙王始。索隱曰凡四月為李良所殺當二世元年八月也	二	三	四 李良殺武臣張耳陳餘走	五
齊			齊王田儋始。儋狄人諸田宗彊從弟榮榮弟橫。索隱曰至二世二年六月章邯殺儋	二 儋之起殺狄令自王	三	四
漢			沛公初起。索隱曰凡十四月懷王封沛公為武安侯將碭郡兵	二 擊胡陵方與破秦監軍	三 殺泗水守徐廣曰泗水屬東海拔薛西周市東略地豐沛間	四 雍齒叛沛公以豐降魏沛公還攻豐不能下
燕			韓廣為趙略地至薊自立為燕王始。索隱曰項羽後分燕為二臧荼為燕王廣為遼東王後韓信殺廣	二	三	四
魏			魏王咎始咎在陳不得歸國徐廣曰魏咎曹咎字皆作咎音臼。索隱曰至二世二年六月咎自殺	二	三 齊趙共立周市市不肯曰必立魏咎云	四 咎自陳歸立陳涉死
韓						

端月 索隱曰二世二年正月也。秦諱正，謂之端。	二月	三月	四月
楚王景駒始，秦嘉立之。索隱曰八月項梁殺之	二 嘉為上將軍	三	四 梁擊殺景駒、秦嘉，遂入薛，兵十餘萬眾
五 涉將召平矯拜項梁為楚柱國，急西擊秦	六 梁渡江，陳嬰、黥布皆屬	七	八
趙王歇始，立張耳、陳餘立之。索隱曰項羽立為代王，後漢滅歇，立張耳	二	三	四
五 讓景駒以擅自王不請我	六 景駒使公孫慶讓齊，誅慶	七	八
五 沛公聞景駒王在留，往從與擊秦軍碭西。徐廣曰一作蕭	六 攻下碭，收得兵六千，與故凡九千人	七 攻拔下邑，遂擊豐，豐不拔。聞項梁兵眾，往請擊豐	八 沛公如薛見項梁，梁益沛公卒五千，擊豐，拔之
五	六	七	八
五 章邯已破涉，圍咎臨濟	六	七	八 臨濟急，周市如齊、楚請救

五月	六月	七月	八月
五	楚懷王始，都盱台。故懷王孫，梁立之。索隱曰懷王孫名心也。項梁與諸侯尊為義帝，羽殺之	二 陳嬰為柱國	三
九	十 梁求楚懷王孫，得之民閒，立為楚王	十一 天大雨，三月不見星	十二 救東阿，破秦軍，乘勝至定陶，項梁有驕色
五	六	七	八
九	十 儋救臨濟，章邯殺田儋。榮走東阿	十一 齊立田假為王。秦急圍榮東阿	十二 楚救榮，得解，歸逐田假，立儋子市為齊王，始
九 雍齒奔魏	十 沛公如薛，共立楚懷王	十一 沛公與項羽北救東阿，破秦軍濮陽，東屠城陽	十二 沛公與項羽西略地，斬三川守李由於雍丘
九	十	十一	十二
九	十 咎自殺臨濟，降秦	十一 咎弟豹走東阿	十二
	韓王成始。索隱曰項羽更王之，不使就封，數月殺之，立鄭昌為韓王，降漢，漢封韓信為王	二	三

九月	後九月 徐廣曰閏建酉	三年十月	十一月	十二月
四 從都彭城	五 拜宋義為上將軍	六	七 拜籍上將軍	八
十三 章邯破殺項梁於定陶項羽恐還軍彭城	懷王封項羽於魯為次將屬宋義北救趙	二	三 羽矯殺宋義將其兵渡河救鉅鹿	四 大破秦軍鉅鹿下諸侯將皆屬項羽
九	十 秦軍圍歇鉅鹿陳餘出收兵	十一 章邯失邯鄲徙其民於河內	十二	十三 楚救至秦圍解
二 田假走楚楚趣齊救趙田榮以假故不肯	三 齊救假乃出兵項羽怒田榮	四 齊將田都叛榮往助項羽救趙	五	六 故齊王建孫田安下濟北從項羽救趙
十三 沛公聞項梁死還軍從懷王軍於碭	十四 懷王封沛公為武安侯將碭郡兵西約先至咸陽王之	十五 攻破東郡尉及王離軍於成武南	十六	十七 救趙至栗得皇訢武蒲軍與秦軍戰破之
十三	十四	十五 使將臧荼救趙	十六	十七
魏豹自立為魏王都平陽始	二	三	四	五 豹救趙
四	五	六 從項羽略入關	七	八 分魏為殷國

端月	二月	三月	四月	五月
九	十	十一	十二	二年一月
五 虜秦將王離	六 攻破章邯章邯軍卻	七	八 楚急攻章邯章邯恐使長史欣歸秦請兵趙高讓之	九 趙高欲誅欣欣恐云走告章邯謀叛秦
十四 張耳怒陳餘棄將印去	十五	十六	十七	十八
七 項羽田榮分齊為二國	八	九	十	十一
十八	十九 得彭越軍昌邑襲陳留用酈食其策軍得積粟	二十 攻開封破秦將楊熊熊走滎陽秦斬熊以徇	二十一 攻潁陽略韓地北絕河津	二十二
十八	十九	二十	二十一	二十二
六	七	八 分韓為河南國	九	十
九	十	十一	十二	十三

六月	七月	八月 趙高殺二世	九月 子嬰為王。徐廣曰歲在乙未
二	三	四	五
十 章邯與楚約降，未定，項羽許而擊之	十一 項羽與章邯期殷虛，章邯等已降，與盟，以邯為雍王	十二 以秦降都尉翳、長史欣為上將，將秦降軍	十三
十九 張耳從楚西入秦	二十	二十一 趙王歇留國，陳餘亡居南皮	二十二
十二	十三	十四	十五
二十三 攻南陽守齮，破之陽城郭東。徐廣曰陽城在南陽	二十四 降下南陽，封其守齮	二十五 攻武關，破之	二十六 攻下嶢及藍田，以留侯策，不戰皆降
二十三	二十四	二十五	二十六
十一	十二	十三	十四
十四	十五 申陽下河南，降楚	十六	十七

十月	十一月	十二月
六	七	八
十四 項羽將諸侯兵四十餘萬，行略地，西至於河南	十五 羽詐坑殺秦降卒二十萬人於新安	十六 至關中，誅秦王子嬰，屠燒咸陽，分天下，立諸侯
二十三 張耳從楚西入秦	二十四	二十五 分趙為代國
十六	十七	十八 項羽怨榮，殺之。分齊為三國。索隱曰臨淄、濟北、膠東
二十七 漢元年。秦王子嬰降。沛公入破咸陽，平秦，還軍霸上，待諸侯約	二十八 沛公出令三章，秦民大悅	二十九 與項羽有郤，見之戲下，講解。羽倍約，分關中為四國。索隱曰漢、雍、塞、翟
二十七	二十八	二十九 臧荼從入，分燕為二國。索隱曰燕、遼東也
十五 從項羽略地，遂入關	十六	十七 分魏為殷國
十八	十九	二十 分韓為河南國

義帝元年
九 諸侯尊懷王為義帝
十七 項籍自立為西楚霸王
分楚為四 分為衡山
分為臨江
分為九江
二十六 更名為常山
分為代
十九 更名為臨菑
分為濟北
分為膠東
正月 分關中為漢
分關中為雍
分關中為塞
分關中為翟
三十 燕
分為遼東
十八 更為西魏
分為殷
二十一 韓
分為河南

二徙都江南郴

西楚主伯項籍始爲天下主命立十八王

索隱曰高祖及十八諸侯受封之月漢書異姓王表云一月應劭云諸侯王始受封

王吳芮始故番君

王共敖始故楚柱國

王英布始故楚將

王張耳始故楚將。索隱曰故趙相

二十七王趙歇始故趙王

王田都始故齊將

王田安始故齊將

二十王田市始故齊王

二月漢王始故沛公

王章邯始故秦將

王司馬欣始故秦將。索隱曰故秦長史

王董翳始故秦將。索隱曰故秦都尉

王臧荼始故燕將

三十一王韓廣始故燕王

十九王魏豹始故魏王

王司馬卬始故趙將

二十二王韓成始故韓將。索隱曰故韓王

王申陽始故楚將

之月十八王同時稱一月以非元正故云一月高祖十月至霸上改元至此月漢四

三

二都彭城

月也　二都江都。索隱曰漢表云二月應劭云諸侯王始都國之月十八王同時稱

二都邾

二都江陵

二都六

二都襄國

二十八都代

二都臨菑

二都博陽

二十一都即墨

三月都南鄭

二都廢丘

二都櫟陽

二都高奴

二都薊

三十二都無終

二十都平陽。索隱曰後從漢又叛韓信虜之漢四年周苛殺豹也

二都朝歌

二十三都陽翟。索隱曰姚氏云韓成是項梁所立不與十七國封此云十

二都洛陽

二月

八王並項羽所命不細區別又高紀云項羽與成至彭城廢爲侯又殺之是不令就

秦楚之際月表

史記秦楚之際月表四　十四

四
三　諸侯罷戲下皆之國
三
三
三
三
三
二十九索隱曰趙歇前爲趙王已二十六
三
三
二十二
四月
三
三
三
三
三
三十三
二十一
三
二十四
三

國當以陽翟爲都而不之其所封國也

秦楚之際月表

史記秦楚之際月表四　十五

月今徙王代之二月故云二十九月其膠
東市之前爲齊王十九韓廣魏豹韓成五

	五	六
	四	五
	四	五
	四	五
	四	五
	四	五
人並先王為已經多月故因舊月而數	三十	三十一
	四田榮擊都都降楚	五齊王田榮始故齊相
	四	五
	二十三	二十四田榮擊殺市
	五月	六月
	四	五
	四	五
	四	五
	四	五
	三十四	三十五
	二十二	二十三
	四	五
	二十五	二十六
	四	五

七	八	九	十項羽滅義帝
六	七	八	九
六	七	八	九
六	七	八	九
六	七	八	九
六	七	八	九耳降漢
三十二	三十三	三十四	三十五歇復王
二	三	四	五
六田榮擊殺安 屬齊	七屬齊		
七月	八月	九月	十月王至陝徐
六	七邯守廢丘漢圍之	八	九
六	七欣降漢國除	屬漢為河南上郡	
六	七翳降漢國除	屬漢為上郡	
六	七	八	九
三十六	三十七臧荼擊殺廣無終滅之	屬燕	
二十四	二十五	二十六	二十七
六	七	八	九
二十七項羽誅成	二十八韓王鄭昌始項王立之	二	三
六	七	八	九

索隱曰羽使九江王布殺之漢王爲舉哀		
	十	十一
	十	十一
	十	十一
	十	十一
		歇以陳餘爲代王
趙	三十六代王歇還王趙	三十七
	六	七
廣曰弘農陝縣	十一月	十二月
	十漢拔我隴西	十一
	十	十一
	二十八	二十九
	十	十一
	韓王信始漢立之 屬漢爲河南郡	二

秦楚之際月表

	十二	二年一月	二
	十二	二年一月	二
	十二	十三	十四
	十二	二年一月	二
號成安君	二	三	四
	三十八	三十九	四十
	八項籍擊榮走平原平原民殺之	項籍立故齊王田假爲齊王	二田榮弟横
	正月	二月	三月王擊彭
	十二漢拔我北城	二年一月	二
	十二	二年一月	二
	三十	三十一	三十二降漢
	十二	十三	十四降漢卬
	三	四	五

	三項羽以兵三	萬破漢兵五十六萬	四
	三		四
	十五		十六
	三		四
	五		六
	四十一		四十二
反城陽擊假走楚楚殺假	三齊王田廣始	廣榮子橫立之	二
	四月王伐楚至	彭城壞定	五月王走滎陽
	三		四
	三		四
為廢王	三十三從漢伐	楚	三十四豹歸叛漢
廢	為河內郡屬漢		
	六從漢伐楚		七

五	六		七	八
五	六		七	八
十七	十八		十九	二十
五	六		七	八
七	八		九	十
四十三	四十四		四十五	四十六
三	四		五	六
六月王入關立太子復如滎陽	七月		八月	九月
五漢殺邯廢丘	屬漢為隴	西北屯戍地郡		
五	六		七	八
三十五	三十六		三十七	三十八漢將韓信
八	九		十	十一

九	十		十一		十二
九	十		十一		十二
二十一	二十二		二十三		二十四
九	十		十一		十二布身降漢
十一	十二漢將	韓信斬陳餘	十三		屬漢為太原郡
四十七	四十八漢	滅歇立張耳	屬漢為郡		
七	八		九		十
後九月徐廣曰應閏建巳	二年十月		十一月		十二月
九	十		十一		十二
虜豹屬漢為河東上黨郡					
十二	二年一月		二		三

三年一月	二	三	四	五	六	七
三年一月	二	三	四	五	六	七
二十五	二十六	二十七	二十八	二十九	三十	三十一王敖薨
地屬項籍						
十一	十二	十三	十四	十五	十六	十七
正月	二月	三月	四月楚圍王	滎陽 五月	六月	王出滎陽徐廣曰項羽
三年一月	二	三	四	五	六	七
四	五	六	七	八	九	十

	八	九	十	十一漢將韓信破殺龍且
	八	九	十	十一
	臨江王驩始敖子	二	三	四
				趙王張耳始漢立之
	十八	十九	二十	二十一漢將韓信擊殺廣
高紀七月出滎陽	八月周苛樅公殺魏豹	九月	四年十月	十一月
	八	九	十	十一
	十一	十二	三年一月	二

十二	四年一月	二	三漢御史周苛入楚	四
十二	四年一月	二	三	四
五	六	七	八	九
二	三	四	五	六
屬漢為郡		齊王韓信始漢立之	二	三
十二月	正月	二月立信王齊	三月周苛入楚	四月王出滎陽豹死
十二	四年一月	二	三	四
三	四	五	六	七

	五	六	七	八	九
	五	六	七	八	九
	十	十一	十二	十三	十四
			淮南王英布始漢立之	二	三
	七	八	九	十	十一
	四	五	六	七	八
徐廣曰項羽紀曰王出成皋	五月	六月	七月立布為淮南王	八月	九月太公呂后
	五	六	七	八	九
	八	九	十	十一	十二

	十	十一	十二誅籍	齊王韓信徙楚王	二
	十	十一	十二	十三徙王長沙	屬淮南
	十五	十六	十七漢虜驩	屬漢為南郡	
	四	五	六	七淮南國	八
	十二	二年一月	二	三趙國	四
	九	十	十一	十二徙王楚屬漢南四郡	
歸自楚	五年十月	十一月		正月殺項籍天下平諸侯臣屬漢	二月甲
	十	十一	十二	五年一月燕國	二
				復置梁國	一月梁
	四年一月	二	三	四韓王信	五徙王
				分臨江為長沙國	衡山王

國

三 | 四 | 五 | 六 | 七

九 | 十 | 十一 | 十二 | 二年一月

五 | 六 | 七 | 八 | 九耳薨諡景王

午王更號即皇帝位於定陶 | 三月 | 四月 | 五月 | 六月帝入關 | 七月

三 | 四 | 五 | 六 | 七

王彭越始 | 二 | 三 | 四 | 五 | 六

代都馬邑 | 六 | 七 | 八 | 九 | 十

吳芮為長沙王。索隱曰改封也 | 二 | 三 | 四 | 五 | 六薨諡文王

八 | 九王得故項籍將鍾離昧以聞 | 十

二 | 三 | 四

趙王張敖立耳子 | 二 | 三

八月帝自將誅燕 | 九月 | 後九月徙廣日

八 | 九反漢虜荼。索隱曰漢書作四年九月誤也 | 燕王盧綰始漢

七 | 八 | 九

十一 | 十二 | 五年一月

長沙成王臣始芮子 | 二 | 三

應閏建寅
太尉

索隱述贊曰

秦失其鹿　羣雄競逐

龍興沛谷　武臣自王

田儋據齊　魏豹必復

義帝見弒　英布居六

洶洶天下　以月繫年

卒享天祿　項王主命

　　　　　道悠運速

　　　　　狐鳴楚祠

　　　　　瞻烏誰屋

　　　　　眞人霸上

秦楚之際月表第四　史記十六

漢興以來諸侯年表第五　史記十七

索隱曰應劭云雖名爲王其實如古之諸侯

太史公曰殷以前尚矣周封五等公侯伯子男然封伯禽康叔於魯衛地各四百里親親之義襃有德也太公於齊兼五侯地尊勤勞也武王成康所封數百而同姓五十五索隱曰案漢書封國八百同姓五十餘頃氏據左傳魏子謂成鱄云武王克商光有天下兄弟之國十有五人姬姓之國四十人是也地上不過百里下三十里以輔衛王室管蔡康叔曹鄭或過或損厲幽之後王室缺侯伯彊國興焉天子微弗能正非德不純形勢弱也索隱曰純善也亦云純一言周王非德不純一形勢弱也漢興序二等韋昭曰漢封功臣大者王小者侯也高祖末年非劉氏而王者若無功上所不置徐廣曰一云非有功上所置而侯者天下共誅之高祖子弟同姓爲王者九國徐廣曰齊楚荆淮南燕趙梁代淮陽○索隱曰徐氏九國不數吳蓋以荆絶乃封吳故也仍以淮陽爲九今案下文所列有十國者以長沙異姓故言九國也唯獨長沙異姓而功臣侯者百有餘人自鴈門太原以東至遼陽韋昭曰遼東陽縣爲燕代國常山以南大行左轉度河濟阿甄以東薄海爲齊趙國自陳以西南至九疑東帶江淮穀泗徐廣曰穀水在沛薄會稽爲梁楚吳淮南長沙國皆外接於胡越而內地北距山以東盡諸侯地大者

或五六郡連城數十置百官宮觀僭於天子漢獨有三河東郡潁川南陽自江陵以西至蜀北自雲中至隴西與內史正義曰京兆也凡十五郡而公主列侯頗食邑其中何者天下初定骨肉同姓少故廣彊庶孽以鎮撫四海用承衛天子也漢定百年之間親屬益疏諸侯或驕奢忕邪臣計謀爲淫亂索隱曰忕音誓忕訓習言習於邪臣之謀計故爾雅云忕猶細也細亦訓習大者叛逆小者不軌于法以危其命殞身亡國天子觀於上古然後加惠使諸侯得推恩分子弟國邑索隱曰案武帝用主父偃言而下推恩之令也故齊分爲七徐廣曰城陽濟北濟南菑川膠西膠東是分爲七趙分爲六徐廣曰河間廣川中山常山清河梁分爲五徐廣曰濟陽濟川濟東山陽也淮南分三徐廣曰廬江衡山及天子支庶子爲王王子支庶爲侯百有餘焉吳楚時前後諸侯或以適削地索隱曰適音宅或作過是以燕代無北邊郡吳淮南長沙無南邊郡如淳曰長沙之南更置郡燕代以北更置緣邊郡其所有饒利兵馬器械三國皆失之也。正義曰景帝時漢境北至燕代燕代之北未列爲郡吳長沙之國南至嶺南嶺南越未平亦無南邊郡齊趙梁楚支郡名山陂海咸納於漢諸侯稍微大國不過十餘城小侯不過數十里上足以奉貢職下足以供養祭祀以蕃輔京師而漢郡八九十形錯諸侯間犬牙相臨索隱曰錯音七各反錯謂交錯相銜如犬牙故云犬牙相制言犬牙參差也秉其阸塞地利彊本幹弱枝葉之勢也尊卑明而萬事各得其所矣臣遷謹記高祖以來至太初諸侯譜其下益損之時令後世得覽形勢雖彊要之以仁義爲本

國	高祖元年	
楚	索隱曰高祖五年封韓	信六年王弟交也
齊	索隱曰四年封韓信六	年封子肥
荆	索隱曰六年封劉賈十	一年賈爲英布所殺其年立吳國封兄子濞也
淮南	索隱曰四年封英布十	一年反誅立子長
燕	索隱曰五年封盧綰十	一年亡入匈奴立子建也
趙	索隱曰四年封張耳其	年薨明年子敖立八年廢爲宣平侯九年立子
梁	索隱曰五年封彭越十	一年反誅立子恢
淮陽	索隱曰十一年封子	友後二年爲郡高后元年復爲國封惠帝子彊
代	索隱曰二年封韓王信	五年降匈奴十一年立子恒
長沙	索隱曰五年封吳芮薨	六年子成王臣立爲長沙王

記漢侯年表五 四

二
都彭城
都臨菑
都吳
都壽春
都薊
如意 都邯鄲
都淮陽
都陳
十一月初韓王信元年都馬邑徙廣曰

三
本紀及表高祖起五年始徙信故韓王孫 二

記漢侯年表五 五

四 五
齊王信徙爲楚
初王信元年故相國 二徙楚
十月乙丑初王武王英布元年 二
九月壬子初王
初王張耳元年
初王彭越元年
三 四降匈奴國除
二月乙未初王

六
王元年反廢 正月丙午初王交元年交高
正月甲子初王悼惠王肥元
正月丙午初王劉賈元年
三
盧綰元年 二
二
二
爲郡
文王吳芮元年薨 成王臣元年

七 八 九
祖弟也 二 三 四來朝
年肥高祖子 二 三 四來朝
二 三 四
四 五 六來朝
三 四 五
三 四廢 初王隱王如意元年如
三 四 五來朝
二 三 四

十 十一
五來朝 六
五來朝 六
五來朝 六爲英布所殺國除
七來朝反誅 十二月庚午厲王長
六來朝 七徐廣曰一云十月
高祖子 二 三
六來朝反誅 二月丙午初王恢元
二月丙寅初王交元
後置代都中都 二月丙子初王元年
五來朝 六

十二
七
七
爲郡 更爲吳國十月辛丑初王濞
元年長高祖子 二
云入於匈奴 三月甲午初王靈王建元年
四死
年恢高祖子 二
年友高祖子徙趙 二
二
七

孝惠元年
八
八
元年濞高祖兄仲子 二故沛侯
三
高祖子建 二
淮陽王徙於趙名友元年
三
爲郡
三
八

	二	三	四	五	六	七	高后元年
	九來朝	十	十一來朝	十二	十三	十四來朝	十五
						初置魯國	四月元王張偃元年偃
	九來朝	十	十一來朝	十二	十三薨	哀王襄元年	二
	三	四	五	六來朝	七	八來朝	九
	四	五	六來朝	七	八	九來朝	十
	三	四	五	六來朝	七	八來朝	九
是爲幽王	二	三	四來朝	五	六	七來朝	八
						初置常山國	四月辛卯哀王不疑元
	四	五	六	七	八	九來朝	十
						初置呂國	四月辛卯呂王台元年
						復置淮陽國	四月辛卯初王懷王強
	四	五	六	七	八	九	十
	哀王回元年	二	三	四	五	六	七

	二		三
	十六		十七
高后外孫故趙王敖子	二		三
	三		四來朝
	十		十一
	十一		十二
	十		十一
	九		十
	七月癸巳初王義元年	皇子哀王弟義孝惠子故襄城侯立爲帝	二
年薨	十一		十二
薨	十一月癸亥呂王嘉元	年嘉肅王子	二
元年強惠帝子	十二		三
	十一		十二
	燕王右元年		二來朝

漢侯年表

四
十八
四
五

記漢侯年表五

十二
十三
十二
十一

十

五月丙午初王朝元年朝惠帝子故軹侯○索隱曰軹音章是反軹縣在河內後文帝以封
十三

三
四
十三
三

漢年表

五	六	
十九	二	十
五	六	
六	七	
	初置琅邪國	
十三	十四	
十四朝來	十五	
十三	十四	
十二	十三	
二	三	
十四	十五	
	嘉發七月丙辰呂產元年產肅王弟故洨侯 索隱曰洨音交洨水所出縣名在沛	
四		
五無嗣	初王武元年	
十四	十五	
四	五	

記漢侯年表五

十一

漢侯年表

七 | 八
二十一 | 二十二
八 | 九
王澤元年故營陵侯索隱曰營陵縣名屬北海 | 二
十五 | 十六
十六 | 十七
十五絕 | 十月辛丑初王呂通元年肅王子故東平侯九
十四楚呂產徙梁元年 | 初王呂祿元年呂后兄子胡陵侯誅國除○索
四 | 五非子誅國除為郡
十六趙徙王呂產元年 | 二有罪誅為郡
二呂產徙王梁七月丁巳王太元年惠帝子 | 三
孝惠帝子故壺關侯武 | 二
十六 | 十七
六 | 七

記漢侯年表五 十二

漢侯年表

孝文前元 | 年 | 二
二十三 | | 夷王郢元年
十薨 | | 文王則元年
初置成陽 | 郡 | 二月乙卯景王章元年
初置濟北 | | 二月乙卯王興居元年悼
三徙燕 | | 國除為郡
十七 | | 十八
十八 | | 十九
月誅國除○索隱曰東平縣屬梁國 | 十月庚戌 | 琅邪王澤徙燕元年 | 二是為敬王薨
隱曰胡陵縣屬山陽 | 十月庚戌 | 趙王遂元年 | 二幽王子
分為河間 | 都洛城 | 二月乙卯初王文王辟強
初置太原 | 都晉陽 | 二月乙卯初王參元年參
復置梁國 | | 二月乙卯初王懷王勝元
三武誅國 | 除 |
十八為文 | 帝 | 二月乙卯初王武元年武
八 | | 九

記漢侯年表五 十三

	三	
	二	
	二	
	二章悼	惠子故朱虛侯。索隱曰朱虛縣名屬琅邪
惠王子	二興居	故東牟侯。索隱曰東牟縣名屬東萊
	十九來	朝
	二十來	朝
	康王嘉	元年
	三	
元年辟彊趙幽王子。索隱曰辟音壁	二	
文帝子	二	
年勝文帝子	三	
	復置淮	陽國
文帝子	二徙淮	陽
	靖王著	元年

四		五	六	七
三		四薨	王戊元年	二
三		四	五	六
共王喜元年		二	三	四
爲郡				
二十		二十一	二十二	二十三
二十一		二十二	二十三王無道遷蜀死雍	爲郡
二		三	四	五
四		五	六	七來朝
三		四	五	六
三更爲代王				
三		四	五	六來朝
代王武徙淮陽三年		四	五	六來朝
三太原王參更號爲代王三年實居太原是爲	孝王	四	五	六來朝
二		三	四	五

八	九	十	十一	十二	十三
三	四	五	六	七	八來朝
七來朝	八	九	十	十一來朝	十二
五	六來朝	七	八徙淮南為郡屬齊		
二十四	二十五	二十六	二十七	二十八	二十九
				城陽王喜徙淮南元年	二
六來朝	七	八	九	十	十一
八	九	十	十一	十二來朝	十三
七來朝	八	九	十	十一來朝	十二
七	八	九	十來朝甍無後	十一淮陽王武徙梁是年為孝王	十二
七	八來朝	九	十來朝徙梁為郡		
七	八	九	十來朝	十一	十二
六	七	八來朝	九	十	十一

十四	十五	十六	後元年
九	十	十一	十二
	初置衡山	四月丙寅王勃元年	二淮南厲王子故安
十三	十四甍無後	四月丙寅孝王將閭元年	二齊悼惠王子故陽
	復置城陽國	淮南王喜徙城陽十三年	十四
	復置濟北國	四月丙寅初王志元年	二齊悼惠王子故安
	分為濟南國	四月丙寅初王辟光元年	二齊悼惠王子故初
	分為菑川都劇	四月丙寅初王賢元年	二齊悼惠王子故武
	分為膠西都兗徙廣曰樂安有兗縣	四月丙寅初王卬元年	二齊悼惠王子故平
	分為膠東都即墨	四月丙寅初王雄渠元年	二齊悼惠王子故白
三十	三十一	三十二	三十三
三	四徙城陽	四月丙寅王安元年	二淮南厲王子故阜
十二來朝	十三來朝	十四	十五
十四	十五	十六	十七
十三甍	哀王福元年甍無後國除為郡		
	初置廬江國	四月丙寅王賜元年	二淮南厲王子故陽
十三	十四來朝	十五	十六
十三	十四	十五	十六
十二	十三	十四	十五

漢侯年表

	二	三	四	五	六	七
	十三	十四	十五	十六來朝	十七	十八
陽侯	三	四	五	六	七	八
盧侯	三	四來朝	五	六	七	八
	十五	十六	十七	十八來朝	十九	二十
都侯	三	四來朝	五來朝	六	七	八
侯	三	四來朝	五	六	七	八
成侯	三	四	五	六來朝	七	八
昌侯	三	四	五	六	七	八
石侯	三	四	五	六來朝	七	八
	三十四	三十五	三十六	三十七	三十八	三十九
陵侯	三	四	五	六	七來朝	八
	十六	十七	十八來朝	十九	二十	二十一
	十八	十九	二十來朝	二十一	二十二	二十三
周侯	三	四	五	六	七	八
	十七	十八來朝	十九	二十	二十一	二十二
	十七薨	恭王登元年	二	三	四	五
	十六	十七	十八	十九	二十來朝	二十一來朝薨無後國除

記漢侯年表五 十八

漢侯年表

孝景前元年	二	三
十九	二十來朝	二十一反誅
	分楚復置魯國	六月乙亥淮陽王徙魯元
九	十	十一
九	十	十一
二十一	二十二	二十三
九	十來朝	十一徙菑川
九	十	十一反誅
九	十	十一賢反誅濟北王志徙
九	十	十一反誅六月乙亥子王
九	十	十一反誅
四十	四十一	四十二反誅
九	十	十一
二十二	二十三	二十四
二十四	二十五來朝	二十六
復置河間國	三月甲寅初王獻王德元年景帝子	二來朝
初置廣川都信都	三月甲寅初王彭祖元年景帝子	二來朝
	初置中山都盧奴	六月乙亥靖王勝元年景
九	十	十一
二十三	二十四來朝	二十五來朝
初置臨江都江都	三月甲寅初王閼元年景帝子。索隱曰閼音過	二
初置汝南國	三月甲寅初王非元年景帝子	二
初置淮陽國	三月甲寅初王餘元年景帝子徙魯	二
六	七	八
復置長沙國	三月甲寅定王發元年景帝子	二

記漢侯年表五 十九

年是爲恭王

菑川十一年是爲懿王

端元年景帝子○索隱曰謚法能優其德曰子

帝子

四四月乙巳立太子

文王禮元年王子故平陸侯

二來朝

十二徙濟北廬江王賜徙衡山王元年

懿王壽元年

二十四

十二

爲郡

十二

二

四月乙巳初王元年是爲孝武帝

初置江都六月乙亥淮南王非爲江都王元年

十二

二十五

爲郡

二

三

二

二

十二徙魯山國除爲郡

二十六

三薨無後國除爲郡

三徙江都

爲郡

九

三

五

二

三

二

二來

二十

十三

十三

三

二

二是爲易王○索隱曰謚法好更故舊爲易

十三

二十

廣川

四

四徙

三

十二

十

四

朝

五

薨是爲貞王

來朝

六薨

王彭祖徙趙四年是爲敬肅王

趙國除爲信都郡

七

六

三來朝薨

四

三

三

二十六

武王胡元年

十四

四

三

三

十四

王定國元年

五

五

四

二十八

復置臨江國

十一

五來朝

七十一月乙丑太子廢		中元	二
楚王道元年		二來朝	三
五		六來朝	七
四		五	六
四		五	六
二十七		二十八	二十九來朝
三		三	四
十五		十六來朝	十七來朝
五		六來朝	七
四四月丁巳為太子復置膠東國		五復置膠東國	四月乙巳初王康王寄元年
四		五	六
十五		十六	十七
二		三	四
六		七	八來朝
六		七	八來朝
		復置廣川國	四月乙巳惠王越元年景
五來朝		六	七
			初置清河都濟陽
二十九來朝		三十	三十一來朝
十一月乙丑初王閔王榮元年景帝子太子廢	為王	二	三
十二		十三	十四
六來朝		七	八

	三		
	八		
	七來朝		
	七		
	三十		
	五		
	十八		
	八		
年景帝子	二		
	七		
	十八		
	五來朝		
	九		
	九		
帝子	二		
	八		
	三月丁巳哀王乘元年景帝子		
	三十二		
	四坐侵廟壖垣為宮自殺國除為		南郡○索隱曰音如川反壖垣廟境外之壖地
	十五來朝		
	九		

	四	五	六
	五	六來朝	七
	九	十	十一
	八	九	十
	八	九	十
	三十一	三十二	三十三
	六	七	八
	十九	二十	二十一
	九	十	十一
	三	四來朝	五
	八	九	十
	十九來朝	二十	二十一
	六	七	八
	十	十一	十二
	十	十一	十二
	三	四	五
	九來朝	十	十一
	二	三	四
	復置常山國	三月丁巳初王憲王辟元年孝景子	二
	三十三	三十四	三十五來朝薨
		分為濟川國	五月丙戌初王明元年梁孝王子
也		分為濟東國	五月丙戌初王彭離元年梁孝王子
		分為山陽國	五月丙戌初王定元年梁孝王子
		分為濟陰國	五月丙戌初王不識元年梁孝王子
	十六	十七	十八
	十來朝	十一來朝	十二

後元元年	二	三	孝武建元元年	二
八	九	十	十一	十二來朝
十二	十三	十四	十五	十六來朝
十一	十二	十三	十四	十五
十一	十二來朝	十三	十四	十五
頃王延元年索隱曰頃音傾城陽王子	二	三	四	五
九	十來朝	十一	十二	十三
二十二來朝	二十三	二十四	二十五	二十六
十二	十三	十四	十五	十六
六	七	八來朝	九	十
十一	十二	十三	十四	十五
二十二	二十三	二十四	二十五	二十六來朝
九來朝	十來朝	十一	十二	十三
十三來朝	十四	十五	十六	十七
十三來朝	十四	十五	十六	十七
六	七	八	九	十
十二	十三	十四	十五	十六
五	六	七	八	九來朝
三	四	五	六	七
恭王買元年孝王子	二	三	四	五
二	三	四	五	六
二	三	四	五	六
二	三	四	五	六
二薨無後國除				
十九	二十	二十一	二十二	二十三
十三	十四	十五	十六	十七

漢年表

三	四		五
十三	十四		十五
十七	十八		十九
十六	十七		十八
十六	十七		十八
六	七		八
十四	十五		十六
二十七	二十	八	二十九
十七	十八		十九
十一	十二		十三
十六	十七	來朝	十八
二十七	二十	八	二十九
十四	十五		十六
十八	十九		二十
十八	十九		二十
十一	十二		繆王元年徐廣曰齊立此五年以征和元
十七來朝	十八		十九
十	十一		二十薨無後國除為郡
十八	九來朝	朝	十
六	七薨		平王襄元年
七明殺中傅徐廣曰一作太傅廢遷房陵	八為	郡	
七	八		九
七	八		九薨無後國除為郡
二十四來朝	二十	五	二十六
十八來朝	十九		二十

記漢侯年表五 廿六

漢年表

	六	元光元年
	十六	十七
	二十	二十一
	十九	二十
	十九	二十
	九	十來朝
	十七	十八
	三十	三十一
	二十來朝	二十一
	十四	十五來朝
	十九	二十
	三十	三十一
	十七	十八來朝
	二十一來朝	二十二
	二十一	二十二
年乙丑有罪病死謚曰懿。索隱曰廣川惠王子謚法名與實乖曰繆	二	三
	二十	二十一
	十一	十二
	二	三
	十	十一
	二十七	二十八
	二十一	二十二

記漢侯年表五 二十七

二	三	四	五	六	元朔元年
十八來朝	十九來朝	二十	二十一	二十二薨	襄王注元年
二十二	二十三	二十四	二十五	二十六薨	安王光元年
二十一	二十二	二十三	二十四	二十五	二十六
二十一	二十二卒	厲王次昌元年	二	三	四
十一	十二	十三	十四來朝	十五	十六
十九	二十	二十一	二十二	二十三	二十四來朝
三十二	三十三	三十四	三十五薨	靖王建元年	二
二十二	二十三	二十四	二十五	二十六	二十七
十六	十七	十八	十九	二十	二十一
二十一	二十二	二十三	二十四	二十五	二十六
三十二	三十三	三十四	三十五	三十六	三十七
十九	二十	二十一	二十二	二十三	二十四坐禽獸行自殺
二十三	二十四	二十五	二十六	二十七來朝	二十八
二十三	二十四	二十五	二十六來朝	恭王不害元年	二
四	五	六	七	八	九
二十二來朝	二十三來朝	二十四	二十五	二十六	二十七
十三	十四	十五	十六	十七	十八
四	五	六	七	八	九
十二	十三	十四來朝	十五	十六	十七
二十九	王義元年	二	三	四	五
二十三來朝	二十四來朝	二十五	二十六	二十七	康王庸元年

	二	三	四	五	六
	二	三	四來朝	五	六
	二	三	四	五	六
	二十七	二十八	二十九	三十	三十一
	五薨無後國除為郡				
	十七	十八	十九	二十	二十一
	二十五	二十六	二十七	二十八	二十九
	三	四	五	六	七
	二十八來朝	二十九	三十	三十一	三十二
	二十二	二十三	二十四	二十五來朝	二十六
	王建元年	二	三	四	五
	三十八	三十九	四十	四十一安有罪削國二縣	四十二
國除為郡					
	二十九	三十	三十一	三十二	三十三
	三	四薨	剛王堪元年	二	三
	十	十一	十二	十三	十四來
	二十八	二十九來朝	三十	三十一	三十二
	十九	二十	二十一	二十二來朝	二十三
	十來朝	十一	十二	十三	十四
	十八	十九	二十來朝	二十一	二十二
	六	七	八	九	十
	二	三	四	五	六

漢侯年表

			史記漢侯年表五 卌	
	元狩元年	二		
	七	八		
	七	八來朝		
	三十二反自殺國除			
來朝	二十二	二十三		
	三十	三十一		
	八	九		
	三十三	三十四		
	二十七	二十八		
	六	七反自殺國除		爲廣陵郡
	四十三反自殺爲六安郡	以故陳爲都七		月丙子徐廣曰一云壬子初王恭王慶元年膠
	三十四來朝	三十五		
	四	五		
朝	十五	十六		
	三十三	三十四		
	二十四	二十五		
	十五	十六		
	二十三	二十四		
	十一	十二來朝		
	七	八來朝		

漢侯年表

				史記漢侯年表五 卌一		
	三	四	五			六
	九	十來朝	十一			十二
	九	十	十一			十二
			復置齊國			四月乙巳初王懷王閎元年閎武帝子
	二十四	二十五	二十六來		朝薨	敬王義元年
	三十二來朝	三十三	三十四			三十五
	十	十一	十二來朝			十三
	三十五	三十六	三十七			三十八
	哀王賢元年	二	三			四
			更爲廣陵		國	四月乙巳初王胥元年武帝子
東王子	二	三	四			五
			復置燕國			四月乙巳初王剌王旦元年武帝子。索
	三十六	三十七	三十八			三十九
	六	七	八			九來朝
	十七	十八	十九			二十
	三十五來朝	三十六	三十七			三十八
	二十六	二十七	二十八			二十九來朝
	十七	十八	十九			二十
	二十五	二十六來朝	二十七			二十八
	十三	十四	十五			十六
	九	十	十一			十二

漢年表

記漢侯年表五　卌二

	元鼎元年		二	三
	十二		十四薨	節王純元年
	十三		十四來朝	十五
				初置泗水都郯徐
	二		三	四
	二		三	四
	三十六		三十七	三十八
	十四		十五	十六
	三十九		四十	四十一
	五		六	七
	二		三	四
	六		七	八
廣曰諡法暴慢無親曰剌	二		三	四
	四十		四十一	四十二
	十		十一	十二薨
	二十一來朝		二十二	二十三
	三十九		四十	四十一來朝
				復置清河郡
	三十		三十一	三十二薨子爲王
	二十一		二十二	二十三
	二十九剌攻殺人遷	上甯國爲太河郡		
	十七		十八來朝	十九徙清河爲太
	十三		十四	十五來朝

漢侯年表

記漢侯年表五　卌三

	四		五
	二		三
	十六		十七
廣曰泗水屬東海	思王商元年徐廣曰一云勤	王商元年恒山憲王子	二
	五		六
	五		六
	三十九		四十
	十七		十八
	四十二		四十三
	八		九
	五		六
	九		十
	五		六
	四十三		四十四
	頃王授元年		二
	二十四		二十五來朝
	四十二薨		四十三東王昌元年
	二十代王義徙清河年是爲	剛王	二十一
	更爲真定國頃王平元年常	山憲王子	三
	二十四		二十五
原郡			
	十六		十七

	六		元封元年
	四		五
	十八		十九
	三		四
	七		八薨無後國除
	七		八來朝
	四十一來朝		四十二
	十九		二十
	四十四		四十五
	十		十一
	七		八
	十一來朝		十二
	七		八
	四十五		四十六
	三		四
	二十六		二十七
卽年薨	康王昆修元年索隱曰蕭該云謚法好	樂怠政曰康漢書作糠昆修名	二
	二十二		二十三
	三		四來朝
	二十六		二十七
	十八		十九

	二	三	四	五
	六	七	八	九
	二十	二十一來朝	二十二	二十三朝泰山
	五	六	七	八
爲郡				
	九薨	彗王武元年	二	三
	四十三	四十四	四十五	四十六朝泰山
	項王遷元年索隱曰濟南王辟光之子	二	三	四
	四十六	四十七薨無後國除		
	十二	十三	十四	戴王通平元年
	九	十	十一	十二
	十三	十四	十五	十六
	九	十	十一	十二
	四十七	四十八	四十九	五十
	五	六	七	八
	二十八	二十九	三十	三十一
	三	四	五	六
	二十四	二十五來朝	二十六	二十七
	五	六	七	八
	二十八	二十九	三十	三十一
	二十	二十一	二十二	二十三

六	太初元年	二	
十	十一	十二	
二十四	二十五	二十六	
九	十	薨子哀王安世元年即戴	王賀元年安世子。索隱曰賀廣川惠王子
四	五	六	
四十七	四十八	四十九	
五	六	七	
二	三	四	
十三	十四	十五	
十七	十八來朝	十九	
十三	十四	十五	
五十一	五十二	五十三	
九	十	十一	
三十二	三十三	三十四	
七	八	九來朝	
二十八	二十九	三十	
九來朝	十	十一	
三十二	三十三	三十四	
二十四	二十五	二十六	

三	四
十三	十四
二十七	二十八
二	三
七薨	荒王賀元年
五十	五十一
八	九
五	六
十六	十七
二十	二十一
十六	十七
五十四	五十五
十二	十三
三十五	三十六
十一	十二
三十一	三十二
十二	十三
三十五	三十六來朝
二十七	二十八來朝

徐廣曰孝武太始二年廣陵中山眞定五年朝孝宣本始元年趙來朝二年廣川來朝四年淸河來朝孝宣地節元年梁來朝二年河間來朝三年濟北來朝濟北分平原太山二郡

索隱述贊曰

漢有天下　爰鑒興云　始誓河岳
言峻寵章　淮陰就楚　彭越封梁
荆燕懿戚　齊趙棣棠　犬牙相制
麟趾有光　降及文景　代有英王
魯恭梁孝　濟北城陽　仁賢足紀
忠烈斯彰

漢興以來諸侯年表第五　史記十七

高祖功臣侯年表第六　史記十八

正義曰高祖初定天下表明有功之臣而侯之若蕭曹等

太史公曰古者人臣功有五品以德立宗廟定社稷曰勳以言曰勞用力曰功明其等曰伐積日曰閱封爵之誓曰使河如帶泰山如厲國以永寧爰及苗裔始未嘗不欲固其根本而枝葉稍陵夷衰微也余讀高祖侯功臣察其首封所以失之者曰異哉所聞書曰協和萬國遷于夏商或數千歲蓋周封八百幽厲之後見於春秋尚書有唐虞之侯伯歷三代千有餘載自全以蕃衛天子豈非篤於仁義奉上法哉漢興功臣受封者百有餘人索隱曰案下文高祖功臣百三十七人兼外戚及王子凡一百四十三人受封天下初定故大城名都散亡戶口可得而數者十二三索隱曰言十分纔二三在耳是以大侯不過萬家小者五六百戶後數世民咸歸鄉里戶益息蕭曹絳灌之屬或至四萬小侯自倍索隱曰倍其初封時戶數也富厚如之子孫驕溢忘其先淫嬖至太初百年之間見侯五正義曰謂平陽侯曹宗曲周侯酈終根陽阿侯下仁戴侯秋家穀陵侯韓頹也餘皆坐法隕命亡國耗矣罔亦少密焉然皆身無兢兢於當世之禁云居今之世志古之道所以自鏡也索隱曰言居今之代志識古之道得以自鏡當代之存亡也未必盡同帝王者各殊禮而異務要以成功爲統紀豈可緄乎觀所以得尊寵及所以廢辱亦當世得失之林也索隱曰言觀今人臣所以得尊寵者必由忠厚被廢辱者亦由驕淫是言見在興廢亦當代得失之林也何必舊聞於是謹其終始表見其文頗有所不盡本末著其明疑者闕之後有君子欲推而列之得以覽焉

國名	正義曰此國名匡左行一道成是諸侯所封國名也
侯功	
高祖	十二
孝惠	七
高后	八
孝文	二十三
孝景	十六
建元至元封六年三十六	
太初元年盡後元二年十八	
侯第	索隱曰姚氏云蕭何第一曹參二張敖三周勃四樊噲五酈商六奚涓七夏侯嬰八灌嬰九傅寬十靳歙十一王陵十二陳武十三王吸十四薛歐十五周昌十六丁復十七蟲達十八史記與漢書表同而楚漢春秋則不同者陸賈記事在高祖惠帝時漢書是後定功臣等列及陳平受呂后命而定或已改邑號故人名亦別且高祖初定唯十八侯呂后令陳平終竟巳下列侯第錄凡一百四十三人也

平陽　漢書音義曰曹參位第二而表在首以前後故　索隱曰漢書地理平陽縣屬河東
以中涓從起沛至霸上侯以將軍入漢以左丞相出征齊魏以右丞相為平陽侯萬六百戶如淳曰謁主通書謂出納君命石奮為謁中涓受陳平謁是也春秋傳曰涓人疇漢儀註天子有中涓如黃門皆中官者
六年十二月甲申懿侯曹參元年　七　○索隱曰懿謚也
其二年　五　為相國
六年十月靖侯窋元年　二
八
九
後元四年簡侯奇元年　四
三
四年夷侯時元年○索隱曰時或作時音止又音市　十三　案漢書衛青傳平西曹壽尚陽信公主即此人當是字訛也
元光五年恭侯襄元年　十
元鼎三年今侯宗元年　十六
二
索隱曰漢書音義曰曹參位第二而表在首蕭何位第一而表在十三者以封先後故也又按封參在六年十二月封何在六年正月高祖十月因秦改元故十二月在正月前也漢表具記位次而亦依封前後錄也

信武　索隱曰地理志無信武縣當是後廢也
以中涓從起宛朐入漢以騎都尉定三秦擊項羽別定江陵侯五千三百戶以車騎將軍攻黥布陳豨
六年十二月甲申肅侯靳歙元年○索隱曰　七　靳姓音紀覲反歙音攝又音吸
七
五
六年夷侯亭元年　三
後元三年侯亭坐事　十八　國人過律奪侯國除
十一

清陽　索隱曰漢表作清河定侯地理志清陽縣屬清河郡也
以中涓從起豐至霸上為騎郎將入漢以將軍擊項羽功侯三千一百戶
六年十二月甲申定侯王吸元年○索　七　隱曰楚漢春秋作清陽侯王隆
七
八
元年哀侯彊元年　七　索隱曰彊音其良切
八年孝侯伉元年　十六　索隱曰伉音苦浪切
四
五年哀侯不害元年　十三
元光二年侯不　七　害薨無後國除
十四

汝陰　索隱曰汝陰縣屬汝南凡縣名皆據地理志不言者從省文
以令史從降沛為太僕常奉車為滕公竟定天下入漢中全孝惠魯元侯六千九百戶常為太僕
六年十二月甲申文　七　侯夏侯嬰元年
七
八
八
九年夷侯竈元年　七
十六年恭侯賜元年　八
十六
元光二年侯頗元年　七
元鼎二年頗坐尚公主與　十九　父御婢姦罪自殺國除
八

陽陵	廣嚴
索隱曰陽陵縣屬馮翊 **陽陵** 楚漢春秋作陰陵	索隱曰晉書地道記廣縣在東莞嚴諡 **廣嚴** 也下又云壯班馬二史並誤
以舍人從起橫陽至霸上為騎將入漢定三秦屬淮陰定齊為齊丞相侯二千六百戶	以中涓從起沛至霸上為連敖入漢以騎將定燕趙得將軍侯二千二百戶
六年十二月甲 七 申景侯傅寬元年	六年十二月甲申壯侯呂 七 歐元年○索隱曰歐烏后切
五	七
六年頃項 二 侯靖元年 八	八
十四 十五年恭侯則元年 九	二年戴侯 一 勝元年 九 十一年恭侯嘉元年至後 十三 元七年嘉薨無後國除
三 前四年侯 十三 偃元年	
元狩元年侯偃以與 十八 淮南王謀反國除	
十	二十八

廣平	博陽
索隱曰縣 **廣平** 名屬臨淮	索隱曰博陽縣 **博陽** 在汝南
以舍人從起豐至霸上為郎中入漢以將軍擊項羽鍾離眛功侯四千五百戶	以舍人從起碭以刺客將入漢以都尉擊項羽滎陽絕甬道擊殺追卒功侯
六年十二月甲申敬 七 侯薛歐元年	六年十二月甲申壯侯陳濞元年○ 七 索隱曰楚漢春秋名濆
七	七
元年靖侯 八 山元年	八
十八 後元三年 五 侯澤元年	十八 後元三年 五 侯始元年
中二年 八 有罪絕 平棘 中五年復封 五 節侯澤元年	前五年侯始 四 有罪國除 中五年封始○索隱 **塞** 曰塞在桃林之西 後元元年始 二 有罪國除
其十年 十 為丞相 元朔四年 五 侯穰元年 元狩元年穰受淮南王財物 三 稱自在赦前詔問謾罪國除	
十五	十九

曲逆 索隱曰縣名屬中山章帝改曰蒲陰

以故楚都尉漢王二年初從循武爲都尉遷爲護軍中尉出六奇計定天下侯五千戶

六年十二月甲申 七 獻侯陳平元年

其五年爲 七 左丞相

其元年徙爲右丞相後專爲丞 八 相相孝文二年

三年恭侯買元年 二

五年簡侯悝元年 十九

四

五年侯何元年 十二

元光五年侯何坐 十 略人妻棄市國除

四十七

堂邑 索隱曰縣名屬臨淮

以自定東陽爲將屬項梁爲楚柱國四歲項羽死屬漢定豫章浙江都浙自立爲王壯息侯千八百戶復相楚元年王十一年

六年十二月甲申 七 安侯陳嬰元年

七

四

五年恭侯祿元年 四

二

三年夷侯午元年 二十一

十六

元光六年 十一 季須元年

元鼎元年侯須坐母長公主卒未除 十三 服奸兄弟爭財當死自殺國除

八十六

史記表六 七

周呂 索隱曰應劭云周呂國也按周呂及呂皆國名濟陰有呂都縣

以呂后兄初起以客從入漢爲侯還定三秦將兵先入碭漢王之解彭城往從之復發兵佐高祖定天下功侯

六年正月丙戌令武侯呂澤元年○索隱曰令武謚也一云令 三 邑武謚也又改封令令縣名在滎陽出晉地道記

九年子台封鄜侯元年○索隱 四 曰鄜音壓一作鄜音數皆縣名

七 有罪

建成 索隱曰縣名屬沛郡

以呂后兄初起以客從擊三秦漢王入漢而釋之還豐沛奉衛呂宣王太上皇天下已平封釋之爲建成侯○索隱曰呂宣王呂公子也

六年正月丙戌 七 康侯釋之元年

三年侯 二 則元年

有 五 罪

元年五月丙寅封則弟太 胡陵 中大夫呂祿元年

八年祿爲趙王國除追尊康侯爲昭王祿 七 以趙王謀不善大臣誅祿遂滅呂

史記表六 八

留 索隱曰韋昭云留今在彭城	射陽 索隱曰縣名屬臨淮射一作貫
以廄將從起下邳，以韓申徙下韓國，言上張旗志秦王恐降，解上與項羽之郄，爲漢王請漢中地，常計謀平天下，侯萬戶	兵初起，與諸侯共擊秦，爲楚左令尹，漢王與項羽有郄於鴻門，項伯纏解難，以破子羽纏嘗有功，封射陽侯
六年正月丙戌，文成侯張良元年　七	六年正月丙午，侯項纏元年，賜姓劉氏。○索隱曰即項伯也　七
七	三年，侯纏卒，嗣子睢有罪，國除　二
二　三年，不疑元年　六	
五年，侯不疑坐與門大夫謀殺故楚內史，當死，贖爲城旦，國除　四	
二十六	

酇 索隱曰酇音贊，縣名，在沛。劉氏云以何子祿嗣，無後，國除，呂后封何夫人於南陽酇，恐非也	曲周 索隱曰縣名屬廣平
以客初起從入漢，爲丞相，備守蜀及關中，給軍食，佐上定諸侯，法令，立宗廟，侯八千戶	以將軍從起岐，攻長社以南，別定漢中及蜀，定三秦，擊項羽，侯四千八百戶
六年正月丙午，文終侯蕭何元年。元年，爲丞相；九年，爲相國　七	六年正月丙午，景侯酈商元年　七
二 三年，哀侯祿元年　五	七
一 二年，懿侯同元年。同，祿弟　七	八
筑陽○索隱曰筑音逐，縣名 元年，同有罪，封何小子延元年　十九 後元四年，煬侯遺元年　一 五年，侯則元年　三	元年，侯寄元年　二十三
有罪　一 前一年，封煬侯弟武陽幽侯嘉元年　七 中一年，侯勝元年　八	有罪，絕　九 中三年，封商地子繆靖侯堅元年　七
元朔二年，侯勝坐不敬，絕　十 元狩三年，封何孫恭侯慶元年　三 元狩六年，侯壽成元年　酇 元封四年，壽成爲太常，犧牲不如令，國除　二十	元光四年，康侯遂元年　九 元朔三年，侯宗元年　五 元鼎二年，侯終根元年　十三 後二年五月，侯終根坐呪詛誅，國除　十八
一	六

絳　索隱曰縣名屬河東

以中涓從起沛至霸上爲侯定三秦食邑爲將軍入漢定隴西擊項羽守嶢關定泗水東海八千一百戶

六年正月丙午　七　武侯周勃元年

七

八　其四年爲太尉

十一　元年爲右丞相三年免復爲丞相

六　十二年侯勝元年

條　後二年封勃子亞夫元年

十三　其三爲太尉七爲丞相有罪國除

平曲　三　後元元年封勃子恭侯堅元年

十六　元朔五年侯建德元年

十二　元鼎五年侯建德坐酎金國除

四

舞陽　索隱曰縣名屬潁川

以舍人起沛從至霸上爲侯入漢定三秦爲將軍擊項籍再益封從破燕執韓信侯五千戶

六年正月丙午　七　武侯樊噲元年
其七年爲將軍相國三月

六

一　七年侯伉元年呂須子
八　坐呂氏誅族

二十三　元年封樊噲子荒侯市人元年

六　七年侯它廣元年

六　中元五年侯它廣非荒侯市人子國除

五

潁陰　索隱曰縣名屬潁川

以中涓從起碭至霸上爲昌文君入漢定三秦食邑以車騎將軍屬淮陰定齊淮南及下邑殺項籍侯五千戶

六年正月丙午　七　懿侯灌嬰元年

七

八

四　其一爲太尉三爲丞相
十九　五年平侯何元年

九

七　中三年侯彊元年

六　有罪絶

九　元光二年封嬰孫臨汝侯侯賢元年

元朔五年侯賢行財罪國除

九

汾陰　索隱曰縣名屬河東

初起以職志擊破秦入漢出關以內史壁守敖倉以御史大夫定諸侯比清陽侯二千八百戶○索隱曰如淳云職志官名主幡旗

六年正月丙午　七　悼侯周昌元年

三　四年哀侯開方元年
四　建平　有罪絶

八

四
十三　前五年侯意元年　有罪絶

安陽　八　中二年封昌孫左車後元元年有罪國除

六十

梁鄒 索隱曰梁鄒縣名屬濟南

兵初起以謁者從擊破秦入漢以將軍擊定諸侯功比博陽侯二千八百戶

七 六年正月丙午孝侯武儒元年○索隱曰漢表儒作兗

四 五年侯最元年

三 索隱曰最音辭取反

八

二十三

十六

六 元光元年頃侯嬰齊元年

三 元光四年侯山柎元年

二十 元鼎五年侯山柎坐酎金國除○索隱曰柎音跗

二十

成 索隱曰縣名屬涿郡

兵初起以舍人從擊秦爲都尉入漢定三秦出關以將軍定諸侯功比厭次侯二千八百戶

七 六年正月丙午敬侯董渫元年○索隱曰渫音息列反

七 元年康侯赤元年

八

二十三

六 有罪絕

鄃氏

五 中五年復封康侯赤元年○索隱曰鄃氏縣名

二 建元四年恭侯霸軍元年

五 元光三年侯朝元年

十二 元狩三年侯朝爲濟南太守與成陽王女通不敬國除

二十五

史記表六 十三

蓼 索隱曰縣名屬六安

以執盾前元年從起碭以左司馬入漢以將軍三以都尉擊項羽屬韓信功侯○索隱曰即漢五年圍羽壞下淮陰侯將四十萬自當之孔將軍居左費將軍居右是也費將軍即下費侯陳賀也

七 六年正月丙午侯孔聚元年○索隱曰姚氏案孔子家語云子武生子魚及子文子文生最字子產說文以最爲積聚字此作藂不同

七

八

十五 九年侯臧元年

十六

十四 元朔三年侯臧坐爲太常南陵橋壞衣冠車不得度國除○索隱曰案孔藂云臧歷位九卿爲御史大夫辭曰臣經學乞爲太常典禮臣業以安國綱紀古訓武帝難違其意遂拜太常典禮賜如三公臧子琳位至諸吏琳子璜失侯爵此云臧國除當是後更封其子也

三十

費 索隱曰費音祕一音扶未反縣名屬東海

以舍人前元年起碭以左司馬入漢用都尉屬韓信擊項羽有功爲將軍定會稽浙江湖陽侯

七 六年正月丙午圉侯陳賀元年徐廣曰圉或作幽

七

八

二十三 元年共侯常元年

一 二年侯偃元年

八 中元二年有罪絕

巢

中元六年封賀子侯最元年

四 後元三年最薨無後國除

史記表六 十四

陽夏 索隱曰縣名屬淮陽

以特將將卒五百人，前元年從起宛朐，至霸上，爲侯，以游擊將軍別定代，已破臧荼，封豨爲陽夏侯。○索隱曰豨音虛肥反

六年正月丙午侯陳豨元年 五

十年八月，豨以趙相國將兵守代。漢使召豨，豨反，以其兵與王黃等略代，自立爲燕。漢殺豨靈丘

隆慮 索隱曰縣名屬河內，音林閭。隆避殤帝諱故改之

以卒從起碭，以連敖入漢，以長鈹都尉擊項羽，有功，侯。○索隱曰徐廣以連敖爲典客官長。鈹爲官名。說文云鈹者劍刀裝也。鈹音敷皮反。漢表作鋌，音丕

六年正月丁未哀侯周竈元年 七 ○索隱曰漢表哀作克

七

八

後元二年 十七 侯通元年
六

七

中元元年侯通有罪國除

三十四

陽都 索隱曰漢志闕，晉書地道記屬琅邪

以趙將從起鄴，至霸上，爲樓煩將，入漢，定三秦，別降翟王，屬悼武王，殺龍且彭城，爲大司馬；破羽軍葉，拜爲將軍，忠臣，侯，七千八百户

六年正月戊申敬侯丁復元年 七 ○索隱曰復音伏

七

六年趮侯甯元年 五
三

十年侯安成元年 九
十四

一

二年侯安成有罪國除

十七

新陽 索隱曰漢表作信陽，縣名，屬汝南

以漢五年用左令尹初從，功比堂邑侯，千户

六年正月壬子 七 胡侯呂清元年

四年頃侯 三 世元年
四

八

七年懷侯 六 義元年
九年惠侯 二 十五 宅元年

四 五
中三年侯 七 譚元年

二十八
元鼎五年侯譚坐酎金國除

八十一

東武 索隱曰縣名屬琅邪郡

以戶衛徐廣曰一云從起薛爲悼武王破秦軍杠里陽熊軍曲遇入漢爲越徐廣曰一云城將軍定三秦以都尉堅守敖倉爲將軍破籍軍功侯二千戶

六年正月戊午 七 貞侯郭蒙元年

七

六年侯 五 他元年
三

二十三

五
六年侯他弃市國除

四十一

汁邡 如淳曰汁音什邡音方。索隱曰計又如字縣屬廣漢

以趙將前三年從定諸侯二千五百戶功比平定侯齒故沛豪有力與上有郤故晚從

六年三月戊子 七 肅侯雍齒元年

三年荒侯 二 巨元年
五

八

二十三

三年侯 二 野元年
中元六年終侯 十四 桓元年

元鼎五年終侯 二十七 桓坐酎金國除

五十七

棘蒲

以將軍前元年率將二千五百人起薛別救東阿至霸上二歲十月入漢擊齊歷下軍田既功侯

六年三月丙申 七 剛侯陳武元年

七

八

後元元年侯武薨嗣 十六 子奇反不得置後國除

十三

都昌

以舍人前元年從起沛以騎隊率先降翟王虜章邯功侯

六年三月庚子 七 莊侯朱軫元年

七

元年剛侯 八 率元年

七
八年夷侯 十六 詘元年

元年恭侯 二 偃元年
三年侯辟彊元年
中元元年辟彊 五 薨無後國除

二十三

武彊

以舍人從至霸上，以騎將入漢，還擊項羽，屬丞相寧，功侯。用將軍擊黥布，侯。

六年三月庚子，莊侯莊不識元年。 七

七

六 七年，簡侯嬰元年。 二

十六 後元二年，侯青翟元年。

十六

二十五 元鼎二年，侯青翟坐為丞相與長史朱買臣等逮御史大夫湯不直，國除。

三十三

貰

索隱曰：縣名，屬鉅鹿。貰音世，一音時夜反。

以越戶將從破秦，入漢，定三秦，以都尉擊項羽，千六百戶，功比臺侯。

六年三月庚子，齊侯呂元年。徐廣曰：呂，一作台。○索隱曰：謚法執心克莊曰齊。 二

五 八年，恭侯方山元年。

七

八

十一 元年，煬侯赤元年。

十二 十二年，康侯遺元年。

十六

十六 元朔五年，侯倩元年。索隱曰：倩音七淨反。

八 元鼎元年，侯倩坐殺人棄市，國除。

三十六

海陽

索隱曰：海陽亦南越縣，地理志闕。

以越隊將從破秦，入漢，定三秦，以都尉擊項羽，侯，千八百戶。

六年三月庚子，齊信侯搖母餘元年。○索隱曰：母餘，東越之族也。 七

二 三年，哀侯昭襄元年。 五

四 五年，康侯建元年。 四

二十三

三 四年，哀侯省元年。

十 中六年，侯省薨，無後，國除。

三十七

南安

索隱曰：縣名，屬犍為。建安亦有此縣。

以河南將軍，漢王三年降晉陽，以亞將破臧荼，侯，九百戶。○索隱曰：亞將，漢表作連將。

六年三月庚子，莊侯宣虎元年。 七

七

八

八 九年，共侯戎元年。 十一

四 後四年，侯千秋元年。

七 中元年，千秋坐傷人免。

六十三

肥如　索隱曰縣名屬遼西

以魏太僕三年初從以車騎都尉破龍且及彭城侯千戶

六年三月庚子　七　敬侯蔡寅元年

七

八

三年莊侯成元年　二十四七　後元年侯奴元年

元年侯奴薨無後國除

六十六

曲城　索隱曰漢志闕表在涿郡

以曲城戶將卒三十七人初從起碭至霸上爲執珪爲二隊將屬悼武王入漢定三秦以都尉破項羽軍陳下功侯四千戶爲將軍擊燕代拔之

六年三月庚子圉侯蠱逢元年○索隱曰楚漢春秋云夜侯蠱達蓋改封也　七　夜縣屬東萊又謚法威德彊武曰圉子恭侯捷封垣故位次曰夜侯垣亦誤

七

八

元年侯　八　捷元年
有罪絕
後元三年復封　五　恭侯捷元年

有罪絕　十三
垣
中五年復封　五　恭侯捷元年

建元二年侯　一　皋柔元年
元鼎三年侯皋柔坐爲汝南太守知民不用赤側錢爲賦國除　二十五　索隱曰時用赤側錢而汝南不用爲賦

十八

河陽　索隱曰縣名屬河內

以卒前元年起碭從以二隊將入漢擊項羽身得郎將處功侯以丞相定齊地

六年三月庚子　七　莊侯陳涓元年

七

八

元年侯　三　信元年
四年侯信坐不償人責過六月奪侯國除

二十九

淮陰　索隱曰縣名屬臨淮

兵初起以卒從項梁梁死屬項羽爲郎中至咸陽亡從入漢爲連敖典客蕭何言爲大將軍別定魏齊爲王徙楚坐擅發兵廢爲淮陰侯○索隱曰典客漢表作栗客蓋字誤傳作治栗都尉式先爲連敖典客也

六年四月侯　五　韓信元年

十一年信謀反關中呂后誅信夷三族國除

芒　索隱曰：縣名，屬沛。

以門尉前元年初起碭，至霸上，爲武定君，入漢，還定三秦，以都尉擊項羽，侯。

三　六年，侯昭元年。徐廣曰：昭，一作起。漢書年表云芒侯耏跖。索隱曰：耏跖，音而只。耏，又音人才反。字林以多鬚髮自耏。耏，姓也。左傳有耏班。

九年，侯昭有罪，國除。

孝景三年，昭以故芒侯將兵從太尉亞夫擊吳楚有功，復侯。十二　張

後元元年三月，張侯申元年。

十一　元朔六年，侯申坐尚南宮公主不敬，國除。索隱曰：主，景帝女，初南宮侯張生尚之，有罪，後張侯耏申尚之。

史記表六　二十三

故市　索隱曰：縣名，屬河南。

以執盾初起，入漢，爲河上守，還爲假相，擊項羽，侯，千戶，功比平定侯。

三　六年四月癸未，侯閻澤赤元年。

四　九年，夷侯毋害元年。

七

十九　四　後四年，戴侯續元年。

四　十二　孝景五年，侯穀嗣。

二十八　元鼎五年，侯穀坐酎金，國除。

五十五

柳丘　索隱曰：縣名，屬勃海郡。

以連敖從起薛，以二隊將入漢，定三秦，以都尉破項籍軍，爲將軍，侯，千戶。

七　六年六月丁亥，齊侯戎賜元年。

七

四　五年，定侯安國元年。四

二十三

三　四年，敬侯嘉成元年。十　後元元年，侯角嗣，有罪，國除。

三十九

史記表六　二十四

魏其　索隱曰：縣名，屬琅邪。

以舍人從沛，以郎中入漢，爲周信侯，定三秦，遷爲郎中騎將，破籍東城，侯，千戶。

七　六年六月丁亥，莊侯周定元年。

七

四　五年，侯間元年。四

二十三

二　前三年，侯間反，國除。

四十四

祁 索隱曰縣名屬太原

以執盾漢王三年初起從晉陽以連敖擊項籍漢王敗走賀方將軍擊楚追騎以故不得進漢王顧謂賀祁子留彭城軍執圭東擊羽急絕其近壁侯千四百户 徐廣曰戰彭城爲尉敗斬將又云漢王顧歎賀祁戰彭城斬將

六年六月丁亥穀侯繒賀元年 七 索隱曰謚法行見中外曰穀

七

八

十一 十二年頃侯湖元年 十二

五 六年侯它元年 十一

元光二年侯它坐從射擅罷不敬國除 八 徐廣曰射一作酎

五十二

平 索隱曰縣名屬河南

兵初起以舍人從擊秦以郎中入漢以將軍定諸侯守洛陽功侯比費侯賀千三百户

六年六月丁亥悼侯沛嘉元年 六

十二年靖侯奴元年 一

七

八

十五 十六年侯執元年 八

十一 中五年侯執有罪國除

三十二

魯 索隱曰縣名屬魯國

以舍人從起沛至咸陽爲郎中入漢以將軍從定諸侯侯四千八百户功比舞陽侯死事無代侯 徐廣曰漢書亘云魯侯涓涓死無子封母疵

六年中母侯疵元年 七

七

四 五年母侯疵薨無後國除

七

故城 索隱曰漢表作城父屬沛郡

兵初起以謁者從入漢以將軍擊諸侯以右丞相備守淮陽功比厭次侯二千户

六年中莊侯尹恢元年 七

一

三年侯開方元年 五

二 三年侯方奪侯爲關內侯

任侯　索隱曰縣名屬廣平

以騎都尉漢五年從起東垣擊燕代屬雍齒有功侯爲車騎將軍

七　六年侯張越元年

七

二　三年侯越坐匿死罪免爲庶人國除

棘丘　索隱曰漢志棘丘地闕

以執盾隊史前元年從起碭破秦以治粟內史入漢以上郡守擊定西魏地功侯

七　六年侯襄元年　索隱曰襄名也史失姓及謚

七

四　四年侯襄奪侯爲仕伍國除

阿陵　索隱曰縣名屬涿郡

以連敖前元年從單父以塞疏入漢還定三秦屬悼武王以都尉擊籍功侯　徐廣曰一云塞路一云以泉入漢中　索隱曰按路字誤爲疏小顏云主遮塞要路也

七　六年七月庚寅頃侯郭亭元年

七

八

二　二十一　三年惠侯歐元年

一　十一　四　前二年侯勝客元年有罪絕　中六年靖侯延居元年

十一　十七　元光六年侯則元年　元鼎四年侯則坐酎金國除

二十七

昌武　索隱曰漢志昌武闕

初起以舍人從以郎中入漢定三秦以郎中將擊諸侯侯九百八十戶比魏其侯

七　六年七月庚寅靖信侯單甯元年　索隱曰單音善甯音佞

五　二　六年夷侯如意元年

八

二十三

十　六　中四年康侯賈成元年

十　四　元光五年侯得元年　元朔元年侯得坐傷人二旬內死棄市國除

四五

高宛 索隱曰縣名屬千乘

初起以舍人從入漢定三秦以中尉破籍侯千六百戶比斥丘侯

六年七月戊戌制侯丙倩元年 七 索隱曰倩音七淨反

元年簡侯得元年 七

八

十六年孝侯武元年 十五 八

十六

建元元年侯信元年 二

建元三年侯信坐出入屬車間奪侯國除

四十一

宣曲 索隱曰漢志闕

以卒從起留以騎將入漢定三秦破籍軍滎陽為郎騎破鍾離眜軍固陵侯六百七十戶

六年七月戊戌 七 齊侯丁義元年

七

八

十一年侯通元年 十 十三

四 有罪除

中五年復封 發婁 侯通元年

中六年侯通有罪國除

四十三

絳陽 索隱曰漢志闕漢表作終陵也

以越將從起留入漢定三秦擊臧荼侯七百四十戶從攻馬邑及布

六年七月戊戌齊侯華無害元年 七

七

八

四年恭侯勃齊元年 三 十六 四

後元四年侯祿元年

三

前四年侯祿坐出界有罪國除

四十六

東茅 索隱曰漢志闕

以舍人從至霸上以二隊入漢定三秦以都尉擊項羽破臧荼侯補韓信為將軍益邑千戶

六年八月丙辰 七 敬侯劉釗元年

七

八

三年侯吉元年 二 十三

十六年侯吉奪爵國除

四十八

史記表六　卅一

斥丘　索隱曰：縣名，屬魏郡。

以舍人從起豐，以左司馬入漢，以亞將攻籍，剋敵，爲東郡都尉，擊破籍武城，爲漢中尉，擊布，爲斥丘侯，千戶。徐廣曰：一云城武。

六年八月丙辰，懿侯唐厲元年。　八

七

八

九年，恭侯鼂元年。後元六年，侯賢元年。　八　十三

元鼎二年，侯尊元年。元鼎五年，侯尊坐酎金，國除。　二十五　三

四十

臺　索隱曰：臨淄郡有臺鄉縣。

以舍人從起碭，用隊率入漢，以都尉擊籍，籍死，轉擊臨江，屬將軍賈，功侯。以將軍擊漢。

六年八月甲子，定侯戴野元年。　七

七

八

四年，侯才元年。　三　二十

三年，侯才反，國除。　二

三十五

史記表六　三十二

安國　索隱曰：縣名，屬中山。

以客從起豐，以廄將別定東郡、南陽，從至霸上，入漢，守豐。上東，因從戰不利，奉孝惠、魯元出雎水中，及堅守豐，于雍侯，五千戶。

六年八月甲子，武侯王陵元年，定侯安國。　七

其六年爲右丞相。　七

八年，哀侯忌元年。　七　一

元年，終侯游元年。徐廣曰：游一作昭。　二十三

十六

建元元年三月，安侯辟方元年。元狩三年，侯定元年。元鼎五年，侯定坐酎金，國除。　二十　八

十二

樂成　索隱曰：漢志闕。

以中涓騎從碭中，爲騎將入漢，定三秦，侯。以都尉擊籍，屬灌嬰，殺龍且，更爲樂成侯，千戶。

六年八月甲子，節侯丁禮元年。　七

七

八

五年，夷侯馬從元年。後七年，武侯客元年。　四　十八　一

十六

元鼎二年，侯義元年。元鼎五年，侯義坐言五利，侯不道，弃市，國除。　二十五　三

四十二

辟陽 索隱曰縣名屬信都

以舍人初起侍呂后孝惠沛三歲十月呂后入楚食其從一歲侯

七 六年八月甲子幽侯審食其元年

七

三 四年侯平元年 二十

二 三年平坐反國除

五十九

安平 索隱曰縣名屬涿郡

以謁者漢王三年初從定諸侯有功秋舉蕭何功侯二千戶

七 六年八月甲子敬侯諤千秋元年

二 孝惠三年簡侯嘉元年 五

七 八年頃侯應元年 一

十三 十四年煬侯寄元年 十

十五 後三年侯但元年 一

十八 元狩元年坐與淮南王女陵通遺淮南書稱臣盡力弃市國除

六十一

蒯成 索隱曰漢志闕晉書地道記屬北地案緤封池陽後定封蒯成音苦懷反一音裴小顏音普背反

以舍人從起沛至霸上侯入漢定三秦食邑池陽擊項羽軍滎陽絕甬道從出度平陰遇淮陰侯軍襄國楚漢約分洪溝以緤為信戰不利不敢離上侯三千三百戶

七 六年八月甲子尊侯周緤元年

十二年十月乙未定蒯成

七

八

五 緤子昌代有罪絕國除

中元元年封緤子康侯應 鄲 元年○索隱曰鄲音多

一 中二年侯中居元年索隱曰中音仲 八

二十六 元鼎三年居坐為太常有罪國除

二十二

北平 索隱曰縣名屬中山

以客從起陽武至霸上為常山守得陳餘為代相從趙相侯為計相四歲淮南相十四歲千三百户

七 六年八月丁丑文侯張蒼元年

七

八

二十三 其四為丞相五歲罷

五 六年康侯奉元年 八 後元年侯預元年 三

四 建元五年侯預坐臨諸侯喪後不敬國除

六十五

高胡	厭次
高胡 索隱曰漢志闕	厭次 索隱曰漢志闕晉書地道記屬平原後乃屬樂陵國也
以卒從起扛里入漢以都尉擊籍以都尉定燕侯千户	以慎將前元年從起留入漢以都尉守廣武功侯
六年中侯陳夫乞元年 七	六年中侯元頃元年 七 徐廣曰漢書作表類
七	七
八	八
五年殤侯程嗣 四 薨無後國除	元年侯 五 賀元年 六年侯賀謀反國除
八十二	二十四

平皋	復陽
平皋 索隱曰縣名屬河內	復陽 索隱曰縣名屬南陽復音伏應劭云在桐栢山下復水之陽
項它漢六年以碭郡長初從賜姓為劉氏功比戴侯彭祖五百八十户	以卒從起薛以將軍入漢以右司馬擊項籍侯千户
七年六月癸亥 六 煬侯劉它元年	七年十月甲子 六 剛侯陳胥元年
四 五年恭侯 三 遠元年	七
八	八
二十三	十 十一年恭侯嘉元年 十三
十六 元年節侯光元年	五 六年康侯拾元年 十一
建元元年 二 侯勝元年	元朔元年 十二 侯彊元年
十八 元鼎五年侯勝坐酎金國除	元狩二年坐父 七 拾非嘉子國除
百二十一	四十九

河陽	朝陽
河陽 索隱曰縣名屬上黨	朝陽 索隱曰縣名屬南陽
以中謁者從入漢以郎中騎從定諸侯侯五百户功比高胡侯	以舍人從起薛以連敖入漢以都尉擊項羽後攻韓王信侯千户
七年十月甲子齊哀侯元年 三 漢表云齊侯其石	七年三月丙寅齊侯華寄元年 六
三 十年侯安國元年	七
七	元年文侯要元年 八
八	十三 十四年侯當元年 十
二十三	十六
十六 中元四年侯午元年中絶	十三 元朔二年侯當坐教人上書枉法罪國除
二十七 元鼎四年恭侯章元年 三 元封元年埤山侯仁元年 索隱曰埤音卑 十 征和二年十月仁與母坐祝詛大逆無道國除	六十九
八十三	

史記表六　三十七

棘陽	涅陽
棘陽 索隱曰棘音紀力反縣名屬南陽	涅陽 索隱曰縣名屬南陽
以卒從胡陵入漢以郎將迎左丞相軍以擊諸侯侯千户	以騎士漢王二年從出關以郎將擊斬項羽侯千五百户比杜衍侯
七年七月丙辰莊侯杜得臣元年 六	七年中莊侯呂勝元年○索隱曰五侯斬項籍皆謚莊漢表以避諱皆改作嚴誤也 六
七	七
八	八
五 六年質侯但元年 十八	五年莊侯子成實非子不當為侯國除 四
十六	
元光四年懷侯武元年 九 元朔五年侯武薨無後國除 七	
八十一	百四

史記表六　三十八

平棘　索隱曰縣名屬常山

以客從起亢父斬章邯所署蜀守用燕相侯千户

六　七年中懿侯執元年　徐廣曰漢書作林摯

七

七

一　八年侯辟彊元年

五　六年侯辟彊有罪鬼薪國除

六十四

羹頡

以高祖兄子從軍擊反韓王信為將中郎信母嘗有罪高祖微時太上憐之故封為羹頡侯

六　七年中侯劉信元年　索隱曰高祖兄子

七

元年信有罪削爵一級為關內侯

深澤　索隱曰縣名屬中山

以趙將漢王三年降屬淮陰侯定趙齊楚以擊平城侯七百户

五　八年十月癸丑齊侯趙將夜元年○索隱曰漢表作將夕

七

一　奪絶

三年復封封二年薨

四　十四年復封將夜元年

六　後元二年戴侯頭元年

[illegible]　三年侯循元年

中五年封頭子夷侯胡元年

十六　元朔五年夷侯胡薨無後國除

九十八

柏至　索隱曰漢至闕

以駢憐從起昌邑以說衛入漢以中尉擊籍侯千二百户　索隱曰駢憐二字並讀為駢說為說衛也○駢憐漢表作駢鄰姚氏云駢鄰猶比近也謂從軍上衛音舍○索隱曰説為行衛主騎也軍

六　七年七月戊辰靖侯許温元年○索隱曰漢表作許盎音靖

七

一　二年有罪絶

六　三年復封温如故

十　元年簡侯祿元年

四　十五年哀侯昌元年

十六

七　元光二年共侯如安元年

十三　元狩三年侯福元年

五　元鼎二年侯福有罪國除

八十五

索隱曰縣名屬涿郡 中水 應劭云易瀛二水之中

以郎中騎將漢王元年從起好時以司馬擊龍且後共斬項羽侯千五百户

七年正月己酉莊 六 侯呂馬童元年

七

八

十年夷侯假元年 九 三 十一 十三年共侯青肩元年

十六

建元六年靖侯德元年 五 一 元光元年侯宜成元年 二十三 元鼎五年侯宜成坐酎金國除

百一

索隱曰縣 杜衍 名屬南陽

以郎中騎漢王三年從起下邳屬淮陰從灌嬰共斬項羽侯千七百户

七年正月己酉莊侯王翳元年 六 ○索隱曰漢表作王翥

七

五 三 六年共侯福元年

五年侯市臣元年 四 七 十二 十二年侯翕元年

有罪絕後元元年復封翳子彊 十三 三 侯郢人元年徐廣曰彊一作景

元光四年侯定國元年 九 十二 元狩四年侯定國有罪國除

百二

索隱曰 赤泉 漢志闕

以郎中騎漢王二年從起杜屬淮陰後從灌嬰共斬項羽侯千九百户

七年正月己酉 六 莊侯楊喜元年

七

元年奪絕 一 七 二年復封

十一 十二 十二年定侯殷元年

四年侯無 三 害元年 六 有罪 臨汝 絕 中五年復封 五 無害元年

七 元光二年侯無害有罪國除

百三

索隱曰縣名屬扶風音荀故周 栒 文王封其子之邑河東亦有郇城

以燕將軍漢王四年從曹咎軍爲燕相告燕王荼反侯以燕相國定盧奴千九百户

八年十月丙辰 五 項侯溫疥元年

七

八

六年文侯仁元年 五 十七 一 後元七年侯河元年

十 中元四年侯河有罪國除

九十一

二、廿五　史記表六　四十三

索隱曰 **武原** 漢志闕

漢七年，以梁將軍初從擊韓信、陳豨、黥布功，侯，二千八百戶。功比高陵。

八年十二月丁未，靖侯衛胠元年。 五 索隱曰漢表胠作脥音怯

四年，共侯寄元年。 三 四

八

二十三

四年，侯不害元年。 三 十三 後二年，不害坐葬過律，國除。

九十二

索隱曰漢志闕表作歷歷縣在信都劉氏依字讀言天下地名 **磨** 多既無定謚但依字是不決之詞地之與邑並無磨誤也

以趙衛將軍漢王三年從起盧奴，擊項羽敖倉下，為將軍，攻臧荼有功，侯，千戶。

八年七月癸丑，簡侯程黑元年。 五

七

三年，孝侯釐元年。 二 六

後元年，侯竈元年。 十六 七

七 中元元年，竈有罪，國除。

九十二

二、五十二　史記表六　四十四

索隱曰漢志 **槀** 槀縣屬山陽

高帝七年，為將軍，從擊代陳豨，有功，侯，六百戶。

八年十二月丁未，祗侯陳錯元年。索 五 隱曰漢表作鍇音楷三蒼云九江人名鐵曰鍇

三年，懷侯嬰元年。 二 五

八

七年，共侯應元年。 六 十四

後五年，侯安元年。 三

十六

不得千秋父徐廣曰 十二 千秋父以元朔元年位

元狩二年，侯千秋元年。 七

元鼎五年，侯千秋坐酎金，國除。 九

百二十四

索隱曰漢志宋 **宋子** 子縣屬鉅鹿

以漢三年以趙羽林將初從，擊定諸侯，功比磨侯，五百四十戶。

八年十二月丁卯，惠侯許瘛元年。瘛音充志反。索隱 四 曰瘛音尺制反郭璞音胡計反亦作瘛字林音巨月反

十二年，共侯不疑元年。 一

七

八

十年，侯九元年。 九 十四

中元二年，侯九坐買塞外禁物罪，國除。 八

九十九

猗氏	清
猗氏 索隱曰縣名屬河東	清 索隱曰清縣屬東郡
以舍人從起豐入漢以都尉擊項羽侯二千四百户	以弩將初起從入漢以都尉擊項羽代侯比彭侯千户
五 八年三月丙戌敬侯陳遬元年○索隱曰遬音速	五 八年三月丙戌簡侯空中元年徐廣曰空一作窒○索隱曰窒中姓見風俗通
六 一 七年靖侯交元年	七 元年頃侯聖元年
八	八
二十三	七 十六 八年康侯鮒元年
二 三年頃侯差元年薨無後國除	十六
	二十 元狩三年恭侯右元年 七 元鼎四年侯生元年 一 元鼎五年侯生坐酎金國除
五十	七十一

史記表六 四十五

彊	彭
彊 索隱曰漢志闕	彭 索隱曰漢表屬東海郡
以客吏初起從入漢以都尉擊項羽代侯比彭侯千户	以卒從起薛以弩將入漢以都尉擊項羽代侯千户
三 八年三月丙辰簡侯留勝元年 二 十一年戴侯章元年	五 八年三月丙戌簡侯秦同元年
七	七
八	八
十二 十三年侯服元年 三 十五年侯服有罪國除	二十三 三年戴侯執元年
	二 三年侯武元年 十一 後元元年武有罪國除
七十二	七十

史記表六 四十六

吳房
索隱曰縣名屬汝南
以郎中騎將漢王元年從下邽擊陽夏以都尉斬項羽有功侯七百戶
八年二月辛巳　五　莊侯楊武元年
七
八
十一　十二　十二年侯去疾元年
十四　後元年去疾有罪國除
九十四

寧
索隱曰漢表寧陽屬濟南郡
以舍人從起碭入漢以都尉擊臧荼功侯千戶
八年四月辛卯　五　莊侯魏選元年
七
八
十五　八　十六年恭侯連元年
三　元年侯指元年　四年侯指坐出國界有罪國除
七十八

昌
索隱曰縣名屬琅邪
以齊將漢王四年從淮陰侯起無鹽定齊擊籍及韓王信於代侯千戶
八年六月戊申圉侯盧卿元年○索隱曰漢表姓弦弦即盧古弦弓字　五
七
八
十四　九　十五年侯通元年
二　二年侯通反國除
百九

共
索隱曰縣名屬河內
以齊將漢王四年從淮陰侯起臨菑擊籍及韓王信於平城有功侯千二百戶
八年六月壬子　五　莊侯盧罷師元年
七
八
六　七年惠侯黨元年
八　十五年懷侯商元年
五　後四年侯商薨無後國除
百十四

閼氏 索隱曰縣名屬安定

以代太尉漢王三年降，爲鴈門守，以特將平代反寇，侯，千戶。○索隱曰漢表太尉作太與爵名音余

八年六月壬子節侯 四 馮解敢元年

十二年恭 一 侯它元年

薨無後絶

二年封恭侯遺腹 十四 子文侯遺元年

十六年共侯 八 勝之元年

前六年侯 五十 平元年

元鼎五年侯平 二十八 坐酎金國除

安丘 索隱曰安丘縣屬北海

以卒從起方與，屬魏豹，二歲五月，以執鈹入漢，以司馬擊籍，以將軍定代，侯，三千戶。

八年七月癸酉懿侯張說 五 元年○索隱曰說音悅

七

八

十三年恭 十二十一 侯奴元年

四年敬侯 三 執元年

三年康侯 十三 訢元年

元狩元年 十八 侯指元年

元鼎四年侯指坐入 九 上林謀盜鹿國除

合陽 索隱曰合陽屬馮翊

高祖兄，兵初起，侍太公守豐，天下已平，以六年正月立仲爲代王，高祖八年，匈奴攻代，王弃國亡，廢爲合陽侯。

八年九月丙子侯劉 五 仲元年徐廣曰一名嘉

仲子濞 二 爲吳王

以子吳王故尊仲謚爲代頃侯

襄平 索隱曰縣名屬臨淮

兵初起，紀成以將軍從擊破秦，入漢，定三秦，功定平侯，戰好時，死事，子通襲成功侯。

八年九月丙午 五 侯紀通元年

七

八

二十三

中元三年康 九 侯相夫元年

七

元朔元年 十二 夷吾元年

元封二年夷吾 十九 薨無後國除

龍 索隱曰盧江有龍舒縣蓋其地也

以卒從漢王元年起霸上以謁者擊籍斬曹咎侯千戶

五

八年後九月己未敬侯陳署元年

七

七年侯 六 堅元年

二

後元元年侯 十六 堅奪侯國除

八十四

繁 索隱曰地理志魏郡有繁陽恐別有繁縣志闕

以趙騎將從漢三年從擊諸侯侯比吳房侯千五百戶

九年十一月壬寅莊侯彊瞻元年 四 ○索隱曰漢表作平嚴侯張瞻

五年康侯昫獨 四 三 元年一云侯惇

八

二十三

四年侯 三 寄元年

中三年侯 六七 安國元年

元狩元年安國 十八 爲人所殺國除

九十五

史記表六　五十一

陸梁 索隱曰如淳據始皇紀所謂陸梁地按今在江南也

詔以爲列侯自置吏受令長沙王

九年三月丙辰侯須毋元年 二 ○索隱曰漢表作須無

十二年共 一 侯桑元年

七

八

後三年康侯 十五 慶忌元年

元年侯 十六 冉元年

元鼎五年侯冉 二十八 坐酎金國除

百三十七

高景 徐廣曰一作景

周苛起兵以內史從擊破秦爲御史大夫入漢圍取諸侯堅守滎陽功比辟陽苛以御史大夫死事子成爲後襲侯

九年四月丙寅 四 侯周成元年

七

八

後五年坐謀反 二十 繫死國除絕

中元年封成 縄 孫應元年

侯平嗣不得元年

元狩四年平坐爲太常不繕治園陵不敬國除

六十

史記表六　五十二

離

元年四月戊寅鄧弱元年

失此侯始所起及所絶○索隱曰案楚漢春秋亦闕漢表成帝時光禄大夫偕堪曰旁占驗曰鄧弱以長沙將兵侯是所起也

史記表六　五十三

義陵　徐廣曰一作陽○索隱曰義陽縣在汝南

以長沙柱國侯千五百户

九年九月丙子　**四**　侯吳程元年

三

四年侯　**四**　種元年

七年侯種薨無　**六**　後國除皆失謚

百三十四

宣平　索隱曰楚漢春秋南宮侯張耳此作宣平侯敖敖耳子陳平録第時耳已薨故也

兵初起張耳誅秦爲相合諸侯兵鉅鹿破秦定趙爲常山王陳餘反襲耳弃國與大臣歸漢漢定趙爲王卒子敖嗣其臣貫高不善發爲侯

九年四月武　**四**　侯張敖元年

七

信　**六**　平

薨子偃爲魯王國除徐廣曰改封信平

元年以故魯　**十五**　王爲南宮侯

十六年哀　**八**　侯歐元年

九

中三年侯　**七**　生元年

罪　**七**　絶

睢　**十**　陽

元光三年封偃孫侯廣元年

元鼎二年　**八**　侯昌元年

太初三年侯昌爲太常乏祠國　**十三**　除漢表師古曰祠事有闕乏也

三

史記表六　五十四

東陽　索隱曰縣名屬臨淮

高祖六年爲中大夫以河間守擊陳豨力戰功侯千三百户

十一年十二月癸巳　**二**　武侯張相如元年

七

八

十六年共　**十五**　侯殷元年

後元五年戴　**五三**　侯安國元年

四年哀　**三十三**　侯彊元年

建元元年侯彊薨無後國除

百十八

開封　索隱曰縣名屬河南

以右司馬漢王五年初從以中尉擊燕定代侯比共侯二千戶

十一年十二月丙辰　一　閔侯陶舍元年

十二年夷　一　侯青元年

景帝時　七　為丞相

八

二十三

中元三年節　九　七　侯偃元年

元光五年　十　侯雎元年

元鼎五年侯雎　十八　坐酎金國除

百五十

沛　索隱曰縣名屬沛郡

高祖兄合陽侯劉仲子侯

十一年二月癸　二　巳劉侯濞元年

十二年十月辛丑侯濞為吳王國除

慎陽　索隱曰曰慎陽汝南如淳曰音震闞駰云合作滇陽永平五年失印更刻遂誤以水為心續漢書作滇陽也

為淮陰舍人告淮陰侯信反侯二千戶

十三年十二月甲寅侯欒說元　二　年。索隱曰漢表作樂說

七

八

二十三

中元六年靖　十二　四　侯願之元年

建元元年侯　二　買之元年

元狩五年侯買之坐　十二　鑄白金棄市國除

百三十一

禾成　索隱曰漢志闕

以卒漢二年初從以郎中擊代斬陳豨侯千九百戶

十二年正月己未孝侯公孫耳　二　元年。索隱曰漢表作昔耳

七

八

五年懷侯　四　漸元年

十四年侯漸　九　薨無後國除

百七十

堂陽 索隱曰縣名屬鉅鹿
以中涓從起沛以郎入漢以將軍擊籍爲惠侯坐守滎陽降楚免後復來以郎擊籍爲上黨守擊豨侯八百戶
十一年正月己未哀侯孫赤元年 二
七
八 元年侯德元年
二十三
十三 中六年侯德有罪國除
七十七

祝阿 索隱曰縣名屬平原
以客從起齧乘以十隊將入漢以將軍定魏太原破井陘屬淮陰侯以鉅度軍擊籍及攻豨侯八百戶
十一年正月己未孝侯高邑元年 二
七
八
四十四 五年侯成元年
後三年侯成坐事國人過律國除
七十四

史記表六　五十七

長脩 索隱曰縣名屬河東
以漢二年用御史初從出關以內史擊諸侯功比須昌侯以廷尉死事千九百戶
十一年正月丙辰平侯杜恬元年一云杜格○索隱曰案位次曰信平侯 二
二 三年懷侯中元年 五
八
四十九 五年侯喜元年
罪絕 八 陽平五 中五年復封侯相夫元年
三十三 元封四年侯相夫坐爲太常與樂令無可當鄭舞人擅繇不如令闌出函谷關國除
百八

江邑 索隱曰漢志闕
以漢五年爲御史用奇計徙御史大夫周昌爲趙相而代陳豨功侯六百戶
十一年正月辛未侯趙堯元年 二
七
元年侯堯有罪國除

史記表六　五十八

營陵 索隱曰縣名屬北海

以三年爲郎中擊項羽以將軍擊陳豨得王黃爲侯與高祖踈屬劉氏世爲衛尉萬二千戶

二

十一年侯劉澤元年

七

六年侯澤爲 五 琅耶王國除

八十八

土軍 索隱曰包愷云地理志西河有土軍縣

高祖六年爲中地守以廷尉擊陳豨侯千二百戶就國後爲燕相

十一年十二月丁亥武侯宣義元 二 年○索隱曰案位次曰信成侯也

六年孝侯 五 莫如元年 二

八

二十三

二年康侯 二十四 平元年

建元六年 五 侯生元年

元朔二年生坐與人 八 妻姦罪國除

百二十二

廣阿 索隱曰縣名屬鉅鹿

以客從起沛爲御史守豐二歲擊籍爲上黨守陳豨反堅守侯千八百戶後遷御史大夫

十一年十二月丁 二 亥懿侯任敖元年

七

八

三年夷侯 三 竟元年

四年敬侯 二十 但元年

十六

建元五年 四 侯越元年

元鼎二年侯越坐爲太常 二十二 廟酒酸不敬國除

八十九

須昌 索隱曰縣名屬東郡

以謁者漢王元年初起漢中雍軍塞陳謁上上計欲還衍言從它道道通後爲河間守陳豨反誅都尉相如功侯千四百戶

十一年十二月己 二 酉貞侯趙衍元年

七

八

十六年戴 十五 侯福元年

後元四年侯 四 不害元年 四

五年侯不害 四 在罪國除

一百七

臨轅

初起從爲郎，以都尉守蘄城，以中尉侯，五百戶。

二
十一年二月乙酉，堅侯戚鰓元年。

四 三
五年，夷侯觸龍元年。

八

二十三

三 十三
四年，共侯忠元年。

三 二十五
建元四年，侯賢元年。
元鼎五年，侯賢坐酎金，國除。

百六十

汲侯 索隱曰：漢表作伋；伋與汲並縣名，屬河內。

高祖六年爲太僕，擊代豨，有功，侯，千二百戶。爲趙太傅。

十一年二月己巳，終侯公上不害元年。○
二
索隱曰：公上，姓；不害，名也。

一 六
二年，夷侯武元年。

十三 十
十四年，康侯通元年。

十六

一
建元二年，侯廣德元年。

九
元光五年，廣德坐妻精大逆罪，頗連廣德，棄市，國除。

百二十三

寧陵 索隱曰：縣名，屬陳留。

以舍人從陳留，以郎入漢，破曹咎成皐，爲上解隨馬，都尉擊陳豨，功侯，千戶。

二
十一年二月辛亥，夷侯呂臣元年。

七

八

十 十三
十一年，戴侯射元年。

三
四年，惠侯始元年。

一
五年，侯始薨，無後，國除。

七十三

汾陽 索隱曰：縣名，屬太原。

以郎中騎千人前二年從起陽夏，擊項羽，以中尉破鍾離昧，功侯。

二
十一年二月辛亥，侯靳彊元年。

七

二 六
三年，共侯解元年。

二十三

四 十二
五年，康侯胡元年。
絕

江鄒
元鼎五年，侯石元年。
太始四年五月丁卯，侯石坐爲太常，行太僕事，治嗇夫可年，益纖年，國除。

六十九

索隱曰戴地名音再應邵云章 **戴** 帝改曰考城在故留縣

以卒從起沛以卒開沛城門爲太公僕以中令擊豨侯千二百戶

十一年三月癸酉敬侯彭祖元年○索隱曰漢表彭祖姓祕音 **二** 轡韋昭音符蔑反非也今檢史記諸本並作祕今見有姓祕氏

七

三年共侯 **二　六** 悼元年

八年夷侯 **七　十六** 安國元年

十六

元朔五年侯安期元年 **十二**

元鼎五年侯蒙元年 **六**

後元元年五月甲戌坐祝詛無道國除 **十二　二十八**

百二十六

索隱曰 **衍** 漢志闕

以漢二年爲燕令以都尉下楚九城堅守燕侯九百戶

十一年七月乙巳簡侯翟盱元年 **二** 年○索隱曰盱音況干反

七

四年祗侯 **三** 山元年

二

六年節侯 **三** 嘉元年

二十三

十六

建元三年侯 **二** 不疑元年

元朔元年不疑坐挾 **十** 詔書論罪國除

百三十

索隱曰漢志闕晉書 **平州** 地道記屬巴郡

漢王四年以燕相從擊藉還擊荼以故二千石將爲列侯千戶

十一年八月甲辰共侯昭涉掉 **二** 尾元年○索隱曰昭涉姓掉尾名

七

八

二年戴侯 **一** 福元年

五年懷侯 **三** 它人元年

九年孝侯 **四　十五** 馬童元年

後元二年 **十四　二** 侯昧元年

元狩五年侯昧坐行馳道 **二十二** 中更呵馳去罪國除

百十一

索隱曰縣 **中牟** 名屬河南

以卒從起沛入漢以郎中擊布功侯二千三百戶始高祖微時有急給高祖一馬故得侯

十二年十月乙未共侯單父聖 **一** 元年○索隱曰漢表作單父左車

七

八

八年敬侯 **七** 繒元年

十二年戴侯 **四　十二** 終根元年

十六

元光五年 **十** 侯舜元年

元鼎五年侯舜 **十八** 坐酎金國除

百二十五

郎	博陽	陽義	下相
漢書音義曰音巨巳反。○索隱曰郎縣屬南郡。周成雜字辭詁云郎音跽	索隱曰縣名屬彭城	徐廣曰一作羨。○索隱曰縣屬宜陽。漢表羨作美	索隱曰縣名屬臨淮
以故群盜長臨江將已而爲漢擊臨江王及諸侯破布功侯千戶	以卒從起豐以隊卒入漢擊籍成皋有功爲將軍布反定吳郡侯千四百戶	以荆令尹漢王五年初從擊鍾離眛及陳公利幾破之徙爲漢大夫從至陳取韓信還爲中尉從擊布功侯二千戶	以客從起沛周侯從擊破齊田解軍以楚丞相堅守彭城距布軍功侯二千戶
十一年十月戊戌莊侯黃極忠元年 一	十二年十一月辛丑節侯周聚元年 一	十二年十月壬寅定侯靈常元年 一	十二年十月乙酉莊侯泠耳元年 一
七	七	七	七
八	八	六 七年共侯賀元年 二	八
十一 十二年慶侯榮盛元年 九 後元五年共侯明元年 三	八 九年侯遬元年 十五	六 七年哀侯勝元年 六 十二年侯勝薨無後國除	二 三年侯慎元年 二十一
十六	十二 中五年侯遬奪爵一級國除		二 三年三月侯慎反國除
十六 元朔五年侯遂元年 八 元鼎元年遂坐賣宅縣官故貴國除			
百十一	五十三	百十九	八十五

德

索隱曰漢志闕表在濟南

以代頃王子侯頃王吳王濞父也廣濞之弟也

十二年十一月庚辰哀侯劉廣元年 一

七

二 三年頃侯通元年 六

二十三

五 六年侯齕元年 十一

二十七 元鼎四年侯何元年

一 元鼎五年侯何坐酎金國除

百二十七

高陵

索隱曰高陵縣屬琅邪

以騎司馬漢王元年從起廢丘以都尉破田橫龍且追籍至東城以將軍擊布九百户

十二年十一月丁亥圉侯王周 一 元年。索隱曰漢表作王虞人

七

二 三年惠侯并弓元年 六

十二 十三年侯行元年 十一

二 二年反國除

九十二

期思

索隱曰縣名屬汝南

淮南王布中大夫有郄上書告布反侯二千石布盡殺其宗族

十二年十二月癸卯康侯賁赫 一 元年。索隱曰賁姓音肥又如字

七

八

十三 十四年賁赫薨無後國除

百三十二

穀陵

以卒從前二年起柘擊籍定代爲將軍功侯

十二年正月乙丑定侯馮谿元年 一

七

八

六 七年共侯熊元年 十七

三 三年隱侯卬元年

十二 五年獻侯解元年

三 建元四年侯偃元年

百五

戚　索隱曰漢志闕晉地道記屬東海

以都尉漢二年初起櫟陽攻廢丘破之因擊項籍別屬丞韓信破齊軍攻臧荼遷爲將軍擊信侯合千户

一　十二年十二月癸卯圉侯季必元年○索隱曰案灌嬰傳云重泉人李必此作季誤也

七

八

三　四年齊侯班元年　二十

十六

二　建元三年侯信成元年　二十　元狩五年侯信成坐爲太常縱丞相侵神道壖不敬國除

九十

壯　徐廣曰一作莊○索隱曰漢表作嚴避明帝諱

以楚將漢三年降起臨濟以郎中擊籍陳豨功侯六百户

一　十二年正月乙丑敬侯許倩元年

七

八

二十三

一　三年共侯恢元年　十五

一　建元二年殤侯則元年　九　元光五年侯廣宗元年　十五　元鼎元年侯廣宗坐酎金國除

百十二

成陽　索隱曰縣名屬汝南

以魏郎漢王二年從起陽武擊籍屬魏豹反屬相國彭越太原尉定代侯六百户

一　十二年正月乙酉定侯意元年

七

八

十　十一年侯信元年　十三

十六

建元元年侯信罪鬼薪國除

百一十

桃　索隱曰縣名屬信都

以客從漢王二年從起定陶以大謁者擊布侯千户爲淮陰守項氏親也賜姓

一　十二年二月丁巳安侯劉襄元年

七

一　奪絕二年復封襄　七

九　十年哀侯舍元年景帝時爲丞相　十四

十六

建元元年厲侯申元年　十三　元朔二年侯自爲元年　十五　元鼎五年侯自爲坐酎金国除

百三十五

高梁

食其兵起以客從擊破秦以列侯入漢還定諸侯常使約和諸侯列卒兵聚侯功比平侯嘉以死事子疥襲食其功侯九百户

十二年三月丙寅共侯酈疥元年　一

七

八

二十三

十六

元光三年　八　侯勃元年

元狩元年坐詐詔衡山王取金當死病死國除

六十六

紀信

以中涓從起豐以騎將入漢以將軍擊籍後攻盧綰侯七百户

十二年六月丙　一　辰匡侯陳倉元年

七

三年夷侯　二六　開元年

後二年六月　十七六　侯陽元年

三年陽　二　反國除

八十

甘泉

徐廣曰一作景○索隱曰案志　甘泉　甘泉關疑甘泉是甘水漢表作景侯

以車司馬漢王元年初從起高陵屬劉賈以都尉從軍侯

十二年六月壬辰侯王　一　竟元年索隱曰漢表作王競

七年戴侯　六　一　莫搖元年

八

十一年侯嫖元年○索隱曰嫖音匹妙　十十三　反漢表作嫖音火孕反說文嫖悅也

十年侯嫖　九　有罪國除

百六

煮棗

索隱曰徐廣　煮棗　云在宛句

以越連敖從起豐別以郎將入漢擊諸侯以都尉侯九百户

十二年六月壬辰靖侯赤元年○索隱　一　曰漢端表作朱侯華棘華音赤亦作棘誤也子姓蓋後成之

二年赤子康　二十二　侯武元年

中二年侯　八　昌元年

二

中四年有罪國除

七十五

張 索隱曰縣名屬廣平

以中涓騎從起豐以郎將入漢從擊諸侯七百戶

十二年六月壬辰節侯毛澤元年○索隱曰亦作釋之 一

七

八

十一年夷侯慶元年 十二

十三年侯舜元年 十一

中六年侯舜有罪國除 十二

七十九

鄢陵 索隱曰縣名屬潁川

以卒從起豐入漢以都尉擊籍荼侯七百戶

十二年中莊侯朱濞元年 一

七

三

四年恭侯慶元年 五

七年恭侯慶薨無後國除 六

二十五

菌 徐廣曰一作鹵○索隱曰漢志闕菌音求隕反徐作鹵音魯又作齒

以中涓前元年從起單父不入關以擊籍布燕王綰得南陽侯二千七百戶

十二年六月莊侯張平元年 一

七

五年侯勝元年 四 四

四年侯勝有罪國除 三

四十八

索隱述贊曰

聖賢影響　風雲潛契　高祖膺籙
功臣命世　起沛入秦　憑謀仗計
紀勲書爵　河盟山誓　蕭曹輕重
絳灌權勢　咸就封國　式盟罪戾
仁賢者祀　昏虐者替　永監前脩
良勲固蔕

高祖功臣年表卷第六　史記十八

惠景閒侯者年表第七　史記十九

大史公讀列封至便侯索隱曰便音鞭縣名吴淺所封曰有以也夫長沙王者著令甲稱其忠焉鄧展曰漢約非劉氏不王如芮王故著令使特王或曰以芮至忠故著令也瓚曰漢以芮忠故特王之以非制故特著令昔高祖定天下功臣非同姓疆土而王者八國索隱曰謂齊王韓信韓王韓信燕王盧綰梁王彭越趙王張耳淮南王英布臨江王共敖長沙王吴芮也至孝惠時唯獨長沙全禪五世以無嗣絶徐廣曰孝文後七年靖王薨無嗣。索隱曰禪者傳也案諸侯王表芮國至五世而絶也竟無過為藩守職信矣故其澤流枝庶毋功而侯者數人索隱曰案此表芮子淺封便侯傳至玄孫又封成王臣之子為沅陵侯亦至曾孫及孝惠訖孝景間五十載追脩高祖時遺功臣及從代來吴楚之勞諸侯子弟若肺腑索隱曰肺音柹腑音附柹木札也附木皮也以喻人主疎末之親如木札出於木樹皮附於樹也詩云如塗塗附注云附木皮是也外國歸義封者九十有餘咸表始終當世仁義成功之著者也異姓國八王者吴芮英布張耳臧荼韓王信彭越盧綰韓信也

國名	侯功	孝惠七	高后八	孝文二十三	孝景十六	建元至元封六年三十六	太初已後
便 索隱曰漢志縣名屬桂陽便音鞭	長沙王子侯二千石	元年九月頃王吴淺元年 七	八	二十二 後七年恭侯信元年 一	五 前六年侯廣志元年 十一	二十九 元鼎五年侯千秋坐酎金國除	

國名	侯功	孝惠七	高后八	孝文二十三	孝景十六	建元至元封六年三十六	太初已後
軑 音大 索隱曰縣名在江夏	長沙相侯七百戶	二年四月庚子侯利倉元年。索隱曰漢書作軑侯朱倉 六	二 三年侯豨元年 六	十五 十六年侯彭祖元年 八	十六	元封元年侯秩為東海太守行過不請擅發卒兵為衛當斬會赦國除 三十	
平都 索隱曰屬東海	以齊將高祖三年降定齊侯千戶	五年六月乙亥孝侯劉到元年 二	八	二 三年侯成元年 二十一	十四 後元二年侯成有罪國除		
右孝惠時三							
扶柳 索隱曰縣名屬信都	高后姊長姁子侯		元年四月庚寅侯呂平元年 七 八年侯平坐呂氏事誅國除				
郊 索隱曰縣名屬沛郡一作汶	呂后兄悼武王身佐高祖定天下呂氏佐高祖治天下天下大安封武王少子產為郊侯		元年四月辛卯侯呂產元年 五 六年七月壬辰產為呂王國除 高后八年九月產以呂王為漢相謀為不善大臣誅產遂滅諸呂				
南宮 索隱曰縣名屬信都	以父越人為高祖騎將從軍以大中大夫侯		元年四月丙寅侯張買元年 七 高后八年侯買坐呂氏事誅國除				

梧 索隱曰縣名屬彭城	以軍匠從起郟入漢後為少府作長樂未央宮築長安城先就功侯五百戶		元年四月乙酉齊侯陽成延元年 六 七年敬侯去疾元年 二	二十三	九 中元三年靖侯偃元年 七	八 元光三年侯戎奴元年 十四 元狩五年侯戎奴坐謀殺季父棄市國除	
平定 索隱曰漢志闕或鄉名	以卒從高祖起留以家車吏入漢以梟騎都尉擊項籍得樓煩將功用齊丞相侯一云項涓		元年四月乙酉敬侯齊受元年 八	一 二年齊侯市人元年 四 六年恭侯應元年 十八	十六	七 元光二年康侯延居二年 十八 元鼎二年侯昌元年 二 元鼎四年昌有罪國除	
博成	以悼武王郎中兵初起從高祖起豐攻雍丘擊項籍力戰奉衛悼武王出滎陽功侯		元年四月乙酉敬侯馮無擇元年 三 四年侯代元年 四 高后八年侯代坐呂氏事誅國除				
沛 索隱曰縣名屬沛郡	呂后兄康侯少子侯奉呂宣王寢園		元年四月乙酉侯呂種元年 七 為不其侯 一 高后八年侯種坐呂氏事誅國除				
襄成 索隱曰縣名屬潁川	孝惠子侯		元年四月辛卯侯義元年 一 高后四年侯義為常山王國除				

軹 索隱曰縣名屬河內	孝惠子侯		元年四月辛卯侯朝元年 三 高后四年侯朝為常山王國除				
壺關	孝惠子侯		元年四月辛卯侯武元年 四 高后五年侯武為淮陽王國除				
沅陵 索隱曰縣名近長沙漢志屬武陵	長沙嗣成王子侯		元年十一月壬申頃侯吳陽元年 八	十七 後二年頃侯福元年 六	十一 中元五年哀侯周元年 四 後二年侯周薨無後國除		
上邳	楚元王子侯		二年五月丙申侯劉郢客元年 七	一 孝文元年侯郢客為楚王國除			
朱虛 索隱曰縣名屬琅邪	齊悼惠王子侯		二年五月丙申侯劉章元年 七	一 孝文二年侯章為城陽王國除			
昌平 索隱曰縣名屬上谷	孝惠子侯		四年二月癸未侯太元年 三 高后七年太為呂王國除				

贅其 索隱曰縣名屬臨淮	呂后昆弟子用淮陽丞相侯		四年四月丙申侯勝元年 四 八年侯勝坐呂氏事誅國除				
中邑	以執矛從高祖入漢以中尉破曹咎用呂相侯六百戶		五 四年四月丙申貞侯朱通元年	十七 後元二年侯悼元年 六	十五 後元三年侯悼有罪國除		
樂成	以隊卒從高祖起沛屬皇訢以郎擊陳餘用衛尉侯六百戶		二 四年四月丙申簡侯衛無擇元年 六年恭侯勝元年 三	二十三	十五 後元三年侯侈元年 一	五 建元六年侯侈坐以買田宅不法又請求吏罪國除	
山都	高祖五年為郎中柱下令以衛將軍擊陳豨用梁相侯		四年四月丙申貞侯王恬開元年 五	三 四年惠侯中黃元年 二十	三 四年敬侯觸龍元年 十三	二十二 元狩五年侯當元年 八 元封元年侯當坐與奴闌入上林苑國除	
松茲 徐廣曰松一作祝。索隱曰縣名屬廬江	兵初起以舍人從起沛以郎吏入漢還得雍王邯家屬功用常山丞相侯		四年四月丙申夷侯徐厲元年 五	六 七年康侯悼元年 十七	十二 中元六年侯偃元年 四	五 建元六年侯偃有罪國除	

成陶 徐廣曰一作陰。索隱曰漢志地闕	以卒從高祖起單父為呂氏舍人度呂氏淮之功用河南守侯五百戶		四年四月丙申夷侯周信元年 五	十一 十二年孝侯勃元年 三 十五年侯勃有罪國除			
俞 如淳曰音輸。索隱曰縣名屬清河	以連敖從高祖破秦入漢以都尉定諸侯功比朝陽侯嬰死子它襲功用太中大夫侯。索隱曰它音駝		四年四月丙申侯呂它元年 四 八年侯它坐呂氏事誅國除				
滕 索隱曰劉氏云作勝恐俱今按滕縣屬沛郡	以舍人郎中十二歲以都尉屯霸上用楚相侯		四年四月丙申侯呂更始元年 四 八年侯更始坐呂氏事誅國除				
醴陵 索隱曰縣名屬長沙	以卒從漢王二年初起櫟陽以卒吏擊項籍為河內都尉長沙相侯六百戶		四年四月丙申侯越元年 五	三 孝文四年侯越有罪國除			
呂成	呂氏昆弟子侯		四年四月丙申侯呂忿元年 四 八年侯忿坐呂氏事誅國除				
東牟 索隱曰縣名屬東萊	以齊悼惠王子侯		六年四月丁酉侯劉興居元年 三	一 孝文二年侯興居為濟北王國除			

鍾 一作鉦。索隱曰縣名屬東萊	呂肅王子侯		六年四月丁酉侯呂通元年 二 高后八年侯通為燕王坐呂氏事國除				
信都 索隱曰縣名屬信都	以張敖魯元太后子侯		八年四月丁酉侯侈元年 一	孝文元年侯侈有罪國除			
樂昌	以張敖魯元太后子侯		八年四月丁酉侯受元年 一	孝文元年侯受有罪國除			
祝茲 索隱曰漢書作琅邪	呂后昆弟子侯		八年四月丁酉侯呂榮元年坐呂氏事誅國除				
建陵 索隱曰漢表在東海	以大謁者侯宦者多奇計		八年四月丁酉侯張澤元年高后八年九月奪侯國除。索隱曰澤一名釋				
東平 徐廣曰一作康。索隱曰縣名屬東平	以燕王呂通弟侯		八年五月丙辰侯呂莊元年坐呂氏事誅國除				

右高后時三十一 孝文三十 孝景十六

陽信 索隱曰表在新野志屬勃海恐有二縣	高祖十二年為郎以典客奪趙王呂祿印關殿門拒呂產等入共尊立孝文侯二千戶			元年三月辛丑侯劉揭元年 十四 十五年侯中意元年 九	景帝六年侯中意有罪國除 五		
軹 索隱曰縣名屬河內	高祖十年為郎從軍十七歲為太中大夫迎孝文代用車騎將軍迎太后侯萬戶薄太后弟			元年四月乙巳侯薄昭元年 十 十年易侯戎奴元年 十三	十六	建元二年侯梁元年 一	
壯武 索隱曰縣名屬膠東	以家吏從高祖起山東以都尉從之滎陽食邑以代中尉勸代王入驂乘至代邸王卒為帝功侯千四百戶			元年四月辛亥侯宋昌元年 二十三	十一 中元四年侯昌奪侯國除		
清都 徐廣曰一作鄡音苦堯反。索隱曰漢表作鄡侯鄡太原縣	以齊哀王舅父侯。索隱曰舅父即舅猶姨曰姨母也			元年四月辛未侯駟鈞元年 五 孝文前六年鈞有罪國除			
周陽 索隱曰縣名屬上郡	以淮南厲王舅父侯			元年四月辛未侯趙兼元年 五 孝文前六年兼有罪國除			

國名	侯功						
樊 索隱曰縣名，屬東平	以睢陽令高祖初起從阿，以韓家子還定北地，用常山相侯，千二百戶			十四 元年六月丙寅，侯蔡兼元年。九 十五年，康侯客元年。徐廣曰客一作容	九 中元三年，恭侯平元年。七	十三 元朔二年，侯辟方元年。十四 元鼎四年，侯辟方有罪，國除	
管 索隱曰管，古國，今爲縣，屬滎陽	齊悼惠王子侯			二 四年五月甲寅，恭侯劉罷軍元年。十八 六年，侯戎奴元年	二 三年，侯戎奴反，國除		
瓜丘 索隱曰縣，在魏郡	齊悼惠王子侯			十一 四年五月甲寅，侯劉寧國元年。九 十五年，侯偃元年	二 三年，侯偃反，國除		
營 索隱曰表在濟南	齊悼惠王子侯			十 四年五月甲寅，平侯劉信都元年。十 十四年，侯廣元年	二 孝景三年，侯廣反，國除		
楊虛	齊悼惠王子侯			十二 四年五月甲寅，恭侯劉將盧元年。索隱曰漢書作將閭。 十六年，侯將盧爲齊王，有罪，國除			
朸 音力。索隱曰縣名，屬平原	齊悼惠王子侯。索隱曰爲濟南王			十二 四年五月甲寅，侯劉辟光元年。 十六年，侯辟光爲濟南王，國除			

國名	侯功						
安都	齊悼惠王子侯。索隱曰爲濟北王			十二 四年五月甲寅，侯劉志元年。 十六年，侯志爲濟北王，國除			
平昌 索隱曰縣名，屬平原	齊悼惠王子侯。索隱曰爲膠西王			十二 四年五月甲寅，侯劉卬元年。 十六年，爲膠西王，國除			
武城 索隱曰漢志闕。九闕者或鄉名，或是廢，故志不載	齊悼惠王子侯。索隱曰爲菑川王			十二 四年五月甲寅，侯劉賢元年。 十六年，侯賢爲菑川王，國除			
白石 索隱曰縣名，屬金城	齊悼惠王子侯。索隱曰爲膠東王			十二 四年五月甲寅，侯劉雄渠元年。 十六年，侯雄渠爲膠東王，國除			
波陵 索隱曰漢表波作泜，音坻	以陽陵君侯			五 七年三月甲寅，康侯魏駟元年。 孝文十二年，康侯魏駟薨，無後，國除			
南郞 徐廣曰一作朝。索隱曰韋昭音貞，一音程。李彤云河南有郞亭，音頹	以信平君侯			七年三月丙寅，侯起元年。索隱曰起，名也，史失其姓。 孝文時坐復父故奪爵級，關內侯			

阜陵 索隱曰縣名屬九江	以淮南厲王子侯			八年五月丙午侯劉安元年 八 孝文十六年安為淮南王國除		
安陽 索隱曰縣名屬馮翊	以淮南厲王子侯			八年五月丙午侯勃元年 八 孝文十六年侯勃為衡山王國除		
陽周	以淮南厲王子侯 索隱曰為盧江王			八年五月丙寅侯劉賜元年 八 孝文十六年侯賜為盧江王國除		

東城 索隱曰縣名屬九江	以淮南厲王子侯			八年五月丙寅哀侯劉良元年 七 孝文十五年侯良薨無後國除		
犂 索隱曰縣名屬東郡	以齊相召平子侯千四百一十戶			十年四月癸丑頃侯召奴元年 十一 後五年侯澤元年 三	十六	十六 元朔五年侯延元年 十九 元封六年侯延坐不出持馬斬國除
缾 索隱曰縣名屬琅耶	以北地都尉孫卬匈奴入北地力戰死事子侯			十四年三月丁巳侯孫鄲元年 十	二 孝景前二年侯鄲謀反國除	

弓高 索隱曰漢表在營陵	以匈奴相國降故韓王信孽子侯千二百三十七戶			十六年六月丙子莊侯韓穨當元年 八	十六 前元年侯則元年	十六 元朔五年侯則薨無後國除
襄成 索隱曰志屬潁川	以匈奴相國降侯故韓王信太子之子侯千四百三十二戶			十六年六月丙子哀侯韓嬰元年 七 後元七年侯澤之元年 一	十六	十五 元朔四年侯澤之坐詐病不從不敬國除

故安 索隱曰縣名屬涿郡	孝文元年舉淮陽守從高祖入漢功侯食邑五百戶用丞相侯一千七百一十二戶			後元三年四月丁巳節侯申屠嘉元年 五	二 前三年恭侯元年 十四	十 九 元狩二年清安侯臾元年 五 元鼎元年臾坐為九江太守有罪國除
章武 索隱曰縣名屬渤海	以孝文后弟侯萬一千八百六十九戶			後元七年六月乙卯景侯竇廣國元年 一	六 前七年恭侯完元年 十	八 元光三年侯常坐元年 十 元狩元年侯常坐謀殺人未殺罪國除

右孝文時二十八　孝景十六

南皮	平陸	休	沈猶
南皮 索隱曰縣名屬渤海	平陸 索隱曰縣名屬西河又有東平陸在東平	休	沈猶 索隱曰漢表在高苑
以孝文后兄竇長君子侯六千四百六十戶	楚元王子侯三千二百六十七戶	楚元王子侯	楚元王子侯千二百八十戶
後元七年六月乙卯侯竇彭祖元年 一			
十六	元年四月乙巳侯劉禮元年。一云乙卯 二 孝景三年侯禮為楚王國除	元年四月乙巳侯富元年 二 孝景三年侯富以兄子戊為楚王反富與家屬至長安北闕自歸不能相教上印綬詔復王後以平陸侯為楚王更封富為紅侯	元年四月乙巳夷侯劉穢元年 十六
建元六年侯良元年 五　元光五年侯桑林元年 五　十八 元鼎五年侯桑林坐酎金罪國除			四 建元五年侯受元年 十八 元狩三年侯受坐故為宗正聽謁不具宗室不敬國除

紅	宛朐	魏其	棘樂
紅	宛朐 索隱曰縣名屬濟陰	魏其 索隱曰縣名屬琅邪	棘樂
楚元王子侯千七百五十戶	楚元王子侯	以大將軍屯滎陽扞吳楚七國反已破為侯三千三百五十戶	楚元王子侯戶千二百一十三
索隱曰楚元王傳休侯富免後封紅侯此則並列誤也漢表一書而已紅休蓋二鄉名王莽封劉歆為紅休侯一云紅即虹縣			
三年四月乙巳莊侯富元年一云禮侯 四　前七年悼侯澄元年 一　中元元年敬侯發元年一作嘉 九	元年四月乙巳侯劉埶元年。索隱曰蕭該埶音藝 二 孝景三年侯埶反國除	十四 三年六月乙巳侯竇嬰元年	十四 三年八月壬子敬侯劉調元年
十五 元朔四年侯章元年　一 元朔五年侯章薨無後國除		九 建元元年為丞相二歲免　元光四年侯嬰坐爭灌夫事上書稱為先帝詔矯制害棄市國除	二十 建元二年恭侯應元年　元朔元年侯慶元年　十六 元鼎五年侯慶坐酎金國除

俞	建陵	建平	平曲
索隱曰俞音輸縣名屬清河		索隱曰縣名屬沛郡	索隱曰漢表在高城
以將軍吳楚反時擊齊有功布故彭越舍人越反時布使齊還已梟越布祭哭之當亨出忠言高祖赦之黥布反布為都尉戶千八百	以將軍擊吳楚功用中尉侯戶一千三百一十	以將軍擊吳楚功用江都相侯戶三千一百五十	以將軍擊吳楚功用隴西太守侯戶三千二百二十
六年四月丁卯侯欒布元年 六 中元五年侯布薨	六年四月丁卯敬侯衞綰元年 十一	六年四月丁卯哀侯程嘉元年 十一	六年四月己巳侯公孫昆邪元年。索隱曰漢書昆作渾 五 中元四年侯昆邪有罪國除太僕賀父
元狩六年侯賁坐為太常廟犧牲不如令有罪國除 一云元朔二年侯賁元年	十 元光五年侯信元年 十八 元鼎五年侯信坐酎金國除	七 元光二年節侯橫元年 一 元光三年侯回元年 一 元光四年侯回薨無後國除	

史記惠景侯者年表七 十五

惠景侯者年表

江陽	遽	新市	商陵
索隱曰縣在東海	索隱曰漢表鄉名在常山	索隱曰縣名屬鉅鹿	索隱曰漢表在臨淮
以將軍擊吳楚功用趙相侯戶二千五百四十一	以趙相建德王遂反建德不聽死事子侯戶千九百七十	以趙內史王悍王遂反悍不聽死事子侯戶一千十四	以楚太傅趙夷吾王戊反不聽死事子侯戶一千四十五
六年四月壬申康侯蘇嘉元年。徐廣曰蘇一作籍。索隱曰漢表作蘇息 四 七 中元二年懿侯盧元年。徐廣曰一作哀侯	中元二年四月己巳侯橫元年。索隱曰史失其姓 六 後元二年侯橫有罪國除	中元二年四月乙巳侯康元年 五 三 後元元年殤侯始昌元年	中元二年四月乙巳侯周元年 八
建元三年侯明元年 二十 元朔六年侯雕元年 六 元鼎五年侯雕坐酎金國除 十一		九 元光四年殤侯始昌為人所殺國除	二十九 元鼎五年侯周坐為丞相知列侯酎金輕下廷尉自殺國除

史記惠景侯者年表七 十六

山陽	以楚相張尚王戊反尚不聽死事子侯戶千一百一十四				中元二年四月乙巳侯當居元年 八	十六 元朔五年侯當居坐爲太常程博士弟子故不以實罪國除徐廣曰程一作澤	
安陵	以匈奴王降侯戶一千五百一十七				中元三年十一月庚子侯子軍元年 七	五 建元六年侯子軍薨無後國除	
垣 索隱曰縣名屬河東	以匈奴王降侯				中元三年十二月丁丑侯賜元年 三 六年賜死不得及嗣		
道 索隱曰縣名屬涿郡音盜嫣反	以匈奴王降侯戶五千五百六十九				中元三年十二月丁丑侯隆彊元年不得隆彊嗣	後元年四月甲辰侯則坐使巫齊少君祠祝詛上大逆無道國除 徐廣曰漢書云武後二年	
容成 索隱曰縣名屬涿郡	以匈奴王降侯七百戶				中元三年十二月丁丑侯唯徐盧元年 七	十四 建元二年康侯綽元年 二 元朔三年侯光元年	十八 後三年五月壬辰侯光坐祠祝詛國除

易 索隱曰縣名屬涿郡	以匈奴王降侯				中元二年十二月丁丑侯僕黥元年 六 後元二年侯僕黥薨無嗣		
范陽 索隱曰縣名屬涿郡	以匈奴王降侯戶千一百九十七				中元三年十二月丁丑端侯代元年 七	七 元光二年懷侯德元年 二 元光四年侯德薨無後國除	
翕 索隱曰漢表在內黃	以匈奴王降侯				中元三年十二月丁丑侯邯鄲元年 七	九 元光四年侯邯鄲坐行來不請長信不敬國除	
亞谷 索隱曰一作亞父漢表在河內	以匈奴東胡王降故燕王盧綰子侯千五百戶				中元五年四月丁巳簡侯它父元年 二 三 後元元年安侯種元年	十一 建元元年康侯偏元年 二 元光六年侯賀元年 二十四	十五 征和三年七月辛巳賀坐太子事國除
隆慮 索隱曰音林閭縣名屬河內	以長公主嫖子侯戶四千一百二十六				中元五年五月丁丑侯蟜元年 五 徐廣曰按本紀乃前五年非中元年	二十四 元鼎元年侯蟜坐母長公主薨未除服姦禽獸行當死自殺國除	

乘氏 索隱曰縣名屬濟陰	桓邑	蓋 索隱曰漢表在勃海	塞	武安 索隱曰縣名屬魏郡
以梁孝王子侯	以梁孝王子侯	以孝景后兄侯戶二千八百九十	以御史大夫前將軍兵擊吳楚功侯戶千四十六	以孝景后同母弟侯戶八千三百一十四
中元五年五月丁卯侯買元年 一 中元六年侯買嗣為梁王國除	中元五年五月丁卯侯明元年 一 孝景中六年為濟川王國除	中元三年五月甲戌靖侯王信元年 五	三 後元元年八月侯直不疑元年	後元三年三月侯田蚡元年 一
		二十 元狩三年侯偃元年 八 元鼎五年侯偃坐酎金國除	三 建元四年侯相如元年 十二 元朔四年侯堅元年 十三 元鼎五年堅坐酎金國除	九 元光四年侯梧元年 五 元朔三年侯梧坐衣襜褕入宮廷中不敬國除

周陽 索隱曰縣名屬上郡
以孝景后同母弟侯戶六千五十一
後元三年三月懿侯田勝元年 一
十一 元光六年侯彭祖元年 八 元狩二年侯彭祖坐當歸與章侯宅不與罪國除

右孝景時三十一

索隱述贊曰

惠景之際　天下已平　諸呂構禍
吳楚連兵　條侯出討　壯武奉迎
薄竇恩澤　張趙忠貞　本枝分蔭
外腑歸誠　新市死事　建陵勳榮
咸開青社　俱受丹青　旋窺甲令
吳便有聲

惠景間侯者年表第七　史記十九

建元以來侯者年表第八　史記二十

索隱曰七十二國太史公舊餘四十五國褚先生補也

太史公曰匈奴絕和親攻當路塞閩越擅伐東甌請降二夷交侵當盛漢之隆以此知功臣受封侔於祖考矣何者自詩書稱三代戎狄是應荊荼是徵毛詩傳曰應當也鄭玄曰徵艾。索隱曰荼音舒徵音澄齊桓越燕伐山戎武靈王以區區趙服單于秦繆用百里霸西戎吳楚之君以諸侯役百越況乃以中國一統明天子在上兼文武席卷四海內輯億萬之衆豈以晏然不爲邊境征伐哉自是後遂出師北討彊胡南誅勁越將卒以次封矣

國名	侯功	元光	元朔	元狩	元鼎	元封	太初已後
翕 索隱曰音吸案漢表在内黃	匈奴相降侯元朔二年屬車騎將軍擊匈奴有功益封	三 四年七月壬午侯趙信元年	五 六年侯信爲前將軍擊匈奴遇單于兵敗信降匈奴國除				
持裝 索隱曰漢表裝作轅在南陽	匈奴都尉降侯	一 六年後九月丙寅侯樂元年	六	六	元鼎元年侯樂死無後國除		

國名	侯功	元光	元朔	元狩	元鼎	元封	太初已後
親陽 索隱曰漢表在舞陽	匈奴相降侯	三 四年十月癸巳侯月氏元年	五 元朔五年侯月氏坐亡斬國除				
若陽 索隱曰表在平氏	匈奴相降侯	三 四年十月癸巳侯猛元年	五 元朔五年侯猛坐亡斬國除				
南奅 徐廣曰匹孝反	以騎將軍從大將軍青擊匈奴得王功侯太初二年以丞相封爲葛繹侯		二 五年四月丁未侯公孫賀元年	六	四 元鼎五年賀坐酎金國除絕十歲		十三 太初二年三月丁卯封葛繹侯征和二年賀子敬聲有罪國除
合騎 索隱曰表在高城	以護軍都尉三從大將軍擊匈奴至右賢王庭得王功侯元朔六年增封		二 五年四月丁未侯公孫敖元年	一 元狩二年侯敖將兵擊匈奴與驃騎將軍期後畏懦當斬贖爲庶人國除			
樂安 索隱曰表在昌地理志昌縣在琅耶	以輕車將軍再從大將軍青擊匈奴得王功侯		二 五年四月丁未侯李蔡元年	四 元狩五年侯蔡以丞相侵盜孝景園神道壖地罪自殺國除			

國名	侯功		元朔	元狩	元鼎	元封	太初
龍頟 索隱曰地理志縣名屬平原劉氏音額崔浩音洛屬齊又云今在河間有龍頟甯村與弓高相近	以都尉從大將軍青擊匈奴得王功侯元鼎六年以橫海將軍擊東越功為案道侯。索隱曰漢表以龍頟案道為二人封非也韋昭云案道屬齊		二 五年四月丁未侯韓說元年	六	四 元鼎五年侯說坐酎金國絕二歲復侯	六 元年五月丁卯按道侯說元年	十三 征和三年子長代有罪絕子曾復封為龍頟侯
隨成 索隱曰表在千乘	以校尉三從大將軍青擊匈奴攻農吾先登石累得王侯功。索隱曰累音壘險阻地名漢表作盧音門		二 五年四月乙卯侯趙不虞元年	三 元狩三年侯不虞坐為定襄都尉匈奴敗太守以聞非實坐謾國除。索隱曰謾上聞天子狀不實為謾而國除謾音木干反			
從平 索隱曰表在樂昌邑	以校尉三從大將軍青擊匈奴至右賢王庭數為鴈行上石山先登功侯		二 五年四月乙卯公孫戎奴元年	一 元狩二年侯戎奴坐為上郡太守發兵擊匈奴不以聞謾國除			
長平 索隱曰地理志縣名屬汝南	以元朔二年再以車騎將軍擊匈奴取朔方河南功侯元朔五年以大將軍擊匈奴破右賢王益封三千戶		五 二年三月丙辰烈侯衛青元年徐廣曰青以元封五年薨	六	六	六	太初元年今侯伉元年
平陵 索隱曰表在武當	以都尉從車騎將軍青擊匈奴功侯以元朔五年用游擊將軍從大將軍益封		五 二年三月丙辰侯蘇建元年	六	六 元鼎六年侯建為右將軍與翕侯信俱敗獨身脫來歸當斬贖國除		

國名	侯功		元朔	元狩	元鼎	元封	太初
岸頭 索隱曰漢表在皮氏	以都尉從車騎將軍青擊匈奴功侯元朔六年從大將軍益封		五 二年六月壬辰侯張次公元年	元狩元年次公坐與淮南王女陵姦及受財物罪國除			
平津	以丞相詔所褒侯		四 三年十一月乙丑獻侯公孫弘元年	二 元狩三年侯慶元年 四	六	三 元封四年侯慶坐為山陽太守有罪國除	
涉安	以匈奴單于太子降侯		三年四月丙子侯於單元年。索隱曰單音丹 三 五年卒無後國除				
昌武 索隱曰表在武陽	以匈奴王降侯以昌武侯從驃騎將軍擊左賢王功益封		三 四月七月庚申堅侯趙安稽元年	六	六	一 二年侯充國元年	三 太初元年侯充國薨亡後國除
襄城 索隱曰漢表作襄武侯不同案韓嬰亦封襄城侯地理志襄城在潁川襄武在隴西	以匈奴相國降侯		三 四年七月庚申侯無龍元年一云乘龍	六	六	六	一 太初二年無龍從浞野侯戰死 二 四年侯病已元年

國名	侯功	建元	元朔	元狩	元鼎	元封	太初
涉軹 索隱曰漢表軹在西安無涉字地理志西安在齊郡涉軹猶從驃然皆當時意也故上又有涉安侯	以校尉三從大將軍青擊匈奴至右賢王庭得王虜閼氏功侯		二 五年四月丁未侯李朔元年	元狩元年侯朔有罪國除			
宜春 索隱曰志縣名屬汝南豫章亦有之	以父大將軍青破右賢王功侯		二 五年四月丁未侯衛伉元年	六	元鼎元年侯伉坐矯制不害國除		
陰安 索隱曰志縣名屬魏郡	以父大將軍青破右賢王功侯		二 五年四月丁未侯衛不疑元年	六	四 元鼎五年侯不疑坐酎金國除		
發干 索隱曰志縣名屬東郡	以父大將軍青破右賢王功侯		一 五年四月丁未侯衛登元年	六	四 元鼎五年侯登坐酎金國除		
博望 索隱曰志縣名屬南陽	以校尉從大將軍六年擊匈奴知水道及前使絕國大夏功侯		一 六年三月甲辰侯張騫元年	一 元狩二年侯騫坐以將軍擊匈奴畏懦當斬贖國除			

國名	侯功	建元	元朔	元狩	元鼎	元封	太初
冠軍 索隱曰縣名屬南陽	以嫖姚校尉再從大將軍六年擊匈奴斬相國功侯元狩二年以驃騎將軍擊匈奴至祁連益封迎渾邪王益封擊左右賢王益封		一 六年四月壬申景桓侯霍去病元年	六	元鼎元年哀侯嬗元年 六	元封元年哀侯嬗薨無後國除徐廣曰嬗字子侯為武帝奉車登封泰山暴病死	
衆利 索隱曰表在陽城姑莫後以封伊即軒也	以上谷太守四從大將軍六年擊匈奴首虜千級以上功侯		一 六年五月壬辰侯郝賢元年。索隱曰郝音呼惡反又音釋	一 元狩二年侯賢坐為上谷太守入戍卒財物上計謾罪國除			
潦 索隱曰表在舞陽	以匈奴趙王降侯			一 元年七月壬午悼侯趙王煖訾元年。索隱曰煖音況遠反訾即移反 元狩二年煖訾死無後國除			
宜冠 索隱曰冠音官表在昌也	以校尉從驃騎將軍二年出擊匈奴功侯故匈奴歸義			二 二年正月乙亥侯高不識元年 元狩四年不識擊匈奴戰軍功增首不以實當斬贖罪國除			

煇渠 索隱曰鄉名案表在魯陽煇上下並音徽	以校尉從驃騎將軍二年再出擊匈奴得王功侯以校尉從驃騎將軍二年虜五王功益封匈奴歸義			五 二年二月乙丑忠侯僕多元年。索隱曰僕多表作僕朋此云僕多與衛青傳同	三 元鼎四年侯電元年 三	六	四
從驃 索隱曰以從驃騎得封故曰從驃後封浞野侯	以司馬再從驃騎將軍數深入得兩王千騎將功侯以匈河將軍元封三年擊樓蘭功復侯			五 二年五月丁丑侯趙破奴元年	四 元鼎五年侯破奴坐酎金國除	浞野 三年侯破奴元年 四	二 二年侯破奴以浚稽將軍擊匈奴失軍爲虜所得國除
下麾 索隱曰表在猗氏麾音揮	以匈奴王降侯			五 二年六月乙亥侯呼毒尼元年	四 元鼎五年煬侯伊即軒元年 二	六	四
漯陰 索隱曰表在平原	以匈奴渾邪王將衆十萬降侯萬戶			四 二年七月壬午定侯渾邪元年	六 元鼎元年魏侯蘇元年。索隱曰魏謚蘇名謚法克揆行軍曰魏也	五 元封五年魏侯蘇薨無後國除	

煇渠 索隱曰韋昭云僕多所封則作煇渠應庀所封則作渾渠二者皆鄉名在魯陽今並作煇誤也案漢表及傳亦作煇孔文祥云同是元狩中封則邑分封二人也其義爲得	以匈奴王降侯			四 三年七月壬午悼侯扁訾元年。索隱曰漢表作悼侯應庀庀讀爲必二反扁北顯反訾子移反	一 二年侯扁訾死無後國除		
河綦 索隱曰表在濟南	以匈奴右王與渾邪降侯			四 三年七月壬午康侯烏犁元年。索隱曰漢書作烏黎	二 元鼎三年餘利鞮元年 四	六	四
常樂 索隱曰表在濟南	以匈奴大當戶與渾邪降侯			四 三年七月壬午肥侯稠雕元年。索隱曰漢書衛青傳作雕離	六	六	二 太初三年今侯廣漢元年
符離 索隱曰縣名屬沛郡	以右北平太守從驃騎將軍四年擊右王將重會期首虜二千七百人功侯 索隱曰將重將字上屬重者冊也會期言冊赴期將去聲重平聲			三 四年六月丁卯侯路博德元年	六	六	太初元年侯路博德有罪國除

壯 索隱曰表在東平	以匈奴歸義匈奴因淳王從驃騎將軍四年擊左王以少破多捕虜二千一百人功侯			三 四年六月丁卯侯復陸支元年	二 元鼎三年今侯偃元年 四	六	四
衆利	以匈奴歸義樓剸王從驃騎將軍四年擊右王手自劍合功侯。索隱曰剸音專手自劍謂手刺其王而合戰得封			三 四年六月丁卯侯伊即軒元年。索隱曰軒居言反	六	五 六年今侯當時元年 一	四
湘成 索隱曰表在陽城	以匈奴符離王降侯			三 四年六月丁卯侯敞屠洛元年	四 元鼎五年侯敞屠洛坐酎國除		
義陽 索隱曰表在平氏	以北地都尉從驃騎將軍四年擊左王得王功侯			三 四年六月丁卯侯衛山元年	六	六	四
散 索隱曰表在陽城	以匈奴都尉降侯			三 四年六月丁卯侯董荼吾元年。索隱曰劉氏荼音大姑反蓋誤耳今以其人名余吾余吾匈奴水名也	六	六	二 太初三年今侯安漢元年 二

臧馬 索隱曰表在朱虛	以匈奴王降侯			四年六月丁卯康侯延年元年 一 五年侯延年死不得置後國除			
周子南君 索隱曰表在長社	以周後紹封				三 四年十一月丁卯侯姬嘉元年	三 四年君買元年 三	
樂通 索隱曰韋昭云在臨淮高平	以方術侯				一 四年四月乙巳侯五利將軍樂大元年五年侯大有罪斬國除		
瞭 索隱曰音遼表在舞陽	以匈奴歸義王降侯				四年六月丙午侯次公元年 一 五年侯次公坐酎金國除		
術陽 索隱曰表在下邳	以南越王兄越高昌侯				四年侯建德元年 一 五年侯建德有罪國除		
龍亢 索隱曰晉灼云龍闕左傳齊侯圍龍龍魯邑蕭該云廣德所封上是龍有亢者誤也	以校尉摎世樂擊南越死事子侯。索隱曰摎居虯反				二 五年三月壬午侯廣德元年	六 元封六年侯廣德有罪國除	

國名	侯功				元鼎	元封	太初
成安 索隱曰表在郟志在陳留	以校尉韓千秋擊南越死事子侯				五年三月壬子侯延年元年 二	元封六年侯延年有罪國除 六	
昆 索隱曰表在鉅鹿	以屬國大且渠擊匈奴功侯				五年五月戊戌昆侯渠復累元年。索隱曰渠復累音力妻反顏師古音力追反 二	六	四
騏 索隱曰志屬河東表在北屈	以屬國騎擊匈奴捕單于兄功侯				五年十五月壬子侯駒幾元年一云騎幾 二	六	四
梁期 索隱曰志屬魏郡	以屬國都尉五年間出擊匈奴得復累絺縵等功侯				五年七月辛巳侯任破胡元年 二	六	四
牧丘 索隱曰表在平原	以丞相及先人萬石積德謹行侯				五年九月丁丑恪侯石慶元年 二	六	二 三年侯德元年 二
瞭 索隱曰表在下邳	以南越將降侯				六年三月乙酉侯畢取元年。索隱曰初以封次公又封畢取 一	六	四

國名	侯功				元鼎	元封	太初
將梁	以樓船將軍擊南越推鋒却敵侯				六年三月乙酉侯楊僕元年 一	元封四年侯僕有罪國除 三	
安道 索隱曰表在南陽	以南越揭陽令聞漢兵至自定降侯				六年三月乙酉侯揭陽令定元年 一	六	四
隨桃 索隱曰表在南陽	以南越蒼梧王聞漢兵至降侯				六年四月癸亥侯趙光元年 一	六	四
湘成 索隱曰表在堵陽	以南越桂林監聞漢兵破番禺諭甌駱兵四十餘萬降侯				六年五月壬申侯監居翁元年。索隱曰監官也居姓翁字 一	六	四
海常 索隱曰表在琅邪	以伏波司馬捕得南越王建德功侯				六年七月乙酉莊侯蘇弘元年 一	六	太初元年侯弘死無後國除
北石 索隱曰漢表作外石在濟南	以故東越衍侯佐繇王斬餘善功侯					元年正月壬午侯吳陽元年 六	太初四年今侯首元年 三
下鄜 索隱曰漢表作鄜	以故甌駱左將斬西于王功侯					元年四月丁酉侯左將黃同元年。索隱曰西南夷傳甌駱將左黃同則左是姓恐誤漢表云將黃同則左將是官不疑 六	四

國名	侯功	元光	元朔	元狩	元鼎	元封	太初已後
繚嫈　索隱曰繚音繚繞之繚嫈搜字林音乙耕反西南夷傳音聊嫈	以故校尉從橫海將軍說擊東越功侯					元年五月乙卯侯劉福元年 一 二年侯福有罪國除	
蘌兒　索隱曰韋昭云在吳越界今為鄉也	以軍卒斬東越徇北將軍功侯					六 元年閏月癸卯莊侯轅終古元年徐廣曰閏四月也	太初元年終古死無後國除
開陵　索隱曰表在臨淮	以故東越建成侯與繇王共斬東越王餘善功侯					元年閏月癸卯侯建成元年 六	四
臨蔡　索隱曰表在河內	以故南越郎聞漢兵破番禺為伏波得南越相呂嘉功侯					元年閏月癸卯侯孫都元年 六	四
東成　索隱曰表在九江	以故東越繇王斬東越王餘善功侯萬戶					元年閏月癸卯侯居服元年 六	四
無錫　索隱曰表在會稽	以東越將軍漢兵至弃軍降侯					元年侯多軍元年 六	四

國名	侯功	元光	元朔	元狩	元鼎	元封	太初已後
涉都　索隱曰表在南陽	以父弃故南海守漢兵至以城邑降子侯					元年中侯嘉元年 六	太初二年侯嘉薨無後國除 二
平州　索隱曰表在梁父	以朝鮮將漢兵至降侯					三年四月丁卯侯唊元年 一 四年侯唊薨無後國除 如淳曰唊音頰	
荻苴　索隱曰音秋蛆表在渤海	以朝鮮相漢兵至圍之降侯					三年四月侯朝鮮相韓陰元年 四	四
澅清　索隱曰表在齊澅音獲水名在齊又音乎卦反	以朝鮮尼谿相使人殺其王右渠來降侯					三年六月丙辰侯朝鮮尼谿相參元年 四	四
騠茲　索隱曰騠音啼表在琅邪	以小月氏若苴王將眾降侯○索隱曰苴音子餘反					四年十一月丁卯侯稽谷姑元年 三	太初元年侯稽谷姑薨無後國除
浩	以故中郎將將兵捕得車師王功侯					四年正月甲申侯王恢元年 一 四年四月侯恢坐使酒泉矯制害當死贖國除 封凡三年	

瓡讘 徐廣曰在河東瓡音胡讘之涉反○索隱曰縣名案表在河東志亦同即狐字	以小月氏王將衆千騎降侯			四年正月乙酉侯扜者元年索隱曰扜音烏亦音汙 二 六年侯勝元年	四
幾 索隱曰音機表在河東	以朝鮮王子漢兵圍朝鮮降侯			四年三月癸未侯張路歸義元年○索隱曰韋昭云路姑洛反 二 元封六年侯張路使朝鮮謀反死國除	
涅陽 索隱曰表在齊志屬南陽	以朝鮮相路人漢兵至首先降道死其子侯			三 四年三月壬寅康侯子最元年	二 太初二年侯最死無後國除

右太史公本表

當塗 索隱曰表在九江 魏不害以圉守尉捕淮陽反者公孫勇等侯

蒲 索隱曰表在琅邪 蘇昌以圉尉史捕淮陽反者公孫勇等侯

潦陽 索隱曰潦音遼表在清河 江德以園廄嗇夫共捕淮陽反者公孫勇等侯

富民 索隱曰表在蘄 田千秋家在長陵以故高廟寢郎上書諫孝武曰子弄父兵罪當笞父子之怒自古有之蚩尤畔父黄帝涉江上書至意

拜爲大鴻臚征和四年爲丞相封三千戶至昭帝時病死子順代立爲虎牙將軍擊匈奴不至質誅死國除漢書音義曰質所期處也

右孝武封國名

後進好事儒者褚先生曰太史公記事盡於孝武之事故復修記孝昭以來功臣侯者編于左方令後好事者得覽觀成敗長短絶世之適得以自戒焉當世之君子行權合變度時施宜希世用事以建功有土封侯立名當世豈不盛哉觀其持滿守成之道皆不謙讓驕蹇爭權喜揚聲譽知進不知退終以殺身滅國以三得之以三得之者即上所謂行權合變度時施宜希世用事也及身失之不能傳功於後世令恩德流子孫豈不悲哉夫龍頟侯曾爲前將軍世俗順善厚重謹信不與政事退讓愛人其先起於晉六卿之世有土君國以來爲王侯子孫相承不絶歷年經世以至于今凡八百餘歲豈可與功臣及身失之者同日而語之哉悲夫後世其誡之

博陸 霍光家在平陽以兄驃騎將軍故貴前事

武帝覺捕得侍中謀反者馬何羅等功侯三千戶（文穎曰博廣陸平取其嘉名無此縣也食邑北海河東瓚曰漁陽有博陸城也）中輔幼主昭帝爲大將軍謹信用事擅治尊爲大司馬益封邑萬戶後事宣帝歷事三主天下信鄉之益封二萬戶子禹代立謀反族滅國除

秺（漢書音義曰音妬在濟陰成武今有亭矣）金翁叔名日磾以匈奴休屠王太子從渾邪王將衆五萬降漢歸義侍中事武帝覺捕侍中謀反者馬何羅等功侯三千戶中事昭帝謹厚益封三千戶子弘代立爲奉車都尉事宣帝

安陽（索隱曰表在蕩陰志屬汝南）上官桀家在隴西以善騎射從軍稍貴事武帝爲左將軍覺捕斬侍中謀反者馬何羅弟重合侯通功侯三千戶中事昭帝與大將軍霍光爭權因以謀反族滅國除

桑樂（索隱曰表在千乘）上官安以父桀爲將軍故貴侍中事昭帝安女爲昭帝夫人立爲皇后故侯三千戶驕蹇與大將軍霍光爭權因以父子謀反族滅國除

富平（索隱曰志屬平原）張安世家在杜陵以故御史大夫張湯子武帝時給事尚書爲尚書令事昭帝謹厚習事爲光祿勳右將軍輔政十三年無適過侯三千戶及事宣帝代霍光爲大司馬用事益封萬六千戶子延壽代立爲太僕侍中

義陽（索隱曰表在平氏）傅介子家在北地以從軍爲郎爲平樂監昭帝時刺殺外國王天子下詔書曰平樂監傅介子使外國殺樓蘭王以直報怨不煩師有功其以邑千三百戶封介子爲義陽侯子厲代立爭財相告有罪國除

商利（索隱曰表在徐郡）王山壽齊人也故爲丞相史會騎將軍上官安謀反山說安與俱入丞相斬安山以軍功爲侯三千戶上書願治民爲代太守爲人所上書言繫獄當死會赦出爲庶人國除

建平（索隱曰表在濟陽）杜延年以故御史大夫杜周子給事大將軍幕府發覺謀反者騎將軍上官安等罪封爲侯邑二千七百戶拜爲太僕

元年出爲西河太守五鳳三年入爲御史大夫

弋陽 索隱曰志屬汝南 任宮以故上林尉捕格謀反者左將軍上官桀殺之便門封爲侯二千戶後爲太常及行衛尉事節儉謹信以壽終傳於子孫

宜城 索隱曰表在濟陰 燕倉以故大將軍幕府軍吏發謀反者騎將軍上官安有罪功封侯邑二千戶爲汝南太守有能名

宜春 索隱曰志屬汝南 王訢家在齊本小吏佐史稍遷至右輔都尉武帝數幸扶風郡訢共置辦拜爲右扶風至孝昭時代桑弘羊爲御史大夫元鳳三年代田千秋爲丞相封二千戶立二年爲人所上書言慕自殺不殊子代立爲屬國都尉

安平 索隱曰表在汝南志屬涿郡 楊敞家在華陰故給事大將軍幕府稍遷至大司農爲御史大夫元鳳六年代王訢爲丞相封二千戶立二年病死子賁代立十三年病死子翁君代立爲典屬國三歲以季父惲故出惡言繫獄當死得免爲庶人國除

右孝昭時所封國名

陽平 索隱曰志屬東郡 蔡義家在溫故師受韓詩爲博士給事大將軍幕府爲杜城門候入侍中授昭帝韓詩爲御史大夫是時年八十衰老常兩人扶持乃能行然公卿大臣議以爲爲人主師當以爲相以元平元年代楊敞爲丞相封二千戶病死絕無後國除

扶陽 索隱曰志屬沛郡表在蕭 韋賢家在魯通詩禮尚書爲博士授魯大儒入侍中爲昭帝師遷爲光祿大夫大鴻臚長信少府以爲人主師本始三年代蔡義爲丞相封扶陽侯千八百戶爲丞相五歲多恩不習吏事免相就第病死子玄成代立爲太常坐祠廟騎奪爵爲關內侯

平陵 索隱曰表在武當 范明友家在隴西以家世習外國事使護西羌事昭帝拜爲度遼將軍擊烏桓功侯二千戶取霍光女爲妻地節四年與諸霍子禹等謀反族滅國除

營平 索隱曰表在濟南 趙充國以隴西騎士從軍得官侍

中事武帝數將兵擊匈奴有功爲護軍都
尉中事昭帝昭帝崩議立宣帝決疑定策
以安宗廟功侯封二千五百戸

陽成 索隱曰表在濟陰非也且濟陰有城陽縣耳而潁川汝南又各有陽城縣城字從土在陽之下今此似誤不可分別也 田延年以軍吏事昭帝發覺上官桀
謀反事後留遲不得封爲大司農本造廢
昌邑王議立宣帝決疑定策以安宗廟功
侯二千七百戸逢昭帝崩方上事並急因
以盜都內錢三千萬 漢書百官表曰司農屬官有都內 發覺
自殺國除

平丘 索隱曰志屬陳留表在肥城 王遷家在衛 索隱曰一作衙音牙地理志衙縣在馮翊 爲
尚書郎習刀筆之文侍中事昭帝帝崩立
宣帝決疑定策以安宗廟功侯二千戸爲
光祿大夫秩中二千石坐受諸侯王金錢
財漏洩中事誅死國除

樂成 索隱曰表在平氏志屬南陽 霍山山者大將軍光兄子也
光未死時上書曰臣兄驃騎將軍去病從
軍有功病死賜謚景桓侯絕無後臣光願
以所封東武陽邑三千五百戸分與山天
子許之拜山爲侯後坐謀反族滅國除

冠軍 索隱曰志屬南陽 霍雲以大將軍兄驃騎將軍適孫
爲侯地節三年天子下詔書曰驃騎將軍
去病擊匈奴有功封爲冠軍侯薨卒子侯
伐立病死無後春秋之義善善及子孫其
以邑三千戸封雲爲冠軍侯後坐謀反族
滅國除

平恩 索隱曰志屬魏郡 許廣漢以家昌邑坐事下蠶室獨有
一女嫁之宣帝未立時素與廣漢出入相
通卜相者言當大貴以故廣漢施恩甚厚
地節三年封爲侯邑三千戸病死無後國
除

昌水 索隱曰表在於陵 田廣明故郎爲司馬稍遷至南郡
都尉淮陽太守鴻臚左馮翊昭帝崩議廢
昌邑王立宣帝決疑定策以安宗廟本始
三年封爲侯邑二千三百戸爲御史大夫
後爲祁連將軍擊匈奴軍不至質當死自
殺國除

高平 索隱曰志屬臨淮 魏相家在濟陰少學易爲府卒史
以賢良舉爲茂陵令遷河南太守坐賊殺
不辜繫獄當死會赦免爲庶人有詔守茂

陵令爲楊州刺史入爲諫議大夫復爲河南太守遷爲大司農御史大夫地節三年譖毀韋賢代爲丞相封千五百戶病死長子賓代立坐祠廟失侯

博望 索隱曰志屬南陽 許中翁名舜 以平恩侯許廣漢弟封爲侯邑二千戶亦故有私恩爲長樂衛尉死子延年代立

樂平 許翁孫以平恩侯許廣漢少弟故爲侯封二千戶拜爲彊弩將軍擊破西羌還更拜爲大司馬光祿勳亦故有私恩故得封嗜

酒好色以早病死子湯代立

將陵 史子回名曾 以宣帝大母家封爲侯二千六百戶與平臺侯昆弟行也子回妻宜君故成王孫嫉妬絞殺侍婢四十餘人盜斷婦人初產子臂膝以爲媚道爲人所上書言論棄市子回以外家故不失侯

平臺 索隱曰志屬常山 史子叔名玄 以宣帝大母家封爲侯二千五百戶衛太子時史氏內一女於太子嫁一女魯王今見魯王亦史氏外孫也外家有親以故貴數得賞賜

樂陵 索隱曰志屬臨淮平原亦有樂陵 史子長名高 以宣帝大母家貴侍中重厚忠信以發覺霍氏謀反事封三千五百戶

博成 索隱曰表在臨淮 張章父故潁川人爲長安亭長失官之北闕上書寄宿霍氏第舍臥馬櫪間夜聞養馬奴相與語言諸霍氏子孫欲謀反狀因上書告反爲侯封三千戶

都成 索隱曰志屬潁川 金安上先故匈奴以發覺故大將軍霍光子禹等謀反事有功封侯二千八百戶安上者奉車都尉秺侯從羣子行謹

善退讓以自持欲傳功德於子孫

平通 索隱曰表在博陽 楊惲家在華陰故丞相楊敞少子任爲郎好士自喜知人居衆人中常與人顏色以故高昌侯董忠引與屏語言霍氏謀反狀共發覺告反侯二千戶爲光祿勳到五鳳四年作爲妖言大逆罪要斬國除

高昌 索隱曰志屬千乘 董忠父故潁川陽翟人以習書詣長安忠有材力能騎射用短兵給事期門 漢書東方朔傳曰武帝微行出與侍中常侍武騎及待詔隴西北地良家子能騎射者期諸殿門故有期門之號 與張章相習知章告語忠霍禹謀反狀

忠以語常侍騎郎楊惲共發覺告反侯二千戶今為梟騎都尉侍中坐祠宗廟乘小車奪百戶

爰戚 趙成 索隱曰漢表作趙長平 用發覺楚國事侯二千三百戶地節元年楚王與廣陵王謀反成發覺反狀天子推恩廣德義下詔書曰無治廣陵王廣陵王不變更後復坐祝詛滅國自殺國除今帝復立子為廣陵王

酇 地節三年天子下詔書曰朕聞漢之興相國蕭何功第一今絕無後朕甚憐之其以邑三千戶封蕭何玄孫建世為酇侯

平昌 王長君 名無故 家在趙國常山廣望邑人也衛太子時嫁太子家為太子男史皇孫為配生子男絕不聞聲問行且四十餘歲至今元康元年中詔徵立以為侯封五千戶宣帝舅父也

樂昌 索隱曰表在汝南 王稚君 名武 家在趙國常山廣望邑人也以宣帝舅父外家封為侯邑五千戶平昌侯王長君弟也

邛成 索隱曰表在濟陰 王奉光家在房陵以女立為宣帝皇后故封千五百戶言奉光初生時夜見光其上傳聞者以為當貴云後果以女故為侯

安遠 索隱曰表在慎 鄭吉家在會稽以卒伍起從軍為郎使護將弛刑士田渠梨會匈奴單于死國亂相攻日逐王將眾來降漢先使語吉吉將吏卒數百人往迎之眾頗有欲還者因斬殺其渠率遂與俱入漢以軍功侯二千戶

博陽 索隱曰表在南頓 邴吉家在魯本以治獄為御史屬給事大將軍幕府常施舊恩宣帝遷為御史大夫封侯二千戶神爵二年代魏相為丞相立五歲病死子翁孟代立為將軍侍中甘露元年坐祠宗廟不乘大車而騎至廟門有罪奪爵為關內侯

建成 索隱曰表在沛 黃霸家在陽夏以役使徙雲陽以廉吏為河內守丞遷為廷尉監行丞相長史事坐見知夏侯勝非詔書大不敬罪久繫獄三歲從勝學尚書會赦以賢良舉為揚州刺史潁川太守善化男女異路耕者

讓畔賜黃金百斤秩中二千石居潁川入爲太子太傅遷御史大夫五鳳三年代邴吉爲丞相封千八百戸

西平（索隱曰表在臨淮）于定國家在東海本以治獄給事爲廷尉史稍遷御史中丞上書諫昌邑王遷爲光祿大夫爲廷尉乃師受春秋變道行化謹厚愛人遷爲御史大夫代黃霸爲丞相

右孝宣時所封

陽平（索隱曰表在東郡）王稚君（名傑。索隱曰漢表名禁）家在魏郡故丞相史女爲太子妃太子立爲帝女爲皇后故侯千二百戸初元以來方盛貴用事游宦求官於京師者多得其力未聞其有知略廣宣於國家也

索隱述贊曰

孝武之代天下多虞南討甌越北擊單于長平鞠旅冠軍前驅術陽銜璧臨蔡破禺博陸上宰平津巨儒金章且佩紫綬行紆昭帝已後勳寵不殊惜哉絕筆褚氏補諸

建元以來侯者年表第八　史記二十

建元已來王子侯者年表第九　史記二十一

制詔御史諸侯王或欲推私恩分子弟邑者令各條上朕且臨定其號名

太史公曰盛哉天子之德一人有慶天下賴之

國名	王子號	元光	元朔	元狩	元鼎	元封	太初
茲	河間獻王子	五年正月壬子侯劉明元年 二	三 元朔三年侯明坐謀反殺人弃市國除（徐廣曰一作掠殺人弃市）				
安成（索隱曰表在豫章）	長沙定王子	六年七月乙巳思侯劉蒼元年 一	六	六	元年今侯自當元年 六	六	四
宜春（索隱曰表在豫章）	長沙定王子	六年七月乙巳侯劉成元年 一	六	六	四 五年侯成坐酎金國除		
句容（索隱曰表在會稽）	長沙定王子	六年七月乙巳哀侯劉黨元年 一	元朔元年哀侯黨薨無後國除				
句陵（徐廣曰一作容陵）	長沙定王子	六年七月乙巳侯劉福元年 一	六	六	四 五年侯福坐酎金國除		

杏山	楚安王子	六年後九月壬戌侯劉成元年 一	六	六	四 五年侯成坐酎金國除		
浮丘 索隱曰表在沛	楚安王子	六年後九月壬戌侯劉不審元年 一	六	四 五年今侯霸元年 二	四 五年侯霸坐酎金國除		
廣戚	魯共王子		元年十一月丁酉節侯劉擇元年徐廣曰擇一作將 六	元年侯始元年 六	四 五年侯始坐酎金國除		
丹楊 索隱曰表在無湖	江都易王子		元年十二月甲辰哀侯敢元年 六	元狩元年侯敢薨無後國除			
盱台	江都易王子		元年十二月甲辰侯劉象之元年。索隱曰表作蒙之 六	六	四 五年侯象之坐酎金國除		
湖孰 索隱曰表在丹陽	江都易王子		元年正月丁亥頃侯劉胥元年。索隱曰表名胥行 六	六	四 五年今侯聖元年 二	六	四
秩陽 索隱曰表作秩陵	江都易王子		元年正月丁卯終侯劉漣元年。索隱曰表名纏 六	六	三 四年終侯漣薨無後國除		
睢陵 索隱曰表在淮陵	江都易王子		元年正月丁卯侯劉定國元年 六	六	四 五年侯定國坐酎金國除		

龍丘 索隱曰表在琅邪	江都易王子		二年五月乙巳侯劉代元年 五	六	四 五年侯代坐酎金国除		
張梁	江都易王子		二年五月乙巳哀侯劉仁元年 五	六	二 三年今侯須元年 四	六	四
劇	菑川懿王子		二年五月乙巳原侯劉錯元年 五	六	一 二年孝侯廣昌元年 五	六	四
壤	菑川懿王子		二年五月乙巳夷侯劉高遂元年 五	六	元年今侯延元年 六	六	四
平望	菑川懿王子		二年五月乙巳夷侯劉賞元年 五	二 二年今侯楚人元年 四	六	六	四
臨原 索隱曰表作臨衆	菑川懿王子		二年五月乙巳敬侯劉始昌元年 五	六	六	六	四
葛魁 徐廣曰葛一作莒。索隱曰表志闕或鄉名	菑川懿王子		二年五月乙巳節侯劉寬元年 五	三 四年今侯戚元年 三	二 元鼎三年侯戚坐殺人棄市國除		
益都	菑川懿王子		二年五月乙巳侯劉胡元年 五	六	六	六	四

平酌 索隱曰漢表作平的志屬北海	菑川懿王子		二年五月乙巳戴侯劉彊元年 五	六	元年忠侯中時元年 六	六	四
劇魁 索隱曰志屬北海	菑川懿王子		二年五月乙巳夷侯劉墨元年 五	六	六	元年侯昭元年 三 四年侯德元年	四
壽梁 索隱曰表在壽樂	菑川懿王子		二年五月乙巳侯劉守元年 五	六	四 五年侯守坐酎金国除		
平度 索隱曰志屬東萊	菑川懿王子		二年五月乙巳侯劉衍元年 五	六	六	六	四
宜成 索隱曰表在平原	菑川懿王子		二年五月乙巳康侯劉衍元年 五	六	六 元年侯福元年	六	太初元年侯福坐殺弟弃市国除
臨朐 索隱曰表在東海	菑川懿王子		二年五月乙巳哀侯劉奴元年 五	六	六	六	四
雷 索隱曰表在東海	城陽共王子		二年五月甲戌劉稀元年 五	六	五 五年侯稀坐酎金國除		
東莞 索隱曰志在琅邪	城陽共王子		三年五月甲戌侯劉吉元年 三 元朔五年侯吉有痼疾不朝廢國除				

辟 索隱曰表在東海	城陽共王子		二年五月甲戌節侯劉壯元年 三 五年侯朋元年 二	六	四 五年侯朋坐酎金國除		
尉文 索隱曰表在南郡	趙敬肅王子		二年六月甲午節侯劉丙元年 五	元年侯犢元年 六	四 元鼎五年侯犢坐酎金國除		
封斯 索隱曰志屬常山	趙敬肅王子		二年六月甲午共侯劉胡陽元年 五	六	六	六	一 四年今侯如意元年
榆丘	趙敬肅王子		二年六月甲午侯劉壽福元年 五	六	四 元鼎五年侯壽福坐酎金國除		
襄嚵 索隱曰韋昭云廣平縣嚵音仕咸反又仕懺反	趙敬肅王子		二年六月甲午侯劉建元年 五	六	四 元鼎五年侯建坐酎金國除		
邯會 索隱曰志屬魏郡	趙敬肅王子		二年六月甲午侯劉仁元年 五	六	六	六	四
朝 索隱曰凡侯不言郡縣皆表志闕	趙敬肅王子		二年六月甲午侯劉義元年 五	六	二 二年今侯祿元年 四	六	四
東城 索隱曰志屬九江	趙敬肅王子		二年六月甲午侯劉遺元年 五	六	元年侯遺有罪國除		

陰城	廣望 索隱曰志屬涿郡	將梁 索隱曰表在涿郡	新館 索隱曰表在涿郡	新處 索隱曰表在涿郡	陘城 索隱曰表在涿郡志屬中山	蒲領 索隱曰表在東海	西熊
趙敬肅王子	中山靖王子	中山靖王子	中山靖王子	中山靖王子	中山靖王子	廣川惠王子	廣川惠王子
二年六月甲午侯劉蒼元年 五	二年六月甲午侯劉安中元年 五	二年六月甲午侯劉朝平元年 五	二年六月甲午侯劉未央元年 五	二年六月甲午侯劉嘉元年 五	二年六月甲午侯劉貞元年 五	三年十月癸酉侯劉嘉元年 四	三年十月癸酉侯劉明元年 四
六	六	六	六	六	六		
六	六	四 元鼎五年侯朝平坐酎金國除	四 元鼎五年侯未央坐酎金國除	四 元鼎五年侯嘉坐酎金國除	四 元鼎五年侯貞坐酎金國除		
元年侯蒼有罪國除	六						
	四						

棗彊 索隱曰志屬清河	畢梁 索隱曰表在魏郡	房光 索隱曰表在魏郡	距陽	蔞安 索隱曰蔞音力俱反漢表蔞節侯無安字節謚也	阿武	參戶 索隱曰志屬渤海
廣川惠王子	廣川惠王子	河間獻王子	河間獻王子	河間獻王子	河間獻王子	河間獻王子
三年十月癸酉侯劉晏元年 四	三年十月癸酉侯劉嬰元年 四	三年十月癸酉侯劉殷元年 四	三年十月癸酉侯劉白元年 四	三年十月癸酉侯劉邈元年 四	三年十月癸酉湣侯劉豫元年 四	三年十月癸酉侯劉勉元年 四
	六	六	四 五年侯渡元年 二	六	六	六
	六	元鼎元年殷有罪國除	四 元鼎五年侯渡有罪國除	六	六	六
	三 元封四年侯嬰有罪國除			元年今侯嬰元年 六	六	六
				四	三年今侯寬元年 二	四

州鄉 索隱曰志屬涿郡	河間獻王子		三年十月癸酉節侯劉禁元年 四	六	六	五 六年今侯惠元年 一	四
成平 索隱曰表在南皮	河間獻王子		三年十月癸酉侯劉礼元年 四	二 元狩三年侯礼有罪國除			
廣 索隱曰表在勃海	河間獻王子		三年十月癸酉侯劉順元年 四	六	四 元鼎五年侯順坐酎金國除		
蓋胥 索隱曰漢志在太山表在魏郡	河間獻王子		三年十月癸酉侯劉讓元年 四	六	四 元鼎五年侯讓坐酎金國除		
陪安 索隱曰表在魏郡	濟北貞王子		三年十月癸酉康侯劉不害元年 四	六	一 二年哀侯秦客元年 二 元鼎三年侯秦客薨無後國除		
榮簡 徐廣曰一作營簡。索隱曰漢表作榮關在茌平	濟北貞王子		三年十月癸酉侯劉騫元年 四	二 三年侯騫有罪國除			
周堅	濟北貞王子		三年十月癸酉侯劉何元年 四	四 五年侯當時元年 二	四 元鼎五年侯當時坐酎金國除		

安陽 索隱曰表在平原	濟北貞王子		三年十月癸酉侯劉桀元年 四	六	六	六	四
五據 索隱曰表在泰山	濟北貞王子		三年十月癸酉侯劉臒丘元年。索隱曰舊作臒，音劬，劉氏烏霍反 四	六	四 元鼎五年侯臒丘坐酎金國除		
富	濟北貞王子		三年十月癸酉侯劉龔元年 四	六	六	六	四
陪 索隱曰表在平原	濟北貞王子		三年十月癸酉繆侯劉明元年 四	六	三年侯邑元年 三 元鼎五年侯邑坐酎金國除		
叢 徐廣曰一作散。索隱曰叢音緅。漢表作前，在平原，今平原無前縣，此例非一，蓋鄉名也	濟北貞王子		三年十月癸酉侯劉信元年 四	六	四 元鼎五年侯信坐酎金國除		
平 索隱曰志屬河南	濟北貞王子		三年十月癸酉侯劉遂元年 四	元狩元年侯遂有罪國除			

羽 索隱曰志屬平原	濟北貞王子		三年十月癸酉侯劉成元年 四	六	六	六	四
胡毋 索隱曰表在泰山	濟北貞王子。索隱曰自陪安侯不害已下十一人是濟北貞王子，而漢表自安陽侯已下是濟北式王子，同是元朔三年十月封，恐因此誤也		三年十月癸酉侯劉楚元年 四	六	四 元鼎五年侯楚坐酎金國除		
離石 索隱曰表在上黨，志屬西河	代共王子		三年正月壬戌侯劉綰元年 四	六	六	六	四
邵 索隱曰表在山陽	代共王子		三年正月壬戌侯劉慎元年 四	六	六	六	四
利昌 索隱曰志屬齊郡	代共王子		三年正月壬戌侯劉嘉元年 四	六	六	六	四
藺 索隱曰志屬西河	代共王子		三年正月壬戌侯劉憙元年				

臨河 索隱曰志屬朔方	代共王子		三年正月壬戌侯劉賢元年				
隰成 索隱曰志屬西河	代共王子		三年正月壬子侯劉忠元年				
土軍 索隱曰志屬西河	代共王子		三年正月壬戌侯劉郢客元年		侯郢客坐與人妻姦棄市		
皋狼 索隱曰表在臨淮	代共王子		三年正月壬戌侯劉遷元年				
于章 徐廣曰一作斥。索隱曰表在平原	代共王子		三年正月壬戌侯劉遇元年				
博陽 索隱曰志屬汝南	齊孝王子		三年三月乙卯康侯劉就元年 四	六	二 三年侯終吉元年 二 元鼎五年侯終吉坐酎金國除		
寧陽 索隱曰表在濟南	魯共王子		三年三月乙卯節侯劉恢元年 四	六	六	六	四

國名	王子號		元朔	元狩	元鼎	元封	太初
瑕丘 索隱曰志屬山陽	魯共王子		三年三月乙卯節侯劉貞元年 四	六	六	六	四
公丘 索隱曰志屬沛郡	魯共王子		三年三月乙卯夷侯劉順元年 四	六	六	六	四
郁狼 索隱曰韋昭云屬魯志不載狼音廬當反又音郎	魯共王子		三年三月乙卯侯劉騎元年 四	六	四 元鼎五年侯騎坐酎金國除		

國名	王子號		元朔	元狩	元鼎	元封	太初
西昌	魯共王子		三年三月乙卯侯劉敬元年 四	六	四 元鼎五年侯敬坐酎金國除		
陘城 索隱曰漢表作陸地在辛處於理爲得靖王子貞已封陘二人不應重封	中山靖王子		三年三月癸酉侯劉義元年 四	六	四 元鼎五年侯義坐酎金國除		
邯平 索隱曰表在廣平	趙敬肅王子 索隱曰以異年封故別見於此		三年四月庚辰侯劉順元年 四	六	四 元鼎五年侯順坐酎金國除		

國名	王子號		元朔	元狩	元鼎	元封	太初
武始 索隱曰表在魏	趙敬肅王子 索隱曰後立爲趙王		三年四月庚辰侯劉昌元年 四	六	六	六	四
象氏 索隱曰韋昭云在鉅鹿	趙敬肅王子		三年四月庚辰節侯劉賀元年 四	六	六	二 元封三年思侯安德元年 四	四
易 索隱曰志屬涿郡表在鄗	趙敬肅王子		三年四月庚辰安侯劉平元年 四	六	六	四 五年今侯種元年 二	四
洛陵 索隱曰表作路陵在南陽	長沙定王子		四年三月乙丑侯劉章元年 三	一 元鼎二年侯章有罪國除			

國名	王子號		元朔	元狩	元鼎	元封	太初
攸輿 索隱曰按今長沙有攸縣本名攸輿乎表在南陽	長沙定王子		四年三月乙丑侯劉則元年 三	六	六	六	太初元年侯則篡死罪棄市國除
茶陵 索隱曰表在桂陽志屬長沙	長沙定王子		四年三月乙丑侯劉欣元年 三	六	一 二年哀侯陽元年 五	六	太初元年侯陽薨無後國除
建成 索隱曰表在豫章	長沙定王子		四年三月乙丑侯劉拾元年 三	五 元狩六年拾坐不朝不敬國除			

國名	王子號	元光	元朔	元狩	元鼎	元封	太初
安衆 索隱曰志屬南陽	長沙定王子		四年三月乙丑康侯劉丹元年 三	六	六	二 六年今侯山拊元年索隱曰拊音趺 一	四
葉 索隱曰葉音攝縣名屬南陽	長沙定王子		四年三月乙丑康侯劉嘉元年 三		四 元鼎五年侯嘉坐酎金國除		
利鄉	城陽共王子		四年三月乙丑康侯劉嬰元年 三	二 元狩三年侯嬰有罪國除			
有利 索隱曰表在東海	城陽共王子		四年三月乙丑侯劉釘元年 三	元狩元年侯釘坐遺淮南書稱臣弃市國除			
東平 索隱曰表在東海	城陽共王子		四年三月乙丑侯劉慶元年 三	三 元狩三年侯慶坐與姊妹姦有罪國除			
運平 索隱曰表在東海	城陽共王子		四年三月乙丑侯劉訢元年 三	六	四 元鼎五年侯訢坐酎金國除		
山州	城陽共王子		四年三月乙丑侯劉齒元年 三	六	四 元鼎五年侯齒坐酎金國除		

國名	王子號	元光	元朔	元狩	元鼎	元封	太初
海常 索隱曰表在琅邪	城陽共王子		四年三月乙丑侯劉福元年 三	六	四 元鼎五年侯福坐酎金國除		
鈞丘 索隱曰漢表作騶丘	城陽共王子		四年三月乙丑侯劉憲元年 三	三 四年今侯執德元年 三	六	六	四
南城	城陽共王子		四年三月乙丑侯劉貞元年 三	六	六	六	四
廣陵 徐廣曰一作陽	城陽共王子		四年三月乙丑常侯劉表元年 三	四 五年侯成元年 二	四 元鼎五年侯成坐酎金國除		
莊原 索隱曰漢表作杜原	城陽共王子		四年三月乙丑侯劉皋元年 三	六	四 元鼎五年侯皋坐酎金國除		
臨樂 索隱曰韋昭云縣名屬渤海	中山靖王子		四年四月甲午敦侯劉光元年。索隱曰謚法善行不怠曰敦 三	六	六	五 六年今侯建元年 一	四
東野	中山靖王子		四年四月甲午侯劉章元年 三	六	六	六	四

國名	王子號	元光	元朔	元狩	元鼎	元封	太初
高平 索隱曰表在平原	中山靖王子		四年四月甲午侯劉嘉元年 三	六	元鼎五年侯嘉坐酎金國除 四		
廣川	中山靖王子		四年四月甲午侯劉頗元年 三	六	元鼎五年侯頗坐酎金國除 四		
千鍾 徐廣曰一作重。索隱曰漢表作重侯在平原地理志有重丘也	河間獻王子		四年四月甲午侯劉搖元年一云劉陰 三	一 元狩二年侯陰不使人為秋請有罪國除			
披陽 索隱曰蕭該披音皮劉氏音皮彼反志屬千乘	齊孝王子		四年四月乙丑敬侯劉燕元年 三	六	四 五年今侯隅元年 二	六	四
定 索隱曰定地名	齊孝王子		四年四月乙卯敬侯劉越元年。索隱曰漢表作數侯數謚也說文云數讀如躍 三	六	三 四年今侯德元年 三	六	四
稻 索隱曰志屬琅耶	齊孝王子		四年四月乙丑夷侯劉定元年 三	六	二 二年今侯都陽元年 四	六	四

國名	王子號	元光	元朔	元狩	元鼎	元封	太初
山 索隱曰表在渤海	齊孝王子		四年四月乙卯侯劉國元年 三	六	六	六	四
繁安	齊孝王子		四年四月乙卯侯劉忠元年 三	六	六	六	三 四年今侯壽元年 二
柳	齊孝王子		四年四月乙卯康侯劉陽元年 三	六	三 四年侯罷師元年 三	四 五年侯自為元年 二	四
雲 索隱曰志屬琅耶	齊孝王子		四年四月乙卯夷侯劉信元年 三	六	五 六年今侯歲發元年 一	六	四
牟平 徐廣曰一作羊。索隱曰志屬東萊	齊孝王子		四年四月乙卯共侯劉渫元年。索隱曰渫音薛 三	二 四年今侯奴元年 四	六	六	四
柴 索隱曰志屬泰山	齊孝王子		四年四月乙卯原侯劉代元年 三	六	六	六	四
栢陽 索隱曰表在中山	趙敬肅王子		五年十一月辛酉侯劉終古元年 二	六	六	六	四

國名	王子號	元光	元朔	元狩	元鼎	元封	太初
鄗 索隱曰漢表鄗作歊音許昭反志屬常山郡	趙敬肅王子		五年十一月辛酉侯劉延年元年 二	六	四 元鼎五年侯延年坐酎金国除		
桑丘 索隱曰表在深澤	中山靖王子		五年十一月辛酉節侯劉洋元年。索隱曰漢表名將夜 二	六	三 四年今侯德元年 三	六	四
高丘	中山靖王子		五年三月癸酉哀侯劉破胡元年 二	六	元鼎元年侯破胡薨无後国除		
柳宿 索隱曰表在涿郡	中山靖王子		五年三月癸酉夷侯劉蓋元年 二	二 二年侯蘇元年 四	四 元鼎五年侯蘇坐酎金国除		
戎丘	中山靖王子		五年三月癸酉侯劉讓元年 二	六	四 元鼎五年侯讓坐酎金国除		
樊輿	中山靖王子		五年三月癸酉節侯劉條元年 二	六	六	六	四
曲成 索隱曰表在涿郡	中山靖王子		五年三月癸酉侯劉万歲元年 二	六	四 元鼎五年侯万歲坐酎金国除		

國名	王子號	元光	元朔	元狩	元鼎	元封	太初
安郭 索隱曰表在涿郡	中山靖王子		五年三月癸酉侯劉傳元年 二	六	六	六	四
安險 索隱曰志屬中山	中山靖王子		五年三月癸酉侯劉應元年 二	六	四 元鼎五年侯應坐酎金國除		
安遥 索隱曰表作安道	中山靖王子		五年三月癸酉侯劉恢元年 二	六	四 元鼎五年侯恢坐酎金國除		
夫夷	長沙定王子		五年三月癸酉敬侯劉義元年 二	六	四 五年今侯禹元年 二	六	四
舂陵 索隱曰志屬南陽	長沙定王子		五年六月壬子侯劉買元年 二	六	六	六	四
都梁 索隱曰志屬零陵	長沙定王子		五年六月壬子敬侯劉遂元年 二	六	一 元年今侯係元年 六	六	四
洮陽 索隱曰志屬零陵洮音滔又音道	長沙定王子		五年六月壬子靖侯劉狗彘元年。索隱曰漢表名將燕 二	五 元狩六年侯狗彘薨無後國除			

泉陵 索隱曰志屬零陵	長沙定王子		五年六月壬子節侯賢元年 二	六	六	六	四
終弋 索隱曰表在汝南	衡山王賜子		六年四月丁丑侯劉廣置元年 二	六	四 元鼎五年侯廣置坐酎金國除		
麥 索隱曰表在琅耶	城陽頃王子			元年四月戊寅侯劉昌元年 六	四 元鼎五年侯昌坐酎金國除		
鉅合 索隱曰表在平原	城陽頃王子			元年四月戊寅侯劉發元年 六	四 元鼎五年侯發坐酎金國除		
昌 索隱曰志屬琅耶	城陽頃王子			元年四月戊寅侯劉差元年 六	四 元鼎五年侯差坐酎金國除		
蕡 索隱曰或作費音秘又扶味反表在琅耶	城陽頃王子			元年四月戊寅侯劉方元年 六	四 元鼎五年侯方坐酎金國除		
雩殷 索隱曰志屬琅耶表作虖葭音呼加	城陽頃王子			元年四月戊寅康侯劉澤元年 六	六	六	四
石洛 索隱曰表在琅耶	城陽頃王子			元年四月戊寅侯劉敬元年 六	六	六	四

扶浸 索隱曰漢表作挾術在琅耶浸音侵	城陽頃王子			元年四月戊寅侯劉昆吾元年 六	六	六	四
挍 索隱曰音効志闕說者或以爲琅耶被縣恐非	城陽頃王子			元年四月戊寅侯劉霸元年。索隱曰按城陽頃王子二十二人挍侯名雲挾釐侯名霸此止十九人疑脫 六	六	六	四
朸 索隱曰音勒朸縣屬平原	城陽頃王子			元年四月戊寅侯劉讓元年 六	六	六	四
父城 徐廣曰一作六。索隱曰志在遼西表在東海	城陽頃王子			元年四月戊寅侯劉光元年 六	四 元鼎五年侯光坐酎金國除		
庸 索隱曰表在琅耶	城陽頃王子			元年四月戊寅侯劉譚元年。索隱曰漢表名餘 六	六	六	四
翟 索隱曰表在東海	城陽頃王子			元年四月戊寅侯劉壽元年 六	四 元鼎五年侯壽坐酎金國除		

繵 索隱曰表在襄賁音奔又音肥縣名	城陽頃王子		元年四月戊寅侯劉應元年 六	四 元鼎五年侯應坐酎金國除		
彭 索隱曰表在東海	城陽頃王子		元年四月戊寅侯劉偃元年 六	四 元鼎五年侯偃坐酎金國除		
瓡 徐廣曰一作報。索隱曰縣名志屬北海顏師古曰即狐字	城陽頃王子		元年四月戊寅侯劉息元年 六	六	六	四
虛水 索隱曰虛音墟志屬琅耶	城陽頃王子		元年四月戊寅侯劉禹元年 六	六	六	四
東淮 索隱曰表在東海	城陽頃王子		元年四月戊寅侯劉類元年 六	四 元鼎五年侯類坐酎金國除		
栒 索隱曰栒音荀表作栒音俱在東海案志栒在扶風與栒別也	城陽頃王子		元年四月戊寅侯劉買元年 六	四 元鼎五年侯買坐酎金國除		
涓 索隱曰表作涓在東海音育按涓水在南陽南陽有涓陽縣疑表非也	城陽頃王子		元年四月戊寅侯劉不疑元年 六	四 元鼎五年侯不疑坐酎金國除		

陸 索隱曰表在壽光	菑川靖王子			元年四月戊寅侯劉何元年 六	六	六	四
廣饒 索隱曰志屬齊郡	菑川靖王子			元年十月辛卯康侯劉國元年 六	六	六	四
缾 索隱曰缾音瓶韋昭云古缾邑音蒲經反志屬琅耶	菑川靖王子			元年十月辛卯侯劉成元年 六	六	六	四
俞閭	菑川靖王子			元年十月辛卯侯劉不害元年 六	六	六	四
甘井 索隱曰表在鉅鹿	廣川穆王子			元年十月乙酉侯劉元元年 六	六	六	四
襄陵 索隱曰表在鉅鹿志屬河東	廣川穆王子			元年十月乙酉侯劉聖元年 六	六	六	四
皋虞 索隱曰志屬琅耶	膠東康王子				元年五月丙午侯劉建元年 三 四年今侯處元年 三	六	四
魏其 索隱曰志屬琅耶	膠東康王子				元年五月丙午暢侯劉昌元年 六	六	四

祝茲 索隱曰案志松茲在廬江，亦作祝茲，表在琅耶。劉氏云諸侯封名，史漢表多有不同，不敢輒改，今亦略檢表志同異以備多識也
膠東康王子
元年五月丙午侯劉延元年
四 元鼎五年，延坐弃印綬出國，不敬，國除

索隱述贊曰：漢氏之初，矯枉過正。欲大本枝，先封同姓。建元已後，藩翰克盛。主父上言，推恩下令。長沙濟北，中山趙敬。分邑廣封，振振在詠。扞城禦侮，曄曄煒煒。百足不僵，一人有慶。

建元已來王子侯者年表第九　史記二十一

漢興以來將相名臣年表第十　史記二十二

	高皇帝元年	二	三	四	五	六
		立太子			入都關中。索隱曰咸陽也。東有成皋，南有嶢武，西有散關，北有蕭關，在四關之中，用劉敬張良之計故也	
大事記 索隱曰謂誅伐封建薨叛	春，沛公爲漢王，之南鄭。秋，還定雍	春，定塞翟魏河南韓殷國。夏，伐項籍，至彭城，還據滎陽	魏豹反，使韓信別定魏，伐趙，楚圍我滎陽	使韓信別定齊及燕，太公自楚歸，與楚界洪渠	冬，破楚垓下，殺項籍。春，王踐皇帝位定陶。索隱曰垓音陔，堤名，在洨縣。定陶在濟陰沈水之陽	尊太公爲太上皇。劉仲爲代王。立大市。更命咸陽曰長安。索隱曰案上盧綰已封長安侯者，蓋當時別有長安號
相位 索隱曰置立丞相太尉三公	一 丞相蕭何守漢中	二 守關中	三	四	五 罷太尉官	六 封爲酇侯。張蒼爲計相。索隱曰計相主天下書計及計吏
將位 索隱曰命將興師		一 太尉長安侯盧綰	二	三 周苛守滎陽死	四 後九月綰爲燕王	
御史大夫位 索隱曰亞相	御史大夫周苛守滎陽			御史大夫汾陽侯周昌。索隱曰汾陽屬河東		

年	大事記	相位	將位	御史大夫位
七	長樂宮成自櫟陽徙長安伐匈奴匈奴圍我平城	七		
八	擊韓信反虜於趙城貫高作亂明年覺誅之匈奴攻代王代王棄國亡廢爲郃陽侯。索隱曰郃音合在馮翊劉仲封	八		
九	未央宮成置酒前殿太上皇輦上坐帝奉玉卮上壽曰始常以臣不如仲力今臣功孰與仲多太上皇笑殿上稱萬歲徙齊田楚昭屈景于關中	九 遷爲相國		御史大夫昌爲趙丞相
十	太上皇崩陳豨反代地	十		御史大夫江邑侯趙堯
十一	誅淮陰彭越黥布反	十一	周勃爲太尉攻代後官省	
十二	冬擊布還過沛夏上崩置長陵	十二		
孝惠元年	趙隱王如意死始作長安城西北方除諸侯丞相爲相	十三		
二	楚元王齊悼惠王來朝 七月辛未何薨	十四 七月癸巳齊相平陽侯曹參爲相國		

年	大事記	相位	將位	御史大夫位
三	初作長安城蜀湔氐反擊之。索隱曰湔音煎氐音低蜀郡縣名	二		
四	三月甲子赦無所復作	三		
五	爲高祖立廟於沛城成置歌兒一百二十人 八月乙丑參卒	四		
六	七月齊悼惠王薨立太倉西市八月赦齊	一 十月乙巳安國侯王陵爲右丞相十月己巳曲逆侯陳平爲左丞相	罷太尉官	廣阿侯任敖爲御史大夫徐廣曰漢書在高后元年
七	上崩大臣用張辟彊計呂氏權重以呂台爲呂王立少帝己卯葬安陵	二		
高后元年	王孝惠諸子置孝悌力田	三 十一月甲子徙平爲右丞相辟陽侯審食其爲左丞相		
二	十二月呂王台薨子嘉代立爲呂王行八銖錢	四 平 二 食其		平陽侯曹窋一本爲御史大夫在六年。索隱曰窋音竹律反
三		五 三		

年	大事記	相位	將位	御史大夫位
四	廢少帝更立常山王弘為帝	六 置太尉官 四	一 絳侯周勃為太尉	
五	八月淮陽王彊薨以其弟壺關侯武為淮陽王令戍卒歲更	七 五	二	
六	以呂產為呂王四月丁酉赦天下晝昏	八 六	三	
七	趙王幽死以呂祿為趙王梁王徙趙自殺	九 七	四	
八	七月高后崩九月誅諸呂後九月代王至踐位皇帝	十 七月辛巳為帝太傅九月丙戌復為丞相 八	五 隆慮侯竈為將軍擊南越徐廣曰姓周	御史大夫蒼
孝文元年	除收孥相坐律立太子賜民爵	十一 十一月辛巳平徙為左丞相太尉絳侯周勃為右丞相	六 勃為相潁陰侯灌嬰為太尉	
二	除誹謗律皇子武為代王參為太原王勝為梁王	一 十一月乙亥絳侯勃復為丞相	一	
三	徙代王武為淮陽王上幸太原濟北王反匈奴大入上郡以地盡與太原太原更號代	一 十二月乙亥太尉潁陰侯灌嬰為丞相 罷太尉官	二 棘蒲侯陳武為大將軍擊濟北昌侯盧卿共侯盧罷師甯侯遬深澤侯將夜皆為將軍屬武祁侯賀將兵屯滎陽徐廣曰遬姓魏將夜姓趙	

年	大事記	相位	將位	御史大夫位
四		一 正月甲午御史大夫北平侯張蒼為丞相	安丘侯張說為將軍擊胡出代	關中侯申屠嘉為御史大夫
五	除錢律民得鑄錢	二		
六	廢淮南王遷嚴道道死雍。索隱曰嚴道在蜀雍在扶風	三		
七	四月丙子初置南陵	四		
八	[illegible]	五		
九	溫室鐘自鳴以芷陽鄉為霸陵。索隱曰芷音止又音昌改反地理志有芷陽縣霸陵今霸水	六		御史大夫敬
十	諸侯王皆至長安	七		
十一	上幸代地動	八		
十二	河決東郡金堤徙淮陽王為梁王	九		
十三	除肉刑及田租稅律戍卒令	十		
十四	匈奴大入蕭關發兵擊之及屯長安旁	十一	成侯董赤內史欒布昌侯盧卿隆慮侯竈甯侯遬皆為將軍東陽侯張相如為大將軍皆擊匈奴中尉周舍郎中令張武皆為將軍屯長安旁	

年	大事記	相位	將位	御史大夫位
十五	黃龍見成紀上始郊見雍五帝	十二		
十六	上始見渭陽五帝	十三		
後元元年	新垣平詐言方士覺誅之	十四		
二	匈奴和親地動 八月戊戌蒼免相	十五 八月庚午御史大夫申屠嘉為丞相封故安侯		御史大夫青
三	置谷口邑	二		
四		三		
五	上幸雍	四		
六	匈奴三萬人入上郡二萬人入雲中	五	以中大夫令免為車騎將軍軍飛狐故楚相蘇意為將軍軍句注將軍張武屯北地河內守周亞夫為將軍軍細柳宗正劉禮軍霸上祝茲侯徐厲軍棘門以備胡數月胡去亦罷。索隱曰句如字又音鉤	
七	六月己亥孝文皇帝崩其年丁未太子立民出臨三日葬霸陵	六	中尉亞夫為車騎將軍郎中令張武為復土將軍屬國悍為將屯將軍詹事戎奴為車騎將軍侍太后。索隱曰復音伏悍戶幹反亦作悍徐廣曰姓徐一名厲即祝茲侯	

年	大事記	相位	將位	御史大夫位
孝景元年	立孝文皇帝廟郡國為太宗廟	七 置司徒官		
二	立皇子德為河間王閼為臨江王餘為淮南王非為汝南王彭祖為廣川王發為長沙王四月中孝文太后崩 嘉卒	八 開封侯陶青為丞相		御史大夫錯
三	吳楚七國反發兵擊皆破之皇子端為膠西王勝為中山王	二 置太尉官	中尉條侯周亞夫為太尉擊吳楚曲周侯酈寄為大將軍擊趙竇嬰為大將軍屯滎陽欒布為大將軍擊齊。索隱曰條一作修渤海有修市縣	
四	立太子	三	二 太尉亞夫	御史大夫蚡
五	置陽陵邑 丞相北平侯張蒼卒	四	三	
六	徙廣川王彭祖為趙王	五	四	御史大夫陽陵侯岑邁
七	廢太子榮為臨江王四月丁巳膠東王立為太子 青罷相	六月乙巳太尉條侯亞夫為丞相 罷太尉官	五 遷為丞相	御史大夫舍
中元元年		二		
二	皇子越為廣川王寄為膠東王	三		

	三	四	五	六	後元元年	二	三	孝武建元元年 索隱曰年之有號始自武帝自建元至後元共十一號
大事記	皇子乘為清河王 亞夫免相	臨江王徵自殺葬藍田燕數萬為銜土置冢上	皇子舜為常山王	梁孝王武薨分梁為五國王諸子子買為梁王明為濟川王彭離為濟東王定為山陽王不識為濟陰王	五月地動七月乙巳日蝕 舍免相		正月甲子孝景崩二月丙子太子立	綰免
相位	四 御史大夫桃侯劉舍為丞相	二	三	四	五 八月壬辰御史大夫建陵侯衛綰為丞相	二	三	四 魏其侯竇嬰為丞相 置太尉
將位						六月丁巳御史大夫岑邁卒		武安侯田蚡為太尉
御史大夫位	御史大夫綰				御史大夫不疑			御史大夫抵 漢表云牛抵

	二	三	四	五	六	元光元年	二	三	四
大事記	置茂陵 嬰免相	東甌王廣武侯望率其衆四萬餘人來降處廬江郡		行三分錢 徐廣曰漢書云半兩四分曰兩	正月閩越王反孝景太后崩 徐廣曰景帝母竇氏 昌免相		帝初之雍郊見五畤	五月丙子決河於瓠子	十二月丁亥地動 蚡卒
相位	二月乙未太常柏至侯許昌為丞相 蚡免太尉 罷太尉官	二	三	四	五 六月癸巳武安侯田蚡為丞相	二	三	四	五 平棘侯薛澤為丞相
將位					青翟為太子太傅		夏御史大夫韓安國為護軍將軍衛尉李廣為驍騎將軍太僕公孫賀為輕車將軍大行王恢為將屯將軍太中大夫李息為材官將軍篡單于馬邑不合誅恢		
御史大夫位	御史大夫趙綰。索隱曰代衛綰者		御史大夫青翟。索隱曰姓莊		御史大夫安國				御史大夫歐

五	六	元朔元年	二	三	四	五
十月族灌夫家弃魏其侯市	南夷始置郵亭	衛夫人立爲皇后		匈奴敗代太守友 徐廣曰太守姓共名友	匈奴入定襄代上郡	匈奴敗代都尉朱英
二	三	四	五	六	七	八 十一月乙丑御史大夫公孫弘爲丞相封平津侯
	太中大夫衛青爲車騎將軍出上谷衛尉李廣爲驍騎將軍出鴈門太中大夫公孫敖爲騎將軍出代太僕公孫賀爲輕車將軍出雲中皆擊匈奴	車騎將軍青出鴈門擊匈奴衛尉韓安國爲將屯將軍軍代明年屯漁陽卒	春車騎將軍衛青出雲中至高闕取河南地			春長平侯衛青爲大將軍擊右賢衛尉蘇建爲游擊將軍屬青左內史李沮爲彊弩將軍太僕賀爲車騎將軍代相李蔡爲輕車將軍岸頭侯張次公爲將軍大行息爲將軍皆屬大將軍擊匈奴 索隱曰沮音子如反
				御史大夫弘		

六	元狩元年	二	三	四
	十月中淮南王安衡山王賜謀反皆自殺國除	匈奴入鴈門代郡江都王建反膠東王子慶立爲六安王	匈奴入右北平定襄	
二	三	四 御史大夫樂安侯李蔡爲丞相	二	三
大將軍青再出定襄擊胡合騎侯公孫敖爲中將軍太僕賀爲左將軍郎中令李廣爲後將軍翕侯趙信爲將軍敗降匈奴衛尉蘇建爲將軍敗身脫皆屬青左內史沮爲彊弩將軍		冠軍侯霍去病爲驃騎將軍擊胡至祁連合騎侯敖爲將軍出北地博望侯張騫郎中令李廣爲將軍出右北平		大將軍青出定襄郎中令李廣爲前將軍太僕公孫賀爲左將軍主爵趙食其爲右將軍平陽侯曹襄爲後將軍擊單于
	御史大夫蔡	御史大夫湯		

五	蔡坐侵園堧自殺 索隱曰堧而緣反 堧垣外垣堧地也	四 太子少傅武彊侯莊青翟為丞相		
六	四月乙巳皇子閎為齊王旦為燕王胥為廣陵王	二		
元鼎元年		三		
二	青翟有罪自殺	四 太子太傅高陵侯趙周為丞相	湯有罪自殺	御史大夫慶
三		二		
四	立常山憲王子平為眞定王商為泗水王六月中河東汾陰得寶鼎	三		
五	三月中南越相嘉反殺其王及漢使者 八月周坐酎金自殺	四 九月辛巳御史大夫石慶為丞相封牧丘侯	衛尉路博德為伏波將軍出桂陽主爵楊僕為樓船將軍出豫章皆破南越	
六	十二月東越反	二	故龍頟侯韓說為橫海將軍出會稽樓船將軍楊僕出豫章中尉王溫舒出會稽皆破東越	
元封元年		三		御史大夫寬 索隱曰兒寬
二		四	秋樓船將軍楊僕左將軍荀彘出遼東擊朝鮮	

三		五		
四		六		
五		七		
六		八		
太初元年	改曆以正月為歲首○索隱曰始用夏正也	九		
二	正月戊申慶卒	十 三月丁卯太僕公孫賀為丞相封葛繹侯		
三		二		御史大夫延廣
四		三		
天漢元年		四		御史大夫卿 索隱曰王卿
二		五		
三		六		御史大夫周 索隱曰杜周
四		七	春貳師將軍李廣利出朔方至余吾水上游擊將軍韓說出五原因杅將軍公孫敖皆擊匈奴○索隱曰杅音于因杅地名	

年	大事記	相位	將位	御史大夫位
大始元年 班固云司馬遷記事訖于天漢自此已後後人所續。索隱曰即褚先生所補也後史所記不無異呼故今不討論也		八		
二		九		
三		十		御史大夫勝之
四		十一		
征和元年	冬賀坐為蠱死	十二		
二		三月丁巳涿郡太守劉屈氂為丞相封彭城侯	七月壬午太子發兵殺游擊將軍說使者江充	御史大夫成
三	六月劉屈氂因蠱斬	二	貳師將軍李廣利出朔方以兵降胡重合侯莽通出酒泉御史大夫商丘成出河西擊匈奴	
四		六月丁巳大鴻臚田千秋為丞相封富民侯		
後元元年		二		

年	大事記	相位	將位	御史大夫位
二		三	二月己巳光祿大夫霍光為大將軍博陸侯都尉金日磾為車騎將軍秺侯太僕安陽侯上官桀為大將軍	
孝昭始元元年	九月日磾卒	四		
二		五		
三		六		
四		七	三月癸酉衛尉王莽為左將軍騎都尉上官安為車騎將軍	
五		八		
六		九		
元鳳元年		十	九月庚午光祿勳張安世為右將軍	御史大夫訢
二		十一		
三		十二	十二月庚寅中郎將范明友為度遼將軍擊烏丸	
四	三月甲戌千秋卒	三月乙丑御史大夫王訢為丞相封富春侯		御史大夫楊敞

五	十二月庚戌，訢卒	二		
六		十一月乙丑，御史大夫楊敞為丞相，封安平侯	九月庚寅，衛尉平陵侯范明友為度遼將軍，擊烏丸	
元平元年	敞卒	九月戊戌，御史大夫蔡義為丞相，封陽平侯	四月甲申，光祿大夫龍額侯韓曾為前將軍。五月丁酉，水衡都尉趙充國為後將軍，右將軍張安世為車騎將軍	御史大夫昌水侯田廣明
孝宣本始元年		二		
二		三	七月庚寅，御史大夫田廣明為祁連將軍，龍額侯韓曾為後將軍，營平侯趙充國為蒲類將軍，度遼將軍平陵侯范明友為雲中太守，富民侯田順為虎牙將軍，皆擊匈奴	
三	三月戊子，皇后崩。六月乙丑，義薨	六月甲辰，長信少府韋賢為丞相，封扶陽侯。田廣明、田順擊胡還，自殺。[illegible]		御史大夫魏相

四	十月乙卯，立霍后	二		
地節元年		三		
二		四　三月庚午，將軍光卒	二月丁卯，侍中中郎將霍禹為右將軍	
三	立太子。五月甲申，賢老，賜金免	六月壬辰，御史大夫魏相為丞相，封高平侯	七月，安世為大司馬衛將軍。禹為大司馬	御史大夫邴吉
四		二　七月壬寅，禹要斬		
元康元年		三		
二		四		
三		五		
四		六　八月丙寅，安世卒		
神爵元年	上郊甘泉太畤、汾陰后土	七	四月，樂成侯許延壽為強弩將軍。後將軍充國擊羌。酒泉太守辛武賢為破羌將軍。韓曾為大司馬車騎將軍	
二	上郊雍五畤。祋栩出寶璧玉器	八		
三	三月丙午，相卒	四月戊戌，御史大夫邴吉為丞相，封博陽侯		御史大夫望之

四	五鳳元年	二	三	四	甘露元年	二
			正月吉卒			赦殊死，賜高年及鰥寡孤獨帛，女子牛酒
二	三	四 正月己丑增卒	三月壬申御史大夫黃霸爲丞相，封建成侯	二	三 三月丁未延壽卒	四
		五月延壽爲大司馬車騎將軍				
		御史大夫霸	御史大夫延年			御史大夫定國

三	四	黃龍元年	孝元初元元年	二	三
三月己丑霸薨					
七月丁巳御史大夫于定國爲丞相，封西平侯	二	三	四	五	六
		樂陵侯史子長爲大司馬車騎將軍，太子太傅蕭望之爲前將軍			十二月執金吾馮奉世爲右將軍
太僕陳萬年爲御史大夫					

四	五	永光元年	二
		十月戊寅定國免	三月壬戌朔日食
七	八	九 七月子長免就第	二月丁酉御史大夫韋玄成爲丞相，封扶陽侯，丞相賢子
	二月丁巳平恩侯許嘉爲左將軍	九月衛尉平昌侯王接爲大司馬車騎將軍 二月廣德免	七月太常任千秋爲奮武將軍擊西羌。雲中太守韓次君爲建威將軍擊羌，後不行
	中少府貢禹爲御史大夫。十二月丁未，長信少府薛廣德爲御史大夫	七月太子太傅韋玄成爲御史大夫	二月丁酉右扶風鄭弘爲御史大夫

三	四	五	建昭元年	二	三
					六月甲辰玄成薨
二	三	四	五	六	七月癸亥御史大夫匡衡爲丞相，封樂安侯
右將軍平恩侯許嘉爲車騎將軍，侍中光祿大夫樂昌侯王商爲右將軍，右將軍馮奉世爲左將軍				弘免	
				光祿勳匡衡爲御史大夫	衛尉繁延壽爲御史大夫

年	大事記	相位	將位	御史大夫位
四		二		
五		三		
竟寧元年		四	六月己未，衛尉楊平侯王鳳為大司馬大將軍。	延壽卒。三月丙寅，太子少傅張譚為御史大夫。
孝成建始元年		五		
二		六		
三	十二月丁丑，衡免。	七　八月癸丑，遣光祿勳詔嘉上印綬免，賜金二百斤。	十月，右將軍樂昌侯王商為光祿大夫、右將軍，執金吾弋陽侯任千秋為右將軍。	廷尉尹忠為御史大夫。譚免。

年	大事記	相位	將位	御史大夫位
四		三月甲申，右將軍樂昌侯王商為右丞相。	任千秋為左將軍，長樂衛尉史丹為右將軍。十月己亥，尹忠自剌殺。	少府張忠為御史大夫。
河平元年		二		
二		三		
三		四	十月辛卯，史丹為左將軍，太僕平安侯王章為右將軍。	
四	四月壬寅，丞相商免。	六月丙午，諸吏散騎光祿大夫張禹為丞相。		
陽朔元年		二		

年	大事記	相位	將位	御史大夫位
二		三	張忠卒。	六月，太僕王音為御史大夫。
三			九月甲子，御史大夫王音為車騎將軍。	十月乙卯，光祿勳于永為御史大夫。
四		七月乙丑，右將軍光祿勳平安侯王章卒。	閏月壬戌，永卒。	
鴻嘉元年	三月，禹卒。	四月庚辰，薛宣為丞相。		

索隱述贊曰：高祖初起，嘯命羣雄。天下未定，王我漢中。三傑既得，六奇獻功。章邯已破，蕭何築宮。周勃厚重，朱虛至忠。平津作相，條侯總戎。丙魏立志，湯堯飾躬。天漢之後，表述非功。

漢興以來將相名臣年表第十　史記二十二

禮書第一　史記二十三

索隱曰書者五經六籍總名也此之八書記國家大體班氏謂之志志亦記也○正義曰天地位日月明四時序陰陽和風雨節羣品滋茂萬物宰制君臣朝儀尊卑貴賤有序咸謂之禮經六籍咸謂之書故曲禮云道德仁義非禮不成教訓正俗非禮不備分爭辯訟非禮不決云云

太史公曰洋洋美德乎索隱曰洋音羊洋洋美盛貌鄒誕生音翔非也宰制萬物役使羣衆豈人力也哉正義曰言天地宰制萬物役使羣品順四時而動咸有成功豈籍人力營爲哉是美善盛大衆多之德也故孔子曰四時行焉百物生焉余至大行禮官索隱曰大行秦官主禮儀漢景帝改曰大鴻臚鴻臚者掌九賓之儀也觀三代損益乃知緣人情而制禮依人性而作儀其所由來尚矣人道經緯萬端規矩無所不貫誘進以

仁義束縛以刑罰故德厚者位尊祿重者寵榮所以總一海内而整齊萬民也人體安駕乘正義時諡反爲之金輿錯衡以繁其飾周禮王之五路有金路鄭玄曰以金飾諸末○索隱曰錯鑢爲扼爲文飾也詩曰約軝錯衡毛傳云錯衡文衡也○正義爲于僞反錯作鋊七公反目好五色爲之黼黻文章以表其能耳樂鐘磬爲之調諧八音以蕩其心口甘五味爲之庶羞酸鹹以致其美周禮曰羞用百有二十品鄭玄曰羞出于牲及禽獸以備其滋味謂之庶羞鄭衆曰羞者進也情好珍善爲之琢磨圭璧以通其意故大路越席服虔曰大路祀天車也越席結括草以爲席也王肅曰不緣也○正義按括草蒲草越戶括反皮弁布裳周禮曰王視朝則皮弁之服鄭玄曰皮弁之服十五升白布衣積素爲裳也○正義曰以鹿子皮爲弁也

按鞶積素布爲裳也朱絃洞越鄭玄曰朱絃練朱絲絃也越瑟底孔大羹玄酒鄭玄曰大羹肉湆不調以鹽菜也玄酒水也所以防其淫侈救其彫敝索隱曰彫謂彫飾也言彫飾是奢侈之弊也是以君臣朝廷尊卑貴賤之序下及黎庶車輿衣服宮室飲食嫁娶喪祭之分事有宜適物有節文仲尼曰禘自既灌而往者吾不欲觀之矣孔安國曰禘祫之禮爲序昭穆也故毀廟之主及羣廟之主皆合食于太祖灌者酌鬱鬯灌于太祖以降神也既灌之後列尊卑序昭穆而魯逆祀躋僖公亂昭穆故不欲觀之周衰禮廢樂壞大小相踰管仲之家兼備三歸包氏曰三歸娶三姓女也婦人謂嫁曰歸循法守正者見侮於世奢溢僭差者謂之顯榮自子夏門人之高弟也索隱曰言子夏是孔子門

人之中高弟者謂才優而品第高也故論語四科有文學子游子夏也猶云出見紛華盛麗而說入聞夫子之道而樂二者心戰未能自決而況中庸以下漸漬於失教被服於成俗乎孔子曰必也正名於衛所居不合論語曰子路曰衛君待子而爲政子將奚先子曰必也正名乎馬融曰正百事之名仲尼沒後受業之徒沈湮而不舉或適齊楚或入河海正義曰論語云太師摯適齊亞飯干適楚鼓方叔入于河少師陽擊磬襄入于海魯哀公時禮壞樂崩人皆去也豈不痛哉至秦有天下悉内六國禮儀采擇其善雖不合聖制其尊君抑臣朝廷濟濟依古以來正義曰秦采擇六國禮儀尊君抑臣朝廷濟濟依古以來典法行之至于高祖光有四海叔孫通頗有所增

益減損大抵皆襲秦故應劭曰抵至也瓚曰抵歸也○索隱曰按大抵猶大略也臣瓚以抵訓為歸則是大略大歸其義皆通於一自天子稱號正義稱尺證反下至佐僚及宮室官名少所變改孝文即位有司議欲定儀禮孝文好道家之學以為繁禮飾貌無益於治躬化謂何耳正義曰孝文本紀云上身衣弋綈所幸慎夫人令衣不曳地幃帳不得文繡治霸陵皆以瓦器是躬化節儉謂何煩耳不須繁禮飾貌也故罷去之孝景時御史大夫鼂錯明於世務刑名數干諫孝景曰諸侯藩輔臣子一例古今之制也今大國專治異政不稟京師恐不可傳後孝景用其計而六國畔逆正義曰吳楚趙菑川濟南膠西謂六國也齊孝王狐疑城守三國兵圍齊齊使路中大夫告天子不

言七國也以錯首名天子誅錯以解難正義曰上紀買反下乃憚反事在袁盎語中是後官者養交安祿而已莫敢復議今上即位招致儒術之士令共定儀十餘年不就或言古者太平萬民和喜瑞應辨至正義曰辨音遍乃采風俗定制作上聞之制詔御史曰蓋受命而王各有所由興殊路而同歸謂因民而作追俗為制也議者咸稱太古百姓何望漢亦一家之事典法不傳謂子孫何化隆者閎博治淺者褊狹可不勉與乃以太初之元改正朔應劭曰初用夏正以正月為歲首改年為太初易服色封太山定宗廟百官之

儀以為典常垂之於後云禮由人起人生有欲欲而不得則不能無忿忿而無度量則爭正義爭音諍爭則亂先王惡其亂故制禮義以養人之欲給人之求使欲不窮於物物不屈於欲正義曰屈羣物反二者相待而長是禮之所起也故禮者養也稻粱五味所以養口也椒蘭芬茝所以養鼻也索隱曰茝音止又音昌改反鐘鼓管弦所以養耳也刻鏤文章所以養目也疏房牀笫几席所以養體也服虔曰簀謂之笫○索隱曰疏謂窗也○正義曰疏謂窗也笫側里反故禮者養也君子既得其養又好其辨也所謂辨者貴賤有等長少有差貧

富輕重皆有稱也故天子大路越席所以養體也正義曰謂蒲華為席既潔且柔可以祀神柔可以養體也側載臭茝所以養鼻也索隱曰劉氏云側持也臭香也茝香草也言天子行持得以香草自隨也其餘則否臭為香者山海經云臭如糜蕪易曰其臭如蘭是臭為草之香也今以側為邊側載者置也言天子之側常置芳香於左右前有錯衡所以養目也注見前和鸞之聲鄭玄曰和鸞皆鈴也所以為車行節也韓詩內傳曰鸞在衡和在軾前升車則馬動馬動則鸞鳴鸞鳴則和應服虔曰鸞在鑣和在衡續漢書輿服志曰鸞雀立衡也○正義曰皇侃云鸞以金為鸞鳥懸鈴其中於衡上以為遲疾之節所以正威儀行舒疾也步中武象驟中韶護所以養耳也鄭玄曰武武王樂也象武舞也韶舜樂也護湯樂也○正義曰步猶緩車則和鸞之音中於武象驟車中於韶護也龍旂九斿所以養信也周禮曰交龍為旂○正義斿音旒寢兕持虎鮫韅徐廣曰鮫魚皮可以

飾服器音交鞹者當馬掖之革音呼見反○索隱曰寢兕一以兕牛皮為席持虎者以猛獸皮文飾倚較及伏軾故云持虎劉氏云畫之於篷竿及楯扶等以今所見為說也鮫韅者以鮫魚皮飾韅韅馬腹帶也○正義曰兕音似爾雅云兕似牛彌龍所以養威也徐廣曰乘輿車金薄璆龍為輿倚較文虎伏軾龍首銜軛○索隱曰彌亦音弭謂金飾銜軛為龍此皆王者服御崇飾所以示威武故云所以養威也此文皆出大戴禮蓋是荀卿所說劉氏云薄猶飾也璆然龍貌音虬故大路之馬必信至教順然後乘之所以養安也孰知夫士出死要節之所以養生也索隱曰言人誰知夫志士推誠守死要立名節仍是養生安身之本故下云人苟生之為見若者必死是解上意言人苟以貪生之為見不能見危致命若者必死若猶如也言執心為見如此者必刑戮及身故云必死下文皆放此也○正義曰夫音扶要音腰孰知猶審知也出死猶處死也審知志士推誠處死要立名節若曹沫茅焦所以養生命也孰知夫輕費用之所以養財也正義曰費音芳味反輕猶薄言審知斟薄費用則能畜聚所以養財貨也孰知夫恭敬辭讓之所以養安也正義曰言審知恭敬辭讓所以養體安身孰知夫禮義文理之所以養情也正義曰言審知禮義文章道理所以養其情性此四科是儒者有禮義故兩得之也人苟生之為見若者必死正義曰苟且若如此也言平凡好生之人且見操節之士以禮義處死養得其生有効如此者必死也苟利之為見若者必害正義曰言平凡好利之人且見利義之士以輕省費用養得其財有効如此者必害身也怠惰之為安若者必危正義曰惰徒卧反言平凡怠惰之人且有見禮之士以恭敬禮讓養得安樂有効如此者必危亡也情勝之為安若者必滅索隱曰覆解上禮義文理之所以養情也○正義曰勝音极證反言平凡好勝之人且見義之士禮義文理養得情有効如此者必滅亡也此四科是墨者無禮義故兩失之也故聖人一之於禮義則兩得之矣一之於情性則兩失

史記礼書一　五

之矣故儒者將使人兩得之者也墨者將使人兩失之者也索隱曰墨者不尚禮義而任儉嗇無仁恩故使人兩失之詩曰悦以使人人忘其死是也是儒墨之分正義曰分音扶問反分猶等也若儒等而是治辯之極彊固之本威行之道功名之總則天下歸矣治辨之極也彊固之本也索隱曰自此已下皆是儒分之功也○正義曰固堅固也言國以禮義四方欽仰無有攻伐故為彊而且堅固之本也威行之道也正義曰以禮義導天下天下伏而歸之故為威行之道也功名之總也正義曰以禮義率天下天下咸遵之故為功名之總也合也聚也王公由之正義曰由禮義也所以一天下臣諸侯也弗由之所以損社稷也故堅革利兵不足以為勝索隱曰覆上功名之總也高城深池不足以為固嚴令繁刑不足以為威由其道則行不由其道則發楚人鮫革犀兕所以為甲堅如金石宛之鉅鐵徐廣曰大剛曰鉅○正義曰宛城今鄧州南陽縣城是音於元反鉅剛鐵也施鑽如蠭蠆索隱曰鑽謂矛刃及矢鏃也輕利剽遬正義曰上匹妙反下音速剽遬疾也卒如熛風正義曰卒村忽反熛必遙反熛風疾也然而兵殆於垂沙唐眛死焉許慎曰垂沙地名也莊蹻起楚分而為四索隱曰蹻音其略反楚將之名言其起兵亂後楚遂分為四按漢志滇王莊蹻之後也○正義曰以起字為絕句或云楚莊王苗裔也括地志云師州黎州在京西南五千六百七十里戰國楚威王時莊蹻王滇則為滇國之地楚昭王徙都鄀莊蹻王滇楚襄王徙都陳楚考烈王徙都壽春咸被秦逼乃四分也然昭王雖在莊蹻之前故荀卿兼言之也參是豈無堅革利兵哉索隱曰參者驗也言驗是楚豈無利兵哉○正義曰參七含反言蹻楚國豈無堅甲利兵哉為其不由禮義故衆分也其所以統之者非其道故也汝穎以

史記礼書一　六

爲險正義曰括地志云汝水源出汝州魯山縣西伏牛山亦名猛山汝水至豫州郾城縣名潰水爾雅云河有灉汝有潰亦汝之別名潁水源出洛州嵩高縣東南三十五里陽乾山俗名潁山地理志高陵山汝出東南至新蔡縣入淮陽乾江山潁水出東至下蔡入淮也江漢以爲池正義曰江即岷江從蜀入楚在荊州南漢江從漢中東南入江四水爲楚之險固也阻之以鄧林緣之以方城山海經曰夸父與日逐走日入渴欲得飲飲於渭河不足北飲大澤未至道渴而死棄其杖化爲鄧林騆謂鄧林後遂爲林名○索隱曰按裴氏引山海經以爲夸父弃杖爲鄧林其言北飲大澤蓋非在中國也劉氏以爲今襄州南鳳林山是古鄧祁侯之國在楚之北境故云阻以鄧林也○正義曰括地志云方城房州竹山縣東南四十一里其山頂上平四面險峻山南有城長十餘里名爲方城即此山也然而秦師至鄢郢舉若振槁索隱曰振動也擊也槁乾葉也○正義曰鄢音偃括地志云故城在襄州安養縣北三里古鄢子之國鄧之南鄙也又率道縣南九里有故鄢城漢惠帝改曰宜城也郢城荊州江陵縣東北六里即吳公子光伐楚楚平王恐城郢者也又楚武王始都郢絕南

故城是也在江陵北十五里也是豈無固塞險阻哉其所以統之者非其道故也紂剖比干囚箕子爲炮烙刑殺無辜時臣下懍然莫必其命索隱曰言無人必保其性命然而周師至而令不行乎下不能用其民是豈令不嚴刑不陖哉其所以統之者非其道故也古者之兵戈矛弓矢而已然而敵國不待試而詘徐廣曰試一作誡也○正義曰詘丘勿反試用也城郭不集溝池不掘正義曰求勿反又求厥反固塞不樹機變不張然而國晏然不畏外而固者無他故焉明道而均分之正義曰分扶問反言明儒墨之分使禮義均等則下應之如影響耳時使而誠愛之則下應之如景響有

不由命者然後俟之以刑正義曰事君以禮義民有不由禮義者然後待之以刑則民之罪伏刑矣則民知辠矣故刑一人而天下服辠人不尤其上知辠之在己也是故刑罰省而威行如流無他故焉由其道故也故由其道則行不由其道則發古者帝堯之治天下也蓋殺一人刑二人而天下治傳曰威厲而不試刑措而不用天地者生之本也先祖者類之本也正義曰類種類也君師者治之本也無天地惡生正義曰惡音烏無先祖惡出無君師惡治三者偏亡則無安人索隱曰鄒氏偏音遍○正義曰偏疋然反故禮上事天下事地尊先祖而隆君師

是禮之三本也故王者天太祖毛詩敘曰文武之功起於后稷故推以配天焉諸侯不敢懷索隱曰懷思也言諸侯不敢思以太祖配天而食也又一解王之子孫爲諸侯不思祀其父祖故禮云諸侯不敢祖天子蓋與此同意大夫士有常宗禮記曰別子爲祖繼別爲宗百世不遷者謂別子之後也所以辨貴賤貴賤治得之本也郊疇乎天子索隱曰疇類也天子類得郊天餘並不合祭今大戴禮作郊止乎天子當是也止或作疇因誤耳社至乎諸侯索隱曰言天子已下至諸侯得立社函及士大夫函音含○索隱曰含謂包容諸侯已下至士大夫得祭社故禮云大夫成羣立社曰置社亦曰里社也鄒誕生音啗徒濫反意義亦通但不見古文各以意爲說耳今按大戴禮作導及士大夫導亦通也今此爲啗者當以導與蹈同後足字失止唯有口存故使解者得以穿鑿而用也所以辨尊者事尊卑者事卑宜鉅者鉅宜小者小故有天下者事七世有一國

者事五世有五乘之地者事三世鄭玄曰古者方十里其中六十四井出兵車一乘此兵法之賦有三乘之地者事二世穀梁傳曰天子至于士皆有廟天子七諸侯五大夫三士二始封之者必爲其太祖有特牲而食者不得立宗廟禮記曰庶人祭於寢所以辨積厚者流澤廣積薄者流澤狹也大饗上玄尊俎上腥魚鄭玄曰大饗祫祭先王以腥魚爲俎實不臑孰之也先大羹貴食飲之本也大饗上玄尊而用薄酒食先黍稷而飯稻粱祭嚌先大羹鄭玄曰嚌至齒而飽庶羞貴本而親用也貴本之謂文親用之謂理兩者合而成文以歸太一是謂太隆索隱曰貴本親用兩者合而成文以歸太一太一者天地之本也得禮之文理是合於太一也隆者盛也高也得禮文理歸于

太一是禮之盛也故尊之上玄尊也正義曰皇侃云玄酒水也上古未有酒而始之祭但酌水用之至晚世雖有酒存古禮尚用水代酒也俎之上腥魚也豆之上大羹一也索隱曰樽之上玄樽俎之上腥魚豆之上大羹三者如一皆是本故云一也利爵弗啐也鄭玄曰啐入口也○索隱曰按儀禮祭畢獻祝西面告成是爲利爵祭初未行無筭爵故不啐入口也成事俎弗嘗也索隱曰成事卒哭之祭故記曰卒哭曰成事既是卒哭始從吉祭故受胙爵而不嘗俎也三宥之弗食也索隱曰禮祭必立宥以勸尸食至三飯而後止每飯有宥一人故有三宥既是勸尸故不相食也大昏之未發齊也索隱曰發齊謂婚禮父親醮子而迎之前故曲禮云齊戒以告鬼神是婚禮有齊也大廟之未內尸也始絕之未小斂一也索隱曰此五者皆以禮之初始質而未備亦是貴本之義故云一也大路之素幬也禮記曰乘素車貴其質也鄭玄曰素車殷輅也○索隱曰幬音稠謂車蓋以素帷亦質之也郊之

麻絻周禮曰王祀昊天上帝服大裘而冕論語曰麻冕禮也孔安國曰冕緇布冠古者積麻三十升布以爲之○正義絻音免亦作冕喪服之先散麻一也儀禮士喪禮曰始死主人散帶垂之三尺禮記曰大功已上散帶也○索隱曰大路已下三事相似如一故云一也散麻取其質無文飾亦貴本也三年哭之不反也禮記曰斬衰之哭若往而不反清廟之歌鄭玄曰清廟謂作樂歌清廟一倡而三歎鄭玄曰倡發歌句者三歎三人從歎縣一鐘尚拊膈徐廣曰一作搏膈○索隱曰縣音懸拊音撫膈音格膈縣鍾格也不擊其鐘而拊其格不取其聲亦質也鄭氏膈音膊蓋依大戴禮也而鄭注禮云搏拊祝敔也朱弦而通越一也索隱曰大瑟而練朱其絃又通其下孔使聲濁且是上質而貴本不取其聲又自三年已下四事皆不取其聲也凡禮始乎脫索隱曰脫猶踈略也始也言禮之初尚踈略也成乎文索隱曰言禮成就有文飾也終乎稅徐廣曰一作悅○索隱曰音悅言禮終卒和悅人情大戴禮作終於隆隆盛也故至備情文

俱盡徐廣曰古情字或假借作請諸子中多有此比○正義曰言情文俱盡言是禮之至備也其次情文代勝索隱曰音昇又音尸證反或文勝情情勝文是情文更代相勝大戴禮作迭興其下復情以歸太一索隱曰言其次情文俱失歸心渾沌天地之初復禮之本是歸太一也天地以合日月以明四時以序星辰以行江河以流萬物以昌好惡以節喜怒以當以爲下則順以爲上則明正義曰自天地以下八事大禮之備情文俱盡故用爲下則順用爲上則明也太史公曰至矣哉索隱曰已下亦是太史公取荀卿禮論之意極言禮之損益以結禮書之論也立隆以爲極而天下莫之能益損也本末相順索隱曰謂禮之盛文理合以歸太一至禮之殺復情以歸太一隆殺皆歸太一若是本末相順也終始相應索隱曰禮始於脫略終於稅稅亦殺也殺與脫略是始終相應也○正義曰應乙陵反應當也至文

有以辨索隱曰言禮之至文能辨尊卑貴賤故云有以辨也至察有以說索隱曰言
禮之至察有以明隆殺損益委曲情文足以悅人心故云有以說也天下從之者治不從
者亂從之者安不從者危小人不能則也正義曰小
人猶庶人也則法也言天下士以上至于帝王能從禮者則治安不能從禮者則危亂庶人據於事不能法禮也禮
之貌誠深矣索隱曰有本作貌誠深者非也○正義曰言禮之貌信深厚矣雖有鄒子堅白同異
之辯明察入於禮義之中自然成懦弱敗壞之體也堅白同異之察入焉而弱
其貌誠大矣正義曰言禮之貌信廣大矣雖有擅作典制褊陋之說文辭入於禮義之中自然成
淫俗褊陋之言擅作典制褊陋之說入焉而望索隱曰言擅作典制
褊陋之說入禮則自嫌望知其失其貌誠高矣正義曰言禮之貌信尊高矣雖有暴慢恣
睢輕俗以爲高之屬入於禮義之中自然成隊墜落暴慢輕俗之人暴慢恣睢輕俗以

史記礼书一　十一

爲高之屬入焉而隊索隱曰恣睢猶毀訾也言毀訾禮者自取墜滅故繩
誠陳鄭玄曰誠猶審也陳設也謂彈畫也則不可欺以曲直衡誠縣
鄭玄曰衡稱也縣謂錘也○正義曰音玄則不可欺以輕重規矩誠錯索隱
曰錯置也規車也矩曲尺也○正義曰錯七故反則不可欺以方員君子審
禮則不可欺以詐僞正義曰詐僞謂堅白同異擅作典制暴戾恣睢自高也故陳繩曲直
定懸衡輕重分錯規矩方員自消滅矣故繩者直之至也衡者平之至
也規矩者方員之至也禮者人道之極也然而
不法禮者不足禮謂之無方之民鄭玄曰方猶道也法禮
足禮謂之有方之士禮之中能思索索隱曰索求也謂
之能慮能慮勿易正義曰易謂輕易也謂之能固能慮能

禮書

固加好之焉聖矣正義曰好火到反言人以得禮之中又能思審索求其禮謂之能思慮又
不輕易其禮謂之能堅固能慮能固其禮更加好之乃聖人矣天者高之極也地者下
之極也日月者明之極也無窮者廣大之極也
聖人者道之極也正義曰道謂禮義也言人有禮義則爲聖人比於天地日月廣大之極也
以財物爲用以貴賤爲文以多少爲異以隆殺
爲要索隱曰隆猶厚也殺猶薄也文貌繁情欲省禮之隆也文
貌省情欲繁禮之殺也文貌情欲相爲內外表
裏並行而雜禮之中流也正義曰言文飾情用表裏外內合於儒墨是得禮情
之中而流行不息也君子上致其隆下盡其殺而中處其中
正義曰中謂情文也步驟馳騁廣騖不外正義曰騖音務言君子之人上存文飾下

史記礼书一　十二

務減省而合情文處得其中縱有戰陣殺戮邪惡則不棄於禮義矣三皇步五帝驟三王馳五伯騖也是以
君子之性守宮庭也索隱曰言其性守正不讒遠行如常守宮庭也○正義曰宮庭聽朝
處喻君子心內常守禮義若宮庭焉人域是域士君子也索隱曰域居也言君子之
行非人居弗居也○正義曰處平凡人域之中能知禮義之域限即爲士及君子也外是民也索隱
曰外謂人域之外非人所居之地以喻禮義之外別爲它行即是小人故云外是人也於是中焉
房皇周浹曲直得其次序聖人也索隱曰房音旁旁皇猶徘徊也
周浹猶周匝言徘徊周浹委曲得禮之序動不失中則是聖人之行也故厚者禮之積也
大者禮之廣也索隱曰言君子聖人有厚大之德則爲禮之所歸積益弘廣也故曰甘受和白
受采忠信之人可以學禮苟無忠信之人則禮不虛道然此文皆荀卿禮論之所載者也高者禮之隆
也明者禮之盡也正義曰言君子內守其禮德厚大積廣至於高尊明禮則是禮之終竟也

禮書

此書是褚先生取荀卿禮論兼爲之

索隱述贊曰

禮因人心　非從天下　合誠飾貌
救弊興雅　以制黎甿　以事宗社
情文可重　豐殺難假　仲尼坐樹
孫通蕝野　聖人作教　罔不由者

史記禮書一　十三

禮書第一　史記二十三

禮書

樂書第二　史記二十四

正義曰天有日月星辰地有山陵河海歲有萬物成熟國有聖賢宮觀周域官僚人有言語衣服體貌端修咸謂之樂樂書者猶樂記也鄭玄云以其記樂之義也按別錄目屬樂記蓋十一篇合爲一篇十一篇者有樂本有樂論有樂施有樂言有樂禮有樂情有樂化有樂象法有賓牟有師乙有魏文侯今雖合之亦略有分焉劉向校書得樂書二十三篇著於別錄今樂記雖有十一篇其名猶存也

太史公曰余每讀虞書至於君臣相敕維是幾安而股肱不良萬事惰壞未嘗不流涕也成王作頌推己懲艾正義音刈悲彼家難正義曰乃憚反家難謂文王因羑里武王伐紂可不謂戰戰恐懼善守善終正義曰言成王作頌悲文王戰戰恐懼推己戒勵爲治是善守善終也君子不爲約則修德正義爲于僞反滿則棄禮佚能思初安能惟始沐浴膏澤而歌詠勤苦非大德誰能如斯傳曰治定功成禮樂乃興海內人道益深其德益至所樂者益異滿而不損則溢盈而不持則傾凡作樂者所以節樂正義曰音洛言不樂至荒淫也君子以謙退爲禮以損減爲樂樂其如此也以爲州異國殊情習不同故博采風俗協比聲律正義比音鼻以補短移化助流政教天子躬於明堂臨觀而萬民咸蕩滌邪穢斟酌飽滿以飾厥性故云雅頌之音理而民正嘄噭

史記樂書二　一

樂書

之聲興而士奮(索隱曰嘄音姑堯反又音叫轂音擊)鄭衛之曲動而心淫及其調和諧合鳥獸盡感而況懷五常含好惡自然之勢也治道虧缺而鄭音興起封君世辟(索隱曰辟亦君也○正義辟并亦反)名顯鄰州爭以相高自仲尼不能與齊優遂容於魯(索隱曰齊人歸女樂而孔子行言不能遂容於魯而去也或作遂容誤耳)雖退正樂以誘世作五章以刺時(索隱曰按家語云孔子嗤季桓子作歌引詩曰彼婦之口可以出走彼婦之謁可以死敗優哉游哉聊以卒歲此是五章之刺也)猶莫之化陵遲以至六國流沔沈佚遂往不返卒於喪身滅宗并國於秦秦二世尤以為娛丞相李斯進諫曰放棄詩書極意聲色祖伊所以懼也(正義曰祖伊諫殷紂紂不聽孔安國云祖己後賢臣也)輕積細過恣心長夜紂所以亡也趙高曰五帝三王樂各殊名示不相襲朝廷下至人民得以接歡喜合殷勤非此和說不通解澤不流(正義曰說音悅解音蟹言非此樂和適亦悅樂之不通散恩澤之事不流各一世之化也諫二世故名之也)亦各一世之化度時之樂何必華山之騄耳而後行遠乎二世然之高祖過沛詩三侯之章令小兒歌之(索隱曰按過沛詩即大風歌也其辭曰大風起兮雲飛揚威加海內兮歸故鄉安得猛士兮守四方是也侯語辭也詩曰侯其禕而者是也兮亦語辭也沛詩有三兮故云三侯也)高祖崩令沛得以四時歌儛宗廟孝惠孝文孝景無所增更於樂府習常肄舊而已(正義肄音)

異至今上即位作十九章(索隱曰按禮樂志安世房中樂有十九章)令侍中李延年次序其聲拜為協律都尉通一經之士不能獨知其辭皆集會五經家相與共講習讀之乃能通知其意多爾雅之文漢家常以正月上辛祠太一甘泉以昏時夜祠到明而終常有流星經於祠壇上使僮男僮女七十人俱歌春歌青陽夏歌朱明(瓚曰爾雅云春曰青陽夏曰朱明)秋歌西皥(韋昭曰西方少皥也)冬歌玄冥(正義曰禮記月令云玄冥水官也)世多有故不論(索隱曰言四時歌多有其詞故此不論載今見漢書禮樂志)又嘗得神馬渥洼水中(李斐曰南陽新野有暴利長當武帝時遭刑屯田燉煌界人數於此水旁見羣野馬中有奇異者與凡馬異來飲此水旁利長先為土人持勒靽於水旁後馬玩習久之代土人持勒靽收得其馬獻之欲神異此馬云從水中出蘇林曰洼音窐曲之窐也○索隱曰洼音烏花反蘇林音窐窐即窊也)復次以為太一之歌歌曲曰太一貢兮天馬下(索隱曰按禮樂志貢作況況與貢意亦通○正義曰太一北極大星也)霑赤汗兮沫流赭(應劭曰大宛馬汗血霑濡也流沫如赭)騁容與兮跇萬里(孟康曰跇音逝如淳曰跇謂超踰也○索隱曰鄒誕生云跇一作世音跇)今安匹兮龍為友後伐大宛得千里馬馬名蒲梢(應劭曰大宛舊有天馬種蹋石汗血汗從前肩膊出如血號一日千里○索隱曰梢音史交反又作騷亦同音)次作以為歌歌詩曰天馬來兮從西極經萬里兮歸有德承靈威兮降外國涉流沙兮四夷服中尉汲黯進曰凡王者作樂上以承祖宗下以化兆

民今陛下得馬詩以爲歌協於宗廟先帝百姓豈能知其音邪上默然不說丞相公孫弘曰黯誹謗聖制當族凡音之起由人心生也正義曰皇侃云此章有三品故名爲樂本備言音聲所起故名樂本夫樂之起其事有二一是人心感樂樂聲從心而生一是樂感人心心隨樂聲而變也人心之動物使之然也正義曰物者外境也外有善惡來觸於心則應觸而動故云物使之然也感於物而動故形於聲鄭玄曰宮商角徵羽雜比曰音單出曰聲形猶見也王肅曰物事也謂哀樂喜怒和敬之事感人而動見於聲聲相應故生變鄭玄曰樂之器彈其宮則衆宮應然而不足樂是以變之使雜也○正義曰崔靈恩云緣五聲各自相應不足爲樂故變使雜令聲音諧和也變成方謂之音鄭玄曰方猶文章○正義曰皇侃云單聲不足故變雜五聲使交錯成文乃謂爲音也比音而樂之及干戚羽旄謂之樂

也鄭玄曰干楯也戚斧也武舞所執也羽翟羽也旄旄牛尾文舞所執也○正義曰比音鼻次也音五音也言五音雖雜猶未足爲樂復須次比器之音及文武所執之物共相諧會乃是由音得名爲樂武陰文陽故所執有輕重異樂者音之所由生也正義曰合音乃成樂是樂由音而生諸樂生起所由之生也其本在人心感於物也正義曰本猶初也物外境也言將欲明樂隨心見故更陳此句也是故其哀心感者其聲噍以殺鄭玄曰噍踧也○索隱曰噍音如字鄒誕生作嚼音將妙反○正義曰殺所介反噍踧急也若外境痛苦則其心哀感哀感在心故樂聲踧急而殺也此下六者皆人君見前境來感己而制樂音隨心見之也其樂心感者其聲嘽以緩鄭玄曰嘽寬綽之貌○正義曰嘽寬也若外境可美則其心歡樂歡樂在心故樂聲必隨而寬緩也其喜心感者其聲發以散鄭玄曰發猶揚也○正義曰若外境會意其心喜悅悅喜在心故樂聲發揚也其怒心感者其聲麤以厲正義曰若外境乖失故己心怒謂怒隨心心隨

也心而發揚故無鰥硋則樂聲麤鹵而嚴厲也其敬心感者其聲直以廉正義曰廉隅也若外境尊高故己心悚敬悚敬在內則樂聲直而有廉角也其愛心感者其聲和以柔正義曰柔軟也若外境憐慕故己心愛惜愛惜在內則樂和柔也六者非性也正義曰性本靜寂無此六事六事之生由應感見而動故云非性感於物而後動鄭玄曰言人聲在所見非有常是故先王愼所以感之正義曰六事隨見而動非關本性先王聖人在上制正礼以防之故先王愼所以感之者也故禮以道其志樂以和其聲政以壹其行正義曰胡孟反刑以防其姦禮樂刑政其極一也鄭玄曰極至也○正義曰四事防愼所感之由也用禮教尊其志用樂諧和其聲用法律齊其行用刑辟防其凶民不復流辟徙感防之使同其一敬不爲非也極至也所以同民心而出治道也鄭玄曰此其所謂至也○正義曰上四事功成民同其心俱不邪僻故治道出也民

心所觸有前六者不同故聖人用後四者制之凡音者生人心者也正義曰此樂本章第二段明樂感人心也人心即君人心也樂音善惡由君上心之所好故云生於人心者也情動於中故形於聲正義曰情君之情也中猶心也心既感物而動故形見於聲也聲成文謂之音正義曰謂之音清濁雖異各見於外成於文彩並謂之音也是故治世之音安以樂其政和正義曰樂音洛言平理之世其樂音安靜而歡樂也正政同也亂世之音怨以怒其政乖徐廣曰一作煩○正義曰亂世之音民心怨怒樂聲亦怨由其政爭僻故亡國之音哀以思其民困正義曰思音四亡國謂將欲滅亡之國樂音悲哀而愁思亡國之時民之心哀思其樂音亦哀思由其民困苦故也聲音之道與政通矣鄭玄曰言以八音和否隨政也○正義曰政和則聲音安樂政乖則聲音怨怒是聲音之道與政通矣宮爲君王肅曰居中總四方○索隱曰宮絃最大用八十一絲聲重而尊故爲君○正義曰宮屬土居中央總四方君之象也

商爲臣（王肅曰秋義斷○索隱曰商是金金爲決斷臣事也絃用七十二絲次宮如臣次君者也）角爲民（王肅曰春物並生各以區別民之象也○索隱曰絃用六十四絲聲居宮羽之中比君爲劣比物爲優故云清濁中人之象也○正義曰角屬木以其清濁中民之象）徵爲事（王肅曰夏物盛故事多○索隱曰徵屬夏夏時生長萬物皆成形體事亦有體故配事絃用五十四絲○正義曰徵屬火以其徵清事之象也）羽爲物（王肅曰冬物聚○索隱曰羽爲水最清物之象故爲物絃用四十八絲）五者不亂則無惉懘之音矣（鄭玄曰惉懘弊敗不和之貌也○索隱曰又本作怗懘省也○正義曰惉弊也懘敗也君臣民事物五者各得其用不相壞亂則五音之響無弊敗也）宮亂則荒（鄭玄曰荒猶散○正義曰宮亂則其聲放散由其君驕溢故也）其君驕商亂則搥（徐廣曰搥今禮作陂也○索隱曰搥音都回反陂音詖○正義曰商音亂其聲敧邪不正由其臣不理於宮壞故也）其臣壞角亂則憂（正義曰角音亂其聲憂愁由政虐民怨故也）其民怨徵亂則哀（正義曰徵音亂其聲哀苦由繇役不休其民事勤勞也）其事勤羽亂則危（正義曰羽音亂其聲傾危由君賦重於其民貧乏故也）其財匱五者皆亂迭相陵謂之慢（正義曰迭互也陵越也五聲並不和則君臣上下互相陵越所以謂之爲慢也）如此則國之滅亡無日矣（鄭玄曰君臣民事物也其道亂則其音應而亂也○索隱曰無日猶言無復一日也以言君臣交慢如此無復一日則國之滅亡朝夕可待也）鄭衛之音亂世之音也比於慢矣（鄭玄曰比猶同○正義曰鄭音好濫淫志衛國之音促速煩志並是亂世音雖亂而未滅亡故比慢也比必以反）桑閒濮上之音（鄭玄曰濮水之上地有桑間在濮陽南○正義曰昔殷紂使師延作長夜靡靡之樂以致亡國武王伐紂此樂師師延將樂器投濮水而死後晉國樂師師涓夜過此水聞水中作此樂因聽而寫之既得還國爲晉平公奏之師曠撫之曰此亡國之音也得此必於桑間濮上乎紂之所由亡也）亡國之音也其政散其民流誣上行私而不可止（正義

曰若用此濮上之音其政必離散而民人流徙逃亡綠臣無上各行私情國即滅亡而不可禁止也）凡音者生於人心者也（正義曰此樂章第三段也前第一明人心感樂第二段明樂感人心此段聖人制正樂以應之此段自有二重自凡音至反人道爲一重却應第二段樂感人心也又自人心生而靜至王道備矣爲一重却應第一段人心感樂也）樂者通於倫理者也（鄭玄曰倫猶類也理分也○正義曰音初生自君心形而成樂樂成則能通於百姓使各盡其類分故曰通倫理者也）是故知聲而不知音者禽獸是也知音而不知樂者衆庶是也唯君子爲能知樂（鄭玄曰禽獸知此爲聲耳不知其宮商之變八音並作克諧曰樂）是故審聲以知音（正義曰聲爲音本若欲知音當須審定其聲然後音可知）審音以知樂（正義曰音爲樂本前審定其音然後可知樂也）審樂以知政（正義曰樂爲政本前審定其樂然後政可知也）而治道備矣（正義曰前審定其本後識其末則爲治之道乃可備也）是故不知聲者不可與言音不知音者不可與言樂知樂則幾於禮矣（鄭玄曰幾近也○正義曰禮謂治國之禮包萬事萬事備具始是禮極今知樂者但正君臣民事物五者之情於禮未極故云幾於禮也）禮樂皆得謂之有德德者得也（鄭玄曰聽樂而知政之得失則能正君臣民事物之禮○正義曰若聽樂而知禮則是禮樂皆得二者備具則是有德之君也又言有德之人具能得禮樂之情故云德者得也）是故樂之隆非極音也（鄭玄曰隆猶盛也極猶窮也○正義曰大樂之盛本在移風易俗非窮鐘鼓之音故云非極音也故論語樂云樂云鐘鼓云乎哉是也）食饗之禮非極味也（正義曰食音嗣食享謂宗廟祭也夫禮之盛本在安上治民非崇玉帛至味故云非極味也故論語禮云禮云玉帛云乎哉是也）清廟之瑟（鄭玄曰清廟謂作樂歌清廟王肅曰於清廟中所鼓之瑟）朱絃而踈越（鄭玄曰越瑟底孔盡踈之使聲遲）一倡而三歎有遺音者矣（鄭玄

一日遺猶餘也王肅曰未盡音之極○正義曰倡音唱一唱謂一人始唱歌三嘆謂三人讚嘆也樂歌此文王之道不極音聲故但以熟弦廣孔少唱寡和此音有德傳於無窮是有餘音不已一云所重在德本不在音是有遺餘音念之不忘也**大饗之禮**正義曰大享即食享也饗食言大崇其名故也不尚重味故食言大也此言禮盛不作至味之事**尚玄酒**正義曰祫祭之禮則列玄尊在上五齊在下也**而俎腥魚**正義曰凡俎有肴生腊是俎腥魚者生魚也俎雖有三牲而兼載生魚也**大羹不和**正義曰和胡卧反大羹肉汁也祫祭有肉汁爲羹無鹽菜之芼和也**有遺味者矣**正義曰遺亦餘也此著質素之食禮人主誠設之道不極滋味故尚明水而腥魚此禮可重流芳竹帛傳之無已有餘味一云禮本在德不在甘味故用水魚而遺味也**是故先王之制禮樂也非以極口腹耳目之欲也將以教民平好惡而反人道之正也**鄭玄曰教之使知好惡○正義曰好火到反惡一故反平均也言先王制禮作樂本是教訓澆民平於好惡之理故去惡歸善不爲口腹耳目之欲令反歸人之正道也**人生而靜天之性也**正義曰此第三段第二重也人初生未有情欲其情欲至靜稟于自然是天之性也**感於物而動性之頌也**徐廣曰頌音容今禮作欲○正義曰其心雖靜感於外情因物而動是性之貪欲也**物至知知然後好惡形焉**王肅曰事至能以智知之然後情之好惡見○正義上知音智**好惡無節於內知誘於外不能反已天理滅矣**王肅曰內無定節智爲物所誘於外情從之動而失其天性○正義曰言好惡不自節量於心唯知情慾誘之於外不能反還己躬之善則天性滅絕矣**夫物之感人無窮而人之好惡無節則是物至而人化物也**鄭玄曰隨物變化○正義曰夫物不一故言無窮也若人心嗜慾無度隨好惡不能節之則與之而化故云人化物**人化物也者滅天理而窮人欲者也**鄭玄曰言無所不爲○正義曰心隨物化則滅天性而恣人心之欲也**於是有悖逆詐僞**

之心有淫佚作亂之事是故彊者脅弱衆者暴寡知者詐愚勇者苦怯疾病不養老幼孤寡不得其所此大亂之道也是故先王制禮樂人爲之節鄭玄曰爲作法度以遏其欲也王肅曰以人爲之節言得其中也**衰麻哭泣**正義曰此以下並是陳禮節人之事也制五服哭泣所以紀喪事之節而不使背死忘生也事死者難故以哀哭爲前也**所以節喪紀也鐘鼓干戚所以和安樂也婚姻冠笄所以別男女也**鄭玄曰男二十而冠女許嫁而笄○正義曰冠音貫笄音雞**射鄉食饗所以正交接也**鄭玄曰射鄉大射鄉飲酒**禮節民心樂和民聲政以行之刑以防之禮樂刑政四達而不悖則王道備矣樂者爲同禮者爲異**鄭玄曰同謂協好惡也異謂別貴賤○正義曰此第二章名爲樂論其中有四段此章論禮樂同異也夫樂使率土合和是爲同也禮使父子殊別是爲異也**同則相親異則相敬樂勝則流**王肅曰流遁不能自還**禮勝則離**王肅曰離析而不親○正義曰勝式證反勝猶過也禮樂雖有同異而又相須也若樂過和同而無禮則流慢無復尊卑之敬若禮過殊隔無樂則親屬離析無復骨肉之愛也**合情飾貌者禮樂之事也**鄭玄曰欲其並行彬彬然○正義曰樂和內是合情也禮檢迹是飾貌也**禮義立則貴賤等矣**鄭玄曰等階級**樂文同則上下和矣**正義曰文謂聲成文也若作樂文采諧同則上下並和是樂和民聲也**好惡著則賢不肖別矣**正義曰好惡並去聲又並如字著張慮反若法律分明善惡章著則賢愚斯別是政化行矣**刑禁暴爵舉賢則政均矣**正義曰王者爲用刑則禁制暴慢跡爵以舉賞賢良則政治均平是刑以防之矣既是禁暴而又言舉賢者示刑爵爲重不宜獨行必須賞罰兼明也然禮樂之用非政不行

明須四事連行也仁以愛之義以正之如此則民治行矣正義曰言禮樂刑政既均又須仁以愛民義以正民如此則民順理正行矣樂由中出鄭玄曰和在心○正義曰此樂論第二段謂樂功也出猶生也爲人在中和有未足故生此樂禮自外作鄭玄曰敬在貌○正義曰作猶起也爲人在外敬有未足起此禮也樂由中出故靜正義曰樂和心在內故云靜禮自外作故文鄭玄曰文猶動○正義曰禮肅人貌貌在外故云動大樂必易正義曰易以鼓反朱絃疏越是也大禮必簡鄭玄曰易簡若於清廟大饗然○正義曰玄酒腥魚是也樂至則無怨禮至則不爭鄭玄曰至猶達也行也○正義曰樂行主和和達則民無復怨怒也禮行主謙謙達則民不爭競也揖讓而治天下者禮樂之謂也暴民不作諸侯賓服兵革不試鄭玄曰賓協也試用也五刑不用百姓無患天子不怒如此則樂

史記樂書二　十

達矣合父子之親正義曰前云禮至不爭故致天下尊卑之序也禮使父慈子孝是合父子之親也即父事三老也明長幼之序正義曰長坐幼立是明長幼之序即兄事五更是也以敬四海之內正義曰孝經云教以孝所以敬天下之爲人父教以弟所以敬天下之爲人兄教以臣所以敬天下之爲君即是敬四海之內也天子如此則禮行矣正義曰言天子能躬行禮則臣下必用禮如此則禮行矣合父子以下悉自天子自身行之也大樂與天地同和正義曰此樂論第三段論禮與樂唯聖能識也言天地以氣氤氳合生萬物大樂之理順陰陽律呂生養萬物是大樂與天地同和大禮與天地同節鄭玄曰言順天地之氣與其數也○正義曰言天有日月地有山川高卑殊形生用各別大禮辯尊卑貴賤等差異別是大禮與天地同節和故百物不失鄭玄曰不失其性○正義曰樂與天地同和能生成萬物節故祀天祭地鄭玄曰成物有功報焉○正義曰禮與天地生成同節有尊卑上下報萬物之功明則有禮樂鄭玄

樂書

曰教人者也○正義曰明猶外也言聖王能使樂與天地同和禮與天地同節又能顯明其禮樂以教人也幽則有鬼神鄭玄曰助天地成物者也易曰知鬼神之情狀然則聖人精氣謂之神賢智之精氣謂之鬼也○正義曰幽內也言聖王又能內敬鬼神助天地生成萬物如此則四海之內合敬同愛矣正義曰言行禮同節故四海合敬矣樂同和故四海同愛矣禮者殊事合敬者也正義曰尊卑貴賤之別是殊事也施之同以莊敬是合敬也樂者異文合愛者也正義曰宮商錯而成文隨事而制變是異文同以勸愛是合愛也禮樂之情同故明王以相沿也鄭玄曰沿猶因述也殷因於夏周因於殷○正義曰樂情主和禮情主敬致化是同以其致化情同故明王相因述也故事與時並鄭玄曰舉事在其時也王肅曰有其時然後得立其事○正義曰言聖王所爲之事與所當之時並行也若堯舜揖讓之事與淳和之時並行湯武干戈之事與澆薄之時竝行此句明礼也名與功偕鄭玄曰爲名在於其功也偕猶俱也王肅曰有功然

史記樂書二　十一

後得受其名○正義曰名謂樂名也偕俱也功者揖讓干戈之功也聖王制樂之名與所建之功俱作也若堯舜樂名咸池大韶湯武樂名大濩大武也故鐘鼓管磬羽籥干戚樂之器也正義曰此陳樂事也鐘鼓之屬是樂之器有形質故爲事也詘信俯仰級兆舒疾徐廣曰級今礼作綴鄭玄曰兆其外營域○索隱曰綴舞者酇列也又按下文其舞行及遠及短禮皆作綴蓋是字之殘缺訛變耳故此爲級而下又爲及也竝依字讀義亦雖通恐違古記耳樂之文也正義曰文飾之事也簠簋俎豆制度文章禮之器也升降上下周旋裼襲禮之文也故知禮樂之情者能作正義曰既能窮本知末知變又能著誠去僞所以能述作故謂之聖也識禮樂之文者能述鄭玄曰述謂訓其義○正義曰謂上文屈伸俯仰升降上下也作者之謂聖正義曰堯舜禹湯之屬是也述者之謂明正義曰游夏之屬是也明聖者述作之謂

樂書

也樂者天地之和也禮者天地之序也正義曰此樂論第四段也謂禮樂之情也樂法天地之氣故云天地之和禮法天地之形故云天地之序禮樂從天地而來王者必明於天地然後能興禮樂也和故百物皆化序故羣物皆別鄭玄曰化猶生也別謂形體異樂由天作禮以地制鄭玄曰言法天地○正義曰天用和氣化物物從氣化是由天作也地有高下區分以生萬物禮有品節殊文是由地制也過制則亂過作則暴鄭玄曰過猶誤也暴失文武意也明於天地然後能興禮樂也正義曰禮樂既不可誤故須明天地者乃可制作也論倫無患樂之情也王肅曰言能合道論中倫理而無患也○正義曰既云唯聖人識禮樂之情此以下更說其情狀不同也倫類也賀瑒云樂使物得類序而無害是樂之情也欣喜驩愛樂之容也正義曰容猶事也賀瑒云八音克諧使物欣喜此樂之事迹也中正無邪禮之質也鄭玄曰質猶本○正義曰明禮情也

質本也禮以心內中正無有邪僻是禮之本莊敬恭順禮之制也正義曰明禮情之事也謂容貌莊敬謙恭謹慎是禮之節制也若夫禮樂之施於金石越於聲音用於宗廟社稷事于山川鬼神則此所以與民同也王肅曰自天子至民人皆貴禮之敬樂之和以事鬼神先祖也○正義曰言四者施用祭祀隨世而異則前王所不專故文云則此所以與民同言隨世也王者功成作樂治定制禮鄭玄曰功成治定同時耳功主于王業治主于教民○正義曰此第三章名樂禮章言明王爲治制禮作樂故名樂禮章其中有三段一明禮樂齊其用必對二明禮樂法天地之事三明天應禮樂也其功大者其樂備其治辯者其禮具徐廣曰辯一作別駰案鄭玄曰辯徧也○正義曰辯皮勉反又邊練反夫禮樂必由功治有小大故禮樂應之而廣狹也若上世民淳易化故王者功治廣徧是以禮樂備也而殷周民澆難化故王者功治褊狹則禮樂亦不具干戚之舞非備樂也鄭玄曰樂以文

德爲備若咸池也○正義曰證樂不備也干戚周武也樂以文德爲備故用朱絲疏越干戚之舞故非備樂也亨孰而祀非達禮也鄭玄曰達猶具也至敬不饗味而貴氣臭○正義曰解禮不具也謂腥俎玄尊表誠象古而已不在芬苾孰味是乃澆世爲之非達禮也五帝殊時不相沿樂三王異世不相襲禮鄭玄曰言其有損益○正義曰庾蔚之云樂興於五帝禮成於三王樂興王者之功禮隨世之質文崔靈恩云五帝淳澆不同故不得相沿爲樂三王文質之不等故不得相襲爲禮樂極則憂禮粗則偏矣鄭玄曰樂人之所好也害在淫侉禮人之所勤害在倦略及夫敦樂而無憂鄭玄曰敦厚也禮備而不偏者其唯大聖乎天高地下萬物散殊而禮制行也鄭玄曰禮爲異○正義曰天高於上地卑於下萬物布散殊別於其中而大聖制禮別異尊卑是衆大而行故云禮制行矣禮以節制爲義故云禮制流而不息合同而化而樂興也鄭玄曰樂爲同○正義曰

天地二氣流行不息合同氤氳化生萬物而大聖作樂合同人心是以象天地而起故云樂興也春作夏長仁也秋斂冬藏義也仁近於樂義近於禮鄭玄曰言樂法陽而生禮法陰而成○正義曰近其靳反春夏生長萬物故爲仁愛樂主陶和萬性故仁近於樂也秋則殺斂冬則蟄藏並是義主斷制禮爲節限故義近於禮也樂者敦和率神而從天鄭玄曰敦和樂貴同○正義曰此釋仁近樂之義言樂之爲體敦厚和同因循聖人之神氣而從順於天禮者辨宜居鬼而從地鄭玄曰別宜禮尚異也孫炎曰居鬼品處人鬼之志○正義曰此解義近禮之由居鬼猶循神也鬼謂先賢也禮之爲體尊卑殊別各有其宜因居先賢鬼氣而從順於地分別禮分故聖人作樂以應天作禮以配地禮樂明備天地官矣鄭玄曰各得其事也王肅曰各得其位也天尊地卑君臣定矣正義曰此樂禮章第二段也明樂禮法天地事也言君尊於上臣卑於下是象天地定矣高卑已陳貴賤

位矣鄭玄曰高卑謂山澤也位矣尊卑之位象山澤也動靜有常小大殊矣鄭玄曰動靜陰陽用事也小大萬物也大者常存小者隨陰陽出入方以類聚物以羣分則性命不同矣鄭玄曰方謂行蟲物謂殖生者性之言生也命生之長短○正義曰性生也萬物各有嗜好謂之性命者長短夭壽也所祖之物既稟大小之殊故性命夭壽不同也在天成象在地成形鄭玄曰象光耀形體貌○正義曰言日月星辰之光耀草木鳥獸之體貌也如此則禮者天地之別也正義曰結禮之別也此天地明聖制禮殊別是天地之分別也亦別辨宜居鬼而從地也地氣上隮鄭玄曰隮升也天氣下降正義曰明禮樂法天地氣也天地二氣之升降合而生物故樂以氣法地弦歌聲氣升降相合以教民也然氣從下升此樂象氣故從地始也形以上尊故禮象形從天始也陰陽相摩正義曰二氣切摩而萬物生發作樂亦令聲氣切摩使民心生敬也天地相蕩鄭玄曰蕩動也○正義曰天地八節蕩動也天地化物八節更相感動作樂亦令八音相感動也

鼓之以雷霆正義曰萬物雖以氣生而物未發故雷霆以鼓動之如樂用鍾鼓以發節也大雷曰霆奮之以風雨鄭玄曰奮迅也○正義曰萬物皆以風雨奮迅而出如樂用儛奮迅以象之使發人情也動之以四時正義曰萬物生長隨四時而動如樂各逐心內所須而奏之煖之以日月正義曰煖音喧遠反萬物之生必須日月煖照如樂有蘊藉使人宣昭也蘊藉者歌不直言而長言嗟歎之屬也而百物化興焉鄭玄曰百物化生如此則樂者天地之和也正義曰結樂之和也如此有聖人作樂法天地和同是樂者天地之和也亦是敦和率神而從天地化不時則不生正義曰此樂禮章第三段明天地應於禮樂也前聖人既作禮樂此明天地應樂也若人主行化失時天地應以惡氣毀物故云化不時則不生也男女無別則亂登鄭玄曰登成也樂失則害物禮失則亂人○正義曰此明天地應禮也登成也若人君行禮男女無別則天地應而錯亂成之也此天地之情也正義曰結隨禮得失而應之是天地之情也然樂是氣化故云害物

禮是形教故言亂人也及夫禮樂之極乎天而蟠乎地鄭玄曰極至也蟠猶委也行乎陰陽而通乎鬼神正義曰言陰陽和四時順以應禮樂禮樂與鬼神並助天地而成化也窮高極遠而測深厚鄭玄曰高遠三辰也深厚山川也言禮樂之道上至於天下委於地則其間無所不之樂著太始而禮居成物王肅曰著明也明太始謂法天也成物謂地也居亦謂法也○索隱曰樂能明太始是法天也地能成萬物故禮所以法地也○正義曰著猶處也天爲萬物之始故曰太始天著而氣化樂亦氣化故云處太始也成物地也體盤薄長成萬物也在地成形禮亦形數故云居成地也地卑故曰居天高故曰著也著不息者天也著不動者地也鄭玄曰著猶明白也息謂休止也○索隱曰運生不息者天之功也故易乾卦云天行健君子以自強不息著養萬物不動者地之德也故易坤卦云安貞之吉是也○正義曰此美禮樂配天地也著亦處也言樂氣處運生不息者配天也禮制尊卑定位成養萬物處不移動者配地也一動一靜者

天地之間也鄭玄曰間謂百物也○正義曰此美禮樂若分則配天地若合則與百物齊一也靜動而生百物稟天動地靜而生故呼百物爲天地之間也故聖人曰禮云樂云鄭玄曰言禮樂之法天地也○正義曰引聖證此章也言聖人云明此一章是禮樂法天地也故言聖人曰禮云樂云樂動禮靜其並用事如天地間物有動靜也昔者舜作五絃之琴以歌南風鄭玄曰南風長養之風也言父母之長養己也其辭未聞也王肅曰南風育養民之詩也其辭曰南風之薰兮可以解吾民之慍兮○索隱曰此詩之辭出尸子及家語○正義曰此第四章明樂施明禮樂前備後施布天下也中有三段一明施樂以賜諸侯也二明施樂須節既賜之所以宜節也三明禮樂所施各有本意本德世本神農作琴今云舜作者非謂舜始造也改用五弦琴特歌南風詩始自舜也五弦者無文武二弦唯宮商角徵羽之五絃也南風是孝子之詩也南風養萬物而孝子之歌也得父母生長如萬物得南風也舜有孝行故以五絃之琴歌南風詩以教理天下之孝也夔始作樂以賞諸侯鄭玄曰夔欲舜與天下之君共此樂故天子之爲

樂也以賞諸侯之有德者也德盛而教尊五穀時孰正義曰陳其合賞也若諸侯孝德明盛教化尊嚴年穀豐稔故天子賞樂也天下因而法之也然後賞之以樂故其治民勞者其舞行級遠正義曰行音胡郎反綴音子衞反本或作綴音同此明雖得樂賜而隨功德優劣也舞位行列也綴謂纘列也若諸侯治民勞苦由君德薄王賞之以樂則舞人少不滿將去纘疏遠也其治民佚者其舞行級短王肅曰遠以象民行之勞近以象民行之逸○正義曰佚音逸若諸侯治民暇逸由君德盛王賞舞人多則滿將去纘促近也庾蔚之云此為虞夏禮也虞猶淳故可隨功賜樂殷周漸澆易生怨怒不宜猶有優劣是以同制諸侯六佾故與周禮不同也故觀其舞而知其德正義曰觀其儛位人多少去綴近遠即知其君德薄厚也聞其謚而知其行鄭玄曰謚者行之迹○正義曰行音故孟反制死謚隨君德故聞死謚則知生行此一句比擬其儛也大章章之也鄭玄曰堯樂名言堯德章明○正義曰既生時舞則知德死則聞謚驗行故更引死後聞樂則知行事解之也大章堯樂也章明也民樂堯德大明故名樂曰大章後人聞大章則知堯生時德大明上章是堯德之明下章是後明於堯德白虎通云大章大明天地之道咸池備也鄭玄曰黃帝所作樂名堯增修而用之咸皆也池之言施也言德之無不施也王肅曰包容浸潤行化皆然故曰備也韶繼也鄭玄曰舜樂名言能繼堯之德夏大也鄭玄曰禹樂名言禹能大堯舜之德殷周之樂盡也鄭玄曰言盡人事也周禮曰殷曰大濩周曰大武天地之道寒暑不時則疾正義曰此則樂施章第二段明施樂須節也既必須節故引譬例寒暑天地之氣也若寒暑不得則民多疾疫也風雨不節則饑正義曰風雨天事也風雨有聲形故為事也若飄灑淒厲不有時節則殺損民饑也教者民之寒暑也鄭玄曰教謂樂也教不時則傷世正義曰寒暑不時既為民疾苦樂教不時則傷世俗之化也事者民之風雨也事不節則無功正義曰風雨不節則民饑饉禮事不節則治無功也然

則先王之為樂也以法治也王肅曰作樂所以法其治行也善則行象德矣王肅曰君行善即臣下之行皆象君之德○正義曰此廣樂所以須節已言先王為樂必以法治善則臣下之行皆象君之德也夫豢豕為酒鄭玄曰以穀食犬豕曰豢為作也非以為禍也正義曰此言禮須節也豢養也言前王豢犬豕及作酒之事本以為禮祀神祇設賓客和親族禮賢能而賓非為民作禍災也而獄訟益煩則酒之流生禍也鄭玄曰小人飲之善酗以致獄訟○正義曰此禮事也言民得豢酒無復節限卒至沉酗鬬爭殺傷而刑獄益生煩多則是酒之流害生其禍也是故先王因為酒禮一獻之禮賓主百拜鄭玄曰一獻士飲酒之禮百拜以喻多也終日飲酒而不得醉焉此先王之所以備酒禍也故酒食者所以合歡也正義曰此結節功也既防酒禍故飲不醉爭以時合歡適也樂者所以象德也正義曰此樂施章第三段明禮樂之所施各有本意在於象德也此言樂音也言樂之所施於人本有和愛之德禮者所以閉淫也正義曰此言禮意也言禮之所施於人大上邪淫過失也是故先王有大事必有禮以哀之鄭玄曰大事謂死喪○正義曰民有喪則先王制衰麻哭泣之禮以節之使其各遂哀情是禮以哀之也有大福必有禮以樂之正義曰樂音洛大福祭祀者慶也民慶必歌舞飲食庶羞之禮使不過而各遂歡樂是有以樂之也哀樂之分皆以禮終正義曰分扶問反結二事哀樂雖反皆用禮節各終其分故云皆以禮終樂也者施也禮也者報也鄭玄曰言樂出而不反而禮有往來○正義曰施式豉反此第六段樂象法章第五段不以次第而亂升在此此段明禮樂用別也庾蔚之云樂者所以宣暢四氣導達情性功及物而不知其所報即是出而不反所以謂施也禮者所以通彼之意故有往必有來所以謂報也樂樂其所自生鄭玄曰自由也○正義曰此廣施也樂名所起由民下之心所樂生非有所報也而禮反其所自

始正義曰此廣報也反猶報也禮生無名但是事耳隨時得質文之事而報之樂章德正義曰聞名知德若大章是也禮報情反始也孫炎曰作樂者緣民所樂於已之德若舜之民樂其紹堯也周之民樂其伐紂而作韶武也制禮者本已所由得民心殷尚質周尚文是也○正義曰禮報人情而制隨質文之始也所謂大路者天子之輿也正義曰此以下廣言禮以報為體之事輿車也大路天子之車也諸侯朝天子脩其職貢若有動勞者天子賜之大路也龍旂九旒天子之旌也正義曰庾蔚之云龍旂九旒上公之旌青黑緣者天子之葆龜也公羊傳曰龜青緣何休曰緣甲頓也千歲之龜青頓明乎吉凶也○索隱曰葆與寶同史記多作此字頓音耳占反○正義曰緣以絹反從之以牛羊之羣則所以贈諸侯也鄭玄曰贈諸侯謂來朝將去送之以禮也○正義曰合結上諸事皆是天子送諸侯禮也言五等諸侯朝畢反去天子贈之大路龍旂寶龜又送以牛羊之羣也樂也者情之不可變者也正義曰此第七章明樂之情與之符達鬼神合而不可變也中有三段一明禮樂情達鬼神也二證禮樂達鬼神之事三明識禮樂之本可尊也前第六章明象象必見情故以樂主情樂變則情變故云情之不可變也禮也者理之不可易者也鄭玄曰理猶事也○正義曰禮主事禮別也故云事之不可易者也樂統同正義曰解情不變也統領也同和合之情者也禮別異鄭玄曰統同和合也辨異異尊卑之位○正義曰解事不可易也禮別於尊卑之事也禮樂之說貫乎人情矣正義曰貫猶通也言人情莫過於同異而禮樂能統同辨異故其說理能通人情窮本知變樂之情也正義曰庾蔚之云樂能通和性分使各不失其所是窮自然之本也使人不守其所守是知變通之情也著誠去偽禮之經也正義曰著竹慮反去丘呂反著明也經常也著明誠信違去詐偽是禮之常行也禮樂順天地之誠正義曰見胡練反合明禮樂也禮出於地尊卑有序是見地情也樂出於天遠近和合是見天之情也達神明之德正義曰達通也禮樂不失

則天降甘露地出醴泉是通於神明之德也降興上下之神鄭玄曰降下也興猶出也○正義曰樂六變天神下八變地祇出是興降上下之神而凝是精粗之體領父子君臣之節鄭玄曰凝猶成也精粗謂萬物大小也領猶理治也是故大人舉禮樂則天地將為昭焉正義曰為于偽反昭音照此樂情章第二段明禮樂能通達鬼神之事前既云能通鬼神此明其事也大人聖人與天地合德故舉禮樂為教而天地從之大明也天地欣合陰陽相得正義曰欣喜也合猶蒸也禮樂化行故天氣下地氣蒸合陰陽交會故相得也論體謂之天地論氣謂之陰陽也煦嫗覆育萬物鄭玄曰氣曰煦體曰嫗然後草木茂區萌達鄭玄曰屈生曰區○正義曰區音勾草木據其成體之茂區萌據其新牙故曰達達猶出也菽豆之屬直出曰萌稻稷之屬也羽翮奮角觡生鄭玄曰無䚡曰觡○索隱曰牛羊有䚡曰角麋鹿無䚡曰觡○正義曰觡加客反翮鳥也角觡獸也鳥獸得天地覆育煦嫗故飛者則奮翅翮走者則生角觡也蟄蟲昭蘇鄭玄曰昭曉也凡蟄蟲以發出為曉更息曰蘇○正義曰蟄蟲得陰陽煦嫗故皆出地上如夜得曉如死更有氣也羽者嫗伏毛者孕鬻鄭玄曰孕任也鬻生也○正義曰伏房富反羽鳥也毛獸也二氣既交萬物生乳故鳥生卵嫗伏之獸懷孕而生育之也胎生者不殰而卵生者不殈鄭玄曰內敗曰殰殈猶裂也○正義曰殰音讀殈音呼覓反胎生獸也卵生鳥也懷任在內而死曰殰卵坼不成子曰殈今和氣不殰殈也則樂之道歸焉耳孫炎曰樂和陰陽故歸此也○正義曰庾蔚之云一論天地二氣萬物各得其所乃歸於樂耳樂者非謂黃鍾大呂弦歌干揚也鄭玄曰揚越也○索隱曰干楯也揚與鍚同皇侃以揚為舉恐非也○正義曰此樂情章第三段明識禮樂本者為尊識末者為卑黃鍾大呂之屬故云非謂也揚舉也謂舉楯以舞也樂之末節也正義曰黃鍾已下是樂之末節也故童者舞之正義曰末事易之不足貴重故使童子小兒舞奏之也布筵席陳樽俎列籩豆以

升降爲禮者正義曰此亦明末也用禮之本在著誠去偽安上理民不在鋪筵席摶俎升降爲禮之事也禮之末節也正義曰布筵以下是禮之末節也故有司掌之鄭玄曰言禮樂之本由人君也禮本著誠去偽樂本窮本知變○正義曰有司典禮小官也末節事易辦不爲可重故小官掌其事也樂師辯乎聲詩故北面而弦王肅曰但能別聲詩不知其義故北面而弦鄭玄曰弦謂鼓琴瑟○正義曰此更引事證樂師曉樂者辯別聲詩聲謂歌也言樂師雖能別歌詩並是末事故北面言坐處卑也宗祝辯乎宗廟之禮故後尸正義曰此禮事也宗祝大祝即有司之屬也雖能分別正宗廟之禮然佐於尸而非爲敬之主爲卑故在尸後也商祝辯乎喪禮鄭玄曰商祝祝習商禮者商人敬以敬於接神故後主人鄭玄曰後尸居後賛禮儀也此言知本者尊知末者卑○正義曰商祝若夢商之神祝習商家神祀以相佐喪事故云辯喪禮其雖掌喪事而非發哀之主故在主人後言立處賤也是故德成而上正義曰上謂堂也德成謂人君禮樂

德成則爲君故居堂上南面尊之也藝成而下正義曰下堂下也藝成謂樂師伎藝雖成唯識禮樂之末故在堂下北面卑之也行成而先正義曰行胡孟反先猶前也尸及喪主也行成謂尸尊而人孝故爲行成事成而後鄭玄曰德三德也行三行也藝才技也先謂位在上也後謂位在下也○正義曰事爲劣故爲在宗商二祝也識尸及主人後也是故先王有上有下有先有後然後可以有制於天下也鄭玄曰言尊卑備乃可制作以爲治○正義曰故先王使上下前後尊卑分乃可制禮作樂以班於天下也如周公六年乃爲禮也樂者聖人之所樂也正義曰此樂施章第三段後也誤在此閑淫之後又用此章廣爲象其德故云聖人之所以觀德也而可以善民心其感人深其風移俗易故先王著其教焉鄭玄曰謂立司樂以下使教國子也夫人有血氣心知之性正義曰此第五章名樂言明樂歸趣之事中有三段一言人心隨王之樂也二明前王制正樂化民也三言邪

樂不可化民也前既以施人人必應之言其歸趣也此言人心隨王之樂也夫人不生則已既已生必有血氣心知之性也而無哀樂喜怒之常正義曰性合五常之行有喜怒哀樂之分但其發無常時隨外境所觸故亦無常也應感起物而動正義曰解所有四事之由也緣外物來感心心觸感來起動應之故有上四事也然後心術形焉鄭玄曰言在所以感之也術所由也形猶見也是故志微焦衰之音作鄭玄曰志微意細也吴公子札曰其細已甚而民思憂正義曰殺音所界反又色例反思音先利反此以下皆言心樂感而應見外事也若人君叢脞情志細劣其樂音唯感殺急不寄緩也音既局促故民應之而憂也嘽緩慢易繁文簡節之音作鄭玄曰簡節少易也而民康樂正義曰嘽昌單反易以豉反樂音洛嘽綽也緩和也慢疎也繁文多也康和樂安也言人君道德綽和疎易則樂音多文采與節奏簡略而下民所以安粗厲猛起奮末廣賁之音作王肅曰粗厲亢厲猛起發揚奮末浸疾廣賁廣大之也而民剛

毅正義曰粗音麁賁房扮反又音憤粗畧也厲嚴也猛起動也末支體也廣大也賁氣充也言人君若性麁嚴剛動而四支奮躍則樂充大民應之所以剛毅也廉直經正孫炎曰經法也○索隱曰經今禮本作勁莊誠之音作而民肅敬正義曰經音勁言人君廉直勁而剛正則樂音矜嚴而誠信故民應之所以肅敬也寬裕肉好王肅曰肉好言音之洪美順成和動之音作而民慈愛正義曰肉仁救反好火到反肉肥也謂音如肉之肥言人君寬容肥好則樂音順成而和動故民應之所以慈愛也流辟邪散狄成滌濫之音作王肅曰狄成言成而似夷狄之音也滌放蕩濫僭差也而民淫亂正義曰辟匹亦反邪音斜狄音惕滌音皆性來疾速也性來速而成故云狄成性來疾而僭濫故云滌濫也言君上流淫縱僻回邪放散則樂音有性來速疾僭差之響故民應之而淫亂也心本無此六事由隨王而起也是故先王本之情性正義曰此樂言章第二段也前言民隨樂變此言先王制正樂化民也言聖人制樂必本人之性情也稽之度

數制之禮義正義曰稽考也制樂又考天地度數爲之如律呂應十二月八音應八風之屬也合生氣之和道五常之行鄭玄曰生氣陰陽也五常五行也○正義曰道音導行胡孟反合應也使之陽而不散陰而不密鄭玄曰密之言閉也○正義曰陽謂禀陽氣多人也陽氣舒散人禀陽多則奢陰氣閉密人禀陰多則密鎮今以樂通二者之性皆使中和故陽者不散陰者不密也剛氣不怒柔氣不懾鄭玄曰懾猶恐懼也○正義曰懾之涉反懼也性剛者好怒柔者好懼今以樂和使各得其所不至怒懼也四暢交於中而發作於外正義曰四陰陽剛柔也暢通也交互也中心也今以樂調和四事通暢交互於中心而行用舉動發於外不至散密怒懾者也皆安其位而不相奪也正義曰此結樂爲本情性之事也閉陽開陰抑剛引柔柔使中庸故天下安其位無復相侵奪之也然後立之學等鄭玄曰等差也各用其材之差學之也○正義曰前用樂陶情和暢然後乃以樂語樂舞二事教之民各隨己性才等差而學之以備分也

廣其節奏省其文采鄭玄曰廣增習之也省猶審習之也文采謂節奏合也以繩德厚也鄭玄曰繩猶度也王肅曰繩法也法其德厚薄也類小大之稱孫炎曰作樂器大小稱十二律○索隱曰類今禮作律比終始之序鄭玄曰始於宮終於羽以象事行鄭玄曰宮爲君商爲臣使親疏貴賤長幼男女之理皆形見於樂正義曰此結本人之情以下緣本而教親疏以下之理悉章著樂功使聞者皆知而見媢睦情也故曰樂觀其深矣正義曰此引古語證觀感人之深矣土敝則草木不長水煩則魚鼈不大正義曰此樂言章第三段言邪樂不可化民將言邪樂之由故此前以天地爲譬此以地爲譬也獘猶勞熟煩猶數攪動也土過勞熟水過撓動則草木魚鼈不長大也氣衰則生物不育正義曰此以天譬也氣者天時氣也氣若衰微則生物不復成遂也世亂則禮廢而樂淫正義曰比合譬也世謂時世亂其禮不備樂不節故

流淫過度水土勞獘則草木魚鼈不長大如時世濁亂之禮樂不可爲化矣是故其聲哀而不莊樂而不安正義曰樂音洛此證樂淫之事也淫樂則聲哀而無莊故雖奏以自樂必致傾危非自安之道故云樂而不安若關雎樂而不淫哀而不傷則是有莊敬而安者也慢易以犯節正義曰易以豉反言無莊敬慢易也無節奏故云犯節也即是哀而不莊也流湎以忘本正義曰湎音沔靡靡無窮失於終止故言忘本即樂而不安也廣則容姦正義曰言淫慝禮樂聲無節也廣聲緩也容含也其聲緩者則含容姦僞也狹則思欲王肅曰其音廣大則容姦僞其狹者則使人思利欲也○正義曰狹聲急也其聲急者則思欲之攻也感滌蕩之氣而滅平和之德正義曰感動也言此惡樂能動善人滌蕩之善氣使失其所而滅善人平和之德也是以君子賤之也正義曰君子用樂調和是故賤於動滅平和之氣也凡姦聲感人而逆氣應之正義曰此第六章名象法也本第八失次也明人君作樂則天地必法象應之中有五段一明

淫樂正樂俱能成象二明君子所從正樂皆有本非可假僞四證第三段有本不僞之由五明禮樂之用前有證故明其用別也今此明淫正二樂俱能成象故先言淫樂爲習應人事也言君奏姦聲之樂以感動人民則天地應之而生逆亂之氣也逆氣成象鄭玄曰成象謂人樂習之也而淫樂興焉正義曰興生也若逆氣流行於世而民又習之爲法故云成象既習亂爲法故民之樂聲生於淫佚也正聲感人而順氣應之順氣成象而和樂興焉正義曰言順氣流行民習成法故樂聲亦生於和也倡和有應正義曰倡音昌尚反和胡卧反君唱之天地和之民應之故云唱和有應也回邪曲直各歸其分正義曰分扶問反此是有應也回邪不正也曲折也直不邪也言相應和表直影正表曲影邪各歸其分也而萬物之理以類相動也正義曰姦聲致應正聲招順是以天下萬物之理各隨君善惡以類而相動也是故君子反情以和其志鄭玄曰反猶本也○正義曰此樂象章第二段也明君子從正樂也君子人君也反

猶本也民下所習既從於君故君宜本情不使流宕以自安和其志也比類以成其行正義曰行胡孟反萬物之理以類相動故君子比於正類以成己行也姦聲亂色不流聰明淫樂廢禮不接於心術慉慢邪辟之氣不設於身體正義曰此以下皆反情性之類事也術道也既本情和志又比類成行故姦聲亂色不留視聽淫樂廢禮不與心道相接慉慢邪僻不設置己身也聲色是事故云聰明而氣無形故於身爲設也使耳目鼻口心知百體皆由順正以行其義正義曰百體謂身體百節既不行姦亂已下諸事故能使諸行並由順正以行其德美化其天下也不留聰明於姦聲亂色故耳目得順正也不用心術接淫慝禮樂故心知得順正也不設身於情僻故百體得順正也不言鼻口者嗜不一也亦因戒臭味順正也然後發以聲音文以琴瑟正義曰其身已正故然後乃可制樂爲化故用歌之音聲內發已之德用琴瑟之響外發已之行歌者在上此是堂上之樂故前明之也動以干戚飾以羽旄

從以簫管正義曰又用干戚羽旄簫管從而播之絲竹在下此是堂下之樂故後明之也奮至德之光動四氣之和以著萬物之理孫炎曰奮發也至德之光天地之道也四氣之和四時之化也著猶誠也是故清明象天廣大象地終始象四時周旋象風雨王肅曰清明廣大終始周旋皆樂之節奏容儀發動也○正義曰歷解樂所以能通天地言歌聲清明是象天氣也廣大謂鍾鼓有形質是象地形也謂奏歌周而復始如四時循環也若樂六變九變是也謂舞人迴旋如風雨從天而下五色成文而不亂八風從律而不姦百度得數而有常鄭玄曰五色五行也八風從律應節至也百度百刻也言日月晝夜不失正也王肅曰至樂之極能使然耳小大相成正義曰大小謂日晦小大相通以成歲也賀瑒云十二律互相爲宮羽而相成也終始相生正義曰歲月終而更始也賀瑒云五行宮商迭相爲終始也倡和清濁代相爲經鄭玄曰清謂蕤賓至應鍾也濁

謂黃鍾至仲呂也○正義曰代更也經常也日月半歲陰陽更相爲常也即還相爲宮也故樂行而倫清鄭玄曰倫謂人道也○正義曰謂上正樂之行也謂下事張本也即樂行之事也由正樂既行故人民之道清也耳目聰明正義曰不視聽姦亂故視聽聰明血氣和平正義曰口鼻心之百體皆由從正故血氣和平移風易俗天下皆寧正義曰既皆由從正以行其義故風移俗華天下陰陽皆安寧移是移從之名易是改易之稱也文王之國自有文王之風桀紂之邦亦有桀紂之風桀紂之後文王之風被於紂民易前之惡俗從今之善俗上行謂之風下習謂之俗故曰樂者樂也正義曰引舊語樂名廣證前事也前事邪正之樂雖異並是其人所樂故名曰樂也君子樂得其道正義曰雖其人所樂而名爲樂而人心不同故所樂有異有異而名通故皆名樂君子堯舜也道謂仁義故制樂亦仁義也小人樂得其欲正義曰小人桀紂也人欲邪淫也以道制欲則樂而不亂正義曰若君子在上小人在下君子樂用仁義以制小人之欲則天下安樂而不敢爲亂也

以欲忘道則惑而不樂鄭玄曰道謂仁義也欲謂邪淫也○正義曰若小人在上君子在下則小人肆縱其欲忘正道而天下從化皆爲亂惑不得安樂是故君子反情以和其志正義曰若以道制欲則是君子以欲忘道則爲小人故君子之人本情脩性以和其志不使逐欲忘道反情以至其行也廣樂以成其教正義曰內本情和志而外又廣於樂以成其教然後發以聲音以著萬物之理也樂行而民鄉方正義曰君上內和志行樂教流行故民皆向君子之道即仁義制欲者故樂行而倫清以至天下安寧也可以觀德矣鄭玄曰方猶道也○正義曰結樂使人知上之事故觀知其德也德者性之端也正義曰此樂象章第二段明邪正有本皆可爲也德得理也性之端本也言人稟性皆以得理爲本也樂者德之華也正義曰得理於內樂爲外故云德華也金石絲竹樂之器也正義曰歷解飾所須也樂爲德華若莫之能用故須金石之器也詩言其志也正義曰前金石爲器須用詩述申其志志在心

不述不暢故用詩述之也歌詠其聲也正義曰若直述其志則無韞藉之美故又長言歌詠使聲
音之美可得而聞之也舞動其容也正義曰若直詠歌未暢故又舉手蹈足以動其形容也
三者本乎心然後樂氣從之正義曰三者志聲容也樂氣詩歌舞也君子前
有三德爲本乎心後乃詩歌舞可觀故云然後樂氣從之也是故情深而文明正義
曰德爲性本故曰情深也樂爲德華故云文明氣盛而化神正義曰歌舞蹈樂氣從之故云氣盛
天下咸寧故曰化神也和順積中而英華發外唯樂不可以
爲僞鄭玄曰三者本志也聲也容也言無此本於內則不能爲樂耳○正義曰內外符合而無有虛假不可以
爲僞也樂者心之動也正義曰此樂象章第四段也明謟前第三段樂本之事緣有前境可
樂而心動應之故云樂者心之動也聲者樂之象也正義曰象法也樂舞無聲則不彰故聲爲
樂之法也文采節奏聲之飾也正義曰若直有聲而無法度故須文采節奏聲之儀

飾也君子動其本正義曰本德也心之動必應德也樂其象正義曰德行必應法
也然後治其飾正義曰飾文采節奏也前動心有德大行樂有法然後乃理其文飾也是
故先鼓以警戒鄭玄曰將奏樂先擊鼓以警戒衆也○正義曰此引武王伐紂之事證前有德
後有飾也武王聖人是前有德也而用此節奏是後有飾也先嚴者爲武王伐紂未戰之前鳴皮鼓以警戒使軍衆逆備
也今作武王樂者未奏之前鳴皮鼓以敕人使豫備具也是明志後有事也三步以見方鄭玄
曰將舞必先三舉足以見其舞之漸也王肅曰舞武樂三步爲一節者以見伐道也○正義曰見胡練反三步足三步也
見方謂方戰也武王伐紂未戰之前兵士樂奮其勇出軍陣前三步示勇氣方將戰也今作樂象之纘列畢而舞者將欲
舞先舉足三頓爲步以表方將舞之勢也再始以著往鄭玄曰武舞再更始以明伐紂時再往之
○正義曰著竹慮反再始謂兩過爲始也著明也文王受命十一年而武王除喪軍至孟津觀兵曰紂未可伐也乃還師
是一始也至十三年更興師伐之是再始也今舞武者前成列將欲舞而不舞是一始也去後更來是二過始明象武王

再往故云再始著往也復亂以飭歸鄭玄曰謂鳴鐃而退明以整歸德也○正義曰復者伏也
飾音勑復亂者紂凶亂而安復之飾歸者武王伐紂勝鳴金鐃整武而歸也以去奏皮鼓歸奏金鐃者皮文也金武也初
示文德使紂自改之則不伐紂既不改因而用兵用兵既竟故鳴金鐃而歸示用已竟也今奏武舞初皮鼓警衆末鳴鐃
以歸象伐紂已竟也鐃鐲鐸也奮疾而不拔也王肅曰舞雖奮疾而不失節若樹木得疾風而
不拔○正義曰謂舞形也奮迅疾速也拔傾側也伐紂時士卒奮奮迅急速以尚威勢猛而不傾側也今武舞亦奮迅
急而速不傾倒象極幽而不隱鄭玄曰極幽謂歌也○正義曰皆謂文采節奏也獨樂
其志不厭其道王肅曰樂能使仁人獨樂其志不厭倦其道也○正義曰言武王諸將人各折
悅象武王有德天下之志並無厭干戈君臣之道備舉其道不私其欲正義曰緣
人人不厭故作樂者事事法之欲備舉武王之道耳非爲私情之所欲也是以情見而義立
正義曰不厭武王之道其情既見則不私其欲義亦立也樂終而德尊正義曰爲樂之理既終是

象德之事其德亦尊顯也君子以好善小人以息過正義曰樂理周足象德可
尊以此教世何往而不可君子聞之則好善小人聞之則改過也故曰生民之道樂爲
大焉正義曰此引舊語結樂道之爲大君子曰禮樂不可以斯須
去身正義曰此第十章名爲樂化章第十以化民故次賓牟賈成第十也其章中皆言樂陶化爲善也凡四段
一明人生禮樂恒與己俱也二明禮樂不可偏用各有一失也三明聖人制禮作樂之由也四明聖人制禮作樂天下服
從此初段人生禮樂恒與己俱也恒故能化化故在前也引君子之言以張本也斯須俄頃也失之者死故俄頃不可去
身者也致樂以治心鄭玄曰致猶深審也樂由中出故治心也則易直子諒
之心油然生矣王肅曰易平易直正直子諒愛信也鄭玄曰油新生好貌易直子
諒之心生則樂樂則安安則久久則天天則神
天則不言而信神則不怒而威鄭玄曰若善心生則寡於利欲寡於

利欲則樂矣志明行成不言而見信如天也不怒而見畏如神也致樂以治心者也正義
曰結所由也有威信由於深審樂以結心之故致禮以治躬者也正義曰前明樂治心今明
禮撿迹若深審於禮以治身則莊敬也鄭玄云禮自外作故治身也治躬則莊敬莊敬則
嚴威鄭玄曰禮自外作故治身也○正義曰既身莊敬儼然人望而畏之是威嚴也治內難見發明樂句多治
外易覩發明禮句少而又結也心中斯須不和不樂而鄙詐之心
入之矣鄭玄曰謂利欲生也外貌斯須不莊不敬而慢易之
心入之矣鄭玄曰易輕易也故樂也者動於內者也禮也
者動於外者也樂極和禮極順內和而外順則
民瞻其顏色而弗與爭也望其容貌而民不生
易慢焉德煇動乎內而民莫不承聽理發乎外

史記樂書二　二十八

而民莫不承順鄭玄曰德煇顏色潤澤也理容貌進止也孫炎曰德煇明惠也理言行也故
曰知禮樂之道舉而錯之天下無難矣正義曰錯七故
反引舊證民莫不承聽莫不承順也聖王有能詳審極致禮樂之道舉而措之於天下天下悉從無難爲之事也樂
也者動於內者也禮也者動於外者也正義曰此樂化章第
三段也明禮樂不可偏用各有一失既方明所失故前更言其所發外內不同也動亦感故禮主其
謙鄭玄曰人所倦也王肅曰自謙損也樂主其盈鄭玄曰人所權也王肅曰充氣志也禮
謙而進以進爲文鄭玄曰進者謂自勉強也文猶美也善也王肅曰禮自減損所以進德修
業也樂盈而反以反爲文鄭玄曰反謂自抑止也王肅曰樂充氣志而反本也禮
謙而不進則銷樂盈而不反則放鄭玄曰放淫於聲樂不能止也
故禮有報孫炎曰報謂禮尚往來以勸進之王肅曰禮自減損而以進爲報也而樂有反

樂書

孫炎曰反謂曲終還更始禮得其報則樂樂得其反則安禮之
報樂之反其義一也鄭玄曰俱起立於中不銷不放夫樂者樂也
人情之所不能免也正義曰此樂化章第三段也明聖人所以制樂由人樂於歌舞故聖
人制樂以和樂之故云樂者樂也但懽樂是人所貪貪不能自止故云人情也樂必發諸聲音
形於動靜人道也鄭玄曰人道人之所爲也聲音動靜性術之
變盡於此矣鄭玄曰不可過故人不能無樂樂不能無
形鄭玄曰形聲音動靜也形而不爲道不能無亂先王惡其
亂故制雅頌之聲以道之使其聲足以樂而不
流使其文足以綸而不息鄭玄曰文篇辭也息銷也使其曲直
繁省廉肉節奏鄭玄曰曲直歌之曲折繁省廉肉聲之洪殺也足以感動人

史記樂書二　二十九

之善心而已矣不使放心邪氣得接焉是先王
立樂之方也鄭玄曰方道也是故樂在宗廟之中君臣上
下同聽之則莫不和敬在族長鄉里之中長幼
同聽之則莫不和順在閨門之內父子兄弟同
聽之則莫不和親故樂者審一以定和比物以
飾節節奏合以成文鄭玄曰審一審其人聲也比物謂雜金革土匏之屬以成文五聲八
音克諧相應和也所以合和父子君臣附親萬民也是先
王立樂之方也故聽其雅頌之聲志意得廣焉
正義曰前云先王制之聲音形於動靜故此盡其事也此是發於聲音也民聽正聲得益盛德之美志意得廣大也執
其干戚習其俯仰詘信容貌得莊焉行其綴兆

樂書

鄭玄曰綴表也所以表行列也要其節奏鄭玄曰要猶會也行列得正焉進退得齊焉故樂者天地之齊中和之紀鄭玄曰紀總要之名人情之所不能免也夫樂者先王之所以飾喜也正義曰此樂化章第四段也明樂唯聖人在上者制作天下乃從服也若內有喜則外歌舞以飾之故云王以樂飾喜也軍旅鈇鉞者先王之所以飾怒也故先王之喜怒皆得其齊矣喜則天下和之怒則暴亂者畏之先王之道禮樂可謂盛矣魏文侯問於子夏曰正義曰此章第八明文侯問也文侯故晉大夫畢萬之後見子夏而問於樂也吾端冕而聽古樂鄭玄曰端玄衣也古樂先王之正樂○正義曰此文侯問事也謂玄冕凡冕服其制正幅袂二尺二寸故稱端也着玄冕衣與玄端同色故曰端冕聽古樂也此當是廟中聽樂玄冕祭服也則唯恐卧聽鄭衛之音則不知倦敢問古樂之如彼何也新樂之如此何也子夏答曰今夫古樂進旅而退旅鄭玄曰旅猶俱也俱進俱退言其齊一也○正義曰子夏之荅凡有三初則舉古禮次新樂以酬問意又因更別說以誘引文侯欲使更問也此是荅述古樂之情狀衆也和正以廣鄭玄曰無姦聲也弦匏笙簧合守拊鼓鄭玄曰合皆也言衆皆待擊鼓乃作也拊者以韋爲表裝之以糠也○正義曰拊音數武反拊一名相亦奏古笙樂也弦琴也匏瓠屬也四十六簧笙十九至十三簧也簧施於匏笙之管端者也合會也守待也拊者皮爲之以糠實如革囊也用手撫〻鼓也言奏弦匏笙簧之時若欲令堂上作樂則撫拊堂上樂工聞撫拊乃弦歌也若欲令堂下作樂則擊鼓堂下樂工聞鼓乃吹管播樂也言弦匏笙簧皆待拊爲節故言會守拊鼓也始奏以文止亂以武鄭玄曰文謂鼓武謂金也治亂以相訊疾以雅孫炎曰整其亂行節之以相赴敵迅疾趨之以雅鄭玄曰相即拊也亦以節樂

雅亦樂器名狀如漆甬中有椎君子於是語於是道古修身及家平均天下此古樂之發也今夫新樂進俯退俯鄭玄曰俯猶曲也言不齊一也○正義曰此第二述雜樂也俯曲也新樂行列不齊進退曲也姦聲以淫溺而不止王肅曰姦聲淫使人溺而不能自止及優侏儒王肅曰俳優短人也獶雜子女不知父子鄭玄曰獶獼猴也言舞者如獼猴戲亂男女尊卑也樂終不可以語不可以道古此新樂之發也正義曰此結新樂荅也今君之所問者樂也所好者音也正義曰此第三別誘引文侯更問前故說此句言文侯所問乃是樂而好鏗鎗之音非律呂克諧之正樂也夫樂之與音相近而不同鄭玄曰鏗鎗之類皆爲音應律乃爲樂文侯曰敢問如何鄭玄曰欲知音樂異意子夏答曰夫古者天地順而四時當正義曰當丁浪反此荅古樂之由也天地從四時當聖人在上故也民有德而五穀昌疾疢不作而無祅祥此之謂大當鄭玄曰當謂不失其所也然後聖人作爲父子君臣以爲之紀綱紀綱既正天下大定天下大定然後正六律和五聲弦歌詩頌此之謂德音德音之謂樂詩曰莫其德音其德克明克明克類克長克君王此大邦克順克俾鄭玄曰德正應和曰莫照臨四方曰明勤施無私曰類教誨不倦曰長慶賞刑威曰君慈和徧服曰順俾當爲比擇善而從之曰比俾於文王其德靡悔既受帝祉施于孫子此之謂也鄭玄曰施延也言文王之德皆能如此故受天福延及後世今君之所好者其溺音與鄭玄曰言無文王之德則所好非樂文侯曰敢

問溺音者何從出也子夏荅曰鄭音好濫淫志鄭玄曰濫濫竊姦聲也○正義曰子夏歷述四國之所由以荅文侯也宋音燕女溺志王肅曰燕歡悅衛音趣數煩志孫炎曰趣數音促速而數變也鄭玄曰煩勞也齊音驁辟驕志四者皆淫於色而害於德是以祭祀不用也鄭玄曰言四國出此溺音詩曰肅雍和鳴先祖是聽夫肅肅敬也雍雍和也夫敬以和何事不行鄭玄曰古者樂敬且和故無事而不用溺音無所施為人君者謹其所好惡而已矣君好之則臣為之上行之則民從之詩曰誘民孔易此之謂也鄭玄曰誘進也孔甚也言民從君之所好惡進之於善無難也然後聖人作為鞉鼓椌楬壎篪鄭玄曰椌楬謂柷敔○索隱曰壎以土為之大如鵝子形似錘吹之為聲篪以竹為之六孔一孔上出名翹橫吹之今之橫笛是也詩云伯氏吹壎仲氏吹篪是也此六者德音之音也鄭玄曰六者為本以其聲質然後鐘磬竽瑟以和之干戚旄狄以舞之此所以祭先王之廟也所以獻酬酳酢也所以官序貴賤各得其宜也鄭玄曰官序貴賤謂尊卑樂器列數有差此所以示後世有尊卑長幼序也鐘聲鏗鏗以立號鄭玄曰號令所以警眾也王肅曰鐘聲高故以之立號也號以立橫鄭玄曰橫充也謂氣作充滿橫以立武君子聽鐘聲則思武臣石聲硜王肅曰聲果勁硜以立別鄭玄曰謂分明於節義別以致死君子聽磬聲則思死封疆之臣絲聲哀哀以立廉鄭玄曰廉廉隅廉以立志君子聽琴瑟之聲則思

志義之臣竹聲濫王肅曰濫會諸音濫以立會會以聚眾君子聽竽笙簫管之聲則思畜聚之臣鼓鼙之聲讙讙以立動動以進眾君子聽鼓鼙之聲則思將帥之臣鄭玄曰聞讙囂則人意動作也君子之聽音非聽其鏗鎗而已也彼亦有所合之也鄭玄曰以聲合己意賓牟賈侍坐於孔子正義曰此第九章名賓牟賈問者蓋孔子之問本為牟賈而設故云牟賈問也孔子與之言及樂曰夫武之備戒之已久何也鄭玄曰武謂周武也備戒擊鼓警眾也○正義曰此孔子問牟賈及樂之事凡問有五此其一也備戒者謂將欲作樂前鳴鼓警戒使樂人各備容儀言初欲奏樂時既已備戒使有節奏故令武儛者備戒已久疑其遲久故問之也荅曰病不得其眾也鄭玄曰病猶憂也以不得眾心為憂憂其難○正義曰牟賈荅也亦有五而二荅是三荅非今荅是也言武王伐紂時憂不得眾心故前鳴鼓戒眾久之乃出戰也故今舞者久久乃出象武王憂不得眾心故也永歎之淫液之何也鄭玄曰永歎淫液歌遲之也○正義曰此第二問也荅曰恐不逮事也鄭玄曰逮及也事伐事也○正義曰此荅亦是也言眾士望武王欲伐速恒恐不及伐事之機故有詠歎淫液之聲發揚蹈厲之已蚤何也王肅曰厲疾也備戒雖久至其發作又疾也○正義曰第三問也發初也揚奮袂也蹈頓足蹋地厲顏色勃然如戰色也問樂舞何意發初揚袂又蹈頓足蹋地勃然作色何忽如此何也荅曰及時事也鄭玄曰時至武事當施也王肅曰欲令之事各及時○正義曰此荅非也牟賈意言發揚蹈厲象武王一人意欲及時之事故早為此也鄭亦隨賈意注之也武坐致右憲左何也王肅曰右膝至地左膝去地也○正義曰憲音軒第四問也坐跪也致至也軒起也問舞人何忽有時而跪也荅曰非武坐也鄭玄曰言武之事無坐也○正義曰此荅亦非也牟賈言武奮之士不應有坐也聲淫及商何也王肅曰聲

深淫貪商○正義曰第五問也答曰非武音也王肅曰言武王不獲已爲天下除殘非貪商○
正義曰此荅又非也子曰若非武音則何音也正義曰孔子評其荅武音不貪
但不知其實解理空言其非反問也答曰有司失其傳也鄭玄曰有司典樂者傳猶
說也○正義曰傳直緣反賈荅言武王非有貪是有司傳之謬妄故有此矣如非有司失其
傳則武王之志荒矣鄭玄曰荒老耄也言典樂者失其說時人妄說也○正義曰賈
又云假令非傳者謬妄則是武王末年年志荒耄之時故有貪商之聲也子曰唯丘之聞諸
萇弘亦若吾子之言是也鄭玄曰萇弘周大夫○索隱曰大戴礼云孔子適周
訪礼於老聃學樂於萇弘是也○正義曰萇音直良反吾子命賈也言我聞萇弘所言亦如賈今所言之也賓牟
賈起免席而請曰正義曰免猶避也前所荅四事五不被叩問今疑不知前荅之是非故起
所疑而問也夫武之備戒之已久則既聞命矣孫炎曰聞命謂

記樂書二　卅四

言是敢問遲之遲而又久何也鄭玄曰遲之遲謂久立於綴子曰
居吾語汝鄭玄曰居猶安坐也夫樂者象成者也王肅曰象成功而爲樂
揔干而山立王肅曰揔持干猶山立不動武王之事也正義曰此下明應象
成之事也荅所以遲也象武王伐紂持楯立以待諸侯至故云武王之事也發揚蹈厲太公
之志也王肅曰志在鷹揚也○正義曰荅遲久已竟而牟賈前荅發揚蹈厲以爲象武王欲及時事非也言
此是太公志耳太公相武王伐紂志願武王之速得自奮其威勇以助也武亂皆坐周召之
治也王肅曰武亂武之治也皆坐以象安民無事也○正義曰賈前荅武坐非也因又爲之說言當伐紂時士
卒行伍有亂者周邵二公以治正之使其跪敬致右軒左以待敵分故今八佾象闕時之亂挨相正之則但跪跪乃更起
以作行列象周邵之事耳非武舞有坐之也且夫武始而北出鄭玄曰始奏象觀兵盟津
時也○正義曰說五事既竟而遲久之意未周故更廣其象成之事非荅前五事故云且夫也始而北出者謂奏樂象武

樂書

王觀兵孟津之時也王居鎬在南紂居朝歌在河北故儛者南來時楯向北尚象之也再成而滅
商鄭玄曰成猶奏也再奏象克殷時○正義曰再成謂儛者再來奏時也儛者初始前一向北而不儛象武王前
觀孟津不伐而反也至再往而向北遂奏成擊刺三成而南王肅曰誅紂已而南○正義曰儛者第三
奏往而轉向南象武王勝紂向南還鎬之時也四成而南國是疆王肅曰有南國以爲疆界
○正義曰儛者第四奏象周太平時南方荊蠻並來歸服爲周之疆界五成而分陝周公
左召公右王肅曰分陝東西而治○正義曰儛者至第五奏而東西中分之爲左右二部象周太平後周
公邵公分職爲左右二伯之時六成復綴以崇天子鄭玄曰六奏象兵還振旅也復
綴反位止也王肅曰以象尊崇天子夾振之而四伐盛振威於中國
也王肅曰振威武也四伐者伐四方與紂同惡者一擊一刺爲一伐也○正義曰夾音古合反夾振謂武王與大將軍
夾軍而奮鐸振動士卒也言當奏武樂時亦兩人執鐸夾之爲節之象也凡四伐到一止當伐紂時士卒皆四伐一止也

記樂書二　三十五

故牧誓云今日之事不過四伐五伐是也故作武樂儛者亦以干戈伐之象也分夾而進徐廣曰一
作遲事蚤濟也王肅曰分部而並進者欲事早成久立於綴以待諸
侯之至也鄭玄曰象武王伐紂待諸侯也且夫女獨未聞牧野之
語乎鄭玄曰欲語以作武樂之意○正義曰今衛州所理汲縣即牧野之地也更欲語牟賈奏武樂遲久之意
其語即下所陳是也武王克殷反商鄭玄曰反當爲及謂至紂都也未及下車
正義曰車戎車也軍法一車三人乘之步卒七十二牧誓云戎車三百兩則二萬二千五百人也而封黃
帝之後於薊封帝堯之後於祝正義曰地理志云平原即祝阿縣也
薊音計幽州縣是也封帝舜之後於陳正義曰陳州宛丘縣故陳城是也下車
而封夏后氏之後於杞正義曰汴州雍丘縣故杞國封殷之後
於宋封王子比干之墓鄭玄曰積土爲封封比干之墓崇賢也釋箕

樂書

子之囚使之行商容而復其位 徐廣曰周本紀曰命召公釋箕子之囚又曰表商容之閭 庶民弛政庶士倍禄 鄭玄曰弛政去紂時苛役倍禄復其紂時薄者 濟河而西 正義曰濟渡也河黃河也武王伐紂事畢從懷州河陽縣南渡河至洛州從洛城而西歸鎬京也 馬散華山之陽 鄭玄曰散猶放 而弗復乘牛散桃林之野 徐廣曰在弘農縣今曰桃丘 而不復服 正義曰示無復用服亦乘也桃林在華山之旁此二處並是牛馬放生地初伐就此取之今事竟歸之前處故尚書武成篇序云武王伐殷往伐歸獸是也 車甲弢 徐廣曰音韜 而藏之府庫而弗復用倒載干戈苞之以虎皮 鄭玄曰包干戈以虎皮明能以武服兵也 將率之士使爲諸侯名之曰建櫜 王肅曰所以能櫜弓矢而不用者將率之士力也故建以爲諸侯謂之建櫜也 然後天下知武王之不復用兵也散軍而郊射 鄭玄曰郊射爲射宮於郊也王肅曰郊有學宮可以習禮也 左射貍首右射騶虞 鄭玄曰左東學右西學也貍首騶虞所歌爲節也 而貫革之射息也 鄭玄曰貫革射穿甲革也 裨冕搢笏 鄭玄曰裨冕衣裨衣而冠冕也裨衣衮之屬也搢插也 而虎賁之士稅劍也祀乎明堂 鄭玄曰文王之廟爲明堂 而民知孝朝覲然後諸侯知所以臣耕藉 鄭玄曰耕藉藉田也 然後諸侯知所以敬五者天下之大教也食三老五更於太學 鄭玄曰老更互言之耳皆老人更知三德五事者也周名太學曰東膠 天子袒而割牲執醬而饋執爵而酳冕而揔干 鄭玄曰冕而揔干在舞位 所以教諸侯之悌也若此則周道四達禮樂交通則夫武之遲久不亦宜乎 鄭玄曰言武遲久爲重禮

樂也 子貢見師乙而問焉 鄭玄曰師樂官也乙名也 曰賜聞聲歌各有宜也 鄭玄曰氣順性 如賜者宜何歌也師乙曰乙賤工也 鄭玄曰樂人稱工也 何足以問所宜請誦其所聞而吾子自執焉 鄭玄曰執猶處也 寬而靜柔而正者宜歌頌廣大而靜疏達而信者宜歌大雅恭儉而好禮者宜歌小雅正直清廉而謙者宜歌風肆直而慈愛者 鄭玄曰肆正也 宜歌商溫良而能斷者宜歌齊夫歌者直己而陳德 鄭玄曰各因其德歌所宜 動己而天地應焉四時和焉星辰理焉萬物育焉 鄭玄曰育生也 故商者五帝之遺聲也商人志之故謂之商齊者三代之遺聲也齊人志之故謂之齊明乎商之詩者臨事而屢斷 鄭玄曰以其肆直 明乎齊之詩者見利而讓也 鄭玄曰以其溫良而能斷也 臨事而屢斷勇也見利而讓義也有勇有義非歌孰能保此故歌者上如抗下如隊曲如折止如槀木居中矩句中鉤累累乎殷如貫珠 鄭玄曰言歌聲之著動人心之審而有此聲 故歌之爲言也長言之也 鄭玄曰長言引其聲 說之故言之言之不足故長言之長言之不足故嗟歎之嗟歎之不足故不知手之舞之足之蹈之 鄭玄曰手舞足蹈歡之至 子貢問樂 正義曰結此前事悉是答子貢問之事其樂記者公孫尼子次撰也爲樂記通天地貫人情辯政治故細解之以前劉向

別録篇次与鄭目録同而樂記篇次又不依鄭目今此又篇次顛倒者以褚先生升降故今亂也今逐舊次第隨段記之使後略知也以後文出褚意耳凡音由於人心天之與人有以相通如景之象形響之應聲故爲善者天報之以福爲惡者天與之以殃其自然者也故舜彈五弦之琴歌南風之詩而天下治紂爲朝歌北鄙之音身死國亡舜之道何弘也紂之道何隘也夫南風之詩者生長之音也舜樂好之樂與天地同意得萬國之驩心故天下治也夫朝歌者不時也北者敗也鄙者陋也紂樂好之與萬國殊心諸侯不附百姓不親天下畔之故身死國亡而衛靈公之時正義曰時衛都楚丘楚丘故城在宋州楚丘縣北三十里衛之楚丘邑也將之晉至於濮水之上舍正義曰括地志云在曹州離狐縣界即師延投處也夜半時聞鼓琴聲問左右皆對曰不聞乃召師涓曰吾聞鼓琴音問左右皆不聞其狀似鬼神爲我聽而寫之師涓曰諾因端坐援琴聽而寫之明日曰臣得之矣然未習也請宿習之靈公曰可因復宿明日報曰習矣即去之晉見晉平公平公置酒於施惠之臺正義曰一本虒祁之堂左傳云虒祁之宮杜預云虒祁地名也在絳州西四十里臨汾水也酒酣靈公曰今者來聞新聲請奏之平公曰可即令師涓坐師曠旁援琴鼓之

未終師曠撫而止之曰此亡國之聲也不可聽平公曰何道出師曠曰師延所作也與紂爲靡靡之樂武王伐紂師延東走自投濮水之中故聞此聲必於濮水之上先聞此聲者國削平公曰寡人所好者音也願遂聞之師涓鼓而終之平公曰音無此最悲乎師曠曰有平公曰可得聞乎師曠曰君德義薄不可以聽之平公曰寡人所好者音也願聞之師曠不得已援琴而鼓之一奏之有玄鶴二八集乎廊門再奏之延頸而鳴舒翼而舞平公大喜起而爲師曠壽反坐問曰音無此最悲乎師曠曰有昔者黃帝以大合鬼神今君德義薄不足以聽之聽之將敗平公曰寡人老矣所好者音也願遂聞之師曠不得已援琴而鼓之一奏之有白雲從西北起再奏之大風至而雨隨之飛廊瓦左右皆奔走平公恐懼伏於廊屋之閒晉國大旱赤地三年聽者或吉或凶夫樂不可妄興也

太史公曰夫上古明王舉樂者非以娛心自樂快意恣欲將欲爲治也正教者皆始於音音正而行正故音樂者所以動盪血脈通流精神而

和正心也故宮動脾而和正聖商動肺而和正義角動肝而和正仁徵動心而和正禮羽動腎而和正智故樂所以內輔正心而外異貴賤也上以事宗廟下以變化黎庶也琴長八尺一寸正度也弦大者為宮而居中央君也商張右傍其餘大小相次不失其次序則君臣之位正矣故聞宮音使人溫舒而廣大聞商音使人方正而好義聞角音使人惻隱而愛人聞徵音使人樂善而好施聞羽音使人整齊而好禮夫禮由外入樂自內出故君子不可須臾離禮須臾離

禮則暴慢之行窮外不可須臾離樂須臾離樂則姦邪之行窮內故樂音者君子之所養義也夫古者天子諸侯聽鐘磬未嘗離於庭卿大夫聽琴瑟之音未嘗離於前所以養行義而防淫佚也夫淫佚生於無禮故聖王使人耳聞雅頌之音目視威儀之禮足行恭敬之容口言仁義之道故君子終日言而邪辟無由入也

索隱述贊曰

樂之所興　在乎防欲　陶心暢志
舞手蹈足　舜曰簫韶　融稱屬續
審音知政　觀風變俗　端如貫珠
清同叩玉　洋洋盈耳　咸英餘曲

樂書第二　史記二十四

律書第三　　史記二十五

王者制事立法物度軌則壹禀於六律 索隱曰案律有十二陽六為律黄鐘太蔟姑洗蕤賓夷則無射陰六為呂大呂夾鐘中呂林鐘南呂應鐘是也名曰律者釋名云律述也所以述陽氣也律曆志云呂旅助陽氣也案古律用竹又用玉漢末以銅為之呂亦稱間故有六律六間之說元間大呂二間夾鐘是也漢京房知五音六律之數十二律之變至六十猶八卦之變為六十四卦也故中呂上生執始執始下生去滅上下相生終於南呂而六十律畢 六律為萬事根本焉 索隱曰律曆志云夫推曆生律制器規圜矩方權重衡平準繩嘉量探賾索隱鉤深致遠莫不用焉是萬事之根本也 其於兵械尤所重 索隱曰易稱師出以律是於兵械尤重也。正義曰内成曰器外成曰械械謂弓矢殳矛戈戟劉伯莊云吹律審聲聽樂知政師曠審歌知晉楚之彊弱故云兵家尤所重 故云望

敵知吉凶 正義曰凡兩軍相敵上皆有雲氣及日暈天官書云暈等力鈞厚長大有勝薄短小無勝故望雲氣知勝負彊弱引舊語乃曰故云 聞聲効勝負 正義曰周禮云大師執同律以聽軍聲而詔其吉凶左傳云師曠知南風之不競即其類 百王不易之道也武王伐紂吹律聽聲 索隱曰其事當有所出今則未詳 推孟春以至于季冬殺氣相并 正義曰人君暴虐酷急即常寒應寒生北方乃殺氣也武王伐紂吹律從春至冬殺氣相并律亦應之故洪範咎徵云急常寒若是也 而音尚宮 正義曰兵書云夫戰太師吹律合商則戰勝軍事張彊角則軍擾多變失志宮則軍和士卒同心徵則將急數怒軍士勞羽則兵弱少威焉 同聲相從物之自然何足怪哉兵者聖人所以討彊暴平亂世夷險阻救危殆自含血戴角之獸見犯則校而況於人懷好惡喜怒之氣喜則愛心

生怒則毒螫加 正義曰螫音釋 情性之理也昔黄帝有涿鹿之戰以定火災 文穎曰神農子孫暴虐黄帝伐之故以定火災 顓頊有共工之陳以平水害 文穎曰共工主水官也少昊氏衰秉政作虐故顓頊伐之本主水官因為水行也 成湯有南巢之伐以殄夏亂 正義曰南巢今廬州巢縣是也淮南子云湯敗桀於歷山與末喜同舟浮江奔南巢之山而死按巢即山名古巢伯之國云南巢者在中國之南也 遞興遞廢勝者用事所受於天也自是之後名士迭興晉用咎犯 正義曰狐偃也咎季也又云舅臣也 而齊用王子 索隱曰徐廣云子成父 吳用孫武申明軍約賞罰必信卒伯諸侯兼列邦土雖不及三代之誥誓然身寵君尊當世顯揚可不謂榮焉豈與世

儒闇於大較 索隱曰大較大法也淳于髡曰車不較則不勝其任是也較音角 不權輕重猥云德化不當用兵大至窘辱失守 索隱曰徐廣云如宋襄公是也 小乃侵犯削弱遂執不移等哉故教笞不可廢於家刑罰不可捐於國誅罰不可偃於天下用之有巧拙行之有逆順耳夏桀殷紂手搏豺狼足追四馬勇非微也百戰克勝諸侯懾服權非輕也秦二世宿軍無用之地 索隱曰謂常擁兵於郊野之外也。正義曰謂三十萬備北闕五十萬守五嶺也云連兵於邊垂即是宿兵無用之地也 連兵於邊陲力非弱也結怨匈奴絓禍於越 正義曰絓胡卦反顧野王云絓者所礙 勢非寡也及其威盡勢極閭巷之人為

敵國答生窮武之不知足甘得之心不息也高祖有天下三邊外畔大國之王雖稱蕃輔臣節未盡會高祖厭苦軍事亦有蕭張之謀故偃武一休息羈縻不備歷至孝文即位將軍陳武等議曰南越朝鮮正義曰潮仙二音高驪平壤城本漢樂浪郡王險城即古朝鮮地時朝鮮王滿據之也自全秦時內屬為臣子後且擁兵阻阸選蠕觀望阸音厄賣反選音思兗反蠕音而兗反○索隱曰蠕音軟選蠕謂動身欲有進取之狀也高祖時天下新定人民小安未可復興兵今陛下仁惠撫百姓恩澤加海內宜及士民樂用征討逆黨以一封疆孝文曰朕能任衣冠正義曰朕音而禁反念不到此會呂氏之亂功臣宗室共不羞恥誤居正位常戰戰慄慄恐事之不終且兵凶器雖克所願動亦耗病謂百姓遠方何又先帝知勞民不可煩故不以為意朕豈自謂能今匈奴內侵軍吏無功邊民父子荷兵日久正義曰荷音何我反朕常為動心傷痛無日忘之今未能銷距願且堅邊設候結和通使休寧北陲為功多矣且無議軍故百姓無內外之繇得息肩於田畝天下殷富粟至十餘錢鳴雞吠狗煙火萬里可謂和樂者乎

太史公曰文帝時會天下新去湯火索隱曰謂秦亂楚漢交兵之時如遺墜湯火即書云民墜塗炭也人民樂業因其欲然能不擾亂故百姓遂安自年六七十翁亦未嘗至市井游敖嬉戲如小兒狀孔子所稱有德君子者邪索隱曰論語曰善人為邦百年亦可以勝殘去殺也書曰七正二十八舍索隱曰七正日月五星七者可以正天時又孔安國曰七正日月五星各異政二十八舍即二十八宿之所舍也舍止也宿次也言日月五星運行或舍於二十八次之分也律曆天所以通五行八正之氣索隱曰八正謂八節之氣以應八方之風天所以成孰萬物也舍者日月所舍舍者舒氣也不周風居西北主殺生東壁居不周風東主辟生氣索隱曰辟音闢而東之至於營室索隱曰定星也定中而可作室故曰營室也○正義曰天官書云營室為清廟曰離宮閣道是有宮室象此言主營胎陽氣而產之二說不同營室者主營胎陽氣徐廣曰一作含而產之東至于危危垝也索隱曰垝音鬼毀反言陽氣之危垝故曰危十月也律中應鍾正義曰應乙證反白虎通云應者應也言萬物應陽而動下藏也漢初依秦以十月為歲首故起應鍾應鍾者陽氣之應不用事也其於十二子為亥亥者該也索隱曰律曆志云該閡於亥○正義曰孟康云閡藏塞也陰雜陽氣藏塞為萬物作種也言陽氣藏於下故該也廣莫風居北方廣莫者言陽氣在下陰莫陽廣大也故曰廣莫東至於虛虛者能實能虛言陽氣冬則宛藏於虛正義曰宛音蘊日冬至則一陰下藏

一陽上舒故曰虛東至于須女索隱曰婺女名也言萬物變動其所陰陽氣未相離尚相如胥也故曰須女十一月也律中黃鍾正義曰白虎通云黃中和之氣言陽氣於黃泉之下動養萬物也黃鍾者陽氣踵黃泉而出也其於十二子爲子子者滋也滋者言萬物滋於下也其於十母爲壬癸壬之爲言任也言陽氣任養萬物於下也癸之爲言揆也言萬物可揆度故曰癸東至牽牛牽牛者言陽氣牽引萬物出之也牛者冒也言地雖凍能冒而生也牛者耕植種萬物也東至於建星建星者建諸生也十二月律中

大呂大呂者其於十二子爲丑正義曰徐廣云此中闕不說大呂及丑也按此下闕文或一本云丑者紐也言陽氣在上未降萬物厄紐未敢出也丑者紐也言陽氣在上未降萬物厄紐未敢出條風居東北主出萬物條之言條治萬物而出之故曰條風南至於箕箕者言萬物根棋徐廣曰一作橫也故曰箕正月也律中泰蔟正義曰蔟音千豆反白虎通云泰者太也蔟者湊也言萬物始大湊地而出之也泰蔟者言萬物蔟生也故曰泰蔟其於十二子爲寅索隱曰音以真反又音愼寅言萬物始生螾然也索隱曰螾音引故曰寅南至於尾言萬物始生如尾也南至於心言萬物始生有華心也徐廣曰一作莖南至於房

房者言萬物門戶也至于門則出矣明庶風居東方明庶者明衆物盡出也二月也律中夾鍾正義曰白虎通云夾孚甲也言萬物孚甲種類分也夾鍾者言陰陽相夾厠也其於十二子爲卯卯之爲言茂也言萬物茂也其於十母爲甲乙甲者言萬物剖符甲而出也符音孚。索隱曰符甲猶孚甲也乙者言萬物生軋軋也南至于氐正義曰氐音丁禮反氐者言萬物皆至也南至於亢亢者言萬物亢見也南至于角角者言萬物皆有枝格如角也三月也律中姑洗正義曰姑音沽洗音先典反白虎通云沽者故也洗者鮮也言萬物去故就新莫不鮮明也姑洗者言萬物洗生其於

十二子爲辰辰者言萬物之蜄也蜄音之愼反。索隱曰蜄音振或作娠同音律曆志云振美於辰清明風居東南維主風吹萬物而西之軫軫者言萬物益大而軫軫然西至於翼翼者言萬物皆有羽翼也四月也律中仲呂正義曰中音仲白虎通云言陽氣將極中充大也故復中言之也仲呂者言萬物盡旅而西行也其於十二子爲巳巳者言陽氣之已盡也西至于七星七星者陽數成於七故曰七星西至于張張者言萬物皆張也西至于注索隱曰注音丁救反注咮也天官書云柳爲鳥咮則注柳星也注者言萬物之始衰陽氣下注故曰注五月也律中蕤賓正義曰蕤音仁佳反

白虎通云蕤者下也賓者敬也言陽氣上極陰氣始賓敬之也 蕤賓者言陰氣幼少故曰蕤痿陽不用事故曰賓景風居南方景者言陽氣道竟故曰景風其於十二子為午午者陰陽交故曰午 索隱曰律曆志云咢布於午也 其於十母為丙丁丙者言陽道著明故曰丙丁者言萬物之丁壯也故曰丁西至于弧弧者言萬物之吳落 徐廣曰吳一作柔 且就死也西至于狼狼者言萬物可度量斷萬物故曰狼涼風居西南維主地地者沈奪萬物氣也 正義曰沈一作洗 六月也律中林鐘 正義曰白虎通云林者眾也言萬物成熟種類多也 林鐘者言萬物就死氣林林然其於

十二子為未未者言萬物皆成有滋味也 索隱曰律曆志味薆於未其意殊 北至於罰罰者言萬物氣奪可伐也北至于參 正義曰音所林反 參言萬物可參也故曰參七月也律中夷則 正義曰白虎通云夷傷也則法也言萬物始傷被刑法也 夷則言陰 徐廣曰一作陽 氣之賊 徐廣曰一作則 萬物也其於十二子為申申者言陰用事申賊萬物 徐廣曰一作則○索隱曰律曆志物堅於申也 故曰申北至于濁 索隱曰按爾雅云濁謂之畢 濁者觸也言萬物皆觸死也故曰濁北至于留 索隱曰留即卯也毛傳亦以留為卯 留者言陽氣之稽留也故曰留八月也律中南呂 正義曰白虎通云南任也言陽氣尚任包大生薺麥也 南呂者言陽氣之

旅入藏也其於十二子為酉酉者萬物之老也 索隱曰律曆志留孰於酉也 故曰酉閶闔風居西方閶者倡也闔者藏也言陽氣道萬物闔黃泉也其於十母為庚辛庚者言陰氣庚萬物故曰庚辛者言萬物之辛生故曰辛北至于胃胃者言陽氣就藏皆胃胃也北至于婁婁者呼萬物且內之也北至于奎 徐廣曰一作畫○索隱曰天官書奎為溝瀆婁為聚眾胃為天倉今此說異及六律十母又與漢書不同各是異家之說也 奎者主毒螫殺萬物也奎而藏之九月也律中無射 正義曰音亦白虎通云射終也言萬物隨陽而終當復隨陰而起無有終已此說六呂十干十二支與漢書不同 無射者陰氣盛用事陽氣

無餘也故曰無射其於十二子為戌戌者言萬物盡滅故曰戌 索隱曰律曆志畢入於戌也

律數

九九八十一以為宮

三分去一五十四以為徵

三分益一七十二以為商

三分去一四十八以為羽

三分益一六十四以為角

黃鐘長八寸七分一宮 索隱曰案上文云律九九八十一故云長八寸十分一而漢書云黃鐘長九寸者九分之寸也劉歆鄭玄等皆以長九寸即十分之寸不依此法也云宮者黃鐘為律之首宮

爲五音之長十一月以黃鐘爲宮則聲得其正舊本多作七分蓋誤也

大呂長七寸五分三分一 索隱曰謂十一月以黃鐘爲宮五行相次大呂爲商者大呂所以助陽宣化

太簇長七寸七分二角

夾鐘長六寸一分三分一

姑洗長六寸七分四羽 索隱曰亦以金生水故也

仲呂長五寸九分三分二徵

蕤賓長五寸六分三分一

林鐘長五寸七分四角 索隱曰水生木故以爲角不用蕤賓者以陰氣起陽不用事故去也

夷則長五寸四分三分二商

南呂長四寸七分八徵

無射長四寸四分三分二

應鐘長四寸二分三分二羽

生鐘分 索隱曰此筭術生鐘律之法也。正義曰分音扶問反

子一分 索隱曰自此巳下十一辰皆以三乘之爲黃鐘積實之數也

丑三分二 索隱曰案子律黃鐘長九寸林鐘爲衡衡長六寸以九比六三分少一故云丑三分二即是黃鐘三分去一下生林鐘數也

寅九分八 索隱曰十二律以黃鐘爲主黃鐘長九寸太簇長八寸圍八分寅九分八即是林鐘三分益一上生太簇之義也。正義曰孟康云元氣始起於子未分之時天地人混合爲一故子數獨一漢書律曆志云太極元氣函三爲一行於十二辰始動於子參之於丑得三又參之於寅得九又參之於卯得二十七又參之

律書

於辰得八十一又參之於巳得二百四十三又參之於午得七百二十九又參之於未得二千一百八十七又參之於申得六千五百六十一又參之於酉得萬九千六百八十三又參之於戌得五萬九千四十九又參之於亥得十七萬七千一百四十七此陰陽合德氣鐘於子化生萬物者也然丑三分二寅九分八者並是分之餘數而漢書不說也

卯二十七分十六 索隱曰此以丑三乘寅寅三乘卯得二十七南呂爲卯衡長五寸三分寸之一以三約二十七得九即黃鐘之本數又以三約十六得五縣三分之一即南呂之長故云卯二十七分十六亦是太簇二分去一下生南呂之義已下八辰並准此然丑三分二寅九分八者皆分之餘數也

辰八十一分六十四

巳二百四十三分一百二十八

午七百二十九分五百一十二

未二千一百八十七分一千二十四

申六千五百六十一分四千九十六

酉一萬九千六百八十三分八千一百九十二

戌五萬九千四十九分三萬二千七百六十八

亥十七萬七千一百四十七分六萬五千五百三十六

生黃鐘

術曰以下生者倍其實三其法 索隱曰案蔡邕云陽生陰爲下生陰生陽爲上生又律曆志云陰陽相生自黃鐘始而左旋八八爲五孟康註云從子數辰至未得八下生林鐘數又自未至寅亦得八上生太簇律是也然上下相生皆以此爲率今云以下生者謂黃鐘下生林鐘黃鐘長九寸倍其實者二九十八三其法者以三爲法約之得六爲林鐘之長也

以上生者四其實三其法 索隱曰四其實者謂林鐘上生太簇林鐘長六寸以四乘六得二十四以三約之得八即爲太簇之長也

上九商八羽七角六宮五徵九 索隱曰此五聲之數亦上生三

律書

分益一上生三分宮宮去一下生徵徵益一上生商商去一下生羽羽益一上生角然此文似數錯未暇研覈也
置一而九三之以爲法索隱曰漢書律曆志曰太極元氣函三爲一行之於十二辰始動於子參之於丑得三又參之於寅得九是謂置一而九三之也韋昭曰置一而九以三乘之是也樂彥云一氣生於子至丑而三是三也又自丑至酉爲九皆以三乘之是九三也實如法得長一寸索隱曰實謂以子一乘丑三至亥得十七萬七千一百四十七爲實數如法謂以上萬九千六百八十三之法除實得九爲黃鐘之長言得一者算術設法辭也得下有長一下有寸者皆衍字也韋昭云得九寸之一也姚氏謂得一即黃鐘之子數凡得九寸命曰黃鐘之宮故曰音始於宮窮於角索隱曰即如上文宮下生徵徵上生商商下生羽羽上生角是其窮也數始於一終於十成於三氣始於冬至周而復生神生於無形正義曰無形爲太陽氣天地未形之時言神本在太虛之中而無形也成於有形正義曰天地既分二儀已質萬物之形成於天地之閒神在其中然後數形而成聲正義曰數謂天數也聲謂宮商角徵羽也言天數既形則能成其五聲也故曰神使氣氣就形形理如類有可類或未形而未類或同形而同類類而可班類而可識聖人知天地識之別故從有以至未有正義曰從有謂萬物形質也未有謂天地未形也以得細若氣微若聲正義曰氣謂太易之氣聲謂五聲之聲也然聖人因神而存之正義曰言聖人因神理其形體尋迹至於太易之氣故云因神而存之上云從有以至未有是也雖妙必效情核其華道者明矣正義曰妙謂微妙之性也効猶見也核研核也華道神妙之道也言人雖有微妙之性必須程督已之情理然後研核神妙之道乃能究其形骸辨其成聲故謂明矣故下云非有聖心以乘聰明孰能存天下之神而成形之情哉是也非

其聖心以乘聰明孰能在天地之神而成形之情哉神者物受之而不能知及其去來正義曰言萬物受神妙之氣不能知覺及神去來亦不能識其往復也故聖人畏而欲存之唯欲存之神之亦存正義曰言聖人畏神妙之理難識而欲常存之唯欲常存之故其神亦存也其欲存之者故莫貴焉正義曰言平凡之人欲得精神存者故亦莫如貴神之妙焉

太史公曰故旋璣玉衡以齊七政即天地二十八宿正義曰宿音息袖反又音肅謂東方角亢氐房心尾箕南方井鬼柳星張翼軫西方奎婁胃昴畢觜參北方斗牛女虛危室壁凡二十八宿一百二十八宿星也十母正義曰甲乙丙丁戊己庚辛壬癸十二子正義曰子丑寅卯辰巳午未申酉戌亥鐘律調自上古建律運歷造曰度可據而度也正義曰度音田洛反合符節通道德即從斯之謂也

索隱述贊曰自昔軒后爰命伶倫雄雌是聽厚薄伊均以調氣候以軌星辰軍容取飾樂器斯因自微知著測化窮神大哉虛受含養生人

律書第三　　史記二十五

曆書第四　史記二十六

昔自在古歷建正作於孟春索隱曰案古歷者謂黃帝調歷以前有上元太初歷等皆以建寅爲正謂之孟春也及顓頊夏禹亦以建寅爲正唯黃帝及殷周魯並建子爲正而秦正建亥漢初因之至武帝元封七年始改用太初歷仍以周正建子爲十一月朔旦冬至改元太初歷焉今案此文至於十二月節皆出大戴禮虞史伯夷之辭也於時冰泮發蟄百草奮興秭鳺先滜徐廣曰秭音姊鳺音規子鳺鳥也一名鶗鴂。索隱曰秭鳺先滜謂子鳺鳥春氣發動則先出野澤而鳴也又案大戴禮作瑞雉無釋未測其旨當是字體各有訛變耳鶗音弟鴂音桂楚詞云慮鶗鴂之先鳴使夫百草爲之不芳解者以鶗鴂爲杜鵑也物迺歲具生於東次順四時卒于冬〻分時索隱曰卒音子律反分如字卒盡也言建歷起孟春盡季冬則一歲之事具也冬盡之後分爲來春故云冬分也雞三號卒明徐廣曰卒一作平又云卒斯也。索隱曰三號三鳴也言夜至雞三鳴則天曉乃始爲正月一日言異歲也徐廣云卒一作平又作斯於文皆便撫十二節卒于丑正義曰撫循循也自平明寅至雞鳴丑凡十二辰辰盡丑又至明朝寅使一日一夜故曰幽明日月成故明也明者孟也幽者幼也幽明者雌雄也雌雄代興而順至正之統也日歸于西起明於東月歸於東起明于西正不率天又不由人索隱曰此文出大戴禮是孔子稱周太史之詞則凡事易壞而難成矣王者易姓受命必愼始初改正朔易服色推本天元順承厥意索隱曰言王者易姓而興必當推本天之元氣行運所在以定正朔以承天意故云承順厥意也

太史公曰神農以前尚矣蓋黃帝考定星歷索隱曰系本及律歷志黃帝使羲和占日常儀占月臾區占星氣伶倫造律呂大撓作甲子隸首作筭數容成綜此六術而著調歷也建立五行起消息正義曰皇侃云乾者陽生爲息坤者陰死爲消也正閏餘漢書音義曰以歲之餘爲閏故曰閏餘。正義曰鄧平落下閎云一月之日二十九日八十一分日之四十八按計其餘分成閏故云正閏餘也每一歲三百六十六日餘六日小月六月是一歲餘十二日大計三十三月則一閏之耳於是有天地神祇物類之官正義曰應劭云黃帝受命有雲瑞故以雲紀官春官爲青雲夏官爲縉雲秋官爲白雲冬官爲黑雲中官爲黃雲按黃帝置五官各以物類名其職掌也是謂五官各司其序不相亂也民是以能有信神是以能有明德民神異業敬而不瀆故神降之嘉生應劭曰嘉穀也民以物享正義曰劉伯莊云物事也人皆順事而享福也災禍不生所求不匱少皞氏之衰也九黎亂德漢書音義曰少皞時諸侯作亂者民神雜擾不可放物索隱曰放音昉依也禍菑荐至莫盡其氣索隱曰荐音在見反荐集也字或作薦古字假借用爾顓頊受之乃命南正重司天以屬神命火正黎司地以屬民應劭曰黎陰官也火數二二地數也故火正司地以屬萬民。索隱曰案左傳重爲句芒木正黎爲祝融火正此言南者劉氏以爲南字誤非也蓋重黎二人元是木火之官兼司天地職而天是陽南是陽位故木亦是陽所以木正爲南正也而火是地正亦稱北正者火數二二地數地陰主北方故火正亦稱北正爲此故也臣瓚以爲古文火字似北未爲深得也使復舊常無相侵瀆其後三苗服九黎之德正義曰孔安國云三苗縉雲氏之後諸侯也按服從也言九黎之君在少皞之世作亂今三苗之君從九黎亂德故南北二官皆廢使曆數失序故二官咸廢所職而閏餘乖次孟陬殄滅攝提無紀曆

數失序 漢書音義曰次十二次也史推歷失閏則斗建與月名錯正月爲孟陬閏餘乖錯不與正歲相值謂之殄滅攝提星名隨斗杓所指建十二月若歷誤春三月當指辰而指巳是謂失序○索隱曰案正月爲陬陬音鄒又作娵反楚詞云攝提貞乎孟陬言歷數乖誤乃使孟陬殄滅不得其正也天官書云攝提三星若鼎足句直斗杓所指以建時節故爲攝提格格至也言攝隨月建至故云格也 堯復遂重黎之後不忘舊者使復典之而立羲和之官明時正度則陰陽調風雨節茂氣至民無夭疫年耆禪舜申戒文祖云 徐廣曰戒一作敕。正義曰言於文祖之廟以申戒舜也 天之曆數在爾躬 何晏曰曆數謂列次也 舜亦以命禹 孔安國曰舜亦以堯命己之辭命禹也 由是觀之王者所重也夏正以正月殷正以十二月周正以十一月蓋三王之正若循環窮則反本天下有道則不失紀序無道則正朔不行於諸侯幽厲之後周室微陪臣執政史不記時君不告朔 鄭玄曰禮人君每月告朔於廟有祭謂之朝享 故疇人子弟分散 如淳曰家業世世相傳爲疇律年二十三傅之疇官各從其父學○索隱曰韋昭云疇類也孟康云同類之人明歷者也樂彥云疇昔知星人也 或在諸夏或在夷狄是以其禨祥廢而不統 如淳曰呂氏春秋荊人鬼而越人禨今之巫祝禱祠淫祀之比也晉灼曰禨音珠璣之璣 周襄王二十六年閏三月而春秋非之先王之正時也履端於始 韋昭曰謂正歷必先稱端始也若十一月朔旦冬至也 舉正於中 韋昭曰氣在望中則時日昏明皆正也 歸邪 音餘 於終 韋昭曰餘餘分也終閏月也中氣在晦則後月閏在望是其正中也 履端於始序則不

愆舉正於中民則不惑歸邪 音餘 於終事則不悖其後戰國並爭在於彊國禽敵救急解紛而已豈遑念斯哉是時獨有鄒衍明於五德之傳 正義曰傳音竹戀反五德五行也 而散消息之分以顯諸侯而亦因秦滅六國兵戎極煩又升至尊之日淺未暇遑也而亦頗推五勝 漢書音義曰五行相勝秦以周爲火用水勝之也 而自以爲獲水德之瑞更名河曰德水而正 正義曰音征以秦始皇名諱之故改也 以十月色上黑然歷度閏餘未能睹其眞也漢興高祖曰北時待我而起亦自以爲獲水德之瑞雖明習歷及張蒼等咸以爲然是時天下初定方綱紀大基高后女主皆未遑故襲秦正朔服色至孝文時魯人公孫臣以終始五德上書言漢德土德宜更元改正朔易服色當有瑞瑞黃龍見事下丞相張蒼張蒼亦學律歷以爲非是罷之其後黃龍見成紀張蒼自黜所欲論著不成而新垣平以望氣見頗言正歷服色事貴幸後作亂故孝文帝廢不復問至今上即位招致方士唐都分其天部 漢書音義曰謂分部二十八宿爲距度 而巴落下閎運筭轉歷 徐廣曰陳術云徵士巴郡落下閎也○索隱曰姚氏案益部耆舊傳云閎字長公明曉天文隱於落下武帝徵待詔太史於地中轉渾天改顓頊歷作太初歷拜侍中不

受也然後日辰之度與夏正同乃改元更官號封泰山因詔御史曰乃者有司言星度之未定也廣延宣問以理星度未能詹也徐廣曰詹一作售也。索隱曰漢書作讎讎即售也故徐廣作售韋昭云讎比校也鄭德云相應爲讎也蓋聞昔者黃帝合而不死名察度驗定清濁起五部建氣物分數應劭曰言黃帝造歷得仙名節會察寒暑致啓閉分至定清濁起五部五部金木水火土也建氣物分數皆敘歷之意也孟康曰合作也黃帝作歷歷終復始無窮已故曰不死清濁律聲之清濁也五部五行也天有四時爲五行也氣二十四氣物萬物也分歷數之分也。瓚曰黃帝聖德與虛合契升龍登仙於天故曰合而不死題名宿度候察進退謂三辰之度吉凶之驗也。索隱曰臣瓚解爲得案漢書作名察發斂韋昭云發散擊斂也又續漢書以爲道義之發斂景人之長短則發斂是日行道去極盈縮者也然蓋尚矣書缺樂弛朕

史記曆書四　五

甚閔焉朕唯未能循明也紬績日分索隱曰紬音宙又如字紬續者女工紬緝之意以言造歷筭運者猶若女工緝而織之也率應水德之勝徐廣曰蓋以爲應土德土勝水今日順夏至索隱曰謂夏至冬至也黃鐘爲宮林鐘爲徵太簇爲商南呂爲羽姑洗爲角自是以後氣復正羽聲復清名復正變以至子日當冬至則陰陽離合之道行焉十一月甲子朔旦冬至已詹其更以七年爲太初元年索隱曰改元封七年爲太初元年然漢始以建亥爲年首今改以建子故以七年爲元年韋昭云漢興至此百二歲案律歷志云乃以前歷上元太初四千六百一十七歲至元封七年復得閼逢攝提之歲中冬十一月甲子朔旦冬至也年名焉逢攝提格徐廣曰歲陰在寅左行歲星在丑右行。索隱曰爾雅云歲在甲曰焉逢寅曰攝提

歷書

格則此甲寅之年十一月甲子朔旦夜半冬至也此篇末亦云寅名攝提則是甲寅不疑也又據二年名單閼三年名執徐等年次分明而漢志以爲其年在丙子當是班固用三統與太初歷不同故與太史公說有異而爾雅近代之作所記年名又皆不同也蘇林云左行右行歲與星行所在之次月名畢聚日得甲子夜半朔旦冬至文穎曰律居陰而治陽歷居陽而治陰更相治間不容翲忽五家文悖異推太初之元也。索隱曰聚音娵案虞喜云天元之始於十一月甲子夜半朔旦冬至日月若連珠俱起牽牛之初歲雄在閼逢雌在攝提格月雄在畢雌在觜觜則娵觜之宿日雄在甲雌在子在子是陽氣支干之首也歷術甲子篇索隱曰以十一月朔旦冬至得甲子甲子是陽氣支干之首故以甲子命歷術爲篇首非謂此年歲在甲子也太初元年歲名焉逢索隱曰甲歲雄也漢書作閼逢亦音焉與此音同攝提格索隱曰寅歲陰也此依爾雅甲寅之歲若據漢志以爲丙子之年也月名畢聚索隱

史記曆書四　六

曰謂月值畢及陬訾也畢月雄也聚月雌也日得甲子索隱曰謂十一月冬至朔旦得甲子也。正義曰置大餘五十四筭每年加五十四日滿六十日除之奇筭留之每至閏後一年加二十三筭亦滿六十日除之奇筭留之若纔足六十日明年云無大餘無小餘也又明年以置五十四筭如上法置小餘三百四十八筭每年加三百八分滿九百三十八分成一日歸上餘筭留之若至閏後一年加八百四十七分亦滿九百四十八分成日歸大餘奇留之明年以加三百四十八筭如上法也夜半朔旦冬至索隱曰以建子爲正故以夜半爲朔其至與朔同日故云夜半朔旦冬至若建寅爲正者則以平旦爲朔。正義曰置大餘五筭加五日滿六十日則除之後年更置五筭如上法置小餘八筭每年加八筭滿三十二分爲一百歸大餘後年更置八分如上法大餘者日也小餘者日之奇分也正北索隱曰謂蔀首十一月甲子朔旦時加子爲冬至故云正北也然每歲行周天全度外餘有四分一以十二辰分之冬至常居四仲故子年在子丑年在卯寅年在午辰年在酉至後十九年章首在酉故云正西其正南正東並准此。正義曰黃鐘管子時氣應稱正北順行四時仲所至爲正月

歷書

一日是歲之始盡一章十九年黃鐘管應在酉則稱正西他皆放此 十二 索隱曰歲有十二月有閏則云十三月

無大餘 無小餘 索隱曰其歲甲子朔旦日月合於牽牛之初餘分皆盡故無大小餘。正義曰無大小餘者以出閏月之歲有三百五十四日三百四十八分除五甲三百日餘有五十四日三百四十八分緣未滿六十日故置爲來年大小餘亦爲太初元年日得甲子朔旦冬至前年無奇日分故無大小餘也

無大餘 無小餘 索隱曰上大小餘朔之大小餘此謂冬至大小餘冬至亦與朔同日並無餘分至與朔法異故重列之

焉逢攝提格太初元年 索隱曰漢志太初元年歲在丙子據此則甲寅歲爾雅釋天云歲陽者甲乙丙丁戊己庚辛壬癸十干是也歲陰者子丑寅卯辰巳午未申酉戌亥十二支是也歲陽在甲云焉逢謂歲干也歲陰在寅云攝提格謂歲支也。正義曰焉音於乾反後同 十二

大餘五十四 索隱曰歲十二月六大六小合三百五十四日以六除之五六三十

除三百日餘五十四日故下云大餘者日也。正義曰月朔旦甲子日法也

小餘三百四十八 索隱曰太初歷法一月之日二十九日四十分日之四百九十九每兩月合成五十九日又餘五十八今十二月合餘六箇五十八得此三百四十八數故云小餘者月也。正義曰未滿日之分數也其分每滿九百四十則成一日即歸上成五十日矣大餘五十四日每歲除小月六日則成三百五十四日除五甲三百日猶除五十四日爲未滿六十日故稱大餘五十四小餘三百四十八者其大數五十四之外更除分三百四十八故稱小餘三百四十八也此大小餘是月朔甲子日朔以出閏月之數一歲則有三百五十四日三百四十八分每六十日之餘爲未滿六十日故有大小餘也是太初元年奇日奇分也

大餘五 索隱曰周天三百六十五度四分度之一日行一度去歲十一月朔在牽牛初爲冬至今歲十一月十二日又至牛初爲一周以六甲除之六六三十六除三百六十餘五故云大餘五也。正義曰冬至甲子日法也

小餘八 索隱曰即四分之一小餘滿三十二從大餘一四八三十二故云小餘八明年又加八得十六故下云小餘十六次明年又加八得二十四故下云小餘二十四又明年加八得三十二爲滿故下云無小餘並可依太初歷法行之也。正義曰未滿日之分數也其分每滿三十二則成一日即歸上成六日矣大餘五者每歲三百六十五日除六甲三百六十日猶餘五日故稱大餘五日也小餘八者每歲三百六十五日四分日之一則一日三十二分是一歲三百六十五日八分故稱小餘是冬至甲子日法未出閏月之數每六十日除之爲未滿六十日故有大小餘也此是大初元年奇日奇分也

端蒙單閼二年 徐廣曰單閼一作亶安。索隱曰端蒙乙也爾雅作旃蒙單閼卯也丹遏二音又音蟬焉歲在乙卯也。正義曰單音丹又音特連反閼音烏葛反又於連反 閏十三

大餘四十八 小餘六百九十六

大餘十 小餘十六

游兆執徐三年 索隱曰游兆景也爾雅作柔兆執徐辰也。正義曰三年丙辰歲也 十二

大餘十二 小餘六百三

大餘十五 小餘二十四

彊梧大荒落四年 索隱曰彊梧丁也大荒落巳也 正義曰梧音語四年丁巳歲也 十二

大餘七 小餘十一

大餘二十一 無小餘

徒維敦牂天漢元年 索隱曰徒維戊也敦牂午也。正義曰牂音作郎反天漢元年戊午歲 閏十三

大餘一　小餘三百五十九

大餘二十六　小餘八

祝犂協洽二年 索隱曰祝犂己也爾雅作著雍協洽未也○正義曰二年己未歲也　十二

大餘二十五　小餘二百六十六

大餘三十一　小餘十六

商橫涒灘三年 索隱曰商橫庚也爾雅作上章涒灘申也本作赤奮若非也天官書及爾雅申爲涒灘丑爲赤奮若今自太初已來計歲次與天官書不同者有四蓋後之歷術改也○正義曰涒音吐魂反灘音吐丹反又作涒漢字音與上同三年庚申歲也　十二

大餘十九　小餘六百一十四

大餘三十六　小餘二十四

昭陽作噩四年 索隱曰昭陽辛也爾雅作重光作噩酉也○正義曰四年辛酉歲也　閏十三

大餘十四　小餘二十二

大餘四十二　無小餘

橫艾淹茂太始元年 索隱曰橫艾壬也爾雅作玄默淹茂戌也○正義曰元年壬戌歲也　十二

大餘三十七　小餘八百六十九

大餘四十七　小餘八

尚章大淵獻二年 索隱曰尚章癸也爾雅作昭陽大淵獻亥也一本作困敦非也天官書子爲困敦與爾雅同正義曰二年癸亥歲也　閏十三

大餘三十二　小餘二百七十七

大餘五十二　小餘一十六

焉逢困敦三年 索隱曰焉逢甲也困敦子也一本作大淵獻非也天官書云亥爲大淵獻與爾雅同○正義曰敦音頓三年甲子歲也　十二

大餘五十六　小餘一百八十四

大餘五十七　小餘二十四

端蒙赤奮若四年 索隱曰端蒙乙也赤奮若丑也一本作涒灘非也天官書申爲涒灘與爾雅同四年已後自太始征和已下訖篇末其年次甲乙皆准此並褚先生所續也○正義曰四年乙丑歲也　十二

大餘五十　小餘五百三十二

大餘三　無小餘 正義曰准前解小餘是日之餘分也

自右曆書已下小餘又非是年名復不周備恐褚先生及後人所加

游兆徐廣曰作游桃攝提格征和元年 正義曰李巡注云爾雅云萬物承陽而起故曰攝提格起也孔文祥云以歲在寅正月出東方爲衆星之紀以攝提宿故曰攝提以其爲歲月之首起於孟陬故云格正也　閏十三

大餘四十四　小餘八百八十

大餘八　小餘八

彊梧單閼二年 正義曰李巡注云言陽氣推萬物而起故曰單閼單盡閼止也　十二

大餘八　小餘七百八十七

大餘十三　小餘十六

徒維執徐三年 正義曰李巡云伏蟄之物皆敷舒而出故云執徐也　十二

大餘三　小餘一百九十五

大餘十八　小餘二十四

祝犂大芒落四年　芒一作荒。正義曰姚察云言萬物皆熾盛而大出霍然落之故云荒落也　閏十三

大餘五十七　小餘五百四十三

大餘二十四　無小餘

商橫敦牂後元元年　正義曰爾雅云敦盛也牂壯也言萬物盛壯也　十二

大餘二十一　小餘四百五十

大餘二十九　小餘八

昭陽汁洽二年　汁一作協。正義曰李巡云言陰陽化生萬物和合故曰協洽也　閏十三

大餘十五　小餘七百九十八

大餘三十四　小餘十六

橫艾涒灘始元元年正西　涒灘一作芮漢。正義曰孫炎注云爾雅云涒灘萬物吐秀傾垂之貌也　十二

大餘三十九　小餘七百五

大餘三十九　小餘二十四

尚章作噩二年　噩一作鄂。正義曰李巡云作鄂萬物皆落枝起之貌也　十二

大餘三十四　小餘一百一十三

大餘四十五　無小餘

焉逢淹茂三年　淹一作閹。正義曰李巡云言萬物皆蔽冒故曰閹茂蔽冒也　閏十三

大餘二十八　小餘四百六十一

大餘五十　小餘八

端蒙困敦四年　正義曰孫炎云困敦混沌也言萬物萌混沌於黃泉之下也　十二

大餘五十二　小餘三百六十八

大餘五十五　小餘十六

游兆困敦五年　十二

大餘四十六　小餘七百一十六

無大餘　小餘二十四

彊梧赤奮若六年　正義曰李巡云陽氣奮迅萬物而起無不若其性故曰赤奮若陽色奮迅也若順也　閏十三

大餘四十一　小餘一百二十四

大餘六　無小餘

徒維攝提格元鳳元年　十二

大餘五　小餘三十一

大餘十一　小餘八

祝犂單閼二年　十二

大餘五十九　小餘三百七十九

大餘十六　小餘十六

商橫執徐三年　閏十三

大餘五十三　小餘七百二十七

大餘二十一　小餘二十四

昭陽大荒落四年 十二
大餘十七 小餘六百三十四
大餘二十七 無小餘
橫艾敦牂五年 閏十三
大餘十二 小餘四十二
大餘三十二 小餘八
尚章汁洽六年 十二
大餘三十五 小餘八百八十九
大餘三十七 小餘十六
焉逢涒灘元平元年 十二

大餘三十 小餘二百九十七
大餘四十二 小餘二十四
端蒙作噩本始元年 閏十三
大餘二十四 小餘六百四十五
大餘四十八 無小餘
游兆閹茂二年 十二
大餘四十八 小餘五百五十二
大餘五十三 小餘八
彊梧大淵獻三年 正義曰孫炎云淵獻深也獻萬物於天深於藏蓋也 十二
大餘四十二 小餘九百

大餘五十八 小餘十六
徒維困敦四年 閏十三
大餘三十七 小餘三百八
大餘三 小餘二十四
祝犂赤奮若地節元年 十二
大餘一 小餘二百一十五
大餘九 無小餘
商橫攝提格二年 閏十三
大餘五十五 小餘五百六十三
大餘十四 小餘八

昭陽單閼三年正南 十二
大餘十九 小餘四百七十
大餘十九 小餘十六
橫艾執徐四年 十二
大餘十三 小餘八百一十八
大餘二十四 小餘二十四
尚章大荒落元康元年 閏十三
大餘八 小餘二百二十六
大餘三十 無小餘
焉逢敦牂二年 十二

大餘三十二　小餘一百三十三
大餘三十五　小餘八
端蒙協洽三年　十二
大餘二十六　小餘四百八十一
大餘四十　小餘十六
游兆涒灘四年　閏十三
大餘二十　小餘八百二十九
大餘四十五　小餘二十四
彊梧作噩神雀元年　十二
大餘四十四　小餘七百三十六

大餘五十一　無小餘
徒維淹茂二年　十二
大餘三十九　小餘一百四十四
大餘五十六　小餘八
祝犁大淵獻三年　閏十三
大餘三十三　小餘四百九十二
大餘一　小餘十六
商横困敦四年　十二
大餘五十七　小餘三百九十九
大餘六　小餘二十四

昭陽赤奮若五鳳元年　閏十三
大餘五十一　小餘七百四十七
大餘十二　無小餘
横艾攝提格二年　十二
大餘十五　小餘六百五十四
大餘十七　小餘八
尚章單閼三年　十二
大餘十　小餘六十二
大餘二十二　小餘十六
焉逢執徐四年　閏十三

大餘四　小餘四百一十
大餘二十七　小餘二十四
端蒙大荒落甘露元年　十二
大餘二十八　小餘三百一十七
大餘三十三　無小餘
游兆敦牂二年　十二
大餘二十二　小餘六百六十五
大餘三十八　小餘八
彊梧協洽三年　閏十三
大餘十七　小餘七十三

大餘四十三　小餘十六
徒維涒灘四年　十二
大餘四十　小餘九百二十
大餘四十八　小餘二十四
祝犁作噩黃龍元年　閏十三
大餘三十五　小餘三百二十八
大餘五十四　無小餘
商橫淹茂初元元年正東　十二
大餘五十九　小餘二百三十五
大餘五十九　小餘八

昭陽大淵獻二年　十二
大餘五十三　小餘五百八十三
大餘四　小餘十六
橫艾困敦三年　閏十三
大餘四十七　小餘九百三十一
大餘九　小餘二十四
尚章赤奮若四年　十二
大餘十一　小餘八百三十八
大餘十五　無小餘
焉逢攝提格五年　十二

大餘六　小餘二百四十六
大餘二十　小餘八
端蒙單閼永光元年　閏十三
無大餘　小餘五百九十四
大餘二十五　小餘十六
游兆執徐二年　十二
大餘二十四　小餘五百一
大餘三十　小餘二十四
彊梧大荒落三年　十二
大餘十八　小餘八百四十九

大餘三十六　無小餘
徒維敦牂四年　閏十三
大餘十三　小餘二百五十七
大餘四十一　小餘八
祝犁協洽五年　十二
大餘三十七　小餘一百六十四
大餘三十六　小餘十六
商橫涒灘建昭元年　閏十三
大餘三十一　小餘五百一十二
大餘五十一　小餘二十四

昭陽作噩二年　十二
大餘五十五　小餘四百一十九
大餘五十七　無小餘
橫艾閹茂三年　十二
大餘四十九　小餘七百六十七
大餘二　小餘八
尚章大淵獻四年　閏十三
大餘四十四　小餘一百七十五
大餘七　小餘十六
焉逢困敦五年　十二
大餘八　小餘八十二
大餘十二　小餘二十四
端蒙赤奮若竟寧元年　十二
大餘二　小餘四百三十
大餘十八　無小餘
游兆攝提格建始元年　閏十三
大餘五十六　小餘七百七十八
大餘二十三　小餘八
彊梧單閼二年　十二
大餘二十　小餘六百八十五

大餘二十八　小餘十六
徒維執徐三年　閏十三
大餘十五　小餘九十三
大餘三十三　小餘二十四
祝犁大荒落四年
右歷書大餘者日也小餘者月也端蒙者年名也支丑名赤奮若寅名攝提格干丙名游兆正北冬至加子時正西加酉時正南加午時正東加卯時

索隱述贊曰歷數之興其來尚矣重黎是司容成斯紀推步天象消息母子五勝輪環三正互起孟陬貞歲疇人順軌敬授之方履端爲美

歷書第四　史記二十六

天官書第五　史記二十七

索隱曰案天文有五官官者星官也星座有尊卑若人之官曹列位故曰天官。正義曰張衡云文曜麗乎天其動者有七日月五星是也日者陽精之宗月者陰精之宗五星五行之精衆星列布體生於地精成於天列居錯峙各有所屬在野象物在朝象官在人象事其以神著有五列焉是有三十五名一居中央謂之北斗四布於方各七爲二十八舍日月運行歷示吉凶也

中宮天極星 索隱曰姚氏案春秋元命包云宮之爲言宣也宮氣立精爲神垣又文耀鉤曰中宮大帝其精北極星含元出氣流精生一也爾雅云北極謂之北辰又春秋合誠圖云北辰其星五在紫微中楊泉物理論云北極天之中陽氣之北極也極南爲太陽極北爲太陰日月五星行太陰則無光行太陽則能照故爲昏明寒暑之限極也 **其一明者太一常居也** 索隱曰案春秋合誠圖云紫微大帝室太一之精也。正義曰泰一天帝之別名也劉伯莊云泰一天神之最尊貴者也 **旁三星三公** 正義曰三公三星在北斗杓東又三公三星在北斗魁西並爲太尉司徒司空之象主變出陰陽主佐機務占以從爲不吉居常則安金火守之並爲咎也 **或曰子屬後句四星末大星正妃** 索隱曰句音鉤句曲也援神契云辰極橫后妃四星從大妃光明又按星經以後句四星名爲四輔其句陳六星爲六宮亦主六軍與此不同也 **餘三星後宮之屬也環之匡衞十二星藩臣皆曰紫宮** 索隱曰元命包曰紫之言此也宮之言中也言天神運動陰陽開閉皆在此中也宋均又以爲十二軍中外位各定摠謂之紫宮也 **前列直斗口三星隨北端兌** 索隱曰劉氏直音如字直當也又音值隨音他果反一作北案漢書天文志北作比端作耑兌作銳銳謂星形尖邪也 **若見若不曰陰德** 正義曰星經云陰德二星在紫微宮內尚書西主施德惠者故贊陰德遺惠周急振撫占以不明爲宜明新君踐極也又云陰德星中宮女主之象星動搖釁起宮掖貴嬪內妾惡之 **或曰天一** 索隱曰文耀鉤曰陰德爲天下綱宋均以爲陰行德者道常也。正義曰天一一星疆閶闔外天帝之神主戰鬬知人吉凶明而有光則陰陽和萬物成人主吉不然反是太一一星次天一南亦天帝之神主使十六神知風雨水旱兵革饑饉疾疫占以不明及移爲災也星經云天一太一二星主王者即位令諸立赤子而傳國位者星不欲微微則廢立不當其次宗廟不享食矣 **紫宮左三星曰天槍右五星曰天棓** 蘇林曰音鄉打之鄉。索隱曰槍音七庚反棓音皮韋昭音剖詩緯云槍三星棓五星在斗杓左右主槍人棓人石氏星讚云槍棓八星備非常之變也。正義曰龐掌反天棓五星在女牀東北天子先驅所以禦兵也占星不具國兵起也 **後六星絕漢抵營室曰閣道** 索隱曰絕度也抵屬也又案樂汁圖云閣道北斗之輔石氏云閣道六星神所乘也。正義曰漢天河也直度曰絕抵至也營室七星天子之宮亦爲玄宮亦爲清廟主上公亦天子離宮別館也王者道被草木營室曆九象而可觀閣道六星在王良北飛閣之道天子欲遊別宮之道占一星不見則輦路不通動搖則宮掖之內起兵也 **北斗七星所謂旋璣玉衡以齊七政** 索隱曰春秋運斗樞云斗第一天樞第二旋第三璣第四權第五衡第六開陽第七搖光第一至第四爲魁第五至第七爲標合而爲斗文耀鉤云斗者天之喉舌玉衡屬杓魁爲旋璣整長曆云北斗七星星間相去九千里其二陰星不見者相去八千里也尚書旋作璿馬融云璿美玉也璣渾天儀可轉旋故曰璣衡其中橫筩以璿爲璣以玉爲衡蓋貴天象也鄭玄注大傳云渾儀其中筩爲旋璣外規爲玉衡者是也尚書大傳云七政謂春秋冬夏天文地理人道所以爲政也人道正而萬事順成又馬融注尚書云七政者北斗七星各有所主第一曰主日法天第二曰主月法地第三曰命火謂熒惑也第四曰煞土謂填星也第五曰伐水謂辰星也第六曰危木謂歲星也第七曰罰金謂太白也日月五星各異故名曰七政也 **杓攜龍角** 孟康曰杓北斗杓也龍角東方宿也攜連也。正義曰按角星爲天關其間天門其內天庭黃道所經七耀所行左角爲理主刑其南爲太陽道右角爲將主兵其北爲太陰道也蓋天之三門故其星明大則天下太平賢人在位不然反是也 **衡殷南斗魁枕參首** 晉灼曰衡斗之中央殷中也。索隱曰宋均云殷當也。正義曰枕之禁

反衡斗衡也魁斗第一星也言北方斗斗衡直當北之魁枕於參星之道北斗之杓連於龍角南斗六星爲天廟丞相太宰之位主薦賢良授爵祿又主兵天機南二星魁天梁中央一星天相北二星天府庭也占斗星盛明王道和平爵祿行不然反是參主斬刈又爲天獄主殺罰其中三星橫列者三將軍東主後將軍西南曰右足主偏將軍故軒轅氏占之以北曰左肩主左將軍西北曰右肩主右將軍東南曰左足應七將也中央三小星曰伐天之都尉也主戎狄之國不欲明若芒角張明與參等大臣謀亂兵起夷狄內戰七將皆明天下主兵振王道缺參失色軍散敗動搖邊候有急參左足入玉井中及金火守皆爲起兵

用昏建者杓杓自華以西南孟康曰傳曰斗第七星法太白主杓斗之尾也尾爲陰又其用昏昏陰位在西方故主西南。索隱曰說文云杓斗柄音匹遙反即招搖也。正義曰杓東北第七星也華華山也言北斗昏建用斗杓星指寅也杓華山西南之地也夜半建者衡徐廣曰第五星衡殷中州河濟之閒孟康曰假令杓昏建寅衡夜半亦建寅。正義曰衡北斗衡也言北斗夜半建用斗衡指寅殷當也斗衡黃河濟水之閒地也平旦建者魁魁海岱以東北也孟康曰傳曰斗第一星法於日主齊也魁斗之首首陽也又其用在明陽與明德在東方故主東北齊分。正義曰言北斗旦建用斗魁指寅也海岱代郡也言魁星主海岱之東北地也隨三時所指有前三建也斗爲帝車運于中央索隱曰姚氏案宋均云言是大帝乘車巡狩故無所不紀也臨制四鄉分陰陽建四時均五行移節度定諸紀皆繫於斗

斗魁戴匡六星晉灼曰似戴故曰戴匡也曰文昌宮索隱曰文耀鈎云文昌宮爲天府孝經援神契云文者精所聚昌者揚天紀輔拂並居以成天象故曰文昌宮一曰上將二曰次將三曰貴相四曰司命五曰司中六曰司祿索隱曰春秋元命包曰上將建威武次將正左右貴相理文緒司祿賞功進士司命主災咎司災主左理也在斗魁中貴人之牢孟康曰傳曰天理四星在斗魁中貴人牢名曰

史記天官書五　三

天理。索隱曰樂汁圖曰天寶理貴人牢宋均曰以理牢獄也。正義曰占明及其中有星此貴人下獄也魁下六星兩兩相比者名曰三能蘇林曰音三台。索隱曰漢書東方朔顏陳泰階六符孟康曰泰階三台也台星凡六星六符六星之符驗也應劭引黃帝泰階六符經曰泰階者天子之三階上階上星爲男主下星爲女主中階上星爲諸侯三公下星爲卿大夫下階上星爲士下星爲庶人三階平則陰陽和風雨時不平則稼穡不成冬雷夏霜天行暴令好興甲兵修宮榭廣苑囿則上階爲之圻也三能色齊君臣和不齊爲乖戾輔星孟康曰在北斗第六星旁。正義曰大臣之象也占欲其小而明若大而明則臣奪君政小而明則臣不任職明大與斗合國兵暴起暗而遠斗臣不死則奪若近臣專賞用賢排佞則輔生角近臣擅國符印將謀社稷則輔生翼不然則死也明近輔臣親彊斥小疏弱蘇林曰斥遠也杓端有兩星一內爲矛招搖孟康曰近北斗者招搖招搖爲天矛晉灼曰更河三星天矛鋒招搖一星耳。索隱曰案詩紀歷樞

史官書五　四

云更河中招搖爲胡兵宋均云招搖星在更河內樂汁圖云更河天矛星宋均以爲更河名天矛則更河是星名也一外爲盾天鋒晉灼曰外遠北斗也在招搖南一名玄戈。正義曰星經云梗河星爲戟劍之星若星不見或進退不定鋒鏑亂起將爲邊境之患也有句圜十五星索隱曰句音鉤圜音員其形如連環即貫索星也屬杓正義曰屬音燭曰賤人之牢索隱曰詩紀歷樞云賤人牢一曰天獄又樂汁圖云連營賤人牢宋均以爲連營貫索星也。正義曰貫索九星在七公前一曰連索主法律禁暴強也爲賤人牢也且一星爲門欲其開也占星悉見則獄事繁不見則刑務簡動搖則斧鉞用中虛則改元口開則有赦人主憂若閉口及星入牢中有自繫死者常夜候之一星不見有小喜二星不見則賜祿三星不見則人主德令且赦遠十七日近十六日若有客星出見其小大大有大赦小亦如之也其牢中星實則囚多虛則開出天一槍棓矛盾動搖角大兵起李奇曰角芒角東宮蒼龍房心心爲明堂索隱曰文燿鉤云東

宮蒼帝其精為龍爾雅云大辰房心尾也李巡曰大辰蒼龍宿體最明也春秋說題辭云房心為明堂天王布政之
宮尚書運期授曰所謂房四表之道宋均云四星間有三道日月五星所從出入也大星天王前
後星子屬索隱曰鴻範五行傳曰心之大星天王也前星太子後星庶子不欲直直
則天王失計房為府曰天駟索隱曰爾雅云天駟房也詩紀歷樞云房
為天馬主車駕宋均云房既近心為明堂又別為天府及天駟也其陰右驂正義曰房星君之位
亦主左驂亦主良馬故為駟王者恒祠之是馬祖也旁有兩星曰衿索隱曰音其炎反元
命包曰鉤鈐兩星以閑防神府闓舒為主鉤距以備非常也。正義曰占明而近房天下同心鉤鈐房心之間有客
星出及疏拆者皆地動之祥也北一星曰舝徐廣曰音轄。正義曰說文云舝車軸耑鍵也兩相
穿背也星經云鍵閉一星在房東北掌管籥也占一反不居其所則津梁不通宮門不禁居則反是也東北
曲十二星曰旗正義曰兩旗者左旗九星在河鼓左也右旗九星在河鼓右也皆天之鼓旗所

以為旌表占欲其明大光潤將軍吉不然為兵憂及不居其所則津梁不通動搖則兵起也旗中四
星曰天市正義曰天市二十三星房心東北主國市聚交易之所一曰天旗明則市吏急商人無利
忽然不明反是市中星衆則歲實稀則歲虛熒惑犯戮不忠之臣彗星出當徙市易都客星入兵大起出之有貴喪
也中六星曰市樓市中星衆者實其虛則耗正義
曰耗貧無也房南衆星曰騎官左角李右角將索隱曰李
即理法官也故元命包云左角理物以起右角將率而動又石氏云左角為天田右角為天門也大角
者天王帝廷索隱曰援神契云大角為坐候宋均云坐帝坐也。正義曰大角一星在兩攝
提間人君之象也占其明盛黃潤則天下大同也其兩旁各有三星鼎足
句之曰攝提晉灼曰如鼎之句曲。索隱曰元命包云攝提之為言提攜也言能提斗攜角以接
於下也。正義曰攝提六星夾大角大臣之象恒直斗杓所指紀八節察萬事者也占色溫溫不明而大者人君恐

客星入之聖人受制也攝提者直斗杓所指以建時節故曰
攝提格亢為疏廟索隱曰元命包云亢四星為廟廷文耀鉤為疏廟宋均以為疏外也
廟或為朝也。正義曰聽政之所也其占明大則輔臣忠天下寧不然則反是也主疾其南北
兩大星曰南門正義曰南門二星在庫樓南天之外門占明則氐羌貢暗則諸夷叛客星
守之外兵且至也氐為天根正義曰星經云氐四星為露寢聽朝所居其占明大則臣下奉度合
讖圖云氐為宿宮也主疫索隱曰爾雅云天根氐也孫炎以為角亢下繫於氐若木之有根宋均云疫疾
也三月榆莢落故主疾疫也然此時物雖生而日宿在奎行毒氣故有疫疾也。正義曰氐房心三宿為災於辰在
卯宋之分野尾為九子索隱曰宋均云屬後宮場故得兼子子必九者取尾有九星也元命包云
尾九星箕四星為後宮之場也。正義曰尾箕尾為析木之津於辰在寅燕之分野尾九星為後宮亦為九子星近
心第一星為后妃次三星妃次三嬪末二星為妾占均明大小相承則後宮敘而多子不然則不金火守之後宮

兵起若明暗不常妃嬙爭亂妾媵失序曰君臣斥絕不和箕為敖客
曰口舌索隱曰宋均云敖調弄也箕以簸揚調弄為象箕又受物有去去來來客之象也詩云維南有
箕載翕其舌又詩緯云箕為天口主出氣是箕有舌象讒言故詩曰哆兮侈兮成是南箕謂為敖客行請謁也。正
義曰敖音傲箕主八風亦后妃之府也移徙入河國人相食金火入守天下亂月宿其野為風起火犯
守角則有戰索隱曰韋昭曰火熒惑。正義曰熒惑犯守箕尾氐星自生芒角則有戰陣之事若
熒惑守房心及房心自生芒角則王者惡之也房心王者惡之也南宮朱
鳥正義曰柳八星為朱鳥咮天之廚宰主尚食和滋味權衡孟康曰軒轅為權太微為衡。索隱
曰文耀鉤云南宮赤帝其精為朱鳥也。正義曰權四星在軒轅尾西主烽火備警急占以明為安靜明一劍警急
動搖芒角亦如之衡太尾之庭也衡太微三光之廷索隱曰宋均曰太微天帝南宮也三
光日月五星也匡衛十二星藩臣索隱曰春秋合誠圖曰太微主法式陳星十二以備

武急也。正義曰太微宮垣十星在翼軫地天子之宮庭五帝之坐十二諸侯之府也其外藩九卿也南藩中二星間於端門次東第一星爲左執法廷尉之象第二星爲上相第三星爲次相第四星爲次將第五星爲上將端門西第一星爲右執法御史大夫之象也第二星爲上將第三星爲次將第四星爲次相第五星爲上相其東垣北左執法上相兩星間名曰左掖門上相兩星間名曰東華門上相次相上將次將間名曰太陽門其西垣右執法上將間名曰右掖門上將間名曰西華門次將次相間名曰中華門次相兩星間名曰大陰門各依其名是其職也占與紫宮垣同也

西將東相南四星執法中端門門左右掖門門內六星諸侯正義曰內五諸侯五星列在帝庭其星並欲光明潤澤若枯燥則各於其處受其災變大至誅戮小至流亡若動搖則僭命以干主者審其分以占之則無惑也又云諸侯五星在東井北河主刺舉戒不虞又曰理陽察得失一曰帝師二曰帝友三曰三公四曰博士五曰太史此五者爲天子定疑議也占明大潤澤大小齊等則國之福不然則上下相猜忠臣不用

其內五星五帝坐索隱曰詩含神霧云五精星坐其東蒼帝坐神名靈威仰精爲青龍之類也。正義曰黃帝坐一星在太微宮中含樞紐之神四星夾黃帝坐蒼帝東方靈威仰之神赤帝南方赤熛怒之神白帝西方白招拒之神黑帝北方叶光紀之神五帝並設神靈集謀者也占五座明而光則天子得天地之心不然則失位金火來守入太微若順入軌道司其出之所守則爲天子所誅也其逆入若不軌道以所犯名之中坐成形

後聚一十五星蔚然徐廣曰一云哀烏曰郎位索隱曰漢書作哀烏則哀烏蔚然皆星之貌狀其星昭然所以象郎位也。正義曰郎位五星在太微中帝坐東北周之元士漢之光祿中散諫議此三署郎中是今之尚書郎占欲其大小均耀光潤有之吉也傍一大星將位也索隱曰宋均云爲羣郎之將帥也。正義曰將子象反郎將一星在郎位東北所以爲武備今之左右中郎將占大而明角將恣不可當也

月五星順入軌道索隱曰韋昭云謂循軌道不邪逆也順入從西入也。正義曰謂月五星順入軌道入太微庭也司其出所守天子所誅也索隱曰宋均云司察日月五星所守

列宿若諸宮屬不去十日者於是天子命使誅之也其逆入若不軌道以所犯命之中坐成形晉灼曰中坐犯帝坐也成形禍福之形見也。索隱曰宋均云逆入從東入不軌道不由東衡而入也以其所犯命者亦謂隨所犯之位天子必命誅討其人也皆羣下從謀也正義曰命名也謂月五星逆入不依軌道司察其所犯太微中帝坐帝坐必成其刑戮皆是羣下相從而謀上也金火尤甚索隱曰案火主銷物而金爲兵故尤急則水土木爲小變也。正義曰若金火逆入不軌道犯帝坐尤甚於月及水土木也

廷藩西有隋星五隋音他果反。索隱曰宋均云南北爲隋隋謂垂下也曰少微士大夫索隱曰春秋合誠圖云少微處士位又天官占云一名處士星也。正義曰廷太微廷藩衛也少微四星在太微南北列第一星處士也第二星議士也第三星博士也第四星大夫也占以明大黃潤則賢士舉不明反是月五星犯守處士憂宰相易也

權軒轅軒轅黃龍體孟康曰形如騰龍。索隱曰援神契曰軒轅十二星后宮所居石氏星讚以軒轅龍

體主后妃也。正義曰軒轅十七星在七星北黃龍之體主雷雨之神後宮之象也陰陽交感雷激爲電和爲雨怒爲風亂爲霧凝爲霜散爲露聚爲雲氣立爲虹蜺離爲背璚分爲抱珥二十四變皆軒轅主之其大星女主也次北一星夫人也次北一星妃也其次諸星皆次妃之屬女主南一小星女御也左一星少民后宗也占欲其小黃而明吉大明則爲後宮爭競移徙則國人流迸東西角大張而振后族敗水火金守軒轅女主惡也

前大星女主象旁小星御者後宮屬月五星守犯者如衡占索隱曰宋均云責在后黨嬉讌賊與占此祥天子亦當誅之

東井爲水事索隱曰元命包云東井八星主水衡也其西曲星曰鉞正義曰東井八星鉞一星輿鬼五星爲質一星爲鶉首於辰在未皆秦之分野一八星黃道云所經爲天之亭候主水衡事法令所取平也王者用法平則井星明而端列鉞一星附井之前主伺奢淫而斬之占不欲其明與井齊或搖動則天子用鉞於大臣月宿井有風雨之變也

鉞北北河南南河正義曰南河三星北河三星分夾東井南北置而爲戒一曰陽

門亦曰越門北河北戒一曰陰門亦爲胡門兩戒間三光之常道也占以南星不見則南道不通北亦如之動搖及火守中國兵起也又云動則胡越爲變或連近臣以結之 **兩河天闕間爲關梁** 索隱曰宋均云兩河六星知逆邪言關梁之限知邪僞也。正義曰闕丘二星在河南天子之雙闕諸侯之兩觀亦象魏縣書之府金火守之兵戰闘下也 **輿鬼鬼祠事中白者爲質** 晉灼曰輿鬼五星其中白者爲質。正義曰輿四星主祠事天田也主視明察姦謀東北星主積馬東南星主積兵西南星主積布帛西北星主積金玉隨其變占之中一星爲積尸一名質主喪死祠祀占鬼星明大穀成不明百姓散質欲其役不明明則兵起大臣誅下人死之 **火守南北河兵起穀不登故德成衡觀成潢** 晉灼曰日月五星不軌道也衡太微廷也觀占也潢五帝車舍 **傷成鉞** 晉灼曰賊傷之占先成形於鉞。索隱曰案德成衡衡則能平物故有德公平者先成形於衡觀成潢潢爲帝車舍言王者遊觀亦先成形於潢也傷成鉞者傷敗也言王者敗德亦先成形於鉞以言有敗亂則有鉞誅之然案文耀鉤則云德成潢敗成鉞其意異也又此下文禍成井誅成質皆是東井下義揔列於此也 **禍成井** 晉灼曰東井主水事火入一星居其旁天子且以火敗故曰禍也 **誅成質** 晉灼曰熒惑入輿鬼天質占曰大臣有誅 **柳爲鳥注主木草** 索隱曰案漢書天文志注作咮爾雅云鳥咮謂之柳孫炎云咮朱鳥之口柳其星聚也以注爲柳星故主草木也。正義曰咮丁救反一作注柳八星星一星張六星爲鶉火於辰在午皆周之分野柳爲朱鳥咮天之廚宰主尚食和滋味占以順明爲吉金火守之國兵大起 **七星頸爲員官主急事** 索隱曰案宋均云頸朱鳥頸也員官龍喉也物在龍喉終不久留故主急事也正義曰七星爲頸一名天都主衣裳文繡主急事以明爲吉暗爲凶金火守之國兵大起 **張素爲廚主觴客** 索隱曰素嗉也爾雅云鳥張嗉郭璞云嗉受食之處也。正義曰張六星六爲嗉主天廚飲食賞賚觴客占以明爲吉暗爲凶金火守之國兵大起 **翼爲羽翮主遠客** 正義曰翼二十二星軫四星長沙一星轄二星合軫七星皆爲鶉尾於辰在巳楚之分野翼二十二星爲天樂府又主夷狄

亦主遠客占明大禮樂興四夷服從則天子舉兵以罰亂者 **軫爲車主風** 索隱曰宋均云軫四星居中又有二星爲左右轄車之象也軫與巽同位爲風車動行疾似之也。正義曰軫四星主冢宰輔臣又主車騎亦主風占明大則車騎用太白守之天下學校散文儒失業兵戈大興熒惑守之南方有不用命之國當發兵伐之辰星守之徐泗有戮之者 **其旁有一小星曰長沙** 正義曰長沙一星在軫中主壽命占明主長壽子孫昌也 **星星不欲明明與四星等若五星入軫中兵大起** 索隱曰宋均云五星主行使使動兵車亦動也 **軫南衆星曰天庫** 正義曰天庫一星主太白秦也在五車中 **樓庫有五車車星角若益衆及不具無處車馬西宮** 索隱曰文耀鉤云西宮白帝其精白虎 **咸池** 正義曰咸池三星在五車中天潢南魚鳥之所託也金犯守之兵起火守之有灾也 **曰天五潢五潢五帝車舍** 索隱曰案元命包曰咸池主五穀其星五者各有所職咸池言穀生於水含秀含實主秋垂故一名五帝車舍言以車載穀而販也。正義曰五車五星三柱九星在畢東北天子五兵車舍也西北大星曰天庫主太白秦也次東北星天獄主辰燕趙也次東曰天倉主歲衛魯也次東南曰司空主鎮楚也次西南曰卿主熒惑魏也占五車均明柱皆見則倉庫實不見其國絕食兵見起五車三柱有變各以其國占之三柱入出一月米貴三倍期二年出三月貴十倍一年柱出不與天倉相近軍出米貴轉粟千里柱倒王尤其火入天下旱金入兵水入水也 **火入旱金兵水** 索隱曰謂火金水入五潢則各致此灾也宋均云不言木土者木土德星於此不爲害也 **水中有三柱柱不具兵起奎曰封豕爲溝瀆** 正義曰奎苦圭反十六星婁三星爲降婁於辰在戌魯之分野奎天之府庫一曰天豕亦曰封豕主溝瀆西南大星所謂天豕目占以明爲吉星不欲團圓團圓則兵起暗則臣干命之咎亦不欲開闔無常當有白衣稱命於山谷者五星犯奎臣主共德權臣擅命不可禁者王者宗祀不潔則奎動搖若鼓跳有光則近臣謀上之應亦庶人饑饉之厄太白守奎胡貊之憂可以伐之熒惑星守之則有水之憂連以三年塡

星歲星守之中國之利外國不利可以興師動衆斷斷無道婁為聚衆正義曰婁三星為苑牧養犧牲以共郊祀亦曰聚衆占動搖則衆兵聚金火守之國死兵起也胃為天倉正義曰胃三星昴七星畢八星為大梁於辰在酉趙之分野謂主倉廩五穀之府也占明則天下和平五穀豐稔不然反是也其南衆星曰廥積如淳曰芻藁積為廥也。正義曰芻藁六星在天苑西主積藁草者不見則牛馬暴死火守災起也昴曰髦頭正義曰昴一星為髦頭胡星亦為獄事明天下獄訟平暗為刑罰濫六星明與大星等大水且至其兵大起搖動若跳躍者胡兵大起一星不見皆兵之憂也胡星也為白衣會畢曰罕車正義曰畢八星曰罕車為邊兵主弋獵其大星曰天高一曰邊將四夷之尉也星明大天下安遠夷入貢失色邊亂畢動兵起月宿則多雨毛萇云畢所謂掩兔也為邊兵索隱曰爾雅云濁謂之畢孫炎為掩兔之畢或呼為濁因以名星主弋獵其大星旁小星為附耳正義曰附耳一星屬畢大星之下次天高東南隅主為人主聽得失伺僭過星明則中國

微邊寇警移動則讒佞行入畢國起兵附耳搖動有讒亂臣在側昴畢間為天街索隱曰元命包云畢為天階爾雅云大梁昴孫炎云畢昴之間日月五星出入要道若津梁。正義曰天街二星在畢昴間主國界也街南為華夏之國街北為夷狄之國土金守胡兵入也其陰陰國陽陽國孟康曰陰西南坤維河山已北國陽河山已南國參為白虎正義曰觜三星參三星外四星為實沈於辰在申魏之分野為白虎形也三星直是也為衡石孟康曰參三星者白虎宿中西直似稱衡下有三星兊曰罰孟康曰在參間上小下大故曰銳晉灼曰三星少斜列無銳形為斬艾事正義曰罰亦作伐春秋運斗樞云參伐事主斬艾也其外四星左右肩股也小三星隅置曰觜觿為虎首主葆旅事如淳曰關中俗謂桑榆孽生為葆晉灼曰葆菜也野生曰旅今之飢民采旅生也。索隱曰姚氏案宋均云葆守也旅猶軍旅也言佐參伐以斬除凶也。正義曰觜子思反觿胡規反

葆音保觜觿為虎首主收斂葆旅事也葆旅野生之可食也占金木來守國易正災起也其南有四星曰天廁正義曰天廁四星在昴南主溷也占色黃吉青與白皆凶不見則人寢疾廁下一星曰天矢正義曰天矢一星在廁南占與天廁同也矢黃則吉青白黑凶其西有句曲正義曰句音鉤九星三處羅一曰天旗正義曰參旗九星在參西天旗也指麾遠近以從命者王者斬伐當理則天旗曲直順理不然則兵動於外可以憂之若明而稀則邊寇動不然則不二曰天苑正義曰天苑十六星如環狀在畢南天子養禽獸益稀暗則多死也三曰九游徐廣曰音流。正義曰九游九星在玉井西南天子之兵旗所以導軍進退亦領州列邦並不欲搖動搖動則九州分散人又失業信命一不通於中國憂以金火守之亂起也其東有大星曰狼正義曰狼一星參東南狼為野將主侵掠占非其處則人相食色黃白而明吉赤角兵起金木火守亦如之狼角變色多盜賊下有四星曰弧

正義曰弧九星在狼東南天之弓也以伐叛懷遠又主備賊盜之知姦邪者弧矢向狼動移多盜明大變色亦如之矢不直狼又多盜引滿則天下盡兵也直狼狼比地有大星晉灼曰比地近地也曰南極老人正義曰老人一星在弧南一曰南極為人主之壽命延長之應常以秋分之曙見於景春分之夕見於丁見國長命故謂之壽昌天下安寧不見人主憂也老人見治安不見兵起常以秋分時候之于南郊附耳入畢中兵起北宮玄武正義曰南斗六星牽牛六星並北宮玄武之宿虛危索隱曰文耀鉤云北宮黑帝其精玄武爾雅云玄枵虛也又云北陸虛也解者以陸為道孫炎曰陸中也北方之宿中也。正義曰虛二星危三星為玄枵於辰在子齊之分野虛主死喪哭泣事又為邑居廟堂祭祀禱祝之事亦天之冢宰主平理天下覆藏萬物占動則有死喪哭泣之應火守則天子將兵水守則人饑饉金守臣下兵起危為宗廟祀事主天市架屋占動則有土功火守天下兵水守下謀上也危為蓋屋索隱曰宋均云危上一星高旁兩星

隋下似乎蓋屋也。正義曰蓋屋二星在危南主天子所居宮室之官也占金火守入國兵起孛彗尤甚危爲架屋自有星恐文誤也**虛爲哭泣之事**索隱曰姚氏案荆州占以爲其宿二星南星主哭泣虛中六星不欲明明則有大喪也**其南有衆星曰羽林天軍**正義曰羽林三十五星三三而聚散在壘壁南天軍也亦天宿衞主兵革出不見則天下亂金火水入軍起也**軍西爲壘**正義曰壘壁陳十二星橫列在營室南天軍之垣壘占之非故兵起將軍死也**或曰鉞旁有一大星爲北落北落若微亡軍星動角益希及五星犯北落**正義曰北落師門一星在羽林西南天軍之門也長安城北落門以象此也主非常以候兵占明則軍安微弱則兵起金火守有兵爲虜犯塞土水則吉**入軍軍起火金水尤甚火軍憂水患木土軍吉**漢書音義曰木星土星入北落則吉也**危東六星兩兩相比曰司空**正義曰比音鼻比近也危東兩兩相

比者是司命等星也司空唯一星耳又不在危東恐命字誤爲空也司命二星在虛北主喪送司祿二星在司命北主官司危二星在司祿北主危亡司非二星在危北主愆過皆實司之職占大爲君憂常則吉也**營室**索隱曰元命包云營室十星娵陶精類始立紀綱包物爲室又爾雅云營室謂之定郭璞云定正也天下作宮室皆以營室中爲正也**爲清廟曰離宮閣道**索隱曰荆州占云閣道王良旗也有六星**漢中四星曰天駟**索隱曰元命包云漢中四星曰騎一曰天駟也**旁一星曰王良**索隱曰春秋合誠圖云王良主天馬也。正義曰王良五星在奎北河中天子奉御官也其動策馬則兵騎滿野客星守之津橋不通金火守入皆兵之憂**王良策馬**正義曰策一星在王良前主天子僕也占以動搖移在王良前或居馬後別爲策馬策馬而兵動也按豫章周騰字叔達南昌人爲侍御史桓帝當南郊平明應出騰仰觀曰夫王者象星今宮中星及策馬星悉不動上明日必不出至四更皇太子卒遂止也**車騎滿野旁有八星絕漢曰天潢**索隱曰元命包曰潢主河渠所

以度神通四方宋均云天潢天津也津湊也主計度也**天潢旁江星**正義曰天江四星在尾北主太陰也不欲明明而動水暴出其星明大水不禁也**江星動人涉水杵臼四星在危南**正義曰杵臼三星在丈人星旁主軍糧占正下直臼吉與臼不相當軍糧絕也臼星在南主春其占覆則歲大饑仰則大熟也**匏瓜**索隱曰荆州占云匏瓜一名天雞在河鼓東匏瓜明則歲大熟也。正義曰匏音白包反匏瓜五星在離珠北天子果園占明大光潤歲熟不則包果之實不登客守魚鹽貴也**有青黑星守之魚鹽貴南斗**正義曰南斗六星在南也**爲廟其北建星**正義曰建六星在斗北臨黃道天之都關也斗建之間七耀之道亦主旗輅占動搖則人勞不然則不月暈蛟龍見牛馬疫月五星犯守大臣相謀爲關梁不通及大水也**建星者旗也牽牛**正義曰牽牛爲犧牲亦爲關梁其北二星一曰即路一曰聚火又上一星主道路關梁通不明不通天下牛疫死移入漢中天下乃亂也**爲犧牲其北河鼓**索隱曰爾雅云河鼓謂之牽牛

孫炎云河鼓之旗十二星在牽牛北故或名河鼓爲牽牛也。正義曰河鼓三星在牽牛北主軍鼓蓋天子三將軍中央大星大將軍其南左星左將軍其北右星右將軍所以備關梁而拒難也占明大光潤將軍吉動搖差戾亂兵起直將有功曲則將失計也自昔傳牽牛織女七月七日相見此星也**河鼓大星上將左右左右將婺女**索隱曰爾雅云須女謂之務女或作婺字。正義曰須女四星亦婺女天少府也南斗牽牛須女皆爲星紀於辰在丑越之分野而斗牛爲吳之分野也須女賤妾之稱婦職之卑者主布帛裁製嫁娶占水守之萬物不成火守布帛貴人多死土守有女喪金守兵起也**其北織女**正義曰織女三星在河北天紀東天女也主果蓏絲帛珍寶占王者至孝於神明則三星俱明不然則暗而微天下女工廢明則理大星怒而角布帛涌貴不見則兵起晉書天文志云晉太史令陳卓總甘石巫咸三家所著星圖大凡二百八十三宮一千四百六十四星以爲定紀今略其昭昭者以備天官云**織女天女孫也**徐廣曰孫一作名。索隱曰荆州占云織女一名天女天子女也**察日月之行**正義曰晉灼云

太歲在四仲則歲行三宿太歲四孟四季則歲行二宿二八十六三四十二而行二十八宿十二歲而周天以
揆歲星順逆索隱曰姚氏案天官占云歲星一曰應星一曰經星一曰紀星物理論云歲行一次
謂之歲星則十二歲而星一周天也。正義曰天官云歲星者東方木之精蒼帝之象也其色明而內黃天下安寧
夫歲星欲春不動動則農發歲星盈縮所在之國不可伐可以罰人失次則民多病見則喜夫所居國人主有福不
可以搖動人主怒無光仁道失歲星順行仁德加也歲星農官主五穀天文志云春日甲乙四時春也五常仁五事
貌也人主仁虧貌失逆時令傷木氣則罰見歲星曰東方木主春日甲乙
義失者罰出歲星歲星贏縮索隱曰案天文志曰凡五星早出為贏贏
為客晚出為縮縮為主人五星贏縮必有天應見杓也以其舍命國正義曰舍所止宿也命名
也所在國不可伐可以罰人其趨舍而前曰贏
索隱曰趨音聚謂促也退舍曰縮贏其國有兵不復縮其國

有憂將亡正義曰將音子匠反國傾敗其所在五星皆從而
聚於一舍索隱曰漢高帝元年五星皆聚于東井天文志云其年歲星在東井故四星從而聚也
其下之國可以義致天下以攝提格歲索隱曰太歲在寅歲
星正月晨出東方按爾雅歲在寅為攝提格李巡云言萬物承陽起故曰攝提格格起也歲陰左行
在寅歲星右轉居丑正月與斗牽牛晨出東方
名曰監德索隱曰歲星在正月晨見東方之名已下皆出石氏星經文乃云星在斗牽牛失次應見
於杓也漢書天文志則載甘氏及太初星曆所在之宿不同也色蒼蒼有光其失次
有應見柳歲早水晚旱歲星出東行十二度百
日而止反逆行逆行八度百日復東行歲行三
十度十六分度之七率日行十二分度之一十二

歲而周天出常東方以晨入於西方用昏單閼
歲索隱曰在卯也歲星二月晨出東方爾雅云卯為單閼李巡云陽氣推萬物而起故曰單閼單盡也閼止也
歲陰在卯星居子以二月與婺女虛危晨出曰
降入索隱曰即歲星二月晨見東方之名其餘准此大有光其失次有應
見張名曰降入其歲大水執徐歲索隱曰爾雅辰為執徐李巡云
伏蟄之物皆振舒而出故曰執徐執蟄也徐舒也歲陰在辰星居亥以三月
居與營室東壁晨出曰青章青青甚章其失次
有應見軫曰青章歲早旱晚水大荒駱歲索隱曰爾雅云
在巳為大荒駱姚氏云言萬物皆熾盛而大出霍然落落故曰荒駱也歲陰在巳星居
戌以四月與奎婁胃昴晨出曰跰踵徐廣曰一曰路嶂。索隱

曰天文志作路嶂字詁云嶂今作踵也。正義曰跰白邊反踵之勇反熊熊赤色有光
其失次有應見亢敦牂歲索隱曰爾雅云在午為敦牂孫炎云敦盛也牂壯也
言萬物盛壯韋昭云敦音頓歲陰在午星居酉以五月與胃昴
畢晨出曰開明徐廣曰一曰天津。索隱曰天文志作啓明炎炎有光
正義曰炎鹽驗反偃兵唯利公王不利治兵其失次有應
見房歲早旱晚水叶洽歲索隱曰爾雅云在未為叶洽李巡云陽氣欲化萬物
故曰協洽協和也洽合也歲陰在未星居申以六月與觜觽正義
曰觜子斯反觽胡規反參晨出曰長列昭昭有光利行兵其
其失次有應見箕涒灘歲索隱曰爾雅云在申為涒灘李巡云涒灘物吐秀傾
垂之貌涒他昆反灘他丹反歲陰在申星居未以七月與東井

與鬼晨出曰大音昭昭白其失次有應見牽牛
作鄂歲索隱曰爾雅在酉爲作鄂李巡云作鄂皆物芒枝起之貌鄂音愕今案下文云作作有芒則李
巡解亦近天文志作詻音五格反與史記及爾雅並異也歲陰在酉星居午以八
月與柳七星張晨出曰爲長王作作有芒國其
昌熟穀其失次有應見危曰大章有旱而昌有
女喪民疾閹茂歲索隱曰爾雅云在戌曰閹茂孫炎云萬物皆蔽冒故曰閹茂閹蔽也
茂冒也天文志作掩茂歲陰在戌星居巳以九月與翼軫晨
出曰天睢索隱曰劉氏音吁唯反白色大明其失次有應見
東壁歲水女喪大淵獻歲索隱曰爾雅云在亥爲大淵獻孫炎云淵深也大獻
萬物於深謂蓋藏之於外也歲陰在亥星居辰以十月與角亢

晨出曰大章徐廣曰一曰大星。索隱曰天文志亦作大星蒼蒼然星若
躍而陰出旦是謂正平起師旅其率必武其國
有德將有四海其失次有應見婁困敦歲索隱曰爾
雅在子爲困敦孫炎云困敦混沌也言萬物初萌混沌於黃泉之下也歲陰在子星居
卯以十一月與氐房心晨出曰天泉玄色甚明
江池其昌不利起兵其失次有應在昴赤奮若
歲索隱曰爾雅云在丑爲赤奮若李巡云言陽氣奮迅若順也歲陰在丑星居寅
以十二月與尾箕晨出曰天皓索隱曰音昊漢志亦作昊黫然
黑色甚明索隱曰黫音烏閑反其失次有應見參當居不
居居之又左右搖未當去去之與他星會其國

凶所居久國有德厚其角動乍小乍大若色數
變人主有憂其失次舍以下進而東北三月生
天棓正義曰棓音蒲講反歲星之精散而爲天槍天棓天衝天猾國皇天欃及登天荆眞若天猿天垣蒼
彗皆以應凶災也天棓者一名覺星本類星者如末銳長四丈出東北方西方其出則天下兵爭也長四
尺索隱曰天文志此皆甘氏星經文而志又兼載石氏此皆不取石氏名申夫甘氏名德末兌進
而東南三月生彗星正義曰天彗者一名掃星本類星末類彗小者數寸長長或竟
天而體無光假日之光故夕見則東指晨見則西指若日南北皆隨日光而指光芒所及爲災變見則兵起除舊布
新彗所指之處弱也長二丈類彗星退而西北三月生天欃
韋昭曰欃音參差之參。正義曰欃楚咸反天欃者在西南長四丈銳京房云天欃爲兵赤地千里枯骨籍籍天文
志云天槍主兵亂也長四丈末兌退而西南三月生天槍正義

曰槍楚行反天槍者長數丈兩頭銳出西南方其見不過三月必有破國亂君伏死其辜天文志云孝文時天槍夕
出西南占曰爲兵喪亂其六年十一月匈奴入上郡雲中漢起兵以衛京師也長數丈兩頭兌
謹視其所見之國不可舉事用兵其出如浮如
沈其國有土功如沈如浮其野亡色赤而有角
其所居國昌迎徐廣曰一作御角而戰者不勝星色赤
黃而沈所居野大穰正義曰穰人羊反豐熟也色青白而赤
灰所居野有憂歲星入月其野有逐相與太白
鬬韋昭曰星相擊爲鬬其野有破軍歲星一曰攝提曰重
華曰應星曰紀星營室爲清廟歲星廟也察剛
徐廣曰一作罰氣以處熒惑索隱曰案姚氏引廣雅熒惑謂之執法天官占云熒惑方伯象

司察妖孽則徐云察罰氣爲是春秋緯文耀鉤云赤帝熛怒之神爲熒惑位在南方禮失則罰出晉灼云常以十月入太歲受制而出行列宿司無道出入無常也曰南方火主夏日丙丁禮失罰出熒惑熒惑失行是也出則有兵入則兵散以其舍命國熒惑熒惑爲勃亂殘賊疾喪饑兵徐廣曰以下云熒惑爲理外則理兵內則理政○正義曰天官占云熒惑爲執法之星其行無常以其舍命國爲殘賊爲疾爲喪爲饑爲兵環繞勾已芒角動搖乍前乍後其殃逾甚熒惑主死喪大鴻臚之象主甲兵大司馬之義伺驕奢亂孽執法官也其精爲風伯惑童兒歌謠嬉戲也反道二舍以上居之三月有殃五月受兵七月半亡地九月太半亡地因與俱出入國絕祀居之殃還至雖大當小索隱曰案還音旋旋疾也若熒惑反道居其舍所致殃禍速疾則雖大反小久而至當小反大

索隱曰久謂行遲也如此禍小反大言久腊毒也其南爲丈夫北爲女子喪索隱曰宋均云熒惑守輿鬼南爲丈夫受其咎北則女子受其凶也若角動繞環之及乍前乍後左右殃益大與他星鬬正義曰凡五星鬬皆爲戰鬬兵不在外則爲內亂鬬謂光芒相及光相逮爲害不相逮不害五星皆從而聚于一舍正義曰三星若合是謂驚立絕行其國外內有兵與喪人民饑乏改立侯王四星若合是爲太陽其國兵喪暴起君子憂小人流五星若合是謂易行有德者受慶掩有四方無德者受殃乃以滅亡也其下國可以禮致天下法出東行十六舍而止逆行二舍六旬復東行自所止數十舍十月而入西方伏晉灼曰伏不見行五月出東方其出西方曰反明主命者惡之東行急一日行一度

半其行東西南北疾也兵各聚其下用戰順之勝逆之敗熒惑從太白軍憂離之軍卻出太白陰有分軍行其陽有偏將戰當其行太白逮之破軍殺將索隱曰宋均云太白宿主軍來衡拒也其入守犯太微孟康曰犯七寸已內光芒相及也韋昭曰自下觸之曰犯居其宿曰守軒轅營室主命惡之心爲明堂熒惑廟也謹候此曆斗之會以定塡星之位索隱曰晉灼曰常以甲辰之元始建斗歲鎮一宿二十八歲而周天廣雅曰塡星一名地侯文耀鉤曰鎮黃帝含樞紐之精其體旋璣中宿之分也曰中央土主季夏日戊己黃帝主德女主象也歲塡一宿其所居國吉未當居而居若已去而復還還居之其國得土

不乃得女若當居而不居既已居之又西東去其國失土不乃失女不可舉事用兵其居久其國福厚易福薄徐廣曰易猶輕速也其一名曰地侯主歲歲行十二度百十二分度之五日行二十八分度之一二十八歲周天其所居五星皆從而聚于一舍其下之國可重正義曰重音逐龍反言五星皆從塡星其下之國倚重而致天下以塡主木土故也致天下禮德義殺刑盡失而塡星乃爲之動搖贏爲王不寧其縮有軍不復塡星其色黃光芒音曰黃鐘宮其失次上二三宿曰贏有主命不成不乃大水失次下二三宿曰縮有

后戚其歲不復不乃天裂若地動斗爲文太室塡星廟天子之星也木星與土合爲內亂饑正義曰星經云凡五星木與土合爲內亂饑與水合爲變謀更事與火合爲旱與金合爲白衣會也主勿用戰敗水則變謀而更事火爲旱金爲白衣會若水金在南牝牡索隱曰晉灼曰歲陽也太白陰也故曰牝牡。○正義曰星經云金在南木在北名曰牝牡年穀大孰金在北木在南其年或有或無年穀孰金在北歲偏無火與水合爲焠晉灼曰火入水故曰焠。○索隱曰案謂火與水俱從塡星合也。○正義曰焠忽內反星經凡五星火與水合爲焠用兵舉事大敗與金合爲鑠爲喪不可舉事用兵從軍爲憂離之軍却與土合爲憂主孽卿與木合飢戰敗也與金合爲鑠爲喪皆不可舉事用兵大敗土爲憂主孽卿索隱曰文耀鉤云水土合則成鑪冶鑪冶成則火與火與

則土之子焠金成銷鑠金鑠則土無子無子輔父則益妖孽故子憂也大饑戰敗爲北軍正義曰爲北軍北也凡軍敗曰北軍困舉事大敗土與水合穰而擁閼正義曰擁於拱反閼烏葛反有覆軍徐廣曰或云木火土三星若合是謂驚位絕行其國不可舉事出亡地入得地金爲疾爲內兵亡地三星若合其宿地國外內有兵與喪改立公王四星合兵喪並起君子憂小人流五星合是謂易行有德受慶改立大人掩有四方子孫蕃昌無德受殃若亡五星皆大其事亦大皆小事亦小蚤出者爲贏贏者爲客晚出者爲縮縮者爲主人必有天應見於杓星同舍爲合

相凌爲鬭孟康曰凌相冒占過也韋昭曰突掩爲凌七寸以內必之矣索隱曰韋昭云必有禍也五星色白圜爲喪旱赤圜則中不平爲兵青圜爲憂水黑圜爲疾多死黃圜則吉赤角犯我城黃角地之爭白角哭泣之聲青角有兵憂黑角則水意徐廣曰一作志行窮兵之所終五星同色天下偃兵百姓寧昌春風秋雨冬寒夏暑動搖常以此塡星出百二十日而逆西行西行百二十日反東行見三百三十日而入入三十日復出東方太歲在甲寅鎭星在東壁故在營室察日行以處位太白索隱曰太白辰出東方曰啓明故察日行以處太白之位

韓詩云太白晨出東方爲啓明昏見西方爲長庚又孫炎註爾雅亦以爲晨出東方高三丈命曰啓明昏見西方高三舍命曰太白。○正義曰晉灼云常以正月甲寅與熒惑晨出東方二百四十日而入又出西方二百四十日而入入三十五日而復出東方出以寅戌入以丑未天官占云太白者西方金之精白帝之子上公大將軍之象也一名殷星一名大正一名熒星一名官星一名梁星一名滅星一名大囂一名大衰一名大爽徑一百里天文志云其日庚辛四時秋也五常義也五事言也人主義虧言失逆時令傷金氣罰見太白春見東方以晨秋見西方以夕曰西方秋司兵月行及天矢正義曰太白五芒出早爲月蝕晚爲天矢及彗其精日庚散爲天杵天柎伏靈大敗司姦天狗賊星天殘卒起星是古曆星若竹彗牆星猿星白彗皆以示變也辛主殺殺失者罰出太白太白失行以其舍命國其出行十八舍二百四十日而入入東方伏行十一舍百三十日其入西方伏行三舍十六

日而出當出不出當入不入是謂失舍不有破軍必有國君之篡其紀上元（正義曰其紀上元是星古曆初起上元之法也）以攝提格之歲與營室晨出東方至角而入與營室夕出西方至角而入與角晨出入畢與角夕出入畢與畢晨出入箕與畢夕出入箕與箕晨出入柳與箕夕出入柳與柳晨出入營室與柳夕出入營室凡出入東西各五為八歲二百二十日（徐廣曰一云三十二日）復與營室晨出東方其大率歲一周天（索隱曰案上元是古曆之名言用上元紀曆法則攝提歲而太白與營室晨出東方至角而入與營室夕出西方至角而入凡出入東西各五為八歲二百二十日復與營室晨出東方大率歲一周天也）其

始出東方行遲率日半度一百二十日必逆行一二舍上極而反東行行日一度半一百二十日入其庳近日曰明星柔高遠日曰大囂（徐廣曰一作囂）剛其始出西行疾率日一度半百二十日上極而行遲日半度百二十日旦入必逆行二舍而入其庳近日曰大白柔高遠日曰大相剛出以辰戌入以丑未當出不出未當入而入天下偃兵兵在外入未當出而出當入而不入下起兵有破國其當期出也其國昌其出東為東入東為北方出西為西入西為南方所居久其鄉

利疾（蘇林曰疾過也）其鄉凶出西逆行至東正西國吉出東至西正東國吉其出不經天經天天下革政（索隱曰孟康曰謂出東入西出西入東也太白陰星出東當伏東出西當伏西過午為經天又晉灼曰日陽也日出則星沒太白晝見午上為經天也）小以角動兵起始出大後小兵弱出小後大兵強出高用兵深吉淺凶庳淺吉深凶日方南金居其南日方北金居其北曰贏（正義曰鄭玄云方猶向也謂晝漏半而置土圭表陰陽審其南北也影短於土圭謂之日南是地於日為近南也長於土圭謂之日北是地於日為近北也凡日影於地千里而差一寸周禮云日南則影短多暑日北則影長多寒孟康云會謂太白也影日中之影也）侯王不寧用兵進吉退凶日方南金居其北日方北金居其南曰縮侯王有

憂用兵退吉進凶用兵象太白太白行疾疾行遲遲行角敢戰動搖躁躁國以靜靜順角所指吉反之皆凶出則出兵入則入兵赤角有戰白角有喪黑圜角憂有水事青圜小角憂有木事黃圜和角有土事有年（正義曰太白星圓天下和平若芒角有土事有年謂豐熟也）其已出三日而復有微入入三日乃復盛出是謂耎（晉灼曰耎退之不進　索隱曰耎音奴亂反）其下國有軍敗將北其已入三日又復微出出三日而復盛入其下國有憂師有糧食兵革遺人用之（正義曰遺唯季反）卒雖衆將為人虜其出西失行外國敗其出東失

行中國敗其色大圜黄滜音澤可為好事其圜大赤兵盛不戰太白白比狼正義曰比卑耳反下同比類也晉書天文志云凡五星有色大小不同各依其行而應時節色變有類凡青比參左肩赤比心大星黄比參右肩白比狼星黑比奎大星不失本色而應其四時者吉色害其行凶也赤比心黄比參正義曰參色林反下同左肩蒼比參右肩黑比奎大星五星皆從太白而聚乎一舍其下之國可以兵從天下居實有得也正義曰晉書天文志云凡五星所出所直之辰其國為得位者歲星以德熒惑為禮鎮星有福太白兵強辰陰陽和所直之辰順其色而角者勝其色害者敗居實有得居虛無得也勝位勝色行得盡勝也居虛無得也索隱曰實謂星所合居之宿虛謂贏縮也行勝色晉灼曰太白行得度者勝色也正義曰勝音升剩反下同色勝位有位勝無位有色勝無色行得盡勝之晉灼曰行應天度雖有色得位行盡勝之行重而色位輕星經得字作德出而留桑榆閒晉灼曰行遲而下也正出舉目平正出桑榆上者餘二千里疾其下國正義曰疾漢書作病也上而疾未盡其日過參天晉灼曰三分天過之其一此在戌酉之閒疾其對國孟康曰謂出東入西出西入東上復下下復上有反將其入月將僇金木星合光其下戰不合兵雖起而不鬬合相毀野有破軍出西方昏而出陰陰兵彊暮食出小弱夜半出中弱雞鳴出大弱是謂陰陷於陽其在東方乘明而出陽陽兵之彊雞鳴出小弱夜半出中弱昏出大弱是謂陽陷於陰太白伏也以出兵兵有殃其出卯南

南勝北方出卯北北勝南方正在卯東國利出酉北北勝南方出酉南南勝北方正在酉西國勝其與列星相犯小戰五星大戰其相犯太白出其南南國敗出其北北國敗行疾武不行文色白五芒出蚤為月蝕晚為天矢及彗星將發其國出東為德舉事左之迎之吉出西為刑舉事右之背之吉反之皆凶太白光見景戰勝晝見而經天是謂爭明彊國弱小國彊女主昌亢為疏廟太白廟也太白大臣也其號上公其他名殷星太正營星觀星宮星明星大衰大澤終星大相天浩序星月緯大司馬位謹候此察日辰之會正義曰晉灼云常以二月春分見奎婁五月夏至見東井八月秋分見角亢十一月冬至見牽牛出以辰戌入以丑未二旬而入晨候之東方夕候之西方也以治辰星之位索隱曰即正四時以治辰星之位是也皇甫謐辰星一名毚星或曰鉤星元命包曰北方辰星水生物布其紀故辰星理四時宋均曰辰星正四時之法得與北辰同名也曰北方水太陰之精主冬日壬癸刑失者罰出辰星正義曰天官占云辰星北水之精黑帝之子宰相之祥也一名細極一名鉤星一名爨星一名伺祠徑一百里亦偏將廷尉象也天文志云其日壬癸四時冬也五常智也五事聽也人主智虧聽失逆時令傷水氣則罰見辰星也以其宿命國是正四時仲春春分夕出郊奎婁胃東五舍為齊仲夏夏至夕出郊東井輿鬼柳東七舍為楚仲秋秋分

夕出郊角亢氐房東四舍爲漢仲冬冬至晨出郊東方與尾箕斗牽牛俱西爲中國其出入常以辰戌丑未其蚤爲月蝕孟康曰辰星月相凌不見者則所蝕也○索隱曰宋均云星辰與月同精月爲大臣先期而出是躁也失則當誅故月蝕者所以爲災祥也晚爲彗星張晏曰彗所以除舊布新○索隱曰宋均云辰星陰也彗亦陰陰謀未成故晚出也及天矢其時宜效不效爲失正義曰効見也言宜見不見爲失罰之也追兵在外不戰一時不出其時不和四時不出天下大飢其當效而出也色白爲旱黃爲五穀熟赤爲兵黑爲水出東方大而白有兵於外解常在東方其赤中國勝其西而赤外國利無兵於外而赤兵

起其與太白俱出東方皆赤而角外國大敗中國勝其與太白俱出西方皆赤而角外國利五星分天之中積于東方中國利積于西方外國用者利五星皆從辰星而聚于一舍其所舍之國可以法致天下辰星不出太白爲客其出太白爲主出而與太白不相從野雖有軍不戰出東方太白出西方若出西方太白出東方爲格野雖有兵不戰索隱曰謂辰星出西方辰水也太白出東方太白金也水生金母子不相從故上有軍不戰今母子各出一方故爲格格謂不和同故野雖有兵不戰也失其時而出爲當寒反溫當溫反寒當出不出是謂擊卒兵大

起其入太白中而上出破軍殺將客軍勝下出客亡地辰星來抵太白太白不去將死正旗上出正義曰旗星名有九星言辰星上則破軍殺將客勝也破軍殺將客勝索隱曰案宋旗蓋太白芒角似旌旗下出客亡地視旗所指以命破軍其繞環太白若與鬬大戰客勝兔過太白索隱曰案廣雅云辰星謂之兔星則辰星之別名兔或作㲋㲋兔也閒可椷劒蘇林曰椷音函函容也其閒可容一劒○索隱曰案蘇林所說則椷字本有函音故字從咸也○正義曰漢書云辰星過太白閒太白可椷劒明廣雅是也小戰客勝兔居太白前軍罷出太白左小戰摩太白有數萬人戰主人吏死出太白右去三尺軍急約戰青角兵憂黑角水赤行窮兵之所終兔七

命曰小正辰星天欃安周星細爽能星鈎星索隱曰謂兔星凡有七名命者名也小正一也辰星二也天兔三也安周星四也細爽五也能星六也鈎星七也其色黃而小出而易處天下之文變而不善矣兔五色青圜憂白圜喪赤圜中不平黑圜吉赤角犯我城黃角地之爭白角號泣之聲其出東方行四舍四十八日其數二十日而反入于東方其出西方行四舍四十八日其數二十日而反入于西方其一候之營室角畢箕柳出房心閒地動辰星之色春青黃夏赤白秋青白而歲熟冬黃而不明即變其色其時不昌春不見大風

秋則不實夏不見有六十日之旱月蝕秋不見
有兵春則不生冬不見陰雨六十日有流邑夏
則不長角亢氐兗州房心豫州尾箕幽州斗江
湖牽牛婺女揚州虛危青州營室至東壁并
州奎婁胃徐州昴畢冀州觜觿參益州正義曰括地志云漢武帝置十三州改梁州爲益州廣漢廣漢今益州咎縣是也分今河內上黨雲中然按星經益州魏地畢觜參之分今河內上黨雲中是未詳也東井輿鬼雍州柳七星張三河
翼軫荊州七星爲員官辰星廟蠻夷星也兩軍
相當日暈如淳曰暈讀曰運暈等力鈞厚長大有勝薄
短小無勝重抱大破無抱爲和背不和爲分離

相去直爲自立立侯王指暈若曰殺將負且戴
有喜圍在中中勝在外外勝青外赤中以和相
去赤外青中以惡相去氣暈先至而後去居軍
勝先至先去前利後病後至後去前病後利後
至先去前後皆病居暈不勝見而去其發疾雖
勝無功見半日以上功大白虹屈短李奇曰屈或爲尾也韋昭曰短而直
上下兑有者下大流血日暈制勝近期三十
日遠期六十日其食食所不利復生生所利而
食益盡爲主位以其直及日所宿加以日時用
命其國也月行中道安寧和平陰間多水陰事

外北三尺陰星北三尺索隱曰案中道房室星之中間也房有四星若人之房三間有四表然故曰房南爲陽間北爲陰間則中道房星之中間也故房是日月五星之常行道然黃道亦經房星若月行得中道故陰陽和平若行陰間多陰事陽間則人主驕恣若歷陰星陽星之南北太陰太陽之道則有大水若兵及大旱若喪也太陽亦在陽間之南各三尺也太陰大水兵陽間驕恣陽
星多暴獄太陽大旱喪也索隱曰太陰太陽皆道也月行近之故有水旱兵喪也
角天門十月爲四月十一月爲五月索隱曰謂月行入角與天門若十月犯之當爲來年四月成灾十一月則主五月也十二月爲六月水發
近三尺遠五尺犯四輔輔臣誅索隱曰案謂月犯房星也四輔房四星也房以輔心故曰四輔也
行南北河以陰陽言正義曰南河三星北河三星若月行北河以陰則南河以陽則水旱兵喪也
旱水兵喪月蝕歲星正義曰孟康云凡星入月見月中爲星蝕月月掩星星滅爲月蝕星也

其宿地饑若亡熒惑也亂
填星也下犯上太白也彊國以戰敗辰星也女
亂食大角徐廣曰一云食于大角。正義曰大角一星在兩攝提間人君之象也主命
者惡之心則爲內賊亂也列星其宿地憂索隱曰謂月蝕列星二十八宿當其分地有憂憂謂兵及喪也月食始日五月者六六
月者五五月復六六月者一而五月者凡五百
一十三月而復始索隱曰始日謂蒼始起之日也依此文計唯有一百二十一月與元數甚爲懸校既無太初曆術不可得而推定今以漢志統曆法計則五月者七六月者一又五月者一六月者五五月者一凡一百三十五月而復始耳或術家各異或傳寫錯謬故此不同無以明知也故月蝕常
也日蝕爲不臧也甲乙四海之外日月不占晉灼

曰海外遠甲乙日時不以占候丙丁江淮海岱也戊己中州河濟
也庚辛華山以西壬癸恒山以北日蝕國君月
蝕將相當之國皇星正義曰皇星者大而赤類南極老人去地三丈如炬火見則內
外有兵喪之難大而赤孟康曰歲星之精散所爲也五星之精散爲六十四變記不盡狀類
南極徐廣曰老人星也所出其下起兵兵彊其衝不利
昭明星索隱曰案春秋合誠圖云赤帝之精象如太白七芒釋名爲筆星氣有一枝末銳似筆亦曰日
華星也大而白無角乍上乍下孟康曰形如三足机机上有九彗上向熒惑之
精所出國起兵多變
五殘星索隱曰孟康云星表有青氣暈有毛填星之精也。正義曰五殘一名五鋒出正東東方之分
野狀類辰星去地可六七丈見則五穀毀敗之徵大臣誅亡之象出正東東方之野

其星狀類辰星去地可六丈大徐廣曰大一作六
賊星孟康曰形如彗九尺太白之精。正義曰天賊星者一名六賊出正南南方之野星去地可六丈大
而赤數動有光出則福合天下出正南南方之野星去地可六丈
大而赤數動有光
司危星孟康曰星大而有尾兩角熒惑之精也。正義曰司危者出正西西方分野也大如太白去地
可六丈見則以天子不義失國而豪傑起出正西西方之野星去地可
六丈大而白類太白
獄漢星孟康曰青中赤表下有二彗縱橫亦填星之精漢書天文志獄漢一名咸漢出正
北北方之野星去地可六丈大而赤數動察之
中青此四野星所出出非其方其下有兵衝不

利四填星所出四隅去地可四丈
地維咸光。正義曰四鎮星出四隅去地可四丈地維咸光星亦出四隅去地可三丈若月始出所
見下有亂者亡有德者昌也亦出四隅去地可三丈若月始出
所見下有亂亂者亡有德者昌
燭星狀如太白孟康曰星上有三彗上出亦填星之精其出也不行見
則滅所燭者城邑亂如星非星如雲非雲命曰
歸邪李奇曰邪音蛇孟康曰星有兩赤彗上向上有蓋狀如氣下連星歸邪出必有
歸國者星者金之散氣本曰火孟康曰星名星衆國
吉少則凶漢者亦金之散氣索隱曰案水生金散氣即水氣河圖括地
象曰河精爲天漢也其本曰水漢星多多水少則旱孟康曰漢河漢

也水生於金多少謂漢中星其大經也天鼓有音如雷非雷音
在地而下及地其所往者兵發其下
天狗狀如大奔星孟康曰星有尾旁有短彗下有如狗形者亦太白之精有聲
其下止地類狗所墮及炎火索隱曰炎音豔望之如火
光炎炎衝天其下圜如數頃田處上兌者則有
黃色千里破軍殺將
格澤星者索隱曰格澤一音鶴鐸又音格澤格胡客反如炎火之狀黃
白起地而上下大上兌其見也不種而穫不有
土功必有大害
蚩尤之旗孟康曰熒惑之精也晉灼曰呂氏春秋曰其色黃上下白類彗而後曲

象旗見則王者征伐四方。句始出於北斗旁，徐廣曰蚩尤也句一作營 狀如雄雞。其怒，青黑象伏鼈。李奇曰怒當音帑晉灼曰帑雌也或曰怒色青 枉矢類大流星，蛇行而倉黑，望之如有毛羽然。長庚如一匹布著天。正義曰著音直略反 此星見兵起。星墜至地則石也。正義曰春秋云星隕如雨是也今吳郡西鄉見有落星石其石天下多有也 河濟之閒時有墜星。天精而見景星。孟康曰精明也有赤方氣與青方氣相連赤方中有兩黃星青方中一黃星凡三星合為景星○索隱曰韋昭云精謂青朗漢書作姓亦作暒郭璞注三蒼云暒雨止無雲也○正義曰景星狀如半月生於晦朔助月為明見則人君有德明聖之慶也 景星者德星也，其狀無常，出於有道之國。凡望雲

氣，正義曰春秋元命包云陰陽聚為雲氣也釋名云雲猶云云眾盛也氣猶餼餼然也有聲即無形也 仰而望之三四百里；平望在桑榆上餘二千里；登高而望之下屬地者三千里。雲氣有獸居上者勝。正義曰勝音升剩反雲雨氣相敵也兵書云雲或如雄雞臨城有城必降 自華以南，氣下黑上赤。嵩高、三河之郊，氣正赤。恒山之北，氣下黑上青。勃碣海岱之閒，氣皆黑。江淮之閒，氣皆白。徒氣白。土功氣黃。車氣乍高乍下，往往而聚。騎氣卑而布。卒氣摶。如淳曰摶專也或曰摶徒端反 前卑而後高者，疾；前方而後高者，兌；而卑者，卻。其氣平者其行徐。前高而後卑者，不止而反。氣相遇者，卑

勝高，索隱曰遇音偶漢書作禺車通車轍也避漢武諱故曰通 兌勝方。氣來卑而循車通者，不過三四日，去之五六里見。氣來高七八尺者，不過五六日，去之十餘里見。氣來高丈餘二丈者，不過三四十日，去之五六十里見。稍雲精白者，其將悍，其士怯。其大根而前絕遠者，當戰。青白，其前低者，戰勝；其前赤而仰者，戰不勝。陣雲如立垣。杼雲類杼。軸索隱曰姚氏案兵書云營上雲氣如織勿與戰也 雲摶兩端兌。杓雲如繩者，居前亘天，索隱曰劉氏杓音時酌反說文音丁了反許慎注淮南云杓引也 其半半天。其蛪者類闕旗，索隱曰蛪音五結反亦作蜺音同 故。鉤雲句曲。正義曰句音古侯反 諸

此雲見，以五色合占。而澤摶密，正義曰崔豹古今注云黃帝與蚩尤戰於涿鹿之野常有五色雲氣金枝玉葉止於帝上有花葩之象故因作華蓋也京房易兆候云視四方常有火雲五色具其下賢人隱也青雲潤蔽日在西北為舉賢良也 其見動人，乃有占；兵必起，合鬭其直。王朔所候，決於日旁。日旁雲氣，人主象。正義曰洛書云有雲象人青衣無手在日西天子之氣 皆如其形以占。故北夷之氣如群畜穹閭，索隱曰鄒氏云一作弓閭天文志作弓字音穹蓋謂以氈為閭崇穹然而宋均云穹獸名亦異說也 南夷之氣類舟船幡旗。大水處，敗軍場，破國之虛，下有積錢，徐廣曰古作泉字 金寶之上，皆有氣，不可不察。海旁蜄氣象樓臺；廣野氣成宮闕然。雲氣各象其山川人民所聚

積正義曰淮南子云土地各以類生人是故山氣多男澤氣多瘖風氣多聾林氣多躄木氣多傴石氣多力
險阻氣多壽谷氣多痺丘氣多狂廟氣多仁陵氣多貪輕土多利足重土多遲清水音小濁水音大湍水人重中土
多聖人皆象其氣皆應其類也故候息耗者入國邑視封疆田疇
之正治如淳曰蔡邕云麻田曰疇城郭室屋門戶之潤澤次
至車服畜產精華實息者吉虛耗者凶若煙
非煙若雲非雲郁郁紛紛蕭索輪囷是謂卿雲
正義曰卿音慶卿雲見喜氣也若霧非霧索隱曰霧音如字一音蒙又亡
遘反爾雅云天氣下地不應曰霧言蒙昧不明也衣冠而不濡見則其域被
甲而趨天雷電蝦虹辟歷夜明者陽氣之動者
也春夏則發秋冬則藏故候者無不司之天開
縣物孟康曰謂天裂而見物象天開示縣象地動坼絕正義曰趙世家幽繆王遷五年代地
動自樂徐以西北至平陰臺屋牆垣太半壞地坼東西百三十步山崩及徙川塞谿
垘徐廣曰土雍曰垘音服駰案孟康曰谿谷也垘崩也蘇林曰垘流也水澹澤竭地長
見象城郭門閭閨臬枯槀宮廟邸第人民所次
謠俗車服觀民飲食五穀草木觀其所屬倉府
廄庫四通之路六畜禽獸所產去就魚鼈鳥鼠
觀其所處鬼哭若呼其人逢俉化言俉迎也伯莊曰音五故反
索隱曰逢俉謂相逢而驚也俉亦作迕音同化當為訛字之誤耳誠然凡候歲美惡
謹候歲始歲始或冬至日產氣始萌臘明日人
眾卒歲一會飲食發陽氣故曰初歲正月旦王

者歲首立春日四時之卒始也索隱曰謂立春日是去年四時之終卒今
年之始也四始者候之日正義曰謂正月旦歲之始時之始日之始月之始故云四始言以四
時之日候歲吉凶也而漢魏鮮孟康曰人姓名作占候者集臘明正月旦
決八風風從南方來大旱西南小旱西方有兵
西北戎菽為孟康曰戎菽胡豆也為成也。索隱曰韋昭云戎菽大豆也又郭璞註爾雅亦云胡
豆與孟康同小雨徐廣曰一無此上兩字趣兵索隱曰趨音促謂風從西北來則戎菽成而又
有小雨則其國趣兵起也北方為中歲東北為上歲韋昭曰歲大穰東
方大水東南民有疾疫歲惡故八風各與其衝
對課多者為勝多勝少久勝亟疾勝徐旦至食
為麥食至日昳為稷昳至餔為黍餔至下餔為
菽下餔至日入為麻欲終日有雨有雲有風有
日正義曰正月旦欲其終一日有風有日則一歲之中五穀豐熟無災害也日當其時者深
而多實無雲有風日當其時淺而多實有雲風
無日當其時深而少實有日無雲不風當其時
者稼有敗如食頃小敗熟五斗米頃大敗則風
復起有雲其稼復起各以其時用雲色占種其
所宜其雨雪若寒歲惡是日光明聽都邑人民
之聲聲宮則歲善吉商則有兵徵旱羽水角歲
惡或從正月旦比數雨索隱曰比音鼻律反數音疎舉反謂以比數日以候一歲
之雨以知豐穰也率日食一升至七升而極孟康曰月一日雨民有一升之

食二日雨民有二升之食如此至七日過之不占數至十二日日直其月占水旱孟康曰月一日雨正月水爲其環城千里內占則其爲天下候竟正月孟康曰月三十日周天歷二十八宿然後可占天下。正義曰按月列宿日風雲有變占其國并太歲所在則知其歲豐稔水旱飢饉也月所離列宿索隱曰韋昭云離歷也日風雲占其國然必察太歲所在在金穰水毀木饑火旱此其大經也正月上甲風從東方宜蠶風從西方若旦黃雲惡冬至短極縣土炭孟康曰先冬至三日縣土炭於衡兩端輕重適均冬至日陽氣至則炭重夏至日陰氣至則土重晉灼曰蔡邕律曆記候鐘律權土炭冬至陽氣應黃鐘通土炭輕而衡仰夏至陰氣應蕤賓通土炭重而衡低進退先後五日之中炭動鹿解角蘭根出泉水躍略以知日至決要

晷景歲星所在五穀逢昌其對爲衡歲乃有殃正義曰言晷景歲星行不失次則無災異五穀逢其昌盛若晷景歲星行而失舍有所衝則歲乃有殃禍災變也

太史公曰自初生民以來世主曷嘗不曆日月星辰及至五家索隱曰案謂五紀歲月日星辰曆數各有一家顓學習之故曰五家也三代正義曰五家黃帝高陽高辛唐虞堯舜也三代夏殷周也言生民以來何曾不曆日月星辰及至五帝三王亦於紹繼而明天數陰陽也紹而明之內冠帶外夷狄分中國爲十有二州仰則觀象於天俯則法類於地天則有日月地則有陰陽天有五星地有五行天則有列宿地則有州域三光者陰陽之精氣本在地而聖人統理之幽厲以往尚矣所見天變皆

國殊窟穴家占物怪以合時應其文圖籍禨祥不法正義曰禨音機顧野王云禨祥吉凶之先見也按自古以來所見天變國皆異具所說不同及家占物怪用合時應者書其文并圖籍凶吉並不可法則故孔子論六經記異事而說其所應不書變見之蹤也是以孔子論六經紀異而說不書至天道命不傳傳其人不待告正義曰待須也言天道性命忽有志事可傳授之則傳其大指微妙自在天性不須深告語也告非其人雖言不著正義曰著作慮反著明也言天道性命告非其人雖爲言說不得著明微妙曉其意也昔之傳天數者高辛之前重黎正義曰左傳云蔡墨曰少昊氏之子曰黎爲火正號祝融即火行之官知天數於唐虞羲和正義曰羲氏和氏掌天地四時之官也有夏昆吾正義曰昆吾陸終之子虞翻云昆吾名樊爲巳姓封昆吾世本云昆吾衛者也殷商巫咸正義曰巫咸殷賢臣也本吳人冢在蘇州常熟海隅山上

子賢亦在此也周室史佚萇弘正義曰史佚周武王時太史尹佚也萇弘周靈王時大夫也於宋子韋鄭則裨竈正義曰裨竈鄭大夫也在齊甘公徐廣曰或曰甘公名德也本是魯人。正義曰七錄云楚人戰國時作天文星占八卷楚唐昧正義曰莫葛反趙尹皐魏石申正義曰七錄云石申魏人戰國時作天文八卷也夫天運三十歲一小變百年中變五百載大變三大變一紀三紀而大備此其大數也爲國者必貴三五索隱曰三五謂三十歲一小變五百歲一大變上下各千歲然後天人之際續備太史公推古天變未有可考于今者蓋略以春秋二百四十二年之閒正義曰謂從隱公元年至哀公十四年獲麟也隱公十一年桓公十八年莊公三十二年閔公二年僖公三十三年文公十八年宣公十八年成公十八年襄

公三十一年昭公三十二年定公十五年哀公十四年凡二百四十二年也日蝕三十六正義曰謂隱公三年二月乙巳桓公三年七月壬辰朔十七年十月朔莊公十八年三月朔二十五年六月辛未朔二十六年十二月癸亥朔三十年九月庚午朔僖公五年九月戊申朔十二年三月庚午朔十五年五月朔文公元年二月癸亥朔十五年六月辛卯朔宣公八年七月庚子朔十年四月丙辰朔十七年六月癸卯朔成公十六年六月丙辰朔十七年七月丁巳朔襄公十四年二月乙未朔十五年八月丁巳朔二十年十月丙辰朔二十一年九月庚戌朔十月庚辰朔二十三年二月癸酉朔二十四年七月甲子朔八月癸巳朔二十七年十二月乙亥朔昭公七年四月甲辰朔十五年六月丁巳朔十七年六月甲戌朔二十一年七月壬午朔二十二年十二月癸酉朔二十四年五月乙未朔三十年十二月辛亥朔定公五年三月辛亥朔十二年十一月丙寅朔十五年八月庚辰朔凡三十六也彗星三見正義曰謂文公十四年七月有星入于北斗昭公十七年冬有星孛于大辰哀公十三年有星孛于東方宋襄公時星隕如雨正義曰謂僖公十五年正月戊申朔隕石于宋

五也天子微諸侯力政徐廣曰一作征五伯代興正義曰趙岐注孟子云齊桓晉文秦穆宋襄楚莊也更爲主命自是之後衆暴寡大并小秦楚吳越夷狄也爲彊伯正義曰秦祖非子初邑於秦地在西戎楚子熊繹始封丹陽荊蠻吳太伯居吳周章因封吳號勾吳越祖少康之子初封於越以守禹祀地稱東越皆戎夷之地故言夷狄也後秦穆楚莊吳闔閭越勾踐皆得封爲伯也田氏篡齊正義曰周安王二十三年康公卒田和并齊而立爲齊侯三家分晉正義曰周安王二十六年魏武侯韓文侯趙敬侯共滅晉靜而三分其地并爲戰國爭於攻取兵革更起城邑數屠因以飢饉疾疫焦苦臣主共憂患其察機祥候星氣尤急近世十二諸侯七國相王正義曰王于放反謂漢孝景帝三年吳王濞楚王戊趙王遂濟南王辟光菑川王賢膠東王雄渠也言從衡者繼

踵而皋唐甘石因時務論其書傳故其占驗凌雜米鹽正義曰凌雜交亂也米鹽細碎也言皋唐甘石等因時務論其書傳中災異所記錄者故其占驗交亂細碎其語在漢書五行志中也二十八舍主十二州正義曰二十八舍謂東方角亢氐房心尾箕北方斗牛女虛危室壁西方奎婁胃昴畢觜參南方井鬼柳星張翼軫星經云角亢鄭之分野兗州氐房心宋之分野豫州尾箕燕之分野幽州南斗牽牛吳越之分野揚州須女虛齊之分野青州危室壁衛之分野并州奎婁魯之分野徐州胃昴趙之分野冀州畢觜參魏之分野益州東井輿鬼秦之分野雍州柳星張周之分野三河翼軫楚之分野荊州也斗秉兼之正義曰言北斗所建秉十二辰兼十二州二十八宿自古所用從來久遠矣所從來久矣秦之疆也候在太白占於狼弧正義曰太白狼弧皆西方之星故秦占候也吳楚之疆候在熒惑占於鳥衡正義曰熒惑鳥衡皆南方之星故吳楚之占候也鳥衡柳星也一本作注張也

燕齊之疆候在辰星占於虛危正義曰辰星虛危皆北方之星故燕齊占候也宋鄭之疆候在歲星占於房心正義曰歲星房心皆東方之星故宋鄭占候也晉之疆亦候在辰星占於參罰正義曰辰星參罰皆北方西方之星故晉占候也及秦并吞三晉燕代自河山以南者中國正義曰河黃河也山華山也從華山及黃河以南爲中國也中國於四海內則在東南爲陽正義曰爾雅云九夷八狄七戎六蠻謂之四海之內中國從河山東南爲陽也陽則日歲星熒惑填星正義曰日人質反填音鎮日陽也歲星屬東方熒惑屬南方填星屬中央皆在南及東爲陽也占於街南畢主之正義曰天街二星主畢昴主國界也街南爲華夏之國街北爲夷狄之國則畢星主陽其西北則狐貉月氏諸衣旃裘引弓之民爲陰正義曰貉音陌氏音支從河山西北

及秦晉爲陰也陰則月太白辰星正義曰月陰也太白屬西方辰星屬北方皆在北及西爲陰也占於街北昴主之正義曰天街星北爲夷狄之國則昴星主之陰也故中國山川東北流其維首在隴蜀正義曰言中國山及川東北流行若南山首在崑崙葱嶺東北行連隴山至南山華山度河東北盡碣石山黃河首起崑崙山渭水岷江發源出隴山皆東北東入勃海也尾沒于勃碣是以秦晉好用兵韋昭曰秦晉西南維之北爲陰猶與胡貉引弓之民同故好用兵復占太白太白主中國正義曰主猶領也入也星經云太白在北月在南中國敗太白在南月在北中國不敗也是狐貉數侵掠之也而胡貉數侵掠獨占辰星辰星出入躁疾常主夷狄其大經也此更爲客主人正義曰更格行反下同星經云辰星不出太白爲客辰星出太白爲主人辰星太白不相從雖有軍不戰辰星出東方太白出西方若辰星出西方太白出東方爲

格野雖有兵不戰合宿乃戰辰星入太白中五日及入而上出破軍殺將客勝不出客亡地視旗所指熒惑爲勃外則理兵內則理政故曰雖有明天子必視熒惑所在索隱曰此案春秋緯文耀鉤故云故曰也諸侯更彊時菑異記無可錄者

秦始皇之時十五年彗星四見久者八十日長或竟天其後秦遂以兵滅六王并中國外攘四夷死人如亂麻因以張楚並起三十年之閒正義曰謂從秦始皇十六年起兵滅韓至漢高祖五年滅項羽則三十六年矣兵相駘藉蘇林曰駘音臺登躡也不可勝數自蚩尤以來未嘗若斯也項羽救鉅鹿枉矢西流山東遂合從諸侯西坑秦人

誅屠咸陽漢之興五星聚于東井平城之圍索隱曰漢高祖之七年月暈參畢七重索隱曰天文志其占者畢昴閒天街也街北胡也街南中國也昴爲匈奴參爲趙畢爲邊兵是歲高祖自將兵擊匈奴至平城爲冒頓所圍七日乃解則天象有若符契七重者主七日也諸呂作亂日蝕晝晦吳楚七國叛逆彗星數丈天狗過梁野及兵起遂伏尸流血其下元光元狩蚩尤之旗再見長則半天其後京師師四出正義曰元光元年太中大夫衛青等伐匈奴元狩二年冠軍侯霍去病等擊胡元鼎五年衛尉路博德等破南越及韓說破東越并破西南夷開十餘郡元年樓船將軍楊僕擊朝鮮也誅夷狄者數十年而伐胡尤甚越之亡熒惑守斗正義曰南斗爲吳越之分野朝鮮之拔星茀于河索隱曰茀音佩即孛星也天文志武帝元

封之中星孛于河戍其占曰南戍爲越門北戍爲胡門其後漢兵擊拔朝鮮以爲樂浪玄菟郡朝鮮在海中越之象居北方胡之域也其河戍即南河北河也戒兵征大宛星茀招搖正義曰招搖一星次北斗杓端主胡兵也占角變則兵革大行此其犖犖大者索隱曰犖音力卓反犖犖大事之分明也若至委曲小變不可勝道由是觀之未有不先形見而應隨之者也夫自漢之爲天數者星則唐都氣則王朔占歲則魏鮮故甘石曆五星法唯獨熒惑有反逆行逆行所守及他星逆行日月薄蝕孟康曰日月無光曰薄京房易傳曰日赤黃爲薄或曰不交而蝕曰薄韋昭曰氣往迫之爲薄虧毀爲蝕皆以爲占余觀史記考行事百年之中五星無出而不反逆行反逆行嘗盛大而變

色日月薄蝕行南北有時此其大度也故紫宮正義曰中宮也房心正義曰東宮也權衡正義曰南宮也咸池虛危正義曰北宮也列宿部星正義曰五官列宿部內之星也此天之五官坐位也爲經不移徙大小有差闊狹有常孟康曰闊狹若三台星相去遠近水火金木塡星徐廣曰木火土三星若合是謂驚位絕行此五星者天之五佐正義曰言水火金木土五星佐天行德也爲經緯見伏有時正義曰五星行南北爲經東西爲緯也所過行贏縮有度日變脩德月變省刑星變結和凡天變過度乃占國君彊大有德者昌弱小飾詐者亡太上脩德其次脩政其次脩救次脩禳正下無之夫常星之變希見而三光之占

亟用日月暈適徐廣曰適者災變咎徵也李斐曰適見災于天劉向以爲日月蝕及星逆行非太平之常自周衰以來人事亂故天文應之遂變耳駰案孟康曰暈日旁氣也適日之將食先有黑氣之變雲風此天之客氣其發見亦有大運然其與政事俯仰最近大人之符此五者天之感動爲天數者必通三五索隱曰三謂三辰五謂五星也終始古今深觀時變察其精粗則天官備矣

蒼帝行德天門爲之開索隱曰謂王者行春令布德澤被天下則上應靈威仰之帝而天門爲之開以發德化也天門即左右角閒也○正義曰爲於僞反下同蒼帝東方靈威仰之帝也春萬物開發東作起則天發其德化天門爲之開也赤帝行德天牢爲之空索隱曰謂王者行德以應火精之帝謂舉大禮封諸侯之

地則是赤帝行德夏陽主舒散故天牢爲之空則人主當赦過宥罪者也。正義曰赤帝南方赤熛怒之帝也夏萬物茂盛功作大興則天施德惠天牢爲之空虛也天牢六星在北斗魁下不對中台主秉禁暴亦貴人之牢也黃帝行德天夭爲之起正義曰黃帝中央含樞紐之帝季夏萬物盛大則當大赦含養羣品也風從西北來必以庚辛一秋中五至大赦三至小赦

白帝行德以正月二十日二十一日月暈圍常大赦載謂有太陽也一曰白帝行德索隱曰一曰一日謂占星之家異說太史公兼記之耳畢昴爲之圍正義曰白帝西方白招矩之帝也秋萬物咸成則暈圍畢昴三暮帝德乃成也圍三暮德乃成不三暮及圍不合德不成二曰以辰圍不出其旬

黑帝行德天關爲之動正義曰黑帝北方叶光紀之帝也冬萬物閉藏爲之動爲之開閉也天一星在五車南畢西北爲天門日月五星所道主邊事亦爲限隔內外障絕往來禁道之作違者占芒角有兵起五星守之主貴人多死也天行德天子更立年索隱曰案天謂北極紫微宮言王者當天心則北辰有光輝是行德也若北辰有光耀則天子更立年也不德風雨破石三能三衡者天廷也索隱曰上云南宮朱鳥權衡衡太微三光之廷則三衡者即太微也其謂之三者日月五星也然斗星第六第五亦名衡又參三星亦名衡然並不爲天廷○正義曰晉書天文志云三台主開德宣符也所以和陰陽而理萬物也三衡者北斗魁四星爲璇璣杓三星爲玉衡人君之象號令主也又太微天子宮庭也太微爲衡衡主平也爲天庭理法平辭理也按言三台三衡者皆天帝之庭號令舒散平理也故言三台三衡言若有客星出三台三衡之廷必有奇異教令也客星出天廷有奇令

索隱述贊曰在天成象有同影響觀文察變其來自往天官旣書太史攸掌雲物必記星辰可仰盈縮匪愆應驗無爽至哉玄監云誰欲網

天官書第五　史記二十七

封禪書第六　史記二十八

[正義曰此泰山上築土爲壇以祭天報天之功故曰封此泰山下小山上除地報地之功故曰禪言禪者神之也白虎通云或曰封者金銀繩或曰古泥金繩封之印璽也五經通義云易姓而王致太平必封泰山禪梁父荷天命以爲王使理羣生告太平於天報羣神之功]

自古受命帝王曷嘗不封禪蓋有無其應而用事者矣未有睹符瑞見而不臻乎泰山者也雖受命而功不至至梁父矣而德不洽洽矣而日有不暇給是以即事用希傳曰三年不爲禮禮必廢三年不爲樂樂必壞每世之隆則封禪荅焉及衰而息厥曠遠者千有餘載近者數百載故其儀闕然堙滅其詳不可得而記聞云尚書曰舜在璇璣玉衡以齊七政遂類于上帝禋于六宗望山川徧羣神輯五瑞擇吉月日見四岳諸牧還瑞[徐廣曰還一作班]歲二月東巡狩至于岱宗岱宗泰山也[正義曰括地志云泰山一曰岱宗東嶽也在兗州博城縣西北三十里周禮云兗州鎮曰岱宗]柴望秩于山川遂覲東后東后者諸侯也合時月正日同律度量衡脩五禮五玉三帛二牲一死贄五月巡狩至南岳南岳衡山也[正義曰括地志云衡山一名岣嶁山在衡州湘潭縣西四十一里]八月巡狩至西岳西岳華山也[正義曰括地志云華山在華州華陰縣南八里古文以爲敦物周禮云豫州鎮曰華山]十一月

巡狩至北岳北岳恒山也（正義曰括地志云恒山在定州恒陽縣西北百四十里周禮云并州鎮曰恒山）皆如岱宗之禮中岳嵩高也（索隱曰獨不言至者蓋以天子所都也○正義曰括地志云嵩高山亦名太室亦名外方也在洛州陽城縣西北二十三里）五載一巡狩禹遵之後十四世至帝孔甲淫德好神神瀆二龍去之（索隱曰如淳案國語二龍漦于夏庭是也）其後三世湯伐桀欲遷夏社不可作夏社後八世至帝太戊有桑穀生於廷一暮大拱懼伊陟（徐廣曰陟古作敕）曰妖不勝德太戊脩德桑穀死伊陟贊巫咸巫咸之興自此始（索隱曰尚書伊陟贊于巫咸孔安國云贊告也巫咸臣名今此巫咸之興起自此始則以巫咸爲巫覡然楚詞亦以巫咸主神蓋太史以巫咸是殷臣以巫接神事太戊使禳桑穀之災所以伊陟贊巫咸故一云巫咸之興自此始也）後十四世帝武丁得傅說爲相殷復興焉稱高宗有雉（徐廣曰一作鷮音嬌）登鼎耳雊武丁懼祖己曰脩德武丁從之位以永寧後五世帝武乙慢神而震死（索隱曰謂武乙射天後獵于河渭而震死也）後三世帝紂淫亂武王伐之由此觀之始未嘗不肅祗後稍怠慢也周官曰冬日至祀天於南郊迎長日之至夏日至祭地祇皆用樂舞而神乃可得而禮也天子祭天下名山大川五岳視三公四瀆視諸侯諸侯祭其疆內名山大川四瀆者江河淮濟也天子曰明堂辟雍（韋昭曰水外四周員如辟雍以節）諸侯曰

泮宮（張晏曰制度半於天子之辟雍○索隱曰服虔云天子水匝爲辟雍諸侯水不匝至半爲泮宮禮統又云半有水而半有宮是也）周公既相成王郊祀后稷以配天（王肅曰配天於南郊祀之）宗祀文王於明堂以配上帝（鄭玄曰上帝者天之別名也神無二主故異其處避后稷也）自禹興而修社祀后稷稼穡故有稷祠郊社所從來尚矣自周克殷後十四世世益衰禮樂廢諸侯恣行而幽王爲犬戎所敗（徐廣曰犬一作畎）周東徙雒邑秦襄公攻戎救周始列爲諸侯（正義曰秦襄公周平王元年封也）秦襄公既侯居西垂（正義曰漢隴西郡西縣也今在秦州上邽縣西南九十里也）自以爲主少皞之神作西畤祠白帝其牲用騮駒黃牛羝羊各一云（索隱曰毛詩傳云赤馬黑鬣曰騮也羝牡羊）其後十六年秦文公東獵汧渭之間卜居之而吉（索隱曰地理志汧水出汧縣西北入渭皇甫謐云文公徙都汧也○正義曰括地志云郿縣故城在岐州郿縣東北十五里即此城也）文公夢黃蛇自天下屬地其口止於鄜衍（李奇曰鄜音孚山阪曰衍○索隱曰鄜地名後爲縣屬馮翊衍者鄭衆註周禮云下平曰衍李奇云三輔謂山陵間爲衍也）文公問史敦敦曰此上帝之徵君其祠之於是作鄜畤用三牲郊祭白帝焉自未作鄜畤也而雍旁故有吳陽武畤（李奇曰於雍旁有吳陽也）雍東有好畤皆廢無祠或曰自古以雍州積高神明之隩故立畤郊上帝諸神祠皆聚云蓋黃帝時嘗用事雖晚周亦郊焉

其語不經見搢紳者不道李奇曰搢插也插笏於紳紳大帶。索隱曰姚氏云縉當作搢鄭衆註周禮云搢讀曰薦謂垂之於紳帶之間今案鄭意以搢爲薦則薦亦是進進而置於紳帶之閒故史記亦多作薦字也作鄜時後九年文公獲若石云于陳倉北阪城祠之蘇林曰質如石也服虔曰在北或曰在陳倉北。索隱曰云語辭也。正義曰三秦記云太白山西有陳倉山山有石鷄與山鷄不別趙高燒山山鷄飛去而石鷄不去晨鳴山頭聲聞三里或言是玉鷄括地志云陳倉山在岐州陳倉縣南又云寶鷄神祠在漢陳倉縣故城中今陳倉縣東石鷄在陳倉山上祠在陳倉城故言獲若石于陳倉北阪城同其神或歲不至或歲數來來也常以夜光輝若流星從東南來集于祠城則若雄雞其聲殷云野雞夜雊如淳曰野雞雉也呂后名雉故曰野雞瓚曰殷聲也云足句之辭以一牢祠命曰陳寶瓚曰陳倉縣有寶夫人祠或一歲二

歲與葉君合葉神來時天爲之殷殷雷鳴雉爲雊在長安正西五百里韋昭曰在陳倉縣寶而祠之故曰陳寶。索隱曰列異傳云陳倉人得異物以獻之道遇二童子云此名爲媦在地下食死人腦媦乃言云彼童子名陳寶得雄者王得雌者霸乃逐童子化爲雉秦穆公大獵果獲其雌爲立祠祭有光雷電之聲雉上南陽有赤光長十餘丈來入陳倉祠中所以代俗謂之寶夫人祠抑有由也葉縣名在南陽葉君即雉雉之神故時與寶夫人神合也作鄜時後七十八年秦德公既立卜居雍後子孫飲馬於河遂都雍雍之諸祠自此興用三百牢於鄜時索隱曰秦本紀德公元年以犧三百牢祠鄜時今案百當爲白秦君西祀少昊牲尚白牢秦諸侯也雖奢僭祭郊本特牲不可用三百牢以祭天蓋字誤作伏祠索隱曰服虔云周時無伏秦始作之漢舊儀云伏者萬鬼行故閉畫日不干求也東觀漢記和帝初令伏閉畫日是也又曆忌釋曰伏者何金氣伏藏之名四時代謝皆以相生而春木代水水生木也夏火代木木生火也冬水代金金生水也至秋則以金代火金畏於

火故几至庚日必伏庚者金也磔狗邑四門以禦蠱菑索隱曰案樂彥云左傳皿蟲爲蠱梟磔之鬼亦爲蠱故月令云大儺旁磔註云磔攘也厲鬼亦爲蠱將出害人旁磔於四方之門故此亦磔狗邑四門也風俗通云殺犬磔攘也德公立二年卒其後六年秦宣公作密時於渭南祭青帝其後十四年秦繆公立病卧五日不寤寤乃言夢見上帝上帝命繆公平晉亂史書而記藏之府而後世皆曰秦繆公上天秦繆公即位九年齊桓公既霸會諸侯於葵丘正義曰括地志云葵丘在曹州考城縣東南一里五十步郭內即桓公所會處也而欲封禪管仲曰索隱曰今管子書封禪篇是古者封泰山禪梁父者正義曰括地志云梁父山在兖州泗水縣北八十里也七十二家正義曰韓

詩外傳云孔子升泰山觀易姓而王可得而數者七十餘人不得而數者萬數也按管仲所記自無懷氏以下十二家其六十家無紀錄也而夷吾所記者十有二焉昔無懷氏服虔曰古之王者在伏羲前見莊子封泰山禪云云李奇曰云云山在梁父東。索隱曰晉灼云云云山在蒙陽縣故城東北下有云云亭也。正義曰括地志云云云山在兖州博城縣西南三十里也虙羲封泰山禪云云神農封泰山禪云云炎帝封泰山禪云云索隱曰鄧展云神農後子孫亦稱炎帝而登封者律曆志黃帝與炎帝戰于阪泉豈黃帝與神農身戰乎皇甫謐云炎帝傳位八代也黃帝封泰山禪亭亭徐廣曰在鉅平駰案服虔曰亭亭山在牟陰。索隱曰應劭云亭亭在鉅平北十餘里服虔云在牟陰非也。正義曰括地志云亭亭山在兖州博城縣西南三十里也顓頊封泰山禪云云帝俈封泰山禪云云堯封泰山禪云云舜封泰山禪

云云禹封泰山禪會稽索隱曰晉灼云本名茅山吳越春秋云禹廵天下登茅山以朝羣臣乃大會計更名茅山爲會稽亦曰苗山也○正義曰括地志云會稽山一名衡山在越州會稽縣東南一十二里也湯封泰山禪云云周成王封泰山禪社首應劭曰山名在博縣晉灼曰在鉅平南十三里皆受命然後得封禪桓公曰寡人北伐山戎索隱曰服虔云蓋今鮮卑是過孤竹正義曰括地志云孤竹故城在平州盧龍縣南一十里殷時孤竹國也西伐大夏涉流沙束馬懸車上卑耳之山韋昭曰將上山纏束其馬懸鉤其車也卑耳即齊語所謂辟耳○索隱曰卑耳山名在河東大陽卑讀如字也齊語即春秋外傳國語之書也辟音僻賈逵云山險也南伐至召陵正義曰召音邵括地志云邵陵故城在豫州郊城縣東四十五里也登熊耳山以望江漢索隱曰荆州記順陽益陽二縣東北有熊耳山東西各一峯如熊耳狀因以爲名齊桓公

太史公並登之或云弘農熊耳非也兵車之會三索隱曰案左傳兵車之會三謂魯莊十三年會北杏平宋亂僖四年侵蔡遂伐楚六年伐鄭圍新城是也而乘車之會六索隱曰案左氏乘車之會六謂莊十四年會于鄄十五年又會鄄十六年盟于幽僖五年會首止八年盟于洮九年會葵丘九合諸侯一匡天下諸侯莫違我昔三代受命亦何以異乎於是管仲睹桓公不可窮以辭因設之以事曰古之封禪鄗上之黍北里之禾應劭曰鄗上山也鄗音霍蘇林曰鄗上北里皆地名○索隱曰韋昭云設以不可得之物應劭云光武改高邑曰鄗姚氏云鄗縣屬常山一云鄗上山名所以爲盛江淮之間一茅三脊孟康曰所謂靈茅所以爲藉也東海致比目之魚韋昭曰各有一目不比不行其名曰鰈○索隱曰鰈音荅郭璞云如牛脾細鱗紫黑色有一眼兩片合乃得行今江東呼爲王餘亦曰版

魚也西海致比翼之鳥韋昭曰各有一翼不比不飛其名曰鶼鶼○索隱曰山海經云崇丘之山有鳥狀如鳧一翼一目相得乃飛名云蠻郭璞註爾雅亦作鶼鶼也然後物有不召而自至者十有五焉今鳳凰麒麟不來嘉穀不生而蓬蒿藜莠茂鴟梟數至而欲封禪毋乃不可乎於是桓公乃止是歲秦繆公內晉君夷吾其後三置晉國之君平其亂索隱曰三置晉君謂惠公懷公文公也繆公立三十九年而卒其後百有餘年而孔子論述六藝傳略言易姓而王封泰山禪乎梁父者七十餘王矣其俎豆之禮不章蓋難言之或問禘之說孔子曰不知知禘之說其於天下

也視其掌孔安國曰爲魯諱也包氏曰孔子謂或人言知禘之說者於天下之事如指視以掌中之物言其易了詩云紂在位文王受命政不及泰山武王克殷二年天下未寧而崩爰周德之洽維成王成王之封禪則近之矣及後陪臣執政季氏旅於泰山仲尼譏之馬融曰旅祭名禮諸侯祭山川在封內者今陪臣祭泰山非禮是時萇弘以方事周靈王諸侯莫朝周周力少萇弘乃明鬼神事設射貍首貍首者諸侯之不來者徐廣曰貍一名不來依物怪欲以致諸侯諸侯不從而晉人執殺萇弘皇覽曰萇弘冢在河南洛陽東北山上也周人之言方怪者自萇弘其後百餘年秦靈公作吳陽上畤祭

黄帝徐廣曰凡去作畤二百五十年作下畤祭炎帝索隱曰吳陽地名蓋在岳
之南又上云雍旁有故吳陽武畤今蓋因武畤又作上下畤以祭黄帝炎帝後四十八年
周太史儋見秦獻公索隱曰儋音丁甘反孟康云即老子也韋昭案年表儋在
孔子後百餘年非老聃也曰秦始與周合合而離五百歲當復
合索隱曰大顔曆評諸家而云周平王封襄公始列爲諸侯是乃爲别至昭王五十二年西周君臣獻邑凡五百
一十六年是爲合此言五百年舉全數也合十七年而霸王出焉索隱曰自昭王
滅周之後至始皇元年誅嫪毐正一十七年孟康云謂周封秦爲别秦并周爲合此襄公爲霸始皇爲王故云霸王
出者也。正義曰王于放反秦周俱黄帝之後至非子未别封是合也合而離者謂非子末年周封非子爲附庸邑之秦
是離也五百歲當復合者謂從非子邑秦後二十九君至秦孝公二年五百歲周顯王致文武胙於秦孝公復與之親是
復合也十七年霸王出焉者謂從秦孝公三年至十九年周顯王致伯於秦孝公是霸王也孝公惠王稱王者出焉然五
百歲者非子生秦侯已下二十八君至孝公二年合四百八十六年兼非子邑秦之後十四年則成五百歲矣諸家解皆
非也櫟陽雨金秦獻公自以爲得金瑞故作畦
畤櫟陽而祀白帝晉灼曰漢注在隴西西縣人先祠山下形如種韭畦畦各一土封。
索隱曰漢舊儀云祭人先於隴西西縣人先山山上皆有土人山下有畤如種韭畦畦中各有二土封故云畦畤
其後百二十歲而秦滅周徐廣曰去太史儋言時百二十年周之
九鼎入于秦或曰宋太丘社亡爾雅曰右陵太丘索隱曰應劭云亡淪入地非也案亡謂社主亡也郭璞云宋有太丘社以社名此地也而鼎没于泗水彭
城下其後百一十五年而秦并天下秦始皇既
并天下而帝或曰黄帝得土德黄龍地螾見應劭
曰螾丘蚓也黄帝土位故地見其神蚓大五六圍長十餘文韋昭曰黄者地色螾亦地物故以爲瑞。索隱曰此史

所記出呂氏春秋也螾音引夏得木德青龍止於郊草木暢茂
殷得金德銀自山溢蘇林曰流出也周得火德有赤烏
之符索隱曰尚書中候及呂氏春秋皆云有火自天止于王屋流爲赤烏五至以穀俱來今秦
變周水德之時昔秦文公出獵獲黑龍此其水
德之瑞於是秦更命河曰德水以冬十月爲年
首色上黑度以六爲名正義曰張晏云水北方黑終數六故以方六寸爲符六
尺爲步音上大呂事統上法服虔曰政上法令也瓚曰水陰陰主刑殺故上法
即帝位三年東巡郡縣祠騶嶧山頌秦功業索隱
曰騶縣之嶧山騶縣本邾國魯穆公改作鄒從征記此巖有秦始皇所勒之銘於是徵從齊
魯之儒生博士七十人至乎泰山下諸儒生或
議曰古者封禪爲蒲車惡傷山之土石草木索隱
曰蒲車謂蒲裹車輪也埽地而祭席用葅稭應劭曰稭禾稾也去其皮以爲席如
淳曰葅讀曰祖稭讀曰戛晉灼曰葅藉也。索隱曰周禮祭祀供茅葅説文云葅茅藉也言其易遵
也始皇聞此議各乖異難施用由此絀儒生而
遂除車道上自太山陽至巔立石頌秦始皇帝
德明其得封也從陰道下禪於梁父其禮頗采
太祝之祀雍上帝所用而封藏皆祕之世不得
而記也始皇之上太山中阪遇暴風雨休於大
樹下諸儒生既絀不得與用於封事之禮聞始
皇遇風雨則譏之於是始皇遂東游海上行禮

祠名山大川及八神求僊人羨門之屬八神將自古而有之或曰太公以來作之齊所以爲齊以天齊也（蘇林曰當天中中齊）其祀絕莫知起時八神一曰天主祠天齊天齊淵水居臨菑南郊山下者（索隱曰顧氏案解道彪齊記云臨菑城南有天齊五泉並出有異於常言如天之腹齊也小顏云下下謂最下也）二曰地主祠太山梁父蓋天好陰祠之必於高山之下小山之上命曰時（徐廣曰一云之下上時命曰時○索隱曰此之一云與漢書郊祀志文同也）地貴陽祭之必於澤中圓丘云三曰兵主祠蚩尤蚩尤在東平陸監鄉（徐廣曰屬東平郡○索隱曰監音闞皇覽云蚩尤冢在東平郡壽張縣闞鄉城中也）齊之西境也四曰陰主祠

三山（索隱曰小顏以爲下所謂三神山顧氏案地理志東萊曲成有參山即此三山也非海中之三神山也）五曰陽主祠之罘（正義曰括地志云之罘山在萊州文登縣西北九十里）六曰月主祠之萊山（韋昭曰在東萊長廣縣）皆在齊北並勃海七曰日主祠成山成山斗入海（韋昭曰成山在東萊不夜斗入海不夜古縣名○索隱曰案解道彪齊記云不夜城蓋古有日夜出見於東萊故萊子立城以不夜爲名也斗入海謂斗絕曲入海也）最居齊東北陽以迎日出云八曰四時主祠琅邪（索隱曰山海經云琅邪臺在勃海間案是山形如臺地理志琅邪縣有四時祠也）琅邪在齊東方蓋歲之所始皆言用一牢具祠而巫祝所損益珪幣雜異焉自齊威宣之時（索隱曰謂威王宣王也）騶子之徒（韋昭曰名衍）論著終始五德之運（如淳

曰今其書有五德始終五德各以所勝爲行秦謂周爲火德滅火者水故自謂之水德）及秦帝而齊人奏之故始皇采用之而宋毋忌正伯僑充尚羨門子高（韋昭曰皆古人名神仙者○索隱曰樂彥引老子道經云月中仙人宋毋忌白澤圖云火之精曰宋毋忌蓋其人火仙也司馬相如云正伯僑古仙人顧氏案裴秀冀州記云緱氏仙人廟者昔有王喬犍爲武陽人爲栢人令於此得仙非王子喬也充尚無所見羨門高者秦始皇使盧生求羨門子高是也）最後皆燕人（索隱曰最後猶言甚後也服虔說止有四人是也小顏云自宋毋忌至最後凡五人劉伯莊亦同此說恐未詳）爲方僊道形解銷化（服虔曰尸解也張晏曰人老如解去故骨則變化也今山中有龍骨世人爲之龍解骨化去也）依於鬼神之事騶衍以陰陽主運（如淳曰今其書有主運五行相次轉用事隨方面爲服○索隱曰主運是鄒子之書篇名也）顯於諸侯而燕齊海上之方士傳其術不

能通然則怪迂阿諛苟合之徒自此興不可勝數也自威宣燕昭使人入海求蓬萊方丈瀛州此三神山者其傳在勃海中（服虔曰傳音附或曰其傳書云爾瓚云世人相傳之）去人不遠患且至則船風引而去蓋嘗有至者諸僊人及不死之藥皆在焉其物禽獸盡白而黃金銀爲宮闕未至望之如雲及到三神山反居水下臨之風輒引去終莫能至云世主莫不甘心焉（索隱曰謂心甘羨也）及至秦始皇并天下至海上則方士言之不可勝數始皇自以爲至海上而恐不及矣使人乃齎童男女入海求之船交

海中皆以風爲解索隱曰顧野王云皆自解說遇風不至也曰未能至望見之焉其明年始皇復游海上至琅邪過恒山從上黨歸後三年游碣石考入海方士服虔曰疑詐故考之瓚曰考校其虛實從上郡歸後五年始皇南至湘山遂登會稽並海上冀遇海中三神山之奇藥不得還至沙丘崩正義曰括地志云沙丘臺在邢州平鄉東北二十里二世元年東巡碣石並海南歷太山至會稽皆禮祠之而刻勒始皇所立石書旁以章始皇之功德索隱曰小顏云今此諸山皆有始皇所刻石及胡亥重刻其文並具存也其秋諸侯畔秦三年而二世弒死始皇封禪之後十二歲秦亡諸儒生疾秦焚詩書誅僇文學百姓怨其法天下畔之皆譌曰始皇上太山爲暴風雨所擊不得封禪此豈所謂無其德而用事者邪索隱曰即封禪書序云蓋有無其應而用事者矣此當有所本太史公再引以爲說也昔三代之君皆在河洛之間正義曰世本云夏禹都陽城避商均也又都平陽或在安邑或在晉陽也帝王世紀云殷湯都亳在梁又都偃師至盤庚徙河北又徙偃師也周文武都豐鄗至平王徙都河南按三代之居皆在河洛之間也故嵩高爲中岳而四岳各如其方四瀆咸在山東至秦稱帝都咸陽則五岳四瀆皆并在東方自五帝以至秦軼興軼衰名山大川或在諸侯或在天子其禮損益世殊不可勝記及秦并天下令祠

官所常奉天地名山大川鬼神可得而序也於是自殽以東索隱曰殽即崤山杜預云崤在弘農澠池縣西南即今之二郩山是也亦音豪名山五大川祠二曰太室太室嵩高也恒山太山會稽湘山索隱曰地理志湘山在長沙水曰濟曰淮索隱曰風俗通云濟廟在臨邑淮廟在平氏也春以脯酒爲歲祠因泮凍服虔曰解凍。索隱曰爲音于僞反秋涸凍索隱曰案字林涸竭也音下各反小顏云涸讀與冱同冱凝也音下故反春則解秋則凝也冬賽禱祠索隱曰賽音先代反賽謂報神福也其牲用牛犢各一牢具珪幣各異自華以西名山七名川四曰華山正義曰括地志云華山在華州華陰縣南八里古文以爲敦物也謂云華嶽本一山當河水過而行河神巨靈手盪腳蹋開而爲兩今腳跡在東首陽下手掌在華山今呼爲仙掌河流於二山之間也開山圖云巨靈胡者偏得神天之道能造山川出江河也薄山薄山者襄山也徐廣曰蒲阪縣有襄山或字誤也。索隱曰應劭云襄山在潼關北十餘里穆天子傳云自河首襄山酈元水經云薄山統自與襄山不殊在今芮城北與中條山相連是薄襄一山名。正義曰薄音白落反衰音色買反括地志云薄山亦名衰山一名寸棘山一名渠山一名雷首山一名獨頭山一名首陽山一名吳山一名條山在陝州芮縣城北十里此山西起雷山東至吳坂凡十名以州縣分之多在蒲州今史文云自華以西未詳也岳山岐山徐廣曰武功縣有大壺山又有岳山。索隱曰地理志岐山在美陽縣西北也吳岳徐廣曰在汧也。索隱曰徐說非也案地理志汧有垂山無岳山也鴻冢瀆山瀆山蜀之汶山索隱曰黃帝臣大鴻葬雍鴻冢蓋因大鴻葬爲名也地理志蜀郡湔氏道岷山在西郭璞註云山在汶陽郡廣陽縣一名瀆山也水曰河祠臨晉索隱曰韋昭曰臨晉馮翊縣地理志臨晉有河水祠。正義曰即同州馮翊縣本漢臨晉縣也故大荔秦獲之更名括地志云大河祠在同州朝邑縣南三十里山海經云水夷人面乘兩龍也太公金匱云馮脩也龍魚河圖云河伯姓呂公子夫人姓馮名夷河伯字也華陰潼鄉隄首人水死化爲河伯應劭云夷馮夷乃水仙也沔祠漢中索隱曰水經云沔水出武都沮縣注云東南注漢所謂漢水故祠之漢中樂彥云漢女者漢神是也湫淵祠朝那蘇林曰湫淵在安定朝那縣方四十里停不流冬夏不增減不生草木音將蓼反○索隱曰湫音子小反又音子由反即龍之所處也○正義曰括地志云朝那湫祠在原州平高縣東南二十里湫谷水源出寧州安定縣江水祠蜀索隱曰風俗通云江出岷山岷山廟在江都地理志江都有江水祠蓋漢初祠之於源後祠之於委也廣雅云江神謂之奇相江記云帝女也卒爲江神華陽國志云蜀守李冰於彭門闕立江神祠三所漢舊儀云祭四瀆用三牲圭沉有車馬紺蓋○正義曰括地志云江瀆祠在益州成都縣南八里秦并天下江水祠蜀亦春秋泮涸禱賽如東方名山川而牲牛犢牢具珪幣各異而四大冢鴻岐吳岳皆有嘗禾孟康曰以新穀祭○索隱曰案謂四山爲大冢爾雅云山頂曰冢蓋亦因鴻冢而爲號也陳寶節來祠服虔曰陳寶神應節來其河加有嘗醪此皆在雍州之域近天子之都故加車一乘駵駒四霸產正義曰括地志云霸水古滋水也亦名曰藍谷水即秦嶺水之下流也雍州藍田縣滻水即荊溪狗枷之下流也在雍州萬年縣也長水灃澇徐廣曰音勞騆案漢書音義曰水名在鄠縣界○索隱曰百官表有長水校尉沈約宋書云營近長水因以爲名水經云長水出白鹿原今之荊溪水是也十三州記灃水出鄠縣南也○正義曰括地志云灃水源在雍州長安縣西南山灃谷涇渭皆非大川以近咸陽盡得比山川祠而無諸加韋昭曰無車駵之屬汧洛正義曰括地志云汧水源出隴州汧源縣西南汧山東入渭洛水源出慶州洛源縣白於山南流入渭又云洛水商州洛南縣西冢嶺山東北流入河按有三洛水未知祠何者二淵正義曰地理志云三川源在慶州華池縣西子午嶺東三川合因名也鳴澤索隱曰服虔云鳴澤在涿郡道縣○正義曰括

地志云鳴澤在幽州范陽縣西十五里按道縣在易州淶水縣北一里故道城是也澤在道南蒲山岳胥山徐廣曰音先許反之屬爲小山川亦皆歲禱賽泮涸祠禮不必同而雍有日月參辰索隱曰漢書舊儀云祭參辰於池陽谷口夾道在右爲壇也雍地名南北斗熒惑太白歲星填星二十八宿風伯雨師四海九臣晉灼曰自此以下至天淵玉女凡二十六小神不說十四臣索隱曰九臣十四臣並不見其名數所出故昔賢皆不論也諸布諸嚴諸逑之屬百有餘廟索隱曰爾雅祭星曰布或云諸布是祭星之處逑亦未詳漢書作遂西亦有數十祠索隱曰西即隴西之西縣秦之舊都故有祠焉於湖有周天子祠索隱曰地理志湖縣屬京兆有周天子祠二所在於下邽有天神灃滈有昭明索隱曰案樂彥引河圖云熒惑星散爲昭明天子辟池索隱曰樂彥云辟池未聞顧氏以爲璧池即滈池所謂華陰平舒道逢使者持璧以遺滈池君故曰璧池今案謂天子辟池即周天子辟雍之地故周文王都酆武王都滈既立靈臺則亦有辟雍耳張衡亦以辟池爲雍也於社亳有三社主之祠韋昭曰亳音薄湯所都皆曰濟陰薄縣是○索隱曰徐廣云京兆杜縣有亳亭則杜字誤合作杜亳且據文列於下皆是地邑則杜是縣案秦寧公與亳王戰亳王奔戎遂滅湯社皇甫謐亦云周桓王時自有亳王號湯非殷也而臣瓚以亳爲成湯之邑故云在於濟陰非也案謂社亳二邑有三社主之祠也壽星祠索隱曰壽星蓋南極老人星也見則天下理安故祠之以祈福壽也○正義曰角亢在辰爲壽星三月之時萬物始生建於春氣布養各盡其性不罹灾夭故壽而雍菅廟亦有杜主李奇曰菅茅也杜主故周之右將軍索隱曰地理志杜陵故杜伯國有杜主祠四墨子云周宣王殺杜伯不以罪後宣王田於圃見杜伯執弓矢射宣王伏弢而死故祠之也○正義曰括地志云杜祠雍州長安縣西南二十五里其在秦中最小鬼之神者索隱曰謂其鬼雖最小而

有神靈者也 各以歲時奉祠唯雍四時上帝爲尊（索隱曰雍有五時而言四者顓氏以爲兼下文上帝爲五非也案四時據秦舊而言秦襄公始列爲諸侯而作西時文公卜居汧渭之閒而作鄜時皆非雍也至秦德公卜居雍而後宣公作密時祠青帝靈公作上時祠黃帝下時祠炎帝獻公作畦時祠白帝是爲四并高祖增黑帝而五也○正義曰括地志云鄜時吳陽上下時是言秦用四時祠上帝青赤白最尊貴之也）其光景動人民唯陳寶故雍四時春以爲歲禱因泮凍秋涸凍冬賽祠五月嘗駒及四仲之月月祠若月祠陳寶節來一祠春夏用騂秋冬用騮時駒四匹木禺龍欒車一駟（漢書音義曰禺寄也寄生龍形於木也○索隱曰禺音偶謂偶其形於木禺馬亦然欒車謂車有鈴乃有和欒之節故取名也）木禺車馬一駟各如其帝色黃犢羔各四珪幣各

有數皆生瘞埋無俎豆之具（正義曰豆以木爲之受四升高尺二寸漆其中大夫以上赤雲氣畫諸侯加象飾口足天子玉飾之也）三年一郊秦以冬十月爲歲首故常以十月上宿郊見（李奇曰宿猶齋戒也）通權火（張晏曰權火烽火也狀若井挈皐矣其法類稱故謂之權欲令光明遠照通祀所也漢祀五時於雍五里一烽火如淳曰權舉也○索隱曰權如字解如張晏一音爟周禮有司爟爟火官非也）拜於咸陽之旁而衣上白其用如經祠云（服虔曰經常也）西時畦時祠如其故上不親往諸此祠皆太祝常主以歲時奉祠之至如他名山川諸鬼及八神之屬上過則祠去則已郡縣遠方神祠者民各自奉祠不領於天子之祝官祝官有祕祝即有菑祥輒

祝祠移過於下（正義曰謂有災祥輒令祝官祠祭移其咎惡於衆官及百姓也）漢興高祖之微時嘗殺大蛇有物曰蛇白帝子也而殺者赤帝子高祖初起禱豐枌榆社（張晏曰枌白榆也社在豐東北十五里或曰枌榆鄉名高祖里社）徇沛爲沛公則祠蚩尤釁鼓旗遂以十月至霸上與諸侯平咸陽立爲漢王因以十月爲年首而色上赤二年東擊項籍而還入關問故秦時上帝祠何帝也對曰四帝有白青黃赤帝之祠高祖曰吾聞天有五帝而有四何也莫知其說於是高祖曰吾知之矣乃待我而具五也乃立黑帝祠命曰北時有司進

祠上不親往悉召故秦祝官復置太祝太宰如其故儀禮因令縣爲公社（李奇曰猶官社）下詔曰吾甚重祠而敬祭今上帝之祭及山川諸神當祠者各以其時禮祠之如故（徐廣曰高祖本紀曰二年六月令祠官祀天地四方上帝山川以時祀之）後四歲天下已定詔御史令豐謹治枌榆社常以四時春以羊彘祠之令祝官立蚩尤之祠於長安長安置祠祝官女巫其梁巫祠天地天社天水房中堂上之屬（索隱曰禮樂志有安世房中歌皆謂祭時房中堂上歌先祖之功德也）晉巫祠五帝東君雲中司命巫社巫族人先炊之屬（索隱曰廣雅云東君日也王逸註楚詞雲中雲中君也東君雲中亦見歸

藏易也周禮以槱燎祠司命鄭衆云司命文昌四星也。正義曰先炊古炊母之神也 秦巫祠社主巫保族纍之屬 索隱曰社主即上文三社之主巫保族纍二神名纍音力追反 荆巫祠堂下巫先司命施糜之屬 應劭曰先人所施化民人又貴悉置祠巫祝博求神靈之意文穎曰巫掌神之位次者也范氏世仕於晉故祠祝有晉巫范會支庶留秦爲劉氏故有秦巫劉氏隨魏都大梁故有梁巫後徙豐豐屬荆故有荆巫。索隱曰巫先謂古巫之先有靈者蓋巫咸之類也施糜鄭玄謂主施糜粥之神 九天巫祠九天 索隱曰孝武本紀云立九天廟於甘泉三輔故事云胡巫事九天於神明臺淮南子云中央曰鈞天東方曰蒼天東北旻天北方玄天西北幽天西方皓天西南朱天南方炎天東南陽天是爲九天也。正義曰太玄經云一中天二羨天三徙天四更天五睟天六郭天七咸天八治天九成天也 皆以歲時祠宮中其河巫祠河於臨晉而南山巫祠南山秦中秦中者二世皇帝 張晏曰子產云匹夫匹婦強死者魂魄能依人爲厲 各有時月其後二歲或曰周興而邑邰立后稷之祠至今血食天下 正義曰顏師古云祭有牲牢故言血食遍於天下 於是高祖制詔御史其令郡國縣立靈星祠 張晏曰龍星左角曰天田則農祥也晨見而祭。正義曰漢舊儀云五年脩復周家舊祠祀后稷於東南爲民祈農報厥功夏則龍星見而始雩龍星左角爲天田右角爲天庭天田爲司馬教人種百穀爲稷靈者神也辰之神爲靈星故以壬辰日祠靈星於東南金勝爲土相也廟記云靈星祠在長安城東十里 常以歲時祠以牛高祖十年春有司請令縣常以春三月及時臘祠社稷以羊豕民里社各自財以祠制曰可其後十八年孝文帝即位即位十三年下詔曰今祕祝移過于下朕甚不取自今

除之始名山大川在諸侯諸侯祝各自奉祠天子官不領及齊淮南國廢 正義曰齊有泰山淮南有天柱山二山初天子祝官不領遂廢其祀今諸侯奉祠今令太祝盡以歲時致禮如秦故儀 令太祝盡以歲時致禮如故是歲制曰朕即位十三年于今賴宗廟之靈社稷之福方內艾安民人靡疾間者比年登朕之不德何以饗此皆上帝諸神之賜也蓋聞古者饗其德必報其功欲有增諸神祠有司議增雍五畤路車各一乘駕被具 正義曰顏師古云駕被馬之飾皆具 西畤畦畤禺車各一乘禺馬四匹駕被具其河湫漢水 正義曰河秋黃河及湫泉 加玉各二 正義曰言二水祭時各加玉璧二枚 及諸祠各增廣壇場珪幣俎豆以差加之而祝釐者歸福於朕百姓不與焉自今祝致敬毋有所祈魯人公孫臣上書曰始秦得水德今漢受之推終始傳則漢當土德土德之應黃龍見宜改正朔易服色色上黃是時丞相張蒼好律曆以爲漢乃水德之始故河決金堤 漢書音義曰在東郡界 其符也 索隱曰謂河決乃水德之符應也 年始冬十月色外黑內赤 服虔曰十月陰氣在外黑陽氣尚伏在地故內赤 與德相應如公孫臣言非也罷之後三歲黃龍見成紀 徐廣曰在文帝十五年春。正義曰按成紀云秦州縣也 文帝乃召公孫臣拜爲博士與

諸生草改歷服色事其夏下詔曰異物之神見于成紀無害於民歲以有年朕祈郊上帝諸神禮官議無諱以勞朕有司皆曰古者天子夏親郊祠上帝於郊故曰郊於是夏四月文帝始郊見雍五畤祠衣皆上赤其明年趙人新垣平以望氣見上言長安東北有神氣成五采若人冠絻焉或曰東北神明之舍西方神明之墓也張晏曰神明日也日出東方舍謂陽谷日没於西也墓北谷也天瑞下宜立祠上帝以合符應於是作渭陽五帝廟同宇韋昭曰宇謂上同下異禮所謂復廟重屋也贊曰一營宇之中立五廟。正義曰括地志云渭陽五帝廟在雍州咸陽縣東三十里宮殿疏云五帝廟一宇五殿也按一宇之內而設五帝各依其方帝別爲一殿而門各如帝色也帝一殿面各五門各如其帝色祠所用及儀亦如雍五畤夏四月文帝親拜霸渭之會如淳曰二水之會。正義曰渭陽五廟在二水之合北岸以郊見渭陽五帝五帝廟南臨渭北穿蒲池溝水正義曰顔師古云蒲池謂蒲而種池也蒲字或作蘭言其水恐顔說非按括地志云渭北咸陽縣有蘭池而始皇逢盜蘭池者也言穿溝引渭水入蘭池也疑蘭字誤作爲蒲重更錯失權火舉而祠若光煇然屬天焉於是貴平上大夫賜累千金而使博士諸生刺六經中作王制索隱曰小顔云刺謂采取之也劉向七錄云文帝所造書有本制兵制服制篇刺音七賜反謀議巡狩封禪事文帝出長安門徐廣曰在霸陵駰案如淳曰亭名也正義曰括地志云長門故亭在雍

州萬年縣東北苑中後館陶公主長門園武帝以長門名宮即此若見五人於道北遂因其直北立五帝壇孟康曰直值也值其立處以作壇祠以五牢具其明年新垣平使人持玉杯上書闕下獻之平言上曰闕下有寶玉氣來者已視之果有獻玉杯者刻曰人主延壽平又言臣候日再中索隱曰晉灼云淮南云魯陽公與韓構戰戰酣日暮援戈麾之日爲却三舍豈其然乎居頃之日卻復中於是始更以十七年爲元年令天下大酺平言曰周鼎亡在泗水中今河溢通泗臣望東北汾陰直有金寶氣意周鼎其出乎兆見不迎則不至於是上使使治廟汾陰南臨河欲祠出周鼎徐廣曰是後二十七年鼎出汾陰人有上書告新垣平所言氣神事皆詐也下平吏治誅夷新垣平自是之後文帝怠於改正朔服色神明之事而渭陽長門五帝使祠官領以時致禮不往焉明年匈奴數入邊興兵守禦後歲少不登數年而孝景即位十六年祠官各以歲時祠如故無有所興至今天子自此後武帝事褚先生取爲武帝本紀注解已在第十二卷今直載徐義今天子初即位尤敬鬼神之祀元年漢興已六十餘歲矣天下乂安搢紳之屬皆望天子封禪改正度也而上鄉儒術招賢良趙綰王臧等以文學爲

公卿欲議古立明堂城南以朝諸侯草巡狩封
禪改歷服色事未就會竇太后治黃老言不好
儒術使人微伺得趙綰等姦利事召案綰臧綰
臧自殺諸所興皆廢後六年竇太后崩其明年
徵文學之士公孫弘等明年今上初至雍郊見
五畤後常三歲一郊索隱曰漢舊儀云元年祭天二年祭地三年祭五畤三歲一遍皇帝自行也是時上求神君舍之上林中蹏氏觀神
君者長陵女子以子死見神於先後宛若宛若
祠之其室民多往祠平原君往祠其後子孫以
尊顯及今上即位則厚禮置祠之內中聞其言

史記禪書六　二十二

不見其人云是時李少君亦以祠竈穀道卻老
方見上上尊之少君者故深澤侯舍人索隱曰案表深澤侯趙將夜以高祖八年封侯至元朔五年夷侯胡薨無後國除主方匿其年及其
生長常自謂七十能使物卻老其游以方徧諸
侯無妻子人聞其能使物及不死更饋遺之常
餘金錢衣食人皆以為不治生業而饒給又不
知其何所人愈信爭事之少君資好方善為巧
發奇中嘗從武安侯飲索隱曰武安侯田蚡也坐中有九
十餘老人少君乃言與其大父游射處老人為
兒時從其大父識其處一坐盡驚少君見上上

封禪書

有故銅器問少君少君曰此器齊桓公十年陳
於柏寢索隱曰韓子云齊景公與晏子遊於少海登柏寢之臺而望其國已而案其
刻果齊桓公器一宮盡駭以為少君神數百歲
人也少君言上曰祠竈則致物致物而丹沙可
化為黃金黃金成以為飲食器則益壽益壽
而海中蓬萊僊者乃可見見之以封禪則不
死黃帝是也臣嘗游海上見安期生安期生
食巨棗大如瓜索隱曰包愷云巨或作臣安期生僊者通蓬
萊中合則見人不合則隱於是天子始親祠竈
遣方士入海求蓬萊安期生之屬而事化丹沙

史記禪書六　二十三

諸藥齊為黃金矣居久之李少君病死天子以
為化去不死而使黃錘徐廣曰音直恚反錘縣黃縣皆在東萊史寬
舒受其方求蓬萊安期生莫能得而海上燕
齊怪迂之方士多更來言神事矣亳人謬忌奏
祠太一方曰天神貴者太一索隱曰樂汁徵圖曰天宮紫微北極天一太一宋均云天一太一北極神之別名春秋佐助期曰紫宮天皇曜魄寶之所理也石氏云天一太一各一星在紫宮門外立承事天皇大帝太一佐曰五帝古者天子以春秋祭太
一東南郊用太牢七日為壇開八通之鬼道索隱曰司馬彪續漢書祭祀志云壇有八陛通道以為門又三輔黃圖云上帝壇八觚神道八通廣三十步也於是
天子令太祝立其祠長安東南郊常奉祠如忌

封禪書

方其後人有上書言古者天子三年壹用太牢
祠神三一天一地一太一天子許之令太祝領
祠之於忌太一壇上如其方後人復有上書言
古者天子常以春解祠（索隱曰謂祠祭以解殃咎求福祥也）祠黃帝
用一梟破鏡冥羊用羊祠馬行用一青牡馬太
一澤（徐廣曰澤一作皐）山君地長用牛（索隱曰此則人上書言古天子祭太一太
一天神也澤山本紀作皐山澤山君地長謂祭地於皐山同用太牢故云用牛蓋是異代之法也）武夷
君用乾魚（索隱曰顧氏案地理志云建安有武夷山溪有仙人葬處即漢書所謂武夷君是時既用
越巫言勇之疑即此神今案其祀用乾魚兼不享牲牢或如顧說也）陰陽使者以一牛
令祠官領之如其方而祠於忌太一壇旁其後

天子苑有白鹿以其皮爲幣以發瑞應造白金
焉（索隱曰樂彥云謂龍馬龜也）其明年郊雍（徐廣曰武帝立已十九年）獲一角
獸若麃然有司曰陛下肅祗郊祀上帝報享錫
一角獸蓋麟云於是以薦五畤畤加一牛以燎
錫諸侯白金風符應合于天也於是濟北王以
爲天子且封禪乃上書獻太山及其旁邑天子
以他縣償之常山王有罪遷天子封其弟於真
定以續先王祀（徐廣曰元鼎四年時）而以常山爲郡然後
五岳皆在天子之邦其明年齊人少翁以鬼神
方見上上有所幸王夫人（徐廣曰外戚傳封禪書曰趙之王夫人幸有子封爲

齊王）夫人卒少翁以方蓋夜致王夫人及竈鬼之
貌云（索隱曰漢書作李夫人卒帝悼之李少翁致其形帝爲作賦此云王夫人新論亦同未詳）天子
自帷中望見焉於是乃拜少翁爲文成將軍賞
賜甚多以客禮禮之文成言曰上即欲與神通
宮室被服非象神神物不至乃作畫雲氣車及
各以勝日駕車辟惡鬼（索隱曰樂彥云畫以勝日者謂畫青車以甲乙畫赤車以
丙丁畫玄車以壬癸畫白車以庚辛畫黃車以戊己將有水事則乘黃車故云駕車辟惡鬼也）又作甘
泉宮中爲臺室畫天地太一諸鬼神而致祭具
以致天神居歲餘其方益衰神不至乃爲帛書
以飯牛詳不知言曰此牛腹中有奇殺視得書

書言甚怪天子識其手書問其人果是僞書於
是誅文成將軍隱之其後則又作柏梁銅柱（徐廣
曰元鼎二年時）承露仙人掌之屬矣文成死明年天子
病鼎湖甚（索隱曰三輔黃圖云鼎湖宮名在藍田韋昭云地名近宜春案湖本屬京兆後分屬弘農
恐非鼎湖之處也）巫醫無所不致不愈游水發根言上
郡有巫病而鬼神下之上召置祠之甘泉及病
使人問神君神君言曰天子無憂病病少愈彊
與我會甘泉於是病愈遂起幸甘泉病良已大
赦置酒壽宮神君壽宮神君最貴者太一其
佐曰大禁司命之屬皆從之非可得見聞其言

言與人音等時去時來來則風肅然居室帷中時晝言然常以夜天子祓然後入因巫爲主人關飲食所以言行下又置壽宮北宮張羽旗設供具以禮神君神君所言上使人受書其言命之曰書法其所語世俗之所知也無絕殊者而天子心獨喜其事祕世莫知也其後三年有司言元宜以天瑞命不宜以一二數一元曰建二元以長星曰光三元以郊得一角獸曰狩云其明年冬天子郊雍議曰今上帝朕親郊而后土無祀則禮不荅也有司與太史公祠官寬舒議天地牲角繭栗今陛下親祠后土后土宜於澤中圜丘爲五壇壇一黃犢太牢具已祠盡瘞而從祠衣上黃於是天子遂東始立后土〔徐廣曰元鼎四年〕祠汾陰脽丘如寬舒等議上親望拜如上帝禮禮畢天子遂至滎陽而還過雒陽下詔曰三代邈絕遠矣難存其以三十里地封周後爲周子南君以奉其先祀焉是歲天子始巡郡縣侵尋於泰山矣其春樂成侯上書言欒大欒大膠東宮人故嘗與文成將軍同師已而爲膠東王尚方而樂成侯姊爲康王后〔索隱曰康王名寄〕無子康王死

他姬子立爲王〔徐廣曰以元狩二年薨〕而康后有淫行與王不相中〔索隱曰三蒼云中得也〕相危以法康后聞文成已死而欲自媚於上乃遣欒大因樂成侯求見言方天子既誅文成後悔其蚤死惜其方不盡及見欒大大說大爲人長美言多方略而敢爲大言處之不疑大言曰臣常往來海中見安期羨門之屬顧以臣爲賤不信臣又以爲康王諸侯耳不足與方臣數言康王康王又不用臣臣之師曰黃金可成而河決可塞不死之藥可得僊人可致也然臣恐效文成則方士皆奄口惡敢言方哉上曰文成食馬肝死耳〔索隱曰論衡云氣勃而毒盛故食走馬肝殺人儒林傳曰食肉無食馬肝是也〕子誠能脩其方我何愛乎〔索隱曰上語欒大云子誠能修文成方我更何所愛惜乎謂不悋金寶祿位也〕大曰臣師非有求人人者求之陛下必欲致之則貴其使者令有親屬以客禮待之勿卑使各佩其信印乃可使通言於神人神人尚肯邪不邪致尊其使然後可致也於是上使驗小方鬭棊棊自相觸擊〔索隱曰顧氏案萬畢術云取雞血雜磨針鐵擣和磁石棊頭置局上自相抵擊也〕是時上方憂河決而黃金不就乃拜大爲五利將軍居月餘得四印〔索隱曰謂五利將軍天士將軍地士將軍大通將軍爲四也〕佩天士將軍地士將軍

軍大通將軍印。制詔御史：昔禹疏九江，決四瀆。閒者河溢皋陸，隄繇不息。朕臨天下二十有八年，[徐廣曰元鼎四年也]天若遺朕士而大通焉。乾稱蜚龍，鴻漸于般，朕意庶幾與焉。其以二千戶封地士將軍大為樂通侯。賜列侯甲第，僮千人。乘轝斥車馬帷幄器物以充其家。又以衛長公主妻之，[索隱曰衛子夫之子曰衛太子女曰衛長公主是衛后長女也非如帝姊曰長公主之例也]齎金萬斤，更命其邑曰當利公主。[索隱曰地理志東萊有當利縣]天子親如五利之第。使者存問供給，相屬於道。自大主[徐廣曰武帝姑]將相以下，皆置酒其家，獻遺之。於是天子

又刻玉印曰天道將軍，使使衣羽衣，夜立白茅上，五利將軍亦衣羽衣，夜立白茅上受印，以示不臣也。而佩天道者，且為天子道天神也。於是五利常夜祠其家，欲以下神。神未至而百鬼集矣，然頗能使之。其後裝治行，東入海，求其師云。大見數月，佩六印，[索隱曰更加樂通侯及天道將軍印為六印]貴震天下，而海上燕齊之閒，莫不搤捥而自言有禁方，能神僊矣。其夏六月中，汾陰巫錦為民祠魏脽后土營旁，見地如鉤狀，掊視得鼎。鼎大異於眾鼎，文鏤無款識，怪之，言吏。吏告河東太守勝，勝

以聞。天子使使驗問巫得鼎無姦詐，乃以禮祠，迎鼎至甘泉，從行，上薦之。至中山，[徐廣曰河渠書曰鑿涇水自中山西]曣嗢，有黃雲蓋焉。有麃過，上自射之，因以祭云。[徐廣曰上言從行上薦之或者祭鼎也]至長安，公卿大夫皆議請尊寶鼎。天子曰：閒者河溢，歲數不登，故巡祭后土，祈為百姓育穀。今歲豐廡未報，鼎曷為出哉？有司皆曰：聞昔泰帝興神鼎一，[索隱曰孔文祥云泰帝太昊也]一者壹統，天地萬物所繫終也。黃帝作寶鼎三，象天地人。禹收九牧之金，鑄九鼎。皆嘗亨鬺[徐廣曰鬺亨煮也音殤皆嘗以亨牲牢而祭祀]上帝鬼神。遭聖則興，鼎遷于夏商。

周德衰，宋之社亡，鼎乃淪沒，伏而不見。頌云：自堂徂基，自羊徂牛；鼐鼎及鼒，不吳不驁，胡考之休。今鼎至甘泉，光潤龍變，承休無疆。合茲中山，[徐廣曰關中亦復有中山也非魯中山]有黃白雲降蓋，若獸為符，路弓乘矢，集獲壇下，報祠大享。[徐廣曰一云大亨祠享]唯受命而帝者心知其意而合德焉。鼎宜見於祖禰，藏於帝廷，以合明應。制曰：可。入海求蓬萊者，言蓬萊不遠，而不能至者，殆不見其氣。上乃遣望氣佐候其氣云。其秋，上幸雍，且郊。或曰五帝，太一之佐也，宜立太一而上親郊之。上疑未定。齊

人公孫卿曰今年得寶鼎其冬辛巳朔旦冬至與黃帝時等卿有札書曰黃帝得寶鼎宛朐問於鬼臾區鬼臾區對曰黃帝得寶鼎神策是歲己酉朔旦冬至得天之紀終而復始於是黃帝迎日推策後率二十歲復朔旦冬至凡二十推三百八十年黃帝僊登于天卿因所忠欲奏之所忠視其書不經疑其妄書謝曰寶鼎事已決矣尚何以為卿因嬖人奏之上大說乃召問卿對曰受此書申公申公已死上曰申公何人也卿曰申公齊人與安期生通受黃帝言無書獨

有此鼎書曰漢興復當黃帝之時曰漢之聖者在高祖之孫且曾孫也寶鼎出而與神通封禪封禪七十二王唯黃帝得上太山封申公曰漢主亦當上封上封則能僊登天矣黃帝時萬諸侯而神靈之封居七千索隱曰韋昭云黃帝時萬國以其修神靈得封者七千國或為七十國樂彥云以舜為神明之後封媯滿於陳之類是也顧氏案國語仲尼云山川之守足以紀綱天下者其守為神汪芒氏之君守封禺之山也天下名山八而三在蠻夷五在中國中國華山首山太室太山東萊此五山黃帝之所常游與神會黃帝且戰且學仙患百姓非其道者乃斷斬非鬼神者索隱曰謂有非毀鬼神之人乃斷理而誅斬之

百餘歲然後得與神通黃帝郊雍上帝宿三月鬼臾區號大鴻死葬雍故鴻冢是也其後黃帝接萬靈明廷明廷者甘泉也所謂寒徐廣曰一作塞門者谷口也黃帝采首山銅鑄鼎於荊山下鼎既成有龍垂胡髯下迎黃帝索隱曰說文云胡牛垂頷也釋名云胡在咽下垂者則所謂龍胡也黃帝上騎群臣後宮從上者七十餘人龍乃上去餘小臣不得上乃悉持龍髯龍髯拔墮墮黃帝之弓百姓仰望黃帝既上天乃抱其弓與胡髯號故後世因名其處曰鼎湖其弓曰烏號於是天子曰嗟乎吾誠得如黃帝吾視

去妻子如脫躧耳乃拜卿為郎東使候神於太室上遂郊雍至隴西西登崆峒幸甘泉令祠官寬舒等具太一祠壇祠壇放薄忌太一壇壇三垓徐廣曰階次也五帝壇環居其下各如其方黃帝西南除八通鬼道太一其所用如雍一畤物而加醴棗脯之屬殺一貍牛以為俎豆牢具而五帝獨有俎豆醴進其下四方地為餟食群臣從者及北斗云已祠胙餘皆燎之其牛色白鹿居其中彘在鹿中水而洎之徐廣曰洎一作酒灌水於釜中曰洎音冀祭日以牛祭月以羊彘特索隱曰樂彥云祭日以太牢月以少牢特不用牝也小顏云牛

羊若彘止一牲故云特也太一祝宰則衣紫及繡五帝各如其
色日赤月白十一月辛巳朔旦冬至昧爽天子
始郊拜太一朝朝日夕夕月則揖而見太一如
雍郊禮其贊饗曰 索隱曰顧氏云饗祀祠也漢舊儀云贊饗一人秩六百石是也 天
始以寶鼎神策授皇帝朔而又朔終而復始皇
帝敬拜見焉而衣上黃其祠列火滿壇壇旁亨
炊具有司云祠上有光焉公卿言皇帝始郊見
太一雲陽有司奉瑄玉嘉牲薦饗是夜有美光
及晝黃氣上屬天太史公祠官寬舒等曰神靈
之休祐福兆祥宜因此地光域立太畤壇以明

應令太祝領秋及臘閒祠三歲天子一郊見其
秋為伐南越告禱太一以牡荊畫幡日月北斗
登龍以象太一三星為太一鋒 徐廣曰天官書曰天極星明者太一
常居也斗口三星曰太一 命曰靈旗為兵禱則太史奉以指所
伐國而五利將軍使不敢入海之太山祠上使
人隨驗實毋所見五利妄言見其師其方盡多
不讎 索隱曰鄭德云相應為讎謂其言語不相應無驗也 上乃誅五利其冬
公孫卿候神河南言見僊人跡緱氏城上有物
如雉往來城上天子親幸緱氏城視跡問卿得
毋效文成五利乎卿曰僊者非有求人主

者求之其道非少寬假神不來言神事事如迂
誕積以歲乃可致也於是郡國各除道繕治宮
觀名山神祠所以望幸也其春既滅南越上有
嬖臣李延年以好音見上善之下公卿議曰民
閒祠尚有鼓舞樂今郊祠而無樂豈稱乎公卿
曰古者祠天地皆有樂而神祇可得而禮或曰
太帝使素女鼓五十弦瑟悲帝禁不止故破其
瑟為二十五弦於是塞南越禱祠太一后土始
用樂舞益召歌兒作二十五弦 徐廣曰瑟 及空侯 徐廣
曰應劭云武帝令樂人侯調始造此器 琴瑟自此起其來年冬上議

曰古者先振兵釋旅 徐廣曰古釋字作澤 然後封禪乃遂
北巡朔方勒兵十餘萬還祭黃帝冢橋山釋兵
須如 徐廣曰須一作京 上曰吾聞黃帝不死今有冢何
也或對曰黃帝已僊上天羣臣葬其衣冠既至
甘泉為且用事太山先類祠太一自得寶鼎上
與公卿諸生議封禪封禪用希曠絕莫知其儀
禮而羣儒采封禪尚書周官王制之望祀射牛
事齊人丁公年九十餘曰封禪者合不死之名
也秦皇帝不得上封陛下必欲上稍上即無風
雨遂上封矣上於是乃令諸儒習射牛草封禪

儀數年至且行天子既聞公孫卿及方士之言黃帝以上封禪皆致怪物與神通欲放黃帝以上接神僊人蓬萊士高世比德於九皇而頗采儒術以文之羣儒既已不能辨明封禪事又牽拘於詩書古文而不能騁上爲封禪祠器示羣儒羣儒或曰不與古同徐偃又曰太常諸生行禮不如魯善周霸屬圖封禪事於是上絀偃霸而盡罷諸儒不用三月遂東幸緱氏禮登中岳太室從官在山下聞若有言萬歲云問上上不言問下下不言於是以三百戶封太室奉祠

命曰崇高邑東上太山太山之草木葉未生乃令人上石立之太山巔上遂東巡海上行禮祠八神齊人之上疏言神怪奇方者以萬數然無驗者乃益發船令言海中神山者數千人求蓬萊神人公孫卿持節常先行候名山至東萊言夜見大人長數丈就之則不見見其跡甚大類禽獸云羣臣有言見一老父牽狗言吾欲見巨公已忽不見上即見大跡未信及羣臣有言老父則大以爲僊人也宿留海上予方士傳車及閒使求僊人以千數四月還至奉高上念諸儒

及方士言封禪人人殊不經難施行天子至梁父禮祠地主乙卯令侍中儒者皮弁薦紳射牛行事封太山下東方如郊祠太一之禮封廣丈二尺高九尺其下則有玉牒書書祕禮畢天子獨與侍中奉車子侯上太山亦有封其事皆禁明日下陰道丙辰禪太山下阯東北肅然山如祭后土禮天子皆親拜見衣上黃而盡用樂焉江淮閒一茅三脊爲神藉五色土益雜封縱遠方奇獸蜚禽及白雉諸物頗以加禮兕牛犀象之屬不用皆至太山祭后土封禪祠其夜若有

光晝有白雲起封中天子從禪還坐明堂羣臣更上壽於是制詔御史朕以眇眇之身承至尊兢兢焉懼不任維德菲薄不明于禮樂脩祠太一若有象景光屑如有望震於怪物欲止不敢遂登封太山至于梁父而後禪肅然自新嘉與士大夫更始賜民百戶牛一酒十石加年八十孤寡布帛二匹復博奉高蛇丘歷城無出今年租稅其大赦天下如乙卯赦令行所過毋有復作事在二年前皆勿聽治又下詔曰古者天子五載一巡狩用事太山諸侯有朝宿地其令諸

侯各治邸太山下天子既已封太山無風雨災而方士更言蓬萊諸神若將可得於是上欣然庶幾遇之乃復東至海上望冀遇蓬萊焉奉車子侯暴病一日死（索隱曰新論云武帝出璽印石財有兆朕子侯則没印帝畏惡故殺之風俗通亦云然顧胤案武帝集帝與子侯家語云道士皆言子侯得仙不足悲此說是也）上乃遂去並海上北至碣石巡自遼西歷北邊至九原五月反至甘泉有司言寶鼎出為元鼎以今年為元封元年其秋有星茀于東井後十餘日有星茀于三能望氣王朔言候獨見其星出如瓠食頃復入焉有司皆曰陛下建漢家封禪天其報德星云（索隱曰樂彥包愷並作旗星旗星即德星也符瑞圖云旗星之極芒艷如旗本亦作旗也）其來年冬郊雍五帝還拜祝祠太一贊饗曰德星昭衍厥維休祥壽星仍出淵耀光明信星昭見皇帝敬拜太祝之享其春公孫卿言見神人東萊山若云欲見天子天子於是幸緱氏城拜卿為中大夫遂至東萊宿留之數日毋所見見大人跡云復遣方士求神怪采芝藥以千數是歲旱於是天子既出無名乃禱萬里沙過祠太山還至瓠子自臨塞決河留二日沈祠而去使二卿將卒塞決河徙二渠復禹之故跡焉是時

既滅兩越越人勇之乃言越人俗鬼而其祠皆見鬼數有效昔東甌王敬鬼壽百六十歲後世怠慢故衰耗乃令越巫立越祝祠安臺無壇亦祠天神上帝百鬼而以雞卜上信之越祠雞卜始用公孫卿曰僊人可見而上往常遽以故不見今陛下可為觀如緱城（徐廣曰一云如緱氏城）置脯棗神人宜可致也且僊人好樓居於是上令長安則作蜚廉桂觀甘泉則作益延壽觀（索隱曰小顏以為作益壽延壽二館漢武故事云作延壽觀高二十丈）使卿持節設具而候神人乃作通天莖臺（徐廣曰在甘泉。索隱曰漢書並無莖字疑衍也）置祠具其下將招來僊神人之屬於是甘泉更置前殿始廣諸宮室夏有芝生殿房內中（徐廣曰元封二年）天子為塞河興通天臺若見有光云乃下詔甘泉房中生芝九莖赦天下毋有復作其明年伐朝鮮夏旱公孫卿曰黃帝時封則天旱乾封三年上乃下詔曰天旱意乾封乎其令天下尊祠靈星焉其明年上郊雍通回中道巡之春至鳴澤從西河歸其明年冬上巡南郡至江陵（徐廣曰元封五年）而東登禮灊之天柱山號曰南岳浮江自尋陽出樅陽過彭蠡禮其名山川北至琅邪並海上四月中至奉高脩封焉初天子封太山太山東北阯古時有明堂處處險不敞上欲治明堂奉高旁未曉其制度濟南人公玉帶上黃帝時明堂圖明堂圖中有一殿四面無壁以茅蓋通水圜宮垣爲複道上有樓從西南入命曰昆侖天子從之入以拜祠上帝焉於是上令奉高作明堂汶上（徐廣曰在元封二年秋）如帶圖及五年脩封則祠太一五帝於明堂上坐令高皇帝祠坐對之祠后土於下房以二十太牢天子從昆侖道入始拜明堂如郊禮禮畢燎堂下而上又上泰山自

有秘祠其巔而太山下祠五帝各如其方黃帝并赤帝而有司侍祠焉山上舉火下悉應之其後二歲十一月甲子朔旦冬至推曆者以本統天子親至太山以十一月甲子朔旦冬至日祠上帝明堂毋脩封禪（徐廣曰常五年一脩耳今適二年故但祠於明堂）其贊饗曰天增授皇帝太元神策周而復始皇帝敬拜太一東至海上考入海及方士求神者莫驗然益遣冀遇之十一月乙酉柏梁烖十二月甲午朔上親禪高里祠后土臨勃海將以望祀蓬萊之屬冀至殊廷焉上還以柏梁烖故朝受計

甘泉公孫卿曰黃帝就青靈臺十二日燒黃帝乃治明廷明廷甘泉也方士多言古帝王有都甘泉者其後天子又朝諸侯甘泉甘泉作諸侯邸勇之乃曰越俗有火烖復起屋必以大用勝報之於是作建章宮度爲千門萬户前殿度高未央其東則鳳闕高二十餘丈其西則唐中數十里虎圈其北治大池漸臺高二十餘丈命曰太液池中有蓬萊方丈瀛洲壺梁象海中神山龜魚之屬其南有玉堂璧門大鳥之屬乃立神明臺井幹樓度五十丈輦道相屬焉夏漢改曆

以正月爲歲首而色上黃官名更印章以五字爲太初元年是歲西伐大宛蝗大起丁夫人雒陽虞初等以方祠詛匈奴大宛焉其明年有司上言雍五畤無牢熟具芬芳不備乃令祠官進畤犢牢具色食所勝而以木禺馬代駒焉獨五月嘗駒行親郊用駒及諸名山川用駒者悉以木禺馬代行過乃用駒他禮如故其明年東巡海上考神僊之屬未有驗者方士有言黃帝時爲五城十二樓以候神人於執期命曰迎年上許作之如方命曰明年上親禮祠上帝焉公玉

帶曰黃帝時雖封太山然風后封巨岐伯令黃帝封東太山禪凡山徐廣曰一作丸合符然後不死焉天子既令設祠具至東太山太山卑小不稱其聲乃令祠官禮之而不封禪焉其後令帶奉祠候神物夏遂還太山脩五年之禮如前而加以禪祠石閭石閭者在太山下阯南方方士多言此僊人之閭也故上親禪焉其後五年復至太山脩封徐廣曰天漢三年還過祭恒山今天子所興祠太一后土三年親郊祠建漢家封禪五年一脩封薄忌太一及三一冥羊馬行赤星五寬舒之祠官以歲時致禮索隱曰郊祀志云祠官寬舒議祠后土為五壇故謂之五寬舒祠官也凡六祠皆太祝領之至如八神諸神明年凡山他名祠行過則祠行去則已方士所興祠各自主其人終則已祠官不主他祠皆如其故今上封禪其後十二歲而還徧於五嶽四瀆矣而方士之候祠神人入海求蓬萊終無有驗而公孫卿之候神者猶以大人之跡為解無有效天子益怠厭方士之怪迂語矣然羈縻不絕冀遇其真自此之後方士言神祠者彌眾然其效可睹矣

太史公曰余從巡祭天地諸神名山川而封禪焉入壽宮侍祠神語究觀方士祠官之意於是退而論次自古以來用事於鬼神者具見其表裏後有君子得以覽焉若至俎豆珪幣之詳獻酬之禮則有司存

索隱述贊曰禮載升中書稱肆類古今盛典皇王能事登封報天降禪除地飛英騰實金泥石記漢承遺緒斯道不墜仙閭肅然揚休勒誌

封禪書第六　　史記二十八

夏書曰禹抑鴻水十三年過家不入門索隱曰抑音憶抑者遏也洪水滔天故禹遏之不令害人也漢書溝洫志作堙堙抑皆塞也陸行載車水行載舟泥行蹈毳山行即橋徐廣曰橋近遙反一作檋檋直轅車也音己足反尸子曰山行乘樏音力追反尸子又曰行塗以楯行險以撮行沙以軌又曰乘風車音去喬反。索隱曰毳字亦作橇同音昌芮反汪以撮子芮反又子絕反與毳絕音同也以別九州隨山浚川任土作貢通九道陂九澤正義曰顏師古云通九州之道及障遏其澤也度九山正義曰度田洛反釋名云山者產也治水以志九州山澤所生物產言於地所宜商而度之以制貢賦然河菑衍溢害中國也尤甚唯是爲務故道河自積石歷龍門正義曰在同州韓城縣北五十里爲鑿廣八十步南到華陰正義曰華陰縣也魏之陰晉秦惠文王更名寧秦漢高帝改曰華陰也東下砥柱正義曰底柱山俗名三門山在硤石縣東北五十里在河之中也及孟津正義曰在洛州河陽縣南門外也雒汭至于大邳正義曰孔安國云山再成曰邳按在衛州黎陽縣南七里也於是禹以爲河所從來者高水湍悍韋昭曰湍疾悍彊也難以行平地數爲敗乃厮二渠以引其河漢書音義曰厮分也二渠其一出貝丘西南二折者也其一則漯川。索隱曰厮漢書作灑史記舊本亦作灑字從水按韋昭云疏決爲灑字音疏跬反一厮即分其流泄其怒是也二渠其一則漯川其一王莽時遂空也北載之高地過降水正義曰絳水源出潞州屯留縣西南方山東北至于大陸正義曰大陸澤一在邢州及趙州界一名廣河澤一名鉅鹿澤也播爲九河正義曰言過絳水及大陸水之口至冀州分爲九河也同爲逆河入于勃海瓚曰禹貢曰夾右碣石入于海然則河口之入海乃在碣石也武帝

元光二年河徙東郡更注勃海禹時不注勃海也九川既疏九澤既灑諸夏艾安功施于三代自是之後滎陽下引河東南爲鴻溝索隱曰楚漢中分之界文穎云即今官度水也蓋爲二流一南經陽武爲官度水一東經大梁城即河溝今之汴河是也以通宋鄭陳蔡曹衛與濟汝淮泗會于楚西方則通渠漢水雲夢之野東方則通鴻溝江淮之間於吳則通渠三江五湖韋昭曰五湖湖名耳實一湖今太湖是也在吳西南。索隱曰三江按地理志北江從會稽毗陵縣北東入海中江從丹陽蕪湖縣東北至會稽陽羨縣東入海南江從會稽吳縣南東入海故禹貢有北江中江也五湖者郭璞江賦云具區洮滆彭蠡青草洞庭又云太湖周五百里故曰五湖也於齊則通菑濟之間於蜀蜀守冰漢書曰冰姓李鑿離碓晉灼曰古堆字辟沫水之害索隱曰沫音末說文云沫水出蜀西南徼外與青衣合東南入海也穿二江成都之中正義曰括地志云大江一名汶江一名管橋水一名清江亦名水江西南自溫江縣界流來又云郫江一名成都江一名市橋江亦名中日江亦曰內江西北自新繁縣界流來二江並在益州成都縣界杜預益州記云二江者郫江流江也風俗通云秦昭王使李冰爲蜀守開成都兩江溉田萬頃神須取女二人以爲婦冰自以女與神婚徑至祠勸神酒酒杯澹澹因厲聲責之因忽不見良久有兩蒼牛鬭於江岸有間輒還流汗謂官屬曰吾鬭疲極不當相助耶南向腰中正白者我綬也主簿刺殺北面者江神遂死華陽國志云蜀時濯錦流江中則鮮明也此渠皆可行舟有餘則用溉浸百姓饗其利至于所過往往引其水益用溉田疇之渠以萬億計然莫足數也西門豹引漳水溉鄴正義曰括地志云漳水一名濁漳水源出潞州長子縣西力黃山地理志云濁漳水出長子鹿谷山東至鄴入清漳按力黃鹿谷二山壯鹿也鄴相

州之縣也以富魏之河內而韓聞秦之好興事欲罷之毋令東伐如淳曰欲罷勞之息秦伐韓之計乃使水工鄭國韋昭曰鄭國能治水故曰水工間說秦令鑿涇水自中山西邸瓠口爲渠索隱曰小顏云中音仲即今九嵏山之東中山是也邸至也瓠口即谷口郊祀志所謂寒門谷口是也與池陽相近故曰田於何所池陽谷口也。正義曰括地志云中一名仲山在雍州雲陽縣西十五里又云焦穫藪亦名瓠在涇陽北城外也抵至也至渠首起雲陽縣西南二十五里今枯也並北山東注洛徐廣曰出馮翊懷德縣三百餘里欲以溉田中作而覺秦欲殺鄭國鄭國曰始臣爲間然渠成亦秦之利也索隱曰溝洫志鄭國曰臣爲韓延數歲之命爲秦建萬代之功是也秦以爲然卒使就渠渠就用注填閼之水溉澤鹵之地四萬餘

史記河書七　三

頃索隱曰溉音古代反澤一作舄音昔本或作斥則如字讀之收皆畝一鍾於是關中爲沃野無凶年秦以富彊卒并諸侯因命曰鄭國渠漢興三十九年孝文時河決酸棗東潰金隄正義曰括地志云金隄一名千里隄在白馬縣東五里於是東郡大興卒塞之其後四十有餘年今天子元光之中而河決於瓠子東南注鉅野正義曰括地志云鄆州鉅野縣東北大澤是通於淮泗於是天子使汲黯鄭當時興人徒塞之輒復壞是時武安侯田蚡爲丞相其奉邑食鄃索隱曰鄃音輸韋昭云清河縣也。正義曰貝州縣也鄃居河北河決而南則鄃無水菑邑收多蚡言於上曰江河之決皆天

河渠書

事未易以人力爲彊塞塞之未必應天而望氣用數者亦以爲然於是天子久之不事復塞也是時鄭當時爲大農言曰異時關東漕粟從渭中上度六月而罷而漕水道九百餘里時有難處引渭穿渠起長安並南山下至河三百餘里徑易漕度可令三月罷而渠下民田萬餘頃又可得以溉田此損漕省卒而益肥關中之地得穀天子以爲然令齊人水工徐伯表索隱曰舊說徐伯表水工姓名也小顏云以爲表者巡行穿渠之處而表記之若今豎標表不是名也悉發卒徐廣曰一云悉衆數萬人穿漕渠三歲而通通以漕大便利其

史記河書七　四

後漕稍多而渠下之民頗得以溉田矣其後河東守番係言漕從山東西索隱曰番音婆又音潘詩小雅云番維司徒番氏也係音系從山東西者謂從山東運漕而西入關也歲百餘萬石更砥柱之限敗亡甚多而亦煩費穿渠引汾正義曰括地志云汾水源出嵐州靜樂縣北百三十里管涔山北東南流入并州即西南流入至絳州蒲州入河也溉皮氏正義曰括地志云皮氏故城在絳州龍門縣西百三十步自秦漢魏晉皮氏縣皆治也汾陰正義曰括地志云汾陰故城俗名殷湯城在蒲州汾陰縣北九里漢汾陰縣下引河溉汾陰蒲坂下度可得五千頃五千頃故盡河壖韋昭曰壖音而緣反謂緣河邊地。索隱曰又音人兗反棄地民茭牧其中耳索隱曰茭乾草也謂收茭及牧畜於中今溉田之度可得穀二百萬石以上穀從渭上

河渠書

與關中無異而砥柱之東可無復漕天子以爲
然發卒數萬人作渠田數歲河移徙渠不利則
田者不能償種久之河東渠田廢予越人令少
府以爲稍入如淳曰時越人有徙者以田與之其租稅入少府。索隱曰其田既薄越人徙居者
習水利故與之而稍少其稅入之於少府也其後人有上書欲通襃斜
道韋昭曰襃中縣也斜谷名音邪。瓚曰襃斜二水名。正義曰括地志云襃谷在梁州襃城縣北五十里斜水源
出襃城縣西北九十八里衙嶺山與襃水同源而派流漢書溝洫志云襃水通沔斜水通渭皆以行船是也按襃城即
襃中縣也及漕事下御史大夫張湯湯問其事因言
抵蜀從故道正義曰括地志云鳳州兩當縣本漢故道縣也在州之西五十里故道
多阪回遠今穿襃斜道少阪近四百里而襃水

通沔斜水通渭皆可以行船漕漕從南陽正義曰南
陽郡今鄧州上沔入襃襃之絕水至斜閒百餘里以車
轉從斜下下渭如此漢中之穀可致山東從沔
無限正義曰限之言多也山東謂河南之東山南之東及江南淮南皆經砥柱上運今並從沔便於三門
之漕也便於砥柱之漕且襃斜材木竹箭之饒擬
於巴蜀天子以爲然拜湯子卬爲漢中守發數
萬人作襃斜道五百餘里道果便近而水湍石
徐廣曰湍一作溲不可漕其後莊熊羆言臨晉正義曰括地志云同
州本臨晉城也一名大荔城亦曰馮翊城民願穿洛以溉重泉正義曰洛漆沮水也
括地志云重泉故城在同州蒲城縣東南四十五里在同州西北四十五里以東萬餘頃

故鹵地誠得水可令畝十石於是爲發卒萬餘
人穿渠自徵引洛水至商顏下服虔曰顏音崖應劭曰徵在馮翊或
曰商顏商顏山名。索隱曰徵音懲縣名地小顏云即今之澄城也顏又如字岸善崩如淳曰洛水岸
。正義曰言商原之崖岸土性疏故善崩毀也乃鑿井深者四十餘丈往
往爲井井下相通行水水頹以絕商顏瓚曰下流曰頹
東至山嶺十餘里閒井渠之生自此始穿渠得
龍骨正義曰括地志云伏龍祠在同州馮翊縣西北四十里故老云漢時自徵穿渠引洛得龍骨其後立
祠因以伏龍爲名今祠頗有靈驗也故名曰龍首渠作之十餘歲渠
頗通猶未得其饒自河決瓠子後二十餘歲歲
因以數不登而梁楚之地尤甚天子既封禪巡

祭山川其明年旱乾封少雨天子乃使汲仁郭
昌發卒數萬人塞瓠子決於是天子已用事萬
里沙正義曰括地志云萬里沙在華州掖縣東北二十里也則還自臨決河沈
白馬玉璧于河令羣臣從官自將軍已下皆負
薪寘決河是時東郡燒草以故薪柴少而下
淇園之竹晉灼曰衞之苑也多竹篠以爲楗如淳曰樹竹塞水決之口稍稍布插接樹
之水稍弱補令密謂之楗以草塞其裏乃以土填之有石以石爲之。索隱曰楗音其免反楗者樹於水中稍下竹
及土石者也天子既臨河決悼功之不成乃作歌曰瓠
子決兮將奈何皓皓旰旰兮閭殫爲河如淳曰殫盡也謂
州閭盡爲河殫爲河兮地不得寧功無已時兮吾山

河渠書

平徐廣曰東郡東阿有魚山或者是乎駰案如淳曰恐水漸山使平也韋昭曰鑿山以填河也吾山平兮鉅野溢如淳曰瓠子決灌鉅野澤使溢也魚沸鬱兮柏冬日徐廣曰柏猶迫也冬日行天邊若與水相連矣駰案漢書音義曰鉅野滿溢則衆魚沸鬱而滋長也迫冬日乃止延道弛兮離常流徐廣曰延一作正駰案晉灼言河道皆弛壞。索隱曰言河之決由其源道延長弛溢故使其道皆離常流也蛟龍騁兮方遠遊歸舊川兮神哉沛瓚曰水還舊道則群害消除神祐滂沛不封禪兮安知外為我謂河伯兮何不仁泛濫不止兮愁吾人齧桑浮兮淮泗滿張晏曰齧桑地名也如淳曰邑名為水所浮漂久不反兮水維緩一曰河湯湯兮激潺湲北渡迂兮浚流難搴長茭兮沈美玉如淳曰搴取也茭草也音郊一曰茭竿也取長竿樹之用著石閒以塞決河瓚曰竹葦絙謂之茭下所以引致土石者也。索隱曰搴音己免反茭一作茇音發鄒氏又音拂也河伯許兮薪不屬如淳曰旱燒故薪不足薪不屬兮衛人罪燒蕭條兮噫乎何以禦水頹林竹兮揵石菑如淳曰河決揵不能禁故言菑韋昭曰揵柱也木立死曰菑宣房塞兮萬福來於是卒塞瓠子築宮其上名曰宣房宮而道河北行二渠復禹舊迹而梁楚之地復寧無水災自是之後用事者爭言水利朔方西河河西酒泉皆引河及川谷以溉田而關中輔渠靈軹如淳曰地理志盩厔有靈軹渠。索隱曰案溝洫志兒寬為左內史奏請穿六輔渠小顏云今尚謂之輔渠亦曰六渠也引堵水徐廣曰一作諸川汝南九江引淮東海引鉅定

河渠書

瓚曰鉅定澤名太山下引汶水皆穿渠為溉田各萬餘頃佗小渠披山通道者不可勝言然其著者在宣房

太史公曰余南登廬山觀禹疏九江遂至于會稽太湟徐廣曰一作鼂上姑蘇望五湖東闚洛汭大邳迎河行淮泗濟漯洛渠西瞻蜀之岷山及離碓北自龍門至于朔方曰甚哉水之為利害也余從負薪塞宣房悲瓠子之詩而作河渠書徐廣曰溝洫志行田二百畝分賦田與一夫二百畝以田惡故更歲耕之

索隱述贊曰水之利害自古而然禹疏溝洫隨山濬川爰洎後世非無聖賢鴻溝既劃龍骨斯穿填閼攸墾黎蒸有年宣房在詠梁楚獲全

河渠書第七　史記二十九

平準書第八　史記三十

[漢書百官表曰大司農屬官有平準令。索隱曰大司農屬官有平準令丞者以鈞天下郡國輸斂貴則糶之賤則買之平賦以相準輸歸于京都故命曰平準]

漢興接秦之弊丈夫從軍旅老弱轉糧饟作業劇而財匱自天子不能具鈞駟[索隱曰天子駕駟馬其色宜齊同今言國家貧天子不能具鈞色之駟馬漢書作醇駟醇與純一色也或作騂非也]而將相或乘牛車齊民無藏蓋[如淳曰齊等無有貴賤故謂之齊民若今言平民矣晉灼曰中國被教之民也蘇林曰無物可蓋藏]於是為秦錢重難用更令民鑄錢[漢書食貨志曰鑄榆莢錢。索隱曰顧氏案古今注云秦錢半兩徑寸二分重十二銖莢錢重三銖錢譜云文為漢興也]一黃金一斤[索隱曰如淳云時以錢為貨黃金一斤直萬錢非也又臣瓚下注云秦以一溢為一金漢以一斤為一金是其義]約法省禁而不軌逐利之民蓄積餘業以稽市物物踊騰糶[李奇曰稽蒲貯也如淳曰稽考也考校市物價貴賤有時晉灼曰踊甚也言計市物賤而豫益稽之物貴而出賣故使物甚騰也漢書糶字作躍。索隱曰李奇云稽貯滯韋昭云稽留待也稽字當如李韋二釋晉灼及馬融訓稽為計及考於義為疎如淳云踊騰猶低昂也低昂者乍貴乍賤也今案漢書糶字作躍躍者謂物踊貴而價起有如物之騰躍而起也然糶者出賣之名故食貨志云大熟則上糶三而舍一是也]米至石萬錢馬一匹則百金[瓚曰秦以一溢為一金漢以一斤為一金]天下已平高祖乃令賈人不得衣絲乘車重租稅以困辱之孝惠高后時為天下初定復弛商賈之律然市井之子孫亦不得仕宦為吏量吏祿度官用以賦於民而山川園

池市井[正義曰古人未有市及井若朝聚井汲水便將貨物於井邊貨賣故言市井]租稅之入自天子以至于封君湯沐邑皆各為私奉養焉不領於天下之經費[索隱曰案經訓常言封君已下皆以湯沐邑為私奉養故不領入天子之常稅為一年之費也]漕轉山東粟以給中都官[索隱曰說文云漕水轉轂也一云車運曰轉水運曰漕中都猶都內也皆天子之倉府以給中都官者即今大倉以稸官儲者也]歲不過數十萬石孝文時莢錢益多輕[如淳曰如榆莢也]乃更鑄四銖錢其文為半兩令民縱得自鑄錢故吳諸侯也以即山鑄錢[索隱曰案即訓就就言就出銅之山鑄錢故下文云節名銅山是也一解即山山名也]富埒天子[徐廣曰埒者際畔言鄰接相次也駰案孟康曰富與天子等而微減也或曰埒等也]其後卒以叛逆鄧通大夫也以鑄錢財過王者故吳鄧氏錢布天下而鑄錢之禁生焉匈奴數侵盜北邊屯戍者多邊粟不足給食當食者於是募民能輸及轉粟於邊者拜爵爵得至大庶長[索隱曰漢書食貨志云文帝用鼂錯言令人入粟邊六百石爵上造稍增至四千石為五大夫萬二千石為大庶長各以多少為差]孝景時上郡以西旱亦復脩賣爵令而賤其價以招民及徒復作得輸粟縣官以除罪益造苑馬以廣用[索隱曰謂增益苑囿造廄而養馬以廣用則馬是軍國之用也]而宮室列觀輿馬益增脩矣至今上即位數歲漢興七十餘年之間國家無事非遇水旱之災民則人給家足都鄙廩庾

皆滿而府庫餘貨財京師之錢累巨萬韋昭曰巨萬今萬萬
貫朽而不可校如淳曰校數也大倉之粟陳陳相因充
溢露積於外至腐敗不可食衆庶街巷有馬阡
陌之間成羣而乘字牝者儐而不得聚會漢書音義
曰皆乘父馬有牝馬間其間則相踶齧故斥不得出會同守閭閻者食粱肉為吏
者長子孫如淳曰時無事吏不數轉至于子孫長大而不轉職任居官者以為
姓號如淳曰倉氏庾氏是也○索隱曰案如淳注出食貨志也故人人自愛而
重犯法先行義而後絀恥辱焉當此之時網疏
而民富役財驕溢或至兼并豪黨之徒以武斷
於鄉曲索隱曰鄉曲豪富無官位而以威勢主斷曲直故曰武斷也宗室有土公

史準書八　三

卿大夫以下爭于奢侈室廬輿服僭于上無限
度物盛而衰固其變也自是之後嚴助朱買臣
等招來東甌正義曰烏侯反今台州永寧是也事兩越正義曰南越及閩越南越
今廣州南海也閩越今建州建安也江淮之間蕭然煩費矣唐蒙司
馬相如開路西南夷鑿山通道千餘里以廣巴
蜀巴蜀之民罷焉彭吳賈滅朝鮮置滄海之郡
索隱曰彭吳人姓名始開其道而滅之朝鮮番名則燕齊之間靡然發動
及王恢設謀馬邑匈奴絕和親侵擾北邊兵連
而不解天下苦其勞而干戈日滋行者齎居者
送中外騷擾而相奉百姓抏弊以巧法索隱曰三蒼抏音五

平準書

官反鄒氏又音五亂反案抏者耗也消耗之名言百姓貧弊故行巧抵之法也財賂衰耗而不
贍入物者補官出貨者除罪選舉陵遲廉恥相
冒武力進用法嚴令具興利之臣自此始也韋昭
曰弘羊孔僅之屬其後漢將歲以數萬騎出擊胡及車
騎將軍衛青取匈奴河南地正義曰謂靈夏三州地取在元朔二年築
朔方正義曰今夏州也括地志云夏州秦上郡漢分置朔方郡魏不改隋置夏州也當是時漢
通西南夷道作者數萬人千里負擔饋糧率十
餘鍾致一石漢書音義曰鍾六石四斗散幣於邛僰以集之索隱
曰服虔云臨邛屬蜀僰屬犍為數歲道不通蠻夷因以數攻吏發
兵誅之索隱曰謂發軍興以誅之也悉巴蜀租賦不足以更之

史準書八　四

韋昭曰更續也或曰更償也乃募豪民田南夷入粟縣官而內
受錢於都內服虔曰入穀於外縣受錢於內府也東至滄海之郡人
徒之費擬於南夷又興十萬餘人築衛朔方轉
漕甚遼遠山東咸被其勞費數十百巨萬府
庫益虛乃募民能入奴婢得以終身復為郎增
秩及入羊為郎始於此其後四年徐廣曰元朔五年而
漢遣大將將六將軍軍十餘萬擊右賢王獲首
虜萬五千級明年大將軍將六將軍仍再出擊胡
得首虜萬九千級捕斬首虜之士受賜黃金二
十餘萬斤虜數萬人皆得厚賞衣食仰給縣官

平準書

而漢軍之士馬死者十餘萬兵甲之財轉漕之費不與焉於是大農陳藏錢韋昭曰陳久也經耗賦稅既竭猶不足以奉戰士有司言天子曰朕聞五帝之教不相復而治禹湯之法不同道而王所由殊路而建德一也北邊未安朕甚悼之日者大將軍攻匈奴斬首虜萬九千級留蹛無所食索隱曰蹛音逝謂貯也韋昭音滯蹛謂積也又案古今字詁蹛今滯字則蹛與滯同案謂富人貯滯積穀則貧者無所食也議令民得買爵及贖禁錮免減罪請置賞官命曰武功爵瓚曰茂陵中書有武功爵一級曰造士二級曰閑輿衛三級曰良士四級曰元戎士五級曰官首六級曰秉鐸七級曰千夫八級曰樂卿九級曰執戎十級曰左庶長十一級曰軍衛此武帝所制以寵軍功級十七萬凡直三十餘萬金索隱曰大顏云一金萬錢也計十一級級十七萬合百八十七萬金而此云三十餘萬金其數必有誤者顧氏案或解云初一級十七萬自此已上每級加二萬至十七級合成三十七萬也諸買武功爵官首者試補吏先除索隱曰官首武功爵第五也位稍高故得試爲吏先除用也千夫如五大夫索隱曰千夫武功十一等爵第七五大夫舊二十等爵第九也言千夫爵秩比於五大夫故楊僕以千夫爲吏殆謂此其有罪又減二等爵得至樂卿徐廣曰爵名也駰案漢書音義曰十爵左庶長以上至十八爵爲大庶長也名樂卿樂卿者朝位從九卿加樂者別正卿又十九爵爲樂公食公卿祿而無職索隱曰此言武功置爵唯得至於樂卿也臣瓚所引茂陵書蓋後人記其爵次耳今任稱十爵至十八庶長爲樂卿十九至二十爲樂公乃以舊二十爵釋武功爵蓋亦臆說爾非也大顏亦以爲然以顯軍功軍功多用越等大者封侯卿大夫小者郎吏吏道

雜而多端則官職耗廢自公孫弘以春秋之義繩臣下取漢相張湯用峻文決理爲廷尉於是見知之法生張晏曰吏見知不舉劾爲故縱而廢格沮誹窮治之獄用矣如淳曰廢格天子文法使不行也誹謂非上所行若顏異反脣之比也。索隱曰格音閣沮音才緒反誹音非謂廢格天子之命而不行及沮敗誹謗之者皆被窮治故云廢格沮誹之獄用矣其明年淮南衡山江都王謀反迹見而公卿尋端治之竟其黨與而坐死者數萬人長吏益慘急而法令明察當是之時招尊方正賢良文學之士或至公卿大夫公孫弘以漢相布被食不重味爲天下先然無益於俗稍騖於功利矣其明年驃騎仍再出擊胡獲首四萬其秋渾邪王率數萬之衆來降於是漢發車二萬乘迎之既至受賞賜及有功之士是歲費凡百餘巨萬初先是往十餘歲河決觀徐廣曰觀縣名也屬東郡光武改曰衛公國梁楚之地固已數困而緣河之郡隄塞河輒決壞費不可勝計其後番係欲省底柱之漕穿汾河渠以爲溉田作者數萬人鄭當時爲渭漕渠回遠鑿直渠自長安至華陰作者數萬人朔方亦穿渠作者數萬人各歷二三期功未就費亦各巨萬十數天子爲伐胡盛養馬馬之來食長安者數萬匹卒牽掌者關中不足乃調旁近郡而胡降者皆衣食縣官縣官不給天子乃損膳解乘輿駟出御府禁藏以贍之其明年山東被水菑民多飢乏於是天子遣使者虛郡國倉廥徐廣曰音儈以振貧民猶不足又募豪富人相貸假尚不能相救乃徙貧民於關以西及充朔方以南新秦中服虔曰地名在北方千里如淳曰長安已北朔方已南瓚曰秦逐匈奴以收河南地徙民以實之謂之新秦今以地空故復徙民以實之七十餘萬口衣食皆仰給縣官數歲假予產業使者分部護之冠蓋相望其費以億計不可勝數於是縣官大空而富商大賈或蹛財

役貧漢書音義曰蹛停也一曰貯也○索隱曰蕭該案字林云貯塵也音佇此謂居積停滯塵久也子貢發貯鬻財是也轉轂百數李奇曰車也廢居居邑徐廣曰廢居者貯畜之名也有所發有所畜言其乘時射利也駰案服虔曰居穀於邑也如淳曰居賤物於邑中以待貴○索隱曰劉氏云廢出賣也居停蓄也是出賣於居者爲廢故徐氏云有所賣有所畜是也封君皆低首仰給晉灼曰低音抵距服虔曰仰給於商賈○索隱曰服虔說是也而劉伯莊以爲封君及大商皆低首營私以自給不佐天子非也冶鑄煮鹽財或累萬金而不佐國家之急黎民重困於是天子與公卿議更錢造幣以贍用而摧浮淫并兼之徒是時禁苑有白鹿而少府多銀錫自孝文更造四銖錢至是歲四十餘年從建元以來用少縣官往往即多銅山而

鑄錢民亦閒盜鑄錢不可勝數錢益多而輕如淳曰磨錢取鋊故也瓚曰鑄錢者多故錢輕輕亦賤也物益少而貴如淳曰但鑄作錢不作餘物有司言曰古者皮幣諸侯以聘享金有三等黃金爲上白金爲中赤金爲下漢書音義曰白金銀也赤金丹陽銅○索隱曰說文云銅赤金也注云丹陽銅者神異經云西方金山有丹陽銅也今半兩錢法重四銖韋昭曰文爲半兩實重四銖而姦或盜摩錢裏取鋊徐廣曰音容谷呂静曰冶器法謂之鋊錢益輕薄而物貴則遠方用幣煩費不省乃以白鹿皮方尺緣以藻繢徐廣曰藻一作紫也爲皮幣直四十萬王侯宗室朝覲聘享必以皮幣薦璧然後得行又造銀錫爲白金如淳曰雜鑄銀錫爲白金也以

爲天用莫如龍索隱曰易云行天莫如龍是也地用莫如馬索隱曰易云行地莫如馬是也人用莫如龜索隱曰禮云諸侯以龜爲寶是也故白金三品其一曰重八兩圜之其文龍名曰白選直三千索隱曰顧氏案錢譜其文爲龍形隱起肉好皆圜文又作雲霞之象選蘇林音選擇之選包愷及劉氏音息戀反尚書大傳云夏后氏不殺不刑死罪罰二千饌馬融云饌六兩漢書作撰二字音同也晉灼案黃圖云直三千三百也二曰重差小方之其文馬直五百索隱曰謂以八兩差爲三品此重六兩下小撱重四兩也云以重差小者謂半兩爲重故差小重六兩而其形方錢譜肉好皆方隱起馬形肉好之下又有連珠文也三曰復小撱之其文龜直三百索隱曰撱音湯果反爾雅注撱者狹長也謂長而去四角也錢譜肉圓好方皆隱起龜甲文令縣官銷半兩錢更鑄三銖錢文如其重盜鑄諸金錢罪皆

死而吏民之盜鑄白金者不可勝數於是以東郭咸陽孔僅爲大農丞領鹽鐵事索隱曰東郭姓咸陽名也案風俗通東郭牙齊大夫咸陽其後也桑弘羊以計筭用事侍中咸陽齊之大煑鹽孔僅南陽大冶皆致生累千金故鄭當時進言之弘羊雒陽賈人子以心計年十三侍中故三人言利事析秋豪矣索隱曰言百物毫芒至秋皆美細今言弘羊等三人言利事纖悉能分析其秋毫也法既益嚴吏多廢免兵革數動民多買復及五大夫徵發之士益鮮於是除千夫五大夫爲吏不欲者出馬故吏皆通適令伐棘上林韋昭曰欲令出馬無馬者令伐棘。索隱曰謂故吏先免者皆適令伐棘上林不謂無馬者韋說非也作昆明池索隱曰案黃圖武帝穿昆明池周四十里以習水戰荀悅云昆明子居滇河中故習水戰以伐之也其明年大將軍驃騎大出擊胡徐廣曰元狩四年得首虜八九萬級賞賜五十萬金漢軍馬死者十餘萬匹轉漕車甲之費不與焉是時財匱戰士頗不得祿矣有司言三銖錢輕易姦詐乃更請諸郡國鑄五銖錢周郭其下令不可磨取鋊焉大農上鹽鐵丞孔僅咸陽言山海天地之藏也皆宜屬少府索隱曰韋昭云少府天子私所給賜經用也公用屬大司農陛下不私以屬大農佐賦願募民自給費因官器作煑鹽官與牢盆如淳曰牢廩食也古者名廩爲牢也盆者煑鹽盆○索隱

曰蘇林云牢價直也今世人言雇手牢盆小顏云蘇說是樂彥云牢乃盆名其說異也浮食奇民欲擅管山海之貨張晏曰若人執倉庫之管籥或曰管固○索隱曰包愷奇音羈謂[illegible]也非農工之儔故言奇也擅音善以致富羨役利細民索隱曰羨音弋戰反羨饒也與衍同義其沮事之議不可勝聽索隱曰沮止也僅等言山海之藏宜屬大農奇人欲擅其利必有沮止之議此不可聽許也敢私鑄鐵器煑鹽者釱左趾史記音義曰釱音徒計反韋昭曰釱以鐵爲之著左趾以代刖也○索隱曰三蒼云釱踏腳鉗也字林音大計反張斐漢晉律序云狀如跟衣著足足下重六斤以代刖至魏武改以滅代釱也没入其器物郡不出鐵者置小鐵官鄧展曰鑄故鐵便屬在所縣使孔僅東郭咸陽乘傳舉行天下鹽鐵作官府除故鹽鐵家富者爲吏吏道益雜不選而多賈人矣商賈以幣之變多積貨逐利於是公卿言郡國頗被菑害貧民無產業者募徙廣饒之地陛下損膳省用出禁錢以振元元寬貸賦而民不齊出於南畝李奇曰齊皆也商賈滋衆貧者畜積無有皆仰縣官異時筭軺車賈人緡錢皆有差請筭如故李斐曰緡絲也以貫錢也一貫千緡出二十筭也詩云維絲伊緡如淳曰胡公名錢爲緡者詩云氓之蚩蚩抱布貿絲故謂之緡也○索隱曰異時舊前時也說文云軺小車也傳子言漢代賤乘軺今則貴之言筭軺車者有軺車使出稅一筭二筭也緡音旻諸賈人末作貰貸賣買居邑稽諸物索隱曰稽者停留也邸上文所謂廢居居邑也及商以取利者雖無市籍各以其物自占索隱曰郭璞云占自隱度也謂各自隱度其財物多

少爲丈籌洗之官也若不盡皆没入於官占音之贍反 率緡錢二千而一算 瓚曰此緡錢爲是儲緡錢也故隨其用所施施於利重者其算亦多 諸作有租及鑄 如淳曰以手力所作而賣之 率緡錢四千一算非吏比者三老北邊騎士 如淳曰非吏而得與吏比者官謂三老北邊騎士也樓船令邊郡選富者爲車騎士 軺車以一算商賈人軺車二算 如淳曰商賈有軺車使出二算重其賦也 船五丈以上一算匿不自占占不悉戍邊一歲没入緡錢 索隱曰悉盡也具也若通其家財不周悉盡者罰戍邊一歲 有能告者以其半畀之賈人有市籍者及其家屬皆無得籍名田以便農 索隱曰謂賈人有市籍不許以名占田也 敢犯令没入田僮 索隱曰若賈人更占田則没其田及僮僕皆入之於官 天子乃思卜式之言召

拜式爲中郎爵左庶長賜田十頃布告天下使明知之初卜式者河南人也以田畜爲事親死式有少弟弟壯式脫身出分獨取畜羊百餘田宅財物盡予弟式入山牧十餘歲羊致千餘頭買田宅而其弟盡破其業式輒復分予弟者數矣是時漢方數使將擊匈奴卜式上書願輸家之半縣官助邊天子使使問式欲官乎式曰臣少牧不習仕宦不願也使問曰家豈有冤欲言事乎式曰臣生與人無分爭式邑人貧者貸之不善者教順之所居人皆從式式何故見冤於

人無所欲言也使者曰苟如此子何欲而然式曰天子誅匈奴愚以爲賢者宜死節於邊有財者宜輸委如此而匈奴可滅也使者具其言入以聞天子以語丞相弘弘曰此非人情不軌之臣不可以爲化而亂法願陛下勿許於是上久不報式數歲乃罷式式歸復田牧歲餘會軍數出渾邪王等降縣官費衆倉府空其明年貧民大徙皆仰給縣官無以盡贍卜式持錢二十萬予河南守以給徙民河南上富人助貧人者籍天子見卜式名識之曰是固前而欲輸其家半

助邊乃賜式外繇四百人 漢書音義曰外繇謂戍邊也一人出三百錢謂之過更式歲得十二萬錢也一說在繇役之外得復除四百人 式又盡復予縣官是時富豪皆爭匿財唯式尤欲輸之助費天子於是以式終長者故尊顯以風百姓初式不願爲郎上曰吾有羊上林中欲令子牧之式乃拜爲郎布衣屩而牧羊 韋昭曰屩草屝 歲餘羊肥息上過見其羊善之式曰非獨羊也治民亦猶是也以時起居惡者輒斥去毋令敗羣上以式爲奇拜爲緱氏令試之緱氏便之遷爲成皋令將漕最上以爲式朴忠拜爲齊王太傅而孔僅之使天下鑄

作器。三年中拜爲大農列於九卿（徐廣曰元鼎三年時丙寅歲）而桑弘羊爲大農丞筦諸會計事稍稍置均輸以通貨物矣（孟康曰謂諸當所輸於官者皆令輸其土地所饒平其所在時價官更於佗處賣之輸者既便而官有利漢書百官表大司農屬官有均輸令）始令吏得入穀補官郎至六百石自造白金五銖錢後五歲赦吏民之坐盜鑄金錢死者數十萬人其不發覺相殺者不可勝計赦自出者百餘萬人然不能半自出天下大抵無慮皆鑄金錢矣（索隱曰抵歸也劉氏云大抵猶大略也案大抵無慮者謂言大略歸於鑄錢更無他事從慮）犯者衆吏不能盡誅取於是遣博士褚大徐偃等分曹循行郡國（服虔曰分曹職案行）

舉兼并之徒守相爲吏者而御史大夫張湯方隆貴用事減宣杜周等爲中丞義縱尹齊王溫舒等用慘急刻深爲九卿而直指夏蘭之屬始出矣而大農顏異誅（徐廣曰元狩四年時壬戌歲也）初異爲濟南亭長以廉直稍遷至九卿上與張湯既造白鹿皮幣問異異曰今王侯朝賀以蒼璧直數千而其皮薦反四十萬本末不相稱天子不說張湯又與異有郤及人有告異以它議事下張湯治異異與客語客語初令下有不便者（李奇曰異與客語道詔令初下有不便欽也）異不應微反脣湯奏當異九卿見令不

便不入言而腹誹論死自是之後有腹誹之法以此而公卿大夫多諂諛取容矣天子既下緡錢令而尊卜式百姓終莫分財佐縣官於是揚可告緡錢縱矣郡國多姦鑄錢（索隱曰謂多姦巧雜以鉛錫也）錢多輕而公卿請令京師鑄鍾官赤側（如淳曰以赤銅爲其郭也）（今錢見有赤側者不知作法云何○索隱曰鍾官掌鑄赤側之錢韋昭曰側邊也）一當五賦官用非赤側不得行（漢書音義曰俗所謂紫紺錢也）白金稍賤民不寶用縣官以令禁之無益歲餘白金終廢不行是歲也張湯死（徐廣曰元鼎三年）而民不思（索隱曰樂彥云諸所廢興附上罔下皆自湯故人不思也）其後二歲赤側錢賤民巧法用之

不便又廢於是悉禁郡國無鑄錢專令上林三官鑄（漢書百官表水衡都尉武帝元鼎二年初置掌上林苑屬官有上林均輸鍾官辨銅令然則上林三官其是此三令乎）錢既多而令天下非三官錢不得行諸郡國所前鑄錢皆廢銷之輸其銅三官而民之鑄錢益少計其費不能相當唯真工大姦乃盜爲之卜式相齊而楊可告緡徧天下（瓚曰商賈居積及伎巧之家非桑農所生出謂之緡茂陵中書有緡田奴婢是也○索隱曰楊姓可名也如淳云告緡令楊可所告言）中家以上大抵皆遇告杜周治之獄少反者（如淳曰治匿緡之罪其獄少有反者○索隱曰反音幡反謂反使從輕也案劉德爲京兆尹每行縣多所平反是也）乃分遣御史廷尉正監分曹（索隱曰如淳云曹輩也謂分曹輩而出爲使也）往即

治郡國緡錢得民財物以億計奴婢以千萬數
田大縣數百頃小縣百餘頃宅亦如之於是商
賈中家以上大率破民偷甘食好衣不事畜藏
之產業而縣官有鹽鐵緡錢之故用益饒矣益
廣關置左右輔 徐廣曰元鼎三年丁卯歲徙函谷關於新安東界 初大農筦
鹽鐵官布多 索隱曰布謂泉布 置水衡欲以主鹽鐵及
楊可告緡錢上林財物衆乃令水衡主上林上
林既充滿益廣是時越欲與漢用船戰逐 韋昭曰戰鬭驅逐也
乃大修昆明池列觀環之治樓船高十餘丈
旗幟加其上 索隱曰蓋始穿昆明池欲與滇王戰今乃更大修之將與南越呂嘉戰逐故作樓船

於是楊僕有將軍之號又下云因南方樓船卒二十餘萬擊南越也昆明池有豫章館豫章地名以言將出軍於豫章也 甚壯於是天子感之乃作柏梁臺高數十丈
宮室之修由此日麗乃分緡錢諸官而水衡少
府大農太僕各置農官往往即郡縣比沒入田田
之 索隱曰謂比者所沒入之田也 其沒入奴婢分諸苑養狗馬禽
獸及與諸官諸官益新置多 如淳曰水衡少府太僕司農皆有農官是爲多
徒奴婢衆而下河漕度四百萬石 索隱曰樂彥云度猶運也
及官自糴乃足 索隱曰謂天子所給稟食者多故不如官自糴乃足也 所忠言
世家子弟 如淳曰世世有祿秩家。索隱曰所忠人姓名服虔云掌故官取書於司馬相如者封禪書公孫卿因所忠言寶鼎是也唯姚察獨以爲浙忠非也 富人或鬬雞走狗馬弋

獵博戲亂齊民 索隱曰晉灼云中國被教齊整之人也 乃徵諸犯令
相引數千人命曰株送徒入財者得補郎郎選
衰矣 應劭曰株根本也送引也如淳曰株根蔕也諸坐博戲事決爲徒者能入錢得補郎也或曰先至者爲根。索隱曰李奇云先至者爲魁株也送當作選選引也應李二音是先至之人令之相引似若得其株本則枝葉自窮故曰株送徒又文穎曰凡鬬雞勝者爲株傳云陽溝之雞三歲爲株今則鬬雞走馬者用之因其鬬雞本勝時名故云株選徒者也 是時山東被河菑及歲不登數年人
或相食方一二千里天子憐之詔曰江南火耕
水耨 應劭曰燒草下水種稻草與稻並生高七八寸因悉芟去復下水灌之草死獨稻長所謂火耕水耨也
令飢民得流就食江淮閒欲留留之處遣使冠
蓋相屬於道護之下巴蜀粟以振之其明年天

子始巡郡國東度河河東守不意行至不辦自
殺行西踰隴隴西守以行往卒 漢書音義曰踰度也卒倉卒 天
子從官不得食隴西守自殺於是上北出蕭關
從數萬騎獵新秦中以勒邊兵而歸新秦中或
千里無亭徼 如淳曰徼亦卒求盜之屬也晉灼曰徼塞也瓚曰既無亭候又不徼循無衛邊之備也
於是誅北地太守以下而令民得畜牧邊縣 漢書音義曰令民得畜牧於邊縣也瓚曰先是新秦中千里無民畏寇不敢畜牧令設亭徼故民得畜牧也 官
假馬母三歲而歸及息什一以除告緡用充仞
新秦中 李奇曰邊有官馬今令民能畜官母馬者滿三歲歸之也及有蕃息與當出緡筭者皆復令居新秦中又充仞之也謂與民母馬令得爲馬種令十母馬還官一駒此爲息什一也瓚曰前以邊用不足故設告緡

之令設亭徼邊民無警皆得田牧新秦中已充故除告緡不復取於民 既得寶鼎立后土太一祠 徐廣曰元鼎四年立后土五年立太畤 公卿議封禪事而天下郡國皆豫治道橋繕故宮及當馳道縣縣治官儲設供具而望以待幸其明年南越反西羌侵邊為桀於是天子為山東不贍赦天下因南方樓船卒二十餘萬人擊南越數萬人發三河以西騎擊西羌又數萬人度河築令居 索隱曰令音零姚氏音連韋昭云金城縣 初置張掖酒泉郡 徐廣曰元鼎六年 而上郡朔方西河河西開田官斥塞卒 如淳曰塞候斥卒 六十萬人戍田之中國繕道餽糧遠者三千近者千

餘里皆仰給大農邊兵不足乃發武庫工官兵器以贍之車騎馬乏絕縣官錢少買馬難得乃著令令封君以下至三百石以上吏以差出牝馬天下亭亭有畜牸馬歲課息齊相卜式上書曰臣聞主憂臣辱南越反臣願父子與齊習船者往死之天子下詔曰卜式雖躬耕牧不以為利有餘輒助縣官之用今天下不幸有急而式奮願父子死之雖未戰可謂義形於內賜爵關內侯金六十斤田十頃布告天下天下莫應列侯以百數皆莫求從軍擊羌越至酎少府省金

如淳曰省視諸侯金有輕有重也或曰至嘗酎飲宗廟時少府視其金多少也 而列侯坐酎金失侯者百餘人 如淳曰漢儀注王子為侯侯歲以戶口酎黃金於漢廟皇帝臨受獻金以助祭大祀日飲酎飲酎受金金少不如斤兩色惡王削縣侯免國○索隱曰劉氏云言列侯多以百而數故坐酎金失侯者一百六人也 乃拜式為御史大夫 徐廣曰元鼎六年 式既在位見郡國多不便縣官作鹽鐵鐵器苦惡 瓚曰謂作鐵器民患苦其不好 賈貴 索隱曰言鹽既苦而器又惡故買賣貴也苦又音古言器苦窳不好凡病之器云苦窳窳音庾事見本紀苦如字讀亦通 或彊令民賣買之而船有算商者少物貴乃因孔僅言船算事上由是不悅卜式漢連兵三歲誅羌滅南越番禺以西至蜀南者置初郡十七 徐廣曰南越為九郡駰案晉灼曰元鼎六年定越地以為南海蒼梧

鬱林合浦交趾九真日南珠崖儋耳郡定西南夷以為武都牂柯越巂沈黎文山郡及地理志西南夷傳所置犍為零陵益州郡凡十七也 且以其故俗治毋賦稅南陽漢中以往郡各以地比給初郡 索隱曰比音鼻南陽漢中已往之郡各以其地比近給初郡初郡即西南初置之郡也 吏卒奉食幣物傳車馬被具 索隱曰奉音扶用反包氏同 而初郡時時小反殺吏漢發南方吏卒往誅之間歲萬餘人費皆仰給大農大農以均輸調鹽鐵助賦故能贍之然兵所過縣為以訾給毋乏而已不敢言擅賦法矣 徐廣曰擅一作經經常也唯取用足耳不暇顧經常法則矣 其明年元封元年卜式貶秩為太子太傅而桑弘羊為治粟都尉領大農盡代僅筦

天下鹽鐵弘羊以諸官各自市相與爭物故騰躍而天下賦輸或不償其僦費索隱曰服虔謂載云僦言所輸物不足償其雇載之費也僦音子就反乃請置大農部丞數十人分部主郡國各往往縣置均輸鹽鐵官令遠方各以其物貴時商賈所轉販者爲賦而相灌輸置平準于京師都受天下委輸召工官治車諸器皆仰給大農大農之諸官盡籠天下之貨物貴即賣之賤則買之如此富商大賈無所牟大利如淳曰牟取也則反本而萬物不得騰踊故抑天下物名曰平準天子以爲然許之於是天子北至朔方東到太山巡海上並北邊以歸所過賞賜用帛百餘萬匹錢金以巨萬計皆取足大農弘羊又請令吏得入粟補官及罪人贖罪令民能入粟甘泉各有差以復終身不告緡他郡國各輸急處索隱曰謂他郡能入粟輸所在急要之處也而諸農各致粟山東漕益歲六百萬石一歲之中太倉甘泉倉滿邊餘穀諸物均輸帛五百萬匹民不益賦而天下用饒於是弘羊賜爵左庶長黃金再百斤焉是歲小旱上令官求雨卜式言曰縣官當食租衣稅而已今弘羊令吏坐市列肆索隱曰謂吏坐市肆行列之市販物

求利亨弘羊天乃雨

太史公曰農工商交易之路通而龜貝金錢刀布之幣興焉索隱曰錢本名泉言貨之流如泉也故周有泉府之官及景王乃鑄大錢布者言貨流布故周禮有三夫之布食貨志貨布長二寸五分首長八分足枝長八分刀者錢也食貨志有契刀錯刀契刀長二寸直五百錯刀以黃金錯直五千以其形如刀故曰刀以其利於人也又古者貨貝寶龜食貨志有十朋五貝皆用爲貨其各有多少兩貝爲朋故直二百一十六元龜十朋故直二千一百六十已下各有差也所從來久遠自高辛氏之前尚矣靡得而記云故書道唐虞之際詩述殷周之世安寧則長庠序先本絀末以禮義防于利事變多故而亦反是是以物盛則衰時極而轉徐廣曰時一作衰一質一文終始之變也禹貢九州各因其土地所宜人民所多少而納職焉湯武承弊易變使民不倦各兢兢所以爲治而稍陵遲衰微齊桓公用管仲之謀通輕重之權管子有輕重之法徼山海之業以朝諸侯用區區之齊顯成霸名魏用李克盡地力爲彊君自是之後天下爭於戰國貴詐力而賤仁義先富有而後推讓故庶人之富者或累巨萬而貧者或不厭糟糠有國彊者或并羣小以臣諸侯而弱國或絕祀而滅世以至於秦卒并海內虞夏之幣金爲三品索隱曰即下或黃或白或赤也黃黃金也白白銀也赤赤銅也見食貨志

或黃或白或赤或錢或布如淳曰布於民間也或刀如淳曰名錢爲刀者以其利於民或龜貝及至秦中一國之幣爲二等黃金以溢名孟康曰二十兩爲溢爲上幣銅錢識曰半兩重如其文爲下幣而珠玉龜貝銀錫之屬爲器飾寶藏不爲幣然各隨時而輕重無常於是外攘夷狄內興功業海內之士力耕不足糧饟女子紡績不足衣服古者嘗竭天下之資財以奉其上猶自以爲不足也無異故云事勢之流相激使然曷足怪焉

索隱述贊曰平準之立通貨天下既入縣官或振華夏其名刀布其文龍馬增筭告緡裒多益寡弘羊心計卜式長者都內克殼取贍郊野

平準書第八　史記三十

吳太伯世家第一　史記三十一

索隱曰系家者記諸侯本系也言其下及子孫常有國故孟子曰陳仲子齊之系家又董仲舒曰王者封諸侯非官之也得以代代爲家者也

吳太伯韋昭曰後武王追封爲吳伯故曰吳太伯。索隱曰國語云黃池之會晉定公使謂吳王夫差曰夫命圭有命固曰吳伯不曰吳王是吳本伯爵也范甯解論語曰太者善大之稱伯者長也周太王之元子故曰太伯稱仲雍季歷皆以字配名則伯亦是字又是爵但其名史籍先闕爾。正義曰吳國號也太伯居梅里在常州無錫去東南六十里至十九世孫壽夢居之號句吳壽夢卒諸樊南徙吳至二十一代孫光使子胥築闔閭城都之今蘇州也太伯弟仲雍索隱曰伯仲季是兄弟次第之字若表德之字意義與名相符則系本曰吳孰哉居藩籬宋衷曰孰哉仲雍字藩籬今吳之餘暨也解者云雍是孰食故曰雍字孰哉也皆周太王之子而王季歷之兄也季歷賢而有聖子昌太王欲立季

歷以及昌於是太伯仲雍二人乃奔荊蠻文身斷髮示不可用應劭曰常在水中故斷其髮文其身以象龍子故不見傷害。正義曰江熙云太伯少弟季歷生文王昌有聖德太伯知其必有天下故欲傳國於季歷以太王病託採藥於吳越不反太王薨而季歷立一讓也季歷薨而文王立二讓也文王薨而武王立遂有天下三讓也又釋云太王病而託採藥生不事之以禮一讓也太王薨而不反使季歷主喪不葬之以禮二讓也斷髮文身示不可用使歷主祭祀不祭之以禮三讓也以避季歷季歷果立是爲王季而昌爲文王太伯之奔荊蠻自號句吳宋衷曰句吳太伯始所居地名。索隱曰荊者楚之舊號以州而言之曰荊蠻者閩也南夷之名蠻亦稱越此言自號句吳吳名起於太伯明以前未有吳號地在楚越之界故稱荊蠻顏師古註漢書以吳言句者夷之發聲猶言於越耳此言號句吳當如顏解而註引宋衷以爲地名者系本居篇云孰哉居藩籬孰姑徙句吳宋氏見史記有太伯自號句吳之文遂彌縫解彼云是太伯始所居地名裴氏引之恐非其義藩籬既有其地

句吳何㧕不知眞實吳人不聞別有城邑謂名句吳則系本之文或難依信荆蠻義之從而歸之千餘家立爲吳太伯太伯卒皇覽曰太伯冢在吳縣北梅里聚去城十里無子弟仲雍立是爲吳仲雍仲雍卒索隱曰吳地記曰仲雍冢在吳鄉常孰縣西海虞山上與言偃冢並列子季簡立季簡卒子叔達立叔達卒子周章立是時周武王克殷求太伯仲雍之後得周章周章已君吳因而封之乃封周章弟虞仲於周之北故夏虛徐廣曰在河東太陽縣是爲虞仲索隱曰夏都安邑虞仲都大陽之虞城在安邑南故曰夏虛左傳曰太伯虞仲太王之昭則虞仲是太王之子必也又論語稱虞仲夷逸隱居放言是仲雍稱虞仲今周章之弟亦稱虞仲者蓋周章之弟字仲始封於虞故曰虞仲則仲雍本字仲而爲吳之始祖故後代亦稱虞仲所以祖與孫同號也列爲諸侯周章

卒子熊遂立熊遂卒子柯相立正義曰柯音歌相音相匠反柯相卒子彊鳩夷立彊鳩夷卒子餘橋疑吾立正義橋音橋驕反餘橋疑吾卒子柯盧立柯盧卒子周繇立正義繇音遙又音由周繇卒子屈羽立正義屈居勿反屈羽卒子夷吾立夷吾卒子禽處立禽處卒子轉立索隱曰譙周古史考云柯轉轉卒子頗高立索隱曰古史考作頗夢頗高卒子句卑立索隱曰古史考云畢軫是時晉獻公滅周北虞公以開晉伐虢也索隱曰春秋經僖公五年冬晉人執虞公左氏二年傳曰晉荀息請以屈產之乘與垂棘之璧假道於虞以伐虢虞公許之且請先伐之遂伐虢滅下陽五年傳曰晉侯復假道伐虢宮之奇諫不聽以其族行曰虞不臘矣八月甲午晉侯圍上陽冬十有二月滅虢師還遂襲虞滅之句卑卒子去齊立去齊

卒子壽夢立正義夢莫公反壽夢立而吳始益大稱王自太伯作吳五世而武王克殷封其後爲二其一虞在中國其一吳在夷蠻十二世而晉滅中國之虞中國之虞滅二世而夷蠻之吳興正義曰中國之虞滅後二世合七十一年至壽夢而興大稱王大凡從太伯至壽夢十九世索隱曰壽夢是仲雍十八代孫壽夢二年索隱曰自壽夢已下始有其年春秋唯記卒計壽夢二年當成公七年楚之亡大夫申公巫臣怨楚將子反而奔晉自晉使吳教吳用兵乘車令其子爲吳行人服虔曰行人掌國賓客之禮籍以待四方之使賓大客受小客之幣辭○索隱曰左氏成二年巫臣聘齊及鄭使介反幣而以夏姬行遂奔晉七年傳曰子重子反殺巫臣之族而分其室巫臣遺二子書曰余必使爾罷於奔

命以死巫臣使於吳吳子壽夢說之乃通吳于晉教吳乘車教之戰陳教之叛楚寘其子狐庸焉使爲行人吳始伐楚伐巢伐徐鄢陵之會吳入州來子重子反於是乎一歲七奔命吳於是始通於中國吳伐楚十六年楚共王伐吳至衡山杜預曰吳興烏程縣南也○索隱曰春秋經襄三年楚公子嬰齊帥師伐吳左傳曰楚子重伐吳爲簡之師克鳩茲至于衡山也二十五年王壽夢卒索隱曰襄十二年經曰秋九月吳子乘卒左傳曰壽夢計從成六年至此正二十五年系本曰吳孰姑徙句吳宋衷曰孰姑壽夢也代謂祝夢乘諸也壽孰音相近姑之言諸也毛詩傳讀姑爲諸孰姑壽夢是一人又名乘也壽夢有子四人長曰諸樊索隱曰春秋經書吳子遏左傳稱諸樊蓋遏是其名諸樊是其號公羊傳遏作謁次曰餘祭次曰餘眜索隱曰左氏曰閽戕戴吳杜預曰戴吳餘祭也又襄二十八年左氏齊慶封奔吳吳句餘與之朱方杜預曰句餘吳子夷末也按餘祭以襄二十九年卒則二十八年賜慶封邑不得是夷末但句餘或別是一人杜預誤爲夷末爾夷末惟史記公羊作餘眜左氏及穀

梁並爲夷末夷末句餘音字各異不得爲一○正義祭側界反眛莫葛反次曰季札索隱曰公羊傳曰謁也餘祭也夷眛也與季子同母者四人季子弱而才兄弟皆愛之同欲以爲君季子猶不受謁請兄弟迭爲君而致國乎季子皆曰諾故謁也死餘祭也立餘祭也死夷眛也立夷眛也死則國宜之季子季子使而亡焉僚者長庶也即之闔閭曰將從先君之命與則國宜之季子也如不從君之命則宜立者我也僚惡得爲君乎於是使專諸刺僚史記壽夢四子亦約公羊文但以僚爲餘眛子爲異耳左氏其文不明服虔用公羊杜預係史記及吳越春秋下註徐廣引系本云夷眛生光引吳越春秋云王僚夷眛子今檢系本吳越春秋並無此語然按左氏狐庸對趙文子謂夷末甚德而度其天所啓也必此君之子孫實終之若以僚爲夷末子不應此言又光言我王嗣則光是夷眛子明僚是壽夢庶子季札賢而壽夢欲立之季札讓不可於是乃立長子諸樊攝行事當國王諸樊元年系本曰諸樊徙吳也○索隱曰按在左氏襄十四年諸樊已除喪讓位季札季札謝曰曹宣公之卒也諸侯與曹人不義曹君服虔曰宣公曹伯盧也以魯成公十三年會晉侯伐秦卒于師曹君公子負芻也負芻在國聞宣公卒殺太子而自立故曰不義之也將立子臧子臧去之以成曹君服虔曰子臧負芻庶兄○索隱曰成十三年左傳曰曹宣公卒于師曹人使公子負芻守使公子欣時逆喪秋負芻殺其太子而自立杜預曰皆宣公庶子也負芻成公也欣時子臧也十五年傳曰會于戚討曹成公也執而歸諸京師諸侯將見子臧於王而立之子臧曰前志有之曰聖達節杜預曰聖人應天命不拘常禮也次守節杜預曰謂賢者下失節杜預曰愚者妄動也爲君非吾節也雖不能聖敢失守乎遂逃奔宋君子曰能守節矣君義嗣王肅曰義宜也嫡子嗣國得禮之宜杜預曰諸樊嫡子故曰義嗣○索隱曰君子者左丘明所爲史評仲尼之辭指仲尼爲君子也誰敢干君有國非吾節也札雖不材願附於子臧之義吳人固立季札季札棄其室而耕乃舍之正義舍音捨秋吳伐

楚楚敗我師四年晉平公初立索隱曰左傳襄十六年春葬晉悼公平公即位是也十三年王諸樊卒索隱曰春秋經襄二十五年十有二月吳子遏伐楚門于巢卒左氏曰吳子諸樊伐楚以報舟師之役門于巢巢牛臣曰吳王勇而輕若啓之將親門我獲射之必殪是君也死疆其少安從之吳子門焉牛臣隱於短牆以射之卒有命授弟餘祭欲傳以次必致國於季札而止以稱先王壽夢之意且嘉季札之義兄弟皆欲致國令以漸至焉季札封於延陵故號曰延陵季子索隱曰襄三十一年左傳趙文子問於屈狐庸曰延州來季子其果立乎杜預曰延州來季札邑昭二十七年左傳曰吳子使延州來季子聘于上國杜預曰季子本封延陵後復封州來故曰延州來成七年左傳曰吳入州來杜預曰州來楚邑淮南下蔡縣是昭十三年傳吳伐州來二十三年傳吳滅州來則州來本爲楚邑吳伐滅以封季子也地理志云會稽毗陵縣季札所居太康地理志曰故延陵邑季札所居栗頭有季札祠地理志云沛郡下蔡縣古州來國爲楚所滅後吳取之至夫差遷昭侯於州來公羊傳曰季子去之延陵終身不入吳國何休曰不入吳朝廷也此云封於延陵謂國而賜之以菜邑杜預春秋釋例土地名則云延州來闕不知何故而爲此言也王餘祭三年齊相慶封有罪自齊來奔吳吳予慶封朱方之縣吳地記曰朱方秦改曰丹徒以爲奉邑以女妻之富於在齊四年吳使季札聘於魯在春秋魯襄公二十九年請觀周樂服虔曰周樂魯所受四代之樂也杜預曰魯以周公故有天子禮樂爲歌周南召南杜預曰此皆各依其本國歌所常用聲曲曰美哉始基之矣王肅曰言始造王基也猶未也賈逵曰言未有雅頌之成功也杜預曰猶有商紂未盡善也然勤而不怨杜預曰未能安樂然其音不怨怒歌邶鄘衛杜預曰武王伐紂分其地爲三監三監叛周公滅之并三監之地更封康叔故三國盡被康叔之化曰美哉淵乎憂而不困者

也賈逵曰淵深也杜預曰亡國之音哀以思其民困衛康叔武公德化深遠雖遭宣公淫亂懿公滅亡民猶秉義不至於困吾聞衛康叔武公之德如是是其衛風乎賈逵曰康叔遭管叔蔡叔之難武公罹幽王褒姒之憂故曰康叔武公之德如是杜預曰康叔武公皆衛之令德君也聽聲以爲別故有疑言歌王服虔曰王室當在雅衰微而列在風故國人猶尊之故稱王猶春秋之王人也杜預曰王黍離也曰美哉思而不懼其周之東乎服虔曰平王東遷雒邑杜預曰宗周殞滅故憂思猶有先王之遺風故不懼也。正義思音肆歌鄭賈逵曰鄭風東鄭是曰其細已甚民不堪也是其先亡乎服虔曰其風細弱已甚攝於大國之間無遠慮持久之風故曰民不堪將先亡也歌齊曰美哉泱泱乎大風也哉服虔曰泱泱舒緩深遠有大和之意其詩風刺辭約而義微體疏而不切故曰大風。索隱曰泱於良反泱泱猶汪洋汪洋美盛貌也杜預曰弘大之聲表東海者其太公乎王肅曰言爲東海之表式國未可量也服虔曰國之興衰世數長短未可量也杜預曰言其或將復興歌豳曰美哉蕩蕩乎樂而不淫賈逵曰蕩然無憂自樂而不荒淫也其周公之東乎杜預曰周公遭管蔡之變東征爲成王陳后稷先公不敢荒淫以成王業故言其周公東乎歌秦曰此之謂夏聲夫能夏則大大之至也其周之舊乎杜預曰秦仲始有車馬禮樂去戎狄之音而有諸夏之聲故謂之夏聲及襄公佐周平王東遷而受其故地故曰周之舊也歌魏曰美哉渢渢乎大而婉儉而易行以德輔此則盟主也徐廣曰盟一作明駰案賈逵曰其志大直而有曲體歸中和中庸之德難成而實易行故曰以德輔此則盟主也杜預曰惜其國小而無明君。索隱曰渢音馮又音泛杜預曰中庸之聲婉約也大而約則儉節易行左傳盟作明故徐廣亦云一作明此以聽聲知政言其明聽爾非盟會也歌唐曰思深哉其有陶唐氏之遺風乎不然何憂之遠也

杜預曰晉本唐國故有堯之遺風憂深思遠情發於聲也非令德之後誰能若是歌陳曰國無主其能久乎杜預曰淫聲放蕩無所畏忌故曰國無主自鄶以下無譏焉服虔曰鄶以下及曹風也其國小無所刺譏歌小雅杜預曰小雅小正亦樂歌之章曰美哉思而不貳杜預曰思文武之德無貳叛之心也然而不言王肅曰非不能言畏罪咎也其周德之衰乎杜預曰衰小也猶有先王之遺民也杜預曰謂有殷王餘俗故未大歌大雅杜預曰大雅陳文王之德以正天下曰廣哉熙熙乎杜預曰熙熙和樂聲曲而有直體杜預曰論其聲其文王之德乎歌頌杜預曰頌者以其成功告於神明曰至矣哉賈逵曰言道備至也直而不倨杜預曰倨傲也曲而不詘杜預曰詘撓也近而不偪杜預曰謙退也遠而不攜杜預曰攜貳也遷而不淫服虔曰遷徙也文王徙酆武王居鄗杜預曰淫過蕩也復而不厭杜預曰常日新也哀而不愁杜預曰知命也樂而不荒杜預曰節之以禮也用而不匱杜預曰德弘大廣而不宣杜預曰不自顯也施而不費杜預曰因民所利而利之取而不貪杜預曰義然後取處而不底杜預曰守之以道行而不流杜預曰制之以義五聲和八風平杜預曰宮商角徵羽謂之五聲八方之氣謂之八風節有度守有序杜預曰八音克諧節有度也無相奪倫守有序也盛德之所同也杜預曰頌有殷魯故曰盛德之所同見舞象箾南籥者賈逵曰象文王之樂武象也箾舞曲也南籥以籥舞也。索隱曰箾音朔又蘇彫反曰美哉猶有憾服虔曰憾恨也恨不及已以伐紂而致太平也。索隱曰憾或作感字省爾亦讀爲憾又音胡暗反見舞大武賈逵曰大武周公所作武王樂也曰美哉周之盛也其若此乎見舞韶護者賈逵曰韶護殷成湯樂大護也曰聖人之弘也賈逵曰弘大也猶

有慙德聖人之難也服虔曰慙於始伐而無聖佐故曰聖人之難也見舞大
夏賈逵曰夏禹之樂大夏也曰美哉勤而不德服虔曰禹勤其身以治水土也非
禹其誰能及之見舞招箾服虔曰有虞氏之樂大韶也○索隱曰招箾二字體
變耳曰德至矣哉大矣服虔曰至帝王之道極於韶也盡美盡善也如天之
無不燾也賈逵曰燾覆也如地之無不載也雖甚盛德
無以加矣觀止矣若有他樂吾不敢觀服虔曰周用六代之
樂堯曰咸池黃帝曰雲門魯受四代下周二等故不舞其二季札知之故曰有他樂吾不敢請去魯遂使
齊說晏平仲曰子速納邑與政服虔曰入邑與政職於公不與國家
之事無邑無政乃免於難齊國之政將有所歸未
得所歸難未息也故晏子因陳桓子以納政與
邑是以免於欒高之難正義曰乃憚反在魯昭公八年欒施高彊二氏作難陳桓
子和之乃解也去齊使於鄭見子產如舊交謂子產曰鄭
之執政侈難將至矣政必及子子爲政愼以禮
服虔曰禮所以經國家利社稷也不然鄭國將敗去鄭適衛說蘧瑗
史狗史鰌公子荊公叔發公子朝曰衛多君子
未有患也自衛如晉將舍於宿左傳曰將宿於戚○索隱曰按
太史公欲自爲一家事雖出於左氏文則隨義而換既以舍字替宿遂以宿字替戚戚既是邑名理應不易今宜讀宿
爲戚戚衛邑孫文子舊所食也聞鐘聲服虔曰孫文子鼓鐘作樂也曰異哉吾聞
之辯而不德必加於戮服虔曰辯若鬭辯也夫以辯爭不以德居之必加於刑戮也
夫子獲罪於君以在此賈逵曰夫子孫文子也獲罪出獻公以戚畔也懼猶

不足而又可以畔乎索隱曰按春秋左氏傳曰而又何樂此畔字宜讀曰樂樂謂聞鐘聲
也畔非其義耳夫子之在此猶燕之巢于幕也王肅曰言至危也君
在殯而可以樂乎賈逵曰衛君獻公棺在殯未葬遂去之文子聞
之終身不聽琴瑟服虔曰聞義而改也琴瑟不聽況於鐘鼓乎適晉說趙
文子索隱曰名武韓宣子索隱曰名起○正義曰世本云名秦魏獻子索隱曰名舒
曰晉國其萃於三家乎服虔曰言晉國之祚將集於三家將去謂
叔向曰吾子勉之君侈而多良大夫皆富政將
在三家杜預曰富必厚施故政在三家也吾子直服虔曰直不能曲橈以從衆必思
自免於難季札之初使北過徐君徐君好季札
劍口弗敢言季札心知之爲使上國未獻還至
徐徐君已死於是乃解其寶劍繫之徐君冢樹
而去正義曰括地志云徐君廟在泗州徐城縣西南一里即延陵季子掛劍之徐君也從者曰徐
君已死尚誰予乎季子曰不然始吾心已許之
豈以死倍吾心哉七年楚公子圍弒其王夾敖
而代立是爲靈王索隱曰春秋經襄二十五年吳子遏卒二十九年閽殺吳子餘祭昭十五
年吳子夷末卒是餘祭立四年餘昧在位十七年系家倒錯
二王之年此七年正是餘昧之三年昭元年經曰冬十有一
月楚子麇卒左傳曰楚公子圍將聘于鄭未出竟聞王有疾
而還入問王疾縊而弒之遂殺其二子
幕及平夏葬王于郟謂之郟敖十年楚靈王會諸侯而以伐吳之
朱方以誅齊慶封吳亦攻楚取三邑而去左傳曰吳
伐楚入棘櫟麻以報朱方之役○索隱曰杜預註彼云皆楚
東鄙邑也譙周云鄭縣東北有棘亭汝陰新蔡縣東北有櫟

亭按解者以麻即襄城縣故麻城是也十一年楚伐吳至雩婁服虔曰雩婁楚之東邑。索隱曰昭五年左傳曰楚子伐吳使沈尹射待命於巢薳啓彊待命雩婁今直言至雩婁略耳十二年楚復來伐次於乾谿杜預曰乾谿在譙國城父縣南楚東境楚師敗走十七年王餘祭卒索隱曰春秋襄二十九年經曰閽殺吳子餘祭左傳曰吳人伐越獲俘焉以為閽使守舟吳子餘祭觀舟閽以刀殺之公羊傳曰近刑人則輕死之道也合在季札聘魯之前倒錯於此弟餘昧立王餘昧二年楚公子弃疾弑其君靈王代立焉索隱曰據春秋即餘昧十五年也昭十三年經曰夏四月楚公子比自晉歸于楚弑其君虔于乾谿楚公子弃疾殺公子比左氏具載詞繁不錄公子比弃疾皆靈王弟也比即子干也靈王公子圍也即位後易名為虔弃疾即位後易名熊居是為平王史記以平王遂有楚國故曰弃疾弑君春秋以子干為王故曰比弑其君彼此各有意義也四年王餘昧卒欲授弟季札季札讓逃去

於是吳人曰先王有命兄卒弟代立必致季子季子今逃位則王餘昧後立今卒其子當代乃立王餘昧之子僚為王索隱曰此文以為餘昧子公羊傳以為壽夢庶子王僚二年公子光伐楚徐廣曰世本云夷昧生光吳越春秋曰王僚夷昧子與史記同敗而亡王舟光懼襲楚復得王舟而還左傳曰舟名餘皇。索隱曰計僚元年當昭十六年比二年公子光云王舟事在左氏昭十七年五年楚之亡臣伍子胥來奔公子光客之索隱曰左傳昭二十年曰伍員如吳言伐楚之利於州于杜預曰州于吳子僚也公子光曰是宗為戮而欲反其讎不可從也員曰彼將有他志余姑為之求士而鄙以待之乃見鱄設諸焉而耕於鄙是謂以客禮接之公子光者王諸樊之子也索隱曰此文以為諸樊子系本以為夷昧子也常以為吾父兄弟四人當傳至

季子季子即不受國光父先立即不傳季子光當立陰納賢士欲以襲王僚八年吳使公子光伐楚敗楚師迎楚故太子建母於居巢以歸因北伐敗陳蔡之師九年公子光伐楚拔居巢鍾離服虔曰鍾離州來西邑也。索隱曰昭二十四年經曰冬吳滅巢左氏曰楚子為舟師以略吳疆沈尹戌曰此行也楚必亡邑不撫民而勞之吳不動而速之吳人踵楚邊人不備遂滅巢及鍾離而還地理志居巢屬廬江鍾離屬江南應劭曰鍾離子之國也初楚邊邑卑梁氏之處女與吳邊邑之女爭桑索隱曰左氏无其事二女家怒相滅兩國邊邑長聞之怒而相攻滅吳之邊邑吳王怒故遂伐楚取兩都而去正義曰兩都即鍾離居巢伍子胥之初奔吳說吳王

僚以伐楚之利公子光曰胥之父兄為僇於楚欲自報其仇耳未見其利於是伍員知光有他志服虔曰欲取国乃求勇士專諸賈逵曰吳勇士。索隱曰專或作剸左傳作鱄設諸剌客傳曰諸堂邑人也。正義曰吳越春秋云專諸豐邑人伍子胥初亡楚如吳時遇之於途專諸方與人鬬甚不可當其妻呼還子胥怪而問其狀專諸曰夫屈一人之下必申万人之上胥因而相之雄貌深目侈口熊背知其勇士見之光光喜乃客伍子胥子胥退而耕於野以待專諸之事索隱曰依左氏即上五年公子光客之是也事合記於五年不應略彼而更具於此也十二年冬楚平王卒索隱曰昭二十六年春秋經書楚子居卒是也按十二諸侯年表及左傳合在僚十二年十三年春吳欲因楚喪而伐之索隱曰據表及左氏僚止合有十二年事並見昭二十七年左傳使公子蓋餘燭庸賈逵曰二公子皆吳王僚之弟。索隱曰春秋

作掩餘而史記並作蓋餘音同而字異者或謂太史公被腐刑不欲言掩也賈逵及杜預并刺客傳皆云二公子王僚母弟而昭二十三年左傳曰光帥右掩餘帥左杜註云掩餘吳王壽夢子又系族譜亦云二公子並壽夢子若依公羊僚爲壽夢子則與系族譜合也以兵圍楚之六灊杜預曰灊在廬江六縣西南使季札於晉以觀諸侯之變服虔曰察彊弱楚發兵絕吳兵後吳兵不得還於是吳公子光曰此時不可失也賈逵曰時言可殺王時也告專諸曰不索何獲服虔曰不索當何時得也我眞王嗣當立吾欲求之季子雖至不吾廢也王肅曰聘晉還至也專諸曰王僚可殺也母老子弱服虔曰毋老子弱專諸託其母子於光也王肅曰專諸言王母老子弱也○索隱曰依王肅解與史記同於理無失服虔杜預見左傳下文云我爾身也以其子爲卿遂強解是無若我何猶言我無若是何語不近情過爲迂回非也而兩公子將

史記吳太伯世家一　十二

兵攻楚楚絕其路方今吳外困於楚而內空無骨鯁之臣是無奈我何光曰我身子之身也服虔曰言我身猶爾身也四月丙子光伏甲士於窟室杜預曰掘地爲室也○索隱曰春秋經唯言夏四月左氏亦云丙子當別有按據不知出何書而謁王僚飲索隱曰謁請也本或作請左氏作饗王王僚使兵陳於道自王宮至光之家門階戶席皆王僚之親也人夾持鈹音披○索隱曰劉逵註吳都賦鈹兩刃小刀公子光詳爲足疾入于窟室杜預曰恐難作王黨殺己素避之也○索隱曰詳音陽爲如字左氏曰光僞足疾詳即僞也或讀此爲字音僞非也豈詳僞重言耶使專諸置匕首於炙魚之中服虔曰全魚炙也○索隱曰劉氏曰匕首短劍也按鹽鐵論以爲長尺八寸通俗文云其頭類匕故曰匕首也短刃可袖者以進食手匕首刺王僚鈹

交於匈賈逵曰交專諸匈也遂弒王僚公子光竟立爲王是爲吳王闔廬闔廬乃以專諸子爲卿季子至曰苟先君無廢祀民人無廢主社稷有奉乃吾君也吾敢誰怨乎哀死事生以待天命服虔曰待其天命之終也非我生亂立者從之先人之道也杜預曰吳自諸樊已下兄弟相傳而不立適是亂由先人起也季子自知力不能討光故云復命哭僚墓服虔曰復命於僚哭其墓也○正義曰復音伏下同復位而待杜預曰復本位待光命吳公子燭庸蓋餘二人將兵遇圍於楚者聞公子光弒王僚自立乃以其兵降楚楚封之於舒索隱曰左氏昭二十七年曰掩餘奔徐燭庸奔鍾吾三十年經曰吳滅徐徐子奔楚左傳曰吳子使徐人執掩餘使鍾吾人執燭庸二公子奔楚楚子大

史記吳太伯世家一　十三

封而定其徙無封舒之事當是舒徐字亂又且疏略也王闔廬元年舉伍子胥爲行人而與謀國事楚誅伯州犂其孫伯嚭亡奔吳徐廣曰伯嚭州犂孫也史記與吳越春秋同嚭音披美反吳以爲大夫三年吳王闔廬與子胥伯嚭將兵伐楚拔舒殺吳亡將二公子光謀欲入郢將軍孫武曰民勞未可待之索隱曰左傳此年有子胥對耳無孫武事也四年伐楚取六與灊五年伐越敗之六年楚使子常囊瓦伐吳正義曰左傳云楚囊瓦爲令尹杜預云子囊之孫子常迎而擊之大敗楚軍於豫章取楚之居巢而還索隱曰在左傳定二年當爲闔廬七年九年吳王闔廬謂伍子胥孫武曰始子之言郢未可入今果如何

索隱曰言今欲果敢伐楚可否也 二子對曰楚將子常貪而唐蔡皆怨之王必欲大伐必得唐蔡乃可闔廬從之悉興師與唐蔡西伐楚 索隱曰定四年經蔡侯以吳子及楚人戰于柏舉楚師敗績吳入郢是也 至於漢水楚亦發兵拒吳夾水陳 正義音陣 吳王闔廬弟夫概 正義音古代反 欲戰闔廬弗許夫概曰王已屬臣兵兵以利為上尚何待焉遂以其部五千人襲冒楚楚兵大敗走於是吳王遂縱兵追之比至郢五戰楚五敗楚昭王亡出郢奔鄖 服虔曰鄖楚縣 鄖公弟 正義曰左傳云鄖公辛之弟懷也 欲弒昭王昭王與鄖公奔隨 服虔曰隨楚與國也 而吳兵遂入郢子胥伯嚭鞭平

王之尸以報父讎 索隱曰左氏無此事 十年春越聞吳王之在郢國空乃伐吳吳使別兵擊越楚告急秦秦遣兵救楚擊吳吳師敗闔廬弟夫概見秦越交敗吳吳王留楚不去夫概亡歸吳而自立為吳王闔廬聞之乃引兵歸攻夫概夫概敗奔楚楚昭王乃得以九月復入郢而封夫概於堂谿為堂谿氏 司馬彪曰汝南吳房有堂谿亭。正義曰括地志云豫州吳房縣在州西北九十里應劭云吳王闔閭弟夫概奔楚封之於堂谿氏本房子國以封吳故曰吳房 十一年吳王使太子夫差伐楚取番楚恐而去郢徙鄀 服虔曰鄀楚邑。索隱曰定六年左傳四月己丑吳太子終纍敗楚舟師杜預曰闔廬子夫差兄此以為夫差當謂名異而一人耳左傳又曰獲潘子臣小惟子及大夫七人楚於是乎遷郢於鄀此言番番音潘楚邑名子臣即其邑之大夫也 十五年孔子相魯 索隱曰定十年左傳曰夏公會齊侯于祝其實夾谷孔丘相犂彌言於齊侯曰孔丘知禮而無勇是也杜預以為相會儀也而史遷孔子系家云攝行相事按左氏孔丘以公退曰士兵之又使茲無還揖對蓋是攝國相也 十九年夏吳伐越越王句踐迎擊之檇李 賈逵曰檇李越地杜預曰吳郡嘉興縣南有醉李城也檇音醉 越使死士挑戰 徐廣曰一作亶越世家亦然或者以為人名氏乎駰案賈逵曰死士死罪人也鄭衆曰死士欲以死報恩者也杜預曰敢死之士也。正義曰挑音田鳥反 三行造吳師呼自剄 左傳曰使罪人三行屬劍於頸。正義曰行故郎反造千到反呼火故反剄堅鼎反 吳師觀之越因伐吳敗之姑蘇 越絕書曰闔廬起姑蘇臺三年聚材五年乃成高見三百里。索隱曰姑蘇臺名在吳縣西三十里 傷吳王闔廬指軍卻七里吳王病傷而死 索隱曰左傳云定十四年越子大敗之靈姑浮以戈擊闔

廬闔廬傷將指還卒於陘去檇李七里此云擊之檇李又云敗之姑蘇自為乖異杜預註檇李在嘉興縣南靈姑浮越大夫也 闔廬使立太子夫差謂曰爾而忘句踐殺汝父乎對曰不敢三年乃報越 越絕書曰闔廬冢在吳縣昌門外名曰虎丘下池廣六十步水深一丈五尺桐棺三重澒池六尺玉鳧之流扁諸之劒三千方員之口三千槃郢魚腸之劒在焉卒十餘萬人治之取土臨湖葬之三日白虎居其上故號曰虎丘。索隱曰此以為闔廬謂夫差夫差對闔廬若左氏傳則云對曰者夫差對所使之人也澒音胡貢反以水銀為池 王夫差元年 越絕書曰太伯到夫差二十六代且千歲。索隱曰按太伯至壽夢十九代諸樊已下六王唯二十五年 以大夫伯嚭為太宰 索隱曰左傳定四年伯嚭為太宰當闔廬九年非夫差代也 習戰射常以報越為志二年吳王悉精兵以伐越敗之夫椒 賈逵曰夫椒越地杜預曰太湖中椒山也。索隱曰賈逵云越地蓋近得之然其地闕不知所在杜預以為太湖中椒山非戰所夫椒與椒山

不得爲一且夫差以報越爲志又伐越當至越地何乃不離吳境近在太湖中又按越語云敗五湖也報姑蘇也越王句踐乃以甲兵五千人棲於會稽賈逵曰會稽山名。索隱曰鳥所止宿曰棲越爲吳敗依山林故以鳥棲爲喻左傳作保國語作棲使大夫種因吳太宰嚭而行成服虔曰行成求成也。索隱曰大夫官也種名也吳越春秋以爲種姓文而劉氏云姓大夫非也。正義曰國語云越飾美女八人納太宰嚭曰子苟然放越之罪請委國爲臣妾吳王將許之伍子胥諫曰昔有過氏殺斟灌以伐斟尋賈逵曰過國名也斟灌斟尋夏同姓也夏后相依斟灌而國故曰殺夏后相也。索隱曰過音戈寒浞之子澆所封國也猗姓國晉地道記曰東萊掖縣有過鄉北有過城是古之過國者也斟灌斟尋夏同姓賈氏據系本而知也按地理志北海壽光縣應劭曰古斟灌禹後今灌亭是也又平壽縣云故斟尋禹後今斟城是也斟與斟同滅夏后帝相服虔曰夏后相啓之孫帝相之妃后緡方娠賈逵曰緡有仍之姓也杜預曰娠懷身也逃於有仍賈逵曰有仍國名后緡之家而生少康服虔曰后緡遺腹子少康爲有仍牧正王肅曰牧正牧官之長也有過又欲殺少康少康奔有虞賈逵曰有虞帝舜之後杜預曰梁國虞縣有虞思夏德於是妻之以二女而邑之於綸賈逵曰綸虞邑有田一成有衆一旅賈逵曰方十里爲成五百人爲旅後遂收夏衆撫其官職服虔曰因此基業稍收取夏遺民餘衆撫修夏之故官憲典使人誘之遂滅有過氏索隱曰傳云使女艾諜澆季杼誘豷遂滅過氏杜預曰諜候也復禹之績祀夏配天服虔曰以鯀配天也不失舊物賈逵曰物職也杜預曰物事也今吳不如有過之彊而句踐大於少康今不因此而滅之又將寬之不亦難乎且句踐爲人能辛苦今不

史記吳太伯世家一　十六

滅後必悔之吳王不聽聽太宰嚭卒許越平與盟而罷兵去七年吳王夫差聞齊景公死而大臣爭寵新君弱乃興師北伐齊子胥諫曰越王句踐食不重味衣不重采弔死問疾且欲有所用其衆此人不死必爲吳患今越在腹心疾而王不先而務齊不亦謬乎吳王不聽遂北伐齊敗齊師於艾陵杜預曰艾陵齊地。索隱曰此之七年魯哀公六年也左氏此年無伐齊事哀十一年有敗齊師于艾陵至繒杜預曰琅邪繒縣召魯哀公而徵百牢季康子使子貢以周禮說太宰嚭乃得止賈逵曰周禮王合諸侯享禮十有二牢上公九牢侯伯七牢子男五牢。索隱曰事在哀七年當夫差八年不應上連七年按左傳曰子服景伯對不聽乃與之非謂季康子使子貢說得不用百牢太宰嚭自別召康子乃使子貢辭之耳因留略地於齊魯之南九年爲騶伐魯至與魯盟乃去索隱曰左傳騶作邾杜預註左傳亦曰邾今魯國騶縣是也騶邾聲相近自亂耳騶宜音邾十年因伐齊而歸十一年復北伐齊越王句踐率其衆以朝吳厚獻遺之吳王喜唯子胥懼曰是棄吳也索隱曰左氏作豢吳豢養也諫曰越在腹心今得志於齊猶石田無所用王肅曰石田不可耕且盤庚之誥有顚越勿遺服虔曰顚隕也越墜也顚越無道則割絕無遺也。索隱曰左傳曰其顚越不共則劓殄無遺育無俾易種于茲邑是商所以興也今君易之此即艾陵戰時也商之以興徐廣曰一本作盤庚之誥有顚之越之商之以興子胥傳誥曰有顚越商之興吳王不聽使子胥於齊子胥屬其子於齊

史記吳太伯世家一　十七

鮑氏服虔曰鮑氏齊大夫。索隱曰左傳直云使於齊杜預云私使人至齊國屬其子按左氏又曰反役王聞之明非子胥自使也還報吳王吳王聞之大怒賜子胥屬鏤之劒以死服虔曰屬鏤劒名賜使自刎。索隱曰劒名見越絕書。正義曰屬音燭鏤音力于反將死曰樹吾墓上以梓令可為器索隱曰傳云樹吾墓檟檟可材也吳其亡乎梓檟相類因變文爾抉吾眼置之吳東門以觀越之滅吳也索隱曰抉烏穴反此國語文彼以抉為辟又云以手抉之王慍曰孤不使大夫得有見乃盛以鴟夷投之江也。正義曰吳俗傳云子胥亡後越從松江北開渠至橫山東北築城伐吳子胥乃與越軍夢令從東南入破吳越王即移向三江口岸立壇殺白馬祭子胥杯動酒盡越乃開渠子胥作濤盪羅城東開入滅吳至今猶號曰示浦門曰鱛鯆是從東門入滅吳也齊鮑氏弒齊悼公吳王聞之哭於軍門外三日服虔曰諸侯相臨之禮。索隱曰公名陽生左傳哀十年曰吳伐齊南鄙齊人殺悼公不言鮑氏又鮑叔以哀八年為悼公所殺今言鮑氏蓋其宗黨爾且此伐在艾陵戰之前年今記於後亦為顛倒錯亂也乃從海

上徐廣曰上作中攻齊齊人敗吳吳王乃引兵歸十三年吳召魯衛之君會於橐皋服虔曰橐皋地名也杜預曰在淮南逡遒縣東南。索隱曰哀十二年左傳曰公會吳于橐皋衛侯會吳于鄖此并言會衛橐皋者按左傳吳徵會于衛初衛殺吳行人懼謀於子羽子羽曰不如止也子木曰往也衛侯本不欲赴會故魯以夏會衛及秋乃會之爾所以太史公言其召魯衛會於橐皋也鄖發陽也廣陵海陵縣東南有發繇口橐皋縣名在壽春橐音吐各反皋音姑逡音七廵反遒音才酋反十四年春吳王北會諸侯於黃池杜預曰陳留封丘縣南有黃亭近濟水欲霸中國以全周室六月戊子越王句踐伐吳乙酉越五千人與吳戰丙戌虜吳太子友丁亥入吳吳人告敗於王夫差夫差惡其聞也賈逵

曰惡其聞諸侯或泄其語吳王怒斬七人於幕下服虔曰以絕口七月辛丑吳王與晉定公爭長吳王曰於周室我為長杜預曰吳為大伯後故為長晉定公曰於姬姓我為伯杜預曰為侯伯趙鞅怒將伐吳乃長晉定公徐廣曰黃池之盟吳先歃晉次之與外傳同駰案賈逵曰外傳曰吳先歃晉亞之先敘晉晉有信又所以外吳。索隱曰此依左傳文按左傳趙鞅呼司馬寅曰日旰矣大事未成二臣之罪也建鼓整列二臣死之長幼必可知也是趙鞅怒司馬寅對曰請姑視之反曰肉食者無墨今吳王有墨國其勝乎杜預曰墨氣色下也國為敵所勝也又曰太子死乎且夷德輕不忍久請少待之乃先晉人是也徐賈所云據國語不與左傳合非也左氏曾襄之代晉楚為會先書晉晉有信耳外傳即國語也書有二名也外吳者吳夷賤之不許同中國故言外吳王已盟與晉別欲伐宋大宰嚭曰可勝而不能居也乃引兵歸國國亡太子內

空王居外久士皆罷敝於是乃使厚幣以與越平十五年齊田常殺簡公十八年越益彊越王句踐率兵使伐敗吳師於笠澤楚滅陳二十年越王句踐復伐吳索隱曰哀十九年左氏曰越人侵楚以誤吳也杜預曰誤吳使不為備也無伐吳事也二十一年遂圍吳二十三年十一月丁卯越敗吳越王句踐欲遷吳王夫差於甬東賈逵曰甬東越東鄙甬江東也韋昭曰勾章東海口外洲也。索隱曰國語曰甬勾東越地會稽勾章縣東海中州也按今鄮縣即是其處予百家居之吳王曰孤老矣不能事君王也吾悔不用子胥之言自令陷此遂自剄死越絕書曰夫差冢在猶亭西卑猶之位越王使干戈人一累土以葬之近太湖去縣五十七里。索隱曰左傳云乃縊越人以

歸猶亭亭名卑猶位三字共爲地名吳地記曰徐杭山一名卑猶山是也㙓音路禾反小竹籠以盛土也 越王滅吳誅太宰嚭以爲不忠而歸

太史公曰孔子言太伯可謂至德矣三以天下讓民無得而稱焉 王肅曰太伯弟季歷賢又生聖子昌昌必有天下故太伯以天下三讓於王季其讓隱故無得而稱言之者所以爲至德也 余讀春秋古文乃知中國之虞與荊蠻句吳兄弟也延陵季子之仁心慕義無窮見微而知清濁嗚呼又何其閎覽博物君子也 皇覽曰延陵季子冢在毗陵縣暨陽鄉至今吏民皆祀事

索隱述贊曰

太伯作吳　高讓雄圖　周章受國　別封於虞　壽夢初霸　始用兵車　三子遞立　延陵不居　光既篡位　是稱闔閭　王僚見殺　賊由專諸　夫差輕越　取敗姑蘇　甬東之恥　空慙伍胥

史叄阡捌伯單柒字

註捌阡零柒拾陸字

吳太伯世家第一　史記三十一

齊太公世家第二　史記三十二

正義曰括地志云天齊池在青州臨淄縣東南十五里封禪書云齊之所以爲齊者以天齊

太公望呂尚者東海上人 呂氏春秋曰東夷之士。索隱曰譙周曰姓姜名牙。炎帝之裔伯夷之後掌四岳有功封之於呂子孫從其封姓呂尚其後也按後文王得之渭濱云吾先君太公望子久矣故號太公望蓋牙是字尚是其名後武王號爲師尚父則尚父官名 其先祖嘗爲四嶽佐禹平水土甚有功虞夏之際封於呂 徐廣曰呂在南陽宛縣西 或封於申姓姜氏 索隱曰地理志申在南陽宛縣申伯之國呂亦在宛縣之西也 夏商之時申呂或封枝庶子孫或爲庶人尚其後苗裔也本姓姜氏從其封姓故曰呂尚呂尚蓋嘗窮困年老矣 索隱曰譙周曰呂望嘗屠牛於朝歌賣飯於孟津 以漁釣奸周西伯 正義曰奸音干括地志云茲泉水源出岐州岐山縣西南凡谷呂氏春秋云太公釣於茲泉遇文王酈元云磻溪中有泉謂之茲泉積水爲潭即太公釣處今謂之凡谷有石壁深高幽邃人跡罕及東南隅有石室蓋太公所居也水次盤石釣處即太公垂釣之所其投竿跪餌兩膝遺跡猶存是磻溪之稱也其水清泠神異北流十二里注于渭說苑云呂望年七十釣于渭渚三日三夜魚無食者望即忿脫其衣冠上有農人者古之異人謂望曰子姑復釣必細其綸芳其餌徐徐而投無令魚駭望如其言初下得鮒次得鯉刺魚腹得書書文曰呂望封於齊望知其異 西伯將出獵卜之曰所獲非龍非彲 徐廣曰勑知反。索隱曰彲本亦作螭字 非虎非羆所獲霸王之輔於是周西伯獵果遇太公於渭之陽與語大說曰自吾先君太公曰當有聖人適周周以興子真是邪吾太公望子久矣故號之曰太公望載與俱歸立爲師或曰太公博聞嘗事紂紂無道去之游說諸侯無所遇而卒西歸周西伯或曰呂尚處士隱海濱周西伯拘羑里散宜生閎夭素知而招呂尚呂尚亦曰吾聞西伯賢又善養老盍往焉三人者爲西伯求美女奇物獻之於紂以贖西伯西伯得以出反國言呂尚所以事周雖異然要之爲文武師周西伯昌之脫羑里歸與呂尚陰謀脩德以傾商政其事多兵權與奇計 正義曰六韜云武王問太公曰律之音聲可以知三軍之消息乎太公曰深哉王之問也夫律管十二其要有五宮商角徵羽此其正聲也萬代不易五行之神道之常也可以知敵金木水火土各以其勝攻之其法以天清靜無陰雲風雨夜半遣輕騎往至敵人之壘九伯步偏持律管橫耳大呼驚之有聲應管其來甚微角管聲應當以白虎徵管聲應當以玄武商管聲應當以勾陳五管聲盡不應無有商聲當以青龍此五行之府佐勝之徵陰敗之機也 故後世之言兵及周之陰權皆宗太公爲本謀周西伯政平及斷虞芮之訟而詩人稱西伯受命曰文王伐崇密須犬夷 索隱曰郡國志密須在東郡廩丘縣北今曰頓城密須姞姓在河南密縣東故密城是也與安定姻姓密國各不同 大作豐邑天下三分其二歸周者太公之謀計居多文王崩武王即位九年欲脩文王業東伐以觀諸侯集否師行師尚父 劉向別錄曰師之尚之父之故曰師尚父父亦男子之美號也 左杖黃鉞右把白旄以誓曰蒼兕蒼兕 索隱曰本或作蒼雉按馬融曰蒼兕主舟楫官名又王充云蒼兕水獸九頭今誓衆令急濟故言蒼兕以

懼之然此文上下並今文太誓 總爾衆庶與爾舟楫後至者斬遂至盟津諸侯不期而會者八百諸侯諸侯皆曰紂可伐也武王曰未可還師與太公作此太誓居二年紂殺王子比干囚箕子武王將伐紂卜龜兆不吉風雨暴至羣公盡懼唯太公彊之勸武王武王於是遂行十一年 徐廣曰一作三年 正月甲子誓於牧野伐商紂紂師敗績紂反走登鹿臺遂追斬紂明日武王立于社羣公奉明水 索隱曰周本紀毛叔鄭奉明水也 衛康叔封布采席 索隱曰周本紀衛康叔封布茲茲是席故此亦云采席也 師尚父牽牲史佚策祝以告神討紂之罪散鹿臺之錢發鉅橋之粟以振貧民封比干墓釋箕子囚遷九鼎脩周政與天下更始師尚父謀居多於是武王已平商而王天下封師尚父於齊營丘 正義曰括地志云營丘在青州臨淄北百步外城中 東就國道宿行遲逆旅之人曰吾聞時難得而易失客寢甚安殆非就國者也太公聞之夜衣而行犂明至國 索隱曰犂里奚反犂猶比也又犂猶遲也 萊侯來伐與之爭營丘營丘邊萊萊人夷也會紂之亂而周初定未能集遠方是以與太公爭國太公至國脩政因其俗簡其禮通商工之業便魚鹽之利而人民多歸齊齊爲大

國及周成王少時管蔡作亂淮夷正義曰孔安國云淮浦之夷徐州之戎畔周乃使召康公服虔曰召公奭命太公曰東至海西至河南至穆陵北至無棣服虔曰是皆太公始受封土地疆境所至也。索隱曰舊說云穆陵在會稽非也按今淮南有故穆陵門是楚之境無棣在遼西孤竹服虔以爲太公受封境界所至不然也蓋言其征伐所至之域五侯九伯實得征之杜預曰五等諸侯九州之伯皆得征討其罪齊由此得征伐爲大國都營丘蓋太公之卒百有餘年禮記曰太公封於營丘比及五世皆反葬於周鄭玄曰太公受封留爲太師死葬於周五世之後乃葬齊皇覽曰呂尚冢在臨菑縣城南去縣十里子丁公呂伋徐廣曰一作及○正義曰謚法述義不克曰丁立丁公卒子乙公得立乙公卒子癸公慈母立索隱曰系本作祭公慈母譙周亦曰祭公慈心也癸公卒子哀公不辰立索隱曰系本作不臣譙周亦作不辰宋衷曰哀公荒淫田遊史作還詩以刺之也哀公時紀侯譖之周周烹哀公徐廣曰周夷王而立其弟靜是爲胡公正義曰謚法彌年壽考曰胡胡公徙都薄姑正義曰括地志云薄姑城在青州博昌縣東北六十里而當周夷王之時哀公之同母少弟山怨胡公乃與其黨率營丘人襲攻殺胡公而自立是爲獻公索隱曰宋衷云其黨周馬繻人將胡公於貝水殺之而山自立也獻公元年盡逐胡公子因徙薄姑都治臨菑九年獻公卒子武公壽立武公九年周厲王出奔居彘正義曰直厲反括地志云晉州霍邑縣也鄭玄云霍山在彘本秦時霍伯國十年王室亂大臣行政號曰共和二十四年周宣王初立二十六年

武公卒子厲公無忌立厲公暴虐故胡公子復入齊齊人欲立之乃與攻殺厲公胡公子亦戰死齊人乃立厲公子赤爲君是爲文公而誅殺厲公者七十人文公十二年卒子成公脫立索隱曰系本及譙周皆作說字成公九年卒子莊公購立索隱曰劉氏音神欲反系家及系本並作贖又上成公脫年表作說也莊公二十四年犬戎殺幽王周東徙雒秦始列爲諸侯五十六年晉弒其君昭侯六十四年莊公卒子釐公祿甫立釐公九年魯隱公初立十九年魯桓公弒其兄隱公而自立爲君二十五年北戎伐齊鄭使太子忽來救齊齊欲妻之忽曰鄭小齊大非我敵遂辭之三十二年釐公同母弟夷仲年死其子曰公孫無知釐公愛之令其秩服奉養比太子三十三年釐公卒太子諸兒立是爲襄公襄公元年始爲太子時嘗與無知鬬及立絀無知秩服無知怨四年魯桓公與夫人如齊齊襄公故嘗私通魯夫人魯夫人者襄公女弟也自釐公時嫁爲魯桓公婦及桓公來而襄公復通焉魯桓公知之怒夫人夫人以告齊襄公齊襄公與魯君飲醉之使力士彭生抱上魯君車因拉殺魯桓公

公羊傳曰搚幹而殺之何休曰搚折聲也。正義曰拉音力合反桓公下車則死矣魯
人以爲讓索隱曰讓猶責也而齊襄公殺彭生以謝魯八
年伐紀紀遷去其邑徐廣曰年表云去其都邑。索隱曰春秋莊四年紀侯大去其國左
氏云違齊難也十二年初襄公使連稱管至父戍葵丘賈逵
曰連稱管至父皆齊大夫。索隱曰杜預云臨淄西有地名葵丘又下三十五年會諸侯於葵丘當魯僖公九年杜預曰
陳留外黃縣東有葵丘不同者蓋葵丘有兩處杜意以戍葵丘當不遠出齊境故引臨淄縣西之葵丘若三十五年會諸
侯於葵丘杜又以不合在本國故引外黃東葵丘爲註所以不同也瓜時而往及瓜而代
服虔曰瓜時七月及瓜謂後年瓜時往戍一歲卒瓜時而公弗爲發代
或爲請代公弗許故此二人怒因公孫無知謀
作亂連稱有從妹在公宮無寵服虔曰爲妾在宮也使之

閒襄公王肅曰伺公之間隙曰事成以女爲無知夫人冬十
二月襄公游姑棼賈逵曰齊地也。正義音扶云反遂獵沛丘杜預
曰樂安博昌縣南有地名貝丘。正義曰左傳云齊襄公田于貝丘墜車傷足即此也見彘從者曰
彭生服虔曰公見彘從者乃見彭生鬼改形爲豕也公怒射之彘人立而啼
公懼墜車傷足失屨反而鞭主屨者茀三百茀
正義曰非佛反下同茀主屨者也出宮而無知連稱管至父等聞公
傷乃遂率其衆襲宮逢主屨茀茀曰且無入驚
宮驚宮未易入也無知弗信茀示之創正義音瘡乃
信之待宮外令茀先入茀先入即匿襄公戶間
良久無知等恐遂入宮茀反與宮中及公之幸

臣攻無知等不勝皆死無知入宮求公不得或
見人足於戶間發視乃襄公遂弑之而無知自
立爲齊君桓公元年春齊君無知游於雍林賈逵
曰渠丘大夫也。索隱曰本亦作雍廩左傳曰雍廩殺無知杜預曰雍廩齊大夫此云游雍林雍林人嘗有怨無知遂襲
殺之蓋以雍林爲邑名其地有人殺無知賈言渠丘大夫者蓋雍林爲渠丘大夫也雍林人嘗有
怨無知及其往游雍林人襲殺無知告齊大夫
曰無知弑襄公自立臣謹行誅唯大夫更立公
子之當立者唯命是聽初襄公之醉殺魯桓公
通其夫人殺誅數不當淫於婦人數欺大臣羣
弟恐禍及故次弟糾奔魯其母魯女也管仲召

忽傅之次弟小白奔莒鮑叔傅之小白母衛女
也有寵於釐公小白自少好善大夫高傒賈逵曰齊
正卿高敬仲也。正義傒音奚及雍林人殺無知議立君高國先
陰召小白於莒魯聞無知死亦發兵送公子糾
而使管仲別將兵遮莒道射中小白帶鉤小白
佯死管仲使人馳報魯魯送糾者行益遲六日
至齊則小白已入高傒立之是爲桓公桓公之
中鉤佯死以誤管仲已而載溫車中馳行亦有
高國內應故得先入立發兵距魯秋與魯戰于
乾時杜預曰乾時齊地也時水在樂安界岐流旱則涸竭故曰乾時魯兵敗走齊兵

掩絶魯歸道齊遺魯書曰子糾兄弟弗忍誅請魯自殺之召忽管仲讎也請得而甘心醢之不然將圍魯魯人患之遂殺子糾于笙瀆（賈逵曰魯地句瀆也 ○索隱曰按鄒誕生本作莘瀆莘笙聲相近笙如字瀆音豆論語作溝瀆蓋後代聲轉而字異故諸文不同也）召忽自殺管仲請囚桓公之立發兵攻魯心欲殺管仲鮑叔牙曰臣幸得從君君竟以立君之尊臣無以增君君將治齊即高傒與叔牙足也君且欲霸王非管夷吾不可夷吾所居國國重不可失也於是桓公從之乃詳爲召管仲欲甘心實欲用之管仲知之故請往鮑叔牙迎受管仲及

堂阜而脫桎梏（賈逵曰堂阜魯北境杜預曰堂阜齊地東莞蒙陰縣西北有夷吾亭或曰鮑叔解夷吾縛於此因以爲名也）齊祓而見桓公桓公厚禮以爲大夫任政桓公既得管仲與鮑叔隰朋（徐廣曰或作崩也）高傒脩齊國政連五家之兵（國語曰管子制國五家爲軌十軌爲里四里爲連十連爲鄉以爲軍令）設輕重魚鹽之利（索隱曰管子有理人輕重之法七篇輕重謂錢也又有捕魚煮鹽法）以贍貧窮祿賢能齊人皆說二年伐滅郯（徐廣曰一作譚。○索隱曰春秋魯莊十年齊師滅譚是也杜預云譚國在濟南平陵縣西南然此郯乃東海郯縣蓋亦不當作譚字也）郯子奔莒初桓公亡時過郯郯無禮故伐之五年伐魯魯將師敗魯莊公請獻遂邑以平（杜預曰遂在濟北蛇丘縣東北）桓公許與魯會柯而盟（杜預曰此柯今濟北東阿齊之阿邑猶祝柯今爲祝阿）

魯將盟曹沬以匕首劫桓公於壇上（何休曰土基三尺階三等曰壇會必有壇者爲升降揖讓稱先君以相接也）曰反魯之侵地桓公許之已而曹沬去匕首北面就臣位桓公後悔欲無與魯地而殺曹沬管仲曰夫劫許之而倍信殺之（徐廣曰一云已許之而背信殺劫也）愈一小快耳而棄信於諸侯失天下之援不可於是遂與曹沬三敗所亡地於魯諸侯聞之皆信齊而欲附焉七年諸侯會桓公於甄（杜預曰甄衛地今東郡甄城也）而桓公於是始霸焉十四年陳厲公子完（正義音桓）號敬仲來奔齊齊桓公欲以爲卿讓於是以爲工正（賈逵曰掌百工）田成

子常之祖也二十三年山戎伐燕（服虔曰山戎北狄蓋今鮮卑也何休曰山戎者戎中之別名也）燕告急於齊齊桓公救燕遂伐山戎至于孤竹而還燕莊公遂送桓公入齊境桓公曰非天子諸侯相送不出境吾不可以無禮於燕於是分溝割燕君所至與燕命燕君復脩召公之政納貢于周如成康之時諸侯聞之皆從齊二十七年魯湣公母曰哀姜桓公女弟也哀姜淫於魯公子慶父慶父弒湣公哀姜欲立慶父魯人更立釐公（徐廣曰史記僖字皆作釐）桓公召哀姜殺之二十八年衛文公有狄亂告急於齊齊率諸侯

城楚丘而立衞君賈逵曰衞地也。索隱曰杜預曰不言城衞衞未遷楚丘武城縣南即今之衞南縣是也二十九年桓公與夫人蔡姬戲船中蔡姬習水蕩公賈逵曰蕩搖也公懼止之不止出船怒歸蔡姬弗絕蔡亦怒嫁其女桓公聞而怒興師往伐三十年春齊桓公率諸侯伐蔡蔡潰服虔曰民逃其上曰潰也遂伐楚楚成王興師問曰何故涉吾地管仲對曰昔召康公命我先君太公曰五侯九伯若實征之以夾輔周室左傳曰周公大公股肱周室夾輔成王也賜我先君履杜預曰所踐履之界東至海西至河南至穆陵北至無棣楚貢包茅不入王祭不共賈逵曰包茅菁茅包匭之也以供祭祀杜預曰尚書包匭菁茅茅之爲異未審是以來責昭王南征不復是以來問服虔曰周昭王南巡狩涉漢未濟船解而溺昭王王室諱之不以赴諸侯不知其故故桓公以爲辭責問楚也。索隱曰宋衷云昭王南伐楚辛由靡爲右涉漢中流而隕由靡逐王遂卒不復周乃侯其後于西翟楚王曰貢之不入有之寡人罪也敢不共乎昭王之出不復君其問之水濱杜預曰昭王時漢非楚境故不受罪齊師進次于陘杜預曰陘楚地潁川召陵縣南有陘亭左傳曰凡師一宿爲舍再宿爲信過信爲次夏楚王使屈完將兵扞齊齊師退次召陵杜預曰召陵潁川縣桓公矜屈完以其衆屈完曰君以道則可若不則楚方城以爲城服虔曰方城山在漢南韋昭曰方城楚北之阨塞杜預曰方城山在南陽葉縣南是也。索隱曰地理志葉縣南有長城號曰方城則杜預韋昭說爲得而服氏云在漢南未知有何依據江漢以爲溝君安

能進乎乃與屈完盟而去過陳陳袁濤塗詐齊令出東方覺秋齊伐陳左傳曰討不忠也是歲晉殺太子申生三十五年夏會諸侯于葵丘杜預曰陳留外黃縣東有葵丘也周襄王使宰孔賜桓公文武胙彤弓矢大路賈逵曰大路諸侯朝服之車謂之金路命無拜桓公欲許之管仲曰不可乃下拜受賜韋昭曰下堂拜賜也秋復會諸侯於葵丘益有驕色周使宰孔會諸侯頗有叛者公羊傳曰葵丘之會桓公震而矜之叛者九國晉侯病後遇宰孔宰孔曰齊侯驕矣弟無行從之是歲晉獻公卒里克殺奚齊卓子徐廣曰史記卓多作悼正義曰卓丑角反秦穆公以夫人入公子夷吾爲晉君桓公於是討晉亂至高梁服虔曰晉地也杜預曰在平陽縣西南使隰朋立晉君還是時周室微唯齊楚秦晉爲彊晉初與會正義曰與音預下同獻公死國內亂秦穆公辟遠不與中國會盟楚成王初收荊蠻有之夷狄自置唯獨齊爲中國會盟而桓公能宣其德故諸侯賓會於是桓公稱曰寡人南伐至召陵望熊山北伐山戎離枝孤竹地理志曰令支縣有孤竹城疑離枝即令支也今離聲相近應劭曰令音鈴鈴離聲亦相近管子亦作離字。索隱曰離枝音零支又音令祇又如字離枝孤竹皆古國名秦以離支爲縣故地理志云遼西令支縣有孤竹城爾雅曰孤竹北戶西王母日下謂之西荒也西伐大夏涉流沙正義曰大夏并州晉陽是也東馬懸車登太行至卑

耳山正義曰甲音壁劉伯莊及韋昭並如字而還諸侯莫違寡人寡人兵車之會三正義曰左傳云魯莊十三年會北杏以平宋亂僖四年侵蔡遂伐楚六年伐鄭圍新城也乘車之會六正義曰左傳云魯莊十四年會于鄄十五年又會鄄十六年同盟于幽僖五年會首止八年盟于洮九年會葵丘是也九合諸侯一匡天下正義曰匡正也一匡天下謂定襄王為太子之位也昔三代受命有何以異於此乎吾欲封泰山禪梁父管仲固諫不聽乃說桓公以遠方珍怪物至乃得封桓公乃止三十八年周襄王弟帶與戎翟合謀伐周齊使管仲平戎於周周欲以上卿禮管仲管仲頓首曰臣倍臣安敢三讓乃受下卿禮以見三十九年周襄王弟帶來奔

齊齊使仲孫請王為帶謝襄王怒弗聽四十一年秦穆公虜晉惠公復歸之是歲管仲隰朋皆卒正義曰括地志云管仲冢在青州臨淄縣南二十一里牛山上與桓公冢連隰朋墓在青州臨淄縣東北七里也管仲病桓公問曰羣臣誰可相者管仲曰知臣莫如君公曰易牙如何正義曰即雍巫也賈逵云雍巫雍人名巫易牙也對曰殺子以適君非人情不可公曰開方如何正義曰管子云衛公子開方去其千乘之太子而臣事君也對曰倍親以適君非人情難近公曰豎刀如何正義曰刀鳥條反顏師古云豎刀易牙皆齊桓公臣管仲有病桓公往問之曰將何以教寡人管仲曰願君遠易牙豎刀公曰易牙烹其子以快寡人尚可疑耶對曰人之情非不愛其子也其子之忍又將何愛於君公曰豎刀自宮以近寡人猶尚疑耶對曰人之情非不愛其身也其身之忍又將何

有於君公曰諾管仲遂盡逐之而公食不甘心不怡者三年公曰仲父不已過乎於是皆即召反明年公有病易牙豎刀相與作亂塞宮門築高牆不通人有一婦人踰垣入至公所公曰我欲食婦人曰吾無所得又曰我欲飲婦人曰吾無所得公曰何故曰易牙豎刀相與作亂塞宮門築高牆不通人故無所得公慨然歎涕出曰嗟乎聖人所見豈不遠哉若死者有知我將何面目見仲父乎蒙衣袂而死乎壽宮蟲流於戶蓋以楊門之扇二月不葬也對曰自宮以適君非人情難親管仲死而桓公不用管仲言卒近用三子三子專權四十二年戎伐周周告急於齊齊令諸侯各發卒戍周是歲晉公子重耳來桓公妻之四十三年初齊桓公之夫人三曰王姬徐姬蔡姬皆無子索隱曰系本徐嬴姓禮婦人稱國及姓今此言徐姬者然姬是眾妾之總稱故漢祿秩令云姬妾數百婦人亦總稱姬未必盡是姓也桓公好內服虔曰內婦官也

多內寵如夫人者六人長衛姬生無詭索隱曰左氏作無虧少衛姬生惠公元鄭姬生孝公昭葛嬴生昭公潘密姬生懿公商人宋華子生賈逵曰宋華氏之女子姓公子雍桓公與管仲屬孝公於宋襄公以為太子雍巫有寵於衛共姬賈逵曰雍巫雍人名巫易牙字。索隱曰賈逵以雍巫為易牙未知何據按管子有棠巫恐與雍巫是一人也因宦者豎刀以厚獻於桓公亦有寵桓公許之立無詭杜預曰易牙既有寵於公為長衛姬請立管仲卒五公子皆求立冬十月乙亥齊桓公卒易牙入與豎刀因內寵殺羣吏服虔曰內寵如夫人者六人羣吏諸大夫也杜預曰內寵內官之有權寵者而立公子無詭為君太子昭奔宋桓公病五公子各樹黨爭立及桓公卒遂相攻以故宮中空莫敢棺 正義音古患反 桓公尸在牀上六十七日尸蟲出于戶十二月乙亥無詭立乃棺赴辛巳夜斂殯 徐廣曰斂一作臨也 桓公十有餘子要其後立者五人無詭立三月死無謚次孝公次昭公次懿公次惠公孝公元年三月宋襄公率諸侯兵送齊太子昭而伐齊齊人恐殺其君無詭齊人將立太子昭四公子之徒攻太子太子走宋宋遂與齊人四公子戰五月宋敗齊四公子師而立太子昭是爲齊孝公宋以桓公與管仲屬之太子故來征之以亂故八月乃葬齊桓公 皇覽曰桓公冢在臨菑城南七里所菑水南。正義曰括地志云齊桓公墓在臨菑縣南二十一里牛山上亦名鼎足山一名牛首堈一所二墳晉永嘉末人發之初得版次得水銀池有氣不得入經數日乃牽犬入中得金蠶數十薄珠襦玉匣繒綵軍器不可勝數又以人殉葬骸骨狼藉也 六年春齊伐宋以其不同盟于齊也 服虔曰僖公十九年諸侯盟于齊以無忘桓公之德宋襄公欲行霸道不與盟故伐之 夏宋襄公卒七年晉文公立十年孝公卒孝公弟潘因衛公子開方殺孝公子而立潘是爲昭公昭公桓公子也其母曰葛嬴昭公元年晉文公敗楚於城濮 正義曰賈逵云衛地也 而會諸侯踐土朝周天子使晉稱伯 正義曰音霸 六年翟侵齊晉文公卒秦兵敗

於殽十二年秦穆公卒十九年五月昭公卒子舍立爲齊君舍之母無寵於昭公國人莫畏昭公之弟商人以桓公死爭立而不得陰交賢士附愛百姓百姓說及昭公卒子舍立孤弱即與衆十月即墓上弒齊君舍而商人自立是爲懿公懿公桓公子也其母曰密姬懿公四年春初懿公爲公子時與丙戎之父獵爭獲不勝及即位斷丙戎父足而使丙戎僕 賈逵曰僕御也。索隱曰左氏作邴歜僕。正義曰左傳云乃掘而刖之杜預云斷其尸足也 庸職之妻 正義曰國語及左傳作閻職 好公內之宮使庸職驂乘 索隱曰左氏作閻職此言庸職不同者傳所云閻姓職名也此言庸職庸非姓蓋謂受雇職之妻史意不同字亦異耳 五月懿公游於申池 杜預曰齊南城門名申門齊城無池唯此門左右有池疑此是也左思齊都賦註曰申池海濱齊藪也 二人浴戲職曰斷足子戎曰奪妻者二人俱病此言乃怨謀與公游竹中二人弒懿公車上棄竹中而亡去懿公之立驕民不附齊人廢其子而迎公子元於衛立之是爲惠公惠公桓公子也其母衛女曰少衛姬避齊亂故在衛惠公二年長翟來 穀梁傳曰身横九畝斷其首而載之眉見於軾 王子城父攻殺之 賈逵曰王子城父齊大夫 埋之於北門晉趙穿弒其君靈公十年惠公卒子頃公無野立 正義曰頃音傾 初崔杼有寵於惠公惠

公卒高國畏其偪也逐之崔杼奔衛頃公元年楚莊王彊伐陳二年圍鄭鄭伯降已復國鄭伯六年春晉使郤克於齊齊使夫人帷中而觀之郤克上夫人笑之郤克曰不是報不復涉河歸請伐齊晉侯弗許齊使至晉郤克執齊使者四人河內殺之八年晉伐齊齊以公子彊質晉晉兵去十年春齊伐魯衛魯衛大夫如晉請師皆因郤克（索隱曰成二年左傳魯臧宣叔衛孫桓子如晉皆主於郤克是）晉使郤克以車八百乘（賈逵曰八百乘六萬人）爲中軍將士燮將上軍欒書將下軍以救魯衛伐齊六月壬申與齊侯兵合

靡笄下（徐廣曰靡一作摩賈逵曰靡笄山名也○索隱曰靡笄如字靡笄山名在濟南與代地磨笄山不同）癸酉陳于鞌（服虔曰鞌齊地名也）逢丑父（賈逵曰齊大夫）爲齊頃公右頃公曰馳之破晉軍會食射傷郤克流血至履克欲還入壁其御曰我始入再傷不敢言疾恐懼士卒願子忍之遂復戰戰齊急丑父恐齊侯得乃易處頃公爲右車絓於木而止（正義曰絓胡卦反止也有所礙也）晉小將韓厥伏齊侯車前曰寡君使臣救魯衛戲之丑父使頃公下取飲（正義曰左傳云及華泉驂絓於木而止丑父使公下如華泉取飲周父御左車苑茷爲右載齊侯獲免也）因得亡脫去入其軍晉郤克欲殺丑父丑父曰代君死而見僇後人臣

無忠其君者矣克舍之丑父遂得亡歸齊於是晉軍追齊至馬陵（徐廣曰一作陘賈逵曰馬陘齊地也）齊侯請以寶器謝（左傳曰賂以紀甗玉磬也）不聽必得笑克者蕭桐叔子（杜預曰桐叔蕭君之字齊侯外祖父子女也難斥言其母故遠言之賈逵曰蕭附庸子姓）令齊東畝（服虔曰欲令齊隴畝東行○索隱曰壟畝東行則齊車馬東向齊行易也）對曰叔子齊君母齊君母亦猶晉君母子安置之且子以義伐而以暴爲後其可乎於是乃許令反魯衛之侵地（正義曰左傳云晉師及齊國使齊人歸我汶陽之田也）十一年晉初置六卿賞鞌之功齊頃公朝晉欲尊王晉景公（索隱曰王劭按張衡曰禮諸侯朝天子執玉既授而反之若諸侯自相朝則不授玉齊頃公戰敗朝晉而授玉是欲尊晉侯爲王太史公採其言而書之此文不云

授玉王氏之說復有所依聊記異耳）晉景公不敢受乃歸歸而頃公弛苑囿薄賦斂振孤問疾虛積聚以救民民亦大說厚禮諸侯竟頃公卒百姓附諸侯不犯十七年頃公卒（皇覽曰頃公冢近呂尚冢）子靈公環立靈公九年晉欒書弒其君厲公十年晉悼公伐齊齊令公子光質晉十九年立子光爲太子高厚傅之令會諸侯盟於鍾離（正義曰括地志云鍾離故城在沂州承縣界）二十七年晉使中行獻子伐齊（索隱曰荀偃祖林父代爲中行後改姓爲中行氏獻子名偃）齊師敗靈公走入臨菑晏嬰止靈公靈公弗從曰君亦無勇矣晉兵遂圍臨菑臨菑城守不敢出

晉楚鄭中而去二十八年初靈公取魯女生子
光以為太子仲姬戎姬戎姬嬖仲姬生子牙屬
之戎姬戎姬請以為太子公許之仲姬曰不可
光之立列於諸侯矣（服虔曰數從諸侯征伐盟會）今無故廢之
君必悔之公曰在我耳遂東太子光（賈逵曰徙之東垂也）使
高厚傅牙為太子靈公疾崔杼迎故太子光而
立之是為莊公莊公殺戎姬五月壬辰靈公卒
莊公即位執太子牙於句竇之丘殺之八月崔
杼殺高厚晉聞齊亂伐齊至高唐（杜預曰高唐在祝阿縣西北）
莊公三年晉大夫欒盈（徐廣曰史記多作逞）奔齊莊公厚客

待之晏嬰田文子諫公弗聽四年齊莊公使欒
盈間入晉曲沃（賈逵曰欒盈之邑）為內應以兵隨之上太
行入孟門（賈逵曰孟門太行皆晉山隘也○索隱曰孟門山在朝歌東北太行山在河內溫縣西）欒
盈敗齊兵還取朝歌（賈逵曰晉邑）六年初棠公妻好（賈逵曰棠公齊棠邑大夫）棠公死崔杼取之莊公通之數如崔氏
以崔杼之冠賜人侍者曰不可崔杼怒因其伐
晉欲與晉合謀襲齊而不得間莊公嘗笞宦者
賈舉賈舉復侍為崔杼間公（服虔曰伺公間隙○正義間音閑又如字）以
報怨五月莒子朝齊齊以甲戌饗之崔杼稱病
不視事乙亥公問崔杼病遂從崔杼妻崔杼妻

入室與崔杼自閉戶不出公擁柱而歌（服虔曰公以為姜氏不知己在外故歌以命之也一曰公自知見欺恐不得出故歌以自悔）宦者賈舉遮公從
官而入閉門崔杼之徒持兵從中起公登臺而
請解不許請盟不許請自殺於廟不許皆曰君
之臣杼疾病不能聽命（服虔曰言不能親聽公命）近於公宮（服虔曰崔杼之宮近公宮淫者或詐稱公）陪臣爭趣（徐廣曰爭一作扞○索隱曰左傳作扞趣此為爭趣者是太史公變左傳之文言陪臣但爭趣投有淫者耳更不知他命也）有淫者不知二命（杜預曰言得淫人受崔子命討之不知他命也）公踰牆射中公股公反墜遂弒
之晏嬰立崔杼門外（賈逵曰聞難而來）曰君為社稷死則
死之為社稷亡則亡之（服虔曰謂以公義為社稷死亡也如是者臣亦隨之死亡）若

為己死己亡非其私暱誰敢任之（服虔曰言君自以己之私欲取死亡之禍則私近之臣所當任也杜預曰私暱所親愛也非所親愛無為當其禍也）門開而入枕
公尸而哭三踴而出人謂崔杼必殺之崔杼曰
民之望也舍之得民（服虔曰置之所以得人心）丁丑崔杼立莊
公異母弟杵臼（徐廣曰史記多作箸臼）是為景公景公母魯
叔孫宣伯女也景公立以崔杼為右相慶封為
左相二相恐亂起乃與國人盟曰不與崔慶者
死晏子仰天曰嬰所不獲唯忠於君利社稷者
是從不肯盟慶封欲殺晏子崔杼曰忠臣也舍
之齊太史書曰崔杼弒莊公崔杼殺之其弟復

書崔杼復殺之少弟復書崔杼乃舍之景公元年初崔杼生子成及彊其母死取東郭女生明東郭女使其前夫子無咎與其弟偃正義曰杜預云東郭偃東郭姜之弟也相崔氏成有罪正義曰左傳云成有疾而廢之杜預云有惡疾也二相急治之立明爲太子成請老於崔杼崔杼許之二相弗聽曰崔宗邑不可杜預曰濟陽東朝陽縣西北有崔氏城也成彊怒告慶封正義曰左傳云成彊告慶封曰夫子身亦子所知也唯無咎與偃是從父兄莫能進矣恐害夫子敢以告慶封曰苟利夫子必去之難吾助毋乃殺東郭偃棠無咎於崔氏朝也其妻及崔杼皆縊死崔明奔魯慶封與崔杼有郤欲其敗也成彊殺無咎偃於崔杼家家皆奔亡崔杼怒無人使一宦者御見慶

封慶封曰請爲子誅之使崔杼仇盧蒲嫳賈逵曰嫳齊大夫慶封之屬攻崔氏殺成彊盡滅崔氏崔氏婦自殺崔杼歸亦自殺慶封爲相國專權三年十月慶封出獵初慶封已殺崔杼益驕嗜酒好獵不聽政令慶舍用政服虔曰舍慶封之子也生傳其職政與子已有內郤田文子謂桓子曰亂將作田鮑高欒氏相與謀慶氏慶舍發甲圍慶封宮四家徒共擊破之慶封還不得入奔魯齊人讓魯封奔吳吳與之朱方聚其族而居之富於在齊其秋齊人徙葬莊公僇崔杼尸於市以說衆九年景公使晏嬰之晉與

叔向私語曰齊政卒歸田氏田氏雖無大德以公權私有德於民民愛之十二年景公如晉見平公欲與伐燕十八年公復如晉見昭公二十六年獵魯郊因入魯與晏嬰俱問魯禮三十一年魯昭公辟季氏難奔齊齊欲以千社封之賈逵曰二十五家爲一社千社二萬五千家也子家止昭公昭公乃請齊伐魯取鄆正義曰鄆鄆城也以居昭公三十二年彗星見景公坐柏寢嘆曰堂堂誰有此乎服虔曰景公自恐德薄不能久享齊國故曰誰有此也群臣皆泣晏子笑公怒晏子曰臣笑群臣諛甚景公曰彗星出東北當齊分野寡人以爲

憂晏子曰君高臺深池賦斂如弗得刑罰恐弗勝茀星將出彗星正義曰茀音佩謂客星侵近邊側欲相害又曰彗息歲反若篲形見其境有亂也何懼乎公曰可禳否晏子曰使神可祝而來正義祝音章受反亦可禳而去也百姓苦怨以萬數而君令一人禳之安能勝衆口乎是時景公好治宮室聚狗馬奢侈厚賦重刑故晏子以此諫之四十二年吳王闔閭伐楚入郢四十七年魯陽虎攻其君不勝奔齊請齊伐魯鮑子諫景公乃囚陽虎陽虎得亡奔晉四十八年與魯定公好會夾谷服虔曰東海祝其縣是也犂鉏曰孔丘知禮而怯請令

萊人爲樂杜預曰萊人齊所滅萊夷。索隱曰鉏音卽餘反卽犂彌也因執魯君可得志景公害孔丘相魯懼其霸故從犂鉏之計方會進萊樂孔子歷階上使有司執萊人斬之以禮讓景公景公慙乃歸魯侵地以謝而罷去是歲晏嬰卒五十五年范中行反其君於晉晉攻之急來請粟田乞欲爲亂樹黨於逆臣說景公曰范中行數有德於齊不可不救乃使乞救而輸之粟五十八年夏景公夫人燕姬適子死景公寵妾芮姬生子荼索隱曰左傳云鬻姒之子荼嬖則荼母姓姒此作芮姬不同也譙周依左氏作鬻姒鄒誕生本作芮姁姁音五句反荼少其母賤無行諸大夫

恐其爲亂乃言願擇諸子長賢者爲太子景公老惡言嗣事又愛荼母欲立之憚發之口乃謂諸大夫曰爲樂耳國何患無君乎秋景公病命國惠子高昭子杜預曰惠子國夏也昭子高張也立少子荼爲太子逐羣公子遷之萊服虔曰萊齊東鄙邑景公卒皇覽曰景公冢與桓公冢同處太子荼立是爲晏孺子冬未葬而羣公子畏誅皆出亡荼諸異母兄公子壽駒黔奔衞徐廣曰一云壽黔奔衞。索隱曰壽一作嘉三人奔衞。正義曰三公子公子駔陽生奔魯索隱曰左氏作公子鉏二人奔魯萊人歌之曰景公死乎弗與埋三軍事乎弗與謀服虔曰萊人見五公子遠遷鄙邑不得與景公葬埋之事及國三軍之謀故愍而歌杜預

曰稱謚蓋葬後而爲此歌哀羣公子失所也師乎師乎胡黨之乎服虔曰徒衆也黨所也言公子徒衆何所適也晏孺子元年春田乞僞事高國者每朝乞驂乘言曰子得君大夫皆自危欲謀作亂又謂諸大夫曰高昭子可畏及未發先之大夫從之六月田乞鮑牧乃與大夫以兵入公宮攻高昭子昭子聞之與國惠子救公公師敗田乞之徒追之國惠子奔莒遂反殺高昭子晏圉奔魯賈逵曰圉晏嬰之子八月齊秉意茲徐廣曰左傳八月齊邴意茲奔魯田乞敗二相乃使人之魯召公子陽生陽生至齊私匿田乞家十月戊子田乞請諸大夫曰常之母

有魚菽之祭何休曰齊俗婦人首祭事言魚豆者示薄陋無所有也幸來會飲會飲田乞盛陽生橐中置坐中央發橐出陽生曰此乃齊君矣大夫皆伏謁將與大夫盟而立之鮑牧醉乞誣大夫曰吾與鮑牧謀共立陽生鮑牧怒曰子忘景公之命乎諸大夫相視欲悔陽生前頓首曰可則立之否則已鮑牧恐禍起乃復曰皆景公子也何爲不可乃與盟立陽生是爲悼公悼公入宮使人遷晏孺子於駘賈逵曰齊邑殺之幕下而逐孺子母芮子芮子故賤而孺子少故無權國人輕之悼公元年齊伐魯取讙闡杜預

曰闡在東平剛縣北。索隱曰二邑名讙在博城縣西南 初陽生之在魯也季康子以其妹妻之及歸即位使迎之季姬與季魴侯通杜預曰魴侯康子叔父也 言其情魯弗敢與故齊伐魯竟迎季姬季姬嬖齊復歸魯侵地鮑子與悼公有郤不善四年吳魯伐齊南方鮑子弒悼公赴于吳吳王夫差哭於軍門外三日將從海入討齊齊人敗之吳師乃去晉趙鞅伐齊至賴而去服虔曰賴齊邑也 齊人共立悼公子壬是為簡公徐廣曰年表云簡公壬者景公之子也 簡公四年春初簡公與父陽生俱在魯也闞止有寵焉賈逵曰闞止子我也。索隱曰左氏監作闞音苦濫反闞在東平須昌縣東南 及即位

使為政田成子憚之驟顧於朝杜預曰心不安故數顧也 御鞅言簡公賈逵曰鞅齊大夫也。索隱曰鞅名為僕御之官故曰御鞅亦田氏之族按系本陳桓子无宇產子亹亹產子獻獻產鞅也 曰田闞不可並也君其擇焉杜預曰擇用一人也 弗聽子我夕服虔曰夕省事 田逆殺人逢之服虔曰子我將往夕省事於君而逢逆之殺人也杜預曰逆子行陳氏宗 遂捕以入杜預曰執逆入至於朝也 田氏方睦服虔曰陳常方欲謀有齊国故和其宗族 使囚病而遺守囚者酒服虔曰使陳逆詐病而遺也 醉而殺守者得亡子我盟諸田於陳宗服虔曰子我見陳逆得生出而恐為陳氏所怨故與盟而請和也陳宗宗長之家 初田豹欲為子我臣賈逵曰豹陳氏族也 使公孫言豹賈逵曰公孫齊大夫也杜預曰言介達之意 豹有喪而止後卒以為臣杜預曰終喪也 幸於子我子我謂

曰吾盡逐田氏而立女可乎對曰我遠田氏矣服虔曰言我與陳氏宗疏遠也 且其違者不過數人服虔曰違者不從子我者 何盡逐焉遂告田氏子行曰彼得君弗先必禍子服虔曰彼謂闞止也子謂陳常也 子行舍於公宮服虔曰止於公宮為陳氏作內間也 夏五月壬申成子兄弟四乘如公服虔曰成子兄弟八人二人共一乘故曰四乘。索隱曰系本陳僖子乞產成子常簡子齒宣子其夷穆子安廩丘子尚豎茲子芒盈惠子得凡七人杜預又取昭子莊以充八人之數按系本昭子是桓公之子成子之叔父又不名莊彊相證會言四乘有八人耳今按田完系家云田常兄弟四人如公宮與此事同今此唯稱四乘不云人數知四乘謂兄弟四人乘車而入非二人共乘也然其昆弟三人不見者蓋時或不在不同入公宮不可彊以四乘為八人添叔父為兄弟之數服虔杜預之失也 子我在幄杜預曰幄帳也聽政之處也 出迎之遂入閉門服虔曰成子兄弟見子我出遂突入

反閉門子我不得復入 宦者禦之服虔曰闔豎以兵禦陳氏 子行殺宦者服虔曰舍於公宮故得殺之 公與婦人飲酒于檀臺服虔曰當陳氏入時飲酒於此臺 成子遷諸寢服虔曰欲徙公令居寢也 公執戈將擊之杜預曰疑其作亂也 太史子餘服虔曰齊大夫 曰非不利也將除害也杜預曰言將為公除害也 成子出舍于庫杜預曰以公怒故也 聞公猶怒將出服虔曰出奔也 曰何所無君子行拔劍曰需事之賊也杜預曰言需疑則害也 誰非田宗杜預曰言陳氏宗族衆多 所不殺子者有如田宗杜預曰言子若欲出我必殺子明如陳宗 乃止子我歸屬徒服虔曰會徒衆 攻闈與大門服虔曰宮中之門曰闈大門公門也 皆弗勝乃出田氏追之豐丘人執子我以告賈逵曰豐丘陳氏邑也 殺之郭關服虔曰齊關名

成子將殺大陸子方 服虔曰子方子我黨大夫東郭賈也 田逆請而免之以公命取車於道 杜預曰子方取道中行人車 出雍門 杜預曰齊城門 田豹與之車弗受曰逆爲余請豹與余車余有私焉事子我而有私於其讎何以見魯衛之士 服虔曰子方將欲奔魯衛也左傳曰東郭賈奔衛 庚辰田常執簡公于徐州 春秋作舒州賈逵曰陳氏邑也。索隱曰徐音舒其字從人左氏作舒舒陳氏邑說文作郑郑在薛縣也 公曰余蚤從御鞅言不及此甲午田常弑簡公于徐州田常乃立簡公弟驁是爲平公 索隱曰系本及譙周皆作敬誤也 平公即位田常相之專齊之政割齊安平以東爲田氏封邑 徐廣曰年表云平公之時抑自出稱田氏。索隱曰安平齊邑地理志云涿郡有安平縣

平公八年越滅吳二十五年卒子宣公積立宣公五十一年卒子康公貸立田會反廩丘 索隱曰田會齊大夫廩邑名東郡有廩丘縣也 康公二年韓魏趙始列爲諸侯十九年田常曾孫田和始爲諸侯遷康公海濱二十六年康公卒呂氏遂絕其祀田氏卒有齊國爲齊威王彊於天下

太史公曰吾適齊自泰山屬之琅邪北被于海膏壤二千里其民闊達多匿知其天性也以太公之聖建國本桓公之盛脩善政以爲諸侯會盟稱伯不亦宜乎洋洋哉固大國之風也

索隱述贊曰

太公佐周　實秉陰謀　既表東海
乃居營丘　小白致霸　九合諸侯
及溺內寵　釁鍾蟲流　莊公失德
崔杼作仇　陳氏傳政　厚貨輕收
悼簡遘禍　田闞非儔　渢渢餘烈
一變何由

史伍阡貳伯叁拾壹字
註伍阡肆伯捌拾伍字

齊太公世家第二　史記三十二

魯周公世家第三　史記三十三

周公旦者，周武王弟也（譙周曰以太王所居周地為其采邑故謂周公。索隱曰周地名在岐山之陽本太王所居後以為周公之菜邑故曰周公即今之扶風雍東北故周城也謚曰周文公見國語）自文王在時旦為子孝篤仁異於羣子（索隱曰鄒誕本孝作敬）及武王即位旦常輔翼武王用事居多武王九年東伐至盟津周公輔行十一年伐紂至牧野（正義曰衛州即牧野之地東北去朝歌七十三里）周公佐武王作牧誓破殷入商宮已殺紂周公把大鉞召公把小鉞以夾武王釁社告紂之罪于天及殷民釋箕子之囚封紂子武庚祿父使管叔蔡叔傅之以續殷

祀徧封功臣同姓戚者封周公旦於少昊之虚曲阜（正義曰括地志云兖州曲阜縣外城即魯公伯禽所築也）是為魯公周公不就封留佐武王武王克殷二年天下未集武王有疾不豫羣臣懼太公召公乃繆卜（徐廣曰古書穆字多作繆）周公曰未可以戚我先王（孔安國曰戚近也未可以死近先王也鄭玄曰二公欲就文王廟卜戚憂也未可憂怖我先王也）周公於是乃自以為質設三壇周公北面立戴璧秉圭（孔安國曰璧以禮神圭以為贄）告于太王王季文王（孔安國曰告謂祝辭）史策祝（孔安國曰史為策書祝詞也鄭玄曰策周公所作謂簡書也祝者讀此簡書以告三王）曰惟爾元孫王發勤勞阻疾（徐廣曰阻一作淹）若爾三王是有負子之責於天以旦代王

發之身（孔安國曰太子之責謂疾不可救也不可救于天則當以旦代之死生有命不可請代聖人敘臣子之心以垂世教。索隱曰尚書負為丕今此為負者謂三王負上天之責故我當代之鄭玄曰丕讀曰負）旦巧能多材多藝能事鬼神（孔安國曰言可以代武王之意）乃王發不如旦多材多藝不能事鬼神乃命于帝庭敷佑四方（馬融曰武王受命于天帝之庭布其道以佑助四方）用能定汝子孫于下地四方之民罔不敬畏（孔安國曰言武王用受命帝庭之故能定先人子孫於天下四方之民無不敬畏也）無墜天之降葆命我先王亦永有所依歸（孔安國曰言不救則墜天寶命也救之則先王長有所依歸矣鄭玄曰降下也寶猶神也有所依歸為宗廟之主也。正義墜直類反）今我其即命於元龜（孔安國曰就受三王之命於元龜卜知吉凶者也馬融曰元龜大龜也）爾之許我我以其璧與圭歸以俟爾

命（孔安國曰許謂疾瘳待命當以事神也馬融曰待汝命武王當愈我當死也）爾不許我我乃屏璧與圭（孔安國曰不許不愈也屏藏言不得事神）周公已令史策告太王王季文王欲代武王發於是乃即三王而卜卜人皆曰吉發書視之信吉（孔安國曰占兆書也）周公喜開籥乃見書遇吉（王肅曰籥藏占兆書管也）周公入賀武王曰王其無害旦新受命三王維長終是圖（孔安國曰我新受三王命武王維長終是謀周之道）茲道能念予一人（馬融曰一人天子也鄭玄曰茲此也）周公藏其策金縢匱中（孔安國曰藏之於匱緘之以金不欲人開也）誡守者勿敢言明日武王有瘳其後武王既崩成王少在強葆之中。（索隱曰強葆即襁褓古字少假借用之。正義曰強闊八寸長八尺用約小兒

於背而負行葆小兒被也周公恐天下聞武王崩而畔周公乃踐阼代成王攝行政當國管叔及其羣弟流言於國曰周公將不利於成王孔安國曰放言於國以誣周公以惑成王也周公乃告太公望召公奭曰我之所以弗辟正義音避而攝行政者恐天下畔周無以告我先王大王王季文王三王之憂勞天下久矣於今而后成武王蚤終成王少將以成周我所以為之若此於是卒相成王而使其子伯禽代就封於魯周公戒伯禽曰我文王之子武王之弟成王之叔父我於天下亦不賤矣然我一沐三捉髮一

飯三吐哺起以待士猶恐失天下之賢人子之魯慎無以國驕人管蔡武庚等果率淮夷而反周公乃奉成王命興師東伐作大誥遂誅管叔殺武庚放蔡叔收殷餘民以封康叔於衛封微子於宋以奉殷祀寧淮夷東土二年而畢定諸侯咸服宗周天降祉福唐叔得禾異母同穎徐廣曰一作穗穎即穗也。索隱曰尚書作畝此為母義亦並通獻之成王成王命唐叔以餽周公於東土作餽禾周公既受命禾嘉天子命徐廣曰嘉一作魯今書序作旅也。索隱曰魯字誤史意云周公嘉天子命於文不必作魯作嘉禾東土以集周公歸報成王乃為詩貽王命之

曰鴟鴞毛詩序曰成王未知周公之志公乃為詩以遺王名之曰鴟鴞毛傳曰鴟鴞鸋鴂也王亦未敢訓周公徐廣曰訓一作誚。索隱曰尚書作誚誚讓也此作訓字誤耳義無所通徐氏合定其本何須云一作誚也成王七年二月乙未王朝步自周至豐馬融曰周鎬京也豐文王廟所在朝者舉事上朝將即土中易都大事故告文王武王廟鄭玄曰步行也堂下謂之步豐鎬異邑而言步者告武王廟即行出廟入廟不以遠為父恭也。索隱曰豐文王所作邑後武王都鎬於豐立文王廟接豐在鄠縣東臨豐水東去鎬二十五里也使太保召公先之雒相土鄭玄曰相視也其三月周公往營成周雒邑公羊傳曰成周者何東周也何休曰名為成周者周道始成王所都也卜居焉曰吉遂國之成王長能聽政於是周公乃還政於成王成王臨朝周公之代成王治南面倍依以朝諸侯禮記曰周公朝諸侯于明堂之位天子負

斧依南向而立鄭玄曰周公攝王位以明堂之禮儀朝諸侯也不於宗廟避王也天子周公也負之言倍也斧依為斧文屏風於戶牖之間周公於前立也及七年後還政成王北面就臣位匔匔如畏然徐廣曰匔匔謹敬貌也見三蒼音弓窮窮一本作夔夔也初成王少時病周公乃自揃其蚤沈之河以祝於神曰王少未有識奸神命者乃旦也亦藏其策於府成王病有瘳及成王用事人或譖周公周公奔楚索隱曰經典無文其事或別有所出而譙周云秦既燔書時人欲言金縢之事失其本末乃云成王少時病周公禱河欲代王死藏祝策于府成王用事人讒周公周公奔楚成王發府見策乃迎周公又與蒙恬傳同事或然也成王發府見周公禱書乃泣反周公周公歸恐成王壯治有所淫佚乃作多士作毋逸毋逸稱為人

父母爲業至長久子孫驕奢忘之以亡其家爲人子可不愼乎故昔在殷王中宗嚴恭敬畏天命自度孔安國曰用法度也治民震懼不敢荒寧馬融曰知民之勞苦不敢荒廢自安也故中宗饗國七十五年其在高宗正義曰武丁也久勞于外爲與小人孔安國曰父小乙使之久居人間勞是稼穡與小人出入同事也馬融曰武丁爲太子時其父小乙使行役有所勞役於外與小人從事知小人艱難勞苦也鄭玄曰爲父小乙將師役於外也作其即位乃有亮闇三年不言孔安國曰武丁起其即王位則小乙死乃有信嘿三年不言言孝行著也鄭玄曰楣謂之梁闇謂廬也言乃讙鄭玄曰讙喜悅也言乃喜悅則民臣望其言久矣不敢荒寧密靖殷國馬融曰寧安也至于小大無怨孔安國曰小大之政民無怨者言無非也故高宗饗國五十五年尚書云五十九年

其在祖甲孔安國曰王肅云祖甲湯孫太甲也馬融曰鄭玄曰祖甲武丁子帝甲也。索隱曰按紀年太甲唯得十二年此云祖甲享國三十三年知祖甲是帝甲明也不義惟王久爲小人孔安國曰爲王不義久爲小人之行伊尹放之桐宮馬融曰祖甲有兄祖庚而祖甲賢武丁欲立之祖甲以王廢長立少不義逃亡民間故曰不義惟王久爲小人也武丁死祖庚立祖庚死祖甲立于外知小人之依能保施小民不侮鰥寡孔安國曰小人之所依依仁政也故能安順於衆民不敢侮慢惸獨也故祖甲饗國三十三年王肅曰先中宗後祖甲先成王德後有過也多士稱曰自湯至于帝乙無不率祀明德帝無不配天者孔安國曰無敢失天道者故無不配天也在今後嗣王紂誕淫厥佚不顧天及民之從也徐廣曰一作敬之也駰案馬融曰紂大淫樂其逸無所能顧念於天施顯道於民而敬之也其民皆可誅周多士文王日中昃

不暇食饗國五十年作此以誡成王成王在豐天下已安周之官政未次序於是周公作周官官別其宜作立政孔安國曰周公既致政成王恐其怠忽故以君臣立政爲戒也以便百姓百姓說周公在豐病將沒曰必葬我成周徐廣曰衛世家云管叔欲襲成周然則或說尚書者不以成周爲洛陽乎諸侯年表敘曰齊晉楚秦其在成周微之甚也以明吾不敢離成王周公既卒成王亦讓葬周公於畢正義曰括地志云周公墓在雍州咸陽北十三里畢原上從文王以明予小子不敢臣周公也周公卒後秋未穫暴風雷雨禾盡偃大木盡拔周國大恐成王與大夫朝服以開金縢書索隱曰尚書武王崩後有此雷風之異今此言周公卒後更有暴風之變始開

金縢之書此不然也蓋由史遷不見古文尚書故誤爾王乃得周公所自以爲功代武王之說徐廣曰一作簡駰案孔安國曰所藏請命策書本也二公及王乃問史百執事孔安國曰二公倡王啓之故先見書也史百執事皆從周公請命者鄭玄曰問者問審然否也史百執事曰信有昔周公命我勿敢言成王執書以泣鄭玄曰泣者傷周公忠孝如是而無知之者曰自今後其無繆卜乎孔安國曰本欲敬卜吉凶今天意可知故止昔周公勤勞王家惟予幼人弗及知今天動威以彰周公之德惟朕小子其迎我國家禮亦宜之王肅曰亦宜褒有德也。正義曰孔安國云周公以成王未寤故留東未還成王改過自新遣使者逆之亦國家禮有德之宜也王孔二說非也按言成王以開金縢之書知天風雷以彰周公之德故成王亦設郊天之禮以迎我國家先祖配食之禮亦當宜之故成王出郊天乃雨反風也王出

郊天乃雨反風禾盡起孔安國曰郊以玉幣謝天也天即反風起禾明郊之是也馬融曰反風還反也二公命國人凡大木所偃盡起而築之徐廣曰築拾也駰案馬融曰禾爲木所偃者起其木拾其下禾乃無所失亡也歲則大熟於是成王乃命魯得郊禮記曰魯君祀帝于郊配以后稷天子之禮祭文王禮記曰諸侯不得祖天子鄭玄曰魯以周公之故立文王之廟也魯有天子禮樂者以褒周公之德也周公卒子伯禽固已前受封是爲魯公索隱曰周公元子就封於魯次子留相王室代爲周公其餘食小國者六人凡蔣邢茅胙祭也魯公伯禽之初受封之魯三年而後報政周公周公曰何遲也伯禽曰變其俗革其禮喪三年然後除之故遲太公亦封於齊五月而報政周公周公曰何疾也曰吾簡其君臣禮從其俗爲也及後聞伯禽報政遲乃歎曰嗚呼魯後世其北面事齊矣夫政不簡不易民不有近平易近民民必歸之徐廣曰一本云政不簡不行不行不樂不樂則不平易平易近民民必歸之又一本云夫民不簡不易有近乎簡易民必歸之。索隱曰言爲政簡易者民必附近之近謂親近也伯禽即位之後有管蔡等反也淮夷徐戎亦並興反孔安國曰淮浦之夷徐州之戎並起爲寇於是伯禽率師伐之於肸作肸誓徐廣曰一作鮮一作獮。駰案尚書作粊孔安國曰魯東郊之地名也。索隱曰尚書作粊誓今尚書大傳作鮮誓鮮誓即肸誓古今字異義亦變也鮮獮也言於肸地誓衆因行獮田之礼以取鮮獸而祭故字或作鮮或作獮粊地名即魯卿季氏之費邑地名曰陳爾甲胄無敢不善無敢傷牿正義曰古毒反牿牛馬牢也今

臣無傷其牢恐牛馬逸馬牛其風臣妾逋逃鄭玄曰風走逸臣妾厮役之屬也勿敢越逐敬徐廣曰一作振復之孔安國曰勿敢弃越壘伍而求逐也衆人有得佚馬牛逃臣妾皆敬還無敢寇攘踰牆垣鄭玄曰寇劫取也因其失亡曰攘魯人三郊三隧王肅曰邑外曰郊郊外曰隧不言四者東郊留守故言三也峙爾芻茭糗糧楨幹孔安國曰皆當儲峙汝糗糧使足食多積芻茭供軍牛馬馬融曰楨幹皆築具楨在前幹在兩傍。正義曰糗去九反楨音貞無敢不逮我甲戌築而征徐戎孔安國曰甲戌日當築攻敵壘距堙之屬無敢不及有大刑馬融曰大刑死刑作此肸誓遂平徐戎定魯魯公伯禽卒徐廣曰皇甫謐云伯禽以成王元年封四十六年康王十六年卒子考公酋立索隱曰系本作就鄒本作遒考公四年卒立弟熙是謂煬公索隱曰熙一作怡煬公築茅徐廣曰一作第又作夷闕門世本曰煬公徙魯宋忠曰今魯國六年卒子幽公宰立索隱曰世本名圉幽公十四年幽公弟潰殺幽公而自立是爲魏公徐廣曰世本作微公。索隱曰系本潰作弗音沸魏作微且古書多用魏字作微則太史公意亦不殊魏公五十年卒子厲公擢立索隱曰系本作翟音持角反厲公三十七年卒魯人立其弟具是爲獻公獻公三十二年卒徐廣曰劉歆云五十年皇甫謐云三十六年子眞公濞立索隱曰眞音慎本亦作慎公按衛亦有眞侯可通也濞系本作摯或作鼻音匹位反鄒誕本作愼公鼻也眞公十四年周厲王無道出奔彘共和行政二十九年周宣王即位三十年眞公卒弟敖立是爲武公武公九年春武公與長子括少子戲正義曰許義反又音許宜反後同西朝周宣王

宣王愛戲，欲立戲爲魯太子。周之樊仲山父諫宣王曰：「廢長立少，不順；不順，必犯王命；犯王命，必誅之：故出令不可不順也。令之不行，政之不立，（韋昭曰：令不行則政不立。）行而不順，民將弃上。（韋昭曰：使長事少，故民將弃上。）夫下事上，少事長，所以爲順。今天子建諸侯，立其少，是教民逆也。（唐固曰：言不教之順而教之逆。）若魯從之，諸侯效之，王命將有所壅；（韋昭曰：言先王立長之命將壅塞不行也。）若弗從而誅之，是自誅王命也。（韋昭曰：先王之命立長，今魯亦立長，若誅之，是自誅王命。）誅之亦失，不誅亦失，（韋昭曰：誅之，誅王命；不誅，則王命廢。）王其圖之。」宣王弗聽，卒立戲爲魯太子。夏，武公歸而卒，（徐廣曰：劉歆云立二年。）戲立，是爲懿公。

懿公九年，懿公兄括之子伯御（正義曰：伯，我嫁反，下同也。）與魯人攻弑懿公，而立伯御爲君。伯御即位十一年，周宣王伐魯，殺其君伯御，而問魯公子能道順（徐廣曰：一作訓。正義曰：道音導，順音訓。）諸侯者，以爲魯後。樊穆仲曰：（韋昭曰：穆仲，仲山父之謚也。）「魯懿公弟稱，（正義：尺證反。）肅恭明神，敬事耆老；賦事行刑，必問於遺訓而咨於固實；（徐廣曰：固，一作故。韋昭曰：故實，故事之是者。）不干所問，不犯所知。」宣王曰：「然，能訓治其民矣。」乃立稱於夷宮，（韋昭曰：夷宮者，宣王祖父夷王之廟。古者爵命必於祖廟。）是爲孝公。自是後，諸侯多畔王命。

孝公二十五年，諸侯畔周，犬戎殺幽

王。秦始列爲諸侯。二十七年，孝公卒，子弗湟（徐廣曰：表云弗生也。索隱曰：系本作弗皇，年表作弗生。）立，是爲惠公。

惠公三十年，晉人弑其君昭侯。四十五年，晉人又弑其君孝侯。四十六年，惠公卒，長庶子息攝當國，行君事，是爲隱公。（索隱曰：隱公名息，系本名息姑。）初，惠公適夫人無子，（正義：適音的。）公賤妾聲子生子息。息長，爲娶於宋。宋女至而好，惠公奪而自妻之。（索隱曰：左傳宋武公生仲子，手中有魯夫人文，故歸魯，生桓公。今此云惠公奪息婦而自妻。又經傳不言惠公無道，左氏文亦分明，不知太史公何據而爲此說。譙周亦深不信。）生子允。（徐廣曰：一作軌。索隱曰：一作允，五忽反。）登宋女爲夫人，以允爲太子。及惠公卒，爲允少故，魯人共令息攝政，不言即位。

隱公五年，觀漁於棠。（賈逵曰：棠，魯地。陳漁而觀之。杜預曰：高平方與縣北有武棠亭，魯侯觀漁臺也。）八年，與鄭易天子之太山之邑祊及許田，君子譏之。（穀梁傳曰：祊者，鄭伯之所受命於天子而祭太山之邑也。許田，乃魯之朝宿之邑。天子在上，諸侯不得以地相與。）十一年冬，公子揮諂謂隱公曰：「百姓便君，君其遂立。吾請爲君殺子允，君以我爲相。」（左傳曰：羽父請殺桓公，將以求太宰也。）隱公曰：「有先君命。吾爲允少，故攝代。今允長矣，吾方營菟裘之地而老焉，（服虔曰：菟裘，魯邑也。營菟裘以作宮室，欲居之以終老也。杜預曰：菟裘在泰山梁父縣南。）以授子允政。」揮懼子允聞而反誅之，乃反譖隱公於子允曰：「隱公欲遂立，去子，子其圖之。請爲子殺隱公。」

子允許諾十一月隱公祭鍾巫（賈逵曰鍾巫祭名也）齊于社圃（杜預曰社圃園名）館于蔿氏（服虔曰館舍也蔿氏魯大夫）揮使人弒隱公于蔿氏而立子允爲君是爲桓公桓公元年鄭以璧易天子之許田（樂信曰鄭以祊不足當許田故復加璧）二年以宋之賂鼎入於太廟君子譏之（穀梁傳曰桓公內弒其君外成人之乱受賂而退以事其祖非禮也公羊傳曰周公廟曰太廟）三年使揮迎婦于齊爲夫人六年夫人生子與桓公同日故名曰同同長爲太子十六年會于曹伐鄭入厲公十八年春公將有行（杜預曰始議行事也）遂與夫人如齊申繻諫止（賈逵曰申繻魯大夫）公不聽遂如齊齊襄公通桓公夫人公怒

夫人夫人以告齊侯夏四月丙子齊襄公饗公（服虔曰爲公設享讌之禮）公醉使公子彭生抱魯桓公因命彭生摺其脅公死于車魯人告于齊曰寡君畏君之威不敢寧居來脩好禮禮成而不反無所歸咎請得彭生以除醜於諸侯齊人殺彭生以說魯立太子同是爲莊公莊公母夫人因留齊不敢歸魯莊公五年冬伐衛內衛惠公八年齊公子糾來奔九年魯欲內子糾於齊後桓公桓公發兵擊魯魯急殺子糾召忽死齊告魯生致管仲魯人施伯曰（正義曰世本云施伯魯惠公孫）齊欲得管仲非殺

之也將用之用之則爲魯患不如殺以其屍與之（索隱曰屍亦作死字）莊公不聽遂囚管仲與齊齊人相管仲十三年魯莊公與曹沫會齊桓公於柯曹沫劫齊桓公求魯侵地已盟而釋桓公桓公欲背約管仲諫卒歸魯侵地十五年齊桓公始霸二十三年莊公如齊觀社（韋昭曰齊因祀社蒐軍實以示軍容公往觀之）三十二年初莊公築臺臨黨氏（賈逵曰黨氏魯大夫任姓）見孟女（賈逵曰黨氏之女○索隱曰左傳云初公築臺臨黨氏見孟任從之閟杜預曰孟長任字也非姓耳）說而愛之許立爲夫人割臂以盟（服虔曰割其臂以與公盟）孟女生子斑斑長說梁氏女（杜預曰梁氏魯大夫也）往觀圉人犖自牆外

與梁氏女戲（服虔曰圉人掌養馬者犖其名也○正義犖力角反）斑怒鞭犖莊公聞之曰犖有力焉遂殺之是未可鞭而置也斑未得殺會莊公有疾莊公有三弟長曰慶父次曰叔牙次曰季友莊公取齊女爲夫人曰哀姜哀姜無子哀姜娣（正義曰田奚反）曰叔姜叔姜生子開莊公無適嗣愛孟女欲立其子斑莊公病而問嗣於弟叔牙叔牙曰一繼一及魯之常也（何休曰父死子繼兄死弟及）慶父在可爲嗣君何憂莊公患叔牙欲立慶父退而問季友季友曰請以死立斑也莊公曰曩者叔牙欲立慶父柰何季友以莊公命命

牙待於鍼巫氏杜預曰鍼巫氏魯大夫也使鍼季劫飲叔牙以鴆服虔曰鴆鳥一曰運日鳥曰飲此則有後奉祀不然死且無後牙遂飲鴆而死魯立其子爲叔孫氏杜預曰不以罪誅故得立後世繼其祿也八月癸亥莊公卒季友竟立子斑爲君如莊公命侍喪舍于黨氏正義曰未至公宮止於舅氏先時慶父與哀姜私通欲立哀姜娣子開及莊公卒而季友立斑十月己未慶父使圉人犖殺魯公子斑於黨氏季友犇陳服虔曰季友內知慶父之情力不能誅故避其難出奔慶父竟立莊公子開是爲湣公索隱曰系本名曰啓今此作開避漢景帝諱耳春秋作閔公也湣公二年慶父與哀姜通益甚哀姜與慶父謀殺湣公而立慶父慶父使卜齮龔殺湣公於武闈賈逵曰卜齮魯大夫也宮中之門謂之闈。正義曰齮魚綺反闈音韋季友聞之自陳與湣公弟申如邾請魯求內之魯人欲誅慶父慶父恐奔莒於是季友奉子申入立之是爲釐公索隱曰湣公之弟名曰申成季相之魯國以理於是魯人爲僖公作魯頌釐公亦莊公少子哀姜恐奔邾季友以賂如莒求慶父慶父歸使人殺慶父慶父請奔弗聽乃使大夫奚斯行哭而往慶父聞奚斯音乃自殺齊桓公聞哀姜與慶父亂以危魯乃召之邾而殺之以其屍歸戮之魯釐公請而葬之季友母陳女故

云在陳陳故佐送季友及子申季友之將生也父魯桓公使人卜之曰男也其名曰友閒于兩社爲公室輔賈逵曰兩社周社亳社也兩社之間朝廷執政之臣所在季友亡則魯不昌及生有文在掌曰友遂以名之號爲成季其後爲季氏慶父後爲孟氏也釐公元年以汶陽鄪封季友賈逵曰汶陽鄪魯二邑杜預曰汶陽汶水北地也汶水出泰山萊蕪縣。索隱曰鄪今作費同音祕按費在汶水之北則汶陽非邑賈言二邑非也地理志東海費縣班固云魯季氏邑今尚書費誓即是其地季友爲相九年晉里克殺其君奚齊卓子徐廣曰卓一作悼齊桓公率釐公討晉亂至高梁而還索隱曰晉地在平陽縣立晉惠公十七年齊桓公卒二十四年晉文公即位三十三年釐公卒子興立是爲文公文公元年楚太子商臣弒其父成王代立三年文公朝晉襄公十一年十月甲午魯敗翟于鹹服虔曰鹹魯地也獲長翟喬如服虔曰富父終甥魯大夫也富父終甥舂其喉以戈殺之春猶衝埋其首於子駒之門賈逵曰子駒魯郭門名以命宣伯服虔曰宣伯叔孫得臣子喬如也得臣獲喬如以名其子使後世旌識其功初宋武公之世鄋瞞伐宋服虔曰武公周平王時在春秋前二十五年鄋瞞長翟國名。正義鄋作廋音所劉反瞞莫寒反司徒皇父帥師禦之以敗翟于長丘杜預曰長丘宋地名獲長翟緣斯賈逵曰喬如之祖晉之滅路在魯宣公十五年獲喬如弟棼如齊惠公二年鄋瞞伐齊齊王子

城父獲其弟榮如，埋其首於北門。 按年表齊惠公二年魯宣公之二年 衛人獲其季弟簡如。 服虔曰獲與喬如同時 鄋瞞由是遂亡。 杜預曰長翟之種絕 十五年，季文子使於晉。十八年二月，文公卒。文公有二妃：長妃齊女哀姜， 索隱曰此哀非謚蓋以哭而過市國人哀之謂之哀姜 生子惡及視；次妃敬嬴，嬖愛，生子俀。 徐廣曰一作倭。○索隱曰音人唯反 俀私事襄仲， 服虔曰襄仲公子遂 襄仲欲立之，叔仲曰不可。 服虔曰叔仲惠伯。○ 襄仲請齊惠公，惠公新立，欲親魯，許之。冬十月，襄仲殺子惡及視而立俀，是爲宣公。哀姜歸齊，哭而過市，曰："天乎！襄仲爲不道，殺適 正義音的 立庶！"市人皆哭，魯人謂之哀姜。魯由此公室卑，三桓彊。 服虔曰三桓魯桓公之族仲孫叔孫季孫 宣公俀十二年，楚莊王彊，圍鄭。鄭伯降，復國之。十八年，宣公卒，子成公黑肱 徐廣曰肱一作股 立，是爲成公。季文子曰："使我殺適立庶失大援者，襄仲。" 服虔曰援助也仲殺適立庶國政無常鄰國非之是失大援助也杜預曰襄仲立宣公南通於楚既不固又不能堅事齊晉故云失大援 襄仲立宣公，公孫歸父有寵。 服虔曰歸父襄仲之子 宣公欲去三桓，與晉謀伐三桓。會宣公卒，季文子怨之，歸父奔齊。成公二年春，齊伐取我隆。 左傳作龍杜預曰魯邑在泰山博縣西南 夏，公與晉郤克敗齊頃公於鞌，齊復歸我侵地。四年，成公如晉，晉景公不敬魯。魯欲背晉

合於楚，或諫，乃不。十年，成公如晉。晉景公卒，因留成公送葬，魯諱之。 索隱曰經不書其葬唯言公如晉是諱之 十五年，始與吳王壽夢會鍾離。 正義曰括地志云鍾離國故城在濠州鍾離縣東五里 十六年，宣伯告晉，欲誅季文子。 服虔曰宣伯叔孫喬如 文子有義，晉人弗許。十八年，成公卒，子午立，是爲襄公。是時襄公三歲也。襄公元年，晉立悼公。往年冬，晉欒書弑其君厲公。四年，襄公朝晉。五年，季文子卒。家無衣帛之妾，廄無食粟之馬，府無金玉，以相三君。 索隱曰宣成襄也 君子曰："季文子廉忠矣。"九年，與晉伐鄭。晉悼公冠襄公於衛， 左傳曰冠于成公之廟假鍾磬焉禮也 季武子從，相行禮。十一年，三桓氏分爲三軍。 韋昭曰周禮天子六軍諸侯大國三軍魯伯禽之封舊有三軍其後削弱二軍而已季武子欲專公室故益中軍以爲三軍三家各征其一○索隱曰征謂起徒役也武子爲三軍故一卿主一軍之征賦 十二年，朝晉。十六年，晉平公即位。二十一年，朝晉平公。二十二年，孔丘生。 正義曰生在周靈王二十一年魯襄二十二年晉平七年吳諸樊十年 二十五年，齊崔杼弑其君莊公，立其弟景公。二十九年，吳延陵季子使魯，問周樂，盡知其意，魯人敬焉。三十一年六月，襄公卒。其九月，太子卒。 左傳曰毀也○索隱曰左傳云胡女敬歸之子子野立三月卒 魯人立齊歸之子裯爲君， 徐廣曰裯一作袑服虔曰胡歸姓之國也齊謚也索隱曰系本作裯徐廣作袑袑音紹也 是爲昭公。昭公

年十九猶有童心 服虔曰言無成人之志而有童子之心 穆叔不欲立 索隱曰魯大夫叔孫豹宣伯喬如之弟 曰太子死有母弟可立不即立長 服虔曰無母弟則立庶子之長 年鈞擇賢義鈞則卜之 杜預曰先人事後卜筮義鈞謂賢等 今裯非適嗣且又居喪意不在戚而有喜色若果立必為季氏憂季武子弗聽卒立之比及葬三易衰 杜預曰言其嬉戲無度 君子曰是不終也昭公三年朝晉至河晉平公謝還之魯恥焉四年楚靈王會諸侯於申昭公稱病不往七年季武子卒八年楚靈王就章華臺召昭公昭公往賀 春秋云七年三月公如楚 賜昭公寶器已而悔復詐取之 左傳曰好以大屈服

虔曰大屈寶金可以為劍一曰大屈弓名魯連書曰楚子享魯侯于章華與之大曲之弓既而悔之大屈殆所謂大屈之弓也 十二年朝晉至河晉平公謝還之十三年楚公子棄疾弒其君靈王代立十五年朝晉晉留之葬晉昭公魯恥之二十年齊景公與晏子狩竟因入魯問禮 索隱曰齊系家亦然左傳無其事 二十一年朝晉至河晉謝還之二十五年春鸜鵒來巢 周禮曰鸜鵒不踰濟公羊傳曰非中國之禽也宜穴而巢穀梁傳曰來者來中國也 師已曰文成之世童謠曰 賈逵曰師已魯大夫也文成魯文公成公 鸜鵒來巢公在乾侯鸜鵒入處公在外野季氏與郈氏 徐廣曰一本作厚世本亦然 鬬雞 杜預曰季平子郈昭伯二家相近故鬬雞 季氏芥雞羽 服虔曰擣芥子播其雞羽可以坌郈氏雞目杜預曰

或云以膠沙播之為介雞 郈氏金距 服虔曰以金錯距 季平子怒而侵郈氏 服虔曰怒其不下已也侵郈氏之宮地以自益 郈昭伯亦怒平子 索隱曰系本昭伯名惡魯孝公之後稱厚氏 臧昭伯之弟會 賈逵曰昭伯臧孫賜也。索隱曰系本臧會臧頃伯也宣叔許之孫與昭伯賜為從父昆弟也 偽讒臧氏匿季氏臧昭伯囚季氏人季平子怒囚臧氏老 服虔曰老臧氏家之大臣 臧郈氏以難告昭公昭公九月戊戌伐季氏遂入平子登臺請曰君以讒不察臣罪誅之請遷沂上弗許 杜預曰魯城南自有沂水平子欲出城待罪也大沂水出蓋縣南入泗水 請囚於鄪弗許 服虔曰鄪季氏邑 請以五乘亡弗許 服虔曰言五乘自省約以出 子家駒曰 索隱曰魯大夫仲孫氏之族名駒謚懿伯也 君其許之政自季氏久矣為

徒者眾眾將合謀弗聽郈氏曰必殺之叔孫氏之臣戾 左傳曰鬷戾 謂其眾曰無季氏與有孰利皆曰無季氏是無叔孫氏戾曰然救季氏遂敗公師孟懿子 賈逵曰懿子仲孫何忌 聞叔孫氏勝亦殺郈昭伯郈昭伯為公使故孟氏得之三家共伐公公遂奔己亥公至于齊齊景公曰請致千社待君子家曰弃周公之業而臣於齊可乎乃止子家曰齊景公無信不如早之晉弗從叔孫見公還見平子平子頓首初欲迎昭公孟孫季孫後悔乃止二十六年春齊伐魯取鄆 賈逵曰魯邑 而居昭公焉

夏齊景公將內公令無受魯賂申豐汝賈賈逵曰申豐汝賈魯大夫許齊臣高齕子將粟五千庾賈逵曰十六斗為庾五千庾八萬斗。索隱曰一本子將上有貨字子將即梁丘據也齕音紇子將家臣也左傳子將作子猶子將言於齊侯曰羣臣不能事魯君有異焉服虔曰異猶怪也宋元公為魯如晉求內之道卒春秋曰宋公佐卒于曲棘叔孫昭子求內其君無病而死索隱曰昭子名婼即穆叔子不知天棄魯乎抑魯君有罪于鬼神也願君且待齊景公從之二十八年昭公如晉求入季平子私於晉六卿六卿受季氏賂諫晉君晉君乃止居昭公乾侯杜預曰乾侯在魏郡斥丘縣晉竟內邑二十九年昭公如鄆齊景公使人賜昭公書自謂主君服虔曰大夫稱主比公於大夫故稱主君昭公恥之怒而去乾侯三十一年晉欲內昭公召季平子平子布衣跣行王肅曰示憂戚因六卿謝罪六卿為言曰晉欲內昭公衆不從晉人止三十二年昭公卒於乾侯魯人共立昭公弟宋為君是為定公定公立趙簡子問史墨服虔曰史墨晉史蔡墨曰季氏亡乎史墨對曰不亡季友有大功於魯受鄪為上卿至于文子武子世增其業魯文公卒東門遂服虔曰東門遂襄仲也居東門故稱東門遂。索隱曰系本並作述鄒誕作秫又系本遂產子家歸父及昭子子嬰也殺適立庶魯君於是失國政政在季氏於今四君

矣民不知君何以得國是以為君慎器與名不可以假人杜預曰器車服名爵號定公五年季平子卒陽虎私怒囚季桓子與盟乃捨之七年齊伐我取鄆以為魯陽虎邑以從政八年陽虎欲盡殺三桓適而更立其所善庶子以代之載季桓子將殺之桓子詐而得脫三桓共攻陽虎陽虎居陽關服虔曰陽關魯邑九年魯伐陽虎陽虎奔齊已而奔晉趙氏正義曰左傳云仲尼曰趙氏其世有乱乎杜預云受乱人故十年定公與齊景公會於夾谷孔子行相事齊欲襲魯君孔子以禮歷階誅齊淫樂齊侯懼乃止歸魯侵地而謝過十二年使仲由毀三桓城服虔曰仲由子路收其甲兵孟氏不肯墮城杜預曰墮毀伐之不克而止季桓子受齊女樂孔子去孔安國曰桓子使定公受齊女樂君臣相與觀之廢朝礼三日十五年定公卒子將立是為哀公索隱曰系本將亦作蔣哀公五年齊景公卒六年齊田乞弒其君孺子七年吳王夫差彊伐齊至繒徵百牢於魯季康子使子貢說吳王及太宰嚭以禮詘之吳王曰我文身不足責禮乃止八年吳為鄒伐魯至城下盟而去齊伐我取三邑十年伐齊南邊十二年齊伐魯季氏用冉有有功思孔子孔子自衛歸魯十四年

齊田常弒其君簡公於徐州孔子請伐之哀公不聽十五年使子服景伯子貢爲介適齊齊歸我侵地田常初相欲親諸侯十六年孔子卒二十二年越王勾踐滅吳王夫差二十七年春季康子卒夏哀公患三桓將欲因諸侯以劫之三桓亦患公作難故君臣多閒 賈逵曰閒隙也 公游于陵阪 服虔曰陵阪地名 遇孟武伯於衢 索隱曰一本作衛非也左傳於孟氏之衢 曰請問余及死乎 杜預曰問己可得以壽死不 對曰不知也公欲以越伐三桓八月哀公如陘氏 杜預曰陘氏即有山氏 三桓攻公公奔于衛去如鄒遂如越國人迎哀公復歸卒

于有山氏 徐廣曰皇甫謐云哀公元甲辰終庚午 子寧立是爲悼公悼公之時三桓勝魯如小侯卑於三桓之家十三年三晉滅智伯分其地有之三十七年悼公卒 徐廣曰一本云悼公即位三十年乃於秦惠王卒楚懷王死年合又自悼公以下盡與劉歆曆譜合而反違年表未詳何故皇甫謐云悼公四十年元辛未終庚戌 子嘉立是爲元公元公二十一年卒 徐廣曰皇甫謐云元辛亥終辛未 子顯立是爲穆公 索隱曰系本顯作不衍 穆公三十三年卒 徐廣曰皇甫謐云元壬申終甲辰 子奮立是爲共公共公二十二年卒 徐廣曰皇甫謐云元乙巳終丙寅 子屯立是爲康公 索隱曰屯音竹倫反 康公九年卒 徐廣曰皇甫謐云元丁卯終乙亥 子匽立是爲景公 索隱曰匽音偃 景公二十九年卒 徐廣曰皇甫謐云元

丙子終甲辰 子叔立是爲平公 索隱曰系本叔作旅 是時六國皆稱王平公十二年秦惠王卒二十二年平公卒 徐廣曰皇甫謐云元乙巳終甲子 子賈立是爲文公 索隱曰系本作湣公鄒誕亦同系家或作文公 文公七年楚懷王死于秦二十三年文公卒 徐廣曰皇甫謐云元乙丑終丁亥 子讎立是爲頃公頃公二年秦拔楚之郢 徐廣曰年表云文公十八年秦拔郢楚走陳 楚頃王東徙于陳十九年楚伐我取徐州 徐廣曰徐州在魯東今薛縣。索隱曰說文邾下邑在魯東又郡國志曰魯國薛縣六國時曰徐州又紀年云梁惠王三十一年下邳遷于薛故名曰徐州則徐與郑並音舒也 二十四年楚考烈王伐滅魯頃公亡遷於卞邑 徐廣曰卞一作下。索隱曰下邑謂國外之小邑本或作卞邑然魯有卞邑與此不同 爲家人魯絕祀

頃公卒于柯 徐廣曰皇甫謐云元戊子終辛亥。索隱曰春秋齊及魯盟于柯杜預云柯齊邑今濟北東阿 魯起周公至頃公凡三十四世

太史公曰余聞孔子稱曰甚矣魯道之衰也洙泗之間斷斷如也 徐廣曰漢書地理志云魯濱洙泗之閒其民涉渡幼者扶老者而代其任俗既薄長老不自安與幼者相讓故曰斷斷如也斷魚斤反東州語也蓋幼者患苦長者長者忿愧自守故斷斷爭辭所以爲道衰也。索隱曰讀如論語誾誾如也言魯道雖微而洙泗之間尚誾誾如也鄒誕生亦音銀又作斷斷如尚書讀則斷斷是專一之義徐廣又引地理志音五鯤反云斷斷是鬬爭之貌故繁欽遂行賦云涉洙泗而歎馬恥少長之斷斷是也今按下文云至于揖讓之禮則從矣魯尚有揖讓之風如論語音誾爲得之也 觀慶父及叔牙閔公之際何其亂也隱桓之事襄仲殺適立庶三家北面爲臣親攻昭公昭公以奔至其揖

讓之禮則從矣而行事何其戾也

索隱述贊曰

武王既沒　成王幼孤　周公攝政

負扆據圖　及還臣列　北面躬如

元子封魯　少昊之墟　夾輔王室

世職不渝　降及孝公　穆仲致譽

隱能讓國　春秋之初　丘明執簡

褒貶備書

史伍阡捌伯玖拾貳字

註伍阡貳伯玖拾叁字

魯周公世家第三　史記三十三

燕召公世家第四　史記三十四

召公奭與周同姓姓姬氏譙周曰周之支族食邑於召謂之召公。索隱曰召者畿內采地奭始食於召故曰召公或說者以爲文王受命取岐周故墟召地分爵二公故詩有周召二南言皆在岐山之陽故言南也後武王封之北燕在今幽州薊縣故城是也亦以元子就封而次子留周室代爲召公至宣王時召虎其後也周武王之滅紂封召公於北燕世本曰居北燕宋忠曰有南燕故云北燕其在成王時召公爲三公自陝以西召公主之自陝以東周公主之何休曰陝者蓋今弘農陝縣是也成王既幼周公攝政當國踐祚召公疑之作君奭孔安國曰尊之曰君陳古以告之故以名篇君奭不說周公馬融曰召公以周公既攝政致太平功配文武不宜復列在臣位故不說以爲周公苟貪寵也周公乃稱湯時有伊尹假于皇天孔安國曰伊摯佐湯功至大天謂致太平也鄭玄曰皇天北極天帝也在太戊時則有若伊陟臣扈假于上帝巫咸治王家孔安國曰伊陟臣扈率伊尹之職使其君不隕祖業故至天之功不隕巫咸治王家言其不及二臣馬融曰道至于上帝謂奉天時也鄭玄曰上帝太微中其所統也在祖乙時則有若巫賢孔安國曰賢臣有如此巫賢也賢咸子巫氏也在武丁時則有若甘般孔安國曰高宗即位甘般佐之後有傳說率維茲有陳保乂有殷徐廣曰一無此九字駰案王肅曰循此數臣有陳列之功安治有殷也於是召公乃說召公之治西方甚得兆民和召公巡行鄉邑有棠樹正義曰今之棠梨樹也括地志云邵伯廟在洛州壽安縣西北五里邵伯聽訟甘棠之下周人思之不伐其樹後人懷其德因立廟有棠在九曲城東阜上決獄政事其下自侯伯至庶人各得其所無失職者召公卒而民人思召公之政懷棠樹不敢伐哥詠之作甘棠之詩自召公已下九世至惠侯 索隱曰並國史先失也又自惠侯已下皆無名亦不言屬惟昭王父子有名蓋在戰國時旁見他說耳燕四十二代有二惠侯二釐侯二宣侯三桓侯二文侯蓋國史微失本謚故重耳 燕惠侯當周厲王奔彘共和之時惠侯卒子釐侯立 正義釐音僖 是歲周宣王初即位釐侯二十一年鄭桓公初封於鄭三十六年釐侯卒子頃侯立頃侯二十年周幽王淫亂為犬戎所弒秦始列為諸侯二十四年頃侯卒子哀侯立哀侯二年卒子鄭侯立 索隱曰謚法無鄭鄭或是名 鄭侯三十六年卒子繆侯立繆侯七年而魯

隱公元年也十八年卒子宣侯立 索隱曰譙周云系本謂燕自宣侯已上皆父子相傳故無所疑桓侯已下並不言屬以其難明故也按今系本無燕代系宋忠依太史公書以補其闕尋徐廣作音尚引系本蓋近代始散逸耳 宣侯十三年卒子桓侯立 徐廣曰古史考曰世家自宣侯已下不說其屬以其難明故也 桓侯七年卒 系本曰桓侯徙臨易宋忠曰今河間易縣是也 子莊公立莊公十二年齊桓公始霸十六年與宋衛共伐周惠王惠王出奔溫立惠王弟穨為周王 譙周曰按春秋傳燕與子穨逐周惠王者乃南燕姞姓也系家以為北燕失之。索隱曰譙周云據左氏燕與衛伐周惠王乃是南燕姞姓而系家以為北燕伯故著史考云此燕是姞姓今檢左氏莊十九年衛師燕師伐周二十年齊伐山戎傳云執燕仲父三十年齊伐山戎傳曰謀山戎以其病燕故也據傳文及此記元是北燕不疑杜君妄說仲父是南燕伯為伐周故且燕衛俱是姬姓故有伐國納王之事若是姞燕與衛伐周則鄭何以獨伐燕而不

伐衛乎 十七年鄭執燕仲父而內惠王于周二十七年山戎來侵我齊桓公救燕遂北伐山戎而還燕君送齊桓公出境桓公因割燕所至地予燕 正義曰予音與括地志云燕留故城在滄州長盧縣東北十七里即齊桓公分溝割燕君所至地與燕因築此城故名燕留 使燕共貢天子如成周時職使燕復脩召公之法三十三年卒子襄公立襄公二十六年晉文公為踐土之會稱伯三十一年秦師敗于殽三十七年秦穆公卒四十年襄公卒桓公立 索隱曰譙周云系家襄公生宣伯無桓公今驗史記並有桓公是允南據此史補系家亦有桓公是允南所見本異則是燕有二桓公也 桓公十六年卒宣公立宣公十五年

卒昭公立昭公十三年卒武公立是歲晉滅三郤大夫武公十九年卒文公立文公六年卒懿公立懿公元年齊崔杼弒其君莊公四年卒子惠公立惠公元年齊高止來奔六年惠公多寵姬公欲去諸大夫而立寵姬宋大夫共誅姬宋 索隱曰宋其名也或作宗劉氏云其父兄為執政故諸大夫共滅之 惠公懼奔齊四年齊高偃如晉請共伐燕入其君晉平公許與齊伐燕入惠公惠公至燕而死 索隱曰春秋昭三年北燕伯款奔齊至六年又云齊伐北燕一與此文合左傳無納款之文而云將納簡公晏子曰燕君不入矣齊遂受賂而還事與此乖而又以款為簡公簡公後惠公四代則與春秋經傳不相協未可強言也 燕立悼公悼公七年卒

共公立共公五年卒平公立晉公室卑六卿始
彊大平公十八年吳王闔閭破楚入郢十九年
卒簡公立簡公十二年卒獻公立索隱曰王劭按紀年簡公後次
孝公無獻公然紀年之書多是譌謬聊記異耳晉趙鞅圍范中行於朝歌獻
公十二年齊田常弒其君簡公十四年孔子卒
二十八年獻公卒孝公立孝公十二年韓魏趙
滅知伯分其地索隱曰按紀年智伯滅在成公二年也三晉彊十五年
孝公卒成公立成公十六年卒索隱曰按紀年成侯名載湣公
立湣公三十一年卒釐公立索隱曰年表作釐侯莊徐廣云一無莊字按燕
失年紀及其君名表言莊者衍字也是歲三晉列為諸侯索隱曰按紀年作文公二

十四年卒簡公立十三年而三晉命邑為諸侯與此不同釐公三十年伐齊敗于
林營索隱曰林營地名一云林地名於林地立營故曰林營釐公卒索隱曰紀年作簡公四十
五年卒妄也按上簡公生獻公獻公則此當是釐但立年又誤耳桓公立桓公十一年卒
文公立索隱曰系本已上文公為閔公則湣與閔同而上獻公之父又謚文公是歲秦獻
公卒秦益彊文公十九年齊威王卒二十八年
蘇秦始來見說文公文公予車馬金帛以至趙
趙肅侯用之因約六國為從長正義從足從反長丁丈反秦惠
王以其女為燕太子婦二十九年文公卒太子
立是為易王易王初立齊宣王因燕喪伐我取
十城蘇秦說齊使復歸燕十城十年燕君為王

索隱曰燕君即易王也言君初以十年即稱王也上言易王者易謚也後追書謚耳蘇秦與燕文
公夫人私通懼誅乃說王使齊為反間欲以亂
齊孫子兵法曰反間者因敵間而用之者也凡軍之所欲擊城之所欲攻人之所欲殺必先知其守將左右謁者門者舍人之姓名令吾間必索敵間之來間我者因而利導舍之故反間可得用也○正義曰使音所吏反間音紀莧反易
王立十二年卒子燕噲立燕噲既立齊人殺蘇
秦蘇秦之在燕與其相子之為婚而蘇代與子
之交及蘇秦死而齊宣王復用蘇代燕噲三年
與楚三晉攻秦不勝而還子之相燕貴重主斷
蘇代為齊使於燕索隱曰按戰國策曰子之使蘇代侍質子於齊齊使代報燕是也燕
王問曰齊王奚如對曰必不霸燕王曰何也對

曰不信其臣蘇代欲以激燕王以尊子之也於
是燕王大信子之子之因遺蘇代百金而聽正義曰瓚云秦以一溢為一金孟康云二十四兩曰溢其所使鹿毛壽徐廣曰一作厝毛又曰甘陵縣本名厝○索隱曰春秋後語亦作厝毛壽又韓子作潘壽謂燕王不如以國讓相
子之人之謂堯賢者以其讓天下於許由許由
不受有讓天下之名而實不失天下今王以國
讓於子之子之必不敢受是王與堯同行也燕
王因屬國於子之子之大重索隱曰大重謂尊貴也或曰禹
薦益已索隱曰以已配益則益已是伯益而經傳無其文未知所由或曰已語終辭而以啟
人為吏索隱曰人猶臣也謂以啟臣為益吏及老而以啟人為不足

任乎天下傳之於益已而啓與交黨攻益奪之
天下謂禹名傳天下於益已而實令啓自取之
今王言屬國於子之而吏無非太子人者索隱曰此人亦訓臣也
是名屬子之而實太子用事也王因收印
自三百石吏已上而效之子之索隱曰鄭玄云效呈也以印呈與子之
子之南面行王事而噲老不聽政顧為臣索隱曰顧猶反也言噲反為子之臣也有本作願者非
國事皆決於子之三年國大亂
百姓恫恐索隱曰恫猶痛也民皆恐懼將軍市被正義曰人姓名與太子
平謀將攻子之諸將謂齊湣王曰因而赴之破
燕必矣齊王因令人謂燕太子平曰寡人聞太

史記燕召公世家四　六

子之義將廢私而立公飭君臣之義正義飭音勅明父
子之位寡人之國小不足以為先後正義先後並去聲雖
然則唯太子所以令之太子因要黨聚眾將軍
市被圍公宮攻子之不克將軍市被及百姓反
攻太子平將軍市被死以徇因構難數月死者
數萬眾人恫恐百姓離志孟軻謂齊王曰今伐
燕此文武之時不可失也索隱曰謂如武王成文王之業伐紂之時然此語與孟子不同
王因令章子將五都之兵章子齊人見孟子○索隱曰五都即齊也按臨淄是五都之一
以因北地之眾以伐燕索隱曰北地即齊之北邊也士卒
不戰城門不閉燕君噲死齊大勝燕子之亡徐廣

曰年表云君噲及太子相子之皆死駰案汲冢紀年曰齊人禽子之而醢其身也二年而燕人共
立太子平是為燕昭王徐廣曰噲立七年而死其九年燕人共立太子平○索隱曰按上文太子平謀攻子之而年表又云君噲及太子相子之皆死紀年又云子之殺公子平今此文云立太子平是為燕昭王則年表紀年為謬也而趙系家云武靈王聞燕亂召公子職於韓立以為燕王使樂池送之裴駰亦以此系家無趙送公子職之事當是遙立職而送之事竟不就則昭王名平非職明矣進退參詳是年表既誤而紀年因之而妄說耳
燕昭王於破燕之後即位卑身厚幣以招賢者
謂郭隗曰齊因孤之國亂而襲破燕孤極知燕
小力少不足以報然誠得賢士以共國以雪先
王之恥孤之願也先生視可者得身事之郭隗
曰王必欲致士先從隗始況賢於隗者豈遠千

史記燕召公世家四　七

里哉於是昭王為隗改築宮而師事之樂毅自
魏往鄒衍自齊往劇辛自趙往士爭趨燕燕王
弔死問孤與百姓同甘苦二十八年燕國殷富
士卒樂軼輕戰於是遂以樂毅為上將軍與秦
楚三晉合謀以伐齊齊兵敗湣王出亡於外燕
兵獨追北入至臨淄盡取齊寶燒其宮室宗廟
齊城之不下者獨唯聊莒即墨索隱曰按餘篇及戰國策並無聊字其
餘皆屬燕六歲昭王三十三年卒子惠王立惠
王為太子時與樂毅有隙及即位疑毅使騎劫
代將樂毅亡走趙齊田單以即墨擊敗燕軍騎

劫死燕兵引歸齊悉復得其故城湣王死于莒乃立其子爲襄王惠王七年卒索隱曰按趙系家惠文王二十八年燕相成安君公孫操弒其王樂資以爲即惠王也徐廣按年表是年燕武成王元年武成即惠王子則惠王爲成安君弒明矣此不言者燕遠諱不告或太史公之說疎也韓魏楚共伐燕燕武成王立武成王七年齊田單伐我拔中陽十三年秦敗趙於長平四十餘萬十四年武成王卒子孝王立孝王元年秦圍邯鄲者解去三年卒子今王喜立索隱曰今王猶今上也有作金者非也按謚法無金今王喜四年秦昭王卒燕王命相栗腹約歡趙以五百金爲趙王酒還報燕王曰趙王壯者皆死長平其孤未壯可

伐也王召昌國君樂間問之對曰趙四戰之國正義曰趙東鄰燕西接秦境南錯韓魏北連胡貊故言四戰其民習兵不可伐王曰吾以五而伐一索隱曰謂以五人而伐一人對曰不可燕王怒羣臣皆以爲可卒起二軍車二千乘栗腹將而攻鄗徐廣曰在常山今曰高邑。索隱曰鄗氏音火各反一音昊卿秦攻代正義曰今代州也戰國策云廉頗以二十萬遇栗腹於鄗樂乘以五萬遇慶秦於代燕人大敗與此不同也唯獨大夫將渠謂燕王曰索隱曰人名姓也一云上卿秦及此將渠皆卿將官秦渠其名也國史變文而書遂失姓耳戰國策云慶秦慶是姓也卿其官耳與人通關約交以五百金飲人之王使者報而反攻之不祥兵無成功燕王不聽自將偏軍隨之將渠引燕王綬止之曰王必

無自往往無成功王蹴之以足將渠泣曰臣非以自爲爲王也燕軍至宋子徐廣曰屬鉅鹿趙使廉頗將擊破栗腹於鄗破卿秦樂乘於代索隱曰戰國策曰廉頗以二十萬遇栗腹於鄗樂乘以五萬遇慶秦於代燕人大敗與此不同樂間奔趙廉頗逐之五百餘里圍其國燕人請和趙人不許必令將渠處和燕相將渠以處和以將渠爲相○索隱曰謂欲令將渠處之使和也趙聽將渠解燕圍六年秦滅東西周置三川郡七年秦拔趙榆次三十七城秦置太原郡九年秦王政初即位十年趙使廉頗將攻繁陽徐廣曰屬魏郡拔之趙孝成王卒悼襄王立使樂乘代廉頗廉

頗不聽攻樂乘樂乘走廉頗奔大梁十二年趙使李牧攻燕拔武遂徐廣曰屬河間方城徐廣曰屬涿有督亢亭劇辛故居趙與龐煖善索隱曰煖音況遠反已而亡走燕燕見趙數困于秦而廉頗去令龐煖將也欲因趙弊攻之問劇辛辛曰龐煖易與耳燕使劇辛將擊趙趙使龐煖擊之取燕軍二萬殺劇辛秦拔魏二十城置東郡十九年秦拔趙之鄴正義曰即相州鄴縣也九城趙悼襄王卒二十三年太子丹質於秦亡歸燕二十五年秦虜滅韓王安置潁川郡二十七年秦虜趙王遷滅趙趙公子嘉自立爲代王燕

見秦且滅六國秦兵臨易水徐廣曰出涿郡故安也禍且至燕太子丹陰養壯士二十人使荆軻獻督亢地圖於秦索隱曰徐廣云涿有督亢亭地理志屬廣陽然督亢之田在燕東甚良沃欲獻秦故畫其圖而獻焉因襲刺秦王秦王覺殺軻使將軍王翦擊燕二十九年秦攻拔我薊燕王亡徙居遼東斬丹以獻秦三十年秦滅魏三十三年秦拔遼東虜燕王喜卒滅燕是歲秦將王賁正義曰賁音奔王翦子亦虜代王嘉

太史公曰召公奭可謂仁矣甘棠且思之況其人乎燕北迫蠻貉內措齊晉索隱曰措交雜也又作錯劉氏云爭錯也崎嶇彊國之間最爲弱小幾滅者數矣然社稷血食者八九百歲於姬姓獨後亡豈非召公之烈耶

索隱述贊曰

召伯作相　分陝而治
人惠其德　甘棠是思　莊送霸主
惠羅寵姬　文公約趙　蘇秦騁辭
易王初立　齊宣我欺　燕噲無道
禪位子之　昭王待士　思報臨菑
督亢不就　卒見芟夷

燕召公世家第四　史記三十四

史貳阡陸伯叁拾字。註貳阡貳伯貳拾壹字

管蔡世家第五　史記三十五

管叔鮮正義曰音仙括地志云鄭州管城縣今州外城即管國城也是叔鮮所封國也蔡叔度者周文王子而武王弟也武王同母兄弟十人母曰太姒正義曰國語云杞繒二國姒姓夏禹之後太姒之家太姒文王之妃武王之母列女傳云太姒者武王之母禹後姒氏之女也在郃之陽在渭之涘仁而明道文王嘉之親迎於渭造舟爲梁及入太姒思任旦夕勤勞以進婦道太姒號曰文母文王理外文母治內太姒生十男教誨自少及長未嘗見邪僻之事言常以正道持之也文王正妃也其長子曰伯邑考次曰武王發次曰管叔鮮次曰周公旦次曰蔡叔度次曰曹叔振鐸次曰成叔武正義曰括地志云濮州雷澤縣東南九十一里漢郕陽縣古郕伯姬姓之國其後遷於成之陽次曰霍叔處正義曰處昌汝反括地志云晉州霍邑縣本漢彘縣也鄭玄註周禮云霍山在彘本春秋時霍伯國地次曰康叔封次曰冄季載正義曰冄音奴甘反或作郍音同冄國名也季載人名也伯邑考最長所以加伯諸中子咸言叔以載最少故言季載冄季載最少同母兄弟十人徐廣曰文王之子爲侯者十有六國唯發旦賢左右輔文王正義曰左右並去聲故文王舍伯邑考而以發爲太子及文王崩而發立是爲武王伯邑考既已前卒矣武王已克殷紂平天下封功臣昆弟於是封叔鮮於管杜預曰管在滎陽京縣東北封叔度於蔡世本曰居上蔡二人相紂子武庚祿父治殷遺民封叔旦於魯而相周爲周公封叔振鐸於曹封叔武於成索隱曰按春秋隱五年衛師入郕杜預曰東平剛父縣有郕鄉後漢地理志以爲成本國又地理志廩丘縣南有成

故城應劭云武王封弟季載於成是古之成邑應仲遠誤云季載封耳封叔𨛫於霍索隱曰春秋閔元年晉滅霍地理志云河東彘縣霍太山在東北是霍叔之所封康叔封冉季載皆少未得封索隱曰孔安國曰康畿內國名地闕叔字也封叔名耳武王既崩成王少周公旦專王室管叔蔡叔疑周公之爲不利於成王乃挾武庚以作亂周公旦承成王命伐誅武庚殺管叔而放蔡叔遷之與車十乘徒七十人從而分殷餘民爲二其一封微子啓於宋以續殷祀其一封康叔爲衛君是爲衛康叔封季載於冉索隱曰冉國也載名也季字也冉或作𨙸國語曰冉季鄭姬賈逵曰文王子聃季之國也莊十八年楚武王克權遷於那處杜預云那處楚地南郡編縣有那口城聃與𨙸皆音奴甘反冉季康叔皆有馴行索隱曰如字音巡馴善也於是周公舉康叔爲周司寇冉季爲周司空索隱曰事見左傳定公四年以佐成王治皆有令名於天下蔡叔度既遷而死其子曰胡胡乃改行率德馴善周公聞之而舉胡以爲魯卿士索隱曰尚書云蔡仲克庸祗德周公以爲卿士叔卒乃命諸王邦之蔡元無仕魯之文又伯禽居魯乃是七年致政之後此言乃說居攝政之初未知史遷何憑而有斯言也魯國治於是周公言於成王復封胡於蔡宋忠曰胡徙居新蔡以奉蔡叔之祀是爲蔡仲餘五叔皆就國無爲天子吏者索隱曰五叔管叔蔡叔成叔曹叔霍叔蔡仲卒子蔡伯荒立蔡伯荒卒子宮侯立宮侯卒子厲侯立厲侯卒子武侯立武侯之時

周厲王失國奔彘共和行政諸侯多叛周武侯卒子夷侯立夷侯十一年周宣王即位二十八年夷侯卒子釐侯所事立釐侯三十九年周幽王爲犬戎所殺周室卑而東徙秦始得封爲列侯正義曰周幽王爲犬戎所殺平王東徙洛邑秦襄公以兵救因送平王至洛故平王封襄公四十八年釐侯卒子共侯興立共侯二年卒子戴侯立戴侯十年卒子宣侯措父立宣侯二十八年魯隱公初立三十五年宣侯卒子桓侯封人立桓侯三年魯弒其君隱公二十年桓侯卒弟哀侯獻舞立哀侯十一年初哀侯娶陳息侯亦娶陳杜預曰息國汝南新息縣息夫人將歸過蔡蔡侯不敬息侯怒請楚文王來伐我我求救於蔡蔡必來楚因擊之可以有功楚文王從之虜蔡哀侯以歸哀侯留九歲死於楚凡立二十年卒蔡人立其子肸是爲繆侯繆侯以其女弟爲齊桓公夫人十八年齊桓公與蔡女戲船中夫人蕩舟桓公止之不止公怒歸蔡女而不絕也蔡侯怒嫁其弟索隱曰弟女弟即蕩舟之姬齊桓公怒伐蔡蔡潰遂虜繆侯南至楚邵陵已而諸侯爲蔡謝齊齊侯歸蔡侯二十九年繆侯卒子莊侯甲午立莊侯三年齊桓公

卒十四年晉文公敗楚於城濮二十年楚太子商臣弒其父成王代立二十五年秦穆公卒三十三年楚莊王即位三十四年莊侯卒子文侯申立文侯十四年楚莊王伐陳殺夏徵舒十五年楚圍鄭鄭降楚楚復醳之（正義曰醳音釋）二十年文侯卒子景侯同立景侯元年楚莊王卒二十九年景侯爲太子般娶婦於楚而景侯通焉太子弒景侯而自立是爲靈侯靈侯二年楚公子圍弒其王郟敖而自立爲靈王（正義郟紀洽反敖五高反）九年陳司徒招弒其君哀公（索隱曰招或作苕又作昭並音時遙反）楚使公子棄

疾滅陳而有之十二年楚靈王以靈侯弒其父誘蔡靈侯于申（正義曰故申城在鄧州）伏甲飲之醉而殺之刑其士卒七十人令公子棄疾圍蔡十一月滅蔡使棄疾爲蔡公（正義曰蔡公之大夫也）楚滅蔡三歲楚公子棄疾弒其君靈王代立爲平王平王乃求蔡景侯少子廬立之是爲平侯（宋忠曰平侯徙下蔡。索隱曰今系本無者近脫耳）是年楚亦復立陳楚平王初立欲親諸侯故復立陳蔡後（世本曰平侯者靈侯般之孫太子友之子）平侯九年卒靈侯般之孫東國攻平侯子而自立是爲悼侯悼侯父曰隱太子友者靈侯之太子平侯立而殺隱太

子故平侯卒而隱太子之子東國攻平侯子而代立是爲悼侯悼侯三年卒弟昭侯申立昭侯十年朝楚昭王持美裘二獻其一於昭王而自衣其一楚相子常欲之不與子常讒蔡侯留之楚三年蔡侯知之乃獻其裘於子常子常受之乃言歸蔡侯蔡侯歸而之晉請與晉伐楚十三年春與衛靈公會邵陵蔡侯私於周萇弘以求長於衛（服虔曰載書使蔡在衛上）衛使史鰌言康叔之功德乃長衛夏爲晉滅沈（杜預曰汝南平輿縣有沈亭）楚怒攻蔡蔡昭侯使其子爲質於吳（正義質音致）以共伐楚冬與吳王

闔閭遂破楚入郢蔡怨子常子常恐奔鄭十四年吳去而楚昭王復國十六年楚令尹爲其民泣以謀蔡蔡昭侯懼二十六年孔子如蔡楚昭王伐蔡蔡恐告急於吳吳爲蔡遠約遷以自近易以相救昭侯私許不與大夫計吳人來救蔡因遷蔡于州來（索隱曰州來在淮南下蔡縣）二十八年昭侯將朝于吳大夫恐其復遷乃令賊利殺昭侯（索隱曰利賊名也）已而誅賊利以解過而立昭侯子朔是爲成侯（徐廣曰或作景）成侯四年宋滅曹十年齊田常弒其君簡公十三年楚滅陳十九年成侯卒子聲侯產

立聲侯十五年卒子元侯立元侯六年卒子侯齊立侯齊四年楚惠王滅蔡蔡侯齊亡蔡遂絶祀後陳滅三十三年索隱曰魯哀十七年楚滅陳其楚滅蔡絶其祀又在滅陳之後二十三年即在春秋後二十三年伯邑考其後不知所封武王發其後爲周有本紀言管叔鮮作亂誅死無後周公旦其後爲魯有世家言蔡叔度其後爲蔡有世家言曹叔振鐸其後爲曹有世家言索隱曰曹亦姬姓之國而文之昭春秋之時頗與彊國傳數十代而後亡豈可附管蔡亡國之末而没其篇第自合析爲一篇成叔武其後世無所見霍叔處其後晉獻公時滅霍康叔封其後爲衛有世家言冉季載其後世無所見

太史公曰管蔡作亂無足載者然周武王崩成王少天下既疑賴同母之弟成叔冉季之屬十人爲輔拂是以諸侯卒宗周故附之世家言

曹叔世家索隱曰按上文叔振鐸其後爲曹有系家言即曹亦合題系家今附管蔡之末而不出題者蓋以曹小而少事迹因附管蔡之末不別題篇爾且又管雖無後仍是蔡曹之兄故顯管蔡而略曹

曹叔振鐸者周武王弟也武王已克殷紂封叔振鐸於曹宋忠曰濟陽定陶縣叔振鐸卒子太伯脾立太伯卒子仲君平立仲君平卒子宮伯侯立宮伯侯卒子孝伯雲立孝伯雲卒子夷伯喜立夷伯二十三年

周厲王奔于彘三十年卒弟幽伯彊立幽伯九年弟蘇殺幽伯代立是爲戴伯戴伯元年周宣王已立三歲三十年戴伯卒子惠伯兕立孫檢曰兕音徐子反曹惠伯或名雉或名弟或復名弟兕也○索隱曰按年表作惠公伯雉註引孫檢未詳何代或云齊人亦恐其人不註史記所以王儉七志阮孝緒七録並無不知裴駰何所從録惠伯二十五年周幽王爲犬戎所殺因東徙益卑諸侯畔之秦始列爲諸侯三十六年惠伯卒子石甫立其弟武殺之代立是爲繆公繆公三年卒子桓公終生立孫檢曰一作終湦湦音生桓公三十五年魯隱公立四十五年魯弒其君隱公四十六年宋華父督弒其君殤公

及孔父五十五年桓公卒子莊公夕姑立索隱曰夕音亦即射姑也同音亦莊公二十三年齊桓公始霸三十一年莊公卒子釐公夷立釐公九年卒子昭公班立昭公六年齊桓公敗蔡遂至楚召陵九年昭公卒子共公襄立共公十六年初晉公子重耳其亡過曹曹君無禮欲觀其駢脅韋昭曰駢者并幹也○正義曰駢白邊反脅許業反釐負羈正義曰釐音僖曹大夫諫不聽私善於重耳二十一年晉文公重耳伐曹虜共公以歸令軍毋入釐負羈之宗族閭或說晉文公曰昔齊桓公會諸侯復異姓今君囚曹君滅同姓何以令

於諸侯晉乃復歸共公二十五年晉文公卒三十五年共公卒子文公壽立文公二十三年卒子宣公彊立索隱曰左傳宣公名盧宣公十七年卒弟成公負芻立成公三年晉厲公伐曹虜成公以歸已復釋之索隱曰按左傳成十五年晉厲公執負芻歸于京師晉立宣公弟子臧子臧曰聖達節次守節下失節為君非吾節也遂逃奔宋曹人請于晉晉人謂子臧反國吾歸而君子臧反晉於是歸負芻五年晉欒書中行偃使程滑弒其君厲公二十三年成公卒子武公勝立武公二十六年楚公子棄疾弒其君靈王代立二十七年武公卒子平公頃立平公四年卒子悼公午立是歲宋衛陳鄭皆火

悼公八年宋景公立九年悼公朝於宋宋因之曹立其弟野是為聲公悼公死於宋歸葬聲公五年平公弟通弒聲公代立是為隱公索隱曰譙周云春秋無其事今檢系本及春秋悼伯卒弟露立謚靖公實無聲公隱公蓋是彼文自疎也隱公四年聲公弟露弒隱公代立是為靖公靖公四年卒子伯陽立伯陽三年國人有夢眾君子立于社宮賈逵曰社宮社也鄭眾曰社宮中有室屋者謀欲亡曹曹叔振鐸止之請待公孫彊許之旦求之曹無此人夢者戒其子曰我亡爾聞公孫彊為政必去曹無罹曹禍索隱曰離即罹罹被也及伯陽即位好田弋之事六年曹野人

公孫彊亦好田弋獲白鴈而獻之且言田弋之說因訪政事伯陽大說之有寵使為司城以聽政夢者之子乃亡去公孫彊言霸說於曹伯十四年曹伯從之乃背晉干宋賈逵曰以小加大。索隱曰干謂犯也言曹因棄晉而犯宋遂至滅也裴氏引賈逵註云以小加大者加陵也小即曹大謂晉及宋也宋景公伐之晉人不救十五年宋滅曹執曹伯陽及公孫彊以歸而殺之曹遂絕其祀

太史公曰索隱曰檢諸本或無此論余尋曹共公之不用僖負羈乃乘軒者三百人正義曰晉世家云晉師入曹數之以其不用僖負羈言而美女乘軒三百人也知唯德之不建及振鐸之夢豈不欲引曹

之祀者哉如公孫彊不脩厥政叔鐸之祀忽諸正義曰至如公孫強不脩霸道之政而伯陽之子立叔鐸猶尚饗祭祀豈合忽絕之哉

索隱述贊曰

武王之弟　管蔡及霍
周公居相　流言是作　狼跋致艱
鴟鴞討惡　胡能改行　克復其爵
獻舞執楚　遇息禮薄　穆侯虜齊
蕩舟乖謔　曹共輕晉　負羈先覺
伯陽夢社　祚傾振鐸

管蔡世家第五　史記三十五

史貳阡伍伯捌拾捌字。註壹阡叁伯柒拾柒字

陳杞世家第六　史記三十六

陳胡公滿者虞帝舜之後也昔舜爲庶人時堯妻之二女居于嬀汭其後因爲氏姓姓嬀氏舜已崩傳禹天下而舜子商均爲封國索隱曰按商均所封虞即今之梁國虞城是也夏后之時或失或續索隱曰按夏代猶封虞思虞遂是也至于周武王克殷紂乃復求舜後索隱曰按左傳虞遏父爲周陶正以服事武王杜注遏父舜之後陶正官名是生滿者也得嬀滿封之於陳索隱曰左傳曰武王以元女太姬配虞胡公而封之陳以備三恪以奉帝舜祀是爲胡公胡公卒子申公犀侯立申公卒弟相公皐羊立相公卒立申公子突是爲孝公孝公卒子愼公圉戎立愼

公當周厲王時愼公卒子幽公寧立幽公十二年周厲王奔于彘二十三年幽公卒子釐公孝立釐公六年周宣王即位三十六年釐公卒子武公靈立武公十五年卒子夷公說立是歲周幽王即位夷公三年卒弟平公燮立正義曰燮先牒反平公七年周幽王爲犬戎所殺周東徙秦始列爲諸侯二十三年平公卒子文公圉立文公元年取蔡女生子佗正義曰徒何反十年文公卒長子桓公鮑立桓公二十三年魯隱公初立二十六年衛殺其君州吁三十三年魯弒其君隱公三十八年

正月甲戌己丑陳桓公鮑卒索隱曰陳亂故再赴其日○正義曰甲戌己丑凡十六日桓公弟佗其母蔡女故蔡人爲佗殺五父及桓公太子免而立佗譙周曰春秋傳謂佗即五父世家與傳違○索隱曰譙周云世家與春秋傳違者按左傳桓公五年文公子佗殺桓公太子免而代立經六年蔡人殺陳他立桓公子躍爲厲公而左傳以厲公名躍他立未踰年故無謚又莊二十二年傳云陳厲公蔡出也故蔡人殺五父而立之則他與五父俱爲蔡人所殺其事不異是一人明矣史記既以他爲厲公遂以躍爲利公尋厲利聲相近遂誤以他爲厲公五父爲別人是太史公錯耳而班固又以厲公爲桓公弟又誤也是爲厲公桓公病而亂作國人分散故再赴徐廣曰班氏云厲公躍者桓公之弟也厲公二年生子敬仲完周太史過陳陳厲公使以周易筮之卦得觀之否賈逵曰坤下巽上觀坤下乾上否觀爻在六四變而之否是爲觀國之光

利用賓于王杜預曰此周易觀卦六四爻辭也易之爲書六爻皆有變象又有互體聖人隨其義而論之此其代陳有國乎不在此其在異國正義曰六四變內卦爲中國外卦爲異國非此其身在其子孫正義曰內卦爲身外卦爲子孫變在外故知在子孫也若在異國必姜姓正義曰六四變此爻是辛未觀上體巽未爲羊巽爲女女乘羊故爲姜姜齊姓故知在齊姜姓太嶽之後杜預曰姜姓之先爲堯四嶽也物莫能兩大陳衰此其昌乎正義曰周敬王四十一年楚惠王殺陳湣公齊簡公周敬王三十九年被田常殺之厲公取蔡女蔡女與蔡人亂厲公數如蔡淫七年厲公所殺桓公太子免之三弟長曰躍中曰林少曰杵臼共令蔡人誘厲公以好女與蔡人共殺厲公公羊傳曰淫于蔡蔡人殺之而立躍是爲利公

利公者桓公子也利公立五月卒立中弟林是爲莊公莊公七年卒少弟杵臼立是爲宣公宣公三年楚武王卒楚始彊十七年周惠王娶陳女爲后二十一年宣公後有嬖姬生子款欲立之乃殺其太子禦寇禦寇素愛厲公子完完懼禍及己乃奔齊齊桓公欲使陳完爲卿完曰羈旅之臣賈逵曰羈寄旅客也幸得免負擔君之惠也不敢當高位桓公使爲工正正義曰周禮云冬官爲考工主作器械齊懿仲欲妻陳敬仲卜之占曰是謂鳳皇于飛和鳴鏘鏘杜預曰雄曰鳳雌曰皇雄雌俱飛相和而鳴鏘鏘然也猶敬仲夫妻有聲譽有媯之後將育于姜杜預曰媯陳姓姜齊姓五世其昌並于正卿服虔曰言完後五世與卿並列八世之後莫之與京賈逵曰京大也。正義曰杜預云敬八代孫田常之子襄子盤也而杜以常爲八代者以桓子無宇生武子開與釐子乞皆相繼事齊故以常爲八代三十七年齊桓公伐蔡蔡敗南侵楚至召陵還過陳陳大夫轅濤塗惡其過陳詐齊令出東道東道惡桓公怒執陳轅濤塗是歲晉獻公殺其太子申生四十五年宣公卒子款立是爲穆公穆公五年齊桓公卒十六年晉文公敗楚師于城濮是歲穆公卒子共公朔立共公六年楚太子商臣弑其父成王代立是爲穆王十一年秦穆公卒十八

年共公卒子靈公平國立靈公正義曰謚法云亂而不損曰靈元年楚莊王即位六年楚伐陳十年陳及楚平十四年靈公與其大夫孔寧儀行父皆通於夏姬正義曰列女傳云陳女夏姬者陳大夫夏徵舒之母御叔之妻也三爲王后七爲夫人公侯爭之莫不迷惑失意杜預云夏姬鄭穆公女陳大夫御叔之妻左傳云殺御叔殺靈侯戮夏南出孔儀喪陳國也衷其衣以戲於朝左傳曰衷其衵服穀梁傳曰或衣其衣或中其襦泄冶諫曰君臣淫亂民何效焉靈公以告二子二子請殺泄冶公弗禁遂殺泄冶春秋曰陳殺其大夫泄冶十五年靈公與二子飲於夏氏公戲二子曰徵舒似汝二子曰亦似公杜預曰靈公即位十五年徵舒已爲卿年大無嫌是公子也蓋以夏姬淫放故謂其子多似以爲戲也徵舒怒靈公罷酒出徵舒伏弩廄門射殺靈公左傳曰公出自其廄孔寧儀行父皆奔楚靈公太子午奔晉徵舒自立爲陳侯徵舒故陳大夫也夏姬御叔之妻舒之母也成公元年冬楚莊王爲夏徵舒殺靈公率諸侯伐陳謂陳曰無驚吾誅徵舒而已已誅徵舒因縣陳而有之羣臣畢賀申叔時使於齊來還獨不賀賈逵曰叔時楚大夫莊王問其故對曰鄙語有之牽牛徑人田田主奪之牛徑則有罪矣奪之牛不亦甚乎今王以徵舒爲賊弑君故徵兵諸侯以義伐之已而取之以利其地則後何以令

於天下是以不賀莊王曰善乃迎陳靈公太子午於晉而立之復君陳如故是爲成公孔子讀史記至楚復陳曰賢哉楚莊王輕千乘之國而重一言索隱曰謂申叔時之語。正義曰家語云孔子讀史記至楚復陳喟然曰賢哉楚莊王輕千乘之國而重一言之信非申叔時之忠弗能建其義非楚莊王之賢不能受其訓也二十八年楚莊王卒二十九年陳倍楚盟三十年楚共王伐陳是歲成公卒子哀公弱立楚以陳喪罷兵去哀公三年楚圍陳復釋之二十八年楚公子圍弒其君郟敖自立爲靈王三十四年初哀公娶鄭長姬生悼太子師少姬生偃索隱曰昭八年經云陳侯之弟招殺陳世子偃

師左傳曰陳哀公元妃鄭姬生悼大子偃師今此云兩姬又分偃師爲二人亦恐此非二嬖妾長妾生留少妾生勝留有寵哀公哀公屬之其弟司徒招哀公病三月招殺悼太子立留爲太子哀公怒欲誅招招發兵圍守哀公哀公自經殺徐廣曰二十五年時招卒立留爲陳君四月陳使使赴楚楚靈王聞陳亂乃殺陳使者索隱曰即司徒招又一名[illegible]使公子弃疾發兵伐陳陳君留奔鄭九月楚圍陳十一月滅陳使弃疾爲陳公招之殺悼太子也太子之子名吳出奔晉晉平公問太史趙曰陳遂亡乎對曰陳顓頊之族服虔曰陳祖虞舜舜出顓頊故爲顓頊之族陳氏得政

於齊乃卒亡賈逵曰物莫能兩盛自幕至于瞽瞍無違命賈逵曰幕舜後虞思也至于瞽瞍無聞違天命以廢絕者鄭衆曰幕舜之先也駰案國語賈義爲長。索隱曰賈逵以幕爲虞思非也傳言自幕而至瞽瞍知幕在瞽瞍之前非虞思明矣舜重之以明德至於遂杜預曰遂舜後蓋殷之興存舜之後而封遂言舜德乃至於遂也。索隱曰重音持用反杜預以謂舜有明德乃至遂有國義亦然也且文云自幕至瞽瞍無違命舜重之以明德是言舜有明德爲天子也乃云殷封遂代守之亦舜德也宋忠云虞思之後箕伯直柄中衰殷湯封遂於陳以爲舜後是也世世守之及胡公周賜之姓杜預曰胡公滿遂之後也事周武王賜姓曰媯封之陳使祀虞帝且盛德之後必百世祀虞之世未也其在齊乎楚靈王滅陳五歲楚公子弃疾弒靈王代立是爲平王平王初立欲得和諸侯乃求故陳悼太子師之子

吳立爲陳侯是爲惠公惠公立探續哀公卒時年而爲元空籍五歲矣索隱曰惠公探取哀公死楚陳滅之後爲元年故今空經年籍五歲矣一云籍借也爲借失國之後年爲五年七年陳火十五年吳王僚使公子光伐陳取胡沈而去索隱曰系本云胡歸姓沈姬姓沈國在汝南平輿胡亦在汝南二十八年吳王闔閭與子胥敗楚入郢是年惠公卒子懷公柳立懷公元年吳破楚在郢召陳侯陳侯欲往大夫曰吳新得意楚王雖亡與陳有故不可倍懷公乃以疾謝吳四年吳復召懷公懷公恐如吳吳怒其前不往留之因卒吳陳乃立懷公之子越是爲湣公索隱曰按左傳湣公名周是史官記不同

也湣公六年孔子適陳吳王夫差伐陳取三邑而去十三年吳復來伐陳陳告急楚楚昭王來救軍於城父吳師去是年楚昭王卒於城父時孔子在陳索隱曰按孔子以魯定公十四年適陳當湣公之六年上文說是此十三年孔子仍在陳九經八年何其久也十五年宋滅曹十六年吳王夫差伐齊敗之艾陵使人召陳侯陳侯恐如吳楚伐陳二十一年齊田常弒其君簡公二十三年楚之白公勝殺令尹子西子綦襲惠王葉公攻敗白公白公自殺二十四年楚惠王復國以兵北伐殺陳湣公遂滅陳而有之是歲孔子卒

杞東樓公者夏后禹之後苗裔也索隱曰杞國名也東樓公謚號也不名者並史先失耳宋忠曰杞今陳留雍丘縣故地理志云雍丘縣故杞國周武王封禹後爲東樓公是也蓋周封杞而居雍丘至春秋時杞已遷東國故左氏隱四年傳云莒人伐杞取牟婁牟婁者東邑也僖十四年傳云杞遷緣陵地理志北海有營陵淳于公之縣臣瓚云即春秋緣陵淳于公所都之邑又州國名杞後改國號曰州而稱淳于公故春秋桓五年經云州公如曹傳曰淳于公如曹是也然杞後代又稱子者以微小又僻居東夷故襄二十九年經稱杞子來盟傳曰書曰子賤之也殷時或封或絕周武王克殷紂求禹之後得東樓公封之於杞宋忠曰杞今陳留雍丘縣也以奉夏后氏祀東樓公生西樓公西樓公生題公題公生謀娶公徐廣曰謀一作謨索隱曰娶子臾反謀娶公當周厲王時謀娶公生武公武公立四十七年卒子靖公立靖公

二十三年卒子共公立共公八年卒子德公立徐廣曰世本曰惠公○索隱曰系本譙周並作惠公又云惠公生成公及桓公是此系家脫成公一代下云弟桓公姑容立非也且成公又見春秋經傳故左氏莊二十五年云杞成公娶魯女有婚姻之好至僖二十三年卒始赴而書左傳云成公也未同盟故不書名是杞有成公必當如譙周所說也德公十八年卒弟桓公姑容立徐廣曰世本曰惠公立十八年生成公及桓公成公立十八年桓公立十七年桓公十七年卒子孝公匄立索隱曰匄音蓋孝公十七年卒弟文公益姑立文公十四年卒弟平公鬱立索隱曰一作郁釐譙周云名鬱來蓋鬱郁釐來聲相近遂不同也平公十八年卒子悼公成立悼公十二年卒子隱公乞立七月隱公弟遂弒隱公自立是爲釐公釐公十九年卒子湣公維

立湣公十五年楚惠王滅陳十六年湣公弟閼路弒湣公代立是爲哀公索隱曰閼音遏哀公殺兄湣公而立謚哀譙周云謚懿也哀公立十年卒湣公子敕立徐廣曰敕一作速是爲出公出公十二年卒子簡公春立立一年楚惠王之四十四年滅杞杞後陳亡三十四年杞小微其事不足稱述舜之後周武王封之陳至楚惠王滅之有世家言禹之後周武王封之杞楚惠王滅之有世家言契之後爲殷殷有本紀言殷破周封其後於宋齊湣王滅之有世家言后稷之後爲周秦昭王滅之有本紀言皋陶之後或

封英六索隱曰本或作蓼六皆通然蓼六皆咎繇之後據系本二國皆偃姓故春秋文五年傳云楚人滅六臧文仲聞六與蓼滅曰皐陶庭堅不祀忽諸杜預云蓼與六皆咎繇後地理志云六安故國皐陶後偃姓爲楚所滅又僖十七年齊人徐人伐英氏杜預曰英六皆皐陶後國名是有英蓼英六實未能詳或者英改號蓼楚穆王滅之無譜伯夷之後至周武王復封於齊曰太公望陳氏滅之有世家言伯翳之後至周平王時封爲秦項羽滅之有本紀言索隱曰秦祖伯翳解者以翳益則爲一人今言十一人敘伯翳而又別言垂益則是二人也且按舜本紀敘十人無翳而有彭祖彭祖亦墳典不載未知太史公意如何恐多是誤然據秦本紀敘翳之功云佐舜馴調鳥獸與舜典命益作虞若予上下草木鳥獸文同則爲一人必矣今未詳其所以垂益夔龍其後不知所封不見也右十一人者皆唐虞之際名有功德臣也其五人之後皆至帝王索隱曰舜禹身爲帝王其稷契及翳則後代皆爲帝王也餘乃爲顯諸侯滕薛騶夏殷周之間封也小不足齒列弗論也索隱曰滕不知本封蓋軒轅氏之子有滕姓是其祖也後周封文王子錯叔繡於滕故宋忠云今沛國公丘是滕國也薛奚仲之後任姓蓋夏殷所封故春秋有滕侯薛侯邾曹姓之國陸終氏之子會人之後邾國今魯國騶縣是也然三國微小春秋時亦預會盟蓋史缺無可敘列也又許太叔太岳之胤二邾曹姓之君並通好諸侯同盟大國不宜全沒其事亦可敘其本末補許邾世家周武王時侯伯尚千餘人及幽厲之後諸侯力攻相并江黃胡沈之屬不可勝數索隱曰系本江黃二國並嬴姓又地理志江國在汝南安陽縣故弗采著于傳上

太史公曰舜之德可謂至矣禪位於夏而後世血食者歷三代及楚滅陳而田常得政於齊卒爲建國百世不絕苗裔茲茲有土者不乏焉至禹於周則杞微甚不足數也楚惠王滅杞其後越王句踐興

索隱述贊曰

盛德之祀　必及百世　舜禹餘烈
陳杞是繼　嬀滿受封　東樓纂世
閼路篡逆　夏姬淫嬖　二國衰微
或淪或替　前并後虜　皆亡楚惠
句踐勃興　田和吞噬　蟬聯血食
豈其苗裔

史貳阡肆伯玖拾陸字
註貳阡壹伯壹拾捌字

陳杞世家第十六　史記三十六

衛康叔世家第七　史記三十七

衛康叔索隱曰康畿內國名宋忠曰康叔從康徙封衛衛即殷墟定昌之地畿內之康不知所在也名封周武王同母少弟也其次尚有冉季冉季最少武王已克殷紂復以殷餘民封紂子武庚祿父比諸侯以奉其先祀勿絕為武庚未集索隱曰集和也恐其有賊心武王乃令其弟管叔蔡叔傅相武庚祿父以和其民武王既崩成王少周公旦代成王治當國管叔蔡叔疑周公乃與武庚祿父作亂欲攻成周索隱曰成周洛陽其時周公相成王營洛邑猶居西周鎬京管蔡欲搆難先攻成周於是周公東居洛邑伐管蔡周公旦以成王命興師伐殷殺武庚祿父管叔放蔡叔以武庚殷餘民封康叔為衛君居河淇間故商墟索隱曰宋忠云今定昌也周公旦懼康叔齒少乃申告康叔曰必求殷之賢人君子長者問其先殷所以興所以亡而務愛民告以紂所以亡者以淫於酒酒之失婦人是用故紂之亂自此始為梓材正義曰若梓人為材君子觀為法則也梓匠人也示君子可法則故謂之康誥酒誥梓材以命之康叔之國既以此命能和集其民民大說成王長用事舉康叔為周司寇賜衛寶祭器左傳曰分康叔以大路大旂少帛綪茷旃旌大呂賈逵曰大路金路也少帛雜帛也綪茷大赤也通帛為旃析羽為旌大呂鍾名鄭眾曰綪茷旆名也以

章有德康叔卒子康伯代立索隱曰系本康伯名髡宋忠曰即王孫牟也事周康王為大夫按左傳所稱王孫牟父是也牟髡聲相近故不同耳譙周古史考無康伯而云子牟伯立蓋以不宜父子俱謚康故因其名云牟伯也康伯卒子考伯立考伯卒子嗣伯立嗣伯卒子疌伯立史記音隱曰音捷。索隱曰系本作摯伯疌伯卒子靖伯立靖伯卒子貞伯立索隱曰系本作箕伯貞伯卒子頃侯立頃侯厚賂周夷王夷王命衛為侯索隱曰康誥稱命尒侯于東土又云孟侯朕其弟小子封則康叔初封已為侯也比子康伯即稱伯者謂方伯之伯耳非至子即降爵為伯也故孔安國曰孟長也五侯之長謂方伯方伯州牧也故五代孫祖恒為方伯耳至頃侯德衰不監諸侯乃從本爵而稱侯非是至子而削爵及頃侯賂夷王而稱侯也頃侯立十二年卒子釐侯立釐侯十三年周厲王出犇于彘共和行政焉二十八年周宣王立四十二年釐侯卒太子共伯餘立為君共伯弟和有寵於釐侯釐侯多予之賂和以其賂賂士以襲攻共伯於墓上共伯入釐侯羨自殺索隱曰羨音延延墓道又音以戰反共伯名餘也衛人因葬之釐侯旁謚曰共伯而立和為衛侯是為武公索隱曰和殺恭伯代立此說蓋非也按季札美康叔武公之德又國語稱武公年九十五矣猶箴誡於國恭恪于朝作抑自儆至於沒身謂之叡聖又詩著衛世子恭伯早卒不云被殺若武公殺兄而立豈可以為訓而形之于國史乎蓋太史公採雜說而為此記耳武公即位修康叔之政百姓和集四十二年犬戎殺周幽王武公將兵往佐周平戎甚有功周平王命武公為公五十五年卒子莊公揚立

莊公五年取齊女爲夫人好而無子又取陳女
爲夫人生子蚤死陳女女弟亦幸於莊公而生
子完 索隱曰女弟戴嬀也子完爲州吁所殺戴嬀歸陳詩燕燕于飛是也 完母死莊公令
夫人齊女子之立爲太子 索隱曰子之謂養之爲子也齊女即莊姜也詩碩人篇閔之是也
莊公有寵妾生子州吁十八年州吁長好
兵莊公使將石碏諫莊公 賈逵曰石碏衛上卿 曰庶子好兵
使將亂自此起不聽二十三年莊公卒太子完
立是爲桓公桓公二年弟州吁驕奢桓公絀之
州吁出犇十三年鄭伯弟段攻其兄不勝亡而
州吁求與之友十六年州吁收聚衛亡人以襲

殺桓公州吁自立爲衛君爲鄭伯弟段欲伐鄭
請宋陳蔡與俱三國皆許州吁州吁新立好兵
弑桓公衛人皆不愛石碏乃因桓公母家於陳
詳爲善州吁至鄭郊石碏與陳侯共謀使右宰
醜進食因殺州吁于濮 服虔曰右宰醜衛大夫濮陳地。索隱曰賈逵云濮陳地按濮水有受河又受汴汴亦受河東北至離狐分爲二俱東北至鉅野入濟則濮在曹衛之間賈言陳地非也若據地理志陳留封丘縣濮水受汴當言陳留水也
而迎桓公弟晉於邢而立之 賈逵曰邢周公之胤姬姓國
是爲宣公宣公七年魯弑其君隱公
九年宋督弑其君殤公及孔父十年晉曲沃莊
伯弑其君哀侯十八年初宣公愛夫人夷姜夷

姜生子伋以爲太子而令右公子傅之右公子
爲太子取齊女未入室而宣公見所欲爲太子
婦者好說而自取之更爲太子取他女宣公得
齊女生子壽子朔令左公子傅之 杜預曰左右媵之子因以爲號
太子伋母死宣公正夫人與朔共讒惡太子伋
宣公自以其奪太子妻也心惡太子欲廢之及
聞其惡大怒乃使太子伋於齊而令盜遮界上
殺之 正義曰左傳云衛宣公使太子伋之齊使盜待諸莘將殺之杜預云莘衛地 與太子白旄
而告界盜見持白旄者殺之且行子朔之兄壽
太子異母弟也知朔之惡太子而君欲殺之乃

謂太子曰界盜見太子白旄即殺太子太子可
毋行太子曰逆父命求生不可遂行壽見太子
不止乃盜其白旄而先馳至界界盜見其驗即
殺之壽已死而太子伋又至謂盜曰所當殺乃
我也盜并殺太子伋以報宣公宣公乃以子朔
爲太子十九年宣公卒太子朔立是爲惠公左
右公子不平朔之立也惠公四年左右公子怨
惠公之讒殺前太子伋而代立乃作亂攻惠公
立太子伋之弟黔牟爲君惠公犇齊衛君黔牟
立八年齊襄公率諸侯奉王命共伐衛納衛惠

公誅左右公子衛君黔牟犇于周惠公復立惠公立三年出亡亡八年復入與前通年凡十三年矣二十五年惠公怨周之容舍黔牟與燕伐周周惠王犇溫衛燕立惠王弟穨爲王二十九年鄭復納惠王三十一年惠公卒子懿公赤立懿公即位好鶴正義曰括地志云故鶴城在滑州匡城縣西南十五里左傳云衛懿公好鶴有乘軒者狄伐衛公欲戰國人受甲者皆曰使鶴鶴實有祿位余焉能戰俗傳懿公養鶴於此城因名也淫樂奢侈九年翟伐衛衛懿公欲發兵兵或畔大臣言曰君好鶴鶴可令擊翟翟於是遂入殺懿公懿公之立也百姓大臣皆不服自懿公父惠公朔

之讒殺太子伋代立至於懿公常欲敗之卒滅惠公之後而更立黔牟之弟昭伯頑之子申爲君是爲戴公戴公申元年卒齊桓公以衛數亂乃率諸侯伐翟爲衛築楚丘正義曰括地志云城武縣有楚丘亭立戴公弟燬爲衛君賈誼書曰衛侯朝於周周行人問其名答曰衛侯辟疆周行人還之曰啓疆辟疆天子之號諸侯弗得用衛侯更其名曰燬然後受之。正義曰燬音毀是爲文公文公以亂故犇齊齊人入之初翟殺懿公也衛人憐之思復立宣公前死太子伋之後伋子又死而代伋死者子壽又無子太子伋同母弟二人其一曰黔牟黔牟嘗代惠公爲君八年復去其二曰

昭伯昭伯黔牟皆已前死故立昭伯子申爲戴公戴公卒復立其弟燬爲文公文公初立輕賦平罪索隱曰輕賦稅平斷刑也平或作卒卒謂士卒也罪字連下讀蓋亦一家之義耳身自勞與百姓同苦以收衛民十六年晉公子重耳過無禮十七年齊桓公卒二十五年文公卒子成公鄭立成公三年晉欲假道於衛救宋成公不許晉更從南河度服虔曰南河齊南之東南流河也杜預曰從汲郡南度出衛南救宋徵師於衛衛大夫欲許成公不肯大夫元咺攻成公成公出犇索隱曰奔楚。正義曰咺況遠反晉文公重耳伐衛分其地予宋討前過無禮及不救宋患也衛

成公遂出犇陳索隱曰左傳衛侯聞楚師敗懼出奔楚遂適陳也二歲如周求入與晉文公會晉使人鴆衛成公成公私於周主鴆令薄得不死索隱曰按私謂賂之也已而周爲請晉文公卒入之衛而誅元咺衛君瑕出犇索隱曰是元咺所立者成公入而殺之故僖三十年經云衛殺其大夫元咺及公子瑕此言奔非也七年晉文公卒十二年成公朝晉襄公十四年秦穆公卒二十六年齊邴歜弒其君懿公索隱曰邴歜與左氏同而齊系家作邴戎者蓋邴歜掌御戎車故號邴戎邴音丙歜亦作歜三十五年成公卒世本曰成公徙濮陽宋忠曰濮陽帝丘地名子穆公遬立正義曰遬音速穆公二年楚莊王伐陳殺夏徵舒三年楚莊王圍鄭鄭降復釋之十一

年孫良夫救魯伐齊復得侵地穆公卒子定公臧立定公十二年卒子獻公衎立獻公十三年公令師曹教宮妾鼓琴(賈逵曰師曹樂人)妾不善曹笞之妾以幸惡曹於公公亦笞曹三百十八年獻公戒孫文子甯惠子食皆往日旰不召(服虔曰孫文子林父也甯惠子甯殖也敕戒二子欲共晏食皆服朝衣待命旰晏也)而去射鴻於囿二子從之(服虔曰從公於囿)公不釋射服與之言(左傳曰不釋皮冠)二子怒如宿(服虔曰孫文子邑也。索隱曰左傳作戚此亦音戚)孫文子子數侍公飲使師曹歌巧言之卒章(杜預曰巧言詩小雅也其卒章曰彼何人斯居河之麋無拳無勇職爲亂階公欲以譬文子居河上而爲亂)師曹又怒公之嘗笞三百乃歌之欲以怒孫文子報衛獻公文子語蘧伯玉伯玉曰臣不知也(賈逵曰伯玉衛大夫)遂攻出獻公獻公犇齊齊置衛獻公於聚邑孫文子甯惠子共立定公弟秋爲衛君是爲殤公(徐廣曰班氏云獻公弟焱)殤公秋立封孫文子林父於宿十二年甯喜與孫林父爭寵相惡殤公使甯喜攻孫林父林父犇晉復求入故衛獻公獻公在齊齊景公聞之與衛獻公如晉求入晉爲伐衛誘與盟衛殤公會晉平公平公執殤公與甯喜而復入衛獻公獻公亡在外十二年而入獻公後元年誅甯喜

三年吳延陵季子使過衛見蘧伯玉史鰌曰衛多君子其國無故過宿孫林父爲擊磬曰不樂音大悲使衛亂乃此矣是年獻公卒子襄公惡立襄公六年楚靈王會諸侯襄公稱病不往九年襄公卒初襄公有賤妾幸之有身夢有人謂曰我康叔也令若子必有衛名而子曰元妾怪之問孔成子(服虔曰衛卿孔烝鉏)成子曰康叔者衛祖也及生子男也以告襄公襄公曰天所置也名之曰元襄公夫人無子於是乃立元爲嗣是爲靈公靈公五年朝晉昭公六年楚公子弃疾弒靈王自立爲平王十一年火三十八年孔子來祿之如魯後有隙孔子去後復來三十九年太子蒯聵與靈公夫人南子有惡(賈逵曰南子宋女)欲殺南子蒯聵與其徒戲陽遬謀朝使殺夫人(賈逵曰戲陽遬太子家臣。正義曰戲音羲)戲陽後悔不果蒯聵數目之夫人覺之懼呼曰(正義曰呼火故反)太子欲殺我靈公怒太子蒯聵犇宋已而之晉趙氏四十二年春靈公游于郊令子郢僕(賈逵曰僕御也)郢靈公少子也字子南靈公怨太子出犇謂郢曰我將立若爲後郢對曰郢不足以辱社稷君更圖之(服虔曰郢自謂己無德不足立以污辱社稷)夏靈公

卒夫人命子郢爲太子曰此靈公命也郢曰亡人太子蒯聵之子輒在也不敢當於是衛乃以輒爲君是爲出公六月乙酉趙簡子欲入蒯聵乃令陽虎詐命衛十餘人衰絰歸（服虔曰衰絰爲若從衛來迎太子也）簡子送蒯聵衛人聞之發兵擊蒯聵蒯聵不得入入宿而保衛人亦罷兵出公輒四年齊田乞弑其君孺子八年齊鮑子弑其君悼公孔子自陳入衛九年孔文子問兵於仲尼仲尼不對其後魯迎仲尼仲尼反魯十二年初孔圉文子取太子蒯聵之姊生悝孔氏之豎渾良夫美好

孔文子卒良夫通於悝母太子在宿悝母使良夫於太子太子與良夫言曰苟能入我國報子以乘軒免子三死毋所與（杜預曰軒大夫車也三死死罪三○正義曰杜預云三罪紫衣袒裘帶劍也紫衣君服也熱故偏袒不敬也衛侯求令名者與之食焉太子請使良夫良夫紫衣狐裘不釋劍而食太子使牽退數之罪而殺之）與之盟許以悝母爲妻閏月良夫與太子入舍孔氏之外圃（服虔曰圃園）昏二人蒙衣而乘（服虔曰二人謂良夫太子蒙衣爲婦人之服以巾蒙其頭而共乘也）宦者羅御如孔氏孔氏之老欒甯問之（服虔曰家臣稱老問其姓名）稱姻妾以告（賈逵曰婚姻家妾也）遂入適伯姬氏（服虔曰入孔氏家適伯姬所居）既食悝母杖戈而先（服虔曰先至孔悝所）太子與五人介輿猳從之

（賈逵曰介被甲也輿猳豚欲以盟）伯姬劫悝於厠彊盟之遂劫以登臺（服虔曰於衛臺上召衛羣臣）欒甯將飲酒炙未熟聞亂使告仲由（服虔曰季路爲孔氏邑宰故告之）召護駕乘車（服虔曰召護衛大夫駕乘車不駕兵車也言無距父之意）行爵食炙（服虔曰欒甯使召護奉衛侯季路乃行爵食炙）奉出公輒奔魯仲由將入遇子羔將出（賈逵曰子羔衛大夫高柴孔子弟子也將出奔）曰門已閉矣子路曰吾姑至矣（杜預曰且欲至門）子羔曰不及莫踐其難（賈逵曰言家臣憂不及國不得踐履其難鄭衆曰是時輒以出不及事不當踐其難子羔言不及以爲季路欲死國也）子路曰食焉不辟其難（服虔曰言食悝之祿欲救悝之難此明其不死國也）子羔遂出子路入及門公孫敢闔門曰毋入爲也（服虔曰公孫敢衛大夫言輒已出無爲復入）子路曰是公

孫也求利而逃其難由不然利其祿必救其患有使者出子路乃得入曰太子焉用孔悝雖殺之必或繼之（王肅曰必有繼續其後攻太子）且曰太子無勇若燔臺必舍孔叔太子聞之懼下石乞盂黶敵子路（服虔曰二子蒯聵之臣敵當也○正義曰燔音煩舍音捨黶音乙減反）以戈擊之割纓子路曰君子死冠不免（服虔曰不使冠在地）結纓而死（正義曰纓冠緌也）孔子聞衛亂曰嗟乎柴也其來乎由也其死矣孔悝竟立太子蒯聵是爲莊公莊公蒯聵者出公父也居外怨大夫莫迎立元年即位欲盡誅大臣曰寡人居外久矣子亦嘗聞之乎羣臣欲作

亂乃止二年晉孔丘卒三年莊公上城見戎州 賈逵曰戎州戎人之邑○索隱曰左傳云戎州人攻之是也隱二年公會戎于潛杜預云陳留濟陽縣東南有戎城濟陽與衛近故莊公登臺而望見戎州又七年云戎伐凡伯于楚丘是戎與衛相近也 曰戎虜何爲是戎州病之十月戎州告趙簡子簡子圍衛十一月莊公出奔 索隱曰左傳莊公本由晉趙氏納之立而背晉晉伐衛衛人出莊公立公子般師晉師退莊公復入般師出奔初公登城見戎州巳氏之妻髮美髡之以爲夫人髢又欲剪戎州兼逐石圃故石圃攻莊公莊公懼踰北牆折股入巳氏巳氏殺之今系家不言莊公復入及死巳氏直云出奔亦其疎也又左傳云衛復立般師齊伐衛立公子起執般師明年衛石圃逐其君起起奔齊出公輒復歸是左氏詳而系家略也 衛人立公子班師爲衛君 左傳曰班師襄公之孫 齊伐衛虜班師更立公子起爲衛君 服虔曰起靈公子 衛君起元年衛石曼專逐其君起 索隱曰左傳作石圃此專音圃穀梁作曼姑專或音姑諸本多無曼字 起奔齊衛出公輒自齊復歸立初出公立十二年亡亡在外四年復入出公後元年賞從亡者立二十一年卒 索隱曰按出公初立十二年亡在外四年復入九年卒是立二十一年自即位至卒凡經二十五年而卒于越 出公季父黚攻出公子而自立是爲悼公悼公五年卒 索隱曰紀年云四年卒于越系本名虔 子敬公弗立 世本云敬公費也 敬公十九年卒子昭公糾立 索隱曰系本云敬公生橈公舟非也 是時三晉彊衛如小侯屬之 正義曰屬趙也 昭公六年公子亹 正義曰音尾 弒之代立是爲懷公懷公十一年公子頹弒懷公而代立是爲慎公慎公父公子適 索隱曰音的系本適作虔虔悼公也 適父敬公也慎公四十二年卒子聲公訓立 索隱曰訓亦作馴同休運反系本作聖公馳 聲公十一年卒子成侯速立 索隱曰音速系本作不逝按上穆公已名遬不可成侯更名則系本是也 成侯十一年公孫鞅入秦 索隱曰秦本紀云孝公元年鞅入秦又按年表成侯與秦孝公同年然則十一年當爲元年字誤耳 十六年衛更貶號曰侯二十九年成侯卒子平侯立平侯八年卒子嗣君立 索隱曰樂資據紀年以嗣君即孝襄侯 嗣君五年更貶號曰君獨有濮陽四十二年卒子懷君立懷君三十一年朝魏魏囚殺懷君魏更立嗣君弟是爲元君元君爲魏壻故魏立之 徐廣曰班氏云元君者懷君之弟 元君十四年秦拔魏東地

秦初置東郡更徙衛野王縣而幷濮陽爲東郡 索隱曰魏郡大梁濮陽黎陽並是魏之東地故立郡名東郡也 二十五年元君卒子君角立 年表云元君十一年秦置東郡十二年徙野王二十三年卒○索隱曰年表與此不同徐註備矣 君角九年秦幷天下立爲始皇帝二十一年二世廢君角爲庶人衛絕祀

太史公曰余讀世家言至於宣公之太子以婦見誅弟壽爭死以相讓此與晉太子申生不敢明驪姬之過同俱惡傷父之志然卒死亡何其悲也或父子相殺兄弟相滅亦獨何哉

索隱述贊曰

司寇受封　梓材有作　成錫厥器
夷加其爵　蠒武能修　從文始約
詩美歸燕　傳於石碏　皮冠射鴻
乘軒使鶴　宣縱淫嬖　亹生伋朔
蒯聵得罪　出入行惡　衛祚日衰
失於君角

史計叁阡肆伯玖拾字
註貳阡壹伯玖拾陸字

衛康叔世家第七　史記三十七

宋微子世家第八　史記三十八

微子開者（孔安國曰微畿內國名子爵也為紂卿士。索隱曰按尚書微子之命篇云命微子啓代殷後今此名開者避漢景帝諱也）殷帝乙之首子而紂之庶兄也（索隱曰按尚書亦以為殷王元子而是紂之兄呂氏春秋云生微子時母猶為妾及為妃而生紂故微子為紂同母庶兄）紂既立不明淫亂於政微子數諫紂不聽及祖伊以周西伯昌之修德滅阢（徐廣曰阢音耆。索隱曰耆即黎也鄒誕云本耆音黎孔安國云黎在上黨東北即今之黎亭）阢國懼禍至以告紂紂曰我生不有命在天乎是何能為於是微子度紂終不可諫欲死之及去未能自決乃問於太師少師（孔安國曰太師三公箕子也少師孤卿比干也）曰殷不有治政不治四方（孔安國曰言殷不有治政四方之事將必亡也）我祖遂陳於上（馬融曰我祖湯也孔安國曰言湯遂其功陳力於上世也）紂沈湎於酒婦人是用亂敗湯德於下（馬融曰下下世也）殷既小大好草竊姦宄（孔安國曰草野盜竊又為姦宄於外內）卿士師師非度（馬融曰非但小人學為姦宄卿士已下轉相師效為非法度）皆有罪辜乃無維獲（鄭玄曰獲得也羣臣皆有是罪其爵祿又無常得之者言變相攻奪）小民乃並興相為敵讎（孔安國曰卿士既亂而小民各起共為敵讎言不和同）今殷其典喪若涉水無津涯（徐廣曰一作陟水無舟航言危也駰謂典國典也。索隱曰尚書典作淪篆字變易其義亦殊喪音息浪反）殷遂喪越至于今（馬融曰越於也於是至矣於今到矣）曰太師少師（馬融曰重呼告之）我其發出往（鄭玄曰發起也紂禍敗如此我其起作出往也。索隱曰往尚書作狂蓋亦今文尚書音異耳）吾家保于喪（徐廣曰一云於是家保駰索馬融曰卿大夫稱家今女無故告王肅曰無意告我也是微子求教誨也予顛躋如之何其馬融曰躋猶墜也恐顛墜於非義當如之何也鄭玄曰其語助也齊魯之間聲如姬記曰何居太師若曰王子天篤下菑亡殷國孔安國曰微子帝乙子故曰王子天生紂為亂是下菑也鄭玄曰少師不荅志在必死○正義曰菑音災乃毋畏畏不用老長孔安國曰上不畏天菑下不畏賢人違戾耆老之長不用其教今殷民乃陋淫神祇之祀徐廣曰一云今殷民侵神犧又一云陋淫侵神祇騶索馬融曰天曰神地曰祇○索隱曰尚書作攘竊劉氏云陋淫借輕纖也今誠得治國國治身死不恨為死終不得治不如去遂亡箕子者馬融曰箕國名也子爵也紂親戚也索隱曰司馬彪曰箕子名胥餘馬融王肅以箕子為紂之諸父服虔杜預以為紂之庶兄杜預云梁國蒙縣有箕子冢紂始為象箸索隱曰箸音持略反按下文云為象箸必為玉杯杯箸事相近周禮六樽有犧象著壺泰山箸尊者箸地無足是也劉氏音直慮反則杯箸亦食用之物並通為器箕子歎曰彼為象箸必為玉桮為桮則必思遠方珍怪之物而御之矣輿馬宮室之漸自此始不可振也紂為淫泆箕子諫不聽人或曰可以去矣箕子曰為人臣諫不聽而去是彰君之惡而自說於民吾不忍為也乃被髮佯狂而為奴遂隱而鼓琴以自悲故傳之曰箕子操風俗通義曰其道閉塞憂愁而作者命其曲曰操操者言遇菑遭害困厄窮迫雖怨恨失意猶守禮義不懼不懾樂道而不改其操也王子比干者亦紂之親戚也見箕子諫不聽而為奴則曰君有過而不以死爭則百姓何辜乃直言諫紂紂怒曰吾

聞聖人之心有七竅信有諸乎乃遂殺王子比干刳視其心微子曰父子有骨肉而臣主以義屬故父有過子三諫不聽則隨而號之人臣三諫不聽則其義可以去矣於是太師少師乃勸微子去遂行時比干已死而云少師者似誤周武王伐紂克殷微子乃持其祭器造於軍門肉袒面縛索隱曰肉袒者袒而露肉也面縛者縛手於背而面向前也劉氏云面即背也義稍迂左牽羊右把茅膝行而前以告於是武王乃釋微子復其位如故武王封紂子武庚祿父以續殷祀使管叔蔡叔傅相之武王既克殷訪問箕子武王曰於乎維天陰定下民相和其居孔安國曰天不言而默定下民助合其居使有常生之資也我不知其常倫所序孔安國曰言我不知天所以定民之常道理次序問何由箕子對曰在昔鯀陻鴻水汩陳其五行孔安國曰陻塞汨亂也治水失道是亂陳五行帝乃震怒不從鴻範九等常倫所斁徐廣曰一作釋騶棄鄭玄曰帝天也天以鯀如是乃震動其威怒不與天道大法九類言王所問所由敗也鯀則殛死禹乃嗣興鄭玄曰春秋傳曰舜之誅也殛鯀其舉也興禹天乃錫禹鴻範九等常倫所序孔安國曰天與禹洛出書也神龜負文而出列於背有數至于九禹遂因而第之以成九類初一曰五行二曰五事三曰八政四曰五紀五曰皇極六曰三德七曰稽疑八曰庶徵九曰嚮用五福畏用六極馬融曰言天所以畏懼人用六極五行一曰水

二曰火三曰木四曰金五曰土鄭玄曰此數本諸陰陽所生之次也水曰潤下火曰炎上孔安國曰言其自然之常性也木曰曲直孔安國曰木可揉使曲直也金曰從革馬融曰金之性從人而更可銷鑠土曰稼穡王肅曰種之曰稼斂之曰穡潤下作鹹孔安國曰水鹵所生炎上作苦孔安國曰焦氣之味曲直作酸孔安國曰木實之性從革作辛孔安國曰金氣之味稼穡作甘孔安國曰甘味生於百穀五行以下箕子所陳五事一曰貌二曰言三曰視四曰聽五曰思貌曰恭言曰從馬融曰發言當使可從視曰明聽曰聰思曰睿馬融曰睿通也恭作肅從作治馬融曰出令而從所以爲治也明作智聰作謀孔安國曰所謀必成當也馬融曰上聰則下進其謀睿作聖孔安國曰於事無不通謂之聖八政一曰食二曰貨三曰祀四曰司空馬融曰司

空掌營城郭主空土以居民五曰司徒孔安國曰主徒衆教以禮義六曰司寇馬融曰主誅寇害七曰賓鄭玄曰掌諸侯朝覲之官八曰師鄭玄曰掌軍旅之官五紀一曰歲二曰月三曰日四曰星辰馬融曰星二十八宿辰日月之所會也鄭玄曰星五星也五曰歷數孔安國曰歷數節氣之度以爲歷敬授民時皇極皇建其有極孔安國曰大中之道大立其有中謂行九疇之義斂時五福用傅錫其庶民馬融曰當斂是五福之道用布與衆民維時其庶民于女極馬融曰以其能斂是五福故衆民於女取中正以歸心也錫女保極鄭玄曰又賜女以守中之道凡厥庶民毋有淫朋人毋有比德維皇作極孔安國曰民有善則無淫過朋黨之惡比周之德惟天下皆大爲中正也凡厥庶民有猷有爲有守女則念之馬融曰凡其衆民有謀有爲有所執守當思念其行有所趣舍也不協于極不離

于咎皇則受之孔安國曰凡民之行雖不合於中而不罹於咎惡皆可進用大法受之而安而色曰予所好德女則錫之福孔安國曰女當安女顏色以謙下人人曰我所好者德也女則與之爵祿時人斯其維皇之極孔安國曰不合于中之人女與之福則是人此其惟大之中言可勉進也毋侮鰥寡而畏高明馬融曰高明顯寵者不枉法畏之人之有能有爲使羞其行而國其昌王肅曰使進其行任之以政則國爲之昌凡厥正人既富方穀孔安國曰正直之人既當爵祿富之又當以善道接之女不能使有好于而家時人斯其辜孔安國曰不能使正人有好於國家則是人斯其詐取罪而去也于其毋好女雖錫之福其作女用咎鄭玄曰無好於女家之人雖錫之以爵祿其動作爲女用惡謂爲天子結怨於民毋偏毋頗遵王之義孔安國曰偏不平頗不正言當脩先王正義以治民毋有作好

遵王之道馬融曰好私好也毋有作惡遵王之路毋偏毋黨王道蕩蕩孔安國曰言開辟也鄭玄曰黨朋黨毋黨毋偏王道平平孔安國曰言下治也毋反毋側王道正直馬融曰反反道也側傾側也會其有極鄭玄曰謂君也常會聚有中之人以爲臣也歸其有極鄭玄曰謂臣也當就有中之君而事之曰王極之傅言馬融曰王者當盡極行之使臣下布陳其言是夷是訓于帝其順馬融曰是大中而常行之用是教訓天下於天爲順也凡厥庶民極之傅言馬融曰亦盡極敷陳其言於上也是順是行王肅曰民納言於上而得中者則順而行之以近天子之光王肅曰近猶益也順行民言所以益天子之光曰天子作民父母以爲天下王王肅曰政教務中民善是用所以爲民父母而爲天下所歸往三德一曰正直鄭玄曰中平之人二曰剛克三曰柔克鄭玄曰克能也剛而能柔

柔而能剛寬猛相濟以成治立功平康正直孔安國曰世平康用正直治之彊不友剛克孔安國曰友順也世彊禦不順以剛能治之內友柔克孔安國曰世和順以柔能治之也。索隱曰內當爲燮燮和也沈漸剛克馬融曰沈陰也潛伏也陰伏之謀謂賊臣亂子非一朝一夕之漸君親無將將而誅。索隱曰尚書作沈潛此字作漸其義當依馬註高明柔克馬融曰高明君子亦以德懷也維辟作福維辟作威維辟玉食馬融曰辟君也玉食美食不言王者闕諸侯也鄭玄曰作福專爵賞也作威專刑罰也玉食備珍美也臣無有作福作威玉食臣有作福作威玉食其害于而家凶于而國人用側頗辟民用僭忒孔安國曰在位不端平則下民僭差稽疑擇建立卜筮人孔安國曰龜曰卜蓍曰筮考正疑事當選擇知卜筮人而建立之乃命卜筮曰雨曰濟曰涕尚書作圛。索隱曰涕音亦尚書作驛孔安國云氣駱驛不連續今此文作涕是涕泣亦

相連之狀也曰霧徐廣曰一曰涕曰被。索隱曰霧音蒙然蒙與霧亦通徐氏所見本涕作涕蒙作被義通而字變耳曰克曰貞曰悔凡七卜五占之用二衍貣鄭玄曰卜五占之用謂雨濟圛霧克也二衍貣謂貞悔也將立卜筮人乃先命名兆卦而分別之兆卦之名凡七龜用五易用二審此道者乃立之也雨者兆之體氣如雨然也濟者如雨止之雲氣在上者也圛者色澤而光明也霧者氣不釋鬱冥冥也克者如祲氣之色相犯也內卦曰貞貞正也外卦曰悔悔之言晦也晦猶終也卦象多變故言衍貣立時人爲卜筮鄭玄曰立是能分別兆卦之名者以爲卜筮人三人占則從二人之言鄭玄曰從其多者蓍龜之道幽微難明慎之深女則有大疑謀及女心謀及卿士謀及庶人謀及卜筮孔安國曰先盡謀慮然後卜筮以決之女則從龜從筮從卿士從庶民從是之謂大同孔安國曰大同於吉而身其康彊而子孫其逢吉孔安國曰動不違衆故後世遇

吉也女則從龜從筮從卿士逆庶民逆吉卿士從龜從筮從女則逆庶民逆吉庶民從龜從筮從女則逆卿士逆吉鄭玄曰此三者皆從多故爲吉女則從龜從筮逆卿士逆庶民逆作內吉作外凶鄭玄曰此逆者多以故舉事於境內則吉境外則凶龜筮共違于人用靜吉用作凶孔安國曰安以守常則吉動則凶鄭玄曰龜筮皆與人謀相違人雖三從猶不可以舉事庶徵曰雨曰陽曰奧曰寒曰風曰時孔安國曰雨以潤物陽以乾物煖以長物寒以成物風以動物五者各以時所以爲衆驗五者來備各以其序庶草繁廡孔安國曰言五者備至各以次序則衆草大緐廡滋豐也一極備凶一極亡凶孔安國曰一者備極過甚則凶一者極無不至亦凶謂其不時失敘之謂也曰休徵孔安國曰敘美行之驗曰肅時雨若孔安國曰君行敬則

時雨順之曰治時暘若孔安國曰君政治則時暘順之曰知時奧若孔安國曰君昭晢則時煖順之曰謀時寒若孔安國曰君能謀則時寒順之曰聖時風若孔安國曰君能通理則時風順之曰咎徵孔安國曰叙惡行之驗也曰狂常雨若孔安國曰君行狂妄則常雨順之曰僭常暘若孔安國曰君行僭差則常暘順之曰舒常奧若孔安國曰君行逸豫則常煖順之。索隱曰舒依字讀按下有曰急曰急常寒若孔安國曰君行急則常寒順之曰霧常風若孔安國曰君行霧闇則常風順之王眚維歲馬融曰言王者所眚職如歲兼四時也卿士維月孔安國曰卿士各有所掌如月之有別師尹維日孔安國曰衆正官之吏分治其職如日之有歲月也歲月日時毋易孔安國曰各順常百穀用成治用明孔安國曰歲月無易則百穀成君臣無易則正治明畯民用章家用平康孔安國曰賢臣顯用國家平寧日月歲時既易百

穀用不成治用昬不明畯民用微家用不寧庶民維星 孔安國曰星民象故衆民惟若星也 星有好風星有好雨 馬融曰箕星好風畢星好雨 日月之行有冬有夏 孔安國曰日月之行冬夏各有常度 月之從星則以風雨 孔安國曰月經于箕則多風離于畢則多雨政教失常以從民欲亦所以亂 五福一曰壽二曰富三曰康寧 鄭玄曰康寧平安 四曰攸好德 孔安國曰所好者德福之道 五曰考終命 孔安國曰各成其短長之命以自終不橫夭 六極一曰凶短折 鄭玄曰未齓曰凶未冠曰短未婚曰折。索隱曰未齓未毀齒也音楚忕反 二曰疾三曰憂四曰貧五曰惡 孔安國曰惡醜陋也 六曰弱 鄭玄曰愚懦不壯毅曰弱 於是武王乃封箕子於朝鮮 索隱曰朝鮮音潮仙地因水爲名 而不臣也其後箕子朝周過故殷虛感宮室毀

壞生禾黍箕子傷之欲哭則不可欲泣爲其近婦人 索隱曰婦人之性多涕泣也 乃作麥秀之詩以歌詠之其詩曰麥秀漸漸兮禾黍油油 索隱曰漸漸麥芒之狀音子廉反又依字讀油油者禾黍之苗光悅貌 彼狡僮兮不與我好兮所謂狡童者紂也殷民聞之皆爲流涕 杜預曰梁國蒙縣有箕子冢 武王崩成王少周公旦代行政當國管蔡疑之乃與武庚作亂欲襲成王周公 徐廣曰一云欲襲成周 周公既承成王命誅武庚殺管叔放蔡叔乃命微子開代殷後奉其先祀作微子之命以申之國于宋 世本曰宋更曰睢陽 微子故能仁賢乃代武庚故殷之餘民甚戴愛

之微子開卒立其弟衍是爲微仲 禮記曰微子舍其孫腯而立衍也鄭玄曰微子適子死立其弟衍殷礼也。索隱曰家語微子弟仲思名衍一名泄嗣微子爲宋公雖遷爵易位而班級不過其故故以舊官爲稱故二微雖爲宋公猶微至子稽乃稱宋公也 微仲卒子宋公稽立 索隱曰譙周云未謚故名之 宋公稽卒子丁公申立丁公申卒子湣公共立湣公共卒弟煬公熙立煬公即位湣公子鮒祀弑煬公而自立 徐廣曰鮒一作魴。索隱曰譙周亦作魴祀據左氏即湣公庶子也弑煬公欲立太子弗父何何讓不受 曰我當立是爲厲公厲公卒子釐公舉立釐公十七年周厲王出奔彘二十八年釐公卒子惠公覸立 呂忱曰覸音古莧反 惠公四年周宣王即位三十年惠公卒子哀公立哀公

元年卒子戴公立戴公二十九年周幽王爲犬戎所殺秦始列爲諸侯三十四年戴公卒子武公司空立武公生女爲魯惠公夫人生魯桓公十八年武公卒子宣公力立宣公有太子與夷十九年宣公病讓其弟和曰父死子繼兄死弟及天下通義也我其立和和亦三讓而受之宣公卒弟和立是爲穆公穆公九年病召大司馬孔父謂曰先君宣公舍太子與夷而立我我不敢忘我死必立與夷也孔父曰羣臣皆願立公子馮穆公曰毋立馮吾不可以負宣公於是穆

公使馮出居于鄭八月庚辰穆公卒兄宣公子與夷立是為殤公君子聞之曰宋宣公可謂知人矣立其弟以成義然卒其子復享之殤公元年衛公子州吁弒其君完自立欲得諸侯使告於宋曰馮在鄭必為亂可與我伐之宋許之與伐鄭至東門而還二年鄭伐宋以報東門之役其後諸侯數來侵伐九年大司馬孔父嘉妻好出道遇太宰華督（服虔曰戴公之孫）督說目而觀之（服虔曰目者極視精不轉也）督利孔父妻乃使人宣言國中曰殤公即位十年耳而十一戰（賈逵曰一戰伐鄭圍其東門二戰取其禾三戰取邾田四戰邾鄭伐宋入其郛五戰伐鄭圍長葛六戰鄭以王命伐宋七戰魯敗宋師于菅八戰宋衛入鄭九戰伐戴十戰鄭入宋十一戰鄭伯以虢師大敗宋）民苦不堪皆孔父為之我且殺孔父以寧民是歲魯弒其君隱公十年華督攻殺孔父取其妻殤公怒遂弒殤公而迎穆公子馮於鄭而立之是為莊公莊公元年華督為相九年執鄭之祭仲要以立突為鄭君祭仲許竟立突十九年莊公卒子湣公捷立湣公七年齊桓公即位九年宋水魯使臧文仲往弔水（賈逵曰問凶曰弔）湣公自罪曰寡人以不能事鬼神政不脩故水臧文仲善此言此言乃公子子魚教湣公也十

年夏宋伐魯戰於乘丘（徐廣曰乘一作媵騶案杜預曰乘丘魯地）魯生虜宋南宮萬（賈逵曰南宮氏萬名宋卿）宋人請萬萬歸宋十一年秋湣公與南宮萬獵因博爭行湣公怒辱之曰始吾敬若今若魯虜也萬有力病此言遂以局殺湣公于蒙澤（賈逵曰蒙澤宋澤名也杜預曰宋地梁國有蒙縣）大夫仇牧聞之以兵造公門萬搏牧牧齒著門闔死（何休曰闔門扇）因殺太宰華督乃更立公子游為君諸公子犇蕭公子禦說犇亳（服虔曰蕭亳宋邑也杜預曰今沛國有蕭縣蒙縣西北有亳城也）萬弟南宮牛將兵圍亳冬蕭及宋之諸公子共擊殺南宮牛弒宋新君游而立湣公弟禦說是為桓公宋萬犇陳宋人請以賂陳陳人使婦人飲之醇酒（服虔曰宋萬多力勇不可執故先使婦人誘而飲之酒醉而縛之）以革裹之歸宋（左傳曰以犀革裹之）宋人醢萬也（服虔曰醢肉醬）桓公二年諸侯伐宋至郊而去三年齊桓公始霸二十三年迎衛公子燬於齊立之是為衛文公文公女弟為桓公夫人秦穆公即位三十年桓公病太子茲甫讓其庶兄目夷為嗣桓公義太子意竟不聽三十一年春桓公卒太子茲甫立是為襄公以其庶兄目夷為相未葬而齊桓公會諸侯于葵丘襄公往會襄公七年宋地霣星如雨與

雨偕下左傳曰隕石于宋五隕星也六鶂退蜚公羊傳曰視之則六察之則鶂徐察之則
退飛索隱曰按僖十六年左傳隕石于宋五隕星也六鶂退飛過宋都是當宋襄公之時訪內史叔興曰吉凶焉在對曰
君將得諸侯而不終也然莊七年傳又云恒星不見夜中星隕如雨與雨偕也且與雨偕下自在別年不與隕石退鶂之
事同此史以隕石爲隕星遂連恒星不見之時與雨偕爲文故與左傳小異也風疾也賈逵曰風起於遠至
宋都高而疾故鶂逢風却退八年齊桓公卒宋欲爲盟會十二
年春宋襄公爲鹿上之盟杜預曰鹿上宋地汝陰有原鹿縣。索隱曰按汝陰
有原鹿其地在楚僖二十一年宋人楚人齊人盟于鹿上是也然襄公求諸侯於楚楚纔許之許未合至汝陰鹿上今濟陰
乘氏縣北有鹿城蓋此地也以求諸侯於楚楚人許之公子目
夷諫曰小國爭盟禍也不聽秋諸侯會宋公盟
于盂杜預曰盂宋地目夷曰禍其在此乎君欲已甚何以

堪之於是楚執宋襄公以伐宋冬會于亳以釋
宋公子魚曰禍猶未也十三年夏宋伐鄭子魚
曰禍在此矣秋楚伐宋以救鄭襄公將戰子魚
諫曰天之弃商久矣不可冬十一月襄公與楚
成王戰于泓穀梁傳曰戰于泓水之上楚人未濟目夷曰彼衆
我寡及其未濟擊之公不聽已濟未陳又曰可
擊公曰待其已陳陳成宋人擊之宋師大敗襄
公傷股國人皆怨公公曰君子不困人於阸不
鼓不成列何休曰軍法以鼓戰以金止不鼓不戰也不成列未成陳子魚曰兵以勝
爲功何常言與徐廣曰一云尚何言與必如公言即奴事之

耳又何戰爲楚成王已救鄭鄭享之去而取鄭
二姬以歸索隱曰謂鄭大夫芊氏姜氏之女既是鄭女故云二姬叔瞻曰成王無
禮正義曰謂取鄭二姬也其不没乎爲禮卒於無別有以知
其不遂霸也是年晉公子重耳過宋襄公以傷
於楚欲得晉援厚禮重耳以馬二十乘服虔曰八十匹
四年夏襄公病傷於泓而竟卒索隱曰春秋戰于泓在僖二十二年重耳
過宋及襄公卒在二十四年今此文以重耳過與傷泓共歲故云是年又重耳過與宋襄公卒共是一歲則不合更云十
四年是進退俱不合於左氏蓋太史公之疎耳子成公王臣立成公元年晉
文公即位三年倍楚盟親晉以有德於文公也
四年楚成王伐宋宋告急於晉五年晉文公救

宋楚兵去九年晉文公卒十一年楚太子商臣
弒其父成王代立十六年秦穆公卒十七年成
公卒正義曰年表云公孫固殺成公成公弟禦殺太子及大司馬公
孫固正義曰世本云宋莊公孫名固爲大司馬而自立爲君宋人共殺君
禦而立成公少子杵臼正義曰年表云宋昭元年杵臼襄公之子徐廣曰一云成公少
子是爲昭公昭公四年宋敗長翟緣斯於長丘
魯世家云宋武公之世獲緣斯於長丘今云此時未詳。索隱曰春秋文公十一年魯敗翟于鹹獲長狄緣斯於長丘齊
系家惠公二年長翟來王子城父攻殺之此並取左傳之說散於諸國系家今考其年歲亦頗相協而魯系家云武公此
云昭公蓋此昭當爲武然前代雖已有武公此杵臼當亦謚武也若將不然豈下五代公子特爲君又豈謚昭乎七
年楚莊王即位九年昭公無道國人不附昭公

宋微子世家

弟鮑革徐廣曰一無革字賢而下士先襄公夫人欲通於公子鮑不可服虔曰襄公夫人周襄王之姊王姬也不可鮑不肯也乃助之施於國正義曰施貳是反襄夫人助公子鮑布施恩惠於國人也因大夫華元爲右師正義曰公子華元鮑因請得爲右師華元戴公五代孫華督之曾孫也昭公出獵夫人王姬使衛伯攻殺昭公杵臼弟鮑革立是爲文公文公元年晉率諸侯伐宋責以弑君聞文公定立乃去二年昭公子因文公母弟須與武繆戴莊桓之族爲亂文公盡誅之出武繆之族賈逵曰出逐也四年春鄭命楚伐宋宋使華元將鄭敗宋因華元華元之將戰殺羊以食士其御羊羮不及左傳曰御羊斟也故怨馳入鄭軍故宋師敗得囚華元宋以兵車百乘文馬四百疋賈逵曰文貍文也王肅曰文馬畫馬也。正義曰按文馬者裝飾其馬四伯疋用牽車伯乘遺鄭贖華元也又云文馬赤鬣縞身目如黃金贖華元未盡入華元亡歸宋十四年楚莊王圍鄭鄭伯降楚楚復釋之十六年楚使過宋宋有前仇執楚使九月楚莊王圍宋十七年楚以圍宋五月不解宋城中急無食華元乃夜私見楚將子反子反告莊王王問城中何如曰析骨而炊何休曰析破人骨也易子而食莊王曰誠哉言我軍亦有二日糧以信故遂罷兵去二十二年文公卒子共公瑕立始厚葬

君子譏華元不臣矣共公九年華元善楚將子重又善晉將欒書兩盟晉楚十三年共公卒華元爲右師魚石爲左師司馬唐山攻殺太子肥欲殺華元華元犇晉魚石止之至河乃還皇覽曰華元冢在陳留小黃縣城北誅唐山乃立共公少子成是爲平公左傳曰魚石犇楚平公三年楚共王拔宋之彭城以封宋左師魚石四年諸侯共誅魚石而歸彭城於宋三十五年楚公子圍弑其君自立爲靈王四十四年平公卒子元公佐立元公三年楚公子棄疾弑靈王自立爲平王八年宋火十年元公毋信詐殺諸公子大夫華向氏作亂楚平王太子建來犇見諸華氏相攻亂建去如鄭十五年元公爲魯昭公避季氏居外爲之求入魯行道卒子景公頭曼立索隱曰按曼立音萬景公十六年魯陽虎來犇已復去二十五年孔子過宋宋司馬桓魋惡之欲殺孔子孔子微服去三十年曹倍宋又倍晉宋伐曹晉不救遂滅曹有之正義曰宋景公滅曹在魯哀公八年周敬王三十三年也三十六年齊田常弑簡公三十七年楚惠王滅陳熒惑守心心宋之分野也景公憂之司星子韋曰可移於相景公曰相吾之股肱曰可移

於民景公曰君者待民曰可移於歲景公曰歲饑民困吾誰為君子韋曰天高聽卑君有君人之言三熒惑宜有動於是候之果徙三度六十四年景公卒宋公子特攻殺太子而自立是為昭公索隱曰特一作得按左傳景公無子取元公庶曾孫公孫周之子得及啓畜于公宮及景公卒先立啓後立得是為昭公與此全乖未知太史公據何為此說昭公者元公之曾庶孫也昭公父公孫糾糾父公子褍秦徐廣曰褍音端褍秦即元公少子也景公殺昭公父糾索隱曰左傳云名周故昭公怨殺太子而自立昭公四十七年卒子悼公購由立年表云四十九年。索隱曰購音古候反悼公八年卒索隱曰紀年為十八年子休公

田立休公田二十三年卒子辟公辟兵立徐廣曰一云辟公兵。索隱曰紀年作桓侯璧兵則璧兵諡桓也又莊子云桓侯行未出城門其前驅呼辟蒙人止之後為狂也司馬彪云呼辟使人避道蒙人以桓侯名辟而前驅呼辟故為狂也辟公三年卒子剔成立年表云剔成君也。索隱曰王劭按紀年云宋剔成肝廢其君璧而自立剔成四十一年剔成弟偃攻襲剔成剔成敗奔齊偃自立為宋君君偃十一年自立為王索隱曰戰國策呂氏春秋皆以偃謚曰康王東敗齊取五城南敗楚取地三百里西敗魏軍乃與齊魏為敵國盛血以韋囊縣而射之命曰射天淫於酒婦人羣臣諫者輒射之於是諸侯皆曰桀宋索隱曰晉太康地記言其似桀也宋其復為紂所為不可不

誅告齊伐宋王偃立四十七年齊湣王與魏楚伐宋殺王偃遂滅宋而三分其地年表云偃立四十三年

太史公曰孔子稱微子去之箕子為之奴比干諫而死殷有三仁焉何晏曰仁者愛人三人行異而同稱仁者何也以其俱在憂亂寧民也夏侯玄曰微子社之窮也箕子比干志之窮也故或盡材而止或盡心而留皆其極也致極斯君子之事矣是以三仁不同而歸其一揆也春秋譏宋之亂自宣公廢太子而立弟公羊傳曰君子大居正宋之禍宣公為之也國以不寧者十世索隱曰公羊春秋有此說左氏則無譏焉襄公之時修行仁義欲為盟主其大夫正考父美之故追道契湯高宗殷所以興作商頌韓詩商頌章句亦美襄公。索隱曰今按毛詩商頌序云正考父於周之太師得商頌十二篇以那為首國語亦同此說

今五篇存皆是商家祭祀樂章非考父追作也又考父佐戴武宣則在襄公前且百許歲安得述而美之斯謬說耳襄公既敗於泓而君子或以為多公羊傳曰君子大其不鼓不成列臨大事而不忘大禮有君而無臣以為雖文王之戰亦不過此也傷中國闕禮義褒之也索隱曰襄公臨大事不忘大禮而君子或以為多且傷中國之亂闕禮義之舉遂不嘉宋襄之盛德太史公褒而述之故云褒之也宋襄之有禮讓也

索隱述贊曰

殷有三仁　微箕紂親　一囚一去

不顧其身　頌美有客　書稱作賓

卒傳家嗣　或敘彝倫　微仲之後

世載忠勤　穆亦能讓　實為知人

傷泓之役　有君無臣　偃號桀宋
天之弃殷

史肆阡叁佰單玖字
註肆阡伍伯肆拾陸字

宋微子世家第八　史記三十八

晉世家第九　史記三十九

唐叔虞者周武王子而成王弟索隱曰唐叔以夢及手文而名曰虞至成王誅唐之後因戲削桐而封之叔字也故曰唐叔虞而唐有晉水至于燮改其國號曰晉侯然晉初封於唐故偁晉唐叔虞也且唐本堯後封在夏墟而都於鄂鄂今在大夏是也及成王滅唐之後又分徙之於許郢之間故春秋有唐成公是也即今之唐州者也初武王與叔虞母會時左傳曰邑姜方娠太叔服虔曰邑姜武王后齊太公女夢天謂武王曰余命女生子名虞余與之唐及生子文在其手曰虞故遂因命之曰虞武王崩成王立唐有亂正義曰括地志云故唐城在絳州翼城縣西二十里即堯裔子所封春秋云夏孔甲時有堯苗裔劉累者以豢龍事孔甲夏后嘉之賜氏御龍以更豕韋之後龍一雌死潛醢之以食夏后既而使求之懼而遷於魯縣夏后召孟別封劉累之孫于大夏之墟爲侯至周成王時唐人作亂成王滅之而封大叔更遷唐人子孫于杜謂之杜伯即范丐所云在周爲唐杜氏按魯縣汝州魯山縣是今隨州棗陽縣東南一百五十里上唐鄉故城即後子孫徙於唐周公誅滅唐成王與叔虞戲削桐葉爲珪以與叔虞曰以此封若史佚因請擇日立叔虞成王曰吾與之戲耳史佚曰天子無戲言言則史書之禮成之樂歌之於是遂封叔虞於唐唐在河汾之東方百里故曰唐叔虞世本曰居鄂宋衷曰鄂地今在大夏。正義曰括地志云故鄂城在慈州昌寧縣東二里按與絳州夏縣相近禹都安邑故城在縣東北十五里故云在大夏也然封于河汾二水之東方百里正合在晉州平陽縣不合在鄂未詳姓姬氏字子于唐叔子燮是爲晉侯正義曰燮音先牒反括地志云故唐城在并州晉陽縣北二里城記云堯築也國都城記云唐叔虞之子燮父徙居晉水傍今并理故唐城唐者即燮父初徙之處其城南半入州城中削爲坊城墻北半見在毛詩譜云叔虞子燮父以堯墟南有晉水改曰晉侯 晉侯子寧族是爲武侯（索隱曰系本作曼期譙周作曼旗也）武侯之子服人是爲成侯成侯子福是爲厲侯（索隱曰系本作輻）厲侯子宜臼是爲靖侯靖侯已來年紀可推自唐叔至靖侯五世無其年數靖侯十七年周厲王迷惑暴虐國人作亂厲王出奔于彘大臣行政故曰共和（正義曰厲王奔彘周召和其百姓行政號曰共和）十八年靖侯卒子釐侯司徒立釐侯十四年周宣王初立十八年釐侯卒子獻侯籍立（索隱曰系本及譙周皆作蘇）獻侯十一年卒子穆侯費王立（索隱曰鄒誕本作弗生或作潰王並音祕）穆侯四年取齊女姜氏爲

夫人七年伐條（杜預曰條晉地）生太子仇十年伐千畝有功（杜預曰西河界休縣南有地名千畝）生少子名曰成師（杜預曰意取能成其衆也）晉人師服曰（賈逵曰晉大夫）異哉君之命子也太子曰仇仇者讎也少子曰成師成師大號成之者也名自命也物自定也今適庶名反逆此後晉其能毋亂乎二十七年穆侯卒弟殤叔自立太子仇出奔殤叔三年周宣王崩四年穆侯太子仇率其徒襲殤叔而立是爲文侯文侯十年周幽王無道犬戎殺幽王周東徙而秦襄公始列爲諸侯三十五年文侯仇卒子昭侯伯立昭侯元年封

文侯弟成師于曲沃（索隱曰河東之縣名漢武改曰聞喜也）曲沃邑大於翼翼晉君都邑也（索隱曰翼本晉都自孝侯已下一號翼侯平陽絳邑縣東翼城是也）成師封曲沃號爲桓叔靖侯庶孫欒賓（正義曰世本云欒叔賓父也）相桓叔桓叔是時年五十八矣好德晉國之衆皆附焉君子曰晉之亂其在曲沃矣末大於本而得民心不亂何待七年晉大臣潘父弒其君昭侯而迎曲沃桓叔桓叔欲入晉晉人發兵攻桓叔桓叔敗還歸曲沃晉人共立昭侯子平爲君是爲孝侯誅潘父孝侯八年曲沃桓叔卒子鱓代桓叔是爲曲沃莊伯（索隱曰鱓音時戰反又音善又音陁）孝

侯十五年曲沃莊伯弒其君晉孝侯于翼晉人攻曲沃莊伯莊伯復入曲沃晉人復立孝侯子郄爲君是爲鄂侯（索隱曰系本作郄而他本亦作都。正義音丘戟反）鄂侯二年魯隱公初立鄂侯六年卒曲沃莊伯聞晉侯卒乃興兵伐晉周平王使虢公將兵伐曲沃莊伯莊伯走保曲沃晉人共立鄂侯子光是爲哀侯哀侯二年曲沃莊伯卒子稱代莊伯立（正義曰稱尺證反）是爲曲沃武公哀侯六年魯弒其君隱公哀侯八年晉侵陘廷（賈逵曰翼南鄙邑名）陘廷與曲沃武公謀九年伐晉于汾旁（正義曰白郎反汾水之旁）虜哀侯晉人乃立哀侯子小子爲君是爲小子侯禮記曰天子未除喪曰余小子生名之死亦名之鄭玄曰晉有小子侯是取之天子也小子元年曲沃武公使韓萬殺所虜晉哀侯賈逵曰韓萬曲沃桓叔之子莊伯弟曲沃益彊晉無如之何晉小子之四年曲沃武公誘召晉小子殺之周桓王使虢仲伐曲正義曰馬融云周武王克商封文王異母弟虢仲於夏陽沃武公武公入于曲沃乃立晉哀侯弟緡爲晉侯晉侯緡四年宋執鄭祭仲而立突爲鄭君晉侯十九年齊人管至父弑其君襄公晉侯二十八年齊桓公始霸曲沃武公伐晉侯緡滅之盡以其寶器賂獻于周釐王釐王命曲沃武公爲晉君列爲諸侯於是盡并晉地而有之曲沃武公已即位三十七年矣更號曰晉武公晉武公始都晉國前即位曲沃通年三十八年武公稱者先晉穆侯曾孫也索隱曰晉有兩穆侯言曰先以別後曲沃桓叔孫也桓叔者始封曲沃武公莊伯子也自桓叔初封曲沃以至武公滅晉也凡六十七歲而卒代晉爲諸侯武公代晉二歲卒與曲沃通年即位凡三十九年而卒子獻公詭諸立獻公元年周惠王弟穨攻惠王惠王出奔居鄭之櫟邑索隱曰櫟鄭邑今河南陽翟是也故鄭之十邑有櫟有華五年伐驪戎得驪姬韋昭曰西戎之別在驪山

也驪姬弟俱愛幸之八年士蔿說公曰賈逵曰士蔿晉大夫故晉之羣公子多不誅亂且起乃使盡殺諸公子而城聚都之賈逵曰聚晉邑命曰絳始都絳索隱曰春秋莊二十六年傳士蔿城絳是也杜預曰今平陽絳邑縣應劭曰絳水出西南也九年晉羣公子既亡奔虢虢以其故再伐晉弗克十年晉欲伐虢士蔿曰且待其亂十二年驪姬生奚齊獻公有意廢太子乃曰曲沃吾先祖宗廟所在而蒲邊秦屈邊翟韋昭曰蒲今蒲坂屈北屈皆在河東杜預曰蒲今平陽蒲子縣是也不使諸子居之我懼焉於是使太子申生居曲沃公子重耳居蒲公子夷吾居屈獻公與驪姬子奚齊居絳晉國以此知太子不立也太子申生其母齊桓公女也曰齊姜早死申生同母女弟爲秦穆公夫人重耳母翟之狐氏女也夷吾母重耳母女弟也獻公子八人而太子申生重耳夷吾皆有賢行及得驪姬乃遠此三子十六年晉獻公作二軍左傳曰王使虢公命曲沃伯以一軍爲晉侯今始爲二軍公將上軍太子申生將下軍趙夙御戎畢萬爲右伐滅霍滅魏滅耿服虔曰三國皆姬姓魏在晉之蒲坂河東也杜預曰平陽皮氏縣東南有耿鄉永安縣東北有霍太山也○索隱曰按永安縣西南汾水西有霍城古霍國有霍水出霍太山地理志河東北縣古魏國地記亦以爲然服虔云在蒲坂非也地記又曰皮氏縣汾水南耿城是故耿國也還爲太子城曲沃賜趙夙耿賜

畢萬魏以爲大夫士蔿曰太子不得立矣分之都城（服虔曰邑有先君之主曰都）而位以卿（賈逵曰謂將下軍）先爲之極（服虔曰言其祿位極盡於此）又安得立不如逃之無使罪至爲吳太伯不亦可乎（王肅曰太伯知天命在王季奔吳不反）猶有令名（王肅曰雖去猶可有令名何與其坐而及禍也）太子不從卜偃曰畢萬之後必大（賈逵曰卜偃晉掌卜大夫郭偃）萬盈數也魏大名也（服虔曰數從一至萬爲滿魏喩巍巍高大也）以是始賞天開之矣（服虔曰以魏賞畢萬是爲天開其福）天子曰兆民諸侯曰萬民今命之大以從盈數其必有衆（杜預曰以魏從萬有衆多之象）初畢萬卜仕於晉國遇屯之比（賈逵曰震下坎上屯坤下坎上比屯初九變之比）辛廖占之曰吉（賈逵曰辛廖晉大夫）屯固

比入吉孰大焉（杜預曰屯險難也所以爲堅固比親密所以得入）其後必蕃昌十七年晉侯使太子申生伐東山（賈逵曰東山赤狄別種）里克諫獻公（賈逵曰里克晉卿里季也）曰太子奉冢祀社稷之粢盛以朝夕視君膳者也（服虔曰膳飲食）故曰冢子君行則守有守則從（服虔曰有代太子守則從之）從曰撫軍（服虔曰助君撫循軍士）守曰監國古之制也夫率師專行謀也（杜預曰率師者必專謀軍事）誓軍旅（杜預曰宣號令）君與國政之所圖也（賈逵曰國政正卿也）非太子之事也師在制命而已（杜預曰命將軍所制）禀命則不威專命則不孝故君之嗣適不可以帥師君失其官（杜預曰太子統師是失其官）率師不威將安用之（杜預

曰專命則不孝是爲師必不威也）公曰寡人有子未知其太子誰立里克不對而退見太子太子曰吾其廢乎里克曰太子勉之教以軍旅（賈逵曰將下軍）不共是懼何故廢乎且子懼不孝毋懼不得立（服虔曰不得立己）脩己而不責人則免於難太子帥師公衣之偏衣（服虔曰偏裂之衣偏異色駁不純裂在中左右異故曰偏衣杜預曰偏衣左右異色其半似公服韋昭曰偏半也分身之半以授太子○正義曰上衣去聲下衣如字）佩之金玦（服虔曰以金爲玦也韋昭曰金玦兵要也○正義曰玦音決）里克謝病不從太子太子遂伐東山十九年獻公曰始吾先君莊伯武公之誅晉亂而虢常助晉伐我（正義曰言虢助晉伐曲沃也）又匿晉亡公子果爲亂弗誅後

遺子孫憂乃使荀息以屈産之乘（何休曰屈産出名馬之地乘備駟也）假道於虞虞假道遂伐虢（賈逵曰虞在晉南虢在虞南）取其下陽以歸（服虔曰下陽虢邑在大陽東北三十里穀梁傳曰下陽虞虢之塞邑）獻公私謂驪姬曰吾欲廢太子以奚齊代之驪姬泣曰太子之立諸侯皆已知之而數將兵百姓附之奈何以賤妾之故廢適立庶君必行之妾自殺也驪姬詳譽太子而陰令人譖惡太子而欲立其子二十一年驪姬謂太子曰君夢見齊姜太子速祭曲沃（服虔曰齊姜廟所在）歸釐於君太子於是祭其母齊姜於曲沃上其薦胙於獻公獻公時出獵

置胙於宮中驪姬使人置毒藥胙中居二日索隱
曰傳云六日獻公從獵來還宰人上胙獻公獻公欲饗
之驪姬從旁止之曰胙所從來遠宜試之祭地
地墳韋昭曰將飲先祭示有先也墳起也與犬犬死與小臣小臣死韋昭
曰小臣官名掌陰事今閹士也驪姬泣曰太子何忍也其父而欲
弒代之況他人乎且君老矣旦暮之人曾不能
待而欲弒之謂獻公曰太子所以然者不過以
妾及奚齊之故妾願子母辟之他國若早自殺
毋徒使母子爲太子所魚肉也始君欲廢之妾
猶恨之至於今妾殊自失於此索隱曰太子之行如此妾前見君欲廢而

恨之今乃自以恨爲失也太子聞之奔新城韋昭曰新城曲沃也新爲太子城獻公
怒乃誅其傅杜原款或謂太子曰爲此藥者乃
驪姬也太子何不自辭明之太子曰吾君老矣
非驪姬寢不安食不甘即辭之君且怒之不可
或謂太子曰可奔他國太子曰被此惡名以出
人誰內我我自殺耳十二月戊申申生自殺於
新城索隱曰國語云申生乃雉經於新城廟此時重耳夷吾來朝人或告
驪姬曰二公子怨驪姬譖殺太子驪姬恐因譖
二公子申生之藥胙二公子知之二子聞之恐
重耳走蒲夷吾走屈保其城自備守初獻公使

士蔿爲正義曰蔿爲詭反爲于僞反二公子築蒲屈城弗就夷
吾以告公公怒士蔿士蔿謝曰邊城少寇安用
之退而歌曰狐裘蒙茸一國三公吾誰適從服虔
曰蒙茸以言亂貌三公言君與二公子將敵故不知所從卒就城及申生死二子
亦歸保其城二十二年獻公怒二子不辭而去
果有謀矣乃使兵伐蒲蒲人之宦者勃鞮正義曰勃
白没反鞮都提反韋昭云伯楚寺人勃之字也於文公時爲勃鞮也命重耳促自殺重耳
踰垣宦者追斬其衣袪服虔曰袪袂也重耳遂奔翟使人
伐屈屈城守不可下是歲也晉復假道於虞以
伐虢虞之大夫宮之奇諫虞君曰晉不可假道

也是且滅虞虞君曰晉我同姓不宜伐我宮之
奇曰太伯虞仲太王之子也太伯亡去是以不
嗣虢仲虢叔王季之子也爲文王卿士其記勳
在王室藏於盟府杜預曰盟府司盟之官也將虢是滅何愛于
虞且虞之親能親於桓莊之族乎桓莊之族何
罪盡滅之虞之與虢脣之與齒脣亡則齒寒虞
公不聽遂許晉宮之奇以其族去虞其冬晉滅
虢虢公醜奔周皇覽曰虢公冢在河內溫縣郭東濟水南大冢是也其城南有虢公臺還
襲滅虞虜虞公及其大夫井伯百里奚正義曰南雍州記云
百里奚宋井伯宛人也以媵秦穆姬杜預曰秦穆姬獻公女送女曰媵以屈辱之而修虞

祀服虔曰虞所祭祀命祀也荀息牽曩所遺虞屈產之乘馬奉之獻公獻公笑曰馬則吾馬齒亦老矣公羊傳曰盖戲之也何休曰以馬齒戲喻荀息之年老也二十三年獻公遂發賈華等伐屈賈逵曰賈華晉右行大夫屈潰正義曰民逃其上曰潰夷吾將奔翟冀芮曰不可韋昭曰冀芮晉大夫重耳已在矣今往晉必移兵伐翟翟畏晉禍且及不如走梁梁近於秦秦彊吾君百歲後可以求入焉遂奔梁二十五年晉伐翟翟以重耳故亦擊晉於齧桑左傳作采桑服虔曰翟地○索隱曰裴氏云左傳作采桑按今平陽曲南七十里河水有采桑津是晉境服虔云翟地亦頗相近然字作齧桑齧桑衛地恐非也晉兵解而去當此時晉彊西有河西與秦接境北

邊翟東至河內索隱曰河內河曲也內音汭驪姬弟生悼子索隱曰左傳作卓子音恥角反弟女弟也二十六年夏齊桓公大會諸侯於葵丘正義曰在曹州考城縣東南一里晉獻公病行後未至逢周之宰孔宰孔曰齊桓公益驕不務德而務遠略諸侯弗平君弟毋會索隱曰弟但也毋如晉何獻公亦病復還歸病甚乃謂荀息曰吾以奚齊為後年少諸大臣不服恐亂起子能立之乎荀息曰能獻公曰何以為驗對曰使死者復生生者不慙為之驗索隱曰謂荀息受獻公命而立奚齊雖復身死不背生時之命是謂死者復生也言生者見荀息不背君命而死不為之羞慙也於是遂屬奚齊於荀息荀息為相主國政

秋九月獻公卒里克邳鄭欲內重耳以三公子之徒作亂賈逵曰邳鄭晉大夫三公子申生重耳夷吾謂荀息曰三怨將起秦晉輔之子將何如荀息曰吾不可負先君言十月里克殺奚齊于喪次獻公未葬也荀息將死之或曰不如立奚齊弟悼子而傅之荀息立悼子而葬獻公十一月里克弒悼子于朝列女傳曰鞭殺驪姬于市荀息死之君子曰詩所謂白珪之玷猶可磨也斯言之玷不可為也杜預曰詩大雅言此言之缺難治甚於白珪其荀息之謂乎不負其言初獻公將伐驪戎卜曰齒牙為禍韋昭曰齒牙謂兆端左右釁坼有似齒牙中有縱畫以象讒言之為害也及破

驪戎獲驪姬愛之竟以亂晉里克等已殺奚齊悼子使人迎公子重耳於翟正義曰國語云里克及邳鄭使屠岸迎夷吾公子重耳於翟曰國亂民擾得國在亂治民在擾子盍入乎欲立之重耳謝曰負父之命正義曰負音佩出奔父死不得脩人子之禮侍喪重耳何敢入大夫其更立他子還報里克里克使迎夷吾於梁夷吾欲往呂省正義曰省音眚杜預云姓瑕呂名飴生字子金郤芮正義曰郤成子即冀芮曰內猶有公子可立者而外求難信計非之秦輔彊國之威以入恐危乃使郤芮厚賂秦約曰即得入請以晉河西之地與秦乃遺里克書曰誠得立請遂封子於汾陽之邑賈逵

曰汾水名汾陽晉地也。索隱曰國語云命里克汾陽之田百萬命丕鄭以負蔡之田七十萬今此不言亦疎略也秦穆公乃發兵送夷吾於晉齊桓公聞晉內亂亦率諸侯如晉秦兵與夷吾亦至晉齊乃使隰朋會秦俱入夷吾立爲晉君是爲惠公齊桓公至晉之高梁而還歸惠公夷吾元年使邳鄭謝秦曰始夷吾以河西地許君今幸得入立大臣曰地者先君之地君亡在外何以得擅許秦者寡人爭之弗能得故謝秦亦不與里克汾陽邑而奪之權四月周襄王使周公忌父（賈逵曰周卿士）會齊秦大夫共禮晉惠公惠公以重耳在外畏里克爲變賜里克死謂曰微里子寡人不得立雖然子亦殺二君一大夫（服虔曰奚齊悼子荀息也）爲子君者不亦難乎里克對曰不有所廢君何以興欲誅之其無辭乎乃言爲此臣聞命矣遂伏劍而死於是邳鄭使謝秦未還故不及難晉君改葬恭太子申生（韋昭曰獻公時申生葬不如禮故改葬之）秋狐突之下國（服虔曰晉所滅國以爲下邑一曰曲沃有宗廟故謂之國在絳下故曰下國也）遇申生申生與載而告之（杜預曰忽如夢而相見狐突本爲申生御故復使登車）曰夷吾無禮余得請於帝（服虔曰帝天帝帝請罰有罪）將以晉與秦秦將祀余狐突對曰臣聞神不食非其宗君其祀毋乃絕乎君其圖之

申生曰諾吾將復請帝後十日（左傳曰七日）新城西偏將有巫者見我焉（杜預曰將因巫以見）許之遂不見（杜預曰狐突許其言申生之象亦沒）及期而往復見申生告之曰帝許罰有罪矣弊於韓（賈逵曰弊敗也韓晉韓原）兒乃謠曰恭太子更葬矣（索隱曰更改也更葬謂改葬）後十四年晉亦不昌昌乃在兄邳鄭使秦聞里克誅乃說秦繆公曰呂省郤稱冀芮實爲不從（杜預曰三子晉大夫不從不與秦賂也。索隱曰呂省左傳作呂甥）若重賂與謀出晉君入重耳事必就秦繆公許之使人與歸報晉厚賂三子三子曰幣厚言甘此必邳鄭賣我於秦遂殺邳鄭及里克邳鄭之黨七輿大夫（韋昭曰七輿申生下軍之衆大夫也杜預曰侯伯七命副車七乘）邳鄭子豹奔秦言伐晉繆公弗聽惠公之立倍秦地及里克誅七輿大夫國人不附二年周使召公過（韋昭曰召武公爲王卿士）禮晉惠公惠公禮倨（索隱曰謂受玉惰也事見僖十一年）召公譏之四年晉饑乞糴於秦繆公問百里奚（服虔曰秦大夫）百里奚曰天菑流行國家代有救菑恤鄰國之道也與之邳鄭子豹曰伐之繆公曰其君是惡其民何罪卒與粟自雍屬絳五年秦饑請糴於晉晉君謀之慶鄭曰（杜預曰慶鄭晉大夫）以秦得立已而倍其地約晉饑而秦貸我今秦饑請糴與之何疑

而謀之虢射曰服虔曰虢射惠公舅往年天以晉賜秦秦弗知取而貸我今天以秦賜晉晉其可以逆天乎遂伐之惠公用虢射謀不與秦粟而發兵且伐秦秦大怒亦發兵伐晉六年春秦繆公將兵伐晉晉惠公謂慶鄭曰秦師深矣韋昭曰深入境一曰深尤重奈何鄭曰秦內君君倍其賂晉饑秦輸粟秦饑而晉倍之乃欲因其饑伐之其深不亦宜乎晉卜御右慶鄭皆吉公曰鄭不孫服虔曰孫順乃更令步陽御戎家僕徒爲右服虔曰二子晉大夫也進兵九月壬戌秦繆公晉惠公合戰韓原索隱曰在馮翊夏陽北二十里今之韓城縣是惠公

馬鷙不行索隱曰鷙音竹二反謂馬重而陷之於泥秦兵至公窘召慶鄭爲御鄭曰不用卜敗不亦當乎遂去更令梁繇靡御正義曰韋昭云梁由靡大夫也虢射爲右輅秦繆公服虔曰輅迎也。索隱曰輅音五嫁反鄒誕音或額反繆公壯士冒敗晉軍晉軍敗遂失秦繆公反獲晉公以歸秦將以祀上帝晉君姊爲繆公夫人衰絰涕泣公曰得晉侯將以爲樂今乃如此且吾聞箕子見唐叔之初封曰其後必當大矣晉庸可滅乎乃與晉侯盟王城杜預曰馮翊臨晉縣東有王城而許之歸晉侯亦使呂省等報國人曰孤雖得歸毋面目見社稷卜日立子圉晉人

聞之皆哭秦繆公問呂省晉國和乎對曰不和小人懼失君亡親正義曰君惠公也親父母也言懼失君國亂恐亡父母不憚立子圉也不憚立子圉曰必報讎寧事戎狄正義曰小人言立子圉爲君之後必報秦終不事秦寧事戎狄耳其君子則愛君而知罪以待秦命曰必報德有此二故不和於是秦繆公更舍晉惠公餽之七牢正義曰餽音匱一牛一羊一豕爲一牢十一月歸晉侯晉侯至國誅慶鄭修政教謀曰重耳在外諸侯多利內之欲使人殺重耳於狄重耳聞之如齊八年使太子圉質秦正義曰質音致初惠公亡在梁梁伯以其女妻之生一男一女梁伯卜之男爲人臣

女爲人妾故名男爲圉女爲妾服虔曰圉人掌養馬臣之賤者不聘曰妾十年秦滅梁梁伯好土功治城溝賈逵曰溝塹也民力罷正義曰音皮怨其衆數相驚曰秦寇至民恐惑秦竟滅之十三年晉惠公病內有數子太子圉曰吾母家在梁梁今秦滅之我外輕於秦而內無援於國君即不起病大夫輕更立他公子乃謀與其妻俱亡歸秦女曰子一國太子辱在此秦使婢子侍服虔曰曲禮云世婦以下自稱婢子婢子婦人之卑稱以固子之心子亡矣我不從子亦不敢言子圉遂亡歸晉十四年九月惠公卒太子圉立是爲懷公子圉之亡

秦怨之乃求公子重耳欲內之子圉之立畏秦之伐也乃令國中諸從重耳亡者與期期盡不到者盡滅其家狐突之子毛及偃從重耳在秦弗肯召懷公怒囚狐突突曰臣子事重耳有年數矣今召之是教之反君也何以教之懷公卒殺狐突秦繆公乃發兵送內重耳使人告欒郤之黨正義曰欒枝郤縠之屬爲內應殺懷公於高梁入重耳重耳立是爲文公晉文公重耳晉獻公之子也自少好士年十七有賢士五人曰趙衰狐偃咎犯文公舅也賈佗先軫魏武子自獻公爲太子

時重耳固已成人矣獻公即位重耳年二十一獻公十三年以驪姬故重耳備蒲城守秦獻公二十一年獻公殺太子申生驪姬讒之恐不辭獻公而守蒲城獻公二十二年獻公使宦者履鞮趣殺重耳索隱曰履鞮即左傳之勃鞮亦曰寺人披也重耳踰垣宦者逐斬其衣袪重耳遂奔狄狄其母國也是時重耳年四十三從此五士其餘不名者數十人至狄狄伐咎如賈逵曰赤狄之別隗姓○索隱曰咎音高鄒誕本作囨如又云或作囚得二女以長女妻重耳生伯鯈正義曰直留反叔劉以少女妻趙衰生盾索隱曰左傳云伐廧咎如獲其二女以叔隗妻趙衰生盾公子取季隗生伯鯈叔劉則叔隗長

而季隗少乃不同也居狄五歲而晉獻公卒里克已殺奚齊悼子乃使人迎欲立重耳重耳畏殺因固謝不敢入已而晉更迎其弟夷吾立之是爲惠公惠公七年畏重耳乃使宦者履鞮與壯士欲殺重耳重耳聞之乃謀趙衰等曰始吾奔狄非以爲可用與索隱曰興起也非翟可用興起故奔之也以近易通故且休足休足久矣固願徙之大國夫齊桓公好善志在霸王收恤諸侯今聞管仲隰朋死此亦欲得賢佐盍往乎於是遂行重耳謂其妻曰待我二十五年不來乃嫁其妻笑曰犂二十五年索隱曰犂猶比也○正義

曰杜預云言將死入木也不復成嫁也吾冢上柏大矣雖然妾待子重耳居狄凡十二年而去過衛衛文公不禮去過五鹿賈逵曰衛地杜預曰今衛縣西北有地名五鹿平陽元城縣東亦有五鹿飢而從野人乞食野人盛土器中進之重耳怒趙衰曰土者有土也君其拜受之至齊齊桓公厚禮而以宗女妻之有馬二十乘重耳安之重耳至齊二歲而桓公卒會豎刁等爲內亂齊孝公之立諸侯兵數至留齊凡五歲重耳愛齊女毋去心趙衰咎犯乃於桑下謀行齊女侍者在桑上聞之以告其主其主乃殺侍者服虔曰懼孝公怒故殺之以滅口勸重耳趣

行重耳曰人生安樂孰知其他必死於此 徐廣曰一云人生一世必死於此 不能去齊女曰子一國公子窮而來此數士者以子爲命子不疾反國報勞臣而懷女德竊爲子羞之且不求何時得功乃與趙衰等謀醉重耳載以行行遠而覺重耳大怒引戈欲殺咎犯咎犯曰殺臣成子偃之願也重耳曰事不成我食舅氏之肉咎犯曰事不成犯肉腥臊何足食乃止遂行過曹曹共公不禮欲觀重耳駢脅曹大夫釐負羈曰晉公子賢又同姓窮來過我奈何不禮共公不從其謀負羈乃私遺重耳食置璧其下重耳受其食還其璧去過宋宋襄公新困兵於楚傷於泓聞重耳賢乃以國禮禮於重耳 索隱曰以國君之禮禮之也 宋司馬公孫固善於咎犯曰宋小國新困不足以求入更之大國乃去過鄭鄭文公弗禮鄭叔瞻諫其君曰晉公子賢而其從者皆國相且又同姓鄭之出自厲王而晉之出自武王鄭君曰諸侯亡公子過此者衆安可盡禮叔瞻曰君不禮不如殺之且後爲國患鄭君不聽重耳去之楚楚成王以適諸侯禮待之 索隱曰適音敵 重耳謝不敢當趙衰曰子亡在外十餘

年小國輕子況大國乎今楚大國而固遇子子其毋讓此天開子也遂以客禮見之成王厚遇重耳重耳甚卑成王曰子即反國何以報寡人重耳曰羽毛齒角玉帛君王所餘未知所以報王曰雖然何以報不穀重耳曰即不得已與君王以兵車會平原廣澤請辟王三舍 賈逵曰司馬法從遯不過三舍三舍九十里也 楚將子玉怒曰王遇晉公子至厚今重耳言不孫請殺之成王曰晉公子賢而困於外久從者皆國器此天所置庸可殺乎且言何以易之 索隱曰子玉請殺重耳楚成王不許言人之出言不可輕易之也 居楚數月而晉太子圉亡秦秦怨之聞重耳在楚乃召之成王曰楚遠更數國乃至晉秦晉接境秦君賢子其勉行厚送重耳重耳至秦繆公以宗女五人妻重耳故子圉妻與往重耳不欲受司空季子 服虔曰胥臣臼季也 曰其國且伐況其故妻乎且受以結秦親而求入子乃拘小禮忘大醜乎遂受繆公大歡與重耳飲趙衰歌黍苗詩 韋昭曰詩云芃芃黍苗陰雨膏之 繆公曰知子欲急反國矣趙衰與重耳下再拜曰孤臣之仰君如百穀之望時雨是時晉惠公十四年秋惠公以九月卒子圉立十一月葬惠公十

二月晉國大夫欒郤等聞重耳在秦皆陰來勸重耳趙衰等反國爲內應甚衆於是秦繆公乃發兵與重耳歸晉晉聞秦兵來亦發兵拒之然皆陰知公子重耳入也唯惠公之故貴臣呂郤之屬（正義曰呂甥郤芮也）不欲立重耳重耳出亡凡十九歲而得入時年六十二矣晉人多附焉文公元年春秦送重耳至河咎犯曰臣從君周旋天下過亦多矣臣猶知之況於君乎請從此去矣重耳曰若反國所不與子犯共者河伯視之（索隱曰視猶見也）乃投璧河中以與子犯盟是時介子推從在舡

中乃笑曰天實開公子而子犯以爲己功而要市於君固足羞也吾不忍與同位乃自隱渡河秦兵圍令狐晉軍于廬柳（韋昭曰廬柳晉地名）二月辛丑咎犯與秦晉大夫盟於郇（杜預曰解縣西北有郇城○索隱曰音荀即文王之子所封又音環）壬寅重耳入于晉師丙午入于曲沃丁未朝于武宮（賈逵曰文公之祖武公廟也）即位爲晉君是爲文公羣臣皆往懷公圉奔高梁戊申使人殺懷公懷公故大臣呂省郤芮本不附文公文公立恐誅乃欲與其徒謀燒公宮殺文公文公不知始嘗欲殺文公宦者履鞮知其謀欲以告文公解前罪

求見文公文公不見使人讓曰蒲城之事女斬予袪其後我從狄君獵女爲惠公來求殺我惠公與女期三日至而女一日至何速也女其念之宦者曰臣刀鋸之餘不敢以二心事君倍主故得罪於君君已反國其毋蒲翟乎且管仲射鉤桓公以霸今刑餘之人以事告而君不見禍又且及矣於是見之遂以呂郤等告文公文公欲召呂郤呂郤等黨多文公恐初入國國人賣己乃爲微行會秦繆公於王城（索隱曰杜預云馮翊臨晉縣東有故王城今名武鄉城）國人莫知三月己丑呂郤等果反焚公宮

不得文公文公之衛徒與戰呂郤等引兵欲奔秦繆公誘呂郤等殺之河上晉國復而文公得歸夏迎夫人於秦秦所與文公妻者卒爲夫人秦送三千人爲衛以備晉亂文公修政施惠百姓賞從亡者及功臣大者封邑小者尊爵未盡行賞周襄王以弟帶難出居鄭地來告急晉晉初定欲發兵恐他亂起是以賞從亡未至隱者介子推推亦不言祿祿亦不及推曰獻公子九人唯君在矣惠懷無親外內弃之天未絕晉必將有主主晉祀者非君而誰天實開之二三子

以爲己力不亦誣乎竊人之財猶曰是盜況貪天之功以爲己力乎下冒其罪上賞其姦上下相蒙(服虔曰蒙欺也)難與處矣其母曰盍亦求之以死誰懟推曰尤而效之罪有甚焉且出怨言不食其祿母曰亦使知之若何對曰言身之文也身欲隱安用文之文之是求顯也其母曰能如此乎與女偕隱至死不復見介子推從者憐之乃懸書宮門曰龍欲上天五蛇爲輔(索隱曰龍喻重耳五蛇即五臣狐偃趙衰魏武子司空季子及子推也舊云五臣有先軫顛頡今恐二人非其數)龍已升雲四蛇各入其宇一蛇獨怨終不見處所文公出見其

書曰此介子推也吾方憂王室未圖其功使人召之則亡遂求所在聞其入緜上山中(賈逵曰緜上晉地杜預曰西河介休縣南有地名緜上)於是文公環緜上山中而封之以爲介推田(徐廣曰一作國)號曰介山以記吾過且旌善人(賈逵曰旌表也)從亡賤臣壺叔曰君三行賞賞不及臣敢請罪文公報曰夫導我以仁義防我以德惠此受上賞輔我以行卒以成立此受次賞矢石之難汗馬之勞此復受次賞若以力事我而無補吾缺者此受次賞三賞之後故且及子晉人聞之皆說二年春秦軍河上將入王(索隱曰河上晉地)趙衰

曰求霸莫如入王尊周周晉同姓晉不先入王後秦入之毋以令于天下方今尊王晉之資也三月甲辰晉乃發兵至陽樊(服虔曰陽樊周地陽邑名也樊仲山之所居故曰陽樊)圍溫入襄王于周四月殺王弟帶周襄王賜晉河內陽樊之地四年楚成王及諸侯圍宋宋公孫固如晉告急先軫曰報施定霸於今在矣(杜預曰報宋贈馬之施)狐偃曰楚新得曹而初婚於衛若伐曹衛楚必救之則宋免矣於是晉作三軍(王肅曰始復成國之禮半周軍也)趙衰舉郤縠將中軍郤溱佐之使狐偃將上軍狐毛佐之命趙衰爲卿欒枝將下軍(賈逵曰欒枝欒賓之孫)

先軫佐之荀林父御戎魏犨爲右(正義曰犨昌由反又音受)往伐冬十二月晉兵先下山東而以原封趙衰(杜預曰河內沁水縣西北有原城)五年春晉文公欲伐曹假道於衛衛人弗許還自河南度侵曹伐衛正月取五鹿二月晉侯齊侯盟于斂盂(杜預曰衛地也)衛侯請盟晉晉人不許衛侯欲與楚國人不欲故出其君以說晉衛侯居襄牛(服虔曰衛地也)公子買守衛楚救衛不卒(徐廣曰一作勝)晉侯圍曹三月丙午晉師入曹數之以其不用釐負羈言而用美女乘軒者三百人也令軍毋入僖負羈宗家以報德楚圍宋宋復

告急晉文公欲救則攻楚爲楚嘗有德不欲伐也欲釋宋宋又嘗有德於晉患之索隱曰晉若攻楚則傷楚子送其入秦之德又欲釋宋不救乃虧宋公贈馬之惠進退有難是以患之先軫曰執曹伯分曹衛地以與宋楚急曹衛其勢宜釋宋索隱曰楚初得曹又新婚於衛今晉執曹伯而分曹衛之地與宋則楚急曹衛其勢宜釋宋也於是文公從之而楚成王乃引兵歸楚將子玉曰王遇晉至厚今知楚急曹衛而故伐之是輕王王曰晉侯亡在外十九年困日久矣果得反國險阸盡知之能用其民天之所開不可當子玉請曰非敢必有功願以閒執讒慝之口也服虔曰子玉非敢求有大功但欲執蔿賈讒慝之口

謂子玉過三百乘不能入也杜預曰執猶塞也楚王怒少與之兵於是子玉使宛春告晉賈逵曰宛春楚大夫請復衛侯而封曹臣亦釋宋咎犯曰子玉無禮矣君取一臣取二勿許韋昭曰君文公也臣子玉也一謂釋宋圍二謂復曹衛先軫曰定人之謂禮楚一言定三國子一言而亡之我則毋禮不許楚是弃宋也不如私許曹衛以誘之執宛春以怒楚韋昭曰怒楚令必戰既戰而後圖之杜預曰須勝負決乃定計晉侯乃囚宛春於衛且私許復曹衛曹衛告絕於楚楚得臣怒得臣即子玉擊晉師晉師退軍吏曰爲何退文公曰昔在楚約退三舍可倍乎楚師欲去得臣不肯

四月戊辰宋公齊將秦將與晉侯次城濮賈逵曰衛地也○索隱曰宋公成公王臣齊將國歸父秦將小子慭也己巳與楚兵合戰楚兵敗得臣收餘兵去甲午晉師還至衡雍杜預曰衡雍鄭地今滎陽卷縣也作王宮于踐土服虔曰既敗楚師襄王自往臨踐土賜命晉侯晉侯聞而爲之作宮○索隱曰杜預云踐土鄭地然據此文晉師還至衡雍衡雍在河南也故劉氏云踐土在河南下文踐土在河北今元城縣西有踐土驛義或然也初鄭助楚楚敗懼使人請盟晉侯晉侯與鄭伯盟五月丁未獻楚俘於周正義曰俘音孚囚也駟介百乘徒兵千服虔曰駟介駟馬被甲也徒兵步卒也天子使王子虎命晉侯爲伯賈逵曰王子虎周大夫賜大輅彤弓矢百玈弓矢千賈逵曰大輅金輅彤弓赤玈弓黑也諸侯賜弓矢然後征伐○正義曰彤徒冬反玈音盧秬鬯一

卣珪瓚賈逵曰秬黑黍鬯香酒也所以降神卣器名諸侯賜珪瓚然後爲鬯虎賁三百人賈逵曰天子卒曰虎賁晉侯三辭然後稽首受之賈逵曰稽首首至地周作晉文侯命王若曰父義和孔安國曰同姓故稱曰父馬融曰王順曰父能以義和我諸侯○索隱曰尚書文侯之命是平王命晉文侯仇之語今此乃是襄王命文公重耳之事代數懸隔勳策全乖太史公雖復弥縫左氏而系家頗亦時有疏謬裴氏集解亦引孔馬之注而都不言時代乖角何習迷而同醉也然計平王至襄王爲七代仇至重耳爲十一代而十三侯又平王元年至魯僖二十八年當襄二十年爲一百三十餘歲矣學者頗合討論之劉伯莊以爲蓋天子命晉同此一辭尤爲非也丕顯文武能慎明德孔安國曰文王武王能詳慎顯用明德昭登於上布聞在下馬融曰昭明也上謂天下謂人維時上帝集厥命于文武孔安國曰惟以是故集成其王命德流子孫恤朕身繼予一人永其在位孔安國曰當憂念我身則我一人長安在位於

是晉文公稱伯癸亥王子虎盟諸侯於王庭服虔曰王庭踐土也。索隱曰服氏知王庭是踐土者據二十八年五月公會晉侯盟于踐土又此上文四月甲午作王宮于踐土王庭即王宮也晉焚楚軍火數日不息文公歎左右曰勝楚而君猶憂何文公曰吾聞能戰勝安者唯聖人是以懼且子玉猶在庸可喜乎子玉之敗而歸楚成王怒其不用其言貪與晉戰讓責子玉子玉自殺晉文公曰我擊其外楚誅其內內外相應於是乃喜六月晉人復入衛侯壬午晉侯度河北歸國行賞狐偃為首或曰城濮之事先軫之謀文公曰城濮之事偃說我毋失信先軫曰軍事勝為右吾用之以勝然此一時之說偃言萬世之功奈何以一時之利而加萬世功乎是以先之冬晉侯會諸侯於溫欲率之朝周力未能恐其有畔者乃使人言周襄王狩于河陽壬申遂率諸侯朝王於踐土索隱曰左氏五月盟于踐土冬會諸侯于溫天王狩於河陽壬申公朝於王所此文亦說冬朝于王當合於河陽溫地不合取五月踐土之文也孔子讀史記至文公曰諸侯無召王王狩河陽者春秋諱之也丁丑諸侯圍許曹伯臣或說晉侯曰齊桓公合諸侯而國異姓今君為會而滅同姓曹叔振鐸之後晉唐叔之後合諸侯而滅兄弟非

禮晉侯說復曹伯於是晉始作三行服虔曰辟天子六軍故謂之三行荀林父將中行先縠將右行索隱曰左傳屠擊將右行與此異先蔑將左行杜預曰三行無佐疑大夫帥也。索隱曰按左傳荀林父並是卿而云大夫帥者非也不置佐者當避天子也或新置三行官未備耳七年晉文公秦繆公共圍鄭以其無禮於文公亡過時及城濮時鄭助楚也圍鄭欲得叔瞻叔瞻聞之自殺鄭持叔瞻告晉晉曰必得鄭君而甘心焉鄭恐乃間令使謂秦繆公曰索隱曰使謂燭之武也亡鄭厚晉於晉得矣而秦未為利君何不解鄭得為東道交索隱曰交猶好也諸本及左氏皆作主秦伯說罷兵晉亦罷兵九年冬晉文公卒子襄公歡立是歲鄭伯亦卒鄭人或賣其國於秦正義曰左傳云秦晉伐鄭燭之武說秦師罷令杞子逢孫揚孫三大夫戍鄭杞子自鄭使告於秦曰鄭人使我掌其北門之管若潛師以來國可得也秦繆公發兵往襲鄭十二月秦兵過我郊襄公元年春秦師過周無禮王孫滿譏之兵至滑鄭賈人弦高將市于周遇之以十二牛勞秦師秦師驚而還滅滑而去晉先軫曰秦伯不用蹇叔反其衆心此可擊欒枝曰未報先君施於秦擊之不可先軫曰秦侮吾孤伐吾同姓何德之報遂擊之襄公墨衰絰賈逵曰墨變凶杜預曰以凶服從戎故墨之四月敗秦師于殽虜秦三將孟明視西乞秫

白乙丙以歸遂墨以葬文公服虔曰非禮也杜預曰記禮所由變也文
公夫人秦女謂襄公曰秦欲得其三將戮之公
許遣之先軫聞之謂襄公曰患生矣軫乃追秦
將秦將渡河已在船中頓首謝卒不反後三年
秦果使孟明伐晉報殽之敗取晉汪以歸索隱曰左
氏傳文公二年秦孟明視伐晉報殽之役無取晉汪之事又其年冬晉先且居等伐秦取汪彭衙而還則汪是秦邑止可晉伐秦取之豈得秦伐晉而取汪也或者晉先取之秦今伐晉而取汪是汪從晉來故云取晉汪而歸也彭衙在郃陽北汪不知所在四年秦繆公大興兵伐我渡河取王官正義
曰括地志云王官故城在同州澄城縣西北六十里左傳文三年秦伐晉取王官即此先言渡河史文顛倒耳封殽
尸而去晉恐不敢出遂城守五年晉伐秦取新

城服虔曰秦邑新所作城也報王官役也六年趙衰成子欒貞
子咎季子犯霍伯皆卒賈逵曰欒貞子欒枝也霍伯先且居也趙盾代
趙衰執政七年八月襄公卒太子夷皋少晉人
以難故服虔曰晉國數有患難欲立長君趙盾曰立襄公弟
雍好善而長先君愛之且近於秦秦故好也立
善則固事長則順奉愛則孝結舊好則安賈季
曰不如其弟樂辰嬴嬖於二君服虔曰辰嬴懷嬴也二君懷公文公立
其子民必安之趙盾曰辰嬴賤班在九人下服虔
曰班次也其子何震之有賈逵曰震威也且為二君嬖淫也為先
君子正義曰樂文公子也不能求大而出在小國僻也毋淫

子僻無威正義曰僻疋亦反言樂辟隱在陳而遠無援也陳小而遠無援將
何可乎使士會如秦迎公子雍賈季亦使人召
公子樂於陳趙盾廢賈季以其殺陽處父左傳曰此
時賈佗為太師陽處父為太傅十月葬襄公十一月賈季奔翟是
歲秦繆公亦卒靈公元年四月秦康公曰昔文
公之入也無衛故有呂郤之患乃多與公子雍
衛太子母繆嬴日夜抱太子以號泣於朝曰先
君何罪其嗣亦何罪舍適而外求君將安置此
服虔曰此太子出朝則抱以適趙盾所頓首曰先君奉此
子而屬之子曰此子材吾受其賜不材吾怨子

王肅曰怨其教導不至今君卒言猶在耳杜預曰在宣子之耳而弃之若
何趙盾與諸大夫皆患繆嬴且畏誅乃背所迎
而立太子夷皋是為靈公發兵以距秦送公子
雍者趙盾為將往擊秦敗之令狐先蔑隨會亡
奔秦秋齊宋衛鄭曹許君皆會趙盾盟於扈杜預
曰鄭地滎陽卷縣西北有扈亭以靈公初立故也四年伐秦取少
梁秦亦取晉之鄗徐廣曰年表云北徵也○索隱曰按左傳文十年春晉人伐秦取少梁夏
秦伯伐晉取北徵北徵即年表所謂今云鄗者字誤也徵音懲亦馮翊之縣名六年秦康公伐
晉取羈馬晉侯怒使趙盾趙穿郤缺擊秦大戰
河曲趙穿最有功七年晉六卿患隨會之在秦

常爲晉亂乃詳令魏壽餘反晉降秦秦使隨會之魏因執會以歸晉八年周頃王崩公卿爭權故不赴（索隱曰春秋魯文十二年頃王崩周公閱與王孫蘇爭政故不赴是也）晉使趙盾以車八百乘平周亂而立匡王（索隱曰左傳文十四年晉趙盾以諸侯之師八百乘納捷菑于邾不克乃還而周公閱與王孫蘇訟于晉趙宣子平王室而復之則以車八百乘自是宣子納邾捷菑不關王室之事但文相連耳恐此誤）是年楚莊王初即位十二年齊人弒其君懿公十四年靈公壯侈厚斂以彫牆（賈逵曰彫畫也）從臺上彈人觀其避丸也宰夫胹熊蹯不熟（服虔曰蹯熊掌其肉難熟○正義曰胹音而蹯音樊）靈公怒殺宰夫使婦人持其屍出弃之過朝趙盾隨會前數諫不聽已

又見死人手二人前諫隨會先諫不聽靈公患之使鉏麑刺趙盾（賈逵曰鉏麑晉力士○正義曰鉏音鋤麑音迷）盾閨門開居處節鉏麑退歎曰殺忠臣弃君命罪一也遂觸樹而死（杜預曰趙盾庭樹也）初盾常田首山（徐廣曰蒲坂縣有雷首山）見桑下有餓人餓人示眯明也（索隱曰鄒誕生音示眯爲祁彌即左傳之提彌明也提音市移反劉氏亦音祁爲時移反則祁提二字同音也而凡史記作示者示即周禮古本地神曰祇皆作示字鄒爲祁者蓋由祁提音相近字遂變爲祁也眯音米移反以眯爲彌亦音相近耳又據左氏宣公二年桑下餓人是靈輒也其示眯明是嗾獒者也眯明鬬而死今合二人爲一人非也）盾與之食食其半問其故曰宦三年（服虔曰宦官學士也）未知母之存不願遺母盾義之益與之飯肉已而爲晉宰夫趙盾弗復知

也九月晉靈公飲趙盾酒伏甲將攻盾公宰示眯明知之恐盾醉不能起而進曰君賜臣觴三行（索隱曰如字）可以罷欲以去趙盾令先毋及難盾既去靈公伏士未會先縱齧狗名敖（何休曰犬四尺曰敖○索隱曰縱足用反又作嗾又作就同素后反）明爲盾搏殺狗盾曰弃人用狗雖猛何爲然不知明之爲陰德也已而靈公縱伏士出逐趙盾示眯明反擊靈公之伏士伏士不能進而竟脫盾盾問其故曰我桑下餓人問其名弗告（服虔曰不望報）明亦因亡去盾遂奔未出晉境乙丑盾昆弟將軍趙穿襲殺靈公於桃園（虞翻曰園名也）而

迎趙盾趙盾素貴得民和靈公少侈民不附故爲弒易（索隱曰以豉反）盾復位晉太史董狐書曰趙盾弒其君以視於朝盾曰弒者趙穿我無罪太史曰子爲正卿而亡不出境反不誅國亂非子而誰孔子聞之曰董狐古之良史也書法不隱（杜預曰不隱盾之罪也○正義曰爲于僞反）宣子良大夫也爲法受惡（服虔曰聞義則服杜預曰善其爲法受屈）惜也出疆乃免（杜預曰越境則君臣之義絕可以不討賊也）趙盾使趙穿迎襄公弟黑臀于周而立之是爲成公成公者文公少子其母周女也壬申朝于武宮成公元年賜趙氏爲公族（服虔曰公族大夫也）伐鄭鄭倍

晉故也三年鄭伯初立附晉而弃楚楚怒伐鄭晉往救之六年伐秦虜秦將赤索隱曰赤即斥謂斥候之人也按宣八年左傳晉伐秦獲秦諜殺諸絳市蓋彼諜即此赤也晉成公六年與魯宣八年正同故知然也七年成公與楚莊王爭彊會諸侯于扈陳畏楚不會晉使中行桓子伐陳索隱曰桓子荀林父也因救鄭與楚戰敗楚師是年成公卒子景公據立景公元年春陳大夫夏徵舒弒其君靈公二年楚莊王伐陳誅徵舒三年楚莊王圍鄭鄭告急晉晉使荀林父將中軍隨會將上軍趙朔將下軍郤克欒書先縠韓厥鞏朔佐之六月至河聞楚已服鄭鄭伯肉

袒與盟而去荀林父欲還先縠曰凡來救鄭不至不可將率離心卒度河楚已服鄭欲飲馬于河為名而去楚與晉軍大戰鄭新附楚畏之反助楚攻晉晉軍敗走河爭度舡中人指甚衆楚虜我將智罃歸而林父曰臣為督將軍敗當誅請死景公欲許之隨會曰昔文公之與楚戰城濮成王歸殺子玉而文公乃喜今楚已敗我師又誅其將是助楚殺仇也乃止四年先縠以首計而敗晉軍河上恐誅乃奔翟與翟謀伐晉晉覺乃族縠縠先軫子也五年伐鄭為助楚故也

是時楚莊王彊以挫晉兵河上也六年楚伐宋宋來告急晉晉欲救之伯宗謀曰賈逵曰伯宗晉大夫楚天方開之不可當乃使解揚紿為救宋服虔曰解揚晉大夫鄭人執與楚楚厚賜使反其言令宋急下解揚紿許之卒致晉君言楚欲殺之或諫乃歸解揚七年晉使隨會滅赤狄八年使郤克於齊齊頃公母從樓上觀而笑之所以然者郤克僂而魯使蹇衛使眇故齊亦令人如之以導客郤克怒歸至河上曰不報齊者河伯視之至國請君欲伐齊景公問知其故曰子之怨安足以煩國弗聽

魏文子請老休辟郤克克執政九年楚莊王卒晉伐齊齊使太子彊為質於晉晉兵罷十一年春齊伐魯取隆索隱曰劉氏云隆即龍也魯北有隆山又此年當魯成二年經書齊侯伐我北鄙傳曰圍龍又鄒誕及別本作俏字俏當作鄆文十二年季孫行父帥師城諸及鄆鄆即俏也字變耳地理志云在東宛縣東魯告急衛衛與魯皆因郤克告急於晉晉乃使郤克欒書韓厥以兵車八百乘與魯衛共伐齊夏與頃公戰於鞍傷困頃公頃公乃與其右易位下取飲以得脫去齊師敗走晉追北至齊頃公獻寶器以求平不聽郤克曰必得蕭桐姪子為質索隱曰傳作叔子齊使曰蕭桐姪子頃公母頃公母

猶晉君母，奈何必得之？不義。請復戰。晉乃許與平而去。楚申公巫臣盜夏姬以奔晉，晉以巫臣為邢大夫。（賈逵曰：邢，晉邑。）十二年冬，齊頃公如晉，欲上尊晉景公為王，景公讓不敢。晉始作六卿，（賈逵曰：初作六軍，僭王也。）韓厥、鞏朔、趙穿、荀騅、趙括、趙旃皆為卿。（索隱曰：騅音佳，謚文子也。）智罃自楚歸。十三年，魯成公朝晉，晉弗敬，魯怒去，倍晉。晉伐鄭，取氾。十四年，梁山崩。（公羊傳曰：梁山，河上山。杜預曰：在馮翊夏陽縣北也。）問伯宗，伯宗以為不足怪也。（徐廣曰：年表云伯宗隱其人用其言。）十六年，楚將子反怨巫臣，滅其族。巫臣怒，遺子反書曰：必令子罷於奔命。乃請使吳，令其子為吳行人，教吳乘車用兵。吳晉始通，約伐楚。十七年，誅趙同、趙括，族滅之。韓厥曰：趙衰、趙盾之功豈可忘乎？奈何絕祀！乃復令趙庶子武為趙後，復與之邑。十九年夏，景公病，立其太子壽曼為君，是為厲公。後月餘，景公卒。厲公元年，初立，欲和諸侯，與秦桓公夾河而盟。歸而秦倍盟，與翟謀伐晉。三年，使呂相讓秦，（賈逵曰：呂相，晉大夫。）因與諸侯伐秦。至涇，敗秦於麻隧，虜其將成差。五年，三郤讒伯宗，殺之。（賈逵曰：三郤，郤錡、郤犨、郤至。）伯宗以好直諫得此禍，國人以是不附厲公。六年春，鄭倍晉與

楚盟，晉怒。欒書曰：不可以當吾世而失諸侯。乃發兵。厲公自將，五月渡河。聞楚兵來救，范文子請公欲還。郤至曰：發兵誅逆，見彊辟之，無以令諸侯。遂與戰。癸巳，射中楚共王目，楚兵敗於鄢陵。（徐廣曰：一作焉。服虔曰：鄢陵，鄭之東南地也。○索隱曰：鄢音偃，又於連反。）子反收餘兵，拊循欲復戰，晉患之。共王召子反，其侍者豎陽穀進酒，子反醉，不能見。王怒，讓子反，子反死。王遂引兵歸。晉由此威諸侯，欲以令天下求霸。厲公多外嬖姬，歸，欲盡去羣大夫而立諸姬兄弟。寵姬兄曰胥童，嘗與郤至有怨，及欒書又怨郤至不用其計而遂敗楚，（左傳曰：欒書欲待楚師退而擊之，郤至云楚有六間不可失也。）乃使人閒謝楚。楚來詐厲公曰：鄢陵之戰，實至召楚，欲作亂，內子周立之。會與國不具，是以事不成。厲公告欒書。欒書曰：其殆有矣！願公試使人之周（虞翻曰：周，京師。）微考之。果使郤至於周。欒書又使公子周見郤至，郤至不知見賣也。厲公驗之，信然，遂怨郤至，欲殺之。八年，厲公獵，與姬飲，郤至殺豕奉進，宦者奪之。（索隱曰：宦者孟張。）郤至射殺宦者。公怒，曰：季子欺予！（杜預曰：公反以為郤至奪豕也。）將誅三郤，未發也。郤錡欲攻公，曰：我雖死，公亦病矣。郤至曰：信不反君

智不害民勇不作亂失此三者誰與我我死耳十二月壬午公令胥童以兵八百人襲攻殺三郤胥童因以劫欒書中行偃于朝曰不殺二子患必及公公曰一旦殺三卿寡人不忍益也對曰人將忍君（杜預曰人謂書偃）公弗聽謝欒書等以誅郤氏罪大夫復位二子頓首曰幸甚幸甚公使胥童為卿閏月乙卯厲公游匠驪氏（賈逵曰匠驪氏晉外嬖大夫在翼者）欒書中行偃以其黨襲捕厲公囚之殺胥童而使人迎公子周（徐廣曰一作糾）于周而立之是為悼公悼公元年正月庚申欒書中行偃弒厲公葬之（左傳曰葬之于翼東門之外）以一乘車（杜預曰言不以君禮葬也諸侯葬車七乘）厲公囚六日死死十日庚午智罃迎公子周來至絳刑雞與大夫盟而立之是為悼公辛巳朝武宮二月乙酉即位悼公周者其大父捷晉襄公少子也不得立號為桓叔桓叔最愛桓叔生惠伯談談生悼公周周之立年十四矣悼公曰大父父皆不得立而辟難於周客死焉寡人自以疏遠毋幾為君（索隱曰幾音冀謂望也）今大夫不忘文襄之意而惠立桓叔之後賴宗廟大夫之靈得奉晉祀豈敢不戰戰乎大夫其亦佐寡人於是逐不臣者

七人脩舊功施德惠收文公入時功臣後秋伐鄭鄭師敗遂至陳三年晉會諸侯（索隱曰於雞澤也）悼公問群臣可用者祁傒舉解狐解狐傒之仇復問舉其子祁午君子曰祁傒可謂不黨矣外舉不隱仇內舉不隱子方會諸侯悼公弟楊干亂行（賈逵曰行陳也）魏絳戮其僕（賈逵曰僕御也）悼公怒或諫公公卒賢絳任之政使和戎戎大親附十一年悼公曰自吾用魏絳九合諸侯（服虔曰九合一謂會于戚二會城棣救陳三會于鄬四會于邢丘五同盟于戲六會于柤七戍鄭虎牢八同盟于亳城北九會于蕭魚）和戎翟魏子之力也賜之樂三讓乃受之冬秦取我櫟（索隱曰音歷釋例云在河北也）

闕十四年晉使六卿率諸侯伐秦度涇大敗秦軍至棫林而去十五年悼公問治國於師曠師曠曰唯仁義為本冬悼公卒子平公彪立平公元年伐齊齊靈公與戰靡下（徐廣曰靡一作歷○索隱曰劉氏靡音眉綺反即靡笄也）齊師敗走晏嬰曰君亦毋勇何不止戰遂去晉追遂圍臨菑盡燒屠其郭中東至膠南至沂齊皆城守晉乃引兵歸六年魯襄公朝晉晉欒逞有罪奔齊八年齊莊公微遣欒逞於曲沃以兵隨之齊兵上太行欒逞從曲沃中反襲入絳絳不戒平公欲自殺范獻子止公以其徒擊逞

逞敗走曲沃曲沃攻逞逞死遂滅欒氏宗逞者欒書孫也左傳逞作盈其入絳與魏氏謀齊莊公聞逞敗乃還取晉之朝歌去以報臨菑之役也十年齊崔杼弒其君莊公晉因齊亂伐敗齊於高唐去報太行之役也十四年吳延陵季子來使與趙文子韓宣子魏獻子語曰晉國之政卒歸此三家矣十九年齊使晏嬰如晉與叔嚮語叔嚮曰晉季世也公厚賦為臺池而不恤政政在私門其可久乎晏子然之二十二年伐燕二十六年平公卒子昭公夷立昭公六年卒六卿彊公

室卑索隱曰韓趙魏范中行及智氏為六卿後韓趙魏為三卿而分晉政故曰三晉子頃公去疾立頃公六年周景王崩王子爭立晉六卿平王室亂立敬王九年魯季氏逐其君昭公昭公居乾侯十一年衛宋使使請晉納魯君季平子私賂范獻子獻子受之乃謂晉君曰季氏無罪不果入魯君十二年晉之宗家祁傒孫叔嚮子相惡於君六卿欲弱公室乃遂以法盡滅其族而分其邑為十縣各令其子為大夫晉益弱六卿皆大十四年頃公卒子定公午立定公十一年魯陽虎奔晉趙鞅簡子舍之十二年孔子相

魯十五年趙鞅使邯鄲大夫午不信欲殺午午與中行寅范吉射親攻趙鞅索隱曰寅荀偃之孫射音亦范獻子士鞅之子鞅走保晉陽定公圍晉陽荀櫟韓不信魏侈與范中行為仇乃移兵伐范中行范中行反晉君擊之敗范中行范中行走朝歌保之韓魏為趙鞅謝晉君乃赦趙鞅復位二十二年晉敗范中行氏二子奔齊三十年定公與吳王夫差會黃池爭長趙鞅時從卒長吳徐廣曰吳世家說黃池之盟云趙鞅怒將戰吳乃長晉定公左氏傳云乃先晉人外傳云吳公先歃晉公次之三十一年齊田常弒其君簡公而立簡公弟驁為平公三十三年孔子卒

三十七年定公卒子出公鑿立出公十七年徐廣曰年表云出公立十八年或云二十年知伯與趙韓魏共分范中行地以為邑出公怒告齊魯欲以伐四卿四卿索隱曰時趙魏韓共滅范氏及中行氏而分其地猶有智氏與三晉故云四卿恐遂反攻出公出公奔齊道死故知伯乃立昭公曾孫驕為晉君是為哀公索隱曰趙系家云驕是為懿公又年表云出公十八年次哀公忌二年次懿公驕十七年紀年又云出公二十三年奔楚乃立昭公之孫是為敬公系本亦云昭公生礼指公子雍生忌忌生懿公驕然晉趙系家及年表並皆不同何況紀年之說也哀公大父雍晉昭公少子也號為戴子徐廣曰世本作桓子雍注云戴子戴子生忌忌善知伯早死故知伯欲盡并晉未敢乃立忌子驕為君當是時晉

國政皆決知伯晉哀公不得有所制知伯遂有范中行地最彊哀公四年趙襄子韓康子魏桓子共殺知伯盡并其地索隱曰如年紀之說此乃出公二十二年事十八年哀公卒子幽公柳立幽公之時晉畏反朝韓趙魏之君索隱曰畏懼也爲衰弱故反朝韓趙魏也宋忠引此注系本而畏字作衰獨有絳曲沃餘皆入三晉十五年魏文侯初立索隱曰按紀年魏文侯初立在敬公十八年十八年幽公淫婦人夜竊出邑中盜殺幽公索隱曰紀年云夫人秦嬴賊公於高寢之上魏文侯以兵誅晉亂立幽公子止是爲烈公索隱曰系本幽公生烈成公止又年表云魏誅幽公立其弟止也烈公十九年周威烈王賜趙韓魏皆命爲諸

侯二十七年烈公卒子孝公頎立索隱曰系本云孝公傾欣紀年以孝公爲桓公故韓子有晉桓侯孝公九年魏武侯初立襲邯鄲不勝而去十七年孝公卒索隱曰紀年云桓公二十年趙成侯韓共侯遷桓公於屯留已後更無晉事子靜公俱酒立索隱曰系本云靜公俱是歲齊威王元年也靜公二年魏武侯韓哀侯趙敬侯滅晉後而三分其地索隱曰紀年云魏武侯以桓公十九年卒韓哀侯趙敬侯並以桓公十五年卒又趙系家烈侯十六年與韓分晉封晉君端氏其後十年肅侯徙晉於屯留不同也靜公遷爲家人晉絕不祀

太史公曰晉文公古所謂明君也亡居外十九年至困約及即位而行賞尚忘介子推況驕主乎靈公既弒其後成景致嚴至厲大刻大夫懼誅禍作悼公以後日衰六卿專權故君道之御其臣下固不易哉

索隱述贊曰

天命叔虞　卒封於唐　桐圭既削
河汾是荒　文侯雖嗣　曲沃日彊
未知本末　祚傾桓莊　獻公昏惑
太子罹殃　重耳致霸　朝周河陽
靈既喪德　厲亦無防　四卿侵侮
晉祚遂亡

史壹萬貳阡貳伯貳拾壹字
註計伍阡柒伯陸拾字

晉世家第九　史記三十九

楚世家第十　史記四十

楚之先祖出自帝顓頊高陽。高陽者，黄帝之孫、昌意之子也。高陽生稱（正義曰：尺證反）稱生卷章，卷章生重黎（徐廣曰：世本云老童生重黎及吳回。譙周曰老童即卷章。○索隱曰：重氏、黎氏二官代司天地，重爲木正，黎爲火正。據左氏，少昊氏之子曰重，顓頊氏之子曰黎。今以重黎爲一人，乃是顓頊之子孫者，劉氏云少昊氏之後曰重，顓頊氏之後曰重黎，對彼重則單稱黎，若自言當家則稱重黎，故楚及司馬氏皆重黎之後，非關少昊之重。愚謂此解爲當）。重黎爲帝嚳高辛居火正（索隱曰：此重黎爲火正，彼少昊氏之後重自爲木正，知此重黎即彼之黎也），甚有功，能光融天下，帝嚳命曰祝融（虞翻曰：祝，大；融，明也。韋昭曰：祝，始也）。共工氏作亂，帝嚳使重黎誅之而不盡。帝乃以庚寅日誅重黎，而以其弟

吳回爲重黎後，復居火正，爲祝融。吳回生陸終。陸終生子六人，坼剖而産焉（干寶曰：先儒學士多疑此事。譙允南通才達學，精核數理者也，作古史考，以爲作者妄記，廢而不論。余亦尤其生之異也。然案六子之世，子孫有國，升降六代，數千年間，迭至霸王，天將興之，必有尤物乎？若夫前志所傳，脩已背坼而生禹，簡狄胷剖而生契，歷代久遠，莫足相證。近魏黄初五年，汝南屈雍妻王氏生男兒從右胳下水腹上出，而平和自若，數月創合，母子無恙，斯蓋近事之信也。以今況古，固知注記者之不妄也。天地云爲，陰陽變化，安可守之一端，槩以常理乎？詩云「不坼不副，無災無害」。原詩人之旨，明古之婦人嘗有坼副而産者矣。又有因産而遇災害者，故美其無害也。○索隱曰：系本云陸終娶鬼方氏之妹，謂之女嬇）。其長一曰昆吾（虞翻曰：昆吾名樊，爲己姓，封昆吾。世本曰昆吾若衛是也。○索隱曰：系本云其一曰樊，是爲昆吾。宋忠曰：昆吾，國名，己姓所出。左傳曰衛侯夢見被髮登昆吾之觀，今濮陽城中有昆吾臺是。○正義曰：括地志云濮陽縣，古昆吾國也。昆吾故城在縣西三十里，臺在縣西百步，即昆吾墟也）；二曰參胡（世本曰：參胡者，韓是也。○索隱曰：系本云二曰惠連，是爲參胡。宋忠曰：參胡，國名，斯姓，無後）；三曰彭祖（虞翻曰：名翦，爲彭姓，封於大彭。世本曰：彭祖者，彭城是也。○索隱曰：系本云三曰籛鏗，是爲彭祖，虞翻所云是也。○正義曰：括地志云彭城，古彭祖國也。外傳云殷末滅彭祖國也。虞翻云名翦。神仙傳云彭祖諱鏗，帝顓頊之玄孫，至殷末年已七百六十七歲而不衰老，遂往流沙之西，非壽終也）；四曰會人（世本曰：會人者，鄭是也。○索隱曰：系本云四曰求言，是爲鄶人。宋忠曰：求言，名也，妘姓所出，鄶國也。○正義曰：括地志云故鄶城在鄭州新鄭縣東北二十二里。毛詩譜云昔高辛氏之土，祝融之墟，歷唐至周，重黎之後妘姓處其地，是爲鄶國，爲鄭武公所滅也）；五曰曹姓（世本曰：曹姓者，邾是也。○索隱曰：系本云其五曰安，是爲曹姓。宋忠云安，名也，曹姓者，諸曹所出也。○正義曰：括地志云故邾國在黄州黄岡縣東南百二十一里。史記云邾子曹姓也）；六曰季連，羋姓，楚其後也（索隱曰：系本云六曰季連，是爲羋姓。季連者，楚是也。宋忠曰：季連，名也。羋姓，諸楚所出，楚之先。羋音彌是反，羋，羊聲也）。昆吾氏，夏之時嘗爲侯伯，桀之時湯滅

之。彭祖氏，殷之時嘗爲侯伯，殷之末世滅彭祖氏。季連生附沮（孫檢曰：一作祖。○索隱曰：沮音才敍反），附沮生穴熊。其後中微，或在中國，或在蠻夷，弗能紀其世。周文王之時，季連之苗裔曰鬻熊。鬻熊子事文王，蚤卒。其子曰熊麗。熊麗生熊狂，熊狂生熊繹。熊繹當周成王之時，舉文武勤勞之後嗣，而封熊繹於楚蠻，封以子男之田，姓羋氏，居丹陽（徐廣曰：在南郡枝江縣。○正義曰：潁客云傳例云楚居丹陽，今枝江縣故城是。括地志云歸州巴東縣東南四里歸故城，楚子熊繹之始國也。又熊繹墓在歸州秭歸縣。輿地志云秭歸縣東有丹陽城，周迴八里，熊繹始封也）。楚子熊繹與魯公伯禽、衛康叔子牟、晉侯燮、齊太公子呂

伋俱事成王熊繹生熊艾熊艾生熊䵣索隱曰一作黮音土感反䵣音與但與亶同字亦作亶也熊䵣生熊勝熊勝以弟熊楊爲後索隱曰鄒誕本作熊錫又作煬熊楊生熊渠熊渠生子三人當周夷王之時王室微諸侯或不朝相伐熊渠甚得江漢閒民和乃興兵伐庸杜預曰庸今上庸縣○正義曰括地志云房州竹山縣本漢上庸縣古之庸國昔周武王伐紂庸蠻在焉楊粵索隱曰有本作楊雩音吁地名也今音越譙周作楊越至于鄂正義曰五各反劉伯莊云地名在楚之西後徙楚今東鄂州是括地志云鄧州向城縣南二十里西鄂故城是楚西鄂熊渠曰我蠻夷也不與中國之號謚乃立其長子康爲句亶王張瑩曰今江陵也○索隱曰系本康作庸亶作袒地理志云江陵南郡之縣也楚文王自丹陽徙都之中子紅爲鄂王九州記曰鄂今

武昌○索隱曰有本作摯紅音贄紅從下文熊摯紅讀古史考及鄒氏劉氏等無音摯紅恐非也○正義曰括地志云武昌縣鄂王舊都今鄂王神即熊渠子之神也少子執疵爲越章王索隱曰系本無執字疵作就○正義曰即上鄂王紅也皆在江上楚蠻之地及周厲王之時暴虐熊渠畏其伐楚亦去其王後爲熊毋康徐廣曰即渠之長子毋康早死熊渠卒子熊摯紅立摯紅卒其弟弒而代立曰熊延索隱曰如此史意即上鄂王紅也譙周以爲熊渠卒子熊翔立卒長子摯有疾少子熊延立此云摯紅卒其弟弒而自立曰熊延欲會此代系則翔亦毋康之弟熊渠者既卒毋康又早卒其摯紅立而被延殺故史考言摯有疾而此言弒也○正義曰譙周言摯有疾此言殺未詳宋均注樂緯云熊渠嫡嗣曰熊摯有惡疾不得爲後別居於夔爲楚附庸後王命曰夔子也熊延生熊勇熊勇六年而周人作亂攻厲王厲王出奔彘熊勇十

年卒弟熊嚴爲後熊嚴十年卒有子四人長子伯霜中子仲雪次子叔堪索隱曰堪一作湛少子季徇索隱曰徇音旬俊反熊嚴卒長子伯霜代立是爲熊霜熊霜元年周宣王初立熊霜六年卒三弟爭立仲雪死叔堪亡避難於濮杜預曰建寧郡南有卜夷○正義曰按建寧晉郡在蜀南與蠻相近劉伯莊云濮在楚西南孔安國云庸濮在漢之南按成公元年楚地千里孔說是也而少弟季徇立是爲熊徇熊徇十六年鄭桓公初封於鄭二十二年熊徇卒子熊咢立索隱曰咢音鄂亦作噩熊咢九年卒子熊儀立是爲若敖若敖二十年周幽王爲犬戎所弒周東徙而秦襄公始列爲諸侯二

十七年若敖卒子熊坎立是爲霄敖索隱曰坎音若感反一作菌又作欽霄敖六年卒子熊眴立徐廣曰眴音舜○索隱曰按玉篇眴在口部顧氏云楚之先即蚡冒也劉音舜其近代本字有從目者故劉氏有舜音非也是爲蚡冒索隱曰古本蚡作粉音憤冒音亡北反或亡報反蚡冒十三年晉始亂以曲沃之故蚡冒十七年卒蚡冒弟熊通弒蚡冒子而代立是爲楚武王武王十七年晉之曲沃莊伯弒主國晉孝侯十九年鄭伯弟段作亂二十一年鄭侵天子之田二十三年衛弒其君桓公二十九年魯弒其君隱公三十一年宋太宰華督弒其君殤公三十五年楚伐隨賈逵曰隨姬姓也杜預曰隨國今義陽隨縣○正義

曰括地志云隨州外城古隨國地世本云楚武王墓在豫州新息隨姬姓也武王卒師中而兵罷括地志云上蔡縣東北
五十里隨曰我無罪楚曰我蠻夷也今諸侯皆為叛
相侵或相殺我有敝甲欲以觀中國之政請王
室尊吾號隨人為之周請尊楚王室不聽還報
三十七年楚熊通怒曰吾先鬻熊文王之師也
早終成王舉我先公乃以子男田令居楚蠻夷
皆率服而王不加位我自尊耳乃自立為武王
與隨人盟而去於是始開濮地而有之五十一年
周召隨侯數以立楚為王楚怒以隨背己伐隨武
王卒師中而兵罷皇覽曰楚武王冢在汝南郡鯛陽縣葛陵鄉城東北民謂之楚王岑漢永

平中葛陵城北祝里社下於土中得銅鼎而名曰楚武王由是知楚武王之冢民傳言秦項赤眉之時欲發之輒頹壞填
壓不得發也○正義曰有本注葛陂鄉作葛陵鄉者誤也地理志云新蔡縣西北六十里有葛陂鄉即費長房投竹成龍
之陂因為鄉名也子文王熊貲立始都郢正義曰括地志云紀南故城在荊州
江陵縣北五十里杜預云國都於郢今南郡江陵縣北紀南城是括地志云又至平王更城郢在江陵縣東北六里故郢
城是文王二年伐申過鄧正義曰括地志云故申城在鄧州南陽縣北三十里
晉太康地志云周宣王舅所封故鄧城在襄州安養縣北二十里春秋之鄧國莊十六年楚文王滅之服虔云鄧曼姓也
鄧人曰楚王易取鄧侯不許也六年伐蔡正義
曰豫州上蔡縣在州北七十里古蔡國也縣外城蔡國城也虜蔡哀侯以歸已
而釋之楚彊陵江漢閒小國小國皆畏之十
一年齊桓公始霸楚亦始大十二年伐鄧滅之

十三年卒子熊囏立史記音隱云囏古艱字是為杜敖索隱曰杜作壯側狀反
杜敖五年欲殺其弟熊惲索隱曰惲音紆粉反左氏作頵紆頻反
惲奔隨與隨襲弒杜敖代立是為成王成王
惲元年初即位布德施惠結舊好於諸侯使人
獻天子天子賜胙曰鎮爾南方夷越之亂無侵
中國於是楚地千里十六年齊桓公以兵侵楚
至陘山正義曰杜預云陘楚地潁川召陵縣南有陘亭括地志云陘山在鄭州西南一百一十里即此山是也
屈曲勿反下音桓楚族也楚成王使將軍屈完以兵禦之與桓
公盟桓公數以周之賦不入王室楚許之乃去
十八年成王以兵北伐許地理志曰潁川許昌縣故許國也許君

肉袒謝乃釋之二十二年伐黃索隱曰汝南弋陽縣故黃國○正義
曰括地志云黃國故城漢弋陽縣也秦時黃都嬴姓在光州定城縣四十里也二十六年滅英
徐廣曰年表及他本皆作英一本作黃○正義曰英國在淮南蓋蓼國也不知改名時也三十三年宋
襄公欲為盟會召楚楚王怒曰召我我將好往
襲辱之遂行至盂正義曰音于宋地也遂執辱宋公已而歸
之三十四年鄭文公南朝楚楚成王北伐宋敗
之泓射傷宋襄公襄公遂病創死三十五年晉
公子重耳過成王以諸侯客禮饗而厚送之於
秦三十九年魯僖公來請兵以伐齊楚使申侯
將兵伐齊取穀杜預曰濟北穀城縣○正義曰括地志云穀在濟州東阿縣東二十六里置

齊桓公子雍焉齊桓公七子皆奔楚楚盡以爲上大夫滅夔夔不祀祝融鬻熊故也 服虔曰夔楚熊渠之孫熊摯之後夔在巫山之陽秭歸鄉是也○索隱曰譙周作歸歸即夔之地名歸縣之鄉也 夏伐宋宋告急於晉晉救宋成王罷歸將軍子玉請戰成王曰重耳亡居外久卒得反國天之所開不可當子玉固請乃與之少師而去晉果敗子玉於城濮成王怒誅子玉四十六年初成王將以商臣爲太子語令尹子上子上曰君之齒未也 杜預曰齒年也言尚少 而又多內寵絀乃亂也楚國之舉常在少者 賈逵曰舉立也 且商臣蜂目而豺聲忍人也 服虔曰言忍爲不義 不可立也王不聽立之後又欲立子職 賈逵曰職商臣庶弟也 而絀太子商臣商臣聞而未審也告其傅潘崇曰何以得其實崇曰饗王之寵姬 姬當作妹 江芈而勿敬也商臣從之江芈 正義曰芈亡爾反 怒曰宜乎王之欲殺若而立職也商臣告潘崇曰信矣崇曰能事之乎 服虔曰若立職子能事之 曰不能能亡去乎曰不能能行大事乎 服虔曰謂弒君 曰能冬十月商臣以宮衛兵圍成王成王請食熊蹯而死 杜預曰熊掌難熟冀久將有外救之也 不聽丁未成王自絞殺商臣代立是爲穆王穆王立以其太子宮予潘崇使爲太師掌國

事穆王三年滅江 杜預曰江國在汝南安陽縣 四年滅六蓼六蓼皋陶之後 杜預曰六國今廬江六縣蓼國今安豐蓼縣 八年伐陳十二年卒子莊王侶立莊王即位三年不出號令日夜爲樂令國中曰有敢諫者死無赦伍舉入諫莊王左抱鄭姬右抱越女坐鍾鼓之閒伍舉曰願有進隱 隱謂隱藏其意 曰有鳥在於阜三年不蜚不鳴是何鳥也莊王曰三年不蜚蜚將沖天三年不鳴鳴將驚人舉退矣吾知之矣居數月淫益甚大夫蘇從乃入諫王曰若不聞令乎對曰殺身以明君臣之願也於是乃罷淫樂聽政所誅者數百人所進者數百人任伍舉蘇從以政國人大說是歲滅庸 正義曰房州竹邑縣今是也 六年伐宋獲五百乘八年伐陸渾戎 服虔曰陸渾戎在洛西南○正義曰尹姓之戎徙居陸渾 遂至洛觀兵於周郊 服虔曰觀兵陳兵示周也 周定王使王孫滿勞楚王 服虔曰以郊勞禮迎之也 楚王問鼎小大輕重 杜預曰示欲逼周取天下 對曰在德不在鼎莊王曰子無阻九鼎楚國折鉤之喙 正義曰喙許衛反凡戟有鉤喙鉤口之尖也言楚國戟之鉤口尖有折者 足以爲鼎言鼎易得也 足以爲九鼎王孫滿曰嗚呼君王其忘之乎昔虞夏之盛遠方皆至貢金九牧 服虔曰使九州之牧貢金 鑄鼎象物 賈逵曰象所圖物著之於鼎 百物而爲之備使

民知神姦杜預曰圖鬼神百物之形使民逆備之也桀有亂德鼎遷於殷
載祀六百賈逵曰載辭也祀年也商曰祀王肅曰載祀者猶言年也殷紂暴虐鼎
遷於周德之休明雖小必重杜預曰不可遷其姦回昏
亂雖大必輕杜預曰言可移昔成王定鼎于郟鄏杜預曰郟鄏今河南
也河南縣西有郟鄏陌武王遷之成王定之○索隱曰按周書郟雒北山名音甲鄏謂田厚鄏故以名焉卜世
三十卜年七百天所命也周德雖衰天命未改
鼎之輕重未可問也楚王乃歸九年相若敖氏
左傳曰子越椒人或讒之王恐誅反攻王王擊滅若敖氏
之族十三年滅舒杜預曰廬江六縣東有舒城也十六年伐陳殺
夏徵舒徵舒弑其君故誅之也已破陳即縣之

史記世家十　九

羣臣皆賀申叔時使齊來不賀王問對曰鄙語
曰牽牛徑人田田主取其牛徑者則不直矣取
之牛不亦甚乎且王以陳之亂而率諸侯伐之
以義伐之而貪其縣亦何以復令於天下莊王
乃復國陳後十七年春楚莊王圍鄭三月克之
入自皇門賈逵曰鄭城門何休曰郭門也鄭伯肉袒牽羊以逆賈逵
曰肉袒牽羊示服爲臣隸也曰孤不天不能事君君用懷怒以
及敝邑孤之罪也敢不唯命是聽賓之南海若
以臣妾賜諸侯亦唯命是聽若君不忘厲宣桓
武杜預曰周厲王宣王鄭之所自出也鄭武公桓公始封之賢君也不絕其社稷使改

楚世家

事君孤之願也非所敢望也敢布腹心楚羣臣
曰王勿許莊王曰其君能下人必能信用其民
庸可絕乎莊王自手旗左右麾軍引兵去三十
里而舍遂許之平杜預曰退一舍而禮鄭潘尫入盟子良出
質潘尫楚大夫子良鄭伯弟夏六月晉救鄭與楚戰大敗晉
師河上遂至衡雍而歸二十年圍宋以殺楚使
也索隱曰左傳宣十四年楚子使申舟聘于齊曰無假道于宋華元曰過我而不假道鄙我也鄙我亡也殺其使
者必伐我伐我亦亡也亡一也乃殺之楚子聞之投袂而起九月圍宋是也圍宋五月城中
食盡易子而食析骨而炊宋華元出告以情莊
王曰君子哉遂罷兵去二十三年莊王卒子共

史記世家十　十

王審立共王十六年晉伐鄭鄭告急共王救鄭
與晉兵戰鄢陵晉敗楚射中共王目共王召將
軍子反子反嗜酒從者豎陽穀進酒醉王怒射
殺子反遂罷兵歸三十一年共王卒子康王招
立康王立十五年卒子員立索隱曰員音云左傳作麇是爲郟
敖康王寵弟公子圍徐廣曰史記多作回子比子晳棄疾
郟敖三年以其季父康王弟公子圍爲令尹主
兵事四年圍使鄭道聞王疾而還十二月己酉
圍入問王疾絞而弒之荀卿曰以冠纓絞之左傳曰葬王于郟謂之郟敖遂
殺其子莫及平夏使使赴於鄭伍舉問曰誰爲

楚世家

後服虔曰問來赴者對曰寡大夫圍伍舉更曰共王之子圍爲長杜預曰伍舉更赴辭重從禮告終稱嗣不以篡弒赴諸侯子比奔晉而圍立是爲靈王靈王三年六月楚使使告晉欲會諸侯諸侯皆會楚于申伍舉曰昔夏啓有鈞臺之饗杜預曰河南陽翟縣南有鈞臺陂商湯有景亳之命周武王有盟津之誓成王有岐陽之蒐賈逵曰岐山之陽康王有豐宮之朝服虔曰豐宮成王廟所在也杜預曰豐在始平鄠縣東有靈臺康王於是朝諸侯穆王有塗山之會齊桓有召陵之師晉文有踐土之盟君其何用靈王曰用桓公杜預曰用召陵之禮也時鄭子產在焉於是晉宋魯衛不往靈王已盟有驕

色伍舉曰桀爲有仍之會有緡叛之賈逵曰仍緡國名也紂爲黎山之會東夷叛之服虔曰黎東夷國名也子姓幽王爲太室之盟戎翟叛之杜預曰大室中嶽也君其慎終七月楚以諸侯兵伐吳圍朱方八月克之囚慶封滅其族以封徇曰無效齊慶封弒其君而弱其孤以盟諸大夫杜預曰齊崔杼弒其君慶封其黨故以弒君罪責之也封反曰莫如楚共王庶子圍弒其君兄之子員而代之立穀梁傳曰軍人粲然皆笑於是靈王使棄疾殺之七年就章華臺杜預曰南郡華容縣有臺在城內下令內亡人實之八年使公子棄疾將兵滅陳十年召蔡侯醉而殺之使棄疾定

蔡因爲陳蔡公十一年伐徐以恐吳左傳曰使蕩侯蕃圍徐靈王次於乾谿以待之王曰齊晉魯衛其封皆受寶器我獨不今吾使使周求鼎以爲分其予我乎服虔曰有功德受分器析父對曰其予君王哉賈逵曰析父楚大夫○索隱曰據左氏此是右尹子革之詞史蓋誤也昔我先王熊繹辟在荆山蓽露藍蔞徐廣曰蓽一作篳駰案服虔曰蓽露柴車素大輅也藍蔞言衣敝壞其蔞藍藍然也以處草莽跋涉山林服虔曰草行曰跋水行曰涉以事天子唯是桃弧棘矢以共王事服虔曰桃弧棘矢所以禳其災言楚地山林無所出也齊王舅也服虔曰齊呂伋成王之舅晉及魯衛王母弟也楚是以無分而彼皆有周今與四國服事君王將唯

命是從豈敢愛鼎靈王曰昔我皇祖伯父昆吾舊許是宅服虔曰陸終氏六子長曰昆吾少曰季連季連楚之祖故謂昆吾爲伯父也昆吾曾居許地故曰舊許是宅今鄭人貪其田不我予今我求之其予我乎對曰周不愛鼎鄭安敢愛田靈王曰昔諸侯遠我而畏晉今吾大城陳蔡不羹韋昭曰三國楚別都也潁川定陵有東不羹襄城有西不羹○正義曰括地志云不羹故城在許州襄城縣東三十里地理志云此西不羹者也賦皆千乘諸侯畏我乎對曰畏哉靈王喜曰析父善言古事焉正義曰左傳昭十二年析父謂子革曰吾子楚國之望也今與王言如響國其若之何杜預云譏其順王心如響應聲也按此對王言是子革之辭太史公云析父誤也析父時爲王僕見子革對故歎也十二年春楚靈王樂乾谿不能去也國人苦

役初靈王會兵於申僇越大夫常壽過索隱曰僇辱也殺蔡大夫觀起索隱曰觀音官觀姓起名起子從亡在吳索隱曰從音才松反乃勸吳王伐楚爲間越大夫常壽過而作亂爲吳間使矯公子棄疾命召公子比於晉至蔡與吳越兵欲襲蔡令公子比見棄疾與盟於鄧杜預曰潁川邵陵縣西有鄧城○正義曰括地志云故鄧城在豫州郾城縣東三十五里按在古召陵縣西十里是也遂入殺靈王太子祿立子比爲王公子子晳爲令尹棄疾爲司馬先除王宮觀從從師于乾谿令楚衆曰國有王矣先歸復爵邑田室後者遷之楚衆皆潰去靈王而歸靈王聞太子祿之死

史記世家十　十三

也自投車下而曰人之愛子亦如是乎侍者曰甚是王曰余殺人之子多矣能無及此乎右尹曰左傳曰右尹子革請待於郊以聽國人服虔曰聽國人欲爲誰王曰衆怒不可犯曰且入大縣而乞師於諸侯王曰皆叛矣又曰且奔諸侯以聽大國之慮王曰大福不再祇取辱耳於是王乘舟將欲入鄢服虔曰鄢楚別都也杜預曰襄陽宜城縣○正義曰音偃括地志云故鄢城在襄州安養縣北三里在襄州北五里南去荊州二百五十里按王自夏口從漢水上入鄢也左傳云王沿夏將欲入鄢是也括地志云鄢水源出襄州義青縣西界託伏山水經云蠻水即鄢水是也右尹度王不用其計懼俱死亦去王亡靈王於是獨傍偟山中野人莫敢入王王行遇

其故鋗人韋昭曰今之中涓謂曰爲我求食我已不食三日矣鋗人曰新王下法有敢饟王從王者罪及三族且又無所得食王因枕其股而臥鋗人又以土自代逃去王覺而弗見遂飢不能起芋尹申無宇之子申亥曰吾父再犯王命服虔曰斷王旌執人於章華之宮王弗誅恩孰大焉乃求王遇王飢於釐澤奉之以歸夏五月癸丑王死申亥家正義曰左傳云夏五月癸亥王縊于芋尹申亥是也申亥以二女從死幷葬之是時楚國雖已立比爲王畏靈王復來又不聞靈王死故觀從謂初王比曰不殺棄疾雖得國猶受禍王

史世家十　十四

曰余不忍從曰人將忍王王不聽乃去棄疾歸國人每夜驚曰靈王入矣乙卯夜棄疾使船人從江上走呼曰靈王至矣國人愈驚又使曼成然告初王比及令尹子晳曰王至矣國人將殺君司馬將至矣杜預曰司馬謂棄疾君蚤自圖無取辱焉衆怒如水火不可救也初王及子晳遂自殺丙辰棄疾即位爲王改名熊居是爲平王平王以詐弒兩王而自立恐國人及諸侯叛之乃施惠百姓復陳蔡之地而立其後如故歸鄭之侵地存恤國中修政教吳以楚亂故獲五率以歸服虔

曰五率蕩侯潘子司馬督囂尹午陵尹喜平王謂觀從恣爾所欲欲爲
卜尹王許之賈逵曰卜尹卜師大夫官初共王有寵子五人無
適立乃望祭羣神請神決之使主社稷而陰與
巴姬賈逵曰共王妾埋璧於室內正義曰左傳云埋璧於大室之庭杜預云太室祖廟
也召五子齋而入康王跨之服虔曰兩足各跨璧一邊杜預曰過其上靈
王肘加之子比子晳皆遠之平王幼抱而入再
拜壓紐故康王以長立至其子失之圍爲靈王
及身而弑子比爲王十餘日子晳不得立又俱
誅四子皆絕無後唯獨棄疾後立爲平王竟續
楚祀如其神符初子比自晉歸韓宣子問叔向

史世家十　十五

曰子比其濟乎對曰不就宣子曰同惡相求如
市賈焉服虔曰謂國人共惡靈王者如市賈之人求利也何爲不就對曰無
與同好誰與同惡服虔曰言無黨於內當與誰共同好惡取國有五難
有寵無人一也杜預曰寵須賢人而固有人無主二也杜預曰雖有賢人當須內主爲應
有主無謀三也杜預曰謀策謀也有謀而無民
四也杜預曰民衆也有民而無德五也杜預曰四者既備當以德成之子比
在晉十三年矣晉楚之從不聞通者可謂無人
矣杜預曰晉楚之士從子比游皆非達人族盡親叛可謂無主矣杜預曰無親族在楚
無釁而動可謂無謀矣服虔曰言靈王尚在而妄動取國故謂無謀
爲羇終世可謂無民矣杜預曰終身羇客在於晉是無民亡

楚世家

無愛徵可謂無德矣杜預曰楚人無愛念者王虐而不忌
杜預曰靈王暴虐無所畏忌將自亡子比涉五難以弑君誰能濟之
有楚國者其棄疾乎君陳蔡方城正義曰方城山在許州葉縣西
十八里也外屬焉苛慝不作盜賊伏隱私欲不違服虔
曰不以私欲違民心民無怨心先神命之國民信之芈姓有
亂必季實立楚之常也子比之官則右尹也數
其貴寵則庶子也以神所命則又遠之民無懷
焉將何以立宣子曰齊桓晉文不亦是乎服虔曰皆
庶子而出奔對曰齊桓衞姬之子也有寵於釐公有鮑
叔牙賓須無隰朋以爲輔有莒衞以爲外主賈逵

史世家十　十六

曰齊桓出奔莒自莒先入衞人助之有高國以爲內主服虔曰國子高子皆齊之正卿
從善如流服虔曰言其疾施惠不倦有國不亦宜乎昔我
文公狐季姬之子也有寵於獻公好學不倦生
十七年有士五人有先大夫子餘子犯以爲腹
心賈逵曰子餘趙衰有魏犨賈佗以爲股肱有齊宋秦楚
以爲外主賈逵曰齊以女妻之宋贈馬楚享以九獻秦送內之有欒郤狐先
以爲內主賈逵曰四姓晉大夫○正義曰杜預云謂欒枝郤縠狐突先軫也亡十九年
守志彌篤惠懷棄民服虔曰皆棄民不恤民從而與之正義曰以
惠懷弃民故民相從而歸心於文公故文公有國不亦宜乎子比無
施於民無援於外去晉晉不送歸楚楚不迎何

楚世家

以有國子比果不終焉卒立者棄疾正義曰左傳云獲神一也有民二也令德三也寵貴四也居常五也有五利以去五難誰能害之杜預云獲神當璧拜也有民民信也令德無苛慝也寵貴妃子也居常棄疾季也如叔向言也平王二年使費無忌如秦服虔曰楚大夫○索隱曰傳作無極極忌聲相近爲太子建正義曰左傳云楚子之在蔡也郹陽之女奔之生太子建杜預云郹蔡邑也郹古冥反娶婦婦好來未至無忌先歸說平王曰秦女好可自娶爲太子更求平王聽之卒自娶秦女生熊珍更爲太子娶是時伍奢爲太子太傅無忌爲少傅無忌無寵於太子常讒惡太子建建時年十五矣其母蔡女也無寵於王王稍益疏外建也六年使太子建

居城父守邊正義曰父音甫括地志云成父故城在許州葉縣東北四十五里即杜預云襄城城父縣也又汝州襄城縣東四十里亦有父城故城一所服虔云城父楚北竟乃是父城之名非建所守杜預云言成父汉誤也傳及酈元水經注云楚大城城父使太子建居之即十三州志云太子建所居城父謂今亳州城父縣也按今亳州見有城父縣是建所守者也地理志云潁川有父城縣沛郡有城父縣此二名別耳無忌又日夜讒太子建於王曰自無忌入秦女太子怨亦不能無望於王王少自備焉且太子居城父擅兵外交諸侯且欲入矣平王召其傅伍奢責之伍奢知無忌讒乃曰王奈何以小臣疏骨肉無忌曰今不制後悔也於是王遂囚伍奢而召其二子而告以免父死乃令司馬奮揚召太子建欲

誅之太子聞之亡奔宋無忌曰伍奢有二子不殺者爲楚國患盍以免其父召之必至於是王使使謂奢能致二子則生不能將死奢曰尚至胥不至王曰何也奢曰尚之爲人廉死節慈孝而仁聞召而免父必至不顧其死胥之爲人智而好謀勇而矜功知來必死必不來然爲楚國憂者必此子於是王使人召之曰來吾免爾父伍尚謂伍胥曰聞父免而莫奔不孝也父戮莫報無謀也度能任事智也子其行矣我其歸死伍尚遂歸伍胥彎弓屬矢出見使者曰父有罪

何以召其子爲將射使者還走遂出奔吳伍奢聞之曰胥亡楚國危哉楚人遂殺伍奢及尚十年楚太子建母在居巢正義曰廬州巢縣是也開吳吳使公子光伐楚遂敗陳蔡取太子建母而去楚恐城郢正義曰在江陵縣東北六里已解於前按傳城郢在昭公二十三年下重言城郢杜預云楚用子囊遺言以築郢城矣今畏吳復脩以自固也初吳之邊邑卑梁正義曰卑梁邑近鍾離也與楚邊邑鍾離小童爭桑兩家交怒相攻滅卑梁人卑梁大夫怒發邑兵攻鍾離楚王聞之怒發國兵滅卑梁吳王聞之大怒亦發兵使公子光因建母家攻楚遂滅鍾離居巢楚乃恐而城郢

索隱曰去年已城郢今又重言據左氏昭二十三年城郢二十四年無重城郢之文是史記誤也十三年平王卒將軍子常曰太子珍少且其母乃前太子建所當娶也欲立令尹子西子西平王之庶弟也有義子西曰國有常法更立則亂言之則致誅乃立太子珍是為昭王昭王元年楚衆不說費無忌以其讒亡太子建殺伍奢子父與郤宛宛之宗姓伯氏子嚭及子胥皆奔吳吳兵數侵楚楚人怨無忌甚楚令尹子常正義曰名瓦左傳云囊瓦伐吳誅無忌以說衆衆乃喜四年吳三公子昭三十年二公子奔楚公子掩餘奔徐公子燭庸奔鍾離此言三公子非奔楚楚封之以扞吳五年

吳伐取楚之六潛正義曰故六城在壽州安豐縣南百三十二里偃姓皐陶之後所封也潛城楚之潛邑在霍山縣東二百步七年楚使子常伐吳吳大敗楚於豫章正義曰今洪州也十年冬吳王闔閭伍子胥伯嚭與唐蔡俱伐楚楚大敗吳兵遂入郢辱平王之墓以伍子胥故也吳兵之來楚使子常以兵迎之夾漢水陣吳伐敗子常子常亡奔鄭楚兵奔吳乘勝逐之五戰及郢己卯昭王出奔庚辰吳人入郢春秋云十一月庚辰昭王亡也至雲夢雲夢不知其王也射傷王王走鄖正義曰走音奏鄖音云括地志云安州安陸縣城本春秋時鄖國城鄖公之弟懷曰平王殺吾父服虔曰父曼成然○正義曰成

然立平王貪求無厭平王殺之今我殺其子不亦可乎鄖公止之然恐其弒昭王乃與王出奔隨正義曰括地志云隨州城外古隨國城隨姬姓也又云楚昭王城在隨州縣北七里左傳云吳師入郢王奔隨隨人處之公宮之北即此城是也吳王聞昭王往即進擊隨謂隨人曰周之子孫封於江漢之間者楚盡滅之欲殺昭王王從臣子綦乃深匿王自以為王謂隨人曰以我予吳隨人卜予吳不吉乃謝吳王曰昭王亡不在隨吳請入自索之隨不聽吳亦罷去昭王之出郢也使申包胥服虔曰楚大夫王孫包胥請救於秦秦以車五百乘救楚楚亦收餘散兵與秦擊吳十一年六月敗吳

於稷賈逵曰楚地也會吳王弟夫概見吳王兵傷敗乃亡歸自立為王闔閭聞之引兵去楚歸擊夫概夫概敗奔楚楚封之堂谿正義曰地理志云堂谿故城在豫州郾城縣西八十五里也號為堂谿氏楚昭王滅唐杜預曰義陽安昌縣東南上唐鄉○正義曰括地志云上唐鄉故城在隨州棗陽縣東南百五十里古之唐國也世本云唐姬姓之國九月歸入郢十二年吳復伐楚取番正義曰片寒反又音婆括地志云饒州鄱陽縣春秋時為楚東境秦為番縣屬九江郡漢為鄱陽縣也楚恐去郢北徙都鄀正義曰音若括地志云楚昭王故城在襄州樂鄉縣東北三十三里在故鄀城東五里即楚國故昭王徙鄀郢城也十六年孔子相魯二十年楚滅頓地理志云汝南頓縣故頓子國。正義曰括地志云陳州南頓縣故頓子國應劭云古頓子國姬姓也逼於陳後南徙故曰南頓滅胡杜預曰汝南縣西北胡城正義曰括地志云故胡城在豫州郾城縣界 二十一年吳王闔閭伐越越王勾踐射傷吳王遂死吳由此怨越而不西伐楚二十七年春吳伐陳楚昭王救之軍城父十月昭王病於軍中有赤雲如鳥夾日而蜚 杜預曰雲在楚上唯楚見之 昭王問周太史太史曰是害於楚王然可移於將相將相聞是言乃請自以身禱於神昭王曰將相孤之股肱也今移禍庸去是身乎弗聽卜而河爲祟大夫請禱河昭王曰自吾先王受封望不過江漢 服虔曰謂所受王命祀其國中山川爲望。正義曰按江漢荆州南大江也漢江也二水楚境內也河黃河非楚境也 而河非所獲罪也止不許孔

史記世家十　二十一

子在陳聞是言曰楚昭王通大道矣其不失國宜哉昭王病甚乃召諸公子大夫曰孤不佞再辱楚國之師今乃得以天壽終孤之幸也讓其弟公子申爲王不可又讓次弟公子結亦不可乃又讓次弟公子閭五讓乃後許爲王將戰庚寅昭王卒於軍中子閭曰王病甚舍其子讓羣臣臣所以許王以廣王意也今君王卒臣豈敢忘君王之意乎乃與子西子綦謀伏師閉塗 徐廣曰一作壁。正義曰左傳云謀潛師閉塗按潛師密發往迎也閉塗防斷外寇也爲昭王薨於軍嗣子未定恐有隣國及諸公子之變故伏師閉塗迎越女之子章立爲惠王也 迎越女之子章立之 服虔曰閉塗不通外

使也越女昭王之妾。索隱曰閉塗即攢塗也故下立惠王後即罷兵歸葬服虔說非 是爲惠王然後罷兵歸葬昭王惠王二年子西召故平王太子建之子勝於吳以爲巢大夫號曰白公 徐廣曰伍子胥傳曰使勝守楚之邊邑鄢駰案服虔曰白邑名楚邑大夫皆稱公杜預曰汝陰褒信縣西南有白亭。正義曰巢今廬州居巢縣也括地志云白亭在豫州褒信東南三十二里褒信本漢鄢縣之地後漢分鄢置褒信縣在今褒信縣東七十七里 白公好兵而下士欲報仇六年白公請兵令尹子西伐鄭初白公父建亡在鄭鄭殺之白公亡走吳子西復召之故以此怨鄭欲伐之子西許而未爲發兵八年晉伐鄭鄭告急楚楚使子西救鄭受賂而去白公勝怒乃遂與勇力死

史記世家十　二十二

士石乞等襲殺令尹子西子綦於朝因劫惠王置之高府 賈逵曰高府府名也杜預曰楚別府 欲弒之惠王從者屈固負王亡走昭王夫人宮 服虔曰昭王夫人惠王母越女也 白公自立爲王月餘會葉公來救楚楚惠王之徒與共攻白公殺之惠王乃復位是歲也 徐廣曰惠王之十年 滅陳而縣之十三年吳王夫差彊陵齊晉來伐楚十六年越滅吳 正義曰表云越滅吳在元王四年 四十二年楚滅蔡 正義曰周定王二十二年 四十四年楚滅杞 正義曰周定王二十四年 與秦平是時越已滅吳而不能正江淮北 正義曰正長也江淮北謂廣陵縣徐泗等州也 楚東侵廣地至泗上五十七年惠王

辛子簡王中立正義曰中音仲反簡王元年北伐滅莒正義曰括地志云密州莒縣故國也言北伐者莒在徐泗之北八年魏文侯韓武子趙桓子始列爲諸侯二十四年簡王卒子聲王當立正義曰謚法云不生其國曰聲也聲王六年盜殺聲王子悼王熊疑立悼王二年三晉來伐楚至乘丘而還徐廣曰年表三年歸榆關于鄭○正義曰年表云三晉公子伐我至乘丘誤也已解在年表中地理志云乘丘故城在兗州瑕丘縣西北三十五里是也四年楚伐周鄭殺子陽九年伐韓取負黍十一年三晉伐楚敗我大梁榆關索隱曰此榆關當在大梁之西楚厚賂秦與之平二十一年悼王卒子肅王臧立肅王四年蜀伐楚取茲方正義曰古今地名云荊州松滋縣古鳩茲地即茲方是也於是楚爲扞關以距之李熊說公孫述曰東守巴郡距扞關之口○索隱曰郡國志曰巴郡魚復縣有扞關十年魏取我魯陽地理志云南陽有魯陽縣○正義曰括地志云汝州魯山本漢魯陽縣也古魯縣以古魯山爲名也十一年肅王卒無子立其弟熊良夫是爲宣王宣王六年周天子賀秦獻公秦始復彊而三晉益大魏惠王齊威王尤彊三十年秦封衛鞅於商南侵楚是年宣王卒子威王熊商立威王六年周顯王致文武胙於秦惠王七年齊孟嘗君父田嬰欺楚楚威王伐齊敗之於徐州徐廣曰時楚已滅越而伐齊也齊說越令攻楚故云齊欺楚而令齊必逐田嬰田嬰恐張丑僞謂楚王

曰王所以戰勝於徐州者田盼子不用也索隱曰盼子嬰之同族盼子者有功於國而百姓爲之用嬰子弗善而用申紀申紀者大臣不附百姓不爲用故王勝之也今王逐嬰子嬰子逐盼子必用矣復搏其士卒以與王遇索隱曰搏音膊亦有作附讀戰國策作整必不便於王矣楚王因弗逐也十一年威王卒子懷王熊槐立魏聞楚喪伐楚取我陘山正義曰括地志云陘山在鄭州新鄭縣西南三十里懷王元年張儀始相秦惠王四年秦惠王初稱王六年楚使柱國昭陽將兵而攻魏破之於襄陵得八邑索隱曰襄陵縣名在河東古本作八邑今亦作八城又移兵而攻齊齊王患之徐廣曰懷王六年昭陽移和而攻齊軍門曰和陳軫適爲秦使齊齊王曰爲之柰何陳軫曰王勿憂請令罷之即往見昭陽軍中曰願聞楚國之法破軍殺將者何以貴之昭陽曰其官爲上柱國封上爵執珪陳軫曰其有貴於此者乎昭陽曰令尹陳軫曰今君已爲令尹矣此國冠之上索隱曰冠音貫令尹尹中最尊故以國爲言猶如卿子冠軍然臣請得譬之人有遺其舍人一卮酒者舍人相謂曰數人飲此不足以徧請遂畫地爲蛇蛇先成者獨飲之一人曰吾蛇先成舉酒而起曰吾能爲之足及其爲之足而後

成人奪之酒而飲之曰蛇固無足今爲之足是非蛇也今君相楚而攻魏破軍殺將功莫大焉冠之上不可以加矣索隱曰冠音官今又移兵而攻齊攻齊勝之官爵不加於此攻之不勝身死爵奪有毀於楚此爲蛇爲足之說也不若引兵而去以德齊此持滿之術也昭陽曰善引兵而去燕韓君初稱王秦使張儀與楚齊魏相會盟齧桑正義曰徐廣云在梁與彭城之間十一年蘇秦約從山東六國共攻秦楚懷王爲從長至函谷關秦出兵擊六國六國兵皆引而歸齊獨後十二年齊湣王伐敗趙

魏軍秦亦伐敗韓與齊爭長十六年秦欲伐齊而楚與齊從親秦惠王患之乃宣言張儀免相使張儀南見楚王謂楚王曰敝邑之王所甚說者無先大王雖儀之所甚願爲門闌之廝者亦無先大王敝邑之王所甚憎者無先齊王雖儀之所甚憎者亦無先齊王而大王和之索隱曰和謂楚與齊相和親是以敝邑之王不得事王而令儀亦不得爲門闌之廝也王爲儀閉關而絕齊今使使者從儀西取故秦所分楚商於之地方六百里商於之地在今順陽郡南鄉丹水二縣有商城在於中故謂之商於○索隱曰地理志丹水及商屬弘農今言順陽者是魏晉

始分置順陽郡商城丹水俱隸之如是則齊弱矣是北弱齊西德於秦私商於以爲富此一計而三利俱至也懷王大悅乃置相璽於張儀日與置酒宣言吾復得吾商於之地羣臣皆賀而陳軫獨弔懷王曰何故陳軫對曰秦之所爲重王者以王之有齊也今地未可得而齊交先絕是楚孤也夫秦又何重孤國哉必輕楚矣且先出地而後絕齊則秦計不爲先絕齊而後責地則必見欺於張儀見欺於張儀則王必怨之怨之是西起秦患北絕齊交西起秦患北絕齊交則兩國之兵必至

索隱曰兩國謂韓魏臣故弔楚王弗聽因使一將軍西受封地張儀至秦詳醉墜車稱病不出三月地不可得楚王曰儀以吾絕齊爲尚薄邪乃使勇士宋遺北辱齊王齊王大怒折楚符而合於秦秦齊交合張儀乃起朝謂楚將軍曰子何不受地從某至某廣袤六里楚將軍曰臣之所以見命者六百里不聞六里即以歸報懷王懷王大怒興師將伐秦陳軫又曰伐秦非計也不如因賂之一名都與之伐齊是我亡於秦索隱曰謂失商於之地取償於齊也吾國尚可全今王已絕於齊而責欺於

楚世家

秦是吾合秦齊之交而來天下之兵也國必大
傷矣楚王不聽遂絶和於秦發兵西攻秦秦亦
發兵擊之十七年春與秦戰丹陽索隱曰此丹陽在漢中秦
大敗我軍斬甲士八萬虜我大將軍屈匄裨將
軍逢侯丑等七十餘人遂取漢中之郡楚懷王
大怒乃悉國兵復襲秦戰於藍田正義曰藍田在雍州東南八十
里從藍田關入藍田縣大敗楚軍韓魏聞楚之困乃南襲楚
至於鄧楚聞乃引兵歸十八年秦使使約復與
楚親分漢中之半以和楚楚王曰願得張儀不
願得地張儀聞之請之楚秦王曰楚且甘心於

史記世家十　二十七

子奈何張儀曰臣善其左右靳尚靳尚又能得
事於楚王幸姬鄭袖袖所言無不從者且儀以
前使負楚以商於之約今秦楚大戰有惡臣非
面自謝楚不解且大王在楚不宜敢取儀誠殺
儀以便國臣之願也儀遂使楚至懷王不見因
而囚張儀欲殺之儀私於靳尚靳尚為請懷王
曰拘張儀秦王必怒天下見楚無秦必輕王矣
又謂夫人鄭袖曰秦王甚愛張儀而王欲殺之
今將以上庸之地六縣賂楚以美人聘楚王以
宮中善歌者為之媵楚王重地秦女必貴而夫

楚世家

人必斥矣夫人不若言而出之鄭袖卒言張儀
於王而出之儀出懷王因善遇儀儀因說楚王
以叛從約而與秦合親約婚姻張儀已去屈原
使從齊來諫王曰何不誅張儀懷王悔使人追
儀弗及是歲秦惠王卒二十年齊湣王欲為從
長索隱曰俗本或作二十六年按下文始言二十四年又更有二十六年則此云二十六年衍字也當是二十年
事又徐廣推校二十年取武遂二十三年歸武遂則此二十年二十一年之事乎惡楚之與秦
合乃使使遺楚王書曰寡人患楚之不察於尊
名也今秦惠王死武王立張儀走魏樗里疾公
孫衍用而楚事秦夫樗里疾善乎韓而公孫衍

史記世家十　二十八

善乎魏楚必事秦韓魏恐必因二人求合於秦
則燕趙亦宜事秦四國爭事秦則楚為郡縣矣
王何不與寡人并力收韓魏燕趙與為從而尊
周室以案兵息民令於天下莫敢不樂聽則王
名成矣王率諸侯並伐破秦必矣王取武關蜀
漢之地正義曰武關在商州東一百八十里商洛縣界蜀巴蜀漢中郡也私吳越之
富而擅江海之利韓魏割上黨西薄函谷則楚
之彊百萬也且王欺於張儀亡地漢中兵銼藍
田天下莫不代王懷怒今乃欲先事秦願大王
孰計之楚王業已欲和於秦見齊王書猶豫不

決下其議羣臣羣臣或言和秦或曰聽齊昭雎曰（索隱曰雎音七余反）王雖東取地於越不足以刷耻必且取地於秦而後足以刷耻於諸侯王不如深善齊韓以重樗里疾如是則王得韓齊之重以求地矣秦破韓宜陽（索隱曰弘農之縣在澠池西南）而韓猶復事秦者以先王墓在平陽（索隱曰非堯都也）而秦之武遂去之七十里（索隱曰亦非河間國之縣則韓之平陽秦之武遂並當在宜陽左右）以故尤畏秦不然秦攻三川（正義曰洛洲也）趙攻上黨楚攻河外韓必亡楚之救韓不能使韓不亡然存韓者楚也韓已得武遂於秦以河山為塞（正義曰河蒲河西黃河也山韓西境也）

所報德莫如楚厚臣以為其事王必疾齊之所信於韓者以韓公子眛（正義曰莫葛反後同）為齊相也韓已得武遂於秦王甚善之使之以齊韓重樗里疾疾得齊韓之重其主弗敢棄疾也今又益之以楚之重樗里子必言秦復與楚之侵地矣於是懷王許之竟不合秦而合齊以善韓（徐廣曰懷王之二十二年秦拔宜陽取武遂二十三年秦復歸韓武遂然則已非二十年事矣）二十四年倍齊而合秦秦昭王初立乃厚賂於楚楚往迎婦二十五年懷王入與秦昭王盟約於黃棘秦復與楚上庸二十六年齊韓魏為楚負其從親而合

於秦三國共伐楚楚使太子入質於秦而請救秦乃遣客卿通將兵救楚三國引兵去二十七年秦大夫有私與楚太子鬬楚太子殺之而亡歸二十八年秦乃與齊韓魏共攻楚殺楚將唐眛取我重丘而去二十九年秦復攻楚大破楚楚軍死者二萬殺我將軍景缺懷王恐乃使太子為質於齊以求平三十年秦復伐楚取八城秦昭王遺楚王書曰始寡人與王約為弟兄盟于黃棘太子為質至驩也太子陵殺寡人之重臣不謝而亡去寡人誠不勝怒使兵侵君王之

邊今聞君王乃令太子質於齊以求平寡人與楚接境壤界故為婚姻（正義曰妻父曰十年父曰姻重姻曰王兩婿相謂曰婭）所從相親久矣而今秦楚不驩則無以令諸侯寡人願與君王會武關面相約結盟而去寡人之願也敢以聞下執事楚懷王見秦王書患之欲往恐見欺無往恐秦怒昭雎曰王毋行而發兵自守耳秦虎狼不可信有并諸侯之心懷王子子蘭勸王行曰奈何絕秦之驩心於是往會秦昭王昭王詐令一將軍伏兵武關號為秦王楚王至則閉武關遂與西至咸陽（索隱曰右扶風渭城縣故咸陽）

城也朝章臺如蕃臣不與亢禮楚懷王大怒悔不
用昭子言秦因留楚王要以割巫黔中之郡楚
王欲盟秦欲先得地楚王怒曰秦詐我而又彊
要我以地不復許秦秦因留之楚大臣患之乃
相與謀曰吾王在秦不得還要以割地而太子
爲質於齊齊秦合謀則楚無國矣乃欲立懷王
子在國者昭睢曰王與太子俱困於諸侯而今
又倍王命而立其庶子不宜乃詐赴於齊齊湣
王謂其相曰不若留太子以求楚之淮北相曰
不可郢中立王是吾抱空質而行不義於天下

也或曰不然郢中立王因與其新王市曰予我
下東國吾爲王殺太子不然將與三國共立之
然則東國必可得矣齊王卒用其相計而歸楚
太子太子橫至立爲王是爲頃襄王乃告于秦
曰賴社稷神靈國有王矣頃襄王橫元年秦要
懷王不可得地楚立王以應秦秦昭王怒發兵
出武關攻楚大敗楚軍斬首五萬取析十五城
而去徐廣曰年表云取十六城既取析又并取左右十五城也駰案地理志弘農有析縣○正義曰括地志云鄧州內鄉縣城本楚析邑一名丑漢置析縣因析水爲名也　二年楚懷王亡逃歸秦
覺之遮楚道懷王恐乃從間道走趙以求歸趙

主父在代索隱曰主字亦作王　其子惠王初立行王事恐不
敢入楚王楚王欲走魏秦追至遂與秦使復之
秦懷王遂發病頃襄王三年懷王卒于秦秦歸
其喪於楚楚人皆憐之如悲親戚諸侯由是不
直秦秦楚絕六年秦使白起伐韓於伊闕正義曰括地志伊闕山在洛州南十九里也　大勝斬首二十四萬秦乃遺楚王
書曰楚倍秦秦且率諸侯伐楚爭一旦之命願
王之飭士卒得一樂戰楚頃襄王患之乃謀復
與秦平七年楚迎婦於秦秦楚復平十一年齊
秦各自稱爲帝月餘復歸帝爲王十四年楚頃

襄王與秦昭王好會于宛結和親十五年楚王
與秦三晉燕共伐齊取淮北十六年與秦昭王
好會於鄢其秋復與秦王會穰十八年楚人有
好以弱弓微繳加歸鴈之上者頃襄王聞召而
問之對曰小臣之好射鶀鴈羅鸗徐廣曰呂靜曰鸗野鳥也○索隱曰鶀音其小鴈也鸗音盧董反劉氏音龍是小鳥名　小矢之發也何足爲
大王道也且稱楚之大因大王之賢所弋非直
此也昔者三王以弋道德五霸以弋戰國故秦
魏燕趙者鶀鴈也齊魯韓衛者青首也索隱曰小鳧有青首者
鄒費郯邳者羅鸗也索隱曰郳費音祕　外其餘則不

足射者見鳥六雙以王何取索隱曰以喻下文秦趙等十二國故云六雙王何不以聖人爲弓以勇士爲繳時張而射之此六雙者可得而囊載也其樂非特朝夕之樂也索隱曰夕猶昔也其獲非特鳧鴈之實也王朝張弓而射魏之大梁之南加其右臂而徑屬之於韓則中國之路絕而上蔡之郡壞矣還射圉之東索隱曰還音患遶也射音石。正義曰圉音語城在汴州雍丘縣東言王朝張弓射魏大梁汴州之南即加大梁之右臂連韓鄭則河北中國之路向東南斷絕則韓上蔡之郡自破壞矣復遶射雍丘圉城之東便解散魏左肘宋州而外擊曹定陶及魏東之外解棄則宋方與兩郡並舉解魏左肘索隱曰解音紀買反而外擊定陶則魏之東外棄而大宋方與二郡者舉矣且魏斷二臂顛越矣膺擊郯國大梁可得而有也王綪繳蘭臺徐廣曰綪縈也音爭蘭一作簡。正義曰鄭玄云綪屈也江沔之間謂之縈收繩索綪也按繳絲繩繫弋射鳥也若鴈膺擊郯國大梁巳了乃收弋繳於蘭臺蘭臺桓山之別名也飲馬西河定魏大梁此一發之樂也若王之於弋誠好而不厭則出寶弓碆新繳徐廣曰以石傅弋繳曰碆碆音波○索隱曰碆作磻音播傳音附射噣鳥於東海還蓋長城以爲防徐廣曰蜀一作獨還音宦蓋一作益益縣在樂安蓋縣在泰山濟北盧縣有長城東至海也○索隱曰蜀音書謂大鳥之有鉤喙者以比齊也還音患謂遶也蓋者覆也言射者環遶蓋覆使無飛走之路因以長城爲防也徐以蓋爲益縣非也地理志云長城在濟南也○正義曰太山郡記云太山西北有長城緣河徑太山千餘里至琅邪臺入海齊記云齊宣王乘山嶺之上築長城東至海西至濟州千餘里以備楚括地志云長城西北起濟州平陰縣緣河歷太山北崗上經濟州淄州即西南兗州博城縣北東至密州琅

邪臺入海蘇代記云齊有長城巨防足以爲塞也朝射東莒正義曰括地志云密州莒縣故莒子國也地理志云周武王封少昊之後嬴姓於莒始都計斤春秋時徙居莒也夕發浿丘徐廣曰在清河○正義曰括地志云浿丘丘名也在青州臨淄縣西北二十五里也夜加即墨顧據午道索隱曰顧反也午道當在齊西界一從一橫爲午道蓋亦未詳其處○正義曰劉伯莊云齊西界按蓋在博州之西境也則長城之東收正義曰言從齊州長城東至海太山之北黃河之南盡舉收於楚而太山之北舉矣西結境於趙正義曰言得齊地約結於趙爲境界定從親也而北達於燕索隱曰北一作杜杜者寬大之名言齊晉既復取燕不難也○正義曰北達言四通無所滯礙言燕無山河之限也三國布𦀾徐廣曰音翅一作𦀾。索隱曰三國齊趙燕也𦀾式豉反則從不待約而可成也北遊目於燕之遼東而南登望於越之會稽此再發之樂也若夫泗上十二諸侯左縈而右拂之可一旦而盡也今秦破韓以爲長憂得列城而不敢守也伐魏而無功擊趙顧病索隱曰顧猶反也則秦魏之勇力屈矣楚之故地漢中析酈可得而復有也王出寶弓碆新繳涉鄳塞徐廣曰或以爲冥今江夏一作黽○正義曰括地志云故鄳城在陝州河北縣東十里虞邑也杜預云河東大陽有鄍城是也徐言江夏亦誤也而待秦之倦也山東河內正義曰謂華山之東懷州河內之郡可得而一也勞民休衆南面稱王矣故曰秦爲大鳥負海內而處東面而立左臂據趙之西南右臂傅楚鄢郢膺擊韓魏索隱曰韓魏當秦之前故云膺擊俗本作鴈爲非垂頭中國索隱曰垂頭猶申頭也言欲吞山東處既形

楚世家

便勢有地利奮翼鼓翅方三千里則秦未可得
獨招而夜射也欲以激怒襄王故對以此言襄
王因召與語遂言曰夫先王爲秦所欺而客死
於外怨莫大焉今以匹夫有怨尚有報萬乘白
公子胥是也今楚之地方五千里帶甲百萬猶
足以踊躍中野也而坐受困臣竊爲大王弗取
也於是頃襄王遣使於諸侯復爲從欲以伐秦
秦聞之發兵來伐楚楚欲與齊韓連和伐秦因
欲圖周周王赧使武公徐廣曰定王之曾孫而西周惠公之子謂楚相
昭子曰三國以兵割周郊地以便輸而南器以

史記世家十　三十五

尊楚臣以爲不然夫弒共主臣世君索隱曰共主世君俱是周
自謂也共主言周爲天下共所宗主也世君言周室代代君於天下大國不親以眾脅寡
小國不附大國不親小國不附不可以致名實
名實不得不足以傷民夫有圖周之聲非所以
爲號也昭子曰乃圖周則無之雖然周何故不
可圖也對曰軍不五不攻城不十不圍夫一周
爲二十晉正義曰言周王之國其地雖小諸侯尊之故敵二十晉公之所知也
韓嘗以二十萬之眾辱於晉之城下銳士死中
士傷而晉不拔公之無百韓以圖周此天下之
所知也夫怨結於兩周以塞騶魯之心索隱曰騶魯有礼義

之國今楚欲結怨兩周而奪九鼎是塞騶魯之心交絕於齊正義曰楚本与齊韓和伐秦因欲圖
周齊不與圖周故齊交絕於楚也聲失天下其爲事危矣夫危兩
周以厚三川正義曰三川兩周之地韓多有之言厚韓也方城之外正義曰方城之
外許州葉縣東北也言楚取兩周則韓強必弱楚方城之外也必爲韓弱矣何以知
其然也西周之地絕長補短不過百里名爲天
下共主裂其地不足以肥國得其眾不足以勁
兵雖無攻之名爲弒君然而好事之君喜攻之
臣發號用兵未嘗不以周爲終始是何也見祭
器在焉欲器之至而忘弒君之亂今韓以器之
在楚臣恐天下以器讎楚也臣請譬之夫虎肉

史記世家十　三十六

臊其兵利身索隱曰謂虎以爪牙爲兵而自利於防身也人猶攻之也若
使澤中之麋蒙虎之皮人之攻之必萬之於虎
索隱曰攻易而利大也。正義曰野澤之麋蒙衣虎皮人之攻取必萬倍於虎也譬楚伐周收祭器其猶麋蒙虎皮矣
裂楚之地足以肥國詘楚之名足以尊主今子
將以欲誅殘天下之共主居三代之傳器索隱曰謂九鼎
也吞三翮六翼以高世主索隱曰翮亦作翮同音歷三翮六翼亦謂九鼎也空
足曰翮六翼即六耳翼近耳旁事具小爾雅非貪而何周書曰欲起無先
故器南則兵至矣於是楚計輟不行十九年秦
伐楚楚軍敗割上庸漢北地予秦正義曰謂割房金均三州及漢
水之北與秦二十年秦將白起拔我西陵。徐廣曰屬江夏正義曰括地

楚世家

志云西陵故城在黃州黃山西二里二十一年秦將白起遂拔我郢燒先王墓夷陵徐廣曰年表云拔郢燒夷陵。索隱曰夷陵陵名後為縣屬南郡。正義曰括地志云峽州夷陵縣是也在荊州西應劭云夷山在西北楚襄王兵散遂不復戰東北保於陳城二十二年秦復拔我巫黔中郡二十三年襄王乃收東地兵得十餘萬復西取秦所拔我江旁十五邑以為郡距秦二十七年使三萬人助三晉伐燕復與秦平而入太子為質於秦楚使左徒侍太子於秦三十六年頃襄王病太子亡歸秋頃襄王卒太子熊元代立索隱曰系本作完是為考烈王考烈王以左徒為令尹封以吳號春申君考烈王元年納州于秦以平徐廣曰南郡有州陵縣是時楚益弱六年秦圍邯鄲趙告急楚楚遣將軍景陽救趙七年至新中索隱曰趙地无其名字誤鉅鹿有新市中當為市也。正義曰新中相州安陽縣也七國時魏寧新中邑秦莊襄王拔之更名安陽也秦兵去徐廣曰年表云六年春申君救趙十年徙於距陽十二年秦昭王卒楚王使春申君弔祠于秦十六年秦莊襄王卒秦王趙政立二十二年與諸侯共伐秦不利而去楚東徙都壽春正義曰壽春在南壽州壽春縣是也命曰郢二十五年考烈王卒子幽王悍立李園殺春申君幽王三年秦魏伐楚秦相呂不韋卒九年秦滅韓十年

幽王卒同母弟猶代立是為哀王哀王立二月餘哀王庶兄負芻之徒襲殺哀王而立負芻為王是歲秦虜趙王遷王負芻元年燕太子丹使荊軻刺秦王二年秦使將軍伐楚大破楚軍亡十餘城三年秦滅魏四年秦將王翦破我軍於蘄索隱曰機祈二音而殺將軍項燕五年秦將王翦蒙武遂破楚國虜楚王負芻滅楚名為楚郡云孫檢曰秦虜楚王負芻滅去楚名以楚地為三郡。索隱曰裴注頻引孫檢不知其人本末蓋齊人也

太史公曰楚靈王方會諸侯於申誅齊慶封作章華臺求周九鼎之時志小天下及餓死于申亥之家為天下笑操行之不得悲夫勢之於人也可不慎與棄疾以亂立嬖淫秦女甚乎哉幾再亡國索隱曰幾音祁

索隱述贊曰

鬻熊之嗣　周封於楚　僻在荊蠻
華路藍縷　及通而霸　僭號曰武
文既代申　成亦赦許　子圍篡嫡
商臣殺父　天禍未悔　憑怒自怙
昭困奔亡　懷迫囚虜　頃襄考烈
祚衰南土

楚世家第十終

越王勾踐世家第十一　史記四十一

越王勾踐其先禹之苗裔正義曰吳越春秋云禹周行天下還歸大越登茅山以朝四方羣臣封有功爵有德崩而葬焉至少康恐禹迹宗廟祭祀之絕乃封其庶子於越號曰無餘賀循會稽記云少康其少子號曰於越越國之稱始此越絕記云無餘都會稽山南故越城是也而夏后帝少康之庶子也封於會稽以奉守禹之祀文身斷髮披草萊而邑焉後二十餘世至於允常正義曰輿地志云越侯傳國三十餘葉歷殷至周敬王時有越侯夫譚子曰允常拓土始大稱王春秋貶爲子號爲於越杜注云於語發聲也允常之時與吳王闔廬戰而相怨伐允常卒子勾踐立是爲越王元年吳王闔廬聞允常死乃興師伐越越王勾踐使死士挑戰三行至吳陳呼而自剄吳師觀之越因襲擊吳師吳師敗於檇李杜預曰吳郡嘉興縣南有檇李城索隱曰事在左傳魯定公十四年射傷吳王闔廬闔廬且死告其子夫差曰必毋忘越三年勾踐聞吳王夫差日夜勒兵且以報越越欲先吳未發往伐之范蠡諫曰不可臣聞兵者凶器也戰者逆德也爭者事之末也陰謀逆德好用凶器試身於所末上帝禁之行者不利越王曰吾已決之矣遂興師吳王聞之悉發精兵擊越敗之夫椒杜預曰夫椒在吳郡吳縣太湖中椒山是也○索隱曰夫音符椒音焦本又作湫音酒小反賈逵云地名國語云敗之五湖則杜預云在椒山爲非事具哀公元年越王乃以餘兵五千人

保棲於會稽杜預曰上會稽山也○索隱曰鄒誕云保山曰棲猶鳥棲於木以避害也故六韜曰軍處山之高者則曰棲吳王追而圍之越王謂范蠡曰正義曰會稽典錄云范蠡字少伯越之上將軍也本是楚宛三戶人佯狂倜儻負俗文種爲宛令遣吏謁奉吏還曰范蠡本國狂人生有此病種笑曰吾聞士有賢俊之姿必有佯狂之譏內懷獨見之明外有不知之毀此固非二三子之所知也駕車而往蠡避之後知種之必來謂兄嫂曰今日有客願假衣冠有頃種至抵掌而談旁人觀者聳聽之矣以不聽子故至於此爲之奈何蠡對曰持滿者與天韋昭曰與天法天也天道盈而不溢○索隱曰與天天與也言持滿不溢與天同道故天與之定傾者與人虞翻曰人道尚謙卑以自牧○索隱曰人主有定傾之功故人與之節事者以地韋昭曰時不至不可彊生事不究不可彊成○索隱曰國語以作與此以亦與義也言地能財成萬物人主宜節用以法地故地與之韋昭等解恐非卑辭厚禮以遺之不許而身與之市韋昭曰市利也謂委管籥屬國家以身隨之○正義曰卑作言辭厚遺珍寶不許乎越王身往事之如市賈貨易以利此是定傾危之計勾踐曰諾乃令大夫種行成於吳索隱曰大夫官種名也一云大夫姓猶司馬司空之比非也成者平也求和於吳也○正義曰吳越春秋云大夫種姓文名種字子禽荊平王時爲宛令之三戶之里范蠡從犬竇蹲而吠之從吏恐文種慙令人引衣而鄣之文種曰無鄣也吾聞犬之所吠者人今吾到此有聖人之氣行而求之來至於此且人身而犬吠者謂我是人也乃下車拜蠡不爲禮膝行頓首曰君王亡臣勾踐使陪臣種敢告下執事勾踐請爲臣妻爲妾吳王將許之子胥言於吳王曰天以越賜吳勿許也種還以報勾踐勾踐欲殺妻子燔寶器觸戰以死種止勾踐曰夫吳太宰嚭貪可誘以利請閒行言之索隱曰閒音紀閑反閒行猶微行於

是勾踐乃以美女寶器令種閒獻吳太宰嚭索隱曰國語云越飾美女二人使大夫種遺太宰嚭嚭受乃見大夫種於吳王種頓首言曰願大王赦勾踐之罪盡入其寶器不幸不赦勾踐將盡殺其妻子燔其寶器五千人觸戰必有當也索隱曰言兵五千人觸戰或有能當吳兵者故國語作耦耦亦相當對之名又下云無乃傷君王之所愛乎是有當則傷也嚭因說吳王曰越以服為臣若將赦之此國之利也吳王將許之子胥進諫曰今不滅越後必悔之勾踐賢君種蠡良臣若反國將為亂吳王弗聽卒赦越罷兵而歸勾踐之困會稽也喟然嘆曰吾終於此乎種曰湯繫

夏臺文王囚羑里晉重耳犇翟齊小白犇莒其卒王霸由是觀之何遽不為福乎吳既赦越越王勾踐反國乃苦身焦思置膽於坐坐臥即仰膽飲食亦嘗膽也曰女忘會稽之恥邪身自耕作夫人自織食不加肉衣不重采折節下賢人厚遇賓客振貧弔死徐廣曰弔一作葬與百姓同其勞欲使范蠡治國政蠡對曰兵甲之事種不如蠡鎮撫國家親附百姓蠡不如種於是舉國政屬大夫種而使范蠡與大夫柘稽行成為質於吳索隱曰越大夫也國語作諸稽郢二歲而吳歸蠡勾踐自會稽歸七

年拊循其士民士民欲用以報吳大夫逢同諫曰索隱曰逢姓同名故楚有逢伯者是國新流亡今乃復殷給繕飾備利吳必懼懼則難必至且鷙鳥之擊也必匿其形今夫吳兵加齊晉怨深於楚越名高天下實害周室德少而功多必淫自矜為越計莫若結齊親楚附晉以厚吳吳之志廣必輕戰是我連其權三國伐之越承其弊可克也勾踐曰善居二年吳王將伐齊子胥諫曰未可臣聞勾踐食不重味與百姓同苦樂此人不死必為國患吳有越腹心之疾齊與吳疥癬也索隱曰疥癬音介鮮願王

釋齊先越吳王弗聽遂伐齊敗之艾陵索隱曰在魯哀十一年虜齊高國以歸索隱曰國惠子高昭子讓子胥子胥曰王毋喜王怒子胥欲自殺王聞而止之越大夫種曰臣觀吳王政驕矣請試嘗之貸粟以卜其事請貸吳王欲與子胥諫勿與王遂與之越乃私喜子胥言曰王不聽諫後三年吳其墟乎太宰嚭聞之乃數與子胥爭越議因讒子胥曰伍員貌忠而實忍人其父兄不顧安能顧王王前欲伐齊員彊諫已而有功用是反怨王王不備伍員員必為亂與逢同共謀讒之王王始不從乃

使子胥於齊聞其託子於鮑氏王乃大怒曰伍員果欺寡人欲反使人賜子胥屬鏤劒以自殺子胥大笑曰我令而父霸 索隱曰而汝也父闔廬也 我又立若 索隱曰若亦汝也 若初欲分吳國半予我我不受已今若反以讒誅我嗟乎嗟乎一人固不能獨立報使者曰必取吾眼置吳東門以觀越兵入也 索隱曰國語云吳王慍曰孤不使大夫得見乃盛以鴟夷投之于江也 於是吳任嚭政居三年勾踐召范蠡曰吳已殺子胥導諛者衆可乎對曰未可至明年春吳王北會諸侯於黃池 索隱曰在哀十三年 吳國精兵從王惟獨老弱與太子留守 索隱曰按春秋左氏傳太子名文 勾踐復問范蠡蠡曰可矣乃發習流二千 索隱曰虞書云流宥五刑按流放之罪人使之習戰任爲卒伍有二千人也○正義曰謂先慣習流利戰陣死者二千人也 教士四萬人 索隱曰謂常所教練之兵也故孔子曰以不教民戰是謂弃之是也 君子六千人 韋昭曰君子王所親近有志行者猶吳所謂賢良齊所謂士也虞翻曰言君養之如子○索隱曰君子謂君所子養有恩惠者又按左氏楚沈尹戌帥都君子以濟師杜預曰都君子諸都邑之士有復除者國語云王以私卒君子六千人也 諸御千人伐吳 索隱曰諸御謂諸理事之官在軍有職掌者 吳師敗遂殺吳太子吳告急於王王方會諸侯於黃池懼天下聞之乃祕之吳王已盟黃池乃使人厚禮以請成越越自度亦未能滅吳乃與吳平其後四年越復伐吳吳士民罷弊輕銳盡

死於齊晉而越大破吳因而留圍之三年吳師敗越遂復棲吳王於姑蘇之山吳王使公孫雄 虞翻曰吳大夫 肉袒膝行而前請成越王曰孤臣夫差敢布腹心異日嘗得罪於會稽夫差不敢逆命得與君王成以歸今君王舉玉趾而誅孤臣孤臣惟命是聽意者亦欲如會稽之赦孤臣之罪乎勾踐不忍欲許之范蠡曰會稽之事天以越賜吳吳不取今天以吳賜越越其可逆天乎且夫君王蚤朝晏罷非爲吳邪謀之二十二年一旦而弃之可乎且夫天與弗取反受其咎伐柯者其則不遠君忘會稽之厄乎勾踐曰吾欲聽子言吾不忍其使者范蠡乃鼓進兵曰王已屬政於執事 虞翻曰執事蠡自謂也 使者去不者且得罪 虞翻曰我爲子得罪○索隱曰虞翻注蓋依國語之文今案此文謂使者宜速去不去得罪於越義亦通 吳使者泣而去勾踐憐之乃使人謂吳王曰吾置王甬東君百家 杜預曰甬東會稽句章縣東海中洲也○索隱曰吳語云與之夫婦三百是也 吳王謝曰吾老矣不能事君王遂自殺乃蔽其面 正義曰今之面衣是其遺象也越絕云吳王曰聞命矣以三寸帛幎吾兩目使死者有知吾慚見伍子胥公孫聖以爲無知吾恥生者越王則解綬以幎其目遂伏劒而死 幎音覓顧野王云大巾覆也 曰吾無面以見子胥也越王乃葬吳王而誅太宰嚭勾踐已平吳乃以

兵北渡淮與齊晉諸侯會於徐州致貢於周周元王使人賜勾踐胙命為伯勾踐已去渡淮南以淮上地與楚楚世家曰越滅吳而不能正江淮北楚東侵廣地至泗上歸吳所侵宋地於宋與魯泗東方百里當是時越兵橫行於江淮東諸侯畢賀號稱霸王索隱曰越在蠻夷少康之後地遠國小春秋之初未通上國國史既微略無世系故紀年冊為於粵子據此文勾踐平吳之後周元王始命為伯後遂僭而稱王也范蠡遂去自齊遺大夫種書曰蜚鳥盡良弓藏狡兔死走狗烹徐廣曰狡一作郊越王為人長頸鳥喙可與共患難不可與共樂子何不去種見書稱病不朝人或讒種且作亂越王乃賜種劍曰

子教寡人伐吳七術正義曰越絕云九術一曰尊天事鬼二曰重財幣以遺其君三曰遺敵粟槀以空其邦四曰遺之好美以熒其志五曰遺之巧匠使起宮室高臺以盡其財以疲其力六曰貴其諛臣使之易伐七曰彊其諫臣使之自殺八曰邦家富而備器利九曰堅甲利兵以承其弊寡人用其三而敗吳其四在子子為我從先王試之種遂自殺勾踐卒索隱曰紀年云晉出公十年十一月於粵子勾踐卒是為菼執子王鼫與立索隱曰鼫音石與音餘按紀年云於粵子勾踐卒次鹿郢立六年卒樂資云越語謂鹿郢為鼫與也王鼫與卒子王不壽立王不壽卒索隱曰紀年云不壽立十年見殺是為盲姑次朱勾立子王翁立王翁卒索隱曰紀年於粵子朱勾三十四年滅滕三十五年滅郯三十七年朱勾卒子王翳立王翳卒子王之侯立索隱曰紀年云翳三十三年遷于吳三十六年七月太子諸咎弒其君翳十月粵殺諸咎粵滑吳人立孚錯枝為君明年大夫寺區定粵亂立初無余之十二年寺區弟

思弒其君莽安次無顓立無顓八年薨是為菼蠋卯故莊子云越人三弒其君子搜患之逃乎丹穴不肯出越人薰之以艾乘以王輿樂資云號曰無顓蓋無顓後乃次無彊也則王之侯即無余之也王之侯卒子王無彊立索隱曰蓋無顓之弟也音其良反王無彊時越興師北伐齊西伐楚與中國爭彊當楚威王之時越北伐齊齊威王使人說越王曰越不伐楚大不王小不伯圖越之所為不伐楚者為不得晉也韓魏固不攻楚韓之攻楚覆其軍殺其將則葉陽翟危正義曰葉式涉反今許州葉縣陽翟河陽翟縣也二邑此時屬韓與楚犬牙交境韓若伐楚恐二邑為楚所危魏亦覆其軍殺其將則陳上蔡不安正義曰陳今陳州也上蔡今豫州上蔡邑縣也二邑此時屬魏與楚犬牙交境魏若伐楚恐二國為楚所危也故二晉之事越

也正義曰言韓魏與楚隣今越合於二晉而伐楚不至於覆軍殺將馬汗之力不效所重徐廣曰效猶見也於得晉者何也正義曰從不至已下此是齊使者重難越王越王曰所求於晉者不至頓刃接兵而況于攻城圍邑乎正義曰頓刃築營壘也接兵戰也越王言韓魏之事越猶不至頓刃接兵而況更有攻城圍邑韓魏始服乎言畏秦齊而故事越也願魏以聚大梁之下願齊之試兵南陽莒地以聚常郯之境索隱曰南陽在齊之西界莒之西也常邑名蓋田文所封之邑郯故郯國二邑皆齊之南地則方城之外不南正義曰方城山在許州葉縣西南十八里外謂許州豫州等言魏兵在大梁之下楚方城之兵不得南伐越也淮泗之間不東商於析酈宋胡之地徐廣曰胡國今之汝陰○索隱曰四邑並屬南陽楚之西南是也宋胡作宗胡宗胡邑名胡姓之宗因以名邑杜預云汝陰縣北有故胡城是也○

正義曰酈音櫟括地志云商洛縣則古商國城也荆州圖副云鄧州内鄉縣東七里於村即於中地也括地志又云鄧州
内鄉縣楚邑也故酈縣在鄧州新城縣西北三十里按商於析酈在商鄧二州界縣邑也夏路以左徐廣
曰盖謂江夏之夏。索隱曰徐氏以爲江夏非也劉氏云楚適諸夏路出方城人向北行以西爲左故云夏路以左其意
爲得也。正義曰括地志云故長城在鄧州内鄉縣東七十五里南入穰縣北連翼望山無土之處累石爲楚固襄王控
霸南土爭强中國多築列城於北方以適華夏號爲方城按此說劉氏爲得云邑徙衆少不足備秦嶢武二關之道也
不足以備秦江南泗上不足以待越矣正義曰江南洪饒等
州春秋時爲楚東境也泗上徐州春秋時楚北境也二境並與越隣言不足當伐越則齊秦韓魏
得志於楚也是二晉不戰而分地不耕而穫之
不此之爲而頓刃於河山之閒以爲齊秦用所
待者如此其失計奈何其以此王也齊使者曰

幸也越之不亡也吾不貴其用智之如目見豪
毛而不見其睫也今王知晉之失計而不自知
越之過是目論也索隱曰言越王知晉之失不自覺越之過猶人眼能見豪毛而自不見其
睫故謂之目論也王所待於晉者非其馬汗之力也又非
可與合軍連和也將待之以分楚衆也今楚衆
已分何待於晉越王曰奈何曰楚三大夫張九
軍北圍曲沃徐廣曰一作北面曲沃。正義曰括地志云曲沃故城在陝縣西三十二里於中在鄧州
内鄉縣東七里兩時曲沃屬魏於中屬秦二地相近故楚圍之於中以至無徐廣曰無一作西
假之關者三千七百里正義曰按無假之關當在江南長沙之西北也言從曲沃於中
西至漢中巴巫黔中千餘里不備秦魯也景翠之軍北聚魯齊南陽正義曰魯

兗州也齊密州莒縣邑南至泗上也南陽鄧州也時屬韓也言楚又備此三國也分散有大此者乎分有大
此者乎且王之所求者鬬晉楚也晉楚不鬬越
兵不起是知二五而不知十也此時不攻楚臣
以是知越大不王小不伯復讎龐徐廣曰一作龍長沙
正義曰復扶富反言今越北欲鬬晉楚南復讎敵楚之四邑龐長沙竟陵澤也龐長沙出粟之地竟陵澤出材木之地此
邑近長沙潭衡之境越若窺兵西通無假之關則西邑不得北上貢於楚之郢都矣戰國時永郴衡潭岳鄂江洪饒並是
東南境屬楚也袁吉虔撫歙宣並越西境屬越也楚之粟也竟澤陵楚之材
也索隱曰劉氏曰復者發語之聲非也言發語聲者文勢然也則是脱況字耳讎當作犫犫邑名字訛耳則犫龐長沙
是三邑也竟澤陵當爲竟陵澤言竟之山澤出材木故楚有七澤蓋其一也合上文爲四邑也越窺兵通
無徐廣曰無一作西假之關此四邑者不上貢事於郢矣

臣聞之圖王不王其敝可以伯然而不伯者王
道失也故願大王之轉攻楚也於是越遂釋齊
而伐楚楚威王興兵而伐之大敗越殺王無彊
盡取故吳地至浙江北破齊於徐州徐廣曰周顯王之四十六
年。索隱曰按紀年粤子無顓薨後十年楚伐徐州無楚敗越殺無彊之語是無彊爲無顓之後紀年不得録也而
越以此散諸族子爭立或爲王或爲君濱於江
南海上正義曰今台州臨海縣是也服朝於楚後七世至閩君
摇佐諸侯平秦漢高帝復以摇爲越王以奉越
後東越閩君皆其後也范蠡太史公曰素王妙論曰蠡本南陽人列仙傳云
蠡徐人。正義曰吳越春秋云蠡字少伯乃楚宛三戶人也越絶云在越爲范蠡在齊爲鴟夷子皮在陶爲朱公又云居楚曰

范伯謂大夫種曰三王則三皇之苗裔也五伯乃五帝之末世也天運曆紀千歲一至黃帝之元執辰破巳霸王之氣見於地户伍子胥以是挾弓干吳王於是要大夫種入吳此時馮同相與戒之伍子胥在自餘不能關其詞蠡曰吳越之邦同風共俗地户之位非吳則越彼爲彼我爲我及越王常與言盡日方去事越王勾踐既苦身戮力與勾踐深謀二十餘年竟滅吳報會稽之恥北渡兵於淮以臨齊晉號令中國以尊周室勾踐以霸而范蠡稱上將軍還反國范蠡以爲大名之下難以久居且勾踐爲人可與同患難與處安爲書辭勾踐曰臣聞主憂臣勞主辱臣死昔者君王辱於會稽所以不死爲此事也今既以雪恥臣請從會稽之誅勾踐曰孤將與子分國而有之不然將加誅于子范蠡曰君行令臣行意乃裝其輕寶珠玉自與其私徒屬乘舟浮海以行終不反於是勾踐表會稽山以爲范蠡奉邑（索隱曰國語云乃環會稽三百里以爲范蠡之地奉音扶用反）范蠡浮海出齊變姓名自謂鴟夷子皮（索隱曰范蠡自謂也蓋以吳王殺子胥而盛以鴟夷今蠡自以有罪故爲號也韋昭曰鴟夷革囊也或曰生牛皮也）耕于海畔苦身戮力父子治產居無幾何致產數千萬齊人聞其賢以爲相范蠡喟然嘆曰居家則致千金居官則至卿相此布衣之極也久受尊名不祥乃歸相印盡散其財以分與知友鄉黨而懷其重寶閒行

以去止于陶（徐廣曰今之濟陰定陶。正義曰括地志云陶山在濟州平陰縣東三十五里止此山之陽也今山南五里猶有朱公冢）以爲此天下之中交易有無之路通爲生可以致富矣於是自謂陶朱公復約要父子耕畜廢居候時轉物逐什一之利居無何則致貲累巨萬（徐廣曰萬萬也）天下稱陶朱公朱公居陶生少子少子及壯而朱公中男殺人囚於楚朱公曰殺人而死職也然吾聞千金之子不死於市告其少子往視之乃裝黃金千溢置褐器中載以一牛車且遣其少子朱公長男固請欲行朱公不聽長男曰家有長子曰家督今弟有罪大人不遣乃遣少弟是吾不肖欲自殺其母爲言曰今遣少子未必能生中子也而先空亡長男奈何朱公不得已而遣長子爲一封書遺故所善莊生（索隱曰據其時代非莊周也然驗其行事非子休而誰能信任於楚王乎。正義曰年表云周元王四年越滅吳范蠡遂去齊歸定陶後遣莊生金莊周與魏惠王周元王同時從周元王四年至齊宣王元年一百三十年此莊生非莊子）曰至則進千金于莊生所聽其所爲慎無與爭事長男既行亦自私齎數百金至楚莊生家負郭披藜藋到門居甚貧然長男發書進千金如其父言莊生曰可疾去矣慎毋留即弟出勿問所以然長男既去不過莊生而私留

以其私齎獻遺楚國貴人用事者莊生雖居窮
閻然以廉直聞於國自楚王以下皆師尊之及
朱公進金非有意受也欲以成事後復歸之以
爲信耳故金至謂其婦曰此朱公之金有如病
不宿誡後復歸勿動而朱公長男不知其意以
爲殊無短長也莊生閒時入見楚王言某星宿
某此則害於楚楚王素信莊生曰今爲奈何莊
生曰獨以德爲可以除之楚王曰生休矣寡人
將行之王乃使使者封三錢之府國語曰周景王時將鑄大錢賈
逵說云虞夏商周金幣三等或赤或白或黄黄爲上幣銅錢爲下幣韋昭曰錢者金幣之名所以貿買物通財用也單穆

史記世家十一　十三

公云古者有母平子子權母而行然則三品之來古而然矣駰謂楚之三錢賈韋之說近之楚貴人驚
告朱公長男曰王且赦曰何以也曰每王且赦
常封三錢之府昨暮王使使封之或曰王且赦常封三錢之府者錢幣
至重慮人或逆知有赦盜竊之所以封錢府備盜竊也漢靈帝時河内張成能候風角知將有赦教子殺人捕得七日赦
出此其類也朱公長男以爲赦弟固當出也重千金虛
弃莊生無所爲也乃復見莊生莊生驚曰若不
去邪長男曰固未也初爲事弟弟今議自赦故
辭生去莊生知其意欲復得其金曰若自入室
取金長男即自入室取金持去獨自歡幸莊生
羞爲兒子所賣乃入見楚王曰臣前言某星事

越王句踐世家

王言欲以脩德報之今臣出道路皆言陶之富
人朱公之子殺人囚楚其家多持金錢賂王左
右故王非能恤楚國而赦乃以朱公子故也楚
王大怒曰寡人雖不德耳奈何以朱公之子故
而施惠乎令論殺朱公子明日遂下赦令朱公
長男竟持其弟喪歸至其母及邑人盡哀之唯
朱公獨笑曰吾固知必殺其弟也彼非不愛其
弟顧有所不能忍者也是少與我俱見苦爲生
難故重弃財至如少弟者生而見我富乘堅驅
良逐狡兔徐廣曰狡一作郊豈知財所從來故輕去之非

史記世家十一　十四

所惜吝前日吾所爲欲遣少子固爲其能弃財
故也而長者不能故卒以殺其弟事之理也無
足悲者吾日夜固以望其喪之來也故范蠡三
徙成名於天下非苟去而已所止必成名卒老
死于陶故世傳曰陶朱公張華曰陶朱公冢在南郡華容縣西樹碑云是越之
范蠡也○正義曰盛弘之荊州記云荊州華容縣西有陶朱公冢樹碑云是越范蠡范蠡本宛三戶人與文種俱入越吳
云後自適齊而終陶朱公登仙未聞葬此所由括地志云陶朱公冢也又云濟州平陰縣東三十里陶山南五里有陶公
冢并止於陶山之陽按葬處有三未詳其處
太史公曰禹之功大矣漸九川徐廣曰漸者亦引進通道之意也字或宜
然定九州至于今諸夏艾安及苗裔句踐苦身

越王句踐世家

焦思終滅彊吳北觀兵中國以尊周室號稱霸王 徐廣曰一作主 勾踐可不謂賢哉蓋有禹之遺烈焉范蠡三遷皆有榮名名垂後世臣主若此欲毋顯得乎

索隱述贊曰

越祖少康　至于允常　其子始霸

與吳爭彊　檇李之役　闔閭見傷

會稽之恥　勾踐欲當　種誘以利

蠡悉其良　折節下士　致膽思嘗

卒復讎寇　遂殄吳疆　後不量力

滅於無彊

越王勾踐世家第十一　史記四十一

鄭世家第十二　史記四十二

鄭桓公友者周厲王少子而宣王庶弟也 徐廣曰年表云母弟 宣王立二十二年友初封于鄭 索隱曰鄭縣名屬京兆秦武公十一年初縣杜鄭是也又系本云桓公居棫林徙拾宋忠云棫林與拾皆舊地名是封桓公乃名為鄭耳至秦之縣鄭是鄭武公東徙新鄭之後其舊鄭乃是故都故秦始改為縣也出地理志 封三十三歲百姓皆便愛之幽王以為司徒 韋昭曰幽王八年為司徒○索隱曰韋昭據国語以為說耳 和集周民周民皆說河雒之間人便思之為司徒一歲幽王以褒后故王室治多邪諸侯或畔之於是桓公問太史伯 虞翻曰周太史 曰王室多故予安逃死乎太史伯對曰獨雒之東土河濟之南可居公曰何以對曰地近虢鄶 徐廣曰虢在成皋鄶在密縣駰案虞翻曰虢姬姓東虢也鄶妘姓○正義曰括地志云洛州汜水縣古東虢叔之國東虢君也又云故鄶城在鄭州新鄭縣東北三十二里 虢鄶之君貪而好利 索隱曰鄭語云虢叔恃勢鄶仲恃險皆有驕侈又加之以貪冒是也虢叔文王弟鄶妘姓之國也 百姓不附今公為司徒民皆愛公公誠請居之虢鄶之君見公方用事輕分公地公誠居之虢鄶之民皆公之民也公曰吾欲南之江上何如對曰昔祝融為高辛氏火正其功大矣而其於周未有興者楚其後也周衰楚必興興非鄭之利也公曰吾欲居西方何如 索隱曰國語曰公曰謝西之九州何如韋昭云謝申伯之國謝西有九州二千五百家為州其說蓋異此 對曰

其民貪而好利難久居公曰周衰何國興者對曰齊秦晉楚乎夫齊姜姓伯夷之後也伯夷佐堯典禮秦嬴姓伯翳之後也伯翳佐舜懷柔百物及楚之先皆嘗有功於天下而周武王克紂後成王封叔虞于唐徐廣曰晉世家曰唐叔虞姓姬氏字子于○索隱曰唐者古國堯之後其君曰叔虞何以知然據此系家下文云唐人之季代曰唐叔虞當武王邑姜方動太叔夢天帝命而子曰虞與之唐及生有文在手曰虞遂以名之及成王滅唐而國太叔故因以稱唐叔虞杜預亦曰取唐君之名是也其地阻險以此有德與周衰並亦必興矣桓公曰善於是卒言王東徙其民雒東而虢鄶果獻十邑虞翻曰十邑謂虢鄶鄔蔽補丹依𣄈歷華也○索隱曰國語云太史伯曰若克二邑鄔蔽補丹依𣄈歷華君之土也虞

翻註依國語爲記竟國之韋昭曰後武公竟取十邑地而居之今河南新鄭也二歲犬戎殺幽王於驪山下并殺桓公鄭人共立其子掘突正義曰上求勿反下户骨反是爲武公索隱曰譙周云名突滑皆非也蓋古史失其名太史公循舊失而妄記之耳何以知其然者按下文其孫昭公名忽厲公名突豈有孫与祖同名乎當是舊史雜記昭厲忽突之名遂誤以掘突爲武公之字耳武公十年娶申侯女正義曰括地志云故申城在鄧州南陽縣北三十里左傳云鄭武公取於申也爲夫人曰武姜生太子寤生生之難及生夫人弗愛後生少子叔段段生易夫人愛之徐廣曰年表云十四年生寤生十七年生太叔段二十七年武公疾夫人請公欲立段爲太子公弗聽是歲武公卒寤生立是爲莊公莊公元年封弟段於京

賈逵曰京鄭都邑杜預曰今滎陽京縣號太叔祭仲曰京大於國非所以封庶也莊公曰武姜欲之我弗敢奪也段至京繕治甲兵與其母武姜謀襲鄭二十二年段果襲鄭武姜爲內應莊公發兵伐段段走伐京京人畔段段出走鄢正義曰鄢音烏古反今新鄭縣南鄔頭有村多万家舊作鄢音偃杜預云鄢今鄢陵也鄢潰段出奔共賈逵曰共國名也杜預曰今汲郡共縣也○正義曰按今衛州共城縣是也於是莊公遷其母武姜於城潁賈逵曰鄭地也○正義曰疑許州臨潁縣是也誓言曰不至黃泉服虔曰天玄地黃泉在地中故言黃泉毋相見也居歲餘已悔思母潁谷之考叔賈逵曰潁谷鄭地○正義曰括地志云潁水源出洛州嵩高縣東南三十里陽乾山今俗名潁山泉源出山之東谷其側有古人居處俗名爲潁墟

故老云是潁考之故居即酈元注水經所謂潁谷也有獻於公公賜食考叔曰臣有母請君食賜臣母莊公曰我甚思母惡負盟柰何考叔曰穿地至黃泉則相見矣於是遂從之見母二十四年宋繆公卒公子馮奔鄭鄭侵周地取禾索隱曰左傳隱三年鄭武公莊公爲平王卿士王貳于虢及王崩周人將畀虢公政夏四月鄭祭足帥師取溫之麥秋又取成周之禾二十五年衛州吁弒其君桓公自立與宋伐鄭以馮故也二十七年始朝周桓王桓王怒其取禾弗禮也索隱曰杜預曰桓公即位周鄭交惡至是始朝故言始也左傳又曰周桓公言於王曰我周之東遷晉鄭焉依善鄭以勸來者猶懼不蔇況不禮焉鄭不來矣二十九年莊公怒周弗禮與魯易祊許田索隱曰許田近許之地魯

朝宿之邑祊者鄭所受助祭太山之湯沐邑鄭以天子不能廵守故以祊易許田各從其近三十三年宋殺孔父三十七年莊公不朝周周桓王率陳蔡虢衛伐鄭莊公與祭仲高渠彌發兵自救索隱曰左傳稱祭仲足蓋祭是邑其人名仲字仲足故傳云祭封人中足是也此繻葛之戰在魯桓五年彌一作眛並音迷王師大敗祝瞻射中王臂索隱曰左氏作祝聃祝瞻請從之鄭伯止之曰犯長且難之況敢陵天子乎乃止夜令祭仲問王疾三十八年北戎伐齊齊使求救鄭遣太子忽將兵救齊齊釐公欲妻之忽謝曰我小國非齊敵也時祭仲與俱勸使取之曰君多內寵服虔曰言庶子有寵者多太子無大援將不立三公

子皆君也所謂三公子者太子忽其弟突次弟子亹也索隱曰此文則數太子忽及突子亹爲三而杜預云不數太子以子突子亹子儀爲三蓋得之四十三年鄭莊公卒初祭仲甚有寵於莊公莊公使爲卿公使娶鄧女生太子忽故祭仲立之是爲昭公莊公又娶宋雍氏女賈逵曰雍氏黃帝之孫姞姓之後爲宋大夫生厲公突雍氏有寵於宋服虔曰爲宋正卿故曰有寵宋莊公聞祭仲之立忽乃使人誘召祭仲而執之曰不立突將死亦執突以求賂焉祭仲許宋與宋盟以突歸立之昭公忽聞祭仲以宋要立其弟突九月辛亥忽出奔衛己亥突至鄭立是爲厲公

厲公四年祭仲專國政厲公患之陰使其壻雍糾欲殺祭仲賈逵曰雍糾鄭大夫糾妻祭仲女也知之謂其母曰父與夫孰親母曰父一而已人盡夫也杜預曰婦人在室則天父出則天夫女以爲疑故母以所生爲本解之女乃告祭仲祭仲反殺雍糾戮之於市厲公無奈祭仲何怒糾曰謀及婦人死固宜哉夏厲公出居邊邑櫟宋衷曰今潁川陽翟縣○索隱曰按櫟音歷即鄭初得十邑之櫟也祭仲迎昭公忽六月乙亥復入鄭即位秋鄭厲公突因櫟人殺其大夫單伯杜預曰鄭守櫟大夫也○索隱曰依左傳作檀伯事在桓十五年此文誤爲單伯者蓋亦有所因也按魯莊公十四年厲公自櫟侵鄭事與單伯會齊師伐宋相連故知誤耳遂居之諸侯聞厲公出奔

伐鄭弗克而去宋頗予厲公兵自守於櫟鄭以故亦不伐櫟昭公二年自昭公爲太子時父莊公欲以高渠彌爲卿太子忽惡之莊公弗聽卒用渠彌爲卿及昭公即位懼其殺己冬十月辛卯渠彌與昭公出獵射殺昭公於野祭仲與渠彌不敢入厲公乃更立昭公弟子亹爲君是爲子亹也無謚號子亹元年七月齊襄公會諸侯於首止服虔曰首止近鄭之地杜預曰首止衛地陳留襄邑縣東南有首鄉鄭子亹往會高渠彌相從祭仲稱疾不行所以然者子亹自齊襄公爲公子之時嘗會鬬相仇及會諸侯祭

仲請子亹無行子亹曰齊彊而厲公居櫟即不往是率諸侯伐我內厲公我不如往往何遽必辱且又何至是卒行於是祭仲恐齊并殺之故稱疾子亹至不謝齊侯齊侯怒遂伏甲而殺子亹高渠彌亡歸索隱曰左氏云轘高渠弥歸與祭仲謀召子亹弟公子嬰於陳而立之是爲鄭子索隱曰左氏以鄭子名子儀此云嬰蓋別有所見是歲齊襄公使彭生醉拉殺魯桓公鄭子八年齊人管至父等作亂弒其君襄公十二年宋人長萬弒其君湣公鄭祭仲死十四年故鄭亡厲公突在櫟者使人誘劫鄭大夫甫瑕要

以求入索隱曰左傳作傅瑕此本多假借亦依字讀瑕曰舍我我爲君殺鄭子而入君厲公與盟乃舍之六月甲子瑕殺鄭子及其二子而迎厲公突突自櫟復入即位初內蛇與外蛇鬭於鄭南門中內蛇死居六年厲公果復入入而讓其伯父原索隱曰左傳謂之原繁曰我亡國外居伯父無意入我亦甚矣原曰事君無二心人臣之職也原知罪矣遂自殺厲公於是謂甫瑕曰子之事君有二心矣遂誅之瑕曰重德不報誠然哉厲公突後元年齊桓公始霸五年燕衛與周惠王弟頹伐王索隱曰惠王莊王孫僖王子子頹莊

王之妾王姚所生事在莊十九年王出奔溫立弟頹爲王六年惠王告急鄭厲公發兵擊周王子頹弗勝於是與周惠王歸王居于櫟七年春鄭厲公與虢叔襲殺王子頹而入惠王于周秋厲公卒子文公踕立索隱曰踕音在接反系本云文公徙鄭宋忠云即新鄭也厲公初立四歲亡居櫟居櫟十七歲復入立七歲與亡凡二十八年文公十七年齊桓公以兵破蔡遂伐楚至召陵二十四年文公之賤妾曰燕姞賈逵曰姞南燕姓夢天與之蘭賈逵曰香名也曰余爲伯儵余爾祖也賈逵曰伯儵南燕祖以是爲而子王肅曰以是蘭也爲汝子之名蘭有國香以夢告文公

文公幸之而予之草蘭爲符遂生子名曰蘭三十六年晉公子重耳過文公弗禮文公弟叔詹曰重耳賢且又同姓窮而過君不可無禮文公曰諸侯亡公子過者多矣安能盡禮之詹曰君如弗禮遂殺之弗殺使即反國爲鄭憂矣文公弗聽三十七年春晉公子重耳反國立是爲文公秋鄭入滑滑聽命已而反與衞於是鄭伐滑索隱曰左傳僖二十四年鄭公子士泄堵俞弥帥師伐滑周襄王使伯犕請滑索隱曰犕音服左氏王使伯服游孫伯如鄭請滑杜預云二子周大夫知伯犕即伯服也鄭文公怨惠王之亡在櫟而文公父厲公入之而厲王不賜

厲公爵祿索隱曰此言爵祿與左氏說異左傳云鄭伯享王王以后之鞶鑑與之虢公請器王予之爵則爵酒器非爵祿也故曰與左氏說異又怨襄王之與衛滑故不聽襄王請而囚伯犕王怒與翟人伐鄭弗克冬翟攻伐襄王襄王出奔鄭鄭文公居王于氾三十八年晉文公入襄王成周四十一年助楚擊晉自晉文公之過無禮故背晉助楚四十三年晉文公與秦穆公共圍鄭討其助楚攻晉者及文公過時之無禮也初鄭文公有三夫人寵子五人皆以罪蚤死公怒溉徐廣曰一作瑕○索隱曰音既左傳作瑕逐羣公子子蘭奔晉從晉文公圍鄭時蘭事晉文公甚謹

愛幸之乃私於晉以求入鄭爲太子晉於是欲得叔詹爲僇鄭文公恐不敢謂叔詹言詹聞言於鄭君曰臣謂君君不聽臣晉卒爲患然晉所以圍鄭以詹詹死而赦鄭國詹之願也乃自殺鄭人以詹尸與晉晉文公曰必欲一見鄭君辱之而去鄭人患之乃使人私於秦曰破鄭益晉非秦之利也秦兵罷晉文公欲入蘭爲太子以告鄭鄭大夫石癸曰吾聞姞姓乃后稷之元妃杜預曰姞姓之女爲后稷妃其後當有興者子蘭母其後也且夫人子盡已死餘庶子無如蘭賢今圍急晉以

爲請利孰大焉遂許晉與盟而卒立子蘭爲太子晉兵乃罷去四十五年文公卒子蘭立是爲繆公繆公元年春秦繆公使三將將兵欲襲鄭至滑逢鄭賈人弦高詐以十二牛勞軍故秦兵不至而還晉敗之於崤初往年鄭文公之卒也鄭司城繒賀以鄭情賣之秦兵故來三年鄭發兵從晉伐秦敗秦兵於汪往年徐廣曰繆公之二年楚太子商臣弒其父成王代立二十一年與宋華元伐鄭華元殺羊食士不與其御羊斟怒以馳鄭鄭囚華元宋贖華元元亦亡去晉使趙穿以兵伐

鄭二十二年鄭繆公卒子夷立是爲靈公靈公元年春楚獻黿於靈公子家子公將朝靈公賈逵曰二子鄭卿也子公之食指動服虔曰第二指謂子家曰佗日指動必食異物及入見靈公進黿羹子公笑曰果然靈公問其笑故具告靈公靈公召之獨弗予羹子公怒染其指左傳曰染指於鼎嘗之而出公怒欲殺子公子公與子家謀先夏弒靈公鄭人欲立靈公弟去疾去疾讓曰必以賢則去疾不肖必以順則公子堅長堅者靈公庶弟徐廣曰年表云靈公庶兄去疾之兄也於是乃立子堅是爲襄公襄公立將

盡去繆氏繆氏者殺靈公子公之族家也去疾曰必去繆氏我將去之乃止皆以爲大夫襄公元年楚怒鄭受宋賂縱華元伐鄭鄭背楚與晉親五年楚復伐鄭晉來救之六年子家卒國人復逐其族以其弑靈公也七年鄭與晉盟鄢陵八年楚莊王以鄭與晉盟來伐圍鄭三月鄭以城降楚楚王入自皇門鄭襄公肉袒掔羊以迎曰孤不能事邊邑使君王懷怒以及弊邑孤之罪也敢不惟命是聽君王遷之江南及以賜諸侯亦惟命是聽若君王不忘厲宣王桓武公哀

不忍絕其社稷錫不毛之地（何休曰墝埆不生五穀曰不毛謙不敢求肥饒）使復得改事君王孤之願也然非所敢望也敢布腹心惟命是聽莊王爲却三十里而後舍楚羣臣曰自郢至此士大夫亦久勞矣今得國舍之何如莊王曰所爲伐伐不服也今已服尚何求乎卒去晉聞楚之伐鄭發兵救鄭其來持兩端故遲比至河楚兵已去晉將率或欲渡或從還卒渡河莊王聞還擊晉鄭反助楚大破晉軍於河上十年晉來伐鄭以其反晉而親楚也十一年楚莊王伐宋宋告急于晉晉景公欲發兵

救宋伯宗諫晉君曰天方開楚未可伐也乃求壯士得霍人解楊字子虎誆楚令宋毋降過鄭鄭與楚親乃執解揚而獻楚楚王厚賜與約使反其言令宋趣降三要乃許於是楚登解揚樓車（服虔曰樓車所以窺望敵軍兵法所謂雲梯也杜預曰樓車車上望櫓也）令呼宋遂負楚約而致其晉君命曰晉方悉國兵以救宋宋雖急慎毋降楚晉兵今至矣楚莊王大怒將殺之解揚曰君能制命爲義臣能承命爲信受吾君命以出有死無隕（服虔曰隕墜也）莊王曰若之許我已而背之其信安在解揚曰所以許王欲以成吾

君命也將死顧謂楚軍曰爲人臣毋忘盡忠得死者楚王諸弟皆諫王赦之於是赦解揚使歸晉爵之爲上卿十八年襄公卒子悼公濆立（索隱曰劉音秘鄒本一作弗一作沸左傳作費音扶味反）悼公元年鄦公（徐廣曰音許許公靈公也）惡鄭於楚悼公使弟睔於楚自訟（索隱曰睔音公遜反）訟不直楚囚睔於是鄭悼公來與晉平遂親睔私於楚子反子反言歸睔於鄭二年楚伐鄭晉兵來救是歲悼公卒立其弟睔是爲成公成公三年楚共王曰鄭成公孤有德焉使人來與盟成公私與盟秋成公朝晉晉曰鄭私平於楚執之使

欒書伐鄭四年春鄭患晉圍公子如乃立成公庶兄繻爲君索隱曰繻音須鄭氏云一作緸其四月晉聞鄭立君乃歸成公鄭人聞成公歸亦殺君繻迎成公晉兵去十年背晉盟盟於楚晉厲公怒發兵伐鄭楚共王救鄭晉楚戰鄢陵楚兵敗晉射傷楚共王目俱罷而去十三年晉悼公伐鄭兵於洧上服虔曰洧水名。正義曰括地志云洧水在鄭州新鄭縣北三里古新鄭城南韓詩外傳云鄭俗二月桃花水出時會於溱洧水上以自祓除按在古城城南與溱水合鄭城守晉亦去十四年成公卒子惲立是爲釐公索隱曰惲音紆粉反左傳作髡頑釐公五年鄭相子駟朝釐公釐公不禮子駟怒使廚人藥

殺釐公徐廣曰年表云子駟使賊夜弒僖公赴諸侯曰釐公暴病卒立釐公子嘉嘉時年五歲是爲簡公簡公元年諸公子謀欲誅相子駟子駟覺之反盡誅諸公子二年晉伐鄭鄭與盟晉去冬又與楚盟子駟畏誅故兩親晉楚三年相子駟欲自立爲君公子子孔使尉止殺相子駟而代之子孔又欲自立子產曰子駟爲不可誅之今又效之是亂無時息也於是子孔從之而相鄭簡公四年晉怒鄭與楚盟伐鄭鄭與盟楚共王救鄭敗晉兵簡公欲與晉平楚又囚鄭使者十二年簡公怒相

子孔專國權誅之而以子產爲卿十九年簡公如晉請衛君還而封子產以六邑服虔曰四井爲邑子產讓受其三邑二十二年吳使延陵季子於鄭見子產如舊交謂子產曰鄭之執政者侈難將至政將及子子爲政必以禮不然鄭將敗子產厚遇季子二十三年諸公子爭寵相殺又欲殺子產公子或諫曰子產仁人鄭所以存者子產也勿殺乃止二十五年鄭使子產於晉問平公疾平公曰卜而曰實沈臺駘爲祟史官莫知敢問對曰高辛氏有二子長曰閼伯季曰實沈居曠

林賈逵曰曠大也不相能也日操干戈以相征伐后帝弗臧賈逵曰后帝堯也臧善也遷閼伯于商丘主辰賈逵曰商丘在漳南杜預曰商丘宋地服虔曰辰大火主祀也商人是因故辰爲商星服虔曰商人契之先湯之始祖相土封閼伯之故地因其故國而代之遷實沈于大夏主參服虔曰大夏在汾澮之間主祀參星杜預曰大夏今晉陽縣唐人是因服事夏商賈逵曰唐人謂陶唐氏之胤劉累也事夏帝孔甲封于大夏因實沈之國子孫以服事商也。正義曰括地志云故唐城在絳州翼城縣西二十里徐才宗國都城記云唐因帝堯之裔子所封春秋云夏孔甲時有堯苗胄劉累者以豢龍事孔甲夏后嘉之賜曰御龍氏以更豕韋之後龍一雌死潛醢之以食夏后既而使求之懼而遷于魯縣夏后蓋別封劉累之後于夏之墟爲唐侯至周成王時唐人作亂成王滅之而封太叔更遷唐人子孫於杜謂之杜伯范氏所在周爲唐杜氏地記云唐氏在大夏之墟河東安縣今在絳城西北一百里有唐城者以爲唐舊國然則叔虞之封即此地也其季世曰唐

叔虞杜預曰唐人之季世其君曰叔虞當武王邑姜方娠大叔夢帝謂己賈逵曰帝天也己武王也余命而子曰虞杜預曰取唐君之名乃與之唐屬之參而蕃育其子孫及生有文在其掌曰虞遂以命之及成王滅唐而國太叔焉故參爲晉星賈逵曰晉主祀參參爲晉星由是觀之則實沈參神也昔金天氏有裔子曰昧爲玄冥師服虔曰金天少皥也玄冥水官也師長也昧爲水官之長生允格臺駘服虔曰允格臺駘兄弟也臺駘能業其官服虔曰脩昧之職宣汾洮賈逵曰宣猶通也汾洮二水也障大澤服虔曰陂障其水也以處太原服虔曰太原汾水名杜預曰太原晉陽也臺駘之所居也帝用嘉之國之汾川服虔曰帝顓頊也沈姒蓐黃實守其祀賈逵曰四國臺駘之後也今晉主汾川而滅之賈逵曰滅四國由是觀之則臺駘汾洮神也然是二者不害君身山川之神則水旱之菑禜之服虔曰禜爲營攢用幣也若有水旱則禜祭山川之神以祈福也日月星辰之神則雪霜風雨不時禜之若君疾飲食哀樂女色所生也平公及叔嚮曰善博物君子也厚爲之禮於子產二十七年夏鄭簡公朝晉冬畏楚靈王之彊又朝楚子產從二十八年鄭君病使子產會諸侯與楚靈王盟於申誅齊慶封三十六年簡公卒子定公寧立秋定公朝晉昭公定公元年楚公子棄疾弒其君

靈王而自立爲平王欲行德諸侯歸靈王所侵鄭地于鄭四年晉昭公卒其六卿彊公室卑子產謂韓宣子曰爲政必以德毋忘所以立六年鄭火公欲禳之子產曰不如脩德八年楚太子建來奔十年太子建與晉謀襲鄭鄭殺建建子勝奔吳十一年定公如晉晉與鄭謀誅周亂臣入敬王于周索隱曰王避弟子朝之亂出居狄泉在昭二十三年至二十六年晉鄭入之經曰天王入于成周是也十三年定公卒子獻公蠆立獻公十三年卒子聲公勝立當是時晉六卿彊侵奪鄭鄭遂弱聲公五年鄭相子產卒正義曰括地志云子產墓在新鄭縣西南三十五里酈元注水經云子產墓在洧水上累石爲方墳墳東北向鄭城杜預云言不忘本也鄭人皆哭泣悲之如亡親戚子產者鄭成公少子也爲人仁愛人事君忠厚孔子嘗過鄭與子產如兄弟云及聞子產死孔子爲泣曰古之遺愛也賈逵曰愛惠也杜預曰子產見愛有古人遺風也兄事子產八年晉范中行氏反晉告急於鄭鄭救之晉伐鄭敗鄭軍於鐵杜預曰戚城南鐵丘。正義曰括地志云鐵丘在滑州衛南縣東南十五里十四年宋景公滅曹二十年齊田常弒其君簡公而常相於齊二十二年楚惠王滅陳孔子卒三十六年晉知伯伐鄭取九邑三十七年聲公卒子哀公易立年表云三十八年哀公八年鄭人弒哀公而立聲公弟丑是爲共公共公三年晉滅知伯三十年共公卒子幽公已立幽公元年韓武子伐鄭殺幽公鄭人立幽公弟駘是爲繻公年表曰鄭立幽公子駘繻或作繚繻公十五年韓景侯伐鄭取雍丘鄭城京十六年鄭伐韓敗韓兵於負黍徐廣曰在陽城。正義曰括地志云負黍亭在洛州陽城縣西南三十五里故國邑也二十年韓趙魏列爲諸侯二十三年鄭圍韓之陽翟二十五年鄭君殺其相子陽二十七年子陽之黨共弒繻公駘而立幽公弟乙爲君是爲鄭君徐廣曰一本云立幽公弟乙陽爲君是爲康公六國年表云立幽公子駘又以鄭君陽爲鄭康公乙班固云鄭康公乙爲韓所滅鄭君乙立二年鄭負黍反復歸韓十一年韓伐鄭取陽城二十一年韓哀侯滅鄭并其國

太史公曰語有之以權利合者權利盡而交踈甫瑕是也甫瑕雖以劫殺鄭子內厲公厲公終背而殺之此與晉之里克何異守節如荀息身死而不能存奚齊變所從來亦多故矣

索隱述贊曰

厲王之子　得封於鄭　代職司徒
緇衣在詠　虢鄶獻邑　祭足專命

莊既犯王　厲亦奔命　居櫟克入
夢蘭䟽慶　伯服生囚　叔瞻尸聘
釐簡之後　公室不競　負黍雖還
韓哀日盛

鄭世家第十二　　史記四十二

百衲本

史記

（漢）司馬遷撰
（南朝宋）裴駰集解
（唐）司馬貞索隱
（唐）張守節正義

2

國家圖書館出版社

趙世家第十三　史記四十三

趙氏之先與秦共祖至中衍（正義曰中音仲）為帝大戊御其後世蜚廉有子二人而命其一子曰惡來事紂為周所殺其後為秦惡來弟曰季勝其後為趙季勝生孟增孟增幸於周成王是為宅皐狼（徐廣曰或云皐狼地名在西河○索隱曰按如此說是名孟增號宅皐狼而徐廣云皐狼地名在西河者按地理志皐狼是西河郡之縣名蓋孟增幸於周成王成王居之於皐狼故云皐狼）皐狼生衡父衡父生造父造父幸於周繆王造父取驥之乘匹（正義曰乘食證反並四曰乘兩曰疋取八駿品其力使均馴）與桃林（正義曰括地志云桃林在陝州桃林縣西至潼關皆為桃林塞地山海經云夸父之山北有林焉名曰桃林廣闊三百里中多馬造父於此得驊騮騄耳之乘獻周穆王也）盜驪驊騮綠耳獻之繆王（索隱曰言造父取八駿品其色齊其力使馴調也並四曰乘並兩曰匹）繆王使造父御西巡狩見西王母樂之忘歸（索隱曰穆天子傳曰穆王與西王母觴於瑤池之上作歌是樂而忘歸也而譙周不信此事而云余常聞之代俗以東西陰陽所出入宗其神謂之王父母或曰地名在西域有何據乎）而徐偃王反（正義曰括地志云大徐城在泗州徐城縣北三十里古之徐國也博物志云徐君宮人娠生卵以為不祥棄於水濱孤獨母有犬名鵠倉銜所棄卵以歸覆煖之遂成小兒生偃王故宮人聞之更收養之及長襲為徐君後鵠倉臨死生角而九尾實黃龍也鵠倉或名后倉也）繆王日馳千里馬攻徐偃王大破之（索隱曰譙周曰徐偃王與楚文王同時去周穆王遠矣且王者行有周衛豈聞亂而獨長驅日行千里乎並言此事非實也）乃賜造父以趙城（正義曰晉州趙城縣即造父邑也）由此為趙氏自造父已下六世至奄父曰公仲周宣王時伐戎為御及千畝戰（正義曰括地志云千畝原在晉州岳陽縣北九十里也）奄父生叔帶叔帶之時周幽王無道去周如晉事晉文侯始建趙氏于晉國自叔帶以下趙宗益興五世而生趙夙趙夙晉獻公之十六年伐霍魏耿而趙夙為將伐霍霍公求犇齊（徐廣曰求一作來）晉大旱卜之曰霍太山為祟使趙夙召霍君於齊復之以奉霍太山之祀晉復穰晉獻公賜趙夙耿（索隱曰今河東皮氏縣耿鄉）夙生共孟當魯閔公之元年也共孟生趙衰字子餘（索隱曰系本云公明生共孟及趙夙夙生成季衰衰生宣孟盾左傳云衰趙夙弟而此云共孟生衰譙周亦以此為誤）趙衰卜事晉獻公及諸公子莫吉卜事公子重耳吉即事重耳重耳以驪姬之亂亡奔翟趙衰從翟伐廧咎如得二女翟以其少女妻重耳長女妻趙衰而生盾初重耳在晉時趙衰妻亦生趙同趙括趙嬰齊趙衰從重耳出亡凡十九年得反國重耳為晉文公趙衰為原大夫居原任國政（索隱曰系本云成季徙原宋忠云今鴈門原平縣也○正義曰括地志云原平故城漢原平縣也在代州崞縣南三十五里崞音郭按宋忠說非也括地志云故原城在懷州濟原縣西北二里左傳云襄王以原賜晉文公原不服文公伐原以示信原降以趙衰為原大夫即此也原本周畿內邑也）文公所以反國及霸多趙衰計策語在晉事中趙衰既反晉晉之妻固要

趙世家

迎翟妻而以其子盾爲適嗣晉妻三子皆下事之晉襄公之六年而趙衰卒謚爲成季趙盾代成季任國政二年而晉襄公卒太子夷皐年少盾爲國多難欲立襄公弟雍雍時在秦使使迎之太子母日夜啼泣（索隱曰穆嬴也）頓首謂趙盾曰先君何罪釋其適子而更求君趙盾患之恐其宗與大夫襲誅之迺遂立太子是爲靈公發兵距所迎襄公弟於秦者靈公旣立趙盾益專國政靈公立十四年益驕趙盾驟諫靈公弗聽及食熊蹯胹不熟殺宰人持其尸出趙盾見之靈公由

此懼欲殺盾盾素仁愛人嘗所食桑下餓人反扞救盾盾以得亡未出境而趙穿弒靈公而立襄公弟黑臀是爲成公趙盾復反任國政君子譏盾爲正卿亡不出境反不討賊故太史書曰趙盾弒其君晉景公時（索隱曰成公之子名據）而趙盾卒謚爲宣孟子朔嗣趙朔晉景公之三年朔爲晉將下軍救鄭與楚莊王戰河上朔娶晉成公姊爲夫人晉景公之三年大夫屠岸賈欲誅趙氏（徐廣曰按年表救鄭及誅滅皆景公三年）初趙盾在時夢見叔帶持要而哭甚悲已而笑拊手且歌盾卜之兆絕而後好

趙史援占之曰此夢甚惡非君之身乃君之子然亦君之咎至孫趙將世益衰屠岸賈者始有寵於靈公及至於景公而賈爲司寇將作難乃治靈公之賊以致趙盾徧告諸將曰盾雖不知猶爲賊首以臣弒君子孫在朝何以懲辠請誅之韓厥曰靈公遇賊趙盾在外吾先君以爲無罪故不誅今諸君將誅其後是非先君之意而今妄誅妄誅謂之亂臣有大事而君不聞是無君也屠岸賈不聽韓厥告趙朔趣亡朔不肯曰子必不絕趙祀朔死不恨韓厥許諾稱疾不出

賈不請而擅與諸將攻趙氏於下宮殺趙朔趙同趙括趙嬰齊皆滅其族趙朔妻成公姊有遺腹走公宮匿趙朔客曰公孫杵臼杵臼謂朔友人程嬰曰胡不死程嬰曰朔之婦有遺腹若幸而男吾奉之即女也吾徐死耳居無何而朔婦免身生男屠岸賈聞之索於宮中夫人置兒絝中祝曰趙宗滅乎若號即不滅若無聲及索兒竟無聲已脫程嬰謂公孫杵臼曰今一索不得後必且復索之奈何公孫杵臼曰立孤與死孰難程嬰曰死易立孤難耳公孫杵臼曰趙氏先

君遇子厚子彊爲其難者吾爲其易者請先死乃二人謀取他人嬰兒負之衣以文葆 徐廣曰小兒被曰葆 匿山中程嬰出謬謂諸將軍曰嬰不肖不能立趙孤誰能與我千金吾告趙氏孤處諸將皆喜許之發師隨程嬰攻公孫杵臼杵臼謬曰小人哉程嬰昔下宮之難不能死與我謀匿趙氏孤兒今又賣我縱不能立而忍賣之乎抱兒呼曰天乎天乎趙氏孤兒何罪請活之獨殺杵臼可也諸將不許遂殺杵臼與孤兒諸將以爲趙氏孤兒良已死皆喜然趙氏眞孤乃反在程嬰卒

與俱匿山中居十五年晉景公疾卜之大業之後不遂者爲祟景公問韓厥厥知趙孤在乃曰大業之後在晉絕祀者其趙氏乎夫自中衍者皆嬴姓也中衍人面鳥噣降佐殷帝大戊及周天子皆有明德下及幽厲無道而叔帶去周適晉事先君文侯至于成公世有立功未嘗絕祀今吾君獨滅趙宗國人哀之故見龜策唯君圖之景公問趙尚有後子孫乎韓厥具以實告於是景公乃與韓厥謀立趙孤兒召而匿之宮中諸將入問疾景公因韓厥之衆以脅諸將而見

趙孤趙孤名曰武諸將不得已乃曰昔下宮之難屠岸賈爲之矯以君命并命羣臣非然孰敢作難微君之疾羣臣固且請立趙後今君有命羣臣之願也於是召趙武程嬰徧拜諸將遂反與程嬰趙武攻屠岸賈滅其族復與趙武田邑如故 徐廣曰推次晉復與趙武田邑是景公之十七年也而乃是春秋成公八年經書晉殺其大夫趙同趙括左傳於此說立趙武事者詎云然說之耳非此年也 及趙武冠爲成人程嬰乃辭諸大夫謂趙武曰昔下宮之難皆能死我非不能死我思立趙氏之後今趙武既立爲成人復故位我將下報趙宣孟與公孫杵臼趙武啼

泣頓首固請曰武願苦筋骨以報子至死而子忍去我死乎程嬰曰不可彼以我爲能成事故先我死今我不報是以我事爲不成遂自殺趙武服齊衰三年爲之祭邑春秋祠之世世勿絕 新序曰程嬰公孫杵臼可謂信友厚士矣嬰之自殺下報亦過矣○正義曰今河東趙氏祠先人猶別舒一座祭二士矣 趙氏復位十一年而晉厲公殺其大夫三郤欒書畏及乃遂弒其君厲公更立襄公曾孫周 徐廣曰年表云襄公孫也○索隱曰晉系家云襄公少子名周 是爲悼公晉由此大夫稍彊趙武續趙宗二十七年晉平公立平公十二年而趙武爲正卿十三年吳延陵季子使於

晉曰晉國之政卒歸於趙武子韓宣子魏獻子之後矣趙武死謚爲文子文子生景叔索隱曰系本云景叔名成景叔之時齊景公使晏嬰於晉徐廣曰平公之十九年晏嬰與晉叔向語嬰曰齊之政後卒歸田氏叔向亦曰晉國之政將歸六卿六卿侈矣而吾君不能恤也趙景叔卒生趙鞅是爲簡子趙簡子在位晉頃公之九年簡子將合諸侯戍于周其明年入周敬王于周辟弟子朝之故也晉頃公之十二年六卿以法誅公族祁氏羊舌氏分其邑爲十縣六卿各令其族爲之大夫晉公室由此益弱後十三年魯賊臣陽虎來奔趙簡子受賂厚遇之趙簡子疾五日不知人大夫皆懼醫扁鵲視之出董安于問韋昭曰安于簡子家臣扁鵲曰血脉治也而何怪在昔秦繆公嘗如此七日而寤寤之日告公孫支與子輿索隱曰二子秦大夫公孫支子桑曰我之帝所甚樂吾所以久者適有學也帝告我晉國將大亂五世不安其後將霸未老而死霸者之子且令而國男女無別公孫支書而藏之索隱曰藏一作籍籍録也謂當時即記録書之於籍也秦讖於是出矣獻公之亂文公之霸而襄公敗秦師於殽而歸縱淫此子之所聞

今主君之疾與之同不出三日疾必閒閒必有言也居二日半簡子寤語大夫曰我之帝所甚樂與百神游於鈞天廣樂九奏萬舞不類三代之樂其聲動人心有一熊欲來援我帝命我射之中熊熊死又有一羆來我又射之中羆羆死帝甚喜賜我二笥皆有副吾見兒在帝側帝屬我一翟犬曰及而子之壯也以賜之帝告我晉國且世衰七世而亡正義曰謂晉定公出公哀公幽公烈公孝公靜公爲七世靜公二年爲三晉所滅據此及年表簡公子疾在定公十一年嬴姓將大敗周人於范魁之西正義曰嬴趙姓也周人謂衞也晉亡之後趙成侯三年取衞都鄙七十三是也賈逵云川阜曰魁也而亦不能有也索隱曰范魁地名不知所在蓋趙地也今余思虞舜之勳適余將以其胄女孟姚配而七世之孫索隱曰即姓嬴呉廣之女姚姓孟字也七代孫武靈王也董安于受言而書藏之以扁鵲言告簡子簡子賜扁鵲田四萬畝他日簡子出有人當道辟之不去從者怒將刃之當道者曰吾欲有謁於主君從者以聞簡子召之曰譆吾有所見子晰也索隱曰簡子見當道者乃寤曰譆是故吾前夢所見者知其名曰子晰也當道者曰屏左右願有謁簡子屏人當道者曰主君之疾臣在帝側簡子曰然有之子之見我我何爲當道者曰帝令主君射熊與羆皆死簡子

曰是且何也當道者曰晉國且有大難主君首之帝令主君滅二卿夫熊與羆皆其祖也（正義曰范氏中行氏之祖也）簡子曰帝賜我二笥皆有副何也（正義曰副謂皆子姓也）當道者曰主君之子將克二國於翟皆子姓也（正義曰謂代及智氏也）簡子曰吾見兒在帝側帝屬我一翟犬曰及而子之長以賜之夫兒何謂以賜翟犬當道者曰兒主君之子也翟犬者代之先也主君之子且必有代及主君之後嗣且有革政而胡服（正義曰今時服也廢除裘裳也）并二國於翟（正義曰武靈王略中山地至寧葭西略胡地至樓煩榆中是也）簡子問其姓而延之以官當道者曰臣野人致帝命耳遂不見簡子書藏之府異日姑布子卿見簡子（司馬彪曰姑布姓子卿字）簡子徧召諸子相之子卿曰無為將軍者簡子曰趙氏其滅乎子卿曰吾嘗見一子於路殆君之子也簡子召子毋卹毋卹至則子卿起曰此真將軍矣簡子曰此其母賤翟婢也奚道貴哉子卿曰天所授雖賤必貴自是之後簡子盡召諸子與語毋卹最賢簡子乃告諸子曰吾藏寶符於常山上先得者賞諸子馳之常山上求無所得毋卹還曰已得符矣簡子曰奏之毋卹曰從常山上臨代

代可取也（正義曰地道記云恒山在上曲陽縣西北百四十里北行四百五十里得恒山岌號飛狐口北則代郡也）簡子於是知毋卹果賢乃廢太子伯魯而以毋卹為太子後二年晉定公之十四年范中行作亂明年春簡子謂邯鄲大夫午曰歸我衛士五百家吾將置之晉陽（服虔曰往年趙鞅圍衛衛人恐懼故貢五百家鞅置之邯鄲又欲更徙於晉陽）午許諾歸而其父兄不聽（服虔曰午之諸父兄及邯鄲中長老）倍言趙鞅捕午囚之晉陽乃告邯鄲人曰我私有誅午也諸君欲誰立（杜預曰午趙鞅同族別封邯鄲故使邯鄲人更立午宗親也）遂殺午趙稷涉賓以邯鄲反（服虔曰稷午子）晉君使籍秦圍邯鄲（左傳曰籍秦此時為上軍司馬○索隱曰系本籍秦晉大夫籍游之孫籍談之子）荀寅范吉射與午善（左傳曰午荀寅之甥荀寅范吉射之姻○索隱曰系本云晉大夫逝遨生桓伯林父林父生宣伯庚庚生獻伯偃偃生穆伯吳吳生寅本姓荀自荀偃將中軍晉改中軍曰中行因氏焉元與智氏同祖逝遨故智氏亦稱荀范氏晉大夫隰叔之子士蔿之後蔿生成伯缺缺生武子會會生文叔燮燮生宣叔匄匄生獻子鞅鞅生吉射也）不肯助秦而謀作亂董安于知之十月范中行氏（正義曰按會食邑於范因為范氏又中行寅本姓荀自荀偃將中軍為中行因号中行氏元與智氏因承襲逝遨姓荀氏）伐趙鞅鞅奔晉陽晉人圍之范吉射荀寅仇人魏襄等謀逐荀寅以梁嬰父代之（賈逵曰梁嬰父晉大夫也）逐吉射以范皋繹代之（服虔曰范氏之側室子）荀躒言於晉侯曰（服虔曰荀躒智文子○索隱曰系本云逝遨生莊子首首生武子罃罃生莊子朔朔生悼子盈盈生文子櫟櫟生宣子申申生智伯瑤）君命大臣始亂

者死今三臣始亂賈逵曰范中行趙也而獨逐鞅用刑不均
請皆逐之十一月荀躒韓不佞魏哆奉公命以
伐范中行氏索隱曰不佞韓簡子哆魏簡子系本名取也不克范中行氏
反伐公公擊之范中行敗走丁未二子奔朝歌
索隱曰范吉射荀寅也韓魏以趙氏為請服虔曰以其罪輕於荀范也○正義曰按趙鞅
被范中行伐乃奔晉陽以其罪輕故韓魏為請晉君而得入絳十二月辛未趙鞅入
絳盟于公宮其明年知伯文子謂趙鞅曰范中
行雖信為亂安于發之是安于與謀也晉國有
法始亂者死夫二子已伏罪而安于獨在趙鞅
患之安于曰臣死趙氏定晉國寧吾死晚矣遂

自殺趙氏以告知伯然後趙氏寧孔子聞趙簡
子不請晉君而執邯鄲午保晉陽故書春秋曰
趙鞅以晉陽畔趙簡子有臣曰周舍好直諫周
舍死簡子每聽朝常不悅大夫請辠簡子曰大
夫無罪吾聞千羊之皮不如一狐之腋諸大夫
朝徒聞唯唯不聞周舍之鄂鄂是以憂也韓詩外傳
曰周舍立於門下三日三夜簡子使問之曰子欲見寡人何事對曰願為鄂鄂之臣墨筆操牘從君之過而日有記月有
成歲有效也簡子由此能附趙邑而懷晉人晉定公
十八年趙簡子圍范中行于朝歌中行文子奔
邯鄲索隱曰荀寅也明年衞靈公卒簡子與陽虎送衞

太子蒯聵于衞衞不內居戚正義曰括地志云故戚城在相州澶水縣東三
十里杜預云戚衞邑在頓丘縣西有戚城是也晉定公二十一年簡子拔邯
鄲中行文子奔柏人簡子又圍柏人中行文子
范昭子遂奔齊索隱曰吉射也趙竟有邯鄲柏人范中
行餘邑入于晉趙名晉卿實專晉權奉邑侔於
諸侯晉定公三十年定公與吳王夫差爭長於
黃池趙簡子從晉定公卒長吳定公三十七年
卒而簡子除三年之喪期而已是歲越王勾踐
滅吳晉出公十一年知伯伐鄭趙簡子疾使太
子毋卹將而圍鄭知伯醉以酒灌擊毋卹毋卹

羣臣請死之毋卹曰君所以置毋卹為能忍詢
然亦慍知伯知伯歸因謂簡子使廢毋卹簡子
不聽毋卹由此怨知伯晉出公十七年簡子卒
張華曰趙簡子冢在臨水界二冢并上氣成樓閣太子毋卹代立是為襄子
趙襄子元年越圍吳正義曰年表及趙世家云左傳越滅吳在簡子三十五年已在襄子
元年前十五年矣何得更有越圍吳之事從此此下至問吳王是三十年事文脫誤在此耳襄子降喪
食使楚隆問吳王正義曰左傳云哀公二十年簡子死襄子嗣立以越圍吳故降父之祭饌
而使楚隆慰問王為哀公十三年簡子在黃池之役與吳王質言曰好惡同之故減祭饌及問吳王也而趙世家及六國
年表云此年晉定公卒簡子除三年之喪服朞而已按簡子死及使吳年月皆誤與左傳文不同襄子姊
前為代王夫人簡子既葬未除服北登夏屋徐廣

曰山在廣武。正義曰括地志云夏屋山一名賈屋山今名賈母山在代州鴈門縣東北三十五里夏屋與句注山相接蓋北方之險亦天下之阻路所以分別內外也請代王使厨人操銅枓正義曰音斗合作枓其形方有柄取斟水器說文云鉤也以食代王及從者行斟陰令宰人各徐廣曰一作雒以枓擊殺代王及從官遂興兵平代地其姊聞之泣而呼天摩笄自殺代人憐之所死地名之為摩笄之山正義曰笄今簪也括地志云摩笄山一名磨笄山亦名為山在蔚州飛狐縣東北百五十里魏土地記云代郡東南二十五里有馬頭山趙襄子既殺代王使人迎其婦代王夫人曰以弟慢夫非仁也以夫怨弟非義也磨笄自殺而死使者亦自殺也遂以代封伯魯子周為代成君伯魯者襄子兄故太子太子蚤死故封其子襄子立四年知伯與趙韓魏盡分

其范中行故地晉出公怒告齊魯欲以伐四卿四卿恐遂共攻出公出公奔齊道死知伯乃立昭公曾孫驕是為晉懿公索隱曰或作哀公其大父名雍即昭公少子號戴子也知伯益驕請地韓魏韓魏與之請地趙趙不與以其圍鄭之辱知伯怒遂率韓魏攻趙趙襄子懼乃奔保晉陽原過從後至於王澤正義曰括地志云王澤在絳州正平縣南七里也見三人自帶以上可見自帶以下不可見與原過竹二節莫通曰為我以是遺趙毋卹原過既至以告襄子襄子齊三日親自剖竹有朱書曰趙毋卹余霍泰山徐廣曰在河東永安縣山陽

侯天使也三月丙戌余將使女反滅知氏女亦立我百邑余將賜女林胡之地至于後世且有伉王赤黑龍面而鳥噣鬢麋髭髯大膺大胸脩下而馮左衽界乘徐廣曰脩或作隨界一作介奄有河宗正義曰穆天子傳云河宗之子孫蒯栢絮按蓋在龍門河之上流嵐勝二州之地也至于休溷諸貉正義曰音陌自河宗休溷諸貉乃戎狄之地也南伐晉別正義曰趙南伐晉之別邑謂韓魏之邑也北滅黑姑正義曰亦戎國襄子再拜受三神之令三國攻晉陽歲餘引汾水灌其城城不浸者三版正義曰何休云八尺曰版城中懸釜而炊易子而食群臣皆有外心禮益慢唯高共徐廣曰一作赫不敢失禮襄子懼乃夜

使相張孟同私於韓魏索隱曰戰國策作張孟談談者史遷之父名遷例改為同韓魏與合謀以三月丙戌三國反滅知氏共分其地於是襄子行賞高共為上張孟同曰晉陽之難唯共無功襄子曰方晉陽急群臣皆懈惟共不敢失人臣禮是以先之於是趙北有代南并知氏彊於韓魏遂祠三神於百邑使原過主霍泰山祠祀正義曰括地志云三神祀今名原過祠今在霍山側也其後娶空同氏正義曰括地志云空峒山在肅州福祿縣東南六十里古西戎地又原州平高縣西百里亦有崆峒山郎黃帝問廣成子道處俱是西戎地未知孰是生五子襄子為伯魯之不立也不肯立子且必欲傳位與伯魯子代成君成

君先死乃取代成君子浣立爲太子索隱曰代成君名周伯魯之子系本云代成君子起即襄子之子不云伯魯非也襄子立三十三年卒浣立是爲獻侯獻侯少即位治中牟地理志曰河南中牟縣趙獻侯自耿徙此瓚曰中牟在春秋之時是鄭之疆內也及三卿分晉則在魏之邦土也趙界自漳水以北不及此春秋傳曰衛侯如晉過中牟按中牟非衛適晉之次也汲郡古文曰齊師伐趙東鄙圍中牟此中牟不在趙之東也按中牟當漯水之北。索隱曰此趙中牟在河北非鄭之中牟。正義曰按五鹿在魏州元城縣東十二里鄴即相州蕩陽縣西五十八里有牟山蓋中牟邑在此山側也襄子弟桓子逐獻侯自立於代索隱曰系本云襄子子桓子與此不同一年卒國人曰桓子立非襄子意乃共殺其子而復迎立獻侯十年中山武公初立徐廣曰西周桓公之子桓公者孝王弟而定王子。索隱曰中山古鮮虞國姬姓也系本云中山武公居

史記世家十三　十五

顧桓公徙靈壽爲趙武靈王所滅不言誰之子孫徐廣云西周桓公之子亦無所據蓋未得其實十三年城平邑地理志曰代郡有平邑縣十五年獻侯卒子烈侯籍立烈侯元年魏文侯伐中山使太子擊守之六年魏韓趙皆相立爲諸侯追尊獻子爲獻侯烈侯好音謂相國公仲連曰寡人有愛可以貴之乎公仲曰富之可貴之則否烈侯曰然夫鄭歌者槍石二人索隱曰槍音七羊反槍與石二人名吾賜之田人萬畝公仲曰諾不與居一月烈侯從代來問歌者田公仲曰求未有可者有頃烈侯復問公仲終不與乃稱疾不朝番吾君。徐廣曰番音盤常山有番吾縣。正義曰括地志云番吾故城

在恒州房山縣東二十里番蒲古今音異耳自代來謂公仲曰君實好善而未知所持今公仲相趙於今四年亦有進士乎公仲曰未也番吾君曰牛畜荀欣徐越皆可公仲乃進三人及朝烈侯復問歌者田何如公仲曰方使擇其善者牛畜侍烈侯以仁義約以王道烈侯逌然正義曰逌音由古字與攸同言牛畜以仁義約以王道故止歌者田攸攸氣行兒寬緩也明日荀欣侍以選練舉賢任官使能明日徐越侍以節財儉用察度功德所與無不充君說烈侯使使謂相國曰歌者之田且止官牛畜爲師荀欣爲中尉徐越爲內史正義曰漢書百官公卿表云少府內

世家十三　十六

史周官泰因之掌治京師賜相國衣二襲單複具爲一襲衣九年烈侯卒弟武公立索隱曰譙周云系本及說趙語者並無其事蓋別有所據武公十三年卒趙復立烈侯太子章是爲敬侯是歲魏文侯卒敬侯元年武公子朝作亂不克出奔魏趙始都邯鄲二年敗齊于靈丘地理志曰代郡有靈丘縣三年救魏于廩丘大敗齊人四年魏敗我兔臺築剛平正義曰兔臺剛平並在河北以侵衛五年齊魏爲衛攻趙取我剛平六年借兵於楚伐魏取棘蒲正義曰今趙州平棘縣古棘蒲邑八年拔魏黃城杜預曰陳留外黃縣東有黃城。正義曰括地志云故黃城在魏州冠氏縣南十里因黃溝爲名按陳留外黃城非隨所別也九年伐齊齊伐燕趙救燕十

年與中山戰于房子 正義曰趙州房子縣是 十一年魏韓趙共滅晉分其地伐中山又戰於中人 徐廣曰中山唐縣有中人亭○正義曰括地志云中山故城一名中人亭在定州唐縣東北四十一里春秋時鮮虞國之中人邑也 十二年敬侯卒子成侯種立成侯元年公子勝與成侯爭立為亂二年六月雨雪三年大戊午為相 徐廣曰戊一作成 伐衛取鄉邑七十三魏敗我藺 正義曰地里志云屬西河郡也 四年與秦戰高安 正義曰蓋在河東 敗之五年伐齊于鄄 正義曰濮州鄄城縣是也 魏敗我懷攻鄭敗之以與韓韓與我長子 地理志曰上黨有長子縣 六年中山築長城伐魏敗涿澤 正義曰涿音濁徐廣云長杜有濁澤非也括地志云濁水源出蒲州解縣東北平地爾時魏都安邑韓趙伐魏豈河南至長杜也解縣濁水近於魏都當是也 圍魏惠王七年侵齊至長城 正義曰齊長城西頭在齊州平陰縣太山記云太山西北有長城緣河經太山千餘里瑯琊入海括地志云所侵處在齊州南三十里也 與韓攻周八年與韓分周以為兩 徐廣曰顯王二年周紀無此○正義曰括地志云史記周顯王二年西周惠公封少子子班於鞏為東周其子武公為秦所滅鄭緣生述征記云鞏縣本周鞏伯邑 九年與齊戰阿下 徐廣曰戰一作會也○正義曰阿東阿也今濟州東阿縣也 十年攻衛取甄十一年秦攻魏趙救之石阿 正義曰蓋在石隰等州界也 十二年秦攻魏少梁 正義曰少梁故城在同州韓城縣南二十二里古少梁國也 趙救之十三年秦獻公使庶長國伐魏少梁虜其太子痤魏敗我澮取皮牢 徐廣曰魏年表曰取趙皮牢○正義曰括地志云澮水縣在絳州翼城縣東南二十五里按皮牢當在澮之側 成侯與韓

昭侯遇上黨十四年與韓攻秦十五年助魏攻齊十六年與韓魏分晉封晉君以端氏 徐廣曰在平陽○正義曰端氏澤州縣也 十七年成侯與魏惠王遇葛孽 徐廣曰在馬丘年表曰十八年趙孟如齊○正義曰括地志云澮水縣在絳州翼城縣東南二十五里按皮牢當在澮之側 十九年與齊宋會平陸 正義曰兗州縣也平陸城即古厥國 與燕會阿 正義曰括地志云故葛城一名依城又名西阿城在瀛州高陽縣西北五十里以徐兗二水並過其西又祖經其北曲曰阿以齊有東阿故曰西阿城地理志云瀛州屬河間趙分也按燕趙即此也 二十年魏獻榮椽因以為檀臺 徐廣曰襄國縣有檀臺○索隱曰劉氏云榮椽蓋地名其中有高處可以為臺非也按榮椽是良材可為椽登飾有光榮所以魏獻之故趙因用之以為檀臺○正義曰鄭玄云榮屋翼也說文云椽榱也屋梠之兩頭起者為榮也括地志云檀臺在洺州臨洺縣北二里 二十一年魏圍我邯鄲

二十二年魏惠王拔我邯鄲齊亦敗魏於桂陵 正義曰括地志云故桂城在曹州乘氏縣東北二十一里故老云此即桂陵也 二十四年魏歸我邯鄲與魏盟漳水上秦攻我藺二十五年成侯卒八公子緤 音薛 與太子肅侯爭立 索隱曰系本云肅侯名語 緤敗亡奔韓肅侯元年奪晉君端氏徙處屯留 正義曰括地志云屯留故城在潞州長子縣東北三十里本漢屯留縣城也 二年與魏惠王遇於陰晉 正義曰地里志云華陰縣魏之陰晉秦惠文王更名寧秦高帝更名華陰今屬華州 三年公子范襲邯鄲不勝而死四年朝天子六年攻齊拔高唐七年公子刻攻魏首垣 正義曰蓋在河北也 十一年秦孝公使商君伐魏虜其將公子卬

趙伐魏。十二年，秦孝公卒，商君死。十五年，起壽陵。正義曰徐廣云在常州 魏惠王卒。十六年，肅侯游大陵，徐廣曰太原有大陵縣亦曰陸○正義曰括地志云大陵城在并州文水縣北十三里漢大陵縣城 出於鹿門，正義曰并州盂縣西有白鹿泓魏出白鹿山南海盂鹿門在北山水之側也 大戊午扣馬呂忱曰扣牽馬曰：「耕事方急，一日不作，百日不食。」肅侯下車謝。十七年，圍魏黃，不克。地理志曰山陽有黃縣○正義曰黃城在魏州前拔之却爲魏今趙圍之矣 築長城。正義曰劉伯莊云蓋從雲中以北至代按趙長城從蔚州北西至嵐州北盡趙界又疑此長城在漳水之北趙南界 十八年，齊魏伐我，我決河水灌之，兵去。二十二年，張儀相秦。趙疵與秦戰，敗，秦殺疵河西，取我藺、離石。二十三年，韓舉徐廣曰韓將與齊、魏戰，死于桑丘。地理志云泰山有桑丘縣○正義曰括地志云桑丘城在易州遂城縣界或云在泰山非也此時齊伐燕桑丘三晉皆來救之不得在泰山有桑丘縣此說甚誤也

二十四年，肅侯卒。秦、楚、燕、齊、魏出銳師各萬人來會葬。子武靈王立。索隱曰名雍 武靈王元年，徐廣曰年表云魏敗我趙護 陽文君趙豹相。梁襄王與太子嗣、韓宣王與太子倉來朝信宮。正義曰在洺州臨洺縣也 武靈王少，未能聽政，博聞師三人，左右司過三人。及聽政，先問先王貴臣肥義，加其秩；國三老年八十，月致其禮。三年，城鄗。四年，與韓會于區鼠。正義曰蓋在河北 五年，娶韓女為夫人。八年，韓擊秦，不勝而去。五國相王，趙獨否，曰：「無其實，敢處其名乎！」令國人謂己曰「君」。九年，與韓、魏共擊秦，秦敗我，斬首八萬級。齊敗我觀澤。正義曰括地志云觀澤故城在魏州頓丘縣東十八里也 十年，秦取我西都及中陽。徐廣曰年表云秦取中都西陽安邑十一年秦敗我將軍英太原有中都縣西河有中陽縣 十一年，齊破燕。燕相子之為君，君反為臣。十一年，王召公子職於韓，立以為燕王，徐廣曰紀年亦云爾 使樂池送之。燕世家子之死後燕人共立太子平是爲燕昭王無趙送公子職爲燕王之事當是趙聞燕亂遙立職爲燕王雖使樂池送之竟不能就○索隱曰燕系家無其事蓋是疏也今此云使樂池送之必是憑舊史爲說且紀年之書其說又同則裴駰之解得其旨 十三年，秦拔我藺，虜將軍趙莊。正義曰本一作玭音疋婢反 楚、魏王來過邯鄲。十四年，趙何攻魏。

十六年，秦惠王卒。王遊大陵。他日，王夢見處女鼓琴而歌詩曰：「美人熒熒兮，顏若苕之榮。綦毋邃曰陵苕之草其華紫○正義曰苕音條毛詩疏云苕饒也幽州謂之翹饒蔓似䖸豆而細葉似蒺藜而青其華細綠色可生食味如小豆藿也又本草經云陵苕生下濕水中七八月生華紫草可以染帛煑沐頭髮即黑也 命乎命乎，曾無我嬴！」綦毋邃曰言有命祿生遇其時人莫知己貴盛盈嬴也○正義曰按命名也嬴姓嬴也言世衆名其美好曾無我好嬴也重言名呼者以談說衆也 異日，王飲酒樂，數言所夢，想見其狀。吳廣聞之，因夫人而內其女娃嬴，方言曰娃美也吳有館娃之宮 孟姚也。徐廣曰古史考云內其女曰娃○索隱曰孟姚吳廣女舜之後故上文云余思虞舜之勳故命其胄女孟姚以配而七代之孫是也然後封虞在河東太陽山西有上虞城是亦曰吳城虞吳音相近故舜後亦姓吳非獨太伯虞仲之裔 孟姚甚有寵於王，是為

惠后十七年王出九門徐廣曰在常山。正義曰本戰國時趙邑戰國策云本有宮室而居趙武靈王改爲九門爲野臺徐廣曰野一作望。正義曰括地志云野臺一名義臺在定州樂縣西南六十三里以望齊中山之境十八年秦武王與孟說舉龍文赤鼎絕臏而死徐廣曰一作絕臏音工丁反趙王使代相趙固迎公子稷於燕送歸立爲秦王是爲昭王十九年春正月大朝信宮召肥義與議天下五日而畢王北略中山之地至於房子正義曰趙州縣也遂之代北至無窮西至河登黃華之上正義曰黃華蓋西河側之山名也召樓緩謀曰我先王因世之變以長南藩之地屬阻漳滏之險立長城又取藺郭狼敗林人正義曰即林胡也於荏而功未遂今中山在我腹心北有燕正義曰地理志云趙分晉北有信都中山又得涿郡之高陽鄚州鄉東有清河河間又得勃海郡東平舒等七縣在河以北故言北有燕東有胡正義曰趙東有瀛州之東北營州之境即東胡烏丸之地服虔云東胡烏丸之先後爲鮮卑也西有林胡樓煩秦韓之邊正義曰林胡樓煩即嵐勝之北也嵐勝以南石州離石藺等七國時趙邑邊也秦隰河也晉洛潞澤等州皆七國時韓地爲並趙西境也而無彊兵之救是亡社稷奈何夫有高世之名必有遺俗之累吾欲胡服樓緩曰善羣臣皆不欲於是肥義侍王曰簡襄主之烈計胡翟之利爲人臣者寵有孝悌長幼順明之節通有補民益主之業正義曰寵貴寵也通達理也凡爲人臣有孝弟長幼順明之節制者得貴寵也有補

民益主之功業者爲達理也此兩者臣之分也今吾欲繼襄主之跡開於胡翟之鄉而卒世不見也正義曰卒子律反盡也言盡世間不見補民益主之忠臣也爲敵弱正義曰我爲胡服敵人必困弱也用力少而功多可以毋盡百姓之勞而序往古之勳正義曰序重也往古謂趙簡子襄子也夫有高世之功者負遺俗之累正義曰負留也言古周公孔子留衣冠禮義之俗今變爲胡服是負留風俗之譏累也有獨智之慮者任驁民之怨正義曰言世有獨計智之思慮者必任隱逸敖慢之民怨望也今吾將胡服騎射以教百姓而世必議寡人奈何肥義曰臣聞疑事無功疑行無名王既定負遺俗之慮殆無顧天下之議矣夫論至德者不和於俗成大功者不謀於衆昔者舜舞有苗禹袒裸國非以養欲而樂志也務以論德而約功也愚者闇成事智者覩未形則王何疑焉王曰吾不疑胡服也吾恐天下笑我也狂夫之樂智者哀焉愚者所笑賢者察焉世有順我者胡服之功未可知也雖驅世以笑我胡地中山吾必有之於是遂胡服矣使王緤告公子成曰寡人胡服將以朝也亦欲叔服之家聽於親而國聽於君古今之公行也子不反親臣不逆君兄弟之通義也徐廣曰兄弟一作元夷元始也夷平也今寡人作教易服而叔

不服吾恐天下議之也制國有常利民爲本從政有經令行爲上明德先論於賤而行政先信於貴今胡服之意非以養欲而樂志也事有所止而功有所出（正義曰鄭玄云止至也爲人君止於仁爲人臣止於敬爲人子止於孝爲人父止於慈與國人交止於信按出猶成也）事成功立然後善也今寡人恐叔之逆從政之經以輔叔之議且寡人聞之事利國者行無邪因貴戚者名不累故願慕公叔之義以成胡服之功使緤謁之叔（索隱曰絕句）請服焉公子成再拜稽首曰臣固聞王之胡服也臣不佞寢疾未能趨走以滋進也王命之臣敢對

因竭其愚忠曰臣聞中國者蓋聰明徇智之所居也（徐廣曰五帝本紀云幼而徇齊）萬物財用之所聚也賢聖之所教也仁義之所施也詩書禮樂之所用也異敏技能之所試也遠方之所觀赴也蠻夷之所義行也今王舍此而襲遠方之服變古之教易古之道逆人之心而怫學者離中國故臣願王圖之也使者以報王曰吾固聞叔之疾也我將自往請之王遂往之公子成家因自請之曰夫服者所以便用也禮者所以便事也聖人觀鄉而順宜因事而制禮所以利其民而厚其國也

夫翦髮文身錯臂左衽（索隱曰錯臂亦文身謂以丹青錯畫其臂孔衍作右臂左衽謂右袒其臂也）甌越之民也（索隱曰劉氏云今珠崖儋耳謂之甌人是有甌越。正義曰按屬南越故言甌越也輿地志云交阯周時爲駱越秦時曰西甌文身斷髮避龍則西甌駱又在番吾之西南越及甌駱皆芊姓也世本云越芊姓也與楚同祖是也）黑齒雕題（劉逵曰以草染齒用白作黑鄭玄曰雕文謂刻其肌以青丹涅之）卻冠秫絀（徐廣曰戰國策作秫縫絀亦縫紩之別名也鉥者綦鍼也古字多假借故作秫絀耳此蓋言其女功鍼縷之麤拙也又一本作鮭冠黎緤也）大吳之國也故禮服莫同其便一也鄉異而用變事異而禮易是以聖人果可以利其國不一其用果可以便其事不同其禮儒者一師而俗異中國同禮而教離況於山谷之便乎故去就之變智者不能一遠

近之服賢聖不能同窮鄉多異曲學多辨不知而不疑異於己而不非者公焉而衆求盡善也今叔之所言者俗也吾所言者所以制俗也吾國東有河薄洛之水（徐廣曰安平經縣西有漳水津名薄洛津。正義曰按安平縣屬定州也）與齊中山同之（正義曰爾時齊與中山相親中山趙共薄洛水故言與齊中山同之須有舟楫之備）無舟楫之用自常山以至代上黨（徐廣曰一云自常山以下代上黨以東）東有燕東胡之境而西有樓煩秦韓之邊今無騎射之備故寡人無舟楫之用夾水居之民將何以守河薄洛之水變服騎射以備燕三胡秦韓之邊（索隱曰林胡樓煩東胡是三胡也）且昔者簡主不

塞晉陽以及上黨而襄主幷戎取代以攘諸胡此愚智所明也先時中山負齊之彊兵侵暴吾地係累（正義曰上音計下力追反）吾民引水圍鄗微社稷之神靈則鄗幾於不守也先王醜之而怨未能報也今騎射之備近可以便上黨之形而遠可以報中山之怨而叔順中國之俗以逆簡襄之意惡變服之名以忘鄗事之醜非寡人之所望也公子成再拜稽首曰臣愚不達於王之義敢道世俗之聞臣之辠也今王將繼簡襄之意以順先王之志臣敢不聽命乎再拜稽首乃賜胡服明日服而朝於是始出胡服令也趙文趙造周袑（徐廣曰戰國策作紹袑音紹）趙俊皆諫止王毋胡服如故法便王曰先王不同俗何古之法帝王不相襲何禮之循虙戲神農教而不誅黃帝堯舜誅而不怒及至三王隨時制法因事制禮法度制令各順其宜衣服器械各便其用故禮也不必一道而便國不必古聖人之興也不相襲而王夏殷之衰也不易禮而滅然則反古未可非而循禮未足多也且服奇者志淫則是鄒魯無奇行也（索隱曰按鄒魯好長纓是奇服也服非其志皆淫僻也而有孔門顏冉之屬豈是無奇行哉）俗辟者民易

則是吳越無秀士也（索隱曰言方俗僻處山谷而人皆改易不通大化則是吳越無秀士何得有延州來及大夫種之屬哉）且聖人利身謂之服便事謂之禮夫進退之節衣服之制者所以齊常民也非所以論賢者也故齊民與俗流賢者與變俱故諺曰以書御者不盡馬之情以古制今者不達事之變循法之功不足以高世法古之學不足以制今子不及也遂胡服招騎射二十年王略中山地至寧葭（索隱曰一作蔓葭縣名在中山也）西略胡地至榆中（正義曰勝州北河北岸也）林胡王獻馬歸使樓緩之秦仇液之韓王賁之楚富丁之魏趙爵之齊代相趙固主胡致其兵二十一年攻中山趙袑為右軍許鈞為左軍公子章為中軍王幷將之牛翦將車騎趙希幷將胡代趙與之陘（徐廣曰一作陸又作陘或宜言趙與之陘陘者山絕之名常山有井陘中山有苦陘上黨有閼與○正義曰與音與陘音荆陘陘山也在幷州陘縣東南十八里然趙希幷將代趙之兵與諸軍向井陘之側共出定州上曲陽縣合軍攻取丹丘華陽鴟上之關）合軍曲陽（徐廣曰上曲陽在常山下曲陽在鉅鹿○正義曰括地志云上曲陽故城在定州曲陽縣西五里按合軍曲陽即上曲陽也以在常山郡也）攻取丹丘（正義曰蓋邢州丹丘縣也）華陽（正義曰括地志云北岳有五別名一曰蘭臺府二曰列女宮三曰華陽臺四曰紫臺五曰太一宮按北岳恒山在定州恒陽縣北百四十里）鴟之塞（正義曰上昌之反下先代反徐廣曰鴟一作鴻鴻上故關今名汝城在定州唐縣東北六十里本晉鴻上關城也又有鴻上水源出唐縣北葛洪山接北岳恒山與鴻上塞皆在定州然一本作鳴字誤也）王軍取

鄗石邑徐廣曰在常山。正義曰括地志云石邑故城在恒州鹿泉縣南三十五里六國時舊邑封龍
正義曰括地志云封龍山一名飛龍山在恒州鹿泉縣南四十五里邑因山爲名東垣中山獻
四邑和王許之罷兵二十三年攻中山二十五
年惠后卒索隱曰謂武靈王之后前太子章之母惠文王之嫡母也惠后卒後吳娃始當正室至孝成二
年稱惠文后卒是也而下文又云吳娃死後娃子何寵衰憐故太子欲兩王之是誤也使周紹胡服
傅王子何二十六年復攻中山攘地北至燕代
西至雲中九原二十七年五月戊申大朝於東
宮傳國立王子何以爲王王廟見禮畢出臨朝
大夫悉爲臣肥義爲相國并傅王是爲惠文王
惠文王惠后吳娃子也武靈王自號爲主父主

世家十三　廿七

父欲令子主治國而身胡服將士大夫西北略
胡地而欲從雲中九原直南襲秦於是詐自爲
使者入秦秦昭王不知已而怪其狀甚偉非人
臣之度使人逐之而主父馳已脫關矣審問之
乃主父也秦人大驚主父所以入秦者欲自略
地形因觀秦王之爲人也惠文王徐廣曰元年以公子勝爲相封
平原二年主父行新地遂出代西遇樓煩王於西
河而致其兵三年滅中山遷其王於膚施徐廣曰在上郡
○正義曰今延州膚施縣也起靈壽徐廣曰在常山北地方從代道大
通還歸行賞大赦置酒酺五日封長子章爲代

安陽君正義曰括地志云東安陽故城在朔州定襄縣界地理志云東安陽縣屬代郡章素侈
心不服其弟所立主父又使田不禮相章也李
兌謂肥義曰公子章彊壯而志驕黨衆而欲大
殆有私乎田不禮之爲人也忍殺而驕二人相
得必有謀陰賊起一出身徼幸夫小人有欲輕
慮淺謀徒見其利而不顧其害同類相推俱入
禍門以吾觀之必不久矣子任重而勢大亂之
所始禍之所集也子必先患仁者愛萬物而智
者備禍於未形不仁不智何以爲國子奚不稱
疾毋出傳政於公子成毋爲怨府毋爲禍梯肥

世家十三　二十八

義曰不可昔者主父以王屬義也曰毋變而度
毋異而慮堅守一心以歿而世義再拜受命而
籍之今畏不禮之難而忘吾籍變孰大焉進受
嚴命退而不全負孰甚焉變負之臣不容於刑
諺曰死者復生生者不愧正義曰肥義報李兌云必盡傅何爲王不可懼章及
田不禮而生異心使死者復更變生并見在生者並見傅王無變令我不愧之若荀息也吾言已在
前矣吾欲全吾言安得全吾身且夫貞臣也難
至而節見忠臣也累至而行明子則有賜而忠
我矣雖然吾有語在前者也終不敢失李兌曰
諾子勉之矣吾見子已今年耳涕泣而出李兌

數見公子成以備田不禮之事異日肥義謂信期曰索隱曰即下文高信也○正義曰上音申也公子與田不禮甚可憂也其於義也聲善而實惡此爲人也不子不臣吾聞之也姦臣在朝國之殘也讒臣在中主之蠹也此人貪而欲大內得主而外爲暴矯令爲慢以擅一旦之命不難爲也禍且逮國今吾憂之夜而忘寐飢而忘食盜賊出入不可不備自今以來若有召王者必見吾面我將先以身當之無故而王乃入信期曰善哉吾得聞此也四年朝羣臣安陽君亦來朝主父令王聽朝而

自從旁觀窺羣臣宗室之禮見其長子章傫然也反北面爲臣詘於其弟心憐之於是乃欲分趙而王章於代計未決而輟主父及王游沙丘異宮正義曰在邢州平鄉縣東北二十里也 公子章即以其徒與田不禮作亂詐以主父令召王肥義先入殺之高信即與王戰公子成與李兌自國至乃起四邑之兵入距難殺公子章及田不禮滅其黨賊而定王室公子成爲相號安平君李兌爲司寇公子章之敗往走主父主父開之索隱曰開謂開門而納之俗本亦作聞字者非也譙周及孔衍皆作閉之閉謂藏也○正義曰謂不責其反叛之罪容其入宮藏也 成兌因圍主

父宮公子章死公子成李兌謀曰以章故圍主父即解兵吾屬夷矣乃遂圍主父令宮中人後出者夷宮中人悉出主父欲出不得又不得食探爵鷇而食之綦母邃曰鷇爵子也○索隱曰生受哺者謂之鷇 三月餘而餓死沙丘宮應劭曰武靈王葬代郡靈丘縣○正義曰括地志云趙武靈王墓在蔚州靈丘縣東三十里應說是也 主父定死乃發喪赴諸侯是時王少成兌專政畏誅故圍主父主父初以長子章爲太子後得吳娃愛之爲不出者數歲生子何乃廢太子章而立何爲王吳娃死愛弛憐故太子欲兩王之猶豫未決故亂起以至父子俱死爲天

下笑豈不痛乎徐廣曰或無此十四字 主父死惠文王立立五年與燕鄚易徐廣曰皆屬涿郡鄚音莫 八年城南行唐徐廣曰在常山○正義曰行寒庚反括地志云行唐縣屬冀州爲南行唐縣城 九年趙梁將與齊合軍攻韓至魯關下正義曰劉伯莊云蓋在南河魯陽關按汝州魯山縣古穀陽縣 及十年秦自置爲西帝十一年董叔與魏氏伐宋得河陽於魏秦取梗陽杜預曰太原晉陽縣南梗陽城也○索隱曰地理志云太原榆次有梗陽鄉與杜預所據小別也○正義曰括地志云梗陽故城在并州清源縣南百二十步分晉陽縣置本漢榆次縣地春秋晉大夫祁氏邑也 十二年趙梁將攻齊十三年韓徐爲將攻齊公主死索隱曰蓋吳娃女惠文王之姊 十四年相國樂毅將趙秦韓魏燕攻齊取靈丘索隱曰年表及韓魏等系家五國攻

齊在明年然此下文十五年重擊齊是此文爲得蓋此年同伐齊耳○正義曰蔚丘縣也 與秦會中陽
正義曰括地志云中陽故縣在汾州隰城縣南十里漢中陽縣也 十五年燕昭王來見
趙與韓魏秦共擊齊齊王敗走燕獨深入取臨
菑十六年秦復與趙數擊齊齊人患之蘇厲爲
齊遺趙王書曰臣聞古之賢君其德行非布於
海內也教順非洽於民人也祭祀時享非數常
於鬼神也甘露降時雨至年穀豐孰民不疾疫
衆人善之然而賢主圖之今足下之賢行功力非
數加於秦也怨毒積怒非素深於齊也秦趙與
國以彊徵兵於韓秦誠愛趙乎其實憎齊乎物

之甚者賢主察之秦非愛趙而憎齊也欲亡韓
而吞二周故以齊餤天下恐事之不合故出兵
以劫魏趙恐天下畏己也故出質以爲信恐天
下亟反也故徵兵於韓以威之聲以德與國實
而伐空韓 索隱曰與國趙也秦趙今爲與國秦徵兵於韓共趙伐齊以威聲和趙是以德與國也 臣
以秦計爲必出於此夫物固有勢異而患同者
楚久伐而中山亡今齊久伐而韓必亡破齊王
與六國分其利也亡韓秦獨擅之收二周西取
祭器秦獨私之賦田計功王之獲利孰與秦多
說士之計曰韓亡三川 正義曰河南之地兩川之閒 魏亡晉國

正義曰河北之地安邑河內 市朝未變而禍已及矣燕盡齊之
北地去沙丘鉅鹿斂三百里 正義曰沙丘邢州也鉅鹿冀州也齊北界貝州
也斂減也言破齊滅韓之後燕之南界秦之東界相去減三百里趙國在中閒也矣 韓之上黨去
邯鄲百里燕秦謀王之河山閒三百里而通矣
秦之上郡 正義曰鄜延等州也 近挺關至於榆中者千五百
里秦以三郡攻王之上黨 正義曰秦上黨郡今澤潞儀沁等四州之地兼相州
之半韓總有之至七國時趙得儀沁二州之地韓猶有潞州及澤州之半半屬趙魏沁州在羊腸坂之西儀并代三州在
勾注山之南秦以三郡攻趙之澤潞則勾注之南趙無地然秦始皇置上黨郡此言之者太史公却引前書也他皆倣此
羊腸之西 正義曰太行山坂道名南屬懷州北屬澤州 勾注之南 正義曰勾注山在代
州西北也 非王有已踰勾注斬常山而守之三百里

而通於燕代馬胡犬不東下 正義曰言秦踰勾注山斬常山而守之西北代
馬胡犬不東入趙沙州崑山之玉亦不出至趙矣郭璞云胡地野犬似狐而小 崑山之玉不出
此三寶者亦非王有已王久伐齊從彊秦攻韓
其禍必至於此願王孰慮之且齊之所以伐者
以事王也 正義曰以趙王爲事也而秦必伐之也 天下屬行以謀王也
正義曰上音燭下胡郎反言秦欲令齊稱帝與約五國共滅趙三分趙地 燕秦之約成而兵
出有日矣五國三分王之地 正義曰謂秦齊韓魏燕三分趙之地也 齊
倍五國之約而殉王之患 正義曰齊王以身從趙王之患也 西兵以
禁彊秦秦廢帝請服 正義曰言秦齊相約欲更重稱帝故言廢帝也 反高
平根柔於魏 徐廣曰紀年云魏哀王四年改陽曰河雍向曰高平根柔一作捖柔一作平柔○正

義曰返還也括地志云高平故城在懷州河陽縣西四十里紀年云魏哀王改向曰高平也根柔未詳兩邑魏地也反巠分徐廣曰一作王公巠音胡鼎反先俞於趙徐廣曰爾雅曰西俞鴈門是也。正義曰巠音邢分字誤當作山字耳括地志云句注山一名西陘山在代州鴈門縣西北四十里俞音戍郭注云西隃即鴈門山也按西先聲相近蓋陘山西隃二山之地並在代州鴈門縣皆趙地也齊之事王宜為上佼索隱曰佼猶行也而今乃抵皋正義曰謂共秦伐齊也臣恐天下後事王者之不敢自必也願王孰計之也今王毋與天下攻齊天下必以王為義齊抱社稷而厚事王天下必盡重王義王以天下善秦秦暴王以天下禁之是一世之名寵制於王也於是趙乃輟謝秦不擊齊王與燕王遇廉頗將攻齊昔陽正義曰括地志云昔陽故城一名陽城在并州樂平縣東春秋釋地名云昔陽肥國所都也樂平城治縣東昔陽城肥白狄別種也樂平縣城漢治縣城也取之杜預曰樂平治縣有昔陽城十七年樂毅將趙師攻魏伯陽正義曰括地志云伯陽故城一名邯會城在相州鄴縣西五十五里七國時魏邑漢邯會城而秦怨趙不與己擊齊伐趙拔我兩城十八年秦拔我石城正義曰地理志云右北平有石城縣括地志云石城在相州林慮縣西南九十里疑相州石城是王再之衛東陽決河水正義曰括地志云東陽故城在貝州歷亭縣界按東陽先屬衛今屬趙河歷貝州南東北流過河南岸即魏地也故言王再之衛東陽伐魏氏也伐魏氏大潦漳水出魏冄來相趙十九年秦敗我二城趙與魏伯陽趙奢將攻齊麥丘取之二十年廉頗將攻齊王與秦昭王遇西河外徐廣

曰年表云與秦會澠池二十一年趙徙漳水武平西正義曰括地志云武平亭今名渭城在瀛州文安縣北七十二里按二十七年又徙漳水武平南二十二年大疫置公子丹為太子二十三年樓昌將攻魏幾正義曰音祈傳云代齊幾拔之又戰國策云秦敗閼與及攻魏幾拔幾邑或屬齊或屬魏當在相潞之閒也不能取十二月廉頗將攻幾取之二十四年廉頗將攻魏房子徐廣曰屬常山拔之因城而還又攻安陽取之二十五年燕周將攻昌徐廣曰屬齊郡。索隱曰燕周趙人為趙將。正義曰括地志云故昌城在淄州淄川縣東北四十里也城高唐取之與魏共擊秦秦將白起破我華陽正義曰括地志云故華陽城在鄭州管城縣南四十里司馬彪云華陽亭在今洛州密縣是時魏韓趙聚兵於華陽西攻秦得一將軍二十六年取東胡正義曰今營州也歐代地索隱曰蓋東胡叛趙驅略代地人眾以叛故取之也二十七年徙漳水武平南封趙豹為平陽君戰國策曰趙豹平陽君惠文王母弟河水出大潦二十八年藺相如伐齊至平邑正義曰括地志云平邑故城在魏州昌樂縣東北四十里也罷城北九門大城正義曰恒州九門縣城燕將成安君公孫操弒其王徐廣曰年表云是燕武成王元年。索隱曰樂資云其王即惠王二十九年秦韓相攻而圍閼與正義曰上於連反下音預括地志云閼與聚落今名烏蘇城在潞州銅鞮縣西北二十里又儀州順和縣城亦云韓閼與邑二所未詳又有閼與山在洛州武安縣西五十里蓋是也趙使趙奢將擊秦大破秦軍閼與下賜號為馬服君正義曰因馬服山為號也虞喜志林云馬兵之首也號曰馬服者言能服馬也括地志云馬服山邯鄲縣西北十里也三十二年

惠文王卒太子丹立是爲孝成王孝成王元年（徐廣曰平原君相也）秦伐我拔三城趙王新立太后用事秦急攻之趙氏求救於齊齊曰必以長安君（正義曰長安君者以長安善故名也）爲質兵乃出（索隱曰孔衍云長安君惠文后之少子也趙亦有長安今其地闕）太后不肯大臣彊諫太后明謂左右曰復言長安君爲質者老婦必唾其面左師觸龍言願見太后太后盛氣而胥之入（胥猶須也穀梁傳曰胥其出也）徐趨而坐自謝曰老臣病足曾不能疾走不得見久矣竊自恕而恐太后體之有所苦也故願望見太后太后曰老婦恃輦而行（索隱曰東晳云趙惠文王子何者吳廣之甥娃嬴之子也如系家計之則武靈王十六年夢吳娃而納之至二十七年王薨及惠文王三十三年卒孝成王元年遣長安君質於齊若娃年二十入王宫至此在六十左側亦可稱老矣而束廣微言太后纔三十有奇者誤也）曰食得毋衰乎曰恃粥耳曰老臣間者殊不欲食乃彊步日三四里少益嗜食和於身也太后曰老婦不能太后不和之色少解左師公曰老臣賤息舒祺最少不肖而臣衰竊憐愛之願得補黑衣之缺以衛王宫昧死以聞太后曰敬諾年幾何矣對曰十五歲矣雖少願及未填溝壑而託之太后曰丈夫亦愛憐少子乎對曰甚於婦人太后笑曰婦人異甚對曰老臣竊以爲媼之愛燕

后賢於長安君太后曰君過矣不若長安君之甚左師公曰父母愛子則爲之計深遠媼之送燕后也持其踵爲之泣念其遠也亦哀之矣已行非不思也祭祀則祝之曰必勿使反豈非計長久爲子孫相繼爲王也哉太后曰然左師公曰今三世以前至於趙主之子孫爲侯者其繼有在者乎曰無有曰微獨趙諸侯有在者乎曰老婦不聞也曰此其近者禍及其身遠者及其子孫豈人主之子侯則不善哉位尊而無功奉厚而無勞而挾重器多也今媼尊長安君之位而封之以膏腴之地多與之重器而不及今令有功於國一旦山陵崩長安君何以自託於趙老臣以媼爲長安君之計短也故以爲愛之不若燕后太后曰諾恣君之所使之於是爲長安君約車百乘質於齊齊兵乃出子義聞之（索隱曰子義趙之賢人）曰人主之子骨肉之親也猶不能持無功之尊無勞之奉而守金玉之重也而況於予乎齊安平君（正義曰括地志云安平城在青州臨海縣東十九里古紀之酅邑也）田單將趙師而攻燕中陽（徐廣曰一作人○正義曰燕無中陽括地志云中山故城一名中人亭在定州唐縣東北四十一里亦時屬燕國也）拔之又攻韓注人（正義曰邑名也括地志云注城在汝

州梁縣西十五里蓋是其地也拔之二年惠文后卒田單爲相四
年王夢衣偏裻之衣正義曰杜預云偏左右異色裻在中左右異故曰偏裻裻衣背縫也
乘飛龍上天不至而墜見金玉之積如山明日
王召筮史敢占之曰夢衣偏裻之衣者殘也乘
飛龍上天不至而墜者有氣而無實也見金玉
之積如山者憂也後三日韓氏上黨守馮亭使
者至曰韓不能守上黨入之於秦其吏民皆安
爲趙不欲爲秦有城市邑十七願再拜入之趙
財王所以賜吏民王大喜召平陽君豹告之曰
馮亭入城市邑十七受之何如對曰聖人甚禍

無故之利王曰人懷吾德何謂無故乎對曰夫
秦蠶食韓氏地中絕不令相通固自以爲坐而
受上黨之地也韓氏所以不入於秦者欲嫁其
禍於趙也秦服其勞而趙受其利雖彊大不能
得之於小弱小弱顧能得之於彊大乎豈可謂
非無故之利哉且夫秦以牛田之徐廣曰一無此字○正義曰秦蠶食韓氏國中斷不通夫牛耕田種穀至秋則收之成熟之義也言秦伐韓上黨勝有日矣若牛田之必冀收穫矣水
通糧正義曰秦從渭水漕糧東入河洛軍擊韓上黨也蠶食上乘倍戰者正義曰乘承證反蠶食桑葉漸進必盡也司馬法云百畝爲夫夫三爲屋屋三爲井井十爲通通十爲成成出革車一乘七十二人也上乘天下第一也倍戰力攻也韓國四戰之地軍士慣習倍於餘國裂上國之

地正義曰上國秦地也言韓上黨之地以列爲秦國之地其政已行趙不可與秦作難必莫受馮亭十七邑也
其政行不可與爲難必勿受也王曰今發百萬
之軍而攻踰年歷歲未得一城也今以城市邑
十七幣吾國正義曰馮亭將十七邑入趙若幣帛之見遺此大利也此大利也
趙豹出王召平陵君與趙禹而告之對曰發百
萬之軍而攻踰歲未得一城今坐受城市邑十
七此大利不可失也王曰善乃令趙勝受地告
馮亭曰敝國使者臣勝敝國君使勝致命以萬
户都三封太守正義曰爾時未合言太守至漢景帝始加太守此言太衍字也千户
都三封縣令皆世世爲侯吏民皆益爵三級吏

民能相安皆賜之六金馮亭垂涕不見使者曰
吾不處三不義也爲主守地不能死固不義一
矣入之秦不聽主令不義二矣賣主地而食之
不義三矣趙遂發兵取上黨漢書馮奉世傳曰趙封馮亭爲華陵君與趙將括距秦戰死於長平宗族由是分散或在趙在趙者爲官師將官師將子爲代相及秦滅六國而馮亭之後馮無擇馮去疾馮劫皆爲秦將相焉漢興馮唐即代相之子也上黨記云馮亭冢在壺關城西五里廉頗將軍軍
長平正義曰括地志云長平故城在澤州高平縣西二十一里即白起敗括於長平處七年廉
頗免而趙括代將秦人圍趙括趙括以軍降卒
四十餘萬皆阬之王悔不聽趙豹之計故有長
平之禍焉王還不聽秦秦圍邯鄲徐廣曰在九年武垣

令徐廣曰河間有武垣縣本屬涿郡〇正義曰括地志云武垣故城今瀛州城是也傅豹王容蘇射率燕眾反燕地正義曰武垣此時屬趙與燕接境故云率燕眾反燕地也趙以靈丘正義曰括地志云靈丘蔚州理縣也封楚相春申君八年平原君如楚請救還楚來救及魏公子無忌亦來救正義曰魏公子傳云趙王以鄗為公子湯沐邑年表云九年公子無忌救邯鄲圍在九年其文錯誤耳秦圍邯鄲乃解十年燕攻昌壯徐廣曰一作社〇正義曰壯字誤當作城括地志云昌城故城在冀州信都縣西北五里此時屬趙故攻之也五月拔之趙將樂乘慶舍攻秦信梁軍破之徐廣曰年表云新中軍也〇索隱曰信梁秦將也〇正義曰信梁蓋王齕號也秦本紀云昭襄王五十年王齕從唐拔寧新中寧新中更名安陽今相州理縣也年表云韓魏楚救趙新中軍秦兵罷是也太子死徐廣曰是年周赧王卒或者太子云天子乎〇索隱曰趙太子也史失名而秦攻西周拔之徒父祺出索隱曰徒父趙大夫名祺〇正義曰趙見秦拔西周故令徒父祺將兵出境也十一年城元氏地理志常山有元氏縣〇正義曰元氏趙州縣也縣上原武陽君鄭安平死徐廣曰故秦將降趙也收其地十二年邯鄲𢈢燒徐廣曰𢈢廄之名音膾也〇索隱曰𢈢積芻藁之處為火所燒也十四年平原君趙勝死索隱曰年表在十五年十五年以尉文封相國廉頗為信平君索隱曰尉文蓋地名或曰尉官文名謂以尉文所食之地以封廉頗也古文質略文省耳〇正義曰尉文蓋蔚州地也信平廉頗號也言篤信而平和也燕王令丞相栗腹約驩以五百金為趙王酒還歸報燕王曰趙氏壯者皆死長平其孤未壯可伐也王召昌國君樂閒而問之對曰趙四戰之國也其民習

兵伐之不可王曰吾以眾伐寡二而伐一可乎對曰不可王曰吾即以五而伐一可乎對曰不可燕王大怒羣臣皆以為可燕卒起二軍車二千乘栗腹將而攻鄗卿秦將而攻代索隱曰二人皆燕將姓名廉頗為趙將破殺栗腹虜卿秦樂閒正義曰三人皆燕將姓也十六年廉頗圍燕以樂乘為武襄君正義曰襄舉也上也言樂乘功最高也十七年假相大將武襄君攻燕圍其國十八年延陵鈞徐廣曰代郡有延陵縣率師從相國信平君助魏攻燕秦拔我榆次徐廣曰在太原三十七城十九年趙與燕易土索隱曰音亦謂與燕換易縣也以龍兌正義曰括地志云北新城故城在易州南遂城縣西南二十里按遂城縣西南二十五里有龍山邢子勵趙記云龍山有四麓各有一穴大如車輪春風出東秋風出西夏風出南冬風出北不相奪倫按蓋謂龍兌也汾門徐廣曰在北新城〇正義曰括地志云易州永樂縣有徐水出廣昌嶺三源奇發同瀉一澗流至北平縣東南歷石門中俗謂之龍門水經其間奔激南出觸石成井蓋汾字誤也遂城及永樂北新城縣地也臨樂徐廣曰方城有臨鄉〇正義曰括地志云臨鄉故城在幽州同安六十七里也與燕燕以葛武陽徐廣曰葛城在高陽〇正義曰括地志云故葛城又名西河城在瀛州高陽縣西北五十里平舒徐廣曰在代郡〇正義曰括地志云平舒故城在蔚州靈丘縣北九十三里也與趙二十年秦王政初立秦拔我晉陽二十一年孝成王卒廉頗將攻繁陽徐廣曰在頓丘〇正義曰括地志云繁陽故城在相州內黃縣東北二十七里應劭云繁水之北故曰繁陽也取之使樂乘代之廉頗攻樂乘樂乘走廉頗亡入魏子偃立是

爲悼襄王悼襄王元年大備徐廣曰一作脩○正義曰行大備之禮也魏欲通平邑中牟之道不成正義曰平邑在魏州昌樂縣東北三十里相州汾陰縣西五十八里有牟山按中牟山之側時二邑皆屬魏欲渡黃河作道相通遂不成也二年李牧將攻燕拔武遂方城徐廣曰武遂屬安平○正義曰括地志云易州遂城戰國時武遂城也方城故在幽州固安縣南十七里時二邑屬燕趙使李牧拔之也秦召春平君因而留之泄鈞正義曰人姓名也爲之謂文信侯曰春平君者趙王甚愛之而郎中妬之故相與謀曰春平君入秦秦必留之故相與謀而內之秦也今君留之是絕趙而郎中之計中也君不如遣春平君而留平都正義曰輿地里志云平都縣在在新興郡與陽周縣相近春平君者

言行信於王王必厚割趙而贖平都文信侯曰善因遣之徐廣曰年表云太子從質秦歸○正義曰按太子即春平君也城韓皐三年龐煖將攻燕禽其將劇辛四年龐煖將趙楚魏燕之銳師攻秦蕞徐廣曰在新豐不拔移攻齊取饒安徐廣曰在渤海又云饒屬北海安屬平原○正義曰饒安滄州縣也七國時屬齊戰國時屬趙五年傅抵正義曰上音付下音邸趙將姓名將居平邑慶舍將東陽正義曰屬貝州在河北岸也河外師守河梁正義曰河外阿南岸魏州地也河梁橋也六年封長安君以饒正義曰即饒陽也瀛州饒陽縣東二十里饒陽故城漢縣也明長安縣是號也魏與趙鄴九年趙攻燕取貍陽城正義曰按燕無貍陽疑貍字誤當作漁陽故城在檀州密雲縣南十八里燕漁陽郡城也按趙東界至瀛州則檀州在北趙攻燕取漁陽城也兵

未罷秦攻鄴拔之徐廣曰今饒陽在河間又年表曰拔閼與鄴九城悼襄王卒子幽繆王遷立幽繆王遷元年徐廣曰又云湣王世本云孝成王丹生悼襄王偃偃生今王遷年表及史考趙遷皆無謚○索隱曰徐廣云王遷無謚今唯此獨稱幽繆王者蓋秦滅趙之後人臣竊追謚之太史公或別有所見而記也城柏人二年秦攻武城徐廣曰年表云秦敗我平陽扈輒率師救之軍敗死焉三年秦攻赤麗宜安正義曰括地志云宜安故城在恒州槀城縣西南二十里也李牧率師與戰肥下正義曰括地志云肥纍故城在恒州槀城縣西七里春秋時肥子國白狄別種也却之封牧爲武安君四年秦攻番吾正義曰上音婆又音盤又作蒲括地志云蒲吾城在恒州房山縣東二十里也李牧與之戰却之五年代地大動自樂徐以西徐廣曰一作除北至平陰正義曰樂徐在晉州平陰在汾也臺屋墻垣太半壞地坼東西百三十步正義曰其坼滿見在亦在晉汾二州界也六年大飢民譌言曰趙爲號秦爲笑以爲不信視地之生毛七年秦人攻趙趙大將李牧將軍司馬尚將擊之李牧誅司馬尚免趙忽及齊將顏聚代之趙忽軍破顏聚亡去以王遷降正義曰淮南子云趙王遷流於房陵思故鄉則爲作山木之謳聞之者莫不殞涕括地志云趙王遷墓在房州房陵縣西九里也八年十月邯鄲爲秦淮南子曰趙王遷流於房陵思故鄉作爲山木之謳聞之者莫不流涕

太史公曰吾聞馮王孫曰趙王遷其母倡也徐廣曰列女傳曰邯鄲之倡嬖於悼襄王悼襄王廢適子嘉而立

遷遷素無行信讒故誅其良將李牧用郭開豈
不謬哉秦既虜遷趙之亡大夫共立嘉爲王王
代六歲秦進兵破嘉遂滅趙以爲郡

索隱述贊曰

趙氏之世　與秦同祖　周穆平徐
乃封造父　帶始事晉　夙初有土
岸賈矯誅　韓厥立武　寶符臨代
卒居伯魯　簡夢翟犬　靈歌處女
胡服雖彊　建立非所　頗牧不用
王遷囚虜

趙世家第十三　史記四十三

魏世家第十四　史記四十四

魏之先畢公高之後也畢公高與周同姓索隱曰左傳富
辰說文王之子十六國有畢原豐郇言畢公是文王之子此云與周同姓似不用左氏之說馬融亦云畢毛文王庶子
武王之伐紂而高封於畢杜預曰畢在長安縣西北○正義曰括地志云畢原
在雍州萬年縣西南二十八里於是爲畢姓其後絕封爲庶人或
在中國或在夷狄其苗裔曰畢萬事晉獻公獻
公之十六年趙夙爲御畢萬爲右以伐霍耿魏
滅之以耿封趙夙以魏封畢萬正義曰魏城在陝州芮城縣北五里鄭玄
詩譜云魏姬姓之國武王伐紂而封焉爲大夫卜偃曰索隱曰晉掌卜大夫郭偃也畢萬
之後必大矣萬滿數也魏大名也以是始賞天

開之矣天子曰兆民諸侯曰萬民今命之大以
從滿數其必有衆初畢萬卜事晉遇屯之比辛
廖占之曰吉屯固比入吉孰大焉其必蕃昌畢
萬封十一年晉獻公卒四子爭更立晉亂而畢
萬之世彌大從其國名爲魏氏生武子索隱曰左傳武子名
犨系本云畢萬生芒季芒季生武仲州州與犨聲相近字因以異代亦不同魏武子以魏諸
子事晉公子重耳晉獻公之二十一年武子從
重耳出亡十九年反重耳立爲晉文公而令魏
武子襲魏氏之後封列爲大夫治於魏生悼子
魏悼子徙治霍索隱曰系本云武仲生莊子絳無悼子又系本居篇曰魏武子居魏悼子徙霍

宋忠曰霍地名今河東彘縣也則是有悼子系本卿大夫代自脫耳然魏今河北魏縣是也○正義曰晉州霍邑縣漢彘縣也後漢改曰永安隋改曰霍邑本春秋時霍伯國也生魏絳魏絳事晉悼公
悼公三年會諸侯悼公弟楊干亂行魏絳僇辱
楊干索隱曰左傳云僇楊干之僕悼公怒曰合諸侯以爲榮今
辱吾弟將誅魏絳或說悼公悼公止卒任魏絳
政使和戎翟戎翟親附悼公之十一年曰自吾
用魏絳八年之中九合諸侯戎翟和子之力也
賜之樂三讓然後受之徙治安邑正義曰安邑在絳州夏縣安邑
故城是魏絳卒謚爲昭子徐廣曰世本曰莊子○索隱曰系本錯也居篇又曰昭子徙安
邑亦與此文同生魏嬴嬴生魏獻子索隱曰系本云獻子名荼荼莊子之子無魏嬴也

獻子事晉昭公昭公卒而六卿彊公室卑晉頃
公之十二年韓宣子老魏獻子爲國政晉宗室
祁氏羊舌氏相惡六卿誅之盡取其邑爲十縣
六卿各令其子爲之大夫獻子與趙簡子中行
文子范獻子並爲晉卿索隱曰簡子趙鞅文子荀寅獻子范吉射其後
十四歲而孔子相魯後四歲趙簡子以晉陽之
亂也而與韓魏共攻范中行氏魏獻子生魏侈
索隱曰侈他本亦作哆盖哆字誤而代數錯也系本獻子生簡子取取生襄子多而左傳云魏曼多是也則侈是襄子中
間少簡子一代魏侈與趙鞅共攻范中行氏魏侈之孫曰
魏桓子索隱曰系本云襄子生桓子駒與韓康子趙襄子共伐滅

知伯正義曰知音智括地志云故智城在蒲州虞鄉縣西北四十里古今地名云解縣有智城蓋謂此也分
其地索隱曰康子名虎襄子名無恤智伯知瑤也本姓荀亦曰荀瑤桓子之孫曰文侯
都徐廣曰世本云斯也○索隱曰系本桓子生文侯斯其傳云孺子𦣝是魏駒之子與此系代亦不同也魏
文侯元年秦靈公之元年也與韓武子趙桓子
周威王同時索隱曰系本武子名啓章康子之子桓子名嘉襄子之子六年城少梁
十三年使子擊圍繁龐出其民十六年伐秦築
臨晉元里十七年伐中山使子擊守之趙倉唐
傅之子擊逢文侯之師田子方於朝歌引車避
下謁田子方不爲禮子擊因問曰富貴者驕人
乎且貧賤者驕人乎子方曰亦貧賤者驕人耳

夫諸侯而驕人則失其國大夫而驕人則失其
家貧賤者行不合言不用則去之楚越若脫躧
然奈何其同之哉子擊不懌而去西攻秦至鄭
而還築雒陰合陽正義曰雒漆沮水也城在水南郃陽郃水之北括地志云郃陽故城在同
州河西縣南三里雒陰在同州西也二十二年魏趙韓列爲諸侯二十
四年秦伐我至陽狐正義曰括地志云陽狐郭在魏州元城縣東北三十里也二十
五年子擊生子罃索隱曰罃音乙耕反擊武侯名文侯受子夏經
藝客段干木過其閭未嘗不軾也正義曰過先臥反文侯軾干木
閭也皇甫謐高士傳云木晉人也守道不仕魏文侯欲見造其門干木踰牆避之文侯以客禮待之出過其閭而軾其僕
曰君何軾曰段干木賢者也不趣勢利懷君子之道隱處窮巷聲馳千里吾安得勿軾干木先乎德寡人先乎勢干木富

乎義寡人富乎財勢不若德貴財不若義高又請爲相不肯後卑巳固請見與語文侯立倦不敢息淮南子云段干木晉之大駔而爲文侯師呂氏春秋云魏文侯見段干木立倦而不敢息及見翟璜踞於堂而與之言翟璜不悅文侯曰段干木官之則不肯祿之則不受今汝欲官則相至欲祿則上卿至既受吾賞又責吾禮無乃難乎秦嘗欲伐魏或曰魏君賢人是禮國人稱仁上下和合未可圖也文侯由此得譽於諸侯任西門豹守鄴而河內稱治索隱曰大河在鄴東故名鄴爲河內。正義曰古帝王之都多在河東河北故呼河北爲河內河南爲河外又云河從龍門南至華陰東至衛州即東北入海曲繞冀州故言河內云也魏文侯謂李克曰先生嘗教寡人曰家貧則思良妻國亂則思良相今所置非成則璜徐廣曰文侯弟名成二子何如李克對曰臣聞之卑不謀尊疏不謀戚臣在闕

門之外不敢當命文侯曰先生臨事勿讓李克曰君不察故也居視其所親富視其所與達視其所舉窮視其所不爲貧視其所不取五者足以定之矣何待克哉文侯曰先生就舍寡人之相定矣李克趨而出過翟璜之家翟璜曰今者聞君召先生而卜相果誰爲之李克曰魏成子爲相矣翟璜忿然作色曰以耳目之所覩記臣何負於魏成子西河之守臣之所進也君內以鄴爲憂臣進西門豹君謀欲伐中山臣進樂羊中山巳拔無使守之臣進先生君之子無傅臣

進屈侯鮒臣何以負於魏成子李克曰且子之言克於子之君者豈將比周以求大官哉君問而置相非成則璜二子何如克對曰君不察故也居視其所親富視其所與達視其所舉窮視其所不爲貧視其所不取五者足以定之矣何待克哉是以知魏成子之爲相也且子安得與魏成子比乎魏成子以食祿千鍾什九在外什一在內是以東得卜子夏田子方段干木此三人者君皆師之子之所進五人者君皆臣之子惡得與魏成子比也翟璜逡巡再拜曰璜鄙人

也失對願卒爲弟子二十六年虢山崩壅河徐廣曰在陜駰案地理志曰弘農陜縣故虢國北虢在太陽東虢在滎陽。正義曰括地志云虢山在陜州陜縣西二里臨黃河今臨河有崗阜似是頹山之餘也三十二年伐鄭城酸棗敗秦于注司馬彪曰河南梁縣有注城也。正義曰括地志云注城在汝州梁縣西十五里注或作鑄也三十五年齊伐取我襄陵徐廣曰今在南平陽縣也三十六年秦侵我陰晉徐廣曰今之華陰。索隱曰年表作齊侵陰晉秦本紀云惠王六年魏納陰晉更名曰寧秦徐氏云今之華陰也三十八年伐秦敗我武下正義曰括地志云故武城一名武之平城在華州鄭縣東十三里得其將識索隱曰識將名也武下魏地是歲文侯卒索隱曰紀年云五十年卒子擊立是爲武侯魏武侯元年趙敬侯初立索隱曰紀年云魏武侯元年當趙烈侯之十四年不同也又系本敬侯名章八年朔爲亂不

勝奔魏與魏襲邯鄲魏敗而去二年城安邑王垣徐廣曰垣縣有王屋山也。索隱曰紀年十一年城洛陽及安邑王垣徐廣云垣縣有王屋山故曰王垣。正義曰括地志云故城漢垣縣本魏王垣也在絳州垣縣西北二十里也七年伐齊至桑丘正義曰年表云齊伐燕取桑丘故魏救燕伐齊至桑丘也括地志云桑丘故城俗名敬城在易州遂城縣界也九年翟敗我于澮索隱曰澮音古外反于澮水之側。正義曰括地志云澮高山又云澮山在絳州翼城縣東北二十五里澮水出此山也使吳起伐齊至靈丘正義曰靈丘蔚州縣也時屬齊故三晉伐之也齊威王初立索隱曰按紀年齊幽公之十八年而威王立十一年與韓趙三分晉地滅其後十三年秦獻公縣櫟陽十五年敗趙北藺正義曰在石州趙之西北屬趙故云趙北藺也十六年伐楚取魯陽正義曰今汝州魯山縣也武侯卒索隱曰紀年云武侯二十六年卒子罃

立是為惠王惠王元年初武侯卒也子罃與公中緩正義曰中音仲爭為太子公孫頎自宋入趙索隱曰頎音祁紀年云武侯元年封公子緩趙侯種韓懿侯伐我取蔡而惠成王伐趙圍濁陽七年公子緩如邯鄲以作難是說此事也自趙入韓謂韓懿侯曰索隱曰懿侯哀侯之子魏罃與公中緩爭為太子君亦聞之乎今魏罃得王錯徐廣曰汲冢紀年東王二年魏大夫王錯出奔韓也挾上黨固半國也因而除之徐廣曰除一作倍。正義曰按除除魏罃及王錯也破魏必矣不可失也懿侯說乃與趙成侯合軍并兵以伐魏戰于濁澤徐廣曰長社有濁澤。索隱曰系本云成侯名種魏氏大敗魏君為趙謂韓曰除魏君立公中緩割地而退我且利韓曰不可殺魏君

人必曰暴割地而退人必曰貪不如兩分之魏分為兩不彊於宋衛則我終無魏之患矣趙不聽韓不說以其少卒夜去惠王之所以身不死國不分者二家謀不和也若從一家之謀則魏必分矣故曰君終無適子其國可破也索隱曰此蓋古人之言及俗說故云故曰二年魏敗韓于馬陵敗趙于懷三年齊敗我觀徐廣曰齊世家云獻觀以和齊年表曰伐魏取觀今之衛縣也。索隱曰田完系家云敗魏於濁澤而圍惠王惠王請獻觀以和解。正義曰觀音館魏州觀城縣古之觀國國語云觀國夏啟子太康第五弟之所封也夏衰滅之矣五年與韓會宅陽城正義曰括地志云宅陽故城一名北宅在鄭州滎陽縣東南十七里也武堵為秦所敗徐廣曰秦年表曰敗韓魏洛陰六年伐取宋

儀臺徐廣曰一作義臺。索隱曰表亦作義臺然義臺見莊子司馬彪亦曰臺名郭象云義臺靈臺也九年伐敗韓于澮與秦戰少梁虜我將公孫座徐廣曰年表云虜我太子也取龐秦獻公卒子孝公立十年伐取趙皮牢彗星見十二年星晝墮有聲十四年與趙會鄗十五年魯衛宋鄭君來朝索隱曰紀年魯恭侯宋桓侯衛成侯鄭釐侯來朝皆在十四年鄭釐侯者韓昭侯也韓哀侯滅鄭而徙都之遂改號曰鄭十六年與秦孝公會杜平侵宋黃池宋復取之十七年與秦戰元里秦取我少梁圍趙邯鄲十八年拔邯鄲趙請救于齊齊使田忌孫臏救趙敗魏桂陵十九年諸侯圍我襄陵築長城塞固陽正義曰塞先代反括地志

云梱陽縣漢舊縣也在懷州銀城縣界按魏築長城自鄭濱
洛北底銀州至勝州固陽縣爲塞也固陽有連山東至黃河
西南至夏會等州梱音固矣 二十年歸趙邯鄲與盟漳水上 正義
曰邯鄲洛州縣也漳水名漳水
源出洛州武安縣三門山也 二十一年與秦會彤趙
成侯卒 徐廣曰年表云二十七年
冊封名會冊魏大臣也 二十八年齊威王
卒中山君相魏 索隱曰魏文侯滅中山使子擊守之後
尋復國至是始令相魏其中山後又爲
趙所
滅 三十年魏伐趙 正義曰孫臏傳云魏與趙攻韓韓告
急齊此文誤耳魏伐趙趙請救齊齊
使孫臏救趙敗魏桂
陵乃在十八年也 趙告急齊齊宣王用孫子計救
趙擊魏魏遂大興師使龐涓將而令太子申爲
上將軍過外黃外黃徐子 劉向別錄曰徐子外黃人
也外黃時屬宋。正義曰
括地志云故圍城有南北二城在汴州雍丘
縣界本屬外黃即太子申見徐子之地也 謂太子曰臣

有百戰百勝之術太子曰可得聞乎客曰固願
效之曰太子自將攻齊大勝并莒 正義曰莒密州
縣也在齊東南
言從西破齊并至
莒地則齊上盡矣 則富不過有魏貴不益爲王若戰
不勝齊則萬世無魏矣此臣之百戰百勝之術
也太子曰諾請必從公之言而還矣客曰太子
雖欲還不得矣彼勸太子戰攻欲啜汁者衆 正
義
曰啜穿悅反汁之入
反贊其功勳者衆也 太子雖欲還恐不得矣太子因
欲還其御曰將出而還與北同太子果與齊人
戰敗於馬陵 徐廣曰在元城。索隱曰按紀年云二十
八年與齊田肦戰于馬陵又上二年魏敗
韓馬陵十八年趙又敗魏桂陵桂陵與馬陵異處。正義曰
虞喜志林云馬陵在濮州鄄城縣東北六十里有陵間谷深

峻可以置伏按龐涓敗即此也徐說馬陵在魏州元城縣東
南一里龐涓敗非此地也田完世家云宣王二年魏伐趙趙与
韓親共擊魏趙不利戰於南梁韓氏請於齊齊使田忌嬰將
孫子爲師救趙韓已擊魏大破之馬陵按南梁在汝州又此
傳云太子爲上將軍過外黃又孫臏傳云魏与趙攻韓韓告
急齊齊使田忌將而往直走大梁魏將龐涓聞之去韓而歸
齊軍已過而西矣按孫子減竈退軍三日行至馬陵遂殺龐
涓虜魏太子申大破魏軍營當如虞喜之說從汴州外黃退
至濮州東北六十里是也然趙韓共擊魏戰困於南梁韓急
請救於齊齊師走大梁敗魏馬陵皆合東渡河北至魏州元
城哉徐說
定非也 齊虜魏太子申殺將軍涓軍遂大破三
十一年秦趙齊共伐我 索隱曰紀年云二十九年五月
齊田肦伐我東鄙九月秦衛鞅
伐我西鄙十月邯鄲伐我北鄙王攻衛
鞅我師敗績是也然言二十九年不同 秦將商君詐我
將軍公子卬而襲奪其軍破之秦用商君東地
至河而齊趙數破我安邑近秦於是徙治大梁

徐廣曰今浚儀。駰案汲冢紀年曰梁惠成王九年四月甲寅
徙都大梁也。索隱曰紀年以爲惠王九年蓋誤也。正義
曰陳留風俗傳云魏之都也畢萬
十葉徙大梁按今汴州浚儀也 以公子赫爲太子三
十三年秦孝公卒商君亡秦歸魏魏怒不入三
十五年與齊宣王會平阿南 地理志沛郡
有平阿縣也 惠王數
敗於軍旅卑禮厚幣以招賢者鄒衍淳于髡孟
軻皆至梁梁惠王曰寡人不佞兵三折於外太
子虜上將死國以空虛以羞先君宗廟社稷寡
人甚醜之叟不遠千里 劉熙曰叟長老之
稱依皓首之言 辱幸至弊
邑之廷將何以利吾國孟軻曰君不可以言利
若是夫君欲利則大夫欲利大夫欲利則庶人

欲利上下爭利國則危矣爲人君仁義而已矣
何以利爲三十六年復與齊王會甄是歲惠王
卒索隱曰紀年云惠成王三十六年改元稱一年未卒也子襄王立索隱曰系本襄王名嗣襄
王元年與諸侯會徐州徐廣曰今薛縣相王也追尊父惠
王爲王徐廣曰二年伐趙五年秦敗我龍賈軍四萬五千
于雕陰徐廣曰在上郡。正義曰括地志云彫陰故縣在鄜州洛交縣北三十里彫陰故城是也圍我
焦曲沃正義曰括地志云故焦城在陜縣東北百步古虢城中東北隅周同姓也曲沃有城在陜縣西南三
十二里按今有曲沃店也予秦河西之地正義曰自華州北至同州並魏河北之地尽入秦也
六年與秦會應徐廣曰穎川父城有應鄉也。正義曰應乙陵反括地志云故應城故應鄉也
在汝州魯山縣東三十里秦取我汾陰皮氏正義曰括地志云汾陰故城在蒲州汾陰縣北
九里皮氏故城在絳州龍門縣西一百八十步也焦魏伐楚敗之陘山徐廣曰在密縣
。正義曰括地志云陘山在鄭州新鄭縣西南三十里七年魏盡入上郡于秦正義
曰括地志云上郡故城在綏州上縣東南五十里秦魏之上郡地也按丹鄜延綏等州北至固陽並上郡地魏築長城界
秦自華州鄭縣已北濱洛至慶州洛源縣白於山即東北至勝州固陽縣東至河西上郡之地尽入於秦秦降
我蒲陽正義曰在隰州隰川縣蒲邑故城是也八年秦歸我焦曲沃十
二年楚敗我襄陵諸侯執政與秦相張儀會齧
桑徐廣曰在梁与彭城之間十三年張儀相魏魏有女子化爲
丈夫秦取我曲沃正義曰絳州桐鄉縣晉曲沃邑平周正義曰十三州志云古平
周縣在汾州介休縣西五十里也十六年襄王卒子哀王立張儀復
歸秦荀勗曰和嶠云紀年起自黃帝終於魏之今王今王者魏惠成王子案大史公書惠成王但言惠王惠王

子曰襄王襄王子曰哀王惠王三十六年卒襄王立十六年卒并惠襄爲五十二年今案古文惠成王立三十六年改元
稱一年改元後十七年卒太史公書爲誤分惠成之世以爲二王之年數也世本惠王生襄王而無哀王然則今王者魏
襄王也。索隱曰系本襄王生昭王而無哀王蓋脫一代耳孔衍叙魏語亦有哀王而紀年說惠成王三十六年又稱後
元一十七年卒此文分惠王之歷以爲二王之年又有哀王凡二十三年紀事甚明蓋無足疑然則是紀年之作失哀王
之代故分襄王之年爲惠王後元即以襄王之年包哀王之代耳哀王元年五國共攻
秦正義曰韓魏楚趙燕也不勝而去二年齊敗我觀津正義曰括地志
云觀津城在冀州棗陽縣東南二十五里本趙邑今屬魏也五年秦使樗里子伐取
我曲沃索隱曰樗里子秦昭王弟名疾居樗里故因號焉走犀首岸門徐廣曰潁陰有
岸亭。索隱曰犀首官名即公孫衍劉氏云河東皮氏縣有岸頭亭也。正義曰括地志云岸門在許州長社縣西北十
八里今名西武亭六年秦求立公子政爲太子索隱曰政魏公子也與
秦會臨晉七年攻齊徐廣曰年表云擊齊虜聲子於濮也與秦伐燕八
年伐衛拔列城二索隱曰紀年云八年翟章伐衛衛君患之如耳
正義曰魏大夫姓名也見衛君曰請罷魏兵免成陵君可乎
衛君曰先生果能孤請世世以衛事先生如耳
見成陵君曰昔者魏伐趙斷羊腸拔閼與徐廣曰在
上黨。正義曰閼於連反與音預羊腸坂道在太行山上南口懷州北口潞州閼與故城在潞州及儀州若斷羊腸拔閼
與北連恒州則趙國東西斷而爲三也約斬趙趙分而爲二所以不亡
者魏爲從主也今衛已迫亡將西請事於秦與
其以秦醳衛不如以魏醳衛正義曰醳音釋衛之德魏必
終無窮成陵君曰諾如耳見魏王曰臣有謁於

衛衛故周室之別也其稱小國多寶器今國迫於難而寶器不出者其心以爲攻衛醳衛不以王爲主故寶器雖出必不入於王也臣竊料之先言醳衛者必受衛者也如耳出成陵君入以其言見魏王魏王聽其說罷其兵免成陵君終身不見九年與秦王會臨晉張儀魏章皆歸于魏（索隱曰章爲魏將後又相秦）魏相田需死楚害張儀犀首薛公（索隱曰薛公田文也）楚相昭魚謂蘇代（索隱曰昭魚昭奚恤也）曰田需死吾恐張儀犀首薛公有一人相魏者也代曰然相者欲誰而君便之昭魚曰吾欲太子之自相也（索隱曰太子即襄王也）代曰請爲君北必相之昭魚曰奈何對曰君其爲梁王代請說君昭魚曰奈何對曰代也從楚來昭魚甚憂曰田需死吾恐張儀犀首薛公有一人相魏者也代曰梁王長主也必不相張儀張儀相必右秦而左魏犀首相必右韓而左魏薛公相必右齊而左魏梁王長主也必不便也王曰然則寡人孰相代曰莫若太子之自相太子之自相是三人者皆以太子爲非常相也皆將務以其國事魏欲得丞相璽也以魏之彊而三萬乘之國輔之魏必安矣故

記魏世家十四　十二

魏世家

曰莫若太子之自相也遂北見梁王以此告之太子果相魏十年張儀死十一年與秦武王會應十二年太子朝於秦秦來伐我皮氏未拔而解十四年秦來歸武王后十六年秦拔我蒲反陽晉封陵（索隱曰紀年作晉陽封谷。正義曰陽晉當作晉陽也史文誤括地志云晉陽故城今名晉城在蒲州虞鄉縣西三十五里表云魏哀王十六年秦拔陽晉即此城也封陵亦在蒲州按陽晉故城在曹州解在蘇秦傳也）十七年與秦會臨晉秦予我蒲反十八年與秦伐楚（徐廣曰二十年與齊王會于韓）二十一年與齊韓共敗秦軍函谷（徐廣曰河渭絕一日）二十三年秦復予我河外及封陵爲和哀王卒（索隱曰汲冢紀年終於哀王二十年昭王三年喪畢始稱元年也）子昭王立（索隱曰系本昭王名遫）昭王元年秦拔我襄城二年與秦戰我不利三年佐韓攻秦秦將白起敗我軍伊闕二十四萬六年予秦河東地方四百里芒卯以詐重（索隱曰言卯以智詐見重於魏）七年秦拔我城大小六十一八年秦昭王爲西帝齊湣王爲東帝月餘皆復稱王歸帝九年秦拔我新垣曲陽之城（正義曰年表及括地志云曲陽故城在懷州濟源縣西十里新垣近曲陽未詳端的所之處也）十年齊滅宋宋王死我溫十二年與秦趙韓燕共伐齊敗之濟西湣王出亡燕獨入臨菑與秦王會西周（正義曰即王城也今河南郡城也）十三年秦拔我安城（正義曰括地志云安城故城豫州汝

記魏世家十四　十三

魏世家

陵縣東南七十一里兵到大梁去徐廣曰十四年大水十八年秦拔郢楚
王徙陳十九年昭王卒子安釐王立索隱曰系本安僖王名圉
安釐王元年秦拔我兩城二年又拔我二城軍
大梁下韓來救予秦溫以和三年秦拔我四城
斬首四萬四年秦破我及韓趙殺十五萬人走
我將芒卯魏將段干子請予秦南陽徐廣曰在脩武以和
蘇代謂魏王曰欲璽者段干子也欲地者秦也
今王使欲地者制璽使欲璽者制地魏氏地不
盡則不知已且夫以地事秦譬猶抱薪救火薪
不盡火不滅王曰是則然也雖然事始已行不

可更矣對曰王獨不見夫博之所以貴梟者便
則食不便則止矣今王曰事始已行不可更是
何王之用智不如用梟也正義曰博頭有刻爲梟鳥形者擲得梟者合食其子若不便則爲餘行也九年秦拔我懷十年秦太子外質於魏
死十一年秦拔我郪丘徐廣曰郪一作廩丘又作邢丘郪丘今爲宋公縣○索隱曰郪七系反又音妻○正義曰郪七私反又音妻地里志云汝南郡新郪縣應劭曰秦伐魏取郪丘漢興爲新郪章帝封殷後更名宋也秦昭王謂左右曰今時韓魏與始孰彊對
曰不如始彊王曰今時如耳魏齊與孟嘗芒卯
孰賢對曰不如王曰以孟嘗芒卯之賢率彊韓
魏以攻秦猶無奈寡人何也今以無能之如耳

魏齊而率弱韓魏以伐秦其無奈寡人何亦明
矣左右皆曰甚然中旗馮琴對曰索隱曰戰國策作推琴春秋後語作伏琴而韓子作推瑟說苑作伏瑟五文各不同王之料天下過矣當晉六
卿之時知氏最彊滅范中行又率韓魏之兵以
圍趙襄子於晉陽決晉水以灌晉陽之城正義曰括地志云晉水源出井州晉陽縣西懸甕山山海經云懸甕之山晉水出焉東南流注汾水昔趙襄子保晉陽智氏防山以水灌之不沒者三版其瀆乘高西注入晉陽城以周溉灌東南出城注於汾陽也不湛者三版知
伯行水魏桓子御韓康子爲參乘知伯曰吾始
不知水之可以亡人之國也乃今知之汾水可
以灌安邑正義曰安邑在絳州夏縣本魏都汾水東北歷安邑西南入河也絳水可以

灌平陽正義曰平陽晉州本韓都也括地志云絳水一名白水今名弗泉源出絳山飛泉奮湧揚波注縣積壑二十許丈望之極爲奇觀矣按引此灌平陽城也魏桓子肘韓康子韓康子
履魏桓子肘足接於車上而知氏地分身死國
亡爲天下笑今秦兵雖彊不能過知氏韓魏雖
弱尚賢其在晉陽之下也此方其用肘足之時
也願王之必勿易也索隱曰易音以豉反於是秦王恐齊楚
相約而攻魏魏使人求救於秦冠蓋相望也而
秦救不至魏人有唐雎者年九十餘矣索隱曰按雎字音七余反
謂魏王曰老臣請西說秦王令兵先臣出魏
王再拜遂約車而遣之唐雎到入見秦王秦王

曰丈人芒然乃遠至此甚苦矣夫魏之來求救數矣寡人知魏之急已唐雎對曰大王已知魏之急而救不發者臣竊以爲用策之臣無任矣夫魏一萬乘之國也然所以西面而事秦稱東藩受冠帶祠春秋者以秦之彊足以爲與也索隱曰與謂許與爲親而結和也今齊楚之兵已合於魏郊矣而秦救不發亦將賴其未急也使之大急彼且割地而約從王尚何救焉必待其急而救之是失一東藩之魏而彊二敵之齊楚則王何利焉於是秦昭王遽爲發兵救魏魏氏復定趙使人謂魏

王曰爲我殺范痤吾請獻七十里之地魏王曰諾使吏捕之圍而未殺痤因上屋騎危危棟上也○索隱曰騎音奇禮云中屋履危蓋昇屋以避兵也謂使者曰與其以死痤市不如以生痤市有如痤死趙不予王地則王將奈何故不若與先定割地然後殺痤魏王曰善痤因上書信陵君曰痤故魏之免相也趙以地殺痤而魏王聽之有如彊秦亦將襲趙之欲則君且奈何信陵君言於王而出之魏王以秦救之故欲親秦而伐韓以求故地無忌謂魏王曰秦與戎翟同俗有虎狼之心貪戾好利無信不識禮

義德行苟有利焉不顧親戚兄弟若禽獸耳此天下之所識也非有所施厚積德也故太后母也而以憂死穰侯舅也功莫大焉而竟逐之兩弟無罪而再奪之國此於親戚若此而況於仇讎之國乎今王與秦共伐韓而益近秦患臣甚惑之而王不識則不明羣臣莫以聞則不忠今韓氏以一女子奉一弱主內有大亂外交彊秦魏之兵王以爲不亡乎韓亡秦有鄭地與大梁鄰索隱曰戰國策亦作鄰字俗本或作鄴非王以爲安乎王欲得故地今負彊秦之親王以爲利乎秦非無事之國也韓

亡之後必將更事更事必就易與利就易與利必不伐楚與趙矣是何也夫越山踰河絕韓上黨而攻彊趙是復閼與之事索隱曰復音扶富反謂前年秦韓相攻閼與而趙奢破秦軍也秦必不爲也若道河內倍鄴朝歌絕漳滏水與趙兵決於邯鄲之郊是知伯之禍也秦又不敢伐楚道涉山谷索隱曰道猶行也涉谷是往楚之險路從秦向楚有兩道涉谷是西道河內是東道行三千里正義曰劉伯莊云秦兵向楚有兩道涉谷西道河外東道從褒斜入梁州即東南至申州攻石城山險阨之塞也而攻冥阨之塞孫檢曰楚之險塞也徐廣曰或以爲今江夏鄳縣○正義曰冥音盲括地志云石城山在申州鍾山縣東南二十一里魏攻冥阨即此山上有故石城注水經云或言在鄳指此山也呂氏春秋云九塞此其一也所行甚遠所攻甚難索隱曰攻亦作致戰國策

見作致軍言致軍糧難也秦又不爲也若道河外倍大梁正義曰從河外出函谷關歷同州南至鄭州東向陳州則背大梁也右蔡左召陵徐廣曰一無左字。正義曰上蔡縣在豫州北七十里邵陵故城亦在豫州郾城縣東四十五里並在陳州西從汴州南行向陳州之西郊則上蔡邵陵在南面向東皆身之右定無左字也與楚兵決於陳郊秦又不敢故曰秦必不伐楚與趙矣又不攻衛與齊矣正義曰衛齊皆在韓趙魏之東故秦不伐也夫韓亡之後兵出之日非魏無攻已秦固有懷茅徐廣曰在脩武軹縣有茅亭。正義曰茅卯包反懷州武陟縣西十一里故懷城本周邑後屬晉左傳云周與鄭人蘇忿生十二邑其一曰攢茅括地志云在懷州獲嘉縣東北二十五里也獲嘉古脩武也邢丘徐廣曰在平皋。正義曰括地志云平皋故城在懷州武德縣東南二十里本邢丘邑也以其在河之皐地也城垝津以臨河內索隱曰戰國策云邢丘安城此少安字垝津在河北垝音九毀反。正義曰垝音詭字誤當作延括地志云延津故俗字名臨津故城在衛州清淇縣西南二十六里杜預云汲郡城南有延津是也河內共汲必危徐廣曰汲縣屬河內。索隱曰汲亦作波波及汲皆縣名俱屬河內有鄭地徐廣曰成皐滎陽亦屬鄭得垣雍徐廣曰垣雍城在卷縣卷縣屬魏也卷縣又有長城經陽武到密者也。正義曰雍於用反括地志云故城在鄭州原武縣西北七里釋例地名卷縣理或垣城也言韓亡之後秦有鄭地得垣雍城從滎澤決溝歷灌大梁是也決滎澤水灌大梁大梁必亡王之使者出過而惡安陵氏於秦徐廣曰召陵有安陵郡征羌有安陵亭也。正義曰括地志云鄢陵縣西北十五里李奇云六國時爲安陵也言魏王使者出向秦云共伐韓以成過失而更惡安陵氏於秦今伐之重非也秦之欲誅之久矣秦葉陽昆陽與武陽鄰正義曰括地志云葉陽今許州葉縣也昆陽故城在許州葉縣北二十五里舞陽故城在葉縣東十里此時葉陽昆陽屬秦舞陽屬魏也聽使者之惡之索隱曰聽平聲使去聲隨安

陵氏而亡之正義曰隨猶聽也無忌說言使者惡安陵氏亦聽秦亡安陵氏然繞舞陽之北以東臨許許必危矣秦有許地魏國可無害繞舞陽之北以東臨許南國必危正義曰南國今許州許昌縣南西四十里許昌故城是也此是屬韓在魏之南故言南國括地志云周時爲許國武王伐紂所封地里志云潁川許縣古許國姜姓四岳之後大叔所封二十四君爲楚所滅三卿皆晉其地屬韓國無害已夫憎韓不愛安陵氏可也夫不患秦之不愛南國非也異日者秦在河西晉國去梁千里徐廣曰魏國之界千里又云河南縣縣有注城。正義曰河西同州也晉國都絳州魏都安邑皆在河東去大梁有千里也有河山以闌之有周韓以間之從林鄉軍徐廣曰林鄉在宛縣。索隱曰劉氏云林地名蓋春秋時鄭地之棐林在大梁之西北徐廣云在宛縣非也。正義曰括地志云宛陵故城在鄭州新鄭縣東北三十八里本鄭舊縣也按劉徐二說是其地也以至于今秦七攻魏五入囿中徐廣曰一作城也。索隱曰囿即圃田圃田鄭藪屬魏戰國策作國中。正義曰括地志云圃田澤在鄭州管城縣東三里周礼云豫州藪曰圃田也邊城盡拔文臺墮垂都焚徐廣曰一云魏山都焚句陽有垂亭。索隱曰文臺臺名列士傳曰隱陵君施酒文臺也垂地名有廟曰都並魏臺邑名。正義曰墮許規反括地志云文臺在曹州寃句縣西北六十五里也林木伐麋鹿盡而國繼以圍又長驅梁北東至陶衛之郊正義曰陶曹州定陶也衛即宋州楚丘縣衛文公都之秦兵歷取其郊也北至平監徐廣曰平縣屬河南平或作乎字史記斉闕上作监字闞在東平須昌縣所亡於秦者山南山北正義曰山華山也華山之東南七國時鄭州屬韓汝州屬魏華山之北同華銀綏並魏地也河外河內正義曰河外謂華州以東至虢陝河內謂蒲州以東至懷衛也大縣數十徐廣曰一作百名都數百徐廣曰一作十秦乃在河西晉去梁千里而禍若是矣

又況於使秦無韓有鄭地無河山而闌之無周韓而間之去大梁百里禍必由此矣異日者從之不成也索隱曰從音足松反楚魏疑而韓不可得也今韓受兵三年秦橈之以講識亡不聽索隱曰橈音苦孝反謂韓被秦之兵撓擾已經三年云欲講說與韓和識猶知也戰國策云韓知亡猶不聽也投質於趙請爲天下鴈行頓刃楚趙必集兵皆識秦之欲無窮也非盡亡天下之國而臣海內必不休矣是故臣願以從事王索隱曰從足松反從事謂合從事王也戰國策亦然王速受楚趙之約趙挾韓之質索隱曰言韓以質子入趙則趙挾韓質而親韓也以存韓而求故地韓必效之索隱曰效猶致也謂致故地於趙也。正義曰無忌令魏王速受楚趙之從趙楚挾持韓之質以存韓而魏以求地韓必效之勝於與秦伐韓又與秦隣之禍殃也此士民不勞而故地得其功多於與秦共伐韓而又與彊秦鄰之禍也夫存韓安魏而利天下此亦王之天時已通韓上黨於共甯徐廣曰朝歌有甯鄉。正義曰共衞州共城縣甯懷州脩武縣本殷之甯邑韓詩外傳云武王伐紂勒兵於甯故曰脩武今魏開通共甯之道使韓上黨得直路而行也使道安成正義曰括地志云故安城在鄭州原武縣東南二十里時屬魏也出入賦之是魏重質韓以其上黨也今有其賦足以富國韓必德魏愛魏重魏畏魏韓必不敢反魏是韓則魏之縣也魏得韓以爲縣衞大梁河外必安矣今不存韓二周安陵必危楚趙大破衞齊甚

畏天下西鄉而馳秦入朝而爲臣不久矣二十年秦圍邯鄲信陵君無忌矯奪將軍晉鄙兵以救趙正義曰括地志云魏德故城一名晉鄙城在衞縣西北五十里即公子無忌矯奪晉鄙兵故名魏德城也趙得全無忌因留趙二十六年秦昭王卒三十年無忌歸魏率五國兵攻秦敗之河內走蒙驁魏太子增質於秦秦怒欲因魏太子增或爲增謂秦王曰索隱曰戰國策作蘇秦爲公子增謂秦王公孫喜固謂魏相曰索隱曰戰國策作公孫衍請以魏疾擊秦秦王怒必因增魏王又怒擊秦秦必傷今王因增是喜之計中也故不若貴增而合魏以疑之於齊韓秦乃止增三十一年秦王政初立三十四年安釐王卒太子增立是爲景湣王索隱曰系本安釐王生景愍王午也信陵君無忌卒景湣王元年秦拔我二十城以爲秦東郡二年秦拔我朝歌衞徙野王徐廣曰衞從濮陽徙野王三年秦拔我汲五年秦拔我垣蒲陽衍徐廣曰十二年獻城秦。正義曰括地志云故垣地本魏王垣也在絳州垣縣西北二十里蒲邑故城在隰州隰川縣南四十五里在蒲水之北故曰蒲陽衍地名在鄭州十五年景湣王卒子王假立王假元年燕太子丹使荆軻刺秦王秦王覺之徐廣曰二年新鄭反三年秦灌大梁虜王假列女傳曰秦殺假遂滅魏以爲郡縣太史公曰吾適故大梁之墟墟中人曰秦之破

梁引河溝而灌大梁三月城壞王請降遂滅魏說者皆曰魏以不用信陵君故國削弱至於亡余以為不然天方令秦平海內其業未成魏雖得阿衡之佐曷益乎索隱曰譙周云以予所聞所謂國之云云者有賢者而不用也如用之何有亡哉使紂用三仁周不能王況秦虎狼乎

索隱述贊曰

畢公之苗　因國為姓　大名始賞
盈數自正　倫裔繁昌　世載忠正
楊干就戮　智氏奔命　文始建侯
武實彊盛　大梁東徙　長安北偵
卯既無功　卬亦外聘　王假削弱
虜於秦政

史伍阡叁伯柒拾玖字
註伍阡柒伯玖拾壹字

魏世家第十四　史記四十四

韓世家第十五　史記四十五

韓之先與周同姓姓姬氏其後苗裔事晉得封於韓原正義曰括地志云韓原在同州韓城縣西南八里又韓城在縣南十八里故古韓國也古今地名云韓武子食采於韓原地城也曰韓武子索隱曰按左氏傳云邗晉應韓武之穆則韓是武王之子然詩稱韓侯出祖則是有韓而先滅今據此文云其後裔事晉封於原曰韓武子則武子本是韓侯之後晉又封之於韓原即今之馮翊韓城是也然按系本及左傳舊說皆謂韓萬是曲沃桓叔之子即是晉之支庶又國語叔向謂韓宣子能修武子之德起再拜謝曰自桓叔已下嘉吾子之賜亦言桓叔是韓之祖也今以韓侯之後別有桓叔非關曲沃之桓叔如此則與太史公之意亦有違耳武子後三世有韓厥索隱曰系本云萬生賕伯賕伯生定伯簡簡生輿輿生獻子厥從封姓為韓氏韓厥晉景公之三年晉司寇屠岸賈將作亂誅靈公之賊趙盾趙盾

已死矣欲誅其子趙朔韓厥止賈賈不聽厥告趙朔令亡朔曰子必能不絕趙祀死不恨矣韓厥許之及賈誅趙氏厥稱疾不出程嬰公孫杵臼之藏趙孤趙武也厥知之景公十一年厥與郤克將兵八百乘伐齊敗齊頃公于鞌正義曰音安括地志云故鞌城今俗名馬鞌城在濟州平陰縣十里獲逢丑父於是晉作六卿而韓厥在一卿之位號為獻子晉景公十七年病卜大業之不遂者為祟韓厥稱趙成季之功今後無祀以感景公景公問曰尚有世乎厥於是言趙武而復與故趙氏田邑續趙氏祀晉悼公

之十年韓獻子老獻子卒子宣子代宣子徙居州（索隱曰宣子名起州今在河內是也。正義曰括地志云懷州武德縣本周司寇蘇忿生之州邑也）晉平公十四年吳季札使晉曰晉國之政卒歸於韓魏趙矣晉頃公十二年韓宣子與趙魏共分祁氏羊舌氏十縣晉定公十五年宣子與趙簡子侵伐范中行氏宣子卒子貞子代立貞子徙居平陽（索隱曰系本作平子名須宣子子也又云景子居平陽平陽在山西宋忠曰今河東平陽縣。正義曰平陽晉州城是）貞子卒子簡子代（徐廣曰史記多無簡子莊子而云貞子生康子班氏亦同。索隱曰按系本有簡子名不信莊子名庚趙系家亦有簡子名不佞也）簡子卒子莊子代莊子卒子康子代（索隱曰康子名虎）康子與趙襄子魏桓子共敗知伯分其地地益大大於諸侯康子卒子武子代（索隱曰武子名啓章）武子二年伐鄭殺其君幽公十六年武子卒子景侯立（索隱曰紀年及世本皆作景子名處）景侯虔元年伐鄭取雍丘二年鄭敗我負黍六年與趙魏俱得列為諸侯九年鄭圍我陽翟景侯卒子列侯取立（索隱曰系本作武侯也）列侯三年聶政殺韓相俠累（徐廣曰六年救魯也。索隱曰戰國策作殺韓傀高誘曰韓傀俠累也）九年秦伐我宜陽取六邑十三年列侯卒子文侯立（索隱曰紀年無文侯系本無列侯）是歲魏文侯卒文侯二年伐鄭取陽城伐宋到彭城執宋君七年伐齊至桑丘鄭反晉九

年伐齊至靈丘（正義曰靈丘蔚州縣也此時屬燕也）十年文侯卒子哀侯立哀侯元年與趙魏分晉國二年滅鄭因徙都鄭（索隱曰紀年魏武侯二十一年韓滅鄭哀侯入于鄭二十二年晉桓公邑哀侯于鄭是韓既徙都因改號曰鄭故戰國策謂韓惠王曰鄭惠王猶魏徙大梁稱梁王然也）六年韓嚴弒其君哀侯而子懿侯立（索隱曰年表懿侯作莊侯又紀年云晉桓公邑哀侯于鄭韓山堅賊其君哀侯而韓若山立若山即懿侯也則韓嚴為韓山堅也戰國策又有嚴仲子名遂又恐是韓嚴也）懿侯二年魏敗我馬陵（正義曰在魏州元城縣東南一里）五年與魏惠王會宅陽（正義曰在鄭州也）九年魏敗我澮（徐廣曰大雨三月也。正義曰會古外反在陵州澮水之上也）十二年懿侯卒子昭侯立昭侯元年秦敗我西山二年宋取我黃池（徐廣曰在平丘）魏取朱六年伐東周取陵觀邢丘（正義曰河南鞏縣）八年申不害相韓脩術行道國內以治諸侯不來侵伐十年韓姬弒其君悼公（索隱曰姬亦作玘並音羊之反姬是韓大夫而王邵亦云不知悼公何君也）十一年昭侯如秦二十二年申不害死二十四年秦來拔我宜陽二十五年旱作高門屈宜臼（許慎曰屈宜臼楚大夫在魏也）曰昭侯不出此門何也不時吾所謂時者非時日也人固有利不利時昭侯嘗利矣不作高門往年秦拔宜陽今年旱昭侯不以此時卹民之急而顧益奢此謂時絀舉贏（徐廣曰時衰耗而作奢侈）二十六年高門成昭侯卒果不出此門子宣惠王立（索隱

曰紀年鄭昭侯武薨次威侯立威侯七年與邯鄲圍襄陵五月梁惠王會威侯于巫沙十月鄭宣王朝梁不見威侯之卒下敗韓舉在威侯八年而此系家即以爲宣惠王之年又上有殺悼公悼公又不知是誰之謚則韓微小國史失代系故此文及系本不同今亦不可考也宣惠王五年張儀相秦八年魏敗我將韓舉索隱曰按此則舉是韓將不疑而紀年云韓舉趙將蓋舉本趙將後入韓又紀年云其敗當韓威王八年是不同也十一年君號爲王與趙會區鼠十四年秦伐敗我鄢徐廣曰潁川鄢陵縣音於乾反。正義曰今許州鄢陵縣西北十五里有鄢陵故城是也十六年秦敗我脩魚虜得韓將鯫申差於濁澤徐廣曰一云鯫申差長社有濁澤。索隱曰脩魚地名鯫申差二將名鯫音廋亦作鯫。正義曰按濁澤者蓋誤當作觀澤年表云秦惠文王更元八年與韓戰斬首八萬韓宣惠王十六年秦敗我脩魚得將軍申差魏哀王二年齊敗我觀澤趙武靈王九年與韓魏擊秦齊湣王七年敗魏世家云濁澤定誤矣徐廣又云濁澤在長社不曉錯誤之甚括地志云觀

澤在魏州頓丘縣東十八里韓氏急公仲謂韓王曰索隱曰公仲韓相國名侈與國非可恃也今秦之欲伐楚久矣王不如因張儀爲和於秦賂以一名都具甲與之南伐楚此以一易二之計也索隱曰一謂名都也二謂使不伐韓而又與之伐楚也韓王曰善乃警公仲之行索隱曰警戒也戰國策作儆亦同將西購於秦索隱曰戰國策作講講亦謀議與購求意通楚王聞之大恐召陳軫告之陳軫曰秦之欲伐楚久矣今又得韓之名都一而具甲秦韓并兵而伐楚此秦所禱祀而求也今已得之矣楚國必伐矣王聽臣爲之警四境之內起師言救韓命戰車滿道路發信臣多其

車重其幣使信王之救己也縱韓不能聽我韓必德王也索隱曰言韓王信楚之救雖不能聽待楚救至折入於秦猶德於楚也必不爲鴈行以來索隱曰言韓以楚必救已已雖隨秦來戰猶德於王故不爲鴈行而來言不同心旅進也是秦韓不和也兵雖至楚不大病也爲能聽我絕和於秦秦必大怒以厚怨韓韓之南交楚必輕秦輕秦其應秦必不敬是因秦韓之兵而免楚國之患也楚王曰善乃警四境之內興師言救韓命戰車滿道路發信臣多其車重其幣謂韓王曰不穀國雖小已悉發之矣願大國遂肆志於秦不穀將以楚徇韓索隱曰徇從死也言以死助韓韓王聞之大

說乃止公仲之行索隱曰止不令西之秦公仲曰不可夫以實伐我者秦也以虛名救我者楚也王恃楚之虛名而輕絕彊秦之敵王必爲天下大笑且楚韓非兄弟之國也又非素約而謀伐秦也已有伐形因發兵言救韓此必陳軫之謀也且王已使人報於秦矣今不行是欺秦也夫輕欺彊秦而信楚之謀臣恐王必悔之韓王不聽遂絕於秦秦因大怒益甲伐韓大戰楚救不至韓十九年大破我岸門徐廣曰潁陰有岸亭。正義曰括地志云岸門在許州長社縣西北十八里今名西武亭矣太子倉質於秦以和二十一年徐廣曰周王赧之三年也

與秦共攻楚徐廣曰圍景座也敗楚將屈丐斬首八萬於丹陽索隱曰故楚都在今均州也。正義曰左傳例云楚居丹陽今枝江縣故城是也是歲宣惠王卒太子倉立是爲襄王徐廣曰一云周赧王六年韓襄哀王三年張儀死赧王九年襄哀王六年秦昭王立襄王四年與秦武王會臨晉其秋秦使甘茂攻我宜陽五年秦拔我宜陽正義曰括地志云故韓城一名宜陽城在洛州福昌縣東十四里韓宜陽城也斬首六萬秦武王卒六年秦復與我武遂九年秦復取我武遂十年太子嬰朝秦而歸徐廣曰與秦會臨晉因至咸陽而還十一年秦伐我取穰正義曰穰人羊反鄧州縣也郭仲產南雍州記云楚之別邑秦初侵楚封公子悝爲穰侯後屬韓秦昭王取之也與秦伐楚敗楚將唐昧十二年太子嬰死公子咎公子蟣虱爭爲太子時蟣虱質於楚蘇代謂韓咎曰蟣虱亡在楚楚王欲內之甚今楚兵十餘萬在方城之外索隱曰方城楚之北境之外謂北境之地也。正義曰括地志云方城山在許州葉縣西南十八里左傳云楚大夫屈完對齊侯曰楚國方城以爲城杜注云方城山在南陽葉縣南公何不令楚王築萬室之都雍氏之旁。徐廣曰在陽翟正義曰括地志云故雍氏城在洛州陽翟縣二十五里故老云黃帝臣雍父作杵臼也韓必起兵以救之公必將矣公因以韓楚之兵奉蟣虱而內之其聽公必矣必以楚韓封公也韓咎從其計楚圍雍氏徐廣曰秦本紀惠王後元十三年周赧王三年楚懷王十七年齊湣王十二年皆云楚圍雍氏紀年於此亦說楚景翠圍雍氏韓宣王卒秦助韓共敗楚屈丐又云齊宋圍煑棗皆與史記年表及田完世家符同然則此卷所云

襄王十二年韓咎從其計以上是楚後圍雍氏赧王之十五年事也又說楚圍雍氏以下是楚前圍雍氏赧王之三年事韓求救於秦秦未爲發使公孫昧入韓公仲曰子以秦爲且救韓乎對曰秦王之言曰請道南鄭藍田正義曰南鄭梁州縣藍田雍州縣秦王言或出雍州西南至鄭或出雍州東南歷藍田出嶢關俱繞楚北境以待韓使而東救雍氏如此遲緩近不合於楚矣出兵於楚以待公殆不合矣索隱曰殆不合於南鄭公仲曰子以爲果乎對曰秦王必祖張儀之故智徐廣曰祖者宗之習之謂也故智猶前時謀計也楚威王攻梁也張儀謂秦王曰與楚攻魏魏折而入於楚韓固其與國也是孤秦也不如出兵以到之索隱曰到欺也猶俗云張到然戰國策作勁勁強也魏楚大戰秦取西河之外以歸今其狀陽言與韓其實陰善楚公待秦而到必輕與楚戰楚陰得秦之不用也必易與公相支也索隱曰言楚陰知秦不爲公用亦必易與公相支拒也公戰而勝楚遂與公乘楚施三川而歸正義曰施猶設也三川周天子都也言韓戰勝楚則秦與韓駕御於楚即於天子之都張設救韓之功行霸王之迹加威諸侯乃歸咸陽是也公戰不勝楚楚塞三川守之正義曰楚乃塞南河四關守之韓不能救三川公不能救也竊爲公患之司馬庚徐廣曰一作唐三反於郢甘茂與昭魚徐廣曰楚相國。索隱曰戰國策謂之昭獻也遇於商於其言收璽實類有約也索隱曰劉氏云詐言昭魚求秦欲得秦官之印璽收即取之義也公仲恐曰然則奈何曰公必先韓而後秦先身而後張儀正義曰先以身存韓

之計而後知張儀爲秦到魏之計不如急以國合於齊楚公不如亟以國合於齊楚齊楚必委國於公公之所惡者張儀也正義曰惡烏故反公孫昧言公仲所惡者張儀到魏之計雖以國合於齊楚其實猶不輕欺無秦也其實猶不無秦也於是楚解雍氏圍徐廣曰甘茂傳曰楚懷王以兵圍韓雍氏韓使公仲告急於秦秦昭王新立不肯救甘茂爲韓言之乃下師於殽以救韓也又云周赧王十五年韓襄王十二年秦擊楚斬首二萬敗楚襄城殺景缺周本紀赧王八年之後云楚圍雍氏此當韓襄王十二年魏哀王十九年紀年於此亦說楚入雍氏楚人敗然耳時張儀已死十年矣。正義曰自此已上十二年並是楚後圍雍氏赧王之十五年一段事也前注徐廣云楚圍雍氏之下是楚前圍雍氏赧王三年事徐說非也徐見下文云先身而後張儀及公之所惡者張儀也言張儀尚存楚又兩度圍雍氏故生此前後之見甚誤也然是公孫昧卻述張儀時事說韓相公仲耳蘇代又謂秦太后弟芉戎徐廣曰號新城君。索隱曰芉姓戎名秦宣太后弟號新城君曰公叔伯嬰

恐秦楚之內蟣虱也索隱曰戰國策公叔伯嬰與蟣虱及公子咎並是襄王子然伯嬰即太子嬰嬰前死故咎與蟣虱又爭立此取戰國策說伯嬰未立之前亦與蟣虱爭立故事重而文倒也公何不爲韓求質於楚索隱曰令韓求楚更以別人爲質以替蟣虱也。正義曰爲于僞反後同質子蟣虱蘇代令芉戎爲韓求蟣虱入於韓楚不聽公叔伯嬰知秦楚不以蟣虱爲事必以韓合於秦楚楚王聽入質子相韓當云楚王不聽入質子於韓承前說不字耳次下云知秦楚不以蟣虱爲事重明脫不字楚王聽入質子於韓索隱曰質子蟣虱也則公叔伯嬰知秦楚之不以蟣虱爲事必以韓合於秦楚秦楚挾韓以窘魏魏氏不敢合於齊是齊孤也公又爲秦求質子於楚索隱曰公令芉戎教秦於楚索韓所送質子令入之於秦也楚不聽怨結於韓韓挾齊魏以圍楚楚必重公正義曰言韓合齊魏以圍楚楚必尊重芉戎以求秦救矣公挾秦楚之重以積德於韓公叔伯嬰必以國待公於是蟣虱竟不得歸韓正義曰自此已前蘇代數計皆不成故韓竟立咎爲太子也韓立咎爲太子齊魏王來正義曰蘇代爲韓立計故得齊魏王來十四年與齊魏王共擊秦至函谷而軍焉十六年秦與我河外及武遂襄王卒太子咎立是爲釐王釐王三年使公孫喜率周魏攻秦秦敗我二十四萬虜喜伊闕五年秦拔我宛正義曰宛於元反宛鄧州縣也時屬韓也六年與秦武遂地二百里正義曰此武遂及上武遂皆宜陽近地十年秦敗我師于夏山十二年與秦昭王會西周而佐秦攻齊齊敗湣王出亡十四年與秦

會兩周間二十一年使暴鳶正義曰音捐韓將姓名救魏爲秦所敗鳶走開封二十三年趙魏攻我華陽正義曰司馬彪云華陽山名在密縣鄭州管城縣南四十里韓告急於秦秦不救韓相國謂陳筮徐廣曰一作笙。索隱曰戰國策作田苓曰事急願公雖病爲一宿之行陳筮見穰侯穰侯曰事急乎故使公來陳筮曰未急也穰侯怒曰是可以爲公之主使乎夫冠蓋相望告敝邑甚急公來言未急何也陳筮曰彼韓急則將變而佗從以未急故復來耳穰侯曰公無見王請今發兵救韓八日而至敗趙魏於華陽之下是歲釐王卒子桓惠

王立桓惠王元年伐燕九年秦拔我陘城汾旁正義曰陘音刑秦拔陘城於汾水之旁陘故城在絳州曲沃縣西北二十里汾水之旁也十年秦擊我於太行正義曰太行山在懷州河內縣北二十五里也我上黨郡守以上黨郡降趙十四年秦拔趙上黨正義曰韓上黨也從太行山西北澤潞等州是也殺馬服子卒四十餘萬於長平十七年秦拔我陽城負黍徐廣曰負黍在陽城○正義曰古今地名云負黍在洛州陽城西三十七里也二十二年秦昭王卒二十四年秦拔我城皋滎陽二十六年秦悉拔我上黨二十九年秦拔我十三城三十四年桓惠王卒子王安立王安五年秦攻韓韓急使韓非使秦秦留非因殺之九年秦虜王安盡入其地爲潁川郡韓遂亡正義曰亡在秦始皇帝十七年

太史公曰韓厥之感晉景公紹趙孤之子武以成程嬰公孫杵臼之義此天下之陰德也韓氏之功於晉未覩其大者也然與趙魏終爲諸侯十餘世宜乎哉

索隱述贊曰

韓氏之先　實宗周武　事微國小
春秋無語　後裔事晉　韓原是處
趙孤克立　智伯可取　既徙平陽
又侵負黍　景趙據侯　惠文僭主
秦敗脩魚　魏會區鼠　韓非雖使
不禁狼虎

史貳仟伍伯壹拾貳字
註貳仟陸伯玖拾貳字

韓世家第十五　史記四十五

田敬仲完世家第十六　史記四十六

陳完者陳厲公佗之子也索隱曰他音徒何反此系家以他爲厲公而左傳厲公名躍陳系家又有利公躍利即厲也是厲公名躍非名他也蓋他是厲公之兄立未踰年無謚今此云厲公他非也他一名五父故經云蔡人殺陳他傳又云蔡人殺五父是也完生周太史過陳陳厲公使卜完卦得觀之否是爲觀國之光利用賓于王此其代陳有國乎不在此而在異國乎非此其身也在其子孫若在異國必姜姓姜姓四嶽之後正義曰杜預云姜姓之先爲堯四嶽也物莫能兩大陳衰此其昌乎正義曰陳厲公周敬王四十一年爲楚惠王所滅齊簡公周敬王二十九年被田常所殺厲公者陳文公少子也其母蔡女文公卒厲公兄鮑立

是爲桓公桓公與佗異母及桓公病蔡人爲佗殺桓公鮑及太子免而立佗爲厲公厲公既立娶蔡女蔡女淫於蔡人數歸厲公亦數如蔡桓公之少子林怨厲公殺其父與兄乃令蔡人誘厲公而殺之林自立是爲莊公故陳完不得立爲陳大夫厲公之殺以淫出國故春秋曰蔡人殺陳佗罪之也莊公卒立弟杵臼是爲宣公宣公十一年殺其太子御寇御寇與完相愛恐禍及己完故奔齊齊桓公欲使爲卿辭曰羈旅之臣幸得免負擔君之惠也不敢當高位桓公使

爲工正正義曰工巧之長若將作大匠齊懿仲欲妻完卜之占曰是謂鳳皇于蜚和鳴鏘鏘有嬀之後將育于姜五世其昌並于正卿八世之後莫之與京卒妻完完之奔齊齊桓公立十四年矣完卒謚爲敬仲仲生穉孟夷索隱曰系本作夷孟思蓋穉是名孟夷字也敬仲之如齊以陳字爲田氏徐廣曰應劭云始食采地由是改姓田氏○索隱曰據史此文敬仲奔齊以陳田二字聲相近遂爲田氏○正義曰按敬仲既奔齊不欲稱本故國號故改陳字爲田氏田穉孟夷生湣孟莊徐廣曰一作芷○索隱曰系本作閔孟克芷昌改反田湣孟莊生文子須無田文子事齊莊公晉之大夫欒逞作亂於晉來奔齊索隱曰逞音盈史記多作逞字齊莊公厚客之晏嬰與田

文子諫莊公弗聽文子卒生桓子無宇田桓子無宇有力事齊莊公甚有寵無宇卒生武子開與釐子乞正義曰釐音僖也田釐子乞事齊景公爲大夫其收賦稅於民以小斗受之其粟予民以大斗行陰德於民而景公弗禁由此田氏得齊衆心宗族益彊民思田氏晏子數諫景公景公弗聽已而使於晉與叔向私語曰齊國之政其卒歸於田氏矣晏嬰卒後范中行氏反晉晉攻之急范中行請粟於齊田乞欲爲亂樹黨於諸侯乃說景公曰范中行數有德於齊齊不可不救齊

使田乞救之而輸之粟景公太子死後有寵姬曰芮子生子荼（徐廣曰一作粥子。索隱曰荼音舒又如字）景公病命其相國惠子與高昭子以子荼為太子（索隱曰惠子名夏昭子名張）景公卒兩相高國立荼是為晏孺子而田乞不說欲立景公佗子陽生陽生素與乞歡晏孺子之立也陽生奔魯田乞偽事高昭子國惠子者每朝代參乘言曰始諸大夫不欲立孺子孺子既立君相之大夫皆自危謀作亂又紿大夫曰高昭子可畏也及未發先之諸大夫從之田乞鮑牧與大夫以兵入公室攻高昭子昭子聞

之與國惠子救公公師敗田乞之衆追國惠子惠子奔莒遂反殺高昭子晏孺子奔魯田乞使人之魯迎陽生陽生至齊匿田乞家請諸大夫曰常之母有魚菽之祭幸而來會飲會飲田氏田乞盛陽生橐中（索隱曰橐音託橐中謂皮橐之中）置坐中央發橐出陽生曰此乃齊君矣大夫皆伏謁將盟立之田乞誣曰吾與鮑牧謀共立陽生也鮑牧怒曰大夫忘景公之命乎諸大夫欲悔陽生乃頓首曰可則立之不可則已鮑牧恐禍及己乃復曰皆景公之子何為不可遂立陽生於田乞之

家是為悼公乃使人遷晏孺子於駘（正義曰音臺又音台賈逵云齊地也）而殺孺子荼悼公既立田乞為相專齊政四年田乞卒子常代立是為田成子鮑牧與齊悼公有郄弒悼公齊人共立其子壬是為簡公田常成子與監止（監一作闞。索隱曰監如字又苦濫反監姓止名）俱為左右相相簡公田常心害監止監止幸於簡公權弗能去於是田常復脩釐子之政以大斗出貸以小斗收齊人歌之曰嫗乎采芑歸乎田成子（索隱曰言嫗之采芑菜皆歸入于田成子以刺齊國之政將歸陳氏也）齊大夫朝御鞅諫簡公（索隱曰御官也鞅名也亦田氏之族）曰田監不可並也君其擇

焉君弗聽子我者監止之宗人也（索隱曰齊系家云子我夕賈逵云即監止也尋其文意當是監止今乃云宗人太史誤耳）常與田氏有郤田氏疏族田豹事子我有寵子我曰吾欲盡滅田氏適以豹代田氏宗豹曰臣於田氏疏矣不聽已而豹謂田氏曰子我將誅田氏田氏弗先禍及矣子我舍公宮田常兄弟四人乘如公宮欲殺子我子我閉門簡公與婦人飲檀臺（正義曰在青州臨淄縣東北一里）將欲擊田常太史子餘曰田常非敢為亂將除害簡公乃止田常出聞簡公怒恐誅將出亡田子行曰需事之賊也（索隱曰需音須需者疑也疑必敗難故云事之賊也）田

常於是擊子我子我率其徒攻田氏不勝出亡
田氏之徒追殺子我及監止簡公出奔田氏之
徒追執簡公于徐州索隱曰徐音舒徐州齊邑薛縣是也非九州之徐。正義曰齊之西
北界上地名在勃海郡東平縣也簡公曰蚤從御鞅之言不及此難
田氏之徒恐簡公復立而誅己遂殺簡公簡公
立四年而殺於是田常立簡公弟驁是為平公
平公即位田常為相田常既殺簡公懼諸侯共
誅己乃盡歸魯衛侵地西約晉韓魏趙氏南通
吳越之使脩功行賞親於百姓以故齊復定田
常言於齊平公曰德施人之所欲君其行之刑

罰人之所惡臣請行之行之五年齊國之政皆
歸田常田常於是盡誅鮑晏監止及公族之彊
者而割齊自安平以東徐廣曰安平在北海。索隱曰司馬彪郡国志北海東安平六
國時曰安平徐廣説是。正義曰括地志云安平城在青州臨淄縣東十九里古紀國之酅邑青州即北海郡也至
琅邪正義曰琅邪沂州也從安平已東萊登沂密等州皆自為田常封邑也自為封邑封
邑大於平公之所食田常乃選齊國中女長子
七尺以上為後宮後宮以百數而使賓客舍人
出入後宮者不禁及田常卒有七十餘男索隱曰鮑昱云
陳成子有數十婦生男百餘人與此亦異然譙允南按春秋陳恒為人雖志大負殺君之名至於行事亦脩整故能自保
非苟為禽獸之行夫成事在姦雖子七十抵以長亂事豈然哉言其非實也田常卒子襄子

盤代立徐廣曰盤一作槃。索隱曰槃音許既反系本作班相齊常謚為成子
田襄子既相齊宣公三晉殺知伯徐廣曰宣公之三年時也分
其地襄子使其兄弟宗人盡為齊都邑大夫與
三晉通使且以有齊國襄子卒子莊子白立索隱曰系
本名伯田莊子相齊宣公宣公四十三年伐晉毀黃
城圍陽狐正義曰括地志云故黃城在魏州冠氏縣南十里陽狐郭在魏州元城縣東北三十二里也
明年伐魯葛及安陵正義曰括地志云故魯城在許昌縣南四十里本魯朝宿邑長葛故
城在許州長葛縣北十二里鄭之葛邑也隱陵故城在許州隱陵縣西北十五里李奇云六國時為安陵也明年
取魯之一城莊子卒子太公和立索隱曰紀年齊宣公十五年田
莊子卒明年立田悼子悼子卒乃次立田和是莊子後有悼子蓋立年無幾所以作系本及史記者不得錄也而莊周及

鬼谷子亦云田成子殺齊君十二代而有齊國今據系本系家自成子至王建之滅紙十代若如紀年則悼子及侯剡即
有十二代與莊子鬼谷説同明紀年亦非妄説也田太公相齊宣公宣公四
十八年取魯之郕正義曰音成括地志云故郕城在兗州泗水縣西北五十里説文云郕魯
孟邑是也明年宣公與鄭人會西城伐衛取毋丘索隱曰毋
音貫古國名衛之邑今作毋者字殘缺耳。正義曰括地志云故貫城即古貫國故貫今名蒙澤城在曹州濟陰縣南五
十六里也宣公五十一年卒田會自廩丘反索隱曰紀年宣公五十一
年公孫會以廩丘叛於趙十二月宣公薨於周正為明年二月宣公卒子康公貸立徐廣
曰十一年伐魯取最。索隱曰貸音土代反最音祖外反貸立十四年淫於酒婦
人不聽政太公乃遷康公於海上食一城以奉
其先祀明年魯敗齊平陸徐廣曰東平平陸。正義曰兗州縣也三年

太公與魏文侯會濁澤徐廣曰康公之十六年。索隱曰徐廣蓋依年表爲說而不省此上文代立十四年又云明年會平陸又三年會濁澤是十八年表及此註並誤求爲諸侯魏文侯乃使使言周天子及諸侯請立齊相田和爲諸侯周天子許之康公之十九年田和立爲齊侯列於周室紀元年齊侯太公和立二年和卒徐廣曰伐魯破之子桓公午立索隱曰紀年齊康公五年田侯午生二十二年田侯剡立後十年齊田午弒其君及孺子喜而爲公春秋後傳亦云田午弒田侯及其孺子喜而兼齊是爲桓侯與此系家不同也桓公午五年秦魏攻韓韓求救於齊齊桓公召大臣而謀索隱曰大臣謂騶忌段干朋如戰國策威王二十六年邯鄲之役有此謀臣耳又南梁之難在宣王二年有騶子田忌孫臏之謀戰國策又有張丑其詞前後交互是記者所取各異故不同也曰蚤救之孰與晚救之騶忌曰不若勿救段干朋曰索隱曰段干姓朋名也戰國策作段干綸不救則韓且折而入於魏不若救之田臣思曰索隱曰戰國策作田期思紀年謂之徐州子期蓋即田忌也過矣君之謀也秦魏攻韓楚趙必救之是天以燕予齊也桓公曰善乃陰告韓使者而遣之韓自以爲得齊之救因與秦魏戰楚趙聞之果起兵而救之齊因起兵襲燕國取桑丘正義曰括地志云桑丘故城俗名敬城在易州遂城縣尔時齊伐燕桑丘魏趙來救之魏趙世家並云伐齊至桑丘皆是易州六年救衛桓公卒索隱曰紀年梁惠王十三年當齊桓公十八年後威王始見則桓公十九年而卒與此不同子威王因齊立是歲故齊康公卒絕無後奉邑皆入田氏

齊威王元年三晉因齊喪來伐我靈丘正義曰靈丘河東蔚州縣按靈丘此時屬齊三晉因喪伐之韓魏趙世家云伐齊至靈丘皆是蔚州三年三晉滅晉後而分其地六年魯伐我入陽關。徐廣曰在鉅平。正義曰括地志云陽關故城在兗州博城縣南二十九里西臨汶水也晉伐我至博陵正義曰在濟州西界也七年衛伐我取薛陵九年趙伐我取甄威王初即位以來不治委政卿大夫九年之間諸侯並伐國人不治於是威王召即墨大夫而語之曰自子之居即墨也正義曰萊州膠水縣南六十里即墨故城是也毀言日至然吾使人視即墨田野闢民人給官無留事東方以寧是子不事吾左右以求譽也封之萬家召阿大夫語曰自子之守阿譽言日聞然使使視阿田野不闢民貧苦昔日趙攻甄正義曰音絹即濮州甄城縣北合在即墨字上也子弗能救衛取薛陵子弗知是子以幣厚吾左右以求譽也是日烹阿大夫及左右嘗譽者皆并烹之遂起兵西擊趙衛敗魏於濁澤而圍惠王惠王請獻觀以和解趙人歸我長城於是齊國震懼人人不敢飾非務盡其誠齊國大治諸侯聞之莫敢致兵於齊二十餘年騶忌子以鼓琴見威王威王說而舍之右室須臾王鼓琴騶忌子推戶入曰善哉鼓琴王勃然

不說去琴按劒曰夫子見容未察何以知其善也騶忌子曰夫大弦濁以春温者君也小弦廉折以清者相也（琴操曰大弦者君也寬和而温小弦者臣也清廉而不亂。索隱曰春秋後語温字作春春氣温義亦相通蔡邕曰九絃以緩急爲清濁琴緊其絃則清縵其絃則濁清濁者言琴之聲也）攫之深（徐廣曰以爪持也攫音巳足反）醳之愉者（徐廣曰一作舒。索隱曰醳音釋與下文舍字並同愉音舒）政令也鈞諧以鳴大小相益回邪而不相害者四時也吾是以知其善也王曰善語音騶忌子曰何獨語音夫治國家而弭人民皆在其中王又勃然不說曰若夫語五音之紀信未有如夫子者也若夫治國家而弭人民又何爲乎絲

桐之間騶忌子曰夫大弦濁以春温者君也小弦廉折以清者相也攫之深而舍之愉者政令也鈞諧以鳴大小相益回邪而不相害者四時也夫復而不亂者所以治昌也連而徑者所以存亡也故曰琴音調而天下治夫治國家而弭人民者無若乎五音者王曰善騶忌子見三月而受相印淳于髡見之曰善說哉髡有愚志願陳諸前騶忌子曰謹受教淳于髡曰得全全昌失全全亡（索隱曰得全謂人臣事君之礼全具無失故云得全也全昌者謂若無失則身名獲昌故云全昌也）騶忌子曰謹受令請謹毋離前（索隱曰謂佩服此言常無離君

故曰謹毋離前）淳于髡曰狶膏棘軸所以爲滑也然而不能運方穿（索隱曰狶膏猪脂也棘軸以棘木爲車輪至滑而堅也然而穿孔若方則不能運轉言逆理反經也故下忌曰請謹事左右言每事須順從也）騶忌子曰謹受令請謹事左右淳于髡曰弓膠昔幹（徐廣曰一作乾）所以爲合也然而不能傅合疏罅（索隱曰幹音狐悍反昔久舊也幹弓幹也考工記作枅幹則枅昔音相近言作弓之法以膠被昔幹而納諸檠中是猶以勢令人合也傅音附罅音呼嫁反以言膠幹可以勢暫合而久亦不能常傅合於疏罅隙縫以言人臣自宜彌縫得所豈待拘以禮制法式者故下云請自附於萬人也）騶忌子曰謹受令請謹自附於萬民淳于髡曰狐裘雖弊不可補以黃狗之皮騶忌子曰謹受令請謹擇君子毋雜小人其間淳于髡曰大車不較不能

載其常任琴瑟不較不能成其五音（索隱曰較者校量也言有常制若車不較則車不能載常任琴瑟不較則琴不能成五音）騶忌子曰謹受令請謹脩法律而督姦吏淳于髡說畢趨出至門而面其僕曰是人者吾語之微言五其應我若響之應聲是人必封不久矣（新序曰齊稷下先生喜議政事騶忌既爲齊相稷下先生淳于髡之屬七十二人皆輕騶忌以爲設以微辭騶忌必不能及乃相與俱往見騶忌淳于髡之徒禮倨騶忌之禮卑淳于髡等稱辭騶忌知之如應響淳于髡等辭詘而去騶忌之禮倨淳于髡之禮卑故所以尚干將莫耶者貴其立斷也所以尚騏驥者爲其立至也必且歷日曠久則絲氂能挈石駑馬亦能致遠是以聰明捷敏人之美材也）居朞年封以下邳號曰成侯威王二十三年與趙王會平陸二十四年與魏王會田於郊魏王問曰王

亦有寶乎威王曰無有索隱曰韓嬰詩外傳以爲齊宣王其說不同所以異也梁王曰若寡人國小也尚有徑寸之珠照車前後各十二乘者十枚奈何以萬乘之國而無寶乎威王曰寡人之所以爲寶與王異吾臣有檀子者索隱曰檀子齊臣檀姓子男子美稱大夫皆稱子肦子田肦也黔夫及種首皆臣名事悉見戰國策使守南城則楚人不敢爲寇東取泗上十二諸侯皆來朝索隱曰邾莒宋魯之比吾臣有肦子者使守高唐則趙人不敢東漁於河吾吏有黔夫者使守徐州則燕人祭北門趙人祭西門賈逵曰齊之北門西門也言燕趙之人畏見侵伐故祭以求福徙而從者七千餘家吾臣有種首者使備盜賊則道不拾遺將以照千里豈特十二乘哉梁惠王慙不懌而去二十六年魏惠王圍邯鄲趙求救於齊齊威王召大臣而謀曰救趙孰與勿救騶忌子曰不如勿救段干朋曰不救則不義且不利威王曰何也對曰夫魏氏并邯鄲其於齊何利哉且夫救趙而軍其郊是趙不伐而魏全也故不如南攻襄陵正義曰襄陵故城在兖州鄒縣也以弊魏邯鄲拔而乘魏之弊威王從其計其後成侯騶忌與田忌不善公孫閱謂成侯忌曰索隱曰戰國策作公孫閈公何不謀伐魏田忌必將戰勝有功則公之

謀中也戰不勝非前死則後北而命在公矣於是成侯言威王使田忌南攻襄陵十月邯鄲拔索隱曰在威王二十六年。正義曰在曹州乘氏縣東北二十一里於是齊最彊於諸侯自稱爲王以令天下三十三年殺其大夫牟辛徐廣曰一作夫人。索隱曰牟辛大夫姓字也徐廣與年表並作夫人王劭按紀年云齊桓公十一年弒其君母宣王八年殺其王后然則夫人之字或如紀年之說三十五年公孫閱又謂成侯忌曰公何不令人操十金卜於市曰我田忌之人也吾三戰而三勝聲威天下欲爲大事亦吉乎不吉乎卜者出因令人捕爲之卜者驗其辭於王之所田忌聞之因遂率其徒襲攻臨淄求成侯不勝而奔索隱曰按戰國策田忌前敗魏於馬陵因被讒不得入齊歷十年乃出奔也是時齊都臨淄且孟嘗列傳云田忌襲齊之邊邑其言爲得即與系家不同也三十六年威王卒子宣王辟彊立宣王元年秦用商鞅周致伯於秦孝公二年魏伐趙趙與韓親共擊魏趙不利戰於南梁索隱曰晉太康地記曰戰國謂梁爲南梁者別之於大梁少梁也。正義曰括地志云故梁在汝州西南二百步晉太康地記云戰國時謂南梁者別之於大梁少梁也古蠻子邑也宣王召田忌復故位韓氏請救於齊宣王召大臣而謀曰蚤救孰與晚救騶忌子曰不如勿救田忌曰弗救則韓且折而入於魏不如蚤救之索隱曰紀年威王十四年田肦伐梁戰馬陵戰國策云南梁之難有

（張田對云早救之此云鄒忌者王劭云此時鄒忌死已四年又齊威此時未稱王故戰國策謂之田侯今此以田侯爲宣王又橫稱鄒忌者蓋此說皆誤耳）孫子曰（索隱曰孫臏）夫韓魏之兵未弊
而救之是吾代韓受魏之兵顧反聽命於韓也
且魏有破國之志韓見亡必東面而愬於齊矣
吾因深結韓之親而晚承魏之獘則可重利而
得尊名也宣王曰善乃陰告韓之使者而遣之
韓因恃齊五戰不勝而東委國於齊齊因起兵
使田忌田嬰將（徐廣曰嬰一作盼）孫子爲帥救韓趙以擊
魏大敗之馬陵（索隱曰在宣王二年）殺其將龐涓虜魏太子
申其後三晉之王皆因田嬰朝齊王於博望（正義

曰括地志云博望故城在鄧州向城縣東南四十五里）盟而去（徐廣曰表云三年與趙會博望伐魏）七
年與魏王會平阿南（正義曰沛郡平阿縣也）明年復會甄魏
惠王卒（索隱曰按紀年梁惠王乃是齊湣王爲東帝秦昭王爲西帝時此時梁惠王改元稱一年未卒也而系家及其後即爲魏襄王之年又以此文當齊宣王時實所不能詳考）明年與魏襄王會
徐州諸侯相王也十年楚圍我徐州十一年與
魏伐趙趙決河水灌齊魏兵罷十八年秦惠王
稱王宣王喜文學游說之士自如騶衍淳于髡
（正義曰騶音鄒齊之稷下先生也）田駢（正義曰白眠反藝文志云田駢齊人遊稷下號天口駢作田子二十五篇也）接子（正義曰齊人藝文志云接子二篇在道家流）慎到（正義曰趙人戰國時處士藝文志作慎子四十二篇也）環淵（正義曰楚人孟子傳云環淵著書上下篇也）之徒七十六人

皆賜列第爲上大夫不治而議論是以齊稷下
學士復盛且數百千人（劉向別錄曰齊有稷門城門也談說之士期會於稷下也。索隱曰齊地記曰齊城西門側系水左右有講室趾往往存焉蓋因側系水故曰稷門古側稷音相近耳又虞喜曰齊有稷山立館其下以待游士亦異說也春秋傳曰莒子如齊盟于稷門是也）十九年宣王卒
子湣王地立（索隱曰系本名遂）湣王元年秦使張儀與諸
侯執政會于齧桑三年封田嬰於薛四年迎婦
于秦七年與宋攻魏敗之觀澤十二年攻魏楚
圍雍氏（徐廣曰在陽翟屬韓）秦敗屈丐蘇代謂田軫曰臣願
有謁於公其爲事甚完使楚利公成爲福不成
亦爲福今者臣立於門客有言曰魏王謂韓馮

張儀曰（徐廣曰韓之公仲侈也）煮棗將拔（徐廣曰在濟陰宛朐）齊兵又進
子來救寡人則可矣不救寡人寡人弗能拔（索隱曰能猶勝也言不勝其拔故聽齊拔之耳）此特轉辭也秦韓之兵毋東旬
餘則魏氏轉韓從秦秦逐張儀（索隱曰逐謂隨逐也）交臂而
事齊楚此公之事成也田軫曰柰何使無東對
曰韓馮之救魏之辭必不謂韓王曰馮以爲魏
必曰馮將以秦韓之兵東卻齊宋馮因摶（徐廣曰音專摶猶并合制領之謂也。索隱曰摶音團謂握領也徐亦通）三國之兵乘屈丐之獘
南割於楚故地必盡得之矣張儀救魏之辭必
不謂秦王曰儀以爲魏必曰儀且以秦韓之兵

東距齊宋儀將摶三國之兵乘屈丐之獘正義曰屈丐楚將爲秦所敗今東欲東之南割於楚名存亡國實伐三川而歸索隱曰三川韓地此王業也公令楚王與韓氏地索隱曰公謂陳軫使秦制和謂秦王曰請與韓地而王以施三川正義曰施張設也言秦王於天子都張設迫脅也韓氏之兵不用而得地於楚韓馮之東兵之辭且謂秦何曰秦兵不用而得三川伐楚韓以窘魏魏氏不敢東是孤齊也張儀之東兵之辭且謂何曰秦韓欲地而兵有案聲威發於魏魏氏之欲不失齊楚者有資矣魏氏轉秦韓爭事齊楚楚王欲而無與地徐廣曰楚王欲得魏來事已而不欲與韓地也公令秦韓之兵不用而得地有一大德也正義曰蘇代謂陳軫今秦韓之兵不戰伐而得地陳軫於秦韓豈不有大恩德秦韓之王劫於韓馮張儀而東兵以徇服魏公常執左券以責於秦韓索隱曰券要也左不正也言我以右執其左而責之。正義曰左券下右券上也蘇代說陳軫以上券令秦韓不用兵得地而以券責秦韓卻韓馮張儀以徇服魏故秦韓善陳軫而惡張儀多取矣此其善於公而惡張子多資矣十三年秦惠王卒二十三年與秦擊敗楚於重丘徐廣曰表曰與秦擊楚使公子將大有功二十四年秦使涇陽君質於齊二十五年歸涇陽君于秦孟嘗君薛文入秦即相秦文亡去二十六年徐廣曰孟嘗君爲相齊與韓魏共攻秦至函谷軍

焉二十八年秦與韓河外以和兵罷二十九年趙殺其主父齊佐趙滅中山徐廣曰三十年田甲劫王相薛文走三十六年王爲東帝秦昭王爲西帝蘇代自燕來入齊見於章華東門左思齊都賦註曰齊小城北門也而此言東門不知爲是一門非耶。正義曰括地志云齊城章華之東有閭門武鹿門也齊王曰嘻善子來秦使魏冉致帝子以爲何如對曰王之問臣也卒而患之所從來微願王受之而勿備稱也秦稱之天下安之王乃稱之無後也且讓爭帝名無傷也秦稱之天下惡之王因勿稱以收天下此大資也且天下立兩帝王以天下爲尊齊乎尊秦乎王曰尊秦曰釋帝天下愛齊乎愛秦乎王曰愛齊而憎秦曰兩帝立約伐趙孰與伐桀宋之利宋世家云宋王偃諸侯皆曰桀宋也王曰伐桀宋利對曰夫約鈞然與秦爲帝而天下獨尊秦而輕齊釋帝則天下愛齊而憎秦伐趙不如伐桀宋之利故願王明釋帝以收天下倍約賓秦無爭重而王以其間舉宋夫有宋衛之陽地危正義曰按陽地濮陽之地。衛此時河南獨有濮陽也有濟西趙之阿東國危正義曰阿東阿也尔時屬趙故云東国危有淮北楚之東國危正義曰淮北徐泗也東国謂下相僮取慮也有陶平陸梁門不開正義曰陶定陶今曹州也平陸兗州縣也縣在大梁東界釋帝而貸之以伐桀宋

之事國重而名尊燕楚所以形服天下莫敢不聽此湯武之舉也敬秦以爲名而後使天下憎之此所謂以卑爲尊者也願王孰慮之於是齊去帝復爲王秦亦去帝位三十八年伐宋秦昭王怒曰吾愛宋與愛新城陽晉(正義曰括地志云新城故城在宋州宋城縣界陽晉故城在曹州乘氏縣西北三十七里)同韓聶與吾友也而攻吾所愛何也蘇代爲齊謂秦王曰韓聶之攻宋所以爲王也齊彊輔之以宋楚魏必恐恐必西事秦是王不煩一兵不傷一士無事而割安邑也(正義曰年表亦云秦昭王二十一年魏納安邑及河內)此韓聶之所禱於王也秦

王曰吾患齊之難知一從一衡其說何也對曰天下國令齊可知乎齊以攻宋其知事秦以萬乘之國自輔不西事秦則宋治不安(索隱曰戰國策作宋地不安)中國白頭游敖之士皆積智欲離齊秦之交伏式結軼西馳者未有一人言善齊者也(索隱曰軼音姪軼者車轍也言車轍往還如結也戰國策作結靷)伏式結軼東馳者未有一人言善秦者也何則皆不欲齊秦之合也何晉楚之智而齊秦之愚也晉楚合必議齊秦齊秦合必圖晉楚請以此決事秦王曰諾於是齊遂伐宋宋王出亡死於温(正義曰懷州有温城)齊南割楚之淮北西

侵三晉欲以并周室爲天子泗上諸侯鄒魯之君皆稱臣諸侯恐懼三十九年秦來伐拔我列城九四十年燕秦楚三晉合謀各出銳師以伐敗我濟西(徐廣曰案其餘諸傳無楚伐齊事年表亦云楚取淮北)王解而卻燕將樂毅遂入臨淄盡取齊之寶藏器湣王出亡之衛衛君辟宮舍之稱臣而共具湣王不遜衛人侵之湣王去走鄒魯有驕色鄒魯君弗內遂走莒楚使淖齒將兵救齊(索隱曰淖音女教反)因相齊湣王淖齒遂殺湣王而與燕共分齊之侵地鹵器(正義曰鹵掠齊寶器也)湣王之遇殺其子法章變名姓爲莒太史敫

(徐廣曰音躍一音皎)家庸太史敫女奇法章狀貌以爲非恒人憐而常竊衣食之而與私通焉淖齒既以去莒莒中人及齊亡臣相聚求湣王子欲立之法章懼其誅己也久之乃敢自言我湣王子也於是莒人共立法章是爲襄王以保莒城而布告齊國中王已立在莒矣襄王既立立太史氏女爲王后是爲君王后生子建太史敫曰女不取媒因自嫁非吾種也汙吾世終身不覩君王后君王后賢不以不覩故失人子之禮襄王在莒五年田單以即墨攻破燕軍迎襄王於莒入臨

莒由齊故地盡復屬齊齊封田單為安平君正義曰安平城在青州臨淄縣東十九里古紀之酅邑也十四年秦擊我剛壽十九年襄王卒子建立王建立六年秦攻趙齊楚救之秦計曰齊楚救趙親則退兵不親遂攻之趙無食請粟於齊齊不聽周子曰索隱曰蓋齊之謀臣史失名也戰國策以周子為蘇秦而楚字皆作燕然此時蘇秦死已久矣不如聽之以退秦兵不聽則秦兵不却是秦之計中而齊楚之計過也且趙之於齊楚扞蔽也正義曰此時秦伐趙上黨欲克無意伐齊楚故言趙之於齊楚為扞蔽也猶齒之有脣也脣亡則齒寒今日亡趙明日患及齊楚且救趙之務宜若奉漏甕沃焦釜也夫

救趙高義也却秦兵顯名也義救亡國威却彊秦之兵不務為此而務愛粟為國計者過矣齊王弗聽秦破趙於長平四十餘萬遂圍邯鄲十六年秦滅周君王后卒二十三年秦置東郡二十八年王入朝秦秦王政置酒咸陽三十五年秦滅韓三十七年秦滅趙三十八年燕使荊軻刺秦王秦王覺殺軻明年秦破燕燕王亡走遼東明年秦滅魏秦兵次於歷下四十二年秦滅楚明年虜代王嘉滅燕王喜四十四年秦兵擊齊齊王聽相后勝計不戰以兵降秦秦虜王建

遷之共地理志河內有共縣。正義曰今衛州共城縣也遂滅齊為郡天下壹并於秦秦王政立號為皇帝始君王后賢事秦謹與諸侯信齊亦東邊海上秦日夜攻三晉燕楚五國各自救於秦以故王建立四十餘年不受兵君王后死后勝相齊多受秦間金多使賓客入秦秦又多予金客皆為反間勸王去從朝秦不脩攻戰之備不助五國攻秦秦以故得滅五國五國已亡秦兵卒入臨淄民莫敢格者王建遂降遷於共故齊人怨王建不蚤與諸侯合從攻秦聽姦臣賓客以亡其國歌之曰松耶

柏耶住建共者客耶徐廣曰戰國策曰秦處建於共松柏閒也。索隱曰耶音邪謂是建客邪客說建往言遂乃失策令建遷共共今在河內也疾建用客之不詳也索隱曰謂不詳審用客不知其善否也

太史公曰蓋孔子晚而喜易易之為術幽明遠矣非通人達才孰能注意焉故周太史之卦田敬仲完占至十世之後及完奔齊懿仲卜之亦云田乞及常所以比犯二君索隱曰比如字又頻律反二君即悼公簡公也僖子廢晏孺子鮑牧以乞故殺悼公而成子又殺簡公故云田氏比犯二君也專齊國之政非必事勢之漸然也蓋若遵厭兆祥云

索隱述贊曰

田完避難　奔于大姜　始辭羈旅
終然鳳皇　物莫兩盛　代五其昌
二君比犯　三晉爭彊　和始擅命
威遂稱王　濟急燕趙　弟列康莊
秦假東帝　莒立法章　王建失國
松栢蒼蒼

史伍阡捌伯壹拾柒字
註叁阡伍伯柒拾伍字

田敬仲完世家第十六　史記四十六

孔子世家第十七　史記四十七

索隱曰教化之主吾之師也為帝王之儀表示人倫之準的自子思以下代有哲人繼世象賢誠可竝同列國前史既定吾無間然又孔子非有諸侯之位而亦稱系家者以是聖人為教化之主又代有賢哲故亦稱系家焉○正義曰孔子無侯伯之位而稱世家者太史公以孔子布衣傳十餘世學者宗之自天下王侯中國言六藝者宗於夫子可謂至聖故為世家

孔子生魯昌平鄉陬邑徐廣曰陬音騶孔安國曰陬孔子父叔梁紇所治邑○索隱曰陬是邑名昌平鄉號孔子居魯之鄒邑昌平鄉之闕里也○正義曰括地志云故鄒城在兖州泗水縣東南六十里昌平山在泗水縣南六十里孔子生昌平鄉蓋鄉取山為名故闕里在泗水縣南五十里輿地志云鄒城西界闕里有尼丘山按今尼丘山在兖州鄒城闕里即此也括地志云兖州曲阜縣魯城西南三里有闕里中有孔子宅宅中有廟伍緝之從征記云闕里背洙面泗即此也按夫子生在鄒長從曲阜仍號闕里其先宋人也曰孔

防叔索隱曰家語孔子宋微子之後宋襄公生弗父何以讓弟厲公弗父何生宋父周周生世子勝勝生正考父考父生孔父嘉五世親盡別為公族姓孔氏孔父生子木金父金父生睪夷睪夷生防叔畏華氏之逼而奔魯故孔氏為魯人防叔生伯夏伯夏生叔梁紇正義曰括地志云叔梁紇廟亦名尼丘山祠在兖州泗水縣五十里尼丘山東阯地里志云魯縣有尼丘山有叔梁紇廟紇與顏氏女野合而生孔子索隱曰家語云梁紇娶魯之施氏生九女其妾生孟皮孟皮病足乃求婚於顏氏徵在從父命為婚其文甚明今此云野合者蓋謂梁紇老而徵在少非當壯室初笄之禮故云野合謂不合禮儀故論語云野哉由也又先進於禮樂野人也皆言野者是不合禮耳○正義曰男八月生齒八歲毀齒二八十六陽道通八八六十四陽道絕女七月生齒七歲毀齒二七十四陰道通七七四十九陰道絕婚姻過此者皆為野合故家語云梁紇娶魯施氏女生九女乃求婚為顏氏顏氏有三女小女徵在據此婚過六十四明禱於尼丘得孔子魯襄公二十二年而孔子生索隱曰公羊傳襄公二十一年十有一月庚子孔子

生今以爲二十二年蓋以周正十一月屬明年故誤也後序孔子卒云七十二歲每少一歲也生而首上
圩頂索隱曰圩音烏頂音鼎圩頂言頂上窳也故孔子頂如反字反宇者若屋宇之反中低而四傍高也○正
義曰括地志云女陵山在曲阜縣南二十八里干寶三日紀云徵在生孔子空桑之地今名空竇在魯南山之空竇中無
水當祭時灑掃以告輒有清泉自石門出足以周用祭訖泉枯今俗名女陵山故因名曰丘云
字仲尼姓孔氏丘生而叔梁紇死索隱曰家語云生三歲而梁紇
死葬於防山正義曰括地志云防山在兗州曲阜縣東二十五里禮記云孔子母合葬於防也防
山在魯東由是孔子疑其父墓處母諱之也索隱
曰謂孔子少孤不的知父墳處非謂不知其營地徵在年適於梁紇無幾而老死是少寡蓋以爲嫌不從送葬故不知
墳處遂不告耳非諱之也孔子爲兒嬉戲常陳俎豆正義曰俎豆以木爲之受
四升高尺二寸大夫以上赤雲氣諸侯加象飾天子玉飾也設禮容孔子母死乃殯

五父之衢正義曰括地志云五父衢在兗州曲阜縣西南二里魯城內衢道也蓋其愼也索隱
徐廣曰魯縣有闕里孔子所居也又有五父之衢也○索隱曰謂孔子不知父墓乃且殯其母於五父之衢是其謹愼也
○正義曰愼謂以紼引棺就殯所也郰人正義曰上音鄒輓父之母誨孔子父
墓然後往合葬於防焉孔子要絰季氏饗士孔
子與往正義曰與音預季氏爲饗飲魯文學之士孔子與迎而往陽虎以孔子少故折之也陽虎
絀曰季氏饗士非敢饗子也索隱曰家語孔子之母喪既練而見不非之也
今此謂孔子實要絰與饗爲陽虎所絀亦近誣矣一作要經要絰猶帶絰也故劉氏云嗜學之意是也孔子
由是退孔子年十七魯大夫孟釐子病且死索隱
曰昭七年左傳云孟僖子病不能相禮乃講學之及其將死召大夫云云按謂病者不能禮爲病非疾困之謂也至二十
四年僖子卒賈逵云仲尼時年三十五矣是此文誤也誡其嗣懿子曰孔丘聖

人之後服虔曰聖人謂商湯滅於宋杜預曰孔子六世祖孔父嘉爲宋華督所殺其子奔魯也
其祖弗父何始有宋而嗣讓厲公杜預曰弗父何孔父嘉之高祖
宋愍公之長子厲公之兄也何嫡嗣當立以讓厲公也及正考父佐戴武宣公
服虔曰正考父弗父何之曾孫三命茲益恭故鼎銘云杜預曰三命上卿也考父
廟之鼎一命而僂再命而傴三命而俯服虔曰僂傴俯皆恭敬之貌也
循牆而走杜預曰言不敢安行亦莫敢余侮杜預曰其恭如是人亦不敢侮慢
饘於是粥於是以餬余口杜預曰於是鼎中爲饘粥饘粥餬屬言至儉也其
恭如是吾聞聖人之後雖不當世必有達者王肅
曰謂若弗父何殷湯之後而不繼世爲宋君也杜預曰聖人之後有明德而不當大位謂正考父今孔丘
年少好禮其達者歟吾即沒若必師之及釐子

卒懿子與魯人南宮敬叔往學禮焉索隱曰左傳及系本敬叔
與懿子皆孟僖子之子不應更言魯人亦太史公之疎耳是歲季武子卒平子代
立孔子貧且賤及長嘗爲季氏史索隱曰有本作委吏按趙岐曰
委吏主委積倉庫之吏料量平嘗爲司職吏而畜蕃息由是
爲司空已而去魯斥乎齊逐乎宋衛困於陳蔡
之閒於是反魯孔子長九尺有六寸人皆謂之
長人而異之魯復善待由是反魯魯南宮敬叔
言魯君曰請與孔子適周索隱曰莊子云孔子年五十一南見老聃蓋系家亦
依此爲說而不究其旨遂俱誤也何者孔子適周嘗訪禮之時即在十七耶且孔子見老聃云甚矣道之難行也此非十
七之人語也乃既仕之後言耳魯君與之一乘車兩馬一豎子俱

適周問禮蓋見老子云辭去而老子送之曰吾聞富貴者送人以財(索隱曰莊周則作軒)仁人者送人以言吾不能富貴竊仁人之號(王肅曰謙言竊仁者之名)送子以言曰聰明深察而近於死者好議人者也博辯廣大危其身者發人之惡者也爲人子者毋以有己(王肅曰身父母之有。○索隱曰家語作無以有己爲人子者)爲人臣者毋以有己(索隱曰家語作無以惡己爲人臣者王肅云言臣則仕不用則去保身全行臣之節也)孔子自周反于魯弟子稍益進焉是時也晉平公淫六卿擅權東伐諸侯楚靈王兵彊陵轢中國齊大而近於魯魯小弱附於楚則晉怒附於晉則楚來伐

史記孔子世家十七　四

不備於齊齊師侵魯魯昭公之二十年而孔子蓋年三十矣齊景公與晏嬰來適魯景公問孔子曰昔秦穆公國小處辟其霸何也對曰秦國雖小其志大處雖辟行中正身舉五羖(正義曰百里奚也)爵之大夫起纍紲之中(索隱曰家語無此一句孟子以爲不然之言也)與語三日授之以政以此取之雖王可也其霸小矣景公說孔子年三十五而季平子與郈昭伯以鬬雞故(正義曰郈音后括地志云鬬雞臺二所相去十五步在兗州曲阜縣東南三里魯城中左傳昭二十五年季氏與郈氏鬬雞季氏芥雞羽郈氏爲金距之處)得罪魯昭公昭公率師擊平子平子與孟氏叔孫氏三家共攻昭公昭

孔子世家

公師敗奔於齊齊處昭公乾侯(正義曰相州城安縣東南三十里斥丘故城本春秋時乾侯之邑)其後頃之魯亂孔子適齊爲高昭子家臣欲以通乎景公與齊太師語樂聞韶音學之三月不知肉味(周氏曰孔子在齊聞習韶樂之盛美故忘於肉味也。○索隱曰按論語子語魯太師樂非齊太師也又子在齊聞韶三月不知肉味無學之文今此合論語齊魯兩文而爲此言恐失事實)齊人稱之景公問政孔子孔子曰君君臣臣父父子子(孔安國曰當此之時陳桓制齊君不君臣不臣故以此對也)景公曰善哉伩如君不君臣不臣父不父子不子雖有粟吾豈得而食諸(孔安國曰言將危也陳氏果滅齊)他日又復問政於孔子孔子曰政在節財景公說將欲以尼谿田封孔

史記孔子世家十七　五

子(索隱曰此說出晏子及墨子其文儀異)晏嬰進曰夫儒者滑稽而不可軌法倨傲自順不可以爲下崇喪遂哀破產厚葬不可以爲俗游說乞貸不可以爲國自大賢之息周室既衰禮樂缺有間(索隱曰息者生也言上古大賢生則有禮樂至周室微而始缺有間也)今孔子盛容飾繁登降之禮趨詳之節累世不能殫其學當年不能究其禮君欲用之以移齊俗非所以先細民也後景公敬見孔子不問其禮異日景公止孔子曰奉子以季氏吾不能以季孟之間待之(孔安國曰魯三卿季氏爲正卿最貴孟氏爲下卿不用事言待之以二者之間也。○索隱曰劉氏奉音扶用反非也今奉音如字謂奉待孔子如魯季氏之職故下文云)

以季孟之間待之也齊大夫欲害孔子孔子聞之景公曰吾老矣弗能用也孔子遂行反乎魯孔子年四十二魯昭公卒於乾侯定公立定公立五年夏季平子卒桓子嗣立季桓子穿井得土缶中若羊韋昭曰羊生羊也故謂之怪也。索隱曰家語云桓子穿井於費得物如土缶其中有羊焉是也問仲尼云得狗韋昭曰獲羊而言狗者以孔子博物測之仲尼曰以丘所聞羊也丘聞之木石之怪夔罔閬韋昭曰木石謂山也或云夔一足越人謂之山繅也或言獨足魍魎山精好學人聲而迷惑人也。索隱曰夔音逵魍音兩家語作魍魎繅音騷然山繅獨一足是山神名故謂之夔夔一足獸狀如人也水之怪龍罔象韋昭曰龍神獸也非常見故曰怪或云罔象食人一名沐腫。索隱曰沐腫音木踵土之怪墳羊唐固曰墳羊雌雄未成者也吳伐越

隳會稽王肅曰隳毀也。索隱曰會稽山名越之所都隳毀也吳伐越在魯哀元年得骨節專車韋昭曰骨一節其長專車專擅也吳使使問仲尼骨何者最大仲尼曰禹致羣神於會稽山韋昭曰羣神謂主山川之君爲羣神之主故謂之神也防風氏後至禹殺而戮之韋昭曰防風氏違命後至故禹殺之陳尸爲戮其節專車此爲大矣吳客曰誰爲神仲尼曰山川之神足以綱紀天下其守爲神王肅曰守山川之祀者爲神謂諸侯也韋昭曰足以綱紀天下謂名山大川能興雲致雨以利天下也社稷爲公侯王肅曰但守社稷無山川之祀者直爲公侯而已皆屬於王者客曰防風何守仲尼曰汪罔氏之君守封禺之山韋昭曰封封山禺禺山在吳郡永安縣騶索晉太康元年改永安爲武康縣今屬吳興郡爲釐姓索隱曰釐音僖家語云姓漆蓋誤系本無漆姓在

虞夏商爲汪罔於周爲長翟今謂之大人王肅曰周之初及當孔子之時其名異也客曰人長幾何仲尼曰僬僥氏三尺短之至也韋昭曰僬僥西南蠻之別名也。索括地志在大秦國北也長者不過十之數之極也王肅曰十之謂三丈也數極於此也於是吳客曰善哉聖人桓子嬖臣曰仲梁懷與陽虎有隙陽虎欲逐懷公山不狃止之孔安國曰不狃爲季氏宰。索隱曰狃音女九反鄒氏云一作蹂論語作弗擾其秋懷益驕陽虎執懷桓子怒陽虎因囚桓子與盟而醳之正義曰醳音釋陽虎由此益輕季氏季氏亦僭於公室陪臣執國政是以魯自大夫以下皆僭離於正道故孔子不仕退而脩詩書禮樂弟子

彌衆至自遠方莫不受業焉定公八年公山不狃不得意於季氏因陽虎爲亂欲廢三桓之適正義曰適音嫡更立其庶孽陽虎素所善者遂執季桓子桓子詐之得脫定公九年陽虎不勝奔于齊是時孔子年五十公山不狃以費畔季氏使人召孔子孔子循道彌久溫溫無所試莫能己用曰蓋周文武起豐鎬而王索隱曰檢家語及孔氏之書並無此言故桓譚亦以爲誣也今費雖小儻庶幾乎欲往子路不說止孔子孔子曰夫召我者豈徒哉如用我其爲東周乎何晏曰興周道於東方故曰東周也然亦卒不行其後定公以孔子爲

中都宰一年四方皆則之索隱曰家語作西方王肅云魯國近東故西方諸侯皆取法則焉由中都宰為司空由司空為大司寇定公十年春及齊平索隱曰及與也平成也謂與齊和好故云平夏齊大夫黎鉏言於景公曰魯用孔丘其勢危齊乃使使告魯為好會會於夾谷徐廣曰司馬彪云今在祝其縣也魯定公且以乘車好往孔子攝相事曰臣聞有文事者必有武備有武事者必有文備古者諸侯出疆必具官以從請具左右司馬定公曰諾具左右司馬會齊侯夾谷為壇位土階三等以會遇之禮相見王肅曰會遇之禮禮之簡略也揖讓而登獻酬之禮畢齊有司趨而進曰請奏四方之樂景公曰諾於是旍旄羽袚矛戟劍撥鼓譟而至索隱曰家語作萊人以兵鼓譟劫定公袚音弗謂舞者所執故周禮謂有袚舞撥音伐撥謂大楯也孔子趨而進歷階而登索隱曰歷階謂歷階級也故王肅云歷階登階不聚足不盡一等舉袂而言曰吾兩君為好會夷狄之樂何為於此請命有司有司卻之不去則左右視晏子與景公景公心怍麾而去之有頃齊有司趨而進曰請奏宮中之樂景公曰諾優倡侏儒為戲而前孔子趨而進歷階而登不盡一等曰匹夫而營惑諸侯者罪當誅索隱曰營惑謂經營而惑亂也家語作熒侮請命有司有司加法焉手足

異處景公懼而動知義不若歸而大恐告其羣臣曰魯以君子之道輔其君而子獨以夷狄之道教寡人使得罪於魯君為之奈何有司進對曰君子有過則謝以質小人有過則謝以文君若悼之則謝以質於是齊侯乃歸所侵魯之鄆汶陽龜陰之田正義曰鄆今鄆州鄆城縣在兗州龔丘縣東北五十四里故謝城在龔丘縣東七十里齊歸侵魯龜陰之田以謝魯築城於此以旌孔子之功因名謝城以謝過服虔曰三田汶陽田也龜山名陰之田得其田不得其山也杜預曰太山博縣北有龜山。索隱曰左傳鄆讙及龜陰之田則三田皆在汶陽也定公十三年夏孔子言於定公曰臣無藏甲大夫毋百雉之城王肅曰高丈長丈曰堵三堵曰雉使仲由為季氏宰將墮三都服虔曰三都三家之邑也於是叔孫氏先墮郈杜預曰東平無鹽縣東南郈鄉亭。正義曰括地志云郈亭在鄆州宿城縣東三十二里季氏將墮費公山不狃叔孫輒率費人襲魯公與三子入于季氏之宮服虔曰三子季孫孟孫叔孫也登武子之臺費人攻之弗克入及公側服虔曰人有入及公之臺側孔子命申句須樂頎下伐之服虔曰申句須樂頎魯大夫費人北國人追之敗諸姑蔑杜預曰魯國卞縣南有姑蔑城。正義曰括地志云姑蔑故城在兗州泗水縣東四十五里按泗水縣本漢卞縣地二子奔齊遂墮費將墮成杜預曰泰山鉅平縣東南有成城也。正義曰括地志云故郕城在兗州泗水縣西北五十里公斂處父服虔曰成宰也謂孟孫曰墮成齊人必至于北門且成孟氏之保鄣無成是無孟氏也我將弗隳十二月公圍成弗克定公十四年孔子年五十六由大司寇行攝相事有喜色門人曰聞君子禍至不懼福至不喜孔子曰有是言也不曰樂其以貴下人乎於是誅魯大夫亂政者少正卯與聞國政三月粥羔豚者弗飾賈男女行者別於塗塗不拾遺四方之客至乎邑者不求有司王肅曰有司常供其職客求而有在也皆予之以歸索隱曰家語作皆如歸齊人聞而懼曰孔子爲政必霸霸則吾地近焉我之爲先并矣盍致地焉犁鉏曰請先嘗沮之沮之而不可則致地庸遲乎於是選

齊國中女子好者八十人皆衣文衣而舞康樂索隱曰家語作容璣王肅云舞曲名也文馬三十駟遺魯君陳女樂文馬於魯城南高門外季桓子微服往觀再三將受乃語魯君爲周道游往觀終日索隱曰謂請魯君爲周徧道路游行因出觀齊之女樂怠於政事子路曰夫子可以行矣孔子曰魯今且郊如致膰乎大夫王肅曰膰祭肉則吾猶可以止桓子卒受齊女樂三日不聽政郊又不致膰俎於大夫孔子遂行宿乎屯屯在魯之南也。索隱曰屯地名而師已送曰夫子則非罪孔子曰吾歌可夫歌曰彼婦之口可以出走彼婦之謁可以死敗王肅曰言婦人

之口請謁足以憂使人死敗故可以出走也蓋優哉游哉維以卒歲王肅曰言仕不遇也故且優游以終歲師已反桓子曰孔子亦何言師已以實告桓子喟然歎曰夫子罪我以羣婢故也夫孔子遂適衛主於子路妻兄顏濁鄒家索隱曰孟子曰孔子於衛主顏讎由彌子之妻與子路之妻兄弟也今此云濁鄒是子路之妻兄所說不同衛靈公問孔子居魯得祿幾何對曰奉粟六萬衛人亦致粟六萬索隱曰若六萬石似太多當是六萬斗亦與漢之秩祿不同。正義曰六萬小斗計當今二千石也周之斗升斤兩皆用小也居頃之或譖孔子於衛靈公靈公使公孫余假一出一入索隱曰謂以兵仗出入以脅夫子也孔子恐獲罪焉居十月去衛將適陳過匡正義曰故匡城在滑州城縣西南十里顏刻爲

僕以其策指之曰昔吾入此由彼缺也索隱曰謂昔所被攻缺破之處也。正義曰琴操云孔子到匡郭外顏淵舉策指匡穿垣曰往與陽貨正從此入匡人聞其言告君曰往者陽貨今復來乃率衆圍孔子數日乃和琴而歌音曲甚哀有暴風擊軍士僵仆於是匡人乃知孔子聖人自解也匡人聞之以爲魯之陽虎陽虎嘗暴匡人匡人於是遂止孔子索隱曰匡宋邑也家語云匡人簡子以甲士圍夫子孔子狀類陽虎拘焉五日顏淵後孔安國曰言與孔子相失故在後也子曰吾以汝爲死矣顏淵曰子在回何敢死包氏曰言夫子在已無所致死也匡人拘孔子益急弟子懼孔子曰文王既沒文不在茲乎孔安國曰茲此也言文王雖已沒其文見在此此自謂其身也天之將喪斯文也後死者不得與于斯文也孔安國曰文王既沒故孔子自謂後死也言天將喪

此文者本不當使我知之今使我知之未欲喪之也天之未喪斯文也匡人其如予何馬融曰如予何猶言柰我何也天未喪此文則我當傳之匡人欲柰我何言不能違天以害己孔子使從者爲甯武子臣於衛然後得去索隱曰家語子路彈劒而歌孔子和之曲三終匡人解圍而去今此取論語文王旣沒之文及從者臣甯武子然後得去蓋夫子再厄匡人或設辭以解圍或彈劒而釋難今此合論語家語之文以爲一事故彼此文交互耳去即過蒲徐廣曰長垣縣有匡城蒲鄉。正義曰括地志云故蒲城在滑州匡城縣北十五里匡城本漢長垣縣月餘反乎衛主蘧伯玉家靈公夫人有南子者使人謂孔子曰四方之君子不辱欲與寡君爲兄弟者必見寡小君寡小君願見孔子辭謝不得已而見之夫人在絺帷中孔子入門北面稽首夫人自帷中再拜環珮玉聲璆然正義曰璆音虯孔子曰吾鄉爲弗見見之禮荅焉索隱曰上見如字下見音去聲言我不爲相見之禮見而荅之子路不說孔子矢之曰予所不者天厭之天厭之欒肇曰見南子者時不獲已猶文王之拘羑里也天厭之者言我之否屈乃天命所厭也蔡謨曰矢陳也夫子爲子路陳天命也居衛月餘靈公與夫人同車宦者雍渠參乘出使孔子爲次乘招搖市過之徐廣曰招搖翱翔也。索隱曰家語作遊過市孔子曰吾未見好德如好色者也何晏曰疾時薄於德厚於色故發此言也李充曰使好德如好色則弃邪而反正矣於是醜之去衛過曹是歲魯定公卒孔子去曹適宋徐廣曰年表定公十三年孔子至衛十四年至陳哀公三年孔子過宋與弟子習禮大樹下宋司馬桓魋欲

殺孔子拔其樹孔子去弟子曰可以速矣孔子曰天生德於予桓魋其如予何包氏曰天生德者謂授以聖性德合天地吉無不利故曰其如予何孔子適鄭與弟子相失孔子獨立郭東門鄭人或謂子貢曰索隱曰家語姑布子卿謂子貢曰東門有人其顙似堯索隱曰家語云河目而隆顙其顙似堯其項類皋陶其肩類子產然自要以下不及禹三寸纍纍若喪家之狗王肅曰喪家之狗主人哀荒不見飲食故纍然而不得意孔子生於亂世道不得行故纍然不得志之貌也韓詩外傳曰喪家之狗旣斂而椁有席而祭顧望無人也子貢以實告孔子孔子欣然笑曰形狀末也而似喪家之狗然哉然哉孔子遂至陳主於司城貞子家歲餘吳王夫差伐陳取三邑而去趙鞅伐朝歌楚圍蔡蔡遷于吳吳敗越王句踐會稽有隼集于陳廷而死楛矢貫之石砮矢長尺有咫韋昭曰隼鷙鳥今之鶚也楛木名砮鏃也以石爲之八寸曰咫楛矢貫之墜而死。正義曰隼音筍毛詩義疏鷂齊人謂之擊正或謂之題肩或曰省鷹春化爲布穀此屬數種皆爲隼陳湣公使使問仲尼索隱曰家語國語皆作陳惠公非也按惠公以魯昭元年立定四年卒又按系家湣公十六年孔子適陳十三年亦在陳則此湣公爲是仲尼曰隼來遠矣此肅愼之矢也正義曰肅愼國記云肅愼其地在夫餘國東北河六十日行其弓四尺強勁弩射四百步今之靺鞨國方有此矢昔武王克商通道九夷百蠻王肅曰九夷東方夷有九種也百蠻夷狄之百種使各以其方賄來貢王肅曰各以其方面所有之財賄而來貢使無忘職業於是肅愼貢楛矢石砮長

尺有咫先王欲昭其令德以肅慎矢分大姬韋昭曰大姬武王元女也配虞胡公而封諸陳分同姓以珍玉展親韋昭曰展重也玉謂若夏后氏之璜分異姓以遠方職使無忘服王肅曰使無忘服從於王也故分陳以肅慎矢試求之故府果得之韋昭曰故府舊府也孔子居陳三歲會晉楚爭彊更伐陳及吳侵陳陳常被寇孔子曰歸與歸與吾黨之小子狂簡進取不忘其初於是孔子去陳過蒲會公叔氏以蒲畔蒲人止孔子弟子有公良孺者以私車五乘從孔子其為人長賢有勇力謂曰吾昔從夫子遇難於匡今又遇難於此命也已吾與夫子再罹難寧鬬而死鬬甚疾蒲人懼索隱曰家語一云寧我鬬死挺劍而合衆將與之戰蒲人懼是也謂孔子曰苟毋適衛吾出子與之盟出孔子東門孔子遂適衛子貢曰盟可負邪孔子曰要盟也神不聽衛靈公聞孔子來喜郊迎問曰蒲可伐乎對曰可靈公曰吾大夫以為不可今蒲衛之所以待晉楚也正義曰衛在濮州蒲在滑州在衛西也韓魏及楚從西向東伐先在蒲後及衛以衛伐之無乃不可乎孔子曰其男子有死之志王肅曰公叔氏欲以蒲適他國而男子欲死之不樂適他婦人有保西河之志王肅曰婦人恐懼欲保西河無戰意也○索隱曰此西河在衛地非魏之西河也吾所伐者不過四五人王肅曰本與公叔同畔者靈公

曰善然不伐蒲靈公老怠於政不用孔子孔子喟然歎曰苟有用我者朞月而已三年有成孔安國曰言誠有用我於政事者朞年而可以行其政教必三年乃有成也孔子行佛肸為中牟宰孔安國曰晉大夫趙簡子之邑宰趙簡子攻范中行伐中牟索隱曰此河北之中牟蓋在漢陽西佛肸畔使人召孔子孔子欲往子路曰由聞諸夫子其身親為不善者君子不入也孔安國曰不入其國今佛肸親以中牟畔子欲往如之何孔子曰有是言也不曰堅乎磨而不磷不曰白乎涅而不淄孔安國曰磷薄也涅可以染皁者也言至堅者磨之而不薄至白者染之於涅中而不黑君子雖在濁亂不能汙也我豈匏瓜也哉焉能繫而不食何晏曰言匏瓜得繫一處者不食故也吾自食物當東西南北不得如不食之物繫滯一處孔子擊磬有荷蕢而過門者曰有心哉擊磬乎何晏曰蕢草器也有心謂契契然也硜硜乎莫己知也夫而已矣何晏曰此硜硜信己而已言亦無益也孔子學鼓琴師襄子索隱曰家語師襄子曰吾雖以擊磬為官然能於琴蓋師襄子魯人論語謂之擊磬襄是也十日不進師襄子曰可以益矣孔子曰丘已習其曲矣未得其數也有間曰已習其數可以益矣孔子曰丘未得其志也有間曰已習其志可以益矣孔子曰丘未得其為人也有間曰有所穆然深思焉有所怡然高望而遠志焉曰丘得其為人黯然而黑王肅曰黯黑貌幾然而長徐廣曰詩云頎而長

兮。索隱曰幾與注頎並音祈家語無此四字眼如望羊王肅曰望羊望羊視也如王四
國非文王其誰能爲此也師襄子辟席再拜曰
師蓋云文王操也孔子既不得用於衞將西見
趙簡子至於河而聞竇鳴犢舜華之死也徐廣曰或
作鳴鐸竇犨又作竇鳴犢舜華也。索隱曰家語云聞趙簡子殺竇犨鳴犢及舜華國語云鳴鐸竇犨則竇犨字鳴犢聲
轉字異或作鳴鐸鐸慶華當作舜華諸說皆同臨河而歎曰美哉水洋洋乎
丘之不濟此命也夫子貢趨而進曰敢問何謂
也孔子曰竇鳴犢舜華晉國之賢大夫也趙簡
子未得志之時須此兩人而後從政及其已得
志殺之乃從政丘聞之也刳胎殺夭則麒麟不

史記世家十七　十六

至郊竭澤涸漁則蛟龍不合陰陽索隱曰有角曰蛟龍龍能興雲
致雨調和陰陽之氣覆巢毀卵則鳳皇不翔何則君子諱傷
其類也夫鳥獸之於不義也尚知辟之而況乎
丘哉乃還息乎陬鄉作爲陬操以哀之王肅曰陬操琴曲名
也。索隱曰此陬鄉非魯之陬邑家語云作槃操也而反乎衞入主蘧伯玉家
他日靈公問兵陳孔安國曰軍陳行列之法孔子曰俎豆之事
則嘗聞之軍旅之事未之學也鄭玄曰萬二千人爲軍五百人爲旅
軍旅末事本未立不可教以末也明日與孔子語見蜚鴈仰視之色
不在孔子孔子遂行復如陳夏衞靈公卒索隱曰此
魯哀二年也立孫輒是爲衞出公六月趙鞅內太子蒯

聵于戚陽虎使太子絻八人衰絰僞自衞迎者
哭而入遂居焉冬蔡遷于州來是歲魯哀公三
年而孔子年六十矣齊助衞圍戚以衞太子蒯
聵在故也夏魯桓釐廟燔南宮敬叔救火孔子
在陳聞之曰災必於桓釐廟乎服虔曰桓釐當毀而魯事非禮之廟故孔
子聞有火災知其加桓僖也已而果然秋季桓子病輦而見魯
城喟然歎曰昔此國幾興矣以吾獲罪於孔子
故不興也顧謂其嗣康子曰我即死若必相魯
相魯必召仲尼後數日桓子卒康子代立已葬
欲召仲尼公之魚曰昔吾先君用之不終終爲

史記世家十七　十七

諸侯笑今又用之不能終是再爲諸侯笑康子
曰則誰召而可曰必召冉求於是使使召冉求
冉求將行孔子曰魯人召求非小用之將大用
之也是日孔子曰歸乎歸乎吾黨之小子狂簡
斐然成章吾不知所以裁之孔安國曰簡大也孔子在陳思歸欲去曰吾黨
之小子狂者進取於大道妄穿鑿以成章不知所以裁制當
歸以裁耳。索隱曰此系家再有歸與之辭者前辭出孟子
此辭見論語蓋止是一稱歸與二書各記之今前後再引亦失之也子贛知孔子思歸送
冉求因誡曰即用以孔子爲招云冉求既去明
年孔子自陳遷于蔡蔡昭公將如吳吳召之也
前昭公欺其臣遷州來後將往大夫懼復遷公

孫翩射殺昭公徐廣曰哀公四年也楚侵蔡秋齊景公卒徐廣
曰哀公五年也明年孔子自蔡如葉葉公問政孔子曰政
在來遠附邇他日葉公問孔子於子路子路不
對孔安國曰葉公名諸梁楚大夫食采於葉僭稱公不對未知所以對也孔子聞之曰由
爾何不對曰其爲人也學道不倦誨人不厭發
憤忘食樂以忘憂不知老之將至云爾去葉反
于蔡長沮桀溺耦而耕孔子以爲隱者使子路
問津焉鄭玄曰耜廣五寸二耜爲耦津濟渡處也○正義曰括地志云黃城山俗名菜山在許州葉縣西南
二十五里聖賢冢墓記云黃城山即長沮桀溺所耕處下有東流則子路問津處也長沮曰彼執輿
者爲誰子路曰爲孔丘曰是魯孔丘與曰然曰

是知津矣馬融曰言數周流自知津處桀溺謂子路曰子爲誰曰
爲仲由曰子孔丘之徒與曰然桀溺曰悠悠者
天下皆是也而誰以易之孔安國曰悠悠者周流之貌也言當今天下治亂同
空舍此適彼故曰誰以易之且與其從辟人之士豈若從辟世
之士哉何晏曰士有辟人之法有辟世之法長沮桀溺謂孔子爲士從辟人之法者也己之爲士則從辟世
之法也耰而不輟鄭玄曰耰覆種也輟止也覆種不止不以津告者子路以告孔
子孔子憮然何晏曰爲其不達己意而非己曰鳥獸不可與同羣孔安
國曰隱於山林是同羣天下有道丘不與易也何晏曰凡天下有道者丘皆不
與易也己大而人小故也他日子路行遇荷蓧丈人包氏曰丈人老者蓧草器
名曰子見夫子乎丈人曰四體不勤五穀不分

孰爲夫子包氏曰丈人曰不勤勞四體分植五穀誰爲夫子而索也植其杖而芸孔安
國曰植倚也除草曰芸子路以告孔子曰隱者也復往則亡
孔安國曰子路反至其家丈人出行不在孔子遷于蔡三歲吳伐陳楚救
陳徐廣曰哀公四年也軍于城父聞孔子在陳蔡之閒楚使
人聘孔子孔子將往拜禮陳蔡大夫謀曰孔子
賢者所刺譏皆中諸侯之疾今者久留陳蔡之
閒諸大夫所設行皆非仲尼之意今楚大國也
來聘孔子孔子用於楚則陳蔡用事大夫危矣
於是乃相與發徒役圍孔子於野不得行絕糧
從者病莫能興孔安國曰興起也孔子講誦弦歌不衰子

路慍見曰君子亦有窮乎孔子曰君子固窮小
人窮斯濫矣何晏曰濫溢也君子固亦有窮時但不如小人窮則濫溢爲非子貢色作孔安
孔子曰賜爾以予爲多學而識之者與曰然
國曰然謂多學而識之非與孔安國曰問今不然耶孔子曰非也予一以
貫之何晏曰善有元事有會天下殊塗而同歸百慮而一致知其元則衆善舉也故不待學以一知之孔
子知弟子有慍心乃召子路而問曰詩云匪兕
匪虎率彼曠野王肅曰率循也言非兕虎而循曠野也吾道非耶吾何
爲於此子路曰意者吾未仁耶人之不我信也
王肅曰言人不信吾豈以未仁故乎意者吾未知耶人之不我行也王肅
曰言人不使通行而困窮者豈以吾未智乎孔子曰有是乎由譬使仁者

而必信安有伯夷叔齊正義曰言仁者必使四方信之安有伯夷叔齊餓死乎使智者而必行安有王子比干正義曰言智者必使事通行安有王子比干剖心哉子路出子貢入見孔子曰賜詩云匪兕匪虎率彼曠野吾道非耶吾何爲於此子貢曰夫子之道至大也故天下莫能容夫子夫子蓋少貶焉孔子曰賜良農能稼而不能爲穡王肅曰種之爲稼斂之爲穡言良農能善種之未必能斂穫之良工能巧而不能爲順王肅曰言良工能巧而已不能每順人之意君子能脩其道綱而紀之統而理之而不能爲容今爾不脩爾道而求爲容賜而志不遠矣子貢出顏回入見孔子曰回詩云匪兕

匪虎率彼曠野吾道非耶吾何爲於此顏回曰夫子之道至大故天下莫能容雖然夫子推而行之不容何病不容然後見君子夫道之不脩也是吾醜也夫道既已大脩而不用是有國者之醜也不容何病不容然後見君子孔子欣然而笑曰有是哉顏氏之子使爾多財吾爲爾宰王肅曰宰主財者也爲汝主財言志之同也於是使子貢至楚楚昭王興師迎孔子然後得免昭王將以書社地七百里封孔子服虔曰書籍也○索隱曰古者二十五家爲里里則各立社則書社者書其社之人名於籍蓋以七百里書社之人封孔子也故下冉求云雖累千社而夫子不利是也楚令尹子西曰王之

使使諸侯有如子貢者乎曰無有王之輔相有如顏回者乎曰無有王之將率有如子路者乎曰無有王之官尹有如宰予者乎曰無有且楚之祖封於周號爲子男五十里今孔丘述三王之法明周召之業王若用之則楚安得世世堂堂方數千里乎夫文王在豐武王在鎬百里之君卒王天下今孔丘得據土壤賢弟子爲佐非楚之福也昭王乃止其秋楚昭王卒于城父楚狂接輿歌而過孔子孔安國曰接輿楚人也佯狂而來歌欲以感切夫子也曰鳳兮鳳兮何德之衰孔安國曰比孔子於鳳鳥待聖君乃見非孔子周行求合故曰衰也往

者不可諫兮孔安國曰已往所行不可復諫止也來者猶可追也孔安國曰自今已來可追自止避亂隱居已而已而今之從政者殆而孔安國曰言已而者言世亂已甚不可復治也再言之者傷之深也孔子下欲與之言包氏曰下下車也趨而去弗得與之言於是孔子自楚反乎衛是歲也孔子年六十三而魯哀公六年也其明年吳與魯會繒徵百牢索隱曰此哀七年時也百牢牢具一百也周禮上公九牢侯伯七牢子男五牢今吳徵百牢夷不識禮故子貢對以周禮而後吳亡是徵也○正義曰括地志云故鄫城在沂丞縣地理志云繒縣屬東海縣也太宰嚭召季康子康子使子貢往然後得已孔子曰魯衛之政兄弟也包氏曰周公康叔既爲兄弟康叔睦於周公其國之政亦如兄弟也是時衛君輒父不得立在外諸侯數

以爲讓而孔子弟子多仕於衛衛君欲得孔子
爲政子路曰衛君待子而爲政子將奚先包氏曰問往將
何所先行孔子曰必也正名乎馬融曰正百事之名也子路曰有是
哉子之迂也何其正也包氏曰迂猶遠也言孔子之言遠於事也孔子曰
野哉由也孔安國曰野不達也夫名不正則言不順言不順
則事不成事不成則禮樂不興禮樂不興則刑
罰不中孔安國曰禮以安上樂以移風二者不行則有淫刑濫罰也刑罰不中則民
無所錯手足矣夫君子爲之必可名言之必可
行王肅曰所名之事必可得明言所言之事必可得遵行者君子於其言無所苟而
已矣其明年冉有爲季氏將師與齊戰於郎克
之徐廣曰此哀公十一年也去吳會繒已四年矣年表哀公十年孔子自衛至陳也。索隱曰徐說去會四年是也按左氏及此文孔子是時在衛歸魯不見有在陳之文在陳當家公之初蓋年表誤爾。正義曰括地志云郎亭在徐州滕
縣西五十二里季康子曰子之於軍旅學之乎性之乎冉
有曰學之於孔子季康子曰孔子何如人哉對
曰用之有名播之百姓質諸鬼神而無憾求之
至於此道雖累千社夫子不利也索隱曰二十五家爲社千社即
二萬五千家康子曰我欲召之可乎對曰欲召之則毋
以小人固之則可矣而衛孔文子服虔曰文子衛卿也將攻
太叔左傳曰太叔名疾問策於仲尼仲尼辭不知退而命
載而行曰鳥能擇木木豈能擇鳥乎服虔曰鳥喻己木以喻所

之國文子固止會季康子逐公華公賓公林以幣
迎孔子孔子歸魯孔子之去魯凡十四歲而反
乎魯索隱曰前文孔子以定公十四年去魯計至此十三年魯系家云定公十二年孔子去魯則首尾計十五
年矣魯哀公問政對曰政在選臣季康子問政曰
舉直錯諸枉包氏曰錯置也舉正直之人用之廢置邪枉之人。索隱曰論語季康子問政子曰政者
正也又哀公問曰何爲則人服子曰舉直錯諸枉則人服今此初論康子問政未合以孔子荅哀公使人服蓋太史撮略
論語爲文而失事實則枉者直康子患盜孔子曰苟子之不
欲雖賞之不竊孔安國曰欲情慾也言民化於上不從其所令從其所好也然魯
終不能用孔子孔子亦不求仕孔子之時周室
微而禮樂廢詩書缺追迹三代之禮序書傳上
紀唐虞之際下至秦繆編次其事曰夏禮吾能
言之杞不足徵也殷禮吾能言之宋不足徵也
包氏曰徵成也杞宋二國夏殷之後也夏殷之禮吾能說之杞宋之君不足以成也足則吾能徵之
矣觀殷夏所損益曰後雖百世可知也何晏曰物類相召勢
數相生其變有常故可預知者也以一文一質周監二代郁郁乎文
哉吾從周孔安國曰監視也言周文章備於二代當從之周故書傳禮記自
孔氏孔子語魯太師樂其可知也始作翕如何晏
曰太師樂官名也五音始奏翕如盛也縱之純如何晏曰言五音既發放縱盡其聲純和諧也皦
如何晏曰言其音節明繹如也以成何晏曰縱之以純如皦如繹如言樂始於翕如而成於三者也
吾自衛反魯然後樂正雅頌各得其所鄭玄曰反魯魯哀公

十一年冬是時道衰樂廢孔子來還乃正之故推頌各得其所古者詩三千餘篇及至孔子去其重正義曰去丘呂反重逐龍反取可施於禮義上采契后稷中述殷周之盛至幽厲之缺始於衽席故曰關雎之亂以爲風始正義曰亂理也詩小序云關雎后妃之德也風之始也所以風天下而正夫婦也毛萇云關關和聲雎鳩王雎也鳥摯而有別后妃悅樂君子之德無不和諧又不淫色愼固幽深若雎鳩之有別然後可以風化天下夫婦有別則父子親父子親則君臣敬君臣敬則朝廷正朝廷正則王化成也按王雎金口鶚也鹿鳴爲小雅始正義曰小序云鹿鳴宴羣臣嘉賓也既飲食之又實幣帛筐篚以將其厚意然後忠臣嘉賓得盡其心矣毛萇云鹿得苹呦呦鳴而相呼懇誠發乎中以興嘉樂賓客當有懇誠相招呼以成禮也文王爲大雅始正義曰小序云文王文王受命作周鄭玄云文王初爲西伯有功於民其德著見於天故天命之以爲王使君天下清廟爲頌始正義曰小序云清廟祀文王也周公既成雒邑

朝諸侯率以祀文王焉毛萇云清廟者祭有清明之德者之宮也謂祭文王天德清明文王象焉故祭之而歌此詩也三百五篇孔子皆弦歌之以求合韶武雅頌之音禮樂自此可得而述以備王道成六藝孔子晚而喜易序正義曰序易序卦也夫子作十翼謂上彖下彖上象下象上繫下繫文言序卦說卦雜卦也易正義曰文王既繇六十四卦分爲上下篇先後之次其理不易孔子就上下二經各序其相次之義彖正義曰吐亂反上彖卦下辭下彖文卦下辭易正義曰夫子所作統論一卦之義或說其卦德或說其卦義或說其名莊氏云彖斷也言斷定一卦之義也繫正義曰如字又音系易正義云繫辭者聖人繫屬此辭於爻卦之下分爲上下篇者以簡編重大是以分之又言系辭者取綱系之義也象正義曰上象卦辭下象爻辭易正義云萬物之體自然各有形象聖人設卦以寫萬物之象今夫子釋此卦之象也說卦正義曰易正義云說卦者陳說八卦德業變化法象所爲也文言正義曰易正義云夫子贊明易道申說義理釋乾坤二卦經文之言故稱文言又雜

卦者六十四卦以爲義於序卦之外別言聖人之興因時而作隨其事宜不必相因襲當有損益又云雜揉衆卦錯綜其義或以同相類或以異相明按史不出雜卦故附之讀易韋編三絕曰假我數年若是我於易則彬彬矣孔子以詩書禮樂教弟子蓋三千焉身通六藝者七十有二人如顏濁鄒之徒正義曰濁音卓鄒音聚顏濁鄒非七十二人數也頗受業者甚衆孔子以四教文行忠信何晏曰四者有形質可舉以教絕四毋意何晏曰以道爲度故不任意也毋必何晏曰用之則行舍之則藏故無專必毋固何晏曰無可無不可故無固行也毋我何晏曰述古而不自作處羣萃而不自異唯道是從故不有其身所愼齋戰疾何晏曰此三者人所不能愼而夫子愼也子罕言利與命與仁何晏曰罕者希也利者義之和也命者天之命也仁者行之盛也寡能及之故希言之不憤不啓舉一隅不以

三隅反則弗復也鄭玄曰孔子與人言必待其人心憤憤口悱悱乃後啓發爲說之如此則識思之深也說則舉一端以語之其人不思其類則不重教也其於鄉黨恂恂似不能言者王肅曰恂恂溫恭貌也○索隱曰有本作逡逡音七旬反其於宗廟朝廷辯辯言唯謹爾鄭玄曰唯辯而謹敬也○索隱曰論語作便便朝與上大夫言誾誾如也孔安國曰中正之貌也與下大夫言侃侃如也孔安國曰和樂貌入公門鞠躬如也趨進翼如也孔安國曰言端好也君召使儐鄭玄曰有賓客使迎之也色勃如也孔安國曰必變色君命召不俟駕行矣鄭玄曰急趨君命也既行出而車駕隨之魚餒肉敗割不正不食孔安國曰魚敗曰餒也席不正不坐食於有喪者之側未嘗飽也是日哭則不歌見齊衰瞽者雖童子必變包氏曰瞽盲三人行

必得我師何晏曰言我三人行本無賢愚擇善而從之不善而改之無常師德之不脩學之不講聞義不能徙不善不能改是吾憂也孔安國曰夫子常以此四者爲憂也使人歌善則使復之然後和之何晏曰樂其善故使重歌而自和也子不語怪力亂神王肅曰怪怪異也力謂若奡盪舟烏獲舉千鈞之屬也亂謂臣弒君子弒父也神謂鬼神之事或無益於教化或所不忍言也李充曰力不由理斯怪力也神不由正斯亂神也怪力亂神有與於邪無益於教故不言也子貢曰夫子之文章可得聞也何晏曰章明文彩形質著見可以耳目脩也夫子言天道與性命弗可得聞也已何晏曰性者人之所受以生也天道者元亨日新之道深微故不可得而聞之顏淵喟然嘆曰仰之彌高鑽之彌堅何晏曰言不可窮盡瞻之在前忽焉在後何晏曰言忽怳不可爲形象夫子循循然善誘人何晏曰循循次序貌也誘進也言夫子正以此道進勸人學有次序也博我以文約我以禮欲罷不能既竭我才如有所立卓爾雖欲從之蔑由也已孔安國曰言夫子既以文章開博我又以禮節節約我使我欲罷不能已竭吾才矣其有所立則卓然不可及言己雖蒙夫子之善誘猶不能及夫子所立也達巷黨人童子曰大哉孔子博學而無所成名鄭玄曰達巷者黨名五百家爲黨此黨之人美孔子博學道藝不成一名而已子聞之曰我何執執御乎執射乎我執御矣鄭玄曰聞人美之承以謙也吾執御者欲明六藝之卑牢曰子云不試故藝鄭玄曰牢者弟子子牢也試用也言孔子自云我不見用故多伎藝也魯哀公十四年春狩大野服虔曰大野藪名魯田圃之常處蓋今鉅野是也。正義曰括地志云獲麟堆在鄆州鉅野縣東十二里春秋哀十四年經云西狩獲麟國都城記云鉅野故城東十里澤中有土臺廣輪四五十步俗云獲麟堆

去魯城可三百餘里叔孫氏車子鉏商獲獸服虔曰車子微者也鉏商名也。索隱曰春秋傳及家語並云車子鉏商而服虔以子爲姓非也今以車子爲主車車士微者之人也人微故略其姓則子非姓也以爲不祥仲尼視之曰麟也取之服虔曰麟非時所常見故怪之以爲不祥也仲尼名之曰麟然後魯人乃取之也明麟爲仲尼至也曰河不出圖雒不出書吾已矣夫孔安國曰聖人受命則河出圖今無此瑞吾已矣夫者不得見河圖八卦是也顏淵死孔子曰天喪予何休曰予我也天生顏淵爲夫子輔佐死者是天將亡夫子之證者也及西狩見麟曰吾道窮矣何休曰麟者太平之獸聖人之類也時得而死此天亦告夫子將殁之證故云爾喟然歎曰莫知我夫子貢曰何爲莫知子何晏曰子貢怪夫子言何爲莫知己故問之子曰不怨天不尤人馬融曰孔子不用於世而不怨天不知己亦不尤人下學而上達孔安國曰下學人事上達天命知我者其天乎何晏曰聖人與天地合其德故曰唯天知己不降其志不辱其身伯夷叔齊乎鄭玄曰言其直己之心不入庸君之朝謂柳下惠少連降志辱身矣謂虞仲夷逸隱居放言包氏曰放置也置不復言世務也行中清廢中權馬融曰清純絜也遭世亂自廢棄以免患合於權也我則異於是無可無不可馬融曰亦不必進亦不必退唯義所在子曰弗乎弗乎君子病沒世而名不稱焉吾道不行矣吾何以自見於後世哉乃因史記作春秋上至隱公下訖哀公十四年十二公據魯親周索隱曰言夫子修春秋以魯爲主故云據魯時周雖微而親周王者以見天下之有宗主也故殷運之三代正義曰殷中也又中運夏殷周之事也約其文辭而指博故吳楚之君自

稱王而春秋貶之曰子踐土之會實召周天子而春秋諱之曰天王狩於河陽推此類以繩當世貶損之義後有王者舉而開之春秋之義行則天下亂臣賊子懼焉孔子在位聽訟文辭有可與人共者弗獨有也至於為春秋筆則筆削則削子夏之徒不能贊一辭弟子受春秋孔子曰後世知丘者以春秋而罪丘者亦以春秋劉熙曰知者行堯舜之道者也罪者在王公之位見貶絕者明歲子路死於衛孔子病子貢請見孔子方負杖逍遙於門曰賜汝來何其晚也孔子因歎歌曰太山壞乎鄭玄曰太山衆山所仰梁

柱摧乎哲人萎乎王肅曰萎頓也因以涕下謂子貢曰天下無道久矣莫能宗予王肅曰傷道之不行也夏人殯於東階周人於西階殷人兩柱間昨暮予夢坐奠兩柱之間予殆殷人也後七日卒鄭玄曰明聖人知命也。正義曰括地志云漢封夫子十二代孫志為褒城侯生光為丞相封侯平帝封孔霸孫莽二千戶為褒城侯後漢封十七代孫志為褒城侯魏封二十二代孫羨為崇聖侯晉封二十三代孫震為奉聖亭侯後魏封二十七代孫為崇聖大夫孝文帝又封三十一代孫珍為崇聖侯高齊改封珍為恭聖侯周武帝改封鄒國公隋文帝仍舊封鄒國公煬帝改為紹聖侯皇唐給復二千戶封孔子裔孫孔德倫為褒聖侯也孔子年七十三以魯哀公十六年四月己丑卒索隱曰若孔子以魯襄二十一年生至哀十六年為七十三若襄二十二年生則孔子年七十二經傳生年不定使夫子壽數不明哀公誄之曰旻天不弔不

慭遺一老王肅曰弔善也慭且也一老謂孔子也俾屏余一人以在位煢煢余在疚王肅曰疚病也嗚呼哀哉尼父毋自律王肅曰父丈夫之顯稱也律法也言毋以自為法也子貢曰君其不沒於魯乎夫子之言曰禮失則昏名失則愆失志為昏失所為愆索隱曰左傳及家語文皆同生不能用死而誄之非禮也稱余一人非名也服虔曰天子自謂一人非諸侯所當名也孔子葬魯城北泗上皇覽曰孔子冢去城一里冢塋百畝冢南北廣十步東西十三步高一丈二尺冢前以瓴甓為祠壇方六尺與地平本無祠堂冢塋中樹以百數皆異種魯人世世無能名其樹者民傳言孔子弟子異國人各持其方樹來種之其樹柞枌雒離女貞五味毚檀之樹孔子塋中不生荊棘及刺人草。索隱曰離音藜蘺草名也女貞一作安貴香名出西域五味藥草名毚音讒毚檀檀樹之別種弟子皆服三年三年心喪畢相

訣而去索隱曰訣音決別也則哭各復盡哀或復留唯子貢廬於冢上索隱曰家語無上字且禮云適墓不登壟豈合廬於冢上乎蓋上者亦邊側之義凡六年然後去弟子及魯人往從冢而家者百有餘室因命曰孔里魯世世相傳以歲時奉祠孔子冢而諸儒亦講禮鄉飲大射於孔子冢孔子冢大一頃故所居堂弟子內後世因廟藏孔子衣冠琴車書索隱曰謂孔子所居之堂其弟子之中孔子沒後後代因廟藏夫子平生衣冠琴書於壽堂中至于漢二百餘年不絕高皇帝過魯以太牢祠焉諸侯卿相至常先謁然後從政孔子生鯉字伯魚索隱曰家語孔子年十九娶於宋之上官氏之女一歲而生伯魚伯魚之生也魯昭公使人遺之鯉魚夫子榮

君之賜因以名其子爲鯉也 伯魚年五十先孔子死 皇覽曰伯魚冢在孔子冢東與孔子並大小相望也 伯魚生伋字子思年六十二嘗困於宋子思作中庸 皇覽曰子思冢在孔子冢南大小相望 子思生白字子上年四十七子上生求字子家年四十五子家生箕字子京年四十六子京生穿字子高年五十一子高生子慎年五十七嘗爲魏相子慎生鮒年五十七爲陳王涉博士死於陳下鮒弟子襄年五十七嘗爲孝惠皇帝博士遷爲長沙太守長九尺六寸子襄生忠年五十七忠生武武生延年及安國安國爲今皇帝博士至臨淮太守蚤卒安國生卬卬生驩

太史公曰詩有之高山仰止景行行止雖不能至然心鄉往之余讀孔氏書想見其爲人適魯觀仲尼廟堂車服禮器諸生以時習禮其家余低回留之不能去云 索隱曰祗敬也言祗敬遲迴不能去之有本亦作低迴義亦通 天下君王至于賢人衆矣當時則榮沒則已焉孔子布衣傳十餘世學者宗之自天子王侯中國言六藝者折中於夫子 索隱曰離騷云明五帝以折中王師叔云折中正也宋均云折斷也中當也言欲折斷其物而用之與度相中當也 可謂至聖矣

索隱述贊曰

孔子之先 胄子商國 弗父能讓
正考銘勒 防叔來奔 鄹人倚立
尼丘誕聖 闕里生德 七十升堂
四方取則 行誅兩觀 攝相夾谷
歎鳳遽衰 泣麟何從 九流仰鏡
萬古欽躅

史柒阡肆伯伍拾貳字
註捌阡叁伯玖拾壹字

孔子世家第十七 史記四十七

陳涉世家第十八　史記四十八

索隱曰勝立數月而死無後亦稱系家者以其所遣王侯將相竟滅秦為首事故也然時因擾攘起自匹夫假託妖祥一朝稱楚歷年不永勳業蔑如繼之齊魯曹何等級可降為列傳

陳勝者陽城人也索隱曰韋昭云陽城屬潁川地理志屬汝南不同者按郡縣之名隨代分割蓋陽城舊屬汝南史遷云今為汝陰後又分隸潁川韋昭據以為說故其不同他皆放此。正義曰即河南陽城縣也字涉吳廣者陽夏人也索隱曰夏音賈韋昭云淮陽縣後屬陳。正義曰括地志云陳州太康縣本漢陽夏縣也字叔陳涉少時嘗與人傭耕索隱曰廣雅云傭役也謂役力而受雇直也輟耕之壟上悵恨久之曰苟富貴無相忘傭者笑而應曰若為傭耕何富貴也陳涉太息曰嗟乎燕雀安知鴻鵠之志哉索隱曰尸子云鴻鵠之鷇羽翼未合而有四海之心是也鴻鵠是一鳥若鳳皇然非鴻鴈與黃鵠也鵠音戶酷反

二世元年七月發閭左適戍漁陽九百人屯大澤鄉徐廣曰在沛郡蘄縣。索隱曰閭左謂居閭里之左也秦時復除者居閭左今力役凡在閭左者盡發之也又云凡居以富強為右貧弱為左秦役戍多富者役盡兼取貧弱者而發之者也適音直革反又音磔故漢書有七科適戍者屯兵而守也地理志漁陽縣名在漁陽郡也。正義曰括地志云漁陽故城在檀州密雲縣南十八里在漁水之陽也陳勝吳廣皆次當行為屯長會天大雨道不通度已失期失期法皆斬陳勝吳廣乃謀曰今亡亦死舉大計亦死等死死國可乎索隱曰謂欲經營圖國假使不成而敗猶愈為戍卒而死也陳勝曰天下苦秦久矣吾聞二世少子也不當立索隱曰姚氏按隱士遺章邯書云李斯為二世廢十七兄而王今王則二世是始皇第十八子也當立者乃公子扶蘇扶蘇以數諫故上使外將兵今或聞無罪二世殺之百姓多聞其賢未知其死也索隱曰如淳云扶蘇自殺故人不知其死或以為不知何坐而死故天下冤二世殺之或說為非今宜依文而解直是扶蘇為二世所殺而百姓未知故欲詐自稱也項燕為楚將數有功愛士卒楚人憐之或以為死或以為亡今誠以吾眾詐自稱公子扶蘇項燕為天下唱宜多應者索隱曰漢書作倡倡謂先也說文云倡首也吳廣以為然乃行卜索隱曰行者先也一云行往也卜者知其指意曰足下事皆成有功然足下卜之鬼乎蘇林曰狐鳴祠中則是也瓚曰假託鬼神以威眾也故勝廣曰此教我威眾也。索隱曰裴註引蘇林臣瓚義亦當矣而李奇又云卜者戒曰所卜事雖成當死為鬼惡指斥言之而勝失其旨用依鬼神起怪蓋亦得其指也

陳勝吳廣喜念鬼索隱曰念者思也謂思念欲假鬼神之事曰此教我先威眾耳乃丹書帛曰陳勝王置人所罾魚腹中漢書音義曰罾音曾文穎曰罾魚網也卒買魚烹食得魚腹中書固以怪之矣又閒令吳廣之次近所旁叢祠中張晏曰戍人所止處也叢鬼所憑焉。索隱曰服虔云閒音中閒之閒鄭氏云閒謂竊令人行也孔文祥又云伺竊閒隙不欲令眾知之次師所次舍處也墨子云建國必擇木之脩茂者以為叢位高誘註戰國策云叢祠神祠叢樹也夜篝火徐廣曰或作帶也篝者籠也音溝。索隱曰漢書作構火郭璞云篝籠也狐鳴呼曰大楚興陳勝王卒皆夜驚恐旦日卒中往往語皆指目陳勝吳廣素愛人士卒多為用者將尉醉索隱曰尉官也漢舊儀大縣二人其尉將屯九百人故云將尉也廣故數言欲亡忿

恚尉令辱之以激怒其衆尉果笞廣尉劍挺（徐廣曰挺猶脫也○索隱曰按脫即奪也說文云挺拔也案謂尉劍拔而廣因奪之故得殺尉）廣起奪而殺尉陳勝佐之并殺兩尉召令徒屬曰公等遇雨皆已失期失期當斬藉第令毋斬（服虔曰藉假也第次第也應劭曰藉吏士名藉也今失期當斬就使藉第幸得不斬戍死者固十六七此激怒其衆也蘇林曰第且也○索隱曰第一音次第之第小顏云第但也劉氏云藉音子夜反應劭讀如字各以意言蘇說爲近也）而戍死者固十六七且壯士不死即已死即舉大名耳（索隱曰大名謂大名稱也）王侯將相寧有種乎徒屬皆曰敬受命乃詐稱公子扶蘇項燕從民欲也袒右稱大楚爲壇而盟祭以尉首陳勝自立爲將軍吳廣爲都尉攻大澤鄉收而攻蘄蘄下（索隱曰蘄音機又音祈縣名屬沛郡下者降也謂以兵臨蘄而即降也）乃令符離人葛嬰將兵徇蘄以東（索隱曰韋昭云符離屬沛郡李奇云徇略也音辭峻反）攻銍酇苦柘譙皆下之（徐廣曰苦柘屬陳餘皆在沛也）行收兵比至陳（索隱曰地理志陳縣屬淮陽）車六七百乘騎千餘卒數萬人攻陳（正義曰今陳州城也本楚襄王築古陳國城也）陳守令皆不在（索隱曰張晏云郡守縣令皆不在非也地理志及秦三十六郡並無陳郡則陳上是縣令言守令則守非官也與下守丞同也則皆是衍字也）獨守丞與戰譙門中（索隱曰蓋謂陳縣之城門一名麗譙故曰譙門中非上譙縣之門也譙縣守前已下故）弗勝守丞死乃入據陳數日號令召三老豪傑與皆來會計事三老豪傑皆曰將軍身被堅執銳伐無道誅

暴秦復立楚國之社稷功宜爲王陳涉乃立爲王號爲張楚（索隱曰李奇云欲張大楚國故稱張楚也）當此時諸郡縣苦秦吏者皆刑其長吏殺之以應陳涉乃以吳叔爲假王監諸將以西擊滎陽令陳人武臣張耳陳餘徇趙地令汝陰人鄧宗徇九江郡當此時楚兵數千人爲聚者不可勝數葛嬰至東城立襄彊爲楚王（索隱曰東城縣名地理志屬九江○正義曰括地志云東城故城在濠州定遠縣東南五十里也）嬰後聞陳王已立因殺襄彊還報至陳陳王誅殺葛嬰陳王令魏人周市北徇魏地吳廣圍滎陽李由爲三川守（索隱曰三川今洛陽也地有伊洛河故曰三川秦曰三川漢曰河南郡李由李斯子也）守滎陽吳叔弗能下陳王徵國之豪傑與計以上蔡人房君蔡賜爲上柱國（漢書音義曰房君官號也姓蔡名賜瓚曰房邑君也○索隱曰房邑也爵之於房號曰房君晉灼按張耳傳言相國房君者蓋誤耳涉始號楚因楚有柱國之官故以官蔡賜蓋其時草創亦未置相國之官也○正義曰豫州吳房縣本房子國是所封也）周文陳之賢人也（文穎曰即周章）嘗爲項燕軍視日（如淳曰視日時吉凶舉動之占也司馬季主爲日者）事春申君自言習兵陳王與之將軍印西擊行收兵至關車千乘卒數十萬至戲（正義曰即京東戲亭也）軍焉秦令少府章邯免酈山徒人奴產子（服虔曰家人之產奴也○索隱曰小顏云猶今言家產奴也）悉發以擊楚大軍盡敗之周文敗走出關止次曹陽（索隱曰晉灼云亭名也在弘農）

東十三里小顏云曹水之陽也其水出陝縣西南崐頭山北流入河魏武帝改爲好陽也○正義曰括地志云曹陽故亭亦名好陽亭在陝州桃林縣東南十四里崔浩云曹陽坑名自南出北通於河按魏武帝改曰好陽也二三月章邯追敗之復走次澠池正義曰澠池河南府縣是也十餘日章邯擊大破之周文自剄軍遂不戰徐廣曰十二月也索隱曰越系家句踐使罪人三行屬劍於頸曰不敢逃刑乃自剄郭璞注三蒼以爲剄刺也武臣到邯鄲自立爲趙王陳餘爲大將軍張耳召騷爲左右丞相陳王怒捕繫武臣等家室欲誅之柱國曰秦未亡而誅趙王將相家屬此生一秦也不如因而立之陳王乃遣使者賀趙而徙繫武臣等家屬宮中而封其子張敖爲成都君正義曰成都蜀郡縣

涉遣封之趣趙兵亟入關索隱曰趣音促謂催促也亟音棘亟急也趙王將相相與謀曰王王趙非楚意也楚已誅秦必加兵於趙計莫如毋西兵使使北徇燕地以自廣也趙南據大河北有燕代楚雖勝秦不敢制趙若楚不勝秦必重趙趙乘秦之弊可以得志於天下趙王以爲然因不西兵而遣故上谷卒史韓廣將兵北徇燕地燕故貴人豪傑謂韓廣曰楚已立王趙又已立王燕雖小亦萬乘之國也願將軍立爲燕王韓廣曰廣母在趙不可燕人曰趙方西憂秦南憂楚其力不能禁我且以楚

之彊不敢害趙王將相之家趙獨安敢害將軍之家韓廣以爲然乃自立爲燕王居數月趙奉燕王母及家屬歸之燕當此之時諸將之徇地者不可勝數周市北徇地至狄徐廣曰今之臨濟狄人田儋殺狄令自立爲齊王以齊反擊周市市軍散還至魏地欲立魏後故甯陵君咎爲魏王應劭曰魏諸公子咎欲立六國後以樹黨○索隱曰晉灼云甯陵今在梁國按今梁國有寧陵縣是字轉異耳○正義曰括地志云宋州寧陵縣城古甯陵城也時咎在陳王所不得之魏魏地已定欲相與立周市爲魏王周市不肯使者五反陳王乃立甯陵君咎爲魏王遣之國周市卒爲

相將軍田臧等相與謀曰周章軍已破矣秦兵旦暮至我圍滎陽城弗能下秦軍至必大敗不如少遣兵足以守滎陽索隱曰遣作遺遺謂留餘也悉精兵迎秦軍今假王驕不知兵權不可與計非誅之事恐敗因相與矯王令以誅吳叔獻其首於陳王陳王使使賜田臧楚令尹印使爲上將田臧乃使諸將李歸等守滎陽城自以精兵西迎秦軍於敖倉與戰田臧死軍破章邯進兵擊李歸等滎陽下破之李歸等死陽城人鄧說將兵居郯索隱曰地理志陽城縣屬潁川說一音悅凡人名皆音悅郯音談小顏云郯東海之縣名非也按章邯軍此時未至東海此

郯別是也名或恐郯當作郟郟是郟鄏之地或見下有東海郯縣故誤也○正義曰屬海州疑郯當作郟音紀洽反郟即春秋時郟地楚郟敖葬之今汝州郟縣城是鄧說是陽城人陽城河南府縣与郟城縣相近又走陳蓋郟字誤作郯耳
章邯別將擊破之鄧說軍散走陳銍人伍徐徐廣曰一作逢○索隱曰地理志銍縣名屬沛漢書作伍逢將兵居許正義曰括地志云許州許昌縣本漢許縣地理志云許縣故國姜姓四岳之後大叔所封二十四君為楚所滅漢以為縣魏文帝即位改許曰許昌也
章邯擊破之伍徐軍皆散走陳陳王誅鄧說陳
王初立時陵人秦嘉地理志泗水國有陵縣也銍人董緤符離
人朱雞石取慮人鄭布索隱曰地理志取慮縣名屬臨淮音秋閭二音取又音子臾反
徐人丁疾等皆特起將兵圍東海正義曰今海州也守慶
於郯陳王聞乃使武平君畔為將軍張晏曰畔名也監郯

下軍秦嘉不受命嘉自立為大司馬惡屬武平
君告軍吏曰武平君年少不知兵事勿聽因矯
以王命殺武平君畔章邯已破伍徐擊陳柱國
房君死章邯又進兵擊陳西張賀軍陳王出監
戰軍破張賀死臘月張晏曰秦之臘月夏之九月瓚曰建丑之月也○索隱曰顏游秦云按史記表二世十月誅葛嬰十一月周文死十二月陳涉死是也宗懍荆楚記云臘節在十二月故因是謂之臘月也
陳王之汝陰還至下城父索隱曰按舊讀以陳王從汝陰還至城父縣因降下之故云還至下城父又顔氏按郡國志山桑縣有下城父聚在城父縣東下讀如字其說為得之其御莊
賈殺以降秦陳勝葬碭正義曰音唐今宋州碭山縣是謚曰隱王
陳王故涓人將軍呂臣應劭曰涓人知謁者將軍姓呂名臣也晉灼曰呂氏春秋

荊莊國莊伯令謁者駕令涓人取冠○索隱曰涓音公玄反服虔云給通如今謁者為倉頭軍起
新陽徐廣曰在汝南也○索隱曰韋昭云軍皆著青帽故曰倉頭○正義曰括地志云新陽故城在豫州真陽縣西南四十二里漢新陽縣城應劭云在新水之陽也攻陳下之殺莊賈復以
陳為楚索隱曰為如字讀謂以陳地為楚國初陳王至陳令銍人宋
留將兵定南陽入武關留已徇南陽聞陳王死
南陽復為秦宋留不能入武關乃東至新蔡遇
秦軍宋留以軍降秦秦傳留至咸陽車裂留以
徇秦嘉等聞陳王軍破出走乃立景駒為楚王徐廣曰正月嘉為上將軍引兵之方與正義曰房預二音方與兗州縣也欲擊秦
軍定陶下正義曰今曹州也使公孫慶使齊王欲與并力

俱進齊王曰聞陳王戰敗不知其死生楚安得
不請而立王公孫慶曰齊不請楚而立王楚何
故請齊而立王且楚首事當令於天下田儋誅
殺公孫慶秦左右校索隱曰即左右校尉軍也復攻陳下之呂
將軍走收兵復聚鄱盜鄱音婆英布居江中為羣盜陳勝之起布歸番君吳芮故謂之鄱盜者也當陽君黥布之兵相收復擊秦左右校破
之青波漢書音義曰地名也復以陳為楚會項梁立懷王孫
心為楚王陳勝王凡六月已為王王陳其故人
嘗與庸耕者聞之之陳扣宮門曰吾欲見涉宮
門令欲縛之自辨數乃置晉灼曰數音朋友數斯疏矣○索隱曰數音疎主反

謂自辨說數與涉有故舊事驗也又音朔數謂自辨往數與涉有故也不肯爲通陳王出遮道而呼涉陳王聞之乃召見載與俱歸入宮見殿屋帷帳客曰夥頤涉之爲王沈沈者應劭曰沈沈宮室深邃之貌也沈音長含反含一作金。索隱曰服虔云楚人謂多爲夥又言頤者助聲之辭也謂涉爲王宮殿帷帳庶物夥多驚而偉之故稱夥頤也劉伯莊以沈沈猶談談謂故人呼爲沈沈猶俗云談談漢也楚人謂多爲夥故天下傳之夥涉爲王由陳涉始客出入愈益發舒言陳王故情或說陳王曰客愚無知顓妄言輕威陳王斬之諸陳王故人皆自引去由是無親陳王者索隱曰顧氏引孔叢子云陳勝爲王妻之父兄往焉勝以衆賓待之妻父怒云怙號而傲長者不能久焉不辭而去是其事類也陳王以朱房爲中正胡

武爲司過主司羣臣諸將徇地至令之不是者繫而罪之以苛察爲忠其所不善者弗下吏輒自治之索隱曰謂朱房胡武等以素所不善者即自驗問不往下吏也陳王信用之諸將以其故不親附此其所以敗也陳勝雖已死其所置遣侯王將相竟亡秦由涉首事也高祖時爲陳涉置守冢三十家碭至今血食

褚先生曰徐廣曰一作太史公駰案班固奏事云太史遷取賈誼過秦上下篇以爲秦始皇本紀陳涉世家下贊文然則言褚先生者非也。索隱曰徐廣裴駰據所見別本及班彪奏事皆云合作太史公今據此是褚先生述史記加此贊首地形險阻數句然後始稱賈生之言因即改太史公之目而自題已位號也已下義並已見始皇之本紀地形險阻所以爲固也兵革形法所以爲治也

猶未足恃也夫先王以仁義爲本而以固塞文法爲枝葉豈不然哉吾聞賈生之稱曰秦孝公據殽函之固韋昭曰殽謂二殽函函谷關也擁雍州之地君臣固守以窺周室有席卷天下包舉宇內囊括四海之意并吞八荒之心當是時也商君佐之內立法度務耕織脩守戰之備外連衡而鬬諸侯於是秦人拱手而取西河之外孝公既沒惠文王武王昭王蒙故業因遺策南取漢中西舉巴蜀東割膏腴之地收要害之郡諸侯恐懼會盟而謀弱秦不愛珍器重寶肥饒之地以致天下之士

合從締交相與爲一當此之時齊有孟嘗趙有平原楚有春申魏有信陵此四君者皆明知而忠信寬厚而愛人尊賢而重士約從連衡兼韓魏燕趙宋衛中山之衆於是六國之士有甯越徐尚蘇秦杜赫之屬爲之謀齊明周最正義曰音聚陳軫邵滑正義邵作昭樓緩翟景蘇厲樂毅之徒通其意吳起孫臏帶他兒良王廖田忌廉頗趙奢之倫制其兵嘗以什倍之地百萬之師仰關而攻秦索隱曰仰字亦作卬並音仰謂秦地形高故並仰向關門而攻秦有作叩字非也秦人開關而延敵九國之師遁逃而不敢進索隱曰九國者謂六國之外更

(有宋衛中山)秦無亡矢遺鏃之費而天下固已困矣於是從散約敗爭割地而賂秦秦有餘力而制其敝追亡逐北伏尸百萬流血漂櫓(索隱曰說文云櫓大楯也)因利乘便宰割天下分裂山河彊國請服弱國入朝施及孝文王莊襄王享國之日淺國家無事及至始皇奮六世之餘烈振長策而御宇內吞二周而亡諸侯履至尊而制六合執敲朴以鞭笞天下(索隱曰臣瓚云短曰敲長曰朴)威振四海南取百越之地以為桂林象郡百越之君俛首係頸委命下吏乃使蒙恬北築長城而守藩籬卻匈奴七百餘里胡人不敢南下而牧馬士亦不敢貫弓而報怨(索隱曰貫音烏還反又如字貫謂上弦也)於是廢先王之道燔百家之言以愚黔首隳名城殺豪俊收天下之兵聚之咸陽銷鋒鍉(徐廣曰一作鏑)鑄以為金人十二(索隱曰各重千石坐高二丈號曰翁仲)以弱天下之民然後踐華為城因河為池據億丈之城臨不測之谿以為固良將勁弩守要害之處信臣精卒陳利兵而誰何(索隱曰譙今巡更問何誰也)天下已定始皇之心自以為關中之固金城千里子孫帝王萬世之業也始皇既沒餘威振於殊俗然而陳涉甕牖繩樞之子甿隸之人(徐廣

曰田民曰甿音亡更反)而遷徙之徒也材能不及中人非有仲尼墨翟之賢陶朱猗頓之富也躡足行伍之間俛仰阡陌之中(索隱曰仟佰謂千人百人之長也漢書作阡陌如淳云時皆僻屈在阡陌之中陌音貊)率罷散之卒將數百之衆而轉攻秦斬木為兵揭竿為旗天下雲會響應贏糧而景從山東豪俊遂並起而亡秦族矣且天下非小弱也雍州之地殽函之固自若也陳涉之位非尊於齊楚燕趙韓魏宋衛中山之君也鉏耰棘矜非銛於句戟長鎩也(索隱曰鉏耰謂鉏木也論語曰耰而不輟是也棘戟也矜戟柄音勤)適戍之衆非儔於九國之師也深謀遠慮行軍用兵之道非及鄉時之士也(索隱曰鄉音香亮反鄉時猶往時也蓋謂孟嘗信陵蘇秦陳軫之比也)然而成敗異變功業相反也嘗試使山東之國與陳涉度長絜大(索隱曰絜音下結反謂如結束知其大小也)比權量力則不可同年而語矣然而秦以區區之地致萬乘之權抑八州而朝同列(索隱曰謂秦強而抑八州使朝己也漢書作招八州亦通)百有餘年矣然後以六合為家殽函為宮一夫作難而七廟墮身死人手為天下笑者何也仁義不施而攻守之勢異也(索隱曰施音式豉反言秦虎狼之国其仁心不施及於天下故亡也)

索隱述贊曰

天下匈匈　海内乏主　掎鹿爭捷
瞻烏爰處　陳勝首事　厥號張楚
鬼怪是憑　鴻鵠自許　葛嬰東下
周文西拒　始親朱房　又任胡武
夥頤見殺　腹心不與　莊賈何人
反噬城父

陳涉世家第十八　史記四十八

外戚世家第十九　史記四十九

索隱曰外戚紀后妃也后族亦代有封爵故也漢書則編之列傳中王隱則謂之紀而在列傳之首

自古受命帝王及繼體守文之君索隱曰繼體謂非創業之主而是嫡子繼先帝之正體而立者也守文猶守法也謂非受命創制之君但守先帝法度爲之主耳非獨內德茂也蓋亦有外戚之助焉索隱曰謂非獨君德茂於內茂盛亦有賢后妃外戚之親以助教化也夏之興也以塗山索隱曰韋昭云塗山國名禹所娶在今九江應劭云九江當塗有禹墟大戴禮云禹娶塗山氏之女謂之女僑生啓也而桀之放也以末喜索隱曰國語桀伐有施有施人以末喜女焉韋昭云有施喜姓之國末喜其女也殷之興也以有娀索隱曰有娀國名其女簡狄吞燕卵而生契故詩云天命玄鳥降而生商是也紂之殺也嬖妲己索隱曰國語殷辛伐有蘇有蘇氏以妲己女焉按有蘇國也己姓也妲字也包愷云妲音丁達反周之興也以姜原及大任索隱曰系本云帝嚳上妃有邰氏之女曰姜原鄭玄箋詩云姜姓嫄名履大人跡生后稷大任文王之母故詩云摯仲氏任毛詩云摯國任姓之中女也而幽王之禽也淫於褒姒索隱曰國語曰幽王伐有褒褒人以褒姒女焉按褒是國名姒是其姓即龍漦之子褒人育而以女於幽王也然此文自夏之興至褒姒皆是史蘇之詞見國語及列女傳故易基乾坤詩始關雎書美釐降春秋譏不親迎索隱曰公羊紀裂繻來逆女傳曰外逆女不書此何以書譏也何譏爾始不親迎也夫婦之際人道之大倫也禮之用唯婚姻爲兢兢夫樂調而四時和陰陽之變萬物之統也索隱曰以言若樂聲調能令四時和而陰陽變陰陽變則能生萬物是陰陽即夫婦也夫婦道和而能化生萬物萬物人爲之本故云萬物之統也可不愼與人能弘道無如命何甚哉妃匹

之愛索隱曰妃音配又如字君不能得之於臣索隱曰以言夫婦親愛之情雖君父之尊而不奪臣子所好愛使移其本意是不能得也故曰匹夫不可奪志也父不能得之於子況卑下乎旣驩合矣或不能成子姓索隱曰鄭玄註禮記云姓者子姓謂衆孫也即趙飛燕等是也能成子姓矣或不能要其終索隱曰按謂有始不能要其終也以言雖有子姓而意不能要終如栗姬衛后等是也豈非命也哉孔子罕稱命蓋難言之也非通幽明之變惡能識乎性命哉索隱曰惡音烏借於何也

太史公曰秦以前尚略矣其詳靡得而記焉漢興呂娥姁徐廣曰姁音況羽反呂后姊字長姁也索隱曰娥姁呂后字按漢書小顏云呂后名雉字娥姁爲高祖正后男爲太子及晚節色衰愛

弛而戚夫人有寵索隱曰漢書云得定陶戚姬其子如意幾代太子者數矣及高祖崩呂氏夷戚氏誅趙王而高祖後宮唯獨無寵疏遠者得無恙索隱曰爾雅云恙憂也一說古者野居露宿恙噬人蟲也故人相恤云得無恙乎呂后長女爲宣平侯張敖妻敖女爲孝惠皇后索隱曰皇甫謐云名嫣呂太后以重親故欲其生子萬方終無子詐取後宮人子爲子及孝惠帝崩天下初定未久繼嗣不明於是貴外家王諸呂以爲輔而以呂祿女爲少帝后欲連固根本牢甚然無益也高后崩合葬長陵關中記曰高祖陵在西呂后陵在東漢帝后同塋則爲合葬不合陵也諸陵皆如此祿產等

懼誅謀作亂大臣征之天誘其統徐廣曰一作衷卒滅呂氏唯獨置孝惠皇后居北宮索隱曰在未央北故曰北宮○正義曰括地志云北宮在雍州長安縣西北十三里與桂宮相近在長安故城中迎立代王是爲孝文帝奉漢宗廟此豈非天邪非天命孰能當之

薄太后父吳人姓薄氏秦時與故魏王宗家女魏媼通索隱曰媼音烏老反然媼是婦人之老者通號故趙太后自稱媼及劉媼衞媼之屬是也生薄姬而薄父死山陰因葬焉索隱曰顧氏按冢墓記薄父冢在會稽縣西北襟山上今猶有北域襟音莊洽反○正義曰括地志云襟山在越州會稽縣西北三里一名稷山襟音莊洽反及諸侯畔秦魏豹立爲魏王而魏媼內其女於

魏宮媼之許負所相相薄姬云當生天子是時項羽方與漢王相距滎陽天下未有所定豹初與漢擊楚及聞許負言心獨喜因背漢而畔中立更與楚連和漢使曹參等擊虜魏王豹以其國爲郡而薄姬輸織室豹已死漢王入織室見薄姬有色詔內後宮歲餘不得幸始姬少時與管夫人趙子兒相愛約曰先貴無相忘已而管夫人趙子兒先幸漢王漢王坐河南宮成皋臺索隱曰按是河南宮之成皋臺漢書作成皋靈臺西征記云武牢城內有高祖殿西南有武庫也○正義曰括地志云洛州氾水縣古東虢州故鄭之制邑漢之成皋縣也此兩美人相與笑

薄姬初時約漢王聞之問其故兩人具以實告漢王漢王心慘然憐薄姬是日召而幸之薄姬曰昨暮夜妾夢蒼龍據吾腹高帝曰此貴徵也吾為女遂成之一幸生男是為代王其後薄姬希見高祖高祖崩諸御幸姬戚夫人之屬呂太后怒皆幽之不得出宮而薄姬以希見故得出從子之代為代王太后太后弟薄昭從如代代王立十七年高后崩大臣議立後疾外家呂氏彊皆稱薄氏仁善故迎代王立為孝文皇帝而太后改號曰皇太后弟薄昭封為軹侯索隱曰地理志云軹縣在河內恐地遠非其封案長安東有軹道亭或當是所封也薄太后母亦前死葬櫟陽北於是乃追尊薄父為靈文侯會稽郡置園邑三百家長丞已下吏奉守冢寢廟上食祠如法而櫟陽北亦置靈文侯夫人園如靈文侯園儀薄太后以為母家魏王後早失父母其奉薄太后諸魏有力者於是召復魏氏及尊賞賜各以親疏受之薄氏侯者凡一人薄太后後文帝二年以孝景帝前二年崩葬南陵索隱曰按廟記云在霸陵南十里故謂之南陵按今在長安東灞水東原上名曰少陵在霸陵西南故曰東望吾子西望吾夫是也。正義曰括地志云南陵故縣在雍州萬年縣東南二十四里漢南陵縣本薄太后陵邑陵在東北去縣六里

以呂后會葬長陵故特自起陵近孝文皇帝霸陵徐廣曰霸陵縣有軹道亭竇太后索隱曰皇甫謐云名猗房趙之清河觀津人也正義曰在冀州棗強縣東北二十五里呂太后時竇姬以良家子入宮侍太后太后出宮人以賜諸王各五人竇姬與在行中竇姬家在清河欲如趙近家請其主遣宦者吏正義曰謂宦者為吏主發遣宮人也必置我籍趙之伍中宦者忘之誤置其籍代伍中籍奏詔可當行竇姬涕泣怨其宦者不欲往相彊乃肯行至代代王獨幸竇姬生女嫖索隱曰嫖音疋消反後生兩男而代王王后生四男先代王未入立為帝而王后卒後代王立為帝而王后所生四男更病死孝文帝立數月公卿請立太子而竇姬長男最長立為太子立竇姬為皇后女嫖為長公主其明年立少子武為代王已而又徙梁是為梁孝王竇皇后親早卒葬觀津索隱曰摯虞決錄云竇太后父少遭秦亂隱身漁釣墜泉而死景帝立太后遣使者填父所墜淵起大墳於觀津城南人間號為竇氏青山。正義曰括地志云竇少君墓在冀州武邑縣東南二十七里於是薄太后乃詔有司追尊竇后父為安成侯母曰安成夫人令清河置園邑二百家長丞奉守比靈文園法竇皇后兄竇長君索隱曰決錄云建字長君

弟曰竇廣國字少君少君年四五歲時家貧為
人所略賣其家不知其處傳十餘家至宜陽為
其主入山作炭寒臥岸下百餘人岸崩盡壓殺
臥者少君獨得脫不死自卜數日當為侯從其
家之長安 索隱曰謂從逐其宜陽之主人家而皆往長安為居也 聞竇皇后新
立家在觀津姓竇氏廣國去時雖小識其縣名
及姓又常與其姊採桑墮用為符信上書自陳
竇皇后言之於文帝召見問之具言其故果是
又復問他何以為驗對曰姊去我西時與我決
於傳舍中 索隱曰決別也傳音轉傳舍謂郵亭傳置之舍蓋竇后初入宮時別其弟於傳舍之中也

丐沐沐我 索隱曰丐音蓋丐者乞也沐米潘也謂乞潘為弟沐也 請食飯我乃
去於是竇后持之而泣泣涕交橫下侍御左右
皆伏地泣助皇后悲哀乃厚賜田宅金錢封公
昆弟家於長安 索隱曰公亦祖也謂皇后同祖之昆弟如竇嬰即皇后從昆弟子之比亦得家於長安故劉氏云公昆弟謂廣國等也 絳侯灌將軍等曰吾屬不
死命乃且縣此兩人兩人所出微不可不為擇
師傅賓客又復效呂氏大事也於是乃選長者
士之有節行者與居竇長君少君由此為退讓
君子不敢以尊貴驕人竇皇后病失明文帝幸
邯鄲慎夫人尹姬皆毋子孝文帝崩孝景帝立

乃封廣國為章武侯 索隱曰地理志縣名屬渤海。正義曰括地志云滄州魯城縣。
長君前死封其子彭祖為南皮侯 索隱曰地理志縣名屬渤海。
正義曰括地志云故南皮城在滄州南皮縣北四里漢南皮縣也 吳楚反時竇太后
從昆弟子竇嬰任俠自喜將兵以軍功為魏其
侯 索隱曰地理志縣名屬琅邪 竇氏凡三人為侯竇太后好黃
帝老子言帝及太子諸竇不得不讀黃帝老子
尊其術竇太后後孝景帝六歲建元六年崩 索隱
曰當武帝建元六年此文是也而漢書作元光誤也 合葬霸陵遺詔盡以東宮
金錢財物賜長公主嫖
王太后槐里人 索隱曰皇甫謐云后名娡音志地理志右扶風槐里本名廢丘。正義曰括地

志云太丘故城一名槐里亦曰廢丘城在雍州始平縣東南十里也 母曰臧兒臧兒者
故燕王臧荼孫也臧兒嫁為槐里王仲妻生男
曰信與兩女 索隱曰即后及兒姁也 而仲死臧兒更嫁長陵
田氏生男蚡勝臧兒長女嫁為金王孫婦生一
女矣而臧兒卜筮之曰兩女皆當貴因欲奇兩
女 索隱曰奇者異之也漢書作倚倚依也 乃奪金氏金氏怒不肯予
決乃內之太子宮太子幸愛之生三女一男男
方在身時王美人夢日入其懷以告太子太子
曰此貴徵也未生而孝文帝崩孝景帝即位王
夫人生男 索隱曰即武帝也漢武故事云帝以乙酉年七月七日生於猗蘭殿也 先是

臧兒又入其少女兒姁（索隱曰姁音況羽反）兒姁生四男（索隱曰謂廣川王越膠東王寄清河王舜常山王憲也）景帝爲太子時薄太后以薄氏女爲妃及景帝立立妃曰薄皇后皇后毋子毋寵薄太后崩廢薄皇后景帝長男榮其母栗姬栗姬齊人也立榮爲太子長公主嫖有女欲予爲妃栗姬妬而景帝諸美人皆因長公主見景帝得貴幸皆過栗姬（索隱曰過音戈謂踰之）栗姬日怨怒謝長公主不許長公主欲予王夫人王夫人許之長公主怒而日讒栗姬短於景帝曰栗姬與諸貴夫人幸姬會常使侍者祝唾其背挾邪媚道景帝以故望之（索隱曰望猶責望謂恨之也）景帝嘗體不安心不樂屬諸子爲王者於栗姬曰百歲後善視之栗姬怒不肯應言不遜景帝恚心嗛之而未發也（索隱曰嗛音銜漢書作銜銜猶恨也）長公主日譽王夫人男之美景帝亦賢之又有曩者所夢日符計未有所定王夫人知帝望栗姬因怒未解陰使人趣大臣立栗姬爲皇后大行奏事畢（索隱曰大行禮官行音衡）曰子以母貴母以子貴（索隱曰此皆公羊傳之文也）今太子母無號宜立爲皇后景帝怒曰是而所宜言邪遂案誅大行而廢太子爲臨江王栗姬愈恚

恨不得見以憂死卒立王夫人爲皇后其男爲太子封皇后兄信爲蓋侯（索隱曰地理志縣名屬太山）景帝崩太子襲號爲皇帝尊皇太后母臧兒爲平原君（正義曰德州縣也）封田蚡爲武安侯（索隱曰地理志縣名屬魏郡。正義曰括地志云武安故城在洺州武安縣西南七里六國時趙邑漢武安縣城也）勝爲周陽侯（索隱曰地理志縣名屬上郡。正義曰括地志云周陽故城在絳州聞喜縣東二十九里也）景帝十三男一男爲帝十二男皆爲王而兒姁早卒其四子皆爲王王太后長女號曰平陽公主（正義曰括地志云平陽故城即晉州城西面今平陽故城東面也城記云堯築也）次爲南宮公主（正義曰南宮冀州縣也）次爲林慮公主（索隱曰林慮縣名屬河內本名隆慮避殤帝諱改名林慮慮音盧。正義曰林慮相州縣也）蓋侯信好酒田蚡勝貪巧於文辭王仲早死葬槐里追尊爲共侯置園邑二百家及平原君卒從田氏葬長陵置園比共侯園而王太后後孝景帝十六歲以元朔四年崩合葬陽陵（正義曰括地志云陽陵在雍州咸陽縣東四十里）王太后家凡三人爲侯

衛皇后字子夫生微矣蓋其家號曰衛氏（正義曰衛青傳云父鄭季爲吏給事平陽侯家與侯妾衛媼通生青故冒衛氏）出平陽侯邑（徐廣曰平陽侯曹壽尚平陽公主）子夫爲平陽主謳者武帝初即位數歲無子平陽主求諸良家子女十餘人飾置家武

帝祓（徐廣曰三月上巳臨水祓除謂之禊呂后本紀亦云三月祓還過軹道蓋與游字相似故或定之也 索隱曰小顏祓音廢今亦音拂謂祓禊之遊水自絜故云祓除也）霸上還因過平陽主主見所侍美人上弗說既飲謳者進上望見獨說衛子夫是日武帝起更衣子夫侍尚衣軒中得幸（正義曰尚主也於主衣車中得幸也）上還坐驩甚賜平陽主金千斤主因奏子夫奉送入宮子夫上車平陽主拊其背曰行矣彊飯勉之即貴無相忘入宮歲餘竟不復幸武帝擇宮人不中用者斥出歸之衛子夫得見涕泣請出上憐之復幸遂有身尊寵日隆召其兄衛長君弟青為侍中而

子夫後大幸有寵凡生三女一男（索隱曰三女謂諸邑石邑及衛長公主後封為當利公主也）男名據（索隱曰即戾太子）初上為太子時娶長公主女為妃立為帝妃立為皇后姓陳氏（索隱曰漢武故事云后名阿嬌即長公主嫖女也曾祖父嬰堂邑侯傳至午尚長公主生后也）無子上之得為嗣大長公主有力焉（徐廣曰即景帝姊嫖也）以故陳皇后驕貴聞衛子夫大幸恚幾死者數矣上愈怒陳皇后挾婦人媚道其事頗覺於是廢陳皇后（索隱曰漢書云女子楚服等坐為皇后呪詛大逆無道相連誅者三百餘人乃廢后居長門宮故司馬相如賦云陳皇后別在長門宮愁悶悲思奉黃金百斤為相如取酒乃為作頌以奏皇后復親幸作頌信工也復親幸之恐非實也）而立衛子夫為皇后陳皇后母大長公主

景帝姊也數讓武帝姊平陽公主曰帝非我不得立已而棄捐吾女壹何不自喜而倍本乎平陽公主曰用無子故廢耳陳皇后求子與醫錢凡九千萬然竟無子衛子夫已立為皇后先是衛長君死乃以衛青為將軍擊胡有功封為長平侯（索隱曰地理志縣名屬汝南）青三子在襁褓中皆封為列侯及衛皇后所謂姊衛少兒少兒生子霍去病以軍功封冠軍侯（索隱曰地理志冠軍屬河陽）號驃騎將軍青號大將軍立衛皇后子據為太子衛氏枝屬以軍功起家五人為侯及衛后色衰趙之王夫人

幸有子為齊王（索隱曰名閎）王夫人早卒而中山李夫人有寵有男一人為昌邑王（索隱曰名髆 正義曰名賀）李夫人早卒（索隱曰李延年之女弟漢書云帝悼之李少翁致其形帝為作賦）其兄李延年以音幸號協律協律者故倡也兄弟皆坐姦族是時其長兄廣利為貳師將軍伐大宛不及誅還而上既夷李氏後憐其家乃封為海西侯（正義曰漢武帝令李廣利征大宛國近西海故號海西侯也）他姬子二人為燕王廣陵王（索隱曰漢書云李姬生廣陵王胥燕王旦也）其母無寵以憂死及李夫人卒則有尹婕妤之屬更有寵然皆以倡見非王侯有土之女士不

可以配人主也

褚先生曰正義曰疑此元成之間褚少孫續之也臣為郎時問習漢家故事者鍾離生曰王太后在民間時所生子女者徐廣曰名俗。正義曰按後封修成君者父為金王孫王孫已死景帝崩後武帝已立王太后獨在而韓王孫名嫣素得幸武帝承閒白言太后有女在長陵也武帝曰何不早言乃使使往先視之在其家武帝乃自往迎取之蹕道先驅旄騎出橫城門如淳曰橫音光三輔黃圖云北面西頭門。正義曰括地志云渭橋本名橫橋架渭水上在雍州咸陽縣東南二十二里按此橋對門也乘輿馳至長陵當小市西入里里門閉暴

開門乘輿直入此里通至金氏門外止使武騎圍其宅為其亡走身自往取不得也即使左右羣臣入呼求之家人驚恐女亡匿內中牀下扶持出門令拜謁武帝下車泣曰嚄索隱曰烏百反蓋恠之辭耳。正義曰嚄責失聲驚愕貌也大姊何藏之深也詔副車載之迴車馳還而直入長樂宮行詔門著引籍正義曰武帝道上詔令通名狀於門使引入至太后所通到謁太后太后曰帝倦矣何從來帝曰今者至長陵得臣姊與俱來顧曰謁太后太后曰女某邪曰是也太后為下泣女亦伏地泣武帝奉酒前為壽奉錢千萬奴婢三

百人公田百頃甲第以賜姊太后謝曰為帝費焉於是召平陽主南宮主林慮主三人俱來謁見姊因號曰脩成君有子男一人女一人男號為脩成子仲索隱曰金氏之甥修成君之子也而名仲者與大外祖王氏同字恐非也女為諸侯王王后徐廣曰嫁為淮南王安太子妃也此二子非劉氏以故太后憐之脩成子仲驕恣陵折吏民皆患苦之

衞子夫立為皇后后弟衞青字仲卿以大將軍封為長平侯四子長子伉為侯世子侯世子常侍中貴幸其三弟皆封為侯各千三百戶一曰

陰安侯索隱曰名不疑地理志陰安縣名屬魏郡。正義曰括地志云陰安故城在魏州頓丘縣北六十里也二曰發干侯索隱曰名登地理志發干縣名屬東郡。正義曰括地志云發干故城在博州堂邑縣西南二十三里三曰宜春侯索隱曰名伉地理志宜春縣名屬汝南。正義曰括地志云宜春故城在豫州汝陽縣西六十七里貴震天下天下歌之曰生男無喜生女無怒獨不見衞子夫霸天下是時平陽主寡居當用列侯尚主主與左右議長安中列侯可為夫者皆言大將軍可主笑曰此出吾家常使令騎從我出入耳奈何用為夫乎左右侍御者曰今大將軍姊為皇后三子為侯富貴振動天下主何以易之乎於是主乃許之言

之皇后今白之武帝乃詔衛將軍尚平陽公主焉

褚先生曰丈夫龍變傳曰蛇化為龍不變其文家化為國不變其姓丈夫當時富貴百惡滅除光耀榮華貧賤之時何足累之哉

武帝時幸夫人尹婕妤索隱曰韋昭云婕承好助也一云美好也聲類云幸也字亦從女漢舊儀云皇后為婕妤下與禮比丞相邢夫人號娙娥索隱曰服虔云娙音近妍徐廣音五耕反鄒誕生音莖字林音五經反說文云娙長也好也許愼云秦晉之間謂好為娙又方言云美貌謂之娙娥漢舊儀云娙娥秩比將軍御史大夫衆人謂之娙何娙何秩比中二千石索隱曰崔浩云中備滿也漢制九卿已上秩一歲滿二千斛又漢官儀云中二千石俸月百八十斛容華秩比二千石索隱曰二千石是郡守之秩漢官儀云其俸月百二十斛又有眞二千石者如淳云諸侯王相在郡守上秩眞二千石漢律眞二千石俸月二萬斛則二萬斗亦是二千石也崔浩云列卿已上秩石皆正二千石則是眞二千石也其云中二千石亦不滿二千蓋千八九百耳此崔氏說今兼引而解之婕妤秩比列侯常從婕妤遷為皇后尹夫人與邢夫人同時並幸有詔不得相見尹夫人自請武帝願望見邢夫人帝許之即令他夫人飾從御者數十人為邢夫人來前尹夫人前見之曰此非邢夫人身也帝曰何以言之對曰視其身貌形狀不足以當人主矣於是帝乃詔使邢夫人衣故衣獨身來前尹夫人望見之曰此眞是也於是乃低頭俛而泣自痛其不如也諺曰美女入室惡女之仇

褚先生曰浴不必江海要之去垢馬不必騏驥要之善走士不必賢世要之知道女不必貴種要之貞好傳曰女無美惡入室見妬士無賢不肖入朝見嫉美女者惡女之仇豈不然哉

鉤弋夫人姓趙氏河間人也索隱曰漢書云武帝過河間望氣者言此有奇女天子亟使使召之女兩手皆拳上自披之手即伸由是得幸號曰拳夫人後居鉤弋宮號曰鉤弋夫人列仙傳云發手得一玉鉤故號焉黃圖云鉤弋宮在城外漢武故事云宮在直門南廟記云宮有千門萬戶不可記其名也昭帝即位追尊太后父趙父為順成侯。正義曰括地志云鉤弋宮在長安城中門名堯母門也得幸武帝生子一人昭帝是也武帝年七十乃生昭帝昭帝立時年五歲耳徐廣曰武帝崩年正七十昭帝年八歲耳。索隱曰此褚先生之記漢書云元始三年生昭帝又誤按元始當作太始也衛太子廢後未復立太子而燕王旦上書願歸國入宿衛武帝怒立斬其使者於北闕上居甘泉宮召畫工圖畫周公負成王也於是左右羣臣知武帝意欲立少子也後數日帝譴責鉤弋夫人夫人脫簪珥叩頭帝曰引持去送掖庭獄夫人還顧帝曰趣行女不得活夫人死雲陽宮索隱曰三輔故事云葬甘泉宮南後昭帝起雲陵邑三千戶漢武故事云既殯香聞十里上疑非常人發棺無尸衣履存焉。正義曰括地志云雲陽宮秦之甘泉宮在雍州

雲陽縣西北八十里秦始皇作甘泉宮去長安三百里黃帝以來祭圜丘處也時暴風揚塵百
姓感傷使者夜持棺往葬之正義曰括地志云雲陽陵漢鉤弋夫人陵也在雲陽縣西北五十八里孝武帝鉤弋趙婕妤昭帝之母齊人姓趙少好清靜六年臥病右手拳飲食少望氣者云東北有貴人推而得之召到姿色甚佳武帝持其手伸之得玉鉤後生昭帝武帝末年殺夫人殯之而尸香一日昭帝更葬之棺但存絲履也宮記云武帝思之爲起通靈臺於甘泉常有一青鳥集臺上往來至宣帝時乃止封
識其處其後帝閒居問左右曰人言云何左右
對曰人言且立其子何去其母乎帝曰然是非
兒曹愚人所知也往古國家所以亂也由主少
母壯也女主獨居驕蹇淫亂自恣莫能禁也女
不聞呂后邪故諸爲武帝生子者無男女其母

史記外世家十九　十六

無不譴死豈可謂非賢聖哉昭然遠見爲後世
計慮固非淺聞愚儒之所及也謚爲武豈虛哉
索隱述贊曰禮貴夫婦易叙乾坤配陽成化
比月居尊河洲降淑天曜垂軒德著任姒慶
流娀嫄建我炎曆斯道克存呂權大寶竇善
玄言自茲已降立嬖以恩內無常主後嗣不繁

外戚世家第十九　史記四十九

楚元王世家第二十　史記五十

楚元王劉交者正義曰年表云都彭城高祖之同母徐廣曰一作父索隱曰漢書作同父言同父以明異母也少弟也字游高祖兄弟四人
長兄伯伯蚤卒始高祖微時嘗辟事時時與賓
客過巨嫂食徐廣曰漢書云丘嫂也。索隱曰應劭云丘姓也孟康云丘空也兄亡空有嫂也今此作巨巨大也謂長嫂也劉氏云巨一作丘也嫂厭叔叔與客來嫂詳爲
羹盡櫟釜索隱曰櫟音歷謂以杓櫟釜旁使爲聲漢書作轑音勞賓客以故
去已而視釜中尚有羹高祖由此怨其嫂及高
祖爲帝封昆弟而伯子獨不得封太上皇以爲
言高祖曰某非忘封之也爲其母不長者耳於

史記元世家二十　一

是乃封其子信爲羹頡侯徐廣曰羹頡侯以高祖七年封十三年高后元年有罪削爵一級爲關內侯。索隱曰羹頡爵號非縣名以其櫟釜故也。正義曰括地志云羹頡山在嬀州懷戎縣東南十五里按高祖取其山名爲侯號者怨故也而王次兄仲於代徐廣曰次兄名喜字仲以六年立爲代王其年罷卒謚頃王有子曰濞高祖六年已禽楚王韓
信於陳乃以弟交爲楚王都彭城索隱曰漢書云楚王王薛郡東海彭城三十六郡也即位二十三年卒子夷王郢立索隱曰漢書名郢客也
夷王四年卒子王戊立王戊立二十年冬坐
爲薄太后服私姦削東海郡索隱曰漢書云私姧服舍中姚察云姧於服舍非必宮中又按集註服虔云私姧中人盖以罪重故至削郡也春戊與吳王合謀
反其相張尚太傅趙夷吾諫不聽戊則殺尚夷

趙王劉遂

吾起兵與吳西攻梁破棘壁正義曰括地志云大棘故城在宋州寧陵縣西七十里州即梁棘壁至昌邑南正義曰括地志云有梁丘故城在曹州成武縣東北三十二里也與漢將周亞夫戰漢絕吳楚糧道士卒飢吳王走楚王戊自殺軍遂降漢漢已平吳楚孝景帝欲以德侯子續吳徐廣曰德侯名廣吳王濞之弟也其父曰仲以元王子禮續楚竇太后曰吳王老人也宜為宗室順善今乃首率七國紛亂天下奈何續其後不許吳許立楚後是時禮為漢宗正乃拜禮為楚王奉元王宗廟是為楚文王文王立三年卒子安王道立安王二十二年卒子襄王經立襄王立

十四年卒子王純代立王純立地節二年中人上書告楚王謀反王自殺國除入漢為彭城郡徐廣曰純立十七年卒謚節三子延壽立十九年死。索隱曰太史公惟記王純為國人告反國除蓋延壽後更封至十九年又謀反誅死故不同也。正義曰漢書云王純嗣十六年子延壽嗣與趙何齊謀反延壽自殺立三十二年國除與此不同地節是宣帝年號去天漢四年二十九年仍隔昭帝世言到地節二年以下者蓋褚先生誤也

趙王劉遂者正義曰年表云都邯鄲其父高祖中子名友謚曰幽幽王以憂死故為幽高后王呂祿於趙一歲而高后崩大臣誅諸呂呂祿等乃立幽王子遂為趙王孝文帝即位二年立遂弟辟彊索隱曰音壁疆又音闢疆取趙之河閒郡為河閒王正義曰河間今瀛州也以為

趙王劉遂

文王立十三年卒子哀王福立一年卒無子絕後國除入于漢遂既王趙二十六年孝景帝時坐鼂錯以適削趙王常山之郡吳楚反趙王遂與合謀起兵其相建德索隱曰建德其相名史先失姓也內史王悍諫不聽遂燒殺建德王悍發兵屯其西界欲待吳與俱西北使匈奴與連和攻漢漢使曲周侯酈寄擊之趙王遂還城守邯鄲相距七月吳楚敗於梁不能西匈奴聞之亦止不肯入漢邊欒布自破齊還乃并兵引水灌趙城趙城壞趙王自殺邯鄲遂降正義曰邯鄲洺州縣也趙幽王絕後

太史公曰國之將興必有禎祥君子用而小人退國之將亡賢人隱亂臣貴使楚王戊毋刑申公遵其言索隱曰漢書申公名培王戊胥靡之趙任防與先生趙堯傳曰趙人防與公也。索隱曰此及漢書雖不見趙不用防與公蓋當時猶知事迹或別有所見故太史公明引以結其贊豈有篡殺之謀為天下僇哉賢人乎賢人乎非質有其內惡能用之哉甚矣安危在出令存亡在所任誠哉是言也

索隱述贊曰漢封同姓楚有令名既滅韓信王失彭城穆生致醴韋孟作程王戊棄德與吳連兵太后命禮為楚罪輕文襄繼立世挺

才英如何趙遂代殞厥聲興亡之兆所任宜明

楚元王世家第二十　　史記五十

荆燕世家第二十一　　史記五十一

荆王劉賈（正義曰年表云都吳也）諸劉者不知其何屬（漢書賈高帝從父兄。索隱曰註引漢書則班固或別有所見也）初起時漢王元年還定三秦劉賈為將軍定塞地（索隱曰即桃林之塞）從東擊項籍漢四年漢王之敗成皋北渡河得張耳韓信軍軍脩武深溝高壘使劉賈將二萬人騎數百渡白馬津入楚地（正義曰括地志云黎陽一名白馬津在滑州白馬縣北三十里按賈從此津南過入楚地也）燒其積聚以破其業無以給項王軍食而已楚兵擊劉賈賈輒壁不肯與戰而與彭越相保漢五年漢王追項籍至固陵（徐廣曰在陽夏　正義曰括地志云固陵陵名在陳州宛丘縣西北四十二里）使劉賈南渡淮圍壽春（正義曰今壽州壽春縣是也）還至使人閒招楚大司馬周殷周殷反楚佐劉賈舉九江迎武王黥布兵皆會垓下共擊項籍漢王因使劉賈將九江兵與太尉盧綰西南擊臨江王共尉（索隱曰共敖之子）共尉已死以臨江為南郡（正義曰今荆州也）漢六年春會諸侯於陳（正義曰今陳州也）廢楚王信囚之分其地為二國當是時也高祖子幼昆弟少又不賢欲王同姓以鎮天下乃詔曰將軍劉賈有功及擇子弟可以為王者羣臣皆曰立劉賈為荆王王淮東五十二城索隱曰表云劉賈都吳又漢書以東陽郡封賈東陽即臨淮故云王淮東。正義曰括地志云西北四十里蓋此縣是也 高祖弟交爲楚王王淮西三十六城 正義曰淮以西徐泗濠等州也 因立子肥爲齊王始王昆弟劉氏也高祖十一年秋淮南王黥布反東擊荆荆王賈與戰不勝走富陵 索隱曰地理志縣名屬臨淮。正義曰括地志云富陵故城在楚州盱眙縣東北六十里 爲布軍所殺高祖自擊破布十二年立沛侯劉濞爲吳王王故荆地

燕王劉澤者諸劉遠屬也 漢書澤高祖從祖昆弟 索隱曰楚漢春秋田子春說張卿云劉澤宗家也按言宗家似疎遠矣然則班固言從祖昆弟當別有所見 高帝三年澤爲郎中高帝十一年澤以將軍擊陳豨得王黃爲營陵侯 索隱曰地理志縣名在北海。正義曰括地志云營陵故城在青州北海縣南三十里 高后時齊人田生 晉灼曰楚漢春秋田子春 游之資以畫干營陵侯澤 服虔曰以計畫干之也文穎曰以工畫得寵也。索隱曰兩家之義並通 澤大說之用金二百斤爲田生壽田生已得金即歸齊二年澤使人謂田生曰弗與矣 孟康曰與黨與言不復與我爲與也文穎曰不得與汝相知 田生如長安不見澤而假大宅令其子求事呂后所幸大謁者張子卿 徐廣曰名澤駰案如淳曰閹人也 居數月田生子請張卿臨親脩具張卿許往田生盛帷帳共具譬如列侯張卿驚酒酣乃屏人說張卿曰臣觀諸侯王邸第百餘皆高祖

一切功臣 索隱曰此一切猶一例同時也非如他一切訓權時也 今呂氏雅故本推轂高帝就天下 如淳曰呂公知高祖相貴以女妻之推轂使爲長者瓚曰謂諸呂共推轂高祖征伐成帝業雅正意也。索隱曰雅訓素也謂呂氏素心奉推高祖取天下若人推轂欲前進塗然也推音昌誰反 功至大又親戚太后之重太后春秋長諸呂弱太后欲立呂產爲呂王王代太后又重發之 文穎曰欲發之恐大臣不聽鄧展曰重難發事 恐大臣不聽今卿最幸大臣所敬何不風大臣以聞太后太后必喜諸呂已王萬戶侯亦卿之有 正義曰高后紀云封張卿爲建陵侯 太后心欲之而卿爲內臣不急發恐禍及身矣張卿大然之乃風大臣語太后太后朝因問大臣大臣請立呂產爲呂王太后賜張卿千斤金張卿以其半與田生田生弗受因說之曰呂產王也諸大臣未大服今營陵侯澤諸劉爲大將軍獨此尚觖望 索隱曰觖音決又音窺睡反 今卿言太后列十餘縣王之彼得王喜去諸呂王益固矣張卿入言太后然之乃以營陵侯劉澤爲琅邪王琅邪王乃與田生之國田生勸澤急行毋留出關太后果使人追止之已出即還及太后崩琅邪王澤乃曰帝少諸呂用事劉氏孤弱乃引兵與齊王合謀西 漢書音義曰澤至齊爲齊王所劫不得去乃說王求詣京師齊具車送之不爲本與齊合謀也

索隱曰漢書齊王傳云使祝午紿琅邪王至齊因留琅邪王不得反國澤乃說求入關齊乃遣之與此文不同者劉氏以爲燕齊兩史各言其主立功之迹太史公聞疑遂各記之則所謂實錄欲誅諸呂至梁聞漢遣灌將軍屯滎陽澤還兵備西界遂跳驅至長安漢書音義曰跳驅馳至長安也○索隱曰跳他彫反脫獨去也又音條謂疾去也代王亦從代至諸將相與琅邪王共立代王爲天子天子乃徙澤爲燕王乃復以琅邪予齊復故地李奇曰本齊地分以王澤今復與齊也澤王燕二年薨謚爲敬王傳子嘉爲康王至孫定國與父康王姬姦生子男一人奪弟妻爲姬與子女三人姦定國有所欲誅殺臣肥如令郢人如淳曰定國自欲有所殺餘臣肥如令郢人以告之○索隱曰

如淳意以肥如亦臣名令郢人以告定國也小顏以爲定國欲有所誅殺餘臣而肥如令郢人乃告定國也按地理志肥如在遼西郢人等告定國定國使謁者以他法劾捕格殺郢人以滅口至元朔元年郢人昆弟復上書具言定國陰事以此發覺詔下公卿皆議曰定國禽獸行亂人倫逆天當誅上許之定國自殺國除爲郡

太史公曰荊王王也由漢初定天下未集故劉賈雖屬疏然以策爲王塡江淮之閒劉澤之王權激呂氏索隱曰謂田子春說王劉澤先使張卿說封呂產乃恐以大臣觖望澤卒得王故爲權激諸呂也然劉澤卒南面稱孤者三世事發相重豈

不爲偉乎晉灼曰澤以金與田生以事張卿張卿言之呂后而劉澤得王故曰事發相重或曰事起於相重也○索隱曰謂先發呂氏令重而我亦得其功是事發相重也偉盛也蓋盛其能激發也

索隱述贊曰劉賈初從首定三秦既渡白馬遂圍壽春始迎黥布絕間周殷賞功胙土與楚爲鄰營陵始爵勳由擊陳田生遊說受賜千斤權激諸呂事發榮身從封傳嗣云於郢人

荊燕世家第二十一　史記五十一

齊悼惠王世家第二十二　史記五十二

齊悼惠王（正義曰年表云都臨淄）劉肥者高祖長庶男也其母外婦也曰曹氏高祖六年立肥爲齊王食七十城諸民能齊言者皆予齊王（索隱曰謂其語音及名物異於楚魏一云此時人多流亡故使齊言者皆還齊王）齊王孝惠帝兄也孝惠帝二年齊王入朝惠帝與齊王燕飲亢禮如家人（索隱曰謂齊王是兄不爲君臣禮而乃自亢敵如家人行兄弟之禮故太后怒）呂太后怒且誅齊王齊王懼不得脫乃用其內史勳計獻城陽郡（正義曰括地志云濮州雷澤縣本漢城陽縣按後爲郡也）以爲魯元公主湯沐邑呂太后喜乃得辭就國悼惠王即位十三

年以惠帝六年卒子襄立是爲哀王哀王元年孝惠帝崩呂太后稱制天下事皆決於高后二年高后立其兄子酈侯（徐廣曰一作鄃。索隱曰二字皆音孚鄃縣名在馮翊酈縣在南陽。正義曰酈音呈益反括地志云故酈城在鄧州新城縣西北四十里蓋此縣是也）呂台爲呂王（索隱曰音貽呂后兄子）割齊之濟南郡（正義曰括地志云濟南故城在淄州長山縣西北三十五里）爲呂王奉邑哀王三年其弟章入宿衞於漢呂太后封爲朱虛侯（索隱曰地理志縣名屬琅邪）以呂祿女妻之後四年封章弟興居爲東牟侯（索隱曰地理志縣名屬東萊）皆宿衞長安中哀王八年高后割齊琅邪郡（正義曰今沂州也）立營陵侯劉澤爲琅邪王其

明年趙王友入朝幽死于邸三趙王皆廢高后立諸呂爲三王（徐廣曰燕趙梁）擅權用事朱虛侯年二十有氣力忿劉氏不得職嘗入侍高后燕飲高后令朱虛侯劉章爲酒吏章自請曰臣將種也請得以軍法行酒高后曰可酒酣章進飲歌舞已而曰請爲太后言耕田歌高后兒子畜之笑曰顧而父知田耳若生而爲王子安知田乎（索隱曰顧猶念也而及若皆訓汝）章曰臣知之太后曰試爲我言田章曰深耕穊種立苗欲疏非其種者鉏而去之呂后默然頃之諸呂有一人醉亡酒章追拔劍斬

之而還報曰有亡酒一人臣謹行法斬之太后左右皆大驚業已許其軍法無以罪也因罷自是之後諸呂憚朱虛侯雖大臣皆依朱虛侯劉氏爲益彊其明年高后崩趙王呂祿爲上將軍呂王産爲相國皆居長安中聚兵以威大臣欲爲亂朱虛侯章以呂祿女爲婦知其謀乃使人陰出告其兄齊王欲令發兵西朱虛侯東牟侯爲內應以誅諸呂因立齊王爲帝齊王既聞此計乃與其舅父駟鈞（索隱曰舅謂舅父猶姨稱姨母）郎中令祝午中尉魏勃陰謀發兵齊相召平聞之（索隱曰廣陵人召平與東）

陵侯召平及此召平皆似別人也功臣表平子奴以父功封黎侯也乃發卒衛王宮魏勃紿召平曰王欲發兵非有漢虎符驗也而相君圍王固善勃請為君將兵衛衛王召平信之乃使魏勃將兵圍王宮勃既將兵使圍相府召平曰嗟乎道家之言當斷不斷反受其亂乃是也遂自殺於是齊王以駟鈞為相魏勃為將軍祝午為內史悉發國中兵使祝午東詐琅邪王曰呂氏作亂齊王發兵欲西誅之齊王自以兒子年少不習兵革之事願舉國委大王大王自高帝將也習戰事齊王不敢離兵索隱曰服虔云不敢離其兵而到琅邪使臣請大王幸之臨菑見齊王計事并將齊兵以西平關中之亂琅邪王信之以為然西馳見齊王齊王與魏勃等因留琅邪王而使祝午盡發琅邪國而并將其兵琅邪王劉澤既見欺不得反國乃說齊王曰齊悼惠王高皇帝長子推本言之而大王高皇帝適長孫也當立今諸大臣狐疑未有所定而澤於劉氏最為長年大臣固待澤決計今大王留臣無為也不如使我入關計事齊王以為然乃益具車送琅邪王琅邪王既行齊遂舉兵西攻呂國之濟南於是齊

哀王遺諸侯王書曰高帝平定天下王諸子弟悼惠王於齊悼惠王薨惠帝使留侯張良立臣為齊王惠帝崩高后用事春秋高聽諸呂擅廢高帝所立又殺三趙王正義曰隱王如意幽王友梁王恢徙趙並高祖子也滅梁燕趙正義曰梁王恢燕王建梁王恢徙趙分滅無後也以王諸呂分齊國為四索隱曰謂濟南琅邪城陽并齊為四也○正義曰琅邪郡封劉澤濟南郡以為呂王奉邑城陽為魯元公主湯沐邑也忠臣進諫上惑亂不聽今高后崩皇帝春秋富索隱曰小顏云年幼也比之於財方未匱竭故謂之富也未能治天下固恃大臣諸將今諸呂又擅自尊官聚兵嚴威劫列侯忠臣矯制以令天下宗廟所以危今寡人率兵入誅不當為王者漢聞齊發兵而西相國呂產乃遣大將軍灌嬰東擊之灌嬰至滎陽乃謀曰諸呂將兵居關中欲危劉氏而自立我今破齊還報是益呂氏資也乃留兵屯滎陽使使喻齊王及諸侯與連和以待呂氏之變而共誅之齊王聞之乃西取其故濟南郡亦屯兵於齊西界以待約呂祿呂產欲作亂關中朱虛侯與太尉勃丞相平等誅之朱虛侯首先斬呂產於是太尉勃等乃得盡誅諸呂而琅邪王亦從齊至長安大臣議欲立齊王而琅邪王及大臣

曰齊王母家駟鈞惡戾虎而冠者也張晏曰言鈞惡戾如虎而著冠方以呂氏故幾亂天下今又立齊王是欲復為呂氏也代王母家薄氏君子長者且代王又親高帝子於今見在且最為長以子則順以善人則大臣安於是大臣乃謀迎立代王而遣朱虛侯以誅呂氏事告齊王令罷兵灌嬰在滎陽聞魏勃本教齊王反既誅呂氏罷齊兵使使召責問魏勃勃曰失火之家豈暇先言大人而後救火乎索隱曰此蓋舊俗之言謂救火之急不暇先啓家長也亦猶國家有難不暇待詔命也因退立股戰而栗恐不能言者終無他語灌將軍孰視笑曰人謂魏勃勇妄庸人耳索隱曰妄庸言凡妄庸劣之人何能為乎乃罷魏勃索隱曰罷謂不罪而放遣之魏勃父以善鼓琴見秦皇帝及魏勃少時欲求見齊相曹參家貧無以自通乃常獨早夜掃齊相舍人門外相舍人怪之以為物而伺之索隱曰姚氏云物怪物得勃勃曰願見相君無因故為子掃欲以求見於是舍人見勃曹參因以為舍人一為參御言事參以為賢言之齊悼惠王悼惠王召見則拜為內史始悼惠王得自置二千石及悼惠王卒而哀王立勃用事重於齊相王既罷兵歸而代王來立

是為孝文帝孝文帝元年盡以高后時所割齊之城陽琅邪濟南郡復與齊而徙琅邪王王燕益封朱虛侯東牟侯各二千戶是歲齊哀王卒太子則立是為文王齊文王元年漢以齊之城陽郡立朱虛侯為城陽王以齊濟北郡正義曰今濟州濟北王所都立東牟侯為濟北王二年濟北王反漢誅殺之地入于漢後二年孝文帝盡封齊悼惠王子罷軍等七人正義曰罷音不皆為列侯齊文王立十四年卒無子國除地入于漢後一歲孝文帝以所封悼惠王子分齊為王齊孝王將閭以悼惠王子楊虛侯為齊王故齊別郡盡以王悼惠王子子志為濟北王子辟光為濟南王子賢為菑川王子卬為膠西王子雄渠為膠東王與城陽齊凡七王索隱曰謂將閭為齊王志為濟北王卬膠西王辟光濟南王賢菑川王章城陽王雄渠為膠東王齊孝王十一年吳王濞楚王戊反興兵西告諸侯曰將誅漢賊臣晁錯以安宗廟膠西膠東菑川濟南皆擅發兵應吳楚欲與齊齊孝王狐疑城守不聽三國兵共圍齊張晏曰膠西菑川濟南也齊王使路中大夫張晏曰姓路為中大夫。索隱曰史失名故言姓及官顏氏按路氏譜中大夫名卬也卬五剛反告於天子天子復令路中大夫還告齊王善堅守吾兵今破吳楚矣路中大夫至三國兵圍臨菑數重無從入三國將劫與路中大夫盟曰若反言漢已破矣齊趣下三國不且見屠路中大夫既許之至城下望見齊王曰漢已發兵百萬使太尉周亞夫擊破吳楚方引兵救齊齊必堅守無下三國將誅路中大夫齊初圍急陰與三國通謀約未定會聞路中大夫從漢來喜及其大臣乃復勸王毋下三國居無何漢將欒布平陽侯等兵至齊索隱曰平陽侯按表是簡侯曹奇擊破三國兵解齊圍已而復聞齊初與三國有謀將欲移兵伐齊齊孝王懼乃飲藥自殺景帝聞之以為齊首善以迫劫有謀非其罪也乃立孝王太子壽為齊王是為懿王續齊後而膠西膠東濟南菑川王咸誅滅地入于漢徙濟北王王菑川齊懿王立二十二年卒子次景立是為厲王齊厲王其母曰紀太后太后取其弟紀氏女為厲王后王不愛紀氏女太后欲其家重寵索隱曰重直寵反謂欲世寵貴於王宮令其長女紀翁主入王宮索隱曰如淳云諸王女云翁主稱其母姓故謂之紀翁主正其後宮毋令得近王欲令愛紀氏女王因與其姊翁主姦齊有宦者徐甲入事漢皇

太后索隱曰謂王太后武帝母也皇太后有愛女曰脩成君脩成君非劉氏張晏曰王太后前嫁金氏所生太后憐之脩成君有女名娥太后欲嫁之於諸侯宦者甲乃請使齊必令王上書請娥皇太后喜使甲之齊是時齊人主父偃知甲之使齊以取后事亦因謂甲即事成幸言偃女願得充王後宮甲既至齊風以此事紀太后大怒曰王有后後宮具備且甲齊貧人急徐廣曰一作及乃為宦者入事漢無補益乃欲亂吾王家且主父偃何為者乃欲以女充後宮徐甲大窮還報皇太后曰王已願尚娥然有一害恐如燕王燕王者與其子昆弟姦新坐以死亡國故以燕感太后太后曰無復言嫁女齊事事浸潯不得聞於天子主父偃由此亦與齊有郤主父偃方幸於天子用事因言齊臨菑十萬戶市租千金索隱曰市租謂所賣之物出租日得千金言齊人眾而且富也人眾殷富巨於長安此非天子親弟愛子不得王此今齊王於親屬益疏乃從容言呂太后時齊欲反吳楚時孝王幾為亂今聞齊王與其姊亂於是天子乃拜主父偃為齊相且正其事主父偃既至齊乃急治王後宮宦者為王通於姊翁主所

者令其辭證皆引王王年少懼大罪爲吏所執誅乃飲藥自殺絕無後是時趙王懼主父偃一出發齊恐其漸疏骨肉乃上書言偃受金及輕重之短（索隱曰謂偃挾齊不娶女之恨因言齊之短爲輕重之辭蓋言臨菑富及吳楚孝王時事是也）天子亦既囚偃公孫弘言齊王以憂死毋後國入漢非誅偃無以塞天下之望遂誅偃齊厲王立五年死毋後國入于漢齊悼惠王後尚有二國城陽及菑川菑川地比齊天子憐齊爲悼惠王冢園在郡割臨菑東環悼惠王冢園邑盡以予菑川以奉悼惠王祭祀城陽景王章（正義曰年表云都莒也）齊悼惠王子以朱虛侯與大臣共誅諸呂而章身首先斬相國呂王產於未央宮孝文帝既立益封章二千戶賜金千斤孝文二年以齊之城陽郡立章爲城陽王立二年卒子喜立是爲共王共王八年徙王淮南（索隱曰當孝文帝之十二年也。正義曰年表云都陳也）四年復還王城陽凡三十三年卒子建延立是爲頃王頃王二十八年卒子義立是爲敬王敬王九年卒子武立是爲惠王惠王十一年卒子順立是爲荒王荒王四十六年卒子恢立（徐廣曰甘露二年）是爲戴王戴王八年卒子景立至建

始三年（正義曰建始成帝年號從建始四年上至天漢四年六十七矣蓋褚先生次之）十五歲卒濟北王興居（正義曰都濟州也）齊悼惠王子以東牟侯助大臣誅諸呂功少及文帝從代來興居曰請與太僕嬰入清宮廢少帝共與大臣尊立孝文帝孝文帝二年以齊之濟北郡立興居爲濟北王與城陽王俱立立二年反始大臣誅呂氏時朱虛侯功尤大許盡以趙地王朱虛侯盡以梁地王東牟侯及孝文帝立聞朱虛東牟之初欲立齊王故絀其功及二年王諸子乃割齊二郡以王章興居章興居自以失職奪功章死而興居聞匈奴大入漢漢多發兵使丞相灌嬰擊之文帝親幸太原以爲天子自擊胡遂發兵反於濟北天子聞之罷丞相及行兵皆歸長安使棘蒲侯柴將軍（張晏曰柴武）擊破虜濟北王王自殺地入于漢爲郡後十三年文帝十六年復以齊悼惠王子安都侯（正義曰安都故城在瀛州高陽縣西南三十九里）志爲濟北王（索隱曰地理志安都屬）十一年吳楚反時志堅守不與諸侯合謀吳楚已平徙志王菑川濟南王辟光（正義曰辟音壁都濟南郡）齊悼惠王子以勒侯（索隱曰勒漢書作扐皆音力也地理志縣名屬平原也）孝文十六年爲濟南王十一年與吳

楚反漢擊破殺辟光以濟南爲郡地入于漢菑川王賢正義曰年表云淄川王都劇故城在青州壽光縣西三十一里齊悼惠王子以武城侯索隱曰按地理志縣名屬平原也。正義曰貝州縣文帝十六年爲菑川王十一年與吳楚反漢擊破殺賢天子因徙濟北王志王菑川志以齊悼惠王子以安都侯王濟北菑川王反毋後乃徙濟北王王菑川凡立三十五年卒謚爲懿王子建代立是爲靖王二十年卒子遺代立是爲頃王三十六年卒子終古立是爲思王二十八年卒子尚立是爲孝王五年卒子横立至建始正義曰亦楮少孫次之三年

十一歲卒膠西王卬正義曰卬五郎反年表云都高苑括地志云西苑故城在淄州長川縣北四里齊悼惠王子以昌平侯正義曰括地志云昌平故城在幽州東南六十里也文帝十六年爲膠西王十一年與吳楚反漢擊破殺卬地入于漢爲膠西郡膠東王雄渠正義曰年表云都即墨按即墨故城在萊州膠東縣南六十里齊悼惠王子以白石侯索隱曰地理志縣名屬金城。正義曰白石古城在德州安德縣北二十里文帝十六年爲膠東王十一年與吳楚反漢擊破殺雄渠地入于漢爲膠東郡

太史公曰諸侯大國無過齊悼惠王以海內初定子弟少激秦之無尺土封故大封同姓以填萬民之心及後分裂固其理也

索隱述贊曰漢矯秦制樹屏自彊表海大國悉封齊王呂后肆怒乃獻城陽哀王嗣立其力不量朱虛仕漢功大策長東牟受賞稱亂貽殃膠東濟北雄渠辟光齊雖七國忠孝者昌

齊悼惠王世家第二十二　史記五十二

齊悼惠王劉肥

蕭相國世家第二十三　史記五十三

蕭相國何者沛豐人也索隱曰春秋緯蕭何感昴精而生典獄制律以文無害漢書音義曰文無害有文無所枉害也律有無害都吏如今言公平吏一曰無害者如言無比陳留間語也。索隱曰裴註已列數家今更引二說應劭云雖爲吏而不刻害韋昭云爲有文理無傷害也爲沛主吏掾索隱曰漢書云何爲主吏主吏功曹也又云何爲沛掾掾是何爲功曹掾高祖爲布衣時何數以吏事護高祖索隱曰說文云護救視也高祖爲亭長常左右之高祖以吏繇咸陽吏皆送奉錢三何獨以五李奇曰或三百或五百也。索隱曰奉音扶用反謂資俸之如字讀謂奉送之也劉氏云時錢有重者一當百故有送錢三者秦御史監郡者與從事常辨之張晏曰何與共事脩辨明何素有方略也蘇林曰辨何與從事也秦時無刺史以御史監郡。索隱曰何與御史從事常辨明言辨職也何乃給泗水卒史徐廣曰沛縣有泗水亭又秦以沛爲泗水郡駰按文穎曰何爲泗水郡卒史。索隱曰如淳按律郡卒史書佐各十人也卒祖忽反事第一索隱曰謂課最居第一秦御史欲入言徵何何固請得毋行及高祖起爲沛公何常爲丞督事索隱曰謂高祖起沛令何爲丞常監督庶事也沛公至咸陽諸將皆爭走金帛財物之府分之索隱曰走音奏奏者趨向之也何獨先入收秦丞相御史律令圖書藏之沛公爲漢王以何爲丞相項王與諸侯屠燒咸陽而去漢王所以具知天下阨塞戶口多少彊弱之處民所疾苦者以何具得秦圖書也何進言韓信漢王以信爲大將軍

語在淮陰侯事中漢王引兵東定三秦何以丞相留收巴蜀填撫諭告使給軍食漢二年漢王與諸侯擊楚何守關中侍太子治櫟陽爲法令約束立宗廟社稷宮室縣邑輒奏上可許以從事即不及奏上輒以便宜施行上來以聞應劭曰上來還乃以所爲聞之關中事計戶口轉漕給軍索隱曰轉劉氏音張戀反漕水運也漢王數失軍遁去何常興關中卒輒補缺上以此專屬任何關中事漢三年漢王與項羽相距京索之閒上數使使勞苦丞相鮑生謂丞相曰王暴衣露蓋數使使勞苦君者有疑君心也爲君計莫若遣君子孫昆弟能勝兵者悉詣軍所上必益信君於是何從其計漢王大說漢五年既殺項羽定天下論功行封羣臣爭功歲餘功不決高祖以蕭何功最盛封爲酇侯文穎曰音贊瓚曰今南陽酇縣也孫檢曰有二縣音字多亂其屬沛郡者音嵯屬南陽者音讚按茂陵書蕭何國在南陽宜呼讚今多呼嵯嵯舊字作𨛬今皆作酇所由亂也。索隱曰瓚云今南陽酇縣顧氏云南陽郡名也太康地理志云魏武帝建安中分南陽立南鄉郡晉武帝改曰順陽郡是也所食邑多功臣皆曰臣等身被堅執銳多者百餘戰少者數十合攻城略地大小各有差今蕭何未嘗有汗馬之勞徒持文墨議論不戰顧反居臣等上何也高帝曰

諸君知獵乎曰知之知獵狗乎曰知之高帝曰夫獵追殺獸兎者狗也而發蹤指示獸處者人也今諸君徒能得走獸耳功狗也至如蕭何發蹤指示功人也且諸君獨以身隨我多者兩三人今蕭何舉宗數十人皆隨我功不可忘也羣臣皆莫敢言列侯畢已受封及奏位次皆曰平陽侯曹參身被七十創攻城略地功最多宜第一上已橈功臣多封蕭何（應劭曰橈屈也。索隱曰音女教反）至位次未有以復難之然心欲何第一關內侯鄂君進曰（索隱曰功臣表鄂千秋封安平侯）羣臣議皆誤夫曹參雖有野

戰略地之功此特一時之事夫上與楚相距五歲常失軍亡衆逃身遁者數矣然蕭何常從關中遣軍補其處非上所詔令召而數萬衆會上之乏絕者數矣夫漢與楚相守滎陽數年軍無見糧蕭何轉漕關中給食不乏陛下雖數亡山東蕭何常全關中以待陛下此萬世之功也今雖亡曹參等百數何缺於漢漢得之不必待以全奈何欲以一旦之功而加萬世之功哉蕭何第一曹參次之高祖曰善於是乃令蕭何賜帶劒履上殿入朝不趨上曰吾聞進賢受上賞蕭何

功雖高得鄂君乃益明於是因鄂君故所食關內侯邑封為安平侯（徐廣曰以謁者從定諸侯有功秩舉蕭何功故因侯二千戶封九年卒至玄孫但坐與淮南王安通棄市國除　正義曰括地志云澤州安平縣本漢安平縣）是日悉封何父子兄弟十餘人皆有食邑乃益封何二千戶以帝嘗繇咸陽時何送我獨贏奉錢二也（索隱曰謂人皆三何獨五所以為贏二也音盈）漢十一年陳豨反高祖自將至邯鄲未罷淮陰侯謀反關中呂后用蕭何計誅淮陰侯語在淮陰事中上已聞淮陰侯誅使使拜丞相何為相國益封五千戶令卒五百人一都尉為相國衞諸君皆賀召平獨弔召平者

故秦東陵侯秦破為布衣貧種瓜於長安城東瓜美故世俗謂之東陵瓜從召平以為名也召平謂相國曰禍自此始矣上暴露於外而君守於中非被矢石之事而益君封置衞者以今者淮陰侯新反於中疑君心矣夫置衞衞君非以寵君也願君讓封勿受悉以家私財佐軍則上心說相國從其計高帝乃大喜漢十二年秋黥布反上自將擊之數使使問相國何為相國為上在軍乃拊循勉力百姓悉以所有佐軍如陳豨時客有說相國曰君滅族不久矣夫君位為

相國功第一可復加哉然君初入關中得百姓心十餘年矣皆附君常復孳孳得民和上所為數問君者畏君傾動關中今君胡不多買田地賤貰貸（正義曰貰音世又食夜反賒也下天得反）以自汙上心乃安於是相國從其計上乃大說上罷布軍歸民道遮行上書言相國賤彊買民田宅數千萬上至相國謁上笑曰夫相國乃利民（索隱曰謂相國取人田宅以為己利故云乃利人也所以令相國自謝之）民所上書皆以與相國曰君自謝民相國因為民請曰長安地狹上林中多空地棄願令民得入田毋收槀為禽獸食（索隱曰苗子還種田人留槀入官）

上大怒曰相國多受賈人財物乃為請吾苑乃下相國廷尉械繫之數日王衛尉侍（如淳曰百官公卿表衛尉王氏無名字）前問曰相國何大罪陛下繫之暴也上曰吾聞李斯相秦皇帝有善歸主有惡自與今相國多受賈豎金而為民請吾苑以自媚於民故繫治之王衛尉曰夫職事苟有便於民而請之真宰相事陛下奈何乃疑相國受賈人錢乎且陛下距楚數歲陳豨黥布反陛下自將而往當是時相國守關中搖足則關以西非陛下有也相國不以此時為利今乃利賈人之金乎且秦

以不聞其過亡天下李斯之分過（索隱曰李斯歸惡而自予是分過也）又何足法哉陛下何疑宰相之淺也（韋昭曰用意淺）高帝不懌是日使使持節赦出相國相國年老素恭謹入徒跣謝高帝曰相國休矣相國為民請苑吾不許我不過為桀紂主而相國為賢相吾故繫相國欲令百姓聞吾過也何素不與曹參相能及何病孝惠自臨視相國病因問曰君即百歲後誰可代君者對曰知臣莫如主孝惠曰曹參何如何頓首曰帝得之矣臣死不恨矣何置田宅必居窮處為家不治垣屋曰後世賢師吾儉

不賢毋為勢家所奪孝惠二年相國何卒（東觀漢記云蕭何墓在長陵東司馬門道北百步。正義曰括地志云蕭何墓在雍州咸陽縣東北三十七里）謚為文終侯（徐廣曰功臣表蕭何以客初起從也）後嗣以罪失侯者四世絕天子輒復求何後封續酇侯功臣莫得比焉太史公曰蕭相國何於秦時為刀筆吏錄錄未有奇節（索隱曰錄音祿）及漢興依日月之末光何謹守管籥因民之疾秦法順流與之更始淮陰黥布等皆以誅滅而何之勳爛焉位冠群臣聲施後世與閎夭散宜生等爭烈矣

索隱述贊曰蕭何為吏文而無害及佐興王

與宗從沛關中既守轉輸是賴漢軍屢疲秦兵必會約法可久收圖可大指獸發蹤其功實最政稱畫一居乃非泰繼絕寵勤式旌礪帶

蕭相國世家第二十三　史記五十三

曹參世家第二十四　史記五十四

索隱曰蕭相國曹相國留侯絳侯五宗三王六篇可合爲一篇

平陽侯正義曰晉州城即平陽故城也曹參者沛人也張華曰曹參字敬伯索隱曰地理志平陽縣屬河東春秋緯及博物志並云參字敬伯。正義曰按沛今徐州縣也秦時爲沛獄掾而蕭何爲主吏居縣爲豪吏矣高祖爲沛公而初起也參以中涓從漢書音義曰中涓如中謁者。索隱曰涓音古玄反將擊胡陵正義曰縣名在方與南方與索隱曰地理志二縣皆屬山陽。正義曰方音房與音預兗州縣也攻秦監公軍漢書音義曰監御史監郡者公名秦一郡置守尉監三人。索隱曰本紀四川監名平則平是名公爲相尊之稱大破之東下薛擊泗水守軍薛郭西復攻胡陵取之徙守方與方與反爲魏擊之正義曰曹參擊方與豐反爲魏索隱曰時雍齒守豐爲魏反沛公攻之賜爵七大夫擊秦司馬𡰪正義曰音夷軍碭東破之取碭狐父徐廣曰伍被曰吳濞敗於狐父。索隱曰地理志碭屬梁國狐父地名在梁碭之間徐氏引伍被云吳濞敗於狐父是吳與梁相拒而敗處。正義曰括地志云狐父亭在宋州碭山縣東南三十里祁善置文穎曰善置置名也晉灼曰祁音坻孫檢曰漢謂驛曰置善名也。索隱曰司馬彪郡國志穀熟有祁亭劉氏音遲又如字善置置名。正義曰括地志云故祁城在宋州下邑縣東北四十九里漢祁城縣也言取碭狐父及祁縣之善置又攻下邑以西至虞索隱曰地理志下邑虞皆屬梁國。正義曰宋州下邑縣在州東百一十里漢下邑城今碭山縣是虞城縣在州北五十里古虞國商均所封擊章邯車騎攻爰戚徐廣曰宣帝時有爰戚侯索隱曰蘇林云縣名屬山陽功臣表爰戚侯趙成。正義曰音寂劉音七歷反今在兗州南近亢父縣及亢父索隱曰地理志縣名屬東平。○正義曰括地志云元父故城在兖州任城縣南五十一里先登遷爲五大夫北救東阿索隱曰時章邯圍田榮於東阿。○正義曰今濟州東阿也擊章邯軍陷陳追至濮陽攻定陶取臨濟正義曰淄州高苑縣西北二里狄故城安帝改曰臨濟南救雍丘擊李由軍破之殺李由虜秦候一人秦將章邯破殺項梁也沛公與項羽引而東楚懷王以沛公爲碭郡長將碭郡兵於是乃封參爲執帛張晏曰孤卿也或曰楚官名號曰建成君索隱曰地理志建成縣屬沛郡遷爲戚公索隱曰遷參爲戚令。○正義曰即爰戚縣也是時屬沛郡屬碭郡其後從攻東郡尉軍破之成武南索隱曰地理志成武縣屬山陽擊王離軍成陽南索隱曰地理志縣名在濟陰成地名周武王封弟季載於成其

後代遷於成之陽故曰成陽。○正義曰成陽故城濮州雷澤縣是史記云武王封弟季載於成其後遷於成之陽故曰成陽也復攻之杠里大破之追北西至開封擊趙賁軍破之索隱曰賁音奔圍趙賁開封城中西擊秦將楊熊軍於曲遇徐廣曰在中牟。○索隱曰曲丘禹反遇牛凶反。○正義曰曲丘羽反遇牛恭反司馬彪郡國志云中牟有曲遇聚按中牟鄭州縣也破之虜秦司馬及御史各一人遷爲執珪張晏曰侯伯執珪以朝位比之如淳曰呂氏春秋得伍員者位執珪古爵名從攻陽武正義曰括地志云陽武故城在鄭州陽武縣東立十八里漢陽武縣城也下轘轅緱氏索隱曰地理志陽武緱氏二縣屬河南轘轅道名在緱氏南。○正義曰緱氏洛州縣也括地志云轘轅故關在洛州緱氏縣東南四十里十二州志云轘轅道凡十二曲是險道絕河津正義曰津濟度處括地志云平陰故津在洛州洛陽縣東北五十里還擊趙賁軍尸北破

之徐廣曰尸在偃師孟康曰尸鄉北。○正義曰破趙賁軍於尸鄉之北也括地志云尸鄉亭在洛州偃師縣在洛州東南也從南攻犨與南陽守齮戰陽城郭東應劭曰今犨陽。○索隱曰徐廣云陽城在南陽雉西云今犨陽犨陽是南陽之縣陷陳正義曰陷南陽守於陽城郭東也取宛虜齮盡定南陽郡從西攻武關嶢關正義曰括地志云故武關在商州商洛縣東九十里藍田關在雍州藍田縣東南九十里即秦嶢關也取之前攻秦軍藍田南正義曰雍州藍田縣在州東南八十里因藍田山爲名又夜擊其北秦軍大破遂至咸陽滅秦項羽至以沛公爲漢王漢王封參爲建成侯從至漢中正義曰梁州本漢中郡遷爲將軍從還定三秦初攻下辯故道索隱曰地理志二縣名屬武都辯音皮莧反。○正義曰括地志云成州同谷縣本漢下辯道又云鳳州兩當縣本漢故道

縣在州西五十里雍斄索隱曰地理志二縣名屬右扶風斄音胎。○正義曰斄作漦音胎括地志云故雍縣南七里故斄城一名武功縣西南二十二里古邰國也擊章平軍於好時南正義曰括地志云好時城在雍州好時縣東南十三里破之圍好時取壤鄉文穎曰地名擊三秦軍壤東及高櫟索隱曰櫟音歷按文穎云壤鄉高櫟皆地名在右扶風今其地闕。○正義曰音歷皆村邑名壤鄉今在雍州武功縣東南二十餘里高壤坊是高櫟近壤鄉也破之復圍章平章平出好時走因擊趙賁內史保軍破之東取咸陽更命曰新城索隱曰漢書高帝元年咸陽名新城武帝改名曰渭城參將兵守景陵漢書音義曰縣名也二十日三秦使章平等攻參參出擊大破之賜食邑於寧秦蘇林曰今華陰參以將軍引兵圍章邯於廢丘正義曰周

曰大丘秦更名廢丘漢更名槐里今故城在雍州始平縣東南十里以中尉從漢王出臨晉關正義曰即蒲津關也在臨晉縣故言臨晉關今在同州也至河內下脩武正義曰今懷州獲嘉縣古脩武也渡圍津徐廣曰東郡白馬有圍津。索隱曰顧氏按水經註白馬津有韋鄉韋津城圍與韋同古今字變爾。正義曰括地志云黎陽津一名白馬津在滑州白馬縣北三十里帝王世紀云白馬縣南有韋城故豕韋國也續漢書郡國志云白馬縣有韋城東擊龍且項他定陶破之東取碭蕭彭城正義曰徐州二縣擊項籍軍漢軍大敗走參以中尉圍取雍丘王武反於黃徐廣曰內黃縣有黃澤程處反於燕徐廣曰東郡燕縣驅案漢書音義曰皆漢將往擊盡破之柱天侯反於衍氏索隱曰柱天侯不知其誰封衍氏魏邑地理志云柱天在廬江灊縣又進破取衍氏擊羽嬰於昆陽追至葉

史曹世家廿四　四

還攻武彊瓚曰武彊城在陽武。正義曰括地志云武彊故城在鄭州管城縣東北三十一里因至滎陽參自漢中為將軍中尉從索隱曰才用反擊諸侯及項羽敗還至滎陽凡二歲高祖三年拜為假左丞相入屯兵關中月餘魏王豹反以假左丞相別與韓信東攻魏將軍孫遫軍東張徐廣曰張者地名功臣表有張侯毛澤之駟按蘇林曰屬河東。索隱曰遫音速。正義曰括地志云張陽故城一名東張城在蒲州虞鄉縣西北四十里大破之因攻安邑得魏將王襄擊魏王於曲陽正義曰括地志云上曲陽定州恒陽縣是下曲陽在定州鼓城縣西五里追至武垣徐廣曰河東有垣縣。正義曰括地志云武垣縣今瀛州城是地理志云武垣縣屬涿郡也生得魏王豹取平陽正義曰晉州城是得魏王母妻子盡定

魏地凡五十二城賜食邑平陽因從韓信擊趙相國夏說軍於鄔東徐廣曰鄔縣在太原音烏古反大破之斬夏說韓信與故常山王張耳引兵下井陘擊成安君而令參還圍趙別將戚將軍於鄔城中戚將軍出走追斬之乃引兵詣敖倉漢王之所韓信已破趙為相國東擊齊參以右丞相屬韓信攻破齊歷下軍遂取臨菑還定濟北郡攻著漯陰平原鬲盧索隱曰地理志著縣屬濟南盧縣屬泰山漯陰平原鬲三縣屬平原漯音吐荅反。正義曰括地志云平原故城在德州平原縣東南十里故鬲城在德州安德縣西北十五里盧縣今濟州理縣是也已而從韓信擊龍且軍於上假密文穎曰或以為高密。索隱曰漢書

史世家廿四　五

亦作假密按下定齊七十縣則上假密非高密亦是齊地今闕大破之斬龍且虜其將軍周蘭定齊凡得七十餘縣得故齊王田廣相田光其守相許章及故齊膠東將軍田既韓信為齊王引兵詣陳與漢王共破項羽而參留平齊未服者項籍已死天下定漢王為皇帝韓信徙為楚王齊為郡參歸漢相印高帝以長子肥為齊王而以參為齊相國以高祖六年賜爵列侯與諸侯剖符世世勿絕食邑平陽萬六百三十戶號曰平陽侯除前所食邑以齊相國擊陳豨將張春軍破之黥布反參以齊相國從悼

惠王將兵車騎十二萬人與高祖會擊黥布軍
大破之南至蘄還定竹邑相蕭留（索隱曰地理志蘄竹邑相蕭四縣屬沛韋昭云留今屬彭城則漢初亦屬沛也。正義曰括地志云徐州扶離縣城漢竹邑城也李奇云今竹邑也故相城在苻離縣西北九十里輿地志云宋共公自睢陽徙相子城又還睢陽蕭徐州縣也古蕭叔國城也故留城在徐州沛縣東南五十里張良所封）參功凡下二國縣一百二十二
得王二人相三人將軍六人大莫敖（漢書音義曰楚之卿號）
郡守司馬候御史各一人孝惠帝元年除諸侯
相國法更以參為齊丞相參之相齊齊七十城
天下初定悼惠王富於春秋參盡召長老諸生
問所以安集百姓如齊故俗諸儒以百數言人

人殊參未知所定聞膠西有蓋公善治黃老言
使人厚幣請之既見蓋公蓋公為言治道貴清
靜而民自定推此類具言之參於是避正堂舍
蓋公焉其治要用黃老術故相齊九年齊國安
集大稱賢相惠帝二年蕭何卒參聞之告舍人
趣治行吾將入相居無何使者果召參參去屬
其後相曰以齊獄市為寄慎勿擾也後相曰治
無大於此者乎參曰不然夫獄市者所以并容
也今君擾之姦人安所容也吾是以先之（漢書音義曰夫獄市兼受善惡若窮極姦人姦人無所容竄姦人無所容竄久且為亂秦人極刑而天下畔孝武峻法而獄繁此其效也）

（老子曰我無為而民自化我好靜而民自正參欲以道化其本不欲擾其末）參始微時與蕭
何善及為將相有郤至何且死所推賢唯參參
代何為漢相國舉事無所變更一遵蕭何約束
擇郡國吏木詘於文辭重厚長者即召除為丞
相史吏之言文刻深欲務聲名者輒斥去之日
夜飲醇酒卿大夫已下吏及賓客見參不事事
（如淳曰不事丞相之事）來者皆欲有言至者參輒飲以醇酒
間之欲有所言復飲之醉而後去終莫得開說
（如淳曰開謂有所啓白）以為常相舍後園近吏舍吏舍日
飲歌呼從吏惡之無如之何乃請參游園中聞

吏醉歌呼從吏幸相國召按之乃反取酒張坐
飲亦歌呼與相應和參見人之有細過專掩匿
覆蓋之府中無事參子窋（索隱曰音張律反）為中大夫
惠帝怪相國不治事以為豈少朕與（索隱曰少者不足之詞故
胡亥亦云丞相豈少我哉蓋帝以丞相豈不是嫌少於我哉小顏以為我年少非也）乃謂窋曰若
歸試私從容問而父曰高帝新棄羣臣帝富於
春秋君為相日飲無所請事何以憂天下乎然
無言吾告若也（索隱曰謂惠帝語窋無得言我告汝令諫汝父當自云是已意也）窋
既洗沐歸閒侍自從其所諫參參怒而笞窋二
百曰趣入侍天下事非若所當言也至朝時惠

帝讓參曰與窋胡治乎如淳曰猶言用窋為治。索隱曰胡何也言語參何為治窋也乃者我使諫君也參免冠謝曰陛下自察聖武孰與高帝上曰朕乃安敢望先帝乎曰陛下觀臣能孰與蕭何賢上曰君似不及也參曰陛下言之是也且高帝與蕭何定天下法令既明今陛下垂拱參等守職遵而勿失不亦可乎惠帝曰善君休矣參為漢相國出入三年卒謚懿侯子窋代侯百姓歌之曰蕭何為法顜若畫一徐廣曰顜音古項反一音較。索隱曰漢書顜作講畫訓直又訓明言法明直若畫一也講亦作顜小顏云講和也畫一言其法整齊也曹參代之守而勿失載其清淨民以寧一平陽侯窋高后時為御史大夫孝文帝立免為侯立二十九年卒謚為靜侯子奇代侯立七年卒謚為簡侯子時代侯時尚平陽公主生子襄時病癘歸國立二十三年卒謚夷侯子襄代侯襄尚衛長公主生子宗立十六年卒謚為共侯子宗代侯征和二年中宗坐太子死國除

太史公曰曹相國參攻城野戰之功所以能多若此者以與淮陰侯俱及信已滅而列侯成功唯獨參擅其名參為漢相國清靜極言合道然百姓離秦之酷後參與休息無為故天下俱稱其美矣

索隱述贊曰曹參初起為沛豪吏始從中涓先圖善置執圭執帛攻城略地衍氏既誅昆陽失位北禽夏說東討田既剖符定封功無與二荊獄勿擾清淨不事尚王平陽代享其利

曹相國世家第二十四　史記五十四

留侯世家第二十五　史記五十五

留侯 正義曰括地志云故留城在徐州沛縣東南五十五里今城內有張良廟也 張良者其先韓人也 索隱曰韋昭云留今屬彭城按良求封留以始見高祖於留故也漢書云良字子房按王符皇甫謐並以良爲韓之公族姬姓也秦索賊急乃改姓名而韓先有張去疾及張譴恐非良之先代也良既歷代相韓故知其先韓人顧氏按後漢書云張良出於城父城父縣屬潁川也○正義曰括地志云城父在汝州郟縣東三十里韓里也 大父開地 應劭曰大父祖父開地名 相韓昭侯宣惠王襄哀王父平相釐王悼惠王 索隱曰韓系家及系本並作桓惠王 悼惠王二十三年平卒卒二十歲秦滅韓良年少未宦事韓韓破良家僮三百人弟死不葬悉以家財求客刺秦王爲韓報仇以大父父五世相韓故 索隱曰謂大父及父相韓五王故云五世 良嘗學禮淮陽 正義曰今陳州也 東見倉海君 如淳曰秦郡縣無倉海或曰東夷君長○索隱曰姚察以武帝時東夷穢君隆爲倉海郡或因以名蓋得其近耳○正義曰漢書武帝紀云元年東夷穢君南閭等降爲倉海郡今貊穢國得之太史公修史時已降爲郡自書之括地志云穢貊在高麗南新羅北東至大海西 得力士爲鐵椎重百二十斤秦皇帝東游良與客狙 服虔曰狙伺候也狙七預反伺也徐廣曰伺候也音千恕反○索隱曰應劭云狙伺也一云狙伏伺也謂狙之伺物必伏而候之故今云狙候是也 擊秦皇帝博浪沙中 索隱曰服虔云地在陽武南按今驗儀西北四十里有博浪城○正義曰晉地理記云鄭州陽武縣有博浪沙按今當官道也 誤中副車 索隱曰漢官儀天子屬車三十六乘屬車即副車而奉車郎御而從後 秦皇帝大怒大索天下求賊甚急爲張良故也良乃更名姓亡

匿下邳良嘗閒從容步游下邳圯上 徐廣曰圯橋也東楚謂之圯音怡○索隱曰嘗訓經也閒閑字也從容閒暇也從容謂從任其容止不矜莊也邳披眉反按地理志下邳縣屬東海又云邳在薛後徙此有上邳故此云下邳李奇云上下邳人謂橋爲圯文穎云沂水上橋也應劭云圯水之上也姚察見史記本有作土旁者乃引今會稽東湖大橋名爲靈圯圯亦音夷理或然也 有一老父衣褐至良所直墮其履圯下 索隱曰崔浩云直猶故也亦恐不然直言正也謂至良所正墮其履也 顧謂良曰孺子下取履良愕然欲毆之 徐廣曰一曰良怒欲罵之○索隱曰毆音烏后反 爲其老彊忍下取履父曰履我良業爲取履因長跪履之 索隱曰業猶本先也謂良心先已爲取故遂跪而履之 父以足受笑而去良殊大驚隨目之父去里所復還 徐廣曰一曰爲其老強忍下取履履因進之父以足受笑而去良殊大驚父去里所復還 曰孺子可教矣後五日平明與我會此良因怪之跪曰諾五日平明良往父已先在怒曰與老人期後何也去曰後五日早會五日雞鳴良往父又先在復怒曰後何也去曰後五日復早來五日良夜未半往有頃父亦來喜曰當如是出一編書 徐廣曰編一作篇 曰讀此則爲王者師矣後十年興十三年孺子見我濟北穀城山下黃石即我矣 正義曰括地志云穀城山一名黃山在濟州東阿縣東濟州故濟北郡孔文祥云黃石公鬚眉皆白狀杖丹黎履赤舄 遂去無他言不復見旦日視其書乃太公兵法也 正義曰七錄云太公兵法一帙三卷太公姜子牙周文王

師卦齊侯也 良因異之常習誦讀之居下邳為任俠項伯常殺人從良匿後十年陳涉等起兵良亦聚少年百餘人景駒自立為楚假王在留良欲往從之道遇沛公沛公將數千人略地下邳西遂屬焉沛公拜良為廄將（漢書音義曰官名）良數以太公兵法說沛公沛公善之常用其策良為他人言皆不省良曰沛公殆天授（索隱曰殆訓近也）故遂從之不去見景駒及沛公之薛見項梁項梁立楚懷王良乃說項梁曰君已立楚後而韓諸公子橫陽君成賢可立為王益樹黨項梁使良求韓成立以為韓王以良為韓申徒（徐廣曰即司徒耳但語音訛轉故字亦隨改）與韓王將千餘人西略韓地得數城秦輒復取之往來為游兵潁川沛公之從雒陽南出轘轅良引兵從沛公下韓十餘城擊破楊熊軍沛公乃令韓王成留守陽翟與良俱南攻下宛西入武關沛公欲以兵二萬人擊秦嶢下軍（徐廣曰嶢音堯）良說曰秦兵尚彊未可輕臣聞其將屠者子賈豎易動以利願沛公且留壁使人先行為五萬人具食（徐廣曰五一作百）益為張旗幟諸山上為疑兵（索隱曰旗幟音其試）令酈食其持重寶啗秦將秦

將果畔欲連和俱西襲咸陽沛公欲聽之良曰此獨其將欲叛耳恐士卒不從不從必危不如因其解擊之（索隱曰謂卒將離心而懈怠）沛公乃引兵擊秦軍大破之遂北至藍田再戰秦兵竟敗遂至咸陽秦王子嬰降沛公沛公入秦宮宮室帷帳狗馬重寶婦女以千數意欲留居之樊噲諫沛公出舍沛公不聽（徐廣曰一本噲諫曰沛公欲有天下耶將欲為富家翁耶沛公曰吾欲有天下噲曰今臣從入秦宮所觀宮室帷帳珠玉重寶鐘鼓之飾奇物不可勝極入其後宮美人婦女以千數此皆秦所以亡天下也願沛公急還霸上無留宮中沛公不聽）良曰夫秦為無道故沛公得至此夫為天下除殘賊宜縞素為資（晉灼曰資藉也欲沛公反秦奢泰服儉素以為藉也）今始入秦即安其樂此所謂助桀為虐且忠言逆耳利於行毒藥苦口利於病（索隱曰見孔子家語）願沛公聽樊噲言沛公乃還軍霸上項羽至鴻門下欲擊沛公項伯乃夜馳入沛公軍私見張良欲與俱去良曰臣為韓王送沛公今事有急亡去不義乃具以語沛公沛公大驚曰為將奈何良曰沛公誠欲倍項羽邪沛公曰鯫生（徐廣曰呂靜曰鯫魚也音此垢反○索隱曰鯫謂小生也音趨勾反臣瓚按楚漢春秋鯫生本姓解）教我距關無內諸侯秦地可盡王故聽之良曰沛公自度能卻項羽乎沛公默然良久曰固不能也

令爲奈何良乃固要項伯項伯見沛公沛公與飲爲壽結賓婚令項伯具言沛公不敢倍項羽所以距關者備他盜也及見項羽後解語在項羽事中漢元年正月沛公爲漢王王巴蜀漢王賜良金百鎰珠二斗良具以獻項伯漢王亦因令良厚遺項伯使請漢中地如淳曰本但與巴蜀故請漢中地項王乃許之遂得漢中地漢王之國良送至褒中正義曰括地志云褒谷在梁州褒城縣北五十里南中山昔秦欲伐蜀路無由入乃刻石爲牛五頭置金於後僞言此牛能屎金以遺蜀蜀侯貪信之乃令五丁共引牛塹山堙谷致之成都秦遂尋道伐之因號曰石牛道蜀賦以石門在漢中之西褒中之北是又云斜水源出褒城縣西北衙嶺山與褒水同源而流派漢書溝洫志云褒水通沔斜水通渭皆以行船遣良歸韓良因說漢王曰王何不燒絕所過棧道示天下無還心以固項王意乃使良還行燒絕棧道良至韓韓王成以良從漢王故項王不遣成之國從與俱東良說項王曰漢王燒絕棧道無還心矣乃以齊王田榮反書告項王項王以此無西憂漢心而發兵北擊齊項王竟不肯遣韓王乃以爲侯又殺之彭城良亡閒行歸漢漢王亦已還定三秦矣復以良爲成信侯從東擊楚至彭城漢敗而還至下邑漢王下馬踞鞍而問曰吾欲捐關以東等弃之誰

可與共功者良進曰九江王黥布楚梟將與項王有郄彭越與齊王田榮反梁地此兩人可急使而漢王之將獨韓信可屬大事當一面即欲捐之捐之此三人則楚可破也漢王乃遣隨何說九江王布而使人連彭越及魏王豹反使韓信將兵擊之因舉燕代齊趙然卒破楚者此三人力也張良多病未嘗特將也常爲畫策臣時時從漢王漢三年項羽急圍漢王滎陽漢王恐憂與酈食其謀橈楚權食其曰昔湯伐桀封其後於杞武王伐紂封其後於宋今秦失德弃義侵伐諸侯社稷滅六國之後使無立錐之地陛下誠能復立六國後世畢已受印此其君臣百姓必皆戴陛下之德莫不鄉風慕義願爲臣妾德義已行陛下南鄉稱霸楚必斂衽而朝漢王曰善趣刻印先生因行佩之矣食其未行張良從外來謁漢王方食曰子房前客有爲我計橈楚權者具以酈生語告於子房曰何如良曰誰爲陛下畫此計者陛下事去矣漢王曰何哉張良對曰臣請藉前箸爲大王籌之張晏曰求借所食之箸用指畫也或曰前世湯武箸明之事以籌度今時之不若也曰昔者湯伐桀而封其

後於杞者度能制桀之死命也今陛下能制項籍之死命乎曰未能也其不可一也武王伐紂封其後於宋者度能得紂之頭也今陛下能得項籍之頭乎曰未能也其不可二也武王入殷表商容之閭索隱曰崔浩云表者標牓其里門商容紂時賢人也韓詩外傳曰商容執羽籥馮於馬徒欲以化紂而不能遂去伏於太行山武王欲以為三公固辭而不受餘解在商紀釋箕子之拘徐廣曰釋一作式拘一作囚封比干之墓今陛下能封聖人之墓表賢者之閭式智者之門乎曰未能也其不可三也發鉅橋之粟散鹿臺之錢以賜貧窮今陛下能散府庫以賜貧窮乎曰未能也其不可四矣殷事已畢偃革為軒如淳曰革者革車也軒者赤幟乘軒也偃武備而治禮樂也○索隱曰蘇林云革者兵車也軒者朱軒皮軒也謂廢兵車而用乘車也說文云軒曲周屏車倒置干戈覆以虎皮以示天下不復用兵今陛下能偃武行文不復用兵乎曰未能也其不可五矣休馬華山之陽示以無所為今陛下能休馬無所用乎曰未能也其不可六矣放牛桃林之陰索隱曰晉灼云在弘農南門鄉谷中應劭十二州記弘農有桃丘聚古桃林也山海經云夸父之山北有桃林廣三百里以示不復輸積今陛下能放牛不復輸積乎曰未能也其不可七矣且天下游士離其親戚棄墳墓去故舊從陛下游者徒欲日

夜望咫尺之地今復六國立韓魏燕趙齊楚之後天下游士各歸事其主從其親戚反其故舊墳墓陛下與誰取天下乎其不可八矣且夫楚唯無彊六國立者復橈而從之漢書音義曰惟當使楚無彊彊則六國弱從之○索隱曰荀悅漢紀此事云獨可使楚無強則六國屈橈而從之又韋昭云今無強楚者若六國立必復屈橈從楚是二說之意同陛下焉得而臣之誠用客之謀陛下事去矣漢王輟食吐哺罵曰豎儒幾敗而公事索隱曰高祖罵酈生為豎儒謂此儒生豎子耳幾音祈幾殆近也而公高祖自謂也漢書作乃公令趣銷印漢四年韓信破齊而欲自立為齊王漢王怒張良說漢王漢王使良授齊王信印語在淮陰事中其秋漢王追楚至陽夏南戰不利而壁固陵諸侯期不至良說漢王漢王用其計諸侯皆至語在項籍事中漢六年正月封功臣良未嘗有戰鬬功高帝曰運籌策帷帳中決勝千里外子房功也自擇齊三萬戶良曰始臣起下邳與上會留此天以臣授陛下陛下用臣計幸而時中臣願封留足矣不敢當三萬戶乃封張良為留侯與蕭何等俱封六年上已封大功臣二十餘人其餘日夜爭功不決未得行封上在雒陽南宮從復道如淳曰復音複上下有道故謂之復道韋昭曰閣道望見諸

將往往相與坐沙中語上曰此何語留侯曰陛下不知乎此謀反耳上曰天下屬安定何故反乎留侯曰陛下起布衣以此屬取天下今陛下爲天子而所封皆蕭曹故人所親愛而所誅者皆生平所仇怨今軍吏計功以天下不足徧封此屬畏陛下不能盡封恐又見疑平生（徐廣曰多作生平）過失及誅故即相聚謀反耳上乃憂曰爲之柰何留侯曰上平生所憎羣臣所共知誰最甚者上曰雍齒與我故（漢書音義曰未起時有故怨）數嘗窘辱我我欲殺之爲其功多故不忍留侯曰今急先封雍

齒以示羣臣羣臣見雍齒封則人人自堅矣於是上乃置酒封雍齒爲什方侯（索隱曰縣名屬廣漢○正義曰括地志云雍齒城在益州什邡縣南四十步漢什邡縣漢初封雍齒爲侯國）而急趣丞相御史定功行封羣臣罷酒皆喜曰雍齒尚爲侯我屬無患矣劉敬說高帝曰都關中上疑之左右大臣皆山東人多勸上都雒陽雒陽東有城皐西有殽黽倍河向伊雒其固亦足恃留侯曰雒陽雖有此固其中小不過數百里田地薄四面受敵此非用武之國也夫關中左殽函（正義曰殽三殽山也在洛州永寧縣西北二十八里函谷關在陜州桃林縣西南十二里）右隴蜀（正義曰隴山南連蜀之岷

山故云右隴蜀也）沃野千里南有巴蜀之饒北有胡苑之利（索隱曰崔浩云苑馬牧外接胡地馬生於胡故云胡苑之利○正義曰博物志云北有胡苑之塞按上郡北地之北與胡接可以牧養禽獸又多致胡馬故謂胡苑之利也）阻三面而守獨以一面東制諸侯諸侯安定河渭漕輓天下西給京師諸侯有變順流而下足以委輸此所謂金城千里天府之國也（索隱曰此言謂者蓋是依憑古語金城言秦有四塞之國如金城也故淮南子云雖有金城非粟不守又蘇秦說秦惠王云秦地勢形便所謂天府是所憑也）劉敬說是也於是高帝即日駕西都關中（索隱曰周禮三日詢國遷乃爲大事高祖即日西遷者蓋謂其日即定計非即日遂行也）留侯從入關留侯性多病即道引不食穀（漢書音義曰服辟穀之藥而靜居行氣）杜門不出歲

餘上欲廢太子立戚夫人子趙王如意大臣多諫爭未能得堅決者也呂后恐不知所爲人或謂呂后曰留侯善畫計筴上信用之呂后乃使建成侯呂澤劫留侯曰君常爲上謀臣今上欲易太子君安得高枕而臥乎留侯曰始上數在困急之中幸用臣筴今天下安定以愛欲易太子骨肉之閒雖臣等百餘人何益呂澤彊要曰爲我畫計留侯曰此難以口舌爭也顧上有不能致者天下有四人（索隱曰四人四皓也謂東園公綺里季夏黃公角里先生按陳留志云園公姓唐字宣明居園中因以爲號夏黃公姓崔名廣字少通齊人隱居夏里脩道故號曰夏黃公角里先

生河内軹人太伯之後姓周名術字元道京師號曰霸上先生一曰角里先生孔父祕記作祿里皆王劭據崔氏周氏世譜及陶潛四八目而爲此說 四人者年老矣皆以爲上慢侮人故逃匿山中義不爲漢臣然上高此四人今公誠能無愛金玉璧帛令太子爲書卑辭安車因使辯士固請宜來來以爲客時時從入朝令上見之則必異而問之問之上知此四人賢則一助也於是呂后令呂澤使人奉太子書卑辭厚禮迎此四人四人至客建成侯所漢十一年黥布反上病欲使太子將往擊之四人相謂曰凡來者將以存太子太子將兵事危矣乃說建

成侯曰太子將兵有功則位不益太子無功還則從此受禍矣且太子所與俱諸將皆嘗與上定天下梟將也今使太子將之此無異使羊將狼也皆不肯爲盡力其無功必矣臣聞母愛者子抱 索隱曰此語出韓子 今戚夫人日夜侍御趙王如意常抱居前上曰終不使不肖子居愛子之上明乎其代太子位必矣君何不急請呂后承間爲上泣言黥布天下猛將也善用兵今諸將皆陛下故等夷 徐廣曰夷猶儕也。索隱曰如淳云等夷言等輩 乃令太子將此屬無異使羊將狼莫肯爲用且使布聞之則鼓

行而西耳 晉灼曰鼓行而西言無所畏也 上雖病彊載輜車臥而護之諸將不敢不盡力上雖苦爲妻子自彊於是呂澤立夜見呂后呂后承間爲上泣涕而言如四人意上曰吾惟豎子固不足遣而公自行耳於是上自將兵而東羣臣居守皆送至灞上留侯病自彊起至曲郵 司馬彪曰長安縣東有曲郵聚。索隱曰郵音尤按司馬彪漢書郡國志長安有曲郵聚今在新豐西俗謂之郵頭漢書舊儀云五里一郵郵人居間相去二里半按郵乃今之候 見上曰臣宜從病甚楚人剽疾願上無與楚人爭鋒因說上曰令太子爲將軍監關中兵上曰子房雖病彊臥而傅太子是時叔孫通爲太

傅留侯行少傅事漢十二年上從擊破布軍歸疾益甚愈欲易太子留侯諫不聽因疾不視事叔孫太傅稱說引古今以死爭太子上詳許之猶欲易之及燕置酒太子侍四人從太子年皆八十有餘鬚眉皓白衣冠甚偉上怪之問曰彼何爲者四人前對各言名姓曰東園公角里先生綺里季夏黃公上乃大驚曰吾求公數歲公辟逃我今公何自從吾兒游乎四人皆曰陛下輕士善罵臣等義不受辱故恐而亡匿竊聞太子爲人仁孝恭敬愛士天下莫不延頸欲爲太

子死者故臣等來耳上曰煩公幸卒調護太子
如淳曰調護猶營護也 四人爲壽已畢趨去上目送之召戚
夫人指示四人者曰我欲易之彼四人輔之羽
翼已成難動矣呂后真而主矣戚夫人泣上曰
爲我楚舞吾爲若楚歌歌曰鴻鵠高飛一舉千
里羽翮已就橫絕四海橫絕四海當可奈何雖
有矰繳 韋昭曰繳弋射也其矢曰矰。索隱曰馬融註周禮云矰者繳繫短矢謂之矰一說云矰一弦
可以仰射高者故云矰也 尚安所施歌數闋 索隱曰音曲穴反謂曲終也說文云闋事
也 戚夫人噓唏流涕上起去罷酒竟不易太子
者留侯本招此四人之力也留侯從上擊代出

奇計馬邑下 徐廣曰一云出奇計下馬邑 及立蕭何相國 漢書音義曰何
時未爲相國勸高祖立之 所與上從容言天下事甚衆非天下
所以存亡故不著留侯乃稱曰家世相韓及韓
滅不愛萬金之資爲韓報讎彊秦天下振動今
以三寸舌爲帝者師 索隱曰春秋緯云舌在口長三寸象斗玉衡 封萬
戶位列侯此布衣之極於良足矣願棄人間事
欲從赤松子游耳 索隱曰赤松子神農時雨師能入火自燒崑崙山上隨風雨上下也
乃學辟穀道引輕身 徐廣曰一云乃學道引欲輕舉也。索隱曰辟音賓亦反 會
高帝崩呂后德留侯乃彊食之曰人生一世閒
如白駒過隙何至自苦如此乎留侯不得已彊

聽而食後八年卒謚爲文成侯子不疑代侯 徐廣
曰文成侯立十六年卒子不疑代立十年坐與門大夫吉謀殺故楚內史當死贖爲城旦國除 子房始
所見下邳圯上老父與太公書者後十三年從
高帝過濟北果見穀城山下黃石取而葆祠之
徐廣曰史記珍寶字皆作葆 留侯死并葬黃石冢 正義曰括地志云漢張良墓在
徐州沛縣東六十五里與留城相近也 每上冢伏臘祠黃石留侯不
疑孝文帝五年坐不敬國除
太史公曰學者多言無鬼神然言有物 索隱曰物謂精
怪及藥 至如留侯所見老父予書亦可怪矣 索隱曰詩
緯云風后黃帝師又化爲老子以書授張良亦異說耳父後化爲黃石 高祖離困者數

矣而留侯常有功力焉豈可謂非天乎上曰夫
運籌筴帷帳之中決勝千里外吾不如子房余
以爲其人計魁梧奇偉 應劭曰魁梧丘虛壯大之意。索隱曰蘇林云梧音忤蕭該
云今讀爲吾非也小顏云言其可驚悟於人 至見其圖狀貌如婦人好女
蓋孔子曰以貌取人失之子羽 索隱曰子羽澹臺滅明字也仲尼弟子傳
云狀貌甚惡又家語云子羽有君子之容而行不稱其貌與史記文同也 留侯亦云

索隱述贊曰
留侯倜儻志懷憤惋五代相韓一朝歸漢
進履宜假運籌神筭橫陽既立申徒作扞
灞上扶危固陵靜亂人稱三傑辯推八難

赤松願遊白駒難絆嗟彼雄略曾非魁岸

留侯張良世家第二十五　史記五十五

陳丞相世家第二十六　史記五十六

陳丞相平者陽武戶牖鄉人也徐廣曰陽武屬魏地戶牖今爲東昏縣屬陳留。索隱曰徐廣云陽武屬魏而地理志屬河南郡蓋後陽武分屬梁国耳徐又云戶牖今爲東昏縣屬陳留与漢書地理志同按是秦時戶牖鄉屬陽武至漢以戶牖爲東昏縣隸陳留郡也。正義曰陳留風俗傳云東昏縣衛地故陽武之戶牖鄉也括地志云東昏故城在汴州陳留縣東北九十里少時家貧好讀書有田三十畝獨與兄伯居伯常耕田縱平使游學平爲人長美色人或謂陳平曰貧何食而肥若是其嫂嫉平之不視家生產曰亦食糠覈耳徐廣曰覈音核駰案孟康曰麥糠中不破者也晉灼曰覈音紇京師謂麁屑爲紇頭有叔如此不如無有伯聞之逐其婦而棄之及平長可娶妻富人莫肯與者貧者平亦恥之久之戶牖富人有張負索隱曰按負是婦人老宿之稱猶武負之類也然此張負既稱富人或恐是丈夫爾張負女孫五嫁而夫輒死人莫敢娶平欲得之邑中有喪平貧侍喪以先往後罷爲助張負既見之喪所獨視偉平平亦以故後去負隨平至其家家乃負郭窮巷索隱曰高誘註戰国策云負背郭居也以弊席爲門然門外多有長者車轍索隱曰一作軌按言長者所乘安車与載運之車軌轍或別張負歸謂其子仲曰吾欲以女孫予陳平張仲曰平貧不事事一縣中盡笑其所爲獨奈何予女乎負曰人固有好美如陳平而長貧賤者乎卒與女爲平貧乃假貸幣以聘予酒肉之資以內婦負誡其孫曰毋以貧故事人不謹事兄伯如事父事嫂如母（兄伯以逐其婦此嫂疑後娶也）平既娶張氏女齎用益饒游道日廣里中社平爲宰（索隱曰其里名庫上里知者據蔡邕陳留東昏庫上里社碑云惟斯庫里古陽武之牖鄉陳平由此社宰遂相高祖也）分肉食甚均父老曰善陳孺子之爲宰平曰嗟乎使平得宰天下亦如是肉矣陳涉起而王陳使周市略定魏地立魏咎爲魏王與秦軍相攻於臨濟陳平固已前謝其兄伯（漢書音義曰謝語其兄往事魏）從少年往事魏王咎於臨濟魏王以爲太僕

說魏王不聽人或讒之陳平亡去久之項羽略地至河上陳平往歸之從入破秦賜平爵卿（張晏曰礼秩如卿不治事）項羽之東王彭城也漢王還定三秦而東殷王反楚項羽乃以平爲信武君將魏王咎客在楚者以往擊降殷王而還項王使項悍拜平爲都尉賜金二十溢居無何漢王攻下殷王項王怒將誅定殷者將吏陳平懼誅乃封其金與印使使歸項王而平身間行杖劍亡渡河船人見其美丈夫獨行疑其亡將要中當有金玉寶器目之欲殺平平恐乃解衣裸而佐刺船船

人知其無有乃止平遂至脩武降漢（徐廣曰漢二年）因魏無知求見漢王（索隱曰漢書音張敞与朱邑書云陳平須魏倩而後進孟東云即无知也）漢王召入是時萬石君奮爲漢王中涓（徐廣曰亦曰涓人）受平謁入見平平等七人俱進賜食王曰罷就舍矣平曰臣爲事來所言不可以過今日於是漢王與語而說之問曰子之居楚何官曰爲都尉是日乃拜平爲都尉使爲參乘典護軍諸將盡讙（索隱曰讙譁也音懽又音喧漢書作皆怨）曰大王一日得楚之亡卒未知其高下而即與同載反使監護軍長者漢王聞之愈益幸平遂與東伐項王至彭城爲

楚所敗引而還收散兵至滎陽以平爲亞將屬於韓王信軍廣武絳侯灌嬰等咸讒陳平曰平雖美丈夫如冠玉耳其中未必有也（漢書音義曰飾冠以玉光好外見中非所有）臣聞平居家時盜其嫂事魏不容亡歸楚歸楚不中又亡歸漢今日大王尊官之令護軍臣聞平受諸將金金多者得善處金少者得惡處平反覆亂臣也願王察之漢王疑之召讓魏無知無知曰臣所言者能也陛下所問者行也今有尾生孝己之行（如淳曰孝己高宗之子有孝行）而無益於勝負之數陛下何暇用之乎楚漢相距臣進

奇謀之士顧其計誠足以利國家不耳且盜嫂
受金又何足疑乎漢王召讓平曰先生事魏不
中遂事楚而去今又從吾游信者固多心乎平
曰臣事魏王魏王不能用臣說故去事項王項
王不能信人其所任愛非諸項即妻之昆弟雖
有奇士不能用平乃去楚聞漢王之能用人故
歸大王臣臝身來不受金無以為資誠臣計畫
有可采者願大王用之使無可用者金具在請
封輸官得請骸骨漢王乃謝厚賜拜為護軍中
尉盡護諸將諸將乃不敢復言其後楚急攻絕

漢甬道圍漢王於滎陽城久之漢王患之請割
滎陽以西以和項王不聽漢王謂陳平曰天下
紛紛何時定乎陳平曰項王為人恭敬愛人士
之廉節好禮者多歸之至於行功爵邑重之士
亦以此不附今大王慢而少禮士廉節者不來
然大王能饒人以爵邑士之頑鈍（如淳曰猶無廉隅）嗜
利無恥者亦多歸漢誠各去其兩短襲其兩長
天下指麾則定矣然大王恣侮人不能得廉節
之士顧楚有可亂者彼項王骨鯁之臣亞父鍾
離眛龍且周殷之屬不過數人耳大王誠能出

捐數萬斤金行反間間其君臣以疑其心項王
為人意忌信讒必內相誅漢因舉兵而攻之破
楚必矣漢王以為然乃出黃金四萬斤與陳平
恣所為不問其出入陳平既多以金縱反間於
楚軍宣言諸將鍾離眛等為項王將功多矣然
而終不得裂地而王欲與漢為一以滅項氏而
分王其地項羽果意不信鍾離眛等項王既疑
之使使至漢漢王為太牢具舉進見楚使即詳
驚曰吾以為亞父使乃項王使復持去更以惡
草具（漢書音義曰草粗也。索隱曰戰国策云食馮煖以草具如淳云麤草麁惡之具也）進楚

使楚使歸具以報項王項王果大疑亞父亞父
欲急攻下滎陽城項王不信不肯聽亞父聞項
王疑之乃怒曰天下事大定矣君王自為之願
請骸骨歸歸未至彭城疽發背而死陳平乃夜
出女子二千人滎陽城東門楚因擊之陳平乃
與漢王從城西門夜出去遂入關收散兵復東
其明年淮陰侯破齊自立為齊王使使言之漢
王漢王大怒而罵陳平躡漢王（漢書音義曰躡謂躡漢王足）漢
王亦悟乃厚遇齊使使張子房卒立信為齊王
封平以戶牖鄉用其奇計策卒滅楚常以護軍

中尉從定燕王臧荼漢六年人有上書告楚王
韓信反高帝問諸將諸將曰亟發兵坑豎子耳
高帝默然問陳平平固辭謝曰諸將云何上具
告之陳平曰人之上書言信反有知之者乎曰
未有曰信知之乎曰不知陳平曰陛下精兵孰
與楚上曰不能過平曰陛下將用兵有能過韓
信者乎上曰莫及也平曰今兵不如楚精而將
不能及而舉兵攻之是趣之戰也竊爲陛下危
之上曰爲之奈何平曰古者天子巡狩會諸侯
南方有雲夢陛下第出僞游雲夢索隱曰蘇林云第且也小顏云但也會諸侯於陳陳楚之西界正義曰陳今陳州也韓信都彭城號楚王故陳州爲楚西界也
信聞天子以好出游其勢必無事而
郊迎謁謁而陛下因禽之此特一力士之事耳
高帝以爲然乃發使告諸侯會陳吾將南游雲
夢上因隨以行行未至陳楚王信果郊迎道中
高帝豫具武士見信至即執縛之載後車信呼
曰天下已定我固當烹高帝顧謂信曰若毋聲
而反明矣武士反接之漢書音義曰反縛兩手遂會諸侯于
陳盡定楚地還至雒陽赦信以爲淮陰侯而與
功臣剖符定封於是與平剖符世世勿絕爲戶

牖侯平辭曰此非臣之功也上曰吾用先生謀
計戰勝剋敵非功而何平曰非魏無知臣安得
進上曰若子可謂不背本矣乃復賞魏無知其
明年以護軍中尉從攻反者韓王信於代卒至
平城爲匈奴所圍七日不得食高帝用陳平奇
計使單于閼氏蘇林曰閼氏音焉支如漢皇后圍以得開高帝既
出其計祕世莫得聞桓譚新論或云陳平爲高帝解平城之圍則言其事祕世莫得而聞也此以工妙踔善故藏隱不傳焉子能權知斯事否吾應之曰此策乃反薄陋拙惡故隱而不泄高帝見圍七日而陳平往說閼氏閼氏言於單于而出之以是知其所用說之事矣彼陳平必言漢有好麗美女爲道其容貌天下無有今困急已馳使歸迎取欲進與單于單于見此人必大好愛之愛之則閼氏日以遠疏不如及其未到令漢得脫去去亦不持女來矣閼氏婦女有妒媚之性必憎惡而事去之此說簡而要及得其用則欲使神怪故隱匿不泄也劉子駿聞吾言乃立稱善焉按漢書音義應劭說此事大旨與桓論略同不知是應全取桓論或別有所聞乎今觀桓論似本無說高帝南過曲逆地理志縣屬中山也索隱曰章帝醜其名改云蒲陰也
上其城望見其屋室甚大曰壯哉縣吾行天
下獨見洛陽與是耳顧問御史曰曲逆戶口幾
何對曰始秦時三萬餘戶間者兵數起多亡匿
今見五千戶於是乃詔御史更以陳平爲曲逆
侯盡食之除前所食戶牖其後常以護軍中尉
從攻陳豨及黥布凡六出奇計輒益邑凡六益
封奇計或頗祕世莫能聞也高帝從破布軍還

病劇徐行至長安燕王盧綰反上使樊噲以相國將兵攻之既行人有短惡噲者高帝怒曰噲見吾病乃冀我死也用陳平謀而召絳侯周勃受詔牀下曰陳平亟馳傳載勃代噲將平至軍中即斬噲頭二人既受詔馳傳未至軍行計之曰樊噲帝之故人也功多且又乃呂后弟呂須之夫有親且貴帝以忿怒故欲斬之則恐後悔寧囚而致上上自誅之未至軍為壇以節召樊噲噲受詔即反接載檻車傳詣長安而令絳侯勃代將將兵定燕反縣平行聞高帝崩平恐呂

太后及呂須讒怒乃馳傳先去逢使者詔平與灌嬰屯於滎陽平受詔立復馳至宮哭甚哀因奏事喪前呂太后哀之曰君勞出休矣平畏讒之就因固請得宿衛中太后乃以為郎中令曰傅教孝惠（如淳曰傅相之傅也）是後呂須讒乃不得行樊噲至則赦復爵邑孝惠帝六年相國曹參卒以安國侯王陵為右丞相（徐廣曰王陵以客從起豐以厩將別守豐上東因從戰不利奉孝惠魯元出睢水中封為雍侯高祖八年定食安國二十一年卒謚武侯至玄孫坐酎金國除）陳平為左丞相王陵者故沛人始為縣豪高祖微時兄事陵陵少文任氣好直言及高祖起沛入至

咸陽陵亦自聚黨數千人居南陽不肯從沛公及漢王之還攻項籍陵乃以兵屬漢項羽取陵母置軍中陵使至則東鄉坐陵母欲以招陵陵母既私送使者泣曰為老妾語陵謹事漢王漢王長者也無以老妾故持二心妾以死送使者遂伏劍而死項王怒亨陵母陵卒從漢王定天下以善雍齒雍齒高帝之仇而陵本無意從高帝以故晚封為安國侯安國侯既為右丞相二歲孝惠帝崩高后欲立諸呂為王問王陵王陵曰不可問陳平陳平曰可呂太后怒乃詳遷陵

為帝太傅實不用陵陵怒謝疾免杜門竟不朝請七年而卒陵之免丞相呂太后乃徙平為右丞相以辟陽侯審食其為左丞相左丞相不治常給事於中（孟康曰不在治事便止宮中也）食其亦沛人漢王之敗彭城西楚取太上皇呂后為質食其以舍人侍呂后其後從破項籍為侯幸於呂太后及為相居中百官皆因決事呂須常以前陳平為高帝謀執樊噲數讒曰陳平為相非治事日飲醇酒戲婦女陳平聞日益甚呂太后聞之私獨喜面質呂須於陳平曰鄙語曰兒婦人口不可用

顧君與我何如耳無畏呂嬃之讒也呂太后立諸呂爲王陳平僞聽之及呂太后崩平與太尉勃合謀卒誅諸呂立孝文皇帝陳平本謀也審食其免相（徐廣曰審食其初以舍人起侍呂后孝惠帝於沛又從在楚封二十五年文帝三年死子平代代二十二年景帝三年坐謀反國除一本云食其免後三歲爲淮南王所殺文帝令其子平嗣侯番川王反辟陽近番川平降之國除）孝文帝立以爲太尉勃親以兵誅呂氏功多陳平欲讓勃尊位乃病謝孝文帝初立怪平病問之平曰高祖時勃功不如臣平及誅諸呂臣功亦不如勃願以右丞相讓勃於是孝文帝乃以絳侯勃爲右丞相位次第一平徙爲左丞相位次第二賜平金千斤益封三千戶居頃之孝文皇帝既益明習國家事朝而問右丞相勃曰天下一歲決獄幾何勃謝曰不知問天下一歲錢穀出入幾何勃又謝不知汗出沾背愧不能對於是上亦問左丞相平平曰有主者上曰主者謂誰平曰陛下即問決獄責廷尉問錢穀責治粟內史上曰苟各有主者而君所主者何事也平謝曰主臣（張晏曰若今人謝曰惶恐也馬融龍虎賦曰勇怯見之莫不主臣孟康曰主臣主群臣也若今言人主也韋昭曰言主臣道不敢欺也○索隱曰蘇林與孟康同既古人所未了故並存兩解）陛下不知其駑下使待罪宰相宰相者

上佐天子理陰陽順四時下育萬物之宜外鎮撫四夷諸侯內親附百姓使卿大夫各得任其職焉孝文帝乃稱善右丞相大慙出而讓陳平曰君獨不素教我對陳平笑曰君居其位不知其任邪且陛下即問長安中盜賊數（漢書音義曰頭數也）君欲彊對邪於是絳侯自知其能不如平遠矣居頃之絳侯謝病請免相陳平專爲一丞相孝文帝二年丞相陳平卒謚爲獻侯子共侯買代侯二年卒子簡侯恢代侯二十三年卒子何代侯二十三年何坐略人妻棄市國除始陳平曰我多陰謀是道家之所禁吾世即廢亦已矣終不能復起以吾多陰禍也然其後曾孫陳掌以衞氏親貴戚願得續封陳氏然終不得（徐廣曰陳掌者衞青之子壻）

太史公曰陳丞相平少時本好黃帝老子之術方其割肉俎上之時其意固已遠矣傾側擾攘楚魏之間卒歸高帝常出奇計救紛糾之難振國家之患及呂后時事多故矣然平竟自脫定宗廟以榮名終稱賢相豈不善始善終哉非知謀孰能當此者乎

索隱述贊曰曲逆窮巷門多長者宰肉先均

佐喪後罷魏楚更用腹心難假棄印封金剌
船露倮間行歸漢委質麾下滎陽計全平城
圍解推陵讓勃夏多益寡應變合權克定宗
社

陳丞相世家第二十六　史記五十六

絳侯周勃世家第二十七　史記五十七

絳侯周勃者沛人也其先卷人 徐廣曰卷縣在滎陽。索隱曰韋昭云屬河南地理志亦然然則後置滎陽郡而卷隸焉音丘玄反字林音丘權反。正義曰括地志云故卷城在鄭州原武縣西北七里釋例地名云卷縣所理垣雍城也 徙沛勃以織薄曲為生 蘇林曰薄一名曲月令曰具曲植。索隱曰謂勃本以織蠶薄為生業也韋昭云北方謂薄為曲許慎註淮南云曲葦薄也郭璞註方言云植縣曲柱也音直吏反 常為人吹簫給喪事 如淳曰以樂喪家若俳優瓚曰吹簫以樂喪賓若樂人也。索隱曰左傳歌虞殯猶今挽歌類也歌者或有簫管 材官引彊 漢書音義曰能引彊弓官如今挽彊司馬也。索隱曰晉灼云申屠嘉為材官蹶張 高祖之為沛公初起勃以中涓從攻胡陵下方與方與反與戰卻適攻豐擊秦軍碭東還軍留及蕭復攻碭破之下下邑先登賜爵五大夫攻蒙虞取之 索隱曰二縣名地理志屬梁國 擊章邯車騎殿 服虔曰殿得殿兵也如淳曰殿不進也瓚曰在軍後曰殿孫檢曰一說上功曰最下功曰殿戰功曰多周勃事中有此三品與諸將俱計功則曰殿最獨捷則曰多多義見周禮故此云擊章邯車騎殿又云先至城下為多又云攻槐里好畤最是也 定魏地攻爰戚東緡 徐廣曰屬山陽。索隱曰小顏音昬非也地理志山陽有東緡縣音旻然則戶牖之為東緡音昬是屬陳留者音昬屬山陽者音旻也。正義曰緡眉貧反括地志云東緡故城漢縣也在兗州金鄉縣界 以往至栗 正義曰括地志云屬沛郡也 取之攻齧桑先登 索隱曰徐氏云在梁彭城間 擊秦軍阿下破之 索隱曰謂東阿之下也 追至濮陽下甄城攻都關 索隱曰地理志縣名屬山陽 定陶襲取宛朐 正義曰宛劬二音今曹州縣在州西四十七里 得單父 正義曰善甫二音宋州縣也。令夜襲取臨濟，攻張，漢書音義曰攻壽張。索隱曰地理志東郡壽梁縣光武改曰壽張以前至卷，破之。擊李由軍雍丘下。攻開封，先至城下爲多。文穎曰勃士卒至者多如淳曰周禮戰功曰多後章邯破殺項梁，沛公與項羽引兵東如碭。自初起沛還至碭，一歲二月。索隱曰謂初起沛及還至碭得一歲又更二月也楚懷王封沛公號安武侯，爲碭郡長。沛公拜勃爲虎賁令，徐廣曰一云句盾令。索隱曰漢書云襄賁令賁音肥縣名屬東海徐廣又云句盾令所見本各別也以令從沛公定魏地。攻東郡尉於城武，破之。擊王離軍，破之。攻長社，先登。攻潁陽、緱氏，正義曰緱音勾洛州縣絕河津。正義曰即古平陰津在洛州洛陽縣東北五十里擊趙賁軍

尸北。索隱曰賁音肥人姓名也尸即尸鄉今偃師也謂尸縣之北南攻南陽守齮，破武關、嶢關。破秦軍於藍田，至咸陽，滅秦。項羽至，以沛公爲漢王。漢王賜勃爵爲威武侯。索隱曰或是封號未必縣名也從入漢中，拜爲將軍。還定三秦，至秦，賜食邑懷德。正義曰括地志云懷德故城在同州朝邑縣西南四十三里攻槐里、好畤，最。如淳曰於將率之中功爲最。索隱曰地理志二縣屬右扶風擊趙賁、內史保於咸陽，最。北攻漆。索隱曰地理志漆縣在右扶風正義曰今豳州新平縣古漆縣也擊章平、姚卬軍。索隱曰卬音五郎反平下將西定汧。正義曰口肩反今隴州汧源縣本漢汧縣地也還下郿、正義曰音眉括地志云郿縣故城在岐州郿縣東北十五里頻陽，索隱曰地理志郿屬右扶風頻陽屬左馮翊也。正義曰括地志云頻陽故城在宜州土門縣南三

里今土門縣并入同官縣屬雍州宜州廢也圍章邯廢丘。索隱曰地理志槐里周曰犬丘懿王都之秦更名廢丘高祖三年更名槐里而此云槐里者槐里據後而書之又云廢丘者以章邯本都廢丘而亡亦據舊書之破西丞。徐廣曰天水有西縣。正義曰括地志云西縣故城在秦州上邽縣西南九十里本漢西縣也破西縣丞擊盜巴軍，破之。如淳曰章邯將攻上邽，正義曰音圭秦州縣也東守嶢關。轉擊項籍。攻曲逆，最。還守敖倉，追項籍。籍已死，因東定楚地泗川、東海郡，凡得二十二縣。還守雒陽、櫟陽，賜與潁陽侯共食鍾離。索隱曰地理志縣名屬九江古鍾離子國。正義曰括地志云潁陽故城在陳州南頓縣西北鍾離故城在濠州鍾離縣東北五里以將軍從高帝擊反者燕王臧荼，破之易下。索隱曰荼如字讀易水名因以爲縣在涿郡謂破荼軍於易水之下言近水地也。正義曰括地

志云易縣故城在幽州歸義縣東南十五里燕桓侯所徙都臨易是也所將卒當馳道爲多。索隱曰小顏以當高祖所行之道或以馳道爲秦之馳道故賈山傳云秦爲馳道東窮燕齊也賜爵列侯，剖符世世勿絕。食絳正義曰括地志云絳邑城漢絳縣在絳州曲沃縣南二里或以爲秦之舊馳道也八千一百八十戶，號絳侯。以將軍從高帝擊反韓王信於代，降下霍人。索隱曰蕭該云左傳以偪陽子歸納諸霍人杜預云晉邑也或作霍。正義曰霍音瑣又音蘇寡反顏師古云音山寡反按霍字當作葰地理志云葰人縣屬太原郡括地志云葰人故城在代州繁畤縣界漢葰人縣也按樊噲列傳作霍人其音亦同以前至武泉，徐廣曰屬雲中。正義曰括地志云武泉故城在朔州北二百二十里擊胡騎，破之武泉北。轉攻韓信軍銅鞮，正義曰括地志云銅鞮故城在潞州銅鞮縣東十五里州西六十五里在并州東南也破之。還，降太原、正義曰并

（州縣從銅鞮還并降六城也）六城擊韓信胡騎晉陽下破之下晉陽後擊韓信軍於硰石（應劭曰硰音沙或曰地名。索隱曰晉灼音赤座反。正義曰按在樓煩縣西北）破之追北八十里還攻樓煩（正義曰地理志云在鴈門郡括地志云在并州崞縣界）三城因擊胡騎平城下（正義曰地理志云在鴈門郡括地志云朔州定襄本漢平城縣）所將卒當馳道為多勃遷為太尉擊陳豨屠馬邑所將卒斬豨將軍乘馬絺（徐廣曰姓乘馬。索隱曰絺名也乘音始證反）擊韓信陳豨趙利軍於樓煩破之得豨將宋最鴈門守圂（索隱曰圂守之名音胡困反）因轉攻得雲中守遬（索隱曰音速。正義曰括地志云雲中故城在勝州榆林縣東北四十里秦雲中郡）丞相箕肆將勳（徐廣曰箕一作萁勳一作專一作轉。索隱曰劉氏肆音如字包愷音以四反漢書勳亦作慱字並誤耳）定鴈門郡十七縣雲中郡十二縣因復擊豨靈丘破之（索隱曰地理志縣名屬代郡。正義曰括地志云靈丘故城在蔚州靈丘縣東十里漢縣也）斬豨得豨丞相程縱將軍陳武都尉高肆定代郡九縣燕王盧綰反勃以相國代樊噲將擊下薊得綰大將抵丞相偃守陘（張晏曰盧綰郡守陘其名）太尉弱御史大夫施屠渾都（徐廣曰在上谷。索隱曰施名也屠滅之也地理志渾都縣屬上谷一云御史大夫姓施屠名渾都。正義曰括地志云嬀州昌平縣本漢渾都縣）破綰軍上蘭（正義曰括地志云嬀州懷戎縣東北有馬蘭溪水恐是也）復擊破綰軍沮陽（徐廣曰在上谷駰案服虔曰沮音阻。索隱曰按地理志沮陽縣屬上谷。正義曰括地志云上谷郡故城在嬀州懷戎縣東北百一十里燕上谷秦因不改漢為沮陽縣）

追至長城（正義曰即馬邑長城亦名燕長城在嬀州北今是）定上谷十二縣右北平十六縣遼西遼東二十九縣漁陽二十二縣最從高帝（索隱曰最都凡也謂總舉其從高祖攻戰克獲之數也）得相國一人丞相二人將軍二千石各三人別破軍二下城三定郡五縣七十九得丞相大將各一人勃為人木彊敦厚高帝以為可屬大事勃不好文學每召諸生說士東鄉坐而責之（如淳曰勃自東鄉坐責諸生說士不以賓主之禮）趣為我語其椎少文如此（瓚曰令直言勿稱經書也韋昭曰椎不橈曲直至如椎。索隱曰大顏云俗謂愚為鈍椎音直追反今按椎如字讀之謂勃召說士東向而坐責之云趣為我語其質朴之性以斷推之其少文皆如此）勃既定燕而歸高祖已崩矣以列侯事孝惠帝孝惠帝六年置太尉官（徐廣曰功臣表及將相表皆高后四年始置太尉。正義曰下云以勃為太尉十歲高后崩按孝惠六年高后八年崩是十年耳而功臣表及將相表云高后四年置太尉官未詳）以勃為太尉十歲高后崩呂祿以趙王為漢上將軍呂產以呂王為漢相國秉漢權欲危劉氏勃為太尉不得入軍門陳平為丞相不得任事於是勃與平謀卒誅諸呂而立孝文皇帝其語在呂后孝文事中文帝既立以勃為右丞相賜金五千斤食邑萬戶居月餘人或說勃曰君既誅諸呂立代王威震天下而君受厚賞處尊位以寵久之即禍及身矣勃懼亦自危乃謝請歸相印上許之歲餘丞相平卒上復以勃為丞相十餘月上曰前日吾詔列侯就國或未能行丞相吾所重其率先之乃免相就國歲餘每河東守尉行縣至絳絳侯勃自畏恐誅常被甲令家人持兵以見之其後人有上書告勃欲反徐廣曰文帝四年時下廷尉廷尉下其事長安逮捕勃治之勃恐不知置辭吏稍侵辱之勃以千金與獄吏獄吏乃書牘背示之李奇曰吏所執簿韋昭曰牘版。索隱曰簿即牘也故魏志秦宓以簿擊頰則亦簡牘之類也曰以公主為證公主者孝文帝女也勃太子勝之尚之

史周廿七　六

韋昭曰尚奉也不敢言娶故獄吏教引為證勃之益封受賜盡以予薄昭及繫急薄昭為言薄太后太后亦以為無反事文帝朝太后以冒絮提文帝徐廣曰提音弟駰案應劭曰陌額絮也如淳曰太后恚怒遭得左右物提之也晉灼曰巴蜀異物志謂頭上巾為冒絮。索隱曰服虔云綿絮也提音弟又音啼非也蕭該音底提者擲也蕭音為得恚者嗔也遭者逢也謂太后嗔乃逢冒絮因以提帝陌音驀陌之陌入聲方言云幪巾南楚之間云陌額也曰絳侯綰皇帝璽應劭曰言勃誅諸呂發少帝手貫璽時尚不反況今更有異乎將兵於北軍不以此時反今居一小縣顧欲反邪文帝既見絳侯獄辭乃謝曰吏事方驗而出之於是使使持節赦絳侯復爵邑絳侯既出曰吾嘗將百萬軍然安知獄吏

之貴乎絳侯復就國孝文帝十一年卒謚為武侯子勝之代侯六歲尚公主不相中如淳曰猶言不相合當坐殺人國除絕一歲文帝乃擇絳侯勃子賢者河內守亞夫封為條侯徐廣曰表皆作脩字駰案服虔曰脩音條。索隱曰地理志條縣屬渤海郡。正義曰括地志云故蓨城俗名南條城在德州蓨縣南十二里漢縣續絳侯後條侯亞夫自未侯為河內守時許負相之索隱曰應劭云負河內溫人老嫗也姚氏按楚漢春秋高祖封負為鳴雌亭侯是知婦人亦有封邑曰君後三歲而侯侯八歲為將相持國秉索隱曰音柄貴重矣於人臣無兩其後九歲而君餓死亞夫笑曰臣之兄已代父侯矣有如卒子當代亞夫何說侯乎

史周廿七　七

然既已貴如負言又何說餓死指示我許負指其口曰有從理入口索隱曰從音子容反從理橫理此餓死法也居三歲其兄絳侯勝之有罪孝文帝擇絳侯子賢者皆推亞夫乃封亞夫為條侯續絳侯後文帝之後六歲匈奴大入邊乃以宗正劉禮為將軍軍霸上正義曰廟記云霸陵即霸上按霸陵城在雍州萬年縣東北二十五里祝茲侯徐厲為將軍軍棘門正義曰孟康云秦時宮也括地志云棘門在渭北十餘里秦王門名也以河內守亞夫為將軍軍細柳正義曰括地志云細柳倉在雍州咸陽縣西南二十里也以備胡上自勞軍至霸上及棘門軍直馳入將以下騎送迎已而之細柳軍軍士吏

被甲銳兵刃彀弓弩持滿索隱曰彀者張也天子先驅至不得入先驅曰天子且至軍門都尉曰將軍令曰軍中聞將軍令不聞天子之詔索隱曰六韜云軍中之事不聞君命居無何上至又不得入於是上乃使使持節詔將軍吾欲入勞軍亞夫乃傳言開壁門壁門士吏謂從屬車騎曰將軍約軍中不得驅馳於是天子乃按轡徐行至營將軍亞夫持兵揖曰介胄之士不拜請以軍禮見應劭曰禮介者不拜○索隱曰應劭云左傳晉郤克三肅使者而退杜預注肅若今揖鄭衆注周禮肅拜云但俯下手今時揖是天子為動改容式車索隱曰軾者車前橫木若上有敬則俯身而憑之使人稱謝

皇帝敬勞將軍成禮而去既出軍門羣臣皆驚文帝曰嗟乎此真將軍矣曩者霸上棘門軍若兒戲耳其將固可襲而虜也至於亞夫可得而犯邪稱善者久之月餘三軍皆罷乃拜亞夫為中尉正義曰漢書百官表云中尉秦官掌徼循京師武帝太初元年更名執金吾應劭云吾者禦也掌執金吾以禦非常顏師古云金吾鳥名主辟不祥天子出行職主先導以備非常故執此鳥之象因以名官也孝文且崩時誡太子曰即有緩急周亞夫真可任將兵孝文帝崩拜亞夫為車騎將軍孝景三年吳楚反亞夫以中尉為太尉正義曰漢書百官表云太尉秦官掌武元狩四年置大將軍大司馬即今十二衛大將軍及兵部尚書也東擊吳楚因自請上曰楚

兵剽輕索隱曰漢書亞夫至淮陽問鄧都尉為畫此計亞夫從之今此云自請者蓋此亦聞疑而傳疑漢史得其實也剽音七妙反輕讀從去聲難與爭鋒願以梁委之索隱曰謂以梁委之於吳使吳兵不得過也亦有作餧音亦通絕其糧道乃可制上許之太尉既會兵滎陽吳方攻梁梁急請救太尉引兵東北走昌邑深壁而守梁日使使請太尉太尉守便宜不肯往梁上書言景帝景帝使使詔救梁太尉不奉詔堅壁不出而使輕騎兵弓高侯等索隱曰韓頹當也○正義曰弓高滄州縣也絕吳楚兵後食道吳兵乏糧飢數欲挑戰終不出夜軍中驚內相攻擊擾亂至於太尉帳下太尉終臥不起頃之復定

後吳奔壁東南陬如淳曰陬隅也○索隱曰音鄒又音子侯反太尉使備西北已而其精兵果奔西北不得入吳兵既餓乃引而去太尉出精兵追擊大破之吳王濞棄其軍而與壯士數千人亡走保於江南丹徒索隱曰地理志縣屬會稽○正義曰括地志云丹徒故城在潤州丹徒縣東南十八里漢丹徒縣也晉太康地志云吳王濞反走丹徒越人殺之於此城南徐州記云秦使赭衣鑿其地因謂之丹徒鑿處今在故縣西北六里丹徒峴東南連亘盤紆屈曲有象龍形故秦鑿絕頸闕百餘步又夾坑龍首以毀其形坑之所在即今龍目二湖悉成田也漢兵因乘勝遂盡虜之降其兵購吳王千金月餘越人斬吳王頭正義曰越人即丹徒人越滅吳丹徒地屬楚秦滅楚後置三十六郡丹徒縣屬會稽郡故以丹徒為越人也以告凡相攻守三月而吳楚破平

於是諸將乃以太尉計謀爲是由此梁孝王與太尉有卻歸復置太尉官五歲遷爲丞相景帝甚重之景帝廢栗太子丞相固爭之不得景帝由此疏之而梁孝王每朝常與太后言條侯之短竇太后曰皇后兄王信可侯也景帝讓曰始南皮章武侯（瓚曰南皮竇彭祖太后兄子章武侯太后弟廣國）先帝不侯及臣即位乃侯之信未得封也竇太后曰人主各以時行耳（索隱曰謂人主各當其時而行事不必一一相法也○正義人主作人生）自竇長君在時竟不得侯死後乃封其子彭祖顧得侯（索隱曰許慎註淮南子云顧反也）吾甚恨之帝趣侯信也景帝

曰請得與丞相議之丞相議之亞夫曰高皇帝約非劉氏不得王非有功不得侯不如約天下共擊之今信雖皇后兄無功侯之非約也景帝默然而止其後匈奴王徐盧等五人降景帝欲侯之以勸後丞相亞夫曰彼背其主降陛下陛下侯之則何以責人臣不守節者乎景帝曰丞相議不可用乃悉封徐盧等爲列侯（索隱曰功臣表唯徐盧封容城侯）亞夫因謝病景帝中三年以病免相頃之景帝居禁中召條侯賜食獨置大胾（韋昭曰大臠也胾音側吏反○索隱曰臠音力轉反謂肉臠也）無切肉又不置櫡條侯心不平

顧謂尚席取櫡（應劭曰尚席主席者○索隱曰顧氏按禮與服雜事云五尚尚席掌武帳帷幔也櫡音筯漢書作箸箸者食所用也留侯云借前箸以籌之禮曰羹之有菜者用挾挾亦箸之類故鄭玄云今人謂箸爲挾是也）景帝視而笑曰此不足君所乎（孟康曰設胾無筯者此非不滿於君所乎嫌恨之如淳曰非故不足君之食具也偶失之○索隱曰言不設箸者此蓋非我意於君有不足乎故如淳云非故不足君之食具偶失之耳蓋當然也所以帝視而笑也君本不爲足當別有辭未必爲之笑也孟康晉灼雖探古人之情亦未必能得其實顧氏亦同孟氏之說又引魏武賜荀彧虛器各記異說也）條侯免冠謝上起條侯因趨出景帝以目送之曰此快快者非少主臣也居無何條侯子爲父買工官尚方（徐廣曰一作西○索隱曰工官即尚方之工所作物屬尚方故云工官尚方）甲楯五百被（徐廣曰音披駰案如淳曰工官名也張晏曰被具也五百具甲楯）可以葬者

取庸苦之不予錢庸知其盜買縣官器（索隱曰縣官謂天子也所以謂國家爲縣官者夏家王畿內縣即國都也王者官天下故曰縣官也）怒而上變告子事連汙條侯（索隱曰汙音烏故反）書既聞上上下吏吏簿責條侯（如淳曰簿問責其情）條侯不對景帝罵之曰吾不用也（孟康曰不用女對欲殺之也如淳曰恐獄吏畏其復用事不敢折辱○索隱曰孟康如淳已備兩解大顏以孟說爲得而姚察又別一解云帝責此吏不得亞夫直辭以爲不足任用故召亞夫別詣廷尉使責對）召詣廷尉（正義曰景帝見條侯不對簿因責罵之曰吾不任用女也故召詣廷尉使重推劾耳餘說皆非也）廷尉責曰君侯欲反邪亞夫曰臣所買器乃葬器也何謂反邪吏曰君侯縱不反地上即欲反地下耳吏侵之益急初吏捕條侯條侯欲自

殺夫人止之以故不得死遂入廷尉因不食五
日嘔血而死國除絶一歲景帝乃更封絳侯勃
他子堅爲平曲侯續絳侯後十九年卒謚爲共
侯子建德代侯十三年爲太子太傅坐酎金不
善元鼎五年有罪國除徐廣曰諸列侯坐酎金失侯者皆在元鼎五年但此辭向
如有顚倒。索隱曰此云坐酎金不善復云元鼎五年有罪國除似重有罪故云顚倒而漢書直云爲太子太傅坐酎
金免官後有罪國除其文又錯也按表坐免官至元鼎五年坐酎金又失侯所以二史記之各有不同也條侯
果餓死死後景帝乃封王信爲蓋侯
太史公曰絳侯周勃始爲布衣時鄙朴人也才
能不過凡庸及從高祖定天下在將相位諸呂

欲作亂勃匡國家難復之乎正雖伊尹周公何
以加哉亞夫之用兵持威重執堅刃穰苴曷有
加焉足已而不學索隱曰亞夫自以己之智謀足而虛己不學古文所以不體權變而
動有違忤守節不遜索隱曰守節謂爭栗太子不封王信徐盧等不遜謂顧尚席取箸不對制獄是
也終以窮困悲夫

索隱述贊曰絳侯佐漢質厚敦篤始擊碭東
亦圍尸北所攻必取所討咸克陳豨伏誅臧
荼破國事居送往推功伏德列侯就第太尉
下獄繼相條侯紹封平曲惜哉賢將父子代辱

絳侯周勃世家第二十七　史記五十七

梁孝王世家第二十八　史記五十八

梁孝王武者孝文皇帝子也而與孝景帝同母
母竇太后也孝文帝凡四男長子曰太子是爲
孝景帝次子武次子參次子勝正義曰漢書勝作揖又云諸姬生代孝王
參梁懷王揖言諸姬者衆妾卑賤史不書姓故云諸姬也孝文帝即位二年以武
爲代王徐廣曰都中都。正義曰括地志云中都故城在汾州平遙縣西十二里以參爲
太原王徐廣曰都晉陽。正義曰括地志云并州太原地名大明城即古晉陽城智伯與韓魏攻趙襄
子於晉陽即此城是也以勝爲梁王徐廣曰都睢陽。索隱曰漢書梁王名揖蓋是矣按景帝
子中山靖王名勝是史記誤耳。正義曰括地志云宋州宋城縣在州南二里外城中本漢之睢陽縣也漢文帝封
子武於大梁以其卑濕徙睢陽故改曰梁也二歲徙代王爲淮陽王徐廣曰都

陳。正義曰即古陳國城也以代盡與太原王號曰代王參立
十七年孝文後二年卒謚爲孝王子登嗣立是
爲代共王立二十九年元光二年卒子義立是
爲代王十九年漢廣關以常山爲限而徙代王
王清河徐廣曰都清陽。正義曰括地志云清陽故城在貝州清縣西北八里也清河王
徙以元鼎三年也初武爲淮陽王十年而梁王
勝卒謚爲梁懷王懷王最少子愛幸異於他子
其明年徙淮陽王武爲梁王梁王之初王梁孝
文帝之十二年也梁王自初王通歷已十一年
矣索隱曰謂自文帝二年初封代後徙淮陽又徙梁通數文帝二年至十二年徙梁爲十一年也梁王

十四年入朝十七年十八年比年入朝留其明年乃之國二十一年入朝二十二年孝文帝崩二十四年入朝二十五年復入朝是時上未置太子也上與梁王燕飲嘗從容言曰千秋萬歲後傳於王王辭謝雖知非至言然心內喜太后亦然其春吳楚齊趙七國反吳楚先擊梁棘壁文穎曰地名。索隱曰按左氏傳宣公二年宋華元戰于大棘杜預云在襄邑東南蓋即棘壁是也。正義曰括地志云大棘故城在宋州寧陵縣西南七十里殺數萬人梁孝王城守睢陽而使韓安國張羽等為大將軍以距吳楚吳楚以梁為限不敢過而西與太尉亞夫等相距

三月吳楚破而梁所破殺虜略與漢中分漢書音義曰梁所虜吳楚之捷略與漢等明年漢立太子其後梁最親有功又為大國居天下膏腴地地北界泰山西至高陽徐廣曰在陳留圉縣。駰案司馬彪曰圉有高陽亭也。索隱曰圉縣屬陳留高陽鄉名也註引司馬彪者出續漢書郡國志也四十餘城皆多大縣孝王竇太后少子也愛之賞賜不可勝道於是孝王築東苑索隱曰築謂建也白虎通云苑所以東者何蓋以東方生物故也方三百餘里索隱曰蓋言其奢非實辭或者梁國封域之方。正義曰括地志云苑園在宋州宋城縣東南十里葛洪西京雜記云梁孝王苑中有落猨巖棲龍岫鴈池鶴洲鳧島諸宮觀相連奇果佳樹瑰禽異獸靡不畢備俗人言梁孝王竹園也廣睢陽城七十里索隱曰蘇林云廣其徑也太康地理記云城方十三里梁孝王築之鼓倡節杵而後下和之者

稱睢陽曲今踵以為故所以樂家有睢陽曲蓋採其遺音也大治宮室為複道自宮連屬於平臺三十餘里徐廣曰睢陽有平臺里。駰案如淳曰在梁東北離宮所在也晉灼曰或說在城中東北角。索隱曰如淳云在梁東北離宮所在者按今城東二十里臨新河有故臺址不甚高俗云平臺又一名脩竹苑西京雜記云有落猨巖棲龍岫鴈渚連亘七十餘里是也得賜天子旌旗出從千乘萬騎索隱曰漢官儀曰天子法駕三十六乘大駕八十一乘皆備千乘萬騎而出也東西馳獵擬於天子出言蹕入言警索隱曰漢舊儀云皇帝輦動稱警出殿則傳蹕止人清道言出入者互文耳出亦有蹕招延四方豪桀自山以東游說之士莫不畢至齊人羊勝公孫詭鄒陽之屬公孫詭多奇邪計索隱曰周禮有奇衺之人鄭玄云奇衺譎怪非常也奇音紀宜反邪音斜也初見王賜千金官至中尉梁

號之曰公孫將軍梁多作兵器弩弓矛數十萬而府庫金錢且百巨萬索隱曰如淳云巨亦大與大百萬同也韋昭云大百萬今萬萬珠玉寶器多於京師二十九年十月梁孝王入朝景帝使使持節乘輿駟馬迎梁王於關下鄒展曰但將駟馬往瓚曰稱乘輿駟馬則車馬皆往言不駕六馬耳天子副車駕駟馬既朝上疏因留以太后親故王入則侍景帝同輦出則同車游獵射禽獸上林中梁之侍中郎謁者著籍引出入正義曰著竹略反籍謂名簿也若今通引出入門也天子殿門與漢宦官無異十一月上廢栗太子竇太后心欲以孝王為後嗣大臣及袁盎等有所關說於景帝索隱

曰袁盎云漢家法周道立子是有所關涉之說於帝也一云關者隔也引事而關隔其說不得行也竇太
后義格如淳曰攱閣不得下。索隱曰張晏云格止也服虔云格謂格閣不行蘇林音閣周成雜字攱
閣也通俗文云高置立攱棚云攱閣字林音紀又音詭也亦遂不復言以梁王爲
嗣事由此以事秘世莫知乃辭歸國其夏四月
上立膠東王爲太子梁王怨袁盎及議臣乃與
羊勝公孫詭之屬陰使人刺殺袁盎及他議臣
十餘人逐其賊未得也於是天子意梁王索隱曰謂
意疑梁刺之逐賊果梁使之乃遣使冠蓋相望於道
覆按梁捕公孫詭羊勝公孫詭羊勝匿王後宮
使者責二千石急梁相軒丘豹正義曰姓軒丘名豹也及內

史記梁世家卅八　四

史韓安國進諫王王乃令勝詭皆自殺出之上
由此怨望於梁王梁王恐乃使韓安國因長公
主謝罪太后然後得釋上怒稍解因上書請朝
既至關茅蘭說王漢書音義曰茅蘭孝王臣使乘布車張晏曰布車降
服自比喪人從兩騎入匿於長公主園漢使使迎王王
已入關車騎盡居外不知王處太后泣曰帝殺
吾子景帝憂恐於是梁王伏斧質於闕下謝罪
然後太后景帝大喜相泣復如故悉召王從官
入關然景帝益疏王不同車輦矣三十五年冬
復朝上疏欲留上弗許歸國意忽忽不樂北獵

良山索隱曰漢書作梁山述征記云良山際清水今壽張縣南有良山服虔云是此山也。正義曰括地志云
梁山在鄆州壽張縣南三十五里即獵處也有獻牛足出背上索隱曰張晏云足當
處下所以輔身也今出背上象孝王背朝以干上也北者陰也又在梁山明爲梁也牛者丑之畜猶在六月北方數
六故六月六日薨也孝王惡之六月中病熱六日卒謚曰孝
王索隱曰述征記碭有梁孝王之冢孝王慈孝每聞太后病口不
能食居不安寢常欲留長安侍太后太后亦愛
之及聞梁王薨竇太后哭極哀不食曰帝果殺
吾子景帝哀懼不知所爲與長公主計之乃分
梁爲五國索隱曰長子買梁共王子明濟川王子彭離濟東王子定山陽王子不識濟陰王盡
立孝王男五人爲王女五人皆食湯沐邑於是

史記梁世家卅八　五

奏之太后太后乃說爲帝加壹飡梁孝王長子
買爲梁王是爲共王子明爲濟川王子彭離爲
濟東王子定爲山陽王子不識爲濟陰王孝王
未死時財以巨萬計不可勝數及死藏府餘黃
金尚四十餘萬斤他財物稱是梁共王三年景
帝崩共王立七年卒子襄立是爲平王
梁平王襄索隱曰漢書作讓十四年母曰陳太后共王母
曰李太后李太后親平王之大母也而平王之
后姓任曰任王后任王后甚有寵於平王襄初
孝王在時有罍樽鄭德曰上蓋刻爲雲雷象。索隱曰應劭曰詩云酌彼金罍罍有畫

雲雷之象以金飾之直千金孝王誡後世善保罍樽無得以
與人任王后聞而欲得罍樽平王大母李太后
曰先王有命無得以罍樽與人他物雖百巨萬
猶自恣也任王后絕欲得之平王襄直使人開
府取罍樽賜任王后李太后大怒漢使者來欲
自言平王襄及任王后遮止閉門李太后與爭
門措指晉灼曰許慎措置措以爲笮○索隱曰措音迮側格反漢書王陵傳迫迮前隊皆作此字說文
云迫笮也謂爲門扇所笮遂不得見漢使者李太后亦私與食
宮長及郎中尹霸等士通亂正義曰張先生舊本有士字先生疑是衍字又
不敢除故以朱大點其字中心今按候宮長及郎中尹霸等是士人太后與通亂其義亦通矣而王與

任王后以此使人風止李太后李太后內有淫
行亦已後病薨病時任后未嘗請病薨又不持
喪元朔中睢陽人類犴反者索隱曰韋昭云犴音岸按類犴反人姓名也反
字或作友人有辱其父而與淮陽太守客出同車太
守客出下車類犴反殺其仇於車上而去淮陽
太守怒以讓梁二千石二千石以下求反甚急
執反親戚反知國陰事乃上變事具告知王與
大母爭樽狀時丞相以下見知之欲以傷梁長
吏其書聞天子天子下吏驗問有之公卿請廢
襄爲庶人天子曰李太后有淫行而梁王襄無

良師傅故陷不義乃削梁八城梟任王后首于
市梁餘尚有十城襄立三十九年卒諡爲平王
子無傷立爲梁王也
濟川王明者梁孝王子以桓邑侯索隱曰地理志桓邑闕孝
景中六年爲濟川王七歲坐射殺其中尉漢有
司請誅天子弗忍誅廢明爲庶人遷房陵地入
于漢爲郡
濟東王彭離者梁孝王子以孝景中六年爲濟
東王二十九年彭離驕悍無人君禮昏暮私與
其奴亡命少年數十人行剽殺人取財物以爲

好如淳曰以是爲好喜之事所殺發覺者百餘人國皆知之莫
敢夜行所殺者子上書言漢有司請誅上不忍
廢以爲庶人遷上庸地入于漢爲大河郡
山陽哀王定者梁孝王子以孝景中六年爲山
陽王九年卒無子國除地入于漢爲山陽郡
濟陰哀王不識者梁孝王子以孝景中六年爲
濟陰王一歲卒無子國除地入于漢爲濟陰郡
太史公曰梁孝王雖以親愛之故王膏腴之地
然會漢家隆盛百姓殷富故能植其財貨廣宮
室車服擬於天子然亦僭矣褚先生曰臣爲郎

時聞之於宮殿中老郎吏好事者稱道之也竊以爲令梁孝王怨望欲爲不善者事從中生今太后女主也以愛少子故欲令梁王爲太子大臣不時正言其不可狀阿意治小私說意以受賞賜非忠臣也齊如魏其侯竇嬰之正言也索隱曰竇嬰袁盎皆言如周家立子不合立弟何以有後禍景帝與王燕見侍太后飲景帝曰千秋萬歲之後傳王太后喜說竇嬰在前據地言曰漢法之約傳子適孫今帝何以得傳弟擅亂高帝約乎於是景帝默然無聲太后意不說故成王與小弱弟立樹下取

一桐葉以與之曰吾用封汝周公聞之進見曰天王封弟甚善成王曰吾直與戲耳周公曰人主無過舉不當有戲言言之必行之於是乃封小弟以應縣索隱曰此說與晉世家不同事與封叔虞同彼云封唐此云封應應亦成王之弟或別有所見故不同。正義曰括地志云故應城故應鄉也在汝州魯山縣東四十里呂氏春秋云成王戲削桐葉爲圭以封叔虞非應侯也又汲冢古文云殷時已有應國非成王所造也是後成王沒齒不敢有戲言言必行之孝經曰非法不言非道不行此聖人之法言也今主上不宜出好言於梁王梁王上有太后之重驕蹇日久數聞景帝好言千秋萬世之後傳王而實不行又諸侯王

朝見天子漢法凡當四見耳始到入小見到正月朔旦奉皮薦璧玉賀正月法見後三日爲王置酒賜金錢財物後二日復入小見辭去凡留長安不過二十日小見者燕見於禁門內飲於省中非士人所得入也今梁王西朝因留且半歲入與人主同輦出與同車示風以大言而實不與令出怨言謀畔逆乃隨而憂之不亦遠乎非大賢人不知退讓今漢之儀法朝見賀正月者常一王與四侯俱朝見十餘歲一至今梁王常比年入朝見久留鄙語曰驕子不孝非惡言

也故諸侯王當爲置良師傅相忠言之士如汲黯韓長孺等敢直言極諫安得有患害蓋聞梁王西入朝謁竇太后燕見與景帝俱侍坐於太后前語言私說太后謂帝曰吾聞殷道親親周道尊尊其義一也索隱曰殷人尚質親親謂親其弟而授之周人尚文尊尊謂尊祖之正體故立其子尊其祖也安車大駕用梁孝王爲寄景帝跪席舉身曰諾罷酒出帝召袁盎諸大臣通經術者曰太后言如是何謂也皆對曰太后意欲立梁王爲帝太子帝問其狀袁盎等曰殷道親親者立弟周道尊尊立子殷道質質者法天親其所

親故立弟周道文文者法地尊者敬也敬其本始故立長子周道太子死立適孫殷道太子死立其弟帝曰於公何如皆對曰方今漢家法周周道不得立弟當立子故春秋所以非宋宣公宋宣公死不立子而與弟弟受國死復反之與兄之子弟之子爭之以爲我當代父後即刺殺兄子以故國亂禍不絕故春秋曰君子大居正宋之禍宣公爲之臣請見太后白之袁盎等入見太后太后言欲立梁王梁王即終欲誰立太后曰吾復立帝子袁盎等以宋宣公不立正生禍禍亂

後五世不絕小不忍害大義狀報太后太后乃解說即使梁王歸就國而梁王聞其義出於袁盎諸大臣所怨望使人來殺袁盎袁盎顧之曰我所謂袁將軍者也公得毋誤乎刺者曰是矣刺之置其劍劍著身視其劍新治問長安中削厲工工曰梁郎某子來治此劍（索隱曰謂梁國之郎是孝王官屬某子史失其姓名也）以此知而發覺之發使者捕逐之獨梁王所欲殺大臣十餘人文吏窮本之謀反端頗見太后不食日夜泣不止景帝甚憂之問公卿大臣大臣以爲遣經術吏往治之乃可解於是

遣田叔呂季主往治之此二人皆通經術知大禮來還至霸昌廐（正義曰括地志云漢霸昌廐在雍州萬年縣東北三十八里）取火悉燒梁之反辭但空手來對景帝景帝曰何如對曰言梁王不知也造爲之者獨其幸臣羊勝公孫詭之屬爲之耳謹以伏誅死梁王無恙也景帝喜說曰急趨謁太后太后聞之立起坐飡氣平復故曰不通經術知古今之大禮不可以爲三公及左右近臣少見之人如從管中闚天也

索隱述贊曰文帝少子徙封於梁太后鍾愛

廣築睢陽旌旗警蹕勢擬天王功扞吳楚計醜孫羊竇嬰正議袁盎劫傷漢窮梁獄冠蓋相望禍成驕子致此猖狂雖分五國卒亦不昌

梁孝王世家第二十八　史記五十八

五宗世家第二十九　　史記五十九

索隱曰景帝子十四人一武帝餘十三人爲王漢書謂之景十三王此名五宗者十三人爲王其母五人同母者爲宗也

孝景皇帝子凡十三人爲王而母五人同母者爲宗親栗姬子曰榮德閼于 索隱曰閼音遏漢書無于字 程姬子曰餘非端賈夫人子曰彭祖勝唐姬子曰發王夫人兒姁子曰越寄乘舜 索隱曰姁音况羽反兒姁夫人名王皇后之妹也

河閒獻王德 索隱曰漢書云大行令奏謚法曰聰明睿智曰獻 以孝景帝前二年用皇子爲河閒王好儒學被服造次必於儒者山東諸儒多從之游二十六年卒 漢名臣奏杜業奏曰河閒獻王經術通明積德累行天下雄俊衆儒皆歸之孝武帝時獻王朝被服造次必於仁義問以五策獻王輒對無窮孝武帝色然難之謂獻王曰湯以七十里文王百里王其勉之王知其意歸即縱酒聽樂因以終。索隱曰問以五策按漢書詔策問三十餘事被服造次按小顔云被服言常居處其中造次謂所向所行皆法於儒者 子共王不害立四年卒子剛王基代立十二年卒子頃王授代立 索隱曰漢書云授謚頃音傾

臨江哀王閼于以孝景帝前二年用皇子爲臨江王三年卒無後國除爲郡

臨江閔王榮以孝景前四年爲皇太子四歲廢用故太子爲臨江王四年坐侵廟壖垣爲宮 索隱曰服虔云宮外之餘地顧野王云牆外行馬內田音人掾反又音軟又音奴亂反壖垣牆外之短垣也 上徵榮榮行祖於江陵北門 索隱曰祖者行神行而祭之故曰祖也風俗通云共工氏之子曰脩好遠遊故祀爲祖神又崔浩云黃帝之子累祖好遠遊而死於道因以爲行神亦不知其何據蓋見其謂之祖因以爲累祖非也據帝系及本紀皆言累祖黃帝妃無爲行神之由也又聘禮云出祖釋軷祭脯酒而已按今祭禮以軷壤土爲壇於道則用黃狗或用狗以其血釁左輪。正義曰荊州圖副云漢臨江閔王榮始都江陵城坐侵廟壖地爲宮被徵出城北門而車軸折父老竊流涕曰吾王不反矣既而爲郅都所訊懼而縊死自此後北門存而不啓蓋爲榮不以道終也 既已上車軸折車廢江陵父老流涕竊言曰吾王不反矣榮至詣中尉府簿中尉郅都責訊王王恐自殺葬藍田燕數萬銜土置冢上百姓憐之榮最長死 正義曰顔師古云榮實最長而傳居二王後者以其從太子廢後乃爲王也 無後國除地入于漢爲南郡

右三國本王皆栗姬之子也

魯共王餘以孝景前二年用皇子爲淮陽王二年吳楚反破後以孝景前三年徙爲魯王好治宮室苑囿狗馬季年好音不喜辭辯爲人吃二十六年卒子光代爲王初好音輿馬晚節嗇 正義曰晚節猶言末年時嗇貪悋也 惟恐不足於財

江都易王非 索隱曰謚法好更故舊曰易 以孝景前二年用皇子爲汝南王吳楚反時非年十五有材力上書願擊吳景帝賜非將軍印擊吳吳已破二歲徙

為江都王治吳故國以軍功賜天子旌旗元光五年匈奴大入漢為賊非上書願擊匈奴上不許非好氣力治宮觀招四方豪桀驕奢甚立二十六年卒子建立為王七年自殺淮南衡山謀反時建頗聞其謀自以為國近淮南恐一日發為所并即陰作兵器而時佩其父所賜將軍印載天子旗以出易王死未葬建有所說易王寵美人淖姬 蘇林曰淖音泥淖 正義曰淖女孝反 夜使人迎與姦服舍中 索隱曰淖音女教反淖姓也蘇林有淖齒是也漢書云建召易王所愛淖姬等十人與姦服舍中也 及淮南事發治黨與頗及江都王建建恐因使人多持金錢事絕其獄而又信巫祝使人禱祠妄言建又盡與其姊弟姦 索隱曰漢書云建女弟徵臣為蓋侯子婦以易王喪來歸建復與姦也 事既聞漢公卿請捕治建天子不忍使大臣即訊王王服所犯遂自殺國除地入于漢為廣陵郡

膠西于王端 索隱曰按廣周書謚法云能優其德曰于 以孝景前三年吳楚七國反破後端用皇子為膠西王端為人賊戾又陰痿 正義曰委危反 不能御婦人 一近婦人病之數月而有愛幸少年為郎為郎者頃之與後宮亂端禽滅之及殺其子母數犯上法漢公卿數請誅

端天子為兄弟之故不忍而端所為滋甚有司再請削其國去太半端心慍遂為無訾省 蘇林曰為無所訾錄無所省錄○正義曰顏師古云訾財也省視也言不能視錄資財 府庫壞漏盡腐財物以巨萬計終不得收徙令吏毋得收租賦端皆去衛 索隱曰謂不置宿衛人 封其宮門從一門出游數變名姓為布衣之他郡國相二千石往者奉漢法以治端輒求其罪告之無罪者詐藥殺之所以設詐究變 索隱曰究窮也故郭璞云究謂窮盡 彊足以距諫智足以飾非相二千石從王治則漢繩以法故膠西小國而所殺傷二千石甚眾立四十七年卒竟無男代後國除地入于漢為膠西郡

右三國本王皆程姬之子也

趙王彭祖以孝景前二年用皇子為廣川王趙王遂反破後彭祖王廣川四年徙為趙王十五年孝景帝崩彭祖為人巧佞卑諂足恭而心刻深 索隱曰刻害深無仁恩 好法律持詭辯以中人 索隱曰謂詭詐之辯以傷中人 彭祖多內寵姬及子孫相二千石欲奉漢法以治則害於王家是以每相二千石至彭祖衣皁布衣自行迎除二千石舍 索隱曰謂彭祖自為二千石掃除其舍以迎之也 多設疑事以作動之得二千石失言中忌諱

輙書之二千石欲治者則以此迫劫不聽乃上書告及汙以姦利事彭祖立五十餘年相二千石無能滿二歲輙以罪去大者死小者刑以故二千石莫敢治而趙王擅權使使即縣為賈人榷會韋昭曰平會兩家買賣之賈也榷者禁他家獨王家得為之。索隱曰榷音角獨言榷謂酤榷也會音儈古外反謂為賈人專榷買賣之賈儈以取利若今之知市矣韋昭則訓榷為平其注解亦得入多於國經租稅索隱曰經常也謂王家入多於國家常納之租稅以是趙王家多金錢然所賜姬諸子亦盡之矣彭祖取故江都易王寵姬王建所盜與姦淖姬者為姬甚愛之彭祖不好治宮室禨祥服虔曰求福也。索隱曰按埤蒼云禨祆祥也列子云荆人鬼越人禨謂禨信鬼神越信禨祥者也好為吏事上書願督國中盜賊常夜從走卒行徼索隱曰上下孟反下工弔反徼是邪外路謂巡徼而伺察境界邯鄲中諸使過客以彭祖險陂莫敢留邯鄲其太子丹與其女及同產姊姦與其客江充有郤充告丹丹以故廢趙更立太子

中山靖王勝以孝景前三年用皇子為中山王十四年孝景帝崩勝為人樂酒正義曰樂五教反好內有子枝屬百二十餘人常與兄趙王相非曰兄為王專代吏治事王者當日聽音樂聲色趙王亦非之曰中山王徒日淫不佐天子拊循百姓

何以稱為藩臣立四十二年卒索隱曰漢書建元三年濟川中山王等來朝聞樂而泣天子問其故對以大臣內讒肺腑日疏其言甚雄壯詞切而理文天子加親親之好可謂漢之英藩矣子哀王昌立一年卒子昆侈代為中山王索隱曰漢書昆侈謚康王子頃王輔嗣至孫國除也

右二國本王皆賈夫人之子也

長沙定王發發之母唐姬故程姬侍者景帝召程姬程姬有所辟不願進索隱曰姚氏按釋名云天子諸侯羣妾以次進御有月事者止不御更不口說故以丹注面目的的為識令女史見之王察神女賦以為朊桂裳免鬢弃施玄的結羽釵的即釋名所云也說文云姅女汙也漢律云見姅變不得侍祠姅音半而飾侍者唐兒使夜進上醉不知以為程姬而幸之遂有身已乃覺非程姬也及生子因命曰發以孝景前二年用皇子為長沙王以其母微無寵故王卑濕貧國應劭曰景帝後二年諸王來朝有詔更前稱壽歌舞定王但張袖小舉手左右笑其拙上怪問之對曰臣國小地狹不足迴旋帝以武陵零陵桂陽屬焉立二十七年卒子康王庸立二十八年卒子鮒鮈立服虔曰鮈音拘為長沙王

右一國本王唐姬之子也

廣川惠王越以孝景中二年用皇子為廣川王十二年卒子齊立為王索隱曰漢書齊謚繆王謚法傷人蔽賢曰繆齊有幸臣桑距已而有罪欲誅距距亡王因禽其宗族距怨王乃上書告王齊與同產姦自是之後

王齊數上書告言漢公卿及幸臣所忠等索隱曰漢書告中尉秦彭祖子去嗣坐暴虐勃亂國除也。正義曰所忠姓名

膠東康王寄以孝景中二年用皇子爲膠東王二十八年卒淮南王謀反時寄微聞其事私作樓車鏃矢應劭曰樓車所以窺看敵國營壘之虛實也索隱曰左傳云登樓車以窺宋人謂看敵國營壘之虛實也李巡注爾雅金矢以金爲箭鏑鏃字林音子木反戰守備候淮南之起及吏治淮南之事辭出之如淳曰窮治其辭出此事寄於上最親徐廣曰其母武帝母妹。正義曰寄母王夫人即王皇后之妹於上爲從母故寄於諸兄弟最爲親愛也意傷之發病而死不敢置後於是上問寄有長子者名賢母無寵少子名慶母愛幸寄常欲立之爲不次因有過遂無言上憐之乃以賢爲膠東王奉康王嗣而封慶於故衡山地爲六安王膠東王賢立十四年卒謚爲哀王子慶爲王徐廣曰他本亦作慶字惟一本作建不宜得與叔父同名相承之誤六安王慶以元狩二年用膠東康王子爲六安王

清河哀王乘以孝景中三年用皇子爲清河王十二年卒無後國除地入于漢爲清河郡

常山憲王舜以孝景中五年用皇子爲常山王舜最親景帝少子驕怠多淫數犯禁上常寬釋之立三十二年卒太子勃代立爲王初憲王舜

有所不愛姬生長男棁蘇林曰音奪。索隱曰鄒氏音之悅反蘇林音奪許愼說解字林云他活反字從木棁以母無寵故亦不得幸於王王后脩生太子勃王內多所幸姬生子平子商王王后希得幸及憲王病甚諸幸姬常侍病故王后亦以妬媢不常侍病索隱曰媢音亡報反鄒氏作媢郭璞註三蒼云媢丈夫妬也又云妬女爲媢輒歸舍醫進藥太子勃不自嘗藥又不宿留侍病及王薨王后太子乃至憲王雅不以長子棁爲人數及薨又不分與財物郎或說太子王后令諸子與長子棁共分財物太子王后不聽太子代立又不收恤棁棁怨王后太子漢使者視憲王喪棁自言憲王病時王后太子不侍及薨六日出舍如淳曰服舍也太子勃私姦飲酒博戲擊筑與女子載馳環城過市入牢視囚天子遣大行騫索隱曰按是張騫驗王后及問王勃請逮勃所與姦諸證左王又匿之吏求捕勃大急使人致擊笞掠擅出漢所疑囚者有司請誅憲王后脩及王勃上以脩素無行使棁陷之罪勃無良師傅不忍誅有司請廢王后脩徙王勃以家屬處房陵上許之勃王數月遷于房陵國絕月餘天子爲最親乃詔有司曰常山憲王蚤夭后妾不和

適孽誣爭陷于不義以滅國朕甚閔焉其封憲王子平三萬戶爲眞定王封子商三萬戶爲泗水王（正義曰四水海州）

眞定王平元鼎四年用常山憲王子爲眞定王

泗水思王商以元鼎四年用常山王憲王子爲泗水王十一年卒子哀王安世立十一年卒無子於是上憐泗水王絕乃立安世弟賀爲泗水王

右四國本王皆王夫人兒姁子也其後漢益封其支子爲六安王泗水王二國凡兒姁子孫於今爲六王

太史公曰高祖時諸侯皆賦（徐廣曰國所出有皆入於王也）得自除內史以下漢獨爲置丞相黃金印諸侯自除御史廷尉正博士擬於天子自吳楚反後五宗王世漢爲置二千石去丞相曰相銀印諸侯獨得食租稅奪之權其後諸侯貧者或乘牛車也

索隱述贊曰景十三子五宗親睦栗姬既廢臨江折軸闗于阜甍河間儒服餘好宮苑端事馳逐江都有才中山禔福長沙地小膠東造鏃仁賢者代悖亂者族兒姁四王分封爲六

五宗世家第二十九　史記五十九

三王世家第三十　史記六十

大司馬臣去病（索隱曰姓霍）昧死再拜上疏皇帝陛下陛下過聽使臣去病待罪行閒宜專邊塞之思慮暴骸中野無以報乃敢惟他議以干用事者誠見陛下憂勞天下哀憐百姓以自忘虧膳貶樂損郎員皇子賴天能勝衣趨拜至今無號位師傅官陛下恭讓不恤羣臣私望不敢越職而言臣竊不勝犬馬心昧死願陛下詔有司因盛夏吉時定皇子位（索隱曰明堂月令云季夏月可以封諸侯立大官是也）唯陛下幸察臣去病昧死再拜以聞皇帝陛下三

月乙亥御史臣光守尚書令奏未央宮制曰下御史六年三月戊申朔乙亥御史臣光守尚書令丞非（索隱曰奏狀有尚書令官位而史闕其名耳丞非者或尚書左右丞非其名也）下御史書到言丞相臣青翟（索隱曰莊青翟也）御史大夫臣湯（索隱曰張湯）太常臣充（索隱曰趙充）大行令臣息（索隱曰李息）太子少傅臣安（索隱曰任安也）行宗正事昧死上言大司馬去病上疏曰陛下過聽使臣去病待罪行閒宜專邊塞之思慮暴骸中野無以報乃敢惟他議以干用事者誠見陛下憂勞天下哀憐百姓以自忘虧膳貶樂損郎員皇子賴天能勝衣

趨拜至今無號位師傅官陛下恭讓不䘏羣臣私望不敢越職而言臣竊不勝犬馬心昧死願陛下詔有司因盛夏吉時定皇子位唯願陛下幸察制曰下御史臣謹與中二千石二千石臣賀等正義曰公孫賀議古者裂地立國並建諸侯以承天子所以尊宗廟重社稷也今臣去病上疏不忘其職因以宣恩乃道天子卑讓自貶以勞天下慮皇子未有號位臣青翟臣湯等宜奉義遵職愚憧而不逮事方今盛夏吉時臣青翟臣湯等昧死請立皇子臣閎徐廣曰一作䦗臣旦臣胥為諸

侯王昧死請所立國名制曰蓋聞周封八百姬姓並列或子男附庸禮支子不祭云並建諸侯所以重社稷朕無聞焉且天非為君生民也索隱曰傳曰天生蒸民立君以司牧之是言生人為立君長司牧之耳非天為君而生人也朕之不德海內未洽乃以未教成者彊君連城即股肱何勸徐廣曰一作勃一作勗一作勸也○索隱曰謂皇子等並未習教義也皇子未習教義而彊使為諸侯王君以連城之人則大臣何有所勸其更議以列侯家之三月丙子奏未央宮丞相臣青翟御史大夫臣湯昧死言臣謹與列侯臣嬰齊中二千石二千石臣賀諫大夫博士臣安等議曰伏聞周封八百姬姓並列

奉承天子康叔以祖考顯而伯禽以周公立咸為建國諸侯以相傅為輔百官奉憲各遵其職而國統備矣竊以為並建諸侯所以重社稷者四海諸侯各以其職奉貢祭支子不得奉祭宗祖禮也封建使守藩國帝王所以扶德施化陛下奉承天統明開聖緒尊賢顯功興滅繼絕續蕭文終之後于酇索隱曰蕭何謚文終也蕭何初封沛之酇音贊後其子續封南陽之酇音嵯也褒厲羣臣平津侯等索隱曰公孫弘之封平津侯也平津高成之鄉名○正義曰公孫弘所封平津鄉在滄州鹽山南四十一里也昭六親之序明天施之屬使諸侯王封君得推私恩分子弟戶邑錫號尊

建百有餘國索隱曰武帝廣推恩之詔分王諸侯王子弟故有百餘國而家皇子為列侯則尊卑相踰索隱曰謂諸侯王子已為列侯而今又家皇子為列侯是尊卑相踰越矣列位失序不可以垂統於萬世臣請立臣閎索隱曰齊王也王夫人子臣旦索隱曰燕王也漢書云李姬之子臣胥索隱曰廣陵王也為諸侯王三月丙子奏未央宮制曰康叔親屬有十而獨尊者褒有德也周公祭天命郊故魯有白牡騂剛之牲公羊傳曰魯祭周公牲用白牡魯公用騂剛何休曰白牡殷牲也騂剛赤脊周牲也羣公不毛何休曰不毛不純色也賢不肖差也高山仰之景行嚮之朕甚慕焉所以抑未成家以列侯可四月戊寅奏未央宮丞相臣青翟御

史大夫臣湯昧死言臣青翟等與列侯吏二千
石諫大夫博士臣慶等議昧死奏請立皇子爲
諸侯王制曰康叔親屬有十而獨尊者褒有德
也周公祭天命郊故魯有白牡騂剛之牲羣公
不毛賢不肖差也高山仰之景行嚮之朕甚慕
焉所以抑未成家以列侯可臣青翟臣湯博士
臣將行等伏聞康叔親屬有十武王繼體周公
輔成王其八人皆以祖考之尊建爲大國康叔
之年幼周公在三公之位而伯禽據國於魯蓋
爵命之時未至成人康叔後扞祿父之難伯禽

殄淮夷之亂昔五帝異制周爵五等春秋三等
鄭玄曰春秋變周之文從殷之質合伯子男以爲一則殷爵三等者公侯伯也皆因時而序
尊卑高皇帝撥亂世反諸正索隱曰春秋公羊傳文昭至
德定海內封建諸侯爵位二等索隱曰謂王與列侯也皇子
或在繈緥而立爲諸侯王奉承天子爲萬世法
則不可易陛下躬親仁義體行聖德表裏文武
顯慈孝之行廣賢能之路內褒有德外討彊暴
極臨北海正義曰匈奴傳云霍去病伐匈奴北臨翰海西湊月氏正義曰湊音臻
氏音支至月氏西戎國名在葱嶺之西也匈奴西域舉國奉師輿械之
費不賦於民虛御府之藏以賞元戎詩云元戎十乘以先啓行

韓嬰章句曰元戎大戎謂兵車也車有大戎十乘謂車緩輪馬被甲衡扼之上盡有劍戟名曰陷軍之車所以冒突
先啓敵家之行伍也毛傳曰夏后氏曰鉤車先正也殷曰寅車先疾也周曰元戎先良也開禁倉以
賑貧窮減戍卒之半百蠻之君靡不鄉風承流
稱意遠方殊俗重譯而朝澤及方外故珍獸至
嘉穀興天應甚彰今諸侯支子封至諸侯王索隱
曰謂立膠東王子慶爲六安王常山王子平爲眞定王商爲四水王是也臣青翟臣湯等
竊伏孰計之皆以爲尊卑失序使天下失望不
可臣請立臣閎臣旦臣胥爲諸侯王四月癸未
奏未央宮留中不下丞相臣青翟太僕臣賀行
御史大夫事太常臣充太子太傅臣安行宗正

事昧死言臣青翟等前奏大司馬臣去病上疏
言皇子未有號位臣謹與御史大夫臣湯中二
千石二千石諫大夫博士臣慶等昧死請立皇
子臣閎等爲諸侯王陛下讓文武躬自切及皇
子未教羣臣之議儒者稱其術或誖其心陛下
固辭弗許家皇子爲列侯臣青翟等竊與列侯
臣壽成徐廣曰蕭何之玄孫酇侯壽成後爲太常也等二十七人議皆
曰以爲尊卑失序高皇帝建天下爲漢太祖王
子孫廣支輔先帝法則弗改所以宣至尊也臣
請令史官擇吉日具禮儀上御史奏輿地圖索隱

曰謂地爲輿者天地有覆載之德故謂天爲蓋謂地爲輿故地圖稱輿地圖疑自古有此名非始漢也 他皆
如前故事制曰可四月丙申奏未央宮大僕臣
賀行御史大夫事昧死言太常臣充言卜入四
月二十八日乙巳可立諸侯王臣昧死奏輿地
圖請所立國名禮儀別奏臣昧死請制曰立皇
子閎爲齊王旦爲燕王胥爲廣陵王四月丁酉
奏未央宮六年（徐廣曰一云元狩）四月戊寅朔癸卯御史
大夫湯下丞相丞相下中二千石二千石下郡
太守諸侯相丞書從事下當用者如律令
維六年四月乙巳皇帝使御史大夫湯廟立子

閎爲齊王曰於戲小子閎（索隱曰此封齊王策文也按武帝策此三王皆自手製於戲如言嗚呼戲音呼）受茲青社（張晏曰王者以五色土爲大社封四方諸侯各以其方色土與之苴以白茅歸以立社。索隱曰蔡邕獨斷云皇子封爲王受天子大社之土若封東方諸侯則割青土藉以白茅授之以立社謂之茅土齊在東方故云青社）朕承祖考維稽古建爾國
家封于東土世爲漢藩輔於戲念哉恭朕之詔
惟命不于常人之好德克明顯光義之不圖俾
君子怠（索隱曰謂若不圖於義則君子懈息無歸附心）悉爾心允執其中
天祿永終厥有愆不臧乃凶于而國害于爾躬
於戲保國艾民可不敬與王其戒之（徐廣曰立八年無後絕）

右齊王策

維六年四月乙巳皇帝使御史大夫湯廟立子
旦爲燕王曰於戲小子旦受茲玄社朕承祖考
維稽古（索隱曰褚先生解云維者度也稽者當也言當順古道也魏高貴鄉公云稽同也古天也謂堯能同天）建爾國家封于北土世爲漢藩輔於戲葷
粥氏虐老獸心（索隱曰按匈奴傳其國貴壯賤老壯者食肥美老者食其餘也是虐老也）侵
犯寇盜加以姦巧邊萌（索隱曰萌一作甿韋昭云甿民也三蒼云邊人云甿也）
於戲朕命將率徂征厥罪萬夫長千夫長三十
有二君皆來（張晏曰時所獲三十二師也）降旗奔師（如淳曰偃其旗鼓而來降。索隱曰漢書君作師期作旗而服虔云以三十二軍中之將下旗去之也如淳云即昆邪王偃旗鼓降時也若如此意則三十二軍非軍將盡戎狄酋帥有三十二君來降也）葷粥徙域（張晏曰匈奴徙東也）北

州以綏（臣瓚曰綏安也）悉爾心毋作怨毋俷德（徐廣曰俷一作菲。索隱曰蘇林云俷發也本亦作俷俷敗也孔文祥云菲薄也漢書作棐。正義曰俷音符味反）毋乃廢
備（索隱曰褚先生解云言無乏武備常備匈奴也）非教士不得從徵（張晏曰士不素習不應召。索隱曰韋昭云士非素教習不得從軍徵發故孔子曰不教人戰是謂弃之正謂此也褚先生解云非習孔義不得在於側也）
於戲保國艾民可不敬與王其戒之（徐廣曰立三十年自殺國除）

右燕王策

維六年四月乙巳皇帝使御史大夫湯廟立子
胥爲廣陵王曰於戲小子胥受茲赤社朕承祖
考維稽古建爾國家封于南土世爲漢藩輔古

人有言曰大江之南（正義曰謂京口南至荆州以南也）五湖之間（索隱曰五湖者具區洮滆彭蠡青草洞庭或曰太湖五百里故曰五湖也）其人輕心楊州保疆（徐廣曰一作壃騶案李奇曰保恃也）三代要服不及以政於戲悉爾心戰戰兢兢乃惠乃順毋侗好佚毋邇宵人（應劭曰無好逸游之事迩近小人張晏曰侗音同○索隱曰褚先生解云無好佚樂馳騁弋獵鄭氏宵音譥譥亦小人也或作佞人）維法維則書云臣不作威不作福靡有後羞於戲保國艾民可不敬與王其戒之（徐廣曰立六十四年自殺）

右廣陵王策

太史公曰古人有言曰愛之欲其富親之欲其貴故王者壃土建國封立子弟所以褒親親序骨肉尊先祖貴支體廣同姓於天下也是以形勢彊而王室安自古至今所由來久矣非有異也故弗論箸也燕齊之事無足采者然封立三王天子恭讓羣臣守義文辭爛然甚可觀也是以附之世家

索隱述贊曰三王封冊舊史爛然褚氏後補冊書存焉去病建議青翟上言天子冲挹志在急賢太常具禮請立齊燕閎國負海旦社惟玄胥人不通葷粥遠邊明哉監戒式防厥

衍

褚先生曰臣幸得以文學為侍郎好覽觀太史公之列傳傳中稱三王世家文辭可觀求其世家終不能得竊從長老好故事者取其封策書編列其事而傳之令後世得觀賢主之指意蓋聞孝武帝之時同日而俱拜三子為王封一子於齊一子於廣陵一子於燕各因子才力智能及土地之剛柔人民之輕重為作策以申戒之謂王世為漢藩輔保國治民可不敬與王其戒之夫賢主所作固非淺聞者所能知非博聞彊記君子者所不能究竟其意至其次序分絕文字之上下簡之參差長短皆有意人莫之能知謹論次其真草詔書編于左方令覽者自通其意而解說之

王夫人者趙人也與衛夫人並幸武帝而生子閎閎且立為王時其母病武帝自臨問之曰子當為王欲安所置之王夫人曰陛下在妾又何等可言者帝曰雖然意所欲欲於何所王之王夫人曰願置之雒陽武帝曰雒陽有武庫敖倉天下衝阸漢國之大都也先帝以來無子王於

雒陽者去雒陽餘盡可王夫人不應武帝曰關東之國無大於齊者齊東負海而城郭大古時獨臨菑中十萬戶天下膏腴地莫盛於齊者矣王夫人以手擊頭謝曰幸甚王夫人死而帝痛之使使者拜之曰皇帝謹使使太中大夫明奉璧一賜夫人爲齊王太后子閎王齊年少無有子立不幸早死國絕爲郡天下稱齊不宜王云所謂受此土者諸侯王始封者必受土於天子之社歸立之以爲國社以歲時祠之春秋大傳曰天子之國有泰社東方青南方赤西方白北

方黑上方黃故將封於東方者取青土封於南方者取赤土封於西方者取白土封於北方者取黑土封於上方者取黃土各取其色物裹以白茅封以爲社此始受封於天子者也此之爲主土主土者立社而奉之也朕承祖考祖者先也考者父也維稽古維者度也念也稽者當也當順古之道也齊地多變詐不習於禮義故戒之曰恭朕之詔唯命不可爲常人之好德能明顯光不圖於義使君子怠慢悉若心信執其中天祿長終有過不善乃凶于而國而害于若身

齊王之國左右維持以禮義不幸中年早夭然全身無過如其策意傳曰青采出於藍而質青於藍者教使然也遠哉賢主昭然獨見誡齊王以慎內誡燕王以無作怨無俷德（索隱曰本亦作肥案上策云作俷德下云勿使王背德也則肥當音扶味反亦音匪）誡廣陵王以慎外無作威與福夫廣陵在吳越之地其民精而輕故誡之曰江湖之閒其人輕心揚州葆疆三代之時迫要使從中國俗服不大及以政教以意御之而已無侗好佚無邇宵人維法是則無長好佚樂馳騁弋獵淫康而近小人常念法度則無羞辱

矣三江五湖有魚鹽之利銅山之富天下所仰故誡之曰臣不作福者勿使行財幣厚賞賜以立聲譽爲四方所歸也又曰臣不作威者勿使因輕以倍義也會孝武帝崩孝昭帝初立先朝廣陵王胥厚賞賜金錢財幣直三千餘萬益地百里邑萬戶會昭帝崩宣帝初立緣恩行義以本始元年中裂漢地盡以封廣陵王胥四子一子爲朝陽侯（正義曰括地志云朝陽故城在鄧州穰縣南八十里應劭云在朝水之陽也）一子爲平曲侯（正義曰地理志云平曲縣屬東海郡又云在瀛州文安縣北七十里）一子爲南利侯（正義曰括地志云南利故城在豫州上蔡縣東八十五里）最愛少子弘

立以爲高密王正義曰括地志云高密故城在密州高密縣西南四十里其後胥果作威福通楚王使者楚王宣言曰我先元王高帝少弟也封三十二城今地邑益少我欲與廣陵王共發兵云廣陵王爲上我復王楚三十二城如元王時事發覺公卿有司請行罰誅天子以骨肉之故不忍致法於胥下詔書無治廣陵王獨誅首惡楚王傳曰蓬生麻中不扶自直索隱曰已下並見荀卿子白沙在泥中與之皆黑者土地教化使之然也其後胥復祝詛謀反自殺國除燕土墝埆北迫匈奴其人民勇而少慮故誡之曰

葷粥氏無有孝行而禽獸心以竊盜侵犯邊民朕詔將軍往征其罪萬夫長千夫長三十有二君皆來降旗奔師葷粥徙域遠處北州以安矣悉若心無作怨者勿使從俗以怨望也無俷德者勿使上背德也無廢備者無乏武備常備匈奴也非教士不得從徵者言非習禮義不得在於側也會武帝年老長而太子不幸薨未有所立而旦使來上書請身入宿衞於長安孝武見其書擊地怒曰生子當置之齊魯禮義之鄉乃置之燕趙果有爭心不讓之端見矣於是使使

即斬其使者於闕下會武帝崩昭帝初立旦果作怨而望大臣自以長子當立與齊王子劉澤等謀爲叛逆出言曰我安得弟在者索隱曰案昭帝鉤弋夫人所生武帝崩時年纔七八歲耳胥旦早封在外實合有疑然武帝春秋高惑於內寵誅太子而立童孺能不使胥旦疑怨亦由權臣輔政貪立幼主之利遂得鉤弋子當陽斯實父德不弘遂令子道不順然犬各吠非其主太中宗正人臣之職亦當使燕諭之今立者乃大將軍子也欲發兵事發覺當誅昭帝緣恩寬忍抑案不揚公卿使大臣請遣宗正與太中大夫公戶滿意御史二人偕往使燕風諭之索隱曰宗正官名必以宗室有德者爲之不知時何人公戶姓滿意名爲太中大夫是使二人又有侍御史二人皆往使治廣陵也到燕各異日更見責王宗

正者王宗室諸劉屬籍先見王爲列陳道昭帝實武帝子狀侍御史乃復見王責之以正法問王欲發兵罪名明白當坐之漢家有正法王犯纖介小罪過即行法直斷耳安能寬王驚動以文法王意益下心恐公戶滿意習於經術最後見王稱引古今通義國家大禮文章爾雅索隱曰爾近也雅正也其書於正字義訓爲近故云爾雅承云周公作以教成王又云子夏作之以解詩書謂王曰古者天子必內有異姓大夫所以正骨肉也外有同姓大夫所以正異族也索隱曰內云有異姓大夫以正骨肉蓋錯也內合言同姓宗正是也外合言異姓太中大夫是也周公輔成王誅其兩弟

故治武帝在時尚能寬王今昭帝始立年幼富於春秋未臨政委任大臣古者誅罰不阿親戚故天下治大今大臣輔政奉法直行無敢所阿恐不能寬王王可自謹無自令身死國滅爲天下笑於是燕王旦乃恐懼服罪叩頭謝過大臣欲和合骨肉難傷之以法其後旦復與左將軍上官桀等謀反宣言曰我次太子太子不在我當立大臣共抑我云云大將軍光輔政與公卿大臣議曰燕王旦不改過悔正行惡不變於是脩法直斷行罰誅旦自殺國除如其策指有司

請誅旦妻子孝昭以骨肉之親不忍致法寬赦旦妻子免爲庶人傳曰蘭根與白芷漸之滫中 徐廣曰滫者淅米汁也音先糾反。索隱曰白芷香草也音止又音昌改反漸漬也滫如禮滫瀡之滫謂洗也音思酒反。正義曰言雖香草以米汁漬之無復香氣君子不欲附近庶人不服者爲漸漬然也以旦謀叛君子庶人皆不附近 君子不近庶人不服者所以漸然也宣帝初立推恩宣德以本始元年中盡復封燕王旦兩子一子爲安定侯 正義曰漢表在鉅鹿郡 立燕故太子建爲廣陽王 正義曰括地志云廣陽故城今在幽州良鄉縣東北三十七里 以奉燕王祭祀

三王世家第三十　史記六十

老子伯夷列傳第一　史記六十一

索隱曰列傳者謂敘列人臣事跡令可傳於後世故曰列傳

正義曰其人行跡可序列故云列傳

監本老子與伯夷同傳第一莊子與韓非同傳第三

索隱本伯夷傳第一老子莊子韓非同傳第三

索隱云二人教迹全乖不宜同傳先賢已有成說今則不可依循宜令老子尹喜莊周同爲傳其韓非可居商君傳末

正義本老子莊子伯夷居列傳之首正義曰老子莊子開元二十三年奉勑升爲列傳首處夷齊上然漢武帝之時佛教未興道教已設道則禁惡咸致正理制御邪人未有佛教可導故列老莊於申韓之上今既佛道齊妙興法乖流理居列傳之首也○今依正義本

老子者 正義曰朱韜玉札及神仙傳云老子楚國苦縣瀨鄉曲仁里人姓李名耳字伯陽一名重耳外字聃

身長八尺八寸黃色美眉長耳大目廣額疏齒方口厚脣額有三五達理日角月懸鼻有雙柱耳有三門足蹈二五手把十文周時人李母八十一年而生又玄妙內篇云李母懷胎八十一載逍遙李樹下迺割左腋而生又云玄妙玉女夢流星入口而有娠七十二年而生老子又上元經云李母晝夜見五色珠大如彈丸自天下因吞之即有娠張君相云老子者是號非名老考也子孳也考教眾理達成聖孳乃孳生萬物善化濟物無遺也 楚苦縣厲鄉曲仁里人也 地理志曰苦縣屬陳國。索隱曰地理志誤也苦縣本屬陳春秋時楚滅陳而苦又屬楚故云楚苦縣至高帝十一年立淮陽國陳縣苦縣皆屬焉裴氏所引不明見苦縣在陳縣下因云苦屬陳今檢地理志苦實屬淮陽郡苦音怙○正義曰按年表云淮陽國景帝三年廢至天漢脩史之時楚節王純都彭城相近疑苦此時屬楚國故太史公書之括地志云苦縣在亳州谷陽縣界有老子宅及廟廟中有九井尚存在今亳州真源縣也厲音賴晉太康地記云苦縣城東有瀨鄉祠老子所生地也 姓李氏名耳字伯陽謚曰聃 索隱曰按葛玄云李氏女所生因母姓也又云生而指李樹因以爲姓許慎云聃耳曼也故名耳字聃今作字伯陽非正

也然老子號伯陽父此傳不稱○正義曰聃耳漫無輪也神仙傳云外字曰聃按字號也疑老子耳漫無輪故世號曰聃周守藏室之史也索隱曰按藏室史乃周藏書室之史也又張湯傳老子爲柱下史即藏室之柱下因以爲官名○正義曰藏在浪反孔子適周將問禮於老子索隱曰大戴記亦云然老子曰子所言者其人與骨皆已朽矣獨其言在耳且君子得其時則駕不得其時則蓬累而行索隱曰劉氏云蓬累猶扶持也累音六水反說者云頭戴物兩手扶之而行謂之蓬累也蓬蓋也累隨也以言若得明君則駕車服冕不遭時則自覆蓋相攜隨而去也○正義曰蓬沙磧上轉蓬也累轉行貌也言君子得明主則駕車而事不遭時則若蓬轉流移而行可止則止也蓬其狀若皤蒿細葉蔓生於沙幕中風吹則根斷隨風轉移也皤蒿江東呼爲斜蒿云吾聞之良賈深藏若虛君子盛德容貌若愚索隱曰良賈謂善貨賣之人賈音古深藏謂隱其寶貨不令人見故云若虛而君子之人身有盛德

其容貌謙退有若愚魯之人然嵇康高士傳亦載此語文則小異云良賈深藏外形若虛君子盛德容貌若不足也去子之驕氣與多欲態色與淫志正義曰姿態之容色與淫欲之志皆無益於夫子須去除也是皆無益於子之身吾所以告子若是而已孔子去謂弟子曰鳥吾知其能飛魚吾知其能游獸吾知其能走走者可以爲罔游者可以爲綸飛者可以爲矰至於龍吾不能知其乘風雲而上天吾今日見老子其猶龍邪老子脩道德其學以自隱無名爲務居周久之見周之衰廼遂去至關正義曰抱朴子云老子西遊遇關令尹喜於散關爲喜著道德經一卷謂之老子或以爲函谷關括地志云散關在岐州陳倉縣東南五十二里函谷關在陝州桃林縣西南十二里關令

尹喜曰子將隱矣彊爲我著書索隱曰李尤函谷關銘云尹喜要老子留作二篇而崔浩以尹喜又爲散關令是也○正義曰強其兩反爲于僞反於是老子廼著書上下篇言道德之意五千餘言而去莫知其所終列仙傳曰關令尹喜者周大夫也善內學星宿服精華隱德行仁時人莫知老子西遊喜先見其氣知眞人當過候物色而迹之果得老子老子亦知其奇爲著書與老子俱之流沙之西服具勝實莫知其所終亦著書九篇名關令子○索隱曰列仙傳是劉向所記物色而迹謂視其氣物有異色而尋迹之又按列異傳老子西遊關令尹喜望見有紫氣浮關而老子果乘青牛而過也或曰老萊子亦楚人也正義曰太史公疑老子或是老萊子故書之列仙傳云老萊子楚人當時世亂逃世耕於蒙山之陽莞葭爲牆蓬蒿爲室杖木爲牀蓍艾爲席菹艾爲食墾山播種五穀楚王至門迎之遂去至於江南而止曰鳥獸之解毛可績而衣其遺粒足食也著書十五篇言道家之用與孔子同時云蓋老子百

有六十餘歲或言二百餘歲索隱曰此前古好事者據外傳以老子生年至孔子時故百六十歲或言二百餘歲者即以周太史儋爲老子故二百餘歲○正義曰蓋或皆疑辭也世不的知故言蓋及或也王清云老子以周平王時見衰於是去孔子世家云孔子問禮於老子在周景王時孔子蓋年三十也去平王十二王比傳云儋即老子也秦獻公與烈王同時去平王二十一王說者不一不可知也故葛仙公序云老子體于自然生乎大始之先起乎無因經歷天地終始不可稱載以其脩道而養壽也自孔子死之後百二十九年徐廣曰實百一十九年而史記周太史儋見秦獻公曰始秦與周合而離離五百歲而復合合七十歲而霸王者出焉索隱曰周秦二本紀並云始周與秦國合而別別五百載又合合七十歲而霸王者出然與此傳離合正反尋其意義亦並不違或曰儋即老子或曰非也世莫知其然否老子隱君子

也老子之子名宗宗爲魏將封於段干此云封於段干段干應是魏邑名也而魏世家有段干木段干子田完世家有段干朋疑此三人是姓段干也本蓋因邑爲姓左傳所謂邑亦如之是也風俗通氏姓注云姓段名干木恐或失之矣天下自別有段姓何必段干木邪宗子注索隱曰音鑄○正義曰之樹反注子宮宮玄孫假索隱曰音古雅反正義曰作徦音霞假仕於漢孝文帝而假之子解爲膠西王卬太傅因家于齊焉世之學老子者則絀儒學索隱曰按絀音黜黜退而後之也儒學亦絀老子道不同不相爲謀豈謂是邪李耳無爲自化清靜自正索隱曰太史公因其行事於當篇之末結以此言亦是贊也又云此是昔人所評老聃之德故太史公引以記之○正義曰此都結老子之教也言無所造爲而自化清淨不撓而民自歸正也

莊子者蒙人也地理志蒙縣屬梁國○索隱曰劉向別錄云宋之蒙人也○正義曰郭緣生述征記云蒙縣莊周之本邑也名周周嘗爲蒙漆園吏正義曰括地志云漆園故城在曹州冤句縣北十七里此云莊周爲漆園吏即此按其城古屬蒙縣與梁惠王齊宣王同時其學無所不闚然其要本歸於老子之言故其著書十餘萬言大抵率寓言也索隱曰大抵猶言大略也其書十餘萬言率皆立主客使之相對語故云偶言又音寓寓寄也故別錄云又作人姓名使相與語是寄辭於其人故莊子有寓言篇○正義曰率音律寓音遇率猶類也寓寄也作漁父盜跖胠篋索隱曰胠篋猶言開篋胠音袪亦有音去篋音去劫反○正義曰胠音丘魚反篋音苦頰反胠開也篋箱類也此莊子三篇名皆誣設自古聖君賢臣孔子之徒營求名譽咸以喪身非抱素任眞之道也以詆訿孔子之徒索隱曰詆音邸訿音訾謂詆訐毀訾孔子也以明老子之術畏累虛亢桑子

之屬皆空語無事實索隱曰按莊子畏累虛篇名也即老聃弟子畏累鄒氏畏音於鬼反累音壘劉氏畏音烏罪反累路罪反郭象云今東萊也亢音庚亢桑子王劭本作庚桑司馬彪云庚桑楚人姓名○正義曰莊子云庚桑楚者老子弟子北居畏累之山成疏云山在魯亦云在深州此篇寄庚桑楚以明至人之德衛生之經若槁木無情死灰無心禍福不至惡有人災言莊子雜篇庚桑楚已下皆空設言語無有實事也然善屬書離辭正義曰屬音燭離辭猶分析其辭句也指事類情用剽剝儒墨正義曰剽匹妙反剽猶攻擊也雖當世宿學不能自解免也其言洸洋自恣以適己索隱曰洸洋音汪羊二字又音晃養又作瀁○正義曰洋音翔已音紀故自王公大人不能器之楚威王聞莊周賢正義曰威王當周顯王三十年使使厚幣迎之許以爲相莊周笑謂楚使者曰千金重利卿相尊位也子獨不見

郊祭之犧牛乎養食之數歲衣以文繡以入太廟當是之時雖欲爲孤豚豈可得乎索隱曰孤小也特也願爲小豚不可得○正義曰不羣也豚小豬臨宰時願爲孤小豚不可得也子亟去索隱曰音棘亟猶急也無汚我索隱曰汙烏故反我寧游戲汚瀆之中自快索隱曰汙瀆音烏讀潢汙之小渠也無爲有國者所羈終身不仕以快吾志焉正義曰莊子云莊子釣於濮水之上楚王使大夫往曰願以竟內累莊子持竿不顧曰吾聞楚有神龜死二千歲矣巾笥藏之廟堂之上此龜寧無爲留骨而貴乎寧生曳尾泥中乎大夫曰寧曳尾塗中莊子曰往矣吾將曳尾於塗中與此傳不同也

夫學者載籍極博猶考信於六藝詩書雖缺索隱曰孔子系家稱古詩三千餘篇孔子刪三百五篇爲詩今亡五篇又書緯稱孔子求得黃帝玄孫帝魁之書迄秦穆公凡

三千三百三十篇乃刪以一百篇爲尚書十八篇爲中候今百篇之內見亡四十二篇是詩書又有缺亡者也

然虞夏之文可知也索隱曰尚書有堯典舜典大禹謨備言虞夏禪讓之事故云虞夏之文可知也堯將遜位讓於虞舜舜禹之間岳牧咸薦乃試之於位典職數十年正義曰舜禹皆典職事二十餘年然後踐帝位功用既興然後授政示天下重器索隱曰言天下者是王者之重器故莊子云天下大器是也則大器亦謂之重器王者大統傳天下若斯之難也而說者曰堯讓天下於許由正義曰皇甫謐高士傳云許由字武仲堯聞致天下而讓焉乃退而遁於中嶽潁水之陽箕山之下隱堯又召爲九州長由不欲聞之洗耳於潁水濱時有巢父牽犢欲飲之見由洗耳問其故對曰堯欲召我爲九州長惡聞其聲是故洗耳巢父曰子若處高岸深谷人道不通誰能見子子故浮游欲聞求其名譽汙吾犢口牽犢上流飲之許由殁葬此山亦名許由山在洛州陽城縣南十三里許由不受恥之逃隱及夏之時有卞隨務光者此何以稱焉索隱曰說者謂諸子雜記也然堯讓於許由及夏時有卞隨務光等殷湯讓之天下並不受而逃事具莊周讓王篇○正義曰經史唯稱伯夷叔齊不及許由卞隨務光者不少概見何以哉故言何以稱焉爲不稱說之也

太史公曰余登箕山索隱曰蓋揚惲東方朔見其文稱余而加太史公曰也其上蓋有許由冢云孔子序列古之仁聖賢人如吳太伯伯夷之倫詳矣余以所聞由光義至高索隱曰謂太史公聞莊周說許由務光等也莊子堯讓天下於許由由遂逃箕山洗耳於潁水卞隨自投於桐水務光負石自沉於盧水是義至高其文辭不少概見何哉索隱曰按概是梗概謂略也蓋以由光義至高而詩書之文辭遂不少梗概載見何以如此哉是太史公疑於說者之言或非實也○正義曰概古代反

孔子曰伯夷叔齊不念舊惡怨是用希求仁得仁又何怨乎余悲伯夷之意睹軼詩可異焉索隱曰謂悲其兄弟相讓又義不食周粟而餓死睹音覩軼音逸謂見逸詩之文即下采薇之詩是也不編入三百篇故云逸詩也可異焉者按論語云求仁得仁又何怨乎今其詩云我安適歸矣于嗟徂兮命之衰矣是怨詞也故云可異焉其傳曰伯夷叔齊孤竹君之二子也索隱曰其傳蓋韓詩外傳及呂氏春秋也其傳云孤竹君是殷湯三月丙寅日所封相傳至夷齊之父名初字子朝伯夷名元字公信叔齊名致字公達解者云夷齊謚也伯仲又其長少之字地理志孤竹城在遼西令支縣應劭云蓋伯夷之國君姓墨胎氏○正義本前注丙寅作殷湯正月三日丙寅括地志云孤竹古城在盧龍縣南十二里殷時諸侯孤竹國也父欲立叔齊及父卒叔齊讓伯夷伯夷曰父命也遂逃去叔齊亦不肯立而逃之國人立其中子於是伯夷叔齊聞西伯昌善養老盍往歸焉索隱曰劉氏云盍者疑辭蓋謂其年老歸就西伯也及至西伯卒武王載木主號爲文王東伐紂伯夷叔齊叩馬而諫曰父死不葬爰及干戈可謂孝乎以臣弑君可謂仁乎左右欲兵之太公曰此義人也扶而去之武王已平殷亂天下宗周而伯夷叔齊恥之義不食周粟隱於首陽山馬融曰首陽山在河東蒲坂華山之北河曲之中○正義曰曹大家注幽通賦云夷齊餓於首陽山在隴西首又戴延之西征記云洛陽東北首陽山有夷齊祠今在偃師縣西北又孟子云夷齊避紂居北海之濱首陽山說文云首陽山在遼西史傳及諸書夷齊餓於首陽凡五所各有案據先後不詳莊子云伯夷叔齊西至岐陽見周武王伐殷曰吾聞古之士遭治世不避其任遇亂世不爲苟存今天下闇周德衰其並乎周以塗吾身也不若

避之以絜吾行二子北至於首陽之山遂飢餓而死又下詩登彼西山是今清源縣首陽山在岐陽西北明即夷齊餓死
處也采薇而食之索隱曰薇蕨也爾雅云蕨鼈也○正義曰陸璣毛詩草木疏云薇山菜也莖葉
皆似小豆蔓生其味亦如小荳藿可作羹亦可生食也及餓且死作歌其辭曰
登彼西山兮采其薇矣索隱曰西山即首陽山以暴易暴兮
不知其非矣索隱曰以武王之暴臣易殷紂之暴主而不自知其非矣神農虞夏
忽焉沒兮我安適歸矣索隱曰犧農虞夏敦樸禪讓之道超忽久矣終沒矣今逢
此君臣爭奪故我安適歸于嗟徂兮命之衰矣索隱曰于嗟嗟歎之辭也徂者往也
死也言己今日餓死亦是運命之衰薄不遇大道之時至憂而餓死遂餓死於首陽山由
此觀之怨耶非耶索隱曰太史公言已觀此詩之情似是有怨耶又疑其云非是怨耶或
曰天道無親常與善人若伯夷叔齊可謂善人

史列传一　八

者非耶索隱曰又自起論云若夷齊之行如此可謂善人者耶又非善人者耶亦疑也積仁絜
行如此而餓死且七十子之徒仲尼獨薦顏淵
為好學然回也屢空糟糠不厭索隱曰厭音猒也謂不猒飽也糟糠
貧者之所食也故曰糟糠之妻是也然顏子一簞食瓢飲未見有糟糠之文而卒蚤夭天之
報施善人其何如哉盜跖日殺不辜索隱曰蹠與跖同並音之
石反盜跖柳下惠弟見莊子為篇名○正義曰按蹠者黃帝時大盜之名以柳下惠弟為天下大盜故世放古號之盜蹠
肝人之肉索隱曰劉氏云謂取人肉為生肝非也莊子云跖方休卒太山之陽膾人肝而餔之暴
戾恣睢索隱曰暴戾謂兇暴而惡戾也鄒誕生恣音資睢音千餘反劉氏恣音如字睢音休季反恣睢謂恣
行為睢惡之貌也○正義曰睢仰白目怒貌也言盜蹠兇暴惡戾恣性怒白目也聚黨數千人
橫行天下竟以壽終皇覽曰盜跖冢在河東大陽臨河曲直弘農華陰山潼鄉盜跖

即柳下惠弟也○索隱曰直音如字直者當也或音值非也潼音同按潼水名因為鄉今之潼津關是亦為縣○正義曰
括地志云盜跖冢在陝州河北縣西二十里河北縣本漢大陽縣也又今齊州平陵縣有盜跖冢未詳也是遵
何德哉索隱曰言盜跖無道橫行天下竟以壽終是其人遵行何德而致此哉此其尤大
彰明較著者也索隱曰較明也言伯夷有德而餓死盜跖暴戾而壽終是賢不遇而惡道長尤
大著明之證若至近世操行不軌專犯忌諱而終身逸
樂索隱曰謂若魯桓楚靈晉獻齊襄之比皆是富厚累世不絕或擇地
而蹈之索隱曰謂不仕暗君不飲盜泉累足高山之頂竄跡滄洲之濱是也○正義曰謂比郭駱鮑焦等是
也時然後出言索隱曰論語夫子時然後言行不由徑索隱曰澹臺滅明之
行非公正不發憤而遇禍災者不可勝數也索隱
曰謂人臣之節非公正之事不感激發憤或出忠言或致身命而卒遇禍災者不可勝數謂龍逢比干屈平伍胥之比

史列传一　九

余甚惑焉儻所謂天道是耶非耶索隱曰太史公惑於不軌而逸
樂公正而遇害為天道之非而又是耶深惑之也蓋天道玄遠聽聽暫遺或窮通數會不由行事所以行善未之福行惡
未之禍故先達皆猶昧之也○正義曰儻音他蕩反儻未定之詞也為天道不敢的言是非故云儻也子曰
道不同不相為謀亦各從其志也正義曰太史公引孔子之言證
前事也言天道人道不同一任其運遇亦各從其志意也故曰富貴如可求雖執
鞭之士吾亦為之鄭玄曰富貴不可求而得之當脩德以得之若於道可求而得之者雖執
鞭賤職我亦為之如不可求從吾所好孔安國曰所好者古人之道歲寒
然後知松柏之後凋何晏曰大寒之歲衆木皆死然後松柏少凋傷平歲衆木亦有不死
者故須歲寒然後別之喻凡人處治世亦能自修整與君子同在濁世然後知君子之正不苟容也舉世混
濁清士乃見索隱曰老子曰國家昏亂有忠臣是舉代混濁則士之清潔者乃彰見故上文歲寒

然後知松柏之後凋先爲此言張本也○正義曰言天下泯亂清絜之士不撓不苟合於盜跖也**豈以其重若彼其輕若此哉**索隱曰謂伯夷讓德之重若彼采薇而餓死之輕若此又一解云操行不軌富厚累代是其重若彼公正發憤而遇禍災是其輕若此也○正義曰重謂盜跖等也輕謂夷齊由光等也**君子疾沒世而名不稱焉**索隱曰自此已下雖論伯夷得夫子而名彰顏回附驥尾而行著蓋亦欲微見己之著撰不已亦是疾沒世而名不稱焉故引賈子貪夫殉財烈士徇名是也又引同明相照同類相求雲從龍風從虎者言物各從類以相求太史公言己亦是操行廉直而不用於代卒陷非罪與伯夷相類故寄此而發論○正義曰君子疾沒後懼名堙滅而不稱若夷齊顏回絜行立名後代稱述亦太史公欲漸見已立名著述之美也**賈子曰**索隱曰賈誼也作鵩鳥賦云然故太史公引而稱之也**貪夫徇財**正義曰徇財迅反徇求也瓚云已身從物曰徇**烈士徇名夸者死權**索隱曰言貪權勢以矜夸者至死不休故云死權也**衆庶馮生**索隱曰馮者恃也音凭言衆庶之情蓋馮恃矜其生也鄒誕生作每生每音冒也冒即貪之義○正義曰太史公引賈子鵩言作史記若貪夫徇財烈士徇名夸者死權衆庶貪生乃成其史記**同明相照**索隱曰已下並繫辭云**同類相求**正義曰天欲雨而柱礎潤謂同德者相應**雲從龍風從虎**王肅曰龍舉而景雲屬虎嘯而谷風與張璠曰猶言龍從雲虎從風也**聖人作而萬物覩**馬融曰作起也○索隱曰又引此句者謂聖人起而居位則萬物之情皆得覩見故己今日又得著書言世情之輕重也○正義曰此有識也聖人有養生之德萬物有長養之情故相感應也此以上至同明相照是周易乾象辭也太史公引此等相感者欲見述作之意合萬物有睹也孔子歿後五百歲而已當之故作史記使萬物見覩之也太史公序傳云先人有言自周公卒五百歲而有孔子孔子卒後至於今五百歲有能紹明世正易傳繼春秋本詩書禮樂之際意在斯乎小子何敢讓焉作述六經云易著天地陰陽四時五行故長於變禮經紀人倫故長於行書記先王之事故長於政詩記山川谿谷禽獸草木牝牡雌雄故長於風樂樂所以立故長於和春秋辨是非故長於治人是故禮以節人樂以發和書以導事詩以達意易以道化春秋以道義撥亂世反之正莫近於春秋按述作而萬物睹見

伯夷叔齊雖賢得夫子而名益彰正義曰伯夷叔齊雖有賢行得夫子稱揚而名益彰著萬物雖有生養之性得太史公作述而世事益睹見**顏淵雖篤學附驥尾而行益顯**索隱曰蒼蠅附驥尾而致千里以喻顏回因孔子而名彰**巖穴之士趨舍有時若此類名堙滅而不稱悲夫**正義曰趨音趨舍音捨趨向也捨廢也言隱處之士時有附驥尾而名曉達若堙滅不稱數者亦可悲痛**閭巷之人欲砥行立名者**正義曰砥音旨礪行脩德在鄉閭者若不託貴大之士何得封侯爵賞而名留後代也**非附青雲之士惡能施於後世哉**

索隱述贊曰

天道平分　與善徒云　賢而餓死

盜且聚羣　吉凶倚伏　報施糾紛

子罕言命　得自前聞　嗟彼素士

不附青雲

老子伯夷列傳第一　史記六十一

管晏列傳第二　史記六十二

管仲夷吾者潁上人也索隱曰潁水名地理志潁水出陽城漢有潁陽臨潁二縣今有潁上縣○正義曰韋昭云管夷吾姬姓之後管嚴之子敬仲也少時常與鮑叔牙游索隱曰呂氏春秋管仲與鮑叔鮑叔知其賢管仲貧困常欺鮑叔同賈南陽及分財利而管仲嘗欺鮑叔多自取鮑叔知其有母不以爲貪鮑叔終善遇之不以爲言已而鮑叔事齊公子小白管仲事公子糾及小白立爲桓公公子糾死管仲囚焉鮑叔遂進管仲正義曰齊世家云鮑叔曰君將治齊則高傒與叔牙足矣且欲霸王非管夷吾不可夷吾之居國國重不可失也桓公從之韋昭云鮑叔齊大夫姒姓之後鮑叔之子叔牙也管仲既用任政於齊正義曰管子云相齊以九惠之教一曰老二曰慈三曰孤四曰疾五曰獨六曰病七曰通八曰賑九曰絕也齊桓公以霸九合諸侯一匡天下管仲之謀也管仲曰吾始困時嘗與鮑叔賈分財利正義曰賈音古多自與鮑叔不以我爲貪知我貧也吾嘗爲鮑叔謀事而更窮困鮑叔不以我爲愚知時有利不利也吾嘗三仕三見逐於君鮑叔不以我爲不肖知我不遭時也吾嘗三戰三走鮑叔不以我爲怯知我有老母也公子糾敗召忽死之吾幽囚受辱鮑叔不以我爲無恥知我不羞小節而恥功名不顯於天下也生我者父母知我者鮑子也鮑叔既進管仲以身下之子孫世祿

於齊有封邑者十餘世索隱曰世本云莊仲山產敬仲夷吾夷吾產武子鳴鳴產桓子啓方啓方產成子孺孺產莊子盧盧產悼子其夷其夷產襄子武武產景子耐涉耐涉產微凡十代常爲名大夫天下不多管仲之賢而多鮑叔能知人也管仲既任政相齊正義曰國語云齊桓公使鮑叔爲相辭曰臣之不若夷吾者五寬惠民不若也治國家不失其柄不若也忠惠可結於百姓不若也制禮義可法於四方不若也執枹鼓立於軍門使百姓皆加勇不若也以區區之齊在海濱正義曰齊國東濱海也通貨積財富國彊兵與俗同好惡故其稱曰索隱曰是夷吾著書所稱管子者其書有此言今舉其大略倉廩實而知禮節衣食足而知榮辱上服度則六親固正義曰上之服御物有制度則六親堅固也六親謂外祖父母一父母二姊妹三妻兄弟之子四從母之子五女之子六也王弼云父母兄弟妻子也四維不張國乃滅亡管子曰四維一曰禮二曰義三曰廉四曰恥下令如流水之原令順民心故論卑而易行正義曰言爲政令卑下鮮少而百姓易作行也俗之所欲因而予之俗之所否因而去之其爲政也善因禍而爲福轉敗而爲功貴輕重索隱曰輕重謂錢也管子有輕重篇慎權衡正義曰輕重謂恥辱也權衡謂得失也有恥辱甚貴重之有得失甚戒慎之桓公實怒少姬索隱曰謂怒蕩舟而未絕蔡人嫁之南襲蔡管仲因而伐楚責包茅不入貢於周室桓公實北征山戎而管仲因而令燕脩召公之政於柯之會正義曰今齊州東阿也桓公欲背曹沫之約索隱曰沫音昧左傳作曹劌○正義曰沫莫葛反管仲因而信之正義曰以劫許之歸魯侵地諸侯由是歸

齊故曰知與之為取政之寶也（索隱曰老子曰將欲取之必固與之是知此為政之所寶也）管仲富擬於公室有三歸反坫（正義曰三歸三姓女也婦人謂嫁曰歸）齊人不以為侈管仲卒（正義曰括地志云管仲冢在青州臨淄縣南二十一里牛山之阿說苑云齊桓公使管仲治國管仲對曰賤不能臨貴桓公以為上卿而國不治桓公曰何故管仲對曰貧不能使富桓公賜之齊市租而國不治桓公曰何故對曰疏不能制近桓公立以為仲父齊國大安而遂霸天下孔子曰管仲之賢而不得此三權者亦不能使其君南面而稱伯）齊國遵其政常彊於諸侯後百餘年而有晏子焉

晏平仲嬰者萊之夷維人也（劉向別錄曰萊者今東萊地也○索隱曰名嬰平謚仲字父桓子名弱也○正義曰晏氏齊記云齊城三百里有夷安即晏平仲之邑漢為夷安縣屬高密國應劭云故萊夷維邑）事齊靈公莊公景公（索隱曰世本及系本靈公名環莊公名光景公名杵臼）以節儉力行重於齊既相齊食不重肉妾不衣帛其在朝君語及之即危言（正義曰謂己謙讓非云功能）語不及之即危行（正義曰行下孟反謂君不知己增脩業行畏責及也）國有道即順命無道即衡命（正義曰衡秤也謂國無道則制秤量之可行即行）以此三世顯名於諸侯越石父賢在縲紲中（正義曰縲音力追反縲黑索也紲繫也晏子春秋云晏子之晉至中牟覩弊冠反裘負薪息於塗側晏子問曰何者對曰我石父也苟免饑凍為人臣僕晏子解左驂贖之載與俱歸按與此文小異也）晏子出遭之塗解左驂贖之載歸弗謝入閨久之越石父請絕晏子戄然（正義曰戄床縛反注皇覽云晏子冢在臨淄城南菑水南桓公冢西北括地志云齊桓公墓在青州臨淄縣東南二十三里鼎足上又云齊晏嬰冢在齊子城北門外晏子云吾生近市死豈易吾志乃葬故宅後人名曰清節里按恐皇覽誤乃

史列傳二　三

管仲冢也）攝衣冠謝曰嬰雖不仁免子於厄何子求絕之速也石父曰不然吾聞君子詘於不知己而信於知己者（索隱曰信讀曰申周禮皆然申於知己謂以彼知我而我志獲申）方吾在縲紲中彼不知我也夫子既以感寤而贖我是知己知己而無禮固不如在縲紲之中晏子於是延入為上客晏子為齊相出其御之妻從門閒而闚其夫其夫為相御擁大蓋策駟馬意氣揚揚甚自得也既而歸其妻請去夫問其故妻曰晏子長不滿六尺身相齊國名顯諸侯今者妾觀其出志念深矣常有以自下者今子長八尺乃為人僕御然子之意自以為足妾是以求去也其後夫自抑損晏子怪而問之御以實對晏子薦以為大夫

太史公曰吾讀管氏牧民山高乘馬輕重九府（劉向別錄曰九府書民閒無有山高一名形勢○索隱曰皆管仲著書篇名九府蓋錢之府藏其書論鑄錢之輕重故云輕重九府餘如別錄之說○正義曰七略云管子十八篇在法家）及晏子春秋（索隱曰嬰所著書名晏子春秋今其書有七十篇故下云其書世多有也○正義曰七略云晏子春秋七篇在儒家）詳哉其言之也既見其著書欲觀其行事故次其傳至其書世多有之是以不論論其軼事（正義曰軼音逸）管仲世所謂賢臣然孔子小之豈以為周道衰微

史列傳二　四

桓公既賢而不勉之至王乃稱霸哉（正義曰言管仲世所謂賢臣孔子所以小之者蓋以為周道衰桓公賢主管仲何不勸勉輔弼至於帝王乃自稱霸主哉故孔子小之云蓋為前疑夫子小管仲為此）語曰將順其美匡救其惡故上下能相親也（正義曰言管仲相齊順百姓之美匡救國家之惡令君臣百姓相親者是管之能也）豈管仲之謂乎方晏子伏莊公尸哭之成禮然後去（索隱曰左傳崔杼弒莊公晏嬰入枕莊公尸股而哭之成禮而出崔杼欲殺之是也）豈所謂見義不為無勇者邪至其諫說犯君之顏此所謂進思盡忠退思補過者哉假令晏子而在余雖為之執鞭所忻慕焉（索隱曰太史公之羨慕仰企平仲之行假令晏生在世已雖與之為僕隸為之執鞭亦所忻慕其好賢樂善如此賢哉良史可以示人臣之炯戒也）

索隱述贊曰　夷吾成霸　平仲稱賢　粟乃實廩　豆不掩肩　轉禍為福　危言獲全　孔賴左衽　史忻執鞭　成禮而去　人望存焉

管晏列傳第二　史記六十二

申不害韓非列傳第三　史記六十三

（開元二十三年敕升老子莊子為列傳首故申韓為此卷）

申不害者京人也（索隱曰申子名不害按別錄云京今河南京縣也　正義曰按地志云京縣故城縣東南二十里鄭之京邑也）故鄭之賤臣學術以干韓昭侯（索隱曰術即刑名法術）昭侯用為相內脩政教外應諸侯十五年終申子之身國治兵彊無侵韓者（索隱曰王劭按紀年韓昭侯之世兵寇屢交異乎此言）申子之學本於黃老而主刑名著書二篇號曰申子（劉向別錄曰今民間所有上下二篇中書六篇皆合二篇已備過太史公所記也　正義曰阮孝緒七略云申子三卷也）

韓非者（正義曰阮孝緒七略云韓子二十卷韓世家云王安五年非使秦九年虜王安韓非云）韓之

諸公子也喜刑名法術之學（新序曰申子之書言人主當執術無刑因循以督責臣下其責深刻故號曰術商鞅所為書號曰法皆曰刑名故號曰刑名法術之書○索隱曰著書三十餘篇號曰韓子）而其歸本於黃老（索隱曰劉氏云黃老之法不尚繁華清簡無為君臣自正韓非之論詆駁浮淫法制無私而名實相稱故曰歸於黃老斯未為得其本旨今按韓子書有解老喻老二篇是大抵亦崇黃老之學也）非為人口吃（正義曰音訖）不能道說而善著書與李斯俱事荀卿（正義曰孫卿子二十二卷名況趙人楚蘭陵令避漢宣帝諱改姓孫也）斯自以為不如非非見韓之削弱數以書諫韓王（索隱曰韓王安也）韓王不能用於是韓非疾治國不務脩明其法制執勢以御其臣下富國彊兵而以求人任賢反舉浮淫之蠹而加之於功實之上以

爲儒者用文亂法而俠者以武犯禁寬則寵名譽之人急則用介冑之士正義曰介甲也冑兜鍪也今者所養非所用索隱曰言非疾時君以祿養其臣者乃皆安祿養交之臣非勇悍忠梗及折衝禦侮之人也所用非所養索隱曰言人主臨事任用並非常所祿養之士故難可盡其死力也悲廉直不容於邪枉之臣索隱曰又非斥邪諂諛之臣不容廉直之士觀往者得失之變正義曰韓非見王安不用忠良今國消弱故觀往古有國之君則得失之變異而作韓子二十卷故作孤憤五蠹內外儲說林說難十餘萬言索隱曰此皆非所著書篇名也孤憤憤孤直不容於時也五蠹蠹政之事有五也內外儲按韓子有內外儲說篇內儲言明君執術以制臣下利之在已故曰內也外儲言明君觀聽臣下之言行以斷其賞罰賞罰在彼故曰外也儲畜二事所謂明君也說林者廣說諸事其多若林故曰說林也今韓子有說林上下二篇說難者說前人行事與己不同而詰難之故其書有說難篇然韓非知說之難爲說難書甚具終死於秦不能自脫說難曰索隱曰說音稅難音奴干反言游說之道爲難故曰說難其書詞甚高故特載之然此篇亦與韓子微異煩省小不同劉伯莊亦申其意粗釋其微文幽旨故有劉說也凡說之難非吾知之有以說之難也正義曰凡說難識情理不當人主之心恐犯逆鱗說之難知故言非吾知之有以說之乃爲難又非吾辯之難能明吾意之難也正義曰能分明吾意以說之亦又未爲難也尚非甚難又非吾敢橫失能盡之難也索隱曰韓子橫失作橫佚劉氏云吾之所言無橫無失陳辭發策能盡說情此雖是難尚非難也○正義曰橫擴孟反又非吾敢有橫失詞理能盡說己之情此雖是難尚非極難凡說之難在知所說之心可以吾說當之索隱曰劉氏云關說之難正在於此也按說之心者謂人君之心也言以人臣踈末射尊重之音貴賤隔絕旨趣難知自非高識莫近幾會故曰說之難

也乃須審明人主之意必以說合其情故云吾說當之也○正義曰前者三說並未爲難凡說之難者正在於此言深識知前人意可以吾說當之闇與前人心會說則行乃是難矣所說出於爲名高者也而說之以厚利則見下節而遇卑賤必棄遠矣索隱曰謂所說之主中心本出欲立高名者也說臣乃陳厚利是其見下節也既不會高情故遇卑賤必弃遠矣劉氏云稽古羲黃祖述堯舜是爲名高也所說出於厚利者也而說之以名高則見無心而遠事情必不收矣索隱曰亦謂所說之君出意本規厚利而說臣乃陳名高之節則是說者無心遠於我之事情必不收用也故劉氏云若秦孝公志於彊國而商鞅說以帝王故怒而不用也所說實爲厚利而顯爲名高者也索隱曰韓子實字作陰顯者陽也謂其君實爲厚利而詐作欲爲名高之節也○正義曰前人必欲厚利詐慕名高則陽收其說實踈遠之而說之以名高則陽收其身而實踈之若說之以厚利則陰用其言而顯棄其身索隱曰謂若下文云鄭武公陰欲伐胡而關其思極論深計雖知說當終遭顯戮也○正義曰前人好利厚詐慕名高說之以厚利則陰用說者之言而顯不收其身說士不可不察此之不可不知也夫事以密成語以泄敗未必其身泄之也而語及其所匿之事正義曰事多相類語言或說其相類之事前人覺悟便成漏泄故身危也如是者身危貴人有過端而說者明言善議以推其惡者則身危正義曰人主有過失之端緒而引美善之議以推人主之惡則身危周澤未渥也而語極知正義曰渥霑濡也人臣事君未滿周至之恩澤而說事當理事行有功君不以爲恩德故云德亡說行而有功則德亡說不行而有敗則見疑如是者身危索隱曰謂人臣事上其道未合至周之恩未沾渥於下而輒吐誠極知其道說有功

則其德亦亡亡無也韓子作則見忘然見忘勝於德亡也又若說不行而有敗則見疑如是者身危是因意未深輒評時政不爲所信更致嫌疑若下文所云隣人父以牆壞有盜劫爲見疑即其類也○正義曰說事不行或行有敗壞則必致危殆若此者身危也夫貴人得計而欲自以爲功說者與知焉則身危正義曰與音預人主先得其計己功說者知前發其蹤跡身必危亡彼顯有所索隱曰謂出事迺自以爲也故說者與知焉則身危人主明有所出事乃自以爲功而說者與知是則以爲間故身危○正義曰人主明所出事乃以有所營爲說者預知其計而說者身亡危彊之以其所必不爲索隱曰劉氏云若項羽必欲衣錦東歸而說者彊述關中違旨忤情自招誅滅也○正義曰彊其兩反人主必不欲有爲而說者彊令爲之止之以其所不能已者身危索隱曰劉氏云若漢景帝決廢栗太子而周亞夫強欲止之竟不從其言後遂下獄也○正義曰人主己營爲而說者彊止之者身危故曰與之論大人則以

爲間己正義曰間音紀莧反說彼大人之短以爲竊己之事情乃爲刺譏間之與之論細人則以爲鬻權索隱曰韓子鬻權作賣重謂薦彼細微之人言堪大用則疑其挾詐而賣我之權○正義曰鬻音育劉伯莊云論則疑其挾詐賣己之權論其所愛則以爲借資正義曰說人主愛行人主以爲借己之資籍也論其所憎則以爲嘗己正義曰論說人主所憎惡人主則以爲嘗試於己也徑省其辭則不知而屈之索隱曰謂人主意在文華而說者但徑捷省略其辭則以說者爲無知而見屈辱也○正義省山景反汎濫博文則多而久之索隱曰謂人主志在簡要而說者務於浮辭汎濫博涉文華則君上嫌其多迂誕文而無當○正義曰汎濫浮辭也博聞廣言句也言浮說廣陳必多詞理時乃永久人主疲倦順事陳意則曰怯懦而不盡正義曰懦音乃亂反說者陳言順人主之意則或怯懦而不盡事情也慮事廣肆則曰草野而倨侮正義曰草野猶鄙陋也廣陳言詞多有鄙陋乃成倨

傲侮慢此說之難不可不知也凡說之務在知飾所說之所敬而滅其所醜索隱曰所說謂所說之主也飾其所敬者說士當知人主之所敬而時以文飾之滅其所醜謂人主有所避諱而醜之遊說者當滅其事端而不言也彼自知其計則無以其失窮之正義曰前人自知其失誤說士無以失誤窮極之乃爲訕上也自勇其斷則無以其敵怒之索隱曰謂人主自勇其斷說士無以己意而攻間之是以卑下之謀自敵於上以致譴怒也○正義曰斷音端亂反劉伯莊云貴人斷甲爲是說者以乙破之乙之理難同怒以下敵上也自多其力則無以其難概之索隱曰概猶格也劉氏云秦昭王決欲攻趙白起苦說其難遂己之心拒格君上故致杜郵之僇○正義概古代反規異事與同計譽異人與同行者則以飾之無傷也正義曰劉伯莊云貴人與甲同計與乙同行者說士陳言無傷甲乙也有與同失者則明飾

其無失也索隱曰按上文言人主規事譽人與人同計同行今說者之詞不得傷於同計同行之人仍可文飾其類也又若人主與同失者而說者則可明飾其無失也○正義曰人主與甲同失說者文飾甲之無失大忠無所拂辭索隱曰拂音佛大忠志在匡君於善君初不從則且退止待君之悅而又幾諫即不拂悟於君也悟言無所擊排索隱曰謂大忠說諫之詞本欲歸於安人興化亦無別有所擊射排擯按韓子作擊摩迺後申其辯知焉此所以親近不疑正義曰拂悟當爲咈忤古字假借耳咈違也忤逆也言大忠之事擬安民興化事在斥弼君初亦不擊排乃後周澤既渥君臣道合乃敢辯智說焉此所以親近而不見疑是知盡之難知盡之難也徐廣曰知一作得難一作辭○索隱曰謂人臣盡知事上之道難也韓子作得盡之辭○正義曰言說士知談說之難也爲能盡此談說之道得當人主之心君臣相合乃是知盡之難也得曠日彌久而周澤既渥索隱曰謂君臣道合曠日已久誠著於君也君之渥澤周浹於臣魚水相須鹽梅相和也深計而不疑

交爭而不罪迺明計利害以致其功直指是非以飾其身以此相持此說之成也正義曰夫知盡之難則君臣道合故得曠日彌久而周澤既渥深計而君不疑與君交爭而不罪而得明計國之利害以致其功直指是非任爵祿於身以此君臣相執持此說之成也伊尹為庖正義曰殷本紀云乃為有莘氏媵臣負鼎俎以滋味說湯致王道是也百里奚為虜正義曰晉世家云虜虞公及大夫百里奚以媵秦穆姬也皆所由干其上也故此二子者皆聖人也猶不能無役身而涉世如此其汙也正義曰汙音烏故反庖虜是汙則非能仕之所設也索隱曰韓子作能士之所恥也宋有富人天雨墻壞其子曰不築且有盜其鄰人之父亦云暮而果大亡其財其家甚知其子而疑鄰人之父

正義曰其子賢父說皆當矣而切見疑非處知則難乎昔者鄭武公欲伐胡正義曰世本云胡歸姓也括地志云胡城在豫州郾城縣界迺以其子妻之因問羣臣曰吾欲用兵誰可伐者關其思曰胡可伐迺戮關其思曰胡兄弟之國也子言伐之何也胡君聞之以鄭為親己而不備鄭鄭人襲胡取之此二說者其知皆當矣正義當當浪反然而甚者為戮薄者見疑非知之難也處知則難矣昔者彌子瑕見愛於衛君衛國之法竊駕君車者罪至刖既而彌子之母病人聞往夜告之彌子矯駕君車而出君聞之而賢之曰孝哉為母之故而犯刖

罪與君游果園彌子食桃而甘不盡而奉君君曰愛我哉忘其口而念我及彌子色衰而愛弛得罪於君君曰是嘗矯駕吾車又嘗食我以其餘桃故彌子之行未變於初也前見賢而後獲罪者愛憎之至變也故有愛於主則知當而加親見憎於主則罪當而加疏故諫說之士不可不察愛憎之主而後說之矣夫龍之為蟲也正義曰龍虫類也故言龍之為虫可擾狎而騎也然其喉下有逆鱗徑尺人有嬰之則必殺人人主亦有逆鱗說之者能無嬰人主之逆鱗則幾矣索隱曰幾庶也謂庶幾於善諫說○

正義曰說者能不犯人主逆鱗則庶幾矣人或傳其書至秦秦王見孤憤五蠹之書曰嗟乎寡人得見此人與之游死不恨矣李斯曰此韓非之所著書也秦因急攻韓韓王始不用非及急迺遣非使秦秦王悅之未信用李斯姚賈害之毀之曰韓非韓之諸公子也今王欲并諸侯非終為韓不為秦此人之情也今王不用久留而歸之此自遺患也不如以過法誅之秦王以為然下吏治非李斯使人遺非藥使自殺韓非欲自陳不得見秦王後悔之使人赦之非已死矣戰國策曰秦王封姚賈千戶以為上卿韓非短之曰賈梁監門

子盜於梁臣於趙而逐取世監門子梁大盜趙逐臣與同社稷之計非所以勵羣臣也王召賈問之賈答云云廼誅韓非也申子韓子皆著書傳于後世學者多有余獨悲韓子爲說難而不能自脫耳

太史公曰老子所貴道虛無因應變化於無爲故著書辭稱微妙難識莊子散道德放論要亦歸之自然申子卑卑自勉勵之意也施之於名實韓子引繩墨切事情明是非其極慘礉胡革反用法慘急而刻礉深刻少恩皆原於道德之意而老子深遠矣

索隱述贊曰

伯陽立教　清淨無爲　道尊東魯
迹竄西垂　莊蒙栩栩　申害卑卑
刑名有術　說難極知　悲彼周防
終亡李斯

申不害韓非列傳第三　史記六十三

司馬穰苴列傳第四　史記六十四

司馬穰苴者田完之苗裔也索隱曰穰苴田氏之族爲大司馬故曰司馬穰苴也○正義曰穰音若羊反苴音子余反田穰苴爲司馬官主兵齊景公時晉伐阿甄而燕侵河上索隱曰阿甄皆齊邑晉太康地記曰阿即東阿也地理志云甄城縣屬濟陰○正義曰河上黃河南岸地即滄德二州北界齊師敗績景公患之晏嬰乃薦田穰苴曰穰苴雖田氏庶孽然其人文能附衆武能威敵願君試之景公召穰苴與語兵事大說之以爲將軍索隱曰謂命之爲將以將軍也將音即匠反遂以將軍爲官名故尸子曰十萬之師無將軍則亂六國時有此官將兵扞燕晉之師穰苴曰臣素卑賤君擢之閭伍之中加之大夫之上士卒未附百姓不信人微權輕願得君之寵臣國之所尊以監軍乃可於是景公許之使莊賈往穰苴既辭與莊賈約曰旦日日中會於軍門索隱曰按旦日謂明日日中時期會於軍門穰苴先馳至軍立表下漏待賈索隱曰立表謂立木爲表以視日景下漏謂下漏水以知刻數也賈素驕貴以爲將己之軍而己爲監不甚急正義己音紀監甲暫反親戚左右送之留飲日中而賈不至穰苴則仆表決漏索隱曰仆音赴仆者臥其表也決漏謂決去壺中漏水以賈失期過日中故也入行軍勒兵申明約束約束既定夕時莊賈乃至穰苴曰何後期爲賈謝曰不佞大夫親戚送之故留穰苴曰將受命

之日則忘其家臨軍約束則忘其親援枹鼓之急則忘其身【索隱曰援音袁枹音浮○正義援作操枹音孚謂鼓挺也】今敵國深侵邦內騷動士卒暴露於境君寢不安席食不甘味百姓之命皆懸於君何謂相送乎召軍正問曰軍法期而後至者云何對曰當斬莊賈懼使人馳報景公請救既往未及反於是遂斬莊賈以徇三軍三軍之士皆振慄久之景公遣使者持節赦賈馳入軍中穰苴曰將在軍君令有所不受【魏武帝曰苟便於事不拘君命】問軍正曰軍中不馳今使者馳云何正曰當斬使者大懼穰苴曰君之使

不可殺之乃斬其僕車之左駙馬之左驂以徇三軍【索隱曰謂斬其使者僕車之左駙又斬馬之左驂以御者在左故也○正義曰駙音附劉伯莊云駙者箱外之立木承重較者殉行示也】遣使者還報然後行士卒次舍井竈飲食問疾醫藥身自拊循之悉取將軍之資糧享士卒身與士卒平分糧食最比【正義比作畀必耳反】其羸弱者三日而後勒兵病者皆求行爭奮出為之赴戰晉師聞之為罷去燕師聞之度水而解【正義曰度黃河水北去而解】於是追擊之遂取所亡封內故境而引兵歸未至國釋兵旅解約束誓盟而後入邑景公與諸大夫郊迎勞師成禮然後反歸寢

既見穰苴尊為大司馬田氏日以益尊於齊已而大夫鮑氏高國之屬害之譖於景公景公退穰苴苴發疾而死田乞田豹之徒由此怨高國等【索隱曰田乞田僖子豹亦僖子之族也】其後及田常殺簡公盡滅高子國子之族至常曾孫和因自立為齊威王【索隱曰此文誤也當云田和自立至其孫因號為齊威王故世家云田和自立號太公其孫號威王也】用兵行威大放穰苴之法【正義放方往反】而諸侯朝齊齊威王使大夫追論古者司馬兵法而附穰苴於其中因號曰司馬穰苴兵法

太史公曰余讀司馬兵法閎廓深遠雖三代征

伐未能竟其義如其文也亦少褒矣【索隱曰謂司馬法說行兵揖讓有三代之法而齊區區小國又當戰國之時故云少褒】若夫穰苴區區為小國行師何暇及司馬兵法之揖讓乎世既多司馬兵法以故不論著穰苴之列傳焉

索隱述贊曰

燕侵河上　齊師敗績　嬰薦穰苴
武能威敵　斬賈以徇　三軍驚惕
我卒既彊　彼寇退壁　法行司馬
實賴宗戚

司馬穰苴列傳第四　　史記六十四

孫子吳起列傳第五　　史記六十五

孫子武者齊人也(正義曰魏武帝云孫子者齊人事於吳王闔閭爲吳將作兵法十三篇)以兵法見於吳王闔廬闔廬曰子之十三篇(正義曰七録云孫子兵法三卷案十三篇爲上卷又有中下二卷)吾盡觀之矣可以小試勒兵乎對曰可闔廬曰可試以婦人乎曰可於是許之出宮中美女得百八十人孫子分爲二隊以王之寵姬二人各爲隊長(索隱曰隊徒對反長竹兩反)皆令持戟令之曰汝知而心與左右手背乎婦人曰知之孫子曰前則視心左視左手右視右手後即視背婦人曰諾約束既布乃設鈇鉞即

三令五申之於是鼓之右婦人大笑孫子曰約束不明申令不熟將之罪也復三令五申而鼓之左婦人復大笑孫子曰約束不明申令不熟將之罪也既已明而不如法者吏士之罪也乃欲斬左右隊長吳王從臺上觀見且斬愛姬大駭趣使使下令(索隱曰趣音促急也使音色吏反)曰寡人已知將軍能用兵矣寡人非此二姬食不甘味願勿斬也孫子曰臣既已受命爲將將在軍君命有所不受遂斬隊長二人以徇用其次爲隊長於是復鼓之婦人左右前後跪起皆中規矩繩墨無

敢出聲於是孫子使使報王曰兵既整齊王可試下觀之唯王所欲用之雖赴水火猶可也吳王曰將軍罷休就舍寡人不願下觀孫子曰王徒好其言不能用其實於是闔廬知孫子能用兵卒以爲將西破彊楚入郢北威齊晉顯名諸侯孫子與有力焉孫武既死(越絶書曰吳縣巫門外大冢孫武冢也去縣十里○索隱曰越絶書子貢所著恐非也其書多記吳越亡後土地或後人所録○正義曰七録云越絶十六卷或云伍子胥撰)後百餘歲有孫臏臏生阿鄄之間臏亦孫武之後世子孫也孫臏嘗與龐涓俱學兵法(索隱曰臏頻忍反龐皮江反涓古玄反)龐涓既事魏得爲惠王將軍而自

以爲能不及孫臏乃陰使召孫臏臏至龐涓恐其賢於己疾之則以法刑斷其兩足而黥之欲隱勿見齊使者如梁(正義曰今汴州)孫臏以刑徒陰見說齊使齊使以爲奇竊載與之齊齊將田忌善而客待之忌數與齊諸公子馳逐重射(索隱曰弟且也重射好射也)孫子見其馬足不甚相遠馬有上中下輩於是孫子謂田忌曰君弟重射臣能令君勝田忌信然之與王及諸公子逐射千金(正義曰射音石隨逐而射賭千金)及臨質(索隱曰質猶對也將欲對射之時也一云質謂堋非也)孫子曰今以君之下駟與彼上駟取君上駟與彼中駟取君

中駟與彼下駟既馳三輩畢而田忌一不勝而再勝卒得王千金於是忌進孫子於威王威王問兵法遂以為師其後魏伐趙趙急請救於齊齊威王欲將孫臏臏辭謝曰刑餘之人不可於是乃以田忌為將而孫子為師居輜車中坐為計謀田忌欲引兵之趙孫子曰夫解雜亂紛糾者不控捲（索隱曰謂事之雜亂紛糾也解雜亂紛糾者當善以手解之不可控捲而擊之捲即拳也劉氏云控總捲縮非也）救鬬者不搏撠（索隱曰音搏戟謂救鬬者當善𢬵解之無以手助相搏撠則其怒益熾矣按撠謂以手持撠刺人也）批亢擣虛（索隱曰批音白結反亢音苦浪反按批者相排批也音白滅反言敵人相亢拒也擣者擊也衝也虛者空也按謂前人相亢必須批之彼兵若虛則衝擣之欲令擊梁之虛也此當是舊語故孫子以言之也）形格勢禁則自為解耳（索隱曰謂若批其相亢擊擣彼虛則是事形相格而其勢自禁止則彼自為解兵也）今梁趙相攻輕兵銳卒必竭於外老弱罷於內君不若引兵疾走大梁據其街路衝其方虛彼必釋趙而自救是我一舉解趙之圍而收獘於魏也（索隱曰謂齊今引兵據大梁之衝是衝其方虛之時梁必釋趙而自救是一舉釋趙而獘魏）田忌從之魏果去邯鄲與齊戰於桂陵大破梁軍後十五年（索隱曰王劭按紀年梁惠王十七年齊田忌敗梁桂陵至二十七年十二月齊田盼敗梁馬陵計相去無十五歲也）魏與趙攻韓韓告急於齊齊使田忌將而往直走大梁魏將龐涓聞之去韓而歸齊軍既已過而西矣孫子謂田

忌曰彼三晉之兵素悍勇而輕齊齊號為怯善戰者因其勢而利導之兵法百里而趣利者蹶上將（魏武帝曰蹶猶挫也○索隱曰蹶音巨月反劉氏云蹶猶斃）五十里而趣利者軍半至使齊軍入魏地為十萬竈明日為五萬竈又明日為三萬竈龐涓行三日大喜曰我固知齊軍怯入吾地三日士卒亡者過半矣乃棄其步軍與其輕銳倍日并行逐之孫子度其行暮當至馬陵馬陵道陜而旁多阻隘可伏兵乃斫大樹白而書之曰龐涓死于此樹之下於是令齊軍善射者萬弩夾道而伏期曰暮見火舉而俱發龐涓果夜至斫木下見白書乃鑽火燭之讀其書未畢齊軍萬弩俱發魏軍大亂相失龐涓自知智窮兵敗乃自剄曰遂成豎子之名（索隱曰豎子謂臏）齊因乘勝盡破其軍虜魏太子申以歸孫臏以此名顯天下世傳其兵法

吳起者衛人也好用兵嘗學於曾子事魯君齊人攻魯魯欲將吳起吳起取齊女為妻而魯疑之吳起於是欲就名遂殺其妻以明不與齊也魯卒以為將將而攻齊大破之魯人或惡吳起曰起之為人猜忍人也其少時家累千金游仕

孫子吳起傳

不遂遂破其家鄉黨笑之吳起殺其謗己者三十餘人而東出衛郭門與其母訣齧臂而盟曰起不爲卿相不復入衛遂事曾子居頃之其母死起終不歸曾子薄之而與起絕起乃之魯學兵法以事魯君魯君疑之起殺妻以求將夫魯小國而有戰勝之名則諸侯圖魯矣且魯衛兄弟之國也而君用起則是棄衛魯君疑之謝吳起吳起於是聞魏文侯賢欲事之文侯問李克曰吳起何如人哉李克曰起貪而好色索隱曰王劭云此李克言吳起貪下文云魏文侯知起廉盡能得士心又公叔之僕稱起爲人節廉而自喜名後廉何言之相反也今李克言起貪者起本家累千金破產求仕非實貪也蓋言貪者是貪榮名耳故母死不赴殺妻將魯是也或者起未委質於魏猶有貪迹及其見用則盡廉能亦何異乎陳平之爲人也然用兵司馬穰苴不能過也於是魏文侯以爲將擊秦拔五城起之爲將與士卒最下者同衣食臥不設席行不騎乘親裹贏糧與士卒分勞苦卒有病疽者起爲吮之索隱曰吮音弋軟反又才軟反卒母聞而哭之人曰子卒也而將軍自吮其疽何哭爲母曰非然也往年吳公吮其父其父戰不旋踵遂死於敵吳公今又吮其子妾不知其死所矣是以哭之文侯以吳起善用兵廉平盡能得士心乃以爲西河守以拒

孫子吳起傳

秦韓魏文侯既卒起事其子武侯武侯浮西河而下中流顧而謂吳起曰美哉乎山河之固此魏國之寶也起對曰在德不在險昔三苗氏左洞庭右彭蠡德義不脩禹滅之夏桀之居左河濟右泰華伊闕在其南羊腸在其北瓚曰今河南城爲直之皇甫謐曰壺關有羊腸阪在太原晉陽西北九十里脩政不仁湯放之殷紂之國左孟門索隱曰劉氏按紂都朝歌今孟山在其西今言左則東邊別有孟門也右太行常山在其北大河經其南脩政不德武王殺之由此觀之在德不在險若君不脩德舟中之人盡爲敵國也揚子法言曰美哉言乎使起之用兵每若斯則太公何以加諸武侯曰善即封吳起爲西河守甚有聲名魏置相相田文索隱曰呂氏春秋作商文吳起不悅謂田文曰請與子論功可乎田文曰可起曰將三軍使士卒樂死敵國不敢謀子孰與起文曰不如子起曰治百官親萬民實府庫子孰與起文曰不如子起曰守西河而秦兵不敢東鄉韓趙賓從子孰與起文曰不如子起曰此子三者皆出吾下而位加吾上何也文曰主少國疑大臣未附百姓不信方是之時屬之於子乎屬之於我乎起默然良久曰屬之子矣文曰此乃吾所以居子之上也吳起乃

自知弗如田文田文既死公叔爲相（索隱曰韓之公族）尚魏公主而害吳起公叔之僕曰起易去也公叔曰奈何其僕曰吳起爲人節廉而自喜名也君因先與武侯言曰夫吳起賢人也而侯之國小又與彊秦壤界臣竊恐起之無留心也武侯即曰奈何君因謂武侯曰試延以公主起有留心則必受之無留心則必辭矣以此卜之君因召吳起而與歸即令公主怒而輕君吳起見公主之賤君也則必辭於是吳起見公主之賤魏相果辭魏武侯武侯疑之而弗信也吳起懼得罪

遂去即之楚楚悼王素聞起賢至則相楚明法審令捐不急之官廢公族疏遠者以撫養戰鬭之士要在彊兵破馳說之言從横者於是南平百越北并陳蔡却三晉西伐秦諸侯患楚之彊故楚之貴戚盡欲害吳起及悼王死宗室大臣作亂而攻吳起吳起走之王尸而伏之擊起之徒因射刺吳起并中悼王（索隱曰楚系家悼王名疑）悼王既葬太子立（索隱曰肅王臧也）乃使令尹盡誅射吳起而并中王尸者坐射起而夷宗死者七十餘家

太史公曰世俗所稱師旅皆道孫子十三篇吳起兵法世多有故弗論論其行事所施設者語曰能行之者未必能言能言之者未必能行孫子籌策龐涓明矣然不能蚤救患於被刑吳起說武侯以形勢不如德然行之於楚以刻暴少恩亡其軀悲夫

索隱述贊曰

孫子兵法　一十三篇　美人既斬
良將得焉　刖孫臏脚　籌策龐涓
吳起相魏　西河稱賢　慘礉事楚
死後留權

孫子吳起列傳第五　史記六十五

伍子胥列傳第六　史記六十六

伍子胥者楚人也名員員父曰伍奢員兄曰伍尚其先曰伍舉以直諫事楚莊王（索隱曰舉直諫見左氏楚世家）有顯故其後世有名於楚楚平王有太子名曰建使伍奢爲太傅費無忌爲少傅（索隱曰左氏作費無極）無忌不忠於太子建平王使無忌爲太子取婦於秦秦女好無忌馳歸報平王曰秦女絶美王可自取而更爲太子取婦平王遂自取秦女而絶愛幸之生子軫更爲太子取婦無忌既以秦女自媚於平王因去太子而事平王恐一旦平王

卒而太子立殺己乃因讒太子建建母蔡女也無寵於平王平王稍益疏建建使建守城父（地理志潁川有城父縣○索隱曰城父本陳邑楚伐陳而有之）備邊兵頃之無忌又日夜言太子短於王曰太子以秦女之故不能無怨望願王少自備也自太子居城父將兵外交諸侯且欲入爲亂矣平王乃召其太傅伍奢考問之伍奢知無忌讒太子於平王因曰王獨柰何以讒賊小臣疏骨肉之親乎無忌曰王今不制其事成矣王且見禽於是平王怒囚伍奢而使城父司馬奮揚往殺太子（索隱曰奮揚城父司馬之姓名也）行未至

奮揚使人先告太子太子急去不然將誅太子建亡奔宋無忌言於平王曰伍奢有二子皆賢不誅且爲楚憂可以其父質而召之不然且爲楚患王使使謂伍奢曰能致汝二子則生不能則死伍奢曰尚爲人仁呼必來員爲人剛戾忍訽（音火候反索隱曰鄒氏作詬詬罵也音遘）能成大事彼見來之并禽其勢必不來王不聽使人召二子曰來吾生汝父不來今殺奢也伍尚欲往員曰楚之召我兄弟非欲以生我父也恐有脫者後生患故以父爲質詐召二子二子到則父子俱死何益父之

死往而令讎不得報耳不如奔他國借力以雪父之恥俱滅無爲也伍尚曰我知往終不能全父命然恨父召我以求生而不往後不能雪恥終爲天下笑耳謂員可去矣汝能報殺父之讎我將歸死尚既就執使者捕伍胥伍胥貫（烏還反）弓執矢嚮使者（索隱曰劉氏貫音彎又音古患反謂滿張弓）使者不敢進伍胥遂亡聞太子建之在宋往從之奢聞子胥之亡也曰楚國君臣且苦兵矣伍尚至楚楚并殺奢與尚也伍胥既至宋宋有華氏之亂（索隱曰左氏昭二十年宋華亥向寧華定與君爭而出奔是也）乃與太子建俱奔於鄭

鄭人甚善之太子建又適晉晉頃公曰太子既善鄭鄭信太子太子能為我內應而我攻其外滅鄭必矣滅鄭而封太子太子乃還鄭事未會會自私欲殺其從者從者知其謀乃告之於鄭鄭定公與子產誅殺太子建建有子名勝伍胥懼乃與勝俱奔吳到昭關（索隱曰其關在江西乃吳楚之境）昭關欲執之伍胥遂與勝獨身步走幾不得脫追者在後至江江上有一漁父乘船知伍胥之急乃渡伍胥伍胥既渡解其劍曰此劍直百金以與父父曰楚國之法得伍胥者賜粟五萬石爵

執珪豈徒百金劍邪不受伍胥未至吳而疾止中道乞食（張勃曰子胥乞食處在丹陽溧陽縣○索隱曰張勃晉人吳鴻臚儼之子作吳錄故裴氏注引之溧音栗水名也）至於吳吳王僚方用事公子光為將伍胥乃因公子光以求見吳王久之楚平王以其邊邑鍾離與吳邊邑卑梁氏俱蠶兩女子爭桑相攻乃大怒至於兩國舉兵相伐吳使公子光伐楚拔其鍾離居巢而歸（索隱曰二邑楚縣也鍾離在六安古鍾離子之國也世本謂之終犂嬴姓之國居巢亦國也桀奔南巢其國蓋遠尚書序巢伯來朝蓋因居之於淮南楚地）伍子胥說吳王僚曰楚可破也願復遣公子光公子光謂吳王曰彼伍胥父兄為戮於楚而勸王伐楚

者欲以自報其讎耳伐楚未可破也伍胥知公子光有內志欲殺王而自立未可說以外事乃進專諸於公子光（索隱曰左傳謂專設諸）退而與太子建之子勝耕於野五年而楚平王卒初平王所奪太子建秦女生子軫及平王卒軫竟立為後是為昭王吳王僚因楚喪使二公子將兵往襲楚楚發兵絕吳兵之後不得歸吳國內空而公子光乃令專諸襲刺吳王僚而自立是為吳王闔廬闔廬既立得志乃召伍員以為行人而與謀國事楚誅其大臣郤宛伯州犁伯州犁之孫伯嚭

亡奔吳（徐廣曰伯州犁者晉伯宗之子也伯州犁之子曰郤宛郤宛之子曰伯嚭宛亦姓伯又別氏郤楚世家云殺郤宛宛之宗姓伯氏子曰嚭嚭吳世家云楚誅伯州犁其孫伯嚭奔吳也）吳亦以嚭為大夫前王僚所遣二公子將兵伐楚者道絕不得歸（索隱曰公子燭庸及蓋餘也）後聞闔廬弒王僚自立遂以其兵降楚楚封之於舒闔廬立三年乃興師與伍胥伯嚭伐楚拔舒遂禽故吳反二將軍因欲至郢將軍孫武曰民勞未可且待之乃歸四年吳伐楚取六與潛（六古國皋陶之後所封潛縣有天柱山）五年伐越敗之六年楚昭王使公子囊瓦（案左傳楚公子貞字子囊其孫名瓦字子常此言公子又兼稱囊瓦誤也）將兵伐吳吳使伍員迎擊大破

楚軍於豫章 豫章在江南○索隱曰按杜預云昔豫章在江北蓋後徙之於江南也 取楚之居巢九年吳王闔廬謂子胥孫武曰始子言郢未可入今果何如二子對曰楚將囊瓦貪而唐蔡皆怨之王必欲大伐之必先得唐蔡乃可闔廬聽之悉興師與唐蔡伐楚與楚夾漢水而陳吳王之弟夫概將兵請從 索隱曰概音古賚反 王不聽遂以其屬五千人擊楚將子常 子常公子孫瓦 子常敗走奔鄭於是吳乘勝而前五戰遂至郢 郢楚都○索隱曰郢音以正反又以井反 己卯楚昭王出奔庚辰吳王入郢昭王出亡入雲夢盜擊王王走鄖 音云國名○索隱曰走音奏走向也鄖古之鄖國 鄖公弟懷曰平王殺我父我殺其子不亦可乎鄖公恐其弟殺王與王奔隨 正義曰今有楚昭王故城昭王奔隨之處宮之北城即是 吳兵圍隨謂隨人曰周之子孫在漢川者楚盡滅之隨人欲殺王王子綦匿王己自為王以當之隨人卜與王於吳不吉乃謝吳不與王始伍員與申包胥為交員之亡也謂包胥曰我必覆楚包胥曰我必存之及吳兵入郢伍子胥求昭王既不得乃掘楚平王墓出其尸鞭之三百然後已申包胥亡於山中使人謂子胥曰子之報讎其以甚乎吾聞之人衆者勝天天定亦

能破人 正義曰申包胥言聞人衆者雖一時凶暴勝天及天降其凶亦破於彊暴之人 今子故平王之臣親北面而事之今至於僇死人此豈其無天道之極乎伍子胥曰為我謝申包胥曰吾日暮途遠吾故倒行而逆施之 索隱曰倒音丁老反施如字子胥言志在復讎常恐且死不遂本心今幸而報豈論道理乎譬如人行前途尚遠而日勢已暮故其在顛倒疾行逆理施事何得責吾順理乎 於是申包胥走秦告急求救於秦秦不許包胥立於秦廷晝夜哭七日七夜不絕其聲秦哀公憐之曰楚雖無道有臣若是可無存乎乃遣車五百乘救楚擊吳六月敗吳兵於稷 稷丘地名在郊外○索隱曰左傳作稷丘 會吳王久留楚求昭王而闔廬弟夫概乃亡歸自立為王闔廬聞之乃釋楚而歸擊其弟夫概夫概敗走遂奔楚楚昭王見吳有內亂乃復入郢封夫概於堂谿 徐廣曰在吳縣駰案地理志汝南有吳房縣應劭曰夫概奔楚封於堂谿本房子國以封吳故曰吳房然則不得在吳縣也○正義曰安今豫州吳縣在州西北九十里 為堂谿氏楚復與吳戰敗吳吳王乃歸後二歲闔廬使太子夫差將兵伐楚取番 音普寒反又音婆○索隱曰蓋鄱陽也 楚懼吳復大來乃去郢徙於鄀 楚地音若○索隱曰今鄀 當是時吳以伍子胥孫武之謀西破彊楚北威齊晉南服越人其後四年孔子相魯後五年伐越越王句踐迎擊敗吳於姑蘇傷闔廬

指（正義曰姑蘇當作檇李乃文誤也左傳云戰檇李傷將指卒於陘是也解在吳世家）軍卻闔廬病創（莊良反）將死謂太子夫差曰爾忘勾踐殺爾父乎夫差對曰不敢忘是夕闔廬死夫差既立爲王以伯嚭爲太宰習戰射二年後伐越敗越於夫湫（音椒○索隱曰又如字○正義曰太湖中椒山也解在吳世家）越王勾踐乃以餘兵五千人棲於會稽之上（正義曰上地名在越州會稽縣東南十二里）使大夫種厚幣遺吳（索隱曰劉氏云大夫姓種名非也按今吳南有文種城則種姓文爲大夫官也○正義曰高誘云大夫種姓文氏字子禽楚之郢人）太宰嚭以請和求委國爲臣妾吳王將許之伍子胥諫曰越王爲人能辛苦今王不滅後必悔之吳王不聽用太

宰嚭計與越平其後五年而吳王聞齊景公死而大臣爭寵新君弱乃興師北伐齊伍子胥諫曰勾踐食不重味弔死問疾且欲有所用之也此人不死必爲吳患今吳之有越猶人之有腹心疾也而王不先越而乃務齊不亦謬乎吳王不聽伐齊大敗齊師於艾陵（正義曰括地志云艾山在兗州博城縣南百六十里本齊博邑）遂威鄒魯之君以歸（正義曰鄒君居兗州鄒縣魯曲阜縣）益疏子胥之謀其後四年吳王將北伐齊越王勾踐用子貢之謀乃率其衆以助吳而重寶以獻遺太宰嚭太宰嚭既數受越賂其愛信越殊甚

日夜爲言於吳王吳王信用嚭之計伍子胥諫曰夫越腹心之病今信其浮辭詐僞而貪齊破齊譬猶石田無所用之且盤庚之誥曰有顛越不恭劓殄滅之俾無遺育無使易種于茲邑此商之所以興願王釋齊而先越若不然後將悔之無及而吳王不聽使子胥於齊子胥臨行謂其子曰吾數諫王王不用吾今見吳之亡矣汝與吳俱亡無益也乃屬其子於齊鮑牧而還報吳吳太宰嚭既與子胥有隙因讒曰子胥爲人剛暴少恩猜賊其怨望恐爲深禍也前日王欲

伐齊子胥以爲不可王卒伐之而有大功子胥耻其計謀不用乃反怨望而今王又復伐齊子胥專愎彊諫（索隱曰愎音皮逼反）沮毀用事（沮音自呂反）徒幸吳之敗以自勝其計謀耳今王自行悉國中武力以伐齊而子胥諫不用因輟謝詳病不行王不可不備此起禍不難且嚭使人微伺之其使於齊也乃屬其子於齊之鮑氏夫爲人臣內不得意外倚諸侯自以爲先王之謀臣今不見用常鞅鞅怨望願王早圖之吳王曰微子之言吾亦疑之乃使使賜伍子胥屬鏤之劒（鏤録于反）曰子

以此死伍子胥仰天歎曰嗟乎讒臣嚭為亂矣王乃反誅我我令若父霸自若未立時諸公子爭立我以死爭之於先王幾不得立（正義曰幾音祈）若既得立欲分吳國予我我顧不敢望也然今若聽諛臣言以殺長者乃告其舍人曰必樹吾墓上以梓令可以為器（正義曰器謂棺也以吳必亡也左傳云樹吾墓檟檟可材也吳其亡乎）而抉吾眼（索隱曰抉音烏穴反抉亦決也）縣吳東門之上（正義曰東門鱔門謂鱔門也今名葑門鱔音普姑反鱔音覆浮反越軍開示浦子胥濤盪羅城開此門有鱔鱔隨濤入故以名門顏野王云鱔魚一名江豚欲風則涌也）以觀越寇之入滅吳也乃自剄死吳王聞之大怒乃取子胥尸盛以鴟夷革（應劭曰取馬革為鴟夷鴟夷榼形○正義曰盛音成榼音古曷反）浮之江中（徐廣曰魯哀公十一年○正義曰案年表云吳王夫差十一年也）吳人憐之為立祠於江上（正義曰吳地記曰越軍於蘇州東南三十里三江口又向下三里臨江北岸立壇殺白馬祭子胥杯動酒盡後因立廟於此江上今其側有浦名上壇浦至晉會稽太守麋豹移廟吳郭東門內道南今廟見在）因命曰胥山（張晏曰胥山在太湖邊去江不遠百里故云江上○正義曰吳地記云胥山太湖邊胥湖東岸山西臨胥湖山有古葬胥二王朝按其廟不干子胥事太史誤矣張注又非）吳王既誅伍子胥遂伐齊齊鮑氏殺其君悼公而立陽生吳王欲討其賊不勝而去其後二年吳王召魯衛之君會之橐皋（索隱曰音拓皋杜預云地名在淮南逡遒縣東南○正義曰橐皋故縣在廬州巢縣西北五十六里）其明年因北大會諸侯於黃池（正義曰在汴州封丘縣南七里）以令周室越

王勾踐襲殺吳太子（索隱曰左傳太子名友）破吳兵吳王聞之乃歸使使厚幣與越平後九年越王勾踐遂滅吳殺王夫差而誅太宰嚭以不忠於其君而外受重賂與己比周也（正義曰紀鼻二音）伍子胥初所與俱亡故楚太子建之子勝者在於吳吳王夫差之時楚惠王欲召勝歸楚葉公諫曰（正義曰上式涉反杜預云子高沈諸梁）勝好勇而陰求死士殆有私乎惠王不聽遂召勝使居楚之邊邑鄢（徐廣曰潁川鄢陵是○正義曰鄢音偃括地志云故鄢城在豫州郾城縣南五里與褒信白亭相近）號為白公（徐廣曰汝南褒信縣有白亭○正義曰括地志云白亭在豫州褒南四十二里又有白公故城又許州扶溝縣北四十五里北又有白亭也）白公歸楚三年而吳誅子胥白公勝既歸楚怨鄭之殺其父乃陰養死士求報鄭歸楚五年請伐鄭楚令尹子西許之兵未發而晉伐鄭鄭請救於楚楚使子西往救與盟而還白公勝怒曰非鄭之仇乃子西也勝自礪劍人問曰（索隱曰左傳作子期之子平見曰王孫何自礪也）何以為勝曰欲以殺子西子西聞之笑曰勝如卵耳何能為也其後四歲白公勝與石乞襲殺楚令尹子西司馬子綦於朝（索隱曰左傳作子期也）石乞曰不殺王不可乃劫之王如高府（索隱曰杜預云楚之別府）石乞從者屈固（徐廣曰一作惠王從者屈固楚世家亦云王從者○索隱曰蓋此本為傳而左傳云）

石乞尹門圉公陽穴宮負王以如昭夫人之宮則公陽是楚之大夫王之從者也 負楚惠王亡走昭夫人之宮 索隱曰昭王夫人即惠王母乃越女是也 葉公聞白公爲亂率其國人攻白公白公之徒敗亡走山中自殺 正義曰左傳云白公奔山而縊 而虜石乞而問白公尸處不言將亨石乞曰事成爲卿不成而亨固其職也終不肯告其尸處遂亨石乞而求惠王復立之

太史公曰怨毒之於人甚矣哉王者尚不能行之於臣下況同列乎向令伍子胥從奢俱死何異螻蟻棄小義雪大恥名垂於後世悲夫方子胥窘於江上 索隱曰窘音求殞反 道乞食志豈嘗須臾忘郢

邪故隱忍就功名非烈丈夫孰能致此哉白公如不自立爲君者其功謀亦不可勝道者哉

索隱述贊曰

讒人罔極 交亂四國 嗟彼伍氏
被茲凶慝 員獨忍詬 志復冤毒
霸吳起師 伐楚逐北 鞭尸雪恥
抉眼棄德

伍子胥列傳第六 史記六十六

仲尼弟子列傳第七 史記六十七

孔子曰受業身通者七十有七人 索隱曰孔子家語亦有七十七人唯文翁孔廟圖作七十二人 皆異能之士也德行顏淵閔子騫冉伯牛仲弓政事冉有季路言語宰我子貢 索隱曰論語一曰德行二曰言語三曰政事四曰文學今此文政事在言語上是其記有異也 文學子游子夏師也辟 馬融曰子張才過人失於邪辟文過○正義音辟 參也魯 孔安國曰魯鈍也曾子遲鈍 柴也愚 何晏曰愚直之愚 由也喭 鄭玄曰子路之行失於畔喭○正義曰喭音畔○索隱曰論語先言柴次參次師次由今此傳序之亦與論語不同不得輒言其誤也○正義音岸 回也屢空賜不受命而貨殖焉億則屢中 何晏曰言回庶幾於聖道雖數空匱而樂在其中賜不受教命唯財貨是殖億度是非蓋美回所以勵賜也一曰屢猶每也空猶虛中也以聖人之

善道教數子之庶幾猶不至於知道者各內有此害也其於庶幾每能虛中者唯回懷道深遠不虛心不能知道子貢無數子之病然亦不知道者雖不窮理而幸中雖非天命而偶富亦所以不虛心也 孔子之所嚴事於周則老子於衛蘧伯玉 外寬而內直自娛於隱括之中直己而不直人汲汲於仁以善自終蓋蘧伯玉之行 於齊晏平仲於楚老萊子於鄭子產 君擇臣而使之臣擇君而事之有道順命無道衡命蓋晏平仲之行也○索隱曰大戴記云蹈忠而行信終日言不在尤之內國無道處賤不悶貧而能樂蓋老萊子之行 於魯孟公綽數稱臧文仲柳下惠 孝恭慈仁允德圖義約貨去怨蓋柳下惠之行 銅鞮伯華介山子然孔子皆後之不並世 大戴禮曰孔子云國家有道其言足以興國家無道其默足以容蓋銅鞮伯華之所行觀於四方不忘其親苟思其親不盡其樂蓋介山子然之行也說苑曰孔子歎曰銅鞮伯華無死天下有定矣晉太康地記云銅鞮晉大夫羊舌赤之邑世號赤曰銅鞮伯華○索隱曰自臧文仲已下孔子皆

後之不並世其所嚴事自老子及公綽已上皆孔子同時人也按戴德撰禮號曰大戴禮合八十五篇其四十七篇亡見今存者有三十八篇今裴氏所引在衛將軍篇孔子稱祁奚對晉平公之辭唯舉銅鞮介山二人之行也家語又云不克不忌不念舊怨蓋伯夷叔齊之行思天而敬人服義而行信蓋趙文子之行事君不愛其死謀身不遺其友蓋隨武子之行也理志銅鞮縣名屬上黨○正義曰鞮丁奚反按銅鞮潞州縣

顏回者魯人也字子淵少孔子三十歲正義曰少成妙反顏淵問仁孔子曰克己復禮天下歸仁焉馬融曰克己約身也孔安國曰復反也身能反禮則爲仁矣孔子曰賢哉回也衛瓘曰非大賢樂道不能若此故以稱之○索隱曰衛瓘字伯玉晉太保亦注論語故裴引之一簞食一瓢飲孔安國曰簞笥也在陋巷人不堪其憂回也不改其樂孔安國曰顏回樂道雖簞食在陋巷不改其所樂也回也如愚孔安國曰於孔子之言默而識之如愚也退

記列七　二

而省其私亦足以發回也不愚孔安國曰察其退還與二三子說釋道義發明大體知其不愚用之則行捨之則藏唯我與爾有是夫孔安國曰言可行則行可止則止唯我與顏回同也欒肇曰用己而後行不假隱以自高不巫道以要名時人無知其實者唯我與爾有是行○正義曰肇字永高平人晉尚書郎作論語疑釋十卷及論語駁虛二卷回年二十九髮盡白蚤死索隱曰家語亦云年二十九而髮白三十二而死王肅云此久遠之書年數錯誤未可詳也校其年則顏回死時孔子年六十一然則伯魚年五十先孔子卒卒時孔子且七十也今此爲顏回先伯魚死而論語曰顏回死顏路請子之車子曰鯉也死有棺而無槨或爲設事之辭按顏回死在伯魚之前故知以論語爲設詞孔子哭之慟曰自吾有回門人益親王肅曰顏回爲孔子胥附之友能使門人日親孔子魯哀公問弟子孰爲好學孔子對曰有顏回者好學不遷怒不貳過不幸短命死

仲尼弟子傳

矣今也則亡何晏曰凡人任情喜怒違理顏回任道怒不過分遷者移也怒當其理不移易也不貳過者有不善未嘗復行閔損字子騫鄭玄曰孔子弟子目錄云魯人少孔子十五歲孔子曰孝哉閔子騫人不間於其父母昆弟之言陳羣曰言子騫上事父母下順兄弟動靜盡善故人不得有非間之言不仕大夫不食汙君之祿索隱曰論語季氏使閔子騫爲費宰子騫曰善爲我辭焉是不仕大夫不食汙君之祿也如有復我者孔安國曰復我者重來召我必在汶上矣孔安國曰去之汶水上欲北如齊冉耕字伯牛鄭玄曰魯人孔子以爲有德行伯牛有惡疾孔子往問之自牖執其手包氏曰牛有惡病不欲見人孔子從牖執其手曰命也夫斯人也而有斯疾命也夫包曰再言之者痛之甚也

史列七　三

冉雍字仲弓鄭玄曰魯人○索隱曰家語云伯牛之宗族少孔子二十九歲仲弓問政孔子曰出門如見大賓使民如承大祭孔安國曰莫尚乎敬在邦無怨在家無怨包氏曰在邦爲諸侯在家爲卿大夫孔子以仲弓爲有德行曰雍也可使南面包曰可使南面言任諸侯之治仲弓父賤人孔子曰犁牛之子騂且角雖欲勿用山川其舍諸何晏曰犁雜文騂赤色也角者角周正中犧牲雖欲以其所生犁而不用山川寧肯舍之乎言父雖不善不害於子之美冉求字子有鄭玄曰魯人少孔子二十九歲爲季氏宰季康子問孔子曰冉求仁乎曰千室之邑百乘之家孔安國曰千室卿大夫之邑卿大夫稱家諸侯千乘大夫故曰百乘求也可使治

仲尼弟子傳

其賦仁則吾不知也孔安國曰賦兵賦也仁道至大不可全名也復問子
路仁乎孔子對曰如求求問曰聞斯行諸包氏曰賑
窮救乏之事也子曰行之子路問聞斯行諸子曰有父
兄在如之何其聞斯行之孔安國曰當白父兄不可自專子華怪
之敢問問同而荅異孔子曰求也退故進之由
也兼人故退之鄭玄曰言冉有性謙退子路務在勝尚人各因其人之失而正之
仲由字子路卞人也徐廣曰尸子曰子路卞之野人○索隱曰家語一字季路亦云是卞
人也少孔子九歲子路性鄙好勇力志伉直冠雄
雞佩猳豚冠以雄雞佩以猳豚二物皆勇子路好勇故冠帶之陵暴孔子孔子
設禮稍誘子路子路後儒服委質索隱曰服虔注左氏云古者始

事必先書其名於策委死之質於君然後為臣示必死節於其君也因門人請為弟子子
路問政孔子曰先之勞之孔安國曰先導之以德使民信之然後勞之易曰悅以使民民忘其勞請益曰無倦孔安國曰子路嫌其少故請益曰無倦者行此上事無倦則可
子路問君子尚勇乎孔子曰義之為上君子好
勇而無義則亂李充曰既稱君子不職為亂階也若君親失道國家昏亂其於赴患致命而不知正顧義者則亦陷乎為亂而受不義之責也○索隱曰充字弘度晉中書侍郎亦作論語解小人好勇
而無義則盜子路有聞未之能行唯恐有聞孔安國曰前所聞未及行故恐復有聞不得並行孔子曰片言可以折獄者其
由也與孔安國曰片猶偏也聽訟必須兩辭以定是非偏信一言折獄者唯子路可也由也好
勇過我無所取材欒肇曰適用曰材好勇過我無所取故云○索隱曰肇字永初晉尚書

郎作論語義也若由也不得其死然孔安國曰不得以壽終也衣敝緼
袍孔安國曰緼枲著也與衣狐貉者立而不恥者其由也與
由也升堂矣未入於室也馬融曰升我堂矣未入於室耳季康子
問仲由仁乎孔子曰千乘之國可使治其賦不
知其仁子路喜從游遇長沮桀溺荷蓧丈人子
路為季氏宰季孫問曰子路可謂大臣與孔子
曰可謂具臣矣孔安國曰言備臣數而已子路為蒲大夫索隱曰蒲
衛邑子路為之宰辭孔子孔子曰蒲多壯士又難治然吾
語汝恭以敬可以執勇言恭謹謙敬勇猛不能害故曰執也寬以正
可以比衆音鼻言寬大清正衆必歸近之恭正以靜可以報上初

衛靈公有寵姬曰南子靈公太子蕢聵得過南
子懼誅出奔及靈公卒而夫人欲立公子郢郢
不肯曰亡人太子之子輒在於是衛立輒為君
是為出公出公立十二年其父蕢聵居外不得
入子路為衛大夫孔悝之邑宰索隱曰服虔云為孔悝之邑宰蕢
聵乃與孔悝作亂索隱曰左傳蒯聵入孔悝家悝母伯姬劫悝於廁彊與之盟而立蒯聵非悝本心自作亂也謀入孔悝家遂與其徒襲攻出公出公
奔魯而蕢聵入立是為莊公方孔悝作亂子路
在外聞之而馳往遇子羔出衛城門謂子路曰
出公去矣而門已閉子可還矣毋空受其禍子

路曰食其食者不避其難子羔卒去有使者入城城門開子路隨而入造蕢聵蕢聵與孔悝登臺子路曰君焉用孔悝請得而殺之蕢聵弗聽於是子路欲燔臺蕢聵懼乃下石乞壺黶攻子路擊斷子路之纓子路曰君子死而冠不免遂結纓而死孔子聞衛亂曰嗟乎由死矣已而果死故孔子曰自吾得由惡言不聞於耳王肅曰子路為孔子侍衛故侮慢之人不敢有惡言是以惡言不聞於孔子耳是時子貢為魯使於齊索隱曰左傳子貢為魯使齊在哀十五年蓋此文錯誤也聊亦記之

宰予字子我鄭玄曰魯人利口辯辭既受業問三年之喪不已久乎君子三年不為禮禮必壞三年不為樂樂必崩舊穀既沒新穀既升鑽燧改火期可已矣馬融曰周書月令有更火之文春取榆柳之火夏取棗杏之火季夏取桑柘之火秋取柞楢之火冬取槐檀之火一年之中鑽火各異木故曰改火子曰於汝安乎曰安汝安則為之君子居喪食旨不甘聞樂不樂故弗為也孔安國曰旨美也責其無仁於親故言汝安則為之宰我出子曰予之不仁也子生三年然後免於父母之懷馬融曰生未三歲為父母所懷抱也夫三年之喪天下之通義也孔安國曰自天子達於庶人宰我晝寢子曰朽木不可雕也包氏曰朽腐也雕雕琢刻畫糞土之牆不可圬也王肅曰圬墁也二者喻雖施功猶不成也宰我問五帝

之德子曰予非其人也王肅曰言不足以明五帝之德也宰我為臨菑大夫索隱曰謂仕齊為齊都臨菑故云為臨菑大夫與田常作亂以夷其族孔子恥之索隱曰左氏無宰我與田常作亂之文然有闞止字子我而因爭寵子我為陳恒所殺恐字與宰予相涉因誤云然

端木賜衛人字子貢少孔子三十一歲子貢利口巧辭孔子常黜其辯問曰汝與回也孰愈孔安國曰愈猶勝也對曰賜也何敢望回回也聞一以知十賜也聞一以知二子貢既已受業問曰賜何人也孔子曰汝器也孔安國曰言汝器用之人曰何器也曰瑚璉也包氏曰瑚璉黍稷器夏曰瑚殷曰璉周曰簠簋宗廟之貴器陳子禽問子貢曰仲尼焉學子貢曰文武之道未墜於地在人賢者識其大者不賢者識其小者莫不有文武之道夫子焉不學孔安國曰文武之道未墜落於地賢與不賢各有所識夫子無所不從學而亦何常師之有孔安國曰無所不從學故無常師又問曰孔子適是國必聞其政求之與抑與之與鄭玄曰怪孔子所至之邦必與聞國政求而得之邪抑人君自願與之為治子貢曰夫子溫良恭儉讓以得之夫子之求之也其諸異乎人之求之也鄭玄曰言夫子行此五德而得之與人求之異明人君自與之子貢問曰富而無驕貧而無諂何如孔子曰可也孔安國曰未足多也不如貧而樂道富而好禮鄭玄曰樂謂志於道不以貧為憂苦也田常欲作亂於齊憚

仲尼弟子傳

高國鮑晏故移其兵欲以伐魯孔子聞之謂門
弟子曰夫魯墳墓所處父母之國國危如此二
三子何爲莫出子路請出孔子止之子張子石
（索隱曰公孫龍也）請行孔子弗許子貢請行孔子許之遂
行至齊說田常曰君之伐魯過矣夫魯難伐之
國其城薄以卑其地狹以泄（索隱曰越絕書泄字作淺）其君
愚而不仁大臣僞而無用其士民又惡甲兵之
事此不可與戰君不如伐吳夫吳城高以厚地
廣以深甲堅以新士選以飽重器精兵盡在其
中又使明大夫守之此易伐也田常忿然作色

史記列傳七　八

曰子之所難人之所易子之所易人之所難而
以教常何也子貢曰臣聞之憂在內者攻彊憂
在外者攻弱今君憂在內吾聞君三封而三不
成者大臣有不聽者也今君破魯以廣齊戰勝
以驕主破國以尊臣（王肅曰鮑晏等帥師若破國則臣尊矣）而君之功
不與焉則交日疏於主是君上驕主心下恣羣
臣求以成大事難矣夫上驕則恣臣驕則爭是
君上與主有郤下與大臣交爭也如此則君之
立於齊危矣故曰不如伐吳伐吳不勝民人外
死大臣內空是君上無彊臣之敵下無民人之

仲尼弟子傳

過孤主制齊者唯君也田常曰善雖然吾兵業
已加魯矣去而之吳大臣疑我奈何子貢曰君
按兵無伐臣請往使吳王令之救魯而伐齊君
因以兵迎之田常許之使子貢南見吳王說曰
臣聞之王者不絕世霸者無彊敵千鈞之重加
銖兩而移今以萬乘之齊而私千乘之魯與吳
爭彊竊爲王危之且夫救魯顯名也伐齊大利
也以撫泗上諸侯誅暴齊以服彊晉利莫大焉
名存亡魯實困彊齊智者不疑也吳王曰善雖
然吾嘗與越戰棲之會稽越王苦身養士有報

史記列七　九

我心子待我伐越而聽子子貢曰越之勁不過
魯吳之彊不過齊王置齊而伐越則齊已平魯
矣且王方以存亡繼絕爲名夫伐小越而畏彊
齊非勇也夫勇者不避難仁者不窮約智者不
失時王者不絕世以立其義今存越示諸侯以
仁救魯伐齊威加晉國諸侯必相率而朝吳霸
業成矣且王必惡越（索隱曰惡猶畏也）臣請東見越王令
出兵以從此實空越名從諸侯以伐也吳王大
說乃使子貢之越越王除道郊迎身御至舍而
問曰此蠻夷之國大夫何以儼然辱而臨之子

貢曰今者吾說吳王以救魯伐齊其志欲之而
畏越曰待我伐越乃可如此破越必矣且夫無
報人之志而令人疑之拙也有報人之意使人
知之殆也事未發而先聞危也三者舉事之大
患勾踐頓首再拜曰孤嘗不料力乃與吳戰困
於會稽痛入於骨髓日夜焦脣乾舌徒欲與吳
王接踵而死孤之願也遂問子貢子貢曰吳王
爲人猛暴羣臣不堪國家敝於數戰士卒弗忍
百姓怨上大臣內變子胥以諫死 索隱曰王劭按家語越絶書並無此五字是時子胥未死 太宰嚭用事順君之過以安其私是

殘國之治也今王誠發士卒佐之以徼 音結堯反 其志
王肅曰徼射其志 重寶以說其心卑辭以尊其禮其伐齊
必也彼戰不勝王之福矣戰勝必以兵臨晉臣
請北見晉君令共攻之弱吳必矣其銳兵盡於
齊重甲困於晉而王制其敝此滅吳必矣越王
大說許諾送子貢金百鎰劒一良矛二子貢不
受遂行報吳王曰臣敬以大王之言告越王越
王大恐曰孤不幸少失先人內不自量抵罪於
吳軍敗身辱棲于會稽國爲虛莽 虛音墟莽音莫朗反○索隱曰有本作棘恐誤也 賴大王之賜使得奉俎豆而修祭祀

死不敢忘何謀之敢慮後五日越使大夫種頓
首言於吳王曰東海役臣孤勾踐使者臣種敢
修下吏問於左右今竊聞大王將興大義誅彊
救弱困暴齊而撫周室請悉起境內士卒三千
人孤請自被堅執銳以先受矢石因越賤臣種
奉先人藏器甲二十領鈇屈盧之矛 索隱曰鈇音趺謂斧也劉氏云一本無此字屈盧矛名 步光之劒以賀軍吏吳王大說以
告子貢曰越王欲身從寡人伐齊可乎子貢曰
不可夫空人之國悉人之衆又從其君不義君
受其幣許其師而辭其君吳王許諾乃謝越王

於是吳王乃遂發九郡兵伐齊子貢因去之晉
謂晉君曰臣聞之慮不先定不可以應卒 索隱曰卒謂急卒也言計慮不先定不可以應卒卒有非常之事 兵不先辨不可以勝敵今
夫齊與吳將戰彼戰而不勝越亂之必矣與齊
戰而勝必以其兵臨晉晉君大恐曰爲之奈何
子貢曰脩兵休卒以待之晉君許諾子貢去而
之魯吳王果與齊人戰於艾陵 索隱曰左傳在哀十一年 大破
齊師獲七將軍之兵而不歸果以兵臨晉與晉
人相遇黃池之上 索隱曰左傳黃池之會在哀十三年越入吳吳與越平也 吳晉
爭彊晉人擊之大敗吳師越王聞之涉江襲吳

去城七里而軍吳王聞之去晉而歸與越戰於五湖三戰不勝城門不守越遂圍王宮殺夫差而戮其相索隱曰左傳越滅吳在哀二十二年則事並懸隔數年蓋此文欲終說其事故其辭相連也破吳三年東向而霸故子貢一出存魯亂齊破吳彊晉而霸越子貢一使使勢相破十年之中五國各有變索隱曰按左傳謂魯齊晉吳越也故云子貢一出存魯亂齊破吳彊晉而霸越子貢好廢舉與時轉貨貲廢舉謂停貯也與時謂逐時也夫物賤則買而停貯值貴即逐時轉易貨賣取資利也○索隱曰家語貨作化王肅云廢舉謂買賤賣貴也轉化謂隨時轉貨以殖其資也劉氏云廢謂物貴而賣之舉謂物賤而買之轉貨謂轉貴收賤也喜揚人之美不能匿人之過常相魯衛家累千金卒終于齊

言偃吳人索隱曰家語云魯人按偃仕魯爲武城宰耳今吳郡有言偃冢蓋吳郡人爲是也字子游少孔子四十五歲子游既已受業爲武城宰正義曰括地志云在兗州即南城也輿地志云南武城縣魯武邑城子游爲宰者也在泰山郡孔子過聞弦歌之聲孔子莞爾而笑何晏曰莞爾小笑貌曰割雞焉用牛刀孔安國曰言治小何須用大道子游曰昔者偃聞諸夫子曰君子學道則愛人小人學道則易使孔安國曰道謂禮樂也樂以和人人和則易使孔子曰二三子孔安國曰從行者偃之言是也前言戲之耳孔安國曰戲以治小而用大孔子以爲子游習於文學

卜商字子夏家語云衛人鄭玄曰溫國卜商○索隱曰溫國今河內溫縣元屬衛故少孔

子四十四歲子夏問巧笑倩兮美目盼兮素以爲絢兮何謂也馬融曰倩笑貌盼動目貌絢文貌此上二句在衛風碩人之二章其下一句逸詩子曰繪事後素鄭玄曰繪畫文也凡畫繪先布衆色然後以素分布其間以成其文喻美女雖有倩盼美質亦須禮以成也曰禮後乎何晏曰孔言繢事後素子夏聞而解知以素喻禮故曰禮後乎孔子曰商始可與言詩已矣包氏曰能發明我意可與言詩矣子貢問師與商孰賢子曰師也過商也不及孔安國曰言俱不得中然則師愈與曰過猶不及子謂子夏曰汝爲君子儒無爲小人儒何晏曰君子之儒將以明道小人爲儒則矜其名孔子既沒子夏居西河教授索隱曰在河東郡之西界蓋近龍門劉氏云今同州河西縣有子夏石室學堂在也○正義曰西河郡今汾州也爾雅云兩河間曰冀州禮記云自東河至於西河河東

故號龍門河爲西河漢因爲西河郡汾州也子夏所教處括地志云謁泉山一名隱泉山在汾州隰城縣北四十里注水經云其山岸壁五崖半有一石室去地五十丈頂上平地十許頃隨國集記云此爲子夏石室退老西河居此有卜商神祠今見在爲魏文侯師索隱曰子夏文學著於四科序詩傳易又孔子以春秋屬商又傳禮著在禮志而此史並不論空記論語小事亦其疏也○正義曰文侯都安邑孔子卒後子夏教於西河之上文侯師事之咨問國政焉其子死哭之失明

顓孫師陳人索隱曰鄭玄目錄陽城人陽城縣名亦屬陳郡也字子張少孔子四十八歲子張問干祿鄭玄曰干求也祿祿位也孔子曰多聞闕疑慎言其餘則寡尤包氏曰尤過也疑則闕之其餘不疑猶慎言之則少過多見闕殆慎行其餘則寡悔包氏曰殆危也所見危者闕而不行則少悔言寡尤行寡悔祿在其中矣鄭玄曰言行如此雖不得

祿得祿之道 他日從在陳蔡閒困問行孔子曰言忠
信行篤敬雖蠻貊之國行也言不忠信行不篤
敬雖州里行乎哉 鄭玄曰二千五百家爲州五家爲鄰五鄰爲里行乎哉言不可行
立則見其參於前也在輿則見其倚於衡夫然
後行 包氏曰衡軛也言思念忠信立則常想見參然在前在輿則若倚於車軛 子張書諸
紳 孔安國曰紳大帶也 子張問士何如斯可謂之達矣孔
子曰何哉爾所謂達者子張對曰在國必聞在
家必聞 鄭玄曰言士之所在皆能有名譽 孔子曰是聞也非達也
夫達者質直而好義察言而觀色慮以下人 馬融曰
常有謙退之志察言語觀顏色知其所欲其念慮常欲下於人 在國及家必達 馬融曰謙

尊而光卑而不可踰 夫聞也者色取仁而行違居之不疑 馬融曰
此言佞人也佞人假仁者之色行之則違安居其僞而不自疑 在國及家必聞 馬融曰佞
人黨多 曾參南武城人 索隱曰武城屬魯當時魯更有北武城故言南也○正義曰括地志云南武城
在兗州子游爲宰者地里志云定襄有武城清河有武城故此云南武城也 字子輿少孔子
四十六歲孔子以爲能通孝道 正義曰韓詩外傳云曾子曰吾嘗仕
爲吏祿不過鍾釜尚猶欣欣而喜者非以爲多也樂道養親也親沒之後吾嘗南游於楚得尊官堂高九仞榱題三尺
轂百乘然猶北向而泣者非爲賤也悲不見吾親也 故授之業作孝經死於魯
澹臺滅明 包氏曰澹臺姓滅明名○正義曰括地志云延津在滑州靈昌縣東北里注水經云黃河水至
此爲之延津昔澹臺子羽齎千金之璧渡河陽侯波起兩蛟夾舟子羽曰吾可以義求不可以威劫操劍斬蛟蛟死乃投

璧於河三投而輒躍出乃毀璧而去亦無怪意即此津也 武城人 正義曰括地志云亦在兗州 字
子羽少孔子三十九歲狀貌甚惡欲事孔子孔
子以爲材薄既已受業退而脩行行不由徑非
公事不見卿大夫 包氏曰言其公且方 南游至江 索隱曰今吳國東南有澹
臺湖即其遺迹所在也 從弟子三百人設取予去就名施乎
諸侯孔子聞之曰吾以言取人失之宰予以貌
取人失之子羽 索隱曰家語子羽有君子之容而行不勝其貌宰我有文雅之辭而智不充其
辭孔子曰以容取人則失之子羽以言取人則失之宰予今云滅明狀貌甚惡則以子羽形陋也正與家語相反○正義
曰按澹子羽墓在兗州鄒城縣是也 宓不齊字子賤 孔安國曰魯人○正義曰顏氏家訓云兗州永郡城舊單父縣地也東有子賤

碑世所立乃云濟南伏生即子賤之後是虙之與伏古來通字誤爲宓較可明矣虙字從音呼宓從音綿下俱爲必世傳
寫誤也 少孔子四十九歲 索隱曰家語少孔子三十歲此云四十九不同 孔子
謂子賤君子哉魯無君子斯焉取斯 包氏曰如魯無君子子賤
安得此行而學 子賤爲單父宰 正義曰宋州縣也說苑云宓子賤理單父彈琴身不下堂
單父理巫馬期以星出以星入而單父亦理巫馬期問其故宓子賤曰我之謂任人子之謂在力任力者勞任人者逸
反命於孔子曰此國有賢不齊者五人 索隱曰家語云不齊
所父事者三人所兄事者五人所友者十一人與此不同 教不齊所以治者孔子
曰惜哉不齊所治者小所治者大則庶幾矣
原憲字子思 鄭玄曰魯人○索隱曰家語云宋人所記不同少孔子三十六歲 子思
問恥孔子曰國有道穀 孔安國曰穀祿也邦有道當食祿 國無道

穀恥也孔安國曰君無道而在其朝食其祿是恥辱也子思曰克伐怨欲不
行焉可以爲仁乎馬融曰克好勝人也伐自伐其功怨忌也欲貪欲也孔子曰
可以爲難矣仁則吾弗知也包氏曰四者行之難未知以爲仁孔
子卒原憲亡在草澤中索隱曰家語云隱居衛子貢相衛
而結駟連騎排藜藿入窮閻過謝原憲憲攝敝
衣冠見子貢子貢恥之曰夫子豈病乎原憲曰
吾聞之無財者謂之貧學道而不能行者謂之
病若憲貧也非病也子貢慙不懌而去終身恥
其言之過也
公冶長齊人字子長索隱曰家語云魯人名萇范甯云字子芝孔子曰

史記列傳七　十六

長可妻也雖在累紲之中孔安國曰累黑索也紲攣也所以拘罪人非其
罪也以其子妻之張華曰公冶長墓在城陽姑幕城東南五里所墓極高
南宮括字子容孔安國曰容魯人○索隱曰家語作南宮縚按其人是孟僖子之子仲孫閱也
蓋居南宮因姓焉問孔子曰羿善射奡盪舟孔安國曰羿有窮之君篡夏后
位其臣寒浞殺之因其室而生奡奡多力能陸地行舟爲夏后少康所殺○正義羿音詣盪大浪反俱不得
其死然禹稷躬稼而有天下孔子弗荅馬融曰禹盡力於溝
洫稷播百穀故曰躬稼也禹及其身稷及後世皆王括意欲以禹稷比孔子孔子謙故不荅容出孔子
曰君子哉若人上德哉若人孔安國曰賤不義而貴德故曰君子國有
道不廢孔安國曰不廢言見用國無道免於刑戮三復白珪
之玷孔安國曰詩云白珪之玷尚可磨也斯言之玷不可爲也南容讀詩至此三反之是其心敬慎於言以

其兄之子妻之
公晳哀字季次孔子家語云齊人○索隱曰家語作公晳克孔子曰天下
無行多爲家臣仕於都唯季次未嘗仕索隱曰家語云未嘗
屈節爲人臣故孔子特賞歎之亦見游俠傳
曾蒧音點字晳孔安國曰晳曾參父侍孔子孔子曰言爾志
蒧曰春服既成冠者五六人童子六七人浴乎
沂風乎舞雩詠而歸徐廣曰一作饋駰案包氏曰暮春者季春三月也春服既成衣
單袷之時我欲得冠者五六人童子六七人浴於沂水之上風涼於舞雩之下歌詠先王之道歸於夫子之門孔子
喟爾嘆曰吾與蒧也周氏曰善蒧之獨知時也
顏無繇音遙○正義繇音由字路路者顏回父索隱曰家語顏由字路回之父

記列傳七　十七

也孔子始教於闕里而受學焉少孔子六歲故此傳云父子異時事孔子故易稱顏氏之子也父子嘗各
異時事孔子顏回死顏路貧請孔子車以葬孔安
國曰賣以作椁孔子曰材不材亦各言其子也鯉也死有
棺而無椁吾不徒行以爲之椁以吾從大夫之
後不可以徒行孔安國曰鯉孔子子伯魚孔子時爲大夫言從大夫之後不可徒行謙辭也
商瞿正義具俱反魯人字子木少孔子二十九歲孔
子傳易於瞿瞿傳楚人馯徐廣曰音寒臂子弘正義曰馯音汗
顏師古云馯姓也漢書及荀卿子皆云字子弓此作弘蓋誤也應劭云子弓子夏門人弘傳江東
人矯音撟子庸疵音自移反○正義曰漢書作橋庇云魯人顏師古云橋庇字子庸傳
燕人周子家豎正義曰豎音時與反周豎字子家漢書作周醜也豎傳淳于

人光子乘羽（正義曰光乘字羽括地志云淳于國在密州安丘縣東三十里古之州國周武王封淳于國）羽傳齊人田子莊何（正義曰儒林傳云田何字子莊）何傳東武人（徐廣曰屬琅邪）王子中同（正義曰括地志云東武縣今密州諸城縣是也漢作王同字子仲）同傳菑川人楊何（正義曰漢書云字叔元按商瞿至楊何凡八代）何元朔中以治易為漢中大夫

高柴字子羔（鄭玄曰衛人○正義曰家語云齊人）少孔子三十歲子羔長不盈五尺受業孔子孔子以為愚子路使子羔為費郈宰（正義曰括地志云鄆州宿縣二十三里郈亭）孔子曰賊夫人之子（包氏曰子羔學未熟習而使為政所以賊害人）子路曰有民人焉有社稷焉何必讀書然後為學（孔安國曰言治人事神於是而習亦學也）

史記列傳七　十八

孔子曰是故惡夫佞者（孔安國曰疾其以給應遂己非而不知窮也）

漆彫開字子開（鄭玄曰魯人也○正義曰家語云蔡人字子若少孔子十一歲習尚書不樂仕）孔子使開仕對曰吾斯之未能信（孔安國曰仕進之道未能信者未能究習）孔子說（鄭玄曰善其志道深）

公伯僚字子周（馬融曰魯人○正義曰家語有申繚子周古史考云疑公伯僚是讒愬之人孔子不責而云命非弟子之流也）周愬子路於季孫子服景伯以告孔子曰夫子固有惑志（孔安國曰季孫信讒恚子路也）僚也吾力猶能肆諸市朝（鄭玄曰吾勢猶能辯子路之无罪於季孫使人誅僚而肆之也有罪既刑陳其尸曰肆）孔子曰道之將行命也道之將廢命也公伯僚其如命何

仲尼弟子傳

司馬耕字子牛（孔安國曰宋人）牛多言而躁問仁於孔子孔子曰仁者其言也訒（孔安國曰訒難也）曰其言也訒斯可謂之仁乎子曰為之難言之得無訒乎（孔安國曰行仁難言仁亦不得不難也）問君子子曰君子不憂不懼（孔安國曰牛兄桓魋將為亂牛自宋來學常憂懼故孔子解之也）曰不憂不懼斯可謂之君子乎子曰內省不疚夫何憂何懼（包氏曰疚病自省無罪惡無可憂懼）

樊須字子遲（鄭玄曰齊人○正義曰家語云魯人）少孔子三十六歲樊遲請學稼孔子曰吾不如老農請學圃曰吾不如老圃（馬融曰樹五穀曰稼樹菜蔬曰圃）樊遲出孔子曰小人哉樊須也上好禮則民莫敢不敬上好義則民莫敢不服上好信則民莫敢不用情（孔安國曰情實也言民化上各以實應）夫如是則四方之民襁負其子而至矣焉用稼（包氏曰禮義與信足以成德何用學稼以教民乎負子之器曰襁）樊遲問仁子曰愛人問智曰知人

史記列傳七　十九

有若（鄭玄曰魯人○正義曰家語云魯人字有少孔子三十三歲不同）少孔子十三歲有若曰禮之用和為貴先王之道斯為美小大由之有所不行知和而和不以禮節之亦不可行也（馬融曰人知禮貴和而每事從和不以禮為節亦不可以行之）信近於義言可復也（何晏曰復猶覆也義不必信信非義也以其言可覆故曰近義）恭近於禮遠

仲尼弟子傳

恥辱也何晏曰恭不合禮非禮也以其能遠恥辱故曰近禮因不失其親亦可宗也孔安國曰因親也言所親不失其親亦可宗敬孔子既沒弟子思慕有若狀似孔子弟子相與共立爲師師之如夫子時也他日弟子進問曰昔夫子當行使弟子持雨具已而果雨弟子問曰夫子何以知之夫子曰詩不云乎月離于畢俾滂沱矣毛傳曰畢噣也月離陰星則雨昨暮月不宿畢乎他日月宿畢竟不雨商瞿年長無子其母爲取室正義曰家語云瞿年三十八無子母欲更娶室孔子曰瞿年過四十當有五丈夫子果然中備云魯人商瞿使向齊國瞿年四十今後使行遠路畏慮恐絕無子夫子正月與瞿母筮告曰後有五丈夫子子貢曰何以知之子曰卦遇大畜艮之二世九二甲寅木爲世立五景行水爲應世生外象生象來爻生互內象艮別子應有五子一子短命顏回云何以知之內象是本子一艮變爲二醜三陽爻五於是五子一子短命何以知短命他以故也孔子使之齊瞿母請之孔子曰無憂瞿年四十後當有五丈夫子五男也已而果然敢問夫子何以知此有若默然無以應弟子起曰有子避之此非子之座也

公西赤字子華鄭玄曰魯人少孔子四十二歲子華使於齊冉有爲其母請粟孔子曰與之釜馬融曰六斗四升曰釜請益曰與之庾包氏曰十六斗曰庾冉子與之粟五秉馬融曰十六斛曰秉五秉合八十斛孔子曰赤之適齊也乘肥馬衣輕裘吾聞君子周急不繼富鄭玄曰非冉有與之太多

巫馬施字子旗鄭玄曰魯人正義曰音其少孔子三十歲陳司敗孔安國曰司敗官名陳大夫也問孔子曰魯昭公知禮乎孔子曰知禮退而揖巫馬旗曰吾聞君子不黨君子亦黨乎魯君娶吳女爲夫人命之爲孟子孟子姓姬諱稱同姓故謂之孟子魯君而知禮孰不知禮孔安國曰相助匿非曰黨礼同姓不婚而君娶之當稱吳姬諱曰孟子施以告孔子孔子曰丘也幸苟有過人必知之臣不可言君親之惡爲諱者禮也孔安國曰以司敗之言告也諱國惡礼也聖人之道弘故受之爲過也

梁鱣一作鯉字叔魚少孔子二十九歲孔子家語曰齊人

顏幸字子柳少孔子四十六歲鄭玄曰魯人

冉孺字子魯一作曾少孔子五十歲家語曰魯人

曹卹字子循少孔子五十歲

伯虔字子析少孔子五十歲正義曰家語云子皙

公孫龍字子石少孔子五十三歲鄭玄曰楚人○正義曰家語云衛人孟子云趙人莊子云堅白之談也

自子石已右三十五人顯有年名及受業聞見于書傳其四十有二人無年及不見書傳者紀于左索隱曰家語此例唯有三十七人其公良孺秦商顏亥叔仲會四人家語有事迹史記闕然自公伯遼秦冉鄭單三人家語不載而別有琴牢陳亢縣亶當此三人之數皆互有也如文翁圖所記又有林放蘧伯玉申棖申堂俱是後人以所見增益今殆不可考

冉季字子產鄭玄曰魯人○正義曰家語云冉季字子產

公祖句茲字子之 正義曰句音鉤
秦祖字子南 鄭玄曰秦人
漆雕哆 音赤者反 字子斂 鄭玄曰魯人
顏高字子驕 正義曰孔子在衛南子招夫子爲次乘過市顏高爲御
漆雕徒父
壤駟赤字子徒 鄭玄曰秦人
商澤 家語曰字子季
石作蜀字子明
任不齊字選 鄭玄曰楚人
公良孺字子正 鄭玄曰陳人賢而有勇○正義曰孔子周游常以家車五乘從孔子孔子世家

亦云語在三十五人中今在三十二人數恐太史公誤也
后處字子里 鄭玄曰齊人
秦冉字開 正義曰家語云無此人王肅家語此等惟三十七人其公良孺秦商顏亥仲叔會四人家語有事迹而史記闕公伯寮秦冉鄡單家語不載而別有琴牢陳亢縣亶三人
公夏首字乘 鄭玄曰魯人
奚容箴字子晳 正義曰衛人
公堅定字子中 鄭玄曰魯人或曰晉人
顏祖字襄 正義曰魯人
鄡 苦堯反 單 音善 字子家 徐廣曰一云鄔單鉅鹿有鄡縣太原有鄔縣
句井疆 鄭玄曰衛人正義句作鉤

罕父黑字子索 家語曰罕父黑字索
秦商字子丕 鄭玄曰楚人○正義曰家語云魯人字丕茲
申黨字周 正義曰魯人
顏之僕字叔 鄭玄曰魯人
榮旂字子祺
縣成字子祺 鄭玄曰魯人正義縣音玄
左人郢字行 鄭玄曰魯人
燕伋字思
鄭國字子徒 正義曰家語云薛邦字徒史記作國者避高祖諱薛字與鄭字誤耳
秦非字子之 鄭玄曰魯人

施之常字子恒
顏噲字子聲 鄭玄曰魯人
步叔乘字子車 鄭玄曰齊人
原亢籍 家語曰名亢字籍○正義曰亢作冗仁勇反
樂欬字子聲 正義曰魯人
廉絜字庸 鄭玄曰衛人
叔仲會字子期 鄭玄曰魯人○索隱曰家語魯人少孔子五十四歲與孔璇年相比二孺子俱執筆迭侍於夫子孟武伯見而訪之
顏何字冉 鄭玄曰魯人○索隱曰家語字稱
狄黑字晳 索隱曰家語載本各異

邽巽字子斂 鄭玄曰魯人○索隱曰家語作選字子斂文翁圖作國選蓋亦避漢諱改之劉氏作邽巽邽音圭所見各異

孔忠 家語曰忠字子蔑孔子兄之子

公西輿如字子上 索隱曰家語載亦同此

公西蒧字子上 鄭玄曰魯人○索隱曰家語作子尚也

太史公曰學者多稱七十子之徒譽者或過其實毀者或損其眞鈞之未覩厥容貌則論言弟子籍出孔氏古文近是余以弟子名姓文字悉取論語弟子問幷次爲篇疑者闕焉

索隱述贊曰

教興闕里　道在郰鄉　異能就列
秀士升堂　依仁遊藝　合志同方
將師宮尹　俎豆琳瑯　惜哉不霸
空臣素王

仲尼弟子列傳第七　史記六十七

商君列傳第八　史記六十八

商君者 正義曰秦封於商故號商君 衛之諸庶孽公子也名鞅姓公孫氏其祖本姬姓也鞅少好刑名之學事魏相公叔座 索隱曰公叔氏座名也座音在戈反 爲中庶子 索隱曰官名也魏已置之非自秦也周禮夏官謂之諸子禮記文王世子謂之庶子掌公族也 公叔座知其賢未及進會座病魏惠王親往問病 索隱曰即魏侯之子名罃後徙大梁而稱梁也 曰公叔病有如不可諱將奈社稷何公叔曰座之中庶子 索隱曰戰國策云御庶子也 公孫鞅年雖少有奇才願王舉國而聽之王嘿然王且去座屛人言曰王即不聽用鞅必殺之無令出境王許諾而去公叔座召鞅謝曰今者王問可以爲相者我言若王色不許我我方先君後臣因謂王即弗用鞅當殺之王許我汝可疾去矣且見禽鞅曰彼王不能用君之言任臣又安能用君之言殺臣乎卒不去惠王既去而謂左右曰公叔病甚悲乎欲令寡人以國聽公孫鞅也豈不悖哉 索隱曰疾重而悖亂也○正義曰悖音背 公叔既死公孫鞅聞秦孝公下令國中求賢者將脩繆公之業東復侵地迺遂西入秦因孝公寵臣景監以求見孝公 索隱曰景姓楚之族也監音甲反去聲平聲並通 孝公既見衛鞅語事良久孝公時時

睡弗聽罷而孝公怒景監曰子之客妄人耳安足用邪景監以讓衛鞅衛鞅曰吾說公以帝道其志不開悟矣後五日復求見鞅鞅復見孝公益愈然而未中旨罷而孝公復讓景監景監亦讓鞅鞅曰吾說公以王道而未入也請復見鞅鞅復見孝公孝公善之而未用也罷而去孝公謂景監曰汝客善可與語矣鞅曰吾說公以霸道其意欲用之矣誠復見我我知之矣衛鞅復見孝公公與語不自知厀之前於席也語數日不厭景監曰子何以中吾君吾君之驩甚也鞅

曰吾說君以帝王之道比三代正義曰比必寐反說者以五帝三王之事比至孝公以三代帝王之道方與孝公曰太久遠吾不能而君曰久遠吾不能待且賢君者各及其身顯名天下安能邑邑待數十百年以成帝王乎故吾以彊國之術說君索隱曰音悒君大說之耳索隱曰音悅然亦難以比德於殷周矣孝公既用衛鞅鞅欲變法恐天下議己衛鞅曰疑行無名疑事無功且夫有高人之行者固見非於世索隱曰商君書非作負有獨知之慮者必見敖於民索隱曰商君書作必見訾於人也○正義敖五到反愚者闇於成事知者見於未萌民不可與慮始而可與樂成論至

德者不和於俗成大功者不謀於眾是以聖人苟可以彊國不法其故索隱曰言救弊為政之術所為苟可以彊國則不必要須法於故事也苟可以利民不循其禮孝公曰善甘龍曰索隱曰孝公之臣甘姓名龍也甘氏出春秋時甘昭公子帶之後不然聖人不易民而教知者不變法而治因民而教不勞而成功緣法而治者吏習而民安之衛鞅曰龍之所言世俗之言也常人安於故俗學者溺於所聞以此兩者居官守法可也非所與論於法之外也三代不同禮而王五伯不同法而霸智者作法愚者制焉賢者更禮不肖者拘焉索隱曰言賢智之人作法更礼而愚

不肖者不明變通而覊拘制不使之行斯亦信然矣杜摯曰利不百不變法功不十不易器法古無過循禮無邪衛鞅曰治世不一道便國不法古故湯武不循古而王索隱曰商君書作脩古夏殷不易禮而亡索隱曰指殷紂夏桀也反古者不可非而循禮者不足多孝公曰善以衛鞅為左庶長卒定變法之令令民為什伍索隱曰劉氏云五家為保十家相連也○正義曰或為十保或為伍保而相收司連坐索隱曰收司謂相糾發也一家有罪而九家連舉發若不糾舉則十家連坐恐變令不行故設重禁不告姦者腰斬告姦者與斬敵首同賞索隱曰謂告姦一人則得爵一級故云與斬敵首同賞也匿姦者與降敵同罰索隱曰律降敵者誅其身沒其家今匿姦者言當與之同罰也民有

二男以上不分異者倍其賦（正義曰民有二男不別爲活者一人出兩課）有軍功者各以率（音律）受上爵爲私鬬者各以輕重被刑大小僇力本業耕織致粟帛多者復其身事末利及怠而貧者舉以爲收孥（索隱曰末利謂工商也盖農桑爲本故上云本業耕織也怠者懈也周禮謂之疲民以言解怠不事事之人而貧者則糾舉而收錄其妻子沒爲官奴婢盖其法特重於古制也孥音奴）宗室非有軍功論不得爲屬籍（索隱曰謂宗室若無軍功則不得入屬籍謂除其籍則雖無功不及爵秩也）明尊卑爵秩等級各以差次名田宅臣妾衣服以家次（索隱曰謂各隨其家爵秩之班次亦不使僭侈踰等）有功者顯榮無功者雖富無所芬華令既具未布恐民之不信已乃立三丈之木

於國都市南門募民有能徙置北門者予十金民怪之莫敢徙復曰能徙者予五十金有一人徙之輒予五十金以明不欺卒下令令行於民朞年秦民之國都言初令之不便者以千數（索隱曰謂鞅新變之法令爲初令）於是太子犯法衛鞅曰法之不行自上犯之將法太子太子君嗣也不可施刑刑其傅公子虔黥其師公孫賈明日秦人皆趨令（索隱曰趨音七踰反趨者向也附也）行之十年秦民大說道不拾遺山無盜賊家給人足民勇於公戰怯於私鬬鄉邑大治秦民初言令不便者有來言令便者衛

鞅曰此皆亂化之民也盡遷之於邊城其後民莫敢議令於是以鞅爲大良造（索隱曰即大上造也秦之第十六爵名也今云良造者或後變其名耳）將兵圍魏安邑降之居三年作爲築冀闕宮庭於咸陽（索隱曰冀闕即魏闕也冀記也記列教令當於此門闕）秦自雍徙都之而令民父子兄弟同室內息者爲禁而集小都鄉邑聚爲縣置令丞凡三十一縣爲田開阡陌封疆（正義曰南北曰阡東西曰陌按謂驛塍也疆音疆封聚土也疆界也謂界上封記也）而賦稅平平斗桶（鄭玄曰音勇今之斛也○索隱曰音統量器名也）權衡丈尺行之四年公子虔復犯約劓之居五年秦人富彊天子致胙（正義曰音左故反）於孝公諸侯

畢賀其明年齊敗魏兵於馬陵虜其太子申殺將軍龐涓其明年衛鞅說孝公曰秦之與魏譬若人之有腹心疾非魏并秦秦即并魏何者魏居領阨之西都安邑（索隱曰盖安邑之東山嶺險阨之地即今蒲州之中條已東連汾晉之嶮嶝是地阨阻也）與秦界河而獨擅山東之利利則西侵秦病則東收地今以君之賢聖國賴以盛而魏往年大破於齊諸侯畔之可因此時伐魏魏不支秦必東徙東徙秦據河山之固東鄉以制諸侯此帝王之業也孝公以爲然使衛鞅將而伐魏魏使公子卬將而擊之軍既相距衛鞅遺魏

將公子卬書曰吾始與公子驩今俱為兩國將不忍相攻可與公子面相見盟樂飲而罷兵以安秦魏魏公子卬以為然會盟已飲而衛鞅伏甲士而襲虜魏公子卬因攻其軍盡破之以歸秦魏惠王兵數破於齊秦國內空日以削恐乃使使割河西之地獻於秦以和而魏遂去安邑徙都大梁索隱曰紀年曰梁惠王二十九年秦衛鞅伐梁西鄙則徙大梁在惠王之二十九年也○正義曰從蒲州安邑徙汴州浚儀也梁惠王曰寡人恨不用公叔座之言也衛鞅既破魏還秦封之於商徐廣曰弘農商縣也○索隱曰於商二縣名在弘農紀年云秦封商鞅在惠王三十年與此文亦同○正義曰於商在鄧州內鄉縣東七里古於邑也商洛縣在商州東八十九里本商邑周之商國按十五邑近此二邑十五邑號為商君商君相秦十年索隱曰戰國策云孝公行商君法十八年而死與此文不同者按此直云相秦十年耳而戰國策乃云行商君法十八年蓋連其未作相之年說也宗室貴戚多怨望者

趙良見商君商君曰鞅之得見也從孟蘭皋索隱曰孟蘭皋人姓名也言欲求因蘭皋得與趙良相見也今鞅請得交可乎趙良曰僕弗敢願也孔丘有言曰推賢而戴者進聚不肖而王者退僕不肖故不敢受命僕聞之曰非其位而居之曰貪位非其名而有之曰貪名僕聽君之義則恐僕貪位貪名也故不敢聞命商君曰子不說吾治秦與索隱曰說音悅與音予趙良曰反

聽之謂聰內視之謂明自勝之謂彊索隱曰謂守謙敬人自伏非是為自勝若是者乃為彊若爭名得勝此非彊之道虞舜有言曰自卑也尚矣君不若道虞舜之道無為問僕矣商君曰始秦戎翟之教父子無別同室而居今我更制其教而為其男女之別大築冀闕營如魯衛矣子觀我治秦也孰與五羖大夫賢趙良曰千羊之皮不如一狐之掖千人之諾諾不如一士之諤諤武王諤諤以昌殷紂墨墨以亡正義曰以殷紂比商君君若不非武王乎則僕請終日正言而無誅可乎商君曰語有之矣貌言華也至言實也苦言藥

也甘言疾也夫子果肯終日正言鞅之藥也鞅將事子子又何辭焉趙良曰夫五羖大夫荊之鄙人也正義曰百里奚南陽宛人屬楚故云荊聞秦繆公之賢而願望見行而無資自粥於秦客被褐食牛期年繆公知之舉之牛口之下而加之百姓之上秦國莫敢望焉相秦六七年而東伐鄭三置晉國之君索隱曰謂立晉惠公懷公文公也一救荊國之禍索隱曰十二諸侯年表穆公二十八年會晉救楚朝周此云救荊未詳發教封內而巴人致貢施德諸侯而八戎來服由余聞之款關請見韋昭曰款叩也五羖大夫之相秦也勞不坐乘暑不張蓋行於國中

不從車乘不操干戈功名藏於府庫德行施於
後世五羖大夫死秦國男女流涕正義音胏童子不
歌謠舂者不相杵鄭玄曰相謂送杵聲以音聲自勸也此五羖大夫
之德也今君之見秦王也因嬖人景監以爲主
非所以爲名也相秦不以百姓爲事而大築兾
闕非所以爲功也刑黥太子之師傅殘傷民以
駿刑是積怨畜禍也教之化民也深於命索隱曰劉
氏云教謂商鞅之令也命謂秦君之命也言人畏鞅甚於秦君民之効上也捷於令
索隱曰上謂商鞅之處分令謂秦君之教令今君又左建外易非所以爲
教也索隱曰左建謂以左道建立威權也外易謂在外革易君命也君又南面也稱

寡人日繩秦之貴公子詩曰相鼠有體人而無
禮人而無禮何不遄死以詩觀之非所以爲壽
也公子虔杜門不出已八年矣君又殺祝懽而
黥公孫賈詩曰得人者興失人者崩此數事者
非所以得人也君之出也後車十數從車載甲
多力而駢脅者爲驂乘持矛而操闟所及反戟者
徐廣曰一作奈盧盧之勁矛干將之雄戟○索隱曰闟亦作鈒同所及反鄒誕音吐臈反奈音盧盧音九勿反按盧盧干
將並古良匠造矛戟者名○正義曰顔野王云鏦也方言云矛吳楊江淮南楚五湖之間謂之鍦其柄謂之矜釋名云戟
格也旁有格旁車而趨此一物不具君固不出書曰
恃德者昌恃力者亡索隱曰此是周書之言孔子所刪之餘君之危

若朝露尚將欲延年益壽乎則何不歸十五都
索隱曰衞鞅所封商於二縣以爲國其中凡有十五都故趙良勸令歸之○正義曰公孫鞅封商於十五邑故云十五都
灌園於鄙勸秦王顯巖穴之士養老存孤敬父
兄序有功尊有德可以少安君尚將貪商於之
富寵秦國之教畜百姓之怨秦王一旦捐賓客
而不立朝秦國之所以收君者豈其微哉索隱曰謂
鞅於秦无仁恩故秦國之所以將收錄鞅者其效甚明故云豈其微哉亡可翹足而待商
君弗從後五月而秦孝公卒太子立公子虔之
徒告商君欲反發吏捕商君商君亡至關下欲
舍客舍客人不知其是商君也曰商君之法舍

人無驗者坐之商君喟然歎曰嗟乎爲法之敝
一至此哉去之魏魏人怨其欺公子卬而破魏
師弗受商君欲之他國魏人曰商君秦之賊秦
彊而賊入魏弗歸不可遂內秦商君既復入秦
走商邑索隱曰走音奏走向也與其徒屬發邑兵北出擊鄭
徐廣曰京兆鄭縣也○索隱曰地理志京兆有鄭縣秦本紀云初縣杜鄭按其地是鄭桓公友之所封秦發
兵攻商君殺之於鄭黽池徐廣曰黽或作彭○索隱曰鄭黽池者時黽池屬鄭
故也而徐廣云黽或作彭者按鹽鐵論云商君困於彭池故也黽音云忍反○正義曰黽池去鄭三百里蓋秦兵至鄭破
商邑兵而商君東走至黽乃擒殺之秦惠王車裂商君以徇曰莫如
商鞅反者遂滅商君之家

太史公曰商君其天資刻薄人也索隱曰謂天資其人為刻薄之行刻謂用刑深刻薄謂弃仁義不悃誠也跡其欲干孝公以帝王術挾持浮說非其質矣索隱曰說音如字浮說即虛說也謂鞅得用刑政深刻又欺魏將是其天資自有狙詐則初為孝公論帝王之術是浮說耳非本性也且所因由嬖臣及得用刑公子虔欺魏將卬不師趙良之言亦足發明商君之少恩矣余嘗讀商君開塞耕戰書與其人行事相類索隱曰按商君書開謂刑嚴峻則政化開塞謂布恩賞則政化塞其意本於嚴刑少恩又為田開阡陌及言斬敵首賜爵是耕戰書也卒受惡名於秦有以也夫新序論曰秦孝公保崤函之固以廣雍州之地東并河西北收上郡國富兵彊長雄諸侯周室歸籍四方來賀為戰國霸君秦遂以彊六世而并諸侯亦皆商君之謀也夫商君極身無二慮盡公不顧私使民內急耕織之業以富國外重戰伐之賞以勸戎士法令必行內不私貴寵外不偏疏遠是以令行而禁止法出而姦息故雖書云無偏無黨詩云周道如砥其直如矢司馬法之勸戎士周后稷之勸農業無以易此此所以并諸侯也故孫卿曰四世有勝非幸也數也然無信諸侯畏之而不親夫霸君若齊桓晉文者桓不倍柯之盟文不負原之期而諸侯畏其彊而親信之存亡繼絕四方歸之此管仲舅犯之謀也今商君倍公子卬之舊恩弃交魏之明信詐取三軍之眾故諸侯畏其彊而不親信也藉使孝公遇齊桓晉文得諸侯之統將合諸侯之君驅天下之兵以伐秦秦則亡矣天下無桓文之君故秦得以兼諸侯衛鞅始自以為知霸王之德原其事不論也昔周召施善政及其死也後世思之蔽芾甘棠之詩是也嘗舍於樹下後世思其德不忍伐其樹況害其身乎管仲奪伯氏邑三百戶無怨言今衛鞅內刻刀鋸之刑外深鈇鉞之誅步過六尺者有罰弃灰於道者被刑一日臨渭而論囚七百餘人渭水盡赤號哭之聲動於天地畜怨積讎比於丘山所逃莫之隱所歸莫之容身死車裂滅族無姓其去霸王之佐亦遠矣然惠王殺之亦非也可輔而用也使衛鞅施寬平之法加之以恩申之以信庶幾霸者之佐哉○索隱曰新序是劉歆所撰其中論商君故裴氏引之藉音胙字合作胙誤為藉耳按本紀周歸文武胙於孝公

者是也說苑云秦法弃灰於道者刑是其事也

索隱述贊曰

衛鞅入秦 景監是因 王道不用 霸術見親 政必改革 禮豈因循 既欺魏將 亦怨秦人 如何作法 逆旅不賓

商君列傳第八　　史記六十八

蘇秦列傳第九　史記六十九

蘇秦者東周雒陽人也索隱曰蘇秦字季子蓋蘇忿生之後已姓也譙周云秦兄弟五人秦最少兄代代弟厲及辟鵠並爲游說之士此下云秦弟代代弟厲未詳○正義曰戰國策云蘇秦雒陽軒里之人也藝文志云蘇子三十一篇在縱橫流敬王以子朝之亂從王城東遷雒陽故城乃號東周以王城爲西周東事師於齊而習之於鬼谷先生徐廣曰潁川陽城有鬼谷蓋是其人所居因爲號駰案風俗通義曰鬼谷先生六國時從橫家○索隱曰鬼谷地名也扶風池陽潁川陽城並有鬼谷墟蓋是其人所居因爲號又樂壹注鬼谷子書云蘇秦欲神秘其道故假名鬼谷出游數歲大困而歸索隱曰戰國策此語在說秦王之後兄弟嫂妹妻妾竊皆笑之曰周人之俗治產業力工商逐什二以爲務今子釋本而事口舌困不亦宜乎蘇秦聞之而慚自傷

乃閉室不出出其書徧觀之索隱曰音遍觀謂盡觀覽其書曰夫士業已屈首受書索隱曰謂士之立操業者素也本也言本已屈首低頭受書於師也而不能以取尊榮雖多亦奚以爲於是得周書陰符伏而讀之期年以出揣摩戰國策曰乃發書陳篋數十得太公陰符之謀伏而誦之簡練以爲揣摩讀書欲睡引錐自刺其股血流至踵曰安有說人主不能出其金玉錦繡取卿相之尊者乎期年揣摩成鬼谷子有揣摩篇也○索隱曰戰國策云得太公陰符之謀則陰符是太公兵法揣音初委反摩音莫何反鄒誕本作揣摩讀亦爲摩王劭云揣情摩意是鬼谷之二章名非爲一篇也高誘曰揣定也摩合也定諸侯使讎其術以成六國之從也江邃曰揣人主之情摩而近之其意當矣曰此可以說當世之君矣求說周顯王顯王左右素習知蘇秦皆少之索隱曰謂王之左右素慣習知秦浮說多不中當世而以爲秦智識淺故少之劉氏云少謂輕之弗信乃

西至秦秦孝公卒說惠王曰秦四塞之國正義曰東有黃河有函谷蒲津龍門合河等關南山及武關嶢關西有大隴山及隴山關大震烏蘭等關北有黃河南塞是四塞之國被山帶渭被山帶渭東有關河正義曰又爲界地里江謂岷江渭州隴山之西南流入蜀東至荊陽入海也河謂黃河從同州小積石山東北流至勝州即南流至華州又東北流經魏滄等州入海各是萬里已下西有漢中南有巴蜀北有代馬索隱曰謂代郡馬邑也地理志代郡又有馬城縣一云代馬謂代郡兼有胡馬之利也此天府也索隱曰周禮春官有天府鄭玄曰府物所藏言尊此所藏若天府然以秦士民之衆兵法之教可以吞天下稱帝而治秦王曰毛羽未成不可以高蜚文理未明不可以并兼方誅商鞅疾辯士弗用乃東之趙趙肅侯令其弟成爲相號奉陽君奉

陽君弗說之去游燕歲餘而後得見說燕文侯索隱曰說音稅燕文侯史失名曰燕東有朝鮮遼東索隱曰朝鮮音潮仙二水名北有林胡樓煩索隱曰地理志樓煩屬鴈門郡○正義曰二胡國名朔嵐已北西有雲中九原索隱曰地理志雲中九原二郡名秦曰九原漢武帝改曰五原郡○正義曰二郡並在勝州也雲中郡城在林榆縣東北四十里九原郡在林榆縣西界南有嘑沱易水周禮曰正北曰并州其川嘑沱鄭玄曰嘑沱出鹵城○索隱曰嘑沱水名并州之川也音呼池地理志鹵城縣名屬代郡嘑沱河自縣東至參谷又東至文安入海也○正義曰呼沱出代州繁畤縣東南流經五臺山北東南流過定州流入海易水出易州縣東流過幽州歸義縣東與呼沱河合也地方二千餘里帶甲數十萬車六百乘騎六千匹粟支數年索隱曰戰国策車七百乘粟支十年南有碣石鴈門之饒索隱曰戰國策碣石山在常山九門縣地理志大碣石山在右

北平驪城縣西南是也○正義曰鴈門山在代燕西門 北有棗栗之利民雖不佃作而足於棗栗矣此所謂天府者也夫安樂無事不見覆軍殺將無過燕者大王知其所以然乎夫燕之所以不犯寇被甲兵者以趙之爲蔽其南也秦趙五戰秦再勝而趙三勝秦趙相斃而王以全燕制其後此燕之所以不犯寇也且夫秦之攻燕也踰雲中九原過代上谷彌地數千里雖得燕城秦計固不能守也秦之不能害燕亦明矣今趙之攻燕也發號出令不至十日而數十萬之軍軍於東垣矣 索隱曰地理志高帝改曰眞定○正義趙之東

邑在恒州眞定縣南八里故常山城是也 渡嘑沱涉易水不至四五日而距國都矣故曰秦之攻燕也戰於千里之外趙之攻燕也戰於百里之內夫不憂百里之患而重千里之外計無過於此者是故願大王與趙從親天下爲一則燕國必無患矣文侯曰子言則可然吾國小西迫彊趙 正義曰貝冀燕趙四州七國時屬趙即燕西界 南近齊 正義曰河北滄德三州齊地北境與燕相接隔黃河 齊趙彊國也子必欲合從以安燕寡人請以國從於是資蘇秦車馬金帛以至趙而奉陽君已死即因說趙肅侯 索隱曰世本云肅侯名言 曰天下卿相人臣及布衣之士皆高

賢君之行義皆願奉教陳忠於前之日久矣 正義奉符用反 雖然奉陽君妒君而不任事是以賓客游士莫敢自盡於前者今奉陽君捐館舍君乃今復與士民相親也臣故敢進其愚慮竊爲君計者莫若安民無事且無庸有事於民也安民之本在於擇交擇交而得則民安擇交而不得則民終身不安請言外患齊秦爲兩敵而民不得安倚秦攻齊而民不得安倚齊攻秦而民不得安故夫謀人之主伐人之國常苦出辭斷絕人之交也願君慎勿出於口請別白黑所以異陰

陽而已矣 索隱曰戰國策云請屏左右白言所以異陰陽其說異此然則別白黑者蘇秦言已今論趙國之利必使分明有如白黑分別陰陽殊異也 君誠能聽臣燕必致旃裘狗馬之地齊必致魚鹽之海楚必致橘柚之園韓魏中山皆可使致湯沐之奉而貴戚父兄皆可以受封侯夫割地包利五伯之所以覆軍禽將而求也封侯貴戚湯武之所以放弑而爭也今君高拱而兩有之此臣之所以爲君願也今大王與秦則秦必弱韓魏與齊則齊必弱楚魏 正義曰楚東淮泗之上與齊接境 魏弱則割河外韓弱則效宜陽宜陽效則上郡絕 正義曰宜陽即韓城也在洛州西韓大郡也上郡在同州西北言韓弱與秦宜

陽城則上郡路絕矣河外割則道不通正義曰河外同華等地也言魏弱與秦河外地則道路不通上郡矣華山記云此山分秦晉之境晉之西鄙則曰陰晉秦之東邑則曰寧秦楚弱則無援此三策者不可不孰計也夫秦下軹道正義曰軹音止故亭在雍州萬年縣東北十六里苑中則南陽危正義曰南陽懷州河南也七國時屬韓言秦兵下軹道從東渭橋歷北道過蒲津攻韓即南陽危矣劫韓包周正義曰周都洛陽秦若劫取韓南陽是包裹周都也趙邯鄲故須危起兵自守則趙氏自操兵索隱曰戰國策作銷鑠據衛取淇卷兵權反○索隱曰地理志卷縣屬河南戰國策云據衛取淇無卷字○正義曰衛地濮陽也卷城在鄭州武原縣西北七里言秦守衛得卷則齊必來朝秦則齊必入朝秦秦欲已得乎山東則必舉兵而嚮趙矣秦甲渡河踰漳據番吾徐廣曰常山有蒲吾縣○索隱曰徐氏所引據地理志而知也○正義曰番音婆又音蒲又音盤古番吾公邑也括地志云蒲吾故城在鎮州房山縣東二十里漳水在潞州言秦兵渡河歷南陽入羊腸經澤潞渡漳水守蒲吾城則與趙戰於都城下矣則兵必戰於邯鄲之下矣此臣之所為君患也當今之時山東之建國莫彊於趙趙地方二千餘里帶甲數十萬車千乘騎萬匹粟支數年西有常山正義在鎮州西南有河漳正義曰河字一作清即漳河也在潞州地理志濁漳出長子鹿谷山東至鄴入清漳也東有清河正義曰清河今貝州北有燕國正義曰然三家分晉趙得晉陽襄子又伐戎取代既云西有常山者趙都邯鄲近北燕也燕固弱國不足畏也秦之所害於天下者莫如趙然而秦不敢舉兵伐趙者何也畏韓魏之議其後也然則韓魏趙之南蔽也秦之攻韓魏也

無有名山大川之限稍蠶食之傳音附國都而止韓魏不能支秦必入臣於秦秦無韓魏之規則禍必中於趙矣此臣之所為君患也臣聞堯無三夫之分舜無咫尺之地以有天下禹無百人之聚以王諸侯湯武之士不過三千車不過三百乘卒不過三萬立為天子誠得其道也是故明主外料其敵之彊弱內度其士卒賢不肖不待兩軍相當而勝敗存亡之機固已形於胸中矣豈揜於眾人之言而以冥冥決事哉臣竊以天下之地圖案之諸侯之地五倍於秦料度諸侯之卒十倍於秦六國為一并力西鄉而攻秦秦必破矣今西面而事之見臣於秦夫破人之與見破於人也正義曰破人謂破前敵也破於人為被前敵破臣人之與見臣於人也正義曰臣人謂己得人為臣臣於人謂己事他人豈可同日而論哉索隱曰臣人謂己為彼臣也臣於人者謂我為主使彼臣己也夫衡人者正義上音橫謂為秦人皆欲割諸侯之地以予秦索隱曰按衡人即游說從橫之士也東西為橫南北為從秦地形東西橫長故張儀相秦為秦連橫秦成則高臺榭美宮室聽竽瑟之音前有樓闕軒轅索隱曰戰國策云前有軒轅又史記俗本有作軒冕者非本文也後有長姣美人索隱曰姣音絞說文云姣美也國被秦患而不與其憂是故夫衡人日夜務以秦權恐愒諸

侯愒音呼曷反○索隱曰恐音起拱反愒音許曷反謂相恐脅也鄒氏愒音憩義疎以求割地
故願大王孰計之也臣聞明主絕疑去讒屏流
言之迹塞朋黨之門故尊主廣地彊兵之計臣
得陳忠於前矣故竊為大王計莫如一韓魏齊
楚燕趙以從親以畔秦令天下之將相會於洹
水之上徐廣曰洹水出汲郡林慮縣通質刳白馬而盟索隱曰質如字
又音躓以言通其交質之情也要約曰秦攻楚齊魏各出銳師以
佐之韓絕其糧道索隱曰謂擁兵於崤關之外又守宜陽也趙涉河漳
索隱曰謂趙亦涉河漳而西欲與韓相援以阻秦軍燕守常山之北秦攻韓魏
正義曰謂道蒲津之東攻之則楚絕其後索隱曰謂出兵武關以絕秦兵之後齊出

銳師而佐之趙涉河漳燕守雲中秦攻齊則楚
絕其後韓守城皋正義曰在洛州汜水縣魏塞其道索隱曰其道即
河內之道戰國策其作午趙涉河博關徐廣曰齊威王六年晉伐齊到博陵東郡有博平縣燕
出銳師以佐之秦攻燕則趙守常山楚軍武關
齊涉勃海正義曰齊從滄州渡河至瀛州韓魏皆出銳師以佐之
秦攻趙則韓軍宜陽楚軍武關魏軍河外索隱曰河
外謂陝及曲沃等處也○正義謂同華州齊涉清河正義曰齊從貝州過河而西燕出
銳師以佐之諸侯有不如約者以五國之兵共
伐之六國從親以賓秦索隱曰謂六國之軍共為合從相親擯以秦為賓而共伐
之則秦甲必不敢出於函谷以害山東矣如此

則霸王之業成矣趙王曰寡人年少立國日淺
未嘗得聞社稷之長計也今上客有意存天下
安諸侯寡人敬以國從乃飾車百乘黃金千鎰
白璧百雙錦繡千純純匹端名周禮曰純帛不過五兩○索隱曰按一鎰一金也鄭
玄云一溢二十四分之一其說各異純音淳高誘注戰國策音屯屯束也又禮鄉射云某賢於某若干純純數也音旋
以約諸侯是時周天子致文武之胙於秦惠王
惠王使犀首攻魏禽將龍賈取魏之雕陰索隱曰魏
地也劉氏云在龍門河之西北按地理志雕陰縣屬上郡○正義曰在鄜州洛交縣北三十四里且欲東
兵蘇秦恐秦兵之至趙也乃激怒張儀入之于
秦於是說韓宣惠王索隱曰世本韓宣王昭侯之子也曰韓北有

鞏洛成皋之固索隱曰二邑本屬東周後為韓邑地理志二縣並屬河南西有宜
陽商阪之塞徐廣曰商一作常○索隱曰劉氏云商阪之塞蓋在商洛之間適秦楚之險塞也○
正義曰宜陽在洛州福昌縣東十四里商阪即商山也在商洛縣南一里亦曰楚山武關在焉東有宛穰
洧水宛於袁反洧于鬼反○索隱曰地理志宛穰二縣名並屬南陽洧水名出南方○正義曰在新鄭東南流
入潁南有陘山徐廣曰召陵有陘亭密縣有陘山○正義曰在新鄭西南三十里地方九
百餘里帶甲數十萬天下之彊弓勁弩皆從韓
出谿子許愼云南方谿子蠻夷柘弩皆善材○索隱曰許愼注淮南子以為南方蠻出柘弩及竹弩少
府時力距來者韓有谿子弩又有少府所造二種之弩案時力者謂作之得時力倍於常故名皆
時力也距來者謂弩勢勁利足以距來敵也○索隱曰韓又有少府所造時力距來二種之弩其名並具淮南子
射六百步之外韓卒超足而射百發不暇止索隱

曰超足謂超騰用勢蓋起足蹋之而射也故下云蹠勁弩是也○正義曰超足齊足也夫欲放弩皆坐舉足踏弩材手引揆機然始發之遠者括蔽洞胷近者鏑弇心韓卒之劍
戟皆出於冥山徐廣曰莊子曰南行至郢北面而不見冥山駰案司馬彪曰冥山在朔州北○
索隱曰郭象云冥山在乎太極李軌云在韓國棠谿○徐廣曰汝南吳房有棠谿亭○正義曰故城在豫州偃城
縣西八十里鹽鐵論云有棠谿之劍是墨陽淮南子曰墨陽之莫邪也合賻音附徐廣曰一作伯
○索隱曰戰國策作合伯春秋後語作合相鄧師宛馮徐廣曰滎陽有馮池○索隱曰鄧國有工鑄劍
因名鄧師宛人於馮池鑄劍故號宛馮龍淵太阿吳越春秋曰楚王召風胡子而告之曰寡人聞吳有
干將越有歐冶寡人欲因子請此二人作劍可乎風胡子曰可乃往見二人作劍一曰龍淵二曰太阿○索隱曰案晉太
康地理記曰汝南西平有龍泉水可以淬刀劍特堅利故有龍泉水之劍楚之寶劍也以特堅利故有堅白之論云黃所
以爲堅也白所以爲利也齊辯之一曰白所以爲不堅黃所以爲不利也故天下之寶劍韓爲衆一曰棠谿二曰墨陽三曰

合伯四曰鄧師五曰宛馮六曰龍泉七曰太阿八曰莫邪九曰干將也然干將莫耶匠名也其劍皆出西平縣今有鐵官
令別領戶是古鑄劍之地皆陸斷牛馬水截鵠鴈當敵則斬堅
甲鐵幕徐廣曰陽城出鐵○索隱曰戰國策云當敵則斬堅甲盾鞮鍪鐵幕鄒誕云莫一作陌劉氏云謂以
鐵爲臂脛之衣言其劍皆能斬之革抉徐廣曰一作決○索隱曰謂以革爲射決決射韝也㕮芮
㕮音伐○索隱曰㕮與瞂同謂楯也芮音如字謂繫楯之紛綏也○正義曰方言云盾自關東謂之瞂關西謂之盾無
不畢具以韓卒之勇被堅甲蹠勁弩帶利劍一
人當百不足言也夫以韓之勁與大王之賢乃
西面事秦交臂而服羞社稷而爲天下笑無大
於此者矣是故願大王孰計之大王事秦秦必
求宜陽成皋今茲效之明年又復求割地索隱曰鄭

玄注禮云効猶呈見也與則無地以給之不與則棄前功而
受後禍且大王之地有盡而秦之求無已以有
盡之地而逆無已之求此所謂市怨結禍者也
不戰而地已削矣臣聞鄙諺曰寧爲雞口無爲
牛後索隱曰戰國策云寧爲雞尸不爲牛從延篤注云尸雞中主也從謂牛子也言寧爲雞中之主不爲牛子
之從後也○正義曰雞口雖小猶進食牛後雖大乃出糞也今西面交臂而臣事秦
何異於牛後乎夫以大王之賢挾彊韓之兵而
有牛後之名臣竊爲大王羞之於是韓王勃然
作色攘臂瞋目按劍仰天太息曰索隱曰太息謂久蓄氣而大呼
也寡人雖不肖必不能事秦今主君詔以趙王

之教敬奉社稷以從索隱曰主君指蘇秦也禮卿大夫稱主今嘉蘇子合從諸侯褒而美
之故稱曰主君又說魏襄王索隱曰世本惠王子名嗣曰大王之地南
有鴻溝徐廣曰在滎陽陳汝南許鄢○徐廣曰在潁川於憓切○索隱曰音偃又於建
反戰國策作鄢地理志潁川有許鄢二縣又有鄢陵縣鄢鄢不同必有一誤鄢音焉○正義曰陳汝南今汝州豫州縣也
昆陽召陵舞陽新都新郪地理志潁川有昆陽舞陽縣汝南有新郪縣南陽有
新都縣○索隱曰地理志昆陽舞陽屬潁川召陵新郪屬汝南按新郪即鄭丘章帝建初四年徙封殷後宋公於此更名
宋新都屬南陽戰國策直云新郪無新都二字○正義曰召陵在豫州舞陽在許州東有淮潁正義
曰淮陽潁川二郡煮棗徐廣曰在宛句○正義曰在宛朐按宛朐曹州縣也無胥索隱曰按其地
闕西有長城之界北有河外正義曰謂河南地卷衍酸棗
徐廣曰滎陽卷縣有長城經陽武到密衍地名○索隱曰徐廣云滎陽卷縣有長城蓋據地險爲說○正義曰卷在鄭州

（原武縣北七里酸棗在滑州衛徐云地名）地方千里地名雖小然而田舍廬廡之數曾無所芻牧人民之衆車馬之多日夜行不絕輷輷殷殷（正義曰輷麾宏反殷音隱）若有三軍之衆臣竊量大王之國不下楚然衡人怵王（正義衡音橫怵音卹）交彊虎狼之秦以侵天下卒有秦患（正義卒音忩忽反）不顧其禍夫挾彊秦之勢以內劫其主罪無過此者魏天下之彊國也王天下之賢王也今乃有意西面而事秦稱東藩築帝宮（索隱曰謂爲秦築宮備其巡狩而舍之故謂之帝宮）受冠帶祠春秋（索隱曰謂冠帶制度皆受秦之法春秋貢奉以助奉祭祀）臣竊爲大王耻之臣聞越王句踐戰敝卒三千

人禽夫差於干遂（索隱曰干遂地名不知所在然干是水旁之高地故有江干河干是也又左思吳都賦云長干延屬是干爲江旁之地遂者道也於江干有遂道因爲名也○正義曰在蘇州吳縣西北四十餘里萬安山前遂西南山太湖夫差敗於姑蘇禽於干遂相去四十餘里）武王卒三千人革車三百乘制紂於牧野（正義曰今衛州城是也周武王伐紂於牧野築之）豈其士卒衆哉誠能奮其威也今竊聞大王之卒武士二十萬（漢書刑法志曰魏氏武卒衣三屬之甲操十二石之弩負矢五十置戈其上冠胄帶劍贏三日之糧日中而趨百里中試則復其戶利其田宅○索隱曰衣音意屬音燭三屬謂甲衣也覆髀一也甲裳二也脛衣三也甲之有裳見左傳贏音盈謂負糧糧中音竹仲反謂其筋力能負重所以得中試復音福中試之人国家當優復賜之上田宅故云利其田宅也）蒼頭二十萬（索隱曰謂以青巾裹頭以異於衆荀卿子魏有蒼頭二十萬是也）奮擊二十萬廝徒十萬（索隱曰廝音斯謂廝養之卒廝養馬之賤

者今起之爲卒○正義曰廝音斯謂炊烹供養雜役）車六百乘騎五千匹此其過越王句踐武王遠矣今乃聽於羣臣之說而欲臣事秦夫事秦必割地以效實（索隱曰謂割地獻秦以效己之誠實）故兵未用而國已虧矣凡羣臣之言事秦者皆姦人非忠臣也夫爲人臣割其主之地以求外交偷取一時之功而不顧其後破公家而成私門外挾彊秦之勢以內劫其主以求割地願大王孰察之周書曰緜緜不絕蔓蔓奈何毫氂不伐將用斧柯前慮不定後有大患將奈之何大王誠能聽臣六國從親專心并力壹意則必

無彊秦之患故敝邑趙王使臣効愚計（索隱曰此效猶呈見也）奉明約在大王之詔詔之魏王曰寡人不肖未嘗得聞明教今主君以趙王之詔詔之敬以國從因東說齊宣王（索隱曰世本名辟彊威王之子也）曰齊南有泰山東有琅邪西有清河（正義曰即貝州）北有勃海此所謂四塞之國也齊地方二千餘里帶甲數十萬粟如丘山三軍之良五家之兵（索隱曰高誘注戰國策云五家即五國）進如鋒矢（索隱曰戰國策作疾如錐矢高誘曰錐小矢喻徑疾也呂氏春秋曰所貴錐矢者爲其應聲而至○正義曰齊君之進若鋒芒之刃良弓之矢用之有進而無退）戰如雷霆解如風雨即有軍役未嘗倍泰山絕清河涉勃海

也正義曰言臨淄自足也絶涉皆度也勃海滄州也齊有軍役不用度河取二部臨菑之中七萬戶臣竊度之不下戶三男子三七二十一萬不待發於遠縣而臨菑之卒固已二十一萬矣臨菑甚富而實其民無不吹竽鼓瑟彈琴擊筑正義曰筑似琴而大頭圓五弦擊之不鼓鬭雞走狗六博蹋鞠者劉向別録曰蹴鞠者傳言黃帝所作或曰起戰國之時蹋鞠兵勢也所以練武士知有材也皆因嬉戲而講練之蹋徒臘反鞠求六反○索隱曰王逸注楚詞云博著也行六棊故云六博別録云蹵鞠者蹵亦蹋也促六反崔豹云起黃帝時習兵之勢也臨菑之塗車轂擊人肩摩連衽成帷舉袂成幕揮汗成雨家殷人足志高氣揚夫以大王之賢與齊之彊天下莫能當今乃西面而事秦臣竊為大王羞之且夫韓魏之所以重畏秦者為與秦接境壤界也兵出而相當不出十日而戰勝存亡之機決矣韓魏戰而勝秦則兵半折四境不守戰而不勝則國已危亡隨其後是故韓魏之所以重與秦戰而輕為之臣也今秦之攻齊則不然倍韓魏之地過衞陽晉之道徐廣曰魏哀王十六年秦拔魏蒲坂陽晉封陵○索隱曰陽晉魏邑也劉氏云陽晉地名蓋適齊之道在衞国之西南也○正義曰言秦伐齊皆韓魏地而與齊戰徐說陽晉非也乃是晉陽耳衞地曹濮等州也杜預云曹魏下邑也陽晉故在曹州乘氏縣西北三十七里徑乎亢父之險索隱曰亢音剛又苦浪反地理志縣名屬梁国○正義曰故縣在兗州任城縣南五十一里車不得方軌正義曰言不得兩車並行騎不得比行百

人守險千人不敢過也秦雖欲深入則狼顧正義曰狼性怯走常還顧恐韓魏之議其後也是故恫疑虛喝呼葛反○索隱曰恫音通恫恐懼之心也喝本亦作猲並呼合反高誘曰虛猲喘息懼貌也劉氏云秦自疑懼不敢進兵虛作恐猲之詞以脅韓魏也驕矜而不敢進正義曰言秦雖至亢父猶恐懼狼顧虛作喝罵驕溢矜誇不敢進伐齊明矣則秦之不能害齊亦明矣夫不深料秦之無奈齊何而欲西面而事之是羣臣之計過也今無臣事秦之名而有彊國之實臣是故願大王少留意計之齊王曰寡人不敏僻遠守海窮道東境之國也未嘗得聞餘教今足下以趙王詔詔之敬以國從乃西南說楚威王索隱曰威王名商宣王之子曰楚天下之彊國也王天下之賢王也西有黔中徐廣曰今之武陵也○正義曰今朗州楚黔中郡其故城在辰州西二十里皆盤瓠後也巫郡徐廣曰巫郡者南郡之西界正義曰巫郡夔州巫山縣是東有夏州海陽徐廣曰楚考烈王元年秦取夏州駰案左傳楚莊王伐陳鄉取一人焉以歸謂之夏州而注者不說夏州所在車胤撰桓溫集云夏口城上數里有洲名夏州東有夏州謂此也○索隱曰裴駰據左氏及車胤說夏州其文甚明而劉伯莊以為夏州州侯之本国亦未之爲得地理志海陽地闕劉氏云楚之東境也○正義曰大江中州也夏水口在荊州江陵縣東南二十五里南有洞庭蒼梧索隱曰今青草湖是也在岳州界蒼梧地名地理志有蒼梧郡○正義曰蒼梧山在道州南北有陘塞郇陽徐廣曰春秋曰遂伐楚次于陘楚威王十一年魏敗楚陘山祈縣有鈞水或者郇陽今之順陽乎一本北有汾陘之塞也○索隱曰陘山在楚北境郇音荀郇陽地當在汝南潁川之界檢地理志及太康地記北境並無郇邑郇邑在河東晉地計郇陽當是新陽聲相近字变耳也

南有新陽縣應劭云在新水之陽猶鯛邑変爲椆邑圁陰変爲圖陰爾郇亦當然也徐氏云郇陽當是順陽蓋誤○正義曰陘山在鄭州新鄭縣西南三十里順陽故城在鄭州穰縣西百四十里地方五千餘里帶甲百萬車千乘騎萬匹粟支十年此霸王之資也夫以楚之彊與王之賢天下莫能當也今乃欲西面而事秦則諸侯莫不西面而朝於章臺之下矣秦之所害莫如楚楚彊則秦弱秦彊則楚弱其勢不兩立故爲大王計莫如從親以孤秦大王不從秦必起兩軍一軍出武關一軍下黔中則鄢郢動矣徐廣曰今南郡宜城○正義曰鄢鄉故城在襄州率道縣南九里安郢城在荊州江陵縣東北六里秦兵出武關則臨鄢矣兵下黔中則臨郢矣臣聞治之其未亂

也爲之其未有也患至而後憂之則無及已故願大王早孰計之大王誠能聽臣臣請令山東之國奉四時之獻以承大王之明詔委社稷奉宗廟練士厲兵在大王之所用之大王誠能用臣之愚計則韓魏齊燕趙衛之妙音美人必充後宮燕代橐駝良馬必實外廄故從合則楚王衡成則秦帝今釋霸王之業而有事人之名臣竊爲大王不取也夫秦虎狼之國也有吞天下之心秦天下之仇讎也衡人皆欲割諸侯之地以事秦此所謂養仇而奉讎者也夫爲人臣割

其主之地以外交彊虎狼之秦以侵天下卒有秦患不顧其禍夫外挾彊秦之威以內劫其主以求割地大逆不忠無過此者故從親則諸侯割地以事楚衡合則楚割地以事秦此兩策者相去遠矣二者大王何居焉故敝邑趙王使臣效愚計奉明約在大王詔之楚王曰寡人之國西與秦接境秦有舉巴蜀并漢中之心秦虎狼之國不可親也而韓魏迫於秦患不可與深謀與深謀恐反人以入於秦故謀未發而國已危矣寡人自料以楚當秦不見勝也內與羣臣謀

不足恃也寡人卧不安席食不甘味心搖搖然如縣旌而無所終薄白洛反今主君欲一天下收諸侯存危國寡人謹奉社稷以從於是六國從合而并力焉蘇秦爲從約長并相六國北報趙王乃行過雒陽車騎輜重諸侯各發使送之甚衆擬於王者索隱曰疑作擬讀周顯王聞之恐懼除道使人郊勞儀禮曰賓至近郊君使卿朝服用束帛勞蘇秦之昆弟妻嫂側目不敢仰視俯伏侍取食蘇秦笑謂其嫂曰何前倨而後恭也嫂委蛇蒲服以面掩地而謝索隱曰委蛇謂面掩地而進若蛇行也蒲服即匍匐並音蒲北曰見季子位高金多也

譙周曰蘇秦字季子○索隱曰按其嫂呼小叔爲季子耳未必即其字允南即以爲字未之得也蘇秦喟然嘆曰此一人之身富貴則親戚畏懼之貧賤則輕易之況衆人乎且使我有雒陽負郭田二頃索隱曰負背也枕也近城之地沃潤流澤最爲膏腴故云負郭吾豈能佩六國相印乎於是散千金以賜宗族朋友初蘇秦之燕貸百錢爲資及得富貴以百金償之徧報諸所嘗見德者其從者有一人獨未得報乃前自言蘇秦曰我非忘子子之與我至燕再三欲去我易水之上方是時我困故望子深是以後子子今亦得矣蘇秦既約六國從親歸趙趙肅侯封

爲武安君乃投從約書於秦索隱曰投當作設今本並作投言設者謂宣布其從約六國之事以告於秦若作投甚爲易解秦兵不敢闚函谷關十五年其後秦使犀首欺齊魏與共伐趙欲敗從約齊魏伐趙趙王讓蘇秦蘇秦恐請使燕必報齊蘇秦去趙徐廣曰自初說燕至此三年而從約皆解秦惠王以其女爲燕太子婦是歲文侯卒太子立是爲燕易王易王初立齊宣王因燕喪伐燕取十城易王謂蘇秦曰往日先生至燕而先王資先生見趙遂約六國從今齊先伐趙次至燕以先生之故爲天下笑先生能爲燕得侵地乎蘇秦大慙曰

請爲王取之蘇秦見齊王再拜俯而慶仰而弔索隱曰劉氏云當時慶弔應有其詞但史家不録耳齊王曰是何慶弔相隨之速也蘇秦曰臣聞飢人所以飢而不食烏喙者本草經曰烏頭一名烏喙○索隱曰音卓又許穢反今之毒藥烏頭是○正義曰廣雅云蘇奚毒附子也一歲爲烏喙二歲爲附子四歲爲烏頭五歲爲天雄爲其愈充腹而與餓死同患也索隱曰劉氏以愈猶暫非也按謂飢人食烏頭則愈益充腹少時毒發而斃亦與飢死同患也斃死音弊今燕雖弱小即秦王之少壻也大王利其十城而長與彊秦爲仇今使弱燕爲鴈行而彊秦敝其後以招天下之精兵是食烏喙之類也齊王愀然變色索隱曰愀音自酉反又七小反曰然則奈何蘇秦曰臣聞古

之善制事者轉禍爲福因敗爲功大王誠能聽臣計即歸燕之十城燕無故而得十城必喜秦王知以己之故而歸燕之十城亦必喜此所謂棄仇讎而得石交者也夫燕秦俱事齊則大王號令天下莫敢不聽是王以虛辭附秦以十城取天下此霸王之業也王曰善於是乃歸燕之十城人有毀蘇秦者曰左右賣國反覆之臣也將作亂蘇秦恐得罪歸而燕王不復官也蘇秦見燕王曰臣東周之鄙人也無有分寸之功而王親拜之於廟而禮之於廷今臣爲王却齊之

兵而攻得十城宜以益親今來而王不官臣者人必有以不信傷臣於王者臣之不信王之福也臣聞忠信者所以自爲也進取者所以爲人也且臣之說齊王曾非欺之也臣棄老母於東周固去自爲而行進取也今有孝如曾參廉如伯夷信如尾生得此三人者以事大王何若王曰足矣蘇秦曰孝如曾參義不離其親一宿於外王又安能使之步行千里而事弱燕之危王哉廉如伯夷義不爲孤竹君之嗣不肯爲武王臣不受封侯而餓死首陽山下有廉如此王又安能使之步行千里而行進取於齊哉信如尾生與女子期於梁下女子不來水至不去抱柱而死有信如此王又安能使之步行千里却齊之彊兵哉臣所謂以忠信得罪於上者也燕王曰若不忠信耳豈有以忠信而得罪者乎蘇秦曰不然臣聞客有遠爲吏而其妻私於人者其夫將來其私者憂之妻曰勿憂吾已作藥酒待之矣居三日其夫果至妻使妾舉藥酒進之妾欲言酒之有藥則恐其逐主母也欲勿言乎則恐其殺主父也於是乎詳僵而棄酒（索隱曰詳音羊詳詐也僵

仆也音薑）主父大怒笞之五十故妾一僵而覆酒上存主父下存主母然而不免於笞惡在乎忠信之無罪也夫臣之過不幸而類是乎燕王曰先生復就故官益厚遇之易王母文侯夫人也與蘇秦私通燕王知之而事之加厚蘇秦恐誅乃說燕王曰臣居燕不能使燕重而在齊則燕必重燕王曰唯先生之所爲於是蘇秦詳爲得罪於燕而亡走齊齊宣王以爲客卿（徐廣曰燕易王之十年卒）齊宣王卒湣王即位說湣王厚葬以明孝高宮室大苑囿以明得意欲破敝齊而爲燕燕易王卒（徐廣曰易王十二年卒）燕噲立爲王其後齊大夫多與蘇秦爭寵者而使人刺蘇秦不死殊而走（風俗通義稱漢令蠻夷戎狄有罪當殊殊者死也與誅同指而此云不死殊而走者蘇秦時雖不即死然是死創故云殊）齊王使人求賊不得蘇秦且死乃謂齊王曰臣即死車裂臣以徇於市曰蘇秦爲燕作亂於齊如此則臣之賊必得矣於是如其言而殺蘇秦者果自出齊王因而誅之燕聞之曰甚矣齊之爲蘇生報仇也（徐廣曰生一作先）蘇秦既死其事大泄齊後聞之乃恨怒燕燕甚恐蘇秦之弟曰代代弟蘇厲見兄遂亦皆學及蘇秦死代乃求見燕王欲襲故

事曰臣東周之鄙人也竊聞大王義甚高鄙人不敏釋鉏耨而干大王至於邯鄲所見者絀於所聞於東周臣竊負其志及至燕廷觀王之羣臣下吏王天下之明王也燕王曰子所謂明王者何如也對曰臣聞明王務聞其過不欲聞其善臣請謁王之過夫齊趙者燕之仇讎也楚魏者燕之援國也今王奉仇讎以伐援國非所以利燕也王自慮之此則計過無以聞者非忠臣也王曰夫齊者固寡人之讎所欲伐也直患國敝力不足也子能以燕伐齊則寡人舉國委子

對曰凡天下戰國七燕處弱焉獨戰則不能有所附則無不重南附楚楚重西附秦秦重中附韓魏韓魏重且苟所附之國重此必使王重矣（正義曰言附諸國諸國重燕而燕尊重）今夫齊長主而自用也（索隱曰謂齊王年長也或作齊彊故言長主）南攻楚五年畜聚竭西困秦三年士卒罷敝北與燕人戰覆三軍得二將（徐廣曰齊再覆三軍而燕失二將○索隱曰戰國策云獲二將亦謂燕之二將是燕之失也）然而以其餘兵南面舉五千乘之大宋（正義曰齊表云齊湣王三十八年滅宋乃當赧王二十九年此說乃燕噲之時當周慎王之時齊宋在前二十餘年恐文誤矣）而包十二諸侯此其君欲得其民力竭惡足取乎且臣聞之數戰則民勞久

師則兵敝矣燕王曰吾聞齊有清濟濁河（正義曰濟漯二水上承黃河並淄青之北流入海黃河又一源從洛魏二州界北流入海亦齊西北界）可以為固長城鉅防（徐廣曰濟北盧縣有防門又有長城東至海○正義曰長城西頭在齊州平陰縣界竹書紀云梁惠王二十年齊閔王築防以為長城太山記云太山西有長城緣河經太山餘一千里至瑯耶臺入海）足以為塞誠有之乎對曰天時不與雖有清濟濁河惡足以為固民力罷敝雖有長城鉅防惡足以為塞且異日濟西不師（正義曰齊州已西也）所以備趙也河北不師（正義曰謂滄博等州在漯河之北）所以備燕也今濟西河北盡已役矣封內敝矣夫驕君必好利而亡國之臣必貪於財王誠能無羞寵子母弟以為質（正義音致）寶珠玉帛以事左右彼將有德燕而輕亡宋則齊可亡已燕王曰吾終以子受命於天矣燕乃使一子質於齊而蘇厲因燕質子而求見齊王齊王怨蘇秦欲囚蘇厲燕質子為謝已遂委質為齊臣（正義曰質真栗反）燕相子之與蘇代婚而欲得燕權乃使蘇代侍質子於齊齊使代報燕燕王噲問曰齊王其霸乎曰不能曰何也曰不信其臣於是燕王專任子之已而讓位燕大亂齊伐燕殺王噲子之（徐廣曰是周赧王之元年時也）燕立昭王而蘇代蘇厲遂不敢入燕皆終歸齊齊善待之蘇代過

魏魏爲燕執代齊使人謂魏王曰齊請以宋地
封涇陽君正義曰涇陽君秦王弟名悝也涇陽雍州縣也齊蘇子告秦共伐宋以封涇陽君然齊假設此策以救蘇代秦必不受秦非不利有齊而得宋地也正義曰齊言秦相親共伐宋秦得宋地又得齊事秦然秦不信齊及蘇代恐爲不成也不信齊王與
蘇子也今齊魏不和如此其甚則齊不欺秦秦
信齊齊秦合涇陽君有宋地非魏之利也故王
不如東蘇子秦必疑齊而不信蘇子矣齊秦不
合天下無變伐齊之形成矣於是出蘇代代之
宋宋善待之齊伐宋宋急蘇代乃遺燕昭王書
曰正義曰此書爲宋說燕令莫助齊梁夫列在萬乘而寄質於齊正義曰燕前有一子質於齊

名卑而權輕奉萬乘助齊伐宋民勞而
實費夫破宋殘楚淮北肥大正義曰更以淮北之地加於齊都是強萬乘之國而齊惣并之是益一齊齊讎彊而國害此三者皆國之大敗
也然且王行之者將以取信於齊也齊加不信
於王而忌燕愈甚是王之計過矣夫以宋加之
淮北彊萬乘之國也而齊并之是益一齊也北
夷方七百里索隱曰謂山戎北狄附齊者○正義曰齊桓公伐山戎令支斬孤竹而南歸海濱諸侯莫不來服加之以魯衛彊萬乘之國也而齊并之是
益二齊也夫一齊之彊燕猶狼顧而不能支今
以三齊臨燕其禍必大矣雖然智者舉事因禍

爲福轉敗爲功齊紫敗素也徐廣曰取敗素染以爲紫○正義曰齊君好紫故齊俗尚之取惡素帛染爲紫其價十倍貴於餘喻齊雖有大名而國中以困敝弊也韓子云齊桓公好服紫一國盡服紫當時十素不得一紫公患之管仲曰君欲止之何不試勿衣紫也公謂左右曰惡紫臭公語三日境內莫有衣紫者而
賈十倍索隱曰謂紫色價貴於帛十倍而本是敗素以喻齊雖有大名而其國中困弊也越王
句踐棲於會稽復殘彊吳而霸天下此皆因禍
爲福轉敗爲功者也今王若欲因禍爲福轉敗
爲功則莫若挑霸齊而尊之正義曰挑田鳥反執持也使使盟
於周室焚秦符曰正義曰符徵兆也其大上計破秦其次
必長賓之索隱曰長如字賓音擯○正義曰大好上計策破秦次計長擯弃關西秦挾賓
以待破秦王必患之秦五世伐諸侯今爲齊下

秦王之志苟得窮齊不憚以國爲功然則王何
不使辯士以此言說秦王曰燕趙破宋肥齊尊
之爲之下者燕趙非利之也燕趙不利而勢爲
之者以不信秦王也然則王何不使可信者接
收燕趙令涇陽君高陵君徐廣曰馮翊高陵縣○索隱曰二人秦王母弟也高陵君名顯涇陽君名悝先於燕趙秦有變因以爲質則燕趙
信秦秦爲西帝燕爲北帝趙爲中帝立三帝以
令於天下韓魏不聽則秦伐之齊不聽則燕趙
伐之天下孰敢不聽天下服聽因驅韓魏以伐
齊曰必反宋地歸楚淮北反宋地歸楚淮北燕

趙之所利也並立三帝燕趙之所願也夫實得所利尊得所願燕趙棄齊如脫躧矣今不收燕趙齊霸必成諸侯贊齊而王不從是國伐也諸侯贊齊而王從之是名卑也今收燕趙國安而名尊不收燕趙國危而名卑夫去尊安而取危卑智者不為也秦王聞若說必若刺心然則王何不使辯士以此若言說秦秦必取齊必伐矣夫取秦厚交也伐齊正利也尊厚交務正利聖王之事也燕昭王善其書曰先人嘗有德蘇氏子之之亂而蘇氏去燕燕欲報仇於齊非蘇氏莫可乃召蘇代復善待之與謀伐齊竟破齊湣王出走久之秦召燕王燕王欲往蘇代約燕王曰楚得枳徐廣曰巴郡有枳縣○正義曰枳支是反今涪州城在秦枳縣在江南而國亡徐廣曰燕昭王二十三年秦拔楚鄢○正義曰按西陵在黃州齊得宋而國亡正義曰年表云齊湣王三十八年滅宋三十年五國共擊湣王王走莒齊楚不得以有枳宋而事秦者何也則有功者秦之深讎也秦取天下非行義也暴也秦之行暴正告天下索隱曰正告謂顯然而告天下告楚曰蜀地之甲乘船浮於汶眉貧反○索隱曰即江所出之岷山乘夏水而下江索隱曰夏音暇謂夏潦之水盛漲時也五日而至郢漢中之甲乘船出於巴索隱曰巴水名與漢水相近○正義曰巴嶺山在梁州南

一百九十里周地志云南瀴老子水登巴嶺山南回記大江此南是古巴國因以名山乘夏水而下漢四日而至五渚戰國策曰秦與荊人戰大破荊襲郢取洞庭五渚然則五渚在洞庭○索隱曰五渚五處洲也劉氏以為五渚宛鄧之間臨漢水不得在洞庭或說五渚即五湖與劉氏說各不同寡人積甲宛東下隨索隱曰宛縣之東而下隨邑智者不及謀勇士不及怒寡人如射隼矣索隱曰易曰射隼于高墉之上獲之無不利秦王言我今伐楚必當捷獲也○正義曰隼若今之鶻也王乃欲待天下之攻函谷不亦遠乎楚王為是故十七年事秦秦正告韓曰我起乎少曲索隱曰地名近宜陽也○正義曰在懷州河陽縣西北解在范雎傳一日而斷太行正義曰太行山羊腸坂道北過韓上黨也我起乎宜陽而觸平陽正義曰宜陽平陽皆韓大都也陽河也二日而莫不盡繇索隱曰音搖搖動也我離兩周正義曰離歷也歷二周而東解新鄭州韓國都拔矣而觸鄭五日而國舉索隱曰離如字謂屯兵以離二周也而乃觸擊於鄭故五日國舉舉猶拔也韓氏以為然故事秦秦正告魏曰我舉安邑塞女戟韓氏太原卷正義曰卷軌免反劉伯莊云太原當為太行卷猶斷絶我下軹道南陽封冀徐廣曰覇陵有軹道亭河東皮氏有冀亭也○索隱曰女戟地名在太行山之西劉氏卷音軌免反又音丘權反按舉安邑塞女戟及至韓氏韓國宜陽也太原縣名魏地不至太原亦無別名太行字原當為京京及卷皆屬滎陽是魏之境軹是河內軹縣言道者亦衍字徐廣引覇陵有軹道亭非魏之境蓋誤南陽即河內也封封陵也冀冀邑也皆在魏境故徐廣引河東皮氏有冀亭是也包兩周徐廣曰張儀曰下河東取成皋也○正義曰兩周王城及鞏乘夏水浮輕舟彊弩在前錟戈在後徐廣曰錟由冉反○正義曰劉伯莊云音四廉反利也決滎口魏無大梁索隱曰滎澤之口與今汴

河口通其水深可以灌大梁故云無大梁也決白馬之口魏無外黃濟陽索隱曰白馬河津在東郡決其流以灌外黃濟陽也○正義曰故黃城在曹州考城縣東二十四里濟陽故城在曹州宛朐縣西南三十五里決宿胥之口徐廣曰紀年曰魏救山塞集胥口○正義曰淇水出衛州淇縣界之淇水東至黎陽入河魏志云武帝於淸淇口東因宿胥故瀆開白溝道淸淇二水入焉○索隱曰紀年作胥蓋亦津名今其地不知所在魏無虛頓丘徐廣曰秦始皇五年取魏酸棗燕虛長平○索隱曰虛頓丘地名與酸棗相近○正義曰虛謂殷墟今相州所理是頓丘故城在魏州頓丘縣東北二十里括地志云二國地時屬魏陸攻則擊河內水攻則滅大梁魏氏以爲然故事秦秦欲攻安邑恐齊救之則以宋委於齊曰宋王無道爲木人以寫寡人射其面寡人地絕兵遠不能攻也王苟能破宋有之寡人如自得之已

得安邑塞女戟因以破宋爲齊罪索隱曰秦令齊滅宋仍以破宋爲齊之罪名秦欲攻韓恐天下救之則以齊委於天下曰齊王四與寡人約四欺寡人必率天下以攻寡人者三有齊無秦有秦無齊必伐之必亡之已得宜陽少曲致藺石因以破齊爲天下罪秦欲攻魏重楚索隱曰重猶附也尊也○正義曰畏楚救魏則以南陽委於楚曰正義曰南陽鄧州地本韓地也韓先事秦今楚取南陽故言與韓且絕矣寡人固與韓且絕矣殘均陵塞鄳阨徐廣曰鄳江夏鄳縣均一作灼鄳音盲○索隱曰均陵在南陽今之均州鄳縣名在江夏○正義曰均州故城在隨州西南五十里蓋均陵也又申州羅山縣本漢鄳縣申州有平淸關蓋古鄳縣之阨塞苟利於楚寡人如自有之魏棄與國

而合於秦因以塞鄳阨爲楚罪兵困於林中徐廣曰河南苑陵有林鄉重燕趙以膠東委於燕以濟西委於趙趙得講於魏至公子延因犀首屬行而攻趙索隱曰講和也解也秦與魏和也至當爲質謂以公子延爲質也犀首者公孫衍也本魏將因之以屬軍行行音胡郎反謂連兵相續也兵傷於譙石遇敗於陽馬索隱曰譙石陽馬並趙之地名非縣邑也而重魏則以葉蔡委於魏已得講於趙則劫魏不爲割困則使太后弟穰侯爲和嬴則兼欺舅與母索隱曰嬴猶勝也舅穰侯魏冄也母太后也適燕者曰以膠東索隱曰適音宅適者責也下同適趙者曰以濟西適魏者曰以葉蔡適楚者曰以塞鄳阨適齊者曰以宋此必令言

如循環用兵如刺蜚母不能制舅不能約龍賈之戰魏襄王五年秦敗我龍賈軍岸門之戰韓宣惠王十九年秦大破我岸門封陵之戰魏哀王十六年秦敗我封陵高商之戰此戰事不見趙莊之戰趙肅侯二十二年趙莊與秦戰敗秦殺趙莊河西秦之所殺三晉之民數百萬今其生者皆死秦之孤也西河之外上雒之地三川晉國之禍三晉之半秦禍如此其大也索隱曰以言西河之外上雒之地及三川晉國皆是秦與魏戰之處秦兵禍敗我三晉之半是秦禍如此其大者而燕趙之秦者皆以爭事秦說其主索隱曰燕趙之人往秦者謂游說之士此臣之所大患也燕昭王不行蘇代復重於燕燕使約諸侯從親如蘇秦時或從或不而天下

由此宗蘇氏之從約代厲皆以壽死名顯諸侯

太史公曰蘇秦兄弟三人皆游說諸侯以顯名（索隱曰譙允南以爲蘇氏兄弟五人更有蘇辟蘇鵠典略亦同其說蓋按蘇氏譜云然也）其術長於權變而蘇秦被反閒以死天下共笑之諱學其術然世言蘇秦多異異時事有類之者皆附之蘇秦夫蘇秦起閭閻連六國從親此其智有過人者吾故列其行事次其時序毋令獨蒙惡聲焉

索隱述贊曰

季子周人　師事鬼谷　揣摩既就

陰符伏讀　合從離衡　佩印者六

天王除道　家人扶服　賢哉代厲

繼榮黨族

蘇秦列傳第九　史記六十九

張儀列傳第十　史記七十

張儀者魏人也（呂氏春秋曰儀魏氏餘子○索隱曰晉有大夫張老又河東有西張城張氏爲魏人必也而呂覽以爲魏氏餘子則蓋魏之支庶也又書略說以餘子謂之季子也○正義曰傳云晉有公族餘子公行杜預云皆官卿之嫡以爲公族大夫餘子嫡子之母弟也公行庶子掌公戎行也藝文志云張子十篇在縱橫流）始嘗與蘇秦俱事鬼谷先生學術蘇秦自以不及張儀張儀已學而游說諸侯（索隱曰說音稅）嘗從楚相飲已而楚相亡璧門下意張儀曰儀貧無行必此盜相君之璧共執張儀掠笞數百不服醳之（醳音釋○索隱曰古釋字）其妻曰嘻（索隱曰音僖鄭玄曰嘻悲恨之聲）子毋讀書游說安得此辱乎張儀謂其妻曰視吾舌尚在

不其妻笑曰舌在也儀曰足矣蘇秦已說趙王而得相約從親（索隱曰從音足容反）然恐秦之攻諸侯敗約後負念莫可使用於秦者乃使人微感張儀曰子始與蘇秦善今秦已當路子何不往游以求通子之願張儀於是之趙上謁求見蘇秦蘇秦乃誡門下人不爲通又使不得去者數日已而見之坐之堂下賜僕妾之食因而數讓之（索隱曰按謂數設詞而讓之讓亦責也數音朔）曰以子之材能乃自令困辱至此吾寧不能言而富貴子子不足收也謝去之張儀之來也自以爲故人求益反見辱怒念諸

侯莫可事獨秦能苦趙乃遂入秦蘇秦已而告其舍人曰張儀天下賢士吾殆弗如也今吾幸先用而能用秦柄者獨張儀可耳然貧無因以進吾恐其樂小利而不遂故召辱之以激其意子為我陰奉之乃言趙王發金幣車馬使人微隨張儀與同宿舍稍稍近就之奉以車馬金錢所欲用為取給而弗告張儀遂得以見秦惠王惠王以為客卿與謀伐諸侯蘇秦之舍人乃辭去張儀曰賴子得顯方且報德何故去也舍人曰臣非知君知君乃蘇君蘇君憂秦伐趙敗從

約以為非君莫能得秦柄故感怒君使臣陰奉給君資盡蘇君之計謀今君已用請歸報張儀曰嗟乎此在吾術中而不悟吾不及蘇君明矣吾又新用安能謀趙乎為吾謝蘇君蘇君之時儀何敢言且蘇君在儀寧渠能乎（渠音詎○索隱曰古字少假借耳）張儀既相秦為文檄（徐廣曰一作尺之檄○索隱曰王劭按春秋後語云丈二尺檄許慎云檄二尺書也）告楚相曰始吾從若飲（索隱曰若汝也下文而亦訓汝）我不盜而璧若笞我若善守汝國我顧且盜而城苴蜀相攻擊（徐廣曰譙周曰益州天苴讀為包黎之包音與巴相近以為今之巴郡○索隱曰苴音巴謂巴蜀之夷自相攻擊也今作苴者按巴苴草名今論巴遂誤作苴也或巴人巴郡本因芭苴得名所以

其字遂以苴為巴也注引天苴即巴苴也譙周蜀人也知天苴之音讀為巴犂之芭按芭犂即織木葺所以為葦蘺也今江南亦謂葦蘺曰芭蘺○正義曰華陽國志云昔蜀王封其弟于漢中號曰苴侯因命之邑曰葭萌苴侯與巴王為好巴與蜀為讎故蜀王怒伐苴苴奔巴求救於秦秦遣張儀從子午道伐蜀王自葭萌禦之敗績走至武陽為秦軍所害秦遂滅蜀因滅巴蜀二郡括地志云苴侯都葭萌今利州益昌縣五十里葭萌故城是蜀侯都益州巴子城在合州石鏡縣南五里故墊江縣也巴子都江州在都之北又峽州界也）各來告急於秦秦惠王欲發兵以伐蜀以為道險狹難至而韓又來侵秦秦惠王欲先伐韓後伐蜀恐不利欲先伐蜀恐韓襲秦之敝猶豫未能決司馬錯與張儀爭論於惠王之前（索隱曰錯音七各反又音七故反）司馬錯欲伐蜀張儀曰不如伐韓王曰請聞其說儀曰親魏善

楚下兵三川塞什谷之口（徐廣曰一作尋成皋鞏縣有尋口○索隱曰尋什聲相近故其名惑也戰國策作轘轅緱氏之口亦其地相近也什谷地名○正義曰括地志云溫泉水即尋源出洛州鞏縣西南四十里注水經云鄩城水出北山鄩溪又有故鄩城在鞏縣西南五十八里按洛州緱氏縣東南四十里與鄩溪相近之地）當屯留之道（正義曰屯留潞州縣也道即太行羊腸阪道也）魏絕南陽（正義曰南陽懷州也是當屯留之道今魏絕斷壞羊腸韓上黨之路也）楚臨南鄭（正義曰是塞什谷之口也今楚兵臨鄭南塞轘轅鄔口斷韓南陽之兵也）秦攻新城宜陽（索隱曰新城當在河南伊闕之左右○正義曰洛州福昌縣也）以臨二周之郊誅周王之罪侵楚魏之地周自知不能救九鼎寶器必出據九鼎案圖籍挾天子以令於天下天下莫敢不聽此王業也今夫蜀西僻之國而戎翟之倫也敝

兵勞衆不足以成名得其地不足以爲利臣聞
爭名者於朝爭利者於市今三川周室天下之
朝市也而王不爭焉顧爭於戎翟去王業遠矣
索隱曰王音于放反司馬錯曰不然臣聞之欲富國者務廣
其地欲彊兵者務富其民欲王者務博其德三
資者備而王隨之矣今王地小民貧故臣願先
從事於易夫蜀西僻之國也而戎翟之長也有
桀紂之亂以秦攻之譬如使豺狼逐羣羊得其
地足以廣國取其財足以富民索隱曰戰國策取作得繕兵
不傷衆而彼已服焉正義曰繕音膳同繕具食也拔一國而天

下不以爲暴利盡西海而天下不以爲貪索隱曰西
海謂蜀川也海者珎藏所聚生猶謂秦中爲陸海然也其實
西亦有海所以云西海○正義曰海之言晦也西夷晦昧無
知故言海也言利盡西方羌戎是我一舉而名實附也索隱曰名謂博其德也實
謂得土地財實也而又有禁暴止亂之名今攻韓劫天子
惡名也而未必利也又有不義之名而攻天下
所不欲危矣臣請論其故索隱曰論者告也陳也故謂陳不宜伐之端由也
周天下之宗室也齊韓之與國也周自知失九
鼎韓自知亡三川正義曰韓自知亡二周故與周并力合謀也將二國并
力合謀以因乎齊趙而求解乎楚魏以鼎與楚
以地與魏王弗能止也此臣之所謂危也不如

伐蜀完惠王曰善寡人請聽子卒起兵伐蜀十
月取之索隱曰六國年表在惠王二十二年十月也遂定蜀正義曰表云秦惠王後元
年十月擊滅之貶蜀王更號爲侯而使陳莊相蜀蜀既屬
秦秦以益彊富厚輕諸侯秦惠王十年使公子
華徐廣曰一作華與張儀圍蒲陽索隱曰魏之邑名○正義曰在隰州隰川縣蒲
邑故城是也降之儀因言秦復與魏而使公子繇質於
魏儀因說魏王曰秦王之遇魏甚厚魏不可以
無禮魏因入上郡少梁謝秦惠王惠王乃以張
儀爲相更名少梁曰夏陽徐廣曰夏陽在梁山龍門○索隱曰夏音下山名亦
曰大夏禹所都○正義曰少梁城同州韓城縣南二十三里夏陽城在縣南二十里梁山在縣東南十九里龍門山在縣

北五十里儀相秦四歲立惠王爲王正義曰表云惠王之十二年周顯王之三
十四年也居一歲爲秦將取陝築上郡塞其後二年
使與齊楚之相會齧桑東還而免相相魏以爲
秦欲令魏先事秦而諸侯效之魏王不肯聽儀
秦王怒伐取魏之曲沃平周復陰厚張儀益甚
張儀慙無以歸報留魏四歲而魏襄王卒哀王
立張儀復說哀王哀王不聽於是張儀陰令秦
伐魏魏與秦戰敗明年齊又來敗魏於觀津觀音
貫秦復欲攻魏先敗韓申差軍斬首八萬諸侯
震恐而張儀復說魏王曰魏地方不至千里卒

不過三十萬地四平諸侯四通輻湊無名山大川之限從鄭至梁二百餘里車馳人走不待力而至梁南與楚境西與韓境北與趙境東與齊境卒戍四方守亭鄣者不下十萬梁之地勢固戰場也梁南與楚而不與齊則齊攻其東東與齊而不與趙則趙攻其北不合於韓則韓攻其西不親於楚則楚攻其南此所謂四分五裂之道也且夫諸侯之爲從者將以安社稷尊主彊兵顯名也今從者一天下約爲昆弟刑白馬以盟洹音桓水之上以相堅也而親昆弟同父母尚有爭錢財而欲恃詐僞反覆蘇秦之餘謀其不可成亦明矣大王事秦秦下兵攻河外索隱曰河之西即曲沃平周之邑也○正義曰河外即卷衍燕酸棗據卷衍酸棗卷丘權反衍以善反○索隱曰卷在河南衍地名○正義曰卷衍屬鄭州燕滑州胙城縣酸棗屬滑州皆黃河南岸地劫衛取陽晉正義曰故城在曹州乘氏縣西北三十七里則趙不南趙不南而梁不北梁不北則從道絕從道絕則大王之國欲毋危不可得也秦折韓而攻梁索隱曰戰國策折作挾也韓怯於秦秦韓爲一梁之亡可立而須也此臣之所爲大王患也爲大王計莫如事秦事秦則楚韓必不敢動無楚韓之患則大王高枕而卧正義曰枕針鴆反國

必無憂矣且夫秦之所欲弱者莫如楚而能弱楚者莫如梁楚雖有富大之名而實空虛其卒雖多然而輕走易北不能堅戰悉梁之兵南面而伐楚勝之必矣割楚而益梁虧楚而適秦嫁禍安國此善事也大王不聽臣秦下甲士而東伐雖欲事秦不可得矣且夫從人多奮辭而少可信說一諸侯而成封侯是故天下之游談士莫不日夜搤腕瞋目切齒以言從之便以說人主人主賢其辯而牽其說豈得無眩哉臣聞之積羽沉舟羣輕折軸衆口鑠金積毀銷骨故願大王審定計議且賜骸骨辟魏哀王於是乃倍從約而因儀請成於秦張儀歸復相秦三歲而魏復背秦爲從秦攻魏取曲沃明年魏復事秦秦欲伐齊齊楚從親於是張儀往相楚楚懷王聞張儀來虛上舍而自館之曰此僻陋之國子何以教之儀說楚王曰大王誠能聽臣閉關絕約於齊臣請獻商於之地六百里索隱曰劉氏云商今之商州有古商城其西二百餘里有古於城使秦女得爲大王箕帚之妾秦楚娶婦嫁女長爲兄弟之國此北弱齊而西益秦也計無便此者楚王大說而許之羣臣皆賀

陳軫獨弔之楚王怒曰寡人不興師發兵得六百里地羣臣皆賀子獨弔何也陳軫對曰不然以臣觀之商於之地不可得而齊秦合齊秦合則患必至矣楚王曰有說乎陳軫對曰夫秦之所以重楚者以其有齊也今閉關絕約於齊則楚孤秦奚貪夫孤國而與之商於之地六百里張儀至秦必負王是北絕齊交西生患於秦也而兩國之兵必俱至善爲王計者不若陰合而陽絕於齊使人隨張儀苟與吾地絕齊未晚也不與吾地陰合謀計也楚王曰願陳子閉口毋

復言以待寡人得地乃以相印授張儀厚賂之於是遂閉關絕約於齊使一將軍隨張儀張儀至秦詳失綏墮車不朝三月（正義詳音羊）楚王聞之曰儀以寡人絕齊未甚邪乃使勇士至宋借宋之符北罵齊王齊王大怒折節而下秦秦齊之交合張儀乃朝謂楚使者曰臣有奉邑六里願以獻大王左右楚使者曰臣受令於王以商於之地六百里不聞六里還報楚王楚王大怒發兵而攻秦陳軫曰軫可發口言乎攻之不如割地反以賂秦與之并兵而攻齊是我出地於秦取

償於齊也王國尚可存楚王不聽卒發兵而使將軍屈匄擊秦秦齊共攻楚斬首八萬殺屈匄遂取丹陽（徐廣曰在枝江）漢中之地（正義曰今梁州也在漢水北）楚又復益發兵而襲秦至藍田大戰楚大敗於是楚割兩城以與秦平秦要楚欲得黔中地（正義要音腰）欲以武關外易之（正義曰即商於之地）楚王曰不願易地願得張儀而獻黔中地秦王欲遣之口弗忍言張儀乃請行惠王曰彼楚王怒子之負以商於之地是且甘心於子張儀曰秦彊楚弱臣善靳尚尚得事楚夫人鄭袖袖所言皆從且臣奉王之節使

楚楚何敢加誅假令誅臣而爲秦得黔中之地臣之上願遂使楚楚懷王至則囚張儀將殺之靳尚謂鄭袖曰子亦知子之賤於王乎鄭袖曰何也靳尚曰秦王甚愛張儀而不欲出之（索隱曰不字當作必時張儀爲楚所囚故必欲出之也○正義曰秦王不欲出張儀使楚若欲自行今秦欲以上庸地及美人贖儀）今將以上庸之地六縣（正義曰今房州也）賂楚以美人聘楚以宮中善歌謳者爲媵楚王重地尊秦秦女必貴而夫人斥矣不若爲言而出之於是鄭袖日夜言懷王曰人臣各爲其主用今地未入秦秦使張儀來至重王王未有禮而殺張儀秦必大

怒攻楚妾請子母俱遷江南毋爲秦所魚肉也
懷王後悔赦張儀厚禮之如故張儀既出未去
聞蘇秦死索隱曰此時當秦惠王之後元十四年乃說楚王曰秦地半
天下兵敵四國被險帶河四塞以爲固虎賁之
士百餘萬車千乘騎萬匹積粟如丘山法令既
明士卒安難樂死主明以嚴將智以武雖無出
甲席卷常山之險必折天下之脊索隱曰常山於天下在北有若人之背脊也○正義曰古之帝王多都河北河東故也天下有後服者先亡且
夫爲從者無以異於驅羣羊而攻猛虎虎之與
羊不格明矣今王不與猛虎而與羣羊臣竊以

史記列傳十　十

爲大王之計過也凡天下彊國非秦而楚非楚
而秦兩國交爭其勢不兩立大王不與秦秦下
甲據宜陽韓之上地不通下河東取成皐韓必
入臣梁則從風而動秦攻楚之西韓梁攻其北
社稷安得毋危且夫從者聚羣弱而攻至彊不
料敵而輕戰國貧而數舉兵危亡之術也臣聞
之兵不如者勿與挑戰正義挑田鳥反粟不如者勿與
持久夫從人飾辯虛辭高主之節言其利不言
其害卒有秦禍正義卒蔥勿反無及爲已是故願大王
之孰計之秦西有巴蜀大船積粟起於汶山正義

張儀傳

汶音岷浮江已下至楚三千餘里舫船載卒索隱曰舫
音方謂並兩船也一舫載五十人與三月之食下水而浮
一日行三百餘里里數雖多然而不費牛馬之
力不至十日而距扞關徐廣曰巴郡魚復有扞水扞關○索隱曰扞關在楚之西
界復音伏地理志巴郡有魚復縣○正義曰在硤州巴山縣界扞關驚則從境以東
盡城守矣黔中巫郡非王之有秦舉甲出武關
南面而伐則北地絕正義曰楚之北境斷絕秦兵之攻楚也
危難在三月之內而楚待諸侯之救在半歲之
外此其勢不相及也夫待弱國之救忘彊秦之
禍此臣所以爲大王患也大王嘗與吳人戰五

史記列傳十　十一

戰而三勝陣卒盡矣偏守新城存民苦矣索隱曰偏
音匹連反此之新城當在吳楚之間也○正義曰新攻得之城未詳所在臣聞功大者易危
而民敝者怨上夫守易危之功而逆彊秦之心
臣竊爲大王危之且夫秦之所以不出兵函谷
十五年以攻齊趙者陰謀有合徐廣曰一作吞天下之
心楚嘗與秦構難戰於漢中索隱曰其地在秦之山南楚之西北漢水南之地名曰漢中也楚人不勝列侯執珪死者七十餘人遂亡
漢中楚王大怒興兵襲秦戰於藍田此所謂兩
虎相搏徐廣曰或音戟者也夫秦楚相敝而韓魏以全
制其後計無危於此者矣願大王孰計之秦下

張儀傳

甲攻衛陽晉必大關天下之匈(徐廣曰開一作開○索隱曰以常山爲天下脊則此衛及陽晉當天下胷蓋其地是秦晉齊楚之交道也以言秦兵據陽晉是大關天下胷則他國不得動也)大王悉起兵以攻宋不至數月而宋可舉舉宋而東指則泗上十二諸侯盡王之有也(索隱曰邊近泗水之側當戰國之時有十二諸侯宋魯邾莒之比也)凡天下而以信約從親相堅者蘇秦封武安君相燕即陰與燕王謀伐破齊而分其地乃詳有罪出走入齊齊王因受而相之居二年而覺齊王大怒車裂蘇秦於市夫以一詐僞之蘇秦而欲經營天下混壹諸侯(索隱曰混本一作掍同胡本反)其不可成亦明矣今秦與楚接境壤界固形親之國也大王誠能聽臣臣請使秦太子入質於楚楚太子入質於秦請以秦女爲大王箕帚之妾效萬室之都以爲湯沐之邑長爲昆弟之國終身無相攻伐臣以爲計無便於此者於是楚王已得張儀而重出黔中地與秦欲許之屈原曰前大王見欺於張儀張儀至臣以爲大王烹之今縱弗忍殺之又聽其邪說不可懷王曰許儀而得黔中美利也後而倍之不可故卒許張儀與秦親張儀去楚因遂之韓說韓王曰韓地險惡山居五穀所生非菽而麥民之食大

抵飯菽藿羹一歲不收民不饜糟糠地不過九百里無二歲之食料大王之卒悉之不過三十萬而廝徒負養在其中矣(索隱曰廝徒謂雜役之賤者負養謂負擔以給養公家亦賤人也)除守徼亭鄣塞見卒不過二十萬而已矣秦帶甲百餘萬車千乘騎萬匹虎賁之士跿跔科頭(跿音徒跔音俱跳躍也又云偏舉一足曰跿跔科頭謂不著兜鍪入敵○索隱曰跔又音劬戰國策作虎摯之士)貫頤奮戟者至不可勝計(言執戟奮怒而入陳也○索隱曰兩手捧頤而直入敵言其勇也又有執戟者奮怒而趨入陣也)秦馬之良戎兵之衆探前趹後蹄間三尋(索隱曰謂馬前足探向前後足趹於後趹音烏穴反趹謂後足抉地言馬之走勢疾也七尺曰尋言馬走之疾前後蹄間一擲而過三尋也)騰者不可勝數山東之士被甲蒙冑以會戰秦人捐甲徒裼以趨敵(索隱曰徒跣也裼袒也謂袒而見肉也)左挈人頭右挾生虜夫秦卒與山東之卒猶孟賁之與怯夫以重力相壓猶烏獲之與嬰兒夫戰孟賁烏獲之士以攻不服之弱國無異垂千鈞之重於鳥卵之上必無幸矣夫羣臣諸侯不料地之寡而聽從人之甘言好辭比周以相飾也皆奮曰聽吾計可以彊霸天下夫不顧社稷之長利而聽須臾之說詿誤人主無過此者大王不事秦秦下甲據宜陽斷韓之上地東取成皋滎陽則鴻臺之宮桑

林之苑徐廣曰桑一作栗○索隱曰此皆韓之宮苑亦見戰國策非王之有也夫
塞成皋絕上地則王之國分矣先事秦則安不
事秦則危夫造禍而求其福報計淺而怨深逆
秦而順楚雖欲毋亡不可得也故為大王計莫
如為于偽反秦秦之所欲莫如弱楚而能弱楚者
莫如韓非以韓能彊於楚也其地勢然也今王
西面而事秦以攻楚秦王必喜夫攻楚以利其
地轉禍而說秦計無便於此者韓王聽儀計張
儀歸報秦惠王封儀五邑號曰武信君使張儀
東說齊湣王曰天下彊國無過齊者大臣父兄

殷眾富樂然而為大王計者皆為一時之說不
顧百世之利從人說大王者必曰齊西有彊趙
南有韓與梁齊負海之國也地廣民眾兵彊士
勇雖有百秦將無柰齊何大王賢其說而不計
其實夫從人朋黨比周莫不以從為可臣聞之
齊與魯三戰而魯三勝國以危亡隨其後雖有
戰勝之名而有亡國之實是何也齊大而魯小
也今秦之與齊也猶齊之與魯也秦趙戰於河
漳之上再戰而趙再勝秦戰於番吾之下再戰
又勝秦索隱曰番音盤又音婆趙之邑也四戰之後趙之亡卒數

十萬邯鄲僅存雖有戰勝之名而國已破矣是
何也秦彊而趙弱今秦楚嫁女娶婦為昆弟之
國韓獻宜陽梁效河外索隱曰河外河之南邑若曲沃平周等也○正義曰謂同
華州地也趙入朝澠綿善反池割河間以事秦索隱曰河漳之
間邑割以事秦耳○正義曰河間瀛州縣大王不事秦秦驅韓梁攻齊之
南地悉趙兵渡清河指博關正義曰博關在博州趙兵從貝州度黃河指博
關則漯河南臨淄即墨危矣臨菑即墨非王之有也國一日見
攻雖欲事秦不可得也是故願大王孰計之也
齊王曰齊僻陋隱居東海之上未嘗聞社稷之
長利也乃許張儀張儀去西說趙王曰敝邑秦

王使使臣效愚計於大王大王收率天下以賓
秦秦兵不敢出函谷關十五年大王之威行於
山東敝邑恐懼懾伏繕甲厲兵飾車騎正義飾音勑習
馳射力田積粟守四封之內愁居懾處不敢動
搖唯大王有意督過之也索隱曰督者正其事而責之督過是深責其過也
今以大王之力舉巴蜀并漢中包兩周遷九鼎
守白馬之津秦雖僻遠然而心忿含怒之日久
矣今秦有敝甲凋兵軍於澠池願渡河踰漳據
番吾會邯鄲之下願以甲子合戰以正殷紂之
事敬使使臣先聞左右凡大王之所信為從者

恃蘇秦蘇秦熒惑諸侯以是為非以非為是欲反齊國而自令車裂於市夫天下之不可一亦明矣今楚與秦為昆弟之國而韓梁稱為東藩之臣齊獻魚鹽之地此斷趙之右臂也夫斷右臂而與人鬬失其黨而孤居求欲毋危豈可得乎今秦發三將軍其一軍塞午道（索隱曰此午道當在趙之東齊之西也午道地名也鄭玄云一縱一橫為午謂交道也）告齊使興師渡清河軍於邯鄲之東一軍軍成皋驅韓梁軍於河外（正義曰河外謂鄭滑州北臨河）一軍軍於澠池約四國為一以攻趙趙服必四分其地是故不敢匿意隱情先以聞於左右臣竊為大王計莫如與秦王遇於澠池面相見而口相結請案兵無攻願大王之定計趙王曰先王之時奉陽君專權擅勢蔽欺先王獨擅綰事寡人居屬師傅不與國謀計先王棄羣臣寡人年幼奉祀之日新心固竊疑焉以為一從不事秦非國之長利也乃且願變心易慮割地謝前過以事秦方將約車趨行（正義趨音趨）適聞使者之明詔趙王許張儀張儀乃去北之燕說燕昭王曰大王之所親莫如趙昔趙襄子嘗以其姊為代王妻欲幷代約與代王遇於句注

之塞（正義曰句注山在代州也上音勾）乃令工人作為金斗長其尾（索隱曰斗音主凡方者為斗若安長柄則名為枓音主尾即斗之柄其形若刀者是也）令可以擊人與代王飲陰告廚人曰即酒酣樂進熱啜（索隱曰音昌悅反謂歠而啜之是羹也下云廚人進斟斟謂羹汁故名汁曰斟左氏傳公羊傳云羊羹不斟是也）反斗以擊之（正義曰反斗即倒柄擊也）於是酒酣樂進熱啜廚人進斟因反斗以擊代王殺之王腦塗地其姊聞之因摩笄以自刺故至今有摩笄之山（笄婦人之首飾如今象牙擿○正義曰笄今簪也摩笄山在蔚州飛狐縣東北百五十里）代王之亡天下莫不聞夫趙王之狠戾無親大王之所明見且以趙王為可親乎趙興兵攻燕再圍燕都而劫大王大王割十城以謝今趙王已入朝澠池効河閒以事秦今大王不事秦秦下甲雲中九原驅趙而攻燕則易水長城（正義曰並在易州界）非大王之有也且今時趙之於秦猶郡縣也不敢妄舉師以攻伐今王事秦秦王必喜趙不敢妄動是西有彊秦之援而南無齊趙之患是故願大王孰計之燕王曰寡人蠻夷僻處雖大男子裁（音在）如嬰兒言不足以采正計今上客幸教之請西面而事秦獻恒山之尾五城（索隱曰尾猶末也謂獻恒山之東五城以與秦）燕王聽儀儀歸報未至咸陽而秦惠王卒武王立武王自

爲太子時不說張儀及即位羣臣多讒張儀曰
無信左右賣國以取容秦必復用之恐爲天下
笑諸侯聞張儀有郤武王皆畔衡復合從秦武
王元年羣臣日夜惡張儀未已而齊讓又至張
儀懼誅乃因謂秦武王曰儀有愚計願效之王
曰奈何對曰爲秦社稷計者東方有大變然後
王可以多割得地也今聞齊王甚憎儀儀之所
在必興師伐之故儀願乞其不肖之身之梁齊
必興師而伐梁梁齊之兵連於城下而不能相
去王以其間伐韓入三川出兵函谷而毋伐以

史記列傳十　十八

臨周祭器必出索隱曰凡王者大祭祀必陳設文物軒車彝器等因謂此爲祭器也挾
天子按圖籍此王業也秦王以爲然乃具革車
三十乘入儀之梁齊果興師伐之梁哀王恐張
儀曰王勿患也請令罷齊兵乃使其舍人馮喜
之楚索隱曰此與戰國策同舊本作喜誤也借使之齊謂齊王曰王
甚憎張儀雖然亦厚矣王之託儀於秦也齊王
曰寡人憎儀儀之所在必興師伐之何以託儀
對曰是乃王之託儀也夫儀之出也固與秦王
約曰爲王計者東方有大變然後王可以多割
得地今齊王甚憎儀儀之所在必興師伐之故

儀願乞其不肖之身之梁齊必興師伐之齊梁
之兵連於城下而不能相去王以其間伐韓入
三川出兵函谷而無伐以臨周祭器必出挾天
子案圖籍此王業也秦王以爲然故具革車三
十乘而入之梁也今儀入梁王果伐之是王內
罷國而外伐與國索隱曰謂齊之伐梁也梁之與齊先相許與約從爲鄰敵故云與國也廣
鄰敵以內自臨而信儀於秦王也此臣之所謂
託儀也齊王曰善乃使解兵張儀相魏一歲卒
於魏也索隱曰年表張儀以安王十年卒紀年云梁哀王九年五月卒
陳軫者游說之士與張儀俱事秦惠王皆貴重

史記列傳十　十九

爭寵張儀惡陳軫於秦王曰軫重幣輕使秦楚
之間將爲國交也今楚不加善於秦而善軫者
軫自爲厚而爲王薄也且軫欲去秦而之楚王
胡不聽乎王謂陳軫曰吾聞子欲去秦之楚有
之乎軫曰然王曰儀之言果信矣軫曰非獨儀
知之也行道之士盡知之矣昔子胥忠於其君
而天下爭以爲臣曾參孝於其親而天下願以
爲子故賣僕妾不出閭巷而售者良僕妾也出
婦嫁於鄉曲者良婦也今軫不忠其君楚亦何
以軫爲忠乎忠且見棄軫不之楚何歸乎王以

其言爲然遂善待之居秦期年秦惠王終相張儀而陳軫奔楚楚未之重也而使陳軫使於秦過梁欲見犀首犀首謝弗見軫曰吾爲事來公不見軫軫將行不得待（索隱曰軫語犀首言我故來欲有教汝之事何不相見）異日犀首見之陳軫曰公何好飲也犀首曰無事也曰吾請令公厭事可乎（索隱曰厭音一艷反厭者飽也謂欲令其多事）曰奈何曰田需約諸侯從親（索隱曰需時爲魏相）楚王疑之未信也公謂於王曰臣與燕趙之王有故數使人來曰無事何不相見願謁行於王王雖許公公請毋多車以車三十乘可陳之於庭明言之燕趙燕趙客聞之馳車告其王使人迎犀首楚王聞之大怒曰田需與寡人約而犀首之燕趙是欺我也怒而不聽其事齊聞犀首之北使人以事委焉犀首遂行三國相事皆斷於犀首軫遂至秦韓魏相攻朞年不解秦惠王欲救之問於左右左右或曰救之便或曰勿救便惠王未能爲之決陳軫適至秦惠王曰子去寡人之楚亦思寡人不陳軫對曰王聞夫越人莊舄乎王曰不聞曰越人莊舄仕楚執珪有頃而病楚王曰舄故越之鄙細人也今仕楚執珪貴富

矣亦思越不中謝（索隱曰謂侍御之官也）對曰凡人之思故在其病也彼思越則越聲不思越則楚聲使人往聽之猶尚越聲也今臣雖棄逐之楚豈能無秦聲哉惠王曰善今韓魏相攻朞年不解或謂寡人救之便或曰勿救便（索隱曰此張儀等計策）寡人不能決願子爲子主計之（索隱曰子指陳軫也子主謂楚王也）餘爲寡人計之陳軫對曰亦嘗有以夫辨莊子刺虎聞於王者乎（索隱曰戰國策作館莊子館謂逆旅舍其人字莊子或作辨莊子）莊子欲刺虎館豎子止之曰兩虎方且食牛食甘必爭爭則必鬬鬬則大者傷小者死從傷而刺之一舉必有雙虎之名辨莊子以爲然立須之有頃兩虎果鬬大者傷小者死莊子從傷者而刺之一舉果有雙虎之功今韓魏相攻朞年不解是必大國傷小國亡從傷而伐之一舉必有兩實此猶莊子刺虎之類也臣主與王何異也（索隱曰臣主謂軫之主楚王也王秦惠王以言我主與王俱宜待韓魏之斃而擊之亦無以異也）惠王曰善卒弗救大國果傷小國亡秦興兵而伐大剋之此陳軫之計也

犀首者魏之陰晉人也名衍（司馬彪曰犀首魏官名若今虎牙將軍）姓公孫氏與張儀不善張儀爲秦之魏魏王相

張儀犀首弗利故令人謂韓公叔曰張儀已合秦魏矣其言曰正義曰此張儀合秦魏之辭魏攻南陽秦攻三川魏王所以貴張子者欲得韓地也且韓之南陽已舉矣子何不少委焉以爲衍功則秦魏之交可錯矣索隱曰錯音措錯停止也然則魏必圖秦而棄儀收韓而相衍公叔以爲便因委之犀首以爲功果相魏張儀去徐廣曰復相秦義渠君朝於魏犀首聞張儀復相秦害之犀首乃謂義渠君曰道遠不得復過索隱曰音戈言義渠道遠今日已後不復得更過相見請謁事情索隱曰謂欲以秦之緩急告語之也曰中國無事索隱曰謂山東諸侯齊魏之六國○正義曰中國謂關東六國無事不共攻秦秦得燒掇焚杅徐廣曰一孤切○索隱曰掇音都活反謂焚燒而侵掠也焚杅音煩烏謂焚蹂而牽製也戰國策云且燒焫獲君之國是說其事也君之國有事索隱曰謂山東諸國共伐秦也秦將輕使重幣事君之國索隱曰謂秦求親義渠君也○正義曰有事謂六國攻秦秦若被攻伐則必輕使重幣事義渠之國欲令相助犀首此言者令義渠君勿援秦也其後五國伐秦索隱曰按表秦惠王後元七年楚魏齊韓趙五國共攻秦是其事者也會陳軫謂秦王曰義渠君者蠻夷之賢君也不如賂之以撫其志秦王曰善乃以文繡千純索隱曰凡絲綿布帛等一段爲一純音屯婦女百人遺義渠君義渠君致羣臣而謀曰此公孫衍所謂邪索隱曰謂上文犀首云君之國有事秦將輕使重幣事君之國故云公孫衍之所謂因起兵襲秦以傷張儀也乃起兵襲秦大敗秦

人李伯之下索隱曰謂義渠破秦軍於李伯之下則李伯人名或邑號戰國策伯作帛張儀已卒之後犀首入相秦嘗佩五國之相印爲約長索隱曰犀首後相五國或從或橫常爲約長

太史公曰三晉多權變之士夫言從衡彊秦者大抵皆三晉之人也夫張儀之行事甚於蘇秦然世惡蘇秦者以其先死而儀振暴其短以扶其說索隱曰暴音步卜反振謂振揚而暴露其短扶謂說彼之非成我之是扶會己之說辭也成其衡道索隱曰張儀說六國使連衡而事秦故云成其衡道然山東地形從長蘇秦相六國令從親而賓秦也關西地形衡長張儀相六國令破其從而連秦之衡故蘇爲合從張爲連衡也要之此兩人眞傾危之士哉

索隱述贊曰

儀未遭時　頻被困辱　及相秦惠

先韓後蜀　連衡齊魏　傾危誑惑

陳軫挾權　犀首騁欲　如何三晉

繼有斯德

張儀列傳第十　史記七十

樗里子甘茂列傳第十一　史記七十一

樗里子者名疾秦惠王之弟也索隱曰樗木名也音攄高誘曰其里有樗樹故曰樗里然疾居渭南陰鄉之樗里故號曰樗里子又紀年則謂之褚里疾與惠王異母母韓女也樗里子滑稽多智索隱曰滑音骨稽音雞鄒誕解云滑亂也稽同也謂辯捷之人言非若是言是若非謂能亂同異也一云滑稽酒器可轉注吐酒不已以言俳優之人出口成章詞不窮竭如滑稽之吐酒不已也○正義曰滑讀爲滛水流自出稽計也言其智計宣吐如泉流出無盡故楊雄酒賦云鴟夷滑稽腹大如壺是也顏師古云滑稽轉利之稱也滑亂也稽礙也其變無留也一說稽考也言其滑亂不可考較秦人號曰智囊秦惠王八年爵樗里子右更索隱曰右更秦第十四爵名使將而伐曲沃正義曰故城在陝州縣西南三十二里盡出其人索隱曰年表云十一年拔魏曲沃歸其人秦本紀惠文王後元八年五國共圍秦使庶長疾與戰修魚斬首八萬十一年樗里疾攻魏焦降之則焦與曲沃同在十一年拔明矣而傳云八年拔之不同王劭按本紀年表及此傳三處記秦伐國並不同又與紀年不合今殆不可考也取其城地入秦秦惠王二十五年使樗里子爲將伐趙虜趙將軍莊豹拔藺正義曰藺縣在石州明年助魏章攻楚敗楚將屈丐取漢中地秦封樗里子號爲嚴君索隱曰按嚴君是爵邑之號當是封之嚴道也秦惠王卒太子武王立逐張儀魏章而以樗里子甘茂爲左右丞相秦使甘茂攻韓拔宜陽使樗里子以車百乘入周周以卒迎之意甚敬楚王怒讓周以其重秦客游騰爲周說楚王曰索隱曰游騰名智伯之伐仇猶許慎曰仇猶夷狄之國○索隱曰高誘注戰國策以仇酋爲厹由韓子作仇由地理志臨淮有仇酋縣也○正義曰括地志云井州盂縣外城俗名原仇山亦名仇猶夷狄之國也韓子云智伯欲伐仇猶國道險難不通乃鑄大鍾遺之載以廣車仇猶大悅除塗內之赤章曼支諫曰不可此小所以事大而今大以遺小卒必隨之不可不聽遂內之曼支因斷轂而馳至十九日而仇猶亡也遺之廣車戰國策曰智伯欲伐仇猶遺之大鍾載以廣車周禮曰廣車之萃鄭玄曰廣車橫陳之車因隨之兵仇猶遂亡何則無備故也齊桓公伐蔡號曰誅楚其實襲蔡今秦虎狼之國使樗里子以車百乘入周周以仇猶蔡觀焉故使長戟居前彊弩在後名曰衛疾正義曰防衛樗里子而實囚之且夫周豈能無憂其社稷哉恐一旦亡國以憂大王楚王乃悅秦武王卒昭王立樗里子又益尊重昭王元年樗里子將伐蒲索隱曰紀年云楮里疾圍蒲不克而秦惠王薨事與此合○正義曰蒲故城在滑州匡城縣北十五里即子路作宰地也蒲守恐請胡衍索隱曰人姓名胡衍爲蒲謂樗里子曰公之攻蒲爲秦乎爲魏乎爲魏則善矣爲秦則不爲賴矣賴利也夫衛之所以爲衛者以蒲也正義曰蒲是衛國之鄣衛今伐蒲入於魏衛必折而從之索隱曰戰國策云今蒲入於秦衛必折而入於魏與此文相反也魏亡西河之外正義曰謂同華等州而無以取者兵弱也今并衛於魏魏必彊魏彊之日西河之外必危矣且秦王將觀公之事害秦而利魏王必罪公樗里子曰奈何胡衍曰公釋蒲勿攻臣試爲公

入言之以德衛君樗里子曰善胡衍入蒲謂其
守曰樗里子知蒲之病矣其言曰必拔蒲衍能
令釋蒲勿攻蒲守恐因再拜曰願以請因効金
三百斤曰秦兵苟退請必言子於衛君使子爲
南面故胡衍受金於蒲以自貴於衛於是遂解
蒲而去還擊皮氏（正義曰故城在絳州龍門縣西百四十步魏邑）皮氏未降
又去昭王七年樗里子卒葬于渭南章臺之東
（索隱曰按黃圖在漢長安故城西）曰後百歲是當有天子之宮夾
我墓樗里子疾室在於昭王廟西渭南陰鄉樗
里故俗謂之樗里子至漢興長樂宮在其東未
央宮在其西（正義曰漢長樂宮在長安縣西北十五里未央在縣西北十四里皆在長安故城中
也）武庫正直其墓（索隱曰直如字讀直猶當也）秦人諺曰力則
任鄙智則樗里

甘茂者下蔡人也（索隱曰地理志下蔡縣屬汝南也○正義曰今潁州縣即州來國）事
下蔡史舉先生（索隱曰戰國策及韓子皆云史舉上蔡監門者）學百家之
說因張儀樗里子而求見秦惠王王見而說之
使將而佐魏章略定漢中地惠王卒武王立張
儀魏章去東之魏蜀侯煇相壯反（索隱曰煇音暉又音胡昆反秦
之公子封蜀也華陽國志作暉壯音側狀反姓陳也）秦使甘茂定蜀還而以甘
茂爲左丞相以樗里子爲右丞相秦武王三年

謂甘茂曰寡人欲容車通三川以窺周室而寡
人死不朽矣甘茂曰請之魏約以伐韓而令向
壽輔行（正義曰餉受二音人姓名）甘茂至謂向壽曰子歸言之
於王曰魏聽臣矣然願王勿伐事成盡以爲子
功向壽歸以告王王迎甘茂於息壤（索隱曰山海經啓筮云鯀
竊帝之息壤以堙洪水或是此也○正義曰秦邑）甘茂至王問其故對曰宜
陽大縣也上黨南陽積之久矣（索隱曰上黨南陽並積貯日久○正
義曰韓之北三郡積貯在河南宜陽縣之日久矣）名曰縣其實郡也今王倍
數險行（正義曰謂函谷及三崤五谷）千里攻之難（索隱曰數音率庚反）昔
曾參之處費（音祕）魯人有與曾參同姓名者殺
人人告其母曰曾參殺人其母織自若也頃之
一人又告之曰曾參殺人其母尚織自若也頃
又一人告之曰曾參殺人其母投杼下機踰墻
而走夫以曾參之賢與其母信之也三人疑之
其母懼焉今臣之賢不若曾參王之信臣又不
如曾參之母信曾參也疑臣者非特三人臣恐
大王之投杼也始張儀西并巴蜀之地北開西
河之外南取上庸天下不以多張子而以賢先
王魏文侯令樂羊將而攻中山三年而拔之樂
羊返而論功文侯示之謗書一篋樂羊再拜稽

首曰此非臣之功也主君之力也今臣羈旅之臣也樗里子公孫奭 索隱曰戰國策作公孫衍○正義音釋 二人者挾韓而議之王必聽之是王欺魏王而臣受公仲侈之怨也 徐廣曰一作馮 王曰寡人不聽也請與子盟卒使丞相甘茂將兵伐宜陽五月而不拔樗里子公孫奭果爭之武王召甘茂欲罷兵甘茂曰息壤在彼 正義曰甘茂歸至息壤與秦王盟恐後樗里子公孫奭伐韓今二子果爭之武王召茂欲罷兵故甘茂云息壤在彼邑也 王曰有之因大悉起兵使甘茂擊之斬首六萬遂拔宜陽韓襄王使公仲侈入謝與秦平武王竟至周而卒於周其弟立為昭王 索隱

曰趙系家昭王名稷系本云名側 王母宣太后楚女也楚懷王怨前秦敗楚於丹陽而韓不救乃以兵圍韓雍氏 索隱曰秦惠王二十六年楚圍雍氏至昭王七年又圍雍氏韓求救於秦是再圍也劉氏云此是前圍雍氏當赧王之七年戰國策及紀年與此並不同○正義曰故城在洛州洛陽縣東北二十里 韓使公仲侈告急於秦秦昭王新立太后楚人不肯救公仲因甘茂茂為韓言於秦昭王曰公仲方有得秦救故敢扞楚也今雍氏圍秦師不下殽公仲且仰首而不朝公叔且以國南合於楚楚韓為一魏氏不敢不聽然則伐秦之形成矣不識坐而待伐孰與伐人之利秦王曰善乃下師於殽以救

韓楚兵去秦使向壽平宜陽而使樗里子甘茂伐魏皮氏向壽者宣太后外族也而與昭王少相長故任用向壽如楚 徐廣曰如一作和 楚聞秦之貴向壽而厚事向壽向壽為秦守宜陽將以伐韓韓公仲使蘇代謂向壽曰禽困覆車 譬禽獸得困急猶能抵觸傾覆人車 公破韓辱公仲公仲收國復事秦自以為必可以封 正義曰公仲自以為必可得秦封 今公與楚解口地 索隱曰解口秦地名近韓今將與楚也○正義曰上紀買反公向壽也解口猶開口得言向壽於秦開口則楚人必得封地也 封小令尹以杜陽 索隱曰又封楚之小令尹以杜陽杜陽秦之地今以封楚令尹是秦楚相合也 秦楚合復攻韓韓必亡韓亡公仲且躬率其私徒以

閼 烏曷反 於秦 正義曰公仲恐韓亡欲將私徒往宜陽關向壽也 願公孰慮之也向壽曰吾合秦楚非以當韓也子為壽謁之公仲 正義曰子蘇代也向壽恐令蘇代謁報公仲云秦韓交可合 曰秦韓之交可合也蘇代對曰願有謁於公 正義曰公向壽也言向壽亦黨於楚與公孫奭甘茂黨韓魏同也 人曰貴其所以貴者貴王之愛習公也不如公孫奭其智能公也不如甘茂今二人者皆不得親於秦事而公獨與王主斷於國者何彼有以失之也 索隱曰彼言公孫奭及甘茂也有以失之謂不見委任情有所失○正義曰言秦王雖愛習公孫奭甘茂秦事不親委者為黨韓魏也今國事獨與向壽主斷者不知壽黨於楚以事秦王者以失之也 公孫奭黨於韓而甘茂黨於魏故王不信也今

秦楚爭彊而公黨於楚是與公孫奭甘茂同道也公何以異之正義曰蘇氏云向壽與公孫奭甘茂皆有黨言無異也又一云改異黨楚之意人皆言楚之善變也而公必亡之是自爲責也正義曰楚善變改不可信若變改向壽必亡敗是自爲責公不如與王謀其變也善韓以備楚正義曰令秦親韓而備楚之變改則向壽無患矣如此則無患矣韓氏必先以國從公孫奭而後委國於甘茂韓公之讎也正義曰韓氏以先委二人故韓爲向壽之讎今公言善韓以備楚是外舉不辟讎也向壽曰然吾甚欲韓合對曰甘茂許公仲以武遂徐廣曰秦昭王元年予韓武遂反宜陽之民正義曰武遂宜陽本韓邑也秦伐取之今欲還韓令其民得反歸居之今公徒收之甚難正義曰蘇代言甘茂許公仲以武遂又歸宜陽之民今向壽徒擬收之甚難事也向壽曰然則奈何武遂終不可得也對曰公奚不以秦爲韓求潁川於楚正義曰潁川許州也楚侵韓潁川蘇代令向壽以秦威重爲韓就楚求索隱潁川是親向壽此韓之寄地也公求而得之是令行於楚而以其地德韓也公求而不得是韓楚之怨不解已買反而交走秦也索隱曰韓楚怨不解二國交走向秦也秦楚爭彊而公徐過楚徐廣曰過一作適○正義曰若二國皆事秦公則漸說楚之過失以收韓此利於秦也以收韓此利於秦向壽曰奈何對曰此善事也甘茂欲以魏取齊公孫奭欲以韓取齊今公取宜陽以爲功收楚韓以安之而誅齊魏之

罪正義曰言公孫奭甘茂皆欲以秦拔韓魏而取齊今向壽取宜陽爲功收楚韓安以事秦而責齊魏之罪是公孫奭甘茂不得同合韓魏於秦以伐齊也是以公孫奭甘茂無事也甘茂竟言秦昭王以武遂復歸之韓正義曰年表云秦昭王元年予韓武遂也向壽公孫奭爭之不能得向壽公孫奭由此怨讒甘茂茂懼輟伐魏蒲阪亡去徐廣曰昭王元年擊魏皮氏未拔去樗里子與魏講罷兵索隱曰鄒氏云講讀曰媾媾猶和甘茂之亡秦奔齊逢蘇代代爲齊使於秦甘茂曰臣得罪於秦懼而遯逃無所容跡臣聞貧人女與富人女會績貧人女曰我無以買燭而子之燭光幸有餘子可分我餘光無損子明而得一斯便焉今臣困而君方使秦而當路矣茂之妻子在焉願君以餘光振之蘇代許諾遂致使於秦已因說秦王曰甘茂非常士也其居於秦累世重矣自殽塞及至鬼谷徐廣曰在陽城○正義曰三殽在洛州永寧縣西北其地形險易皆明知之彼以齊約韓魏反以圖秦非秦之利也秦王曰然則奈何蘇代曰王不若重其贄厚其祿以迎之使彼來則置之鬼谷正義曰劉伯莊云此鬼谷關內雲陽非陽城者也按陽城谷時屬韓秦不得言置之終身勿出秦王曰善即賜之上卿以相印迎之於齊甘茂不往蘇代謂齊湣王曰夫甘茂賢人也今秦賜之上卿

以相印迎之甘茂德王之賜好爲王臣故辭而不往今王何以禮之齊王曰善即位之上卿而處之 索隱曰處猶留也 秦因復甘茂之家 正義復音福 以市於齊齊使甘茂於楚楚懷王新與秦合婚而驩 徐廣曰昭王二年時迎婦於楚 而秦聞甘茂在楚使人謂楚王曰願送甘茂於秦楚王問於范蜎 徐廣曰一作蠉○索隱曰休緣反又音休軟反戰國策一作蝯字○正義曰許緣反 曰寡人欲置相於秦孰可對曰臣不足以識之楚王曰寡人欲相甘茂可乎對曰不可夫史舉下蔡之監門也大不爲事君小不爲家室以苟賤不廉聞於世甘茂事之順

焉故惠王之明武王之察張儀之辯而甘茂事之取十官而無罪茂誠賢者也然不可相於秦夫秦之有賢相非楚國之利也且王前嘗用召滑於越 徐廣曰滑一作涓 而內行章義之難 徐廣曰一云內句章昧之難○索隱曰召滑內心清詐外則佯章恩義而卒包藏禍心搆難於楚戰國策云內句章昧之難也 越國亂故楚南塞厲門 徐廣曰一作賴胡○正義曰劉伯莊云厲門度嶺南之要路 而郡江東 正義曰吳越之城皆爲楚之郡邑 計王之功所以能如此者越國亂而楚治也今王知用諸越而忘用諸秦臣以王爲鉅過矣然則王若欲置相於秦則莫若向壽者可夫向壽之於秦王親也少與之同衣

長與之同車以聽事王必相向壽於秦則楚國之利也於是使使請秦相向壽於秦秦卒相向壽而甘茂竟不得復入秦卒於魏甘茂有孫曰甘羅

甘羅者甘茂孫也茂既死後甘羅年十二事秦相文信侯呂不韋 索隱曰戰國策甘羅事呂不韋爲庶子 秦始皇帝使剛成君蔡澤於燕三年而燕王喜使太子丹入質於秦秦使張唐往相燕欲與燕共伐趙以廣河間之地張唐謂文信侯曰臣嘗爲秦昭王伐趙趙怨臣曰得唐者與百里之地今之燕必

經趙臣不可以行文信侯不快未有以彊也甘羅曰君侯何不快之甚也文信侯曰吾令剛成君蔡澤事燕三年燕太子丹已入質矣吾自請張卿相燕而不肯行 索隱曰即張唐也卿字也 甘羅曰臣請行之文信侯叱曰去我身自請之而不肯汝焉能行之 正義曰女音汝焉乙連反 甘羅曰夫項橐生七歲爲孔子師 索隱曰橐音託尊其道德故云項橐 今臣生十二歲於茲矣君其試臣何遽叱乎於是甘羅見張卿曰卿之功孰與武安君卿曰武安君南挫彊楚北威燕趙戰勝攻取破城墮邑不知其數臣之功不如也

甘羅曰應侯之用於秦也孰與文信侯專索隱曰應侯范雎也張卿曰應侯不如文信侯專甘羅曰卿明知其不如文信侯專與曰知之甘羅曰應侯欲攻趙武安君難之去咸陽七里而立死於杜郵今文信侯自請卿相燕而不肯行臣不知卿所死處矣張唐曰請因孺子行令裝治行行有日甘羅謂文信侯曰借臣車五乘請爲張唐先報趙文信侯乃入言之於始皇曰昔甘茂之孫甘羅年少耳然名家之子孫諸侯皆聞之今者張唐欲稱疾不肯行甘羅說而行之今願先報趙請許遣之始皇召見使甘羅於趙趙襄王郊迎甘羅甘羅說趙王曰王聞燕太子丹入質秦歟曰聞之曰聞張唐相燕歟曰聞之燕太子丹入秦者燕不欺秦也張唐相燕者秦不欺燕也燕秦不相欺者伐趙危矣燕秦不相欺無異故欲攻趙而廣河間王不如齎臣五城以廣河間索隱曰齎音側奚反一音資並謂割五城與臣也請歸燕太子與彊趙攻弱燕趙王立自割五城以廣河間秦歸燕太子趙攻燕得上谷三十城索隱曰戰國策云得三十六縣○正義曰上谷今嬀州也在幽州西北令秦有十一索隱曰謂以十一城與秦也甘羅還報秦乃封甘

樗里子傳

羅以爲上卿復以始甘茂田宅賜之

太史公曰樗里子以骨肉重固其理而秦人稱其智故頗采焉甘茂起下蔡閭閻顯名諸侯重彊齊楚徐廣曰恐或疑此當云見重彊齊誤脫二字○正義曰甘茂爲強齊楚所重甘羅年少然出一奇計聲稱後世雖非篤行之君子然亦戰國之策士也方秦之彊時天下尤趨謀詐哉

索隱述贊曰

嚴君名疾　厥號智囊　旣親且重

稱兵外攘　甘茂並相　初佐魏章

始推向壽　乃攻宜陽　甘羅妙歲

卒起張唐

樗里子甘茂列傳第十一　史記七十一

穰矦列傳第十二　史記七十二

穰矦魏冄者秦昭王母宣太后弟也（索隱曰宣太后之異父長）
（弟也姓魏名冄封之穰地理志穰縣在南陽宣太后者惠王之妃姓羋氏曰羋八子也）其先楚人姓
羋氏（正義曰羋亡爾反）秦武王卒無子立其弟爲昭王昭
王母故號爲羋八子及昭王即位羋八子號爲
宣太后宣太后非武王母武王母號曰惠文后
先武王死（索隱曰秦本紀云昭王二年庶長壯與大臣公子爲逆皆誅及惠文后皆不得良死又按紀年）
（云秦內亂殺其太后及公子雍公子壯是也）宣太后二弟其異父長弟曰
穰矦姓魏氏名冄同父弟曰羋戎爲華陽君（索隱）
（曰華陽韓地後屬秦羋戎後又號新城君○正義曰虎云華陽亭名在洛州密縣又故華城在鄭州管城縣南三十里即）
（此城）而昭王同母弟曰高陵君（索隱曰名顯）涇陽君（索隱）
（曰名悝）而魏冄最賢自惠王武王時任職用事武
王卒諸弟爭立唯魏冄力爲能立昭王昭王即
位以冄爲將軍衞咸陽誅季君之亂（徐廣曰年表曰季君爲亂）
（誅本紀曰庶長壯與大臣公子謀反伏誅○索隱曰按季君即公子壯僭立而號曰季君穰矦力能立昭王爲將軍衞咸）
（陽誅季君及惠文后故本紀言伏誅又云及惠文后皆不得良死蓋謂惠文后時黨公子壯欲立之及壯誅而太后憂死）
（故云不得良死亦史諱之也又逐武王后出之魏亦事勢然也）而逐武王后出之魏
昭王諸兄弟不善者皆滅之威振秦國昭王少
宣太后自治任魏冄爲政昭王七年樗里子死
而使涇陽君質於齊趙人樓緩來相秦趙不利

穰矦傳

乃使仇液之秦（索隱曰戰國策作仇郝蓋是一人而記別也○正義曰音亦姓名）請以
魏冄爲秦相仇液將行其客宋公（索隱曰戰國策作宋交）謂
液曰秦不聽公樓緩必怨公公不若謂樓緩曰
請爲公毋急秦秦王見趙請相魏冄之不急且
不聽公公言而事不成以德樓子事成魏冄故
德公矣於是仇液從之而秦果免樓緩而魏冄
相秦欲誅呂禮禮出奔齊昭王十四年魏冄舉
白起使代向壽將而攻韓魏敗之伊闕斬首二
十四萬虜魏將公孫喜明年又取楚之宛葉魏
冄謝病免相以客卿壽燭爲相其明年燭免復
相冄乃封魏冄於穰復益封陶（徐廣曰一作陰○索隱曰陶即定陶也徐）
（廣云作陰陰陶陰字本易惑也王劭按定陶見有魏冄冢作陰誤也）號曰穰矦穰矦封四
歲爲秦將攻魏魏獻河東方四百里拔魏之河
內取城大小六十餘昭王十九年秦稱西帝齊
稱東帝月餘呂禮來而齊秦各復歸帝爲王魏
冄復相秦六歲而免免二歲復相秦四歲而使
白起拔楚之郢秦置南郡乃封白起爲武安君
白起者穰矦之所任舉也相善於是穰矦之富
富於王室昭王三十二年穰矦爲相國將兵攻
魏走芒卯（上莫卯反下陌飽反）入北宅（徐廣曰魏惠王五年與韓會宅陽○正義曰竹書云）

穰矦傳

宅陽一名北宅括地志云宅陽故城在鄭州滎陽縣西南十七里遂圍大梁梁大夫須賈說穰侯曰臣聞魏之長吏謂魏王曰昔梁惠王伐趙戰勝三梁徐廣曰田完世家云魏伐趙趙不利戰於南梁○索隱曰三梁即南梁也拔邯鄲趙氏不割而邯鄲復歸齊人攻衛拔故國殺子良索隱曰衛之故國蓋楚丘也下文故地亦同謂楚丘也戰國策衛字皆作燕子良作子之恐非也衛人不割而故地復反衛趙之所以國全兵勁而地不并於諸侯者以其能忍難而重出地也宋中山數伐割地而國隨以亡臣以爲衛趙可法而宋中山可爲戒也秦貪戾之國也而毋親蠶食魏氏又盡晉國索隱曰河西河東河內並是魏地即故晉國今言秦蠶食魏氏盡晉國之地也戰勝暴子徐廣曰韓將暴鳶割八縣地未畢入兵復出矣夫秦何猒之有哉今又走芒卯入北宅此非敢攻梁也且劫王以求多割地王必勿聽也今王背楚趙而講秦索隱曰講和也楚趙怒而去王與王爭事秦秦必受之秦挾楚趙之兵以復攻梁則國求無亡不可得也願王之必無講也王若欲講少割而有質不然必見欺索隱曰謂與秦欲講少割地而求秦質子恐不然必被秦欺也此臣之所聞於魏也索隱曰須賈說穰侯言魏人謂梁王若少割而求質必是欺我即聞魏見欺於秦也願君王之以是慮事也周書曰惟命不于常此言幸之不可數也夫戰勝

暴子割八縣此非兵力之精也又非計之工也天幸爲多矣今又走芒卯入北宅以攻大梁是以天幸自爲常也智者不然臣聞魏氏悉其百縣勝甲以上戍大梁臣以爲不下三十萬以三十萬之衆守梁七仞之城爾雅曰四尺謂之仞倍仞謂之尋臣以爲湯武復生不易攻也夫輕背楚趙之兵陵七仞之城戰三十萬之衆而志必舉之臣以爲自天地始分以至于今未嘗有者也攻而不拔秦兵必罷陶邑必亡索隱曰陶一作魏言秦前攻得魏之城邑秦罷則亡而還於魏也○正義曰定陶近大梁穰侯攻梁兵疲定陶必爲魏伐則前功必棄矣今魏氏方疑可以少割收也索隱曰賈引魏人之說不許王講於秦是言魏氏方疑可以少割地而收魏也願君逮楚趙之兵未至於梁亟以少割收魏魏方疑而得以少割爲利必欲之則君得所欲矣楚趙怒於魏之先己也必爭事秦從以此散索隱曰楚趙怒魏之與秦講皆爭事秦是東方從國於是解散也○正義從足松反而君後擇焉且君之得地豈必以兵哉割晉國秦兵不攻而魏必效絳安邑又爲陶開兩道索隱曰穰侯封陶魏效絳與安邑是得河東地言從秦適陶開河西河東之兩道○正義曰穰侯故封定陶故宋及單父是陶之南道也魏之安邑及絳是陶北道幾盡故宋索隱曰上音祈此時宋已滅是秦將盡得宋地也衛必效單父秦兵可全而君制之何索而不得何爲而不成願君

孰慮之而無行危索隱曰言莫行圍梁之危事穰侯曰善乃罷梁圍正義曰表云魏安釐王二年秦軍大梁城韓來救與秦溫以和也明年魏背秦與齊從親秦使穰侯伐魏斬首四萬走魏將暴鳶得魏三縣穰侯益封明年穰侯與白起客卿胡陽復攻趙韓魏破芒卯於華陽下斬首十萬取魏之卷丘權反蔡陽長社趙氏觀津且與趙觀津益趙以兵伐齊索隱曰既得觀津仍令趙伐齊而秦又以兵益助趙也齊襄王懼使蘇代為齊陰遺穰侯書曰臣聞往來者言曰秦將益趙甲四萬以伐齊臣竊必之索隱曰告齊王言秦必定不益兵以助趙○正義曰臣蘇代也以知秦與趙甲四萬以伐齊敝邑之王曰正義曰謂齊王也秦王明而熟於計穰侯智而習於事必不益趙甲四萬以伐齊是何也夫三晉之相與也秦之深讎也百相背也百相欺也不為不信不為無行今破齊以肥趙趙秦之深讎不利於秦此一也秦之謀者必曰破齊弊晉楚正義曰今晉楚伐齊齊晉楚之國亦弊敗而後制晉楚之勝夫齊罷國也以天下攻齊如以千鈞之弩決潰癰也必死安能弊晉楚此二也秦少出兵則晉楚不信也多出兵則晉楚為制於秦齊恐不走秦必走晉楚此三也秦割齊以啖晉楚晉楚案之以兵秦反受

敵此四也是晉楚以秦謀齊以齊謀秦也何晉楚之智而秦齊之愚此五也故得安邑以善事之亦必無患矣秦有安邑韓氏必無上黨矣取天下之腸胃與出兵而懼其不反也孰利臣故曰秦王明而熟於計穰侯智而習於事必不益趙甲四萬以伐齊矣於是穰侯不行引兵而歸昭王三十六年相國穰侯言客卿竈欲伐齊取剛壽徐廣曰齊北有剛縣○正義曰故剛城在兗州龔丘縣界壽張鄆州縣也以廣其陶邑於是魏人范睢自謂張祿先生譏穰侯之伐齊乃越三晉以攻齊也以此時奸說秦昭王昭王於是用范睢范睢言宣太后專制穰侯擅權於諸侯涇陽君高陵君之屬太侈富於王室於是秦王悟乃免相國令涇陽之屬皆出關就封邑穰侯出關輜車千乘有餘穰侯卒於陶而因葬焉秦復收陶為郡

太史公曰穰侯昭王親舅也而秦所以東益地弱諸侯嘗稱帝於天下天下皆西鄉稽首者穰侯之功也及其貴極富溢一夫開說身折勢奪而以憂死況於羇旅之臣乎

索隱述贊曰

穰侯智識　應變無方　內倚太后
外輔昭王　四登相位　再列封疆
摧齊撓楚　破魏圍梁　一夫開說
憂憤而云

穰侯列傳第十二　史記七十二

白起王翦列傳第十三　史記七十三

白起者郿人也正義曰郿音眉岐州縣善用兵事秦昭王昭
王十三年而白起為左庶長將而擊韓之新城
索隱曰在河南也。正義曰今洛州伊闕是歲穰侯相秦舉任鄙以為
漢中守其明年白起為左更攻韓魏於伊闕正義
曰今洛州南十九里伊闕山號曰龍門是斬首二十四萬又虜其將公孫
喜拔五城起遷為國尉正義曰言太尉涉河取韓安邑
以東到乾河徐廣曰音干。騆案郭璞曰今河東聞喜縣東北有乾河口因名乾河里但有故溝瀆
無復水也。索隱曰魏以安邑入秦然安邑以東至乾河皆韓故地故云取韓安邑明年白起為
大良造攻魏拔之取城小大六十一明年起與
客卿錯攻垣城拔之徐廣曰河東垣縣後五年白起攻趙
拔光狼城索隱曰地理志不載光狼城蓋屬趙國。正義曰光狼故城在澤州高平縣西二十五里也
後七年白起攻楚拔鄢鄧五城徐廣曰昭王二十八年。正義曰鄢鄧二
邑在襄州其明年攻楚拔郢燒夷陵正義曰夷陵今硤州郭下縣遂
東至竟陵正義曰故城在郢州長壽縣南百五十里今復州亦是其地也楚王亡去
郢東走徙陳秦以郢為南郡白起遷為武安君
武安君因取楚定巫黔中郡昭王三十四年白
起攻魏拔華陽走芒卯而虜三晉將斬首十三
萬與趙將賈偃戰沉其卒二萬人於河中昭王
四十三年白起攻韓陘城正義曰陘城故城在曲沃縣西北二十里在絳州東

北三十五里也拔五城斬首五萬四十四年白起攻南陽太行道絕之徐廣曰此南陽河內脩武是也○正義曰案南陽屬韓秦攻之則韓太行羊腸道絕矣四十五年伐韓之野王索隱曰地理志野王縣屬河內在太行東南孟康曰古邢國也野王降秦上黨道絕其守馮亭與民謀曰鄭道已絕徐廣曰河南新鄭韓之國都是也○索隱曰鄭國即韓之都在河南秦伐野王是上黨歸韓之道絕地韓必不可得為民秦兵日進韓不能應不如以上黨歸趙趙若受我秦怒必攻趙趙被兵必親韓韓趙為一則可以當秦因使人報趙趙孝成王與平陽君平原君計之索隱曰平陽君未詳何人平陽君曰不如勿受受之禍大於所得平原君曰無

故得一郡受之便趙受之因封馮亭為華陽君正義曰常山一名華陽解在趙世家四十六年秦攻韓緱氏藺徐廣曰屬潁川○索隱曰今其地闕西河別有藺縣也○正義曰按檢諸地記潁川無藺括地志云各州嵩縣本夏之綸國也在緱氏東南六十里地理志云綸氏屬潁川郡按既攻緱氏藺二邑合相近恐綸藺聲相似字隨音而轉作藺拔之四十七年秦使左庶長王齕音紇攻韓取上黨上黨民走趙趙軍長平徐廣曰在泫氏○索隱曰地理志泫氏今在上黨郡也○正義曰長平故城在澤州高平縣西北一里也以按據上黨民索隱曰謂屯兵長平以據援上黨四月齕因攻趙趙使廉頗將趙軍士卒犯秦斥兵索隱曰謂犯秦之斥候兵也秦斥兵斬趙裨將茄索隱曰音加裨將名六月陷趙軍取二鄣四尉索隱曰鄣堡城尉官也○正義曰括地志云趙鄣故

白起王翦列傳

城一名都尉城今名趙東城在澤州高平縣西二十五里又有故穀城此二城即二鄣也七月趙軍築壘壁而守之秦又攻其壘取二尉敗其陣徐廣曰一作陳奪西壘壁正義曰趙西壘在澤州高平縣北六里是也即廉頗堅壁以待秦王齕奪趙西壘壁者廉頗堅壁以待秦秦數挑戰正義曰數音朔挑田鳥反趙兵不出趙王數以為讓而秦相應侯又使人行千金於趙為反間正義紀莧反曰秦之所惡獨畏馬服子趙括將耳廉頗易與且降矣趙王既怒廉頗軍多失亡軍數敗又反堅壁不敢戰而又聞秦反間之言因使趙括代廉頗將以擊秦秦聞馬服子將乃陰使武安君白起為上將軍而王

史記列傳十三

齕為尉裨將令軍中有敢泄武安君將者斬趙括至則出兵擊秦軍秦軍詳敗而走正義曰詳音羊張二奇兵以劫之趙軍逐勝追造秦壁正義曰秦壁一名秦壘今亦名秦長壘壁堅拒不得入而秦奇兵二萬五千人絕趙軍後又一軍五千騎絕趙壁間趙軍分而為二糧道絕而秦出輕兵擊之趙戰不利因築壁堅守正義曰趙壁今名趙東壘亦名趙東長壘在澤州高平縣北五里即趙括築壁自敗處以待救至秦王聞趙食道絕王自之河內正義曰時已屬秦故發其兵賜民爵各一級發年十五以上悉詣長平索隱曰時已屬秦故發其兵遮絕趙救及糧食至九月趙卒不得

食四十六日皆內陰相殺食來攻秦壘欲出為四隊四五復之不能出其將軍趙括出銳卒自搏戰秦軍射殺趙括括軍敗卒四十萬人降武安君武安君計曰前秦已拔上黨上黨民不樂為秦而歸趙趙卒反覆非盡殺之恐為亂乃挾詐而盡坑殺之遺其小者二百四十人歸趙前後斬首虜四十五萬人趙人大震四十八年十月秦復定上黨郡(索隱曰秦前攻趙已破上黨入之廻兵復定其郡其餘城猶屬趙)秦分軍為二王齕攻皮牢拔之(正義曰故城在絳州龍門縣西一里)司馬梗定太原(正義曰太原趙地秦定取之)

韓趙恐使蘇代厚幣說秦相應侯曰武安君禽馬服子乎曰然又曰即圍邯鄲乎曰然趙亡則秦王王矣武安君為三公武安君所為秦戰勝攻取者七十餘城南定鄢郢漢中(正義曰鄢在襄州率道縣南九里郢在荊州江陵縣東六里漢中今梁州之地)北禽趙括之軍雖周召呂望之功不益於此矣今趙亡秦王王則武安君必為三公君能為之下乎雖無欲為之下固不得已矣秦嘗攻韓圍邢丘(徐廣曰平皋有邢丘○正義曰邢丘今懷州武陵縣東南二十里平皋縣城是也)困上黨上黨之民皆反為趙天下不樂為秦民之日久矣今亡趙北地入燕東地入齊南地入韓魏則君之

所得民亡幾何人(徐廣曰亡音無也)故不如因而割之(正義曰因白起之攻割取韓趙之地也)無以為武安君功也於是應侯言於秦王曰秦兵勞請許韓趙之割地以和且休士卒王聽之割韓垣雍(徐廣曰卷縣有垣雍城○正義曰釋地名云卷縣所理垣雍城按今在鄭州原武縣西北七里也)趙六城以和正月皆罷兵武安君聞之由是與應侯有隙其九月秦復發兵使五大夫王陵攻趙邯鄲是時武安君病不任行(正義曰入針反堪也)四十九年正月陵攻邯鄲少利秦益發兵佐陵陵兵亡五校武安君病愈秦王欲使武安君代陵將武安君言曰邯鄲實未易攻也且

諸侯救日至彼諸侯怨秦之日久矣今秦雖破長平軍而秦卒死者過半國內空遠絕河山而爭人國都趙應其內諸侯攻其外破秦軍必矣不可秦王自命不行乃使應侯請之武安君終辭不肯行遂稱病秦王使王齕代陵將八九月圍邯鄲不能拔楚使春申君及魏公子將兵數十萬攻秦軍秦軍多失亡武安君言曰秦不聽臣計今如何矣秦王聞之怒彊起武安君(正義曰彊其兩反)武安君遂稱病篤應侯請之不起於是免武安君為士伍遷之陰密(徐廣曰屬安定○正義曰故城在涇州鶉觚縣城西

即古陰密國密康公國也武安君病未能行居三月諸侯攻秦軍急秦軍數卻使者日至秦王乃使人遣白起不得留咸陽中武安君既行出咸陽西門十里至杜郵索隱曰按故咸陽城在渭北杜郵今在咸陽城中○正義曰說文云郵境上行舍道路所經過今咸陽縣城本秦之郵也在雍州西北三十五里秦昭王與應侯羣臣議曰白起之遷其意尚怏怏不服有餘言秦王乃使使者賜之劒自裁武安君引劒將自剄曰我何罪于天而至此哉良久曰我固當死長平之戰趙卒降者數十萬人我詐而盡阬之是足以死遂自殺武安君之死也以秦昭王五十年十一月死而非

其罪秦人憐之鄉邑皆祭祀焉何晏曰白起之降趙卒詐而阬其四十萬豈徒酷暴之謂乎後亦難以重得志矣向使衆人皆豫知降之必死則張虛捲猶可畏也況於四十萬披堅執鋭哉天下見降秦之將頭顱以山歸秦之衆骸積成丘則後日之戰死當死耳何衆肯服何城肯下乎是爲雖能裁四十萬之命而適足以彊天下之戰欲以要一朝之功而乃更堅諸侯之守故兵進而自伐其勢軍勝而還喪其計何者設使趙衆復合馬服更生則後日之戰必非前日之對也況今皆使天下爲後日乎其所以終不敢復加兵於邯鄲者非但憂平原之補袒患諸侯之救至也徒諱之而不言耳若不悟而不諱則毋所以遠智也何謂善戰而拙勝長平之事秦民之十五以上者皆荷戟而向趙矣秦王又親自賜民爵於河內夫以秦之彊而十五以上死傷過半者此爲破趙之功小傷秦之敗大又何稱奇哉若後之役戍不淺其論者則秦衆多矣降者何致也必不可致者本自當戰殺不當受降詐也戰殺雖難降殺雖易然降殺之爲害禍大於劇戰也○索隱曰捲音拳袒音襢莧反字亦作綻捄音救

王翦者頻陽東鄉人也索隱曰地理志頻陽縣屬左馮翊應劭曰在頻水之陽也

○正義曰故城在雍州東同官縣界也少而好兵事秦始皇始皇十一年翦將攻趙閼與正義音預破之拔九城十八年翦將攻趙歲餘遂拔趙趙王降盡定趙地爲郡明年燕使荊軻爲賊於秦秦王使王翦攻燕燕王喜走遼東翦遂定燕薊而還正義薊音計秦使翦子王賁擊荊徐廣曰秦諱楚故云荊也○索隱曰賁音奔荊兵敗還擊魏魏王降遂定魏地秦始皇既滅三晉走燕王而數破荊師秦將李信者年少壯勇嘗以兵數千逐燕太子丹至於衍水中卒破得丹始皇以爲賢勇於是始皇問李信吾欲攻取荊於將軍度用

幾何人而足李信曰不過用二十萬人始皇問王翦王翦曰非六十萬人不可始皇曰王將軍老矣何怯也李將軍果勢壯勇徐廣曰勢一作埶其言是也遂使李信及蒙恬將二十萬南伐荊王翦言不用因謝病歸老於頻陽李信攻平與音余○正義曰在頒東北五十四里蒙恬攻寢徐廣曰今固始寢丘○索隱曰固始縣屬淮陽寢丘地名也大破荊軍信又攻鄢郢破之於是引兵而西與蒙恬會城父索隱曰在汝南即應鄉○正義曰言引兵而會城父則是汝州郟城縣東父城者也括地志云汝州郟城縣東四十里有父城故城即服虔云城父楚北境者也又許州葉縣東北四十五里亦有父城故城即杜預云襄城城父縣者也此二城父城之名耳服虔城父是誤也左傳及注水經云楚大城城父使太子建居之十三州志云太

子建所居城父謂今亳州城父是也此三家之説是城父之名地理志云潁川父城縣沛郡城父縣據縣屬郡其名自分古先儒多惑故使其名錯亂 荊人因隨之三日三夜不頓舍大
破李信軍入兩壁殺七都尉秦軍走始皇聞之
大怒自馳如頻陽見謝王翦曰寡人以不用將
軍計李信果辱秦軍今聞荊兵日進而西將軍
雖病獨忍弃寡人乎王翦謝曰老臣罷病悖亂
正義曰罷音皮悖音背 唯大王更擇賢將始皇謝曰已矣將
軍勿復言王翦曰大王必不得已用臣非六十
萬人不可始皇曰為聽將軍計耳於是王翦將
兵六十萬人始皇自送至灞上王翦行請美田

宅園池甚衆始皇曰將軍行矣何憂貧乎王翦
曰為大王將有功終不得封侯故及大王之嚮
臣臣亦及時以請園池為子孫業耳始皇大笑
王翦既至關使使還請善田者五輩 徐廣曰善一作蕃○索隱
曰謂使者五度請也 或曰將軍之乞貸亦已甚矣王翦曰不
然夫秦王怚 音麤 而不信人 徐廣曰怚一作祖 今空秦國甲
士而專委於我 徐廣曰專亦作摶又作剸 我不多請田宅為
子孫業以自堅顧令秦王坐而疑我矣王翦果
代李信擊荊荊聞王翦益軍而來乃悉國中兵
以拒秦王翦至堅壁而守之不肯戰荊兵數出

挑戰終不出王翦日休士洗沐而善飲食撫循
之親與士卒同食久之王翦使人問軍中戲乎
對曰方投石超距 徐廣曰超一作拔駰案漢書云甘延壽投石拔距絕於等倫張晏曰范蠡兵法飛石重十二斤為機發行三百步延壽有力能以手投之拔距超距也○索隱曰超距猶跳躍也 於是
王翦曰士卒可用矣荊數挑戰而秦不出乃引
而東王翦因舉兵追之令壯士擊大破荊軍至蘄
南 正義曰徐州縣也 殺其將軍項燕荊兵遂敗走秦因乘
勝略定荊地城邑歲餘虜荊王負芻竟平荊地
為郡縣因南征百越之君而王翦子王賁與李
信破定燕齊地秦始皇二十六年盡并天下王

氏蒙氏功為多名施於後世秦二世之時王翦
及其子賁皆已死而又滅蒙氏陳勝之反秦秦
使王翦之孫王離擊趙圍趙王及張耳鉅鹿城
正義曰今邢州平鄉縣城本秦鉅鹿郡城也 或曰王離秦之名將也今將
彊秦之兵攻新造之趙舉之必矣客曰不然夫
為將三世者必敗必敗者何也必其所殺伐多
矣其後受其不祥今王離已三世將矣居無何
項羽救趙擊秦軍果虜王離王離軍遂降諸侯
太史公曰鄙語云尺有所短寸有所長白起料
敵合變出奇無窮聲震天下然不能救患於應

矦王翦爲秦將夷六國當是時翦爲宿將始皇師之然不能輔秦建德固其根本偷合取容以至㱝身（徐廣曰㱝音歿）及孫王離爲項羽所虜不亦宜乎彼各有所短也

索隱述贊曰白起王翦　俱善用兵　遞爲秦將　拔齊破荊　趙任馬服　長平遂坑　楚陷李信　霸上卒行　賁離繼出　三代無名

白起王翦列傳第十三　史記七十三

孟子荀卿列傳第十四　史記七十四

（索隱曰按序傳孟嘗君第十四而此傳爲第十五蓋後人差降之矣）

太史公曰余讀孟子書至梁惠王問何以利吾國未甞不廢書而歎也曰嗟乎利誠亂之始也夫子罕言利者常防其原也故曰放於利而行多怨自天子至於庶人好利之獘何以異哉

孟軻鄒人也（索隱曰軻音苦何反又苦賀反鄒魯地名又云邾邾人徙鄒故也○正義曰軻字子輿爲齊卿鄒兖州縣）受業子思之門人（索隱曰王劭以人爲衍字則以軻親受業孔伋之門也今言門人者乃受業於子思之弟子也）道既通游事齊宣王宣王不能用適梁梁惠王不果所言則見以爲迂遠而闊於事情當是之時秦用商君富國彊兵楚魏用吳起戰勝弱敵齊威王宣王用孫子田忌之徒而諸矦東面朝齊天下方務於合從連衡以攻伐爲賢而孟軻乃述唐虞三代之德是以所如者不合退而與萬章之徒（索隱曰孟子有萬章公明高等蓋並軻之門人也萬姓章名）序詩書述仲尼之意作孟子七篇其後有騶子之屬齊有三騶子其前騶忌以鼓琴干威王因及國政封爲成矦而受相印先孟子其次騶衍後孟子騶衍睹有國者益淫侈不能尚德若大雅整之於身施及黎庶矣乃深觀陰陽

消息而作怪迂之變終始大聖之篇十餘萬言其語閎大不經必先驗小物推而大之至於無垠先序今以上至黃帝學者所共術大並世盛衰並音蒲浪反○索隱曰言其大體隨代盛衰觀時而說事因載其禨祥度制推而遠之至天地未生窈冥不可考而原也先列中國名山大川通谷禽獸水土所殖物類所珍因而推之及海外人之所不能睹稱引天地剖判以來五德轉移治各有宜而符應若茲以為儒者所謂中國者於天下乃八十一分居其一分耳索隱曰桓寬王充並以衍之所言迂怪虛妄熒惑六國之君因納其異說所謂匹夫而熒惑諸侯者也

中國名曰赤縣神州赤縣神州內自有九州禹之序九州是也不得為州數中國外如赤縣神州者九乃所謂九州也於是有裨海環之索隱曰裨音脾裨海小海也九州之外更有大瀛海故知此裨是小海也且將有裨將裨是小義也人民禽獸莫能相通者如一區中者乃為一州如此者九乃有大瀛海環其外天地之際焉其術皆此類也然要其歸必止乎仁義節儉君臣上下六親之施始也濫耳索隱曰濫即濫觴是江原之初始故此文意以濫為初也謂衍之術言君臣上下六親之際行事之所施所治皆可以為後代之宗本故云濫耳王公大人初見其術懼然顧化索隱曰懼音劬謂衍之術皆動人心見者莫不懼然駐想又內心留顧而已化之欲從其術也

孟子荀卿傳

化者是易常聞而貴異術也其後不能行之是以騶子重於齊適梁惠王郊迎執賓主之禮適趙平原君側行襒席索隱曰按字林云襒音疋結反韋昭音敷蔑反張揖三蒼訓詁云襒拂也謂側行而衣襒席為敬不敢正坐當賓主之禮也如燕昭王擁彗先驅索隱曰彗帚也謂為之埽地以衣袂擁帚而却行恐塵埃之及長者所以為敬也請列弟子之座而受業築碣石宮正義曰碣石宮在幽州薊縣西三十里寧臺之東身親往師之作主運索隱曰劉向別錄云鄒子書有主運篇其游諸侯見尊禮如此豈與仲尼菜色陳蔡孟軻困於齊梁同乎哉索隱曰仲尼孟子法先王之道行仁義之化且菜色困窮而鄒衍執詭怪熒惑諸侯其見禮重如此可為長太息哉故武王以仁義伐紂而王伯夷餓不食周粟衛靈公問陳而

孔子不答梁惠王謀欲攻趙孟軻稱太王去邠索隱曰孟子太王去邠是軻對滕文公語今云梁惠王謀攻趙與孟子不同此豈有意阿世俗苟合而已哉持方枘欲內圜鑿其能入乎索隱曰方枘是筍也圜鑿是孔也謂工人斲木以方筍而內之圓孔不可入也故楚詞云以方枘而納圓鑿者吾知其鉏鋙而不入也謂戰國時仲尼孟軻以仁義干世主猶方枘圓鑿然也或曰伊尹負鼎而勉湯以王百里奚飯牛車下而繆公用霸作先合然後引之大道騶衍其言雖不軌儻亦有牛鼎之意乎索隱曰呂氏春秋云函牛之鼎不可以亨雞是其有牛鼎也言衍之術迂大儻若大用之是有牛鼎之意而譙周亦云觀太史公此論是愛奇之甚矣自騶衍與齊之稷下先生如淳于髡慎到環淵接子田駢騶奭之徒索隱曰按

稷齊之城門也或云稷山名謂齊之學士集於稷門之下也環淵接子古著書人之稱號也駢音步堅反又步經反○正義曰慎子十卷在法家則戰國時處士接子二篇田子二十五篇齊人游稷下號天口接田二人道家騶奭十二篇陰陽家各著書言治亂之事以干世主豈可勝道哉

淳于髡齊人也博聞彊記學無所主其諫說慕晏嬰之爲人也然而承意觀色爲務客有見髡於梁惠王惠王屏左右獨坐而再見之終無言也惠王怪之以讓客曰子之稱淳于先生管晏不及及見寡人寡人未有得也豈寡人不足爲言邪何故哉客以謂髡髡曰固也吾前見王王志在驅逐後復見王王志在音聲吾是以默然

客具以報王王大駭曰嗟乎淳于先生誠聖人也前淳于先生之來人有獻善馬者寡人未及視會先生至後先生之來人有獻謳者未及試亦會先生來寡人雖屏人然私心在彼有之索隱曰謂私心實在彼馬與謳也有之謂我實有此二事也後淳于髡見壹語連三日三夜無倦惠王欲以卿相位待之髡因謝去於是送以安車駕駟束帛加璧黃金百鎰終身不仕

慎到趙人田駢接子齊人環淵楚人皆學黃老道德之術因發明序其指意故慎到著十二論徐廣曰今慎子劉向所定有四十一篇環淵著上下篇而田駢接子皆有所論焉

騶奭者齊諸騶子亦頗采騶衍之術以紀文於是齊王嘉之自如淳于髡以下皆命曰列大夫爲開第康莊之衢爾雅曰四達謂之衢五達謂之康六達謂之莊高門大屋尊寵之覽天下諸侯賓客言齊能致天下賢士也

荀卿趙人索隱曰名況卿者時人相尊而號爲卿也仕齊爲祭酒仕楚爲蘭陵令後亦謂之孫卿子者避漢宣帝之諱也年五十始來游學於齊騶衍之術迂大而閎辯奭也文具難施淳于髡久與處時有得

善言故齊人頌曰談天衍雕龍奭炙轂徐廣曰一作亂謁過髡劉向別錄曰騶衍之所言五德終始天地廣大書言天事故曰談天騶奭脩衍之文飾若雕鏤龍文故曰雕龍別錄曰過字作輠輠者車之盛膏器也炙之雖盡猶有餘流者言淳于髡智不盡如炙輠也左思齊都賦注曰言其多智難盡如炙膏過之有潤澤也○索隱曰劉氏云轂衍字也今按文爲炙轂過過則是器名音如字謂盛脂之器名過與鍋字相近蓋即脂器也轂即車轂過爲潤轂之物則轂非衍字明矣田駢之屬皆已死齊襄王時索隱曰襄王名法章湣王子莒人所立者而荀卿最爲老師齊尚脩列大夫之缺而荀卿三爲祭酒焉索隱曰禮食必祭先飲酒亦然必以席中之尊者一人當祭耳後因以爲官名故吳王濞爲劉氏祭酒是也而卿三爲祭酒者謂荀卿出入前後三度處列大夫康莊之位而皆爲其所尊故云三爲祭酒齊人或讒荀卿荀卿乃適楚而春申君以爲蘭陵令正義曰蘭陵縣屬東海郡

今沂州承縣有蘭陵山春申君死而荀卿廢因家蘭陵李斯嘗爲弟子已而相秦荀卿嫉濁世之政亡國亂君相屬不遂大道而營於巫祝信禨祥鄙儒小拘如莊周等又猾稽亂俗於是推儒墨道德之行事興壞序列著數萬言而卒因葬蘭陵而趙亦有公孫龍爲堅白同異之辯晉太康地記云汝南西平縣有龍淵水可用淬刀劒特堅利故有堅白之論云黃所以爲堅也白所以爲利也或辯之曰白所以爲不堅黃所以爲不利○索隱曰龍即仲尼弟子也此云趙人弟子傳作衛人鄭玄云楚人各不能知其眞又下文云並孔子同時或云在其後所以知非別人也○正義曰藝文志公孫龍子十四篇顏師古云即爲堅白之辯按平原君傳鄒衍同時括地志云西平縣豫州西北百四十里有龍淵水也劇子之言徐廣曰按應劭氏姓注直云劇子也○索隱曰著書之人姓劇氏而稱子也前史不記其名故趙有劇孟及劇辛也魏有李悝盡地力之教正義曰藝文志李子三十二篇李悝相魏文侯富國強兵楚有尸子長盧劉向別錄曰楚有尸子疑謂其在蜀今案尸子書晉人也名佼秦相衛鞅客也衛鞅商君謀事畫計立法理民未嘗不與佼規也商君被刑佼恐幷誅乃亡逃入蜀自爲造此二十篇書凡六万餘言卒因葬蜀○索隱曰尸子名佼音絞長盧未詳○正義曰長盧九篇楚人阿之吁子焉徐廣曰阿者今之東阿○○索隱曰吁音芋別錄作芋子今吁亦如字○○正義曰按東齊州也藝文志云吁子十八篇名嬰齊人七十子之後顏師古云音弭按是齊人阿又屬齊恐顏公誤也自如孟子至于吁子世多有其書故不論其傳云蓋墨翟宋之大夫善守禦爲節用墨子曰公輸般爲雲梯之械成將以攻宋墨子聞之至于郢見公輸般墨子解帶爲城以牒爲械公輸般九設攻城之機變墨子九距之公輸般之攻械盡墨子之守固有餘公輸般詘而言曰吾知所以距子矣吾不言墨子亦曰吾知子之所以距我者吾不言楚王問其故墨子曰公輸子

之意不過欲殺臣殺臣宋莫能守可攻也然臣之弟子禽滑釐等三百人已持臣守國之器在宋城上而待楚寇矣雖殺臣不能絕也楚王曰善哉吾請無攻宋城矣○索隱曰公輸爲雲梯之械者按梯構木瞰高也雲者言其昇高入雲故曰雲梯械者器也謂攻城之樓櫓也與器械同墨子解帶爲城者謂墨子所術解身上革帶以爲城也以牒爲械者牒小木札也械者樓櫓等公輸般之攻械盡者劉氏云械謂飛梯撞車飛石車弩之具也詘音屈謂般技已盡墨守有餘滑釐者墨子弟子之字也釐音狸或曰並孔子時或曰在其後索隱曰按別錄云墨子書有文子文子子夏之弟子問於墨子如此則墨子者在七十子之後也

索隱述贊曰

六國之末　戰勝相雄　軻遊齊魏
其說不通　退而著述　稱吾道窮
蘭陵事楚　騶衍談空　康莊雖列
莫見收功

孟子荀卿列傳第十四　史記七十四

孟嘗君列傳第十五　史記七十五

孟嘗君名文姓田氏文之父曰靖郭君田嬰田嬰者齊威王少子而齊宣王庶弟也 索隱曰戰國策及諸書並無此言蓋諸田之別子也故戰國策每稱嬰子盼子高誘注云田盼田嬰也王劭又按戰國策云齊貌辨謂宣王曰王方爲太子時辨謂靖郭君不若廢太子更立郊師靖郭君不忍宣王太息曰寡人少殊不知以此言之嬰非宣王弟明也

田嬰自威王時任職用事與成侯鄒忌及田忌將而救韓伐魏成侯與田忌爭寵成侯賣田忌田忌懼襲齊之邊邑不勝亡走會威王卒宣王立知成侯賣田忌乃復召田忌以爲將宣王二年田忌與孫臏田嬰俱伐魏敗之馬陵虜魏太

子申而殺魏將龐涓 索隱曰紀年當梁惠王二十八年至三十一年改爲後元也 宣王七年田嬰使於韓魏韓魏服於齊嬰與韓昭侯魏惠王會齊宣王東阿南 正義曰東阿齊州縣也 盟而去 索隱曰紀年當惠王之後元十一年作平阿又云十三年會齊威王于甄與此明年齊宣王與梁惠王會甄文同但齊之威宣二王文舛互不同也 明年復與梁惠王會甄 音絹 是歲梁惠王卒宣王九年田嬰相齊齊宣王與魏襄王會徐州而相王也 正義曰紀年云梁惠王三十年下邳遷于薛改名徐州 楚威王聞之怒田嬰明年楚伐敗齊師於徐州而使人逐田嬰田嬰使張丑說楚威王威王乃止田嬰相齊十一年宣王卒湣王即位即位三年而封

田嬰於薛 索隱曰紀年以爲梁惠王後元十三年四月齊威王封田嬰于薛十月齊城薛十四年薛子嬰來朝十五年齊威王薨嬰初封彭城皆與此文異也 正義曰薛故城在今徐州滕縣南四十四里也 初田嬰有子四十餘人其賤妾有子名文文以五月五日生嬰告其母曰勿舉也其母竊舉生之 索隱曰上舉謂初誕而舉之下舉謂浴而乳之生謂長養之也 及長其母因兄弟而見其子文於田嬰田嬰怒其母曰吾令若去此子而敢生之何也文頓首因曰君所以不舉五月子者何故嬰曰五月子者長與戶齊將不利其父母 索隱曰風俗通云俗說五月五日生子男害父女害母也 文曰人生受命於天乎將受命於戶邪嬰默然文曰必受命於天

君何憂焉必受命於戶則高其戶耳誰能至者嬰曰子休矣久之文承間問其父嬰曰子之子爲何曰爲孫孫之孫爲何曰爲玄孫玄孫之孫爲何曰不能知也 索隱曰爾雅云玄孫之子爲來孫來孫之子爲昆孫昆孫之子爲仍孫仍孫之子爲雲孫又有耳孫亦是玄孫之子不同也 文曰君用事相齊至今三王矣齊不加廣而君私家富累萬金門下不見一賢者文聞將門必有將相門必有相今君後宮蹈綺縠而士不得短褐 索隱曰短亦音豎豎褐謂褐衣而豎裁之以其省而便事也 僕妾餘粱肉而士不厭糟糠今君又尚厚積餘藏欲以遺所不知何人 索隱曰遺音維季反猶言不知欲遺與何人也 而忘公

家之事日損文竊怪之於是嬰乃禮文使主家
待賓客賓客日進名聲聞於諸侯諸侯皆使人請
薛公田嬰以文爲太子嬰許之嬰卒謚爲靖郭君
皇覽曰靖郭君冢在魯國薛城中東南陬○索隱曰謚爲靖
郭君者謂死後別號之曰靖郭耳則靖郭或封邑號故漢齊
王舅父駟鈞封靖郭侯是也
陬音鄒亦音緅陬者城隅也 而文果代立於薛是爲
孟嘗君孟嘗君在薛招致諸侯賓客及亡人有
罪者皆歸孟嘗君孟嘗君舍業厚遇之 索隱曰舍業者
捨弃其家産業而厚事賓客也劉氏
云舍音赦謂爲之築舍立居業也 以故傾天下之士
食客數千人無貴賤一與文等孟嘗君待客坐
語而屛風後常有侍史主記君所與客語問親

戚居處客去孟嘗君已使使存問獻遺其親戚
孟嘗君曾待客夜食有一人蔽火光客怒以飯
不等輟食辭去孟嘗君起自持其飯比之客慙
自剄士以此多歸孟嘗君孟嘗君客無所擇皆
善遇之人人各自以爲孟嘗君親己秦昭王聞
其賢乃先使涇陽君爲質於齊以求見孟嘗君
孟嘗君將入秦賓客莫欲其行諫不聽蘇代謂
曰今旦代從外來見木偶人與土偶人相與語
索隱曰偶音遇謂以土木爲之偶類於人
也蘇代以土偶比涇陽君木偶比孟嘗君 木偶人曰天
雨子將敗矣土偶人曰我生於土敗則歸土今

天雨流子而行未知所止息也今秦虎狼之國
也而君欲往如有不得還君得無爲土偶人所
笑乎孟嘗君乃止齊湣王二十五年復卒使孟
嘗君入秦昭王即以孟嘗君爲秦相人或說秦
昭王曰孟嘗君賢而又齊族也今相秦必先齊
而後秦秦其危矣於是秦昭王乃止囚孟嘗君
謀欲殺之孟嘗君使人抵昭王幸姬求解 索隱曰抵
音丁禮反按抵謂 幸姬曰妾願得君狐白裘 韋昭曰以
觸冒而求之也
狐之白毛爲裘謂集狐
腋之毛言美而難得者 此時孟嘗君有一狐白裘直
千金天下無雙入秦獻之昭王更無他裘孟嘗

君患之徧問客莫能對最下坐有能爲狗盜者 正義
曰臣能得狐白裘乃夜爲狗以入秦宮臧中
藏在浪反 取所獻狐白裘至以獻秦王幸姬幸姬爲
言昭王昭王釋孟嘗君孟嘗君得出即馳去更
封傳變名姓以出關 索隱曰更改也改前封傳而易
姓名不言是孟嘗君封傳令之
驛券也 夜半至函谷關 正義曰關在陝州桃
林縣西南十三里 秦昭王
後悔出孟嘗君求之已去即使人馳傳逐之孟
嘗君至關關法雞鳴而出客孟嘗君恐追至客
之居下坐者有能爲雞鳴而雞盡鳴遂發傳出
出如食頃秦追果至關已後孟嘗君出乃還始

孟嘗君列此二人於賓客賓客盡羞之及孟嘗君有秦難卒此二人拔之自是之後客皆服孟嘗君過趙趙平原君客之趙人聞孟嘗君賢出觀之皆笑曰始以薛公爲魁然也今視之乃眇小丈夫耳孟嘗君聞之怒客與俱者下斫擊殺數百人遂滅一縣以去齊湣王不自得以其遣孟嘗君索隱曰得一作德是湣王遣孟嘗君自言已無德故也孟嘗君至則以爲齊相任政孟嘗君怨秦將以齊爲韓魏攻楚因與韓魏攻秦徐廣曰年表曰韓魏齊共擊秦軍於函谷而借兵食於西周蘇代爲西周謂曰索隱曰戰國策作韓慶爲西周謂薛公也君以

齊爲韓魏攻楚九年取宛葉以北以彊韓魏正義曰宛在鄧州葉在許州二縣以北舊屬楚二國共沒以入韓魏今復攻秦以益之韓魏南無楚憂西無秦患則齊危矣韓魏必輕齊畏秦臣爲君危之君不如令敝邑深合於秦而君無攻又無借兵食君臨函谷而無攻令敝邑以君之情謂秦昭王曰薛公必不破秦以彊韓魏其攻秦也欲王之令楚王割東國以與齊正義曰東國齊徐夷而秦出楚懷王以爲和君令敝邑以此惠秦秦得無破而以東國自免也秦必欲之楚王得出必德齊齊得東國益彊而薛世世無患

矣秦不大弱而處三晉之西三晉必重齊薛公曰善因令韓魏賀秦使三國無攻而不借兵食於西周矣是時楚懷王入秦秦留之故欲必出之秦不果出楚懷王孟嘗君相齊其舍人魏子爲孟嘗君收邑入索隱曰舍人官微記姓而略其名故云魏子收謂收其國之租稅三反而不致一入孟嘗君問之對曰有賢者竊假與之以故不致入孟嘗君怒而退魏子居數年人或毀孟嘗君於齊湣王曰孟嘗君將爲亂及田甲劫湣王湣王意疑孟嘗君孟嘗君乃奔索隱曰湣王三十四年田甲劫王薛文走魏子所與粟賢者聞之乃上書

言孟嘗君不作亂請以身爲盟遂自剄宮門以明孟嘗君湣王乃驚而蹤跡驗問孟嘗君果無反謀乃復召孟嘗君孟嘗君因謝病歸老於薛湣王許之其後秦亡將呂禮相齊欲困蘇代代乃謂孟嘗君曰周最於齊至厚也正義曰周最周之公子而齊王逐之而聽親弗索隱曰親弗人姓名○索隱曰戰國策作祝弗蓋祝爲得之相呂禮者欲取秦也齊秦合則親弗與呂禮重矣有用齊秦必輕君君不如急北兵趨趙以和秦魏收周最以厚行且反齊王之信索隱曰周最本厚於齊今欲逐之而相秦之亡將蘇代謂孟嘗令齊收周最以自厚其行又且得反齊王之有信以不逐周最也又禁天下

之變〔索隱曰變謂齊秦合則親弗呂禮用用則秦齊輕孟嘗也〕齊無秦則天下集齊親弗必走則齊王孰與為其國也於是孟嘗君從其計而呂禮嫉害於孟嘗君孟嘗君懼乃遺秦相穰侯魏冉書曰吾聞秦欲以呂禮收齊齊天下之彊國也子必輕矣齊秦相取以臨三晉呂禮必并相矣是子通齊以重呂禮也若齊免於天下之兵其讎子必深矣子不如勸秦王伐齊齊破吾請以所得封子齊破秦畏晉之彊秦必重子以取晉晉國敝於齊而畏秦晉必重子以取秦是子破齊以為功挾晉以為重是子破齊定封秦晉交重子若齊不破呂禮復用子必大窮於是穰侯言於秦昭王伐齊而呂禮亡後齊湣王滅宋益驕欲去孟嘗君孟嘗君恐乃如魏魏昭王以為相西合於秦趙與燕共伐破齊齊湣王亡在莒遂死焉齊襄王立而孟嘗君中立為諸侯無所屬齊襄王新立畏孟嘗君與連和復親薛公文卒謚為孟嘗君〔皇覽曰孟嘗君冢在魯國薛城中向門東向門出北邊門也詩云居常與許鄭玄曰常或作嘗在薛之南孟嘗邑于薛城○索隱曰孟嘗襲父封薛而號曰孟嘗君此云謚非也孟字嘗邑名嘗邑在薛之旁○正義曰括地志云孟嘗君墓在徐州滕縣五十二里卒在齊襄王之時也〕諸子爭立而齊魏共滅薛孟嘗絕嗣無後

也初馮驩〔音歡復作煖音許袁反〕聞孟嘗君好客躡蹻而見之〔索隱曰蹻音脚字亦作蹻又作屩〕孟嘗君曰先生遠辱何以教文也馮驩曰聞君好士以貧身歸於君孟嘗君置傳舍十日〔索隱曰傳音逐緣反按傳舍幸舍及代舍並當上中下三等之客所舍之名耳〕孟嘗君問傳舍長曰客何所為荅曰馮先生甚貧猶有一劍耳又蒯緱〔蒯音苦怪反茅之類可為繩言其劍把無物可裝以小繩纏之也緱音侯亦作侯謂把劍之處○索隱曰蒯草名音蒯瞶之蒯緱謂把劍之物言其劍無物可裝但以蒯繩纏之故云蒯緱也〕彈其劍而謌曰長鋏歸來乎食無魚孟嘗君遷之幸舍食有魚矣五日又問傳舍長荅曰客復彈劍而歌曰長鋏歸來乎出無輿孟嘗君遷之代舍出入乘輿車矣五日孟嘗君復問傳舍長舍長荅曰先生又嘗彈劍而歌曰長鋏歸來乎無以為家孟嘗君不悅居朞年馮驩無所言孟嘗君時相齊封萬戶於薛其食客三千人邑入不足以奉客〔正義曰奉符用反〕使人出錢於薛歲餘不入貸錢者多不能與其息〔索隱曰與猶還也息猶利也〕客奉將不給孟嘗君憂之問左右何人可使收債於薛者傳舍長曰代舍客馮公形容狀貌甚辯長者無他伎〔亦作技〕能宜可令收債孟嘗君乃進馮驩而請之曰賓客不知文不肖幸臨文者三千餘人

邑入不足以奉賓客故出息錢於薛薛歲不入民頗不與其息今客食恐不給願先生責之馮讙曰諾辭行至薛召取孟嘗君錢者皆會得息錢十萬乃多釀酒買肥牛召諸取錢者能與息者皆來不能與息者亦來皆持取錢之券書合之齊為會日殺牛置酒酒酣乃持券如前合之能與息者與為期貧不能與息者取其券而燒之曰孟嘗君所以貸錢者為民之無者以為本業也所以求息者為無以奉客也今富給者以要期貧窮者燔券書以捐之諸君彊飲食有君

如此豈可負哉坐者皆起再拜孟嘗君聞馮驩燒券書怒而使使召驩驩至孟嘗君曰文食客三千人故貸錢於薛文奉邑少（索隱曰言文之奉邑少故令出息於薛也）而民尚多不以時與其息客食恐不足故請先生收責之聞先生得錢即以多具牛酒而燒券書何馮驩曰然不多具牛酒即不能畢會無以知其有餘不足有餘者為要期不足者雖守而責之十年息愈多急即以逃亡自捐之若急終無以償上則為君好利不愛士民下則有離上抵負之名非所以厲士民彰君聲也焚無用虛

債之券捐不可得之虛計令薛民親君而彰君之善聲也君有何疑焉孟嘗君乃拊手而謝之齊王惑於秦楚之毀以為孟嘗君名高其主而擅齊國之權遂廢孟嘗君諸客見孟嘗君廢皆去馮驩曰借臣車一乘可以入秦者必令君重於國而奉邑益廣可乎孟嘗君乃約車幣而遣之馮驩乃西說秦王曰天下之游士馮軾結靷西入秦者無不欲彊秦而弱齊馮軾結靷東入齊者無不欲彊齊而弱秦此雄雌之國也勢不兩立為雄雄者得天下矣秦王跽而問之曰何

以使秦無為雌而可馮驩曰王亦知齊之廢孟嘗君乎秦王曰聞之馮驩曰使齊重於天下者孟嘗君也今齊王以毀廢之其心怨必背齊背齊入秦則齊國之情人事之誠盡委之秦齊地可得也豈直為雄也君急使使載幣陰迎孟嘗君不可失時也如有齊覺悟復用孟嘗君則雌雄之所在未可知也秦王大悅乃遣車十乘黃金百鎰以迎孟嘗君馮驩辭以先行至齊說齊王曰天下之游士馮軾結靷東入齊者無不欲彊齊而弱秦者馮軾結靷西入秦者無不欲彊

秦而弱齊者夫秦齊雄雌之國秦彊則齊弱矣此勢不兩雄今臣竊聞秦遣使車十乘載黃金百鎰以迎孟嘗君孟嘗君不西則已西入相秦則天下歸之秦爲雄而齊爲雌雌則臨淄即墨危矣王何不先秦使之未到復孟嘗君而益與之邑以謝之孟嘗君必喜而受之秦雖彊國豈可以請人相而迎之哉折秦之謀而絕其霸彊之略齊王曰善乃使人至境候秦使秦使車適入齊境使還馳告之王召孟嘗君而復其相位而與其故邑之地又益以千戶秦之使者聞孟

嘗君復相齊還車而去矣自齊王毀廢孟嘗君諸客皆去後召而復之馮驩迎之未到孟嘗君太息歎曰文常好客遇客無所敢失食客三千有餘人先生所知也客見文一日廢皆背文而去莫顧文者今賴先生得復其位客亦有何面目復見文乎如復見文者必唾其面而大辱之馮驩結轡下拜孟嘗君下車接之曰先生爲客謝乎馮驩曰非爲客謝也爲君之言失夫物有必至事有固然君知之乎孟嘗君曰愚不知所謂也曰生者必有死物之必至也富貴多士貧

賤寡友事之固然也君獨不見夫朝趣市者乎索隱曰趣音娶趣向也又音趍明旦側肩爭門而入日暮之後過市朝者掉臂而不顧索隱曰過光卧反朝音潮市之行列有如朝位因言市朝云耳非好朝而惡暮所期物忘其中索隱曰期物謂入市心中所期之物利人平明側肩爭門而入至日暮所期忘其中忘者無也其中市朝之中言日暮物盡故掉臂不顧也今君失位賓客皆去不足以怨士而徒絕賓客之路願君遇客如故孟嘗君再拜曰敬從命矣聞先生之言敢不奉教焉

太史公曰吾嘗過薛其俗閭里率多暴桀子弟與鄒魯殊問其故曰孟嘗君招致天下任俠姦人入薛中蓋六萬餘家矣世之傳孟嘗君好客自喜名不虛矣

索隱述贊曰

靖郭之子　威王之孫　旣彊其國
實高其門　好客喜士　見重平原
雞鳴狗盜　魏子馮煖　如何承睫
薛縣徒存

孟嘗君列傳第十五　史記七十五

平原君虞卿列傳第十六　史記七十六

平原君趙勝者（正義勝式證反）趙之諸公子也（徐廣曰魏公子傳曰趙惠文王弟）諸子中勝最賢喜賓客賓客蓋至者數千人平原君相趙惠文王及孝成王三去相三復位封於東武城（徐廣曰屬清河○正義曰今貝州武城縣也）平原君家樓臨民家民家有躄者槃散行汲（散亦作跚○索隱曰上躄音璧槃散音先寒反亦作跚音同○正義躄跛也）平原君美人居樓上臨見大笑之明日躄者至平原君門請曰臣聞君之喜士士不遠千里而至者以君能貴士而賤妾也臣不幸有罷癃之病（徐廣曰癃音隆癃病也○索隱曰罷音皮癃音呂宮反罷癃背疾言腰曲而背癃高也）而君之後宮臨而笑臣臣願得笑臣者頭平原君笑應曰諾躄者去平原君笑曰觀此豎子乃欲以一笑之故殺吾美人不亦甚乎終不殺居歲餘賓客門下舍人稍稍引去者過半平原君怪之曰勝所以待諸君者未嘗敢失禮而去者何多也門下一人前對曰以君之不殺笑躄者以君爲愛色而賤士士即去耳於是平原君乃斬笑躄者美人頭自造門進躄者因謝焉其後門下乃復稍稍來是時齊有孟嘗魏有信陵楚有春申故爭相傾以待士（徐廣曰待一作得）秦之圍

邯鄲（正義曰趙惠文王九年秦昭王十五年）趙使平原君求救合從於楚約與食客門下有勇力文武備具者二十人偕平原君曰使文能取勝則善矣文不能取勝則歃血於華屋之下必得定從而還士不外索取於食客門下足矣得十九人餘無可取者無以滿二十人門下有毛遂者前自贊於平原君曰遂聞君將合從於楚約與食客門下二十人偕不外索今少一人願君即以遂備員而行矣平原君曰先生處勝之門下幾年於此矣毛遂曰三年於此矣平原君曰夫賢士之處世也譬若錐之處囊中其末立見今先生處勝之門下三年於此矣左右未有所稱誦勝未有所聞是先生無所有也先生不能先生留毛遂曰臣乃今日請處囊中耳使遂蚤得處囊中乃穎脫而出（索隱曰鄭玄曰穎環也脫音吐活反）非特其末見而已平原君竟與毛遂偕十九人相與目笑之而未發也（索隱曰發一作廢鄭玄云皆目視而輕笑之未能即廢弃之也）毛遂比至楚與十九人論議十九人皆服平原君與楚合從言其利害日出而言之日中不決十九人謂毛遂曰先生上毛遂按劍歷階而上謂平原君曰從之利害兩言

而決耳今日出而言從日中不決何也楚王謂平原君曰客何爲者也平原君曰是勝之舍人也楚王叱曰胡不下吾乃與而君言汝何爲者也毛遂按劒而前曰王之所以叱遂者以楚國之衆也今十歩之内王不得恃楚國之衆也王之命縣於遂手吾君在前叱者何也且遂聞湯以七十里之地王天下文王以百里之壤而臣諸侯豈其士卒衆多哉誠能據其勢而奮其威今楚地方五千里持戟百萬此霸王之資也以楚之彊天下弗能當白起小豎子耳率數萬之衆興師以與楚戰一戰而舉鄢郢再戰而燒夷陵三戰而辱王之先人此百世之怨而趙之所羞而王弗知惡焉 正義曰惡烏故反 合從者爲楚非爲趙也吾君在前叱者何也楚王曰唯唯誠若先生之言謹奉社稷而以從毛遂曰從定乎楚王曰定矣毛遂謂楚王之左右曰取雞狗馬之血來 索隱曰盟之所用牲貴賤不同天子用牛及馬諸侯以犬及豭大夫已下用雞今此總言盟之用血故云取雞狗馬之血耳 毛遂奉銅盤 索隱曰奉音捧若周禮則用珠盤也 而跪進之楚王曰王當歃血而定從次者吾君次者遂遂定從於殿上毛遂左手持盤血而右手招十九人曰

公相與歃此血於堂下 索隱曰歃音所甲反 公等録録 音禄○索隱曰音六王劭云録借字耳又説文云録録隨從之貌也 所謂因人成事者也平原君已定從而歸歸至於趙曰勝不敢復相士勝相士多者千人寡者百數自以爲不失天下之士今乃於毛先生而失之也毛先生一至楚而使趙重於九鼎大呂 索隱曰九鼎大呂國之寶器言毛遂至楚使趙重於九鼎大呂謂爲天子所重也○正義曰大呂周廟大鍾 毛先生以三寸之舌彊於百萬之師勝不敢復相士遂以爲上客平原君既返趙楚使春申君將兵赴救趙魏信陵君亦矯奪晉鄙軍往救趙皆未至秦急圍邯鄲邯鄲急且降平原君甚患之邯鄲傳舍吏子李同 正義曰名談太史公諱改也 説平原君曰君不憂趙亡邪平原君曰趙亡則勝爲虜何爲不憂乎李同曰邯鄲之民炊骨易子而食可謂急矣而君之後宮以百數婢妾被綺縠餘粱肉而民褐衣不完糟糠不厭民困兵盡或剡木爲矛矢而君器物鍾磬自若使秦破趙君安得有此使趙得全君何患無有今君誠能令夫人以下編於士卒之間分功而作家之所有盡散以饗士士方其危苦之時易德耳 正義曰言士方危苦之時易有恩德 於是平原君從之得

敢死之士三千人李同遂與三千人赴秦軍秦軍爲之却三十里亦會楚魏救至秦兵遂罷邯鄲復存李同戰死封其父爲李侯（徐廣曰河內城皐有李城○正義曰懷州温縣本李城也李同父所封隋煬帝從故温城移縣於此）虞卿欲以信陵君之存邯鄲爲平原君請封公孫龍聞之夜駕見平原君曰龍聞虞卿欲以信陵君之存邯鄲爲君請封有之乎平原君曰然龍曰此甚不可且王舉君而相趙者非以君之智能爲趙國無有也割東武城而封君者非以君爲有功也而以國人無勳乃以君爲親戚故也君受相印不辭無能割地不言無功者亦自以爲親戚故也今信陵君存邯鄲而請封是親戚受城而國人計功也（徐廣曰一本是親戚受城而以國許人）此甚不可且虞卿操其兩權事成操右券以責（索隱曰言虞卿論平原君取封事成則操其右券以責其報德也）事不成以虛名德君君必勿聽也平原君遂不聽虞卿平原君以趙孝成王十五年卒（索隱曰六國年表及世家並云十四年卒與此不同）子孫代後竟與趙俱亡平原君厚待公孫龍公孫龍善爲堅白之辯及鄒衍過趙（索隱曰過音戈）言至道乃絀公孫龍（劉向別錄曰齊使鄒衍過趙平原君見公孫龍及其徒綦毋子之屬論白馬非馬之辯以問鄒子鄒子曰不可彼天下之辯有五勝三至而辭正爲下辯者別殊類使不相害

序異端使不相亂杼意通指明其所謂使人與知焉不務相迷也故勝者不失其所守不勝者得其所求若是故辯可爲也及至煩文以相假飾辭以相惇巧譬以相移引人聲使不得及其意如此害大道夫繳紛爭言而競後息不能無害君子坐皆稱善○索隱曰杼音墅杼者舒也繳音糾謂繳繞紛亂爭言而竟後息不能無害也）

虞卿者游說之士也躡蹻檐簦（徐廣曰蹻草履也簦長柄笠音登笠有柄者謂之簦○索隱曰蹻音脚）說趙孝成王一見賜黃金百鎰白璧一雙再見爲趙上卿故號爲虞卿（譙周曰食邑於虞○索隱曰趙之虞在河東大陽縣今之虞鄉縣是也）秦趙戰於長平趙不勝亡一都尉趙王召樓昌與虞卿曰軍戰不勝尉復死（徐廣曰復一作係）寡人使束甲而趨之何如樓昌曰無益也不如發重使爲媾（古后反求和曰媾○索隱曰按媾亦講講亦和也）虞卿曰昌言媾者以爲不媾軍必破也而制媾者在秦且王之論秦也欲破趙之軍乎不邪王曰秦不遺餘力矣必且欲破趙軍虞卿曰王聽臣發使出重寶以附楚魏楚魏欲得王之重寶必內吾使趙使入楚魏秦必疑天下之合從且必恐如此則媾乃可爲也趙王不聽與平陽君爲媾發鄭朱入秦秦內之趙王召虞卿曰寡人使平陽君爲媾於秦秦已內鄭朱矣卿以爲奚如虞卿對曰王不得媾軍必破矣天下賀戰勝者皆在秦矣鄭朱貴人也入秦秦王與應侯必顯

重以示天下楚魏以趙爲媾必不救王秦知天下不救王則媾不可得成也應侯果顯鄭朱以示天下賀戰勝者終不肯媾長平大敗遂圍邯鄲爲天下笑秦旣解邯鄲圍而趙王入朝使趙郝音釋徐廣曰一作赦約事於秦割六縣而媾虞卿謂趙王曰秦之攻王也倦而歸乎王以其力尚能進愛王而弗攻乎王曰秦之攻我也不遺餘力矣必以倦而歸也虞卿曰秦以其力攻其所不能取倦而歸王又以其力之所不能取以送之是助秦自攻也來年秦復攻王王無救矣王以虞

卿之言告趙郝趙郝曰虞卿誠能盡秦力之所至乎誠知秦力之所不能進此彈丸之地弗予令秦來年復攻王王得無割其內而媾乎王曰請聽子割矣子能必使來年秦之不復攻我乎趙郝對曰此非臣之所敢任也他日三晉之交於秦相善也今秦善韓魏而攻王王之所以事秦必不如韓魏也今臣爲足下解負親之攻索隱曰爲足下解其負擔而親自攻之也開關通幣齊交韓魏至來年而王獨取攻於秦此王之所以事秦必在韓魏之後也此非臣之所敢任也王以告虞卿虞卿對

曰郝言不媾來年秦復攻王王得無割其內而媾乎今媾郝又以不能必秦之不復攻也今雖割六城何益來年復攻又割其力之所不能取而媾此自盡之術也不如無媾秦雖善攻不能取六縣趙雖不能守終不失六城秦倦而歸兵必罷我以六城收天下以攻罷秦是我失之於天下而取償於秦也吾國尚利孰與坐而割地自弱以彊秦哉今郝曰秦善韓魏而攻趙者必以爲韓魏不救趙也而王之軍必孤有以王之事秦不如韓魏也是使王歲以六城事秦也即

坐而城盡來年秦復求割地王將與之乎弗與是棄前功而挑秦禍也與之則無地而給之語曰彊者善攻弱者不能守今坐而聽秦秦兵不敝而多得地是彊秦而弱趙也以益彊之秦而割愈弱之趙其計故不止矣且王之地有盡而秦之求無已以有盡之地而給無已之求其勢必無趙矣趙王計未定樓緩從秦來趙王與樓緩計之曰予秦地何如毋予孰吉緩辭讓曰此非臣之所能知也王曰雖然試言公之私索隱曰按私謂私心也樓緩對曰王亦聞夫公甫文伯母乎正義

曰季康子從祖母文伯名歜康子從父昆弟公甫文伯仕於魯病死女子
爲自殺於房中者二人其母聞之弗哭也其相
室曰正義曰謂傅姆之類也焉有子死而弗哭者乎其母
曰孔子賢人也逐於魯而是人不隨也今死而
婦人爲之自殺者二人若是者必其於長者薄
而於婦人厚也故從母言之是爲賢母從妻言
之是必不免爲妬妻故其言一也言者異則人
心變矣今臣新從秦來而言勿予則非計也言
予之恐王以臣爲爲秦也故不敢對使臣得爲
大王計不如予之王曰諾虞卿聞之入見王曰

史列十六 九

此飾說也王眘徐廣曰音慎勿予樓緩聞之往見王
王又以虞卿之言告樓緩樓緩對曰不然虞卿
得其一不得其二夫秦趙構難而天下皆說何
也曰吾且因彊而乘弱矣今趙兵困於秦天下
之賀戰勝者則必盡在於秦矣故不如亟割地
爲和以疑天下而慰秦之心不然天下將因秦
之彊怒乘趙之獘瓜分之趙且亡何秦之圖乎
故曰虞卿得其一不得其二願王以此決之勿
復計也虞卿聞之往見王曰危哉樓子之所以
爲秦者是愈疑天下而何慰秦之心哉獨不言

平原君傳

其示天下弱乎且臣言勿予者非固勿予而已
也秦索六城於王而王以六城賂齊齊秦之深
讎也得王之六城并力西擊秦齊之聽王不待
辭之畢也則是王失之於齊而取償於秦也而
齊趙之深讎可以報矣而示天下有能爲也王
以此發聲兵未窺於境臣見秦之重賂至趙而
反媾於王也從秦爲媾韓魏聞之必盡重王重
王必出重寶以先於王則是王一舉而結三國
之親而與秦易道也正義曰前取秦攻今得賂是易道也易音亦趙王曰
善則使虞卿東見齊王與之謀秦虞卿未返秦

史列十六 十

使者已在趙矣樓緩聞之亡去趙於是封虞卿
以一城居頃之而魏請爲從趙孝成王召虞卿
謀過平原君索隱曰過音戈平原君曰願卿之論從也
虞卿入見王王曰魏請爲從對曰魏過光卧反王
曰寡人固未之許對曰王過王曰魏請從卿曰
魏過寡人未之許又曰寡人過然則從終不可
乎對曰臣聞小國之與大國從事也有利則大
國受其福有敗則小國受其禍今魏以小國請
其禍而王以大國辭其福臣故曰王過魏亦過
竊以爲從便王曰善乃合魏爲從虞卿既以魏

平原君傳

齊之故不重萬戶侯卿相之印與魏齊閒行卒去趙困於梁魏齊已死不得意乃著書（索隱曰魏齊魏相與應侯有仇秦求之急乃抵虞卿卿棄相印乃與齊閒行亡歸梁以託信陵君信陵君疑未決齊自殺故虞卿失相乃窮愁而著書也）上採春秋下觀近世曰節義稱號揣摩政謀凡八篇以刺譏國家得失世傳之曰虞氏春秋（正義曰藝文志云十五篇）

太史公曰平原君翩翩濁世之佳公子也然未睹大體鄙語曰利令智昏平原君貪馮亭邪說使趙陷長平兵四十餘萬衆邯鄲幾亡（譙周曰長平之陷乃趙王信間易將之咎何必平原受馮亭哉）虞卿料事揣情爲趙畫策何其工也及不忍魏齊卒困於大梁庸夫且知其不可況賢人乎然虞卿非窮愁亦不能著書以自見於後世云

索隱述贊曰

翩翩公子　天下奇器　笑姬從戮
義士增氣　兵解李同　盟定毛遂
虞卿躡蹻　受賞料事　乃困魏齊
著書見意

平原君虞卿列傳第十六　史記七十六

信陵君列傳第十七　史記七十七

魏公子無忌者魏昭王少子而魏安釐王異母弟也昭王薨安釐王即位封公子爲信陵君（索隱曰地理志無信陵或曰是鄉邑名）是時范雎亡魏相秦以怨魏齊故秦兵圍大梁破魏華陽下軍走芒卯魏王及公子患之公子爲人仁而下士士無賢不肖皆謙而禮交之不敢以其富貴驕士士以此方數千里爭往歸之致食客三千人當是時諸侯以公子賢多客不敢加兵謀魏十餘年公子與魏王博而北境傳舉烽言趙寇至且入界（文穎曰作高土櫓櫓上作桔槹桔槹頭兜零以薪置其中謂之烽常低之有寇即火然舉之以相告）魏王釋博欲召大臣謀公子止王曰趙王田獵耳非爲寇也（正義曰爲于僞反）復博如故王恐心不在博居頃復從北方來傳言曰趙王獵耳非爲寇也魏王大驚曰公子何以知之公子曰臣之客有能探得趙王陰事者趙王所爲客輒以報臣臣以此知之是後魏王畏公子之賢能不敢任公子以國政魏有隱士曰侯嬴（索隱曰音盈又曹植音嬴瘦之嬴）年七十家貧爲大梁夷門監者公子聞之往請欲厚遺之不肯受曰臣脩身絜行數十年終不以監門困故而受

公子財公子於是乃置酒大會賓客坐定公子從車騎虛左自迎夷門侯生侯生攝敝衣冠直上載公子上坐不讓欲以觀公子公子執轡愈恭侯生又謂公子曰臣有客在市屠中願枉車騎過之公子引車入市侯生下見其客朱亥俾倪索隱曰俾音蒲計反倪音五計反鄒誕生俾音疋未反倪音五弟反○正義曰不正視也故久立與其客語微察公子公子顏色愈和當是時魏將相宗室賓客滿堂待公子舉酒市人皆觀公子執轡從騎皆竊罵侯生侯生視公子色終不變乃謝客就車至家公子引侯生坐上坐徧贊賓客索隱曰徧音遍贊告也謂以侯生徧告賓客賓客皆驚酒酣公子起為壽侯生前侯生因謂公子曰今日嬴之為公子亦足矣徐廣曰為一作羞嬴乃夷門抱關者也而公子親枉車騎自迎嬴於衆人廣坐之中不宜有所過今公子故過之然嬴欲就公子之名故久立公子車騎市中過客以觀公子公子愈恭市人皆以嬴為小人而以公子為長者能下士也於是罷酒侯生遂為上客侯生謂公子曰臣所過屠者朱亥此子賢者世莫能知故隱屠閒耳公子往數請之朱亥故不復謝公子怪之魏安釐

王二十年秦昭王已破趙長平軍又進兵圍邯鄲公子姊為趙惠文王弟平原君夫人數遺魏王及公子書請救於魏魏王使將軍晉鄙索隱曰魏將姓名將十萬衆救趙秦王使使者告魏王曰吾攻趙旦暮且下而諸侯敢救者已拔趙必移兵先擊之魏王恐使人止晉鄙留軍壁鄴名為救趙實持兩端以觀望平原君使者冠蓋相屬於魏讓魏公子曰勝所以自附為婚姻者以公子之高義為能急人之困今邯鄲旦暮降秦而魏救不至安在公子能急人之困也且公子縱輕勝棄之降秦獨不憐公子姊邪公子患之數請魏王及賓客辯士說王萬端魏王畏秦終不聽公子公子自度終不能得之於王計不獨生而令趙亡乃請賓客約車騎百餘乘欲以客往赴秦軍與趙俱死行過夷門見侯生具告所以欲死秦軍狀辭決而行侯生曰公子勉之矣老臣不能從公子行數里心不快曰吾所以待侯生者備矣天下莫不聞今吾且死而侯生曾無一言半辭送我我豈有所失哉復引車還問侯生侯生笑曰臣固知公子之還也曰公子喜士名

聞天下今有難無他端而欲赴秦軍譬若以肉投餒虎何功之有哉尚安事客然公子遇臣厚公子往而臣不送以是知公子恨之復返也公子再拜因問侯生乃屏人閒語【索隱曰閒音閑謂靜語也】曰嬴聞晉鄙之兵符常在王卧內而如姬最幸出入王卧內力能竊之嬴聞如姬父爲人所殺如姬資之三年【索隱曰舊解資之三年謂服齊衰也今按資者畜也謂欲爲父復讎之資畜於心已得三年也】自王以下欲求報其父仇莫能得如姬爲公子泣公子使客斬其仇頭敬進如姬如姬之欲爲公子死無所辭顧未有路耳公子誠一開口請

如姬如姬必許諾則得虎符奪晉鄙軍北救趙而西卻秦此五霸之伐也公子從其計請如姬如姬果盜晉鄙兵符與公子公子行侯生曰將在外主令有所不受以便國家公子即合符而晉鄙不授公子兵而復請之事必危矣臣客屠者朱亥可與俱此人力士晉鄙聽大善不聽可使擊之於是公子泣侯生曰公子畏死邪何泣也公子曰晉鄙嚄唶【上音烏百反下音莊白反○索隱曰嚄唶謂多詞句也○正義曰聲類云嚄大笑唶大呼】宿將往恐不聽必當殺之是以泣耳豈畏死哉於是公子請朱亥朱亥笑曰臣乃市井

鼓刀屠者而公子親數存之所以不報謝者以爲小禮無所用今公子有急此乃臣效命之秋也遂與公子俱公子過謝侯生侯生曰臣宜從老不能請數公子行日以至晉鄙軍之日北鄉自剄以送公子公子遂行至鄴矯魏王令代晉鄙晉鄙合符疑之舉手視公子曰今吾擁十萬之衆屯於境上國之重任今單車來代之何如哉欲無聽朱亥袖四十斤鐵椎椎殺晉鄙公子遂將晉鄙軍勒兵下令軍中曰父子俱在軍中父歸兄弟俱在軍中兄歸獨子無兄弟歸養得

選兵八萬人進兵擊秦軍秦軍解去遂救邯鄲存趙趙王及平原君自迎公子於界平原君負韊矢【呂忱曰韊盛弩矢○索隱曰韊音蘭謂以盛矢如今之胡簏而短也呂姓忱名作字林者】爲公子先引趙王再拜曰自古賢人未有及公子者也當此之時平原君不敢自比於人公子與侯生決至軍侯生果北鄉自剄魏王怒公子之盜其兵符矯殺晉鄙公子亦自知也已卻秦存趙使將將其軍歸魏而公子獨與客留趙趙孝成王德公子之矯奪晉鄙兵而存趙乃與平原君計以五城封公子公子聞之意驕矜而有自功

之色客有說公子曰物有不可忘或有不可不忘夫人有德於公子公子不可忘也公子有德於人願公子忘之也且矯魏王令奪晉鄙兵以救趙於趙則有功矣於魏則未為忠臣也公子乃自驕而功之竊為公子不取也於是公子立自責似若無所容者趙王埽除自迎執主人之禮引公子就西階公子側行辭讓從東階上（禮記曰主人就東階客就西階客若降等則就主人之階）自言辠過以負於魏（索隱曰負音佩）無功於趙趙王侍酒至暮口不忍獻五城以公子退讓也公子竟留趙趙王以鄗為公子湯

沐邑（索隱曰鄗音藿趙邑名屬常山）魏亦復以信陵奉公子公子留趙公子聞趙有處士毛公藏於博徒薛公藏於賣漿家（徐廣曰漿或作醪○索隱曰徐按別錄云也）公子欲見兩人兩人自匿不肯見公子公子聞所在乃閒步往從此兩人游甚歡平原君聞之謂其夫人曰始吾聞夫人弟公子天下無雙今吾聞之乃妄從博徒賣漿者游公子妄人耳夫人以告公子公子乃謝夫人去曰始吾聞平原君賢故負魏王而救趙以稱平原君平原君之游徒豪舉耳（索隱曰謂豪者舉之舉亦音據也）不求士也無忌自在大梁時常聞

此兩人賢至趙恐不得見以無忌從之游尚恐其不我欲也今平原君乃以為羞其不足從游乃裝為去夫人具以語平原君平原君乃免冠謝固留公子平原君門下聞之半去平原君歸公子天下士復往歸公子公子傾平原君客公子留趙十年不歸秦聞公子在趙日夜出兵東伐魏魏王患之使使往請公子公子恐其怒之乃誡門下有敢為魏王使通者死賓客皆背魏之趙莫敢勸公子歸毛公薛公兩人（索隱曰史失其名）往見公子曰公子所以重於趙名聞諸侯者徒以

有魏也今秦攻魏魏急而公子不恤使秦破大梁而夷先王之宗廟公子當何面目立天下乎語未及卒公子立變色告車趣駕歸救魏魏王見公子相與泣而以上將軍印授公子公子遂將魏安釐王三十年公子使使遍告諸侯諸侯聞公子將各遣將將兵救魏公子率五國之兵破秦軍於河外走蒙驁遂乘勝逐秦軍至函谷關抑秦兵（索隱曰抑音億謂以兵抑之）秦兵不敢出當是時公子威振天下諸侯之客進兵法公子皆名之故世俗稱魏公子兵法（劉歆七略有魏公子兵法二十一篇圖七卷○索隱曰公子所得進

兵法而必稱其名以言其知也秦王患之乃行金萬斤於魏求晉鄙客令毀公子於魏王曰公子亡在外十年矣今為魏將諸侯將皆屬諸侯徒聞魏公子不聞魏王公子亦欲因此時定南面而王諸侯畏公子之威方欲共立之秦數使反間偽賀公子得立為魏王未也魏王日聞其毀不能不信後果使人代公子將公子自知再以毀廢乃謝病不朝與賓客為長夜飲飲醇酒多近婦女日夜為樂飲者四歲竟病酒而卒其歲魏安釐王亦薨秦聞公子死使蒙驁攻魏拔二十城初置東郡

其後秦稍蠶食魏十八歲而虜魏王屠大梁索隱曰魏王名假高祖始微少時數聞公子賢及即天子位每過大梁常祠公子高祖十二年從擊黥布還為公子置守冢五家世世歲以四時奉祠公子

太史公曰吾過大梁之墟求問其所謂夷門夷門者城之東門也天下諸公子亦有喜士者矣然信陵君之接巖穴隱者不恥下交有以也名冠諸侯不虛耳高祖每過之而令民奉祠不絕也

索隱述贊曰

信陵下士　鄰國相傾　以公子故
不敢加兵　頗知朱亥　盡禮侯嬴
遂卻晉鄙　終辭趙城　毛薛見重
萬古希聲

信陵君列傳第十七　史記七十七

春申君列傳第十八　史記七十八

春申君者楚人也名歇姓黃氏游學博聞事楚頃襄王(索隱曰名橫考烈王完之父)頃襄王以歇為辯使於秦秦昭王使白起攻韓魏敗之於華陽禽魏將芒卯韓魏服而事秦秦昭王方令白起與韓魏共伐楚未行而楚使黃歇適至於秦聞秦之計當是之時秦已前使白起攻楚取巫黔中之郡拔鄢郢東至竟陵(正義曰竟陵屬江夏郡也)楚頃襄王東徙治於陳縣(正義曰今陳州也)黃歇見楚懷王之為秦所誘而入朝遂見欺留死於秦頃襄王其子也秦輕之

恐壹舉兵而滅楚歇乃上書說秦昭王曰天下莫彊於秦楚今聞大王欲伐楚此猶兩虎相與鬭兩虎相與鬭而駑犬受其弊(索隱曰謂兩虎鬭乃受敝於駑犬劉氏云受猶承也)不如善楚臣請言其說臣聞物至則反冬夏是也(正義曰至極也極則反也冬至陰之極夏至陽之極)致至則危(徐廣曰至或作安)累棊是也今大國之地徧天下有其二垂(正義曰言極東西)此從生民已來萬乘之地未嘗有也先帝文王莊王之身三世不忘接地於齊以絕從親之要(索隱曰音腰以言山東從韓魏是其要脅)今王使盛橋守事於韓(索隱曰秦使盛橋守事於韓亦如楚使召滑相趙然也並內行章義之難)盛橋以其地

入秦是王不用甲不信威(索隱曰信音申)而得百里之地王可謂能矣王又舉甲而攻魏杜大梁之門舉河內拔燕酸棗虛(徐廣曰秦始皇五年取酸棗燕虛蘇代曰決宿胥之口魏無虛頓丘)桃(徐廣曰燕縣有桃城)入邢(徐廣曰平皋有邢丘○正義曰邢丘在懷州武德縣東南二十里)魏之兵雲翔而不敢捄王之功亦多矣王休甲息眾二年而後復之又并蒲衍首垣(徐廣曰蘇秦云北有河外卷衍長垣縣有蒲鄉○索隱曰此蒲在衛之長垣蒲鄉也衍在河南與卷近首蓋牛首垣即長垣非河東之垣也垣音圓)以臨仁平丘(徐廣曰屬陳留○索隱曰仁及平丘二縣名謂以兵臨此二縣則黃及濟陽等自嬰城而守也地理志平丘縣屬陳留仁闕)黃濟陽嬰城(徐廣曰蘇代云決白馬之口魏無黃濟陽○正義曰故黃城在曹州考城縣東濟陽故城在曹州宛句縣西南嬰城未詳)而魏氏服王又割濮

磿之北(徐廣曰濮水北於鉅野入濟○索隱曰地名近濮)注齊秦之要絕楚趙之脊(正義曰劉伯莊云言秦得魏地楚趙之絕從)天下五合六聚而不敢救王之威亦單矣(徐廣曰單亦作殫○索隱曰按單音丹單盡也言王之威盡行也)王若能持功守威絀攻取之心而肥仁義之地使無後患三王不足四五伯不足六也王若負人徒之眾仗兵革之彊乘毀魏之威而欲以力臣天下之主臣恐其有後患也詩曰靡不有初鮮克有終易曰狐涉水濡其尾(正義曰言狐惜其尾每涉水舉尾不令濕此至極困則濡之譬言不可力臣之)此言始之易終之難也何以知其然也昔智氏見伐趙之利而不知榆次之

禍索隱曰智伯敗於榆次也地理志屬太原有梗陽鄉是也。正義曰榆次并州縣也注水經云榆次縣南同過水側有鑿臺吳見伐齊之便而不知干隧之敗索隱曰干隧吳之敗地名干水邊也隧道路也。正義曰干隧吳地名也出萬安山西南一里太湖即吳王夫差自剄處在蘇州西北四十里此二國者非無大功也沒利於前而易患於後也索隱曰謂智伯及吳王沒伐趙及伐齊之利於前而自易其患於後後即榆次干隧之難也吳之信越也從而伐齊索隱曰從音絕用反劉氏云從猶領也既勝齊人於艾陵正義曰艾山在兗州博縣南六十里也還爲越王禽三渚之浦戰國策曰三江之浦。正義曰吳俗傳云越軍得子胥夢從東入伐吳越王即從三江北岸立壇殺白馬祭子胥杯動酒盡乃開渠由三浦入破吳王於姑蘇敗干隧也智氏之信韓魏也從而伐趙攻晉陽城正義曰并州城勝有日矣韓魏叛之殺智伯瑤於

鑿臺之下徐廣曰鑿臺在榆次今王妬楚之不毀也而忘毀楚之彊韓魏也臣爲王慮而不取也詩曰大武遠宅而不涉正義曰言大軍不遠跋涉攻伐從此觀之楚國援也鄰國敵也詩云趯趯毚兔遇犬獲之韓嬰章句曰趯趯往來貌獲得也言趯趯之毚兔謂狡兔數往來逃匿其跡有時遇犬得之毛傳曰毚兔狡兔也鄭玄曰遇犬犬之馴者謂田犬。索隱曰趯天歷反毚音讒他人有心余忖度之今王中道而信韓魏之善王也此正吳之信越也臣聞之敵不可假時不可失臣恐韓魏卑辭除患而實欲欺大國也索隱曰大國謂秦也何則王無重世之德於韓魏而有累世之怨焉索隱曰重世猶再世也夫韓魏父子

兄弟接踵而死於秦者將十世矣本國殘社稷壞宗廟毀刳腹絕腸折頸摺頤徐廣曰一作顛。索隱曰摺音拉頤音夷首身分離暴骸骨於草澤頭顱僵仆相望於境父子老弱係脰束手爲羣虜者相及於路鬼神孤傷無所血食人民不聊生族類離散流亡爲僕妾者盈滿海內矣故韓魏之不亡秦社稷之憂也今王資之與攻楚不亦過乎且王攻楚將惡出兵正義曰惡音烏王將借路於仇讎之韓魏乎兵出之日而王憂其不返也是王以兵資於仇讎之韓魏也王若不借路於仇讎之韓魏必攻

隨水右壤隨水右壤此皆廣川大水山林谿谷不食之地也索隱曰楚都陳隨水之右壤蓋在隨之西今鄧州之西其地多山林者是王雖有之不爲得地是王有毀楚之名而無得地之實也且王攻楚之日四國必悉起兵以應王秦楚之兵構而不離魏氏將出而攻留方與銍湖陵碭蕭相故宋必盡正義曰徐州西宋州東兗州南並故宋地齊人南面攻楚泗上必舉正義曰此時徐泗屬齊也此皆平原四達膏腴之地而使獨攻索隱曰若秦楚構兵不休則魏盡故宋齊取泗上是使齊魏獨攻伐而得其利者也王破楚以肥韓魏於中國而勁齊韓魏之彊足以校於秦索隱曰校音教謂足以與秦爲敵也一云校者報也

言力能報秦 齊南以泗水爲境東負海北倚河而無後患天下之國莫彊於齊魏齊魏得地葆利而詳事下吏一年之後爲帝未能其於楚王之爲帝有餘矣 索隱曰言齊一年之後未即能爲帝而能禁秦爲帝有餘力矣然禁字作楚者誤也 夫以王壤土之博人徒之衆兵革之彊壹舉事而樹怨於楚遲令韓魏歸帝重於齊是王失計也 徐廣曰遲一作罷還○索隱曰遲音值值猶乃也令音力呈反韓魏重齊令歸帝號此秦之計失也 臣爲王慮莫若善楚秦楚合而爲一以臨韓韓必斂手王施以東山之險帶以曲河之利韓必爲關內之侯若是而王以十萬戍鄭梁氏寒心許鄢陵嬰城而上蔡召陵不往來也如此而魏亦關內侯矣王壹善楚而關內兩萬乘之主注地於齊 索隱曰注謂以兵裁之 齊右壤可拱手而取也 正義曰右壤謂渭州之南北也 王之地一經兩海 索隱曰西海至東海皆是秦地 正義曰廣言橫度中國東西也 要約天下是燕趙無齊楚齊楚無燕趙也然後危動燕趙直搖齊楚此四國者不待痛而服矣昭王曰善於是乃止白起而謝韓魏發使賂楚約爲與國黃歇受約歸楚楚使歇與太子完入質於秦秦留之數年楚頃襄王病太子不得歸而楚太子與秦相應侯善於是黃歇乃說應侯曰相國誠

善楚太子乎應侯曰然歇曰今楚王恐不起疾秦不如歸其太子太子得立其事秦必重而德相國無窮是親與國而得儲萬乘也若不歸則咸陽一布衣耳楚更立太子必不事秦夫失與國而絕萬乘之和非計也願相國孰慮之應侯以聞秦王秦王曰令楚太子之傅先往問楚王之疾返而後圖之黃歇爲楚太子計曰秦之留太子也欲以求利也今太子力未能有以利秦也歇憂之甚而陽文君子二人在中王若卒大命太子不在陽文君子必立爲後太子不得奉宗廟矣不如亡秦與使者俱出臣請止以死當之楚太子因變衣服爲楚使者御以出關而黃歇守舍常爲謝病度太子已遠秦不能追歇乃自言秦昭王曰楚太子已歸出遠矣歇當死願賜死昭王大怒欲聽其自殺也應侯曰歇爲人臣出身以徇其主太子立必用歇故不如無罪而歸之以親楚秦因遣黃歇歇至楚三月楚頃襄王卒 徐廣曰三十六年 太子完立是爲考烈王考烈王元年以黃歇爲相封爲春申君 正義曰然四君封邑檢皆不獲唯平原有地又非趙境並蓋號謚而孟嘗是謚 賜淮北地十二縣後十五歲黃

歇言之楚王曰淮北地邊齊其事急請以爲郡便因并獻淮北十二縣請封於江東考烈王許之春申君因城故吳墟（正義曰墟音墟闔閭今蘇州也於城內小城西北別築城居之今圮毀也又大內北瀆四從五横至今猶存又攻破楚門爲昌門）以自爲都邑春申君既相楚是時齊有孟嘗君趙有平原君魏有信陵君方爭下士招致賓客以相傾奪輔國持權春申君爲楚相四年秦破趙之長平軍四十餘萬五年圍邯鄲邯鄲告急於楚楚使春申君將兵往救之秦兵亦去春申君歸春申君相楚八年爲楚北伐滅魯（索隱曰年表云八年取魯封魯君於莒十四年滅也）以荀

卿爲蘭陵令當是時楚復彊趙平原君使人於春申君春申君舍之於上舍趙使欲夸楚爲瑇瑁簪刀劍室以珠玉飾之請命春申君客春申君客三千餘人其上客皆躡珠履以見趙使趙使大慙春申君相十四年秦莊襄王立以呂不韋爲相封爲文信侯取東周春申君相二十二年諸侯患秦攻伐無已時乃相與合從西伐秦（徐廣曰始皇六年）而楚王爲從長春申君用事至函谷關秦出兵攻諸侯兵皆敗走楚考烈王以咎春申君春申君以此益疏客有觀津人朱英（正義曰觀音館

今魏州觀城縣也）謂春申君曰人皆以楚爲彊而君用之弱其於英不然先君時善秦二十年而不攻楚何也秦踰黽隘之塞（正義曰黽隘之塞在申州黽音盲也）而攻楚不便假道於兩周背韓魏而攻楚不可今則不然魏旦暮亡不能愛許鄢陵其許魏割以與秦秦兵去陳百六十里（徐廣曰在許東南）臣之所觀者見秦楚之日鬬也楚於是去陳徙壽春而秦徙衛野王作置東郡（正義曰濮滑州兼河北置東郡濮州本衛都而徙野王也）春申君由此就封於吳行相事楚考烈王無子春申君患之求婦人宜子者進之甚衆卒無子趙人李園持其

女弟欲進之楚王聞其不宜子恐久毋寵李園求事春申君爲舍人已而謁歸故失期還謁春申君問之狀對曰齊王使使求臣之女弟與其使者飲故失期春申君曰娉入乎對曰未也春申君曰可得見乎曰可於是李園乃進其女弟即幸於春申君知其有身李園乃與其女弟謀園女弟承閒以說春申君曰楚王之貴幸君雖兄弟不如也今君相楚二十餘年而王無子即百歲後將更立兄弟則楚更立君後亦各貴其故所親君又安得長有寵乎非徒然也君

貴用事必多失禮於王兄弟兄弟誠立禍且及身何以保相印江東之封乎今妾自知有身矣而人莫知妾幸君未久誠以君之重而進妾於楚王王必幸妾妾賴天有子男則是君之子爲王也楚國盡可得孰與身臨不測之罪乎春申君大然之乃出李園女弟謹舍而言之楚王楚王召入幸之遂生子男立爲太子以李園女弟爲王后楚王貴李園園用事李園既入其女弟立爲王后子爲太子恐春申君語泄而益驕陰養死士欲殺春申君以滅口而國人頗有知之

者春申君相二十五年楚考烈王病朱英謂春申君曰世有毋望之福（正義曰无望猶不望而忽至）又有毋望之禍（索隱曰周易有无妄卦其義殊也）今君處毋望之世（正義曰謂生死无常）事毋望之主（正義曰謂喜怒不節也）安可以無毋望之人乎（正義曰謂吉凶忽爲）春申君曰何謂毋望之福曰君相楚二十餘年矣雖名相國實楚王也今楚王病旦暮且卒而君相少主因而代立當國如伊尹周公王長而反政不即遂南面稱孤而有楚國此所謂毋望之福也春申君曰何謂毋望之禍曰李園不治國而君之仇也（索隱曰言園是春申之仇也戰國策作君之舅謂爲王之舅意）不爲兵而養死士之日久矣楚王卒李園必先入據權而殺君以滅口此所謂毋望之禍也春申君曰何謂毋望之人對曰君置臣郎中楚王卒李園必先入臣爲君殺李園此所謂毋望之人也春申君曰足下置之李園弱人也僕又善之且又何至此朱英知言不用恐禍及身乃亡去後十七日楚考烈王卒李園果先入伏死士於棘門之內（正義曰壽州城門）春申君入棘門園死士俠刺春申君斬其頭投之棘門外（正義曰楚考烈王二十五年秦始皇九年）於是遂使吏盡滅春申君之家而李園

女弟初幸春申君有身而入之王所生子者遂立是爲楚幽王（索隱曰按楚捍有母弟猶猶有庶兄負芻及昌平君是楚君完非無子而上文云考烈王無子誤也）是歲也秦始皇帝立九年矣嫪毐亦爲亂於秦覺夷其三族而呂不韋廢

太史公曰吾適楚觀春申君故城宮室盛矣哉初春申君之說秦昭王及出身遣太子歸何其智之明也後制於李園旄矣（徐廣曰旄音耄）語曰當斷不斷反受其亂春申君失朱英之謂邪

索隱述贊曰

黄歇辯智　權略秦楚　太子獲歸

春申君傳

身作宰輔　珠炫趙客　邑開吳土
列王寡胤　李園獻女　無妄成災
朱英徒語

春申君列傳第十八　史記七十八

范睢蔡澤列傳第十九　史記七十九

范睢者魏人也字叔游說諸侯欲事魏王家貧無以自資乃先事魏中大夫須賈（索隱曰漢書百官表中大夫秦官此魏有中大夫蓋古官也姓須名賈蓋密須氏之後）須賈爲魏昭王使於齊（索隱曰世本昭王名遬襄王之子）范睢從留數月未得報齊襄王聞睢辯口（索隱曰襄王名法章）乃使人賜睢金十斤及牛酒睢辭謝不敢受須賈知之大怒以爲睢持魏國陰事告齊故得此饋令睢受其牛酒還其金既歸心怒睢以告魏相魏相魏之諸公子曰魏齊魏齊大怒使舍人笞擊睢折脅摺齒（索隱曰摺音力荅反謂打折其脅而又拉折其齒也）睢佯死即卷以簀（索隱曰簀謂葦荻之薄也用之以裹其屍也）置廁中賓客飲者醉更溺睢（索隱曰更音羹溺即溲也溺音年吊反溲音所留反○正義曰溺古尿字）故僇辱以懲後令無妄言者睢從簀中謂守者曰公能出我我必厚謝公守者乃請出棄簀中死人魏齊醉曰可矣范睢得出後魏齊悔復召求之魏人鄭安平聞之乃遂操范睢亡伏匿更名姓曰張祿當此時秦昭王使謁者王稽於魏鄭安平詐爲卒侍王稽（正義卒祖忽反）王稽問魏有賢人可與俱西游者乎鄭安平曰臣里中有張祿先生欲見君言天下事其人有仇不敢

晝見王稽曰夜與俱來鄭安平夜與張祿見王稽語未究王稽知范雎賢謂曰先生待我於三亭之南（索隱曰三亭亭名在魏境之邊道亭也今無其處一云魏之郊境惣有三亭皆祖餞之處如今與期三亭之南蓋送餞已畢無人之處所也○正義曰括地志云三亭岡在汴州尉氏縣西南三十七里按三亭岡在山部中名也蓋岡亭誤爲南）與私約而去王稽辭魏去過載范雎入秦至湖關（索隱曰地理志京兆有湖縣本名胡武帝更名湖即今湖城也○正義曰今虢州湖城縣也）望見車騎從西來范雎曰彼來者爲誰王稽曰秦相穰侯東行縣邑范雎曰吾聞穰侯專秦權惡內諸侯客（索隱曰內音納亦如字內猶入也）此恐辱我我寧且匿車中有頃穰侯果至勞王稽因立車而語

曰關東有何變曰無有又謂王稽曰謁君得無與諸侯客子俱來乎無益徒亂人國耳王稽曰不敢即別去范雎曰吾聞穰侯智士也其見事遲鄉者疑車中有人忘索之（索隱曰索搜也先格反）於是范雎下車走曰此必悔之行十餘里果使騎還索車中無客乃已王稽遂與范雎入咸陽已報使因言曰魏有張祿先生天下辯士也曰秦王之國危於累卵（正義曰說苑云晉靈公造九層臺費用千金謂左右曰敢有諫者斬荀息聞之上書求見靈公張弩持矢見之曰臣不敢諫也臣能累十二博棊加九雞子其上公曰子爲寡人作之荀息正顏色定志意以棊子置下加九雞子其上左右懼息靈公氣息不續公曰危哉危哉荀息曰不危也復有危於此者公曰願見之荀息

曰九層之臺三年不成男不耕女不織國用空虛鄰國謀議將興社稷亡滅君欲何望靈公曰寡人之過也乃至於此即壞九層臺也）得臣則安然不可以書傳也臣故載來秦王弗信使舍食草具（索隱曰謂亦舍之而食以下客之具然草具謂麤食草菜之饌具也）待命歲餘當是時昭王已立三十六年南拔楚之鄢郢楚懷王幽死於秦秦東破齊湣王常稱帝後去之數困三晉厭天下辯士無所信穰侯華陽君（徐廣曰華一作葉○索隱曰穰侯謂冉宣太后之異父弟穰縣在南陽華陽君芈戎宣太后之同父弟亦號爲新城君是也）昭王母宣太后之弟也而涇陽君高陵君皆昭王同母弟也穰侯相三人者更將有封邑以太后故私家富重於王室及穰侯

爲秦將且欲越韓魏而伐齊綱壽欲以廣其陶封范雎乃上書曰臣聞明主立政（索隱曰戰國策立作涖）有功者不得不賞有能者不得不官勞大者其祿厚功多者其爵尊能治眾者其官大故無能者不敢當職焉有能者亦不得蔽隱使以臣之言爲可願行而益利其道以臣之言爲不可久留臣無爲也語曰庸主賞所愛而罰所惡明主則不然賞必加於有功而刑必斷於有罪今臣之胷不足以當椹質（索隱曰椹音陟林反椹者莝椹也質莝刃也謂腰斬者爲椹質也）而要不足以待斧鉞豈敢以疑事嘗試於王哉雖

以臣爲賤人而輕辱獨不重任臣者之無反復於王耶且臣聞周有砥砨宋有結綠梁有縣藜薛綜曰縣藜一曰美玉楚有和朴正義曰縣音玄劉伯莊云珎玉朴也此四寶者土之所生良工之所失也而爲天下名器然則聖王之所棄者獨不足以厚國家乎臣聞善厚家者取之於國善厚國者取之於諸侯天下有明主則諸侯不得擅厚者何也爲其割榮也索隱曰割榮即上之擅厚謂擅權也良醫知病人之死生而聖主明於成敗之事利則行之害則舍之疑則少嘗之雖舜禹復生弗能改已語之至者臣不敢載之於書其淺者又不足聽也意者臣愚而不概於王心耶徐廣曰一作㮣音同○索隱曰戰國策㮣作關謂關涉於王心也徐注音同非也亡其言臣者賤而不可用乎索隱曰亡猶輕蔑也自非然者臣願得少賜游觀之閒望見顏色一語無效請伏斧質於是秦昭王大說乃謝王稽使以傳車徐廣曰一云使持車○索隱曰徐按戰國策文也召范雎於是范雎乃得見於離宮正義曰長安故城本秦離宮在雍長安北十二里也詳爲不知永巷而入其中正義曰永巷宮中獄也王來而宦者怒逐之曰王至范雎繆爲曰秦安得王秦獨有太后穰侯耳欲以感怒昭王昭王至聞其與宦者爭言遂延迎謝曰寡

人宜以身受命久矣會義渠之事急寡人日暮自請太后今義渠之事已寡人乃得受命竊閔然不敏索隱曰鄒誕生本作惛然音昬又一作閔音敏閔猶昬闇也敬執賓主之禮范雎辭讓是日觀范雎之見者羣臣莫不洒徐廣曰先典反然變色易容者索隱曰鄭玄云洒然敬肅之貌秦王屏左右宮中虛無人秦王跽而請索隱曰跽其紀反跽者長跽兩膝被地曰先生何以幸教寡人范雎曰唯唯有閒秦王復跽而請曰先生何以幸教寡人范雎曰唯唯若是者三秦王跽曰先生卒不幸教寡人邪范雎曰非敢然也臣聞昔者呂尚之遇文王也身爲漁父而釣於渭濱耳若是者交疏也已說而立爲太師載與俱歸者其言深也故文王遂收功於呂尚而卒王天下鄉使文王疏呂尚而不與深言是周無天子之德而文武無與成其王業也今臣羇旅之臣也交疏於王而所願陳者皆匡君之事處人骨肉之閒願效愚忠而未知王之心也此所以王三問而不敢對者也臣非有畏而不敢言也臣知今日言之於前而明日伏誅於後然臣不敢避也大王信行臣之言死不足以爲臣患亡不足以爲臣憂漆身爲厲索隱曰厲音賴

癩病也言漆塗身生瘡如病癩被髮爲狂不足以爲臣恥且以五帝之聖焉而死三王之仁焉而死五伯之賢焉而死烏獲任鄙之力焉而死成荆徐廣曰一作羌孟賁許慎曰成荆古勇士孟賁衛人王慶忌吳越春秋曰吳王僚子慶忌夏育之勇焉而死漢書音義曰或云夏育衛人力舉千鈞死者人之所必不免也處必然之勢可以少有補於秦此臣之所大願也臣又何患哉伍子胥橐載而出昭關夜行晝伏至於陵水無以餬其口索隱曰劉氏云陵水即栗水也陵栗聲相近故惑也膝行蒲伏稽首肉袒鼓腹吹篪徐廣曰一作簫乞食於吳市卒興吳國闔閭爲伯使臣得盡謀如伍子

胥加之以幽囚終身不復見是臣之說行也臣又何憂箕子接輿漆身爲厲被髮爲狂無益於主假使臣得同行於箕子可以有補所賢之主是臣之大榮也臣有何恥臣之所恐者獨恐臣死之後天下見臣之盡忠而身死因以是杜口裹足莫肯鄉秦耳足下上畏太后之嚴下惑於姦臣之態索隱曰態謂姦臣諂詐之態也居深宮之中不離阿保之手終身迷惑無與昭姦正義曰昭明也無與明其姦惡大者宗廟滅覆小者身以孤危此臣之所恐耳若夫窮辱之事死亡之患臣不敢畏也臣死而秦治是

臣死賢於生秦王跽曰先生是何言也夫秦國辟遠寡人愚不肖先生乃幸辱至於此是天以寡人慁先生徐廣曰亂先生也音溷○索隱曰二字並音胡困反慁猶汨亂之意而存先王之宗廟也寡人得受命於先生是天所以幸先王而不棄其孤也先生柰何而言若是事無小大上及太后下至大臣願先生悉以教寡人無疑寡人也范雎拜秦王亦拜范雎曰大王之國四塞以爲固北有甘泉谷口正義曰括地志云甘泉山一名鼓原俗名磨石嶺在雍州雲陽縣西北九十里關中記云甘泉宮在甘泉山上秦代永久無復甘泉之名失其實也宮北云有連山土人爲磨石嶺郊祀志云公孫卿言黃帝得仙寒門寒門者谷口也按九嵕山中西謂之谷口即古寒門也在

雍州醴泉縣東北四十里南帶涇渭右隴蜀左關阪奮擊百萬戰車千乘利則出攻不利則入守此王者之地也民怯於私鬬而勇於公戰此王者之民也王并此二者而有之夫以秦卒之勇車騎之衆以治諸侯譬若馳韓盧而搏蹇兔也索隱曰戰國策云韓盧者天下之壯犬也是韓盧爲犬謂施韓盧而搏蹇兔以喻秦彊言取諸侯之易也霸王之業可致也而羣臣莫當其位至今閉關十五年不敢窺兵於山東者是穰侯爲秦謀不忠而大王之計有所失也秦王跽曰寡人願聞失計然左右多竊聽者范雎恐未敢言內先言外事以觀秦王之

范雎蔡澤傳

俯仰因進曰夫穰侯越韓魏而攻齊綱壽非計也少出師則不足以傷齊多出師則害於秦臣意王之計欲少出師而悉韓魏之兵也則不義矣今見與國之不親也越人之國而攻可乎其於計踈矣且昔齊湣王南攻楚破軍殺將再辟地千里正義曰辟尺亦反而齊尺寸之地無得焉者豈不欲得地哉形勢不能有也諸侯見齊之罷獘君臣之不和也興兵而伐齊大破之士辱兵頓皆咎其王曰誰爲此計者乎王曰文子爲之索隱曰謂田文孟嘗君也猶戰國策謂田盼田嬰爲盼子嬰子也大臣作亂文子出走故齊所以大破者以其伐楚而肥韓魏也此所謂借賊兵而齎盜糧者也索隱曰借音子夜反一作藉亦音同齎音側奚反言爲盜齎粮也王不如遠交而近攻得寸則王之寸也得尺亦王之尺也今釋此而遠攻不亦繆乎且昔者中山之國地方五百里趙獨吞之功成名立而利附焉天下莫之能害也今夫韓魏中國之處而天下之樞也王其欲霸必親中國以爲天下樞以威楚趙楚彊則附趙趙彊則附楚楚趙皆附齊必懼矣齊懼必卑辭重幣以事秦齊附而韓魏因可虜也昭王曰吾欲親魏久矣而魏多

變之國也寡人不能親請問親魏奈何對曰王卑詞重幣以事之不可則割地而賂之不可因舉兵而伐之王曰寡人敬聞命矣乃拜范睢爲客卿謀兵事卒聽范睢謀使五大夫綰伐魏拔懷徐廣曰昭王三十九年後二歲拔邢丘客卿范睢復說昭王曰秦韓之地形相錯如繡秦之有韓也譬如木之有蠹也正義曰音妬石桂虫人之有心腹之病也天下無變則已天下有變其爲秦患者孰大於韓乎王不如收韓昭王曰吾固欲收韓韓不聽爲之奈何對曰韓安得無聽乎王下兵而攻滎陽則鞏成皋之道不通正義曰言宜陽陝虢之師不得下相救北斷太行之道則上黨之師不下正義曰言澤潞之師不得下太行相救王一興兵而攻滎陽則其國斷而爲三正義曰新鄭已南一宜陽令二澤潞三夫韓見必亡安得不聽乎若韓聽而霸事因可慮矣王曰善且欲發使於韓范睢曰益親復說用數年矣因請閒說曰正義曰閒音閑臣居山東時聞齊之有田文不聞其有王也聞秦之有太后穰侯華陽高陵涇陽不聞其有王也夫擅國之謂王能利害之謂王制殺生之威之謂王今太后擅行不顧穰侯出使不報華陽涇陽等擊斷

無諱諱畏也高陵進退不請四貴備而國不危者
未之有也爲此四貴者下乃所謂無王也然則
權安得不傾令安得從王出乎臣聞善治國者
乃內固其威而外重其權穰侯使者操王之重
決制於諸侯剖符於天下政適徐廣曰音征敵伐國莫
敢不聽戰勝攻取則利歸於陶國弊御於諸侯
索隱曰弊者斷也御者制也言穰侯執權以制御主斷於諸侯也戰敗則結怨於百姓
而禍歸於社稷詩曰木實繁者披其枝正義曰披音片被反
披其枝者傷其心大其都者危其國尊其臣者
卑其主崔杼淖齒管齊索隱曰淖姓也音尼教反漢有淖姬是也高誘曰管

典也言二人典齊權而行弒逆也○正義曰淖齒楚人齊湣王臣射王股擢王筋索隱曰言
射王股誤也按崔杼射莊公之股淖齒縮湣王之筋是說二君事縣之於廟梁宿昔而
死李兌管趙囚主父於沙丘正義曰沙丘臺在邢州平鄉縣東北二十里
百日而餓死今臣聞秦太后穰侯用事高陵華
陽涇陽佐之卒無秦王此亦淖齒李兌之類也
且夫三代所以亡國者君專授政縱酒馳騁弋
獵不聽政事其所授者妬賢嫉能御下蔽上以
成其私不爲主計而主不覺悟故失其國今自
有秩以上至諸大吏下及王左右無非相國之
人者見王獨立於朝臣竊爲王恐萬世之後有

秦國者非王子孫也昭王聞之大懼曰善於是
廢太后逐穰侯高陵華陽涇陽君於關外秦王
乃拜范雎爲相收穰侯之印使歸陶因使縣官
給車牛以徙千乘有餘到關關閱其寶器寶器
珍怪多於王室秦封范雎以應號爲應侯索隱曰劉
氏云河東臨晉有應亭則秦地有應也又按本紀以應爲太后養地解者云在潁川之應鄉未知孰是○正義曰括地志
云故應城古應鄉在汝州魯山縣東四十里也當是時秦昭王四十一年也
范雎既相秦秦號曰張祿而魏不知以爲范雎
已死久矣魏聞秦且東伐韓魏魏使須賈於秦
范雎聞之爲微行敝衣閒步之邸正義曰劉云諸國客館

見須賈須賈見之而驚曰范叔固無恙乎范雎
曰然須賈笑曰范叔有說於秦邪曰不也雎前
日得過於魏相故亡逃至此安敢說乎須賈曰
今叔何事范雎曰臣爲人庸賃須賈意哀之留
與坐飲食曰范叔一寒如此哉乃取其一綈袍
以賜之索隱曰綈厚繒也音啼蓋今之絁也○正義曰今之麤紬袍須賈因問
曰秦相張君公知之乎吾聞幸於王天下之事
皆決於相君今吾事之去留在張君孺子豈有
客習於相君者哉索隱曰劉氏云孺子蓋謂雎爲小子范雎曰主
人翁習知之唯雎亦得謁雎請爲君見於張君

須賈曰吾馬病車軸折非大車駟馬吾不出范雎曰願爲君借大車駟馬於主人翁范雎歸取大車駟馬爲須賈御之入秦相府府中望見有識者皆避匿須賈怪之至相舍門謂須賈曰待我我爲君先入通於相君須賈待門下持車良久問門下曰范叔不出何也門下曰無范叔須賈曰鄉者與我載而入者門下曰乃吾相張君也須賈大驚自知見賣乃肉袒膝行因門下人謝罪於是范雎盛帷帳侍者甚衆見之須賈頓首言死罪曰賈不意君能自致於青雲之上賈不敢復讀天下之書不敢復與天下之事賈有湯鑊之罪請自屏於胡貉之地唯君死生之范雎曰汝罪有幾曰擢賈之髮以續賈之罪尚未足范雎曰汝罪有三耳昔者楚昭王時而申包胥爲楚卻吳軍楚王封之以荊五千户包胥辭不受爲丘墓之寄於荊也今雎之先人丘墓亦在魏公前以雎爲有外心於齊而惡雎於魏齊公之罪一也當魏齊辱我於廁中公不止罪二也更醉而溺我公其何忍乎罪三矣然公之所以得無死者以綈袍戀戀有故人之意故釋公

乃謝罷入言之昭王罷歸須賈須賈辭於范雎范雎大供具盡請諸侯使與坐堂上食飲甚設而坐須賈於堂下置莝豆其前令兩黥徒夾而馬食之數曰爲我告魏王急持魏齊頭來不然者我且屠大梁須賈歸以告魏齊魏齊恐亡走趙匿平原君所范雎既相王稽謂范雎曰事有不可知者三有不可奈何者亦三宮車一日晏駕（應劭曰天子當晨起早作如方崩殞故稱晏駕韋昭曰凡初崩爲晏駕者臣子之心猶謂宮車當駕而晚出）是事之不可知者一也君卒然捐館舍是事之不可知者二也使臣卒然塡溝壑是事之不可知者三也宮車一日晏駕君雖恨於臣無可奈何君卒然捐館舍君雖恨於臣亦無可奈何使臣卒然塡溝壑君雖恨於臣亦無可奈何范雎不懌乃入言於王曰非王稽之忠莫能内臣於函谷關非大王之賢聖莫能貴臣今臣官至於相爵在列侯王稽之官尚止於謁者非其内臣之意也昭王召王稽拜爲河東守三歲不上計（司馬彪曰凡郡長治民進賢勸功決訟檢姦常以春行所主縣勸民農桑振救乏絕秋冬遣無害吏案訊問諸囚平其罪法論課殿最歲盡遣吏上計）又任鄭安平昭王以爲將軍范雎於是散家財物盡以報所嘗困戹者一飯之德必償

睚眦之怨必報〔索隱曰睚音崖賣反眦音士資反睚眦謂相嗔怒而見齒也〕范雎相秦二年秦昭王之四十二年東伐韓少曲〔徐廣曰蘇代曰起少曲一日而斷太行索隱曰劉氏以爲蓋在太行西南〕高平拔之〔正義曰括地志云南韓王故城在懷州河陽縣西北四十里俗謂之韓王城非也秦時周桓王以與鄭紀年云鄭侯使辰歸晉陽向更名高平拔之則少曲當與高平相近〕秦昭王聞魏齊在平原君所欲爲范雎必報其仇乃詳爲好書遺平原君曰寡人聞君之高義願與君爲布衣之友君幸過寡人寡人願與君爲十日之飲平原君畏秦且以爲然而入秦見昭王昭王與平原君飲數日昭王謂平原君曰昔周文王得呂尚以爲太公齊桓公

得管夷吾以爲仲父今范君亦寡人之叔父也范君之仇在君之家願使人歸取其頭來不然吾不出君於關平原君曰貴而爲友者爲賤也富而爲交者爲貧也〔索隱曰上爲如字下爲音于僞反以言富貴而結交情深者爲有貧賤之時不可忘之也〕夫魏齊者勝之友也在固不出也今又不在臣所昭王乃遺趙王書曰王之弟在秦范君之仇魏齊在平原君之家王使人疾持其頭來不然吾舉兵而伐趙又不出王之弟於關趙孝成王乃發卒圍平原君家急魏齊夜亡出見趙相虞卿虞卿度趙王終不可說乃解其相印

與魏齊亡間行念諸侯莫可以急抵者乃復走大梁欲因信陵君以走楚信陵君聞之畏秦猶豫未肯見曰虞卿何如人也時侯嬴在旁曰人固未易知知人亦未易也夫虞卿躡屩檐簦一見趙王賜白璧一雙黃金百鎰再見拜爲上卿三見卒受相印封萬戶侯當此之時天下爭知之夫魏齊窮困過虞卿虞卿不敢重爵祿之尊解相印捐萬戶侯而間行急士之窮而歸公子公子曰何如人人固不易知知人亦未易也信陵君大慙駕如野迎之魏齊聞信陵君之初難

見之怒而自剄趙王聞之卒取其頭予秦秦昭王乃出平原君歸趙昭王四十三年秦攻韓汾陘拔之〔索隱曰陘音刑陘蓋在韓之西界與汾相近也○正義曰按陘庭故城在絳州曲沃縣西北二十里汾水之陽〕因城河上廣武〔索隱曰劉氏云此河上蓋近河北之地本屬韓今秦得而城〕後五年昭王用應侯謀縱反間賣趙趙以其故令馬服子代廉頗將〔索隱曰馬服子趙括之號也虞喜志林云馬兵之首也號曰馬服者言能服馬也鄒氏頗音疋波反〕秦大破趙於長平遂圍邯鄲已而與武安君白起有隙言而殺之〔徐廣曰在五十年○索隱曰徐據秦本紀及表而知也〕任鄭安平使將擊趙鄭安平爲趙所困急以兵二萬人降趙應侯席藁請罪秦之法任人

而所任不善者各以其罪罪之於是應侯罪當收三族秦昭王恐傷應侯之意乃下令國中有敢言鄭安平事者以其罪罪之而加賜相國應侯食物日益厚以順適其意後二歲王稽為河東守與諸侯通坐法誅 徐廣曰五十二年 而應侯日益以不懌昭王臨朝歎息應侯進曰臣聞主憂臣辱主辱臣死今大王中朝而憂臣敢請其罪昭王曰吾聞楚之鐵劍利而倡優拙 正義曰論士能善卒不戰 夫鐵劍利則士勇倡優拙則思慮遠夫以遠思慮而御勇士吾恐楚之圖秦也夫物不素具不可以應卒今武安君既死而鄭安平等畔內無良將而外多敵國吾是以憂欲以激勵應侯 索隱曰勵音孿 應侯懼不知所出蔡澤聞之往入秦也

蔡澤者燕人也游學干諸侯 正義曰不待禮曰干 小大甚衆不遇而從唐舉相 荀卿曰梁有唐舉○索隱曰荀卿書作唐莒 曰吾聞先生相李兌曰百日之內持國秉政有之乎 索隱曰按左傳云國子實執齊秉服虔曰秉權柄也 曰有之曰若臣者何如唐舉孰視而笑曰先生曷鼻巨肩 徐廣曰曷一作偈偈一作仰巨一作渠○索隱曰曷鼻謂鼻如蝎虫也巨肩肩巨於項也蓋項低而肩豎也偈其例反 魋顏蹙齃膝攣 攣手兩厀曲也徐廣曰一作率○索隱曰上魋音徒回反魋顏謂顏貌魋回若魋梧然也齃音烏曷反蹙齃謂鼻蹙眉膝攣謂膝又攣曲也 吾聞聖人不相殆先生乎蔡澤知唐舉戲之乃曰富貴吾所自有吾所不知者壽也願聞之唐舉曰先生之壽從今以往者四十三歲蔡澤笑謝而去謂其御者曰吾持粱刺齒肥 持粱作飯也刺齒二字當作齧又作齕也○索隱曰持粱謂作粱米飯而持其器以食也刺齒肥當為齧肥謂食肥肉也 躍馬疾驅懷黃金之印結紫綬於要揖讓人主之前食肉富貴四十三年足矣去之趙見逐入韓魏遇奪釜鬲於塗 爾雅曰鬲足者謂之鬲郭璞曰鼎曲腳○索隱曰釜音父鬲音歷鬲者空也言其足中空也而郭氏云鼎曲腳者以鬲訓曲故云曲腳也 聞應侯任鄭安平王稽皆負重罪於秦應侯內慙蔡澤乃西入秦將見昭王使人宣言以感怒應侯曰燕客蔡澤天下雄俊弘辯智士也彼一見秦王秦王必困君而奪君之位應侯聞曰五帝三代之事百家之說吾既知之衆口之辯吾皆摧之是惡能困我而奪我位乎使人召蔡澤蔡澤入則揖應侯應侯固不快及見之又倨應侯因讓之曰子常宣言欲代我相秦寧有之乎對曰然應侯曰請聞其說蔡澤曰吁君何見之晚也夫四時之序成功者去夫人生百體堅彊手足便利耳目聰明而心聖智豈非士之願與應侯曰然蔡澤曰質

仁秉義行道施德得志於天下天下懷樂敬愛而尊慕之皆願以爲君王豈不辯智之期與應侯曰然蔡澤復曰富貴顯榮成理萬物使各得其所性命壽長終其天年而不夭傷天下繼其統守其業傳之無窮名實純粹澤流千里徐廣曰一本無此字世世稱之而無絕與天地終始豈道德之符而聖人所謂吉祥善事者與應侯曰然蔡澤曰若夫秦之商君楚之吳起越之大夫種其卒然亦可願與應侯知蔡澤之欲困己以說式銳反復謬曰何爲不可夫公孫鞅之事孝公也極身

無貳慮盡公而不顧私設刀鋸以禁姦邪信賞罰以致治披腹心示情素蒙怨咎欺舊友奪魏公子卬安秦社稷利百姓卒爲秦禽將破敵攘地千里吳起之事悼王也使私不得害公讒不得蔽忠言不取苟合行不取苟容不爲危易行行義不辟難徐廣曰一云不困毀訾然爲霸主強國不辭禍凶大夫種之事越王也主雖困辱悉忠而不解主雖絕亡盡能而弗離成功而弗矜貴富而不驕怠若此三子者固義之至也忠之節也是故君子以義死難視死如歸生而辱不如死而

榮士固有殺身以成名唯義之所在雖死無所恨何爲不可哉蔡澤曰主聖臣賢天下之盛福也君明臣直國之福也父慈子孝夫信妻貞家之福也故比干忠而不能存殷子胥智而不能完吳申生孝而晉國亂是皆有忠臣孝子而國家滅亂者何也無明君賢父以聽之故天下以其君父爲僇辱而憐其臣子索隱曰言以比干子胥申生皆至忠孝而見誅放故今天下言爲其君父之所僇而憐其臣子也今商君吳起大夫種之爲人臣是也其君非也故世稱三子致功而不見德豈慕不遇世死乎夫待死而後可以立忠成

名是微子不足仁孔子不足聖管仲不足大也夫人之立功豈不期於成全邪身與名俱全者上也名可法而身死者其次也名在僇辱而身全者下也於是應侯稱善蔡澤少得間因曰夫商君吳起大夫種其爲人臣盡忠致功則可願矣閎夭事文王周公輔成王也豈不亦忠聖乎以君臣論之商君吳起大夫種其可願孰與閎夭周公哉應侯曰商君吳起大夫種弗若也蔡澤曰然則君之主慈仁任忠惇厚舊故其賢智與有道之士爲膠漆義不倍功臣孰與秦孝公楚

悼王越王乎應侯曰未知何如也蔡澤曰今主親忠臣不過秦孝公楚悼王越王君之設智能爲主安危修政治亂彊兵批患折難索隱曰批音白結反又音豐鑿反批患謂擊而却之折音之列反廣地殖穀富國足家彊主尊社稷顯宗廟天下莫敢欺犯其主主之威蓋震海內功彰萬里之外聲名光輝傳於千世君孰與商君吳起大夫種應侯曰不若蔡澤曰今主之親忠臣不忘舊故不若孝公悼王句踐而君之功績愛信親幸又不若商君吳起大夫種然而君之祿位貴盛私家之富過於三子而身不

退者恐患之甚於三子竊爲君危之語曰日中則移月滿則虧物盛則衰天地之常數也進退盈縮與時變化聖人之常道也故國有道則仕國無道則隱聖人曰飛龍在天利見大人不義而富且貴於我如浮雲今君之怨已讎而德已報意欲至矣而無變計竊爲君不取也且夫翠鵠犀象其處勢非不遠死也而所以死者惑於餌也蘇秦智伯之智非不足以辟辱遠死也而所以死者惑於貪利不止也是以聖人制禮節欲取於民有度使之以時用之有止故志不溢

行不驕常與道俱而不失故天下承而不絕昔者齊桓公九合諸侯一匡天下至於葵丘之會有驕矜之志畔者九國吳王夫差兵無敵於天下勇彊以輕諸侯陵齊晉故遂以殺身亡國夏育太史噭叱呼徐廣曰一作喑○索隱曰二人勇者夏育賁育也噭音皎○正義曰呼火故反駭三軍然而身死於庸夫索隱曰高誘云夏育爲田摶所殺然太史噭未知誰之所殺恐非齊襄王時太史也此皆乘至盛而不返道理不居卑退處儉約之患也夫商君爲秦孝公明法令禁姦本尊爵必賞有罪必罰平權衡正度量調輕重決裂阡陌以靜生民之業而一其俗勸民耕

農利土一室無二事力田稸積習戰陳之事是以兵動而地廣兵休而國富故秦無敵於天下立威諸侯成秦國之業功已成矣而遂以車裂楚地方數千里持戟百萬白起率數萬之師以與楚戰一戰舉鄢郢以燒夷陵再戰南幷蜀漢又越韓魏而攻彊趙北坑馬服誅屠四十餘萬之衆盡之于長平之下流血成川沸聲若雷遂入圍邯鄲使秦有帝業楚趙天下之彊國而秦之仇敵也自是之後楚趙皆懾伏不敢攻秦者白起之勢也身所服者七十餘城功已成矣而

遂賜劒死於杜郵吳起爲楚悼王立法卑減大臣之威重罷無能廢無用損不急之官塞私門之請一楚國之俗禁游客之民精耕戰之士南收楊越北并陳蔡破橫散從使馳說之士無所開其口禁朋黨以厲百姓定楚國之政兵震天下威服諸侯功已成矣而卒枝解大夫種爲越王深謀遠計免會稽之危以亡爲存因辱爲榮墾草入邑（索隱曰劉氏云入猶充也謂招擕離散充滿城邑也）辟地殖穀率四方之士專上下之力輔句踐之賢報夫差之讎卒擒勁吳令越成霸功已彰而信矣句踐終負

而殺之此四子者功成不去禍至於此此所謂信而不能詘往而不能返者也（索隱曰信音申詘音屈謂志已展而不退）范蠡知之超然辟世長爲陶朱公君獨不觀夫博者乎或欲大投或欲分功（班固弈指曰博縣於投不必在行驅謂投投瓊也○索隱曰言夫博弈或欲大投其瓊以致勝或觀其勢弱則大投地分而分功以遠救事具小爾雅方言云所以投博謂之枰局也）此皆君之所明知也今君相秦計不下席謀不出廊廟坐制諸侯利施三川以實宜陽（正義曰施猶展也言伐得三川之地以實宜陽言展開三川實宜陽）決羊腸之險塞太行之道又斬范中行之塗六國不得合從棧道千里通於蜀漢使天下皆畏秦秦之欲得矣君之

功極矣此亦秦之分功之時也如是而不退則商君白公（徐廣曰白起）吳起大夫種是也吾聞之鑒於水者見面之容鑒於人者知吉與凶書曰成功之下不可久處四子之禍君何居焉君何不以此時歸相印讓賢者而授之退而巖居川觀必有伯夷之廉長爲應侯世世稱孤而有許由延陵季子之讓喬松之壽孰與以禍終哉即君何居焉忍不能自離疑不能自決必有四子之禍矣易曰亢龍有悔此言上而不能下信而不能詘往而不能自返者也願君孰計之應侯曰善

吾聞欲而不知止失其所以欲有而不知足失其所以有先生幸教睢敬受命於是乃延入坐爲上客後數日入朝言於秦昭王曰客新有從山東來者曰蔡澤其人辯士明於三王之事五伯之業世俗之變足以寄秦國之政臣之見人甚衆莫及臣不如也臣敢以聞秦昭王召見與語大說之拜爲客卿應侯因謝病請歸相印昭王彊起應侯應侯遂稱病篤范睢免相昭王新說蔡澤計畫遂拜爲秦相東收周室蔡澤相秦數月人或惡之懼誅乃謝病歸相印號爲綱成

君居秦十餘年事昭王孝文王莊襄王卒事始皇帝爲秦使於燕三年而燕使太子丹入質於秦

太史公曰韓子稱長袖善舞多錢善賈信哉是言也范雎蔡澤世所謂一切辯士然游說諸侯至白首無所遇者非計策之拙所爲說力少也及二人羇旅入秦繼踵取卿相垂功於天下者固彊弱之勢異也然士亦有偶合賢者多如此二子不得盡意豈可勝道哉然二子不困厄惡能激乎 索隱曰二子范雎蔡澤也雎厄於齊折脅摺齒澤困於趙被逐棄鬲是也惡音烏激音擊

索隱述贊曰

應侯始困　託載而西　說行計立
貴平寵稽　倚秦市趙　卒報魏齊
綱成辯智　范雎招携　勢利傾奪
一言成蹊

范雎蔡澤列傳第十九　史記七十九

樂毅列傳第二十　史記八十

樂毅者其先祖曰樂羊樂羊爲魏文侯將伐取中山 正義曰今定州 魏文侯封樂羊以靈壽 徐廣曰屬常山○索隱曰地理志常山有靈壽縣中山桓公所都之地○正義曰今鎮州靈壽 樂羊死葬於靈壽其後子孫因家焉中山復國至趙武靈王時復滅中山 索隱曰中山魏雖滅之尚不絕祀故後更復國至趙武靈王又滅之也 而樂氏後有樂毅樂毅賢好兵趙人舉之及武靈王有沙丘之亂 徐廣曰趙有沙丘宮近鉅鹿 乃去趙適魏聞燕昭王以子之之亂而齊大敗燕燕昭王怨齊未嘗一日而忘報齊也燕國小辟遠力不能制於是屈身

下士先禮郭隗 正義曰說苑云燕昭問於隗曰寡人地狹民寡齊人取薊八城匈奴驅馳樓煩之下以孤之不肖得承宗廟恐社稷危存之有道乎隗曰帝者之臣其名臣其實師王者之臣其名臣其實友霸者之臣其名臣其實賓危國之臣其名臣其實虜今王將自東面目指氣使以求臣則廝役之才至矣南面聽朝不失揖讓之理以求臣則人臣之才至矣北面等禮不乘之以勢以求臣則朋友之才至矣西面逡巡以求臣則師傅之才至矣誠欲興王霸同道隗請爲天下之士開路於是常置隗爲上客 以招賢者樂毅於是爲魏昭王使於燕燕王以客禮待之樂毅辭讓遂委質爲臣燕昭王以爲亞卿久之當是時齊湣王彊南敗楚相唐眛於重丘 索隱曰眛音莫葛反地理志重丘縣名屬平原○正義曰在冀州城武縣界 西摧三晉於觀津 索隱曰地理志觀津縣名屬信都漢初屬清河也○正義曰在冀州武邑縣東南二十五里 遂與三晉擊秦助趙滅

中山破宋廣地千餘里與秦昭王爭重爲帝已而復歸之諸侯皆欲背秦而服於齊湣王自矜百姓弗堪於是燕昭王問伐齊之事樂毅對曰齊霸國之餘業也地大人衆未易獨攻也王必欲伐之莫如與趙及楚魏於是使樂毅約趙惠文王別使連楚魏令趙嚪秦(徐廣曰嚪進說之意○索隱曰嚪音田濫反字與啗同)以伐齊之利諸侯害齊湣王之驕暴皆爭合從與燕伐齊樂毅還報燕昭王悉起兵使樂毅爲上將軍趙惠文王以相國印授樂毅樂毅於是并護趙楚韓魏燕之兵以伐齊(索隱曰護謂總領之也)

破之濟西諸侯兵罷歸而燕軍樂毅獨追至于臨菑齊湣王之敗濟西亡走保於莒樂毅獨留徇齊齊皆城守樂毅攻入臨菑盡取齊寶財物祭器輸之燕燕昭王大說親至濟上勞軍行賞饗士封樂毅於昌國(徐廣曰屬齊○索隱曰地理志縣名屬齊郡○正義曰故昌城在淄州淄川縣東北四十里也)號爲昌國君於是燕昭王收齊鹵獲以歸而使樂毅復以兵平齊城之不下者樂毅留徇齊五歲下齊七十餘城皆爲郡縣以屬燕唯獨莒即墨未服(正義曰即墨今萊州)會燕昭王死子立爲燕惠王惠王自爲太子時嘗不快於樂毅及即

位齊之田單聞之乃縱反閒於燕曰齊城不下者兩城耳然所以不早拔者聞樂毅與燕新王有隙欲連兵且留齊南面而王齊齊之所患唯恐他將之來於是燕惠王固已疑樂毅得齊反閒乃使騎劫代將(索隱曰燕將姓名)而召樂毅樂毅知燕惠王之不善代之畏誅遂西降趙趙封樂毅於觀津號曰望諸君(索隱曰望諸澤名在齊蓋趙有之故號焉戰國策望作藍也)尊寵樂毅以警動於燕齊齊田單後與騎劫戰果設詐誑燕軍遂破騎劫於即墨下而轉戰逐燕北至河上(正義曰滄德二州之北河)盡復得齊城而迎襄王於莒入

于臨菑燕惠王後悔使騎劫代樂毅以故破軍亡將失齊又怨樂毅之降趙恐趙用樂毅而乘燕之獘以伐燕燕惠王乃使人讓樂毅且謝之曰先王舉國而委將軍將軍爲燕破齊報先王之讎天下莫不震動寡人豈敢一日而忘將軍之功哉會先王棄羣臣寡人新即位左右誤寡人寡人之使騎劫代將軍爲將軍久暴露於外故召將軍且休計事將軍過聽以與寡人有隙遂捐燕歸趙將軍自爲計則可矣而亦何以報先王之所以遇將軍之意乎樂毅報遺燕惠王

書曰臣不佞不能奉承王命以順左右之心恐傷先王之明有害足下之義故遁逃走趙今足下使人數之以罪臣恐侍御者不察先王之所以畜幸臣之理又不白臣之所以事先王之心故敢以書對臣聞賢聖之君不以祿私親其功多者賞之其能當者處之故察能而授官者成功之君也論行而結交者立名之士也臣竊觀先王之舉也見有高世主之心正義曰樂毅見燕昭王有自高尊世上人主之心故假魏節使燕故假節於魏以身得察於燕先王過舉廁之賓客之中立之羣臣之上不謀父兄正義曰杜預云兄同姓羣臣也

以為亞卿臣竊不自知自以為奉令承教可幸無罪故受令而不辭先王命之曰我有積怨深怒於齊不量輕弱而欲以齊為事臣曰夫齊霸國之餘業而最勝之遺事也練於兵甲習於戰攻王若欲伐之必與天下圖之與天下圖之莫若結於趙且又淮北宋地楚魏之所欲也趙若許而約四國攻之齊可大破也先王以為然具符節南使臣於趙顧反命起兵擊齊以天之道先王之靈河北之地隨先王而舉之濟上正義曰濟水之上在齊上濟上之軍受命擊齊大敗齊人

輕卒銳兵長驅至國齊王遁而走莒僅以身免珠玉財寶車甲珍器盡收入于燕齊器設於寧臺索隱曰燕臺也○正義曰括地志云燕元英磨室二宮皆燕宮在幽州薊縣西四里寧臺之下大呂陳於元英索隱曰大呂齊鐘名元英燕宮殿名也故鼎反乎磨室徐廣曰磨若歷也○索隱曰燕鼎前輸於齊今反入於磨室磨室亦宮名戰國策作歷室也○正義曰括地志云歷室燕宮名也高誘云燕噲亂齊伐燕殺噲得鼎今反歸燕故鼎薊丘之植植於汶篁徐廣曰竹田曰篁謂燕之疆界移於齊之汶水○索隱曰薊丘燕所都之地言燕之薊丘所植植齊王汶上之竹徐注非也○正義曰幽州薊地西北隅有薊丘又汶水源出兗州博城縣東北原山西南入泲自五伯已來功未有及先王者也先王以為慊於志索隱曰慊音苦簟反亦作嗛嗛若常慊然而不慊其志也故裂地而封之使得比小國諸侯臣竊不

自知自以為奉命承教可幸無罪是以受命不辭臣聞賢聖之君功立而不廢故著於春秋蚤知之士名成而不毀故稱於後世若先王之報怨雪恥夷萬乘之彊國收八百歲之蓄積及至棄羣臣之日餘教未衰執政任事之臣修法令慎庶孼施及乎萌隸皆可以教後世臣聞之善作者不必善成善始者不必善終昔伍子胥說聽於闔閭而吳王遠迹至郢夫差弗是也賜之鴟夷而浮之江吳王不寤先論之可以立功故沈子胥而不悔子胥不蚤見主之不同量是以

至於入江而不化 索隱曰言子胥怨恨故雖投江而神不化猶爲波濤之神也 夫免身立功以明先王之迹臣之上計也離毀辱之誹謗 索隱曰誹音方昧反 墮先王之名 索隱曰墮音許規反 臣之所大恐也臨不測之罪以幸爲利義之所不敢出也 索隱曰謂既臨不測之罪以幸免爲利今我仍義先王之恩雖身託外國而心亦不敢出也 臣聞古之君子交絕不出惡聲 正義曰君子之人交絕不說己長而談彼短 忠臣去國不絜其名 索隱曰言忠臣去離本國不自絜其名云己無罪故禮曰大夫去其國不說人以無罪是也○正義曰言不絜己名行而咎於君若箕子不忍言紂惡是也 臣雖不佞 索隱曰不佞猶不才也 數奉教於君子矣 索隱曰數音朔言我以數經奉教令於君子君子即識禮之人謂己在外猶云己罪不說王之有非故下云不察疎遠之行斯亦忠臣之節 恐侍御者之

親左右之說不察疏遠之行故敢獻書以聞唯君王之留意焉 夏侯玄曰觀樂生遺燕惠王書其殆庶乎知機合道以禮始終者與又其喻昭王曰伊尹放太甲而不疑太甲受放而不怨是存大業於至公而以天下爲心者也夫欲極道德之量務以天下爲心者必致其主於盛隆合其趣於先王苟君臣同符則大業定矣于斯時也樂生之志千載一遇夫千載一遇之世亦將行千載一隆之道豈其局迹當時止於兼并而已哉夫兼并者非樂生之所屑彊燕而廢道又非樂生之所求不屑苟利心無近事不求小成斯意兼天下者也則舉齊之事所以運其機而動四海也夫討齊以明燕主之義此兵不興於爲利矣圍城而害不加於百姓此仁心著於遐邇矣舉國不謀其功除暴不以威力此至德全於天下矣邁全德以率列國則幾於湯武之事矣樂生方恢大綱以縱二城收民明信以待其弊將使即墨莒人顧仇其上願釋干戈賴我猶親善守之智無所施之然則求仁得仁即墨大夫之義任窮則從微子適周之道開彌廣之路以待田單之徒長容善之風以申齊士之志使夫忠者遂節勇者義著昭之東海屬之華裔我澤如春民應如草道光宇宙賢智託心鄰國傾慕四海延頸思戴燕

主仰望風聲二城必從則王業隆矣雖淹留於兩邑乃致速於天下也不幸之變世所不圖敗於垂成時運固然若乃逼之以威劫之以兵攻取之事求欲速之功使燕齊之士流血於二城之下奓殺傷之殘以示四海之人是縱暴易亂以成其私鄰國望之其猶犲虎既大墮稱兵之義而喪濟弱之仁且虧齊士之節廢廉善之風掩宏通之度棄王德之隆雖二城幾於可拔霸王之事逝其遠矣然則燕雖兼齊其與世主何以殊哉其與鄰國何以相傾樂生豈不知拔二城之速了哉顧城拔而業乖也豈不慮不速之致變哉顧業乖與變同歸是觀之樂生之不屠二城未可量也 於是燕王復以樂毅子樂間爲昌國君 索隱曰間音紀閑反 而樂毅往來復通燕趙以爲客卿樂毅卒於趙 張華曰望諸君冢在邯鄲西數里 樂間居燕三十餘年燕王喜用其相栗腹之計 索隱曰栗姓腹名漢有栗姬 欲攻趙而問昌國君樂間樂間曰趙四戰之國也 索隱曰言趙數距四方之敵故云四戰之國○

正義曰東鄰燕齊西邊秦樓煩南界韓魏北迫匈奴 其民習兵伐之不可燕王不聽遂伐趙趙使廉頗擊之大破栗腹之軍於鄗禽栗腹樂乘樂乘者樂間之宗也於是樂間奔趙趙遂圍燕燕重割地以與趙和趙乃解而去燕王恨不用樂間樂間既在趙乃遺樂間書曰紂之時箕子不用犯諫不怠以冀其聽商容不達身祇辱焉以冀其變及民志不入獄囚自出 索隱曰民志不入謂國亂而人離心向外故云不入又獄囚自出是政亂而士師不爲之守法也 然後二子退隱故紂負桀暴之累二子不失忠聖之名何者其憂患之盡矣今寡人雖愚不若紂之

暴也燕民雖亂不若殷民之甚也室有語不相盡以告鄰里（正義曰言一家室有忿爭不決必告隣里今故以書相告也）二者寡人不為君取也（正義曰二者謂燕君未如紂燕民未如殷民復相告子反燕以疑君民之惡是寡人不謂君取之）樂閒樂乘怨燕不聽其計二人卒留趙趙封樂乘為武襄君（索隱曰樂乘樂毅之宗人也）其明年樂乘廉頗為趙圍燕燕重禮以和乃解後五歲趙孝成王卒襄王使樂乘代廉頗廉頗攻樂乘樂乘走廉頗亡入魏其後十六年而秦滅趙其後二十餘年高帝過趙問樂毅有後世乎對曰有樂叔高帝封之樂鄉（徐廣曰在北新城○正義曰地理志云信都有樂鄉縣）號曰華成君華成君樂毅之孫也而樂氏之族有樂瑕公樂臣公（一作巨公）趙且為秦所滅亡之齊高密樂臣公善脩黃帝老子之言顯聞於齊稱賢師

太史公曰始齊之蒯通及主父偃讀樂毅之報燕王書未嘗不廢書而泣也樂臣公學黃帝老子其本師號曰河上丈人不知其所出河上丈人教安期生安期生教毛翕公毛翕公教樂瑕公樂瑕公教樂臣公（索隱曰本亦作巨公）樂臣公教蓋公（索隱曰蓋音古闔反蓋公史不記名）蓋公教於齊高密膠西為曹相國師

索隱述贊曰

昌國忠讜　人臣所無　連兵五國　濟西為墟　燕王將受　空聞報書　義士慷慨　明君軾閭　閒乘繼將　芳規不渝

樂毅列傳第二十　史記八十

廉頗藺相如列傳第二十一　史記八十一

廉頗者趙之良將也趙惠文王十六年廉頗為
趙將伐齊大破之取晉陽 索隱曰陽晉衛地後屬齊今趙取之司馬彪郡國志曰今衛國陽晉城是也有本作晉陽非也晉陽在太原雖亦趙地非齊所取也○正義曰故城在曹州乘氏縣西北四十七里也 拜為上卿以勇氣聞於諸侯藺相如者趙
人也為趙宦者令繆賢舍人趙惠文王時得楚
和氏璧秦昭王聞之使人遺趙王書願以十五
城請易璧趙王與大將軍廉頗諸大臣謀欲予
秦秦城恐不可得徒見欺欲勿予即患秦兵之
來計未定求人可使報秦者未得宦者令繆賢

曰臣舍人藺相如可使王問何以知之對曰臣
嘗有罪竊計欲亡走燕臣舍人相如止臣曰君
何以知燕王臣語曰臣嘗從大王與燕王會境
上燕王私握臣手曰願結友以此知之故欲往
相如謂臣曰夫趙彊而燕弱而君幸於趙王故
燕王欲結於君今君乃亡趙走燕燕畏趙其勢
必不敢留君而束君歸趙矣君不如肉袒伏斧
質請罪則幸得脫矣臣從其計大王亦幸赦臣
臣竊以為其人勇士有智謀宜可使於是王召
見問藺相如曰秦王以十五城請易寡人之璧

可予不相如曰秦彊而趙弱不可不許王曰取
吾璧不予我城奈何相如曰秦以城求璧而趙
不許曲在趙趙予璧而秦不予趙城曲在秦均
之二策寧許以負秦曲王曰誰可使者相如曰
王必無人臣願奉璧往使城入趙而璧留秦城
不入臣請完璧歸趙趙王於是遂遣相如奉璧
西入秦秦王坐章臺見相如相如奉璧奏秦王
秦王大喜傳以示美人及左右左右皆呼萬歲
相如視秦王無意償趙城乃前曰璧有瑕請指
示王王授璧相如因持璧却立倚柱怒髮上衝

冠謂秦王曰大王欲得璧使人發書至趙王趙
王悉召羣臣議皆曰秦貪負其彊以空言求璧
償城恐不可得議不欲予秦璧臣以為布衣之
交尚不相欺況大國乎且以一璧之故逆彊秦
之驩不可於是趙王乃齋戒五日使臣奉璧拜
送書於庭何者嚴大國之威以脩敬也今臣至
大王見臣列觀禮節甚倨得璧傳之美人以戲
弄臣臣觀大王無意償趙王城邑故臣復取璧
大王必欲急臣臣頭今與璧俱碎於柱矣相如
持其璧睨柱欲以擊柱秦王恐其破璧乃辭謝

固請召有司案圖指從此以往十五都予趙相如度秦王特以詐佯爲予趙城實不可得乃謂秦王曰和氏璧天下所共傳寶也趙王恐不敢不獻趙王送璧時齋戒五日今大王亦宜齋戒五日設九賓於廷韋昭曰九賓則周禮九儀○索隱曰周禮大行人別九賓謂九服之賓客也列士傳云設九牢也○正義曰劉伯莊云九賓者周王備之禮天子臨軒九服同會秦趙何得九賓但亦陳設車輅文物耳臣乃敢上璧秦王度之終不可彊奪遂許齋五日舍相如廣成傳舍索隱曰廣成是傳舍之名傳音張戀反相如度秦王雖齋決負約不償城乃使其從者衣褐懷其璧從徑道亡歸璧于趙秦王齋五日後乃

設九賓禮於廷引趙使者藺相如相如至謂秦王曰秦自繆公以來二十餘君未嘗有堅明約束者也臣誠恐見欺於王而負趙故令人持璧歸閒至趙矣且秦彊而趙弱大王遣一介之使至趙趙立奉璧來今以秦之彊而先割十五都予趙趙豈敢留璧而得罪於大王乎臣知欺大王之罪當誅臣請就湯鑊唯大王與羣臣孰計議之秦王與羣臣相視而嘻索隱曰嘻音希嘻苦乃驚而怒之辭也左右或欲引相如去秦王因曰今殺相如終不能得璧也而絕秦趙之驩不如因而厚遇之使歸

趙趙王豈以一璧之故欺秦邪卒廷見相如畢禮而歸之相如既歸趙王以爲賢大夫使不辱於諸侯拜相如爲上大夫秦亦不以城予趙趙亦終不予秦璧其後秦伐趙拔石城徐廣曰惠文王十八年○索隱曰劉氏云蓋謂石邑也○正義曰故石城在相州林慮縣南九十里也明年復攻趙殺二萬人秦王使使者告趙王欲與王爲好會於西河外澠池索隱曰在西河之南故云外按表在趙惠文王二十年趙王畏秦欲毋行廉頗藺相如計曰王不行示趙弱且怯也趙王遂行相如從廉頗送至境與王訣曰王行度道里會遇之禮畢還不過三十日三十日

不還則請立太子爲王以絕秦望王許之遂與秦王會澠池徐廣曰二十年秦王飲酒酣曰寡人竊聞趙王好音請奏瑟趙王鼓瑟秦御史前書曰某年月日秦王與趙王會飲令趙王鼓瑟藺相如前曰趙王竊聞秦王善爲秦聲請奏盆缻秦王以相娛樂風俗通義曰缶者瓦器所以盛酒漿秦人鼓之以節歌也○索隱曰缻音缶○正義曰缻音缾秦王怒不許於是相如前進缻因跪請秦王秦王不肯擊缻相如曰五步之內相如請得以頸血濺大王矣正義曰濺音贊左右欲刃相如相如張目叱之左右皆靡於是秦王不懌爲一擊缻相如顧

召趙御史書曰某年月日秦王爲趙王擊缻秦之羣臣曰請以趙十五城爲秦王壽藺相如亦曰請以秦之咸陽爲趙王壽秦王竟酒終不能加勝於趙趙亦盛設兵以待秦秦不敢動既罷歸國以相如功大拜爲上卿位在廉頗之右索隱曰王劭按董勛荅礼曰職高者名録在上於人爲右職卑者名録在下於人爲左是以謂下遷爲左○正義曰秦漢以前用右爲上廉頗曰我爲趙將有攻城野戰之大功而藺相如徒以口舌爲勞而位居我上且相如素賤人吾羞不忍爲之下宣言曰我見相如必辱之相如聞不肯與會相如每朝時常稱病不欲

與廉頗爭列已而相如出望見廉頗相如引車避匿於是舍人相與諫曰臣所以去親戚而事君者徒慕君之高義也今君與廉頗同列廉君宣惡言而君畏匿之恐懼殊甚且庸人尚羞之況於將相乎臣等不肖請辭去藺相如固止之曰公之視廉將軍孰與秦王曰不若也相如曰夫以秦王之威而相如廷叱之辱其羣臣相如雖駑獨畏廉將軍哉顧吾念之彊秦之所以不敢加兵於趙者徒以吾兩人在也今兩虎共鬬其勢不俱生吾所以爲此者以先國家之急而

後私讎也廉頗聞之肉袒負荊索隱曰肉袒者謂袒衣而露肉也負荊者荊楚也可以爲鞭也因賓客至藺相如門謝罪曰鄙賤之人不知將軍寬之至此也卒相與驩爲刎頸之交索隱曰崔浩云要齊生死而刎頸無悔也是歲廉頗東攻齊破其一軍居二年廉頗復伐齊幾拔之徐廣曰幾邑名也案趙世家惠文王二十三年頗將攻魏之幾邑取之而齊世家及年表無伐齊幾拔之事疑幾是邑名而或屬齊或屬魏耳田單在齊不得至於拔也○索隱曰世家與此列傳合而戰国策云秦敗閼與又攻魏幾幾是幾亦屬魏故裴駰云或屬齊屬魏也○正義曰幾音祈在相路之間後三年廉頗攻魏之防陵徐廣曰一作房子○索隱曰按防陵在楚之西屬漢中郡魏有房子盖陵字誤也○正義曰城在相州安陽縣南二十里因防水爲名安陽拔之後四年藺相如將而攻齊至平邑而罷

正義曰故城在魏州昌樂縣東北三十里其明年趙奢破秦軍閼與下趙奢者趙之田部吏也收租稅而平原君家不肯出趙奢以法治之殺平原君用事者九人平原君怒將殺奢奢因說曰君於趙爲貴公子今縱君家而不奉公則法削法削則國弱國弱則諸侯加兵諸侯加兵是無趙也君安得有此富乎以君之貴奉公如法則上下平上下平則國彊國彊則趙固而君爲貴戚豈輕於天下邪平原君以爲賢言之於王王用之治國國賦太平民富而府庫實秦伐韓軍於閼與王召廉頗

而問曰可救不對曰道遠險狹難救又召樂乘而問焉樂乘對如廉頗言又召問趙奢奢對曰其道遠險狹譬之猶兩鼠鬬於穴中將勇者勝王乃令趙奢將救之兵去邯鄲三十里而令軍中曰有以軍事諫者死秦軍軍武安西徐廣曰屬魏郡在邯鄲西秦軍鼓譟勒兵武安屋瓦盡振軍中候有一人言急救武安趙奢立斬之堅壁留二十八日不行復益增壘秦間來入趙奢善食而遣之間以報秦將秦將大喜曰夫去國三十里正義曰國謂邯鄲趙都也而軍不行乃增壘閼與非趙地也趙奢既已

遣秦間乃卷甲而趨之二日一夜至令善射者去閼與五十里而軍軍壘成秦人聞之悉甲而至軍士許歷請以軍事諫趙奢曰內之許歷曰秦人不意趙師至此其來氣盛將軍必厚集其陣以待之不然必敗趙奢曰請受令許歷曰請就鈇質之誅趙奢曰胥後令索隱曰按胥須古人通用今者胥後令謂胥爲須須者待也待後令謂許歷之言更不擬誅之故更待後令也○正義曰胥猶須也軍去邯鄲三十里而不行未有計過險陝恐人諫令急救武安乃出此令今垂戰須得謀策不用前令故云須後令也邯鄲許歷復請諫索隱曰邯鄲二字當爲欲戰謂臨戰之時許歷復諫也王粲詩云許歷爲完士一言猶敗秦是言趙奢用其計遂破秦軍也江遂曰漢令稱完而不髡曰耐是完士未免從軍也曰先據北山上者

勝正義曰閼與山在洺州武安縣西南五十里趙奢距秦軍於閼與即此山也按括地志云言拒秦軍在此山疑其太近洺州既去邯鄲三十里而軍又云趨之二日一夜至閼與五十里而軍壘成據今洺州去潞州三百里間而隔相州恐潞州閼與聚城是所拒據處後至者敗趙奢許諾即發萬人趨之秦兵後至爭山不得上趙奢縱兵擊之大破秦軍秦軍解而走遂解閼與之圍而歸趙惠文王賜奢號爲馬服君以許歷爲國尉趙奢於是與廉頗藺相如同位後四年趙惠文王卒子孝成王立七年秦與趙兵相距長平時趙奢已死張華曰趙奢冢在邯鄲界西山上謂之馬服山而藺相如病篤趙使廉頗將攻秦秦數敗趙軍趙軍固壁不戰秦數挑

戰廉頗不肯趙王信秦之閒秦之閒言曰秦之所惡獨畏馬服君趙奢之子趙括爲將耳趙王因以括爲將代廉頗藺相如曰王以名使括若膠柱而鼓瑟耳括徒能讀其父書傳不知合變也趙王不聽遂將之趙括自少時學兵法言兵事以天下莫能當嘗與其父奢言兵事奢不能難然不謂善括母問奢其故奢曰兵死地也而括易言之使趙不將括即已若必將之破趙軍者必括也及括將行其母上書言於王曰括不可使將王曰何以對曰始妾事其父時爲將身

所奉飯飲而進食者以十數正義曰奉音捧所友者以百數大王及宗室所賞賜者盡以予軍吏士大夫受命之日不問家事今括一旦爲將東向而朝軍吏無敢仰視之者王所賜金帛歸藏於家而日視便利田宅可買者買之王以爲何如其父父子異心願王勿遣王曰毋置之吾已決矣括母因曰王終遣之即有如不稱妾得無隨坐乎王許諾趙括既代廉頗悉更約束易置軍吏秦將白起聞之縱奇兵佯敗走而絕其糧道分斷其軍爲二士卒離心四十餘日軍餓趙括出銳卒自搏戰秦軍射殺趙括括軍敗數十萬之衆遂降秦秦悉阬之趙前後所亡凡四十五萬明年秦兵遂圍邯鄲歲餘幾不得脫賴楚魏諸侯來救乃得解邯鄲之圍趙王亦以括母先言竟不誅也自邯鄲圍解五年而燕用栗腹之謀曰趙壯者盡於長平其孤未壯舉兵擊趙趙使廉頗將擊大破燕軍於鄗殺栗腹遂圍燕燕割五城請和乃聽之趙以尉文徐廣曰邑名也封廉頗爲信平君索隱曰信平号也徐廣云尉文邑名按漢書表有尉文節侯云在南郡蓋尉官也文名也謂取尉文所食之邑復以封頗而号爲信平君也爲假相國廉頗之免長平歸也

失勢之時故客盡去及復用爲將客又復至廉頗曰客退矣客曰吁君何見之晚也夫天下以市道交君有勢我則從君君無勢則去此固其理也有何怨乎居六年趙使廉頗伐魏之繁陽徐廣曰屬魏郡○正義曰在相州內黃縣東北也拔之趙孝成王卒子悼襄王立使樂乘代廉頗廉頗怒攻樂乘樂乘走廉頗遂奔魏之大梁其明年趙乃以李牧爲將而攻燕拔武遂方城索隱曰地理志武遂屬河閒國方城屬廣陽也○正義曰武遂易州遂城也方城幽州固安縣南十里廉頗居梁久之魏不能信用趙以數困於秦兵趙王思復得廉頗廉頗亦思復用於趙趙王使使者視廉頗尚可用否廉頗之仇郭開多與使者金令毀之趙使者既見廉頗廉頗爲之一飯斗米肉十斤被甲上馬以示尚可用趙使還報王曰廉將軍雖老尚善飯然與臣坐頃之三遺矢矣索隱曰謂數起便也矢一作屎趙王以爲老遂不召楚聞廉頗在魏陰使人迎之廉頗一爲楚將無功曰我思用趙人廉頗卒死于壽春正義曰廉頗墓在壽州壽春縣北四里藺相如墓在邯鄲西南六里

李牧者趙之北邊良將也常居代鴈門備匈奴正義曰今鴈門縣在代地故云鴈門也以便宜置吏市租皆輸入莫府

如淳曰將軍征行無常處所在爲治故言莫府莫大也○索隱曰如淳解莫爲大非也崔浩云古者出征爲將帥軍還則罷理無常處以幕帟爲府署故曰莫府則莫當作幕字之誤也 爲士卒費日擊數牛饗士習射騎謹烽火多閒諜 索隱曰上紀莧反下音牒 厚遇戰士爲約曰匈奴即入盜急入收保有敢捕虜者斬匈奴每入烽火謹輒入收保不敢戰如是數歲亦不亡失然匈奴以李牧爲怯雖趙邊兵亦以爲吾將怯趙王讓李牧李牧如故趙王怒召之使他人代將歲餘匈奴每來出戰出戰數不利失亡多邊不得田畜 正義曰許又反 復請李牧牧杜門不出固稱疾趙王乃復彊起使將兵牧曰

王必用臣臣如前乃敢奉令王許之李牧至如故約匈奴數歲無所得終以爲怯邊士日得賞賜而不用皆願一戰於是乃具選車得千三百乘選騎得萬三千四百金之士五萬人 管子曰能破敵擒將者賞百金 彀者十萬人 索隱曰彀音古候反彀謂能射也 悉勒習戰大縱畜牧人民滿野匈奴小入佯北不勝以數千人委之 索隱曰委謂弃之恣其殺略也 單于聞之大率衆來入李牧多爲奇陳張左右翼擊之大破殺匈奴十餘萬騎滅襜襤 襜都甘反襤路談反徐廣曰一作臨騸又案如淳曰胡名也在代地 破東胡降林胡單于奔走其後十餘歲匈奴不敢近趙邊

城趙悼襄王元年廉頗既亡入魏趙使李牧攻燕拔武遂方城居二年龐煖破燕軍殺劇辛 索隱曰煖即馮煖也龐音皮江反煖音況遠反又音喧劇辛本趙人仕燕者 後七年秦破趙殺將扈輒於武遂城 索隱曰扈氏輒名漢張耳時別有扈輒也劉氏云武遂本韓地在趙西恐非地理志河閒武遂也 斬首十萬趙乃以李牧爲大將軍擊秦軍於宜安 ○正義曰在柏州藁城縣西南二十里 大破秦軍走秦將桓齮 索隱曰齮音蟻 封李牧爲武安君居三年秦攻番吾 索隱曰縣名地理志在常山音婆又音盤○正義曰在柏州房山縣東二十里也 李牧擊破秦軍南距韓魏趙王遷七年秦使王翦攻趙趙使李牧司馬尚禦之秦多與趙王寵臣郭開金

爲反閒言李牧司馬尚欲反趙王乃使趙葱及齊將顏聚代李牧李牧不受命趙使人微捕得李牧斬之廢司馬尚後三月王翦因急擊趙大破殺趙葱虜趙王遷及其將顏聚遂滅趙

太史公曰知死必勇非死者難也處死者難方藺相如引璧睨柱及叱秦王左右勢不過誅然士或怯懦 徐廣曰一作揾懦 而不敢發相如一奮其氣威信敵國 索隱曰信音申 退而讓頗名重太山其處智勇可謂兼之矣

索隱述贊曰

清飈凛凛　壯氣熊熊　各竭誠義
遞爲雌雄　和璧聘返　澠池好通
負荆知懼　屈節推工　安邊定策
頗牧之功

廉頗藺相如列傳第二十一　史記八十一

田單列傳第二十二　史記八十二

田單者齊諸田疏屬也（索隱曰單音丹）湣王時單爲臨菑市掾不見知及燕使樂毅伐破齊齊湣王出奔已而保莒城燕師長驅平齊而田單走安平（徐廣曰今之東安平也在青州臨菑縣東十九里古紀之酅邑齊改爲安平秦滅齊改爲東安平縣屬齊郡以定州有安平故加東字○索隱曰地理志東安平屬菑川國）令其宗人盡斷其車軸末而傅鐵籠（徐廣曰傅音附○索隱曰斷音都緩反斷其軸恐長相撥也以鐵裹軸頭堅而易進也傅者裁其軸與轂齊以鐵鍱附軸末施轄於鐵中以制轂也又方言曰車轄齊謂之籠郭璞云車軸也）已而燕軍攻安平城壞齊人走爭塗以轊折車敗（徐廣曰轊車軸頭也音衛）爲燕所虜唯田單宗人以鐵籠故得脫東保即墨燕既盡降齊城唯獨莒即墨不下燕軍聞齊王在莒并兵攻之淖齒（徐廣曰多作悼齒也）既殺湣王於莒因堅守距燕軍數年不下燕引兵東圍即墨即墨大夫出與戰敗死城中相與推田單曰安平之戰田單宗人以鐵籠得全習兵立以爲將軍以即墨距燕頃之燕昭王卒惠王立與樂毅有隙田單聞之乃縱反閒於燕宣言曰齊王已死城之不拔者二耳樂毅畏誅而不敢歸以伐齊爲名實欲連兵南面而王齊齊人未附故且緩攻即墨以待其事齊人所懼唯恐他

將之來即墨殘矣燕王以爲然使騎劫代樂毅樂毅因歸趙燕人士卒忿而田單乃令城中人食必祭其先祖於庭飛鳥悉翔舞城中下食燕人怪之田單因宣言曰神來下教我乃令城中人曰當有神人爲我師有一卒曰臣可以爲師乎因反走田單乃起引還東鄉坐師事之卒曰臣欺君誠無能也田單曰子勿言也因師之每出約束必稱神師乃宣言曰吾唯懼燕軍之劓所得齊卒置之前行正義曰故郎反與我戰即墨敗矣燕人聞之如其言城中人見齊諸降者盡劓

皆怒堅守唯恐見得單又縱反閒曰吾懼燕人掘吾城外冢墓僇先人可爲寒心燕軍盡掘壟墓燒死人即墨人從城上望見皆涕泣其欲出戰怒自十倍田單知士卒之可用乃身操版插索隱曰操音七高反插音初洽反○正義曰古之軍行常負板插也與士卒分功妻妾編於行伍之閒盡散飲食饗士令甲卒皆伏使老弱女子乘城遣使約降於燕燕軍皆呼萬歲田單又收民金得千溢令即墨富豪遺燕將曰即墨即降願無虜掠吾族家妻妾令安堵燕將大喜許之燕軍由此益懈田單乃收城中得千餘

牛爲絳繒衣畫以五彩龍文束兵刃於其角而灌脂束葦於尾燒其端鑿城數十穴夜縱牛壯士五千人隨其後牛尾熱怒而奔燕軍燕軍夜大驚牛尾炬火光明炫燿燕軍視之皆龍文所觸盡死傷五千人因銜枚擊之而城中鼓譟從之老弱皆擊銅器爲聲聲動天地燕軍大駭敗走齊人遂夷殺其將騎劫燕軍擾亂奔走齊人追亡逐北所過城邑皆畔燕而歸田單兵日益多乘勝燕日敗亡卒至河上索隱曰齊之北界近河東蓋齊舊地也而齊七十餘城皆復爲齊乃迎襄王於莒入臨菑

而聽政襄王封田單號曰安平君索隱曰單初起安平故以爲號

太史公曰兵以正合以奇勝魏武帝曰先出合戰爲正後出爲奇也正者當敵奇兵擊不備○索隱曰奇謂權詐也注引魏武蓋亦軍令也善之者出奇無窮索隱曰兵不厭詐故云善之出奇無窮謂權變多也奇正還相生正義曰當猶合也言正兵當陣張左右翼掩其不備則奇正合敗敵也如環之無端索隱曰言用兵之術或用奇詐使前敵不可測量如尋環中不知端際也夫始如處女適人開戶徐廣曰適音敵○索隱曰言兵始如處女之軟弱則敵人輕侮開戶不爲備○正義曰敵人謂燕軍也言燕軍被田單反閒易將及被卒燒壟墓而令齊卒甚怒是敵人爲單開門戶也後如脫兔適不及距魏武帝曰如女示弱脫兔往疾也○索隱曰克捷之後卷甲而趨有如兔之得脫而疾走也敵不及距若脫兔忽過而敵忘其所距也其田單之謂邪初淖齒之殺湣王也莒人求湣王子法章

得之大史嬓之家正義嬓音皎為人灌園嬓女憐而善遇之後法章私以情告女女遂與通及莒人共立法章為齊王以莒距燕而太史氏女遂為后所謂君王后也燕之初入齊聞畫邑人劉熙曰齊西南近邑畫音獲○索隱曰音胡卦反○正義曰括地志云戟里城在臨淄西北三十里春秋時棘邑又云澅邑蠋所居即此邑因澅水為名也王蠋賢索隱曰蠋音蠋亦音歜令軍中曰環畫邑三十里無入以王蠋之故已而使人謂蠋曰齊人多高子之義吾以子為將封子萬家蠋固謝燕人曰子不聽吾引三軍而屠畫邑王蠋曰忠臣不事二君貞女不更二夫齊王不聽吾諫故

退而耕於野國既破亡吾不能存今又劫之以兵為君將是助桀為暴也與其生而無義固不如烹遂經其頸於樹枝自奮絕脰而死索隱曰經猶繫也何休云脰頸齊語也音豆齊亡大夫聞之曰王蠋布衣也義不北面於燕況在位食祿者乎乃相聚如莒求諸子立為襄王

索隱述贊曰

軍法以正　實尚奇兵　斷軸自免
反間先行　羣鳥惑衆　五牛揚旌
卒破騎劫　皆復齊城　襄王嗣位
乃封安平

田單列傳第二十二　史記八十二

田單傳

魯仲連鄒陽列傳第二十三　史記八十三

索隱曰魯連屈原當六國之時賈誼鄒陽在文景之日事迹雖復相類年代甚爲乖絶其鄒陽不可上同魯連賈生亦不可下同屈平宜仰魯連同田單爲傳其屈原與宋玉等爲一傳其鄒陽與枚乘賈生等同傳

魯仲連者齊人也好奇偉俶儻之畫策（索隱曰廣雅云俶儻卓異也○正義曰俶天曆反魯連子云齊辯士田巴服狙丘議稷下毀五帝罪三王服五伯離堅白合同異一日服千人有徐劫者其弟子曰魯仲連年十二號千里駒往請田巴曰吾聞堂上不奮郊草不芸白刃交前不救流矢急不暇緩也今楚軍南陽趙伐高唐燕人十萬聊城不去國亡在旦夕先生奈之何若不能者先生之言有似梟鳴出城而人惡之願先生勿復言田巴曰謹聞命矣巴謂徐劫曰先生乃飛兔也豈直千里駒巴終身不談）而不肯仕官任職好持高節游於趙趙孝成王時而秦王使白起破趙長平之軍前後四十餘萬秦兵遂東圍邯鄲趙王恐諸侯之救兵莫敢擊秦軍魏安釐王使將軍晉鄙救趙畏秦止於蕩陰不進（地理志河內有蕩陰縣○正義曰蕩天郎反相州縣）魏王使客將軍新垣衍間入邯鄲（索隱曰新垣姓衍名也爲梁將故漢有新垣平）因平原君謂趙王曰秦所爲急圍趙者前與齊湣王爭彊爲帝已而復歸帝今齊湣王已益弱方今唯秦雄天下此非必貪邯鄲其意欲復求爲帝趙誠發使尊秦昭王爲帝秦必喜罷兵去平原君猶預未有所決此時魯仲連適游趙會秦圍趙聞魏將欲令

史記列傳二十三　一

趙尊秦爲帝乃見平原君曰事將奈何平原君曰勝也何敢言事前亡四十萬之衆於外今又內圍邯鄲而不能去魏王使客將軍新垣衍令趙帝秦（索隱曰新垣衍欲令趙尊秦爲帝）今其人在是勝也何敢言事魯仲連曰吾始以君爲天下之賢公子也吾乃今然後知君非天下之賢公子也梁客新垣衍安在吾請爲君責而歸之平原君曰勝請爲紹介（郭璞曰紹介相佑助者○索隱曰紹介猶媒介也且禮賓至必因介以傳辭紹者繼也介不一人故禮云介紹而傳命）而見之於先生平原君遂見新垣衍曰東國有魯仲連先生者今其人在此勝請爲紹介交之於將軍新垣衍曰吾聞魯仲連先生齊國之高士也衍人臣也使事有職吾不願見魯仲連先生平原君曰勝既已泄之矣新垣衍許諾魯連見新垣衍而無言新垣衍曰吾視居此圍城之中者皆有求於平原君者也今吾觀先生之玉貌非有求於平原君者也曷爲久居此圍城之中而不去魯仲連曰世以鮑焦爲無從頌而死者皆非也（鮑焦周之介士也見莊子○索隱曰從頌音從容言世人見鮑焦之死皆以爲不能自寬容而取死此言非也○正義曰韓詩外傳云姓鮑名焦周時隱者也飾行非世廉潔而守荷擔採樵拾橡充食故無子胤不臣天子不友諸侯子貢遇之謂之曰吾聞非其政者不履其土汙其君者不受其利今子履其地食其

史列傳二十三　二

利其可乎鮑焦曰吾聞廉士重進而輕退賢人易愧而輕死遂抱木立枯焉按魯仲連留趙不去者非爲一身衆人不知則爲一身索隱曰言衆人不識鮑焦之意焦以恥居濁世而避之非是自爲一身而憂死彼秦者弃禮義而上首功之國也譙周曰秦用衛鞅計制爵二十等以戰獲首級者計而受爵是以秦人每戰勝老弱婦人皆死計功賞至万數天下謂之上首功之國皆以惡之也○索隱曰秦法斬首多爲上功謂斬一人首賜爵一級故謂秦爲首功之國也權使其士虜使其民索隱曰言秦人以權詐使其戰士以奴虜使其人民言无恩以恤下彼即肆然而爲帝過正義曰至過字爲絶句肆然其志意也言秦得肆志爲帝恐有烹醢納筦偏行天子之禮過失也而爲政於天下索隱曰謂以過惡而爲政也○正義曰若趙魏帝秦得行政教於天下魯連蹈東海而溺死不忍爲秦百姓則連有蹈東海而死耳吾不忍爲之民也所爲見將軍者欲以助趙也新垣衍曰

史列傳二十三　三

先生助之將奈何魯連曰吾將使梁及燕助之齊楚則固助之矣新垣衍曰燕則吾請以從矣若乃梁者則吾乃梁人也先生惡能使梁助之魯連曰梁未睹秦稱帝之害故耳使梁睹秦稱帝之害則必助趙矣新垣衍曰秦稱帝之害何如魯連曰昔者齊威王嘗爲仁義矣率天下諸侯而朝周周貧且微諸侯莫朝而齊獨朝之居歲餘周烈王崩徐廣曰烈王七年崩威王之十年○正義曰周本紀及年表云烈王七年崩齊威之十年也與徐不同齊後往周怒赴於齊正義曰鄭玄云赴告也今文赴作訃曰天崩地坼天子下席索隱曰謂烈王太子安王驕也下席言其寢苫居廬也

東藩之臣因齊後至則斮公羊傳曰斮三軍者其法斮何休曰斮斬也齊威王勃然怒曰叱嗟而母婢也正義曰罵烈王后也卒爲天下笑故生則朝周死則叱之誠不忍其求也彼天子固然其無足怪新垣衍曰先生獨不見夫僕乎十人而從一人者寧力不勝而智不若邪畏之也索隱曰言僕夫十人而從一人者寧是力不勝亦非智不如正是畏懼其主耳魯仲連曰嗚呼梁之比於秦若僕邪新垣衍曰然魯仲連曰吾將使秦王亨醢梁王新垣衍怏然不悅曰正義曰怏於尚反噫嘻索隱曰上音依噫者不平之聲下音希嘻者驚恨之歎也亦太甚矣先生之言也先生又惡能使秦王亨醢梁王

史列傳二十三　四

魯仲連曰固也吾將言之昔者九侯鄂侯徐廣曰鄴縣有九侯城九一作鬼鄂一作邢○正義曰九侯城在相州滏陽縣西南五十里文王紂之三公也九侯有子而好獻之於紂紂以爲惡醢九侯鄂侯爭之彊辯之疾故脯鄂侯文王聞之喟然而歎故拘之牖里之庫百日正義曰相州蕩陰縣北九里有羑城而欲令之死曷爲與人俱稱王卒就脯醢之地齊湣王將之魯夷維子爲執策而從索隱曰維東萊之邑其居夷也號夷維子故晏子爲萊之夷維人是也○正義曰密州高密縣古夷安城應劭云故萊夷維邑也蓋因邑爲姓子者男子之美號又云子爵也謂魯人曰子將何以待吾君魯人曰吾將以十太牢待子之君夷維子曰子安取禮而

來吾君彼吾君者天子也天子巡狩諸侯辟舍
索隱曰辟舍避正寢案礼天子適諸侯必舍於祖廟納筦籥索隱曰音管藥攝衽抱机
索隱曰机音紀○正義曰衽音而甚反視膳於堂下天子已食乃退而
聽朝也魯人投其籥不果納索隱曰謂閉外門不入齊君○正義曰籥即鑰
匙也投鑰匙於地不得入於魯將之薛正義曰薛侯故城在徐州滕縣界也假
途於鄒當是時鄒君死湣王欲入弔夷維子謂
鄒之孤曰天子弔主人必將倍殯棺設北面於
南方然後天子南面弔也索隱曰倍音佩謂主人不在殯東將背其殯棺立西
階上北面哭是倍也天子乃於阼階上南面而弔之也鄒之羣臣曰必若此吾
將伏劍而死固不敢入於鄒鄒魯之臣生則不

得事養死則不得賻襚正義曰衣服曰襚貨財曰賻皆助生送死之禮然
且欲行天子之禮於鄒魯鄒魯之臣不果納索隱
曰謂時君弱臣彊故鄒魯君生時臣並不得盡事養死亦不得行賻襚之禮狀齊欲行天子禮於鄒魯鄒魯之臣皆不果
納之是循秉禮而存大體也今秦萬乘之國也梁亦萬乘之國
也俱據萬乘之國各有稱王之名睹其一戰而
勝欲從而帝之是使三晉之大臣不如鄒魯之
僕妾也且秦無已而帝則且變易諸侯之大臣
彼將奪其所不肖而與其所賢奪其所憎而與
其所愛彼又將使其子女讒妾為諸侯妃姬處
梁之宮梁王安得晏然而已乎而將軍又何以

得故寵乎於是新垣衍起再拜謝曰始以先生
為庸人吾乃今日知先生為天下之士也吾請
出不敢復言帝秦秦將聞之為卻軍五十里適
會魏公子無忌奪晉鄙軍以救趙擊秦軍秦軍
遂引而去於是平原君欲封魯連魯連辭讓使
者三終不肯受平原君乃置酒酒酣起前以千
金為魯連壽魯連笑曰所謂貴於天下之士者
為人排患釋難解紛亂而無取也即有取者是
商賈之事也而連不忍為也遂辭平原君而去
終身不復見其後二十餘年燕將攻下聊城索隱

曰徐廣云年表以田單攻聊城在長平後十餘年耳二十餘年誤也○正義曰今博州縣也聊城人或
讒之燕燕將懼誅因保守聊城不敢歸齊田單
攻聊城徐廣曰案年表田單攻聊城在長平後十餘年也歲餘士卒多死而
聊城不下魯連乃為書約之矢以射城中遺燕
將書曰吾聞之智者不倍時而棄利勇士不怯
死而滅名索隱曰怯死猶避死也忠臣不先身而後君今公
行一朝之忿不顧燕王之無臣非忠也殺身亡
聊城而威不信於齊非勇也功敗名滅後世無
稱焉非智也三者世主不臣說士不載故智者
不再計勇士不怯死今死生榮辱貴賤尊卑此

時不再至願公詳計而無與俗同且楚攻齊之南陽索隱曰即濟之淮北泗上之地也魏攻平陸索隱曰平陸邑名在西界○正義曰兗州縣也而齊無南面之心以為亡南陽之害小不如得濟北之利大索隱曰即聊城之地也○正義曰言齊無南面攻楚魏之心以為南陽平陸之害小不如聊城之利大言必攻之故定計審處之今秦人下兵魏不敢東面衡秦之勢成索隱曰此時秦與齊和故云衡秦之勢成也楚國之形危齊弃南陽斷右壤定濟北索隱曰謂弃楚所攻之泗上也又斷絕魏之所攻齊右壤之地平陸是也言右壤斷弃而不能救志在攻聊城而定濟北也計猶且為之也且夫齊之必決於聊城公勿再計今楚魏交退於齊而燕救不至索隱曰交者俱也前時楚攻南陽魏攻平陸今二國之兵俱退而燕救又不至是勢危也以全齊之兵無天下之規與聊城共據期年之敝則臣見公之不能得也且燕國大亂君臣失計上下迷惑栗腹以十萬之衆五折於外徐廣曰此事去長平十年以萬乘之國被圍於趙壤削主困為天下僇笑國敝而禍多民無所歸心今公又以敝聊之民距全齊之兵是墨翟之守也正義曰如墨翟守宋却楚軍食人炊骨士無反外之心是孫臏之兵也正義曰言孫臏能撫士卒士卒無二心能見於天下雖然為公計者不如全車甲以報於燕車甲全而歸燕燕王必喜身全而歸於國士民如見父母交游

攘臂而議於世功業可明上輔孤主以制羣臣下養百姓以資說士索隱曰言既養百姓又資說士終擬強國也劉氏云讀說士為銳士意雖便不如依字也矯國更俗索隱曰欲令燕將歸燕矯正國事改更弊俗也功名可立也亡意亦捐燕弃世東游於齊乎索隱曰亡音無言若必無還燕意則捐燕而東游於齊乎裂地定封富比乎陶衛索隱曰延篤注戰國策云陶陶朱公也衛衛公子荆非也王劭云魏冉封陶商君姓衛富比陶衛謂此云爾世世稱孤與齊久存又一計也此兩計者顯名厚實也願公詳計而審處一焉且吾聞之規小節者不能成榮名惡小恥者不能立大功昔者管夷吾射桓公中其鉤篡也遺公子糾不能死怯也索隱曰遺弃也謂弃子糾而事小白也○正義曰管仲傳子糾而魯殺之不能隨子糾死是怯懦畏死也束縛桎梏辱也若此三行者世主不臣而鄉里不通鄉使管子幽囚而不出身死而不反於齊則亦名不免為辱人賤行矣臧獲且羞與之同名矣方言曰荆淮海岱燕齊之間罵奴曰臧罵婢曰獲況世俗乎故管子不耻身在縲紲之中而耻天下之不治不耻不死公子糾而耻威之不信於諸侯故兼三行之過而為五霸首正義曰按齊桓最初得周襄王賜文武胙彤弓矢大輅故為五伯首也名高天下而光燭鄰國曹子為魯將索隱曰曹昧三戰三北而亡地五百里鄉使曹子計不反顧議不還踵刎頸而死則

亦名不免爲敗軍禽將矣曹子棄三北之恥而
退與魯君計桓公朝天下會諸侯曹子以一劒
之任枝桓公之心於壇坫之上 索隱曰枝猶㩻也 顔色
不變辭氣不悖三戰之所亡一朝而復之天下
震動諸侯驚駭威加吳越若此二士者非不能
成小廉而行小節也以爲殺身亡軀絶世滅後
功名不立非智也故去感忿之怨立終身之名
棄忿悁之節 正義曰忿敷粉反悁於縁反 定累世之功是以業
與三王爭流而名與天壤相獘也願公擇一而
行之燕將見魯連書泣三日猶豫不能自決欲

史列傳二十三　九

歸燕已有隙恐誅欲降齊所殺虜於齊甚衆恐
已降而後見辱喟然歎曰與人刃我寧自刃乃
自殺聊城亂田單遂屠聊城歸而言魯連欲爵
之魯連逃隱於海上曰吾與富貴而詘於人寧
貧賤而輕世肆志焉 索隱曰肆放縱也

鄒陽者齊人也游於梁與故吳人莊忌夫子淮
陰枚生之徒交上書 索隱曰忌會稽人姓莊氏字夫子後避漢明帝諱改姓曰嚴枚生名乘字叔其子皐漢書並有傳蓋以銜枚氏而得姓也 而介於羊勝公孫詭之間 索隱曰言鄒陽上書自達而游於二人之間或往彼或往此介者言有㒟於其間故杜預曰介猶間也 勝等
嫉鄒陽惡之梁孝王孝王怒下之吏將欲殺之

鄒陽客游以讒見禽恐死而負累 正義曰諸不以罪死爲累
乃從獄中上書曰臣聞忠無不報信不見疑臣
常以爲然徒虛語耳昔者荆軻慕燕丹之義白
虹貫日太子畏之 應劭曰燕太子丹質於秦始皇遇之無禮丹亡去故厚養荆軻令西刺秦王精誠感天白虹爲之貫日也如淳曰白虹兵象日爲君列士傳曰荆軻發後太子自相氣見虹貫日不徹曰吾事不成矣後聞軻死事不立曰吾知其然也○索隱曰王劭又云軻將入秦待其客未發太子丹疑其畏懼故曰畏之其解不如見虹貫日不徹也戰國策云聶政刺韓傀亦曰白虹貫日是也 衛先生爲秦畫長平
之事太白蝕昴而昭王疑之 蘇林曰白起爲秦伐趙破長平軍欲遂滅趙遣衛先生說昭王益兵糧乃爲應侯所害事用不成其精誠上達於天故太白爲之蝕昴昴趙分也將有兵故太白食昴食干歷之也如淳曰太白天之將軍也○索隱曰如淳云太白主西方秦在西敗趙之兆也又王充云夫言白虹貫日太

史記列傳二十三　十

白食昴實也言荆軻之謀衛先生之策感動皇天而貫日食昴虛也 夫精變天地而信不
喻兩主豈不哀哉今臣盡忠竭誠畢議願知 張晏曰盡其計議願王知之也 左右不明 索隱曰言左右之不明不欲斥王 卒從吏訊
爲世所疑是使荆軻衛先生復起而燕秦不悟
也願大王孰察之昔卞和獻寶楚王刖之 應劭曰卞和得玉璞獻之武王武王示玉人玉人曰石也刖右足武王沒復獻文王文王玉人復曰石也刖其左足至成王時卞和抱璞哭於郊乃使玉尹攻之果得寶玉○索隱曰楚人卞和得玉璞事見國語及呂氏春秋案楚世家楚武王名熊通文王名貲成王名惲 李斯竭忠胡亥極刑是以箕子佯狂 索隱曰佯音陽謂詐爲狂司馬彪曰箕子名胥餘 接輿辟世 張晏曰楚賢人佯狂避世也○索隱曰案高士傳曰楚人陸通字接輿是也
恐遭此患也願大王孰察卞和李斯

之意而後楚王胡亥之聽索隱曰謂以楚王胡亥之聽爲譎故後之而不用後
循下也無使臣爲箕子接輿所笑臣聞比干剖心
子胥鴟夷索隱曰韋昭云以皮作鴟鳥形名曰鴟夷鴟夷皮榼也服虔云用馬革作囊以裹尸投之於江
臣始不信乃今知之願大王孰察少加憐焉諺
曰有白頭如新傾蓋如故桓譚新論曰言內有以相知與否不在新故也○索
隱曰服虔云人不相知才能交至白頭猶如新也傾蓋如故如吳札鄭僑也家語孔子遇程子於途傾蓋而語又志林云
傾蓋者道行相遇軿車對語兩蓋相切小欹之義故云傾蓋也何則知與不知也故
昔樊於期逃秦之燕藉荊軻首以奉丹之事索隱
曰藉音子夜反韋昭云謂於期逃秦之燕以頭與軻使持入秦以示信也王奢去齊之魏臨
城自剄以却齊而存魏漢書音義曰王奢齊人也亡至魏其後齊伐魏奢登城謂

齊將曰今君之來不過以奢之故也夫義不苟生以爲魏累遂自剄也夫王奢樊於期非
新於齊秦而故於燕魏也所以去二國死兩君
者行合於志而慕義無窮也是以蘇秦不信於
天下而爲燕尾生索隱曰服虔云蘇秦於秦不出其信於燕則出尾生之信韋昭云尾生守
信而死者案言蘇秦於燕獨守信如尾生故云爲燕之尾生也白圭戰亡六城爲魏
取中山張晏曰白圭爲中山將亡六城君欲殺之亡入魏文侯厚遇之還拔中山○索隱曰事見戰國策及
呂氏春秋也何則誠有以相知也蘇秦相燕燕人惡
之於王王按劍而怒食以駃騠漢書音義駃騠駿馬也生七日而超
其母敬重蘇秦雖有讒謗而更膳以珍奇之味○索隱曰字林云馬父贏子北狄之良馬也○正義曰食音寺駃騠音決
蹄北狄良馬也白圭顯於中山中山人惡之魏文侯文侯

投之以夜光之璧何則兩主二臣剖心析肝相
信豈移於浮辭哉故女無美惡入宮見妬士無
賢不肖入朝見嫉昔者司馬喜髕腳於宋卒相
中山晉灼曰司馬喜三相中山蘇林曰六國時人被此刑也○索隱曰事見戰國策及呂氏春秋范
雎摺脅折齒於魏卒爲應侯索隱曰應侯傳作折脅摺齒是也說文云
拉摧也音力荅反此二人者皆信必然之畫捐朋黨之私
挾孤獨之位故不能自免於嫉妬之人也是以
申徒狄自沈於河漢書音義曰殷之末世人○索隱曰莊子申徒狄諫而不用負石自投於
河韋昭云六國時人漢書云自沈於雍河服虔云雍州之河也又新序作抱甕自沈於河不同也徐衍負
石入海列士傳曰周之末世人不容於世義不苟取比周於

朝以移主上之心故百里奚乞食於路繆公委
之以政甯戚飯牛車下而桓公任之以國應劭曰齊
桓公夜出迎客而甯戚疾擊其牛角商歌曰南山矸白石爛生不遭堯與舜禪短布單衣適至骭從昏飯牛薄夜半長夜
曼曼何時旦公召與語說之以爲大夫○索隱曰事見呂氏春秋商歌者謂爲商聲而歌也或云商旅人歌也二說並通
矸音公彈反矸者白淨皃也顧野王音岸禪音善如字讀協韻失之也骭音旰字書云骭脛也字林音下諫反此二
人者豈借宦於朝假譽於左右然後二主用之
哉感於心合於行親於膠漆昆弟不能離豈惑
於衆口哉故偏聽生姦獨任成亂昔者魯聽季
孫之說而逐孔子索隱曰論語齊人歸女樂季桓子受之三日不朝孔子行也宋
信子罕之計而囚墨翟索隱曰左氏司城子罕姓樂名喜乃宋之賢臣也漢書作

子冉不知子冉是何人文穎曰子冉子罕也荀卿傳云墨翟孔子時人或云在孔子後又襄二十九年左傳宋飢子罕請出粟時孔子適八歲則墨翟與子罕不得相輩或以子冉爲是不知何如也 夫以孔墨之辯不能自免於讒諛而二國以危何則衆口鑠金索隱曰國語云衆心成城衆口鑠金賈逵云鑠消也衆口所惡雖金亦爲之消亡又風俗通云或說有美金於此衆人或共詆訿言其不純金賣者欲其必售因取鍛燒以見其眞是爲衆口鑠金也 積毀銷骨也索隱曰大顏云讒人積久譖毀則父兄自相誅殺骨肉爲之消滅也 是以秦用戎人由余而霸中國齊用越人蒙而彊威宣索隱曰越人蒙未見所出漢書作子臧又張晏云子臧或是越人蒙字也 此二國豈拘於俗牽於世繫阿偏之辭哉公聽並觀垂名當世索隱曰小顏云公聽言不私並觀謂所見同也 故意合則胡越爲昆弟由余越人蒙是矣不合則骨肉出逐不收朱象管蔡是矣今人主誠能用齊秦之義後宋魯之聽則五伯不足稱三王易爲也是以聖王覺寤捐子之之心徐廣曰燕王讓國於其大臣子之也 而能不說於田常之賢應劭曰田常事齊簡公簡公說之而殺簡公使人君去此心則國家安全也 封比干之後修孕婦之墓應劭曰紂剖妊者觀其胎產也○索隱曰案封比干之後後謂子也不見其文尚書作封比干之墓又唯云剖剔孕婦則武王雖反商政亦未必修孕婦之墓也 故功業復就於天下何則欲善無厭也夫晉文公親其讎彊霸諸侯齊桓公用其仇而一匡天下謂晉寺人勃鞮齊管仲也 何則慈仁慇勤誠加於心不可以虛辭借也至夫秦用商鞅之法東

弱韓魏兵彊天下而卒車裂之越用大夫種之謀禽勁吳霸中國而卒誅其身是以孫叔敖三去相而不悔索隱曰三得相不喜知其才之自得也三去相不悔知非己之罪也 於陵子仲辭三公爲人灌園列士傳曰楚於陵子仲楚王欲以爲相而不許爲人灌園○索隱曰孟子云陳仲子齊陳氏之族兄爲齊卿仲子以爲不義乃適楚居于於陵自謂於陵子仲楚王聘以爲相子仲遂夫妻相與逃爲人灌園列士傳字子終者是也 今人主誠能去驕傲之心懷可報之意披心腹見情素墮肝膽施德厚終與之窮達無愛於士則桀之狗可使吠堯韋昭曰言恩厚無不使也 而蹠之客可使刺由應劭曰蹠之客爲其人使刺由由許由也蹠盜蹠也○索隱曰並見戰國策 況因萬乘之權假聖王之資乎然則荊軻之湛七族要離之燒妻子應劭曰荊軻爲燕刺秦始皇不成而死其族坐之湛沒吳王闔閭欲殺王子慶忌要離詐以罪亡令吳王燔其妻子要離走見慶忌以劍刺之張晏曰七族上至曾祖下至曾孫○索隱曰湛音沉七族父之姓一也姑之子二也姊妹之子三也女之子四也母之姓五也從子六也及妻父母凡七族也要離事見呂氏春秋 豈足道哉臣聞明月之珠夜光之璧以闇投人於道路人無不按劍相眄者何則無因而至前也蟠木根柢輪囷離詭張晏曰根柢下本也輪囷離詭委曲槃戾也○索隱曰孟康云蟠結之木也晉灼云槃柢木根也 而爲萬乘器者何則以左右先爲之容也索隱曰左右先加彫刻是爲之容飾也 故無因至前雖出隨侯之珠夜光之璧猶結怨而不見德故有人先談則以枯木朽株樹功而不忘

今夫天下布衣窮居之士身在貧賤雖包堯舜之術 索隱曰言蒙被堯舜之道也 挾伊管之辯懷龍逢比干之意欲盡忠當世之君而素無根柢之容雖竭精思欲開忠信輔人主之治則人主必有按劍相眄之跡是使布衣不得爲枯木朽株之資也是以聖王制世御俗獨化於陶鈞之上 漢書音義曰陶家名模下圓轉者爲鈞以其能制器爲大小比之於天○索隱曰張晏云陶冶鈞範也作器下所轉者名鈞韋昭曰陶燒瓦之竈鈞木長七尺有絃所以調爲器器具也崔浩云以鈞制器萬殊故如造化之運轉裁成也 而不牽於卑亂之語不奪於衆多之口故秦皇帝任中庶子蒙嘉之言以信荆軻之說而匕首竊發 索隱曰通俗文云其頭類匕故曰匕首短而便用也 周文王獵涇渭載呂尚而歸以王天下故秦信左右而殺周用烏集而王 漢書音義曰太公望塗觀卒遇共成王功若烏鳥之暴集也索隱曰韋昭云呂尚適周如烏之集也 何則以其能越攣拘之語馳域外之議獨觀於昭曠之道也今人主沈於諂諛之辭牽於帷裳之制 漢書音義曰言爲左右便嬖侍帷裳臣妾所見牽制 使不羈之士與牛驥同皁 漢書音義曰食牛馬器以木作如槽也○索隱曰言駿足不可羈絆以比喻逸才之人應劭云皁歷也韋昭云皁養馬之官下士也養馬之官其衣皁也又郭璞云皁養馬之器也○正義曰顏云不羈言才識高遠不可羈係皁在早反方言云梁宋齊楚燕之間謂櫪曰皁 此鮑焦所以忿於世而不留富貴之樂也 如淳曰莊子云鮑焦飾行非世抱木而死○索隱曰晉灼云列士傳鮑焦怨世不用已採蔬於道子貢難曰非其世而採其蔬

此焦之有哉弃其蔬乃立枯洛水之上案此事見莊子及說苑韓詩外傳小有不同也 臣聞盛飾入朝者不以利汙義砥厲名號者不以欲傷行故縣名勝母 漢書云里名勝母也○正義曰鹽鐵論皆云里名尸子及此傳云縣名未詳也 而曾子不入 索隱曰淮南子及鹽鐵論云里名勝母曾子不入蓋以名不順也尸子以爲孔子至勝母縣暮而不宿其說不同 邑號朝歌而墨子回車 晉灼曰朝歌者不時也○正義曰朝歌今衛州縣也 今欲使天下寥廓之士攝於威重之權主於位勢之貴故回面汙行以事諂諛之人 索隱曰杜預云回邪也 而求親近於左右則士伏死堀穴巖巖之中耳 詩云節彼南山維石巖巖 安肯有盡忠信而趨闕下者哉書奏梁孝王孝王使人出之卒爲上客

太史公曰魯連其指意雖不合大義然余多其在布衣之位蕩然肆志不詘於諸侯談說於當世折卿相之權鄒陽辭雖不遜然其比物連類有足悲者亦可謂抗直不橈矣吾是以附之列傳焉

索隱述贊曰

魯連達士　高才遠致　釋難解紛
辭祿肆志　齊將挫辯　燕軍沮氣
鄒子遇讒　見詆獄吏　慷慨獻說
時王所器

魯仲連鄒陽列傳第二十三　史記八十三

屈原賈生列傳第二十四　史記八十四

屈原者名平楚之同姓也（正義曰屈景昭皆楚之族王逸云楚王始都是生子瑕受屈為卿因以為氏）為楚懷王左徒（正義曰蓋今左右拾遺之類）博聞彊志明於治亂嫻（史記音隱曰音閑）於辭令入則與王圖議國事以出號令出則接遇賓客應對諸侯王甚任之上官大夫與之同列爭寵而心害其能懷王使屈原造為憲令屈平屬草藁二（曰屬音燭草藁謂創制憲令之本漢書作草具崔浩謂發始造端也）未定上官大夫見而欲奪之（正義曰王逸云上官靳尚）屈平不與因讒之曰王使屈平為令衆莫不知每一令出平伐其功曰以為非我莫能為也王怒而踈屈平屈平疾王聽之不聰也讒諂之蔽明也邪曲之害公也方正之不容也故憂愁幽思而作離騷（索隱曰音素刀反一音蕭應劭曰離遭也騷憂也又離騷序云離別也騷愁也）離騷者猶離憂也夫天者人之始也父母者人之本也人窮則反本故勞苦倦極未嘗不呼天也疾痛慘怛（正義曰上七感反下丁達反慘毒也怛痛也）未嘗不呼父母也屈平正道直行（正義曰寒孟反）竭忠盡智以事其君讒人間之可謂窮矣信而見疑忠而被謗能無怨乎屈平之作離騷蓋自怨生也國風好色而不淫小雅怨誹而不亂（正義曰誹方畏反）若

離騷者可謂兼之矣上稱帝嚳下道齊桓中述湯武以刺世事明道德之廣崇治亂之條貫靡不畢見其文約其辭微其志絜其行廉其稱文小而其指極大舉類邇而見義遠其志絜故其稱物芳其行廉故死而不容自踈濯淖汙泥之中（索隱曰濯音濁淖音鬧汙音烏故反泥音奴計反）蟬蛻於濁穢（正義曰蛻音他臥反又稅去皮也）以浮游塵埃之外不獲世之滋垢皭然泥而不滓者也（徐廣曰皭踈靜之貌○索隱曰皭音自若反泥音涅滓音淄又並如字）推此志也雖與日月爭光可也（正義曰言屈平之仕濁世去其污垢在塵埃之外推此志意雖與日月爭其光明斯亦可矣）屈平既絀其後秦欲伐齊齊與楚從親（正義曰上足松反）惠王患之乃令張儀詳去秦厚幣委質事楚曰秦甚憎齊齊與楚從親楚誠能絕齊秦願獻商於之地六百里楚懷王貪而信張儀遂絕齊使使如秦受地張儀詐之曰儀與王約六里不聞六百里楚使怒去歸告懷王懷王怒大興師伐秦秦發兵擊之大破楚師於丹陽（索隱曰丹淅二水名也謂於丹水之北淅水之南皆為縣名在弘農所謂丹陽淅是也○正義曰丹陽今岐江故城）斬首八萬虜楚將屈匄（索隱曰屈姓匄名音蓋）遂取楚之漢中地（徐廣曰楚懷王十六年張儀來相十七年秦敗屈匄○正義曰梁州）懷王乃悉發國中兵以深入擊秦戰於藍田魏聞之襲楚

屈原賈生傳

至鄧（索隱曰鄧在漢水北故鄧侯城也）楚兵懼自秦歸而齊竟怒不救楚楚大困明年秦割漢中地與楚以和楚王曰不願得地願得張儀而甘心焉張儀聞乃曰以一儀而當漢中地臣請往如楚如楚又因厚幣用事者臣靳尚而設詭辯於懷王之寵姬鄭袖懷王竟聽鄭袖復釋去張儀是時屈平既疏不復在位使於齊顧反諫懷王曰何不殺張儀懷王悔追張儀不及（索隱曰張儀傳無此語）其後諸侯共擊楚大破之殺其將唐眛（徐廣曰二十八年敗唐眛也○正義曰眛莫葛反）時秦昭王與楚婚欲與懷王會懷王欲行屈平曰秦虎狼之國不可信不如無行（索隱曰楚世家昭睢有此言蓋二人同諫王故彼此各隨録之也）懷王稚子子蘭勸王行奈何絕秦歡懷王卒行入武關秦伏兵絕其後因留懷王（徐廣曰三十年入秦）以求割地懷王怒不聽亡走趙趙不內復之秦竟死於秦而歸葬長子頃襄王立（索隱曰名橫）以其弟子蘭為令尹楚人既咎子蘭以勸懷王入秦而不反也屈平既嫉之雖放流睠顧楚國繫心懷王不忘欲反冀幸君之一悟俗之一改也其存君興國而欲反覆之一篇之中三致志焉然終無可奈何

故不可以反卒以此見懷王之終不悟也人君無愚智賢不肖（索隱曰此已下太史公傷楚懷王之不任賢信讒而不能反國之論也）莫不欲求忠以自為舉賢以自佐然亡國破家相隨屬而聖君治國累世而不見者其所謂忠者不忠而所謂賢者不賢也懷王以不知忠臣之分故內惑於鄭袖外欺於張儀疏屈平而信上官大夫令尹子蘭兵挫地削亡其六郡身客死於秦為天下笑此不知人之禍也易曰井泄不食（向秀曰泄者浚治去泥濁也○索隱曰向秀字子期晉人注周易）為我心惻（張璠曰可為惻然傷道未行也○索隱曰張璠亦晉人注易也）可以汲王明並受其福（易象曰求王明受福也○索隱曰京房易章句言我之道可汲而用上有明主汲我道而用之天下並受其福故曰王明並受其福也）王之不明豈足福哉（徐廣曰一云不足福○正義曰言楚王不明忠臣豈是受福故屈原懷沙自沉也）令尹子蘭聞之大怒卒使上官大夫短屈原於頃襄王頃襄王怒而遷之（離騷序曰遷於江南）屈原至於江濱被髮行吟澤畔顏色憔悴形容枯槁漁父見而問之（索隱曰父音甫）曰子非三閭大夫歟（離騷序曰三閭之職掌王族三姓曰昭屈景序其譜屬率其賢良以厲國士）何故而至此屈原曰舉世混濁而我獨清眾人皆醉而我獨醒是以見放漁父曰夫聖人者不凝滯於物而能與世推移舉世混濁何不隨其流而揚其波（索隱

曰楚詞隨其流作滑其泥也衆人皆醉何不餔其糟而啜其醨何故懷瑾握瑜而自令見放爲索隱曰楚詞懷瑾握瑜作深思高舉也屈原曰吾聞之新沐者必彈冠新浴者必振衣人又誰能以身之察察王逸曰已靜潔受物之汶汶者乎王逸曰蒙垢黴○索隱曰汶汶音門汶汶猶昏暗不明也寧赴常流而葬乎江魚腹中耳索隱曰常流猶長流也又安能以皓皓之白而蒙世之溫蠖乎索隱曰蠖音烏郭反溫蠖猶惛憒楚詞作蒙世之塵埃哉乃作懷沙之賦索隱曰楚詞九懷曰懷沙礫以沉此其義也其辭曰陶陶孟夏兮草木莽莽王逸曰陶陶盛陽貌莽莽盛茂貌索隱曰莽音姥○正義曰莫古反傷懷永哀兮汨徂南土王逸曰汨行貌○索隱曰方言曰汨謂疾行也眴兮窈窕徐廣曰眴眩也○索隱曰眴音瞬窈音烏鳥反孔靜幽墨王逸曰孔甚也墨無聲也○正義曰孔甚墨無聲言江南山高澤深視之眴然甚清淨歎無人聲寃結紆軫兮離愍之長鞠王逸曰鞠窮紆屈也軫痛也愍病也撫情効志兮俛詘以自抑刓方以爲圜兮常度未替王逸曰刓削度法替廢也言人刓削方木欲以爲圓其常法度尚未廢也○索隱曰刓音五官反易初本由兮君子所鄙王逸曰由道也○正義曰本常也鄙恥也言人遭世不道變易初行違離常道君子所鄙章畫職墨兮前度未改王逸曰章明也度法也言上明於所畫念其繩墨修前人之法不易其道則曲木直而惡木好○索隱曰畫計畫也楚詞職作志志念也余如注所解內直質重兮大人所盛王逸曰言人質性敦厚心志正直行無過失則大人君子所盛美也巧匠不斲兮孰察其揆正玄文幽處兮矇謂之不章王逸曰玄黑也矇盲者也詩云矇瞍奏公章明也離

婁微睇兮瞽以爲無明王逸曰離婁古明視者也瞽盲也○正義曰睇田帝反盼也變白而爲黑兮倒上以爲下索隱曰下音戶鳳皇在笯兮雞雉翔舞徐廣曰笯一作郊駰案王逸曰笯籠落也○索隱曰笯音奴又音女加反籠落謂藤蘿之相籠絡也楚詞雉作鶩○正義曰應瑞圖云黃帝問天老曰鳳鳥何如天老曰鴻前而麟後蛇頸而魚尾龍文而龜身燕頷而雞喙首戴德頸揭義背負仁心入信翼挾順足履正尾繫武小音金大音鼓延頸奮翼五光備舉同糅玉石兮一槩而相量王逸曰忠佞不異夫黨人之鄙妬兮羌不知吾所臧王逸曰莫昭我之善意○索隱曰按王師叔云羌楚人語辭言卿何爲也○正義曰羌音疆任重載盛兮陷滯而不濟王逸曰言已才力盛壯可任用重載而身陷沒沉滯不得成其本志也懷瑾握瑜兮窮不得余所示王逸曰示語也邑犬羣吠兮吠所怪也誹駿疑桀兮固庸態也王逸曰千人才爲俊一國高爲桀也庸廝賤之人也○索隱曰尹文子云千人曰俊萬人曰桀今乃誹駿疑桀固是庸人之態也文質疏內兮衆不知吾之異采徐廣曰異一作奧駰案王逸曰采文采也材樸委積兮莫知余之所有重仁襲義兮謹厚以爲豐王逸曰重累也襲及也重華不可牾兮孰知余之從容王逸曰牾逢也○索隱曰楚詞牾作遌並吾故反古固有不並兮豈知其故也索隱曰楚詞作莫知其何故湯禹久遠兮邈不可慕也懲違改忿兮抑心而自彊離湣而不遷兮願志之有象王逸曰象法也進路北次兮正義曰北次將就日昧昧其將暮舍憂虞哀兮限之以大故王逸曰娛樂也大故謂死亡也○索隱曰楚詞舍憂虞作舒憂娛哀娛音虞娛者樂也亂曰索隱曰王師叔云亂者理也所以發

理辭指摠攝其要而重理前意也浩浩沅湘兮索隱曰二水名地理志湘水出零陵海陽山北入江沅即湘之後流也○正義曰說文云沅水出牂牁東北流入江湘水出零陵縣海山北至入江按二水皆經岳州而入大江也分流汨兮王逸曰汨流也脩路幽拂兮索隱曰楚詞作幽蔽也道遠忽兮曾唫恒悲兮永歎慨兮世既莫吾知兮人心不可謂兮王逸曰謂猶說也○索隱曰楚詞無曾唫已下二十一字懷情抱質兮獨無匹兮伯樂既歿兮驥將焉程兮王逸曰程量也人生有命兮各有所錯兮王逸曰錯安也定心廣志余何畏懼兮索隱曰楚詞餘並作余曾傷爰哀永歎喟兮王逸曰喟息也世溷不吾知心不可謂兮知死不可讓兮願勿愛兮明以告君子兮吾將以為類兮王逸曰類法也○正義曰按類例也以為

忠臣不事亂君之例於是懷石遂自投汨羅以死應劭曰汨水在羅故曰汨羅也○索隱曰地理志長沙有羅縣羅子之所徙荊州記羅縣北帶汨水音覓○正義曰故羅縣城在岳州湘陰縣東北六十里春秋時羅子國秦置長沙郡而為縣也按縣北有汨水及屈原廟續齊諧記云屈原以五月五日投汨羅而死楚人哀之每於此日以筒貯米投水祭之漢建武中長沙區回白日忽見一人自稱三閭大夫謂回曰聞君常見祭甚善但常年所遺並蛟龍所竊今若有惠可以練樹葉塞上以五色絲轉縛之此物蛟龍所憚回依其言世人五月五日作糉并帶五色絲及練葉皆汨羅之遺風屈原既死之後楚有宋玉唐勒景差徐廣曰或作慶○索隱曰揚子法言及漢書古今人表皆作景瑳今作差是字省耳以徐裴鄒二家皆無音是如字讀也之徒者皆好辭而以賦見稱然皆祖屈原之從容辭令終莫敢直諫其後楚日以削數十年竟為秦所滅自屈原沈汨羅後百有餘年漢

有賈生為長沙王太傅過湘水投書以弔屈原賈生名誼雒陽人也年十八以能誦詩屬書聞於郡中吳廷尉為河南守聞其秀才正義曰顏云秀美也應劭云避光武諱改茂才也召置門下甚幸愛孝文皇帝初立聞河南守吳公索隱曰吳姓史失名故稱公治平為天下第一故與李斯同邑而常學事焉乃徵為廷尉廷尉乃言賈生年少頗通諸子百家之書文帝召以為博士是時賈生年二十餘最為少每詔令議下諸老先生不能言賈生盡為之對人人各如其意所欲出諸生於是乃以為能不及也孝文帝

說之超遷一歲中至太中大夫賈生以為漢興至孝文二十餘年天下和洽而固當改正朔易服色法制度定官名興禮樂乃悉草具其事儀法色尚黃數用五正義曰漢文帝時黃龍見成紀故改為土也為官名悉更秦之法孝文帝初即位謙讓未遑也諸律令所更定及列侯悉就國其說皆自賈生發之於是天子議以為賈生任公卿之位絳灌東陽侯馮敬之屬盡害之正義曰絳灌周勃灌嬰也東陽侯張相如馮敬時為御史大夫乃短賈生曰雒陽之人年少初學專欲擅權紛亂諸事於是天子後亦疏之不用其議乃以賈生

爲長沙王太傅索隱曰誼爲傅是吳芮之玄孫差襲長沙王之時也非景帝之子長沙王發也
荆州記長沙城西北隅有賈誼祠及誼坐石牀在也賈生既辭往行聞長沙卑
溼自以壽不得長又以適去徐廣曰竹革反韋昭曰讁譴也○索隱曰字林
云適音丈厄反意不自得及渡湘水爲賦以弔屈原其
辭曰共承嘉惠兮張晏曰恭敬也俟罪長沙側聞屈原
兮自沈汨羅造託湘流兮敬弔先生索隱曰造音七到反遭
世罔極兮乃隕厥身嗚呼哀哉逢時不祥鸞鳳
伏竄兮鴟梟翱翔索隱曰竄音七外反闒茸尊顯兮讒諛
得志索隱曰闒音天臘反茸音而龍反應劭胡廣云闒茸不才之人無六翮翶翔之用而反尊貴字林云闒茸
不肖之人也賢聖逆曳兮方正倒植索隱曰胡廣云逆曳不得順而行也倒植

史列傳二十四　九

賢不肖顛倒而易位也世謂伯夷貪兮謂盜跖廉索隱曰漢書作隨夷溷兮
跖蹻廉一句皆兼兩人隨卞隨夷伯夷跖盜跖蹻莊蹻也莫邪爲頓兮應劭曰莫邪吳大夫也作
寶劍因以冠名瓚曰許愼曰莫邪大戟也○索隱曰吳越春秋曰吳王使干將造劍二枚一曰干將二曰莫耶莫耶干將
劍名也頓讀爲鈍鉛刀爲銛徐廣曰思廉反駰案漢書音義曰銛謂利○索隱曰鉛者錫也銛利也音
纖言其闇惑也于嗟嚜嚜兮生之無故應劭曰嚜嚜不自得意讀曰生謂屈原也斡
棄周鼎兮而寶康瓠如淳曰斡轉也爾雅曰康瓠謂之甈甈大瓠也應劭曰東容也斡音筦
筦轉也東空也○索隱曰斡音烏括反甈音五列反李巡云康謂大瓠瓢也騰駕罷牛兮驂
蹇驢正義罷音皮驥垂兩耳兮服鹽車索隱曰戰國策曰夫驥服鹽車
上太山中坂遷延負轅不能上伯樂下車哭之者也章甫薦屨兮應劭曰章甫殷冠也漸
不可久劉向別錄曰因以自諭自恨也嗟苦先生兮獨離此咎應劭

曰嗟咨嗟勞苦屈原遇此難也訊曰李奇曰訊告也張晏曰訊離騷下竟亂辭也○索隱曰訊音信劉伯莊音
素對反訊猶宣也重宣其意周成解詁音碎也已矣國其莫我知獨堙鬱兮
索隱曰漢書作壹鬱亦通其誰語鳳漂漂其高遰兮索隱曰遰音逝夫固
自縮而遠去襲九淵之神龍兮鄧展曰襲重也或曰襲覆也猶言察
也○索隱曰莊子曰千金之珠必在九重之淵而驪龍頷下故云九淵之神龍也沕徐廣曰亡筆反深潛
以自珍徐廣曰沕潛藏也彌融爚徐廣曰一云偭蟂獺○正義曰顏野王云彌遠也融明也爚
光也沒深藏以自珍彌遠明光以隱處也以隱處兮徐廣曰一本云彌蝎爚以隱處也○索隱曰案徐所
注蓋三本總不同也蘇林云偭音面應劭云偭背也蟂獺水蟲害魚者以言其背惡從善也郭璞注爾雅云似鳧江東謂之
魚鴆夫豈從螘與蛭螾漢書螘字作蝦韋昭曰蝦蟇也蛭水蟲螾丘螾也○索隱曰螘音
蟻漢書作蝦言偭然絕於蟂獺況從蝦與蛭螾也蛭音質螾音引○正義曰言寧投水合神龍豈陸葬從螘與蛭蚓所

史列傳二十四　十

貴聖人之神德兮遠濁世而自藏使騏驥可得
係羈兮豈云異夫犬羊正義曰使騏驥可得係縛羈絆則與犬羊無異責屈原不去濁
世以藏隱其文如纍也驥千里馬般紛紛其離此尤兮蘇林曰般音盤孟康曰般
音班或曰盤桓不去紛紛攘攘意也○索隱曰尤謂怨咎也亦夫子之辜也索隱曰漢
書辜作故夫子謂屈原也李奇曰亦夫子不如麟鳳翔逝之故罹此咎也瞝九州而相君兮
索隱曰瞝音丑知反謂歷觀也漢書作歷九州何必懷此都也鳳皇翔于千
仞之上兮覽德輝焉下之索隱曰言鳳皇翔見人君有德乃下故禮曰德輝動
乎內是也見細德之險微兮搖增翮徐廣曰一云遙增擊也逝而
去之正義曰搖動也增加也言見細德之人又有險難微起則合加動羽翮遠逝而去之彼尋常
之汙瀆兮應劭曰八尺曰尋倍尋曰常○索隱曰汙潢也瀆小渠也豈能容吞舟

之魚橫江湖之鱣鱏兮如淳曰大魚也瓚曰鱏魚無鱗口近腹下固將制於螻蟻索隱曰莊子云庚桑楚謂弟子曰吞舟之魚蕩而失水則螻蟻能苦之戰國策齊人說靖郭君亦同案以喻小國暗主不容忠臣而爲讒賊小臣之所見害也賈生爲長沙王太傅正義曰漢文帝年表云吳芮之玄孫差襲長沙王也傅爲長沙靖王差之二年也括地志云吳芮故城在潭州長沙縣東南三百里賈誼宅在縣南三十步湘水記云誼宅中有一井誼所穿極小而深上斂下大其狀如壺傍有一局脚石床容一人坐形流古制相承云誼所坐三年有鴞飛入賈生舍止於坐隅楚人命鴞曰服晉灼曰異物志有山鴞體有文色土俗因形名之曰服不能遠飛行不出域索隱曰鄧展云似鵲而大荊州記云巫縣有鳥如雌雞其雄爲鴞楚人謂之服吳錄云服黑色也鳴自呼其名賈生既以適居長沙長沙卑溼自以爲壽不得長傷悼之乃爲賦以自廣索隱曰姚氏云廣猶寬也其辭曰單閼

之歲兮徐廣曰歲在卯曰單閼文帝六年歲在丁卯○索隱曰李巡云單閼起也陽氣推萬物而起故曰單閼孫炎本作蟬焉蟬猶伸也○正義閼烏曷反四月孟夏庚子日施兮服集予舍徐廣曰施一作斜○索隱曰施音矢移反猶西斜也漢書作斜止于坐隅貌甚閒暇異物來集兮私怪其故發書占之兮策言其度索隱曰漢書作讖說文云讖驗言也此作策蓋讖策之辭○正義曰發策數之書占其度驗曰野鳥入處兮主人將去請問于服兮予去何之索隱曰予於也漢書作予服小顏云予加美之辭吉乎告我凶言其菑正義音災淹數之度兮語予其期徐廣曰數速也服乃歎息舉首奮翼口不能言請對以臆正義曰協韻音憶萬物變化兮固無休息斡流而遷兮或推而還索隱曰斡音烏活反斡轉

也形氣轉續兮化變而嬗服虔曰嬗音如蟬反變蛻也或曰蟬蔓相連也○索隱曰韋昭云而如也如蟬之蛻化也蘇林云嬗音蟬謂其相傳之也沕穆無窮兮胡可勝言索隱曰漢書無窮作無閒沕音密又音昧沕穆深微皃以言其理深微不可盡言也○正義沕音勿禍兮福所倚正義曰於蟻反依也福兮禍所伏索隱曰此老子之言然禍字古作𥚃案倚者立也伏下身也以言禍福遞來猶如伏立也憂喜聚門兮吉凶同域正義曰言禍福相因吉凶不定彼吳彊大兮夫差以敗越棲會稽兮句踐霸世斯游遂成兮卒被五刑韋昭曰斯李斯也傅說胥靡兮徐廣曰腐刑也○索隱曰晉灼云胥相也靡隨也古者相隨坐輕刑之名墨子云傅說衣褐帶索庸築於傅巖在河東大陽縣又夏靖書云傅氏十里河西岸吳坂下便得隱穴是說所潛身處也乃相武丁夫禍之與福兮何異糾纆應劭曰福禍相爲表裏如糾纆纆繩索相附會也瓚曰糾絞也纆索也○索隱曰韋昭云纆徽也又通俗文云合繩曰糾字林云纆三合繩也音墨糾音九命不可說

兮孰知其極水激則旱兮矢激則遠索隱曰此淮南子及鶡冠子文也彼作水激則旱而呂氏春秋作疾以言水激則去疾不能浸潤矢激疾則去遠也說文旱與悍同音以言水矢流飛本以無礙爲通利今遇有物觸之則激怒更勁疾而遠悍猶人或因禍致福倚伏無常也萬物回薄兮振蕩相轉雲蒸雨降兮錯繆相紛大專槃物兮漢書專字作鈞如淳曰陶者作器於鈞上此以造化爲大鈞○索隱曰漢書云大鈞播物此專讀曰鈞槃猶轉也與播義同虞喜志林云大鈞造化之神鈞陶萬物品授羣形者也案上鄒陽傳注云陶家名模下圓轉者爲鈞言其能制器大小以比之於天坱軋無垠應劭曰其氣坱軋非有限齊也坱音若央軋音若乙○索隱曰案無垠謂無有齊畔也說文云垠圻也郭璞注方言云坱軋者不利也王逸注楚詞云坱軋霧氣昧也○正義曰坱烏朗反軋於黠反天不可與慮兮索隱曰與音預道不可與謀遲數有命

兮惡識其時且夫天地爲爐兮造化爲工索隱曰此莊子文陰陽爲炭兮萬物爲銅索隱曰旣以陶冶喻造化故以陰陽爲炭萬物爲銅也合散消息兮安有常則索隱曰莊子云人之生也氣之聚也聚則爲生散則爲死千變萬化兮未始有極索隱曰莊子云人者萬化而未始有極忽然爲人兮何足控摶如淳曰控引也控摶玩弄愛生之意也○索隱曰摶音徒端反又本作控揣揣音初委反又音丁果反揣者量也故晉灼云或然爲人言此生甚輕耳何足引物量度己年命之長短而愛惜之也化爲異物兮又何足患索隱曰謂死而形化爲鬼是爲異物也患協韻音環小知自私兮賤彼貴我索隱曰莊子云以物觀之自貴而相賤也通人大觀兮物無不可索隱曰莊子物故有所然物固有所可無物不然無物不可貪夫徇財兮列士徇名應劭曰徇營也瓚曰以身從物曰徇○索隱曰此語亦出莊子夸

者死權兮應劭曰夸毗也好榮死於權利瓚曰夸奉也莊子曰權勢不尤則夸者不悲○索隱曰言好夸毗者死於權利是言貪勢以自矜夸者至死不休也尤甚也言勢不甚用則夸毗者可悲也品庶馮生孟康曰馮貪也○索隱曰漢書作每生音謀在反服虔云每念生也鄒誕本亦作每言唯念生而已今此作馮馮亦持念之意也然案方言每字合從手旁音謀改反○正義曰馮音憑怵迫之徒兮或趨西東孟康曰怵爲利所誘怵也迫迫貧賤東西趨利也○索隱曰漢書亦有作私東應劭云仕諸侯爲私時天子居長安諸王悉在關東小人怵然內迫私家樂仕諸侯故云怵迫私東也李奇曰私多作西者言東西趨利也怵音黜又怵者誘也大人不曲兮億變齊同索隱曰張機云德無不包靈府弘曠故名大人也拘士繫俗兮攌如囚拘徐廣曰攌音華板反又音睆索隱曰說文云攌大木柵也漢書作僒音去隕反至人遺物兮獨與道俱索隱曰莊子云古之至人先存諸己後存諸人張機云躰盡於聖德美之極謂之至人衆人或或兮好惡積意李奇

曰或或東西也所好所惡積之萬億也瓚曰言衆懷抱好惡積之心意○正義曰意合韻音憶眞人淡漠兮獨與道息索隱曰莊子云古之眞人不知悅生不知惡死不以心捐死不以人助天呂氏春秋曰精氣日新斜氣盡去反其天年謂之眞人也釋知遺形兮超然自喪服虔曰絕聖棄知而忘其身也○索隱曰遺形者形故可使如槁木也自喪者心若死灰也莊周云今者吾喪我汝知之乎寥廓忽荒兮與道翱翔乘流則逝兮得坻則止徐廣曰坻一作坎駰案張晏曰坻水中小洲也○索隱曰漢書坻作坎周易坎九二有險言君子見險則止縱軀委命兮不私與己其生若浮兮其死若休索隱曰莊子云勞我以生休我以死也澹乎若深淵之靜氾乎若不繫之舟索隱曰出莊子不以生故自寶兮養空而游漢書音義曰如舟之空也○索隱曰鄧展云自寶自貴也養空而游言躰道之人但養空性而心若浮舟也德人無累兮知命

不憂索隱曰德人謂上德之人心中無物累是得道之士也細故慸葪兮何足以疑韋昭曰慸音士介反○索隱曰葪音介漢書作介張揖云慸介鯁刺也以言細微事不足慸介我心故於此云何足以疑之者也○正義曰慸刃邁反葪如邁反後歲餘賈生徵見孝文帝方受釐徐廣曰祭祀福胙也駰案如淳曰漢唯祭天地五時皇帝不自行祠還致福釐音僖坐宣室蘇林曰未央前正室○索隱曰三輔故事云宣室在未央殿北應劭云釐祭余肉也上因感鬼神事而問鬼神之本賈生因具道所以然之狀至夜半文帝前席旣罷曰吾久不見賈生自以爲過之今不及也居頃之拜賈生爲梁懷王太傅索隱曰梁懷王名揖文帝子梁懷王文帝之少子愛而好書故令賈生傅之文帝復封淮南厲王子四人皆爲

列侯賈生諫以爲患之興自此起矣賈生數上疏言諸侯或連數郡非古之制可稍削之文帝不聽居數年懷王騎墮馬而死徐廣曰文帝十一年無後賈生自傷爲傅無狀哭泣歲餘亦死賈生之死時年三十三矣及孝文崩孝武皇帝立舉賈生之孫二人至郡守而賈嘉最好學世其家與余通書至孝昭時列爲九卿

太史公曰余讀離騷天問招魂哀郢悲其志適長沙觀屈原所自沈淵索隱曰荊州記云長沙羅縣北帶汨水去縣四十里是原自沈處北岸有廟也未嘗不垂涕想見其爲人及見賈生弔之又怪屈原以彼其材游諸侯何國不容而自令若是讀服鳥賦同死生輕去就又爽然自失矣徐廣曰一本作奭

索隱述贊曰
屈平行正　以事懷王　瑾瑜比潔
日月爭光　忠而見放　讒者益章
賦騷見志　懷沙自傷　百年之後
空悲弔湘

屈原賈生列傳第二十四　史記八十四

呂不韋列傳第二十五　史記八十五

呂不韋者陽翟大賈人也索隱曰翟音狄俗又音宅地理志縣名屬潁川戰國策以不韋爲濮陽人又記其事迹亦多與此傳不同班固雖云太史公採戰國策然爲此傳當別有所聞見故不全依彼說或者劉向定戰國策時以已異聞改易彼書遂令不與史記合也賈音古鄭玄注周禮云行曰商處曰賈○正義曰陽翟今河南府也往來販賤賣貴徐廣曰一本云陽翟大賈也往來賤買貴賣也○索隱曰王劭賣作鬻音育案育賣義同今如字讀家累千金秦昭王四十年太子死其四十二年以其次子安國君爲太子索隱曰名柱後立是爲孝文王也安國君有子二十餘人安國君有所甚愛姬立以爲正夫人號曰華陽夫人華陽夫人無子安國君中男名子楚索隱曰即莊襄王也戰國策曰本名異人後從趙還不韋使以楚服見王后悅之曰吾楚人也而子字之乃變其名曰子楚子楚母曰夏姬毋愛子楚爲秦質子於趙索隱曰質舊音致今讀依此穀梁傳曰交質子不及二伯左傳曰信不由中質無益也秦數攻趙趙不甚禮子楚子楚秦諸庶孽孫索隱曰韓信傳亦曰韓信襄王之孽孫張晏曰孺子曰孽子向休注公羊孽子賤子也非嫡正之子曰孽質於諸侯車乘進用不饒索隱曰下文又云以五百金爲進用宜依小顏讀爲賮音才刃反進者財也古字假借之也居處困不得意呂不韋賈邯鄲見而憐之曰此奇貨可居以子楚方財貨也○正義曰戰國策云濮陽人呂不韋賈邯鄲見秦質子異人謂其父曰耕田之利幾倍曰十倍珠玉之贏幾倍曰百倍立主定國之贏幾倍曰無數不韋曰今力田疾作不得煖衣餘食今定國立君澤可遺後世願往事之秦子異人質於趙處於聊城故往說之乃說秦王后弟楊泉君曰君之罪至死君知之乎君門下無不居高官尊位太子門下無貴者而駿馬盈外廐

美女充後庭王之春秋高矣一日山陵太子用事君危於累卵而不壽於朝生今有計可以使君富千萬寧於太山必無危亡之患矣楊泉曰請聞其說不韋曰王年高矣王后無子子傒有承國之業士倉又輔之王一日山陵子傒立士倉用事王后之門必生蓬蒿子楚賢人賢材也棄在於趙無母引領西望欲一得歸王后誠請而立之是異人無國有國王后無子有子楊泉曰諾入說王后爲請於趙而歸之乃往見子楚說曰吾能大子之門子楚笑曰且自大君之門而乃大吾門呂不韋曰子不知也吾門待子門而大子楚心知所謂乃引與坐深語索隱曰旣解不韋所言之意遂與密謀深語也呂不韋曰秦王老矣安國君得爲太子竊聞安國君愛幸華陽夫人華陽夫人無子能立適嗣者正義曰適音嫡獨華陽夫人耳今子兄弟二十餘人子又居中不甚見幸久質諸侯即大王薨安國君立爲王則子無幾得與長子正義曰言子楚無望得須長爲太子及諸子旦暮在前者爭爲太子矣索隱曰幾音冀幾望也左傳曰日月以幾戰國策曰子傒承國之業又有母在中高誘注云子傒秦太子異人之異母兄弟也子楚曰然爲之奈何呂不韋曰子貧客於此非有以奉獻於親及結賓客也不韋雖貧請以千金爲子西游事安國君及華陽夫人立子爲適嗣子楚乃頓首曰必如君策請得分秦國與君共之呂不韋乃以五百金與子楚爲進用結賓客而復以五百金買奇物玩好自奉而西游秦求見華陽夫人

姊而皆以其物獻華陽夫人因言子楚賢智結諸侯賓客徧天下常曰楚也以夫人爲天日夜泣思太子及夫人夫人大喜不韋因使其姊說夫人索隱曰戰國策作說秦王后弟陽泉君也曰吾聞之以色事人者色衰而愛弛今夫人事太子甚愛而無子不以此時蚤自結於諸子中賢孝者舉立以爲適而子之索隱曰以此爲一句子謂養之爲子也然欲分立以爲適作上句而子之夫在則尊重作下句意亦通夫在則重尊夫百歲之後所子者爲王終不失勢此所謂一言而萬世之利也不以繁華時樹本即色衰愛弛後雖欲開一語尚可得乎今子楚賢而自知中男也次不得爲適其母又不得幸自附夫人夫人誠以此時拔以爲適夫人則竟世有寵於秦矣華陽夫人以爲然承太子閒從容言索隱曰閒音閑從音七恭反子楚質於趙者絕賢來往者皆稱譽之乃因涕泣曰妾幸得充後宮不幸無子願得子楚立以爲適嗣以託妾身安國君許之乃與夫人刻玉符約以爲適嗣安國君及夫人因厚餽遺子楚而請呂不韋傅之子楚以此名譽益盛於諸侯呂不韋取邯鄲諸姬絕好善舞者與居索隱曰言其姿容絕美而又善舞也知有身子楚從不

韋飲見而說之因起爲壽請之呂不韋怒念業已破家爲子楚欲以釣奇（索隱曰釣者以取魚喻也奇即上云此奇貨可居也）乃遂獻其姬姬自匿有身至大期時（徐廣曰期十二月也○索隱曰譙周云人十月生此過二月故云大期蓋當然也既云自匿有娠則生政固當踰常期也）生子政子楚遂立姬爲夫人秦昭王五十年使王齮圍邯鄲急趙欲殺子楚子楚與呂不韋謀行金六百斤予守者吏得脫亡赴秦軍遂以得歸趙欲殺子楚妻子子楚夫人趙豪家女也得匿以故母子竟得活秦昭王五十六年薨太子安國君立爲王華陽夫人爲王后子楚爲太子趙亦奉子楚夫人及子政歸秦秦王立一年薨謚爲孝文王太子子楚代立是爲莊襄王莊襄王所養母華陽后爲華陽太后（索隱曰劉氏本作所生母生衍字今檢諸本並無生字也）眞母夏姬尊以爲夏太后莊襄王元年以呂不韋爲丞相封爲文信侯（索隱曰下文尊爲相國案百官表云皆秦官金印紫綬掌丞天子助理萬機秦置左右高帝置一後又更名相國哀帝時更名大司徒）食河南洛陽十萬戶（索隱曰戰國策曰食藍田十二縣而秦本紀莊襄王元年初置三川郡地理志高祖更名河南此秦代而曰河南者史記後作據漢郡而言之耳）莊襄王即位三年薨太子政立爲王（徐廣曰時年十三）尊呂不韋爲相國號稱仲父（正義曰仲中也次父也蓋效齊桓公以管仲爲仲父）秦王年少太后時時竊私通呂不韋

不韋家僮萬人當是時魏有信陵君（正義曰年表云秦昭王五十六年平原君卒始皇四年信陵君死始皇九年李園殺春申君孟嘗君當秦昭王二十四年已後而卒最早）楚有春申君趙有平原君齊有孟嘗君（索隱曰王劭云孟嘗春申死已久據表及傳孟嘗春申死稍在前信陵將五國兵攻秦河外正當在莊襄王時不韋已爲相又春申與不韋並時各相向十餘年不得言死之久矣）皆下士喜賓客以相傾呂不韋以秦之彊羞不如亦招致士厚遇之至食客三千人是時諸侯多辯士如荀卿之徒著書布天下呂不韋乃使其客人人著所聞集論以爲八覽六論十二紀二十餘萬言（索隱曰八覽者有始孝行愼大先識審分審應離俗時君也六論者開春愼行貴直不苟以順士容也十二紀者記十二月也其書有孟春等紀二十餘萬言三十餘卷也）以爲備天地萬物古今之事號曰呂氏春秋布咸陽市門（索隱曰地理志右扶風渭城縣故咸陽高帝更名新城武帝更名渭城案咸訓皆其地在渭水之北北阪之南水北曰陽山南亦曰陽皆在二者之陽也）懸千金其上延諸侯游士賓客有能增損一字者予千金始皇帝益壯太后淫不止呂不韋恐覺禍及己乃私求大陰人嫪毐以爲舍人時縱倡樂使毐以其陰關桐輪而行（正義曰以桐木爲小車輪）令太后聞之以啗太后太后聞果欲私得之呂不韋乃進嫪毐詐令人以腐罪告之（正義曰上音輔謂宮刑骨靡也）不韋又陰謂太后曰可事詐腐則得給事中太后乃陰厚賜主腐者吏詐論

之拔其鬚眉爲宦者遂得侍太后太后私與通絕愛之有身太后恐人知之詐卜當避時徙宮居雍正義曰雍故城在岐州雍縣南七里有秦都大鄭宮嫪毐常從賞賜甚厚事皆決於嫪毐嫪毐家僮數千人諸客求宦爲嫪毐舍人千餘人始皇七年莊襄王母夏太后薨孝文王后曰華陽太后與孝文王會葬壽陵正義曰秦孝文王陵在雍州萬年縣東北二十五里夏太后子莊襄王葬芷陽索隱曰芷音止地理志云京兆霸陵縣故芷陽案在長安東也○正義曰秦襄莊陵在雍州新豐縣西南三十五里始皇在北故俗亦謂之見子陵故夏太后獨別葬杜東索隱曰杜原之東也○正義曰夏太后陵在萬年縣東南二十五里曰東望吾子西望吾夫後百年

旁當有萬家邑索隱曰宣帝元康元年起杜陵漢舊儀武昭宣三陵皆三萬戶計去此一百六十餘年也始皇九年有告嫪毐實非宦者常與太后私亂生子二人皆匿之與太后謀曰王即薨以子爲後說苑曰毐與侍中左右貴臣博飲酒醉爭言而鬬瞋目大叱曰吾乃皇帝假父也窶人子何敢乃與我亢所與鬬者走行白始皇○索隱曰劉氏窶音其矩反今俗本多作寠字蓋相承錯耳不近詞義說苑作窶子言輕諸侍中以爲窮窶家之子也於是秦王下吏治具得情實事連相國呂不韋九月夷嫪毐三族殺太后所生兩子而遂遷太后於雍索隱曰說苑云遷太后咸陽宮地理志雍縣有咸陽宮秦昭王所起也諸嫪毐舍人皆沒其家而遷之蜀索隱曰家謂家生資物並沒於官人口則遷之蜀也王欲誅相國爲其奉先王功大及賓客

辯士爲游說者衆王不忍致法秦王十年十月免相國呂不韋及齊人茅焦說秦王秦王乃迎太后於雍歸復咸陽徐廣曰入南宮而出文信侯就國河南歲餘諸侯賓客使者相望於道請文信侯秦王恐其爲變乃賜文信侯書曰君何功於秦秦封君河南食十萬戶君何親於秦號稱仲父其與家屬徙處蜀呂不韋自度稍侵恐誅乃飲酖而死徐廣曰十二年駰案皇覽曰不韋冢在河南洛陽北邙道西大冢是也民傳言呂母冢不韋妻先葬故其冢名呂母也秦王所加怒呂不韋嫪毐皆已死乃皆復歸嫪毐舍人遷蜀者始皇十九年太后薨謚

爲帝太后索隱曰王劭云秦不用謚法此蓋號耳其義亦當然也始皇稱皇帝之後故其母號爲帝太后豈謂誄列生時之行乎與莊襄王會葬茝陽徐廣曰一作芷陽

太史公曰不韋及嫪毐貴封號文信侯索隱曰文信侯不韋封也嫪毐封長信侯上文已言不韋封此贊中言嫪毐得寵貴由不韋耳合作長信侯人之告嫪毐毐聞之秦王驗左右未發上之雍郊毐恐禍起乃與黨謀矯太后璽發卒以反蘄年宮正義曰蘄年宮在岐州城西故城內發吏攻毐毐敗亡走追斬之好時遂滅其宗索隱曰地理志扶風有好時縣而呂不韋由此絀矣孔子之所謂聞者其呂子乎論語曰夫聞也者色取仁而行違居之不疑在邦必聞在家必聞馬融曰此言佞人也

索隱述贊曰不韋釣奇　委質子楚　華陽立嗣　邯鄲獻女　及封河南　乃號仲父　徙蜀懲謗　懸金作語　籌策既成　富貴斯取

呂不韋列傳第二十五　史記八十五

刺客列傳第二十六　史記八十六

曹沫者魯人也索隱曰沬音亡葛反左氏穀梁並作曹劌然則沬宜音劌沬劌聲相近而字異耳以勇力事魯莊公莊公好力曹沫為魯將與齊戰三敗北魯莊公懼乃獻遂邑之地以和索隱曰左傳齊人滅遂杜預云遂國在濟北蛇丘縣東北也○正義曰故城在兖州龔丘縣西北七十六里也猶復以為將齊桓公許與魯會于柯而盟索隱曰杜預云齊北東阿齊之柯邑猶祝柯今為祝阿也桓公與莊公既盟於壇上曹沫執匕首劫齊桓公索隱曰匕音比劉氏云短劍也鹽鐵論以為長尺八寸其頭類匕故云匕首也此事約公羊為說然彼無其名直云曹子而已且左傳魯莊十年戰長勺用曹劌謀敗齊而無劫桓公之事十三年盟于柯公羊始論曹子穀梁此年惟云曹劌之盟信齊侯也又不記其行事之時也桓公左右莫敢動而問曰子將何欲索隱曰公羊傳曰管子進曰君何求何休注云桓公卒不能應管仲進為言之也曹沫曰齊彊魯弱而大國侵魯亦以甚矣今魯城壞即壓齊境索隱曰齊魯鄰接今齊數侵魯魯之城壞即壓近齊之境也君其圖之桓公乃許盡歸魯之侵地既已言曹沫投其匕首下壇北面就羣臣之位顏色不變辭令如故桓公怒欲倍其約索隱曰倍音佩管仲曰不可夫貪小利以自快棄信於諸侯失天下之援不如與之於是桓公乃遂割魯侵地曹沫三戰所亡地盡復予魯其後百六十有七年而吳有專諸之事

專諸者吳堂邑人也 索隱曰專字亦作鱄音同左傳作鱄設諸地理志臨淮有堂邑縣也 伍子胥之亡楚而如吳也知專諸之能伍子胥既見吳王僚說以伐楚之利吳公子光曰彼伍員父兄皆死於楚而員言伐楚欲自為報私讎也非能為吳吳王乃止伍子胥知公子光之欲殺吳王僚乃曰彼光將有內志未可說以外事 索隱曰言其將有內難弒君之志且對外事生文吳世家作知光有他志也 乃進專諸於公子光光之父曰吳王諸樊諸樊弟三人次曰餘祭 索隱曰祭音側界反 次曰夷眛 索隱曰眛音亡曷反公羊作餘末 次曰季子札諸樊知季子札賢而不立太子以次傳三弟

欲卒致國于季子札諸樊既死傳餘祭餘祭死傳夷眛夷眛死當傳季子札季子札逃不肯立吳人乃立夷眛之子僚為王公子光曰使以兄弟次邪季子當立必以子乎則光眞適嗣當立故嘗陰養謀臣以求立光既得專諸善客待之九年而楚平王死 索隱曰春秋昭二十六年楚子居卒是也吳世家云十二年此云九年並誤據表及左傳合在僚之十一年也 春吳王僚欲因楚喪使其二弟公子蓋餘屬庸將兵圍楚之潛 索隱曰屬音燭二子僚之弟也左傳作掩餘屬庸掩蓋義同屬燭字相亂耳事在魯昭二十七年地理志廬江有潛縣天柱山在南杜預左傳注云潛楚邑在廬江六縣西南○正義曰潛故城在壽州霍山縣東二百步 使延陵季子於晉以

觀諸侯之變楚發兵絕吳將蓋餘屬庸路吳兵不得還於是公子光謂專諸曰此時不可失不求何獲且光眞王嗣當立季子雖來不吾廢也專諸曰王僚可殺也母老子弱而兩弟將兵伐楚楚絕其後方今吳外困於楚而內空無骨鯁之臣是無如我何 索隱曰左傳直云王可殺也母老子弱是無若我何則是專設諸度僚可殺言其少援助故云無奈我何太史公採其意且據上文因復加以兩弟將兵外困之辭而服虔杜預見左氏下文云我爾身也以其子為卿遂強解是無如我何猶言我無若是謂專諸欲以老弱託光義非允愜王肅之說亦依史記也 公子光頓首曰光之身子之身也四月丙子光伏甲士於窟室中 徐廣曰窟一作空○索隱曰僚之十二年夏也吳系家以為十三年非也左氏經傳惟言夏四月公羊穀梁無其文此與吳系家皆稱丙子當有所據不知出何書左傳云伏甲士於窟室杜預謂掘地為室也所以下文云出其伏甲以攻王 而具酒請王僚王僚使兵陳自宮至光之家門戶階陛左右皆王僚之親戚也夾立侍皆持長鈹 音披○索隱曰兵器也劉逵吳都賦注鈹兩刃小刀 酒既酣公子光詳為足疾入窟室中 索隱曰詳音陽為如字左傳曰光偽足疾此之詳即偽也或讀為音僞非也豈詳偽重言耶 使專諸置匕首魚炙之腹中 徐廣曰炙一作炮○正義炙者夜反 而進之既至王前專諸擘魚因以匕首刺王僚 索隱曰刺音七賜反 王僚立死左右亦殺專諸王人擾亂公子光出其伏甲以攻王僚之徒盡滅之遂自立為王是為闔閭闔閭乃封專

諸之子以爲上卿其後七十餘年而晉有豫讓之事 徐廣曰鱄閭元年至三晉滅智伯六十二年豫讓一作襄 豫讓者晉人也 索隱曰案此傳所說皆約戰國策文 故嘗事范中行氏而無所知名 索隱曰案左傳范氏謂昭子吉射也自士會食邑於范因爲范氏中行氏中行文子荀寅也自荀林父將中行後因以官爲氏 去而事智伯 索隱曰案智伯襄子荀瑤也襄子林父弟荀首之後范中行智伯事已具趙系家 智伯甚尊寵之及智伯伐趙襄子趙襄子與韓魏合謀滅智伯滅智伯之後而三分其地趙襄子最怨智伯 索隱曰謂初以酒灌後又率韓魏水灌晉陽城不沒者三板故怨深也 漆其頭以爲飲器 索隱曰案大宛傳曰匈奴破月支王以其頭爲飲器裴氏注彼引韋昭云飲器椑榼也晉灼曰飲器虎子也皆非椑榼所以盛酒耳非用飲者晉氏以爲

褻器者以韓子呂氏春秋並云襄子漆智伯頭爲溲杯故也○正義曰劉云酒器也每寶會設之示恨深也按諸先儒說恐非 豫讓遁逃山中曰嗟乎士爲知己者死女爲說己者容今智伯知我我必爲報讎而死以報智伯則吾魂魄不愧矣乃變名姓爲刑人入宮塗廁中挾匕首欲以刺襄子襄子如廁心動執問塗廁之刑人則豫讓內持刀兵曰欲爲智伯報仇左右欲誅之襄子曰彼義人也吾謹避之耳且智伯亡無後而其臣欲爲報仇此天下之賢人也卒釋去之 索隱曰卒音足律反 居頃之豫讓又漆身爲厲 音賴○索隱曰賴惡瘡病也凡漆有毒近之多患瘡腫若賴病然故豫讓以漆塗身令其若癩耳然厲賴

聲相近古多假厲爲賴今之癩字從疒故楚有賴鄉亦作厲字也戰國策亦作厲 吞炭爲啞 索隱曰啞音烏雅反謂瘖病戰國策云漆身爲厲滅鬚去眉以變其容爲乞食人其妻曰狀貌不似吾夫何其音之甚相類也豫讓遂吞炭以變其音也 使形狀不可知行乞於市其妻不識也行見其友其友識之曰汝非豫讓邪曰我是也其友爲泣曰以子之才委質而臣事襄子襄子必近幸子近幸子乃爲所欲顧不易邪 索隱曰欲謂因得殺襄子顧反也邪不定之辭反不易耶言其易也 何乃殘身苦形欲以求報襄子不亦難乎豫讓曰既已委質臣事人而求殺之是懷二心以事其君也且吾所爲者極難耳 索隱曰劉氏云謂令爲厲啞也 然所以爲此者將以愧天下

後世之爲人臣懷二心以事其君者也 索隱曰言寧爲厲而自刑不可求事襄子而行殺則亂人臣之義而近賊非忠也 既去頃之襄子當出豫讓伏於所當過之橋下 正義曰汾橋下架水在并州晉陽縣東一里 襄子至橋馬驚襄子曰此必是豫讓也使人問之果豫讓也於是襄子乃數豫讓曰子不嘗事范中行氏乎智伯盡滅之而子不爲報讎而反委質臣於智伯智伯亦已死矣而子獨何以爲之報讎之深也豫讓曰臣事范中行氏范中行氏皆衆人遇我我故衆人報之至於智伯國士遇我我故國士報之襄子喟然歎息而泣曰嗟乎

豫子子之爲智伯名既成矣而寡人赦子亦已足矣子其自爲計寡人不復釋子使兵圍之豫讓曰臣聞明主不掩人之美而忠臣有死名之義前君已寬赦臣天下莫不稱君之賢今日之事臣固伏誅然願請君之衣而擊之焉以致報讎之意則雖死不恨非所敢望也敢布腹心於是襄子大義之乃使使持衣與豫讓豫讓拔劍三躍而擊之 索隱曰戰國策云衣盡出血襄子迴車車輪未周而亡此不言衣出血者太史公恐涉怪妄故略之耳 曰吾可以下報智伯矣遂伏劍自殺死之日趙國志士聞之皆爲涕泣其後四十餘年

而軹有聶政之事 自三晉滅智伯至殺俠累五十七年 聶政者軹深井里人也 索隱曰地理志河內有軹縣深井軹縣之里名也○正義曰在懷州濟源縣南三十里 殺人避仇與母姊如齊以屠爲事久之濮陽嚴仲子事韓哀侯 索隱曰高誘曰嚴遂字仲子案表聶政殺俠累在列侯三年列侯生文侯文侯生哀侯凡更三代哀侯六年爲韓嚴所殺今言仲子事哀侯恐非其實且太史公聞疑傳疑信傳信事難的據欲使兩存故表傳各異也 與韓相俠累有郤 索隱曰俠音古挾反累音力追反案戰國策俠累名傀也傀相韓嚴遂重於君二人相害也嚴遂舉韓傀之過韓傀叱之於朝嚴遂拔劍趨之以救解是有郤之由也 嚴仲子恐誅亡去游求人可以報俠累者至齊齊人或言聶政勇敢士也避仇隱於屠者之閒嚴仲子至門請數反然後具酒自暢 徐廣

曰一作賜○索隱曰案戰國策作觴近爲得也○正義曰數色吏反 聶政母前酒酣嚴仲子奉黃金百溢前爲聶政母壽聶政驚怪其厚固謝嚴仲子嚴仲子固進而聶政謝曰臣幸有老母家貧客游以爲狗屠可以旦夕得甘毳 此芮反○索隱曰鄒氏音脆二義相通也 以養親親供養備不敢當仲子之賜嚴仲子辟人因爲聶政言曰臣有仇而行游諸侯衆矣然至齊竊聞足下義甚高故進百金者將用爲夫人麤糲之費 正義曰糲猶麤米也脫粟也韋昭云古者名男子爲丈夫尊大嫗爲夫人漢書宣元六王傳王過夫人益謂爲夫人乞骸去按夫人憲王外祖母古詩云三日斷五疋夫人故言遲是 得以交足下之驩豈敢以有求望邪聶政曰

臣所以降志辱身 索隱曰言其心志與身本應高絜今乃卑下其志屈辱其身論語孔子謂柳下惠降志辱身是也 居市井屠者徒幸以養老母老母在政身未敢以許人也 索隱曰禮記云父母存不許友以死 嚴仲子固讓聶政竟不肯受也然嚴仲子卒備賓主之禮而去久之聶政母死既已葬除服聶政曰嗟乎政乃市井之人 正義曰古者相聚汲水有物便賣因成市故云市井 鼓刀以屠而嚴仲子乃諸侯之卿相也不遠千里枉車騎而交臣臣之所以待之至淺鮮矣未有大功可以稱者而嚴仲子奉百金爲親壽我雖不受然是者徒深知政也夫賢者以感忿睚眦之意而親

信窮僻之人而政獨安得嘿然而已乎且前日要政政徒以老母老母今以天年終政將爲知己者用乃遂西至濮陽見嚴仲子曰前日所以不許仲子者徒以親在今不幸而母以天年終仲子所欲報仇者爲誰請得從事焉嚴仲子具告曰臣之仇韓相俠累俠累又韓君之季父也宗族盛多居處兵衞甚設臣欲使人刺之衆終莫能就今足下幸而不棄請益其車騎壯士可爲足下輔翼者聶政曰韓之與衞相去中間不甚遠 索隱曰高誘曰韓都潁川陽翟衞都東郡濮陽故曰相去不甚遠也 今殺人之相相又國君之親此其勢不可以多人多人不能無生得失 索隱曰戰國策作無生情言所將人多或生異情故語泄此云生得言將人多往殺俠累後有被生擒而事泄亦兩俱通也 生得失則語泄語泄是韓舉國而與仲子爲讎 徐廣曰一作難○索隱曰戰國策讎周亦同 豈不殆哉遂謝車騎人徒聶政乃辭獨行杖劒至韓韓相俠累方坐府上持兵戟而衞侍者甚衆聶政直入上階刺殺俠累 徐廣曰韓列侯三年三月盜殺韓相俠累俠累名傀戰國策曰有東孟之會又云聶政刺韓傀兼中哀侯○索隱曰戰國策曰政直入上階刺韓傀傀走而抱哀侯聶政刺之兼中哀侯高誘云東孟地名也 左右大亂聶政大呼所擊殺者數十人因自皮面決眼 索隱曰皮面謂以刀刺其面皮欲令人不識決眼謂出其眼睛戰國策作抉眼此決亦通音烏穴反

自屠出腸遂以死韓取聶政屍暴於市 正義暴蒲酷反 購問莫知誰子於是韓購縣之有能言殺相俠累者予千金久之莫知也政姊榮 一作嫈○索隱曰榮其姊名也戰國策無榮字 聞人有刺殺韓相者賊不得國不知其名姓暴其尸而縣之千金乃於邑曰 索隱曰劉氏云煩寃愁苦也 其是吾弟與嗟乎嚴仲子知吾弟立起如韓之市而死者果政也伏尸哭極哀曰是軹深井里所謂聶政者也市行者諸衆人皆曰此人暴虐吾國相王縣購其名姓千金夫人不聞與何敢來識之也榮應之曰聞之然政所以蒙汙辱自棄於市販之間者爲老母幸無恙 索隱曰爾雅云恙憂也楚詞云還及吾君之無恙風俗通云恙病也凡人相見及通書皆云無恙又易傳云上古之時草居露宿恙齧虫也善食人心俗悉患之故相勞云無恙恙非病也 妾未嫁也親既以天年下世妾已嫁夫嚴仲子乃察舉吾弟困汙之中 索隱曰案察謂觀察有志行乃舉之劉氏云察猶選也 而交之澤厚矣可奈何士固爲知己者死今乃以妾尚在之故重自刑以絕從 徐廣曰恐其姊從坐而死○索隱曰重音持用反重猶復也爲人報讎死乃自以妾故復自刑其身令人不識也從音蹤古字少假借故無足旁而徐氏以爲從坐非也劉氏亦音足松反○正義曰重直龍反自刑作刑說文云刑剄也按重猶愛惜也本爲嚴仲子報仇訖愛惜其事不令漏泄以絕其蹤迹其姊妄云云爲己隱誤矣 妾其奈何畏歿身之誅終滅賢弟之名大驚韓市人乃大呼

天者三卒於邑悲哀而死政之旁晉楚齊衛聞
之皆曰非獨政能也乃其姊亦烈女也鄉使政
誠知其姊無濡忍之志不重暴骸之難（索隱曰濡潤也人性濡潤則能含忍故云濡忍若勇躁則必輕死也重難也如字重猶惜也言不惜暴骸之為難也）必絶險
千里以列其名姊弟俱僇於韓市者亦未必敢
以身許嚴仲子也嚴仲子亦可謂知人能得士
矣其後二百二十餘年秦有荊軻之事（徐廣曰聶政至荊軻百七十年爾○索隱曰徐氏據六國年表而言則謂此傳率略而言二百餘年亦當時為不能細也○正義曰按年表從始皇二十三年至韓景侯三百七十年若至哀侯六年六百四十三年）
荊軻者衛人也（索隱曰案贊論稱公孫季功董生為余道之則此傳雖約戰國策而亦別記異聞）其先乃齊人徙於衛衛人謂之慶卿（索隱曰軻先齊人齊有慶氏則或本姓慶春秋慶封其後改姓賀此亦至衛而改姓慶耳荊慶聲相近故隨在國而異其號也卿者時人尊重之號猶如相尊美而稱子然也）
而之燕燕人謂之荊卿荊卿好讀
書擊劍（呂氏劍拔曰持短入長倏忽從橫）以術說衛元君衛元君
不用其後秦伐魏置東郡徙衛元君之支屬於
野王（正義曰懷州河內縣）荊軻嘗游過榆次（正義并州縣也）與蓋
聶論劍（索隱曰蓋音古臘反蓋姓聶名）蓋聶怒而目之荊軻出人
或言復召荊卿蓋聶曰曩者吾與論劍有不稱
者吾目之試往是宜去不敢留使使往之主人
荊卿則已駕而去榆次矣使者還報蓋聶曰固

去也吾曩者目攝之（索隱曰攝猶整也謂不稱己意因怒視以攝整之也○正義曰攝猶視也）荊軻游於邯鄲魯句踐與荊軻博爭道（索隱曰魯姓句踐名也與越王同或有意義俗本踐作賤非也）魯句踐怒而叱之荊軻嘿
而逃去遂不復會荊軻既至燕愛燕之狗屠及
善擊筑者高漸離（索隱曰筑似琴有絃用竹擊之取以為名漸音如字正義音子廉反）荊
軻嗜酒日與狗屠及高漸離飲於燕市酒酣以
往高漸離擊筑荊軻和而歌於市中相樂也已
而相泣旁若無人者荊軻雖游於酒人乎（徐廣曰飲酒之人）
然其為人沈深好書其所游諸侯盡與其賢
豪長者相結其之燕燕之處士田光先生亦善
待之知其非庸人也居頃之會燕太子丹質秦
亡歸燕燕太子丹者故嘗質於趙而秦王政生
於趙其少時與丹驩及政立為秦王而丹質於
秦秦王之遇燕太子丹不善故丹怨而亡歸歸
而求為報秦王者國小力不能其後秦日出兵
山東以伐齊楚三晉稍蠶食諸侯且至於燕燕
君臣皆恐禍之至太子丹患之問其傅鞫武（索隱曰鞫音麴又如字人姓名也）
武對曰秦地徧天下威脅韓魏趙
氏北有甘泉谷口之固南有涇渭之沃擅巴漢
之饒右隴蜀之山左關殽之險民衆而士厲兵

華有餘意有所出則長城之南易水以北(正義曰以北謂燕國也)未有所定也奈何以見陵之怨欲批其逆鱗哉(批音白結反○索隱曰批謂觸擊之)丹曰然則何由對曰請入圖之居有間秦將樊於期得罪於秦王亡之燕太子受而舍之鞠武諫曰不可夫以秦王之暴而積怒於燕足為寒心(索隱曰凡人寒甚則心戰恐懼亦戰今以懼譬寒言可為心戰)又況聞樊將軍之所在乎是謂委肉當餓虎之蹊也禍必不振矣(索隱曰振救也言禍大而不可救也)雖有管晏不能謂之謀也願太子疾遣樊將軍入匈奴以滅口請西約三晉南連齊楚北購於單于(索隱曰戰國策購作講講和也今讀購與為燕講同講合也漢史講講兩字常雜今言欲北與匈奴連和也陳軫傳亦曰西購於秦也)其後迺可圖也太子曰太傅之計曠日彌久心惛然(正義曰惛音昏)恐不能須臾且非獨於此也夫樊將軍窮困於天下歸身於丹丹終不以迫於彊秦而棄所哀憐之交置之匈奴是固丹命卒之時也願太傅更慮之鞠武曰夫行危欲求安造禍而求福計淺而怨深連結一人之後交不顧國家之大害此謂資怨而助禍矣夫以鴻毛燎於爐炭之上必無事矣且以鵰鷙之秦行怨暴之怒豈足道哉燕有田光先生其為人智深而勇

沈可與謀太子曰願因太傅而得交於田先生可乎鞠武曰敬諾出見田先生道太子願圖國事於先生也田光曰敬奉教乃造焉太子逢迎卻行為導跪而蔽席(徐廣曰蔽一作撥一作拔索隱曰蔽音疋結反蔽猶拂也)田光坐定左右無人太子避席而請曰燕秦不兩立願先生留意也田光曰臣聞騏驥盛壯之時一日而馳千里至其衰老駑馬先之今太子聞光盛壯之時不知臣精已消亡矣雖然光不敢以圖國事所善荊卿可使也(正義曰燕丹子云田光答曰竊觀太子客無可用者夏扶血勇之人怒而面赤宋意脈勇之人怒而面青武陽骨勇之人怒而面白光所知荊軻神勇之人怒而色不變)太子曰願因先生得結交於荊卿可乎田光曰敬諾即起趨出太子送至門戒曰丹所報先生所言者國之大事也願先生勿泄也田光俛而笑曰諾(正義曰俛音俯)僂行見荊卿曰光與子相善燕國莫不知今太子聞光壯盛之時不知吾形已不逮也幸而教之曰燕秦不兩立願先生留意也光竊不自外言足下於太子也願足下過太子於宮荊軻曰謹奉教田光曰吾聞之長者為行不使人疑之今太子告光曰所言者國之大事也願先生勿泄是太子疑光也夫為行而使

人疑之非節俠也欲自殺以激荊卿曰願足下急過太子言光已死明不言也因遂自刎而死荊軻遂見太子言田光已死致光之言太子再拜而跪膝行流涕有頃而後言曰丹所以誡田先生毋言者欲以成大事之謀也今田先生以死明不言豈丹之心哉荊軻坐定太子避席頓首曰田先生不知丹之不肖使得至前敢有所道此天之所以哀燕而不棄其孤也（索隱曰案無父稱孤時燕王尚在而丹稱孤者或記者失辭或諸侯嫡子時亦僭稱孤也又劉向云丹燕王喜之太子）今秦有貪利之心而欲不可足也非盡天下之地臣海內之王者其意不厭今秦已虜韓王盡納其地又舉兵南伐楚北臨趙王翦將數十萬之衆距漳鄴而李信出太原雲中趙不能支秦必入臣入臣則禍至燕燕小弱數困於兵今計舉國不足以當秦諸侯服秦莫敢合從丹之私計愚以爲誠得天下之勇士使於秦闚以重利（索隱曰闚視也言以利誘之也）秦王貪（索隱曰絕句）其勢必得所願矣誠得劫秦王使悉反諸侯侵地若曹沫之與齊桓公則大善矣則不可因而刺殺之彼秦大將擅兵於外而內有亂則君臣相疑以其閒諸侯得合從

其破秦必矣此丹之上願而不知所委命唯荊卿留意焉久之荊軻曰此國之大事也臣駑下恐不足任使太子前頓首固請毋讓然後許諾於是尊荊卿爲上卿舍上舍太子日造門下供太牢具異物閒進車騎美女恣荊軻所欲以順適其意（索隱曰燕丹子曰軻與太子遊東宮池軻拾瓦投龜太子捧金丸進之又共乘千里馬軻曰馬肝美即殺馬進肝太子與樊將軍置酒於華陽臺出美人能鼓琴軻曰好手也斷以玉盤盛之軻曰太子遇軻甚厚是也）久之荊軻未有行意秦將王翦破趙虜趙王盡收入其地進兵北略地至燕南界太子丹恐懼乃請荊軻曰秦兵旦暮渡易水則雖欲長侍足下豈可得哉荊軻曰微太子言臣願謁之今行而毋信則秦未可親也夫樊將軍秦王購之金千斤邑萬家誠得樊將軍首與燕督亢之地圖（徐廣曰方城縣有督亢亭駰案劉向別錄曰督亢膏腴之地○索隱曰地理志廣陽國有薊縣司馬彪郡國志曰薊縣方城有督亢亭徐說是也○正義曰督亢坡在幽州范陽縣東南十里今固安縣南有督亢陌幽州南界）奉獻秦王秦王必說見臣臣乃得有以報太子曰樊將軍窮困來歸丹丹不忍以己之私而傷長者之意願足下更慮之荊軻知太子不忍乃遂私見樊於期曰秦之遇將軍可謂深矣父母宗族皆爲戮沒今聞購將軍首金千斤邑萬家將奈何

於期仰天太息流涕曰於期每念之常痛於骨髓顧計不知所出耳荆軻曰今有一言可以解燕國之患報將軍之仇者何如於期乃前曰爲之奈何荆軻曰願得將軍之首以獻秦王秦王必喜而見臣臣左手把其袖右手揕其匈徐廣曰揕音張鴆切一作抗○索隱曰揕謂以劍刺其胷也抗音苦浪反言抗拒也其義非然則將軍之仇報而燕見陵之愧除矣將軍豈有意乎樊於期偏袒搤捥而進徐廣曰捥一作捾○索隱曰搤音烏革反捥音烏亂反字書作掔掔後曰腕勇者奮厲必先以左手扼右捥也曰此臣之日夜切齒腐心也索隱曰切齒齒相磨切也爾雅曰治骨曰切府音輔腐亦爛也猶今人事不可忍云腐爛然皆奮怒之意乃今得聞

史列傳二十六　十六

教遂自剄太子聞之馳往伏屍而哭極哀既已不可奈何乃遂盛樊於期首函封之於是太子豫求天下之利匕首得趙人徐夫人匕首徐廣曰徐一作陳○索隱曰徐姓夫人名謂男子也取之百金使工以藥焠之索隱曰焠染也音忽潰反謂以毒藥染劍鍔也以試人血濡縷人無不立死者言以匕首試人人血出足以沾濡絲縷便立死也乃裝爲遣荆卿燕國有勇士秦舞陽年十三殺人人不敢忤視索隱曰忤者逆也音五故反不敢逆視言人畏之甚也乃令秦舞陽爲副荆軻有所待欲與俱其人居遠未來而爲治行頃之未發太子遲之疑其改悔乃復請曰日已盡矣荆卿豈有意

刺客傳

哉丹請得先遣秦舞陽荆軻怒叱太子曰何太子之遣往而不反者豎子也且提一匕首入不測之彊秦僕所以留者待吾客與俱今太子遲之請辭決矣遂發太子及賓客知其事者皆白衣冠以送之至易水之上既祖取道正義曰易州在幽州歸義縣界高漸離擊筑荆軻和而歌爲變徵之聲正義曰徵知雉反士皆垂淚涕泣又前而歌曰風蕭蕭兮易水寒壯士一去兮不復還復爲羽聲忼慨士皆瞋目髮盡上指冠於是荆軻就車而去終已不顧遂至秦持千金之資幣物厚遺秦王寵臣中

史列傳二十六　十七

庶子蒙嘉嘉爲先言於秦王曰燕王誠振怖大王之威不敢舉兵以逆軍吏願舉國爲內臣比諸侯之列給貢職如郡縣而得奉守先王之宗廟恐懼不敢自陳謹斬樊於期之頭及獻燕督亢之地圖函封燕王拜送于庭使使以聞大王唯大王命之秦王聞之大喜乃朝服設九賓正義曰劉云設文物大備即謂九賓不得以周禮九賓義爲釋見燕使者咸陽宮正義曰三輔黃圖云秦始兼天下都咸陽因北陵營宮殿則紫宮象帝居渭水貫都以象天漢橫橋南度以法牽牛也荆軻奉樊於期頭函而秦舞陽奉地圖匣以次進索隱曰匣音戶甲反匣亦函也至陛秦舞陽色變振恐羣臣怪之荆

刺客傳

軻顧笑舞陽前謝曰北蕃蠻夷之鄙人未嘗見天子故振慴願大王少假借之使得畢使於前秦王謂軻曰取舞陽所持地圖軻既取圖奏之秦王發圖圖窮而匕首見因左手把秦王之袖而右手持匕首揕之未至身秦王驚自引而起袖絶拔劍劍長操其室 索隱曰室謂鞘也○正義曰燕丹子云左手揕其胷秦王曰今日之事從子計耳乞聽琴而死召姬人鼓琴琴聲曰羅縠單衣可裂而絶八尺屏風可超而越鹿盧之劍可負而拔王於是奮袖超屏風走之 時惶急劍堅故不可立拔荊軻逐秦王秦王環柱而走羣臣皆愕卒起不意盡失其度而秦法羣臣侍殿上者不得持尺寸之兵諸

郎中執兵皆陳殿下 索隱曰諸郎中若今宿衛之官 非有詔召不得上方急時不及召下兵以故荊軻乃逐秦王而卒惶急無以擊軻而以手共搏之是時侍醫夏無且 索隱曰且音即餘反 以其所奉藥囊提荊軻也 正義曰提姪帝反 秦王方環柱走卒惶急不知所爲左右乃曰王負劍 索隱曰王劭曰古者帶劍上長拔之不出室欲王推之於背令前短易拔故云王負劍 負劍遂拔以擊荊軻斷其左股荊軻廢乃引其匕首以擿秦王 索隱曰擿與擲同古字耳音持益反 不中中銅柱 正義曰燕丹太子云荊軻拔匕首擲秦王決耳入銅柱火出 秦王復擊軻軻被八創軻自知事不就倚柱而笑箕踞以罵曰事所以不成者

以欲生劫之必得約契以報太子也 漢鹽鐵論曰荊軻懷數年之謀而事不就者尺八匕首不足恃也秦王操於不意列斷賁育者介七尺之利也 於是左右既前殺軻秦王不怡者良久已而論功賞羣臣及當坐者各有差而賜夏無且黃金二百溢曰無且愛我乃以藥囊提荊軻也於是秦王大怒益發兵詣趙詔王翦軍以伐燕十月而拔薊城燕王喜太子丹等盡率其精兵東保於遼東秦將李信追擊燕王急代王嘉乃遺燕王喜書曰秦所以尤追燕急者以太子丹故也今王誠殺丹獻之秦王秦王必解而社稷幸得血食其後李

信追丹丹匿衍水中 索隱曰水名在遼東 燕王乃使使斬太子丹欲獻之秦秦復進兵攻之後五年秦卒滅燕虜燕王喜其明年秦并天下立號爲皇帝於是秦逐太子丹荊軻之客皆亡高漸離變名姓爲人庸保匿作於宋子 徐廣曰縣名也今屬鉅鹿○索隱曰欒布傳曰賣庸於齊爲酒家人漢書作酒家保案謂庸作於酒家言可保信故曰庸保鶡冠子曰伊尹酒保也徐注云宋子縣名屬鉅鹿者據地理志而知也○正義曰宋子故城在邢州平鄉縣北三十里 久之作苦聞其家堂上客擊筑傍偟不能去每出言曰彼有善有不善從者以告其主 索隱曰謂主人家之左右也 曰彼庸乃知音竊言是非家丈人召使前擊筑 索隱曰劉氏云謂主人翁也又韋昭云古

者男子爲丈夫尊父嫗爲丈人故漢書宣元六王傳所云丈人謂淮陽憲王外王母即張博母也故古詩云三日斷五疋丈人故言遲是也一坐稱善賜酒而高漸離念久隱畏約無窮時索隱曰約謂貧賤儉約既爲庸保常畏人故云畏約所以論語云不可與久處約也乃退出其裝匣中筑與其善衣更容貌而前舉坐客皆驚下與抗禮以爲上客使擊筑而歌客無不流涕而去者宋子傳客之徐廣曰互以爲客聞於秦始皇秦始皇召見人有識者乃曰高漸離也秦皇帝惜其善擊筑重赦之乃矐其目矐音海各反○索隱曰一音角說者云以馬屎燻令失明使擊筑未嘗不稱善稍益近之高漸離乃以鉛置筑中索隱曰案劉氏云以鉛爲挺著筑中令重以擊人復進得近

舉筑朴秦皇帝索隱曰朴音普卜反朴擊也不中於是遂誅高漸離終身不復近諸侯之人魯句踐已聞荆軻之刺秦王私曰嗟乎惜哉其不講於刺劒之術也索隱曰案不講謂不論習之甚矣吾不知人也曩者吾叱之彼乃以我爲非人也

太史公曰世言荆軻其稱太子丹之命天雨粟馬生角也索隱曰燕丹求歸秦王曰烏頭白馬生角乃許耳丹乃仰天歎烏頭即白馬亦生角風俗通及論衡皆有此說乃云廐門木烏生肉足也太過又言荆軻傷秦王皆非也始公孫季功董生與夏無且游具知其事爲余道之如是自曹沫至荆軻五人此其義或成或不成然其立意較然索隱曰較明也不欺其志名垂後世豈妄也哉

索隱述贊曰

曹沫盟柯　返魯侵地　專諸進炙
定吳篡位　彰弟哭市　報主塗厠
刎頸申冤　操袖行事　暴秦奪魄
懦夫增氣

刺客列傳第二十六　史記八十六

李斯列傳第二十七　史記八十七

李斯者楚上蔡人也（索隱曰地理志汝南有上蔡縣云古蔡國周武王弟叔度所封至十八代平侯徙新蔡二蔡皆屬汝南後二代至昭侯徙上蔡屬沛六國時爲楚地故曰楚上蔡也）年少時爲郡小吏（索隱曰郡一作鄉劉氏云掌鄉内文書）見吏舍廁中鼠食不潔近人犬數驚恐之斯入倉觀倉中鼠食積粟居大廡之下不見人犬之憂於是李斯乃歎曰人之賢不肖譬如鼠矣在所自處耳乃從荀卿學帝王之術學已成度楚王不足事而六國皆弱無可爲建功者欲西入秦辭於荀卿曰斯聞得時無怠今萬乘方爭時游者主事（索隱曰言萬乘爭雄之時存說者可以立功成名當得典主事務也劉氏云游歷諸侯當覓黨主以事之於文紆迴非也）今秦王欲吞天下稱帝而治此布衣馳騖之時而游說者之秋也（正義曰言秋時萬物成熟今爭彊時亦說士成熟時）處卑賤之位而計不爲者此禽鹿視肉人面而能彊行者耳（索隱曰禽鹿猶禽獸也言禽獸但知視肉而食之莊子及蘇子曰人而不學譬之視肉而食揚子法言曰人而不學如禽何言不暇遊說取榮貴即如禽獸徒有人面而能彊行也）故詬莫大於卑賤（正義曰呼后反恥辱也）而悲莫甚於窮困久處卑賤之位困苦之地非世而惡利（正義曰言譏世富貴惡其榮利自託於無爲者非士人之情實力不能致此也）自託於無爲此非士之情也（索隱曰非者譏也所謂處士橫議之時也）故斯將西說秦王矣至秦會莊襄王卒李斯乃求

爲秦相文信侯呂不韋舍人不韋賢之任以爲郎李斯因以得說說秦王曰胥人者去其幾也（索隱曰胥人猶胥吏小人也去猶失也幾者動之微以言君子見幾而作不俟終日小人不識動微之會故每失時也劉氏解幾爲彊非也○正義曰胥相也幾謂察也言關東六國與秦相敵者君臣機密並有瑕釁可成大功而遂忍之）成大功者在因瑕釁而遂忍之（索隱曰言因諸侯有瑕釁則忍心而翦除故我將說秦以并天下也）昔者秦穆公之霸終不東并六國者何也諸侯尚衆周德未衰故五伯迭興更尊周室自秦孝公以來周室卑微諸侯相兼關東爲六國秦之乘勝役諸侯蓋六世矣（正義曰秦孝公惠王文武王昭王孝文王莊襄王）今諸侯服秦譬若郡縣夫以秦之彊大王之賢由竈上騷除（徐廣曰騷音埽○索隱曰言秦欲并天下若炊婦埽除竈上之不淨不足爲難也）足以滅諸侯成帝業爲天下一統此萬世之一時也今怠而不急就諸侯復彊相聚約從雖有黃帝之賢不能并也秦王乃拜斯爲長史聽其計陰遣謀士齎持金玉以游說諸侯諸侯名士可下以財者厚遺結之不肯者利劍刺之離其君臣之計秦王乃使其良將隨其後秦王拜斯爲客卿會韓人鄭國來間秦以作注溉渠（正義曰鄭國渠首起雍州雲陽縣西南二十五里自山邸瓠口爲渠傍北山東注洛三百餘里以溉田又曰韓苦秦兵而使水工鄭國間秦作注溉渠令費人工不東伐也）已而覺秦宗室大臣皆

言秦王曰諸侯人來事秦者大抵爲其主游間於秦耳請一切逐客索隱曰一切猶一例言盡逐之也言切者譬若利刀之割一運斤無不斷者解漢書者以一切爲權時義亦未爲得也李斯議亦在逐中斯乃上書曰正義曰在始皇十年臣聞吏議逐客竊以爲過矣昔繆公求士西取由余於戎東得百里奚於宛索隱曰秦本紀云晉獻公以百里奚爲秦穆公夫人媵於秦奚亡走宛楚鄙人執之是也○正義曰新序云百里奚楚宛人仕於虞虞亡入秦號五羖大夫也迎蹇叔於宋索隱曰秦紀又云百里奚謂穆公曰臣不如臣友蹇叔蹇叔賢而世莫知穆公厚幣迎之以爲上大夫今云於宋未詳所出○正義曰括地志云蹇叔岐州人也時遊宋故迎之於宋求丕豹公孫支於晉索隱曰丕豹自晉奔秦左氏傳有明文公孫支所謂子桑也是秦大夫而云自晉以來亦未見其所出○正義曰括地志云公孫支岐州人遊晉後歸秦此五者不

産於秦而繆公用之并國二十遂霸西戎索隱曰秦本紀穆公用由余謀伐戎王益國十二開地千里遂霸西戎此都言五子之功故云并國二十或易爲十二誤也孝公用商鞅之法移風易俗民以殷盛國以富彊百姓樂用諸侯親服獲楚魏之師舉地千里至今治彊惠王用張儀之計拔三川之地西并巴蜀索隱曰案惠王時張儀爲相請伐韓下兵三川以臨二周司馬錯請伐蜀惠王從之果滅蜀儀死後武王欲通車三川令甘茂拔宜陽今並云張儀者以儀爲秦相雖錯滅蜀甘茂通三川皆歸功於相又三川是儀先請伐故也北收上郡正義曰惠王十年魏納上郡十五縣南取漢中正義曰惠王十三年攻楚漢中取地六百里包九夷制鄢郢索隱曰九夷即屬楚之夷也地理志南郡江陵縣云故楚郢都又宜城縣云故鄢也○正義曰夷謂并巴蜀收上都取漢中伐義渠丹犁是也九夷本東夷九種此言者文體然也東據

成皋之險正義曰河南府汜水縣也割膏腴之壤遂散六國之從使之西面事秦功施到今昭王得范雎廢穰侯逐華陽徐廣曰華一作葉彊公室杜私門蠶食諸侯使秦成帝業索隱曰高誘注淮南云蠶食盡無餘也此四君者皆以客之功由此觀之客何負於秦哉向使四君却客而不內疏士而不用是使國無富利之實而秦無彊大之名也今陛下致昆山之玉正義曰昆岡在于闐國東北四百里其岡出玉有隨和之寶正義曰括地志云濆山一名崑山一名斷蛇丘在隨州隨縣北二十五里說苑云昔隨侯行遇大蛇中斷疑其靈使人以藥封之蛇乃能去因號其處爲斷蛇丘歲餘蛇銜明珠徑寸絕白而有光因號隨珠卞和璧始皇以爲傳國璽也垂明月之珠服太阿之

劍見蘇秦傳乘纖離之馬徐廣曰纖離駿馬名○索隱曰徐氏據孫卿子而爲說建翠鳳之旗樹靈鼉之鼓鄭玄注月令云鼉皮可以冒鼓此數寶者秦不生一焉而陛下說之何也必秦國之所生然後可則是夜光之璧不飾朝廷犀象之器不爲玩好鄭衛之女不充後宮而駿良駃騠不實外廄索隱曰駃音決騠音提周書曰正北以駃騠爲獻廣雅曰馬屬也郭景純注上林賦云生三日而超其母也江南金錫不爲用西蜀丹青不爲采所以飾後宮充下陳索隱曰下陳猶後列也晏子曰有二女願得入身於下陳是也娛心意說耳目者必出於秦然後可則是宛珠之簪傅璣之珥索隱曰宛音於阮反傅音附即隨珠也宛者謂以珠宛轉而裝其簪傅者以璣附着於珥珥者瑱也璣是

珠之不圓者或云宛珠宛地之珠也隨在漢水之南宛亦近漢故曰宛珠璣者女飾也言女傅之珥以璣爲之並非秦所有物也阿縞之衣錦繡之飾徐廣曰齊之東阿縣繒帛所出不進於前而隨俗雅化徐廣曰隨俗一作脩使○索隱曰謂閑雅變化而能隨俗也佳冶窈窕趙女不立於側也夫擊甕叩缻彈箏搏髀而歌呼嗚嗚快耳目者眞秦之聲也索隱曰說文云甕汲缻也音於貢反缶瓦器也秦人鼓之以節樂缻音甫有反鄭衛桑間昭虞武象者索隱曰昭作韶異國之樂也今棄擊甕叩缻而就鄭衛退彈箏而取昭虞若是者何也快意當前適觀而已矣今取人則不然不問可否不論曲直非秦者去爲客者逐然則是所重者在乎色樂珠玉而所輕者在乎人民也此非所以跨海內制諸侯之術也臣聞地廣者粟多國大者人衆兵彊則士勇是以太山不讓土壤故能成其大河海不擇細流故能就其深王者不卻衆庶故能明其德索隱曰管子曰海不辭水故能成其大泰山不辭土石故能成其高文子曰聖人不讓負薪之言以廣其名也是以地無四方民無異國四時充美鬼神降福此五帝三王之所以無敵也今乃棄黔首以資敵國索隱曰資猶給也卻賓客以業諸侯使天下之士退而不敢西向裹足不入秦此所謂藉寇兵而齎盜糧者也索隱曰藉音積夜反齎音子奚反說文曰齎持遺也齎或爲資義亦通夫

物不產於秦可寶者多士不產於秦而願忠者衆今逐客以資敵國損民以益讎內自虛而外樹怨於諸侯求國無危不可得也秦王乃除逐客之令復李斯官新序曰斯在逐中道上上諫書達始皇始皇使人逐至驪邑得還卒用其計謀官至廷尉二十餘年竟并天下尊主爲皇帝以斯爲丞相夷郡縣城銷其兵刃示不復用使秦無尺土之封不立子弟爲王功臣爲諸侯者使後無戰攻之患始皇三十四年置酒咸陽宮博士僕射周青臣等頌稱始皇威德齊人淳于越進諫曰臣聞之殷周之王千餘歲封子弟功臣自爲支輔今陛下有海內而子弟爲匹夫卒有田常六卿之患臣無輔拂何以相救哉事不師古而能長久者非所聞也今青臣等又面諛以重陛下過非忠臣也索隱曰重音逐用反重者再也始皇下其議丞相丞相謬其說絀其辭乃上書曰古者天下散亂莫能相一是以諸侯並作語皆道古以害今飾虛言以亂實人善其所私學以非上所建立今陛下并有天下辨白黑而定一尊索隱曰劉氏云前時國異政家殊俗人造私語莫辨其眞今乃分別白黑也秦始皇并六國定天下海內共尊立一帝故云定一尊而私學乃相與非法教之制聞令下即

各以其私學議之，入則心非，出則巷議，非主以為名，異趣以為高，率群下以造謗。如此不禁，則主勢降乎上，黨與成乎下。禁之便。臣請諸有文學詩書百家語者，蠲除去之。令到滿三十日弗去，黥為城旦。所不去者，醫藥卜筮種樹之書。若有欲學者，以吏為師。始皇可其議，收去詩書百家之語以愚百姓，使天下無以古非今。明法度，定律令，皆以始皇起。同文書（正義曰六國制令不同今令同之）。治離宮別館，周徧天下。明年，又巡狩，外攘四夷，斯皆有力焉。斯長男由為三川守，諸男皆尚秦公

主，女悉嫁秦諸公子。三川守李由告歸咸陽，李斯置酒於家，百官長皆前為壽，門廷車騎以千數。李斯喟然而歎曰：嗟乎！吾聞之荀卿曰「物禁太盛」。夫斯乃上蔡布衣，閭巷之黔首，上不知其駑下，遂擢至此。當今人臣之位無居臣上者，可謂富貴極矣。物極則衰，吾未知所稅駕也（索隱曰稅駕猶解駕言休息也李斯言己今日富貴已極然未知向後吉凶止泊在何處也）。始皇三十七年十月，行出游會稽，並海上，北抵琅邪（正義曰今沂州）。丞相斯、中車府令趙高兼行符璽令事，皆從。始皇有二十餘子，長子扶蘇以數直諫上，上使監兵

上郡（正義曰上郡故城在綏州上縣東南五十里），蒙恬為將。少子胡亥愛，請從，上許之。餘子莫從（辯士隱姓名遺秦將章邯書曰李斯為秦王死廢十七兄而立今王也然則二世是秦始皇第十八子此書在善文中）。其年七月，始皇帝至沙丘（正義曰沙丘臺在邢州），病甚，令趙高為書賜公子扶蘇曰：以兵屬蒙恬，與喪會咸陽而葬。書已封，未授使者，始皇崩。書及璽皆在趙高所，獨子胡亥、丞相李斯、趙高及幸宦者五六人知始皇崩，餘羣臣皆莫知也。李斯以為上在外崩，無真太子，故祕之。置始皇居轀輬車中（徐廣曰一作輬車），百官奏事上食如故，宦者輒從轀輬車中可諸奏事（文穎曰轀輬車

如今喪轜車也孟康曰如衣車有窻牖閉之則溫開之則涼故名之轀輬車也如淳曰轀輬車其形廣大有羽飾也）。趙高因留所賜扶蘇璽書，而謂公子胡亥曰：上崩，無詔封王諸子而獨賜長子書。長子至，即立為皇帝，而子無尺寸之地，為之柰何？胡亥曰：固也。吾聞之，明君知臣，明父知子。父捐命，不封諸子，何可言者！趙高曰：不然。方今天下之權，存亡在子與高及丞相耳，願子圖之。且夫臣人與見臣於人，制人與見制於人，豈可同日道哉！胡亥曰：廢兄而立弟，是不義也；不奉父詔而畏死，是不孝也；能薄而材譾（史記音隱宰顯反○索隱曰劉氏音將淺反則譾亦淺義古人語自有重輕所）

以文字有異彊因人之功是不能也三者逆德天下不
服身殆傾危社稷不血食高曰臣聞湯武殺其
主天下稱義焉不爲不忠衛君殺其父而衛國
載其德孔子著之不爲不孝夫大行不小謹盛
德不辭讓鄉曲各有宜而百官不同功胡顧小
而忘大後必有害狐疑猶豫後必有悔斷而敢
行鬼神避之後有成功願子遂之胡亥喟然歎
曰今大行未發喪禮未終豈宜以此事干丞相
哉趙高曰時乎時乎間不及謀贏糧躍馬唯恐
後時胡亥既然高之言高曰不與丞相謀恐事

不能成臣請爲子與丞相謀之高乃謂丞相斯
曰上崩賜長子書與喪會咸陽而立爲嗣書未
行今上崩未有知者也所賜長子書及符璽皆
在胡亥所定太子在君侯與高之口耳事將何
如斯曰安得亡國之言此非人臣所當議也高
曰君侯自料能孰與蒙恬功高孰與蒙恬謀遠
不失孰與蒙恬無怨於天下孰與蒙恬長子舊
而信之孰與蒙恬斯曰此五者皆不及蒙恬而
君責之何深也高曰高固內官之厮役也幸得
以刀筆之文進入秦宮管事二十餘年未嘗見

秦免罷丞相功臣有封及二世者也卒皆以誅
亡皇帝二十餘子皆君之所知長子剛毅而武
勇信人而奮士即位必用蒙恬爲丞相君侯終
不懷通侯之印歸於鄉里明矣高受詔教習胡
亥使學以法事數年矣未嘗見過失慈仁篤厚
輕財重士辯於心而詘於口盡禮敬士秦之諸
子未有及此者可以爲嗣君計而定之斯曰君
其反位斯奉主之詔聽天之命何慮之可定也
高曰安可危也危可安也安危不定何以貴聖
斯曰斯上蔡閭巷布衣也上幸擢爲丞相封爲

通侯子孫皆至尊位重祿者故將以存亡安危
屬臣也豈可負哉夫忠臣不避死而庶幾索隱曰斯言忠臣之節本不避死言己今日亦庶幾盡忠不避死也孝子不勤勞而見危人
臣各守其職而已矣君其勿復言將令斯得罪
高曰蓋聞聖人遷徙無常就變而從時見末而
知本觀指而覩歸物固有之安得常法哉方今
天下之權命懸於胡亥高能得志焉且夫從外
制中謂之惑從下制上謂之賊故秋霜降者草
花落水搖動者萬物作索隱曰水搖者謂水泮而搖動也是春時而萬物皆生也
此必然之效也君何見之晚斯曰吾聞晉易太

子（正義曰謂廢申生立奚齊也）三世不安齊桓兄弟爭位（正義曰謂小白與公子糾）身死爲戮紂殺親戚（正義曰謂殺比干囚箕子）不聽諫者國爲丘墟遂危社稷三者逆天宗廟不血食斯其猶人哉安足爲謀（索隱曰言我今日猶是人人道守順豈能爲逆謀故文安足爲謀也）高曰上下合同可以長久中外若一事無表裏君聽臣之計即長有封侯世世稱孤必有喬松之壽孔墨之智今釋此而不從禍及子孫足以爲寒心善者因禍爲福君何處焉斯乃仰天而歎垂淚太息曰嗟乎獨遭亂世既以不能死安託命哉於是斯乃聽高高乃報胡亥曰臣請奉太子之明命以報丞相丞相斯敢不奉令於是乃相與謀詐爲受始皇詔丞相立子胡亥爲太子更爲書賜長子扶蘇曰朕巡天下禱祠名山諸神以延壽命今扶蘇與將軍蒙恬將師數十萬以屯邊十有餘年矣不能進而前士卒多耗無尺寸之功乃反數上書直言誹謗我所爲以不得罷歸爲太子日夜怨望扶蘇爲人子不孝其賜劍以自裁將軍恬與扶蘇居外不匡正宜知其謀爲人臣不忠其賜死以兵屬裨將王離封其書以皇帝璽遣胡亥客奉書賜扶蘇於

上郡使者至發書扶蘇泣入內舍欲自殺蒙恬止扶蘇曰陛下居外未立太子使臣將三十萬衆守邊公子爲監此天下重任也今一使者來即自殺安知其非詐請復請復請而後死未暮也使者數趣之扶蘇爲人仁謂蒙恬曰父而賜子死尚安復請即自殺蒙恬不肯死使者即以屬吏繫於陽周（徐廣曰屬上郡○正義曰陽周寧州羅川縣之邑也）使者還報胡亥斯高大喜至咸陽發喪太子立爲二世皇帝以趙高爲郎中令常侍中用事二世燕居乃召高與謀事謂曰夫人生居世間也譬猶騁六驥過決隙也吾既已臨天下矣欲悉耳目之所好窮心志之所樂以安宗廟而樂萬姓長有天下終吾年壽其道可乎高曰此賢主之所能行也而昏亂主之所禁也臣請言之不敢避斧鉞之誅願陛下少留意焉夫沙丘之謀諸公子及大臣皆疑焉而諸公子盡帝兄大臣又先帝之所置也今陛下初立此其屬意怏怏皆不服恐爲變且蒙恬已死蒙毅將兵居外臣戰戰栗栗唯恐不終且陛下安得爲此樂乎二世曰爲之奈何趙高曰嚴法而刻刑令有罪者相坐誅至

收族滅大臣而遠骨肉貧者富之賤者貴之盡除去先帝之故臣更置陛下之所親信者近之此則陰德歸陛下害除而姦謀塞羣臣莫不被潤澤蒙厚德陛下則高枕肆志寵樂矣計莫出於此二世然高之言乃更爲法律於是羣臣諸公子有罪輒下高令鞠治之殺大臣蒙毅等公子十二人僇死咸陽市十公主矺死於杜史記正義曰矺音貯格反○索隱曰矺音宅與磔同古今字異耳磔謂裂其支體而殺之財物入於縣官相連坐者不可勝數公子高欲奔恐收族乃上書曰先帝無恙時臣入則賜食出則乘輿御府之衣臣得賜之中廄之寶馬臣得賜之臣當從死而不能爲人子不孝爲人臣不忠不忠者無名以立於世臣請從死願葬酈山之足唯上幸哀憐之書上胡亥大說召趙高而示之曰此可謂急乎趙高曰人臣當憂死而不暇何變之得謀胡亥可其書賜錢十萬以葬法令誅罰日益刻深羣臣人人自危欲畔者衆又作阿房之宮治直馳道賦斂愈重戍傜無已於是楚戍卒陳勝吳廣等乃作亂起於山東傑俊相立自置爲侯王叛秦兵至鴻門而卻李斯數欲請閒諫二世

不許而二世責問李斯曰吾有私議而有所聞於韓子也曰堯之有天下也堂高三尺采椽不斲徐廣曰采一名櫟一作柞○索隱曰采木名即今之櫟木也茅茨不翦雖逆旅之宿不勤於此矣冬日鹿裘夏日葛衣粢糲之食索隱曰粢音資糲音郎葛反粢者稷也糲者麤粟飯也藜藿之羹飯土匭徐廣曰一作塯啜土鉶音刑雖監門之養不觳於此矣徐廣曰觳音學觳一作轂推也○索隱曰爾雅云觳盡也言監門下人飯猶不盡此若徐氏云一作轂則字宜作較鄒氏音角禹鑿龍門通大夏疏九河曲九防正義曰謂河之九曲別爲隄防決渟水致之海徐廣曰致一作放而股無胈胈膚毳皮脛無毛手足胼胝面目黎黑遂以死于外葬於會稽臣虜之勞不烈於此矣然則夫所貴於有天下者豈欲苦形勞神身處逆旅之宿口食監門之養手持臣虜之作哉此不肖人之所勉也非賢者之所務也彼賢人之有天下也專用天下適己而已矣此所以貴於有天下也夫所謂賢人者必能安天下而治萬民今身且不能利將惡能治天下哉故吾願賜志廣欲長享天下而無害爲之奈何李斯子由爲三川守羣盜吳廣等西略地過去弗能禁章邯以破逐廣等兵使者覆案三川相屬誚讓斯居三公位如何令盜如此李斯

恐懼重爵祿不知所出乃阿二世意欲求容以書對曰夫賢主者必且能全道而行督責之術者也索隱曰督者察也察其罪責之以刑罰也督責之則臣不敢不竭能以徇其主矣此臣主之分定上下之義明則天下賢不肖莫敢不盡力竭任以徇其君矣是故主獨制於天下而無所制也能窮樂之極矣賢明之主也可不察焉故申子曰有天下而不恣睢索隱曰恣音資二反睢音呼季反恣睢猶放縱也謂肆情縱恣也命之曰以天下為桎梏者正義曰言有天下不能自縱恣督責乃勞身於天下若堯禹即以天下為桎梏於身也無他焉不能督責而顧以其身勞於天下之民

若堯禹然故謂之桎梏也夫不能修申韓之明術行督責之道專以天下自適也而徒務苦形勞神以身徇百姓則是黔首之役非畜天下者也何足貴哉夫以人徇己則己貴而人賤以己徇人則己賤而人貴故徇人者賤而人所徇者貴自古及今未有不然者也凡古之所為尊賢者為其貴也而所為惡不肖者為其賤也而堯禹以身徇天下者也因隨而尊之則亦失所為尊賢之心矣夫可謂大繆矣謂之為桎不亦宜乎不能督責之過也故韓子曰慈母有敗子而

嚴家無格虜者何也索隱曰格彊捍也虜奴隸也言嚴整之家本無格捍奴僕也則能罰之加焉必也故商君之法刑棄灰於道者正義曰棄灰於道者黥也韓子云殷之法棄灰於衢者刑子貢以為重問之仲尼曰灰棄於衢必燔人必怒怒則鬬鬬則三族雖刑之可也夫棄灰薄罪也而被刑重罰也彼唯明主為能深督輕罪夫罪輕且督深而況有重罪乎故民不敢犯也是故韓子曰布帛尋常庸人不釋索隱曰尋常以言其少也庸人弗釋者謂庸人見則取之不釋以其罪輕也故下云罰不必行則庸人弗釋尋常是也鑠金百鎰盜跖不搏者索隱曰爾雅云鑠美也言百鎰之美金在於地雖有盜跖之行亦不取者為其財多而罪重也故下云搏必隨手刑盜跖不搏也搏猶攫也取也凡鳥翼擊物必轉足取攫故人取物亦云搏也非庸人之心重尋常之利深而

盜跖之欲淺也又不以盜跖之行為輕百鎰之重也搏必隨手刑則盜跖不搏百鎰而罰不必行也則庸人不釋尋常是故城高五丈而樓季不輕犯也許慎曰樓季魏文侯之弟王孫子曰樓季之兄也泰山之高百仞而跛牂牧其上詩云牂羊墳首毛傳曰牝曰牂夫樓季也而難五丈之限豈跛牂也而易百仞之高哉峭塹之勢異也索隱曰峭峻也高也音七笑反塹音漸以言峭峻則難登故樓季難五丈之限平塹則易涉故跛牂牧於泰山也明主聖王之所以能久處尊位長執重勢而獨擅天下之利者非有異道也能獨斷而審督責必深罰故天下不敢犯也今不務所以不

犯而事慈毋之所以敗子也則亦不察於聖人之論矣夫不能行聖人之術則舍爲天下役何事哉可不哀邪索隱曰舍猶廢也止也言爲人主不能行聖人督責之術則已廢止何爲勤身苦心爲天下所役是何哉可不哀邪言其非也且夫儉節仁義之人立於朝則荒肆之樂輟矣諫說論理之臣閒於側則流漫之志詘矣烈士死節之行顯於世則淫康之虞廢矣故明主能外此三者而獨操主術以制聽從之臣而脩其明法故身尊而勢重也凡賢主者必將能拂世磨俗而廢其所惡立其所欲索隱曰拂音扶弗反磨音莫何反拂世言與世情乖戾磨俗言磨礪於俗使從己也故生則有尊

重之勢死則有賢明之謚也是以明君獨斷故權不在臣也然後能滅仁義之塗掩馳說之口困烈士之行塞聰揜明內獨視聽故外不可傾以仁義烈士之行而內不可奪以諫說忿爭之辯故能犖然獨行恣睢之心而莫之敢逆若此然後可謂能明申韓之術而脩商君之法法脩術明而天下亂者未之聞也故曰王道約而易操也唯明主爲能行之若此則謂督責之誠則臣無邪臣無邪則天下安天下安則主嚴尊主嚴尊則督責必督責必則所求得所求得則國

家富國家富則君樂豐故督責之術設則所欲無不得矣羣臣百姓救過不給何變之敢圖若此則帝道備而可謂能明君臣之術矣雖申韓復生不能加也書奏二世悅於是行督責益嚴稅民深者爲明吏二世曰若此則可謂能督責矣刑者相半於道而死人日成積於市殺人衆者爲忠臣二世曰若此則可謂能督矣初趙高爲郎中令所殺及報私怨衆多恐大臣入朝奏事毀惡之乃說二世曰天子所以貴者但以聞聲羣臣莫得見其面故號曰朕且陛下富於春

秋未必盡通諸事徐廣曰通或亘作照今坐朝廷譴舉有不當者則見短於大臣非所以示神明於天下也且陛下深拱禁中與臣及侍中習法者待事事來有以揆之徐廣曰揆一作撥也如此則大臣不敢奏疑事天下稱聖主矣二世用其計乃不坐朝廷見大臣居禁中趙高常侍中用事事皆決於趙高高聞李斯以爲言乃見丞相曰關東羣盜多今上急發繇治阿房宮索隱曰房音旁一如字聚狗馬無用之物臣欲諫爲位賤此眞君侯之事君何不諫李斯曰固也吾欲言之久矣今時上不坐朝廷上居

深宮吾有所言者不可傳也欲見無間趙高謂曰君誠能諫請為君候上間語君於是趙高待二世方燕樂婦女居前使人告丞相上方間可奏事丞相至宮門上謁如此者三二世怒曰吾常多間日丞相不來吾方燕私丞相輒來請事丞相豈少我哉且固我哉【索隱曰謂以我幼故輕我也一云固我者以我為幼小且固陋也於義為疎】趙高因曰如此殆矣夫沙丘之謀丞相與焉今陛下已立為帝而丞相貴不益此其意亦望裂地而王矣且陛下不問臣臣不敢言丞相長男李由為三川守楚盜陳勝等皆丞相

傍縣之子以故楚盜公行【徐廣曰公一作訟音私】過三川城守不肯擊高聞其文書相往來未得其審故未敢以聞且丞相居外權重於陛下二世以為然欲案丞相恐其不審乃使人案驗三川守與盜通狀李斯聞之是時二世在甘泉方作觳抵優俳之觀【應劭曰戰國之時稍增講武之禮以為戲樂用相夸示而秦更名曰角抵角者角材也抵者相抵觸也文穎曰案秦名此樂為角抵兩兩相當角力角伎藝射御故曰角抵也駰案觳抵即角抵】李斯不得見因上書言趙高之短曰臣聞之臣疑其君無不危國妾疑其夫無不危家今有大臣於陛下擅利擅害與陛下無異此甚不便昔者司城子

罕相宋身行刑罰以威行之朞年遂劫其君田常為簡公臣爵列無敵於國私家之富與公家均布惠施德下得百姓上得羣臣陰取齊國殺宰予於庭即弒簡公於朝遂有齊國此天下所明知也今高有邪佚之志危反之行如子罕相宋也私家之富若田氏之於齊也兼行田常子罕之逆道而劫陛下之威信其志若韓玘為韓安相也【索隱曰玘亦作起並音怡韓大夫弒其君悼公者然韓無悼公或鄭之嗣君案表韓玘事昭侯昭侯已下四代至王安其說非也】陛下不圖臣恐其為變也二世曰何哉夫高故宦人也然不為安肆志不以危易

心潔行脩善自使至此以忠得進以信守位朕實賢之而君疑之何也且朕少失先人無所識知不習治民而君又老恐與天下絕矣朕非屬趙君當誰任哉且趙君為人精廉彊力下知人情上能適朕君其勿疑李斯曰不然夫高故賤人也無識於理貪欲無厭求利不止列勢次主求欲無窮臣故曰殆二世已前信趙高恐李斯殺之乃私告趙高高曰丞相所患者獨高高已死丞相即欲為田常所為於是二世曰其以李斯屬郎中令趙高案治李斯李斯拘執束縛居

囹圄中仰天而歎曰嗟乎悲夫不道之君何可爲計哉昔者桀殺關龍逢紂殺王子比干吳王夫差殺伍子胥此三臣者豈不忠哉然而不免於死身死而所忠者非也今吾智不及三子而二世之無道過於桀紂夫差吾以忠死宜矣且二世之治豈不亂哉日者夷其兄弟而自立也殺忠臣而貴賤人作爲阿房之宮賦斂天下吾非不諫也而不吾聽也凡古聖王飲食有節車器有數宮室有度出令造事加費而無益於民利者禁故能長久治安今行逆於昆弟不顧其

咎侵殺忠臣不思其殃大爲宮室厚賦天下不愛其費三者已行天下不聽今反者已有天下之半矣而心尚未寤也而以趙高爲佐吾必見寇至咸陽麋鹿游於朝也於是二世乃使高案丞相獄治罪責斯與子由謀反狀皆收捕宗族賓客趙高治斯榜掠千餘不勝痛自誣服斯所以不死者自負其辯有功實無反心幸得上書自陳幸二世之寤而赦之李斯乃從獄中上書曰臣爲丞相治民三十餘年矣逮秦地之陜隘先王之時秦地不過千里兵數十萬臣盡薄材

謹奉法令陰行謀臣資之金玉使游說諸侯陰脩甲兵飾政教官鬬士尊功臣盛其爵祿故終以脅韓弱魏破燕趙夷齊楚卒兼六國虜其王立秦爲天子罪一矣地非不廣又北逐胡貉南定百越以見秦之彊罪二矣尊大臣盛其爵位以固其親罪三矣立社稷脩宗廟以明主之賢罪四矣更剋畫平斗斛度量文章布之天下以樹秦之名罪五矣治馳道興游觀以見主之得意罪六矣緩刑罰薄賦歛以遂主得衆之心萬民戴主死而不忘罪七矣若斯之爲臣者罪足

以死固久矣上幸盡其能力乃得至今願陛下察之書上趙高使吏棄去不奏曰囚安得上書趙高使其客十餘輩詐爲御史謁者侍中更往覆訊斯斯更以其實對輒使人復榜之後二世使人驗斯斯以爲如前終不敢更言辭服奏當上二世喜曰微趙君幾爲丞相所賣及二世所使案三川之守至則項梁已擊殺之使者來會丞相下吏趙高皆妄爲反辭二世二年七月具斯五刑論要斬咸陽市斯出獄與其中子俱執顧謂其中子曰吾欲與若復牽黃犬俱出上蔡

東門逐狡兔豈可得乎遂父子相哭而夷三族李斯已死二世拜趙高為中丞相事無大小輒決於高高自知權重乃獻鹿謂之馬二世問左右此乃鹿也左右皆曰馬也二世驚自以為惑乃召太卜令卦之太卜曰陛下春秋郊祀奉宗廟鬼神齋戒不明故至于此可依盛德而明齋戒於是乃入上林齋戒日游弋獵有行人入上林中二世自射殺之趙高教其女婿咸陽令閻樂劾不知何人賊殺人移上林高乃諫二世曰天子無故賊殺不辜人此上帝之禁也鬼神不享天且降殃當遠避宮以禳之二世乃出居望夷之宮留三日趙高詐詔衛士令士皆素服持兵內鄉入告二世曰山東羣盜兵大至二世上觀而見之恐懼高即因劫令自殺引璽而佩之左右百官莫從上殿殿欲壞者三高自知天弗與羣臣弗許乃召始皇弟授之璽（徐廣曰一本曰召始皇弟子嬰授之璽秦本紀云子嬰者二世之兄子也○索隱曰劉氏云弟字誤當為孫子嬰也）子嬰即位患之乃稱疾不聽事與宦者韓談及其子謀殺高高上謁請病因召入令韓談刺殺之夷其三族子嬰立三月沛公兵從武關入至咸陽羣臣百

官皆畔不適（徐廣曰適音敵也）子嬰與妻子自係其頸以組降軹道旁（正義曰軹道在萬年縣東北十六里）沛公因以屬吏項王至而斬之遂以亡天下

太史公曰李斯以閭閻歷諸侯入事秦因以瑕釁以輔始皇卒成帝業斯為三公可謂尊用矣斯知六藝之歸不務明政以補主上之缺持爵祿之重阿順苟合嚴威酷刑聽高邪說廢適立庶諸侯已畔斯乃欲諫爭不亦末乎人皆以斯極忠而被五刑死察其本乃與俗議之異不然斯之功且與周召列矣

索隱述贊曰

鼠在所居　人固擇地　斯效智力

功立名遂　置酒咸陽　人臣極位

一夫誑惑　變易神器　國喪身誅

本同末異

李斯列傳第二十七　史記八十七

蒙恬列傳第二十八　　史記八十八

蒙恬者其先齊人也恬大父蒙驁（索隱曰驁音敖又劉氏音五到反）自齊事秦昭王官至上卿秦莊襄王元年蒙驁爲秦將伐韓取成皋滎陽作置三川郡二年蒙驁攻趙取三十七城始皇三年蒙驁攻韓取十三城五年蒙驁攻魏取二十城作置東郡始皇七年蒙驁卒驁子曰武武子曰恬恬嘗書獄典文學（索隱曰謂恬嘗學獄法遂作獄官文學）始皇二十三年蒙武爲秦裨將軍與王翦攻楚大破之殺項燕二十四年蒙武攻楚虜楚王蒙恬弟毅始皇二十六

年蒙恬因家世得爲秦將攻齊大破之拜爲內史秦已并天下乃使蒙恬將三十萬衆北逐戎狄收河南（正義曰謂靈夏勝等州）築長城因地形用制險塞起臨洮（徐廣曰屬隴西）至遼東（正義曰遼東郡在遼水東始皇築長城東至遼水西南至海之上）延袤萬餘里於是渡河據陽山（徐廣曰五原西安陽縣北有陰山陰山在河南陽山在河北）逶蛇而北暴師於外十餘年居上郡是時蒙恬威振匈奴始皇甚尊寵蒙氏信任賢之而親近蒙毅位至上卿出則參乘入則御前恬任外事而毅常爲內謀名爲忠信故雖諸將相莫敢與之爭焉趙高者諸趙疏遠屬也趙

高昆弟數人皆生隱宮（徐廣曰爲宦者。索隱曰劉氏云蓋其父犯宮刑妻子沒爲奴婢妻後野合所生子皆承趙姓並宮之故云兄弟生於隱宮也）其母被刑僇世世卑賤秦王聞高彊力通於獄法舉以爲中車府令高即私事公子胡亥喻之決獄高有大罪秦王令蒙毅法治之毅不敢阿法當高罪死除其宦籍帝以高之敦於事也（徐廣曰敦一作敏）赦之復其官爵始皇欲游天下道九原（正義曰九原郡今勝州連谷縣是）直抵甘泉（正義曰宮在雍州）乃使蒙恬通道自九原抵甘泉塹山堙谷千八百里道未就始皇三十七年冬行出游會稽並海上（索隱曰並音白浪反）北走琅邪（索隱曰走音奏走猶

向也鄒氏音趨趨亦向義於字則申）道病使蒙毅還禱山川未反始皇至沙丘崩祕之羣臣莫知是時丞相李斯少子胡亥中車府令趙高常從高雅得幸於胡亥欲立之又怨蒙毅法治之而不爲已也因有賊心乃與丞相李斯公子胡亥陰謀立胡亥爲太子太子已立遣使者以罪賜公子扶蘇蒙恬死扶蘇已死蒙恬疑而復請之使者以蒙恬屬吏更置胡亥以李斯舍人爲護軍使者還報胡亥已聞扶蘇死即欲釋蒙恬趙高恐蒙氏復貴而用事怨之毅還至趙高因爲胡亥忠計欲以滅蒙

氏乃言曰臣聞先帝欲舉賢立太子久矣而毅諫曰不可若知賢而愈不立則是不忠而惑主也〔索隱曰愈一作俞俞即踰也音史謂知太子賢而踰次不立是不忠也〕以臣愚意不若誅之胡亥聽而繫蒙毅於代〔正義曰今代州也因禱山川至代而繫之〕前已囚蒙恬於陽周喪至咸陽已葬太子立爲二世皇帝而趙高親近日夜毀惡蒙氏求其罪過舉劾之子嬰進諫曰臣聞故趙王遷殺其良臣李牧而用顏聚燕王喜陰用荊軻之謀而倍秦之約齊王建殺其故世忠臣而用后勝之議此三君者皆各以變古者失其國而殃及其

身今蒙氏秦之大臣謀士也而主欲一旦棄去之臣竊以爲不可臣聞輕慮者不可以治國獨智者不可以存君〔徐廣曰一無此字〕誅殺忠臣而立無節行之人是內使羣臣不相信而外使鬬士之意離也臣竊以爲不可胡亥不聽而遣御史曲宮乘傳之代〔索隱曰曲姓宮名〕令蒙毅曰先主欲立太子而卿難之今丞相以卿爲不忠罪及其宗朕不忍乃賜卿死亦甚幸矣卿其圖之毅對曰以臣不能得先主之意則臣少宦順幸沒世可謂知意矣〔索隱曰蒙毅言已少事始皇順旨蒙恩幸至始皇沒世可謂知上意也〕以臣不知太

子之能則太子獨從周旋天下去諸公子絕遠臣無所疑矣夫先主之舉用太子數年之積也臣乃何言之敢諫何慮之敢謀非敢飾辭以避死也爲羞累先主之名願大夫爲慮焉使臣得死情實且夫順成全者道之所貴也刑殺者道之所卒也昔者秦穆公殺三良而死罪百里奚而非其罪也故立號曰繆昭襄王殺武安君白起楚平王殺伍奢吳王夫差殺伍子胥此四君者皆爲大失而天下非之以其君爲不明以是籍於諸侯〔索隱曰言其惡聲狼籍布於諸國劉氏云諸侯皆記其惡於史籍非也〕故曰用

道治者不殺無罪而罰不加於無辜唯大夫留心使者知胡亥之意不聽蒙毅之言殺之二世又遣使者之陽周令蒙恬曰君之過多矣而卿弟毅有大罪法及內史恬曰自吾先人及至子孫積功信於秦三世矣今臣將兵三十餘萬身雖囚繫其勢足以倍畔自知必死而守義者不敢辱先人之教以不忘先主也昔周成王初立未離襁緥周公旦負王以朝卒定天下及成王有病甚殆公旦自揃其爪以沈於河曰王未有識是旦執事有罪殃旦受其不祥乃書而藏之

記府可謂信矣及王能治國有賊臣言周公旦欲爲亂久矣王若不備必有大事王乃大怒周公旦走而奔於楚成王觀於記府得周公旦沈書乃流涕曰孰謂周公旦欲爲亂乎殺言之者而反周公旦故周書曰必參而伍之（索隱曰參謂三卿五即五大夫欲參伍更議）今恬之宗世無二心而事卒如此是必孽臣逆亂（徐廣曰一作辭）內陵之道也夫成王失而復振則卒昌桀殺關龍逢紂殺王子比干而不悔身死則國亡臣故曰過可振而諫可覺也（索隱曰此故曰者必先志有此言蒙恬引之以成說也今不知出何書耳振者救也然語亦倒以言前人受諫可覺則其過乃可救也）察於參伍上聖之法也凡臣之言非以求免於咎也將以諫而死願陛下爲萬民思從道也使者曰臣受詔行法於將軍不敢以將軍言聞於上也蒙恬喟然太息曰我何罪於天無過而死乎良久徐曰恬罪固當死矣起臨洮屬之遼東城塹萬餘里此其中不能無絕地脈哉此乃恬之罪也乃吞藥自殺

太史公曰吾適北邊自直道歸行觀蒙恬所爲秦築長城亭障塹山堙谷通直道固輕百姓力矣夫秦之初滅諸侯天下之心未定痍傷者未瘳而恬爲名將不以此時彊諫振百姓之急養老存孤務修衆庶之和而阿意興功此其兄弟遇誅不亦宜乎何乃罪地脈哉

索隱述贊曰

蒙氏秦將　內史忠賢　長城首築
萬里安邊　趙高矯制　扶蘇死焉
絕地何罪　勞人是愆　呼天欲訴
三代良然

蒙恬列傳第二十八　史記八十八

張耳陳餘列傳第二十九　史記八十九

索隱曰張耳吳芮勢侔楚漢位埒齊韓俱懷從沛之心咸負誓河之業爵在列侯之上家傳累代之基長沙既曰令終趙王亦謂善始並可列同世家焉

張耳者大梁人也索隱曰臣瓚云今陳留大梁城是也其少時及魏公子毋忌爲客張耳嘗亡命游外黃索隱曰晉灼曰命者名也謂脫名籍而逃崔浩曰亡無也命名也逃匿則削除名籍故以逃爲亡命地理志外黃屬陳留外黃富人女甚美嫁庸奴亡其夫徐廣曰一云其夫亡也去抵父客如淳曰父時故賓客○索隱曰如淳曰抵歸也音丁禮反父客素知張耳乃謂女曰必欲求賢夫從張耳女聽乃卒爲請決嫁之張耳索隱曰謂女請父客爲決絕其夫而嫁之張耳張耳是時脫身游女家

厚奉給張耳張耳以故致千里客乃宦魏爲外黃令名由此益賢陳餘者亦大梁人也好儒術數游趙苦陘張晏曰苦陘漢章帝改曰漢昌○索隱曰地理志屬中山○正義曰音邢邢州唐昌縣富人公乘氏以其女妻之亦知陳餘非庸人也餘年少父事張耳兩人相與爲刎頸交索隱曰崔浩云言要齊生死斷頸無悔秦之滅大梁也張耳家外黃高祖爲布衣時嘗數從張耳游客數月秦滅魏數歲已聞此兩人魏之名士也購求有得張耳千金陳餘五百金張耳陳餘乃變名姓俱之陳爲里監門張晏曰監門里正衛也以自

食兩人相對里吏嘗有過笞陳餘陳餘欲起張耳躡之徐廣曰一作攝使受笞吏去張耳乃引陳餘之桑下而數之曰始吾與公言何如今見小辱而欲死一吏乎陳餘然之秦詔書購求兩人兩人亦反用門者以令里中索隱曰案門者即餘耳也自以其名而號令里中詠吏別求也陳涉起蘄至入陳兵數萬張耳陳餘上謁陳涉涉及左右生平數聞張耳陳餘賢未嘗見見即大喜陳中豪桀父老乃說陳涉曰將軍身被堅執銳率士卒以誅暴秦復立楚社稷存亡繼絕功德宜爲王且夫監臨天下諸將不爲王不

可願將軍立爲楚王也陳涉問此兩人兩人對曰夫秦爲無道破人國家滅人社稷絕人後世罷百姓之力盡百姓之財將軍瞋目張膽出萬死不顧一生之計爲天下除殘也今始至陳而王之示天下私願將軍毋王急引兵而西遣人立六國後自爲樹黨爲秦益敵也敵多則力分與衆則兵彊如此野無交兵縣無守城誅暴秦據咸陽以令諸侯諸侯亡而得立以德服之如此則帝業成矣今獨王陳恐天下解也正義曰解紀賣反言天下諸侯見陳勝稱王陳皆解墮不相從也陳涉不聽遂立爲王陳餘乃

復說陳王曰大王舉梁楚而西務在入關未及
收河北也臣嘗游趙知其豪桀及地形願請奇
兵北略趙地於是陳王以故所善陳人武臣爲
將軍邵騷爲護軍以張耳陳餘爲左右校尉予
卒三千人北略趙地武臣等從白馬渡河（索隱曰案
酈食其云白馬之津則白馬津是渡處其地與黎陽對岸）至諸縣說其豪桀曰（鄧展
曰至河北縣說之）秦爲亂政虐刑以殘賊天下數十年矣
北有長城之戍南有五嶺之戍（漢書音義曰嶺有五因以爲名在交
阯界中也○索隱曰裴氏廣州記云大庾始安臨賀桂陽揭陽斯五嶺）外內騷動百姓罷
敝頭會箕斂（漢書音義曰家家人頭數出穀以箕斂之）以供軍費財匱

力盡民不聊生重之以苛法峻刑使天下父子
不相安陳王奮臂爲天下倡始王楚之地方二
千里莫不響應家自爲怒人自爲鬭各報其怨
而攻其讎縣殺其令丞郡殺其守尉今已張大
楚王陳使吳廣周文將卒百萬西擊秦於此時
而不成封侯之業者非人豪也諸君試相與計
之夫天下同心而苦秦久矣因天下之力而攻
無道之君報父兄之怨而成割地有土之業此
士之一時也豪桀皆然其言乃行收兵得數萬
人號武臣爲武信君下趙十城餘皆城守莫肯

下乃引兵東北擊范陽范陽人蒯通說范陽令
曰（漢書曰范陽令徐公）竊聞公之將死故弔雖然賀公得通
而生范陽令曰何以弔之對曰秦法重足下爲
范陽令十年矣殺人之父孤人之子斷人之足
黥人之首不可勝數然而慈父孝子莫敢倳刃
（徐廣曰倳音菑）公之腹中者（李奇曰東方人以物插地皆爲倳）畏秦法耳今
天下大亂秦法不施然則慈父孝子且倳刃公
之腹中以成其名此臣之所以弔公也今諸侯
畔秦矣武信君兵且至而君堅守范陽少年皆
爭殺君下武信君君急遣臣見武信君可轉禍

爲福在今矣范陽令乃使蒯通見武信君曰足
下必將戰勝然後略地攻得然後下城臣竊以
爲過矣誠聽臣之計可不攻而降城不戰而略
地傳檄而千里定可乎武信君曰何謂也蒯通
曰今范陽令宜整頓其士卒以守戰者也怯而
畏死貪而重富貴故欲先天下降畏君以爲秦
所置吏誅殺如前十城也然今范陽少年亦方
殺其令自以城距君君何不齎臣侯印拜范陽
令范陽令則以城下君少年亦不敢殺其令令
范陽令乘朱輪華轂使驅馳燕趙郊燕趙郊見

之皆曰此范陽令先下者也即喜矣燕趙城可
毋戰而降也此臣之所謂傳檄而千里定者也
武信君從其計因使蒯通賜范陽令侯印趙地
聞之不戰以城下者三十餘城至邯鄲張耳陳
餘聞周章軍入關至戲却 蘇林曰戲地名却兵退也○正義曰戲音羲出驪山
又聞諸將為陳王徇地多以讒毀得罪誅怨陳
王不用其筴不以為將而以為校尉乃說武臣
曰陳王起蘄至陳而王非必立六國後將軍今
以三千人下趙數十城獨介居河北 晉灼曰介音戛瓚曰方言
云介特也 不王無以填之且陳王聽讒還報恐不脫

於禍又不如立其兄弟不即立趙後將軍毋失
時時閒不容息 索隱曰以言舉事不可失時時機之迅速其間不容一喘息須也 武
臣乃聽之遂立為趙王以陳餘為大將軍張耳
為右丞相邵騷為左丞相使人報陳王陳王大
怒欲盡族武臣等家而發兵擊趙陳王相國房
君諫曰秦未亡而誅武臣等家此又生一秦也
不如因而賀之使急引兵西擊秦陳王然之從
其計徙繫武臣等家宮中封張耳子敖為成都
君陳王使使者賀趙令趣發兵西入關張耳陳
餘說武臣曰王王趙非楚意特以計賀王楚已

滅秦必加兵於趙願王毋西兵北徇燕代南收
河內以自廣趙南據大河北有燕代楚雖勝秦
必不敢制趙趙王以為然因不西兵而使韓廣
略燕李良略常山張黶略上黨韓廣至燕燕人
因立廣為燕王 徐廣曰九月也 趙王乃與張耳陳餘北
略地燕界趙王閒出為燕軍所得燕將因之欲
與分趙地半乃歸王使者往燕輒殺之以求地
張耳陳餘患之有廝養卒謝其舍中曰 如淳曰廝賤者也公
羊傳曰廝役扈養韋昭曰析薪為廝炊烹為養晉灼曰以辭相告曰謝也○索隱曰謂其同舍中之人也漢書作舍人
吾為公說燕與趙王載歸舍中皆笑曰使者往

十餘輩輒死若何以能得王乃走燕壁燕將見
之問燕將曰知臣何欲燕將曰若欲得趙王耳
曰君知張耳陳餘何如人也燕將曰賢人也曰
知其志何欲曰欲得其王耳趙養卒乃笑曰君
未知此兩人所欲也夫武臣張耳陳餘杖馬箠
下趙數十城 張晏曰言其不用兵革驅策而已也○索隱曰杖音丈箠音之委反 此亦
各欲南面而王豈欲為卿相終已邪夫臣與主
豈可同日而道哉顧其勢初定未敢參分而王
且以少長先立武臣為王以持趙心今趙地已
服此兩人亦欲分趙而王時未可耳今君乃囚

趙王此兩人名爲求趙王實欲燕殺之此兩人
分趙自立夫以一趙尚易燕況以兩賢王左提
右挈而責殺王之罪（徐廣曰平原君傳曰事成執右券以責也券契義同耳）滅
燕易矣燕將以爲然乃歸趙王養卒爲御而歸
李良已定常山還報趙王復使良略太原至石
邑（索隱曰地理志屬常山）秦兵塞井陘未能前秦將詐稱
二世使人遺李良書不封（張晏曰欲其漏泄君臣相疑）曰良嘗
事我得顯幸良誠能反趙爲秦赦良罪貴良良
得書疑不信乃還之邯鄲益請兵未至道逢趙
王姊出飲從百餘騎李良望見以爲王伏謁道

史記列傳二十九　七

旁王姊醉不知其將使騎謝李良李良素貴起
慙其從官從官有一人曰天下畔秦能者先立
且趙王素出將軍下今女兒乃不爲將軍下車
請追殺之李良已得秦書固欲反趙未決因此
怒遣人追殺王姊道中乃遂將其兵襲邯鄲邯
鄲不知竟殺武臣邵騷趙人多爲張耳陳餘耳
目者以故得脫出收其兵得數萬人客有說張
耳曰兩君羈旅而欲附趙難獨立立趙後扶以
義可就功（索隱曰案羈旅勢弱難以立功也獨有立六國趙王之後可以成功）乃求得趙
歇（徐廣曰正月也音烏轄反駰案張晏曰趙之苗裔）立爲趙王居信都（徐廣

曰後項羽改曰襄国）李良進兵擊陳餘陳餘敗李良李良走
歸章邯章邯引兵至邯鄲皆徙其民河內夷其
城郭張耳與趙王歇走入鉅鹿城王離圍之陳
餘北收常山兵得數萬人軍鉅鹿北章邯軍鉅
鹿南棘原築甬道屬河餉王離王離兵食多急
攻鉅鹿鉅鹿城中食盡兵少張耳數使人召前
陳餘陳餘自度兵少不敵秦不敢前數月張耳
大怒怨陳餘使張黶陳澤（正義音釋）往讓陳餘曰
始吾與公爲刎頸交今王與耳旦暮且死而公
擁兵數萬不肯相救安在其相爲死苟必信胡

史記列傳二十九　八

不赴秦軍俱死且有十一二相全（正義曰十中冀一兩勝秦）陳
餘曰吾度前終不能救趙徒盡亡軍且餘所以
不俱死欲爲趙王張君報秦今必俱死如以肉
委餓虎何益張黶陳澤曰事已急要以俱死立
信安知後慮陳餘曰吾死顧以爲無益必如公
言乃使五千人令張黶陳澤先嘗秦軍（索隱曰崔浩云嘗猶
試）至皆沒當是時燕齊楚聞趙急皆來救張敖亦北
收代兵得萬餘人來皆壁餘旁未敢擊秦項羽
兵數絕章邯甬道王離軍乏食項羽悉引兵渡
河遂破章邯（徐廣曰三年十二月也）章邯引兵解諸侯軍

乃敢擊圍鉅鹿秦軍遂虜王離涉閒自殺卒存
鉅鹿者楚力也於是趙王歇張耳乃得出鉅鹿
謝諸侯張耳與陳餘相見責讓陳餘以不肯救
趙及問張黶陳澤所在陳餘怒曰張黶陳澤以
必死責臣臣使將五千人先嘗秦軍皆沒不出
張耳不信以爲殺之數問陳餘陳餘怒曰不意
君之望臣深也索隱曰望怨責也豈以臣爲重去將哉
索隱曰案重訓難也或云重惜也乃脫解印綬推予張耳張耳亦
愕不受陳餘起如廁客有說張耳曰臣聞天與
不取反受其咎索隱曰此辭出國語今陳將軍與君印君

不受反天不祥急取之張耳乃佩其印收其麾
下而陳餘還亦望張耳不讓正義曰言陳餘如廁還亦怨望張耳不讓其印
遂趨出張耳遂收其兵陳餘獨與麾下所善數
百人之河上澤中漁獵由此陳餘張耳遂有郤
趙王歇復居信都張耳從項羽諸侯入關漢元
年二月項羽立諸侯王張耳雅游韋昭曰雅素也○索隱曰鄭氏
云雅故也韋昭云雅素然素亦故也雅游言慣游從故多爲人所稱譽人多爲之言項羽
亦素數聞張耳賢乃分趙立張耳爲常山王治
信都信都更名襄國陳餘客多說項羽曰陳餘
張耳一體有功於趙項羽以陳餘不從入關聞

其在南皮索隱曰地理志屬勃海○正義曰故城在滄州南皮縣北四里也即以南皮
旁三縣以封之而徙趙王歇王代徐廣曰都代縣張耳
之國陳餘愈益怒曰張耳與餘功等也今張耳
王餘獨侯此項羽不平及齊王田榮畔楚陳餘
乃使夏說說田榮曰正義曰上說音稅下式銳反項羽爲天下
宰不平盡王諸將善地徙故王王惡地今趙王
乃居代願王假臣兵請以南皮爲扞蔽田榮欲
樹黨於趙以反楚乃遣兵從陳餘陳餘因悉三
縣兵襲常山王張耳張耳敗走念諸侯無可歸
者曰漢王與我有舊故張晏曰漢王爲布衣時嘗從張耳游而項羽

又彊立我我欲之楚張晏曰羽既彊盛又爲所立是以狐疑莫知所往也甘公
曰文穎曰善說星者甘氏也○索隱曰天官書云齊甘公藝文志云楚有甘公齊楚不同未知孰是劉歆七略云公一
名德漢王之入關五星聚東井東井者秦分也先
至必霸楚雖彊後必屬漢故耳走漢徐廣曰二年十月也漢
王亦還定三秦方圍章邯廢丘張耳謁漢王漢
王厚遇之陳餘已敗張耳皆復收趙地迎趙王
於代復爲趙王趙王德陳餘立以爲代王陳餘
爲趙王弱國初定不之國留傅趙王而使夏說
以相國守代漢二年東擊楚使使告趙欲與俱
陳餘曰漢殺張耳乃從於是漢王求人類張耳

者斬之持其頭遺陳餘陳餘乃遣兵助漢漢之
敗於彭城西陳餘亦復覺張耳不死即背漢漢
三年韓信已定魏地遣張耳與韓信擊破趙井
陘徐廣曰三年十月斬陳餘泜水上徐廣曰在常山音遲一音丁禮反○索隱曰蘇
林音祇晉灼音邸今俗呼此水則然案地理志音脂則蘇音為得郭景純注山海經云泜水出常山中丘縣○正義曰在
趙州贊皇縣界追殺趙王歇襄國漢立張耳為趙王徐廣
曰四年十一月駰案漢書四年夏漢五年張耳薨謚為景王子敖
嗣立為趙王高祖長女魯元公主為趙王敖后
漢七年高祖從平城過趙趙王朝夕袒韝蔽徐廣
曰韝者臂捍也自上食禮甚卑有子壻禮高祖箕倨詈

史記列傳二十九　十一

甚慢易之索隱曰崔浩云屈膝坐其形如箕趙相貫高趙午等年六
十餘徐廣曰田叔傳云趙相趙午等數十人皆怒然則或宜言六十餘人故張耳客也
生平為氣乃怒曰吾王孱王也孟康曰音如潺湲之潺冀州人謂懦弱為
孱韋昭曰仁謹貌○索隱曰案服虔音鉏閑反弱小貌也小顏音仕連反說王曰夫天下豪
桀並起能者先立今王事高祖甚恭而高祖無
禮請為王殺之張敖齧其指出血索隱曰案小顏云齧指以表至
誠為其約誓曰君何言之誤且先人亡國賴高祖得
復國德流子孫秋豪皆高祖力也願君無復出
口貫高趙午等十餘人皆相謂曰乃吾等非也
吾王長者不倍德且吾等義不辱今怨高祖辱

張耳陳餘傳

我王故欲殺之何乃汙王為乎索隱曰漢書作汙蕭該音一故反說
文云汙穢也令事成歸王事敗獨身坐耳漢八年上從
東垣還過趙貫高等乃壁人柏人索隱曰謂於柏人縣館舍壁中
著人欲為變也○正義曰柏人故城在邢州柏人縣西北十二里即高祖宿處也要之置韋昭曰為
供置也○索隱曰文穎云置人廁壁中以伺高祖也張晏云鑿壁空之令人止中也今按云置廁者置人於複壁中謂之
置廁廁者隱側之處因以為言也亦音側上過欲宿心動問曰縣名為何
曰柏人柏人者迫於人也不宿而去漢九年貫
高怨家知其謀乃上變告之於是上皆并逮捕
趙王貫高等十餘人皆爭自剄貫高獨怒罵曰
誰令公為之今王實無謀而并捕王公等皆死

史記列傳二十九　十二

誰白王不反者乃轞車膠致正義曰謂其車上著板四周如檻形膠密不得
開送致京師也與王詣長安治張敖之罪上乃詔趙羣
臣賓客有敢從王皆族貫高與客孟舒等十餘
人皆自髡鉗為王家奴從來貫高至對獄曰獨
吾屬為之王實不知吏治榜笞數千刺剟徐廣曰丁
劣反○索隱曰案剟亦刺也漢書作刺爇張晏云爇灼也說文云燒也應劭云以鐵刺之身無可擊
者終不復言呂后數言張王以魯元公主故不
宜有此上怒曰使張敖據天下豈少而女乎不
聽廷尉以貫高事辭聞上曰壯士誰知者以私
問之贊曰以私情相問中大夫泄公曰正義曰泄姓也史有泄私臣之

張耳陳餘傳

邑子素知之此固趙國立名義不侵爲然諾者也上使泄公持節問之箯輿前徐廣曰箯音鞭騶案韋昭曰輿如今輿牀人輿以行○索隱曰服虔云音編編竹木如今峻可以糞除也何休注公羊筍音峻筍者竹箯一名編齊魯已北名爲筍郭璞三蒼注云箯輿土器仰視曰泄公邪泄公勞苦如生平驩與語問張王果有計謀不高曰人情寧不各愛其父母妻子乎今吾三族皆以論死豈以王易吾親哉顧爲王實不反獨吾等爲之具道本指所以爲者王不知狀於是泄公入具以報上乃赦趙王上賢貫高爲人能立然諾使泄公具告之曰張王已出因赦貫高貫高喜曰吾王審

出乎泄公曰然泄公曰上多足下故赦足下貫高曰所以不死一身無餘者白張王不反也今王已出吾責已塞死不恨矣且人臣有篡殺之名何面目復事上哉縱上不殺我我不愧於心乎乃仰絶肮遂死韋昭曰肮咽也○索隱曰蘇林云肮頸大脈也俗所謂胡脈音下郎反蕭該或音下浪反當此之時名聞天下張敖已出以尚魯元故封爲宣平侯索隱曰韋昭曰尚奉也不敢言取崔浩云奉事公主小顏云尚配也易得尚于中行王弼亦以尚爲配恐非其義於是上賢張王諸客以鉗奴從張王入關無不爲諸侯相郡守者及孝惠高后文帝孝景時張王客子孫皆得爲二千石張敖

高后六年薨關中記曰張敖冢在安陵東○正義曰魯元公主墓在咸陽縣西北二十五里次東有張敖冢與公主同域又張耳墓在咸陽縣東三十三里子偃爲魯元王以母呂后女故呂后封爲魯元王索隱曰案謂偃以其母號而封也元王弱兄弟少及封張敖他姬子二人壽爲樂昌侯徐廣曰漢紀張酺傳曰張敖之子壽封樂昌侯食細陽之池陽鄉也侈爲信都侯高后崩諸呂無道大臣誅之而廢魯元王及樂昌侯信都侯孝文帝即位復封故魯元王偃爲南宮侯續張氏張敖謚武侯張偃之孫有罪絶信都侯名侈樂昌侯名壽

太史公曰張耳陳餘世傳所稱賢者其賓客厮役莫非天下俊桀所居國無不取卿相者然張

耳陳餘始居約時漢書音義曰在貧賤時也相然信以死豈顧問哉索隱曰葛洪要用字苑云然猶爾也謂相和同諾者何也謂然諾相信雖死不顧也及據國爭權卒相滅亡何鄉者相慕用之誠後相倍之戾也豈非以利哉索隱曰有本作私利交漢書作勢利交故廉頗傳云天下以市道交君有勢則從君無勢則去此固其理也名譽雖高賓客雖盛所由殆與太伯延陵季子異矣

索隱述贊曰

張耳陳餘　天下豪俊　忘年羈旅　刎頸相信
耳圍鉅鹿　餘兵不進　張既望深　陳乃去印
勢利傾奪　隙末成釁

張耳陳餘列傳第二十九　史記八十九

魏豹彭越列傳第三十　史記九十
魏豹者故魏諸公子也其兄魏咎故魏時封爲
甯陵君 索隱曰案彭越傳云魏豹魏王咎從弟眞魏後也晉灼云甯陵梁國縣也即今甯陵是 秦
滅魏遷咎爲家人陳勝之起王也 正義王于放反 咎往
從之陳王使魏人周市徇魏地魏地已下欲相
與立周市爲魏王周市曰天下昏亂忠臣乃見
索隱曰老子曰國家昏亂有忠臣此取以爲說也 今天下共畔秦其義必立
魏王後乃可齊趙使車各五十乘立周市爲魏
王市辭不受迎魏咎於陳五反陳王乃遣立咎
爲魏王 徐廣曰元年十二月也 章邯已破陳王乃進兵擊魏

王於臨濟 正義曰故城在淄州高苑縣北二里本漢縣 魏王乃使周市出
請救於齊楚齊楚遣項它田巴將兵隨市救魏
索隱曰案項它楚將田巴齊將也○正義它徒多反 章邯遂擊破殺周市等軍
圍臨濟咎爲其民約降約定咎自燒殺魏豹亡
走楚 徐廣曰二年六月 楚懷王予魏豹數千人復徇魏
地項羽已破秦降章邯豹下魏二十餘城立豹
爲魏王豹引精兵從項羽入關漢元年項羽封
諸侯欲有梁地乃徙魏王豹於河東都平陽 正義曰今晉州
爲西魏王漢王還定三秦渡臨晉 正義曰臨晉在同州朝邑縣界
魏王豹以國屬焉遂從擊楚於彭城漢

敗還至滎陽豹請歸視親病至國即絕河津畔
漢漢王聞魏豹反方東憂楚未及擊謂酈生曰
緩頰往說魏豹能下之吾以萬戶封若酈生說
豹豹謝曰人生一世間如白駒過隙耳 索隱曰莊子云
無異騏驥之馳過隙則謂馬也小顏云白駒謂日影也隙壁隙也以言速疾若日影過壁隙也 今漢王慢
而侮人罵詈諸侯羣臣如罵奴耳非有上下禮
節也吾不忍復見也於是漢王遣韓信擊虜豹
於河東 徐廣曰二年九月也 傳詣滎陽以豹國爲郡 高祖本紀曰置三郡河東太原上黨
漢王令豹守滎陽楚圍之急周苛遂殺
魏豹

彭越者昌邑人也 正義曰漢武更山陽爲昌邑國有梁丘鄉梁丘故城在曹州城武縣東北三十三里 字仲常漁鉅野澤中爲羣盜陳勝項梁之
起少年或謂越曰諸豪桀相立畔秦仲可以來
亦效之彭越曰兩龍方鬬且待之居歲餘澤閒
少年相聚百餘人往從彭越曰請仲爲長越謝
曰臣不願與諸君少年彊請乃許與期旦日日
出會後期者斬 索隱曰旦日謂明日之朝日出時也 旦日日出十餘
人後後者至日中於是越謝曰臣老諸君彊以
爲長今期而多後不可盡誅誅最後者一人令
校長斬之皆笑曰何至是請後不敢於是越乃

引一人斬之設壇祭乃令徒屬徒屬皆大驚畏越莫敢仰視乃行略地收諸侯散卒得千餘人沛公之從碭北正義曰音唐朗反宋州碭山縣擊昌邑彭越助之昌邑未下沛公引兵西彭越亦將其衆居鉅野中收魏散卒項籍入關王諸侯還歸彭越衆萬餘人毋所屬漢元年秋齊王田榮畔項王漢乃使人賜彭越將軍印使下濟陰以擊楚楚命蕭公角正義曰蕭縣令楚縣令稱公角名將兵擊越越大破楚軍漢王二年春與魏王豹及諸侯東擊楚彭越將其兵三萬餘人歸漢於外黃漢王曰彭將軍收魏

史記列傳三十　三

地得十餘城欲急立魏後今西魏王豹亦魏王咎從弟也眞魏後乃拜彭越爲魏相國擅將其兵略定梁地索隱曰擅猶專也漢王之敗彭城解而西也彭越皆復亡其所下城獨將其兵北居河上正義曰滑州河上漢王三年彭越常往來爲漢游兵擊楚絕其後糧於梁地漢四年冬項王與漢王相距滎陽彭越攻下睢陽外黃十七城正義曰睢陽宋州宋城也外黃在汴州雍丘縣東項王聞之乃使曹咎守城皋正義曰河南府汜水是自東收彭越所下城邑皆復爲楚正義曰爲于僞反越將其兵北走穀城正義曰在齊州東阿縣東二十六里是漢五年秋項

魏豹彭越傳

王之南走陽夏正義曰夏古雅反陳州太康縣也彭越復下昌邑旁二十餘城得穀十餘萬斛以給漢王食漢王敗使使召彭越幷力擊楚越曰魏地初定尚畏楚未可去漢王追楚爲項籍所敗固陵正義曰固陵名在陳州宛丘縣西北三十二里乃謂留侯曰諸侯兵不從爲之奈何留侯曰齊王信之立非君王之意信亦不自堅彭越本定梁地功多始君王以魏豹故拜彭越爲魏相國今豹死毋後且越亦欲王而君王不蚤定與此兩國約即勝楚睢陽以北至穀城正義曰從宋州已北至鄆州以西曹濮汴滑並與彭越皆以王彭相國從陳以東

史記列傳三十　四

傅音附海正義曰從陳潁州北以東亳四徐淮北之地東至海并淮南淮陰之邑盡與韓信韓信又先有故楚舊地與齊王信齊王信家在楚此其意欲復得故邑君王能出捐此地許二人二人今可致即不能事未可知也於是漢王乃發使使彭越如留侯策使者至彭越乃悉引兵會垓下正義曰在亳州也遂破楚五年項籍已死春立彭越爲梁王都定陶正義曰曹州六年朝陳九年十年皆來朝長安十年秋陳豨反代地高帝自往擊至邯鄲徵兵梁王梁王稱病使將將兵詣邯鄲高帝怒使人讓梁王梁王恐欲自往謝其將扈輒曰王始不往見讓

魏豹彭越傳

而往往則爲禽矣不如遂發兵反梁王不聽稱病梁王怒其太僕欲斬之太僕亡走漢告梁王與扈輒謀反於是上使使掩梁王梁王不覺捕梁王囚之雒陽有司治反形已具 張晏曰扈輒勸越反不聽而云反形已具有司非也瓚曰扈輒勸越反而越不誅輒是反形已具 請論如法上赦以爲庶人傳處蜀青衣 文頴曰青衣縣名在蜀瓚曰今漢嘉是也○索隱曰蘇林云縣名今爲臨邛瓚說爲是 西至鄭 索隱曰地理志鄭屬京兆○正義曰華州 逢呂后從長安來欲之雒陽道見彭王彭王爲呂后泣涕自言無罪願處故昌邑呂后許諾與俱東至雒陽呂后白上曰彭王壯士今徙之蜀此自遺患 正義曰上惟季反 不如遂誅之妾謹與俱來於是呂后乃令其舍人告彭越復謀反廷尉王恬開奏請族之上乃可遂夷越宗族國除

太史公曰魏豹彭越雖故賤然已席卷千里 正義曰言魏地闊千里如席卷舒 南面稱孤喋血乘勝日有聞矣 徐廣曰一作啑韓傳亦有喋血語也○索隱曰音牒喋猶蹀也殺敵蹀血而行李文紀喋血京師是也 懷畔逆之意及敗不死而虜囚身被刑戮何哉中材已上且羞其行況王者乎彼無異故智略絕人獨患無身耳得攝尺寸之柄其雲蒸龍變欲有所會其度以故幽囚而不辭云

索隱述贊曰

魏咎兄弟　因時而王　豹後屬楚
其國遂亡　仲起昌邑　歸漢外黃
往來聲援　再續軍糧　徵兵不往
葅醢何傷

魏豹彭越列傳第三十　史記九十

黥布列傳第三十一　　史記九十一

黥布者，六人也，姓英氏。（索隱曰：地理志盧江有六縣。蘇林曰：今為六安也。布本姓英，英國名也，咎繇之後。布以少時有人相云當刑而王，故漢雜事云布改姓黥以厭當之也。○正義曰：故六城在壽州安豐縣西南百三十三里。按：黥布封淮南王，都六，即此城。又春秋傳六與蓼咎繇之後，或封於英、六，蓋英後改為蓼也。）秦時為布衣。少年，有客相之曰：「當刑而王。」及壯，坐法黥。布欣然笑曰：「人相我當刑而王，幾是乎？」（徐廣曰：幾，一作豈。駰謂幾，近也。○索隱曰：臣瓚音機。楚漢春秋作「豈是乎」，故徐廣云一作豈。劉氏音祈，祈者，語辭也，義亦通。）人有聞者，共俳笑之。（索隱曰：謂衆共以俳優輩笑之。）布已論輸麗山，（正義曰：言布論決，受黥竟，麗山作陵也。時會稽郡輸身徒。）麗山之徒數十萬人，布皆與其徒長豪桀交通，迺率其曹偶，亡之江

中為羣盜。（索隱曰：曹，輩也。偶，類也。謂徒之輩類。）陳勝之起也，布迺見番君，與其衆叛秦，聚兵數千人。番君以其女妻之。章邯之滅陳勝，破呂臣軍，布乃引兵北擊秦左右校，破之清波，引兵而東。聞項梁定江東會稽，（正義曰：時會稽郡所理在吳閶閭城中。）涉江而西。陳嬰以項氏世為楚將，迺以兵屬項梁，渡淮南，英布、蒲將軍亦以兵屬項梁。項梁涉淮而西，擊景駒、秦嘉等，布常冠軍。項梁至薛，（正義曰：薛古城在徐州滕縣界也。）聞陳王定死，迺立楚懷王。項梁號為武信君，英布為當陽君。（正義曰：南郡當陽縣也。）項梁敗死定陶，懷王徙都彭城，諸將英

布亦皆保聚彭城。當是時，秦急圍趙，趙數使人請救。懷王使宋義為上將，范曾為末將，項籍為次將，英布、蒲將軍皆為將軍，悉屬宋義，北救趙。及項籍殺宋義於河上，懷王因立籍為上將軍，諸將皆屬項籍。項籍使布先涉渡河擊秦，布數有利，籍迺悉引兵涉河從之，遂破秦軍，降章邯等。楚兵常勝，功冠諸侯。諸侯兵皆以服屬楚者，以布數以少敗衆也。項籍之引兵西至新安，（正義曰：新安故城在河南府澠池縣東二十二里。）又使布等夜擊阬章邯秦卒二十餘萬人。至關，不得入，又使布等先從間道

破關下軍，（索隱曰：鄒氏云間音閑。閑謂私也。今以間道即他道也，猶若反間之義。）遂得入，至咸陽。布常為軍鋒。（索隱曰：案漢書作楚軍前簿。簿者，鹵簿。）項王封諸將，立布為九江王，都六。漢元年四月，諸侯皆罷戲下，各就國。項氏立懷王為義帝，徙都長沙，迺陰令九江王布等行擊之。其八月，布使將擊義帝，追殺之郴縣。（正義曰：上丑林反。今郴州有義帝冢及祠。）漢二年，齊王田榮畔楚，項王往擊齊，徵兵九江，九江王布稱病不往，遣將將數千人行。漢之敗楚彭城，布又稱病不佐楚。項王由此怨布，數使使者誚讓（漢書音義曰：誚，責也。）召布，布愈恐，不敢往。項王方北

憂齊趙西患漢所與者獨九江王又多布材欲親用之以故未擊漢三年漢王擊楚大戰彭城不利出梁地至虞（正義曰今宋州虞城也）謂左右曰（索隱曰案謂隨何）如彼等者無足與計天下事謁者隨何進曰不審陛下所謂漢王曰孰能為我使淮南令之發兵倍楚留項王於齊數月我之取天下可以百全隨何曰臣請使之迺與二十人俱使淮南至因太宰主之（漢書音義曰淮南太宰作內主也韋昭曰主舍也○索隱曰太宰掌膳食之官）三日不得見隨何因說太宰曰王之不見何必以楚為彊以漢為弱此臣之所以為使使何得見言之而是邪是大王所欲聞也言之而非邪使何等二十人伏斧質淮南市以明王倍漢而與楚也太宰迺言之王王見之隨何曰漢王使臣敬進書大王御者竊怪大王與楚何親也淮南王曰寡人北鄉而臣事之隨何曰大王與項王俱列為諸侯北鄉而臣事之必以楚為彊可以託國也項王伐齊身負板築（李奇曰板牆板也築杵也）以為士卒先大王宜悉淮南之眾身自將之為楚軍前鋒今迺發四千人以助楚夫北面而臣事人者固若是乎夫漢王戰於彭城項王未出齊也大

王宜騷（音掃）淮南之兵渡淮日夜會戰彭城下大王撫萬人之眾無一人渡淮者垂拱而觀其孰勝夫託國於人者固若是乎大王提空名以鄉楚而欲厚自託臣竊為大王不取也然而大王不背楚者以漢為弱也夫楚兵雖彊天下負之以不義之名（索隱曰負猶被也以不義被其身）以其背盟約而殺義帝也然而楚王恃戰勝自彊漢王收諸侯還守成皋滎陽下蜀漢之粟深溝壁壘分卒守徼乘塞（索隱曰徼謂邊境亭鄣以徼繞邊陲常守之也乘者登也登塞垣而守之）楚人還兵間以梁地深入敵國八九百里（張晏曰羽從齊還當經梁地八九百里迺得羽地○索隱曰案服虔曰梁在楚漢之中央）欲戰則不得攻城則力不能老弱轉糧千里之外楚兵至滎陽成皋漢堅守而不動進則不得攻退則不能解故曰楚兵不足恃也（徐廣曰恃一作罷言其已困不足復苦也索隱曰案漢書作罷罷音皮）使楚勝漢則諸侯自危懼而相救夫楚之彊適足以致天下之兵耳故楚不如漢其勢易見也今大王不與萬全之漢而自託於危亡之楚臣竊為大王惑之臣非以淮南之兵足以亡楚也夫大王發兵而倍楚項王必留留數月漢之取天下可以萬全臣請與大王提劍而歸漢漢王必裂地而封

大王又況淮南必大王有也故漢王敬使使臣進愚計願大王之留意也淮南王曰請奉命陰許畔楚與漢未敢泄也楚使者在（文穎曰在淮南王所）方急責英布發兵舍傳舍隨何直入坐楚使者上坐曰九江王已歸漢楚何以得發兵布愕然楚使者起何因說布曰事已構（索隱曰構成也）可遂殺楚使者無使歸而疾走漢并力（索隱曰走音奏向也）布曰如使者教因起兵而擊之耳於是殺使者因起兵而攻楚楚使項聲龍且攻淮南項王留而攻下邑（正義曰宋州碭山縣）數月龍且擊淮南破布軍布欲引兵走漢恐楚王殺之故間行與何俱歸漢淮南王至（徐廣曰三年十二月）上方踞牀洗召布入見布甚大怒悔來欲自殺出就舍帳御飲食從官如漢王居布又大喜過望（正義曰高祖以布先分爲王恐其自尊大故峻禮令布折服已而美其帷帳厚其飲食多其從官以悅其心權道也）於是迺使人入九江楚已使項伯收九江兵盡殺布妻子布使者頗得故人幸臣將衆數千人歸漢漢益分布兵而與俱北收兵至成皋四年七月立布爲淮南王與擊項籍漢五年布使人入九江得數縣六年布與劉賈入九江誘大司馬周殷周殷反楚遂舉九江兵與

漢擊楚破之垓下項籍死天下定上置酒上折隨何之功謂何爲腐儒爲天下安用腐儒（索隱曰腐音輔謂之腐儒者言如腐敗之物不任用也）隨何跪曰夫陛下引兵攻彭城楚王未去齊也陛下發步卒五萬人騎五千能以取淮南乎上曰不能隨何曰陛下使何與二十人使淮南至如陛下之意是何之功賢於步卒五萬人騎五千也然而陛下謂何腐儒爲天下安用腐儒何也上曰吾方圖子之功迺以隨何爲護軍中尉布遂剖符爲淮南王都六九江廬江衡山豫章郡皆屬布七年朝陳八年朝雒陽九年朝長安十一年高后誅淮陰侯布因心恐夏漢誅梁王彭越醢之盛其醢徧賜諸侯至淮南淮南王方獵見醢因大恐陰令人部聚兵候伺旁郡警急（張晏曰欲有所會）布所幸姬疾請就醫醫家與中大夫賁赫對門（徐廣曰賁音肥○索隱曰人姓名也）姬數如醫家賁赫自以爲侍中迺厚餽遺從姬飲醫家姬侍王從容語次譽赫長者也王怒曰汝安從知之具說狀王疑其與亂赫恐稱病王愈怒欲捕赫赫言變事乘傳詣長安布使人追不及赫至上變言布謀反有端可先未發誅也上讀

其書語蕭相國相國曰布不宜有此恐仇怨妄誣之請繫赫使人微一作徵驗淮南王淮南王布見赫以罪亡上變固已疑其言國陰事漢使又來頗有所驗遂族赫家發兵反反書聞上迺赦賁赫以爲將軍上召諸將問曰布反爲之奈何皆曰發兵擊之坑豎子耳何能爲乎汝陰侯滕公召故楚令尹問之令尹曰是固當反滕公曰上裂地而王之疏爵而貴之漢書音義曰疏分也禹決江疏河是也○索隱曰尚書曰列爵惟五分土惟三按列地是對文故知疏即分也南面而立萬乘之主其反何也令尹曰往年殺彭越前年殺韓信張晏曰往年前年同耳使文相避也言此三人者同功一體之人也自疑禍及身故反耳滕公言之上曰臣客故楚令尹薛公者其人有籌筴之計可問上迺召見問薛公薛公對曰布反不足怪也使布出於上計山東非漢之有也出於中計勝敗之數未可知也出於下計陛下安枕而臥矣上曰何謂上計令尹對曰東取吳正義曰荊王劉賈都吳蘇州闔閭城也西取楚正義曰楚王劉交都徐州下邳并齊取魯傳檄燕趙固守其所山東非漢之有也何謂中計東取吳西取楚并韓取魏據敖倉之粟索隱曰案太康地記云秦建敖倉於成皋又立庾故亦云敖庾也塞成皋

之口勝敗之數未可知也何謂下計東取吳西取下蔡正義古州來國歸重於越身歸長沙正義曰今潭州陛下安枕而臥漢無事矣桓譚新論曰世有圍碁之戲或言是兵法之類也及爲之上者遠碁疏張置以會圍因而成多得道之勝中者則務相絕遮要以爭便求利故勝負狐疑須計數而定下者則守邊隅趨作罫以自生於小地然亦必不如察薛公之言上計云取吳楚并齊魯及燕趙者此廣道地之謂中計云取吳楚并韓魏塞成皋據敖倉此趨遮要爭利者也下計云取吳下蔡據長沙以臨越此守邊隅趨作罫者也○索隱曰罫音烏卦反上曰是計將安出令尹對曰出下計上曰何謂廢上中計而出下計令尹曰布故麗山之徒也自致萬乘之主此皆爲身不顧後爲百姓萬世慮者也故曰出下計上曰善封薛公千戶索隱曰劉氏云薛公得封千戶蓋關內侯也迺立皇子長爲淮南王上遂發兵自將東擊布布之初反謂其將曰上老矣厭兵必不能來使諸將諸將獨患淮陰彭越今皆已死餘不足畏也故遂反果如薛公籌之東擊荊荊王劉賈走死富陵正義曰故城在楚州盱眙縣東北六十里盡劫其兵渡淮擊楚楚發兵與戰徐僮閒如淳曰地名也○索隱曰案地理志臨淮有徐縣僮縣○正義曰杜預云徐在下邳僮縣東括地志云大徐城在泗州徐城縣北四十里古徐國也爲三軍欲以相救爲奇或說楚將曰布善用兵民素畏之且兵法諸侯戰其地爲散地漢書音義曰謂散滅之地○正義曰魏武帝注孫子曰卒戀土地道近而易敗散今別爲三彼敗吾一軍餘

皆走安能相救不聽布果破其一軍其二軍散走遂西與上兵遇蘄西會甀（索隱曰上古外反下持瑞反韋昭云蘄之鄉名漢書作甀應劭音保非也○正義曰蘄音機沛郡蘄城也甀遂瑞反）布兵精甚上迺壁庸城（鄧展曰地名也）望布軍置陳如項籍軍上惡之與布相望見遙謂布曰何苦而反布曰欲爲帝耳上怒罵之遂大戰布軍敗走渡淮數止戰不利與百餘人走江南布故與番君婚以故長沙哀王（徐廣曰表云成王臣吴芮之子也駰案晉灼曰芮之孫固或曰是成王非哀王也傳誤也）使人紿布僞與亡誘走越故信而隨之番陽（索隱曰番陽鄱縣之鄉）番陽人殺布茲鄉民田舍（正義曰英布冢在饒州鄱陽縣北百五十二里十三步）

遂滅黥布立皇子長爲淮南王封賁赫爲期思侯（正義曰期思故城在光州固始縣界）諸將率多以功封者（漢書曰將封者六人）

太史公曰英布者其先豈春秋所見楚滅英六皋陶之後哉身被刑法何其拔興之暴也（索隱曰拔音白冒反疾也）項氏之所坑殺人以千萬數而布常爲首虐功冠諸侯用此得王亦不免於身爲世大僇禍之興自愛姬殖妒媢生患竟以滅國（媢音冒媢亦妒也○索隱曰漢書外戚傳亦云成結寵妾妒媢之誅又論衡云妬夫媢婦則媢是妒之別名今原英布之誅爲賁赫與其姬妃有亂故至滅國所以不得言妬媢是媢也一云男妬曰媢）

索隱述贊曰

九江初筮　當刑而王　既免徒中
聚盜江上　每雄楚卒　頻破秦將
病爲羽疑　歸受漢杖　賁赫見毀
卒致無妄

黥布列傳第三十一　史記九十一

淮陰侯列傳第三十二　史記九十二

淮陰侯韓信者淮陰人也正義曰楚州淮陰縣也始爲布衣時貧無行不得推擇爲吏李奇曰無善行可推舉選擇又不能治生商賈常從人寄食飲人多厭之者常數從其下鄉南昌亭長寄食張晏曰下鄉縣屬淮陰也○索隱曰案楚漢春秋南昌作新昌亭長者主亭之吏也數月亭長妻患之乃晨炊蓐食張晏曰未起而牀蓐中食食時信往不爲具食信亦知其意怒竟絕去信釣於城下正義曰淮陰城北臨淮水昔信去下鄉而釣於此諸母漂韋昭曰以水擊絮爲漂故曰漂母有一母見信飢飯信竟漂數十日信喜謂漂母曰吾必有以重報母母怒曰大丈夫不能自食正義音寺吾哀王孫而進食蘇林曰如言公子也○索隱曰劉德曰秦末多失國言王孫公子尊之也張晏云字王孫非也豈望報乎淮陰屠中少年有侮信者曰若雖長大好帶刀劍中情怯耳衆辱之曰信能死刺我不能死出我袴下徐廣曰袴一作胯胯股也音同又云漢書作跨同耳○索隱曰胯音枯化反然尋此文作袴欲依字讀何爲不通袴下即胯下也何必須要作胯下於是信孰視之俛出袴下蒲伏正義俛音俯伏蒲北反一市人皆笑信以爲怯及項梁渡淮信杖劒從之居戲下徐廣曰戲一作麾無所知名項梁敗又屬項羽羽以爲郎中數以策干項羽羽不用漢王之入蜀信亡楚歸漢未得知名爲連敖徐廣曰典

客也○索隱曰李奇云楚官名張晏曰司馬也坐法當斬其輩十三人皆已斬次至信信乃仰視適見滕公曰上不欲就天下乎何爲斬壯士滕公奇其言壯其貌釋而不斬與語大說之言於上上拜以爲治粟都尉上未之奇也信數與蕭何語何奇之至南鄭諸將行道亡者數十人信度何等已數言上上不我用即亡何聞信亡不及以聞自追之人有言上曰丞相何亡上大怒如失左右手居一二日何來謁上上且怒且喜罵何曰若亡何也何曰臣不敢亡也臣追亡者上曰若所追者誰何曰韓信也上復罵曰諸將亡者以十數公無所追追信詐也何曰諸將易得耳至如信者國士無雙王必欲長王漢中無所事信文穎曰事猶業也張晏曰無事用信必欲爭天下非信無所與計事者顧王策安所決耳王曰吾亦欲東耳安能鬱鬱久居此乎何曰王計必欲東能用信信即留不能用信信終亡耳王曰吾爲公以爲將何曰雖爲將信必不留王曰以爲大將何曰幸甚於是王欲召信拜之何曰王素慢無禮今拜大將如呼小兒耳此乃信所以去也王必欲拜之擇良日齋戒設壇場具

禮乃可耳王許之諸將皆喜人人各自以爲得大將至拜大將乃韓信也一軍皆驚信拜禮畢上坐王曰丞相數言將軍將軍何以教寡人計策信謝因問王曰今東鄉爭權天下豈非項王耶漢王曰然曰大王自料勇悍仁彊孰與項王漢王默然良久曰不如也信再拜賀曰惟信亦爲大王不如也然臣嘗事之請言項王之爲人也項王喑噁叱咤千人皆廢晉灼曰廢不收也○索隱曰喑於鴆反噁烏路反叱昌栗反咤卓嫁反咤或作吒喑噁懷怒氣叱咤發怒聲孟康曰廢伏也張晏曰廢偃也然不能任屬賢將此特匹夫之勇耳項王見人恭敬慈愛言語嘔嘔音凶于反○索隱曰嘔音吁嘔嘔猶區區也漢書作姁姁鄧展曰姁姁和好貌也人有疾病涕泣分食飲至使人有功當封爵者印刓敝忍不能予漢書音義曰不忍授此所謂婦人之仁也項王雖霸天下而臣諸侯不居關中而都彭城有背義帝之約而以親愛王諸侯不平諸侯之見項王遷逐義帝置江南亦皆歸逐其主而自王善地項王所過無不殘滅者天下多怨百姓不親附特劫於威彊耳名雖爲霸實失天下心故曰其彊易弱今大王誠能反其道任天下武勇何所不誅以天下城邑封功臣何所不服以

義兵從思東歸之士何所不散索隱曰劉氏云用東歸之兵擊東方之敵此敵無不散敗也且三秦王爲秦將將秦子弟數歲矣所殺亡不可勝計又欺其衆降諸侯至新安項王詐阬秦降卒二十餘萬唯獨邯欣翳得脫秦父兄怨此三人痛入骨髓今楚彊以威王此三人秦民莫愛也大王之入武關秋豪無所害索隱曰案秋豪秋乃成王逸注楚詞云鋭毛爲豪夏落秋生也除秦苛法與秦民約法三章耳秦民無不欲得大王王秦者於諸侯之約大王當王關中關中民咸知之大王失職入漢中秦民無不恨者今大王舉而東三秦可傳檄而定也索隱曰案說文云檄二尺書也此云傳檄謂爲檄書以責所伐者於是漢王大喜自以爲得信晚遂聽信計部署諸將所擊八月漢王舉兵東出陳倉正義曰漢王從關北出岐州陳倉縣定三秦漢二年出關正義曰出函谷關收魏河南韓殷王皆降合齊趙共擊楚四月至彭城漢兵敗散而還信復收兵與漢王會滎陽復擊破楚京索之間以故楚兵卒不能西漢之敗卻彭城正義曰兵敗散彭城而卻退塞王欣翟王翳亡漢降楚齊趙欲反漢與楚和六月魏王豹謁歸視親疾至國即絕河關索隱曰今蒲津關反漢與楚約和漢王使酈生說豹不下其八月

以信爲左丞相擊魏魏王盛兵蒲坂塞臨晉索隱曰塞音先得反臨晉縣名在河東之東岸對舊關也信乃益爲疑兵漢書音義曰益張旗以疑敵者陳船欲渡臨晉索隱曰劉氏云陳船地名在舊關之西今之朝邑非也案京兆有船司空縣不名陳船陳船者陳列船艘欲度河也而伏兵從夏陽以木罌缻渡軍徐廣曰缻一作缶服虔曰以木押縛罌缻以渡韋昭曰以木爲器如罌缻以渡軍無船且尚密也○正義曰按韓信詐陳列船艘於臨晉欲渡河即此從夏陽木押罌缻度軍襲安邑臨晉同州東朝邑界夏陽在同州北渭城界襲安邑正義曰安邑故城在絳州夏縣東北十五里魏王豹驚引兵迎信信遂虜豹索隱曰劉氏云夏陽舊無船豹不備之而防臨晉耳今安邑被襲故豹遂降也定魏爲河東郡正義曰理安邑縣故城漢王遣張耳與信俱引兵東北擊趙代後九月破代兵禽夏說閼與徐廣曰音

余閼案李奇曰夏說代相也○索隱曰司馬彪郡國志上黨沾縣有閼與聚閼音曷又音焉與音余又音預沾音他廉反○正義曰閼與聚城在潞州銅鞮縣西北二十里信之下魏破代漢輒使人收其精兵詣滎陽以距楚信與張耳以兵數萬欲東下井陘擊趙索隱曰案地理志常山石邑縣井陘山在西又穆天子傳云至于陘山之隧升于三道之隥是也趙王成安君陳餘聞漢且襲之也聚兵井陘口正義曰井陘故關在并州石艾縣陘東十八里即井陘口號稱二十萬廣武君李左車說成安君曰聞漢將韓信涉西河虜魏王禽夏說新喋血閼與索隱曰喋舊音軟非也案陳湯傳喋血萬里之外如淳云殺人血流滂沱也韋昭音徒協反今乃輔以張耳議欲下趙此乘勝而去國遠鬬其鋒不可當臣聞千里

餽糧士有飢色樵蘇後爨漢書音義曰樵取薪也蘇取草也師不宿飽今井陘之道車不得方軌騎不得成列行數百里其勢糧食必在其後願足下假臣奇兵三萬人從閒路絕其輜重足下深溝高壘堅營勿與戰彼前不得鬬退不得還吾奇兵絕其後使野無所掠不至十日而兩將之頭可致於戲下願君留意臣之計不必爲二子所禽矣成安君儒者也常稱義兵不用詐謀奇計曰吾聞兵法十則圍之倍則戰之今韓信兵號數萬其實不過數千能千里而襲我亦已罷極今如此避

而不擊後有大者何以加之則諸侯謂吾怯而輕來伐我不聽廣武君策廣武君策不用韓信使人閒視知其不用還報則大喜乃敢引兵遂下正義曰引兵入井陘狹道出趙未至井陘口三十里止舍夜半傳發漢書音義曰傳令軍中使發選輕騎二千人人持一赤幟從閒道萆山而望趙軍如淳曰萆音蔽依山自覆蔽○索隱曰案謂令從閒道小路向前望見陳餘軍營即住仍須隱山自蔽勿令趙軍知也蔽者蓋覆也楚漢春秋作卑山漢書作萆說文云萆蔽也從卑竹聲誡曰趙見我走必空壁逐我若疾入趙壁拔趙幟立漢赤幟令其裨將傳飧徐廣曰音食也○索隱曰如淳曰小飯曰飧謂立駐傳飧待破趙乃大食也曰今日破趙會食服虔曰立駐傳飧食也如

淳曰小飯曰飡言破趙後乃當共飽食也諸將皆莫信詳應曰諾謂軍吏曰趙已先據便地爲壁且彼未見吾大將旗鼓未肯擊前行恐吾至阻險而還信乃使萬人先行出背水陳正義曰綿蔓水一名阜將一名洄星自并州流入井陘界即信背水陣陷之死地即此水也趙軍望見而大笑平旦信建大將之旗鼓鼓行出井陘口趙開壁擊之正義曰恒州鹿泉縣即六國時趙壁也大戰良久於是信張耳詳棄鼓旗走水上軍水上軍開入之復疾戰趙果空壁爭漢鼓旗逐韓信張耳韓信張耳已入水上軍軍皆殊死戰不可敗信所出奇兵二千騎共候趙空壁逐利則馳

入趙壁皆拔趙旗立漢赤幟二千趙軍已不勝不能得信等欲還歸壁壁皆漢赤幟而大驚以爲漢皆已得趙王將矣兵遂亂遁走趙將雖斬之不能禁也於是漢兵夾擊大破虜趙軍斬成安君泜水上禽趙王歇信乃令軍中毋殺廣武君有能生得者購千金於是有縛廣武君而致戲下者信乃解其縛東鄉坐西鄉對師事之諸將效首虜索隱曰如淳云效致也晉灼曰效數也鄭玄注禮效猶呈見也休畢賀因問信曰兵法右倍山陵前左水澤今者將軍令臣等反背水陳曰破趙會食臣等不服然竟以勝

此何術也信曰此在兵法顧諸君不察耳兵法不曰陷之死地而後生置之亡地而後存且信非得素拊循士大夫也此所謂驅市人而戰之其勢非置之死地使人人自爲戰今予之生地皆走寧尚可得而用之乎諸將皆服曰善非臣所及也於是信問廣武君曰僕欲北攻燕東伐齊何若而有功廣武君辭謝曰臣聞敗軍之將不可以言勇亡國之大夫不可以圖存今臣敗亡之虜何足以權大事乎信曰僕聞之百里奚居虞而虞亡在秦而秦霸非愚於虞而智於秦

也用與不用聽與不聽也誠令成安君聽足下計若信者亦已爲禽矣以不用足下故信得侍耳因固問曰僕委心歸計願足下勿辭廣武君曰臣聞智者千慮必有一失愚者千慮必有一得故曰狂夫之言聖人擇焉顧恐臣計未必足用願效愚忠夫成安君有百戰百勝之計一旦而失之軍敗鄗下李奇曰鄗音臛今高邑是身死泜上今將軍涉西河索隱曰此之西河當馮翊也。正義曰即同州龍門河從夏陽度者虜魏王禽夏說閼與一舉而下井陘不終朝破趙二十萬衆誅成安君名聞海內威震天下農夫莫敢輟耕釋耒褕衣甘食（索隱曰褕鄒氏音褕美也恐滅亡不以故廢止作業而事美衣甘食一曰偷苟且也慮不圖久故也漢書作美衣媮食）傾耳以待命者（如淳曰恐滅亡不久故也）若
此將軍之所長也然而衆勞卒罷其實難用今
將軍欲舉倦弊之兵頓之燕堅城之下欲戰恐
久力不能拔情見勢屈曠日糧竭而弱燕不服
齊必竟以自彊也燕齊相持而不下則劉項之
權未有所分也若此者將軍所短也臣愚竊以
為亦過矣故善用兵者不以短擊長而以長擊
短韓信曰然則何由廣武君對曰方今為將軍
計莫如案甲休兵鎮趙撫其孤百里之內牛酒

日至以饗士大夫醳兵（魏都賦曰肴醳順時劉逵曰醳酒也○索隱曰劉氏依劉逵作醳酒謂以酒食養兵士也案史記古釋字皆如此豈亦謂以酒食醳兵士故字從酉乎）北首燕路
（正義曰首音狩向也）而後遣辯士奉咫尺之書（正義曰咫尺八寸言其簡牘或長尺也）
暴其所長於燕（正義曰暴音僕）燕必不敢不聽從燕
已從使諠言者東告齊齊必從風而服雖有智
者亦不知為齊計矣如是則天下事皆可圖也
兵固有先聲而後實者此之謂也韓信曰善從
其策發使使燕燕從風而靡乃遣使報漢因請
立張耳為趙王以鎮撫其國漢王許之乃立張
耳為趙王楚數奇兵渡河擊趙趙王耳韓信往

來救趙因行定趙城邑發兵詣漢楚方急圍漢
王於滎陽漢王南出之宛葉閒（正義曰宛在鄧州葉在許州）得
黥布走入城皋楚又復急圍之六月漢王出城
皋東渡河獨與滕公俱從張耳軍脩武至宿傳
舍晨自稱漢使馳入趙壁張耳韓信未起即其
卧內上奪其印符以麾召諸將易置之信耳起
乃知漢王來大驚漢王奪兩人軍即令張耳備
守趙地拜韓信為相國收趙兵未發者擊齊（文穎
曰謂趙人未嘗見發者）信引兵東未渡平原（正義曰懷州有平原津）聞漢
王使酈食其已說下齊韓信欲止范陽辯士蒯

通說信曰將軍受詔擊齊而漢獨發閒使下齊
寧有詔止將軍乎何以得毋行也且酈生一士
伏軾（韋昭曰軾今小車中隆起者）掉三寸之舌下齊七十餘城
將軍將數萬衆歲餘乃下趙五十餘城為將數
歲反不如一豎儒之功乎於是信然之從其計
遂渡河齊已聽生即留縱酒罷備漢守禦信因
襲齊歷下軍（徐廣曰齊南歷城縣）遂至臨菑齊王田廣以酈
生賣己乃亨之而走高密使使之楚請救韓信
已定臨菑遂東追廣至高密西楚亦使龍且將
號稱二十萬救齊齊王廣龍且并軍與信戰未

合人或說龍且曰漢兵遠鬭窮戰其鋒不可當齊楚自居其地戰兵易敗散正義曰近其室家懷顧望也不如深壁令齊王使其信臣招所亡城亡城聞其王在楚來救必反漢漢兵二千里客居齊城皆反之其勢無所得食可無戰而降也龍且曰吾平生知韓信爲人易與耳且夫救齊不戰而降之吾何功今戰而勝之齊之半可得何爲止遂戰與信夾濰水陳徐廣曰出東莞而東北流至北海都昌縣入海○索隱曰濰音維地理志濰水出琅邪箕縣東北至昌都入海徐所引蓋據水經與此小不同韓信乃夜令人爲萬餘囊滿盛沙壅水上流引軍半渡擊龍且佯不勝還走龍且果喜曰固知信怯也遂追渡水信使人決壅囊水大至龍且軍大半不得渡即急擊殺龍且龍且水東軍散走齊王廣亡去信遂追北至城陽正義曰城陽雷澤縣是也在濮州東南九十一里皆虜楚卒漢四年遂皆降平齊使人言漢王曰齊僞詐多變反覆之國也南邊楚不爲假王以鎮之其勢不定願爲假王便當是時楚方急圍漢王於滎陽韓信使者至發書張晏曰發信使者所齎書漢王大怒罵曰吾困於此旦暮望若來佐我乃欲自立爲王張良陳平躡漢王足因附耳語曰漢方不利寧能禁

信之王乎不如因而立善遇之使自爲守不然變生漢王亦悟因復罵曰大丈夫定諸侯即爲眞王耳何以假爲乃遣張良往立信爲齊王徐廣曰四年二月徵其兵擊楚楚已亡龍且項王恐使盱眙人武涉張華曰武涉墓在盱眙城東十五里往說齊王信曰天下共苦秦久矣相與戮力擊秦秦已破計功割地分土而王之以休士卒今漢王復興兵而東侵人之分奪人之地已破三秦引兵出關收諸侯之兵以東擊楚其意非盡吞天下者不休其不知厭足如是甚也且漢王不可必身居項王掌握中數矣正義曰數色庚反項王憐而活之然得脫輒倍約復擊項王其不可親信如此今足下雖自以與漢王爲厚交爲之盡力用兵終爲之所禽矣足下所以得須臾至今者以項王尚存也當今二王之事權在足下足下右投則漢王勝左投則項王勝項王今日亡則次取足下足下與項王有故何不反漢與楚連和參分天下王之今釋此時而自必於漢以擊楚且爲智者固若此乎韓信謝曰臣事項王官不過郎中位不過執戟張晏曰郎中宿衛執戟之人也言不聽畫不用故倍楚而歸漢漢

王授我上將軍印予我數萬衆解衣衣我推食食我言聽計用故吾得以至於此夫人深親信我我倍之不祥雖死不易幸爲信謝項王武涉已去齊人蒯通知天下權在韓信欲爲奇策而感動之以相人說韓信曰僕嘗受相人之術韓信曰先生相人何如對曰貴賤在於骨法憂喜在於容色成敗在於決斷以此參之萬不失一韓信曰善先生相寡人何如對曰願少閒信曰左右去矣通曰相君之面不過封侯又危不安相君之背貴乃不可言（張晏曰背畔則大貴）韓信曰何謂

也蒯通曰天下初發難也俊雄豪傑建號壹呼天下之士雲合霧集魚鱗雜遝熛至風起當此之時憂在亡秦而已今楚漢分爭使天下無罪之人肝膽塗地父子暴骸骨於中野不可勝數楚人起彭城轉鬬逐北至於滎陽乘利席卷威震天下然兵困於京索之閒迫西山而不能進者三年於此矣漢王將數十萬之衆距鞏雒阻山河之險一日數戰無尺寸之功折北不救（張晏曰折衂敗也北奔北）敗滎陽傷城皐（張晏曰於城皐傷胷也呂瓚曰謂軍折傷）遂走宛葉之閒此所謂智勇俱困者也夫銳氣挫於

險塞而糧食竭於內府百姓罷極怨望容容無所倚以臣料之其勢非天下之賢聖固不能息天下之禍當今兩主之命縣於足下足下爲漢則漢勝與楚則楚勝臣願披腹心輸肝膽效愚計恐足下不能用也誠能聽臣之計莫若兩利而俱存之參分天下鼎足而居其勢莫敢先動夫以足下之賢聖有甲兵之衆據彊齊從燕趙出空虛之地而制其後因民之欲西鄉（正義曰鄉音向齊國在東故曰西向也）爲百姓請命（正義曰止楚漢之戰鬬士卒亡故云請命）則天下風走而響應矣孰敢不聽割大弱彊以立諸侯諸

侯已立天下服聽而歸德於齊案齊之故有膠泗之地懷諸侯之德深拱揖讓則天下之君王相率而朝於齊矣蓋聞天與弗取反受其咎時至不行反受其殃願足下孰慮之韓信曰漢王遇我甚厚載我以其車衣我以其衣食我以其食吾聞之乘人之車者載人之患衣人之衣者懷人之憂食人之食者死人之事吾豈可以鄉利倍義乎蒯生曰足下自以爲善漢王欲建萬世之業臣竊以爲誤矣始常山王成安君爲布衣時相與爲刎頸之交後爭張黶陳澤之事二

人相然常山王背項王奉項嬰頭而竄逃歸於漢王漢王借兵而東下殺成安君泜水之南頭足異處卒爲天下笑此二人相與天下至驩也然而卒相禽者何也患生於多欲而人心難測也今足下欲行忠信以交於漢王必不能固於二君之相與也而事多大於張黶陳澤故臣以爲足下必漢王之不危己亦誤矣大夫種范蠡存亡越霸句踐立功成名而身死亡野獸已盡而獵狗亨夫以交友言之則不如張耳之與成安君者也以忠信言之則不過大夫種范蠡之

於句踐也此二人者足以觀矣願足下深慮之且臣聞勇略震主者身危而功蓋天下者不賞臣請言大王功略足下涉西河虜魏王禽夏說引兵下井陘誅成安君徇趙脅燕定齊南摧楚人之兵二十萬東殺龍且西鄉以報此所謂功無二於天下而略不世出者也今足下戴震主之威挾不賞之功歸楚楚人不信歸漢漢人震恐足下欲持是安歸乎夫勢在人臣之位而有震主之威名高天下竊爲足下危之韓信謝曰先生且休矣吾將念之後數日蒯通復說曰夫

聽者事之候也計者事之機也聽過計失而能久安者鮮矣聽不失一二者不可亂以言計不失本末者不可紛以辭夫隨廝養之役者失萬乘之權守儋石之祿者（晉灼曰揚雄方言海岱之間名甖爲儋石斗石也蘇林曰齊人名小甖爲儋石如今受鮐魚石甖不過一二石耳一說一儋與一斛之餘○索隱曰儋音都濫反石斗也蘇林解爲得之鮐音胎）闕卿相之位故知者決之斷也疑者事之害也審毫氂之小計遺天下之大數智誠知之決弗敢行者百事之禍也故曰猛虎之猶豫不若蜂蠆之致螫（正義音適）騏驥之跼躅（徐廣曰躅一作蹢也）不如駑馬之安步孟賁之狐疑不如庸夫之必至也

雖有舜禹之智吟而不言不如瘖聾之指麾也（索隱曰鄒氏吟音巨蔭反又音琴）此言貴能行之夫功者難成而易敗時者難得而易失也時乎時不再來願足下詳察之韓信猶豫不忍倍漢又自以爲功多漢終不奪我齊遂謝蒯通蒯通說不聽已詳狂爲巫（徐廣曰一本遂不用蒯通蒯通曰夫迫於細苛者不可與圖大事拘於臣虜者固無君王之意說不聽因去詳狂也○索隱曰案漢書及戰國策皆有此文）漢王之困固陵用張良計召齊王信遂將兵會垓下項羽已破高祖襲奪齊王軍（徐廣曰以齊爲平原千乘東萊齊郡）漢五年正月徙齊王信爲楚王都下邳信至國召所從食漂母賜千金

張華曰漂母冢在泗口南岸 及下鄉南昌亭長賜百錢曰公小
人也爲德不卒召辱己之少年令出胯下者以
爲楚中尉告諸將相曰此壯士也方辱我時我
寧不能殺之邪殺之無名故忍而就於此項王
亡將鍾離眜家在伊廬 徐廣曰東海朐縣有伊廬鄉駰案韋昭曰今中廬縣○索隱曰徐注出司馬彪郡國志○正義曰括地志云中廬在義清縣北二十里本春秋時廬戎之國也秦謂之伊廬漢爲中廬縣項羽之將鍾離眜家在焉韋昭及括地志云皆說之也 素與信善項王死後亡
歸信漢王怨眜聞其在楚詔楚捕眜信初之國
行縣邑陳兵出入漢六年人有上書告楚王信
反高帝以陳平計天子巡狩會諸侯南方有雲

夢發使告諸侯會陳吾將游雲夢實欲襲信信
弗知高祖且至楚信欲發兵反自度無罪欲謁
上恐見禽人或說信曰斬眜謁上上必喜無患
信見眜計事眜曰漢所以不擊取楚以眜在公
所若欲捕我以自媚於漢吾今日死公亦隨手
亡矣乃罵信曰公非長者卒自剄信持其首謁
高祖於陳上令武士縛信載後車信曰果若人
言狡兔死良狗亨 張晏曰狡猶猾○索隱曰吳越春秋作郊兔戰國策曰東郭逡海內狡兔也 高鳥盡良弓藏敵國破謀臣亡天下已定我
固當亨上曰人告公反遂械繫信至雒陽赦信

罪以爲淮陰侯信知漢王畏惡其能常稱病不
朝從信由此日怨望居常鞅鞅羞與絳灌等列
信嘗過樊將軍噲噲跪拜送迎言稱臣曰大王
乃肯臨臣信出門笑曰生乃與噲等爲伍上常
從容與信言諸將能不各有差上問曰如我能
將幾何信曰陛下不過能將十萬上曰於君何
如曰臣多多而益善耳上笑曰多多益善何爲
爲我禽信曰陛下不能將兵而善將將此乃信之
所以爲陛下禽也且陛下所謂天授非人力也
陳豨拜爲鉅鹿守 徐廣曰表云爲趙相國將兵守代也 辭於淮陰侯

淮陰侯挈其手辟左右與之步於庭仰天歎曰
子可與言乎欲與子有言也豨曰唯將軍令之
淮陰侯曰公所居天下精兵處也而公陛下之
信幸臣也人言公之畔陛下必不信再至陛下
乃疑矣三至必怒而自將吾爲公從中起天下
可圖也陳豨素知其能也信之曰謹奉教漢十
一年陳豨果反上自將而往信病不從陰使人
至豨所曰第舉兵吾從此助公信乃謀與家臣
夜詐詔赦諸官徒奴欲發以襲呂后太子部署
已定待豨報其舍人得罪於信 索隱曰案晉灼曰楚漢春秋云謝公

也姚氏案功臣表云慎陽侯樂說淮陰舍人告信反者未知孰是信因欲殺之舍人弟上變告信欲反狀於呂后呂后欲召恐其黨不就乃與蕭相國謀詐令人從上所來言豨已得死列侯羣臣皆賀相國紿信曰雖疾彊入賀信入呂后使武士縛信斬之長樂鍾室正義曰長樂宮縣鍾之室信方斬之曰吾悔不用蒯通之計乃爲兒女子所詐豈非天哉遂夷信三族高祖已從豨軍來至見信死且喜且憐之問信死亦何言呂后曰信言恨不用蒯通計高祖曰是齊辯士也乃詔齊捕蒯通蒯通至上曰若教淮陰侯反乎對曰

然臣固教之豎子不用臣之策故令自夷於此如彼豎子用臣之計陛下安得而夷之乎上怒曰亨之通曰嗟乎冤哉亨也上曰若教韓信反何冤對曰秦之綱絶而維弛山東大擾異姓並起英俊烏集秦失其鹿天下共逐之張晏曰以鹿喻帝位也於是高材疾足者先得焉蹠之狗吠堯堯非不仁狗因吠非其主當是時臣唯獨知韓信非知陛下也且天下鋭精持鋒欲爲陛下所爲者甚衆顧力不能耳又可盡亨之邪高帝曰置之乃釋通之罪

太史公曰吾如淮陰淮陰人爲余言韓信雖爲布衣時其志與衆異其母死貧無以葬然乃行營高敞地令其旁可置萬家余視其母冢良然假令韓信學道謙讓不伐己功不矜其能則庶幾哉於漢家勳可以比周召太公之徒後世血食矣不務出此而天下已集乃謀畔逆夷滅宗族不亦宜乎

索隱述贊曰

君臣一體 自古所難 相國深薦
策拜登壇 沉沙決水 拔幟傳飡

與漢漢重 歸楚楚安 三分不議
僞遊可歎

淮陰侯列傳第三十二 史記九十二

韓王信盧綰列傳第三十三　史記九十三

韓王信者(徐廣曰一云信都○索隱曰楚漢春秋云韓王信都恐誤也諸書不言有韓信都案韓王信初為韓司徒後訛云申徒因誤以為韓王名耳)故韓襄王孽孫也(張晏曰孺子為孽○索隱曰何休注公羊以為孽賤子猶樹之有孽生也漢書朝錯云孽子悼惠王是也)長八尺五寸及項梁之立楚後懷王也燕齊趙魏皆已前王唯韓無有後故立韓諸公子橫陽君成(正義曰故橫城在宋州宋城縣西南三十里)為韓王(徐廣曰二年六月也都陽翟)欲以撫定韓故地項梁敗死定陶成犇懷王沛公引兵擊陽城(正義曰河南縣也)使張良以韓司徒(徐廣曰他本多作申徒申與司聲相近字由此雜乱耳今有申徒云是司徒之後言司声轉為申)降下韓故地得信以為韓將將其兵從沛公入武關沛公立為漢王韓信從入漢中迺說漢王曰項王王諸將近地而王獨遠居此此左遷也士卒皆山東人跂而望歸及其鋒東鄉(文穎曰鋒銳欲東向○索隱曰跂音企起踵也鄭氏云鋒軍中將士氣鋒韋昭曰其氣鋒銳欲東也○正義曰跂音岐)可以爭天下漢王還定三秦迺許信為韓王先拜信為韓太尉將兵略韓地項籍之封諸王皆就國韓王成以不從無功不遣就國更以為列侯(徐廣曰元年十一月誅成○駰案漢書曰封為穰侯○索隱曰地理志穰縣屬南陽)及聞漢遣韓信略韓地迺令故項籍游吳時吳令鄭昌(正義曰項籍在吳時昌為吳縣令)為韓王以距漢漢二年韓信略

定韓十餘城漢王至河南韓信急擊韓王昌陽城昌降漢王迺立韓信為韓王(徐廣曰二年十一月)常將韓兵從三年漢王出滎陽韓王信周苛等守滎陽及楚敗滎陽信降楚已而得亡復歸漢漢復立以為韓王竟從擊破項籍天下定五年春遂與剖符為韓王王潁川明年春(徐廣曰即五年之二月○駰案漢書曰六年春)上以韓信材武所王北近鞏洛南迫宛葉東有淮陽皆天下勁兵處迺詔徙韓王信王太原以北備禦胡都晉陽信上書曰國被邊(李奇曰被音被馬也)匈奴數入晉陽(正義曰并州)去塞遠請治馬邑(正義曰朔州)上許之信乃徙治馬邑秋匈奴冒頓大圍信(索隱曰冒音墨又音莫報反)信數使使胡求和解漢發兵救之疑信數間使有二心使人責讓信信恐誅因與匈奴約共攻漢反以馬邑降胡擊太原七年冬上自往擊破信軍銅鞮(正義曰潞州縣)斬其將王喜信亡走匈奴與其將白土人(張晏曰白土縣名屬上郡)曼丘臣王黃等立趙苗裔趙利為王復收信敗散兵而與信及冒頓謀攻漢匈奴使左右賢王將萬餘騎與王黃等屯廣武以南(正義曰廣武故城在代州鴈門縣界也)至晉陽與漢兵戰漢大破之追至于離石(正義曰石

州縣後復破之匈奴復聚兵樓煩正義曰鴈門郡樓煩縣西北漢令車騎擊破匈奴匈奴常敗走漢乘勝追北聞冒頓居代上谷正義曰今媯州高皇帝居晉陽使人視冒頓還報曰可擊上遂至平城正義曰朔州定襄縣是也上出白登服虔曰白登臺名去平城七里如淳曰平城旁之高地若丘陵也○索隱曰姚氏案北彊記桑乾河北有白登山冒頓圍漢高之所今猶有壘壁匈奴騎圍上上乃使人厚遺閼氏正義曰於連反又音燕氏音支單于嫡妻號若皇后閼氏乃說冒頓曰今得漢地猶不能居且兩主不相戹居七日胡騎稍引去時天大霧漢使人往來胡不覺護軍中尉陳平言上曰胡者全兵漢書音義曰言唯弓矛無雜杖也請令

彊弩傅兩矢外鄉索隱曰傅音附徐行出圍入平城漢救兵亦到胡騎遂解去漢亦罷兵歸韓信為匈奴將兵往來擊邊漢十年信令王黃等說誤陳豨十一年春故韓王信復與胡騎入居參合蘇林曰代地也○正義曰故城在朔州定襄縣北距漢漢使柴將軍擊之鄧展曰柴奇也○索隱曰應劭曰柴武鄧展云柴奇晉灼云奇武之子應劭說為得此時奇未為將遺信書曰陛下寬仁諸侯雖有畔亡而復歸輒復故位號不誅也大王所知今王以敗亡走胡非有大罪急自歸韓王信報曰陛下擢僕起閭巷南面稱孤此僕之幸也滎陽之事僕不能死囚於項籍

此一罪也及寇攻馬邑僕不能堅守以城降之此二罪也今反為寇將兵與將軍爭一旦之命此三罪也夫種蠡無一罪身死亡文穎曰大夫種范蠡也今僕有三罪於陛下而欲求活於世此伍子胥所以僨於吳也索隱曰蘇林曰僨音奮張晏曰僨僵仆也○正義曰信知歸漢必死故引子胥以為辭今僕亡匿山谷間旦暮乞貸蠻夷僕之思歸如痿人不忘起索隱曰痿音耳誰反舊音耳睡反於義為疎張揖云痿不能行哀紀云帝即位痿痺是也盲者不忘視也勢不可耳遂戰柴將軍屠參合斬韓王信信之入匈奴與太子俱及至穨當城漢書音義曰縣名韋昭曰在匈奴地生子因名曰穨當韓太子亦生

子命曰嬰至孝文十四年穨當及嬰率其衆降漢漢封穨當為弓高侯地理志河間有弓高縣也○索隱曰漢書功臣表屬營陵○正義曰滄州縣嬰為襄城侯索隱曰案服虔云縣名功臣表屬魏郡吳楚軍時弓高侯功冠諸將徐廣曰謚曰壯傳子至孫孫無子失侯嬰孫以不敬失侯徐廣曰表云嬰子澤之元朔四年不敬國除穨當孽孫韓嫣漢書音義曰音鄢陵之鄢○索隱曰音偃又一言反又休延反並通貴幸名富顯於當世其弟說再封數稱將軍卒為案道侯子代徐廣曰名長君歲餘坐法死後歲餘說孫曾徐廣曰長君之子也○索隱曰案博物志字季君也拜為龍雒侯續說後索隱曰頟五格反作雒音洛龍頟縣名○正義曰史記表衞青傳及漢書表云韓說元朔五年從大將軍有功封龍頟侯以酎金坐

免元封元年擊東越有功封按道侯征和二年孫子曾復封為龍額侯漢書功臣表云武後元年說孫曾紹封龍額侯漢表是也

盧綰者豐人也與高祖同里盧綰親與高祖太上皇相愛（如淳曰親謂父也）及生男高祖盧綰同日生里中持羊酒賀兩家及高祖盧綰壯俱學書又相愛也里中嘉兩家親相愛生子同日壯又相愛復賀兩家羊酒高祖為布衣時有吏事辟匿盧綰常隨出入上下及高祖初起沛盧綰以客從入漢中為將軍常侍中從東擊項籍以太尉常從出入臥內衣被飲食賞賜羣臣莫敢望雖蕭

曹等特以事見禮至其親幸莫及盧綰綰封為長安侯長安故咸陽也（正義曰秦咸陽在渭北長安在渭南蕭何起未央宮處也）漢五年冬以破項籍迺使盧綰別將與劉賈擊臨江王共尉破之（李奇曰共敖子）七月還從擊燕王臧荼臧荼降高祖已定天下諸侯非劉氏而王者七人欲王盧綰為羣臣觖望（如淳曰觖音決別之決望猶怨也瓚曰觖謂相觖而怨望也韋昭曰觖猶冀也○索隱曰觖望猶怨望也又音企韋昭音冀）及虜臧荼迺下詔諸將相列侯擇羣臣有功者以為燕王羣臣知上欲王盧綰皆言曰太尉長安侯盧綰常從平定天下功最多可王燕詔許之漢五年八

月迺立盧綰為燕王諸侯王得幸莫如燕王漢十一年秋陳豨反代地高祖如邯鄲擊豨兵燕王綰亦擊其東北當是時陳豨使王黃求救匈奴燕王綰亦使其臣張勝於匈奴言豨等軍破張勝至胡故燕王臧荼子衍出亡在胡見張勝曰公所以重於燕者以習胡事也燕所以久存者以諸侯數反兵連不決也今公為燕欲急滅豨等豨已盡次亦至燕公等亦且為虜矣公何不令燕且緩陳豨而與胡和事寬得長王燕即有漢急可以安國張勝以為然迺私令匈奴助豨

等擊燕燕王綰疑張勝與胡反上書請族張勝勝還具道所以為者燕王寤迺詐論他人脫勝家屬使得為匈奴間而陰使范齊之陳豨所欲令久亡（晉灼曰使陳豨久亡畔）連兵勿決漢十二年東擊黥布豨常將兵居代漢使樊噲擊斬豨其裨將降言燕王綰使范齊通計謀於豨所高祖使使召盧綰綰稱病上又使辟陽侯審食其御史大夫趙堯往迎燕王因驗問左右綰愈恐閉匿謂其幸臣曰非劉氏而王獨我與長沙耳往年春漢族淮陰夏誅彭越皆呂后計今上病屬任呂后呂

后婦人專欲以事誅異姓王者及大功臣迺遂稱病不行其左右皆亡匿語頗泄辟陽侯聞之歸具報上上益怒又得匈奴降者降者言張勝亡在匈奴為燕使於是上曰盧綰果反矣使樊噲擊燕燕王綰悉將其宮人家屬騎數千居長城下候伺幸上病愈自入謝四月高祖崩盧綰遂將其衆亡入匈奴匈奴以為東胡盧王綰為蠻夷所侵奪常思復歸居歲餘死胡中高后時盧綰妻子亡降漢會高后病不能見舍燕邸為欲置酒見之高后竟崩不得見盧綰妻亦病死

孝景中六年盧綰孫他之 正義曰他徒何反 以東胡王降 如淳曰為東胡王來降也漢紀東胡烏丸也 封為亞谷侯 徐廣曰亞一作惡也。正義曰漢表在河內

陳豨者宛朐人也 索隱曰地理志屬濟陰下又云梁人是褚先生之說異也。正義曰宛朐曹州縣也太史公云陳梁人按宛朐六國時屬梁 不知始所以得從及高祖七年冬韓王信反入匈奴上至平城還迺封豨為列侯 徐廣曰功臣表曰陳豨以特將卒五百人前元年從宛朐至霸上為侯以游擊將軍別定代已破臧荼封豨為陽夏侯 以趙相國將監趙代邊兵邊兵皆屬焉豨常告歸過趙趙相周昌見豨賓客隨之者千餘乘邯鄲官舍皆滿豨所以待賓客如布衣交

皆出客下 正義曰言屈己禮之不用富貴自尊大 豨還之代周昌迺求入見見上具言豨賓客盛甚擅兵於外數歲恐有變上乃令人覆案豨客居代者財物諸不法事多連引豨豨恐陰令客通使王黃曼丘臣所 正義曰二人韓王信將 及高祖七年七月太上皇崩使人召豨豨稱病甚九月遂與王黃等反自立為大王劫略趙代上聞迺赦趙代吏人為豨所詿誤劫略者皆赦之上自往至邯鄲喜曰豨不南據漳水北守邯鄲知其無能為也趙相奏斬常山守尉曰常山二十五城豨反亡其二十城上問曰

守尉反乎對曰不反上曰是力不足也赦之復以為常山守尉上問周昌曰趙亦有壯士可令將者乎對曰有四人四人謁上慢罵曰豎子能為將乎四人慙伏上封之各千戶以為將左右諫曰從入蜀漢伐楚功未徧行今此何功而封上曰非若所知陳豨反邯鄲以北皆豨有吾以羽檄徵天下兵 魏武帝奏事曰今邊有小警輒露檄插羽飛羽檄之意也竊案推此言則以鳥羽插檄書謂之羽檄取其急速若飛鳥也 未有至者今唯獨邯鄲中兵耳吾胡愛四千戶封四人以慰趙子弟皆曰善於是上曰陳豨將誰曰王黃曼丘臣皆故賈人

上曰吾知之矣迺各以千金購黃曰等十一年冬漢兵擊斬陳豨將侯敞王黃於曲逆下（正義曰定州北平縣東南十五里蒲陰故城是也）破豨將張春于聊城（正義曰博州縣）斬首萬餘太尉勃入定太原代地十二月上自擊東垣東垣不下卒罵上東垣降卒罵者斬之不罵者黥之更命東垣爲眞定王黃曼丘臣其麾下受購賞之皆生得以故陳豨軍遂敗上還至洛陽上曰代居常山北趙迺從山南有之遠迺立子恒爲代王（徐廣曰十一年正月）都中都（正義曰中都故城在汾州平遙縣西南十二里）代鴈門皆屬代高祖十二年冬樊噲軍卒追斬豨於靈丘（正義曰蔚州是）

太史公曰韓信盧綰非素積德累善之世徼一時權變以詐力成功遭漢初定故得列地南面稱孤內見疑彊大外倚蠻貊以爲援是以日疏自危事窮智困卒赴匈奴豈不哀哉陳豨梁人其少時數稱慕魏公子及將軍守邊招致賓客而下士名聲過實周昌疑之疵瑕頗起懼禍及身邪人進說遂陷無道於戲悲夫夫計之生孰成敗於人也深矣

索隱述贊曰

韓襄遺孽　始從漢中　剖符南面
徙邑北通　頹當歸國　龍頷有功
盧綰親愛　羣臣莫同　舊燕是王
東胡計窮

韓王信盧綰列傳第三十三　史記九十三

田儋列傳第三十四　史記九十四

田儋者狄人也（徐廣曰今樂安臨濟縣也○正義曰淄州高苑縣西北狄故縣城）故齊王田氏族也儋從弟田榮榮弟田橫皆豪宗彊能得人（索隱曰儋子市從弟榮榮子廣榮弟橫各遞爲王榮并王三齊）陳涉之初起王楚也使周市略定魏地北至狄狄城守田儋詳爲縛其奴從少年之廷欲謁殺奴（服虔曰古殺奴婢皆當告官儋欲殺令故詐縛奴而以謁也）見狄令因擊殺令而召豪吏子弟曰諸侯皆反秦自立齊古之建國儋田氏當王遂自立爲齊王（徐廣曰二世元年九月也）發兵以擊周市周市軍還去田儋因率兵東略定齊地秦將章邯圍魏王咎於臨濟急魏王請救於齊齊王田儋將兵救魏（徐廣曰二年六月）章邯夜銜枚擊大破齊魏軍殺田儋於臨濟下儋弟田榮收儋餘兵東走東阿齊人聞王田儋死廼立故齊王建之弟田假爲齊王田角爲相田間爲將以距諸侯田榮之走東阿章邯追圍之項梁聞田榮之急廼引兵擊破章邯軍東阿下章邯走而西項梁因追之而田榮怒齊之立假廼引兵歸擊逐齊王假假亡走楚齊相角亡走趙角弟田間前求救趙因留不敢歸田榮乃立田儋子市爲齊王（徐廣曰二年八月）榮相之

田橫爲將平齊地項梁既追章邯章邯兵益盛項梁使使告趙齊發兵共擊章邯田榮曰使楚殺田假趙殺田角田間廼肯出兵楚懷王曰田假與國之王窮而歸我殺之不義趙亦不殺田角田間以市於齊齊曰蝮螫手則斬手螫足則斬足（應劭曰蝮一名虺螫人手足則割去其肉不然則致死○索隱曰蝮音芳伏反螫音臛又音釋○正義曰按蝮毒蛇長二三丈嶺南共有之虺長一二尺頭腹皆一遍說文云虺博三寸首大如擘擘手大指也音步歷反）何者爲害於身也今田假田角田間於楚趙非直手足戚也（文穎曰言將亡身非手足憂也瓚曰於楚趙非手足之親）何故不殺且秦復得志於天下則齮齕用事者墳墓矣（如淳曰齮齕猶齰齧○索隱曰齮音蟻齕音紇齮側齒齧也○正義曰按秦重得志非但辱身墳墓亦發掘矣若子胥鞭荊平王墓一云墳墓言死也）楚趙不聽齊亦怒終不肯出兵章邯果敗殺項梁破楚兵楚兵東走而章邯渡河圍趙於鉅鹿項羽往救趙由此怨田榮項羽既存趙降章邯等西屠咸陽滅秦而立侯王也廼徙齊王田市更王膠東治即墨齊將田都從共救趙因入關故立都爲齊王治臨淄故齊王建孫田安項羽方渡河救趙田安下濟北數城引兵降項羽項羽立田安爲濟北王治博陽田榮以負項梁不肯出兵助楚趙攻秦故不得王趙將

陳餘亦失職不得王二人俱怨項王項王既歸諸侯各就國田榮使人將兵助陳餘令反趙地而榮亦發兵以距擊田都田都亡走楚田榮留齊王市毋令之膠東市之左右曰項王彊暴而王當之膠東不就國必危市懼乃亡就國田榮怒追擊殺齊王市於即墨還攻殺濟北王安於是田榮乃自立為齊王盡并三齊之地（索隱曰田市王膠東田都王齊田安王濟北）項王聞之大怒乃北伐齊齊王田榮兵敗走平原（徐廣曰三年正月○正義曰平原德州也）平原人殺榮項王遂燒夷齊城郭所過者盡屠之（徐廣曰立故齊王田假也）齊人相聚畔之榮弟橫收齊散兵得數萬人反擊項羽於城陽（徐廣曰假走楚楚殺之○正義曰城陽濮州雷澤是）而漢王率諸侯敗楚入彭城項羽聞之乃釋齊而歸擊漢於彭城因連與漢戰相距滎陽以故田橫復得收齊城邑（徐廣曰四月）立田榮子廣為齊王而橫相之專國政政無巨細皆斷於相橫定齊三年漢王使酈生往說下齊王廣及其相國橫橫以為然解其歷下軍漢將韓信引兵且東擊齊齊初使華毋傷田解軍於歷下以距漢漢使至乃罷守戰備縱酒且遣使與漢平漢將韓信已平趙燕

用蒯通計度平原襲破齊歷下軍因入臨淄齊王廣相橫怒以酈生賣己而亨酈生齊王廣東走高密（徐廣曰高一作假）相橫走博陽守相田光走城陽將軍田既軍於膠東楚使龍且救齊齊王與合軍高密漢將韓信與曹參破殺龍且（徐廣曰四年十一月）虜齊王廣漢將灌嬰追得齊守相田光至博陽而橫聞齊王死自立為齊王還擊嬰嬰敗橫之軍於嬴下（晉灼曰泰山嬴縣也○正義曰故嬴城在兗州博城縣東北百里）田橫亡走梁歸彭越彭越是時居梁地中立且為漢且為楚韓信已殺龍且因令曹參進兵破殺田既於膠東使灌嬰破殺齊將田吸於千乘（正義曰千乘故城在淄州高苑縣北二十五里）韓信遂平齊乞自立為齊假王（徐廣曰二月也）漢因而立之後歲餘漢滅項籍漢王立為皇帝以彭越為梁王田橫懼誅而與其徒屬五百餘人入海居島中（韋昭曰海中山曰島○正義曰按海州東海縣有島山去岸八十里）高帝聞之以為田橫兄弟本定齊齊人賢者多附焉今在海中不收後恐為亂乃使使赦田橫罪而召之田橫因謝曰臣亨陛下之使酈生今聞其弟酈商為漢將而賢臣恐懼不敢奉詔請為庶人守海島中使還報高皇帝乃詔衛尉酈商曰齊

王田橫即至人馬從者敢動搖者致族夷廼復使使持節具告以詔商狀曰田橫來大者王小者廼侯耳不來且舉兵加誅焉田橫廼與其客二人乘傳詣雒陽如淳曰四馬下足為乘傳未至三十里至尸鄉廏置應劭曰尸鄉在偃師瓚曰廏置置馬以傳驛也橫謝使者曰人臣見天子當洗沐止留謂其客曰橫始與漢王俱南面稱孤今漢王為天子而橫廼為亡虜而北面事之其恥固已甚矣且吾亨人之兄與其弟併肩而事其主縱彼畏天子之詔不敢動我我獨不媿於心乎且陛下所以欲見我者不過欲一

見吾面貌耳今陛下在洛陽今斬吾頭馳三十里閒形容尚未能敗猶可觀也遂自剄令客奉其頭正義曰奉音捧從使者馳奏之高帝高帝曰嗟乎有以也夫起自布衣兄弟三人更王豈不賢乎哉為之流涕而拜其二客為都尉發卒二千人以王者禮葬田橫正義曰齊田橫墓在偃師西十五里崔豹古今注云薤露蒿里送哀歌也出田橫門人橫自殺門人傷之而作悲歌言人命如薤上露易晞滅至李延年乃分為二曲薤露送王公貴人蒿里送士大夫庶人使挽逝者歌之俗呼為挽歌既葬二客穿其冢旁孔皆自剄下從之高帝聞之廼大驚以田橫之客皆賢吾聞其餘尚五百人在海中使使召之至則聞田

橫死亦皆自殺於是廼知田橫兄弟能得士也

太史公曰甚矣蒯通之謀亂齊驕淮陰其卒亡此兩人韓信田橫蒯通者善為長短說索隱曰言欲令此事長則長說之短則短說之故戰國策亦名曰短長書是也論戰國之權變為八十一首漢書曰號為雋永永一作求索隱曰書名也雋音辭兖反通善齊人安期生安期生嘗干項羽項羽不能用其筴已而項羽欲封此兩人兩人終不肯受亡去田橫之高節賓客慕義而從橫死豈非至賢余因而列焉無不善畫者莫能圖何哉索隱曰言天下非無善畫之人而不知圖畫田橫及其黨慕義死節之事何故哉歎畫人不知畫此也

索隱述贊曰

秦項之際 天下交兵 六國樹黨

自置豪英 田儋殞冠 立市相榮

楚封王假 齊破酈生 兄弟更王

海島傳聲

田儋列傳第三十四 史記九十四

樊酈滕灌列傳第三十五　史記九十五

舞陽侯正義曰舞陽在許州葉縣東十里樊噲者正義曰音快又古外反沛人也正義曰徐州縣以屠狗為事正義曰時人食狗亦與羊豕同故噲專屠以賣之與高祖俱隱初從高祖起豐攻下沛高祖為沛公以噲為舍人從攻胡陵方與正義曰房預二音還守豐擊泗水監豐下索隱曰案監者秦時御史監郡也豐下豐縣之下也○正義曰泗水郡名破之復東定沛破泗水守薛西索隱曰謂破其守於薛縣之西也與司馬尼戰碭東張晏曰秦司馬○正義曰秦將章邯司馬尼又碭宋州縣也卻敵斬首十五級賜爵國大夫文穎曰即官大夫也○正義爵第六級也常從沛公擊章邯軍濮陽攻城先登斬首二十三級

賜爵列大夫文穎曰即公大夫爵第七復常從從攻城陽徐廣曰年表二年七月破秦軍濮陽東屠城陽也○正義曰按城陽近濮陽而漢書作陽城大錯誤先登下戶牖正義曰戶牖汴州東陳留縣東北九十一里東昏故城是破李由軍斬首十六級賜上閒爵孟康曰不在二十爵中如執圭執帛比也如淳曰閒或作聞呂氏春秋曰魏文侯東勝齊於長城天子賞文侯以上聞爵○索隱曰張晏云得徑上聞晉灼曰名通於天子也如淳引呂氏春秋證上聞音中閒之閒從攻圍東郡守尉於成武正義曰曹州縣卻敵斬首十四級捕虜十一人賜爵五大夫從擊秦軍出亳南索隱曰案亳湯所都今河南偃師有湯亳是○正義曰亳故城在宋州穀熟縣西南四十里河閒守軍於杠里正義曰地名近城陽破之擊破趙賁軍開封正義曰汴州縣北以卻敵先登斬候一人首六十八級捕虜二

十七人賜爵卿從攻破楊熊軍於曲遇索隱曰音齲顒邑名也○正義曰曲丘雨反遇牛恭反鄭州中牟縣有曲遇聚攻宛陵索隱曰地理志屬河南○正義曰苑陵故城在鄭州新鄭縣東北三十八里先登斬首八級捕虜四十四人賜爵封號賢成君徐廣曰時賜爵有執帛執圭又有賜爵封而加美名以為號也又有功則賜封列侯駰案張晏曰食祿比封君而無邑瓚曰秦制列侯乃有封爵也○索隱曰小顏云楚漢之際權設寵榮假其位號或得邑地或空受爵此例多矣約以秦制於義不通從攻長社轘轅正義曰許州理縣也轘轅門在緱氏縣東南三十里絕河津正義曰古平陰津在河南府東北五十里也東攻秦軍於尸南正義曰在偃師南攻秦軍於犨正義曰在汝州魯山縣東南破南陽守齮於陽城東攻宛城先登西至酈正義曰酈音擲在鄧州新城縣西北四十里以卻敵斬首二十四級捕虜四

十人賜重封張晏曰益祿也如淳曰正爵名也瓚曰增封也○索隱曰張晏臣瓚義亦近是如淳非也小顏以為重封者兼二號蓋為得也攻武關至霸上斬都尉一人首十級捕虜百四十六人降卒二千九百人項羽在戲下欲攻沛公沛公從百餘騎因項伯面見項羽謝無有閉關事項羽既饗軍士中酒張晏曰酒酣也亞父謀欲殺沛公令項莊拔劍舞坐中欲擊沛公項伯常肩蔽之時獨沛公與張良得入坐樊噲在營外聞事急乃持鐵盾入到營營衛止噲噲直撞入漢書音義曰音撞鍾○正義曰撞直江反立帳下徐廣曰一本立帷下瞋目而視眥皆血出項羽目之問為誰張良曰沛公參乘樊

噲項羽曰壯士賜之卮酒彘肩噲既飲酒拔劍切肉食盡之項羽曰能復飲乎噲曰臣死且不辭豈特卮酒乎且沛公先入定咸陽暴師霸上以待大王正義曰時羽未為王史追書大王今日至聽小人之言與沛公有隙臣恐天下解正義曰紀買反至此為絕句心疑大王也項羽默然沛公如廁麾樊噲去既出沛公留車騎獨騎一馬與樊噲等四人步從從閒道山下歸走霸上軍而使張良謝項羽項羽亦因遂已無誅沛公之心矣是日微樊噲犇入營誚讓項羽沛公事幾殆索隱曰誚責也亦或作譙○正義幾音祈明日

項羽入屠咸陽立沛公為漢王漢王賜噲爵為列侯號臨武侯正義曰桂陽臨武縣遷為郎中從入漢中還定三秦別擊西丞白水北徐廣曰隴西有西縣白水在武都駰案如淳曰皆地名也晋灼曰白水今廣魏縣也地理志無西丞以秦將名○索隱曰案西謂隴西之西縣白水水名出武都經西縣東南流言噲擊西縣之丞在白水之北耳徐廣等說皆非也○正義曰括地志云白馬水源出文州曲水縣西南曾徑孫山下雍輕車騎於雍南破之正義曰上雍於拱反從攻雍斄城先登擊章平軍好時斄音胎○索隱曰案雍即扶風雍昌縣斄音台即后稷所封今之武功故斄城是章平即章邯子也攻城先登陷陣斬縣令丞各一人首十一級虜二十人遷郎中騎將從擊秦軍騎壤東索隱曰小顏亦以為今之地名○正義曰壤鄉在武功縣東南二十里郤敵遷

為將軍攻趙賁下郿正義曰岐州縣槐里柳中咸陽灌廢丘最李奇曰以水灌廢丘也張晏曰最功第一也晋灼曰京輔治華陰灌北也○索隱曰案柳中即細柳也在長安西也灌謂以水灌廢丘城陷其功最上也李奇曰發丘即槐里也上有槐里此又言者疑此是小槐里非也案文云攻趙賁下郿槐里柳中咸陽物言所攻陷之邑別言以水灌廢丘其功特最也何者初云槐里稱其新名後言功最是重舉不欲再見其文故因舊稱廢丘也至櫟陽正義曰雍州縣賜食邑杜之樊鄉索隱曰案杜陵有樊鄉三秦記曰長安正南山名秦嶺谷名子午一名樊川一名御宿樊鄉即樊川也從攻項籍屠煮棗索隱曰晋灼云檢地理志無煮棗功臣表則有煮棗侯清河有煮棗城小顏以為攻項籍屠煮棗合在河南非清河之城明矣今案續漢書郡國志在濟陰宛朐也○正義曰按其時項羽未度河北冀州信都縣東北五十里者煮棗非矣擊破王武程處軍於外黃攻鄒魯瑕丘薛正義曰兗州縣在州東南六十二里魯兗州曲阜縣瑕丘兗州縣薛在徐州滕縣界項羽

敗漢王於彭城盡復取魯梁地噲還至滎陽益食平陰二千戶正義曰平陰故城在濟陽東北五里以將軍守廣武一歲項羽引而東從高祖擊項籍下陽夏正義曰夏音假陳州太康縣虜楚周將軍卒四千人圍項籍於陳正義曰陳州大破之屠胡陵正義曰在兗州南項籍既死漢王為帝以噲堅守戰有功益食八百戶從高帝攻反燕王臧荼虜荼定燕地楚王韓信反噲從至陳取信定楚正義曰徐州更賜爵列侯與諸侯剖符世世勿絕食舞陽號為舞陽侯除前所食以將軍從高祖攻反韓王信於代自霍人以往正義曰先

累反又蘇果反又山寡反杜預云霍人晉邑也霍人當作葰地理志云葰人縣屬太原郡括地志云葰人故城在代州繁時縣界也至雲中正義曰雲中郡縣皆朔州善陽縣北三百八十里定襄故城是也與絳侯
等共定之益食千五百戶因擊陳豨與曼丘臣
軍徐廣曰曼一作竆字戰襄國正義曰邢州城破柏人正義曰邢州縣先登
降定清河常山凡二十七縣殘東垣張晏曰殘有所毀也瓚曰殘謂多所殺傷也孟子曰害義謂之殘遷爲左丞相破得綦毋卬尹
潘軍於無終廣昌正義曰在蔚州飛狐縣北七里破豨別將胡人
王黃軍於代南因擊韓信軍於參合正義曰在朔州定襄縣界
軍所將卒斬韓信破豨胡騎橫谷正義曰谷音欲蓋在代斬
將軍趙既虜代丞相馮梁守孫奮大將王黃將

軍太卜太僕解福正義曰人姓名等十人與諸將共定
代鄉邑七十三其後燕王盧綰反噲以相國擊
盧綰破其丞相抵薊南索隱曰抵音丁禮反抵訓至一云抵者丞相之名定
燕地凡縣十八鄉邑五十一益食邑千三百戶
定食舞陽五千四百戶從斬首百七十六級虜
二百八十八人別破軍七下城五定郡六縣五
十二得丞相一人將軍十二人二千石已下至
三百石十一人噲以呂后女弟呂須爲婦生子
伉故其比諸將最親先黥布反時高祖嘗病甚
惡見人卧禁中詔戶者無得入羣臣羣臣絳灌

等莫敢入十餘日噲乃排闥直入正義曰宮中小門大臣
隨之上獨枕一宦者卧噲等見上流涕曰始陛
下與臣等起豐沛定天下何其壯也今天下已
定又何憊也且陛下病甚大臣震恐不見臣等
計事顧獨與一宦者絕乎且陛下獨不見趙高
之事乎高帝笑而起其後盧綰反高帝使噲以
相國擊燕是時高帝病甚人有惡噲黨於呂氏
即上一日宮車晏駕則噲欲以兵盡誅滅戚氏
趙王如意之屬高帝聞之大怒乃使陳平載絳
侯代將而即軍中斬噲陳平畏呂后執噲詣長

安至則高祖已崩呂后釋噲使復爵邑孝惠六
年樊噲卒謚爲武侯子伉代侯而伉母呂須亦
爲臨光侯高后時用事專權大臣盡畏之伉代
侯九歲高后崩大臣誅諸呂呂須婘屬索隱曰婘音眷
因誅伉舞陽侯中絕數月孝文帝既立乃復封
噲他庶子市人爲舞陽侯復故爵邑市人立二
十九歲卒謚爲荒侯子他廣代侯六歲侯家舍
人得罪他廣怨之乃上書曰荒侯市人病不能
爲人正義曰言不能行人道令其夫人與其弟亂而生他廣
他廣實非荒侯子不當代後詔下吏孝景中六

年他廣奪侯爲庶人國除索隱曰案漢書平帝元始二年封噲玄孫之子章爲舞陽侯邑千戶

曲周侯正義曰故城在洛州曲周西南十五里酈商者高陽人索隱曰酈音歷高陽聚名屬陳留○正義曰雍州西南聚邑人也陳勝起時商聚少年東西略人得數千沛公略地至陳留六月餘徐廣曰月表曰二世元年九月沛公起兵二世三年二月襲陳留用酈食其策起兵至此十九月矣食其傳曰既說高帝已乃言其弟商使從沛公也○索隱曰事與酈生傳及年表小不同蓋史官意異也○正義曰徐注非也言商先東西略得數千人及沛公略地至陳留商起兵乃六月餘得四千人以將軍從高祖也商以將卒四千人屬沛公於岐索隱曰此地名闕蓋在河南陳鄭之界○正義曰高紀云酈食其說沛公襲陳留乃以食其爲廣野君酈商爲將將陳留兵與偕攻開封酈生傳云沛公引兵隨之乃下陳留爲廣陽君言其弟酈商使將數千人從沛公西南略地此傳云屬沛公於岐從攻長社按紀傳此說岐當與陳留高陽相近地從攻長社先登賜爵封信成君從沛公攻緱氏絕河津破秦軍洛陽東從攻下宛穰定十七縣別將攻旬關漢書音義曰漢中旬陽縣音詢○索隱曰案在漢中旬陽縣旬水上之關定漢中項羽滅秦立沛公爲漢王漢王賜商爵信成君以將軍爲隴西都尉別將定北地正義曰寧州上郡正義曰鄜州破雍將軍烏氏音支○索隱曰烏音於然反氏音支縣名屬安定漢書云破章邯別將也○正義曰縣在涇州安定縣東四十里周類軍栒邑索隱曰栒邑在豳州地里志屬右扶風栒音荀蘇駔軍於泥陽徐廣曰駔一作駔○索隱曰北地縣名駔者龍馬也○正義曰故城在寧州羅川縣北三十一里泥谷水源出羅川縣東北泥陽源側有泉於泥中潛流二十餘步而流入泥谷又有泥陽湫在縣東北四十里賜

食邑武成六千戶正義曰縣在華州鄭縣東十三里以隴西都尉從擊項籍軍五月出鉅野與鍾離眛戰疾鬭受梁相國印益食邑四千戶以梁相國將從擊項羽二歲三月攻胡陵項羽既已死漢王爲帝其秋燕王臧荼反商以將軍從擊荼戰龍脫徐廣曰在燕趙之界駰案漢書音義曰地名○索隱曰其地闕先登陷陣破荼軍易下正義易州易縣郤敵遷爲右丞相賜爵列侯與諸侯剖符世世勿絕食邑涿五千戶正義曰涿幽州號曰涿侯以右丞相別定上谷正義曰媯州因攻代受趙相國印以右丞相趙相國別與絳侯等定代鴈門得代丞相程縱守相郭同將軍已下至六百石十九人還以將軍爲太上皇衛一歲七月以右丞相擊陳豨殘東垣又以右丞相從高帝擊黥布攻其前拒徐廣曰一作和駰謂拒方陳拒音矩○索隱曰拒音巨鄒氏引左傳有左拒右拒徐云一作和軍門也漢書作前垣小顏以爲攻其壁壘之垣也李奇以爲前鋒堅敵若垣牆非也陷兩陳得以破布軍更食曲周五千一百戶除前所食凡別破軍三降定郡六縣七十三得丞相守相大將各一人小將二人二千石已下至六百石十九人商事孝惠高后時商病不治文穎曰不能治官事其子寄字況索隱曰酈寄字也鄒氏本作兄亦音況與呂祿善及高后崩大臣欲

誅諸呂呂祿爲將軍軍於北軍太尉勃不得入北軍於是乃使人劫酈商令其子況紿呂祿索隱曰紿欺也詐也音待呂祿信之故與出游而太尉勃乃得入據北軍遂誅諸呂是歲商卒謚爲景侯子寄代侯天下稱酈況賣交也班固曰夫賣交者謂見利而忘義也若寄父爲功臣而又執劫雖摧呂祿以安社稷誼存君親可也孝景前三年吳楚齊趙反上以寄爲將軍圍趙城十月不能下得俞侯欒布俞音舒○索隱曰俞音鄃縣名又音輸在河東自平齊來乃下趙城滅趙王自殺除國孝景中二年寄欲取平原君爲夫人蘇林曰景帝王皇后母臧兒也景帝怒下寄吏有罪奪侯景帝乃以商他子堅封爲繆侯徐廣曰繆者更封邑名謚曰靖○索隱曰繆音穆邑也漢書無謚續酈氏後繆靖侯卒子康侯遂成立遂成卒子懷侯世宗立徐廣曰世一作他世宗卒子侯終根立爲太常坐法國除

汝陰侯正義曰汝陰即今陽城夏侯嬰沛人也爲沛廄司御每送使客還過沛泗上亭與高祖語未嘗不移日也索隱曰案楚漢春秋云滕公爲御也嬰已而試補縣吏與高祖相愛高祖戲而傷嬰人有告高祖韋昭曰告白也白高祖傷人高祖時爲亭長重坐傷人如淳曰爲吏傷人其罪重也告故不傷嬰鄧展曰律有故乞鞫高祖自告不傷人○索隱曰案晉灼云獄結竟呼囚鞫語罪狀囚若稱枉欲乞鞫者

許之也嬰證之後獄覆索隱曰案韋昭曰高帝自言不傷嬰嬰證之是獄辭翻覆也嬰坐高祖繫歲餘掠笞數百終以是脫高祖高祖之初與徒屬欲攻沛也嬰時以縣令史爲高祖使上降沛一日正義曰上爲于僞反使所吏反又曰謂父老開城門迎高祖高祖爲沛公賜嬰爵七大夫以爲太僕從攻胡陵嬰與蕭何降泗水監平張晏曰胡陵平所止縣向嘗給之故與降也平以胡陵降賜嬰爵五大夫從擊秦軍碭東攻濟陽下戶牖破李由軍雍丘下以兵車趣攻戰疾賜爵執帛常以太僕奉車從擊章邯軍東阿濮陽下以兵車趣攻戰疾破之賜爵執珪復常奉車從擊趙賁軍開封楊熊軍曲遇嬰從捕虜六十八人降卒八百五十人得印一匱索隱曰案說文云匱匣也謂得其時自相部署之印因復常奉車從擊秦軍雒陽東以兵車趣攻戰疾賜爵封轉爲滕公徐廣曰令也騶案鄧展曰今沛郡公丘漢書曰嬰爲滕令奉車故號滕公○正義曰滕即公丘故城是在徐州滕縣西南十五里因復奉車從攻南陽戰於藍田芷陽索隱曰芷音止地名今霸陵也在京兆縣以兵車趣攻戰疾至霸上項羽至滅秦立沛公爲漢王漢王賜嬰爵列侯號昭平侯復爲太僕從入蜀漢還定三秦從擊項籍至彭城項羽大破漢軍漢王敗不利馳去見孝惠魯元載之漢王急

馬罷虜在後常蹶兩兒欲棄之索隱曰蹶音厥又音巨月反一音居衛反漢書作蹶音蹶嬰常收竟載之徐行面雍樹乃馳服虔曰高祖欲斬之故嬰圍樹走也面向樹也應劭云古者皆立乘嬰恐小兒隊落置一面擁持之樹立也蘇林曰南陽人謂抱小兒爲雍樹面者大人以面首向臨之小兒抱大人頸似懸樹也○索隱曰蘇林與晉灼皆同今則無其言或當時有此說其應服之說蓋疎也漢王怒行欲斬嬰者十餘卒得脫而致孝惠魯元於豐漢王既至滎陽收散兵復振賜嬰食祈陽徐廣曰祈一作沂○索隱曰蓋鄉名也漢書作沂楚無其縣復常奉車從擊項籍追至陳卒定楚至魯益食茲氏索隱曰縣名也地理志屬太原漢王立爲帝其秋燕王臧荼反嬰以太僕從擊荼明年從至陳取楚王信更食汝陰

剖符世世勿絕以太僕從擊代至武泉雲中索隱曰地理志武泉屬雲中○正義曰二縣在朔州善陽縣界益食千戶因從擊韓信軍胡騎晉陽旁大破之追北至平城爲胡所圍七日不得通高帝使使厚遺閼氏冒頓開圍一角高帝出欲馳嬰固徐行弩皆持滿外向卒得脫益食嬰細陽千戶索隱曰地理志屬汝南復以太僕從擊胡騎句注北大破之以太僕擊胡騎平城南三陷陳功爲多賜所奪邑五百戶漢書音義曰時有罪過奪邑者以賜之以太僕擊陳豨騎布軍陷陳卻敵益食千戶定食汝陰六千九百戶除前所食嬰自上初

起沛常爲太僕竟高祖崩以太僕事孝惠孝惠帝及高后德嬰之脫孝惠魯元於下邑之間也正義曰宋州碭山縣乃賜嬰縣北第第一曰近我以尊異之孝惠帝崩以太僕事高后高后崩代王之來嬰以太僕與東牟侯入清宮廢少帝以天子法駕迎代王代邸與大臣共立爲孝文皇帝復爲太僕八歲卒謚爲文侯索隱曰案姚氏云三輔故事曰滕文公墓在飲馬橋東大道南俗謂之馬冢博物志曰公卿送嬰葬至東都門外馬不行踣地悲鳴得石槨有銘曰佳城鬱鬱三千年見白日吁嗟滕公居此室乃葬之子夷侯竈立七年卒子共侯賜立三十一年卒子侯頗尚平陽公主立十九歲元鼎二

年坐與父御婢姦罪自殺國除

潁陰侯正義曰今陳州南頓縣西北十三里潁陰故城是灌嬰者睢陽販繒者也正義曰宋州宋城縣高祖之爲沛公略地至雍丘下章邯敗殺項梁而沛公還軍於碭嬰初以中涓從擊破東郡尉於成武及秦軍於扛里疾鬬賜爵七大夫從攻秦軍亳南開封曲遇戰疾力服虔曰疾攻之賜爵執帛號宣陵君從攻陽武以西至雒陽破秦軍尸北北絕河津南破南陽守齮陽城東遂定南陽郡西入武關戰於藍田疾力至霸上賜爵執珪號昌文君索隱曰亦稱宣陵君皆非爵土加美號耳沛公

立爲漢王拜嬰爲郎中從入漢中十月拜爲中謁者從還定三秦下櫟陽降塞王還圍章邯於廢丘未拔從東出臨晉關擊降殷王定其地擊項羽將龍且魏相項他軍走陶南疾戰破之賜嬰爵列侯號昌文侯食杜平鄉索隱曰謂食杜縣之平鄉復以中謁者從降下碭以至彭城項羽擊大破漢王漢王遁而西嬰從還軍於雍丘王武魏公申徒反張晏曰秦將降爲公今反從擊破之攻下黃正義曰故城在曹州考城縣東二十四里西收兵軍於滎陽楚騎來衆漢王乃擇軍中可爲車騎將者皆推故秦騎士重泉人徐廣曰重泉屬馮翊○正義曰故城在同州蒲城縣東南四十五里李必駱甲習騎兵今爲校尉可爲騎將索隱曰必甲二人名也姚氏案漢紀桓帝延熹三年追錄高祖功臣李必後黃門丞李遂爲晉陽關內侯也漢王欲拜之必甲曰臣故秦民恐軍不信臣臣願得大王左右善騎者傅之如淳曰傅音附猶言隨從者灌嬰雖少然數力戰乃拜灌嬰爲中大夫令李必駱甲爲左右校尉將郎中騎兵擊楚騎於滎陽東大破之受詔別擊楚軍後絕其餉道起陽武至襄邑擊項羽之將項冠於魯下破之所將卒斬右司馬騎將各一人張晏曰主右方之馬左亦如之擊破柘公王武軍於燕西徐廣曰柘屬陳○索隱曰案武柘縣令也○正義曰柘屬

淮陽國按滑州胙城本南燕國也所將卒斬樓煩將伍人李奇曰樓煩縣名其人善騎射故以名射士爲樓煩取其美稱未必樓煩人也張晏曰樓煩胡國名連尹一人張晏曰大夫楚官○索隱曰案左傳莫敖連尹宮廐尹是擊王武別將桓嬰白馬下破之所將卒斬都尉一人以騎渡河南送漢王到雒陽使北迎相國韓信軍於邯鄲還至敖倉嬰遷爲御史大夫三年以列侯食邑杜平鄉以御史大夫受詔將郎中騎兵東屬相國韓信擊破齊軍於歷下所將卒虜車騎將軍華毋傷及將吏四十六人降下臨菑得齊守相田光追齊相田橫至嬴博破其騎所將卒斬騎將一人生得騎將四人攻下嬴博破齊將軍田吸於千乘所將卒斬吸東從韓信攻龍且留公於高密索隱曰留縣令稱公旋其名高密縣名在北海漢書作假密假密地名不知所在未知孰是耳○正義曰留縣在沛郡公其令卒斬龍且文穎曰所將卒生得右司馬連尹各一人樓煩將十人身生得亞將周蘭齊地已定韓信自立爲齊王使嬰別將擊楚將公杲於魯北破之轉南破薛郡長身虜騎將一人攻博陽前至下相以東南僮取慮徐索隱曰取音秋慮音閭取又音趨僮徐是二縣取慮是一縣名度淮盡降其城邑至廣陵漢書音義曰住廣陵以禦敵○正義曰謂從下相以東南盡降城邑乃至廣陵皆平定也項羽使項聲薛公郯公復定淮北

嬰度淮北擊破項聲郯公下邳（正義曰郯音談東海縣）斬薛公下下邳擊破楚騎於平陽（索隱曰小顏云此平陽在東郡地理志太山有東平陽縣○正義曰南平陽縣城今兖州鄒縣也在兖州東南六十二里按鄒縣去徐州滕縣界四十餘里也）遂降彭城虜柱國項佗降留薛沛酇蕭相攻苦譙（正義曰戶焦二音）復得亞將周蘭與漢王會頤鄉（徐廣曰苦縣有頤鄉○索隱曰音以之反）從擊項籍軍於陳下破之所將卒斬樓煩將二人虜騎將八人賜益食邑二千五百戶項籍敗垓下去也嬰以御史大夫受詔將車騎別追項籍至東城（正義曰縣在濠州定遠縣東南五十五里）破之所將卒五人共斬項籍皆賜爵列侯降左右司馬各

一人卒萬二千人盡得其軍將吏下東城歷陽（正義曰和州歷陽縣即今州城是也）渡江破吳郡長吳下（如淳曰雄長之長也○索隱曰下有郡守此長即令也如淳以為雄長非也○正義曰今蘇州也按如說非也吳郡長即吳郡守也一破吳郡長兵於吳城下而得吳郡守身也）得吳守遂定吳豫章會稽郡還定淮北凡五十二縣漢王立為皇帝賜益嬰邑三千戶其秋以車騎將軍從擊破燕王臧荼明年從至陳取楚王信還剖符世世勿絕食潁陰二千五百戶號曰潁陰侯以車騎將軍從擊反韓王信於代至馬邑受詔別降樓煩以北六縣斬代左相破胡騎於武泉北（正義曰縣名在朔州北二百二十里）復從

擊韓信胡騎晉陽下所將卒斬胡白題將一人（服虔曰胡名也）受詔并將燕趙齊梁楚車騎擊破胡騎於硰石（服虔曰硰音沙○索隱曰劉氏音千卧反）至平城為胡所圍從還軍東垣從擊陳豨受詔別攻豨丞相侯敞軍曲逆下破之卒斬敞及特將五人（文穎曰特一之特也）降曲逆盧奴上曲陽安國安平（正義曰盧奴定州安喜縣是曲陽定州曲陽縣是安平定州安平縣）攻下東垣黥布反以車騎將軍先出攻布別將於相破之斬亞將樓煩將三人又進擊破布上柱國軍及大司馬軍又進破布別將肥誅（徐廣曰一作銖○索隱曰案漢書作肥銖）嬰身生得左司馬一人所將

卒斬其小將十人追北至淮上益食二千五百戶布已破高帝歸定令嬰食潁陰五千戶除前所食邑凡從得二千石二人別破軍十六降城四十六定國一郡二縣五十二得將軍二人柱國相國各一人二千石十人嬰自破布歸高帝崩嬰以列侯事孝惠帝及呂太后太后崩呂祿等以趙王自置為將軍軍長安為亂齊哀王聞之舉兵西且入誅不當為王者上將軍呂祿聞之乃遣嬰為大將軍往擊之嬰行至滎陽乃與絳侯等謀因屯兵滎陽風齊王以誅呂氏事

正義曰風方鳳反齊兵止不前絳侯等既誅諸呂齊王罷兵歸嬰亦罷兵自滎陽歸與絳侯陳平共立代王爲孝文皇帝孝文皇帝於是益封嬰三千戶賜黃金千斤拜爲太尉三歲絳侯勃免相就國嬰爲丞相罷太尉官是歲匈奴大入北地上郡令丞相嬰將騎八萬五千往擊匈奴匈奴去濟北王反詔乃罷嬰之兵後歲餘嬰以丞相卒謚曰懿侯子平侯阿代侯二十八年卒子彊代侯十二年彊有罪絕二歲元光三年天子封灌嬰孫賢爲臨汝侯續灌氏後八歲坐行賕有罪國除

太史公曰吾適豐沛問其遺老觀故蕭曹樊噲滕公之家及其素異哉所聞方其鼓刀屠狗賣繒之時豈自知附驥之尾垂名漢廷德流子孫哉余與他廣通爲言高祖功臣之興時若此云索隱曰案他廣樊噲之孫後失封蓋嘗訝太史公序蕭曹樊滕之功悉具則從他廣而得其事故備也

索隱述贊曰

聖賢影響　雲蒸龍變　屠狗販繒
攻城野戰　扶義西上　受封南面
酈況賣交　舞陽內援　滕灌更王
弈葉繁衍

樊酈滕灌列傳第三十五　史記九十五

樊酈滕灌傳

張丞相列傳第三十六　史記九十六

張丞相蒼者陽武人也（索隱曰案縣名屬陳留 正義曰鄭州陽武縣也）好書律曆秦時爲御史主柱下方書（如淳曰方版也謂書事在版上者也秦以上置柱下史蒼爲御史主其事或曰四方文書○索隱曰周秦皆有柱下史謂御史也所掌及侍立恒在殿柱之下故老聃爲周柱下史今蒼在秦代亦居斯職方書者方板謂小事書之於板也或曰主四方文書也姚氏以爲下云明習天下圖書計籍主郡上計則方爲四方文書是也）有罪亡歸及沛公略地過陽武蒼以客從攻南陽蒼坐法當斬解衣伏質（索隱曰小顏云質鑕也）身長大肥白如瓠時王陵見而怪其美士乃言沛公赦勿斬遂從西入武關至咸陽沛公立爲漢王入漢中還定三秦陳餘擊

走常山王張耳耳歸漢漢乃以張蒼爲常山守從淮陰侯擊趙蒼得陳餘趙地已平漢王以蒼爲代相備邊寇已而徙爲趙相相趙王耳耳卒相趙王敖復徙相代王燕王臧荼反高祖往擊之蒼以代相從攻臧荼有功以六年中封爲北平侯食邑千二百戶遷爲計相（文穎曰能計故號曰計相）一月更以列侯爲主計四歲（張晏曰以列侯典校郡國簿書 如淳曰以其所主因以爲官號與計相同時所卒立非久施也○索隱曰謂改計相之名更名主計也此蓋權時立號也）是時蕭何爲相國而張蒼乃自秦時爲柱下史明習天下圖書計籍蒼又善用筭律曆故令蒼以列侯居相

府領主郡國上計者黥布反亡漢立皇子長爲淮南王而張蒼相之十四年遷爲御史大夫

周昌者沛人也其從兄曰周苛秦時皆爲泗水卒史及高祖起沛擊破泗水守監於是周昌周苛自卒史從沛公沛公以周昌爲職志（徐廣曰主旗幟之屬○索隱曰官名也職主也志旗幟也謂掌旗幟之官也音昌志反）周苛爲客（張晏曰爲帳下賓客不掌官）從入關破秦沛公立爲漢王以周苛爲御史大夫周昌爲中尉漢王四年楚圍漢王滎陽急漢王遁出去而使周苛守滎陽城楚破滎陽城欲令周苛將苛罵曰若趣降漢王不然今爲虜矣項羽怒亨周苛（徐廣曰四年三月也）於是乃拜周昌爲御史大夫常從擊破項籍以六年中與蕭曹等俱封封周昌爲汾陰侯周苛子周成以父死事封爲高景侯（徐廣曰元年封封三十九年文帝後元四年謀反死國除）昌爲人彊力敢直言自蕭曹等皆卑下之昌嘗燕時入奏事（漢書音義曰以上宴時入奏事）高帝方擁戚姬昌還走高帝逐得騎周昌項問曰我何如主也昌仰曰陛下即桀紂之主也於是上笑之然尤憚周昌及帝欲廢太子而立戚姬子如意爲太子大臣固爭之莫能得上以留侯策即止而周昌廷爭之

彊上問其說昌爲人吃又盛怒曰臣口不能言然臣期期知其不可(正義曰期以口吃每語故重言期期也)陛下雖欲廢太子臣期期不奉詔上欣然而笑既罷呂后側耳於東廂聽(韋昭曰殿東堂也○索隱曰小顏云正寢之東西室皆號曰箱言似箱篋之形)見周昌爲跪謝曰微君太子幾廢(索隱曰幾鉅依反)是後戚姬子如意爲趙王年十歲高祖憂即萬歲之後不全也趙堯年少爲符璽御史趙人方與公(孟康曰方與縣名公其號瓚曰方與縣令也)謂御史大夫周昌曰君之史趙堯年雖少然奇才也君必異之是且代君之位周昌笑曰堯年少刀筆吏耳(正義曰古用簡牘書有錯謬以刀削之故曰刀筆吏)何能至是乎居頃之趙堯侍高祖高祖獨心不樂悲歌羣臣不知上之所以然趙堯進請問曰陛下所爲不樂非爲趙王年少而戚夫人與呂后有郤邪備萬歲之後而趙王不能自全乎高祖曰然吾私憂之不知所出(索隱曰謂不知其計所出也)堯曰陛下獨宜爲趙王置貴彊相及呂后太子羣臣素所敬憚乃可高祖曰然吾念之欲如是而羣臣誰可者堯曰御史大夫周昌其人有堅忍質直且自呂后太子及大臣皆素敬憚之獨昌可高祖曰善於是乃召周昌謂曰吾欲固煩

公公彊爲我相趙王(正義曰相談世論云使周相趙不如使取呂后家女爲妃令戚夫人善事呂后則如意無斃也)周昌泣曰臣初起從陛下陛下獨奈何中道而棄之於諸侯乎高祖曰吾極知其左遷(索隱曰諸侯王表有左官之律韋昭以爲左猶下也禁不得下仕於諸王也然地道尊右右貴左賤故謂貶秩爲左遷他皆此類)然吾私憂趙王念非公無可者公不得已彊行於是徙御史大夫周昌爲趙相既行久之高祖持御史大夫印弄之曰誰可以爲御史大夫者孰視趙堯曰無以易堯遂拜趙堯爲御史大夫(徐廣曰十年也)堯亦前有軍功食邑及以御史大夫從擊陳豨有功封爲江邑侯(徐廣曰十一年)高祖崩呂太后使使召趙王其相周昌令王稱疾不行使者三反周昌固爲不遣趙王於是高后患之乃使使召周昌周昌至謁高后高后怒而罵周昌曰爾不知我之怨戚氏乎而不遣趙王何昌既徵高后使使召趙王趙王果來至長安月餘飲藥而死周昌因謝病不朝見三歲而死(徐廣曰謚悼也○索隱曰漢書列傳及表咸言周昌謚悼韋昭云或謚惠非也漢書又曰傳子至孫意有罪國除景帝復封昌孫左車爲安陽侯有罪國除)後五歲(正義曰高后之年)高后聞御史大夫江邑侯趙堯高祖時定趙王如意之畫乃抵堯罪(徐廣曰呂后元年國除)以廣阿侯任敖爲御史大夫

任敖者故沛獄吏高祖嘗辟吏 正義曰上音避 吏繫呂后遇之不謹任敖素善高祖怒擊傷主呂后吏及高祖初起敖以客從為御史守豐二歲高祖立為漢王東擊項籍敖遷為上黨守陳豨反時敖堅守封為廣阿侯食千八百戶高后時為御史大夫三歲免 徐廣曰文帝二年任敖卒謚懿侯曾孫越人元鼎二年為太常坐酒酸國除駰案漢書任敖孝文元年薨徐誤也○索隱曰皆徐氏據漢書為記而誤云二年裴駰又引任安書證為得其實○正義曰按史記書表云孝文二年卒漢表又云封九十年卒計高祖十一年封到文帝二年則十九年矣而漢書誤裴氏不考乃云徐誤何其貳過也 以平陽侯曹窋為御史大夫高后崩不與大臣共誅呂祿等免以淮南相張蒼為御史大夫

大夫蒼與絳侯等尊立代王為孝文皇帝四年丞相灌嬰卒張蒼為丞相自漢興至孝文二十餘年會天下初定將相公卿皆軍吏張蒼為計相時緒正律曆 文穎曰緒尋也或曰緒業也 以高祖十月始至霸上因故秦時本以十月為歲首弗革推五德之運以為漢當水德之時尚黑如故 正義曰姚察云倉君是秦人猶用推五勝之法以周赤烏為火漢勝火以水也 吹律調樂入之音聲及以比定律令 如淳曰比謂五音清濁各有所比也以定十二月律之法令於樂官使長行之瓚曰謂以比故取類以定法律與條令也○正義曰比音鼻或音必覆反謂比方也 若百工天下作程品 如淳曰若順也百工為器物皆有尺寸斤兩皆使得宜此之謂順晉灼曰若預及之辭○索隱曰晉灼說為得 至

於為丞相卒就之故漢家言律曆者本之張蒼蒼本好書無所不觀無所不通而尤善律曆 漢書曰著書十八篇言陰陽律曆事 張蒼德王陵王陵者安國侯也及蒼貴常父事王陵陵死後蒼為丞相洗沐常先朝陵夫人上食然後敢歸家蒼為丞相十餘年魯人公孫臣上書言漢土德時其符有黃龍當見詔下其議張蒼張蒼以為非是罷之其後黃龍見成紀於是文帝召公孫臣以為博士草土德之曆制度更元年張丞相由此自絀謝病稱老蒼任人為中候 張晏曰所選保任者也瓚曰中候官名 大為姦利

上以讓蒼蒼遂病免蒼為丞相十五歲而免孝景前五年蒼卒謚為文侯子康代侯八年卒子類 徐廣曰一作顗音贖 代為侯八年坐臨諸侯喪後就位不敬國除 索隱曰案漢書云傳子至孫類有罪國除今此文康代八年卒子類代侯則顗即類與漢書略同也 初張蒼父長不滿五尺及生蒼蒼長八尺餘為侯丞相蒼子復長 漢書云長八尺 及孫類長六尺餘坐法失侯蒼之免相後老口中無齒食乳女子為乳母妻妾以百數嘗孕者不復幸蒼年百有餘歲而卒

申屠丞相嘉者梁人以材官蹶張 徐廣曰勇健有材力開張駰案

如淳曰材官之多力能腳蹋強弩張之故曰蹶張律有蹶張士○索隱曰孟康曰主張強弩蹶音其月反漢令曰蹶張士百人也從高帝擊項籍遷為隊率索隱曰所類反從擊黥布軍為都尉孝惠時為淮陽守孝文帝元年舉故吏士二千石從高皇帝者悉以為關內侯食邑二十四人而申屠嘉食邑五百戶張蒼已為丞相嘉遷為御史大夫張蒼免相徐廣曰後二年八月孝文帝欲用皇后弟竇廣國為丞相曰恐天下以吾私廣國廣國賢有行故欲相之念久之不可而高帝時大臣又皆多死餘見無可者乃以御史大夫嘉為丞相因故邑封為故安侯正義曰今易州界武陽城中東南闕故城是也嘉為人廉直門不受私謁是時太中大夫鄧通方隆愛幸賞賜累巨萬文帝嘗燕飲通家其寵如是是時丞相入朝而通居上傍有怠慢之禮丞相奏事畢因言曰陛下愛幸臣則富貴之至於朝廷之禮不可以不肅上曰君勿言吾私之罷朝坐府中嘉為檄召鄧通詣丞相府不來且斬通通恐入言文帝文帝曰汝第往吾今使人召若通至丞相府免冠徒跣頓首謝嘉坐自如故不為禮責曰夫朝廷者高皇帝之朝廷也通小臣戲殿上大不敬當斬吏今行斬

之如淳曰嘉語其吏曰今便行斬之通頓首首盡出血不解文帝度丞相已困通使使者持節召通而謝丞相曰此吾弄臣君釋之鄧通既至為文帝泣曰丞相幾殺臣嘉為丞相五歲孝文帝崩孝景帝即位二年鼂錯為內史貴幸用事諸法令多所請變更議以謫罰侵削諸侯而丞相嘉自絀所言不用疾錯錯為內史門東出不便更穿一門南出南出者太上皇廟堧垣服虔曰宮外垣也如淳曰堧音畏愞之愞○索隱曰堧音乃戀反韋昭音而緣反又音軟嘉聞之欲因此以法錯擅穿宗廟垣為門奏請誅錯錯客有語錯錯恐夜入宮上謁自歸景帝正義曰自歸帝首露至朝丞相奏請誅內史錯景帝曰錯所穿非真廟垣乃外堧垣故他官居其中索隱曰漢書作冗官謂散官且又我使為之錯無罪罷朝嘉謂長史曰吾悔不先斬錯乃先請之為錯所賣至舍因歐血而死謚為節侯子共侯蔑代三年卒子侯去病代三十一年卒徐廣曰一本無此去病而云共侯蔑三十二年子侯臾改封靖安侯子侯臾代六歲坐為九江太守受故官送有罪國除自申屠嘉死之後景帝時開封侯陶青桃侯劉舍為丞相徐廣曰陶青高祖功臣陶舍之子也謚夷劉舍本項氏親也賜姓劉氏父襄佐高祖有功舍謚哀侯及今上時柏至侯許

昌徐廣曰高祖功臣許溫之孫謚哀侯平棘侯薛澤徐廣曰高祖功臣廣平侯薛歐之孫
平棘節侯薛澤武彊侯莊青翟徐廣曰高祖功臣莊不識之孫高陵侯趙
周徐廣曰周父夷吾為楚王戊太傅諫爭而死等為丞相皆以列侯繼
嗣娖娖徐廣曰娖音七角反一作斷一作踧○索隱曰娖音側角反小顏云持整之皃漢書作踧踧音初角反斷音都亂反義如尚書斷斷猗無他技廉謹為丞相備員而已無所
能發明功名有著於當世者

太史公曰張蒼文學律曆為漢名相而絀賈生
公孫臣等言正朔服色事而不遵明用秦之顓
頊曆何哉張晏曰不考經典專用顓頊曆何哉周昌木彊人也正義曰言其質
直掘強如木石焉任敖以舊德用張晏曰謂傷辱呂后吏申屠嘉可

謂剛毅守節矣然無術學殆與蕭曹陳平異矣

孝武時丞相多甚不記莫錄其行起居狀略且
紀征和以來有車丞相長陵人也名千秋卒而有
韋丞相代索隱曰自車千秋已下皆褚先生等所記然丞相傳都省略漢書則備

韋丞相賢者魯人也以讀書術為吏至大鴻臚
有相工相之當至丞相有男四人使相工相之
至第二子其名玄成相工曰此子貴當封韋丞
相言曰我即為丞相有長子是安從得之後竟
為丞相病死而長子有罪論不得嗣而立玄成
玄成時佯狂不肯立竟立之有讓國之名後坐

騎至廟不敬有詔奪爵一級為關內侯失列侯
得食其故國邑韋丞相卒有魏丞相代

魏丞相相者濟陰人也以文吏至丞相其人好
武皆令諸吏帶劍帶劍前奏事或有不帶劍者
當入奏事至乃借劍而敢入奏事其時京兆尹
趙君名廣漢丞相奏以免罪使人執魏丞相欲求
脫罪而不聽復使人脅恐魏丞相以夫人賊殺
侍婢事而私獨奏請驗之發吏卒至丞相舍捕
奴婢笞擊問之實不以兵刃殺也而丞相司直
繁君索隱曰繁姓也音婆奏京兆尹趙君迫脅丞相誣以

夫人賊殺婢發吏卒圍捕丞相舍不道又得擅
屏騎士事趙京兆坐要斬又有使掾陳平等劾
中尚書疑以獨擅劫事而坐之大不敬長史以
下皆坐死或下蠶室而魏丞相竟以丞相病死
子嗣後坐騎至廟不敬有詔奪爵一級為關內
侯失列侯得食其故國邑魏丞相卒以御史大
夫邴吉代

邴丞相吉者魯國人也以讀書好法令至御史
大夫孝宣帝時以有舊故封為列侯而因為丞
相明於事有大智後世稱之以丞相病死子顯

嗣後坐騎至廟不敬有詔奪爵一級失列侯得
食故國邑顯爲吏至太僕坐官耗亂身及子男
有姦贓免爲庶人邴丞相卒黄丞相代長安中
有善相工田文者與韋丞相魏丞相邴丞相微
賤時會於客家田文言曰今此三君者皆丞相
也其後三人竟更相代爲丞相何見之明也
黄丞相霸者淮陽人也以讀書爲吏至潁川太
守治潁川以禮義條教諭告化之犯法者風曉
令自殺化大行名聲聞孝宣帝下制曰潁川太
守霸以宣布詔令治民道不拾遺男女異路獄

中無重囚賜爵關內侯黄金百斤徵爲京兆尹
而至丞相復以禮義爲治以丞相病死子嗣後
爲列侯黄丞相卒以御史大夫于定國代于丞
相已有廷尉傳在張廷尉語中于丞相去御史
大夫韋玄成代
韋丞相玄成者即前韋丞相子也代父後失列
侯其人少時好讀書明於詩論語爲吏至衞尉
徙爲太子太傅御史大夫薛君免名廣德也爲御史
大夫于丞相乞骸骨免而爲丞相因封故邑爲
扶陽侯數年病死孝元帝親臨喪賜賞甚厚子

嗣後其治容容隨世俗浮沉而見謂諂巧而相
工本謂之當爲侯代父而後失之復自游宦而
起至丞相父子俱爲丞相世間美之豈不命哉
相工其先知之韋丞相卒御史大夫匡衡代
丞相匡衡者東海人也好讀書從博士受詩家
貧衡傭作以給食飲才下數射策不中至九乃
中丙科其經以不中科故明習補平原文學卒
史數年郡不尊敬御史徵之以補百石屬薦爲
郎而補博士拜爲太子少傅而事孝元帝孝元
好詩而遷爲光祿勳居殿中爲師授教左右而

縣官坐其旁聽甚善之日以尊貴御史大夫鄭
弘坐事免而匡君爲御史大夫歲餘韋丞相死
匡君代爲丞相封樂安侯以十年之間不出長
安城門而至丞相豈非遇時而命也哉深惟士
之游官所以至封侯者微甚徐廣曰微一作徵然多至御
史大夫即去者諸爲大夫而丞相次也其心冀
幸丞相物故也高堂隆荅魏朝訪曰物無也故事也言無復所能於事或乃陰
私相毀害欲代之然守之日久不得或爲之日
少而得之至于封侯眞命也夫御史大夫鄭君
守之數年不得匡君居之未滿歲而韋丞相死

即代之矣豈可以智巧得哉多有賢聖之才困戹不得者衆甚也索隱曰案此論匡衡已來事則後人所述也或亦稱太史公其序述淺陋一何誣也

索隱述贊曰

張蒼主計　天下作程　孫臣始紬
秦曆尚行　御史亞相　相國阿衡
申屠面折　周子廷爭　其他娖娖
無所發明

張丞相列傳第三十六　史記九十六

酈生陸賈列傳第三十七　史記九十七

酈生食其者正義曰曆異幾二音也陳留高陽人也徐廣曰今在圉縣○索隱曰案高陽鄉名也故耆舊傳云食其圉高陽鄉人○正義曰陳留風俗傳云高陽在雍丘西南括地志云圉城在汴州雍丘縣西南食其墓在雍丘西南二十八里蓋謂此也好讀書家貧落魄無以爲衣食業應劭曰落魄志行衰惡之皃也晉灼曰落薄落託義同也○索隱曰案鄭氏云魄音薄也爲里監門吏正義曰監音甲衫反戰國策云王蠋對齊宣曰夫監門閭里士之賤然縣中賢豪不敢役縣中皆謂之狂生及陳勝項梁等起諸將徇地正義曰徇略也過高陽者數十人酈生聞其將皆握齱應劭曰握齱急促之皃○索隱曰案應劭云齱音若促鄒氏音麄角反韋昭云握齱小節也好苛禮索隱曰案苛亦作荷賈逵云苛煩也小顏云苛細也自用不能聽大度之言酈生乃深自藏匿後聞沛公將兵略地陳留郊沛公麾下騎士適酈生里中子也服虔曰食其里中子適作沛公騎士○索隱曰適音釋服虔蘇林皆云沛公騎士適是食其里中人案言適近作騎士也沛公時時問邑中賢士豪俊騎士歸酈生見謂之曰吾聞沛公慢而易人多大略此真吾所願從游莫爲我先索隱曰案先謂先容言無人爲我作紹介也○正義曰爲于僞反若見沛公謂曰臣里中有酈生年六十餘長八尺人皆謂之狂生生自謂我非狂生騎士曰沛公不好儒諸客冠儒冠來者沛公輒解其冠溲溺其中索隱曰溲所由反溺乃弔反亦如字溲即溺也與人言常大罵未

可以儒生說也酈生曰弟言之騎士從容言如酈生所誡者沛公至高陽傳舍（徐廣曰二世三年二月）使人召酈生酈生至入謁沛公方倨牀使兩女子洗足（索隱曰按樂彥云踞牀曰倨）而見酈生酈生入則長揖不拜曰足下欲助秦攻諸侯乎且欲率諸侯破秦也沛公罵曰豎儒（索隱曰案豎者僮僕之稱沛公輕之以比奴豎故曰豎儒）夫天下同苦秦久矣故諸侯相率而攻秦何謂助秦攻諸侯乎酈生曰必聚徒合義兵誅無道秦不宜倨見長者於是沛公輟洗起攝衣（正義曰攝斂著也）延酈生上坐謝之酈生因言六國從橫時沛公喜

賜酈生食問曰計將安出酈生曰足下起糾合之衆（一作烏合一作瓦合）收散亂之兵不滿萬人欲以徑入彊秦此所謂探虎口者也夫陳留天下之衝四通五達之郊也（如淳曰四面中央凡五達也瓚曰四通五達言無險阻）今其城又多積粟臣善其令（正義曰言食其與陳留縣令相善也）請得使之令下（正義曰令力征反下謂降之也）足下即不聽足下舉兵攻之臣為內應於是遣酈生行沛公引兵隨之遂下陳留號酈食其為廣野君酈生言其弟酈商使將數千人從沛公西南略地酈生常為說客馳使諸侯漢三年秋項羽擊漢拔滎陽漢兵遁

保鞏洛楚人聞淮陰侯破趙彭越數反梁地則分兵救之淮陰方東擊齊漢王數困滎陽成皋計欲捐成皋以東屯鞏洛以拒楚酈生因曰臣聞知天之天者王事可成不知天之天者王事不可成王者以民人為天而民人以食為天（索隱曰案此語出管子）夫敖倉天下轉輸久矣臣聞其下廼有藏粟甚多楚人拔滎陽不堅守敖倉廼引而東令適卒分守成皋（索隱曰適音直革反案通俗文云罰罪云云即所謂讁戍又音陟華反卒音租忽反）此乃天所以資漢也方今楚易取而漢反却自奪其便（索隱曰以言不取敖倉是漢却自奪其便利）

臣竊以為過矣且兩雄不俱立楚漢久相持不決百姓騷動海內搖蕩農夫釋耒工女下機（索隱曰案謂女工工巧也漢書作紅音功）天下之心未有所定也願足下急復進兵收取滎陽據敖倉之粟（正義曰敖倉在鄭州滎陽縣四十五里石門之東北臨汴水南帶三皇山秦時置倉於敖山上故名敖倉）塞成皋之險（正義曰即汜水縣山）杜大行之道（韋昭曰在河內野王北也）距蜚狐之口（如淳曰上黨壺關也案蜚狐在代郡西南○正義曰按蔚州飛狐縣北百五十里有秦漢故郡城西南有山俗號飛狐口也）守白馬之津以示諸侯効實形制之勢則天下知所歸矣方今燕趙已定唯齊未下今田廣據千里之齊田間將二十萬之衆軍

於歷城諸田宗彊負海阻河濟南近楚人多變
詐足下雖遣數十萬師未可以歲月破也臣請
得奉明詔說齊王使爲漢而稱東藩上曰善迺
從其畫復守敖倉而使酈生說齊王曰王知天
下之所歸乎王曰不知也曰王知天下之所歸
則齊國可得而有也若不知天下之所歸即齊
國未可得保也齊王曰天下何所歸曰歸漢曰
先生何以言之曰漢王與項王戮力西面擊秦
約先入咸陽者王之漢王先入咸陽項王負約
不與而王之漢中項王遷殺義帝漢王聞之起

蜀漢之兵擊三秦出關而責義帝之處收天下
之兵立諸侯之後降城即以侯其將得賂即以
分其士與天下同其利豪英賢才皆樂爲之用
諸侯之兵四面而至蜀漢之粟方船而下（索隱曰案
方船謂並舟也戰國策云方船積粟循江而下也）項王有倍約之名殺義帝
之負於人之功無所記於人之罪無所忘戰勝
而不得其賞拔城而不得其封非項氏莫得用
事爲人刻印刓而不能授（孟康曰刓斷無復廉鍔也瓚曰項羽吝於爵賞玩惜
侯印不能以封其人也○索隱曰刓音五官反李郭象注莊子云立法而刓斷無圭角漢書作玩言玩惜不忍授人）攻
城得賂積而不能賞天下畔之賢才怨之而莫

爲之用故天下之士歸於漢王可坐而策也夫
漢王發蜀漢定三秦涉西河之外援上黨之兵
（正義曰援音爰）下井陘誅成安君破北魏舉三十二城
（索隱曰北魏謂魏豹豹在河北故也亦謂之西魏以大梁在河南故也）此蚩尤之兵也非
人之力也天之福也今已據敖倉之粟塞成皐
之險守白馬之津杜太行之阪距蜚狐之口天
下後服者先亡矣王疾先下漢王齊國社稷可
得而保也不下漢王危亡可立而待也田廣以
爲然迺聽酈生罷歷下兵守戰備與酈生日縱
酒淮陰侯聞酈生伏軾下齊七十餘城迺夜度

兵平原襲齊齊王田廣聞漢兵至以爲酈生賣
已迺曰汝能止漢軍我活汝不然我將亨汝酈
生曰舉大事不細謹盛德不辭讓而公不爲若
更言齊王遂亨酈生引兵東走漢十二年曲周
侯酈商以丞相將兵擊黥布有功高祖舉列侯
功臣思酈食其酈食其子酈疥數將兵功未當
侯上以其父故封疥爲高梁侯後更食武遂嗣
三世（索隱曰疥音界地里志武遂屬河間案漢書作武陽子遂術字誤也）元狩元年中武
遂侯平（正義曰年表云卒子敞嗣卒子平嗣元年有罪國除而漢書云更食武陽子遂嗣恐漢書誤也）坐
詐詔衡山王取百斤金當棄市病死國除也

陸賈者楚人也索隱曰案陳留風俗傳云陸氏春秋時陸渾國之後晉侯伐之故陸渾子奔楚
賈其後又陸氏譜云齊宣公支子達食菜於陸鄉號曰陸侯達生發發生皐適楚賈其孫也以客從高
祖定天下名為有口辯士居左右常使諸侯及
高祖時中國初定尉他平南越因王之索隱曰趙他為南越
尉故曰尉他他音馳高祖使陸賈賜尉他印為南越王陸生
至尉他魋結服虔曰魋音椎今兵士椎頭結○索隱曰魋直追反結音計謂為髻一撮以椎而結之故
字從結且案其魋結二字依字讀之亦通謂夷人本被髮左衽今他同其風俗但魋其髮而結之也箕倨見
陸生陸生因進說他曰足下中國人親戚昆弟
墳墓在眞定索隱曰趙地也本名東垣屬常山今足下反天性棄
冠帶欲以區區之越與天子抗衡為敵國索隱曰案

崔浩云抗對也衡車轅上橫木也抗衡言兩衡相對拒牽不相避下也禍且及身矣且夫
秦失其政諸侯豪傑並起唯漢王先入關據咸
陽項羽倍約自立為西楚霸王諸侯皆屬可謂
至彊然漢王起巴蜀鞭笞天下劫略諸侯遂誅
項羽滅之五年之間海內平定此非人力天之
所建也天子聞君王王南越不助天下誅暴逆
將相欲移兵而誅王天子憐百姓新勞苦故且
休之遣臣授君王印剖符通使君王宜郊迎北
面稱臣迺欲以新造未集之越屈彊於此漢誠
聞之掘燒王先人冢夷滅宗族使一偏將將十

萬衆臨越則越殺王降漢如反覆手耳於是尉
他迺蹶然起坐索隱曰蘇林音厥禮記子夏蹶然而起埤蒼云蹶起也謝陸生
曰居蠻夷中久殊失禮義因問陸生曰我孰與
蕭何曹參韓信賢陸生曰王似賢復曰我孰與
皇帝賢陸生曰皇帝起豐沛討暴秦誅彊楚為
天下興利除害繼五帝三皇之業統理中國中
國之人以億計地方萬里居天下之膏腴人衆
車轝萬物殷富政由一家自天地剖泮未始有
也今王衆不過數十萬皆蠻夷崎嶇山海閒譬
若漢一郡王何迺比於漢尉他大笑曰吾不起

中國故王此使我居中國何渠不若漢渠音詎○索隱曰漢
書作遽字小顏以為有何迫遽而不如漢也迺大說陸生留與飲數月曰
越中無足與語至生來令我日聞所不聞賜陸
生橐中裝直千金張晏曰珠玉之寶也裝裹也○索隱曰橐音托案如淳云以為明月珠之
屬又案詩傳曰大曰橐小曰囊埤蒼云有底曰囊無底曰橐謂以寶物裝裹以入囊橐也他送亦千
金蘇林曰非橐中物故曰他送也陸生卒拜尉他為越王令稱臣
奉漢約歸報高祖大悅拜賈為太中大夫陸生
時時前說稱詩書高帝罵之曰迺公居馬上而
得之安事詩書陸生曰居馬上得之寧可以馬
上治之乎且湯武逆取而以順守之文武並用

長久之術也昔者吳王夫差智伯極武而亡秦任刑法不變卒滅趙氏趙氏秦姓也○索隱曰案韋昭云秦伯翳後與趙同出非廉造父有功周繆王封之趙由此一姓趙氏鄉使秦已并天下行仁義法先聖陛下安得而有之高帝不懌而有慙色廼謂陸生曰試為我著秦所以失天下吾所以得之者何及古成敗之國陸生廼粗述存亡之徵凡著十二篇每奏一篇高帝未嘗不稱善左右呼萬歲號其書曰新語正義曰七錄云新語二卷陸賈撰也孝惠帝時呂太后用事欲王諸呂畏大臣有口者陸生自度不能爭之廼病免家居以好畤田地善正義曰畤音止雍州縣也可以家焉有五男廼出所使越得橐中裝賣千金正義曰漢制一金直千貫分其子子二百金令為生產陸生常安車駟馬從歌舞鼓琴瑟侍者十人寶劒直百金謂其子曰與汝約徐廣曰汝一作公過汝汝給吾人馬酒食極欲十日而更所死家得寶劒車騎侍從者一歲中往來過他客率不過再三過索隱曰率音律過音戈其下過字音光卧反數見不鮮索隱曰音朔數見謂時時來見汝也不鮮言必令鮮美作食莫令見不鮮之物也漢書作數擊鮮如淳云新殺曰鮮也無久慁公為也韋昭曰慁汙辱○索隱曰慁患也公賈自謂也言汝諸子無久厭患公也呂太后時王諸呂諸呂擅權欲劫少主危劉氏右丞相陳

平患之力不能爭恐禍及己常燕居深念陸生往請漢書音義曰請若問起居直入坐而陳丞相方深念不時見陸生索隱曰深念深思之也陸生曰何念之深也陳平曰生揣我何念孟康曰揣度也韋昭曰揣音初委反陸生曰足下位為上相食三萬戶矦索隱曰案陳平傳食戶五千以曲逆秦時有三萬戶恐復業至此故稱也可謂極富貴無欲矣然有憂念不過患諸呂少主耳陳平曰然為之奈何陸生曰天下安注意相天下危注意將將相和調則士務附士務附徐廣曰務一作騖天下雖有變即權不分為社稷計在兩君掌握耳臣常欲謂太尉絳矦絳矦與我戲易吾言君何不交驩太尉深相結為陳平畫呂氏數事陳平用其計廼以五百金為絳矦壽厚具樂飲太尉亦報如之此兩人深相結則呂氏謀益衰陳平廼以奴婢百人車馬五十乘錢五百萬遺陸生為飲食費陸生以此游漢廷公卿閒名聲藉甚漢書音義曰言狼藉甚盛及誅諸呂立孝文帝陸生頗有力焉孝文帝即位欲使人之南越陳丞相等乃言陸生為太中大夫往使尉他令尉他去黃屋稱制令比諸矦皆如意旨語在南越語中陸生竟以壽終

平原君朱建者楚人也故嘗為淮南王黥布相有罪去後復事黥布布欲反時問平原君平原君止之布不聽而聽梁父侯遂反（索隱曰梁父侯史失名如淳注漢書云遂布臣非也臣瓚曰布不用梁父侯計遂反耳其說是也）漢已誅布聞平原君諫不與謀（正義曰上音預）得不誅語在黥布語中（黥布列傳無此語）平原君為人辯有口刻廉剛直家於長安行不苟合義不取容辟陽侯行不正得幸呂太后時辟陽侯欲知平原君平原君不肯見及平原君母死陸生素與平原君善過之平原君家貧未有以發喪（索隱曰案劉氏云謂欲葬時須啓發殯宮故云發喪也）方假貸

服具陸生令平原君發喪陸生往見辟陽侯賀曰平原君母死辟陽侯曰平原君母死何乃賀我乎陸賈曰前日君侯欲知平原君平原君義不知君以其母故（張晏曰相知當同恤災危母在故義不知君○索隱曰案崔浩云建以母在義不以身許人也）今其母死君誠厚送喪則彼為君死矣辟陽侯乃奉百金往稅（韋昭曰衣服曰稅稅當為襚○索隱曰案說文稅贈終服也襚音式芮反亦音遂）列侯貴人以辟陽侯故往稅凡五百金辟陽侯幸呂太后人或毀辟陽侯於孝惠帝孝惠帝大怒下吏欲誅之呂太后慚不可以言大臣多害辟陽侯行欲遂誅之辟陽侯急因使

人欲見平原君平原君辭曰獄急不敢見君迺求見孝惠幸臣閎籍孺（索隱曰按佞幸傳云高祖時有籍孺孝惠時有閎孺今總言閎籍孺誤也）說之曰君所以得幸帝天下莫不聞今辟陽侯幸太后而下吏道路皆言君讒欲殺之今日辟陽侯誅旦日太后含怒亦誅君何不肉袒為辟陽侯言於帝帝聽君出辟陽侯太后大驩兩主共幸君君貴富益倍矣於是閎籍孺大恐從其計言帝果出辟陽侯辟陽侯之囚欲見平原君平原君不見辟陽侯辟陽侯以為倍己大怒及其成功出之迺大驚呂太后崩大臣誅

諸呂辟陽侯於諸呂至深（如淳曰辟陽侯與諸呂相親信也為罪宜誅者至深○索隱曰如淳之說非也案小顏云直言辟陽侯與諸呂相知情義至深重得其理也）而卒不誅計畫所以全者皆陸生平原君之力也孝文帝時淮南厲王殺辟陽侯以諸呂故文帝聞其客平原君為計策使吏捕欲治聞吏至門平原君欲自殺諸子及吏皆曰事未可知何早自殺為平原君曰我死禍絕不及而身矣遂自剄孝文帝聞而惜之曰吾無意殺之迺召其子拜為中大夫（索隱曰案下文所謂與太史公善者）使匈奴單于無禮迺罵單于遂死匈奴中初沛公引兵過陳留酈生踵軍

門上謁曰高陽賤民酈食其竊聞沛公暴露將兵助楚不義敬勞從者願得望見口畫天下便事使者入通沛公方洗問使者曰何如人也使者對曰狀貌類大儒衣儒衣冠側注（徐廣曰側注冠一名高山冠齊王所服以賜謁者）沛公曰為我謝之言我方以天下為事未暇見儒人也使者出謝曰沛公敬謝先生方以天下為事未暇見儒人也酈生瞋目案劍叱使者曰走復入言沛公吾高陽酒徒也（徐廣曰一本言而公高陽酒徒）非儒人也使者懼而失謁跪拾謁還走復入報曰客天下壯士也叱臣臣恐至失謁曰

走復入言而公高陽酒徒也沛公遽雪足杖矛曰延客入酈生入揖沛公曰足下甚苦暴衣露冠將兵助楚討不義足下何不自喜也臣願以事見而曰吾方以天下為事未暇見儒人也夫足下欲興天下之大事而成天下之大功而以目皮相恐失天下之能士且吾度足下之智不如吾勇又不如吾若欲就天下而不相見竊為足下失之沛公謝曰鄉者聞先生之容今見先生之意矣迺延而坐之問所以取天下者酈生曰夫足下欲成大功不如止陳留陳留者天下

之據衝也兵之會地也積粟數千萬石城守甚堅臣素善其令願為足下說之不聽臣臣請為足下殺之而下陳留足下將陳留之衆據陳留之城而食其積粟招天下之從兵從兵已成足下橫行天下莫能有害足下者矣沛公曰敬聞命矣於是酈生迺夜見陳留令說之曰夫秦為無道而天下畔之今足下與天下從則可以成大功今獨為亡秦嬰城而堅守臣竊為足下危之陳留令曰秦法至重也不可以妄言妄言者無類吾不可以應先生所以教臣者非臣之意

也願勿復道酈生留宿臥夜半時斬陳留令首踰城而下報沛公沛公引兵攻城縣令首於長竿以示城上人曰趣下而令頭已斷矣今後下者必先斬之於是陳留人見令已死遂相率而下沛公沛公舍陳留南城門上因其庫兵食積粟留出入三月從兵以萬數遂入破秦

太史公曰世之傳酈生書多曰漢王已拔三秦東擊項籍而引軍於鞏洛之間酈生被儒衣往說漢王迺非也自沛公未入關與項羽別而至高陽得酈生兄弟余讀陸生新語書十二篇固

當世之辯士至平原君子與余善是以得具論之

索隱述贊曰　廣野大度　始官側注　踵門長揖　深器重遇　說齊歷下　趣鼎何懼　陸賈使越　尉他慴怖　相說國安　書成主悟

酈生陸賈列傳第三十七　史記九十七

傅靳蒯成列傳第三十八　史記九十八

陽陵侯地理志云馮翊陽陵縣傅寬以魏五大夫騎將從爲舍人起橫陽索隱曰按橫陽邑名在韓韓公子成初封橫陽君張良立爲韓王也○正義曰括地志云故橫城在宋州宋城縣西南三十里按蓋橫陽也從攻安陽正義曰後魏地形志云已氏有安陽城隋改已氏爲楚丘今宋州楚丘縣西四十里安陽故城是也杠里擊趙賁軍於開封及擊楊熊曲遇正義曰曲丘羽反遇牛恭反司馬彪郡國志云中牟有曲遇聚按鄭州中牟縣也陽武正義曰鄭州縣也斬首十二級賜爵卿從至霸上沛公立爲漢王漢王賜寬封號共德君索隱曰謂美號耳非地邑共音恭從入漢中遷爲右騎將從定三秦賜食邑雕陰徐廣曰屬上郡○索隱曰案孟康云縣名也○正義曰鄜州洛交縣三十里雕陰故城是也從擊項籍待懷服虔曰待高帝於懷○索隱曰小顏案地理志懷屬河內今懷州也賜爵通德侯從擊項冠周蘭龍且所將卒斬騎將一人敖下徐廣曰敖倉之下益食邑屬淮陰索隱曰張晏云信時爲將云淮陰者終言之也擊破齊歷下軍擊田解屬相國參殘博索隱曰博太山縣也顏秘監云屬曹參以殘破博縣也益食邑因定齊地剖符世世勿絕封爲陽陵侯二千六百戶除前所食爲齊右丞相備齊張晏曰時田橫未降故設屯備○正義曰按爲齊王韓信相五歲爲齊相國正義曰爲齊悼惠王劉肥相五歲也四月擊陳豨屬太尉勃以相國代丞相噲擊豨一月徙爲代相國將屯如淳曰既爲相國有警則將卒而屯守也案律謂勒兵而守曰屯○索隱曰如淳云

漢初諸王官屬如漢朝故代有丞相案孔文祥云邊境有屯兵寬爲代相國兼領屯後因置將屯將軍也二歲
爲代丞相將屯孝惠五年卒謚爲景侯子須侯
精立二十四年卒子共侯則立十二年卒子侯
偃立二十一年坐與淮南王謀反死國除
信武侯靳歙索隱曰歙音翕以中涓從起宛朐正義曰上於元反下
求俱反曹州縣也攻濟陽正義曰曹州宛朐縣西南三十五里濟陽故城破李由軍
擊秦軍亳南開封東北斬騎十人將一人徐廣曰將一作
候首五十七級捕虜七十三人賜爵封號臨平
君又戰藍田北斬車司馬二人張晏曰主官車騎長一人
張晏曰騎之長首二十八級捕虜五十七人至霸上沛公

立爲漢王賜歙爵建武侯遷爲騎都尉從定三
秦別西擊章平軍於隴西破之定隴西六縣所
將卒斬車司馬候各四人騎長十二人從東擊
楚至彭城漢軍敗還保雍丘去擊反者王武等
略梁地別將擊邢說軍張晏曰特起兵者也說音悅○索隱曰邢姓說名菑
南徐廣曰今曰考城○索隱曰菑音災今爲考城屬濟陰也破之身得說都尉二
人司馬候十二人降吏卒四千六百八十人破
楚軍滎陽東三年賜食邑四千二百戶別之河
內擊趙將賁郝上音肥下音釋○索隱曰漢書作趙賁軍案此在河北非曹參樊噲之所擊也
軍朝歌破之所將卒得騎將二人車馬二百五

傅靳蒯成傳

十匹從攻安陽以東至棘蒲下七縣別攻破趙
軍得其將司馬二人候四人降吏卒二千四百
人從攻下邯鄲別下平陽徐廣曰鄴有平陽城○正義曰括地志云平陽故城
在相州臨漳縣西二十五里身斬守相所將卒斬兵守郡守各
一人孟康曰將兵郡守降鄴從攻朝歌邯鄲及別擊破
趙軍降邯鄲郡六縣徐廣曰邯鄲高帝改曰趙國還軍敖倉破
項籍軍成皐南擊絕楚饟道起滎陽至襄邑破
項冠軍魯下正義曰魯城之下今兗州曲阜縣也略地東至繒郯下
邳索隱曰案地理志繒屬東海○正義曰今繒城在沂州丞縣下邳泗水縣郯縣屬海州南至蘄
竹邑索隱曰二邑名蘄在沛音機竹即竹邑擊項悍濟陽下還擊項

籍陳下破之別定江陵降江陵柱國大司馬以
下八人身得江陵王索隱曰案孔文祥云共敖子共尉生致之雒陽
因定南郡從至陳取楚王信剖符世世勿絕定
食四千六百戶號信武侯以騎都尉從擊代攻
韓信平城下還軍東垣有功遷爲車騎將軍并
將梁趙齊燕楚車騎別擊陳豨丞相敞破之索隱
曰小顏云侯敞也因降曲逆從擊黥布有功益封定食五
千三百戶凡斬首九十級虜百三十二人別破
軍十四降城五十九定郡國各一縣二十三得
王柱國各一人二千石以下至五百石徐廣曰一本無此五

字三十九人高后五年歙卒謚爲肅侯子亭代侯二十一年坐事國人過律 索隱曰案劉氏云事役使也謂使人違律數多 也 孝文後三年奪侯國除

蒯成侯緤者 服虔曰蒯音菅蒯之蒯○索隱曰姓周名緤音薛蒯者鄉名案三倉云蒯鄉在城父縣音裴漢書作蒯從崩從邑今書本並作菅蒯音奸非也蘇林音簿催反晉灼案功臣表屬長沙崔浩音簿壞反楚漢春秋作馮成侯則裴馮聲相近此得其實也○正義曰括地志云蒯亭在河南西十四里苑中輿地志云蒯成縣故陳倉縣之故鄉聚名也周緤所封也晉武帝咸寧四年分陳倉立蒯城縣屬始平郡也 沛人也姓周氏常爲高祖參乘以舍人從起沛至霸上西入蜀漢還定三秦食邑池陽 正義曰雍州涇陽縣西北三里池陽故城是也 東絕甬道從出度平陰遇淮陰侯兵襄國軍乍利乍不利終無離上心 徐廣曰蒯成侯表云遇淮陰侯軍襄國楚漢約分鴻溝以緤爲信武侯戰不利不敢離上 以緤爲信武侯食邑三千三百戶高祖十二年以緤爲蒯成侯除前所食邑上欲自擊陳豨蒯成侯泣曰始秦攻破天下未嘗自行今上常自行是爲無人可使者乎上以爲愛我賜入殿門不趨殺人不死至孝文五年緤以壽終謚爲貞侯 正義曰謚爲尊侯一作卓 子昌代侯有罪國除至孝景中二年封緤子居代侯 徐廣曰表云孝景中元年封緤子應爲鄲侯謚康中二年侯居立沛郡有鄲縣鄲一作鄲○索隱曰鄲蘇林音多屬陳國地理志云沛郡有多縣案此文云子居表云子應不同者 至元鼎三年居爲太常有罪國除

太史公曰陽陵侯傅寬信武侯靳歙皆高爵 徐廣曰一無高字又一本皆從高祖 從高祖起山東攻項籍誅殺名將破軍降城以十數未嘗困辱此亦天授也蒯成侯周緤操心堅正 索隱曰操音倉高反 身不見疑上欲有所之未嘗不垂涕此有傷心者 徐廣曰此一作比 然可謂篤厚君子矣

索隱述贊曰

陽陵信武　結髮從漢　動叶人謀
功實天贊　定齊破項　我軍常冠
蒯成委質　夷險不亂　主上稱忠
人臣扼腕

傅靳蒯成列傳第三十八　　史記九十八

劉敬叔孫通列傳第三十九　史記九十九

劉敬者齊人也索隱曰敬本姓婁漢書作婁敬漢五年戍隴西過洛陽高帝在焉婁敬脫輓輅蘇林曰一木橫鹿車前一人推之孟康曰輅音胡格反輓音晚○索隱曰輓者牽也輅者鹿車前橫木二人前輓一人後推之衣其羊裘見齊人虞將軍曰臣願見上言便事虞將軍欲與之鮮衣索隱曰上音仙鮮衣美服也婁敬曰臣衣帛衣帛見衣褐衣褐見終不敢易衣於是虞將軍入言上上召入見賜食已而問婁敬婁敬說曰陛下都洛陽豈欲與周室比隆哉上曰然婁敬曰陛下取天下與周室異周之先自后稷堯封之邰正義曰邰音胎雍州武功縣西南二十三里故犛城是也說文云邰炎帝之後姜姓所封國弃外家也毛萇云邰姜嫄國堯見天因邰而生后稷故因封於邰也積德累善十有餘世公劉避桀居豳太王以狄伐故去豳杖馬箠居岐張晏曰言馬箠示約國人爭隨之及文王為西伯斷虞芮之訟始受命呂望伯夷自海濱來歸之正義曰呂望宅及廟在蘇州海鹽縣西也伯夷孤竹國在平州皆濱東海也武王伐紂不期而會孟津之上八百諸侯皆曰紂可伐矣遂滅殷成王即位周公之屬傅相焉迺營成周洛邑正義曰括地志云故王城一名河南城本郟鄏周公所築在洛州河南縣北九里苑中東北隅帝王紀云武王伐紂營洛邑而定鼎焉按此即營都城也書云乃營成周括地志云洛陽故城在洛州洛陽城東二十六里周公所築即成周城也尚書曰成周既成遷殷頑民帝王世紀云居鄁鄘之衆按劉敬說周之美豈言居頑民之所以此而論漢書非也以此為天下之中也諸侯四方納貢職道里均矣有德則易以王無德則易以亡凡居此者欲令周務以德致人不欲依阻險令後世驕奢以虐民也及周之盛時天下和洽四夷鄉風慕義懷德附離而並事天子莊子曰附離不以膠漆也○索隱曰案謂使離者相附也不屯一卒不戰一士八夷大國之民莫不賓服效其貢職及周之衰也分而為兩正義曰公羊傳云東周者何成周也西周者何王城也按周自平王東遷以下十二王皆都王城至敬王乃遷都成周王赧又居王城也天下莫朝周不能制也非其德薄也而形勢弱也今陛下起豐擊沛收卒三千人以之徑往而卷蜀漢定三秦與項羽戰滎陽爭成皋之口大戰七十小戰四十使天下之民肝腦塗地父子暴骨中野不可勝數哭泣之聲未絕傷痍者未起而欲比隆於成康之時臣竊以為不侔也且夫秦地被山帶河四塞以為固卒然有急百萬之衆可具也因秦之故資甚美膏腴之地此所謂天府者也索隱曰案戰國策蘇秦說惠王曰大王之國地勢形便此所謂天府高誘注云府聚也陛下入關而都之山東雖亂秦之故地可全而有也夫與人鬬不搤其肮張晏曰肮喉嚨也○索隱曰搤音厄肮音胡浪反一音胡剛反蘇林以為肮頸大脈俗所謂胡脈也拊其背未

劉敬叔孫通傳

能全其勝也今陛下入關而都案秦之故地此亦搤天下之亢而拊其背也高帝問羣臣羣臣皆山東人爭言周王數百年秦二世即亡不如都周上疑未能決及留侯明言入關便即日車駕西都關中索隱曰案謂即日西都之計定也於是上曰本言都秦地者婁敬婁者乃劉也賜姓劉氏拜爲郎中號爲奉春君索隱曰按張晏云春爲歲之始以其首謀都關中故號奉春君漢七年韓王信反高帝自往擊之至晉陽聞信與匈奴欲共擊漢上大怒使人使匈奴匈奴匿其壯士肥牛馬但見老弱及羸畜正義曰上力爲反下許又反也使者十輩

來皆言匈奴可擊上使劉敬復往使匈奴還報曰兩國相擊此宜夸矜見所長韋昭曰夸張矜大也今臣往徒見羸瘠老弱索隱曰羸力爲反瘠音稷瘠瘦也漢書作胔音漬胔肉也恐非此必欲見短伏奇兵以爭利愚以爲匈奴不可擊也是時漢兵已踰句注正義曰句注山在代州鴈門縣西北三十里二十餘萬兵已業行上怒罵劉敬曰齊虜以口舌得官今迺妄言沮吾軍索隱曰沮音才敘反詩傳曰沮止也壞也械繫敬廣武索隱曰地理志縣名屬鴈門。正義曰廣武故縣在句注山南也遂往至平城匈奴果出奇兵圍高帝白登七日然後得解高帝至廣武赦敬曰吾不用公言以困平城吾皆以

斬前使十輩言可擊者矣迺封敬二千戶爲關內侯號爲建信侯高帝罷平城歸韓王信亡入胡當是時冒頓爲單于兵彊控弦三十萬應劭曰控引數苦北邊上患之問劉敬劉敬曰天下初定士卒罷於兵未可以武服也冒頓殺父代立妻羣母以力爲威未可以仁義說也獨可以計久遠子孫爲臣耳然恐陛下不能爲上曰誠可何爲不能顧爲奈何劉敬對曰陛下誠能以適長公主妻之厚奉遺之彼知漢適女送厚蠻夷必慕以爲閼氏生子必爲太子代單于何者貪漢重

幣陛下以歲時漢所餘彼所鮮數問遺因使辯士風諭以禮節冒頓在固爲子壻死則外孫爲單于豈嘗聞外孫敢與大父抗禮者哉兵可無戰以漸臣也若陛下不能遣長公主而令宗室及後宮詐稱公主彼亦知不肯貴近無益也高帝曰善欲遣長公主呂后日夜泣曰妾唯太子一女柰何棄之匈奴上竟不能遣長公主而取家人子名爲長公主妻單于使劉敬往結和親約劉敬從匈奴來因言匈奴河南白羊樓煩王張晏曰白羊匈奴國名○索隱曰案張晏云白羊國名二者並在河南河南者案在朔方之河南舊並匈奴地也今亦謂

新秦中去長安近者七百里輕騎一日一夜可以至秦中秦中新破少民地肥饒可益實夫諸侯初起時非齊諸田楚昭屈景莫能興今陛下雖都關中實少人北近胡寇東有六國之族宗彊一日有變陛下亦未得高枕而卧也臣願陛下徙齊諸田楚昭屈景燕趙韓魏後及豪桀名家居關中無事可以備胡諸侯有變亦足率以東伐此彊本弱末之術也上曰善廼使劉敬從所言關中十餘萬口索隱曰案小顏云今高陵櫟陽諸田華陰好畤諸景及三輔諸屈諸懷尚多皆此時所徙也

史三百十二 注八十

叔孫通者薛人也晉灼曰楚漢春秋名何索隱曰薛縣名屬魯國秦時以文學徵待詔博士數歲陳勝起山東使者以聞二世召博士諸儒生問曰楚戍卒攻蘄入陳於公如何博士諸生三十餘人前曰人臣無將將即反罪死無赦瓚曰將謂逆亂也公羊傳曰君親無將將而必誅願陛下急發兵擊之二世怒作色叔孫通前曰諸生言皆非也夫天下合為一家毀郡縣城鑠其兵示天下不復用且明主在其上法令具於下使人人奉職四方輻輳安敢有反者此特羣盜鼠竊狗盜耳何足置之齒牙閒郡守尉今捕論何足憂

二世喜曰善盡問諸生諸生或言反或言盜於是二世令御史案諸生言反者下吏非所宜言諸言盜者皆罷之廼賜叔孫通帛二十匹衣一襲索隱曰案國語謂之一稱賈逵案禮記袍必有表不單衣必有裳謂之一稱杜預云衣單複具云稱也拜為博士叔孫通已出宮反舍諸生曰先生何言之諛也通曰公不知也我幾不脫於虎口正義曰幾音祈廼亡去之薛薛已降楚矣及項梁之薛叔孫通從之敗於定陶從懷王懷王為義帝徙長沙叔孫通留事項王漢二年漢王從五諸侯入彭城叔孫通降漢王漢王敗而西因竟從漢叔孫通

儒服漢王憎之廼變其服服短衣楚製索隱曰案孔文祥云短衣便事非儒者衣服高祖楚人故從其俗裁製漢王喜叔孫通之降漢從儒生弟子百餘人然通無所言進專言諸故羣盜壯士進之弟子皆竊罵曰事先生數歲幸得從降漢今不能進臣等專言大猾何也索隱曰案類集云大猾狡猾也音滑叔孫通聞之廼謂曰漢王方蒙矢石爭天下漢書音義曰謂發石以投人諸生寧能鬬乎故先言斬將搴旗之士張晏曰搴拔也瓚曰拔取曰搴楚辭曰朝搴阰之木蘭○索隱曰搴音起焉反又巳勉反案方言云南方取物云搴許慎云搴取也王逸云阰山名又案埤蒼云山在楚音毗諸生且待我我不忘矣漢王拜叔孫通為博士號稷嗣君徐廣

曰蓋言其德業足以繼蹤齊稷下之風流也駰案漢書音義曰稷嗣邑名漢五年已并天下
諸侯共尊漢王爲皇帝於定陶叔孫通就其儀
號高帝悉去秦苛儀法爲簡易羣臣飲酒爭功
醉或妄呼拔劒擊柱高帝患之叔孫通知上益
厭之也說上曰夫儒者難與進取可與守成臣
願徵魯諸生與臣弟子共起朝儀高帝曰得無
難乎叔孫通曰五帝異樂三王不同禮禮者因
時世人情爲之節文者也故夏殷周之禮所因
損益可知者謂不相復也臣願頗采古禮與秦
儀雜就之上曰可試爲之令易知度吾所能行

爲之於是叔孫通使徵魯諸生三十餘人魯有
兩生不肯行曰公所事者且十主皆面諛以得
親貴今天下初定死者未葬傷者未起又欲起
禮樂禮樂所由起積德百年而後可興也吾不
忍爲公所爲公所爲不合古吾不行公往矣無
汙我叔孫通笑曰若眞鄙儒也不知時變遂與
所徵三十人西及上左右爲學者與其弟子百
餘人爲綿蕞徐廣曰表位標準音子外反駰案如淳曰置設綿索爲習肄處蕞謂以茅翦樹地爲
纂位春秋傳曰置茅蕝也○索隱曰韋昭云引繩爲綿立表爲蕞音茲會反賈逵云束茅以表位爲蕝又纂文云蕝今之
纂字包愷音即悅反又音纂野外習之月餘叔孫通曰上可試

觀上既觀使行禮曰吾能爲此迺令羣臣習肄
索隱曰肄亦習也音異會十月漢七年長樂宮成諸侯羣臣
皆朝十月索隱曰小顏云漢以十月爲正故行朝歲之禮史家追書十月也案諸書並云十月爲歲首不
言以十月爲正月古今注亦云羣臣始朝十月也儀先平明謁者治禮引以
次入殿門廷中陳車騎步卒衛宮設兵張旗志
徐廣曰一作幟傳言趨索隱曰案小顏傳聲教入者皆令趨趨疾行致敬也殿下郎中俠
陛陛數百人功臣列侯諸將軍軍吏以次陳西
方東鄉文官丞相以下陳東方西鄉大行設九
賓臚句傳漢書音義曰傳從上下爲臚○索隱曰蘇林云上傳語告下爲臚下傳語告上爲句臚猶行者
矣韋昭云大行掌賓客之禮今謂之鴻臚也九賓則周禮九儀也謂公侯伯子男孤卿大夫士也漢依此以爲臚傳以次

傳令上也向秀注莊子云從上語下爲臚音閭句音九注反於是皇帝輦出房百
官執職傳警徐廣曰一作幟○索隱曰案輿服志云殷周以輦載軍器職載麴豢至秦始去其輪
而輿爲尊也職音幟傳警者漢儀云帝輦動則左右侍帷幄者稱警是也引諸侯王以下至
吏六百石以次奉賀自諸侯王以下莫不振恐
肅敬至禮畢復置法酒文穎曰作酒令法也蘇林曰常會須天子中起更衣然後
入置酒矣○索隱曰姚氏云進止有禮也古人飲酒不過三爵君臣百拜終日宴不爲亂也諸侍坐殿
上皆伏抑首如淳曰抑屈以尊卑次起上壽觴九行謁
者言罷酒御史執法舉不如儀者輒引去竟朝
置酒無敢讙譁失禮者於是高帝曰吾迺今日
知爲皇帝之貴也迺拜叔孫通爲太常賜金五

百斤叔孫通因進曰諸弟子儒生隨臣久矣與
臣共爲儀願陛下官之高帝悉以爲郎叔孫通
出皆以五百斤金賜諸生諸生迺皆喜曰叔孫
生誠聖人也知當世之要務漢九年高帝徙叔
孫通爲太子太傅漢十二年高祖欲以趙王如
意易太子叔孫通諫上曰昔者晉獻公以驪姬
之故廢太子立奚齊晉國亂者數十年爲天下
笑秦以不早定扶蘇令趙高得以詐立胡亥自
使滅祀此陛下所親見今太子仁孝天下皆聞
之呂后與陛下攻苦食啖徐廣曰攻猶今人言擊也啖一作淡駰案如淳曰食

無菜茹爲啖○索隱曰案孔文祥云與帝共攻冒苦難俱食淡也案說文云淡薄味也音唐敢反其可背
哉陛下必欲廢適而立少臣願先伏誅以頸血
汙地索隱曰楚漢春秋叔孫何云臣三諫不從請以身當之撫劒將自殺上離席云吾聽子計不易太子高
帝曰公罷矣吾直戲耳叔孫通曰太子天下本
本一搖天下振動奈何以天下爲戲高帝曰吾
聽公言及上置酒見留侯所招客從太子入見
上迺遂無易太子志矣高帝崩孝惠即位迺謂
叔孫生曰先帝園陵寢廟羣臣莫能習徙爲太
常定宗廟儀法及稍定漢諸儀法皆叔孫生爲
太常所論著也孝惠帝爲東朝長樂宮關中記曰長樂

宮本秦之興樂宮也漢太后常居之及閒往來數蹕煩人索隱曰韋昭云蹕止人行
也長樂未央宮東相去稍遠閒往謂非時也中閒往來清道煩人也迺作複道方築武庫
南韋昭曰閣道也如淳曰作複道方始築武庫南叔孫生奏事因請閒曰
陛下何自築複道高寢衣冠月出游高廟高廟
漢太祖奈何令後世子孫乘宗廟道上行哉應劭
曰月出高帝衣冠備法駕名曰游衣冠如淳曰三輔黃圖高寢在高廟西高祖衣冠藏在高寢月出游於高廟其道值所
作複道故言乘宗廟道上行孝惠帝大懼曰急壞之叔孫生曰
人主無過舉索隱曰案謂舉動有過也左傳云君舉必書今已作百姓
皆知之今壞此則示有過舉願陛下爲原廟渭
北衣冠月出游之益廣多宗廟大孝之本也上

迺詔有司立原廟原廟起以複道故孝惠帝曾
春出游離宮叔孫生曰古者有春嘗果方今櫻
桃孰可獻索隱曰案呂氏春秋仲春羞以含桃先薦寢廟高誘云進含桃也鸎鳥所含故曰含桃今之朱
櫻即是也願陛下出因取櫻桃獻宗廟上迺許之諸
果獻由此興
太史公曰語曰千金之裘非一狐之腋也臺榭
之榱非一木之枝三代之際非一士之智也信
哉夫高祖起微細定海內謀計用兵可謂盡之
矣然而劉敬脫輓輅一說建萬世之安智豈可
專邪叔孫通希世度務制禮進退與時變化卒

爲漢家儒宗大直若詘索隱曰音屈道固委蛇索隱曰音移蓋謂是乎

索隱述贊曰

厦籍衆幹　裘非一狐　委輅獻說
緜蕝陳書　皇帝始貴　車駕西都
旣安太子　又和匈奴　奉春稷嗣
其功可圖

劉敬叔孫通列傳第三十九　史記九十九

季布欒布列傳第四十　史記一百

季布者楚人也爲氣任俠孟康曰信交道曰任如淳曰相與信爲任同是非爲俠所謂權行州里力折公侯者也或曰任氣力也俠甹也○索隱曰任而禁反俠音協如淳說爲近甹音普名反其義難喻有名於楚項籍使將兵數窘漢王如淳曰窘困也及項羽滅高祖購求布千金敢有舍匿罪及三族季布匿濮陽周氏周氏曰漢購將軍急迹且至臣家將軍能聽臣臣敢獻計即不能願先自剄季布許之迺髡鉗季布衣褐衣置廣柳車中服虔曰東郡謂廣轍車爲柳鄧展曰皆棺飾也載以喪車欲人不知也李奇曰大牛車也車上覆爲柳瓚曰茂陵書中有廣柳車每縣數百乘是今運轉大車是也○索隱曰案服虔臣瓚所據則是大車任載運者名廣柳車然則柳爲車通名鄧展所說事義相協最爲通允故礼曰設柳翣爲使人勿惡也鄭玄注周礼云柳聚也諸色所聚則是喪車稱柳故後人通謂車爲柳也并與其家僮數十人之魯朱家所賣之朱家心知是季布迺買而置之田誡其子曰田事聽此奴必與同食朱家迺乘軺車徐廣曰馬車也○索隱曰案謂輕車一馬車也之洛陽見汝陰侯滕公滕公留朱家飲數日因謂滕公曰季布何大罪而上求之急也滕公曰布數爲項羽窘上上怨之故必欲得之朱家曰君視季布何如人也曰賢者也朱家曰臣各爲其主用季布爲項籍用職耳項氏臣可盡誅邪今上始得天下獨以己之私怨求一人何示天

下之不廣也且以季布之賢而漢求之急如此此不北走胡即南走越耳夫忌壯士以資敵國此伍子胥所以鞭荆平王之墓也君何不從容為上言邪汝陰侯滕公心知朱家大俠意季布匿其所廼許曰諾待閒果言如朱家指上廼赦季布當是時諸公皆多季布能摧剛為柔朱家亦以此名聞當世季布召見謝上拜為郎中孝惠時為中郎將單于嘗為書嫚呂后不遜呂后大怒召諸將議之上將軍樊噲曰臣願得十萬衆橫行匈奴中諸將皆阿呂后意曰然季布曰

樊噲可斬也夫高帝將兵四十餘萬衆困於平城今噲奈何以十萬衆橫行匈奴中面欺且秦以事於胡陳勝等起于今創痍未瘳噲又面諛欲搖動天下是時殿上皆恐太后罷朝遂不復議擊匈奴事季布為河東守孝文時人有言其賢者孝文召欲以為御史大夫復有言其勇使酒難近 索隱曰使音如字近音其靳反因酒縱性謂之使酒即酗酒也 至留邸一月見罷季布因進曰臣無功竊寵待罪河東 索隱曰季布言已無功能竊承恩寵得待罪河東其詞典省而文之也 陛下無故召臣此人必有以臣欺陛下者今臣至無所受事罷去

此人必有以毀臣者夫陛下以一人之譽而召臣一人之毀而去臣臣恐天下有識聞之有以闚陛下也 韋昭曰闚見陛下深淺也 上默然慙良久曰河東吾股肱郡故時召君耳布辭之官楚人曹丘生辯士數招權顧金錢 孟康曰招來也以金錢事權貴而求得其形勢以自炫燿也文穎曰事權貴也與通勢以其所有辜較請託金錢以自顧○索隱曰義如孟康文穎所說辜較音姑角○正義曰言曹丘生依倚貴人用權勢屢請數求他人顧錢貴金錢也 事貴人趙同等 徐廣曰漢書作趙談司馬遷以其父名談故改之 與竇長君善季布聞之寄書諫竇長君曰吾聞曹丘生非長者勿與通及曹丘生歸欲得書請季布 張晏曰欲使竇長君為介於布請見 竇長君曰季將軍

不說足下足下無往固請書遂行使人先發書季布果大怒待曹丘曹丘至即揖季布曰楚人諺曰得黃金百斤不如得季布一諾足下何以得此聲於梁楚閒哉且僕楚人足下亦楚人也僕游揚足下之名於天下顧不重邪何足下距僕之深也季布廼大說引入留數月為上客厚送之季布名所以益聞者曹丘揚之也季布弟季心 徐廣曰一作子 氣蓋關中遇人恭謹為任俠方數千里士皆爭為之死嘗殺人亡之吳從袁絲匿 索隱曰盎字絲 長事袁絲弟畜灌夫籍福之屬嘗為中

司馬〔如淳曰中尉之司馬○索隱曰漢書作中尉司馬〕中尉郅都不敢不加禮少年多時時竊籍其名以行〔索隱曰籍音子亦反〕當是時季心以勇布以諾著聞關中季布母弟丁公〔晉灼曰楚漢春秋云薛人名固〕爲楚將丁公爲項羽逐窘高祖彭城西短兵接高祖急顧丁公曰兩賢豈相戹哉於是丁公引兵而還漢王遂解去及項王滅丁公謁見高祖高祖以丁公徇軍中曰丁公爲項王臣不忠使項王失天下者廼丁公也遂斬丁公曰使後世爲人臣者無效丁公

欒布者梁人也始梁王彭越爲家人時嘗與布游〔索隱曰謂居家之人無官職也〕窮困賃傭於齊爲酒人保〔漢書音義曰酒家作保傭也可保信故謂之保〕數歲彭越去之巨野中爲盜而布爲人所略賣爲奴於燕爲其家主報仇燕將臧荼舉以爲都尉臧荼後爲燕王以布爲將及臧荼反漢擊燕虜布梁王彭越聞之廼言上請贖布以爲梁大夫使於齊未還漢召彭越責以謀反夷三族已而梟彭越頭於雒陽下詔曰有敢收視者輒捕之布從齊還奏事彭越頭下祠而哭之吏捕布以聞上召布罵曰若與彭越反邪吾禁人勿收若獨祠而哭之與越反明矣趣

亨之〔索隱曰趣音促亨音普盲反謂疾令趣鑊也〕方提趣湯〔徐廣曰趣一作走○索隱曰提音啼趣音娶徐廣云一作走走亦趣向之也〕布顧曰願一言而死上曰何言布曰方上之困於彭城敗滎陽成皐間項王所以遂不能西徙以彭王居梁地與漢合從苦楚也當是之時彭王一顧與楚則漢破與漢而楚破且垓下之會微彭王項氏不亡天下已定彭王剖符受封亦欲傳之萬世今陛下一徵兵於梁彭王病不行而陛下疑以爲反反形未見以苛小〔徐廣曰小一作峭〕案誅滅之臣恐功臣人人自危也今彭王已死臣生不如死請就亨於

是上廼釋布罪拜爲都尉孝文時爲燕相至將軍布廼稱曰窮困不能辱身下志非人也富貴不能快意非賢也於是嘗有德者厚報之有怨者必以法滅之吳軍反時以軍功封俞侯〔徐廣曰擊齊有功也〕復爲燕相燕齊之閒皆爲欒布立社號曰欒公社景帝中五年薨子賁嗣爲太常犧牲不如令國除

太史公曰以項羽之氣而季布以勇顯於楚身屨典軍〔徐廣曰屨一作屢一曰覆軀案孟康曰屨蹈之也瓚曰屢數也○索隱曰案徐氏云一作覆而下云搴旗則覆軍爲是愈於屢屢之與屢覆者也〕搴旗者數矣可謂壯士然

被刑戮為人奴而不死何其下也彼必自負其材故受辱而不羞欲有所用其未足也故終為漢名將賢者誠重其死夫婢妾賤人感慨而自殺者（徐廣曰或作撽字音義同）非能勇也其計畫無復之耳（徐廣曰復一作奠）欒布哭彭越趣湯如歸者彼誠知所處（如淳曰非死者難處死者難）不自重其死雖往古烈士何以加哉

索隱述贊曰 季布季心 有聲梁楚 百金然諾 十萬致距 出守河東 股肱是與 欒布哭越 犯禁見虜 赴鼎非冤 誠知所處

季布欒布列傳第四十 史記一百

袁盎鼂錯列傳第四十一 史記一百一

袁盎者楚人也（索隱曰盎音如周禮盎齊烏浪反）字絲父故為羣盜徙處安陵高后時盎嘗為呂祿舍人及孝文帝即位盎兄噲任盎為中郎（如淳曰盎為兄所保任故得為中郎）絳侯為丞相朝罷趨出意得甚上禮之恭常自送之（徐廣曰自一作目）袁盎進曰陛下以丞相何如人上曰社稷臣盎曰絳侯所謂功臣非社稷臣社稷臣主在與在（如淳曰人主在時與共治在時之事）主亡與亡（如淳曰不以主亡而不行其政令○索隱曰如淳說為得）方呂后時諸呂用事擅相王劉氏不絕如帶是時絳侯為太尉主兵柄弗能正呂后崩大臣相與共畔諸呂太尉主兵適會其成功所謂功臣非社稷臣丞相如有驕主色陛下謙讓臣主失禮竊為陛下不取也後朝上益莊（索隱曰莊嚴也）丞相益畏已而絳侯望袁盎曰（正義曰望怨也）吾與而兄善今兒廷毀我盎遂不謝及絳侯免相之國國人上書告以為反徵繫清室（漢書作請室應劭曰請室請罪之室若今鍾下也如淳曰請室獄也若古刑於甸師氏也）宗室諸公莫敢為言唯袁盎明絳侯無罪絳侯得釋盎頗有力絳侯乃大與盎結交淮南厲王朝殺辟陽侯居處驕甚袁盎諫曰諸侯大驕必生患可適削地上弗用

淮南王益横及棘蒲侯柴武太子謀反事覺治連淮南王淮南王徵上因遷之蜀轞車傳送袁盎時爲中郎將乃諫曰陛下素驕淮南王弗稍禁以至此今又暴摧折之淮南王爲人剛如有遇霧露行道死陛下竟爲以天下之大弗能容有殺弟之名柰何上弗聽遂行之淮南王至雍病死聞上輟食哭甚哀盎入頓首請罪上曰以不用公言至此盎曰上自寛此往事豈可悔哉且陛下有高世之行者三此不足以毁名上曰吾高世行三者何事盎曰陛下居代時太后嘗

病三年陛下不交睫不解衣湯藥非陛下口所嘗弗進夫曾參以布衣猶難之今陛下親以王者脩之過曾參孝遠矣夫諸呂用事大臣專制然陛下從代乘六乘傳馳不測之淵 瓚曰大臣共誅諸呂禍福尚未可知故曰不測也 雖賁育之勇不及陛下 孟康曰孟賁夏育皆古勇者也○索隱曰尸子云孟賁水行不避蛟龍陸行不避虎兕戰國策云夏育叱呼駭三軍身死庸夫高誘曰育衛人爲中緆所殺賁音奔 陛下至代邸西向讓天子位者再南面讓天子位者三夫許由一讓而陛下五以天下讓過許由四矣且陛下遷淮南王欲以苦其志使改過有司衛不謹故病死於是上乃解曰將柰

何盎曰淮南王有三子唯在陛下耳於是文帝立其三子皆爲王盎由此名重朝廷袁盎常引大體忼慨宦者趙同 徐廣曰漢書作談字 以數幸常害袁盎袁盎患之盎兄子種爲常侍騎持節夾乘 索隱曰案漢書舊儀云持節夾乘輿車騎從者云常侍騎也 說盎曰 徐廣曰說一作謀 君與鬬廷辱之使其毁不用孝文帝出趙同參乘袁盎伏車前曰臣聞天子所與共六尺輿者皆天下豪英今漢雖乏人陛下獨柰何與刀鋸餘人載於是上笑下趙同趙同泣下車文帝從霸陵上欲西馳下峻阪袁盎騎並車擥轡上曰將軍怯邪

盎曰臣聞千金之子坐不垂堂 索隱曰案張揖云恐簷瓦墮中人或云臨堂邊垂恐墮墜也 百金之子不騎衡 徐廣曰一作行駰案服虔曰自惜身不騎衡如淳曰騎倚也衡樓殿邊欄楯也韋昭曰衡車衡○索隱曰衡木行馬也如淳云騎音於歧反韋昭云騎音奇案諸家說如淳爲長如云欄楯者案纂要云宮殿四面欄縱者云欄橫者云楯是也 聖主不乘危而徼幸今陛下騁六騑 如淳曰六馬之疾若飛 馳下峻山如有馬驚車敗陛下縱自輕柰高廟太后何上乃止上幸上林皇后愼夫人從其在禁中常同席坐及坐郎署長布席 正義曰蘇林云郎署上林中直衛之署 袁盎引卻愼夫人坐 如淳曰盎時爲中郎將天子幸署豫設供待之故得卻愼夫人坐 愼夫人怒不肯坐上亦怒起入禁中盎因前說曰臣聞尊卑

有序則上下和今陛下既已立后愼夫人乃妾妾主豈可與同坐哉且陛下幸之即厚賜之陛下所以爲愼夫人適所以禍之陛下獨不見人彘乎（張晏曰戚夫人）於是上乃說召語愼夫人愼夫人賜盎金五十斤然袁盎亦以數直諫不得久居中調爲隴西都尉（如淳曰調選）仁愛士卒士卒皆爭爲死遷爲齊相徙爲吳相辭行種謂盎曰吳王驕日久國多姦今苟欲劾治彼不上書告君即利劍刺君矣南方卑溼君能日飲毋苛時說王曰毋反而已如此幸得脫盎用種之計吳王厚

遇盎盎告歸道逢丞相申屠嘉下車拜謁丞相從車上謝袁盎袁盎還愧其吏乃之丞相舍上謁求見丞相丞相良久而見之盎因跪曰願請閒丞相曰使君所言公事之曹與長史掾議吾且奏之即私邪吾不受私語袁盎即跪說曰君爲丞相自度孰與陳平絳侯丞相曰吾不如袁盎曰善君即自謂不如夫陳平絳侯輔翼高帝定天下爲將相而誅諸呂存劉氏君乃爲材官蹶張遷爲隊率積功至淮陽守非有奇計攻城野戰之功且陛下從代來每朝郎官上書疏未

嘗不止輦受其言言不可用置之言可受采之未嘗不稱善何也則欲以致天下賢士大夫上日聞所不聞明所不知日益聖智君今自閉鉗天下之口而日益愚夫以聖主責愚相君受禍不久矣丞相乃再拜曰嘉鄙野人乃不知將軍幸教引入與坐爲上客盎素不好鼂錯鼂錯所居坐盎去盎坐錯亦去兩人未嘗同堂語及孝文帝崩孝景帝即位鼂錯爲御史大夫使吏案袁盎受吳王財物抵罪詔赦以爲庶人吳楚反聞鼂錯謂丞史曰（如淳曰百官表御史大夫有兩丞丞史丞相史也）夫袁盎

多受吳王金錢專爲蔽匿言不反今果反欲請治盎宜知計謀丞史曰事未發治之有絕（如淳曰事未發之時治之乃有所絕○索隱曰案謂有絕吳反心也）今兵西鄉治之何益且袁盎不宜有謀（如淳曰盎大臣不宜有姦謀）鼂錯猶與未決人有告袁盎者袁盎恐夜見竇嬰爲言吳所以反者願至上前口對狀竇嬰入言上上乃召袁盎入見鼂錯在前及盎請辟人賜閒錯去固恨甚袁盎具言吳所以反狀以錯故獨急斬錯以謝吳吳兵乃可罷其語具在吳事中使袁盎爲太常竇嬰爲大將軍兩人素相與善逮吳反諸陵長

者長安中賢大夫爭附兩人車隨者日數百乘及鼂錯已誅袁盎以太常使吳吳王欲使將不肯欲殺之使一都尉以五百人圍守盎軍中袁盎自其爲吳相時嘗有從史從史嘗盜愛盎侍兒（文穎曰婢也）盎知之弗泄遇之如故人有告從史言君知爾與侍者通乃亡歸袁盎驅自追之遂以侍者賜之復爲從史及袁盎使吳見守從史適爲守盎校尉司馬乃悉以其裝齎置二石醇醪會天寒士卒饑渴飲酒醉西南陬卒皆卧司馬夜引袁盎起曰君可以去矣吳王期旦日斬君盎弗信曰公何爲者司馬曰臣故爲從史盜君侍兒者盎乃驚謝曰公幸有親（文穎曰言汝有親老）吾不足以累公司馬曰君第去臣亦且亡避吾親（如淳曰藏匿吾親不使遇害也○索隱曰案張晏云辟隱也言自隱辟我親不罹遇禍也）君何患乃以刀決張道（如淳曰決開當所從亡者之道張音帳○索隱曰案帳軍幕也決之以出也）從醉卒直隧出司馬與分背袁盎解節毛懷之（如淳曰不欲令人見也）杖步行七八里明見梁騎騎馳去（文穎曰梁騎擊吳楚者也或曰得梁馬馳去也）遂歸報吳楚已破上更以元王子平陸侯禮爲楚王袁盎爲楚相嘗上書有所言不用袁盎病免居家與閭里浮沈相隨行鬭雞走狗雒陽

劇孟嘗過袁盎盎善待之安陵富人有謂盎曰吾聞劇孟博徒（如淳曰博盪之徒或曰博戲之徒）將軍何自通之盎曰劇孟雖博徒然母死客送葬車千餘乘此亦有過人者且緩急人所有夫一旦有急叩門不以親爲解（張晏曰不語云親不聽也瓚曰凡人之於赴難濟危多以有父母爲解而孟兼行之○索隱曰案謂不以親爲辭也今此云解者亦謂不以親在而自解）不以存亡爲辭天下所望者獨季心劇孟耳今公常從數騎（徐廣曰常一作詳）一旦有緩急寧足恃乎罵富人弗與通諸公聞之皆多袁盎袁盎雖家居景帝時時使人問籌策梁王欲求爲嗣袁盎進說其後語塞（索隱曰鄒氏云塞當作露路非也案以盎言不宜立弟之義其後立梁王之語塞絕也）梁王以此怨盎曾使人刺盎刺者至關中問袁盎諸君譽之皆不容口乃見袁盎曰臣受梁王金來刺君君長者不忍刺君然後刺君者十餘曹（如淳曰曹輩）備之袁盎心不樂家又多怪乃之棓生所問占（徐廣曰棓一作服翺案文穎曰棓音陪秦時賢士善術者○索隱曰韋昭云棓姓也）還梁刺客後曹輩果遮刺殺盎安陵郭門外

鼂錯者潁川人也（索隱曰上音朝錯音厝一如字讀案鼂氏出南陽今西鄂鼂氏自謂子鼂之後也）學申商刑名於軹張恢先所（徐廣曰先即先生○索隱曰軹縣人張恢先生所學申商之法）與雒陽宋孟及劉禮同師以文學

爲太常掌故應劭曰掌故百石吏主故事○索隱曰服虔云百石卒吏漢舊儀云太常博士弟子試射策中甲科補郎中乙科補掌故也錯爲人陗直刻深韋昭曰術岸高曰陗瓚曰陗峻○索隱曰按韋昭注本無術字或云術道路也陗音七笑反孝文帝時天下無治
尚書者獨聞濟南伏生故秦博士治尚書年九
十餘老不可徵乃詔太常使人往受之太常遣
錯受尚書伏生所正義曰衛宏詔定古文尚書序云徵之老不能行遣太常掌故鼂錯往讀之年九十餘不能正言言不可曉使其女傳言教錯齊人語多與潁川異錯所不知者凡十二三略以其意屬讀而已也
還因上便宜事以書稱說詔以爲太子舍人門
大夫家令服虔曰太子稱家瓚曰茂陵書太子家令秩八百石以其辯得幸太
子太子家號曰智囊數上書孝文時言削諸侯

事及法令可更定者書數十上孝文不聽然奇
其材遷爲中大夫當是時太子善錯計策袁盎
諸大功臣多不好錯景帝即位以錯爲內史錯
常數請閒言事輒聽寵幸傾九卿徐廣曰九一作八法令
多所更定丞相申屠嘉心弗便力未有以傷內
史府居太上廟壖中門東出不便錯乃穿兩門
南出鑿廟壖垣索隱曰壖音乃亂反謂墻外之短垣也又音而緣反丞相嘉聞
大怒欲因此過爲奏請誅錯錯聞之即夜請閒
具爲上言之丞相奏事因言錯擅鑿廟垣爲門
請下廷尉誅上曰此非廟垣乃壖中垣正義曰上人緣反石

袁盎鼂錯傳

壖者廟內垣外游地也不致於法丞相謝罷朝怒謂長史曰
吾當先斬以聞乃先請爲兒所賣固誤丞相遂
發病死錯以此愈貴遷爲御史大夫請諸侯之
罪過削其地徐廣曰一云言景帝曰諸侯或連數郡非古之制非久長策不便請削之上令公卿云云
收其枝郡奏上上令公卿列侯宗室集議莫敢
難獨竇嬰爭之由此與錯有郤錯所更令三十
章諸侯皆諠譁疾鼂錯錯父聞之從潁川來謂
錯曰上初即位公爲政用事侵削諸侯別疏人
骨肉人口議徐廣曰一作讙多怨公者何也鼂錯曰固也
不如此天子不尊宗廟不安錯父曰劉氏安矣

而鼂氏危矣吾去公歸矣遂飲藥死曰吾不忍
見禍及吾身死十餘日吳楚七國果反以誅錯
爲名及竇嬰袁盎進說上令鼂錯衣朝衣斬東
市鼂錯已死謁者僕射鄧公正義曰漢書作鄧先孔文祥云名先爲
校尉擊吳楚軍爲將還上書言軍事謁見上上
問曰道軍所來如淳曰道路從吳軍所來也瓚曰道由也聞鼂錯死吳
楚罷不鄧公曰吳王爲反數十年矣發怒削地
以誅錯爲名其意非在錯也且臣恐天下之士
噤口不敢復言也索隱曰噤音其錦反又音其禁反上曰何哉鄧
公曰夫鼂錯患諸侯彊大不可制故請削地

袁盎鼂錯傳

以尊京師萬世之利也計畫始行卒受大戮內杜忠臣之口外為諸侯報仇臣竊為陛下不取也於是景帝默然良久曰公言善吾亦恨之乃拜鄧公為城陽中尉鄧公成固人也 正義曰梁州成固縣也括地志云成固故城在梁州成固縣東六里漢成固城也 多奇計建元中上招賢良公卿言鄧公時鄧公免起家為九卿一年復謝病免歸其子章以脩黃老言顯於諸公閒

太史公曰袁盎雖不好學亦善傅會仁心為質引義忼慨遭孝文初立資適逢世 張晏曰資才也適值其世得騁其才 時以變易 張晏曰謂景帝立 及吳楚一說說雖行哉然復不遂好聲矜賢竟以名敗鼂錯為家令時數言事不用後擅權多所變更諸侯發難不急匡救欲報私讎反以亡軀語曰變古亂常不死則亡豈錯等謂邪

索隱述贊曰

袁盎公直　亦多附會　攬轡見重

卻席翳賴　鼂錯建策　屢陳利害

尊主卑臣　家危國泰　悲彼二子

名立身敗

袁盎鼂錯列傳第四十一　史記一百一

張釋之馮唐列傳第四十二　史記一百二

張廷尉釋之者堵陽人也 索隱曰韋昭堵音赭又音如字地名屬南陽正義曰應劭曰哀帝改為順陽水東南入蔡括地志云順陽故城在鄧州穰縣西三十里楚之郇邑也及蘇秦傳云楚北有郇陽並謂此也 字季有兄仲同居以訾為騎郎 蘇林曰雇錢若出穀也如淳曰漢儀注訾五百萬得為常侍郎○索隱曰訾音子移反字苑云貲積財也 事孝文帝十歲不得調無所知名釋之曰久宦減仲之產不遂欲自免歸中郎將袁盎知其賢惜其去乃請徙釋之補謁者 正義曰百官表云謁者掌賓讚受事員十七人秩比六百石也 釋之既朝畢因前言便宜事文帝曰卑之毋甚高論令今可施行也 索隱曰案卑下也欲令且卑下其志無甚高談論語但令依今時事無說古遠也 於是釋之言秦漢之閒事秦所以失而漢所以興者久之文帝稱善乃拜釋之為謁者僕射釋之從行登虎圈 正義曰求遠反 上問上林尉 索隱曰漢書表上林有八丞十二尉百官志云尉秩三百石 諸禽獸簿十餘問尉左右視盡不能對虎圈嗇夫 正義曰掌虎圈百官表有鄉嗇夫此其類也 從旁代尉對上所問禽獸簿甚悉欲以觀其能口對響應無窮者文帝曰吏不當若是邪尉無賴 張晏曰才無可恃 乃詔釋之拜嗇夫為上林令釋之久之前曰陛下以絳侯周勃何如人也上曰長者也又復問東陽侯張相如何如人也上曰長者釋之曰

夫絳侯東陽侯稱爲長者此兩人言事曾不能出口豈斆此嗇夫諜諜晉灼曰音牒○索隱曰漢書作喋喋喋喋多言也利口捷給哉且秦以任刀筆之吏吏爭以亟疾苛察相高然其敝徒文具耳索隱曰案謂空具其文而無其實無惻隱之實以故不聞其過陵遟而至於二世天下土崩今陛下以嗇夫口辯而超遷之臣恐天下隨風靡靡爭爲口辯而無其實且下之化上疾於景響舉錯不可不審也文帝曰善乃止不拜嗇夫上就車召釋之參乘徐行問釋之秦之敝具以質言如淳曰質誠也至宮上拜釋之爲公車令頃之太子與梁王共車入朝不下司馬門如淳曰宮衛令諸出入殿門公車司馬門乘軺傳者皆下不如令罰金四兩於是釋之追止太子梁王無得入殿門遂劾不下公門不敬奏之薄太后聞之文帝免冠謝曰教兒子不謹薄太后乃使使承詔赦太子梁王然後得入文帝由是奇釋之拜爲中大夫頃之至中郎將從行至霸陵居北臨廁李奇曰霸陵北頭廁近霸水帝登其上以遠望也如淳曰居高臨垂邊曰廁也蘇林曰廁側邊側也韋昭曰高岸夾水爲廁○索隱曰劉氏廁音初吏反包愷音側義亦兩通是時慎夫人從上指示慎夫人新豐道曰此走邯鄲道也張晏曰慎夫人邯鄲人也如淳曰走音奏趨也○索隱曰案走猶向也使慎夫人鼓瑟上自倚

瑟而歌漢書音義曰聲氣依倚瑟也書曰聲依永○索隱曰倚於綺反案謂歌聲合於瑟聲相依倚也意慘悽悲懷顧謂羣臣曰嗟乎以北山石爲椁正義曰顏師古云美石出京師北山今宜州石是用紵絮斮陳蕠漆其間徐廣曰斮一作錯駰案漢書音義曰斮絮以漆著其間也○索隱曰紵音竹呂反絮音息慮反斮音側略反絮音女居反案斮陳絮以漆著其間也豈可動哉左右皆曰善釋之前進曰使其中有可欲者雖錮南山猶有郄張晏曰錮鑄也帝北向故云北山迴顧南向故云南山○索隱曰案大顏云北山青石肌理細密堪爲碑椁至今猶然故秦本紀云作阿房作酈山發北山石椁乃寫是也故帝欲北山之石爲椁取其精牢釋之荅言但使薄葬冢中無可貪雖無石椁有何憂焉若使厚葬并冢中有物雖并錮南山猶爲人所發掘也言南山者取其高厚之意張晏殊失其旨也使其中無可欲者雖無石椁又何戚焉文帝稱善其後拜釋之爲廷尉頃之上行出中渭橋張晏曰在渭橋中路瓚曰中渭橋兩岸之中○索隱曰張晏臣瓚之說皆非也案今渭橋有三所一所在城西北咸陽路曰西渭橋一所在東北高陵路曰東渭橋其中渭橋在故城之北也有一人從橋下走出乘輿馬驚於是使騎捕屬之廷尉釋之治問曰縣人來如淳曰長安縣人聞蹕匿橋下久之以爲行已過即出見乘輿車騎即走耳廷尉奏當一人犯蹕當罰金如淳曰乙令蹕先至而犯者罰金四兩蹕止行人○索隱曰崔浩云當謂處其罪也案百官志云廷尉掌平刑罰奏當所應郡國讞疑罪皆處當以報之也文帝怒曰此人親驚吾馬吾馬賴柔和令他馬固不敗傷我乎而廷尉乃當之罰金釋之曰法者天子所與天下公共也索隱曰小顏云公謂

不私也今法如此而更重之是法不信於民也且方其時上使立誅之則已今既下廷尉廷尉天下之平也一傾而天下用法皆為輕重民安所錯其手足唯陛下察之良久上曰廷尉當是也其後有人盜高廟坐前玉環捕得文帝怒下廷尉廷尉治釋之案律盜宗廟服御物者為奏奏當棄市上大怒曰人之無道乃盜先帝廟器吾屬廷尉者欲致族之而君以法奏之索隱曰案以法者謂依律以斷也非吾所以共承宗廟意也釋之免冠頓首謝曰法如是足也徐廣曰足一作止也且罪等如淳曰俱死罪也盜玉環

不若盜長陵土之逆也然以逆順為差今盜宗廟器而族之有如萬分之一假令愚民取長陵一抔土張晏曰不欲指言故以取土譬也○索隱曰抔音步侯反案禮運云汙尊而抔飲鄭氏云抔手掬之字從手字本或作盃言一抔兩音並通又音普回反抔者壞之未燒之名也張晏云不欲指言故以取土譬者蓋不欲言盜開長陵及侵掘恐傷迫切先帝故也陛下何以加其法乎久之文帝與太后言之乃許廷尉當是時中尉條侯周亞夫與梁相山都侯王恬開徐廣曰一作閭漢書作啓啓者景帝諱也故或為開見釋之持議平乃結為親友張廷尉由此天下稱之後文帝崩景帝立釋之恐索隱曰景帝為太子時與梁王入朝不下司馬門釋之曾奏劾故恐也稱病欲免去懼大誅至欲見謝則未知何

如用王生計卒見謝景帝不過也王生者善為黃老言處士也嘗召居廷中三公九卿盡會立王生老人曰吾韤解正義曰上萬越反下閑買反顧謂張廷尉為我結韤索隱曰結音如字又音計釋之跪而結之既已人或謂王生曰獨奈何廷辱張廷尉使跪結韤王生曰吾老且賤自度終無益於張廷尉張廷尉方今天下名臣吾故聊辱廷尉使跪結韤欲以重之諸公聞之賢王生而重張廷尉張廷尉事景帝歲餘為淮南王相猶尚以前過也久之釋之卒其子曰張摯字長公官至大夫免以不能

取容當世故終身不仕索隱曰謂性公直不能曲屈見容於當世故至免官不仕也馮唐者其大父趙人父徙代漢興徙安陵唐以孝著為中郎署長應劭曰此云孝子郎也或曰以至孝聞○索隱曰案謂為郎署之長也事文帝文帝輦過索隱曰過音戈謂文帝乘輦過郎署也問唐曰父老何自為郎索隱曰案崔浩云自從也帝詢唐何從為郎又小顏云年老矣何乃自為郎怪之也家安在唐具以實對文帝曰吾居代時吾尚食監高祛數為我言趙將李齊之賢戰於鉅鹿下今吾每飯意未嘗不在鉅鹿也張晏曰吾每食念監所說李齊在鉅鹿時父知之乎唐對曰尚不如廉頗李牧之為將也上曰何以唐曰臣大父在趙時為官卒將徐廣曰一

云官士將騶案晉灼曰百人爲徹行亦皆師將也○索隱曰案國語闔閭卒百人爲徹行行頭皆官師賈逵云百人爲一
隊也官師隊大夫也善李牧臣父故爲代相善趙將李齊知
其爲人也上旣聞廉頗李牧爲人良說如淳曰良善也而
搏髀曰嗟乎吾獨不得廉頗李牧時爲吾將吾
豈憂匈奴哉唐曰主臣索隱曰案樂彥云人臣進對前稱主臣猶上書前云昧死案志
林云馮唐面折萬乘何言不懼主臣爲驚怖其言益著也又魏武謂陳琳云卿爲本初檄何乃上及父祖琳謝曰主臣益
明主臣是驚怖也解已見前篇陛下雖得廉頗李牧弗能用也上
怒起入禁中良久召唐讓曰公奈何衆辱我獨
無閒處乎唐謝曰鄙人不知忌諱當是之時匈
奴新大入朝那索隱曰上音朝遥下音乃何反縣名屬何西安定也○正義曰在原州百泉縣

西北十里漢朝那縣是也殺北地正義曰北地郡今寧州也都尉卬索隱曰案都尉姓孫上
以胡寇爲意乃卒復問唐曰公何以知吾不能
用廉頗李牧也唐對曰臣聞上古王者之遣將
也跪而推轂曰閫以內者韋昭曰此郭門之閫也門中橛曰閫○索隱曰橛音
其月反○正義曰閫音苦本反謂門限也寡人制之閫以外者將軍制
之軍功爵賞皆決於外歸而奏之此非虛言也
臣大父言李牧爲趙將居邊軍市之租皆自用
饗士索隱曰案謂軍中立市市有稅稅即租也賞賜決於外不從中擾
也委任而責成功故李牧乃得盡其智能遣選
車千三百乘索隱曰案六韜書云有選車之法十彀騎萬三千索隱曰如淳云

彀音構彀騎張弓之騎也百金之士十萬服虔曰良士直百金也或曰直百金言重○索隱曰
晉灼云百金喻其貴重也注云或者服晉之說也劉氏云其功可賞百金者事見管子及小爾雅是以北
逐單于破東胡滅澹林徐廣曰澹一作襜○索隱曰崔浩云東胡烏丸之先也國在
匈奴之東故云東胡澹音丁甘反一本作襜襤西抑彊秦南支韓魏當是之
時趙幾霸索隱曰幾音祈其後會趙王遷立其母倡也
索隱曰案列女傳云邯鄲之倡也○正義曰趙幽王母樂家之女也王遷立乃用郭開讒
卒誅李牧索隱曰案開是趙王寵臣戰國策云秦多與開金使爲反間令顏聚代之
索隱曰聚音似喻反漢書作最最本齊將○正義曰絕叟反是以兵破士北爲秦
所禽滅今臣竊聞魏尚爲雲中守漢書曰尚槐里人也○正義曰
雲中郡故城在勝州榆林縣東北三十里其軍市租盡以饗士卒私養

錢服虔曰私廩假錢○索隱曰案漢市肆租稅之入爲私奉養服虔云私廩假錢是也或云官所別廩給也五
日一椎牛饗賓客軍吏舍人索隱曰椎音直追反擊也是以
匈奴遠避不近雲中之塞虜曾一入尚率車騎
擊之所殺甚衆夫士卒盡家人子索隱曰案謂庶人之家子也
起田中從軍安知尺籍伍符如淳曰漢軍法曰吏卒斬首以尺籍書下縣移
郡令人故行不行奪勞二歲伍符亦什伍之符約節度也或曰以尺簡書故曰尺籍也○索隱曰案尺籍者謂書其斬首
之功於一尺之板伍符者命軍人伍伍相保不容姦詐也故行不行謂故命人行而身不自行奪勞一歲也故與雇同
終日力戰斬首捕虜上功莫府索隱曰案莫訓大也又崔浩云古者
出征爲將治無常處以幕爲府舍故云莫府莫當爲幕古字少耳一言不相應索隱曰應音乙
陵反謂數不同也文吏以法繩之其賞不行而吏奉法必

用臣愚以爲陛下法太明賞太輕罰太重且雲中守魏尚坐上功首虜差六級陛下下之吏削其爵罰作之由此言之陛下雖得廉頗李牧弗能用也（班固稱揚子曰孝文帝親詘帝尊以信亞夫之軍曷爲不能用頗牧彼將有激）臣誠愚觸忌諱死罪死罪文帝說是日令馮唐持節赦魏尚復以爲雲中守而拜唐爲車騎都尉主中尉及郡國車士（服虔曰車戰之士）七年景帝立以唐爲楚相免武帝立求賢良舉馮唐唐時年九十餘不能復爲官乃以唐子馮遂爲郎遂字王孫亦奇士與余善

太史公曰張季之言長者守法不阿意馮公之論將率有味哉有味哉語曰不知其人視其友二君之所稱誦可著廊廟書曰不偏不黨王道蕩蕩不黨不偏王道便便（徐廣曰一作辨）張季馮公近之矣

索隱述贊曰

張季未偶　見識袁盎　太子懼法
嗇夫無狀　驚馬罰金　盜環悟上
馮公白首　味哉論將　因對李齊
收功魏尚

第四十二卷終

萬石張叔列傳第四十三　史記一百三

萬石君（正義曰以父及四子皆二千石故號奮爲萬石君）名奮其父趙人也（正義曰洺州邯鄲本趙國都也）姓石氏趙亡徙居溫（正義曰故溫城在懷州溫縣三十里漢縣在也）高祖東擊項籍過河內時奮年十五爲小吏侍高祖高祖與語愛其恭敬問曰若何有對曰奮獨有母不幸失明家貧有姊能鼓琴高祖曰若能從我乎曰願盡力於是高祖召其姊爲美人以奮爲中涓（正義曰顏師古云中涓官名居中而涓絜也如淳云主通書謁出入命也）受書謁徙其家長安中戚里（索隱曰小顏云於上有姻戚者皆居之故名其里爲戚里長安記戚里在城內）以姊爲美人故也其官至孝文時積

功勞至太中大夫無文學恭謹無與比文帝時東陽侯張相如爲太子太傅免選可爲傳者皆推奮奮爲太子太傅及孝景即位以爲九卿迫近憚之（張晏曰以其恭敬履度故難之）徙奮爲諸侯相奮長子建次子甲次子乙（徐廣曰一作仁○正義曰顏師古云史失其名故云甲乙耳非其名也）次子慶皆以馴行孝謹（徐廣曰馴一作訓　索隱曰馴音巡）官皆至二千石於是景帝曰石君及四子皆二千石人臣尊寵乃集其門號奮爲萬石君孝景帝季年萬石君以上大夫祿歸老于家以歲時爲朝臣過宮門闕萬石君必下車趨見路馬必式焉子孫

爲小吏來歸謁萬石君必朝服見之不名子孫有過失不譙讓爲便坐對案不食 索隱曰譙音才笑反譙讓責讓也爲音于僞反便音婢綿反蓋謂爲之不處正室別坐他處故曰便坐坐音如座便坐非正坐處也故王者所居有便殿便房義亦然也又音婢見反亦通 然後諸子相責因長老肉袒固謝罪改之乃許子孫勝冠者在側雖燕居必冠 索隱曰燕謂閒燕之時燕安也 申申如也僮僕訢訢如也 晉灼曰訢許慎曰古欣字韋昭曰聲和貌 唯謹上時賜食於家必稽首俯伏而食之如在上前其執喪哀戚甚悼子孫遵教亦如之萬石君家以孝謹聞乎郡國雖齊魯諸儒質行皆自以爲不及也建元二年郎中令 正義曰百官表云郎中令秦官掌居宮殿門戶武帝太初元年更名光祿勳也

王臧以文學獲罪皇太后以爲儒者文多質少今萬石君家不言而躬行乃以長子建爲郎中令少子慶爲內史 正義曰百官表云內史周官秦因之掌治京師景帝分置左內史武帝太初元年更名京兆尹左內史名左馮翊也 建老白首萬石君尚無恙建爲郎中令每五日洗沐歸謁親 文穎曰郎五日一下○正義曰孔文祥云建爲郎中令即光祿勳九卿之職也直五日一下也按五日一下直洗沐 入子舍 索隱曰案劉氏謂小房內非正堂也小顏以爲諸子之舍若今諸房也 竊問侍者取親中帬廁牏身自浣滌 徐廣曰牏築垣短板也音住廁牏謂廁圂垣牆建隱於其側浣滌也一讀牏爲窬竇窬音豆言建又自洗蕩廁窬竇窬瀉除穢惡之穴也呂靜曰楲窬褻器也音威豆騶案蘇林曰牏音投賈逵解周官楲虎子也窬行清也孟康曰廁行清窬行中受糞者也東南人謂鑿木空中如曹

謂之窬晉灼曰今世謂反閉小衫袖爲侯窬廁此最廁近身之衣也○索隱曰案親謂父也中帬近身衣也徐廣云牏短板以築廁牆未知其義何從恐非也 復與侍者不敢令萬石君知以爲常建爲郎中令事有可言屏人恣言極切至廷見如不能言者是以上乃親尊禮之萬石君徙居陵里 徐廣曰陵一作鄰○索隱曰小顏云陵里里名在茂陵非長安之戚里也○正義曰茂陵邑中里也茂陵故城漢茂陵縣也在雍州始平縣東北二十里 內史慶醉歸入外門不下車萬石君聞之不食慶恐肉袒請罪不許舉宗及兄建肉袒萬石君讓曰內史貴人入閭里里中長老皆走匿而內史坐車中自如固當乃謝罷慶慶及諸子弟入里門趨至家萬石君以

元朔五年中卒長子郎中令建哭泣哀思扶杖乃能行歲餘建亦死諸子孫咸孝然建最甚甚於萬石君建爲郎中令書奏事事下建讀之曰誤書馬字與尾當五今乃四不足一 服虔曰作馬字下曲而五建時上事書誤作四○正義曰顏師古云馬字下曲者尾并四點爲四足凡五 上譴死矣甚惶恐其爲謹慎雖他皆如是萬石君少子慶爲太僕御出上問車中幾馬慶以策數馬畢舉手曰六馬慶於諸子中最爲簡易矣 正義曰漢書慶爲太僕御出上問車中幾馬慶以策數馬畢舉手曰六馬按慶於兄弟最爲簡易矣然猶如此也 然猶如此爲齊相舉齊國皆慕其家行不言而齊國大治爲立

石相祠元狩元年上立太子選羣臣可為傅者慶自沛守為太子太傅七歲遷為御史大夫元鼎五年秋丞相有罪罷(趙周坐酎金免○索隱曰案漢書而知也)制詔御史萬石君先帝尊之子孫孝其以御史大夫慶為丞相封為牧丘侯是時漢方南誅兩越東擊朝鮮北逐匈奴西伐大宛中國多事天子巡狩海内脩上古神祠封禪興禮樂公家用少桑弘羊等致利王温舒之屬峻法兒寛等推文學至九卿更進用事事不關决於丞相丞相醇謹而已在位九歲無能有所匡言嘗欲請治上近

臣所忠九卿咸宣罪(服虔曰音減損之減)不能服反受其過贖罪元封四年中關東流民二百萬口無名數者四十萬(索隱曰案小顏云無名數若今之無戶籍)公卿議欲請徙流民於邊以適之上以為丞相老謹不能與其議乃賜丞相告歸而案御史大夫以下議為請者丞相慙不任職乃上書曰慶幸得待罪丞相罷駑無以輔治城郭倉庫空虛民多流亡罪當伏斧質上不忍致法願歸丞相侯印乞骸骨歸避賢者路天子曰倉廩既空民貧流亡而君欲請徙之搖蕩不安動危之而辭位君欲安歸難乎(索隱

曰難音乃彈反言欲歸於何人)以書讓慶慶甚慙遂復視事慶文深審謹然無他大略為百姓言後三歲餘太初二年中丞相慶卒謚為恬侯慶中子德慶愛用之上以德為嗣代侯後為太常坐法當死贖免為庶人慶方為丞相諸子孫為吏更至二千石者十三人及慶死後稍以罪去孝謹益衰矣

建陵侯(正義曰括地志云漢建陵縣故城在沂州丞縣界也)衛綰者代大陵人也(索隱曰地理志縣名在代○正義曰括地志云大陵縣城在并州文水縣北十三里按代王耳時都中都大陵屬焉故言代大陵人也)綰以戲車為郎(應劭曰能左右超乘也如淳曰櫟擽轢之類○索隱曰案今亦有弄車之戲是也櫟音歷擽音衛謂車軸頭也謂超踰之也)事文帝功次遷為

中郎將醇謹無他孝景為太子時召上左右飲而綰稱病不行(張晏曰恐文帝謂豫有二心以事太子)文帝且崩時屬孝景曰綰長者善遇之及文帝崩景帝立歲餘不譙呵綰(索隱曰譙呵音誰何猶借訪也一曰譙呵責讓也不譙呵言不嗔責綰也)綰日以謹力景帝幸上林詔中郎將參乘還而問曰君知所以得參乘乎綰曰臣從車士幸得以功次遷為中郎將不自知也上問曰吾為太子時召君君不肯來何也對曰死罪實病上賜之劒綰曰先帝賜臣劒凡六劒不敢奉詔上曰劒人之所施易獨至今乎(如淳曰施讀曰移言劒者人之所好扶多數移易貿換之也○索隱

曰施音移易音亦綰曰具在上使取六劍劍尚盛未嘗服也郎官有譴常蒙其罪不與他將爭有功常讓他將上以為廉忠實無他腸索隱曰案小顔云心腸之內無他惡也乃拜綰為河間王太傅吳楚反詔綰為將將河間兵擊吳楚有功拜為中尉三歲以軍功孝景前六年中封綰為建陵侯其明年上廢太子誅栗卿之屬蘇林曰栗太子舅也如淳曰栗氏親屬也卿其名也○索隱曰栗姻之族也○正義曰顔師古云太子發為臨江王故誅其外家親屬也上以為綰長者不忍乃賜綰告歸而使郅都治捕栗氏既已上立膠東王為太子召綰拜為太子太傅久之遷為御史大夫五

歲代桃侯舍正義曰故桃城在滑州胙城縣東三十里劉舍所封也為丞相朝奏事如職所奏索隱曰以言但守職分而已不別有所奏議也然自初官以至丞相終無可言天子以為敦厚可相少主尊寵之賞賜甚多為丞相三歲景帝崩武帝立建元年中丞相以景帝疾時諸官囚多坐不辜者而君不任職免之其後綰卒子信代坐酎金失侯

塞侯正義曰上音先代反古塞國今陝州桃林縣以西至潼關皆桃林塞地也直不疑者南陽人也索隱曰案塞國名今桃林之塞也直姓也不疑名也與雋不疑同字為郎事文帝其同舍有告歸誤持同舍郎金已去而金主覺妄意不疑索隱曰謂妄疑其盜取將也不疑謝有之買金償而

告歸者來而歸金而前郎亡金者大慙以此稱為長者文帝稱舉稍遷至太中大夫徐廣曰漢書云稱為長者稍遷至太中大夫無文帝稱舉四字也朝廷見人或毀曰不疑狀貌甚美然獨無柰其善盜嫂何也索隱曰案小顔云盜謂私之不疑聞曰我乃無兄然終不自明也吳楚反時不疑以二千石將兵擊之景帝後元年拜為御史大夫天子脩吳楚時功乃封不疑為塞侯武帝建元年中與丞相綰俱以過免不疑學老子言其所臨為官如故唯恐人知其為吏跡也不好立名稱稱為長者不疑卒子相如代孫望坐酎金

失侯索隱曰漢書作彭祖坐酎金國除

郎中令周文者名仁其先故任城人也正義曰任城兗州縣也以醫見景帝為太子時拜為舍人積功稍遷孝文帝時至太中大夫景帝初即位拜仁為郎中令仁為人陰重不泄常衣敝補衣溺袴服虔曰質重不泄人之陰謀也張晏曰陰重不泄下溼故溺袴是以得比宦者得入後宮仁有子孫先未得此病時所生韋昭曰陰重如今帶下病泄利○索隱曰案其解二亦各有異小顔云陰密也為性密重不泄人言也霍去病少言不泄亦其類也其人又常衣弊補衣又溺袴故為不絜清之服是以得幸入臥內也二者未知誰得其實期為不絜清索隱曰謂心中常期不絜之服則期是故之意也小顔亦同○正義曰倩清淨期猶常也言為不絜淨下溼故得入臥內後宮比宦者以是得幸景帝入臥內於後宮祕戲索隱曰謂後宮

中戲劇宜可祕也仁常在旁至景帝崩仁尚為郎中令終無所言上時問人正義曰顏師古云問以他人之善惡也仁曰上自察之然亦無所毀以此景帝再自幸其家家徙陽陵上所賜甚多然常讓不敢受也諸侯羣臣賂遺終無所受武帝立以為先帝臣重之仁乃病免以二千石祿歸老子孫咸至大官矣

御史大夫張叔者名歐史記音隱曰歐於友反○索隱曰歐音烏後反漢書作歐孟康音驅也安丘侯說之庶子也徐廣曰張說起於方與縣從高祖以入漢也○索隱曰說音悅孝文時以治刑名言韋昭曰有刑名之書欲令名實相副也○索隱曰案劉向別錄云申子學號曰刑名者循名以責實其尊君卑臣崇上抑下合於六經也說者云刑名家即太史公所說六家之二也事太子然歐雖治刑名家正義曰刑刑家也名名家在太史公自有傳言治刑法又名實也其人長者景帝時尊重常為九卿至武帝元朔四年韓安國免詔拜歐為御史大夫自歐為吏未嘗言案人專以誠長者處官官屬以為長者亦不敢大欺上具獄事有可卻卻之不可者不得已為涕泣面對而封之其愛人如此老病篤請免於是天子亦策罷以上大夫祿歸老于家家於陽陵子孫咸至大官矣

太史公曰仲尼有言曰君子欲訥於言徐廣曰訥字多作詘音同耳古字假借而敏於行其萬石建陵張叔之謂邪是以其教不肅而成不嚴而治塞侯微巧正義曰不疑學老子所臨官恐人知其為吏跡不好立名稱稱為長者是微巧也而周文處讇索隱曰案直不疑以吳楚反時為二千石將景帝封之微巧也周文處讇者謂為郎中令陰重得幸出入卧內也故班固曰石建之澣衣周仁之垢汙君子譏之是也○正義曰上時問人仁曰上自察之上所賜常不受又諸侯羣臣賂遺終無所受此為處讇故君子譏此二人為其近於佞也君子譏之為其近於佞也然斯可謂篤行君子矣

索隱述贊曰

萬石孝謹　自家形國　郎中數馬

內史匍匐　綰無他腸　塞有陰德

刑名張歐　垂涕恤獄　敏行訥言

俱嗣芳躅

萬石張叔列傳第四十三　史記一百三

田叔列傳第四十四　　史記一百四

田叔者趙陘城人也（索隱曰案下文字少卿陘音刑縣名屬中山）其先齊田氏苗裔也叔喜劒學黃老術於樂巨公所（索隱曰本燕人樂毅之後○正義樂姓巨公名　正義曰喜音許記反）叔為人刻廉自喜喜游諸公（諸公謂丈人行也）趙人舉之趙相趙午午言之趙王張敖所趙王以為郎中數歲切直廉平趙王賢之未及遷會陳豨反代（徐廣曰七年韓王信反高帝征之十年代相陳豨反）漢七年高祖往誅之過趙趙王張敖自持案進食禮恭甚高祖箕踞罵之是時趙相趙午等數十人皆怒謂張王曰王事上禮備矣今遇王如是臣等請為亂趙王齧指出血曰先人失國微陛下臣等當蟲出（索隱曰案謂死而蟲出也左傳齊桓死未葬蟲流於戶外是也）公等奈何言若是毋復出口矣於是貫高等曰王長者不倍德卒私相與謀弒上會事發覺（徐廣曰九年十二月捕貫高等也）漢下詔捕趙王及羣臣反者於是趙午等皆自殺唯貫高就繫是時漢下詔書趙有敢隨王者罪三族唯孟舒田叔等十餘人赭衣自髡鉗稱王家奴隨趙王敖至長安貫高事明白趙王敖得出廢為宣平侯乃進言田叔等十餘人上盡召見與語漢廷臣毋能出其右者

上說盡拜為郡守諸侯相叔為漢中守十餘年會高后崩諸呂作亂大臣誅之立孝文帝孝文帝既立召田叔問之曰公知天下長者乎對曰臣何足以知之上曰公長者也宜知之叔頓首曰故雲中守孟舒長者也是時孟舒坐虜大入塞盜劫雲中尤甚免上曰先帝置孟舒雲中十餘年矣虜曾一入孟舒不能堅守毋故士卒戰死者數百人長者固殺人乎公何以言孟舒為長者也叔叩頭對曰是乃孟舒所以為長者也夫貫高等謀反上下明詔趙有敢隨張王罪三族然孟舒自髡鉗隨張王敖之所在欲以身死之豈自知為雲中守哉漢與楚相距士卒罷敝匈奴冒頓新服北夷來為邊害孟舒知士卒罷敝不忍出言士爭臨城死敵如子為父弟為兄以故死者數百人孟舒豈故驅戰之哉是乃孟舒所以為長者也於是上曰賢哉孟舒復召孟舒以為雲中守後數歲叔坐法失官梁孝王使人殺故吳相袁盎景帝召田叔案梁具得其事還報景帝曰梁有之乎叔對曰死罪有之上曰其事安在田叔曰上毋以梁事為也上曰何也

曰今梁王不伏誅是漢法不行也如其伏法而太后食不甘味臥不安席此憂在陛下也景帝大賢之以爲魯相魯相初到民自言相訟王取其財物百餘人田叔取其渠率二十人各笞五十餘各搏二十索隱曰搏音博怒之曰王非若主邪何自敢言若主魯王聞之大慙發中府錢正義曰王之財物所藏也使相償之相曰王自奪之使相償之是王爲惡而相爲善也相毋與償之於是王乃盡償之魯王好獵正義曰魯共王景帝子都兖州曲阜縣故魯城中相常從入苑中正義曰括地志云矍相圃在兖州曲阜縣南三十里禮記云孔子射於矍相之圃觀者如堵堵墻也王輒休

相就館舍相出常暴坐索隱曰上音步卜反待王苑外王數使人請相休終不休曰我王暴露苑中我獨何爲就舍魯王以故不大出游數年叔以官卒魯以百金祠少子仁不受也曰不以百金傷先人名仁以壯健爲衛將軍舍人張晏曰衛青也數從擊匈奴衛將軍進言仁仁爲郎中數歲爲二千石丞相長史失官其後使刺舉三河正義曰百官表云監御史秦官掌監郡漢省丞相遣御史分刺州不常置也案三河河南河東河內也上東巡仁奏事有辭上說拜爲京輔都尉正義曰百官表云右扶風左馮翊京兆尹是爲三輔元鼎四年置三輔都尉服虔云皆治長安城中也月餘上遷拜爲司直正義曰百官表云武帝元狩五年初置司直秩比二千石掌佐丞相舉不法也數歲坐太子事正義曰謂戾太子時左丞相自將兵徐廣曰劉屈氂時爲丞相也令司直田仁主閉守城門漢書百官表曰武帝元狩五年初置司直秩比二千石掌佐丞相舉不法坐縱太子下吏誅死仁發兵長陵令車千秋上變仁仁族死陘城今在中山國徐廣曰陘城縣名也○正義曰今定州也

太史公曰孔子稱曰居是國必聞其政田叔之謂乎義不忘賢明主之美以救過仁與余善余故并論之

索隱述贊曰

田叔長者　重義輕生　張王既雪

漢中是榮　孟舒見廢　抗說相明

棗梁以禮　相魯得情　子仁坐事

刺舉有聲

褚先生曰臣爲郎時聞之曰田仁故與任安相善任安滎陽人也少孤貧困爲人將車之長安索隱曰將車猶御車也留求事爲小吏未有因緣也因占著名數家於武功索隱曰言卜日而自占著家口名數隸於武功猶今附籍然也占音之贍反武功扶風西界小邑也谷口蜀剗道近山正義曰括地志云漢武功縣在渭水南今盩厔縣西界也駱谷閒在雍州縣盩厔縣西南二十里開駱谷道以通梁州也按行谷有㶚道也安以爲武功小邑無豪易高也索隱曰易音以豉反言邑小無

豪易得爲名也安留代人爲求盜亭父郭璞曰亭卒也○正義曰安留田武功替人爲求盜亭父也應劭云舊時亭有兩卒其一爲亭父掌關閉掃除一爲求盜掌逐捕盜賊也後爲亭長正義曰百官表云十里一亭亭有長也邑中人民俱出獵任安常爲人分麋鹿雉兔部署老小當壯劇易處衆人皆喜曰無傷也任少卿正義曰少卿安字分別平有智略明日復合會會者數百人任少卿曰某子甲何爲不來乎諸人皆怪其見之疾也其後除爲三老正義曰百官表云十亭一鄉鄉有三老一人掌教化也舉爲親民出爲三百石長正義曰百官表云萬户已上爲令秩千石至六百石減萬户爲長秩五百石至三百石皆有丞尉也治民坐上行出游共帳不辦斥免乃爲衞將軍舍人與

田仁會俱爲舍人居門下同心相愛此二人家貧無錢用以事將軍家監家監使養惡齧馬兩人同牀臥仁竊言曰不知人哉家監也任安曰將軍尚不知人何乃家監也衞將軍正義曰衞青也從此兩人過平陽主主家令兩人與騎奴同席而食此二子拔刀列斷席別坐主家皆怪而惡之莫敢呵其後有詔募擇衞將軍舍人以爲郎將軍取舍人中富給者令具鞍馬絳衣玉具劍欲入奏之會賢大夫少府趙禹來過衞將軍將軍呼所舉舍人以示趙禹趙禹以次問之十餘人

無一人習事有智略者趙禹曰吾聞之將門之下必有將類傳曰不知其君視其所使不知其子視其所友今有詔舉將軍舍人者欲以觀將軍而能得賢者文武之士也今徒取富人子上之又無智略如木偶人衣之綺繡耳將奈之何於是趙禹悉召衞將軍舍人百餘人以次問之得田仁任安曰獨此兩人可耳餘無可用者衞將軍見此兩人貧意不平趙禹去謂兩人曰各自具鞍馬新絳衣兩人對曰家貧無用具也將軍怒曰今兩君家自爲貧何爲出此言鞅鞅如有移德於我者何也徐廣曰移猶施將軍不得已上籍以

聞有詔召見衞將軍舍人此二人前見詔問能略相推第也田仁對曰提桴鼓立軍門使士大夫樂死戰鬭仁不及任安任安對曰夫決嫌疑定是非辯治官使百姓無怨心安不及仁也武帝大笑曰善使任安護北軍使田仁護邊田穀於河上此兩人立名天下其後用任安爲益州刺史正義曰地理志云武帝改曰梁州百官表云元封五年初置部刺史掌奉詔條察州秩六百石員十三按若今採訪按察六條也以田仁爲丞相長史正義曰百官表云丞相有兩長史秩千石田仁上書言天下郡太守多爲姦利三河尤甚

臣請先刺舉三河三河太守皆內倚中貴人與三公有親屬無所畏憚宜先正三河以警天下姦吏是時河南河內太守皆御史大夫杜父兄子弟也（杜杜周也）河東太守石丞相子孫也（正義曰謂石慶）是時石氏九人為二千石方盛貴田仁數上書言之杜大夫及石氏使人謝謂田少卿曰吾非敢有語言也願少卿無相誣汙也仁已刺三河三河太守皆下吏誅死仁還奏事武帝說以仁為能不畏彊禦拜仁為丞相司直威振天下其後逢太子有兵事丞相自將兵使司直主城門司直以為太子骨肉之親父子之間不甚欲近去之諸陵過是時武帝在甘泉使御史大夫暴君（徐廣曰暴勝之為御史大夫）下責丞相何為縱太子丞相對言使司直部守城門而開太子上書以聞請捕繫司直司直下吏誅死是時任安為北軍使者護軍太子立車北軍南門外召任安與節令發兵安拜受節入閉門不出武帝聞之以為任安為佯邪（徐廣曰佯或作詳也○索隱曰詳音羊邪弋奢反佯謂詐受節不發兵不傅會太子也）不傅事何也（索隱曰傅音附謂不附會也）任安笞辱北軍錢官小吏小吏上書言之以為受太子節言幸與我其鮮好者（索隱曰鮮音仙謂太子請其鮮好之兵甲也）書上聞武帝曰是老吏也見兵事起欲坐觀成敗見勝者欲合從之有兩心安有當死之罪甚衆吾常活之今懷詐有不忠之心下安吏誅死

夫月滿則虧物盛則衰天地之常也知進而不知退久乘富貴禍積為祟故范蠡之去越辭不受官位名傳後世萬歲不忘豈可及哉後進者慎戒之

田叔列傳第四十四　史記一百四

扁鵲倉公列傳第四十五　史記一百五

（索隱曰王劭云醫方宜與日者龜策相接不合列於此後人誤之也○正義曰此傳是醫方合與龜策日者相次以淳于意孝文帝時醫奉詔問之又爲齊太倉令故太史公以次述之扁鵲乃春秋時良醫不可別序故引爲傳首太倉公次之也）

扁鵲者（正義曰黃帝八十一難序云秦越人與軒轅時扁鵲相類仍號之爲扁鵲又家於盧國因命之曰盧醫也）勃海郡鄭人也（徐廣曰鄭當爲鄚鄚縣名今屬河間○索隱曰案勃海無鄭縣徐說是也）姓秦氏名越人少時爲人舍長（索隱曰劉氏云守客館之師故號云舍長也○正義曰舍音捨長音丁丈反）舍客長桑君過（索隱曰隱者蓋神人也○正義曰過音戈）扁鵲獨奇之常謹遇之長桑君亦知扁鵲非常人也出入十餘年乃呼扁鵲私坐間與語曰（正義曰間音閑）我有禁方年老欲傳與公公毋泄扁鵲曰敬諾乃出其懷中藥予扁鵲飲是以上池之水三十日當知物矣（索隱曰案舊說云上池水謂水未至地蓋承取露及竹木上水取之以和藥服之三十日當見鬼物也）乃悉取其禁方書盡與扁鵲忽然不見殆非人也扁鵲以其言飲藥三十日視見垣一方人（索隱曰方猶邊也言能隔牆見彼邊之人則服通神也）以此視病盡見五藏癥結（正義曰五藏謂心肺脾肝腎也六府謂大腸胃膽膀胱三焦也王叔和脈經云左手脈橫癥在左右手脈橫癥在右脈頭大者在上頭小者在下兩手脈結上部者濡結中部者緩結三里者豆起陽邪來見浮洪陰邪來見沉細水穀來見堅實）特以診脈爲名耳（索隱曰診鄒氏音丈忍反劉氏音陳忍反司馬彪云診占也）爲醫或在齊（正義曰號盧醫今濟州盧縣）或在趙在趙者

名扁鵲當晉昭公時（索隱曰案左氏簡子專國在定頃二公之時非當昭公之世且趙系家敘此事亦在定公之初）諸大夫彊而公族弱趙簡子爲大夫專國事簡子疾五日不知人（索隱曰案韓子云十日不知人所記異也）大夫皆懼於是召扁鵲扁鵲入視病出董安于問扁鵲扁鵲曰血脈治也（正義曰下云色廢脈亂故形靜如死狀也）而何怪昔秦穆公嘗如此七日而寤寤之日告公孫支與子輿（索隱曰案二子皆秦大夫公孫支子桑也子輿未詳）曰我之帝所甚樂吾所以久者適有所學也（索隱曰適音釋言我適來有所受教命故云學也）帝告我晉國且大亂五世不安其後將霸未老而死霸者之子且令而國男女無別公孫支書而藏之秦策於是出夫獻公之亂文公之霸而襄公敗秦師於殽而歸縱淫此子之所聞今主君之病與之同不出三日必間間必有言也居二日半簡子寤語諸大夫曰我之帝所甚樂與百神遊於鈞天廣樂九奏萬舞不類三代之樂其聲動心有一熊欲援我帝命我射之中熊熊死有羆來我又射之中羆羆死帝甚喜賜我二笥皆有副吾見兒在帝側帝屬我一翟犬曰及而子之壯也以賜之帝告我晉國且世衰七世而亡（正義曰晉定公出公哀公幽公烈公孝公靜公爲七世靜公二年爲三晉所滅據此及趙世家簡子疾在

定公之十一年也嬴姓將大敗周人於范魁之西索隱曰范魁地名未詳○正義曰嬴趙氏本姓也周人謂爲衛也晉亡之後趙成侯三年伐衛取鄉邑七十三是也賈逵云月阜曰魁也而亦不能有也董安于受言書而藏之以扁鵲言告簡子簡子賜扁鵲田四萬畝其後扁鵲過虢正義曰陝州城古虢國又陝州河北縣東北下陽故城古虢即晉獻公滅者又洛州氾水縣古東虢國而未知扁鵲過何者蓋虢至此並滅也虢太子死索隱曰案傳玄云虢是晉獻所滅先此百二十餘年此時焉得有虢則此云虢太子非也然案虢後改稱郭春秋有郭公蓋郭之太子也扁鵲至虢宮門下問中庶子喜方者索隱曰喜音許既反喜好也愛也方方技之人也○正義曰中庶子古官號也喜方好方術不書姓名也曰太子何病國中治穰過於衆事中庶子曰太子病血氣不時交錯而不得泄暴發

欵行子 史記列傳四十五 二

於外則爲中害精神不能止邪氣邪氣畜積而不得泄是以陽緩而陰急故暴蹷而死索隱曰蹷音厥○正義曰釋名云蹷是氣從下蹷起上行外及心脅也扁鵲曰其死何如時曰雞鳴至今日收乎曰未也收謂棺斂其死未能半日也言臣齊勃海秦越人也家在於鄭未嘗得望精光侍謁於前也聞太子不幸而死臣能生之中庶子曰先生得無誕之乎可以言太子可生也臣聞上古之時醫有俞跗索隱曰音臾附下又音趺○正義曰臾附二音應劭云黃帝時將也治病不以湯液醴灑正義曰上音禮下山解反鑱石撟引案抗毒熨索隱曰鑱音仕咸反謂石針也撟音九兆反謂爲按摩之法夭撟引身如熊顧鳥伸也抗

扁鵲倉公傳

音玩亦謂按摩而玩弄身體使調也毒熨謂毒病之處以藥物熨帖也一撥見病之應因五藏之輸索隱曰音東注反○正義曰八十一難云肺之原出於太淵心之原出于太陵肝之原出于太衝脾之原出于太白腎之原出于太谿少陰之原出于兌骨膽之原出于丘虛胃之原出于衝陽三焦之原出于陽池膀胱之原出于京骨大腸之原出于合谷小腸之原出于腕骨十二經皆以輸爲原也按此五藏六府之輸也乃割皮解肌訣脈結筋搦髓腦揲荒徐廣曰揲音舌○索隱曰搦音女角反揲肓膏荒也爪幕正義曰以爪決其闌幕也湔浣正義曰上子錢反下胡管反腸胃漱滌五藏練精易形先生之方能若是則太子可生也不能若是而欲生之曾不可以告咳嬰之兒終日扁鵲仰天歎曰夫子之爲方也若以管窺天以郄視文越人之爲方也不待切脈正義曰黃帝素

欵行廿五 史記列傳四十五 四

問云待切脈而知病寸口六脈三陰三陽皆隨春秋冬夏觀其脈之變也則知病之逆順也揚玄操云切按也望色正義曰素問云面色青脈當弦急面色赤脈當浮而短面色黑脈當沉浮而滑也聽聲正義曰素問云好哭者肺病好歌者脾病好妄言者心病好呻吟者腎病好叫呼者肝病也寫形正義曰素問云欲得溫而不欲見人者藏家病欲得寒而見人者府家病也言病之所在聞病之陽論得其陰聞病之陰論得其陽正義曰八十一難云陰病行陽陽病行陰故令募在陰俞在陽楊玄操云腸爲陰五藏募皆在腹故云募皆在陰背爲陽五藏俞皆在背故云俞皆在陽內藏有病則出行於陽陽俞在背也外體有病則入行於陰陰募在腹也針法云從陽引陰從陰引陽也病應見於大表不出千里決者至衆不可曲止也索隱曰止語助也不可委曲具言○正義曰言病皆有應見不可曲言病之止在所在也子以吾言爲不誠試入診太子當聞其耳鳴而鼻張正義音張循其兩

扁鵲倉公傳

股以至於陰當尚溫也中庶子聞扁鵲言目眩然而不瞚舌撟然而不下乃以扁鵲言入報虢君虢君聞之大驚出見扁鵲於中闕曰竊聞高義之日久矣然未嘗得拜謁於前也先生過小國幸而舉之偏國寡臣幸甚 索隱曰謂虢君自謙云己是偏遠之國寡小之臣也 有先生則活無先生則棄捐填溝壑長終而不得反言未卒因噓唏服臆 索隱曰上音皮力反下音憶 魂精泄橫流涕長潸 徐廣曰一云言未卒因涕泣交流噓唏不能自止也○索隱曰潸音山長潸謂長垂淚也 忽忽承睞 索隱曰音接睞即睫也承睞言淚恆垂以承於睫也 悲不能自止容貌變更扁鵲曰若太子病所謂尸蹷者也夫以陽入陰中動胃 正義曰八十一難云脈居陰部反陽脈見者為陽入陰中是陽乘陰也脈雖時沉濇而短此謂陽中伏陰也脈居陽部而陰脈見者是陰乘陽也脈雖時浮滑而長此謂陰中伏陽也胃水穀之海也 纏緣 正義曰上音直延反纏緣謂脈纏繞胃也素問云延緣落絡脈也恐非此義也 中經維絡 徐廣曰維一作結○索隱曰纏音直延反○正義曰八十一難云十二經脈十五絡脈陽維陰維之脈也 別下於三焦膀胱 正義曰八十一難云三焦者水穀之道路氣之所終始也上焦在心下下鬲在胃上口也中焦在胃中脘不上不下也下焦在臍下當膀胱上口也膀胱者津液之府也溺九升九合也言經絡下于三焦及膀胱也 是以陽脈下遂 徐廣曰一作隊 陰脈上爭 正義曰遂音直類反素問云陽脈下遂難反陰脈上爭如弦也 會氣閉而不通 正義曰八十一難云府會太倉藏會季脇筋會陽陵泉髓會絕骨血會鬲俞骨會大杼脈會大淵氣會三焦此謂八會也 陰上而陽內行下內鼓而不起上外絕而不為使上有絕陽之絡下有破陰之紐 正義曰女九反

素問云紐赤脈也 破陰絕陽之色已廢 徐廣曰一作發 脈亂故形靜如死狀太子未死也夫以陽入陰支蘭藏者生 正義曰素問云支者順節蘭者橫節陰支蘭膽藏也 以陰入陽支蘭藏者死凡此數事皆五藏蹷中之時暴作也良工取之 正義曰八十一難云知一為下工知二為中工知三為上工上工者十全九中工者十全八下工者十全六呂廣云一五藏一病輒有五解一藏為下工解三藏為中工解五藏為上工也 拙者疑殆扁鵲乃使弟子子陽厲鍼砥石以取外三陽五會 索隱曰陽扁鵲之弟子也鍼音針厲謂磨也砥音脂○正義曰素問云手足各有三陰三陽太陰少陰厥陰太陽少陽陽明也五會謂百會胸會聽會氣會臑會也 有閒太子蘇乃使子豹為五分之熨以八減之齊和煑之以更 正義曰格彭反 熨兩脅下 索隱曰案言五分之熨者謂熨之令溫暖之氣入五分也八減之齊者謂藥之齊和所減有八並越人當時有此方也 太子起坐更適陰陽但服湯二旬而復故故天下盡以扁鵲為能生死人扁鵲曰越人非能生死人也此自當生者越人能使之起耳 傅玄曰虢是晉獻公時先是百二十餘年滅矣是時焉得有虢 扁鵲過齊齊桓侯客之 索隱曰案傅玄曰是時齊無桓侯裴駰云謂是齊侯田和之子桓公午也蓋與趙簡子頗亦相當 入朝見曰君有疾在腠理 正義曰上音湊謂皮膚 不治將深桓侯曰寡人無疾扁鵲出桓侯謂左右曰醫之好利也欲以不疾者為功後五日扁鵲復見曰君有疾在血脈不治恐深桓侯曰寡人無疾扁鵲出桓侯不悅後五日

扁鵲復見曰君有疾在腸胃間不治將深桓侯不應扁鵲出桓侯不悅後五日扁鵲復見望見桓侯而退走桓侯使人問其故扁鵲曰疾之居腠理也湯熨之所及也在血脈鍼石之所及也其在腸胃酒醪之所及也其在骨髓雖司命無柰之何今在骨髓臣是以無請也後五日桓侯體病使人召扁鵲扁鵲已逃去桓侯遂死傳玄曰是時齊無桓侯騶謂是齊侯田和之子桓公午也使聖人預知微能使良醫得蚤從事則疾可已身可活也人之所病病疾多正義曰病猒患多也言人猒患疾病多甚也而醫之所病病道少徐廣曰所病猶

癢病也故病有六不治驕恣不論於理一不治也輕身重財二不治也衣食不能適三不治也陰陽并藏氣不定四不治也形羸不能服藥五不治也信巫不信醫六不治也有此一者則重難治也扁鵲名聞天下過邯鄲聞貴婦人即為帶下醫過雒陽聞周人愛老人即為耳目痺醫索隱曰痺音必二反來入咸陽聞秦人愛小兒即為小兒醫隨俗為變秦太醫令李醯自知伎不如扁鵲也使人刺殺之至今天下言脈者由扁鵲也

太倉公者齊太倉長臨菑人也姓淳于氏名意正義曰括地志云淳于國城在密州安丘縣東北三十里古之斟灌國也春秋公如曹傳云冬淳于公如曹注水經云淳于縣故夏后氏之斟灌國也周武王以封淳于公號淳于國也少而喜醫方術高后八年更受師同郡元里公乘陽慶正義曰百官表云公乘第八爵也顏師古云言其得乘公之車也慶年七十餘無子使意盡去其故方更悉以禁方予之傳黃帝扁鵲之脈書五色診病正義曰八十一難云五藏有色皆見於面亦當與寸口尺內相應也其面色與相應已見前也知人死生決嫌疑定可治及藥論甚精受之三年為人治病決死生多驗然左右行游諸侯不以家為家或不為人治病病家多怨之者文帝四年中人上書言意以刑罪當傳西之長安索隱曰傳音竹

戀反傳乘傳送之意有五女隨而泣意怒罵曰生子不生男緩急無可使者於是少女緹縈傷父之言索隱曰緹音啼縈音紆營反乃隨父西上書曰妾父為吏齊中稱其廉平今坐法當刑妾切痛死者不可復生而刑者不可復續徐廣曰一作贖雖欲改過自新其道莫由終不可得妾願入身為官婢以贖父刑罪使得改行自新也書聞上悲其意此歲中亦除肉刑法徐廣曰案年表孝文十二年除肉刑○正義曰漢書刑法志云孝文帝即位十三年除肉刑三孟康云黥劓二左右趾一凡三也班固詩曰三王德彌薄惟後用肉刑太倉令有罪就遞長安城自恨身無子困急獨煢煢小女痛父言死者不可生上書詣闕下思古歌雞鳴憂心摧折裂晨風揚激聲聖漢孝文帝惻然感至情百男何憒憒不如一緹

繫意家居詔召問所爲治病死生驗者幾何人
主名爲誰詔問故太倉長臣意方伎所長及所
能治病者徐廣曰一作爲爲亦治有其書無有皆安受學受
學幾何歲嘗有所驗何縣里人也何病醫藥已
其病之狀皆何如具悉而對臣意對曰自意少
時喜醫藥醫藥方試之多不驗者至高后八年
徐廣曰意年二十六得見師臨菑元里公乘陽慶慶年七十
餘意得見事之謂意曰盡去而方書非是也慶
有古先道遺傳黃帝扁鵲之脈書五色診病知
人生死決嫌疑定可治及藥論書甚精我家給

富心愛公欲盡以我禁方書悉教公臣意即曰
幸甚非意之所敢望也臣意即避席再拜謁受
其脈書上下經五色診奇咳奇音羈咳音該○正義曰八十一難云奇經八脈者有陽維有陰維有陽蹻有陰蹻有衝有督有任有帶之脈凡此八者皆不拘於經故云奇經八脈也顧野王云胲當宎也又云胲指毛皮也藝文志有五音奇胲用兵二十六卷許慎云胲軍中約也術揆度陰陽
外變藥論石神接陰陽禁書受讀解驗之可一
年所明歲即驗之有驗然尚未精也要事之三
年所即嘗已爲人治診病決死生有驗精良今
慶已死十年所臣意年盡三年年三十九歲也
齊侍御史成自言病頭痛臣意診其脈告曰君

之病惡不可言也即出獨告成弟昌曰此病疽
正義曰上七如反也內發於腸胃之間後五日當癰腫正義曰上
於恭反下之勇反後八日嘔膿正義曰女東也死成之病得之飲酒
且內成即如期死所以知成之病者臣意切其
脈得肝氣肝氣濁徐廣曰一作黽而靜徐廣曰一作靖此內關之
病也正義曰八十一難云關遂入尺爲內關呂廣云脈從關至尺澤名內關也脈法曰脈長
而弦不得代四時者正義曰王叔和脈經云來數而中止不能自還因而復動者名曰
代者死素問云病在心愈在夏甚於冬病在脾愈在秋甚於春病在肺愈在冬甚於夏病在腎愈在春甚於夏病在肝愈
在夏甚於秋也其病主在於肝和即經主病也正義曰王叔和脈經云脈
長而弦病於肝也素問云得病於筋肝之和也代則絡脈有過正義曰素問云脈有不及有太

過有經有絡和即經主病大則絡有過也八十一難云關之前者陽之動也脈當見九分而浮過者法曰太過減者法曰
不及遂上魚爲溢爲外關內格此陰乘之脈也關以後者陰之動也脈當見一寸而沉過者法曰太過減者法曰不及遂
入尺爲覆爲內關外格此陽乘之脈也故曰覆溢是其眞藏之脈人不病而死也呂廣云過九分出一寸名太過也不
及九分至二分或四分五分此太過不滿一寸見八分或五分六分此不及經主病和者其
病得之筋髓裏其代絕而脈貫者病得之酒且
內所以知其後五日而癰腫八日嘔膿死者切
其脈時少陽初代代者經病病去過人人則去
絡脈主病當其時少陽初關一分故中熱而膿
未發也及五分則至少陽之界徐廣曰一作分下章曰肝與心相去五分
故曰五日盡也○正義曰王叔和脈經云分別三門鏡界脈候所主云從魚際至高骨却行一寸其中名曰寸口其骨自

高從寸至尺名曰尺澤故曰尺寸後尺前名曰關陽出陰入以關爲界陽出三分故曰三陰三陽陽生於尺動於寸陰生於寸動於尺寸主射上焦出頭及皮毛竟手關主射中焦腹及於腰尺主射下焦少腹至足也又八日則嘔膿死故上二分而膿發至界而癰腫盡泄而死熱上則熏陽明爛流絡流絡動則脈結發脈結發則爛解故絡交熱氣已上行至頭而動故頭痛

齊王中子諸嬰兒小子病召臣意診切其脈告曰氣鬲病病使人煩懣食不下時嘔沫病得之少憂數忔食飲索隱曰忔音疑乞反忔者風痺忔然不得動也臣意即爲之作下氣湯以飲之一日氣下二日能食三日即

病愈所以知小子之病者診其脈心氣也濁徐廣曰一作黽又作猛躁而經也此絡陽病也脈法曰脈來數病去難而不一者病主在心周身熱脈盛者爲重陽索隱曰上音直隴反重陽者逿心主徐廣曰逿音唐逿者盪也謂病盪心者猶刺其心○索隱曰逿依字讀○正義曰八十一難云手心主中宮在中部楊玄操云手心主胞絡也自臍已上至帶鬲爲中焦也故煩懣食不下則絡脈有過絡脈有過則血上出血上出者死此悲心所生也病得之憂也

齊郎中令循病衆醫皆以爲蹶入中而刺之臣意診之曰湧疝也索隱曰上音勇下音訕所諫反鄒誕生疝音山也令人不

得前後溲索隱曰溲音所留反前溲謂小便後溲大便也循曰不得前後溲三日矣臣意飲正義曰於禁反以火齊湯一飲得前溲再飲大溲三飲而疾愈病得之內所以知循病者切其脈時右口氣急徐廣曰右一作有○正義曰王叔和脈經云右手寸口氣口也脈無五藏氣右口正義曰謂右手寸口也脈大而數數者中下熱而湧左爲下右爲上皆無五藏應故曰湧疝中熱故溺赤也正義曰上徒吊反

齊中御府長信病臣意入診其脈告曰熱病氣也然暑汗脈少衰不死曰此病得之當浴流水而寒甚已則熱信曰唯然往正義曰唯惟癸反冬時爲王

使於楚至莒縣正義曰莒密州縣陽周水而莒橋梁頗壞信則擥正義音牽車轅未欲渡也馬驚即墮信身入水中幾死吏即來救信出之水中衣盡濡有閒而身寒已熱如火至今不可以見寒臣意即爲之液湯火齊逐熱一飲汗盡再飲熱去三飲病已即使服藥出入二十日身無病者所以知信之病者切其脈時并陰脈法曰熱病陰陽交者死切之不交并陰并陰者脈順清而愈其熱雖未盡猶活也腎氣有時閒濁徐廣曰一作黽在太陰脈口而希是水氣也腎固主水故以此知之失

治一時即轉爲寒熱

齊王太后病召臣意入診脈曰風癉客脬索隱曰癉病也音亶脬音普交反字或作胞〇正義曰癉音單旱也脬亦作胞膀胱也言風癉之病客居在膀胱難於大小溲溺赤臣意飲以火齊湯一飲即前後溲再飲病已溺如故病得之流汗出滫索隱曰劉氏音巡滫者去衣而汗晞也所以知齊王太后病者臣意診其脈切其太陰之口溼然風氣也脈法曰沈之而大堅正義曰沉一作深王叔和脈經云脈大而堅病出於腎也浮之而大緊者正義曰緊音吉忍反素問云脈短實而數有似切繩名曰緊也病主在腎腎切之而相反也脈大而躁大者膀胱氣也躁者中有熱而溺赤

齊章武里曹山跗病索隱曰跗方符反臣意診其脈曰肺消癉也加以寒熱即告其人曰死不治適其共養此不當醫索隱曰適音釋共音恭案謂山跗家適近所持財物共養我我不敢當以言其人不堪療也治法曰後三日而當狂妄起行欲走後五日死即如期死山跗病得之盛怒而以接內所以知山跗之病者臣意切其脈肺氣熱也脈法曰不平不鼓形獘正義曰王叔和脈經云平謂春肝木王其脈細而長夏心火王其脈洪大而散六月脾土王其脈大阿阿而緩秋肺金王其脈浮濇而短冬腎水王其脈沉而滑名平脈也此五藏高之遠數以經病也故切之時不平而代正義曰素問云血氣易處

曰不平脈候動不定曰代不平者血不居其處代者時參擊並至乍躁乍大也此兩絡脈絶故死不治所以加寒熱者言其人尸奪尸奪者形獘形獘者不當關灸鑱石及飲毒藥也臣意未往診時齊太醫先診山跗病灸其足少陽脈口而飲之半夏丸病者即泄注腹中虛又灸其少陰脈是壞肝剛絶深如是重損病者氣以故加寒熱所以後三日而當狂者肝一絡連屬結絶乳下陽明正義曰素問云乳下陽明胃絡也故絡絶開陽明脈陽明脈傷即當狂走後五日死者肝與心相去五分故曰五日盡盡即死矣

齊中尉潘滿如病小腹痛正義曰少音式妙反王叔和脈經云脈急疝瘕少腹痛也臣意診其脈曰遺積瘕也索隱曰劉氏音加雅反舊音遐鄒氏音嫁〇正義曰龍魚河圖云犬狗魚鳥不熟食之成瘕痛臣意即謂齊太僕臣饒內史臣繇曰中尉不復自止於內則三十日死後二十餘日溲血死病得之酒且內所以知潘滿如病者臣意切其脈深小弱其卒然合徐廣曰一云來然合然合合也是脾氣也正義曰卒音葱忽反卒一本作來素問云疾病之生於五藏五藏之合合於六府肝合氣於膽心合氣於小腸脾合氣於胃肺合氣於大腸腎合氣於膀胱三焦內主勞右脈口氣至緊小正義曰上音結忍反見瘕氣也以次相乘故三十日死

三陰俱搏者（正義曰如淳云音徒端反素問云左脉口曰少陰少陰之前名厥陰右脉口曰太陰此三陰之脉也）如法不俱搏者決在急期一搏一代者近也故其三陰搏溲血如前止（徐廣曰前一作筋也）

陽虛侯相趙章病召臣意衆醫皆以為寒中臣意診其脉曰迵風（迵音洞言洞徹入四支○索隱曰下云飲食下嗌輒出之是風疾洞徹五藏故曰迵風）迵風者飲食下嗌（音益謂喉下也）而輒出不留法曰五日死而後十日乃死病得之酒所以知趙章之病者臣意切其脉脉來滑是內風氣也飲食下嗌而輒出不留者法五日死皆為前分界法（正義曰分扶問反）後十日乃死所以過期者其人嗜粥故

中藏實中藏實故過期師言曰安穀者過期不安穀者不及期

濟北王病召臣意診其脉曰風蹶胷滿即為藥酒盡三石病已得之汗出伏地所以知濟北王病者臣意切其脉時風氣也心脉濁（徐廣曰一作亂）病法過入其陽陽氣盡而陰氣入陰氣入張則寒氣上而熱氣下故胷滿汗出伏地者切其脉氣陰陰氣者病必入中出及瀺水也（索隱曰瀺音士咸反○正義曰顏野王云手足液身軀汋音常灼也）

齊北宮司空命婦出於病（徐廣曰一作奴奴蓋女奴○正義命婦名也）衆

醫皆以為風入中病主在肺（徐廣曰一作肝）刺其足少陽脉臣意診其脉曰病氣疝客於膀胱難於前後溲而溺赤病見寒氣則遺溺使人腹腫出於病得之欲溺不得因以接內所以知出於病者切其脉大而實其來難是蹶陰之動也（正義曰蹶厥陰之脉也）脉來難者疝氣之客於膀胱也腹之所以腫者言蹶陰之絡結小腹也蹶陰有過則脉結動動則腹腫臣意即灸其足蹶陰之脉左右各一所即不遺溺而溲清小腹痛止即更為火齊湯以飲之三日而疝氣散即愈

故濟北王阿母（徐廣曰齊一作齊王○索隱曰案是王之妳母也○正義曰服虔云乳母也鄭兹巳者）自言足熱而懣臣意告曰熱蹶也則刺其足心各三所案之無出血病旋已（索隱曰言尋則已止也○正義曰謂旋轉之間病則已止也）病得之飲酒大醉

濟北王召臣意診脉諸女子侍者至女子豎豎無病臣意告永巷長曰豎傷脾不可勞法當春嘔血死臣意言王曰才人女子豎何能王曰是好為方多伎能為所是案法新（徐廣曰所一作取○索隱曰謂於舊方技能生新意也）往年市之民所四百七十萬曹偶四人（索隱曰案當今之四千七百貫也曹偶猶等輩也）王曰得毋有病乎臣意對曰豎病重在死法

中王召視之其顏色不變以爲不然不賣諸侯所至春豎奉劒從王之廁王去豎後王令人召之即仆於廁嘔血死（索隱曰仆音赴又音步北反）病得之流汗流汗者同法病內重毛髮而色澤脈不衰此亦關內之病也

齊中大夫病齲齒（正義曰上丘羽反釋名云齲朽也蟲齧之缺朽也）臣意灸其左太陽明脈即爲苦參湯日嗽三升出入五六日病已得之風及臥開口食而不嗽

菑川王美人懷子而不乳（索隱曰乳音人喻反乳生也）來召臣意臣意往飲以莨礍（正義曰浪宕二音）藥一撮以酒飲之旋乳（索隱曰旋乳者言迴旋即生也）臣意復診其脈而脈躁躁者有餘病即飲以消石一齊出血血如豆比五六枚（索隱曰比音必利反）

齊丞相舍人奴從朝入宮臣意見之食閨門外望其色有病氣臣意即告宦者平平好爲脈學臣意所臣意即示之舍人奴病告之曰此傷脾氣也當至春鬲塞不通不能食飲法至夏泄血死宦者平即往告相曰君之舍人奴有病病重死期有日相君曰卿何以知之曰君朝時入宮君之舍人奴盡食閨門外平與倉公立即示平

曰病如是者死相即召舍人奴而謂之曰公奴有病不舍人曰奴無病身無痛者至春果病至四月泄血死所以知奴病者脾氣周乘五藏傷部而交故傷脾之色也望之殺然黃（徐廣曰殺音蘇葛反○正義曰殺蘇亥反）察之如死青之茲衆醫不知以爲大蟲（索隱曰即蚘虫也）不知傷脾所以至春死病者胃氣黃黃者土氣也土不勝木故至春死所以至夏死者脈法曰病重而脈順清者曰內關內關之病人不知其所痛心急然無苦若加以一病死中春一愈順及一時其所以四月死者診其人時愈順愈順者人尚肥也奴之病得之流汗數出灸於火而以出見大風也

菑川王病召臣意診脈曰蹶上（正義時掌反蹶逆氣上也）爲重頭痛身熱使人煩懣（正義曰亡本反止但有煩也）臣意即以寒水拊其頭（索隱曰拊音附又音撫）刺足陽明脈左右各三所病旋已病得之沐髮未乾而臥診如前所以蹶頭熱至肩

齊王黃姬兄黃長卿家有酒召客召臣意諸客坐未上食臣意望見王后弟宋建告曰君有病往四五日君要脅痛不可俛仰（正義曰上音免）又不得

扁鵲倉公傳

小溲不亟治病即入濡腎及其未舍五藏急治之病方今客腎濡正義曰濡溺也病方客在腎欲弱腎也此所謂腎痺也宋建曰然建故有要脊痛往四五日天雨黃氏諸倩徐廣曰倩者女壻也駰案方言曰東齊之間壻謂之倩郭璞曰言可假倩也○正義曰倩音七姓反見建家京下方石徐廣曰京者倉廩之屬也即弄之建亦欲效之效之不能起即復置之暮要脊痛不得溺至今不愈建病得之好持重所以知建病者臣意見其色太陽色乾腎部上及界要以下者枯四分所故以往四五日知其發也臣意即為柔湯使服之十八日所而病愈

史傳四五　十九

濟北王侍者韓女病要背痛寒熱衆醫皆以為寒熱也臣意診脈曰內寒月事不下也即竄以藥索隱曰謂以煙熏之故云竄音七亂反旋下病已病得之欲男子而不可得也所以知韓女之病者診其脈時切之腎脈也嗇而不屬嗇而不屬者其來難堅故曰月不下肝脈弦出左口故曰欲男子不可得也

臨菑氾里女子薄吾病甚索隱曰氾音凡衆醫皆以為寒熱篤當死不治臣意診其脈曰蟯瘕徐廣曰蟯音饒○索隱曰音饒瘕音遐○正義曰人腹中短虫蟯瘕為病腹大上膚黃麤循

扁鵲倉公傳

之戚戚然臣意飲以芫華一撮即出蟯可數升病已三十日如故病蟯得之於寒溼寒溼氣宛音鬱○索隱曰又如字篤不發化為蟲臣意所以知寒薄吾病者切其脈循其尺正義曰王叔和云寸關尺寸謂三分尺謂八分寸口在關上尺在關下寸關尺共有一寸九分也其尺索刺麤而毛美奉髮徐廣曰奉一作奏又作秦○索隱曰循音巡案謂手循其尺索也刺音七賜反麤音七胡反言循其尺索刺人手而麤是婦人之病也徐氏云奉一作奏非其義也又云一作秦秦謂蓁首言髮如蠐螬事蓋近也是蟲氣也其色澤者中藏無邪氣及重病

齊淳于司馬病臣意切其脈告曰當病迵風迵風之狀飲食下嗌輒後之徐廣曰如廁病得之飽食

史列四十五　二十一

而疾走淳于司馬曰我之王家食馬肝食飽甚見酒來即走去驅疾至舍即泄數十出臣意告曰為火齊米汁飲之七八日而當愈時醫秦信在旁臣意去信謂左右閣都尉曰索隱曰案閣者姓也為都尉一云閣即宮閣都尉掌之故曰閣都尉也意以淳于司馬病為何曰以為迵風可治信即笑曰是不知也淳于司馬病法當後九日死即後九日不死其家復召臣意臣意往問之盡如意診臣即為一火齊米汁使服之七八日病已所以知之者診其脈時切之盡如法其病順故不死

齊中郎破石病，臣意診其脈，告曰肺傷不治，當後十日丁亥溲血死。即後十一日溲血而死。破石之病得之墮馬僵石上。所以知破石之病者，切其脈，得肺陰氣，其來散，數道至而不一也。色又乘之。所以知其墮馬者，切之得番陰脈 索隱曰番音芳遠反 番陰脈入虛裏，乘肺脈。肺脈散者，固色變也乘之。所以不中期死者，師言曰「病者安穀即過期，不安穀則不及期」。其人嗜黍，黍主肺，故過期。所以溲血者，診脈法曰「病養喜陰處者順死，喜養陽處者逆死」。其人喜自靜，不躁，又久安坐，

伏几而寐，故血下泄。

齊王侍醫遂病，自練五石服之。臣意往過之，遂謂意曰：「不肖有病，幸診遂也。」臣意即診之，告曰：「公病中熱。論曰『中熱不溲者，不可服五石』。石之爲藥精悍，公服之不得數溲，亟勿服。色將發臃。」遂曰：「扁鵲曰『陰石以治陰病，陽石以治陽病』。夫藥石者有陰陽水火之齊，故中熱，即爲陰石柔齊治之；中寒，即爲陽石剛齊治之。」臣意曰：「公所論遠矣。扁鵲雖言若是，然必審診，起度量，立規矩，稱權衡，合色脈 徐廣曰合一作占 表裏有餘不足順

逆之法，參其人動靜與息相應，乃可以論。論曰『陽疾處內，陰形應外者，不加悍藥及鑱石』。夫悍藥入中，則邪氣辟矣 索隱曰辟音必亦反猶聚也 而宛氣愈深 索隱曰愈音庾 診法曰『二陰應外，一陽接內者，不可以剛藥』。剛藥入則動陽，陰病益衰，陽病益著，邪氣流行，爲重困於俞 徐廣曰音始喻反 忿發爲疽。」意告之後百餘日，果爲疽發乳上，入缺盆，死 索隱曰按缺盆人乳旁上骨名也 此謂論之大體也，必有經紀。拙工有一不習，文理陰陽失矣。

齊王故爲陽虛侯時，病甚 徐廣曰齊悼惠王子也名將閭以文帝十六年爲齊

王即位十一年卒謚孝王 衆醫皆以爲蹷。臣意診脈，以爲痺，根在右脅下，大如覆杯，令人喘，逆氣不能食。臣意即以火齊粥且飲，六日氣下；即令更服丸藥，出入六日，病已。病得之內。診之時不能識其經解，大識其病所在。臣意嘗診安陽武都里成開方，開方自言以爲不病，臣意謂之病苦沓風 索隱曰沓音徒合反風病之名也 三歲四支不能自用，使人瘖 徐廣曰一作瘖音才亦反 〇索隱曰瘖者失瘖也讀如音又作喑喑者置也言使人運置其手足也 瘖即死。今聞其四支不能用，瘖而未死也。病得之數飲酒以見大風氣。所以知成開方病者，診之，其脈法奇咳言

曰藏氣相反者死徐廣曰反一作及切之得腎反肺徐廣曰反
一作及法曰三歲死也
安陵阪里公乘項處病索隱曰案公乘官名也項姓處名故上云倉公之師元里
公乘陽慶亦然也臣意診脈曰牡疝索隱曰上音母下音色諫反牡疝在
鬲下上連肺病得之內臣意謂之慎毋爲勞力
事爲勞力事則必嘔血死處後蹴踘徐廣曰一作蹹○正義曰
上千六反下九六反謂打毬也要蹷寒汗出多即嘔血臣意復診
之曰當旦日日夕死索隱曰案旦日明日也言明日之夕死也即死病得
之內所以知項處病者切其脈得番陽索隱曰脈病之名曰
番陽者以言陽脈之翻入虛裏也番陽入虛裏處旦日死一番一絡

史記列傳四十五　二十三

者徐廣曰絡一作結牡疝也臣意曰他所診期決死生及
所治已病衆多久頗忘之不能盡識不敢以對
問臣意所診治病病名多同而診異或死或不
死何也對曰病名多相類不可知故古聖人爲
之脈法以起度量立規矩縣權衡案繩墨調陰
陽別人之脈各名之與天地相應參合於人故
乃別百病以異之有數者皆異之索隱曰數音色住反謂術數之
人乃可異其狀也無數者同之然脈法不可勝驗診疾人
以度異之乃可別同名命病主在所居今臣意
所診者皆有診籍所以別之者臣意所受師方

適成師死以故表籍所診期決死生觀所失所
得者合脈法以故至今知之問臣意曰所期病
決死生或不應期何故對曰此皆飲食喜怒不
節或不當飲藥或不當鍼灸以故不中期死也
問臣意意方能知病死生論藥用所宜諸侯王
大臣有嘗問意者不及文王病時徐廣曰齊文王也以文帝十五
年卒不求意診治何故對曰趙王膠西王濟南王
吳王皆使人來召臣意臣意不敢往文王病時
臣意家貧欲爲人治病誠恐吏以除拘臣意也
徐廣曰時諸侯得自拜除吏故移名數左右正義曰以名籍屬左右之人不脩

史記列傳四十五　二十四

家生出行游國中問善爲方數者事之索隱曰數音術數之
數久矣見事數師正義曰上色庚反悉受其要事盡其方
書意及解論之身居陽虛侯國因事侯侯入朝
臣意從之長安以故得診安陵項處等病也
問臣意知文王所以得病不起之狀臣意對曰
不見文王病然竊聞文王病喘頭痛目不明臣
意心論之以爲非病也以爲肥而蓄精身體不
得搖骨肉不相任故喘不當醫治脈法曰年二
十脈氣當趨年三十當疾步年四十當安坐年
五十當安臥年六十已上氣當大董徐廣曰董謂深藏之一作

董（索隱曰董音謹）文王年未滿二十方脈氣之趨也而徐之不應天道四時後聞醫灸之即篤此論病之過也臣意論之以爲神氣爭而邪氣入非年少所能復之也以故死所謂氣者當調飲食擇晏日車步廣志以適筋骨肉血脈以瀉氣故年二十是謂易貿（徐廣曰一作賀又作質）法不當砭灸砭灸至氣逐問臣意師慶安受之聞於齊諸侯不對曰不知慶所師受慶家富善爲醫不肯爲人治病當以此故不聞慶又告臣意曰愼毋令我子孫知若學我方也

問臣意師慶何見於意而愛意欲悉教意方對曰臣意不聞師慶爲方善也意所以知慶者意少時好諸方事臣意試其方皆多驗精良臣意聞菑川唐里公孫光善爲古傳方（索隱曰謂好能傳得古方也○正義曰謂全傳寫得古人之方書）臣意即往謁之得見事之受方化陰陽及傳語法（徐廣曰法一作五）臣意悉受書之臣意欲盡受他精方公孫光曰吾方盡矣不爲愛公所（索隱曰言於意所不愛惜方術也）吾身已衰無所復事之是吾年少所受妙方也悉與公毋以教人臣意曰得見事侍公前悉得禁方幸甚意死不敢妄傳人

居有閒公孫光閒處（正義曰上音閑下昌汝反）臣意深論方見言百世爲之精也師光喜曰公必爲國工吾有所善者皆疏同産處臨菑善爲方吾不若其方甚奇非世之所聞也吾年中時嘗欲受其方（索隱曰案年中謂中年時也中年亦壯年也古人語自爾）楊中倩不肯（索隱曰倩音七見反人姓名也）曰若非其人也胥與公往見之（徐廣曰胥猶言須也）當知公喜方也其人亦老矣其家給富時者未往會慶子男殷來獻馬因師光奏馬王所意以故得與殷善光又屬意於殷曰意好數（索隱曰數色句反謂好術數也）公必謹遇之其人聖儒（索隱曰言意儒德慕聖人之道故云聖儒也）即爲書以意屬楊慶以故知慶臣意事慶謹以故愛意也

問臣意曰吏民嘗有事學意方及畢盡得意方不何縣里人對曰臨菑人宋邑（徐廣曰一作昆）邑學臣意教以五診（正義曰謂診五藏之脈）歲餘濟北王遣太醫高期王禹（徐廣曰一作鷁）學臣意教以經脈高下及奇絡結（正義曰素問云奇經八脈往來舒時一止而復來名之曰結也）當論俞（正義曰式喻反）所居及氣當上下出入邪逆順以宜鑱石定砭灸處歲餘菑川王時遣太倉馬長馮信正方臣意教以案法逆順論藥法定五味及和齊湯法高永

侯家丞杜信喜脈來學臣意教以上下經脈五診二歲餘臨菑召里唐安來學臣意教以五診上下經脈奇咳四時應陰陽重未成除爲齊王侍醫

問臣意診病決死生能全無失乎臣意對曰意治病人必先切其脈乃治之敗逆者不可治其順者乃治之心不精脈所期死生視可治時時失之臣意不能全也

太史公曰女無美惡居宮見妒士無賢不肖入朝見疑故扁鵲以其伎見殃倉公乃匿迹自隱

而當刑緹縈通尺牘父得以後寧故老子曰美好者不祥之器豈謂扁鵲等邪若倉公者可謂近之矣

索隱述贊曰

上池祕術　長桑所傳　始候趙簡
知夢鈞天　言占虢嗣　尸蹷起焉
倉公贖罪　陽慶推賢　効驗多狀
式具于篇

正義曰胃大一尺五寸徑五寸長二尺六寸橫尺受水穀三斗五升其中常留穀二斗水一斗五升凡人食入於口而聚於胃中穀熟傳入小腸也小腸大二寸半徑八分分之少半長三丈二尺受穀二斗四升水六升三合合之太半小腸謂之穀而傳入於大腸也回腸大四寸徑一寸半長二丈一尺受穀一斗水七升半廣腸大八寸徑二寸半長二尺八寸受穀九升三合八分合之一故腸胃凡長五丈八尺四寸合受水穀八斗七升六合八分合之一此腸胃長短受水穀之數也甲乙經腸胃凡長丈六尺四寸四分從口至腸而數之此徑從胃至腸而數之故短也肝重四斤四兩左三葉右四葉凡七葉主藏魂肝者幹也於五行爲木其體狀有枝幹也肝之神七人老子名曰明堂宮蘭臺府從官三千六百人又云

肝神六童子三女子三也心重十二兩中有七孔三毛盛精汁三合主藏神心纖也所識纖微也其神九太尉公名曰絳宮太始南極老人貞光之身其從官三千六百人又爲帝王身之王也脾重二斤三兩扁廣三寸長五寸有散膏半斤主裹血溫五藏主藏榮脾裨也在助胃氣主化穀其神云光玉女子母其從官三千六百人也肺重三斤三兩六葉兩耳凡八葉主藏魄肺孛也言其氣孛故短也鬱也其神八人太和君名曰玉堂宮尚書府其從官三千六百人又云肺神十四童子七女子七也腎有兩枚重一斤一兩主藏志腎引也腎屬水主引水氣灌注諸脈也其神六人司徒司空司命司錄司隸校尉廷尉卿也膽在肝之短葉間重三兩三銖盛精汁三合膽敢也言人有膽氣而能果敢也其神五人太一道君居紫房宮中其從官三千六百人也胃重二斤十四兩紆

扁鵲倉公傳

曲屈申長二尺六寸大一尺五寸徑五寸盛穀二斗水一斗五升胃圍也言圍受食物也其神十二人五元之氣諫議大夫也小腸重二斤十四兩長三丈二尺廣二寸半徑八分分之少半迴積十六曲盛穀二斗四升水六升三合合之太半腸暢也言通暢胃氣牽去穢也其神二人元梁使者也大腸重二斤十二兩長二丈一尺廣四寸徑一寸半當齊右迴十六曲盛穀一斗水七升半大腸即迴腸也其迴曲因以名之其神二人元梁使者也膀胱重九兩二銖縱廣九寸盛溺九升九合膀橫也胱廣也體短而又名胞胞虛空也主以虛承水液口廣二寸半脣至齒長九分齒已後至會厭深三寸半大容

五合也舌重十兩長七寸廣二寸半舌泄也言可舒泄言語也咽門重十兩廣二寸半至胃長一尺六寸咽嚥也言嚥物也又謂之咽主地氣胃為土故云主地氣也喉嚨重十二兩廣二寸長一尺二寸九節喉嚨空虛也言其中空虛可以通氣息焉心肺之系也呼吸之道路喉嚨與咽並行其實兩異而人多惑也肛門重十二兩大八寸徑二寸太半長二尺八寸受穀九升三合八分合之一肛釭也言其處似車釭故曰釭門即廣腸之門又名䐁也手三陽之脈從手至頭長五尺五六合三丈一手有三陽兩手為六陽故云五六三十也手三陰之脈從手至胷中長三尺五寸三六一丈八尺五六三尺合二丈一尺兩手各有三陰合為六陰故云三六一丈八尺也足

三陽之脈從足至頭長八尺六八合四丈八尺兩足各有三陽故曰六八四丈八尺也足三陰之脈從足至胷長六尺五寸六六三丈六尺五六三尺合三丈九尺兩足各有陰故云六六三丈六尺也按足太陰少陰皆至舌下足厥陰至於頂上今言至胷中者蓋據其相接之次者也人兩足蹻脈從足至目長七尺五寸二七一丈四尺二五一尺合一丈五尺督脈任脈各長四尺五寸二四八尺二五一尺合九尺凡脈長一十六丈二尺也此所謂十二經脈長短之數也督脈起於脻頭上於面至口齒縫計此不止長四尺五寸當取其上極於風府而言之也手足各十二脈為二十四并督任兩蹻四脈都合二十八脈以應二十八宿凡長十六丈二尺營衛行周此數則一度也寸口脈之大會手太

陰之動也太陰者脈之會也肺諸藏主蓋主通陰陽故十二經皆手太陰所以決吉凶者十二經有病皆寸口知其何經之動浮沉滑濇逆順知其死生之兆也人一呼脈行三寸一吸脈行三寸呼吸定息脈行六寸十二經十五絡二十七氣皆候於寸口隨呼吸上下呼脈上行三寸吸脈下行三寸二十七氣皆逐上下行無有息時人一日一夜凡一萬三千五百息脈行五十周於身漏水下百刻營衛行陽二十五度行陰二十五度度為一周也故五度復會於手太陰寸口者五藏六府之所終始故法於寸口也人一息行六寸百息六丈千息六十丈一萬三千五百息合為八百一十丈陽脈出行二十五度陰脈入行二十五度陰陽出入行二十五度陰陽呼吸覆行周畢度數也脈行身畢即水下百刻亦畢謂一日一夜刻盡天明日出東方脈還得寸口當更始也故寸口者五藏六府之所終始也肺

氣通於鼻鼻和則知臭香矣肝氣通於目目和則知白黑矣脾氣通於口口和則知穀味矣心氣通於舌舌和則知五味矣腎氣通於耳耳和則聞五音矣五藏不和則九竅不通六府不和則留為癰也

扁鵲倉公列傳第四十五　史記一百五

吳王濞列傳第四十六　史記一百六

索隱曰五宗之國俱享大邦雖復逆亂萌心取弑朝典豈可謂非青社之國哉然淮南猶有後不絕衡山亦其罪蓋輕比三豝之分晉方暴秦之滅周可不優乎安得出其王國不上同五宗三王列於世家其吳濞請與楚元王同為一篇淮南宜與齊悼惠王為一篇

吳王濞者索隱曰案濞字也音披位反高帝兄劉仲之子也徐廣曰仲名喜高帝已定天下七年立劉仲為代王而匈奴攻代劉仲不能堅守棄國亡間行走雒陽索隱曰謂獨行從他道逃走間音紀閑反自歸天子天子為骨肉故不忍致法廢以為郃陽侯索隱曰地理志馮翊縣名在郃水之陽音合○正義曰郃陽故城在同州河西縣南三十里高帝十一年秋淮南王英布反東并荊地劫其國兵西度淮擊楚高帝自將往誅之劉仲子沛侯濞年二十有氣力以騎將從破布軍蘄西會甀索隱曰地名也在蘄縣之西會音古外反甀音鍾布走荊王劉賈為布所殺無後上患吳會稽輕悍無壯王以填之索隱曰填音鎮諸子少乃立濞於沛為吳王徐廣曰十二年十月辛丑王三郡五十三城已拜受印高帝召濞相之謂曰若狀有反相心獨悔業已拜因拊其背索隱曰拊音撫告曰漢後五十年東南有亂者豈若邪徐廣曰漢元年至景帝三年反五十有三年駰案應劭曰克期五十占者所知若秦始皇東巡以厭氣後劉項起東南疑當如此耳如淳曰度其貯積足用為難又吳楚世不賓服○索隱曰案應氏之意以後五十年東南有乱本是

占氣者所說高祖素聞此說自以前難未弭恐後災更生故說此言更以成濞如淳之說亦合事理然天下同姓爲一家也愼無反濞頓首曰不敢會孝惠高后時天下初定郡國諸侯各務自拊循其民吳有豫章郡銅山韋昭曰今故章○索隱曰案鄣郡後改曰故章或稱豫章爲衍字也○正義括地志云秦兼天下以爲鄣郡今湖州長城縣西南八十里故章城是也銅山今宣州及潤州句容縣有並屬章也濞則招致天下亡命者益鑄錢煮海水爲鹽以故無賦正義曰按既盜鑄錢何以收其利足國之用吳國之民又何得無賦如說非也言吳國山旣出銅民多盜鑄錢及煮海水爲監以山海之利不賦之故言無賦也其民無賦國用乃富饒也國用富饒如淳曰鑄錢煮鹽收其利以足國用故無賦於民孝文時吳太子入見索隱曰姚氏案楚漢春秋云吳太子名賢字德明得侍皇太子飲博吳太子師傅皆楚人輕悍又素驕博爭道不恭皇太子引博局提吳太子殺之索隱曰提音帝又音底又音弟於是遣其喪歸葬至吳吳王慍曰正義曰於問反怨也天下同宗死長安即葬長安何必來葬爲復遣喪之長安葬吳王由此稍失藩臣之禮稱病不朝京師知其以子故稱病不朝驗問實不病諸吳使來輒繫責治之吳王恐爲謀滋甚及後使人爲秋請應劭曰冬當斷獄秋先請擇其輕重也孟康曰律春曰朝秋曰請如古諸侯朝聘也如淳曰濞不得行使人代己致請禮也○索隱曰音淨孟說是也應劭所云斷獄先請不知何憑如淳云代己致請亦是臆說且文云使人爲秋請謂使人爲此秋請之禮也上復責問吳使者使者對曰王實不病漢繫治使者

數輩以故遂稱病且夫察見淵中魚不祥張晏曰喻人君不當見盡下之私○索隱曰案此語見韓子及文子韋昭曰知臣下陰私使憂患生變爲不祥故當赦宥使自新也今王始詐病及覺見責急愈益閉恐上誅之計乃無聊唯上棄之而與更始於是天子乃赦吳使者歸之而賜吳王几杖老不朝吳得釋其謀亦益解然其居國以銅鹽故百姓無賦索隱曰案吳國有鑄錢煮鹽之利故百姓不別徭賦也卒踐更輒與平賈漢書音義曰以當爲更卒出錢三百文謂之過更自行爲卒爲之踐更吳王欲得民心爲卒雇者其庸隨時月與平賈如漢桓靈時有所興作以少府錢借民比也○索隱曰案漢律卒更有三踐更居更過更也此言踐更輒與平賈者謂爲踐更合自出錢今王欲得人心乃與平價官讎之也○正義曰踐更若今唱更行更者也言民自著卒更有三品有卒更有踐更有過更古者正卒無常人皆當迭之是爲卒更貧者欲故更錢者次直者出錢顧之月二千是爲踐更天下人皆直戍邊三月亦各爲更律所謂繇戍也雖丞相子亦在戍邊之調不可人人自行三月戍又行者出錢三百入官官給戍者是爲過更此漢初因秦法而行之後改爲謫乃戍邊一歲歲時存問茂材賞賜閭里佗郡國吏欲來捕亡人者訟共禁弗予徐廣曰訟音松駰按如淳曰訟公也○正義曰訟音容言其相容禁止不與也如此者四十餘年正義曰言四十餘年者太史公盡言吳王一代行事也漢書作三十餘年而班固見其語在孝文之代乃減十年是班固不曉其理也以故能使其衆鼂錯爲太子家令得幸太子數從容言吳過可削數上書說孝文帝文帝寬不忍罰以此吳日益橫及孝景帝即位錯爲御史大夫說上曰昔高帝初定天下昆弟少諸子弱大封同姓

故王孽子悼惠王王齊七十餘城庶弟元王王楚四十餘城兄子濞王吳五十餘城封三庶孽分天下半今吳王前有太子之郄詐稱病不朝於古法當誅文帝弗忍因賜几杖德至厚當改過自新乃益驕溢即山鑄錢〔索隱曰案即山山名又即者就也〕煮海水為鹽誘天下亡人謀作亂今削之亦反不削之亦反削之其反亟禍小不削反遲禍大三年冬楚王朝鼂錯因言楚王戊往年為薄太后服私姦服舍〔服虔曰服舍在喪次而私姦宮中也〕請誅之詔赦罰削東海郡因削吳之豫章郡會稽郡及前二年趙

王有罪削其河閒郡〔索隱曰案漢書作常山郡也〕膠西王卬以賣爵有姦削其六縣漢廷臣方議削吳吳王濞恐削地無已因以此發謀欲舉事念諸侯無足與計謀者聞膠西王勇好氣喜兵諸齊皆憚畏〔韋昭曰故為齊分為國者膠東濟北之屬〕於是乃使中大夫應高誂膠西王〔索隱曰誂音徒鳥反〕無文書口報曰吳王不肖有宿夕之憂不敢自外使喻其驩心王曰何以教之高曰今者主上興於姦飾於邪臣好小善聽讒賊擅變更律令侵奪諸侯之地徵求滋多誅罰良善日以益甚里語有之䑛糠及米〔索隱曰案言䑛糠盡則至

米謂削土盡則至滅國也〕吳與膠西知名諸侯也一時見察恐不得安肆矣吳王身有內病不能朝請二十餘年嘗患見疑無以自白今脅肩累足猶懼不見釋竊聞大王以爵事有適〔正義曰張革反〕所聞諸侯削地罪不至此此恐不得削地而已王曰然有之子將柰何高曰同惡相助同好相留同情相成同欲相趨同利相死今吳王自以為與大王同憂願因時循理棄軀以除患害於天下億亦可乎王瞿然駭曰〔索隱曰劉氏瞿音九具反又說文云瞿遠視貌音九縛反〕寡人何敢如是今主上雖急固有死耳安得不戴高曰

御史大夫鼂錯熒惑天子侵奪諸侯蔽忠塞賢朝廷疾怨諸侯皆有倍畔之意人事極矣彗星出蝗蟲數起此萬世一時而愁勞聖人之所以起也〔索隱曰案所謂殷憂以啓明聖也〕故吳王欲內以鼂錯為討外隨大王後車彷徉天下所鄉者降所指者下天下莫敢不服大王誠幸而許之一言則吳王率楚王略函谷關守滎陽敖倉之粟距漢兵治次舍須大王大王有幸而臨之則天下可并兩主分割不亦可乎王曰善高歸報吳王吳王猶恐其不與乃身自為使使於膠西面結之膠西

羣臣或聞王謀諫曰承一帝至樂也今大王與
吳西鄉弟令事成兩主分爭患乃始結諸侯之
地不足為漢郡什二而為畔逆以憂太后非長
策也(文穎曰王之太后也)王弗聽遂發使約齊菑川膠東
濟南濟北皆許諾而曰城陽景王有義攻諸呂
勿與事定分之耳(徐廣曰爾時城陽恭王喜景王之子)諸侯既新削
罰振恐多怨鼂錯及削吳會稽豫章郡書至則
吳王先起兵膠西正月丙午誅漢吏二千石以
下膠東菑川濟南楚趙亦然遂發兵西齊王後
悔飲藥自殺畔約濟北王城壞未完其郎中令

劫守其王不得發兵膠西為渠率膠東菑川濟
南共攻圍臨菑趙王遂亦反陰使匈奴與連兵
七國之發也吳王悉其士卒下令國中曰寡人
年六十二(徐廣曰吳王封吳四十二年矣)身自將少子年十四亦
為士卒先諸年上與寡人比下與少子等者皆
發發二十餘萬人南使閩越東越東越亦發兵
從孝景帝三年正月甲子初起兵於廣陵(徐廣曰荆王劉賈都吳吳王移廣陵也)
西涉淮因并楚兵發使遺諸侯書
曰吳王劉濞敬問膠西王膠東王菑川王濟南
王趙王楚王淮南王衡山王廬江王故長沙王

子(徐廣曰吳芮之玄孫靖王著以文帝七年卒無嗣國除駰案如淳曰吳芮後四世無子國除庶子二人為列侯不得嗣王志將不滿故誘與之反也)幸教寡人以漢有賊臣無功天下
侵奪諸侯地使吏劾繫訊治以僇辱之為故(漢書音義曰故事也○正義曰按專以僇辱諸侯為事)
不以諸侯人君禮遇劉氏
骨肉絕先帝功臣進任姦宄詿亂天下(正義曰詿音挂)欲
危社稷陛下多病志失不能省察欲舉兵誅之
謹聞教敝國雖狹地方三千里人雖少精兵可
具五十萬寡人素事南越三十餘年其王君皆
不辭分其卒以隨寡人又可得三十餘萬寡人
雖不肖願以身從諸王越直(音值)長沙者(索隱曰謂其境相接也)

因王子定長沙以北(如淳曰南越直長沙者因王子定也○索隱曰案謂南越之地與長沙地相接值者因長沙王子以定長沙以北也)西走蜀漢中(正義曰走音奏向也王子長沙王子也南越之地對長沙之南者其民因王子卒而鎮定長沙以北西向蜀及漢中咸委王子定矣)告越(如淳曰告東越使定之)楚王淮南三王與寡人西面(正義曰越東越也又告東越楚淮南三王與吳王共西面擊之三王謂淮南衡山廬江也)齊諸王與趙王定河
間河內或入臨晉關(正義曰今蒲津關)或與寡人會雒陽
燕王趙王固與胡王有約燕王北定代雲中摶
胡眾(索隱曰摶音專專謂專統領胡兵)入蕭關(正義曰今名隴山關在原州平京縣界)走
長安匡正天子以安高廟願王勉之楚元王子
淮南三王或不沐洗十餘年怨入骨髓欲一有

所出之父矣寡人未得諸王之意未敢聽今諸王苟能存亡繼絶振弱伐暴以安劉氏社稷之所願也敝國雖貧人節衣食之用積金錢脩兵革聚穀食夜以繼日三十餘年矣凡爲此願諸王勉用之能斬捕大將者賜金五千斤封萬戸列將三千斤封五千戸裨將二千斤封二千戸二千石千斤封千戸千石五百斤封五百戸皆爲列侯其以軍若城邑降者卒萬人邑萬戸如得大將人戸五千如得列將人戸三千如得裨將人戸千如得二千石其小吏皆以差次受爵金佗封賜皆倍軍法（服虔曰封賜倍漢之常法）其有故爵邑者更益勿因願諸王明以令士大夫弗敢欺也寡人金錢在天下者往往而有非必取於吳諸王日夜用之弗能盡有當賜者告寡人寡人且往遺之敬以聞七國反書聞天子天子乃遣太尉條侯周亞夫將三十六將軍往擊吳楚遣曲周侯酈寄擊趙將軍欒布擊齊大將軍竇嬰屯滎陽監齊趙兵吳楚反書聞兵未發竇嬰未行言故吳相袁盎盎時家居詔召入見上方與晁錯調兵筭軍食上問袁盎曰君嘗爲吳相知吳臣

田祿伯爲人乎今吳楚反於公何如曰不足憂也今破矣上曰吳王即山鑄錢煮海水爲鹽誘天下豪桀白頭舉事若此其計不百全豈發乎何以言其無能爲也袁盎對曰吳有銅鹽利則有之安得豪桀而誘之誠令吳得豪桀亦且輔王爲義不反矣吳所誘皆無賴子弟亡命鑄錢姦人故相率以反鼂錯曰袁盎策之善上問曰計安出盎對曰願屛左右上屛人獨錯在盎曰臣所言人臣不得知也乃屛錯錯趨避東廂恨甚上卒問盎盎對曰吳楚相遺書曰高帝王子弟各有分地今賊臣鼂錯擅適過諸侯（索隱曰適音直革反又音宅）削奪之地故以反爲名西共誅鼂錯復故地而罷方今計獨斬鼂錯發使赦吳楚七國復其故削地則兵可無血刃而俱罷於是上嘿然良久曰顧誠何如吾不愛一人以謝天下盎曰臣愚計無出此願上孰計之乃拜盎爲太常（正義曰今盎爲太常史失奉宗廟之指意）吳王弟子德侯爲宗正（徐廣曰名通其父名廣駰案漢書曰吳王弟子德侯廣爲宗正也）盎裝治行後十餘日上使中尉召錯紿載行東市錯衣朝衣斬東市則遣袁盎奉宗廟宗正輔親戚（正義曰以親戚之意輔漢訓諭）使告吳如

盎策至吳吳楚兵已攻梁壁矣宗正以親故先
入見諭吳王使拜受詔吳王聞袁盎來亦知其
欲說已笑而應曰我已爲東帝尚何誰拜不肯
見盎而留之軍中欲劫使將盎不肯使人圍守
且殺之盎得夜出步亡去走梁軍遂歸報條侯
將乘六乘傳（正義曰上音乘下竹戀反）會兵滎陽至雒陽見劇
孟喜曰七國反吾乘傳至此不自意全（正義曰言不自意洛陽得全及見劇孟）又以爲諸侯已得劇孟劇孟今無動吾
據滎陽以東無足憂者至淮陽問父絳侯故客
鄧都尉曰策安出客曰吳兵銳甚難與爭鋒楚
兵輕（正義曰輕正反）不能久方今爲將軍計莫若引兵
東北壁昌邑以梁委吳吳必盡銳攻之將軍深
溝高壘使輕兵絕淮泗口塞吳饟道彼吳梁相敝
而糧食竭乃以全彊制其罷極破吳必矣條侯
曰善從其策遂堅壁昌邑南（正義曰在曹州城武縣東北四十二里也）輕
兵絕吳饟道吳王之初發也吳臣田祿伯爲大
將軍田祿伯曰兵屯聚而西無佗奇道難以就
功臣願得五萬人別循江淮而上收淮南長沙
入武關與大王會此亦一奇也吳王太子諫曰
王以反爲名此兵難以藉人藉人亦且反王柰

何且擅兵而別多佗利害未可知也（蘇林曰祿伯儻將兵降漢自爲己利於吳爲生患也）徒自損耳吳王即不許田祿伯吳少
將桓將軍說王曰吳多步兵步兵利險漢多車
騎車騎利平地願大王所過城邑不下直棄去
疾西據雒陽武庫食敖倉粟阻山河之險以令
諸侯雖毋入關天下固已定矣即大王徐行留
下城邑漢軍車騎至馳入梁楚之郊事敗矣吳
王問諸老將老將曰此少年推鋒之計可耳安
知大慮乎於是王不用桓將軍計吳王專并將
其兵未度淮諸賓客皆得爲將校尉候司馬獨
周丘不得用周丘者下邳人亡命吳酤酒無行
吳王濞薄之弗任周丘上謁說王曰臣以無能
不得待罪行間臣非敢求有所將願得王一漢
節必有以報王王乃予之周丘得節夜馳入下邳
下邳時聞吳反皆城守至傳舍召令令入戶使從
者以罪斬令遂召昆弟所善豪吏告曰吳反兵
且至至屠下邳不過食頃今先下家室必完能
者封侯矣出乃相告下邳皆下周丘一夜得三
萬人使人報吳王遂將其兵北略城邑比至陽
城（正義曰地理志云城陽國故齊漢文帝二年別爲國屬兗州）兵十餘萬破陽城中

尉軍聞吳王敗走自度無與共成功即引兵歸下邳未至疽發背死二月中吳王兵既破敗走於是天子制詔將軍曰蓋聞為善者天報之以福為非者天報之以殃高皇帝親表功德建立諸侯幽王悼惠王絕無後孝文皇帝哀憐加惠王幽王子遂悼惠王子卬等令奉其先王宗廟為漢藩國德配天地明並日月吳王濞倍德反義誘受天下亡命罪人亂天下幣（如淳曰幣錢也以私錢淆亂天下錢也）稱病不朝二十餘年有司數請濞罪孝文皇帝寬之欲其改行為善今乃與楚王戊趙王

遂膠西王卬濟南王辟光菑川王賢膠東王雄渠約從反為逆無道起兵以危宗廟賊殺大臣及漢使者迫劫萬民夭殺無罪燒殘民家掘其丘冢甚為暴虐今卬等又重逆無道燒宗廟鹵御物（如淳曰鹵抄掠也宗廟在郡縣之物皆為御物○正義曰顏師古曰御物宗廟之服器也）朕甚痛之朕素服避正殿將軍其勸士大夫擊反虜擊反虜者深入多殺為功斬首捕虜比三百石以上者皆殺之無有所置（正義曰置放釋也）敢有議詔及不如詔者皆要斬初吳王之度淮與楚王遂西敗棘壁（正義曰在宋州寧陵縣西南七十里）乘勝前銳甚梁孝王

恐遣六將軍擊吳又敗梁兩將士卒皆還走梁梁數使使報條侯求救條侯不許又使使惡條侯於上上使人告條侯救梁復守便宜不行梁使韓安國及楚死事相弟張羽為將軍（徐廣曰楚相張尚諫王而死○正義曰按羽尚弟也）乃得頗敗吳兵吳兵欲西梁城守堅不敢西即走條侯軍會下邑（徐廣曰屬梁國○正義曰宋州碭山縣本漢下邑縣）欲戰條侯壁不肯戰吳糧絕卒飢數挑戰遂夜犇條侯壁驚東南條侯使備西北果從西北入吳大敗士卒多飢死乃畔散於是吳王乃與其麾下壯士數千人夜亡去度江走丹徒保

東越（正義曰東越傳云獨東甌受漢之購殺吳王丹徒閩州也東甌即東越也東越將兵從吳在丹徒也）東越兵可萬餘人乃使人收聚亡卒漢使人以利啗東越（韋昭曰啗音徒覽反）東越即紿吳王吳王出勞軍即使人鏦殺吳王（孟康曰方言戟謂之鏦○索隱曰鏦音七江反謂以戈刺殺之鄒氏又音舂亦音從容之從謂撞殺之也○正義曰括地志云漢吳王濞冢在潤州丹徒縣東練壁聚北今入于江吳錄云丹徒有吳王冢在縣北其處名為相唐）盛其頭馳傳以聞（吳地記曰吳王濞葬武進縣南地名相唐○索隱曰張勃云吳王濞葬丹徒縣南其地名相唐今云武進縣恐錯也）吳王子子華子駒亡走閩越吳王之棄其軍亡也軍遂潰往往稍降太尉梁軍楚王戊軍敗自殺三王之圍齊臨菑也三月不能下漢兵至膠西膠東菑川王各引

兵歸膠西王乃袒洗席稾飲水謝太后王太子德曰漢兵遠臣觀之已罷可襲願收大王餘兵擊之擊之不勝乃逃入海未晚也王曰吾士卒皆已壞不可發用弗聽漢將弓高侯穨當（徐廣曰姓韓）遺王書曰奉詔誅不義降者赦其罪復故不降者滅之王何處須以從事王肉袒叩頭漢軍壁謁曰臣卬奉法不謹驚駭百姓乃苦將軍遠道至于窮國敢請菹醢之罪弓高侯執金鼓見之曰王苦軍事願聞王發兵狀王頓首膝行對曰今者鼂錯天子用事臣變更高皇帝法令侵

奪諸侯地卬等以為不義恐其敗亂天下七國發兵且以誅錯今聞錯已誅卬等謹以罷兵歸將軍曰王苟以錯不善何不以聞及未有詔虎符擅發兵擊義國以此觀之意非欲誅錯也乃出詔書為王讀之讀之訖曰王其自圖王曰如卬等死有餘罪遂自殺太后太子皆死膠東菑川濟南王皆死（徐廣曰一云自殺）國除納于漢酈將軍圍趙十月而下之趙王自殺濟北王以劫故得不誅徙王菑川初吳王首反并將楚兵連齊趙正月起兵三月皆破獨趙後下復置元王少子平陸侯禮為楚王續元王後徙汝南王非王吳故地為江都王

太史公曰吳王之王由父省也（言濞之王吳由父代王被省封郃陽侯省音所幸反○索隱曰省音所景反省者減也謂父仲從代王省封郃陽侯也）能薄賦斂使其眾以擅山海利逆亂之萌自其子興爭技發難（索隱曰謂與太子爭博是爭技也）卒亡其本親越謀宗竟以夷隕鼂錯為國遠慮禍反近身袁盎權說初寵後辱故古者諸侯地不過百里山海不以封毋親夷狄以疏其屬蓋謂吳邪毋為權首反受其咎豈盎錯邪

索隱述贊曰

吳楚輕悍　王濞倍德　富因採山
釁成提局　驕矜攜貳　連結七國
嬰命廣陵　錯誅未塞　天之悔禍
卒取奔北

吳王濞列傳第四十六　史記一百六

魏其武安侯列傳第四十七　史記一百七

魏其侯竇嬰者孝文后從兄子也父世觀津人索隱曰案地理志觀津縣屬信都以言其累葉在觀津故云父世也○正義曰觀津城在冀州武邑縣東南二十五里喜賓客孝文時嬰爲吳相病免孝景初即位爲詹事正義曰百官表云詹事秦官掌皇后太子家也梁孝王者孝景弟也其母竇太后愛之梁孝王朝因昆弟燕飲是時上未立太子酒酣從容言曰千秋之後傳梁王太后驩竇嬰引卮酒進上曰天下者高祖天下父子相傳此漢之約也上何以得擅傳梁王太后由此憎竇嬰竇嬰亦薄其官因病免太后除竇嬰門籍不得入朝請律諸侯春朝天子曰朝秋曰請○正義曰才姓反孝景三年吳楚反上察宗室諸竇索隱曰案謂宗室之中及諸竇之宗室也又姚氏案酷吏傳周陽由其父趙兼以淮南王舅侯周陽故因改氏由以宗室任爲郎則似是與國有親戚屬籍者亦得呼爲宗室也毋如竇嬰賢乃召嬰嬰入見固辭謝病不足任太后亦慙於是上曰天下方有急王孫寧可以讓邪漢書曰竇嬰字王孫乃拜嬰爲大將軍賜金千斤嬰乃言袁盎欒布諸名將賢士在家者進之所賜金陳之廊廡下軍吏過輒令財取爲用蘇林曰自令裁度取爲用也金無入家者竇嬰守滎陽監齊趙兵正義曰監音甲衫反吳王濞傳云竇嬰屯滎陽監齊趙兵也七國兵已盡破封嬰

爲魏其侯諸游士賓客爭歸魏其侯孝景時每朝議大事條侯魏其侯諸列侯莫敢與亢禮孝景四年立栗太子正義曰栗姬之子後廢之故書母姓也使魏其侯爲太子傅孝景七年栗太子廢魏其數爭不能得魏其謝病屏居田南山之下數月諸賓客辯士說之莫能來梁人高遂乃說魏其曰能富貴將軍者上也能親將軍者太后也今將軍傅太子太子廢而不能爭爭不能得又弗能死自引謝病擁趙女屏閒處正義曰上音閑下昌汝反而不朝相提而論徐廣曰提音徒抵反○索隱曰提音弟又音啼相提猶相抵也論音路頓反是自明揚主上之過有如兩宮螫將軍張晏曰兩宮太后景帝也螫怒也毒蟲怒必螫人又火各反○索隱曰螫音釋謂怒也漢書作蠆蠆即螫也○正義曰兩宮太子景帝也則妻子毋類矣索隱曰謂見誅滅無遺類魏其侯然之乃遂起朝請如故桃侯免相服虔曰劉舍也竇太后數言魏其侯孝景帝曰太后豈以爲臣有愛不相魏其索隱曰愛猶惜也魏其者沾沾自喜耳多易徐廣曰沾一作怗又昌兼反又當牒反張晏曰沾沾言自整頓也多易多輕易之行也或曰沾音擔也○索隱曰小顏沾音他兼反擔音尺占反難以爲相持重遂不用用建陵侯衛綰爲丞相

武安侯田蚡者孝景后同母弟也索隱曰蚡音扶粉反又如蚡鼠之蚡音墳生長陵魏其已爲大將軍後方盛蚡爲諸

郎徐廣曰一云諸卿時人相號長老老者爲諸公年少者爲諸卿如今人相號爲士大夫未貴往
來侍酒魏其跪起如子姪及孝景晚節索隱曰按謂晚年也
蚡益貴幸爲太中大夫蚡辯有口學槃盂諸書
應劭曰黃帝使孔甲所作銘也凡二十六篇書槃盂中所爲法戒諸書諸子文書也孟康曰孔甲槃盂二十六篇雜家書
兼儒墨名法王太后賢之徐廣曰即蚡同母姊者孝景崩即日太
子立稱制所鎭撫多有田蚡賓客計筴蚡弟田
勝皆以太后弟孝景後三年徐廣曰孝景後三年即是孝武初嗣位之年也
封蚡爲武安侯勝爲周陽侯正義曰絳州聞喜縣東二十里周陽故城也
武安侯新欲用事爲相卑下賓客進名士家居
者貴之欲以傾魏其諸將相建元元年丞相綰

病免上議置丞相太尉籍福說武安侯曰魏其
貴久矣天下士素歸之今將軍初興未如魏其
即上以將軍爲丞相必讓魏其魏其爲丞相將
軍必爲太尉太尉丞相尊等耳又有讓賢名武
安侯乃微言太后風上於是乃以魏其侯爲丞
相武安侯爲太尉籍福賀魏其侯因弔曰君侯
資性喜善疾惡方今善人譽君侯故至丞相然
君侯且疾惡惡人衆亦且毁君侯君侯能兼容
則幸久不能今以毁去矣魏其不聽魏其武安
俱好儒術推轂趙綰爲御史大夫索隱曰案推轂謂自卑下之如

爲之推車轂也王臧爲郎中令迎魯申公欲設明堂令
列侯就國除關索隱曰謂除關門之稅也以禮爲服制索隱曰案其時禮度
踰侈多不依古今吉凶服制皆法於禮也以興太平舉適諸竇索隱曰適音直革反
宗室毋節行者除其屬籍時諸外家爲列侯列
侯多尚公主皆不欲就國以故毁日至竇太后
太后好黃老之言而魏其武安趙綰王臧等務
隆推儒術貶道家言是以竇太后滋不說魏其
等及建元二年御史大夫趙綰請無奏事東宮
韋昭曰欲奪其政也竇太后大怒乃罷逐趙綰王臧等而免
丞相太尉以柏至侯許昌爲丞相武彊侯莊青

翟爲御史大夫魏其武安由此以侯家居武安
侯雖不任職以王太后故親幸數言事多效天
下吏士趨勢利者皆去魏其歸武安武安日益
橫建元六年竇太后崩丞相昌御史大夫青翟
坐喪事不辦免以武安侯蚡爲丞相以大司農
韓安國爲御史大夫天下士郡國諸侯愈益附
武安索隱曰按謂仕諸郡及仕諸侯王國者猶言仕郡國也武安者貌侵韋昭曰侵
音寢短小也又云醜惡也刻确也音核生貴甚索隱曰小顏云生貴謂自尊高示貴寵其說疎也按
生謂蚡自生尊貴之勢特甚故下云又以諸侯王多長年蚡以肺腑爲相非痛折節以禮屈之則天下不肅者也又
以爲諸侯王多長張晏曰多長年上初即位富於春秋蚡

以肺腑爲京師相正義曰顔師古曰舊解云肺腑如肝肺之相附着也一說肺碎木札也喻其輕薄附着大材按顔此說並是謬又改腑爲附就其義重謬矣八十一難云寸口者脈之大會手太陰之動脈也呂廣云太陰者肺之脈也肺爲諸藏之主通陰陽故十二經脈皆會手太陰所以決吉凶者十二經有病皆寸口知其向經之動浮沉濇滑春秋逆順知其死生顧野王云肺腑腹心也案說田蚡爲相若人之肺知陰陽逆順又爲帝之腹心親戚也非痛折節以禮詘之天下不肅索隱曰案痛甚也欲令士折節屈下於己不然天下不肅或解以爲蚡欲折節下士非也案下文不讓其兄蓋侯知或說爲非也當是時丞相入奏事坐語移日所言皆聽薦人或起家至二千石權移主上上乃曰君除吏已盡未吾亦欲除吏嘗請考工地益宅漢書百官表曰少府有考工室如淳曰官名也上怒曰君何不遂取武庫是後乃退嘗召客飲坐其兄蓋侯徐廣曰王后兄王信也太山有蓋縣樂安有益縣也南鄉自坐東鄉以爲漢相尊不可以兄故私橈武安由此滋驕治宅甲諸第徐廣曰爲諸第之上也田園極膏腴而市買郡縣器物相屬於道前堂羅鐘鼓立曲旃如淳曰旌旗之名通帛曰旃曲旃僭也蘇林曰禮大夫立曲旃曲柄上曲也○索隱曰說文曰曲旃者所以招士也後房婦女以百數諸侯奉金玉狗馬玩好不可勝數魏其失竇太后益疏不用無勢諸客稍稍自引而怠傲唯灌將軍獨不失故魏其日默默不得志而獨厚遇灌將軍

灌將軍夫者潁陰人也夫父張孟嘗爲潁陰侯

嬰舍人得幸因進之至二千石故蒙灌氏姓爲灌孟索隱曰案何是嬰子漢書作嬰誤吳楚反時潁陰侯灌何爲將軍屬太尉請灌孟爲校尉夫以千人與父俱漢書音義曰官主千人如候司馬灌孟年老潁陰侯彊請之鬱鬱不得意故戰常陷堅遂死吳軍中軍法父子俱從軍有死事得與喪歸灌夫不肯隨喪歸奮曰張晏曰自奮勵也願取吳王若將軍頭以報父之仇於是灌夫被甲持戟募軍中壯士所善願從者數十人及出壁門莫敢前獨二人及從奴十數騎馳入吳軍至吳將麾下正義曰謂大將之旗所殺傷數十人不得前復馳還走入漢壁皆亡其奴獨與一騎歸夫身中大創十餘適有萬金良藥故得無死夫創少瘳又復請將軍曰吾益知吳壁中曲折請復往將軍壯義之恐亡夫乃言太尉太尉乃固止之吳已破灌夫以此名聞天下潁陰侯言之上上以夫爲中郎將數月坐法去後家居長安長安中諸公莫弗稱之孝景時至代相孝景崩今上初即位以爲淮陽天下交勁兵處故徙夫爲淮陽太守建元元年入爲太僕二年夫與長樂衞尉竇甫飲輕重不得晉灼曰飲酒輕重不得其平也夫醉搏甫

索隱曰搏音博謂擊之甫竇太后昆弟也上恐太后誅夫徙爲燕相數歲坐法去官家居長安灌夫爲人剛直使酒不好面諛貴戚諸有勢在己之右不欲加禮必陵之諸士在己之左愈貧賤尤益敬與鈞稠人廣衆薦寵下輩士亦以此多之夫不喜文學好任俠已然諾索隱曰已音以謂已許諾必使副其前言也諸所與交通無非豪桀大猾家累數千萬食客日數十百人陂池田園宗族賓客爲權利橫於潁川潁川兒乃歌之曰潁水清灌氏寧潁水濁灌氏族灌夫家居雖富然失勢卿相侍中賓客益衰及

魏其侯失勢亦欲倚灌夫引繩批根生平慕之後棄之者蘇林曰二人相倚引繩直之意批根賓客也去之者不與交通孟康曰根根括引繩以持彈○索隱曰案劉氏云二人相倚事如合繩共相依引也批音步結反批者排也漢書作排根小顏根音痕括音活謂人生平慕嬰夫後見其失職而頓踈慢如此者共排退之不復與交也譬如相對挽繩而根括之也持彈案漢書本作抨彈音普耕反灌夫亦倚魏其而通列侯宗室爲名高兩人相爲引重張晏曰相薦達爲聲勢其游如父子然相得驩甚無厭恨相知晚也灌夫有服過丞相丞相從容曰吾欲與仲孺過魏其侯漢書曰灌夫字仲孺會仲孺有服索隱曰案服謂朞功之服也故應璩書曰仲孺不辭同生之服也灌夫曰將軍乃肯幸臨況魏其侯夫安敢以服爲解請語魏其

侯帳具將軍旦日蚤臨武安許諾灌夫具語魏其侯如所謂武安侯魏其與其夫人益市牛酒夜灑埽早帳具至旦平明令門下候伺至日中丞相不來魏其謂灌夫曰丞相豈忘之哉灌夫不懌曰夫以服請宜往徐廣曰一云以服請不宜往○索隱曰案徐廣云以服請不宜往其說非也正言灌夫請不以服爲解蚡不宜忘故駕自往迎也乃駕自往迎丞相丞相特前戲許灌夫殊無意往及夫至門丞相尚卧於是夫入見曰將軍昨日幸許過魏其魏其夫妻治具自旦至今未敢嘗食武安鄂徐廣曰一作捂謝曰吾昨日醉忽忘與仲孺言乃駕往又徐行

灌夫愈益怒及飲酒酣夫起舞屬丞相索隱曰屬音之欲反屬猶委也付也小顏云若今人舞訖相勸也丞相不起夫從坐上語侵之魏其乃扶灌夫去謝丞相丞相卒飲至夜極驩而去丞相嘗使籍福請魏其城南田魏其大望曰老僕雖棄將軍雖貴寧可以勢奪乎不許灌夫聞怒罵籍福籍福惡兩人有郄乃謾自好謝丞相曰魏其老且死易忍且待之已而武安聞魏其灌夫實怒不予田亦怒曰魏其子嘗殺人蚡活之蚡事魏其無所不可何愛數頃田且灌夫何與也吾不敢復求田武安由此大怨灌夫

魏其元光四年春徐廣曰疑此當是三年也其說在後丞相言灌夫家在潁川橫甚民苦之請案上曰此丞相事何請灌夫亦持丞相陰事爲姦利受淮南王金與語言賓客居間遂止俱解夏丞相取燕王女爲夫人索隱曰案蚡娶燕王劉澤子康王嘉之女也有太后詔召列侯宗室皆往賀魏其侯過灌夫欲與俱夫謝曰夫數以酒失得過丞相丞相今者又與夫有郄魏其曰事已解彊與俱飲酒酣武安起爲壽如淳曰上酒爲壽坐皆避席伏已魏其侯爲壽獨故人避席耳餘半膝席蘇林曰下席而膝半在席上如淳曰以膝跪席上也灌夫不悅

起行酒至武安武安膝席曰不能滿觴夫怒因嘻笑曰將軍貴人也屬之徐廣曰屬一作畢○索隱曰案漢書作畢畢盡也時武安不肯行酒次至臨汝侯徐廣曰灌嬰孫名賢也○索隱曰案漢書云臨汝侯灌賢則賢是嬰之孫臨汝是改封也臨汝侯方與程不識耳語又不避席夫無所發怒乃罵臨汝侯曰生平毀程不識不直一錢今日長者爲壽乃效女兒呫囁耳語韋昭曰呫囁附耳小語聲○索隱曰女兒猶云兒女也漢書作女曹兒曹輩也猶言兒女輩呫鄒氏音蚩輒反囁音汝輒反武安謂灌夫曰程李俱東西宮衛尉漢書音義曰李廣爲東宮程不識爲西宮今衆辱程將軍仲孺獨不爲李將軍地乎如淳曰李將軍李廣也猶今人言爲除地也○索隱曰案小顏云言今既毀程令李何地自安處也灌

夫曰今日斬頭陷匈索隱曰韋昭云言不避死亡也漢書作穴匈何知程李乎坐乃起更衣稍稍去魏其侯去麾灌夫出武安遂怒曰此吾驕灌夫罪乃令騎留灌夫灌夫欲出不得籍福起爲謝案灌夫項令謝夫愈怒不肯謝武安乃麾騎縛夫置傳舍召長史曰今日召宗室有詔劾灌夫罵坐不敬繫居室如淳曰百官表居室爲保宮今守宮也遂按其前事遣吏分曹逐捕諸灌氏支屬皆得棄市罪魏其侯大媿爲資使賓客請莫能解如淳曰爲出資費使人爲夫言武安吏皆爲耳目諸灌氏皆亡匿夫繫遂不得告言武安陰事魏其

銳身爲救灌夫夫人諫魏其曰灌將軍得罪丞相與太后家忤寧可救邪魏其侯曰侯自我得之自我捐之無所恨且終不令灌仲孺獨死嬰獨生乃匿其家晉灼曰恐其夫人復諫止也竊出上書立召入具言灌夫醉飽事不足誅上然之賜魏其食曰東朝廷辯之如淳曰東朝太后朝魏其之東朝盛推灌夫之善言其醉飽得過乃丞相以他事誣罪之武安又盛毀灌夫所爲橫恣罪逆不道魏其度不可奈何因言丞相短武安曰天下幸而安樂無事蚡得爲肺腑所好音樂狗馬田宅蚡所愛倡優

巧匠之屬不如魏其灌夫日夜招聚天下豪桀壯士與論議腹誹而心謗不仰視天而俯畫地張晏曰視天占三光也畫地知分野所在也畫地謪欲作反事辟倪兩宮間徐廣曰辟音芳細反倪音詣張晏曰占太后與帝吉凶之期○索隱曰辟普係反倪五係反埤蒼云睥睨邪視也幸天下有變而欲有大功張晏曰幸爲反者當得爲大將立功也瓚曰天下有變謂天子崩因變難之際得立大功臣乃不知魏其等所爲於是上問朝臣兩人孰是御史大夫韓安國曰魏其言灌夫父死事身荷戟馳入不測之吳軍身被數十創名冠三軍此天下壯士非有大惡爭杯酒不足引他過以誅也魏其言是也丞相亦言灌夫通姦猾

侵細民家累巨萬橫恣潁川淩轢宗室侵犯骨肉此所謂枝大於本脛大於股不折必披索隱曰案包愷披音疋彼反○正義曰鋪被反披分折也丞相言亦是唯明主裁之主爵都尉汲黯是魏其內史鄭當時是魏其後不敢堅對餘皆莫敢對上怒內史曰公平生數言魏其武安長短今日廷論局趣效轅下駒張晏曰俛頭於車轅下隨母而已瓚曰小馬在轅下○正義曰應劭云駒馬加着轅局趣纖小之貌按應說爲長也吾并斬若屬矣即罷起入上食太后太后亦已使人候伺具以告太后太后怒不食曰今我在也而人皆藉吾弟索隱曰案晉灼云藉蹈也以言蹂藉也令我百歲後皆魚

肉之矣且帝寧能爲石人邪索隱曰謂帝不如石人得長存也○正義曰顏師古云言徒有人耳不知好惡按今俗云人不辨事罵云杌杌若木人也此特帝在即錄錄設百歲後是屬寧有可信者乎索隱曰案設者脫也上謝曰俱宗室外家正義曰嬰景帝從舅蚡太后同母弟故廷辯之不然此一獄吏所決耳是時郎中令石建爲上分別言兩人事武安已罷朝出止車門召韓御史大夫載怒曰與長孺共一老禿翁何爲首鼠兩端漢書音義曰禿老翁言嬰無官位板援也首鼠一前一卻也○索隱曰案謂共治一老禿翁指竇嬰也韓御史良久謂丞相曰君何不自喜蘇林曰何不自解釋爲喜樂邪○索隱曰案小顏云何不自謙遜爲可喜之事音許既反夫魏其毀君君當免冠解印綬歸

曰臣以肺腑幸得待罪固非其任魏其言皆是如此上必多君有讓不廢君魏其必內愧杜門齰舌自殺索隱曰案說文云齰齧也士白反今人毀君君亦毀人譬如賈豎女子爭言何其無大體也武安謝罪曰爭時急不知出此於是上使御史簿責魏其所言灌夫頗不讎正義曰讎音市周反對也言簿責魏其所言灌夫實潁川事故魏其不對爲欺謾者也欺謾劾繫都司空索隱曰案百官表云宗正屬官主詔獄也○正義曰如淳云律司空主水及罪人孝景時魏其常受遺詔曰事有不便以便宜論上及繫灌夫罪至族事日急諸公莫敢復明言於上魏其乃使昆弟子上書言之幸得

復召見書奏上而案尚書大行無遺詔如淳曰大行主諸侯官也○索隱曰案尚書無此景帝崩時大行遺詔乃魏其家臣印封之如淳說非也○正義曰天子崩曰大行也按尚書之中景帝崩時無遺詔賜魏其也百官表云諸受尚書事也詔書獨藏魏其家家丞封漢書音義曰以家臣印封遺詔乃劾魏其矯先帝詔罪當棄市五年十月徐廣曰疑非五年亦非十月○索隱曰徐氏云疑非者案武帝四年三月蚡薨竇嬰死在前今云五年故疑非也○正義曰漢書云元光四年冬魏其侯嬰有罪棄市春三月乙卯丞相蚡薨按五年者誤也悉論灌夫及家屬魏其良久乃聞聞即恚病痱索隱曰痱音肥又音扶味反風病也不食欲死或聞上無意殺魏其魏其復食治病議定不死矣乃有蜚語爲惡言聞上張晏曰蚡僞作飛揚誹謗之語故以十二月晦徐廣曰疑非十二月也駰案張晏曰月晦者春垂至也○索隱曰者日月者見春垂至恐遇赦贖也論棄市渭城正義曰故咸陽也其春武安侯病正義曰其春即四年春也元光四年十月灌夫弃市十二月末魏其弃市至三月乙卯田蚡薨則三人死同在一年明矣漢以十月爲歲首故也秦楚之際表云十一月十二月端月二月三月至九爲終周建子爲正月十一月爲正月十二月爲二月正月爲三月二月爲四月至十月爲歲終漢初至武帝太初以前並依秦法以後改用夏正月至今不改然夫子作春秋依夏正專呼服謝罪漢書音義曰言蚡號呼謝服罪也使巫視鬼者視之見魏其灌夫共守欲殺之竟死子恬嗣徐廣曰蚡疾見魏其灌夫鬼殺之則其春共在一春內耶武帝本紀四年三月乙卯田蚡薨嬰死在蚡薨之前何復云五年十二月邪疑十二月當爲二月也案侯表蚡事武帝九年而卒元光四年侯恬之元年建元元年訖元光三年而九年大臣表蚡以元光四年卒亦云嬰四年棄市未詳此正安在然蚡薨在嬰死後分明元朔三年武安侯坐衣襜褕正義曰爾雅云今蔽前謂之襜郭璞云蔽膝也說文

字林並謂之短衣入宮不敬徐廣曰表云坐衣不敬國除○索隱曰襜尺占反褕音踰謂非正朝衣若婦人服也淮南王安謀反覺治王前朝徐廣曰建元二年武安侯爲太尉時迎王至霸上謂王曰上未有太子大王最賢高祖孫即宮車晏駕非大王立當誰哉淮南王大喜厚遺金財物上自魏其時不直武安特爲太后故耳索隱曰案武帝以魏其灌夫事爲枉於武安侯爲不直特爲太后故耳及聞淮南王金事上曰使武安侯在者族矣

太史公曰魏其武安皆以外戚重灌夫用一時決筴而名顯魏其之舉以吳楚武安之貴在日月之際然魏其誠不知時變灌夫無術而不遜兩人相翼乃成禍亂武安負貴而好權杯酒責望陷彼兩賢嗚呼哀哉遷怒及人命亦不延衆庶不載竟被惡言嗚呼哀哉禍所從來矣

索隱述贊曰

竇嬰田蚡　勢利相雄　咸倚外戚
或恃軍功　灌夫自喜　引重其中
意氣杯酒　辟倪兩宮　事竟不直
寃哉二公

魏其武安侯列傳第四十七　史記一百七

韓長孺列傳第四十八　史記一百八

御史大夫韓安國者梁城安人也徐廣曰在汝潁之間也○索隱曰漢書地理志云縣名屬陳留○正義曰括地志云成安故城在汝州梁縣東二十三里括地志云成安屬潁川郡陳留郡又有成安縣亦屬梁未知孰是也後徙睢陽正義曰今宋州宋城嘗受韓子雜家說於騶田生所索隱曰案謂安國學韓子及雜家說於騶縣田生之所事梁孝王爲中大夫吳楚反時孝王使安國及張羽爲將扞吳兵於東界索隱曰將音將扞音汗張羽力戰安國持重以故吳不能過梁吳楚已破安國張羽名由此顯梁孝王景帝母弟竇太后愛之令得自請置相二千石出入游戲僭於天子天子

聞之心弗善也太后知帝不善乃怒梁使者弗見案責王所爲韓安國爲梁使見大長公主徐廣曰景帝姊○索隱曰案即館陶公主○正義曰如淳云景帝姊也而泣曰何梁王爲人子之孝爲人臣之忠而太后曾弗省也索隱曰省音仙井反省者察也夫前日吳楚齊趙七國反時自關以東皆合從西鄉惟梁最親爲艱難梁王念太后帝在中正義曰謂關中也又云京師在天下之中而諸侯擾亂一言泣數行下跪送臣等六人將兵擊卻吳楚吳楚以故兵不敢西而卒破亡梁王之力也今太后以小節苛禮責望梁王索隱曰案謂苛細小禮以責之梁王父兄皆帝王

所見者大故出稱蹕入言警車旗皆帝所賜也即欲以侘鄙縣徐廣曰侘一作衒也駰案侘音丑亞反誇也○索隱曰漢書作姱音火亞反衒音寒孟反驅馳國中以夸諸侯令天下盡知太后帝愛之也今梁使來輒案責之梁王恐日夜涕泣思慕不知所爲何梁王之爲子孝爲臣忠而太后弗恤也大長公主具以告太后太后喜曰爲言之帝言之帝心乃解而免冠謝太后曰兄弟不能相教乃爲太后遺憂悉見梁使厚賜之其後梁王益親驩太后長公主更賜安國可直千餘金名由此顯結於漢其後安國坐法抵罪蒙

蒙縣名○索隱曰抵音丁禮反蒙縣名屬梁國也獄吏田甲辱安國安國曰死灰獨不復然乎田甲曰然即溺之居無何梁內史缺漢使使者拜安國爲梁內史起徒中爲二千石田甲亡走安國曰甲不就官我滅而宗甲因肉袒謝安國笑曰可溺矣公等足與治乎索隱曰案謂不足與繩持之治音持也卒善遇之梁內史之缺也孝王新得齊人公孫詭說之欲請以爲內史竇太后聞乃詔王以安國爲內史公孫詭羊勝說孝王求爲帝太子及益地事恐漢大臣不聽乃陰使人刺漢用事謀臣及殺故吳相袁盎景帝遂

聞詭勝等計畫乃遣使捕詭勝必得漢使十輩至梁相以下舉國大索月餘不得內史安國聞詭勝匿孝王所安國入見王而泣曰主辱臣死索隱曰此語見國語大王無良臣故事紛紛至此今詭勝不得請辭賜死王曰何至此安國泣數行下曰大王自度於皇帝孰與太上皇之與高皇帝及皇帝之與臨江王親孝王曰弗如也安國曰夫太上臨江親父子之間然而高帝曰提三尺劍取天下者朕也故太上皇終不得制事居于櫟陽臨江王適長太子也以一言過廢王臨江如淳曰景帝嘗屬諸姬太子母栗姬言不遜由是廢太子栗姬恚死用宮垣事卒自殺中尉府何者治天下終不以私亂公語曰雖有親父安知其不爲虎雖有親兄安知其不爲狼今大王列在諸侯悅一邪臣浮說索隱曰悅漢書作怵說文云怵誘也犯上禁橈明法天子以太后故不忍致法於王太后日夜涕泣幸大王自改而大王終不覺寤有如太后宮車即晏駕大王尚誰攀乎語未卒孝王泣數行下謝安國曰吾今出詭勝詭勝自殺漢使還報梁事皆得釋安國之力也於是景帝太后益重安國孝王卒共王即位安國坐法失

官居家建元中武安侯田蚡爲漢太尉親貴用事安國以五百金物遺蚡蚡言安國太后天子亦素聞其賢即召以爲北地都尉遷爲大司農閩越東越相攻安國及大行王恢將兵未至越越殺其王降漢兵亦罷建元六年武安侯爲丞相安國爲御史大夫匈奴來請和親天子下議大行王恢燕人也數爲邊吏習知胡事議曰漢與匈奴和親率不過數歲即復倍約不如勿許興兵擊之安國曰千里而戰兵不獲利今匈奴負戎馬之足懷禽獸之心遷徙鳥舉難得而制也得其地不足以爲廣有其衆不足以爲彊自上古不屬爲人索隱曰案晉灼云不內屬於漢爲人漢數千里爭利則人馬罷虜以全制其敝且彊弩之極矢不能穿魯縞許慎曰魯之縞尤薄衝風之末力不能漂鴻毛非初不勁末力衰也擊之不便不如和親羣臣議者多附安國於是上許和親其明年則元光元年鴈門馬邑豪聶翁壹張晏曰豪帥也○索隱曰聶姓也翁壹名也漢書云聶壹因大行王恢言上曰匈奴初和親親信邊可誘以利陰使聶翁壹爲閒亡入匈奴謂單于曰吾能斬馬邑令丞吏以城降財物可盡得單于愛

信之以爲然許聶翁壹聶翁壹乃還詐斬死罪
囚縣其頭馬邑城示單于使者爲信曰馬邑長
吏已死可急來於是單于穿塞將十餘萬騎入
武州塞徐廣曰在鴈門○索隱曰崔浩云今平城直西百里有武州城是也當是時漢
伏兵車騎材官三十餘萬匿馬邑旁谷中衛尉
李廣爲驍騎將軍漢書曰北貉燕人來致驍騎應劭曰驍健也張晏曰驍勇也若六博之梟
厶矣太僕公孫賀爲輕車將軍正義曰司馬續漢書云輕車古之戰車大
行王恢爲將屯將軍正義曰李奇云監主諸屯太中大夫李息
爲材官將軍正義曰臣瓚云材官騎射之官御史大夫韓安國爲
護軍將軍諸將皆屬護軍約單于入馬邑而漢
兵縱發王恢李息李廣別從代主擊其輜重正義
曰釋名云輜廁也所載衣服雜廁其中於是單于入漢長城武州塞未
至馬邑百餘里行掠鹵徒見畜牧於野不見一
人單于怪之攻烽燧得武州尉史欲刺問尉史
尉史曰漢兵數十萬伏馬邑下單于顧謂左右
曰幾爲漢所賣正義曰幾音祈乃引兵還出塞曰吾得
尉史乃天也命尉史爲天王塞下傳言單于已
引去漢兵追至塞度弗及即罷王恢等兵三萬
聞單于不與漢合度往擊輜重必與單于精兵
戰漢兵勢必敗則以便宜罷兵皆無功天子怒

王恢不出擊單于輜重擅引兵罷也恢曰始約
虜入馬邑城兵與單于接而臣擊其輜重可得
利今單于聞不至而還臣以三萬人衆不敵禔
取辱耳徐廣曰禔一作祗也臣固知還而斬然得完陛下士
三萬人於是下恢廷尉廷尉當恢逗橈當斬漢書
音義曰逗曲行避敵也橈顧望軍法語也○索隱曰案如淳云軍法行而逗留畏橈者要斬逗音豆又音住逗留也橈屈
弱也恢私行千金丞相蚡蚡不敢言上而言於太
后曰王恢首造馬邑事今不成而誅恢是爲匈
奴報仇也上朝太后太后以丞相言告上上曰
首爲馬邑事者恢也故發天下兵數十萬從其
言爲此且縱單于不可得恢所部擊其輜重猶
頗可得以慰士大夫心今不誅恢無以謝天下
於是恢聞之乃自殺安國爲人多大略智足以
當世取舍而出於忠厚焉索隱曰案出者去也言安國爲人無忠厚之行貪
嗜於財所推舉皆廉士賢於己者也於梁舉壺
遂臧固郅他皆天下名士索隱曰郅音質他徒河反謂三人姓名也壺遂也臧
固也郅他也若漢書則云至他言至於他處亦舉名士也士亦以此稱慕之唯天
子以爲國器安國爲御史大夫四歲餘丞相田
蚡死安國行丞相事奉引墮車蹇如淳曰爲天子導引而墮車跛
足天子議置相欲用安國使使視之蹇甚乃更

以平棘侯薛澤爲丞相安國病免數月蹇愈上復以安國爲中尉歲餘徙爲衛尉車騎將軍衛青擊匈奴（徐廣曰元光六年也）出上谷破胡龍城（龍音龍）將軍李廣爲匈奴所得復失之公孫敖大亡卒皆當斬贖爲庶人明年匈奴大入邊殺遼西太守及入鴈門所殺略數千人車騎將軍衛青擊之出鴈門衛尉安國爲材官將軍屯於漁陽（正義曰幽州縣）安國捕生虜言匈奴遠去即上書言方田作時請且罷軍屯罷軍屯月餘匈奴大入上谷漁陽安國壁乃有七百餘人出與戰不勝復入壁匈奴

虜略千餘人及畜產而去天子聞之怒使使責讓安國徙安國益東屯右北平（正義曰幽州漁陽縣東南七十七里北平城即漢古北平也）是時匈奴虜言當入東方安國始爲御史大夫及護軍後稍斥疏下遷而新幸壯將軍衛青等有功益貴安國既疏遠默默也將屯又爲匈奴所欺失亡多甚自愧幸得罷歸乃益東徙屯意忽忽不樂數月病歐血死安國以元朔二年中卒

太史公曰余與壺遂定律歷觀韓長孺之義壺遂之深中隱厚（徐廣曰一云廉正忠厚）世之言梁多長者不虛哉壺遂官至詹事天子方倚以爲漢相會遂卒不然壺遂之內廉行脩斯鞠躬君子也

索隱述贊曰

安國忠厚　初爲梁將　因事坐法
免徙起相　死灰更然　生虜失防
推賢見重　賄金貽謗　雪泣悟王
臣節可亮

韓長孺列傳第四十八　史記一百八

李將軍列傳第四十九　史記一百九

李將軍廣者隴西成紀人也（正義曰成紀秦州縣）其先曰李信秦時為將逐得燕太子丹者也故槐里徙成紀廣家世世受射（索隱曰案小顏云世受射法）孝文帝十四年匈奴大入蕭關而廣以良家子從軍擊胡（索隱曰案如淳云非醫巫商賈百工也）用善騎射殺首虜多為漢中郎廣從弟李蔡亦為郎皆為武騎常侍（索隱曰案謂為郎而補武騎常侍）秩八百石嘗從行有所衝陷折關及格猛獸而文帝曰惜乎子不遇時如令子當高帝時萬戶侯豈足道哉及孝景初立廣為隴西都尉從

為騎郎將（張晏曰為武騎郎將○索隱曰小顏云為騎郎將謂主騎郎也）吳楚軍時廣為驍騎都尉從太尉亞夫擊吳楚軍取旗顯功名昌邑下以梁王授廣將軍印還賞不行（文穎曰廣為漢將私受梁印故不以賞也）徙為上谷太守匈奴日以合戰典屬國公孫昆邪（昆音魂○索隱曰案典屬國官名公孫姓昆邪名服虔云中國人也）為上泣曰李廣才氣天下無雙自負其能數與虜敵戰恐亡之於是乃徙為上郡太守後廣轉為邊郡太守徙上郡嘗為隴西北地鴈門代郡雲中太守皆以力戰為名匈奴大入上郡天子使中貴人從廣（漢書音義曰內官之幸貴者○索隱曰案董巴輿服志云黃門丞王密近使聽察天

下天下謂之中貴人使者崔浩云在中而貴幸非德望故云中貴也）勒習兵擊匈奴中貴人將騎數十縱（徐廣曰放縱馳騁）見匈奴三人與戰三人還射（正義射音石還謂轉也）傷中貴人殺其騎且盡中貴人走廣廣曰是必射雕者也（文穎曰雕鳥也故使善射者射也○索隱曰案服虔云雕大鷲鳥也一名鷲黑色多子可以其毛作矢羽韋昭云雕一名鶚也）廣乃遂從百騎往馳三人三人亡馬步行行數十里廣令其騎張左右翼而廣身自射彼三人者殺其二人生得一人果匈奴射雕者也已縛之上馬望匈奴有數千騎見廣以為誘騎皆驚上山陳廣之百騎皆大恐欲馳還走廣曰吾去大軍數十里今

如此以百騎走匈奴追射我立盡今我留匈奴必以我為大將軍誘之必不敢擊我廣令諸騎曰前前未到匈奴陳二里所止令曰皆下馬解鞍其騎曰虜多且近即有急奈何廣曰彼虜以我為走今皆解鞍以示不走用堅其意於是胡騎遂不敢擊有白馬將（正義曰其將乘白馬而將監護也）出護其兵李廣上馬與十餘騎奔射殺胡白馬將而復還至其騎中解鞍令士皆縱馬臥是時會暮胡兵終怪之不敢擊夜半時胡兵亦以為漢有伏軍於旁欲夜取之胡皆引兵而去平旦李廣乃

歸其大軍大軍不知廣所之故弗從居久之孝景崩武帝立左右以爲廣名將也於是廣以上郡太守爲未央衛尉而程不識亦爲長樂衛尉程不識故與李廣俱以邊太守將軍屯及出擊胡而廣行無部伍行陣索隱曰案百官志云將軍領軍皆有部曲大將軍營五部部校尉一人部有曲曲有軍候一人也就善水草屯舍止人人自便索隱曰音頻面反不擊刁斗以自衛孟康曰以銅作鐎器受一斗晝炊飯食夜擊持行名曰刁斗○索隱曰刁音貂案荀悅云刁斗小鈴如宮中傳夜鈴也蘇林曰形如鋗以銅作之無緣受一斗故云刁斗鐎即鈴也埤蒼云鐎溫器有柄斗似銚無緣音譙莫府省約文書籍事索隱曰案大顏云凡將軍謂之莫府者蓋兵門合施帷帳故稱莫府古字通用遂作莫耳小爾雅訓莫爲大非也然亦遠斥

候未嘗遇害索隱曰案許慎淮南云斥度也候視也望也程不識正部曲行伍營陳擊刁斗士吏治軍簿至明軍不得休息然亦未嘗遇害程不識曰李廣軍極簡易然虜卒犯之無以禁也而其士卒亦佚樂咸樂爲之死我軍雖煩擾然虜亦不得犯我是時漢邊郡李廣程不識皆爲名將然匈奴畏李廣之略士卒亦多樂從李廣而苦程不識程不識孝景時以數直諫爲太中大夫爲人廉謹於文法後漢以馬邑城誘單于使大軍伏馬邑旁谷而廣爲驍騎將軍領屬護軍將軍是時單于覺之去漢

軍皆無功其後四歲廣以衛尉爲將軍出鴈門擊匈奴匈奴兵多破敗廣軍生得廣單于素聞廣賢令曰得李廣必生致之胡騎得廣廣時傷病置廣兩馬間絡而盛臥廣行十餘里廣佯死睨其旁有一胡兒騎善馬廣暫騰而上胡兒馬因推墮兒徐廣曰一云抱兒鞭馬南馳也取其弓鞭馬南馳數十里復得其餘軍因引而入塞匈奴捕者騎數百追之廣行取胡兒弓射殺追騎以故得脫於是至漢漢下廣吏吏當廣所失亡多爲虜所生得當斬贖爲庶人頃之家居數歲廣家與故潁陰

侯孫孫灌嬰之孫名強屛野居藍田南山中射獵嘗夜從一騎出從人田閒飲還至霸陵亭霸陵尉醉索隱曰案百官志云尉大縣二人主盜賊凡有賊發則推索尋案之也呵止廣廣騎曰故李將軍尉曰今將軍尚不得夜行何乃故也止廣宿亭下居無何匈奴入殺遼西太守敗韓將軍韓將軍後徙右北平蘇林曰韓安國於是天子乃召拜廣爲右北平太守廣即請霸陵尉與俱至軍而斬之廣居右北平匈奴聞之號曰漢之飛將軍避之數歲不敢入右北平廣出獵見草中石以爲虎而射之中石沒鏃徐廣曰一作沒羽視之石也因復

更射之終不能復入石矣廣所居郡聞有虎嘗自射之及居右北平射虎虎騰傷廣廣亦竟射殺之廣廉得賞賜輒分其麾下飲食與士共之終廣之身爲二千石四十餘年家無餘財終不言家產事廣爲人長猨臂如淳曰臂如猨臂通肩其善射亦天性也雖其子孫他人學者莫能及廣廣訥口少言與人居則畫地爲軍陳射闊狹以飲如淳曰射戲求踈密持酒以飲不勝者○正義曰飲音於禁反專以射爲戲竟死索隱曰謂終竟廣身至死以爲恒也廣之將兵乏絕之處見水士卒不盡飲廣不近水士卒不盡食廣不嘗食寬緩不苛士以

此愛樂爲用其射見敵急非在數十步之內度不中不發發即應弦而倒用此其將兵數困辱其射猛獸亦爲所傷云居頃之石建卒於是上召廣代建爲郎中令元朔六年廣復爲後將軍從大將軍軍出定襄擊匈奴諸將多中首虜率以功爲侯者如淳曰中猶充也本義法得首若干封侯而廣軍無功後三歲廣以郎中令將四千騎出右北平博望侯張騫將萬騎與廣俱異道行可數百里匈奴左賢王將四萬騎圍廣廣軍士皆恐廣乃使其子敢往馳之敢獨與數十騎馳直貫胡騎出其左

右而還告廣曰胡虜易與耳軍士乃安廣爲圜陳外嚮胡急擊之矢下如雨漢兵死者過半漢矢且盡廣乃令士持滿毋發而廣身自以大黃射其裨將徐廣曰南都賦曰黃間機張善弩之名駰案鄭德曰黃肩弩淵中黃朱之孟康曰太公六韜曰陷堅敗強敵用大黃連弩韋昭曰角弩色黃而躰大也○索隱曰案大黃閒弩名韋昭說是也殺數人胡虜益解會日暮吏士皆無人色而廣意氣自如益治軍軍中自是服其勇也明日復力戰而博望侯軍亦至匈奴軍乃解去漢軍罷弗能追是時廣軍幾沒罷歸漢法博望侯留遲後期當死贖爲庶人廣軍功自如無賞初廣之從弟李蔡

與廣俱事孝文帝景帝時蔡積功勞至二千石孝武帝時至代相以元朔五年爲輕車將軍從大將軍擊右賢王有功中率封爲樂安侯索隱曰中音丁仲反率音律亦音雙筆反小顏云率謂軍功封賞之科著在法令故云中率元狩二年中代公孫弘爲丞相蔡爲人在下中索隱曰案以九品而論在下之中當第八名聲出廣下甚遠然廣不得爵邑官不過九卿而蔡爲列侯位至三公諸廣之軍吏及士卒或取封侯廣嘗與望氣王朔燕語曰自漢擊匈奴而廣未嘗不在其中而諸部校尉以下才能不及中人然以擊胡軍功取侯者數十人而

廣不爲後人（索隱曰案謂不在人後）然無尺寸之功以得封邑者何也豈吾相不當侯邪且固命也朔曰將軍自念豈嘗有所恨乎廣曰吾嘗爲隴西守羌嘗反吾誘而降降者八百餘人吾詐而同日殺之至今大恨獨此耳朔曰禍莫大於殺已降此乃將軍所以不得侯者也後二歲大將軍驃騎將軍大出擊匈奴廣數自請行天子以爲老弗許良久乃許之以爲前將軍是歲元狩四年也廣既從大將軍青擊匈奴既出塞青捕虜知單于所居乃自以精兵走之而令廣并於右將

軍軍（徐廣曰主爵趙食其爲右將軍）出東道東道少回遠而大軍行水草少其勢不屯行（張晏曰以水草少不可羣輩）廣自請曰臣部爲前將軍今大將軍乃徙令臣出東道且臣結髮而與匈奴戰今乃一得當單于（索隱曰案廣言自少時結髮而与匈奴戰唯今者得与單于相當遇也）臣願居前先死單于大將軍青亦陰受上誡以爲李廣老數奇（如淳曰數爲匈奴所敗奇爲不偶也○索隱曰案服虔云作事數不偶也音朔小顏音所具反奇蕭該音居宜反）毋令當單于恐不得所欲而是時公孫敖新失侯爲中將軍從大將軍大將軍亦欲使敖與俱當單于故徙前將軍廣廣時知之固自辭於大將軍大

李將軍傳

將軍不聽令長史封書與廣之莫府曰急詣部如書（正義曰令廣如其文牒急引兵從東道也）廣不謝大將軍而起行意甚慍怒而就部引兵與右將軍食其合軍出東道（索隱曰食其音異基案趙將軍名也或亦依字讀）軍亡導或失道（索隱曰謂无人導引軍故失道也）後大將軍大將軍與單于接戰單于遁走弗能得而還南絕幕（正義曰絕度也南歸度沙幕）遇前將軍右將軍廣已見大將軍還入軍大將軍使長史持糒醪遺廣因問廣食其失道狀青欲上書報天子軍曲折（正義曰言委曲而行廻折使軍後大將軍也）廣未對大將軍使長史急責廣之幕府對簿廣曰諸校尉

無罪乃我自失道吾今自上簿至莫府廣謂其麾下曰廣結髮與匈奴大小七十餘戰今幸從大將軍出接單于兵而大將軍又徙廣部行回遠而又迷失道豈非天哉且廣年六十餘矣終不能復對刀筆之吏遂引刀自剄廣軍士大夫一軍皆哭百姓聞之知與不知無老壯皆爲垂涕而右將軍獨下吏當死贖爲庶人廣子三人曰當戶椒敢爲郎天子與韓嫣戲（索隱曰嫣音偃又音許乾反）嫣少不遜當戶擊嫣嫣走於是天子以爲勇當戶早死拜椒爲代郡太守皆先廣死當戶有遺

李將軍傳

腹子名陵廣死軍時敢從驃騎將軍廣死明年李蔡以丞相坐侵孝景園壖地索隱曰壖音人絹反又音乃戀反又音而宣反案壖地神道之地也黃圖云陽陵闕門西出神道四通茂陵神道廣四十三丈也○正義曰漢書云詔賜冢地陽陵當得二十畝蔡盜取三頃頗賣得四十餘萬又盜取神道外壖地一畝葬其中當下獄自殺當下吏治蔡亦自殺不對獄國除李敢以校尉從驃騎將軍擊胡左賢王力戰奪左賢王鼓旗斬首多賜爵關內侯食邑二百戶代廣爲郎中令頃之怨大將軍青之恨其父索隱曰小顏云令其父恨而死乃擊傷大將軍大將軍匿諱之居無何敢從上雍索隱曰劉氏音尚大顏云雍地形高故云上至甘泉宮獵驃騎將軍去病與青有親

射殺敢去病時方貴幸上諱云鹿觸殺之居歲餘去病死徐廣曰元狩六年而敢有女爲太子中人愛幸敢男禹有寵於太子然好利李氏陵遲衰微矣李陵既壯選爲建章監監諸騎善射愛士卒天子以爲李氏世將而使將八百騎嘗深入匈奴二千餘里過居延徐廣曰屬張掖○正義曰括地志云居延海在甘州張掖縣東北六十四里地理志云居延澤古文以爲流沙甘州在京西北二千四百六十里視地形無所見虜而還拜爲騎都尉將丹陽楚人五千人教射酒泉張掖以屯衛胡數歲天漢二年秋貳師將軍李廣利將三萬騎擊匈奴右賢王祁連天山徐廣

曰出燉煌至天山○索隱曰案晉灼云在西域近蒲類又西河舊事云白山冬夏有雪匈奴謂之天山也○正義曰括地志云祁連山在甘州張掖縣西南二百里天山一名白山今名初羅漫山在伊吾縣北百二十里伊州在京西北四千四百一十六里而使陵將其射士步兵五千人出居延北可千餘里欲以分匈奴兵毋令專走貳師也陵既至期還而單于以兵八萬圍擊陵軍陵軍五千人兵矢既盡士死者過半而所殺傷匈奴亦萬餘人且引且戰連鬬八日還未到居延百餘里匈奴遮狹絕道陵食乏而救兵不到虜急擊招降陵陵曰無面目報陛下遂降匈奴其兵盡沒餘亡散得歸漢者四百餘人單于既得陵素

聞其家聲及戰又壯乃以其女妻陵而貴之漢聞族陵母妻子自是之後李氏名敗而隴西之士居門下者皆用爲恥焉

太史公曰傳曰其身正不令而行其身不正雖令不從其李將軍之謂也余睹李將軍悛悛如鄙人索隱曰悛音七旬反漢書作恂恂音詢口不能道辭及死之日天下知與不知皆爲盡哀彼其忠實心誠信於士大夫也諺曰桃李不言下自成蹊索隱曰案姚氏云桃李本不能言但以華實感物故人不期而往其下自成蹊徑也以喻廣雖不能道辭能有所感而忠心信物故也此言雖小可以諭大也

索隱述贊曰　猨臂善射　實負其能　解鞍却敵　圓陣摧鋒　邊郡屢守　大軍再從　失道見斥　數奇不封　惜哉名將　天下無雙

李將軍列傳第四十九　史記一百九

匈奴列傳第五十　史記一百十

正義曰此卷或有本次平津侯後第五十二今第五十者先生舊本如此劉伯莊云亦然若先諸傳而次四夷則司馬汲鄭不合在後也

匈奴其先祖夏后氏之苗裔也曰淳維漢書音義曰匈奴始祖名〇索隱曰張晏曰淳維以殷時奔北邊又樂彥括地譜云夏桀無道湯放之鳴條三年而死其子獯粥妻桀之衆妾避居北野隨畜移徙中國謂之匈奴其言夏后苗裔或當然也故應劭風俗通曰殷時曰獯粥改曰匈奴又晉灼云堯時曰葷粥周曰獫狁秦曰匈奴韋昭云漢曰匈奴葷粥其別名則淳維是其始祖蓋與獯粥是一也唐虞以上有山戎正義曰左傳莊三十年齊人伐山戎杜預云山戎北戎無終三名也括地志云幽州漁陽縣本北戎無終子國獫狁葷粥晉灼曰堯時曰葷粥周曰獫狁秦曰匈奴居于北蠻隨畜牧而轉移其畜之所多則馬牛羊其奇畜則橐駞索隱曰韋昭曰背肉似橐故云駞包愷音託佗〇正義曰畜許又反驢驘索隱曰按古今注云驢特馬牝生驘〇正義曰驘音力戈反駃騠徐廣曰北狄駿馬〇索隱曰說文云駃騠馬父驘子也廣志云決蹄也發蒙記刳其母腹而生列女傳云生七日超其母騊駼徐廣曰似馬而青〇索隱曰按郭璞注爾雅云騊駼馬青色音淘塗又字林云野馬山海經云北海內有獸其狀如馬其名騊駼也驒騱徐廣曰音顛巨虛之屬〇索隱曰說文云野馬屬一云青驪驎驒文如鼉魚鄒誕生本騱字作奚逐水草遷徙毋城郭常處耕田之業然亦各有分地索隱曰分音扶糞反毋文書以言語為約束兒能騎羊引弓射鳥鼠少長則射狐兔用為食索隱曰少音式紹反長陟兩反少長謂年稍長士力能彎弓索隱曰彎音烏還反盡為甲騎其俗寬則隨畜因射獵禽獸為生業急則人習戰攻以侵伐其天性

也其長兵則弓矢短兵則刀鋋韋昭曰鋋形似矛鐵柄音時年反○索隱曰音蟬埤蒼云鋋小矛鐵矜古今字詁云矜矛穳也利則進不利則退不羞遁走苟利所在不知禮義自君王以下咸食畜肉衣其皮革被旃裘壯者食肥美老者食其餘貴壯健賤老弱父死妻其後母兄弟死皆取其妻妻之其俗有名不諱而無姓字漢書曰單于姓攣鞮氏○索隱曰攣音六緣反鞮音丁啼反夏道衰而公劉失其稷官徐廣曰后稷之曾孫○正義曰周本紀云不窋失其官此云公劉未詳也變于西戎邑于豳其後三百有餘歲戎狄攻大王亶父徐廣曰公劉九世孫亶父亡走岐下而豳人悉從亶父而邑焉作周索隱曰按謂始作周國也其

後百有餘歲周西伯昌伐畎夷氏索隱曰韋昭云春秋以爲犬戎按畎音犬小顏云即昆夷也山海經云黃帝生苗苗生龍龍生融融生吾吾生幷明幷明生白白生犬犬有二牡是爲犬戎說文云赤狄本犬種字從犬又山海經云有人面獸身名犬夷賈逵云犬夷戎之別種也後十有餘年武王伐紂而營雒邑復居于酆鄗放逐戎夷涇洛之北索隱曰晉灼曰洛水在馮翊懷德縣東南入渭又案水經云出上郡彫陰泰昌山過華陰入渭即漆沮水也以時入貢命曰荒服其後二百有餘年周道衰索隱曰案周紀云懿王時王室衰詩人作怨刺之詩不能復雅也而穆王伐犬戎得四白狼四白鹿以歸自是之後荒服不至於是周遂作甫刑之辟穆王之後二百有餘年周幽王用寵姬褒姒之故與申侯有郤正義曰故申城在鄧

州南陽縣北三十里周宣王舅所封申侯怒而與犬戎共攻殺周幽王于驪山之下韋昭曰戎後來居此山故號曰驪戎遂取周之焦穫正義曰括地志云焦穫亦名瓠口亦曰瓠中在雍州涇陽縣北城十數里周有焦穫也而居于涇渭之閒侵暴中國秦襄公救周於是周平王去酆鄗而東徙雒邑當是之時秦襄公伐戎至岐正義曰今岐州高誘云秦襄公救周有功受周故地酆鎬列爲諸侯也始列爲諸侯是後六十有五年而山戎越燕而伐齊索隱曰服虔云山戎蓋今鮮卑胡廣云鮮卑東胡別種又案應奉云秦築長城徒士亡出塞外依鮮卑山因以爲號齊釐公與戰于齊郊索隱曰釐音僖名諸兒也其後四十四年而山戎伐燕燕告急于齊齊桓公北伐山戎山戎走其後二

十有餘年而戎狄至洛邑伐周襄王襄王奔于鄭之氾邑索隱曰氾音凡今潁川襄城是初周襄王欲伐鄭故娶戎狄女爲后與戎狄兵共伐鄭已而黜狄后狄后怨而襄王後母曰惠后有子子帶欲立之於是惠后與狄后子帶爲內應開戎狄戎狄以故得入破逐周襄王而立子帶爲天子於是戎狄或居于陸渾徐廣曰一爲陸邑○索隱曰春秋左氏秦晉遷陸渾之戎于伊川杜預以爲允姓之戎居陸在秦晉之閒二國誘而徙之伊川遂從戎號今陸渾縣是也東至於衛侵盜暴虐中國疾之故詩人歌之曰戎狄是應薄伐獫狁至於太原毛詩傳曰言逐出之而已出輿彭彭城彼朔方

毛詩傳曰彭彭四馬皃朔方北方○正義曰言獫狁既去北方安靜乃築城守之也周襄王既居
外四年乃使使告急于晉晉文公初立欲修霸
業乃興師伐逐戎翟誅子帶迎內周襄王居于
雒邑當是之時秦晉為彊國晉文公攘戎翟居
于河西圁洛之閒徐廣曰圁在西河音銀洛在上郡馮翊閒○索隱曰三蒼圁作圁地理志
云圁水出上郡白土縣西東流入河韋昭云圁當為圁續郡國志及太康地理志並作圁字也○正義曰括地志云白土
故城在鹽州白池東北三百九十里又云近延州綏州銀州本春秋時白狄所居七國屬魏後入秦秦置三十六郡洛漆
沮也號曰赤翟白翟索隱曰案左氏傳云晉師滅赤狄潞氏杜氏以潞赤翟之別種也今上黨
潞縣又春秋地名云今曰赤涉胡又晉師敗翟于箕郤缺獲白翟子杜氏以為白翟之別種故西河郡有白部胡又國語
云桓公西征攘白翟之地遂至于西河也○正義曰括地志云潞州本赤狄地延銀綏三州白翟地按文言圁潞之閒號

赤狄未詳秦穆公得由余西戎八國服於秦故自隴
以西有緜諸正義曰括地志云緜諸城秦州秦嶺縣北五十六里漢縣諸道屬天水郡緄
戎正義曰上音昆字當作混顏師古云混云夷也韋昭云春秋以為犬戎翟䝠之戎徐廣曰在
天水䝠音丸○索隱曰地理志天水有綿諸道狄道䝠以䝠戎邑音桓○正義曰括地志云䝠道故城在渭州襄武縣
東南三十七里古之䝠戎邑漢䝠道屬天水郡岐梁山涇漆之北有義渠正義
曰括地志云寧州慶州西戎即劉拘邑城時為義渠戎國秦為北地郡也大荔徐廣曰後更名臨晉在馮翊○
索隱曰韋昭云義渠本西戎國有王秦滅之今在北地郡秦本紀厲共公伐大荔取其王城後更名臨晉故地理志云臨
晉故大荔國也○正義曰括地志同州馮翊縣及朝邑縣本漢臨晉縣地古大荔戎國今朝邑縣東三十步故王城即大
荔王城荔力計反烏氏徐廣曰在安定○正義曰氏音支括地志云烏氏故城在涇州安定縣東三十里周
之故地後入戎秦惠王取之置烏氏縣也朐衍之戎徐廣曰在北地朐音項○索隱曰案地理志朐

衍縣名在北地鄭氏音吁○正義曰括地志云鹽州古戎狄居之即朐衍戎之地秦北地郡也而晉北有
林胡正義曰括地志云朔州春秋時北地也如淳云即儋林也為李牧滅樓煩之戎索隱
曰如淳云林胡即儋林為李牧所滅也地理志樓煩縣名屬鴈門應劭云故樓煩胡也○正義曰括地志云嵐州樓煩胡
地也風俗通云故樓煩故地也燕北有東胡山戎漢書音義曰烏丸或云鮮卑○索隱曰服
虔云東胡烏丸之先後為鮮卑在匈奴東故曰東胡案續漢書曰漢初匈奴冒頓滅其國餘類保烏桓山以為號俗隨水
草居無常處桓以之名烏號為姓父子男女悉髡頭為輕便也各分散居谿谷自有
君長往往而聚者百有餘戎然莫能相一自是
之後百有餘年晉悼公使魏絳和戎翟戎翟朝
晉後百有餘年趙襄子踰句注音鉤山名在鴈門○索隱曰服虔云句音
拘韋昭云山名在應陰館而破幷代以臨胡貉索隱曰案貉即濊也音亡格反其

後既與韓魏共滅智伯分晉地而有之則趙有
代句注之北魏有河西上郡以與戎界邊其後
義渠之戎築城郭以自守而秦稍蠶食至於惠
王遂拔義渠二十五城惠王擊魏魏盡入西河
及上郡于秦秦昭王時義渠戎王與宣太后昭王
母也亂有二子宣太后詐而殺義渠戎王於甘泉
遂起兵伐殘義渠於是秦有隴西北地上郡築
長城以拒胡而趙武靈王亦變俗胡服習騎射
北破林胡樓煩築長城正義曰括地志云趙武靈王長城在朔州善陽縣北案長
城水經云百道長城北山上有長垣若頹毀焉㳂溪亘嶺東西无極蓋趙靈王所築也自代並音傍

白㑺反陰山索隱曰徐廣云西安陽縣北有陰山陰山在河南陽山北也○正義曰括地志云陰山在朔州北塞外突厥界下至高闕為塞徐廣曰在朔方○正義曰地理志云朔方臨戎縣北有連山險於長城其山中斷兩峯俱峻土俗名為高闕也而置雲中鴈門代郡其後燕有賢將秦開為質於胡胡甚信之歸而襲破走東胡東胡卻千餘里與荊軻刺秦王秦舞陽者開之孫也燕亦築長城自造陽韋昭曰地名在上谷○正義曰按上谷郡今嬀州至襄平索隱曰韋昭云今遼東所理也置上谷漁陽右北平遼西遼東郡以拒胡當是之時冠帶戰國七而三國邊於匈奴索隱曰案三國燕趙秦也其後趙將李牧時匈奴不敢入趙邊後秦滅六國而始皇帝使蒙恬

將十萬之衆北擊胡悉收河南地因河為塞索隱曰案大東地記秦塞自五原北九里謂之造陽東行終利賁山南漢陽西是也築四十四縣城索隱曰蘇林云去長安八千里正南北相值道也臨河徙適戍以充之適音丁革反自九原至雲陽索隱曰韋昭云九原縣屬五原也○正義曰括地志云勝州連谷縣本秦九原郡漢武帝更名五原雲陽雍縣秦之林光宮即漢之甘泉宮在焉又云秦故道在慶州華池縣西四十五里子午山上自九原至雲陽千八百里因邊山險壍谿谷可繕者治之起臨洮至遼東萬餘里索隱曰韋昭曰臨洮隴西縣○正義曰括地志云秦隴西郡臨洮縣即今岷州城本秦長城首起岷州西十二里延袤萬餘里東入遼水又度河據陽山北假中○索隱曰應劭云北假在北地陽山北韋昭云北假北方田官主以田假與貧人故云北假云北假地名也○正義曰括地志云漢五原郡河目縣故城在北假中北假地名也在河北今屬勝州銀城縣漢書王莽傳云五原北假膏壤殖穀也當是之時東胡彊而月氏盛正義曰氏音支括地志云涼甘肅延沙等州地本月氏國匈奴單于漢書音義曰單于者廣大之貌言其象天單于然○索隱曰案單于姓攣鞮氏其國稱之曰撐犂孤塗單于而匈奴謂天為撐犂謂子為孤塗單于者廣大之貌也言其象天故曰撐犂孤塗單于又玄晏春秋云士安讀漢書不詳此言有胡奴在側言之曰此胡所謂天子與古書所說符會也曰頭曼韋昭曰音瞞○索隱曰曼音莫官反頭曼不勝秦北徙十餘年而蒙恬死諸侯畔秦中國擾亂諸秦所徙適戍邊者皆復去於是匈奴得寬復稍度河南與中國界於故塞單于有太子名冒頓索隱曰冒音墨又如字後有所愛閼氏索隱曰閼氏舊音曷氏匈奴皇后號也習鑿齒與燕王書云山下有紅藍足下先知不北方人採取其花染緋黃挼取其上英鮮者作烟脂婦人採將用為顏色吾少時再三過見烟脂今日始覩

紅藍後當足致其種匈奴名妻作閼氏今可音烟支想足下先亦不作此讀漢書也生少子而單于欲廢冒頓而立少子乃使冒頓質於月氏冒頓既質於月氏而頭曼急擊月氏月氏欲殺冒頓冒頓盜其善馬騎之亡歸頭曼以為壯令將萬騎冒頓乃作為鳴鏑漢書音義曰鏑箭也如今鳴射也韋昭曰矢鏑飛則鳴○索隱曰應劭云髐箭也習勒其騎射令曰鳴鏑所射而不悉射者斬之行獵鳥獸有不射鳴鏑所射者輒斬之已而冒頓以鳴鏑自射其善馬左右或不敢射者冒頓立斬不射善馬者居頃之復以鳴鏑自射其愛妻左右或頗恐不敢射冒頓又復斬

之居頃之冒頓出獵以鳴鏑射單于善馬左右
皆射之於是冒頓知其左右皆可用從其父單
于頭曼獵以鳴鏑射頭曼其左右亦皆隨鳴鏑
而射殺單于頭曼遂盡誅其後母與弟及大臣
不聽從者冒頓自立爲單于冒頓既立徐廣曰秦二世元年
壬辰歲立是時東胡彊盛聞冒頓殺父自立乃使使
謂冒頓欲得頭曼時有千里馬冒頓問羣臣羣
臣皆曰千里馬匈奴寶馬也勿與冒頓曰奈何
與人鄰國而愛一馬乎遂與之千里馬居頃之
東胡以爲冒頓畏之乃使使謂冒頓欲得單于

一閼氏冒頓復問左右左右皆怒曰東胡無道
乃求閼氏請擊之冒頓曰奈何與人鄰國愛一
女子乎遂取所愛閼氏予東胡東胡王愈益驕
西侵與匈奴間中有棄地莫居千餘里各居其
邊爲甌脫韋昭曰界上屯守處○索隱曰服虔云作土室以伺漢人又纂文曰甌脫土穴也又云是地名
故下云生得甌脫王甌音一侯反脫音同活反○正義曰按境上斥候之室爲甌脫也東胡使使
謂冒頓曰匈奴所與我界甌脫外棄地匈奴非
能至也吾欲有之冒頓問羣臣羣臣或曰此棄
地予之亦可勿與亦可於是冒頓大怒曰地者
國之本也奈何予之諸言予之者皆斬之冒頓

上馬令國中有後者斬遂東襲擊東胡東胡初
輕冒頓不爲備及冒頓以兵至擊大破滅東胡
王而虜其民人及畜產既歸西擊走月氏南幷
樓煩白羊河南王索隱曰如淳曰白羊王居河南侵燕代悉復收
秦所使蒙恬所奪匈奴地者與漢關故河南塞
至朝那膚施徐廣曰在上郡○正義曰漢朝那故城在原州百泉縣西七十里屬安定郡膚施縣秦因
不改今延州膚施縣是遂侵燕代是時漢兵與項羽相距中
國罷於兵革以故冒頓得自彊控弦之士三十
餘萬自淳維以至頭曼千有餘歲時大時小別
散分離尚矣其世傳不可得而次云然至冒頓

而匈奴最彊大盡服從北夷而南與中國爲敵
國其世傳國官號乃可得而記云置左右賢王
左右谷蠡王服虔曰谷音鹿蠡音離○索隱曰蠡又音黎左右大將左
右大都尉左右大當戶左右骨都侯骨都異姓大臣○索隱曰
裴氏所引據後漢書下呼衍注亦然匈奴謂賢曰屠耆徐廣曰屠耆一作諸故
常以太子爲左屠耆王自如左右賢以下至當
戶大者萬騎小者數千凡二十四長立號曰萬
騎諸大臣皆世官呼衍氏呼衍氏須卜氏常與單于婚姻蘭氏正義
曰顏師古云呼衍即今鮮卑姓呼延者也蘭姓今亦有之其後有須卜氏須卜氏主獄訟○正
義曰後漢書云呼衍氏須卜氏常與單于婚姻此三姓其貴種也諸左方王

將居東方直上谷（索隱曰案姚氏云古字例以直為值值者當也○正義曰上谷郡今嬀州也言匈奴東方南出直當嬀州也）以往者東接穢貉朝鮮右方王將居西方直上郡（正義曰上郡故城在涇州上縣東南五十里言匈奴西方南直當綏州也）以西接月氏氐羌（索隱曰案風俗通云氐本西南夷種地理志武都有白馬氐又魚豢魏略云漢置武都郡排其種人分竄山谷或號青氐或號白氐纂文云氐亦羌種說文云羌西方牧羊人續漢書云羌三苗姜姓之別舜徙于三危今阿關之西南羌是也）而單于之庭直代雲中（索隱曰案謂匈奴所都處為庭樂彥云單于無城郭不知何以國之穹廬前地若庭故云庭○正義曰代郡城北狄代國秦漢代縣城也在蔚州羌胡縣北百五十里雲中故城趙雲中城秦雲中郡在勝州榆林縣東北四十里言匈奴之南直當代雲中也）各有分地逐水草移徙而左右賢王左右谷蠡王最為大國左右骨都侯輔政諸二十四長

亦各自置千長百長什長（索隱曰案續漢書郡國志云里有魁又有什伍里魁掌一里百家什主十家伍長五家以相檢察故賈誼過秦論以為俛起什百之中是也）裨小王相封（徐廣曰一作將）都尉當戶且渠之屬（正義曰且子餘反顏師古云今之沮渠姓蓋本因此官）歲正月諸長小會單于庭祠五月大會蘢城（索隱曰漢書作龍城亦作蘢字崔浩云西方胡皆事龍神故名大會處為龍城後漢書云匈奴俗歲有三龍祠祭天神）祭其先天地鬼神秋馬肥大會蹛林（漢書音義曰匈奴秋社八月中皆會祭處蹛音帶○索隱曰鄭氏云蹛林地名也晉灼曰李陵與蘇武書云相競趍蹛林則服虔說是也又韋昭音多藍反姚氏案李牧傳大破匈奴滅襜襤此字與韋昭音頗同然林襤聲相近或以林為襤也○正義曰顏師古云蹛者遶林木而祭也鮮卑之俗自古相傳秋祭无林木者尚豎柳枝眾騎馳遶三周乃止此其遺法也）課校人畜（正義曰許又反）計其法拔刃尺者死坐盜者沒

入其家有罪小者軋（漢書音義曰刃刻其面○索隱曰軋音烏八反鄧展云軋歷也如淳云揭杖也三蒼云軋輾也說文云輾轢也○正義曰顏師古云軋者謂輾轢其骨節若今之厭踝者也）大者死獄久者不過十日一國之囚不過數人而單于朝出營拜日之始生夕拜月其坐長左而北鄉（正義曰其座北向長者在左以左為尊也）日上戊己其送死有棺槨金銀衣裘而無封樹喪服（張華曰匈奴名冢曰逗落）近幸臣妾從死者多至數千百人（正義曰漢書作數十百人顏師古云或數十人或百人）舉事而候星月月盛壯則攻戰月虧則退兵其攻戰斬首虜賜一卮酒而所得鹵獲因以予之得人以為奴婢故其戰人人自為趣利善為誘兵

以冒敵故其見敵則逐利如鳥之集其困敗則瓦解雲散矣戰而扶輿死者盡得死者家財後北服渾庾屈射丁零（索隱曰魏略云丁零在東居北去匈奴庭接習水七千里又云匈奴北有渾窳國射音亦又音石）鬲昆薪犁之國（正義曰已上五國在匈奴北）於是匈奴貴人大臣皆服以冒頓單于為賢是時漢初定中國徙韓王信於代都馬邑匈奴大攻圍馬邑韓王信降匈奴匈奴得信因引兵南踰句注攻太原至晉陽下高帝自將兵往擊之會冬大寒雨雪卒之墮指者十二三於是冒頓詳敗走誘漢兵漢兵逐擊冒頓冒頓匿其精兵見其

羸弱於是漢悉兵多步兵三十二萬北逐之高帝先至平城（徐廣曰在鴈門）步兵未盡到冒頓縱精兵四十萬騎圍高帝於白登（正義曰白登臺在白登山上朔州定襄縣東三十里定襄縣漢平城縣也）七日漢兵中外不得相救餉匈奴騎其西方盡白馬東方盡青駹馬（索隱曰駹音武江反案青駹青色馬也○正義曰鄭玄云駹不純也說文云駹面顙皆白爾雅云黑馬面白也）北方盡烏驪馬（索隱曰說文云驪黑色）南方盡騂馬（索隱曰案詩傳曰赤黃曰騂）高帝乃使使間厚遺閼氏閼氏乃謂冒頓曰兩主不相困今得漢地而單于終非能居之也且漢王亦有神單于察之冒頓與韓王信之將王黃趙利期而黃利兵又不來疑其與漢有謀亦取閼氏之言乃解圍之一角於是高帝令士皆持滿傅矢外鄉（索隱曰傅音附）從解角直出竟與大軍合而冒頓遂引兵而去漢亦引兵而罷使劉敬結和親之約是後韓王信為匈奴將及趙利王黃等數倍約侵盜代雲中居無幾何陳豨反又與韓信合謀擊代漢使樊噲往擊之復拔代鴈門雲中郡縣不出塞是時匈奴以漢將衆往降故冒頓常往來侵盜代地於是漢患之高帝乃使劉敬奉宗室女公主為單于閼氏歲奉匈奴絮繒酒米食

物各有數約為昆弟以和親冒頓乃少止後燕王盧綰反率其黨數千人降匈奴往來苦上谷以東高祖崩孝惠呂太后時漢初定故匈奴以驕冒頓乃為書遺高后妄言高后欲擊之（索隱曰案漢書云高后時冒頓寖驕乃使使遺高后書曰孤僨之君生於沮澤之中長於平野牛馬之域數至邊境願遊中國陛下獨立孤僨獨居兩主不樂無以自娛願以所有易其所無高后怒欲擊之）諸將曰以高帝賢武然尚困於平城於是高后乃止（索隱曰案漢書季布諫高后乃止）復與匈奴和親至孝文帝初立復修和親之事其三年五月匈奴右賢王入居河南地侵盜上郡葆塞蠻夷殺略人民於是孝文帝詔丞相灌嬰發車騎八萬五千詣高奴（正義延州城本漢高奴縣舊都）擊右賢王右賢王走出塞文帝幸太原是時濟北王反文帝歸罷丞相擊胡之兵其明年單于遺漢書曰天所立匈奴大單于敬問皇帝無恙前時皇帝言和親事稱書意合歡漢邊吏侵侮右賢王右賢王不請聽後義盧侯難氏（徐廣曰音支○索隱曰匈奴將名也）等計與漢吏相距絕二主之約離兄弟之親皇帝讓書再至發使以書報不來漢使不至漢以其故不和鄰國不附今以小吏之敗約故罰右賢王使之西求月氏擊之以天之福吏卒

良馬彊力以夷滅月氏盡斬殺降下之定樓蘭（徐廣曰一云樓皇○正義曰漢書云鄯善國名樓蘭去長安一千六百里也）烏孫呼揭（音桀○索隱曰又音丘列反○正義曰揭音桀又其例反二國皆在瓜川西北烏孫戰國時居瓜州）及其旁二十六國皆以為匈奴（索隱曰案謂皆已入匈奴國也）諸引弓之民并為一家北州已定願寢兵休士卒養馬除前事復故約以安邊民以應始古使少者得成其長老者安其處世世平樂未得皇帝之志也故使郎中係雩淺奉書（雩音火胡反○索隱曰係音計雩漢書作虖）請獻橐他一匹騎馬二匹駕二駟（正義曰顏師古云駕可駕車也駟八疋馬也）皇帝即不欲匈奴近塞則且詔吏民遠舍使者至即遣之以六月中來至薪望之地（漢書音義曰塞下地名○索隱曰服虔云漢界上塞下之地今匈奴使至於此也）書至漢議擊與和親孰便公卿皆曰單于新破月氏乘勝不可擊且得匈奴地澤鹵（正義曰上音息）非可居也和親甚便漢許之孝文皇帝前六年漢遺匈奴書曰皇帝敬問匈奴大單于無恙使郎中係雩淺遺朕書曰右賢王不請聽後義盧侯難氏等計絕二主之約離兄弟之親漢以故不和鄰國不附今以小吏敗約故罰右賢王使西擊月氏盡定之願寢兵休士卒養馬除前事復故約以安邊民使少者得成

其長老者安其處世世平樂朕甚嘉之此古聖主之意也漢與匈奴約為兄弟所以遺單于甚厚倍約離兄弟之親者常在匈奴然右賢王事已在赦前單于勿深誅單于若稱書意明告諸吏使無負約有信敬如單于書使者言單于自將伐國有功甚苦兵事服繡袷綺衣繡袷長襦錦袷袍各一（徐廣曰一本無袷字○索隱曰案小顏云服者言天子自所服也以繡為表綺為裏以賜冒頓字林云袷衣無絮也音公洽反）比余一（徐廣曰或作疏比也○索隱曰案漢書作比踈一比音鼻小顏云辮髮之飾也以金為之廣雅云比櫛也蒼頡篇云靡者為比麄者為梳蘇林云今亦謂之梳）黃金飾具帶一（漢書音義曰要中大帶）黃金胥紕一（徐廣曰或作犀毗而無一字○索隱曰漢書見作犀毗此作胥者胥犀聲相近或誤張晏云鮮卑郭落帶瑞獸名也東胡好服之戰国策云趙武靈王賜周紹具帶黃金師比延篤云胡革帶鉤也則此帶鉤亦名師比則胥犀與師並相近而說各異耳班固與竇憲牋云賜犀比金頭帶是也）繡十匹錦三十匹赤綈（正義曰音啼）綠繒各四十匹（索隱曰案說文云綈厚繒也）使中大夫意謁者令肩遺單于後頃之冒頓死子稽粥立（索隱曰稽音雞粥音育）號曰老上稽粥單于老上稽粥單于初立（徐廣曰一云稽粥第二單于自後皆以第別之）孝文皇帝復遣宗室女公主為單于閼氏使宦者燕人中行說（正義曰行音胡郎反中行姓說名也）傅公主說不欲行漢彊使之說曰必我行也為漢患者中行說既至因降單于單于甚親幸之初匈奴好漢繒絮

食物中行說曰匈奴人衆不能當漢之一郡然所以彊者以衣食異無仰於漢也今單于變俗好漢物漢物不過什二則匈奴盡歸於漢矣韋昭曰言漢物十中之二入匈奴匈奴則動心歸漢矣其得漢繒絮以馳草棘中衣袴皆裂敝以示不如旃裘之完善也得漢食物皆去之以示不如湩酪之便美也湩乳汁也音都奉反○索隱曰字林云湩音竹用反穆天子傳云牛馬之湩臣𦳝人所具也於是說教單于左右疏記以計課其人衆畜物正義曰上許又反漢遺單于書牘以尺一寸辭曰皇帝敬問匈奴大單于無恙所遺物及言語云云中行說令單于遺漢書以

尺二寸牘及印封皆令廣大長倨傲其辭曰天地所生日月所置匈奴大單于敬問漢皇帝無恙所以遺物言語亦云云漢使或言曰匈奴俗賤老中行說窮漢使曰而漢俗屯戍從軍當發者其老親豈有不自脫溫厚肥美以齎送飲食行戍乎漢使曰然中行說曰匈奴明以戰攻為事其老弱不能鬬故以其肥美飲食壯健者蓋以自為守衛如此父子各得久相保何以言匈奴輕老也漢使曰匈奴父子乃同穹廬而臥漢書音義曰穹廬旃帳父死妻其後母兄弟死盡取其妻妻之

無冠帶之飾闕庭之禮中行說曰匈奴之俗人食畜肉飲其汁衣其皮畜食草飲水隨時轉移故其急則人習騎射寬則人樂無事其約束輕易行也君臣簡易一國之政猶一身也父子兄弟死取其妻妻之惡種姓之失也故匈奴雖亂必立宗種今中國雖詳不取索隱曰詳漢書作陽此亦音羊其父兄之妻親屬益疏則相殺至乃易姓皆從此類且禮義之敝上下交怨望而室屋之極生力必屈索隱曰以言棟宇室屋之作人盡極其力以營其生至於氣力屈竭也屈音其物反夫力耕桑以求衣食築城郭以自備故其民急則不習戰

功緩則罷於作業嗟土室之人顧無多辭令喋喋音諜利口也而佔佔昌占反衣裳貌冠固何當言雖復著冠固何當所益○索隱曰鄧展曰佔囁耳語服虔曰口舌為喋如淳曰汝漢人多口居室中固自宜著冠且不足貴也小顏云言漢人且當思念無為喋喋佔佔耳雖自謂著冠何所當益也自是之後漢使欲辯論者中行說輒曰漢使無多言顧漢所輸匈奴繒絮米櫱令其量中必善美而已矣何以為言乎且所給備善則已不備苦惡韋昭曰苦麤也音若靡盬之盬則候秋孰以騎馳蹂而稼穡耳徐廣曰蹂音而九反日夜教單于候利害處漢孝文皇帝十四年匈奴單于十四萬騎入朝那蕭關殺北地都尉卬徐廣曰姓孫其子單封為缾侯白丁反索隱曰

卬音五郎反虜人民畜產甚多遂至彭陽徐廣曰在安定。正義曰城字誤也括地志云彭城故城在涇州臨城縣東二十里案彭城在嵋州與北地郡甚遠明非彭城也使奇兵入燒回中宮索隱曰服虔云回中在北地武帝作宮始皇本紀三十七年巡雞頭山過回中武帝元封四年通回中道。正義曰括地志云秦回中宮在岐州雍縣西四十里即匈奴所燒者也候騎至雍甘泉索隱曰崔浩云候邏騎。正義曰括地志云雲陽也秦之林光宮漢之甘泉在雍州雲陽西北八十里秦始皇作甘泉宮去長安三百里望見長安秦皇帝以來祭天圜丘處於是文帝以中尉周舍郎中令張武為將軍發車千乘騎十萬軍長安旁以備胡寇而拜昌侯盧卿為上郡將軍索隱曰案表盧作敄古今字異耳寗侯魏遫為北地將軍隆慮侯周竈為隴西將軍東陽侯張相如為大將軍成侯董赤正義曰音赫為前將軍大發車騎往擊胡徐廣曰內史欒布亦為將軍單于留塞內月餘乃去漢逐出塞即還不能有所殺匈奴日已驕歲入邊殺略人民畜產甚多雲中遼東最甚至代郡萬餘人漢患之乃使使遺匈奴書單于亦使當戶報謝復言和親事孝文帝後二年使使遺匈奴書曰皇帝敬問匈奴大單于無恙使當戶且居雕渠難索隱曰漢書作且渠匈奴官號樂彥云當戶且渠各自一官雕渠難為此官也。正義曰雕渠難者其姓名也且子余反郎中韓遼遺朕馬二匹已至敬受先帝制長城以北引弓之國受命單于長城以內冠帶之室朕

亦制之使萬民耕織射獵衣食父子無離臣主相安俱無暴逆今聞渫惡民貪降其進取之利倍義絕約忘萬民之命離兩主之驩然其事已在前矣書曰二國已和親兩主驩說寢兵休卒養馬世世昌樂闟然更始徐廣曰闟音揄安定意也朕甚嘉之聖人者日新改作更始使老者得息幼者得長各保其首領而終其天年朕與單于俱由此道順天恤民世世相傳施之無窮天下莫不咸便漢與匈奴鄰國之敵匈奴處北地寒殺氣早降故詔吏遺單于秫糵金帛絲絮佗物歲有數今天下大安萬民熙熙朕與單于為之父母朕追念前事薄物細故謀臣計失皆不足以離兄弟之驩朕聞天不頗覆地不偏載朕與單于皆捐往細故俱蹈大道墮壞前惡以圖長久使兩國之民若一家子元元萬民下及魚鼈上及飛鳥跂行喙息蠕動之類索隱曰案跂音岐又音企言蟲鳥之類或以踵而行或以喙而息皆得其安也二蒼云蠕蠕動貌音軟淮南云昆蟲蠕動也莫不就安利而辟危殆故來者不止天之道也俱去前事朕釋逃虜民單于無言章尼等索隱曰案文帝云我今日並釋放彼國逃亡虜遺之歸本國故單于無得更以言詞訴於章尼等責其違逃也朕聞古之帝王約分明而無

食言單于留志天下大安和親之後漢過不先單于其察之單于既約和親於是制詔御史曰匈奴大單于遺朕書言和親已定亡人不足以益衆廣地匈奴無入塞漢無出塞犯令約者殺之可以久親後無咎俱便朕已許之其布告天下使明知之後四歲老上稽粥單于死子軍臣立爲單于既立（徐廣曰後元三年立）孝文皇帝復與匈奴和親而中行說復事之軍臣單于立四歲（徐廣曰孝文後元七年崩而二年答單于書其間五年而此云後四年又立四歲數不容爾也孝文後六年冬匈奴入上郡雲中也）匈奴復絕和親大入上郡雲中各三萬騎所殺略甚衆而去於是漢使三將軍軍屯北地代屯句注趙屯飛狐口緣邊亦各堅守以備胡寇又置三將軍軍長安西細柳渭北棘門霸上以備胡胡騎入代句注邊烽火通於甘泉長安數月漢兵至邊匈奴亦去遠塞漢兵亦罷後歲餘孝文帝崩孝景帝立而趙王遂乃陰使人於匈奴吳楚反欲與趙合謀入邊漢圍破趙匈奴亦止自是之後孝景帝復與匈奴和親通關市給遺匈奴遣公主如故約終孝景時時小入盜邊無大寇武帝即位明和親約束厚遇通關市饒給之匈

奴自單于以下皆親漢往來長城下漢使馬邑下人聶翁壹（索隱曰衞青傳唯稱聶壹故顏氏云壹名也老故稱翁義或然也）姧蘭（姧音干干蘭犯禁私出物也）出物與匈奴交（漢書音義曰私出塞與匈奴交市）詳爲賣馬邑城以誘單于單于信之而貪馬邑財物乃以十萬騎入武州塞（索隱曰蘇林云在鴈門也）漢伏兵三十餘萬馬邑旁御史大夫韓安國爲護軍護四將軍以伏單于單于既入漢塞未至馬邑百餘里見畜布野而無人牧者怪之乃攻亭是時鴈門尉史行徼（索隱曰如淳云近塞郡皆置尉百里一人士史尉史各二人也）見寇葆此亭知漢兵謀單于得欲殺之（徐廣曰一云乃下具告單于）尉史乃告單于漢兵所居單于大驚曰吾固疑之乃引兵還出曰吾得尉史天也天使若言以尉史爲天王漢兵約單于入馬邑而縱單于不至以故漢兵無所得漢將軍王恢部出代擊胡輜重聞單于還兵多不敢出漢以恢本造兵謀而不進斬恢（韓長孺傳曰恢自殺）自是之後匈奴絕和親攻當路塞（索隱曰蘇林云直當道之塞）往往入盜於漢邊不可勝數然匈奴貪尚樂關市嗜漢財物漢亦尚關市不絕以中之（正義曰如淳云得具以利中傷之）自馬邑軍後五年之秋漢使四將軍各萬騎擊胡關市下將軍衞青出

上谷至蘢城得胡首虜七百人公孫賀出雲中無所得公孫敖出代郡爲胡所敗七千餘人李廣出鴈門爲胡所敗而匈奴生得廣廣後得亡歸漢因敖廣敖廣贖爲庶人其冬匈奴數入盜邊漁陽尤甚漢使將軍韓安國屯漁陽備胡其明年秋匈奴二萬騎入漢殺遼西太守略二千餘人胡又入敗漁陽太守軍千餘人圍漢將軍安國安國時千餘騎亦且盡會燕救至匈奴乃去匈奴又入鴈門殺略千餘人於是漢使將軍衛青將三萬騎出鴈門李息出代郡擊胡得首虜數千人其明年衛青復出雲中以西至隴西擊胡之樓煩白羊王於河南得胡首虜數千牛羊百餘萬於是漢遂取河南地築朔方復繕故秦時蒙恬所爲塞因河爲固漢亦棄上谷之什（音斗）辟縣造陽地以予胡（漢書音義曰言縣斗辟西近胡。索隱曰辟音僻造陽即斗辟縣中地。正義曰按曲幽辟縣入匈奴界者造陽地弃與胡也）是歲漢之元朔二年也其後冬匈奴軍臣單于死軍臣單于弟左谷蠡王伊稚斜自立爲單于（索隱曰稚音持利反斜音士嗟反斜鄒誕生音直牙反蓋稚斜胡人語近得其實）攻破軍臣單于太子於單（索隱曰單音丹）於單亡降漢漢封單于爲涉安侯數月而死伊稚

斜單于既立其夏匈奴數萬騎入殺代郡太守恭友略千餘人其秋匈奴又入鴈門殺略千餘人其明年匈奴又復入代郡定襄（正義曰括地志云定襄故城在朔州善陽縣北三百八十里地理志定襄郡高帝置也）上郡各三萬騎殺略數千人匈奴右賢王怨漢奪之河南地而築朔方數爲寇盜邊及入河南侵擾朔方殺略吏民甚衆其明年春漢以衛青爲大將軍將六將軍十餘萬人出朔方高闕擊胡右賢王以爲漢兵不能至飲酒醉漢兵出塞六七百里夜圍右賢王右賢王大驚脫身逃走諸精騎往往隨後去漢得右賢王衆男女萬五千人裨小王十餘人其秋匈奴萬騎入殺代郡都尉朱英略千餘人其明年春漢復遣大將軍衛青將六將軍兵十餘萬騎乃再出定襄數百里擊匈奴得首虜前後凡萬九千餘級而漢亦亡兩將軍軍三千餘騎（徐廣曰合有三千耳）右將軍建（正義曰蘇武父也）得以身脫而前將軍翕侯趙信兵不利降匈奴趙信者故胡小王降漢漢封爲翕侯以前將軍與右將軍并軍分行（正義曰與大軍別行也）獨遇單于兵故盡沒單于既得翕侯以爲自次王（正義曰自次者尊重次於單于）用其姊妻之與謀漢信

教單于益北絕幕應劭曰幕沙幕匈奴之南界瓚曰沙土曰幕直度曰絕以誘
罷漢兵徼極而取之索隱曰罷音疲徼要也謂要其疲極而取之○正義曰徼音古堯反
徼要也要漢兵疲極則取之無近塞居止無近塞單于從其計其明年
胡騎萬人入上谷殺數百人其明年春漢使驃
騎將軍去病將萬騎出隴西過焉支山正義曰焉音烟括地
志云焉支山一名刪丹山在甘州刪丹縣東南五十里西河故事云匈奴失祁連焉支二山乃歌曰亡我祁連山使我六畜
不蕃息失我焉支山使我婦女無顏色其愍惜乃如此千餘里擊匈奴得胡首
虜騎萬八千餘級破得休屠王祭天金人漢書音義曰匈
奴祭天處本在雲陽甘泉山下秦奪其地後徙之休屠王右地故休屠有祭天金人象祭天人也○索隱曰韋昭云作金
人以為祭天主崔浩云胡祭以金人為主今浮圖金人是也孟說恐不然案得休屠金人後置之於甘泉也○正義曰括

地志云徑路祠神在雍州雲陽縣西北九十里甘泉山下本匈奴祭天處秦奪其地後徙休屠右地按金人即金佛像是
其遺法立以為祭天主也其夏驃騎將軍復與合騎侯數萬騎
出隴西北地二千里擊匈奴過居延索隱曰韋昭曰張掖縣
攻祁連山索隱曰西河舊事云山在張掖酒泉二界上東西二百餘里北百里有松栢五木美水草冬溫
夏涼宜畜牧養匈奴失二山乃歌云亡我祁連山使我六畜不蕃息失我燕支山使我嫁婦無顏色祁連一名天山亦曰
白山也得胡首虜三萬餘人裨小王以下七十餘
人是時匈奴亦來入代郡鴈門殺略數百人漢
使博望侯及李將軍廣出右北平擊匈奴右賢
王右賢王圍李將軍卒可四千人且盡殺虜亦
過當會博望侯軍救至李將軍得脫漢失亡數

千人合騎侯後驃騎將軍期及與博望侯皆當
死贖為庶人其秋單于怒渾耶王休屠王居西
方為漢所殺虜數萬人欲召誅之渾耶王與休
屠王恐謀降漢徐廣曰元狩二年也漢使驃騎將軍往迎
之渾耶王殺休屠王并將其眾降漢凡四萬餘
人號十萬於是漢已得渾邪王則隴西北地河
西益少胡寇徙關東貧民處所奪匈奴河南新
秦中以實之索隱曰如淳云在長安以北朔方以南漢書食貨志云徙貧民充朔方以南新秦中是也
○正義曰服虔云地名在北地廣六七百里長安北朔方南史記以為秦始皇遣蒙恬斥逐北故得肥饒之地七百里徙
內郡人民皆往充實之號曰新秦中也而減北地以西戍卒半其明

年匈奴入右北平定襄各數萬騎殺略千餘人
而去其明年春漢謀曰翕侯信為單于計居幕
北以為漢兵不能至乃粟馬發十萬騎負私從
正義曰謂負擔衣糧私募從者凡十四萬疋馬凡十四萬匹糧重不與焉
令大將軍青驃騎將軍去病中分軍大將軍出
定襄驃騎將軍出代咸約絕幕擊匈奴匈奴單
于聞之遠其輜重以精兵待於幕北與漢大將
軍接戰一日會暮大風起漢兵縱左右翼圍單
于單于自度戰不能如漢兵單于遂獨身與壯
騎數百潰漢圍西北遁走漢兵夜追不得行斬

捕匈奴首虜萬九千級北至闐顏山趙信城而還如淳曰信前降匈奴匈奴築城居之單于之遁走其兵往往與漢兵相亂而隨單于單于久不與其大衆相得其右谷蠡王以爲單于死乃自立爲單于眞單于復得其衆而右谷蠡王乃去其單于號復爲右谷蠡王漢驃騎將軍之出代二千餘里與左賢王接戰漢兵得胡首虜凡七萬餘級左賢王將皆遁走驃騎封於狼居胥山禪姑衍臨翰海而還如淳曰翰海北海名○正義曰按翰海自一大海名羣鳥解羽伏乳於此因名也是後匈奴遠遁而幕南無王庭漢度河自朔方以西至令

居徐廣曰在金城○索隱曰地理志云張掖令居縣姚氏令音連小顏音零往往通渠置田官吏卒五六萬人稍蠶食地接匈奴以北正義曰匈奴舊以幕爲王庭今遠徙幕北更蠶食之漢境連接匈奴舊地以北也初漢兩將軍大出圍單于所殺虜八九萬而漢士卒物故亦數萬索隱曰案釋名云漢以來謂死爲物故就朽故也又魏臺訪議高堂崇對曰聞之先師物無也故事也言無復所能於事者也漢馬死者十餘萬匈奴雖病遠去而漢亦馬少無以復往匈奴用趙信之計遣使於漢好辭請和親天子下其議或言和親或言遂臣之丞相長史任敞曰匈奴新破困宜可使爲外臣朝請於邊漢使任敞於單于單于聞敞計大怒

留之不遣先是漢亦有所降匈奴使者單于亦輒留漢使相當漢方復收士馬會驃騎將軍去病死於是漢久不北擊胡數歲伊稚斜單于立十三年死子烏維立爲單于是歲漢元鼎三年也烏維單于立而漢天子始出巡郡縣其後漢方南誅兩越正義曰南越東越不擊匈奴匈奴亦不侵入邊烏維單于立三年漢已滅南越遣故太僕賀將萬五千騎出九原二千餘里至浮苴井而還索隱曰苴音子餘反臣瓚云去九原二千里見漢輿地圖不見匈奴一人漢又遣故從驃侯趙破奴萬餘騎出令居數千里至匈

奴河水而還索隱曰臣瓚云河水名去令居千里亦不見匈奴一人是時天子巡邊至朔方勒兵十八萬騎以見武節而使郭吉風告單于郭吉既至匈奴匈奴主客韋昭曰主使來客官也○正義官名若鴻臚卿問所使郭吉禮卑言好曰吾見單于而口言單于見吉吉曰南越王頭已縣於漢北闕今單于能即前與漢戰天子自將兵待邊單于即不能即南面而臣於漢何徒遠走亡匿於幕北寒苦無水草之地毋爲也語卒而單于大怒立斬主客見者而留郭吉不歸遷之北海上正義曰北海即上海也蘇武亦遷也而單于終不肯爲寇

於漢邊休養息士馬習射獵數使使於漢好辭甘言求請和親漢使王烏等窺匈奴匈奴法漢使非去節而以墨黥其面者不得入穹廬王烏北地人習胡俗去其節黥面得入穹廬單于愛之詳許甘言爲遣其太子入漢爲質（正義音致）以求和親漢使楊信於匈奴是時漢東拔穢貉朝鮮以爲郡（正義曰即玄菟樂浪二郡）而西置酒泉郡（正義曰今肅州）以鬲絕胡與羌通之路漢又西通月氏大夏（正義曰漢書西域傳云大月氏國去長安城萬一千六百里本居燉煌祁連間冒頓單于破月氏而老上單于殺月氏王以頭爲飲器月氏乃遠去過大宛而擊大夏而臣之都嬀水北爲王庭也）又以公主妻烏孫王以分匈奴西方之援國又北益廣田至胘雷爲塞（漢書音義曰胘靁地名在烏孫北）而匈奴終不敢以爲言是歲翕侯信死漢用事者以匈奴爲已弱可臣從也楊信爲人剛直屈彊素非貴臣單于不親單于欲召入不肯去節單于乃坐穹廬外見楊信楊信既見單于說曰即欲和親以單于太子爲質於漢單于曰非故約故約漢常遣公主給繒絮食物有品以和親而匈奴亦不擾邊今乃欲反古令吾太子爲質無幾矣（正義曰幾音記言反古無所冀望也）匈奴俗見漢使非中貴人其儒先（先先生也漢書作儒生也）以爲欲說折

其辯其少年以爲欲刺折其氣每漢使入匈奴匈奴輒報償漢留匈奴使匈奴亦留漢使必得當乃肯止楊信既歸漢使王烏而單于復讇以甘言欲多得漢財物紿謂王烏曰吾欲入漢見天子面相約爲兄弟王烏歸報漢漢爲單于築邸于長安匈奴曰非得漢貴人使吾不與誠語匈奴使其貴人至漢病漢予藥欲愈之不幸而死而漢使路充國佩二千石印綬往使因送其喪厚葬直數千金曰此漢貴人也單于以爲漢殺吾貴使者乃留路充國不歸諸所言者單于特空紿王烏殊無意入漢及遣太子來質於是匈奴數使奇兵侵犯邊漢乃拜郭昌爲拔胡將軍及浞野侯（徐廣曰趙破奴）屯朔方以東備胡路充國留匈奴三歲單于死烏維單于立十歲而死子烏師廬（徐廣曰烏一作詹）立爲單于年少號爲兒單于是歲元封六年也自此之後單于益西北左方兵直雲中右方直酒泉燉煌郡（正義曰括地志云鐵勒國匈奴冒頓之後在突厥國北樂勝州經秦長城大莽長路正北經砂磧十三日行至其國）兒單于立漢使兩使者一弔單于一弔右賢王欲以乖其國使者入匈奴匈奴悉將致單于單于怒而盡留漢使漢

使留匈奴者前後十餘輩而匈奴使來漢亦輒留相當是歲漢使貳師將軍廣利西伐大宛而令因杅（正義曰音于）將軍敖築受降城其冬匈奴大雨雪畜多飢寒死兒單于年少好殺伐國人多不安左大都尉欲殺單于使人閒告漢曰我欲殺單于降漢漢遠即兵來迎我我即發初漢聞此言故築受降城猶以爲遠其明年春漢使浞野侯破奴將二萬餘騎出朔方西北二千餘里期至浚稽山而還（索隱曰應劭云在武威縣北）浞野侯既至期而還左大都尉欲發而覺單于誅之發左方兵

擊浞野浞野侯行捕首虜數千人還未至受降城四百里匈奴兵八萬騎圍之浞野侯夜自出求水匈奴閒捕生得浞野侯因急擊其軍軍中郭縱爲護維王爲渠（正義曰爲渠渠帥也）相與謀曰及諸校尉畏亡將軍而誅之莫相勸歸軍遂沒於匈奴匈奴兒單于大喜遂遣奇兵攻受降城不能下乃寇入邊而去其明年單于欲自攻受降城未至病死兒單于立三歲而死子年少匈奴乃立其季父烏維單于弟右賢王呴（音鈎又音吁）犁湖爲單于是歲太初三年也呴犁湖單于立漢使光祿

徐自爲出五原塞（正義曰即五原郡榆林塞也在勝州榆林縣四十里也）數百里遠者千餘里築城鄣列亭（正義曰顧胤云鄣山中小城亭候望所居也）至盧朐（音劬匈奴地名又山名○正義曰括地志云五原郡相陽縣北出石門鄣得光祿城又西北得支就縣又西北得頭曼城又西北得牢城又西北得宿虜城按即築城鄣列亭至盧朐也服虔云盧朐匈奴地名也張晏云山名也）而使游擊將軍韓說長平侯衛伉屯其旁使彊弩都尉路博德築居延澤上（正義曰括地志云漢居延縣故城在甘州張掖縣東北千五百三十里有漢遮虜鄣強弩都尉路博德之所築李陵敗與士衆期至遮虜鄣即此也長老傳云鄣北百八十里直居延之西北是李陵戰地也）其秋匈奴大入定襄雲中殺略數千人敗數二千石而去行破壞光祿所築城列亭鄣又使右賢王入酒泉張掖略數千人會

任文擊救（漢書音義曰漢將也）盡復失所得而去是歲貳師將軍破大宛斬其王而還匈奴欲遮之不能至其冬欲攻受降城會單于病死呴犁湖單于立一歲死匈奴乃立其弟左大都尉且鞮侯爲單于（索隱曰且音子餘反鞮音低）漢既誅大宛威震外國天子意欲遂困胡乃下詔曰高皇帝遺朕平城之憂高后時單于書絕悖逆昔齊襄公復百世之讎春秋大之（公羊傳曰九世猶可以復讎乎雖百世可知也）是歲太初四年也且鞮侯單于既立盡歸漢使之不降者路充國等得歸單于初立恐漢襲之乃自謂我兒子安

敢望漢天子漢天子我丈人行也（正義曰胡郎反）漢遣中郎將蘇武厚幣賂遺單于單于益驕禮甚倨非漢所望也其明年浞野侯破奴得亡歸漢其明年漢使貳師將軍廣利以三萬騎出酒泉擊右賢王於天山（正義曰在伊州）得胡首虜萬餘級而還匈奴大圍貳師將軍幾不脫漢兵物故什六七漢復使因杅將軍敖出西河與彊弩都尉會涿涂山（徐廣曰涂音邪○索隱曰涿音卓涂音以奢反○正義曰匈奴中山也）毋所得又使騎都尉李陵將步騎五千人出居延北千餘里與單于會合戰陵所殺傷萬餘人兵及食盡

欲解歸匈奴圍陵陵降匈奴其兵遂沒得還者四百人單于乃貴陵以其女妻之後二歲復使貳師將軍將六萬騎步兵十萬出朔方彊弩都尉路博德將萬餘人與貳師會游擊將軍說將步騎三萬人出五原因杅將軍敖將萬騎步兵三萬人出鴈門匈奴聞悉遠其累重於余吾水北（徐廣曰余一作斜音邪○索隱曰山海經云北鮮之山鮮水出焉北流注余吾○正義曰累力爲反重丈用反）而單于以十萬騎待水南與貳師將軍接戰貳師乃解而引歸與單于連戰十餘日貳師聞其家以巫蠱族滅因并眾降匈奴（徐廣曰案史記將相年表及漢書征和二年巫蠱始起三年廣利與商丘成出擊胡軍敗乃降）得來還千人一兩人耳（正義曰自此以下上至貳師聞其家非天漢四年事以錯悞人所知）游擊說無所得因杅敖與左賢王戰不利引歸是歲（徐廣曰天漢四年）漢兵之出擊匈奴者不得言功多少功不得御（正義曰御音語其功不得相御當也）有詔捕太醫令隨但言貳師將軍家室族滅使廣利得降匈奴（索隱曰漢書云明年且鞮死長子狐鹿姑單于立張晏云自狐鹿姑單于已下皆劉向褚先生所錄班彪又撰而次之所以漢書匈奴傳有上下兩卷）

太史公曰孔氏著春秋隱桓之閒則章至定哀之際則微（索隱曰案韓國要禮云仲尼仕於定哀故其著春秋不切論當世而微其詞也）爲其切當世之文而罔襃忌諱之辭也（索隱曰案罔者無也謂無其實而襃之是也忌諱當代故也）世俗之言匈奴者患其徼一時權（徐廣曰徼音皎○索隱曰徼音工堯反言求一時權寵也劉伯莊音叫徐音皎皆非也）而務讇納其說（索隱曰說音稅）以便偏指不參（索隱曰案謂說者謀匈奴皆患其直徼求一時權幸但務讇進其說以自便其偏指不參詳終始利害也）彼已將率（詩云彼已之子○索隱曰彼已者猶詩人譏詞云彼已之子是也將率則指樊噲衛霍等也）席中國廣大氣奮人主因以決策是以建功不深堯雖賢興事業不成得禹而九州寧（正義曰言堯雖賢聖不能獨理得禹而九州安寧以刺武帝不能擇賢將相而務讇納小人浮說多伐匈奴故壞齊民故太史公引禹聖成其太平以攻當代之罪）且欲興聖統唯在擇任將相哉唯在擇任將相哉

索隱述贊曰

獫狁薰粥　居于北邊　既稱夏裔
式憬周篇　頗隨畜牧　屢擾塵煙
爰自頓冒　尤聚控弦　雖空帑藏
未盡中權

匈奴列傳第五十　史記一百十

衛將軍驃騎列傳第五十一　史記百一十一

大將軍衛青者平陽人也正義曰漢書云其父鄭季河東平陽人以縣吏給事平陽侯之家也其父鄭季為吏給事平陽侯家與侯妾衛媼通索隱曰衛姓也媼婦人老少通稱漢書曰與主家僮衛媼通案既云家僮故知非老或者媼是年老之稱後追呼耳然外戚傳云薄姬父與魏王宗女魏媼通則少亦稱媼也而小顏云衛者舉其夫家姓也然案此云侯妾衛媼則似無夫下云同母兄衛長子及姊衛子夫皆冒衛氏又似有夫耳其所冒之姓為父與母皆未明也生青青同母兄衛長子而姊衛子夫自平陽公主家得幸天子徐廣曰曹參曾孫平陽夷侯時尚武帝姊平陽公主生子襄○索隱曰案如淳云本陽信長公主為平陽侯所尚故稱平陽公主世家及功臣表時或作疇漢書作壽並文字殘缺故不同也故冒姓為衛氏字仲卿長子更字長君長君母號為

衛媼媼長女衛孺索隱曰漢書云君孺次女少兒次女即子夫後子夫男弟步廣徐廣曰步一作少皆冒衛氏青為侯家人少時歸其父其父使牧羊先母之子服虔曰先母適妻也青之適母○索隱曰漢書作民母顏氏云鄭季本妻編於民戶之間故曰民母今本亦或作民母也皆奴畜之不以為兄弟數索隱曰數音去聲青嘗從入至甘泉居室正義曰按居室署名武帝改曰保宮灌夫繫居室是也有一鉗徒張晏曰甘泉中徒所居也相青曰貴人也官至封侯青笑曰人奴之生得毋笞罵即足矣安得封侯事乎青壯為侯家騎從平陽主建元二年春青姊子夫得入宮幸上皇后堂邑大長公主女也徐廣曰堂邑安侯陳嬰之孫夷侯午尚景

帝姊長公主生子季須元鼎年季須坐奸自殺○正義曰文穎云陳皇后武帝姑女也 無子妬大長公主聞衛子夫幸有身妬之乃使人捕青青時給事建章未知名 索隱曰案晉灼云建章上林中宮名也 大長公主執囚青欲殺之其友騎郎公孫敖與壯士篡取之以故得不死 索隱曰篡猶劫也奪也 上聞乃召青爲建章監侍中及同母昆弟貴賞賜數日閒累千金孺爲太僕公孫賀妻少兒故與陳掌通 徐廣曰陳平曾孫名掌也 上召貴掌公孫敖由此益貴子夫爲夫人青爲太中大夫元光五年青爲車騎將軍擊匈奴出上谷太僕公孫賀爲輕車將軍出雲中太中大夫

公孫敖爲騎將軍出代郡衛尉李廣爲驍騎將軍出鴈門軍各萬騎青至蘢城斬首虜數百騎將軍敖亡七千騎衛尉李廣爲虜所得得脫歸皆當斬贖爲庶人賀亦無功元朔元年春衛夫人有男 索隱曰即衛太子據也 立爲皇后其秋青爲車騎將軍出鴈門三萬騎擊匈奴斬首虜數千人明年匈奴入殺遼西太守虜略漁陽二千餘人敗韓將軍軍漢令將軍李息擊之出代令車騎將軍青出雲中以西至高闕 索隱曰高闕山名小顏云一曰塞名在朔方之北也 遂略河南地至于隴西捕首虜數千畜數十萬走

白羊樓煩王遂以河南地爲朔方郡 正義曰今夏州也 以三千八百戶封青爲長平侯青校尉蘇建有功以千一百戶封建爲平陵侯使建築朔方城 正義曰括地志云夏州朔方縣北什賁故城是按蘇建築什賁之號蓋出蕃語也 青校尉張次公有功封爲岸頭侯 索隱曰案晉灼云河東皮氏縣之亭名也○正義曰服虔云鄉名也 天子曰匈奴逆天理亂人倫暴長虐老以盜竊爲務行詐諸蠻夷造謀籍兵數爲邊害 張晏曰從蠻夷借兵鈔邊也 故興師遣將以征厥罪詩不云乎薄伐玁狁至于太原 索隱曰此小雅六月詩美宣王北伐也薄伐者言逐出之也 出車彭彭城彼朔方 索隱曰小雅出車之詩也 今車騎將軍青度西河 正義曰即

雲中郡之西河云勝州東河也 至高闕獲首虜二千三百級車輜畜產畢收爲鹵已封爲列侯遂西定河南地按榆谿舊塞 如淳曰案行也榆谿舊塞名或曰按尋也○索隱曰案水經云上郡之北有諸次山諸次水出焉東經榆林塞爲榆谿是榆谿舊塞也 絕梓領梁北河 如淳曰絕度也爲北河作橋梁○正義曰括地志云梁北河在靈州界也 討蒲泥破符離 晉灼曰二王號○索隱曰崔浩云北塞名 斬輕銳之卒捕服聽者三千七十一級 張晏曰伏於隱處聽軍虛實 執訊獲醜 正義曰訊問也醜衆言執其生口問之知虜數獲得衆類也 驅馬牛羊百有餘萬全甲兵而還益封青三千戶其明年匈奴入殺代郡太守友 徐廣曰友者太守名也姓共也 入略鴈門千餘人其明年匈奴大入代定襄上郡殺

略漢數千人其明年元朔之五年春漢令車騎將軍青將三萬騎出高闕衛尉蘇建爲游擊將軍左內史李沮文穎曰音沮爲彊弩將軍太僕公孫賀爲騎將軍代相李蔡爲輕車將軍皆領屬車騎將軍俱出朔方大行李息岸頭侯張次公爲將軍出右北平咸擊匈奴匈奴右賢王當衛青等兵以爲漢兵不能至此飲醉漢兵夜至圍右賢王右賢王驚夜逃獨與其愛妾一人壯騎數百馳潰圍北去漢輕騎校尉郭成等逐數百里不及得右賢裨王十餘人索隱曰賈逵云裨益也小顏云裨王小王也若裨將然音頻移反衆男女萬五千餘人畜數千百萬於是引兵而還至塞天子使使者持大將軍印即軍中拜車騎將軍青爲大將軍諸將皆以兵屬大將軍大將軍立號而歸索隱曰案謂立大將軍之號令而歸也天子曰大將軍青躬率戎士師大捷獲匈奴王十有餘人益封青六千戶而封青子伉正義曰口浪反爲宜春侯青子不疑爲陰安侯青子登爲發干侯青固謝曰臣幸得待罪行間賴陛下神靈軍大捷皆諸校尉力戰之功也陛下幸已益封臣青臣青子在繈褓中正義曰繈長尺二寸闊八寸以約小兒於背褓小兒被也未有勤

勞上幸列地封爲三侯非臣待罪行間所以勸士力戰之意也伉等三人何敢受封天子曰我非忘諸校尉功也今固且圖之乃詔御史曰護軍都尉公孫敖三從大將軍擊匈奴常護軍傅校獲王索隱曰顧祕監云傅領也五百人謂之校小顏云傅音附言敖總護諸軍每附部校以致克捷而獲王也以千五百戶封敖爲合騎侯索隱曰案非邑地因戰功爲號謂軍合驃騎故云合騎若冠軍從驃然也都尉韓說從大將軍出窳渾徐廣曰窳渾在朔方音庾○索隱曰服虔云窳渾塞名漢書作寘渾寘音田至匈奴右賢王庭爲麾下搏戰獲王索隱曰搏音博搏擊也小顏同今史記漢書本多作傅傅猶轉也以千三百戶封說爲龍頟侯騎將軍公孫賀從大將軍獲王以千三百戶封賀爲南窌侯徐廣曰窌宜作命音匹孝反○索隱曰韋昭云縣名或作窖字林云大下卯與穴下卯並音匹孝反輕車將軍李蔡再從大將軍獲王以千六百戶封蔡爲樂安侯校尉李朔校尉趙不虞校尉公孫戎奴各三從大將軍獲王以千三百戶封朔爲涉軹侯以千三百戶封不虞爲隨成侯以千三百戶封戎奴爲從平侯將軍李沮李息及校尉豆如意有功賜爵關內侯食邑各三百戶其秋匈奴入代殺都尉朱英其明年春大將軍青出定襄合騎侯敖爲中將軍太僕賀爲左將軍翕侯趙信爲前

將軍衛尉蘇建爲右將軍郎中令李廣爲後將軍左內史李沮爲彊弩將軍咸屬大將軍斬首數千級而還月餘悉復出定襄擊匈奴斬首虜萬餘人右將軍建前將軍信并軍三千餘騎獨逢單于兵與戰一日餘漢兵且盡前將軍故胡人降爲翕侯見急匈奴誘之遂將其餘騎可八百犇降單于右將軍蘇建盡亡其軍獨以身得亡去自歸大將軍大將軍問其罪正閎（張晏曰正軍正也閎名也）長史安（正義曰律都軍官史一人也）議郎周霸等（徐廣曰儒生○索隱曰案郊祀志議封禪有周霸故知儒生也）建當云何霸曰自大將軍出未嘗斬裨將今建棄軍可斬以明將軍之威閎安曰不然兵法小敵之堅大敵之禽也今建以數千當單于數萬力戰一日餘士盡不敢有二心自歸自歸而斬之是示後無反意也不當斬大將軍曰青幸得以肺腑待罪行間不患無威而霸說我以明威甚失臣意且使臣職雖當斬將以臣之尊寵而不敢自擅專誅於境外而具歸天子天子自裁之於是以見爲人臣不敢專權不亦可乎軍吏皆曰善遂囚建詣行在所（蔡邕曰天子自謂所居曰行在所言今雖在京師行所至耳巡狩天下所奏事處皆爲宮在長安則曰奏長安宮在泰山則曰奉高宮唯當時所在）

入塞罷兵是歲也大將軍姊子霍去病（徐廣曰姊即少兒也）年十八幸爲天子侍中善騎射再從大將軍受詔與壯士爲剽姚校尉（索隱曰服虔音飄搖大顏案荀悅漢紀作票鷂票鷂勁疾之貌也票音頻妙反鷂音弋召反）與輕勇騎八百直棄大軍數百里赴利斬捕首虜過當（索隱曰案小顏云計其所將之人數則捕首虜爲多過於所當也一云漢軍亡失者少而殺獲匈奴數多故曰過當也）於是天子曰剽姚校尉去病斬首虜二千二十八級及相國當戶斬單于大父行籍若侯產（張晏曰籍若胡侯○索隱曰行音胡浪反謂籍若侯是匈奴祖之行第產即大父之名）生捕季父羅姑比（索隱曰案顏氏云羅姑比單于季父名小顏云比頻也案下既云再無容更言頻也）再冠軍以千六百戶封去病爲冠軍侯上谷太守郝賢四從大將軍捕斬首虜二千餘人以千一百戶封賢爲衆利侯是歲失兩將軍軍亡翕侯軍功不多故大將軍不益封右將軍建至天子不誅赦其罪贖爲庶人大將軍既還賜千金是時王夫人方幸於上甯乘說大將軍曰將軍所以功未甚多身食萬戶三子皆爲侯者徒以皇后故也今王夫人幸而宗族未富貴願將軍奉所賜千金爲王夫人親壽大將軍乃以五百金爲壽天子聞之問大將軍大將軍以實言上乃拜甯乘爲東海都尉張騫

從大將軍以眥使大夏正義曰大夏國在大宛西留匈奴中久導軍知善水草處軍得以無飢渴因前使絕國功封騫博望侯冠軍侯去病既侯三歲元狩二年春以冠軍侯去病為驃騎將軍徐廣曰驃一亦作剽○正義曰漢書云霍去病征匈奴有絕幕之勳始置驃騎將軍位在三司品秩同大將軍說文云驃騎黃馬髮鬣白色一曰髟毛將萬騎出隴西有功天子曰驃騎將軍率戎士踰烏盭漢書音義曰盭音戾山名也討遬濮索隱曰遬音速濮音卜崔浩云匈奴部落名案下有遬濮王則是國名也涉狐奴晉灼曰水名也歷五王國輜重人眾懾慴者弗取文穎曰恐懼也○索隱曰案說文云懾慴失氣也劉氏云懾式涉反慴之涉反冀獲單于子徐廣曰一作與轉戰六日過焉支山千有餘里

合短兵殺折蘭王斬盧胡王張晏曰折蘭盧胡國名也殺者殺之而已斬者獲其首○正義曰顏師古云折蘭匈奴中姓也今鮮卑有其蘭姓者即其種誅全甲徐廣曰全一作金○正義曰全甲謂具足不失落也執渾邪王子及相國都尉首虜八千餘級收休屠祭天金人如淳曰祭天為主○索隱曰案張晏云佛徒祠金人也屠音儲益封去病二千戶其夏驃騎將軍與合騎侯敖俱出北地異道博望侯張騫郎中令李廣俱出右北平異道皆擊匈奴郎中令將四千騎先至博望侯將萬騎在後至匈奴左賢王將數萬騎圍郎中令郎中令與戰二日死者過半所殺亦過當博望侯至匈奴兵引去博望侯坐行

留當斬贖為庶人而驃騎將軍出北地已遂深入與合騎侯失道不相得驃騎將軍踰居延至祁連山捕首虜甚多天子曰驃騎將軍踰居延張晏曰水名也遂過小月氏索隱曰韋昭氏音支西域傳大月氏本居敦煌祁連間餘衆保南山遂號小月氏攻祁連山索隱曰小顏云即天山也匈奴謂天為祁連案西河舊事謂白山即天山祁連恐非也得酋涂王張晏曰胡王也○索隱曰酋音才由反涂音徒漢書云楊武平樂得單于單桓酋涂王此文省也以眾降者二千五百人斬首虜三萬二百級獲五王五王母單于閼氏王子五十九人相國將軍當戶都尉六十三人師大率正義曰音律也減什三索隱曰案漢書作減什七小顏云破匈奴之師十減其七一云漢兵亡失之數下皆類此案一說為

是也益封去病五千戶賜校尉從至小月氏爵左庶長鷹擊司馬破奴再從驃騎將軍斬遬濮王正義曰遬卜二音捕稽且王索隱曰且音子余反千騎將得王王母各一人索隱曰漢書作右千騎將王然則此云千騎將是漢之將壘趙破奴得匈奴王及王母也或云右千騎將即匈奴王號也王子以下四十一人捕虜三千三百三十人前行捕虜千四百人以千五百戶封破奴為從驃侯張晏曰從驃騎將軍有功因以為號校尉句王高不識徐廣曰句音鉤匈奴以為號○索隱曰案二人並匈奴人也從驃騎將軍捕呼于屠王索隱曰案三字共為王號王子以下十一人捕虜千七百六十八人以千一百戶封不識為宜冠侯正義曰孔文祥云從冠軍將軍

戰故宜從驃之類者也校尉僕多有功封為煇渠侯索隱曰案漢表作僕明疑多是誤煇音暉也合騎侯敖坐行留不與驃騎會當斬贖為庶人諸宿將所將士馬兵亦不如驃騎驃騎所將常選索隱曰選音宣戀反謂驃騎常選擇取精兵然亦敢深入常與壯騎先其大將軍軍亦有天幸未嘗困絕也然而諸宿將常坐留落不遇索隱曰案謂遲留零落不遇合也由此驃騎日以親貴比大將軍其秋單于怒渾邪王居西方數為漢所破亡數萬人以驃騎之兵也單于怒欲召誅渾邪王渾邪王與休屠王等謀欲降漢使人先遣使向邊境要遮漢人索隱曰案謂先於邊境要候漢人言其欲降令報天子要邊是時大行李息將城河上得渾邪王使即馳傳以聞天子聞之於是恐其以詐降而襲邊乃令驃騎將軍將兵往迎之驃騎既渡河與渾邪王眾相望渾邪王裨將見漢軍而多欲不降者頗遁去驃騎乃馳入與渾邪王相見斬其欲亡者八千人遂獨遣渾邪王乘傳先詣行在所盡將其眾渡河降者數萬號稱十萬既至長安天子所以賞賜者數十巨萬封渾邪王萬戶為漯陰侯索隱曰漯音他合反案地理志縣名在平原封其裨王呼毒尼文穎曰胡王名為下摩侯鷹

庇為煇渠侯徐廣曰一云篇訾○索隱曰漢書鷹作雁庇音必二反又音疋履反案漢書功臣表元狩二年以煇渠封僕明至三年又封鷹庇其地俱屬魯陽未詳所以○正義曰煇渠表作順梁禽棃為河綦侯徐廣曰禽一作烏○索隱曰案表作烏棃大當戶銅離徐廣曰一作裯離也○索隱曰徐注與漢書功臣表同此文云銅漢書云調字又異也為常樂侯於是天子嘉驃騎之功曰驃騎將軍去病率師攻匈奴西域王渾邪王及厥眾萌咸相犇率以軍糧接食并將控弦萬有餘人誅獟駻晉灼曰獟音欺譙反○索隱曰說文獟作趬行疾貌悍音胡旦反獲首虜八千餘級降異國之王三十二人戰士不離傷十萬之眾咸懷集服仍與之勞爰及河塞正義曰言匈奴右地渾耶王降而塞外並河諸郡之民無憂患也庶幾無患幸既永綏矣以千七百戶益封驃騎將軍減隴西北地上郡戍卒之半以寬天下之繇居頃之乃分徙降者邊五郡故塞外正義曰五郡謂隴西北地上郡朔方雲中並是故塞外又在北海西南而皆在河南因其故俗為屬國正義曰以降來之民徙置五郡各依本國之俗而屬於漢故言屬國也其明年匈奴入右北平定襄殺略漢千餘人其明年天子與諸將議曰翕侯趙信為單于畫計常以為漢兵不能度幕輕留索隱曰案幕即沙幕古字少耳輕留者謂匈奴以漢軍不能至故輕易留而不去也今大發士卒其勢必得所欲是歲元狩四年也元狩四年春上令大將軍青驃騎將軍去病將各五萬騎

步兵轉者踵軍（正義曰言轉軍之士及步兵接後又數十萬人）數十萬而敢力戰深入之士皆屬驃騎驃騎始為出定襄當單于捕虜言單于東乃更令驃騎出代郡令大將軍出定襄郎中令為前將軍太僕為左將軍主爵趙食其為右將軍平陽侯襄為後將軍皆屬大將軍兵即度幕人馬凡五萬騎與驃騎等咸擊匈奴單于趙信為單于謀曰漢兵既度幕人馬罷匈奴可坐收虜耳乃悉遠北其輜重皆以精兵待幕北而適值大將軍軍出塞千餘里見單于兵陳而待於是大將軍令武剛車（孫吳兵法曰有巾有蓋謂之武剛車也）自環為營而縱五千騎往當匈奴匈奴亦縱可萬騎會日且入大風起砂礫擊面兩軍不相見漢益縱左右翼繞單于單于視漢兵多而士馬尚彊戰而匈奴不利薄莫單于遂乘六贏壯騎可數百直冒漢圍西北馳去時已昏漢匈奴相紛挐（正義曰二音解詁云紛挐手相牽也）殺傷大當（索隱曰以言所殺傷大略相當）漢軍左校捕虜言單于未昏而去漢軍因發輕騎夜追之大將軍軍因隨其後匈奴兵亦散走遲明（正義曰上音值）行二百餘里（徐廣曰遲一作黎○索隱曰遲音值遲者待也待天欲明也漢書作會明諸本多作黎明鄒氏云黎遲也然黎黑也候天將明而猶黑也）不

得單于頗捕斬首虜萬餘級遂至窴顏山趙信城（徐廣曰窴音田）得匈奴積粟食軍軍留一日而還悉燒其城餘粟以歸大將軍之與單于會也而前將軍廣右將軍食其軍別從東道或失道後擊單于大將軍引還過幕南乃得前將軍右將軍大將軍欲使使歸報令長史簿責前將軍廣廣自殺右將軍至下吏贖為庶人大將軍軍入塞凡斬捕首虜萬九千級是時匈奴眾失單于十餘日右谷蠡王聞之自立為單于（索隱曰谷音祿蠡音黎又音離）單于後得其眾右王乃去單于之號驃騎將軍亦將五萬騎車重與大將軍軍等而無裨將悉以李敢等為大校當裨將出代右北平千餘里直左方兵所斬捕功已多大將軍軍既還天子曰驃騎將軍去病率師躬將所獲葷粥之士（徐廣曰粥一作允駰案應劭曰所降士有材力者）約輕齎絕大幕涉獲章渠（徐廣曰獲一作護○索隱曰小顏云涉謂涉水也章渠單于之近臣謂涉水而破獲之漢書云涉獲單于章渠也）以誅比車耆（晉灼曰王號也○索隱曰比音必耳反）轉擊左大將（索隱曰案漢書名雙）斬獲旗鼓歷涉離侯（索隱曰漢書作度難侯小顏云山名歷度也）濟弓閭（晉灼曰水名也○索隱曰包愷弓音穹亦如字讀）獲屯頭王（漢書音義曰胡王號）韓王等三人（徐廣曰王一作稽○索隱曰李奇云皆匈奴王號也）將軍相國

當戶都尉八十三人封狼居胥山禪於姑衍正義曰積土爲壇於山上封以祭天也除地曰禪登臨翰海張晏曰登海邊山以望海也○索隱曰按崔浩云北海名群鳥之所解羽故云翰海廣志在沙漠北執鹵獲醜七萬有四百四十三級師率減什三取食於敵逴行殊遠而糧不絕索隱曰逴與卓同卓遠也以五千八百戶益封驃騎將軍右北平太守路博德屬驃騎將軍會與城正義曰上音涂不失期從至檮余山索隱曰檮余音桃徒斬首捕虜二千七百級以千六百戶封博德爲符離侯北地都尉邢山徐廣曰一作衛山從驃騎將軍獲王以千二百戶封山爲義陽侯故歸義因淳王復陸支樓專王

伊即靬皆從驃騎將軍有功索隱曰劉氏復音伏小顏音芳福反漢書復作剸並音專小顏音之究反靬音九言反以千三百戶封復陸支爲壯侯以千八百戶封伊即靬爲衆利侯從驃侯破奴昌武侯安稽徐廣曰姓趙故匈奴王從驃騎有功益封各三百戶校尉敢得旗鼓爲關內侯食邑二百戶索隱曰敢李廣子也校尉自爲爵大庶長索隱曰案徐自爲也軍吏卒爲官賞賜甚多而大將軍不得益封軍吏卒皆無封侯者兩軍之出塞塞閱官及私馬凡十四萬匹而復入塞者不滿三萬匹乃益置大司馬位大將軍驃騎將軍皆爲大司馬如淳曰大將軍驃騎將軍皆有大司

馬之號也○索隱曰案如淳云本無大司馬今新置耳案前謂太尉其官又省今武帝始置此位衛將軍霍驃騎皆加此官定令令驃騎將軍秩祿與大將軍等自是之後大將軍青日退而驃騎日益貴舉大將軍故人門下多去事驃騎輒得官爵唯任安不肯驃騎將軍爲人少言不泄索隱曰案孔文祥云謂質重少言膽氣在中也周仁陰重不泄其行亦同也有氣敢任索隱曰謂果敢任氣也天子嘗欲教之孫吳兵法對曰顧方略何如耳不至學古兵法天子爲治第令驃騎視之對曰匈奴未滅無以家爲也由此上益重愛之然少而侍中貴不省士其從軍天子爲遣太官齎數十乘既還重車餘

棄粱肉而士有飢者其在塞外卒乏糧或不能自振而驃騎尚穿域蹋鞠徐廣曰穿地爲營域○索隱曰鞠戲以皮爲之中實以毛蹵蹋爲戲也劉向別錄云蹋鞠兵勢所以陳武事知有材也三蒼云鞠毛可蹋以毛爲戲故云鞠戲鞠音巨六反○正義曰按蹵鞠書有域說篇即今之打毬也黃帝所作起戰國時程武士知其材力也若講武事多此類大將軍爲人仁善退讓以和柔自媚於上然天下未有稱也驃騎將軍自四年軍後三年元狩六年而卒天子悼之發屬國玄甲正義曰屬國即上分置邊五郡者也玄甲鐵甲也軍陳自長安至茂陵爲冢像祁連山索隱曰案崔浩云去病破昆邪於此山故令爲冢象之以旌功也姚氏案冢在茂陵東北與衛青冢並西者是青東者是去病冢上有豎石前有石馬相對又有石人也謚之并武與廣地曰景桓侯蘇林

曰景武謚也桓廣地謚也張晏曰謚法布義行剛曰景闢土服遠曰桓○索隱曰案景桓兩謚也布義行剛是武謚也辟土服遠是廣地之謚也以去病平生有武藝又廣邊地之功故云謚之幷武與廣地曰景桓也子嬗代侯索隱曰嬗音市戰反嬗少字子侯上愛之幸其壯而將之居六歲元封元年嬗卒謚哀侯無子絕國除自驃騎將軍死後大將軍長子宜春侯伉坐法失侯後五歲伉弟二人陰安侯不疑及發干侯登皆坐酎金失侯失侯後二歲冠軍侯國除其後四年大將軍青卒徐廣曰元封五年謚為烈侯子伉代為長平侯自大將軍圍單于之後十四年而卒竟不復擊匈奴者以漢馬少而方南誅兩越東伐

朝鮮擊羌西南夷以故久不伐胡大將軍以其得尚平陽公主正義曰漢書云平陽侯曹壽有惡疾就國乃詔青尚平陽公主如淳云本陽信長公主為平陽侯侯所尚故稱平陽公主云故長平侯伉代侯六歲坐法失侯

左方兩大將軍及諸裨將名最索隱曰謂凡計也大將軍青凡七出擊匈奴斬捕首虜五萬餘級一與單于戰收河南地遂置朔方郡再益封凡萬一千八百戶封三子為侯侯二千三百戶幷之萬五千七百戶其校尉裨將以從大將軍侯者九人其裨將及校尉已為將者十四人索隱曰案漢書云為特將者十五人蓋通李廣也此李廣一人自有傳者漢書則七人自有傳八人附見七人謂李廣張騫公孫賀李蔡曹襄韓說蘇建

也為裨將者曰李廣自有傳無傳者曰

將軍公孫賀賀義渠人正義曰今慶州本義渠戎國也地理志云北義渠道也其先胡種賀父渾邪景帝時為平曲侯徐廣曰為隴西太守坐法失侯賀武帝為太子時舍人武帝立八歲以太僕為輕車將軍軍馬邑後四歲以輕車將軍出雲中後五歲以騎將軍從大將軍有功封為南窌侯後一歲以左將軍再從大將軍出定襄無功後四歲以坐酎金失侯後八歲徐廣曰元鼎六年以浮沮將軍出五原索隱曰沮音子餘反二千餘里無功後八歲徐廣曰太初二年以太僕為丞相封葛繹侯賀七為

將軍出擊匈奴無大功而再侯為丞相坐子敬聲與陽石公主姦徐廣曰陽石一云德邑為巫蠱族滅無後

將軍李息郁郅人服虔曰郅音窒○索隱曰小顏音質案北地縣名也○正義曰之栗反今慶州弘化縣是事景帝至武帝立八歲為材官將軍軍馬邑後六歲為將軍出代後三歲為將軍從大將軍出朔方皆無功凡三為將軍其後常為大行

將軍公孫敖義渠人以郎事武帝武帝立十二歲為驍騎將軍出代亡卒七千人當斬贖為庶人後五歲以校尉從大將軍有功封為合騎侯後一歲以中將軍從大將軍再出定襄無功後

二歲以將軍出北地後驃騎期當斬贖為庶人後二歲以校尉從大將軍無功後十四歲以因杅將軍築受降城（索隱曰杅音于）七歲復以因杅將軍再出擊匈奴至余吾（索隱曰余音餘又音徐案水名在朔方）亡士卒多下吏當斬詐死亡居民間五六歲後發覺復繫坐妻為巫蠱族凡四為將軍出擊匈奴一侯

將軍李沮（索隱曰音沮且之沮）雲中人（正義曰今嵐勝州也）事景帝武帝立十七歲以左內史為彊弩將軍後一歲復為彊弩將軍

將軍李蔡成紀人也（正義曰秦州縣也）事孝文帝景帝武帝以輕車將軍從大將軍有功封為樂安侯已為丞相坐法死

將軍張次公河東人以校尉從衛將軍青有功封為岸頭侯其後太后崩為將軍軍北軍後一歲為將軍從大將軍再為將軍坐法失侯次公父隆輕車武射也以善射景帝幸近之也

將軍蘇建杜陵人以校尉從衛將軍青有功為平陵侯以將軍築朔方後四歲為游擊將軍從大將軍出朔方後一歲以右將軍再從大將軍出定襄亡翕侯失軍當斬贖為庶人其後為代郡太守卒冢在大猶鄉

將軍趙信以匈奴相國降為翕侯武帝立十七歲為前將軍與單于戰敗降匈奴

將軍張騫以使通大夏還為校尉從大將軍有功封為博望侯三歲為將軍出右北平失期當斬贖為庶人其後使通烏孫為大行而卒冢在漢中

將軍趙食其祋祤人也（索隱曰縣名在馮翊祋音都活反又音丁外反祤音詡。正義曰上都誨反雍州同官縣本漢祋祤縣也）武帝立二十二歲以主爵為右將軍從大將軍出定襄迷失道當斬贖為庶人

將軍曹襄以平陽侯為後將軍從大將軍出定襄襄曹參孫也將軍韓說弓高侯庶孫也以校尉從大將軍有功為龍頟侯坐酎金失侯元鼎六年以待詔為橫海將軍擊東越有功為按道侯以太初三年為游擊將軍屯於五原外列城為光祿勳掘蠱太子宮衛太子殺之

將軍郭昌雲中人也以校尉從大將軍元封四年以太中大夫為拔胡將軍屯朔方還擊昆明毋功奪印

將軍荀彘太原廣武人以御見（正義曰以善御求見也）侍中爲校尉數從大將軍以元封三年爲左將軍擊朝鮮無功以捕樓船將軍坐法死最驃騎將軍去病凡六出擊匈奴其四出以將軍（徐廣曰再出以剽姚校尉也）斬捕虜首十一萬餘級及渾邪王以衆降數萬遂開河西酒泉之地（正義曰河西謂隴右蘭州之西河也謂涼肅等州漢書西域傳云驃騎將軍擊破匈奴右地置酒泉郡後分置武威張掖燉煌等郡）西方益少胡寇四益封凡萬五千一百戶其校吏有功爲侯者凡六人而後爲將軍二人

將軍路博德平州人（正義曰漢書云西河平州按西河郡今汾州）以右北平太守從驃騎將軍有功爲符離侯驃騎死後博德以衞尉爲伏波將軍伐破南越益封其後坐法失侯爲彊弩都尉屯居延卒

將軍趙破奴故九原人（正義曰今勝州）嘗亡入匈奴已而歸漢爲驃騎將軍司馬出北地時有功封爲從驃侯坐酎金失侯後一歲爲匈河將軍攻胡至匈河水無功後二歲（徐廣曰元封二年）擊虜樓蘭王復封爲浞野侯後六歲（徐廣曰太初二年）爲浚稽將軍將二萬騎擊匈奴左賢王左賢王與戰兵八萬騎圍破奴生爲虜所得遂沒其軍居匈奴中十

歲復與其太子安國亡入漢（徐廣曰以太初二年入匈奴天漢元年亡歸涉四年）後坐巫蠱族

自衞氏興大將軍青首封其後枝屬爲五侯凡二十四歲而五侯盡奪衞氏無爲侯者

太史公曰蘇建語余曰吾嘗責大將軍至尊重而天下之賢大夫毋稱焉（索隱曰謂不爲賢士大夫所稱譽）願將軍觀古名將所招選擇賢者勉之哉大將軍謝曰自魏其武安之厚賓客天子常切齒彼親附士大夫招賢絀不肖者人主之柄也人臣奉法遵職而已何與招士（索隱曰與音預）驃騎亦放此意其爲將如此

索隱述贊曰

君子豹變　貴賤何常　青本奴虜
忽撫戎行　姊配皇極　身尚平陽
寵榮斯僭　取亂彝章　剽姚繼踵
再靜邊方

衞將軍驃騎列傳第五十一　史記百一十一

平津侯主父列傳第五十二　史記百一十二

丞相公孫弘者齊菑川國薛縣人也索隱曰案薛縣本屬魯漢置菑川國後割入齊也○正義曰表云菑川國文帝分齊置都劇括地志云故劇城在青州壽光縣南三十一里故薛城在徐州滕縣界地理志云薛縣屬魯國按薛與劇隔兗州及太山未詳公孫弘墓又在青州北海縣西二十里也字季少時爲薛獄吏有辠免家貧牧豕海上年四十餘乃學春秋雜說養後母孝謹建元元年天子初即位招賢良文學之士是時弘年六十徵以賢良爲博士使匈奴還報不合上意上怒以爲不能弘廼病免歸元光五年有詔徵文學菑川國復推上公孫弘弘讓謝國人曰臣已嘗西

應命以不能罷歸願更推選國人固推弘弘至太常太常令所徵儒士各對策百餘人弘第居下策奏天子擢弘對爲第一召入見狀貌甚麗拜爲博士是時通西南夷道置郡巴蜀民苦之詔使弘視之還奏事盛毀西南夷無所用上不聽弘爲人恢奇多聞常稱以爲人主病不廣大人臣病不儉節弘爲布被食不重肉後母死服喪三年每朝會議開陳其端令人主自擇不肯面折庭爭於是天子察其行敦厚辯論有餘習文法吏事而又緣飾以儒術上大說之索隱曰謂以儒術飾

文法如衣服之有領緣以爲飾也二歲中徐廣曰一云一歲至左內史弘奏事有不可不庭辯之嘗與主爵都尉汲黯請間汲黯先發之弘推其後天子常說所言皆聽以此日益親貴嘗與公卿約議至上前皆倍其約以順上旨汲黯庭詰弘曰齊人多詐而無情實始與臣等建此議今皆倍之不忠上問弘弘謝曰夫知臣者以臣爲忠不知臣者以臣爲不忠上然弘言左右幸臣每毀弘上益厚遇之元朔三年張歐免以弘爲御史大夫是時通西南夷東置滄海北築朔方之郡弘數諫以爲罷敝

中國以奉無用之地願罷之於是天子乃使朱買臣等難弘置朔方之便發十策弘不得一韋昭曰以弘之才非不能得一也以爲不可不敢逆上耳○正義曰顏師古曰言其利害十條弘無以應弘廼謝曰山東鄙人不知其便若是願罷西南夷滄海而專奉朔方上乃許之汲黯曰弘位在三公奉祿甚多然爲布被此詐也上問弘弘謝曰有之夫九卿與臣善者無過黯然今日庭詰弘誠中弘之病夫以三公爲布被誠飾詐欲以釣名且臣聞管仲相齊有三歸侈擬於君桓公以霸亦上僭於君晏嬰相景公食不重肉妾不衣絲齊

國亦治此下比於民 索隱曰比音卑比者近也小顔音比方之比 今臣弘位爲御史大夫而爲布被自九卿以下至於小吏無差誠如汲黯言且無汲黯忠陛下安得聞此言天子以爲謙讓愈益厚之卒以弘爲丞相封平津侯 徐廣曰大臣表曰元朔五年十一月乙丑公孫弘爲丞相功臣表曰元朔三年十一月乙丑封平津侯駰案漢書高成之平津鄉也○索隱曰案漢書曰漢興皆以列侯爲丞相弘本無爵乃詔封弘高成之平津鄉六百五十戶爲平津侯丞相封侯自弘始也 弘爲人意忌外寬內深 索隱曰謂弘外寬內深意多有忌害也 諸嘗與弘有卻者雖詳與善陰報其禍殺主父偃徙董仲舒於膠西皆弘之力也食一肉脫粟之飯 索隱曰案一肉言不兼味也脫粟纔脫穀而已言不精鑿也 故人

所善賓客仰衣食弘奉祿皆以給之家無所餘士亦以此賢之淮南衡山謀反治黨與方急弘病甚自以爲無功而封位至丞相宜佐明主塡撫國家使人由臣子之道今諸侯有畔逆之計此皆宰相奉職不稱恐竊病死無以塞責 索隱曰案人臣委質於君死生由君臣若一朝病死是竊死也 乃上書曰臣聞天下之通道五所以行之者三 索隱曰案此語出子思子今見禮中庸篇 曰君臣父子兄弟夫婦長幼之序此五者天下之通道也智仁勇此三者天下之通德所以行之者也故曰力行近乎仁好問近乎智知恥近乎勇知此三

者則知所以自治知所以自治然後知所以治人天下未有不能自治而能治人者也此百世不易之道也今陛下躬行大孝鑒三王建周道兼文武厲賢予祿 徐廣曰厲一作廣也 量能授官今臣弘罷駑之質無汗馬之勞陛下過意擢臣弘卒伍之中封爲列侯致位三公臣弘行能不足以稱素有負薪之病恐先狗馬塡溝壑終無以報德塞責願歸侯印乞骸骨避賢者路天子報曰古者賞有功襃有德守成尚文遭遇右武 索隱曰小顔云右亦上也言遭遇亂時則上武也 未有易此者也朕宿昔庶幾獲承尊

位懼不能寧惟所與共爲治者君宜知之蓋君子善善惡惡君宜知之君若謹行常在朕躬君不幸罹霜露之病何恙不已 漢書音義曰何恙喻小疾不以時愈○索隱曰恙憂也以言罹霜露寒涼之疾輕何憂於病不止禮曰疾止復初也 迺上書歸侯乞骸骨是章朕之不德也今事少閒君其省思慮一精神輔以醫藥因賜告牛酒雜帛居數月病有瘳視事元狩二年弘病竟以丞相終 漢書曰年八十○索隱曰案弘凡爲御史丞相六歲年八十終 子度嗣爲平津侯度爲山陽太守十餘歲坐法失侯 索隱曰漢書云坐不遣鉅野令史成詣公車論爲城旦元始中詔復弘後爲關內侯也

主父偃者齊臨菑人也學長短縱橫之術晚乃
學易春秋百家言游齊諸生閒莫能厚遇也齊
諸儒生相與排擯不容於齊家貧假貸無所得
迺北游燕趙中山皆莫能厚遇爲客甚困孝武
元光元年中以爲諸侯莫足游者乃西入關見
衛將軍衛將軍數言上上不召資用乏留久諸
公賓客多厭之乃上書闕下朝奏暮召入見所
言九事其八事爲律令一事諫伐匈奴其辭曰
臣聞明主不惡切諫以博觀忠臣不敢避重誅
以直諫是故事無遺策而功流萬世今臣不敢

隱忠避死以效愚計願陛下幸赦而少察之司
馬法曰國雖大好戰必亡天下雖平忘戰必危
天下既平天子大凱應劭曰大凱周禮還師振旅之樂春蒐秋獮
諸侯春振旅秋治兵所以不忘戰也宋均曰春秋少陽少陰氣弱未全須人功而後用士庶法之教而後成宗仁本義天子諸侯必春秋講武簡閱車徒以順時氣不忘戰也且
夫怒者逆德也兵者凶器也爭者末節也古之
人君一怒必伏尸流血故聖王重行之夫務戰
勝窮武事者未有不悔者也昔秦皇帝任戰勝
之威蠶食天下并吞戰國海內爲一功齊三代
務勝不休欲攻匈奴李斯諫曰不可夫匈奴無

城郭之居委積之守遷徙鳥舉難得而制也輕
兵深入糧食必絕踵糧以行重不及事得其地
不足以爲利也遇其民不可役而守也勝必殺
之非民父母也靡敝中國快心匈奴非長策也
索隱曰靡音糜敝猶竭散也秦皇帝不聽遂使蒙恬將兵攻胡
辟地千里以河爲境地固澤徐廣曰一作斥鹹鹵瓚曰其地多水
澤又有鹵不生五穀然後發天下丁男以守北河暴
兵露師十有餘年死者不可勝數終不能踰河
而北是豈人衆不足兵革不備哉其勢不可也
又使天下蜚芻輓粟文穎曰轉芻穀就戰是也起於東腄徐廣曰腄

在東萊音緇○索隱曰腄音逐瑞反注音緇其音同也琅邪負海之郡轉輸北
河率三十鍾而致一石男子疾耕不足於糧饟
女子紡績不足於帷幕百姓靡敝孤寡老弱不
能相養道路死者相望蓋天下始畔秦也及至
高皇帝定天下略地於邊聞匈奴聚於代谷之
外而欲擊之御史成進諫曰不可夫匈奴之性
獸聚而鳥散從之如搏影今以陛下盛德攻匈
奴臣竊危之高帝不聽遂北至於代谷果有平
城之圍高皇帝蓋悔之甚乃使劉敬往結和親
之約然後天下忘干戈之事故兵法曰興師十

萬曰費千金夫秦常積衆暴兵數十萬人雖有覆軍殺將係虜單于之功亦適足以結怨深讎不足以償天下之費夫上虛府庫下敝百姓甘心於外國非完事也夫匈奴難得而制非一世也行盜侵驅所以爲業也天性固然上及虞夏殷周固弗程督禽獸畜之不屬爲人夫上不觀虞夏殷周之統而下循近世之失此臣之所大憂百姓之所疾苦也且夫兵久則變生事苦則慮易乃使邊境之民靡敝愁苦而有離心將吏相疑而外市（張晏曰與外國交求利已若章邯之比）故尉佗章邯得以成其私也夫秦政之所以不行者權分乎二子此得失之效也故周書曰安危在出令存亡在所用願陛下詳察之少加意而熟慮焉是時趙人徐樂齊人嚴安俱上書言世務各一事（索隱曰樂音岳嚴本姓莊者明帝諱後並改姓嚴也安及徐樂並拜郎中樂後爲中大夫）徐樂曰臣聞天下之患在於土崩不在於瓦解古今一也何謂土崩秦之末世是也陳涉無千乘之尊尺土之地身非王公大人名族之後無鄉曲之譽非有孔墨曾子之賢陶朱猗頓之富也然起窮巷奮棘矜（矜音勤）偏袒大呼而天下從風此其故何

也由民困而主不恤下怨而上不知也俗已亂而政不脩此三者陳涉之所以爲資也是之謂土崩故曰天下之患在於土崩何謂瓦解吳楚齊趙之兵是也七國謀爲大逆號皆稱萬乘之君帶甲數十萬威足以嚴其境內財足以勸其士民然不能西攘尺寸之地而身爲禽於中原者此其故何也非權輕於匹夫而兵弱於陳涉也當是之時先帝之德澤未衰而安土樂俗之民衆故諸侯無境外之助此之謂瓦解故曰天下之患不在瓦解由是觀之天下誠有土崩之勢雖布衣窮處之士或首惡而危海內陳涉是也況三晉之君或存乎天下雖未有大治也誠能無土崩之勢雖有彊國勁兵不得旋踵而身爲禽矣吳楚齊趙是也況群臣百姓能爲亂乎哉此二體者安危之明要也賢主所留意而深察也間者關東五穀不登年歲未復民多窮困重之以邊境之事推數循理而觀之則民且有不安其處者矣不安故易動易動者土崩之勢也故賢主獨觀萬化之原明於安危之機脩之廟堂之上而銷未形之患其要期使天下無土

崩之勢而已矣故雖有彊國勁兵陛下逐走獸射蜚鳥弘游燕之囿淫縱恣之觀極馳騁之樂自若也金石絲竹之聲不絕於耳帷帳之私俳優侏儒之笑不乏於前而天下無宿憂名何必湯武俗何必成康雖然臣竊以爲陛下天然之聖寬仁之資而誠以天下爲務則湯武之名不難侔而成康之俗可復興也此二體者立然後處尊安之實揚名廣譽於當世親天下而服四夷餘恩遺德爲數世隆南面負扆攝袂而揖王公此陛下之所服也臣聞圖王不成其敝足以

安安則陛下何求而不得何爲而不成何征而不服乎哉嚴安上書曰臣聞周有天下其治三百餘歲成康其隆也刑錯四十餘年而不用及其衰也亦三百餘歲故五伯更起五伯者常佐天子興利除害誅暴禁邪匡正海內以尊天子五伯既沒賢聖莫續天子孤弱號令不行諸侯恣行彊陵弱衆暴寡田常篡齊六卿分晉並爲戰國此民之始苦也於是彊國務攻弱國備守合從連橫馳車擊轂介胄生蟣蝨民無所告愬及至秦王蠶食天下并吞戰國稱號曰皇帝一

海內之政壞諸侯之城銷其兵鑄以爲鍾虡（索隱曰虡音巨鄒氏本作鐻音同）示不復用元元黎民得免於戰國逢明天子人人自以爲更生嚮使秦緩其刑罰薄賦斂省繇役貴仁義賤權利上篤厚下智巧（索隱曰上猶尚也貴也下謂以智巧爲下也）變風易俗化於海內則世世必安矣秦不行是風而循其故俗爲智巧權利者進篤厚忠信者退法嚴政峻諂諛者衆日聞其美意廣心軼欲肆威海外乃使蒙恬將兵以北攻胡辟地進境戍於北河蜚芻輓粟以隨其後又使尉佗屠睢（索隱曰案尉官也佗趙佗也音徒何反屠睢人姓名睢音雖）將

樓船之士南攻百越使監祿（韋昭曰監御史名祿也）鑿渠運糧深入越越人遁逃曠日持久糧食絕乏越人擊之秦兵大敗秦乃使尉佗將卒以戍越當是時秦禍北構於胡南挂於越宿兵無用之地進而不得退行十餘年丁男被甲丁女轉輸苦不聊生自經於道樹死者相望及秦皇帝崩天下大叛陳勝吳廣舉陳（索隱曰謂勝廣舉兵據陳舉音如字或音據恐疎也下同）武臣張耳舉趙項梁舉吳田儋舉齊景駒舉郢周市舉魏韓廣舉燕窮山通谷豪士並起不可勝載也然皆非公侯之後非長官之吏也無尺寸

之勢起閭巷杖棘矜應時而皆動不謀而俱起不約而同會壤長地進（張晏曰壤進益也）至于霸王時教使然也秦貴為天子富有天下滅世絕祀者窮兵之禍也故周失之弱秦失之彊不變之患也今欲招南夷朝夜郎降羌僰略濊州（如淳曰東夷也○索隱曰僰音白北反又皮逼反濊州地名即古濊陌國也音紆發反）建城邑深入匈奴燔其龍城（索隱曰匈奴城名音龍燔音煩燔燒也）議者美之此人臣之利也非天下之長策也今中國無狗吠之驚而外累於遠方之備靡敝國家非所以子民也行無窮之欲甘心快意結怨於匈奴非所以安邊

也禍結而不解兵休而復起近者愁苦遠者驚駭非所以持久也今天下鍛甲砥劍橋箭累弦轉輸運糧未見休時此天下之所共憂也夫兵久而變起事煩而慮生今外郡之地或幾千里列城數十形束壤制（服虔曰言所束在郡守土壤足以專民制蘇林曰言其土地形勢足以東制其民也○索隱曰案謂地形及土壤皆束制在諸侯也）旁脅諸侯非公室之利也上觀齊晉之所以亡者公室卑削六卿大盛也下觀秦之所以滅者嚴法刻深欲大無窮也今郡守之權非特六卿之重也地幾千里非特閭巷之資也甲兵器械非特棘矜之用也以

遭萬世之變則不可稱諱也書奏天子天子召見三人謂曰公等皆安在何相見之晚也（徐廣曰佗史記本皆不見嚴安此旁所纂者取漢書耳然漢書不宜乃容大異或寫史記相承闕脫也○索隱曰纂音撰）於是上乃拜主父偃徐樂嚴安為郎中數見上疏言事詔拜偃為謁者遷樂為中大夫一歲中四遷偃偃說上曰古者諸侯不過百里彊弱之形易制今諸侯或連城數十地方千里緩則驕奢易為淫亂急則阻其彊而合從以逆京師今以法割削之則逆節萌起前日朝錯是也今諸侯子弟或十數而適嗣代立餘雖骨肉無尺寸地封

則仁孝之道不宣願陛下令諸侯得推恩分子弟以地侯之彼人人喜得所願上以德施實分其國不削而稍弱矣於是上從其計（徐廣曰元朔二年始令諸侯王分封子弟也）又說上曰茂陵初立天下豪傑并兼之家亂衆之民皆可徙茂陵內實京師外銷姦猾此所謂不誅而害除上又從其計尊立衛皇后及發燕王定國陰事偃有功焉大臣皆畏其口賂遺累千金人或說偃曰太橫矣主父曰臣結髮游學四十餘年身不得遂親不以為子昆弟不收賓客棄我我阸日久矣且丈夫生不五鼎

食死即五鼎烹耳吾日暮途遠故倒行暴施之索隱曰按偃言吾日暮塗遠恐赴前塗不跌故須倒行而逆施乃可及耳今此本作暴暴者言已困久得申當須急暴行事以快意也暴者卒也急也 偃盛言朔方地肥饒外阻河蒙恬城之以逐匈奴內省轉輸戍漕廣中國滅胡之本也上覽其說下公卿議皆言不便公孫弘曰秦時常發三十萬衆築北河終不可就已而棄之主父偃盛言其便上竟用主父計立朔方郡

元朔二年主父言齊王內淫佚行僻上拜主父為齊相至齊遍召昆弟賓客散五百金予之數之曰始吾貧時昆弟不我衣食賓客不我內門

今吾相齊諸君迎我或千里吾與諸君絕矣毋復入偃之門乃使人以王與姊姦事動王王以為終不得脫罪恐效燕王論死乃自殺有司以聞主父始為布衣時嘗游燕趙及其貴發燕事趙王恐其為國患欲上書言其陰事為偃居中不敢發及為齊相出關即使人上書告言主父偃受諸侯金以故諸侯子弟多以得封者及齊王自殺上聞大怒以為主父劫其王令自殺乃徵下吏治主父服受諸侯金實不劫王令自殺上欲勿誅是時公孫弘為御史大夫乃言曰齊

王自殺無後國除為郡入漢主父偃本首惡陛下不誅主父偃無以謝天下乃遂族主父偃主父方貴幸時賓客以千數及其族死無一人收者唯獨洨孔車徐廣曰孔車洨人也沛有洨縣索隱曰洨戶交反車尺奢反 收葬之天子後聞之以為孔車長者也

太史公曰公孫弘行義雖脩然亦遇時漢興八十餘年矣徐廣曰漢初至元朔二年八十年也 上方鄉文學招俊乂以廣儒墨弘為舉首主父偃當路諸公皆譽之及名敗身誅士爭言其惡悲夫太皇太后詔大司徒大司空徐廣曰此詔是平帝元始中王元后詔後人寫此及班固所稱以續卷後○索隱曰案廣

所云則又非褚先生所錄也 蓋聞治國之道富民為始富民之要在於節儉孝經曰安上治民莫善於禮禮與奢也寧儉昔者管仲相齊桓霸諸侯有九合一匡之功而仲尼謂之不知禮以其奢泰侈擬於君故也夏禹卑宮室惡衣服後聖不循由此言之始之盛也德優矣莫高於儉儉化俗民則尊卑之序得而骨肉之恩親爭訟之原息斯乃家給人足刑錯之本也歟可不務哉夫三公者百寮之率萬民之表也未有樹直表而得曲影者也孔子不云乎子率而正孰敢不正舉善而教

不能則勸維漢興以來股肱宰臣身行儉約輕財重義較然著明（索隱曰較音角較明也）未有若故丞相平津侯公孫弘者也位在丞相而為布被脫粟之飯不過一肉故人所善賓客皆分奉祿以給之無有所餘誠內自克約而外從制汲黯詰之乃聞于朝此可謂減於制度（應劭曰禮貴有常尊衣服有常品）而可施行者也德優則行否則止與內奢泰而外為詭服以釣虛譽者殊科以病乞骸骨孝武皇帝即制曰賞有功褒有德善善惡惡君宜知之其省思慮存精神輔以醫藥賜告治病牛酒雜帛居數月有瘳視事至元狩二年竟以善終于相位夫知臣莫若君此其效也弘子度嗣爵後為山陽太守坐法失侯夫表德章義所以率俗厲化聖王之制不易之道也其賜弘後子孫之次當為後者爵關內侯食邑三百戶徵詣公車上名尚書朕親臨拜焉

班固稱曰公孫弘卜式兒寬皆以鴻漸之翼困於燕雀（李奇曰漸進也鴻一舉而進千里者羽翼之材也弘等皆以大材初為俗所薄若燕雀不知鴻鵠之志也○索隱曰案謂公孫弘等未遇之時所輕若飛鴻之未漸受困於燕雀也）遠迹羊豕之間（韋昭曰遠跡謂耕牧在於遠方○索隱曰案公孫牧豕卜式牧羊也）非遇其時焉能致此

位乎是時漢興六十餘載海內乂安（索隱曰乂理也）府庫充實而四夷未賓制度多闕上方欲用文武求之如弗及始以蒲輪迎枚生（索隱曰案謂枚乘也漢始詔申公亦以蒲輪謂以蒲裹車輪恐傷草木也且蒲是草之美者故禮有蒲璧蓋或畫繢以為榮飾也）見主父而歎息（索隱曰案上文嚴安等上書上曰公等安在何相見之晚者是也）羣臣慕嚮異人並出卜式試於芻牧弘羊擢於賈豎衛青奮於奴僕日磾出於降虜斯亦曩時版築飯牛之明矣漢之得人於茲為盛儒雅則公孫弘董仲舒兒寬篤行則石建石慶質直則汲黯卜式推賢則韓安國鄭當時定令則趙禹張湯文章則司馬遷相如滑稽則東方朔枚皋應對則嚴助朱買臣歷數則唐都落下閎協律則李延年運籌則桑弘羊奉使則張騫蘇武將帥則衛青霍去病受遺則霍光金日磾其餘不可勝紀是以興造功業制度遺文後世莫及孝宣承統纂修洪業亦講論六藝招選茂異而蕭望之梁丘賀夏侯勝韋玄成嚴彭祖尹更始以儒術進劉向王褒以文章顯將相則張安世趙充國魏相邴吉于定國杜延年治民則黃霸王成龔遂鄭弘邵信臣韓延壽尹翁歸趙廣漢之屬皆有功迹見

述於後累其名臣亦其次也
索隱述贊曰
平津巨儒　晚年始遇　外示寬儉
內懷嫉妬　寵備榮爵　身受肺腑
主父推恩　觀時設度　生食五鼎
死非時釁

平津侯主父列傳第五十二　史記百一十二

南越尉佗列傳第五十三　史記一百一十三

南越王（正義曰都廣州南海縣）尉佗者眞定人也（索隱曰尉官也佗名也姓趙佗音徒河反又十三州記云大郡曰守小郡曰尉韋昭云眞定故郡名後更爲縣在常山也）姓趙氏秦時已并天下略定楊越（張晏曰楊州之南越也○索隱曰案戰國策云吳起爲楚收楊越○正義曰夏禹九州本屬楊州故云楊越）置桂林南海象郡（索隱曰地理志武帝更名桂林曰鬱林秦本紀始皇三十三年略陸梁地以爲南海鬱林象郡地理志云武帝更名曰南）以謫徙民（索隱曰謫音陟革反）與越雜處十三歲（徐廣曰秦并天下至二世元年十三年并天下八歲乃平越地至二世元年六年耳）佗秦時用爲南海龍川令（索隱曰地理志云龍川屬南海也○正義曰顏師古云龍川南海縣也即今之循州也裴氏廣州記云本博羅縣之東鄉有龍穿地而出即穴流東泉因以爲號也）至二世時南海尉任囂病且死（徐廣曰爾時未言都尉也○索隱曰囂音五刀反）召龍川令趙佗語曰聞陳勝等作亂秦爲無道天下苦之項羽劉季陳勝吳廣等州郡各共興軍聚衆虎爭天下中國擾亂未知所安豪傑畔秦相立南海僻遠吾恐盜兵侵地至此吾欲興兵絕新道（索隱曰案蘇林云秦所通越道）自備待諸侯變會病甚且番禺負山險阻南海東西數千里頗有中國人相輔此亦一州之主也可以立國郡中長吏無足與言者故召公告之即被佗書（韋昭曰被之以書音光被之○索隱曰被音皮義反）行南海尉事（索隱曰服虔云囂詐詔書使爲南海尉）囂死佗即移檄告橫浦陽山

湟谿關曰（徐廣曰在桂陽通四會也○索隱曰案南康記云南野大庾嶺三十里至横浦有秦時關其下謂爲塞上姚氏案地理志云桂陽有陽山縣今此縣上流百餘里有騎田嶺當是陽山關鄒氏劉氏本湟並作涅音年結反漢書作湟谿音皇又衛靑傳云出桂陽下湟水是而姚察云史記作匯今本有湟涅及匯不同蓋由隨見輒改故也水經云含匯縣南有匯浦關未知孰是然鄒誕作涅漢書作湟蓋近於古）盜兵且至急絕道聚兵自守因稍以法誅秦所置長吏以其黨爲假守（索隱曰案謂佗立其所黨爲郡縣之職或假守也）秦已破滅佗即擊幷桂林象郡自立爲南越武王（韋昭曰生以武爲號不稽於古也）高帝已定天下爲中國勞苦故釋佗弗誅漢十一年遣陸賈因立佗爲南越王與剖符通使和集百越毋爲南邊患害與長沙接境高后時有司請禁南越關市鐵器佗曰高帝立我通使物今高后聽讒臣別異蠻夷隔絕器物此必長沙王計也欲倚中國擊滅南越而幷王之自爲功也於是佗乃自尊號爲南越武帝發兵攻長沙邊邑敗數縣而去焉高后遣將軍隆慮侯竈往擊之（索隱曰韋昭云竈姓周隆慮縣名屬河內音林閭）會暑溼士卒大疫兵不能踰嶺（索隱曰案即陽山嶺也）歲餘高后崩即罷兵佗因此以兵威邊財物賂遺閩越西甌駱役屬焉（漢書音義曰駱越也○索隱曰姚氏案廣州記云交阯有駱田仰潮水上下人食其田名爲駱侯諸縣自名爲駱將銅印青綬即今之令後蜀王子將兵討駱侯自稱爲安陽王治封溪縣後南越王尉佗攻破安陽王令二使典主交阯九眞二

郡即甌駱也）東西萬餘里迺乘黃屋左纛稱制與中國侔及孝文帝元年初鎮撫天下使告諸侯四夷從代來即位意喻盛德焉乃爲佗親冢在眞定置守邑歲時奉祀召其從昆弟尊官厚賜寵之詔丞相陳平等舉可使南越者平言好畤陸賈先帝時習使南越迺召賈以爲太中大夫往使因讓佗自立爲帝曾無一介之使報者陸賈至南越王甚恐爲書謝稱曰蠻夷大長老夫臣佗前日高后隔異南越竊疑長沙王讒臣又遙聞高后盡誅佗宗族掘燒先人冢以故自棄犯長沙邊境且南方卑溼蠻夷中閒其東閩越千人衆號稱王其西甌駱裸國亦稱王（索隱曰裸音和寡反裸露形也）老臣妄竊帝號聊以自娛豈敢以聞天王哉乃頓首謝願長爲藩臣奉貢職於是乃下令國中曰吾聞兩雄不俱立兩賢不並世皇帝賢天子也自今以後去帝制黃屋左纛陸賈還報孝文帝大說遂至孝景時稱臣使人朝請然南越其居國竊如故號名其使天子稱王朝命如諸侯至建元四年卒佗孫胡爲南越王（徐廣曰皇甫謐曰越王趙佗以建元四年卒爾時漢興七十年佗蓋百歲矣）此時閩越王郢興兵擊南越

邊邑胡使人上書曰兩越俱爲藩臣毋得擅興兵相攻擊今閩越興兵侵臣臣不敢興兵唯天子詔之於是天子多南越義守職約爲興師遣兩將軍往討閩越（索隱曰王恢韓安國）兵未踰嶺閩越王弟餘善殺郢以降於是罷兵天子使莊助往諭意南越王胡頓首曰天子乃爲臣興兵討閩越死無以報德遣太子嬰齊入宿衛謂助曰國新被寇使者行矣胡方日夜裝入見天子助去後其大臣諫胡曰漢興兵誅郢亦行以驚動南越且先王昔言事天子期無失禮要之不可以說好語入見（索隱曰漢書說作怵韋昭云誘怵好語）入見則不得復歸亡國之勢也於是胡稱病竟不入見後十餘歲胡實病甚太子嬰齊請歸胡薨諡爲文王嬰齊代立即藏其先武帝璽（索隱曰本手部云藏其僭號之璽也）嬰齊其入宿衛在長安時取邯鄲樛氏女生子興（徐廣曰一作典○索隱曰樛音紀虬反樛姓出邯鄲）及即位上書請立樛氏女爲后興爲嗣漢數使使者風諭嬰齊嬰齊尚樂擅殺生自恣懼入見要用漢法比內諸侯固稱病遂不入見遣子次公入宿衛嬰齊薨諡爲明王太子興代立其母爲太后太后自未爲嬰齊姬時嘗

與霸陵人安國少季通（索隱曰安國姓也少季名也）及嬰齊薨後元鼎四年漢使安國少季往諭王王太后以入朝比內諸侯令辯士諫大夫終軍等宣其辭勇士魏臣等輔其缺（徐廣曰一作決）衛尉路博德將兵屯桂陽待使者王年少太后中國人也嘗與安國少季通其使復私焉國人頗知之多不附太后太后恐亂起亦欲倚漢威數勸王及羣臣求內屬即因使者上書請比內諸侯三歲一朝除邊關於是天子許之賜其丞相呂嘉銀印及內史中尉太傅印餘得自置除其故黥劓刑用漢法比內諸侯使者皆留塡撫之王王太后飭治行裝重齎爲入朝具其相呂嘉年長矣相三王宗族官仕爲長吏者七十餘人男盡尚王女女盡嫁王子兄弟宗室及蒼梧秦王有連（漢書音義曰蒼梧越中王自名爲秦王連親婚也○索隱曰案蒼梧秦王即下趙光是也有連者連姻也趙與秦同姓故稱秦王）其居國中甚重越人信之多爲耳目者得衆心愈於王王之上書數諫止王王弗聽有畔心數稱病不見漢使者使者皆注意嘉嘉勢未能誅王王太后亦恐嘉等先事發乃置酒介漢使者權（韋昭曰恃使者爲介胄也○索隱曰志林云介者因也欲因使者權誅呂嘉也韋昭以介爲恃介者間也以言間恃漢使之權意必得矣然云）

持爲介冑則非也虞喜以介爲因亦有所由案介者賓主所由也謀誅嘉等使者皆東鄉太后南鄉王北鄉相嘉大臣皆西鄉侍坐飲嘉弟爲將將卒居宮外酒行太后謂嘉曰南越內屬國之利也而相君苦不便者何也以激怒使者使者狐疑相杖遂莫敢發嘉見耳目非是即起而出太后怒欲鏦嘉以矛韋昭曰鏦撞也○索隱曰案字林鏦音七凶反又吳王濞傳鏦殺吳王与此同王止太后嘉遂出分其弟兵就舍索隱曰案謂分取其兵也漢書作介介被也持也稱病不肯見王及使者乃陰與大臣作亂王素無意誅嘉嘉知之以故數月不發太后有淫行國人不附欲獨誅嘉等力又不能天子聞嘉不聽王王太后弱孤不能制使者怯無決又以爲王王太后已附漢獨呂嘉爲亂不足以興兵欲使莊參以二千人往使參曰以好往數人足矣以武往二千人無足以爲也辭不可天子罷參也郟壯士徐廣曰縣屬潁川音古洽反○正義曰今汝州郟城縣故濟北相韓千秋奮曰以區區之越又有王太后應獨相呂嘉爲害願得勇士二百人必斬嘉以報於是天子遣千秋徐廣曰爲校尉與王太后弟樛樂將二千人往入越境呂嘉等乃遂反下令國中曰王年少太后中國人也又與

使者亂專欲內屬盡持先王寶器入獻天子以自媚多從人行至長安虜賣以爲僮僕取自脫一時之利無顧趙氏社稷爲萬世慮計之意乃與其弟將卒攻殺王太后及漢使者遣人告蒼梧秦王及其諸郡縣立明王長男越妻子術陽侯建德爲王徐廣曰元鼎四年以南越王兄越封高昌侯○索隱曰案功臣表術陽屬下邳而韓千秋兵入破數小邑其後越直開道給食未至番禺四十里越以兵擊千秋等遂滅之使人函封漢使者節置塞上索隱曰案南康記以爲大庾嶺名塞上也好爲謾辭謝罪發兵守要害處於是天子曰韓千秋雖無成功亦軍鋒之冠封其子延年爲成安侯索隱曰案功臣表成安屬郟樛樂其姊爲王太后首願屬漢封其子廣德爲龍亢侯索隱曰案龍亢屬譙国漢書作龍侯服虔作卬晉灼云龍古龍字乃下赦曰天子微諸侯力政譏臣不討賊今呂嘉建德等反自立晏如令罪人及江淮以南徐廣曰淮一作匯也樓船十萬師應劭曰時欲擊越非水不至故作大船船上施樓故號曰樓船也往討之元鼎五年秋衛尉路博德爲伏波將軍出桂陽下匯水徐廣曰一作湟騶案地理志曰桂陽有匯水通四會或作湟字○索隱曰劉氏云匯當作湟漢書云下湟水也主爵都尉楊僕爲樓船將軍出豫章下橫浦故歸義越侯二人張晏曰故越人降爲侯爲戈船下厲

將軍徐廣曰厲一作瀨駰案張晏曰越人於水中負人船又有蛟龍之害故置戈於船下因以爲名也應劭曰瀨水流沙上也瓚曰伍子胥書有戈船以載干戈因謂之戈船也出零陵或下離水徐廣曰在零陵通廣信○正義曰地理志云零陵縣有離水東至廣信入鬱林九百八十里或抵蒼梧使馳義侯徐廣曰越人也名遺因巴蜀罪人發夜郎兵正義曰曲川協州以南是夜郎國下牂柯江正義曰江出南徼外東通四會至番禺入海也咸會番禺元鼎六年冬樓船將軍將精卒先陷尋陜破石門索隱曰姚氏云尋陜在始興西三百里近連口也廣州記石門在番禺縣北二十里昔呂嘉拒漢積石於江名曰石門又俗云石門水名貪泉飲之則令人變故吳隱之至石門酌水飲乃爲歌也得越船粟因推而前挫越鋒以數萬人待伏波伏波將軍將罪人道遠會期後與樓船會乃有千餘人遂俱進樓船居前至番禺建德嘉皆城守樓船自擇便處居東南面伏波居西北面會暮樓船攻敗越人縱火燒城越素聞伏波名日暮不知其兵多少伏波乃爲營遣使者招降者賜印復縱令相招樓船力攻燒敵反驅而入伏波營中犂旦城中皆降伏波徐廣曰呂靜曰犂結也音力奚反結猶連及逮至也漢書犂旦爲遲旦謂待明也○索隱曰鄒氏云犂一作比比音必至反然犂即比義不煩更釋又解犂黑也天未明而尚黑也漢書史記亦作遲明遲音稚遲待也亦犂之義也呂嘉建德已夜與其屬數百人亡入海以船西去伏波又因問所得降者貴人以知呂嘉所之遣人追之以其故校尉司馬蘇

弘得建德封爲海常侯徐廣曰在東萊越郎徐廣曰南越之郎官都稽徐廣曰表曰孫都得嘉封爲臨蔡侯索隱曰案表屬河內蒼梧王趙光者越王同姓聞漢兵至及越揭陽令定韋昭曰揭音其逝反○索隱曰地理志揭陽縣屬南海揭音桀劉氏音求例反定者令之名也案漢功臣表云定揭陽令意又別自定屬漢越桂林監居翁漢書音義曰桂林郡中監姓居名翁也諭甌駱屬漢索隱曰案漢書甌駱三十餘萬口降漢皆得爲侯索隱曰案漢書云光聞漢兵至降封爲桃侯揭陽令爲安道侯越將畢取爲膫侯桂林監居翁爲湘城侯韋昭云湘城屬堵陽桃安道膫三縣皆屬南陽膫音遼也戈船下厲將軍兵及馳義侯所發夜郎兵未下南越已平矣遂爲九郡徐廣曰儋耳珠崖南海蒼梧九真鬱林日南合浦交阯○索隱曰徐廣皆據漢書爲說伏波將軍益封樓船將軍兵以陷堅爲將梁侯自尉佗初王後五世九十三歲而國亡焉

太史公曰尉佗之王本由任囂遭漢初定列爲諸侯隆慮離溼疫佗得以益驕甌駱相攻南越動搖漢兵臨境嬰齊入朝其後亡國徵自樛女呂嘉小忠令佗無後樓船從欲怠傲失惑伏波困窮智慮愈殖因禍爲福成敗之轉譬若糾墨

索隱述贊曰

中原鹿走　羣雄莫制　漢事西馳
越推南裔　陸賈騁說　尉佗去帝

樛后內朝　呂嘉狼戾　君臣不協
卒從剿絕

南越尉佗列傳第五十三　史記一百一十三

東越列傳第五十四　史記一百一十四

閩越王無諸（韋昭曰閩音武巾反東越之別名○索隱曰按說文云閩東越蛇種也故字從虫閩聲音旻）及越東海王搖者其先皆越王句踐之後也姓騶氏（徐廣曰騶一作駱○索隱曰徐廣說是上云甌駱此別云閩不姓騶也）秦已并天下皆廢爲君長以其地爲閩中郡（徐廣曰今建安候官是○索隱曰小顏以爲即今之泉州建安也○正義曰今閩州又改爲福也）及諸侯畔秦無諸搖率越歸鄱陽令吳芮所謂鄱君者也從諸侯滅秦當是之時項籍主命弗王（漢書音義曰主號令諸侯不王無諸搖等）以故不附楚漢擊項籍無諸搖率越人佐漢漢五年復立無諸爲閩越王王閩中故地都東冶

孝惠三年舉高帝時越功曰閩君搖功多其民便附乃立搖爲東海王（應劭曰在吳郡東南濱海云）都東甌（徐廣曰今之永寧也○索隱曰姚氏云甌水名永嘉記水出寧山行三十餘里去郡城五里入江昔有東甌王都城有亭積石爲道今猶在也）世俗號爲東甌王後數世至孝景三年吳王濞反欲從閩越閩越未肯行獨東甌從吳及吳破東甌受漢購殺吳王丹徒以故皆得不誅歸國吳王子子駒亡走閩越怨東甌殺其父常勸閩越擊東甌至建元三年閩越發兵圍東甌東甌食盡困且降乃使人告急天子天子問太尉田蚡蚡對曰越人相攻擊固其常又數反覆

不足以煩中國往救也自秦時棄弗屬於是中大夫莊助詰蚡曰特患力弗能救德弗能覆誠能何故棄之且秦舉咸陽而棄之何乃越也今小國以窮困來告急天子天子弗振當安所告愬又何以子萬國乎上曰太尉未足與計吾初即位不欲出虎符發兵郡國乃遣莊助以節發兵會稽會稽太守欲距不為發兵助乃斬一司馬諭意指遂發兵浮海救東甌未至閩越引兵而去東甌請舉國徙中國乃悉舉衆來處江淮之間徐廣曰年表曰東甌王廣武侯望率其衆四萬餘人來降家廬江郡○索隱曰徐廣據年表而為說至

建元六年閩越擊南越南越守天子約不敢擅發兵擊而以聞上遣大行王恢出豫章大農韓安國出會稽皆為將軍兵未踰嶺閩越王郢發兵距險其弟餘善乃與相宗族謀曰王以擅發兵擊南越不請故天子兵來誅今漢兵衆彊今即幸勝之後來益多終滅國而止今殺王以謝天子天子聽罷兵固一國完不聽乃力戰不勝即亡入海皆曰善即鏦殺王索隱曰劉氏鏦音窻鏦撞也使使奉其頭致大行大行曰所為來者誅王今王頭至謝罪不戰而耘徐廣曰漢書作運耘義當取耘除或言耘音于紛反此楚人聲重耳隕耘

當同音但字有假借聲有輕重利莫大焉乃以便宜案兵告大農軍而使使奉王頭馳報天子詔罷兩將兵曰郢等首惡獨無諸孫繇君丑不與謀焉索隱曰繇音搖繇者邑號丑名也乃使郎中將立丑為越繇王奉閩越先祭祀餘善已殺郢威行於國國民多屬竊自立為王繇王不能矯其衆持正天子聞之為餘善不足復興師曰餘善數與郢謀亂而後首誅郢師得不勞因立餘善為東越王與繇王並處至元鼎五年南越反東越王餘善上書請以卒八千人從樓船將軍擊呂嘉等兵至揭楊以海風波

為解不行持兩端陰使南越及漢破番禺不至是時樓船將軍楊僕使使上書願便引兵擊東越上曰士卒勞倦不許罷兵令諸校屯豫章梅嶺待命徐廣曰在會稽界○索隱曰徐說非也案今豫章三十里有梅嶺在供崖山當古驛道此文云豫章梅嶺知非會稽也○正義曰括地志云梅嶺在虔化縣東北百二十八里虔州漢亦屬豫章郡二所未詳元鼎六年秋餘善聞樓船請誅之漢兵臨境且往乃遂反發兵距漢道號將軍騶力等為吞漢將軍入白沙武林徐廣曰在豫章界○索隱曰案今豫章北二百里接鄱陽界地名白沙有小水入湖名曰白沙東南八十里有武陽亭亭東南三十里地名武林此白沙武林今當閩越之京道梅嶺殺漢三校尉是時漢使大農張成故山州侯齒徐廣曰成

陽共王子 將屯弗敢擊却就便處皆坐畏懦誅餘善刻武帝璽自立詐其民為妄言天子遣橫海將軍韓說出句章 索隱曰鄭氏句音鉤會稽縣也○正義曰句章故城在越州鄮縣西一百里漢縣 浮海從東方往樓船將軍楊僕出武林中尉王溫舒出梅嶺越侯為戈船下瀨將軍出若邪白沙 索隱曰案姚氏云若邪地名今闕○正義曰越州有若耶山若耶溪若如一頭州有白沙山蓋從如此耶白沙東故閩州 元封元年冬咸入東越東越素發兵距險使徇北將軍守武林敗樓船軍數校尉殺長吏樓船將軍率錢唐轅終古 正義曰錢唐杭州縣轅姓終古名 斬徇北將軍為禦兒侯 漢書音義曰今吳南亭是也○正義曰禦字今作語語兒鄉在蘇州嘉興縣南七十里臨官道也

自兵未往故越衍侯吳陽前在漢漢使歸諭餘善餘善弗聽及橫海將軍先至越衍侯吳陽以其邑七百人反攻越軍於漢陽從建成侯敖 徐廣曰亦東越臣 與其率從繇王居股謀曰餘善首惡劫守吾屬今漢兵至眾彊計殺餘善自歸諸將儻幸得脫乃遂俱殺餘善以其眾降橫海將軍故封繇王居股為東成侯 索隱曰韋昭云在九江 萬戶封建成侯敖為開陵侯 索隱曰徐廣云敖東越臣韋昭云開陵屬臨淮 封越衍侯吳陽為北石侯封橫海將軍說為按道侯封橫海校尉福為繚嫈侯 漢書音義曰音遼縈○索隱曰繚嫈縣名 服虔嫈音瑩劉伯莊音烏營反 福者成陽共王子故為海常侯坐法失侯舊從軍無功以宗室故侯諸將皆無成功莫封東越將多軍 漢書音義曰多軍名也索隱曰韋昭云多姓軍名也 漢兵至棄其軍降封為無錫侯於是天子曰東越狹多阻閩越悍數反覆詔軍吏皆將其民徙處江淮間東越地遂虛

太史公曰越雖蠻夷其先豈嘗有大功德於民哉何其久也歷數代常為君王句踐一稱伯然餘善至大逆滅國遷眾其先苗裔繇王居股等猶尚封為萬戶侯由此知越世世為公侯矣蓋

禹之餘烈也

索隱述贊曰

句踐之裔　是曰無諸　既席漢寵
寔因秦餘　騶駱為姓　閩中是居
王搖之立　爰處東隅　後嗣不道
自相誅鋤

東越列傳第五十四　史記一百一十四

朝鮮列傳第五十五　（張晏曰朝鮮有濕水洌水汕水三水合爲洌水疑樂浪朝鮮取名於此也○索隱曰案朝音潮直驕反鮮音仙以有汕水故名也汕一音訕）　史記一百一十五

朝鮮（正義曰朝仙二音括地志云高驪都平壤城本漢樂浪郡王險城又古云朝鮮地也）王滿者故燕人也（索隱曰案漢書滿燕人姓衛擊破朝鮮王而自王之）自始全燕時嘗略屬眞番（徐廣曰一作莫遼東有番汗縣番音普寒反○索隱曰始全燕時謂六國燕方全盛之時常略二國以屬已也應劭云玄菟本眞番國徐氏云遼東有番汗縣者據地理志而知也）朝鮮爲置吏築鄣塞秦滅燕屬遼東外徼漢興爲其遠難守復修遼東故塞至浿水爲界（漢書音義曰浿音傍沛反○正義曰地理志云浿水出遼東塞外西南至樂浪縣西入海浿普大反）屬燕燕王盧綰反入匈奴

滿亡命（正義曰命謂教令）聚黨千餘人魋結蠻夷服而東走出塞渡浿水居秦故空地上下鄣（索隱曰案地理志樂浪有雲鄣）稍役屬眞番朝鮮蠻夷及故燕齊亡命者王之都王險（徐廣曰昌黎有險瀆縣也○索隱曰韋昭云古邑名應劭注地理志云遼東有險瀆縣朝鮮王舊都臣瓚云險城在樂浪郡浿水之東也）會孝惠高后時天下初定遼東太守即約滿爲外臣保塞外蠻夷無使盜邊諸蠻夷君長欲入見天子勿得禁止以聞上許之以故滿得兵威財物侵降其旁小邑眞番臨屯皆來服屬（索隱曰東夷小國後以爲郡）方數千里（正義曰括地志云朝鮮高驪貊東沃沮五國之地國東西千三百里南北二千里在京師東東至大海四百里北至營州界九百二十里南至

新羅國六百里北至靺鞨國千四百里）傳子至孫右渠（正義曰其孫名也）所誘漢亡人滋多又未嘗入見天子眞番旁衆國欲上書見天子又擁閼不通元封二年漢使涉何誘諭右渠（索隱曰誘一作譙說文云譙讓也諭曉也譙音才笑反）終不肯奉詔何去至界上臨浿水使御刺殺送何者（索隱曰即送何之御也）朝鮮裨王長（正義曰顔師古云長者裨王名也送何至浿水何因刺殺也按裨王及將士長恐顔非也）即渡馳入塞（正義曰入平州榆林關也）遂歸報天子曰殺朝鮮將上爲其名美即不詰（索隱曰有殺將之美名）拜何爲遼東東部都尉（正義曰地理志云遼東郡武次縣東部都尉所理也）朝鮮怨何發兵襲攻殺何天子募罪人擊朝鮮其秋遣樓船將軍

楊僕從齊浮渤海兵五萬人左將軍荀彘出遼東討右渠右渠發兵距險左將軍卒正多率遼東兵先縱敗散多還走坐法斬樓船將軍將齊兵七千人先至王險右渠城守窺知樓船軍少即出城擊樓船樓船軍敗散走將軍楊僕失其衆遁山中十餘日稍求收散卒復聚左將軍擊朝鮮浿水西軍未能破自前天子爲兩將未有利乃使衛山因兵威往諭右渠右渠見使者頓首謝願降恐兩將詐殺臣今見信節請服降遣太子入謝獻馬五千匹及饋軍糧人衆萬餘持

兵方渡浿水使者及左將軍疑其爲變謂太子已服降宜命人毋持兵太子亦疑使者左將軍詐殺之遂不渡浿水復引歸山還報天子天子誅山左將軍破浿水上軍乃前至城下圍其西北樓船亦往會居城南右渠遂堅守城數月未能下左將軍素侍中幸將燕代卒悍乘勝軍多驕樓船將齊卒入海固已多敗亡其先與右渠戰困辱亡卒卒皆恐將心慙其圍右渠常持和節左將軍急擊之朝鮮大臣乃陰閒使人私約降樓船往來言尚未肯決左將軍數與樓船期

戰樓船欲急就其約不會左將軍亦使人求閒郤降下朝鮮朝鮮不肯心附樓船以故兩將不相能左將軍心意樓船前有失軍罪今與朝鮮私善而又不降疑其有反計未敢發天子曰將率不能前及使衛山諭降右渠右渠遣太子山使不能剸決與左將軍計相誤卒沮約今兩將圍城又乖異以故久不決使濟南太守公孫遂往征之有便宜得以從事遂至左將軍曰朝鮮當下久矣不下者有狀言樓船數期不會具以素所意告遂曰今如此不取恐爲大害非獨樓

船又且與朝鮮共滅吾軍遂亦以爲然而以節召樓船將軍入左將軍營計事即命左將軍麾下執捕樓船將軍并其軍以報天子天子誅遂左將軍已并兩軍即急擊朝鮮朝鮮相路人相韓陰尼谿相參將軍王唊漢書音義曰凡五人也戎狄不知官紀故皆稱相唊音頰○索隱曰路人漁陽縣人如淳云相其國相路人名也唊一音協相與謀曰始欲降樓船樓船今執獨左將軍并將戰益急恐不能與戰王又不肯降陰唊路人皆亡降漢路人道死元封三年夏尼谿相參乃使人殺朝鮮王右渠來降王險城未下故右渠之大臣成巳又反

復攻吏左將軍使右渠子長徐廣曰表云長路漢書表云長路音各降相路人之子最索隱曰最名路人之子也告諭其民誅成巳以故遂定朝鮮爲四郡眞番臨屯樂浪玄菟也封參爲澅清侯韋昭曰屬齊○索隱曰顏氏澅音獲陰爲萩苴侯韋昭曰屬勃海○索隱曰萩音秋苴音子餘反唊爲平州侯韋昭曰屬梁父長爲幾侯韋昭曰屬河東○索隱曰幾縣名最以父死頗有功爲溫陽侯韋昭曰屬齊左將軍徵至坐爭功相嫉乖計棄市樓船將軍亦坐兵至列口當待左將軍擅先縱失亡多當誅贖爲庶人索隱曰蘇林云列口縣名度海先得之

太史公曰右渠負固國以絕祀涉何誣功爲兵

發首樓船將陜 徐廣曰言其所將卒陜少 及難離咎悔失番禺
乃反見疑荀彘爭勞與遂皆誅兩軍俱辱將率
莫侯矣

索隱述贊曰

衛滿燕人　朝鮮是王　王險置都
路人作相　右渠首差　涉何誚上
兆禍自斯　狐疑二將　山遂伏法
紛紜無狀

朝鮮列傳第五十五　史記一百一十五

西南夷列傳第五十六　史記一百一十六

西南夷君長 正義曰在蜀之南 以什數夜郎最大 索隱曰劉氏數音所具反鄒氏音所主反荀悅云夜郎犍為屬國也韋昭云漢為縣屬牂柯案後漢書云夜郎東接交趾其地在胡南其君長本出於竹以竹為姓也○正義曰今瀘州南大江南岸協州曲州本夜郎國 其西靡莫之屬 正義曰在蜀南以下及西也靡非在姚州北去京西南四千九百三十五里即靡莫之夷 以什數滇最大 如淳曰滇音顛顛馬出其國也○索隱曰靡莫夷邑名滇與同姓也崔浩云滇後為縣屬越巂太守所理也○正義曰昆州郎州等本滇國去京西五千三百七十里也 自滇以北君長以什數邛都最大此皆魋結耕田有邑聚 索隱曰魋漢書作椎音直追反結音計 其外西自同師以東 韋昭曰邑名也○索隱曰漢書作桐鄉 北至楪榆 韋昭曰在益州楪音葉○正義曰上音楪楪澤在靡北百餘里漢楪榆縣在罩西益都靡非本桑榆生王國也 名為巂昆明 徐廣曰永昌有巂唐縣○索隱曰崔浩云巂昆明二國名韋昭云益州縣○正義曰巂音髓今體州也昆明巂州縣蓋南接昆明之地因名也 皆編髮隨畜遷徙 正義曰編步典反畜許又反皆巂昆明之俗也 毋常處毋君長地方可數千里自巂以東北君長以什數徙筰都最大 徐廣曰徙在漢嘉筰音昨在越巂○索隱曰服虔云徙筰二國名韋昭云徙縣在蜀筰縣在越巂○正義曰徙音斯括地志云筰州本西蜀徼外曰猫羌巂地理志云徙縣也華陽國志雅州邛郲山本名邛筰山故邛人筰人界 自筰以東北君長以什數冄駹最大 索隱曰案應劭云汶江郡本冄駹音亡江反○正義曰括地志云蜀西徼外羌茂州冄州本冄駹國地也後漢書云冄駹其山有六夷七羌九蠻各有部落也 其俗或土著或移徙在蜀之西自冄駹以東北君長以什數白馬最大 索隱曰案夷邑名即白馬氏也○正義曰括地志云隴右成州武州皆白

馬氏其豪族楊氏居成州仇池山上皆氐類也此皆巴蜀西南外蠻夷也始楚威王時使將軍莊蹻正義曰其略反郎州昆州即莊蹻所王將兵循江上略巴蜀黔中以西莊蹻者故楚莊王苗裔也索隱曰蹻音矩灼反楚莊王弟為盜者蹻至滇池地方三百里索隱曰地理志益州滇池縣澤在西北後漢書云其池水源深廣而更淺狹有似倒流故謂滇池也○正義曰括地志云滇池澤在昆州晉寧縣西南三十里其水源深廣而更淺狹有似倒流故謂滇池旁平地肥饒數千里以兵威定屬楚欲歸報會秦擊奪楚巴黔中郡道塞不通因還以其衆王滇變服從其俗以長之秦時常頞音案略通五尺道索隱曰謂棧道廣五尺○正義曰括地志云五尺道在郎州顏師古云其處險阨故道纔廣五尺如淳云道廣五尺諸

此國頗置吏焉十餘歲秦滅及漢興皆棄此國而開蜀故徼巴蜀民或竊出商賈取其筰馬僰僮正義曰今益州南戎州北臨大江古僰國髦牛以此巴蜀殷富索隱曰韋昭云僰屬犍為音蒲北反服虔云舊京師有僰婢建元六年大行王恢擊東越東越殺王郢以報恢因兵威使番陽令正義曰番音婆唐蒙風指曉南越南越食蒙蜀枸醬徐廣曰枸一作蒟音窶駰案漢書音義曰枸木似穀樹其葉如桑葉用其葉作醬酢美蜀人以為珍味○索隱曰案晉灼枸音矩劉德云枸樹如桑其椹長二三寸味酢取其實以為醬美小顏云枸者緣木而生非樹也今蜀土家出枸實不長二三寸味辛似薑不酢劉說非也廣志云枸色黑味辛下氣消穀窶音求羽反蒙問所從來曰道西北牂牁牂牁江正義曰崔浩云牂柯繫船杙也常氏華陽國志云楚頃襄王時遣莊蹻伐夜郎軍至且蘭椓船於岸

而步戰既滅夜郎以且蘭有椓船牂柯處乃改其名為牂柯廣數里出番禺城下蒙歸至長安問蜀賈人賈人曰獨蜀出枸醬多持竊出市夜郎夜郎者臨牂牁江江廣百餘步足以行船南越以財物役屬夜郎西至同師然亦不能臣使也蒙乃上書說上曰南越王黃屋左纛地東西萬餘里名為外臣實一州主也今以長沙豫章往水道多絕難行竊聞夜郎所有精兵可得十餘萬浮船牂牁江出其不意此制越一奇也誠以漢之彊巴蜀之饒通夜郎道為置吏易甚上許之乃拜蒙為郎中將將千人食重

萬餘人索隱曰案食糧及輜重車也音持用反從巴蜀筰關入遂見夜郎侯多同蒙厚賜喻以威德約為置吏使其子為令夜郎旁小邑皆貪漢繒帛以為漢道險終不能有也乃且聽蒙約還報乃以為犍為郡發巴蜀卒治道自僰道指牂牁江索隱曰崔浩云牂柯繫船杙以為地名道猶從也地理志夜郎又有豚水東至南海四會入海此牂牁江也蜀人司馬相如亦言西夷卭筰可置郡使相如以郎中將往喻皆如南夷為置一都尉十餘縣屬蜀當是時巴蜀四郡徐廣曰漢中巴郡廣漢蜀郡通西南夷道戍轉相饟數歲道不通士罷餓離濕死者甚衆西南夷又數

反發兵興擊耗費無功上患之使公孫弘往視問焉還對言其不便及弘爲御史大夫是時方築朔方以據河逐胡弘因數言西南夷害可且罷專力事匈奴上罷西夷獨置南夷夜郎兩縣一都尉（徐廣曰元光六年南夷始置郵亭）稍令犍爲自葆就（正義曰令犍爲自葆守而漸修成其郡縣也）及元狩元年博望侯張騫使大夏來言居大夏時見蜀布邛竹杖（韋昭曰邛縣之竹屬蜀瓚曰邛山名此竹節高實中可作杖）使問所從來曰從東南身毒國（徐廣曰字或作竺漢書直云身毒史記一本作乾毒駰案漢書音義曰一名天竺則浮屠胡是也○索隱曰身音捐毒音篤小顏亦曰捐篤也）可數千里得蜀賈人市或聞邛西可二千里有

身毒國騫因盛言大夏在漢西南慕中國患匈奴隔其道誠通蜀身毒國道便近有利無害於是天子乃令王然于柏始昌呂越人等使間出西夷西指求身毒國至滇滇王嘗羌（徐廣曰嘗一作賞）乃留爲求道西十餘輩歲餘皆閉昆明（如淳曰爲昆明所閉道○正義曰昆明在今巂州南昆縣是也）莫能通身毒國滇王與漢使者言曰漢孰與我大及夜郎侯亦然以道不通故各自以爲一州主不知漢廣大使者還因盛言滇大國足事親附天子注意焉及至南越反上使馳義侯因犍爲發南夷兵且蘭君恐遠行旁

國虜其老弱（索隱曰且音子餘反小國名也後爲縣屬牂牁）乃與其衆反殺使者及犍爲太守漢乃發巴蜀罪人嘗擊南越者八校尉擊破之會越已破漢八校尉不下即引兵還行誅頭蘭（索隱曰即且蘭也）頭蘭常隔滇道者也已平頭蘭遂平南夷爲牂牁郡夜郎侯始倚南越南越已滅會還誅反者夜郎遂入朝上以爲夜郎王南越破後及漢誅且蘭邛君并殺筰侯冉駹皆振恐請臣置吏乃以邛都爲越巂郡筰都爲沈犂郡冉駹爲汶山郡（應劭曰今蜀郡岷江）廣漢西白馬爲武都郡上使王然于以越破及誅南夷

兵威風喻滇王入朝滇王者其衆數萬人其旁東北有勞浸靡莫皆同姓相扶未肯聽勞浸靡莫數侵犯使者吏卒元封二年天子發巴蜀兵擊滅勞浸靡莫（索隱曰二國與滇王同姓）以兵臨滇滇王始首善以故弗誅滇王離難西南夷舉國降請置吏入朝於是以爲益州郡賜滇王王印復長其民西南夷君長以百數獨夜郎滇受王印滇小邑最寵焉

太史公曰楚之先豈有天祿哉在周爲文王師封楚及周之衰地稱五千里秦滅諸侯唯楚苗

秦尚有滇王漢誅西南夷國多滅矣唯滇復爲寵王然南夷之端見枸醬番禺大夏杖邛竹西夷後揃剽分二方［史記音義曰音翦○索隱曰揃謂被分割也剽音疋妙反言西夷後被揃割遂剽居西南二方各屬郡縣剽亦分義也］卒爲七郡［徐廣曰犍爲牂牁越巂益州武都沈犂汶山地也］

索隱述贊曰西南外徼　莊蹻首通　漢因大夏
乃命唐蒙　勞浸靡莫　異俗殊風
夜郎最大　邛筰稱雄　及置郡縣
萬代推功

西南夷列傳第五十六　史記一百一十六

司馬相如列傳第五十七　史記一百一十七

［索隱曰右不宜在西南夷之下］

司馬相如者蜀郡成都人也字長卿少時好讀書學擊劍［索隱曰呂氏春秋劍伎云持短入長倏忽縱橫之術也魏文典論云餘好擊劍以短乘長是也］故其親名之曰犬子［索隱曰孟康云愛而字之也］相如既學［索隱曰案秦宓云文翁遣相如受七經］慕藺相如之爲人更名相如以貲爲郎事孝景帝爲武騎常侍［索隱曰張揖曰秩六百石常侍從格猛獸］非其好也會景帝不好辭賦是時梁孝王來朝從游說之士齊人鄒陽淮陰枚乘吳莊忌夫子之徒［徐廣曰名忌字夫子○索隱曰案鄒陽傳云枚先生嚴夫子則此夫子是美稱時人以爲號爾而徐廣云字爲非漢書作嚴忌者案忌本姓莊避明帝諱改姓嚴也］相如見而說之因病免客游梁梁孝王令與諸生同舍相如得與諸生游士居數歲乃著子虛之賦會梁孝王卒相如歸而家貧無以自業素與臨邛令王吉相善吉曰長卿久宦遊不遂而來過我於是相如往舍都亭［索隱曰案臨邛郭下之亭也］臨邛令繆爲恭敬日往朝相如相如初尚見之後稱病使從者謝吉吉愈益謹肅臨邛中多富人而卓王孫家僮八百人程鄭亦數百人二人乃相謂曰令有貴客爲具召之并召令令既至卓氏客以百數至日中謁司

馬長卿長卿謝病不能往臨卭令不敢嘗食自往迎相如相如不得已彊往一坐盡傾酒酣臨卭令前奏琴曰竊聞長卿好之願以自娛相如辭謝爲鼓一再行索隱曰案古樂府長歌行短歌行皆曲引也此言鼓一再行謂一兩曲是時卓王孫有女文君新寡好音故相如繆與令相重而以琴心挑之郭璞曰以琴中音挑動之。索隱曰張揖云挑嬈也以琴中嬈之挑音徒了反嬈音如了反其詩曰鳳兮鳳兮歸故鄉遊遨四海求其皇有一豔女在此堂室邇人遐毒我腸何由交接爲鴛鴦也又曰鳳兮鳳兮從皇栖得托子尾永爲妃交情通體必和諧中夜相從別有誰相如之臨卭從車騎雍容閒雅甚都韋昭曰閒讀曰閑甚得都邑之容也郭璞曰都猶姣也詩曰恂美且都及飲卓氏弄琴文君竊從戶窺之心悅而好之恐不得當也既罷相如乃使人重賜文君侍者通殷勤文君夜亡奔相如索隱曰郭璞云婚不以禮爲節也相如乃與馳歸家居徒四壁立郭璞曰言貧窮也。索隱曰案孔文祥云徒空也家空無資儲但有四壁而已言就此中以安立也卓王孫大怒曰女至不材我不忍殺不分一錢也人或謂王孫王孫終不聽文君久之不樂曰長卿第俱如臨卭索隱曰文穎云第且也郭璞云第發語之急耳如往也從昆弟假貸猶足爲生何至自苦如此相如與俱之臨卭盡賣其車騎買一酒舍酤酒而令文君當鑪韋昭曰鑪酒肆也以土爲墮邊高似鑪相如身自著犢鼻褌韋昭曰今三尺作布形如犢鼻矣稱此者言其無恥也今銅

卭言犢紐此其類矣與保庸雜作方言曰保庸謂之南方奴婢賤稱也滌器於市中韋昭曰瓦器也毋食必滌帗者卓王孫聞而恥之爲杜門不出昆弟諸公郭璞曰諸公父行也更謂王孫曰有一男兩女所不足者非財也今文君已失身於司馬長卿長卿故倦游郭璞曰厭游宦也雖貧其人材足依也且又令客獨奈何相辱如此卓王孫不得已分予文君僮百人錢百萬及其嫁時衣被財物文君乃與相如歸成都買田宅爲富人居久之蜀人楊得意爲狗監侍上郭璞曰主獵犬也上讀子虛賦而善之曰朕獨不得與此人同時哉得意曰臣邑人司馬相如自言爲此賦上驚乃召問相如相如曰有是然此乃諸侯之事未足觀也請爲天子游獵賦賦成奏之上許令尚書給筆札相如以子虛虛言也爲楚稱郭璞曰稱說楚之美烏有先生者徐廣曰烏一作惡烏有此事也爲齊難郭璞曰詰難楚事也無是公者無是人也明天子之義郭璞曰以爲折中之談也故空藉此三人爲辭索隱曰藉音假借與積同音以推天子諸侯之苑囿其卒章歸之於節儉因以風諫奏之天子天子大說其辭曰楚使子虛使於齊齊王悉發境內之士備車騎之衆與使者出田田罷子虛過詫烏

有先生郭璞曰詫誇也音託夏反。索隱曰過音戈詫音勑亞反。而無是公在焉

坐定烏有先生問曰今日田樂乎子虛曰樂獲

多乎曰少然則何樂曰僕樂齊王之欲夸僕以

車騎之衆而僕對以雲夢之事也曰可得聞乎

子虛曰可王駕車千乘選徒萬騎田於海濱列

卒滿澤罘罔彌山郭璞曰罘罝也音浮。正義曰說文云罘兔罟也今幡車罟也弥竟也揜兔轔鹿射麋腳麟徐廣曰轔音吝駰案郭璞曰腳掎足轔車轢。索隱曰韋昭云腳謂持一腳也司馬彪曰腳掎也說文云掎偏引一腳也騖於鹽浦割鮮染輪郭璞曰鹽浦海邊地多鹽鹵鮮生肉也染擩也音而泓反又音而沇反擩之於輪鹽而食之騖馳也音務。索隱曰染或為淬與下文脟割輪淬意同也射中獲多矜而自功顧謂僕曰楚亦有

平原廣澤游獵之地饒樂若此者乎楚王之獵

何與寡人郭璞曰與猶如也僕下車對曰臣楚國之鄙人

也幸得宿衛十有餘年時從出游游於後園覽

於有無然猶未能徧覩也又惡足以言其外澤

者乎齊王曰雖然略以子之所聞見而言之僕

對曰唯唯臣聞楚有七澤嘗見其一未覩其餘

也臣之所見蓋特其小小者耳索隱曰郭璞曰特獨也名

曰雲夢索隱曰褚詮音亡棟反又音莫風反裴駰云孫叔敖激沮水作此澤張揖云楚藪也在南郡華容縣郭璞曰江夏安陸有雲夢城南郡枝江亦有雲夢城華容縣又有巴丘湖俗云即古雲夢澤也則張揖云在華容者指此湖也今案安陸東見有雲夢城雲夢縣而枝江亦有者蓋縣名遠取此澤故有城也雲夢者方九

百里其中有山焉其山則盤紆岪鬱隆崇嵂崒

岑崟參差日月蔽虧漢書音義曰高山壅蔽日月虧缺半見。索隱曰案漢書注此卷多不題注者姓名解者云是張揖亦兼有餘人也交錯糾紛上干青雲罷池

陂陁下屬江河其土則丹青赭堊。徐廣曰一作瑕索隱曰張揖云赭赤土出少室山堊白堊本草云一名白墡也雌黃白坿徐廣曰音符駰案漢書音義曰白坿白石英也。索隱曰白坿出魯陽山蘇林音附。正義曰藥對曰雌黃出武都山谷與雄黃同山錫碧金

銀正義曰顏云錫青金也碧謂玉之青白色者也衆色炫燿照爛龍鱗郭璞曰如龍之鱗采其石則赤玉玫瑰郭璞曰赤瑾也見楚辭玫瑰石珠也琳瑉琨

珸漢書音義曰琳球也瑉石次玉者琨珸山名也出善金尸子曰昆吾之金者。索隱曰司馬彪曰琨珸石之次玉也河圖云流州多積石名琨珸石鍊之成鐵以作劍光明如水精案字或作昆吾也瑊玏玄厲徐廣

曰瑊音古咸反玏音勒皆次玉者駰案漢書音義曰玄厲黑石可用磨者碝石武夫徐廣曰石似玉駰案漢書音義曰碝石出鴈門武夫出長沙也其東則有蕙圃衡蘭芷若射

干穹窮昌蒲漢書音義曰衡杜衡也其狀若葵其臭如蘪蕪芷白芷若杜若。索隱曰司馬彪云蕙香草也本草云薰草一名蕙廣志云蕙草綠葉紫莖魏武帝以此燒香今東下田有草莖葉似麻其華正紫也張揖云衡杜衡東下田有草生天帝之山案山海經云葉如葵臭如蘪蕪可以走馬博物志云一名土杏味亂細辛葉似葵故蘪對亦以為似細辛也蘭秋蘭本草云芷一名茝埤蒼云齊茝一曰芎字林曰茝音昌亥反又音昌里反芎音火高反本草又曰杜若一名杜衡今杜若葉似薑而有文理莖葉皆有長毛古今名號不同故其所呼別也廣雅云烏萐射干本草名烏扇也司馬彪云芎藭似藁本郭璞云今歷陽呼為江離淮南子云夫亂人者若芎藭之與藁本也江離蘪

蕪諸蔗猼且徐廣曰猼音匹沃反駰案漢書音義曰江離香草蘪蕪蘄芷也似蛇床而香諸蔗甘柘也猼且蘘荷也。索隱曰吳錄曰臨海縣開水中生江離正青似亂髮即離騷所云者是也廣志云赤葉紅華則與張

勃所説又別案今芎藭苗曰江離綠葉白華又不同樊光曰藁本一名蘪蕪根名蘄芷藥對以爲蘪蕪一名江離芎藭苗也則芎藭藁本江離蘪蕪並相似備是一物也傳音普各反且音子餘反漢書作巴且文穎云巴蕉也郭璞以爲蘘荷屬未知孰是**其南則有平原廣澤登降陁靡**音移**案衍壇曼**索隱曰司馬彪云案衍庳下壇曼平博也衍音弋善反壇音徒旦反**緣以大江限以巫山**郭璞曰巫山今在建平巫縣也**其高燥則生葴菥苞荔**徐廣曰葴音針馬藍也菥或曰草生水中華可食荔音力詣反草似蒲騶案漢書音義曰苞藨也○索隱曰菥音斯郭璞云葴酸醬江東名烏葴菥漢書作斯孟康云斯禾似燕麥廣志云凉州地生析草皆中國苗燕麥是也**薛莎青薠**徐廣曰薛音先結反騶案漢書音義曰薛賴蒿也莎鎬侯也青薠似莎而大也音煩**其卑溼則生藏莨蒹葭東蘠雕胡**徐廣曰烏柏國有蘠似蓬草實如葵子十月熟騶案漢書音義曰藏似薍而葉大莨莨尾草也蒹蒹也葭蘆也○索隱曰卑音婢卑下也郭璞云莨尾似茅蒹葭音兼加孟康云蒹

葭似蘆也郭璞云蒹藏也似雚而細小江東人呼爲蒹蒿又云葭蘆也似葦而細小江東人呼爲烏燕薍音五患反蔽音敵廣志云東蘠子色青黑河西記云貸我東蘠償我白粱也雕胡謂菰米**蓮藕菰蘆**徐廣曰生水中○索隱曰郭璞云菰蔣也蘆葦也**菴閭軒芋**漢書音義曰奄閭蒿也軒芋蕕草也○索隱曰郭璞云菴閭子可療病也軒芋生水中今楊州有也**衆物居之不可勝圖**郭璞曰圖畫也**其西則有湧泉清池激水推移外發芙蓉菱華內隱鉅石白沙其中則有神龜蛟鼉**正義曰郭注山海經云蛟似蛇而四腳小細頭有白癭大者數十圍卵生子如一二斛瓮吞人鼉似蜥蜴而大身有甲皮可以冒鼓**瑇瑁**正義曰似蕭鷸甲有文出南海可以飾器物也**鼊黿其北則有陰林巨樹**郭璞曰林在山北陰地**楩枏豫章**郭璞曰楩杞也似梓枏葉似桑豫章大木也生七年乃可知也○正義曰按温活人云豫今之枕木也章今之樟木也二木生至七年枕樟乃可分別**桂椒**正義曰郭云桂似枇杷葉

而大白花花而不著子藂生巖嶺間無雜木冬夏常青按今諸寺有桂樹葉若枇杷而小光静冬夏常青其皮不中食蓋二色桂樹**木蘭**正義曰廣雅云似桂皮辛可食葉冬夏常似冬其實如小甘辛美南人以爲梅也**蘗離朱楊**徐廣曰蘗音扶戾反騶案郭璞曰木蘭樹皮辛香可食漢書音義曰離山梨朱楊赤楊也○索隱曰郭璞云朱楊赤莖柳生水邊爾雅云檉河柳是也**樝梨楟栗橘柚芬芳**徐廣曰楟音郢騶案漢書音義曰楟楟棗也○正義曰小曰橘大曰柚樹有刺冬不凋葉青花白子黃赤二樹相似非橙也**其上則有赤猨蠷蝚**徐廣曰音劬柔○正義曰蠷蝚似猨皆猿猴類**鵷鶵孔鸞騰遠射干**郭璞曰鵷鶵鳳屬也孔孔雀鸞鸞鳥也漢書音義曰騰遠鳥名射干似狐能緣木○索隱曰孟康云騰遠鳥名非也司馬彪云騰遠蛇也郭璞云騰蛇龍屬能興雲霧**其下則有白虎玄豹蟃蜒貙豻**郭璞曰蟃蜒大獸長百尋貙似貍而大漢書音義曰豻胡地野犬似狐而小也○索隱曰應劭云豻音顔韋昭一音岸鄒誕生音苦姦反協音是**兕象野犀**正義曰兕狀如水牛象大

獸長鼻牙長一丈俗呼爲江猨犀頭似猨一角在額漢書無此一句**窮奇獌蜒於是乃使專諸之倫手格此獸楚王乃駕馴駮之駟**漢書音義曰馴擾也駮如馬白身黑尾一角鋸牙食虎而駕之以當駟馬也**乘雕玉之輿靡魚須之橈旃**郭璞曰以海魚須爲旒旌言橈弱也通帛爲旃也**曳明月之珠旗**漢書音義曰以明月珠綴飾旗**建干將之雄戟**漢書音義曰干將韓王劍師雄戟胡中有鮔干將所造也○索隱曰應劭曰干將吳善冶者姓如淳曰干將鐵所出晉灼曰閭閻鑄干將劍應劭説是方言云戟中小子刺者所謂雄戟也周處風土記云戟爲五兵雄也鮔音巨案周禮冶氏爲戈胡三之注云胡其孑也又周禮圖謂戟反曲下爲胡也**左烏嗥之雕弓**索隱曰張揖云黃帝乘龍上仙小臣不得上挽持龍髯髯拔墮黃帝弓羣臣抱弓而號故名烏號見封禪書及郊祀志文又韓詩外傳云弓工之妻曰此弓是太山南烏號之柘案淮南子云烏號柘桑其材堅勁烏棲其上將飛枝勁復起摽呼其上伐取其材爲弓因曰烏號古史考風俗通皆同此説也**右**

夏服之勁箭徐廣曰韋昭云夏夏羿也矢室名曰服呂靜曰步叉謂之服也○索隱曰案夏羿善
射者又服箭之室故云夏服又夏后氏有良弓名繁弱其矢亦良即繁弱箭服也陽子驂乘纖
阿爲御漢書音義曰陽子僊人陽陵子纖阿月御也韋昭曰陽子古賢也○索隱曰張揖云陽子伯樂也孫
陽字伯樂秦繆公臣善御者也或曰纖阿美女姣好貌又樂彥曰纖阿山名有女子處其巖月歷數度躍入月中因爲月
御也郭璞云纖阿古之善御者案節未舒索隱曰郭璞曰言頓轡也司馬彪云案轡而行得節故曰
案節馬足未展故曰未舒亦爲得也即陵狡獸轔邛邛蹷距虛郭璞曰邛邛似馬而
而青距虛即邛邛變文互言之穆天子傳曰邛邛距虛日走五百里也軼野馬而轊騊駼徐廣曰轊
音銳駰案郭璞曰野馬如馬而小騊駼似馬轊車軸頭○索隱曰轊音衛謂軸頭轊而殺之騊音陶駼音塗乘遺風
而射游騏漢書音義曰遺風千里馬爾雅曰巂如馬一角不角者騏也○索隱曰呂氏春秋云遺風之乘古今
注曰秦始皇馬名韋昭曰騏如馬無角非麒麟之騏巂音攜儵眒淒浰徐廣曰淒音七見反浰音

史記列傳五十七　八

力詣反駰案漢書音義曰皆疾貌靁動熛至星流霆擊弓不虛發
中必決眥韋昭曰在目所指中必決於眼眥也洞胷達腋絕乎心繫獲
若雨獸揜草蔽地於是楚王乃弭節裴回郭璞曰或
云節今之所杖信節也○索隱曰司馬彪云弭猶伭也翶翔容與索隱曰郭璞曰言自得覽
乎陰林觀壯士之暴怒與猛獸之恐懼徼谻受
詘徐廣曰谻音劇駰案郭璞曰谻疲極也詘盡也言獸有倦游者則徼而取之○索隱曰司馬彪云徼遮也谻倦也謂
遮其倦者谻音劇詘音屈說文云谻勞也燕人謂勞爲谻徼音古堯反殫睹衆物之變態
於是鄭女曼姬郭璞曰曼姬謂鄭曼姬婦人之摠稱○正義曰文穎云鄭國出好女曼者其色
理曼澤也如淳云鄭女夏姬也曼姬楚武王夫人鄧被阿錫漢書音義曰阿細繒也錫布也○正義曰按東
阿出繒也揄紵縞徐廣曰揄音臾○正義曰揄曳也韋云紵之色若縞也顏云紵織紵也縞鮮支也雜

司馬相如

纖羅垂霧縠郭璞曰言細如霧垂以覆頭襞積褰縐紆徐委曲
鬱橈谿谷漢書音義曰襞積簡齰也褰縮也縐裁也其縐中文理茀鬱迴曲有似於谿谷也○索隱曰小
顏云此說非也襞積今之帬攝古謂之皮弁素積是也蘇林曰褰縐縮蹙之也縐音側救反齰音助華反裁音在代反曲
字林音丘欲反衯衯裶裶索隱曰郭璞曰衣長貌○正義曰上芳云反下方非反揚衪卹
削徐廣曰衪音迤衣袖也駰案漢書音義曰卹削裁制貌也○索隱曰張揖云揚舉也卹削刻除貌也蜚纖
垂髾徐廣曰纖音芟駰案郭璞曰纖袿衣飾髾髾髾也扶輿猗靡郭璞曰淮南所謂曾
折摩地扶輿猗委也○正義曰輿音餘猗於綺反謂鄭女曼姬侍從王者扶其車輿而猗靡翕呷萃蔡
漢書音義曰翕呷衣裳張起也萃蔡衣聲也○索隱曰韋昭云呷音呼甲反郭璞云萃蔡猶璀璨也○正義曰呷火甲反
萃音翠蔡千賄反下摩蘭蕙上拂羽蓋錯翡翠之威蕤徐廣
曰錯音措或作錯紛翠蕤繆繞玉綏郭璞曰綏所執以登車○正義曰顏云下靡蘭蕙謂垂髾也上拂羽

史記列傳五十七　九

蓋謂飛纖也綏以玉飾綏也言飛纖垂髾錯雜翡翠之旌幡或繞玉綏也張揖云翡翠大小一如雀雄赤曰翡雌青曰
翠博物志云翡身通黑唯胷前背上翼後有赤毛翠身通青黃唯六翮上毛長寸餘青其飛則羽鳴翠翡翡然因以爲
名也繚乎忽忽若神仙之仿佛正義曰佛言似神仙也戰國策云鄭之美女粉
白黛黑而立於衢不知者謂之神仙於是乃相與獠於蕙圃郭璞曰獠獵也音遼
○索隱曰爾雅云宵獵曰獠媻姍勃窣上金隄索隱曰媻姍匍匐上下也窣音素忽反
揜翡翠射鵕鸃漢書音義曰鵕鸃鳥似鳳也○索隱曰司馬彪曰鵕鸃山雞也許慎云鷩鳥也
郭璞曰似鳳有光彩音浚宜李彤云鵕鸃神鳥飛光竟天也微矰出纖繳施徐廣曰繳音斫
弋白鵠連駕鵝郭璞曰野鵞也駕音加○索隱曰爾雅云鴚鵝鵞也○正義曰鵠水鳥也駕鵞
連謂兼獲也抱朴子云千歲之鵠純白能登於木雙鶬下玄鶴加郭璞曰詩云弋言加之是
也○正義曰司馬彪云鶬似鴈而黑亦呼爲鶬括韓詩外傳云胎生也相鶴經云鶴壽二百六十歲則色純黑按弋雙鶴

司馬相如

司馬相如

既下又加玄鳥之上也怠而後發游於清池浮文鷁漢書音義曰鷁水鳥也畫其象於船首淮南子曰龍舟鷁首天子之乘也揚桂枻徐廣曰音曳駰案韋昭曰枻檝也張翠帷建羽蓋罔瑇瑁釣紫貝郭璞曰紫質黑文也○正義曰毛詩蟲魚疏云貝水之介蟲大者蚢音下郎反小者為貝其白質如玉紫點為文皆成行列當大者徑一尺小者七八寸今九眞交趾以為杯盤寶物也貨殖傳云貝寶龜是摐金鼓吹鳴籟漢書音義曰摐撞也籟簫也榜人歌郭璞曰唱櫂歌也榜船也音謗聲流喝徐廣曰烏邁反水蟲駭波鴻沸涌泉起奔揚會礧石相擊硠硠礚礚若雷霆之聲聞乎數百里之外將息獠者擊靈鼓郭璞曰靈鼓六面也起烽燧車案行騎就隊纚乎淫淫班乎裔裔郭璞曰皆羣行貌也於是楚王乃登陽雲之臺徐廣曰宋玉云楚王游於陽雲之臺駰案郭璞曰在雲夢之中泊乎無為澹乎自持勺藥之和具而後御之郭璞曰勺藥五味也不若大王終日馳騁而不下輿脟割輪淬自以為娛徐廣曰淬千內反駰案郭璞曰脟膞淬染也脟音臠也臣竊觀之齊殆不如於是王默然無以應僕也烏有先生曰是何言之過也足下不遠千里來况齊國郭璞曰言有惠况也王悉發境內之士而備車騎之衆以出田乃欲戮力致獲以娛左右也何名為夸哉問楚地之有無者願聞大國之風烈先生之餘論也今足下不稱楚王之德厚而盛推雲夢以為高奢言淫樂而顯侈靡竊為足下不

史記列傳五十七　十

司馬相如

取也必若所言固非楚國之美也有而言之是章君之惡無而言之是害足下之信章君之惡而傷私義二者無一可而先生行之必且輕於齊而累於楚矣且齊東有巨海索隱曰有作陼蘇林云陼音諸小洲曰陼謂東有大海之諸也南有琅邪郭璞曰山名在琅邪縣界○正義曰山名在密州東南百三十里琅耶臺在山上觀乎成山徐廣曰在東萊不夜縣○索隱曰張揖云觀闕也於山上築宮闕郭璞言在小遊觀音一奐反○正義曰封禪書云成山斗入海言上山觀也括地志云成山在萊州文登縣東北百八十里也射乎之罘漢書音義曰之罘山在牟平縣射獵其上也○正義曰括地志云罘不山在萊州文登縣西北百九十里言射獵其上也罘音浮浮勃澥漢書音義曰海別枝名也○索隱曰案齊都賦云海傍曰勃斷水曰澥也游孟諸郭璞曰宋之藪澤名○正義曰周禮職方氏青州藪曰望諸鄭玄云望諸孟豬也邪與肅愼為鄰正義曰邪謂東北接之括地志云靺鞨國古肅愼也亦曰挹婁在京東北八千四百里南去扶餘千五百里東及北各抵大海也右以湯谷為界正義曰言右者北向天子也海外經云湯谷在黑齒北上有扶桑木水中十日所落張揖云日所出也許愼云熱如湯秋田乎青丘彷徨乎海外正義曰服虔云青丘國東海東三百里郭云青丘山名上有田亦有國出九尾狐在海外吞若雲夢者八九其於胸中曾不蔕芥索隱曰張揖云蔕芥刺鯁也郭璞云言不覺有也若乃俶儻瑰偉異方殊類珍怪鳥獸萬端鱗萃充仞其中者不可勝記禹不能名契不能計正義曰禹為堯司空辨九州土地山川草木禽獸契為司徒敷五教主四方會計言二人猶不能名計其數然在諸侯之位不敢言游戲之樂苑囿之大先生又見客索隱曰先生指子虛也如淳曰見賓客禮待故也李善曰言見先生是賓客之也是以

史記列傳五十七　十一

王辭而不能復（索隱曰郭璞曰復荅也）何爲無用應哉無是公听然而笑（郭璞曰听笑貌也○索隱曰听音斷又音牛隱反）曰楚則失矣齊亦未爲得也夫使諸侯納貢者非爲財幣所以述職也（郭璞曰諸侯朝於天子曰述職言述所職見孟子）封疆畫界者非爲守禦所以禁淫也（郭璞曰禁絕淫放也）今齊列爲東藩而外私肅慎捐國踰限越海而田其於義故未可也且二君之論不務明君臣之義而正諸侯之禮徒事爭游獵之樂苑囿之大欲以奢侈相勝荒淫相越此不可以揚名發譽而適足以貶君自損也且夫齊楚之事又焉足道邪君未睹

夫巨麗也獨不聞天子之上林乎左蒼梧右西極（郭璞曰西極國也○正義曰文穎云蒼梧郡屬交州在長安東南故言左爾雅云西至於豳國爲極在長安西故言右）丹水更其南（漢書音義曰丹水出上洛冢領山）紫淵徑其北（郭璞曰紫淵所未詳○正義曰山海經云紫淵水出根耆之山西流注河文穎云西河穀羅縣有紫澤其水紫色在縣北於長安爲北）終始霸滻出入涇渭（索隱曰張揖曰霸出藍田西北而入渭滻亦出藍田谷北至霸陵入霸霸滻二水盡於苑中不出故云終始也涇渭二水從苑外來又出苑去也涇水出安定涇陽縣开頭山東至陽陵入渭渭水出隴西首陽縣鳥鼠山東北至華陰入河）酆鄗潦潏（郭璞曰皆水流貌音決○索隱曰張揖曰酆水出鄠縣南山豐谷北入涇渭鎬水在昆明池北郭璞云鎬水豐水下流也應劭云潦流也潏涌出聲也案張揖云潏水出南山姚氏云潦或作澇澇水出鄠縣北注渭潏水出杜陵今名沈水自南山皇子陂西北流注昆明池入渭案此下文八川分流則從涇渭霸滻豐鎬潦潏爲八晉灼則云計從丹水以下至潏除亰亰爲行潦九九從霸滻以下爲數九七案今潏既是水名除丹水紫淵自霸以下通數適足八川是經營乎其內也又潘岳關中記曰涇渭霸滻豐鎬澇潏上林賦所謂八川分流也）紆餘委蛇經營乎其內蕩蕩兮八川分流相背而異態（郭璞曰八川名在上）東西南北馳騖往來出乎椒丘之闕行乎洲淤之浦（郭璞曰椒丘丘名言有巖闕也見楚辭淤亦洲名蜀人云見方言○索隱曰服虔云丘名也案兩山俱起象雙闕故云椒丘之闕楚詞曰馳椒丘且焉止息是也如淳云丘多椒也）徑乎桂林之中（郭璞曰桂林林名也見南海經）過乎泱莽之野（漢書音義曰山海經所謂大荒之野）汩乎渾流順阿而下（郭璞曰阿大陵）赴隘陝之口觸穹石激堆埼（郭璞曰穹隆大石貌堆沙堆埼曲岸頭音祈）沸乎暴怒洶涌滂濞（洶音許勇反涌音勇滂音浦橫反濞音浦拜反○索隱曰司馬彪曰洶湧跳起貌滂濞波相捩也湧或作容澎或作滂）滭浡

滵汩（索隱曰司馬彪云滭沸盛貌滵汩去疾也○正義曰畢勃密三音汩于筆反）湢測泌瀄（郭璞曰湢側筆櫛四音○索隱曰司馬彪曰湢測相迫也泌瀄相楔也）橫流逆折轉騰潎洌（索隱曰蘇林曰流輕疾也）澎濞沆瀣（索隱曰瀣亦作溉司馬彪云滂濞水聲沆溉徐流也郭璞云鼓怒鬱䰵之貌也○正義曰澎普彭反濞普秘反沆胡朗反溉胡代反）穹隆雲橈（索隱曰服虔云水急旋回如雲屈曲也郭璞云水瀧起回窊也）蜿灗膠戾（索隱曰司馬彪云蜿灗展轉也膠戾邪曲也音宛善交戾四音○正義曰蜿音婉灗音善）踰波趨浥（徐廣曰烏狹反○索隱曰司馬彪云踰波後陵前也趨浥輸於深泉也）莅莅下瀨（索隱曰司馬彪云莅莅聲也音利）批巖衝擁（正義曰批白結反巖巖司馬彪云批反擊也擁曲隈也）奔揚滯沛（索隱曰郭璞云滯沛水灑散貌滯音丑制反）臨坻注壑（正義曰坻音遲坻水中沙起出水者也爾雅云水阯曰坻壑谿也）瀺灂霣墜（索隱曰瀺音士湛反灂音士卓反說文云水之小聲也○正義曰霣

司馬相如

音隤隧直類反湛湛徐廣曰湛音沈隱隱砰磅訇礚正義曰砰拔萌反磅蒲黃反訇呼宏反礚苦蓋反皆水流鼓怒之聲也潏潏淈淈湁潗鼎沸郭璞曰湁音敕立反潗音緝○索隱曰郭璞云皆水微轉細湧貌潏淈音決骨廣雅云淈淈決流也周成雜字云湁潗水沸之貌也馳波跳沫徐廣曰一云吸呷汩急漂疾索隱曰音勿云急音華給反郭璞云許立反汩急悤轉貌也悠遠長懷正義曰放散貌也寂漻無聲肆乎永歸然後灝溔潢漾正義曰晃養二音郭云皆水無涯際也安翔徐徊翯乎滈滈索隱曰翯音鶴滈音縞詩曰白鳥翯翯郭璞云水白光貌翯音鵠滈音昊也東注大湖正義曰太湖在蘇州西南衍溢陂池於是乎蛟龍赤螭正義曰螭丑知反文穎云龍子爲螭張揖曰雌龍也一說皆非廣雅云有角曰虯无角曰螭按此皆龍類而非龍䱭䲛螹離徐廣曰螹音漸騶案郭璞曰䱭䲛鮪也音亘瞢螹離未聞○正義曰䱭古鄧反䲛末鄧反李奇云周

洛曰鮪蜀曰䱭䲛出鞏山穴中三月溯河上能度龍門之限則爲龍矣鰅鰫鰬魠徐廣曰鰅音娛皮有文出樂浪鰬音虔魠音託哆口魚騶案郭璞曰鰬似鱓而黑漢書音義曰鰬似鯉而大也禺禺鱋魶徐廣曰禺禺魚牛也鱋一作魼音榻魶音納一作鰨騶案漢書音義曰魼比目魚也魶鯢魚揵鰭擢尾振鱗奮翼潛處于深巖魚鼈讙聲萬物衆夥明月珠子玓瓅江靡郭璞曰靡崖也○索隱曰應劭云明月珠子生於江中其光燿乃照於江邊也○正義曰揵音乾鰭音祁揵舉也鰭者魚背上鬛也蜀石黃碝郭璞曰碝石黃色也水玉磊砢郭璞曰水玉水精也磷磷爛爛采色澔汗叢積乎其中鴻鷫鵠鴇鴐鵝鸀鳿郭璞曰鷫鷞鸀鳿似鴨而大長頸赤目紫紺色也○索隱曰鴇音保郭璞云鴇似鴈而无後指毛詩鳥獸疏云鴇似鴈而虎文也○正義曰鸀鳿二音郭云似鴨而大長頸赤目紫紺色辟水毒生子在深谷澗中若時有雨鸀鳿者生子善鬭江東呼爲鸀玉鵁鶄鹮目徐廣曰鹮音環索隱曰郭

璞云鹮目未詳小顏云荆郢間有水鳥大如鷺而短尾色紅白深目目旁毛皆長而旋此其是乎鹮音旋漢書亦作旋目○正義曰郭云交青似鳧而腳高有毛冠辟火災煩鶩鷛渠徐廣曰煩鶩一作番鶩鷛音容騶案漢書音義曰煩鶩鳧也鷛渠似鶩灰色而雞足○索隱曰郭璞云煩鶩鴨屬鷛渠一名章渠也鱵鴜鵁鸕徐廣曰鱵音斟水鳥也鴜音斯鵁音火交反騶案漢書音義曰鱵鴜蒼黑色郭璞曰鵁魚鵁也腳近尾鸕鷀也○索隱曰張揖曰鱵鴜似魚虎而蒼黑鄒誕本作鵝鴜也羣浮乎其上汎淫泛濫索隱曰郭璞云皆鳥任風波自縱漂貌汎音馮泛音芳劒反廣雅云汎汎氾氾羣浮也隨風澹淡與波搖蕩奄薄草渚正義曰掩覆也薄依也言或依草渚而遊戲也唼喋菁藻郭璞曰菁水草呂氏春秋曰太湖之菁也○索隱曰左傳云蘋蘩蘊藻蘊即聚也○正義曰唼跡甲反喋丈甲反鳥食之聲也咀嚼菱藕於是乎崇山巃嵸崔巍嵳峩正義曰巃力孔反嵸子孔反崔在回反巍五回反郭云皆峻貌深林鉅木嶄巖嵾嵳正義

曰嶄音咸又仕銜反嵾音楚林反嵳楚宜反顏云嶄巖尖鋭貌嵾嵳不齊也九嵕巀嶭南山峩峩漢書音義曰九嵕山在左馮翊谷口縣西巀嶭山在池陽縣北○正義曰嵕子公反巀才切反嶭五結反巖陁音遲甗錡摧崣崛崎郭璞曰陁崖際甗音魚晚反錡音蟻摧音作罪反○索隱曰陁音豸皆隆屈衆折貌崎音倚崛音掘振谿通谷索隱曰張揖云振拔也水注川曰谿注谿曰谷郭璞云振𢘑灑之也蹇產溝瀆漢書音義曰蹇產屈折也谽呀豁閜郭璞曰皆澗谷之形容也谽音呼含反呀音呼加反閜音呼下反○索隱曰司馬彪云谽呀大貌豁閜空虛也阜陵別隝正義曰高平曰陸大陸曰阜大阜曰陵水中山曰隝崴磈嵔瘣正義曰崴於鬼反磈魚鬼反嵔烏罪反瘣胡罪反皆高峻貌丘虛堀礨正義曰虛音墟堀口忽反又口罪反礨力罪反皆堆礱不平貌隱轔鬱𡼖正義曰𡼖音律郭云皆其形勢也登降施靡正義曰郭云施靡猶連延陂池貏豸郭璞曰貏音衣被豸音蟲豸也○索隱曰郭璞云陂池旁頹貌陂音皮貏音被

沇溶淫鬻索隱曰郭璞云游激淖衍貌。正義曰溶音容鬻音育張云水流谿谷之間散渙夷陸索隱曰司馬彪曰夷平也廣平曰陸亭皋千里靡不被築郭璞曰言為亭候於皐隰皆築地令平實山所謂隱以金椎也掩以綠蕙正義曰張云綠王芻也蕙薰草也顏云綠蕙言蕙草色綠耳非王芻也爾雅云菉一名王芻被以江離糅以蘪蕪正義曰糅女又反雜以流夷漢書音義曰流夷新夷也尃結縷徐廣曰尃古布字一作怖駰案漢書音義曰結縷似白茅蔓聯而生布種之者欑戾莎徐廣曰草可染紫揭車衡蘭槀本射干徐廣曰揭音桀駰案郭璞曰揭車一名乞輿槀本槀茇射干十月生皆香草。索隱曰案桐君藥錄槀本苗似芎藭茈薑蘘荷索隱曰張揖云茈薑子薑也案四民月令生薑謂之茈薑音紫。正義曰蘘人羊反柯根旁生筍若芙蓉可以為葅又治蠱毒也葴橙若蓀郭璞曰葴未詳橙柚若蓀香草也。索隱曰姚氏以為此前後皆草非橙柚也漢書作葴持小顏云葴寒漿也持當為符字之誤爾符鬼目也案今讀者

亦呼為登謂䔲草也姚氏云蓀草似昌蒲而無脊也生溪澗中蓀音孫鮮枝黃礫郭璞曰皆未詳。索隱曰張揖云皆草也司馬彪云鮮支即今支子或云鮮支亦香草也小顏云黃礫者黃屑木恐非也蔣芧青薠徐廣曰芧音佇駰案漢書音義曰蔣菰也芧三稜。索隱曰薠音煩布濩閎澤延曼太原麗靡廣衍應風披靡吐芳揚烈郭璞曰香酷烈也郁郁斐斐衆香發越肸蠁布寫晻薆苾勃正義曰晻曖奄愛二音皆芳香之盛也詩云苾苾芬芬氣也於是乎周覽氾觀瞋盼軋沕徐廣曰瞋音丑人反盼一作緡駰案郭璞曰皆不可分貌芒芒恍忽視之無端察之無崖日出東沼入於西陂索隱曰張揖云日朝出苑之東池暮入於苑西陂中也其南則隆冬生長踊水躍波獸則㺎旄貘犛徐廣曰㺎音容獸類也犛音貍一音茅駰案郭璞曰旄旄牛貘似熊庳腳銳頭犛牛黑色出西南徼外也。索

隱曰郭璞云㺎㺎牛領有肉堆即今之犎牛也張揖云旄牛其狀如牛而四節生毛貘白豹也似熊庳脚銳鬐骨無髓食銅鐵音陌犛音貍又音茅或以為貓牛毛可為罽是也沈牛麈麋漢書音義曰沈牛水牛也。正義曰麈似鹿而大按麋似水牛赤首圜題郭璞曰題額也所未詳窮奇象犀漢書音義曰窮奇狀如牛而蝟毛其音如嘷狗食人也。索隱曰郭璞云象大獸長鼻牙長一丈犀頭似豬庳脚一角在頭也其北則盛夏含凍裂地涉冰揭河郭璞曰言水漫凍不解地折裂也揭褰衣獸則麒麟角䚙郭璞曰角䚙音端似豬角在鼻上堪作弓李陵嘗以此弓十張遺蘇武也。索隱曰張揖曰雄曰麒雌曰麟其狀麇身牛尾狼蹄一角郭璞云麒似麟而無角毛詩疏云麟黃色角端有肉京房傳云麟有五綵腹下有黃色也張揖云角端似牛角可以為弓騊駼橐駞蛩蛩驒騱駃騠驢驘正義曰騊駼二音橐音託駞徒河反蛩音其恭反驒騱顛奚二音駃騠決啼於是乎離宮別館彌山跨谷正義曰彌滿也跨猶騎也言宮館滿山又跨谿谷也高

廊四注重坐曲閣郭璞曰重坐重軒也曲閣閣道曲也華榱璧璫索隱曰韋昭曰裁玉為璧以當榱頭司馬彪曰以璧為瓦之當也輦道纚屬步櫩周流長途中宿郭璞曰途樓閣間陛道中宿言長遠也夷嵏築堂累臺增成巖突洞房郭璞曰嵏山名平之以安堂其上成亦重也周禮曰為壇三成在巖穴底為室潛通臺上者。索隱曰服虔曰平嵏山以為堂也張揖云重累而成之故曰增成突音一弔反釋名以為突幽也楚詞云冬有突廈室寒王逸以為複室也俛杳眇而無見仰攀橑而捫天奔星更於閨闥宛虹拖於楯軒徐廣曰楯音食尹反。正義曰拖音徒我反顏云宛虹屈曲之虹拖謂中加於上也楯軒之闌板也言室宇之高故星虹得經加之青虬蚴蟉於東箱正義曰蚴一糺反蟉力糺反象輿婉僤於西清漢書音義曰山出象輿瑞應車也郭璞曰西清西箱清淨地也。正義曰婉蟬宛善二音顏云蚴蟉婉蟬皆行動之貌也靈圉燕於

閒觀 郭璞曰靈圉淳圉仙人名也○索隱曰張揖云靈圉衆仙號淮南子云騎飛龍從淳圉是也 偓佺之倫暴於南榮 漢書音義曰偓佺仙人名也○索隱曰韋昭曰古仙人姓偓列仙傳云槐里採藥父也食松形體生毛數寸方眼能行逮走馬也應劭曰南榮屋檐兩頭如翼也故鄭玄云榮屋翼也七諺云飛榮似鳥舒是也暴偃卧日中也 醴泉涌於清室通川過乎中庭槃石裖崖 徐廣曰裖音昏○索隱曰如淳曰裖音振裖盛多也李奇云裖整也整頻池外之厓音之忍反 嶔巖倚傾嵳峩磼碟 徐廣曰峩一作池磼音雜碟音五合反○索隱曰埤蒼云磼碟高貌也磼音士劫反碟魚揖反又字林音磼才匝反碟五帀反 刻削崢嶸 正義曰郭云言自然若彫刻也 玫瑰碧琳珊瑚叢生 正義曰郭云珊瑚生水底石邊大者樹高三尺餘枝格交錯無有葉 瑉玉旁唐 索隱曰郭璞云旁唐言盤薄 璸斒文鱗 徐廣曰璸音彬斒音班 赤瑕駁犖 索隱曰說文云瑕玉之小赤色張揖曰赤玉也司馬彪云駁犖采點也犖音洛角反 雜臿其

閒 徐廣曰雜一云揷揷一云遝 垂綏琬琰和氏出焉 徐廣曰垂綏一作朝采騆案郭璞曰汲冢竹書曰桀伐岷山得女二人曰琬曰琰桀愛二女斵其名于苕華之玉苕是琬華是琰也 於是乎盧橘夏孰 郭璞曰今蜀中有給客橙似橘而非若柚而芬香冬夏華實相繼或如彈丸或如拳通歲食之即盧橘也○索隱曰應劭云伊尹書曰果之美者箕山之東青馬之所有盧橘夏孰晉灼曰此雖賦上林博引異方珎奇不係於一也案廣州記云盧橘皮厚大小如甘酢多九月結實正赤明年二月更青黑孰吴録云建安有橘冬月樹上覆裹明年夏色變青黑其味甚甘美盧即黑色是也 黃甘橙楱 徐廣曰音湊橘屬 枇杷橪柿 徐廣曰橪音而善反果也○索隱曰張揖云橪支香草也韋昭曰橪音汝蕭反郭璞云橪支木也橪音烟此說爲近說文曰橪酸小棗也淮南子云伐橪棗以爲矜音勤 楟柰厚朴 徐廣曰楟音亭山梨○索隱曰司馬彪曰上黨謂之楟柰齊都賦云楟柰熟也厚朴藥名也 樗棗楊梅 徐廣曰樗音弋并反樗棗似柿○索隱曰張揖曰楊梅實似穀子而有核其味酢出江南荊揚異物志其實外內著核熟時正赤味甘酸

也 櫻桃蒲陶 郭璞曰蒲陶似燕薁可作酒也○索隱曰張揖曰櫻桃一名含桃呂氏春秋云鸎鳥所含故曰含桃爾雅謂之荊桃也 隱夫欝棣榙㯴荔枝 徐廣曰欝一作薁榙音荅騆案郭璞曰欝車下李也棣實似櫻桃荅㯴似李㯴音遝杳隱夫未聞○索隱曰晉灼曰荔枝大如鷄子皮麤剥去皮肌如鷄子中黃其味甘多酢少廣志云樹高五六丈如桂樹緑葉冬夏青茂有華朱色荔字或作離音力致反 羅乎後宮列乎北園貤丘陵 郭璞曰貤猶延也音施 下平原揚翠葉杌紫莖 郭璞曰杌摇也 發紅華秀朱榮煌煌扈扈照曜鉅野沙棠櫟櫧 漢書音義曰沙棠似棠黃華赤實其味如李呂氏春秋曰果之美者沙棠之實櫟果名櫧似櫟葉冬不落也 華氾檘櫨 徐廣曰氾一作楓騆案漢書音義曰華木皮可以爲索也○索隱曰古今字林云櫨合樺也郭璞云楓似白楊素圓而岐有脂而香犍爲舍人曰楓爲樹厚葉弱莖大風則鳴故曰欇檘欇檘平仲木也亦云火槖木一云玉精食其子得仙也 留落胥餘仁頻并閭

徐廣曰頻一作賓騆案郭璞曰落欆也胥餘似并閭并閭欆也皮可作索餘未詳○索隱曰晉灼曰留騆未詳司馬彪云胥邪樹高十尋葉在其末異物志實大如瓠繫在顛若挂物實外有皮中有核如胡桃核裏有膚厚半寸如猪膏裏有汁斗餘清如水味美於蜜也孟康曰仁頻欆也姚氏云檳一名欆即仁頻也林邑記云樹葉似甘焦頻音賓 欃檀木蘭豫章女貞 漢書音義曰欃檀檀別名也女貞木葉冬不落○索隱曰欃音讒皇覽云孔子墓後有欃檀樹也荊州記宜都有喬木叢生名爲女貞 長千仞大連抱夸條直暢實葉葰茂攢立叢倚連卷累佹崔錯癹骫 古委宇 阬衡閜砢 徐廣曰癹音拔騆案郭璞曰骫音委閜音惡可反砢音魯可反○索隱曰郭璞云崔錯癹骫者蟠戾相樛也阬衡閜砢者揭孼傾欹貌也 垂條扶於落英幡纚 郭璞曰扶於猶扶疎也幡纚偏幡也音灑○索隱曰皆飛揚貌也纚音所綺反 紛容蕭蔘旖旎從風 索隱曰張揖云旖旎猶阿那也 瀏莅芔吸 徐廣曰莅音栗○索隱曰郭璞云皆林木鼓動之声瀏音

留茈如字茈古卉字吸音翕蓋象金石之聲正義曰金鍾石磬管籥之音
正義曰廣雅云象簫長一尺圍一寸有六孔無底簫謂之笛有七孔說文云籥三孔籥也柴池茈虒徐廣
曰柴音差虒音豸○索隱曰張揖云柴池參差也茈虒不齊也茈音差虒音側氏反旋環後宮雜
遝累輯徐廣曰雜一作插被山緣谷循阪下隰視之無端
究之無窮於是玄猨素雌蜼玃飛鸓徐廣曰蜼音子季反
騶案漢書音義曰蜼似獼猴仰鼻而長尾玃似獼猴而大飛鸓飛鼠也其狀如兔而鼠首以其顛飛也○索隱曰郭璞曰
蠝鼯鼠也紫毛赤色飛且生一名飛生蜼音贈遺之遺蠝音誄玄猨猨之雄者黑色也素雌猨之雌者素色也玃音古約
反蜼今狖尾端為兩岐天雨便以尾揷鼻兩孔郭璞云玃色蒼黑能攫搏人故云玃也蛭蜩蠼蝚徐廣
曰蛭音質騶案漢書音義曰山海經曰不咸之山有飛蛭四翼郭璞曰蠼蝚似獼猴而黃蜩未聞○索隱曰張揖云蛭蟣
也蜩蟬也蠼蝚獼猴也顧氏云玃音塗卓反山海經云鼻塗山下有獸似鹿馬足人首四角名為蠼玃蝚即此也字或作

蠼郭璞云玃非也上已有蜼玃此不應重見又神異經云西方深山有獸毛色如猴能緣高木其名為蜩字林云蠼音欲
蛭蜩二獸名蟖胡豰蛫徐廣曰蟖音在兼反似猨黑身豰音呼谷反蛫音詭騶案漢書音義曰豰白狐
子也○索隱曰張揖云蟖胡似獼猴頭上有髮要以後黑郭璞曰豰似鼬而大要以後黃一名黃要食獼猴蛫未聞姚氏
案山經云即山有獸狀如龜白身赤首其名曰蛫又說文云蟖胡黑身白要若帶手有長白毛似握板也棲息
乎其間長嘯哀鳴翩幡互經正義曰郭云互經互相經過夭蟜
枝格偃蹇杪顛正義曰夭音妖蟜音矯杪音弭沼反郭云皆猨猴在樹共戲恣態也夭蟜頻申
也於是乎隃絕梁正義曰張云絕梁斷橋也郭云梁厚石絕水也騰殊榛正義
曰榛仕斤反爾雅云木藂生為榛也殊異也捷垂條正義曰捷音才業反張云捷特懸垂之條踔
稀間郭璞曰踔縣踔也訖釣反牢落陸離爛曼遠遷正義曰郭云奔走崩
騰走也顧云言其聚散不常雜亂移徙若此輩者數千百處嬉游往

來宮宿館客庖廚不徙後宮不移正義曰說文云庖廚屋郭
玄注周礼云庖之言苞也苞裹肉曰苞苴也後宮內人也言宮館各自有百官備具於是乎
背秋涉冬天子校獵乘鏤象六玉虯徐廣曰以玉為飾騶案郭
璞曰鏤象山所出輿言有雕鏤蚪龍蜀也韓子曰黃帝駕象車六交龍是也拖蜺旌正義曰拖音徒可反
張云析毛羽染以五采綴以縷為旌有似虹蜺氣靡雲旗正義曰張云畫熊虎於旌似雲氣也前
皮軒後道游郭璞曰皮軒革車也或曰即曲禮前有士師則載虎皮者也道道車游游車皆見周
礼也孫叔奉轡衛公驂乘漢書音義曰孫叔者太僕公孫賀也衛公者衛青也大僕
御大將軍驂乘也扈從橫行出乎四校之中郭璞曰言跋扈從恣不安鹵簿
矣○索隱曰晉灼曰扈大也文穎曰凡五校今言四者一隨天子乘輿也鼓嚴簿縱獠者漢書
音義曰鼓嚴嚴鼓也簿鹵簿也騶謂鼓嚴於林簿之中然後縱獠也江河為阹泰山為櫓

郭璞曰櫓望樓也因山谷遮禽獸為阹者去車反車騎靁起隱天動地先後
陸離離散別追淫淫裔裔緣陵流澤雲布雨施
生貔豹郭璞曰貔執夷虎屬也音毗搏豺狼正義曰搏擊也杜林云豺似狛白色說文云狼
爪手熊羆正義曰張云熊犬身人足黑色羆大於熊黃白色皆能攀沿上高樹冬至入穴而蟄沿春而出
也足野羊郭璞曰野羊如羊千斤手足謂拍蹋殺人蒙鶡蘇徐廣曰蘇尾也○索隱曰孟康
云鶡鶡尾也蘇析羽也張揖曰鶡似雉雞鬭死不卻案蒙謂覆而取之鶡以蘇為奇故特言之以成文耳鶡音曷決疑注
云鳥尾為蘇也袴白虎徐廣曰絝音袴騶案郭璞曰絝謂絆絡之○索隱曰張揖曰著白虎文絝也被
豳文郭璞曰著斑衣○索隱曰輿服志云虎賁騎鶡冠武文單衣即此班文也跨野馬索隱曰跨
乘之也陵三嵕之危漢書音義曰三嵕三成之山下磧歷之坻郭璞曰磧
歷阪名也○正義坻音遲磧歷淺水中沙石也坻水中高處言獵人下此也徑陵赴險越壑厲

水推蜚廉郭璞曰飛廉龍雀也鳥身鹿頭者弄解豸漢書音義曰解豸似鹿而一角人君刑罰得中則生於朝廷主觸不直者可得而弄也○索隱曰解音蟹豸音丈尔反格瑕蛤鋋猛氏漢書音義曰瑕蛤猛氏皆獸名○索隱曰晉灼曰蝦蛤闕郭璞曰今蜀中有獸狀如熊而小毛淺有光澤名猛氏說文鋋小矛也音蟬罥騕褭射封豕郭璞曰騕褭神馬日行万里封豕大豬兩音窈嫋箭不苟害解脰陷腦索隱曰張揖云脰項也陷音苦念反亦依字讀也弓不虛發應聲而倒於是乎乘輿彌節裴回翱翔往來睨部曲之進退覽將率之變態然後浸潭促節索隱曰浸潭猶漸冉也漢書作浸淫或作乘輿案節也儵夐遠去郭璞曰儵夐音詡盛反流離輕禽蹵履狡獸轊白鹿捷狡兔徐廣曰轊音銳一作惠也○正義曰轊音衛抱朴子云白鹿壽千歲滿五百歲色純白也晉徵祥記云白鹿色若霜不與他鹿爲羣軼赤電遺光耀

徐廣曰超陵赤電電光不及言去速也追怪物出宇宙正義曰佐物謂游梟飛虡也張云天地四方曰宇往古來今曰宙許慎云宙舟輿所極也按許說宙是也彎繁弱正義曰上烏繁反文穎云彎牽也繁弱夏后氏良弓名左傳云分魯公以夏后之璜封父之繁弱滿白羽正義曰文穎云引弓欲盡箭鏃爲滿以白羽羽箭故云白羽也射游梟櫟蜚虡郭璞曰梟梟羊也似人長脣反踵被髮食人飛虡鹿頭龍身神獸櫟捎也擇肉後發先中命處弦矢分藝殪仆徐廣曰射准的曰藝仆音赴然後揚節而上浮陵驚風歷駭猋正義曰上音必遙反小雅云扶搖風從下升上故曰猋乘虛無與神俱正義曰張云虛无寥廓與元通靈言其所乘氣之高故能出飛鳥之上而與神俱也轔玄鶴亂昆雞徐廣曰轔音轔○正義曰轔音吝鶴二百六十歲則淺黑色也遒孔鸞促鵕鸃拂翳鳥捎鳳皇漢書音義曰遒秦由反翳烏雞反張云山海經云九疑之山有五采之鳥名曰翳鳥也正義捎山交反京

房易傳云鳳皇鴈前麟後雞喙燕頷蛇頸龜背魚尾駢翼高丈二尺東山經云其狀如鶴五采而首文曰德翼文曰順背文曰義膺文曰仁股文曰信是鳥自歌自舞雄曰鳳雌曰皇捷鵷鶵掩焦明鷦明似鳳○索隱曰張揖云鷦明西方之鳥也樂汁圖徵曰鷦明狀似鳳皇宋衷曰水鳥也○正義曰按長喙疏翼員尾非幽閑不集非珍物不食道盡塗殫迴車而還招搖乎襄羊索隱曰郭璞曰襄羊猶仿徉降集乎北紘郭璞曰紘維也北方之紘曰委羽率乎直指闇乎反鄉蹷石闕歷封巒過鳷鵲望露寒徐廣曰鳷音支駰案漢書音義曰皆甘泉宮左右觀名也下棠梨漢書音義曰宮名也在雲陽縣東南三十里息宜春正義曰括地志云宜春宮在雍州萬年西南三十里西馳宣曲濯鷁牛首漢書音義曰宣曲宮名在昆明池西牛首池名在上林苑西頭登龍臺漢書音義曰觀名在豐水西北近渭掩細柳正義曰郭云觀名在昆明南柳市觀士大夫之勤略鈞獠者

之所得獲徐廣曰鈞一作診也觀徒車之所轔轢正義曰轔踐也轢輾也乘騎之所蹂若徐廣曰蹂音人久反人民之所蹈躤與其窮極倦谻徐廣曰音劇驚憚讋伏不被創刃而死者佗佗籍籍填坑滿谷揜平彌澤於是乎游戲懈怠置酒乎昊天之臺索隱曰張揖曰臺高上干皓天也張樂乎轇輵之宇徐廣曰輵音葛○索隱曰郭璞云言曠遠深貌也撞千石之鐘立萬石之鉅建翠華之旗樹靈鼉之鼓郭璞曰木貫鼓中加羽葆其上所謂樹鼓奏陶唐氏之舞聽葛天氏之歌漢書音義曰葛天氏古帝王號也呂氏春秋曰葛天氏之樂三人操牛尾投足以歌○索隱曰張揖曰葛天氏三皇時君號也呂氏春秋云其樂三人持牛尾投足以歌八闋一曰戴民二曰玄鳥三曰遂草木四曰奮五穀五曰敬天常六曰建帝功七曰依地德八

曰總會歌之極千人唱萬人和山陵爲之震動徐廣曰一作動川谷爲之蕩波巴俞宋蔡淮南于遮郭璞曰巴西閬中有俞水獠人居其人皆剛勇好舞漢高募此以平三秦後使樂府習之因名巴俞舞也漢書音義曰于遮歌曲名。索隱曰張揖曰禮樂記云宋音宴女溺志蔡人謳員三人楚詞云吳謠蔡謳淮南員四人于遮曲是其意也文成顛歌郭璞曰未聞也。索隱曰文穎曰文成遼西縣名其縣人善歌顛益州顛縣其人能作西南夷歌顛即滇字族舉遞奏徐廣曰舉一作居金鼓迭起鏗鎗鐺鼙洞心駭耳郭璞曰鐺鼙鼓音荊吳鄭衛之聲韶護武象之樂陰淫案衍之音鄢郢繽紛激楚結風郭璞曰激楚歌曲也列女傳曰聽激楚之遺風也。索隱曰激楚急風也結風回風亦急風也楚地風氣既自漂疾然歌樂者猶復依激結之急風以爲節其樂促迅哀切也俳優侏儒狄鞮之倡徐廣曰韋昭云狄鞮地名在河內出善倡者所以

娛耳目而樂心意者麗靡爛漫於前索隱曰郭璞云言恣其觀也列女傳曰紂造爛漫之樂靡曼美色於後索隱曰張揖曰靡細曼澤也韓子曰曼服皓齒也若夫青琴宓妃之徒漢書音義曰皆古神女名。索隱曰伏儼曰青琴古神女也如淳曰宓妃伏羲女溺死洛水遂爲洛水之神宓音伏絕殊離俗索隱曰郭璞曰俗無雙也妖冶嫺都索隱曰郭璞云姣好也都雅也詩云姣人嫽兮方言云自關而東河濟之間凡好或謂之姣音絞說文曰嫺雅也或作閑漢書本作閑靚莊刻飭便嬛綽約郭璞曰靚莊粉白黛黑也柔橈嬛嬛徐廣曰音娟。索隱曰柔橈嬛嬛皆骨體耎弱長艷貌也廣雅云嬛嬛容也張揖曰嬛嬛猶娬娬也娬媚姌嫋徐廣曰姌音乃冉反嫋音弱。索隱曰埤倉云嫵媚悅也通俗文云頰輔謂之嫵媚郭璞云姌嫋細弱也小顏曰細弱揔謂骨體也抴獨繭之褕袘徐廣曰抴音曳襜褕。索隱曰張揖曰袘袖也郭璞曰獨繭繭絲也埤倉云袘衣長貌也眇閻易以戌削徐廣曰閻易衣長貌

戌削言如刻畫作之媥姺徶屑郭璞曰衣服婆娑貌。正義曰媥白服反姺音先徶音白結反屑音屑與世殊服芬香漚鬱酷烈淑郁皓齒粲爛宜笑的皪索隱曰郭璞曰鮮明貌也楚詞曰美人皓齒以姱又曰娥眉笑以的皪音皪也長眉連娟微睇緜藐索隱曰郭璞曰連娟眉曲細也緜藐視遠貌也娟音一全反睇音大計反藐音邈色授魂與心愉於側索隱曰張揖曰彼色來授我我魂往與接也愉音踰往也挽也二義並通於是酒中樂酣天子芒然而思似若有亡曰嗟乎此泰奢侈朕以覽聽餘閒無事棄日順天道以殺伐時休息於此恐後世靡麗遂往而不反非所以爲繼嗣創業垂統也於是乃解酒罷獵而命有司曰地可以墾辟悉爲農郊以贍萌隸隤

牆填壍使山澤之民得至焉實陂池而勿禁正義曰實滿也言人滿陂池任采捕所取也虛宮觀而勿仞正義曰仞音刃亦滿也言離宮別館勿令人居上並廢罷也發倉廩以振貧窮補不足恤鰥寡存孤獨出德號省刑罰改制度易服色更正朔與天下爲始於是歷吉日以齊戒襲朝衣乘法駕建華旗鳴玉鸞游乎六藝之囿正義曰六藝云言田獵記則遍遊六藝而疾驅於仁義之道也鶩乎仁義之塗覽觀春秋之林郭璞曰春秋所以觀成敗明善惡者射貍首兼騶虞禮射義曰天子以騶虞爲節諸侯以貍首爲節騶虞者樂官備也貍首者樂會時也弋玄鶴建干戚載雲䍐揜羣雅漢書音義曰大雅小雅也。索隱曰張揖曰䍐車也前有九旒雲䍐之車說者以雲䍐爲旌旗皆非也且案中朝鹵簿圖云雲䍐駕駟不兼言

九旒罕車與九旒車別也捽捕也張揖曰詩小雅之材七十四人大雅之材三十一人故曰羣雅也悲伐檀索隱曰張揖曰其詩刺賢者不遇明主樂樂胥索隱曰毛詩桑扈云君子樂胥受天之祜言王者樂得賢材之人使在位故天與之福祿也胥音先呂反樂音洛修容乎禮園正義曰禮所以自修飾整威儀也翺翔乎書圃正義曰尚書所以明帝王君臣之道也述易道正義曰易所以絜靜微妙上冊二儀陰陽中知人事下明地理也言田獵乃射詭又歷涉六經之要也放怪獸正義曰張揖云苑中奇怪之獸不復獵也登明堂坐清廟正義曰明堂有五帝廟故言清廟王者朝諸侯之處恣羣臣奏得失四海之內靡不受獲正義曰言天下之人無不受恩惠於斯之時天下大說嚮風而聽隨流而化喟然興道而遷義索隱曰漢書作芔然猶歘然也音許貴反刑錯而不用德隆乎三皇功羨於五帝索隱曰司馬彪云羨溢也音怡戰反若此

故獵乃可喜也若夫終日暴露馳騁勞神苦形罷車馬之用抏士卒之精索隱曰抏音五官反費府庫之財而無德厚之恩務在獨樂不顧衆庶忘國家之政而貪雉兔之獲則仁者不由也從此觀之齊楚之事豈不哀哉地方不過千里而囿居九百是草木不得墾辟而民無所食也夫以諸侯之細而樂萬乘之所侈僕恐百姓之被其尤也於是二子愀然改容索隱曰郭璞云愀變色貌音作酉反超若自失逡巡避席曰鄙人固陋不知忌諱乃今日見教謹聞命矣賦奏天子以爲郎無是公言天子上林

廣大山谷水泉萬物及子虛言楚雲夢所有甚衆侈靡過其實且非義理所尚故刪取其要歸正道而論之索隱曰大顏云不取其夸奢靡麗之論唯取終篇歸於正道耳小顏云刪取非謂削除其詞而說者謂此賦已經史家刊剟失其意也相如爲郎數歲會唐蒙使略通夜郎西僰中徐廣曰羌之別種也音扶逼反○索隱曰張揖曰蒙故鄱陽令爲郎中使行略取之文穎曰夜郎僰中皆西南夷後以爲牂柯犍爲二郡僰音步比反發巴蜀吏卒千人索隱曰案巴蜀二郡名郡又多爲發轉漕萬餘人用興法漢書曰用軍興法也誅其渠帥巴蜀民大驚恐上聞之乃使相如責唐蒙因喻告巴蜀民以非上意檄曰告巴蜀太守蠻夷自擅不討之日

久矣時侵犯邊境勞士大夫陛下即位存撫天下輯安中國然後興師出兵北征匈奴單于怖駭交臂受事詘膝請和康居西域重譯請朝稽首來享移師東指閩越相誅右弔番禺太子入朝索隱曰文穎曰番禺南海郡理也弔至也東伐閩越後至番禺故言右至非也案姚氏弔讀如字小顏云兩國相伐漢發兵救之南越蒙天子德惠故遣太子入朝所以云弔爾非訓至也南夷之君西僰之長常效貢職不敢怠墮延頸舉踵喁喁然正義曰喁五恭反口向上也皆爭歸義欲爲臣妾道里遼遠山川阻深不能自致夫不順者已誅而爲善者未賞故遣中郎將往賓之索隱曰賈逵云賓伏也發巴蜀士民各五百人以奉幣帛

衛使者不然靡有兵革之事戰鬭之患今聞其
乃發軍興制驚懼子弟憂患長老 索隱曰張揖曰發軍謂發三軍
之衆興制謂起軍法誅渠帥也案唐蒙爲使而用軍興法制故驚懼蜀人也 郡又擅爲轉粟
運輸皆非陛下之意也當行者或亡逃自賊殺
亦非人臣之節也夫邊郡之士聞烽舉燧燔 漢書
音義曰烽如覆米籅縣著桔槔頭有寇則舉之燧積薪有寇則燔然之○索隱曰字林云籅鹿米藪也音一六反纂要云
籅淅箕也烽見敵則舉燧有難則焚烽主晝燧主夜 皆攝弓而馳 索隱曰攝音女頰反 荷兵
而走流汗相屬唯恐居後觸白刃冒流矢義不
反顧計不旋踵人懷怒心如報私讎彼豈樂死
惡生非編列之民而與巴蜀異主哉計深慮遠

急國家之難而樂盡人臣之道也故有剖符之
封析珪而爵 索隱曰如淳曰析中分也白藏天子青在諸侯也 位爲通侯居
列東第 索隱曰列甲第在帝城東故云東第也 終則遺顯號於後世傳
土地於子孫行事甚忠敬居位甚安佚名聲施
於無窮功烈著而不滅是以賢人君子肝腦塗
中原膏液潤野草而不辭也今奉幣役至南夷
即自賊殺或亡逃抵誅身死無名謚爲至愚耻
及父母爲天下笑人之度量相越豈不遠哉然
此非獨行者之罪也父兄之教不先子弟之率
不謹也寡廉鮮耻而俗不長厚也其被刑戮不

亦宜乎陛下患使者有司之若彼悼不肖愚民
之如此故遣信使曉喻百姓以發卒之事因數
之以不忠死亡之罪讓三老孝弟以不教誨之
過方今田時重煩百姓 索隱曰重猶難也 已親見近縣恐
遠所谿谷山澤之民不徧聞檄到亟下縣道 漢書
百官表曰縣有蠻夷曰道○索隱曰亟音紀力反亟急也 使咸知陛下之意唯毋
忽也相如還報唐蒙已略通夜郎因通西南夷
道發巴蜀廣漢卒作者數萬人治道二歲道不
成士卒多物故費以巨萬計 索隱曰案巨萬猶萬萬也數有大小二法張揖
曰筭法萬萬爲億是小數也 蜀民及漢用事者多言其不便 索隱

曰案謂公卿所言也 是時邛筰之君長 索隱曰文穎曰邛者今爲邛都縣筰者今爲定筰縣
皆屬越巂郡也 聞南夷與漢通得賞賜多多欲願爲內
臣妾請吏比南夷 索隱曰謂請置漢吏與南夷爲比例也 天子問相如
相如曰邛筰冄駹者近蜀道亦易通秦時嘗通
爲郡縣至漢興而罷今誠復通爲置郡縣愈於
南夷 索隱曰張揖曰愈差也又云愈猶勝也晉灼曰南夷謂犍爲牂牁也西夷謂越巂益州也 天子
以爲然乃拜相如爲中郎將 索隱曰四百石五歲遷補大縣令 建節
往使副使王然于壺充國 索隱曰案漢書公卿表太初元年爲大鴻臚卿也
呂越人馳四乘之傳因巴蜀吏幣物以賂西夷
至蜀蜀太守以下郊迎縣令負弩矢先驅 索隱曰案

亭吏名亭長弩矢合是亭長負之今縣令自負矢則亭長當負弩也且負弩是守宰無定或隨時輕重耳按霍去病出擊匈奴河東太守郊迎負弩又魏公子救趙擊秦秦軍解去平原君負韊矢迎公子於界上是也蜀人以爲
寵索隱曰華陽國志云蜀大城北十里有升僊橋送客觀相如初入長安題其門云不乘赤車駟馬不過汝下也於
是卓王孫臨邛諸公皆因門下獻牛酒以交驩
卓王孫喟然而歎自以得使女尚司馬長卿晚
索隱曰小顏云尚猶配也本或作當蓋後人改爾而厚分與其女財與男等
同司馬長卿便略定西夷邛筰冉駹斯榆之君
皆請爲內臣索隱曰鄭氏斯音曳張揖云斯俞才俞國也案今斯讀如字益部耆舊傳謂之斯叟華陽
國志云邛都縣有四部斯叟一也除邊關關益斥索隱曰張揖曰斥廣也西至
沫若水索隱曰張揖曰沫水出蜀廣平徼外與青衣水合也若水出旄牛徼外至僰道入江華陽國志漢嘉

史記列傳五十七　三十

縣有沫水音妹又音末南至牂牁爲徼索隱曰張揖曰徼塞也以木柵水爲蠻夷界通
零關道徐廣曰越巂有零關縣橋孫水韋昭曰爲孫水作橋以通邛都索隱
曰案華陽國志云相如卒開僰道通南中置越巂郡韓說開益州唐蒙開牂牁斬筰王首置牂牁郡也還報
天子天子大說相如使時蜀長老多言通西南
夷不爲用唯大臣亦以爲然相如欲諫業已建
之不敢索隱曰案業者本也本由相如立此事故不敢更諫乃著書籍以蜀
父老爲辭而已詰難之以風天子且因宣其使
指令百姓知天子之意其辭曰漢興七十有八
載徐廣曰元光六年也德茂存乎六世正義曰高祖惠帝高后孝文孝景孝武威
武紛紜湛恩汪濊索隱曰韋昭云湛音沉羣生澍濡洋溢

司馬相如

乎方外於是乃命使西征隨流而攘索隱曰攘却也音女羊反
風之所被罔不披靡因朝冉從駹定筰存邛略
斯榆舉苞滿索隱曰服虔云夷種也滿也或作浦也結軌還轅索隱曰張
揖云結屈也軌車迹也東鄉將報至于蜀都耆老大夫薦紳
先生之徒二十有七人儼然造焉辭畢因進曰
蓋聞天子之於夷狄也其義羈縻勿絕而已索隱
曰案羈馬絡頭也縻牛紖也漢官儀云馬云羈牛云縻言制四夷如牛馬之受羈縻也今罷三郡之
士通夜郎之塗三年於茲而功不竟士卒勞倦
萬民不贍今又接以西夷百姓力屈恐不能卒
業此亦使者之累也竊爲左右患之且夫邛筰

史記列傳五十七　三十一

西僰之與中國並也歷年茲多不可記已仁者
不以德來彊者不以力并意者其殆不可乎今
割齊民以附夷狄弊所恃以事無用鄙人固陋
不識所謂使者曰烏謂此邪必若所云則是蜀
不變服而巴不化俗也余尚惡聞若說索隱曰張揖云惡聞
若曹之言也包愷音一故反又音烏烏者安也然斯事體大固非觀者之所
覯也余之行急其詳不可得聞已請爲大夫粗
陳其略蓋世必有非常之人然後有非常之事
有非常之事然後有非常之功非常者固常之
所異也索隱曰案常人見之以爲異也故曰非常之原黎民懼焉

司馬相如

索隱曰張揖云非常之事其本難知衆人懼也及臻厥成天下晏如也昔者
鴻水浡出氾濫衍溢民人登降移徙陭區而不
安夏后氏戚之乃堙鴻水決江疏河灑沈贍菑
徐廣曰灑一作灑○索隱曰灑音鹿菑音災漢書作灑沉澹災解者云灑分也音所宜反澹安也沉深也澹音徒暫反
東歸之於海而天下永寧當斯之勤豈唯民哉
索隱曰案謂非獨人勤禹亦親其勞也心煩於慮而身親其勞躬胝無
胈膚不生毛徐廣曰胝音竹移反胈踵也一作腠音湊膚理也胈音魃○索隱曰張揖曰腠一作戚躬
胼也戚湊理也韋昭曰胈戚中小毛也胝音真尸反莊子云禹胝無胈脛不生毛李頤云胈白肉也音蒲末反故休
烈顯乎無窮聲稱浹乎于茲且夫賢君之踐位
也豈特委瑣握齱索隱曰孔文祥云委瑣細碎握齱局促也拘文牽俗

史記列傳五十七　三十二

循誦習傳當世取說云爾哉必將崇論閎議創
業垂統爲萬世規故馳騖乎兼容并包而勤思
乎參天貳地索隱曰案天子比德於地是二地也地與己并天爲三是參天也故禮曰天子與天地參是也
且詩不云乎普天之下莫匪王土率土之濱
莫非王臣毛詩傳曰濱涯也是以六合之內八方之外浸
潯衍溢索隱曰案浸潯猶漸浸也懷生之物有不浸潤於澤者
賢君恥之今封疆之內冠帶之倫咸獲嘉祉靡
有闕遺矣而夷狄殊俗之國遼絕異黨之地舟
輿不通人迹罕至政教未加流風猶微內之則
犯義侵禮於邊境外之則邪行橫作放弑其上

君臣易位尊卑失序父兄不辜幼孤爲奴係纍
號泣內嚮而怨曰蓋聞中國有至仁焉德洋而
恩普物靡不得其所今獨曷爲遺己舉踵思
慕若枯旱之望雨盭夫爲之垂涕徐廣曰盭音戾○索隱曰張揖云很戾之夫也字或作戾盭古戾字
況乎上聖又惡能已故北出師以
討彊胡南馳使以誚勁越四面風德二方之君
鱗集仰流索隱曰二方謂西夷邛僰南夷牂牁夜郎也願得受號者以億
計故乃關沫若漢書音義曰以沫若水爲關徼牂牁鏤零山梁
孫原創道德之塗垂仁義之統將博恩廣施遠
撫長駕使疏逖不閉索隱曰逖遠言其疏遠者不被閉絕也阻深闇昧

史記列傳五十七　三十三

得耀乎光明索隱曰阻深漢書作智爽三蒼云智爽早朝也智音妹案字林又音忽也以偃
甲兵於此而息誅伐於彼遐邇一體中外提福
徐廣曰提作禔音支○索隱曰說文云禔安也音市支反不亦康乎夫拯民於沈
溺奉至尊之休德反衰世之陵遲繼周氏之絕
業斯乃天子之急務也百姓雖勞又惡可以已
哉且夫王事固未有不始於憂勤而終於佚樂
者也然則受命之符合在於此矣索隱云張揖云合在於憂勤佚
樂之中也方將增泰山之封加梁父之事鳴和鸞揚
樂頌上咸五下登三徐廣曰咸一作函駰案韋昭曰咸同於五帝登三王之上○索隱曰
李奇曰五帝之德漢比爲減三王之德漢出其上故云減五登三此說非也虞喜志林云相如欲減五帝之一以漢盈之

然以漢爲五帝之數自然是登於三王之上也今本戚或作戚是與韋昭之說符也觀者未睹指聽者未聞音猶鷦明已翔乎寥廓而羅者猶視乎藪澤悲夫於是諸大夫芒然喪其所懷來而失厥所以進喟然並稱曰允哉漢德此鄙人之所願聞也百姓雖怠請以身先之敞罔靡徙因遷延而辭避索隱曰案敞罔失容也靡徙失正也其後人有上書言相如使時受金失官居歲餘復召爲郎相如口吃而善著書常有消渴疾與卓氏婚饒於財其進仕宦未嘗肯與公卿國家之事稱病閒居不慕官爵常從上至長楊獵正義曰括地志云秦長楊宮在雍州盩厔縣東南三里上

起以宮內有長楊樹以爲名是時天子方好自擊熊彘馳逐野獸相如上疏諫之其辭曰臣聞物有同類而殊能者故力稱烏獲索隱曰張揖曰秦武王力士舉龍文鼎者也捷言慶忌索隱曰張揖曰吳王僚之子勇期賁育正義曰賁音奔賁古之勇士水行不避蛟龍陸行不避豺狼發怒吐氣声音動天夏育亦古之猛士也臣之愚竊以爲人誠有之獸亦宜然今陛下好陵阻險射猛獸卒然遇軼材之獸索隱曰廣雅云卒暴也音倉沒反駭不存之地索隱曰謂所不虞而猛獸駭發也犯屬車之清塵蔡邕曰古者諸侯貳車九乘秦滅九國兼其車服故大駕屬車八十一乘輿不及還轅人不暇施巧雖有烏獲逢蒙之伎力不得用吳越春秋曰羿傳射於逢蒙○索隱曰孟子云逢蒙學射於羿盡羿之道是也枯木朽

株盡爲害矣是胡越起於轂下而羌夷接軫也豈不殆哉雖萬全無患然本非天子之所宜近也且夫清道而後行中路而後馳猶時有銜橛之變徐廣曰橛音巨月反鉤逆者謂之橛矣○索隱曰張揖曰銜馬勒銜也橛騑馬口長銜也周迁輿服志云鉤逆上者爲橛橛在銜中以鐵爲之大如雞子鹽鐵論云無銜橛而禦捍馬是也而況涉乎蓬蒿馳乎丘墳前有利獸之樂而內無存變之意其爲禍也不亦難矣夫輕萬乘之重不以爲安而樂出於萬有一危之塗以爲娛臣竊爲陛下不取也蓋明者遠見於未萌而智者避危於無形禍固多藏於隱微而發於人之所忽者也故

鄙諺曰家累千金者坐不垂堂索隱曰張揖曰畏簷瓦墮中人樂彥云垂邊也近堂邊恐其隋墜也非謂畏簷瓦此言雖小可以喻大臣願陛下之留意幸察上善之還過宜春宮正義曰括地志云秦宜春宮在雍州萬年縣西南三十里宜春苑在宮之東杜之南始皇本紀云葬二世杜南宜春苑中按今宜春宮見二世陵故作賦以哀也相如奏賦以哀二世行失也其辭曰登陂阤之長阪兮索隱曰陂普何反阤徒何反坌入曾宮之嵯峨漢書音義曰坌並也○索隱曰坌步寸反臨曲江之隑州兮漢書音義曰隑長也苑中有曲江之象泉中有長洲也○索隱曰隑音祈隑即碕字謂曲岸頭也有宮閣路今猶謂之曲江在杜陵西北五里又三輔舊事云樂遊原在西北是也望南山之參差巖巖深山之谾谾兮徐廣曰谾音力工反○索隱曰谾古江反音灼曰谾音籠古巃字蕭該云谾或作巃長大貌也通谷豁兮谽

閜谽索隱曰谽音呼含反閜音呼加反汩淢噏習以永逝兮索隱曰汩于筆反汩淢疾貌也噏音許及反漢書作歙歙然輕舉意也注平皐之廣衍觀衆樹之蓊薆兮覽竹林之榛榛東馳土山兮北揭石瀨彌節容與兮歷弔二世持身不謹兮亡國失勢信讒不寤兮宗廟滅絕嗚呼哀哉操行之不得兮墳墓蕪穢而不脩兮魂無歸而不食夐邈絕而不齊兮彌久遠而愈佅精罔閬而飛揚兮拾九天而永逝嗚呼哀哉相如拜爲孝文園令索隱曰百官志云陵園令六百石掌按行掃除也天子既美子虛之事相如見上好僊道因曰上林之事未足美也尚有靡者臣嘗爲大人賦索隱曰張揖曰大人喻天子向秀云聖人在位謂之大人張華云相如作遠遊之體以大人賦之也未就請具而奏之相如以爲列僊之傳居山澤間索隱曰案傳者謂相傳以列仙居山澤間音持全反小顏及劉氏竝作儒讀云儒柔術士之稱非也形容甚臞徐廣曰臞瘦也○索隱曰韋昭曰臞瘠也文子云堯臞瘦音巨俱反此非帝王之僊意也乃遂就大人賦其辭曰世有大人兮在于中州宅彌萬里兮曾不足以少留悲世俗之迫隘兮朅輕舉而遠遊索隱曰如淳曰武帝云誠得如黃帝去妻子如脫屣是悲世俗迫隘也乘絳幡之素蜺兮載雲氣而上浮建格澤之長竿兮總光耀之采旄漢書音義曰格澤之氣如火炎火狀黃白色起地上至天以此氣爲竿旄旄也總係也係光耀之氣於長竿以爲旄者垂旬始以爲幓兮抴彗星而爲

髾漢書音義曰旬始氣如雄雞縣於旄下以爲旒也髾燕尾也抴彗星綴著旒以爲燕尾掉指橋以偃蹇兮又旖旎以招搖漢書音義曰指橋隨風指靡○索隱曰掉音徒弔反橋音居夭反偃蹇高貌攬欃槍以爲旌兮正義曰天官書云天欃長四丈末兌天槍長數丈兩頭兌其形類彗也靡屈虹而爲綢漢書音義曰綢韜也以紅爲旌杠之韜○索隱曰應劭云旌旗之貌綢音直留反或音韜屈虹斷虹也紅杳渺以眩湣兮猋風涌而雲浮漢書音義曰旬始屈虹氣色紅杳眇眩湣闇冥無光也○索隱曰蘇林曰眩音炫湣音昏晉灼云紅赤色貌杳渺深遠眩湣混合也紅或作虹駕應龍象輿之蠖略逶麗兮驂赤螭青虯之蚴蟉蜿蜒低卬夭蟜据以驕驁兮詘折隆窮索隱曰張揖曰据直項也驕驁縱恣也据音據驕音居召反驁音五到反蠼以連卷索隱曰韋昭曰蠼蠖龍之形貌也音起碧反連卷音權卷沛艾赳螑仡以佁儗兮漢書音義曰赳螑申頸低卬也儗不前也○索隱曰張揖曰赳螑牙跳也赳音居幼反螑音許救反仡舉頭也仡音魚乙反佁音勑吏反儗音魚吏反放散畔岸驤以孱顏索隱曰服虔曰馬仰頭其口開正孱顏也韋昭曰顏音吾板反詩云兩服上襄注云驤馬是也跮踱輵螛容以委麗徐廣曰跮嬳乍前乍卻也跮音丑栗反踱音勑略反兮綢繆偃蹇怵㚟以梁倚輵烏葛反螛音曷綢一作雕㚟音他略反駰案漢書音義曰怵㚟走也梁倚相著也○索隱曰張揖曰跮踱疾行互前卻也輵螛搖目吐舌也跮音楮栗反踱音楮略反輵音遏螛音曷綢音徒弔反張揖曰偃蹇却略也廣雅曰偃蹇夭蟜也韋昭曰㚟音笞略反相如傳云怵㚟遠去㚟抶也糾蓼叫奡踏以艐路兮徐廣曰艐音介至也○索隱曰蓼音了奡音五到反小顏云叫奡高舉之貌踏音徒荅反艐音屆三倉云踏著地孫炎云艐古界字也蔑蒙踊躍騰而狂趡漢書音義曰蔑蒙飛揚也趡走也莅颯卉翕熛至電過兮煥然霧除霍然雲消邪絕少陽而

登太陰兮與眞人乎相求 漢書音義曰少陽東極太陰北極邪度東極而升北極者也 互折窈窕以右轉兮橫厲飛泉以正東 正義曰厲渡也張云泉飛谷也在崑崙山西南 悉徵靈圉而選之兮部乘衆神於瑤光 漢書音義曰搖光北斗杓頭第一星 使五帝先導兮 正義曰導導應云五帝五時帝太皓之屬也 反太一而從陵陽 漢書音義曰仙人陵陽子明也○正義曰天官書云中宮天極星其一明者太一常居也列仙傳云子明於沛銍縣旋溪釣得白龍放之後白龍來迎子明去止陵陽山上百餘年遂得仙 左玄冥而右含靁兮 漢書音義曰含靁黔嬴也天上造化神名也或曰水神也 前陸離而後潏湟 漢書音義曰皆神名 厮征北僑 徐廣曰燕人也形解而仙也○索隱曰應劭曰厮役也張揖曰王子喬也漢書郊祀志作正伯僑此當是別人恐非王子喬也 而役羨門兮 正義曰張云羨門碣石山上仙人羨門高也 屬岐伯使尚方 徐廣曰岐伯黃帝臣

駰案漢書音義曰尚主也岐伯黃帝太醫屬使主方藥 祝融驚而蹕御兮 正義曰張云祝融南方炎帝之佐也獸身人面乘兩龍應火正也火正祝融警蹕清氛氣也 清雰氣而後行 屯余車其萬乘兮綷雲蓋而樹華旗 索隱曰綷音祖內反如淳云蓋有五緣也 使句芒其將行兮 正義曰張云句芒東方青帝之佐也鳥身人面乘兩龍顔云將行領從者也 吾欲往乎南嬉歷唐堯於崇山兮過虞舜於九疑 正義曰張云崇山狄山也海外經云狄山帝堯葬其陽九疑山零陵營道縣舜所葬處 紛湛湛其差錯兮 索隱曰湛音徒感反 雜遝膠葛以方馳 索隱曰廣雅云膠葛驅馳也 騷擾衝蓯其相紛挐兮 索隱曰衝音昌勇反蓯音息冗反 滂濞泱軋灑以林離鑽羅列聚叢以蘢茸兮衍曼流爛壇以陸離 徐廣曰壇音坦 徑入雷室之砰磷鬱

律兮洞出鬼谷之崛礨嵬䃶 漢書音義曰鬼谷在北辰下衆鬼之所聚也楚辭曰贅鬼谷於北辰也○正義曰崛口骨反礨音力罪反嵬音烏迴反䃶音回張云崛礨嵬䃶不平也 徧覽八紘而觀四荒兮朅渡九江而越五河 正義曰顏云五色之河也仙云紫碧絳青黃之河也 經營炎火而浮弱水兮 正義曰姚丞云大秦西經云崑崙之岳其外有炎火之山投物輒物然括地志云弱水有二原俱出女國北阿傳達山南流會于國北又南歷國北東去一里深丈餘闊六十步非乘舟不可濟流入海阿傳達山一名崑崙山其王爲王在雍州西南一萬五千三百七十里又云弱水在甘州張掖縣南山下也 杭絕浮渚而涉流沙 漢書音義曰杭船也絕渡也浮渚流沙中渚也 奄息總極 漢書音義曰總極葱領山也在西域中 氾濫水嬉兮使靈媧鼓瑟而舞馮夷 徐廣曰媧一作貽 駰案漢書音義曰靈媧女媧也馮夷河伯字也淮南子曰馮夷得道以潛大川○正義曰姓馮名夷以庚日溺死河常以庚日好溺死人 時若薆薆將混濁兮

召屏翳 正義曰應劭云屏翳天神使也韋昭云雷師也 誅風伯 正義曰張云風伯字飛廉 而刑雨師 正義曰沙州有雨師祠 西望崐崘之軋 正義曰張云海內經云崑崘去中國五萬里天帝之下都也其山廣袤百里高八萬仞增城九重面九井以玉爲檻旁有五門開明獸守之括地志云在崑崘肅州酒泉縣南八十里六國春秋後魏昭成帝建國十年凉張駿酒泉太守馬岌上言酒泉南山即崑崘之體周穆王見西王母樂而忘歸即謂此山有石室王母堂珠璣鏤飾煥若神宮又刪丹西河名云弱水禹貢崑崘在臨羌之西即此明矣括地志云又阿傳達山亦名建末達山亦名崑崘山恒河出其南吐師子口經天竺入達山嶋水今名爲訐海出書於西河北隅吐馬口經安息大夏國入西海黃海出東北隅吐牛口東北流經滥澤潛出大積石山至華山北東入海其三河去山入海各三萬里此謂大崑崘肅州謂小崑崘也禹本紀云河出崑崘二千五百餘里日月所相隱避爲光明也 沕洸忽兮直徑馳乎三危 三危山名也○正義曰括地志云三危山在沙州東南三十里 排閶闔而入帝宮兮 正義曰韋昭云閶闔天門也淮南子曰西方曰西極之山閶闔之門 載玉

女而與之歸 正義曰張云玉女青要乘弋等也 舒閬風而摇集兮 正義曰張云閬風在崑崙閶闔之中楚辭云登閬風而緤馬也 亢烏騰而一止 漢書音義曰亢然高飛如鳥之騰也 低回陰山翔以紆曲兮 正義曰張云陰山在大崑崙西二千七百里 吾乃今目睹西王母皬然白首 徐廣曰皬音下扶反○索隱曰皬音鶴○正義曰張云西王母其狀如人豹尾虎齒蓬髮皬然白首石城金穴居其中 戴勝而穴處兮 郭璞曰勝玉勝也○正義曰顏云勝代婦人首飾也漢代謂之華勝也 亦幸有三足烏爲之使 正義曰張云三足烏青鳥也主爲西王母取食在昆墟之北 必長生若此而不死兮雖濟萬世不足以喜 回車朅來兮絕道不周 漢書音義曰不周山在崑崙東南 會食幽都 呼吸沆瀣餐朝霞兮噍咀芝英兮嘰瓊華 徐廣曰嘰音祈小食也駰案韋昭曰瓊華玉英 嬐侵潯而高縱兮紛鴻涌而上厲 徐廣曰嬐音纖○索隱曰漢書嬐作襟襟仰也音禁嬐音魚錦反 貫列缺之倒景兮涉豐隆之滂沛 漢書音義曰列缺天閃也倒景日在下○正義曰張云豐隆雲師也淮南子云季春三月豐隆乃出以將雨接豐隆將雲雨故云滂沛 馳游道而脩降兮 正義曰游游車也道道車也脩長也降下也 騖遺霧而遠逝迫區中之隘陝兮舒節出乎北垠遺屯騎於玄闕兮軼先驅於寒門 漢書音義曰玄闕北極之山寒門天北門 下崢嶸而無地兮上寥廓而無天視眩眠而無見兮聽惝恍而無聞乘虛無而上假兮超無友而獨存 徐廣曰假音古下反至也 相如既奏大人之頌天子大說飄飄有凌雲之氣似游天地之閒意相如既病免家

居茂陵天子曰司馬相如病甚可往從悉取其書若不然後失之矣使所忠往 正義曰姓所名忠也風俗通姓氏云漢書有諫大夫所忠氏 而相如已死家無書問其妻對曰長卿固未嘗有書也時時著書人又取去即空居長卿未死時爲一卷書曰有使者來求書奏之無他書其遺札書言封禪事奏所忠忠奏其書天子異之其書曰伊上古之初肇自昊穹兮生民歷撰列辟以迄于秦 徐廣曰撰一作選○索隱曰文穎曰選數也 率邇者踵武 徐廣曰率循也邇近也武迹也循省世近之遺迹○索隱曰言循覽近代之事則踵蹈者可知也 逖聽者風聲 徐廣曰逖遠也聽察遠古之風聲○索隱曰風聲風雅之聲以言聽遠古之事則著在風雅之聲也 紛綸葳蕤堙滅而不稱者不可勝數也 索隱曰胡廣曰紛亂也綸沒也葳蕤委頓也張揖曰亂貌 續韶夏崇號謚略可道者七十有二君 漢書音義曰昭明也夏大也德明大相繼封禪於泰山者七十有二人○索隱曰見韓詩外傳及封禪書也 罔若淑而不昌疇逆失而能存 徐廣曰若順也駰案韋昭曰疇誰也言順善必昌逆失必亡 軒轅之前遐哉邈乎其詳不可得聞也五三六經載籍之傳維見可觀也 索隱曰胡廣云五五帝也三三王也案六經詩書禮樂易春秋也 書曰元首明哉股肱良哉因斯以談君莫盛於唐堯臣莫賢於后稷后稷創業於唐公劉發迹於西戎文王改制爰周郅隆 徐廣曰郅盂字誤皇甫謐曰王季宅程故周書曰維王季宅程孟子稱文王生於畢程或者郅字宜爲程乎或爲胵北地有郁郅縣胵大也音

貿駰案漢書音義曰郅至也○索隱曰晏於及也郅大也盛也樊光云郅可見之大也徐及皇甫之說皆非也以言文王
改制及周而大盛也大行越成漢書音義曰行道也文王始開王業改正朔易服色太平之道於是
成矣○索隱曰應劭云大行謂以言道德大行也而後陵夷衰微千載無聲
徐廣曰周之王四海千載之後聲教乃絕駰案韋昭曰無惡聲豈不善始善終哉然無
異端慎所由於前謹遺教於後耳故軌迹夷易
易遵也湛恩濛涌易豐也憲度著明易則也垂
統理順易繼也是以業隆於繦褓而崇冠于二
后漢書音義曰繦褓謂成王也二后謂文武也周公負成王致太平功德冠於文武者道成法易故也揆厥
所元終都攸卒漢書音義曰都於卒終也未有殊尤絕迹可考
于今者也然猶躡梁父登泰山建顯號施尊名
大漢之德逢涌原泉韋昭曰漢德逢涌如泉原也○索隱曰張揖曰逢遇也喻其德盛若
遇泉原之流也又作峯讀胡廣曰自此巳下論漢家之德也沕潏漫衍旁魄四塞雲
尃霧散徐廣曰尃音布上暢九垓下泝八埏徐廣曰音衍駰案漢書音義曰
暢達垓重也泝流也埏若八埏地之際也言其德上達於九重之天下流於地之八際也懷生之類霑
濡浸潤協氣橫流武節飄逝邇陜游原迥闊泳
沫漢書音義曰邇近也原本也迥遠也闊廣也泳浮也恩德比之於水近者游其原遠者浮其沫首惡湮沒
闇昧昭晢漢書音義曰始為惡者皆湮滅闇昧喻夷狄皆化昆蟲凱澤回首
面內韋昭曰面向也然後囿騶虞之珍羣徼麋鹿之怪獸
漢書音義曰徼遮也麋鹿得其奇怪者謂獲白麟也導一莖六穗於庖徐廣曰導瑞禾也駰
案漢書音義曰謂嘉禾之米於庖廚以供祭祀○索隱曰鄭德云導擇也說文嘉禾一名導禾字林云禾一莖六穗謂之導也

犧雙觡共抵之獸徐廣曰抵音底駰案漢書音義曰犧牲也觡角也抵本也武帝獲白麟兩角共
一本因以為牲也獲周餘珍收龜于岐徐廣曰一作放龜駰案漢書音義曰餘珍得周鼎也岐水
名也招翠黃乘龍於沼漢書音義曰翠黃乘黃也龍翼馬身黃帝乘而登仙言見乘黃而招
呼之禮樂志曰紫黃湛河不下來余吾渥洼水中出神馬故曰乘龍於沼○索隱曰服虔云乘龍四龍也翠黃孟說是也周書云
乘黃似狐背上有兩角也鬼神接靈圉賓於閒館徐廣曰言至德與神明通接故
靈圉為賓旅於閒館矣郭朴曰靈圉仙人名也奇物譎詭俶儻窮變欽哉符
瑞臻茲猶以為薄不敢道封禪蓋周躍魚隕杭
休之以燎索隱曰杭舟也胡廣云武王渡河白魚入王舟俯取以燎隕墜之於舟中也微夫斯
之為符也以登介丘不亦恧乎漢書音義曰介大丘山也言周以白魚為
瑞登太山封禪不亦慙乎進讓之道其何爽與徐廣曰爽差異也駰案漢書音義曰進周
也讓漢也言周未可封禪為進漢可封禪而不封禪為讓也○索隱曰爽猶差也言漢周進讓之道皆差也於是
大司馬進曰陛下仁育羣生義征不憓漢書音義曰大司馬
上公也故先進議德音惠順也諸夏樂貢百蠻執贄德侔往初功
無與二休烈浹洽符瑞衆變期應紹至不特創
見徐廣曰不但初顯符瑞而已蓋將終以封禪之事○索隱曰文穎云不獨一物初創見也胡廣云符瑞衆多應期相
繼而至也意者泰山梁父設壇場望幸蓋號以況榮
徐廣曰以況受上天之榮為名號○索隱曰案本或作望華蓋華蓋星名在紫微大帝之上今言望聖帝之臨幸也義亦兩通
而孟康服虔注本皆幸下有華字而虞摯流別集則唯云幸幸當是也於義亦通直以後人見幸下有蓋字又幸字似華故因
疑或遂定華字使誤也文穎云蓋合也言考合前代之君揆其榮而相比況以為號也大顏云蓋欲也言欲化功立號受
天之況賜榮名也於義為愜然其文云蓋詞義典質又上與幸字連文致令有華蓋之謬也上帝垂恩

儲祉將以薦成徐廣曰以衆瑞物初至封禪處薦之上天告成功也○索隱曰案漢書作慶成義亦通也陛下謙讓而弗發也挈三神之驩徐廣曰挈猶言垂也駰案韋昭曰挈缺也三神上帝泰山梁父也○索隱曰徐氏云挈猶垂非也應劭作絕李奇韋昭作缺意亦不遠三神如淳謂地祇天神山嶽也與韋不同缺王道之儀羣臣恧焉或謂且天爲質闇珍符固不可辭漢書音義曰言天道質昧以符瑞見意不可辭讓也若然辭之是泰山靡記而梁父靡幾也漢書音義曰太山之上無所表記梁父壇場無所庶幾○索隱曰案幾音冀亦各並時而榮咸濟世而屈漢書音義曰屈絕之也言古帝王但作一時之榮畢代而絕也說者尚何稱於後徐廣曰若無封禪之遺迹則榮盡於當時至於歷世之後人何所述而云七十二君乎索隱曰言古封禪之帝王是各並時而榮貴盛有濟世之勳而屈者謂言絕屈也不封禪使說者尚何稱述後代而云七十二君乎夫

修德以錫符奉符以行事不爲進越索隱曰文穎云越踰也不爲苟進踰禮也故聖王弗替而修禮地祇謁欵天神漢書音義曰欵誠也謁告之報誠也勒功中嶽以彰至尊舒盛德發號榮受厚福以浸黎民也皇皇哉斯事天下之壯觀王者之丕業不可貶也願陛下全之而後因雜薦紳先生之略術使獲燿日月之末光絕炎以展采錯事徐廣曰錯音厝駰案漢書音義曰采官也使諸儒記功著業得覩日月末光殊絕之用以展其官職設厝其事業者也猶兼正列其義校飭厥文作春秋一藝徐廣曰校一作祓祓猶拂也音廢也駰案漢書音義曰春秋者正天時列人事諸儒既得展事業因兼正天時列人事叙述大義爲一經將襲舊六爲七韋昭曰今漢書增一仍舊六爲七也攄之無窮

徐廣曰攄一作臚臚叙也○索隱曰廣雅云攄張舒也俾萬世得激清流揚微波蜚英聲騰茂實索隱曰胡廣曰飛揚英偉之聲騰馳茂盛之實也前聖之所以永保鴻名而常爲稱首者用此索隱曰案謂用此封禪也宜命掌故悉奏其義而覽焉漢書音義曰掌故太史官屬主故事也於是天子沛然改容曰愉乎朕其試哉乃遷思回慮總公卿之議詢封禪之事詩大澤之博廣符瑞之富漢書音義曰詩歌詠功德也下四章之頌也大澤之博謂自我天覆雲之油油廣符瑞之富謂般般之獸以下三章言符瑞廣大富饒也乃作頌曰自我天覆雲之油油漢書音義曰油油雲行貌孟子曰油然作雲沛然下雨甘露時雨厥壤可游滋液滲漉何生不育徐廣曰滲音色蔭反○索隱曰案說文云滲漉水下流之貌也嘉穀六穗我

穡曷蓄徐廣曰何所畜耶畜嘉穀非唯雨之又潤澤之非唯濡之氾尃濩之徐廣曰古布字作尃○索隱曰胡廣曰氾普也言雨澤非偏於我普遍布散無所不濩也萬物熙熙懷而慕思名山顯位望君之來韋昭曰名山大山也顯位封禪也君乎君乎侯不邁哉索隱曰小顏云侯何也邁行也言君何不行封禪也般般之獸樂我君囿索隱曰案般般文彩之貌也音班胡廣曰謂騶虞也白質黑章其儀可嘉旼旼睦睦君子之能徐廣曰旼音旻和貌也能一作熊駰案漢書音義曰旻和穆敬言和且敬有似君子蓋聞其聲今觀其來厥塗靡蹤天瑞之徵徐廣曰其所來路非有迹蓋自天降瑞不行而至也茲亦於舜虞氏以興索隱曰文穎曰舜百獸率舞則騶虞亦在其中也濯濯之麟游彼靈時漢書音義曰武帝祠五時獲白麟故言游靈時○索隱曰詩人云麀鹿濯濯注云濯濯嬉遊也

孟冬十月君徂郊祀馳我君輿帝以享祉三代之前蓋未嘗有宛宛黃龍興德而升索隱曰胡廣曰宛宛虽伸也采色炫燿熿炳煇煌徐廣曰熿音晃煇音亳正陽顯見覺寤黎烝索隱曰文穎云正陽陽明也謂南面受朝也於傳載之云受命所乘索隱曰如淳曰書傳所載撰其比類以爲漢土德黃龍爲之應見之於成紀故云受命所乘也厥之有章不必諄諄徐廣曰諄止純反告之丁寧駰案漢書音義曰天之所命表以符瑞章明其德不必諄諄然有語言也依類託寓諭以封巒漢書音義曰寓寄也巒山也言依事類託寄以諭封禪者披藝觀之天人之際已交上下相發允荅聖王之德兢兢翼翼也故曰興必慮衰安必思危是以湯武至尊嚴不失肅祇舜在假典顧省厥

遺此之謂也徐廣曰假大也司馬相如既卒徐廣曰元狩五年五歲天子始祭后土八年而遂先禮中嶽正義曰嵩高也在洛州陽城縣西北二十二里封于太山正義曰在兗州博城縣西北三十里至梁父禪肅然徐廣曰小山在泰山下趾東北相如他所著若遺平陵侯書徐廣曰蘇建也與五公子相難草木書篇不采采其尤著公卿者云

太史公曰春秋推見至隱韋昭曰推見事至於隱諱謂若晉文召天子經言狩河陽之屬○索隱曰李奇曰隱猶微也言其義彰而文微若隱公見弒而經不書諱之也易本隱之以顯韋昭曰易本隱微妙出爲人事乃顯著也○索隱曰虞喜志林曰春秋以人事通天道是推見至隱也易以天道接人事索隱以之明顯也大雅言王公大人而德逮黎庶韋昭曰先言王公大人之德乃後及衆庶也○索隱曰張揖曰謂文王公劉在位大人之德下及衆民者也小雅譏小己之得失其流及上韋昭曰小雅云人志狹小先道己之憂苦其流乃及上政之得失者○索隱曰張揖云已詩人自謂也已小有得失不得其所作詩流言以諷其上也故詩緯云小雅譏已得失及之於上也所以言雖外殊其合德一也相如雖多虛辭濫說然其要歸引之節儉此與詩之風諫何異揚雄以爲靡麗之賦勸百風一猶馳騁鄭衞之聲曲終而奏雅不已虧乎余采其語可論者著于篇

索隱述贊曰

相如縱誕　竊貲卓氏　其學無方
其才足倚　子虛過吒　上林非侈
駟馬還邛　百金獻伎　惜哉封禪
遺文悼爾

史玖阡貳伯肆拾伍字
注萬捌阡捌伯貳拾字

司馬相如列傳第五十七　史記一百一十七

淮南衡山列傳第五十八　史記一百一十八

淮南厲王長者高祖少子也其母故趙王張敖美人高祖八年從東垣過趙正義曰趙張耳所都今邢州也趙王獻之美人厲王母得幸焉有身趙王敖弗敢內宮爲築外宮而舍之及貫高等謀反柏人事發覺并逮治王盡收捕王母兄弟美人繫之河內厲王母亦繫告吏曰得幸上有身吏以聞上上方怒趙王未理厲王母厲王母弟趙兼因辟陽侯言呂后呂后妒弗肯白辟陽侯不彊爭及厲王母已生厲王恚即自殺吏奉厲王詣上上悔

正義曰悔不理厲王母令呂后母之而葬厲王母眞定眞定厲王母之家在焉父世縣也索隱曰案漢書作母家縣謂父祖代居眞定也高祖十一年十月淮南王黥布反立子長爲淮南王王黥布故地凡四郡徐廣曰九江廬江衡山豫章也上自將兵擊滅布厲王遂即位厲王蚤失母常附呂后孝惠呂后時以故得幸無患害而常心怨辟陽侯弗敢發及孝文帝初即位淮南王自以爲最親驕蹇數不奉法上以親故常寬赦之三年入朝甚橫從上入苑囿獵與上同車常謂上大兄厲王有材力力能扛鼎乃往請辟陽侯辟陽侯

出見之即自袖鐵椎椎辟陽侯索隱曰漢書作褎金椎椎之案信陵君使朱亥袖四十斤鐵鎚也令從者魏敬剄之正義曰剄古鼎反剄謂刺剄厲王乃馳走闕下肉袒謝曰臣母不當坐趙事其時辟陽侯力能得之呂后弗爭罪一也趙王如意子母無罪呂后殺之辟陽侯弗爭罪二也呂后王諸呂欲以危劉氏辟陽侯弗爭罪三也臣謹爲天下誅賊臣辟陽侯報母之仇謹伏闕下請罪孝文傷其志爲親故弗治赦厲王當是時薄太后及太子諸大臣皆憚厲王厲王以此歸國益驕恣不用漢法出入稱警蹕稱制自爲法令

擬於天子六年令男子但等七十人與棘蒲侯柴武太子奇謀以輂車四十乘徐廣曰大車駕馬曰輂音己足反反谷口漢書音義曰谷口在長安北故縣也處多險阻○正義曰括地志云谷口故城在雍州醴泉縣東北四十里漢谷口縣也令人使閩越匈奴事覺治之使使召淮南王淮南王至長安丞相臣張倉典客臣馮敬行御史大夫事宗正臣逸廷尉臣賀備盜賊中尉臣福昧死言淮南王長廢先帝法不聽天子詔居處無度爲黃屋蓋乘輿出入擬於天子擅爲法令不用漢法及所置吏以其郎中春爲丞相聚收漢諸侯人及有罪亡者匿與居爲治家室

賜其財物爵祿田宅爵或至關內侯奉以二千石所不當得欲以有為 如淳曰賜亡畔來者如賜其國二千石也瓚曰奉以二千石之秩祿 大夫但 張晏曰大夫姓也上云男子但明其姓大夫也瓚曰官為大夫名但者也○索隱曰張晏云大夫姓非也案上文云男子但此云大夫但及士五開章則知大夫是官也 士五開章等七十人 如淳曰律有罪失官爵稱士伍者也開章名 與棘蒲侯太子奇謀反 徐廣曰棘蒲侯柴武以文帝後元年卒謚剛嗣子謀反不得置後國除 欲以危宗廟社稷使開章陰告長與謀使閩越及匈奴發其兵開章之淮南見長長數與坐語飲食為家室娶婦以二千石俸奉之開章使人告但已言之王春使使報但等吏覺知使長安尉奇等往捕開章長匿不予與故中尉蕑忌謀殺以閉口 索隱曰蕑姓也音姦嚴助傳則作閒忌字音亦同○正義曰謀殺開章以閉絕謀反之口也 為棺槨衣衾葬之肥陵邑 正義曰括地志云肥陵故縣在壽州安豐縣東六十里在故六城東北百餘里 謾吏曰不知安在 索隱曰謾音慢謾誑也實葬肥陵誑云不知處按肥陵地名在肥水之上 又詳聚土樹表其上曰開章死埋此下及長身自賊殺無罪者一人令吏論殺無罪者六人為命棄市罪詐捕命者以除罪 晉灼曰亡命者當棄市而王藏之詐捕不命者而言命以脫命者之罪 擅罪人罪人無告劾繫治城旦舂以上十四人赦免罪人死罪十八人城旦舂以下五十八人賜人爵關內侯以下九十四人前日長病陛下憂

苦之使使者賜書棗脯長不欲受賜不肯見拜使者南海民處廬江界中者反淮南吏卒擊之陛下以淮南民貧苦遣使者賜長帛五千匹以賜吏卒勞苦者長不欲受賜謾言曰無勞苦者南海民王織上書獻璧皇帝忌擅燔其書不以聞 文穎曰忌蕑忌 吏請召治忌長不遣謾言曰忌病春又請長願入見長怒曰女欲離我自附漢長當棄市臣請論如法制曰朕不忍致法於王其與列侯二千石議臣倉臣敬臣逸臣福臣賀昧死言臣謹與列侯吏二千石臣嬰等四十三人議皆曰長不奉法度不聽天子詔乃陰聚徒黨及謀反者厚養亡命欲以有為臣等議論如法制曰朕不忍致法於王其赦長死罪廢勿王臣倉等昧死言長有大死罪陛下不忍致法幸赦廢勿王臣請處蜀郡嚴道邛郵 徐廣曰嚴道有邛僰九折阪又有郵置駰案張晏曰嚴道蜀郡縣○索隱曰縣有蠻夷曰道嚴道有邛來山有郵置故曰嚴道邛郵也 遣其子母從居 索隱曰案樂彥云妾媵之有子者從去也 縣為築蓋家室皆廩食給薪菜鹽豉炊食器席蓐臣等昧死請請布告天下制曰計食長給肉日五斤酒二斗令故美人才人得幸者十人從居他可 索隱曰謂它事可其制也 盡誅所

與謀者於是乃遣淮南王載以輜車令縣以次傳是時袁盎諫上曰上素驕淮南王弗爲置嚴傅相以故至此且淮南王爲人剛今暴摧折之臣恐卒逢霧露病死陛下爲有殺弟之名奈何上曰吾特苦之耳今復之縣傳淮南王者皆不敢發車封漢書音義曰檻車有檻封也淮南王乃謂侍者曰誰謂乃公勇者索隱曰乃汝也汝公淮南王自謂也吾安能勇吾以驕故不聞吾過至此人生一世間安能邑邑如此乃不食死至雍正義曰今岐州雍縣也雍令發封以死聞上哭甚悲謂袁盎曰吾不聽公言卒亡淮南王盎

曰不可奈何願陛下自寬上曰爲之奈何盎曰獨斬丞相御史以謝天下乃可索隱曰案劉氏云袁盎此言亦太過也上即令丞相御史逮考諸縣傳送淮南王不發封餽侍者皆棄市乃以列侯葬淮南王於雍守冢三十户孝文八年上憐淮南王淮南王有子四人皆七八歲乃封子安爲阜陵侯子勃爲安陽侯子賜爲周陽侯子良爲東成侯孝文十二年民有作歌歌淮南厲王曰一尺布尚可縫一斗粟尚可舂兄弟二人不能相容漢書音義曰尺布斗粟猶尚不棄況於兄弟而更相逐乎瓚曰一尺布尚可縫而共衣一斗粟尚可舂而共食也況以天下之廣而不能相容上

聞之乃歎曰堯舜放逐骨肉正義曰帝系云堯黄帝之後舜顓頊之後四凶之内有承黄帝顓頊者而堯舜竄之故放逐骨肉耳四凶者共工三苗伯鯀及驩兜皆堯舜之同姓故云骨肉也周公殺管蔡天下稱聖何者不以私害公天下豈以我爲貪淮南王地邪乃徙城陽王王淮南故地徐廣曰景王章之子而追尊謚淮南王爲厲王正義曰謚法云暴慢無親曰厲置園復如諸侯儀孝文十六年徙淮南王喜復故城陽索隱曰故城陽景王章子也上憐淮南厲王廢法不軌自使失國蚤死乃立其三子阜陵侯安爲淮南王安陽侯勃爲衡山王周陽侯賜爲廬江王皆復得厲王時地參分之東城侯良前薨無後

也孝景三年吳楚七國反吳使者至淮南淮南王欲發兵應之其相曰大王必欲發兵應吳臣願爲將王乃屬相兵淮南相已將兵因城守不聽王而爲漢漢亦使曲城侯徐廣曰曲城侯姓蟲名捷其父名逢高祖功臣將兵救淮南淮南以故得完吳使者至廬江廬江王弗應而往來使越吳使者至衡山衡山王堅守無二心孝景四年吳楚已破衡山王朝上以爲貞信乃勞苦之曰南方卑溼徙衡山王王濟北所以褒之及薨遂賜謚爲貞王廬江王邊越數使使相交故徙爲衡山王王江北淮南王

如故

淮南王安爲人好讀書鼓琴，不喜弋獵狗馬馳騁，亦欲以行陰德拊循百姓，流譽天下。時時怨望厲王死，時欲畔逆，未有因也。及建元二年，淮南王入朝。素善武安侯，武安侯時爲太尉，乃逆王霸上，與王語曰：「方今上無太子，大王親高皇帝孫，（正義曰漢書云武帝以安屬爲諸侯）行仁義，天下莫不聞。即宮車一日晏駕，非大王當誰立者！」淮南王大喜，厚遺武安侯金財物。陰結賓客，（索隱曰淮南要略云養士數千高林者八人蘇非李尚左吳田由雷被伍被毛被晉昌號曰八公）拊循百姓，爲畔逆事。建元六年，彗星見，淮南王心怪之。或說王曰：「先吳軍起時，彗星出長數尺，然尚流血千里。今彗星長竟天，天下兵當大起。」王心以爲上無太子，天下有變，諸侯並爭，愈益治器械攻戰具，積金錢賂遺郡國諸侯游士奇材。諸辨士爲方略者，妄作妖言，諂諛王，王喜，多賜金錢，而謀反滋甚。淮南王有女陵，慧，有口辯。王愛陵，常多予金錢，爲中詗長安，（徐廣曰詗伺候采察之名也音空政反安平侯鄂千秋玄孫伯與淮南王女陵通而中絕又遺淮南王書稱臣盡力故棄市○索隱曰鄧展曰詗捕也孟康曰詗音偵西方人以反間爲偵劉氏及包愷並音丑政反服虔云偵候之也）約結上左右。元朔三年，上賜淮南王几杖

不朝。淮南王王后荼，王愛幸之。王后生太子遷，遷取王皇太后外孫脩成君女爲妃。（應劭曰王太后先適金氏女也）王謀爲反具，畏太子妃知而內泄事，乃與太子謀，令詐弗愛，三月不同席。王乃詳爲怒太子，閉太子使與妃同內三月，太子終不近妃。妃求去，王乃上書謝歸去之。王后荼、太子遷及女陵得愛幸王，擅國權，侵奪民田宅，妄致繫人。（徐廣曰一云毆擊）元朔五年，太子學用劍，自以爲人莫及，聞郎中雷被巧，（索隱曰案巧者謂善用劍也）乃召與戲。被一再辭讓，誤中太子。（索隱曰樂彥云初一讓王至二讓後遂不讓故云一再讓而誤中太子也）太子怒，被恐。此時有欲從軍者輒詣京師，被即願奮擊匈奴。太子遷數惡被於王，王使郎中令斥免，欲以禁後，（正義曰言屏斥免郎中令官而令後人不敢效也）被遂亡至長安，上書自明。詔下其事廷尉、河南。（正義曰雷被告章下廷尉及河南共治之）河南治，逮淮南太子，（正義曰逮謂追赴河南也）王、王后計欲無遣太子，遂發兵反，計猶豫，十餘日未定。會有詔，即訊太子。（索隱曰案樂彥云即就淮南案之不逮詣河南也）當是時，淮南相怒壽春丞留太子逮不遣，（如淳曰丞主刑獄囚徒丞順王意不遣太子應逮書）劾不敬。王以請相，相弗聽。王使人上書告相，事下廷尉治。蹤跡連王，王使人候伺漢公卿，公卿請逮

捕治王王恐事發太子遷謀曰漢使即逮王王令人衣衞士衣持戟居庭中王旁有非是則刺殺之臣亦使人刺殺淮南中尉乃舉兵未晚是時上不許公卿請而遣漢中尉宏即訊驗王（索隱曰案百官表云宏姓殷也）王聞漢使來即如太子謀計漢中尉至王視其顏色和訊王以斥雷被事耳王自度無何（如淳曰無何罪）不發中尉還以聞公卿治者曰淮南王安擁閼奮擊匈奴者雷被等廢格明詔當棄市（索隱曰崔浩云詔書募擊匈奴而被壅遏應募者漢律所謂廢格案如淳注梁孝王傳云謂岐閣不行也音各）詔弗許公卿請廢勿王詔弗許公卿請削五縣詔

削五縣使中尉宏赦淮南王罪罰以削地中尉入淮南界宣言赦王王初聞漢公卿請誅之未知得削地聞漢使來恐其捕之乃與太子謀刺之如前計及中尉至即賀王王以故不發其後自傷曰吾行仁義見削甚恥之然淮南王削地之後其為反謀益甚諸使道從長安來為妄妖言（索隱曰如淳曰道猶言路由長安來姚丞云道或作從）言上無男漢不治即喜即言漢廷治有男王怒以為妄言非也王日夜與伍被（漢書曰伍被楚人或言其先伍子胥後）左吳等案輿地圖（蘇林曰輿猶盡載之意○索隱曰志林云輿地圖漢家所畫非出遠也）部署兵所從入王曰上

無太子宮車即晏駕廷臣必徵膠東王不即常山王（徐廣曰皆景帝子也）諸侯並爭吾可以無備乎且吾高祖孫親行仁義陛下遇我厚吾能忍之萬世之後吾寧能北面臣事豎子乎王坐東宮召伍被與謀曰將軍上被悵然曰上寬赦大王王復安得此亡國之語乎臣聞子胥諫吳王吳王不用乃曰臣今見麋鹿游姑蘇之臺也今臣亦見宮中生荆棘露霑衣也王怒繫伍被父母囚之三月復召曰將軍許寡人乎被曰不直來為大王畫耳臣聞聰者聽於無聲明者見於未形故聖

人萬舉萬全昔文王一動而功顯于千世列為三代此所謂因天心以動作者也故海內不期而隨此千歲之可見者夫百年之秦近世之吳楚亦足以喻國家之存亡矣臣不敢避子胥之誅願大王毋為吳王之聽昔秦絕先王之道殺術士燔詩書棄禮義尚詐力任刑罰轉負海之粟致之西河當是之時男子疾耕不足於糟糠女子紡績不足於蓋形遣蒙恬築長城東西數千里暴兵露師常數十萬死者不可勝數僵尸千里流血頃畝百姓力竭欲為亂者十家而五

又使徐福入海求神異物還為偽辭曰臣見海中大神言曰汝西皇之使邪臣答曰然汝何求曰願請延年益壽藥神曰汝秦王之禮薄得觀而不得取即從臣東南至蓬萊山見芝成宮闕有使者銅色而龍形光上照天於是臣再拜問曰宜何資以獻海神曰以令名男子若振女徐廣曰西京賦曰振子萬童駰案薛綜曰振子童男女與百工之事即得之矣秦皇帝大說遣振男女三千人資之五穀種種百工而行徐福得平原廣澤止王不來正義曰括地志云亶州在東海中秦始皇遣徐福將童男女遂止此州其後復有數洲萬家其上人有至會稽市易者闕文於是百姓悲痛相思欲為亂者十家而六又使尉佗踰五嶺攻百越尉佗知中國勞極止王不來使人上書求女無夫家者三萬人以為士卒衣補秦皇帝可其萬五千人於是百姓離心瓦解欲為亂者十家而七客謂高皇帝曰時可矣高皇帝曰待之聖人當起東南間不一年陳勝吳廣發矣高皇始於豐沛一倡天下不期而響應者不可勝數也此所謂蹈瑕候間因秦之亡而動者也百姓願之若旱之望雨故起於行陳之中而立為天子功高三王德傳無窮今大王見高皇

帝得天下之易也獨不觀近世之吳楚乎夫吳王賜號為劉氏祭酒應劭曰禮飲酒必祭示有先也故稱祭酒尊也復不朝王四郡之眾地方數千里內鑄消銅以為錢東煑海水以為鹽上取江陵木以為船一船之載當中國數十兩車國富民眾行珠玉金帛賂諸侯宗室大臣獨竇氏不與計定謀成舉兵而西破於大梁敗於狐父徐廣曰在梁碭之間奔走而東至於丹徒越人禽之身死絕祀為天下笑夫以吳越之眾不能成功者何誠逆天道而不知時也方今大王之兵眾不能十分吳楚之一天下安寧有萬倍於吳楚之時願大王從臣之計大王不從臣之計今見大王事必不成而語先泄也臣聞微子過故國而悲於是作麥秀之歌是痛紂之不用王子比干也故孟子曰紂貴為天子死曾不若匹夫是紂先自絕於天下久矣非死之日而天下去之今臣亦竊悲大王棄千乘之君必且賜絕命之書為群臣先死於東宮也如淳曰王時所居也於是王氣怨結而不揚涕滿匡而橫流即起歷階而去王有孽子不害最長王弗愛王王后太子皆不以為子兄數如淳曰不以為子兄秩數不害有子建材高有

氣常怨望太子不省其父（服虔曰不省錄著兄弟數中）又怨時諸侯皆得分子弟為侯而淮南獨二子一為太子建父獨不得為侯建陰結交欲告敗太子以其父代之太子知之數捕繫而榜笞建建具知太子之謀欲殺漢中尉即使所善壽春莊芷（索隱曰漢書作嚴正）以元朔六年上書於天子曰毒藥苦於口利於病忠言逆於耳利於行今淮南王孫建材能高淮南王王后荼荼子太子遷常疾害建建父不害無罪擅數捕繫欲殺之今建在可徵問具知淮南陰事書聞上以其事下廷尉廷尉下河南治是時故辟陽侯孫審卿善丞相公孫弘怨淮南厲王殺其大父乃深購淮南事於弘弘乃疑淮南有畔逆計謀深窮治其獄河南治建辭引淮南太子及黨與淮南王患之欲發問伍被曰漢廷治亂伍被曰天下治王意不說謂伍被曰公何以言天下治也被曰被竊觀朝廷之政君臣之義父子之親夫婦之別長幼之序皆得其理上之舉錯遵古之道風俗紀綱未有所缺也重裝富賈周流天下道無不通故交易之道行南越賓服羌僰入獻東甌入降廣長榆（如淳曰廣謂拓大之也長榆塞名王恢所謂樹榆為塞）開朔方匈奴折翅傷翼失援不振雖未及古太平之時然猶為治也王怒被謝死罪王又謂被曰山東即有兵漢必使大將軍將而制山東公以為大將軍何如人也被曰被所善者黃義從大將軍擊匈奴還告被曰大將軍遇士大夫有禮於士卒有恩眾皆樂為之用騎上下山若蜚材幹絕人被以為材能如此數將習兵未易當也及謁者曹梁使長安來言大將軍號令明當敵勇敢常為士卒先休舍穿井未通須士卒盡得水乃敢飲軍罷卒盡已渡河乃度皇太后所賜金帛盡以賜軍吏雖古名將弗過也王默然淮南王見建已徵治恐國陰事且覺欲發被又以為難乃復問被曰公以為吳興兵是邪非也被曰以為非也吳王至富貴也舉事不當身死丹徒頭足異處子孫無遺類（徐廣曰一作噍音寂笑反）臣聞吳王悔之甚願王孰慮之無為吳王之所悔王曰男子之所死者一言耳（徐廣曰一本無此言字駰案張晏曰不成則死一計耳瓚曰或有一言之云以死執之矣）且吳何知反（瓚曰言吳王不知舉兵反○索隱曰案知猶解也）漢將一日過成皋者四十餘人（如淳曰言吳不塞成皋口而令漢將得出之）今我令樓緩（漢書直云緩無

樓字樓緩乃六國時人疑此後人所益也李奇曰緩似人姓名韋昭曰淮南臣名先要成皋之口正義曰成皋故在河南汜水縣東南二里周被下潁川兵塞轘轅伊闕之道正義曰轘轅故關在河南緱氏縣南四十里伊闕故關在河南縣南十九里陳定發南陽兵守武關正義曰故武關在商州商洛縣東九十里春秋時闕丈河南太守獨有雒陽耳何足憂然此北尚有臨晉關河東上黨與河內趙國人言曰絕成皋之口天下不通據三川之險正義曰即成皋關也招山東之兵舉事如此公以為何如被曰臣見其禍未見其福也王曰左吳趙賢朱驕如皆以為有福什事九成公獨以為有禍無福何也被曰大王之羣臣近幸

素能使衆者皆前繫詔獄餘無可用者王曰陳勝吳廣無立錐之地千人之聚起於大澤奮臂大呼而天下嚮應西至於戲而兵百二十萬今吾國雖小然而勝兵者可得十餘萬非直適戍之衆鑯鑿棘矜也徐廣曰大鐮謂之鑯音五哀反或是鑯乎○索隱曰劉氏鑯音吾哀反鑿音自各反又鑯鄒音攙鑱音廉公何以言有禍無福被曰往者秦為無道殘賊天下興萬乘之駕作阿房之宮收太半之賦發閭左之戍正義曰閭左邊不役之民秦則役之也父不寧子兄不便弟政苛刑峻天下熬然若焦索隱曰即消反民皆引領而望傾耳而聽悲號仰天叩心而

怨上故陳勝大呼天下嚮應當今陛下臨制天下一齊海內汎愛蒸庶布德施惠口雖未言聲疾雷霆令雖未出化馳如神心有所懷威動萬里下之應上猶影響也而大將軍材能不特章邯楊熊也大王以陳勝吳廣諭之被以為過矣王曰苟如公言不可徼幸邪被曰被有愚計王曰奈何被曰當今諸侯無異心百姓無怨氣朔方之郡田地廣水草美民徙者不足以實其地臣之愚計可偽為丞相御史請書徙郡國豪傑任俠及有耐罪以上應劭曰輕罪不至於髡完其耐鬢故曰耐字與彡髮膚之意蘇林以為法度之字皆從寸後改如是耐音若能如淳曰律耐為司寇耐為鬼薪白粲耐猶任也蘇林曰一歲為罰作二歲刑已上為耐耐能任其罪赦令除其罪產五十萬以上者皆徙其家屬朔方之郡益發甲卒急其會日又偽為左右都司空上林中都官詔獄逮書諸侯太子幸臣晉灼曰百官表宗正有左右都司空上林有水司空皆主囚徒官也如此則民怨諸侯懼即使辯武徐廣曰淮南人名士曰武隨而說之儻可徼幸什得一乎王曰此可也雖然吾以為不至若此於是王乃令官奴入宮作皇帝璽丞相御史大將軍軍吏中二千石都官令丞印及旁近郡太守都尉印漢使節法冠蔡邕曰法冠楚王冠也秦威楚以其君冠賜御史○索隱

曰崔浩云一名獬豸冠也欲如伍被計使人僞得罪而西蘇林曰詐作罪人而西也事大將軍丞相一日發兵如淳曰發淮南兵也○索隱曰崔浩曰一日猶一朝卒然無定時也使人即刺殺大將軍青而說丞相下之如發蒙耳如淳曰以物蒙覆其頭而爲發去其人欲之耳韋昭曰如蒙巾發之甚易王欲發國中兵恐其相二千石不聽王乃與伍被謀先殺相二千石僞失火宮中相二千石救火至即殺之計未決又欲令人衣求盜衣漢書音義曰卒衣也持羽檄從東方來呼曰南越兵入界欲因以發兵乃使人至廬江會稽爲求盜未發王問伍被曰吾舉兵西鄉諸侯必有應我者即無應奈何被

曰南收衡山以擊廬江有尋陽之船守下雉之城徐廣曰在江夏駰案蘇林曰下雉縣名○索隱曰雉音全爾反縣名在江南結九江之浦絕豫章之口正義曰即彭蠡湖口北流出大江者彊弩臨江而守以禁南郡之下東收江都會稽正義曰江都揚州也會稽蘇州也南通勁越屈彊江淮閒猶可得延歲月之壽王曰善無以易此急則走越耳於是廷尉以王孫建辭連淮南王太子遷聞上遣廷尉監因拜淮南中尉逮捕太子至淮南淮南王聞與太子謀召相二千石欲殺而發兵召相相至內史以出爲解中尉曰臣受詔使不得見王王念獨殺相而內

史中尉不來無益也即罷相王猶豫計未決太子念所坐者謀刺漢中尉所與謀者已死以爲口絕乃謂王曰羣臣可用者皆前繫今無足與舉事者王以非時發恐無功臣願會逮王亦偷欲休徐廣曰偷苟且也即許太子太子即自剄不殊晉灼曰不殊不死伍被自詣吏因告與淮南王謀反反蹤跡具如此吏因捕太子王后圍王宮盡求捕王所與謀反賓客在國中者索得反具以聞上下公卿治所連引與淮南王謀反列侯二千石豪傑數千人皆以罪輕重受誅衡山王賜淮南王弟也

當坐收有司請逮捕衡山王天子曰諸侯各以其國爲本不當相坐與諸侯王列侯會肆丞相諸侯議徐廣曰詣都座就丞相共議也○索隱曰案肆習也音異趙王彭祖列侯臣讓等四十三人議皆曰淮南王安甚大逆無道謀反明白當伏誅膠西王臣端議曰淮南王安廢法行邪懷詐僞心以亂天下熒惑百姓倍畔宗廟妄作妖言春秋曰臣無將將而誅安罪重於將謀反形已定臣端所見其書節印圖及他逆無道事驗明白甚大逆無道當伏其法而論國吏二百石以上及比者徐廣曰比吏而非真宗室近幸

臣不在法中者不能相教當皆免削爵爲士伍毋得宦爲吏其非吏他贖死金二斤八兩蘇林曰非吏故曰他以章臣安之罪使天下明知臣子之道毋敢復有邪僻倍畔之意丞相弘廷尉湯等以聞天子使宗正以符節治王未至淮南王安自剄殺徐廣曰即位凡四十二年元狩元年十月死王后荼太子遷諸所與謀反者皆族天子以伍被雅辭多引漢之美欲勿誅廷尉湯曰被首爲王畫反謀被罪無赦遂誅被國除爲九江郡徐廣曰又爲六安國以陳縣爲都衡山王賜王后乘舒正義曰衡山王后名也生子三人長男爽爲太子次男孝次女無采又姬徐來生子男女四人美人厥姬生子二人衡山王淮南王兄弟相責望禮節間不相能衡山王聞淮南王作爲畔逆反具亦心結賓客以應之恐爲所并元光六年衡山王入朝其謁者衞慶有方術欲上書事天子王怒故劾慶死罪彊榜服之衡山內史以爲非是郤其獄王使人上書告內史內史治言王不直王又數侵奪人田壞人冢以爲田有司請逮治衡山王天子不許爲置吏二百石以上如淳曰漢儀注吏四百石已下自調除國中今王惡天子皆爲置之衡山王以此

恚與奚慈張廣昌謀求能爲兵法候星氣者日夜從容王密謀反事徐廣曰密豫作計校王后乘舒死立徐來爲王后厥姬俱幸兩人相妬厥姬乃惡王后徐來於太子曰徐來使婢蠱道殺太子母太子心怨徐來徐來兄至衡山太子與飲以刃刺傷王后兄王后怨怒數毀惡太子於王太子女弟無采嫁棄歸與奴姦又與客姦太子數讓無采無采怒不與太子通王后聞之即善遇無采無采及中兄孝少失母附王后王后以計愛之與共毀太子王以故數擊笞太子元朔四年中人有賊傷王后假母者漢書音義曰傅母屬王疑太子使人傷之笞太子後王病太子時稱病不侍孝王后無采惡太子太子實不病自言病有喜色王大怒欲廢太子立其弟孝王后知王決廢太子又欲并廢孝王后有侍者善舞王幸之王后欲令侍者與孝亂以汙之欲并廢兄弟而立其子廣代太子太子爽知之念后數惡己無已時欲與亂以止其口王后飲太子前爲壽因據王后股求與王后臥王后怒以告王王乃召欲縛而笞之太子知王常欲廢己立其弟孝乃謂王曰孝

與王御者姦無采與奴姦王彊食請上書即倍王去王使人止之莫能禁乃自駕追捕太子太子妄惡言王械繫太子宮中孝日益親幸王奇孝材能乃佩之王印號曰將軍令居外宅多給金錢招致賓客賓客來者微知淮南衡山有逆計日夜從容勸之王乃使孝客江都人救赫陳喜作輣車鍭矢（徐廣曰輣車戰車也音扶萌反○索隱曰救漢書作枚劉向別錄云易家有救氏之法也）刻天子璽將相軍吏印王日夜求壯士如周丘等數稱引吳楚反時計畫以約束衡山王非敢效淮南王求即天子位畏淮南起并其國以

爲淮南已西發兵定江淮之間而有之望如是元朔五年秋衡山王當朝六年過淮南淮南王乃昆弟語除前郤約束反具衡山王即上書謝病上賜書不朝元朔六年中衡山使人上書請廢太子爽立孝爲太子爽聞即使所善白嬴之長安上書（索隱曰嬴音盈人姓名也）言孝作輣車鍭矢與王御者姦欲以敗孝白嬴至長安未及上書吏捕嬴以淮南事繫王聞爽使白嬴上書恐言國陰事即上書反告太子爽所爲不道棄市罪事下沛郡治元朔七年冬有司公卿下沛郡求捕所

與淮南謀反者未得得陳喜於衡山王子孝家吏劾孝首匿喜孝以爲陳喜雅數與王計謀反恐其發之聞律先自告除其罪又疑太子使白嬴上書發其事即先自告告所與謀反者救赫陳喜等廷尉治驗公卿請逮捕衡山王治之天子曰勿捕遣中尉安（索隱曰按漢書表司馬安也）大行息（索隱曰案漢書表李息）即問王王具以情實對吏皆圍王宮而守之中尉大行還以聞公卿請遣宗正大行與沛郡雜治王王聞即自剄殺孝先自告反除其罪坐與王御婢姦棄市王后徐來亦坐蠱殺前王

后乘舒及太子爽坐王告不孝皆棄市諸與衡山王謀反者皆族國除爲衡山郡

太史公曰詩之所謂戎狄是膺荊舒是懲信哉是也淮南衡山親爲骨肉疆土千里列爲諸侯不務遵蕃臣職以承輔天子而專挾邪僻之計謀爲畔逆仍父子再亡國各不終其身爲天下笑此非獨王過也亦其俗薄臣下漸靡使然也夫荊楚僄勇輕悍好作亂乃自古記之矣

索隱述贊曰

淮南多橫　舉事非正　天子寬仁

其過不更　輣車致禍　斗粟成訴
王安好學　女陵作詗　兄弟不和
傾國殞命

淮南衡山列傳第五十八　史記一百一十八

循吏列傳第五十九（索隱曰謂本法循理之吏也）　史記一百一十九

太史公曰法令所以導民也刑罰所以禁姦也文武不備良民懼然身修者官未曾亂也奉職循理亦可以爲治何必威嚴哉

孫叔敖者（正義曰說苑云孫叔敖爲令尹一國吏民皆來賀有一老父衣麤衣冠白冠後來弔曰有身貴而驕人者民亡之位已高而擅權者君惡之祿已厚而不知足者患處之叔敖再拜敬受命願聞餘教父曰位已高而意益下官益大而心益小祿已厚而慎不敢取君謹守此三者足以治楚）楚之處士也虞丘相進之於楚莊王以自代也三月爲楚相施教導民上下和合世俗盛美政緩禁止吏無姦邪盜賊不起秋冬則勸民山採春夏以水（徐廣曰乘多水時而出材竹）各得其所便民皆樂其生莊王以爲幣輕更以小爲大百姓不便皆去其業市令言之相曰市亂民莫安其處次行不定相曰如此幾何頃乎市令曰三月頃相曰罷吾今令之復矣後五日朝相言之王曰前日更幣以爲輕今市令來言曰市亂民莫安其處次行之不定臣請遂令復如故王許之下令三日而市復如故楚民俗好庳車（索隱曰庳下也音婢）王以爲庳車不便馬欲下令使高之相曰令數下民不知所從不可王必欲高

車臣請教閭里使高其梱索隱曰梱門限也音口本反乘車者皆君子君子不能數下車王許之居半歲民悉自高其車此不教而民從其化近者視而效之遠者四面望而法之故三得相而不喜知其材自得之也三去相而不悔知非己之罪也皇覽曰孫叔敖冢在南郡江陵故城中白土里民傳孫叔敖曰葬我廬江陂後當為萬户邑去故楚都郢城北二十里所或曰孫叔敖激沮水作雲夢大澤之池也

子產者鄭之列大夫也索隱曰按有管晏列傳其國僑羊舌肸等亦古之賢大夫合著在管晏之下不宜散入循吏之篇鄭昭君之時以所愛徐摯為相索隱曰按鄭系家云子產鄭成公之少子事簡公定公封以六邑子產不事昭君亦無徐摯作相之事抑別有所出太史記異耳國亂上下不親父子不和大宮子期言之君以子產為相索隱曰子期亦鄭之公子也左傳國語亦無其說按系家鄭相子西子駟之子與子產同時蓋亦子期之兄弟也為相一年豎子不戲狎斑白不提挈僮子不犂畔二年市不豫賈索隱曰賈音價謂臨時評其貴賤不豫定賈三年門不夜關徐廣曰一作閉道不拾遺四年田器不歸五年士無尺籍正義曰言士民無一尺方板之籍書什伍什伍相保也喪期不令而治治鄭二十六年而死丁壯號哭老人兒啼曰子產去我死乎民將安歸皇覽曰子產冢在河南新鄭城外大冢是也○索隱曰按左傳及系家云子產死孔子泣曰子產古之遺愛也又韓詩稱子產卒鄭人耕者輟耒婦人損其佩玦也

子產

史記列傳五十九　二

公儀休者魯博士也以高第為魯相奉法循理無所變更百官自正使食祿者不得與下民爭利受大者不得取小客有遺相魚者相不受客曰聞君嗜魚遺君魚何故不受也相曰以嗜魚故不受也今為相能自給魚今受魚而免誰復給我魚者吾故不受也食茹而美拔其園葵而棄之見其家織布好而疾出其家婦燔其機云欲令農士工女安所讎其貨乎

石奢者楚昭王相也堅直廉正無所阿避行縣道有殺人者相追之乃其父也縱其父而還自繫焉使人言之王曰殺人者臣之父也夫以父立政不孝也廢法縱罪非忠也臣罪當死王曰追而不及不當伏罪子其治事矣石奢曰不私其父非孝子也不奉主法非忠臣也王赦其罪上惠也伏誅而死臣職也遂不受令自刎而死

李離者晉文公之理也正義曰理獄官也過聽殺人自拘當死文公曰官有貴賤罰有輕重下吏有過非子之罪也李離曰臣居官為長不與吏讓位受祿為多不與下分利今過聽殺人傳其罪下吏非所聞也辭不受令文公曰子則自以為有罪

公儀休　石奢　李離

史記列傳五十九　三

寡人亦有罪邪李離曰理有法失刑則刑失死則死公以臣能聽微決疑索隱曰言能聽察微理以決疑獄故周禮司寇以五聽察獄訟之辭氣色耳目也又尚書曰服念五六日至于旬時是也故使爲理今過聽殺人罪當死遂不受令伏劍而死

太史公曰孫叔敖出一言郢市復子產病死鄭民號哭公儀子見好布而家婦逐石奢縱父而死楚昭名立李離過殺而伏劍晉文以正國法

索隱述贊曰　奉職循理　爲政之先　恤人體國　良史述焉　叔孫鄭產　自昔稱賢　拔葵一利　赦父非僭　李離伏劍　爲法而然

循吏列傳第五十九　史記一百一十九

汲鄭列傳第六十　史記一百二十

汲黯字長孺濮陽人也其先有寵於古之衛君至黯七世世爲卿大夫黯以父任孝文穎曰六國時衛但稱君景時爲太子洗馬以莊見憚索隱曰莊者嚴也謂嚴威也自漢明帝諱莊故已後莊皆云嚴孝景帝崩太子即位黯爲謁者東越相攻上使黯往視之不至至吳而還報曰越人相攻固其俗然不足以辱天子之使河內失火延燒千餘家上使黯往視之還報曰家人失火屋比延燒索隱曰比音鼻不足憂也臣過河南河南貧人傷水旱萬餘家或父子相食臣謹以便宜持節發河南倉粟以振貧民臣請歸節伏矯制之罪上賢而釋之遷爲滎陽令黯恥爲令病歸田里上聞乃召拜爲中大夫以數切諫不得久留內遷爲東海太守黯學黃老之言治官理民好清靜擇丞史而任之如淳曰律太守都尉諸侯內史史各一人卒史書佐各十人今總言丞史或以爲擇郡丞及史使任之鄭當時爲大農推官屬丞史亦是也其治責大指而已不苛小黯多病臥閨閤內不出歲餘東海大治稱之上聞召以爲主爵都尉列於九卿治務在無爲而已弘大體不拘文法黯爲人性倨少禮面折不能容人之過合己者善待之不合己者不

能忍見士亦以此不附焉然好學游俠任氣節
內行脩絜好直諫數犯主之顏色常慕傅柏袁
盎之為人也(應劭曰傅柏梁人為孝王將素伉直○索隱曰傅音付人姓柏名)善灌夫
鄭當時及宗正劉棄(徐廣曰一云名棄疾○索隱曰漢書見名棄疾)亦以數
直諫不得久居位當是時太后弟武安侯蚡為
丞相中二千石來拜謁蚡不為禮然黯見蚡未
嘗拜常揖之天子方招文學儒者上曰吾欲云
云(張晏曰所言欲施仁義也)黯對曰陛下內多欲而外施仁義
奈何欲效唐虞之治乎上默然怒變色而罷朝
公卿皆為黯懼上退謂左右曰甚矣汲黯之戇

史記列傳六十　二

也(索隱曰戇愚也音陟降反)羣臣或數黯黯曰天子置公卿輔
弼之臣寧令從諛承意陷主於不義乎且已在
其位縱愛身奈辱朝廷何黯多病病且滿三月
上常賜告者數(如淳曰杜欽所謂病滿賜告詔恩也數者非一也或曰賜告得去官歸家與告居官不視事○索隱曰數音所角反)終不愈最後病莊助為請告(徐廣曰最一作其也)
上曰汲黯何如人哉助曰使黯任職居官
無以踰人(索隱曰踰音庾案漢書作愈愈猶勝也)然至其輔少主守城
深堅招之不來麾之不去雖自謂賁育亦不能
奪之矣上曰然古有社稷之臣至如黯近之矣
大將軍青侍中上踞廁而視之(如淳曰廁音側謂牀邊踞牀視之一云溷

汲黯

廁也廁牀邊側)丞相弘燕見上或時不冠至如黯見上不
冠不見也上嘗坐武帳中(應劭曰武帳織成為武士象也孟康曰今御武帳置兵闌五兵於帳中韋昭曰以武名之示威)黯前奏事上不冠望見黯避帳
中使人可其奏其見敬禮如此張湯方以更定
律令為廷尉黯數質責湯於上前曰公為正卿
上不能褒先帝之功業下不能抑天下之邪心
安國富民使囹圄空虛二者無一焉非苦就行
放析就功何乃取高皇帝約束紛更之為(如淳曰紛亂也)
公以此無種矣黯時與湯論議湯辯常在文
深小苛黯伉厲守高不能屈忿發罵曰天下謂

史記列傳六十　三

刀筆吏不可以為公卿果然必湯也令天下重
足而立側目而視矣是時漢方征匈奴招懷四
夷黯務少事乘上間常言與胡和親無起兵上
方向儒術尊公孫弘及事益多吏民巧弄(索隱曰弄音路洞反)
上分別文法湯等數奏決讞以幸(索隱曰讞音魚列反)而
黯常毀儒面觸弘等徒懷詐飾智以阿人主取
容而刀筆吏專深文巧詆(索隱曰音丁禮反)陷人於罪使
不得反其真以勝為功上愈益貴弘湯弘湯深
心疾黯唯天子亦不說也欲誅之以事弘為丞
相乃言上曰右內史界部中多貴人宗室難治非

汲黯

素重臣不能任請徙黯爲右内史爲右内史數歲官事不廢大將軍青既益尊姊爲皇后然黯與亢禮人或說黯曰自天子欲羣臣下大將軍大將軍尊重益貴君不可以不拜黯曰夫以大將軍有揖客反不重邪大將軍聞愈賢黯數請問國家朝廷所疑遇黯過於平生淮南王謀反憚黯曰好直諫守節死義難惑以非至如說丞相弘如發蒙振落耳天子既數征匈奴有功黯之言益不用始黯列爲九卿而公孫弘張湯爲小吏及弘湯稍益貴與黯同位黯又非毀弘湯

等已而弘至丞相封爲侯湯至御史大夫故黯時丞相史皆與黯同列或尊用過之黯褊心不能無少望見上前言曰陛下用羣臣如積薪耳後來者居上上默然有閒黯罷上曰人果不可以無學觀黯之言也日益甚居無何匈奴渾邪王率衆來降漢發車二萬乘縣官無錢從民貰馬（索隱曰貰音時夜反貰賒也鄒氏音勢）民或匿馬馬不具上怒欲斬長安令黯曰長安令無罪獨斬黯民乃肯出馬且匈奴畔其主而降漢漢徐以縣次傳之何至令天下騷動罷弊中國而以事夷狄之人乎上

默然及渾邪至賈人與市者坐當死者五百餘人黯請閒見高門（如淳曰黄圖未央宮中有高門殿）曰夫匈奴攻當路塞絶和親中國興兵誅之死傷者不可勝計而費以巨萬百數臣愚以爲陛下得胡人皆以爲奴婢以賜從軍死事者家所鹵獲因予之以謝天下之苦塞百姓之心今縱不能渾邪率數萬之衆來降虚府庫賞賜發良民侍養譬若奉驕子愚民安知市買長安中物而文吏繩以爲闌出財物于邊關乎（應劭曰闌妄也律胡市吏民不得持兵器出關雖於京師市買其法一也瓚曰無符傳出入爲闌）陛下縱不能得匈奴之資以謝

天下又以微文殺無知者五百餘人是所謂庇其葉而傷其枝者也臣竊爲陛下不取也上默然不許曰吾久不聞汲黯之言今又復妄發矣後數月黯坐小法會赦免官於是黯隱於田園居數年會更五銖錢（徐廣曰元狩五年行五銖錢）民多盜鑄錢楚地尤甚上以爲淮陽楚地之郊乃召拜黯爲淮陽太守黯伏謝不受印詔數彊予然後奉詔詔召見黯黯爲上泣曰臣自以爲填溝壑不復見陛下不意陛下復收用之臣常有狗馬病力不能任郡事臣願爲中郎出入禁闥補過拾遺

臣之願也上曰君薄淮陽邪吾今召君矣（索隱曰今猶即今也謂今日後即召君）顧淮陽吏民不相得吾徒得君之重臥而治之黯既辭行過大行李息曰黯棄居郡不得與朝廷議也然御史大夫張湯智足以拒諫詐足以飾非務巧佞之語辯數之辭非肯正為天下言專阿主意主意所不欲因而毀之主意所欲因而譽之好興事舞文法（如淳曰舞猶弄也）內懷詐以御主心外挾賊吏以為威重公列九卿不早言之公與之俱受其僇矣息畏湯終不敢言黯居郡如故治淮陽政清後張湯果敗上聞黯

與息言抵息罪令黯以諸侯相秩居淮陽（如淳曰諸侯王相在郡守上秩眞二千石律眞二千石奉月二萬二千石月萬六千）七歲而卒（徐廣曰元鼎五年）卒後上以黯故官其弟汲仁至九卿子汲偃至諸侯相黯姑姊子司馬安亦少與黯為太子洗馬安文深巧善宦官四至九卿以河南太守卒昆弟以安故同時至二千石者十人濮陽段宏（索隱曰案漢書作段宏）始事蓋侯信（徐廣曰太后兄王信）信任宏宏亦再至九卿然衛人仕者皆嚴憚汲黯出其下

鄭當時者字莊陳人也其先鄭君（漢書音義曰當時父）嘗為項籍將籍死已而屬漢高祖令諸故項籍

臣名籍鄭君獨不奉詔詔盡拜名籍者為大夫而逐鄭君鄭君死孝文時鄭莊以任俠自喜脫張羽於戹（服虔曰梁孝王之將楚相之弟）聲聞梁楚之閒孝景時為太子舍人每五日洗沐常置驛馬長安諸郊（如淳曰六交道四通郊也請賓客便瓚曰諸郊謂長安四面郊祀之處閑靜可以請賓客○索隱曰置即驛馬謂於置著馬也）存諸故人請謝賓客夜以繼日至其明旦常恐不徧莊好黃老之言其慕長者如恐不見年少官薄然其游知交皆其大父行天下有名之士也武帝立莊稍遷為魯中尉濟南太守江都相至九卿為右內史以武安侯魏其時議貶秩

為詹事遷為大農令莊為太史誡門下客至無貴賤無留門者執賓主之禮以其貴下人莊廉又不治其產業仰奉賜以給諸公然其餽遺人不過算器食（徐廣曰算音先管反竹器○索隱曰算謂竹器以言無銅漆也漢書作具器食）每朝候上之間說未嘗不言天下之長者其推轂士及官屬丞史誠有味其言之也常引以為賢於己未嘗名吏與官屬言若恐傷之聞人之善言進之上唯恐後山東士諸公以此翕然稱鄭莊鄭莊使視決河自請治行五日（如淳曰治行謂莊嚴也）上曰吾聞鄭莊行千里不齎糧請治行者何也然

鄭莊在朝常趨和承意不敢甚引當否及晚節漢征匈奴招四夷天下費多財用益匱莊任人賓客為大農僦人徐廣曰一作入一云賓客為大農僦人僦人蓋與生財利如今方宜矣駰案晉灼曰當時為大農而任使其賓客辜較任僦也瓚曰任人謂保任見舉者○索隱曰僦音即僦反辜較音姑角謂當時作大農任賓客僦人取庸直也或者貰物以應官取庸故下云多逋負也辜較字亦作酤榷榷者獨也言國家獨榷酤也此云辜較亦謂令賓客任人專其利故云辜較也多逋負司馬安為淮陽太守發其事莊以此陷罪贖為庶人頃之守長史如淳曰丞相長史也上以為老以莊為汝南太守數歲以官卒鄭莊汲黯始列為九卿廉內行脩絜此兩人中廢家貧賓客益落索隱曰落零落猶散落也及居郡卒後家無餘貲財莊兄弟子孫以莊故至二千石六七人焉

太史公曰夫以汲鄭之賢有勢則賓客十倍無勢則否況衆人乎下邽翟公有言徐廣曰邽一作邳○索隱曰邽音圭縣名屬京兆始翟公為廷尉賓客闐門及廢門外可設雀羅翟公復為廷尉賓客欲往翟公乃大署其門曰一死一生乃知交情一貧一富乃知交態一貴一賤交情乃見汲鄭亦云悲夫

索隱述贊曰河南矯制自古稱賢淮南卧理天子伏焉積薪興歎伉直愈堅鄭莊推士天下翕然交道勢利翟公愴旃

汲鄭列傳第六十　史記百二十

儒林列傳第六十一　史記百二十一

正義曰姚承云儒謂博士爲儒雅之林綜理古文宣明舊藝咸勸儒者以成王化者也

太史公曰余讀功令 索隱曰案謂學者課功著之於令即今之學令是也 至於廣厲學官之路未嘗不廢書而歎也曰嗟乎夫周室衰而關雎作幽厲微而禮樂壞諸侯恣行政由彊國故孔子閔王路廢而邪道興於是論次詩書修起禮樂適齊聞韶三月不知肉味自衛返魯然後樂正雅頌各得其所 正義曰鄭玄云魯哀公十一年是時道衰樂廢孔子還修正之故雅頌各得其所也 世以混濁莫能用是以仲尼干七十餘君無所遇 索隱曰後之記者失辭也案家語等說則孔子歷聘國莫能用謂周鄭齊宋曹衛陳楚杞莒匡等爾縱歷小國亦無七十餘君也 曰苟有用我者期月而已矣西狩獲麟曰吾道窮矣故因史記作春秋以當王法其辭微而指博後世學者多錄焉 徐廣曰錄一作綴 自孔子卒後七十子之徒散游諸侯大者爲師傅卿相 索隱曰案子夏爲魏文侯師子貢爲齊魯聘吳越蓋亦卿也而宰予亦仕齊爲卿餘則未聞 小者友教士大夫或隱而不見故子路居衛 案仲尼弟子列傳子路死於衛時孔子尚存也 子張居陳 正義曰今陳州 澹臺子羽居楚 正義曰今蘇州城南五里有澹臺湖湖北有澹臺 子夏居西河 正義曰今汾州 子貢終於齊 正義曰今青州 如田子方段干木吳起禽滑釐之屬皆受業於子夏之倫爲王者師

是時獨魏文侯好學後陵遲以至于始皇天下并爭於戰國儒術既絀焉然齊魯之閒學者獨不廢也於威宣之際孟子荀卿之列咸遵夫子之業而潤色之以學顯於當世及至秦之季世焚詩書坑術士 正義曰顏云今新豐縣溫湯之處號愍儒鄉溫湯西南三百里有馬谷谷之西岸有坑古相傳以秦坑儒處也衛宏詔定古文尚書序云秦既焚書恐天下不從所改更法而諸生到者拜爲郎前後七百人乃密種瓜於驪山陵谷中溫處瓜實成詔博士諸生說之人言不同乃令就視爲伏機諸生賢儒皆至焉方相難不決因發機從上填之以土皆壓終乃無聲也 六藝從此缺焉陳涉之王也而魯諸儒持孔氏之禮器往歸陳王於是孔甲爲陳涉博士 徐廣曰孔子八世孫名鮒字甲也 卒與涉俱死陳涉起匹夫驅瓦合適戍 索隱曰適音丁華反 旬月以王楚不滿半歲竟滅亡其事至微淺然而縉紳先生之徒負孔子禮器往委質爲臣者何也以秦焚其業積怨而發憤于陳王也及高皇帝誅項籍舉兵圍魯魯中諸儒尚講誦習禮樂絃歌之音不絕豈非聖人之遺化好禮樂之國哉故孔子在陳曰歸與歸與吾黨之小子狂簡斐然成章不知所以裁之夫齊魯之閒於文學自古以來其天性也故漢興然後諸儒始得脩其經藝講習大射鄉飲之禮叔孫通作漢禮儀因爲太常

諸生弟子共定者咸爲選首於是喟然歎興於學然尚有干戈平定四海正義曰顔云陳豨盧綰韓信黥布之徒相次反叛征討也亦未暇遑庠序之事也孝惠呂后時公卿皆武力有功之臣孝文時頗徵用正義曰言孝文稍用文學之士居位然孝文帝本好刑名之言及至孝景不任儒者而竇太后又好黃老之術故諸博士具官待問未有進者及今上即位趙綰王臧之屬明儒學而上亦鄉之於是招方正賢良文學之士自是之後言詩於魯則申培公徐廣曰一作陪韋昭曰培申公名音扶尤反。索隱曰鄒氏音普來反於齊則轅固生正義曰申轅姓培固名公生其處號也於燕則韓太傅索隱曰韓嬰也爲常山王太傅言尚書自濟南伏生索隱曰按張華云名勝紀年云字子賤言禮自魯高堂生索隱曰謝承云秦氏季代有曾人高堂伯則伯是其字云生者自漢已來儒者皆號生亦先生者省字呼之耳言易自菑川田生言春秋於齊魯自胡毋生索隱曰毋音無胡毋姓也字子都於趙自董仲舒及竇太后崩武安侯田蚡爲丞相絀黃老刑名百家之言延文學儒者數百人而公孫弘以春秋白衣爲天子三公徐廣曰一云自齊爲天子三公封以平津侯天下之學士靡然鄉風矣公孫弘爲學官悼道之鬱滯乃請曰丞相御史言正義曰自此已下皆弘奏請之辭制曰蓋聞導民以禮風之以樂婚姻

者居室之大倫也今禮廢樂崩朕甚愍焉故詳延天下方正博聞之士咸登諸朝其令禮官勸學講議洽聞興禮以爲天下先太常議與博士弟子崇鄉里之化以廣賢材焉謹與太常臧漢書百官表孔臧也博士平等議曰聞三代之道鄉里有教夏曰校正義曰校教也可教道藝也殷曰序正義曰序舒也言舒禮教周曰庠正義曰庠詳也言詳審經典其勸善也顯之朝廷其懲惡也加之刑罰故教化之行也建首善自京師始由內及外今陛下昭至德開大明配天地本人倫勸學修禮崇化厲賢以風四方太平之原也古者政教未洽不備其禮請因舊官而興焉爲博士官置弟子五十人復其身太常擇民年十八已上儀狀端正者補博士弟子郡國縣道邑有好文學敬長上肅政教順鄉里出入不悖所聞者令相長丞上屬所二千石索隱曰上音時兩反屬音燭屬委也所二千石謂於所部之郡守相也二千石謹察可者當與計偕索隱曰計計吏也偕俱也謂令與計吏俱詣太常也詣太常得受業如弟子一歲皆輒試能通一藝以上補文學掌故缺其高第可以爲郎中者太常籍奏即有秀才異等輒以名聞其不事學若下材及不能通一藝輒罷之而請諸不

稱者晉司臣謹案詔書律令下者明天人分際通
古今之義文章爾雅訓辭深厚索隱曰謂詔書文章雅正訓辭深厚
也恩施甚美小吏淺聞不能究宣無以明布諭
下治禮次治掌故徐廣曰一云次治禮學掌故以文學禮義爲
官遷留滯請選擇其秩比二百石以上及吏百
石通一蓺以上補左右内史正義曰補左右内史後改爲左馮翊右扶風
大行卒史比百石已下補郡太守卒史皆各二
人邊郡一人先用誦多者若不足乃擇掌故補
中二千石屬文學掌故補郡屬索隱曰如淳云漢儀弟子射策甲科
百人補郎中乙科二百人補太子舍人皆秩比二百石次郡國文學秩百石也備員請著功

令佗如律令制曰可自此以來則公卿大夫士
吏斌斌多文學之士矣
申公者魯人也高祖過魯申公以弟子從師入
見高祖于魯南宮索隱曰案漢書云申公少與楚元王俱事齊人浮丘伯受詩○正義
曰括地志云泮宮在兗州曲阜縣西南二百里魯城内宮之内鄭云泮之言半也其制半於天子之辟雍呂太
后時申公游學長安與劉郢同師索隱曰案漢書云呂太后時浮
丘伯在長安申公與元王子郢俱卒學也郢即郢客已而郢爲楚王令申公傅
其太子戊徐廣曰楚元王劉交以文帝元年薨子夷王郢立四歲薨子戊立郢以呂后二年封上邳
侯文帝元年立爲楚王戊不好學疾申公及王郢卒戊立爲
楚王胥靡申公徐廣曰腐刑申公恥之歸魯退居家

教終身不出門復謝絕賓客獨王命召之乃往
徐廣曰魯恭王也弟子自遠方至受業者百餘人申公獨
以詩經爲訓以教無傳疑疑者則闕不傳索隱曰謂申公
不作詩傳但教授有疑則闕耳蘭陵王臧既受詩以事孝景帝爲
太子少傅免去今上初即位臧迺上書宿衛上
累遷一歲中爲郎中令及代趙綰亦嘗受詩申
公綰爲御史大夫綰臧請天子欲立明堂以朝
諸侯不能就其事乃言師申公於是天子使使
束帛加璧安車駟馬迎申公弟子二人乘軺傳
從徐廣曰馬車至見天子天子問治亂之事申公時已

八十餘老對曰爲治者不至多言顧力行何如
耳是時天子方好文詞見申公對默然然已招
致則以爲太中大夫舍魯邸議明堂事太皇竇
太后好老子言不說儒術得趙綰王臧之過以
讓上上因廢明堂事盡下趙綰王臧吏後皆自
殺申公亦疾免以歸數年卒弟子爲博士者十
餘人孔安國至臨淮太守徐廣曰孔鮒之弟子襄爲惠帝博士遷爲長沙太傅
生忠忠生武及安國安國爲博士臨淮太守周霸至膠西内史夏寬至
城陽内史碭魯賜至東海太守蘭陵繆生至長
沙内史索隱曰繆音亡救反繆氏出蘭陵一音穆所謂穆生爲楚元王所禮也徐偃爲膠

轅固生

西中尉鄒人闕門慶忌漢書音義曰姓闕門名慶忌爲膠東內史其治官民皆有廉節稱其好學學官弟子行雖不備而至於大夫郎中掌故以百數言詩雖殊多本於申公

清河王太傅轅固生者齊人也以治詩孝景時爲博士與黃生爭論景帝前黃生曰湯武非受命乃弒也轅固生曰不然夫桀紂虐亂天下之心皆歸湯武湯武與天下之心而誅桀紂桀紂之民不爲之使而歸湯武湯武不得已而立非受命爲何黃生曰冠雖敝必加於首履雖新必

關於足何者上下之分也今桀紂雖失道然君上也湯武雖聖臣下也夫主有失行臣下不能正言匡過以尊天子反因過而誅之代立踐南面非弒而何也轅固生曰必若所云是高帝代秦即天子之位非邪於是景帝曰食肉不食馬肝正義曰論衡云氣熱而毒盛故食馬肝殺人又盛夏馬行多渴死殺氣爲毒也不爲不知味言學者無言湯武受命不爲愚遂罷是後學者莫敢明受命放殺者竇太后好老子書召轅固生問老子書固曰此是家人言耳索隱曰服虔云如家人言也案老子道德篇雖微妙難通然近而觀之理國理身而已故言此家人之言也太后怒曰安得

韓生伏生

司空城旦書乎徐廣曰司空主刑徒之官也駰案漢書音義曰道家以儒法爲急比之於律令乃使固入圈刺豕景帝知太后怒而固直言無罪乃假固利兵下圈刺豕正中其心一刺豕應手而倒太后默然無以復罪罷之居頃之景帝以固爲廉直拜爲清河王太傅徐廣曰哀王乘也久之病免今上初即位復以賢良徵固諸諛儒多疾毀固曰固老罷歸之時固已九十餘矣固之徵也薛人公孫弘亦徵徐廣曰薛縣在菑川側目而視固固曰公孫子務正學以言無曲學以阿世自是之後齊言詩皆本轅固生也諸齊人以詩顯貴皆固

之弟子也

韓生者漢書曰名嬰燕人也孝文帝時爲博士景帝時爲常山王太傅徐廣曰憲王舜也韓生推詩之意而爲內外傳數萬言其語頗與齊魯間殊然其歸一也淮南賁生受之索隱曰賁音肥自是之後而燕趙間言詩者由韓生韓生孫商爲今上博士

伏生者張晏曰伏生名勝伏氏碑云濟南人也故爲秦博士孝文帝時欲求能治尚書者天下無有乃聞伏生能治欲召之是時伏生年九十餘老不能行於是乃詔太常使掌故朝錯往受之秦時焚書伏

生壁藏之其後兵大起流亡漢定伏生求其書亡數十篇獨得二十九篇即以教于齊魯之閒學者由是頗能言尚書諸山東大師無不涉尚書以教矣伏生教濟南張生及歐陽生漢書曰字和伯千乘人歐陽生教千乘兒寬兒寬既通尚書以文學應郡舉詣博士受業受業孔安國兒寬貧無資用常爲弟子都養索隱曰謂兒寬家貧爲弟子造食也何休注公羊炊亨爲養案有廝養卒廝掌馬養造食也及時時閒行傭賃以給衣食行常帶經止息則誦習之以試第次補廷尉史是時張湯方鄉學以爲奏讞掾以古法議決疑大獄而

愛幸寬寬爲人溫良有廉智自持而善著書書奏敏於文口不能發明也湯以爲長者數稱譽之及湯爲御史大夫以兒寬爲掾薦之天子天子見問說之張湯死後六年兒寬位至御史大夫徐廣曰元狩元年九年而以官卒寬在三公位以和良承意從容得久然無有所匡諫於官官屬易之不爲盡力張生亦爲博士而伏生孫以治尚書徵不能明也自此之後魯周霸孔安國雒陽賈嘉頗能言尚書事孔氏有古文尚書而安國以今文讀之因以起其家逸書得十餘篇蓋尚書

滋多於是矣索隱曰案孔臧與安國書云舊書潛於壁室欻爾復出古訓復申臧聞尚書二十八篇取象二十八宿何圖乃有百篇耶知以今文讎古篆隸推科斗以定五十餘篇並爲之傳也藝文志曰安國悉得其書以考二十九篇得多十六篇起者謂起發以出也諸學者多言禮而魯高堂生最本禮固自孔子時而其經不具及至秦焚書書散亡益多於今獨有士禮高堂生能言之而魯徐生善爲容索隱曰漢書作頌亦音容也孝文帝時徐生以容爲禮官大夫傳子至孫徐延徐襄襄其天姿善爲容不能通禮經延頗能未善也襄以容爲漢禮官大夫至廣陵內史延及徐氏弟子公戶滿意索隱曰公戶姓滿意名也案鄧展云二人姓字非也桓生單次索隱曰單音善單姓次名也

皆常爲漢禮官大夫而瑕丘蕭奮徐廣曰屬山陽也以禮爲淮陽太守是後能言禮爲容者由徐氏焉自魯商瞿受易孔子索隱曰案商姓瞿名字子木瞿音劬孔子卒商瞿傳易六世至齊人田何字子莊索隱曰案漢書云商瞿授魯橋庇子庸子庸授江東馯臂子弓子弓授燕周醜子家子家授東武孫虞子乘子乘授何六代也仲尼弟子傳作瞿傳馯臂子弘弘傳江東人矯子庸疵疵傳燕人周子家豎豎傳淳于人光子乘羽羽傳齊人田子莊何與漢書不同馯音寒庇音必利反疵音自移反而漢興田何傳東武人王同子仲子仲傳菑川人楊何索隱曰案田何傳東武王同傳菑川楊何何以易元光元年徵官至中大夫齊人即墨成以易至城陽相廣川人孟但以易爲太子門大

夫魯人周霸莒人衡胡徐廣曰莒一作呂臨菑人主父
偃皆以易至二千石然要言易者本於楊何之
家

董仲舒廣川人也以治春秋孝景時爲博士下
帷講誦弟子傳以久次相受業或莫見其面蓋
三年董仲舒不觀於舍園其精如此進退容止
非禮不行學士皆師尊之今上即位爲江都相
索隱曰案仲舒事易王王武帝兄以春秋災異之變推陰陽所以
錯行故求雨閉諸陽縱諸陰其止雨反是行之
一國未嘗不得所欲中廢爲中大夫居舍著災

異之記是時遼東高廟災主父偃疾之取其書
奏之天子徐廣曰建元六年。索隱曰案漢書以爲遼東高廟及長陵園殿災也仲舒爲災異記草
而未奏之主父偃竊而奏之天子召諸生示其書有刺譏董仲舒
弟子呂步舒徐廣曰一作荼亦音舒不知其師書以爲下愚
於是下董仲舒吏當死詔赦之於是董仲舒竟
不敢復言災異董仲舒爲人廉直是時方外攘
四夷公孫弘治春秋不如董仲舒而弘希世用
事位至公卿董仲舒以弘爲從諛弘疾之乃言
上曰獨董仲舒可使相膠西王膠西王素聞董
仲舒有行亦善待之董仲舒恐久獲罪疾免居

家至卒終不治產業以脩學著書爲事故漢興
至于五世之間唯董仲舒名爲明於春秋其傳
公羊氏也

胡毋生漢書曰字子都齊人也孝景時爲博士以老歸
教授齊之言春秋者多受胡毋生公孫弘亦頗
受焉

瑕丘江生爲穀梁春秋自公孫弘得用嘗集比
其義卒用董仲舒仲舒弟子遂者蘭陵褚大廣
川殷忠徐廣曰殷一作段又作瑕也溫呂步舒褚大至梁相步
舒至長史持節使決淮南獄於諸侯擅專斷不

報以春秋之義正之天子皆以爲是弟子通者
至於命大夫爲郎謁者掌故者以百數而董仲
舒子及孫皆以學至大官

索隱述贊曰孔氏之衰經書緒亂言諸六學
始自炎漢著令立官四方扼腕曲臺壞壁書
禮之冠傳易言詩雲蒸霧散興化致理鴻
猷克贊

儒林列傳第六十一　史記百二十一

酷吏列傳第六十二　史記一百二十二

孔子曰導之以政齊之以刑民免而無恥（孔安國曰免苟免也）導之以德齊之以禮有恥且格（何晏曰格正也）老氏稱上德不德是以有德下德不失德是以無德法令滋章盜賊多有太史公曰信哉是言也法令者治之具而非制治清濁之源也昔天下之網嘗密矣（索隱曰案鹽鐵論云秦法密於凝脂）然姦僞萌起其極也上下相遁至於不振當是之時吏治若救火揚沸（索隱曰言本弊不除則其末難止也）非武健嚴酷惡能勝其任而愉快乎言道德者溺其職矣故曰聽訟吾猶人

也必也使無訟乎下士聞道大笑之非虛言也漢興破觚而爲圜（漢書音義曰觚方。索隱曰應劭云觚八稜有隅者高祖反秦之政破觚爲圜謂除其嚴法約三章耳）斲雕而爲朴（索隱曰應劭云斲琱爲璞也晉灼云凋弊也斲理凋弊之俗使反質樸也）網漏於吞舟之魚而吏治烝烝不至於姦黎民艾安由是觀之在彼不在此（韋昭曰在道德不在嚴酷）高后時酷吏獨有侯封刻轢宗室侵辱功臣呂氏已敗遂禽侯封之家孝景時鼂錯以刻深頗用術輔其資而七國之亂發怒於錯錯卒以被戮其後有郅都甯成之屬

郅都者楊人也（徐廣曰屬河東。索隱曰郅音質漢書云河東大楊人。正義曰括地志云故楊城本秦時楊國漢楊縣城也今晉州洪洞縣也至隋爲楊唐初改爲洪洞縣北故洪洞鎮爲名也秦及漢皆屬河東郡郅都墓在洪洞縣東南二十里漢書云郅都河東大陽人班固失之甚也大陽今陝州河北縣是亦屬河東郡也）以郎事孝文帝孝景時都爲中郎將敢直諫面折大臣於朝嘗從入上林賈姬如廁（索隱曰案姬生趙王彭祖也）野彘卒入廁上目都都不行上欲自持兵救賈姬都伏上前曰亡一姬復一姬進天下所少寧賈姬等乎陛下縱自輕奈宗廟太后何上還彘亦去太后聞之賜都金百斤由此重郅都濟南瞯氏（漢書音義曰音小兒癇病也。索隱曰荀悅音閑鄒氏劉氏音並同）宗人三百餘家豪猾二千石莫能制於是景帝乃拜都

爲濟南太守至則族滅瞯氏首惡餘皆股栗（徐廣曰髀腳戰搖也）居歲餘郡中不拾遺旁十餘郡守畏都如大府都爲人勇有氣力公廉不發私書問遺無所受請寄無所聽常自稱曰已倍親而仕身固當奉職死節官下終不顧妻子矣郅都遷爲中尉丞相條侯至貴倨也而都揖丞相是時民朴畏罪自重而都獨先嚴酷致行法不避貴戚列侯宗室見都側目而視號曰蒼鷹臨江王徵詣中尉府對簿臨江王欲得刀筆爲書謝上而都禁吏不予魏其侯使人以閒與臨江王臨江王

郅都

既爲書謝上因自殺竇太后聞之怒以危法中都索隱曰案中如字讀謂以法中傷之都免歸家孝景帝乃使使持節拜都爲鴈門太守而便道之官得以便宜從事匈奴素聞郅都節居邊爲引兵去竟郅都死不近鴈門匈奴至爲偶人象郅都索隱曰漢書作寓人象案寓即偶也謂刻木偶類人形也一云寄人形於木也令騎馳射莫能中見憚如此匈奴患之竇太后乃竟中都以漢法景帝曰都忠臣欲釋之竇太后曰臨江王獨非忠臣邪於是遂斬郅都

寧成者徐廣曰寧一作甯穰人也徐廣曰屬南陽以郎謁者事景

帝好氣爲人小吏必陵其長吏爲人上操下如束溼薪徐廣曰一無此字駰案韋昭曰言急也○索隱曰操音七刀反操執也滑賊任威稍遷至濟南都尉正義曰百官表云都尉秦官掌佐守典武職甲卒秩比二千石有丞秩皆六百石景帝中二年更名都尉若周之司馬而郅都爲守始前數都尉索隱曰數音所注反皆步入府因吏謁守如縣令其畏郅都如此及成往直陵都出其上都素聞其聲於是善遇與結驩久之郅都死後長安左右宗室多暴犯法於是上召寧成爲中尉正義曰百官表云中尉秦官掌徼循京師武帝太初元年更名執金吾顏云金吾鳥名也主辟不祥天子出行職主先導以禦非常故執此鳥之象因以名官其治效郅都其廉弗如然宗室豪桀皆人

人惴恐武帝即位徙爲内史外戚多毀成之短抵罪髡鉗是時九卿罪死即死少被刑而成極刑自以爲不復收於是解脫詐刻傳出關索隱曰解音紀買反脫音他活反謂脫鉗鈦也歸家稱曰仕不至二千石賈不至千萬安可比人乎乃貰貸買陂田千餘頃索隱曰貰音食夜反貰賒也又音勢貸音天得反假貧民役使數千家數年會赦致產數千金爲任俠持吏長短出從數十騎其使民威重於郡守

周陽由者其父趙兼以淮南王舅父侯周陽故因姓周陽氏徐廣曰侯五年孝文六年國除○正義曰周陽故城在絳州聞喜縣東二十九里由

以宗家任爲郎索隱曰案與國家有外戚姻屬比於宗室故曰宗家也事孝文及景帝景帝時由爲郡守武帝即位吏治尚循謹甚然由居二千石中最爲暴酷驕恣所愛者撓法活之所憎者曲法誅滅之所居郡必夷其豪爲守視都尉如令爲都尉必陵太守奪之治與汲黯俱爲忮漢書音義曰堅抆也司馬安之文惡漢書音義曰以文法傷害人俱在二千石列同車未嘗敢均茵伏徐廣曰漢書作馮伏者軾○索隱曰案均等也茵車蓐也言二人與由同載一車上不敢與之均茵軾也謂下之也馮音凭由後爲河東都尉時與其守勝屠公爭權相告言罪索隱曰風俗通云勝屠即申屠也勝屠公當抵罪義不受

刑自殺而由棄市自寧成周陽由之後事益多
民巧法大抵吏之治類多成由等矣
趙禹者斄人（徐廣曰屬扶風音台。正義曰音胎故斄城在雍武功縣西南二十二里古邰國后稷所封漢斄縣也）以佐史補中都官（正義曰若京都府史）用廉爲令
史事太尉亞夫亞夫爲丞相禹爲丞相史府中
皆稱其廉平然亞夫弗任曰極知禹無害然文
深（漢書音義曰禹持文法深刻）不可以居大府今上時禹以刀
筆吏積勞稍遷爲御史上以爲能至太中大
夫與張湯論定諸律令（徐廣曰論一作編）作見知吏傳
得相監司用法益刻蓋自此始

張湯者杜人也（徐廣曰爾時未爲陵）其父爲長安丞出湯爲
兒守舍還而鼠盜肉其父怒笞湯湯掘窟得盜
鼠及餘肉劾鼠掠治傳爰書訊鞫論報（蘇林曰謂傳囚也爰易也以此書易其辭處鞫窮也張晏曰傳考證驗也爰書自證不如此言反受其罪訊考三日復問之知與前辭同不也鞫一吏爲讀狀論其報行也。索隱曰韋昭云爰換也古者重刑嫌有愛惡故移換獄書使他官考實之故曰傳爰書也）并取鼠與肉具獄磔堂下（鄧展曰罪備具）其父見
之視其文辭如老獄吏大驚遂使書獄（如淳曰決獄之書謂律令也）父死後湯爲長安吏久之周陽侯始爲諸
卿時（徐廣曰田勝也武帝母王太后之同母弟也武帝始立而封爲周陽侯）嘗繫長安湯
傾身爲之（韋昭曰爲之先後）及出爲侯大與湯交徧見湯

趙禹 張湯

貴人湯給事內史爲寧成掾以湯爲無害言大
府調爲茂陵尉治方中（漢書音義曰方中陵上土作方也湯主治之蘇林曰天子即位豫作陵諱之故言方中如淳曰大府幕府也茂陵尉主作陵之尉也韋昭曰大府公府）武安侯
爲丞相徵湯爲史時薦言之天子補御史使案
事治陳皇后蠱獄深竟黨與於是上以爲能稍
遷至太中大夫與趙禹共定諸律令務在深文
拘守職之吏（蘇林曰拘刻於守職之吏）已而趙禹遷爲中尉徙
爲少府而張湯爲廷尉兩人交驩而兄事禹禹
爲人廉倨爲吏以來舍毋食客公卿相造請禹
禹終不報謝務在絕知友賓客之請孤立行一

意而已見文法輒取亦不覆案求官屬陰罪湯
爲人多詐舞智以御人（韋昭曰制御人）始爲小吏乾沒（徐廣曰隨勢沈浮也駰案服虔曰射成敗也如淳曰得利爲乾失利爲沒。正義曰此二說非也按乾沒謂無潤及之而取他人也又云陽浮慕爲乾心內不合爲沒也）與長安富賈田甲魚翁叔
之屬交私（徐廣曰姓魚也）及列九卿收接天下名士大
夫己心內雖不合然陽浮慕之是時上方鄉文
學湯決大獄欲傅古義（索隱曰傅音附）乃請博士弟子
治尚書春秋補廷尉史亭疑法（李奇曰亭平也。索隱曰使之平疑事也）奏讞疑事必豫先爲上分別其原上所是受
而著讞決法廷尉挈令（韋昭曰在板挈。正義曰按謂律令也古以板書之言上）

張湯

所是著之爲正獄以廷尉法令決平之揚主之明監也 揚主之明奏事即譴湯應謝 徐廣曰應一作權 鄉上意所便必引正監掾史賢者 正義曰百官表云廷尉秦官有正左右監皆秩千石也按上即責湯應對謝之如上意必引正監等賢者本爲臣建議如上意臣不用愚昧不從至此也 曰固爲臣議如上責臣臣弗用愚抵於此 蘇林曰主坐不用諸掾語故至於此 罪常釋閒 徐廣曰詔荅聞也如今制曰聞矣駰案瓚曰謂常見原 即奏事上善之曰臣非知爲此奏乃正監掾史某爲之其欲薦吏揚人之善蔽人之過如此所治即上意所欲罪予監史深禍者即上意所欲釋與監史輕平者所治即豪必舞文巧詆即下戶羸弱時口言雖文致法上財察

李奇曰先見上口言之欲與輕平也 於是往往釋湯所言 李奇曰湯口所先言皆見原釋 湯至於大吏內行脩也通賓客飲食於故人子弟爲吏及貧昆弟調護之尤厚其造請諸公不避寒暑是以湯雖文深意忌不專平然得此聲譽而刻深吏多爲爪牙用者依於文學之士丞相弘數稱其美及治淮南衡山江都反獄皆窮根本嚴助及伍被上欲釋之湯爭曰伍被本畫反謀而助親幸出入禁闥爪牙臣乃交私諸侯如此弗誅後不可治於是上可論之其治獄所排大臣自爲功多此類於是湯益尊任遷爲御

史大夫 徐廣曰元狩二年 會渾邪等降漢大興兵伐匈奴山東水旱貧民流徙皆仰給縣官縣官空虛於是丞上指請造白金及五銖錢籠天下鹽鐵排富商大賈出告緡令 正義曰緡音岷錢貫也武帝伐四夷國用不足故稅民田宅船乘畜產奴婢等皆平作錢數每千錢一筭出一等賈人倍之若隱不稅有告之半與告人餘半入官謂緡出此令用鉏築豪強兼并富商大賈之家也一筭百二十文也 鉏豪彊并兼之家舞文巧詆以輔法湯每朝奏事語國家用日晏天子忘食丞相取充位 徐廣曰時李蔡莊青翟爲丞相 天下事皆決於湯百姓不安其生騷動縣官所興未獲其利姦吏並侵漁於是痛繩以罪則自公卿以下至于

庶人咸指湯湯嘗病天子至自視病其隆貴如此匈奴來請和親羣臣議上前博士狄山曰和親便上問其便山曰兵者凶器未易數動高帝欲伐匈奴大困平城乃遂結和親孝惠高后時天下安樂及孝文帝欲事匈奴北邊蕭然苦兵矣孝景時吳楚七國反景帝往來兩宮閒寒心者數月吳楚已破竟景帝不言兵天下富實今自陛下舉兵擊匈奴中國以空虛邊民大困貧由此觀之不如和親上問湯湯曰此愚儒無知狄山曰臣固愚忠若御史大夫湯乃詐忠若湯

之治淮南江都以深文痛詆諸侯別疏骨肉使蕃臣不自安臣固知湯之爲詐忠於是上作色曰吾使生居一郡能無使虜入盜乎曰不能曰居一縣對曰不能復曰居一障閒（正義曰障謂塞上要險之處別築城置吏士守之以扞寇盜也）山自度辯窮且下吏曰能於是上遣山乘鄣至月餘匈奴斬山頭而去自是以後羣臣震慴湯之客田甲雖賈人有賢操始湯爲小吏時與錢通（徐廣曰以利交）及湯爲大吏甲所以責湯行義過失亦有烈士風湯爲御史大夫七歲敗河東人李文嘗與湯有卻已而爲御史中丞

恚數從中文書事有可以傷湯者不能爲地湯有所愛史魯謁居知湯不平使人上蜚變告文姦事下湯湯治論殺文而湯心知謁居爲之上問曰言變事蹤跡安起湯詳驚曰此殆文故人怨之謁居病臥閭里主人湯自往視疾爲謁居摩足趙國以冶鑄爲業王數訟鐵官事湯常排趙王趙王求湯陰事謁居嘗案趙王趙王怨之并上書告湯大臣也史謁居有病湯至爲摩足疑與爲大姦事下廷尉謁居病死事連其弟弟繫導官（如淳曰太官之別也主酒）湯亦治他囚導官見謁居

弟欲陰爲之而詳不省謁居弟弗知怨湯使人上書告湯與謁居謀共變告李文事下減宣宣嘗與湯有卻及得此事窮竟其事未奏也會人有盜發孝文園瘞錢（如淳曰瘞埋錢於園陵以送死）丞相青翟朝與湯約俱謝至前湯念獨丞相以四時行園當謝湯無與也不謝丞相謝上使御史案其事湯欲致其文丞相見知（張晏曰見知故縱以其罪罪之）丞相患之三長史皆害湯欲陷之始長史朱買臣會稽人也（正義曰朱買臣吳人也此時蘇州爲會稽郡也）讀春秋莊助使人言買臣買臣以楚辭與助俱幸侍中爲太中大夫用事而

湯乃爲小吏跪伏使買臣等前已而湯爲廷尉治淮南獄排擠莊助買臣固心望及湯爲御史大夫買臣以會稽守爲主爵都尉列於九卿數年坐法廢守長史見湯湯坐牀上丞史遇買臣弗爲禮買臣楚士（正義曰周末越王勾踐滅吳楚威王滅越吳之地總屬楚故謂朱買臣爲楚士）深怨常欲死之王朝齊人也以術至右內史邊通學長短（漢書音義曰長短術興於六國時行長入短其語隱諺用相激怒）剛暴彊人也官再至濟南相故皆居湯右已而失官守長史詘體於湯湯數行丞相事知此三長史素貴常凌折之以故三長史合謀曰始湯約與君

謝已而賣君今欲劾君以宗廟事此欲代君耳吾知湯陰事使吏捕案湯左田信等 漢書音義曰左證左也。 正義曰言湯與田信爲左道之交故言左田信等 曰湯且欲奏請信輒先知之居物致富與湯分之及他姦事事辭頗聞上問湯曰吾所爲賈人輒先知之益居其物是類有以吾謀告之者湯不謝湯又詳驚曰固宜有減宣亦奏謁居等事天子果以湯懷詐面欺使八輩簿責湯 蘇林曰簿音主簿之簿以文簿責也 湯具自道無此不服於是上使趙禹責湯禹至讓湯曰君何不知分也君所治夷滅者幾何人矣今人言君皆

有狀天子重致君獄欲令君自爲計何多以對簿爲湯乃爲書謝曰湯無尺寸功起刀筆吏陛下幸致爲三公無以塞責然謀陷湯罪者三長史也遂自殺湯死家產直不過五百金皆所得奉賜無他業昆弟諸子欲厚葬湯湯母曰湯爲天子大臣被汙惡言而死何厚葬乎載以牛車有棺無槨天子聞之曰非此母不能生此子乃盡案誅三長史丞相青翟自殺出田信上惜湯稍遷其子安世趙禹中廢已而爲廷尉始條侯以爲禹賊深弗任及禹爲少府比九卿禹酷急

至晚節事益多吏務爲嚴峻而禹治加緩而名爲平王溫舒等後起治酷於禹禹以老徙爲燕相數歲亂悖有罪免歸後湯十餘年以壽卒于家

義縱者河東人也爲少年時嘗與張次公俱攻剽爲羣盜 徐廣曰剽音扶召反。索隱曰說文云剽刺也一云剽劫人音敷妙反 縱有姊姁 索隱曰李奇音吁孟康音詡 以醫幸王太后王太后問有子兄弟爲官者乎姊曰有弟無行不可太后乃告上拜義姁弟縱爲中郎 漢書音義曰姁音煦縱姊名也 補上黨郡中令 索隱曰案謂補上黨郡中之令史失其縣名 治敢行少蘊藉

漢書音義曰敢行暴政而少蘊藉也。索隱曰蘊音溫藉音才夜反張晏云爲人無所避故少所假借也 縣無逋事舉爲第一遷爲長陵及長安令直法行治不避貴戚以捕案太后外孫脩成君子仲 索隱曰案王太后之女號脩成君其子名仲 上以爲能遷爲河內都尉至則族滅其豪穰氏之屬河內道不拾遺而張次公亦爲郎以勇悍從軍敢深入有功爲岸頭侯 徐廣曰受封五年與淮南王女陵姦及受財物國除 寧成家居上欲以爲郡守御史大夫弘曰臣居山東爲小吏時寧成爲濟南都尉其治如狼牧羊成不可使治民上乃拜成爲關都尉歲餘關東吏隸郡國出入關者 漢書

(音義曰隸閥也)號曰寧見乳虎無値寧成之怒義縱自河內遷爲南陽太守聞寧成家居南陽及縱至關寧成側行送迎然縱氣盛弗爲禮至郡遂案寧氏盡破碎其家成坐有罪及孔暴之屬皆犇亡(徐廣曰孔暴二姓大族)南陽吏民重足一迹而平氏朱彊杜衍杜周爲縱爪牙之吏任用遷爲廷史軍數出定襄定襄吏民亂敗於是徙縱爲定襄太守縱至掩定襄獄中重罪輕繫二百餘人及賓客昆弟私入相視亦二百餘人縱一捕鞠曰爲死罪解脫(漢書音義曰一切皆捕之也律諸囚徒私解脫桎梏鉗赭加罪一等爲人解脫與同罪縱鞫相賂餉者二百人爲解脫死罪盡殺也)是日皆報殺四百餘人其後郡中不寒而栗猾民佐吏爲治(索隱曰案謂豪猾之人干豫吏政故云佐吏爲理也)是時趙禹張湯以深刻爲九卿矣然其治尚寬輔法而行而縱以鷹擊毛摯爲治(徐廣曰鷙鳥將擊必張羽毛也)後會五銖錢白金起民爲姦京師尤甚乃以縱爲右內史王溫舒爲中尉溫舒至惡其所爲不先言縱縱必以氣淩之敗壞其功其治所誅殺甚多然取爲小治姦益不勝直指始出矣吏之治以斬殺縛束爲務閻奉以惡用矣縱廉其治放郅都上幸鼎湖病久已而卒起幸甘泉(索隱曰卒音七

張湯

忽反)道多不治上怒曰縱以我爲不復行此道乎嗛之(徐廣曰嗛音銜)至冬楊可方受告緡(韋昭曰人有告言不出緡者可方受之。索隱曰緡錢貫也漢氏有告緡令楊可主之謂緡錢出等人有不以錢通者令得告之也)縱以爲此亂民部吏捕其爲可使者(索隱曰謂求楊可之使)天子聞使杜式治以爲廢格沮事(漢書音義曰武帝使楊可主告緡沒入其財物縱捕爲可使者此爲廢格詔書沮已成之事。索隱曰格音閣)棄縱市後一歲張湯亦死

王溫舒者陽陵人也(徐廣曰屬馮翊)少時椎埋爲姦(徐廣曰椎殺人而埋之或謂發冢)已而試補縣亭長數廢爲吏以治獄至廷史事張湯遷爲御史督盜賊殺傷甚多稍遷至廣平都尉擇郡中豪敢任吏十餘人以爲爪牙皆把其陰重罪而縱使督盜賊快其意所欲得此人雖有百罪弗法即有避因其事夷之亦滅宗以其故齊趙之郊盜賊不敢近廣平廣平聲爲道不拾遺上聞遷爲河內太守素居廣平時皆知河內豪姦之家及往九月而至令郡具私馬五十疋爲驛自河內至長安部吏如居廣平時方略捕郡中豪猾郡中豪猾相連坐千餘家上書請大者至族小者乃死家盡沒入償臧奏行不過二三日得可事論報至流血十餘

王溫舒

里河内皆怪其奏以爲神速盡十二月郡中毋聲毋敢夜行野無犬吠之盜其頗不得失之旁郡國黎來（索隱曰黎音犁犁比也）會春温舒頓足歎曰嗟乎令冬月益展一月足吾事矣其好殺伐行威不愛人如此天子聞之以爲能遷爲中尉其治復放河内徙諸名禍猾吏（徐廣曰有殘刻之名。索隱曰案漢書作徒請召猜禍吏服虔曰徒但也猜惡也應劭曰猜疑也取吏好猜疑人作禍敗者而使之）與從事河内則楊皆麻戊（徐廣曰一云麻成）關中楊贛成信等義縱爲内史憚未敢恣治及縱死張湯敗後徙爲廷尉而尹齊爲中尉

尹齊者東郡茌平人（索隱曰茌音仕疑反）以刀筆稍遷至御史事張湯張湯數稱以爲廉武使督盜賊所斬伐不避貴戚遷爲關内都尉聲甚於寧成上以爲能遷爲中尉吏民益凋敝尹齊木彊少文豪惡吏伏匿而善吏不能爲治以故事多廢抵罪上復徙温舒爲中尉而楊僕以嚴酷爲主爵都尉

楊僕者宜陽人也以千夫爲吏（漢書音義曰千夫若五大夫武帝軍用不足令民出錢穀爲之）河南守案舉以爲能遷爲御史使督盜賊關東治放尹齊以爲敢摯行稍遷至主爵都尉列九卿天子以爲能南越反拜爲樓船將

軍有功封將梁侯爲荀彘所縛（徐廣曰受封四年征朝鮮還贖爲庶人。索隱曰案漢書云與左將軍荀彘俱擊朝鮮爲彘所縛還免爲庶人病死）居久之病死

而温舒復爲中尉爲人少文居廷惽惽不辯（索隱曰惽音昏）至於中尉則心開督盜賊素習關中俗知豪惡吏豪惡吏盡復爲用爲方略吏苛察盜賊惡少年投缿（徐廣曰音項器名也如今之投書函中。索隱曰缿受投書之器入不可出三倉音胡江反）購告言姦置伯格長（徐廣曰一作落古村落字亦作格街陌屯落皆設督長也。索隱曰伯音阡陌格音村落言阡陌村落皆置長也）以牧司姦盜賊温舒爲人諂善事有埶者即無埶者視之如奴有埶家雖有姦如山弗犯無埶者貴戚必侵辱舞文

巧詆下戶之猾以焄大豪（焄音熏。索隱曰案熏猶重蒸之謂下戶之中有姦猾之人今案之以重逐大姦也）其治中尉如此姦猾窮治大抵盡靡爛獄中行論無出者其爪牙吏虎而冠於是中尉部中中猾以下皆伏有埶者爲游聲譽稱治治數歲其吏多以權富温舒擊東越還（徐廣曰元鼎六年出會稽破東越）議有不中意者坐小法抵罪免是時天子方欲作通天臺（正義曰漢書元封二年三輔舊事云起甘泉通天臺高五十丈）而未有人温舒請覆中尉脫卒得數萬人作上說拜爲少府徙爲右内史治如其故姦邪少禁坐法失官復爲右輔行中尉事如故操歲餘會宛軍發（漢書

音義曰發兵伐大宛 詔徵豪吏温舒匿其吏華成及人有變告温舒受員騎錢他姦利事罪至族自殺其時兩弟及兩婚家亦各自坐他罪而族光禄徐自爲曰悲夫夫古有三族而王温舒罪至同時而五族乎温舒死家直累千金後數歲尹齊亦以淮陽都尉病死家直不滿五十金所誅滅淮陽甚多及死仇家欲燒其尸尸亡去歸葬 徐廣曰尹齊死未及斂恐怨家欲燒之屍亦飛去 自温舒等以惡爲治而郡守都尉諸侯二千石欲爲治者其治大抵盡放温舒而吏民益輕犯法盜賊滋起南陽有梅免白政楚有殷中 徐廣曰殷一作假人亦有姓假者也 杜少齊有徐勃燕趙之間有堅盧范生之屬大羣至數千人擅自號攻城邑取庫兵釋死罪縛辱郡太守都尉殺二千石爲檄告縣趣具食小羣盜以百數掠鹵鄉里者不可勝數也於是天子始使御史中丞丞相長史督之猶弗能禁也乃使光禄大夫范昆諸輔都尉及故九卿張德等衣繡衣持節虎符發兵以興擊斬首大部或至萬餘級及以法誅通飲食坐連諸郡甚者數千人數歲乃頗得其渠率散卒失亡復聚黨阻山川者往往而羣

史記列傳六十二　十七

楊僕

居無可奈何於是作沈命法 漢書音義曰沈藏匿也命亡逃也○索隱曰服虔云沈匿不發覺之法韋昭云沈沒也 曰羣盜起不發覺發覺而捕弗滿品者二千石以下至小吏主者皆死其後小吏畏誅雖有盜不敢發恐不能得坐課累府府亦使其不言故盜賊寖多上下相爲匿以文辭避法焉 徐廣曰詐爲虛文言無盜賊也 減宣者楊人也以佐史無害給事河東守府衛將軍青使買馬河東見宣無害言上徵爲大廄丞 正義曰百官表云太僕屬官有大廄各五丞一尉也 官事辦稍遷至御史及中丞使治主父偃及治淮南反獄所以微文深詆殺者甚衆稱爲敢決疑數廢數起爲御史及中丞者幾二十歲王温舒免中尉而宣爲左内史其治米鹽事大小皆關其手自部署縣名曹實物官吏令丞不得擅摇痛以重法繩之居官數年一切郡中爲小治辦然獨宣以小致大能因力行之難以爲經中廢爲右扶風坐怨成信 漢書曰成信宣吏 信亡藏上林中宣使郿令 正義曰今岐州岐縣北時屬右扶風 格殺信吏卒格信時射中上林苑門宣下吏詆罪以爲大逆當族自殺而杜周任用杜周者 正義曰杜氏譜云字長孺 南陽杜衍人 索隱曰地名也 義縱爲

史記列傳六十二　十八

減宣　杜周

南陽守以爲爪牙舉爲廷尉史事張湯湯數言其無害至御史使案邊失亡(文穎曰邊卒多亡也或曰郡縣王守有所亡失也)所論殺甚衆奏事中上意任用與減宣相編更爲中丞十餘歲其治與宣相放然重遲外寬內深次骨(李奇曰其用罪深刻至骨○索隱曰次至也)宣爲左內史周爲廷尉其治大放張湯而善候伺上所欲擠者因而陷之上所欲釋者久繫待問而微見其冤狀客有讓周曰君爲天子決平不循三尺法(漢書音義曰以三尺竹簡書法律也)專以人主意指爲獄獄者固如是乎周曰三尺安出哉前主所是著爲律後主所是疏爲令當時爲是何古之法乎至周爲廷尉詔獄亦益多矣二千石繫者新故相因不減百餘人郡吏大府舉之廷尉(如淳曰郡吏郡太守也孟康曰舉之廷尉以章劾付廷尉治之)一歲至千餘章章大者連逮證案數百小者數十人遠者數千近者數百里會獄吏因責如章告劾不服以笞掠定之於是聞有逮皆亡匿獄久者至更數赦(張晏曰詔書赦或有不從此令)十有餘歲而相告言大抵盡詆以不道(索隱曰案大抵猶大都也盡詆者盡至也)以上廷尉及中都官詔獄逮至六七萬人吏所增加十萬餘人周中廢後爲執金吾逐盜捕治桑弘羊

衛皇后昆弟子刻深天子以爲盡力無私遷爲御史大夫(徐廣曰天漢三年爲御史大夫四歲太始三年卒)家兩子夾河爲守其治暴酷皆甚於王溫舒等矣杜周初徵爲廷史有一馬且不全及身久任事至三公列子孫尊官家訾累數巨萬矣

太史公曰自郅都杜周十人者此皆以酷烈爲聲然郅都伉直引是非爭天下大體張湯以知陰陽人主與俱上下時數辯當否國家賴其便趙禹時據法守正杜周從諛以少言爲重自張湯死後網密多詆嚴官事寖以耗廢九卿碌碌奉其官救過不贍何暇論繩墨之外乎然此十人中其廉者足以爲儀表其汚者足以爲戒(徐廣曰一本無此四字)方略教導禁姦止邪一切亦皆彬彬質有其文武焉雖慘酷斯稱其位矣至若蜀守馮當暴挫廣漢李貞擅磔人東郡彌僕鋸項天水駱璧推減(徐廣曰一作成○索隱曰推音直追反減作成是也謂推繫之以成獄也)河東褚廣妄殺京兆無忌馮翊殷周蝮鷙(索隱曰蝮音蝮蛇鷙鳥音至以言苛酷比之蝮毒焉)水衡閻奉朴擊賣請何足數哉何足數哉

索隱述贊曰太上失德法令滋起破觚爲圓

禁暴不止姦僞斯熾慘酷爰始乳獸揚威倉鷹側視舞文巧詆懷生何恃

酷吏列傳第六十二　史記百二十二

大宛列傳第六十三　史記一百二十三

索隱曰案此傳合在西南夷下不宜在酷吏游俠之間斯蓋並司馬公之殘缺褚先生補之失也幸不深尤焉

大宛之跡正義曰漢書云大宛國去長安萬二千五百五十里東至都護治西南至大月氏南亦至大月氏北至康居括地志云率都沙那國亦名蘇對沙那國本漢大宛國。索隱曰宛音苑又於袁反見自張騫張騫漢中人索隱曰陳壽益部耆舊傳云騫漢中成固人建元中爲郎是時天子問匈奴降者皆言匈奴破月氏王正義曰氏音支凉甘肅瓜沙等州本月氏國之地漢書云本居敦煌祁連閒是也以其頭爲飲器韋昭曰飲器椑榼也單于以月氏王頭爲飲器晉灼曰飲器虎子之屬也或曰飲酒器也。正義曰漢書匈奴傳云元帝遣車騎都尉韓昌光祿大夫張猛與匈奴盟以老上單于所破月氏王頭爲飲器者共飲血盟

月氏遁逃而常怨仇匈奴無與共擊之漢方欲事滅胡聞此言因欲通使道必更匈奴中索隱曰更經也音羨乃募能使者騫以郎應募使月氏與堂邑氏故胡奴甘父漢書音義曰堂邑氏姓胡奴甘父字。索隱曰案謂堂邑縣人家胡奴名甘父也下云堂邑父者蓋後史家從省唯稱堂邑父而略甘字或甘其姓號也俱出隴西經匈奴索隱曰謂道經匈奴匈奴得之傳詣單于單于留之曰月氏在吾北漢何以得往使吾欲使越漢肯聽我乎留騫十餘歲與妻有子然騫持漢節不失居匈奴中益寬騫因與其屬亡鄉月氏西走數十日至大宛大宛聞漢之饒財欲通不得見騫喜問

曰若欲何之騫曰爲漢使月氏而爲匈奴所閉道今亡唯王使人導送我誠得至反漢漢之賂遺王財物不可勝言大宛以爲然遣騫索隱曰謂大宛發遣騫西也爲發導繹抵康居索隱曰發導謂發驛令人導引而至康居也導音道抵至也居音渠。正義曰抵至也居其居反括地志云康居國在京西一萬六百里其西北可二千里有奄蔡酒國也康居傳致大月氏正義曰此大月氏在大宛西南於嬀水北爲王庭漢書云去長安萬一千六百里大月氏王已爲胡所殺立其太子爲王徐廣曰一云夫人爲王夷狄亦或女王。索隱曰案漢書張騫傳云立其夫人爲王也既臣大夏而居索隱曰居作君謂月氏以大夏爲臣而爲之作君也。正義曰既盡也大夏國在嬀水南地肥饒少寇志安樂又自以遠漢殊無報胡之心騫從月氏至大夏竟不能得月氏要領漢書音義曰要領要契。索隱曰小顏以爲要衣要領衣領凡持衣者必執要與領言騫不能得月氏意趣無以持歸於漢劉氏云不得其要害然頗是其意於文字爲疏者也留歲餘還並南山正義曰並白浪反南山即連終南山從京南東至華山過河東北連延至海即中條山也從京南連接至葱嶺萬餘里故云並南山也西域傳云其南山東出金城與漢南山屬焉欲從羌中歸正義曰說文云羌西方牧羊人也南方蠻閩從虫北方狄從犬東貉從豸西方羌從羊復爲匈奴所得留歲餘單于死徐廣曰元朔三年左谷蠡王攻其太子自立國內亂騫與胡妻及堂邑父俱亡歸漢漢拜騫爲太中大夫堂邑父爲奉使君索隱曰堂邑父之官號也騫爲人彊力寬大信人蠻夷愛之堂邑父故胡人善射窮急射禽獸給食

初騫行時百餘人去十三歲唯二人得還騫身所至者大宛大月氏大夏康居而傳聞其旁大國五六具爲天子言之曰大宛在匈奴西南在漢正西去漢可萬里其俗土著耕田田稻麥有蒲陶酒多善馬索隱曰案外國傳云外國稱天下有三衆中國人衆大秦寶衆月氏馬衆馬汗血其先天馬子也漢書音義曰大宛國有高山其上有馬不可得因取五色母馬置其下與交生駒汗血因號曰天馬子有城郭屋室其屬邑大小七十餘城衆可數十萬其兵弓矛騎射其北則康居西則大月氏西南則大夏東北則烏孫東則扜罙于窴徐廣曰漢紀曰拘彌國去于窴三百里。索隱曰扜罙國名也音汗彌窴音田又音殿漢紀謂荀悅所說漢紀拘音俱彌即罙也則拘彌與扜罙同是一名也于窴之西則水皆西流注西海其東水東流注鹽澤索隱曰鹽水也大康地記云河北得水爲河塞外得水爲海也。正義曰漢書云鹽澤去玉門關三百餘里廣袤三四百里其水皆潛行地下南出於積石山爲中國河括地志云蒲昌海一名泑澤一名鹽澤亦名輔日海亦名穿蘭亦名臨海在沙州西南玉門關在沙州壽昌縣西六里鹽澤潛行地下其南則河源出焉索隱曰案漢書西南夷傳云河有兩源一出葱嶺山一出于窴山海經云河出崑崙東北隅郭璞云河出崑崙潛行地下至葱嶺山于窴國復分流岐出合而東注泑澤已而復行積石爲中國河泑澤即鹽澤也一名蒲昌海西域傳云于窴在南山下與郭璞注山海經不同廣志云蒲昌海在蒲類海東也多玉石河注中國而樓蘭姑師正義曰二國名姑師即車師也邑有城郭臨鹽澤鹽澤去長安可五千里匈奴右方居鹽澤以東至隴西

長城南接羌鬲漢道焉

烏孫在大宛東北可二千里行國（徐廣曰不土著）隨畜與匈奴同俗控弦者數萬敢戰故服匈奴及盛取其羈屬不肯往朝會焉

康居在大宛西北可二千里行國與月氏大同俗控弦者八九萬人與大宛鄰國國小南羈事月氏東羈事匈奴

奄蔡（正義曰漢書解詁云奄蔡即闔蘇也魏略云西與大秦通東南與康居接其國多貂畜牧水草故時羈屬康居也）在康居西北可二千里行國與康居大同俗控弦者十餘萬臨大澤無崖蓋乃北海云

大月氏（正義曰萬震南州志云在天竺北可七千里地高燥而遠國王稱天子國中騎乘常數十萬匹城郭宮殿與大秦國同人民赤白色便習弓馬土地所出及奇瑋珍物被服鮮好天竺不及也康泰國傳云外國稱天下有三衆中國為人衆大秦為寶衆月氏為馬衆也）在大宛西可二三千里居嬀水北其南則大夏西則安息北則康居行國也隨畜移徙與匈奴同俗控弦者可一二十萬故時彊輕匈奴及冒頓立攻破月氏至匈奴老上單于殺月氏王以其頭為飲器始月氏居敦煌祁連閒（正義曰初月氏居敦煌以東祁連山以西敦煌郡今沙州祁連山在甘州西南）及為匈奴所敗乃遠去過宛西擊大夏而臣之遂都嬀水北為王庭其餘小衆不能去者保南山羌

號小月氏

安息（正義曰地理志云安息國京西萬一千二百里自西關西行三千四百里至阿蠻國西行三千六百里至斯賓國從賓南行度河又西南行至于羅國九百六十里安息西界極矣自乘海乃通大秦國漢書云北康居東烏弋山離西條枝國臨嬀水土著以銀為錢如其王面王死輒更錢效王面焉）在大月氏西可數千里其俗土著耕田田稻麥蒲陶酒城邑如大宛其屬小大數百城地方數千里最為大國臨嬀水有市民商賈用車及船行旁國或數千里以銀為錢錢如其王面（索隱曰漢書云文獨為王面幕為夫人面荀悅云幕音漫無文面也張晏云錢之文面作人乘馬錢之幕作人面形韋昭云幕錢背也包愷音漫）王死輒更錢效王面焉畫革旁行以為書記（漢書音義曰橫行為書記。索隱曰畫音獲小顏云革皮之不柔者韋昭云外夷書皆旁行今南方林邑之徒書皆旁行不直下也）

其西則條枝北有奄蔡黎軒（正義曰上力奚反下巨言反又巨連反後漢書云大秦一名犂鞬在西海之西東西南北各數千里有城四百餘所土地金銀奇寶有夜光璧明月珠駭雞犀火浣布珊瑚琥珀琉璃琅玕朱丹青碧珍怪之物率出大秦東氏外國傳云其國城郭皆青水精為及五色水精為壁人民多巧能化銀為金國土市買皆金銀錢萬震南州志云大家屋舍以珊瑚為柱琉璃為牆壁水精為礎舄海中斯調州上有木冬月往剝取其皮績以為布極細手巾齊數匹與麻焦布無異色小青黑若垢汙欲浣之則入火中便更精絜世謂之火浣布秦云定重參問門樹皮也括地志云火山國在扶風南東大湖海中其國中山皆火然火中有白鼠皮及樹皮績為火浣布魏略云大秦在安條支西大海之西故俗謂之海西從安息界乘船直載海西遇風利時三月到風遲或一二歲其公私宮室為重屋郵驛亭置如中國從安息繞海北陸到其國人民相屬十里一亭三十里一置無盜賊其俗人長大平正似中國人而胡服宋膺異物志云秦之北附庸小邑有羊羔自然生於

土中候其欲萌築牆繞之恐獸所食其臍與地連割絕則死擊物驚之乃驚鳴臍遂絕則逐水草爲羣又大秦金二枚皆大如瓜擲之滋息無極觀之如用則眞金也括地志云小人國在大秦南人裁三尺其耕稼之時懼鶴所食大秦衞助之即焦僥國其人穴居也**條枝**索隱曰漢書作犁靬續漢書一名大秦三國竝臨西海後漢書云西海環其西南西北通陸道然漢使自烏弋以還莫有至條枝者**在安息西數千里臨西海暑濕耕田田稻有大鳥卵如甕**正義曰漢書云條支出師子犀牛孔雀大雀其卵如甕和帝永元十三年安息王滿屈獻師子大鳥世謂之安息雀廣志云鳥鵰鷹身蹄駱色蒼舉頭八九尺張翅丈餘食大麥卵大如甕**人衆甚多往往有小君長而安息役屬之以爲外國國善眩**應劭曰眩相詐惑。正義曰顏云今吞刀吐火殖瓜種樹屠人截馬之術皆是也**安息長老傳聞條枝有弱水西王母而未嘗見**索隱曰魏略云弱水在大秦西玄中記云天下之弱者有

崑崙之弱水鴻毛不能載也山海經云玉山西王母所居穆天子傳云天子觴西王母瑤池之上括地圖云崑崙弱水非乘龍不至有三足神鳥爲王母取食也。正義曰此弱水西王母既是安息長老傳聞而未曾見後漢書云桓帝時大秦國王安敦遣使自日南徼外來獻或云其國西有弱水流水近西王母處幾於日所入也然先儒多引大荒西經云弱水云有二源俱出女國北阿耨達山南流會於女國東去國一里深丈餘闊六十步非毛舟不可濟南流入海阿耨達山即崑崙山也與大荒西經合矣然大秦國在西海中島上從安息西界過海好風用三月乃到弱水又在其國之西崑崙山弱水流在女國北出崑崙山南女國在于闐國南二千七百里于闐去京九千六百里七十里計大秦與大崑崙山相去幾四五萬里非所論及而前賢誤矣此皆據漢括地論之猶恐未審然弱水二所說皆有也**大夏在大宛西南二千餘里嬀水南其俗土著有城屋與大宛同俗無大王長往往城邑置小長其兵弱畏戰善賈市及大月**

氏西徙攻敗之皆臣畜大夏大夏民多可百餘萬其都曰藍市城有市販賈諸物其東南有身毒國徐廣曰身或作齔又作訖。索隱曰身音乾毒音篤孟康云即天竺也所謂浮圖胡也。正義曰一名身毒在月氏東南數千里俗與月氏同而卑濕暑熱其國臨大水乘象以戰其民弱月氏脩浮圖道不殺伐遂以成俗土有象犀瑇瑁金銀鐵錫鉛西與大秦通有大秦珍物明帝夢金人長大頂有光明以問羣臣或曰西方有神名曰佛其形長丈六尺而黃金色帝於是遣使天竺問佛道法遂至中國畫形像焉萬震南州志云地方三萬里佛道所出其國王居城郭殿皆彫文刻鏤街曲市里各有行列左右諸大國凡十六皆共奉之以天地之中也浮屠經云臨兒國王生隱屠太子父曰屠頭邪母曰莫邪屠身色黃髮如青絲乳有青色爪赤如銅始莫邪夢白象而孕及生從母右脅出生有髮墮地能行七步又云太子生時有二龍王夾左右吐水一龍水暖一龍水冷遂成二池今猶一冷一暖初行七步處琉璃上有太子腳跡見在生處名祇洹精舍在舍衞國南四里是長者須達所起又有阿輸

迦樹是夫人所攀生太子樹也括地志云沙祇大國即舍衞國也在月氏南萬里即波斯匿王治處此國共九十種知身後事城有祇樹給孤園又云天竺國有東西南北中央天竺國方三萬里去月氏七千里大國隸屬凡二十一天竺在崑崙山南大國也治城臨恒水又云阿耨達山亦名建末達山亦名崑崙山水出一名拔扈利水一名恒伽河即經稱河者也自崑崙山以南多是平地而下濕土肥良多種稻歲四熟留役駝馬米粒亦極大又云佛上忉利天爲母說法九十日波斯匿王思欲見佛即刻牛頭旃檀象置精舍內佛坐此像是衆像之始後人所法也佛上天青梯今變爲石沒入地唯餘十二蹬蹬間二尺餘彼耆老言梯入地盡佛法滅又云王舍國胡語曰罪悅祇國其國靈鷲山胡語曰耆闍崛山山是青石石頭似鷲鳥名耆闍鷲也崛山石也山周四十里外周圍水佛於此坐禪及諸阿難等俱在此坐又云小孤石石上有石室者佛坐其中天帝釋以四十二事問佛佛一一以指畫名其跡尚存又於山上起塔佛昔將阿難在此上山四望見福田疆畔因制七條衣割截之法於此今袈裟衣是也**騫曰臣在大夏時見邛竹杖蜀布**正義曰邛都邛山出此竹因名邛竹節高

實中或奇生可爲杖布土蘆布問曰安得此大夏國人曰吾賈人
往市之身毒身毒在大夏東南可數千里其俗
土著大與大夏同而卑濕暑熱云其人民乘象
以戰其國臨大水焉正義曰大水河也以騫度之大夏
去漢萬二千里居漢西南今身毒國又居大夏
東南數千里有蜀物此其去蜀不遠矣今使大
夏從羌中險羌人惡之少北則爲匈奴所得從
蜀宜徑如淳曰徑疾也或曰徑直又無寇天子既聞大宛及大
夏安息之屬皆大國多奇物土著頗與中國同
業而兵弱貴漢財物其北有大月氏康居之屬

兵彊可以賂遺設利朝也且誠得而以義屬之
則廣地萬里重九譯正義曰言重重九遍譯語而致致殊俗威
德徧於四海天子欣然以騫言爲然乃令騫因
蜀犍爲正義曰犍其連反犍爲郡今戎州也在益州南一千餘里發間使四道並
出出駹出冄出徙徐廣曰屬漢嘉。索隱曰李奇云徙音斯蜀郡有徙縣。正義曰茂
州向州等冄駹之地在戎州西北也出邛僰正義曰僰蒲北反徙在嘉州邛今邛州僰今雅州皆在戎
州西南也皆各行一二千里其北方閉氐筰服虔曰皆夷名漢使見閉
於夷也。索隱曰韋昭云筰縣屬越巂音昨案南越破後殺筰侯作筰都爲沈黎郡又有定筰縣。正義曰氐今成
州及武等州也筰白狗羌也皆在戎州西北也南方閉巂昆明正義曰巂州及南昆明夷
也皆在戎州西南昆明之屬無君長善寇盜輒殺略漢

安息

使終莫得通然聞其西可千餘里有乘象國名
曰滇越徐廣曰一作城。正義曰昆郎等州皆滇國也其西南滇越越巂則通號越細分而有巂滇等
名也而蜀賈姦出物者或至焉於是漢以求大夏
道始通滇國初漢欲通西南夷費多道不通罷
之及張騫言可以通大夏乃復事西南夷騫以
校尉從大將軍擊匈奴知水草處軍得以不乏
乃封騫爲博望侯索隱曰案張騫封號耳非地名小顏云取其能博廣瞻望也尋武帝
置博望苑亦取斯義也。正義曰地理志南陽博望縣是歲元朔六年也其明
年騫爲衞尉與李將軍俱出右北平擊匈奴匈
奴圍李將軍軍失亡多而騫後期當斬贖爲庶

人是歲漢遣驃騎破匈奴西城數萬人至祁連
山其明年渾邪王率其民降漢而金城河西西
並南山至鹽澤空無匈奴匈奴時有候者到而
希矣其後二年漢擊走單于於幕北是後天子
數問騫大夏之屬騫既失侯因言曰臣居匈奴
中聞烏孫王號昆莫昆莫之父匈奴西邊小國
也匈奴攻殺其父索隱曰漢書父名難兜靡爲大月氏所殺而昆莫生棄
於野烏嗛肉蜚其上徐廣曰讀嗛與銜同酷吏傳義縱不治道上忿銜之史記亦作
嗛字。索隱曰嗛音銜蜚亦飛字狼往乳之單于怪以爲神而收
長之及壯使將兵數有功單于復以其父之民

安息

子昆莫令長守於西城昆莫收養其民攻旁小
邑控弦數萬習攻戰單于死昆莫乃率其衆遠
徙中立不肯朝會匈奴匈奴遣奇兵擊不勝以
爲神而遠之因羈屬之不大攻今單于新困於
漢而故渾邪地空無人蠻夷俗貪漢財物今誠
以此時而厚幣賂烏孫招以益東居故渾邪之
地與漢結昆弟其勢宜聽聽則是斷匈奴右臂
也既連烏孫自其西大夏之屬皆可招來而爲
外臣天子以爲然拜騫爲中郎將將三百人馬
各二匹牛羊以萬數齎金幣帛直數千巨萬多

持節副使道可使使遺之他旁國騫既至烏孫
烏孫王昆莫見漢使如單于禮騫大慙知蠻夷
貪乃曰天子致賜王不拜則還賜昆莫起拜賜
其他如故騫諭使指曰烏孫能東居渾邪地則
漢遣公主爲昆莫夫人烏孫國分王老而遠漢
未知其大小素服屬匈奴日久矣且又近之其
大臣皆畏胡不欲移徙王不能專制騫不得其
要領昆莫有十餘子其中子曰大祿彊能將衆
將衆別居萬餘騎大祿兄爲太子太子有子曰
岑娶而太子蚤死臨死謂其父昆莫曰必以岑

娶爲太子無令他人代之昆莫哀而許之卒以
岑娶爲太子大祿怒其不得代太子也乃收其
諸昆弟將其衆畔謀攻岑娶及昆莫昆莫老常
恐大祿殺岑娶予岑娶萬餘騎別居而昆莫有
萬餘騎自備國衆分爲三而其大總取羈屬昆
莫昆莫亦以此不敢專約於騫騫因分遣副使
使大宛康居大月氏大夏安息身毒于窴扜罙
及諸旁國烏孫發導譯送騫還騫與烏孫遣
使數十人馬數十匹報謝因令窺漢知其廣大
騫還到拜爲大行列於九卿歲餘卒烏孫使既

見漢人衆富厚歸報其國其國乃益重漢其後
歲餘騫所遣使通大夏之屬者皆頗與其人俱
來晉灼曰其國人於是西北國始通於漢矣然張騫鑿空
蘇林曰鑿開空通也騫開通西域道。索隱曰案謂西域險阸本無道路今鑿空而通之也其後使
往者皆稱博望侯以爲質於外國如淳曰質誠信也博望侯有誠
信故後使稱其意以喻外國李奇曰質信也外國由此信之自博望侯
騫死後匈奴聞漢通烏孫怒欲擊之及漢使烏
孫若徐廣曰漢書作及若意義亦及也出其南抵大宛大月氏相
屬烏孫乃恐使使獻馬願得尚漢女翁主爲昆
弟天子問羣臣議計皆曰必先納聘然後乃遣

女初天子發書易（漢書音義曰發易書以卜）云神馬當從西北來得烏孫馬好名曰天馬及得大宛汗血馬益壯更名烏孫馬曰西極名大宛馬曰天馬云而漢始築令居以西（徐廣曰屬金城）初置酒泉郡以通西北國因益發使抵安息奄蔡黎軒條枝身毒國而天子好宛馬使者相望於道諸使外國一輩大者數百少者百餘人人所齎操大放博望侯時其後益習而衰少焉漢率一歲中使多者十餘少者五六輩遠者八九歲近者數歲而反是時漢既滅越而蜀西南夷皆震請吏入朝於

是置益州越巂牂牁沈黎汶山郡欲地接以前通大夏（李奇曰欲地界相接至大夏）乃遣使柏始昌呂越人等歲十餘輩出此初郡（索隱曰初郡謂越巂岐山等郡也謂之初者後皆叛而併廢之也）抵大夏皆復閉昆明為所殺奪幣財終莫能通至大夏焉於是漢發三輔罪人因巴蜀士數萬人遣兩將軍郭昌衛廣等往擊昆明之遮漢使者（徐廣曰元封二年）斬首虜數萬人而去其後遣使昆明復為寇竟莫能得通而北道酒泉抵大夏使者既多而外國益厭漢幣不貴其物自博望侯開外國道以尊貴其後從吏卒皆爭上書言

外國奇怪利害求使天子為其絕遠非人所樂往聽其言予節募吏民毋問所從來為具備人眾遣之以廣其道來還不能毋侵盜幣物及使失指天子為其習之輒覆案致重罪以激怒令贖復求使使端無窮而輕犯法其吏卒亦輒復盛推外國所有言大者予節言小者為副故妄言無行之徒皆爭效之其使皆貧人子私縣官齎物欲賤市以私其利外國外國亦厭漢使人人有言輕重（服虔曰漢使言於外國人人輕重不實如淳曰外國人人自言數為漢使所侵易）度漢兵遠不能至而禁其食物以苦漢使漢使

乏絕積怨至相攻擊而樓蘭姑師小國耳（徐廣曰即車師）當空道攻劫漢使王恢等尤甚（徐廣曰恢一作怪）而匈奴奇兵時時遮擊使西國者使者爭徧言外國災害皆有城邑兵弱易擊於是天子以故遣從驃侯破奴將屬國騎及郡兵數萬至匈河水欲以擊胡胡皆去其明年擊姑師破奴與輕騎七百餘先至虜樓蘭王遂破姑師因舉兵威以困烏孫大宛之屬還封破奴為浞野侯（徐廣曰元封三年）王恢（徐廣曰為中郎將）數使為樓蘭所苦言天子天子發兵令恢佐破奴擊破之封恢為浩侯（徐廣曰捕得車師王元封四年）

封诰侯於是酒泉列亭鄣至玉門矣韋昭曰玉門關在龍勒界。索隱曰韋昭又云玉門縣名在酒泉。正義曰括地志云沙州龍勒山在縣南百六十五里玉門關在縣西北百一十八里烏孫以千匹馬聘漢女漢遣宗室女江都翁主漢書曰江都王建女往妻烏孫烏孫王昆莫以爲右夫人匈奴亦遣女妻昆莫昆莫以爲左夫人昆莫曰我老乃令其孫岑娶妻翁主烏孫多馬其富人至有四五千匹馬初漢使至安息安息王令將二萬騎迎於東界東界去王都數千里行比至過數十城人民相屬甚多漢使還而後發使隨漢使來觀漢廣大以大鳥卵及黎軒善眩人獻

于漢索隱曰韋昭云眩人變化惑人也魏略云黎軒多奇幻口中吹火自縛自解小顏亦以爲今之吞刀吐火植瓜種樹屠人截馬之術皆是也及宛西小國驩潛大益宛東姑師扜罙蘇薤之屬皆隨漢使獻見天子天子大悅而漢使窮河源河源出于寘其山多玉石采來瓚曰漢使采取將持來至漢天子案古圖書名河所出山曰崑崙云是時上方數巡狩海上乃悉從外國客大都多人則過之散財帛以賞賜厚具以饒給之以覽示漢富厚焉於是大觳抵出奇戲諸怪物多聚觀者行賞賜酒池肉林令外國客徧觀名倉庫府藏之積見漢之廣大傾駭之及加

其眩者之工而觳抵奇戲歲增變甚盛益興自此始西北外國使更來更去宛以西皆自以遠尚驕恣晏然未可詘以禮羈縻而使也自烏孫以西至安息以近匈奴匈奴困月氏也匈奴使持單于一信則國國傳送食不敢留苦及至漢使非出幣帛不得食不市畜不得騎用所以然者遠漢而漢多財物故必市乃得所欲然以畏匈奴於漢使焉宛左右以蒲陶爲酒富人藏酒至萬餘石久者數十歲不敗俗嗜酒馬嗜苜蓿漢使取其實來於是天子始種苜蓿蒲陶肥饒

地及天馬多外國使來衆則離宮別觀旁盡種蒲萄苜蓿極望自大宛以西至安息國雖頗異言然大同俗相知言其人皆深眼多鬚䫇善市賈爭分銖俗貴女子女子所言而丈夫乃決正其地皆無絲漆不知鑄錢器徐廣曰多作錢字又或作鐵字及漢使亡卒降教鑄作他兵器得漢黃白金輒以爲器不用爲幣而漢使者往既多其少從率多進熟於天子漢書音義曰少從不如計也或云從行之職者也進熟美語如成熟者也言曰宛有善馬在貳師城匿不肯與漢使天子既好宛馬聞之甘心使壯士車令等持千金及金馬

以請宛王貳師城善馬宛國饒漢物相與謀曰
漢去我遠而鹽水中數敗服虔曰水名道從外水中如淳曰道絕遠無穀草。正義曰孔文祥云鹽鹽澤也言水廣遠或致風波而數敗也裴矩西域記云在西州高昌縣東東南去瓜州一千三百里並沙磧之地水草難行四面危道路不可准記行人唯以人畜骸骨及駞馬糞爲標驗以其地道路惡人畜即不約行曾有人於磧內時聞人喚聲不見形亦有歌哭聲數失人瞬息之間不知所在由此數有死亡蓋魑魅魍魎也
出其北有胡寇出其南乏水草又且往往而
絕邑乏食者多漢使數百人爲輩來而常乏食
死者過半是安能致大軍乎無奈我何且貳師
馬宛寶馬也遂不肯予漢使漢使怒妄言如淳曰罵詈
椎金馬而去宛貴人怒曰漢使至輕我遣漢

使去令其東邊郁成遮攻殺漢使取其財物於
是天子大怒諸嘗使宛姚定漢等言宛兵弱誠
以漢兵不過三千人彊弩射之即盡虜破宛矣
天子已嘗使浞野侯攻樓蘭以七百騎先至虜
其王以定漢等言爲然而欲侯寵姬李氏拜李
廣利爲貳師將軍發屬國六千騎及郡國惡少
年數萬人以往伐宛期至貳師城取善馬故號
貳師將軍趙始成爲軍正故浩侯王恢使導軍徐廣曰恢先受封一年坐使酒泉矯制國除
而李哆爲校尉制軍事索隱曰哆音尺奢反又尺者反
是歲太初元年也而關東蝗大起蜚西

安息

至敦煌貳師將軍軍既西過鹽水當道小國恐
各堅城守不肯給食攻之不能下下者得食不
下者數日則去比至郁成士至者不過數千皆
飢罷攻郁成郁成大破之所殺傷甚衆貳師將
軍與哆始成等計至郁成尚不能舉況至其王
都乎引兵而還往來二歲還至敦煌士不過什
一二使使上書言道遠多乏食且士卒不患戰
患飢人少不足以拔宛願且罷兵益發而復往
天子聞之大怒而使使遮玉門曰軍有敢入者
輒斬之貳師恐因留敦煌其夏漢亡浞野之兵

二萬餘於匈奴徐廣曰太初二年趙破奴爲浚稽將軍二萬騎擊匈奴不還也公卿
及議者皆願罷擊宛軍專力攻胡天子已業誅
宛宛小國而不能下則大夏之屬輕漢而宛善
馬絕不來烏孫侖頭易苦漢使矣晉灼曰易輕爲外
國笑乃案言伐宛尤不便者鄧光等赦囚徒材
官益發惡少年及邊騎歲餘而出敦煌者六萬
人負私從者不與牛十萬馬三萬餘匹驢騾橐
它以萬數多齎糧兵弩甚設天下騷動傳相奉
伐宛凡五十餘校尉宛王城中無井皆汲城外
流水於是乃遣水工徙其城下水空以空其城

安息

徐廣曰空一作穴蓋以水蕩敗其城也言空者令城中渴乏益發戍甲卒十八萬酒泉張掖北置居延休屠以衛酒泉如淳曰立二縣以衞邊也或曰置二部都尉以衛酒泉而發天下七科適正義曰吾謫張晏云吏有罪一亡命二贅婿三賈人四故有市籍五父母有市籍六大父母有市籍七凡七科武帝天漢四年發天下七科謫出朔方也及載糒給貳師轉車人徒相連屬至敦煌而拜習馬者二人為執驅校尉備破宛擇取其善馬云於是貳師後復行兵多而所至小國莫不迎出食給軍至侖頭侖頭不下攻數日屠之自此而西平行至宛城漢兵到者三萬人宛兵迎擊漢兵漢兵射敗之宛走入葆乘其城貳師兵欲行攻郁成恐留行而令宛益生詐乃先至宛決其水源移之則宛固已憂困圍其城攻之四十餘日其外城壞虜宛貴人勇將煎靡宛大恐走入中城宛貴人相與謀曰漢所為攻宛以王毋寡匿善馬而殺漢使今殺王毋寡而出善馬漢兵宜解即不解乃力戰而死未晚也宛貴人皆以為然共殺其王毋寡持其頭遣貴人使貳師約曰漢毋攻我我盡出善馬恣所取而給漢軍食即不聽我盡殺善馬而康居之救且至至我居內康居居外與漢軍戰漢軍孰計之何從是

時康居候視漢兵漢兵尚盛不敢進貳師與趙始成李哆等計聞宛城中新得秦人知穿井而其內食尚多所為來誅首惡者毋寡毋寡頭已至如此而不許解兵則堅守而康居候漢罷而來救宛破漢軍必矣軍吏皆以為然許宛之約宛乃出其善馬令漢自擇之而多出食食給漢軍漢軍取其善馬數十匹中馬以下牡牝三千餘匹而立宛貴人之故待遇漢使善者為昧蔡以為宛王索隱曰昧蔡大宛將昧音末蔡先葛反與盟而罷兵終不得入中城乃罷而引歸初貳師起敦煌西以為人多道上國不能食乃分為數軍從南北道校尉王申生故鴻臚壺充國等千餘人別到郁成郁成城守不肯給食其軍王申生去大軍二百里偵而輕之責郁成郁成食不肯出窺知申生軍日少晨用三千人攻戮殺申生等軍破數人脫亡走貳師貳師令搜粟都尉上官桀往攻破郁成郁成王亡走康居桀追至康居康居聞漢已破宛乃出郁成王予桀桀令四騎士縛守詣大將軍如淳曰時多別將故謂貳師為大將軍四人相謂曰郁成王漢國所毒今生將去卒失大事欲殺莫敢先擊

安息

上邽騎士趙弟最少拔劒擊之斬郁成王齎頭弟桀等逐及大將軍初貳師後行天子使使告烏孫大發兵并力擊宛烏孫發二千騎往持兩端不肯前貳師將軍之東諸所過小國聞宛破皆使其子弟從軍入獻見天子因以爲質焉貳師之伐宛也而軍正趙始成力戰功最多及上官桀敢深入李哆爲謀計軍入玉門者萬餘人軍馬千餘匹貳師後行軍非乏食戰死不能多而將吏貪多不愛士卒侵牟之以此物故衆天子爲萬里而伐宛不錄過封廣利爲海西侯又封身斬郁成王者騎士趙弟爲新畤侯軍正趙始成爲光祿大夫上官桀爲少府李哆爲上黨太守軍官吏爲九卿者三人諸侯相郡守二千石者百餘人千石以下千餘人奮行者官過其望（漢書音義曰奮迅自樂入行者）以適過行者皆絀其勞（徐廣曰奮行者及以適行者雖俱有功勞今行賞計其前有罪而減其賜故曰絀其勞也絀抑退也此卒以適行故功勞不足重所以絀降之不得與奮行者齊賞之）士卒賜直四萬金伐宛再反凡四歲而得罷焉漢已伐宛立昧蔡爲宛王而去歲餘宛貴人以爲昧蔡善諛使我國遇屠乃相與殺昧蔡立毋寡昆弟曰蟬封爲宛王而遣其

安息

子入質於漢漢因使使賂賜以鎮撫之而漢發使十餘輩至宛西諸外國求奇物因風覽以伐宛之威德而燉煌置（徐廣曰一本無置字）酒泉都尉（徐廣曰一云置都尉又云燉煌有淵泉縣或者酒字當爲淵字）西至鹽水往往有亭而侖頭有田卒數百人因置使者護田積粟以給使外國者

太史公曰禹本紀言河出崑崙崑崙其高二千五百餘里日月所相避隱爲光明也其上有醴泉瑤池今自張騫使大夏之後也窮河源惡睹本紀所謂崑崙者乎（鄧展曰漢以窮河源於何見崑崙乎尚書曰導河積石是爲河源出於積石積石在金城河關不言出於崑崙也。索隱曰惡音烏烏於何也睹見也言張騫窮河源至大夏于窴於何見河出崑崙乎謂禹本紀及山海經爲虛妄也然案山海經河出崑崙東北隅西域傳云南出積石山爲中國河積石本非河之發源猶尚書導洛自熊耳然其實出於蔥嶺山乃東經熊耳今推此義河亦然矣則河源本崑崙而潛流至于闐又東流至積石始入中國則山海經及禹貢各互舉耳）故言九州山川尚書近之矣至禹本紀山海經所有怪物余不敢言之也（索隱曰案漢書作所有放哉如淳云放蕩迂闊言不可信也余不敢言者亦謂山海經難可即信耳而荀悅作放効失之矣）

索隱述贊曰大宛之迹元因博望始究河源旋窺海上條枝西入天馬內向蔥嶺無塵鹽池息浪曠哉絕域往往亭障

大宛傳終

游俠列傳第六十四　史記一百二十四

荀悅曰立氣齊作威福結私交以立彊於世者謂之游俠
韓子曰儒以文亂法正義曰言文之蔽小人以僿謂細碎苛法亂政而俠
以武犯禁二者皆譏正義曰譏非言也儒敝亂法俠盛犯禁二道皆非而學士多稱於世者故太史公引韓子欲陳游俠之美而學士多稱於世云至如以
術取宰相卿大夫輔翼其世主功名俱著於春
秋索隱曰案春秋謂國史也以言人臣有功名則見記於其國之史是俱著春秋者也固無可言
者及若季次原憲閭巷人也徐廣曰仲尼弟子傳曰公晳哀字季次未嘗仕孔子稱之讀書懷獨行君子之德索隱曰行音下孟反義不苟合
當世當世亦笑之故季次原憲終身空室蓬戶

正義曰莊子云原憲居環堵之室蓬戶不完以桑為樞而甕牖上漏下濕獨坐而弦歌也褐衣疏
食不厭死而已索隱曰厭飽也於艷反四百餘年而弟子志
之不倦今游俠其行雖不軌於正義然其言必
信其行必果已諾必誠不愛其軀赴士之阸困
既已存亡死生矣索隱曰阸音厄而不矜其能羞伐其德
蓋亦有足多者焉且緩急人之所時有也太史
公曰昔者虞舜窘於井廩伊尹負於鼎俎傳說
匿於傅險呂尚困於棘津徐廣曰在廣川。正義曰尉繚子云太公望行年七十賣食棘津云古亦謂之石濟津故南津夷吾桎梏百里飯牛仲尼畏
匡菜色陳蔡此皆學士所謂有道仁人也猶然

遭此菑況以中材而涉亂世之末流乎其遇害
何可勝道哉鄙人有言曰何知仁義已饗其利
者為有德索隱曰已音以饗音享受也言已受其利則為有德何知必仁義也故伯夷
醜周餓死首陽山而文武不以其故貶王跖蹻
暴戾其徒誦義無窮由此觀之竊鉤者誅索隱曰以言小竊則為盜而受誅也竊國者侯侯之門仁義存索隱曰言人臣委質於侯王門則須存於仁義若游俠侄挺亦何必肯存仁義也非虛言也今拘學或抱
咫尺之義久孤於世豈若卑論儕俗與世沉浮
而取榮名哉索隱曰言拘學守義之士或抱咫尺纖微之事遂久以當代孤負我志而不若卑論儕俗以取榮寵也而布衣之徒設取予然諾千里誦義為

死不顧世此亦有所長非苟而已也故士窮窘
而得委命此豈非人之所謂賢豪閒者邪誠使
鄉曲之俠予季次原憲比權量力效功於當世
不同日而論矣要以功見言信俠客之義又曷
可少哉古布衣之俠靡得而聞已近世延陵徐廣曰代郡亦有延陵縣騶案韓子云趙襄子召延陵生令車騎先至晉陽襄子時趙已并代可有延陵之号但未詳是此人非耳孟嘗春申平原信陵之徒皆因王者親屬
藉於有土卿相之富厚招天下賢者顯名諸侯
不可謂不賢者矣比如順風而呼聲非加疾其
勢激也至如閭巷之俠脩行砥名聲施於天下

魯朱家

索隱曰施音以豉反莫不稱賢是爲難耳然儒墨皆排擯
不載自秦以前匹夫之俠湮滅不見余甚恨之
以余所聞漢興有朱家田仲王公劇孟郭解之
徒雖時扞當世之文罔索隱曰扞即捍也違扞當代之法網謂犯法禁也然
其私義廉絜退讓有足稱者名不虛立士不虛
附至如朋黨宗彊比周設財役貧豪暴侵淩孤
弱恣欲自快游俠亦醜之余悲世俗不察其意
而猥以朱家郭解等令與暴豪之徒同類而共
笑之也
魯朱家者與高祖同時魯人皆以儒教而朱家

史記列傳六十四　三

用俠聞所藏活豪士以百數其餘庸人不可勝
言然終不伐其能歆其德諸所嘗施唯恐見之
振人不贍先從貧賤始家無餘財衣不完采食
不重味乘不過軥牛徐廣曰音雛駰案漢書音義曰小牛○索隱曰軥音古豆反案
大牛當軛專趨人之急甚己之私既陰脫季布將軍
之阸及布尊貴終身不見也索隱曰案季布爲漢所購求朱家以布髡鉗爲
奴載以廣柳車而出之及布尊貴終不見之亦高介至義之士然布竟亦不報朱家之恩自關以東
莫不延頸願交焉楚田仲以俠聞喜劍父事朱
家自以爲行弗及田仲已死而雒陽有劇孟周
人以商賈爲資而劇孟以任俠顯諸侯吳楚反

時條侯爲太尉乘傳車將至河南得劇孟喜曰
吳楚舉大事而不求孟吾知其無能爲已矣天
下騷動宰相得之若得一敵國云劇孟行大類
朱家而好博索隱曰好六博之戲也多少年之戲然劇孟母
死自遠方送喪蓋千乘及劇孟死家無餘十金
之財而符離人王孟亦以俠稱江淮之間是時
濟南瞯氏索隱曰瞯音閑案爲郅都所誅陳周庸索隱曰陳國人姓周名庸亦以
豪聞景帝聞之使使盡誅此屬其後代諸白梁
韓無辟陽翟薛況陝韓孺紛紛復出焉徐廣曰陝疑當
作郟字潁川有郟縣南越傳曰郟壯士韓千秋也○索隱曰代代郡人有白氏豪俠非一故言諸梁梁國人韓姓無
辟名辟音避陝當爲郟陝音如冉反郟音紀洽反漢書作寒孺

史記列傳六十四　四

郭解

郭解軹人也索隱曰漢書云河內軹人也字翁伯善相人者許
負外孫也解父以任俠孝文時誅死解爲人短
小精悍不飲酒少時陰賊索隱曰以內心忍害慨不快意身
所殺甚衆以軀借交報仇藏命作姦索隱曰案謂亡命也
剽攻不休及鑄錢掘冢固不可勝數適有天幸
窘急常得脫若遇赦及解年長更折節爲儉以
德報怨厚施而薄望然其自喜爲俠益甚索隱曰蘇
林云言性喜爲俠也既已振人之命不矜其功其陰賊著於
心卒發於睚眦如故云而少年慕其行亦輒爲

報仇不使知也。解姊子負解之勢索隱曰負恃也與人飲，使之釂徐廣曰音子妙反盡酒也，非其任，彊必灌之。人怒，拔刀刺殺解姊子，亡去。解姊怒曰：以翁伯之義，人殺吾子，賊不得。棄其尸於道，弗葬，欲以辱解。解使人微知賊處。賊窘自歸，具以實告解。解曰：公殺之固當，吾兒不直。遂去其賊徐廣曰遣使去，罪其姊子，乃收而葬之。諸公聞之，皆多解之義，益附焉。解出入，人皆避之。有一人獨箕倨視之，解遣人問其名姓。客欲殺之。解曰：居邑屋至不見敬，是吾德不脩也，彼何罪。乃陰屬尉史曰：是人，吾所急也索隱曰案謂吾心中所急言情切急也漢書作重。至踐更時脫之。每至踐更，數過，吏弗求如淳曰更有三品有卒更有踐更有過更古有正卒無常人皆當迭爲之一月一更是爲卒更也貧者欲得顧更錢者次直者出錢顧之月二千是爲踐更也律說卒更踐更者居縣中五月乃更也後從尉律卒踐更一月休十一月也○索隱曰數音朔數頻也謂頻免之也又音色主反。怪之，問其故，乃解使脫之。箕倨者乃肉袒謝罪。少年聞之，愈益慕解之行。雒陽人有相仇者，邑中賢豪居閒者以十數索隱曰色具反，終不聽。客乃見郭解。解夜見仇家，仇家曲聽解索隱曰謂屈曲聽解也。解乃謂仇家曰：吾聞雒陽諸公在此閒，多不聽者。今子幸而聽解，解奈何乃從他縣奪人邑中賢大夫權乎！

乃夜去，不使人知，曰：且無用待我，待我去，令雒陽豪居其閒索隱曰漢書作無庸蘇林曰且無庸用吾言待我去令洛陽豪居其閒也，乃聽之。解執恭敬，不敢乘車入其縣廷。之旁郡國，爲人請求事，事可出，出之；不可者，各厭其意，然後乃敢嘗酒食。諸公以故嚴重之，爭爲用。邑中少年及旁近縣賢豪，夜半過門常十餘車，請得解客舍養之索隱曰如淳云解多藏亡命者故喜事年少與解同志者知亡命者多歸解故多持車來欲爲解迎亡者而藏之。及徙豪富茂陵也，解家貧，不中訾索隱曰案訾不滿三百萬已上爲不中，吏恐，不敢不徙。衛將軍爲言：郭解家貧不中徙。上曰：布衣權至使將軍爲言，此其家不貧。解家遂徙。諸公送者出千餘萬。軹人楊季主子爲縣掾，舉徙解。解兄子斷楊掾頭。由此楊氏與郭氏爲仇。解入關，關中賢豪知與不知，聞其聲，爭交驩解。解爲人短小，不飲酒，出未嘗有騎。已又殺楊季主。楊季主家上書，人又殺之闕下。上聞，乃下吏捕解。解亡，置其母家室夏陽徐廣曰屬馮翊○正義曰故城在同州韓城縣南二十里漢夏陽也，身至臨晉正義曰故城在同州馮翊縣西南二里。臨晉籍少公素不知解，解冒，因求出關。籍少公已出解，解轉入太原，所過輒告主人家。吏逐之，跡至籍少公。少公自殺，口絕。

久之乃得解窮治所犯爲解所殺皆在赦前軹有儒生侍使者坐客譽郭解生曰郭解專以姦犯公法何謂賢解客聞殺此生斷其舌吏以此責解解實不知殺者殺者亦竟絕莫知爲誰吏奏解無罪御史大夫公孫弘議曰解布衣爲任俠行權以睚眦殺人解雖弗知此罪甚於解殺之當大逆無道遂族郭解翁伯自是之後爲俠者極衆敖而無足數者徐廣曰敖倨也然關中長安樊仲子槐里趙王孫長陵高公子西河郭公仲太原鹵公孺徐廣曰鴈門有鹵城也。索隱曰漢書作曾公孺曾姓也與徐廣之說不同臨淮兒長卿東陽田君孺索隱曰漢書作陳君孺然陳田聲相近亦本同姓也。正義曰其東陽蓋貝州歷亭縣者爲近濟故也雖爲俠而逡逡有退讓君子之風至若北道姚氏索隱曰蘇林云道猶方也如淳云京師四出道也西道諸杜南道仇景東道趙他羽公子索隱曰舊解以趙他與公子爲人今案此姓趙名他羽字公子也南陽趙調之徒此盜跖居民間者耳曷足道哉此乃鄉者朱家之羞也

太史公曰吾視郭解狀貌不及中人言語不足採者然天下無賢與不肖知與不知皆慕其聲言俠者皆引以爲名諺曰人貌榮名豈有既乎徐廣曰人以顏狀爲貌者則貌有衰落矣唯用榮名爲飾表則稱譽無極也既盡也於戲惜哉

索隱述贊曰游俠豪倨藉藉有聲權行州里力折公卿朱家脫季劇孟定傾急人之難免讎於更偉哉翁伯人貌榮名

游俠列傳第六十四　史記一百二十四

佞幸列傳第六十五　史記一百二十五

諺曰力田不如逢年善仕不如遇合徐廣曰遇一作偶固無虛言非獨女以色媚而士宦亦有之昔以色幸者多矣至漢興高祖至暴抗也索隱曰抗音苦浪反言暴猛抗直也然籍孺以佞幸孝惠時有閎孺正義曰籍閎皆名也孺幼小也此兩人非有材能徒以婉佞貴幸與上臥起公卿皆因關說索隱曰關通也謂公卿因之而通其詞說劉氏云有所言說皆關由之故孝惠時郎侍中皆冠鵕鸃貝帶漢書音義曰鵕鸃鳥名以毛羽飾冠以貝飾帶○索隱曰許慎云鵕鸃鷩鳥也淮南子云趙武靈王服貝鵕鸃漢官儀云秦破趙以其冠賜侍中三倉云鵕鸃神鳥也飛光映天者也傅脂粉索隱曰傅音付化閎籍之屬也兩人徙家安陵正義曰惠帝陵邑孝文時中寵臣士人則鄧通宦者則趙同索隱曰案漢書作趙談此云同者避太史公父名也北宮伯子正義曰顏云姓北宮名伯子也按百子名北宮之官者也北宮伯子以愛人長者而趙同以星氣幸常為文帝參乘鄧通無伎能鄧通蜀郡南安人也徐廣曰後屬犍為以濯船為黃頭郎徐廣曰黃帽也駰案漢書音義曰善濯船池中也一說能持櫂行船也土水之母故施黃旄於船頭因以名其郎曰黃頭郎○索隱曰濯音棹遲教反孝文帝夢欲上天不能有一黃頭郎從後推之上天顧見其衣裻徐廣曰一無此字○索隱曰裻音篤裻衫襦之橫者帶後穿覺而之漸臺索隱曰覺音教○正義曰括地志云漸臺在長安故城中關中記云未央宮西有蒼池池中有漸臺王莽死於此臺以夢中陰目求

推者郎即見鄧通其衣後穿夢中所見也召問其名姓姓鄧氏名通文帝說焉索隱曰漢書云上曰鄧猶登也悅之尊幸之日異通亦愿謹不好外交雖賜洗沐不欲出於是文帝賞賜通巨萬以十數正義曰言賜通巨萬以至於十也官至上大夫文帝時時如鄧通家遊戲然鄧通無他能不能有所薦士獨自謹其身以媚上而已上使善相者相通曰當貧餓死文帝曰能富通者在我也何謂貧乎於是賜鄧通蜀嚴道銅山正義曰括地志云雅州榮經縣北三里有銅山即鄧通得賜銅山鑄錢者邑榮經即嚴道得自鑄錢鄧氏錢正義曰錢譜云文字稱兩同漢四銖文布天下其富如此文帝嘗病癰鄧通常為帝唶吮之索隱曰唶音任格反吮音仕兖反文帝不樂從容問通曰天下誰最愛我者乎通曰宜莫如太子太子入問病文帝使唶癰唶癰而色難之已而聞鄧通常為帝唶吮之心慙由此怨通矣及文帝崩景帝立鄧通免家居居無何人有告鄧通盜出徼外鑄錢下吏驗問頗有之遂竟案盡沒入鄧通家尚負責數巨萬長公主賜鄧通韋昭曰景帝姊也○索隱曰案即館陶公主也吏輒隨沒入之索隱曰謂長公主別有物吏輒沒入以充贓也一簪不得著身於是長公主乃令假衣食索隱曰謂公主令人假與衣食竟不得名一

錢 索隱曰始天下名鄧氏錢今皆没入卒竟無一錢名之也 寄死人家孝景帝時中無寵臣然獨郎中令周文仁 索隱曰案漢書稱周仁此上稱周文今兼文仁恐後人加耳案仁字文 仁寵最過庸不乃甚篤 索隱曰案庸常也言仁最被恩寵過於常人乃不甚篤如韓嫣也 今天子中寵臣士人則韓王孫嫣 索隱曰音偃又音於建反 官者則李延年

嫣者弓高侯孽孫也 徐廣曰韓王信之子穨當也 今上為膠東王時嫣與上學書相愛及上為太子愈益親嫣嫣善騎射善佞上即位欲事伐匈奴而嫣先習胡兵以故益尊貴官至上大夫賞賜擬於鄧通時嫣常與上卧起江都王入朝有詔得從入

獵上林中天子車駕蹕道未行而先使嫣乘副車從數十百騎騖馳視獸江都王望見以為天子辟從者伏謁道傍嫣驅不見既過江都王怒為皇太后泣曰請得歸國入宿衛比韓嫣 索隱曰謂還爵封於天子而請入宿衛 太后由此嗛嫣 徐廣曰嗛讀與銜同漢書作銜字 嫣侍上出入永巷不禁以姦聞皇太后皇太后怒使使賜嫣死上為謝終不能得嫣遂死而案道侯韓說其弟也亦佞幸 索隱曰說音悅

李延年中山人也父母及身兄弟及女皆故倡也延年坐法腐給事狗中 徐廣曰主獵犬也 索隱曰或犬監 而平

陽公主言延年女弟善舞上見心說之及入永巷而召貴延年延年善歌為變新聲而上方興天地祠欲造樂詩歌弦之延年善承意弦次初詩 索隱曰初詩即新造樂章 其女弟亦幸有子男延年佩二千石印號協聲律與上卧起甚貴幸埒如韓嫣也 徐廣曰埒等也蜀都賦曰卓鄭埒名又云埒者疇等之名 久之寖與中人亂 徐廣曰一云坐弟季與中人亂 出入驕恣及其女弟李夫人卒後愛弛則禽誅延年昆弟也自是之後內寵嬖臣大底外戚之家然不足數也衛青霍去病亦以外戚貴幸然頗用材能自進

太史公曰甚哉愛憎之時彌子瑕之行足以觀後人佞幸矣雖百世可知也 索隱曰彌子瑕衛靈公之臣事見說苑也

索隱述贊曰傳稱令色詩刺巧言冠鵔入侍傅粉承恩黃頭賜蜀官者同軒新聲都尉挾彈王孫泣魚竊駕著自前論

佞幸列傳第六十五　史記一百二十五

滑稽列傳第六十六　史記百二十六

索隱曰滑謂亂也稽同也以言辯捷之人言非若是說是若非能亂同異也楚詞云將突梯滑稽如脂如韋崔浩云滑音骨稽流酒器也轉注吐酒終日不已言出口成章詞不窮竭若滑稽之吐酒故揚雄酒賦云鴟夷滑稽腹大如壺盡日盛酒人復藉沽是也又姚察云滑稽猶俳諧也滑讀如字稽音計也以言諧語滑利其知計疾出故云滑稽也

孔子曰六藝於治一也正義曰言六藝之文雖異禮節樂和導民立政天下平定其歸一揆至於談言微中亦以解其紛亂故治一也禮以節人樂以發和書以道事詩以達意易以神化春秋以義

太史公曰天道恢恢豈不大哉談言微中亦可以解紛

淳于髡者齊之贅壻也索隱曰髡音苦魂反贅壻女之夫也比於子如人疣贅是餘剩之物也長不滿七尺滑稽多辯數使諸侯未嘗屈辱齊威王之時喜隱索隱曰喜音許既反喜好也喜隱謂好隱語好為淫樂長夜之飲沈湎不治委政卿大夫百官荒亂諸侯並侵國且危亡在於旦暮左右莫敢諫淳于髡說之以隱曰國中有大鳥止王之庭三年不蜚又不鳴王知此鳥何也王曰此鳥不飛則已一飛沖天不鳴則已一鳴驚人於是乃朝諸縣令長七十二人賞一人誅一人奮兵而出諸侯振驚皆還齊侵地威行三十六年語在

田完世家中威王八年楚大發兵加齊齊王使淳于髡之趙請救兵齎金百斤車馬十駟淳于髡仰天大笑冠纓索絕索隱曰索訓盡言冠纓盡絕也孔衍春秋後語亦作冠纓盡絕也王曰先生少之乎髡曰何敢王曰笑豈有說乎髡曰今者臣從東方來見道傍有禳田者索隱曰案謂為田求福禳操一豚蹄酒一盂而祝曰甌窶滿篝徐廣曰篝籠也○索隱曰案甌窶猶杯樓也窶音如婁古字少耳言豐年收掇易可滿篝籠也○正義曰窶音樓篝音篝籠也甌樓謂高地狹小之區得滿篝籠也汙邪滿車司馬彪曰汙邪下地田也○索隱曰即下田之中有薪可滿車○正義曰汙音烏五穀蕃熟穰穰滿家臣見其所持者狹而所欲者奢故笑之於是齊威王乃

益齎黃金千鎰白璧十雙車馬百駟髡辭而行至趙趙王與之精兵十萬革車千乘楚聞之夜引兵而去威王大說置酒後宮召髡賜之酒問曰先生能飲幾何而醉對曰臣飲一斗亦醉一石亦醉威王曰先生飲一斗而醉惡能飲一石哉其說可得聞乎髡曰賜酒大王之前執法在傍御史在後髡恐懼俯伏而飲不過一斗徑醉矣若親有嚴客髡帣韝鞠䠋徐廣曰帣收衣褏也褏衿也韝臂捍也音溝鞠曲也䠋音其紀反又與跽同謂小跪也○索隱曰帣音卷紀免反謂收袖也侍酒於前時賜餘瀝奉觴上壽數起飲不過二斗徑醉矣若

朋友交遊久不相見卒然相覩歡然道故私情相語飲可五六斗徑醉矣若乃州閭之會男女雜坐行酒稽留六博投壺相引為曹握手無罰目眙不禁 徐廣曰眙吐甑反直視貌○索隱曰眙音與瞪同謂直視也丑甑反音丑二反 前有墮珥後有遺簪髡竊樂此飲可八斗而醉二參 索隱曰案上云五六斗徑醉矣則此為樂亦甚飲可八斗而未徑醉故云竊樂二參言十有二參醉也 日暮酒闌合尊促坐男女同席履舄交錯杯盤狼藉堂上燭滅主人留髡而送客 徐廣曰一本云留髡坐起送客 羅襦襟解微聞薌澤當此之時髡心最歡能飲一石故曰酒極則亂樂極則悲萬事盡然言不可極

極之而衰以諷諫焉齊王曰善乃罷長夜之飲以髡為諸侯主客 正義曰今鴻臚卿也 宗室置酒髡嘗在側其後百餘年楚有優孟

優孟者故楚之樂人也 索隱曰優者倡優也孟者字也優旃亦同旃其字耳優孟在楚旃在秦也 長八尺多辯常以談笑諷諫楚莊王之時有所愛馬衣以文繡置之華屋之下席以露床啗以棗脯馬病肥死使羣臣喪之欲以棺槨大夫禮葬之左右爭之以為不可王下令曰有敢以馬諫者罪至死優孟聞之入殿門仰天大哭王驚而問其故優孟曰馬者王之所愛也以楚

國堂堂之大何求不得而以大夫禮葬之薄請以人君禮葬之王曰何如對曰臣請以彫玉為棺文梓為槨楩楓豫章為題湊 蘇林曰以木累棺外木頭皆內向故曰題湊○正義楩頻緜反 發甲卒為穿壙老弱負土齊趙陪位於前韓魏翼衛其後 楚莊王時未有趙韓魏三國索隱曰案此辯說者之詞後人所增飾之矣 廟食太牢奉以萬戶之邑諸侯聞之皆知大王賤人而貴馬也王曰寡人之過一至此乎為之奈何優孟曰請為大王六畜葬之以壟竈為槨 索隱曰皇覽亦說此事以壟竈為䃺是也 銅歷為棺 索隱曰歷即釜鬲也 齎以薑棗 索隱曰古者食肉用薑棗禮內則云實棗於其腹中屑桂與薑以洒諸上而鹽之也 薦以

木蘭祭以糧稻衣以火光葬之於人腹腸 索隱曰皇覽云火光之著端葬之腸中 於是王乃使以馬屬太官無令天下久聞也楚相孫叔敖知其賢人也善待之病且死屬其子曰我死汝必貧困若往見優孟言我孫叔敖之子也居數年其子窮困負薪逢優孟與言曰我孫叔敖之子也父且死時屬我貧困往見優孟優孟曰若無遠有所之 索隱曰案謂優孟語孫叔敖之子曰汝無遠有所之適他境也王後求汝不得者也 即為孫叔敖衣冠抵掌談語 抵掌戰國策曰蘇秦說趙王華屋之下抵掌而言張載曰談說之容則也 歲餘像孫叔敖楚王左右不能別也莊王置酒優孟前為壽

莊王大驚以爲孫叔敖復生也欲以爲相優孟曰請歸與婦計之三日而爲相莊王許之三日後優孟復來王曰婦言謂何孟曰婦言慎無爲楚相不足爲也如孫叔敖之爲楚相盡忠爲廉以治楚楚王得以霸今死其子無立錐之地貧困負薪以自飲食必如孫叔敖不如自殺因歌曰山居耕田苦難以得食起而爲吏身貪鄙者餘財不顧恥辱身死家室富又恐受賕枉法爲姦觸大罪身死而家滅貪吏安可爲也念爲廉吏奉法守職竟死不敢爲非廉吏安可爲也楚相孫叔敖持廉至死方今妻子窮困負薪而食不足爲也於是莊王謝優孟乃召孫叔敖子封之寢丘（徐廣曰在固始。正義曰今光州固始縣本寢丘邑也呂氏春秋云楚孫叔敖有功於國疾將死戒其子曰王數欲封我我辭不受我死必封汝汝無受利地荊楚閒有寢丘者其爲地不利而前有妬谷後有戾丘其名惡可長有也其子從之楚功臣封二世而收唯寢丘不奪也）四百戶以奉其祀後十世不絕此知可以言時矣其後二百餘年秦有優旃

優旃者秦倡朱儒也善爲笑言然合於大道秦始皇時置酒而天雨陛楯者皆沾寒優旃見而哀之謂之曰汝欲休乎陛楯者皆曰幸甚優旃

曰我即呼汝汝疾應曰諾居有頃殿上上壽呼萬歲優旃臨檻（正義曰御覽反）大呼曰陛楯郎郎曰諾優旃曰汝雖長何益幸雨立我雖短也幸休居於是始皇使陛楯者得半相代始皇嘗議欲大苑囿東至函谷關西至雍陳倉（正義曰今岐州雍縣及陳倉縣也）優旃曰善多縱禽獸於其中寇從東方來令麋鹿觸之足矣始皇以故輟止二世立又欲漆其城優旃曰善主上雖無言臣固將請之漆城雖於百姓愁費然佳哉漆城蕩蕩寇來不能上即欲就之易爲漆耳顧難爲蔭室於是二世笑之以其故止居無何二世殺死優旃歸漢數年而卒

太史公曰淳于髡仰天大笑齊威王橫行優孟搖頭而歌負薪者以封優旃臨檻疾呼陛楯得以半更豈不亦偉哉

褚先生曰臣幸得以經術爲郎而好讀外家傳語竊不遜讓復作故事滑稽之語六章編之於左可以覽觀揚意以示後世好事者讀之以游心駭耳以附益上方太史公之三章武帝時有所幸倡郭舍人者發言陳辭雖不合大道然令人主和說武帝少時東武侯母（索隱曰案東武縣名侯乳母姓也）

當養帝正義曰高祖功臣表云東武侯郭家高祖六年封子他孝景六年棄市國除蓋他母常養武帝帝壯時號之曰大乳母率一月再朝朝奏入有詔使幸臣馬游卿以帛五十匹賜乳母又奉飲糒飧養乳母乳母上書曰某所有公田願得假倩之帝曰乳母欲得之乎以賜乳母乳母所言未嘗不聽有詔得令乳母乘車行馳道中當此之時公卿大臣皆敬重乳母乳母家子孫奴從者橫暴長安中當道掣頓人車馬奪人衣服聞於中不忍致之法有司請徙乳母家室處之於邊奏可乳母當入至前面見辭乳母先見郭舍人為下泣舍人曰即入見辭去疾步數還顧乳母如其言謝去疾步數還顧郭舍人疾言罵之曰咄老女子何不疾行陛下已壯矣寧尚須汝乳而活邪尚何還顧於是人主憐焉悲之乃下詔止無徙乳母罰謫譖之者索隱曰謂武帝罰謫譖乳母之人也

武帝時齊人有東方生名朔索隱曰仲長統云遷為滑稽傳叙優旃事不編東方朔非也朔之行事豈直旃孟之比哉而桓譚亦以遷內為是又非也。正義曰漢書云平原厭次人也輿地志云厭次宜是富平縣之鄉聚名也括地志云富平故城在滄州陽信縣東南四十里漢縣也以好古傳書愛經術多所博觀外家之語索隱曰案東方朔亦多博觀外家之語則外家非正經史即傳記雜說之書朔初入長安至公車上書正義曰百

官表云衛尉屬官有公車司馬漢儀注云公車司馬掌殿司馬門夜徼宮天下上事及闕下凡所徵召皆總領之秩六百石凡用三千奏牘公車令兩人共持舉其書僅然能勝之人主從上方讀之止輒乙其處讀之二月乃盡詔拜以為郎常在側侍中數召至前談語人主未嘗不說也時詔賜之食於前飯已盡懷其餘肉持去衣盡汙數賜縑帛檐揭而去徙用所賜錢帛取少婦於長安中好女率取婦一歲所者即棄去更取婦所賜錢財盡索之於女子人主左右諸郎半呼之狂人人主聞之曰令朔在事無為是行者若等安能及之哉朔

任其子為郎又為侍謁者常持節出使朔行殿中郎謂之曰人皆以先生為狂朔曰如朔等所謂避世於朝廷閒者也古之人乃避世於深山中時坐席中酒酣據地歌曰陸沈於俗索隱曰司馬彪云謂無水而沈之避世金馬門宮殿中可以避世全身何必深山之中蒿廬之下金馬門者宦署門也門傍有銅馬故謂之曰金馬門時會聚宮下博士諸先生與論議共難之索隱曰案謂朔設詞對之即下文苔客難是也曰蘇秦張儀一當萬乘之主而都卿相之位澤及後世今子大夫修先王之術慕聖人之義諷誦詩

書百家之言不可勝數著於竹帛自以爲海内無雙即可謂博聞辯智矣然悉力盡忠以事聖帝曠日持久積數十年官不過侍郎位不過執戟意者尚有遺行邪其故何也東方生曰是固非子之所能備也彼一時也此一時也豈可同哉夫張儀蘇秦之時周室大壞諸侯不朝力政爭權相禽以兵并爲十二國未有雌雄得士者彊失士者亡故說聽行通身處尊位澤及後世子孫長榮今非然也聖帝在上德流天下諸侯賓服威振四夷連四海之外以爲席安於覆盂天下平均

合爲一家動發舉事猶如運之掌中賢與不肖何以異哉方今以天下之大士民之衆竭精馳說並進輻湊者不可勝數悉力慕義困於衣食或失門户使張儀蘇秦與僕並生於今之世曾不能得掌故安敢望常侍侍郎乎傳曰天下無害菑雖有聖人無所施其才上下和同雖有賢者無所立功故曰時異則事異雖然安可以不務修身乎詩曰鼓鍾于宮聲聞于外鶴鳴九皐聲聞于天苟能修身何患不榮太公躬行仁義七十二年逢文王得行其說封於齊七百歲而

不絕此士之所以日夜孜孜修學行道不敢止也今世之處士時雖不用崛然獨立塊然獨處上觀許由下察接輿策同范蠡忠合子胥天下和平與義相扶寡偶少徒固其常也子何疑於余哉於是諸先生默然無以應也建章宫正義曰在長安縣西北二十里長安故城中後閣重櫟中有物出焉索隱曰重音逐龍反櫟音歷重櫟欄楯之下有重欄處也其狀似麋以聞武帝往臨視之問左右羣臣習事通經術者莫能知詔東方朔視之朔曰臣知之願賜美酒粱飯大飱臣臣乃言詔曰可已飱又曰某所有公田魚池蒲葦數頃

陛下以賜臣臣朔乃言詔曰可於是朔乃肯言曰所謂騶牙者也索隱曰騶音鄒此朔以意自立名而偶中也以有九牙齊等故謂之騶牙猶騶騎然也遠方當來歸義而騶牙先見其齒前後若一齊等無牙故謂之騶牙其後一歲所匈奴混邪王果將十萬衆來降漢乃復賜東方生錢財甚多至老朔且死時諫曰詩云營營青蠅止于蕃愷悌君子無信讒言讒言罔極交亂四國願陛下遠巧佞退讒言帝曰今顧東方朔多善言怪之居無幾何朔果病死傳曰鳥之將死其鳴也哀人之將死其言也善此之謂也

武帝時大將軍衛青者衛后兄也 徐廣曰衛青傳曰子夫之弟也 封爲長平侯從軍擊匈奴至余吾水上而還斬首捕虜有功來歸詔賜金千斤將軍出宮門齊人東郭先生以方士待詔公車當道遮衛將軍車拜謁曰願白事 徐廣曰衛青傳云甯乘說青而拜爲東海都尉 將軍止車前東郭先生旁車言曰王夫人新得幸於上家貧今將軍得金千斤誠以其半賜王夫人之親人主聞之必喜此所謂奇策便計也衛將軍謝之曰先生幸告之以便計請奉教於是衛將軍乃以五百金爲王夫人之親壽王夫人以聞

武帝帝曰大將軍不知爲此問之安所受計策對曰受之待詔者東郭先生詔召東郭先生拜以爲郡都尉東郭先生久待詔公車貧困飢寒衣敝履不完行雪中履有上無下足盡踐地道中人笑之東郭先生應之曰誰能履行雪中令人視之其上履也其履下處乃似人足者乎及其拜爲二千石佩青緺 徐廣曰音瓜一音蝸青綬 出宮門行謝主人故所以同官待詔者等比祖道於都門外榮華道路立名當世 徐廣曰東郭先生也 此所謂衣褐懷寶者也 索隱曰此指東郭先生也其言身衣褐而懷寶玉也 當其貧困時人莫省視至其貴也乃爭附之諺曰相馬失之瘦相士失之貧其此之謂邪王夫人病甚人主至自往問之曰子當爲王欲安所置之對曰願居洛陽人主曰不可洛陽有武庫敖倉當關口天下咽喉自先帝以來傳不爲置王然關東國莫大於齊可以爲齊王王夫人以手擊頭呼幸甚王夫人死號曰齊王太后薨昔者齊王使淳于髡獻鵠於楚 索隱曰案韓詩外傳齊使人獻鵠於楚不言髡又說苑云魏文侯使舍人無擇獻鵠於齊皆略同而事異殆相涉亂也 出邑門道飛其鵠徒揭空籠造詐成辭往見楚王曰齊王使臣來獻鵠過於

水上不忍鵠之渴出而飲之去我飛亡吾欲刺腹絞頸而死恐人之議吾王以鳥獸之故令士自傷殺也鵠毛物多相類者吾欲買而代之是不信而欺吾王也欲赴佗國奔亡痛吾兩主使不通故來服過叩頭受罪大王楚王曰善齊王有信士若此哉厚賜之財倍鵠在也

武帝時徵北海太守詣行在所 索隱曰漢書宣帝徵勃海太守龔遂非武帝時此褚先生記謬耳 有文學卒史王先生者自請與太守俱吾有益於君君許之諸府掾功曹白云王先生嗜酒多言少實恐不可與俱太守曰先生意

欲行不可逆遂與俱行至宮下待詔宮府門王先生徒懷錢沽酒與衛卒僕射飲日醉不視其太守太守入跪拜王先生謂戶郎曰幸爲我呼吾君至門內遙語戶郎爲呼太守太守來望見王先生王先生曰天子即問君何以治北海正義曰今青州令無盜賊君對曰何哉對曰選擇賢材各任之以其能賞異等罰不肖王先生曰對如是是自譽自伐功不可也願君對言非臣之力盡陛下神靈威武所變化也太守曰諾召入至于殿下有詔問之曰何以治北海令盜賊不起叩

頭對言非臣之力盡陛下神靈威武之所變化也武帝大笑曰於呼安得長者之語而稱之安所受之對曰受之文學卒史帝曰今安在對曰在宮府門外有詔召拜王先生爲水衡丞以北海太守爲水衡都尉傳曰美言可以市尊行可以加人君子相送以言小人相送以財

魏文侯時西門豹爲鄴令正義曰今相州縣也豹往到鄴會長老問之民所疾苦長老曰苦爲河伯娶婦正義曰河伯華陽潼鄉人姓馮氏名夷浴於河中而溺死遂爲河伯娶婦也以故貧豹問其故對曰鄴三老廷掾常歲賦斂百姓收取其

錢得數百萬用其二三十萬爲河伯娶婦與祝巫共分其餘錢持歸當其時巫行視人家女好者云是當爲河伯婦即娉取洗沐之爲治新繒綺縠衣閒居齋戒爲治齋宮河上張緹絳帷正義曰緹他礼反顧野王云黃赤色也又音啼厚繒也女居其中爲具牛酒飯食行十餘日共粉飾之如嫁女床席令女居其上浮之河中始浮行數十里乃沒其人家有好女者恐大巫祝爲河伯取之以故多持女遠逃亡以故城中益空無人又困貧所從來久遠矣民人俗語曰即不爲河伯娶婦水來漂沒溺其人民

云西門豹曰至爲河伯娶婦時願三老正義曰亭三老巫祝父老送女河上幸來告語之吾亦往送女皆曰諾至其時西門豹往會之河上三老官屬豪長者里父老皆會以人民往觀之者三二千人其巫老女子也已年七十從弟子女十人所皆衣繒單衣立大巫後西門豹曰呼河伯婦來視其好醜即將女出帷中來至前豹視之顧謂三老巫祝父老曰是女子不好煩大巫嫗爲入報河伯得更求好女後日送之即使吏卒共抱大巫嫗投之河中有頃曰巫嫗何久也弟子趣之復

以弟子一人投河中有頃曰弟子何久也復使一人趣之復投一弟子河中凡投三弟子西門豹曰巫嫗弟子是女子也不能白事煩三老爲入白之復投三老河中西門豹簪筆磬折正義曰簪筆謂以毛裝簪頭長五寸插在冠前謂之爲筆言插筆備禮也磬折謂曲體揖之若石磬之形曲折也磬一片黑石凡十二片樹在虡上擊之其形皆中曲垂兩頭言人覃則似也嚮河立待良久長老吏傍觀者皆驚恐西門豹顧曰巫嫗三老不來還奈之何欲復使廷掾與豪長者一人入趣之皆叩頭叩頭且破額血流地色如死灰西門豹曰諾且留待之須臾須臾豹曰廷掾起矣狀河

伯留客之久若皆罷去歸矣鄴吏民大驚恐從是以後不敢復言爲河伯娶婦西門豹即發民鑿十二渠引河水灌民田正義曰括地志云横渠首接漳水蓋西門豹史起所鑿之渠也溝洫志云魏文侯時西門豹爲鄴令有令名至文侯曾孫襄王與羣臣飲祝曰令吾爲臣皆非西門豹之爲人臣也史起進曰魏氏之行田也以百畝鄴獨二百畝是田惡也漳水在其傍西門不知用是不智知而不與是不仁仁智豹未之盡何足法也於是史起爲鄴令遂引漳水溉鄴以富漳魏之河名左思魏賦云西門溉其前史起灌其後也田皆溉當其時民治渠少煩苦不欲也豹曰民可以樂成不可與慮始今父老子弟雖患苦我然百歲後期令父老子孫思我言至今皆得水利民人以給足富十二渠經絕馳道到

漢之立而長吏以爲十二渠橋絕馳道相比近不可欲合渠水且至馳道合三渠爲一橋鄴民人父老不肯聽長吏以爲西門君所爲也賢君之法式不可更也長吏終聽置之故西門豹爲鄴令名聞天下澤流後世無絕已時幾可謂非賢大夫哉傳曰子產治鄭民不能欺子賤治單父民不忍欺西門豹治鄴民不敢欺三子之才能誰最賢哉辯治者當能別之魏文帝問羣臣三不欺於君德孰優太尉鍾繇司徒華歆司空王朗對曰臣以爲君任德則臣感義而不忍欺君任察則臣畏覺而不能欺君任刑則臣畏罪而不敢欺任德感義與夫導德齊禮有恥且格等趣者也任察畏罪與夫導政齊刑免而無恥同歸者也孔子

曰爲政以德譬如北辰居其所而衆星共之考以斯言論以斯義臣等以爲不忍欺不能欺優劣之縣在於權衡非徒低卬之差乃鈞銖之覺也且前志稱仁者安仁智者利仁畏罪者強仁校其仁者功則無以殊核其爲仁者則不得不異安仁者性善者也利仁者力行者也強仁者不得已者也三仁相比則安仁優矣易稱神而化之使民宜之若君化使民然也然則安仁之化與夫強仁之化優劣亦不得不相縣絕也然則三臣之不欺雖同所以不欺異矣則純以恩義崇不欺與以威察成不欺既不可同概而比量又不得錯綜而易處○索隱曰案此三不欺自古傳記先達共所稱述今褚先生因記西門豹而稱之以成說也循吏傳記子產相鄭仁而且明故人不能欺之子賤爲政清靜唯彈琴三年不下堂而化是人見斯故不忍欺之豹以威化御俗故人不敢欺之其德優劣鍾華之評實爲允當也

索隱述贊曰滑稽鴟夷如脂如韋敏捷之變

學不失詞淳于索絕趙國興師楚優拒相寢

丘獲祠偉哉方朔三章紀之

滑稽列傳第六十六　史記一百二十六

日者列傳第六十七　史記一百二十七

（墨子曰墨子北之齊遇日者日者曰帝以今日殺黑龍於北方而先生之色黑不可以北墨子不聽遂北至淄水墨子不遂而反焉日者曰我謂先生不可以北然則古人占候卜筮通謂之日者墨子亦云非但史記也○索隱曰案名卜筮曰日者以墨所以卜筮占候時日通名日者故也）

自古受命而王王者之興何嘗不以卜筮決于天命哉其於周尤甚及秦可見代王之入任於卜者太卜之起由漢興而有（索隱曰案周禮有太卜之官此云由漢興者謂漢自文帝卜大橫之後其卜官更興盛焉）

司馬季主者楚人也（索隱曰按云楚人而太史公不序其系蓋楚相司馬子期子反後姓也季主見列仙傳）卜於長安東市宋忠爲中大夫賈誼爲博士同日俱出洗沐（正義曰漢官五日一假洗休也）相從論議誦易先王聖人之道術究徧人情相視而歎賈誼曰吾聞古之聖人不居朝廷必在卜醫之中今吾已見三公九卿朝士大夫皆可知矣試之卜數中以觀采（索隱曰卜數猶術數也音所具反劉氏云具數筮之亦通筮必以易易用大衍之數也）二人即同輿而之市游於卜肆中天新雨道少人司馬季主閒坐弟子三四人侍方辯天地之道日月之運陰陽吉凶之本二大夫再拜謁司馬季主視其狀貌如類有知者即禮之使弟

子延之坐坐定司馬季主復理前語分別天地之終始日月星辰之紀差次仁義之際列吉凶之符語數千言莫不順理宋忠賈誼瞿然而悟獵纓正襟危坐（索隱曰獵攬也攬其冠纓而正其衣襟謂変而自飾也危一作免謂俯俛爲敬）曰吾望先生之狀聽先生之辭小子竊觀於世未嘗見也今何居之卑何行之汙（索隱曰音烏故反）司馬季主捧腹大笑曰觀大夫類有道術者今何言之陋也何辭之野也今夫子所賢者何也所高者誰也今何以卑汙長者二君曰尊官厚祿世之所高也賢才處之今所處非其地故謂之

卑言不信行不驗取不當故謂之汙夫卜筮者世俗之所賤簡也世皆言曰夫卜者多言誇嚴以得人情（索隱曰謂卜者自矜誇而莊嚴以得人情也）虛高人祿命以說人志擅言禍災以傷人心矯言鬼神以盡人財厚求拜謝以私於己此吾之所恥故謂之卑汙也司馬季主曰公且安坐公見夫被髮童子乎日月照之則行不照則止問之日月疵瑕吉凶則不能理由是觀之能知別賢與不肖者寡矣賢之行也直道以正諫三諫不聽則退其譽人也不望其報惡人也不顧其怨以便國家利

衆爲務故官非其任不處也祿非其功不受也見人不正雖貴不敬也見人有汙雖尊不下也得不爲喜去不爲恨非其罪也雖累辱而不愧也今公所謂賢者皆可爲羞矣卑疵而前（索隱曰疵音貲）孅趨而言（索隱曰孅音纖孅趨猶足恭也）相引以勢相導以利比周賓正（徐廣曰客族謂之賓人求長官謂之正）以求尊譽以受公奉事私利枉主法獵農民以官爲威以法爲機求利逆暴譬無異於操白刃劫人者也初試官時倍力爲巧詐飾虛功執空文以調主上用居上爲右試官不讓賢陳功見僞增實以無爲有以

少爲多以求便勢尊位食飲驅馳從姬歌兒不顧於親犯法害民虛公家此夫爲盜不操矛弧者也攻而不用弦刃者也欺父母未有罪而弒君未伐者也何以爲高賢才乎盜賊發不能禁夷貊不服不能攝姦邪起不能塞官耗亂不能治四時不和不能調歲穀不孰不能適（索隱曰音釋適猶調也）才賢不爲是不忠也才不賢而託官位利上奉妨賢者處是竊位也（索隱曰奉音扶用反）有人者進有財者禮是僞也子獨不見鴟梟之與鳳皇翔乎蘭芷芎藭棄於廣野蒿蕭成林使君子退而不

顯衆公等是也述而不作君子義也今夫卜者必法天地象四時順於仁義分策定卦旋式正棊（徐廣曰式音栻○索隱曰按式即栻也旋轉也栻之形上圓象天下方法地用之則轉天綱加地之辰故云旋式棊者筮之狀正棊蓋謂下以作卦也）然後言天地之利害事之成敗昔先王之定國家必先龜策日月而後乃敢代正時日乃後入家產子必先占吉凶後乃有之（索隱曰謂若卜之不祥則式不收也卜吉而後有故云有之）自伏羲作八卦周文王演三百八十四爻而天下治越王勾踐倣文王八卦（索隱曰倣音方往反）以破敵國霸天下由是言之卜筮有何負哉且夫卜筮者埽除設坐正其冠帶

然後乃言事此有禮也言而鬼神或以饗忠臣以事其上孝子以養其親慈父以畜其子此有德者也而以義置數十百錢病者或以愈且死或以生患或以免事或以成嫁子娶婦或以養生此之為德豈直數十百錢哉此夫老子所謂上德不德是以有德今夫卜筮者利大而謝少老子之云豈異於是乎莊子曰君子內無飢寒之患外無劫奪之憂居上而敬居下不為害君子之道也今夫卜筮者之為業也積之無委聚藏之不用府庫徙之不用輜車負裝之不重止而

用之無盡索之時持不盡索之物游於無窮之世雖莊氏之行未能增於是也子何故而云不可卜哉天不足西北星辰西北移地不足東南以海為池日中必移月滿必虧先王之道乍存乍亡公責卜者言必信不亦惑乎公見夫談士辯人乎慮事定計必是人也然不能以一言說人主意故言必稱先王語必道上古慮事定計飾先王之成功語其敗害以恐喜人主之志以求其欲多言誇嚴（徐廣曰一作險）莫大於此矣然欲彊國成功盡忠於上非此不立今夫卜者導惑教愚

也夫愚惑之人豈能以一言而知之哉言不厭多故騏驥不能與罷驢為駟而鳳皇不與燕雀為羣而賢者亦不與不肖者同列故君子處卑隱以辟衆自匿以辟倫微見德順以除羣害以明天性助上養下多其功利不求尊譽公之等喁喁者也何知長者之道乎宋忠賈誼忽而自失芒乎無色（索隱曰芒音莫郎反）悵然噤口不能言（索隱曰悵音暢噤音禁劉氏音其錦反）於是攝衣而起再拜而辭行洋洋也出市門僅能自上車伏軾低頭卒不能出氣居三日宋忠見賈誼於殿門外乃相引屏語相謂自

歎曰道高益安勢高益危居赫赫之勢失身且
有日矣夫卜而有不審不見奪糈徐廣曰音所駰案離騷經曰懷
椒糈而要之王逸云糈精米所以享神爲人主計而不審身無所處索隱
曰糈者卜求神之米也言卜之不中乃可見奪其精米若爲人主計不審則身無所處也此相去遠
矣猶天冠地屨也此老子之所謂無名者萬物
之始也天地曠曠物之熙熙或安或危莫知居
之我與若何足預彼哉彼久而愈安雖曾氏之
義徐廣曰曾一作莊未有以異也久之宋忠使匈奴不
至而還抵罪而賈誼爲梁懷王傅王墮馬薨誼
不食毒恨而死此務華絕根者也索隱曰言宋忠賈誼皆務華而
喪其身是絕其根本也

太史公曰古者卜人所以不載者多不見于篇
及至司馬季主余志而著之
褚先生曰臣爲郎時游觀長安中見卜筮之賢
大夫觀其起居行步坐起自動誓正其衣冠而
當鄉人也有君子之風見性好解婦來卜對之
顏色嚴振未嘗見齒而笑也從古以來賢者避
世有居止舞澤者有居民閒閉口不言有隱居
卜筮閒以全身者夫司馬季主者楚賢大夫游
學長安通易經術黃帝老子博聞遠見觀其對

二大夫貴人之談言稱引古明王聖人道固非
淺聞小數之能及卜筮立名聲千里者各往往
而在傳曰富爲上貴次之既貴各各學一伎能
立其身黃直丈夫也陳君夫婦人也以相馬立
名天下齊張仲曲成侯以善擊刺學用劍立名
天下留長孺以相彘立名滎陽褚氏以相牛立
名能以伎能立名者甚多皆有高世絕人之風
何可勝言故曰非其地樹之不生非其意教之
不成夫家之教子孫當視其所以好好含苟生
活之道因而成之故曰制宅命子足以觀士子

有處所可謂賢人臣爲郎時與太卜待詔爲郎
者同署言曰孝武帝時聚會占家問之某日可
取婦乎五行家曰可堪輿家曰不可建除家曰
不吉叢辰家曰大凶歷家曰小凶天人家曰小
吉太一家曰大吉辯訟不決以狀聞制曰避諸
死忌以五行爲主人取於五行者也

索隱述贊曰

日者之名　有自來矣　吉凶占候
著於墨子　齊楚異法　書亦罕紀
後人斯繼　季主獨美　取免暴秦

此焉終否

日者列傳第六十七　史記一百二十七

龜策列傳第六十八　史記一百二十八

索隱曰龜策傳有録無書褚先生所補其敘事煩蕪陋略無可取○正義曰史記至元成間十篇有録無書而褚少孫補景武紀將相年表禮書樂書律書三王世家蒯成侯日者龜策列傳日者龜策言辭最鄙陋非太史公之本意也

太史公曰自古聖王將建國受命興動事業何嘗不寶卜筮以助善唐虞以上不可記已自三代之興各據禎祥塗山之兆從而夏啓世飛燕之卜順故殷興百穀之筮吉故周王王者決定諸疑參以卜筮斷以蓍龜不易之道也蠻夷氐羌雖無君臣之序亦有決疑之卜或以金石或以草木徐廣曰一作革國不同俗然皆可以戰伐攻擊推兵求勝各信其神以知來事略聞夏殷欲卜者乃取蓍龜已則弃去之以爲龜藏則不靈蓍久則不神至周室之卜官常寶藏蓍龜又其大小先後各有所尚要其歸等耳或以爲聖王遭事無不定決疑無不見其設稽神求問之道者以爲後世衰微愚不師智人各自安化分爲百室道散而無垠故推歸之至微要絜於精神也或以爲昆蟲之所長聖人不能與爭其處吉凶別然否多中於人至高祖時因秦太卜官天下

始定兵革未息及孝惠享國日少呂后女主孝文孝景因襲掌故未遑講試雖父子疇官世世相傳其精微深眇多所遺失至今上即位博開藝能之路悉延百端之學通一伎之士咸得自效絕倫超奇者為右無所阿私數年之間太卜大集會上欲擊匈奴西攘大宛（徐廣曰攘一作襄襄除也）南收百越卜筮至預見表象先圖其利及猛將推鋒執節獲勝於彼而蓍龜時日亦有力於此上尤加意賞賜至或數千萬如丘子明之屬富溢貴寵傾於朝廷至以卜筮射蠱道巫蠱時或頗中素有眦睚不快因公行誅恣意所傷以破族滅門者不可勝數百僚蕩恐皆曰龜策能言後事覺姦窮亦誅三族夫摓策定數（徐廣曰摓音逢一作逄○索隱曰摓謂兩手執蓍分而扐之故云摓策）灼龜觀兆變化無窮是以擇賢而用占焉可謂聖人重事者乎周公卜三龜而武王有瘳紂為暴虐而元龜不占晉文將定襄王之位卜得黃帝之兆（左傳曰遇黃帝戰于阪泉之兆）卒受彤弓之命獻公貪驪姬之色卜而兆有口象其禍竟流五世楚靈將背周室卜而龜逆（左傳曰靈王卜曰余尚得天下不吉投龜詬天而呼曰是區區者而不余畀余必自取之○索隱曰詬音火候反）終被乾溪之

敗兆應信誠於內而時人明察見之於外可不謂兩合者哉君子謂夫輕卜筮無神明者悖背人道（索隱曰悖音倍背音佩）信禎祥者鬼神不得其正故書建稽疑五謀而卜筮居其二五占從其多明有而不專之道也余至江南觀其行事問其長老云龜千歲乃遊蓮葉之上（徐廣曰蓮一作領領與蓮聲相近或假借字也）蓍百莖共一根（徐廣曰劉向云龜千歲而靈蓍百年而一本生百莖）又其所生獸無虎狼草無毒螫江傍家人常畜龜飲食之以為能導引致氣有益於助衰養老豈不信哉褚先生曰臣以通經術受業博士治春秋以高第為郎幸得宿衛出入宮殿中十有餘年竊好太史公傳太史公之傳曰三王不同龜四夷各異卜然各以決吉凶略闚其要故作龜策列傳臣往來長安中求龜策列傳不能得故之太卜官問掌故文學長老習事者寫取龜策卜事編于下方聞古五帝三王發動舉事必先決蓍龜傳曰（索隱曰此傳即太卜所得古龜之說也）下有伏靈上有兔絲上有擣蓍（索隱曰擣音逐留反擣蓍即藂蓍擣古稠字）下有神龜所謂伏靈者在兔絲之下狀似飛鳥之形新雨已天清靜無風以夜捎兔絲去之即以籝燭此地（徐廣曰籝籠也蓋然火而

籠罩其上也音溝陳涉世家曰夜篝火也燭之火滅即記其處以新布四
丈環置之明即掘取之入四尺至七尺得矣過
七尺不可得伏靈者千歲松根也食之不死聞
蓍生滿百莖者其下必有神龜守之其上常有
青雲覆之傳曰天下和平王道得而蓍莖長丈
其叢生滿百莖方今世取蓍者不能中古法度
不能得滿百莖長丈者取八十莖已上蓍長八
尺即難得也人民好用卦者取滿六十莖已上
長滿六尺者即可用矣記曰能得名龜者財物
歸之家必大富至千萬一曰北斗龜二曰南辰

龜三曰五星龜四曰八風龜五曰二十八宿龜
六曰日月龜七曰九州龜八曰玉龜凡八名龜
龜圖各有文在腹下文云云者此某之龜也略
記其大指不寫其圖取此龜不必滿尺二寸民
人得長七八寸可寶矣今夫珠玉寶器雖有所
深藏必見其光必出其神明其此之謂乎故玉
處於山而木潤淵生珠而岸不枯者徐廣曰一無不字許氏說
淮南以爲滋潤鍾於明珠致令岸枯也潤澤之所加也明月之珠出於
江海藏於蚌中蚗龍伏之徐廣曰許氏說淮南云蚗龍龍屬也音決○索隱曰
蚗當爲蛟龍音蘢注音決誤也王者得之長有天下四夷賓服能

得百莖蓍并得其下龜以卜者百言百當足以
決吉凶神龜出於江水中廬江郡常歲時生龜
長尺二寸者二十枚輸太卜官太卜官因以吉
日剔取其腹下甲龜千歲乃滿尺二寸王者發
軍行將必鑽龜廟堂之上以決吉凶今高廟中
有龜室藏內以爲神寶傳曰取前足臑骨穿佩
之徐廣曰臑音乃毛反臑臂○索隱曰臑音乃高反一音乃導反取龜置室西北隅懸
之以入深山大林中不惑臣爲郎時見萬畢石
朱方傳曰有神龜在江南嘉林中索隱曰按萬畢術中有石朱方
方中說嘉林中故云傳曰嘉林者獸無虎狼鳥無鴟梟草無毒

螫野火不及斧斤不至是爲嘉林龜在其中常
巢於芳蓮之上左脅書文曰甲子重光徐廣曰子一作于
得我者匹夫爲人君有土正徐廣曰正長也爲有土之官長諸侯
得我爲帝王求之於白蛇蟠杅徐廣曰一孤反林中者齋
戒以待譺然索隱曰按林名白蛇蟠杅林龜藏其中杅音烏謂白蛇嘗蟠杅此林中也譺音疑言
求龜者齋戒以待恒譺然也狀如有人來告之因以醮酒佗髮
徐廣曰佗一作被○索隱曰佗音徒我切謂被髮也求之三宿而得由是觀之
豈不偉哉故龜可不敬與南方老人用龜支牀
足行二十餘歲老人死移牀龜尚生不死龜能
行氣導引問者曰龜至神若此然太卜官得生

龜何爲輒殺取其甲乎近世江上人有得名龜
畜置之家因大富與人議欲遣去人教殺之勿
遣遣之破人家龜見夢曰送我水中無殺吾也
其家終殺之殺之後身死家不利人民與君王
者異道人民得名龜其狀類不宜殺也以往古
故事言之古明王聖主皆殺而用之宋元王時
得龜亦殺而用之謹連其事於左方令好事者
觀擇其中焉宋元王二年江使神龜使於河至
於泉陽漁者豫且舉網得而因之（索隱曰且音子余切泉陽人網元龜者）
置之籠中夜半龜來見夢於宋元王曰我
爲江使於河而幕網當吾路泉陽豫且得我我
不能去身在患中莫可告語王有德義故來告
訴元王惕然而悟乃召博士衞平而問之（索隱曰宋元君之臣也）
曰今寡人夢見一丈夫延頸而長頭衣玄
繡之衣而乘輜車來見夢於寡人曰我爲江使
於河而幕網當吾路泉陽豫且得我我不能去
身在患中莫可告語王有德義故來告訴是何
物也衞平乃援式而起（徐廣曰式音勅）仰天而視月之
光觀斗所指定日處鄉規矩爲輔副以權衡四
維已定八卦相望視其吉凶介蟲先見乃對元

王曰今昔壬子（索隱曰今昔猶昨夜也以今日言之謂昨夜爲今昔）宿在牽牛
河水大會鬼神相謀漢正南北（正義曰漢天河）江河固期
南風新至江使先來白雲壅漢萬物盡留斗柄
指日使者當囚玄服而乘輜車其名爲龜王急
使人問而求之王曰善於是王乃使人馳而往
問泉陽令曰漁者幾何家名誰爲豫且豫且得
龜見夢於王王故使我求之泉陽令乃使吏案
籍視圖水上漁者五十五家上流之廬名爲豫
且泉陽令曰諾乃與使者馳而問豫且曰今昔
汝漁何得豫且曰夜半時舉網得龜（莊子曰得白龜圓五尺）
使者曰今龜安在曰在籠中使者曰王知子得
龜故使我求之豫且曰諾即系龜而出之籠中
獻使者使者載行出於泉陽之門正晝無見風
雨晦冥雲蓋其上五采青黃雲雨並起風將而
行入於端門見於東箱身如流水潤澤有光望
見元王延頸而前三步而止縮頸而卻復其故
處元王見而怪之問衞平曰龜見寡人延頸而
前以何望也縮頸而復是何當也衞平對曰龜
在患中而終昔囚王有德義使人活之今延頸
而前以當謝也縮頸而卻欲亟去也元王曰善

哉神至如此乎不可久留趣駕送龜勿令失期衛平對曰龜者是天下之寶也先得此龜者爲天子且十言十當十戰十勝生於深淵長於黃土知天之道明於上古游三千歲不出其域安平靜正動不用力壽蔽天地莫知其極與物變化四時變色居而自匿伏而不食春蒼夏黃秋白冬黑明於陰陽審於刑德先知利害察於禍福以言而當以戰而勝王能寶之諸侯盡服王勿遣也以安社稷元王曰龜甚神靈降于上天陷於深淵在患難中以我爲賢德厚而忠信故來告寡人寡人若不遣也是漁者也漁者利其肉寡人貪其力下爲不仁上爲無德君臣無禮何從有福寡人不忍奈何勿遣衛平對曰不然臣聞盛德不報重寄不歸天與不受天奪之寶今龜周流天下還復其所上至蒼天下薄泥塗還徧九州未嘗愧辱無所稽留今至泉陽漁者辱而囚之王雖遣之江河必怒務求報仇自以爲侵因神與謀淫雨不霽水不可治若爲枯旱風而揚埃蝗蟲暴生百姓失時王行仁義其罰必來此無佗故其祟在龜後雖悔之豈有及哉

王勿遣也元王慨然而歎曰夫逆人之使絕人之謀是不暴乎取人之有以自爲寶是不彊乎寡人聞之暴得者必暴亡彊取者必後無功桀紂暴彊身死國亡今我聽子是無仁義之名而有暴彊之道江河爲湯武我爲桀紂未見其利恐離其咎寡人狐疑安事此寶趣駕送龜勿令久留衛平對曰不然王其無患天地之間累石爲山高而不壞地得爲安故云物或危而顧安或輕而不可遷人或忠信而不如誕謾(徐廣曰誕一作詑音土和反○索隱曰誕音田爛切謾音漫又並如字)或醜惡而宜大官或美好佳麗而爲衆人患非神聖人莫能盡言春秋冬夏或暑或寒寒暑不和賊氣相奸同歲異節其時使然故令春生夏長秋收冬藏或爲仁義或爲暴彊暴彊有鄉仁義有時萬物盡然不可勝治大王聽臣臣請悉言之天出五色以辨白黑地生五穀以知善惡人民莫知辨也與禽獸相若谷居而穴處不知田作天下禍亂陰陽相錯怱怱疾疾(徐廣曰一作病)通而不相擇妖孽數見(正義曰説文云衣服謌謠草木之怪謂之妖禽獸蟲蝗之怪謂之孽也)傳爲單薄聖人別其生使無相獲禽獸有牝牡置之山原鳥有雌雄布之

林澤有介之蟲置之谿谷故牧人民爲之城郭内經閭術外爲阡陌夫妻男女賦之田宅列其室屋爲之圖籍別其名族立官置吏勸以爵祿衣以桑麻養以五穀耕之耰之 徐廣曰音憂○正義曰耰覆種也說文云耰摩田器 鉏之耨之 徐廣曰耨除草也 口得所嗜目得所美身受其利以是觀之非彊不至故曰田者不彊囷倉不盈 正義曰說文云圓者謂之囷方者謂之稟 商賈不彊不得其贏婦女不彊布帛不精官御不彊其勢不成大將不彊卒不使令侯王不彊沒世無名故云彊者事之始也分之理也物之紀也所求於彊無不

有也王以爲不然王獨不聞玉櫝隻雉 徐廣曰隻一作雙 出於昆山明月之珠出於四海鐫石拌蚌 徐廣曰鐫音子旋反拌音判○索隱曰拌割也 傳賣於市聖人得之以爲大寶大寶所在乃爲天子今王自以爲暴不如拌蚌於海也自以爲彊不過鐫石於昆山也取者無咎寶者無患今龜使來抵網而遭漁者得之見夢自言是國之寶也王何憂焉元王曰不然寡人聞之諫者福也諛者賊也人主聽諛是愚惑也雖然禍不妄至福不徒來天地合氣以生百財陰陽有分不離四時十有二月日至爲期聖

人徹焉身乃無災明王用之人莫敢欺故云福之至也人自生之禍之至也人自成之禍與福同刑與德雙聖人察之以知吉凶桀紂之時與天爭功擁遏鬼神使不得通是固已無道矣諛臣有衆桀有諛臣名曰趙梁教爲無道勸以貪狼繫湯夏臺殺關龍逢左右恐死偷諛於傍國危於累卵皆曰無傷稱樂萬歲或曰未央蔽其耳目與之詐狂湯卒伐桀身死國亡聽其諛臣身獨受殃春秋著之至今不忘紂有諛臣名爲左彊誇而目巧教爲象郎 禮記曰目巧之室鄭玄曰但用目巧善意作室不由法度許慎曰象牙郎 將至於天又有玉牀犀玉之器象箸而羹 索隱曰箸音持慮反則箸即筯爲與羹連或非箸櫝也記曰羹之有菜者用挾挾者筯也 聖人剖其心壯士斬其胻 胻音衡脚脛也 箕子恐死被髮佯狂殺周太子歷囚文王昌投之石室 索隱曰按殺周太子歷在囚文王昌之上則近是季歷季歷不被紂誅則其言近妄無容周更別有太子名歷也 將以昔至明陰兢活之 徐廣曰兢一作競○索隱曰陰姓兢名也 與之俱亡入於周地得太公望興卒聚兵與紂相攻文王病死載尸以行太子發代將號爲武王戰於牧野破之華山之陽紂不勝敗而還走圍之象郎自殺宣室 徐廣曰天子之居名曰宣室 身死不葬頭懸車軫四馬曳行寡

人念其如此腸如涫湯（徐廣曰涫音館一作沸○索隱曰涫沸也）是人皆當有天下而貴至天子然而大傲欲無猒時舉事而喜高貪很而驕不用忠信聽其諛臣而為天下笑今寡人之邦居諸侯之閒曾不如秋毫舉事不當又安亡逃衞平對曰不然河雖神賢不如崑崙之山江之源理不如四海而人尚奪取其寶諸侯爭之兵革為起小國見亡大國危殆殺人父兄虜人妻子殘國滅廟以爭此寶戰攻分爭是暴彊也故云取之以暴彊而治以文理無逆四時必親賢士與陰陽化鬼神為使

通於天地與之為友諸侯賓服民衆殷喜邦家安寧與世更始湯武行之乃取天子春秋著之以為經紀王不自稱湯武而自比桀紂為暴彊也固以為常桀為瓦室（世本曰昆吾作陶張華博物記亦云桀作瓦蓋是昆吾為桀作也）紂為象郎徵絲灼之務以費民（索隱曰灼謂燔也燒絲以當薪務費人也）賦斂無度殺戮無方殺人六畜以韋為囊囊盛其血與人縣而射之與天帝爭彊逆亂四時先百鬼嘗諫者輒死諛者在傍聖人伏匿百姓莫行天數枯旱國多妖祥螟蟲歲生五穀不成民不安其處鬼神不享飄風日起正晝晦

冥日月並蝕滅息無光列星奔亂皆絕紀綱以是觀之安得久長雖無湯武時固當亡故湯伐桀武王剋紂其時使然乃為天子子孫續世終身無咎後世稱之至今不已是皆當時而行見事而彊乃能成其帝王今龜大寶也為聖人使傳之賢士不用手足雷電將之風雨送之流水行之侯王有德乃得當之今王有德而當此寶恐不敢受王若遣之宋必有咎後雖悔之亦無及已元王大悅而喜於是元王向日而謝（索隱曰蓋欲神之以謝天之質向日者天之光明著見者也）再拜而受擇日齋戒甲乙最

良乃刑白雉及與驪羊以血灌龜於壇中央以刀剝之身全不傷脯酒禮之橫其腹腸荊支卜之必制其創（正義曰音瘡）理達於理文相錯迎使工占之所言盡當邦福重寶（徐廣曰福音副藏也）聞于傍鄉殺牛取革被鄭之桐（徐廣曰牛革桐為鼓也）草木畢分化為甲兵戰勝攻取莫如元王元王之時衞平相宋宋國最彊龜之力也故云神至能見夢於元王而不能自出漁者之籠身能十言盡當不能通使於河還報於江賢能令人戰勝攻取不能自解於刀鋒免剝刺之患聖能先知亟見而不能令

衛平無言言事百全至身而攣當時不利又焉事賢賢者有恒常士有適然是故明有所不見聽有所不聞人雖賢不能左畫方右畫圓日月之明而時蔽於浮雲羿名善射不如雄渠蠭門新序曰楚雄渠子夜行見伏石當道以爲虎而射之應弦没羽淮南子曰射者重以逢蒙門子之巧劉歆七略有蠭門射法也禹名爲辯智而不能勝鬼神地柱折天故毋椽又奈何責人於全孔子聞之曰神龜知吉凶而骨直空枯正義曰凡龜其骨空中而枯也直語發聲也今河東亦然日爲德而君於天下辱於三足之烏月爲刑而相佐見食於蝦蟆蝟辱於鵲郭璞曰蝟能制虎見鵲仰地淮南萬畢曰鵲令蝟反腹者蝟憎其意而心惡之騰蛇之神而殆於即且郭璞曰騰蛇龍屬也蝍蛆似蝗大腹食蛇腦也○正義曰即津日反且則餘反即吳公也狀如蚰蜒而大黑色竹外有節理中直空虛松栢爲百木長而守門閭日辰不全故有孤虛甲乙謂之日子丑謂之辰六甲孤虛法甲子旬中無戌亥戌亥即爲孤辰巳即爲虛甲戌旬中無申酉申酉爲孤寅卯即爲虛甲申旬中無午未午未爲孤子丑即爲虛甲午旬中無辰巳辰巳爲孤戌亥即爲虛甲辰旬中無寅卯寅卯爲孤申酉即爲虛甲寅旬中無子丑子丑爲孤午未即爲虛劉歆七略有風后孤虛二十卷○正義曰按歲月日時孤虛並得上法也黃金有疵白玉有瑕事有所疾亦有所徐物有所拘亦有所據罔有所數亦有所踈人有所貴亦有所不如何可而適乎物安可全乎天尚不全故世爲屋不成三瓦而陳之徐廣曰一云爲屋成

大三瓦而棟之也○索隱曰劉氏云陳猶居也注作棟音都貢反○正義曰言爲屋不成大三瓦以應天猶陳列而居之以應之天天下有階物不全正義曰言萬物及日月天地皆不能全喻龜之不全也乃生也

褚先生曰漁者舉網而得神龜龜自見夢宋元王元王召博士衛平告以夢龜狀平運式定日月分衡度視吉凶占龜與物色同平諫王留神龜以爲國重寶美矣古者筮必稱龜者以其令名所從來久矣余述而爲傳

三月　二月　正月正義曰言正月二月三月右轉周環終十二月者日月之龜腹下十二黑點爲十二月也若二十八宿龜也　十二月　十一月中關內高外下

○正義曰此等下至首俛大者皆卜兆之狀也　四月　首仰索隱曰音魚兩反○正義曰謂兆首仰起

足開　肣開索隱曰音琴肣謂兆足斂也　首俛大索隱曰俛音免兆首伏也　五月　橫吉　首俛大正義曰俛音免謂兆首伏而大　六月　七月　八月

九月　十月

卜禁日子亥戌不可以卜及殺龜日中如食已卜暮昏龜之徼也索隱曰徼音叫謂徼繞不明也不可以卜庚辛可以殺及以鑽之常以月旦祓龜索隱曰祓音廢又音拂拂洗之以水雞卵摩之而呪先以清水澡之以卵祓之正義曰以常月朝清水洗之以雞卵摩而祝之乃持龜而遂之若常以爲祖徐廣曰一作視○索隱曰

祖法也言以爲常法人若已卜不中皆祓之以卵東向立灼以荆若剛木土徐廣曰一作十一○索隱曰按古之灼龜取生荆枝及生堅木燒之斬斷以灼龜按土字合依劉氏說當連下句卵指之者三正義曰言卜不中以土爲卵三度指之三周繞之用厭不祥也持龜以卵周環之祝曰今日吉謹以梁卵焍黃索隱曰梁米也卵雞子也焍龜木也音次第之第言燒荆枝更迹而灼故有焍名一音梯言灼之以漸如有階梯也黃者以黃絹裹梁卵以祓龜也又以黃者中之色主土而信故用雞也○正義曰焍音題焍焦也言以梁米雞卵祓去龜之不祥令灼之不焦不黃若色焦及黃卜之不中也祓去玉靈之不祥玉靈必信以誠知萬事之情辯兆皆可占不信不誠則燒玉靈揚其灰以徵後龜其卜必北向龜甲必尺二寸

卜先以造徐廣曰音竈也灼鑽索隱曰造謂燒荆之處物若木也鑽中已又灼龜首各三又復灼所鑽中曰正身灼首曰正足徐廣曰一作止各三即以造三周龜祝曰假之玉靈夫子索隱曰尊神龜而爲之作號夫子玉靈荆灼而心令而先知而上行於天下行於淵諸靈數剢徐廣曰音策○索隱曰數音所具反剢音近策或剢是策之別名此卜筮之書其字亦無可覈他皆放此莫如汝信今日良日行一良貞徐廣曰行一作身其欲卜某即得而喜不得而悔即得發鄉我身長大手足收人皆上偶不得發鄉我身挫折中外不相應手足滅去

靈龜卜祝曰假之靈龜五筮五靈不知神龜之靈知人死知人生某身良某欲求某物即得也頭見足發內外相應即不得也頭仰足肣內外自隨可得占

卜占病者祝曰今某病困死首上開內外交駭身節折不死首仰足肣卜病者祟曰今病有祟無呈無祟有呈兆有中祟有內外祟有外

卜繫者出不出不出橫吉安若出足開首仰有外

卜求財物其所當得得首仰足開內外相應即不得呈兆首仰足肣

卜有賣若買臣妾馬牛得之首仰足開內外相應不得首仰足肣呈兆若橫吉安

卜擊盜聚若干人在某所今某將卒若干人往擊之當勝首仰足開身正內自橋外下不勝足肣首仰身首徐廣曰一作簡內下外高

卜求當行不行行首足開不行足肣首仰若橫吉安安不行

卜往擊盜當見不見見首仰足肣有外不見足開首仰

卜往候盜見不見見首仰足肣肣勝有外不見

足開首仰
卜聞盜來不來來外高內下足肣首仰不來足
開首仰若横吉安期之自次
卜遷徙去官不去去足開有肣外首仰不去自
去即足肣呈兆若横吉安
卜居官尚吉不吉呈兆身正若横吉安不吉身
節折首仰足開
卜居室家吉不吉吉呈兆身正若横吉安不吉
身折節首仰足開
卜歲中禾稼孰不孰孰首仰足開內外自橋外

自垂不孰足肣首仰有外
卜歲中民疫不疫疫首仰足肣身節有彊外不
疫身正首仰足開
卜歲中有兵無兵無兵呈兆若横吉安有兵首
仰足開身作外彊情
卜見貴人吉不吉吉足開首仰身正內自橋不
吉首仰身節折足肣有外若無漁
卜請謁於人得不得得首仰足開內自橋不得
首仰足肣有外
卜追亡人當得不得得首仰足肣內外相應不

得首仰足開若横吉安
卜漁獵得不得得首仰足開內外相應不得足
肣首仰若横吉安
卜行遇盜不遇遇首仰足開身節折外高內下
不遇呈兆
卜天雨不雨雨首仰有外外高內下不雨首仰
足開若横吉安
卜天雨霽不霽霽呈兆足開首仰不霽横吉命
曰横吉安以占病病甚者一日不死不甚者卜
曰瘳不死繫者重罪不出輕罪環出過一日不

出久毋傷也求財物買臣妾馬牛一日環得過
一日不得不得行者不行來者環至過食時不
至不來擊盜不行行不遇聞盜不來徙官不徙
居官家室皆吉歲稼不孰民疾疫無疾歲中無
兵見人行不行不喜請謁人不行不得追亡人
漁獵不得行不遇盜雨不雨霽不霽
命曰呈兆病者不死繫者出行者行來者來市
買得追亡人得過一日不得問行者不到
命曰柱徹卜病不死繫者出行者行來者來而
市買不得憂者毋憂追亡人不得

命曰首仰足肣有內無外占病病甚不死繫者解求財物買臣妾馬牛不得行者聞言不行來者不來聞盜不來聞言不至徙官聞言不徙居官有憂居家多災歲稼中孰民疾疫多病歲中有兵聞言不開見貴人吉請謁不行行不得善言追亡人不得漁獵不得行不遇盜雨不雨甚霽不霽故其莫字皆為首備問之曰備者仰也故定以為仰此私記也

命曰首仰足肣有內無外占病病甚不死繫者不出求財買臣妾不得行者不行來者不來擊盜不見聞盜來內自驚不來徙官不徙居官家室吉歲稼不孰民疾疫有病甚歲中無兵見貴人吉請謁追亡人不得亡財物財物不出得漁獵不得行不遇盜雨不雨霽不霽凶

命曰呈兆首仰足肣以占病不死繫者未出求財物買臣妾馬牛不得行不行來不來擊盜不相見聞盜來不來徙官不徙居官久多憂居家室不吉歲稼不孰民病疫歲中毋兵見貴人不吉請謁不得漁獵得少行不遇盜雨不雨霽不霽不吉

命曰呈兆首仰足開以占病病篤死繫囚出求財物買臣妾馬牛不得行者行來者來擊盜不見盜聞盜來不來徙官徙居官不久居家室不吉歲稼不孰民疾疫有而少歲中無兵見貴人不見吉請謁追亡人漁獵不得行遇盜雨不雨霽霽小吉

命曰首仰足肣以占病不死繫者久毋傷也求財物買臣妾馬牛不得行者不行擊盜不行來者來聞盜來徙官聞言不徙居家室不吉歲稼不孰民疾疫少歲中毋兵見貴人得見請謁追亡人漁獵不得行遇盜雨不雨霽不霽吉

命曰首仰足開有內以占病者死繫者出求財物買臣妾馬牛不得行者行來者來擊盜行不見盜聞盜來不來徙官徙居官不久居家室不吉歲孰民疾疫有而少歲中毋兵見貴人不吉請謁追亡人漁獵不得行不遇盜雨霽霽小吉不霽吉

命曰橫吉內外自橋以占病卜曰毋瘳死繫者毋罪出求財物買臣妾馬牛得行者行來者來擊盜合交等聞盜來來徙官徙居家室吉歲孰

民疫無疾歲中無兵見貴人請謁追亡人漁獵
得行遇盜雨霽雨霽大吉
命曰橫吉內外自吉以占病病者死繫不出求
財物買臣妾馬牛追亡人漁獵不得行者不來
擊盜不相見聞盜不來徙官徙居官有憂居家
室見貴人請謁不吉歲稼不孰民疾疫歲中無
兵行不遇盜雨不雨霽不霽不吉
命曰漁人以占病者病者甚不死繫者出求財
物買臣妾馬牛擊盜請謁追亡人漁獵得行者
行來聞盜來不來徙官不徙居家室吉歲稼不

孰民疾疫歲中毋兵見貴人吉行不遇盜雨不
雨霽不霽吉
命曰首仰足肣內高外下以占病病者甚不死
繫者不出求財物買臣妾馬牛追亡人漁獵得
行不行來者來擊盜勝徙官不徙居官有憂無
傷也居家室多憂病歲大孰民疾疫歲中有兵
不至見貴人請謁不吉行遇盜雨不雨霽不霽
吉
命曰橫吉上有仰下有柱病久不死繫者不出
求財物買臣妾馬牛追亡人漁獵不得行不行

來不來擊盜不行行不見聞盜來不來徙官不
徙居家室見貴人吉歲大孰民疾疫歲中毋兵
行不遇盜雨不雨霽不霽大吉
命曰橫吉榆仰以占病不死繫者不出求財物
買臣妾馬牛至不得行不行來不來擊盜不行
行不見聞盜來不來徙官不徙居官家室見貴
人吉歲孰歲中有疾疫毋兵請謁追亡人不得
漁獵至不得行不得行不遇盜雨霽不霽小吉
命曰橫吉下有柱以占病病甚不環有瘳無死
繫者出求財物買臣妾馬牛請謁追亡人漁獵

不得行來不來擊盜不合聞盜來來徙官居官
吉不久居家室不吉歲不孰民毋疾疫歲中毋
兵見貴人吉行不遇盜雨不雨霽小吉
命曰載所以占病環有瘳無死繫者出求財物
買臣妾馬牛請謁追亡人漁獵得行者行來者
來擊盜相見不相合聞盜來來徙官徙居家室
憂見貴人吉歲孰民毋疾疫歲中毋兵行不遇
盜雨不雨霽霽吉
命曰根格以占病者不死繫久毋傷求財物買
臣妾馬牛請謁追亡人漁獵不得行不行來不

來擊盜盜行不合聞盜不來徙官不徙居家室
吉歲稼中民疾疫無死見貴人不得見行不遇
盜雨不雨大吉
命曰首仰足肣外高內下卜有憂無傷也行者
不來病久死求財物不得見貴人者吉
命曰外高內下卜病不死有祟市買不得居
官家室不吉行者不行來者不來繫者久毋傷
吉
命曰頭見足發有內外相應以占病者起繫者
出行者行來者來求財物得吉

命曰呈兆首仰足開以占病病甚死繫者出有
憂求財物買臣妾馬牛請謁追亡人漁獵不得
行不行來不來擊盜不合聞盜來來徙官居官
家室不吉歲惡民疾疫無死歲中毋兵見貴人
不吉行不遇盜雨不雨霽不吉
命曰呈兆首仰足開外高內下以占病不死有
外祟繫者出有憂求財物買臣妾馬牛相見不
會行行來聞言不來擊盜勝聞盜來不來徙官
居官家室見貴人不吉歲中民疾疫有兵請謁
追亡人漁獵不得聞盜遇盜雨不雨霽凶

命曰首仰足肣身折內外相應以占病病甚不
死繫者久不出求財物買臣妾馬牛漁獵不得
行不行來不來擊盜有用勝聞盜來來徙官不
徙居官家室不吉歲不孰民疾疫歲中有兵不
至見貴人喜請謁追亡人不得遇盜凶
命曰內格外垂行者不行來者不來病者死繫
者不出求財物不得見人不見大吉
命曰橫吉內外相自橋榆仰上柱上柱足足肣
以占病病甚不死繫久不抵罪求財物買臣妾
馬牛請謁追亡人漁獵不得行不行來不來居

官家室見貴人吉徙官不徙歲不大孰民疾疫
有兵有兵不會行遇盜聞言不見雨不雨霽霽
大吉
命曰頭仰足肣內外自隨上憂病者甚不死居
官不得居行者行來者不來求財物不得求人
不得吉
命曰橫吉下有柱卜來者來卜曰即不至未來
卜病者過一日毋瘳死行者不行求財物不得
繫者出
命曰橫吉內外自舉以占病者久不死繫者久

不出求財物得而少行者不行來者不來見貴人見吉

命曰內高外下疾輕足發求財物不得行者行病者有瘳繫者不出來者來見貴人不見吉

命曰外格求財物不得行者不行來者不來繫者不出不吉病者死求財物不得見貴人見吉

命曰內自舉外來正足發者行來者來求財物得病者久不死繫者不出見貴人見吉

此橫吉上柱外內自舉足肣以卜有求得病不死繫者毋傷未出行不行來不來見人不見

百事盡吉

此橫吉上柱外內自舉柱足以作以卜有求得病死環起繫留毋傷環出行不行來不來見人不見百事吉可以舉兵

此挺詐有外以卜有求不得病不死數起繫禍罪聞言毋傷行不行來不來

此挺詐有內以卜有求不得病不死數起留禍罪無傷繫出行不行來者不來見人不見

此挺詐內外自舉以卜有求得病不死繫毋罪行行來來田賈市漁獵盡喜

此狐貉以有卜求不得病死難起繫留毋罪難出可居宅可娶婦嫁女行不行來不來見人不見有憂不憂

此狐徹以卜有求不得病者死繫留有抵罪行不行來不來見人不見言語定百事盡不吉

此首俯足肣身節折以卜有求不得病者死留繫者有罪望行者不來行行來不來見人不見

此挺內外自垂以卜有求不晦病不死難起繫留毋罪難出行不行來不來見人不見不吉

此橫吉榆仰首俯以卜有求難得病難起不死

繫難出毋傷也可居家室以娶婦嫁女

此橫吉上柱載正身節折內外自舉以卜病者卜日不死其一日乃死

此橫吉上柱足肣內自舉外自垂以卜病者卜日不死其一日乃死

爲人病首俯足詐有外無內病者占龜未已急死卜輕失大一日不死

首仰足肣以卜有求不得以繫有罪人言語恐之毋傷行不行見人不見

大論曰 索隱曰按褚先生所取太卜雜占卦體及命召之辭義蕪辭重沓無足採凡此六十七條別是也

外者人也內者自我也外者女也內者男也首俛者憂大者身也小者枝也大法病者足肣者生足開者死行者足開至足肣者不至行者足肣不行足開行有求足開得足肣者不得繫者足肣不出開出其卜病也足開而死者內高而外下也

索隱述贊曰

三王異龜　五帝殊卜　或長或短
若尾若玉　其記已亡　其繇後續
江使觸網　見留宋國　神能託夢
不衛其足

龜策列傳第六十八　史記一百二十八

貨殖列傳第六十九　史記一百二十九

索隱曰論語云賜不受命而貨殖焉廣雅云殖立也孔安國註尚書云殖生也生資貨財利也

老子曰至治之極鄰國相望正義曰音亡雞狗之聲相聞民各甘其食美其服安其俗樂其業至老死不相往來必用此爲務輓近世塗民耳目則幾無行矣索隱曰輓音晚古字通用

太史公曰夫神農以前吾不知已至若詩書所述虞夏以來耳目欲極聲色之好口欲窮芻豢之味身安逸樂而心誇矜勢能之榮使俗之漸民久矣雖戶說以眇論終不能化索隱曰眇音妙論如字故善者因之其次利道之其次教誨之其次整齊之最下者與之爭夫山西饒材竹穀纑徐廣曰紵屬可以爲布○索隱曰穀音谷雒反穀木名皮可爲紙纑山中紵可以爲布音盧紵音佇今山間野紵亦作苧旄玉石山東多魚鹽漆絲聲色江南出枏梓索隱曰南子二音薑桂金錫連徐廣曰音蓮鉛之未鍊者丹沙犀瑇瑁珠璣齒革龍門碣石正義曰龍門山在徐州龍門縣碣石山在平州盧龍縣北多馬牛羊旃裘筋角銅鐵則千里往往山出棊置索隱曰言如置棊子往往有之○正義曰言出銅鐵之山方千里如圍棊之置也管子云凡天下名山五千二百七十出銅之山四百六十七出鐵之山三千六百有九山上有赭其下有鐵山上有鉛其下有銀山上有銀其下有丹山上有磁石其下有金也此其大較也索隱曰較音角大較猶大略也皆中國人民所喜好謠俗

貨殖

被服飲食奉生送死之具也故待農而食之虞而出之工而成之商而通之此寧有政教發徵期會哉人各任其能竭其力以得所欲故物賤之徵貴（索隱曰徵者求也謂此處物賤求彼貴賣之）貴之徵賤各勸其業樂其事若水之趨下日夜無休時不召而自來不求而民出之豈非道之所符而自然之驗邪（索隱曰符謂合於道也）周書曰農不出則乏其食工不出則乏其事商不出則三寶絕虞不出則財匱少財匱少而山澤不辟矣（索隱曰辟音闢辟開也通也）此四者民所衣食之原也原大則饒原小則鮮上則富國下則富家貧富之道莫之奪予（索隱曰予音与言貧富自由无奪予也）而巧者有餘拙者不足故太公望封於營丘地潟鹵（徐廣曰潟音昔 潟鹵鹹地也）人民寡於是太公勸其女功極技巧通魚鹽則人物歸之繈至而輻湊故齊冠帶衣履天下海岱之間斂袂而往朝焉（索隱曰言齊既富饒能冠帶天下豐厚被於他邦故海岱之間斂袂而朝齊言趨利者也）其後齊中衰管子修之設輕重九府（正義曰管子云輕重謂錢也夫治民有輕重之法周有太府玉府內府外府天府職內職金皆掌財幣之官故云九府也）則桓公以霸九合諸侯一匡天下而管氏亦有三歸位在陪臣富於列國之君是以齊富彊至於威宣也故曰倉廩實而知禮

貨殖

節衣食足而知榮辱禮生於有而廢於無故君子富好行其德小人富以適其力淵深而魚生之山深而獸往之人富而仁義附焉富者得勢益彰失勢則客無所之以而不樂夷狄益甚諺曰千金之子不死於市此非空言也故曰天下熙熙皆為利來天下壤壤皆為利往夫千乘之王萬家之侯百室之君尚猶患貧而況匹夫編戶之民乎

昔者越王勾踐困於會稽之上乃用范蠡計然（徐廣曰計然者范蠡之師也名研故諺曰研桑心筭 駰案范子曰計然者葵丘濮上人姓辛氏字文子其先晉國亡公子也嘗南游於越范蠡師事之○索隱曰韋昭云計然范蠡師也蔡謨云蠡所著書名計然蓋非也吳越春秋謂之計倪漢書古今人表計然列在第四則倪之與研是一人聲相近而相亂耳）計然曰知鬭則修備時用則知物（索隱曰言知時所用之物）二者形則萬貨之情可得而觀已故歲在金穰水毀木饑火旱（索隱曰五行不說土者土穰也）旱則資舟水則資車（索隱曰國語大夫種曰賈人旱資舟水資車以待也）物之理也六歲穰六歲旱十二歲一大饑夫糶二十病農九十病末（索隱曰言米賤則農人病也故云病農若米斗直九十則商賈病故云病末末謂逐末為商賈也）末病則財不出農病則草不辟矣上不過八十下不減三十則農末俱利平糶齊物關市不乏治國之道也積著之理（索隱曰著音張呂反）務

完物無息幣索隱曰久停息貨物則無利以物相貿易腐敗而
食之貨勿留無敢居貴論其有餘不足則知貴
賤貴上極則反賤賤下極則反貴貴出如糞土
賤取如珠玉索隱曰夫物極貴必賤極賤必貴貴出如糞土者既極貴後恐其必賤故乘時出之如糞
土賤取如珠玉者既極賤後恐其必貴故乘時取之如珠玉此所以為貨殖也財幣欲其行如
流水修之十年國富厚賂戰士士赴矢石如渴
得飲遂報彊吳觀兵中國稱號五霸范蠡既雪
會稽之恥乃喟然而歎曰計然之策七越用其
五而得意既已施於國吾欲用之家乃乘扁舟
漢書音義曰特舟也○索隱曰扁音篇又音符殄反國語云范蠡乘輕舟浮於江湖正義曰國語云勾踐

史記列傳六十九　四

滅吳及至五湖范蠡辭於王曰君王勉之臣不復入國矣遂乘輕舟以浮於五湖莫知其所終極變名易
姓適齊為鴟夷子皮索隱曰大顏云若盛酒之鴟夷也用之則多所容納不用則可卷而懷之
不忤於物也按韓子云鴟夷子皮事田成子成子去齊之燕子皮乃從之蓋范蠡也之陶正義曰括地志云卽
陶山在齊州平陽縣東三十五里陶山之陽也今南五里猶有朱公冢又云曹州濟陽縣東南三里有陶朱公冢又云在
南郡華容縣西未詳也為朱公索隱曰服虔云陶今定陶也朱公以為陶天
下之中諸侯四通貨物所交易也乃治產積居
與時逐漢書音義曰逐時而居貨○索隱曰韋昭云隨時逐利也而不責於人索隱
曰按謂擇人而與人不負之故云不責於人也故善治生者能擇人而任時
十九年之中三致千金再分散與貧交疏昆弟
此所謂富好行其德者也後年衰老而聽子孫

貨殖

子孫脩業而息之遂至巨萬徐廣曰萬萬也故言富者
皆稱陶朱公
子贛既學於仲尼退而仕於衛廢著鬻財於曹
魯之閒徐廣曰子贛傳云廢居著猶居也著讀音如貯○索隱曰漢書亦作貯說文云貯積也七十
子之徒賜最為饒益原憲不厭糟糠索隱曰厭飽也匿於
窮巷子貢結駟連騎束帛之幣以聘享諸侯所
至國君無不分庭與之抗禮夫使孔子名布揚
於天下者子貢先後之也此所謂得勢而益彰
者乎
白圭周人也當魏文侯時李克務盡地力索隱曰案

史記列傳六十九　五

漢書食貨志李悝為魏文侯作盡地力之教國以富彊今此及漢書言克皆誤也劉向別錄則云李悝也而白
圭樂觀時變故人棄我取人取我與夫歲孰取
穀予之絲漆繭出取帛絮與之食索隱曰食謂穀也太陰
在卯穰正義曰太陰歲後二辰為太陰明歲衰惡至午旱明歲美
至酉穰明歲衰惡至子大旱明歲美有水至卯
積著率正義曰貯律二音歲倍欲長錢取下穀長石斗取
上種能薄飲食忍嗜欲節衣服與用事僮僕同
苦樂趨時若猛獸摯鳥之發故曰吾治生產猶
伊尹呂尚之謀孫吳用兵商鞅行法是也是故
其智不足與權變勇不足以決斷仁不能以取

貨殖

子彊不能有所守雖欲學吾術終不告之矣蓋天下言治生祖白圭白圭其有所試矣能試有所長非苟而已也

猗頓用盬鹽起孔叢曰猗頓魯之窮士也耕則常飢桑則常寒聞朱公富往而問術焉朱公告之曰子欲速富當畜五牸於是乃適西河大畜牛羊于猗氏之南十年之間其息不可計貲擬王公馳名天下以興富於猗氏故曰猗頓。索隱曰盬音古按周禮盬人云共苦鹽杜子春以爲苦讀如盬盬謂出鹽直用不鍊也一說云盬鹽河東大鹽散鹽東海煑水爲鹽也。正義曰按猗氏蒲州縣也河東鹽池是畦鹽作畦若種韭一畦天雨下池中鹹淡得均即畎池中水上畔中深一尺許以日暴之五六日則成鹽若白礬石大小如雙陸及暮則呼爲畦鹽或有花鹽緣黃河鹽池有八九所而鹽州有烏池猶出三色鹽有井鹽畦鹽花鹽其池中鑿井深一二尺去泥即到鹽掘取若至一丈則著平石無鹽矣其色或白或青黑名曰井鹽畦鹽若河東者花鹽池中有下隨而大小成鹽其下方微空上頭隨雨下池中其

滴高起若塔子形處曰花鹽赤白即成鹽焉池中心有泉井水淡所作池人馬盡汲此井其鹽四分入官一分入百姓也池中又鑿得鹽塊闊一尺餘高二尺白色光明洞徹年貢之也而邯鄲郭縱以鐵冶成業與王者埒富

烏氏倮韋昭曰烏氏縣名屬安定倮名也。索隱曰漢書作嬴烏氏姓氏音支倮音魯可反。正義曰縣古城在涇州安定縣東四十里倮名也畜牧及衆斥賣求奇繒物間獻遺戎王徐廣曰間一作奸不以公正謂之奸也。索隱曰謂畜牧及至衆多之時斥而賣之以求奇物也間獻猶私獻也戎王什倍其償與之畜索隱曰謂戎王償之牛羊十倍也畜至用谷量馬牛韋昭曰滿谷則具不復數。索隱曰谷音欲秦始皇帝令倮比封君以時與列臣朝請而巴蜀寡婦清索隱曰漢書作巴寡婦清巴寡婦之邑清其名其先得丹穴徐廣曰涪陵出丹。正義曰括地志云寡

婦清臺山俗名貞女山在涪州永安縣東北七十里也而擅其利數世家亦不訾正義曰音子兒反言貲財衆多不可訾量一云清多以財餉遺四方用衛其業故財亦不多積聚清寡婦也能守其業用財自衛不見侵犯秦皇帝以爲貞婦而客之爲築女懷清臺夫倮鄙人牧長清窮鄉寡婦禮抗萬乘名顯天下豈非以富邪

漢興海內爲一開關梁弛山澤之禁是以富商大賈周流天下交易之物莫不通得其所欲而徙豪傑諸侯彊族於京師

關中自汧雍以東至河華膏壤沃野千里自虞夏之貢以爲上田而公劉適邠大王王季在岐文王作豐武王治鎬

故其民猶有先王之遺風好稼穡殖五穀地重索隱曰言重於耕稼也重爲邪索隱曰重音逐龍反重者難也畏言不敢爲姦邪。正義曰重並逐拱反言關中地重厚民亦重難不爲邪惡及秦文孝繆居雍隙徐廣曰隙者間孔也地居隴蜀之間要路故曰隙。正義曰雍縣岐州雍縣也隴蜀之貨物而多賈索隱曰賈音古獻孝公徙櫟邑徐廣曰在馮翊。索隱曰櫟音藥即櫟陽櫟邑北卻戎翟東通三晉亦多大賈武昭治咸陽因以漢都長安諸陵四方輻湊並至而會地小人衆故其民益玩巧而事末也

南則巴蜀巴蜀亦沃野地饒卮徐廣曰音支烟支也紫赤色也薑丹沙石銅鐵徐廣曰邛都出銅臨邛出鐵竹木之器南御滇僰僰僮西近邛笮笮馬旄

牛然四塞棧道千里無所不通唯襃斜綰轂其
口 徐廣曰在漢中○索隱曰言襃斜道狹綰其道口有若車轂之湊故云綰轂也 以所多易所
鮮 索隱曰易音亦鮮音尠言以所多易其所少 天水隴西北地上郡與關
中同俗然西有羌中之利北有戎翟之畜畜牧
為天下饒然地亦窮險唯京師要其道 正義曰要音要言要
索其路也 故關中之地於天下三分之一而人衆不
過什三然量其富什居其六昔唐人都河東 徐廣
曰堯都晉陽也 殷人都河內 正義曰盤庚都殷墟地屬河內也 周人都河南
正義曰周自平王巳下都洛陽 夫三河在天下之中若鼎足王者
所更居也建國各數百千歲土地小狹民人衆

史記列傳六十九　八

都國諸侯所聚會故其俗纖儉習事楊平陽陳
西賈秦翟 正義曰賈音古秦關內也翟隰石等州部落稽也延綏銀三州皇白翟所居 北賈
種代 正義曰上之勇反種在恒州石邑縣北盖蔚州也代今代州 種代石北也 徐廣
曰石邑縣也在常山○索隱曰楊平陽二邑名在趙之西陳盖衍字以下有陽平陽陳掾因此衍也言二邑之人皆西賈
於秦翟北賈於種代種代在石邑之北也 地邊胡數被寇人民矜懻忮 晉灼
曰懻音慨忮音堅忮蠆曰懻音慨今以土名彊直為懻中也○索隱曰懻音冀忮音寘 好氣任俠為
姦不事農商然迫近北夷師旅亟往中國委輸
時有奇羨 索隱曰奇音羈羨音弋戰反奇羨謂時有餘衍也 其民羯羠不均
徐廣曰羠音兕一音因几反皆健羊名○索隱曰羯音己紇反羠音慈紀反言其方人性若羊捷捍而不均也 自全
晉之時固已患其慓悍而武靈王益厲之其謠

貨殖

俗猶有趙之風也故楊平陽陳掾其間得所欲
索隱曰掾音逐緣反陳掾猶經營馳逐也 温軹西賈上黨 正義曰澤潞等州也 北賈
趙中山 索隱曰温軹二縣名屬河內○正義曰洛州及定州 中山地薄人衆猶
有沙丘紂淫地餘民 晉灼曰言地薄人衆猶復有沙丘紂淫地餘民通係之於淫風而言
之○正義曰沙丘在邢州也 民俗懁急 徐廣曰懁急也音絹一作懁一作惠音翾也 仰機
利而食丈夫相聚游戲悲歌忼慨起則相隨椎
剽 索隱曰椎即椎殺人而剽掠之 休則掘冢作巧姦冶 徐廣曰一作蠱 多美
物 徐廣曰美一作弄一作推 為倡優女子則鼓鳴瑟跕屣 徐廣曰跕
音怗張晏曰跕屣也躧曰躡跟為跕也○索隱曰屣音所綺反 游媚貴富入後宮徧諸
侯然邯鄲亦漳河之間 正義曰洛水本名漳水邯鄲在其地 一都會也

史記列傳六十九　九

北通燕涿南有鄭衛鄭衛俗與趙相類然近梁
魯微重而矜節 徐廣曰矜一作務 濮上之邑徙野王 徐廣曰衛君角
徙野王○正義曰秦拔衛濮陽徙其君於懷州野王 野王好氣任俠衛之風也
夫燕亦勃碣之間 正義曰勃海碣石在西北 一都會也南通齊
趙東北邊胡上谷至遼東地踔遠 索隱曰劉氏踔音卓一音勑教
反亦遠騰貌也 人民希數被寇大與趙代俗相類而民雕
捍少慮 索隱曰言如雕性之捷捍也 有魚鹽棗栗之饒北鄰烏
桓夫餘 索隱曰鄰一作臨臨者亦却背之義他並類此 東綰穢貉朝鮮真番
之利 索隱曰綰者綰統其要津則上云臨者謂却背之也○正義曰番音潘
洛陽東賈齊魯南賈梁楚故泰山之陽則魯其

貨殖

陰則齊。齊帶山海徐廣曰齊世家曰齊自泰山屬之琅邪北被于海膏壤二千里其民闊達多匿智膏壤千里宜桑麻人民多文綵布帛魚鹽臨菑亦海岱之間一都會也其俗寬緩闊達而足智好議論地重難動搖怯於衆鬬勇於持刺故多劫人者大國之風也其中具五民服虔曰士農商工賈也如淳曰游子樂其俗不復歸故有五方之民而鄒魯濱洙泗猶有周公遺風俗好儒備於禮故其民齪齪索隱曰齪音則角反又音側斷反頗有桑麻之業無林澤之饒地小人衆儉嗇畏罪遠邪及其衰好賈趨利甚於周人夫自鴻溝以東徐廣曰在滎陽芒碭以北徐廣曰今爲臨淮屬巨野正義曰鄆州鉅野縣在鉅野澤也

此梁宋也徐廣曰今陶之浚儀○正義曰鴻溝以東芒碭以北至鉅野梁宋二國之地陶睢陽正義曰今曹州睢陽今宋州宋地也亦一都會也徐廣曰今之定陶昔堯作游成陽如淳曰作起也成陽在定陶舜漁於雷澤徐廣曰在成陽○正義曰澤在雷澤縣西北也湯止于亳徐廣曰今梁國薄縣○正義曰宋州穀熟縣西南四十五里南亳州故城是也其俗猶有先王遺風重厚多君子好稼穡雖無山川之饒能惡衣食致其蓄藏越楚則有三俗正義曰越滅吳則有江淮以北楚滅越兼有吳越之地故言越楚也夫自淮北沛陳汝南南郡此西楚也正義曰沛徐州沛縣也陳今陳州也汝汝州也南郡今荊州也言從沛郡西至荊州並西楚也其俗剽輕易發怒地薄寡於積聚江陵故郢都正義曰荊州江陵縣故爲郢楚之都西通巫巴正義曰巫郡巴郡在江陵之西也

貨殖

東有雲夢之饒徐廣曰在華容陳在楚夏之交正義曰夏都計陽城言陳南則楚西及北則夏故云楚夏之交通魚鹽之貨其民多賈徐僮取慮徐廣曰皆在下邳○正義曰取音秋慮音閭徐即徐城故徐國也僮取慮二縣並在下邳今泗州則清刻矜己諾正義曰上音紀彭城以東東海吳廣陵此東楚也正義曰彭城徐州治縣也東海郡今海郡也吳蘇州也廣陵揚州也言從徐州彭城歷揚州至蘇州並東楚之地其俗類徐僮朐繒以北俗則齊正義曰朐其俱反縣在海州故繒縣在沂州之丞縣言二縣之北風俗同於齊浙江南則越夫吳自闔廬春申王濞三人招致天下之喜游子弟東有海鹽之饒章山之銅三江五湖之利亦江東一都會也衡山徐廣曰都邾邾縣屬江夏○正義曰故邾城在潭州東南百二十里九江正義曰九江郡都陰

陵陰陵故城在濠州定遠縣西六十五里江南徐廣曰高帝所置江南者丹陽也秦置爲鄣郡武帝改名丹陽○正義曰案徐說非秦置鄣郡在湖州長城縣西南八十里鄣郡故城是也漢改爲丹陽郡徙郡宛城今宣州地也上言吳有章山之銅明是東楚之地此言大江之南豫章長沙二郡南楚南楚之地耳徐裴以爲江南丹陽郡屬南楚誤之甚矣豫章正義曰今洪州也長沙正義曰今潭州也十三州志云有萬里沙祠而西自湘州至東萊萬里故曰長沙也淮南衡山九江二郡及江南豫章長沙二郡並爲楚也是南楚也其俗大類西楚郢之後徙壽春正義曰楚考烈王二十二年自陳徙都壽春號之曰郢故言郢之徙壽春也亦一都會也而合肥受南北潮正義曰合肥縣廬州治也言江淮之潮南北俱至廬州也皮革鮑木輸會也與閩中于越雜俗徐廣曰在臨淮故南楚好辭巧說少信江南卑溼丈夫早夭多竹木豫章出黃金徐廣曰鄱陽有之○正義曰括地志云

貨殖

江州潯陽縣有黃金山山出金長沙出連錫然堇堇正義曰音謹物之
所有取之不足以更費應劭曰堇少也更償也言金少少耳取之不足用故費用
也九疑徐廣曰山在營道縣南蒼梧以南至儋耳者正義曰今儋州在海
中廣州南去京七千餘里言嶺南至儋耳之地與江南大同俗而揚州之南越民多焉與江南大同
俗而楊越多焉番禺正義曰潘虞二音今廣州亦其一都會也
珠璣犀瑇瑁果布之湊韋昭曰果謂龍眼離支之屬布葛布
潁川南陽夏人之居也徐廣曰禹居陽翟○正義曰禹居陽城潁川南陽皆夏地
也夏人政尚忠朴猶有先王之遺風潁川敦愿
秦末世遷不軌之民於南陽南陽西通武關鄖
關徐廣曰按漢中亦作隕字○索隱曰鄖音雲○正義曰武關在商州地理志云鄖西通武關而無鄖關蓋鄖當

爲旬旬水上有關在金州洵陽縣徐按漢中是也旬亦作郇與鄖相似也東南受漢江淮宛
亦一都會也俗雜好事業多賈其任俠交通潁
川故至今謂之夏人夫天下物所鮮所多人民
謠俗山東食海鹽山西食鹽正義曰謂西方鹹地也堅且鹹即出石鹽及池
鹽鹵領南沙北正義曰謂池漢之北也固往往出鹽大體如
此矣總之楚越之地地廣人希飯稻羹魚或火
耕而水耨徐廣曰乃遘反除草也○正義曰言風草下種苗生大而草生小以水灌之則草死而苗無損
也耨除草也果隋徐廣曰地理志作蓏○索隱曰隋音徒火反蓏音郎果反蠃蛤正義曰隋今爲
搖音同上古少字也蠃力和反果搖猶搖疊包裹也今楚越之俗尚有裹搖之語楚越水鄉足螺魚鱉民多採捕積聚搖
疊包裹煮而食之班固不曉裹搖之方言修太史公書述地云乃故云果蓏蠃蛤非太史公意班氏失之也不待

賈而足正義曰賈音古言楚越地勢饒食不用他賈而自足無饑饉之患地勢饒食無
飢饉之患以故呰窳徐廣曰音紫呰窳苟且墮嬾之謂也駰案應劭曰呰弱也晉灼曰窳
病也○索隱曰窳音庾○正義曰按食螺蛤等物故多羸弱而足病也淮南子云古者民食蠃蛖之肉多疹毒之患也
偷生無積聚正義曰言江淮以南有水族民多食物朝夕取給以偷生而已不爲積聚乃多貧也
而多貧是故江淮以南無凍餓之人亦無千金
之家沂泗水以北宜五穀桑麻六畜地小人衆
數被水旱之害民好畜藏故秦夏梁魯好農而
重民三河宛陳亦然加以商賈齊趙設智巧仰
機利燕代田畜而事蠶由此觀之賢人深謀於
廊廟論議朝廷守信死節隱居巖穴之士設爲

名高者安歸乎歸於富厚也是以廉吏久久更
富廉賈歸富歸者取利而不停貨也富者人之情性所不
學而俱欲者也故壯士在軍攻城先登陷陣卻
敵斬將搴旗前蒙矢石不避湯火之難者爲重
賞使也其在閭巷少年攻剽椎埋劫人作姦掘
冢鑄幣任俠并兼借交報仇篡逐幽隱不避法
禁走死地如鶩徐廣曰鶩一作流其實皆爲財用耳今
夫趙女鄭姬設形容揳鳴琴揄長袂躡利屣徐廣
曰揄音臾躡一作跕跕音吐協反屣音山耳反舞屣也目挑正義曰田鳥反心招出不遠
千里不擇老少者奔富厚也游閑公子飾冠劍

連車騎亦爲富貴容也弋射漁獵犯晨夜冒霜雪馳阬谷不避猛獸之害爲得味也博戲馳逐鬬雞走狗作色相矜必爭勝者重失負也醫方諸食技術之人焦神極能爲重糈也吏士舞文弄法刻章僞書不避刀鋸之誅者沒於賂遺也農工商賈畜長固求富益貨也此有知盡能索耳終不餘力而讓財矣諺曰百里不販樵千里不販糴居之一歲種之以穀十歲樹之以木百歲來之以德德者人物之謂也今有無秩祿之奉爵邑之入而樂與之比者命曰素封索隱曰謂無爵邑之

入祿秩之奉則曰素封素空也○正義曰言不仕之人自有園田收養之給其利氏於封君故曰素封也封者食租稅歲率正義曰音律戶二百千戶之君則二十萬索隱曰戶率二百故千戶二十萬朝覲聘享出其中庶民農工商賈率亦歲萬息二千戶百萬之家則二十萬索隱曰息二千故百萬之家亦二十萬而更傜租賦出其中衣食之欲恣所好美矣故曰陸地牧馬二百蹄漢書音義曰五十四○索隱曰按馬有四足二百蹄有五十四也漢書則云馬蹄噭千所記各異牛蹄角千漢書音義曰百六十七頭也馬貴而牛賤以此爲率千足羊澤中千足彘韋昭曰二百五十頭水居千石魚陂徐廣曰魚以斤兩爲計也○索隱曰陂音陂漢書作波音同○正義曰言陂澤養魚一歲收得千石魚賣也山居千章之材徐廣曰一作楸駰案韋昭曰楸木所以爲轅音秋○索隱曰漢書作

千章之萩服虔云章方也故孟康亦云言任方章者千枚謂章大材也樂彥云萩梓木也可以爲轅者安邑千樹棗燕秦千樹栗蜀漢江陵千樹橘淮北常山已南河濟之間千樹萩陳夏千畝漆齊魯千畝桑麻渭川千畝竹及名國萬家之城帶郭千畝畝鍾之田徐廣曰六斛四斗也若千畝卮茜徐廣曰卮音支鮮支也茜音倩一名紅藍其花染繒赤黃也千畦薑韭徐廣曰千畦二十五畝駰案韋昭曰畦猶壠此其人皆與千戶侯等然是富給之資也不窺市井不行異邑坐而待收身有處士之義而取給焉若至家貧親老妻子軟弱歲時無以祭祀進醵飲食徐廣曰會聚食○索隱曰醵音渠略反被服不足以自通如此

不慙恥則無所比矣是以無財作力少有鬬智正義曰言少有錢財則鬬智巧而求勝也既饒爭時正義曰既饒足錢財乃逐時爭利也此其大經也今治生不待危身取給則賢人勉焉是故本富爲上末富次之姦富最下無巖處奇士之行而長貧賤好語仁義亦足羞也

凡編戶之民富相什則卑下之伯則畏憚之千則役萬則僕物之理也夫用貧求富農不如工工不如商刺繡文不如倚市門此言末業貧者之資也通邑大都酤一歲千釀正義曰釀千瓮酤醯醋二云酒酤醯醬千瓨徐廣曰長頸甖○索隱曰瓨音閑江反醬千甔徐廣曰大甖缶○索隱曰音都

甘反漢書作儋孟康曰儋石甖石甖受一石故云儋石一音都濫反屠牛羊彘千皮販穀糶千鍾徐廣曰出穀也糶音掉也薪稾千車船長千丈索隱曰總積數長千丈木千章漢書音義曰洪洞方稾章材也舊將作大匠掌材曰章曹掾○索隱曰洪音胡孔反洞音動又竝如字竹竿萬个徐廣曰古賀反○正義曰釋名云竹曰个木曰枚其軺車百乘徐廣曰馬車也○正義曰上音遥說文云軺小車也牛車千兩正義曰車一乘為一兩風俗通云箱轅及輪兩兩而偶之稱兩也木器髤者千枚徐廣曰髤音休漆也○正義曰顏云以漆漆物謂之髤又音許昭反今關東俗器物一再漆者謂之捎漆即髤聲之轉耳今關西俗云里髤盤朱兩義並通銅器千鈞徐廣曰三十斤素木鐵器若巵茜千石徐廣曰百二十斤為石騶案漢書音義曰素木素器也馬蹄躈千徐廣曰躈苦弔反馬八髎音料○索隱曰埤蒼云尻骨謂八髎一曰夜蹄小顏云躈口也蹄與口共千則為二百疋若顧胤則云上文馬二百蹄與千戶侯等此蹄躈千比千

乘之家不容亦二百則竅謂九竅通四三而成一馬所謂生之徒十有三也牛千足羊彘千雙僮手指千漢書音義曰僮奴婢也古者無空手游皆有作務作務須手指故曰手指以別馬牛蹄角也筋角丹沙千斤其帛絮細布千鈞文采千匹榻布皮革千石徐廣曰榻音吐合反騶案漢書音義曰榻布白疊也○正義曰顏師古曰麤厚之布也其價賤故與皮革同重耳非白疊也荅者厚之兒也按白疊木綿所織非中國有也漆千斗蘗麴鹽豉千荅徐廣曰或作合器名有瓵孫叔敖云瓵瓦器受斗六升合為瓵音貽鮐鮆千斤漢書音義曰音如楚人言薺鮆魚與鮐魚也○正義曰鮐音臺又音貽說文云鮐海魚也鮆音薺禮反刀魚也鯫千石鮑千鈞徐廣曰鯫音輒鯫鮿魚也○正義曰鯫音族苟反謂雜小魚也鮑白也然鮐鮆以斤論鮑鯫以千鈞論乃其九倍多故知鮐是大好者鯫鮑是雜者也徐云鯫膊魚也膊並各反謂破開中頭尾不相離為鮑謂之膊關者也此亦大魚為之也棗栗千石者三之正義曰謂三千

石也言棗栗三千石乃與上物相等狐鼦正義曰音彫裘千皮羔羊裘千石旃席千具佗果菜千鍾正義曰鍾六斛四斗果菜謂雜果菜於山野采取之子貸金錢千貫節駔會徐廣曰駔音祖朗反馬儈也駔騶案漢書音義曰會亦是儈也節節物貴賤也謂估儈其餘利比千乘之家貪賈三之廉賈五之漢書音義曰貪賈未當賣而賣未可買而買故得利少而十得三廉賈貴而賣賤乃買故十得五此亦比千乘之家其大率也正義曰率音律佗雜業不中什二正義曰言雜惡業而不在什分中得二分之利者非世之美財也則非吾財也請略道當世千里之中賢人所以富者令後世得以觀擇焉

蜀卓氏之先徐廣曰卓一作焯趙人也用鐵冶富秦破趙遷卓氏卓氏見虜略獨夫妻推輦行詣遷處諸

遷虜少有餘財爭與吏求近處處葭萌徐廣曰屬廣漢○正義曰葭萌今利州縣也唯卓氏曰此地狹薄吾聞汶山之下沃野下有蹲鴟徐廣曰古蹲字作踆騶案漢書音義曰水鄉多鴟其山下有沃野灌溉一曰大芋○正義曰汶音珉蹲鴟芋也言邛州臨邛縣其地肥又沃平野有大芋等也華陽國志云汶山郡都安縣有大芋如蹲鴟也至死不飢民工於市易賈乃求遠遷致之臨邛大喜即鐵山鼓鑄運籌策傾滇蜀之民富正義曰滇一作沮漢書亦作滇也今益州郡有蜀州亦因舊名及漢江為名江在益州南入蕈江非漢中之漢江也至僮千人田池射獵之樂擬於人君

程鄭山東遷虜也亦冶鑄賈椎髻之民富埒卓氏俱居臨邛

宛孔氏之先梁人也用鐵冶爲業秦伐魏遷孔氏南陽大鼓鑄規陂池連車騎游諸侯因通商賈之利有游閑公子之賜與名(韋昭曰優游間暇也)然其贏得過當愈於纖嗇(正義曰音色嗇吝也言孔氏連車騎游於諸侯以資給之兼通商賈之利乃得游閑公子交名然其通計贏利過於所資給餉遺之當猶有交游公子雍容而勝於慳悋也)家致富數千金故南陽行賈盡法孔氏之雍容魯人俗儉嗇而曹邴氏尤甚以鐵冶(徐廣曰魯縣出鐵)起富至巨萬然家自父兄子孫約俛有拾仰有取貰貸行賈徧郡國鄒魯以其故多去文學而趨利者以曹邴氏也

齊俗賤奴虜而刀閒獨愛貴之(正義曰刀丁遥反姓名)桀黠奴人之所患也唯刀閒收取使之逐漁鹽商賈之利或連車騎交守相然愈益任之終得其力起富數千萬故曰寧爵毋刀(漢書音義曰奴自相謂曰寧欲免去作民有爵邪將止爲刀氏作奴乎無發聲語助)言其能使豪奴自饒而盡其力周人既纖(漢書音義曰儉嗇也)而師史尤甚(正義曰師史人姓名)轉轂以百數賈郡國無所不至洛陽街居在齊秦楚趙之中(正義曰洛陽在齊秦楚趙之中其街巷貧人學於富家相矜以久賈諸國皆數縣里邑不入其門故前云洛陽東賈齊魯南賈梁楚是也)貧人學事富家相矜以久賈(漢書音義曰謂街巷居民無田地皆相矜久賈在此諸國也)數過邑不入門設任此等故

師史能致七千萬

宣曲(正義曰按其地合在關內張揖云宣曲官名在昆池西也)任氏之先(徐廣曰高祖功臣有宣曲侯○索隱曰上林賦云西馳宣曲當在京輔今闕其地也)爲督道倉吏(漢書音義曰若今吏督租穀吏上道輸在所也韋昭曰督道秦邊縣名)秦之敗也豪傑皆爭取金玉而任氏獨窖倉粟(徐廣曰窖音校穿地以藏也)楚漢相距滎陽也民不得耕種米石至萬而豪傑金玉盡歸任氏任氏以此起富富人爭奢侈而任氏折節爲儉力田畜田畜人爭取賤賈(索隱曰晉灼云爭取賤賈金玉也○正義曰音價也)任氏獨取貴善(索隱曰謂買物必取貴而善者不爭賤價也)富者數世然任公家約非田畜所出弗衣食公事不畢則

身不得飲酒食肉以此爲閭里率故富而主上重之塞之斥也(正義曰孟康云邊塞主斥候卒也唯此人能致富若此顏云塞斥者言国斥開邊塞更令寬廣故橋姚得恣其畜牧也姓橋名姚也)唯橋姚已致馬千匹牛倍之羊萬頭粟以萬鍾計(漢書音義曰邊塞主斥候卒也唯此人能致富若此○索隱曰孟說非也按斥開也相如傳云邊塞益斥是也橋姓姚名也言橋姚因斥塞而致此資風俗通云馬稱匹者俗說云相馬及君子与人相匹故云匹或說馬夜行目照前四丈故云一匹或說度馬從横適得一匹韓詩外傳云孔子與顏回登山望見一匹練前有藍視之果馬光景一匹長也)吳楚七國兵起時長安中列侯封君行從軍旅齎貸子錢(索隱曰齎音子稽反貸假也音吐得反與人物云齎周禮注齎所給與也)子錢家以爲侯邑國在關東關東成敗未決莫肯與唯無鹽氏出捐千金貸(索隱曰貸音吐代反)其

息什之（索隱曰謂出一得十倍）三月吳楚平一歲之中則無鹽氏之息什倍用此富埒關中關中富商大賈大抵盡諸田田嗇田蘭韋家栗氏安陵杜杜氏（徐廣曰安陵及杜二縣名各有杜姓也宣帝以杜爲杜陵）亦巨萬此其章章尤異者也（徐廣曰異一作淑又作較）皆非有爵邑奉祿弄法犯姦而富盡椎埋去就與時俯仰獲其贏利以末致財用本守之以武一切用文持之變化有概故足術也若至力農畜工虞商賈爲權利以成富大者傾郡中者傾縣下者傾鄉里者不可勝數夫纖嗇筋力治生之正道也而富者必用奇勝田農

拙業（徐廣曰古拙字亦作掘也）而秦陽以蓋一州（索隱曰漢書作甲一州服虔云富爲州中之第一）掘冢姦事也而曲叔以起博戲惡業也而桓發用之富（索隱曰漢書桓作稽正義曰桓發人姓名）行賈丈夫賤行也而雍樂成以饒販脂（正義曰說文云戴角者脂无角者膏也）辱處也而雍伯千金（徐廣曰雍一作翁○索隱曰雍音於恭反漢書作翁伯也）賣漿小業也而張氏千萬洒削薄技也（徐廣曰洒或作細駰案漢書音義曰治刀劍名○索隱曰洒音先禮反削刀者名洒削謂摩刀以水洒之又方言云劍削關東謂之削音肖亦依字讀）而郅氏鼎食胃脯簡微耳濁氏連騎（索隱曰晉灼云太官常以十月作沸湯燖羊胃以末椒薑坋之訖暴使燥則謂之脯故易售而致富也○正義曰按胃脯謂和五味而脯美故易售）馬醫淺方張里擊鍾此皆誠壹之所致由是觀

之富無經業則貨無常主能者輻湊不肖者瓦解千金之家比一都之君巨萬者乃與王者同樂豈所謂素封者邪非也

索隱述贊曰

貨殖之利　工商是營　廢居善積
倚市邪贏　白圭富國　計然彊兵
倮參朝請　女築懷清　素封千戶
卓鄭齊名

貨殖列傳第六十九　史記一百二十九

太史公自序第七十　史記一百三十

昔在顓頊命南正重以司天北正黎以司地索隱曰張晏云南方陽也火水配也水爲陰故命南方正重司天火正黎兼地職臣瓚以爲重黎氏是司天地之官然司地者宜曰北正古文作北字非也案國語黎爲火正以淳燿敦大光照四海又幽通賦云黎淳燿於高辛則火正爲是也唐虞之際紹重黎之後使復典之至于夏商故重黎氏世序天地其在周程伯休甫其後也應劭曰封爲程國伯休甫字也○索隱曰重司天而黎司地是代序天地也據左氏重是少昊之子黎乃顓頊之胤二氏二正所出各別而史遷意欲合二氏爲一故總云在周程伯休甫其後非也然後按彪之序及于寶皆云司馬氏黎之後是也今總稱伯休甫是重黎之後者凡言地即舉天稱黎則兼重自是相對之文其實二官亦通職然休甫則黎之後也亦是太史公欲以史爲己任故言先代天官所以兼稱重耳○正義曰括地志云安陵故城在雍州咸陽東二十一里周之程邑也

史列傳七十　一

當周宣王時失其守而爲司馬氏正義曰司馬彪序云南正黎後世爲司馬氏司馬氏世典周史索隱曰司馬夏官卿不掌国自是先代兼爲史衞宏云司馬氏周史佚之後恐或有所據惠襄之間司馬氏去周適晉張晏曰周惠王襄王有子頹叔帶之難故司馬氏奔晉晉中軍隨會奔秦而司馬氏入少梁索隱曰左氏隨會自晉奔秦後乃奔魏自魏還晉故漢書云會奔秦魏也少梁古梁國也秦滅之改曰少梁後名夏陽也○正義曰按春秋隨會奔秦其後自秦入魏而還晉也隨會爲晉中軍將少梁古梁國也嬴姓在同州韓城縣南二十二里是時已屬晉自司馬氏去周適晉分散或在衞或在趙索隱曰何法盛晉書及司馬氏系本名凱或在秦其在衞者相中山徐廣曰名喜也在趙者正義曰何法盛晉書及晉譙王司馬無忌司馬氏系本皆云名凱以傳劍論顯服虔曰世善傳劍也蘇林曰傳手搏論而釋之晉灼曰史記吳起贊曰非信仁廉勇

太史公

不能傳劍論兵書也○索隱曰服虔云善劍解所以稱傳也蘇林作搏言手搏論而知名也蒯聵其後也正義曰五怪反如淳云刺客傳之蒯聵也在秦者名錯與張儀爭論於是惠王使錯將伐蜀遂拔因而守之蘇林曰郡守也錯孫蘄徐廣曰一作蘄○索隱曰錯音七各反蘄音紀豐反事武安君白起而少梁更名曰夏陽蘄與武安君阬趙長平軍文穎曰趙孝成時還而與之俱賜死杜郵索隱曰郵音尤李奇曰地名在咸陽西十里三秦記其地後改爲里李也葬於華池晉灼曰地名在鄠縣○索隱曰晉灼非也案司馬遷碑在夏陽西北四里○正義曰括地志云華池在同州韓城縣西南七十里在夏陽故城西北四里靳孫昌昌爲秦主鐵官當始皇之時蒯聵玄孫卬爲武信君將徐廣曰張耳傳云武臣自號武信君○索隱曰按晉譙國司馬無忌作司馬氏系本云蒯聵生昭頊昭頊生憲

史列傳七十　二

憲生卬也而徇朝歌諸侯之相王王卬於殷索隱曰漢書云項羽封卬爲殷王漢之伐楚卬歸漢以其地爲河內郡昌生無澤索隱曰漢書作毋懌並音亦無澤爲漢市長無澤生喜喜爲五大夫卒皆葬高門蘇林曰長安北門也瓚曰長安城無高門○索隱曰蘇說非也案遷碑高門在夏陽西北去華池三里○正義曰括地志云高門原俗名馬門原在同州韓城縣西南十八里漢司馬遷墓在韓城縣南二十二里夏陽縣故東南有司馬遷冢在高門原上也喜生談談爲太史公如淳曰漢儀註太史公武帝置位在丞相上天下計書先上太史公副上丞相序事如古春秋遷死後宣帝以其官爲令行太史公文書而已瓚曰百官表無太史公茂陵中書司馬談以太史丞爲太史令○索隱曰八公者遷所著書尊其父云公也然遷雖稱述其父所作其實亦遷之詞而如淳引衞宏儀註稱位在丞相上謬矣按百官表又無其官且修史之官国家別有著撰則令州縣所上国書皆先上之而後人不曉誤以爲在丞相上耳○正義曰虞喜志林云

太史公

古者主天官者皆上公自周至漢其職轉卑然朝會坐位猶居公上尊天之道其官屬仍以舊名尊而稱也按下文太史公既掌天官不治民有子曰遷又云卒三歲而遷爲太史公又云太史公遭李陵之禍又云汝復爲太史則續吾祖矣觀此文虞喜說爲長乃書談及遷爲太史公者皆遷自書之漢舊儀云太史公秩二千石卒史皆秩二百石然瓚及韋昭桓譚之說皆非也以桓譚之說釋在武本紀也太史公學天官於唐都正義曰天官書云星則唐都也受易於楊何徐廣曰菑川人習道論於黃子徐廣曰儒林傳曰黃生好黃老之術太史公仕於建元元封之閒愍學者之不達其意而師悖正義曰布內反顏云悖惑也各習師書惑於所見也乃論六家之要指曰易大傳正義曰張晏云謂易繫辭案下二句是繫辭文也天下一致而百慮同歸而殊塗夫陰陽儒墨名法道德此務爲治者也直所從言之異路有省不

史記列傳七十　二

省耳索隱曰案六家同歸於正然所從之道殊塗學或有傳習省察或有不省之耳嘗竊觀陰陽之術大祥徐廣曰一作詳駰案李奇曰月令星官是其拔葉也○索隱曰漢書作大詳言我觀陰陽之術大詳今此作祥於義爲疎○正義曰顏野王云祥善也吉凶之先見也而衆忌諱使人拘而多所畏正義曰言拘束於日時令人有所忌畏也然其序四時之大順不可失也儒者博而寡要勞而少功是以其事難盡從然其序君臣父子之禮列夫婦長幼之別不可易也墨者正義曰韋云墨翟之術也尚儉後有隨巢子傳其術也儉而難遵是以其事不可偏循索隱曰偏音遍偏循言難盡用也然其彊本節用不可廢也法家嚴而少恩然其正君臣上下之分不可改矣名家使人儉而善失眞

太史公

索隱曰劉向別錄云名家流出於禮官古者名位不同禮亦異數孔子曰必也正名乎按名家知禮亦異數是儉也受命不受辭或失其眞也然其正名實不可不察也道家使人精神專一動合無形贍足萬物索隱曰贍音市豔反漢書作澹古今字異也其爲術也因陰陽之大順采儒墨之善撮名法之要與時遷移應物變化立俗施事無所不宜指約而易操事少而功多儒者則不然以爲人主天下之儀表也主倡而臣和主先而臣隨如此則主勞而臣逸至於大道之要去健羨如淳曰知雄守雌是去健也不見可欲使心不亂是去羨也絀聰明索隱曰如淳云不尚賢絕聖弃智也釋此而任術夫神大用則竭形大勞則敝形神騷

史記列七十　四

動欲與天地長久非所聞也夫陰陽四時八位十二度二十四節張晏曰八位八卦位也十二度十二次也二十四節就中氣也各有禁忌謂日月也各有教令順之者昌逆之者不死則亡未必然也故曰使人拘而多畏夫春生夏長秋收冬藏此天道之大經也弗順則無以爲天下綱紀故曰四時之大順不可失也夫儒者以六藝爲法六藝經傳以千萬數累世不能通其學當年不能究其禮故曰博而寡要勞而少功若夫列君臣父子之禮序夫婦長幼之別雖百家弗能易也墨者亦尚堯舜道言其德行曰堂高三

太史公

尺索隱曰自此已下韓子之文故稱曰也土階三等茅茨不翦正義曰屈蓋曰茨以茅覆屋采椽不刮索隱曰韋昭云采椽櫟榱也正義曰椽取爲椽不刮削也食土簋徐廣曰一作溜駰案服虔曰土簋用土作此器啜土刑糲粱之食張晏曰一斛粟七斗米爲糲瓚曰五斗粟三斗米爲糲音剌韋昭曰糲麤也○索隱曰服虔云糲麤米也三蒼云粱好粟也○正義曰顏云簋所以盛飯也刑所以盛羹也土謂燒土爲之即瓦器也糲粗米也脫粟也粱粟也謂食脫粟之麤糲也藜藿之羹正義曰藜似藿而表赤藿豆葉也夏日葛衣冬日鹿裘其送死桐棺三寸正義曰以桐木爲棺厚三寸也舉音不盡其哀教喪禮必以此爲萬民之率使天下法若此則尊卑無別也夫世異時移事業不必同故曰儉而難遵要曰彊本節用則人給家足之道也此墨子之所長雖百家弗能廢也法家不別親疏不殊貴賤一斷於法則親親尊尊之恩絕矣索隱曰按禮親親父爲首尊尊君爲首也可以行一時之計而不可長用也故曰嚴而少恩若尊主卑臣明分職不得相踰越雖百家弗能改也名家苛察繳繞服虔曰繳音近叫呼謂煩也如淳曰繳繞猶纏繞不通大體也使人不得反其意專決於名而失人情故曰使人儉而善失真若夫控名責實參伍不失晉灼曰引名責實參錯交互明知事情此不可不察也道家無爲又曰無不爲正義曰無爲者守清淨也無不爲者生育萬物也其實易行正義曰各守其分故易行也其辭難知正義曰幽深微妙故難知也其術以

虛無爲本以因循爲用正義曰任自然也無成勢無常形故能究萬物之情不爲物先不爲物後韋昭曰因物爲制故能爲萬物主有法無法因時爲業正義曰因時之物成法爲業有度無度因物與合正義曰因其萬物之形成度與合也故曰聖人不朽時變是守索隱曰此出鬼谷子遷引之以成其章故稱故曰也○正義曰言聖人教迹不朽滅者順時變化以教唯執其綱而已虛者道之常也因者君之綱也正義曰言因百姓之心羣臣並至使各自明也其實中其聲者謂之端實不中其聲者謂之窾徐廣曰音款空也駰案李奇曰聲別名也○索隱曰款空也申子云欲言無成是也聲者名也以言實不稱名則謂之空空有聲也窾言不聽姦乃不生賢不肖自分白黑乃形在所欲用耳何事不成乃合大道混混冥冥正義曰上胡本反混混者元氣之皃也光燿天下復反無名凡人所生者神也所託者形也神大用則竭形大勞則敝形神離則死死者不可復生離者不可復反故聖人重之由是觀之神者生之本也形者生之具也韋昭曰聲氣者神也枝體者形也不先定其神而曰我有以治天下何由哉太史公既掌天官不治民有子曰遷遷生龍門徐廣曰在馮翊夏陽縣駰案蘇林曰禹所鑿龍門也○正義曰括地志云龍門在同州韓城縣北五十里其山更黃河夏禹所鑿者也龍門山在夏陽縣遷即漢夏陽縣人也至唐改曰韓城縣耕牧河山之陽正義曰河之北山之南也案在龍門山南也年十歲則誦古文

索隱曰迁及事伏生是學誦古文尚書劉氏以爲左傳國語系本等書是亦名之古文也二十而南游
江淮上會稽探禹穴張晏曰禹巡狩至會稽而崩因葬焉上有孔穴民間云禹入此穴○
索隱曰越絶書云禹上茅山大會計更名曰會稽張勃吳録云本名苗山一名覆釜禹會諸侯計功改曰會稽○正義曰
括地志云石箐山一名玉笥山又名宛委山即會稽山一峯也在會稽縣東南十八里吳越春秋云禹案黃帝中經九山
東南天柱號曰宛委赤帝左闕之填承以文玉覆以盤石其書金簡青玉爲字編以白銀皆瑑其文禹乃東巡登衡山血
白馬以祭禹乃登山仰天而笑忽然而卧夢見繡衣男子自稱玄夷蒼水使者却倚覆釜之山東顧謂禹曰欲得我山神
書者齋於黃帝之岳巖巖之下三月季庚登山發石禹乃登宛委之山發石乃得金簡玉字以水泉之脉山中又有一穴
深不見底謂之禹穴史遷云上會稽探禹穴即此穴也闚九疑索隱曰山海經云南方蒼梧之丘蒼梧之
泉在營道南其山九峯皆似故曰九疑張晏云九疑舜葬故窺之尋上探禹穴蓋以先聖所葬處有古冊文故探窺之亦
搜採遠矣○正義曰九疑山在道州浮於沅湘正義曰沅水出朗州湘水出道州北東北入海北涉

汶泗正義曰兩水出兖州東北而南歷魯講業齊魯之都觀孔子之
遺風鄉射鄒嶧正義曰鄒縣名嶧山名鄉山在鄒縣名二十二里地近曲阜於此行鄉射之礼
戹困鄱正義曰括地志云徐州滕縣漢蕃縣音翻漢末陳蕃子逸爲魯相改音皮田褒魯記曰靈帝汝南子
游爲魯相陳蕃子也國人爲諱而改焉薛彭城徐廣曰嶧音亦縣名有山也鄱音皮鄒鄱薛三縣屬魯○
索隱曰鄱本音蕃案田褒魯記云靈帝末有汝南陳子游爲魯相子游太尉陳蕃子也國人諱而改焉若如其說則蕃改
鄱鄱皮聲相近後漸訛耳然地理志魯國蕃縣應劭曰邾國也音皮過梁楚以歸於是
遷仕爲郎中奉使西征巴蜀以南南略邛筰
昆明還報命徐廣曰元鼎六年平西南夷以爲五郡其明年元封元年是也是歲天
子始建漢家之封而太史公留滯周南徐廣曰摯虞曰古之
周南今之洛陽○索隱曰張晏云自陝已東皆周南之地也不得與從事正義曰與音預故

發憤且卒而子遷適使反見父於河洛之間太
史公執遷手而泣曰余先周室之太史也自上
世嘗顯功名於虞夏典天官事後世中衰絶於
予乎汝復爲太史則續吾祖矣今天子接千歲
之統封泰山而余不得從行是命也夫命也夫
余死汝必爲太史爲太史無忘吾所欲論著矣
且夫孝始於事親中於事君終於立身揚名於
後世以顯父母此孝之大者夫天下稱誦周公
言其能論歌文武之德宣周邵之風達太王王
季之思慮爰及公劉以尊后稷也幽厲之後王

道缺禮樂衰孔子脩舊起廢論詩書作春秋則
學者至今則之自獲麟以來四百餘歲案年表魯哀公十四
年獲麟至漢元封元年三百七十一年而諸侯相兼史記放絶今漢興
海內一統明主賢君忠臣死義之士余爲太史
而弗論載廢天下之史文余甚懼焉汝其念哉
遷俯首流涕曰小子不敏請悉論先人所次舊
聞弗敢闕卒三歲而遷爲太史令索隱曰博物志太史令茂陵顯
武里大夫司馬遷年二十八三年六月乙卯除六百石也紬史記徐廣曰紬音抽○索隱曰如淳云抽徹舊
書故事而次述之小顏云紬謂綴集之也石室金匱之書索隱曰案石室金匱皆國家藏書之
處五年而當太初元年李奇曰迁爲太史後五年適當於武帝太初元年此時述

史記○正義曰按遷年四十二歲十一月甲子朔旦冬至天曆始改建於明堂諸神受紀徐廣曰封禪序曰封禪則万靈罔不禋祀駰案韋昭曰告於百神與天下更始著紀於是○索隱曰虞喜志林云改歷於明堂班之於諸侯諸侯羣神之主故曰諸神受紀孟康云句芒祝融之屬皆受端紀也

太史公曰先人有言索隱曰先人謂先代賢人也○正義曰太史公司馬遷也先人司馬談也自周公卒五百歲而有孔子孔子卒後至於今五百歲索隱曰案孟子稱堯舜至湯五百餘歲湯至文王五百餘歲文王至孔子五百餘歲太史公此言略取於孟子而揚雄孫盛深所不然所謂多見不知量也以為淳氣育才豈有常數五百之期何異一息是以上皇相次或以萬齡為間而唐堯舜禹比有聖烈降及周室聖賢盈朝孔子之没千載莫嗣安在於千年五百年乎其述作者蓋記注之志士耳豈聖人之論哉有能紹明世正易傳繼春秋本詩

書禮樂之際意在斯乎意在斯乎小子何敢讓焉索隱曰漢書讓作攘晉灼云此古讓字言己當述先人之成業何敢自嫌值五百歲而讓之也上大夫壺遂曰索隱曰案遂為詹事秩二千石故位上大夫也昔孔子何為而作春秋哉太史公曰余聞董生曰服虔曰仲舒也周道衰廢孔子為魯司寇諸侯害之大夫壅之孔子知言之不用道之不行也是非二百四十二年之中索隱曰是非謂褒貶諸侯之得失也以為天下儀表貶天子退諸侯討大夫以達王事而已矣子曰我欲載之空言不如見之於行事之深切著明也索隱曰案孔子之言見春秋緯太史公引之以成說也空言謂褒貶是非也空立此文而亂臣賊子懼也孔子言我徒欲立空言設褒貶則不如附見於

當時所因事之人臣有僭侈篡逆因就此筆削以褒貶深切著明而書之以為將來之誡也夫春秋上明三王之道下辨人事之紀別嫌疑明是非定猶豫善善惡惡索隱曰公羊傳曰善善及子孫惡惡止其身也賢賢賤不肖存亡國繼絕世補敝起廢王道之大者也易著天地陰陽四時五行故長於變禮經紀人倫故長於行書記先王之事故長於政詩記山川谿谷禽獸草木牝牡雌雄故長於風樂樂所以立故長於和春秋辯是非故長於治人是故禮以節人樂以發和書以道事詩以達意易以道化春秋以道義撥亂世反之正莫近於春秋春秋文成數萬其指數千張晏曰春秋萬八千字當言減而云成數字誤也駰謂太史公此辭是述董生之言董仲舒自治公羊春秋公羊經傳凡有四萬四千餘字故云文成數萬也不得如張議但論經萬八千字便為之誤○索隱曰註抹也小顏云史遷豈以公羊之傳為春秋乎春秋經一萬八千亦足稱數萬非字之誤萬物之散聚皆在春秋春秋之中弒君三十六亡國五十二諸侯奔走不得保其社稷者不可勝數察其所以皆失其本已索隱曰案弒君亡國及奔走者皆是失仁義之道本耳已者語終之辭也故易曰失之豪釐差以千里徐廣曰一云差以豪釐一云繆以千里駰案今易無此語易緯有之故曰臣弒君子弒父非一旦一夕之故也其漸久矣故有國者不可以不知春秋前有讒而弗見後有賊而不知為人臣者不

可以不知春秋守經事而不知其宜遭變事而不知其權爲人君父而不通於春秋之義者必蒙首惡之名爲人臣子而不通於春秋之義者必陷篡弒之誅死罪之名其實皆以爲善爲之不知其義正義曰其心實善爲之不知其義理則陷於罪咎被之空言而不敢辭張晏曰趙盾不知討賊而不敢辭其罪也夫不通禮義之旨至於君不君臣不臣父不父子不子君不君則犯正義曰顏云爲臣下所干犯也一云違犯禮義臣不臣則誅父不父則無道子不子則不孝此四行者天下之大過也以天下之大過予之則受而弗敢辭故春秋者禮義之

大宗也夫禮禁未然之前法施已然之後法之所爲用者易見而禮之所爲禁者難知壺遂曰孔子之時上無明君下不得任用故作春秋垂空文以斷禮義當一王之法今夫子上遇明天子下得守職萬事既具咸各序其宜夫子所論欲以何明太史公曰唯唯否否晉灼曰唯唯謙應也否否不通者也不然余聞之先人曰伏羲至純厚作易八卦堯舜之盛尚書載之禮樂作焉湯武之隆詩人歌之春秋采善貶惡推三代之德襃周室非獨刺譏而已也漢興以來至明天子獲符瑞封禪改正

朔易服色受命於穆清如淳曰受天命清和之氣○正義曰於音烏顏云於歎辭也穆美也言天子有美德而教化清也澤流罔極海外殊俗重譯款塞應劭曰款叩也皆叩塞門來服從也如淳曰款寬也請除守塞者自保不爲寇害○正義曰重譯更譯其言也請來獻見者不可勝道臣下百官力誦聖德猶不能宣盡其意且士賢能而不用有國者之恥主上明聖而德不布聞有司之過也且余嘗掌其官廢明聖盛德不載滅功臣世家賢大夫之業不述墮先人所言罪莫大焉余所謂述故事整齊其世傳非所謂作也而君比之於春秋謬矣於是論次其文七年徐廣曰天漢三年○正義曰按從太初元年至天漢三年乃七年也而

太史公遭李陵之禍正義曰太史公舉李陵李陵降也幽於縲紲乃喟然而嘆曰是余之罪也夫是余之罪也夫身毀不用矣退而深惟曰夫詩書隱約者索隱曰案謂其義隱微而言約也○正義曰詩書隱微而約省者迁深惟欲依其隱約而成其志意也欲遂其志之思也昔西伯拘羑里徐廣曰在湯陰演周易孔子戹陳蔡作春秋屈原放逐著離騷左丘失明厥有國語孫子臏腳而論兵法不韋遷蜀世傳呂覽正義曰即呂氏春秋也韓非囚秦說難孤憤詩三百篇大抵賢聖發憤之所爲作也此人皆意有所鬱結不得通其道也故述往事思來者於是卒述陶唐以

來至于麟止 張晏曰武帝獲麟遷以爲述事之端上紀黃帝下至麟止猶春秋止於獲麟也○索隱曰服虔云武帝至雍獲白麟而鑄金作麟足形故云麟止遷作史記止於此猶春秋終於獲麟然也史記以黃帝爲首而云述陶唐者案五帝本紀贊云五帝尚矣然尚書載堯以來百家言黃帝其文不雅訓故述黃帝爲本紀之首而以尚書雅正故稱起於陶唐也 自黃帝始

維昔黃帝法天則地四聖遵序 徐廣曰顓頊帝嚳堯舜 各成法度唐堯遜位虞舜不台 索隱曰台音怡悅也或音昭非也 厥美帝功萬世載之作五帝本紀第一 索隱曰應劭云有本則紀有家則代有年則表有名則傳

維禹之功九州攸同光唐虞際德流苗裔夏桀淫驕乃放鳴條作夏本紀第二

維契 正義曰契音薛也 作商爰及成湯太甲居桐德盛阿衡武丁得說乃稱高宗帝辛湛湎諸侯不享作殷本紀第三

維棄作稷德盛西伯武王牧野實撫天下幽厲昏亂既喪酆鎬陵遲至赧洛邑不祀作周本紀第四

維秦之先伯翳佐禹穆公思義悼豪之旅 索隱曰豪即崤之異音旅師旅也○正義曰穆公封崤山軍旅之尸 以人爲殉詩歌黃鳥昭襄業帝作秦本紀第五

始皇既立并兼六國銷鋒鑄鐻 徐廣曰嚴安上書銷其兵鑄以爲鍾

鐻也○索隱曰鐻音巨鐻鍾也 維偃干革尊號稱帝矜武任力二世受運子嬰降虜作始皇本紀第六

秦失其道豪桀並擾項梁業之子羽接之殺慶救趙 徐廣曰宋義爲上將號慶子冠軍 諸侯立之誅嬰背懷天下非之作項羽本紀第七

子羽暴虐漢行功德憤發蜀漢還定三秦誅籍業帝天下惟寧改制易俗作高祖本紀第八

惠之早霣 正義曰霣音殞 諸呂不台 徐廣曰無台輔之德也一曰怡懌也不爲百姓所說○索隱曰案此贊本韻則怡懌爲是也 崇彊祿產諸侯謀之殺隱幽友 徐廣曰趙隱王如意趙幽王友 大臣洞疑 索隱曰洞是洞達義所共疑 遂及宗

禍作呂太后本紀第九

漢既初興繼嗣不明迎王踐祚天下歸心蠲除肉刑開通關梁廣恩博施厥稱太宗作孝文本紀第十

諸侯驕恣吳首爲亂京師行誅七國伏辜天下翕然大安殷富作孝景本紀第十一

漢興五世隆在建元外攘夷狄內脩法度封禪改正朔易服色作今上本紀第十二

維三代尚矣年紀不可考蓋取之譜牒舊聞本于茲於是略推作三代世表第一

幽厲之後周室衰微諸侯專政春秋有所不紀
而譜諜經略五霸更盛衰欲睹周世相先後之
意作十二諸侯年表第二
春秋之後陪臣秉政彊國相王以至于秦卒并
諸夏滅封地擅其號作六國年表第三
秦既暴虐楚人發難項氏遂亂漢乃扶義征伐
八年之間天下三擅事繁變衆故詳著秦楚之
際月表第四
漢興已來至于太初百年諸侯廢立分削譜紀
不明有司靡踵彊弱之原云以世徐廣曰一作云已也天漢亭曰徵義

依霍庶幾云已○索隱曰踵繼也以當作已世當作也並誤之耳云已也皆語助之辭○正義曰言漢興已來百年諸侯發立分削譜紀不能明其嗣有司無所踵繼其後乃云彊弱之原云以世相代相不能有所錄紀也作漢興
已來諸侯年表第五
維高祖元功輔臣股肱剖符而爵澤流苗裔忘
其昭穆或殺身隕國作高祖功臣侯者年表第
六
惠景之間維申功臣宗屬爵邑作惠景間侯者
年表第七
北討彊胡南誅勁越征伐夷蠻武功爰列作建
元以來侯者年表第八

諸侯既彊七國爲從子弟衆多無爵封邑推恩
行義其勢銷弱德歸京師作王子侯者年表第
九
國有賢相良將民之師表也維見漢興以來將
相名臣年表賢者記其治不賢者彰其事作漢
興以來將相名臣年表第十
維三代之禮所損益各殊務然要以近情性通
王道故禮因人質爲之節文略協古今之變作
禮書第一
樂者所以移風易俗也自雅頌聲興則已好鄭

衛之音鄭衛之音所從來久矣人情之所感遠
俗則懷徐廣曰樂者所以感和人情人情既感則遠方殊俗莫不懷柔向化也比樂書以
述來古索隱曰來古即古來也言此樂書以述自古已來樂之興衰也作樂書第二
非兵不彊索隱曰此律書之贊而云非兵不彊者則此律書即兵書也古者師出以律則凡出軍皆聽律
聲故云聞律效勝負望敵知吉凶也非德不昌黃帝湯武以興索隱曰黃帝有
阪泉之師湯武有鳴條牧野之戰而克桀紂桀紂二世以崩可不慎歟司
馬法所從來尚矣正義曰古者師出以律凡軍出皆吹律聽聲律書云六律爲万事根本其
於兵械尤所重望敵知吉凶聞聲效勝負故云司馬兵法所從來尚矣乎太公孫吳王子徐廣
曰王子成甫能紹而明之切近世極人變作律書第
三

律居陰而治陽曆居陽而治陰律曆更相治間不容翲忽索隱曰案忽者總文之歜也翲者輕也言律曆窮陰陽之妙其間不容輕忽也言翲恐衍字耳○正義曰翲匹遙反今音匹沼反字當作杪杪禾芒表也忽一蠶口出絲也言律曆相治之間不容此微細之物也五家之文怫異索隱曰怫音悖一音扶物反怫亦悖也案言金木水火土五家之文各相悖異不同也○正義曰五家謂黃帝顓頊夏殷周之曆其文相戾乖異不同維太初之元論曆律為是故曆書自太初之元論之也維太初之元論作曆書第四徐廣曰論一作編

星氣之書多雜禨祥不經推其文考其應不殊比集論其行事驗于軌度以次作天官書第五

受命而王封禪之符罕徐廣曰一云希應用用則萬靈罔不禋祀追本諸神名山大川禮作封禪書第

六

維禹浚川九州攸寧爰及宣防決瀆通溝作河渠書第七

維幣之行索隱曰幣錢也以通農商其極則玩巧并兼茲索隱曰玩音五官反巧音苦孝反殖爭於機利去本趨末作平準書以觀事變第八

太伯避歷江蠻是適文武攸興古公王跡闔廬弒僚賓服荊楚夫差克齊子胥鴟夷信嚭親越吳國既滅嘉伯之讓作吳世家第一

申呂肖矣徐廣曰肖音痟痟猶衰微○索隱曰徐廣音訓不知從出案肖謂微弱而省少所謂申呂

雖衰也○正義曰肖音痟呂尚之祖封於申申呂後痟微故尚父微賤也尚父側微卒歸西伯文武是師功冠羣公繆權于幽徐廣曰繆錯也猶云纏結也權智潛謀幽昧不顯所謂太公陰謀○索隱曰繆謂綢繆也音亡又反謂太公繆綢為權謀於幽昧不明著也○正義曰繆音武彪反言呂尚綢繆於幽權之策謂六韜三略陰符七術之屬也番番黃髮番音婆毛萇云番番威勇武皃也案黃髮言老人髮白而更黃也爰饗營丘不背柯盟桓公以昌九合諸侯霸功顯彰田闞爭寵姜姓解亡徐廣曰闞一云監解一作遷嘉父之謀作齊太公世家第二

依之違之周公綏之憤發文德天下和之輔翼成王諸侯宗周隱桓之際是獨何哉三桓爭彊魯乃不昌嘉旦金縢作周公世家第三

武王克紂天下未協而崩成王既幼管蔡疑之淮夷叛之於是召公率德安集王室以寧東土燕易之禪乃成禍亂索隱曰謂王噲禪其相子之後卒危亂也嘉甘棠之詩作燕世家第四

管蔡相武庚將寧舊商及旦攝政二叔不饗殺鮮放度索隱曰案系家云管叔名鮮蔡叔名度霍叔名處也周公為盟太任十子周以宗彊索隱曰太任文王妃十子伯邑考武王管蔡霍曹衛毛聃曹是也嘉仲悔過正義曰蔡叔度之子蔡仲也作管蔡世家第五

王後不絕舜禹是說維德休明苗裔蒙烈百世享祀爰周陳杞楚實滅之齊田既起舜何人哉

作陳杞世家第六

牧殷餘民叔封始邑申以商亂酒材是告及朔之生衛頃不寧 索隱曰衛頃公也 南子惡蒯聵子父易名周德卑微戰國既彊衛以小弱角獨後亡嘉彼康誥作衛世家第七

嗟箕子乎嗟箕子乎正言不用乃反爲奴武庚既死周封微子襄公傷於泓 正義曰泓水名公羊傳云宋與楚人期戰於泓之陽宋師大敗君子大其不鼓不成列臨大事而不忘禮雖文王之戰亦不過此也 君子孰稱景公謙德熒惑退行剔成暴虐 徐廣曰一云偃宋剔成君生偃○索隱曰剔音逷 宋乃滅亡嘉微子問太師作宋世家第八

史記列傳七十　十九

武王既崩叔虞邑唐君子譏名 正義曰謂晉穆侯太子名仇少子名成師也 卒滅武公驪姬之愛亂者五世重耳不得意乃能成霸六卿專權 正義曰智伯范中行韓魏趙 晉國以耗嘉文公錫珪鬯作晉世家第九

重黎業之吳回接之殷之季世粥子牒之周用熊繹熊渠是續莊王之賢乃復國陳 正義曰楚莊王都陳 既赦鄭伯班師華元懷王客死蘭咎屈原好諛信讒楚并於秦嘉莊王之義作楚世家第十

少康之子實賓南海 正義曰吳越春秋云啓使歲時祭禹於越立宗廟南山之上封少康庶子無餘於越使祠禹至勾踐遷都山陰立禹廟爲始祖廟越亡遂廢也案今禹廟在會稽山下 文身斷髮

太史公

黿鱓與處 索隱曰黿音元鱓音鼉 既守封禺 徐廣曰封禺山在武康縣南 奉禹之祀勾踐困彼乃用種蠡嘉句踐夷蠻能修其德滅彊吳以尊周室作越王勾踐世家第十一

桓公之東太史是庸及侵周禾王人是議祭仲要盟鄭久不昌子產之仁紹世稱賢三晉侵伐鄭納於韓嘉厲公納惠王作鄭世家第十二

維驥騄耳乃章造父趙夙事獻衰續厥緒 正義曰衰楚爲反 佐文尊王卒爲晉輔襄子困辱乃禽智伯主父生縛餓死探爵王遷辟淫良將是斥嘉鞅討周亂作趙世家第十三

史記列傳七十　二十

畢萬爵魏卜人知之及絳戮干戎翟和之文侯慕義子夏師之惠王自矜齊秦攻之既疑信陵諸侯罷之卒亡大梁王假廝之嘉武佐晉文申霸道作魏世家第十四

韓厥陰德趙武攸興紹絶立廢晉人宗之昭侯顯列申子庸之疑非不信秦人襲之嘉厥輔晉匡周天子之賦作韓世家第十五

完子避難適齊爲援陰施五世齊人歌之成子得政田和爲侯王建動心乃遷于共嘉威宣能撥濁世而獨宗周作田敬仲完世家第十六

太史公

周室既衰諸侯恣行仲尼悼禮廢樂崩追脩經術以達王道匡亂世反之於正見其文辭爲天下制儀法垂六藝之統紀於後世作孔子世家第十七

桀紂失其道而湯武作周失其道而春秋作（正義曰周失其道至秦之時諸侯力事乎爭覇）秦失其政而陳涉發迹諸侯作難風起雲蒸卒亡秦族天下之端自涉發難作陳涉世家第十八

成皐之臺薄氏始基詘意適代厥崇諸竇栗姬偩貴王氏乃遂陳后太驕卒尊子夫嘉夫德若斯作外戚世家第十九

漢既譎謀禽信於陳越荆剽輕乃封弟交爲楚王爰都彭城以彊淮泗爲漢宗藩戊溺於邪禮復紹之嘉游輔祖（正義曰游楚王交字也祖高祖也）作楚元王世家第二十

維祖師旅劉賈是與爲布所襲喪其荆吳營陵激呂乃王琅邪怵午（正義曰謂祝午也）信齊往而不歸遂西入關遭立孝文獲復王燕天下未集賈澤以族爲漢藩輔作荆燕世家第二十一

天下已平親屬既寡悼惠先壯實鎮東土哀王擅興發怒諸呂駟鈞暴戾京師弗許厲之內淫禍成主父嘉肥股肱作齊悼惠王世家第二十二

楚人圍我滎陽相守三年蕭何塡撫山西（正義曰謂華山之西也）推計踵兵給糧食不絕使百姓愛漢不樂爲楚作蕭相國世家第二十三

與信定魏破趙拔齊遂弱楚人續何相國不變不革黎庶攸寧嘉參不伐功矜能作曹相國世家第二十四

運籌帷幄之中制勝於無形子房計謀其事無知名無勇功圖難於易爲大於細作留侯世家第二十五

六奇既用諸侯賓從於漢呂氏之事平爲本謀終安宗廟定社稷作陳丞相世家第二十六

諸呂爲從謀弱京師而勃反經合於權吳楚之兵亞夫駐於昌邑以戹齊趙而出委以梁作絳侯世家第二十七

七國叛逆蕃屏京師唯梁爲扞偩愛矜功幾獲于禍嘉其能距吳楚作梁孝王世家第二十八

五宗既王親屬洽和諸侯大小爲藩爰得其宜

僭擬之事稍衰貶矣作五宗世家第二十九
三子之王文辭可觀作三王世家第三十
末世爭利維彼奔義讓國餓死天下稱之作伯
夷列傳第一
晏子儉矣夷吾則奢齊桓以霸景公以治作管
晏列傳第二
李耳無爲自化清淨自正韓非揣事情循勢理
作老子韓非列傳第三
自古王者而有司馬法穰苴能申明之作司馬
穰苴列傳第四

非信廉仁勇不能傳兵論劍與道同符內可以
治身外可以應變君子比德焉作孫子吳起列
傳第五
維建遇讒爰及子奢尚既匡父伍員奔吳作伍
子胥列傳第六
孔氏述文弟子興業咸爲師傅崇仁厲義作仲
尼弟子列傳第七
鞅去衛適秦能明其術彊霸孝公後世遵其法
作商君列傳第八
天下患衡秦毋饜而蘇子能存諸侯約從以抑

貪彊作蘇秦列傳第九
六國既從親而張儀能明其說復散解諸侯作
張儀列傳第十
秦所以東攘（徐廣曰一作襄）雄諸侯樗里甘茂之策作
樗里甘茂列傳第十一
苞河山（徐廣曰苞一作施）圍大梁使諸侯斂手而事秦者
魏冄之功作穰侯列傳第十二
南拔鄢郢北摧長平遂圍邯鄲武安爲率破荊
滅趙王翦之計作白起王翦列傳第十三
獵儒墨之遺文明禮義之統紀絕惠王利端列

往世興衰（徐廣曰一作襄）作孟子荀卿列傳第十四
好客喜士士歸于薛爲齊扞楚魏作孟嘗君列
傳第十五
爭馮亭以權（徐廣曰以一作反太史公譏平原君利令智昏故云爭馮亭反權）如楚以
救邯鄲之圍使其君復稱於諸侯作平原君虞
卿列傳第十六
能以富貴下貧賤賢能詘於不肖唯信陵君爲
能行之作魏公子列傳第十七
以身徇君遂脫彊秦使馳說之士南鄉走楚者
黃歇之義作春申君列傳第十八

能忍訽於魏齊（徐廣曰訽音逅○索隱曰訽音火候反訽辱也）而信威於彊
秦推賢讓位二子有之作范睢蔡澤列傳第十
九
率行其謀連五國兵爲弱燕報彊齊之讎雪其
先君之恥作樂毅列傳第二十
能信意彊秦而屈體廉子用徇其君俱重於諸
侯作廉頗藺相如列傳第二十一
湣王既失臨淄而奔莒唯田單用即墨破走騎
劫遂存齊社稷作田單列傳第二十二
能設詭說解患於圍城輕爵祿樂肆志作魯仲

連鄒陽列傳第二十三
作辭以諷諫連類以爭義離騷有之作屈原賈
生列傳第二十四
結子楚親使諸侯之士斐然爭入事秦作呂不
韋列傳第二十五
曹子匕首魯獲其田齊明其信豫讓義不爲二
心作刺客列傳第二十六
能明其畫因時推秦遂得意於海內斯爲謀首
作李斯列傳第二十七
爲秦開地益衆北靡匈奴據河爲塞因山爲固

建榆中作蒙恬列傳第二十八
塡趙塞常山以廣河內弱楚權明漢王之信於
天下作張耳陳餘列傳第二十九
收西河上黨之兵從至彭城越之侵掠梁地以
苦項羽作魏豹彭越列傳第三十
以淮南叛楚歸漢漢用得大司馬殷卒破子羽
于陔下（徐廣曰垓堤之名也）作黥布列傳第三十一
楚人迫我京索而信拔魏趙定燕齊使漢三分
天下有其二以滅項籍作淮陰侯列傳第三十
二

楚漢相距鞏洛而韓信爲塡潁川盧綰絕籍糧
餉作韓信盧綰列傳第三十三
諸侯畔項王唯齊連子羽城陽漢得以間遂入
彭城作田儋列傳第三十四
攻城野戰獲功歸報噲商有力焉非獨鞭策又
與之脫難作樊酈列傳第三十五
漢既初定文理未明蒼爲主計整齊度量序律
歷作張丞相列傳第三十六
結言通使約懷諸侯諸侯咸親歸漢爲藩輔作
酈生陸賈列傳第三十七

欲詳知秦楚之事唯周緤常從高祖平定諸侯
作傅靳蒯成列傳第三十八（索隱曰蒯音裴其字從崩邑又音浮）
徙彊族都關中和約匈奴明朝廷禮次宗廟儀
法作劉敬叔孫通列傳第三十九
能摧剛作柔卒爲列臣欒公不劫於勢而倍死
作季布欒布列傳第四十
敢犯顏色以達主義不顧其身爲國家樹長畫
作袁盎朝錯列傳第四十一
守法不失大理言古賢人增主之明作張釋之
馮唐列傳第四十二

敦厚慈孝訥於言敏於行務在鞠躬君子長者
作萬石張叔列傳第四十三
守節切直義足以言廉行足以厲賢任重權不
可以非理撓作田叔列傳第四十四
扁鵲言醫爲方者宗守數精明後世脩序弗能
易也而倉公可謂近之矣作扁鵲倉公列傳第
四十五
維仲之省（徐廣曰吳王之王由父省）厥濞王吳遭漢初定以填
撫江淮之間作吳王濞列傳第四十六
吳楚爲亂宗屬唯嬰賢而喜士士鄉之率師抗

山東滎陽作魏其武安列傳第四十七
智足以應近世之變寬足用得人作韓長孺列
傳第四十八
勇於當敵仁愛士卒號令不煩師徒鄉之作李
將軍列傳第四十九
自三代以來匈奴常爲中國患害欲知彊弱之
時設備征討作匈奴列傳第五十
直曲塞廣河南破祁連通西國靡北胡作衛將
軍驃騎列傳第五十一
大臣宗室以侈靡相高唯弘用節衣食爲百吏

先作平津侯列傳第五十二
漢既平中國而佗能集楊越以保南藩納貢職
作南越列傳第五十三
吳之叛逆甌人斬濞（徐廣曰今之永寧是東甌也）葆守封禺爲
臣（索隱曰葆音保言東甌彼越攻破之後保封禺之山今在武康縣也）作東越列傳第
五十四
燕丹散亂遼間滿收其亡民厥聚海東以集眞
藩（徐廣曰一作莫藩音普寒反）葆塞爲外臣作朝鮮列傳第
五十五
唐蒙使略通夜郎而邛笮之君請爲內臣受吏

作西南夷列傳第五十六

子虛之事大人賦說靡麗多誇然其指風諫歸於无爲作司馬相如列傳第五十七

黥布叛逆子長國之以塡江淮之南安剽楚庶民作淮南衡山列傳第五十八

奉法循理之吏不伐功矜能百姓無稱亦無過行作循吏列傳第五十九

正衣冠立於朝廷而羣臣莫敢言浮說長孺矜焉好薦人稱長者壯有溉（徐廣曰一作慨）作汲鄭列傳第六十

自孔子卒京師莫崇庠序唯建元元狩之間文辭粲如也作儒林列傳第六十一

民倍本多巧奸軌弄法善人不能化唯一切嚴削爲能齊之作酷吏列傳第六十二

漢既通使大夏而西極遠蠻引領內鄉欲觀中國作大宛列傳第六十三

救人於厄振人不贍仁者有乎不既信（徐廣曰一云不概信）不倍言義者有取焉作游俠列傳第六十四

夫事人君能說主耳目和主顏色而獲親近非獨色愛能亦各有所長作佞幸列傳第六十五

不流世俗不爭勢利上下無所凝滯人莫之害以道之用作滑稽列傳第六十六

齊楚秦趙爲日者各有俗（索隱曰按日者傳亡無以知諸國之俗今褚先生唯記司馬季主之事也）所用欲循（徐廣曰一作總）觀其大旨作日者列傳第六十七

三王不同龜四夷各異卜（索隱曰其書既亡無以知其異今褚少孫唯取太卜占龜之雜說詞甚煩蕪不能裁剪妄加穿鑿此篇不才之甚也）然各以決吉凶略闚其要作龜策列傳第六十八

布衣匹夫之人不害於政不妨百姓取與以時而息財富智者有采焉作貨殖列傳第六十九

維我漢繼五帝末流接三代統業周道廢秦撥去古文焚滅詩書故明堂石室金匱玉版（如淳曰刻玉版以爲文字）圖籍散亂於是漢興蕭何次律令韓信申軍法張蒼爲章程（如淳曰章歷數之章術也程者權衡丈尺斛斗之平法也瓚曰茂陵書丞相爲工用程數其中言百工用材多少之量及制度之程品者是也）叔孫通定禮儀則文學彬彬稍進詩書往往間出矣自曹參薦蓋公言黃老（索隱曰蓋姓也音古盍反）而賈生晁錯明申商公孫弘以儒顯百年之間天下遺文古事靡不畢集太史公太史公仍父子相續纂其職曰於戲余維先人嘗掌斯事顯於唐虞至于周復典之

太史公

故司馬氏世主天官索隱曰案此天官非周禮冢宰天官乃廣知天文星曆之事天官且遷實黎之後而黎氏後亦總稱重黎以重本司天故太史公代掌天官蓋天官統太史之職言史是歷代之職恐非實事然衛宏以爲司馬氏周史佚之後故太史議云子之先人周之太史蓋或得其實也至於余乎欽念哉欽念哉罔羅天下放失舊聞索隱曰案舊聞有遺失放逸者網羅而考論之王迹所興原始察終見盛觀衰論考之行事略推三代録秦漢上記軒轅下至于茲著十二本紀既科條之矣並時異世年差不明作十表索隱曰案並時則年曆差殊則亦略言難以明辨故作表禮樂損益律曆改易兵權山川鬼神索隱曰案兵權即兵書也遷沒之後亡褚少孫以律書補之今律書亦略言兵也山川即河渠書也鬼神即封禪書也故云山川鬼神也天人之際承敝通變作

八書二十八宿環北辰三十輻共一轂漢書音義曰象黃帝已下三十世家老子言車三十輻運行無窮以象王者如此也○正義曰顏云此說非也言衆星共繞北辰諸輻咸歸車轂羣臣尊輔天子也運行無窮輔拂股肱之臣配焉忠信行道以奉主上作三十世家扶義俶儻不令己失時立功名於天下索隱曰已音紀言扶義俶儻之士能立功名於當代不後於時也作七十列傳凡百三十篇五十二萬六千五百字爲太史公書序索隱曰桓譚云遷所著書成以示東方朔朔皆署曰太史公則謂太史公是朔稱亦恐其說未實蓋遷自尊其父著述稱之曰公或云遷外孫楊惲所稱事或當爾也略以拾遺補藝李奇曰六藝也○索隱曰漢書作補闕此作藝謂補六藝之闕也成一家之言厥協六經異傳索隱曰遷言以所撰取協於經異傳諸家之說耳謙不敢比經藝也異傳者如子夏易傳

毛公詩及韓嬰外傳伏生尚書大傳之流者也整齊百家雜語正義曰太史公撰史記言其協于六經異文整齊諸子百家雜說之語謙不敢比經藝也異傳謂如丘明春秋外傳國語子夏易傳毛公詩傳韓詩外傳伏生尚書大傳之流也藏之名山副在京師索隱曰言正本藏之書府副本留京師也穆天子傳云天子北征至于羣玉之山河平無險四徹中繩先王所謂策府郭璞云古帝王藏策之府則此謂藏之名山是也俟後世聖人君子索隱曰此語出公羊傳言夫子制春秋之義以俟後聖君子以君子之爲亦有樂乎此也第七十衛宏漢書舊儀注曰司馬遷作景帝本紀極言其短及武帝過武帝怒而削去之後坐舉李陵陵降匈奴故下遷蠶室有怨言下獄死

太史公曰余述歷黃帝以來至太初而訖百三十篇漢書音義曰十篇缺有録無書張晏曰遷沒之後亡景紀武紀禮書樂書律書漢興已來將相年表日者列傳三王世家龜策列傳傅靳蒯列傳元成之間褚先生補缺作武帝紀三王世家龜策日者列傳言辭鄙陋非遷本意也○索隱曰案景紀取班書補之武紀專取封禪書禮書取荀卿禮論樂書取禮樂記兵書亡不補略述律而言兵遂分曆述以次之三王系家空取其策文以續此篇何率略且重非當也日者不能記諸國之同異而論司馬季主龜策直太卜所得占龜兆雜說而無筆削功何蕪鄙也

索隱述贊曰

太史良才　寔纂先德　周遊歷覽
東西南北　事覈詞簡　是稱實録
報任投書　申李下獄　惜哉殘缺
非才妄續

太史公自序第七十　史記一百三十

跋

遷史舊注今存者三家曰宋裴駰集解曰唐司馬貞索隱曰唐張守節正義其始皆别自單行與史記卷數不相合隋唐志集解八十卷新唐志索隱正義各三十卷今集解有單刻本然已散入與正文相附王鳴盛謂以一篇爲一卷疑始於宋人正義舊本失傳卷帙次第亦無可考獨索隱存毛氏覆本卷數如舊四庫總目謂三家合爲一編始於北宋天祿琳琅三家注合刻者凡四種其一嘉祐二年建邑王氏世翰堂鏤版其二嘉定六年萬卷樓刊然實以明慎獨齋本秦藩本僞冒近人已有定評其三目錄後有校對宣德郎祕書省正字張耒八分書條記號

爲元祐槧本今其書不存眞僞難定獨所載索隱後序有紹興三年四月十二日右修職郎充提舉茶鹽司幹辦公事石公憲發刊至四年十月十二日畢工印記者參以錢泰吉甘泉鄉人稿柯本索隱序後亦有此語云云當可徵信北宋本有無不可知要必以此爲第一刻今其本亦不存存者獨黃善夫本黃氏刊版年月不詳以避光宗嫌諱推之又後紹興五六十年矣明代覆黃氏本者有震澤王延喆及秦藩鑒抑道人二本同時尚有莆田柯維熊本行款相同或謂其亦出黃氏然何以有紹興石公憲發刊印記余頗疑黃氏亦祖石刻故與柯本行款一貫特紹興原刻今已不傳遷史三家注本自當以此爲最古耳集解索隱傳本尚夥獨正義唯見此刻明代監本於原文多所删節四庫總目謂非震澤王氏刊本具存無由知其妄删因撮舉所遺者六十五條且云其一兩字之出入者不可毛舉然震澤王本亦不盡與黃本同其所遺佚不少概見周本紀虜褒姒盡取周賂而去句下有正義曰按汲冢書晉咸和五年汲郡汲縣發魏襄王冢得古書冊七十五卷二十六字孝武本紀其北治大池漸臺句下有顏師古云漸浸也臺在池中爲水所浸故曰漸按王莽死此臺也二十五字律書律中仲吕句下有中音仲白虎通云言陽氣將極中充大也故復中言之也二十二字北至於參句下有音所林反四字

即天地二十八宿句下有宿音息袖反又音肅謂東方角亢氐房心尾箕南方井鬼柳星張翼軫西方奎婁胃昴畢觜參北方斗牛女虛危室壁凡二十八宿一百二十八宿星也五十八字十母句下有甲乙丙丁戊己庚辛壬癸十字十二子句下有子丑寅卯辰巳午未申酉戌亥十二字甘茂列傳自殺塞及至鬼谷句下有三殺在洛州永寧縣西北十字信陵君列傳趙王田獵耳非爲寇也句下有爲于僞反四字范睢列傳譬如木之有蠹也句下有音妬石桂虫五字此皆建安黃本之所有而震澤王本之所無王士禎池北偶談云延喆性豪侈一日有持宋槧史記求鬻者索價三百金延喆紿其人曰姑留

此一月後來取直乃鳩工就宋本摹刻甫一月而畢此實讕言今王本索隱後序末木記七行明明有工始嘉靖乙酉蜡月迄丁亥之三月及重加校讎之語爲時十有四月且財力充牣剞劂之事寧不精審而顧有此缺憾者必其所得黃本中有殘佚不得已以他本足之故有如千葉行數字數不能與黃本密合上文所舉已佚之一百七十六字卽緣於此明人刊書武斷最甚余嘗以是刻與監本對勘集解全刪者四百九十九條節刪者三十五條索隱全刪者六百一十三條節刪者一百二十二條而以正義爲尤多全刪八百三十七條節刪一百五十七條四庫館臣既知監本之不可信據王本補輯乃

殿本所脫者卽以王本考之仍有集解三十五條不全者七條索隱二十五條不全者十九條正義五十二條不全者四十八條裴馬二注猶有他本正義則獨賴此本之存館臣非不自知而何以猶任其闕略乎使是書長留海外不復歸於中土抑或簡斷編殘不獲通假俾完原璧則此百條之正義豈終不長此沈薶乎是不能不爲是書慶已海鹽張元濟